Veranlagungshandbuch Körperschaftsteuer 2009

Veranlagungshandbuch Körperschaftsteuer 2009

60. Auflage

Körperschaftsteuergesetz
und Körperschaftsteuer-Durchführungsverordnung
mit Körperschaftsteuer-Richtlinien
und Verwaltungsanweisungen in den für 2009 geltenden Fassungen

Im Anhang
Auszug aus dem Einkommensteuergesetz (EStG)
Solidaritätszuschlaggesetz (SolZG)
Gesetz über steuerrechtliche Maßnahmen bei Erhöhung des Nennkapitals aus
Gesellschaftsmitteln (KapErhStG)
Umwandlungssteuergesetz (UmwStG)
Gesetz über deutsche Immobilien-Aktiengesellschaften mit börsennotierten
Anteilen (REIT-Gesetz – REITG)
Auszug aus dem Handelsgesetzbuch (HGB) und aus dem Energiewirtschaftsgesetz (EnWG)
Auszug aus der Abgabenordnung (AO)

Bearbeitet von
Oberamtsrätin Anne Risthaus
Ltd. Ministerialrat Dr. Ingo van Lishaut

IDW VERLAG GMBH
Düsseldorf 2010

Bibliografische Information Der Deutschen Bibliothek

Die Deutsche Bibliothek verzeichnet diese Publikation
in der Deutschen Nationalbibliografie:
detaillierte bibliografische Daten sind im Internet über
http://dnb.ddb.de abrufbar.

ISBN 978-3-8021-1419-9

© 2010 IDW Verlag GmbH, Tersteegenstr. 14, 40474 Düsseldorf

Die IDW Verlag GmbH ist ein Unternehmen des Instituts der Wirtschaftsprüfer in Deutschland e.V. (IDW).

www.idw-verlag.de

Satz: Merlin Digital GmbH, Essen

Druck und Verarbeitung: Bercker Graphischer Betrieb GmbH, Kevelaer

Elektronische Fassung: doctronic GmbH & Co. KG, Bornheim

Vorwort

Die vorliegende Materialsammlung enthält die Rechtsgrundlagen für die Veranlagung zur Körperschaftsteuer 2009.

Ab Seite 1 wird das Körperschaftsteuergesetz in der Fassung der Bekanntmachung der Neufassung des Körperschaftsteuergesetzes 2002 vom 15. Oktober 2002 (BGBl. I S. 4144), zuletzt geändert durch Art. 6 des Dritten Mittelstandsentlastungsgesetzes vom 17. März 2009 (BGBl. I S. 550), Art. 2 des Gesetzes zur Fortführung der Gesetzeslage bei der Entfernungspauschale vom 20. April 2009 (BGBl. I S. 774), Art. 7 des Bürgerentlastungsgesetzes Krankenversicherung vom 16. Juli 2009 (BGBl. I S. 1959), Art. 2 des Steuerhinterziehungsbekämpfungsgesetzes vom 29. Juli 2009 (BGBl. I S. 2302) und Art. 2 des Wachstumsbeschleunigungsgesetzes vom 22. Dezember 2009 (BGBl. I S. 3950) mit dem aktuellen Rechtsstand zum 1. Januar 2010 geschlossen wiedergegeben; berücksichtigt ist auch die Steuerhinterziehungsbekämpfungsverordnung vom 18. September 2009 (BGBl. I S. 3046).

Daran anschließend ist der Gesetzestext in der für den Veranlagungszeitraum 2009 geltenden Fassung abgedruckt. Den einzelnen Paragraphen jeweils zugeordnet sind

- die Vorschriften der Körperschaftsteuer-Durchführungsverordnung (KStDV in der Fassung der Bekanntmachung vom 22. Februar 1996, BGBl. I S. 365, BStBl. I S. 191, zuletzt geändert durch Art. 5 des Steuer-Euroglättungsgesetzes vom 19. Dezember 2000, BGBl. I S. 1790),

- die entsprechenden Abschnitte der Körperschaftsteuer-Richtlinien 2004 vom 13. Dezember 2004 (BStBl. I 2004, Sondernummer 2/2004 S. 2), mit den zum Stand Januar 2010 gültigen amtlichen Hinweisen auf Rechtsprechung und Schreiben des Bundesministeriums der Finanzen (BMF),

- Übersichten über die in den Anlagen zusammengestellten aktuellen Verwaltungsanweisungen, sowie

- nach Stichworten untergliederte Leitsätze wichtiger Gerichtsentscheidungen, vor allem auch solcher, die in den amtlichen Hinweisen nicht aufgeführt sind.

In den Anlagen sind die einschlägigen Verwaltungsvorschriften in der Paragraphen-Folge des Gesetzes wiedergegeben, wobei über die amtlichen Hinweise hinausgehend auch Erlasse der Länderfinanzministerien, Verfügungen der Oberfinanzdirektionen bzw. Bundes- und Landeszentralfinanzämter sowie nicht im Bundessteuerblatt veröffentlichte Schreiben des BMF abgedruckt sind. Aufgenommen sind auch Urteile und ausgewählte Verwaltungsanweisungen zum Gemeinnützigkeitsrecht; weitere Weisungen zum Gemeinnützigkeitsrecht sind über die mitgelieferte CD-ROM zugänglich.

Im Anhang sind einige für die Körperschaftsteuer-Veranlagung bedeutsame andere Gesetze mit ihrem aktuellen Stand zum 1. Januar 2010 abgedruckt. Vollumfänglich wiedergegeben sind das Solidaritätszuschlagsgesetz, das Kapitalerhöhungsteuergesetz, das Umwandlungssteuergesetz sowie das Gesetz über deutsche Immobilien-Aktiengesellschaften mit börsennotierten Anteilen (REIT-Gesetz), auszugsweise das Einkommensteuergesetz, das Handelsgesetzbuch, das Energiewirtschaftsgesetz sowie die Abgabenordnung. Auch zu diesen Gesetzen sind wichtige Urteile und Verwaltungsanweisungen zusammengestellt.

Zur Erleichterung des Zugriffs bleiben die Ordnungsnummern von als überholt gestrichenen Verwaltungsanweisungen generell frei. Neuerungen sind grundsätzlich durch senkrechten Randstrich markiert.

Die dem Buch beigelegte CD-ROM ermöglicht den Zugriff auf die elektronischen Fassungen der Veranlagungshandbücher zur Körperschaftsteuer der Jahre 2004 – 2008. Damit steht auch für die Bearbeitung von Problemstellungen aus zurückliegenden Zeiträumen eine umfangreiche Ergänzung des aktuellen Veranlagungshandbuchs zur Verfügung.

Die Auswahl und Bearbeitung des Materials lag wieder in den Händen von Frau Oberamtsrätin Anne Risthaus und Herrn Ltd. Ministerialrat Dr. Ingo van Lishaut, Düsseldorf.

Düsseldorf, im Februar 2010

Anne Risthaus
Dr. Ingo van Lishaut
IDW Verlag GmbH

Inhaltsverzeichnis

Zweites Kapitel:
Sondervorschriften für die Organschaft

Anlagen

Die Anlagen und Anhänge werden jährlich um die für den aktuellen Veranlagungszeitraum nicht mehr relevanten Verwaltungsanweisungen bereinigt. Die gegenüber der Vorauflage des Buches entfallenen Verwaltungsanweisungen sind kursiv und mit dem CD-Symbol gekennzeichnet. Außerdem finden Sie alle im aktuellen Buch nicht mehr abgedruckten Verwaltungsanweisungen, die in früheren Auflagen enthalten waren, weiterhin auf der Archiv-CD. Die Ordnungsnummern der gestrichenen Anlagen bleiben im Buch frei.

Anhang

Abkürzungsverzeichnis

a.A.	=	anderer Auffassung
ABl.	=	Amtsblatt
Abs.	=	Absatz
Abschn.	=	Abschnitt
AdV	=	Aussetzung der Vollziehung
AE	=	Anteilseigner
AEAO	=	Anwendungserlass Abgabenordnung
a.F.	=	alte Fassung
AnfG	=	Anfechtungsgesetz
AfA	=	Absetzung für Abnutzung
AG	=	Aktiengesellschaft
AIG	=	Auslandsinvestitionsgesetz
AktG	=	Aktiengesetz
Anh.	=	Anhang
Anl.	=	Anlage
AO	=	Abgabenordnung
Art.	=	Artikel
AStG	=	Außensteuergesetz
BAG	=	Bundesarbeitsgericht
BAnz	=	Bundesanzeiger
BdF	=	Bundesminister der Finanzen
BerlinFG	=	Berlinförderungsgesetz
betr.	=	betreffend
Betr.AVG	=	Gesetz zur Verbesserung der betrieblichen Altersversorgung; jetzt: Betriebsrentengesetz
BewDV	=	Durchführungsverordnung zum Bewertungsgesetz
BewG	=	Bewertungsgesetz
BewR	=	Richtlinien zum Bewertungsgesetz
BfF	=	Bundesamt für Finanzen (jetzt: BZSt)
BFH	=	Bundesfinanzhof
BFH/NV	=	Zeitschrift „Sammlung amtlich nicht veröffentlichter Entscheidungen des Bundesfinanzhofs"
BgA	=	Betrieb gewerblicher Art
BGB	=	Bürgerliches Gesetzbuch
BGBl.	=	Bundesgesetzblatt
BGH	=	Bundesgerichtshof
BGHZ	=	Zeitschrift „Entscheidungen des Bundesgerichtshofs in Zivilsachen"
BiRiLiG	=	Bilanzrichtliniengesetz
BLSt	=	Bayerisches Landesamt für Steuern
BMF	=	Bundesministerium der Finanzen
BRD	=	Bundesrepublik Deutschland
BR-Drs.	=	Bundesrats-Drucksache
BSG	=	Bundessozialgericht
BSHG	=	Bundessozialhilfegesetz
BStBl.	=	Bundessteuerblatt
BT-Drs.	=	Bundestags-Drucksache
BVerfG	=	Bundesverfassungsgericht
BVerwG	=	Bundesverwaltungsgericht
BZSt	=	Bundeszentralamt für Steuern (früher: BfF)
bzw.	=	beziehungsweise
DBA	=	Doppelbesteuerungsabkommen
dgl.	=	dergleichen
DStZ/E	=	Zeitschrift „Deutsche Steuer-Zeitung/Eildienst"
DVO	=	Durchführungsverordnung

EG	=	Europäische Gemeinschaft; Einführungsgesetz
eGen	=	eingetragene Genossenschaft
EK	=	Eigenkapital
EnWG	=	Energiewirtschaftsgesetz
EStDV	=	Einkommensteuer-Durchführungsverordnung
EStG	=	Einkommensteuergesetz
EStH	=	Einkommensteuer-Hinweise
EStR	=	Einkommensteuer-Richtlinien
EU	=	Europäische Union
EuGH	=	Europäische Gerichtshof
e. V.	=	eingetragener Verein
EWG	=	Europäische Wirtschaftsgemeinschaft
EWR	=	Europäischer Wirtschaftsraum (Europäische Union sowie Island, Norwegen und Liechtenstein)

FA	=	Finanzamt/Finanzämter
FG	=	Finanzgericht
FGO	=	Finanzgerichtsordnung
FM/FB	=	Finanzministerium/Oberste Finanzbehörde eines Bundeslandes: Bay = Bayern; Bln = Berlin; Bra = Brandenburg; Bre = Bremen; BW = Baden-Württemberg; FB Hbg = Hamburg; Hes = Hessen; MV = Mecklenburg-Vorpommern; Nds = Niedersachsen; NRW, NW = Nordrhein-Westfalen; RP = Rheinland-Pfalz; S = Sachsen; SA = Sachsen-Anhalt; Sar = Saarland; SH = Schleswig-Holstein; Th = Thüringen

GAV	=	Gewinnabführungsvertrag
GbR	=	Gesellschaft bürgerlichen Rechts
GemV	=	Gemeinnützigkeitsverordnung
GenG	=	Genossenschaftsgesetz
GewStDV	=	Gewerbesteuer-Durchführungsverordnung
GewStG	=	Gewerbesteuergesetz
GewStR	=	Gewerbesteuer-Richtlinien
GG	=	Grundgesetz
ggf.	=	gegebenenfalls
GmbH	=	Gesellschaft mit beschränkter Haftung
GmbHG	=	Gesetz betreffend die Gesellschaften mit beschränkter Haftung
GmbHR	=	Zeitschrift „GmbH-Rundschau"
grds.	=	grundsätzlich
GrS	=	Großer Senat des Bundesfinanzhofs

H	=	Hinweis
HB-Gewinn	=	Handelsbilanz-Gewinn
HFR	=	Zeitschrift „Höchstrichterliche Finanzrechtsprechung"
HGB	=	Handelsgesetzbuch

i. d. F.	=	in der Fassung
i. d. R.	=	in der Regel
IDW-FN	=	Fachnachrichten des Instituts der Wirtschaftsprüfer in Deutschland e.V.
i. L.	=	in Liquidation
insb.	=	insbesondere
InvStG	=	Investmentsteuergesetz
InvZulG	=	Investitionszulagengesetz
i. R.	=	im Rahmen
i. S.	=	im Sinne

jPöR	=	juristische Person des öffentlichen Rechts
JStG	=	Jahressteuergesetz

KAE	=	Konzessionsabgabenordnung
KAGG	=	Gesetz über Kapitalanlagegesellschaften

KapErhStG	=	Gesetz über steuerrechtliche Maßnahmen bei der Erhöhung des Nennkapitals aus Gesellschafsmitteln
KapESt	=	Kapitalertragsteuer
KG	=	Kommanditgesellschaft
KGaA	=	Kommanditgesellschaft auf Aktien
KSt	=	Körperschaftsteuer
KStDV	=	Körperschaftsteuer-Durchführungsverordnung
KStG	=	Körperschaftsteuergesetz
KStR	=	Körperschaftsteuer-Richtlinien
KWG	=	Kreditwesengesetz
LPG	=	Landwirtschaftliche Produktionsgenossenschaft
LRG	=	Landesrundfunkgesetz
LwAnpG	=	Landwirtschaftsanpassungsgesetz
m. w. N.	=	mit weiteren Nachweisen
n.F.	=	neue Fassung
NV-Bescheinigung	=	Nichtveranlagungsbescheinigung
NWB	=	Zeitschrift „Neue Wirtschafts-Briefe"
o. a.	=	oben angeführt
o. ä.	=	oder ähnliche(s)
ÖPP	=	Öffentlich Private Partnerschaft
OFD	=	Oberfinanzdirektion
		Bln = Berlin; Bre = Bremen; Ch = Chemnitz; Cot = Cottbus; Düs = Düsseldorf; Ef = Erfurt; Fb = Freiburg; Fra = Frankfurt a.M.; Han = Hannover; Hbg = Hamburg; Ka = Karlsruhe; Ki = Kiel; Kln = Köln; Kob, Ko = Koblenz; Mdb = Magdeburg; Mst = Münster; Muc = München; Nbg = Nürnberg; Rhld = Rheinland (Düsseldorf und Köln); Rst = Rostock; Sb = Saarbrücken; St = Stuttgart
o. g.	=	oben genannt
OHG	=	Offene Handelsgesellschaft
PPP	=	Public Private Partnership
R. RL	=	Richtlinie
RAnz	=	Reichsanzeiger
RdErl	=	Runderlaß
RdF	=	Reichsminister der Finanzen
RechKredV	=	Verordnung über die Rechnungslegung bei Kreditinstituten
RGBl	=	Reichsgesetzblatt
RStBl	=	Reichssteuerblatt
Rdvfg.	=	Rundverfügung
RZF	=	Rechenzentrum der Finanzverwaltung
SGB	=	Sozialgesetzbuch
sog.	=	sogenannt(e)
StÄndG	=	Steueränderungsgesetz
StandOG	=	Gesetz zur Verbesserung der steuerlichen Bedingungen zur Sicherung des Wirtschaftsstandorts Deutschland im Europäischen Binnenmarkt (Standortsicherungsgesetz)
StAnpG	=	Steueranpassungsgesetz
StEd	=	Zeitschrift „Steuer-Eildienst"
StEntlG	=	Steuerentlastungsgesetz 1999/2000/2002
StMBG	=	Gesetz zur Bekämpfung des Mißbrauchs und zur Bereinigung des Steuerrechts (Mißbrauchsbekämpfungs- und Steuerbereinigungsgesetz)
Stpfl., stpfl.	=	Steuerpflichtiger, steuerpflichtiger
StVergAG	=	Gesetz zum Abbau vom Steuervergünstigungen und Ausnahmeregelungen
Tz	=	Textziffer

UmwG	=	Umwandlungsgesetz
UmwStG	=	Umwandlungssteuergesetz
UntStFG	=	Gesetz zur Fortentwicklung des Unternehmenssteuerrechts
UntStRefG	=	Unternehmenssteuerreformgesetz
u. U.	=	unter Umständen
v.	=	vom
VAG	=	Versicherungsaufsichtsgesetz
vEK, VEK	=	verwendbares Eigenkapital
vGA	=	verdeckte Gewinnausschüttung
vgl.	=	vergleiche
v. H.	=	vom Hundert
VO	=	Verordnung
VStG	=	Vermögenssteuergesetz
VVaG	=	Versicherungsverein auf Gegenseitigkeit
VZ	=	Veranlagungszeitraum
WGG	=	Wohnungsgemeinnützigkeitsgesetz
WPg	=	Zeitschrift „Die Wirtschaftsprüfung"
ZDF	=	Zweites Deutsches Fernsehen
zzgl.	=	zuzüglich

Körperschaftsteuergesetz[1]

Erster Teil
Steuerpflicht

§ 1
Unbeschränkte Steuerpflicht

(1) Unbeschränkt körperschaftsteuerpflichtig sind die folgenden Körperschaften, Personenvereinigungen und Vermögensmassen, die ihre Geschäftsleitung oder ihren Sitz im Inland haben:

1. Kapitalgesellschaften (insbesondere Europäische Gesellschaften, Aktiengesellschaften, Kommanditgesellschaften auf Aktien, Gesellschaften mit beschränkter Haftung);

2. Genossenschaften einschließlich der Europäischen Genossenschaften;

3. Versicherungs- und Pensionsfondsvereine auf Gegenseitigkeit;

4. sonstige juristische Personen des privaten Rechts;

5. nichtrechtsfähige Vereine, Anstalten, Stiftungen und andere Zweckvermögen des privaten Rechts;

6. Betriebe gewerblicher Art von juristischen Personen des öffentlichen Rechts.

(2) Die unbeschränkte Körperschaftsteuerpflicht erstreckt sich auf sämtliche Einkünfte.

(3) Zum Inland im Sinne dieses Gesetzes gehört auch der der Bundesrepublik Deutschland zustehende Anteil am Festlandsockel, soweit dort Naturschätze des Meeresgrundes und des Meeresuntergrundes erforscht oder ausgebeutet werden oder dieser der Energieerzeugung unter Nutzung erneuerbarer Energien dient.

§ 2
Beschränkte Steuerpflicht

Beschränkt körperschaftsteuerpflichtig sind

1. Körperschaften, Personenvereinigungen und Vermögensmassen, die weder ihre Geschäftsleitung noch ihren Sitz im Inland haben, mit ihren inländischen Einkünften;

2. sonstige Körperschaften, Personenvereinigungen und Vermögensmassen, die nicht unbeschränkt

---

1) Körperschaftsteuergesetz in der Fassung der Bekanntmachung vom 15. Oktober 2002 (BGBl. I S. 4144) unter Berücksichtigung der Änderungen durch:
 – Artikel 2 des Gesetzes zum Abbau von Steuervergünstigungen und Ausnahmeregelungen (Steuervergünstigungsabbaugesetz – StVergAbG) vom 16. Mai 2003 (BGBl. I S. 660)
 – Artikel 6 des Gesetzes zur Neustrukturierung der Förderbanken des Bundes (Förderbankenneustrukturierungsgesetz) vom 15. August 2003 (BGBl. I S. 1657)
 – Artikel 3 des Zweiten Gesetzes zur Änderung steuerlicher Vorschriften (Steueränderungsgesetz 2003 – StÄndG 2003) vom 15. Dezember 2003 (BGBl. I S. 2645)
 – Artikel 3 des Gesetzes zur Umsetzung der Protokollerklärung der Bundesregierung zur Vermittlungsempfehlung zum Steuervergünstigungsabbaugesetz vom 22. Dezember 2003 (BGBl. I S. 2840)
 – Artikel 11 des Haushaltsbegleitgesetzes 2004 (HBeglG 2004) vom 29. Dezember 2003 (BGBl. I S. 3076)
 – Artikel 2 des Gesetzes zur Anpassung der Vorschriften über die Amtshilfe im Bereich der Europäischen Union sowie zur Umsetzung der Richtlinie 2003/49/EG des Rates vom 3. Juni 2003 über eine gemeinsame Steuerregelung für Zahlungen von Zinsen und Lizenzgebühren zwischen verbundenen Unternehmen verschiedener Mitgliedstaaten (EG-Amtshilfe-Anpassungsgesetz) vom 2. Dezember 2004 (BGBl. I S. 3112)
 – Artikel 31 des Gesetzes zur Organisationsreform in der gesetzlichen Rentenversicherung (RVOrgG) vom 9. Dezember 2004 (BGBl. I S. 3242)
 – Artikel 3 des Gesetzes zur Umsetzung von EU-Richtlinien in nationales Steuerrecht und zur Änderung weiterer Vorschriften (Richtlinien-Umsetzungsgesetz - EURLUmsG) vom 9. Dezember 2004 (BGBl. I S. 3310)
 – Artikel 4 des Gesetzes zur Änderung des Versicherungsaufsichtsgesetzes und anderer Gesetze vom 15. Dezember 2004 (BGBl. I S. 3416)
 – Artikel 2 des Steueränderungsgesetzes 2007 vom 19. Juli 2006 (BGBl. I S. 1652)
 – Artikel 6 des Gesetzes zur Umsetzung der neu gefassten Bankenrichtlinie und der neu gefassten Kapitaladäquanzrichtlinie vom 17. November 2006 (BGBl. I S. 2606)
 – Artikel 3 des Gesetzes über steuerliche Begleitmaßnahmen zur Einführung der Europäischen Gesellschaft und zur Änderung weiterer steuerrechtlicher Vorschriften (SEStEG) vom 7. Dezember 2006 (BGBl. I S. 2782) mit Berichtigung vom 24. Januar 2007 (BGBl. I S. 68)
 – Artikel 4 des Jahressteuergesetzes 2007 (JStG 2007) vom 13. Dezember 2006 (BGBl. I S. 2878)
 – Artikel 2 des Unternehmensteuerreformgesetzes 2008 vom 14. August 2007 (BGBl. I S. 1912)
 – Artikel 3 des Gesetzes zur weiteren Stärkung des bürgerschaftlichen Engagements vom 10. Oktober 2007 (BGBl. I S. 2332)
 – Artikel 3 des Jahressteuergesetzes 2008 (JStG 2008) vom 20. Dezember 2007 (BGBl. I S. 3150).
 – Artikel 4 des Gesetzes zur Modernisierung der Rahmenbedingungen für Kapitalbeteiligungen (MoRaKG) vom 12.08.2008 (BGBl. I S. 1677)
 – Artikel 3 des Jahressteuergesetzes 2009 (JStG 2009) vom 19.12.2008 (BGBl. I S. 2794)
 – Artikel 6 des Gesetzes zur Modernisierung und Entbürokratisierung des Steuerverfahrens (Steuerbürokratieabbaugesetz) vom 20.12.2008 (BGBl. I S. 2850).
 – Art. 6 des Dritten Mittelstandsentlastungsgesetzes vom 17. März 2009 (BGBl. I S. 550);
 – Art. 2 des Gesetzes zur Fortführung der Gesetzeslage bei der Entfernungspauschale vom 20. April 2009 (BGBl. I S. 774);
 – Art. 7 des Bürgerentlastungsgesetzes Krankenversicherung vom 16. Juli 2009 (BGBl. I S. 1959);
 – Art. 2 des Steuerhinterziehungsbekämpfungsgesetzes vom 29. Juli 2009 (BGBl. I S. 2302);
 – Art. 2 des Wachstumsbeschleunigungsgesetzes vom 22. Dezember 2009 (BGBl. I S. 3950).

steuerpflichtig sind, mit den inländischen Einkünften, die dem Steuerabzug vollständig oder teilweise unterliegen; inländische Einkünfte sind auch

a) die Entgelte, die den sonstigen Körperschaften, Personenvereinigungen oder Vermögensmassen dafür gewährt werden, dass sie Anteile an einer Kapitalgesellschaft mit Sitz oder Geschäftsleitung im Inland einem Anderen überlassen und der Andere, dem die Anteile zuzurechnen sind, diese Anteile oder gleichartige Anteile zurückzugeben hat,

b) die Entgelte, die den sonstigen Körperschaften, Personenvereinigungen oder Vermögensmassen im Rahmen eines Wertpapierpensionsgeschäfts im Sinne des § 340b Abs. 2 des Handelsgesetzbuchs gewährt werden, soweit Gegenstand des Wertpapierpensionsgeschäfts Anteile an einer Kapitalgesellschaft mit Sitz oder Geschäftsleitung im Inland sind, und

c) die in § 8b Abs. 10 Satz 2 genannten Einnahmen oder Bezüge, die den sonstigen Körperschaften, Personenvereinigungen oder Vermögensmassen als Entgelt für die Überlassung von Anteilen an einer Kapitalgesellschaft mit Sitz oder Geschäftsleitung im Inland gewährt gelten.

§ 3
Abgrenzung der Steuerpflicht bei nichtrechtsfähigen Personenvereinigungen und Vermögensmassen sowie bei Realgemeinden

(1) Nichtrechtsfähige Personenvereinigungen, Anstalten, Stiftungen und andere Zweckvermögen sind körperschaftsteuerpflichtig, wenn ihr Einkommen weder nach diesem Gesetz noch nach dem Einkommensteuergesetz bei einem anderen Steuerpflichtigen zu versteuern ist.

(2) [1]Hausberg-, Wald-, Forst- und Laubgenossenschaften und ähnliche Realgemeinden, die zu den in § 1 bezeichneten Steuerpflichtigen gehören, sind nur insoweit körperschaftsteuerpflichtig, als sie einen Gewerbebetrieb unterhalten oder verpachten, der über das Rahmen eines Nebenbetriebs hinausgeht. [2]Im Übrigen sind ihre Einkünfte unmittelbar bei den Beteiligten zu versteuern.

§ 4
Betriebe gewerblicher Art von juristischen Personen des öffentlichen Rechts

(1) [1]Betriebe gewerblicher Art von juristischen Personen des öffentlichen Rechts im Sinne des § 1 Abs. 1 Nr. 6 sind vorbehaltlich des Absatzes 5 alle Einrichtungen, die einer nachhaltigen wirtschaftlichen Tätigkeit zur Erzielung von Einnahmen außerhalb der Land- und Forstwirtschaft dienen und die sich innerhalb der Gesamtbetätigung der juristischen Person wirtschaftlich herausheben. [2]Die Absicht, Gewinn zu erzielen, und die Beteiligung am allgemeinen wirtschaftlichen Verkehr sind nicht erforderlich.

(2) Ein Betrieb gewerblicher Art ist auch unbeschränkt steuerpflichtig, wenn er selbst eine juristische Person des öffentlichen Rechts ist.

(3) Zu den Betrieben gewerblicher Art gehören auch Betriebe, die der Versorgung der Bevölkerung mit Wasser, Gas, Elektrizität oder Wärme, dem öffentlichen Verkehr oder dem Hafenbetrieb dienen.

(4) Als Betrieb gewerblicher Art gilt die Verpachtung eines solchen Betriebs.

(5) [1]Zu den Betrieben gewerblicher Art gehören nicht Betriebe, die überwiegend der Ausübung der öffentlichen Gewalt dienen (Hoheitsbetriebe). [2]Für die Annahme eines Hoheitsbetriebs reichen Zwangs- oder Monopolrechte nicht aus.

(6) [1]Ein Betrieb gewerblicher Art kann mit einem oder mehreren anderen Betrieben gewerblicher Art zusammengefasst werden, wenn

1. sie gleichartig sind,

2. zwischen ihnen nach dem Gesamtbild der tatsächlichen Verhältnisse objektiv eine enge wechselseitige technisch-wirtschaftliche Verflechtung von einigem Gewicht besteht, oder

3. Betriebe gewerblicher Art im Sinne des Absatzes 3 vorliegen.

[2]Ein Betrieb gewerblicher Art kann nicht mit einem Hoheitsbetrieb zusammengefasst werden.

§ 5
Befreiungen

(1) Von der Körperschaftsteuer sind befreit

1. das Bundeseisenbahnvermögen, die Monopolverwaltungen des Bundes, die staatlichen Lotterieunternehmen und der Erdölbevorratungsverband nach § 2 Abs. 1 des Erdölbevorratungsgesetzes vom 25. Juli 1978 (BGBl. I S. 1073);

2. die Deutsche Bundesbank, die Kreditanstalt für Wiederaufbau, die Landwirtschaftliche Rentenbank, die Bayerische Landesanstalt für Aufbaufinanzierung, die Investitionsbank Hessen, die Niedersächsische Gesellschaft für öffentliche Finanzierung mit beschränkter Haftung, die Bremer Aufbau-Bank GmbH, die Landeskreditbank Baden-Württemberg – Förderbank, die Bayerische Landesbodenkreditanstalt, die Investitionsbank Berlin, die Hamburgische Wohnungsbaukreditanstalt, die NRW.Bank, die Wohnungsbauförderungsanstalt Nordrhein-Westfalen – Anstalt der NRW.Bank –, die Investitions- und Förderbank Niedersachsen, die Saarländische Investitionskreditbank Aktiengesellschaft, die Investitionsbank Schleswig-Holstein, die Investitionsbank des Landes Brandenburg, die Sächsische Aufbaubank – Förderbank –, die Thüringer Aufbaubank, die Investitionsbank Sachsen-Anhalt – Anstalt der Norddeutschen Landesbank – Girozentrale –, die Investitions- und Strukturbank Rheinland-Pfalz, das Landesförderinstitut Mecklenburg-Vorpommern – Geschäftsbereich der Norddeutschen Landesbank Girozentrale –, die Landestreuhandstelle Hessen – Bank für Infrastruktur – rechtlich unselbständige Anstalt in der Landesbank Hessen-Thüringen Girozentrale und die Liquiditäts-Konsortialbank Gesellschaft mit beschränkter Haftung;

2a. die Bundesanstalt für vereinigungsbedingte Sonderaufgaben;

3. rechtsfähige Pensions-, Sterbe- und Krankenkassen, die den Personen, denen die Leistungen der Kasse zugute kommen oder zugute kommen sollen (Leistungsempfängern), einen Rechtsanspruch gewähren, und rechtsfähige Unterstützungskassen, die den Leistungsempfängern keinen Rechtsanspruch gewähren,

a) wenn sich die Kasse beschränkt

aa) auf Zugehörige oder frühere Zugehörige einzelner oder mehrerer wirtschaftlicher Geschäftsbetriebe oder

bb) auf Zugehörige oder frühere Zugehörige der Spitzenverbände der freien Wohlfahrtspflege (Arbeiterwohlfahrt-Bundesverband e.V., Deutscher Caritasverband e.V., Deutscher Paritätischer Wohlfahrtsverband e.V., Deutsches Rotes Kreuz, Diakonisches Werk – Innere Mission und Hilfswerk der Evangelischen Kirche in Deutschland sowie Zentralwohlfahrtsstelle der Juden in Deutschland e.V.) einschließlich ihrer Untergliederungen, Einrichtungen und Anstalten und sonstiger gemeinnütziger Wohlfahrtsverbände oder

cc) auf Arbeitnehmer sonstiger Körperschaften, Personenvereinigungen und Vermögensmassen im Sinne der §§ 1 und 2; den Arbeitnehmern stehen Personen, die sich in einem arbeitnehmerähnlichen Verhältnis befinden, gleich;

zu den Zugehörigen oder Arbeitnehmern rechnen jeweils auch deren Angehörige;

b) wenn sichergestellt ist, dass der Betrieb der Kasse nach dem Geschäftsplan und nach Art und Höhe der Leistungen eine soziale Einrichtung darstellt. ²Diese Voraussetzung ist bei Unterstützungskassen, die Leistungen von Fall zu Fall gewähren, nur gegeben, wenn sich diese Leistungen mit Ausnahme des Sterbegeldes auf Fälle der Not oder Arbeitslosigkeit beschränken;

c) wenn vorbehaltlich des § 6 die ausschließliche und unmittelbare Verwendung des Vermögens und der Einkünfte der Kasse nach der Satzung und der tatsächlichen Geschäftsführung für die Zwecke der Kasse dauernd gesichert ist;

d) wenn bei Pensions-, Sterbe- und Krankenkassen am Schluss des Wirtschaftsjahrs, zu dem der Wert der Deckungsrückstellung versicherungsmathematisch zu berechnen ist, das nach den handelsrechtlichen Grundsätzen ordnungsmäßiger Buchführung unter Berücksichtigung des Geschäftsplans sowie der allgemeinen Versicherungsbedingungen und der fachlichen Geschäftsunterlagen im Sinne des § 5 Abs. 3 Nr. 2 Halbsatz 2 des Versicherungsaufsichtsgesetzes auszuweisende Vermögen nicht höher ist als bei einem Versicherungsverein auf Gegenseitigkeit die Verlustrücklage und bei einer Kasse anderer Rechtsform der dieser Rücklage entsprechende Teil des Vermögens. ²Bei der Ermitt-

lung des Vermögens ist eine Rückstellung für Beitragsrückerstattung nur insoweit abziehbar, als den Leistungsempfängern ein Anspruch auf die Überschussbeteiligung zusteht. ³Übersteigt das Vermögen der Kasse den bezeichneten Betrag, so ist die Kasse nach Maßgabe des § 6 Abs. 1 bis 4 steuerpflichtig; und

e) wenn bei Unterstützungskassen am Schluss des Wirtschaftsjahrs das Vermögen ohne Berücksichtigung künftiger Versorgungsleistungen nicht höher ist als das um 25 Prozent erhöhte zulässige Kassenvermögen. ²Für die Ermittlung des tatsächlichen und des zulässigen Kassenvermögens gilt § 4d des Einkommensteuergesetzes. ³Übersteigt das Vermögen der Kasse den in Satz 1 bezeichneten Betrag, so ist die Kasse nach Maßgabe des § 6 Abs. 5 steuerpflichtig;

4. kleinere Versicherungsvereine auf Gegenseitigkeit im Sinne des § 53 des Versicherungsaufsichtsgesetzes, wenn

a) ihre Beitragseinnahmen im Durchschnitt der letzten drei Wirtschaftsjahre einschließlich des im Veranlagungszeitraum endenden Wirtschaftsjahrs die durch Rechtsverordnung festzusetzenden Jahresbeträge nicht übersteigen haben oder

b) sich ihr Geschäftsbetrieb auf die Sterbegeldversicherung beschränkt und die Versicherungsvereine nach dem Geschäftsplan sowie nach Art und Höhe der Leistungen soziale Einrichtungen darstellen;

5. Berufsverbände ohne öffentlich-rechtlichen Charakter sowie kommunale Spitzenverbände auf Bundes- oder Landesebene einschließlich ihrer Zusammenschlüsse, wenn der Zweck dieser Verbände nicht auf einen wirtschaftlichen Geschäftsbetrieb gerichtet ist. ²Die Steuerbefreiung ist ausgeschlossen,

a) soweit die Körperschaften oder Personenvereinigungen einen wirtschaftlichen Geschäftsbetrieb unterhalten oder

b) wenn die Berufsverbände Mittel von mehr als 10 Prozent der Einnahmen für die unmittelbare oder mittelbare Unterstützung oder Förderung politischer Parteien verwenden.

³Die Sätze 1 und 2 gelten auch für Zusammenschlüsse von juristischen Personen des öffentlichen Rechts, die wie die Berufsverbände allgemeine ideelle und wirtschaftliche Interessen ihrer Mitglieder wahrnehmen. ⁴Verwenden Berufsverbände Mittel für die unmittelbare oder mittelbare Unterstützung oder Förderung politischer Parteien, beträgt die Körperschaftsteuer 50 Prozent der Zuwendungen;

6. Körperschaften oder Personenvereinigungen, deren Hauptzweck die Verwaltung des Vermögens für einen nichtrechtsfähigen Berufsverband im Sinne der Nummer 5 bezeichneten Art ist, sofern ihre Erträge im Wesentlichen aus dieser Vermögensverwaltung herrühren und ausschließlich dem Berufsverband zufließen;

7. politische Parteien im Sinne des § 2 des Parteiengesetzes und ihre Gebietsverbände sowie kom-

munale Wählervereinigungen und ihre Dachverbände. [2]Wird ein wirtschaftlicher Geschäftsbetrieb unterhalten, so ist die Steuerbefreiung insoweit ausgeschlossen;

8. öffentlich-rechtliche Versicherungs- und Versorgungseinrichtungen von Berufsgruppen, deren Angehörige auf Grund einer durch Gesetz angeordneten oder auf Gesetz beruhenden Verpflichtung Mitglieder dieser Einrichtung sind, wenn die Satzung der Einrichtung die Zahlung keiner höheren jährlichen Beiträge zulässt als das Zwölffache der Beiträge, die sich bei einer Beitragsbemessungsgrundlage in Höhe der doppelten monatlichen Beitragsbemessungsgrenze in der allgemeinen Rentenversicherung ergeben würden. [2]Ermöglicht die Satzung der Einrichtung nur Pflichtmitgliedschaften sowie freiwillige Mitgliedschaften, die unmittelbar an eine Pflichtmitgliedschaft anschließen, so steht dies der Steuerbefreiung nicht entgegen, wenn die Satzung die Zahlung keiner höheren jährlichen Beiträge zulässt als das Fünfzehnfache der Beiträge, die sich bei einer Beitragsbemessungsgrundlage in Höhe der doppelten monatlichen Beitragsbemessungsgrenze in der allgemeinen Rentenversicherung ergeben würden;

9. Körperschaften, Personenvereinigungen und Vermögensmassen, die nach der Satzung, dem Stiftungsgeschäft oder der sonstigen Verfassung und nach der tatsächlichen Geschäftsführung ausschließlich und unmittelbar gemeinnützigen, mildtätigen oder kirchlichen Zwecken dienen (§§ 51 bis 68 der Abgabenordnung). [2]Wird ein wirtschaftlicher Geschäftsbetrieb unterhalten, ist die Steuerbefreiung insoweit ausgeschlossen. [3]Satz 2 gilt nicht für selbst bewirtschaftete Forstbetriebe;

10. Erwerbs- und Wirtschaftsgenossenschaften sowie Vereine, soweit sie

a) Wohnungen herstellen oder erwerben und sie den Mitgliedern auf Grund eines Mietvertrags oder auf Grund eines genossenschaftlichen Nutzungsvertrags zum Gebrauch überlassen; den Wohnungen stehen Räume in Wohnheimen im Sinne des § 15 des Zweiten Wohnungsbaugesetzes gleich,

b) im Zusammenhang mit einer Tätigkeit im Sinne des Buchstabens a Gemeinschaftsanlagen oder Folgeeinrichtungen herstellen oder erwerben und sie betreiben, wenn sie überwiegend für Mitglieder bestimmt sind und der Betrieb durch die Genossenschaft oder den Verein notwendig ist.

[2]Die Steuerbefreiung ist ausgeschlossen, wenn die Einnahmen des Unternehmens aus den in Satz 1 nicht bezeichneten Tätigkeiten 10 Prozent der gesamten Einnahmen übersteigen;

11. (weggefallen)

12. die von den zuständigen Landesbehörden begründeten oder anerkannten gemeinnützigen Siedlungsunternehmen im Sinne des Reichssiedlungsgesetzes in der jeweils aktuellen Fassung oder entsprechender Landesgesetze, soweit diese Landesgesetze nicht wesentlich von den Be-

stimmungen des Reichssiedlungsgesetzes abweichen, und im Sinne der Bodenreformgesetze der Länder, soweit die Unternehmen im ländlichen Raum Siedlungs-, Agrarstrukturverbesserungs- und Landentwicklungsmaßnahmen mit Ausnahme des Wohnungsbaus durchführen. [2]Die Steuerbefreiung ist ausgeschlossen, wenn die Einnahmen des Unternehmens aus den in Satz 1 nicht bezeichneten Tätigkeiten die Einnahmen aus den in Satz 1 bezeichneten Tätigkeiten übersteigen;

13. (weggefallen)

14. Erwerbs- und Wirtschaftsgenossenschaften sowie Vereine, soweit sich ihr Geschäftsbetrieb beschränkt

a) auf die gemeinschaftliche Benutzung land- und forstwirtschaftlicher Betriebseinrichtungen oder Betriebsgegenstände,

b) auf Leistungen im Rahmen von Dienst- oder Werkverträgen für die Produktion land- und forstwirtschaftlicher Erzeugnisse für die Betriebe der Mitglieder, wenn die Leistungen im Bereich der Land- und Forstwirtschaft liegen; dazu gehören auch Leistungen zur Erstellung und Unterhaltung von Betriebsvorrichtungen, Wirtschaftswegen und Bodenverbesserungen,

c) auf die Bearbeitung oder die Verwertung der von den Mitgliedern selbst gewonnenen land- und forstwirtschaftlichen Erzeugnisse, wenn die Bearbeitung oder die Verwertung im Bereich der Land- und Forstwirtschaft liegt, oder

d) auf die Beratung für die Produktion oder Verwertung land- und forstwirtschaftlicher Erzeugnisse der Betriebe der Mitglieder.

[2]Die Steuerbefreiung ist ausgeschlossen, wenn die Einnahmen des Unternehmens aus den in Satz 1 nicht bezeichneten Tätigkeiten 10 Prozent der gesamten Einnahmen übersteigen. [3]Bei Genossenschaften und Vereinen, deren Geschäftsbetrieb sich überwiegend auf die Durchführung von Milchqualitäts- und Milchleistungsprüfungen oder auf die Tierbesamung beschränkt, bleiben die auf diese Tätigkeiten gerichteten Zweckgeschäfte mit Nichtmitgliedern bei der Berechnung der 10-Prozentgrenze außer Ansatz;

15. der Pensions-Sicherungs-Verein Versicherungsverein auf Gegenseitigkeit,

a) wenn er mit Erlaubnis der Versicherungsaufsichtsbehörde ausschließlich die Aufgaben des Trägers der Insolvenzsicherung wahrnimmt, die sich aus dem Gesetz zur Verbesserung der betrieblichen Altersversorgung vom 19. Dezember 1974 (BGBl. I S. 3610) ergeben, und

b) wenn seine Leistungen nach dem Kreis der Empfänger sowie nach Art und Höhe den in den §§ 7 bis 9, 17 und 30 des Gesetzes zur Verbesserung der betrieblichen Altersversorgung bezeichneten Rahmen nicht überschreiten;

16. Körperschaften, Personenvereinigungen und Vermögensmassen, die als Entschädigungs-

einrichtungen im Sinne des Einlagensicherungs- und Anlegerentschädigungsgesetzes vom 16. Juli 1998 (BGBl. I S. 1842) oder als Sicherungs- einrichtung eines Verbandes der Kreditinstitute nach ihrer Satzung oder sonstigen Verfassung ausschließlich den Zweck haben, bei Gefahr für die Erfüllung der Verpflichtungen eines Kredit- instituts im Sinne des § 1 Abs. 1 des Gesetzes über das Kreditwesen oder eines Finanzdienst- leistungsinstituts im Sinne des § 1 Abs. 1a Satz 2 Nr. 1 bis 4 des Gesetzes über das Kreditwesen Hilfe zu leisten. [2]Voraussetzung ist, dass das Ver- mögen und etwa erzielte Überschüsse nur zur Erreichung des gesetzlichen oder satzungsmäßi- gen Zwecks verwendet werden. [3]Die Sätze 1 und 2 gelten entsprechend für Sicherungsfonds im Sinne der §§ 126 und 127 des Versicherungsauf- sichtsgesetzes sowie für Einrichtungen zur Siche- rung von Einlagen bei Wohnungsgenossenschaf- ten mit Spareinrichtung. [4]Die Steuerbefreiung ist für wirtschaftliche Geschäftsbetriebe ausge- schlossen, die nicht ausschließlich auf die Erfül- lung der begünstigten Aufgaben gerichtet sind;

17. Bürgschaftsbanken (Kreditgarantiegemeinschaf- ten), deren Tätigkeit sich auf die Wahrnehmung von Wirtschaftsförderungsmaßnahmen insbe- sondere in Form der Übernahme und Verwaltung von staatlichen Bürgschaften und Garantien oder von Bürgschaften und Garantien mit staatlichen Rückbürgschaften oder auf der Grundlage staat- lich anerkannter Richtlinien gegenüber Kredit- instituten, Versicherungsunternehmen, Leasing- gesellschaften und Beteiligungsgesellschaften für Kredite, Leasingforderungen und Beteiligungen an mittelständischen Unternehmen zu ihrer Gründung und zur Erhaltung und Förderung ihrer Leistungsfähigkeit beschränkt. [2]Vorraus- setzung ist, dass das Vermögen und etwa erzielte Überschüsse nur zur Erreichung der in Satz 1 genannten Zwecks verwendet werden;

18. Wirtschaftsförderungsgesellschaften, deren Tä- tigkeit sich auf die Verbesserung der sozialen und wirtschaftlichen Struktur einer bestimmten Re- gion durch Förderung der Wirtschaft, insbe- sondere der Industrieansiedlung, Beschaffung neuer Arbeitsplätze und der Sanierung von Alt- lasten beschränkt, wenn an ihnen überwiegend Gebietskörperschaften beteiligt sind. [2]Vorraus- setzung ist, dass das Vermögen und etwa erzielte Überschüsse nur zur Erreichung der in Satz 1 genannten Zwecks verwendet werden;

19. Gesamthafenbetriebe im Sinne des § 1 des Ge- setzes über die Schaffung eines besonderen Ar- beitgebers für Hafenarbeiter vom 3. August 1950 (BGBl. S. 352), soweit sie Tätigkeiten ausüben, die in § 2 dieses Gesetzes bestimmt und nach § 2 Abs. 2 dieses Gesetzes genehmigt worden sind. [2]Voraussetzung ist, dass das Vermögen und etwa erzielte Überschüsse nur zur Erfüllung der begünstigten Tätigkeiten verwendet werden. [3]Wird ein wirtschaftlicher Geschäftsbetrieb un- terhalten, dessen Tätigkeit nicht ausschließlich auf die Erfüllung der begünstigten Tätigkeiten

gerichtet ist, ist die Steuerbefreiung insoweit aus- geschlossen;

20. Zusammenschlüsse von juristischen Personen des öffentlichen Rechts, von steuerbefreiten Körper- schaften oder von steuerbefreiten Personenver- einigungen,

a) deren Tätigkeit sich auf den Zweck be- schränkt, im Wege des Umlageverfahrens die Versorgungslasten auszugleichen, die den Mitgliedern aus Versorgungszusagen gegen- über ihren Arbeitnehmern erwachsen,

b) wenn am Schluss des Wirtschaftsjahrs das Vermögen nicht höher ist als 60 Prozent der im Wirtschaftsjahr erbrachten Leistungen an die Mitglieder;

21. die nicht in der Rechtsform einer Körperschaft des öffentlichen Rechts errichteten Arbeitsge- meinschaften Medizinischer Dienst der Kran- kenversicherung im Sinne des § 278 des Fünften Buches Sozialgesetzbuch und der Medizinische Dienst der Spitzenverbände der Krankenkassen im Sinne des § 282 des Fünften Buches Sozialge- setzbuch, soweit sie die in diesen durch Gesetz zu- gewiesenen Aufgaben wahrnehmen. [2]Vorausset- zung ist, dass das Vermögen und etwa erzielte Überschüsse nur zur Erreichung der in Satz 1 genannten Zwecke verwendet werden;

22. gemeinsame Einrichtungen der Tarifvertrags- parteien im Sinne des § 4 Abs. 2 des Tarif- vertragsgesetzes vom 25. August 1969 (BGBl. I S. 1323), die satzungsmäßige Beiträge auf der Grundlage des § 186a des Arbeitsförderungs- gesetzes vom 25. Juni 1969 (BGBl. I S. 582) und tarifvertraglicher Vereinbarungen erheben und Leistungen ausschließlich an die tarifgebundenen Arbeitnehmer des Gewerbezweigs oder an deren Hinterbliebene erbringen, wenn sie dabei zu nicht steuerbegünstigten Betrieben derselben oder ähnlicher Art nicht in größerem Umfang in Wettbewerb treten, als es bei Erfüllung ihrer be- günstigten Aufgaben unvermeidlich ist. [2]Wird ein wirtschaftlicher Geschäftsbetrieb unterhalten, dessen Tätigkeit nicht ausschließlich auf die Er- füllung der begünstigten Tätigkeiten gerichtet ist, ist die Steuerbefreiung insoweit ausgeschlossen;

23. die Auftragsforschung öffentlich-rechtlicher Wissenschafts- und Forschungseinrichtungen; ist die Tätigkeit auf die Anwendung gesicherter wissenschaftlicher Erkenntnisse, die Übernahme von Projektträgerschaften sowie wirtschaftliche Tä- tigkeiten ohne Forschungsbezug gerichtet, ist die Steuerbefreiung insoweit ausgeschlossen;

(2) Die Befreiungen nach Absatz 1 und nach an- deren Gesetzen als dem Körperschaftsteuergesetz gelten nicht

1. für inländische Einkünfte, die dem Steuerabzug vollständig oder teilweise unterliegen; Entspre- chendes gilt für die in § 32 Abs. 3 Satz 1 zweiter Halbsatz genannten Einkünfte,

2. [1]für beschränkt Steuerpflichtige im Sinne § 2 Nr. 1, es sei denn, es handelt sich um Steuer- pflichtige im Sinne des Absatzes 1 Nr. 9, die nach

---

1) § 5 Abs. 2 Nr. 2 ist. gem. § 34 Abs. 5a auch für VZ vor 2009 anzuwenden.

den Rechtsvorschriften eines Mitgliedstaats der Europäischen Union oder nach den Rechtsvorschriften eines Staates, auf den das Abkommen über den Europäischen Wirtschaftsraum vom 3. Januar 1994 (ABl. EG Nr. L 1 S. 3), zuletzt geändert durch den Beschluss des Gemeinsamen EWR-Ausschusses Nr. 91/2007 vom 6. Juli 2007 (ABl. EU Nr. L 328 S. 40), in der jeweiligen Fassung Anwendung findet, gegründete Gesellschaften im Sinne des Artikels 48 des Vertrags zur Gründung der Europäischen Gemeinschaft oder des Artikels 34 des Abkommens über den Europäischen Wirtschaftsraum sind deren Sitz und Ort der Geschäftsleitung sich innerhalb des Hoheitsgebiets eines dieser Staaten befindet, und mit diesen Staaten ein Amtshilfeabkommen besteht,

3. soweit § 38 Abs. 2 anzuwenden ist.

§ 6
Einschränkung der Befreiung von Pensions-, Sterbe-, Kranken- und Unterstützungskassen

(1) Übersteigt am Schluss des Wirtschaftsjahrs, zu dem der Wert der Deckungsrückstellung versicherungsmathematisch zu berechnen ist, das Vermögen einer Pensions-, Sterbe- oder Krankenkasse im Sinne des § 5 Abs. 1 Nr. 3 den in Buchstabe d dieser Vorschrift bezeichneten Betrag, so ist die Kasse steuerpflichtig, soweit ihr Einkommen anteilig auf das übersteigende Vermögen entfällt.

(2) Die Steuerpflicht entfällt mit Wirkung für die Vergangenheit, soweit das übersteigende Vermögen innerhalb von achtzehn Monaten nach dem Schluss des Wirtschaftsjahrs, für das es festgestellt worden ist, mit Zustimmung der Versicherungsaufsichtsbehörde zur Leistungserhöhung, zur Auszahlung an das Trägerunternehmen, zur Verrechnung mit Zuwendungen des Trägerunternehmens, zur gleichmäßigen Herabsetzung künftiger Zuwendungen des Trägerunternehmens oder zur Verminderung der Beiträge der Leistungsempfänger verwendet wird.

(3) Wird das übersteigende Vermögen nicht in der in Absatz 2 bezeichneten Weise verwendet, so erstreckt sich die Steuerpflicht auch auf die folgenden Kalenderjahre, für die der Wert der Deckungsrückstellung nicht versicherungsmathematisch zu berechnen ist.

(4) [1]Bei der Ermittlung des Einkommens der Kasse sind Beitragsrückerstattungen oder sonstige Vermögensübertragungen an das Trägerunternehmen außer in den Fällen des Absatzes 2 nicht abziehbar. [2]Das Gleiche gilt für Zuführungen zu einer Rückstellung für Beitragsrückerstattung, soweit den Leistungsempfängern ein Anspruch auf die Überschussbeteiligung nicht zusteht.

(5) [1]Übersteigt am Schluss des Wirtschaftsjahrs das Vermögen einer Unterstützungskasse im Sinne des § 5 Abs. 1 Nr. 3 den in Buchstabe e dieser Vorschrift bezeichneten Betrag, so ist die Kasse steuerpflichtig, soweit ihr Einkommen anteilig auf das übersteigende Vermögen entfällt. [2]Bei der Ermittlung des Einkommens sind Vermögensübertragungen an das Trägerunternehmen nicht abziehbar.

(6) [1]Auf den Teil des Vermögens einer Pensions-, Sterbe-, Kranken- oder Unterstützungskasse, der am Schluss des Wirtschaftsjahrs den in § 5 Abs. 1 Nr. 3 Buchstabe d oder e bezeichneten Betrag übersteigt, ist Buchstabe c dieser Vorschrift nicht anzuwenden. [2]Bei Unterstützungskassen gilt dies auch, soweit das Vermögen vor dem Schluss des Wirtschaftsjahrs den in § 5 Abs. 1 Nr. 3 Buchstabe e bezeichneten Betrag übersteigt.

Zweiter Teil
Einkommen

Erstes Kapitel
Allgemeine Vorschriften

§ 7
Grundlagen der Besteuerung

(1) Die Körperschaftsteuer bemisst sich nach dem zu versteuernden Einkommen.

(2) Zu versteuerndes Einkommen ist das Einkommen im Sinne des § 8 Abs. 1, vermindert um die Freibeträge der §§ 24 und 25.

(3) [1]Die Körperschaftsteuer ist eine Jahressteuer. [2]Die Grundlagen für ihre Festsetzung sind jeweils für ein Kalenderjahr zu ermitteln. [3]Besteht die unbeschränkte oder beschränkte Steuerpflicht nicht während eines ganzen Kalenderjahrs, so tritt an die Stelle des Kalenderjahrs der Zeitraum der jeweiligen Steuerpflicht.

(4) [1]Bei Steuerpflichtigen, die verpflichtet sind, Bücher nach den Vorschriften des Handelsgesetzbuchs zu führen, ist der Gewinn nach dem Wirtschaftsjahr zu ermitteln, für das sie regelmäßig Abschlüsse machen. [2]Weicht bei diesen Steuerpflichtigen das Wirtschaftsjahr, für das sie regelmäßig Abschlüsse machen, vom Kalenderjahr ab, so gilt der Gewinn aus Gewerbebetrieb als in dem Kalenderjahr bezogen, in dem das Wirtschaftsjahr endet. [3]Die Umstellung des Wirtschaftsjahrs auf einen vom Kalenderjahr abweichenden Zeitraum ist steuerlich nur wirksam, wenn sie im Einvernehmen mit dem Finanzamt vorgenommen wird.

§ 8
Ermittlung des Einkommens

(1) [1]Was als Einkommen gilt und wie das Einkommen zu ermitteln ist, bestimmt sich nach den Vorschriften des Einkommensteuergesetzes und dieses Gesetzes. [2]Bei Betrieben gewerblicher Art im Sinne des § 4 sind die Absicht, Gewinn zu erzielen, und die Beteiligung am allgemeinen wirtschaftlichen Verkehr nicht erforderlich.[1] [3]Bei den inländischen öffentlich-rechtlichen Rundfunkanstalten beträgt das Einkommen aus dem Geschäft der Veranstaltung von Werbesendungen 16 Prozent der Entgelte (§ 10 Abs. 1 des Umsatzsteuergesetzes) aus Werbesendungen.

(2) Bei unbeschränkt Steuerpflichtigen im Sinne des § 1 Abs. 1 Nr. 1 bis 3 sind alle Einkünfte als Einkünfte aus Gewerbebetrieb zu behandeln.

(3) [1]Für die Ermittlung des Einkommens ist es ohne Bedeutung, ob das Einkommen verteilt wird. [2]Auch verdeckte Gewinnausschüttungen sowie Aus-

---

1) Der durch das JStG 2009 neu eingefügte § 8 Abs. 1 Satz 2 ist gem. § 34 Abs. 6 auch für VZ vor 2009 anzuwenden.

schüttungen jeder Art auf Genussrechte, mit denen das Recht auf Beteiligung am Gewinn und am Liquidationserlös der Kapitalgesellschaft verbunden ist, mindern das Einkommen nicht. [3]Verdeckte Einlagen erhöhen das Einkommen nicht. [4]Das Einkommen erhöht sich, soweit eine verdeckte Einlage das Einkommen des Gesellschafters gemindert hat. [5]Satz 4 gilt auch für eine verdeckte Einlage, die auf einer verdeckten Gewinnausschüttung einer dem Gesellschafter nahe stehenden Person beruht und bei der Besteuerung des Gesellschafters nicht berücksichtigt wurde, es sei denn, die verdeckte Gewinnausschüttung hat bei der leistenden Körperschaft das Einkommen nicht gemindert. [6]In den Fällen des Satzes 5 erhöht die verdeckte Einlage nicht die Anschaffungskosten der Beteiligung.

(4) (aufgehoben)[1]

(5) Bei Personenvereinigungen bleiben für die Ermittlung des Einkommens Beiträge, die auf Grund der Satzung von den Mitgliedern lediglich in ihrer Eigenschaft als Mitglieder erhoben werden, außer Ansatz.

(6) Besteht das Einkommen nur aus Einkünften, von denen lediglich ein Steuerabzug vorzunehmen ist, so ist ein Abzug von Betriebsausgaben oder Werbungskosten nicht zulässig.

(7)[2] [1]Die Rechtsfolgen einer verdeckten Gewinnausschüttung im Sinne des Absatzes 3 Satz 2 sind

1. bei Betrieben gewerblicher Art im Sinne des § 4 nicht bereits deshalb zu ziehen, weil sie ein Dauerverlustgeschäft ausüben;

2. bei Kapitalgesellschaften nicht bereits deshalb zu ziehen, weil sie ein Dauerverlustgeschäft ausüben. [2]Satz 1 gilt nur bei Kapitalgesellschaften, bei denen die Mehrheit der Stimmrechte unmittelbar oder mittelbar auf juristische Personen des öffentlichen Rechts entfällt und nachweislich ausschließlich diese Gesellschafter die Verluste aus Dauerverlustgeschäften tragen.

[2]Ein Dauerverlustgeschäft liegt vor, soweit aus verkehrs-, umwelt-, sozial-, kultur-, bildungs- oder gesundheitspolitischen Gründen eine wirtschaftliche Betätigung ohne kostendeckendes Entgelt unterhalten wird oder in den Fällen von Satz 1 Nr. 2 das Geschäft Ausfluss einer Tätigkeit ist, die bei juristischen Personen des öffentlichen Rechts zu einem Hoheitsbetrieb gehört.

(8) [1]Werden Betriebe gewerblicher Art zusammengefasst, ist § 10d des Einkommensteuergesetzes auf den Betrieb gewerblicher Art anzuwenden, der sich durch die Zusammenfassung ergibt. [2]Nicht ausgeglichene negative Einkünfte der einzelnen Betriebe gewerblicher Art aus der Zeit vor der Zusammenfassung können nicht beim zusammengefassten Betrieb gewerblicher Art abgezogen werden. [3]Ein Rücktrag von Verlusten des zusammengefassten Betriebs gewerblicher Art auf die einzelnen Betriebe gewerblicher Art vor Zusammenfassung ist unzulässig. [4]Ein bei einem Betrieb gewerblicher Art vor der Zusammenfassung festgestellter Verlustvortrag kann nach Maßgabe des § 10d des Einkommensteuergesetzes vom Gesamtbetrag der Einkünfte abgezogen werden, den dieser Betrieb gewerblicher Art nach Beendigung der Zusammenfassung erzielt. [5]Die Einschränkungen der Sätze 2 bis 4 gelten nicht, wenn gleichartige Betriebe gewerblicher Art zusammengefasst oder getrennt werden.

(9) [1]Wenn für Kapitalgesellschaften Absatz 7 Satz 1 Nr. 2 zur Anwendung kommt, sind die einzelnen Tätigkeiten der Gesellschaft nach folgender Maßgabe Sparten zuzuordnen:

1. Tätigkeiten, die als Dauerverlustgeschäfte Ausfluss einer Tätigkeit sind, die bei juristischen Personen des öffentlichen Rechts zu einem Hoheitsbetrieb gehören, sind jeweils gesonderten Sparten zuzuordnen;

2. Tätigkeiten, die nach § 4 Abs. 6 Satz 1 zusammenfassbar sind oder aus den übrigen, nicht in Nummer 1 bezeichneten Dauerverlustgeschäften stammen, sind jeweils gesonderten Sparten zuzuordnen, wobei zusammenfassbare Tätigkeiten jeweils eine einheitliche Sparte bilden;

3. alle übrigen Tätigkeiten sind einer einheitlichen Sparte zuzuordnen.

[2]Für jede sich hiernach ergebende Sparte ist der Gesamtbetrag der Einkünfte getrennt zu ermitteln. [3]Die Aufnahme einer weiteren, nicht gleichartigen Tätigkeit führt zu einer neuen, gesonderten Sparte; Entsprechendes gilt für die Aufgabe einer solchen Tätigkeit. [4]Ein negativer Gesamtbetrag der Einkünfte einer Sparte darf nicht mit einem positiven Gesamtbetrag der Einkünfte einer anderen Sparte ausgeglichen oder nach Maßgabe des § 10d des Einkommensteuergesetzes abgezogen werden. [5]Er mindert jedoch nach Maßgabe des § 10d des Einkommensteuergesetzes die positiven Gesamtbeträge der Einkünfte, die sich in dem unmittelbar vorangegangenen und in den folgenden Veranlagungszeiträumen für dieselbe Sparte ergeben. [6]Liegen die

---

1) Der durch das UntStRefG 2008 aufgehobene § 8 Abs. 4 ist gem. § 34 Abs. 6 Satz 4 in der nachfolgenden Fassung neben § 8c letztmals anzuwenden, wenn mehr als die Hälfte der Anteile an einer Kapitalgesellschaft innerhalb eines Zeitraums von fünf Jahren übertragen werden, der vor dem 1. Januar 2008 beginnt, und der Verlust der wirtschaftlichen Identität vor dem 1. Januar 2013 eintritt:
„[1]Voraussetzung für den Verlustabzug nach § 10d des Einkommensteuergesetzes ist bei einer Körperschaft, dass sie nicht nur rechtlich, sondern auch wirtschaftlich mit der Körperschaft identisch ist, die den Verlust erlitten hat. [2]Wirtschaftliche Identität liegt insbesondere dann nicht vor, wenn mehr als die Hälfte der Anteile an einer Kapitalgesellschaft übertragen werden und die Kapitalgesellschaft ihren Geschäftsbetrieb mit überwiegend neuem Betriebsvermögen fortführt oder wieder aufnimmt. [3]Die Zuführung neuen Betriebsvermögens ist unschädlich, wenn sie allein der Sanierung des Geschäftsbetriebs dient, der den verbleibenden Verlustvortrag im Sinne des § 10d Abs. 4 Satz 2 des Einkommensteuergesetzes verursacht hat, und die Körperschaft den Geschäftsbetrieb in einem nach dem Gesamtbild der wirtschaftlichen Verhältnisse vergleichbaren Umfang in den folgenden fünf Jahren fortführt. [4]Entsprechendes gilt für den Ausgleich des Verlustes vom Beginn des Wirtschaftsjahrs bis zum Zeitpunkt der Anteilsübertragung."

2) Zur zeitlichen Anwendung von § 8 Abs. 7 bis 9 i.d.F. des JStG 2009 s. § 34 Abs. 6.

Voraussetzungen des Absatzes 7 Satz 1 Nr. 2 Satz 2 ab einem Zeitpunkt innerhalb eines Veranlagungszeitraums nicht mehr vor, sind die Sätze 1 bis 5 ab diesem Zeitpunkt nicht mehr anzuwenden; hiernach nicht ausgeglichene oder abgezogene negative Beträge sowie verbleibende Verlustvorträge aus den Sparten, in denen Dauerverlusttätigkeiten ausgeübt werden, entfallen. ⁷Liegen die Voraussetzungen des Absatzes 7 Satz 1 Nr. 2 Satz 2 erst ab einem bestimmten Zeitpunkt innerhalb eines Veranlagungszeitraums vor, sind die Sätze 1 bis 5 ab diesem Zeitpunkt anzuwenden; ein bis zum Eintritt der Voraussetzungen entstandener Verlust kann nach Maßgabe des § 10d des Einkommensteuergesetzes abgezogen werden; ein danach verbleibender Verlust ist der Sparte zuzuordnen, in denen¹⁾ keine Dauerverlustgeschäfte ausgeübt werden.

(10) ¹Bei Einkünften aus Kapitalvermögen ist § 2 Abs. 5b Satz 1 des Einkommensteuergesetzes nicht anzuwenden. ²§ 32d Abs. 2 Satz 1 Nr. 1 Satz 1 und Nr. 3 Satz 1 und Satz 3 bis 6 des Einkommensteuergesetzes ist entsprechend anzuwenden; in diesen Fällen ist § 20 Abs. 6 und 9 des Einkommensteuergesetzes nicht anzuwenden.

§ 8a
Betriebsausgabenabzug für Zinszahlungen bei Körperschaften (Zinsschranke) ²⁾

(1) ¹§ 4h Abs. 1 Satz 2 ³⁾ des Einkommensteuergesetzes⁴⁾ ist mit der Maßgabe anzuwenden, dass anstelle des maßgeblichen Gewinns das maßgebliche Einkommen tritt. ²Maßgebliches Einkommen ist das nach den Vorschriften des Einkommensteuergesetzes und dieses Gesetzes ermittelte Einkommen mit Ausnahme der §§ 4h und 10d des Einkommensteuergesetzes und des § 9 Abs. 1 Nr. 2 dieses Gesetzes.⁵⁾ ³§ 8c gilt für den Zinsvortrag nach § 4h Absatz 1 Satz 5 des Einkommensteuergesetzes mit der Maßgabe entsprechend, dass stille Reserven im Sinne des § 8c Absatz 1 Satz 7 nur zu berücksichtigen sind, soweit sie die nach § 8c Absatz 1 Satz 6 abziehbaren nicht genutzten Verluste übersteigen. ⁴Auf Kapitalgesellschaften, die ihre Einkünfte nach § 2 Abs. 2 Nr. 2 des Einkommensteuergesetzes ermitteln, ist § 4h des Einkommensteuergesetzes sinngemäß anzuwenden.

(2) § 4h Abs. 2 Satz 1 Buchstabe b des Einkommensteuergesetzes ist nur anzuwenden, wenn die Vergütungen für Fremdkapital an einen zu mehr als einem Viertel unmittelbar oder mittelbar am Grund- oder Stammkapital beteiligten Anteilseigner, eine diesem nahe stehende Person (§ 1 Abs. 2 des Außensteuergesetzes vom 8. September 1972 – BGBl. I S. 1713 –, das zuletzt durch Artikel 3 des Gesetzes vom 28. Mai 2007 – BGBl. I S. 914 – geändert worden ist, in der jeweils geltenden Fassung) oder einen Dritten, der auf den zu mehr als einem Viertel am Grund– oder Stammkapital beteiligten Anteilseigner oder eine diesem nahe stehende Person zurückgreifen kann, nicht mehr als zehn Prozent der die Zinserträge übersteigenden Zinsaufwendungen der Körperschaft im Sinne des § 4h Abs. 3 des Einkommensteuergesetzes betragen und die Körperschaft dies nachweist.

(3) ¹§ 4h Abs. 2 Satz 1 Buchstabe c des Einkommensteuergesetzes ist nur anzuwenden, wenn die Vergütungen für Fremdkapital der Körperschaft oder eines anderen demselben Konzern zugehörenden Rechtsträgers an einen zu mehr als einem Viertel unmittelbar oder mittelbar am Kapital beteiligten Gesellschafter einer konzernzugehörigen Gesellschaft, eine diesem nahe stehende Person (§ 1 Abs. 2 des Außensteuergesetzes) oder einen Dritten, der auf den zu mehr als einem Viertel am Kapital beteiligten Gesellschafter oder eine diesem nahe stehende Person zurückgreifen kann, nicht mehr als zehn Prozent der die Zinserträge übersteigenden Zinsaufwendungen des Rechtsträgers im Sinne des § 4h Abs. 3 des Einkommensteuergesetzes betragen und die Körperschaft dies nachweist. ²Satz 1 gilt nur für Zinsaufwendungen aus Verbindlichkeiten, die in dem voll konsolidierten Konzernabschluss nach § 4h Abs. 2 Satz 1 Buchstabe c des Einkommensteuergesetzes ausgewiesen sind und bei Finanzierung durch einen Dritten einen Rückgriff gegen einen nicht zum Konzern gehörenden Gesellschafter oder eine diesem nahe stehende Person auslösen.

§ 8b
Beteiligung an anderen Körperschaften und Personenvereinigungen

(1) ¹Bezüge im Sinne des § 20 Abs. 1 Nr. 1, 2, 9 und 10 Buchstabe a des Einkommensteuergesetzes bleiben bei der Ermittlung des Einkommens außer Ansatz.⁶⁾ ²Satz 1 gilt für sonstige Bezüge im Sinne des § 20 Abs. 1 Nr. 1 Satz 2 des Einkommensteuergesetzes und der Einnahmen im Sinne des § 20 Abs. 1 Nr. 9 zweiter Halbsatz sowie des § 20 Abs.1 Nr. 10 Buchstabe a zweiter Halbsatz des Einkommensteuergesetzes nur, soweit sie das Einkommen der leistenden Körperschaft nicht gemindert haben (§ 8 Abs. 3 Satz 2). ³Sind die Bezüge im Sinne des Satzes 1 nach einem Abkommen zur Vermeidung der Doppelbesteuerung von der Bemessungsgrundlage für die Körperschaftsteuer auszunehmen, gilt Satz 2 ungeachtet des Wortlauts des Abkommens für diese Freistellung entsprechend. ⁴Satz 2 gilt nicht, soweit die verdeckte Gewinnausschüttung das Einkommen einer dem Steuerpflichtigen nahe stehenden Person erhöht hat und § 32a des Körperschaftsteuergesetzes auf die Veranlagung dieser nahe stehenden Person

---

1) Richtig: „in der"
2) Zur Übergangsregelung wegen der Gewährträgerhaftung von Gebietskörperschaften s. § 34 Abs. 6a Satz 4.
3) Bezugnahme auf § 4h Abs. 1 Satz 2 EStG statt Satz 1 gem. Gesetz vom 22. Dezember 2009 (BGBl. I S. 3950) für nach dem 31. Dezember 2009 endende Wirtschaftsjahre, s. § 34 Abs. 6a.
4) § 4h EStG ist im Anhang 1 dieses Handbuchs wiedergegeben.
5) § 8a Abs. 1 Satz 3 geändert durch Gesetz vom 22. Dezember 2009 (BGBl. I S. 3950) mit Wirkung für schädliche Beteiligungserwerbe nach dem 31. Dezember 2009 (§ 34 Abs. 6a). Die zuvor geltende Fassung des § 8a Abs. 1 Satz 3 lautet: „³§ 8c gilt für den Zinsvortrag nach § 4h Abs. 1 Satz 2 des Einkommensteuergesetzes entsprechend."
6) Ab 2010 siehe aber die zu § 33 Abs. 1 Nr. 2 Buchst. e) ergangene Steuerhinterziehungsbekämpfungsverordnung vom 18. September 2009 (BGBl. I S. 3046), abgedruckt in Anlage § 33-01.

keine Anwendung findet. [5]Bezüge im Sinne des Satzes 1 sind auch Einnahmen aus der Veräußerung von Dividendenscheinen und sonstigen Ansprüchen im Sinne des § 20 Abs. 2 Satz 1 Nr. 2 Buchstabe a des Einkommensteuergesetzes sowie Einnahmen aus der Abtretung von Dividendenansprüchen oder sonstigen Ansprüchen im Sinne des § 20 Abs. 2 Satz 2 des Einkommensteuergesetzes.

(2) [1]Bei der Ermittlung des Einkommens bleiben Gewinne aus der Veräußerung eines Anteils an einer Körperschaft oder Personenvereinigung, deren Leistungen beim Empfänger zu Einnahmen im Sinne des § 20 Abs. 1 Nr. 1, 2, 9 und 10 Buchstabe a des Einkommensteuergesetzes gehören, oder an einer Organgesellschaft im Sinne der §§ 14, 17 oder 18 außer Ansatz. [1)] [2]Veräußerungsgewinn im Sinne des Satzes 1 ist der Betrag, um den der Veräußerungspreis oder der an dessen Stelle tretende Wert nach Abzug der Veräußerungskosten den Wert übersteigt, der sich nach den Vorschriften über die steuerliche Gewinnermittlung im Zeitpunkt der Veräußerung ergibt (Buchwert). [3]Satz 1 gilt entsprechend für Gewinne aus der Auflösung oder der Herabsetzung des Nennkapitals oder aus dem Ansatz des in § 6 Abs. 1 Satz 1 Nr. 2 Satz 3 des Einkommensteuergesetzes bezeichneten Werts. [4]Die Sätze 1 und 3 gelten nicht, soweit der Anteil in früheren Jahren steuerwirksam auf den niedrigeren Teilwert abgeschrieben und die Gewinnminderung nicht durch den Ansatz eines höheren Werts ausgeglichen worden ist. [5]Satz 4 gilt außer für Gewinne aus dem Ansatz mit dem Wert, der sich nach § 6 Abs. 1 Nr. 2 Satz 3 des Einkommensteuergesetzes ergibt, auch für steuerwirksam vorgenommene Abzüge nach § 6b des Einkommensteuergesetzes und ähnliche Abzüge. [6]Veräußerung im vorstehenden Sinne ist auch die verdeckte Einlage.

(3) [1]Von dem jeweiligen Gewinn im Sinne des Absatzes 2 Satz 1, 3 und 6 gelten 5 Prozent als Ausgaben, die nicht als Betriebsausgaben abgezogen werden dürfen. [2]§ 3c Abs. 1 des Einkommensteuergesetzes ist nicht anzuwenden. [3]Gewinnminderungen, die im Zusammenhang mit dem in Absatz 2 genannten Anteil entstehen, sind bei der Ermittlung des Einkommens nicht zu berücksichtigen. [4]Zu den Gewinnminderungen im Sinne des Satzes 3 gehören auch Gewinnminderungen im Zusammenhang mit einer Darlehensforderung oder aus der Inanspruchnahme von Sicherheiten, die für ein Darlehen hingegeben wurden, wenn das Darlehen oder die Sicherheit von einem Gesellschafter gewährt wird, der zu mehr als einem Viertel unmittelbar oder mittelbar am Grund- oder Stammkapital der Körperschaft, der das Darlehen gewährt wurde, beteiligt ist oder war. [5]Dies gilt auch für diesem Gesellschafter nahe stehende Personen im Sinne des § 1 Abs. 2 des Außensteuergesetzes oder für Gewinnminderungen aus dem Rückgriff eines Dritten auf den zu mehr als einem Viertel am Grund– oder Stammkapital beteiligten Gesellschafter oder eine diesem nahe stehende Person auf Grund eines der Gesellschaft gewährten Darlehens. [6]Die Sätze 4 und 5 sind nicht anzuwenden, wenn nachgewiesen wird, dass auch ein fremder Dritter das Darlehen bei sonst gleichen Umständen gewährt oder noch nicht zurückgefordert hätte; dabei sind nur die eigenen Sicherungsmittel der Gesellschaft zu berücksichtigen. [7]Die Sätze 4 bis 6 gelten entsprechend für Forderungen aus Rechtshandlungen, die einer Darlehensgewährung wirtschaftlich vergleichbar sind. [8]Gewinne aus dem Ansatz einer Darlehensforderung mit dem nach § 6 Abs. 1 Nr. 2 Satz 3 des Einkommensteuergesetzes maßgeblichen Wert bleiben bei der Ermittlung des Einkommens außer Ansatz, soweit auf die vorangegangene Teilwertabschreibung Satz 3 angewendet worden ist.

(4) (aufgehoben)[2)]

(5) [1]Von den Bezügen im Sinne des Absatzes 1, die bei der Ermittlung des Einkommens außer Ansatz bleiben, gelten 5 Prozent als Ausgaben, die nicht als Betriebsausgaben abgezogen werden dürfen. [2]§ 3c Abs. 1 des Einkommensteuergesetzes ist nicht anzuwenden.

(6) [1]Die Absätze 1 bis 5 gelten auch für die dort genannten Bezüge, Gewinne und Gewinnminderungen, die dem Steuerpflichtigen im Rahmen des Gewinnanteils aus einer Mitunternehmerschaft zugerechnet werden, sowie für Gewinne und Verluste, soweit sie bei der Veräußerung oder Aufgabe eines Mitunternehmeranteils im Sinne des Absatzes 2 entfallen. [2]Die Absätze 1 bis 5 gelten für Bezüge und Gewinne, die einem Betrieb gewerblicher Art einer juristischen Person des öffentlichen Rechts über eine andere juristische Person des öffentlichen Rechts zufließen, über die sie mittelbar an der leistenden Körperschaft, Personenvereinigung oder Vermögensmasse beteiligt ist und bei denen die Leistungen nicht im Rahmen eines Betriebs gewerblicher Art erfasst werden, und damit in Zusammenhang stehende Gewinnminderungen entsprechend.

---

1) Ab 2010 siehe aber die zu § 33 Abs. 1 Nr. 2 Buchst. e) ergangene Steuerhinterziehungsbekämpfungsverordnung vom 18. September 2009 (BGBl. I S. 3046), abgedruckt in Anlage § 33-01.

2) § 8b Abs. 4 KStG in der nachfolgenden Fassung ist für Anteile weiter anzuwenden, die einbringungsgeboren i.S.d. § 21 UmwStG in der am 12. Dezember geltenden Fassung sind, und für Anteile i.S.d. § 8b Abs. 4 Satz 1 Nr. 2, die auf einer Übertragung bis zum 12. Dezember 2006 beruhen (§ 34 Abs. 7a):
   „(4) [1]Absatz 2 ist nur anzuwenden, soweit die Anteile nicht
   1. einbringungsgeboren im Sinne des § 21 des Umwandlungssteuergesetzes sind oder
   2. durch eine Körperschaft, Personenvereinigung oder Vermögensmasse unmittelbar, mittelbar oder mittelbar über eine Mitunternehmerschaft von einem Einbringenden, der nicht zu den von Absatz 2 begünstigten Steuerpflichtigen gehört, zu einem Wert unter dem Teilwert erworben worden sind.
   [2]Satz 1 gilt nicht,
   1. wenn der in Absatz 2 bezeichnete Vorgang später als sieben Jahre nach der Einbringung stattfindet oder
   2. soweit die Anteile nicht unmittelbar oder mittelbar auf einer Einbringung im Sinne des § 20 Abs. 1 Satz 1 oder § 23 Abs. 1 bis 3 des Umwandlungssteuergesetzes oder auf einer Einbringung durch einen nicht von Absatz 2 begünstigten Steuerpflichtigen innerhalb der in Nummer 1 bezeichneten Frist beruhen.
   [3]In den Fällen des Satzes 1 und 2 ist Absatz 3 Satz 3 auf Gewinnminderungen anzuwenden, die im Zusammenhang mit den Anteilen entstehen.“

(7) [1]Die Absätze 1 bis 6 sind nicht auf Anteile anzuwenden, die bei Kreditinstituten und Finanzdienstleistungsinstituten nach § 1a des Kreditwesengesetzes dem Handelsbuch zuzurechnen sind. [2]Gleiches gilt für Anteile, die von Finanzunternehmen im Sinne des Gesetzes über das Kreditwesen mit dem Ziel der kurzfristigen Erzielung eines Eigenhandelserfolges erworben werden. [3]Satz 2 gilt auch für Kreditinstitute, Finanzdienstleistungsinstitute und Finanzunternehmen mit Sitz in einem anderen Mitgliedstaat der Europäischen Gemeinschaft oder in einem anderen Vertragsstaat des EWR-Abkommens.

(8) [1]Die Absätze 1 bis 7 sind nicht anzuwenden auf Anteile, die bei Lebens- und Krankenversicherungsunternehmen den Kapitalanlagen zuzurechnen sind. [2]Satz 1 gilt nicht für Gewinne im Sinne des Absatzes 2, soweit eine Teilwertabschreibung in früheren Jahren nach Absatz 3 bei der Ermittlung des Einkommens unberücksichtigt geblieben ist und diese Minderung nicht durch den Ansatz eines höheren Werts ausgeglichen worden ist. [3]Gewinnminderungen, die im Zusammenhang mit den Anteilen im Sinne des Satzes 1 stehen, sind bei der Ermittlung des Einkommens nicht zu berücksichtigen, wenn das Lebens- oder Krankenversicherungsunternehmen die Anteile von einem verbundenen Unternehmen (§ 15 des Aktiengesetzes) erworben hat, soweit ein Veräußerungsgewinn für das verbundene Unternehmen nach Absatz 2 in der Fassung des Artikels 3 des Gesetzes vom 23. Oktober 2000 (BGBl. I S. 1433) bei der Ermittlung des Einkommens außer Ansatz geblieben ist. [4]Für die Ermittlung des Einkommens sind die Anteile mit den nach handelsrechtlichen Vorschriften ausgewiesenen Werten anzusetzen, die bei der Ermittlung der nach § 21 abziehbaren Beträge zu Grunde gelegt wurden. [5]Entsprechendes gilt für Pensionsfonds.

(9) Die Absätze 7 und 8 gelten nicht für Bezüge im Sinne des Absatzes 1, auf die die Mitgliedstaaten der Europäischen Union Artikel 4 Abs. 1 der Richtlinie 90/435/EWG des Rates vom 23. Juli 1990 über das gemeinsame Steuersystem der Mutter- und Tochtergesellschaften verschiedener Mitgliedstaaten (ABl. EG Nr. L 225 S. 6, Nr. L 266 S. 20, 1997 Nr. L 16 S. 98), zuletzt geändert durch die Richtlinie 2003/123/EG des Rates vom 22. Dezember 2003 (ABl. EU 2004 Nr. L 7 S. 41), anzuwenden haben.

(10)[1] [1]Überlässt eine Körperschaft (überlassende Körperschaft) Anteile, auf die bei ihr Absatz 7 oder 8 anzuwenden ist oder auf die bei ihr aus anderen Gründen die Steuerfreistellungen der Absätze 1 und 2 oder vergleichbare ausländische Vorschriften nicht anzuwenden sind, an eine andere Körperschaft, bei der auf die Anteile Absatz 7 oder 8 nicht anzuwenden ist, und hat die andere Körperschaft, der die Anteile zuzurechnen sind, diese oder gleichartige Anteile zurückzugeben, dürfen die für die Überlassung gewährten Entgelte bei der anderen Körperschaft nicht als Betriebsausgabe abgezogen werden. [2]Überlässt die andere Körperschaft für die Überlassung der Anteile Wirtschaftsgüter an die überlassende Körperschaft, aus denen diese Einnahmen oder Bezüge erzielt, gelten diese Einnahmen oder Bezüge als von der anderen Körperschaft bezogen und als Entgelt für die Überlassung an die überlassende Körperschaft gewährt. [3]Absatz 3 Satz 1 und 2 sowie Absatz 5 sind nicht anzuwenden. [4]Die Sätze 1 bis 3 gelten auch für Wertpapierpensionsgeschäfte im Sinne des § 340b Abs. 2 des Handelsgesetzbuchs. [5]Die Sätze 1 bis 4 gelten nicht, wenn die andere Körperschaft keine Einnahmen oder Bezüge aus den ihr überlassenen Anteilen erzielt. [6]Die Sätze 1 bis 5 gelten entsprechend, wenn die Anteile an eine Personengesellschaft oder von einer Personengesellschaft überlassen werden, an der die überlassende oder die andere Körperschaft unmittelbar oder mittelbar über eine Personengesellschaft oder mehrere Personengesellschaften beteiligt ist. [7]In diesen Fällen gelten die Anteile als an die Körperschaft oder von der Körperschaft überlassen. [8]Die Sätze 1 bis 7 gelten nicht, soweit § 2 Nr. 2 zweiter Halbsatz oder § 5 Abs. 2 Nr. 1 zweiter Halbsatz auf die überlassende Körperschaft Anwendung findet. [9]Als Anteil im Sinne der Sätze 1 bis 8 gilt auch der Investmentanteil im Sinne von § 1 Abs. 1 des Investmentsteuergesetzes vom 15. Dezember 2003 (BGBl. I S. 2676, 2724), das zuletzt durch Artikel 23 des Gesetzes vom 20. Dezember 2007 (BGBl. I S. 3150) geändert worden ist, in der jeweils geltenden Fassung, soweit daraus Einnahmen erzielt werden, auf die § 8b anzuwenden ist.[2]

§ 8c
Verlustabzug bei Körperschaften[3]

[1]Werden innerhalb von fünf Jahren mittelbar oder unmittelbar mehr als 25 Prozent des gezeichneten Kapitals, der Mitgliedschaftsrechte, Beteiligungsrechte oder der Stimmrechte an einer Körperschaft an einen Erwerber oder diesem nahe stehende Personen übertragen oder liegt ein vergleichbarer Sachverhalt vor (schädlicher Beteiligungserwerb), sind insoweit die bis zum schädlichen Beteiligungserwerb nicht ausgeglichenen oder abgezogenen negativen Einkünfte (nicht genutzte Verluste) nicht mehr abziehbar. [2]Unabhängig von Satz 1 sind bis zum schädlichen Beteiligungserwerb noch nicht genutzte Verluste vollständig nicht mehr abziehbar, wenn innerhalb von fünf Jahren mittelbar oder unmittelbar mehr als 50 Prozent des gezeichneten Kapitals, der Mitgliedschaftsrechte, Beteiligungsrechte oder der Stimmrechte an einer Körperschaft an einen Erwerber oder diesem nahe stehende Personen übertragen werden oder ein vergleichbarer Sachverhalt vorliegt. [3]Als ein Erwerber im Sinne der Sätze 1 und 2 gilt auch eine Gruppe von Erwerbern mit gleichgerichteten Interessen. [4]Eine Kapitalerhöhung steht der Übertragung des gezeichneten Kapitals gleich,

---

1) Gemäß § 34 Abs. 7 Satz 9 ist § 8b Abs. 10 erstmals ab dem VZ 2007 anzuwenden.
2) Zur zeitlichen Anwendung von § 8b Abs. 10 Satz 9 i.d.F. des JStG 2009 s. § 34 Abs. 1.
3) Gemäß § 34 Abs. 7b findet § 8c erstmals für den Veranlagungszeitraum 2008 und auf Anteilsübertragungen nach dem 31. Dezember 2007 Anwendung.

soweit sie zu einer Veränderung der Beteiligungsquoten am Kapital der Körperschaft führt.[1)] [5]Ein schädlicher Beteiligungserwerb liegt nicht vor, wenn an dem übertragenden und an dem übernehmenden Rechtsträger dieselbe Person zu jeweils 100 Prozent mittelbar oder unmittelbar beteiligt ist. [6]Ein nicht abziehbarer nicht genutzter Verlust kann abweichend von Satz 1 und Satz 2 abgezogen werden, soweit er bei einem schädlichen Beteiligungserwerb im Sinne des Satzes 1 die anteiligen und bei einem schädlichen Beteiligungserwerb im Sinne des Satzes 2 die gesamten, zum Zeitpunkt des schädlichen Beteiligungserwerbs vorhandenen stillen Reserven des inländischen Betriebsvermögens der Körperschaft nicht übersteigt. [7]Stille Reserven im Sinne des Satzes 6 sind der Unterschiedsbetrag zwischen dem anteiligen oder bei einem schädlichen Beteiligungserwerb im Sinne des Satzes 2 dem gesamten in der steuerlichen Gewinnermittlung ausgewiesenen Eigenkapital und dem auf dieses Eigenkapital jeweils entfallenden gemeinen Wert der Anteile an der Körperschaft, soweit diese im Inland steuerpflichtig sind. [8]Bei der Ermittlung der stillen Reserven ist nur das Betriebsvermögen zu berücksichtigen, das der Körperschaft ohne steuerrechtliche Rückwirkung, insbesondere ohne Anwendung des § 2 Absatz 1 des Umwandlungssteuergesetzes zuzurechnen ist.

(1a)[2)] [1]Für die Anwendung des Absatzes 1 ist ein Beteiligungserwerb zum Zweck der Sanierung des Geschäftsbetriebs der Körperschaft unbeachtlich. [2]Sanierung ist eine Maßnahme, die darauf gerichtet ist, die Zahlungsunfähigkeit oder Überschuldung zu verhindern oder zu beseitigen und zugleich die wesentlichen Betriebsstrukturen zu erhalten. [3]Die Erhaltung der wesentlichen Betriebsstrukturen setzt voraus, dass

1. die Körperschaft eine geschlossene Betriebsvereinbarung mit einer Arbeitsplatzregelung befolgt oder

2. die Summe der maßgebenden jährlichen Lohnsummen der Körperschaft innerhalb von fünf Jahren nach dem Beteiligungserwerb 400 Prozent der Ausgangslohnsumme nicht unterschreitet; § 13a Absatz 1 Satz 3 und 4 und Absatz 4 des Erbschaftsteuer- und Schenkungsteuergesetzes gilt sinngemäß; oder

3. der Körperschaft durch Einlagen wesentliches Betriebsvermögen zugeführt wird. [2]Eine wesentliche Betriebsvermögenszuführung liegt vor, wenn der Körperschaft innerhalb von zwölf Monaten nach dem Beteiligungserwerb neues Betriebsvermögen zugeführt wird, das mindestens 25 Prozent des in der Steuerbilanz zum Schluss des vorangehenden Wirtschaftsjahrs enthaltenen Aktivvermögens entspricht. [3]Wird nur ein Anteil an der Körperschaft erworben, ist nur der entsprechende Anteil des Aktivvermögens zuzuführen. [4]Der Erlass von Verbindlichkeiten durch den Erwerber oder eine diesem nahestehende Person steht der Zuführung neuen Betriebsvermögens gleich, soweit die Verbindlichkeiten werthaltig sind. [3)] [5]Leistungen der Kapitalgesellschaft, die innerhalb von drei Jahren nach der Zuführung des neuen Betriebsvermögens erfolgen, mindern den Wert des zugeführten Betriebsvermögens. [6]Wird dadurch die erforderliche Zuführung nicht mehr erreicht, ist Satz 1 nicht mehr anzuwenden.

[4]Keine Sanierung liegt vor, wenn die Körperschaft ihren Geschäftsbetrieb im Zeitpunkt des Beteiligungserwerbs im Wesentlichen eingestellt hat oder nach dem Beteiligungserwerb ein Branchenwechsel innerhalb eines Zeitraums von fünf Jahren erfolgt.

(2)[4)]

§ 9
Abziehbare Aufwendungen

(1) [1]Abziehbare Aufwendungen sind auch:

1. bei Kommanditgesellschaften auf Aktien und bei vergleichbaren Kapitalgesellschaften der Teil des Gewinns, der an persönlich haftende Gesell-

---

1) § 8c Abs. 1 Satz 5 ff angefügt durch Gesetz vom 22. Dezember 2009 (BGBl. I S. 3950) mit Wirkung für schädliche Beteiligungserwerbe nach dem 31. Dezember 2009 (§ 34 Abs. 7b).

2) Zur zeitlichen Anwendung von § 8c Abs. 1a s. § 34 Abs. 7c.

3) Befristung nach Satz 5 neugefasst durch Gesetz vom 22. Dezember 2009 (BGBl. I S. 3950).

4) § 8c bisheriger Fassung wird zu Absatz 1 und § 8c Abs. 2 wird neu eingefügt durch Art. 4 des MoRaKG vom 12.08.2008 (BGBl. I S. 1672); § 8c Abs. 2 tritt gem. Art. 8 Abs. 2 des MoRaKG am Tag der Genehmigung durch die EU-Kommission in Kraft. Die EU-Kommission hat die Notifizierung durch Entscheidung vom 30.9.2009, Beihilferegister C 2/2009 abgelehnt. Zur zeitlichen Anwendung s. § 34 Abs. 7b. § 8c Abs. 2 soll lauten wie folgt: „[1]Ein nach Absatz 1 nicht abziehbarer Verlust kann im Falle eines unmittelbaren schädlichen Beteiligungserwerbs an einer Zielgesellschaft im Sinne des § 2 Abs. 3 des Wagniskapitalbeteiligungsgesetzes vom 12. August 2008 (BGBl. I S. 1672) in der jeweils geltenden Fassung durch eine Wagniskapitalbeteiligungsgesellschaft (§ 2 Abs. 1 des Wagniskapitalbeteiligungsgesetzes) anteilig abgezogen werden, soweit er auf stille Reserven des steuerpflichtigen inländischen Betriebsvermögens der Zielgesellschaft entfällt (abziehbarer Verlust). [2]Gleiches gilt im Falle eines unmittelbaren schädlichen Beteiligungserwerbs an einer Zielgesellschaft von einer Wagniskapitalbeteiligungsgesellschaft durch einen Erwerber, der keine Wagniskapitalbeteiligungsgesellschaft ist, wenn
1. die Zielgesellschaft bei Erwerb der Beteiligung ein Eigenkapital von nicht mehr als 20 Millionen Euro aufweist oder
2. die Zielgesellschaft bei Erwerb der Beteiligung ein Eigenkapital von nicht mehr als 100 Millionen Euro aufweist und die den Betrag von 20 Millionen Euro übersteigende Erhöhung des Eigenkapitals auf den Jahresüberschüssen der der Veräußerung vorangegangenen vier Geschäftsjahre beruht;
der Zeitraum zwischen Anschaffung und Veräußerung der Beteiligung an der Zielgesellschaft durch die Wagniskapitalbeteiligungsgesellschaft darf vier Jahre nicht unterschreiten. [3]Der nach Satz 1 abziehbare Verlust kann im Jahr des schädlichen Beteiligungserwerbs zu einem Fünftel im Rahmen des Verlustabzugs nach § 10d des Einkommensteuergesetzes abgezogen werden; dieser Betrag erhöht sich in den folgenden vier Jahren um je ein weiteres Fünftel des nach Satz 1 abziehbaren Verlustes."

schafter auf ihre nicht auf das Grundkapital gemachten Einlagen oder als Vergütung (Tantieme)
für die Geschäftsführung verteilt wird;

‖ 2. [1] vorbehaltlich des § 8 Abs. 3 Zuwendungen
(Spenden und Mitgliedsbeiträge) zur Förderung
steuerbegünstigter Zwecke im Sinne der §§ 52 bis
54 der Abgabenordnung an eine inländische juristische Person des öffentlichen Rechts oder an
eine inländische öffentliche Dienststelle oder an
eine nach § 5 Abs. 1 Nr. 9 steuerbefreite Körperschaft, Personenvereinigung oder Vermögensmasse insgesamt bis zu

1. 20 Prozent des Einkommens oder

2. vier Promille der Summe der gesamten Umsätze und der im Kalenderjahr aufgewendeten
Löhne und Gehälter.

[2]Nicht abziehbar sind Mitgliedsbeiträge an Körperschaften, die

1. den Sport (§ 52 Abs. 2 Nr. 21 der Abgabenordnung),

2. kulturelle Betätigungen, die in erster Linie der
Freizeitgestaltung dienen,

3. die Heimatpflege und Heimatkunde (§ 52
Abs. 2 Nr. 22 der Abgabenordnung) oder

4. Zwecke im Sinne des § 52 Abs. 2 Nr. 23 der
Abgabenordnung

fördern. [3]Abziehbare Zuwendungen, die die
Höchstbeträge nach Satz 1 überschreiten, sind im
Rahmen der Höchstbeträge in den folgenden
Veranlagungszeiträumen abzuziehen. [4]§ 10d
Abs. 4 des Einkommensteuergesetzes gilt ent-
sprechend.

(2) [1]Als Einkommen im Sinne dieser Vorschrift gilt
das Einkommen vor Abzug der in Absatz 1 Nr. 2 bezeichneten Zuwendungen und vor dem Verlustabzug
nach § 10d des Einkommensteuergesetzes. [2]Als Zuwendung im Sinne dieser Vorschrift gilt auch die
Zuwendung von Wirtschaftsgütern mit Ausnahme
von Nutzungen und Leistungen. [3]Der Wert der Zuwendung ist nach § 6 Abs. 1 Nummer 4 Satz 1 und 4[2]
des Einkommensteuergesetzes zu ermitteln. [4]Auf-
wendungen zugunsten einer Körperschaft, die zum
Empfang steuerlich abziehbarer Zuwendungen berechtigt ist, sind nur abziehbar, wenn ein Anspruch
auf die Erstattung der Aufwendungen durch Vertrag
oder Satzung eingeräumt und auf die Erstattung
verzichtet worden ist. [5]Der Anspruch darf nicht unter der Bedingung des Verzichts eingeräumt worden
sein.

(3) [1]Der Steuerpflichtige darf auf die Richtigkeit
der Bestätigung über Spenden und Mitgliedsbeiträge
vertrauen, es sei denn, dass er die Bestätigung durch
unlautere Mittel oder falsche Angaben erwirkt hat
oder dass ihm die Unrichtigkeit der Bestätigung bekannt oder infolge grober Fahrlässigkeit nicht bekannt war. [2]Wer vorsätzlich oder grob fahrlässig
eine unrichtige Bestätigung ausstellt oder wer veranlasst, dass Zuwendungen nicht zu den in der Be-

stätigung angegebenen steuerbegünstigten Zwecken
verwendet werden (Veranlasserhaftung), haftet für
die entgangene Steuer. [3]In den Fällen der Veranlasserhaftung ist vorrangig der Zuwendungsempfänger
(inländische juristische Person des öffentlichen
Rechts oder inländische öffentliche Dienststelle oder
nach § 5 Abs. 1 Nr. 9 des Körperschaftsteuergesetzes
steuerbefreite Körperschaft, Personenvereinigung
oder Vermögensmasse) in Anspruch zu nehmen; die
in diesen Fällen für den Zuwendungsempfänger
handelnden natürlichen Personen sind nur in Anspruch zu nehmen, wenn die entgangene Steuer nicht
nach § 47 der Abgabenordnung erloschen ist und
Vollstreckungsmaßnahmen gegen den Zuwendungsempfänger nicht erfolgreich sind; § 10b Abs. 4 Satz 5
des Einkommensteuergesetzes gilt entsprechend.
[4]Diese ist mit 30 Prozent des zugewendeten Betrags
anzusetzen.

§ 10
Nichtabziehbare Aufwendungen

Nichtabziehbar sind auch:

1. die Aufwendungen für die Erfüllung von Zwecken des Steuerpflichtigen, die durch Stiftungsgeschäft, Satzung oder sonstige Verfassung vorgeschrieben sind. [2]§ 9 Abs. 1 Nr. 2 bleibt unberührt,

2. die Steuern vom Einkommen und sonstige Personensteuern sowie die Umsatzsteuer für Umsätze, die Entnahmen oder verdeckte Gewinnausschüttungen sind, und die Vorsteuerbeträge auf
Aufwendungen, für die das Abzugsverbot des § 4
Abs. 5 Satz 1 Nr. 1 bis 4 und 7 oder Abs. 7 des
Einkommensteuergesetzes gilt; das gilt auch für
die auf diese Steuern entfallenden Nebenleistungen,

3. in einem Strafverfahren festgesetzte Geldstrafen,
sonstige Rechtsfolgen vermögensrechtlicher Art,
bei denen der Strafcharakter überwiegt, und
Leistungen zur Erfüllung von Auflagen oder
Weisungen, soweit die Auflagen oder Weisungen
nicht lediglich der Wiedergutmachung des durch
die Tat verursachten Schadens dienen,

4. die Hälfte der Vergütungen jeder Art, die an
Mitglieder des Aufsichtsrats, Verwaltungsrats,
Grubenvorstands oder andere mit der Überwachung der Geschäftsführung beauftragte Personen gewährt werden.

§ 11
Auflösung und Abwicklung (Liquidation)

(1) [1]Wird ein unbeschränkt Steuerpflichtiger im
Sinne des § 1 Abs. 1 Nr. 1 bis 3 nach der Auflösung
abgewickelt, so ist der im Zeitraum der Abwicklung
erzielte Gewinn der Besteuerung zugrunde zu legen.
[2]Der Besteuerungszeitraum soll drei Jahre nicht
übersteigen.

---

1) Nach dem Entwurf eines Gesetzes zur Umsetzung steuerlicher EU-Vorgaben sowie zu Änderung steuerlicher Vorschriften (BR-Drs. 4/2010) soll rückwirkend für noch nicht bestandskräftige Fälle der Abzug von Spenden an ausländische Zuwendungsempfänger in der EU/dem EWR eröffnet werden. Das Gesetz tritt voraussichtlich im Frühjahr in Kraft.

2) Zitatanpassung durch Gesetz vom 20. April 2009 (BGBl. I S. 774).

(2) Zur Ermittlung des Gewinns im Sinne des Absatzes 1 ist das Abwicklungs-Endvermögen dem Abwicklungs- Anfangsvermögen gegenüberzustellen.

(3) Abwicklungs-Endvermögen ist das zur Verteilung kommende Vermögen, vermindert um die steuerfreien Vermögensmehrungen, die dem Steuerpflichtigen in dem Abwicklungszeitraum zugeflossen sind.

(4) ¹Abwicklungs-Anfangsvermögen ist das Betriebsvermögen, das am Schluss des der Auflösung vorangegangenen Wirtschaftsjahrs der Veranlagung zur Körperschaftsteuer zugrunde gelegt worden ist. ²Ist für den vorangegangenen Veranlagungszeitraum eine Veranlagung nicht durchgeführt worden, so ist das Betriebsvermögen anzusetzen, das im Falle einer Veranlagung nach den steuerrechtlichen Vorschriften über die Gewinnermittlung auszuweisen gewesen wäre. ³Das Abwicklungs- Anfangsvermögen ist um den Gewinn eines vorangegangenen Wirtschaftsjahrs zu kürzen, der im Abwicklungszeitraum ausgeschüttet worden ist.

(5) War am Schluss des vorangegangenen Veranlagungszeitraums Betriebsvermögen nicht vorhanden, so gilt als Abwicklungs-Anfangsvermögen die Summe der später geleisteten Einlagen.

(6) Auf die Gewinnermittlung sind im Übrigen die sonst geltenden Vorschriften anzuwenden.

(7) Unterbleibt die Abwicklung, weil über das Vermögen des unbeschränkt Steuerpflichtigen im Sinne des § 1 Abs. 1 Nr. 1 bis 3 das Insolvenzverfahren eröffnet worden ist, sind die Absätze 1 bis 6 sinngemäß anzuwenden.

§ 12
Verlust oder Beschränkung des Besteuerungsrechts der Bundesrepublik Deutschland

(1) Wird bei der Körperschaft, Personenvereinigung oder Vermögensmasse das Besteuerungsrecht der Bundesrepublik Deutschland hinsichtlich des Gewinns aus der Veräußerung oder der Nutzung eines Wirtschaftsguts ausgeschlossen oder beschränkt, gilt dies als Veräußerung oder Überlassung des Wirtschaftsguts zum gemeinen Wert; § 4 Abs. 1 Satz 4, § 4g und § 15 Abs. 1a des Einkommensteuergesetzes gelten entsprechend.

(2) ¹Wird das Vermögen einer beschränkt steuerpflichtigen Körperschaft, Personenvereinigung oder Vermögensmasse als Ganzes auf eine andere Körperschaft desselben ausländischen Staates durch einen Vorgang übertragen, der einer Verschmelzung im Sinne des § 2 des Umwandlungsgesetzes vom 28. Oktober 1994 (BGBl. I S. 3210, 1995 I S. 428), das zuletzt durch Artikel 10 des Gesetzes vom 9. Dezember 2004 BGBl. I S. 3214) geändert worden ist, in der jeweils geltenden Fassung vergleichbar ist, sind die übergehenden Wirtschaftsgüter abweichend von Absatz 1 mit dem Buchwert anzusetzen, soweit

1. sichergestellt ist, dass sie später bei der übernehmenden Körperschaft der Besteuerung mit Körperschaftsteuer unterliegen,

2. das Recht der Bundesrepublik Deutschland hinsichtlich der Besteuerung der übertragenen Wirtschaftsgüter bei der übernehmenden Körperschaft nicht beschränkt wird,

3. eine Gegenleistung nicht gewährt wird oder in Gesellschaftsrechten besteht und

4. wenn der übernehmende und der übertragende Rechtsträger nicht die Voraussetzungen des § 1 Abs. 2 Satz 1 und 2 des Umwandlungssteuergesetzes vom 7. Dezember 2006 (BGBl. I S. 2782, 2791) in der jeweils geltenden Fassung erfüllen.

²Wird das Vermögen einer Körperschaft durch einen Vorgang im Sinne des Satzes 1 auf eine andere Körperschaft übertragen, gilt § 13 des Umwandlungssteuergesetzes für die Besteuerung der Anteilseigner der übertragenden Körperschaft entsprechend.

(3) ¹Verlegt eine Körperschaft, Vermögensmasse oder Personenvereinigung ihre Geschäftsleitung oder ihren Sitz und scheidet sie dadurch aus der unbeschränkten Steuerpflicht in einem Mitgliedstaat der Europäischen Union oder einem Staat aus, auf den das Abkommen über den Europäischen Wirtschaftsraum Anwendung findet, gilt sie als aufgelöst, und § 11 ist entsprechend anzuwenden. ²Gleiches gilt, wenn die Körperschaft, Vermögensmasse oder Personenvereinigung auf Grund eines Abkommens zur Vermeidung der Doppelbesteuerung infolge der Verlegung ihres Sitzes oder ihrer Geschäftleitung als außerhalb des Hoheitsgebietes der in Satz 1 genannten Staaten ansässig anzusehen ist. ³An die Stelle des zur Verteilung kommenden Vermögens tritt der gemeine Wert des vorhandenen Vermögens.

§ 13
Beginn und Erlöschen einer Steuerbefreiung

(1) Wird eine steuerpflichtige Körperschaft, Personenvereinigung oder Vermögensmasse von der Körperschaftsteuer befreit, so hat sie auf den Zeitpunkt, in dem die Steuerpflicht endet, eine Schlussbilanz aufzustellen.

(2) Wird eine von der Körperschaftsteuer befreite Körperschaft, Personenvereinigung oder Vermögensmasse steuerpflichtig und ermittelt sie ihren Gewinn durch Betriebsvermögensvergleich, so hat sie auf den Zeitpunkt, in dem die Steuerpflicht beginnt, eine Anfangsbilanz aufzustellen.

(3) ¹In der Schlussbilanz im Sinne des Absatzes 1 und in der Anfangsbilanz im Sinne des Absatzes 2 sind die Wirtschaftsgüter vorbehaltlich des Absatzes 4 mit den Teilwerten anzusetzen. ²Wohnungsunternehmen und Organe der staatlichen Wohnungspolitik (Wohnungsunternehmen) im Sinne des § 5 Abs. 1 Nr. 10 und 11 des Körperschaftsteuergesetzes 1984 in der Fassung der Bekanntmachung vom 10. Februar 1984 (BGBl. I S. 217) dürfen den Verlust aus der Vermietung und Verpachtung der Gebäude oder Gebäudeteile, die in der Anfangsbilanz mit dem Teilwert (Ausgangswert) angesetzt worden sind (Abschreibungsverlust), mit anderen Einkünften aus Gewerbebetrieb oder mit Einkünften aus anderen Einkunftsarten nur ausgleichen oder nach § 10d des Einkommensteuergesetzes nur abziehen, soweit er den Unterschiedsbetrag zwischen den Absetzungen für Abnutzung nach dem Ausgangswert und nach den bis zum Zeitpunkt des Beginns der Steuerpflicht entstandenen Anschaffungs- oder Herstellungskosten der Gebäude oder Gebäudeteile übersteigt. ³Nicht zum Abschreibungsverlust rechnen Absetzungen für Abnutzung, soweit

sie sich nach Anschaffungs- oder Herstellungskosten bemessen, die nach dem Zeitpunkt des Beginns der Steuerpflicht entstanden sind. [4]Der Abschreibungsverlust, der nicht nach Satz 2 ausgeglichen oder abgezogen werden darf, vermindert sich um das Doppelte der im Wirtschaftsjahr anfallenden aktivierungspflichtigen Aufwendungen (begünstigtes Investitionsvolumen) für die zum Anlagevermögen des Wohnungsunternehmens gehörenden abnutzbaren unbeweglichen Wirtschaftsgüter. [5]Übersteigt das begünstigte Investitionsvolumen im Wirtschaftsjahr den Abschreibungsverlust, der nicht nach Satz 2 ausgeglichen oder abgezogen werden darf, erhöht es bis zu einem Betrag in Höhe des nicht nach Satz 2 ausgeglichenen oder abgezogenen Abschreibungsverlustes des vorangegangenen Wirtschaftsjahrs das begünstigte Investitionsvolumen dieses Wirtschaftsjahrs; ein darüber hinausgehendes begünstigtes Investitionsvolumen erhöht das begünstigte Investitionsvolumen der folgenden Wirtschaftsjahre (Vortragsvolumen). [6]Ein nach Satz 4 verbleibender Abschreibungsverlust, der nicht ausgeglichen oder abgezogen werden darf, mindert den Gewinn aus der Vermietung und Verpachtung von Gebäuden und Gebäudeteilen (Mietgewinn) im laufenden Wirtschaftsjahr oder in späteren Wirtschaftsjahren. [7]Die Minderung in einem späteren Wirtschaftsjahr ist nur zulässig, soweit der Abschreibungsverlust in einem vorangegangenen Wirtschaftsjahr nicht berücksichtigt werden konnte (verbleibender Abschreibungsverlust). [8]Der am Schluss des Wirtschaftsjahrs verbleibende Abschreibungsverlust und das Vortragsvolumen sind gesondert festzustellen; § 10d Abs. 4 des Einkommensteuergesetzes gilt sinngemäß. [9]Die Sätze 2 bis 8 gelten entsprechend für

1. Organträger, soweit dem Organträger der Abschreibungsverlust oder der Mietgewinn des Wohnungsunternehmens zuzurechnen ist,

2. natürliche Personen oder Körperschaften, Personenvereinigungen oder Vermögensmassen, die an dem Wohnungsunternehmen still beteiligt sind, wenn sie als Unternehmer (Mitunternehmer) anzusehen sind,

3. natürliche Personen und Körperschaften, Personenvereinigungen oder Vermögensmassen, die dem Wohnungsunternehmen nahe stehen, soweit ihnen Gebäude oder Gebäudeteile des Wohnungsunternehmens, die in der Anfangsbilanz mit dem Ausgangswert angesetzt worden sind, unentgeltlich übertragen werden,

4. natürliche Personen und Körperschaften, Personenvereinigungen oder Vermögensmassen, soweit sie bei Vermögensübertragungen nach dem Umwandlungssteuergesetz Gebäude oder Gebäudeteile des Wohnungsunternehmens, die in der Anfangsbilanz mit dem Ausgangswert angesetzt worden sind, mit einem unter dem Teilwert liegenden Wert ansetzen.

[10]Soweit Gebäude oder Gebäudeteile des Wohnungsunternehmens oder eines Rechtsträgers nach Satz 9, die in der Anfangsbilanz des Wohnungsunternehmens mit dem Ausgangswert angesetzt worden sind, entgeltlich und in den Fällen des Satzes 9 Nr. 4 mit einem anderen als dem Buchwert an andere Wohnungsunternehmen oder Rechtsträger nach

Satz 9 übertragen werden, gilt als Veräußerungsgewinn der Unterschiedsbetrag zwischen dem Veräußerungspreis nach Abzug der Veräußerungskosten und dem Wert, der sich für das Gebäude oder den Gebäudeteil im Zeitpunkt der Veräußerung aus dem Ansatz mit den Anschaffungs- oder Herstellungskosten, vermindert um die Absetzungen für Abnutzung nach § 7 des Einkommensteuergesetzes ergibt. [11]Die Sätze 2 bis 10 gelten nicht für Wohnungsunternehmen, die nach § 5 Abs. 1 Nr. 10 steuerbefreit sind.

(4) [1]Beginnt die Steuerbefreiung auf Grund des § 5 Abs. 1 Nr. 9, sind die Wirtschaftsgüter, die der Förderung steuerbegünstigter Zwecke im Sinne des § 9 Abs. 1 Nr. 2 dienen, in der Schlussbilanz mit dem Buchwert anzusetzen. [2]Erlischt die Steuerbefreiung, so ist in der Anfangsbilanz für die in Satz 1 bezeichneten Wirtschaftsgüter der Wert anzusetzen, der sich bei ununterbrochener Steuerpflicht nach den Vorschriften über die steuerliche Gewinnermittlung ergeben würde.

(5) Beginnt oder erlischt die Steuerbefreiung nur teilweise, so gelten die Absätze 1 bis 4 für den entsprechenden Teil des Betriebsvermögens.

(6) [1]Gehören Anteile an einer Kapitalgesellschaft nicht zu dem Betriebsvermögen der Körperschaft, Personenvereinigung oder Vermögensmasse, die von der Körperschaftsteuer befreit wird, so ist § 17 des Einkommensteuergesetzes auch ohne Veräußerung anzuwenden, wenn die übrigen Voraussetzungen dieser Vorschrift in dem Zeitpunkt erfüllt sind, in dem die Steuerpflicht endet. [2]Als Veräußerungspreis gilt der gemeine Wert der Anteile. [3]Im Falle des Beginns der Steuerpflicht gilt der gemeine Wert der Anteile als Anschaffungskosten der Anteile. [4]Die Sätze 1 und 2 gelten nicht in den Fällen des Absatzes 4 Satz 1.

Zweites Kapitel
Sondervorschriften für die Organgesellschaft

§ 14
Aktiengesellschaft oder Kommanditgesellschaft auf Aktien als Organgesellschaft

(1) [1]Verpflichtet sich eine Europäische Gesellschaft, Aktiengesellschaft oder Kommanditgesellschaft auf Aktien mit Geschäftsleitung und Sitz im Inland (Organgesellschaft) durch einen Gewinnabführungsvertrag im Sinne des § 291 Abs. 1 des Aktiengesetzes, ihren ganzen Gewinn an ein einziges anderes gewerbliches Unternehmen abzuführen, so ist das Einkommen der Organgesellschaft, soweit sich aus § 16 nichts anderes ergibt, dem Träger des Unternehmens (Organträger) zuzurechnen, wenn die folgenden Voraussetzungen erfüllt sind:

1. [1]Der Organträger muss an der Organgesellschaft vom Beginn ihres Wirtschaftsjahrs an ununterbrochen in einem solchen Maße beteiligt sein, dass ihm die Mehrheit der Stimmrechte aus den Anteilen an der Organgesellschaft zusteht (finanzielle Eingliederung). [2]Mittelbare Beteiligungen sind zu berücksichtigen, wenn die Beteiligung an jeder vermittelnden Gesellschaft die Mehrheit der Stimmrechte gewährt.

2. ¹Der Organträger muss eine unbeschränkt steuerpflichtige natürliche Person oder eine nicht steuerbefreite Körperschaft, Personenvereinigung oder Vermögensmasse im Sinne des § 1 mit Geschäftsleitung im Inland sein. ²Organträger kann auch eine Personengesellschaft im Sinne des § 15 Abs. 1 Nr. 2 des Einkommensteuergesetzes mit Geschäftsleitung im Inland sein, wenn sie eine Tätigkeit im Sinne des § 15 Abs. 1 Nr. 1 des Einkommensteuergesetzes ausübt. ³Die Voraussetzung der Nummer 1 muss im Verhältnis zur Personengesellschaft selbst erfüllt sein.

3. ¹Der Gewinnabführungsvertrag muss auf mindestens fünf Jahre abgeschlossen und während seiner gesamten Geltungsdauer durchgeführt werden. ²Eine vorzeitige Beendigung des Vertrags durch Kündigung ist unschädlich, wenn ein wichtiger Grund die Kündigung rechtfertigt. ³Die Kündigung oder Aufhebung des Gewinnabführungsvertrags auf einen Zeitpunkt während des Wirtschaftsjahrs der Organgesellschaft wirkt auf den Beginn dieses Wirtschaftsjahrs zurück.

4. Die Organgesellschaft darf Beträge aus dem Jahresüberschuss nur insoweit in die Gewinnrücklagen (§ 272 Abs. 3 des Handelsgesetzbuchs) mit Ausnahme der gesetzlichen Rücklagen einstellen, als dies bei vernünftiger kaufmännischer Beurteilung wirtschaftlich begründet ist.

5. Ein negatives Einkommen des Organträgers bleibt bei der inländischen Besteuerung unberücksichtigt, soweit es in einem ausländischen Staat im Rahmen einer der deutschen Besteuerung des Organträgers entsprechenden Besteuerung berücksichtigt wird.

²Das Einkommen der Organgesellschaft ist dem Organträger erstmals für das Kalenderjahr zuzurechnen, in dem das Wirtschaftsjahr der Organgesellschaft endet, in dem der Gewinnabführungsvertrag wirksam wird.

(2) (aufgehoben)¹⁾

(3) ¹Mehrabführungen, die ihre Ursache in vororganschaftlicher Zeit haben, gelten als Gewinnausschüttungen der Organgesellschaft an den Organträger. ²Minderabführungen, die ihre Ursache in vororganschaftlicher Zeit haben, sind als Einlage durch den Organträger in die Organgesellschaft zu behandeln. ³Mehrabführungen nach Satz 1 und Minderabführungen nach Satz 2 gelten in dem Zeitpunkt als erfolgt, in dem das Wirtschaftsjahr der Organgesellschaft endet. ⁴Der Teilwertansatz nach § 13 Abs. 3 Satz 1 ist der vororganschaftlichen Zeit zuzurechnen.

(4)²⁾ ¹Für Minder- und Mehrabführungen, die ihre Ursache in organschaftlicher Zeit haben, ist in der Steuerbilanz des Organträgers ein besonderer aktiver oder passiver Ausgleichsposten in Höhe des Betrags zu bilden, der dem Verhältnis der Beteiligung des Organträgers am Nennkapital der Or

gangesellschaft entspricht. ²Im Zeitpunkt der Veräußerung der Organbeteiligung sind die besonderen Ausgleichsposten aufzulösen. ³Dadurch erhöht oder verringert sich das Einkommen des Organträgers. ⁴§ 3 Nr. 40, § 3c Abs. 2 des Einkommensteuergesetzes und § 8b dieses Gesetzes sind anzuwenden. ⁵Der Veräußerung gleichgestellt sind insbesondere die Umwandlung der Organgesellschaft auf eine Personengesellschaft oder eine natürliche Person, die verdeckte Einlage der Beteiligung an der Organgesellschaft und die Auflösung der Organgesellschaft. ⁶Minder- oder Mehrabführungen im Sinne des Satzes 1 liegen insbesondere vor, wenn der an den Organträger abgeführte Gewinn von dem Steuerbilanzgewinn der Organgesellschaft abweicht und diese Abweichung in organschaftlicher Zeit verursacht ist.

§ 15
Ermittlung des Einkommens bei Organschaft

¹Bei der Ermittlung des Einkommens bei Organschaft gilt abweichend von den allgemeinen Vorschriften Folgendes:

1. Ein Verlustabzug im Sinne des § 10d des Einkommensteuergesetzes ist bei der Organgesellschaft nicht zulässig.

2. ¹§ 8b Abs. 1 bis 6 dieses Gesetzes, sowie § 4 Abs. 6 des Umwandlungssteuergesetzes sind bei der Organgesellschaft nicht anzuwenden. ²Sind in dem dem Organträger zugerechneten Einkommen Bezüge, Gewinne oder Gewinnminderungen im Sinne des § 8b Abs. 1 bis 3 dieses Gesetzes oder mit solchen Beträgen zusammenhängende Ausgaben im Sinne des § 3c Abs. 2 des Einkommensteuergesetzes oder ein Übernahmeverlust im Sinne des § 4 Abs. 6 des Umwandlungssteuergesetzes enthalten, sind § 8b dieses Gesetzes, § 4 Abs. 6 des Umwandlungssteuergesetzes sowie § 3 Nr. 40 und § 3c Abs. 2 des Einkommensteuergesetzes bei der Ermittlung des Einkommens des Organträgers anzuwenden. ³Satz 2 gilt nicht, soweit bei der Organgesellschaft § 8b Abs. 7, 8 oder 10 anzuwenden ist.

3. ¹§ 4h des Einkommensteuergesetzes ist bei der Organgesellschaft nicht anzuwenden. ²Organträger und Organgesellschaften gelten als ein Betrieb im Sinne des § 4h des Einkommensteuergesetzes. ³Sind in dem dem Organträger zugerechneten Einkommen der Organgesellschaften Zinsaufwendungen und Zinserträge im Sinne des § 4h Abs. 3 des Einkommensteuergesetzes enthalten, sind diese bei Anwendung des § 4h Abs. 1 des Einkommensteuergesetzes beim Organträger einzubeziehen.

4. ³⁾ § 8 Abs. 3 Satz 2 und Abs. 7 ist bei der Organgesellschaft auf Dauerverlustgeschäfte im Sinne des § 8 Abs. 7 Satz 2 nicht anzuwenden. ²Sind in dem dem Organträger zugerechneten Einkommen Verluste aus Dauerverlustgeschäften im

1) § 14 Abs. 2 aufgehoben durch das JStG 2009. Die Vorschrift lautete: „Absatz 1 ist auf Organgesellschaften, die Lebens- oder Krankenversicherungsunternehmen sind, nicht anzuwenden." Zur letztmaligen Anwendung s. § 34 Abs. 9 Satz 1 Nr. 6.
2) § 14 Abs. 4 i.d.F. des JStG 2008 ist gem. § 34 Abs. 9 Nr. 5 auch für VZ vor 2008 anzuwenden.
3) § 15 Satz 1 Nr. 4 ist gem. § 34 Abs. 10 auch für VZ vor 2009 anzuwenden.

Sinne des § 8 Abs. 7 Satz 2 enthalten, ist § 8 Abs. 3 Satz 2 und Abs. 7 bei der Ermittlung des Einkommens des Organträgers anzuwenden.

5. § 8 Abs. 9 ist bei der Organgesellschaft nicht anzuwenden. [2]Sind in dem Organträger zugerechneten Einkommen Einkommen einer Kapitalgesellschaft enthalten, auf die § 8 Abs. 7 Satz 1 Nr. 2 anzuwenden ist, ist § 8 Abs. 9 bei der Ermittlung des Einkommens des Organträgers anzuwenden.

[2]Nummer 2 gilt entsprechend für Gewinnanteile aus der Beteiligung an einer ausländischen Gesellschaft, die nach den Vorschriften eines Abkommens zur Vermeidung der Doppelbesteuerung von der Besteuerung auszunehmen sind.

§ 16
Ausgleichszahlungen

[1]Die Organgesellschaft hat ihr Einkommen in Höhe von 20/17 der geleisteten Ausgleichszahlungen selbst zu versteuern. [2]Ist die Verpflichtung zum Ausgleich vom Organträger erfüllt worden, so hat die Organgesellschaft 20/17 der geleisteten Ausgleichszahlungen anstelle des Organträgers zu versteuern.

§ 17
Andere Kapitalgesellschaften als Organgesellschaft

[1]Die §§ 14 bis 16 gelten entsprechend, wenn eine andere als die in § 14 Abs. 1 Satz 1 bezeichnete Kapitalgesellschaft mit Geschäftsleitung und Sitz im Inland sich wirksam verpflichtet, ihren ganzen Gewinn an ein anderes Unternehmen im Sinne des § 14 abzuführen. [2]Weitere Voraussetzung ist, dass

1. eine Gewinnabführung den in § 301 des Aktiengesetzes genannten Betrag nicht überschreitet und

2. eine Verlustübernahme entsprechend den Vorschriften des § 302 des Aktiengesetzes vereinbart wird.

§ 18
Ausländische Organträger

[1]Verpflichtet sich eine Organgesellschaft, ihren ganzen Gewinn an ein ausländisches gewerbliches Unternehmen, das im Inland eine im Handelsregister eingetragene Zweigniederlassung unterhält, abzuführen, so ist das Einkommen der Organgesellschaft den beschränkt steuerpflichtigen Einkünften aus der inländischen Zweigniederlassung zuzurechnen, wenn

1. der Gewinnabführungsvertrag unter der Firma der Zweigniederlassung abgeschlossen ist und

2. die für die finanzielle Eingliederung erforderliche Beteiligung zum Betriebsvermögen der Zweigniederlassung gehört.

[2]Im Übrigen gelten die Vorschriften der §§ 14 bis 17 sinngemäß.

§ 19
Steuerabzug bei dem Organträger

(1) Sind bei der Organgesellschaft die Voraussetzungen für die Anwendung besonderer Tarifvorschriften erfüllt, die einen Abzug von der Körperschaftsteuer vorsehen, und unterliegt der Organträger der Körperschaftsteuer, so sind diese Tarifvorschriften beim Organträger so anzuwenden, als wären die Voraussetzungen für ihre Anwendung bei ihm selbst erfüllt.

(2) Unterliegt der Organträger der Einkommensteuer, so gilt Absatz 1 entsprechend, soweit für die Einkommensteuer gleichartige Tarifvorschriften wie für die Körperschaftsteuer bestehen.

(3) [1]Ist der Organträger eine Personengesellschaft, so gelten die Absätze 1 und 2 für die Gesellschafter der Personengesellschaft entsprechend. [2]Bei jedem Gesellschafter ist der Teilbetrag abzuziehen, der dem auf den Gesellschafter entfallenden Bruchteil des dem Organträger zuzurechnenden Einkommens der Organgesellschaft entspricht.

(4) Ist der Organträger ein ausländisches Unternehmen im Sinne des § 18, so gelten die Absätze 1 bis 3 entsprechend, soweit die besonderen Tarifvorschriften bei beschränkt Steuerpflichtigen anwendbar sind.

(5) Sind in dem Einkommen der Organgesellschaft Betriebseinnahmen enthalten, die einem Steuerabzug unterlegen haben, so ist die einbehaltene Steuer auf die Körperschaftsteuer oder die Einkommensteuer des Organträgers oder, wenn der Organträger eine Personengesellschaft ist, anteilig auf die Körperschaftsteuer oder die Einkommensteuer der Gesellschafter anzurechnen.

Drittes Kapitel
Sondervorschriften für Versicherungsunternehmen, Pensionsfonds und Bausparkassen

§ 20
Schwankungsrückstellungen, Schadenrückstellungen

(1) Für die Bildung der Rückstellungen zum Ausgleich des schwankenden Jahresbedarfs sind insbesondere folgende Voraussetzungen erforderlich:

1. Es muss nach den Erfahrungen in dem betreffenden Versicherungszweig mit erheblichen Schwankungen des Jahresbedarfs zu rechnen sein.

2. [1]Die Schwankungen des Jahresbedarfs dürfen nicht durch die Prämien ausgeglichen werden. [2]Sie müssen aus den am Bilanzstichtag bestehenden Versicherungsverträgen herrühren und dürfen nicht durch Rückversicherungen gedeckt sein.

(2) [1]Bei Rückstellungen für noch nicht abgewickelte Versicherungsfälle (§ 341g des Handelsgesetzbuches) sind die Erfahrungen im Sinne des § 6 Abs. 1 Nr. 3a Buchstabe a des Einkommensteuergesetzes für jeden Versicherungszweig zu berücksichtigen, für den nach aufsichtsrechtlichen Vorschriften eine gesonderte Gewinn- und Verlustrechnung aufzustellen ist. [2]Die Summe der einzelbewerteten Schäden des Versicherungszweiges ist um den Betrag zu mindern (Minderungsbetrag), der wahrscheinlich insgesamt nicht zur Befriedigung der Ansprüche für die Schäden benötigt wird.

§ 21
Beitragsrückerstattungen[1]

(1) Beitragsrückerstattungen, die für das selbst abgeschlossene Geschäft auf Grund des Jahresergebnisses oder des versicherungstechnischen Überschusses gewährt werden, sind abziehbar

1. in der Lebens- und Krankenversicherung bis zu dem nach handelsrechtlichen Vorschriften ermittelten Jahresergebnis für das selbst abgeschlossene Geschäft, erhöht um die für Beitragsrückerstattungen aufgewendeten Beträge, soweit die Beträge das Jahresergebnis gemindert haben und die hierfür verwendeten Überschüsse dem Grunde nach steuerpflichtig und nicht steuerbefreit sind, und gekürzt um den Betrag, der sich aus der Auflösung einer Rückstellung nach Absatz 2 Satz 2 ergibt, sowie um den Nettoertrag des nach steuerlichen Vorschriften über die Gewinnermittlung anzusetzenden Betriebsvermögens am Beginn des Wirtschaftsjahrs; für Pensionsfonds gilt Entsprechendes. [2]Als Nettoertrag gilt der Ertrag aus langfristiger Kapitalanlage, der anteilig auf das Betriebsvermögen entfällt, nach Abzug der entsprechenden abziehbaren und nichtabziehbaren Betriebsausgaben;

2. in der Schaden- und Unfallversicherung bis zur Höhe des Überschusses, der sich aus der Beitragseinnahme nach Abzug aller anteiligen abziehbaren und nichtabziehbaren Betriebsausgaben einschließlich der Versicherungsleistungen, Rückstellungen und Rechnungsabgrenzungsposten ergibt. [2]Der Berechnung des Überschusses sind die auf das Wirtschaftsjahr entfallenden Beitragseinnahmen und Betriebsausgaben des einzelnen Versicherungszweiges aus dem selbst abgeschlossenen Geschäft für eigene Rechnung zugrunde zu legen.

(2) [1]Zuführungen zu einer Rückstellung für Beitragsrückerstattung sind insoweit abziehbar, als die ausschließliche Verwendung der Rückstellung für diesen Zweck durch die Satzung oder durch geschäftsplanmäßige Erklärung gesichert ist. [2]Die Rückstellung ist vorbehaltlich des Satzes 3 aufzulösen, soweit sie höher ist als die Summe der in den folgenden Nummern 1 bis 4 bezeichneten Beträge:

1. die Zuführung innerhalb des am Bilanzstichtag endenden Wirtschaftsjahrs und der zwei vorangegangenen Wirtschaftsjahre,

2. der Betrag, dessen Ausschüttung als Beitragsrückerstattung vom Versicherungsunternehmen vor dem Bilanzstichtag verbindlich festgelegt worden ist,

3. in der Krankenversicherung der Betrag, dessen Verwendung zur Ermäßigung von Beitragserhöhungen im folgenden Geschäftsjahr vom Versicherungsunternehmen vor dem Bilanzstichtag verbindlich festgelegt worden ist,

4. in der Lebensversicherung der Betrag, der für die Finanzierung der auf die abgelaufenen Versicherungsjahre entfallenden Schlussgewinnanteile erforderlich ist; für Pensionsfonds gilt Entsprechendes.

[3]Eine Auflösung braucht nicht zu erfolgen, soweit an die Versicherten Kleinbeträge auszuzahlen wären und die Auszahlung dieser Beträge mit einem unverhältnismäßig hohen Verwaltungsaufwand verbunden wäre.

(3) § 6 Abs. 1 Nr. 3a des Einkommensteuergesetzes ist nicht anzuwenden.

§ 21a
Deckungsrückstellungen

(1) [1]§ 6 Abs. 1 Nr. 3a Buchstabe e des Einkommensteuergesetzes ist von Versicherungsunternehmen und Pensionsfonds mit der Maßgabe anzuwenden, dass Deckungsrückstellungen im Sinne des § 341 f des Handelsgesetzbuchs mit dem sich für die zugrunde liegenden Verträge aus der Bestimmung in Verbindung mit § 25 der Verordnung über die Rechnungslegung von Versicherungsunternehmen oder in Verbindung mit der auf Grund des § 116 des Versicherungsaufsichtsgesetzes zu erlassenden Rechtsverordnung ergebenden Höchstzinssatz oder einem niedrigeren zulässigerweise verwendeten Zinssatz abgezinst werden können. [2]Für die von Schaden- und Unfallversicherungsunternehmen gebildeten Renten-Deckungsrückstellungen kann der Höchstzinssatz, der sich aus § 2 der Deckungsrückstellungsverordnung ergibt, oder ein niedrigerer zulässigerweise verwendeter Zinssatz zugrunde gelegt werden.

(2) Soweit die in Absatz 1 genannten versicherungsrechtlichen Bestimmungen auf Versicherungsunternehmen mit Sitz in einem anderen Mitgliedstaat der Europäischen Gemeinschaft oder in einem anderen Vertragsstaat des EWR-Abkommens keine Anwendung finden, können diese entsprechend verfahren.

§ 21b
Zuteilungsrücklage bei Bausparkassen

[1]Bausparkassen im Sinne des § 1 Abs. 1 des Gesetzes über Bausparkassen können Mehrerträge im Sinne des § 6 Abs. 1 Satz 2 des Gesetzes über Bausparkassen in eine den steuerlichen Gewinn mindernde Zuteilungsrücklage einstellen. [2]Diese Rücklage darf 3 Prozent der Bauspareinlagen nicht übersteigen. [3]Soweit die Voraussetzungen für die Auflösung des Sonderpostens im Sinne des § 6 Abs. 1 Satz 2 des Gesetzes über Bausparkassen nach der Rechtsverordnung erfüllt sind, die auf Grund der Ermächtigungsvorschrift des § 10 Satz 1 Nr. 9 des Gesetzes über Bausparkassen erlassen wird, ist die Rücklage gewinnerhöhend aufzulösen.

Viertes Kapitel
Sondervorschriften für Genossenschaften

§ 22
Genossenschaftliche Rückvergütung

(1) [1]Rückvergütungen der Erwerbs- und Wirtschaftsgenossenschaften an ihre Mitglieder sind nur insoweit als Betriebsausgaben abziehbar, als die dafür verwendeten Beträge im Mitgliedergeschäft erwirtschaftet worden sind. [2]Zur Feststellung dieser Beträge ist der Überschuss

---

1) Zur zeitlichen Anwendung des § 21 in der vorliegenden Fassung s. § 34 Abs. 10b.

1. bei Absatz- und Produktionsgenossenschaften im Verhältnis des Wareneinkaufs bei Mitgliedern zum gesamten Wareneinkauf,

2. bei den übrigen Erwerbs- und Wirtschaftsgenossenschaften im Verhältnis des Mitgliederumsatzes zum Gesamtumsatz

aufzuteilen. [3]Der hiernach sich ergebende Gewinn aus dem Mitgliedergeschäft bildet die obere Grenze für den Abzug. [4]Überschuss im Sinne des Satzes 2 ist das um den Gewinn aus Nebengeschäften geminderte Einkommen vor Abzug der genossenschaftlichen Rückvergütungen und des Verlustabzugs.

(2) [1]Voraussetzung für den Abzug nach Absatz 1 ist, dass die genossenschaftliche Rückvergütung unter Bemessung nach der Höhe des Umsatzes zwischen den Mitgliedern und der Genossenschaft bezahlt ist und dass sie

1. auf einem durch die Satzung der Genossenschaft eingeräumten Anspruch des Mitglieds beruht oder

2. durch Beschluss der Verwaltungsorgane der Genossenschaft festgelegt und der Beschluss den Mitgliedern bekannt gegeben worden ist oder

2. in der Generalversammlung beschlossen worden ist, die den Gewinn verteilt.

[2]Nachzahlungen der Genossenschaft für Lieferungen oder Leistungen und Rückzahlungen von Unkostenbeiträgen sind wie genossenschaftliche Rückvergütungen zu behandeln.

Dritter Teil
Tarif; Besteuerung bei ausländischen Einkunftsteilen

§ 23
Steuersatz

(1) Die Körperschaftsteuer beträgt 15 Prozent des zu versteuernden Einkommens.

(2) Wird die Einkommensteuer auf Grund der Ermächtigung des § 51 Abs. 3 des Einkommensteuergesetzes herabgesetzt oder erhöht, so ermäßigt oder erhöht sich die Körperschaftsteuer entsprechend.

§ 24
Freibetrag für bestimmte Körperschaften

[1]Vom Einkommen der steuerpflichtigen Körperschaften, Personenvereinigungen und Vermögensmassen ist ein Freibetrag von 5 000 Euro, höchstens jedoch in Höhe des Einkommens, abzuziehen. [1)] [2]Satz 1 gilt nicht

1. für Körperschaften und Personenvereinigungen, deren Leistungen bei den Empfängern zu den Einnahmen im Sinne des § 20 Abs. 1 Nr. 1 oder 2 des Einkommensteuergesetzes gehören,

2. für Vereine im Sinne des § 25.

§ 25
Freibetrag für Erwerbs- und Wirtschaftsgenossenschaften sowie Vereine, die Land- und Forstwirtschaft betreiben

(1)[2)] [1]Vom Einkommen der steuerpflichtigen Erwerbs- und Wirtschaftsgenossenschaften sowie der steuerpflichtigen Vereine, deren Tätigkeit sich auf den Betrieb der Land- und Forstwirtschaft beschränkt, ist ein Freibetrag in Höhe von 15 000 Euro, höchstens jedoch in Höhe des Einkommens, im Veranlagungszeitraum der Gründung und in den folgenden neun Veranlagungszeiträumen abzuziehen. [2]Voraussetzung ist, dass

1. die Mitglieder der Genossenschaft oder dem Verein Flächen zur Nutzung oder für die Bewirtschaftung der Flächen erforderliche Gebäude überlassen und

2. a) bei Genossenschaften das Verhältnis der Summe der Werte der Geschäftsanteile des einzelnen Mitglieds zu der Summe der Werte aller Geschäftsanteile

b) bei Vereinen das Verhältnis des Werts des Anteils am Vereinsvermögen, der im Falle der Auflösung des Vereins an das einzelne Mitglied fallen würde, zu dem Wert des Vereinsvermögens

nicht wesentlich von dem Verhältnis abweicht, in dem der Wert der von dem einzelnen Mitglied zur Nutzung überlassenen Flächen und Gebäude zu dem Wert der insgesamt zur Nutzung überlassenen Flächen und Gebäude steht.

(2) Absatz 1 Satz 1 gilt auch für steuerpflichtige Erwerbs- und Wirtschaftsgenossenschaften sowie für steuerpflichtige Vereine, die eine gemeinschaftliche Tierhaltung im Sinne des § 51a des Bewertungsgesetzes betreiben.

§ 26
Besteuerung ausländischer Einkunftsteile

(1) Bei unbeschränkt Steuerpflichtigen, die mit ausländischen Einkünften in dem Staat, aus dem die Einkünfte stammen, zu einer der deutschen Körperschaftsteuer entsprechenden Steuer herangezogen werden, ist die festgesetzte und gezahlte und um einen entstandenen Ermäßigungsanspruch gekürzte ausländische Steuer auf die deutsche Körperschaftsteuer anzurechnen, die auf die Einkünfte aus diesem Staat entfällt.

(2) bis (5) (weggefallen)

(6) [1]Vorbehaltlich der Sätze 2 und 3 sind § 34c Abs. 1 Satz 2 bis 5 und Abs. 2 bis 7 des Einkommensteuergesetzes und § 50 Abs. 6 des Einkommensteuergesetzes entsprechend anzuwenden; in den Fällen des § 8b Abs.1 Satz 2 und 3 sind vorbehaltlich der Sätze 2 und 3 § 34c Abs. 1 bis 3 und 6 Satz 6 des Einkommensteuergesetzes und § 50 Abs. 6 des Einkommensteuergesetzes entsprechend anzuwenden. [2]Bei der Anwendung des § 34c Abs. 1 Satz 2 des Einkommensteuergesetzes ist der Berechnung der

---

1) Das Wort „unbeschränkt (steuerpflichtigen)" in § 24 Abs. 1 Satz 1 gestrichen und Freibetrag ab VZ 2009 erhöht durch Gesetz vom 17. März 2009 (BGBl. I S. 550).

2) Das Wort „unbeschränkt (steuerpflichtigen)" in § 25 Abs. 1 und Abs. 2 gestrichen und Freibetrag in § 25 Abs. 1 Satz 1 ab VZ 2009 erhöht durch Gesetz vom 17. März 2009 (BGBl. I S. 550).

auf die ausländischen Einkünfte entfallenden inländischen Körperschaftsteuer die Körperschaftsteuer zugrunde zu legen, die sich ohne Anwendung der §§ 37 und 38 ergibt. [3]Bei der entsprechenden Anwendung des § 34c Abs. 2 des Einkommensteuergesetzes ist die ausländische Steuer abzuziehen, soweit sie auf ausländische Einkünfte entfällt, die bei der Ermittlung der Einkünfte außer Ansatz bleiben. [4]Soweit die in Artikel 6 der Richtlinie 2003/49/EG des Rates vom 3. Juni 2003 über eine gemeinsame Steuerregelung für Zahlungen von Zinsen und Lizenzgebühren zwischen verbundenen Unternehmen verschiedener Mitgliedstaaten (ABl. EU Nr. L 157 S. 49), zuletzt geändert durch die Richtlinie 2004/76/EG des Rates vom 29. April 2004 zur Änderung der Richtlinie 2003/49/EG (ABl. EU Nr. L 157 S. 106, Nr. L 195 S. 33), festgelegten Sätze der Quellensteuer für Zinsen und Lizenzgebühren, die aus Griechenland, Lettland, Litauen, Polen, Portugal, Slowakei, Spanien oder der Tschechischen Republik stammen, niedriger sind als die in den Abkommen zur Vermeidung der Doppelbesteuerung mit diesen Staaten dafür festgelegten Sätze, ist auf Grund des § 34c Abs. 6 in Verbindung mit § 34c Abs. 1 des Einkommensteuergesetzes die Quellensteuer höchstens zu den nach den Richtlinien festgelegten Sätzen anzurechnen. [5]§ 34c Abs. 6 Satz 3 des Einkommensteuergesetzes ist bei den aus einem Mitgliedstaat der Europäischen Union stammenden Einkünften auch auf Einkünfte anzuwenden, die nach den Richtlinien nicht besteuert werden können. [6]Eine Zahlung, die von einem Unternehmen der in Satz 3[1)] genannten Staaten oder von einer in diesen Staaten gelegenen Betriebsstätte eines Unternehmens eines Mitgliedstaates der Europäischen Union als Schuldner erfolgt, gilt als aus dem betreffenden Mitgliedstaat der Europäischen Union stammend, wenn die Einkünfte nach Artikel 6 der Richtlinie in dem Mitgliedstaat der Europäischen Union besteuert werden können. [7]Soweit ein Abkommen zur Vermeidung der Doppelbesteuerung mit einer dieser Staaten bei Zinsen oder Lizenzgebühren die Anrechnung einer als gezahlt geltenden Steuer vorsieht, ist die Anrechnung bei den unter die Richtlinie fallenden Zinsen und Lizenzgebühren letztmals für den Veranlagungszeitraum zu gewähren, in dem dieser Staat nach Artikel 6 der Richtlinie hierauf noch Quellensteuern erheben kann. [8]Werden die aus den in Satz 3 genannten Staaten stammenden Zinsen oder Lizenzgebühren an eine in der Bundesrepublik Deutschland gelegene Betriebsstätte eines Unternehmens eines anderen Mitgliedstaates der Europäischen Union gezahlt, sind bei Anwendung des § 50a Abs. 6 des Einkommensteuergesetzes die Zinsen und Lizenzgebühren als ausländische Einkünfte anzusehen. [9]Eine Steueranrechnung erfolgt höchstens zu den in Artikel 6 der Richtlinie genannten Sätzen. [10]Die Sätze 1 bis 8[2)] sind im Fall der Besteuerung nach Artikel 15 Abs. 2 Satz 2 des Abkommens zwischen der Europäischen Gemeinschaft und der Schweizerischen Eidgenossenschaft über Regelungen, die den in der Richtlinie 2003/48/EG des Rates im Bereich der Besteuerung von Zinserträgen fest-

gelegten Regelungen gleichwertig sind (ABl. EU 2004 Nr. L 385 S. 30), entsprechend anzuwenden.

Vierter Teil
Nicht in das Nennkapital geleistete Einlagen und Entstehung und Veranlagung

§ 27
Nicht in das Nennkapital geleistete Einlagen

(1) [1]Die unbeschränkt steuerpflichtige Kapitalgesellschaft hat die nicht in das Nennkapital geleisteten Einlagen am Schluss jedes Wirtschaftsjahrs auf einem besonderen Konto (steuerliches Einlagekonto) auszuweisen. [2]Das steuerliche Einlagekonto ist ausgehend von dem Bestand am Ende des vorangegangenen Wirtschaftsjahrs um die jeweiligen Zu- und Abgänge des Wirtschaftsjahrs fortzuschreiben. [3]Leistungen der Kapitalgesellschaft mit Ausnahme der Rückzahlung von Nennkapital im Sinne des § 28 Abs. 2 Satz 2 und 3 mindern das steuerliche Einlagekonto unabhängig von ihrer handelsrechtlichen Einordnung nur, soweit sie den auf den Schluss des vorangegangenen Wirtschaftsjahrs ermittelten ausschüttbaren Gewinn übersteigen (Einlagenrückgewähr). [4]Der Bestand des steuerlichen Einlagekontos kann durch Leistungen nicht negativ werden; Absatz 6 bleibt unberührt. [5]Als ausschüttbarer Gewinn gilt das um das gezeichnete Kapital geminderte in der Steuerbilanz ausgewiesene Eigenkapital abzüglich des Bestands des steuerlichen Einlagekontos.

(2) [1]Der unter Berücksichtigung der Zu- und Abgänge des Wirtschaftsjahrs ermittelte Bestand des steuerlichen Einlagekontos wird gesondert festgestellt. [2]Der Bescheid über die gesonderte Feststellung ist Grundlagenbescheid für den Bescheid über die gesonderte Feststellung zum folgenden Feststellungszeitpunkt. [3]Bei Eintritt in die unbeschränkte Steuerpflicht ist der zum Zeitpunkt des Eintritts in die Steuerpflicht vorhandene Bestand der nicht in das Nennkapital geleisteten Einlagen gesondert festzustellen; der gesondert festgestellte Bestand gilt als Bestand des steuerlichen Einlagekontos am Ende des vorangegangenen Wirtschaftsjahrs. [4]Kapitalgesellschaften haben auf den Schluss jedes Wirtschaftsjahrs Erklärungen zur gesonderten Feststellung von Besteuerungsgrundlagen abzugeben. [5]Die Erklärungen sind von den in § 34 der Abgabenordnung bezeichneten Personen eigenhändig zu unterschreiben.

(3) [1]Erbringt eine Kapitalgesellschaft für eigene Rechnung Leistungen, die nach Absatz 1 Satz 3 als Abgang auf dem steuerlichen Einlagekonto zu berücksichtigen sind, so ist sie verpflichtet, ihren Anteilseignern die folgenden Angaben nach amtlich vorgeschriebenem Muster zu bescheinigen:

1. den Namen und die Anschrift des Anteilseigners,

2. die Höhe der Leistungen, soweit das steuerliche Einlagekonto gemindert wurde,

3. den Zahlungstag.

[2]Die Bescheinigung braucht nicht unterschrieben zu werden, wenn sie in einem maschinellen Verfahren

---

1) Richtig Satz 4.
2) Richtig Satz 9.

ausgedruckt worden ist und den Aussteller erkennen lässt.

(4) ¹Ist die in Absatz 1 bezeichnete Leistung einer Kapitalgesellschaft von der Vorlage eines Dividendenscheins abhängig und wird sie für Rechnung der Kapitalgesellschaft durch ein inländisches Kreditinstitut erbracht, so hat das Institut dem Anteilseigner eine Bescheinigung mit den in Absatz 3 Satz 1 bezeichneten Angaben nach amtlich vorgeschriebenem Muster zu erteilen. ²Aus der Bescheinigung muss ferner hervorgehen, für welche Kapitalgesellschaft die Leistung erbracht wird. ³Die Sätze 1 und 2 gelten entsprechend, wenn anstelle eines inländischen Kreditinstituts eine inländische Zweigniederlassung eines der in § 53b Abs. 1 oder 7 des Gesetzes über das Kreditwesen genannten Institute oder Unternehmen die Leistung erbringt.

(5) ¹Ist für eine Leistung der Kapitalgesellschaft die Minderung des Einlagekontos zu niedrig bescheinigt worden, bleibt der der Bescheinigung zugrunde gelegte Verwendung unverändert. ²Ist für eine Leistung bis zum Tag der Bekanntgabe der erstmaligen Feststellung im Sinne des Absatzes 2 zum Schluss des Wirtschaftsjahrs der Leistung eine Steuerbescheinigung im Sinne des Absatzes 3 nicht erteilt worden, gilt der Betrag der Einlagenrückgewähr als mit 0 Euro bescheinigt. ³In den Fällen der Sätze 1 und 2 ist eine Berichtigung oder erstmalige Erteilung von Steuerbescheinigungen im Sinne des Absatzes 3 nicht zulässig. ⁴In anderen Fällen ist die auf den überhöht ausgewiesenen Betrag der Einlagenrückgewähr entfallende Kapitalertragsteuer durch Haftungsbescheid geltend zu machen; § 44 Abs. 5 Satz 1 zweiter Halbsatz des Einkommensteuergesetzes gilt insoweit nicht. ⁵Die Steuerbescheinigungen können berichtigt werden. ⁶Die Feststellung im Sinne des Absatzes 2 für das Wirtschaftsjahr, in dem die entsprechende Leistung erfolgt ist, ist an die der Kapitalertragsteuerhaftung nach Satz 4 zugrunde gelegte Einlagenrückgewähr anzupassen.

(6) Minderabführungen erhöhen und Mehrabführungen mindern das Einlagekonto einer Organgesellschaft, wenn sie ihre Ursache in organschaftlicher Zeit haben.

(7) Die vorstehenden Absätze gelten sinngemäß für andere unbeschränkt steuerpflichtige Körperschaften und Personenvereinigungen, die Leistungen im Sinne des § 20 Abs. 1 Nr. 1, 9 und 10 des Einkommensteuergesetzes gewähren können.

(8) ¹Eine Einlagenrückgewähr können auch Körperschaften oder Personenvereinigungen erbringen, die in einem anderen Mitgliedstaat der Europäischen Union der unbeschränkten Steuerpflicht unterliegen, wenn sie Leistungen im Sinne des § 20 Abs. 1 Nr. 1 oder 9 des Einkommensteuergesetzes gewähren können. ²Die Einlagenrückgewähr ist in entsprechender Anwendung der Absätze 1 bis 6 und der §§ 28 und 29 zu ermitteln. ³Der als Leistung im Sinne des Satzes 1 zu berücksichtigende Betrag wird auf Antrag der Körperschaft oder Personenvereinigung für den jeweiligen Veranlagungszeitraum gesondert festgestellt. ⁴Der Antrag ist nach amtlich vorgeschriebenem Vordruck bis zum Ende des Kalenderjahrs zu stellen, das auf das Kalenderjahr folgt, in

dem die Leistung erfolgt ist. ⁵Zuständig für die gesonderte Feststellung ist die Finanzbehörde, die im Zeitpunkt der Abgabe des Antrags nach § 20 der Abgabenordnung für die Besteuerung nach dem Einkommen örtlich zuständig ist. ⁶Bei Körperschaften oder Personenvereinigungen, für die im Zeitpunkt der Antragstellung nach § 20 der Abgabenordnung keine Finanzbehörde zuständig ist, ist abweichend von Satz 5 das Bundeszentralamt für Steuern zuständig. ⁷Im Antrag sind die für die Berechnung der Einlagenrückgewähr erforderlichen Umstände darzulegen. ⁸In der Bescheinigung nach Absatz 3 ist das Aktenzeichen der nach Satz 5 oder 6 zuständigen Behörde aufzunehmen. ⁹Soweit Leistungen nach Satz 1 nicht gesondert festgestellt worden sind, gelten sie als Gewinnausschüttung, die beim Anteilseigner zu Einnahmen im Sinne des § 20 Abs. 1 Nr. 1 oder 9 des Einkommensteuergesetzes führen.

§ 28
Umwandlung von Rücklagen in Nennkapital und Herabsetzung des Nennkapitals

(1) ¹Wird das Nennkapital durch Umwandlung von Rücklagen erhöht, so gilt der positive Bestand des steuerlichen Einlagekontos als vor den sonstigen Rücklagen umgewandelt. ²Maßgeblich ist dabei der sich vor Anwendung des Satzes 1 ergebende Bestand des steuerlichen Einlagekontos zum Schluss des Wirtschaftsjahrs der Rücklagenumwandlung. ³Enthält das Nennkapital auch Beträge, die ihm durch Umwandlung von sonstigen Rücklagen mit Ausnahme von aus Einlagen der Anteilseigner stammenden Beträgen zugeführt worden sind, so sind diese Teile des Nennkapitals getrennt auszuweisen und gesondert festzustellen (Sonderausweis). ⁴§ 27 Abs. 2 gilt entsprechend.

(2) ¹Im Fall der Herabsetzung des Nennkapitals oder der Auflösung der Körperschaft wird zunächst der Sonderausweis zum Schluss des vorangegangenen Wirtschaftsjahrs gemindert; ein übersteigender Betrag ist dem steuerlichen Einlagekonto gutzuschreiben, soweit die Einlage in das Nennkapital geleistet ist. ²Die Rückzahlung des Nennkapitals gilt, soweit der Sonderausweis zu mindern ist, als Gewinnausschüttung, die beim Anteilseigner zu Bezügen im Sinne des § 20 Abs. 1 Nr. 2 des Einkommensteuergesetzes führt. ³Ein den Sonderausweis übersteigender Betrag ist vom positiven Bestand des steuerlichen Einlagekontos abzuziehen. ⁴Soweit der positive Bestand des steuerlichen Einlagekontos für den Abzug nach Satz 3 nicht ausreicht, gilt die Rückzahlung des Nennkapitals ebenfalls als Gewinnausschüttung, die beim Anteilseigner zu Bezügen im Sinne des § 20 Abs. 1 Nr. 2 des Einkommensteuergesetzes führt.

(3) Ein Sonderausweis zum Schluss des Wirtschaftsjahrs vermindert sich um den positiven Bestand des steuerlichen Einlagekontos zu diesem Stichtag; der Bestand des steuerlichen Einlagekontos vermindert sich entsprechend.

§ 29
Kapitalveränderungen bei Umwandlungen

(1) In Umwandlungsfällen im Sinne des § 1 des Umwandlungsgesetzes gilt das Nennkapital der übertragenden Kapitalgesellschaft und bei An-

wendung des Absatzes 2 Satz 3 und des Absatzes 3 Satz 3 zusätzlich das Nennkapital der übernehmenden Kapitalgesellschaft als in vollem Umfang nach § 28 Abs. 2 Satz 1 herabgesetzt.

(2) [1]Geht das Vermögen einer Kapitalgesellschaft durch Verschmelzung nach § 2 des Umwandlungsgesetzes auf eine unbeschränkt steuerpflichtige Körperschaft über, so ist der Bestand des steuerlichen Einlagekontos dem steuerlichen Einlagekonto der übernehmenden Körperschaft hinzuzurechnen. [2]Eine Hinzurechnung des Bestands des steuerlichen Einlagekontos nach Satz 1 unterbleibt im Verhältnis des Anteils des Übernehmers an dem übertragenden Rechtsträger. [3]Der Bestand des Einlagekontos des Übernehmers mindert sich anteilig im Verhältnis des Anteils des übertragenden Rechtsträgers am Übernehmer.

(3) [1]Geht Vermögen einer Kapitalgesellschaft durch Aufspaltung oder Abspaltung im Sinne des § 123 Abs. 1 und 2 des Umwandlungsgesetzes auf eine unbeschränkt steuerpflichtige Körperschaft über, so ist der Bestand des steuerlichen Einlagekontos der übertragenden Kapitalgesellschaft einer übernehmenden Körperschaft im Verhältnis der übergehenden Vermögensteile zu dem bei der übertragenden Kapitalgesellschaft vor dem Übergang bestehenden Vermögen zuzurechnen, wie es in der Regel in den Angaben zum Umtauschverhältnis der Anteile im Spaltungs- und Übernahmevertrag oder im Spaltungsplan (§ 126 Abs. 1 Nr. 3, § 136 des Umwandlungsgesetzes) zum Ausdruck kommt. [2]Entspricht das Umtauschverhältnis der Anteile nicht dem Verhältnis der übergehenden Vermögensteile zu dem bei der übertragenden Kapitalgesellschaft vor der Spaltung bestehenden Vermögen, ist das Verhältnis der gemeinen Werte der übergehenden Vermögensteile zu dem vor der Spaltung vorhandenen Vermögen maßgebend. [3]Für die Entwicklung des steuerlichen Einlagekontos des Übernehmers gilt Absatz 2 Satz 2 und 3 entsprechend. [4]Soweit das Vermögen durch Abspaltung auf eine Personengesellschaft übergeht, mindert sich das steuerliche Einlagekonto der übertragenden Kapitalgesellschaft in dem Verhältnis der übergehenden Vermögensteile zu dem vor der Spaltung bestehenden Vermögen.

(4) Nach Anwendung der Absätze 2 und 3 ist für die Anpassung des Nennkapitals der umwandlungsbeteiligten Kapitalgesellschaften § 28 Abs. 1 und 3 anzuwenden.

(5) Die vorstehenden Absätze gelten sinngemäß für andere unbeschränkt steuerpflichtige Körperschaften und Personenvereinigungen, die Leistungen im Sinne des § 20 Abs. 1 Nr. 1, 9 und 10 des Einkommensteuergesetzes gewähren können.

(6) [1]War für die übertragende Körperschaft oder Personenvereinigung ein Einlagekonto bisher nicht festzustellen, tritt für die Anwendung der vorstehenden Absätze an die Stelle des Einlagekontos der Bestand der nicht in das Nennkapital geleisteten Einlagen zum Zeitpunkt des Vermögensübergangs. [2]§ 27 Abs. 8 gilt entsprechend.

§ 30
Entstehung der Körperschaftsteuer
Die Körperschaftsteuer entsteht

1. für Steuerabzugsbeträge in dem Zeitpunkt, in dem die steuerpflichtigen Einkünfte zufließen,

2. für Vorauszahlungen mit Beginn des Kalendervierteljahrs, in dem die Vorauszahlungen zu entrichten sind, oder, wenn die Steuerpflicht erst im Laufe des Kalenderjahrs begründet wird, mit Begründung der Steuerpflicht,

3. für die veranlagte Steuer mit Ablauf des Veranlagungszeitraums, soweit nicht die Steuer nach Nummer 1 oder 2 schon früher entstanden ist.

§ 31
Steuererklärungspflicht, Veranlagung und Erhebung der Körperschaftsteuer

(1) [1]Auf die Durchführung der Besteuerung einschließlich der Anrechnung, Entrichtung und Vergütung der Körperschaftsteuer sowie die Festsetzung und Erhebung von Steuern, die nach der veranlagten Körperschaftsteuer bemessen werden (Zuschlagsteuern), sind die Vorschriften des Einkommensteuergesetzes entsprechend anzuwenden, soweit dieses Gesetz nichts anderes bestimmt. [2]Wird der Gewinn durch Bestandsvergleich ermittelt, sind bei der Festsetzung von Vorauszahlungen die Änderungen durch das Unternehmensteuerreformgesetz 2008 vom 14. August 2007 (BGBl. I S. 1912) zu berücksichtigen, wenn der Steuerpflichtige dies nach amtlich vorgeschriebenem Vordruck beantragt oder das Finanzamt den Steuerpflichtigen zur Abgabe des Vordrucks auffordert. [3]Die sich im Zuge der Festsetzung ergebenden einzelnen Körperschaftsteuerbeträge sind jeweils zu Gunsten des Steuerpflichtigen auf volle Euro-Beträge zu runden. [4]§ 37b des Einkommensteuergesetzes findet entsprechende Anwendung.

(1a)[1]) Die Körperschaftsteuererklärung und die Erklärung zur gesonderten Feststellung von Besteuerungsgrundlagen sind nach amtlich vorgeschriebenem Datensatz durch Datenfernübertragung zu übermitteln. 2Auf Antrag kann die Finanzbehörde zur Vermeidung unbilliger Härten auf eine elektronische Übermittlung verzichten; in diesem Fall sind die Erklärungen nach amtlich vorgeschriebenem Vordruck abzugeben und vom gesetzlichen Vertreter des Steuerpflichtigen eigenhändig zu unterschreiben.

(2) Bei einem vom Kalenderjahr abweichenden Wirtschaftsjahr gilt § 37 Abs. 1 des Einkommensteuergesetzes mit der Maßgabe, dass die Vorauszahlungen auf die Körperschaftsteuer bereits während des Wirtschaftsjahrs zu entrichten sind, das im Veranlagungszeitraum endet.

§ 32
Sondervorschriften für den Steuerabzug

(1) Die Körperschaftsteuer für Einkünfte, die dem Steuerabzug unterliegen, ist durch den Steuerabzug abgegolten,

1. wenn die Einkünfte nach § 5 Abs. 2 Nr. 1 von der Steuerbefreiung ausgenommen sind oder

---

1) § 31 Abs. 1a ist erstmals für den VZ 2011 anzuwenden (§ 34 Abs. 13a).

2. wenn der Bezieher der Einkünfte beschränkt steuerpflichtig ist und die Einkünfte nicht in einem inländischen gewerblichen oder land- oder forstwirtschaftlichen Betrieb angefallen sind.

(2) [1) Die Körperschaftsteuer ist nicht abgegolten,

1. wenn bei dem Steuerpflichtigen während eines Kalenderjahrs sowohl unbeschränkte Steuerpflicht als auch beschränkte Steuerpflicht im Sinne des § 2 Nr. 1 bestanden hat; in diesen Fällen sind die während der beschränkten Steuerpflicht erzielten Einkünfte in eine Veranlagung zur unbeschränkten Körperschaftsteuerpflicht einzubeziehen;

2. für Einkünfte, die dem Steuerabzug nach § 50a Abs. 1 Nr. 1, 2 oder Nr. 4 des Einkommensteuergesetzes unterliegen, wenn der Gläubiger der Vergütungen eine Veranlagung zur Körperschaftsteuer beantragt;

3. soweit der Steuerpflichtige wegen der Steuerabzugsbeträge in Anspruch genommen werden kann oder

4. soweit § 38 Abs. 2 anzuwenden ist.

(3) ¹Von den inländischen Einkünften im Sinne des § 2 Nr. 2 zweiter Halbsatz ist ein Steuerabzug vorzunehmen; Entsprechendes gilt, wenn die inländischen Einkünfte im Sinne des § 2 Nr. 2 zweiter Halbsatz von einer nach § 5 Abs. 1 oder nach anderen Gesetzen als dem Körperschaftsteuergesetz steuerbefreiten Körperschaft, Personenvereinigung oder Vermögensmasse erzielt werden. ²Der Steuersatz beträgt 15 Prozent des Entgelts. ³Die für den Steuerabzug von Kapitalerträgen im Sinne des § 43 Abs. 1 Satz 1 Nr. 1 geltenden Vorschriften des Einkommensteuergesetzes mit Ausnahme des § 44 Abs. 2 und § 44a Abs. 8 des Einkommensteuergesetzes sind entsprechend anzuwenden. ⁴Der Steuerabzug ist bei Einnahmen oder Bezügen im Sinne des § 2 Nr. 2 zweiter Halbsatz Buchstabe c von der anderen Körperschaft im Sinne des § 8b Abs. 10 Satz 2 vorzunehmen. ⁵In Fällen des Satzes 4 hat die überlassende Körperschaft der anderen Körperschaft den zur Deckung der Kapitalertragsteuer notwendigen Betrag zur Verfügung zu stellen; § 44 Abs. 1 Satz 8 und 9 des Einkommensteuergesetzes gelten entsprechend.

(4) ¹Absatz 2 Nr. 2 gilt nur für beschränkt steuerpflichtige Körperschaften, Personenvereinigungen oder Vermögensmassen im Sinne des § 2 Nr. 1, die nach den Rechtsvorschriften eines Mitgliedstaates der Europäischen Union oder nach den Rechtsvorschriften eines Staates, auf den das Abkommen über den Europäischen Wirtschaftsraum vom 3. Januar 1994 (ABl. EG Nr. L 1 S. 3), zuletzt geändert durch den Beschluss des Gemeinsamen EWR-Ausschusses Nr. 91/2007 vom 6. Juli 2007 (ABl. EU Nr. L 328 S. 40), in der jeweiligen Fassung Anwendung findet, gegründete Gesellschaften im Sinne des Artikels 48 des Vertrags zur Gründung der Europäischen Gemeinschaft oder des Artikels 34 des Abkommens über den Europäischen Wirtschaftsraum sind, deren Sitz und Ort der Geschäftsleitung sich innerhalb des Hoheitsgebiets eines dieser Staaten befindet. ²Europäische Gesellschaften sowie Euro-

päische Genossenschaften gelten für die Anwendung des Satzes 1 als nach den Rechtsvorschriften des Staates gegründete Gesellschaften, in dessen Hoheitsgebiet sich der Sitz der Gesellschaften befindet.

§ 32a
Erlass, Aufhebung oder Änderung von Steuerbescheiden bei verdeckter Gewinnausschüttung oder verdeckter Einlage

(1) ¹Soweit gegenüber einer Körperschaft ein Steuerbescheid hinsichtlich der Berücksichtigung einer verdeckten Gewinnausschüttung erlassen, aufgehoben oder geändert wird, kann ein Steuerbescheid oder ein Feststellungsbescheid gegenüber dem Gesellschafter, dem die verdeckte Gewinnausschüttung zuzurechnen ist, oder einer diesem nahe stehenden Person erlassen, aufgehoben oder geändert werden. ²Die Festsetzungsfrist endet insoweit nicht vor Ablauf eines Jahres nach Unanfechtbarkeit des Steuerbescheides der Körperschaft. ³Die Sätze 1 und 2 gelten auch für verdeckte Gewinnausschüttungen an Empfänger von Bezügen im Sinne des § 20 Abs. 1 Nr. 9 und 10 Buchstabe a des Einkommensteuergesetzes.

(2) ¹Soweit gegenüber dem Gesellschafter ein Steuerbescheid oder ein Feststellungsbescheid hinsichtlich der Berücksichtigung einer verdeckten Einlage erlassen, aufgehoben oder geändert wird, kann ein Steuerbescheid gegenüber der Körperschaft, welcher der Vermögensvorteil zugewendet wurde, aufgehoben, erlassen oder geändert werden. ²Abs. 1 Satz 2 gilt entsprechend.

Fünfter Teil
Ermächtigungs- und Schlussvorschriften

§ 33
Ermächtigungen

(1) ¹Die Bundesregierung wird ermächtigt, zur Durchführung dieses Gesetzes mit Zustimmung des Bundesrates durch Rechtsverordnung

1. zur Wahrung der Gleichmäßigkeit bei der Besteuerung, zur Beseitigung von Unbilligkeiten in Härtefällen und zur Vereinfachung des Besteuerungsverfahrens den Umfang der Steuerbefreiungen nach § 5 Abs. 1 Nr. 3 und 4 näher zu bestimmen. ²Dabei können

a) zur Durchführung des § 5 Abs. 1 Nr. 3 Vorschriften erlassen werden, nach denen die Steuerbefreiung nur eintritt,

aa) wenn die Leistungsempfänger nicht überwiegend aus dem Unternehmer oder seinen Angehörigen, bei Gesellschaften aus den Gesellschaftern und ihren Angehörigen bestehen,

bb) wenn bei Kassen mit Rechtsanspruch der Leistungsempfänger die Rechtsansprüche und bei Kassen ohne Rechtsanspruch der Leistungsempfänger die laufenden Kassenleistungen und das Sterbegeld bestimmte Beträge nicht übersteigen, die dem Wesen der Kasse als soziale Einrichtung entsprechen,

---

1) § 32 Abs. 2 i.d.F. des JStG 2009 gilt erstmals ab VZ 2009.

cc) wenn bei Auflösung der Kasse ihr Vermögen satzungsmäßig nur für soziale Zwecke verwendet werden darf,

dd) wenn rechtsfähige Pensions-, Sterbe- und Krankenkassen der Versicherungsaufsicht unterliegen,

ee) wenn bei rechtsfähigen Unterstützungskassen die Leistungsempfänger zu laufenden Beiträgen oder Zuschüssen nicht verpflichtet sind und die Leistungsempfänger oder die Arbeitnehmervertretungen des Betriebs oder der Dienststelle an der Verwaltung der Beträge, die der Kasse zufließen, beratend mitwirken können;

b) zur Durchführung des § 5 Abs. 1 Nr. 4 Vorschriften erlassen werden

aa) über die Höhe der für die Inanspruchnahme der Steuerbefreiung zulässigen Beitragseinnahmen,

bb) nach denen bei Versicherungsvereinen auf Gegenseitigkeit, deren Geschäftsbetrieb sich auf die Sterbegeldversicherung beschränkt, die Steuerbefreiung unabhängig von der Höhe der Beitragseinnahmen auch eintritt, wenn die Höhe des Sterbegeldes insgesamt die Leistung der nach § 5 Abs. 1 Nr. 3 steuerbefreiten Sterbekassen nicht übersteigt und wenn der Verein auch im Übrigen eine soziale Einrichtung darstellt;

2. Vorschriften zu erlassen

a) über die Kleinbeträge, um die eine Rückstellung für Beitragsrückerstattung nach § 21 Abs. 2 nicht aufgelöst zu werden braucht, wenn die Auszahlung dieser Beträge an die Versicherten mit einem unverhältnismäßig hohen Verwaltungsaufwand verbunden wäre;

b) über die Herabsetzung oder Erhöhung der Körperschaftsteuer nach § 23 Abs. 2;

c) nach denen bei Anschaffung oder Herstellung von abnutzbaren beweglichen und bei Herstellung von abnutzbaren unbeweglichen Wirtschaftsgütern des Anlagevermögens auf Antrag ein Abzug von der Körperschaftsteuer für den Veranlagungszeitraum der Anschaffung oder Herstellung bis zur Höhe von 7,5 Prozent der Anschaffungs- oder Herstellungskosten dieser Wirtschaftsgüter vorgenommen werden kann. [2]§ 51 Abs. 1 Nr. 2 Buchstabe s des Einkommensteuergesetzes gilt entsprechend;

d) nach denen Versicherungsvereine auf Gegenseitigkeit von geringerer wirtschaftlicher Bedeutung, die eine Schwankungsrückstellung nach § 20 Abs. 1 nicht gebildet haben, zum Ausgleich des schwankenden Jahresbedarfs zu Lasten des steuerlichen Gewinns Beträge der nach § 37 des Versicherungsaufsichts-

gesetzes zu bildenden Verlustrücklage zuführen können.

e) [1] die die Steuerbefreiung nach § 8b Absatz 1 Satz 1 und Absatz 2 Satz 1 sowie vergleichbare Vorschriften in Abkommen zur Vermeidung der Doppelbesteuerung von der Erfüllung besonderer Nachweis- und Mitwirkungspflichten abhängig machen, wenn außerhalb des Geltungsbereichs dieses Gesetzes ansässige Beteiligte oder andere Personen nicht wie inländische Beteiligte bei Vorgängen innerhalb des Geltungsbereichs dieses Gesetzes zur Mitwirkung bei der Ermittlung des Sachverhalts herangezogen werden können. [2]Die besonderen Nachweis- und Mitwirkungspflichten können sich auf die Angemessenheit der zwischen nahestehenden Personen im Sinne des § 1 Absatz 2 des Außensteuergesetzes in ihren Geschäftsbeziehungen vereinbarten Bedingungen und die Bevollmächtigung der Finanzbehörde, im Namen des Steuerpflichtigen mögliche Auskunftsansprüche gegenüber den von der Finanzbehörde benannten Kreditinstituten außergerichtlich und gerichtlich geltend zu machen, erstrecken. [3]Die besonderen Nachweis- und Mitwirkungspflichten auf der Grundlage dieses Buchstabens gelten nicht, wenn die außerhalb des Geltungsbereichs dieses Gesetzes ansässigen Beteiligten oder anderen Personen in einem Staat oder Gebiet ansässig sind, mit dem ein Abkommen besteht, das die Erteilung von Auskünften entsprechend Artikel 26 des Musterabkommens der OECD zur Vermeidung der Doppelbesteuerung auf dem Gebiet der Steuern vom Einkommen und vom Vermögen in der Fassung von 2005 vorsieht oder der Staat oder das Gebiet Auskünfte in einem vergleichbaren Umfang erteilt oder die Bereitschaft zu einer entsprechenden Auskunftserteilung besteht.

(2) Das Bundesministerium der Finanzen wird ermächtigt,

1. im Einvernehmen mit den obersten Finanzbehörden der Länder Muster der in den §§ 27 und 37 vorgeschriebenen Bescheinigungen zu bestimmen;

2. den Wortlaut dieses Gesetzes und der zu diesem Gesetz erlassenen Durchführungsverordnungen in der jeweils geltenden Fassung mit neuem Datum, unter neuer Überschrift und in neuer Paragrafenfolge bekannt zu machen und dabei Unstimmigkeiten des Wortlauts zu beseitigen.

§ 34
Schlussvorschriften

(1) Diese Fassung des Gesetzes gilt, soweit in den folgenden Absätzen nichts anderes bestimmt ist, erstmals für den Veranlagungszeitraum 2009 [2].

---

1) § 33 Abs. 1 Nr. 2 Buchst. e) eingefügt durch Gesetz vom 29.07.2009 (BGBl. I S. 2302). Siehe dazu die Steuerhinterziehungsbekämpfungsverordnung vom 18. September 2009 (BGBl. I S. 3046), abgedruckt in Anlage § 33-01.

2) § 34 Abs. 1 i.d.F. des JStG 2009 vom 19.12.2008 (BGBl. I S. 2794).

(2) Das Körperschaftsteuergesetz in der Fassung des Artikels 3 des Gesetzes vom 23. Oktober 2000 (BGBl. I S. 1433) ist bei vom Kalenderjahr abweichenden Wirtschaftsjahren erstmals für den Veranlagungszeitraum 2002 anzuwenden, wenn das erste im Veranlagungszeitraum 2001 endende Wirtschaftsjahr vor dem 1. Januar 2001 beginnt.

(2a) § 2 Nr. 2 und § 5 Abs. 2 Nr. 1 in der Fassung des Artikels 2 des Gesetzes vom 14. August 2007 (BGBl. I S. 1912) sind erstmals auf Entgelte anzuwenden, die nach dem 17. August 2007 zufließen.

(3) [1]§ 5 Abs. 1 Nr. 2 ist für die Landestreuhandstelle Hessen – Bank für Infrastruktur – rechtlich unselbständige Anstalt in der Landesbank Hessen-Thüringen Girozentrale erstmals für den Veranlagungszeitraum 2007 sowie für die Investitions- und Förderbank Niedersachsen erstmals für den Veranlagungszeitraum 2008 anzuwenden. [2]Die Steuerbefreiung nach § 5 Abs. 1 Nr. 2 in der bis zum 24. Dezember 2008 geltenden Fassung ist für die Investitions- und Förderbank Niedersachsen GmbH sowie für die Niedersächsische Landestreuhandstelle – Norddeutsche Landesbank Girozentrale – letztmals für den Veranlagungszeitraum 2007 anzuwenden.

(3a) § 5 Abs. 1 Nr. 8 in der Fassung des Artikels 31 des Gesetzes vom 9. Dezember 2004 (BGBl. I S. 3242) ist erstmals für den Veranlagungszeitraum 2005 anzuwenden.

(3b) § 5 Abs. 1 Nr. 16 in der am 21. Dezember 2004 geltenden Fassung ist erstmals für den Veranlagungszeitraum 2005 anzuwenden.

(3c) § 5 Abs. 1 Nr. 23 in der Fassung des Artikels 3 des Gesetzes vom 15. Dezember 2003 (BGBl. I S. 2645) ist auch in Veranlagungszeiträumen vor 2003 anzuwenden.

(4) [1]§ 5 Abs. 2, § 8a Abs. 1, die §§ 8b, 15, 16 und 18, § 26 Abs. 6, die §§ 27, 28 und 29, § 32 Abs. 2, § 33 Abs. 1 und 2, §§ 35, 36, 37, 38 und 39 sowie § 40 Abs. 3 des Körperschaftsteuergesetzes in der Fassung des Artikels 2 des Gesetzes vom 20. Dezember 2001 (BGBl. I S. 3858) sind, soweit in den folgenden Absätzen nichts anderes bestimmt ist, erstmals für den Veranlagungszeitraum 2002 anzuwenden, für den erstmals das Körperschaftsteuergesetz in der Fassung des Artikels 3 des Gesetzes vom 23. Oktober 2000 (BGBl. I S. 1433) anzuwenden ist. [2]§ 29 des Körperschaftsteuergesetzes in der Fassung des Gesetzes vom 14. Juli 2000 (BGBl. I S. 1034) wird mit Wirkung ab diesem Veranlagungszeitraum nicht mehr angewendet.

(5) [1]Erwerbs- und Wirtschaftsgenossenschaften sowie Vereine können bis zum 31. Dezember 1991, in den Fällen des § 54 Abs. 4 des Körperschaftsteuergesetzes in der Fassung des Artikels 9 des Gesetzes vom 18. Dezember 1989 (BGBl. I S. 2212) bis zum 31. Dezember 1992 oder, wenn es sich um Erwerbs- und Wirtschaftsgenossenschaften oder Vereine in dem in Artikel 3 des Einigungsvertrages genannten Gebiet handelt, bis zum 31. Dezember 1993 durch schriftliche Erklärung auf die Steuerbefreiung nach § 5 Abs. 1 Nr. 10 und 14 des Körperschaftsteuergesetzes in der Fassung des Artikels 4 des Gesetzes vom 14. Juli 2000 (BGBl. I S. 1034) verzichten, und zwar auch für den Veranlagungszeitraum 1990. [2]Die Körperschaft ist mindestens für fünf aufeinander folgende Kalenderjahre an die Erklärung gebunden. [3]Die Erklärung kann nur mit Wirkung vom Beginn eines Kalenderjahrs an widerrufen werden. [4]Der Widerruf ist spätestens bis zur Unanfechtbarkeit der Steuerfestsetzung des Kalenderjahrs zu erklären, für das er gelten soll.

(5a) § 5 Abs. 2 Nr. 2 in der Fassung des Artikels 3 des Gesetzes vom 19. Dezember 2008 (BGBl. I S. 2794) ist auch für Veranlagungszeiträume vor 2009 anzuwenden.

(6)[1]) [1]§ 8 Abs. 1 Satz 2 in der Fassung des Artikels 3 des Gesetzes vom 19. Dezember 2008 (BGBl. I S. 2794) ist auch für Veranlagungszeiträume vor 2009 anzuwenden. [2]§ 8 Abs. 3 Satz 4 bis 6 in der

---

1) § 34 Abs. 6 lautet nach Notifizierung des MoRaKG durch die EU-Kommission (siehe die Fußnote bei § 8c Abs. 2) wie folgt:
„[1]§ 8 Abs. 1 Satz 2 in der Fassung des Artikels 3 des Gesetzes vom 19. Dezember 2008 (BGBl. I S. 2794) ist auch für Veranlagungszeiträume vor 2009 anzuwenden. [2]§ 8 Abs. 3 Satz 4 bis 6 in der Fassung des Artikels 4 des Gesetzes vom 13. Dezember 2006 (BGBl. I S. 2878) ist erstmals auf verdeckte Einlagen anzuwenden, die nach dem 18. Dezember 2006 getätigt wurden. [3]§ 8 Abs. 4 in der am 23. Dezember 2001 geltenden Fassung ist neben § 8c KStG in der Fassung des Artikels 2 des Gesetzes vom 14. August 2007 (BGBl. I S. 1912) letztmals anzuwenden, wenn mehr als die Hälfte der Anteile an einer Kapitalgesellschaft innerhalb eines Zeitraums von fünf Jahren übertragen werden, der vor dem 1. Januar 2008 beginnt, und der Verlust der wirtschaftlichen Identität vor dem 1. Januar 2013 eintritt. Ein nach Satz 4 [gemeint: Satz 3] nicht abziehbarer Verlust kann im Fall einer Übertragung von mehr als der Hälfte der Anteile an einer Zielgesellschaft im Sinne des § 2 Abs. 3 des Wagniskapitalbeteiligungsgesetzes durch eine Wagniskapitalbeteiligungsgesellschaft (§ 2 Abs. 1 des Wagniskapitalbeteiligungsgesetzes) anteilig abgezogen werden, soweit er auf stille Reserven des steuerpflichtigen inländischen Betriebsvermögens der Zielgesellschaft entfällt (abziehbarer Verlust). [5]Gleiches gilt im Falle eines unmittelbaren schädlichen Beteiligungserwerbs an einer Zielgesellschaft von einer Wagniskapitalbeteiligungsgesellschaft durch einen Erwerber, der keine Wagniskapitalbeteiligungsgesellschaft ist, wenn
1. die Zielgesellschaft bei Erwerb der Beteiligung ein Eigenkapital von nicht mehr als 20 Millionen Euro aufweist oder
2. die Zielgesellschaft bei Erwerb der Beteiligung ein Eigenkapital von nicht mehr als 100 Millionen Euro aufweist und die den Betrag von 20 Millionen Euro übersteigende Erhöhung des Eigenkapitals auf den Jahresüberschüssen der der Veräußerung vorangegangenen vier Geschäftsjahre beruht;
der Zeitraum zwischen Anschaffung und Veräußerung der Beteiligung an der Zielgesellschaft durch die Wagniskapitalbeteiligungsgesellschaft darf vier Jahre nicht unterschreiten. [6]Der abziehbare Verlust kann im Jahr des Wegfalls der wirtschaftlichen Identität zu einem Fünftel im Rahmen des Verlustabzugs nach § 10d des Einkommensteuergesetzes abgezogen werden; dieser Betrag erhöht sich in den folgenden vier Jahren

Fassung des Artikels 4 des Gesetzes vom 13. Dezember 2006 (BGBl. I S. 2878) ist erstmals auf verdeckte Einlagen anzuwenden, die nach dem 18. Dezember 2006 getätigt wurden. [3]§ 8 Abs. 4 in der am 23. Dezember 2001 geltenden Fassung ist neben § 8c KStG in der Fassung des Artikels 2 des Gesetzes vom 14. August 2007 (BGBl. I S. 1912) letztmals anzuwenden, wenn mehr als die Hälfte der Anteile an einer Kapitalgesellschaft innerhalb eines Zeitraums vom fünf Jahren übertragen werden, der vor dem 1. Januar 2008 beginnt, und der Verlust der wirtschaftlichen Identität vor dem 1. Januar 2013 eintritt. [4]§ 8 Abs. 7 in der Fassung des Artikels 3 des Gesetzes vom 19. Dezember 2008 (BGBl. I S. 2794) ist auch für Veranlagungszeiträume vor 2009 anzuwenden. [5]Ist im Einzelfall vor dem 18. Juni 2008 bei der Einkommensermittlung nach anderen Grundsätzen als nach § 8 Abs. 7 in der Fassung des Artikels 3 des Gesetzes vom 19. Dezember 2008 (BGBl. I S. 2794) verfahren worden, so sind diese Grundsätze insoweit letztmals für den Veranlagungszeitraum 2011 maßgebend. [6]Entfällt nach dem 18. Juni 2008 erstmals die Mehrheit der Stimmrechte nicht mehr unmittelbar oder mittelbar auf juristische Personen des öffentlichen Rechts oder tragen trotz Bestehens des Stimmrechtserfordernisses nach diesem Tag erstmals auch andere als diese Gesellschafter die Verluste aus den Dauerverlustgeschäften, ist Satz 5 für Veranlagungszeiträume vor 2012 nicht mehr anzuwenden. [7]§ 8 Abs. 8 in der Fassung des Artikels 3 des Gesetzes vom 19. Dezember 2008 (BGBl. I S. 2794) ist erstmals für den Veranlagungszeitraum 2009 anzuwenden. [8]Der zum 31. Dezember 2008 für einen Betrieb gewerblicher Art, der durch eine Zusammenfassung entstanden war, festgestellte Verlustvortrag, gilt als in diesem Betrieb gewerblicher Art entstanden. [9]§ 8 Abs. 9 in der Fassung des Artikels 3 des Gesetzes vom 19. Dezember 2008 (BGBl. I S. 2794) ist erstmals für den Veranlagungszeitraum 2009 anzuwenden. [10]Ein auf den Schluss des Veranlagungszeitraums 2008 festgestellter Verlustvortrag ist sachgerecht nach Maßgabe des § 8 Abs. 9 aufzuteilen, die sich hiernach ergebenden jeweiligen Beträge gelten als Ausgangsbetrag bei der Anwendung des § 10d des Einkommensteuergesetzes in dem folgenden Ver-

anlagungszeitraum. [11]Für den Verlustrücktrag nach Maßgabe des § 10d des Einkommensteuergesetzes in den Veranlagungszeitraum 2008 ist die Summe der sich im Veranlagungszeitraum 2009 ergebenden Beträge aus den einzelnen Sparten maßgebend. [12]Nach Inkrafttreten des Artikels 4 des Gesetzes vom 12. August 2008 (BGBl. I S. 1672) ist Satz 9 mit der Maßgabe anzuwenden, dass an die Stelle der Angabe „Satz 5" die Angabe „Satz 8" tritt.

(6a) [1]§ 8a in der Fassung des Artikels 3 des Gesetzes vom 22. Dezember 2003 (BGBl. I S. 2840) ist erstmals für das Wirtschaftsjahr anzuwenden, das nach dem 31. Dezember 2003 beginnt. [2]§ 8a Abs. 1 Satz 2 in der in Satz 1 genannten Fassung ist nicht anzuwenden, wenn die Rückgriffsmöglichkeit des Dritten allein auf der Gewährträgerhaftung einer Gebietskörperschaft oder einer anderen Einrichtung des öffentlichen Rechts gegenüber den Gläubigern eines Kreditinstituts für Verbindlichkeiten beruht, die bis zum 18. Juli 2001 vereinbart waren; Gleiches gilt bis zum 18. Juli 2005 vereinbarte Verbindlichkeiten, wenn deren Laufzeit nicht über den 31. Dezember 2015 hinausgeht. [3]§ 8a in der Fassung des Artikels 2 des Gesetzes vom 14. August 2007 (BGBl. I S. 1912) ist erstmals für Wirtschaftsjahre anzuwenden, die nach dem 25. Mai 2007 beginnen und nicht vor dem 1. Januar 2008 enden. [4]§ 8a Abs. 2 und 3 in der in Satz 3 genannten Fassung ist nicht anzuwenden, wenn die Rückgriffsmöglichkeit des Dritten allein auf der Gewährträgerhaftung einer Gebietskörperschaft oder einer anderen Einrichtung des öffentlichen Rechts gegenüber den Gläubigern eines Kreditinstituts für Verbindlichkeiten beruht, die bis zum 18. Juli 2001 vereinbart waren; Gleiches gilt für bis zum 18. Juli 2005 vereinbarte Verbindlichkeiten, wenn deren Laufzeit nicht über den 31. Dezember 2015 hinausgeht. [5]§ 8a Absatz 1 Satz 1 in der Fassung des Artikels 2 des Gesetzes vom 22. Dezember 2009 (BGBl. I S. 3950) ist erstmals für Wirtschaftsjahre anzuwenden, die nach dem 31. Dezember 2009 enden. [6]§ 8a Absatz 1 Satz 3 in der Fassung des Artikels 2 des Gesetzes vom 22. Dezember 2009 (BGBl. I S. 3950) ist erstmals auf schädliche Beteiligungserwerbe nach dem 31. Dezember 2009 anzuwenden.

um je ein weiteres Fünftel des abziehbaren Verlusts. [7]§ 8 Abs. 7 in der Fassung des Artikels 3 des Gesetzes vom 19. Dezember 2008 (BGBl. I S. 2794) ist auch für Veranlagungszeiträume vor 2009 anzuwenden. [8]Ist im Einzelfall vor dem 18. Juni 2008 bei der Einkommensermittlung nach anderen Grundsätzen als nach § 8 Abs. 7 in der Fassung des Artikels 3 des Gesetzes vom 19. Dezember 2008 (BGBl. I S. 2794) verfahren worden, so sind diese Grundsätze insoweit letztmals für den Veranlagungszeitraum 2011 maßgebend. [9]Entfällt nach dem 18. Juni 2008 erstmals die Mehrheit der Stimmrechte nicht mehr unmittelbar oder mittelbar auf juristische Personen des öffentlichen Rechts oder tragen trotz Bestehens des Stimmrechtserfordernisses nach diesem Tag erstmals auch andere als diese Gesellschafter die Verluste aus den Dauerverlustgeschäften, ist Satz 5 für Veranlagungszeiträume vor 2012 nicht mehr anzuwenden. [10]§ 8 Abs. 8 in der Fassung des Artikels 3 des Gesetzes vom 19. Dezember 2008 (BGBl. I S. 2794) ist erstmals für den Veranlagungszeitraum 2009 anzuwenden. [11]Der zum 31. Dezember 2008 für einen Betrieb gewerblicher Art, der durch eine Zusammenfassung entstanden war, festgestellte Verlustvortrag, gilt als in diesem Betrieb gewerblicher Art entstanden. [12]§ 8 Abs. 9 in der Fassung des Artikels 3 des Gesetzes vom 19. Dezember 2008 (BGBl. I S. 2794) ist erstmals für den Veranlagungszeitraum 2009 anzuwenden. [13]Ein auf den Schluss des Veranlagungszeitrums 2008 festgestellter Verlustvortrag ist sachgerecht nach Maßgabe des § 8 Abs. 9 aufzuteilen, die sich hiernach ergebenden jeweiligen Beträge gelten als Ausgangsbetrag bei der Anwendung des § 10d des Einkommensteuergesetzes in dem folgenden Veranlagungszeitraum. [14]Für den Verlustrücktrag nach Maßgabe des § 10d des Einkommensteuergesetzes in den Veranlagungszeitraum 2008 ist die Summe der sich im Veranlagungszeitraum 2009 ergebenden Beträge aus den einzelnen Sparten maßgebend. [15]Nach Inkrafttreten des Artikels 4 des Gesetzes vom 12. August 2008 (BGBl. I S. 1672) ist Satz 9 mit der Maßgabe anzuwenden, dass an die Stelle der Angabe „Satz 5" die Angabe „Satz 8" tritt.

(7) [1]§ 8b ist erstmals anzuwenden für

1. Bezüge im Sinne des § 20 Abs. 1 Nr. 1 und 2 des Einkommensteuergesetzes, auf die bei der ausschüttenden Körperschaft der Vierte Teil des Körperschaftsteuergesetzes in der Fassung des Artikels 4 des Gesetzes vom 14. Juli 2000 (BGBl. I S. 1034) nicht mehr anzuwenden ist;

2. Gewinne und Gewinnminderungen im Sinne des § 8b Abs. 2 und 3 nach Ablauf des ersten Wirtschaftsjahrs der Gesellschaft, an der die Anteile bestehen, das dem letzten Wirtschaftsjahr folgt, das in dem Veranlagungszeitraum endet, in das das Körperschaftsteuergesetz in der Fassung des Artikels 4 des Gesetzes vom 14. Juli 2000 (BGBl. I S. 1034) letztmals anzuwenden ist.

[2]Bis zu den in Satz 1 genannten Zeitpunkten ist § 8b des Körperschaftsteuergesetzes in der Fassung des Artikels 4 des Gesetzes vom 14. Juli 2000 (BGBl. I S. 1034) weiter anzuwenden. [3]Bei der Gewinnermittlung für Wirtschaftsjahre, die nach dem 15. August 2001 enden, gilt Folgendes:

[4]§ 8b Abs. 2 des Körperschaftsteuergesetzes in der Fassung des Artikels 4 des Gesetzes vom 14. Juli 2000 (BGBl. I S. 1034) ist mit der Maßgabe anzuwenden, dass über Satz 2 der Vorschrift hinausgehend auch Gewinnminderungen aus Teilwertabschreibungen nicht zu berücksichtigen sind, soweit die Anteile von einem verbundenen Unternehmen (§ 15 des Aktiengesetzes) erworben worden sind. [5]Die Wertminderung von Anteilen an Kapitalgesellschaften, die die Voraussetzungen für die Anwendung des § 8b Abs. 2 des Körperschaftsteuergesetzes in der Fassung des Artikels 4 des Gesetzes vom 14. Juli 2000 (BGBl. I S. 1034) im Zeitpunkt der Wertminderung nicht oder nicht mehr erfüllen, ist in Höhe des Teils der Anschaffungskosten der Anteile nicht zu berücksichtigen, der bei der Veräußerung der Anteile durch einen früheren Anteilseigner nach § 8b Abs. 2 Satz 1 des Körperschaftsteuergesetzes in der Fassung des Artikels 4 des Gesetzes vom 14. Juli 2000 (BGBl. I S. 1034) oder nach § 8b Abs. 2 Satz 1 des Körperschaftsteuergesetzes in der Fassung des Artikels 4 des Gesetzes vom 20. Dezember 2000 (BGBl. I S. 1850) bei der Ermittlung des Einkommens außer Ansatz geblieben ist. [6]Die Wertminderung von Anteilen an inländischen oder ausländischen Kapitalgesellschaften ist nicht zu berücksichtigen, soweit sie auf eine Wertminderung im Sinne der Sätze 4 und 5 von Anteilen an nachgeordneten Kapitalgesellschaften zurückzuführen ist. [7]§ 8b Abs. 4 Satz 2 Nr. 2 letzter Halbsatz des Körperschaftsteuergesetzes in der Fassung des Artikels 2 des Gesetzes vom 20. Dezember 2001 (BGBl. I S. 3858) ist erstmals auf Veräußerungen anzuwenden, die nach dem 15. August 2001 erfolgen.

[8]§ 8b Abs. 8 und § 21 Abs. 1 Nr. 1 Satz 1 sind anzuwenden:

1. in der Fassung des Artikels 3 des Gesetzes vom 22. Dezember 2003 (BGBl. I S. 2840) erstmals für den Veranlagungszeitraum 2004, bei vom Kalenderjahr abweichenden Wirtschaftsjahren erstmals für den Veranlagungszeitraum 2005;

2. auf einheitlichen, bis zum 30. Juni 2004 zu stellenden, unwiderruflichen Antrag bereits für die

Veranlagungszeiträume 2001 bis 2003, bei vom Kalenderjahr abweichenden Wirtschaftsjahren für die Veranlagungszeiträume 2002 bis 2004 (Rückwirkungszeitraum). [2]Dabei ist § 8b Abs. 8 in folgender Fassung anzuwenden:

„(8) [1]Die Absätze 1 bis 7 sind anzuwenden auf Anteile, die bei Lebens- und Krankenversicherungsunternehmen den Kapitalanlagen zuzurechnen sind, mit der Maßgabe, dass die Bezüge, Gewinne und Gewinnminderungen zu 80 Prozent bei der Ermittlung des Einkommens zu berücksichtigen sind. [2]Satz 1 gilt nicht für Gewinne im Sinne des Absatzes 2, soweit eine Teilwertabschreibung in früheren Jahren nach Absatz 3 bei der Ermittlung des Einkommens unberücksichtigt geblieben ist und diese Minderung nicht durch den Ansatz eines höheren Werts ausgeglichen worden ist. [3]Gewinnminderungen, die im Zusammenhang mit den Anteilen im Sinne des Satzes 1 stehen, sind bei der Ermittlung des Einkommens nicht zu berücksichtigen, wenn das Lebens- oder Krankenversicherungsunternehmen die Anteile von einem verbundenen Unternehmen (§ 15 des Aktiengesetzes) erworben hat, soweit ein Veräußerungsgewinn für das verbundene Unternehmen nach Absatz 2 in der Fassung des Artikels 3 des Gesetzes vom 23. Oktober 2000 (BGBl. I S. 1433) bei der Ermittlung des Einkommens außer Ansatz geblieben ist. [4]Für die Ermittlung des Einkommens sind die Anteile mit den nach handelsrechtlichen Vorschriften ausgewiesenen Werten anzusetzen, die bei der Ermittlung des nach § 21 anzusetzenden Betrags zu Grunde gelegt wurden. [5]Negative Einkünfte des Rückwirkungszeitraums dürfen nicht in Veranlagungszeiträume außerhalb dieses Zeitraums rück- oder vorgetragen werden. [6]Auf negative Einkünfte des Rückwirkungszeitraums ist § 14 Abs. 1 nicht anzuwenden. [7]Entsprechendes gilt für Pensionsfonds."

[9]§ 8b Abs. 10 in der Fassung des Artikels 2 des Gesetzes vom 14. August 2007 (BGBl. I S. 1912) ist erstmals ab dem Veranlagungszeitraum 2007 anzuwenden. [10]§ 8b Abs. 9 ist für den Veranlagungszeitraum 2004 in der folgenden Fassung anzuwenden:

„(9) Die Absätze 7 und 8 gelten nicht für Bezüge im Sinne des Absatzes 1, auf die die Mitgliedstaaten der Europäischen Union Artikel 4 Abs. 1 der Richtlinie 90/435/EWG des Rates vom 23. Juli 1990 über das gemeinsame Steuersystem der Mutter- und Tochtergesellschaften verschiedener Mitgliedstaaten (ABl. EG Nr. L 225 S. 6, Nr. L 266 S. 20, 1997 Nr. L 16 S. 98), zuletzt geändert durch Akte über die Beitrittsbedingungen und die Anpassungen der Verträge – Beitritt der Tschechischen Republik, der Republik Estland, der Republik Zypern, der Republik Lettland, der Republik Litauen, der Republik Ungarn, der Republik Malta, der Republik Polen, der Republik Slowenien und der Slowakischen Republik (ABl. EU 2003 Nr. L 236 S. 33), anzuwenden haben."

[11]§ 21 Abs. 1 Nr. 1 Satz 1 in der Fassung des Artikels 3 des Gesetzes vom 9. Dezember 2004 (BGBl. I S.

3310) ist erstmals für den Veranlagungszeitraum 2004 anzuwenden. [12]§ 8b Abs. 1 Satz 2 bis 4 [1)] in der Fassung des Artikels 4 des Gesetzes vom 13. Dezember 2006 (BGBl. I S. 2878) ist erstmals auf Bezüge im Sinne des § 8b Abs. 1 Satz 1 anzuwenden, die nach dem 18. Dezember 2006 zugeflossen sind.

(7a) § 8b Abs. 4 in der am 12. Dezember 2006 geltenden Fassung ist für Anteile weiter anzuwenden, die einbringungsgeboren im Sinne des § 21 des Umwandlungssteuergesetzes in der am 12. Dezember 2006 geltenden Fassung sind, und für Anteile im Sinne des § 8b Abs. 4 Satz 1 Nr. 2, die auf einer Übertragung bis zum 12. Dezember 2006 beruhen.

(7b) [1]§ 8c in der Fassung des Artikels 2 des Gesetzes vom 14. August 2007 (BGBl. I S. 1912) findet erstmals für den Veranlagungszeitraum 2008 und auf Anteilsübertragungen nach dem 31. Dezember 2007 Anwendung. [2)] [2]§ 8c Absatz 1 in der Fassung des Artikels 2 des Gesetzes vom 22. Dezember 2009 (BGBl. I S. 3950) ist erstmals auf schädliche Beteiligungserwerbe nach dem 31. Dezember 2009 anzuwenden.

(7c) [1]§ 8c Absatz 1a in der Fassung des Artikels 2 des Gesetzes vom 22. Dezember 2009 (BGBl. I S. 3950) findet erstmals für den Veranlagungszeitraum 2008 und auf Anteilsübertragungen nach dem 31. Dezember 2007 Anwendung. [3)] [2]Erfüllt ein nach dem 31. Dezember 2007 erfolgter Beteiligungserwerb die Voraussetzungen des § 8c Absatz 1a, bleibt er bei Anwendung des § 8c Absatz 1 Satz 1 und 2 unberücksichtigt.

(8) [1]§ 12 Abs. 2 in der Fassung des Artikels 2 des Gesetzes vom 20. Dezember 2001 (BGBl. I S. 3858) ist erstmals auf Vermögensübertragungen anzuwenden, die nach dem 31. Dezember 2001 vorgenommen werden. [2]§ 12 Abs. 1 und 3 in der Fassung des Artikels 3 des Gesetzes vom 7. Dezember 2006 (BGBl. I S. 2782) sind erstmals für nach dem 31. Dezember 2005 endende Wirtschaftsjahre anzuwenden. [3]§ 12 Abs. 2 in der Fassung des Artikels 3 des Gesetzes vom 7. Dezember 2006 (BGBl. I S. 2782) ist erstmals auf Vorgänge anzuwenden, die nach dem 12. Dezember 2006 zur Eintragung in ein öffentliches Register angemeldet werden. [4]§ 12 Abs. 2 Satz 2 in der in Satz 1 genannten Fassung ist letztmals auf Vorgänge anzuwenden, die bis zum 13. Dezember 2006 zur Eintragung in ein öffentliches Register angemeldet werden. [5]§ 12 Abs. 1 in der Fassung des Artikels 3 des Gesetzes vom 20. Dezember 2007 (BGBl. I S. 3150) ist erstmals für Wirtschaftsjahre anzuwenden, die nach dem 31. Dezember 2005 enden.

(8a) [1]§ 9 Abs. 1 Nr. 2 und Abs. 2 in der Fassung des Artikels 3 des Gesetzes vom 10. Oktober 2007 (BGBl. I S. 2332) gilt erstmals für Zuwendungen, die im Veranlagungszeitraum 2007 geleistet werden. [2]Auf Antrag des Steuerpflichtigen ist auf Zuwendungen, die im Veranlagungszeitraum 2007 geleistet werden, § 9 Abs. 1 Nr. 2 in der bis zum 31. Dezember 2006 geltenden Fassung anzuwenden. [3]§ 9 Abs. 3 Satz 3 in

der Fassung des Artikels 3 des Gesetzes vom 10. Oktober 2007 (BGBl. I S. 2332) gilt erstmals für Zuwendungen, die im Veranlagungszeitraum 2007 geleistet werden. [4]§ 9 Absatz 2 Satz 3 in der Fassung des Artikels 2 des Gesetzes vom 20. April 2009 (BGBl. I S. 774) gilt erstmals für Zuwendungen, die im Veranlagungszeitraum 2007 geleistet werden.

(9) § 14 ist anzuwenden:

1. für den Veranlagungszeitraum 2000 und frühere Veranlagungszeiträume in folgender Fassung:

   „(1) Verpflichtet sich eine Aktiengesellschaft oder Kommanditgesellschaft auf Aktien mit Geschäftsleitung und Sitz im Inland (Organgesellschaft) durch einen Gewinnabführungsvertrag im Sinne des § 291 Abs. 1 des Aktiengesetzes, ihren ganzen Gewinn an ein einziges anderes inländisches gewerbliches Unternehmen abzuführen, so ist das Einkommen der Organgesellschaft, soweit sich aus § 16 nichts anderes ergibt, dem Träger des Unternehmens (Organträger) zuzurechnen, wenn die folgenden Voraussetzungen erfüllt sind:

   1. [1]Der Organträger muss an der Organgesellschaft vom Beginn ihres Wirtschaftsjahrs an ununterbrochen und unmittelbar in einem solchen Maße beteiligt sein, dass ihm die Mehrheit der Stimmrechte aus den Anteilen an der Organgesellschaft zusteht (finanzielle Eingliederung). [2]Eine mittelbare Beteiligung genügt, wenn jede der Beteiligungen, auf denen die mittelbare Beteiligung beruht, die Mehrheit der Stimmrechte gewährt.

   2. [1]Die Organgesellschaft muss von dem in Nummer 1 bezeichneten Zeitpunkt an ununterbrochen nach dem Gesamtbild der tatsächlichen Verhältnisse wirtschaftlich und organisatorisch in das Unternehmen des Organträgers eingegliedert sein. [2]Die organisatorische Eingliederung ist stets gegeben, wenn die Organgesellschaft durch einen Beherrschungsvertrag im Sinne des § 291 Abs. 1 des Aktiengesetzes die Leitung ihres Unternehmens dem Unternehmen des Organträgers unterstellt oder wenn die Organgesellschaft eine nach den Vorschriften der §§ 319 bis 327 des Aktiengesetzes eingegliederte Gesellschaft ist. [3]Der Beherrschungsvertrag muss zu Beginn des Wirtschaftsjahrs der Organgesellschaft, für das die organisatorische Eingliederung auf Grund des Vertrags erstmals bestehen soll, abgeschlossen sein und durchgeführt werden und bis zum Ende des folgenden Wirtschaftsjahrs wirksam werden.

   3. [1]Der Organträger muss eine unbeschränkt steuerpflichtige natürliche Person oder eine nicht steuerbefreite Körperschaft, Personenvereinigung oder Vermögensmasse im Sinne des § 1 mit Geschäftsleitung und Sitz im Inland oder eine Personengesellschaft im Sinne des § 15 Abs. 1 Nr. 2 des Einkommensteuer-

---

1) Zitatanpassung durch das JStG 2008 in § 34 Abs. 7 „Satz 11" (richtig: Satz 12).

2) Zum Inkrafttreten von § 8c Abs. 2 i.d.F. von Art. 4 und 8 des MoRaKG vom 12.08.2008 (BGBl. I S. 1672) nach Notifikation durch die EU-Kommission siehe die Fußnote bei § 8c Abs. 2.

3) Die Befristung gem. § 34 Abs. 7c i.d.F. des Gesetzes vom 16. Juli 2009 (BGBl. I S. 1959) ist entfallen.

gesetzes mit Geschäftsleitung und Sitz im Inland sein. [2]An der Personengesellschaft dürfen nur Gesellschafter beteiligt sein, die mit dem auf sie entfallenden Teil des zuzurechnenden Einkommens im Geltungsbereich dieses Gesetzes der Einkommensteuer oder der Körperschaftsteuer unterliegen. [3]Sind ein oder mehrere Gesellschafter der Personengesellschaft beschränkt einkommensteuerpflichtig, so muss die Voraussetzung der Nummer 1 im Verhältnis zur Personengesellschaft selbst erfüllt sein. [4]Das Gleiche gilt, wenn an der Personengesellschaft eine oder mehrere Körperschaften, Personenvereinigungen oder Vermögensmassen beteiligt sind, die ihren Sitz oder ihre Geschäftsleitung nicht im Inland haben.

4. [1]Der Gewinnabführungsvertrag muss bis zum Ende des Wirtschaftsjahrs der Organgesellschaft, für das Satz 1 erstmals angewendet werden soll, auf mindestens fünf Jahre abgeschlossen und bis zum Ende des folgenden Wirtschaftsjahrs wirksam werden. [2]Er muss während seiner gesamten Geltungsdauer durchgeführt werden. [3]Eine vorzeitige Beendigung des Vertrags durch Kündigung ist unschädlich, wenn ein wichtiger Grund die Kündigung rechtfertigt. [4]Die Kündigung oder Aufhebung des Gewinnabführungsvertrags auf einen Zeitpunkt während des Wirtschaftsjahrs der Organgesellschaft wirkt auf den Beginn dieses Wirtschaftsjahrs zurück.

5. Die Organgesellschaft darf Beträge aus dem Jahresüberschuss nur insoweit in die Gewinnrücklagen (§ 272 Abs. 3 des Handelsgesetzbuchs) mit Ausnahme der gesetzlichen Rücklagen einstellen, als dies bei vernünftiger kaufmännischer Beurteilung wirtschaftlich begründet ist.

(2) [1]Schließen sich mehrere gewerbliche Unternehmen im Sinne des Absatzes 1 Nr. 3, die gemeinsam im Verhältnis zur Organgesellschaft die Voraussetzungen des Absatzes 1 Nr. 1 erfüllen, in der Rechtsform einer Personengesellschaft lediglich zum Zwecke der einheitlichen Willensbildung gegenüber der Organgesellschaft zusammen, ist die Personengesellschaft als gewerbliches Unternehmen anzusehen, wenn jeder Gesellschafter der Personengesellschaft ein gewerbliches Unternehmen unterhält. [2]Der Personengesellschaft ist das Einkommen der Organgesellschaft vorbehaltlich des § 16 zuzurechnen, wenn zusätzlich zu den Voraussetzungen nach Absatz 1

1. jeder Gesellschafter der Personengesellschaft an der Organgesellschaft vom Beginn ihres Wirtschaftsjahrs an ununterbrochen beteiligt ist und die Mehrheit der Stimmrechte im Sinne des Absatzes 1 Nr. 1 an der Organgesellschaft zusteht,

2. die Personengesellschaft vom Beginn des Wirtschaftsjahrs der Organgesellschaft an ununterbrochen besteht,

3. der Gewinnabführungsvertrag mit der Personengesellschaft abgeschlossen ist und im Verhältnis zu dieser Gesellschaft die Voraussetzungen des Absatzes 1 Nr. 4 erfüllt sind,

4. durch die Personengesellschaft gewährleistet ist, dass der koordinierte Wille der Gesellschafter in der Geschäftsführung der Organgesellschaft tatsächlich durchgesetzt wird und

5. die Organgesellschaft jedes der gewerblichen Unternehmen der Gesellschafter der Personengesellschaft nach Maßgabe des Absatzes 1 Nr. 2 in der Fassung des Artikels 4 des Gesetzes vom 14. Juli 2000 (BGBl. I S. 1034) wirtschaftlich fördert oder ergänzt.";

2. die Absätze 1 und 2 in der Fassung des Artikels 2 des Gesetzes vom 20. Dezember 2001 (BGBl. I S. 3858) für die Veranlagungszeiträume 2001 und 2002;

3. Absatz 1 Satz 2 in der Fassung des Artikels 2 des Gesetzes vom 16. Mai 2003 (BGBl. I S. 660) im Veranlagungszeitraum 2002, wenn der Gewinnabführungsvertrag nach dem 20. November 2002 abgeschlossen wird. [2]In den Fällen, in denen der Gewinnabführungsvertrag vor dem 21. November 2002 abgeschlossen worden ist, gilt Absatz 1 Nr. 3 des Körperschaftsteuergesetzes in der Fassung der Bekanntmachung vom 15. Oktober 2002 (BGBl. I S. 4144);

4. Absatz 3 in der Fassung des Artikels 3 des Gesetzes vom 9. Dezember 2004 (BGBl. I S. 3310) ist erstmals für Mehrabführungen von Organgesellschaften anzuwenden, deren Wirtschaftsjahr nach dem 31. Dezember 2003 endet.

5. Absatz 4 in der Fassung des Artikels 3 des Gesetzes vom 20. Dezember 2007 (BGBl. I S. 3150) ist auch für Veranlagungszeiträume vor 2008 anzuwenden.

6. Absatz 2 in der am 24. Dezember 2008 geltenden Fassung ist letztmals anzuwenden, wenn das Wirtschaftsjahr der Organgesellschaft vor dem 1. Januar 2009 endet. Abweichend von Satz 1 ist auf gemeinsamen Antrag der Organgesellschaft und des Organträgers § 14 Abs. 1 auf Organgesellschaften, die Lebens- oder Krankenversicherungsunternehmen sind und deren Wirtschaftsjahr nach dem 31. Dezember 2007 endet, anzuwenden mit der Maßgabe, dass für den Organträger und die Organgesellschaft § 21 in der Fassung des Artikels 3 des Gesetzes vom 19. Dezember 2008 (BGBl. I S. 2794) erstmals ab dem Veranlagungszeitraum 2008 anzuwenden ist.

(10) [1]§ 15 Nr. 2 ist bei der Ermittlung des Einkommens des Organträgers anzuwenden, wenn die Ermittlung des dem Organträger zuzurechnenden Einkommens der Organgesellschaft nach dem Körperschaftsteuergesetz in der Fassung des Artikels 3 des Gesetzes vom 23. Oktober 2000 (BGBl. I S. 1433), zuletzt geändert durch Artikel 2 des Gesetzes vom 20. Dezember 2001 (BGBl. I S. 3858), vorzunehmen ist. [2]§ 15 Satz 1 Nr. 2 in der am 12. Dezember 2006 geltenden Fassung ist weiter anzuwenden, soweit in dem dem Organträger zuzurechnenden Einkommen der Organgesellschaft ein Übernahmegewinn im Sinne des § 4 Abs. 7 des Umwandlungssteuergesetzes in der am 21. Mai 2003 geltenden Fassung enthalten ist. [3]§ 15 Satz 1 Nr. 3 in der Fassung des Artikels 2

des Gesetzes vom 14. August 2007 (BGBl. I S. 1912) ist erstmals für Wirtschaftsjahre anzuwenden, die nach dem 25. Mai 2007 beginnen und nicht vor dem 1. Januar 2008 enden. [4]§ 15 Satz 1 Nr. 4 in der Fassung des Artikels 3 des Gesetzes vom 19. Dezember 2008 (BGBl. I S. 2794) ist auch für Veranlagungszeiträume vor 2009 anzuwenden; Absatz 6 Satz 5 und 6 gilt entsprechend. [5]§ 15 Satz 1 Nr. 5 in der Fassung des Artikels 3 des Gesetzes vom 19. Dezember 2008 (BGBl. I S. 2794) ist erstmals für Veranlagungszeiträume ab 2009 anzuwenden. [6]Nach Inkrafttreten des Artikels 4 des Gesetzes vom 12. August 2008 (BGBl. I S. 1672) ist Satz 4 mit der Maßgabe anzuwenden, dass an die Stelle der Angabe „Satz 5 und 6" die Angabe „Satz 8 und 9" tritt.

(10a) § 16 in der Fassung des Artikels 2 des Gesetzes vom 14. August 2007 (BGBl. I S. 1912) ist erstmals für den Veranlagungszeitraum 2008 anzuwenden.

(10b) [1]§ 21 in der Fassung des Artikels 3 des Gesetzes vom 19. Dezember 2008 (BGBl. I S. 2794) ist erstmals für den Veranlagungszeitraum 2009 anzuwenden. [2]In den Fällen des Absatzes 9 Satz 1 Nr. 6 Satz 2 in der Fassung des Artikels 3 des Gesetzes vom 19. Dezember 2008 (BGBl. I S. 2794) ist § 21 in der Fassung des Artikels 3 des Gesetzes vom 19. Dezember 2008 (BGBl. I S. 2794) erstmals für den Veranlagungszeitraum 2008 anzuwenden.

(11) [1]§ 21b Satz 3 ist letztmals für das Wirtschaftsjahr anzuwenden, das nach dem 31. Dezember 2002 endet. [2]Eine Rücklage, die am Schluss des letzten vor dem 1. Januar 1999 endenden Wirtschaftsjahrs zulässigerweise gebildet ist, ist in den folgenden fünf Wirtschaftsjahren mit mindestens je einem Fünftel gewinnerhöhend aufzulösen.

(11a) § 23 in der Fassung des Artikels 2 des Gesetzes vom 14. August 2007 (BGBl. I S. 1912) ist erstmals für den Veranlagungszeitraum 2008 anzuwenden.

(11b) § 25 Abs. 1 Satz 1 in der Fassung des Artikels 11 des Gesetzes vom 29. Dezember 2003 (BGBl. I S. 3076) ist erstmals für den Veranlagungszeitraum 2004 anzuwenden.

(11c) [1]§ 26 Abs. 6 in der Fassung des Artikels 2 des Gesetzes vom 2. Dezember 2004 (BGBl. I S. 3112) ist erstmals ab dem Veranlagungszeitraum 2004 anzuwenden. [2]§ 26 Abs. 6 in der Fassung des Artikels 2 des Gesetzes vom 19. Juli 2006 (BGBl. I S. 1652) ist erstmals ab dem Veranlagungszeitraum 2005 anzuwenden. [3]§ 26 Abs. 6 Satz 1 erster Halbsatz in Verbindung mit Satz 3 in der Fassung des Artikels 4 des Gesetzes vom 13. Dezember 2006 (BGBl. I S. 2878) ist für alle Veranlagungszeiträume anzuwenden, soweit Steuerbescheide noch nicht bestandskräftig sind. [4]§ 26 Abs. 6 Satz 1 zweiter Halbsatz in der Fassung des Artikels 4 des Gesetzes vom 13. Dezember 2006 (BGBl. I S. 2878) ist erstmals auf ausländische Quellensteuern anzuwenden, die von Bezügen im Sinne des § 8b Abs. 1 Satz 1 erhoben wurden, die nach dem 18. Dezember 2006 zugeflossen sind.

(12) [1]Die Vorschriften des Vierten Teils des Körperschaftsteuergesetzes in der Fassung des Artikels 4

des Gesetzes vom 14. Juli 2000 (BGBl. I S. 1034) sind letztmals anzuwenden

1. für Gewinnausschüttungen, die auf einem den gesellschaftsrechtlichen Vorschriften entsprechenden Gewinnverteilungsbeschluss für ein abgelaufenes Wirtschaftsjahr beruhen, und die in dem ersten Wirtschaftsjahr erfolgen, das in dem Veranlagungszeitraum endet, für den das Körperschaftsteuergesetz in der Fassung des Artikels 3 des Gesetzes vom 23. Oktober 2000 (BGBl. I S. 1433) erstmals anzuwenden ist;

2. für andere Ausschüttungen und sonstige Leistungen, die in dem Wirtschaftsjahr erfolgen, das dem in Nummer 1 genannten Wirtschaftsjahr vorangeht.

[2]Für unbeschränkt steuerpflichtige Körperschaften und Personenvereinigungen, deren Leistungen bei den Empfängern zu den Einnahmen im Sinne des § 20 Abs. 1 Nr. 1 oder 2 des Einkommensteuergesetzes in der Fassung des Artikels 1 des Gesetzes vom 23. Oktober 2000 (BGBl. I S. 1433), dieses wiederum geändert durch Artikel 2 des Gesetzes vom 19. Dezember 2000 (BGBl. I S. 1812), gehören, beträgt die Körperschaftsteuer 45 Prozent der Einnahmen im Sinne des § 20 Abs. 1 Nr. 1 oder 2 des Einkommensteuergesetzes in der Fassung des Artikels 1 des Gesetzes vom 23. Oktober 2000 (BGBl. I S. 1433), dieses wiederum geändert durch Artikel 2 des Gesetzes vom 19. Dezember 2000 (BGBl. I S. 1812), zuzüglich der darauf entfallenden Einnahmen im Sinne des § 20 Abs. 1 Nr. 3 des Einkommensteuergesetzes in der Fassung des Artikels 1 des Gesetzes vom 23. Oktober 2000 (BGBl. I S. 1433), dieses wiederum geändert durch Artikel 2 des Gesetzes vom 19. Dezember 2000 (BGBl. I S. 1812), für die der Teilbetrag im Sinne des § 54 Abs. 11 Satz 1 des Körperschaftsteuergesetzes in der Fassung des Artikels 4 des Gesetzes vom 14. Juli 2000 (BGBl. I S. 1034) als verwendet gilt. [3]§ 44 Abs. 1 Satz 1 Nr. 6 Satz 3 des Körperschaftsteuergesetzes in der Fassung des Artikels 4 des Gesetzes vom 14. Juli 2000 (BGBl. I S. 1034) gilt entsprechend. [4]Die Körperschaftsteuer beträgt höchstens 45 Prozent des zu versteuernden Einkommens. [5]Die Sätze 2 bis 4 gelten nicht für steuerbefreite Körperschaften und Personenvereinigungen im Sinne des § 5 Abs. 1 Nr. 9, soweit die Einnahmen in einem wirtschaftlichen Geschäftsbetrieb anfallen, für den die Steuerbefreiung ausgeschlossen ist. [6]Die Körperschaftsteuer beträgt 40 Prozent der Einnahmen im Sinne des § 20 Abs. 1 Nr. 1 und 2 des Einkommensteuergesetzes in der Fassung des Artikels 1 des Gesetzes vom 23. Oktober 2000 (BGBl. I S. 1433), dieses wiederum geändert durch Artikel 2 des Gesetzes vom 19. Dezember 2000 (BGBl. I S. 1812), zuzüglich der darauf entfallenden Einnahmen im Sinne des § 20 Abs. 1 Nr. 3 des Einkommensteuergesetzes in der Fassung des Artikels 1 des Gesetzes vom 23. Oktober 2000 (BGBl. I S. 1433), dieses wiederum geändert durch Artikel 2 des Gesetzes vom 19. Dezember 2000 (BGBl. I S. 1812), für die der Teilbetrag im Sinne des § 30 Abs. 1 Nr. 1 des Körperschaftsteuergesetzes in der Fassung des Artikels 4 des Gesetzes vom 14. Juli 2000 (BGBl. I S. 1034) als verwendet gilt. [7]Die Körperschaftsteuer beträgt höchstens 40 Prozent des zu versteuernden

Einkommens abzüglich des nach den Sätzen 2 bis 4 besteuerten Einkommens. [8]Die Sätze 3 und 5 gelten entsprechend.

(13) [1]§ 28 Abs. 4 des Körperschaftsteuergesetzes in der Fassung des Artikels 4 des Gesetzes vom 14. Juli 2000 (BGBl. I S. 1034) gilt auch, wenn für eine Gewinnausschüttung zunächst der in § 54 Abs. 11 Satz 1 des Körperschaftsteuergesetzes in der Fassung des Artikels 4 des Gesetzes vom 14. Juli 2000 (BGBl. I S. 1034) genannte Teilbetrag als verwendet gegolten hat. [2]Ist für Leistungen einer Kapitalgesellschaft nach § 44 oder § 45 des Körperschaftsteuergesetzes in der Fassung des Artikels 4 des Gesetzes vom 14. Juli 2000 (BGBl. I S. 1034) Eigenkapital im Sinne des § 54 Abs. 11 Satz 1 des Körperschaftsteuergesetzes in der Fassung des Artikels 4 des Gesetzes vom 14. Juli 2000 (BGBl. I S. 1034) bescheinigt worden, bleibt die der Bescheinigung zugrunde gelegte Verwendung unverändert, wenn später eine höhere Leistung gegen den Teilbetrag nach § 54 Abs. 11 Satz 1 des Körperschaftsteuergesetzes in der Fassung des Artikels 4 des Gesetzes vom 14. Juli 2000 (BGBl. I S. 1034) verrechnet werden könnte.

(13a) [1]§ 31 Abs. 1 Satz 2 in der Fassung des Artikels 2 des Gesetzes vom 14. August 2007 (BGBl. I S. 1912) ist erstmals für den Veranlagungszeitraum 2008 anzuwenden. [2]§ 31 Abs. 1a in der Fassung des Artikels 6 des Gesetzes vom 20. Dezember 2008 (BGBl. I S. 2850) ist erstmals für den Veranlagungszeitraum 2011 anzuwenden.

(13b) [1]§ 32 Abs. 3 in der Fassung des Artikels 2 des Gesetzes vom 14. August 2007 (BGBl. I S. 1912) ist erstmals auf Einkünfte anzuwenden, die nach dem 17. August 2007 zufließen. [2]Für Einkünfte, die nach dem 17. August 2007 und vor dem 1. Januar 2008 zufließen, ist § 32 Abs. 3 mit der Maßgabe anzuwenden, dass der Steuersatz 10 Prozent beträgt.

(13c) [1]§ 32a in der Fassung des Artikels 4 des Gesetzes vom 13. Dezember 2006 (BGBl. I S. 2878) ist erstmals anzuwenden, wenn nach dem 18. Dezember 2006 ein Steuerbescheid erlassen, aufgehoben oder geändert wird. [2]Bei Aufhebung oder Änderung gilt dies auch dann, wenn der aufzuhebende oder zu ändernde Steuerbescheid vor dem 18. Dezember 2006 erlassen worden ist.

(13d) [1]§ 37 Abs. 2a Nr. 1 in der Fassung des Artikels 2 des Gesetzes vom 16. Mai 2003 (BGBl. I S. 660) ist nicht für Gewinnausschüttungen anzuwenden, die vor dem 21. November 2002 beschlossen worden sind und die nach dem 11. April 2003 und vor dem 1. Januar 2006 erfolgen. [2]Für Gewinnausschüttungen im Sinne des Satzes 1 und für Gewinnausschüttungen, die vor dem 12. April 2003 erfolgt sind, gilt § 37 Abs. 2 des Körperschaftsteuergesetzes in der Fassung der Bekanntmachung vom 15. Oktober 2002 (BGBl. I S. 4144). [3]§ 37 in der Fassung des Artikels 6 des Gesetzes vom 20. Dezember 2008 (BGBl. I S. 2850) ist erstmals im Kalenderjahr 2008 anzuwenden.

(13e) [1]§ 38 Abs. 1 in der Fassung des Artikels 4 des Gesetzes vom 13. Dezember 2006 (BGBl. I S. 2878) gilt nur für Genossenschaften, die zum Zeitpunkt der erstmaligen Anwendung des Körperschaftsteuergesetzes in der Fassung des Artikels 3 des Gesetzes vom 23. Oktober 2000 (BGBl. I S. 1433) bereits bestanden haben. [2]Die Regelung ist auch für Veranlagungszeiträume vor 2007 anzuwenden. [3]Ist in den Fällen des § 40 Abs. 5 und 6 in der Fassung des Artikels 3 des Gesetzes vom 7. Dezember 2006 (BGBl. I S. 2782) die Körperschaftsteuerfestsetzung unter Anwendung des § 38 der am 27. Dezember 2007 geltenden Fassung vor dem 28. Dezember 2007 erfolgt, sind die §§ 38 und 40 Abs. 5 und 6 weiter anzuwenden. [4]§ 38 Abs. 4 bis 9 in der Fassung des Artikels 3 des Gesetzes vom 20. Dezember 2007 (BGBl. I S. 3150) ist insoweit nicht anzuwenden.

(14) [1]Auf Liquidationen, deren Besteuerungszeitraum im Jahr 2001 endet, ist erstmals das Körperschaftsteuergesetz in der Fassung des Artikels 3 des Gesetzes vom 23. Oktober 2000 (BGBl. I S. 1433) anzuwenden. [2]Bei Liquidationen, die über den 31. Dezember 2000 hinaus fortdauern, endet der Besteuerungszeitraum nach § 11 auf Antrag der Körperschaft oder Personenvereinigung; der bis zum 30. Juni 2002 zu stellen ist, mit Ablauf des 31. Dezember 2000. [3]Auf diesen Zeitpunkt ist ein steuerlicher Zwischenabschluss zu fertigen. [4]Für den danach beginnenden Besteuerungszeitraum ist Satz 1 anzuwenden. [5]In den Fällen des Satzes 2 gelten Liquidationsraten, andere Ausschüttungen und sonstige Leistungen, die in dem am 31. Dezember 2000 endenden Besteuerungszeitraum gezahlt worden sind, als sonstige Leistungen im Sinne des Absatzes 12 Satz 1 Nr. 2 und des § 36 Abs. 2 Satz 1. [6]§ 40 Abs. 3 in der Fassung der Bekanntmachung vom 15. Oktober 2002 (BGBl. I S. 4144) ist letztmals für Liquidationen anzuwenden, die vor dem 13. Dezember 2006 abgeschlossen worden sind.

(15) [1]§ 40 in der Fassung des Artikels 3 des Gesetzes vom 7. Dezember 2006 (BGBl. I S. 2782) ist erstmals auf Umwandlungen anzuwenden, bei denen die Anmeldung zur Eintragung in ein öffentliches Register nach dem 12. Dezember 2006 erfolgt ist.

(16) [1]§ 38 und § 40 in der am 27. Dezember 2007 geltenden Fassung sowie § 10 des Umwandlungssteuergesetzes vom 7. Dezember 2006 (BGBl. I S. 2782, 2791) sind auf Antrag weiter anzuwenden für

1. Körperschaften oder deren Rechtsnachfolger, an denen unmittelbar oder mittelbar zu mindestens 50 Prozent

   a) juristische Personen des öffentlichen Rechts aus Mitgliedstaaten der Europäischen Union oder aus Staaten, auf die das Abkommen über den Europäischen Wirtschaftsraum Anwendung findet oder

   b) Körperschaften, Personenvereinigungen oder Vermögensmassen im Sinne des § 5 Abs. 1 Nr. 9

   alleine oder gemeinsam beteiligt sind und

2. Erwerbs- und Wirtschaftsgenossenschaften,

die ihre Umsatzerlöse überwiegend durch Verwaltung und Nutzung eigenen zu Wohnzwecken dienenden Grundbesitzes, durch Betreuung von Wohnbauten oder durch die Errichtung und Veräußerung von Eigenheimen, Kleinsiedlungen oder Eigentumswohnungen erzielen, sowie für steuerbefreite Körperschaften.

²Der Antrag ist unwiderruflich und kann von der Körperschaft bis zum 30. September 2008 bei dem für die Besteuerung zuständigen Finanzamt gestellt werden. ³Die Körperschaften oder deren Rechtsnachfolger müssen die Voraussetzungen nach Satz 1 ab dem 1. Januar 2007 bis zum Ende des Zeitraums im Sinne des § 38 Abs. 2 Satz 3 erfüllen. ⁴Auf den Schluss des Wirtschaftsjahres, in dem die Voraussetzungen des Satzes 1 nach Antragstellung erstmals nicht mehr vorliegen, wird der Endbetrag nach § 38 Abs. 1 letztmals ermittelt und festgestellt. ⁵Die Festsetzung und Erhebung des Körperschaftsteuererhöhungsbetrags richtet sich nach § 38 Abs. 4 bis 9 in der Fassung des Artikels 3 des Gesetzes vom 20. Dezember 2007 (BGBl. I S. 3150) mit der Maßgabe, dass als Zahlungszeitraum im Sinne des § 38 Abs. 6 Satz 1 die verbleibenden Wirtschaftsjahre des Zeitraums im Sinne des § 38 Abs. 2 Satz 3 gelten. ⁶Die Sätze 4 und 5 gelten entsprechend, soweit das Vermögen der Körperschaft oder ihres Rechtsnachfolgers durch Verschmelzung nach § 2 des Umwandlungsgesetzes oder Auf- oder Abspaltung im Sinne des § 123 Abs. 1 und 2 des Umwandlungsgesetzes ganz oder teilweise auf eine andere Körperschaft übergeht und diese keinen Antrag nach Satz 2 gestellt hat. ⁷§ 40 Abs. 6 in der am 27. Dezember 2007 geltenden Fassung ist nicht anzuwenden.

§ 35
Sondervorschriften für Körperschaften, Personenvereinigungen oder Vermögensmassen in dem in Artikel 3 des Einigungsvertrages genannten Gebiet

Soweit ein Verlust einer Körperschaft, Personenvereinigung oder Vermögensmasse, die am 31. Dezember 1990 ihre Geschäftsleitung oder ihren Sitz in dem in Artikel 3 des Einigungsvertrages genannten Gebiet und im Jahre 1990 keine Geschäftsleitung und keinen Sitz im bisherigen Geltungsbereich des Körperschaftsteuergesetzes hatte, aus dem Veranlagungszeitraum 1990 auf das Einkommen eines Veranlagungszeitraums für das das Körperschaftsteuergesetz in der Fassung des Artikels 3 des Gesetzes vom 23. Oktober 2000 (BGBl. I S. 1433) erstmals anzuwenden ist oder eines nachfolgenden Veranlagungszeitraums vorgetragen wird, ist das steuerliche Einlagekonto zu erhöhen.

Sechster Teil
Sondervorschriften für den Übergang vom Anrechnungsverfahren zum Halbeinkünfteverfahren

§ 36
Endbestände

(1) Auf den Schluss des letzten Wirtschaftsjahrs, das in dem Veranlagungszeitraum endet, für den das Körperschaftsteuergesetz in der Fassung der Bekanntmachung vom 22. April 1999 (BGBl. I S. 817), zuletzt geändert durch Artikel 4 des Gesetzes vom 14. Juli 2000 (BGBl. I S. 1034), letztmals anzuwenden ist, werden die Endbestände der Teilbeträge des verwendbaren Eigenkapitals ausgehend von den gemäß § 47 Abs. 1 Satz 1 Nr. 1 des Körperschaftsteuergesetzes in der Fassung der Bekanntmachung vom 22. April 1999 (BGBl. I S. 817), das zuletzt durch Artikel 4 des Gesetzes vom 14. Juli 2000 (BGBl. I S. 1034) geändert worden ist, festgestellten Teilbeträgen gemäß den nachfolgenden Absätzen ermittelt.

(2) ¹Die Teilbeträge sind um die Gewinnausschüttungen, die auf einem den gesellschaftsrechtlichen Vorschriften entsprechenden Gewinnverteilungsbeschluss für ein abgelaufenes Wirtschaftsjahr beruhen, und die in dem in Absatz 1 genannten Wirtschaftsjahr folgenden Wirtschaftsjahr erfolgen, sowie um andere Ausschüttungen und sonstige Leistungen, die in dem in Absatz 1 genannten Wirtschaftsjahr erfolgen, zu verringern. ²Die Regelungen des Vierten Teils des Körperschaftsteuergesetzes in der Fassung der Bekanntmachung vom 22. April 1999 (BGBl. I S. 817), das zuletzt durch Artikel 4 des Gesetzes vom 14. Juli 2000 (BGBl. I S. 1034) geändert worden ist, sind anzuwenden. ³Der Teilbetrag im Sinne des § 54 Abs. 11 Satz 1 des Körperschaftsteuergesetzes in der Fassung der Bekanntmachung vom 22. April 1999 (BGBl. I S. 817), das zuletzt durch Artikel 4 des Gesetzes vom 14. Juli 2000 (BGBl. I S. 1034) geändert worden ist, erhöht sich um die Einkommensteile, die nach § 34 Abs. 12 Satz 2 bis 5 einer Körperschaftsteuer von 45 Prozent unterlegen haben, und der Teilbetrag, der nach dem 31. Dezember 1998 einer Körperschaftsteuer von 40 Prozent ungemildert unterlegen hat, erhöht sich um die Beträge, die nach § 34 Abs. 12 Satz 6 bis 8 einer Körperschaftsteuer von 40 Prozent unterlegen haben, jeweils nach Abzug der Körperschaftsteuer, der sie unterlegen haben.

(3) ¹Ein positiver belasteter Teilbetrag im Sinne des § 54 Abs. 11 Satz 1 des Körperschaftsteuergesetzes in der Fassung der Bekanntmachung vom 22. April 1999 (BGBl. I S. 817), das zuletzt durch Artikel 4 des Gesetzes vom 14. Juli 2000 (BGBl. I S. 1034) geändert worden ist, der Teilbetrag, der nach dem 31. Dezember 1998 einer Körperschaftsteuer in Höhe von 40 Prozent ungemildert unterlegen hat, in Höhe von 27/22 seines Bestands hinzuzurechnen. ²In Höhe von 5/22 dieses Bestands ist der Teilbetrag im Sinne des § 30 Abs. 2 Nr. 2 des Gesetzes in der Fassung der Bekanntmachung vom 22. April 1999 (BGBl. I S. 817), das zuletzt durch Artikel 4 des Gesetzes vom 14. Juli 2000 (BGBl. I S. 1034) geändert worden ist, zu verringern.

(4) Ist die Summe der unbelasteten Teilbeträge im Sinne des § 30 Abs. 2 Nr. 1 bis 3 in der Fassung des Artikels 4 des Gesetzes vom 14. Juli 2000 (BGBl. I S. 1034) nach Anwendung der Absätze 2 und 3 negativ, sind diese Teilbeträge zunächst untereinander und danach mit den mit Körperschaftsteuer belasteten Teilbeträgen in der Reihenfolge zu verrechnen, in der ihre Belastung zunimmt.

(5) ¹Ist die Summe der unbelasteten Teilbeträge im Sinne des § 30 Abs. 2 Nr. 1 bis 3 in der Fassung des Artikels 4 des Gesetzes vom 14. Juli 2000 (BGBl. I S. 1034) nach Anwendung der Absätze 2 und 3 nicht negativ, sind zunächst die Teilbeträge im Sinne des § 30 Abs. 2 Nr. 1 und 3 in der Fassung des Artikels 4 des Gesetzes vom 14. Juli 2000 (BGBl. I S. 1034) zusammenzufassen. ²Ein sich aus der Zusammenfassung ergebender Negativbetrag ist vorrangig mit einem positiven Teilbetrag im Sinne des § 30 Abs. 2 Nr. 2 in der Fassung des Artikels 4 des Gesetzes vom 14. Juli 2000 (BGBl. I S. 1034) zu verrechnen. ³Ein

negativer Teilbetrag im Sinne des § 30 Abs. 2 Nr. 2 in der Fassung des Artikels 4 des Gesetzes vom 14. Juli 2000 (BGBl. I S. 1034) ist vorrangig mit dem positiven zusammengefassten Teilbetrag im Sinne des Satzes 1 zu verrechnen.

(6) [1]Ist einer der belasteten Teilbeträge negativ, sind diese Teilbeträge zunächst untereinander zu verrechnen. [2]Ein sich danach ergebender Negativbetrag mindert vorrangig den nach Anwendung des Absatzes 5 verbleibenden positiven Teilbetrag im Sinne des § 30 Abs. 2 Nr. 2 in der Fassung des Artikels 4 des Gesetzes vom 14. Juli 2000 (BGBl. I S. 1034); ein darüber hinausgehender Negativbetrag mindert den positiven zusammengefassten Teilbetrag nach Absatz 5 Satz 1.

(7) Die Endbestände sind getrennt auszuweisen und werden gesondert festgestellt; dabei sind die verbleibenden unbelasteten Teilbeträge im Sinne des § 30 Abs. 2 Nr. 1 und 3 des Körperschaftsteuergesetzes in der Fassung der Bekanntmachung vom 22. April 1999 (BGBl. I S. 817), das zuletzt durch Artikel 4 des Gesetzes vom 14. Juli 2000 (BGBl. I S. 1034) geändert worden ist, in einer Summe auszuweisen.

§ 37
Körperschaftsteuerguthaben und Körperschaftsteuerminderung

(1) [1]Auf den Schluss des Wirtschaftsjahrs, das dem in § 36 Abs. 1 genannten Wirtschaftsjahr folgt, wird ein Körperschaftsteuerguthaben ermittelt. [2]Das Körperschaftsteuerguthaben beträgt 1/6 des Endbestands des mit einer Körperschaftsteuer von 40 Prozent belasteten Teilbetrags.

(2) [1]Das Körperschaftsteuerguthaben mindert sich vorbehaltlich des Absatzes 2a um jeweils 1/6 der Gewinnausschüttungen, die in den folgenden Wirtschaftsjahren erfolgen und die auf einem den gesellschaftsrechtlichen Vorschriften entsprechenden Gewinnverteilungsbeschluss beruhen. [2]Satz 1 gilt für Mehrabführungen im Sinne des § 14 Abs. 3 entsprechend. [3]Die Körperschaftsteuer des Veranlagungszeitraums, in dem das Wirtschaftsjahr endet, in dem die Gewinnausschüttung erfolgt, mindert sich bis zum Verbrauch des Körperschaftsteuerguthabens um diesen Betrag, letztmalig in dem Veranlagungszeitraum, in dem das 18. Wirtschaftsjahr endet, das auf das Wirtschaftsjahr folgt, auf dessen Schluss nach Absatz 1 das Körperschaftsteuerguthaben ermittelt wird. [4]Das verbleibende Körperschaftsteuerguthaben ist auf den Schluss der jeweiligen Wirtschaftsjahre, letztmals auf den Schluss des 17. Wirtschaftsjahrs, das auf das Wirtschaftsjahr folgt, auf dessen Schluss nach Absatz 1 das Körperschaftsteuerguthaben ermittelt wird, fortzuschreiben und gesondert festzustellen. [5]§ 27 Abs. 2 gilt entsprechend.

(2a) Die Minderung ist begrenzt
1. für Gewinnausschüttungen, die nach dem 11. April 2003 und vor dem 1. Januar 2006 erfolgen, jeweils auf 0 Euro; [1)]
2. für Gewinnausschüttungen, die nach dem 31. Dezember 2005 erfolgen auf den Betrag, der auf

das Wirtschaftsjahr der Gewinnausschüttung entfällt, wenn das auf den Schluss des vorangegangenen Wirtschaftsjahrs festgestellte Körperschaftsteuerguthaben gleichmäßig auf die einschließlich des Wirtschaftsjahrs der Gewinnausschüttung verbleibenden Wirtschaftsjahre verteilt wird, für die nach Absatz 2 Satz 3 eine Körperschaftsteuerminderung in Betracht kommt.

(3) [1]Erhält eine unbeschränkt steuerpflichtige Körperschaft oder Personenvereinigung, deren Leistungen bei den Empfängern zu den Einnahmen im Sinne des § 20 Abs. 1 Nr. 1 oder 2 des Einkommensteuergesetzes in der Fassung des Artikels 1 des Gesetzes vom 20. Dezember 2001 (BGBl. I S. 3858) gehören, Bezüge, die nach § 8b Abs. 1 bei der Einkommensermittlung außer Ansatz bleiben, und die bei der leistenden Körperschaft zu einer Minderung der Körperschaftsteuer geführt haben, erhöht sich bei ihr die Körperschaftsteuer und das Körperschaftsteuerguthaben um den Betrag der Minderung der Körperschaftsteuer bei der leistenden Körperschaft. [2]Satz 1 gilt auch, wenn der Körperschaft oder Personenvereinigung die entsprechenden Bezüge einer Organgesellschaft zugerechnet werden, weil sie entweder Organträger ist oder an einer Personengesellschaft beteiligt ist, die Organträger ist. [3]Im Fall des § 4 des Umwandlungssteuergesetzes sind die Sätze 1 und 2 entsprechend anzuwenden. [4]Die leistende Körperschaft hat der Empfängerin die folgenden Angaben nach amtlich vorgeschriebenem Muster zu bescheinigen:

1. den Namen und die Anschrift des Anteilseigners,
2. die Höhe des in Anspruch genommenen Körperschaftsteuerminderungsbetrags,
3. den Zahlungstag.

[5]§ 27 Abs. 3 Satz 2, Abs. 4 und 5 gilt entsprechend. [6]Sätze 1 bis 4 gelten nicht für steuerbefreite Körperschaften und Personenvereinigungen im Sinne des § 5 Abs. 1 Nr. 9, soweit die Einnahmen in einem wirtschaftlichen Geschäftsbetrieb anfallen, für den die Steuerbefreiung ausgeschlossen ist.

(4) [1]Das Körperschaftsteuerguthaben wird letztmalig auf den 31. Dezember 2006 ermittelt. [2]Geht das Vermögen einer unbeschränkt steuerpflichtigen Körperschaft durch einen der in § 1 Abs. 1 des Umwandlungssteuergesetzes vom 07. Dezember 2006 (BGBl. I S. 2782, 2791) in der jeweils geltenden Fassung genannten Vorgänge, bei denen die Anmeldung zur Eintragung in ein öffentliches Register nach dem 12. Dezember 2006 erfolgt, ganz oder teilweise auf einen anderen Rechtsträger über, wird das Körperschaftsteuerguthaben bei der übertragenden Körperschaft letztmalig auf den vor dem 31. Dezember 2006 liegenden steuerlichen Übertragungsstichtag ermittelt. [3]Wird das Vermögen einer Körperschaft oder Personenvereinigung im Rahmen einer Liquidation im Sinne des § 11 nach dem 12. Dezember 2006 und vor dem 1. Januar 2007 verteilt, wird das Körperschaftsteuerguthaben letztmalig auf den Stichtag ermittelt, auf den die Liquidationsschlussbilanz erstellt wird. [4]Die Absätze 1 bis 3 sind letztmals auf Gewinnausschüttungen und als ausgeschüttet geltende Beträge anzuwenden, die vor

---

1) Gilt nicht für vor dem 21. November 2002 beschlossene Gewinnausschüttungen (§ 34 Abs. 13d).

dem 1. Januar 2007 oder bis zu dem nach Satz 2 maßgebenden Zeitpunkt erfolgt sind. [5]In Fällen der Liquidation sind die Absätze 1 bis 3 auf Abschlagszahlungen anzuwenden, die bis zum Stichtag erfolgt sind, auf den das Körperschaftsteuerguthaben letztmalig ermittelt wird.

(5) [1]Die Körperschaft hat innerhalb eines Auszahlungszeitraums von 2008 bis 2017 einen Anspruch auf Auszahlung des Körperschaftsteuerguthabens in zehn gleichen Jahresbeträgen. [2]Der Anspruch entsteht mit Ablauf des 31. Dezember 2006 oder des nach Absatz 4 Satz 2 oder Satz 3 maßgebenden Tages. [3]Der Anspruch wird für den gesamten Auszahlungszeitraum festgesetzt. [4]Der Anspruch ist jeweils am 30. September auszuzahlen. [5]Für das Jahr der Bekanntgabe des Bescheids und die vorangegangenen Jahre ist der Anspruch innerhalb eines Monats nach Bekanntgabe des Bescheids auszuzahlen, wenn die Bekanntgabe des Bescheids nach dem 31. August 2008 erfolgt. [6]Abweichend von Satz 1 ist der festgesetzte Anspruch in einem Betrag auszuzahlen, wenn das festgesetzte Körperschaftsteuerguthaben nicht mehr als 1 000 Euro beträgt. [7]Der Anspruch ist nicht verzinslich. [8]Die Festsetzungsfrist für die Festsetzung des Anspruchs läuft nicht vor Ablauf des Jahres ab, in dem der letzte Jahresbetrag fällig geworden ist oder ohne Anwendung des Satzes 6 fällig geworden wäre. [9]§ 10d Abs. 4 Satz 4 und 5 des Einkommensteuergesetzes gilt sinngemäß. [10]Auf die Abtretung oder Verpfändung des Anspruchs ist § 46 Abs. 4 der Abgabenordnung nicht anzuwenden.

(6) [1]Wird der Bescheid über die Festsetzung des Anspruchs nach Absatz 5 aufgehoben oder geändert, wird der Betrag, um den der Anspruch, der sich aus dem geänderten Bescheid ergibt, die Summe der Auszahlungen, die bis zur Bekanntgabe des neuen Bescheids geleistet worden ist, übersteigt, auf die verbleibenden Fälligkeitstermine des Auszahlungszeitraums verteilt. [2]Abweichend von Satz 1 ist der übersteigende Betrag in einer Summe auszuzahlen, wenn er nicht mehr als 1 000 Euro beträgt und auf die vorangegangene Festsetzung Absatz 5 Satz 6 oder dieser Satz angewendet worden ist. [3]Ist die Summe der Auszahlungen, die bis zur Bekanntgabe des neuen Bescheids geleistet worden sind, größer als der Auszahlungsanspruch, der sich aus dem geänderten Bescheid ergibt, ist der Unterschiedsbetrag innerhalb eines Monats nach Bekanntgabe des Bescheids zu entrichten.

(7) [1]Erträge und Gewinnminderungen der Körperschaft, die sich aus der Anwendung des Absatzes 5 ergeben, gehören nicht zu den Einkünften im Sinne des Einkommensteuergesetzes. [2]Die Auszahlung ist aus den Einnahmen an Körperschaftsteuer zu leisten.

§ 38
Körperschaftsteuererhöhung

(1) [1]Ein positiver Endbetrag im Sinne des § 36 Abs. 7 aus dem Teilbetrag im Sinne des § 30 Abs. 2 Nr. 2 in der Fassung des Artikels 4 des Gesetzes vom 14. Juli 2000 (BGBl. I S. 1034) ist auch zum Schluss der folgenden Wirtschaftsjahre fortzuschreiben und

gesondert festzustellen. [2]§ 27 Abs. 2 gilt entsprechend. [3]Der Betrag verringert sich jeweils, soweit er als für Leistungen verwendet gilt. [4]Er gilt als für Leistungen verwendet, soweit die Summe der Leistungen, die die Gesellschaft im Wirtschaftsjahr erbracht hat, den um den Bestand des Satzes 1 verminderten ausschüttbaren Gewinn (§ 27) übersteigt. [5]Maßgeblich sind die Bestände zum Schluss des vorangegangenen Wirtschaftsjahrs. [6]Die Rückzahlung von Geschäftsguthaben an ausscheidende Mitglieder von Genossenschaften stellt, soweit es sich dabei nicht um Nennkapital im Sinne des § 28 Abs. 2 Satz 2 handelt, keine Leistung im Sinne der Sätze 3 und 4 dar. [7]Satz 6 gilt nicht, soweit der unbelastete Teilbetrag im Sinne des Satzes 1 nach § 40 Abs. 1 oder Abs. 2 infolge der Umwandlung einer Körperschaft, die nicht Genossenschaft im Sinne des § 34 Abs. 13d[1] ist, übergegangen ist.

(2) [1]Die Körperschaftsteuer des Veranlagungszeitraums, in dem das Wirtschaftsjahr endet, in dem die Leistungen erfolgen, erhöht sich um 3/7 des Betrags der Leistungen, für die ein Teilbetrag aus dem Endbetrag im Sinne des Absatzes 1 als verwendet gilt. [2]Die Körperschaftsteuererhöhung mindert den Endbetrag im Sinne des Absatzes 1 bis zu dessen Verbrauch. [3]Satz 1 ist letztmals für den Veranlagungszeitraum anzuwenden, in dem das 18. Wirtschaftsjahr endet, das auf das Wirtschaftsjahr folgt, auf dessen Schluss nach § 37 Abs. 1 Körperschaftsteuerguthaben ermittelt werden.

(3) [1]Die Körperschaftsteuer wird nicht erhöht, soweit eine von der Körperschaftsteuer befreite Körperschaft Leistungen an einen unbeschränkt steuerpflichtigen, von der Körperschaftsteuer befreiten Anteilseigner oder an eine juristische Person des öffentlichen Rechts vornimmt. [2]Der Anteilseigner ist verpflichtet, der ausschüttenden Körperschaft seine Befreiung durch eine Bescheinigung des Finanzamts nachzuweisen, es sei denn, er ist eine juristische Person des öffentlichen Rechts. [3]Das gilt nicht, soweit die Leistung auf Anteile entfällt, die in einem wirtschaftlichen Geschäftsbetrieb gehalten werden, für den die Befreiung von der Körperschaftsteuer ausgeschlossen ist, oder in einem nicht von der Körperschaftsteuer befreiten Betrieb gewerblicher Art.

(4) [1]Der Endbetrag nach Absatz 1 wird letztmalig auf den 31. Dezember 2006 ermittelt und festgestellt. [2]Wird das Vermögen einer Körperschaft oder Personenvereinigung im Rahmen einer Liquidation im Sinne des § 11 nach dem 31. Dezember 2006 verteilt, wird der Endbetrag im Sinne des Satzes 1 letztmalig auf den Schluss des letzten vor dem 1. Januar 2007 endenden Besteuerungszeitraums festgestellt. [3]Bei über den 31. Dezember 2006 hinaus fortdauernden Liquidationen endet der Besteuerungszeitraum im Sinne des § 11 auf Antrag der Körperschaft oder Personenvereinigung mit Ablauf des 31. Dezember 2006. [4]Die Absätze 1 bis 3 sind letztmals auf Leistungen anzuwenden, die vor dem 1. Januar 2007 oder dem nach Satz 2 maßgebenden Zeitpunkt erfolgt sind.

(5) [1]Der Körperschaftsteuererhöhungsbetrag beträgt 3/100 des nach Absatz 4 Satz 1 festgestellten Endbetrags. [2]Er ist begrenzt auf den Betrag, der sich

---

1) Jetzt § 34 Abs. 13e.

nach den Absätzen 1 bis 3 als Körperschaftsteuererhöhung ergeben würde, wenn die Körperschaft oder Personenvereinigung ihr am 31. Dezember 2006 oder an dem nach Absatz 4 Satz 2 maßgebenden Zeitpunkt bestehendes Eigenkapital laut Steuerbilanz für eine Ausschüttung verwenden würde. [3]Ein Körperschaftsteuererhöhungsbetrag ist nur festzusetzen, wenn er 1 000 Euro übersteigt.

(6) [1]Die Körperschaft oder deren Rechtsnachfolger hat den sich nach Absatz 5 ergebenden Körperschaftsteuererhöhungsbetrag innerhalb eines Zeitraums von 2008 bis 2017 in zehn gleichen Jahresbeträgen zu entrichten (Zahlungszeitraum). [2]Satz 1 gilt nicht für Körperschaften oder Personenvereinigungen, die sich am 31. Dezember 2006 bereits in Liquidation befanden. [3]Der Anspruch entsteht am 1. Januar 2007. [4]Der Körperschaftsteuererhöhungsbetrag wird für den gesamten Zahlungszeitraum festgesetzt. [5]Der Jahresbetrag ist jeweils am 30. September fällig. [6]Für das Jahr der Bekanntgabe des Bescheids und die vorangegangenen Jahre ist der Jahresbetrag innerhalb eines Monats nach Bekanntgabe des Bescheids fällig, wenn die Bekanntgabe des Bescheids nach dem 31. August 2008 erfolgt. [7]In den Fällen des Satzes 2 ist der gesamte Anspruch innerhalb eines Monats nach Bekanntgabe des Bescheids fällig. [8]Der Anspruch ist nicht verzinslich. [9]Die Festsetzungsfrist für die Festsetzung des Körperschaftsteuererhöhungsbetrags läuft nicht vor Ablauf des Jahres ab, in dem der letzte Jahresbetrag fällig geworden ist.

(7) [1]Auf Antrag kann die Körperschaft oder deren Rechtsnachfolger abweichend von Absatz 6 Satz 1 den Körperschaftsteuererhöhungsbetrag in einer Summe entrichten. [2]Der Antrag kann letztmals zum 30. September 2015 gestellt werden. [3]Anstelle des jeweiligen Jahresbetrags ist zu dem Zahlungstermin, der auf den Zeitpunkt der Antragstellung folgt, der zu diesem Termin nach Absatz 6 Satz 4 fällige Jahresbetrag zuzüglich der noch nicht fälligen Jahresbeträge abgezinst mit einem Zinssatz von 5,5 Prozent zu entrichten. [4]Mit der Zahlung erlischt der gesamte Anspruch. [5]Die Sätze 3 und 4 sind in den Fällen des Absatzes 6 Satz 6, des Absatzes 8 und des Absatzes 9 Satz 1 und 2 von Amts wegen anzuwenden.

(8) Bei Liquidationen, die nach dem 31. Dezember 2006 beginnen, werden alle entstandenen und festgesetzten Körperschaftsteuererhöhungsbeträge an dem 30. September fällig, der auf den Zeitpunkt der Erstellung der Liquidationseröffnungsbilanz folgt.

(9) [1]Geht das Vermögen einer unbeschränkt steuerpflichtigen Körperschaft oder Personenvereinigung durch eine der in § 1 Abs. 1 Nr. 1 des Umwandlungssteuergesetzes vom 7. Dezember 2006 (BGBl. I S. 2782, 2791) in der jeweils geltenden Fassung genannten Vorgänge ganz oder teilweise auf eine nicht unbeschränkt steuerpflichtige Körperschaft oder Personenvereinigung über oder verlegt eine unbeschränkt steuerpflichtige Körperschaft oder Personenvereinigung ihren Sitz oder Ort der Geschäftsleitung und endet dadurch ihre unbeschränkte Steuerpflicht, werden alle entstandenen und festgesetzten Körperschaftsteuererhöhungsbeträge an dem 30. September fällig, der auf den Zeitpunkt des Vermögensübergangs oder des Wegzugs folgt. [2]Ist eine Festsetzung nach Absatz 6 noch nicht erfolgt, ist der gesamte Anspruch innerhalb eines Monats nach Bekanntgabe des Bescheids fällig. [3]Satz 1 gilt nicht, wenn der übernehmende Rechtsträger in einem anderen Mitgliedstaat der Europäischen Union unbeschränkt steuerpflichtig ist oder die Körperschaft oder Personenvereinigung in den Fällen des Wegzugs in einem anderen Mitgliedstaat der Europäischen Union unbeschränkt steuerpflichtig wird.

(10) § 37 Abs. 6 und 7 gilt entsprechend.

§ 39
Einlagen der Anteilseigner und Sonderausweis

(1) Ein sich nach § 36 Abs. 7 ergebender positiver Endbetrag des Teilbetrags im Sinne des § 30 Abs. 2 Nr. 4 des Körperschaftsteuergesetzes in der Fassung der Bekanntmachung vom 22. April 1999 (BGBl. I S. 817), das zuletzt durch Artikel 4 des Gesetzes vom 14. Juli 2000 (BGBl. I S. 1034) geändert worden ist, wird als Anfangsbestand des steuerlichen Einlagekontos im Sinne des § 27 erfasst.

(2) Der nach § 47 Abs. 1 Satz 1 Nr. 2 in der Fassung des Artikels 4 des Gesetzes vom 14. Juli 2000 (BGBl. I S. 1034) zuletzt festgestellte Betrag wird als Anfangsbestand in die Feststellung nach § 28 Abs. 1 Satz 3 einbezogen.

§ 40
(aufgehoben)[1]

---

1) Der durch das JStG 2008 aufgehobene § 40 ist gem. § 34 Abs. 13d S. 3, Abs. 16 weiter anzuwenden. Er lautete wie folgt:
„§ 40 Umwandlung, Liquidation und Verlegung des Sitzes
(1) Geht das Vermögen einer unbeschränkt steuerpflichtigen Körperschaft durch Verschmelzung nach § 2 des Umwandlungsgesetzes auf eine unbeschränkt steuerpflichtige Körperschaft über, ist der unbelastete Teilbetrag gemäß § 38 dem entsprechenden Betrag der übernehmenden Körperschaft hinzuzurechnen.
(2) [1]Geht Vermögen einer unbeschränkt steuerpflichtigen Körperschaft durch Aufspaltung und Abspaltung im Sinne des § 123 Abs. 1 und 2 des Umwandlungsgesetzes auf eine unbeschränkt steuerpflichtige Körperschaft über, ist der in Absatz 1 genannte Betrag der übertragenden Körperschaft einer übernehmenden Körperschaft im Verhältnis der übergehenden Vermögensteile zu dem bei der übertragenden Körperschaft vor dem Übergang bestehenden Vermögen zuzuordnen, wie er in der Regel in den Angaben zum Umtauschverhältnis der Anteile im Spaltungs- und Übernahmevertrag oder im Spaltungsplan (§ 126 Abs. 1 Nr. 3, § 136 des Umwandlungsgesetzes) zum Ausdruck kommt. [2]Entspricht das Umtauschverhältnis der Anteile nicht dem Verhältnis der übergehenden Vermögensteile zu dem bei der übertragenden Körperschaft vor der Spaltung bestehenden Vermögen, ist das Verhältnis der gemeinen Werte der übergehenden Vermögensteile zu dem vor der Spaltung vorhandenen Vermögen maßgebend. [3]Soweit das Vermögen auf eine Personengesellschaft übergeht, mindert sich der Betrag der übertragenden Körperschaft in dem Verhältnis der übergehenden Vermögensteile zu dem vor der Spaltung bestehenden Vermögen.

(3) [1]Geht das Vermögen einer unbeschränkt steuerpflichtigen Körperschaft durch einen der in § 1 Abs. 1 Nr. 1 des Umwandlungssteuergesetzes vom 7. Dezember 2006 (BGBl. I S. 2782, 2791) in der jeweils geltenden Fassung genannten Vorgänge ganz oder teilweise auf eine von der Körperschaftsteuer befreite Körperschaft, Personenvereinigung oder Vermögensmasse oder auf eine juristische Person des öffentlichen Rechts über oder wird die Körperschaft steuerbefreit, erhöht sich die Körperschaftsteuer um den Betrag, der sich nach § 38 ergeben würde, wenn das in der Steuerbilanz ausgewiesene Eigenkapital abzüglich des Betrags, der nach § 28 Abs. 2 Satz 1 in Verbindung mit § 29 Abs. 1 dem steuerlichen Einlagekonto gutzuschreiben ist, als im Zeitpunkt des Vermögensübergangs für eine Ausschüttung verwendet gelten würde. [2]Die Körperschaftsteuer erhöht sich nicht in den Fällen des § 38 Abs. 3.

(4) [1]Wird das Vermögen einer Körperschaft oder Personenvereinigung im Rahmen einer Liquidation im Sinne des § 11 verteilt, erhöht sich die Körperschaftsteuer um den Betrag, der sich nach § 38 ergeben würde, wenn das verteilte Vermögen als im Zeitpunkt der Verteilung für eine Ausschüttung verwendet gelten würde. [2]Das gilt auch insoweit, als das Vermögen bereits vor Schluss der Liquidation verteilt wird. [3]Die Erhöhung der Körperschaftsteuer ist für den Veranlagungszeitraum vorzunehmen, in dem die Liquidation bzw. der jeweilige Besteuerungszeitraum endet. [4]Eine Erhöhung ist letztmals für den Veranlagungszeitraum 2020 vorzunehmen. [5]Bei Liquidationen, die über den 31. Dezember 2020 hinaus fortdauern, endet der Besteuerungszeitraum nach § 11 mit Ablauf des 31. Dezember 2020. [6]Auf diesen Zeitpunkt ist ein steuerlicher Zwischenabschluss zu fertigen. [7]Die Körperschaftsteuer erhöht sich nicht in den Fällen des § 38 Abs. 3.

(5) Geht das Vermögen einer unbeschränkt steuerpflichtigen Körperschaft oder Personenvereinigung durch einen der in § 1 Abs. 1 Nr. 1 des Umwandlungssteuergesetzes vom 7. Dezember 2006 (BGBl. I S. 2782, 2791) in der jeweils geltenden Fassung genannten Vorgänge ganz oder teilweise auf eine nicht unbeschränkt steuerpflichtige Körperschaft oder Personenvereinigung über oder verlegt eine unbeschränkt steuerpflichtige Körperschaft oder Personenvereinigung ihren Sitz oder Ort der Geschäftsleitung und endet dadurch ihre unbeschränkte Steuerpflicht, erhöht sich die Körperschaftsteuer um den Betrag, der sich nach § 38 ergeben würde, wenn das zum Übertragungsstichtag oder im Zeitpunkt des Wegfalls der unbeschränkten Steuerpflicht vorhandene Vermögen abzüglich des Betrags, der nach § 28 Abs. 2 Satz 1 in Verbindung mit § 29 Abs. 1 dem steuerlichen Einlagekonto gutzuschreiben ist, als am Übertragungsstichtag oder im Zeitpunkt des Wegfalls der unbeschränkten Steuerpflicht für eine Ausschüttung verwendet gelten würde.

(6) [1]Ist in den Fällen des Absatzes 5 die übernehmende Körperschaft oder Personenvereinigung in einem anderen Mitgliedstaat der Europäischen Union unbeschränkt steuerpflichtig oder von der Körperschaftsteuer befreit, ist der auf Grund der Anwendung des § 38 nach Absatz 5 festgesetzte Betrag bis zum Ablauf des nächsten auf die Bekanntgabe der Körperschaftsteuerfestsetzung folgenden Kalenderjahres zinslos zu stunden, soweit die übernehmende Körperschaft oder Personenvereinigung bis zum 31. Mai des nachfolgenden Jahres nachweist, dass sie bis zum Zeitpunkt der Fälligkeit keine Ausschüttung der übernommenen unbelasteten Teilbeträge vorgenommen hat. [2]Die Stundung verlängert sich jeweils um ein Jahr, soweit der in Satz 1 genannte Nachweis erbracht wird, letztmals bis zum Schluss des Wirtschaftsjahrs, das nach dem 31. Dezember 2018 endet. [3]Auf diesen Zeitpunkt gestundete Beträge werden nicht erhoben, soweit der in Satz 1 genannte Nachweis erbracht wird. [4]Die Sätze 1 bis 3 gelten auch bei der Sitzverlegung, wenn die Körperschaft oder Personenvereinigung in einem anderen Mitgliedstaat der Europäischen Union unbeschränkt steuerpflichtig wird. [5]Die Stundung ist zu widerrufen, wenn die aufnehmende Körperschaft oder Personenvereinigung oder deren Rechtsnachfolger
a) von der Körperschaftsteuer befreit wird,
b) aufgelöst und abgewickelt wird,
c) ihr Vermögen ganz oder teilweise auf eine Körperschaft oder Personenvereinigung überträgt, die in einem Staat außerhalb der Europäischen Union unbeschränkt steuerpflichtig ist,
d) ihren Sitz oder Ort der Geschäftsleitung in einen Staat außerhalb der Europäischen Union verlegt und dadurch ihre unbeschränkte Steuerpflicht innerhalb der Europäischen Union endet oder
e) ihr Vermögen auf eine Personengesellschaft oder natürliche Person überträgt."

Körperschaftsteuer-Richtlinien 2004
(KStR 2004)
(BStBl. 2004 I S. 3 – Sondernummer 2/2004)

1. Einführung

(1) [1]Die Körperschaftsteuer-Richtlinien 2004 (KStR 2004) behandeln Zweifelsfragen und Auslegungsfragen von allgemeiner Bedeutung, um eine einheitliche Anwendung des Körperschaftsteuerrechts durch die Behörden der Finanzverwaltung sicherzustellen. [2]Sie geben außerdem zur Vermeidung unbilliger Härten und aus Gründen der Verwaltungsvereinfachung Anweisungen an die Finanzämter, wie in bestimmten Fällen verfahren werden soll.

(2) Die Körperschaftsteuer-Richtlinien 2004 gelten, soweit sich aus ihnen nichts anderes ergibt, vom VZ 2004 an.

(3) Anordnungen, die mit den nachstehenden Richtlinien im Widerspruch stehen, sind nicht mehr anzuwenden.

ERSTER TEIL
Steuerpflicht

§ 1 Unbeschränkte Steuerpflicht

(1) Unbeschränkt körperschaftsteuerpflichtig sind die folgenden Körperschaften, Personenvereinigungen und Vermögensmassen, die ihre Geschäftsleitung oder ihren Sitz im Inland haben:

1. **Kapitalgesellschaften (insbesondere Europäische Gesellschaften, Aktiengesellschaften, Kommanditgesellschaften auf Aktien, Gesellschaften mit beschränkter Haftung);**

2. **Genossenschaften einschließlich der Europäischen Genossenschaften;**

3. **Versicherungs- und Pensionsfondsvereine auf Gegenseitigkeit;**

4. **sonstige juristische Personen des privaten Rechts;**

5. **nichtrechtsfähige Vereine, Anstalten, Stiftungen und andere Zweckvermögen des privaten Rechts;**

6. **Betriebe gewerblicher Art von juristischen Personen des öffentlichen Rechts.**

(2) Die unbeschränkte Körperschaftsteuerpflicht erstreckt sich auf sämtliche Einkünfte.

(3) Zum Inland im Sinne dieses Gesetzes gehört auch der der Bundesrepublik Deutschland zustehende Anteil am Festlandsockel, soweit dort Naturschätze des Meeresgrundes und des Meeresuntergrundes erforscht oder ausgebeutet werden oder dieser der Energieerzeugung unter Nutzung erneuerbarer Energien dient.

KStR

Zu § 1 KStG

2. Unbeschränkte Steuerpflicht

(1) [1]Die Aufzählung der Körperschaften, Personenvereinigungen und Vermögensmassen in § 1 Abs. 1 KStG ist abschließend. [2]Sie kann nicht im Wege der Auslegung erweitert werden.

(2) [1]Zu den sonstigen juristischen Personen des privaten Rechts i. S. des § 1 Abs. 1 Nr. 4 KStG gehören eingetragene Vereine (§ 21 BGB), wirtschaftliche Vereine (§ 22 BGB) und rechtsfähige privatrechtliche Stiftungen (§ 80 BGB). [2]Rechtsfähige Stiftungen des öffentlichen Rechts (§ 89 BGB) fallen nicht unter § 1 Abs. 1 Nr. 4 KStG; insoweit ist ggf. § 1 Abs. 1 Nr. 6 KStG zu prüfen.

(3) [1]Die Vorschrift des § 1 Abs. 1 Nr. 6 KStG bezieht sich ausschließlich auf inländische juristische Personen des öffentlichen Rechts. [2]Die Steuerpflicht ausländischer juristischer Personen des öffentlichen Rechts richtet sich nach § 2 Nr. 1 KStG.

(4) [1]Die Steuerpflicht beginnt bei Erwerbs- und Wirtschaftsgenossenschaften (§ 1 Abs. 1 Nr. 2 KStG) nicht erst mit der Erlangung der Rechtsfähigkeit durch die Eintragung in das Genossenschaftsregister (§ 13 GenG), sondern erstreckt sich auch auf die mit Abschluss des Statuts (§ 5 GenG) errichtete Vorgenossenschaft, d. h. die Genossenschaft im Gründungsstadium. [2]Für rechtsfähige Vereine sind die vorgenannten Grundsätze sinngemäß anzuwenden. [3]Erwerbs- und Wirtschaftsgenossenschaften i. S. des § 1 Abs. 1 Nr. 2 KStG sind nicht nur eingetragene Genossenschaften, sondern auch nichtrechtsfähige Erwerbs- und Wirtschaftsgenossenschaften. [4]Bei Versicherungsvereinen auf Gegenseitigkeit (§ 1 Abs. 1 Nr. 3 KStG) beginnt die Steuerpflicht mit der aufsichtsbehördlichen Erlaubnis zum Geschäftsbetrieb, bei den anderen juristischen Personen des privaten Rechts (§ 1 Abs. 1 Nr. 4 KStG) durch staatliche Genehmigung, Anerkennung oder Verleihung. [5]Nichtrechtsfähige Vereine, Anstalten, Stiftungen oder andere Zweckvermögen des privaten Rechts (§ 1 Abs. 1 Nr. 5 KStG) entstehen durch Errichtung, Feststellung der Satzung oder Aufnahme einer geschäftlichen Tätigkeit. [6]Juristische Personen des öffentlichen Rechts werden mit ihren Betrieben gewerblicher Art (§ 1 Abs. 1 Nr. 6 KStG) mit der Aufnahme der wirtschaftlichen Tätigkeit unbeschränkt steuerpflichtig.

(5) [1]Ein Zweckvermögen des Privatrechts i. S. des § 1 Abs. 1 Nr. 5 KStG liegt vor, wenn ein selbständiges Sondervermögen gebildet wird, das durch Widmung einem bestimmten Zweck dient. [2]Dazu gehören u. a. Sammelvermögen i. S. des § 1914 BGB, Wertpapier-Sondervermögen (Investmentfonds) und andere Fonds-Sondervermögen.

Hinweise

H 2 Ausländische Gesellschaften, Typenvergleich

Tabellen 1 und 2 zum BMF-Schreiben vom 24.12.1999 – BStBl. I S. 1076 ff (insbes. S. 1114 und 1119)

Beginn der Steuerpflicht

Die Steuerpflicht beginnt bei Kapitalgesellschaften (§ 1 Abs. 1 Nr. 1 KStG) nicht erst mit der Erlangung der Rechtsfähigkeit durch die Eintragung in das Handelsregister (§§ 41, 278 AktG, § 11 GmbHG), sondern erstreckt sich auch auf die mit Abschluss des notariellen Gesellschaftsvertrags (§ 2 GmbHG) oder durch notarielle Feststellung der Satzung (§ 23 Abs. 1, § 280 Abs. 1 AktG) errichtete Vorgesellschaft, d. h. die Kapitalgesellschaft im Gründungsstadium (→ BFH vom 13.12.1989 – BStBl. 1990 II S. 468, BFH vom 14.10.1992 – BStBl. 1993 II S. 352). Von Todes wegen errichtete Stiftungen sind im Falle ihrer Genehmigung aufgrund der in § 84 BGB angeordneten Rückwirkung bereits ab dem Zeitpunkt des Vermögensanfalls subjektiv körperschaftsteuerpflichtig nach § 1 Abs. 1 Nr. 4 KStG (→ BFH vom 17.09.2003 – BStBl. 2005 II S. 149).

GmbH & Co. KG

Eine GmbH & Co. KG, deren alleiniger persönlich haftender Gesellschafter eine GmbH ist, ist nicht als Kapitalgesellschaft im Sinne von § 1 Abs. 1 Nr. 1 KStG anzusehen. Eine Publikums-GmbH & Co. KG ist kein nichtrechtsfähiger Verein im Sinne von § 1 Abs. 1 Nr. 5 KStG. Sie ist auch nicht als nichtrechtsfähige Personenvereinigung nach § 3 Abs. 1 KStG körperschaftsteuerpflichtig, da ihr Einkommen bei den Gesellschaftern zu versteuern ist (→ BFH vom 25.6.1984 – BStBl. II S. 751).

Kameradschaft einer Freiwilligen Feuerwehr

Die Kameradschaft einer Freiwilligen Feuerwehr kann ein nichtrechtsfähiger Verein im Sinne des § 1 Abs. 1 Nr. 5 KStG sein, sofern ein Personenzusammenschluss für Zwecke gebildet wurde, die über die Aufgaben der gemeindlichen Einrichtung hinaus gehen, z. B. Einrichtung einer Kameradschaftskasse zum Zwecke der Kameradschaftspflege und Veranstaltung jährlicher Feste (→ BFH vom 18.12.1996 – BStBl. 1997 II S. 361).

REIT-AG [1)]

→ REITG vom 28.5.2007 (BGBl. I S. 914) und BMF vom 10.7.2007 – BStBl. I S. 527.

Stifung

→ Beginn der Steuerpflicht

Unechte Vorgesellschaft

Eine unechte Vorgesellschaft ist wie eine → Vorgründungsgesellschaft zu behandeln. Um eine unechte Vorgesellschaft handelt es sich, wenn die Gründer nicht die Absicht haben, die Eintragung ins Handelsregister zu erreichen, oder wenn aufgrund von Eintragungshindernissen die Vorgesellschaft zum Dauerzustand wird oder wenn nach Ablehnung des Eintragungsantrags eine Auseinandersetzung unter den Gesellschaftern nicht erfolgt (→ BFH vom 7.4.1998 – BStBl. II S. 522).

Vorgesellschaft

→ Beginn der Steuerpflicht

→ Unechte Vorgesellschaft

Vorgründungsgesellschaft

Die Vorgründungsgesellschaft erstreckt sich auf die Zeit zwischen der Vereinbarung über die Errichtung einer Kapitalgesellschaft bis zur notariellen Beurkundung des Gesellschaftsvertrags bzw. der Satzung. Sie ist weder mit der Vorgesellschaft noch mit der später entstehenden Kapitalgesellschaft identisch. Es handelt sich, von Ausnahmen abgesehen, nicht um ein körperschaftsteuerpflichtiges Gebilde (→ BFH vom 8.11.1989 – BStBl. 1990 II S. 91). Die Vorgründungsgesellschaft kann als nichtrechtsfähiger Verein oder Personenvereinigung i. S. d. § 3 Abs. 1 KStG steuerpflichtig sein, wenn ein größerer Kreis von Personen, eine Verfassung und besondere Organe vorhanden sind (→ BFH vom 6. 5.1952 – BStBl. III S. 172).

---

1) Vgl. Anlage § 001-08.

KStR

3. Familienstiftungen

[1]Die Verordnung über die Steuerbegünstigung von Stiftungen, die an die Stelle von Familienfideikommissen getreten sind, vom 13.2.1926 (RGBl. I S. 101) ist noch anzuwenden. [2]Da die Verordnung sich auf einen Sondertatbestand bezieht, kann sie auf andere als die in ihr bezeichneten Stiftungen nicht entsprechend angewendet werden.

Verwaltungsregelungen zu § 1

Datum	Anl.	Quelle	Inhalt
15.04.05	§ 001-01	OFD Han	Steuerrechtliche Behandlung ausländischer Kapitalgesellschaften
13.02.26	§ 001-02	So	Verordnung über die Steuerbegünstigung von Stiftungen, die an die Stelle von Familienfideikommissen getreten sind
	§ 001-03		(weggefallen)
18.10.88	§ 001-04	BMF	Steuerliche Behandlung der regionalen Untergliederungen von Großvereinen
29.05.70	§ 001-05	FM NRW	Steuerliche Behandlung der Investment-Clubs
16.11.90	§ 001-06	OFD Düs	Umsatzsteuerliche und ertragsteuerliche Behandlung der Veranstaltungsgemeinschaften i. S. des Rundfunkgesetzes des Landes Nordrhein-Westfalen (LRG) (GV NW 88,6 ff.)
19.08.03	§ 001-07	OFD Han	Betriebsfonds bei Erzeugerorganisationen
10.07.07	§ 001-08	BMF	Gesetz über deutsche Immobilien-Aktiengesellschaften mit börsennotierten Anteilen (REITG); Gewährung der Steuerbefreiung aufgrund der Eintragung im Handelsregister als REIT-AG

Rechtsprechungsauswahl

Zu §§ 1 – 3 KStG[1]

BFH vom 25.01.2005 I B 232/03 (BFH/NV 2005 S. 1376): Ende der Besteuerung einer Vermögensmasse als Zweckvermögen.

BFH vom 17.11.2004 I R 55/03 (BFH/NV 2005 S. 1016): Missbräuchliche Zwischenschaltung ausländischer beschränkt steuerpflichtiger Kapitalgesellschaften durch eine Stiftung niederländischen Rechts.

BFH vom 18.03.2004 III R 25/02 (BStBl. 2004 II S. 787): Veräußert der Alleingesellschafter-Geschäftsführer ein von ihm erworbenes unaufgeteiltes Mehrfamilienhaus an „seine GmbH", die er zur Aufteilung bevollmächtigt und die die entstandenen vier Eigentumswohnungen noch im selben Jahr an verschiedene Erwerber veräußert, so können die Aktivitäten der GmbH nur dem Anteilseigner zugerechnet werden, wenn die Voraussetzungen eines Gestaltungsmissbrauchs vorliegen. Für einen Gestaltungsmissbrauch kann insbesondere neben weiteren Umständen sprechen, dass die Mittel für den an den Anteilseigner zu entrichtenden Kaufpreis zu einem erheblichen Teil erst aus den Weiterverkaufserlösen zu erbringen sind.

BFH vom 25.02.2004 I R 42/02 (BStBl. 2005 II S. 14):

1. Die nicht nur vorübergehend angelegte Beteiligung einer inländischen Kapitalgesellschaft an einer Kapitalgesellschaft im niedrig besteuerten Ausland innerhalb der Europäischen Gemeinschaft (hier: an einer gemeinschaftsrechtlich geförderten sog. IFSC-Gesellschaft in den irischen Dublin Docks) ist jedenfalls nicht deshalb missbräuchlich i. S. des § 42 Abs. 1 AO 1977, weil die Abwicklung der Wertpapiergeschäfte im Ausland durch eine Managementgesellschaft erfolgt (Bestätigung der Senatsurteile vom 19. Januar 2000 I R 94/97, BFHE 191, 257, BStBl. II 2001, 222, und I R 117/97, BFH/NV 2000, 824).

---

1) Zu § 1 Abs. 1 Nr. 6 siehe bei § 4.

2. Einkünfte aus Dividenden werden nach Art. XXII Abs. 2 Buchst. a DBA-Irland auch dann von der deutschen Steuer freigestellt, wenn die Dividenden von einer irischen „Unlimited Company having a share capital" ausgeschüttet werden (Abweichung von den Senatsurteilen in BFHE 191, 257, BStBl. II 2001, 222, und in BFH/NV 2000, 824, und vom BMF-Schreiben vom 30. Juli 1999, BStBl. I 1999, 698).

BFH vom 28.01.2004 I B 210/03 (BFH/NV 2004 S. 670): Steuerrechtsfähigkeit einer gelöschten ausländischen Kapitalgesellschaft, solange sie noch steuerrechtliche Pflichten zu erfüllen hat oder gegen sie ergangene Steuerbescheide angreift.

BFH vom 17.09.2003 I R 85/02 (BStBl. 2005 II S. 149): ... Von Todes wegen errichtete Stiftungen des privaten Rechts sind im Falle ihrer Genehmigung auf Grund der in § 84 BGB angeordneten Rückwirkung bereits ab dem Zeitpunkt des Vermögensanfalls nach § 1 Abs. 1 Nr. 4 KStG subjektiv körperschaftsteuerpflichtig. Die in § 84 BGB angeordnete Rückwirkung wirkt sich allerdings auf § 5 Abs. 1 Nr. 9 KStG nicht aus. ...

BFH vom 01.04.2003 I R 28/02 (BStBl. 2007 II S. 855): Sprechen konkrete Anhaltspunkte dafür, dass die Anteile an einer ausländischen Basisgesellschaft treuhänderisch für Dritte gehalten werden, kann das FA gemäß § 160 Abs. 1 Satz 1 AO 1977 deren Benennung verlangen.

BFH vom 21.03.2003 VIII B 55/02 (BFH/NV 2003, S. 1304): Unechte Vorgesellschaft, Besteuerung als Mitunternehmerschaft, Nichtzulassungsbeschwerde.

BFH vom 15.07.1998 I B 134/97 (BFH/NV 1999 S. 372): Unbeschränkte Körperschaftsteuerpflicht ausländischer Kapitalgesellschaften.

BFH vom 18.12.1996 I R 16/96 (BStBl. 1997 II S. 361):
1. Der Charakter der Freiwilligen Feuerwehr als öffentliche Einrichtung ihrer nordrhein-westfälischen Trägergemeinde schließt es nicht aus, daß ihre Mitglieder einen nichtrechtsfähigen Verein bilden.
2. Einem solchen Verein ist die anläßlich eines Festes der Freiwilligen Feuerwehr ausgeübte wirtschaftlichen Tätigkeit zuzurechnen, wenn die Tätigkeiten finanziell nicht über den Gemeindehaushalt, sondern über eine Kameradschaftskasse abgewickelt wird.

BFH vom 8.02.1995, I R 73/94 (BStBl. 1995 II S. 552 - Ritterschaft): Ausschüttungen einer inländischen Körperschaft i. S. des § 1 Abs. 1 Nr. 4 oder 5 KStG führen bei den Mitgliedern nur dann zu Einkünften aus Kapitalvermögen, wenn die Mitgliedschaftsrechte einer kapitalmäßigen Beteiligung gleichstehen und die ausschüttende Körperschaft den in § 20 Abs. 1 Nr. 1 EStG genannten Körperschaften unter Berücksichtigung der Vorschriften des Körperschaftsteuer-Anrechnungsverfahrens vergleichbar ist.

BFH vom 03.02.1993 I R 80-81/91 (BStBl. 1993 II S. 462): Übernimmt eine ausländische Management-Kapitalgesellschaft die Leitung eines im Inland belegenen und von einem Steuerinländer betriebenen Hotels und übt sie die Leitungstätigkeit durch einen von ihr angestellten und bezahlten General Manager aus, dem ein eigener Arbeitsraum in dem Hotel zur Verfügung gestellt wird, so hat die ausländische Gesellschaft im Inland eine Betriebsstätte; sie erzielt beschränkt körperschaftsteuerpflichtige und gewerbesteuerpflichtige Einkünfte.

BFH vom 5.11.1992, I R 39/92 (BStBl. 1993 II S. 388):
1. Ein im Ausland errichteter nichtrechtsfähiger Trust kann Vermögensmasse i. S. des § 2 KStG sein. Unter einer Vermögensmasse i. S. des § 2 KStG ist ein selbständiges, einem bestimmten Zweck dienendes Sondervermögen zu verstehen, das aus dem Vermögen des Widmenden ausgeschieden ist und aus dem eigene Einkünfte fließen.
2. Ein im Ausland errichteter nichtrechtsfähiger Trust ist Familienstiftung i. S. des § 15 Abs. 2 AStG, wenn der Settlor, seine Angehörigen und/oder deren Abkömmlinge zu mehr als der Hälfte bezugs- oder anfallsberechtigt sind.
3. Unter den Begriff des Stifters i. S. des § 15 Abs. 1 AStG sind vor allem die Personen zu fassen, für deren Rechnung Vermögen auf die Familienstiftung übertragen wird.
4. Eine nichtrechtsfähige Vermögensmasse kann Einkünfte i. S. des § 2 Abs. 1 EStG erzielen. Dies setzt ein Tätigwerden rechtsfähiger Personen für Rechnung der Vermögensmasse voraus.
5. § 15 Abs. 1 AStG sieht als Rechtsfolge die Zurechnung des Einkommens der ausländischen Familienstiftung vor. Beim Zurechnungsempfänger ist der um die Sonderausgaben und die außergewöhnlichen Belastungen verminderte Gesamtbetrag der Einkünfte um das zuzurechnende Einkommen zu erhöhen. Im übrigen sind die Einkommen des Zurechnungsempfängers und der Familienstiftung gesondert zu ermitteln.

BFH vom 14.10.1992 I R 17/92 (BStBl. 1993 II S. 352): ... Die GmbH-Vorgesellschaft wird steuerrechtlich als Kapitalgesellschaft behandelt, sofern sie später als GmbH ins Handelsregister eingetragen wird. Zwischen ihr und der ins Handelsregister eingetragenen GmbH besteht Identität. Dies gilt auch bei einem Wechsel der Gesellschafter der Vorgesellschaft, wenn der ausgeschiedene Gesellschafter an der den Gesellschafterwechsel betreffenden Änderung des Gesellschaftsvertrags mitwirkte. ...

BFH vom 23.6.1992 IX R 182/87 (BStBl. 1992 II S. 972): Ausländische Kapitalgesellschaften mit Geschäftsleitung im Inland können unbeschränkt körperschaftsteuerpflichtig sein.

BFH vom 13.12.1989 I R 98-99/86 (BStBl. 1990 II S. 468):

1. Die Körperschaftsteuersubjektfähigkeit einer GmbH ist stets ab deren zivilrechtlich wirksamer Gründung anzuerkennen. Sie wirkt so lange fort, als die GmbH zivilrechtlich besteht.

2. Einer GmbH sind steuerrechtlich die Einkünfte zuzurechnen, die sie erzielt. Sie erzielt gewerbliche Einkünfte, wenn die sie auslösende Tätigkeit im Namen und für Rechnung der GmbH ausgeübt wird.

BFH vom 27.07.1988 I R 130/84 (BStBl. 1989 II S. 101): Eine liechtensteinische Anstalt ist eine sonstige juristische Person des privaten Rechts i. S. des § 1 Abs. 1 Nr. 4 KStG 1968. ...

BFH vom 28.04.1988 IV R 298/83 (BStBl. 1988 II S. 885):

1. Bei von einem Realverband im Sinne des § 3 Abs. 2 KStG 1968 erzielten Gewinnen aus der Veräußerung von Grund und Boden des Anlagevermögens können die Mitglieder des Verbands Abzüge nach § 6c EStG von den Anschaffungs- oder Herstellungskosten begünstigter Wirtschaftsgüter ihres eigenen Betriebs vornehmen (Anschluß an BFH-Urteil vom 9. Oktober 1986 IV R 331/84, BFHE 148, 253, BStBl. 1987 II S. 169). Die hieraus sich in den Einzelbetrieben ergebende Gewinnminderung ist durch Ansatz einer fiktiven Betriebseinnahme auszugleichen, während beim Verband vom Ansatz eines Zuschlags nach § 6c Abs. 1 Nr. 2 EStG abzusehen ist.

2. Nimmt der Verband bei seiner Gewinnermittlung einen Abzug nur in Höhe des auf einen Teil seiner Mitglieder entfallenden Veräußerungsgewinns vor, zieht das FA hingegen einen Betrag in Höhe des vollen Veräußerungsgewinns ab, so kann der Verband, wenn das FA bei der Gewinnfeststellung für ein folgendes Wirtschaftsjahr den Gewinn durch einen Zuschlag nach § 6 c Abs. 1 Nr. 2 EStG erhöht, auch hinsichtlich des im Veräußerungsjahr vom FA abgezogenen Betrags geltend machen, in den Betrieben der Mitglieder seien begünstigte Investitionen erfolgt.

BFH vom 03.02.1988 I R 134/84 (BStBl. 1988 II S. 588): Eine ausländische Kommanditgesellschaft kann nur dann beschränkt körperschaftsteuerpflichtig sein (§ 2 Abs. 1 Nr. 1 KStG 1968), wenn sie nach den leitenden Gedanken des deutschen Einkommen- und Körperschaftsteuerrechts einer der in § 1 Abs. 1 Nrn. 1 bis 5 KStG 1968 genannten Körperschaften, Personenvereinigungen und Vermögensmassen vergleichbar ist. Das gilt auch dann, wenn die ausländische Kommanditgesellschaft im Sitzstaat zivilrechtlich als juristische Person anerkannt ist.

BFH vom 25.06.1984 GrS 4/82 (BStBl. 1984 II S. 751):

1. Eine GmbH & Co. KG, deren alleiniger persönlich haftender Gesellschafter eine GmbH ist, ist keine Kapitalgesellschaft i. S. von § 1 Abs. 1 Nr. 1 KStG und nicht als eine solche körperschaftsteuerpflichtig.

2. Eine Publikums-GmbH & Co. KG ist weder als nichtrechtsfähiger Verein i. S. von § 1 Abs. 1 Nr. 5 KStG noch als nichtrechtsfähige Personenvereinigung nach § 3 Abs. 1 KStG körperschaftsteuerpflichtig.

BFH vom 11.04.1973 I R 172/72 (BStBl. 1973 II S. 568, HFR S. 387): Der Mangel der Form des Gesellschaftsvertrags über die Gründung einer GmbH hindert die Annahme einer körperschaftsteuerpflichtigen Gründergesellschaft jedenfalls dann nicht, wenn die Gesellschafter durch formgültigen Vorvertrag zum Abschluß des Gesellschaftsvertrags verpflichtet sind, die Abgabe der Erklärung in der vorgeschriebenen Form nachgeholt wird, die Gründergesellschaft nach außen in Erscheinung tritt und die GmbH in das Handelsregister eingetragen wird.

§ 2 Beschränkte Steuerpflicht

Beschränkt körperschaftsteuerpflichtig sind

1. Körperschaften, Personenvereinigungen und Vermögensmassen, die weder ihre Geschäftsleitung noch ihren Sitz im Inland haben, mit ihren inländischen Einkünften;

2. sonstige Körperschaften, Personenvereinigungen und Vermögensmassen, die nicht unbeschränkt steuerpflichtig sind, mit den inländischen Einkünften, die dem Steuerabzug vollständig oder teilweise unterliegen; inländische Einkünfte sind auch

   a) die Entgelte, die den sonstigen Körperschaften, Personenvereinigungen oder Vermögensmassen dafür gewährt werden, dass sie Anteile an einer Kapitalgesellschaft mit Sitz oder Geschäftsleitung im Inland einem Anderen überlassen und der Andere, dem die Anteile zuzurechnen sind, diese Anteile oder gleichartige Anteile zurückzugeben hat,

   b) die Entgelte, die den sonstigen Körperschaften, Personenvereinigungen oder Vermögensmassen im Rahmen eines Wertpapierpensionsgeschäfts im Sinne des § 340b Abs. 2 des Handelsgesetzbuchs gewährt werden, soweit Gegenstand des Wertpapierpensionsgeschäfts Anteile an einer Kapitalgesellschaft mit Sitz oder Geschäftsleitung im Inland sind, und

   c) die in § 8b Abs. 10 Satz 2 genannten Einnahmen oder Bezüge, die den sonstigen Körperschaften, Personenvereinigungen oder Vermögensmassen als Entgelt für die Überlassung von Anteilen an einer Kapitalgesellschaft mit Sitz oder Geschäftsleitung im Inland gewährt gelten.

KStR

Zu § 2 KStG

4. Beschränkte Steuerpflicht

(1) [1]Die beschränkte Körperschaftsteuerpflicht beginnt bei Personen i. S. des § 2 Nr. 1 KStG, sobald inländische Einkünfte i. S. des § 49 EStG vorliegen; bei Personen i. S. des § 2 Nr. 2 KStG, sobald inländische Einkünfte i. S. des § 43 Abs. 3 EStG vorliegen, von denen ein Steuerabzug vorzunehmen ist. [2]Sie endet, wenn keine inländischen Einkünfte mehr erzielt werden.

(2) § 2 Nr. 2 KStG gilt aufgrund der Vorschrift des § 3 Abs. 2 KStG nicht für Hauberg-, Wald-, Forst- und Laubgenossenschaften und ähnliche Realgemeinden.

Hinweise

H 4   Ausländische Gesellschaften, Typenvergleich [1]

   Tabellen 1 und 2 zum BMF-Schreiben vom 24.12.1999 – BStBl. I S. 1076 ff (insbes. S. 1114 und 1119) und BMF vom 19.3.2004 – BStBl. I S. 411

---

1) Vgl. auch Anlage § 001-01.

§ 3 Abgrenzung der Steuerpflicht bei nichtrechtsfähigen Personenvereinigungen und Vermögensmassen sowie bei Realgemeinden

(1) Nichtrechtsfähige Personenvereinigungen, Anstalten, Stiftungen und andere Zweckvermögen sind körperschaftsteuerpflichtig, wenn ihr Einkommen weder nach diesem Gesetz noch nach dem Einkommensteuergesetz unmittelbar bei einem anderen Steuerpflichtigen zu versteuern ist.

(2) [1]Hausberg-, Wald-, Forst- und Laubgenossenschaften und ähnliche Realgemeinden, die zu den in § 1 bezeichneten Steuerpflichtigen gehören, sind nur insoweit körperschaftsteuerpflichtig, als sie einen Gewerbebetrieb unterhalten oder verpachten, der über den Rahmen eines Nebenbetriebs hinausgeht. [2]Im Übrigen sind ihre Einkünfte unmittelbar bei den Beteiligten zu versteuern.

KStR

Zu § 3 KStG

5. Abgrenzung der Steuerpflicht

– unbesetzt –

Hinweise

H 5   GmbH & Co. KG

Eine Publikums-GmbH & Co. KG ist weder als nichtrechtsfähiger Verein i. S. von § 1 Abs. 1 Nr. 5 KStG noch als nichtrechtsfähige Personenvereinigung nach § 3 Abs. 1 KStG körperschaftsteuerpflichtig (→ BFH vom 25.6.1984 – BStBl. 1984 II S. 751).

→ H 2 Vorgründungsgesellschaft

§ 4 Betriebe gewerblicher Art von juristischen Personen des öffentlichen Rechts

(1) [1]Betriebe gewerblicher Art von juristischen Personen des öffentlichen Rechts im Sinne des § 1 Abs. 1 Nr. 6 sind vorbehaltlich des Absatzes 5 alle Einrichtungen, die einer nachhaltigen wirtschaftlichen Tätigkeit zur Erzielung von Einnahmen außerhalb der Land- und Forstwirtschaft dienen und die sich innerhalb der Gesamtbetätigung der juristischen Person wirtschaftlich herausheben. [2]Die Absicht, Gewinn zu erzielen, und die Beteiligung am allgemeinen wirtschaftlichen Verkehr sind nicht erforderlich.

(2) Ein Betrieb gewerblicher Art ist auch unbeschränkt steuerpflichtig, wenn er selbst eine juristische Person des öffentlichen Rechts ist.

(3) Zu den Betrieben gewerblicher Art gehören auch Betriebe, die der Versorgung der Bevölkerung mit Wasser, Gas, Elektrizität oder Wärme, dem öffentlichen Verkehr oder dem Hafenbetrieb dienen.

(4) Als Betrieb gewerblicher Art gilt die Verpachtung eines solchen Betriebs.

(5) [1]Zu den Betrieben gewerblicher Art gehören nicht Betriebe, die überwiegend der Ausübung der öffentlichen Gewalt dienen (Hoheitsbetriebe). [2]Für die Annahme eines Hoheitsbetriebs reichen Zwangs oder Monopolrechte nicht aus.

(6) [1]Ein Betrieb gewerblicher Art kann mit einem oder mehreren anderen Betrieben gewerblicher Art zusammengefasst werden, wenn

1. sie gleichartig sind,

2. zwischen ihnen nach dem Gesamtbild der tatsächlichen Verhältnisse objektiv eine enge wechselseitige technisch-wirtschaftliche Verflechtung von einigem Gewicht besteht, oder

3. Betriebe gewerblicher Art im Sinne des Absatzes 3 vorliegen.

[2]Ein Betrieb gewerblicher Art kann nicht mit einem Hoheitsbetrieb zusammengefasst werden.

KStR
Zu § 4 KStG

6. Betriebe gewerblicher Art von juristischen Personen des öffentlichen Rechts[1]

Betrieb gewerblicher Art

(1) [1]Juristische Personen des öffentlichen Rechts sind insbesondere die Gebietskörperschaften (Bund, Länder, Gemeinden, Gemeindeverbände), Zweckverbände, die öffentlich-rechtlichen Religionsgesellschaften, die Innungen, Handwerkskammern, Industrie- und Handelskammern und sonstige Gebilde, die aufgrund öffentlichen Rechts eigene Rechtspersönlichkeit besitzen. [2]Dazu gehören neben Körperschaften auch Anstalten und Stiftungen des öffentlichen Rechts, z. B. Rundfunkanstalten des öffentlichen Rechts.

(2) [1]Der Begriff Einrichtung setzt nicht voraus, dass die Tätigkeit im Rahmen einer im Verhältnis zur sonstigen Betätigung verselbständigten Abteilung ausgeübt wird; sie kann auch innerhalb des allgemeinen Betriebs miterledigt werden. [2]Die Beteiligung einer juristischen Person des öffentlichen Rechts an einer Mitunternehmerschaft i. S. des § 15 Abs. 1 Satz 1 Nr. 2 EStG begründet einen Betrieb gewerblicher Art. [3]Das gilt insbesondere für den Zusammenschluss einer juristischen Person des öffentlichen Rechts mit einer Kapitalgesellschaft. [4]Eine andere Beurteilung ergibt sich auch nicht daraus, dass die Tätigkeit, falls diese von der juristischen Person des öffentlichen Rechts allein ausgeübt würde, als hoheitlich zu behandeln wäre. [5]Schließen sich dagegen zwei juristische Personen des öffentlichen Rechts zur gemeinsamen Ausübung von derartigen Tätigkeiten z. B. in einer GbR zusammen, liegt regelmäßig keine einen Betrieb gewerblicher Art begründende Mitunternehmerschaft vor. [6]Die Beteiligung einer juristischen Person des öffentlichen Rechts an einer Kapitalgesellschaft begründet grundsätzlich keinen eigenständigen Betrieb gewerblicher Art.

(3) [1]Die verschiedenen Tätigkeiten der juristischen Person des öffentlichen Rechts sind für sich zu beurteilen. [2]Lässt sich eine Tätigkeit nicht klar dem hoheitlichen oder dem wirtschaftlichen Bereich zuordnen, ist nach § 4 Abs. 5 KStG auf die überwiegende Zweckbestimmung der Tätigkeit abzustellen.

---

1) Vgl. auch Anlagen § 004-01 – § 004-55 und Anhang 1–02 – Anhang 1–10.

[3]Verschiedene wirtschaftliche Tätigkeiten sind als Einheit zu behandeln, wenn dies der Verkehrsauffassung entspricht.

(4) [1]Eine Einrichtung kann auch dann angenommen werden, wenn Betriebsmittel, z. B. Maschinen oder dgl., oder Personal sowohl im hoheitlichen als auch im wirtschaftlichen Bereich eingesetzt werden, sofern eine zeitliche Abgrenzung (zeitlich abgegrenzter Einsatz für den einen oder anderen Bereich) möglich ist. [2]Ein wichtiges Merkmal für die wirtschaftliche Selbständigkeit der ausgeübten Tätigkeit und damit für die Annahme einer Einrichtung ist darin zu sehen, dass der Jahresumsatz i. S. von § 1 Abs. 1 Nr. 1 UStG aus der wirtschaftlichen Tätigkeit den Betrag von 130 000 Euro übersteigt. [3]Für die wirtschaftliche Selbständigkeit der Einrichtung ist es unerheblich, wenn die Bücher bei einer anderen Verwaltung geführt werden.

(5) [1]In der Tatsache, dass der Jahresumsatz i. S. von § 1 Abs. 1 Nr. 1 UStG 30 678 Euro nachhaltig übersteigt, ist ein wichtiger Anhaltspunkt dafür zu sehen, dass die Tätigkeit von einigem wirtschaftlichen Gewicht ist. [2]In der Regel kann deshalb bei diesem Jahresumsatz davon ausgegangen werden, dass die Tätigkeit sich innerhalb der Gesamtbetätigung der juristischen Person wirtschaftlich heraushebt. [3]Dagegen kommt es für das Gewicht der ausgeübten Tätigkeit weder auf das im BFH-Urteil vom 11. 1. 1979 (BStBl. II S. 746) angesprochene Verhältnis der Einnahmen aus der wirtschaftlichen Tätigkeit zum Gesamthaushalt der juristischen Person des öffentlichen Rechts noch auf das im BFH-Urteil vom 14.4.1983 (BStBl. II S. 491) angesprochene Verhältnis der Einnahmen aus der wirtschaftlichen Tätigkeit zu einem bestimmten Teil des Gesamthaushalts der juristischen Person des öffentlichen Rechts an. [4]Wird ein nachhaltiger Jahresumsatz von über 30 678 Euro im Einzelfall nicht erreicht, ist ein Betrieb gewerblicher Art nur anzunehmen, wenn hierfür besondere Gründe von der Körperschaft vorgetragen werden. [5]Solche Gründe sind insbesondere gegeben, wenn die juristische Person des öffentlichen Rechts mit ihrer Tätigkeit zu anderen Unternehmen unmittelbar in Wettbewerb tritt. [6]In den Fällen der Verpachtung eines Betriebs gewerblicher Art ist darauf abzustellen, ob die Einrichtung beim Verpächter einen Betrieb gewerblicher Art darstellen würde. [7]Dabei kommt es für die Frage, ob die Tätigkeit von einigem Gewicht ist, auf die Umsätze des Pächters an.

(6) [1]Zu den Betrieben gewerblicher Art gehören nicht land- und forstwirtschaftliche Betriebe von juristischen Personen des öffentlichen Rechts. [2]Den land- und forstwirtschaftlichen Betrieben zuzurechnen sind auch die land- und forstwirtschaftlichen Nebenbetriebe. [3]Auch die Verpachtung eines land- und forstwirtschaftlichen Betriebs durch eine juristische Person des öffentlichen Rechts begründet keinen Betrieb gewerblicher Art. [4]Dagegen sind Einkünfte aus land- und forstwirtschaftlicher Tätigkeit, die in einem Betrieb gewerblicher Art anfallen, steuerpflichtig.

Betriebe in privatrechtlicher Form

(7) Betriebe, die in eine privatrechtliche Form gekleidet sind, werden nach den für diese Rechtsform geltenden Vorschriften besteuert.

Hinweise

H 6   Allgemeines

Nach § 1 Abs. 1 Nr. 6 KStG sollen im Grundsatz alle Einrichtungen der öffentlichen Hand der Körperschaftsteuer unterworfen werden, die das äußere Bild eines Gewerbebetriebs haben (→ BFH vom 22.9.1976 – BStBl. II S. 793).

Hat die juristische Person des öffentlichen Rechts mehrere Betriebe gewerblicher Art, so ist sie Subjekt der Körperschaftsteuer wegen jedes einzelnen Betriebs (→ BFH vom 13.3.1974 – BStBl. II S. 391 und vom 8.11.1989 – BStBl. 1990 II S. 242).

Beteiligung an einer Kapitalgesellschaft

→ R 16 Abs. 5 Satz 3 und 4 KStR 2004.

Einkommensermittlung bei Betrieben gewerblicher Art

→ R 33

Einrichtung

Die Einrichtung kann sich aus einer besonderen Leitung, aus einem geschlossenen Geschäftskreis, aus der Buchführung oder aus einem ähnlichen, auf eine Einheit hindeutenden Merkmal ergeben (→ BFH vom 26.5.1977 – BStBl. II S. 813).

Sie kann auch dann gegeben sein, wenn nicht organisatorische, sondern andere Merkmale vorliegen, die die wirtschaftliche Selbständigkeit verdeutlichen (→ BFH vom 13.3.1974 – BStBl. II S. 391).

Insbesondere kann die Einrichtung gegeben sein, wenn der Jahresumsatz im Sinne von § 1 Abs. 1 Nr. 1 UStG aus der wirtschaftlichen Tätigkeit beträchtlich ist bzw. wegen des Umfangs der damit verbundenen Tätigkeit eine organisatorische Abgrenzung geboten erscheint (→ RFH vom 20.1.1942 – RStBl. S. 405 und BFH vom 26.2.1957 – BStBl. III S. 146).

Die Einbeziehung der wirtschaftlichen Tätigkeit in einen überwiegend mit hoheitlichen Aufgaben betrauten, organisatorisch gesondert geführten Betrieb schließt es nicht aus, die einbezogene Tätigkeit gesondert zu beurteilen und rechtlich als eigenständige Einheit von dem sie organisatorisch tragenden Hoheitsbetrieb zu unterscheiden (→ BFH vom 26.5.1977 – BStBl. II S. 813 und vom 14.4.1983 – BStBl. II S. 491).

Kirchliche Orden

Kirchliche Orden können Körperschaften des öffentlichen Rechts sein (→ BFH vom 8.7.1971 – BStBl. 1972 II S. 70).

Land- und forstwirtschaftliche Betriebe

Abgrenzung zum Gewerbebetrieb → R 15.5 EStR 2005

Überwiegende Zweckbestimmung

Eine überwiegend hoheitliche Zweckbestimmung liegt nur vor, wenn die beiden Tätigkeitsbereiche derart ineinander greifen, dass eine genaue Abgrenzung nicht möglich oder nicht zumutbar ist, wenn also die wirtschaftliche Tätigkeit unlösbar mit der hoheitlichen Tätigkeit verbunden ist und eine Art Nebentätigkeit im Rahmen der einheitlichen, dem Wesen nach hoheitlichen Tätigkeit darstellt (→ BFH vom 26.5.1977 – BStBl. II S. 813).

Wirtschaftliches Gewicht

Ein Betrieb gewerblicher Art ist nur anzunehmen, wenn es sich um eine Tätigkeit von einigem wirtschaftlichem Gewicht handelt (→ BFH vom 26.2.1957 – BStBl. III S. 146 und vom 24.10.1961 – BStBl. III S. 552).

KStR

7. Zusammenfassung von Betrieben gewerblicher Art

(1) [1]Die Zusammenfassung mehrerer gleichartiger Betriebe gewerblicher Art ist zulässig. [2]Das gilt auch für die Zusammenfassung von gleichartigen Einrichtungen, die mangels Gewicht keinen Betrieb gewerblicher Art darstellen, zu einem Betrieb gewerblicher Art, und die Zusammenfassung solcher Einrichtungen mit Betrieben gewerblicher Art.

(2) [1]Die Zusammenfassung von Betrieben gewerblicher Art in Kapitalgesellschaften ist grundsätzlich anzuerkennen. [2]Dies gilt nicht für die Zusammenfassung von Gewinn- und Verlustbetrieben, wenn diese als Betrieb gewerblicher Art nach den allgemeinen Grundsätzen nicht hätten zusammengefasst werden können. [3]Ob eine vGA (§ 8 Abs. 3 Satz 2 KStG) vorliegt, beurteilt sich nach den Umständen des Einzelfalls. [4]Diese Grundsätze gelten entsprechend bei der Zusammenfassung der Ergebnisse durch sonstige Gestaltungen, z. B. in Form der Organschaft.

Hinweise

H 7 Organschaft
→ BFH vom 22.8.2007 – BStBl. I S. 961 und BMF vom 7.12.2007 – BStBl. I S. 905.[1)]

Zusammenfassung von Betrieben gewerblicher Art

– **Betriebe gewerblicher Art mit Hoheitsbetrieben**

Die Zusammenfassung von Betrieben gewerblicher Art mit Hoheitsbetrieben (→ R 9) ist steuerrechtlich nicht zulässig (→ BFH vom 10.7.1962 – BStBl. III S. 448)

– **Nicht gleichartige Betriebe gewerblicher Art**

Nicht gleichartige Betriebe gewerblicher Art können nur zusammengefasst werden, wenn zwischen diesen Betrieben nach dem Gesamtbild der tatsächlichen Verhältnisse objektiv eine enge wechselseitige technisch-wirtschaftliche Verflechtung von einigem Gewicht besteht (→ BFH vom 16.1.1967 – BStBl. III S. 240 und vom 19.5.1967 – BStBl. III S. 510). Der Prüfung bedarf es nicht, wenn Versorgungsbetriebe, Verkehrsbetriebe (→ H 10 Parkraumbewirt-

---

1) Vgl. Anlage § 004-55.

schaftung), Hafenbetriebe und Flughafenbetriebe einer Gemeinde zusammengefasst werden (→ BFH vom 10.7.1962 – BStBl. III S. 448).

– **Verpachtungsbetriebe gewerblicher Art untereinander und mit anderen Betrieben gewerblicher Art**

Ein Betrieb gewerblicher Art und ein Verpachtungsbetrieb gewerblicher Art sowie mehrere Verpachtungsbetriebe gewerblicher Art einer juristischen Person des öffentlichen Rechts können nur zusammengefasst werden, wenn es sich um gleichartige Betriebe handelt. Das gilt bei Verpachtungsbetrieben gewerblicher Art auch dann, wenn die Betriebe an verschiedene Personen verpachtet sind. Die steuerrechtliche Anerkennung der Zusammenfassung setzt aber voraus, dass die juristische Person des öffentlichen Rechts die einzelnen Verpachtungen in ihrer Haushaltsführung, Verwaltung und Überwachung organisatorisch nicht eindeutig als mehrere Betriebe behandelt (→ BFH vom 24.6.1959 – BStBl. III S. 339).

KStR

8. Verpachtungsbetriebe gewerblicher Art

– unbesetzt –

Hinweise

H 8   Aufgabe des Verpachtungsbetriebs

Ein Verpachtungsbetrieb gewerblicher Art kann nur dadurch mit der Folge der Auflösung der in dem verpachteten Betriebsvermögen enthaltenen stillen Reserven aufgegeben werden, dass der Verpachtungsbetrieb eingestellt oder veräußert wird (→ BFH vom 1.8.1979 – BStBl. II S. 716).

Einkunftsart

→ H 33

Inventar

Die Verpachtung eines Betriebs, dessen Führung größeres Inventar erfordert, ist nur steuerpflichtig, wenn Inventarstücke vom Verpächter beschafft und dem Pächter zur Nutzung überlassen sind. Das gilt auch, wenn das mitverpachtete Inventar nicht vollständig ist, jedoch die Führung eines bescheidenen Betriebs gestattet. Sind keine Räume, sondern nur Inventar verpachtet, so kommt es für die Steuerpflicht auf die Umstände des Einzelfalls an (→ BFH vom 6.10.1976 – BStBl. 1977 II S. 94). Das gilt auch für die Verpachtung eines einer Gemeinde gehörenden Campingplatzes (→ BFH vom 7.5.1969 – BStBl. II S. 443).

Wirtschaftliches Gewicht

→ R 6 Abs. 5 Satz 6 und 7

KStR

9. Hoheitsbetriebe

(1) [1]Eine Ausübung der öffentlichen Gewalt kann insbesondere anzunehmen sein, wenn es sich um Leistungen handelt, zu deren Annahme der Leistungsempfänger aufgrund gesetzlicher oder behördlicher Anordnung verpflichtet ist. [2]Zu den Hoheitsbetrieben können z. B. gehören: Wetterwarten, Schlachthöfe in Gemeinden mit Schlachtzwang, Anstalten zur Lebensmitteluntersuchung, zur Desinfektion, zur Straßenreinigung und zur Abführung von Abwässern und Abfällen.

(2) [1]Die Verwertung bzw. Veräußerung von Material oder Gegenständen aus dem hoheitlichen Bereich einer juristischen Person des öffentlichen Rechts (sog. Hilfsgeschäfte) ist dem hoheitlichen Bereich zuzuordnen. [2]Das gilt z. B. für den An- und Verkauf von Dienstkraftfahrzeugen auch dann, wenn die Veräußerung regelmäßig vor Ablauf der wirtschaftlichen Nutzungsdauer erfolgt. [3]Die Anzahl der von der Beschaffungsstelle vorgenommenen An- und Verkäufe ist dabei unbeachtlich.

Hinweise

H 9   Beistandsleistung

Eine ihrem Inhalt nach wirtschaftliche Tätigkeit wird auch nicht dadurch zur Ausübung hoheitlicher Gewalt, dass sie im Wege der Amtshilfe für den wirtschaftlichen Bereich eines anderen Hoheitsträgers erfolgt (→ BFH vom 14.3.1990 – BStBl. II S. 866).

Hoheitsbetrieb

– **Ausübung öffentlicher Gewalt**

Ausübung öffentlicher Gewalt ist eine Tätigkeit, die der öffentlich-rechtlichen Körperschaft eigentümlich und vorbehalten ist. Kennzeichnend für die Ausübung öffentlicher Gewalt ist die Erfüllung öffentlich-rechtlicher Aufgaben, die aus der Staatsgewalt abgeleitet sind und staatlichen Zwecken dienen (→ BFH vom 21.11.1967 – BStBl. 1968 II S. 218).

Dies ist nicht schon dann der Fall, wenn der juristischen Person des öffentlichen Rechts Tätigkeiten durch Gesetz zugewiesen werden (→ BFH vom 30.6.1988 – BStBl. II S. 910).

Ausübung der öffentlichen Gewalt liegt nicht vor, wenn sich die Körperschaft durch ihre Einrichtungen in den wirtschaftlichen Verkehr einschaltet und eine Tätigkeit entfaltet, die sich ihrem Inhalt nach von der Tätigkeit eines privaten gewerblichen Unternehmens nicht wesentlich unterscheidet (→ BFH vom 21.11.1967 – BStBl. 1968 II S. 218 und vom 18.2.1970 – BStBl. II S. 519 und vom 25.01.2005 – BStBl. I S. 501).

– **Betrieb gewerblicher Art im Rahmen eines Hoheitsbetriebs**

Besteht im Rahmen eines Hoheitsbetriebs auch ein Betrieb gewerblicher Art (z. B. Kantine, Verkaufsstelle, Erholungsheim), so ist die juristische Person des öffentlichen Rechts insoweit steuerpflichtig (→ BFH vom 26.5.1977 – BStBl. II S. 813).

KStR

10. Abgrenzung in Einzelfällen

(1) [1]Die Behandlung der Mitglieder eines Trägers der Sozialversicherung in seinen eigenen Rehabilitationseinrichtungen ist eine hoheitliche Tätigkeit. [2]An dieser Zuordnung zum Hoheitsbereich ändert sich nichts, wenn die Tätigkeit von einem anderen Sozialversicherungsträger übernommen wird. [3]Eine wirtschaftliche Tätigkeit, die unter den Voraussetzungen des R 6 Abs. 2 bis 5 ein Betrieb gewerblicher Art ist, liegt jedoch dann vor, wenn ein Sozialversicherungsträger in seinen Rehabilitationseinrichtungen gegen Entgelt auch Mitglieder privater Versicherungen oder Privatpersonen behandelt. [4]Von der Prüfung dieser Frage kann abgesehen werden, wenn die Anzahl der Behandlungen von Mitgliedern privater Versicherungen oder von Privatpersonen 5 % der insgesamt behandelten Fälle nicht übersteigt.

(2) Sind Schülerheime öffentlicher Schulen erforderlich, um den Unterrichts- oder Erziehungszweck zu erreichen, so ist der Betrieb der Schülerheime als Erfüllung einer öffentlich-rechtlichen Aufgabe anzusehen.

(3) Gemeindeeigene Schlachtviehmärkte sind im Gegensatz zu gemeindeeigenen (Nutz- und Zucht-) Viehmärkten Hoheitsbetriebe.

(4) [1]Der Betrieb von Parkuhren oder von Parkscheinautomaten ist als Ausübung öffentlicher Gewalt anzusehen, soweit er im Rahmen der Straßenverkehrsordnung durchgeführt wird. [2]Die Bereitstellung von öffentlichen Parkflächen in Parkhäusern, Tiefgaragen oder zusammenhängenden Parkflächen außerhalb öffentlicher Straßen ist dagegen als wirtschaftliche Tätigkeit anzusehen; dies gilt auch dann, wenn sich die juristische Person des öffentlichen Rechts aufgrund einer Benutzungssatzung oder einer Widmung zum öffentlichen Verkehr der Handlungsform des öffentlichen Rechts bedient. [3]Die Parkraumüberlassung durch eine Körperschaft des öffentlichen Rechts an ihre Bediensteten bzw. durch eine öffentlich-rechtliche Hochschule an ihre Studenten ist als Vermögensverwaltung anzusehen, soweit sie ohne weitere Leistungen erfolgt.

(5) [1]Wird ein gemeindliches Schwimmbad sowohl für das Schulschwimmen als auch für den öffentlichen Badebetrieb genutzt, ist unabhängig davon, welche Nutzung überwiegt, die Nutzung für den öffentlichen Badebetrieb grundsätzlich als wirtschaftlich selbständige Tätigkeit i. S. des R 6 Abs. 4 anzusehen. [2]Unter den Voraussetzungen des R 6 Abs. 5 ist ein Betrieb gewerblicher Art anzunehmen.

(6) [1]Die Erfüllung der Entsorgungspflichten der öffentlich-rechtlichen Entsorgungsträger nach § 15 Kreislaufwirtschafts- und Abfallgesetz (Abfallentsorgung) ist eine hoheitliche Tätigkeit. [2]Deshalb ist auch die entgeltliche Abgabe dieser Abfälle selbst oder der aus diesen Abfällen gewonnenen Stoffe oder Energie steuerlich dem hoheitlichen Bereich zuzuordnen und als hoheitliches Hilfsgeschäft (R 9 Abs. 2) anzusehen. [3]Eine wirtschaftliche Tätigkeit, die unter den Voraussetzungen des R 6 Abs. 2 bis 5 zur Annahme eines Betriebs gewerblicher Art führt, liegt allerdings dann vor, wenn die veräußerten Stoffe oder die veräußerte Energie nicht überwiegend aus Abfällen gewonnen werden. [4]Bei der Abgrenzung ist vom Brennwert der eingesetzten Abfälle und sonstigen Brennstoffe auszugehen. [5]Das getrennte Einsammeln wiederverwertbarer Abfälle und die entgeltliche Veräußerung dieser Abfälle oder der aus den Abfällen gewonnenen Stoffe oder Energie durch die entsorgungspflichtige Körperschaft ist steuerlich ebenfalls

als hoheitliche Tätigkeit anzusehen. [6]Dagegen sind die entsorgungspflichtigen Körperschaften wirtschaftlich tätig, wenn sie aufgrund von privatrechtlichen Vereinbarungen Aufgaben im Rahmen des in § 6 Abs. 3 Satz 1 Verpackungsverordnung vom 21. 8. 1998 (BGBl. I S. 2379 – „Duales System") bezeichneten Systems durchführen. [7]Dies gilt auch für die folgenden Leistungen, die die entsorgungspflichtigen Körperschaften für das Duale System erbringen: Erfassung von Verkaufsverpackungen, Öffentlichkeitsarbeit, Wertstoffberatung, Zurverfügungstellung und Reinigung von Containerstellplätzen.

(7) [1]Kurbetriebe einer Gemeinde stellen unter den Voraussetzungen des R 6 Abs. 2 bis 5 Betriebe gewerblicher Art dar. [2]Das gilt unabhängig davon, ob eine Kurtaxe z. B. als öffentlich-rechtliche Abgabe erhoben wird.

(8) [1]Die entgeltliche Übertragung des Rechts, Werbung an Fahrzeugen des Fuhrparks einer Körperschaft des öffentlichen Rechts anzubringen, stellt grundsätzlich keine einen Betrieb gewerblicher Art begründende Tätigkeit dar. [2]Das Entgelt erhöht jedoch die Einnahmen eines Betriebs gewerblicher Art, wenn die Fahrzeuge diesem zugeordnet sind. [3]Ein eigenständiger Betrieb gewerblicher Art kann im Einzelfall vorliegen, wenn im Zusammenhang mit der Werbung Leistungen erbracht werden, die über die bloße Zurverfügungstellung der Werbeflächen hinausgehen.

(9) Bei der Tätigkeit der Gutachterausschüsse i. S. der §§ 192 ff. BauGB, §§ 136 ff. BauGB für Privatpersonen (z. B. Wertermittlungstätigkeit) handelt es sich um eine wirtschaftliche Tätigkeit.

Hinweise

H 10 Arbeitsbetriebe von Straf- und Untersuchungshaftanstalten

Arbeitsbetriebe einer Strafvollzugsanstalt entfalten keine wirtschaftliche Tätigkeit, weil die Beschäftigung von Strafgefangenen zur hoheitlichen Tätigkeit gehört. Für Arbeitsbetriebe einer Untersuchungshaftvollzugsanstalt gilt entsprechendes, wenn die Gefangenen nur in derselben Weise wie Strafgefangene beschäftigt werden (→ BFH vom 14.10.1964 – BStBl. 1965 III S. 95).

Auftragsforschung

→ § 5 Abs. 1 Nr. 23 KStG

Campingplatz

Die Unterhaltung eines Zeltplatzes oder Campingplatzes (→ H 8 Inventar) stellt eine wirtschaftliche Tätigkeit dar (→ BFH vom 20.5.1960 – BStBl. III S. 368).

Friedhofsverwaltung, Grabpflegeleistungen u. ä.

Die Friedhofsverwaltung ist ein Hoheitsbetrieb, soweit Aufgaben des Bestattungswesens wahrgenommen werden. Dazu gehören neben dem eigentlichen Vorgang der Bestattung die Grabfundamentierung, das Vorhalten aller erforderlichen Einrichtungen und Vorrichtungen sowie die notwendigerweise anfallenden Dienstleistungen wie Wächterdienste, Sargaufbewahrung, Sargtransportdienste im Friedhofsbereich, Totengeleit, Kranzannahme, Graben der Gruft und ähnliche Leistungen. Ferner sind dem Hoheitsbetrieb solche Leistungen zuzuordnen, die kraft Herkommens oder allgemeiner Übung allein von der Friedhofsverwaltung erbracht oder allgemein als ein unverzichtbarer Bestandteil einer würdigen Bestattung angesehen werden, z. B. Läuten der Glocken, übliche Ausschmückung des ausgehobenen Grabes, musikalische Umrahmung der Trauerfeier. Dagegen sind Blumenverkäufe und Grabpflegeleistungen wirtschaftliche, vom Hoheitsbetrieb abgrenzbare Tätigkeiten (→ BFH vom 14.4.1983 – BStBl. II S. 491).

Kurbetriebe

Die Gemeinde kann Parkwege, soweit sie öffentlich-rechtlich gewidmet sind, nicht dem Kurbetrieb als Betrieb gewerblicher Art zuordnen (→ BFH vom 26.4.1990 – BStBl. II S. 799).

Marktveranstaltungen (Wochen- und Krammärkte)

Die Überlassung von Standplätzen an die Beschicker von Wochen- und Krammärkten stellt einen Betrieb gewerblicher Art der Gemeinde dar (→ BFH vom 26.2.1957 – BStBl. III S. 146). Das gilt auch dann, wenn die Marktveranstaltungen auf öffentlichen Straßenflächen stattfinden (→ BFH vom 17.5.2000 – BStBl. 2001 II S. 558).

Parkraumbewirtschaftung

– Bewachte Parkplätze

Die Unterhaltung von bewachten Parkplätzen erfüllt die Merkmale eines Betriebs gewerblicher Art (→ BFH vom 22.9.1976 – BStBl. II S. 793).

– **Einrichtungen des ruhenden Verkehrs**

Von einer Gemeinde betriebene Einrichtungen des ruhenden Verkehrs (z. B. öffentliche Tiefgaragen), soweit sie nicht dem Hoheitsbereich (→ R 9, 10 Abs. 4) zuzuordnen sind, sind Verkehrsbetriebe (→ BFH vom 8.11.1989 – BStBl. 1990 II S. 242).

Träger der Sozialversicherung

Die öffentlich-rechtlichen Träger der Sozialversicherung werden in Ausübung öffentlicher Gewalt tätig (→ BFH vom 4.2.1976 – BStBl. II S. 355).

Viehmärkte

Der Betrieb von städtischen Nutz- und Zuchtviehmärkten ist als Betrieb gewerblicher Art anzusehen (→ BFH vom 10.5.1955 – BStBl. III S. 176).

Wasserbeschaffung, Wasserversorgung

Bei der Wasserversorgung handelt eine Gemeinde, anders als bei der Wasserbeschaffung, nicht in Ausübung öffentlicher Gewalt (→ BFH vom 15.3.1972 – BStBl. II S. 500 und vom 28.1.1988 – BStBl. II S. 473).

Wird die Wasserbeschaffung zusammen mit der Wasserversorgung durchgeführt, liegt eine einheitliche, untrennbare wirtschaftliche Tätigkeit vor (→ BFH vom 30.11.1989 – BStBl. 1990 II S. 452).

Verwaltungsregelungen zu § 4

Datum	Anl.	Quelle	Inhalt
	§ 004-01		(weggefallen)
15.12.72	§ 004-02	FM BW	Körperschaftsteuerliche Auswirkungen der kommunalen Neugliederung bei Eigenbetrieben und Eigengesellschaften
	§ 004-03		(weggefallen)
20.07.78	§ 004-04	FM NRW	Steuerliche Behandlung von Betriebsarztrenten; hier: Arbeitsmedizinische Zentren der Berufsgenossenschaften
28.11.78	§ 004-05	FM BW	Körperschaftsteuerliche Behandlung der Sparkassen- und Giroverbände
28.10.80	§ 004-06	FM RP	Verkauf von Landkarten und anderen Veröffentlichungen durch die Landesvermessungsämter, die Landesämter für Bodenforschung und das Institut für angewandte Geodäsie
	§ 004-07		(weggefallen)
	§ 004-08		(weggefallen)
11.04.97	§ 004-09	OFD Fra	Zusammenfassung von Betrieben gewerblicher Art
06.10.92	§ 004-10	BMF	Zusammenfassung von Hoheitsbetrieben und Betrieben gewerblicher Art in Kapitalgesellschaften in den jungen Bundesländern
27.07.95	§ 004-11	OFD Fra	Zusammenfassung von Betrieben der öffentlichen Hand bei Zwischenschaltung eines Blockheizkraftwerks (BHKW)
18.11.80	§ 004-12	FM NRW	Körperschaftsteuerliche Behandlung von Grundstücksverkäufen der Gemeinden
	§ 004-13		(weggefallen)
08.11.82	§ 004-14	OFD Düs	Wasserbeschaffung und Wasserversorgung durch einen Wasser- und Bodenverband als Betrieb gewerblicher Art
21.05.90	§ 004-15	OFD Düs	1. Körperschaftsteuerliche Behandlung der Forschungstätigkeit der Hochschulen 2. Steuerliche Behandlung der entgeltlichen Auftragsforschung bei gemeinnützigen Forschungseinrichtungen des privaten Rechts

§ 4

Datum	Anl.	Quelle	Inhalt
03.09.84	§ 004-16	OFD Kln	Steuerliche Behandlung der psychiatrischen Landeskrankenhäuser und Hochschulkliniken
07.11.84	§ 004-17	FM NRW	Tätigkeiten eines Zweckverbandes für kommunale Datenverarbeitung
	§ 004-18		(weggefallen)
25.02.87	§ 004-19	FM BW	Verpachtung einer Mülldeponie als Hoheitsbetrieb oder Betrieb gewerblicher Art
	§ 004-20		(weggefallen)
	§ 004-21		(weggefallen)
12.03.87	§ 004-22	OFD Mst	Steuerliche Behandlung von Personalgestellungen durch juristische Personen des öffentlichen Rechts; hier: Umwandlung kommunaler Krankenhäuser in privat- rechtliche Einrichtungen
23.12.87	§ 004-23	FM NRW	Buchführungspflicht der Gemeinden für die Betriebe gewerblicher Art
01.08.05	§ 004-23a	OFD Mst	Buchführungspflicht der Gemeinden für ihre als Regiebetriebe geführten Betriebe gewerblicher Art
26.06.2006	§ 004-23b	OFD Mst	Buchführungspflicht der Gemeinden für ihre als Regiebetriebe geführten Betriebe gewerblicher Art
27.03.00	§ 004-24	OFD Fra	Buchführungspflicht für Betriebe gewerblicher Art (BgA) nach dem Gemeindewirtschaftsrecht und dem Eigenbetriebsgesetz (EigBGes)
27.08.02	§ 004-25	OFD Rst	Betriebe gewerblicher Art (BgA) von juristischen Personen des öffentlichen Rechts (§ 1 Nr. 6, § 4 KStG) hier: Hinweise zur steuerlichen Gewinnermittlung und zur Buchführungspflicht von kommunalen BgA
26.02.03	§ 004-25a	OFD Rst	Buchführungspflicht und Gewinnermittlung bei Betrieben gewerblicher Art von Kommunen – Besonderheiten bei Dauerverlustbetrieben und bei Zweckbetrieben von gemeinnützigen Betrieben gewerblicher Art
09.10.89	§ 004-26	OFD Düs	Wirtschaftliche Tätigkeiten der Rechenzentren der Hochschulen des Landes NRW
21.11.02	§ 004-27	OFD Rst	Betriebe gewerblicher Art (BgA) – § 1 Abs. 1 Nr. 6, § 4 KStG, § 2 Abs. 3 UStG; Beistandsleistungen juristischer Personen des öffentlichen Rechts gegenüber einer anderen juristischen Person des öffentlichen Rechts
22.08.02	§ 004-28	OFD Han	Personalgestellung durch eine juristische Person des öffentlichen Rechts als Betrieb gewerblicher Art; Arbeitnehmerüberlassung zwischen Universität und Universitätsklinikum
06.09.02	§ 004-29	OFD Han	Leistungen der kommunalen/staatlichen Hochbauverwaltungen gegenüber Betrieben gewerblicher Art
10.06.92	§ 004-30	FM BW	Steuerliche Behandlung von gemeindeeigenen Schlachthöfen als Betriebe gewerblicher Art im Sinne des § 4 Abs. 1 KStG
16.01.90	§ 004-31	FM BW	Besteuerung der Feuerwehren
26.09.94	§ 004-32	FM NRW	Steuerliche Beurteilung des Verkaufs von AU-Plaketten durch Kfz-Innungen bzw. Kreishandwerkerschaften
05.05.94	§ 004-33	OFD Fra	Jugend- und Familienerholungsstätten von Organen der öffentlichen Jugendhilfe

Datum	Anl.	Quelle	Inhalt
02.03.95	§ 004-34	FM NRW	Steuerliche Beurteilung der Aufgabenerfüllung nach der Verpackungsverordnung durch Körperschaften des öffentlichen Rechts
29.05.95	§ 004-35	OFD Düs	Steuerliche Beurteilung der Aufgabenerfüllung nach der Verpackungsverordnung durch Körperschaften des öffentlichen Rechts
10.12.98	§ 004-36	OFD Han	Steuerliche Behandlung der Prüfung von Röntgeneinrichtungen durch Ärztliche und Zahnärztliche Stellen nach § 16 Abs. 3 der Röntgenstrahlenverordnung (RöV) vom 8.1.1997, BGBl. I S. 114
26.01.99	§ 004-37	OFD Han	Entgeltliche Überlassung von Parkplätzen durch Landesbehörden und Hochschulen
18.03.99	§ 004-38	OFD Düs	Steuerliche Behandlung der Gutachterausschüsse i.S.d. §§ 192 ff. Baugesetzbuch
07.07.99	§ 004-39	OFD Düs	Leistungen der Eichämter im Bereich der medizinischen Meßgeräte
02.02.00	§ 004-40	FM S	(Neu-)Gründung von Zweckverbänden; Steuerrechtliche Fragen im Zusammenhang mit der fehlgeschlagenen Gründung von Zweckverbänden in Sachsen
04.05.01	§ 004-41	OFD Düs	Unentgeltliche Leistungen eines Wasserversorgungsunternehmens an die Gemeinde für Zwecke der Berechnung und Erhebung der Abwassergebühren
22.07.03	§ 004-42	OFD Fra	Vermietung von Büro- oder Verwaltungsgebäuden durch juristische Personen des öffentlichen Rechts an ihren Betrieb gewerblicher Art
19.01.04	§ 004-43	OFD Kob	Konsequenz aus der BFH-Rechtsprechung (Urteil vom 23.5.2000, BStBl. I, 621) zur Nutzungsüberlassung von Verwaltungsgebäuden/Betriebsgrundstücken von der Trägerkörperschaft an einen BgA
19.02.04	§ 004-44	OFD Han	Öffentlich-rechtliche Religionsgemeinschaften; Erfassung und Besteuerung von Betrieben gewerblicher Art und von wirtschaftlichen Geschäftsbetrieben
12.10.04	§ 004-45	OFD Han	Kommunale Kindergärten und Kindertagesstätten als BgA
22.10.04	§ 004-46	OFD Han	Übernahme der Durchführung von Aufgaben der Ämter der Ausbildungsförderung durch Studentenwerke
10.01.05	§ 004-47	OFD Ch	Ertragsteuerliche Behandlung der Personalüberlassung an die Arbeitsgemeinschaften nach § 44b SGB II durch die beteiligten kommunalen Träger der Grundsicherung
13.01.04	§ 004-48	OFD Cot	Ertragsteuerliche Behandlung (KSt, GewSt) eigener und weitergeleiteter, zweckgebundener, öffentlicher Zuschüsse an Eigenbetriebe (BgA i.S.des § 4 Abs.1 KStG) und/oder Eigengesellschaften
21.09.06	§ 004-49	FM Bay	Ertragsteuerliche Behandlung öffentlicher Investitionszuschüsse an Eigenbetriebe und Eigengesellschaften von juristischen Personen des öffentlichen Rechts
15.08.06	§ 004-50	OFD Fra/M.	Errichtung eines Studienfonds zur Deckung des Ausfalls bei Darlehensrückzahlung für Studiengebühren (§ 4 KStG)

§ 4

Datum	Anl.	Quelle	Inhalt
15.08.06	§ 004-51	OFD Fra/M.	Ausstellung von Ansässigkeitsbescheinigungen für (Personal-)Körperschaften des öffentlichen Rechts
02.03.07	§ 004-52	OFD Mst	Betrieb von Sportstätten durch juristische Personen des öffentlichen Rechts als BgA
03.08.07	§ 004-53	OFD Fra	Steuerliche Behandlung der Arzneimittelbevorratung des Landes für Pandemiefälle
03.08.07	§ 004-54	OFD Fra	Kriterien für die Behandlung einer Beteiligung einer juristischen Person des öffentlichen Rechts an einer Kapitalgesellschaft als BgA
07.12.07	§ 004-55	BMF	Folgen aus dem BFH-Urteil vom 22. August 2007 (I R 32/06) für die Besteuerung der wirtschaftlichen Tätigkeiten der öffentlichen Hand
13.01.05	§ 004-56	OFD Ef	Leistungen städtischer Krematorien
17.12.07	§ 004-57	BLSt	Dauerdefizitäre Unternehmen der öffentlichen Hand – Nichtanwendung der Grundsätze des BFH-Urteils vom 22. August 2007 (I R 32/06) – keine verdeckte Gewinnausschüttung allein wegen Dauerdefizits
07.04.08	§ 004-58	OFD Fra	Anwendung der Grundsätze zur Betriebsaufspaltung bei Verpachtung von Hoheitsvermögen an die Eigengesellschaft
21.08.08	§ 004-59	OFD Rhld OFD Mst	Auswirkungen des BFH-Urteils vom 22. August 2007, I R 32/06, auf die Besteuerung der öffentlichen Hand
03.12.08	§ 004-60	OFD Rhld	Steuerliche Anerkennung von sog. Tracking-Stock-Gestaltungen
26.08.08	§ 004-61	OFD Fra	Verluste aus der Unterbringung von Begleitpersonen im Rahmen der Kuraufenthalte der Mitglieder
26.08.09	§ 004-62	OFD Fra	Nutzungsvergütungen in Form von öffentlich-rechtlichen Sondernutzungsentgelten für wesentliche Betriebsanlagen als Betriebsausgaben bei einem Betrieb gewerblicher Art
26.08.09	§ 004-63	OFD Fra	Verdeckte Gewinnausschüttung bei unzulässiger Zusammenfassung von Betrieben gewerblicher Art
26.08.08	§ 004-64	OFD Fra	Besteuerung der öffentlichen Hand; Abwasserentsorgung – Konzessionsmodell
05.11.08	§ 004-65	OFD Fra	Einkommensermittlung einer Arbeitsgemeinschaft nach § 44 b SGB II in der Rechtsform einer Kapitalgesellschaft
12.02.09	§ 004-66	BLSt	Zuteilung von Feinstaubplaketten durch die Kfz-Zulassungsbehörde
23.09.09	§ 004-67	OFD Han	Verpachtung eines Betriebes gewerblicher Art; Entgeltlichkeit der Verpachtung
25.09.09	§ 004-68	OFD Mst	Auftragsforschung der staatlichen Hochschulen des Landes NRW. Beurteilungseinheit für die Annahme eines Betriebs gewerblicher Art „Auftragsforschung"
12.11.09	§ 004-69	BMF	Anwendungsfragen zu den Regelungen im Jahressteuergesetz 2009 zur Besteuerung von Betrieben gewerblicher Art und Eigengesellschaften von juristischen Personen des öffentlichen Rechts
11.12.09	§ 004-70	BMF	Kriterien zur Abgrenzung hoheitlicher von wirtschaftlicher Tätigkeit einer juristischen Person des öffentlichen Rechts

Rechtsprechungsauswahl

Zu § 4 KStG

Zu § 4 KStG – I. Allgemeines

BFH vom 07.11.2007 I R 52/06 (BStBl. II 2009 S. 248): Eine Stadt kann ihrem als Betrieb gewerblicher Art unterhaltenen Marktbetrieb eine öffentliche Toilettenanlage nicht als gewillkürtes Betriebsvermögen zuordnen. Aufwendungen im Zusammenhang mit der Toilettenanlage können folglich bei der Gewinnermittlung des Marktbetriebs nicht als Betriebsausgaben abgezogen werden.

BFH vom 06.11.2007 I R 72/06 (BStBl. 2009 S. 246)[1]: Sondernutzungsentgelte, die ein Betrieb gewerblicher Art für die Nutzung öffentlicher Flächen an seine Trägerkörperschaft entrichtet, mindern den Gewinn des Betriebes gewerblicher Art (Änderung der Rechtsprechung)[2].

BFH vom 05.04.2006 I R 46/04 (BStBl. 2006 II S. 688):

1. Werden in einem Betrieb gewerblicher Art Beamte der Trägerkörperschaft eingesetzt, so mindern die Pensionsverpflichtungen der Trägerkörperschaft den Gewinn des Betriebs gewerblicher Art jedenfalls dann nicht, wenn die Trägerkörperschaft Mitglied einer Versorgungskasse ist und spätere Versorgungsleistungen an die Beamten nach den am Bilanzstichtag bestehenden Erkenntnissen voraussichtlich von dieser Versorgungskasse erbracht werden.

2. Eine im Jahr 1995 aufgestellte Bilanz, in der für zukünftige Beihilfeleistungen an Arbeitnehmer keine Rückstellung gebildet wurde, kann nicht nach § 4 Abs. 2 Satz 2 EStG 1997 i. d. F. des StBereinG 1999 berichtigt werden.

BFH vom 19.10.2005 I R 40/04 (BFH/NV 2006 S. 822): Aufwand einer Sparkasse im Zusammenhang mit einer Beteiligung an einer Wirtschaftsförderungsgesellschaft betrifft den eigenen Verkehrwert, wenn sie mit dem Ziel der Verbesserung ihres eigenen Ergebnisses erfolgen.

BFH vom 06.04.2005 I R 15/04 (BStBl. 2006 II S. 196): Der Beurteilung der Angemessenheit von Konzessionsabgaben einer Versorgungs-GmbH an ihre Trägergemeinde ist der allgemeine Maßstab des Fremdvergleichs zugrunde zu legen. Jedenfalls während einer Anlaufphase ist die Erzielung eines vorübergehenden Mindestgewinns nicht erforderlich.

BFH vom 01.07.2004 V R 64/02 (BFH/NV 2005 S. 252): Ein Zweckverband, der einen Militärflughafen in einen Gewerbepark umwandelt ist unternehmerisch tätig[3].

BFH vom 28.01.2004 I R 87/02 (BFH/NV 2004 S. 736): Es liegt eine vGA vor, wenn Bedienstete eines Betriebs gewerblicher Art (Wasser-)Messeinrichtungen ablesen und die Ableseergebnisse (Hebedaten) durch den Betrieb gewerblicher Art der Trägerkörperschaft zu deren hoheitlichen Zwecken (Abwassergebührenerhebung) zur Verfügung gestellt werden, ohne hierfür ein im Geschäftsverkehr übliches Entgelt zu verlangen[4].

BFH vom 09.07.2003 I R 48/02 (BStBl. 2004 II S. 425): Zinsen für ein Darlehen, das eine Trägerkörperschaft einem Betrieb gewerblicher Art gewährt, führen insoweit zu vGA, als die Darlehensmittel eine unzureichende Eigenkapitalausstattung des Betriebs ausgleichen. Die dabei als Maßstab zugrundezulegende angemessene Eigenkapitalquote bestimmt sich im jeweiligen Einzelfall nach der Kapitalstruktur gleichartiger Unternehmen der Privatwirtschaft im maßgeblichen Zeitraum (Anschluss an BFH-Urteil vom 1. September 1982 I R 52/78, BFHE 137, 9, BStBl. II 1983, 147); ihre Ermittlung obliegt dem FG.

BFH vom 15.05.2002 I R 92/00 (BFH/NV 2002 S. 1538): Verlustträchtige Geschäfte einer Kapitalgesellschaft im Interesse der Gesellschafter als vGA; Anlaufphase bis zum Eintritt in die Gewinnzone.

BFH vom 24.04.2002 I R 20/01 (BStBl. 2003 II S. 412): Werden Wirtschaftsgüter, die Betriebsvermögen eines Betriebs gewerblicher Art sind, ohne entsprechende Gegenleistung in den Hoheitsbereich der

---

1) Vgl. hierzu auch Anlage § 004-62.

2) Mit Urteil vom 14.03.1984 I R 223/80 (BStBl. II S. 496) hatte der BFH entschieden, dass Miet- bzw. Pachtverträge zwischen der Trägerkörperschaft und dem Betrieb gewerblicher Art auch dann nicht der Besteuerung zugrunde gelegt werden können, wenn es sich um wesentliche Betriebsgrundlagen handelt.

3) Aus Sicht der Körperschaftsteuer werden derartige Grundstücksan- und –verkäufe und die damit verbundenen Erschließungsmaßnahmen im Hinblick auf den Zusammenhang mit durchzuführender Boden- und Siedlungspolitik als hoheitliche Tätigkeit angesehen (vgl. Erlass vom 24.11.1980 – IV B 7 – S 2706 – 68/80).

4) Bestätigung des BFH-Urteils vom 10.07.1996 I R 108-109/95, BStBl. II 1997 S. 230.

§ 4

Trägerkörperschaft überführt, ist dies nicht als Entnahme, sondern als Gewinnausschüttung zu beurteilen.

BFH vom 27.06.2001 I R 82-85/00 (BStBl. 2001 II S. 773):

1. Die Versorgung der Bevölkerung mit Strom, Gas, Fernwärme und Wasser durch die kommunalen Stadtwerke ist kraft ausdrücklicher gesetzlicher Regelung ein Betrieb gewerblicher Art (§ 4 Abs. 3 KStG). Bei dem Betrieb eines Klärwerks und der Wahrnehmung der öffentlichen Abwasserbeseitigung handelt es sich demgegenüber um eine hoheitliche Aufgabe der Daseinsvorsorge (§ 4 Abs. 5 KStG).

2. Zu dem Betrieb gewerblicher Art können auch die Aufwendungen und Leistungen im Zusammenhang mit einem Blockheizkraftwerk gehören, durch das die Stadtwerke unter Verwendung der beim Klärprozess freiwerdenden Faulgase die für die Versorgung des Klärwerks benötigten Energien bereitstellen.

3. Leistungen, die im Rahmen des Betriebs gewerblicher Art gegenüber der Trägerkörperschaft zu deren hoheitlichen Zwecken erbracht werden, erfordern ein im Geschäftsverkehr übliches Entgelt.

BFH vom 17.05.2000 I R 50/98 (BStBl. 2001 II S. 558):

1. Die Überlassung von Standplätzen gegen Entgelt an die Beschicker von Wochenmärkten ist auch dann keine hoheitliche Tätigkeit eines städtischen Marktbetriebs, wenn die Marktveranstaltungen auf öffentlichen Straßenflächen stattfinden.

2. Öffentliche Straßenflächen einer Gemeinde gehören zum gemeindlichen Hoheitsbereich. Sie können zwar wesentliche Betriebsgrundlagen eines Betriebs gewerblicher Art, aber nicht dessen Betriebsvermögen sein.

3. Entgelte für die Sondernutzung öffentlicher Straßenflächen durch Marktveranstaltungen, mit denen eine Gemeinde ihren Marktbetrieb belastet, mindern nicht den Gewinn des Marktbetriebs.

BFH vom 27.04.2000 I R 12/98 (BFH/NV 2000 S. 1365): Erhält eine Gemeinde Zuschüsse für Investitionen im Bereich der gemeindlichen Wasserversorgung, sind diese durch den Betrieb gewerblicher Art Wasserversorgung veranlasst und erhöhen folglich grundsätzlich den durch diesen Betrieb erzielten Gewinn.

BFH vom 29.03.2000 I R 32/99 (BStBl. 2000 II S. 496): Der Zinsabschlag gemäß § 43 Abs. 1 EStG ist auch bei einem kommunalen Unternehmen vorzunehmen, dessen Gegenstand die öffentliche Abwasserentsorgung ist. Ist bei einem solchen Unternehmen die Kapitalertragsteuer und die anrechenbare Körperschaftsteuer auf Dauer höher als die gesamte festzusetzende Körperschaftsteuer, so beruht eine solche Überzahlung nicht auf der abstrakten "Art" der Geschäfte i. S. von § 44a Abs. 5 EStG, sondern auf den den kommunalen Gesellschaften gesetzlich auferlegten Aufgaben und Bindungen, insbesondere dem Kostendeckungsprinzip.

BFH vom 17.11.1999 I R 4/99 (BFH/NV 2000 S. 1502): Keine vGA bei satzungsmäßiger Gewinnlosigkeit einer GmbH.

BFH vom 19.02.1998 IV R 38/97 (BStBl. 1998 II S. 509): Setzt ein Steuerpflichtiger eine Körperschaft des öffentlichen Rechts zur Erbin seines land- und forstwirtschaftlichen Betriebes ein, so führt das im Zeitpunkt des Todes zu einer Betriebsaufgabe in der Person des Erblassers.

BFH vom 11.02.1997 I R 161/94 (BFH/NV 1997 S. 625): Keine Anwendung des § 64 Abs. 2 AO auf Betriebe gewerblicher Art.

BFH vom 18.12.1996 I R 16/96 (BStBl. 1997 II S. 361):

1. Der Charakter der Freiwilligen Feuerwehr als öffentliche Einrichtung ihrer nordrhein-westfälischen Trägergemeinde schließt es nicht aus, dass ihre Mitglieder einen nichtrechtsfähigen Verein bilden.

2. Einem solchen Verein ist die anlässlich eines Festes der Freiwilligen Feuerwehr ausgeübte wirtschaftliche Tätigkeit zuzurechnen, wenn die Tätigkeit finanziell nicht über den Gemeindehaushalt, sondern über eine Kameradschaftskasse abgewickelt wird.

BFH vom 04.12.1996 I R 54/95 (HFR 1997 S. 327) - Segeljacht: Kapitalgesellschaften haben keine außerbetriebliche Sphäre. Nichtabziehbare Betriebsausgaben i. S. des § 4 Abs. 5 EStG hindern nicht die Annahme einer vGA und einer anderen Ausschüttung. § 4 Abs. 5 EStG und § 8 Abs. 3 Satz 2 KStG können nicht nebeneinander angewendet werden. Eine Kapitalgesellschaft hat stets Einkünfte aus Gewerbebetrieb. Zur Annahme von vGA, wenn die Kapitalgesellschaft im Interesse des Gesellschafters tätig wird, ohne ein angemessenes Entgelt zu erhalten.

BFH vom 26.11.1996 VIII R 58/93 (HFR 1997 S. 294): Zur Bilanzierung von „Sonderposten aus Fördermitteln nach KHG" und „Ausgleichsposten nach § 12 KHG" bei Krankenhausträgern.

BFH vom 18.01.1995 I R 44/94 (BStBl. 1995 II S. 742):

1. Erhebt ein Versorgungsunternehmen der öffentlichen Hand (Betrieb gewerblicher Art) von seinen Kunden Abschlagszahlungen, so ist es zur Erstellung seiner Jahresabrechnung für das abgelaufene Jahr verpflichtet (vgl. Verordnungen über Allgemeine Bedingungen für die Gasversorgung/Elektrizitätsversorgung von Tarifkunden).

2. Das Versorgungsunternehmen ist zur Bildung einer Rückstellung für die am Bilanzstichtag ungewissen Kosten der Jahresabrechnung verpflichtet, wenn ein „wesentlicher" Aufwand zu erwarten ist.

3. Die „Wesentlichkeit" des Aufwandes ist nicht nach dem Aufwand für das einzelne Vertragsverhältnis zu beurteilen, sondern nach der Bedeutung der Verpflichtung für das Unternehmen.

BFH vom 02.02.1994 I R 78/92 (BStBl. 1994 II S. 479):

1. Gründet eine Innung (= öffentlich-rechtliche Körperschaft) eine GmbH, um durch sie den zentralen Einkauf für die Innungsmitglieder durchführen zu lassen, so dient die Tätigkeit der GmbH sowohl den Eigeninteressen der Innung als auch denen der Innungsmitglieder.

2. Veranlasst die Innung die Einkaufs-GmbH, den erzielten „Gewinn" in der Form von Umsatzrückvergütungen an die Innungsmitglieder auszukehren, so kann eine verdeckte Gewinnausschüttung i. S. des § 8 Abs. 3 Satz 2 KStG 1977 anzunehmen sein, wenn sich die Umsatzrückvergütungen als eine Form der verdeckten "Gewinnverteilung" darstellen. Daran ändert sich nichts, wenn auch Nichtinnungsmitglieder in den Genuss der Umsatzrückvergütungen kommen.

BFH vom 03.02.1993 I R 61/91 (BStBl. 1993 II S. 459): Pachtzinsen, die eine Trägerkörperschaft für ein ihrem Betriebe gewerblicher Art zur Nutzung überlassenes angepachtetes Grundstück zahlt, mindern das durch den Betrieb gewerblicher Art erzielte Einkommen der Trägerkörperschaft.

BFH vom 10.06.1992 I R 9/91 (BStBl. 1993 II S. 41):

1. Aufwendungen, die einem Versorgungsunternehmen dadurch entstehen, dass es vorhandene Versorgungsleitungen und -einrichtungen den von der Gemeinde vorgenommenen Änderungen der Straßenführung anpassen muß (sog. Folgekosten), sind in der Regel sofort abzuziehender Erhaltungsaufwand des Leitungsnetzes.

2. Nimmt das Versorgungsunternehmen die Änderung der Straßenführung jedoch zum Anlaß, eine alte Leitung durch eine neue mit einer höheren Leistungsfähigkeit zu ersetzen, um gegenwärtige oder künftige Kapazitätsengpässe des Leitungsnetzes zu beseitigen, sind die Aufwendungen für den Bau der Ersatzleitung weitere Herstellungskosten des Leitungsnetzes.

3. Folgekostenerstattungen, die das Versorgungsunternehmen aufgrund des Konzessionsvertrags von der Gemeinde erhält, sind keine erfolgsneutral zu behandelnden Zuschüsse, sondern vertraglich ausbedungene Entschädigungen.

BFH vom 08.04.1992 I R 126/90 (BStBl. 1992 II S. 849): 1. . . . 2. Spenden einer Sparkasse an ihren Gewährträger sind grundsätzlich insoweit verdeckte Gewinnausschüttungen i. S. des § 8 Abs. 3 Satz 2 KStG 1977, als die im Wirtschaftsjahr an den Gewährträger insgesamt geleisteten Spenden den Betrag übersteigen, den die Sparkasse im gleichen Wirtschaftsjahr und in den beiden vorangegangenen Wirtschaftsjahren durchschnittlich pro Jahr an Dritte leistete. Dabei sind Spenden, die als offene Gewinnausschüttung zu beurteilen sind, nicht zu berücksichtigen. 3. . . .

BFH vom 13.03.1991 I R 83/89 (BStBl. 1991 II S. 595): Übersteigt der Wert der „Buchstelle einer Körperschaft des öffentlichen Rechts den Gesamtwert ihrer aktiven und passiven Wirtschaftsgüter, so liegt kein "Praxiswert", sondern ein "Geschäftswert" vor.

BFH vom 31.07.1990 I R 171/87 (HFR 1991 S. 429): Zur Frage, in welchen Fällen die von der Trägerkörperschaft dem Betrieb gewerblicher Art berechnete Konzessionsabgabe eine verdeckte Gewinnausschüttung ist.

BFH vom 27.06.1990 I R 166/85 (BFH/NV 91 S. 628): Zum Betrieb gewerblicher Art einer Ärztekammer (= Körperschaft des öffentlichen Rechts) bei Abschluss eines Gruppenversicherungsvertrags mit einem Versicherungsunternehmen – § 1 Abs. 1 Nr. 6 KStG – verstößt nicht gegen das GG.

BFH vom 28.02.1990 I R 137/86 (BStBl. 1990 II S. 647): Angemessene Aufwendungen eines Betriebs gewerblicher Art für gesetzlich vorgesehene Rechnungs- und Kassenprüfungen durch das Rechnungs-

§ 4

prüfungsamt der Trägerkörperschaft sind als Betriebsausgaben abziehbar. Es liegt keine verdeckte Gewinnausschüttung vor (Abweichung vom BFH-Urteil vom 13. März 1985 I R 75/82, BFHE 143, 351, BStBl. 1985 II S. 435).

BFH vom 30.11.1989 I R 19/87 (BStBl. 1990 II S. 246): Betreibt eine Körperschaft des öffentlichen Rechts eine auf sie als Alleinerbin übergegangene Steuerberaterkanzlei, so erzielt sie körperschaftsteuerpflichtige Einkünfte aus einem Betrieb gewerblicher Art. Das gilt auch dann, wenn die Kanzlei nur mit dem Ziel baldiger Veräußerung betrieben wird.

BFH vom 09.08.1989 I R 4/84 (BStBl. 1990 II S. 237):

1. – 3. . . . 4. Eine verdeckte Gewinnausschüttung ist auch bei einer Nichtkapitalgesellschaft und damit auch bei einem Betrieb gewerblicher Art möglich (Aufgabe der in dem Urteil vom 11. Februar 1987 I R 43/83, BFHE 149, 217, BStBl. 1987 II S. 643, vertretenen Auffassung). 5. Eine verdeckte Gewinnausschüttung einer Sparkasse liegt vor, soweit die an den Gewährträger geleistete Spende den durchschnittlichen Betrag an Spenden übersteigt, den die Sparkasse an Dritte gespendet hat. 6. In die Vergleichsbetrachtung sind nicht die Spenden einzubeziehen, die das Einkommen der Sparkasse deswegen nicht mindern, weil sie aus dem festgesetzten Teil des Jahresüberschusses geleistet wurden (vgl. hierzu BFH-Urteil vom 1. Februar 1989 I R 98/84, BFHE 156, 145, BStBl. 1989 II S. 471). 7. Grundsätzlich ist allein auf die Fremdspenden abzustellen, die in dem Wirtschaftsjahr, bezüglich dessen der Spendenabzug zu prüfen ist, sowie in den beiden diesem Wirtschaftsjahr vorangehenden Wirtschaftsjahren geleistet wurden. 8. Offen bleibt, ob ein den Spendenrahmen sprengendes Spendenverhalten nicht in den Vergleichsmaßstab einbezogen werden kann.

BFH vom 01.02.1989 I R 2/85 (BStBl. 1989 II S. 473): ... 2. Der Eigenbetrieb einer juristischen Person des öffentlichen Rechts kann der juristischen Person des öffentlichen Rechts gegenüber keine Verbindlichkeiten haben, die auf die GmbH übergehen, in die der Eigenbetrieb umgewandelt wird.

BFH vom 18.08.1988 V R 194/83 (BStBl. 1988 II S. 932): 1. Ein an eine Körperschaft des öffentlichen Rechts zu richtender Steuerbescheid ist auch dann ordnungsgemäß bekanntgegeben, wenn er statt "zu Händen des gesetzlichen Vertreters" zu Händen eines für Steuerfragen zuständigen Mitarbeiters zugestellt wird. 2. ...

BFH vom 04.07.1985 V R 35/78 (BStBl. 1985 II S. 559): Umlagen, die ein Wasserversorgungszweckverband satzungsgemäß zur Finanzierung der gemeinsamen Anlagen, der betriebsnotwendigen Vorratshaltung und der Darlehenstilgung entsprechend der Wasserabnahme durch die Mitgliedsgemeinden erhebt, sind Leistungsentgelte.

BFH vom 31.10.1984 I R 21/81 (BStBl. 1985 II S. 162): Dem als Betrieb gewerblicher Art einer juristischen Person des öffentlichen Rechts anzusehenden Krankenhaus eines Landkreises kann für Zwecke der Nichterhebung oder Erstattung der Kapitalertragsteuer eine Bescheinigung des Inhalts, dass es gemäß § 4 Abs. 1 Nr. 6 KStG a. F., § 5 Abs. 1 Nr. 9 KStG 1977 wegen Gemeinnützigkeit von der Körperschaftsteuer befreit ist, nur ausgestellt werden, wenn nicht nur die tatsächliche Geschäftsführung den Vorschriften über die Gemeinnützigkeit entspricht, sondern auch eine Satzung oder sonstige Verfassung vorhanden ist, aus der sich ergibt, dass dieser Betrieb ausschließlich und unmittelbar gemeinnützigen Zwecken dient.

BFH vom 09.05.1984 I R 25/81 (BStBl. 1984 II S. 726): Die Beteiligung einer juristischen Person des öffentlichen Rechts an einer Mitunternehmerschaft kann ein Betrieb gewerblicher Art sein. Über das Bestehen der Mitunternehmerschaft ist im gesonderten Feststellungsverfahren zu entscheiden.

BFH vom 14.03.1984 I R 223/80 (BStBl. 1984 II S. 496): Miet- bzw. Pachtverträge zwischen der Trägerkörperschaft und dem Betrieb gewerblicher Art können nicht der Besteuerung zugrunde gelegt werden, soweit es sich um Gegenstände handelt, die für den Betrieb gewerblicher Art eine wesentliche Grundlage sind[1].

BFH vom 11.01.1979 V R 26/74 (BStBl. 1979 II S. 746):

1. Eine Körperschaft des öffentlichen Rechts ist Unternehmer nur im Rahmen derjenigen innerhalb ihrer Verwaltung organisatorisch abgegrenzten, nicht der Land- und Forstwirtschaft dienenden wirtschaftlichen Einrichtungen, die sich nach den Einnahmen im Verhältnis zum Gesamthaushalt der Körperschaft herausheben (Betriebe gewerblicher Art). Es entspricht nicht den gesetzlichen Er-

---

1) Mit Urteil vom 06.11.2007 – I R 72/06 (BStBl. II 2009, 246) hat der BFH seine Rechtsprechung geändert.

fordernissen, die wirtschaftliche Bedeutung solcher Einrichtungen unterschiedslos nach einem fest bestimmten Betrag der jährlichen Einnahmen oder Gewinne zu beurteilen.

2. Öffnet eine Gemeinde eine Schulschwimmhalle zu unterrichtsfreien Zeiten dem allgemeinen Badeverkehr und trifft sie hierfür die erforderlichen organisatorischen und personellen Vorkehrungen, so ist nur insoweit ein Betrieb gewerblicher Art im Sinne des § 2 Abs. 3 UStG 1967 gegeben.

BFH vom 26.05.1977 V R 15/74 (BStBl. 1977 II S. 813): Eine Gemeinde wird auch insoweit im Rahmen eines Betriebes gewerblicher Art tätig, als sie durch ihre Friedhofsverwaltung mit dem Personal und den sächlichen Mitteln dieses Hoheitsbetriebes die Pflege privater Grabstätten und die Umrahmung privater Trauerfeiern (Ausschmücken der Friedhofskapelle, Gestellung eines Organisten) entgeltlich besorgen lässt.

BFH vom 04.02.1976 I R 200/73 (BStBl. 1976 II S. 355): Zur Frage, ob ein durch Gesetz für eine bestimmte Gruppe freier Berufe geschaffene Versorgungseinrichtung des öffentlichen Rechts als Betrieb gewerblicher Art einer Körperschaft des öffentlichen Rechts der Körperschaftsteuer unterliegt.

BFH vom 13.03.1974 I R7/71 (BStBl. 1974 II S. 391):

1. Die Verpachtung einer Aufzugsanlage in einem Fernsehturm, der auf dem Turm befindlichen Aussichtsterrasse und im Turmkorb sowie am Fuße des Turm befindlicher Räume, die für den Betrieb einer Gaststätte bestimmt sind, ist ein Betrieb gewerblicher Art.

2. Der Begriff der Körperschaft des öffentlichen Rechts im Sinne des § 1 Abs. 1 Nr. 6 KStG bezieht sich auf alle juristischen Personen des öffentlichen Rechts, z. B. Körperschaften, (rechtsfähige) Anstalten, Zweckverbände und Stiftungen.

3. Die Körperschaft des öffentlichen Rechts – nicht der von ihr unterhaltene Betrieb gewerblicher Art – ist Steuerrechtssubjekt im Sinne des § 1 Abs. 1 Nr. 6 KStG wegen jedes einzelnen Betriebes gewerblicher Art (Änderung der bisherigen Rechtsprechung). Dies ändert jedoch nichts daran, dass für jeden einzelnen Betrieb gewerblicher Art das Einkommen gesondert zu ermitteln und die Körperschaftsteuer gesondert gegen die Körperschaft des öffentlichen Rechts festzusetzen ist.

4. Eine Regel des Landesrechts, nach der eine Anstalt des öffentlichen Rechts die den gemeinnützigen Anstalten zuerkannten Vorrechte genießt, hat keinen Einfluss auf die Besteuerung nach Maßgabe des Bundesrechts.

BFH vom 24.06.1970 I R 10/69 (BStBl. 1970 II S. 694, HFR S. 536): Die von Versorgungsbetrieben für Baukostenzuschüsse ihrer Abnehmer als Ertragszuschüsse zu bildende Rückstellung beinhaltet keine echte Verbindlichkeit des Unternehmens, trägt vielmehr den Charakter einer betriebswirtschaftlich bestimmten Rechnungsabgrenzung. Sie bleibt bei der Berechnung des angemessenen Eigenkapitals außer Betracht.

BFH vom 21.01.1970 I R 113/68 (BStBl. 1970 II S. 469): Ist in der Satzung einer Sparkasse bestimmt, dass ein Gewinn aus der Veräußerung eines Grundstücks, das ein Mitglied des Gewährträgers der Sparkasse eingebracht hatte, diesem ausbezahlt werde, so liegt in der Auszahlung des Betrags im allgemeinen eine Gewinnverteilung, die das steuerpflichtige Einkommen der Sparkasse nicht mindern darf.

Zu § 4 KStG - II. Zusammenfassung

BFH vom 22.08.2007 I R 32/06 (BStBl. 2007 II S. 961):

1. Die Begründung einer Organschaft zwischen verschiedenen kommunalen Eigenbetrieben in der Rechtsform einer GmbH als Organgesellschaften und einer kommunalen Holding-GmbH als Organträgerin ist grundsätzlich nicht missbräuchliche Gestaltung i.S. von § 42 Abs. 1 AO anzusehen (Anschluss an das Senatsurteil vom 14. Juli 2004 I R 9/03, BFHE 207, 142) (Rn.11).

2. Der Senat hält auch unter der Geltung des sog. Halbeinkünfteverfahrens daran fest, dass eine Kapitalgesellschaft aus körperschaftsteuerlicher Sicht über keine außerbetriebliche Sphäre verfügt (Bestätigung der ständigen Rechtsprechung seit Senatsurteil vom 4. Dezember 1996 I R 54/95, BFHE 182, 123) (Rn.12) (Rn.13) (Rn.15).

3. Das Unterhalten eines strukturell dauerdefizitären kommunalen Eigenbetriebes in der Rechtsform einer GmbH (hier: das Unterhalten eines Bäderbetriebs) ohne Verlustausgleich und ggf. ohne angemessenen Gewinnaufschlag durch die Gesellschafterin (Trägerkörperschaft) führt regelmäßig zur Annahme einer vGA (Bestätigung des Senatsurteils vom 14. Juli 2004 I R 9/03, BFHE 207, 142) (Rn.12).

4. Der ordentliche und gewissenhafte Geschäftsleiter einer Organgesellschaft darf den Gesellschaftern auch dann keine Vermögensvorteile zuwenden, wenn seine Handlungsweise für den Organträger von

Vorteil wäre. Der Vorteilsausgleich muss sich zwischen der Kapitalgesellschaft und ihrem Gesellschafter vollziehen (Bestätigung des Senatsurteils vom 1. August 1984 I R 99/80, BFHE 142, 123, BStBl. II 1985, 18) (Rn.26).

BFH vom 14.07.2004 I R 9/03 (BFH/NV 2004 S. 1689): Unterschiedliche Betriebe gewerblicher Art einer öffentlich-rechtlichen Körperschaft dürfen in der Organisationsform einer Kapitalgesellschaft zusammengefasst werden. Verfolgt eine Eigengesellschaft einer öffentlich-rechtlichen Körperschaft außer Beteiligungsverwaltung auch andere wirtschaftliche Ziele, ist in der Einbringung von Beteiligungen in die Eigengesellschaft keine missbräuchliche Gestaltung zu sehen.

BFH vom 04.09.2002 I R 42/01 (BFH/NV 2003 S. 511):

1. Körperschaftsteuerpflichtig ist eine juristische Person des öffentlichen Rechts grundsätzlich mit ihren einzelnen Betrieben gewerblicher Art.

2. Für gleichartige BgA, die durch organisatorische Maßnahmen mit steuerrechtlicher Wirkung zu einem einzigen Betrieb zusammengefasst worden sind, gelten jedoch Ausnahmen. Verschiedene BgA können zusammengefasst werden, wenn zwischen ihnen objektiv eine enge wechselseitige technisch-wirtschaftliche Verflechtung von einigem Gewicht besteht. Ebenfalls anerkannt wird auch die Zusammenfassung mehrerer Versorgungsbetriebe oder Versorgungsbetriebe und Verkehrsbetriebe einer juristischen Person des öffentlichen Rechts.

BFH vom 24.01.2001 I R 13/00 (BFH/NV 2001 S. 1047): Organschaftliche Eingliederung eines Technologiezentrums in eine Stadtwerke-GmbH. Für eine wirtschaftliche Eingliederung der Technologiezentrum-GmbH in das Unternehmen der Stadtwerke reicht es nicht aus, dass durch die Tätigkeit der Technologiezentrum-GmbH der Kundenkreis der Stadtwerke-GmbH erweitert und dadurch der Energieabsatz und Wasserabsatz der Stadtwerke gesichert und erhöht wird.

BFH vom 11.02.1997 I R 161/94 (HFR 1997 S. 761): Dienen Betriebe gewerblicher Art von juristischen Personen des öffentlichen Rechts nach ihrer Satzung und tatsächlichen Geschäftsführung ausschließlich und unmittelbar steuerbegünstigten Zwecken i.S. der §§ 51 f. AO 1977, ist § 64 Abs. 2 AO 1977 nicht - auch nicht analog - anzuwenden.

BFH vom 04.12.1991 I R 74/89 (BStBl. 1992 II S. 433):

1. Werden mehrere Betriebe gewerblicher Art mit steuerrechtlicher Wirkung zu einem Betrieb zusammengefasst und entsteht danach ein Verlust, so mindert dieser das durch einen der zusammengefassten Betriebe vor der Zusammenfassung erzielte Einkommen nur insoweit, als der gemäß § 10d EStG i. V. m. § 8 Abs. 1 KStG 1977 zurückzutragende Verlust durch die gleiche Tätigkeit entstanden ist wie das um ihn zu mindernde Einkommen.

2. Versorgungsbetriebe und Bäderbetriebe einer Gebietskörperschaft können mit steuerrechtlicher Wirkung nur dann zu einem Betrieb gewerblicher Art zusammengefasst werden, wenn zwischen ihnen nach dem Gesamtbild der Verhältnisse objektiv eine enge wechselseitige technisch-wirtschaftliche Verflechtung besteht. Fasst eine Gebietskörperschaft derartige Betriebe zu einem Betrieb zusammen, ist die Zusammenfassung steuerrechtlich erst ab dem Zeitpunkt beachtlich, ab dem die Verflechtung tatsächlich besteht. Es reicht nicht aus, dass diese erst geplant ist und später auch verwirklicht wird.

BFH vom 08.11.1989 I R 187/85 (BStBl. 1990 II S. 242):

1. Versorgungs- und Verkehrsbetriebe einer juristischen Person des öffentlichen Rechts können für Zwecke der Besteuerung auch dann zusammengefasst werden, wenn sie nicht eng wechselseitig technisch-wirtschaftlich verflochten sind.

2. Eine von einer juristischen Person des öffentlichen Rechts betriebene öffentliche Tiefgarage ist ein dem öffentlichen Verkehr dienender Betrieb i. S. des § 4 Abs. 3 KStG 1977.

BFH vom 16.01.1967 GrS 4/66 (BStBl. 1967 III S. 240): Die Zusammenfassung städtischer Versorgungsbetriebe und städtischer Badebetriebe zu einem einheitlichen Betrieb ist nur dann bei der Feststellung des Einheitswerts für das Betriebsvermögen anzuerkennen, wenn nach dem Gesamtbild der Verhältnisse objektiv zwischen diesen beiden Betätigungen eine enge wechselseitige technisch-wirtschaftliche Verflechtung besteht. Der Umstand, dass die Versorgungsbetriebe an den Badebetrieb die wichtigsten Betriebsstoffe (Wasser, Strom, Wärme) liefern, reicht allein nicht aus. Andererseits braucht der vom I. Senat in seinen Entscheidungen (vgl. Urteil I 212/63 vom 8. Februar 1966, BFH 85, 213, BStBl. III 1966, 287 und die dort angeführte Rechtsprechung) geforderte „notwendige Funktionszusammenhang"nicht vorzuliegen.

BFH vom 08.02.1966 I 212/63 (BStBl. 1966 III S. 287, HFR 1966 S. 257): Der Senat verbleibt bei seiner Rechtsprechung, nach der – von der Zusammenfassung mehrerer Versorgungs- oder Verkehrsbetriebe abgesehen – mehrere Betriebe gewerblicher Art einer Körperschaft öffentlichen Rechts nur dann mit steuerlicher Wirkung zu einer Einheit verbunden werden können, wenn sie in einem so engen inneren wirtschaftlichen Zusammenhang stehen, dass sie gegenseitig aufeinander angewiesen sind.

Zu § 4 KStG - III. Verpachtungsbetriebe

BFH vom 25.10.1989 V R 111/85 (BStBl. 1990 II S. 868): Eine Gemeinde kann mit der Verpachtung einer Gaststätte einen Betrieb gewerblicher Art i. S. von § 2 Abs. 3 UStG 1967, § 1 Abs. 1 Nr. 6 KStG unterhalten. Die Gaststättenverpachtung ist die entgeltliche Überlassung einer (dem Gegenstand nach eindeutig umrissenen) Einrichtung, die beim Verpächter (Gemeinde) selbst einen Betrieb gewerblicher Art darstellen würde (§ 1 Abs. 3 KStDV a. F.). Ob die Verpachtung der "Einrichtung" sich innerhalb der Gesamtbetätigung der Körperschaft "wirtschaftlich heraushebt" (§ 1 Abs. 3 KStDV a. F.), richtet sich nach dem Umfang der Tätigkeit des Verpächters (nicht des Pächters!). Gewinn- oder Umsatzgrenzen (vgl. BMF, BStBl. I 1968, 182) sind keine geeigneten, allein maßgeblichen Kriterien zur Bestimmung der Steuerpflicht einer Körperschaft des öffentlichen Rechts nach § 2 Abs. 3 UStG 1967. Auch wenn die Grenze des nachhaltigen Jahresumsatzes nicht erreicht ist, liegt ein Betrieb gewerblicher Art jedenfalls vor, wenn die Körperschaft mit der (wirtschaftlich sich heraushebenden) Verpachtungstätigkeit zu anderen Verpachtungsunternehmern unmittelbar in Wettbewerb tritt [1].

BFH vom 02.03.1983 I R 100/79 (BStBl. 1983 II S. 386): Die Überlassung des Rechts zur Errichtung und Ausnutzung von Anschlagsäulen auf öffentlichen Wegen und Plätzen stellt einen Betrieb gewerblicher Art der Gemeinde dar, wenn die zu Pachtbeginn in ausreichender Zahl vorhandenen gebrauchsfähigen Anschlagsäulen von der Gemeinde an den Werbeunternehmer zwar formal verkauft werden, der Kaufpreis für die Anschlagsäulen sich jedoch in Wirklichkeit als zusätzliches Pachtentgelt darstellt [2].

BFH vom 01.08.1979 I R 106/76 (BStBl. 1979 II S. 716):

1. Verpachtungsbetriebe gewerblicher Art von Körperschaften des öffentlichen Rechts können nicht durch Aufgabeerklärung entsprechend den für die Verpachtung von Betrieben natürlicher Personen geltenden Grundsätzen aufgegeben werden.

2. Die in dem verpachteten Betriebsvermögen (1.) enthaltenen stillen Reserven werden erst dadurch aufgelöst, dass die Verpachtung als solche aufgegeben wird, insbesondere durch entgeltliche Veräußerung des verpachteten Betriebs.

BFH vom 06.10.1976 I R 115/75 (BStBl. 1977 II S. 94): Bei einem Pachtvertrag mit Heimfallklausel wird eine steuerpflichtige Verpachtung eines kommunalen Betriebs gewerblicher Art nicht dadurch begründet, dass im Rahmen des weiterbestehenden Pachtverhältnisses ein bloßer Pächterwechsel stattfindet (sog. Vertragsübernahme).

BFH vom 20.11.1969 I R 204/67 (BStBl. 1970 II S. 151): Die Verpachtung von vier Anschlagstellen durch eine Gemeinde stellt dann keinen Betrieb gewerblicher Art dar, wenn nur das Recht zur Aufstellung von Anschlagtafeln eingeräumt, die Anschlagtafeln selbst aber nicht in gebrauchsfähigem Zustand zur Verfügung gestellt werden.

BFH vom 07.05.1969 I R 106/66 (BStBl. 1969 II S. 443): Verpachtet eine Gemeinde einen Campingplatz, der mit den dafür wesentlichen Einrichtungen versehen ist, so liegt darin eine körperschaftsteuerpflichtige Verpachtung eines Betriebes gewerblicher Art, auch wenn der Pächter noch Einrichtungsgegenstände von untergeordneter Bedeutung anschafft.

BFH vom 12.07.1967 I 267/63 (BStBl. 1967 III S. 679): Ist die Verpachtung eines Betriebs gewerblicher Art einer Körperschaft des öffentlichen Rechts nach § 1 Abs. 1 Nr. 6 KStG Gegenstand der unbeschränkten Steuerpflicht, so hat die Körperschaft den Betrieb mit den erforderlichen Wirtschaftsgütern zur Führung seiner Geschäfte auszustatten. Der Betrieb kann dann die Absetzung für die Abnutzung der ihm überlassenen Wirtschaftsgüter geltend machen. Einer besonderen Vereinbarung zwischen der Körperschaft und dem Betrieb bedarf es hierzu nicht.

---

1) Vgl. hierzu das BMF-Schreiben vom 05.10.1990 (BStBl. I S. 635). Hinweis auf das zur VSt ergangene BFH-Urteil vom 11.07.1990 II R 33/86 (BStBl. I S. 1100).

2) Vgl. auch BFH-Urteil vom 05.07.1972 I R 83/70 (BStBl. II S. 776).

§ 4

Zu § 4 KStG - IV. Hoheitsbetriebe

BFH vom 29.10.2008 I R 51/07 (BFH/NV 2009 S. 308) nach FG Düsseldorf vom 21.06.2007 15 K 4884/06 KE,K,G (EFG 2007, 1547): Auch wenn eine wirtschaftliche Betätigung durch landesrechtliche Regelungen in einem einzelnen Bundesland ausschließlich der öffentlichen Hand vorbehalten ist (hier: der Betrieb eines kommunalen Krematoriums in Nordrhein-Westfalen), handelt es sich nur dann um einen Hoheitsbetrieb i.S. von § 4 Abs. 5 Satz 1 KStG, wenn der Markt für die angebotene Leistung örtlich so eingegrenzt ist, dass eine Wettbewerbsbeeinträchtigung steuerpflichtiger Unternehmen in anderen Bundesländern oder EU-Mitgliedstaaten ausgeschlossen werden kann.

BFH vom 25.01.2005 I R 63/03 (BStBl. 2005 II S. 501):

1. Die Ausübung öffentlicher Gewalt durch eine juristische Person des öffentlichen Rechts umfasst Tätigkeiten, die dieser eigentümlich und vorbehalten sind. Kennzeichnend dafür ist die Erfüllung spezifisch öffentlich-rechtlicher Aufgaben, die aus der Staatsgewalt abgeleitet sind; die Mitwirkung mit hoheitlichen Aufgaben betrauter (beliehener) Unternehmer steht dem nicht entgegen.

2. Die Auslegung einschlägiger landesrechtlicher Vorschriften obliegt dem FG.

BFH vom 27.02.2003 V R 78/01 (BStBl. 2004 II S. 431): Eine Gemeinde, die aufgrund der Straßenverkehrsordnung Parkplätze durch Aufstellung von Parkscheinautomaten gegen Parkgebühren überlässt, handelt insoweit nicht als Unternehmer i. S. des Umsatzsteuerrechts. Gebührenpflichtige Parkplätze von Gemeinden, die diese auf eigenem oder gepachtetem Grund und Boden unterhalten, erfüllen die Merkmale eines Betriebs gewerblicher Art einer Körperschaft des öffentlichen Rechts. Eine hoheitliche Betätigung liegt nicht vor, weil ein Privatunternehmer - ohne von der Gemeinde damit betraut zu sein - die Unterhaltung eines bewachten Parkplatzes ebenfalls wahrnehmen könnte. Entsprechendes gilt für eine von einer Gemeinde betriebene Tiefgarage.

BFH vom 17.05.2000 I R 50/98 (BStBl. 2001 II S. 558):

1. Die Überlassung von Standplätzen gegen Entgelt an die Beschicker von Wochenmärkten ist auch dann keine hoheitliche Tätigkeit eines städtischen Marktbetriebs, wenn die Marktveranstaltungen auf öffentlichen Straßenflächen stattfinden.

2. Öffentliche Straßenflächen einer Gemeinde gehören zum gemeindlichen Hoheitsbereich. Sie können zwar wesentliche Betriebsgrundlagen eines Betriebs gewerblicher Art, aber nicht dessen Betriebsvermögen sein.

3. Entgelte für die Sondernutzung öffentlicher Straßenflächen durch Marktveranstaltungen, mit denen eine Gemeinde ihren Marktbetrieb belastet, mindern nicht den Gewinn des Marktbetriebs.

BFH vom 07.12.1999 I B 136/98 (BFH/NV 2000 S. 894): Ein Abwasserzweckverband ist als Hoheitsbetrieb anzusehen – auch wenn sich der Zweckverband zur Durchführung seiner Aufgaben privater Unternehmen bedient.

BFH vom 08.01.1998 V R 32/97 (BStBl. 1998 II S. 410): Ein Wasser- und Abwasserzweckverband handelte – jedenfalls nach den im Jahr 1993 maßgebenden Voraussetzungen im Land Brandenburg – bei der Abwasserbeseitigung und Abwasserbehandlung hoheitlich und nicht im Rahmen eines Betriebs gewerblicher Art.

BFH vom 11.06.1997 XI R 65/95 (BStBl. 1999 II S. 420): Eine dem öffentlichen Verkehr gewidmete Strandpromenade kann auch dann nicht dem Gewerbebetrieb einer Gemeinde "Verpachtung von Strandhäusern" zugeordnet werden, wenn die Gemeinde ihren Pächtern an Teilflächen der Promenade ein Sondernutzungsrecht einräumt.

EuGH vom 06.02.1997 Rs. C – 247/95 (BStBl. 1999 II S. 426): Artikel 4 Absatz 5 Unterabsatz 4 der Sechsten Richtlinie des Rates vom 17. Mai 1977 zur Harmonisierung der Rechtsvorschriften der Mitgliedstaaten über die Umsatzsteuern – Gemeinsames Mehrwertsteuersystem: einheitliche steuerpflichtige Bemessungsgrundlage (77/388/EG) ist so auszulegen, dass er es den Mitgliedstaaten erlaubt, die in Artikel 13 dieser Richtlinie aufgezählten Tätigkeiten bei Einrichtungen des öffentlichen Rechts als Tätigkeiten zu behandeln, die diesen im Rahmen der öffentlichen Gewalt obliegen, obwohl sie sie in gleicher Weise ausüben wie private Wirtschaftsteilnehmer [1].

BFH vom 23.10.1996 I R 1-2/94 (BStBl. 1997 II S. 139): Juristische Personen des öffentlichen Rechts sind hinsichtlich ihrer Hausmüllentsorgungseinrichtungen in den Jahren 1984 und 1985 nicht körperschaftsteuerpflichtig.

---

1) Zur aktuellen Rechtslage bei der Müllentsorgung vgl. H 10 Abs. 6 KStR.

BFH vom 27.11.1995 I B 134/94 (BFH/NV 1996 S. 366): Für die Qualifizierung einer Gebäudeversicherungsanstalt als Hoheitsbetrieb oder als Betrieb gewerblicher Art kommt es nicht auf die Form, sondern auf die Rechte und Pflichten aus dem öffentlich-rechtlichen Versicherungsverhältnis an. Es ist abzuwägen, ob für die Tätigkeit der Gebäudeversicherungsanstalt nicht ein privatwirtschaftliches Interesse an Gewinnerzielung, sondern das öffentliche Interesse an der Erhaltung des Gebäudebestands maßgebend ist.

BFH vom 26.04.1990 V R 166/84 (BStBl. 1990 II S. 799): Ein Kurort kann Spazier- und Wanderwege, die durch Widmung die Eigenschaft einer öffentlichen Straße erhalten haben, nicht seinem unternehmerischen Bereich zuordnen, der im Bereitstellen von "Einrichtungen des Fremdenverkehrs" gegen Kurbeitrag besteht. Die Gemeinde kann die ihr bei Errichtung solcher Wege in Rechnung gestellte Umsatzsteuer nicht als Vorsteuer abziehen.

BFH vom 14.03.1990 I R 156/87 (BStBl. 1990 II S. 866): Blutalkoholuntersuchungen des Rechtsmedizinischen Instituts einer Universität im Auftrag von Strafverfolgungsbehörden stellen keine "Ausübung hoheitlicher Gewalt" dar (Anschluss an BFH-Urteil vom 21.09.1989 V R 89/85, BStBl. 1990 II S. 95).

BFH vom 21.09.1989 V R 89/85 (BStBl. 1990 II S. 95): Blutalkoholuntersuchungen und toxikologische Untersuchungen eines chemischen Untersuchungsamts einer Gemeinde im Auftrag von Polizeibehörden sind unternehmerische Tätigkeiten. Unternehmerische Tätigkeit wird nicht bei Ausführung „als Amtshilfe"(unabhängig von deren Begriffsbestimmung) zu nichtunternehmerischer „Ausübung öffentlicher Gewalt".

BFH vom 15.03.1972 I R 232/71 (BStBl. 1972 II S. 500): Anders als bei der Wasserbeschaffung handelt eine Gemeinde bei Durchführung (auch) der Wasserversorgung der Bevölkerung nicht "in Ausübung öffentlicher Gewalt" im Sinne von § 4 KStDV.

BFH vom 11.09.1968 I 137/65 (BStBl. 1969 II S. 17): Hat eine Stadt eine Entschädigung für eine Enteignung zu zahlen, weil ihre öffentlichen Aufgaben durch die Enteignung gefördert werden (Art. 14 GG), so stellt die Entschädigung eine Leistung der Stadt in ihrer Eigenschaft als Trägerin öffentlicher Aufgaben und keine Betriebsausgabe eines Betriebes gewerblicher Art der Stadt dar.

BFH vom 07.12.1965 I 319/62 U (BStBl. 1966 III S. 150): Der Geschäftsbereich einer Notarkammer, der durch die Bestellung von Notarverwesern bedingt ist, dient überwiegend der Ausübung der öffentlichen Gewalt, so dass die Annahme eines Betriebs gewerblicher Art einer öffentlich-rechtlichen Körperschaft für diesen Bereich ausgeschlossen ist.

Zu § 4 KStG - V. Abgrenzung im Einzelfall

BFH vom 29.10.2008 I R 51/07 (BFH/NV 2009 S. 308): Auch wenn eine wirtschaftliche Betätigung durch landesrechtliche Regelungen in einem einzelnen Bundesland ausschließlich der öffentlichen Hand vorbehalten ist (hier: der Betrieb eines kommunalen Krematoriums in Nordrhein-Westfalen), handelt es sich nur dann um einen Hoheitsbetrieb i.S.d. § 4 Abs. 5 Satz 1 KStG, wenn der Markt für die angebotene Leistung örtlich so eingegrenzt ist, dass eine Wettbewerbsbeeinträchtigung steuerpflichtiger Unternehmen in anderen Bundesländern oder EU-Mitgliedstaaten ausgeschlossen werden kann.

BFH vom 27.06.2001 I R 82-85/00 (BStBl. 2001 II S. 773):

1. Die Versorgung der Bevölkerung mit Strom, Gas, Fernwärme und Wasser durch die kommunalen Stadtwerke ist kraft ausdrücklicher gesetzlicher Regelung ein Betrieb gewerblicher Art (§ 4 Abs. 3 KStG). Bei dem Betrieb eines Klärwerks und der Wahrnehmung der öffentlichen Abwasserbeseitigung handelt es sich demgegenüber um eine hoheitliche Aufgabe der Daseinsvorsorge (§ 4 Abs. 5 KStG).

2. Zu dem Betrieb gewerblicher Art können auch die Aufwendungen und Leistungen im Zusammenhang mit einem Blockheizkraftwerk gehören, durch das die Stadtwerke unter Verwendung der beim Klärprozess freiwerdenden Faulgase die für die Versorgung des Klärwerks benötigten Energien bereitstellen.

3. Leistungen, die im Rahmen des Betriebs gewerblicher Art gegenüber der Trägerkörperschaft zu deren hoheitlichen Zwecken erbracht werden, erfordern ein Geschäftsverkehr übliches Entgelt.

BFH vom 14.01.1999 V R 70/97 (BFH/NV 1999 S. 840): Vereinbart der Bauherr einer Tiefgarage mit der Stadt den Bau und die Zurverfügungstellung von Stellplätzen für die Allgemeinheit und erhält er dafür einen Geldbetrag, so ist in der Durchführung dieses Vertrags ein Leistungsaustausch mit der Stadt zu sehen.

§ 4

BFH vom 10.12.1992 V R 3/88 (BStBl. 1993 II S. 380):

1. Betreibt eine Gemeinde ein Parkhaus, kann ein Betrieb gewerblicher Art auch dann anzunehmen sein, wenn sie sich mit einer Benutzungssatzung der Handlungsformen des öffentlichen Rechts bedient.

2. Stellt die Gemeinde das Parkhaus zeitweise (z. B. in der Weihnachtszeit) den Benutzern gebührenfrei zur Verfügung, ergibt sich daraus kein Verwendungseigenverbrauch, wenn damit neben dem Zweck der Verkehrsberuhigung auch dem Parkhausunternehmen dienende Zwecke (z. B. Kundenwerbung) verfolgt werden.

BFH vom 03.08.1992 V B 36/92 (BFH/NV 1993 S. 277): Betrieb eines kommunalen Datenverarbeitungszentrums durch eine Gesellschaft des bürgerlichen Rechts, an der nur Gemeinden beteiligt sind ist unternehmerisch tätig [1].

BFH vom 28.11.1991 V R 95/86 (BStBl. 1992 II S. 569): Die Vermietung einer Mehrzweckhalle durch eine Gemeinde gegen Entgelt erfolgt im Rahmen eines Betriebes gewerblicher Art. Durch die unentgeltliche Überlassung der Halle zur Förderung von Vereinen verwirklicht die Gemeinde Eigenverbrauch. Überlässt sie die Halle zur Anbahnung späterer Geschäftsbeziehungen mit Mietern unentgeltlich, ist die Leistung nicht steuerbar. Dagegen erfolgt die Überlassung der Halle gegen Entgelt, wenn sie zur Erzielung einer für nachfolgende Zeiträume ausdrücklich vereinbarten Miete überlassen wird.

BFH vom 30.11.1989 I R 79-80/86 (BStBl. 1990 II S. 452):

1. Die Versorgung der Bevölkerung mit Wasser ist kraft ausdrücklicher gesetzlicher Regelung ein Betrieb gewerblicher Art (§ 4 Abs. 3 KStG 1977).

2. Die Tätigkeit eines Wasserbeschaffungsverbandes dient auch dann der „Wasserversorgung", wenn er zwar nur Rechtsbeziehungen zu seinen Mitgliedsgemeinden unterhält, jedoch das von ihm beschaffte Wasser durch ein eigenes und von ihm unterhaltenes Rohrleitungsnetz bis zu den Endverbrauchern leitet.

BFH vom 22.09.1976 I R 102/74 (BStBl. 1976 II S. 793): Der von einer Gemeinde unterhaltene bewachte Parkplatz, für dessen Benützung Gebühren nach einer öffentlich-rechtlichen Satzung erhoben werden, ist auch dann ein Betrieb gewerblicher Art, wenn die motorisierten Besucher der Gemeinde aus tatsächlichen Gründen – wegen Straßensperrungen und Parkverboten – gezwungen sind, den Parkplatz zu benutzen.

BFH vom 20.11.1969 I R 204/67 (BStBl. 1970 II S. 151): Die Verpachtung von vier Anschlagstellen durch eine Gemeinde stellt dann keinen Betrieb gewerblicher Art dar, wenn nur das Recht zur Aufstellung von Anschlagtafeln eingeräumt Anschlagtafeln selbst aber nicht in gebrauchsfähigem Zustand zur Verfügung gestellt werden.

---

1) Zur Tätigkeit eines Zweckverbands für kommunale Datenverarbeitung aus Sicht der Finanzverwaltung vgl. Anlage § 004-17.

§ 5 Befreiungen

(1) Von der Körperschaftsteuer sind befreit

1. das Bundeseisenbahnvermögen, die Monopolverwaltungen des Bundes, die staatlichen Lotterieunternehmen und der Erdölbevorratungsverband nach § 2 Abs. 1 des Erdölbevorratungsgesetzes vom 25. Juli 1978 (BGBl. I S. 1073);

2. die Deutsche Bundesbank, die Kreditanstalt für Wiederaufbau, die Landwirtschaftliche Rentenbank, die Bayerische Landesanstalt für Aufbaufinanzierung, die Investitionsbank Hessen, die Niedersächsische Gesellschaft für öffentliche Finanzierung mit beschränkter Haftung, die Bremer Aufbau-Bank GmbH, die Landeskreditbank Baden-Württemberg – Förderbank, die Bayerische Landesbodenkreditanstalt, die Investitionsbank Berlin, die Hamburgische Wohnungsbaukreditanstalt, die NRW.Bank, die Wohnungsbauförderungsanstalt Nordrhein-Westfalen – Anstalt der NRW.Bank –, die Investitions- und Förderbank Niedersachsen, die Saarländische Investitionskreditbank Aktiengesellschaft, die Investitionsbank Schleswig-Holstein, die Investitionsbank des Landes Brandenburg, die Sächsische Aufbaubank – Förderbank –, die Thüringer Aufbaubank, die Investitionsbank Sachsen-Anhalt – Anstalt der Norddeutschen Landesbank – Girozentrale –, die Investitions- und Strukturbank Rheinland-Pfalz, das Landesförderinstitut Mecklenburg-Vorpommern – Geschäftsbereich der Norddeutschen Landesbank Girozentrale –, die Landestreuhandstelle Hessen – Bank für Infrastruktur – rechtlich unselbständige Anstalt in der Landesbank Hessen-Thüringen Girozentrale und die Liquiditäts-Konsortialbank Gesellschaft mit beschränkter Haftung;

2a. die Bundesanstalt für vereinigungsbedingte Sonderaufgaben;

3. rechtsfähige Pensions-, Sterbe- und Krankenkassen, die den Personen, denen die Leistungen der Kasse zugute kommen oder zugute kommen sollen (Leistungsempfängern), einen Rechtsanspruch gewähren, und rechtsfähige Unterstützungskassen, die den Leistungsempfängern keinen Rechtsanspruch gewähren,

   a) wenn sich die Kasse beschränkt

   aa) auf Zugehörige oder frühere Zugehörige einzelner oder mehrerer wirtschaftlicher Geschäftsbetriebe oder

   bb) auf Zugehörige oder frühere Zugehörige der Spitzenverbände der freien Wohlfahrtspflege (Arbeiterwohlfahrt-Bundesverband e.V., Deutscher Caritasverband e.V., Deutscher Paritätischer Wohlfahrtsverband e.V., Deutsches Rotes Kreuz, Diakonisches Werk – Innere Mission und Hilfswerk der Evangelischen Kirche in Deutschland sowie Zentralwohlfahrtsstelle der Juden in Deutschland e.V.) einschließlich ihrer Untergliederungen, Einrichtungen und Anstalten und sonstiger gemeinnütziger Wohlfahrtsverbände oder

   cc) auf Arbeitnehmer sonstiger Körperschaften, Personenvereinigungen und Vermögensmassen im Sinne der §§ 1 und 2; den Arbeitnehmern stehen Personen, die sich in einem arbeitnehmerähnlichen Verhältnis befinden, gleich;

   zu den Zugehörigen oder Arbeitnehmern rechnen jeweils auch deren Angehörige;

   b) wenn sichergestellt ist, dass der Betrieb der Kasse nach dem Geschäftsplan und nach Art und Höhe der Leistungen eine soziale Einrichtung darstellt. ²Diese Voraussetzung ist bei Unterstützungskassen, die Leistungen von Fall zu Fall gewähren, nur gegeben, wenn sich diese Leistungen mit Ausnahme des Sterbegeldes auf Fälle der Not oder Arbeitslosigkeit beschränken;

   c) wenn vorbehaltlich des § 6 die ausschließliche und unmittelbare Verwendung des Vermögens und der Einkünfte der Kasse nach der Satzung und der tatsächlichen Geschäftsführung für die Zwecke der Kasse dauernd gesichert ist;

   d) wenn bei Pensions-, Sterbe- und Krankenkassen am Schluss des Wirtschaftsjahrs, zu dem der Wert der Deckungsrückstellung versicherungsmathematisch zu berechnen ist, das nach den handelsrechtlichen Grundsätzen ordnungsmäßiger Buchführung unter Berücksichtigung des Geschäftsplans sowie der allgemeinen Versicherungsbedingungen und der fachlichen Geschäftsunterlagen im Sinne des § 5 Abs. 3 Nr. 2 Halbsatz 2 des Versicherungsaufsichtsgesetzes auszuweisende Vermögen nicht höher ist als bei einem Versicherungsverein auf Gegenseitigkeit die Verlustrücklage und bei einer Kasse anderer Rechtsform der dieser Rücklage entsprechende Teil des Vermögens. [2]Bei der Ermittlung des Vermögens ist eine Rückstellung für Beitragsrückerstattung nur insoweit abziehbar, als den Leistungsempfängern ein Anspruch auf die Überschussbeteiligung zusteht. [3]Übersteigt das Vermögen der Kasse den bezeichneten Betrag, so ist die Kasse nach Maßgabe des § 6 Abs. 1 bis 4 steuerpflichtig; und

e) wenn bei Unterstützungskassen am Schluss des Wirtschaftsjahrs das Vermögen ohne Berücksichtigung künftiger Versorgungsleistungen nicht höher ist als das um 25 Prozent erhöhte zulässige Kassenvermögen. [2]Für die Ermittlung des tatsächlichen und des zulässigen Kassenvermögens gilt § 4d des Einkommensteuergesetzes. [3]Übersteigt das Vermögen der Kasse den in Satz 1 bezeichneten Betrag, so ist die Kasse nach Maßgabe des § 6 Abs. 5 steuerpflichtig;

4. kleinere Versicherungsvereine auf Gegenseitigkeit im Sinne des § 53 des Versicherungsaufsichtsgesetzes, wenn

a) ihre Beitragseinnahmen im Durchschnitt der letzten drei Wirtschaftsjahre einschließlich des im Veranlagungszeitraum endenden Wirtschaftsjahrs die durch Rechtsverordnung festzusetzenden Jahresbeträge nicht überstiegen haben oder

b) sich ihr Geschäftsbetrieb auf die Sterbegeldversicherung beschränkt und die Versicherungsvereine nach dem Geschäftsplan sowie nach Art und Höhe der Leistungen soziale Einrichtungen darstellen;

5. Berufsverbände ohne öffentlich-rechtlichen Charakter sowie kommunale Spitzenverbände auf Bundes- oder Landesebene einschließlich ihrer Zusammenschlüsse, wenn der Zweck dieser Verbände nicht auf einen wirtschaftlichen Geschäftsbetrieb gerichtet ist. [2]Die Steuerbefreiung ist ausgeschlossen,

a) soweit die Körperschaften oder Personenvereinigungen einen wirtschaftlichen Geschäftsbetrieb unterhalten oder

b) wenn die Berufsverbände Mittel von mehr als 10 Prozent der Einnahmen für die unmittelbare oder mittelbare Unterstützung oder Förderung politischer Parteien verwenden.

[3]Die Sätze 1 und 2 gelten auch für Zusammenschlüsse von juristischen Personen des öffentlichen Rechts, die wie die Berufsverbände allgemeine ideelle und wirtschaftliche Interessen ihrer Mitglieder wahrnehmen. [4]Verwenden Berufsverbände Mittel für die unmittelbare oder mittelbare Unterstützung oder Förderung politischer Parteien, beträgt die Körperschaftsteuer 50 Prozent der Zuwendungen;

6. Körperschaften oder Personenvereinigungen, deren Hauptzweck die Verwaltung des Vermögens für einen nichtrechtsfähigen Berufsverband der in Nummer 5 bezeichneten Art ist, sofern ihre Erträge im Wesentlichen aus dieser Vermögensverwaltung herrühren und ausschließlich dem Berufsverband zufließen;

7. politische Parteien im Sinne des § 2 des Parteiengesetzes und ihre Gebietsverbände sowie kommunale Wählervereinigungen und ihre Dachverbände. [2]Wird ein wirtschaftlicher Geschäftsbetrieb unterhalten, so ist die Steuerbefreiung insoweit ausgeschlossen;

8. öffentlich-rechtliche Versicherungs- und Versorgungseinrichtungen von Berufsgruppen, deren Angehörige auf Grund einer durch Gesetz angeordneten oder auf Gesetz beruhenden Verpflichtung Mitglieder dieser Einrichtung sind, wenn die Satzung der Einrichtung die Zahlung keiner höheren jährlichen Beiträge zulässt als das Zwölffache der Beiträge, die sich bei einer Beitragsbemessungsgrundlage in Höhe der doppelten monatlichen Beitragsbemessungsgrenze in der allgemeinen Rentenversicherung ergeben würden. [2]Ermöglicht die Satzung der Einrichtung nur Pflichtmitgliedschaften

sowie freiwillige Mitgliedschaften, die unmittelbar an eine Pflichtmitgliedschaft anschließen, so steht dies der Steuerbefreiung nicht entgegen, wenn die Satzung die Zahlung keiner höheren jährlichen Beiträge zulässt als das Fünfzehnfache der Beiträge, die sich bei einer Beitragsbemessungsgrundlage in Höhe der doppelten monatlichen Beitragsbemessungsgrenze in der allgemeinen Rentenversicherung ergeben würden;

9. Körperschaften, Personenvereinigungen und Vermögensmassen, die nach der Satzung, dem Stiftungsgeschäft oder der sonstigen Verfassung und nach der tatsächlichen Geschäftsführung ausschließlich und unmittelbar gemeinnützigen, mildtätigen oder kirchlichen Zwecken dienen (§§ 51 bis 68 der Abgabenordnung). [2]Wird ein wirtschaftlicher Geschäftsbetrieb unterhalten, ist die Steuerbefreiung insoweit ausgeschlossen. [3]Satz 2 gilt nicht für selbst bewirtschaftete Forstbetriebe;

10. Erwerbs- und Wirtschaftsgenossenschaften sowie Vereine, soweit sie

a) Wohnungen herstellen oder erwerben und sie den Mitgliedern auf Grund eines Mietvertrags oder auf Grund eines genossenschaftlichen Nutzungsvertrags zum Gebrauch überlassen; den Wohnungen stehen Räume in Wohnheimen im Sinne des § 15 des Zweiten Wohnungsbaugesetzes gleich,

b) im Zusammenhang mit einer Tätigkeit im Sinne des Buchstabens a Gemeinschaftsanlagen oder Folgeeinrichtungen herstellen oder erwerben und sie betreiben, wenn sie überwiegend für Mitglieder bestimmt sind und der Betrieb durch die Genossenschaft oder den Verein notwendig ist.

[2]Die Steuerbefreiung ist ausgeschlossen, wenn die Einnahmen des Unternehmens aus den in Satz 1 nicht bezeichneten Tätigkeiten 10 Prozent der gesamten Einnahmen übersteigen;

11. (weggefallen)

12. die von den zuständigen Landesbehörden begründeten oder anerkannten gemeinnützigen Siedlungsunternehmen im Sinne des Reichssiedlungsgesetzes in der jeweils aktuellen Fassung oder entsprechender Landesgesetze, soweit diese Landesgesetze nicht wesentlich von den Bestimmungen des Reichssiedlungsgesetzes abweichen und im Sinne der Bodenreformgesetze der Länder, soweit die Unternehmen im ländlichen Raum Siedlungs-, Agrarstrukturverbesserungs- und Landentwicklungsmaßnahmen mit Ausnahme des Wohnungsbaus durchführen. [2]Die Steuerbefreiung ist ausgeschlossen, wenn die Einnahmen des Unternehmens aus den in Satz 1 nicht bezeichneten Tätigkeiten die Einnahmen aus den in Satz 1 bezeichneten Tätigkeiten übersteigen;

13. (weggefallen)

14. Erwerbs- und Wirtschaftsgenossenschaften sowie Vereine, soweit sich ihr Geschäftsbetrieb beschränkt

a) auf die gemeinschaftliche Benutzung land- und forstwirtschaftlicher Betriebseinrichtungen oder Betriebsgegenstände,

b) auf Leistungen im Rahmen von Dienst- oder Werkverträgen für die Produktion land- und forstwirtschaftlicher Erzeugnisse für die Betriebe der Mitglieder, wenn die Leistungen im Bereich der Land- und Forstwirtschaft liegen; dazu gehören auch Leistungen zur Erstellung und Unterhaltung von Betriebsvorrichtungen, Wirtschaftswegen und Bodenverbesserungen,

c) auf die Bearbeitung oder die Verwertung der von den Mitgliedern selbst gewonnenen land- und forstwirtschaftlichen Erzeugnisse, wenn die Bearbeitung oder die Verwertung im Bereich der Land- und Forstwirtschaft liegt, oder

d) auf die Beratung für die Produktion oder Verwertung land- und forstwirtschaftlicher Erzeugnisse der Betriebe der Mitglieder.

[2]Die Steuerbefreiung ist ausgeschlossen, wenn die Einnahmen des Unternehmens aus den in Satz 1 nicht bezeichneten Tätigkeiten 10 Prozent der gesamten Einnahmen übersteigen. [3]Bei Genossenschaften und Vereinen, deren Geschäftsbetrieb sich überwiegend auf die Durchführung von Milchqualitäts- und Milchleistungsprüfungen oder

auf die Tierbesamung beschränkt, bleiben die auf diese Tätigkeiten gerichteten Zweckgeschäfte mit Nichtmitgliedern bei der Berechnung der 10-Prozentgrenze außer Ansatz;

15. der Pensions-Sicherungs-Verein Versicherungsverein auf Gegenseitigkeit,

a) wenn er mit Erlaubnis der Versicherungsaufsichtsbehörde ausschließlich die Aufgaben des Trägers der Insolvenzsicherung wahrnimmt, die sich aus dem Gesetz zur Verbesserung der betrieblichen Altersversorgung vom 19. Dezember 1974 (BGBl. I S. 3610) ergeben, und

b) wenn seine Leistungen nach dem Kreis der Empfänger sowie nach Art und Höhe den in den §§ 7 bis 9, 17 und 30 des Gesetzes zur Verbesserung der betrieblichen Altersversorgung bezeichneten Rahmen nicht überschreiten;

16. Körperschaften, Personenvereinigungen und Vermögensmassen, die als Entschädigungseinrichtungen im Sinne des Einlagensicherungs- und Anlegerentschädigungsgesetzes vom 16. Juli 1998 (BGBl. I S. 1842) oder als Sicherungseinrichtung eines Verbandes der Kreditinstitute nach ihrer Satzung oder sonstigen Verfassung ausschließlich den Zweck haben, bei Gefahr für die Erfüllung der Verpflichtungen eines Kreditinstituts im Sinne des § 1 Abs. 1 des Gesetzes über das Kreditwesen oder eines Finanzdienstleistungsinstituts im Sinne des § 1 Abs. 1a Satz 2 Nr. 1 bis 4 des Gesetzes über das Kreditwesen Hilfe zu leisten. [2]Voraussetzung ist, dass das Vermögen und etwa erzielte Überschüsse nur zur Erreichung des gesetzlichen oder satzungsmäßigen Zwecks verwendet werden. [3]Die Sätze 1 und 2 gelten entsprechend für Sicherungsfonds im Sinne der §§ 126 und 127 des Versicherungsaufsichtsgesetzes sowie für Einrichtungen zur Sicherung von Einlagen bei Wohnungsgenossenschaften mit Spareinrichtung. [4]Die Steuerbefreiung ist für wirtschaftliche Geschäftsbetriebe ausgeschlossen, die nicht ausschließlich auf die Erfüllung der begünstigten Aufgaben gerichtet sind;

17. Bürgschaftsbanken (Kreditgarantiegemeinschaften), deren Tätigkeit sich auf die Wahrnehmung von Wirtschaftsförderungsmaßnahmen insbesondere in Form der Übernahme und Verwaltung von staatlichen Bürgschaften und Garantien oder von Bürgschaften und Garantien mit staatlichen Rückbürgschaften oder auf der Grundlage staatlich anerkannter Richtlinien gegenüber Kreditinstituten, Versicherungsunternehmen, Leasinggesellschaften und Beteiligungsgesellschaften für Kredite, Leasingforderungen und Beteiligungen an mittelständischen Unternehmen zu ihrer Gründung und zur Erhaltung und Förderung ihrer Leistungsfähigkeit beschränkt. [2]Voraussetzung ist, dass das Vermögen und etwa erzielte Überschüsse nur zur Erreichung des in Satz 1 genannten Zwecks verwendet werden;

18. Wirtschaftsförderungsgesellschaften, deren Tätigkeit sich auf die Verbesserung der sozialen und wirtschaftlichen Struktur einer bestimmten Region durch Förderung der Wirtschaft, insbesondere durch Industrieansiedlung, Beschaffung neuer Arbeitsplätze und der Sanierung von Altlasten beschränkt, wenn an ihnen überwiegend Gebietskörperschaften beteiligt sind. [2]Voraussetzung ist, dass das Vermögen und etwa erzielte Überschüsse nur zur Erreichung des in Satz 1 genannten Zwecks verwendet werden;

19. Gesamthafenbetriebe im Sinne des § 1 des Gesetzes über die Schaffung eines besonderen Arbeitgebers für Hafenarbeiter vom 3. August 1950 (BGBl. S. 352), soweit sie Tätigkeiten ausüben, die in § 2 Abs. 1 dieses Gesetzes bestimmt und nach § 2 Abs. 2 dieses Gesetzes genehmigt worden sind. [2]Voraussetzung ist, dass das Vermögen und etwa erzielte Überschüsse nur zur Erfüllung der begünstigten Tätigkeiten verwendet werden. [3]Wird ein wirtschaftlicher Geschäftsbetrieb unterhalten, dessen Tätigkeit nicht ausschließlich auf die Erfüllung der begünstigten Tätigkeiten gerichtet ist, ist die Steuerbefreiung insoweit ausgeschlossen;

20. Zusammenschlüsse von juristischen Personen des öffentlichen Rechts, von steuerbefreiten Körperschaften oder von steuerbefreiten Personenvereinigungen,

a) deren Tätigkeit sich auf den Zweck beschränkt, im Wege des Umlageverfahrens die Versorgungslasten auszugleichen, die den Mitgliedern aus Versorgungszusagen gegenüber ihren Arbeitnehmern erwachsen,

b) wenn am Schluss des Wirtschaftsjahrs das Vermögen nicht höher ist als 60 Prozent der im Wirtschaftsjahr erbrachten Leistungen an die Mitglieder;

21. die nicht in der Rechtsform einer Körperschaft des öffentlichen Rechts errichteten Arbeitsgemeinschaften Medizinischer Dienst der Krankenversicherung im Sinne des § 278 des Fünften Buches Sozialgesetzbuch und der Medizinische Dienst der Spitzenverbände der Krankenkassen im Sinne des § 282 des Fünften Buches Sozialgesetzbuch, soweit sie die ihnen durch Gesetz zugewiesenen Aufgaben wahrnehmen. [2]Voraussetzung ist, dass das Vermögen und etwa erzielte Überschüsse nur zur Erreichung der in Satz 1 genannten Zwecke verwendet werden;

22. gemeinsame Einrichtungen der Tarifvertragsparteien im Sinne des § 4 Abs. 2 des Tarifvertragsgesetzes vom 25. August 1969 (BGBl. I S. 1323), die satzungsmäßige Beiträge auf der Grundlage des § 186a des Arbeitsförderungsgesetzes vom 25. Juni 1969 (BGBl. I S. 582) oder tarifvertraglicher Vereinbarungen erheben und Leistungen ausschließlich an die tarifgebundenen Arbeitnehmer des Gewerbezweigs oder an deren Hinterbliebene erbringen, wenn sie dabei zu nicht steuerbegünstigten Betrieben derselben oder ähnlicher Art nicht in größerem Umfang in Wettbewerb treten, als es bei Erfüllung ihrer begünstigten Aufgaben unvermeidlich ist. [2]Wird ein wirtschaftlicher Geschäftsbetrieb unterhalten, dessen Tätigkeit nicht ausschließlich auf die Erfüllung der begünstigten Tätigkeiten gerichtet ist, ist die Steuerbefreiung insoweit ausgeschlossen;

23. die Auftragsforschung öffentlich-rechtlicher Wissenschafts- und Forschungseinrichtungen; ist die Tätigkeit auf die Anwendung gesicherter wissenschaftlicher Erkenntnisse, die Übernahme von Projektträgerschaften sowie wirtschaftliche Tätigkeiten ohne Forschungsbezug gerichtet, ist die Steuerbefreiung insoweit ausgeschlossen.

(2) Die Befreiungen nach Absatz 1 und nach anderen Gesetzen als dem Körperschaftsteuergesetz gelten nicht

1. für inländische Einkünfte, die dem Steuerabzug vollständig oder teilweise unterliegen; Entsprechendes gilt für die in § 32 Abs. 3 Satz 1 zweiter Halbsatz genannten Einkünfte,

2. für beschränkt Steuerpflichtige im Sinne § 2 Nr.1, es sei denn, es handelt sich um Steuerpflichtige im Sinne des Absatzes 1 Nr. 9, die nach den Rechtsvorschriften eines Mitgliedstaats der Europäischen Union oder nach den Rechtsvorschriften eines Staates, auf den das Abkommen über den Europäischen Wirtschaftsraum vom 3. Januar 1994 (ABl. EG Nr. L 1 S. 3), zuletzt geändert durch den Beschluss des Gemeinsamen EWR-Ausschusses Nr. 91/2007 vom 6. Juli 2007 (ABl. EU Nr. L 328 S. 40), in der jeweiligen Fassung Anwendung findet, gegründete Gesellschaften im Sinne des Artikels 48 des Vertrags zur Gründung der Europäischen Gemeinschaft oder des Artikels 34 des Abkommens über den Europäischen Wirtschaftsraum sind deren Sitz und Ort der Geschäftsleitung sich innerhalb des Hoheitsgebiets eines dieser Staaten befindet, und mit diesen Staaten ein Amtshilfeabkommen besteht,

3. soweit § 34 Abs. 12, § 37 oder § 38 Abs. 2 anzuwenden ist.

KStDV

Zu § 5 Abs. 1 Nr. 3 des Gesetzes

§ 1 Allgemeines

Rechtsfähige Pensions-, Sterbe-, Kranken- und Unterstützungskassen sind nur dann eine soziale Einrichtung im Sinne des § 5 Abs. 1 Nr. 3 Buchstabe b des Gesetzes, wenn sie die folgenden Voraussetzungen erfüllen

1. *Die Leistungsempfänger dürfen sich in der Mehrzahl nicht aus dem Unternehmer oder dessen Angehörigen und bei Gesellschaften in der Mehrzahl nicht aus den Gesellschaftern oder deren Angehörigen zusammensetzen.*

2. *Bei Auflösung der Kasse darf ihr Vermögen vorbehaltlich der Regelung in § 6 des Gesetzessatzungsmäßig nur den Leistungsempfängern oder deren Angehörigen zugute kommen oder für ausschließlich gemeinnützige oder mildtätige Zwecke verwendet werden.*

3. *Außerdem müssen bei Kassen mit Rechtsanspruch der Leistungsempfänger die Voraussetzungen des § 2, bei Kassen ohne Rechtsanspruch der Leistungsempfänger die Voraussetzungen des § 3 erfüllt sein.*

§ 2 Kassen mit Rechtsanspruch der Leistungsempfänger

(1) Bei rechtsfähigen Pensions- oder Sterbekassen, die den Leistungsempfängern einen Rechtsanspruch gewähren, dürfen die jeweils erreichten Rechtsansprüche der Leistungsempfänger vorbehaltlich des Absatzes 2 die folgenden Beträge nicht übersteigen:

als Pension	*25 769 Euro jährlich,*
als Witwengeld	*17 179 Euro jährlich,*
als Waisengeld	*5 154 Euro jährlich für jede Halbwaise,*
	10 308 Euro jährlich für jede Vollwaise,
als Sterbegeld	*7 669 Euro als Gesamtleistung.*

(2) Die jeweils erreichten Rechtsansprüche, mit Ausnahme des Anspruchs auf Sterbegeld, dürfen in nicht mehr als 12 vom Hundert aller Fälle auf höhere als die in Absatz 1 bezeichneten Beträge gerichtet sein. Dies gilt in nicht mehr als 4 vom Hundert aller Fälle uneingeschränkt. Im Übrigen dürfen die jeweils erreichten Rechtsansprüche die folgenden Beträge nicht übersteigen:

als Pension	*38 654 Euro jährlich,*
als Witwengeld	*25 769 Euro jährlich,*
als Waisengeld	*7 731 Euro jährlich für jede Halbwaise,*
	15 461 Euro jährlich für jede Vollwaise.

§ 3 Kassen ohne Rechtsanspruch der Leistungsempfänger

Rechtsfähige Unterstützungskassen, die den Leistungsempfängern keinen Rechtsanspruch gewähren, müssen die folgenden Voraussetzungen erfüllen:

1. *Die Leistungsempfänger dürfen zu laufenden Beiträgen oder zu sonstigen Zuschüssen nicht verpflichtet sein.*

2. *Den Leistungsempfängern oder den Arbeitnehmervertretungen des Betriebs oder der Dienststelle muß satzungsgemäß und tatsächlich das Recht zustehen, an der Verwaltung sämtlicher Beträge, die der Kasse zufließen, beratend mitzuwirken.*

3. *Die laufenden Leistungen und das Sterbegeld dürfen die in § 2 bezeichneten Beträge nicht übersteigen.*

Zu § 5 Abs. 1 Nr. 4 des Gesetzes

§ 4 Kleinere Versicherungsvereine

Kleinere Versicherungsvereine auf Gegenseitigkeit im Sinne des § 53 des Versicherungsaufsichtsgesetzes sind von der Körperschaftsteuer befreit, wenn

1. *ihre Beitragseinnahmen im Durchschnitt der letzten drei Wirtschaftsjahre einschließlich des im Veranlagungszeitraum endenden Wirtschaftsjahrs die folgenden Jahresbeträge nicht überstiegen haben;*

    a) 797 615 Euro bei Versicherungsvereinen, die die Lebensversicherung oder die Krankenversicherung betreiben,

b) 306 775 Euro bei allen übrigen Versicherungsvereinen, oder

2. *sich ihr Geschäftsbetrieb auf die Sterbegeldversicherung beschränkt und sie im übrigen die Voraussetzungen des § 1 erfüllen.*

KStR

Zu § 5 KStG

Hinweise

H 10a Kapitalertragsteuer bei wirtschaftlichen Geschäftsbetrieben
→ *BMF vom 10.11.2005 – BStBl. I S. 1029*

KStR

11. Allgemeines zu Pensions-, Sterbe-, Kranken- und Unterstützungskassen[1]

(1) [1]Als Pensionskassen sind sowohl die in § 1b Abs. 3 Satz 1 BetrAVG als solche bezeichneten rechtsfähigen Versorgungseinrichtungen als auch rechtlich unselbständige Zusatzversorgungseinrichtungen des öffentlichen Dienstes i. S. des § 18 BetrAVG anzusehen, die den Leistungsberechtigten (Arbeitnehmer und Personen i. S. des § 17 Abs. 1 Satz 2 BetrAVG sowie deren Hinterbliebene) auf ihre Leistungen einen Rechtsanspruch gewähren. [2]Bei Sterbekassen handelt es sich um Einrichtungen, welche die Versicherung auf den Todesfall unter Gewährung eines Rechtsanspruchs auf die Leistung betreiben. [3]Krankenkassen fallen unter die Vorschrift, wenn sie das Versicherungsgeschäft betriebsbezogen wahrnehmen. [4]Eine Unterstützungskasse ist eine rechtsfähige Versorgungseinrichtung, die auf ihre Leistungen keinen Rechtsanspruch gewährt (§ 1b Abs. 4 BetrAVG).

(2) Für die Steuerbefreiung genügt es, wenn die Voraussetzungen des § 5 Abs. 1 Nr. 3 KStG und der §§ 1 bis 3 KStDV am Ende des VZ erfüllt sind.

(3) [1]Die Art der Anlage oder Nutzung des Kassenvermögens darf nicht dazu führen, dass die Kasse sich durch die mit der Vermögensverwaltung verbundene Tätigkeit selbst einen weiteren satzungsgemäß nicht bestimmten Zweck gibt. [2]Kassen, die als Bauherr auftreten, werden körperschaftsteuerpflichtig, wenn sie sich durch diese Tätigkeit einen neuen Zweck setzen.

Hinweise

H 11 Abgrenzung *einer Pensionskasse und einer Unterstützungskasse* (→ *BFH vom 5.11.1992 – BStBl. 1993 II S. 185*)

Einschränkung *der Befreiung* → *§ 6 KStG und R 28*

KStR

12. Leistungsempfänger bei Pensions-, Sterbe-, Kranken- und Unterstützungskassen

(1) [1]Steuerbefreite Kassen müssen sich auf Zugehörige oder frühere Zugehörige einzelner oder mehrerer wirtschaftlicher Geschäftsbetriebe oder der Spitzenverbände der freien Wohlfahrtspflege einschließlich deren Untergliederungen, Einrichtungen und Anstalten und sonstiger gemeinnütziger Wohlfahrtsverbände oder auf Arbeitnehmer sonstiger Körperschaften, Personenvereinigungen oder Vermögensmassen beschränken. [2]Unter dem Begriff der Zugehörigen sind einerseits Arbeitnehmer und die in einem arbeitnehmerähnlichen Verhältnis stehenden Personen zu verstehen, andererseits aber auch solche Personen, für die der Betrieb durch ihre soziale Abhängigkeit oder eine sonstige enge Bindung als Mittelpunkt der Berufstätigkeit anzusehen ist (z. B. Unternehmer und Gesellschafter). [3]Frühere Zugehörige müssen die Zugehörigkeit zur der Kasse durch ihre Tätigkeit in den betreffenden Betrieben oder Verbänden erworben haben. [4]Es ist nicht notwendig, dass die Kasse schon während der Zeit der Tätigkeit des Betriebsangehörigen bestanden hat. [5]Als arbeitnehmerähnliches Verhältnis ist in der Regel ein Verhältnis von einer gewissen Dauer bei gleichzeitiger sozialer Abhängigkeit, ohne dass Lohnsteuerpflicht besteht, anzusehen. [6]Arbeitnehmer, die über den Zeitpunkt der Pensionierung hinaus im Betrieb beschäftigt werden, sind Zugehörige i. S. des Gesetzes.

---

1) Vgl. auch Anlage § 005 (1) Nr. 3-01 – Anlage § 005 (1) Nr. 3-19; zum Teil nur noch auf CD.

(2) Nach § 1 Nr. 1 KStDV darf die Mehrzahl der Personen, denen die Leistungen der Kasse zugute kommen sollen (Leistungsempfänger), sich nicht aus dem Unternehmer oder dessen Angehörigen und bei Gesellschaften nicht aus den Gesellschaftern oder deren Angehörigen zusammensetzen.

(3) [1]Der Pensions- oder Unterstützungskasse eines inländischen Unternehmens geht die Steuerfreiheit nicht dadurch verloren, dass zu ihren Leistungsempfängern Arbeitnehmer gehören, die das inländische Unternehmen zur Beschäftigung bei seinen ausländischen Tochtergesellschaften oder Betriebsstätten abgeordnet hat. [2]Auch die Mitgliedschaft anderer, auch ausländischer, Arbeitnehmer der ausländischen Tochtergesellschaften oder Betriebsstätten des inländischen Unternehmens ist für die Kasse steuerunschädlich, wenn für diese Arbeitnehmer von der ausländischen Tochtergesellschaft oder Betriebsstätte entsprechende Beiträge (Zuwendungen) an die Kasse des inländischen Unternehmens abgeführt werden.

(4) Bei Unterstützungskassen muss den Leistungsempfängern oder den Arbeitnehmervertretungen des Betriebs oder der Dienststelle satzungsgemäß und tatsächlich das Recht zustehen, an der Verwaltung sämtlicher Beträge, die der Kasse zufließen, beratend mitzuwirken.

Hinweise

H 12 Angehörige

→ *BMF vom 8.1.2003 – BStBl. I S. 93 und vom 25.7.2002 – BStBl. I S. 706*

Bevorzugung des Unternehmers

Eine rechtsfähige Unterstützungskasse ist nur dann nach § 5 Abs. 1 Nr. 3 KStG von der Körperschaftsteuer befreit, wenn sie eine soziale Einrichtung ist. Das ist nicht der Fall, wenn Unterstützungsempfänger auch die Unternehmer sind und die Leistungen der Kasse an die Unternehmer unverhältnismäßig hoch sind (→ BFH vom 24.3.1970 – BStBl. II S. 473).

Mitwirkungsrecht

Das satzungsmäßige Recht zur beratenden Mitwirkung darf nicht eingeschränkt sein. Insbesondere macht § 87 Abs. 1 Nr. 1 Betriebsverfassungsgesetz, der dem Betriebsrat das Recht zur Mitbestimmung bei der Verwaltung der Sozialeinrichtungen einräumt, die Voraussetzung des § 3 Nr. 2 KStDV nicht überflüssig (→ BFH vom 20.9.1967 – BStBl. 1968 II S. 24). Das Recht zu einer beratenden Mitwirkung kann auch in der Weise eingeräumt werden, dass satzungsmäßig und tatsächlich bei der Unterstützungskasse ein Beirat gebildet wird, dem Arbeitnehmer angehören. Diese müssen jedoch die Gesamtheit der Betriebszugehörigen repräsentieren, d.h. sie müssen von diesen unmittelbar oder mittelbar gewählt worden sein (→ BFH vom 24.6.1981 – BStBl. II S. 749). Diese Voraussetzung ist nicht erfüllt, wenn die Beiratsmitglieder letztlich von der Geschäftsleitung des Trägerunternehmens bestimmt werden. Eine Bestimmung durch die Geschäftsleitung des Trägerunternehmens ist auch gegeben, wenn der Beirat zwar durch die Mitgliederversammlung der Unterstützungskasse aus dem Kreis der Betriebsangehörigen gewählt wird, über die Zusammensetzung der Mitgliederversammlung jedoch der von der Geschäftsleitung des Trägerunternehmens eingesetzte Vorstand entscheidet (→ BFH vom 10.6.1987 – BStBl. 1988 II S. 27).

KStR

13. Vermögensbindung bei Pensions-, Sterbe-, Kranken- und Unterstützungskassen

(1) [1]Bei Kassen, deren Vermögen bei ihrer Auflösung vorbehaltlich der Regelung in § 6 KStG satzungsgemäß für ausschließlich gemeinnützige oder mildtätige Zwecke zu verwenden ist, gilt § 61 Abs. 1 und 2 AO sinngemäß. [2]Bei einer Unterstützungskasse in der Rechtsform einer privatrechtlichen Stiftung ist es nicht zu beanstanden, wenn die Stiftung in ihre Verfassung die Bestimmung aufnimmt, dass das Stiftungskapital ungeschmälert zu erhalten ist, um dadurch zu verhindern, dass sie neben ihren Erträgen und den Zuwendungen vom Trägerunternehmen auch ihr Vermögen uneingeschränkt zur Erbringung ihrer laufenden Leistungen einsetzen muss. [3]In einer solchen Bestimmung ist kein Verstoß gegen das Erfordernis der dauernden Vermögenssicherung für Zwecke der Kasse zu erblicken. [4]Durch die satzungsgemäß abgesicherte Vermögensbindung ist nämlich gewährleistet, dass das Stiftungsvermögen im Falle der Auflösung der Stiftung nicht an den Stifter zurückfließt, sondern nur den Leistungsempfängern oder deren Angehörigen zugute oder für ausschließlich gemeinnützige oder mildtätige Zwecke zu verwenden ist.

(2) [1]Bei einer Darlehensgewährung der Unterstützungskasse an das Trägerunternehmen muss gewährleistet sein, dass die wirtschaftliche Leistungsfähigkeit des Betriebs in ausreichendem Maße für die

Sicherheit der Mittel bürgt. ²Ist diese Voraussetzung nicht gegeben, so müssen die Mittel der Kasse in angemessener Frist aus dem Betrieb ausgesondert und in anderer Weise angelegt werden.

(3) ¹Nach § 1b Abs. 4 BetrAVG wird ein aus dem Betrieb vor Eintritt des Versorgungsfalles ausscheidender Arbeitnehmer, der seine betriebliche Altersversorgung von der Unterstützungskasse des Betriebs erhalten sollte, bei Erfüllung der Voraussetzungen hinsichtlich der Leistungen so gestellt, wie wenn er weiterhin zum Kreis der Begünstigten der Unterstützungskasse des Betriebs gehören würde. ²Bei Eintritt des Versorgungsfalles hat die Unterstützungskasse dem früheren Arbeitnehmer und seinen Hinterbliebenen mindestens den nach § 2 Abs. 1 BetrAVG berechneten Teil der Versorgung zu gewähren (§ 2 Abs. 4 BetrAVG). ³Diese Verpflichtung zur Gewährung von Leistungen an den vorzeitig ausgeschiedenen Arbeitnehmer bei Eintritt des Versorgungsfalles (§ 2 Abs. 4 BetrAVG) kann von der Unterstützungskasse wie folgt abgelöst werden:

1. Nach § 3 Abs. 1 BetrAVG kann dem ausgeschiedenen Arbeitnehmer mit seiner Zustimmung eine einmalige Abfindung gewährt werden.

2. Nach § 4 Abs. 2 BetrAVG kann die Verpflichtung mit Zustimmung des ausgeschiedenen Arbeitnehmers von jedem Unternehmen, bei dem der ausgeschiedene Arbeitnehmer beschäftigt wird, von einer Pensionskasse, von einem Unternehmen der Lebensversicherung, einem öffentlich-rechtlichen Versorgungsträger oder von einer anderen Unterstützungskasse übernommen werden.

⁴Vermögensübertragungen im Zusammenhang mit diesen Maßnahmen verstoßen nicht gegen die Voraussetzungen des § 5 Abs. 1 Nr. 3 Buchstabe c KStG.

(4) ¹Der Grundsatz der ausschließlichen und unmittelbaren Verwendung des Vermögens und der Einkünfte der Unterstützungskasse für die Zwecke der Kasse gilt nach § 6 Abs. 6 KStG nicht für den Teil des Vermögens, der am Schluss des Wirtschaftsjahrs den in § 5 Abs. 1 Nr. 3 Buchstabe e KStG bezeichneten Betrag übersteigt. ²Hierzu gehört auch der Fall, dass ein Unternehmen den Arbeitnehmern, die bisher von der Unterstützungskasse versorgt werden sollten, eine Pensionszusage erteilt oder bisher von der Unterstützungskasse gewährte Leistungen von Fall zu Fall aufgrund einer entsprechenden Betriebsvereinbarung übernimmt, oder wenn eine Unterstützungskasse durch Änderung des Leistungsplans die Versorgungsleistungen einschränkt. ³Insoweit ist eine Übertragung von Vermögen einer Unterstützungskasse auf das Trägerunternehmen zulässig. ⁴Werden Versorgungsleistungen einer Unterstützungskasse durch Satzungsbeschluss in vollem Umfang ersatzlos aufgehoben, entfällt die Steuerfreiheit der Kasse auch mit Wirkung für die Vergangenheit.

Hinweise

H 13 Aufhebung der satzungsmäßigen Vermögensbindung

Wird die satzungsgemäße Vermögensbindung einer Kasse aufgehoben, so entfällt die Steuerfreiheit der Kasse auch mit Wirkung für die Vergangenheit (→ BFH vom 15.12.1976 – BStBl. 1977 II S. 490).

Mittelüberlassung an Träger der Kasse

Die Mittel einer Unterstützungskasse können gegen angemessene Verzinsung auch dem Betrieb zur Verfügung gestellt werden, der Träger der Kasse ist (→ BFH vom 24.5.1973 – BStBl. II S. 632 und vom 27.1.1977 – BStBl. II S. 442). Ob die Verzinsung der Darlehensforderung angemessen ist, hängt von den Umständen des Einzelfalls ab. Wurde einer Unterstützungskasse vom Trägerunternehmen eine Darlehensforderung zugewendet, beruht die Darlehensforderung also nicht auf Leistungen der Kasse an das Trägerunternehmen, dann ist die Unverzinslichkeit oder unangemessen niedrige Verzinsung der Forderung für die Steuerbefreiung unschädlich, solange die Unterstützungskasse aus rechtlichen Gründen gehindert ist, eine angemessene Verzinsung durchzusetzen(→ BFH vom 30.5.1990 – BStBl. II S. 1000).

Mitunternehmerschaft einer Unterstützungskasse

Eine Kasse macht ihr Vermögen oder ihre Einkünfte anderen als ihren satzungsgemäßen Zwecken dienstbar, wenn sie sich als Mitunternehmer eines Gewerbebetriebs betätigt. Das Vermögen ist nämlich dann nicht dauernd gesichert, wenn es zu einem nicht unerheblichen Teil aus einem Mitunternehmeranteil besteht, da der Mitunternehmer die sich aus dem Handels- und Insolvenzrecht ergebenden Risiken trägt (→ BFH vom 17.10.1979 – BStBl. 1980 II S. 225).

Satzungsmäßige Festlegung der Verwendung des Vermögens

Eine ausreichende Vermögensbindung i.S. des § 1 Nr. 2 KStDV liegt nicht vor, wenn die Satzung sich auf die allgemeine Bestimmung beschränkt, dass zur Verteilung des Vermögens der Kasse die Zustimmung des Finanzamts erforderlich ist (→ BFH vom 20.9.1967 – BStBl. 1968 II S. 24). Wird eine Unterstützungskasse in der Rechtsform einer GmbH betrieben, so ist wegen der satzungs-

*gemäß abzusichernden Vermögensbindung für den Fall der Liquidation der Unterstützungs-
kassen-GmbH eine Rückzahlung der eingezahlten Stammeinlagen an das Trägerunternehmen
ausgeschlossen (→ BFH vom 25.10.1972 – BStBl. 1973 II S. 79).*

KStR

14. Leistungsbegrenzung

(1) [1]Bei der Prüfung, ob die erreichten Rechtsansprüche der Leistungsempfänger in nicht mehr als 12 %
aller Fälle auf höhere als die in § 2 Abs. 1 KStDV bezeichneten Beträge gerichtet sind (§ 2 Abs. 2
KStDV), ist von den auf Grund der Satzung, des Geschäftsplans oder des Leistungsplans insgesamt bestehenden Rechtsansprüchen, also von den laufenden tatsächlich gewährten Leistungen und den Anwartschaften auszugehen. [2]Dabei ist jede in § 2 KStDV genannte einzelne Leistungsgruppe (Pensionen,
Witwengelder, Waisengelder und Sterbegelder) für sich zu betrachten. [3]Nur bei Beschränkung auf die
Höchstbeträge kann die Kasse als Sozialeinrichtung anerkannt werden.

(2) [1]Unterstützungskassen sind als Kassen ohne Rechtsanspruch der Leistungsempfänger zur Aufstellung eines Geschäftsplans i. S. des Versicherungsaufsichtsgesetzes nicht verpflichtet. [2]Unterstüt-
zungskassen dürfen nur laufende Leistungen, z. B. zur Altersversorgung, gewähren, wenn die Voraussetzungen des § 5 Abs. 1 Nr. 3 Buchstabe b KStG und des § 3 Nr. 3 KStDV erfüllt sind. [3]Dabei dürfen
Altersrenten, Witwengeld, Waisengeld und Sterbegeld ohne Rücksicht auf die wirtschaftlichen Verhältnisse des Leistungsempfängers gewährt werden. [4]Die laufenden Leistungen und das Sterbegeld dürfen
die in § 2 KStDV bezeichneten Beträge nicht übersteigen. [5]Dagegen hat eine Unterstützungskasse, die
jedem Zugehörigen eines Betriebs ohne Rücksicht auf seine wirtschaftlichen Verhältnisse einmalige
Zuwendungen macht, keinen Anspruch auf die Steuerbefreiung. [6]Leistungsempfänger i. S. dieser Vorschrift sind nach § 5 Abs. 1 Nr. 3 KStG die Personen, denen die Leistungen der Kasse zugute kommen
oder zugute kommen sollen, auch die Leistungsanwärter. [7]Daher gilt die Begrenzung der laufenden
Leistungen nach § 3 Nr. 3 KStDV für die tatsächlich gezahlten Renten und die sich aus dem Leistungsplan ergebenden tatsächlichen Rentenanwartschaften. [8]Die Rentenanwartschaften sind mit den jeweils
erreichten Beträgen anzusetzen.

(3) [1]Eine steuerbefreite Pensionskasse oder Unterstützungskasse kann anstelle einer laufenden Rente
auch eine Kapitalabfindung zahlen. [2]Voraussetzung ist, dass die zu kapitalisierende Rente sich in den
Grenzen der Höchstbeträge der §§ 2 und 3 KStDV hält und der Leistungsempfänger durch die Kapitalisierung nicht mehr erhält, als er insgesamt erhalten würde, wenn die laufende Rente gezahlt würde.
[3]Der Berechnung der Kapitalabfindung darf daher nur ein Zinsfuß zugrunde gelegt werden, der auf die
Dauer gesehen dem durchschnittlichen Zinsfuß entspricht. [4]Bei der Prüfung, ob sich die kapitalisierte
Rente in den Grenzen der vorgenannten Höchstbeträge hält, ist von einem Zinssatz von 5,5 % auszugehen. [5]Im Übrigen ist die Kapitalabfindung nach den sonst steuerlich anerkannten Rechnungsgrundlagen zu berechnen.

Hinweise

H 14 Gesamtleistung beim Sterbegeld
Begriff → BFH vom 20.11.1969 – BStBl. 1970 II S. 227
Nachweis als soziale Einrichtung
*Es genügt, wenn bei Unterstützungskassen in anderer Weise als durch Aufstellung eines Ge-
schäftsplans sichergestellt ist, dass die Kassen nach Art und Höhe ihrer Leistungen eine soziale
Einrichtung darstellen, z.B. durch Aufnahme entsprechender Bestimmungen in die Satzung oder –
bei Unterstützungskassen mit laufenden Leistungen – durch Aufstellung eines Leistungsplans
(→ BFH vom 18.7.1990 – BStBl. II S. 1088).*
Zuwendungen nach §§ 4c und 4d EStG
→ R 4c und 4d EStR 2008

KStR

15. Kleinere Versicherungsvereine

Hat ein Mitglied einer Sterbekasse mit der Kasse mehrere Versicherungsverträge für sich selbst abgeschlossen, so sind die für das Mitglied aufgrund dieser Versicherungsverträge in Betracht kommenden
Versicherungsleistungen bei der Ermittlung der Gesamtleistung i. S. des § 4 Nr. 2 KStDV zusammenzurechnen.

Hinweise

H 15 Gewinnzuschläge bei einer Sterbekasse

Zur Gesamtleistung einer Sterbekasse im Sinne des § 5 Abs. 1 Nr. 4 KStG gehören auch Gewinnzuschläge, auf die die Beteiligten einen Anspruch haben (→ BFH vom 20.11.1969 – BStBl. 1970 II S. 227).

KStR

16. Berufsverbände ohne öffentlich-rechtlichen Charakter[1)]

(1) [1]Berufsverbände sind Vereinigungen von natürlichen Personen oder von Unternehmen, die allgemeine, aus der beruflichen oder unternehmerischen Tätigkeit erwachsende ideelle und wirtschaftliche Interessen des Berufsstandes oder Wirtschaftszweiges wahrnehmen. [2]Es müssen die allgemeinen wirtschaftlichen Belange aller Angehörigen eines Berufes, nicht nur die besonderen wirtschaftlichen Belange einzelner Angehöriger eines bestimmten Geschäftszweiges wahrgenommen werden. [3]Die Zusammenschlüsse derartiger Vereinigungen sind ebenfalls Berufsverbände. [4]Ein Berufsverband ist auch dann gegeben, wenn er die sich aus der Summe der Einzelinteressen der Mitglieder ergebenden allgemeinen wirtschaftlichen Belange eines Berufsstandes oder Wirtschaftszweiges vertritt und die Ergebnisse der Interessenvertretung dem Berufsstand oder Wirtschaftszweig als solchem unabhängig von der Mitgliedschaft der Angehörigen des Berufsstandes oder Wirtschaftszweiges beim Verband zugute kommen. [5]Die Unterhaltung eines wirtschaftlichen Geschäftsbetriebs (z. B. Rechtsberatung) führt grundsätzlich nicht zum Verlust der Steuerbefreiung des Berufsverbands, auch wenn er in der Satzung des Verbands aufgeführt ist. [6]Die Steuerbefreiung entfällt, wenn nach dem Gesamtbild der tatsächlichen Geschäftsführung die nicht dem Verbandszweck dienende wirtschaftliche Tätigkeit dem Verband das Gepräge gibt.

(2) Zu den Berufsverbänden ohne öffentlich-rechtlichen Charakter i. S. des § 5 Abs. 1 Nr. 5 KStG können Berufsverbände der Arbeitgeber und der Arbeitnehmer, z. B. Arbeitgeberverbände und Gewerkschaften, und andere Berufsverbände, z. B. Wirtschaftsverbände, Bauernvereine und Hauseigentümervereine, gehören.

(3) [1]Verwendet ein Berufsverband Mittel von mehr als 10 % seiner Einnahmen für die unmittelbare oder mittelbare Unterstützung oder Förderung politischer Parteien, ist die Steuerbefreiung ausgeschlossen. [2]Dabei ist es ohne Bedeutung, ob die Mittel aus Beitragseinnahmen oder aus anderen Quellen, z. B. aus wirtschaftlichen Geschäftsbetrieben, aus Vermögensanlagen oder aus Zuschüssen, stammen. [3]Zu den Mitteln gehört bei Beteiligung an einer Personengesellschaft der Gewinnanteil an der Personengesellschaft, bei Beteiligung an einer Kapitalgesellschaft die Gewinnausschüttung sowie Veräußerungsgewinne aus diesen Beteiligungen. [4]Der Besteuerung unterliegt in diesem Fall neben dem Einkommen die Verwendung von Mitteln für die Unterstützung oder Förderung politischer Parteien nach § 5 Abs. 1 Nr. 5 Satz 4 KStG. [5]Eine Mittelüberlassung liegt auch bei verdeckten Zuwendungen vor, z. B. bei Leistungen ohne ausreichende Gegenleistung. [6]Das gilt auch bei einer unentgeltlichen oder verbilligten Raumüberlassung und bei einer zinslosen oder zinsverbilligten Darlehensgewährung. [7]Eine mittelbare Unterstützung oder Förderung politischer Parteien ist anzunehmen, wenn der Berufsverband z. B. den Wahlkampf eines Abgeordneten finanziert.

(4) [1]Der Begriff des wirtschaftlichen Geschäftsbetriebs ergibt sich aus § 14 AO. [2]Danach ist Voraussetzung für die Annahme eines wirtschaftlichen Geschäftsbetriebs, dass durch die Tätigkeit Einnahmen oder andere wirtschaftliche Vorteile erzielt werden. [3]Das ist nicht der Fall, wenn für die Tätigkeit ausschließlich Mitgliederbeiträge erhoben werden. [4]Zu den Mitgliederbeiträgen gehören auch Umlagen, die von allen Mitgliedern in gleicher Höhe oder nach einem bestimmten Maßstab, der von dem Maßstab der Mitgliederbeiträge abweichen kann, erhoben werden. [5]Solche beitragsähnlichen Umlagen liegen z. B. bei der Gemeinschaftswerbung und bei der Durchführung von Betriebsvergleichen vor. [6]Dagegen ist ein wirtschaftlicher Geschäftsbetrieb anzunehmen, wenn mehr als 20 % der Mitglieder des Berufsverbandes oder der Mitglieder eines zu dem Berufsverband gehörenden Berufs- oder Wirtschaftszweiges, der an der Gemeinschaftswerbung oder an der Durchführung von Betriebsvergleichen beteiligt ist, nicht zu der Umlage herangezogen werden. [7]Es kann im Einzelfall notwendig sein, zu prüfen, ob die von dem Berufsverband erhobenen Beiträge in vollem Umfang als Mitgliederbeiträge oder ob darin Entgelte für die Gewährung besonderer wirtschaftlicher Vorteile enthalten sind. [8]Die Gewährung derartiger Vorteile gegen Entgelt begründet einen wirtschaftlichen Geschäftsbetrieb. [9]Vgl. z. B. R 43 und 44. [10]Zu den wirtschaftlichen Geschäftsbetrieben gehören z. B. die Vorführung und der Verleih von Filmen und Tonbändern, die Beratung der Angehörigen des Berufsstandes oder Wirtschaftszweiges einschließlich

---

1) Vgl. Anlagen § 005 (1) Nr. 5-01 – § 005 (1) Nr. 5-07 und Anhang 1-04.

der Hilfe bei der Buchführung, bei der Ausfüllung von Steuererklärungen und sonstigen Vordrucken, die Unterhaltung einer Buchstelle, die Einrichtung eines Kreditschutzes, die Unterhaltung von Sterbekassen, der Abschluss oder die Vermittlung von Versicherungen, die Unterhaltung von Laboratorien und Untersuchungseinrichtungen, die Veranstaltung von Märkten, Leistungsschauen und Fachausstellungen, die Unterhaltung einer Kantine für die Arbeitskräfte der Verbandsgeschäftsstelle, die nachhaltige Vermietung von Räumen für regelmäßig kurze Zeit, z. B. für Stunden oder einzelne Tage, an wechselnde Benutzer. [11]Die Herausgabe, das Verlegen oder der Vertrieb von Fachzeitschriften, Fachzeitungen und anderen fachlichen Druckerzeugnissen des Berufsstandes oder Wirtschaftszweiges, einschließlich der Aufnahme von Fachanzeigen, stellt ebenfalls einen wirtschaftlichen Geschäftsbetrieb dar. [12]Verbandszeitschriften, in denen die Mitglieder über die Verbandstätigkeit und über allgemeine Fragen des Berufsstandes unterrichtet werden, sind kein wirtschaftlicher Geschäftsbetrieb. [13]Betreibt ein Berufsverband in seiner Verbandszeitschrift jedoch Anzeigen- oder Annoncenwerbung, liegt insoweit ein wirtschaftlicher Geschäftsbetrieb vor.

(5) [1]Unter den Begriff des wirtschaftlichen Geschäftsbetriebs fällt nicht die Vermögensverwaltung. [2]Wegen des Begriffs der Vermögensverwaltung vgl. § 14 AO. [3]Die Beteiligung eines Berufsverbandes an einer Kapitalgesellschaft ist im Regelfall Vermögensverwaltung. [4]Die Beteiligung an einer Kapitalgesellschaft stellt einen wirtschaftlichen Geschäftsbetrieb dar, wenn mit ihr tatsächlich ein entscheidender Einfluss auf die laufende Geschäftsführung des Unternehmens ausgeübt wird. [5]Eine geringfügige Beteiligung stellt aber einen wirtschaftlichen Geschäftsbetrieb dar, wenn der Berufsverband zusammen mit gleichartigen Berufsverbänden die Kapitalgesellschaft beherrscht und im Zusammenwirken mit diesen Berufsverbänden tatsächlich einen entscheidenden Einfluss auf die Geschäftsführung der Gesellschaft ausübt. [6]Die Beteiligung an einem Unternehmen, das ausschließlich der Vermögensverwaltung dient, ist kein wirtschaftlicher Geschäftsbetrieb.

(6) [1]Die Tätigkeit der Geschäftsstelle des Berufsverbandes stellt keinen wirtschaftlichen Geschäftsbetrieb dar. [2]Der Verkauf von Altmaterial, Einrichtungsgegenständen, Maschinen, Kraftfahrzeugen und dgl. bildet eine Einheit mit der Tätigkeit der Geschäftsstelle. [3]Es fehlt insoweit an der für die Begründung eines wirtschaftlichen Geschäftsbetriebs erforderlichen Selbständigkeit. [4]Das gilt auch für den Fall, dass Entgelte für die Mitbenutzung der Geschäftsstelle oder einzelner Räume oder Einrichtungsgegenstände der Geschäftsstelle durch einen anderen Berufsverband vereinnahmt werden. [5]Entsprechendes gilt auch hinsichtlich der Vereinnahmung von Entgelten für die Zurverfügungstellung von Personal für einen anderen Berufsverband.

(7) [1]Steuerpflichtig ist nicht der einzelne wirtschaftliche Geschäftsbetrieb, sondern der Berufsverband. [2]Die Ergebnisse der wirtschaftlichen Geschäftsbetriebe werden für die Besteuerung zusammengefasst. [3]Die Freibetragsregelung des § 24 KStG bezieht sich auf das Einkommen des Berufsverbandes. [4]Sie ist nicht auf die Bemessungsgrundlage für die besondere Körperschaftsteuer i. S. des § 5 Abs. 1 Nr. 5 Satz 4 KStG anzuwenden.

Hinweise

H 16 Abgrenzung

Keine Berufsverbände sind z. B.

- *eine Abrechnungsstelle von Apothekeninhabern (→ BFH vom 26.4.1954 – BStBl. III S. 204)*
- *eine Güteschutzgemeinschaft (→ BFH vom 11.8.1972 – BStBl. 1973 II S. 39)*
- *ein Lohnsteuerhilfeverein (→ BFH vom 29.8.1973 – BStBl. 1974 II S. 60 und vom 16.12.1998 – BStBl. 1999 II S. 366)*
- *ein Mieterverein (→ BFH vom 17.5.1966 – BStBl. III S. 525)*
- *ein Rabattsparverein (→ BFH vom 29.11.1967 – BStBl. 1968 II S. 236)*
- *ein Warenzeichenverband (→ BFH vom 8.6.1966 – BStBl. III S. 632)*
- *ein Werbeverband (→ BFH vom 15.7.1966 – BStBl. III S. 638)*

Beteiligung eines Berufsverbands an einer Kapitalgesellschaft

Die Beteiligung an einer Kapitalgesellschaft stellt einen wirtschaftlichen Geschäftsbetrieb dar, wenn mit ihr tatsächlich ein entscheidender Einfluss auf die laufende Geschäftsführung des Unternehmens ausgeübt wird (→ BFH vom 30.6.1971 – BStBl. II S. 753).

Beteiligung eines Berufsverbands an einer Personengesellschaft

Ob die Beteiligung an einer Personengesellschaft als wirtschaftlicher Geschäftsbetrieb oder als Vermögensverwaltung anzusehen ist, ist im Rahmen der einheitlichen und gesonderten Gewinn-

feststellung für die Personengesellschaft zu entscheiden (→ BFH vom 27.7.1988 – BStBl. 1989 II S. 134).

Einkommensermittlung bei Berufsverbänden
→ *R 42 bis 44*
Kapitalertragsteuer bei wirtschaftlichen Geschäftsbetrieben
→ *BFH vom 10.11.2005 – BStBl. I S. 1029*
Wahrnehmung allgemeiner Interessen
→ *BFH vom 4.6.2003 – BStBl. II S. 891*

KStR

17. Gemeinnützige, mildtätige und kirchliche Körperschaften
– unbesetzt –

Hinweise

H 17 Kapitalertragsteuer bei wirtschaftlichen Geschäftsbetrieben
→ *BFH vom 10.11.2005 – BStBl. I S. 1029*
Steuerbegünstigte Zwecke
→ *Anwendungserlass zur Abgabenordnung zu §§ 51 bis 68, zuletzt geändert durch BMF vom 21.4.2008 – BStBl. I S. 582 (abgedruckt im AO-Handbuch).* [1]

KStR

18. Vermietungsgenossenschaften und -vereine
– unbesetzt –

Hinweise

H 18 Vermietungsgenossenschaften und -vereine
Zur Steuerbefreiung für Vermietungsgenossenschaften und -vereine sowie zur Übergangsregelung für gemeinnützige Wohnungsunternehmen → BMF vom 22.11.1991 (BStBl. I S. 1014) [2] *und die entsprechenden Erlasse der obersten Finanzbehörden der Länder.*

KStR

19. Gemeinnützige Siedlungsunternehmen [3]
[1]Gemeinnützige Siedlungsunternehmen sind insoweit von der Körperschaftsteuer befreit, als sie im ländlichen Raum Siedlungs-, Agrarstrukturverbesserungs- und Landentwicklungsmaßnahmen mit Ausnahme des Wohnungsbaus durchführen. [2]Die Durchführung von Siedlungs-, Agrarstrukturverbesserungs- und Landentwicklungsmaßnahmen ist auch dann begünstigt, wenn sie nicht ausdrücklich durch Gesetz zugewiesen ist. [3]Landentwicklungsmaßnahmen sind Maßnahmen im öffentlichen Interesse, die wegen des sich vollziehenden Strukturwandels zur Unterstützung und Ergänzung der Siedlungs- und Agrarstrukturverbesserung im ländlichen Raum erforderlich sind und vornehmlich zum Gegenstand haben

– die Planung und Durchführung von Maßnahmen der Ortssanierung, Ortsentwicklung, Bodenordnung und der Agrarstrukturverbesserung,

– die Durchführung von Umsiedlungen und Landtauschen, weil Land für öffentliche und städtebauliche Zwecke in Anspruch genommen wird.

[4]Die Durchführung umfasst alle Tätigkeiten gemeinnütziger Siedlungsunternehmen, die der Verwirklichung dieser Maßnahme dienen, insbesondere auch die erforderliche Landbeschaffung. [5]Soweit die gemeinnützigen Siedlungsunternehmen als Bauträger oder Baubetreuer im Wohnungsbau tätig sind oder andere Tätigkeiten ausüben, z. B. das Betreiben von Land- und Forstwirtschaft, besteht partielle Steuerpflicht, wenn diese Tätigkeiten nicht überwiegen. [6]Übersteigen die Einnahmen aus diesen Tätigkeiten

---

1) Vgl. Anhang 7-01.
2) Vgl. Anlage § 005 (1) Nr. 10-01.
3) Vgl. Anlagen § 005 (1) Nr. 12-01 und 02.

die Einnahmen aus den in Satz 1 bezeichneten Tätigkeiten, wird das Unternehmen in vollem Umfang steuerpflichtig.

20. Allgemeines über die Steuerbefreiung von Erwerbs- und Wirtschaftsgenossenschaften und Vereinen im Bereich der Land- und Forstwirtschaft[1]

(1) [1]Erwerbs- und Wirtschaftsgenossenschaften sowie Vereine sind nach § 5 Abs. 1 Nr. 14 KStG grundsätzlich von der Körperschaftsteuer befreit, soweit sich ihr Geschäftsbetrieb auf die dort genannten Tätigkeiten beschränkt und im Bereich der Land- und Forstwirtschaft liegt. [2]Unter den Begriff „Vereine" fallen sowohl rechtsfähige als auch nichtrechtsfähige Vereine i. S. von § 1 Abs. 1 Nr. 4 und 5 KStG. [3]Üben die Genossenschaften und Vereine auch Tätigkeiten aus, die nicht nach § 5 Abs. 1 Nr. 14 KStG begünstigt sind, und betragen die Einnahmen aus diesen Tätigkeiten nicht mehr als 10 % der gesamten Einnahmen, sind die Genossenschaften und Vereine mit den Gewinnen aus den nicht begünstigten Tätigkeiten partiell steuerpflichtig. [4]Die nicht begünstigten Tätigkeiten bilden einen einheitlichen steuerpflichtigen Gewerbebetrieb. [5]Hinsichtlich der begünstigten Tätigkeiten bleibt die Steuerfreiheit erhalten. [6]Übersteigen die Einnahmen aus den nicht begünstigten Tätigkeiten in einem VZ 10 % der Gesamteinnahmen, entfällt die Steuerbefreiung für diesen VZ insgesamt.

(2) [1]Der Begriff und die Höhe der Einnahmen (Einnahmen einschließlich Umsatzsteuer) bestimmen sich nach den Grundsätzen über die steuerliche Gewinnermittlung. [2]Der Zufluss i. S. des § 11 EStG ist nicht maßgebend. [3]Wegen der Ermittlung der Einnahmen aus nicht begünstigten Tätigkeiten bei Verwertungsgenossenschaften vgl. Absatz 8.

(3) [1]Eine Ausnahme von der 10-Vomhundertgrenze enthält § 5 Abs. 1 Nr. 14 KStG für Genossenschaften und Vereine, deren Geschäftsbetrieb sich überwiegend auf die Durchführung von Milchqualitätsprüfungen und/oder Milchleistungsprüfungen oder auf die Tierbesamung beschränkt. [2]Zur ersten Gruppe gehören grundsätzlich die nach Landesrecht zugelassenen Untersuchungsstellen i. S. des § 2 Abs. 7 der Milch-Güteverordnung, die insbesondere im öffentlichen Interesse Milchqualitätsprüfungen für Mitglieder und Nichtmitglieder sowie für Nichtlandwirte durchführen. [3]Auch die Tierbesamungsstationen tätigen, insbesondere bei Ausbruch einer Seuche, neben Zweckgeschäften mit Mitgliedern in größerem Umfang auch solche mit Nichtmitgliedern und Nichtlandwirten. [4]Die Einnahmen aus diesen Tätigkeiten bleiben bei der Berechnung der 10-Vomhundertgrenze, d. h. sowohl bei der Berechnung der Einnahmen aus den steuerlich nicht begünstigten Tätigkeiten als auch bei der Berechnung der gesamten Einnahmen, außer Ansatz. [5]Die Gewinne aus diesen Tätigkeiten unterliegen jedoch der Körperschaftsteuer.

(4) [1]Die Ausübung mehrerer begünstigter Tätigkeiten nebeneinander ist für die Steuerbefreiung unschädlich. [2]Zu den begünstigten Tätigkeiten gehört auch die Vermittlung von Leistungen im Bereich der Land- und Forstwirtschaft, z. B. von Mietverträgen für Maschinenringe einschließlich der Gestellung von Personal. [3]Der Begriff "Verwertung" umfasst auch die Vermarktung und den Absatz, wenn die Tätigkeit im Bereich der Land- und Forstwirtschaft liegt. [4]Nicht unter die Steuerbefreiung fällt dagegen die Rechts- und Steuerberatung.

(5) [1]Beteiligungen an anderen Unternehmen sind grundsätzlich zulässig. [2]Die Einnahmen aus Beteiligungen an anderen Unternehmen sind jedoch als Einnahmen aus nicht begünstigten Tätigkeiten anzusehen. [3]Einnahmen aus der Beteiligung an einer Körperschaft, deren Leistungen bei den Empfängern zu den Einnahmen i. S. des § 20 Abs. 1 Nr. 1 oder 2 EStG gehören, sind in voller Höhe als Einnahmen aus nicht begünstigten Tätigkeiten anzusehen. [4]Dies gilt nicht für Beteiligungen an Genossenschaften und Vereinen, die nach § 5 Abs. 1 Nr. 14 KStG befreit sind. [5]Bei der Beteiligung an einer Personengesellschaft sind die anteiligen Einnahmen anzusetzen. [6]Rückvergütungen i. S. des § 22 KStG sind den Einnahmen aus den Geschäften zuzurechnen, für die die Rückvergütungen gewährt worden sind.

(6) Für die Besteuerung der Erwerbs- und Wirtschaftsgenossenschaften sind die folgenden Arten von Geschäften zu unterscheiden:

1. Zweckgeschäfte;

   [1]Zweckgeschäfte sind alle Geschäfte, die der Erfüllung des satzungsmäßigen Gegenstandes des Unternehmens der Genossenschaft dienen und die Förderung des Erwerbs oder der Wirtschaft der Mitglieder bezwecken (§ 1 GenG). [2]Sie können sein

   a) Mitgliedergeschäfte;

      Mitgliedergeschäfte sind Zweckgeschäfte, die mit den Mitgliedern der Genossenschaft als Vertragspartnern durchgeführt werden. Mitglieder sind die in die Mitgliederliste eingetragenen Per-

---

1) Vgl. Anlagen § 005 (1) Nr. 14-01 bis 14; zum Teil nur noch auf CD.

sonen. Es genügt, wenn der Genossenschaft zur Zeit des Geschäftsabschlusses die Beitrittserklärung vorliegt;

b) Nichtmitgliedergeschäfte;

Nichtmitgliedergeschäfte sind Zweckgeschäfte, die mit Nichtmitgliedern als Vertragspartnern der
Genossenschaft durchgeführt werden;

2. Gegengeschäfte;

Gegengeschäfte sind Geschäfte, die zur Durchführung der Zweckgeschäfte erforderlich sind, z. B. bei
Bezugsgenossenschaften der Einkauf der Waren, bei Nutzungsgenossenschaften der Ankauf einer
Dreschmaschine, bei Absatzgenossenschaften der Verkauf der Waren;

3. Hilfsgeschäfte;

[1]Hilfsgeschäfte sind Geschäfte, die zur Abwicklung der Zweckgeschäfte und Gegengeschäfte notwendig sind und die der Geschäftsbetrieb der Genossenschaft mit sich bringt, z. B. Einkauf von Büromaterial, der Verkauf von überflüssig gewordenem Inventar oder Verpackungsmaterial, die Lieferung von Molkereibedarfsartikeln, z. B. Hofbehälter, Milchbehälter oder Milchkühlbehälter, durch
eine Molkereigenossenschaft an ihre Mitglieder, die Vermietung von Wohnräumen an Betriebsangehörige, wenn die Vermietung aus betrieblichen Gründen (im eigenen betrieblichen Interesse der
Genossenschaft) veranlasst ist. [2]Die Führung von Mitgliederkonten für Anzahlungen und Guthaben,
die als reine Geldanlagekonten anzusehen sind, ist als Hilfsgeschäft anzusehen, wenn die Guthaben
auf die Gesamthöhe des Warenbezugs des betreffenden Mitglieds im vorangegangenen Jahr begrenzt
werden. [3]Auch die Veräußerung eines Betriebsgrundstücks oder des Teils eines Betriebsgrundstücks
kann ein Hilfsgeschäft sein;

4. Nebengeschäfte;

Nebengeschäfte sind alle sonstigen Geschäfte.

(7) Für die Besteuerung der Vereine gilt die in Absatz 6 vorgenommene Unterscheidung von Arten von
Geschäften bei Erwerbs- und Wirtschaftsgenossenschaften sinngemäß.

(8) [1]Begünstigt sind nur Zweckgeschäfte mit Mitgliedern, Gegengeschäfte und Hilfsgeschäfte, die sich
auf den nach § 5 Abs. 1 Nr. 14 KStG steuerfreien Geschäftsbereich beziehen (begünstigte Tätigkeiten).
[2]Die Einnahmen (Einnahmen einschließlich Umsatzsteuer) aus Zweckgeschäften mit Nichtmitgliedern
und Nebengeschäften sind den Einnahmen aus nicht begünstigten Tätigkeiten zuzurechnen. [3]Bei Verwertungsgenossenschaften sind die Einnahmen aus begünstigten und nicht begünstigten Tätigkeiten
nach dem Verhältnis der Ausgaben für bezogene Waren von Mitgliedern und Nichtmitgliedern aus den
Gesamteinnahmen zu ermitteln, soweit eine unmittelbare Zuordnung nicht möglich ist. [4]Dabei ist von
den Ausgaben im gleichen Wirtschaftsjahr auszugehen. [5]Die durch diese zeitliche Zuordnung mögliche
Verschiebung im Einzelfall, soweit Ausgaben für bezogene Waren und Einnahmen aus dem Verkauf
dieser Waren in verschiedenen Wirtschaftsjahren anfallen, wird zugunsten einer einfachen Handhabung
hingenommen. [6]Wegen der Auswirkungen auf die partielle oder volle Steuerpflicht der Genossenschaften oder Vereine vgl. Absätze 1 und 2.

(9) [1]Die wechselseitigen Hilfen von Erwerbs- und Wirtschaftsgenossenschaften aufgrund eines Bei-
standsvertrages sind begünstigte Zweckgeschäfte, wenn beide Genossenschaften die gleiche Zweckbestimmung haben und gegenseitig als Mitglied beteiligt sind. [2]Das gilt sinngemäß für Vereine und für
Leistungen von Beratungsringen an die an ihnen beteiligten Erzeugergemeinschaften, soweit deren
Mitglieder gleichzeitig Mitglieder des Beratungsrings sind.

(10) [1]Es kommt vor, dass zwischen Erzeuger und Verwertungsgenossenschaft Anschlussgenossenschaften oder Lieferungsgenossenschaften eingeschaltet werden.

Beispiel für Anschlussgenossenschaften

Landwirtschaftliche Erzeuger, deren finanzielle Leistungsfähigkeit schwach ist, werden oft in einer
Anschlussgenossenschaft zusammengefasst, um ihre Erzeugnisse, z. B. Milch, Eier, zu verwerten.
Die Anschlussgenossenschaft tritt einer Molkereigenossenschaft oder einer Eierverwertungsgenos-
senschaft als Mitglied bei. Der gesamte Geschäftsverkehr spielt sich unmittelbar zwischen der Mol-
kereigenossenschaft oder der Eierverwertungsgenossenschaft und den Mitgliedern der
Anschlussgenossenschaft ab.

Beispiel für Lieferungsgenossenschaften

Genossenschaftliche Sammelstellen, z. B. für Milch und Eier, werden oft gebildet, um landwirtschaftliche Erzeugnisse örtlich zu erfassen. Diese Sammelstellen leiten die Erzeugnisse der Mitglieder an die Verwertungsgenossenschaft, z. B. Molkereigenossenschaft, Eierverwertungsgenossenschaft, weiter. Die Sammelstelle tritt in ihrer Eigenschaft als Lieferungsgenossenschaft der

Verwertungsgenossenschaft als Mitglied bei. Die Abrechnung wird zwischen der Verwertungsgenossenschaft und der Lieferungsgenossenschaft oder unmittelbar zwischen der Verwertungsgenossenschaft und den Mitgliedern der Lieferungsgenossenschaften vorgenommen. [2]Die Einschaltung von Anschlussgenossenschaften oder Lieferungsgenossenschaften zwischen Erzeuger und Verwertungsgenossenschaft rechnet bei der Verwertungsgenossenschaft zu den begünstigten Geschäften. [3]Die Verwertungsgenossenschaft wird jedoch im nicht begünstigten Bereich tätig, soweit sie von einer ihr angeschlossenen Anschluss- oder Lieferungsgenossenschaft Erzeugnisse bezieht, die nicht von den Mitgliedern der Anschluss- oder Lieferungsgenossenschaft selbst gewonnen sind. [4]Das gilt sinngemäß für Vereine.

Hinweise

H 20 Biogas-Erzeugungsgenossenschaften

→ *BMF vom 6.3.2006 – BStBl. I S. 248 und BMF vom 29.6.2006 – BStBl. I S. 417.*

Genossenschaftszentralen

Wegen der steuerlichen Behandlung von Zentralen landwirtschaftlicher Nutzungs- und Verwertungsgenossenschaften wird auf das BFH-Gutachten vom 2.12.1950 (BStBl. 1951 III S. 26) hingewiesen. Danach sind die Genossenschaftszentralen wie folgt zu behandeln:

1. Werden die Zentralen in der Form von Kapitalgesellschaften geführt, so gilt die persönliche Steuerbefreiung des § 5 Abs. 1 Nr. 14 KStG für sie nicht.

2. Werden die Zentralen in der Form von Genossenschaften oder Vereinen betrieben, so ist § 5 Abs. 1 Nr. 14 KStG für sie anwendbar. Voraussetzung ist, dass die angeschlossenen Genossenschaften vorbehaltlich des Satzes 3 die in § 5 Abs. 1 Nr. 14 KStG geforderten Voraussetzungen erfüllen und die Zentralen lediglich Erzeugnisse dieser Genossenschaften bearbeiten oder verwerten. Ist eine der Mitgliedergenossenschaften nicht nach § 5 Abs. 1 Nr. 14 KStG befreit, sind die Umsätze mit dieser Genossenschaft Einnahmen aus nicht begünstigten Tätigkeiten.

Hilfsgeschäfte

Ein Hilfsgeschäft ist insbesondere dann anzunehmen, wenn der Erlös aus dem Verkauf eines Betriebsgrundstücks zur Finanzierung neuer Betriebsanlagen verwendet wird (→ BFH vom 14.10.1970 – BStBl. 1971 II S. 116) oder wenn der Verkauf im Rahmen einer Rationalisierungsmaßnahme erfolgt, z.B. bei einer Verschmelzung, bei einer Betriebsumstellung, bei Einstellung eines Betriebszweiges, oder wenn der Bestand an Betriebsgrundstücken dem Bedarf der Genossenschaft angepasst wird. Der Annahme eines Hilfsgeschäfts steht in der Regel nicht entgegen, dass der Erlös aus dem Verkauf an die Mitglieder ausgeschüttet wird; ein Hilfsgeschäft entfällt jedoch, wenn die Veräußerung dazu dient, eine Ausschüttung an die Mitglieder einer untergehenden Genossenschaft im Zusammenhang mit einer Verschmelzung zu finanzieren (→ BFH vom 10.12.1975 – BStBl. 1976 II S. 351).

Land- und Forstwirtschaft

Begriff → R 15.5 EStR 2008

Nebengeschäfte

Zu den Nebengeschäften gehört auch die Vermietung oder Verpachtung eines Betriebs oder von Betriebsteilen (→ BFH vom 9.3.1988 – BStBl. II S. 592). Bei der Frage, ob steuerlich schädliche, den satzungsmäßigen Aufgabenbereich überschreitende Nebengeschäfte vorliegen, kommt es auf die Person, mit der diese Geschäfte abgewickelt werden, nicht an. Das gilt auch für Nebengeschäfte, mit anderen nach § 5 Abs. 1 Nr. 14 KStG steuerbefreiten Erwerbs- und Wirtschaftsgenossenschaften sowie Vereinen (→ BFH vom 18.5.1988 – BStBl. II S. 753).

Reservenbildung

Die Steuerbefreiung ist nicht ausgeschlossen, wenn die Genossenschaft oder der Verein die Gewinne ganz oder überwiegend thesauriert und zur Bildung von Reserven verwendet (→ BFH vom 11.2.1998 – BStBl. II S. 576).

KStR

21. Molkereigenossenschaften

(1) [1]Bei Molkereigenossenschaften fällt z. B. in den folgenden Fällen die Bearbeitung oder Verwertung in den Bereich der Landwirtschaft, auch wenn hierbei Zutaten, z. B. Salz oder Bindemittel, im gesetzlich festgelegten oder nachstehend enger begrenzten Umfang verwendet werden:

1. Standardisierung (Einstellung) der Milch auf einen gewünschten Fettgehalt ohne Rücksicht auf seine Höhe. Eine Standardisierung ist die Einstellung der Milch auf den nach der Verordnung (EG) Nr. 2597/97 vorgeschriebenen Fettgehalt der dort beschriebenen Konsummilchsorten;

2. Herstellung von ultrahocherhitzter Milch (H-Milch);

3. Herstellung von eiweißangereicherter, teilentrahmter Milch nach Artikel 6 Abs. 4 der Verordnung (EG) Nr. 2597/97;

4. Vitaminieren von Milch, auch von Magermilch;

5. Herstellung von Milchmischerzeugnissen, wenn der Anteil aus Milch oder Milcherzeugnissen mindestens 75 % des Fertigerzeugnisses beträgt;

6. Herstellung von Sauermilcherzeugnissen;

7. Herstellung von Joghurt, Joghurtpulver und Bioghurt, auch mit Fruchtzusätzen. Wird zugekauftes Milchpulver oder Magermilchpulver zugesetzt, so darf dieser Zusatz 3 % der Joghurtmilch nicht übersteigen;

8. Herstellung von Butter;

9. Herstellung von Käse aller Art, auch mit beigegebenen Lebensmitteln, sowie geschäumt und Quarkmischungen für Backzwecke;

10. Herstellung von Schmelzkäse nur, wenn dies ausschließlich zur Verwertung der im eigenen Betrieb angefallenen Fehlprodukten erfolgt;

11. Herstellung von Molkensirup (eingedickter Molke) und eingedickter Magermilch mittels Vakuumverdampfer;

12. Herstellung und Vitaminieren von Magermilchpulver, auch im Werklohnverfahren. Herstellung und Vitaminieren von aufgefetteter Magermilch oder aufgefettetem Magermilchpulver zu Fütterungszwecken und von Sauermilchquarkpulver, auch im Werklohnverfahren.

Denaturierung von Magermilch und Magermilchpulver entsprechend Artikel 6 der Verordnung (EG) Nr. 2799/99 der Kommission vom 17. 12. 1999 nach den dort festgelegten Verfahren durch Beifügung geringer Mengen von Fremdstoffen, Luzernegrünmehl, Stärke, durch Säuerung der Magermilch oder durch Beifügung von 30 % eingedickter Molke. Der Zukauf der zur Denaturierung vorgeschriebenen Zusatzmittel ist als ein steuerunschädliches Hilfsgeschäft anzusehen;

13. Herstellung von Speisemolke durch Erhitzen und Tiefkühlen der Molke und Ausfällen von Molkeneiweiß;

14. Herstellung von Trinkmolke mit Fruchtzusätzen, wenn der Anteil der Molke mindestens 75 % des Fertigerzeugnisses beträgt;

15. Verwertung der Molke zu Futterzwecken;

16. Herstellung von Molkepulver;

17. Lieferung von Molke an andere Betriebe;

18. Herstellung von Schlagsahne ohne Zusätze;

19. Sahneeinlagerung unter Vertrag mit der Bundesanstalt für landwirtschaftliche Marktordnung.

[2]Ein von einer nach § 5 Abs. 1 Nr. 14 KStG steuerbefreiten Molkereigenossenschaft erteilter Werklohnauftrag zur Herstellung von Milcherzeugnissen ist nicht steuerschädlich i.S. des § 5 Abs. 1 Nr. 14 KStG, wenn die Bearbeitung bei eigener Durchführung in den Bereich der Landwirtschaft fallen würde und das Zukaufsverbot nicht verletzt wird.

(2) Nicht in den Bereich der Landwirtschaft fallen z. B.:

1. Herstellung von Laktrone, Lakreme, Milone, Germola und ähnlichen Erzeugnissen;

2. Herstellung kondensierter Milch;

3. Gewinnung von Eiweiß mit Zusätzen, Herstellung von Essigaustauschstoffen und Gewinnung von Milchpulver, Ausnahme vgl. Absatz 1 Nr. 12;

4. Verhefung von Molke zu Nährhefe und Kefirpulver;

5. Herstellung von Heilmitteln wie Milchzucker, Albumin- und Vitaminpräparaten, Molkenseren und Mineralpräparaten;

6. Herstellung von Speiseeis;

7. Herstellung von Kunsteis;

8. Herstellung von Saure-Sahne-Dressing.

(3) ¹Sind Geschäfte, die eine Molkereigenossenschaft auf Grund gesetzlicher Vorschriften oder behördlicher Anordnungen mit Nichtmitgliedern abschließen muss, Zweckgeschäfte, so kann die Lieferung von Molkereibedarfsartikeln an diese Nichtmitglieder als Hilfsgeschäft angesehen werden. ²Gewährt eine Molkereigenossenschaft einem Milchversorgungsbetrieb ein Darlehen zur Finanzierung der Kapazitätserweiterung eines Trockenmilchwerkes und räumt der Milchversorgungsbetrieb der Molkereigenossenschaft dafür ein sog. Milchanlieferungsrecht ein, so kann die Darlehensgewährung als ein Hilfsgeschäft angesehen werden.

22. Winzergenossenschaften

(1) ¹In den Bereich der Landwirtschaft fallen insbesondere die nachstehend bezeichneten Tätigkeiten. ²Voraussetzung ist, dass die Tätigkeiten Erzeugnisse der Weinbaubetriebe der Genossen betreffen und die Tätigkeiten keine gewerblichen Formen annehmen:

1. Zucht und Unterhaltung der Weinreben;
2. Weinbereitung;
3. Weinbehandlung;
4. Absatz der Trauben, des Traubenmostes und des Weins. Der Zukauf fremder Weine oder Trauben zur Veredelung ist zulässig, soweit deren Einkaufswert 10 % des Gesamtumsatzes nicht übersteigt. Der Verkauf durch Ausschank liegt nicht im Bereich der Landwirtschaft, wenn er gewerbliche Formen annimmt;
5. Herstellung von Branntwein aus Wein oder aus Rückständen, die bei der Weinbereitung anfallen, z. B. Trester, Hefe.

(2) ¹Eine Winzergenossenschaft, die Winzersekt aus Grundwein herstellt, der ausschließlich aus dem Lesegut ihrer Mitglieder gewonnen wurde, betätigt sich mit der Herstellung und dem Vertrieb des Winzersekts noch im Bereich der Landwirtschaft, wenn der Sekt beim Vertrieb durch die Genossenschaft unter Angabe der gegebenenfalls verschiedenen Rebsorten, des Jahrgangs, der geographischen Herkunft und als Erzeugnis der Genossenschaft in sinngemäßer Anwendung der bezeichnungsrechtlichen Vorschriften für Wein bezeichnet ist. ²Dabei darf der Wein weder von den Mitgliedern noch von der Genossenschaft zugekauft sein. ³Lässt eine Winzergenossenschaft Winzersekt im Wege einer Werkleistung (so genannte Lohnversektung) durch eine gewerbliche Sektkellerei herstellen und vermarktet sie ihn als eigenes Erzeugnis der Genossenschaft, gilt die Regelung entsprechend.

(3) Nicht in den Bereich der Landwirtschaft fallen z. B.:

1. Mitverkauf fremder Erzeugnisse;
2. Herstellung von Branntweinerzeugnissen und ihr Verkauf;
3. Betrieb oder Verpachtung eines Ausschanks oder einer Gastwirtschaft, wenn andere Getränke als Weine, die von der Genossenschaft hergestellt worden sind, kalte oder warme Speisen oder sonstige Genussmittel abgegeben werden.

23. Pfropfrebengenossenschaften

¹Die Verpflanzung von Pfropfreben zur Gewinnung von Rebstecklingen durch Winzergenossenschaften und ihr Absatz an Mitglieder fallen in den Bereich der Landwirtschaft. ²Es bestehen deshalb keine Bedenken, auch reine Pfropfrebengenossenschaften als befreite Genossenschaften i. S. des § 5 Abs. 1 Nr. 14 KStG zu behandeln, obwohl es sich nicht um reine Verwertungsgenossenschaften i. S. dieser Vorschrift handelt.

24. Andere Erwerbs- und Wirtschaftsgenossenschaften

¹In den Bereich der Landwirtschaft fallen z. B. unter der Voraussetzung, dass es sich um die Bearbeitung von Erzeugnissen der land- und forstwirtschaftlichen Betriebe der Mitglieder handelt:

1. Herstellung von Kartoffelflocken und Stärkemehl;
2. Herstellung von Branntwein;
3. Herstellung von Apfel- und Traubenmost;
4. Herstellung von Sirup aus Zuckerrüben;
5. Herstellung von Mehl aus Getreide, nicht dagegen Herstellung von Backwaren;
6. Herstellung von Brettern oder anderen Sägewerkserzeugnissen, nicht dagegen Herstellung von Möbeln.

25. Vereine im Bereich der Land- und Forstwirtschaft

¹Die R 21 bis 24 sind auf Vereine i. S. des § 5 Abs. 1 Nr. 14 KStG entsprechend anzuwenden.

26. Wirtschaftsförderungsgesellschaften
– unbesetzt –

Hinweise

H 26 Schädliche Tätigkeiten einer Wirtschaftsförderungsgesellschaft
→ *BFH vom 3.08.2005 – BStBl. II S. 141*
Steuerbefreiung von Wirtschaftsförderungsgesellschaften[1]
→ *BMF vom 4.1.1996 – BStBl. I S. 54*

KStR

27. Steuerbefreiung außerhalb des Körperschaftsteuergesetzes
Von der Körperschaftsteuer sind aufgrund anderer Gesetze u. a. befreit:
1. die Sondervermögen der Kapitalanlagegesellschaften nach den §§ 37n, 38, 43a, 43c, 44, 50a und 50c KAGG; für Geschäftsjahre, die nach dem 31. 12. 2003 beginnen: die Sondervermögen und Investmentaktiengesellschaften nach § 11 Abs. 1 Investmentsteuergesetz,
2. Ausgleichskassen und gemeinsame Einrichtungen der Tarifvertragsparteien nach § 12 Abs. 3 des Vorruhestandsgesetzes vom 13. 4. 1984 (BGBl. I S. 601, BStBl. I S. 332) in der jeweils geltenden Fassung.

Verwaltungsregelungen zu § 5

Datum	Anl.	Quelle	Inhalt
zu § 5 Abs. 1 Nr. 3			
31.12.78	§ 005 (1) Nr. 03-01	FM Hes	Körperschaftsteuerliche Behandlung der Zusatzversorgungseinrichtungen der öffentlichen Dienstes
	§ 005 (1) Nr. 03-02		(weggefallen)
21.05.68	§ 005 (1) Nr. 03-03	FM NRW	Körperschaftsteuerliche Behandlung rechtsfähiger Pensions- und Unterstützungskassen; hier: Einmalige Zahlung anstelle von laufenden Rentenzahlungen
28.05.80	§ 005 (1) Nr. 03-04	FM NRW	Übertragung von Mitteln einer Unterstützungskasse auf das Trägerunternehmen
05.11.87	§ 005 (1) Nr. 03-05	OFD Düs	Zuwendungen zwischen Trägerunternehmen und ihren Unterstützungskassen; Umwandlung einer Unterstützungskasse auf das Trägerunternehmen
	§ 005 (1) Nr. 03-06		(weggefallen)
26.07.91	§ 005 (1) Nr. 03-07	FM Th	Ertragsteuerliche Behandlung von Unterstützungskassen
28.05.93	§ 005 (1) Nr. 03-08	OFD Muc	Zweifelsfragen bei der Besteuerung von Unterstützungskassen
	§ 005 (1) Nr. 03-09		(weggefallen)
07.01.94	§ 005 (1) Nr. 03-10	BMF	Ermittlungszeitpunkt für die Höhe der Zuwendungen an eine Unterstützungskasse
11.09.96	§ 005 (1) Nr. 03-11	OFD Fra	Leistungen von Fall zu Fall-Gewährung von Ausbildungs- und Überbrückungsbeihilfen-Vermittlungsleistungen
	§ 005 (1) Nr. 03-12		(weggefallen)
03.09.98	§ 005 (1) Nr. 03-13	OFD Han	Gehaltsverzicht zugunsten einer betrieblichen Altersversorgung über eine steuerbefreite Unterstützungskasse (§ 3 KStDV)

---

1) Vgl. Anlagen § 005 (1) Nr. 18-01 bis 04; zum Teil nur noch auf CD.

§ 5

Datum	Anl.	Quelle	Inhalt
03.09.98	§ 005 (1) Nr. 03-14	OFD Mst	Steuerbefreiung von Unterstützungskassen – Freiwillige Beiträge des Leistungsempfängers (§ 3 KStDV)
07.09.98	§ 005 (1) Nr. 03-15	BMF	Rückgedeckte Unterstützungskasse – Verpfändung der Ansprüche aus den Rückdeckungsversicherungen an die begünstigten Arbeitnehmer
11.11.98	§ 005 (1) Nr. 03-16	OFD Fra	Körperschaftsteuerbefreiung; Verpfändung von Rückdeckungsversicherungen einer überbetrieblichen Unterstützungskasse
08.01.03	§ 005 (1) Nr. 03-17	BMF	Steuerbefreiung einer Pensions- oder Unterstützungskasse nach § 5 Abs. 11 Nr. 3 KStG; Lebensgefährt(inn)en als Leistungsempfänger
19.08.05	§ 005 (1) Nr. 03-18	OFD Han	Ausländisches Trägerunternehmen einer Gruppenunterstützungskasse
01.03.07	§ 005 (1) Nr. 03-19	OFD Han	Übernahme von Administration und Verwaltung einer Pensionskasse im Rahmen von Funktionsausgliederungsverträgen durch eine nach § 5 Abs. 1 Nr. 3 KStG steuerbefreite Pensionskasse

zu § 5 Abs. 1 Nr. 5

Datum	Anl.	Quelle	Inhalt
27.06.53	§ 005 (1) Nr. 05-01	FM BW	Unterstützungskassen (Kampffonds) von Berufsverbänden
29.05.68	§ 005 (1) Nr. 05-02	FM BW	Beteiligung an einer Kapitalgesellschaft als wirtschaftlicher Geschäftsbetrieb
18.08.82	§ 005 (1) Nr. 05-03	FM Nds	Körperschaftsteuerrechtliche Behandlung der Marketing-Clubs; Anerkennung als Berufsverbände i. S. des § 5 Abs. 1 Nr. 5 KStG
06.03.96	§ 005 (1) Nr. 05-04	So	Verfahren zur Überprüfung der Körperschaftsteuer- und Vermögensteuerpflicht von Berufsverbänden ohne öffentlich-rechtlichen Charakter
13.11.98	§ 005 (1) Nr. 05-05	OFD Fra	Steuerbefreiung von Berufsverbänden nach § 5 Abs. 1 Nr. 5 KStG; Unterhaltung eines wirtschaftlichen Geschäftsbetriebs, der dem Verbandszweck dient
06.06.02	§ 005 (1) Nr. 05-06	OFD Han	Wirtschaftliche Geschäftsbetriebe der nach § 5 Abs. 1 Nr. 5 KStG steuerbefreiten Berufsverbände ohne öffentlich-rechtlichen Charakter
24.04.05	§ 005 (1) Nr. 05-07	OFD Mst	Rechtsberatende Tätigkeit der Berufsverbände (§ 5 Abs. 1 Nr. 5 KStG)

zu § 5 Abs. 1 Nr. 7

Datum	Anl.	Quelle	Inhalt
30.03.90	§ 005 (1) Nr. 07-01	BMF	Steuerliche Behandlung der Vereinigungen der CDU und CSU und anderer Parteien auf Bundes- und Landesebene
20.12.90	§ 005 (1) Nr. 07-02	FM NRW	Steuerliche Behandlung der politischen Parteien im Sinne des § 2 des Parteiengesetzes und ihrer Gebietsverbände
	§ 005 (1) Nr. 07-03		(weggefallen)
21.12.07	§ 005 (1) Nr. 07-04	FM MV	Überprüfung der Körperschaftsteuerpflicht von politischen Parteien i.S. des § 2 des Parteiengesetzes und ihrer Gebietsverbände sowie von kommunalen Wählervereinigungen und ihrer Dachverbände im Hinblick auf wirtschaftliche Geschäftsbetriebe

zu § 5 Abs. 1 Nr. 8

| | § 005 (1) Nr. 08-01 | | (weggefallen) |

Datum	Anl.	Quelle	Inhalt
20.10.03	§ 005 (1) Nr. 08-02	BMF	Steuerbefreiung öffentlich-rechtlicher Versicherungs- und Versorgungseinrichtungen von Berufsgruppen nach § 5 Abs. 1 Nr. 8 KStG, § 3 Nr. 11 GewStG; Altersteilzeit

zu § 5 Abs. 1 Nr. 9

13.06.78	§ 005 (1) Nr. 09-CD001	OFD Düs	Anerkennung der Behindertenwerkstätten und der von den Werkstättenträgern betriebenen Kantinen als steuerlich unschädliche Geschäftsbetriebe (Zweckbetriebe)
23.05.80	§ 005 (1) Nr. 09-CD002	FM NRW	Gemeinnützigkeit der Freikörperkultur-Vereine
26.06.80	§ 005 (1) Nr. 09-CD003	OFD Düs	Steuerliche Behandlung von steuerbegünstigten Stiftungen: Auslegung des § 58 Nr. 5 AO
09.10.80	§ 005 (1) Nr. 09-CD004	FM Nds	Anerkennung privater Musikschulen als gemeinnützige Einrichtungen
08.11.82	§ 005 (1) Nr. 09-CD005	OFD Düs	Gemeinnützigkeitsrechtliche Behandlung von Krankenhausapotheken
27.10.87	§ 005 (1) Nr. 09-CD006	OFD Düs	Gemeinnützigkeit von kommunalen Kinos e. V.
11.05.89	§ 005 (1) Nr. 09-CD007	FM NRW	Gemeinnützigkeit der THW-Helfervereinigungen
16.08.89	§ 005 (1) Nr. 09-CD008	OFD Mst	Steuerliche Behandlung der regionalen Untergliederungen von Großvereinen
21.11.89	§ 005 (1) Nr. 09-CD009	OFD Han	Ausgliederung gemeinnütziger Betätigungen in einen gemeinnützigen Förderverein
16.01.90	§ 005 (1) Nr. 09-CD010	FM BW	Steuerpflicht des selbstbewirtschafteten Forstbetriebs einer gemeinnützigen Stiftung
18.09.90	§ 005 (1) Nr. 09-CD011	FM NRW	Steuerliche Behandlung der regionalen Untergliederungen von Großvereinen
23.11.90	§ 005 (1) Nr. 09-CD012	FM SH	Gemeinnützigkeit von Hallenbauvereinen
18.12.90	§ 005 (1) Nr. 09-CD013	OFD Mst	Gemeinnützigkeit des Nationalen Geistigen Rates der Bahá'i in Deutschland e. V. und der örtlichen Geistigen Räte
06.03.91	§ 005 (1) Nr. 09-CD014	OFD Fra	Gemeinnützige Zwecke; hier: Förderung der Tierzucht
07.03.91	§ 005 (1) Nr. 09-CD015	OFD Fra	Durchführung von geselligen Zusammenkünften
08.04.91	§ 005 (1) Nr. 09-CD016	FM NRW	Gemeinnützigkeit hier: Behandlung der Mensa- und Cafeteria-Betriebe von Studentenwerken
23.05.91	§ 005 (1) Nr. 09-CD017	FM Hes	Besteuerung von Reit- und Fahrvereinen; Zahlung von Geldpreisen an Pferdebesitzer bei Personenidentität von Reiter und Pferdebesitzer
22.08.91	§ 005 (1) Nr. 09-CD018	OFD Fra	Besteuerung von Sportvereinen; hier: Einzelne Tätigkeitsbereiche
25.09.91	§ 005 (1) Nr. 09-CD019	BMF	Gemeinnützigkeit von Anglervereinen
09.12.91	§ 005 (1) Nr. 09-CD020	OFD Kln	Förderung der Entwicklungshilfe
11.03.92	§ 005 (1) Nr. 09-CD021	BMF	Gemeinnützigkeitsrechtliche Behandlung von Beschäftigungsgesellschaften und ähnlichen Körperschaften
13.07.92	§ 005 (1) Nr. 09-CD022	FM Hes	Zentrale Gehaltsabrechnungsstellen
21.07.92	§ 005 (1) Nr. 09-CD023	OFD Düs	Steuerliche Behandlung von Altkleidersammlungen mittels Containern
06.08.92	§ 005 (1) Nr. 09-CD024	BMF	Anerkennung von Aushilfslöhnen bei wirtschaftlichen Geschäftsbetrieben gemeinnütziger Vereine (BFH-Urteil vom 05.12.1990 I R 5/88)

§ 5

Datum	Anl.	Quelle	Inhalt
17.09.92	§ 005 (1) Nr. 09-CD025	FM BW	Gemeinnützigkeit des „Reichsbundes der Kriegs- und Wehrdienstopfer, Behinderten, Sozialrentner und Hinterbliebenen e. V." und seiner Untergliederungen
05.11.92	§ 005 (1) Nr. 09-CD026	FM MV	Gemeinnützigkeit von Sportclubs im ADAC
05.01.93	§ 005 (1) Nr. 09-CD027	OFD Fra	Satzungsmäßige Verwendung der Vereinsmittel bei Unterschlagungen/Betrügereien des Vorsitzenden
04.03.93	§ 005 (1) Nr. 09-CD028	OFD Fra	Steuerliche Behandlung der Einrichtungen der freien Wohlfahrtspflege und ihrer Mitgliedsorganisationen; hier: Pilgerreisen
30.03.93	§ 005 (1) Nr. 09-CD029	OFD Fra	Gemeinnützigkeit von Dialyse-Vereinen
23.06.93	§ 005 (1) Nr. 09-CD030	FM Th	Steuervergünstigungen aufgrund Verfolgung gemeinnütziger Zwecke; hier: allgemeine Förderung des demokratischen Staatswesens; § 52 Abs. 2 Nr. 3 Abgabenordnung mit entsprechendem Anwendungserlaß
22.07.93	§ 005 (1) Nr. 09-CD031	FM Bra	Steuerliche Behandlung gastronomischer Einrichtungen, die von gemeinnützigen Körperschaften in Jugendzentren und soziokulturellen Zentren betrieben werden; hier: wirtschaftlicher Geschäftsbetrieb
02.02.94	§ 005 (1) Nr. 09-CD032	OFD Mdb	Steuerliche Behandlung von Einrichtungen der freien Wohlfahrtspflege und ihrer Mitgliedsorganisationen
21.06.94	§ 005 (1) Nr. 09-CD033	FM Hes	Gemeinnützigkeit von Motorsportclubs im ADAC
24.06.94	§ 005 (1) Nr. 09-CD034	OFD Mst	Gemeinnützigkeitsrechtliche Behandlung der Selbsthilfegruppen alleinstehender Menschen
27.07.94	§ 005 (1) Nr. 09-CD035	FM NRW	Abweichendes Wirtschaftsjahr bei steuerbegünstigten Körperschaften i. S. d. § 5 Abs. 1 Nr. 9 KStG
17.08.94	§ 005 (1) Nr. 09-CD036	FM Bra	Gemeinnützigkeit; Besteuerung des Tierparks und zoologischen Gärten
20.09.94	§ 005 (1) Nr. 09-CD037	OFD Düs	Gemeinnützigkeit von Dart-Vereinen
22.02.95	§ 005 (1) Nr. 09-CD038	FM Hbg	Gemeinnützigkeit; Behandlung der Mensa- und Cafeteria-Betriebe von Studentenwerken
27.09.95	§ 005 (1) Nr. 09-CD039	OFD Fra	Gemeinnützigkeit von Trägervereinen des nichtkommerziellen Rundfunks nach § 30a des Hessischen Privatrundfunkgesetzes vom 10.10.1994 (GVBl. I S. 576)
27.10.95	§ 005 (1) Nr. 09-CD040	OFD Fra	Steuerliche Behandlung von Fremdenverkehrsbetrieben
15.01.96	§ 005 (1) Nr. 09-CD041	FM NRW	Gemeinnützigkeit von Anglervereinen
09.02.96	§ 005 (1) Nr. 09-CD042	FM BW	Verluste des wirtschaftlichen Geschäftsbetriebs durch Abschreibungen
21.02.96	§ 005 (1) Nr. 09-CD043	FM BW	Gemeinnützigkeit; Steuerliche Behandlung der Deutschen Eishockey-Profi-Liga (DEL)
26.02.96	§ 005 (1) Nr. 09-CD044	OFD Ef	Gemeinnützige Zwecke (§ 52 AO); Steuerliche Behandlung von Fremdenverkehrsbetrieben
06.03.96	§ 005 (1) Nr. 09-CD045	FM Th	Gemeinnützigkeit der Sozialistischen Jugend Deutschlands – Die Falken –
25.03.96	§ 005 (1) Nr. 09-CD046	OFD Kln	Steuerliche Behandlung von Beschaffungsstellen steuerbegünstigter Körperschaften
25.04.96	§ 005 (1) Nr. 09-CD047	FM Th	Gemeinnützigkeit von Sporthilfe-Fördervereinen

Datum	Anl.	Quelle	Inhalt
09.05.96	§ 005 (1) Nr. 09-CD048	OFD Ko	Gemeinnützigkeit der Träger von Modellen zur Beschäftigung von Arbeitslosen (Arbeitnehmerüberlassung)
11.12.96	§ 005 (1) Nr. 09-CD049	OFD Fra	Gemeinnützigkeit von Feuerbestattungsvereinen; Ausführung von Feuerbestattungen durch einen Verein
25.06.97	§ 005 (1) Nr. 09-CD050	FM Bay	Weitergabe von Mitteln (§ 58 Nr. 1 und 2 AO)
16.09.97	§ 005 (1) Nr. 09-CD051	OFD Sb	Gemeinnützigkeit von Sporthilfe-Fördervereinen; Anwendung der Grundsätze auf andere Vereine
21.11.97	§ 005 (1) Nr. 09-CD052	OFD Ki	Steuerrechtliche Fragen im Zusammenhang mit der gemeinsamen Nutzung medizinischer Großgeräte durch Ärzte und Krankenhäuser
11.03.98	§ 005 (1) Nr. 09-CD053	FM Hes	Gemeinnützige Zwecke i.S.d. § 52 Abs. 2 Nr. 4 AO Hier: Country- und Westernvereine
19.06.98	§ 005 (1) Nr. 09-CD054	OFD Ko	Gemeinnützigkeitsrechtliche Behandlung des Verkaufs von Wohlfahrtsbriefmarken
06.07.98	§ 005 (1) Nr. 09-CD055	OFD Fra	Sparmaßnahmen im Bereich der medizinischen Rehabilitation
14.07.98	§ 005 (1) Nr. 09-CD056	OFD Han	Gemeinnützigkeit von Kurkliniken und Sanatorien (§ 67 AO)
16.07.98	§ 005 (1) Nr. 09-CD057	FM S	Gemeinnützige Zwecke i.S.d. § 52 Abs. 2 Nr. 4 AO; hier: Freizeitwinzervereine
17.07.98	§ 005 (1) Nr. 09-CD058	OFD Han	Verkaufsstellen von Behindertenwerkstätten (§ 68 AO)
31.08.98	§ 005 (1) Nr. 09-CD059	OFD Dus	Gemeinnützigkeit der Zeugen Jehovas
09.10.98	§ 005 (1) Nr. 09-CD060	OFD Fra	Gemeinnützigkeit von Vereinen zur Förderung von Kinderbetreuung
06.11.98	§ 005 (1) Nr. 09-CD061	BMF	Erfüllung von Ansprüchen, die auf gestiftetem Vermögen lasten
17.11.98	§ 005 (1) Nr. 09-CD062	OFD Ko	Einordnung von wirtschaftlichen Geschäftsbetrieben von Vereinen, die nach ihrer Satzung das öffentliche Gesundheitswesen fördern; Abgrenzung zwischen steuerpflichtigem wirtschaftlichem Geschäftsbetrieb und Zweckbetrieb (§§ 64 - 68 AO)
29.07.99	§ 005 (1) Nr. 09-CD063	OFD Han	Ausgleich von Verlusten aus der Vermögensverwaltung
22.09.99	§ 005 (1) Nr. 09-CD064	BMF	Gemeinnützigkeitsrechtliche Behandlung von Forschungseinrichtungen des privaten Rechts; Anwendung des § 68 Nr. 9 AO
28.09.99	§ 005 (1) Nr. 09-CD065	BMF	Gemeinnützigkeit von Schulen in freier Trägerschaft
03.02.00	§ 005 (1) Nr. 09-CD066	FM Nds	Gemeinnützige Stiftungen; Unterstützung hilfsbedürftiger Angehöriger des Stifters
14.02.00	§ 005 (1) Nr. 09-CD067	OFD Han	Freiwillige Zuwendungen an gemeinnützige Vereine im Rahmen von Gruppenversicherungen
22.02.00	§ 005 (1) Nr. 09-CD068	OFD Ko	Fragen der Gemeinnützigkeit bei INSTI-Erfinderclubs
08.05.00	§ 005 (1) Nr. 09-CD069	FM MV	Gemeinnützigkeit von Schützenvereinen
22.05.00	§ 005 (1) Nr. 09-CD070	OFD Düs	Förderung der Allgemeinheit durch Vereine, die Privatschulen betreiben oder unterstützen
25.05.00	§ 005 (1) Nr. 09-CD071	OFD Fra	Gemeinnützigkeitsrechtliche Behandlung von Forschungseinrichtungen des privaten Rechts; Anwendung des § 68 Nr. 9 AO

§ 5

Datum	Anl.	Quelle	Inhalt
18.09.00	§ 005 (1) Nr. 09-CD072	OFD Fra	Steuerliche Behandlung der Freiwilligen Feuerwehrvereine
16.11.00	§ 005 (1) Nr. 09-CD073	FM BW	Besteuerung von Karnevalsvereinen – Steuerliche Beurteilung der Veranstaltungen
12.12.00	§ 005 (1) Nr. 09-CD074	OFD Kln	Steuerliche Behandlung von Körperschaften, die gemeinnützigen, mildtätigen oder kirchlichen Zwecken dienen (§§ 51 - 68 AO, § 5 Abs. 1 Nr. 9 KStG, § 3 Nr. 6 GewStG)
03.01.01	§ 005 (1) Nr. 09-CD075	OFD Ki	Ausgleich von Verlusten des steuerpflichtigen wirtschaftlichen Geschäftsbetriebs mittels Aufnahme von Darlehen (§ 55 AO)
01.02.01	§ 005 (1) Nr. 09-CD076	FM SA	Gemeinnützigkeit von Vereinen zur Ausbildung im Verbund
09.04.01	§ 005 (1) Nr. 09-CD077	OFD Fra	Senioren- und Nachbarschaftshilfevereine, Tauschringe und Zeitbörsen
10.05.01	§ 005 (1) Nr. 09-CD078	OFD Rst	Gemeinnützigkeitsrechtliche Behandlung von Abmahnvereinen
25.05.01	§ 005 (1) Nr. 09-CD079	OFD Mdb	Gemeinnützigkeitsrechtliche Behandlung der Bundesarbeitsgemeinschaft (BAG) ALT HILFT JUNG e.V. (§ 52 AO)
08.08.01	§ 005 (1) Nr. 09-CD080	FM Sar	Gemeinnützigkeitsrechtliche Behandlung der Grundversorgung von Schülerinnen und Schüler mit Speisen und Getränken (sog. Mensabetriebe)
01.11.01	§ 005 (1) Nr. 09-CD081	OFD Düs	Gemeinnützigkeit von steuerbegünstigten Körperschaften, die Preise verleihen (§ 52 AO)
29.11.01	§ 005 (1) Nr. 09-CD082	OFD Ko	Gemeinnützigkeit der Universalen Kirche; formelle Satzungsmäßigkeit
29.11.01	§ 005 (1) Nr. 09-CD083	OFD Mdb	Zweckbetriebseigenschaft von Bildungseinrichtungen i.S.d. § 68 Nr. 8 AO; Beherbergungs- und Beköstigungsleistungen
11.12.01	§ 005 (1) Nr. 09-CD084	OFD Rst	Steuerliche Vergünstigungen für den Betrieb von Altenheimen, Altenwohnheimen und Pflegeheimen (§ 68 Nr. 1 Buchst. a AO; § 4 Nr. 16 Buchst. d UStG) hier: Begriff des Heims i.S.d. Heimgesetzes (HeimG) und Nachweisführung für steuerliche Zwecke; Abgrenzung zu anderen Formen von Betreuungsleistungen („Betreutes Wohnen")
11.03.02	§ 005 (1) Nr. 09-CD085	OFD Han	Gemeinnützigkeit der Trägervereine Offener Kanäle und des Bürgerrundfunks
14.03.02	§ 005 (1) Nr. 09-CD086	OFD Fra	Nachweis der wirtschaftlichen Hilfsbedürftigkeit i. S. d. § 53 Nr. 2 AO
16.04.02	§ 005 (1) Nr. 09-CD087	OFD Muc	Steuerliche Behandlung der Blutspendedienste der Landesverbände des Deutschen Roten Kreuzes (DRK) und des Bayerischen Roten Kreuzes (BRK)
18.06.02	§ 005 (1) Nr. 09-CD088	OFD Muc	Gemeinnützigkeitsrechtliche Behandlung von Bundes- und Landesgartenschauen
12.07.02	§ 005 (1) Nr. 09-CD089	OFD Rst	Gemeinnützigkeitsrecht; Mittelverwendung (§ 55 AO)
31.07.02	§ 005 (1) Nr. 09-CD090	OFD Han	Ausgliederung eines Zweckbetriebes in eine neue steuerbegünstigte GmbH
21.10.02	§ 005 (1) Nr. 09-CD091	OFD Fra	Steuerrechtliche Behandlung des Fahrdienstes für den ärztlichen Notfalldienst bzw. Rettungsdienst von Organisationen der freien Wohlfahrtspflege

Datum	Anl.	Quelle	Inhalt
07.05.03	§ 005 (1) Nr. 09-CD092	OFD Mdb	Einschaltung einer Hilfsperson i.S.d. § 57 Abs. 1 Satz 2 AO
06.08.03	§ 005 (1) Nr. 09-CD093	OFD Fra	Selbstlosigkeit – Verfolgen eigenwirtschaftlicher Zwecke „in erster Linie" (§ 55 Abs. 1 Satz 1 AO)
14.08.03	§ 005 (1) Nr. 09-CD094	FM Bln	Steuerliche Behandlung von zweckgebundenen Zuwendungen an Fördervereine öffentlicher Schulen zur Beschaffung von Schulbüchern
21.08.03	§ 005 (1) Nr. 09-CD095	OFD Han	Zertifizierung nachhaltiger Waldbewirtschaftung; gemeinnützigkeitsrechtliche Beurteilung
09.09.03	§ 005 (1) Nr. 09-CD096	OFD Fra	Mittelverwendung i.S.d. § 55 Abs. 1 AO
07.10.03	§ 005 (1) Nr. 09-CD097	OFD Ko	Gemeinnützigkeitsrechtliche Beurteilung der Überlassung von einem Zweckbetrieb gewidmeter Räumlichkeiten einschließlich Inventar an eine von der gemeinnützigen Körperschaft beherrschte Dienstleistungs-GmbH
03.12.03	§ 005 (1) Nr. 09-CD098	OFD Muc	Gemeinnützigkeitsrechtliche Behandlung von Schülerfirmen (§ 52 AO)
22.09.04	§ 005 (1) Nr. 09-CD099	OFD Ko	Gemeinnützigkeit von Werkstätten für behinderte Menschen, Einrichtungen für Beschäftigungs- und Arbeitstherapie sowie von Integrationsprojekten – Änderung des § 68 Nr. 3 AO
02.11.04	§ 005 (1) Nr. 09-CD100	OFD Han	Förderung der Allgemeinheit bei internationalen Kindergärten, deren Beiträge weit über denen kommunaler oder kirchlicher Kindergärten liegen (§ 52 Abs. 1 AO)
09.03.05	§ 005 (1) Nr. 09-CD101	FM NRW	Annahme wirtschaftlicher Geschäftsbetriebe bei Krankenhäusern i.S.d. § 67 AO
18.03.05	§ 005 (1) Nr. 09-CD102	OFD Muc	Teilweise Mittelweitergaben nach § 58 Nr. 2 AO
24.03.05	§ 005 (1) Nr. 09-CD103	OFD Mdb	Betrieb von Schwimmbädern durch gemeinnützige Vereine
20.04.05	§ 005 (1) Nr. 09-CD104	OFD Mdb	Weitergabe von Mitteln (§ 58 Nrn. 1 und 2 AO)
29.04.05	§ 005 (1) Nr. 09-CD105	OFD Düs	Umlagezahlungen eines gemeinnützigen Betriebes gewerblicher Art an seine Trägerkörperschaft
24.06.05	§ 005 (1) Nr. 09-CD106	OFD Düs	Steuerliche Behandlung der Pferderennvereine
08.07.05	§ 005 (1) Nr. 09-CD107	OFD Muc	Beurteilung von Aufwendungen einer steuerbegünstigten Körperschaft unter dem Gesichtspunkt der § 55 AO und § 10 Nr. 1 KStG
11.07.05	§ 005 (1) Nr. 09-CD108	FM Sar	Auflösung/Zusammenlegung von Schulen; hier: Auswirkungen auf die Gemeinnützigkeit von Fördervereinen
15.08.05	§ 005 (1) Nr. 09-CD109	OFD Düs	Gemeinnützigkeitsrechtliche Beurteilung der Tätigkeit als Hilfsperson – Auslegung der Regelung in AEAO zu § 57 Nr. 2 letzter Satz (insbesondere bei Rettungsdiensten)
20.09.05	§ 005 (1) Nr. 09-CD110	BMF	Förderung der Allgemeinheit und Satzungsbestimmungen zur Ausschließlichkeit und Unmittelbarkeit
29.09.05	§ 005 (1) Nr. 09-CD111	BLSt	Tierheime; Aufnahme bzw. Verkauf von Tieren
30.09.05	§ 005 (1) Nr. 09-CD112	OFD Han	Voraussetzungen der satzungsmäßigen Vermögensbindung nach § 55 Abs. 1 Nr. 4 AO hier: Gemeinnützigkeitsrechtliche Einordnung einer sog. Treuhandklausel

§ 5

Datum	Anl.	Quelle	Inhalt
17.11.05	§ 005 (1) Nr. 09-CD113	OFD Ko	Mittelzuwendung einer gemeinnützigen Eigengesellschaft an ihre Trägerkörperschaft zur Verwendung dieser Mittel für hoheitliche Zwecke
21.11.05	§ 005 (1) Nr. 09-CD114	BLSt	Errichtung und Betrieb von Fotovoltaikanlagen durch steuerbegünstigte Körperschaften
18.04.06	§ 005 (1) Nr. 09-115	BLSt	Steuerliche Behandlung von Ausgleichszahlungen für die Übernahme der Verpflichtung zur Schaffung von naturschutzrechtlichen Ausgleichsflächen (§ 65 AO)
21.11.06	§ 005 (1) Nr. 09-116	OFD Ch	Gemeinnützigkeit: Betreiben einer Solaranlage
27.11.06	§ 005 (1) Nr. 09-117	BLSt	Medizinische Versorgungszentren nach § 95 SGB V als Einrichtung der Wohlfahrtspflege i.S.d. § 66 AO
24.05.07	§ 005 (1) Nr. 09-118	FM Bra	Deutsche Pfadfinderschaft Sankt Georg (DPSG) und ihre Fördervereine; Mustersatzung
14.08.07	§ 005 (1) Nr. 09-119	OFD Han	Anerkennung der Gemeinnützigkeit einer Patentstelle hinsichtlich der Forschungsförderung (§§ 64, 65 und 68 Nr. 9 AO)
21.08.07	§ 005 (1) Nr. 09-120	OFD Fra	Leistungen im Zusammenhang mit der Durchführung des Freiwilligen Sozialen Jahres
26.09.07	§ 005 (1) Nr. 09-121	OFD Fra	Anerkennung von Tischfußball als Sport i.S.d. § 52 Abs. 2 Nr. 2 AO
31.10.07	§ 005 (1) Nr. 09-122	OFD Han	Gemeinnützigkeitsrechtliche Behandlung der Hausnotrufzentrale und des Kompetenzzentrums eines bundesweit tätigen Wohlfahrtsverbandes (§ 66 AO)
21.01.08	§ 005 (1) Nr. 09-123	OFD Fra	Unterstützung anderer Körperschaften (§ 58 Nr. 1 bis 4 AO)
23.01.08	§ 005 (1) Nr. 09-124	OFD Ko	Gemeinnützigkeitsrechtliche Beurteilung der Leistungen zwischen regionalen Untergliederungen des DRK und dem Blutspendedienst des DRK
01.02.08	§ 005 (1) Nr. 09-125	FM Th	Förderung und Organisation alternativer Wohnformen von Menschen verschiedenen Alters und Herkunft
30.04.08	§ 005 (1) Nr. 09-126	OFD Mst	Steuerliche Behandlung der örtlichen Versammlungen der Zeugen Jehovas in NRW
15.05.08	§ 005 (1) Nr. 09-127	OFD Fra	Wirtschaftliche Hilfsbedürftigkeit i.S.d. § 53 Nr. 2 Satz 1 AO – Regelsätze nach dem Bundessozialhilfegesetz
15.05.08	§ 005 (1) Nr. 09-128	OFD Fra	Fitness-Studios gemeinnütziger Sportvereine
15.05.08	§ 005 (1) Nr. 09-129	FM Th	Steuerliche Behandlung der Tafeln und der Unternehmer, die Lebensmittel unentgeltlich abgeben
10.06.08	§ 005 (1) Nr. 09-130	OFD Fra	Verband Wohneigentum Hessen e.V. und angeschlossene Mitgliedsverbände
16.06.08	§ 005 (1) Nr. 09-131	OFD Fra	Gemeinnützigkeitsrechtliche Beurteilung einer ärztlichen Notfallpraxis
26.06.08	§ 005 (1) Nr. 09-132	OFD Han	Ärztliche Notfallpraxis in der Rechtsform eines eingetragenen Vereins
27.06.08	§ 005 (1) Nr. 09-133	OFD Han	Steuerlich unschädliche Betätigungen; Zuführung von Zuwendungen von Todes wegen zum Vermögen gemäß § 58 Nr. 11a AO
24.07.08	§ 005 (1) Nr. 09-134	OFD Han	Fitness-Studios gemeinnütziger Sportvereine
08.08.08	§ 005 (1) Nr. 09-135	OFD Han	Leistungen im Zusammenhang mit der Durchführung des Freiwilligen Sozialen Jahres

Datum	Anl.	Quelle	Inhalt
02.09.08	§ 005 (1) Nr. 09-136	FM Th	Wirtschaftliche Hilfsbedürftigkeit i.S.d. § 53 Nr. 2 S. 1 AO
05.09.08	§ 005 (1) Nr. 09-137	OFD Fra	Förderung des bürgerschaftlichen Engagements i. S. d. § 52 Abs. 2 Nr. 25 AO
30.10.08	§ 005 (1) Nr. 09-138	FM Th	Anhebung der Grenze für pauschale Aufwandsentschädigungen an bezahlte Sportler auf 400 EUR; Änderung des AEAO mit BMF-Schreiben vom 21.04.2008 (BStBl I S. 582)
04.11.08	§ 005 (1) Nr. 09-139	OFD Han	Verein „Netzwerk Spendenportal e.V."; hier: Schreiben des Vereins an niedersächsische Finanzämter, in deren Zuständigkeitsbereich ein Verein belegen ist, der auf den Internetseiten „spendenportal.de" um Spenden wirbt
27.11.08	§ 005 (1) Nr. 09-140	BLSt	Naturfreunde Deutschlands e.V.; Mustersatzungen der Landesverbände und Ortsgruppen
27.01.09	§ 005 (1) Nr. 09-141	BLSt	Gemeinnützigkeitsrechtliche Behandlung der Rettungsdienste und Krankentransporte; Beschluss des BFH vom 18.09.2007 – I R 30/06
26.05.09	§ 005 (1) Nr. 09-142	BMF	Grenzen für die wirtschaftliche Hilfsbedürftigkeit; Umfang des Vermögens im Sinne des § 53 Satz 1 Nr. 2 AO, das zur nachhaltigen Verbesserung des Unterhalts ausreicht
15.06.09	§ 005 (1) Nr. 09-143	OFD Kob	Gemeinnützigkeit von Fördervereinen bei schulstrukturellen Änderungen
06.07.09	§ 005 (1) Nr. 09-144	OFD Han	Gemeinnützigkeit von Unternehmergesellschaften i. S. d. § 5a GmbHG in der Fassung des Gesetzes zur Modernisierung des GmbH-Rechts und zur Bekämpfung von Missbräuchen -MoMiG (sogenannte „Mini- oder 1-Euro-GmbHs")
03.07.09	§ 005 (1) Nr. 09-145	OFD Han	Förderung des öffentlichen Gesundheitswesens durch Mineralsalztherapie nach Dr. Schüßler (Biochemische Gesundheitsvereine)
14.10.09	§ 005 (1) Nr. 09-146	BMF	Gemeinnützigkeitsrechtliche Folgerungen aus der Anwendung des § 3 Nummer 26a EStG: Zahlungen an Mitglieder des Vorstands
23.10.09	§ 005 (1) Nr. 09-147	OFD Han	„Ehrenamtspauschale" gem. § 3 Nr. 26a EStG; hier: Satzungsmäßige Voraussetzungen für Zahlungen an den Vorstand

zu § 5 Abs. 1 Nr. 10

Datum	Anl.	Quelle	Inhalt
22.11.91	§ 005 (1) Nr. 10-01	FM NRW	Aufhebung der Steuerbefreiung für gemeinnützige Wohnungsunternehmen und Einführung der Steuerbefreiung für Vermietungsgenossenschaften sowie -vereine durch das Steuerreformgesetz 1990
08.12.89	§ 005 (1) Nr. 10-02	OFD Kln	Wohnungsgemeinnützigkeitsrecht: Zulässigkeit einer Vermietung von Wohnungen an eine Gemeinde zur vorübergehenden Unterbringung von Aus- und Übersiedlern
18.09.90	§ 005 (1) Nr. 10-03	FM NRW	Billigkeitsmaßnahme bei der vorläufigen Unterbringung von Aus- und Übersiedlern in Wohnungen von Vermietungsgenossenschaften sowie -vereinen i. S. des § 5 Abs. 1 Nr. 10 KStG
	§ 005 (1) Nr. 10-04		(weggefallen)

§ 5

Datum	Anl.	Quelle	Inhalt
05.12.07	§ 005 (1) Nr. 10-05	OFD Fra	Steuerbefreite Vermietungsgenossenschaften (§ 5 Abs. 1 Nr. 10 KStG); Abschluss von Miet- und Dauernutzungsverträgen mit eingetragenen Lebenspartnern; Unterbringung bestimmter Personengruppen in Genossenschaftswohnungen

zu § 5 Abs. 1 Nr. 12

Datum	Anl.	Quelle	Inhalt
14.10.80	§ 005 (1) Nr. 12-01	FM NRW	Abgrenzung der begünstigten Tätigkeiten
06.06.90	§ 005 (1) Nr. 12-02	FM NRW	Steuerliche Behandlung einer Dividendenausschüttung durch ein nach § 5 Abs. 1 Nr. 12 KStG in der Fassung des Steuerreformgesetzes 1990 von der Körperschaft- steuer befreites gemeinnütziges Siedlungsunternehmen

zu § 5 Abs. 1 Nr. 14

Datum	Anl.	Quelle	Inhalt
19.09.66	§ 005 (1) Nr. 14-01	FM BW	Steuerliche Beurteilung der Einnahmen aus Vermietung von Wohnungen
12.10.78	§ 005 (1) Nr. 14-02	FM NRW	Körperschaftsteuerliche Behandlung der Betriebshilfsdienste
21.10.85	§ 005 (1) Nr. 14-03	OFD Düs	Körperschaftsteuerliche Behandlung der Betriebshilfsdienste
07.10.99	§ 005 (1) Nr. 14-04	OFD Han	Ansammlung von Reserven bei steuerbefreiten Genossenschaften und Vereinen im Bereich der Land- und Forstwirtschaft (§ 5 Abs. 1 Nr. 14 KStG)
01.08.88	§ 005 (1) Nr. 14-05	FM Bay	Körperschaftsteuer; Steuerbefreiung für Molkereigenossenschaften
04.04.77	§ 005 (1) Nr. 14-06	FM NRW	Körperschaftsteuerliche Behandlung der Molkereigenossenschaften; hier: Gewährung von Zuschüssen an die Milchlieferanten zur Beschaffung von Milchkühlanlagen
07.11.83	§ 005 (1) Nr. 14-07	OFD Kln	Steuerfreie Winzergenossenschaften und -vereine: Herstellung von Branntwein aus Wein
23.05.85	§ 005 (1) Nr. 14-08	FM BW	Körperschaftsteuerbefreiung landwirtschaftlicher Winzergenossenschaften; Zukauf von Tafelwein zur obligatorischen Destillation
20.01.87	§ 005 (1) Nr. 14-09	BMF	Steuerbefreiung der Winzergenossenschaften gem. § 5 Abs. 1 Nr. 14 KStG
03.12.87	§ 005 (1) Nr. 14-10	FM RP	Steuerliche Behandlung der Herstellung und des Vertriebs von Sekt durch Weinbaubetriebe oder Winzergenossenschaften (-vereine)
06.12.88	§ 005 (1) Nr. 14-11	OFD Han	Körperschaftsteuerliche Behandlung der Milchkontrollvereine und -verbände
	§ 005 (1) Nr. 14-12		(weggefallen)
	§ 005 (1) Nr. 14-13		(weggefallen)
16.03.93	§ 005 (1) Nr. 14-14	BMF	Partielle Steuerpflicht für Genossenschaften und Vereine nach § 5 Abs. 1 Nr. 14 KStG

zu § 5 Abs. 1 Nr. 18

Datum	Anl.	Quelle	Inhalt
04.01.96	§ 005 (1) Nr. 18-01	FM NRW	Steuerbefreiung von Wirtschaftsförderungsgesellschaften
	§ 005 (1) Nr. 18-02		(weggefallen)
15.05.03	§ 005 (1) Nr. 18-03	OFD Muc	Unschädlichkeit bestimmter Tätigkeiten für Steuerbefreiung von Wirtschaftsförderungsgesellschaften

Datum	Anl.	Quelle	Inhalt
05.01.05	§ 005 (1) Nr. 18-04	OFD Kob	Steuerbefreiung von Wirtschaftsförderungsgesellschaften (§ 5 Abs. 1 Nr. 18 KStG) – Auswirkungen des BFH-Urteils vom 26.2.2003 I R 49/01 (BStBl. II 2003 S. 723)

zu § 5 Abs. 1 Nr. 23

09.08.05	§ 005 (1) Nr. 23-01	OFD Fra	Steuerrechtliche Beurteilung „Klinischer Studien" als Auftragsforschung bei einer medizinischen Hochschule (§ 5 Abs. 1 Nr. 23 KStG)

Rechtsprechungsauswahl

Zu § 5 KStG

Zu § 5 Abs. 1 Nr. 3KStG

BFH vom 24.01.2001 I R 33/00 (BFH/NV 2001 S. 1300):

1. Eine Unterstützungskasse genügt auch bereits vor der Eintragung in das Vereinsregister den Erfordernissen der Rechtsfähigkeit i.S. von § 5 Abs. 1 Nr. 3 KStG.
2. Eine Unterstützungskasse gewährt ihren Leistungsanwärtern auch dann keinen Rechtsanspruch i.S. d. § 5 Abs. 1 Nr. 3 KStG, wenn sie ihre Leistungen kraft ausdrücklicher Satzungsregelung freiwillig erbringt, die erbrachten Leistungen aber schuldbefreiend auf Leistungen angerechnet werden, die das Trägerunternehmen als Arbeitgeber den Begünstigten unmittelbar zugesagt hat.

BFH vom 05.11.1992 I R 61/89 (BStBl. 1993 II S. 185): Rechtsfähige Versorgungseinrichtungen, die – z.b. durch Satzungsbestimmung – Rechtsansprüche auf ihre Leistungen ausschließen, sind auch dann Unterstützungskassen i. S. der §§ 1 Abs. 4 Satz 1 BetrAVG und 4d EStG 1975, wenn aufgrund der Rechtsprechung des BAG Rechtsansprüche auf die Leistungen unter dem Gesichtspunkt der Geschäftsbesorgung für das Trägerunternehmen bestehen.

BFH vom 26.02.1992 I B 74/91 (BFH/NV 1993 S. 329): Voraussetzung der Steuerbefreiungen ist u.a., dass den Leistungsempfängern oder den Arbeitnehmervertretungen des Betriebs satzungsgemäß und tatsächlich das Recht zusteht, an der Verwaltung sämtlicher Beträge, die der Klasse zufließen, beratend mitzuwirken. Für den Fall, dass die Arbeitnehmer des Trägerunternehmens keinen Betriebsrat gebildet haben, muss den Arbeitnehmern oder Personen, die von ihnen mittelbar oder unmittelbar gewählt wurden, das Mitwirkungsrecht zustehen.

BFH vom 04.12.1991 I R 68/89 (BStBl. 1992 II S. 744):

1. Zuwendungen eines Trägerunternehmens an eine von ihm beherrschte Unterstützungskasse in der Rechtsform einer GmbH sind jedenfalls insoweit keine Einlagen, als die Zuwendungen abziehbar sind (§ 4 d EStG) und die Unterstützungskasse ausschließlich Arbeitnehmer des Trägerunternehmens unterstützt.
2. Wird eine Unterstützungskasse in der Rechtsform einer GmbH auf das Trägerunternehmen umgewandelt, so erwächst dem Trägerunternehmen ein Anspruch auf Herausgabe der Zuwendungen samt Nutzungen, weil der mit den Zuwendungen bezweckte Erfolg nicht eintritt (§ 812 Abs. 1 Satz 2, 2. Alternative BGB).

BFH vom 31.07.1991 I R 4/89 (BStBl. 1992 II S. 98): Inländische Einkünfte (insbesondere Kapitalerträge) einer Unterstützungskasse, die dem Steuerabzug unterliegen, sind im Verhältnis des überdotierten zum Gesamtvermögen der Kasse in die Körperschaftsteuerveranlagung einzubeziehen. Nur insoweit ist die auf die Kapitalerträge entfallende Kapitalertrag- und Körperschaftsteuer auf die festgesetzte Körperschaftsteuer anzurechnen.

BFH vom 18.07.1990 I R 22-23/87 (BStBl. 1990 II S. 1088):

1. Unterstützungskassen können nicht nur durch einen „Geschäftsplan", sondern auch durch ihre Satzung oder durch einen Leistungsplan sicherstellen, dass es sich um eine soziale Einrichtung handelt.
2. Gewährt eine Unterstützungskasse laufende Leistungen, so ist das zulässige Kassenvermögen (§ 5 Abs. 1 Nr. 3 Buchst. e KStG 1977) auch dann auf der Grundlage der durchschnittlich gewährten Leistungen zu ermitteln, wenn die Kasse nur in wenigen Fällen laufende Leistungen gewährt.

§ 5

BFH vom 30.05.1990 I R 64/86 (BStBl. 1990 II S. 1000):

1. Eine Unterstützungskasse ist nicht mehr von der Körperschaftsteuer befreit, wenn sie ihrem Trägerunternehmen ein Darlehen zu einem unangemessen niedrigen Zins gewährt.

2. Wurde die Darlehensforderung der Unterstützungskasse zugewendet, beruht sie also nicht auf Leistungen der Kasse an das Trägerunternehmen, dann ist die Unverzinslichkeit oder unangemessen niedrige Verzinsung der Forderung für die Steuerbefreiung unschädlich, solange die Unterstützungskasse aus rechtlichen Gründen gehindert ist, eine angemessene Verzinsung durchzusetzen.

3. Ob die Verzinsung einer Darlehensforderung angemessen ist, hängt von den Umständen des Einzelfalls ab.

BFH vom 10.06.1987 I R 253/83 (BStBl. 1988 II S. 27):

1. Die Steuerfreiheit einer Unterstützungskasse setzt voraus, dass der Beirat, dem die beratende Mitwirkung durch die Zugehörigen bzw. Arbeitnehmervertreter des Trägerunternehmens übertragen ist, die Gesamtheit der Betriebszugehörigen repräsentiert (Bestätigung des BFH-Urteils vom 24. Juni 1981 I R 143/78, BFHE 133, 535, BStBl. 1981 II S. 749).

2. Diese Voraussetzung ist nicht erfüllt, wenn die Beiratsmitglieder letztlich von der Geschäftsleitung des Trägerunternehmens bestimmt werden.

3. Eine Bestimmung durch die Geschäftsleitung des Trägerunternehmens ist auch gegeben, wenn der Beirat zwar durch die Mitgliederversammlung der Unterstützungskasse aus dem Kreis der Betriebsangehörigen gewählt wird, über die Zusammensetzung der Mitgliederversammlung jedoch der von der Geschäftsleitung des Trägerunternehmens eingesetzte Vorstand entscheidet.

BFH vom 24.06.1981 I R 143/78 (BStBl. 1981 II S. 749): Das für die Steuerfreiheit einer rechtsfähigen Unterstützungskasse den Zugehörigen des Betriebs zustehende Recht einer beratenden Mitwirkung kann in der Weise eingeräumt werden, dass satzungsmäßig und tatsächlich bei der Unterstützungskasse ein Beirat gebildet wird, dem Arbeitnehmer angehören. Diese müssen jedoch die Gesamtheit der Betriebszugehörigen repräsentieren, d.h. sie müssen von diesen unmittelbar oder mittelbar gewählt worden sein.

BFH vom 17.10.1979 I R 14/76 (BStBl. 1980 II S. 225): Eine rechtsfähige Unterstützungskasse ist nicht von der Körperschaftsteuer befreit, wenn sie als Kommanditistin an ihrem Trägerunternehmen beteiligt ist und sich damit als Mitunternehmer eines Gewerbebetriebs betätigt. Das gilt grundsätzlich auch dann, wenn der Kommanditanteil einer Testamentsvollstreckung unterliegt.

BFH vom 15.12.1976 I R 235/75 (BStBl. 1977 II S. 490): Wird die satzungsmäßige Vermögensbindung einer rechtsfähigen Unterstützungskasse aufgehoben, so entfällt die Körperschaftsteuerfreiheit der Kasse auch mit Wirkung für die Vergangenheit.

BFH vom 25.10.1972 GrS 6/71 (BStBl. 1973 II S. 79):

1. Die Übernahme von Stammeinlagen auf das Stammkapital einer Unterstützungskasse in der Rechtsform der GmbH ist keine Zuwendung im Sinne des Gesetzes über die Behandlung von Zuwendungen an betriebliche Pensionskassen und Unterstützungskassen bei den Steuern vom Einkommen und Ertrag vom 26. März 1952 – ZuwG – (BGBl. I 1952, 206, BStBl. I 1952, 227).

2. Eine Abschreibung der Beteiligung auf den niedrigeren Teilwert kann alsbald nach Übernahme der Stammeinlage auf das Stammkapital einer Unterstützungskasse in der Rechtsform der GmbH nicht vorgenommen werden.

BFH vom 29.01.1969 I 247/65 (BStBl. 1969 II S. 269):

1. Die Steuerfreiheit einer rechtsfähigen Unterstützungskasse geht verloren, wenn die Kasse ihr Vermögen (und ihre Einkünfte) anderen als ihren satzungsmäßigen Zwecken dienstbar macht.

2. In der Beurteilung der Frage, unter welchen Voraussetzungen die Tätigkeit der Kasse nunmehr als eine gewerbliche Tätigkeit einzuordnen ist, schließt sich der Senat dem Urteil VI 133/60 U vom 13. Dezember 1961 (BFH 74, 331, BStBl. III 1962, 127) an.

Zu § 5 Abs. 1 Nr. 5 KStG

BFH vom 15.07.2005 I B 58/04 (BFH/NV 2005 S. 2061):

1. Es ist nicht zweifelhaft, dass das FA nach Art. 20 Abs. 3 GG auch dann gehalten ist, einen Haus- und Grundbesitzerverein mit dem tatsächlich erzielten Gewinn aus Mitgliederberatungen der Besteuerung zu unterwerfen, wenn bei anderen Vereinen entgegen Abschn. 39 KStR 1995 kein wirt-

schaftlicher Geschäftsbetrieb angenommen, oder der Gewinn hieraus mit 0 € geschätzt worden sein sollte[1].

2. Ob ein Haus- und Grundbesitzerverein wegen umfangreicher Mitgliederberatungen seine Steuerfreiheit insgesamt verliert oder nur partiell steuerpflichtig wird, ist nicht klärungsfähig, wenn beide Varianten zum selben Ergebnis führen.

3. Ergibt sich aus dem Geschäftsbericht des Vereins, dass er jährlich 3000 Mitgliederberatungen und 200 Rechtsberatungen vorgenommen hat, muss das FG nicht von sich aus Art und Umfang der Mitgliederberatungen weiter aufklären.

BFH vom 04.06.2003 I R 45/02 (BStBl. 2003 II S. 891): Ein Verband nimmt auch dann allgemeine Interessen eines Wirtschaftszweiges wahr, wenn er lediglich die einem eng begrenzten Bereich der unternehmerischen Tätigkeit bestehenden gemeinsamen Interessen eines Wirtschaftszweiges vertritt.

BFH vom 26.06.2002 I B 148/00 (BFH/NV 2002 S. 1617): Es reicht nicht aus, wenn ein Berufsverband Individualinteressen einzelner Mitglieder des Verbandes wahrnimmt. Die Inanspruchnahme der Steuerfreiheit nach § 5 Abs. 1 Nr. 5 KStG setzt voraus, dass „allgemeine" Interessen, also gemeinsame Interessen des Berufsstandes oder Wirtschaftszweiges wahrgenommen werden. In diesem Zusammenhang ist von grundsätzlicher Bedeutung, ob auch die nur in einem einzigen eng begrenzten Bereich der beruflichen oder unternehmerischen Tätigkeit bestehenden gemeinsamen Interessen „allgemeine" Interessen sind.

BFH vom 13.08.1997 I R 85/96 (BStBl. 1998 II S. 161):

1. § 4 Abs. 3 Satz 2 EStG findet nur bei einer Gewinnermittlung durch Überschussrechnung gemäß § 4 Abs. 3 EStG Anwendung. Bei einer Gewinnermittlung durch Betriebsvermögensvergleich nach §§ 4 Abs. 1 und 5 Abs. 1 EStG findet die Vorschrift unmittelbar keine Anwendung.

2. Erhält ein Berufsverband Rabatte auf Leistungen seiner Mitglieder, um sie an dieselben weiterzuleiten, so löst die Weiterleitung keine vGA aus, wenn sie dem Handeln eines ordentlichen und gewissenhaften Geschäftsleiters entspricht.

3. Übernimmt ein Berufsverband für seine Mitglieder Inkasso- und Abrechnungsfunktionen, so muss er zur Vermeidung einer vGA entweder dafür von seinen Mitgliedern ein angemessenes Entgelt verlangen oder einen angemessenen Teil des Mitgliedsbeitrages als Betriebseinnahme des wirtschaftlichen Geschäftsbetriebes behandeln.

BFH vom 13.08.1993 VI R 51/92 (BStBl. 1994 II S. 33):

1. Mitgliedsbeiträge an den Wirtschaftsrat der CDU e. V. sind bei einem Geschäftsführer einer GmbH nur dann gemäß § 9 Abs. 1 Satz 3 Nr. 3 EStG als Werbungskosten bei dessen Einkünften aus nichtselbständiger Arbeit abziehbar, wenn der Wirtschaftsrat der CDU e. V. als Berufsverband jedenfalls auch die spezifischen beruflichen Interessen der leitenden Angestellten einschließlich der Geschäftsführer und Vorstände vertritt. Ob diese Voraussetzungen vorliegen, ist nicht nur nach der Satzung des Wirtschaftsrats der CDU e. V., sondern auch nach der tatsächlichen Verbandstätigkeit zu beurteilen.

2. Werden Verbandsmittel tatsächlich in erheblichem Maß für allgemeinpolitische Zwecke, insbesondere zur Unterstützung politischer Parteien durch Geld- oder Sachzuwendungen, verwendet, so handelt es sich nicht um einen steuerlich anzuerkennenden Berufsverband.

BFH vom 07.06.1988 VIII R 76/85 (BStBl. 1989 II S. 97):

1. Beitragszahlungen an eine Vereinigung, die nach ihrer Satzung Ziele verfolgt, welche geeignet sind, der Erhaltung und Fortentwicklung des Betriebes zu dienen, und deren Geschäftsführung mit ihren satzungsgemäßen Zielen übereinstimmt (Berufsverband), sind als Betriebsausgaben abziehbar.

2. Stimmt die Geschäftsführung eines Berufsverbandes mit seinen satzungsgemäßen Zielen nicht überein, dann wird dadurch der Abzug der Beitragszahlungen als Betriebsausgaben nur dann ausgeschlossen, wenn der Steuerpflichtige dies wusste oder für ernsthaft möglich gehalten und in Kauf genommen hat.

3. Der Wirtschaftsrat der CDU ist nach seiner Satzung ein Berufsverband.

BFH vom 18.09.1984 VIII R 324/82 (BStBl. 1985 II S. 92): Beitragszahlungen an eine Vereinigung, die als „Berufsverband ohne öffentlich-rechtlichen Charakter" nach § 4 Abs. 1 Nr. 8 KStG 1968[2] von der

---

1) Vgl. Anlage § 005 (1) Nr. 5-07.

2) Heute § 5 Abs. 1 Nr. 5 KStG.

Körperschaftsteuer befreit ist, sind als Betriebsausgaben abziehbar, wenn die Ziele der Vereinigung geeignet sind, den Betrieb des Beitragszahlenden zu erhalten und zu fördern.

BFH vom 30.06.1971 I R 57/70 (BStBl. 1971 II S. 753): Die Beteiligung eines Berufsverbands an einer Kapitalgesellschaft stellt einen wirtschaftlichen Geschäftsbetrieb dann nicht dar, wenn der Verband tatsächlich keinen entscheidenden Einfluss auf die Geschäftsführung der Kapitalgesellschaft nimmt und somit durch sie nicht selbst am allgemeinen wirtschaftlichen Geschäftsverkehr teilnimmt.

BFH vom 11.03.1970 I R 155/67 (BStBl. 1970 II S. 528): Ein von einem Berufsverband unterhaltener wirtschaftlicher Geschäftsbetrieb dient dem Verbandszweck nicht, wenn durch ihn nicht allgemein ideelle oder wirtschaftliche, sondern besondere geschäftliche Interessen seiner Mitglieder wahrgenommen werden.

BFH vom 29.11.1967 I 67/65 (BStBl. 1968 II S. 236): ... 2. Die Steuerfreiheit eines Berufs- oder Wirtschaftsverbandes geht verloren, wenn neben die Wahrnehmung der allgemeinen wirtschaftlichen Interessen seiner Mitglieder oder an ihre Stelle die Wahrnehmung der besonderen geschäftlichen Interessen der Mitglieder oder eine verbandsfremde, wirtschaftliche Betätigung in nicht ganz untergeordnetem Ausmaß tritt.

BFH vom 08.06.1966 I 151/63 (BStBl. 1966 III S. 632): Fehlt es bei einem steuerpflichtigen Berufsverband an der Gewinnerzielungsabsicht, so fallen Einnahmeüberschüsse aus der wirtschaftlichen Betätigung des Verbandes nicht unter die Einkünfte aus Gewerbebetrieb im Sinne des § 2 Abs. 3 Ziff. 2 EStG, sondern unter die sonstigen Einkünfte im Sinne des § 2 Abs. 3 Ziff. 7 EStG. Dem Urteil des RFH I 125/40 vom 28.04.1942 (RStBl. 1942 S. 581) wird insoweit nicht beigetreten.

BFH vom 17.05.1952 I D 1/52 S (BStBl. III S. 228):

1. Die Steuerbefreiung eines Berufsverbands ohne öffentlich-rechtlichen Charakter im Sinne des § 4 Abs. 1 Ziff. 8 KStG[1] wird nicht dadurch schädlich beeinflusst, dass er die dem Berufsstand eigentümlichen allgemeinen wirtschaftlichen Interessen vertritt.

2. Zuwendungen einmaliger oder laufender Beträge an politische Parteien oder Wahlfonds berühren die Steuerfreiheit nicht, sofern sie nicht in einem Umfange erfolgen, der den Charakter des Verbands als Berufsverband verändert. Der Verband ist als politischer Verein anzusehen, wenn er einen erheblichen Teil seiner Einnahmen politischen Parteien zuführt, oder wenn er durch seine Zuwendungen einen beherrschenden Einfluss auf eine Partei ausübt.

3. Beiträge an politische Parteien oder Wahlfonds stellen weder bei natürlichen Personen noch bei Körperschaften Betriebsausgaben oder Werbungskosten dar. Dies ist auch dann der Fall, wenn die Zahlungen über Berufsverbände getätigt werden.

4. Übt ein Berufsverband eine Propaganda aus, die lediglich den Interessen einzelner Mitglieder des Verbands dient, so ist zu prüfen, ob es sich hierbei um die Wahrnehmung von Geschäften einzelner Verbandsangehöriger, also nicht von allgemeinen Belangen des Berufsstandes handelt. Die Wahrnehmung von Einzelinteressen (Geschäften einzelner Verbandsangehöriger) stellt einen wirtschaftlichen Geschäftsbetrieb dar, der der Steuerfreiheit des Verbands entgegensteht.

5. Für die Entscheidung der Frage, ob der Verband Geschäfte einzelner Verbandsangehöriger führt, ist die Unkostendeckung von Bedeutung. Erfolgt sie nicht durch allgemeine Beiträge, so spricht die Vermutung für die Vertretung von Einzelinteressen.

6. Soweit es sich bei den Zahlungen an Berufsverbände nicht um Beiträge im Sinne des § 9 Ziff.3 EStG 1950 handelt, muss unter Berücksichtigung der Verhältnisse des einzelnen Falles geprüft werden, ob die Zahlungen betriebliche usw. Ausgaben oder Aufwendungen für die Lebensführung im Sinne des § 12 Ziff. 1 EStG darstellen.

Zu § 5 Abs. 1 Nr. 7 KStG

BVerfG vom 29.09.1998 – 2 BvL 64/93 – (BStBl. 1999 II S. 110): Das Recht auf Chancengleichheit (Art. 3 Abs. 1 i. V. m. Art. 9 Abs. 1 und Art. 28 Abs. 1 Satz 2 GG) ist verletzt, wenn kommunale Wählervereinigungen und ihre Dachverbände zur Körperschaft- und Vermögensteuer herangezogen werden, Parteien und deren Untergliederungen dagegen nicht.[2]

---

1) Heute § 5 Abs. 1 Nr. 5 KStG.

2) Siehe hierzu BMF-Schreiben vom 29.01.1999 IV C 6 – S 2727 – 1/99 (BStBl. I S. 215).

BFH vom 29.08.1984 I R 215/81 (BStBl. 1985 II S. 106):

1. Ein Verein zur Förderung des Umweltschutzes kann – abweichend von dem im Urteil des Senats vom 29. August 1984 I R 203/81 (BFHE 142, 51, BStBl. 1984 II S. 844) entschiedenen Fall – dann nicht als gemeinnützig anerkannt werden, wenn sich die tatsächliche Geschäftsführung dieses Vereins und seine Förderung der Allgemeinheit nicht im Rahmen der verfassungsmäßigen Ordnung gehalten haben.

2. Die rechtsstaatliche Ordnung setzt als selbstverständlich das gesetzestreue Verhalten aller Bürger, Vereine, Verbände und (sonstiger) juristischer Personen ebenso voraus, wie das Beachten der Verfassungsnormen. Diese Ordnung wird schon mit der Ankündigung von gewaltfreiem Widerstand und der Nichtbefolgung von polizeilichen Anordnungen durchbrochen.

3. Ein politischer Verein" i.S. des § 5 Abs. 1 Nr. 7 KStG 1977 liegt nur dann vor, wenn sich aus dem Vereinszweck und aus der Geschäftsführung eine alleinige oder doch andere Zwecke weit überwiegende politische Zielsetzung und deren Verwirklichung ergibt. Es handelt sich insoweit um einen Oberbegriff, der sowohl politische Parteien als auch politische Vereine im engeren Sinne umfasst. Der politische Verein im engeren Sinne muss nicht die strengen Voraussetzungen des § 2 Abs. 1 Satz 1 des Gesetzes über die politischen Parteien vom 24.7.1967 mit späteren Änderungen erfüllen.

BFH vom 29.08.1984 I R 203/81 (BStBl. 1984 II S. 844): ... 4. Das Eintreten einer Bürgerinitiative für den Umweltschutz rechtfertigt es für sich allein nicht, eine solche Bürgervereinigung wegen möglicher politischer Auswirkungen ihrer Tätigkeiten steuerlich als politischen Verein einzustufen.

Zu § 5 Abs. 1 Nr. 9 KStG - I. Allgemeines

BFH vom 23.07.2003 I R 29/02 (BStBl. 2003 II S. 930):

1. Tätigkeiten einer neu gegründeten Körperschaft, die die Verwirklichung der steuerbegünstigten Satzungszwecke nur vorbereiten - wie z.B. der Aufbau einer Vereinsorganisation, das Einsammeln von Mitteln zur Erfüllung der Satzungszwecke - reichen aus, um die tätigkeitsbezogenen Voraussetzungen der Steuerbefreiung zu erfüllen. Die Tätigkeiten müssen jedoch ernsthaft auf die Erfüllung eines steuerbegünstigten satzungsmäßigen Zwecks gerichtet sein. Die bloße Absicht, zu einem unbestimmten Zeitpunkt einen der Satzungszwecke zu verwirklichen, genügt nicht.

2. Zur tatsächlichen Geschäftsführung i.S. des § 63 Abs. 1 AO 1977 gehören alle der Körperschaft zuzurechnenden Handlungen und somit die Tätigkeiten und Entscheidungen, die der Verwirklichung der Satzungszwecke vorausgehen und sie vorbereiten.

BFH vom 23.09.1998 I B 82/98 (BStBl. 2000 II S. 320)[1]: 1. Das FA darf durch eine einstweilige Anordnung verpflichtet werden, eine Bescheinigung über die vorläufige Anerkennung des Antragstellers als eine gemeinnützigen Zwecken dienende Körperschaft zu erteilen, sofern der Antragsteller zur Erfüllung seiner satzungsmäßigen und ihrer Art nach gemeinnützigen Zwecke auf den Erhalt steuerbegünstigter Spenden angewiesen und seine wirtschaftliche Existenz ohne eine derartige Regelungsanordnung bedroht ist (Änderung der Rechtsprechung). ...

BFH vom 30.07.1997 I R 8/95 (BFH/NV 1998 S. 187): Erlangung der Gemeinnützigkeit durch Aufhebung eines Körperschaftsteuerbescheids betrifft nur den Verein und dessen steuerlichen Status, nicht jedoch die Spender und deren mögliche Rechtsstreite hinsichtlich des Spendenabzugs.

BFH vom 03.12.1996 I R 67/95 (BStBl. 1997 II S. 474): ... 2. Die Gemeinnützigkeit ist nicht wegen bloßer Bedenken hinsichtlich des Spendenabzugs zu versagen.

BFH vom 13.11.1996 I R 152/93 (BStBl. 1998 II S. 711)[2]: ... 3. Ein wegen Verfolgung gemeinnütziger Zwecke erlassener Körperschaftsteuer-Freistellungsbescheid darf in entsprechender Anwendung des § 173 Abs. 1 Satz 1 Nr. 1 AO 1977 aufgehoben werden, wenn Tatsachen oder Beweismittel nachträglich bekanntwerden, die zur Versagung der Gemeinnützigkeit führen. Das gilt auch dann, wenn die Körperschaftsteuer auf 0 DM festzusetzen ist.

BFH vom 10.06.1992 I R 107/91 (BFH/NV 1993 S. 13): Erteilt das FA einem Verein in Form eines deutlich abgegrenzten Hinweises in einem Körperschaftsteuerfreistellungsbescheid eine Auskunft über die mittelbare oder unmittelbare Spendenberechtigung, handelt es sich nicht um einen Verwaltungsakt, sondern um eine Rechtsauskunft.

---

1) Auf das BMF-Schreiben vom 15.05.2000 – IV C 6 – S 0170 – 35/00 – zur Anwendung der Rechtsgrundsätze dieses Beschlusses (BStBl. I S. 814) wird hingewiesen. en vom 29.01.1999 IV C 6 – S 2727 – 1/99 (BStBl. I S. 215).

2) Auf das BMF-Schreiben vom 19.10.1988 – IV C 6 – S 0171 – 10/98 – zum Ausgleich von Verlusten des steuerpflichtigen wirtschaftlichen Geschäftsbetriebs (BStBl. I S. 1423) wird hingewiesen.

§ 5

BFH vom 15.07.1987 I R 280/81 (BStBl. 1988 II S. 75): . . . 2) Der durch die Aberkennung der Gemeinnützigkeit bedingte Verlust der Steuerbefreiung hat bei einem Verein der Fußball-Bundesliga nicht zwingend die Steuerbarkeit seiner gesamten Tätigkeit zur Folge.

BFH vom 07.05.1986 I B 58/85 (BStBl. 1986 II S. 677):

1. Die Aussetzung der Vollziehung eines Steuerbescheides durch den die Gemeinnützigkeit einer Körperschaft abgelehnt wird, hat nicht die Rechtswirkung einer vorläufigen Anerkennung der Gemeinnützigkeit.

2. Die vorläufige Anerkennung der Gemeinnützigkeit kann durch eine Regelungsanordnung gemäß § 114 Abs. 1 Satz 2 FGO nicht erreicht werden.

BFH vom 06.03.1985 I R 157/81 (BStBl. 1985 II S. 407): Ein rechtsfähiger Verein, der ihm gehörige Räume in Erfüllung seines satzungsmäßigen Zweckes zur Abhaltung von Versammlungen (hier einer Freimaurerloge) gebraucht, hat den Nutzungswert dieser Räume nicht nach § 21 Abs. 2 EStG zu versteuern.

BFH vom 13.12.1978 I R 77/76 (BStBl. 1979 II S. 481):

1. Darüber, ob eine Körperschaft nach ihrer Satzung und nach ihrer tatsächlichen Geschäftsführung ausschließlich und unmittelbar gemeinnützigen Zwecken dient, ist in dem Veranlagungsverfahren (Festsetzungsverfahren) für die jeweilige Steuer und für den jeweiligen Steuerabschnitt zu entscheiden.

2. Ein Widerruf der Anerkennung der Gemeinnützigkeit in einer allgemeinen Verfügung unabhängig von einem Veranlagungsverfahren (Steuerfestsetzungsverfahren) ist als formell anfechtbarer Steuerverwaltungsakt seinem materiellen Gehalt nach unzulässig.

BFH vom 04.03.1976 IV R 189/71 (BStBl. 1976 II S. 472): Führt ein gemeinnütziger Verein gesellige Veranstaltungen durch und gibt er im Zusammenhang damit Festschriften heraus, die durch Werbeanzeigen finanziert werden, so können die Verluste aus den Veranstaltungen mit den Gewinnen aus der Herausgabe der Festschriften nicht ausgeglichen werden; die Gewinne sind vielmehr unverkürzt der Besteuerung zugrunde zu legen.

BFH vom 17.12.1957 I 182/55 U (BStBl. 1958 III S. 96): Überlässt ein gemeinnütziger Verein einen großen Saal und andere Nebenräume in dem Haus, in dem er seine gemeinnützigen Zwecke verfolgt, an Tagen, an denen er die Räume nicht selbst benötigt, gegen Entgelt an andere Benutzer zur Abhaltung von Vorträgen, Lichtbilddarbietungen, Konzerten, Spielabenden und Versammlungen, ist die Vermietung auch bei häufiger Vermietung an immer wieder wechselnde Mieter der Vermögensverwaltung zuzurechnen, wenn die Einkünfte im Verhältnis zum Wert des Grundvermögens von ganz untergeordneter Bedeutung sind und keine Organisation nach Art eines Geschäftsbetriebs geschaffen worden ist.

Zu § 5 Abs. 1 Nr. 9 KStG - II. Förderung der Allgemeinheit

BFH vom 20.12.2006 I R 94/02 (BFH/NV 2007 S. 805)[1]: Erfüllt eine Stiftung ihre Zwecke ausnahmslos oder überwiegend im Ausland, fördert sie dennoch die Allgemeinheit i.S. des § 52 Abs. 1 AO 1977. Die ausdrückliche Verwendung der Begriffe „ausschließlich" und „unmittelbar" ist für die formelle Satzungsmäßigkeit nach § 59 AO 1977 nicht erforderlich. Der Ausschluss beschränkt Steuerpflichtiger von der Befreiung gemeinnütziger Körperschaften von der Körperschaftsteuer nach § 5 Abs. 1 Nr. 9 Satz 1 KStG ist gemeinschaftsrechtswidrig.

BFH vom 31.05.2005 I R 105/04 (BFH/NV 2005 S. 1741): Der Begriff „Förderung der Allgemeinheit" in § 52 Abs. 1 Satz 1 AO wird wesentlich geprägt durch die objektive Wertordnung. Diese kommt insbesondere im Grundrechtskatalog der Art. 1 bis 19 GG zum Ausdruck.

BFH vom 23.07.2003 I R 41/03 (BStBl. 2005 II S. 443): In die Entgelte für den Erwerb der Mitgliedschaft in einem Verein sind (als Eintrittsspende zu erbringende) Aufwendungen in Form einer Kommanditeinlage nicht einzubeziehen[2].

---

1) Vgl. hierzu auch Anlage § 005 (1) Nr. 09-CD169.

2) Hinweis auf BMF-Schreiben vom 19. Mai 2005 – IV C 4 – S 0171 – 66/05 – (BStBl. I S. 786).

BFH vom 13.08.1997 I R 19/96 (BFH/NV 1998 S. 98) [1]:

... 4. Hat das FG anhand statistischen Materials festgestellt, dass die Höhe der im Eintrittsjahr von einem Neumitglied zu zahlenden Beiträge u.ä. eine Repräsentation der Allgemeinheit im Verein nicht ausschließt, so ist der BFH daran grundsätzlich gebunden. Betrugen im Jahr 1990 die Zahlungsverpflichtungen eines Neumitglieds eines Golfclubs im Eintrittsjahr 4.800 DM, so kann nicht davon ausgegangen werden, dass damit die Allgemeinheit von dem Beitritt ausgeschlossen wurde.

5. Sog. erwartete Spenden sind einem Eintrittsgeld nicht gleichzustellen, wenn festgestellt wird, dass keinem Bewerber die Mitgliedschaft vorenthalten oder wieder entzogen wurde, weil die Spende nicht oder nicht in der erwarteten Höhe geleistet wurde.

BFH vom 13.11.1996 I R 152/93 (BStBl. 1998 II S. 711) [2]: 1. Ein Sportverein fördert nicht die Allgemeinheit, wenn aufgrund der Höhe der Beiträge anzunehmen ist, dass nur Angehörige eines exklusiven Personenkreises Mitglieder werden sollen. Macht der Verein die Mitgliedschaft nicht nur von der Zahlung laufender Beiträge, sondern auch von der Entrichtung eines Aufnahmebeitrags oder von Sonderbeiträgen abhängig, kommt es auf die Wirkung der Gesamtbeitragsbelastung an. Die finanzielle Belastung eines Mitglieds durch die Gewährung eines zinslosen Aufnahmedarlehens besteht in dem Zinsverlust oder – falls sich das Mitglied die Darlehensmittel durch Aufnahme eines Kredits verschafft hat – in den Refinanzierungskosten. ....

BFH vom 20.01.1982 I R 256/78 (BStBl. 1982 II S. 336): Der Umstand allein, dass ein Segelclub von einem Teil der neu aufzunehmenden Mitglieder eine Aufnahmegebühr in Höhe von 2.000 DM verlangt, schließt dessen Gemeinnützigkeit nicht aus.

BFH vom 13.12.1978 I R 39/78 (BStBl. 1979 II S. 482):

... 2. Ob die Tätigkeit einer Körperschaft die Allgemeinheit fördert und dem allgemeinen Besten auf materiellem, geistigem oder sittlichem Gebiet nützt, beurteilt sich nach objektiven Kriterien. Bei der Beurteilung ist in der Regel an einzelne oder eine Vielzahl von Faktoren (Werten) anzuknüpfen (z. B. herrschende Staatsverfassung, geistige und kulturelle Ordnung, Wissenschaft und Technik, Wirtschaftsstruktur, Wertvorstellungen der Bevölkerung).

3. Der unbestimmte Gesetzesbegriff „Förderung der Allgemeinheit"wird in § 52 AO 1977 im gleichen Sinne wie in dem bis zum 31. Dezember 1976 geltenden Gemeinnützigkeitsrecht gebraucht. Die begünstigte Tätigkeit setzt jedoch nach § 52 Abs. 1 AO 1977 – anders als nach § 17 Abs. 1 und 2 StAnpG – nicht die Vollendung der Förderung voraus; es genügen u. U. schon vorbereitende Handlungen („. . . darauf gerichtet ist . . ."). ...

Zu § 5 Abs. 1 Nr. 9 KStG - III. Gemeinnützige, mildtätige, kirchliche Zwecke

BFH vom 04.04.2007 I R 76/05 (BStBl. 2007 II S. 631):

1. Eine Forschungseinrichtung finanziert sich nicht überwiegend aus Zuwendungen der öffentlichen Hand oder Dritter oder aus der Vermögensverwaltung, wenn die Einnahmen aus Auftragsforschung oder Ressortforschung mehr als 50 v.H. der gesamten Einnahmen betragen (Rn.19).

2. Ob in diesem Fall die Auftragsforschung in einem steuerpflichtigen wirtschaftlichen Geschäftsbetrieb zu erfassen ist, oder die Steuerbefreiung insgesamt verloren geht, ist danach zu beurteilen, ob die Auftragsforschung der eigenen Forschung dient oder als eigenständiger Zweck verfolgt wird.

BFH vom 31.05.2005 I R 105/04 (BFH/NV 2005 S. 1741): Ohne Verletzung des Gleichheitssatzes oder der Religionsfreiheit ist ein Verein, der sich zur artgemäßen und wesensgemäßen Ungleichheit von Menschen bekennt, dessen Mitglieder sich im Lebenskampf mit anderen „Arten" sehen und der eine Religionsgemeinschaft ist, nicht gemeinnützig. Er steht im Widerspruch zum Wertesystem der Grundrechte.

BFH vom 27.09.2001 V R 17/99 (BStBl. 2002 II S. 169): 1. Eine Körperschaft verfolgt dann keine gemeinnützigen Zwecke, wenn sie Tätigkeiten nachgeht, die gegen die Rechtsordnung verstoßen. Dies kann eine der Körperschaft als tatsächliche Geschäftsführung zurechenbare Lohnsteuerverkürzung sein. Die Zurechenbarkeit eines eigenmächtigen Handelns einer für die Körperschaft tätigen Person ist bereits bei grober Vernachlässigung der dem Vertretungsorgan obliegenden Überwachungspflichten zu beja-

---

1) Auf das BMF-Schreiben vom 20.10.1998 – IV C 6 – S 0171 – 11/98 – zu den Höchstgrenzen für Mitgliedsbeiträge und Aufnahmegebühren bei Vereinen, deren Tätigkeit in erster Linie den Mitgliedern zugute kommt (BStBl. I S.1424), wird hingewiesen.

2) Auf das BMF-Schreiben vom 20.10.1998 – IV C 6 – S 0171 – 11/98 – zu den Höchstgrenzen für Mitgliedsbeiträge und Aufnahmegebühren bei Vereinen, deren Tätigkeit in erster Linie den Mitgliedern zugute kommt (BStBl. I S.1424), wird hingewiesen.

hen; insoweit kommt auch ein Organisationsverschulden in Betracht (Fortführung des BFH-Urteils vom 31.07.1963 I 319/60, HFR 1963, 407). 2. ...

BFH vom 17.02.2000 I R 108, 109/98 (BFH/NV 2000 S. 1071): Die Förderung des Skatspiels ist nicht gemeinnützig, da das Skatspiel weder als Förderung des traditionellen Brauchtums noch als Sport anzusehen ist.

BFH vom 29.10.1997 I R 13/97 (BStBl. 1998 II S. 9):

1. Motorsport (hier: Automobilsport) ist Sport i. S. des § 52 Abs. 2 Nr. 2 Satz 1 AO 1977. Das für die steuerrechtliche Förderungswürdigkeit des Motorsports entscheidende Kriterium ist die Eignung des Motorsports zur körperlichen Ertüchtigung. Sport i. S. des § 52 Abs. 2 Nr. 2 Satz 1 AO 1977 setzt keine körperliche Ertüchtigung durch Leibesübungen voraus (Änderung der Rechtsprechung).

2. Die Gemeinnützigkeit der Förderung des Sports setzt nicht voraus, dass die geförderte Sportart weder unfallträchtig noch umweltbelastend ist.

3. Es ist allein Aufgabe des Gesetzgebers, Zielkonflikte innerhalb des Katalogs des § 52 Abs. 2 AO 1977 durch Einschränkungen der begünstigten Zwecke oder durch Regelungen im Polizei-, Umwelt- und Ordnungsrecht zu lösen. Dies gilt auch für etwaige Zielkonflikte zwischen dem Katalog des § 52 Abs. 2 AO 1977 und Art. 20a GG.

BFH vom 25.07.1996 V R 7/95 (BStBl. 1997 II S. 154):

... 2. Sportliche Veranstaltung ist die organisatorische Maßnahme eines Sportvereins, die es aktiven Sportlern (nicht nur Mitgliedern des Vereins) ermöglicht, Sport zu treiben. Eine bestimmte Organisationsform oder -struktur schreibt das Gesetz nicht vor. Anwesenheit von Publikum ist nicht vorausgesetzt. Auch ein Training kann sportliche Veranstaltung sein.

3. Die bloße Nutzungsüberlassung von Sportgeräten bzw. -anlagen oder die bloße Beförderung zum Ort der sportlichen Betätigung sind selbst keine sportlichen Veranstaltungen, sondern bereiten diese nur vor. ...

BFH vom 24.07.1996 I R 35/94 (BStBl. 1996 II S. 583):

1. Eine GmbH, die entsprechend ihrer Satzung die ihr gehörenden Wohnungen vorrangig an Personen vermietet, die die Voraussetzungen des § 53 Nr. 1 oder 2 AO 1977 erfüllen, kann gemäß § 5 Abs. 1 Nr. 9 KStG von der Körperschaftsteuer befreit sein. Die Steuerbefreiung wird nicht dadurch ausgeschlossen, dass ein Teil der Wohnungen an nicht oder nicht mehr unterstützungsbedürftige Personen vermietet wird.

2. Die Steuerbefreiung wegen Verfolgung kirchlicher Zwecke durch Verwaltung von Kirchenvermögen setzt keine gemeinnützige oder mildtätige Verwaltung des Kirchenvermögens voraus.

3. Eine nicht über den Rahmen einer Vermögensverwaltung hinausgehende Vermietung und Verwaltung eigenen Grundbesitzes wird nicht dadurch Teil eines wirtschaftlichen Geschäftsbetriebs, dass daneben auch der Kirche gehörender Grundbesitz verwaltet wird.

BFH vom 19.07.1995 I R 56/94 (BStBl. 1996 II S. 28): 1. Eine Körperschaft, die ausschließlich Krankenhauswäsche o. ä. reinigt, ist nicht gemeinnützig. 2. – 4. (...)

BFH vom 26.04.1995 I R 35/93 (BStBl. 1995 II S. 767): 1. Körperschaften, die schwer vermittelbare und zuvor längere Zeit arbeitslose Personen – insbesondere Suchtkranke, Arbeitsentwöhnte oder Behinderte – arbeitstherapeutisch beschäftigen und berufs- und sozialpädagogisch betreuen, um dadurch deren Eingliederung in den normalen Arbeitsprozess selbstlos zu fördern (arbeitstherapeutische Beschäftigungsgesellschaften), dienen einem gemeinnützigen Zweck. 2. (...)

BFH vom 18.01.1995 I R 144/93 (BFH/NV 1995 S. 1012)[1]**:** Die Abfallbeseitigung durch eine GmbH (Verbrennung des Abfalls und Verkauf der dabei entstehenden Wärme) ist kein gemeinnütziger Zweck.

BFH vom 14.09.1994 I R 153/93 (BStBl. 1995 II S. 499)[2]**:**

... 2. Die Aufzählung in § 52 Abs. 2 Nr. 4 AO 1977 ist nicht abschließend. Als Förderung der Allgemeinheit darf jedoch nur die Förderung solcher Freizeitaktivitäten außerhalb des Bereichs des Sports anerkannt werden, die hinsichtlich der ihre steuerrechtliche Förderung rechtfertigenden Merkmale mit den im Katalog des § 52 Abs. 2 Nr. 4 AO 1977 genannten Freizeitgestaltungen identisch sind. Es reicht nicht aus, dass die Freizeitgestaltung sinnvoll und einer der in § 52 Abs. 2 Nr. 4 AO1977 genannten ähnlich ist.

---

1) Vgl. auch BFH vom 15.12.1993 - X R 115/91 (BStBl. 1994 II S. 314) unter „Zweckbetrieb".
2) Vgl. nunmehr § 52 Abs. 2 AO i.V.m. Nr. 9 des AEAO zu § 52.

3. Die Förderung des Modellbaues und des Modellsports ist in gleicher Weise und mindestens in gleichem Umfang wie die Förderung des Modellflugs geeignet, die Allgemeinheit auf materiellem und geistigem Gebiet zu fördern.

BFH vom 13.07.1994 I R 5/93 (BStBl. 1995 II S. 134): ... 2. Ein Verein, dessen tatsächliche Geschäftsführung darauf gerichtet ist, durch Umgehung eines gesetzlichen Verbots Geldmittel zur Förderung kommunaler Einrichtungen zu erlangen, ist nicht gemeinnützig.

BFH vom 02.08.1989 I R 72/87 (BFH/NV 1990 S. 146) [1]: Zauberkunst ist kein gemeinnütziger Zweck i. S. des § 52 Abs. 2 Nr. 1 AO – Keine Bindung durch vorläufige Anerkennung.

BFH vom 23.11.1988 I R 11/88 (BStBl. 1989 II S. 391):

1. Der Begriff „Frieden" ist im Begriff der „Völkerverständigung" in § 52 Abs. 2 Nr. 1 AO 1977 enthalten und Gegenstand wissenschaftlicher Forschung; der Satzungszweck „Förderung des Friedens" ist in der Regel gemeinnützig.

2. Eine Körperschaft fördert auch dann ausschließlich den Frieden, wenn sie gelegentlich zu tagespolitischen Themen im Rahmen ihres Satzungszweckes Stellung nimmt. Entscheidend ist, dass die Tagespolitik nicht Mittelpunkt der Tätigkeit der Körperschaft ist oder wird, sondern der Vermittlung der Ziele der Körperschaft dient (Anschluss an BFHE 142, 51, BStBl. 1984 II S. 844). 3. (...)

BFH vom 12.11.1986 I R 204/85 (BFH/NV 1987 S. 705) [2]: Mitglieder eines Vereins für Tischfußball (Tipp-Kick-Spiel) betätigen sich nicht sportlich i.S.d. § 52 AO; der Verein ist daher nicht gemeinnützig tätig und folglich nicht von der Körperschaftsteuer befreit.

BFH vom 29.08.1984 I R 215/81 (BStBl. 1985 II S. 106):

1. Ein Verein zur Förderung des Umweltschutzes kann – abweichend von dem Urteil des Senats vom 29. August 1984 I R 203/81 (BFHE 142, 51, BStBl. 1984 II S. 844) entschiedenen Fall – dann nicht als gemeinnützig anerkannt werden, wenn sich die tatsächliche Geschäftsführung dieses Vereins und seine Förderung der Allgemeinheit nicht im Rahmen der verfassungsmäßigen Ordnung gehalten haben.

2. Die rechtsstaatliche Ordnung setzt als selbstverständlich das gesetzestreue Verhalten aller Bürger, Vereine, Verbände und (sonstiger) juristischer Personen ebenso voraus, wie das Beachten der Verfassungsnormen. Diese Ordnung wird schon mit der Ankündigung von gewaltfreiem Widerstand und der Nichtbefolgung von polizeilichen Anordnungen durchbrochen.

BFH vom 29.08.1984 I R 203/81 (BStBl. 1984 II S. 844):

... 2. „Umweltschutz" als Satzungszweck umfasst seinem weiten Bereich entsprechend eine Vielzahl verschiedenartiger und vielgestaltiger Tätigkeiten. Dazu zählen grundsätzlich satzungsgemäße Aktivitäten im Zusammenhang mit den Vorbereitungen zum Bau einer nuklearen Entsorgungsanlage für radioaktive Abfälle, dem Bau einer solchen Anlage und deren Betrieb, auch wenn dabei nach den gegebenen Verhältnissen eine gewisse Beeinflussung der politischen Meinung bezüglich der Energiepolitik nicht auszuschließen ist und sich die Tätigkeiten gegen Maßnahmen richten, die im Rahmen der geltenden atomrechtlichen Bestimmungen von den staatlichen Organen genehmigt worden sind.

3. Das satzungsgemäße Wirken einer Bürgerinitiative kann – wie der Einsatz einzelner Bürger – der objektiven Meinungsbildung als Grundlage zur Lösung der mit einem Entsorgungsvorhaben zusammenhängenden Umweltprobleme und der daraus entstehenden Ziel- und Interessenkonflikte dienen und damit die Allgemeinheit fördern.

4. Das Eintreten einer Bürgerinitiative für den Umweltschutz rechtfertigt es für sich allein nicht, eine solche Bürgervereinigung wegen möglicher politischer Auswirkungen ihrer Tätigkeiten steuerlich als politischen Verein einzustufen.

BFH vom 30.09.1981 III R 2/80 (BStBl. 1982 II S. 148): Ein FKK-Verein, bei dem ein satzungsmäßiger Vereinszweck die „gesunde und harmonische Freizeitgestaltung für die gesamte Familie" ist und der dafür Einrichtungen hält (Liegewiese, Freizeitparks), ist nicht gemeinnützig.

BFH vom 13.12.1978 I R 36/76 (BStBl. 1979 II S. 492): Ein Orden, der seine Lehre (Verbreitung geistiger und sittlicher Werte) aufgrund einer besonderen Lehrmethode durch Lehrbriefe vermittelt und das ver-

---

1) Die Rechtsprechung des BFH, dass Zauberei keine Kunst i. S. des Gemeinnützigkeitsrechts ist, verstößt nicht gegen Art. 5 Abs. 3 Satz 1 GG (vgl. Beschluss des BVerfG vom 25.01.1990 – 1 BvR 1513/89 – HFR 1990 S. 518).

2) Vgl. auch Nr. 6 AEAO zu § 52.

trauliche Lehrmaterial entsprechend den Ordensregeln und seiner Satzung ausschließlich seinen Mitgliedern zukommen lässt, dient nicht unmittelbar gemeinnützigen Zwecken und ist deshalb nicht von der Körperschaftsteuer befreit.

BFH vom 13.12.1978 I R 39/78 (BStBl. 1979 II S. 482): ... 5. Der Anerkennung der Gemeinnützigkeit steht grundsätzlich nicht entgegen, dass sich die satzungsmäßigen Bestrebungen einer Körperschaft, Natur, Umwelt und Landschaft unter Beachtung der geltenden Rechtsvorschriften zu schützen, gegen die Planungen staatlicher Stellen und technische Großprojekte der Deutschen Bundesbahn (hier: Bau einer Schnellbahnstraße) richten. ...

BFH vom 22.11.1972 I R 21/71 (BStBl. 1973 II S. 251): Ein Verein, der mit seiner Tätigkeit die allgemeine Erholung arbeitender Personen bezweckt, ist nicht gemeinnützig.

BFH vom 20.01.1972 I R 81/70 (BStBl. 1972 II S. 440): Für die Beantwortung der Frage nach der Gemeinnützigkeit einer bestimmten Tätigkeit kommt es auf die Resonanz, die diese Tätigkeit bei den durch sie angesprochenen, betroffenen oder an ihr interessierten Personen findet, nicht an.

Zu § 5 Abs. 1 Nr. 9 KStG - IV. Selbstlosigkeit/Mittelverwendung

BFH vom 01.07.2009, I R 6/08 (BFH/NV 2009, 1837):

1. Aus § 5 Abs. 1 Nr. 9 Satz 2 KStG folgt, dass steuerbegünstigte Körperschaftsteuersubjekte eine wirtschaftliche Tätigkeit ausüben dürfen. Aufwendungen zur Ingangsetzung einer wirtschaftlichen Tätigkeit sind unschädlich, sofern mit Überschüssen zu rechnen ist.

2. Zeitnah zu verwendende Mittel sind grundsätzlich nicht im Bereich der Einkünfteerzielung, sondern unmittelbar zur Verwirklichung des steuerbegünstigten Zwecks einzusetzen.

3. Sobald absehbar ist, dass durch den wirtschaftlichen Geschäftsbetrieb zeitnah keine Überschüsse mehr erzielt werden können, ist die wirtschaftliche Tätigkeit einzustellen.

4. Der wirtschaftliche Geschäftsbetrieb wandelt sich auch in den Jahren, in denen die Besteuerungsgrenze unterschritten wird, nicht in einen Zweckbetrieb.

BFH vom 03.02.2005 I B 66-68/04 (BFH/NV 2005 S. 1213) [1]: Verfolgt ein Verein durch den Betrieb eines Krematoriums in erster Linie eigenwirtschaftliche Zwecke und fördert nur daneben die Pflege und Unterstützung der Feuerbestattung, ist er nicht selbstlos tätig.

BFH vom 28.10.2004 I B 95/04 (BFH/NV 2005 S. 160): Eine steuerbegünstigte Körperschaft i.S.d. §§ 52 bis 54 AO darf keine Person durch Ausgaben, die dem Zweck der Körperschaft fremd sind, oder durch unverhältnismäßig hohe Vergütungen begünstigen. Dieses Verbot des § 55 Abs. 1 Nr. 3 AO 1977 bezieht sich auch auf solche Vergütungen, die eine nach ihrer Satzung steuerbegünstigte Zwecke verfolgende Körperschaft im Rahmen eines wirtschaftlichen Geschäftsbetriebs zahlt.

BFH vom 18.12.2002 I R 60/01 (BFH/NV 2003 S. 1025): Werden Mittel einer gemeinnützigen Körperschaft für Verwaltung, Mitgliederwerbung oder Öffentlichkeitsarbeit verwendet und sind derartige Ausgaben zur Begründung und Erhaltung der Funktionsfähigkeit und damit auch zur Verfolgung des satzungsgemäßen Zwecks erforderlich, entfällt nicht bereits deshalb das Merkmal der Selbstlosigkeit.

BFH vom 23.09.1998 I B 82/98 (BStBl. 2000 II S. 320) [2]: ... 2. Es kann ein Verstoß gegen das Gebot der Selbstlosigkeit sein, wenn eine Körperschaft, deren Satzungszwecke auf die Unterstützung hilfsbedürftiger Personen gerichtet sind und die sich weitgehend durch Geldspenden finanziert, ihre Mittel nicht überwiegend für ihre satzungsmäßigen steuerbegünstigten Zwecke, sondern zur Deckung der Verwaltungskosten und für die Spendenwerbung verwendet.

BFH vom 15.07.1998 I R 156/94 (BStBl. 2002 II S. 162):

1. Eine Körperschaft verfolgt nicht allein deswegen in erster Linie eigenwirtschaftliche Zwecke i. S. des § 55 Abs. 1 AO 1977, weil sie einen wirtschaftlichen Geschäftsbetrieb unterhält und die unternehmerischen Aktivitäten die gemeinnützigen übersteigen.

---

1) Ein Verein, der nach seiner Satzung und nach seiner tatsächlichen Geschäftsführung die Feuerbestattung und die Friedhofskultur fördert und die Gemeinden bei der Errichtung und dem Betrieb von Krematorien berät, dient allerdings ausschließlich und unmittelbar gemeinnützigen Zwecken, vgl. BFH vom 14.12.1978 - I R 122/76 (BStBl. 1979 II S. 491).

2) Auf das BMF-Schreiben vom 15.05.2000 – IV C 6 – S 0170 – 35/00 – zur Anwendung der Rechtsgrundsätze dieses Beschlusses (BStBl. I S. 814) wird hingewiesen.

2. Dem Gebot, dass Mittel der Körperschaft nur zu steuerbegünstigten Zwecken verwendet werden dürfen (§ 55 Abs. 1 Nr. 1 AO 1977), unterliegen grundsätzlich auch die Gewinne aus einem wirtschaftlichen Geschäftsbetrieb.

3. Das Gebot der steuerbegünstigten Mittelverwendung erfasst aber nur solche Mittel des wirtschaftlichen Geschäftsbetriebs, die bei vernünftiger kaufmännischer Beurteilung nicht zur Sicherung des wirtschaftlichen Erfolgs des wirtschaftlichen Geschäftsbetriebs benötigt werden. Die Körperschaft hat nachzuweisen, dass die betriebliche Mittelverwendung zur Sicherung ihrer Existenz geboten war.

4. Dem Gebot zeitnaher steuerbegünstigter Mittelverwendung stehen notwendige Planungsphasen nicht entgegen.

5. Es ist steuerlich unschädlich, wenn eine Körperschaft in einzelnen Veranlagungszeiträumen ausschließlich anderen, ebenfalls steuerbegünstigten Körperschaften Mittel zuwendet (§ 58 Nr. 2 AO 1977), sie aber in anderen Veranlagungszeiträumen auch selbst (§ 57 AO 1977) ihre steuerbegünstigten satzungsmäßigen Zwecke verfolgt[1].

BFH vom 21.01.1998 II R 16/95 (BStBl. 1998 II S. 758): Verbindlichkeiten, die in Ausführung des Stiftungsgeschäftes auf die Stiftung übergehen, mindern von vornherein das der Stiftung zugewendete Vermögen; der zur Erfüllung derartiger Ansprüche notwendige Teil des Stiftungsvermögens steht den satzungsmäßigen Zwecken der Stiftung von Anfang an nicht zur Verfügung. Die Erfüllung derartiger Ansprüche stellt keinen Verstoß gegen die Gebote der Selbstlosigkeit und Ausschließlichkeit dar; für die Anwendung des § 58 Nr. 5 AO 1977 ist insoweit kein Raum.

BFH vom 03.12.1996 I R 67/95 (BStBl. 1997 II S. 474):

1. Ein Sportverein verstößt nicht gegen das Mittelverwendungsgebot des § 55 Abs.1 Nr.1 AO 1977 soweit er in Erfüllung eines Anspruchs nachgewiesenen, angemessenen Aufwand eines Mitglieds für den Verein ersetzt. Dies gilt auch dann, wenn das Mitglied unmittelbar vor der Erfüllung des Anspruchs eine Durchlaufspende in derselben Höhe geleistet hat.

2. Die Gemeinnützigkeit ist nicht wegen bloßer Bedenken hinsichtlich des Spendenabzugs zu versagen.

BFH vom 13.11.1996 I R 152/93 (BStBl. 1998 II S. 711)[2]:

... 2. Ein Ausgleich eines Verlustes eines Nicht-Zweckbetriebes mit Mitteln des ideellen Tätigkeitsbereichs ist nur dann kein Verstoß gegen das Mittelverwendungsgebot des § 55 Abs. 1 Nr. 1 Satz 1 AO 1977, wenn der Verlust auf einer Fehlkalkulation beruht und die Körperschaft bis zum Ende des dem Verlustentstehungsjahr folgenden Wirtschaftsjahrs dem ideellen Tätigkeitsbereich wieder Mittel in entsprechender Höhe zuführt (Änderung der Rechtsprechung).

3. Ein wegen Verfolgung gemeinnütziger Zwecke erlassener Körperschaftsteuer-Freistellungsbescheid darf in entsprechender Anwendung des § 173 Abs. 1 Satz 1 Nr. 1 AO 1977 aufgehoben werden, wenn Tatsachen oder Beweismittel nachträglich bekanntwerden, die zur Versagung der Gemeinnützigkeit führen. Das gilt auch dann, wenn die Körperschaftsteuer auf 0 DM festzusetzen ist.

BFH vom 23.10.1991 I R 19/91 (BStBl. 1992 II S. 62):

1. Eine vermögensverwaltende Tätigkeit verstößt nicht gegen das Ausschließlichkeitsgebot des § 56 AO 1977.

2. Mittel i. S. des § 55 Abs. 1 Nr. 1 AO 1977 sind sämtliche Vermögenswerte der Körperschaft, nicht nur die ihr durch Spenden, Beiträge und Erträge ihres Vermögens und ihrer wirtschaftlichen Zweckbetriebe zur Verfügung stehenden Geldbeträge.

3. Eine Zuwendung i. S. des § 55 Abs. 1 Nr. 1 Satz 2 AO 1977 ist ein wirtschaftlicher Vorteil, den die Körperschaft bewusst unentgeltlich oder gegen ein zu geringes Entgelt einem Dritten zukommen lässt. Die Zuwendung erhält der Dritte aus Mitteln der Körperschaft, wenn deren Vermögenswerte eingesetzt werden, um den wirtschaftlichen Vorteil dem Dritten zukommen zu lassen.

BFH vom 13.09.1989 I R 19/85 (BStBl. 1990 II S. 28): Die in § 58 Nr. 6 AO 1977 enthaltenen Grenzen unschädlicher Rücklagenbildung gelten auch für gemeinnützige Spendensammel- und Fördervereine im Sinne des § 58 Nr. 1 AO 1977.

---

1) Auf das BMF-Schreiben vom 15. Februar 2002 – IV C 4 – S 0174 – 2/01 – zur Anwendung der Rechtsgrundsätze dieses Urteils (BStBl. I S. 267) wird verwiesen.

2) Auf das BMF-Schreiben vom 19.10.1988 – IV C 6 – S 0171 – 10/98 – zum Ausgleich von Verlusten des steuerpflichtigen wirtschaftlichen Geschäftsbetriebs (BStBl. I S. 1423) wird hingewiesen.

§ 5

BFH vom 26.04.1989 I R 209/85 (BStBl. 1989 II S. 670):

1. Ist die Tätigkeit einer Körperschaft in erster Linie auf Mehrung ihres eigenen Vermögens gerichtet, so handelt sie nicht selbstlos i. S. des § 55 Abs. 1 Satz 1 AO 1977.

2. Eine Körperschaft verfolgt in erster Linie eigenwirtschaftliche Zwecke, wenn sie ausschließlich durch Darlehen ihrer Gründungsmitglieder finanziert ist und dieses Fremdkapital satzungsgemäß tilgen und verzinsen muss.

Zu § 5 Abs. 1 Nr. 9 KStG - V. Unmittelbarkeit

BFH vom 07.03.2007 I R 90/04 (BStBl. 2007 II S. 628):

1. Ein Unternehmen, das kraft Satzung durch wirtschaftsberatende Tätigkeit (hier: Entwicklung eines Krankenhausfinanzierungssystems) für seine Gesellschafter und die von diesen zu verwirklichenden gemeinnützigen Zwecke tätig wird, fördert jene Zwecke nicht unmittelbar i.S. von § 57 Abs. 1 Satz 1 AO. Das gilt auch, wenn die Tätigkeit nach Maßgabe gesetzlicher Vorgaben (hier: § 17b Abs. 2 KHG) erbracht wird.

2. Die Tätigkeit einer als Hilfsperson nach § 57 Abs. 1 Satz 2 AO zur Verwirklichung gemeinnütziger Zwecke vom Auftraggeber eingeschalteten Körperschaft begründet mangels Unmittelbarkeit der Zweckverfolgung grundsätzlich keine eigene steuerbegünstigte Tätigkeit der Hilfsperson (Bestätigung des BMF-Schreibens vom 15.07.1998 – Anwendungserlass zur Abgabenordnung –, BStBl. I 1998, 630 i.d.F. des BMF-Schreibens vom 10.09.2002, BStBl. I 2002, 867, zu § 57 Nr. 2 Abs. 2 Satz 2).

BFH vom 18.03.2004 V R 101/01 (BStBl. I S. 798):

1. Leistungen einer Einrichtung der Wohlfahrtspflege an andere steuerbegünstigte Körperschaften sind nicht nach § 4 Nr. 18 UStG 1993 steuerfrei, wenn sie einer gemeinnützigen GmbH und deshalb nicht unmittelbar den in der Satzung bezeichneten hilfsbedürftigen Personen i. S. der §§ 53, 66 AO 1977 zugute kommen.

2. Für diese Leistungen kann die Steuerermäßigung nach § 12 Abs. 2 Nr. 8 Buchst. a UStG gewährt werden, wenn die Voraussetzungen eines Zweckbetriebes (§§ 66, 65 AO 1977) erfüllt sind.

BFH vom 07.11.1996 V R 34/96 (BStBl. 1997 II S. 366): Leistungen einer Einrichtung der Wohlfahrtspflege an andere steuerbegünstigte Körperschaften oder Behörden sind nicht nach § 4 Nr. 18 UStG 1991 steuerfrei, wenn sie nicht unmittelbar, sondern allenfalls mittelbar hilfsbedürftigen Personen i. S. der §§ 53, 66 AO 1977 zugute kommen.

BFH vom 25.02.1981 II R 110/77 (BStBl. 1981 II S. 478): Eine GmbH, die in einer einem Sportverband gehörenden Sportschule die Trainingsräume und -anlagen reinigt und instandhält sowie den Lehrgangsteilnehmern und Gästen Unterkunft und Verpflegung gewährt, dient nicht unmittelbar gemeinnützigen Zwecken.

Zu § 5 Abs. 1 Nr. 9 KStG - VI. Anforderungen an die Satzung

BFH vom 23.07.2009, V R 20/08 (BFH/NV 2009, 1918):

1. Der ermäßigte Steuersatz nach § 12 Abs. 2 Nr. 8 UStG für gemeinnützige Körperschaften ist nur zu gewähren, wenn die Vereinssatzung die formellen Anforderungen an die sog. Vermögensbindung nach § 61 AO erfüllt.

2. Hierzu ist erforderlich, dass die Vereinssatzung eine Regelung sowohl hinsichtlich der Auflösung und der Aufhebung als auch bei Zweckänderung enthält.

BFH vom 25.01.2005 I R 52/03 (BStBl. 2005 II S. 514):

1. Beruft sich eine Körperschaft darauf, dass aus zwingenden Gründen der künftige Verwendungszweck ihres Vermögens bei Aufstellung der Satzung noch nicht nach § 61 Abs. 1 AO 1977 genau angegeben werden kann, muss sie die zwingenden Gründe substantiiert vortragen, soweit sie sich nicht bereits aus der Satzung ergeben.

2. Die Körperschaft hat die Feststellungslast dafür zu tragen, dass die Gründe im Zeitpunkt der Aufstellung der Satzung oder der Änderung der Satzungsbestimmung über die Vermögensbindung bestanden.

3. Ob ein Grund zwingend ist, hängt von den Umständen des Einzelfalls ab und obliegt der Würdigung des FG als Tatsacheninstanz.

BFH vom 18.12.2002 I R 15/02 (BStBl. 2003 II S. 384)**:** Die Steuervergünstigungen wegen Verfolgung gemeinnütziger, mildtätiger oder kirchlicher Zwecke werden nicht schon dadurch ausgeschlossen, dass die Satzung der Körperschaft das Unterhalten eines Nichtzweckbetriebes ausdrücklich erlaubt.

BFH vom 10.11.1998 I R 95/97 (BFH/NV 1999 S. 739)**:** Hat eine Körperschaft nach der Satzung den satzungsmäßigen Zweck, soziale Einrichtungen zu bauen und zu erweitern, erfüllt dies nicht den Grundsätzen formeller Satzungsmäßigkeit, da eine vermögensverwaltende Tätigkeit keine gemeinnützige Tätigkeit ist.

BFH vom 13.08.1997 I R 19/96 (BFH/NV 1998 S. 98):

1. Der formellen Satzungsmäßigkeit ist Genüge getan, wenn sich steuerbegünstigter Zweck und die Art seiner Verwirklichung im Wege der Satzungsauslegung feststellen lassen.

2. Die Satzung einer gemeinnützigen Körperschaft muss keine ausdrückliche Regelung darüber enthalten, unter welchen Voraussetzungen ein Bewerber um die Mitgliedschaft abgelehnt werden kann.

3. Eine Satzungsbestimmung, wonach jedes Aufnahmegesuch von zwei Vereinsmitgliedern befürwortet werden muss, ist nicht per se gemeinnützigkeitsschädlich. 4. – 5. (…)

BFH vom 12.08.1997 I B 72/96 (BFH/NV 1998 S. 146)[1]**:** Die konkreten Satzungszwecke sind durch Auslegung aller relevanten Satzungsbestimmungen zu ermitteln.

BFH vom 12.08.1997 I B 134/96 (BFH/NV 1998 S. 146): Sind in der Satzung keine Bestimmungen i.S. des § 55 Abs.1 Nr.4 und § 61 AO 1977 enthalten, erfüllt eine GmbH die Voraussetzungen der Gemeinnützigkeit nicht. Es reicht nicht aus, lediglich den gemeinnützigen Gesellschafter zu nennen.

BFH vom 30.04.1997 I B 21/96 (BFH/NV 1997 S. 732): Die von der Finanzverwaltung entworfenen Mustersatzungen sind keine Rechtsnormen. Die Gewährung von Steuervergünstigungen wegen Verfolgung steuerbegünstigter Zwecke hängt allein davon ab, ob die Körperschaft die gesetzlichen Voraussetzungen für die Steuervergünstigung erfüllt.

BFH vom 05.08.1992 X R 165/88 (BStBl. 1992 II S. 1048)[2]**:** ... 2. Die für die Anerkennung eines Rechtsgebildes als gemeinnützig erforderlichen Satzungsbestimmungen (Satzungszwecke und Art ihrer Erfüllung) müssen so genau bestimmt sein, dass allein aufgrund der Satzung geprüft werden kann, ob die Voraussetzungen für steuerliche Vergünstigungen vorliegen (formelle Satzungsmäßigkeit). Die Bezugnahme auf Satzungen oder Regelungen anderer Organisationen genügt nicht.

BFH vom 26.02.1992 I R 47/89 (BFH/NV 1992 S. 695): Gemeinnützige, mildtätige oder kirchliche Zwecke und die Art ihrer beabsichtigten Verwirklichung sind nach § 60 Abs. 1 AO 1977 soweit wie möglich konkretisiert in der Satzung festzuschreiben; dies dient als Buchnachweis.

Zu § 5 Abs. 1 Nr. 9 KStG - VII. Tatsächliche Geschäftsführung

BFH vom 11.12.1974 I R 104/73 (BStBl. 1975 II S. 458): Die tatsächliche Geschäftsführung kann auch dann noch auf die Erfüllung eines gemeinnützigen Zweckes gerichtet sein, wenn die Erfüllung längere Zeit durch außergewöhnliche, von der Körperschaft nicht zu beeinflussende Umstände verhindert wird.

Zu § 5 Abs. 1 Nr. 9 KStG - VIII. Vermögensbindung

BFH vom 03.03.2009, I B 154/08 (n.v.):

1. Die Entscheidung, ob die Satzung eine ausreichende Vermögensbindung enthält, ist durch Auslegung der diesbezüglichen Bestimmungen der Satzung im Einzelfall zu treffen und obliegt dem FG.

2. Dem Anspruch auf rechtlichen Gehör wird grundsätzlich genügt, wenn der Berichterstatter dem Kläger (einem Verein) eine Woche vor der mündlichen Verhandlung mitteilt, es bestünden Zweifel an der formellen Satzungsmäßigkeit.

BFH vom 25.04.2001 I R 22/00 (BStBl. 2001 II S. 518):

1. Geändert i. S. des § 61 Abs. 3 Satz 1 AO 1977 ist die Bestimmung über die Vermögensbindung in der Satzung einer GmbH oder eines eingetragenen Vereins erst dann, wenn das Änderungsverfahren durch die Eintragung der Satzungsänderung im Handels- bzw. Vereinsregister abgeschlossen ist.

2. § 61 Abs. 3 Satz 2 AO 1977 schließt die Anwendung der Vorschriften über die Festsetzungsverjährung nicht aus.

---

1) Vgl. hierzu auch BFH vom 13.12.1978 I R39/78 (BStBl. 1979 II S. 482).
2) Hinsichtlich der Bezugnahme auf Satzungen Dritter vgl. auch BFH vom 19.04.1989 - I R 3/88 (BStBl. II S. 595).

§ 5

BFH vom 03.09.1999 I B 75/98 (BFH/NV 2000 S. 301): Der Nachweis der Vermögensbindung ist anhand der Satzung zu führen. Hierzu ist die geltende Satzung ggf. auszulegen. Daher muss in der Satzung im einzelnen dargelegt werden, wenn eine Körperschaft einen Zweck - z.B. Förderung der Religion - verfolgt, dem kein jedermann bekanntes begrifflich fest umrissenes Konzept zugrunde liegt.

BFH vom 21.07.1999 I R 2/98 (BFH/NV 2000 S. 120): Die künftige Vermögensverwendung muss in der Satzung der Körperschaft festgeschrieben werden, die als steuerbegünstigt anerkannt werden möchte. Bei Bezugnahme auf die Satzung des Destinatärs liegt keine ausreichende formelle Vermögensbindung vor.

Zu § 5 Abs. 1 Nr. 9 KStG - IX. Steuerpflichtiger wirtschaftlicher Geschäftsbetrieb

1. Einzelfälle [1]

BFH vom 22.04.2009, I R 15/07 (BFH/NV 2009 S. 1166): Das Veranstalten von Trabrennen kann ein steuerpflichtiger wirtschaftlicher Geschäftsbetrieb sein. Ein Traberzuchtverein unterhält mit dem Betrieb eines Totalisators und dem Veranstalten von Trabrennen einen einheitlichen wirtschaftlichen Geschäftsbetrieb, dem sämtliche Einnahmen und Ausgaben zuzuordnen sind, die durch diesen Betrieb veranlasst sind. Soweit der Senat in seinem Urteil vom 05.06.2003 I R 76/01 für einen gleichgelagerten Sachverhalt im Ausgangspunkt - der Annahme eines Zweckbetriebs - etwas anderes vertreten hat, hält er daran nicht länger fest.

BFH vom 12.06.2008 V R 33/05 (BFH/NV 2008 S. 1783): Überlässt ein „Carsharing"-Verein entgeltliche Kfz an seine Mitglieder, werden die Leistungen im Rahmen eines wirtschaftlichen Geschäftsbetriebs ausgeführt, dem keine Zweckbetriebseigenschaft nach §§ 65 ff. AO zukommt; sie unterliegen dem Regelsteuersatz nach § 12 Abs. 1 und nicht dem ermäßigten Steuersatz nach § 12 Abs. 2 Nr. 8 Buchst. a UStG.

BFH vom 11.03.2008 I B 44/07 (n.v.): Mit dem Betreiben eines Campingplatzes für seine Mitglieder unterhält ein Verein, dessen satzungsmäßiger Zweck der Naturschutz ist, einen wirtschaftlichen Geschäftsbetrieb. Ob das Betreiben eines Campingplatzes für die Mitglieder als eigenständiger Zweck neben dem Naturschutz betrieben wird, hängt von den Umständen des Einzelfalls ab.

BFH vom 07.11.2007 I R 42/06 (BFH/NV 2008 S. 638): Räumt ein Verein, der wegen Förderung des Sports i.S. von § 52 AO als gemeinnützig anerkannt ist, einem Sponsor, der die Vereinstätigkeit finanziell und organisatorisch fördert, im Gegenzug u.a. das Recht ein, in einem von dem Verein herausgegebenen Publikationsorgan Werbeanzeigen zu schalten, einschlägige sponsorbezogene Themen darzustellen und bei Vereinsveranstaltungen die Vereinsmitglieder über diese Themen zu informieren und dafür zu werben, dann liegt in diesen Gegenleistungen ein steuerpflichtiger wirtschaftlicher Geschäftsbetrieb.

BFH vom 19.05.2005 V R 32/03 (BStBl. 2005 II S. 900): ... 2. Die kurzfristige Vermietung von Wohnräumen und Schlafräumen an Nichtstudierende durch ein Studentenwerk ist ein selbständiger wirtschaftlicher Geschäftsbetrieb, wenn sie sich aus tatsächlichen Gründen von den satzungsmäßigen Leistungen abgrenzen lässt. Dieser wirtschaftliche Geschäftsbetrieb ist kein Zweckbetrieb; dessen Umsätze unterliegen der Besteuerung nach dem Regelsteuersatz.

BFH vom 06.04.2005 I R 85/04 (BStBl. 2005 II S. 545): Überlässt ein Krankenhaus i.S. des § 67 Abs. 1 AO 1977 medizinische Großgeräte und nichtärztliches medizinisch-technisches Personal an eine ärztliche Gemeinschaftspraxis gegen Entgelt, liegt ein steuerpflichtiger wirtschaftlicher Geschäftsbetrieb vor.

BFH vom 01.08.2002 V R 21/01 (BStBl. 2003 II S. 438): Ein gemeinnütziger Luftsportverein, dem Unternehmer „unentgeltlich" Freiballone mit Firmenaufschriften zur Verfügung stellen, die er zu Sport- und Aktionsluftfahrten einzusetzen hat, erbringt mit diesen Luftfahrten steuerbare und mit dem allgemeinen Steuersatz steuerpflichtige Werbeumsätze, da diese Umsätze im Rahmen eines wirtschaftlichen Geschäftsbetriebs erzielt werden. Bemessungsgrundlage sind die Kosten, die die Unternehmer dafür getragen haben.

BFH vom 15.10.1997 I R 2/97 (BStBl. 1998 II S. 175): Ein der Besteuerung unterliegender wirtschaftlicher Geschäftsbetrieb liegt vor, wenn eine gemeinnützige Körperschaft den Mitgliedern ihrer Unterverbände gegen Bezahlung Versicherungsschutz gewährt oder für die genannten Mitglieder einen Gruppenversicherungsvertrag abschließt, aufgrund dessen sie das Beitragsinkasso und Informationspflichten übernimmt und eine Überschussbeteiligung erhält.

---

1) Vgl. zur Abgrenzung auch Einzelfälle „Zweckbetrieb" (X. 1.)

BFH vom 15.10.1997 II R 94/94 (BFH/NV 1998 S. 150): Kauft ein als gemeinnützig anerkannter Dachverband der Wohlfahrtspflege zentral Ausrüstungsmaterial und Hilfsmittel ein und verkauft diese an die steuerbegünstigten Landesverbände und Ortsverbände weiter, lieg kein Zweckbetrieb i.S. des § 65 AO 1977 vor, sondern ein steuerpflichtiger wirtschaftlicher Geschäftsbetrieb. (Zentraleinkauf)

BFH vom 07.05.1997 V B 95/96 (BFH/NV 1998 S. 96)[1]**:** Stellt ein gemeinnütziger Sportverein, Mitgliedern und Nichtmitgliedern entgeltlich eine Kunsteisbahn zur Verfügung, liegt kein Zweckbetrieb, sondern ein steuerpflichtiger wirtschaftlicher Geschäftsbetrieb vor. Für die Annahme einer sportlichen Veranstaltung reicht die Gestattung der Nutzung von Sportgegenständen bzw. Sportanlagen nicht aus, wenn sich die organisatorischen Maßnahmen auf die ordnungsgemäße Benutzung beschränken.

BFH vom 15.12.1993 X R 115/91 (BStBl. 1994 II S. 314)[2]**:** Der wirtschaftliche Geschäftsbetrieb einer von entsorgungspflichtigen öffentlich-rechtlichen Körperschaften gegründeten GmbH, die nach ihrer Satzung die Beseitigung und Verwertung von Abfällen im Dienste des öffentlichen Gesundheitswesens und der Förderung des Umweltschutzes betreibt, ist kein Zweckbetrieb i. S. des § 65 AO 1977.

BFH vom 27.10.1993 I R 60/91 (BStBl. 1994 II S. 573): Der Betrieb eines Müllheizkraftwerks, das der umweltfreundlichen Beseitigung von Müll dienen soll, ist kein Zweckbetrieb gemäß § 65 AO 1977.

BFH vom 09.09.1993 V R 24/89 (BStBl. 1994 II S. 57): Veräußert ein als gemeinnützig anerkannter Verein neben der Ausführung anderer steuerpflichtiger und steuerfreier Umsätze mehrmals ihm von Todes wegen (zugunsten der Verfolgung seiner gemeinnützigen Zwecke) zugewendete Gegenstände, so fallen diese Veräußerungen jedenfalls dann in den Rahmen seines Unternehmens (und nicht in die nicht-unternehmerische Sphäre), wenn sie für sich allein gesehen nachhaltig sind.

BFH vom 26.02.1992 I R 149/90 (BStBl. 1992 II S. 693)[3]**:**

1. Altkleidersammlungen eines gemeinnützigen Vereins, bei denen das Sammelgut zur Mittelbeschaffung weiterveräußert wird, sind steuerpflichtige wirtschaftliche Geschäftsbetriebe (§§ 14, 64 AO 1977).

2. Die gesammelten Altkleiderspenden sind wirtschaftliche Vorteile, die durch eine selbständige nachhaltige Tätigkeit i. S. von § 14 AO 1977 erzielt werden.

BFH vom 13.03.1991 I R 8/88 (BStBl. 1992 II S. 101)[4]**:** Ein gemeinnütziger Verein unterhält mit der entgeltlichen Gestattung von Bandenwerbung in seinen Sportstätten einen steuerschädlichen wirtschaftlichen Geschäftsbetrieb.

BFH vom 18.10.1990 V R 76/89 (BStBl. 1991 II S. 268): ... 3. Die Arzneimittellieferungen der Krankenhausapotheke eines gemeinnützigen Krankenhausträgers an andere Krankenhäuser sind keine Tätigkeit, die zu einem Zweckbetrieb i. S. von § 66 AO 1977 führt. Die Steuervergünstigungen nach § 12 Abs. 2 Nr. 8 UStG 1980, § 5 Abs. 1 Nr. 9 KStG, § 3 Nr. 6 GewStG und § 97 Abs. 2 BewG sind insoweit gemäß § 64 AO 1977 nicht anwendbar.

BFH vom 18.10.1990 V R 35/85 (BStBl. 1991 II S. 157): Leistungen der Wäscherei eines Krankenhauses (das die Voraussetzungen des § 67 AO 1977 erfüllt) sind weder nach § 4 Nrn. 16 oder 18 UStG 1973 noch nach § 12 Abs. 2 Nr. 8 UStG 1973 begünstigt. Die (entgeltlichen) Leistungen des Wäschereibetriebs an andere Krankenhäuser werden im Rahmen eines wirtschaftlichen Geschäftsbetriebs (§ 14 AO 1977) ausgeführt. Die (begünstigenden) Voraussetzungen eines Zweckbetriebs i.S. von §§ 64 ff. AO 1977 sind nicht erfüllt.

BFH vom 11.04.1990 I R 122/87 (BStBl. 1990 II S. 724): Ein Kommunikationszentrum in Form eines Cafés (Teestube) eines wegen Förderung der Jugendhilfe gemeinnützigen Vereins ist kein Zweckbetrieb.

BFH vom 09.04.1987 V R 150/78 (BStBl. 1987 II S. 659): Soweit ein gemeinnütziger Golfclub seine Anlage auch clubfremden Spielern gegen sog. Greenfee zur Verfügung stellt, erbringt er entgeltliche

---

1) In gleichem Sinne BFH vom 02.03.1990 - III R 89/87 (BStBl. II S. 1012) und BFH vom 02.03.1990 - II R 77/88 (BStBl. II S. 750) hinsichtlich der Errichtung einer Tennishalle durch einen Tennisverein. Die Überlassung kann sich allerdings als Zweckbetrieb darstellen, wenn die Tennishalle in nur ganz unbedeutendem Umfang von Nicht-mitgliedern genutzt wird, vgl. hierzu BFH vom 10.01.1992 - III R 201/90 (BStBl. II S. 684).

2) Vgl. auch BFH vom 18.01.1995 - I R 144/93 (BFH/NV 1995 S. 1012) unter „Gemeinnützige, mildtätige, kirchliche Zwecke".

3) Bestätigt durch BFH vom 10.06.1992 - I R 76/90 (BFH/NV 1992 S. 839) und BFH vom 01.03.1995 - V B 23/95 (BFH/NV 1995 S. 930).

4) Vgl. hierzu aber Nr. 9 des AEAO zu § 67a AO.

§ 5

steuerpflichtige Leistungen. Die Leistungen unterliegen dem Regelsteuersatz; sie werden nicht im Rahmen eines Zweckbetriebs ausgeführt.

BFH vom 21.08.1985 I R 3/82 (BStBl. 1986 II S. 92): Veranstaltet ein gemeinnütziger Verein, der auf den Gebieten der Heimatpflege und Heimatkunde (Erhaltung der Gebirgstracht, des Volksgesangs und des Volkstanzes sowie alter Sitten und Gebräuche) die Allgemeinheit fördert, sog. Waldfeste und übernimmt er dabei u. a. selbst die Bewirtung der Besucher, so unterhält er insoweit einen (steuerschädlichen) wirtschaftlichen Geschäftsbetrieb. Ein steuerunschädlicher Geschäftsbetrieb (kulturelle oder gesellige Veranstaltung) ist in einem solchen Falle nicht gegeben. Ein bei den Veranstaltungen erzielter Überschuss der Einnahmen über die Unkosten unterliegt der Körperschaftsteuer.

BFH vom 21.01.1985 I R 60/80 (BStBl. 1986 II S. 88):

1. Die von einem gemeinnützigen Flugsportverein während eines Flugtages und eines mehrtägigen Hallenfestes betriebene Restauration (Verkauf von Getränken und Esswaren) ist ein wirtschaftlicher Geschäftsbetrieb. Der erzielte Gewinn unterliegt der Körperschaftsteuer.

2. Zum Begriff ‚nachhaltig'.

BFH vom 09.12.1981 I R 215/78 (BStBl. 1983 II S. 27): Ein Spitzenverband des Sports, der sich gegen Entgelt (Sachleistungen) verpflichtet, die Spieler der Nationalmannschaft bei bestimmten sportlichen Veranstaltungen in Sportschuhen eines bestimmten Herstellers auftreten zu lassen, unterhält damit einen steuerschädlichen wirtschaftlichen Geschäftsbetrieb.

BFH vom 23.04.1969 I R 54/67 (BStBl. 1969 II S. 441): Verpachtet ein Verein für Heimatpflege ein Gasthaus, das zu einem von ihm unterhaltenen Freilandmuseum in räumlich engem Zusammenhang steht, so liegt darin allein um dieser räumlichen Verbindung willen noch kein wirtschaftlicher Geschäftsbetrieb, zumal wenn die Unterhaltung des Freilandmuseums selbst keinen wirtschaftlichen Geschäftsbetrieb darstellt.

BFH vom 08.03.1967 I 145/64 (BStBl. 1967 III S. 373):

1. Ein wirtschaftlicher Geschäftsbetrieb im Sinne des § 4 Abs. 1 Ziff. 6 KStG, § 6 GemV setzt voraus, dass eine Körperschaft mit einer eigenen Tätigkeit nachhaltig am wirtschaftlichen Verkehr teilnimmt.

2. Hat eine steuerbegünstigte Körperschaft das Verlagsrecht an einer von ihr herausgegebenen, dem gemeinnützigen Zweck unmittelbar dienenden Zeitschrift einem privatrechtlichen Verlag übertragen, so betreibt sie keinen wirtschaftlichen Geschäftsbetrieb, der über den Rahmen der Vermögensverwaltung hinausgeht (§ 4 Abs. 1 Ziff. 6 KStG, § 6 GemV), wenn sie duldet, dass der Verlag die Zeitschrift zum Gegenstand seines Anzeigengeschäfts macht und sich dafür bestimmte Anteile an den Anzeigenerlösen gutschreiben lässt.

2. Einkünfteermittlung, Verlustverrechnung

BFH vom 19.11.2003 I R 33/02 (BFH/NV 2004 S. 445): Mehrere Sportveranstaltungen eines nicht von der KSt befreiten Vereins als einheitlicher Betrieb.

BFH vom 05.06.2003 I R 76/01 (BStBl. 2005 II S. 305):

1. Ausgaben, die durch das Unterhalten eines wirtschaftlichen Geschäftsbetriebs veranlasst sind, sind bei dessen Gewinnermittlung abzuziehen.

2. § 10 Nr. 1 KStG betrifft nur Aufwendungen, die sich der Art nach als Einkommensverwendung darstellen. Aufwendungen, die den Charakter von Betriebsausgaben haben, sind nach allgemeinen Gewinnermittlungsgrundsätzen abzusetzen (Bestätigung der Rechtsprechung)[1]

BFH vom 21.07.1999 I R 55/98 (BFH/NV 2000 S. 85): Ist die Veranlassung einer Ausgabe allein durch das Unterhalten eines wirtschaftlichen Geschäftsbetriebs veranlasst, ist sie in vollem Umfang bei der Gewinnermittlung abzuziehen. Wäre eine Betriebsausgabe auch ohne den steuerpflichtigen Geschäftsbetrieb entstanden, so darf sie den steuerpflichtigen Gewinn nicht mindern. Ergibt die Gewichtung, dass eine Ausgabe vorrangig durch den ideellen Bereich bzw. den wirtschaftlichen Geschäftsbetrieb veranlasst ist, so ist sie dem jeweiligen Bereich in vollem Umfang zuzuordnen. Zur Zurechnung von Ausgaben einer Freiwilligen Feuerwehr zum Festzeltbetrieb anlässlich eines Kreisfeuerwehrtages.

BFH vom 17.12.1997 I R 58/97 (BStBl. 1998 II S. 357):

1. Verpflichten sich die Mitglieder eines gemeinnützigen Vereins, ihre Arbeitskraft in dem vom Verein unterhaltenen wirtschaftlichen Geschäftsbetrieb einzusetzen, und verpflichtet sich der Verein im

---

1) Vgl. hierzu aber Nr. 9 des AEAO zu § 67a AO.

Gegenzug hierfür den Mitgliedern einen (schlichten) Lebensunterhalt zu gewähren, so können die Unterhaltsaufwendungen Betriebsausgaben des wirtschaftlichen Geschäftsbetriebs sein.

2. Auch wenn der Wert der Unterhaltsleistung unter dem Wert der Arbeitsleistung liegt, kann hieraus – unter dem Gesichtspunkt des Fremdvergleichs – keine verdeckte Gewinnausschüttung abgeleitet werden.

BFH vom 21.09.1995 I B 85/94 (BFH/NV 1996 S. 268): Ausgaben - mit Ausnahme der Spenden – gehören zu einem steuerpflichtigen wirtschaftlichen Geschäftsbetrieb, wenn er der Anlass für ihr Entstehen ist. Beruht das Entstehen einer Ausgabe auf mehreren, steuerrechtlich unterschiedlich zu beurteilenden Tätigkeiten, setzt die Zuordnung der Ausgabe eine Gewichtung der verschiedenen Anlässe ihrer Entstehung voraus. Für die Gewichtung ist von Bedeutung, dass eine Körperschaft, die die teilweise Befreiung von der Steuer erlangen und bewahren will, nicht in erster Linie eigenwirtschaftliche Zwecke - z B. gewerbliche Zwecke oder sonstige Erwerbszwecke - verfolgen darf. Deshalb ist davon auszugehen, dass primärer Anlass für das Entstehen einer sowohl mit steuerbefreiten als auch mit steuerpflichtigen Tätigkeiten zusammenhängenden Ausgabe die nicht erwerbswirtschaftliche, steuerbefreite Tätigkeit ist. Zu Aufwendungen eines Kunstvereins für die Vor- und Nachbereitung von Kunstreisen.

BFH vom 05.02.1992 I R 59/91 (BFH/NV 1993 S. 341): Gewinne oder Verluste eines steuerpflichtigen wirtschaftlichen Geschäftsbetriebs können auch bei enger oder wechselseitiger Verflechtung von steuerfreiem und steuerpflichtigem wirtschaftlichem Geschäftsbetrieb nicht mit Gewinnen oder Verlusten aus Zweckbetrieben verrechnet werden oder umgekehrt. Für die Zuordnung von Aufwendungen ist der primäre Anlass ihrer Entstehung maßgeblich. Für den Fall, dass die Ausgabe auch ohne den wirtschaftlichen Geschäftsbetrieb entstanden wäre, ist sie dem steuerfreien Bereich zuzuordnen.

BFH vom 27.03.1991 I R 31/89 (BStBl. 1992 II S. 103) [1]:

1. Einem wirtschaftlichen Geschäftsbetrieb, mit dem ein teilweise von der Körperschaftsteuer befreiter Sportverein der Besteuerung unterliegt, sind die Einnahmen und Ausgaben zuzuordnen, deren Entstehen durch die den Geschäftsbetrieb begründende Tätigkeit veranlasst ist.

2. Ausgaben für das Training und die Spiele der Vereinsmannschaft (z. B. Aufwendungen für Trainer, Schiedsrichter, Fahrkosten, Hallenmiete) mindern nicht die Einkünfte, die der Verein durch Werbung für Dritte während der Spiele seiner Mannschaft erzielt, sofern diese Ausgaben auch ohne die Werbetätigkeit entstanden wären.

BFH vom 13.03.1991 I R 117/88 (BStBl. 1991 II S. 645): Das zu versteuernde Einkommen einer teilweise von der Körperschaftsteuer befreiten Körperschaft darf nicht durch Spenden gemindert werden, die aus steuerbefreiten Bereichen der Körperschaft stammen.

BFH vom 06.12.1990 I R 5/88 (BStBl. 1991 II S. 308) [2]: Einem (gemeinnützigen) Verein entstehen keine als Betriebsausgaben eines wirtschaftlichen Geschäftsbetriebs abzugsfähigen Aufwendungen, wenn Vereinsmitglieder auf die ihnen gegen den Verein zustehenden Ansprüche auf Zahlung von Aushilfslöhnen im engsten zeitlichen Zusammenhang mit der vorgesehenen Lohnzahlung bedingungslos verzichten.

BFH vom 02.10.1968 I R 40/68 (BStBl. 1969 II S. 43): Unterhält ein Reit- und Fahrverein einen wirtschaftlichen Geschäftsbetrieb (Erteilung von Reitunterricht, Aufstallung und Wartung von Pferden seiner Mitglieder gegen Entgelt), so wird die Gemeinnützigkeit nicht dadurch ausgeschlossen, dass auf einer Fehlkalkulation beruhende geringfügige Verluste aus wirtschaftlichem Geschäftsbetrieb aus Vereinsmitteln ausgeglichen werden. Voraussetzung ist allerdings, dass der Verein erkennbar den Ausgleich seiner Aufwendungen für die den Mitgliedern erbrachten Sonderleistungen anstrebte.

BFH vom 06.11.1968 I R 15/66 (BStBl. 1969 II S. 93): Begründet die wirtschaftliche Verwertung der geistigen Arbeit eines Ordensangehörigen durch den Orden einen wirtschaftlichen Geschäftsbetrieb, können die Aufwendungen des Ordens für den Unterhalt des Ordensangehörigen nicht als Betriebsausgaben berücksichtigt werden, da sie in Erfüllung von Verfassungszwecken des Ordens gemacht wurden.

---

1) Ebenso BFH vom 27.03.1991 - I R 30/89 (BFH/NV 1992 S. 412). Vgl. aber Anlage § 005 (1) Nr. 09-CD178 und Nr. 6 AEAO zu § 64 Abs. 1 AO.

2) Bestätigt durch BFH vom 13.03.1991 - I R 38/88 (BFH/NV 1992 S. 226) für Verpflegungsmehraufwendungen von Vereinsmitgliedern, die bei geselligen Veranstaltungen eingesetzt werden. Vgl. auch Anlage § 005 (1) Nr. 9-CD-131.

§ 5

3. Beteiligungen

BFH vom 27.03.2001 I R 78/99 (BStBl. 2001 II S. 449)[1]:

1. Die Beteiligung einer steuerbefreiten Körperschaft an einer gewerblich tätigen Personengesellschaft begründet einen wirtschaftlichen Geschäftsbetrieb. Dies gilt auch für Kommanditbeteiligungen.

2. Im Rahmen der Anwendung des § 64 Abs. 3 AO 1977 ist auf die Bruttoeinnahmen abzustellen.

BFH vom 21.05.1997 I R 164/94 (BFH/NV 1997 S. 825): Ist eine gemeinnützige Körperschaft an einer Kapitalgesellschaft mehrheitlich beteiligt und überlässt sie dieser wesentliche Betriebsgrundlagen zur Nutzung, unterhält die gemeinnützige Körperschaft einen wirtschaftlichen Geschäftsbetrieb. Zur Betriebsaufspaltung zwischen einem Sportverein und einer von ihm beherrschten GmbH bei Verpachtung von Werberechten.

Zu § 5 Abs. 1 Nr. 9 KStG - X. Zweckbetrieb

1. Einzelfälle[2]

BFH vom 18.09.2007 I R 30/06 (BStBl. II 2009 S. 126)[3]: Die Steuervergünstigungen für gemeinnützige Körperschaften (§ 5 Abs. 1 Nr. 9 KStG, § 3 Nr. 6 Satz 2 GewStG i.V.m. §§ 64 bis 68 AO) sind auch drittschützende Normen mit der Folge, dass ein Verstoß der Finanzbehörden gegen diese Vorschriften zu einer Verletzung von Rechten der Mitbewerber führen kann. Der Krankentransport und der Rettungsdienst, den Wohlfahrtsverbände zu denselben Bedingungen wie private gewerbliche Unternehmen anbieten, werden um des Erwerbes willen und nicht zum Wohl der Allgemeinheit ausgeübt; die Einkünfte daraus sind nicht von der Gewerbesteuer befreit.

BFH vom 04.04.2007 - I R 76/05 (BStBl. 2007 II S. 631):

1. Eine Forschungseinrichtung finanziert sich nicht überwiegend aus Zuwendungen der öffentlichen Hand oder Dritter oder aus der Vermögensverwaltung, wenn die Einnahmen aus Auftrags- oder Ressortforschung mehr als 50 v.H. der gesamten Einnahmen betragen.

2. Ob in diesem Fall die Auftragsforschung in einem steuerpflichtigen wirtschaftlichen Geschäftsbetrieb zu erfassen ist, oder die Steuerbefreiung insgesamt verloren geht, ist danach zu beurteilen, ob die Auftragsforschung der eigenen Forschung dient oder als eigenständiger Zweck verfolgt wird.

BFH vom 19.02.2004 V R 39/02 (BStBl. I S. 672): Bei der Beurteilung, ob ein gemeinnütziger Verein, der neben seinen sportlichen und berufsständischen Aufgaben im Bereich des Pferdesports eine Pensionspferdehaltung betreibt, die Voraussetzung des § 65 Nr. 2 AO für das Vorliegen eines Zweckbetriebs erfüllt, ist der Satzung entscheidende Bedeutung beizumessen. Eine ermäßigte Besteuerung nach § 12 Abs. 2 Nr. 8 Buchst. a UStG 1991/1993 für das Einstellen und Betreuen von Pferden durch einen gemeinnützigen Verein kommt nur dann in Betracht, wenn die Umsätze im Rahmen eines Zweckbetriebs nach § 65 Abs. 1 AO 1977 erbracht werden und nicht umsatzsteuerfrei sind.

BFH vom 06.06.2000 V B 159/99 (BFH/NV 2000 S. 1506): Der Geschäftsbetrieb einer gemeinnützigen Körperschaft wird nur dann im Rahmen eines Zweckbetriebes verwirklicht, wenn er „unentbehrliches Hilfsmittel" ist, nicht aber, wenn die begünstigten Zwecke auch ohne den Geschäftsbetrieb erfüllt werden können. Ob die Bedeutung des Geschäftsbetriebes im Einzelfall die Grenze des Zweckbetriebes überschreitet, ist keine Rechtsfrage von grundsätzlicher Bedeutung. Zur Abgrenzung eines steuerpflichtigen wirtschaftlichen Geschäftsbetriebs und eines Zweckbetriebs bei Lieferung von Tonträgern durch einen gemeinnützigen Verein.

BFH vom 26.04.1995 I R 35/93 (BStBl. 1995 II S. 767): ... 2. Führt eine arbeitstherapeutische Beschäftigungsgesellschaft Lohnaufträge aus, um den von ihr geförderten Personen die sinnvolle Arbeitstherapie anbieten zu können, so ist der dadurch begründete wirtschaftliche Geschäftsbetrieb ein Zweckbetrieb i. S. des § 65 AO 1977, wenn die Leistungen an die Auftraggeber ausschließlich Ergebnis der Arbeitstherapie und somit notwendige Folge der Erfüllung des gemeinnützigen Zwecks sind.

---

1) Im einheitlichen und gesonderten Gewinnfeststellungsbescheid für eine KG wird bindend festgestellt, ob eine als Kommanditistin beteiligte gemeinnützige Körperschaft gewerbliche Einkünfte bezieht und damit einen wirtschaftlichen Geschäftsbetrieb unterhält, vgl. BFH vom 27.07.1988 - I R 113/84 (BStBl. 1989 II S. 134).

2) Vgl. zur Abgrenzung auch Einzelfälle „steuerpflichtiger wirtschaftlicher Geschäftsbetrieb" (IX. 1.)

3) Vgl. BMF vom 20.01.2009 (Anlage § 005 (1) Nr. 09-141).

BFH vom 18.01.1995 V R 139-142/92 (BStBl. 1995 II S. 446) :

1. Die mit alleinreisenden Erwachsenen getätigten Umsätze der Jugendherbergen sind nicht gemäß § 4 Nr. 24 UStG 1980 von der Umsatzsteuer befreit. Die Steuer auf diese Umsätze kann gemäß § 12 Abs. 2 Nr. 8 UStG 1980 i. V. m. § 68 Nr. 1 Buchst. b AO 1977 a. F. zu ermäßigen sein.

2. Jugendherbergen sind als Zweckbetriebe i. S. des § 68 Nr. 1 Buchst. b AO 1977 a. F. zu beurteilen, ohne dass es auf die Voraussetzungen des § 65 AO 1977 ankommt.

3. Die Beherbergung alleinreisender Erwachsener kann ein selbständiger wirtschaftlicher Geschäftsbetrieb sein, wenn sie sich aus tatsächlichen Gründen von den satzungsgemäßen Leistungen an Jugendliche und Familien abgrenzen lässt. Fehlt die Abgrenzbarkeit, verlieren Jugendherbergen ihre Zweckbetriebseigenschaft nicht dadurch, dass sie außerhalb des satzungsgemäßen Zwecks in geringem Umfang alleinreisende Erwachsene (zu gleichen Bedingungen wie andere Gäste) beherbergen. Die Grenze, bis zu der solche Beherbergungen unschädlich sind, ist mit 10 v. H. zu veranschlagen [1].

BFH vom 23.11.1988 I R 11/88 (BStBl. 1989 II S. 391): ... 3. Die Herausgabe einer Druckschrift, die für einen breiten Interessentenkreis bestimmt ist, durch einen gemeinnützigen Verein, der der Völkerverständigung dient, kann Zweckbetrieb i. S. des § 65 AO 1977 sein.

BFH vom 11.05.1988 V R 76/83 (BStBl. 1988 II S. 908)[2]: Ein sog. Studentenwerk kann der freien Wohlfahrtspflege (§ 4 Nr. 18 UStG 1973) auch mit dem Betrieb einer Cafeteria (vgl. Abschn. 103 Abs. 9 UStR 2008) dienen, wenn mit der Cafeteria kein anderer Satzungszweck verfolgt wird.

BFH vom 13.08.1986 II R 246/81 (BStBl. 1986 II S. 831): Produziert eine steuerbegünstigte Körperschaft im Auftrage einer öffentlich-rechtlichen Rundfunkanstalt Fernsehfilme unterhaltenden, belehrenden und informierenden Inhalts über wichtige soziale Fragen unter Berücksichtigung der religiösen Anliegen der Kirche, die die steuerbegünstigte Körperschaft trägt, so tritt diese dadurch zu nicht begünstigten Betrieben derselben oder ähnlicher Art in größerem Umfang in Wettbewerb, als dies bei Erfüllung der gemeinnützigen oder kirchlichen Zwecke unvermeidbar ist.

2. Sportliche Veranstaltungen

BFH vom 21.03.2002 V B 87/01 (BFH/NV 2002 S. 1012): Zur Frage wann im Zusammenhang mit § 67a Abs. 3 AO 1977 von gemeinnützigkeitsschädlichen Aufwandsentschädigungen auszugehen ist, ist - mangels gesetzlicher Regelung für eine Aufwandspauschale - der konkrete Aufwand jedes einzelnen Sportlers und weiter maßgeblich, welche Vergütungen oder Vorteile die einzelne Sportler vom Verein ggf. im Zusammenwirken mit einem Dritten, wie zum Beispiel dem Bewerber, oder Inhaber der Bewerberlizenz erhalten hat.

BFH vom 25.07.1996 V R 7/95 (BStBl. 1997 II S. 154):

1. Der Begriff„sportliche Veranstaltung"in § 4 Nr. 22 Buchst. b UStG 1980 hat den gleichen Inhalt wie in § 67a AO 1977.

... 4. Die Vorschrift des § 67 a AO 1977 enthält eine Sonderregelung gegenüber § 65 AO 1977. Eine sportliche Veranstaltung i. S. des § 67a AO 1977 kann vorliegen, ohne dass die Voraussetzungen des § 65 AO 1977 gegeben sind.

3. Sonstiges

BFH vom 04.06.2003 I R 25/02 (BStBl. 2004 I S. 660)[3]: § 68 AO 1977 ist gegenüber § 65 AO 1977 als vorrangige Vorschrift zu verstehen. Daher setzt die steuerliche Begünstigung eines Betriebes als Zweckbetrieb gemäß § 68 Nr. 3 Alternative 2 AO 1977 nicht voraus, dass die von ihm ausgehende Wettbewerbswirkung das zur Erfüllung des steuerbegünstigten Zwecks unvermeidbare Maß nicht übersteigt.

Zu § 5 Abs. 1 Nr. 9 KStG - XI. Beendigung einer gemeinnützigen Tätigkeit

BFH vom 16.05.2007 I R 14/06 (BFH/NV 2007 S. 1793): Die Körperschaftsteuerbefreiung einer Körperschaft, die nach ihrer Satzung steuerbegünstigte Zwecke verfolgt, endet, wenn die eigentliche steu-

---

1) Dieses Urteil ist auf die Nebenumsätze der Mensa- und Cafeteria-Betriebe nicht übertragbar (vgl. FM Bay vom 29.07.1996 - 33-S 0184-4/12-47 390.

2) Vgl. auch BFH vom 15.06.1988 V R 77/83 (BFH/NV 1989 S. 265).

3) § 68 Nr. 3 AO wurde durch Artikel 1a des Gesetzes zur Förderung der Ausbildung und Beschäftigung schwerbehinderter Menschen vom 23. April 2004 geändert (BStBl. I S. 474). Dabei wurden die begünstigten Einrichtungen für Beschäftigungs- und Arbeitstherapie genau bestimmt.

erbegünstigte Tätigkeit eingestellt und über das Vermögen der Körperschaft das Konkurs- oder Insolvenzverfahren eröffnet wird.

Zu § 5 Abs. 1 Nr. 9 KStG - XII. Stiftungen

BFH vom 29.02.2008 I B 159/07 (BFH/NV 2008 S. 1203): Eine gemäß § 5 Abs. 1 Nr. 9 Satz 1 KStG körperschaftsteuerbefreite Stiftung unterliegt mit dem erzielten Gewinn aus der Veräußerung einbringungsgeborener Anteile der Körperschaftsteuer und zwar auch bezüglich derjenigen aufgedeckten stillen Reserven, die in Zeiten aufgebaut wurden, in denen die Stiftung steuerbefreit war.

BFH vom 14.07.2004 I R 94/02 (BStBl. 2005 II S. 721):

1. Eine Stiftung fördert auch dann die Allgemeinheit i. S. des § 52 Abs. 1 AO 1977, wenn sie ihre Zwecke ausnahmslos oder überwiegend im Ausland erfüllt und ihre Förderung vorzugsweise auf die Jugend eines Staates (hier: der Schweiz) oder einer Stadt (hier: Bern) beschränkt ist.

2. Die formelle Satzungsmäßigkeit nach § 59 AO 1977 erfordert hinsichtlich der steuerbegünstigten Zweckverfolgung nicht die ausdrückliche Verwendung der Begriffe „ausschließlich" und „unmittelbar".

3. Die satzungsmäßige Vermögensbindung (§ 61 Abs. 1 AO 1977) ist bei einer staatlich beaufsichtigten Stiftung auch dann nach § 62 AO 1977 entbehrlich, wenn es sich um eine Stiftung ausländischen Rechts handelt, die der Stiftungsaufsicht eines EU-Mitgliedstaates unterfällt.

4. Dem EuGH wird die folgende Frage zur Vorabentscheidung vorgelegt: Widerspricht es Art. 52 i. V. m. Art. 58, Art. 59 i. V. m. Art. 66 und 58 sowie Art. 73b EGV, wenn eine gemeinnützige Stiftung privaten Rechts eines anderen Mitgliedstaates, die im Inland mit Vermietungseinkünften beschränkt steuerpflichtig ist, anders als eine im Inland gemeinnützige unbeschränkt steuerpflichtige Stiftung mit entsprechenden Einkünften nicht von der Körperschaftsteuer befreit ist?[1]

BFH vom 17.09.2003 I R 85/02 (BStBl. 2005 II S. 149):

1. Von Todes wegen errichtete Stiftungen des privaten Rechts sind im Falle ihrer Genehmigung auf Grund der in § 84 BGB angeordneten Rückwirkung bereits ab dem Zeitpunkt des Vermögensanfalls nach § 1 Abs. 1 Nr. 4 KStG subjektiv körperschaftsteuerpflichtig. Die in § 84 BGB angeordnete Rückwirkung wirkt sich allerdings auf § 5 Abs. 1 Nr. 9 KStG nicht aus.

2. Erfüllt eine Körperschaft die Voraussetzungen des § 62 AO 1977 und ist daher die gemeinnützigkeitskonforme Verwendung ihres Restvermögens sichergestellt, so ist es unschädlich, wenn in der Satzung eine Regelung zur Vermögensbindung enthalten ist, die die Vorgaben des § 61 AO 1977 nicht vollständig erfüllt.

BFH vom 21.01.1998 II R 16/95 (BStBl. 1998 II S. 758): Verbindlichkeiten, die in Ausführung des Stiftungsgeschäftes auf die Stiftung übergehen, mindern von vornherein das der Stiftung zugewendete Vermögen; der zur Erfüllung derartiger Ansprüche notwendige Teil des Stiftungsvermögens steht den satzungsmäßigen Zwecken der Stiftung von Anfang an nicht zur Verfügung. Die Erfüllung derartiger Ansprüche stellt keinen Verstoß gegen die Gebote der Selbstlosigkeit und Ausschließlichkeit dar; für die Anwendung des § 58 Nr. 5 AO 1977 ist insoweit kein Raum.

BFH vom 20.12.1978 I R 21/76 (BStBl. 1979 II S. 496): Sammelt eine private Stiftung zur nachhaltigen Erfüllung ihres satzungsmäßigen Zwecks Kapital an, so steht ihr insoweit die Steuervergünstigung der Gemeinnützigkeit nur zu, wenn die Mittel in einer besonderen, jederzeit kontrollierbaren und nachprüfbaren Rücklage gebunden sind.

BFH vom 16.03.1977 I R 198/74 (BStBl. 1977 II S. 493):

1. Bilden die land- und forstwirtschaftlich genutzten Flächen des selbstbewirtschafteten Ritterguts einer gemeinnützigen Stiftung eine wirtschaftliche Einheit, ist die Selbstbewirtschaftung des Forstes keine von der Körperschaftsteuer befreite Vermögensverwaltung.

2. Die Aufwendungen für die gemäß dem Stiftungsstatuten auf dem Gesamtvermögen ruhenden Schuldlasten dürfen nicht als Betriebsausgaben bei dem zum Stiftungsvermögen gehörenden und einen steuerpflichtigen Geschäftsbetrieb bildenden landwirtschaftlichen Betrieb (Rittergut) abgezogen werden.

Zu § 5 Abs. 1 Nr. 10 KStG

BFH vom 26.02.1992 I R 53/89 (BFH/NV 1993 S. 329): Ein als gemeinnützig anerkanntes Wohnungsbauunternehmen in der Rechtsform einer Kapitalgesellschaft, das in 1937 vor Erlass des WGG anerkannt

---

1) Hinweis auf BMF-Schreiben vom 20.09.2005 – IV C 4 – S 0181 – 9/05 – BStBl. I S. 902.

worden ist, ist mit sämtlichen Einkünften aus einer Vermietungstätigkeit einschließlich des Gewinns aus der Veräußerung des Bürogebäudes nach § 1 Abs. 2 KStG steuerpflichtig, wenn es für die Vermietung eines Bürogebäudes nach § 6 Abs. 3 WGG, § 10 Abs. 3 WGGDV eine Ausnahmebewilligung erhält.

BFH vom 28.06.1989 I R 123/88 (BStBl. 1989 II S. 997):

1. Erhält ein als gemeinnützig anerkanntes Wohnungsunternehmen in der Rechtsform der Kapitalgesellschaft für bestimmte Geschäfte nach § 6 Abs. 3 und 4 WGG eine Ausnahmebewilligung, ist es mit sämtlichen Einkünften aus dieser Tätigkeit steuerpflichtig.

2. Zu diesen Einkünften zählt auch der Gewinn aus der Veräußerung eines Verwaltungsgebäudes.

3. Die Entscheidungen der Anerkennungsbehörde nach dem WGG unterliegen nicht der Nachprüfung durch die Gerichte der Finanzgerichtsbarkeit.

BVerwG vom 10.05.1985 8 C 52/82 (BStBl. 1985 II S. 440): Ein Ergebnisabführungsvertrag, durch den sich ein gemeinnütziges Wohnungsunternehmen einem Gesellschafter gegenüber verpflichtet, diesem den jährlich erwirtschafteten Gewinn vollständig zu übertragen, ist selbst dann nicht mit § 9 Buchst. a WGG vereinbar, wenn dieser Gesellschafter seinerseits ein als gemeinnützig anerkanntes Wohnungsunternehmen ist. Die örtlich zuständige Anerkennungsbehörde ist berechtigt, zur Vermeidung der Einleitung eines Verfahrens zur Entziehung der Anerkennung die Aufhebung eines mit § 9 Buchst. a WGG nicht zu vereinbarenden Ergebnisabführungsvertrags mit Wirkung vom Zeitpunkt seines Abschlusses sowie den Ausgleich der durch seine Erfüllung eingetretenen wirtschaftlichen Folgen zu verlangen.

BFH vom 08.06.1977 I R 185/74 (BStBl. 1977 II S. 875): Das Finanzamt darf, wenn ein begründeter Anlass dazu besteht, im Steueraufsichtswege eine Betriebsprüfung auch hinsichtlich des Gemeinnützigkeitsbereichs eines als gemeinnützig anerkannten Wohnungsunternehmens anordnen. Die Vorschriften des Wohnungsgemeinnützigkeitsgesetzes über Anerkennung, Versagung oder Entziehung der Gemeinnützigkeit sowie über die Prüfung der gemeinnützigen Wohnungsunternehmen durch einen Prüfungsverband stehen einer Betriebsprüfung durch die Finanzverwaltung nicht entgegen.

Zu § 5 Abs. 1 Nr. 14 KStG

BFH vom 11.02.1998 I R 26/97 (BStBl. 1998 II S. 576): § 5 Abs. 1 Nr. 14 KStG macht die Steuerbefreiung nicht vom Ausschüttungsverhalten der Genossenschaft/des Vereins abhängig. Er bestimmt nicht, dass die Steuerbefreiung ausgeschlossen ist, wenn die Genossenschaft/der Verein die Gewinne ganz oder überwiegend thesauriert und zur Bildung von Reserven verwendet.

BFH vom 21.09.1989 IV R 115/88 (BStBl. 1990 II S. 86):

1. Verdeckte Einlagen können auch von den Gesellschaftern einer von der Körperschaftsteuer befreiten landwirtschaftlichen Genossenschaft erbracht werden.

2. Die verdeckte Einlage kann in unangemessen niedrigen Preisen für Lieferungen an die Genossenschaft bestehen. In Höhe des Preisvorteils ergeben sich nachträgliche Anschaffungskosten auf die Beteiligung und zusätzliche Erträge im Unternehmen des als Genosse beteiligten Landwirts.

3. Eine verdeckte Einlage kann jedoch nur angenommen werden, wenn ein an der Genossenschaft nicht beteiligter Landwirt Lieferungen zu dem vereinbarten Preis nicht vorgenommen hätte. Dass die Genossenschaft ihrem Mitglied in der Vergangenheit höhere Preise gewährt hat, lässt noch nicht auf eine verdeckte Einlage schließen.

BFH vom 18.05.1988 II R 238/81 (BStBl. 1988 II S. 753):

1. So genannte „Nebengeschäfte" führen auch dann zum Verlust der Steuerbefreiung nach §3 Abs. 1 Nr. 7 Buchst. c VStG 1974 [1], wenn sie mit Genossenschaften getätigt werden, die ihrerseits selbst vermögensteuerbefreit sind, und an denen in wesentlichen dieselben Genossen oder deren Familienangehörige beteiligt sind.

2. Bei der Frage, ob steuerlich schädliche, den satzungsmäßigen Aufgabenbereich überschreitende Nebengeschäfte vorliegen, kommt es auf die Person, mit der diese Geschäfte abgewickelt werden, nicht an.

BFH vom 11.06.1980 I R 253/78 (BStBl. 1980 II S. 577): Eine erst im maßgeblichen Veranlagungszeitraum von der Körperschaftsteuer befreite landwirtschaftliche Nutzungsgenossenschaft verliert ihre Steuerfreiheit nicht allein deshalb, weil sie in diesem Veranlagungszeitraum eine während der Zeit ihrer Steuerpflicht gebildete Rücklage nach § 6b EStG auflöst und den aus der Auflösung herrührenden Gewinn zum größten Teil an ihre Mitglieder ausschüttet.

---

1) Entspricht § 5 Abs. 1 Nr. 14 KStG.

§ 5

BFH vom 16.12.1977 III R 124/75 (BStBl. 1978 II S. 285): Zur Steuerbefreiung einer land- und forstwirtschaftlichen Nutzungsgenossenschaft, der eine Erzeugergemeinschaft nach dem Marktstrukturgesetz vom 16. Mai 1969 als Mitglied angehört.

BFH vom 10.12.1975 I R 192/73 (BStBl. 1976 II S. 351): ... 2. Verkauft eine Einkaufsgenossenschaft im Hinblick auf das kurz bevorstehende Aufgehen in einer anderen Genossenschaft (Verschmelzung) das ihr gehörende Lagergrundstück, kann die Veräußerung ein Hilfsgeschäft sein, wenn diese Maßnahme darauf gerichtet ist, die Zwecke der künftigen größeren Genossenschaft zu fördern; ein Hilfsgeschäft entfällt, wenn die Veräußerung dazu dient, eine Ausschüttung an die Mitglieder der untergehenden Genossenschaft zu finanzieren.

BFH vom 08.03.1972 I R 183/70 (BStBl. 1972 II S. 498): Erhält eine Molkereigenossenschaft, die ihr gesamtes Anlagevermögen an einen Dritten verpachtet hat, von diesem ein nach der von den Genossen bei dem Dritten angelieferten Milchmenge bestimmtes Lokalgeld, so entscheidet es sich allein nach den zwischen der Genossenschaft und dem Dritten getroffenen Vereinbarungen, ob das Lokalgeld in vollem Umfang als Pachtzins oder zum Teil als Berichtigung der vom Pächter an die Genossen für die Anlieferung von Milch gezahlten Kaufpreise anzusehen ist.

BFH vom 14.10.1970 I R 67/68 (BStBl. 1971 II S. 116): Der Verkauf eines einer Molkereigenossenschaft gehörenden Wiesengrundstückes, das für Zwecke der Genossenschaft nicht mehr benötigt wird, ist kein steuerschädliches Nebengeschäft, wenn der Erlös zur Finanzierung neuer Betriebsanlagen verwendet wird.

BFH vom 15.04.1970 I R 125/68 (BStBl. 1970 II S. 532):
1. Hält sich eine Genossenschaft mit ihren Nichtmitgliedergeschäften im Rahmen des in der Satzung konkretisierten Zweckes des § 1 GenG, liegen Zweckgeschäfte mit Nichtmitgliedern, keine Nebengeschäfte vor.
2. Stehen die Zahl der in den Geschäftsbetrieb einbezogenen Nichtmitglieder oder der Umfang der Zweckgeschäfte mit Nichtmitgliedern außer Verhältnis zur Zahl der Mitglieder oder dem Umfang der Zweckgeschäfte mit Mitgliedern, geht der Charakter der Genossenschaft und damit die Abzugsfähigkeit der Warenrückvergütung verloren.

Zu § 5 Abs. 1 Nr. 17 KStG

BFH vom 21.10.1999 I R 14/98 (BStBl. 2000 I S. 325):
1. Die Steuerbefreiung gemäß § 5 Abs. 1 Nr. 17 KStG setzt zwar voraus, dass das sie beanspruchende Körperschaftsteuersubjekt mit seiner Tätigkeit ausschließlich den Zweck verfolgt, die Wirtschaft – d. h. andere Unternehmen – zu fördern. Keine derartige absolute Beschränkung enthält die Vorschrift aber hinsichtlich der Art der Förderungsmaßnahmen und -ziele. Insoweit reicht es für die Steuerbefreiung aus, wenn andere Unternehmen überwiegend durch die in § 5 Abs. 1 Nr. 17 Satz 1 KStG genannten Maßnahmen gefördert werden und wenn überwiegend mittelständische Unternehmen gefördert werden.
2. Keine Voraussetzung der Steuerbefreiung ist, dass die geförderten Unternehmen mit Gewinnerzielungsabsicht betrieben werden.

Zu § 5 Abs. 1 Nr. 18 KStG

BFH vom 03.08.2005 I R 37/04 (BStBl. 2006 II S. 141): Eine Wirtschaftsförderungsgesellschaft, deren hauptsächliche Tätigkeit sich darauf erstreckt, Grundstücke zu erwerben, hierauf Gebäude nach den Wünschen und Vorstellungen ansiedlungswilliger Unternehmen zu errichten und an diese zu verleasen, ist nicht nach § 5 Abs. 1 Nr. 18 KStG 1991/1996 steuerbefreit.

BFH vom 26.02.2003 I R 49/01 (BStBl. 2003 II S. 723)[1]: Wirtschaftsförderung i. S. des § 5 Abs. 1 Nr. 18 KStG setzt eine ausschließliche und unmittelbare Förderung von Unternehmen voraus.

BFH vom 21.05.1997 I R 38/96 (BFH/ NV 1997 S. 904): ... 4. Keine Gemeinnützigkeit für Wirtschaftsförderungsgesellschaften.

---

1) Vgl. hierzu Anlage § 005 (1) Nr. 18-04.

§ 6 Einschränkung der Befreiung von Pensions-, Sterbe-, Kranken- und Unterstützungskassen

(1) Übersteigt am Schluss des Wirtschaftsjahrs, zu dem der Wert der Deckungsrückstellung versicherungsmathematisch zu berechnen ist, das Vermögen einer Pensions-, Sterbe- oder Krankenkasse im Sinne des § 5 Abs. 1 Nr. 3 den in Buchstabe d dieser Vorschrift bezeichneten Betrag, so ist die Kasse steuerpflichtig, soweit ihr Einkommen anteilig auf das übersteigende Vermögen entfällt.

(2) Die Steuerpflicht entfällt mit Wirkung für die Vergangenheit, soweit das übersteigende Vermögen innerhalb von achtzehn Monaten nach dem Schluss des Wirtschaftsjahrs, für das es festgestellt worden ist, mit Zustimmung der Versicherungsaufsichtsbehörde zur Leistungserhöhung, zur Auszahlung an das Trägerunternehmen, zur Verrechnung mit Zuwendungen des Trägerunternehmens, zur gleichmäßigen Herabsetzung künftiger Zuwendungen des Trägerunternehmens oder zur Verminderung der Beiträge der Leistungsempfänger verwendet wird.

(3) Wird das übersteigende Vermögen nicht in der in Absatz 2 bezeichneten Weise verwendet, so erstreckt sich die Steuerpflicht auch auf die folgenden Kalenderjahre, für die der Wert der Deckungsrückstellung nicht versicherungsmathematisch zu berechnen ist.

(4) ¹Bei der Ermittlung des Einkommens der Kasse sind Beitragsrückerstattungen oder sonstige Vermögensübertragungen an das Trägerunternehmen außer in den Fällen des Absatzes 2 nicht abziehbar. ²Das Gleiche gilt für Zuführungen zu einer Rückstellung für Beitragsrückerstattung, soweit den Leistungsempfängern ein Anspruch auf die Überschussbeteiligung nicht zusteht.

(5) ¹Übersteigt am Schluss des Wirtschaftsjahrs das Vermögen einer Unterstützungskasse im Sinne des § 5 Abs. 1 Nr. 3 den in Buchstabe e dieser Vorschrift bezeichneten Betrag, so ist die Kasse steuerpflichtig, soweit ihr Einkommen anteilig auf das übersteigende Vermögen entfällt. ²Bei der Ermittlung des Einkommens sind Vermögensübertragungen an das Trägerunternehmen nicht abziehbar.

(6) ¹Auf den Teil des Vermögens einer Pensions-, Sterbe-, Kranken- oder Unterstützungskasse, der am Schluss des Wirtschaftsjahrs den in § 5 Abs. 1 Nr. 3 Buchstabe d oder e bezeichneten Betrag übersteigt, ist Buchstabe c dieser Vorschrift nicht anzuwenden. ²Bei Unterstützungskassen gilt dies auch, soweit das Vermögen vor dem Schluss des Wirtschaftsjahrs den in § 5 Abs. 1 Nr. 3 Buchstabe e bezeichneten Betrag übersteigt.

KStR

Zu § 6 KStG

28. Einschränkung der Befreiung von Pensions-, Sterbe-, Kranken- und Unterstützungskassen

Allgemeines

(1) ¹§ 6 KStG regelt die teilweise Steuerpflicht überdotierter Pensions-, Sterbe-, Kranken- und Unterstützungskassen. ²Steuerpflichtig ist der Teil des Einkommens, der auf das den zulässigen Betrag übersteigende Vermögen entfällt.

Pensions-, Sterbe- und Krankenkassen

(2) ¹Bei Pensions-, Sterbe- und Krankenkassen ist das zulässige Vermögen nach § 5 Abs. 1 Nr. 3 Buchstabe d KStG zu errechnen. ²Es entspricht bei einer in der Rechtsform des Versicherungsvereins auf Gegenseitigkeit (VVaG) betriebenen Kasse dem Betrag der Verlustrücklage nach § 37 VAG. ³Maßgebend ist der Soll-Betrag der Verlustrücklage. ⁴Soll-Betrag der Verlustrücklage ist der in der Satzung bestimmte und von der Versicherungsaufsichtsbehörde genehmigte Mindestbetrag der Verlustrücklage i. S. des § 37 VAG. ⁵Diese Rücklage dient zur Deckung eines außergewöhnlichen Verlustes aus dem Geschäftsbetrieb. ⁶Zu anderen Zwecken, z. B. zu Zahlungen an das Trägerunternehmen, darf die Rücklage nicht verwendet werden. ⁷Wird die Kasse nicht in der Rechtsform eines VVaG betrieben, so tritt an die Stelle der Verlustrücklage i. S. von § 37 VAG der dieser Rücklage entsprechende Teil des Vermögens, der zur Deckung eines Verlustes dient. ⁸Ist die Ansammlung von Reserven nicht vorgeschrieben, wie z. B. bei öffentlich-rechtlichen Unternehmen, ist in der Regel darauf abzustellen, ob die Satzung eine der Verlustrücklage des § 37 VAG entsprechende Rücklagenbildung vorsieht.

(3) [1]Nach dem Wortlaut des § 5 Abs. 1 Nr. 3 Buchstabe d KStG ist bei der Prüfung der Überdotierung einer Pensionskasse das Vermögen zugrunde zu legen, das sich nach den handelsrechtlichen Grundsätzen ordnungsmäßiger Buchführung unter Berücksichtigung des Geschäftsplans sowie der allgemeinen Versicherungsbedingungen und der fachlichen Geschäftsunterlagen i. S. des § 5 Abs. 3 Nr. 2 Halbsatz 2 VAG ergibt. [2]Die Bindung an die handelsrechtlichen Grundsätze gilt aber nicht uneingeschränkt. [3]Eine handelsrechtlich zulässigerweise gebildete Rückstellung für Beitragsrückerstattung darf nur insoweit berücksichtigt werden, als den Leistungsempfängern ein Anspruch auf die Überschussbeteiligung zusteht. [4]Der Rückstellung für Beitragsrückerstattung gleichzusetzen ist die Rückstellung für satzungsgemäße Überschussbeteiligung, wenn durch Satzung, geschäftsplanmäßige Erklärung oder Beschluss des zuständigen Organs festgelegt ist, dass die Überschüsse in vollem Umfang den Leistungsempfängern und Mitgliedern der Kasse zustehen. [5]Dabei kommt es nicht darauf an, welche Form der Beitragsrückerstattung gewählt wird. [6]Handelt es sich bei den Anspruchsberechtigten um die Leistungsempfänger der Kasse, so gilt hinsichtlich der Verwendungsfrist der Rückstellung für Beitragsrückerstattung die für Lebensversicherungsunternehmen getroffene Regelung (§ 21 Abs. 2 KStG) entsprechend. [7]Soweit jedoch das Trägerunternehmen anspruchsberechtigt ist, müssen die Mittel der Beitragsrückerstattung innerhalb der in § 6 Abs. 2 KStG genannten Frist verwendet werden.

(4) [1]Über die Überdotierung einer Pensions-, Sterbe- und Krankenkasse i. S. des § 5 Abs. 1 Nr. 3 KStG ist nach steuerlichen Gesichtspunkten zu entscheiden. [2]Eine Bindung der Finanzbehörden an Entscheidungen der Versicherungsaufsichtsbehörde besteht nicht. [3]Der Geschäftsplan sowie die allgemeinen Versicherungsbedingungen und die fachlichen Geschäftsunterlagen i. S. des § 5 Abs. 3 Nr. 2 Halbsatz 2 VAG dienen lediglich als Grundlage für die Prüfung der Überdotierung. [4]Die Prüfung, ob eine Pensions-, Sterbe- und Krankenkasse wegen Überdotierung teilweise steuerpflichtig ist, hat zu den Bilanzstichtagen zu erfolgen, zu denen der Wert der Deckungsrückstellung versicherungsmathematisch zu berechnen ist oder freiwillig berechnet wird. [5]Die teilweise Steuerpflicht beginnt und endet vorbehaltlich des § 6 Abs. 2 KStG nur zu den Bilanzstichtagen, zu denen eine versicherungsmathematische Berechnung durchgeführt worden ist. [6]Tritt die Steuerpflicht z. B. für einen Zeitraum von drei Jahren ein, so bleibt während dieser Zeit der Aufteilungsschlüssel unverändert, d. h. das Einkommen ist zwar für jedes Jahr gesondert nach den allgemeinen Vorschriften unter Berücksichtigung des § 6 Abs. 4 KStG zu ermitteln, jedoch nach dem unveränderten Verhältnis in den steuerfreien und den steuerpflichtigen Anteil aufzuteilen.

Unterstützungskassen

(5) [1]Bei Unterstützungskassen ist das Vermögen nach § 5 Abs. 1 Nr. 3 Buchstabe e KStG zu errechnen. [2]Im Gegensatz zu den Pensionskassen ist bei der Ermittlung nicht von handelsrechtlichen Bewertungsmaßstäben auszugehen.

[3]Im Einzelnen sind anzusetzen:

a) der Grundbesitz mit 200 % des Einheitswerts (§ 4d Abs. 1 Nr. 1 Satz 3 EStG), der zu dem Feststellungszeitpunkt maßgebend ist, der auf den Schluss des Wirtschaftsjahres folgt,

b) der noch nicht fällige Anspruch aus einer Versicherung mit dem Wert des geschäftsplanmäßigen Deckungskapitals zuzüglich des Guthabens aus Beitragsrückerstattung am Schluss des Wirtschaftsjahres; soweit die Berechnung des Deckungskapitals nicht zum Geschäftsplan gehört, tritt an die Stelle des geschäftsplanmäßigen Deckungskapitals der nach § 176 Abs. 3 des Gesetzes über den Versicherungsvertrag berechnete Zeitwert,

c) das übrige Vermögen mit dem gemeinen Wert am Schluss des Wirtschaftsjahres.

(6) [1]Abweichend von der Regelung für Pensionskassen ist für Unterstützungskassen ein rückwirkender Wegfall der Steuerpflicht nicht vorgesehen. [2]Die teilweise Steuerpflicht ist nach Ablauf jedes Jahres zu prüfen. [3]Sie besteht deshalb jeweils nur für ein Jahr. [4]Die teilweise Steuerpflicht kann jedoch nach § 6 Abs. 6 Satz 2 KStG von vornherein z. B. durch entsprechende Rückübertragung von Deckungsmitteln auf das Trägerunternehmen vermieden werden.

Hinweise

H 28   Abstandnahme vom Kapitalertragsteuerabzug
    → *BMF-Schreiben vom 5.11.2002 – BStBl. I S. 1346*

Beispiel zur Berechnung bei partieller Steuerpflicht

Das steuerpflichtige Einkommen einer überdotierten Pensionskasse wird wie folgt berechnet:

	EUR
Aktiva	*5.000.000*
Passiva	*3.500.000*
Vermögen der Kasse	*1.500.000*
Verlustrücklage	*500.000*
übersteigendes Vermögen (Überdotierung)	*1.000.000*
Einkommen der Kasse	*100.000*

$$\text{steuerpflichtiges Einkommen} \quad \frac{100.000 \times 1.000.000}{1.500.000} = 66.667$$

Anrechnung von Steuerabzugsbeträgen

Bezieht eine Kasse, die partiell steuerpflichtig ist, Einkünfte, die dem Steuerabzug unterliegen, so sind diese Einkünfte im Verhältnis des überdotierten zum Gesamtvermögen der Kasse in die Veranlagung einzubeziehen; nur insoweit ist die auf die Kapitalerträge entfallende Kapitalertrag- und Körperschaftsteuer auf die eigene Körperschaftsteuer der Kasse anzurechnen (→ BFH vom 31.7.1991 – BStBl. 1992 II S. 98).

Zuwendungen nach §§ 4 c und 4 d EStG
→ *R 4c und 4d EStR 2008*

Rechtsprechungsauswahl

Zu § 6 KStG
BFH vom 24.01.2001 I R 33/00 (BFH/NV 2001 S. 1300): Steuerbefreiungserfordernisse einer Unterstützungskasse.

BFH vom 15.06.1994 II R 77/91 (BStBl. 1995 II S. 21): Gewährt eine Unterstützungskasse aus der von ihr zugesagten betrieblichen Altersversorgung i. S. von § 1 Abs. 1 Satz 1 BetrAVG einmalige Kapitalleistungen in Höhe von 6 000 DM, sind diese bei der Ermittlung des vermögensteuerlich zulässigen Kassenvermögens der Unterstützungskasse (§ 3 Abs. 1 Nr. 5 VStG i. V. m. § 5 Abs. 1 Nr. 3 Buchst. e KStG 1984) nach Maßgabe des § 4 d Abs. 1 Nr. 1 letzter Satz EStG 1983 als lebenslänglich laufende Leistungen zu behandeln (Abweichung von Abschn. 27 a Abs. 2 Satz 4 EStR).

BFH vom 05.11.1992 I R 61/89 (BStBl. 1993 II S. 185): Rechtsfähige Versorgungseinrichtungen, die - z. B. durch Satzungsbestimmung - Rechtsansprüche auf ihre Leistungen ausschließen, sind auch dann Unterstützungskassen i. S. der §§ 1 Abs. 4 Satz 1 BetrAVG und 4 d EStG 1975, wenn aufgrund der Rechtsprechung des BAG Rechtsansprüche auf die Leistungen unter dem Gesichtspunkt der Geschäftsbesorgung für das Trägerunternehmen bestehen.

BFH vom 31.07.1991 I R 4/89 (BStBl. 1992 II S. 98): Inländische Einkünfte (insbesondere Kapitalerträge) einer Unterstützungskasse, die dem Steuerabzug unterliegen, sind im Verhältnis des überdotierten zum Gesamtvermögen der Kasse in die Körperschaftsteuerveranlagung einzubeziehen. Nur insoweit ist die auf die Kapitalerträge entfallende Kapitalertrag- und Körperschaftsteuer auf die festgesetzte Körperschaftsteuer anzurechnen.

ZWEITER TEIL
Einkommen

ERSTES KAPITEL
Allgemeine Vorschriften

§ 7 Grundlagen der Besteuerung

(1) Die Körperschaftsteuer bemisst sich nach dem zu versteuernden Einkommen.

(2) Zu versteuerndes Einkommen ist das Einkommen im Sinne des § 8 Abs. 1, vermindert um die Freibeträge der §§ 24 und 25.

(3) [1]Die Körperschaftsteuer ist eine Jahressteuer. [2]Die Grundlagen für ihre Festsetzung sind jeweils für ein Kalenderjahr zu ermitteln. [3]Besteht die unbeschränkte oder beschränkte Steuerpflicht nicht während eines ganzen Kalenderjahrs, so tritt an die Stelle des Kalenderjahrs der Zeitraum der jeweiligen Steuerpflicht.

(4) [1]Bei Steuerpflichtigen, die verpflichtet sind, Bücher nach den Vorschriften des Handelsgesetzbuchs zu führen, ist der Gewinn nach dem Wirtschaftsjahr zu ermitteln, für das sie regelmäßig Abschlüsse machen. [2]Weicht bei diesen Steuerpflichtigen das Wirtschaftsjahr, für das sie regelmäßig Abschlüsse machen, vom Kalenderjahr ab, so gilt der Gewinn aus Gewerbebetrieb als in dem Kalenderjahr bezogen, in dem das Wirtschaftsjahr endet. [3]Die Umstellung des Wirtschaftsjahrs auf einen vom Kalenderjahr abweichenden Zeitraum ist steuerlich nur wirksam, wenn sie im Einvernehmen mit dem Finanzamt vorgenommen wird.

KStR

Zu § 7 KStG

29. Ermittlung des zu versteuernden Einkommens

(1) [1]Bemessungsgrundlage für die tarifliche Körperschaftsteuer ist das zu versteuernde Einkommen. [2]Bei Körperschaften, die nur gewerbliche Einkünfte haben können, ist das zu versteuernde Einkommen wie folgt zu ermitteln:

1		Gewinn/Verlust lt. Steuerbilanz bzw. nach § 60 Abs. 2 EStDV korrigierter Jahresüberschuss/Jahresfehlbetrag lt. Handelsbilanz unter Berücksichtigung der besonderen Gewinnermittlung bei Handelsschiffen nach § 5a EStG
2	+	Hinzurechnung von vGA (§ 8 Abs. 3 Satz 2 KStG)
3	–	Abzug von Gewinnerhöhungen im Zusammenhang mit bereits in vorangegangenen VZ versteuerten vGA
4	+	Berichtigungsbetrag nach § 1 AStG
5	–	Einlagen (§ 4 Abs. 1 Satz 5 EStG)
6	+	nichtabziehbare Aufwendungen (z. B. § 10 KStG, § 4 Abs. 5 EStG, § 160 AO)
7	+	Gesamtbetrag der Zuwendungen nach § 9 Abs. 1 Nr. 2 KStG
8	+/–	Kürzungen/Hinzurechnungen nach § 8b KStG und § 3c Abs. 1 EStG
9	–	sonstige inländische steuerfreie Einnahmen (z. B. Investitionszulagen)
10	+/–	Korrekturen bei Organschaft i. S. der §§ 14, 17 und 18 KStG (z. B. gebuchte Gewinnabführung, Verlustübernahme, Ausgleichszahlungen i. S. des § 16 KStG)
11	+/–	Hinzurechnungen und Kürzungen bei ausländischen Einkünften u. a.

– Korrektur um nach DBA steuerfreie Einkünfte unter Berücksichtigung des § 3c Abs. 1 EStG,

– Hinzurechnung nach § 52 Abs. 3 EStG i. V. m. § 2a Abs. 3 und 4 EStG 1997,

– Abzug ausländischer Steuern nach § 26 Abs. 6 KStG oder § 12 Abs. 3 AStG i. V. m. § 34c Abs. 2, 3 und 6 EStG,

– Hinzurechnungsbetrag nach § 10 AStG einschließlich Aufstockungsbetrag nach § 12 Abs. 1 und 3 AStG,

– Hinzurechnungen und Kürzungen von nicht nach einem DBA steuerfreien negativen Einkünften nach § 2a Abs. 1 EStG

12 +/– Hinzurechnungen und Kürzungen bei Umwandlung u. a.

– nach § 4 Abs. 6 und 7 bzw. § 12 Abs. 2 Satz 1 UmwStG nicht zu berücksichtigender Übernahmeverlust oder -gewinn,

– Hinzurechnungsbetrag nach § 12 Abs. 2 Satz 2 und 3 UmwStG

13 +/– sonstige Hinzurechnungen und Kürzungen u. a.

– nach § 52 Abs. 59 EStG i. V. m. § 50c EStG i. d. F. des Gesetzes vom 24. 3. 1999 (BGBl. I S. 402) nicht zu berücksichtigende Gewinnminderungen,

– nicht ausgleichsfähige Verluste nach § 8 Abs. 4 Satz 4 und nach § 13 Abs. 3 KStG sowie nach §§ 2b, 15 Abs. 4, § 15a Abs. 1 EStG,

– Hinzurechnungen nach § 15a Abs. 3 EStG, § 13 Abs. 3 Satz 10 KStG,

– Kürzungen nach § 2b Satz 4, § 15 Abs. 4 Satz 2, 3 und 6, § 15a Abs. 2, Abs. 3 Satz 4 EStG, § 13 Abs. 3 Satz 7 KStG,

– Gewinnzuschlag nach § 6b Abs. 7 und 8, § 7g Abs. 5 EStG

14	=	steuerlicher Gewinn (Summe der Einkünfte in den Fällen des R 29 Abs. 2 Satz 1 KStR; Einkommen i. S. des § 9 Abs. 2 Satz 1 KStG)
15	–	abzugsfähige Zuwendungen nach § 9 Abs. 1 Nr. 2 KStG
16	+/–	bei Organträgern:
		– Zurechnung des Einkommens von Organgesellschaften (§§ 14, 17 und 18 KStG),
		– Kürzungen/Hinzurechnungen nach § 8b KStG, § 3c Abs. 1 EStG und § 4 Abs. 7 UmwStG bezogen auf das dem Organträger zugerechnete Einkommen von Organgesellschaften (§ 15 Nr. 2 KStG)
		bei Organgesellschaften:
		– Abzug des dem Organträger zuzurechnenden Einkommens (§§ 14, 17 und 18 KStG)
17	=	Gesamtbetrag der Einkünfte i. S. des § 10d EStG
18	–	bei der übernehmenden Körperschaft im Jahr des Vermögensübergangs zu berücksichtigender Verlust nach § 12 Abs. 3 Satz 2 bzw. § 15 Abs. 4 UmwStG
19	–	Verlustabzug nach § 10d EStG
20	=	Einkommen
21	–	Freibetrag für bestimmte Körperschaften (§ 24 KStG)
22	–	Freibetrag für Erwerbs- und Wirtschaftsgenossenschaften sowie Vereine, die Land- und Forstwirtschaft betreiben (§ 25 KStG)
23	=	zu versteuerndes Einkommen

(2) [1]Für Körperschaften, die auch andere Einkünfte als gewerbliche haben können, gilt Absatz 1 vorbehaltlich der nachfolgenden Sätze entsprechend. [2]Für VZ bis einschließlich 2003 ist zur Ermittlung der Summe der Einkünfte im ersten Schritt die Entwicklung nach Absatz 1 Nrn. 1 bis 13 für jede Einkunftsart gesondert vorzunehmen. [3]Die Summe der Einkünfte ergibt sich nach Verlustausgleich unter Berücksichtigung der Beschränkungen nach § 2 Abs. 3 EStG in der für VZ bis einschließlich 2003 geltenden Fassung zwischen den sich danach ergebenden positiven und negativen Einkünften aus den einzelnen Einkunftsarten. [4]Von der Summe der Einkünfte ist bei Vorliegen der Voraussetzungen der Abzug bei Einkünften aus Land- und Forstwirtschaft (§ 13 Abs. 3 EStG) vorzunehmen. [5]Beim Verlustabzug nach § 10d EStG ist der unabhängig von der Einkunftsart abzugsfähige Verlustvortrag aus VZ vor 1999 nachrangig gegenüber dem einkunftsartenabhängigen Verlustvortrag aus VZ nach 1998 zu berücksichtigen. [6]Zusätzlich kommt ggf. der Abzug nach § 10g EStG in Betracht, der nach dem Verlustabzug vorzunehmen ist; in VZ bis einschließlich 2003 ist der Abzugsbetrag vor dem einkunftsartenunabhängigen Verlustvortrag aus VZ bis 1998 zu berücksichtigen.

Hinweise

H 29 Beteiligungserträge / Phasengleiche Aktivierung

Eine phasengleiche Aktivierung von Dividendenansprüchen aus einer zum Bilanzstichtag noch nicht beschlossenen Gewinnverwendung einer nachgeschalteten Gesellschaft scheidet steuerlich grundsätzlich aus (→ BFH vom 7.8.2000 – BStBl. II S. 632 und vom 20.12.2000 – BStBl. 2001 II S. 409).

Betriebe gewerblicher Art

Zu Besonderheiten der Einkommensermittlung → R 33

Doppelbesteuerungsabkommen

Stand zum 01.01.2007 → BMF vom 17.01.2007 – BStBl. 2007 I S. 101
Stand zum 01.01.2008 → BMF vom 25.01.2008 – BStBl. 2008 I S. 310
Stand zum 01.01.2009 → BMF vom 22.01.2009 – BStBl. 2009 I S. 355

Gewinnermittlung bei Handelsschiffen

Zu körperschaftsteuerlichen Fragen bei der Gewinnermittlung von Handelsschiffen im internationalen Verkehr nach § 5 a EStG → BMF vom 24.3.2000 – BStBl. I S. 453.

Gewinnermittlung bei Körperschaften, die Land- und Forstwirtschaft betreiben
→ R 34

Inkongruente Gewinnausschüttungen

BMF vom 7.12.2000 – BStBl. 2001 I S. 47[1]

Körperschaftsteuerguthaben
→ BMF vom 14.1.2008 – BStBl. I S. 280

Organschaft

Zu Besonderheiten der Einkommensermittlung bei Organgesellschaften und Organträgern → R 61 bis 65

Verdeckte Gewinnausschüttung

Die vGA führt im Rahmen der Hinzurechnung nach § 8 Abs. 3 Satz 2 KStG zu einer außerbilanziellen Korrektur des Jahresüberschusses / -fehlbetrags als Ausgangsgröße der steuerlichen Einkommensermittlung (→ BFH vom 29.6.1994 – BStBl. 2002 II S. 366 und vom 12.10.1995 – BStBl. 2002 II S. 367). Zur Darstellung im Einzelnen und zum Abzug von Gewinnerhöhungen im Zusammenhang mit bereits früher versteuerten vGA → BMF vom 28.5.2002 – BStBl I S. 603.[2]

KStR

30. Ermittlung der festzusetzenden und verbleibenden Körperschaftsteuer

[1]Die festzusetzende und die verbleibende Körperschaftsteuer sind wie folgt zu ermitteln:

1		Steuerbetrag nach Regelsteuersatz (§ 23 Abs. 1 KStG) bzw. Sondersteuersätzen (z. B. §§ 26 Abs. 6 Satz 1 KStG i. V. m. § 34c Abs. 5 EStG)
2	–	anzurechnende ausländische Steuern nach § 26 Abs. 1 KStG, § 12 AStG
3	=	Tarifbelastung
4	–	Körperschaftsteuerminderung nach § 37 Abs. 2 ggf. i. V. m. § 40 Abs. 3 und 4 KStG, §§ 10, 14, 16 UmwStG
5	+	Körperschaftsteuererhöhung nach § 38 Abs. 2 ggf. i. V. m. § 40 Abs. 3 und 4 KStG, §§ 10, 14, 16 UmwStG
6	+	Körperschaftsteuererhöhung nach § 37 Abs. 3 KStG
7	=	festzusetzende Körperschaftsteuer
8	–	anzurechnende Kapitalertragsteuer einschließlich Zinsabschlag
9	=	verbleibende Körperschaftsteuer

[2]Bei Berufsverbänden unterliegen Mittel, die für die Unterstützung und Förderung von Parteien verwendet werden, einer besonderen Körperschaftsteuer von 50 % (§ 5 Abs. 1 Nr. 5 Satz 4 KStG).

31. Vom Kalenderjahr abweichendes Wirtschaftsjahr

(1) Auf kleine Betriebe, Stiftungen, Verbände und Vereine, die einer juristischen Person des öffentlichen Rechts angeschlossen sind oder von ihr verwaltet werden, sowie auf technische Überwachungsvereine

---

1) Vgl. Anlagen § 008 (3)-64, 65.

2) Vgl. Anlage § 008 (3)-01.

kann, soweit sie gezwungen sind, ihre Abschlüsse abweichend vom Kalenderjahr aufzustellen, § 7 Abs. 4 KStG entsprechend angewendet werden.

(2) Bei Körperschaften i. S. des § 5 Abs. 1 Nr. 9 KStG mit einem vom Kalenderjahr abweichenden Wirtschaftsjahr, die ohne Verpflichtung nach den Vorschriften des HGB ordnungsmäßig Bücher führen und regelmäßig Abschlüsse machen, kann in entsprechender Anwendung des § 7 Abs. 4 KStG auf Antrag das Wirtschaftsjahr der Besteuerung des wirtschaftlichen Geschäftsbetriebs zugrunde gelegt werden.

Rechtsprechungsauswahl

Zu § 7 KStG

BFH vom 21.12.2005 I R 66/05 (BStBl. 2006 II S. 469): Veräußert der Organträger seine Alleinbeteiligung an der Organgesellschaft, die anschließend gemäß § 2 Abs. 1 UmwStG 1995 rückwirkend auf den Erwerber verschmolzen wird, endet das (gewerbesteuerliche) Organschaftsverhältnis mit dem steuerlichen Übertragungsstichtag. Fällt dieser Übertragungsstichtag nicht auf das Ende eines Wirtschaftsjahres der Organgesellschaft, entsteht bei dieser für steuerliche Zwecke ein mit dem Verschmelzungsstichtag endendes Rumpfwirtschaftsjahr und damit ein abgekürzter Erhebungszeitraum. Der in diesem Zeitraum von der Organgesellschaft erzielte Gewerbeertrag ist dem bisherigen Organträger zuzurechnen.

BFH vom 23.09.1999, IV R 4/98 (BStBl. 2000 II S. 5)

1. Die für einen reinen Forstbetrieb mögliche Umstellung eines mit dem Kalenderjahr übereinstimmenden Wirtschaftsjahrs auf das Wirtschaftsjahr vom 1. Oktober bis 30. September des Folgejahres (sog. Forstwirtschaftsjahr) ist nur im Einvernehmen mit dem FA zulässig.

2. Die Versagung der Zustimmung für die Umstellung des Wirtschaftsjahrs auf einen vom Kalenderjahr abweichenden Zeitraum ist eine Ermessensentscheidung, die das FA durch einen selbständig anfechtbaren Verwaltungsakt ausspricht; dieser ist Grundlagenbescheid für das Veranlagungsverfahren i.S. des § 171 Abs. 10 AO 1977.

BFH vom 18.09.1996 I B 31/96 (BFH/NV 1997 S. 378): Bildung von Rumpfwirtschaftsjahren bei einer Organgesellschaft bedarf der Änderung des Gesellschaftsvertrags, die erst mit der Eintragung ins Handelsregister wirksam wird (keine Rückwirkung).

BFH vom 18.12.1991 XI R 40/89 (BStBl. 1992 II S. 486): Legt eine Personen-Obergesellschaft ohne branchenspezifische oder sonst plausible Gründe ihr Wirtschaftsjahr in der Weise fest, daß dieses einen Monat vor dem Wirtschaftsjahr der Personen-Untergesellschaft endet und eine einjährige Steuerpause eintritt, so liegt hierin ein Mißbrauch von Gestaltungsmöglichkeiten des Rechts.

BFH vom 04.12.1991 I R 68/89 (BStBl. 1992 II S. 744)

1. Zuwendungen eines Trägerunternehmens an eine von ihm beherrschte Unterstützungskasse in der Rechtsform einer GmbH sind jedenfalls insoweit keine Einlagen, als die Zuwendungen abziehbar sind (§ 4 d EStG) und die Unterstützungskasse ausschließlich Arbeitnehmer des Trägerunternehmens unterstützt.

2. Wird eine Unterstützungskasse in der Rechtsform einer GmbH auf das Trägerunternehmen umgewandelt, so erwächst dem Trägerunternehmen ein Anspruch auf Herausgabe der Zuwendungen samt Nutzungen, weil der mit den Zuwendungen bezweckte Erfolg nicht eintritt (§ 812 Abs. 1 Satz 2, 2. Alternative BGB).

BFH vom 04.12.1991 I R 140/90 (BStBl. 1992 II S. 750): ... Ist eine inländische Kapitalgesellschaft an einer nach Kalenderjahren bilanzierenden ausländischen Personengesellschaft beteiligt und stellt die Kapitalgesellschaft ihr vom Kalenderjahr abweichendes Wirtschaftsjahr auf Kalenderjahre um, so sind nach deutschem Einkommensteuerrecht bei der Veranlagung der Kapitalgesellschaft für das Jahr der Umstellung sowohl das Vorjahresergebnis der Personengesellschaft als auch deren Ergebnis des Umstellungsjahres zu erfassen. ...

BFH vom 15.06.1983 I R 76/82 (BStBl. 1983 II S. 672): Eine fehlerfreie Ermessensausübung durch das FA setzt einen umfassend und einwandfrei ermittelten Sachverhalt voraus. Das Einvernehmen des FA zur Umstellung des Wirtschaftsjahres kann auch dann zu versagen sein, wenn durch die Umstellung u. a. die Möglichkeit eines Verlustrücktrages eröffnet wird.

BFH vom 24.04.1980 IV R 149/76 (BStBl. 1981 II S. 50):

1. Die Entscheidung des FA, das Einvernehmen (Zustimmung) zur Umstellung des Wirtschaftsjahres auf ein vom Kalenderjahr abweichendes Wirtschaftsjahr zu versagen, ist ermessensfehlerfrei, wenn für die Umstellung keine beachtlichen betriebswirtschaftlichen Gründe, sondern nur steuerliche Gründe geltend gemacht werden.

2. Als steuerliche Gründe im obigen Sinne kommen nicht nur die Erlangung einer „Steuerpause", sondern auch andere steuerliche Vorteile in Betracht, die über den Weg der Umstellung des Wirtschaftsjahrs erreicht werden sollen.

BFH vom 30.09.1964 I 231, 232/62 U (BStBl. 1965 III S. 54): Zeitliche Zurechnung des Gewinns aus der Beteiligung einer GmbH an einer GmbH & Co. KG, wenn die GmbH im Gegensatz zu der KG ein abweichendes Wirtschaftsjahr hat.

§ 8 Ermittlung des Einkommens

(1) [1]Was als Einkommen gilt und wie das Einkommen zu ermitteln ist, bestimmt sich nach den Vorschriften des Einkommensteuergesetzes und dieses Gesetzes.[1] [2]Bei Betrieben gewerblicher Art im Sinne des § 4 sind die Absicht, Gewinn zu erzielen, und die Beteiligung am allgemeinen wirtschaftlichen Verkehr nicht erforderlich. [3]Bei den inländischen öffentlich-rechtlichen Rundfunkanstalten beträgt das Einkommen aus dem Geschäft der Veranstaltung von Werbesendungen 16 Prozent der Entgelte (§ 10 Abs. 1 des Umsatzsteuergesetzes) aus Werbesendungen.

(2) Bei unbeschränkt Steuerpflichtigen im Sinne des § 1 Abs. 1 Nr. 1 bis 3 sind alle Einkünfte als Einkünfte aus Gewerbebetrieb zu behandeln.

(3) [1]Für die Ermittlung des Einkommens ist es ohne Bedeutung, ob das Einkommen verteilt wird. [2]Auch verdeckte Gewinnausschüttungen sowie Ausschüttungen jeder Art auf Genussrechte, mit denen das Recht auf Beteiligung am Gewinn und am Liquidationserlös der Kapitalgesellschaft verbunden ist, mindern das Einkommen nicht. [3]Verdeckte Einlagen erhöhen das Einkommen nicht. [4]Das Einkommen erhöht sich, soweit eine verdeckte Einlage das Einkommen des Gesellschafters gemindert hat. [5]Satz 4 gilt auch für eine verdeckte Einlage, die auf einer verdeckten Gewinnausschüttung einer dem Gesellschafter nahe stehenden Person beruht und bei der Besteuerung des Gesellschafters nicht berücksichtigt wurde, es sei denn, die verdeckte Gewinnausschüttung hat bei der leistenden Körperschaft das Einkommen nicht gemindert. [6]In den Fällen des Satzes 5 erhöht die verdeckte Einlage nicht die Anschaffungskosten der Beteiligung.

(4) (aufgehoben)[2]

(5) Bei Personenvereinigungen bleiben für die Ermittlung des Einkommens Beiträge, die auf Grund der Satzung von den Mitgliedern lediglich in ihrer Eigenschaft als Mitglieder erhoben werden, außer Ansatz.

(6) Besteht das Einkommen nur aus Einkünften, von denen lediglich ein Steuerabzug vorzunehmen ist, so ist ein Abzug von Betriebsausgaben oder Werbungskosten nicht zulässig.

(7)[3] [1]Die Rechtsfolgen einer verdeckten Gewinnausschüttung im Sinne des Absatzes 3 Satz 2 sind

1. bei Betrieben gewerblicher Art im Sinne des § 4 nicht bereits deshalb zu ziehen, weil sie ein Dauerverlustgeschäft ausüben;

2. bei Kapitalgesellschaften nicht bereits deshalb zu ziehen, weil sie ein Dauerverlustgeschäft ausüben. [2]Satz 1 gilt nur bei Kapitalgesellschaften, bei denen die Mehrheit der Stimmrechte unmittelbar oder mittelbar auf juristische Personen des öffentlichen Rechts entfällt und nachweislich ausschließlich diese Gesellschafter die Verluste aus Dauerverlustgeschäften tragen.

[2]Ein Dauerverlustgeschäft liegt vor, soweit aus verkehrs-, umwelt-, sozial-, kultur-, bildungs- oder gesundheitspolitischen Gründen eine wirtschaftliche Betätigung ohne kostendeckendes Entgelt unterhalten wird oder in den Fällen von Satz 1 Nr. 2 das Geschäft Aus-

---

1) Der durch das JStG 2009 neu eingefügte § 8 Abs. 1 Satz 2 ist gem. § 34 Abs. 6 auch für VZ vor 2009 anzuwenden.

2) Der durch das UntStRefG 2008 aufgehobene § 8 Abs. 4 ist gem. § 34 Abs. 6 Satz 3 in der nachfolgenden Fassung neben § 8c letztmals anzuwenden, wenn mehr als die Hälfte der Anteile an einer Kapitalgesellschaft innerhalb eines Zeitraums von fünf Jahren übertragen werden, der vor dem 1. Januar 2008 beginnt, und der Verlust der wirtschaftlichen Identität vor dem 1. Januar 2013 eintritt.
„[1]Voraussetzung für den Verlustabzug nach § 10d des Einkommensteuergesetzes ist bei einer Körperschaft, dass nicht nur rechtlich, sondern auch wirtschaftlich mit der Körperschaft identisch ist, die den Verlust erlitten hat. [2]Wirtschaftliche Identität liegt insbesondere dann nicht vor, wenn mehr als die Hälfte der Anteile an einer Kapitalgesellschaft übertragen werden und die Kapitalgesellschaft ihren Geschäftsbetrieb mit überwiegend neuem Betriebsvermögen fortführt oder wieder aufnimmt. [3]Die Zuführung neuen Betriebsvermögens ist unschädlich, wenn sie allein der Sanierung des Geschäftsbetriebs dient, der den verbliebenen Verlustvortrag im Sinne des § 10d Abs. 4 Satz 2 des Einkommensteuergesetzes verursacht hat, und die Körperschaft den Geschäftsbetrieb in einem nach dem Gesamtbild der wirtschaftlichen Verhältnisse vergleichbaren Umfang in den folgenden fünf Jahren fortführt. [4]Entsprechendes gilt für den Ausgleich des Verlustes vom Beginn des Wirtschaftsjahrs bis zum Zeitpunkt der Anteilsübertragung."

3) Zur zeitlichen Anwendung von § 8 Abs. 7 bis 9 i.d.F. des JStG 2009 s. § 34 Abs. 6.

fluss einer Tätigkeit ist, die bei juristischen Personen des öffentlichen Rechts zu einem Hoheitsbetrieb gehört.

(8) [1]Werden Betriebe gewerblicher Art zusammengefasst, ist § 10d des Einkommensteuergesetzes auf den Betrieb gewerblicher Art anzuwenden, der sich durch die Zusammenfassung ergibt. [2]Nicht ausgeglichene negative Einkünfte der einzelnen Betriebe gewerblicher Art aus der Zeit vor der Zusammenfassung können nicht beim zusammengefassten Betrieb gewerblicher Art abgezogen werden. [3]Ein Rücktrag von Verlusten des zusammengefassten Betriebs gewerblicher Art auf die einzelnen Betriebe gewerblicher Art vor Zusammenfassung ist unzulässig. [4]Ein bei einem Betrieb gewerblicher Art vor der Zusammenfassung festgestellter Verlustvortrag kann nach Maßgabe des § 10d des Einkommensteuergesetzes vom Gesamtbetrag der Einkünfte abgezogen werden, den dieser Betrieb gewerblicher Art nach Beendigung der Zusammenfassung erzielt. [5]Die Einschränkungen der Sätze 2 bis 4 gelten nicht, wenn gleichartige Betriebe gewerblicher Art zusammengefasst oder getrennt werden.

(9) [1]Wenn für Kapitalgesellschaften Absatz 7 Satz 1 Nr. 2 zur Anwendung kommt, sind die einzelnen Tätigkeiten der Gesellschaft nach folgender Maßgabe Sparten zuzuordnen:

1. Tätigkeiten, die als Dauerverlustgeschäfte Ausfluss einer Tätigkeit sind, die bei juristischen Personen des öffentlichen Rechts zu einem Hoheitsbetrieb gehören, sind jeweils gesonderten Sparten zuzuordnen;

2. Tätigkeiten, die nach § 4 Abs. 6 Satz 1 zusammenfassbar sind oder aus den übrigen, nicht in Nummer 1 bezeichneten Dauerverlustgeschäften stammen, sind jeweils gesonderten Sparten zuzuordnen, wobei zusammenfassbare Tätigkeiten jeweils eine einheitliche Sparte bilden;

3. alle übrigen Tätigkeiten sind einer einheitlichen Sparte zuzuordnen.

[2]Für jede sich hiernach ergebende Sparte ist der Gesamtbetrag der Einkünfte getrennt zu ermitteln. [3]Die Aufnahme einer weiteren, nicht gleichartigen Tätigkeit führt zu einer neuen, gesonderten Sparte; Entsprechendes gilt für die Aufgabe einer solchen Tätigkeit. [4]Ein negativer Gesamtbetrag der Einkünfte einer Sparte darf nicht mit einem positiven Gesamtbetrag der Einkünfte einer anderen Sparte ausgeglichen oder nach Maßgabe des § 10d des Einkommensteuergesetzes abgezogen werden. [5]Er mindert jedoch nach Maßgabe des § 10d des Einkommensteuergesetzes die positiven Gesamtbeträge der Einkünfte, die sich in dem unmittelbar vorangegangenen und in den folgenden Veranlagungszeiträumen für dieselbe Sparte ergeben. [6]Liegen die Voraussetzungen des Absatzes 7 Satz 1 Nr. 2 Satz 2 ab einem Zeitpunkt innerhalb eines Veranlagungszeitraums nicht mehr vor, sind die Sätze 1 bis 5 ab diesem Zeitpunkt nicht mehr anzuwenden; hiernach nicht ausgeglichene oder abgezogene negative Beträge sowie verbleibende Verlustvorträge aus den Sparten, in denen Dauerverlusttätigkeiten ausgeübt werden, entfallen. [7]Liegen die Voraussetzungen des Absatzes 7 Satz 1 Nr. 2 Satz 2 erst ab einem bestimmten Zeitpunkt innerhalb eines Veranlagungszeitraums vor, sind die Sätze 1 bis 5 ab diesem Zeitpunkt anzuwenden; ein bis zum Eintritt der Voraussetzungen entstandener Verlust kann nach Maßgabe des § 10d des Einkommensteuergesetzes abgezogen werden; ein danach verbleibender Verlust ist der Sparte zuzuordnen, in denen [1]) keine Dauerverlustgeschäfte ausgeübt werden.

(10) [1]Bei Einkünften aus Kapitalvermögen ist § 2 Abs. 5b Satz 1 des Einkommensteuergesetzes nicht anzuwenden. [2]§ 32d Abs. 2 Satz 1 Nr. 1 Satz 1 und Nr. 3 Satz 1 und Satz 3 bis 6 des Einkommensteuergesetzes ist entsprechend anzuwenden; in diesen Fällen ist § 20 Abs. 8 und 9 des Einkommensteuergesetzes nicht anzuwenden.

KStR

Zu § 8 KStG

32. Anwendung einkommensteuerrechtlicher Vorschriften

(1) Bei Körperschaften sind nach § 8 Abs. 1 und § 31 Abs. 1 KStG anzuwenden:

---

1) Richtig „in der".

1. die folgenden Vorschriften des EStG in der Fassung der Bekanntmachung vom 19. 10. 2002 (BGBl. I S. 4210, BStBl. I S. 1209) unter Berücksichtigung der Änderungen bis einschließlich durch Artikel 1 des Gesetzes vom 30. 7. 2004 (BGBl. I S. 2013, BStBl. I S. 846):

§ 2 Abs. 1 bis 4, 6 und 7 Satz 3. Auf R 29 wird hingewiesen;
§ 2a,
§ 2b,
§ 3 Nr. 7, 8 Satz 1, Nr. 11 Satz 1 und 3, Nr. 18, 21, 41, 42, 44 und 54,
§ 3c Abs. 1,
§ 4 Abs. 1 bis 4, Abs. 5 Satz 1 Nr. 1 bis 4, 7 bis 10, Satz 2, Abs. 6 bis 8,
§ 4a Abs. 1 Satz 2 Nr. 1 und 3, Abs. 2,
§ 4b,
§ 4c,
§ 4d,
§ 4e,
§ 5,
§ 5a,
§ 6,
§ 6a,
§ 6b,
§ 6c,
§ 6d,
§ 7,
§ 7a,
§ 7b,
§ 7c,
§ 7d,
§ 7f,
§ 7g,
§ 7h,
§ 7i,
§ 7k,
§ 8,
§ 9 Abs. 1 Satz 3 Nr. 1 bis 3 und 7 und Abs. 5,
§ 9a Satz 1 Nr. 2 und 3 und Satz 2. Auf nachstehenden Absatz 2 wird hingewiesen;
§ 9b,
§ 10d,
§ 10g,
§ 11,
§ 11a,
§ 11b,
§ 13 Abs. 1, 2 Nr. 1, Abs. 3 Satz 1 und 2, Abs. 6 und 7,
§ 13a,
§ 14 Satz 1,
§ 15,
§ 15a,
§ 16 Abs. 1 bis 3,
§ 17. Auf nachstehende Absätze 2 und 3 wird hingewiesen;
§ 18 Abs. 1 Nr. 2 und 3, Abs. 2, 3, 4 Satz 2,
§ 20. Auf nachstehenden Absatz 2 wird hingewiesen;
§ 21 Abs. 1 und 3,
§ 22 Nr. 1, 2 und 3,
§ 23,
§ 24,
§ 25 Abs. 1 und 3 Satz 1 und 4,
§ 34c Abs. 1 Satz 2 bis 5, Abs. 2 bis 7 unter Berücksichtigung des § 26 Abs. 6 Satz 2 KStG,
§ 34d Nr. 1 bis 4 und 6 bis 8,
§ 36 Abs. 2 Satz 2, Abs. 3 und 4,
§ 37 Abs. 1 und 2, Abs. 3 Satz 1 bis 3 sowie 8 bis 11, Abs. 4 und 5,
§ 43,
§ 43a,

§ 43b,
§ 44,
§ 44a,
§ 44b,
§ 44c,
§ 45,
§ 45a,
§ 45b,
§ 45c,
§ 45d,
§ 48,
§ 48a,
§ 48b,
§ 48c,
§ 48d,
§ 49,
§ 50 Abs. 1 Satz 1, 2 und 4, Abs. 2, Abs. 5 Satz 2 Nr. 3, Abs. 6 und 7,
§ 50a Abs. 4 bis 7,
§ 50b,
§ 50d,
§ 50e,
§ 51,
§ 51a Abs. 1 und 3 bis 5,
§ 52 Abs. 3, 4, 9, 10, 12a, 12b, 13 bis 23, 23a, 31, 32a, 33, 34 Satz 1 bis 4, Abs. 36 bis 37c, 39, 49, 50b, 50c, 53 bis 56, 57a, 58a bis 59b, 59d und 60,
§ 55,
§ 56,
§ 57,
§ 58;

2. die folgenden Vorschriften der EStDV in der Fassung der Bekanntmachung vom 10. 5. 2000 (BGBl. I S. 717, BStBl. I S. 595), zuletzt geändert durch Artikel 2 des Gesetzes vom 5. 7. 2004 (BGBl. I S. 1427, BStBl. I S. 554):

§ 6,
§ 8b,
§ 8c,
§ 9a,
§ 10,
§ 10a,
§ 11c,
§ 11d,
§ 15,
§ 48,
§ 49,
§ 50,
§ 51,
§ 53,
§ 54,
§ 55,
§ 56 Satz 2,
§ 60,
§ 68a,
§ 68b,
§ 73a Abs. 2 und 3,
§ 73c,
§ 73d,
§ 73e,
§ 73f,
§ 73g,
§ 81,

§ 82a,
§ 82f,
§ 82g,
§ 82i,
§ 84.

(2) ¹Unbeschränkt Körperschaftsteuerpflichtige, die nicht zur Führung von Büchern nach den Vorschriften des HGB verpflichtet sind, können grundsätzlich Bezieher sämtlicher Einkünfte i. S. des § 2 Abs. 1 EStG sein. ²Bei der Ermittlung der Einkünfte aus Kapitalvermögen sind die Vorschriften des § 9a Satz 1 Nr. 2 EStG (Werbungskosten-Pauschbetrag) und des § 20 Abs. 4 Satz 1 EStG (Sparer-Freibetrag) zu berücksichtigen. ³Ferner ist die Freibetragsregelung des § 17 Abs. 3 EStG zu beachten. ⁴Bei Körperschaftsteuerpflichtigen mit unterschiedlichen Einkunftsarten sind die Verlustausgleichsbeschränkungen nach § 2 Abs. 3 EStG sowie die entsprechenden Beschränkungen im Rahmen des Verlustabzugs nach § 10d EStG zu berücksichtigen.

(3) ¹Bei Körperschaftsteuerpflichtigen, die nach den Vorschriften des HGB zur Führung von Büchern verpflichtet sind, sind alle Einkünfte als Einkünfte aus Gewerbebetrieb zu behandeln (§ 8 Abs. 2 KStG). ²Bei diesen Körperschaftsteuerpflichtigen kann die Freibetragsregelung des § 17 Abs. 3 EStG somit keine Anwendung finden.

Hinweise

H 32 Gewinnermittlung bei Handelsschiffen

Zu körperschaftsteuerlichen Fragen bei der Gewinnermittlung von Handelsschiffen im internationalen Verkehr nach § 5 a EStG → BMF vom 24.3.2000 – BStBl. I S. 453.

Steuerberatungskosten

Zum Abzug von Steuerberatungskosten als Betriebsausgaben oder Werbungskosten

→ BMF vom 21.12.2007 – BStBl. 2008 I S. 256

KStR

33. Einkommensermittlung bei Betrieben gewerblicher Art[1]

(1) ¹Für die Zwecke der Ermittlung des körperschaftsteuerpflichtigen Einkommens wird der Betrieb gewerblicher Art der juristischen Person des öffentlichen Rechts verselbständigt. ²Das schließt grundsätzlich die steuerrechtliche Anerkennung von Regelungen der juristischen Person des öffentlichen Rechts in Bezug auf den Betrieb gewerblicher Art ein, z. B. über verzinsliche Darlehen oder Konzessionsabgaben. ³Diese Regelungen müssen jedoch klar und eindeutig sein und können nur für die Zukunft, nicht aber mit Wirkung für die Vergangenheit getroffen werden.

(2) ¹Regelungen der juristischen Personen des öffentlichen Rechts in Bezug auf den Betrieb gewerblicher Art über verzinsliche Darlehen sind steuerrechtlich nur anzuerkennen, soweit der Betrieb gewerblicher Art mit einem angemessenen Eigenkapital ausgestattet ist. ²Ein Anhaltspunkt ist die Kapitalstruktur gleichartiger Unternehmen in privatrechtlicher Form. ³Ein Betrieb gewerblicher Art ist grundsätzlich mit einem angemessenen Eigenkapital ausgestattet, wenn das Eigenkapital mindestens 30 % des Aktivvermögens beträgt. ⁴Für die Berechnung der Eigenkapitalquote ist von den Buchwerten in der Steuerbilanz am Anfang des Wirtschaftsjahrs auszugehen. ⁵Das Aktivvermögen ist um Baukostenzuschüsse und passive Wertberichtigungsposten zu kürzen. ⁶Von der juristischen Person des öffentlichen Rechts gewährte unverzinsliche Darlehen sind als Eigenkapital zu behandeln. ⁷Pensionsrückstellungen rechnen als echte Verpflichtungen nicht zum Eigenkapital. ⁸Soweit der BgA mit einem angemessenen Eigenkapital ausgestattet ist, ist ein von der juristischen Person des öffentlichen Rechts ihrem Betrieb gewerblicher Art gewährtes Darlehen als Eigenkapital zu behandeln mit der Folge, dass die insoweit angefallenen Zinsen als vGA anzusehen sind. ⁹Die Angemessenheit des Eigenkapitals ist für jeden VZ neu zu prüfen.

(3) ¹Auch ohne besondere Regelung sind Aufwendungen der juristischen Person des öffentlichen Rechts, die dieser aus der Unterhaltung des Betriebs gewerblicher Art erwachsen, in angemessenem Umfang als Betriebsausgaben des Betriebs gewerblicher Art abziehbar. ²Wegen vGA → R 36 und wegen der Abgrenzung der Spenden zur vGA → R 47 Abs. 6.

---

1) Vgl. Anlagen § 008 (1)-19 bis 23.

(4) ¹Werden Wirtschaftsgüter anlässlich der Veräußerung eines Betriebs gewerblicher Art nicht mit ver- äußert, kommt es zur Überführung dieser Wirtschaftsgüter in das Hoheitsvermögen der Träger- körperschaft. ²Sie können danach einem anderen Betrieb gewerblicher Art zugeführt werden.

(5) Eine von außersteuerlichen Verpflichtungen abgeleitete steuerliche Buchführungspflicht i. S. des § 140 AO kann sich für Betriebe gewerblicher Art von juristischen Personen des öffentlichen Rechts aufgrund der landesspezifischen Eigenbetriebsgesetze sowie bei kaufmännischen Betrieben auch auf- grund einer unmittelbaren Anwendung der handelsrechtlichen Rechnungslegungsvorschriften (§§ 238 ff. HGB) ergeben.

Hinweise

H 33 Betriebsvermögen

Wesentliche Betriebsgrundlagen sind auch ohne eine entsprechende Widmung stets als notwendiges Betriebsvermögen des Betriebs gewerblicher Art zu behandeln (→ BFH vom 14.3.1984 – BStBl. II S. 496). Der Annahme notwendigen Betriebsvermögens des Betriebs gewerblicher Art steht nicht entgegen, dass sich das Wirtschaftsgut räumlich im hoheitlichen Bereich der Trägerkörperschaft befindet (→ BFH vom 27.6.2001 – BStBl. II S. 773). Die Annahme von Betriebsvermögen des Be- triebs gewerblicher Art ist hingegen ausgeschlossen, wenn das Wirtschaftsgut zum Hoheitsbereich der Trägerkörperschaft gehört; dies gilt auch dann, wenn das Wirtschaftsgut eine wesentliche Be- triebsgrundlage des Betriebs gewerblicher Art darstellt (→ BFH vom 17.5.2000 – BStBl. 2001 II S. 558). Hoheitsvermögen kann kein gewillkürtes Betriebsvermögen darstellen (→ BFH vom 7.11.2007 – BStBl. 2009 II S. 248)

Dauerverlustbetriebe

Die bisherigen Grundsätze der Verlustverrechnung im Querverbund sind weiterhin anzuwenden. → BMF vom 7.12.2007 – BStBl. I S. 905)¹⁾

Angemessene Eigenkapitalausstattung

→ BFH vom 9.7.2003 – BStBl. 2004 II S. 425

Eigenkapitalausstattung und Darlehensgewährung

→ BFH vom 1.9.1982 – BStBl. 1983 II S. 147

Einkunftsart

Einkünfte eines Betriebs gewerblicher Art stellen stets gewerbliche Einkünfte i. S. des § 15 EStG dar. Das gilt auch im Fall der Verpachtung eines Betriebs gewerblicher Art (→ BFH vom 1.8.1979 – BStBl. II S. 716).

Kapitalertragsteuer

Zur Kapitalertragsteuer auf Leistungen eines mit eigener Rechtspersönlichkeit ausgestatteten Betriebs gewerblicher Art bzw. auf den Gewinn eines Betriebs gewerblicher Art ohne eigene Rechtspersönlichkeit nach § 43 Abs. 1 Nr. 7b und 7c, § 43 a Abs. 1 Nr. 5 und 6 i. V. mit § 20 Abs. 1 Nr. 10 Buchst. a und Nr. 10 Buchst. b EStG, die zu einer beschränkten Steuerpflicht der Träger- körperschaft nach § 2 Nr. 2 KStG mit abgeltendem Steuerabzug (§ 32 Abs. 1 Nr. 2 KStG) führt → BMF vom 11.9.2002 – BStBl. I S. 935. Die Rdnrn. 23 und 24 dieses BMF-Schreibens wurden durch das BMF-Schreiben vom 08.08.2005 (BStBl. I S. 831) neu gefasst.²⁾

Konzessionsabgaben

Zur Abziehbarkeit von Konzessionsabgaben → BMF vom 9.2.1988³⁾ – BStBl. I S. 209 und vom 27.9.2002 – BStBl. I S. 940⁴⁾ und (insbesondere in der Anlaufphase) BFH vom 06.04.2005 – BStBl. 2006 II S. 196.

Miet- oder Pachtverträge

Die fiktive Verselbständigung des Betriebs gewerblicher Art im Rahmen der Einkommensermittlung lässt grundsätzlich auch die steuerliche Berücksichtigung von Miet- und Pachtvereinbarungen des Betriebs gewerblicher Art mit seiner Trägerkörperschaft zu. Miet- oder Pachtverträge zwischen der juristischen Person des öffentlichen Rechts und ihrem Betrieb gewerblicher Art können allerdings im Hinblick auf den Besteuerungszweck des § 1 Abs. 1 Nr. 6 i. V. mit § 4 KStG nicht der Besteuerung

---

1) Vgl. Anlage § 004-55.
2) Vgl. Anhang 1–02 bis Anhang 1-13.
3) Vgl. Anlage § 008 (3)-15.
4) Vgl. Anlage § 008 (3)-21.

zugrunde gelegt werden, soweit Wirtschaftsgüter überlassen werden, die für den Betrieb gewerblicher Art eine wesentliche Grundlage bilden (→ BFH vom 14.3.1984 – BStBl. II S. 496). Dies gilt auch dann, wenn das Wirtschaftsgut – wie z. B. eine öffentliche Straßenfläche – zum Hoheitsbereich der juristischen Person des öffentlichen Rechts gehört und die Annahme von Betriebsvermögen des Betriebs gewerblicher Art ausscheidet (→ BFH vom 17.5.2000 – BStBl. 2001 II S. 558).

Rechnungsprüfung

Angemessene Aufwendungen eines Betriebs gewerblicher Art für gesetzlich vorgesehene Rechnungs- und Kassenprüfungen durch das Rechnungsprüfungsamt der Trägerkörperschaft sind als Betriebsausgaben abziehbar (→ BFH vom 28.2.1990 – BStBl. II S. 647).

Sondernutzungsentgelte

Soweit hoheitliches Vermögen auf Grund von Sondernutzungsentgelten genutzt wird, kann dies zu Betriebsausgaben führen (→ BFH vom 6.11.2007 – BStBl. 2009 II S. 246).

Steuerrechtssubjekt i. S. d. § 1 Abs. 1 Nr. 6 KStG

Die Trägerkörperschaft ist Steuerrechtssubjekt i. S. des § 1 Abs. 1 Nr. 6 KStG wegen jedes einzelnen von ihr unterhaltenen Betriebs gewerblicher Art. Für jeden einzelnen Betrieb gewerblicher Art ist das Einkommen gesondert zu ermitteln und die Körperschaftsteuer gesondert gegen die Trägerkörperschaft festzusetzen (→ BFH vom 13.3.1974 – BStBl. II S. 391, vom 8.11.1989 – BStBl. 1990 II S. 242 und vom 17.5.2000 – BStBl. 2001 II S. 558).

Überführung von Wirtschaftsgütern

Werden Wirtschaftsgüter in einen anderen Betrieb gewerblicher Art derselben Trägerkörperschaft überführt, ist dieser Vorgang infolge der fiktiven Verselbständigung des rechtlich unselbständigen Betriebs gewerblicher Art im Rahmen der Einkommensermittlung als vGA des abgebenden sowie als verdeckte Einlage bei dem aufnehmenden Betrieb zu berücksichtigen (→ BFH vom 24.4.2002 – BStBl. 2003 II S. 412).

Vereinbarungen

Vereinbarungen zwischen dem rechtlich unselbständigem Betrieb gewerblicher Art und seiner Trägerkörperschaft sind aufgrund der fiktiven Verselbständigung des Betriebs gewerblicher Art im Rahmen der Einkommensermittlung steuerlich grundsätzlich zu berücksichtigen, zur Ausnahme bei Miet- und Pachtverträgen über wesentliche Betriebsgrundlagen → Miet- oder Pachtverträge.

Aufgrund der engen Beziehung zwischen Trägerkörperschaft und rechtlich unselbständigem Betrieb gewerblicher Art sind für eine steuerliche Anerkennung der Vereinbarungen die für beherrschende Anteilseigner einer Kapitalgesellschaft geltenden Grundsätze maßgebend. Soweit bei der Ermittlung des Einkommens Minderungen des dem Betrieb gewerblicher Art zuzuordnenden Vermögens zugunsten des übrigen Vermögens der Trägerkörperschaft zu beurteilen sind, ist das Einkommen so zu ermitteln, als ob der Betrieb gewerblicher Art ein selbständiges Steuersubjekt in der Rechtsform einer Kapitalgesellschaft und die Trägerkörperschaft deren Alleingesellschafter ist (→ BFH vom 3.2.1993 – BStBl. II S. 459, vom 10.7.1996 – BStBl. 1997 II S. 230 und vom 17.5.2000 – BStBl. 2001 II S. 558).

Verlustrücktrag nach Zusammenfassung von Betrieben

Der Grundsatz der gesonderten Einkommensermittlung für jeden einzelnen Betrieb gewerblicher Art gilt auch für die Inanspruchnahme eines Verlustabzugs nach § 10 d EStG. Werden mehrere Betriebe gewerblicher Art mit steuerlicher Wirkung zusammengefasst (→ R 7) und entsteht danach ein Verlust, so mindert dieser das durch einen der zusammengefassten Betriebe vor der Zusammenfassung erzielte Einkommen im Rahmen des Verlustabzugs durch Verlustrücktrag nur insoweit, als der zurückgetragene Verlust durch die gleiche Tätigkeit entstanden ist wie das um ihn zu mindernde Einkommen (→ BFH vom 4.12.1991 – BStBl. 1992 II S. 432).

Zuwendungen

– Zuwendungen an Trägerkörperschaft

Die fiktive Verselbständigung des Betriebs gewerblicher Art im Rahmen der Einkommensermittlung schließt die steuerrechtliche Anerkennung sowohl von Vereinbarungen als auch von sonstigen Geschäftsvorfällen zwischen der Trägerkörperschaft und dem unselbständigen Betrieb gewerblicher Art ein. Die Rechtsprechung erkennt demzufolge grundsätzlich auch eine gewinnmindernde Berücksichtigung von Zuwendungen i. S. des § 9 Abs. 1 Nr. 2 KStG an, die der rechtlich unselbständige Betrieb gewerblicher Art zugunsten der Trägerkörperschaft leistet (→ BFH vom 5.6.1962 – BStBl. III S. 355 und vom 12.10.1978 – BStBl. 1979 II S. 192).

– Auswirkung von Zuwendungen auf den Gewinn

Zuwendungen zugunsten seiner Trägerkörperschaft kann der Betrieb gewerblicher Art nur dann gewinnmindernd berücksichtigen, wenn er die Zuwendung auch bei Anwendung der Sorgfalt eines ordentlichen und gewissenhaften Geschäftsleiters geleistet hätte und die Zuwendung ihre Ursache nicht in der engen Bindung des Betriebs gewerblicher Art an die Trägerkörperschaft, mithin in der trägerschaftlichen Beziehung findet; andernfalls kommt es zu einer vGA (→ BFH vom 21.1.1970 – BStBl. II S. 468, vom 12.10.1978 – BStBl. 1979 II S. 192 und vom 1.12.1982 – BStBl. 1983 II S. 150).

→ H 47 Zuwendungen an den Träger der Sparkasse

KStR

34. Gewinnermittlung bei Körperschaften, die Land- und Forstwirtschaft betreiben

[1]Im Interesse der Gleichmäßigkeit der Besteuerung bestehen keine Bedenken, dass auch Körperschaften, bei denen alle Einkünfte als Einkünfte aus Gewerbebetrieb zu behandeln sind (§ 8 Abs. 2 KStG) und die daher ihren Gewinn nicht nach § 4 Abs. 1 EStG, sondern nach § 5 EStG ermitteln, die Steuervergünstigungen des § 6b EStG für Gewinne aus der Veräußerung von Aufwuchs oder Anlagen im Grund und Boden mit dem dazugehörigen Grund und Boden in Anspruch nehmen. [2]Das gilt auch für die Vereinfachungsregelung i. S. des R 131 Abs. 2 Satz 3 EStR. [3]Voraussetzung ist in diesen Fällen, dass sich der Betrieb der Körperschaft auf die Land- und Forstwirtschaft beschränkt oder die land- und forstwirtschaftliche Betrieb als organisatorisch verselbständigter Betriebsteil (Teilbetrieb) geführt wird.

35. Zuwendungen an Pensions- und Unterstützungskassen

– unbesetzt –

Hinweise

H 35 Allgemeines

Wegen der Abzugsfähigkeit der Zuwendungen wird auf §§ 4 c und 4 d EStG sowie auf R 4c und 4d EStR 2008 hingewiesen.

KStR

36. Verdeckte Gewinnausschüttungen [1)]

Grundsätze der verdeckten Gewinnausschüttung

(1) [1]Eine vGA i. S. des § 8 Abs. 3 Satz 2 KStG ist eine Vermögensminderung oder verhinderte Vermögensmehrung, die durch das Gesellschaftsverhältnis veranlasst ist, sich auf die Höhe des Unterschiedsbetrags i. S. des § 4 Abs. 1 Satz 1 EStG auswirkt und nicht auf einem den gesellschaftsrechtlichen Vorschriften entsprechenden Gewinnverteilungsbeschluss beruht. [2]Bei nicht buchführungspflichtigen Körperschaften ist auf die Einkünfte abzustellen. [3]Eine Veranlassung durch das Gesellschaftsverhältnis ist auch dann gegeben, wenn die Vermögensminderung oder verhinderte Vermögensmehrung bei der Körperschaft zugunsten einer nahe stehenden Person erfolgt.

(2) [1]Im Verhältnis zwischen Gesellschaft und beherrschendem Gesellschafter ist eine Veranlassung durch das Gesellschaftsverhältnis in der Regel auch dann anzunehmen, wenn es an einer zivilrechtlich wirksamen, klaren, eindeutigen und im Voraus abgeschlossenen Vereinbarung darüber fehlt, ob und in welcher Höhe ein Entgelt für eine Leistung des Gesellschafters zu zahlen ist, oder wenn nicht einer klaren Vereinbarung entsprechend verfahren wird. [2]Die beherrschende Stellung muss im Zeitpunkt der Vereinbarung oder des Vollzugs der Vermögensminderung oder verhinderten Vermögensmehrung vorliegen.

Hinweise

H 36 I. Grundsätze

Auslegung von Vereinbarungen

Zur Auslegung von Vereinbarungen zwischen einer Kapitalgesellschaft und ihrem Gesellschafter-Geschäftsführer im Zusammenhang mit einer Pensionszusage → BMF vom 28.8.2001 – BStBl. I S. 594.

---

1) Vgl. Anlagen § 008 (3)-01 bis 67; zum Teil nur noch auf CD.

Betriebe gewerblicher Art

Eine vGA kann auch bei Betrieben gewerblicher Art von juristischen Personen des öffentlichen Rechts vorliegen (→ BFH vom 29.5.1968 – BStBl. II S. 692, vom 13.3.1974 – BStBl. II S. 391 und vom 10.7.1996 – BStBl. 1997 II S. 230). Zum Verhältnis zwischen dem Betrieb gewerblicher Art und der Trägerkörperschaft → H 33 Vereinbarungen. In Fällen des Querverbundes liegt keine vGA vor → BMF vom 7.12.2007 – BStBl. I S. 905. [1)]

Dauerschuldverhältnisse

→ zivilrechtliche Wirksamkeit

Destinatäre

Destinatäre einer Stiftung haben kein mitgliedschaftliches oder mitgliedschaftsähnliches Verhältnis zur Stiftung (→ BFH vom 22.9.1959 – BStBl. 1960 III S. 37).

Genossenschaften

Eine vGA kann auch bei Genossenschaften vorliegen → BFH vom 11.10.1989 – BStBl. 1990 II S. 88 und → R 70 Abs. 13

Korrektur innerhalb oder außerhalb der Steuerbilanz

→ BMF vom 28.5.2002 – BStBl. 2002 I S. 603 [2)]

Mündliche Vereinbarung

Wer sich auf die Existenz eines mündlich abgeschlossenen Vertrags beruft, einen entsprechenden Nachweis aber nicht führen kann, hat den Nachteil des fehlenden Nachweises zu tragen, weil er sich auf die Existenz des Vertrags zur Begründung des Betriebsausgabenabzugs beruft (→ BFH vom 29.7.1992 – BStBl. 1993 II S. 247).

→ zivilrechtliche Wirksamkeit

Nichtkapitalgesellschaften und vGA

Die Annahme einer vGA setzt voraus, dass der Empfänger der Ausschüttung ein mitgliedschaftliches oder mitgliedschaftsähnliches Verhältnis zur ausschüttenden Körperschaft hat (→ BFH vom 13.7.1994 – BStBl. 1995 II S. 198). Entscheidend für eine vGA ist ihre Veranlassung durch das mitgliedschaftliche oder mitgliedschaftsähnliche Verhältnis. Aus diesem Grund kann eine vGA auch vorliegen, wenn im Zeitpunkt der Ausschüttung das mitgliedschaftliche oder mitgliedschaftsähnliche Verhältnis noch nicht oder nicht mehr besteht (→ BFH vom 24.1.1989 – BStBl. II S. 419).

Realgemeinden und Vereine

Eine vGA kann auch bei Realgemeinden und Vereinen vorliegen (→ BFH vom 23.9.1970 – BStBl. 1971 II S. 47).

Tatsächliche Durchführung von Vereinbarungen

Das Fehlen der tatsächliche Durchführung ist ein gewichtiges Indiz dafür, dass die Vereinbarung nicht ernstlich gemeint ist. Leistungen der Gesellschaft an ihren Gesellschafter aufgrund einer nicht ernstlich gemeinten Vereinbarung führen zu vGA (→ BFH vom 28.10.1987 – BStBl. 1988 II S. 301 und vom 29.7.1992 – BStBl. 1993 II S. 247).

Tatsächliche Handlungen

Eine vGA setzt nicht voraus, dass die Vermögensminderung oder verhinderte Vermögensmehrung auf einer Rechtshandlung der Organe der Kapitalgesellschaft beruht. Auch tatsächliche Handlungen können den Tatbestand der vGA erfüllen (→ BFH vom 14.10.1992 – BStBl. 1993 II S. 352).

Versicherungsvereine auf Gegenseitigkeit

Eine vGA kann auch bei Versicherungsvereinen auf Gegenseitigkeit vorliegen (→ BFH vom 14.7.1976 – BStBl. II S. 731).

Zivilrechtliche Wirksamkeit

Verträge mit beherrschenden Gesellschaftern müssen zivilrechtlich wirksam sein, um steuerlich anerkannt zu werden. Eine Wirksamkeitsvoraussetzung ist ein evtl. bestehendes Schriftformerfordernis (→ BFH vom 17.9.1992 – BStBl. 1993 II S. 141).

Rechtsgeschäfte, welche der durch das Gesetz vorgeschriebenen Form ermangeln, sind gemäß § 125 Satz 1 BGB nichtig. Der Mangel einer durch Rechtsgeschäft vorgeschriebenen Form hat

---

1) Vgl. Anlage § 004-55.
2) Vgl. Anlage § 008 (3)-01.

gemäß § 125 Satz 2 BGB „im Zweifel" gleichfalls Nichtigkeit zur Folge. Maßgeblich für die Beurteilung der zivilrechtlichen Wirksamkeit ist, ob die Einhaltung der Schriftform Gültigkeitsvoraussetzung für den geänderten Vertrag sein soll (konstitutive Schriftform) oder ob der Inhalt des Vertrags lediglich zu Beweiszwecken schriftlich niedergelegt werden soll (deklaratorische Schriftform). Änderungen des **Gesellschaftsvertrags** *einer GmbH bedürfen gemäß § 53 Abs. 2 GmbHG der notariellen Beurkundung. Die Befreiung eines Alleingesellschafters vom Selbstkontrahierungsverbot des § 181 BGB bedarf zu ihrer Wirksamkeit einer ausdrücklichen Gestattung im Gesellschaftsvertrag und der Eintragung im Handelsregister. Wird die Befreiung erst nach Abschluss von In-sich-Geschäften in der Satzung geregelt und ins Handelsregister eingetragen, sind diese als nachträglich genehmigt anzusehen. Das steuerliche Rückwirkungsverbot steht dem dann nicht entgegen, wenn den In-sich-Geschäften klare und von vornherein abgeschlossene Vereinbarungen zugrunde liegen. (→ BFH vom 17.9.1992 – BStBl. 1993 II S. 141 und vom 23.10.1996 – BStBl. 1999 II S. 35).*

Miet- und Pachtverträge *bedürfen nicht notwendig der Schriftform (§§ 550, 578, 581 BGB). Grundstückskaufverträge bedürfen der notariellen Beurkundung (§ 311 b BGB).*

Für **Dienstverträge** *(z. B. mit Geschäftsführern) ist keine Schriftform vorgeschrieben.*

Gibt es Beweisanzeichen dafür, dass die Vertragsparteien eine mündlich getroffene Abrede gelten lassen wollen, obwohl sie selbst für alle Vertragsänderungen Schriftform vereinbart hatten, so ist der Vertrag trotzdem wirksam geändert. Solche Beweisanzeichen liegen bei Dauerschuldverhältnissen vor, wenn aus gleichförmigen monatlichen Zahlungen und Buchungen erhöhter Gehälter sowie aus der Abführung von Lohnsteuer und Sozialversicherungsbeiträgen auf die Vereinbarung erhöhter Gehälter geschlossen werden kann (→ BFH vom 24.1.1990 – BStBl. II S. 645 und vom 29.7.1992 – BStBl. 1993 II S. 139). Stark schwankende Leistungen sprechen für eine vGA (→ BFH vom 14.3.1990 – BStBl. II S. 795). Ist vertraglich ausdrücklich festgelegt, dass ohne Schriftform vorgenommene Änderungen unwirksam sein sollen, so tritt ein diesbezüglicher Wille klar zu Tage (→ BFH vom 31.7.1991 – BStBl. II S. 933). Ist die Zivilrechtslage zweifelhaft, durfte ein ordentlicher und gewissenhafter Geschäftsleiter aber von der Wirksamkeit ausgehen, liegt keine vGA vor (→ BFH vom 17.9.1992 – BStBl. 1993 II S. 141).

II. Vermögensminderung oder verhinderte Vermögensmehrung

Darlehenszinsen

Zur Ermittlung der Vermögensminderung oder der verhinderten Vermögensmehrung bei vGA im Zusammenhang mit Darlehenszinsen (→ BFH vom 28.2.1990 – BStBl. II S. 649 und vom 19.1.1994 – BStBl. II S. 725).

Vorteilsausgleich

Eine vGA liegt nicht vor, wenn die Kapitalgesellschaft bei Anwendung der Sorgfalt eines ordentlichen und gewissenhaften Geschäftsleiters die Vermögensminderung oder verhinderte Vermögensmehrung unter sonst gleichen Umständen auch gegenüber einem Nichtgesellschafter hingenommen hätte. Dies kann der Fall sein, wenn zwischen Gesellschaft und Gesellschafter ein angemessenes Entgelt in anderer Weise vereinbart worden ist. Voraussetzungen für die Anerkennung eines derartigen Vorteilsausgleichs ist, dass eine rechtliche Verknüpfung von Leistung und Gegenleistung aus einem gegenseitigen Vertrag besteht (→ BFH vom 8.6.1977 – BStBl. II S. 704 und vom 1.8.1984 – BStBl. 1985 II S. 18). Bei einem beherrschenden Gesellschafter bedarf es zur Anerkennung eines Vorteilsausgleichs zudem einer im Voraus getroffenen klaren und eindeutigen Vereinbarung (→ BFH vom 7.12.1988 – BStBl. 1989 II S. 248 und vom 8.11.1989 – BStBl. 1990 II S. 244).

Zum Vorteilsausgleich bei international verbundenen Unternehmen → BMF vom 23.2.1983 – BStBl. I S. 218 (Tz. 2.3) und vom 24.12.1999 – BStBl. I S. 1076

III. Veranlassung durch das Gesellschaftsverhältnis

Allgemeines

Eine Veranlassung durch das Gesellschaftsverhältnis liegt dann vor, wenn ein ordentlicher und gewissenhafter Geschäftsleiter (§ 93 Abs. 1 Satz 1 AktG, § 43 Abs. 1 GmbHG, § 34 Abs. 1 Satz 1 GenG) die Vermögensminderung oder verhinderte Vermögensmehrung gegenüber einer Person, die nicht Gesellschafter ist, unter sonst gleichen Umständen nicht hingenommen hätte (Fremdvergleich, → BFH vom 11.2.1987 – BStBl. II S. 461 und vom 29.4.1987 – BStBl. II S. 733, vom 10.6.1987 – BStBl. 1988 II S. 25, vom 28.10.1987 – BStBl. 1988 II S. 301, vom 27.7.1988 – BStBl. 1989 II S. 57, vom 7.12.1988 – BStBl. 1989 II S. 248 und vom 17.5.1995 – BStBl. 1996 II S. 204).

Der Fremdvergleich erfordert auch die Einbeziehung des Vertragspartners. Auch wenn ein Dritter einer für die Gesellschaft vorteilhaften Vereinbarung nicht zugestimmt hätte, kann deren Veranlassung im Gesellschaftsverhältnis liegen (→ BFH vom 17.5.1995 – BStBl. 1996 II S. 204).

Beherrschender Gesellschafter

– Begriff

Eine beherrschende Stellung eines GmbH-Gesellschafters liegt im Regelfall vor, wenn der Gesellschafter die Mehrheit der Stimmrechte besitzt und deshalb bei Gesellschafterversammlungen entscheidenden Einfluss ausüben kann (→ BFH vom 13.12.1989 – BStBl. 1990 II S. 454).

– Beteiligungsquote

Eine Beteiligung von 50 % oder weniger reicht zur Annahme einer beherrschenden Stellung aus, wenn besondere Umstände hinzutreten, die eine Beherrschung der Gesellschaft begründen (→ BFH vom 8.1.1969 – BStBl. II S. 347, vom 21.7.1976 – BStBl. II S. 734 und vom 23.10.1985 – BStBl. 1986 II S. 195).

– Bilanzierung

Ein Rechtsgeschäft zwischen einer Kapitalgesellschaft und ihrem alleinigen Gesellschafter-Geschäftsführer ist als vGA zu werten, wenn es in der Bilanz der Gesellschaft nicht zutreffend abgebildet wird und ein ordentlicher und gewissenhafter Geschäftsführer den Fehler bei sorgsamer Durchsicht der Bilanz hätte bemerken müssen (→ BFH vom 13.6.2006 – BStBl. II S. 928).

– Gleichgerichtete Interessen

Wenn mehrere Gesellschafter einer Kapitalgesellschaft mit gleichgerichteten Interessen zusammenwirken, um eine ihren Interessen entsprechende einheitliche Willensbildung herbeizuführen, ist auch ohne Hinzutreten besonderer Umstände eine beherrschende Stellung anzunehmen (→ BFH vom 26.7.1978 – BStBl. II S. 659, vom 29.4.1987 – BStBl. II S. 797, vom 29.7.1992 – BStBl. 1993 II S. 247 und vom 25.10.1995 – BStBl. 1997 II S. 703).

Gleichgerichtete wirtschaftliche Interessen liegen vor, wenn die Gesellschafter bei der Bemessung der dem einzelnen Gesellschafter jeweils zuzubilligenden Tantieme im Zusammenwirken gemeinsame Interessen verfolgen (→ BFH vom 11.12.1985 – BStBl. 1986 II S. 469). Als Indiz für ein solches Zusammenwirken reichen die übereinstimmende Höhe der Gehälter und das zeitliche Zusammenfallen der Beschlussfassung aus (→ BFH vom 10.11.1965 – BStBl. 1966 III S. 73).

Die Tatsache, dass die Gesellschafter nahe Angehörige sind, reicht allein nicht aus, um gleichgerichtete Interessen anzunehmen; vielmehr müssen weitere Anhaltspunkte hinzutreten (→ BVerfG vom 12.3.1985 – BStBl. II S. 475 und BFH vom 1.2.1989 – BStBl. II S. 522).

– Klare und eindeutige Vereinbarung

Vereinbarungen mit beherrschenden Gesellschaftern müssen, um steuerlich wirksam zu sein, im Vorhinein klar und eindeutig getroffen sein. Ohne eine klare und eindeutige Vereinbarung kann eine Gegenleistung nicht als schuldrechtlich begründet angesehen werden. Das gilt selbst dann, wenn ein Vergütungsanspruch aufgrund gesetzlicher Regelung bestehen sollte, wie z. B. bei einer Arbeitsleistung (§ 612 BGB) oder einer Darlehensgewährung nach Handelsrecht (§§ 352, 354 HGB, → BFH vom 2.3.1988 – BStBl. II S. 590).

Eine vGA kommt bei beherrschenden Gesellschaftern in Betracht, wenn nicht von vornherein klar und eindeutig bestimmt ist, ob und in welcher Höhe – einerlei ob laufend oder einmalig – ein Entgelt gezahlt werden soll. Auch eine getroffene Vereinbarung über Sondervergütungen muss zumindest erkennen lassen, nach welcher Bemessungsgrundlage (Prozentsätze, Zuschläge, Höchst- und Mindestbeträge) die Vergütung errechnet werden soll. Es muss ausgeschlossen sein, dass bei der Berechnung der Vergütung ein Spielraum verbleibt; die Berechnungsgrundlagen müssen so bestimmt sein, dass allein durch Rechenvorgänge die Höhe der Vergütung ermittelt werden kann, ohne dass es noch der Ausübung irgendwelcher Ermessensakte seitens der Geschäftsführung oder Gesellschafterversammlung bedarf (→ BFH vom 24.5.1989 – BStBl. II S. 800 und vom 17.12.1997 – BStBl. 1998 II S. 545).

Leistungen an den beherrschenden Gesellschaftern nahestehende Personen bedürfen zu ihrer steuerlichen Anerkennung einer im Voraus getroffenen klaren und eindeutigen Vereinbarung (→ BFH vom 22.2.1989 – BStBl. II S. 631).

- **Pensionszusagen**

  Rückstellung für Pensionszusagen an beherrschende Gesellschafter-Geschäftsführer → R 38 Pension (Erdienbarkeit)

- **Rückwirkende Vereinbarung**

  Rückwirkende Vereinbarungen zwischen der Gesellschaft und dem beherrschenden Gesellschafter sind steuerrechtlich unbeachtlich (→ BFH vom 23.9.1970 – BStBl. 1971 II S. 64, vom 3.4.1974 – BStBl. II S. 497 und vom 21.7.1976 – BStBl. II S. 734).

- **Stimmrechtsausschluss**

  Der Vorschrift des § 47 Abs. 4 GmbHG über einen Stimmrechtsausschluss des Gesellschafters bei Rechtsgeschäften zwischen ihm und der Gesellschaft kommt für die Frage der Beherrschung der Gesellschaft keine Bedeutung zu (→ BFH vom 26.1.1989 – BStBl. II S. 455 und vom 21.8.1996 – BStBl. 1997 II S. 44).

Nahestehende Person

- **International verbundene Unternehmen**

  Zum Begriff des Nahestehens bei international verbundenen Unternehmen → BMF vom 23.2.1983 – BStBl. I S. 218 (Tz. 1.4 und 1.5)

- **Kreis der nahestehenden Personen**

  Zur Begründung des „Nahestehens" reicht jede Beziehung eines Gesellschafters der Kapitalgesellschaft zu einer anderen Person aus, die den Schluss zulässt, sie habe die Vorteilszuwendung der Kapitalgesellschaft an die andere Person beeinflusst. Ehegatten können als nahestehende Person angesehen werden (→ BFH vom 2.3.1988 – BStBl. II S. 786). Beziehungen, die ein Nahestehen begründen, können familienrechtlicher, gesellschaftsrechtlicher, schuldrechtlicher oder auch rein tatsächlicher Art sein (→ BFH vom 18.12.1996 – BStBl. 1997 II S. 301).

  Zum Kreis der dem Gesellschafter nahestehenden Personen zählen sowohl natürliche als auch juristische Personen, unter Umständen auch Personenhandelsgesellschaften (→ BFH vom 6.12.1967 – BStBl. 1968 II S. 322, vom 23.10.1985 – BStBl. 1986 II S. 195 und vom 1.10.1986 – BStBl. 1987 II S. 459).

- **Schwestergesellschaften**

  Zur Beurteilung von vGA zwischen Schwestergesellschaften → BFH vom 26.10.1987 – BStBl. 1988 II S. 348.

- **Verhältnis zum beherrschenden Gesellschafter**

  Bei dem beherrschenden Gesellschafter nahestehenden Personen bedarf eine Vereinbarung über die Höhe eines Entgelts für eine Leistung der vorherigen und eindeutigen Regelung, die auch tatsächlich durchgeführt werden muss (→ BFH vom 29.4.1987 – BStBl. II S. 797, vom 2.3.1988 – BStBl. II S. 786 und vom 22.2.1989 – BStBl. II S. 631).

- **Zurechnung der verdeckten Gewinnausschüttung**

  Wenn eine vGA einer Person zufließt, die einem Gesellschafter nahe steht, ist diese vGA steuerrechtlich stets dem Gesellschafter als Einnahme zuzurechnen, es sei denn, die nahestehende Person ist selbst Gesellschafter. Darauf, dass der betreffende Gesellschafter selbst einen Vermögensvorteil erlangt, kommt es nicht an (→ BFH vom 29.9.1981 – BStBl. 1982 II S. 248 und vom 18.12.1996 – BStBl. 1997 II S. 301, BMF vom 20.5.1999 – BStBl. I S. 514).

IV. Vergütung der Gesellschafter-Geschäftsführer

Angemessenheit der Gesamtausstattung

→ *BMF vom 14.10.2002 – BStBl. I S. 972.* [1]

Überstundenvergütung, Sonn-, Feiertags- und Nachtzuschläge

Die Zahlung einer Überstundenvergütung an den Gesellschafter-Geschäftsführer ist eine vGA, da die gesonderte Vergütung von Überstunden nicht dem entspricht, was ein ordentlicher und gewissenhafter Geschäftsleiter einer GmbH mit einem Fremdgeschäftsführer vereinbaren würde. Dies gilt erst recht dann, wenn die Vereinbarung von vornherein auf die Vergütung von Überstunden an Sonntagen, Feiertagen und zur Nachtzeit beschränkt ist (→ BFH vom 19.3.1997 – BStBl. II S. 577 und vom 27.3.2001 – BStBl. II S. 655). Sofern eine Vereinbarung von Zuschlägen an Sonn- und Feiertagen und zur Nachtzeit im Einzelfall durch überzeugende betriebliche Gründe

---

1) Vgl. Anlage § 008 (3)-02.

gerechtfertigt wird, die geeignet sind, die Regelvermutung für eine Veranlassung durch das Gesellschaftsverhältnis zu entkräften, kann eine vGA ausnahmsweise zu verneinen sein (→ BFH vom 14.07.2004 – BStBl. 2005 II S. 307).

Urlaub, Abgeltungszahlungen für nicht beanspruchte Tage

Soweit klare und eindeutige Vereinbarungen hinsichtlich des Urlaubsanspruches getroffen worden sind, stellen Abgeltungszahlungen für nicht in Anspruch genommenen Urlaub an den Gesellschafter-Geschäftsführer keine vGA dar, wenn der Nichtwahrnehmung des Urlaubsanspruches betriebliche Gründe zugrunde lagen. Dies ist insbesondere dann der Fall, wenn der Umfang der von ihm geleisteten Arbeit sowie seine Verantwortung für das Unternehmen die Gewährung von Freizeit im Urlaubsjahr ausgeschlossen haben. Gleiches kann für eine im Unternehmen beschäftige nahe stehende Person gelten, wenn diese gegenüber den übrigen Angestellten eine leitende Stellung inne hat und die den Geschäftsführer betreffenden betrieblichen Gründe gleichermaßen einschlägig sind, den Jahresurlaub nicht antreten zu können (→ BFH vom 28.01.2004 – BStBl. 2005 II S. 524).

V. Einzelfälle

Aktien / Anteile

- *Zur Anwendung von § 8 b KStG auf die Übertragung von Anteilen → BMF vom 28.4.2003 – BStBl. I S. 292[1]*
- *Eine vGA liegt vor, wenn ein Gesellschafter Aktien an die Gesellschaft zu einem höheren Preis als dem Kurswert verkauft oder die Gesellschaft Aktien an einen Gesellschafter zu einem niedrigeren Preis als dem Kurswert verkauft (→ BFH vom 13.9.1967 – BStBl. 1968 II S. 20 und vom 14.5.1969 – BStBl. II S. 501).*

Darlehensgewährung

Die Hingabe eines Darlehens an den Gesellschafter stellt eine vGA dar, wenn schon bei der Darlehenshingabe mit der Uneinbringlichkeit gerechnet werden muss (→ BFH vom 16.9.1958 – BStBl. III S. 451 und vom 14.3.1990 – BStBl. II S. 795). Ein unvollständiger Darlehensvertrag zwischen Kapitalgesellschaft und beherrschendem Gesellschafter kann nicht in die Zuführung von Eigenkapital umgedeutet werden (→ BFH vom 29.10.1997 – BStBl. 1998 II S. 573). Eine vGA kann auch bei Wertberichtigungen auf Darlehensforderungen gegenüber einem Gesellschafter vorliegen, wenn die Gesellschaft im Zeitpunkt der Darlehensgewährung auf dessen ausreichende Besicherung verzichtet hat; auf einen tatsächlichen Mittelabfluss bei der Gesellschaft kommt es nicht an (→ BFH vom 14.07.2004 – BStBl. II S. 1010).

Darlehenszinsen

Ein Gesellschafter erhält ein Darlehen von der Gesellschaft zinslos oder zu einem außergewöhnlich geringen Zinssatz (→ BFH vom 25.11.1964 – BStBl. 1965 III S. 176 und vom 23.6.1981 – BStBl. 1982 II S. 245).

Gibt ein Gesellschafter der Gesellschaft ein Darlehen zu einem außergewöhnlich hohen Zinssatz liegt eine vGA vor (→ BFH vom 28.10.1964 – BStBl. 1965 III S. 119 und vom 25.11.1964 – BStBl. 1965 III S. 176).

Einbringung einer GmbH in eine KG

Bringt eine GmbH ihr Unternehmen unentgeltlich in eine KG ein, führt dies zu einer vGA in Höhe des fremdüblichen Entgelts für das eingebrachte Unternehmen, wenn am Vermögen der KG ausschließlich der beherrschende Gesellschafter der GmbH beteiligt ist (→ BFH vom 15.09.2004 – BStBl. 2005 II S. 867).

Einkünfteabgrenzung bei international verbundenen Unternehmen

Zur Einkünfteabgrenzung bei international verbundenen Unternehmen → BMF vom 23.2.1983 – BStBl. I S. 218

Verwaltungsgrundsätze Kostenumlagen → BMF vom 30.12.1999 – BStBl. I S. 1122

Verwaltungsgrundsätze Arbeitnehmerentsendung → BMF vom 9.11.2001 – BStBl. I S. 796

Erstausstattung der Kapitalgesellschaft

Bei Rechtsverhältnissen, die im Rahmen der Erstausstattung einer Kapitalgesellschaft zustandegekommen sind, liegt eine vGA schon dann vor, wenn die Gestaltung darauf abstellt, den Gewinn der Kapitalgesellschaft nicht über eine angemessene Verzinsung des eingezahlten Nennkapitals und eine Vergütung für das Risiko des nicht eingezahlten Nennkapitals hinaus zu steigern

---

1) Vgl. Anlage § 008b-01.

(→ BFH vom 5.10.1977 – BStBl. 1978 II S. 234, vom 23.5.1984 – BStBl. II S. 673 und vom 2.2.1994 – BStBl. II S. 479).

Geburtstag

Gibt eine GmbH aus Anlass des Geburtstags ihres Gesellschafter-Geschäftsführers einen Empfang, an dem nahezu ausschließlich Geschäftsfreunde teilnehmen, liegt eine vGA vor (→ BFH vom 28.11.1991 – BStBl. 1992 II S. 359).

Gesellschafterversammlung

Zur Frage der steuerlichen Behandlung der Fahrtkosten, Sitzungsgelder, Verpflegungs- und Übernachtungskosten anlässlich einer Hauptversammlung oder Gesellschafterversammlung bzw. einer Vertreterversammlung → BMF vom 26.11.1984 – BStBl. I S. 591.

Träger der Sparkasse, Zinsaufbesserungen

Zu der Frage, ob vGA an den Gewährträger vorliegen, wenn eine Sparkasse diesem Zinsaufbesserungen für Einlagen und Zinsrückvergütungen für ausgereichte Darlehen gewährt → BFH vom 1.12.1982 – BStBl. 1983 II S. 152.

Gewinnverteilung

Stimmt die an einer Personengesellschaft beteiligte Kapitalgesellschaft rückwirkend oder ohne rechtliche Verpflichtung einer Neuverteilung des Gewinns zu, die ihre Gewinnbeteiligung zugunsten ihres gleichfalls an der Personengesellschaft beteiligten Gesellschafters einschränkt, liegt eine vGA vor (→ BFH vom 12.6.1980 – BStBl. II S. 723).

Gründungskosten

→ BMF vom 25.6.1991 – BStBl. I S. 661[1]

Kapitalerhöhungskosten

→ BFH vom 19.1.2000 – BStBl. II S. 545

Konzernkasse

Besteht für die Unternehmen eines Konzerns eine gemeinsame Unterstützungskasse (Konzernkasse), so können bei einem Missverhältnis der Zuwendungen der einzelnen Unternehmen an die Konzernkasse unter bestimmten Voraussetzungen vGA vorliegen → BFH vom 29.1.1964 – BStBl. 1965 III S. 27.

Markteinführungskosten

Ein ordentlicher und gewissenhafter Geschäftsleiter einer Kapitalgesellschaft wird für die Gesellschaft nur dann ein neues Produkt am Markt einführen und vertreiben, wenn er daraus bei vorsichtiger und vorheriger kaufmännischer Prognose innerhalb eines überschaubaren Zeitraums und unter Berücksichtigung der voraussichtlichen Marktentwicklung einen angemessenen Gesamtgewinn erwarten kann (→ BFH vom 17.2.1993 – BStBl. II S. 457) und → BMF vom 23.2.1983 – BStBl. I S. 218 (Tz. 3.4 und 3.5).

Nutzungsüberlassungen

Eine vGA liegt vor bei Mietverhältnissen oder Nutzungsrechtsüberlassungen zwischen Gesellschafter und Kapitalgesellschaft zu einem unangemessenen Preis (→ BFH vom 16.8.1955 – BStBl. III S. 353 und vom 3.2.1971 – BStBl. II S. 408).

Organschaft zwischen kommunalen Eigengesellschaften

→ BFH vom 22.8.2007 – BStBl. II S. 961 und BMF vom 7.12.2007 – BStBl. I S. 905[2]

Rechtsverzicht

Verzichtet eine Gesellschaft auf Rechte, die ihr einem Gesellschafter gegenüber zustehen, liegt eine vGA vor (→ BFH vom 3.11.1971 – BStBl. 1972 II S. 227, vom 13.10.1983 – BStBl. 1984 II S. 65 und vom 7.12.1988 – BStBl. 1989 II S. 248).

Reisekosten des Gesellschafter-Geschäftsführers

Von der Kapitalgesellschaft getragene Aufwendungen für eine Auslandsreise des Gesellschafter-Geschäftsführers können eine vGA begründen, wenn die Reise durch private Interessen des Gesellschafters veranlasst oder in nicht nur untergeordnetem Maße mitveranlasst sind (→ BFH vom 06.04.2005 – BStBl. II S. 666).

---

1) Vgl. Anlage § 008 (3)-25.

2) Vgl. Anlage § 004-55.

Risikogeschäfte

→ *BMF vom 19.12.1996 – BStBl. 1997 I S. 112*[1] *und vom 20.5.2003 – BStBl. I S. 333*[2]

Schuldübernahme

Eine vGA liegt vor, wenn eine Gesellschaft eine Schuld oder sonstige Verpflichtung eines Gesellschafters übernimmt (→ BFH vom 19.3.1975 – BStBl. II S. 614 und vom 19.5.1982 – BStBl. II S. 631).

Stille Gesellschaft

Beteiligt sich ein Gesellschafter an der Gesellschaft als stiller Gesellschafter und erhält dafür einen unangemessen hohen Gewinnanteil, liegt eine vGA vor (→ BFH vom 6.2.1980 – BStBl. II S. 477).

Verlustgeschäfte

Ein ordentlicher und gewissenhafter Geschäftsleiter würde die Übernahme von Aufgaben, die vorrangig im Interesse des Alleingesellschafters liegen, davon abhängig machen, ob sich der Gesellschaft die Chance zur Erzielung eines angemessenen Gewinns stellt (→ BFH vom 2.2.1994 – BStBl. II S. 479).

(Zinslose) Vorschüsse auf Tantieme

Zahlt eine GmbH ihrem Gesellschafter ohne eine entsprechende klare und eindeutige Abmachung einen unverzinslichen Tantiemevorschuss, so ist der Verzicht auf eine angemessene Verzinsung eine vGA (→ BFH vom 22.10.2003 – BStBl. 2004 II S. 307).

Waren

Liefert ein Gesellschafter an die Gesellschaft, erwirbt er von der Gesellschaft Waren und sonstige Wirtschaftsgüter zu ungewöhnlichen Preisen, oder erhält er besondere Preisnachlässe und Rabatte, liegt eine vGA vor (→ BFH vom 12.7.1972 – BStBl. II S. 802, vom 21.12.1972 – BStBl. 1973 II S. 449, vom 16.4.1980 – BStBl. 1981 II S. 492 und vom 6.8.1985 – BStBl. 1986 II S. 17).
Zur Lieferung von Gütern oder Waren bei international verbundenen Unternehmen → BMF vom 23.2.1983 – BStBl. I S. 218 (Tz. 3.1).

KStR

37. Wert der verdeckten Gewinnausschüttungen, Ausgleichsanspruch, Beweislast, Rückgängigmachung

Löst eine vGA Umsatzsteuer aus, ist diese bei der Gewinnermittlung nicht zusätzlich nach § 10 Nr. 2 KStG hinzuzurechnen.

Hinweise

H 37 Beweislast

– **Grundsätze**

Die objektive Beweislast für das Vorliegen von vGA obliegt dem Finanzamt (→ BFH vom 27.10.1992 – BStBl. 1993 II S. 569). Andererseits hat die Körperschaft die objektive Beweislast für die betriebliche Veranlassung der in der Buchführung als Betriebsvermögensminderung behandelten Aufwendungen. Sprechen nahezu alle erheblichen Beweisanzeichen dafür, dass eine Zuwendung an den Gesellschafter nicht betrieblich veranlasst ist, sondern ihre Grundlage im Gesellschaftsverhältnis hat, geht ein verbleibender Rest an Ungewissheit zulasten der Körperschaft. Spricht der Maßstab des Handelns eines ordentlichen und gewissenhaften Geschäftsleiters für die Veranlassung einer Vorteilszuwendung im Gesellschaftsverhältnis, so hat die Körperschaft die Umstände darzulegen, aus denen sich eine andere Beurteilung ergeben kann (→ BFH vom 19.3.1997 – BStBl II S. 577).

– **Beweislast bei beherrschendem Gesellschafter**

Der beherrschende Gesellschafter hat das Vorliegen einer im Voraus geschlossenen klaren und eindeutigen Vereinbarung nachzuweisen (→ BFH vom 29.7.1992 – BStBl. 1993 II S. 247).

– **Beweislast bei international verbundenen Unternehmen**

Zur Mitwirkungs- und Nachweispflicht bei international verbundenen Unternehmen → BMF vom 23.2.1983 – BStBl. I S. 218 (Tz. 9); ab 2003/2004 sind ergänzend § 90 Abs. 3 AO bzw. die

---

1) Vgl. Anlage § 008 (3)-40.

2) Vgl. Anlage § 008 (3)-40a.

Gewinnaufzeichnungsverordnung vom 13.11.2003 (BGBl. I S. 2296, BStBl. I S. 739) zu berücksichtigen

Fremdvergleich von Preisen bei Handel zwischen verbundenen Unternehmen

Zur Bemessung der vGA bei grenzüberschreitenden Geschäftsbeziehungen zwischen verbundenen Unternehmen → BFH-Urteile vom 17.10.2001 – BStBl. 2004 II S. 171 und vom 6.4.2005 – BStBl. 2007 II S. 658. Zur Anwendung des BFH-Urteils vom 17.10.2001 (a.a.O.)
→ BMF vom 26.02.2004 – BStBl. I S. 270

Hingabe von Wirtschaftsgütern

Für die Bemessung der vGA ist bei Hingabe von Wirtschaftsgütern von deren gemeinen Wert auszugehen (→ BFH vom 18.10.1967 – BStBl. 1968 II S. 105 und vom 27.11.1974 – BStBl. 1975 II S. 306).

Nutzungsüberlassungen

Für die Bemessung der vGA ist bei Nutzungsüberlassungen von der erzielbaren Vergütung auszugehen (→ BFH vom 27.11.1974 – BStBl. 1975 II S. 306, vom 6.4.1977 – BStBl. II S. 569 und vom 28.2.1990 – BStBl. II S. 649).

Rückgängigmachung

Die Rückgängigmachung von vGA ist nur in besonders gelagerten Ausnahmefällen möglich (→ BFH vom 10.4.1962 – BStBl. III S. 255 und vom 23.5.1984 – BStBl. II S. 723 und BMF vom 6.8.1981 – BStBl. I S. 599).

Steuerbilanzgewinn

Die Gewinnerhöhung aufgrund einer vGA i. S. d. § 8 Abs. 3 Satz 2 KStG ist dem Steuerbilanzgewinn außerhalb der Steuerbilanz im Rahmen der Ermittlung des Einkommens der Körperschaft hinzuzurechnen (→ BMF vom 28.5.2002 – BStBl. I S. 603). [1]

Verdeckte Gewinnausschüttung und Kapitalertrag nach § 20 EStG

Für die Anwendung des § 8 Abs. 3 Satz 2 KStG kommt es nicht darauf an, ob und in welcher Höhe beim Gesellschafter ein Kapitalertrag nach § 20 Abs. 1 Nr. 1 Satz 2, Nr. 9 oder Nr. 10 Buchst. a oder b vorliegt (→ BFH vom 29.4.1987 – BStBl. II S. 733, vom 22.2.1989 – BStBl. II S. 475 und vom 14.3.1989 – BStBl. II S. 633). Zur Kapitalertragsteuerpflicht bei Betrieben gewerblicher Art → BMF vom 11.9.2002 – BStBl I S. 935. [2]

KStR

38. Rückstellungen für Pensionszusagen an Gesellschafter-Geschäftsführer von Kapitalgesellschaften

[1]Bei Pensionsverpflichtungen ist in einem ersten Schritt zu prüfen, ob und in welchem Umfang eine Rückstellung gebildet werden darf. [2]Ist eine Pensionszusage bereits zivilrechtlich unwirksam, ist die Pensionsrückstellung in der Handelsbilanz erfolgswirksam aufzulösen; dies ist maßgeblich für die Steuerbilanz. [3]Daneben müssen die Voraussetzungen des § 6a EStG erfüllt sein; sind sie nicht erfüllt, ist die Pensionsrückstellung insoweit innerhalb der Steuerbilanz erfolgswirksam aufzulösen. [4]Die Regelungen in R 41 EStR sind für den Ansatz der Pensionsrückstellungen in der Steuerbilanz dem Grunde und der Höhe nach zu berücksichtigen. [5]Ist die Pensionsrückstellung dem Grunde und der Höhe nach zutreffend bilanziert, ist in einem zweiten Schritt zu prüfen, ob und inwieweit die Pensionsverpflichtung auf einer vGA beruht. [6]Bei dieser Prüfung sind insbesondere die Aspekte Ernsthaftigkeit, Erdienbarkeit und Angemessenheit zu beachten. [7]Es ist nicht zu beanstanden, wenn für behinderte Menschen i. S. des § 2 Abs. 2 des Sozialgesetzbuchs – Neuntes Buch (SGB IX) eine vertragliche Altersgrenze von mindestens 60 Jahren zugrunde gelegt wird. [8]Bei einer vertraglichen Altersgrenze von weniger als 60 Jahren ist davon auszugehen, dass keine ernsthafte Vereinbarung vorliegt.

Hinweise

H 38 Altersgrenze bei beherrschenden Gesellschafter-Geschäftsführern

Eine vertraglich vorgesehen Altersgrenze von weniger als 65 Jahren kann für die Berechnung der Pensionsrückstellung nur dann zugrunde gelegt werden, wenn besondere Umstände nachgewiesen werden, die ein niedrigeres Pensionsalter rechtfertigen (→ BFH vom 8.5.1963 – BStBl. III S. 339 und vom 25.9.1968 – BStBl. II S. 810).

---

1) Vgl. Anlage § 008 (3)-01.

2) Vgl. Anhang 1–02.

Angemessenheit

In die Prüfung der Angemessenheit der Gesamtbezüge des Gesellschafter-Geschäftsführers ist auch die ihm erteilte Pensionszusage einzubeziehen. Diese ist mit der fiktiven Jahresnettoprämie nach dem Alter des Gesellschafter-Geschäftsführers im Zeitpunkt der Pensionszusage anzusetzen, die er selbst für eine entsprechende Versicherung zu zahlen hätte, abzüglich etwaiger Abschluss- und Verwaltungskosten. Sieht die Pensionszusage spätere Erhöhungen vor oder wird sie später erhöht, ist die fiktive Jahresnettoprämie für den Erhöhungsbetrag auf den Zeitpunkt der Erhöhung der Pensionszusage zu berechnen; dabei ist von den Rechnungsgrundlagen auszugehen, die für die Berechnung der Pensionsrückstellung verwendet werden. Das gilt nicht für laufende Anpassungen an gestiegene Lebenshaltungskosten. Zur Ermittlung der Angemessenheitsgrenze für die Gesamtbezüge → BMF vom 14.10.2002 – BStBl. I S. 972.[1]

Erdienbarkeit

Zum Zeitraum, in dem sich der beherrschende Gesellschafter-Geschäftsführer seine Ansprüche aus einer Zusage auf Leistungen der betrieblichen Altersversorgung erdienen muss → BFH vom 21.12.1994 – BStBl. 1995 II S. 419[2] sowie BMF vom 1.8.1996 – BStBl. I S. 1138 und vom 9.12.2002 – BStBl. I S. 1393

Erdienungszeitraum bei nicht beherrschenden Gesellschafter-Geschäftsführern → BFH vom 24.01.1996 – BStBl. 1997 II S. 440[3] und vom 15.3.2000 – BStBl. II S. 504 und BMF vom 7.3.1997 – BStBl. I S. 637

Finanzierbarkeit

Zur Finanzierbarkeit von Pensionszusagen gegenüber Gesellschafter-Geschäftsführern → BFH vom 08.11.2000 – BStBl. 2005 II S. 653, vom 20.12.2000 – BStBl. 2005 II S. 657, vom 07.11.2001 – BStBl. 2005 II S. 659, vom 04.09.2002 – BStBl. 2005 II S. 662 und vom 31.03.2004 – BStBl. 2005 II S. 664 sowie BMF vom 06.09.2005 – BStBl. I S. 875[4]

Invaliditätsversorgung – dienstzeitunabhängig

Die Zusage einer dienstzeitunabhängigen Invaliditätsversorgung zugunsten eines Gesellschafter-Geschäftsführers in Höhe von 75 % des Bruttogehalts führt wegen Unüblichkeit zur vGA (→ BFH vom 28.01.2004 – BStBl. 2005 II S. 841).

Lebenshaltungskosten

Zur Pensionserhöhung wegen gestiegener Lebenshaltungskosten → BFH vom 27.7.1988 – BStBl. 1989 II S. 57

Lebensgefährtin

Zur Pensionszusage zugunsten einer nichtehelichen Lebensgefährtin → BFH vom 29.11.2000 – BStBl. 2001 II S. 204 sowie BMF vom 25.7.2002 – BStBl. I S. 706 und vom 8.1.2003 – BStBl. I S. 93.

Nur-Pension

Die Zusage einer Nur-Pension ist durch das Gesellschaftsverhältnis veranlasst → BFH vom 17.5.1995 – BStBl. 1996 II S. 204 und BMF vom 28.1.2005 – BStBl. I S. 387.

Rentendynamik

Zu fest zugesagten prozentualen Erhöhungen von Renten und Rentenanwartschaften → H 41 (17) EStH

Rückdeckungsversicherung

Beiträge, die eine GmbH für eine Lebensversicherung entrichtet, die sie zur Rückdeckung einer ihrem Gesellschafter-Geschäftsführer zugesagten Pension abgeschlossen hat, stellen auch dann keine vGA dar, wenn die Pensionszusage durch das Gesellschaftsverhältnis veranlasst ist (→ BFH vom 7.8.2002 – I R 2/02 BStBl. 2004 II S. 131).

Unverfallbarkeit

Zu Vereinbarungen über eine Unverfallbarkeit in Zusagen auf Leistungen der betrieblichen Altersversorgung an Gesellschafter-Geschäftsführer → BMF vom 9.12.2002 – BStBl. I S. 1393[5]

---

1) Vgl. Anlage § 008 (3)-02.
2) Vgl. Anlage 008 (3)-42 und Anlage 008 (3)-43.
3) Vgl. Anlagen § 008 (3)-44 und 46.
4) Vgl. Anlage § 008 (3)-48.
5) Vgl. Anlage § 008 (3)-53.

Warte- /Probezeit

Die Erteilung einer Pensionszusage unmittelbar nach der Anstellung und ohne die unter Fremden übliche Wartezeit ist in aller Regel durch das Gesellschaftsverhältnis veranlasst. Eine derartige Wartezeit ist bei bereits erprobten Geschäftsführern in Fällen der Umwandlung nicht erforderlich (→ BFH vom 15.10.1997 – BStBl. 1999 II S. 316, vom 29.10.1997 – BStBl. 1999 II S. 318 und vom 24.4.2002 – BStBl. II S. 670 sowie BMF vom 14.5.1999 – BStBl. I S. 512).[1] *Eine verdeckte Gewinnausschüttung kann hingegen bei einer unberechtigten Einbeziehung von Vordienstzeiten bei der Teilwertberechnung einer Pensionsrückstellung zu vermeinen sein, wenn die Pensionszusage dem Grunde und der Höhe nach einem Fremdvergleich standhält → BFH vom 18.4.2002 – BStBl. II 2003 S. 149.*

Wegfall einer Pensionsverpflichtung

Eine wegen Wegfalls der Verpflichtung gewinnerhöhend aufgelöste Pensionsrückstellung ist im Wege einer Gegenkorrektur nur um die tatsächlich bereits erfassten vGA der Vorjahre außerbilanziell zu kürzen (→ BFH vom 21.8.2007 – BStBl. 2008 II S. 277 sowie BMF vom 28.5.2002 – BStBl. I S. 603).

KStR

39. Tantiemen

[1]Gewinntantiemen, die eine Kapitalgesellschaft ihrem Gesellschafter-Geschäftsführer verspricht, sind vGA, wenn sie dem Grunde oder der Höhe nach nicht dem entsprechen, was ein ordentlicher und gewissenhafter Geschäftsleiter der Kapitalgesellschaft deren Geschäftsführer als Tätigkeitsentgelt versprechen würde. [2]Daneben ist eine vGA nur dann anzunehmen, wenn die Tantiemezahlungen im Einzelfall die wirtschaftliche Funktion einer Gewinnausschüttung haben.

Hinweise

H 39 Allgemeines

Vereinbart eine GmbH mit ihrem beherrschenden Gesellschafter-Geschäftsführer eine Gewinntantieme, so liegt darin eine vGA, wenn der nach Ablauf des jeweiligen Geschäftsjahres entstehende gesellschaftsrechtliche Gewinnanspruch lediglich der Form nach in einen Gehaltsanspruch gekleidet ist (→ BFH vom 2.12.1992 – BStBl. 1993 II S. 311).

Grundsätze

→ BMF vom 1.2.2002 – BStBl. I S. 219.[2] *Nach der sog. 75/25-Regelvermutung ist zu beachten, dass die Bezüge im Allgemeinen wenigstens zu 75% aus einem festen und höchstens zu 25% aus erfolgsabhängigen Bestandteilen (Tantiemen) bestehen. Übersteigt der variable Anteil der Vergütung diese Grenze, ist im Einzelfall zu ermitteln, ob die gewählte Gestaltung betrieblich oder gesellschaftsrechtlich veranlasst ist (→ BFH vom 27.2.2003 – BStBl. 2004 II S. 132*[3] *und vom 4.6.2003 – BStBl. 2004 II S. 136).*

Unerwartete Erhöhung der Bemessungsgrundlage für die Gewinntantieme

→ BFH vom 10.7.2002 – BStBl. II S. 418

Umsatztantieme

Umsatzabhängige Vergütungen an Geschäftsführer sind steuerlich nur anzuerkennen, wenn besondere Gründe dafür vorliegen, dass die mit dem Vergütungsanreiz angestrebten Ziele mit einer gewinnabhängigen Vergütung nicht zu erreichen sind. Besondere Gründe sind in der Branchenüblichkeit und der Aufbauphase der Gesellschaft gegeben (→ BFH vom 5.10.1977 – BStBl. 1978 II S. 234, vom 28.6.1989 – BStBl. II S. 854 und vom 19.2.1999 – BStBl. II S. 321).

Voraussetzung der Anerkennung der Umsatztantieme ist aber die vertragliche, zeitliche und höhenmäßige Begrenzung der Umsatztantieme. Eine derartige Begrenzung ist zur Vermeidung einer künftigen Gewinnabsaugung und einer die Rendite vernachlässigenden Umsatzsteigerung notwendig (→ BFH vom 19.2.1999 – BStBl. II S. 321).

Die Beweislast für die Anerkennung der für eine umsatzabhängige Tantieme sprechenden Umstände trägt der Steuerpflichtige (→ BFH vom 28.6.1989 – BStBl. II S. 854).

---

1) Vgl. Anlage § 008 (3)-50.

2) Vgl. Anlage § 008 (3)-41.

3) Vgl. Anlage § 008 (3)-02a.

Verlustvorträge

Ist er gewinntantiemeberechtigte Gesellschafter-Geschäftsführer für einen bestehenden Verlustvortrag verantwortlich oder zumindest teilverantwortlich, ist der Verlustvortrag in die Bemessungsgrundlage der Gewinntantieme einzubeziehen (→ BFH vom 17.12.2003 – BStBl. 2004 II S. 524).

Jahresfehlbeträge müssen regelmäßig vorgetragen und durch zukünftige Jahresüberschüsse ausgeglichen werden; eine vorhergehende Verrechnung mit einem etwa bestehenden Gewinnvortrag laut Handelsbilanz darf in der Regel nicht vorgenommen werden (→ BFH vom 18.9.2007 – BStBl. 2008 II S. 314).

Verspätete Auszahlung

Wird eine klar und eindeutig vereinbarte Gewinntantieme an einen beherrschenden Gesellschafter-Geschäftsführer nicht bereits bei Fälligkeit ausgezahlt, so führt dies nicht notwendigerweise zu einer vGA. Entscheidend ist, ob unter Würdigung aller Umstände die verspätete Auszahlung Ausdruck mangelnder Ernsthaftigkeit der Tantiemevereinbarung ist (→ BFH vom 29.7.1992 – BStBl. 1993 II S. 247 und vom 29.6.1994 – BStBl. II S. 952).

(zinslose) Vorschüsse auf Tantieme

Zahlt eine GmbH ihrem Gesellschafter ohne eine entsprechende klare und eindeutige Abmachung einen unverzinslichen Tantiemevorschuss, so ist der Verzicht auf eine angemessene Verzinsung eine vGA (→ BFH vom 22.10.2003 – BStBl. 2004 II S. 307).

Zustimmungsvorbehalt

Steht eine im übrigen klare Tantiemevereinbarung mit einem beherrschenden Gesellschafter-Geschäftsführer unter dem Vorbehalt, dass die Gesellschafterversammlung die Tantieme anderweitig höher oder niedriger festsetzen kann, dann besteht Unsicherheit und damit auch Unklarheit, ob der Tantiemeanspruch des Gesellschafter-Geschäftsführers letztlich Bestand haben wird. Deshalb ist in Höhe des Betrags der gebildeten Rückstellung für die Tantieme eine vGA anzunehmen (→ BFH vom 29.4.1992 – BStBl. II S. 851).

KStR

40. Verdeckte Einlage

(1) Eine verdeckte Einlage liegt vor, wenn ein Gesellschafter oder eine ihm nahe stehende Person der Körperschaft außerhalb der gesellschaftsrechtlichen Einlagen einen einlagefähigen Vermögensvorteil zuwendet und diese Zuwendung durch das Gesellschaftsverhältnis veranlasst ist.

(2) [1]Verdeckte Einlagen dürfen sich nicht auf die Höhe des Einkommens der Empfängerkörperschaft auswirken. [2]Soweit verdeckte Einlagen den Steuerbilanzgewinn der Körperschaft erhöht haben, sind sie außerbilanziell bei der Ermittlung des zu versteuernden Einkommens in Abzug zu bringen. [3]Die Vorschriften der § 4 Abs. 1 Satz 1, § 6 Abs. 1 Nr. 5 EStG finden gem. § 8 Abs. 1 KStG auch auf Kapitalgesellschaften Anwendung, obwohl hier Einlegender und Empfänger der Einlage verschiedene Rechtsträger sind (finaler Einlagebegriff).

(3) [1]Voraussetzung für die Annahme einer verdeckten Einlage ist stets, dass die Zuwendung des Gesellschafters oder einer ihm nahe stehenden Person durch das Gesellschaftsverhältnis veranlasst ist. [2]Die Ursächlichkeit des Gesellschaftsverhältnisses ist nur dann gegeben, wenn ein Nichtgesellschafter bei Anwendung der Sorgfalt eines ordentlichen Kaufmanns den Vermögensvorteil der Gesellschaft nicht eingeräumt hätte, was grundsätzlich durch Fremdvergleich festzustellen ist.

(4) [1]Die Bewertung verdeckter Einlagen hat grundsätzlich mit dem Teilwert zu erfolgen (§ 8 Abs. 1 KStG i. V. m. § 6 Abs. 1 Nr. 5 und Abs. 6 EStG). [2]§ 6 Abs. 1 Nr. 5 Buchstabe b EStG findet keine Anwendung, weil die verdeckte Einlage von Anteilen an einer Kapitalgesellschaft i. S. des § 17 Abs. 1 Satz 1 EStG in eine Kapitalgesellschaft gem. § 17 Abs. 1 Satz 2 EStG beim Einlegenden einer Veräußerung gleichgestellt wird und es somit bei ihm zum Einlagezeitpunkt zu einer Besteuerung der stillen Reserven kommt. [3]§ 6 Abs. 1 Nr. 5 Buchstabe a EStG ist in den Fällen zu beachten, in denen das eingelegte Wirtschaftsgut innerhalb der letzten drei Jahre vor dem Zeitpunkt der Zuführung angeschafft oder hergestellt worden ist, es sich aber nicht um eine verdeckte Einlage in eine Kapitalgesellschaft gem. § 23 Abs. 1 Satz 1 EStG handelt, die als Veräußerung gilt und folglich im Einlagezeitpunkt ebenfalls zu einer Besteuerung der stillen Reserven führt.

(5) [1]Für die Qualifizierung von Leistungen als verdeckte Einlagen sind die Umstände maßgebend, die bestanden, als der Verpflichtete seine Zusage auf die Leistung gegeben hat. [2]Ändern sich diese Umstände durch das Ausscheiden nicht, dann sind die Leistungen auch nach dem Ausscheiden des bisherigen Gesellschafters weiterhin als verdeckte Einlagen zu qualifizieren.

Hinweise

H 40 Anwachsung

Scheiden die Kommanditisten einer GmbH & Co. KG, die zugleich Gesellschafter der Komplementär-GmbH sind, ohne Entschädigung mit der Folge aus, dass ihr Anteil am Gesellschaftsvermögen gemäß §§ 736, 738 BGB der Komplementär-GmbH zuwächst, erbringen die Kommanditisten eine verdeckte Einlage in die Komplementär-GmbH. Dabei bemisst sich der Wert der verdeckten Einlage nach der Wertsteigerung, die die GmbH einschließlich des anteiligen Geschäftswerts durch die Anwachsung erfährt (→ BFH vom 12.2.1980 – BStBl. II S. 404 und vom 24.3.1987 – BStBl. II S. 705 sowie BMF vom 25.3.1998 – BStBl. I S. 268).

Anwendungsbereich

Der Anwendungsbereich verdeckter Einlagen ist auf solche Körperschaften beschränkt, die ihren Anteilseignern oder Mitgliedern kapitalmäßige oder mitgliedschaftsähnliche Rechte gewähren (→ BFH vom 21.9.1989 – BStBl. 1990 II S. 86).

Behandlung beim Gesellschafter

Die verdeckte Einlage eines Wirtschaftsguts in das Betriebsvermögen einer Kapitalgesellschaft führt auf der Ebene des Gesellschafters grundsätzlich zu nachträglichen Anschaffungskosten auf die Beteiligung an dieser Gesellschaft (→ BFH vom 12.2.1980 – BStBl. II S. 494 und vom 29.7.1997 – BStBl. 1998 II S. 652).

Zu Anschaffungskosten einer Beteiligung bei verdeckter Einlage → § 6 Abs. 6 Satz 2 und 3 EStG

Bürgschaftsübernahme des Gesellschafters zu Gunsten der Gesellschaft

Mangels einlagefähigem Wirtschaftsgut sind die Voraussetzungen zur Annahme einer verdeckten Einlage durch die bloße Abgabe des Bürgschaftsversprechens noch nicht erfüllt (→ BFH vom 19.5.1982 – BStBl. II S. 631).

Wird der Gesellschafter aber aus der Bürgschaft in Anspruch genommen und war diese gesellschaftsrechtlich veranlasst, so liegt eine verdeckte Einlage vor, soweit der Gesellschafter auf seine dadurch entstandene Regressforderung verzichtet. Dabei ist die verdeckte Einlage bei der Kapitalgesellschaft mit dem Teilwert der Forderung zu bewerten (→ BFH vom 18.12.2001 – BStBl. 2002 II S. 733).

Einlage von Beteiligungen im Sinne des § 17 Abs. 1 Satz 1 EStG

Die Bewertung der verdeckten Einlage einer Beteiligung im Sinne des § 17 Abs. 1 Satz 1 EStG bei der aufnehmenden Körperschaft erfolgt mit dem Teilwert (→ BMF vom 2.11.1998 – BStBl. I S. 1227).

Einlagefähiger Vermögensvorteil

Gegenstand einer verdeckten Einlage kann nur ein aus Sicht der Gesellschaft bilanzierungsfähiger Vermögensvorteil sein. Dieser muss in der Steuerbilanz der Gesellschaft entweder

– zum Ansatz bzw. zur Erhöhung eines Aktivpostens oder

– zum Wegfall bzw. zur Minderung eines Passivpostens

geführt haben (→ BFH vom 24.5.1984 – BStBl. II S. 747).

Gegenstand einer verdeckten Einlage kann auch ein immaterielles Wirtschaftsgut, wie z. B. ein nicht entgeltlich erworbener Firmenwert sein. Wegen der Notwendigkeit der Abgrenzung der gesellschaftsrechtlichen von der betrieblichen Sphäre einer Kapitalgesellschaft tritt hier das Aktivierungsverbot des § 5 Abs. 2 EStG zurück (→ BFH vom 24.3.1987, BStBl. II S. 705). → Nutzungsvorteile und → Verzicht auf Tätigkeitsvergütungen

Erbfall

Vererbt ein Gesellschafter Wirtschaftsgüter seines Privatvermögens an seine Kapitalgesellschaft, so handelt es sich bei dieser um einen unentgeltlichen, nicht auf ihrer unternehmerischen Tätigkeit beruhenden Erwerb, der wie eine Einlage zu behandeln ist. Nachlassschulden sowie durch den Erbfall entstehende Verbindlichkeiten (z. B. Vermächtnisse) mindern die Höhe des Werts der Einlage (→ BFH vom 24.3.1993 – BStBl. II S. 799).

Forderungsverzicht

Ein auf dem Gesellschaftsverhältnis beruhender Verzicht eines Gesellschafters auf seine nicht mehr vollwertige Forderung gegenüber seiner Kapitalgesellschaft führt bei dieser zu einer Einlage in Höhe des Teilwerts der Forderung. Dies gilt auch dann, wenn die entsprechende Verbindlichkeit auf abziehbare Aufwendungen zurückgeht. Der Verzicht des Gesellschafters auf eine Forderung gegenüber seiner Kapitalgesellschaft im Wege der verdeckten Einlage führt bei ihm zum Zufluss des noch werthaltigen Teils der Forderung. Eine verdeckte Einlage bei der Kapitalgesellschaft kann auch dann anzunehmen sein, wenn der Forderungsverzicht von einer dem Gesellschafter nahestehenden Person ausgesprochen wird (→ BFH vom 9.6.1997 – BStBl. 1998 II S. 307).

Die vorgenannten Grundsätze gelten auch dann, wenn auf eine Forderung verzichtet wird, die kapitalersetzenden Charakter hat (→ BFH vom 16.5.2001 – BStBl. 2002 II S. 436).

Bei Darlehensverlust → BMF vom 8.6.1999 – BStBl. I S. 545

Forderungsverzicht gegen Besserungsschein

Verzichtet ein Gesellschafter auf eine Forderung gegen seine GmbH unter der auflösenden Bedingung, dass im Besserungsfall die Forderung wieder aufleben soll, so ist die Erfüllung der Forderung nach Bedingungseintritt weder vGA im Sinne des § 8 Abs. 3 Satz 2 KStG noch Leistung im Sinne der § 27 Abs. 1 Satz 3, § 38 KStG, sondern eine steuerlich anzuerkennende Form der Kapitalrückzahlung (→ BMF vom 2.12.2003 – BStBl. I S. 648).

Umfasst der Forderungsverzicht auch den Anspruch auf Darlehenszinsen, so sind nach Bedingungseintritt Zinsen auch für die Dauer der Krise als Betriebsausgaben anzusetzen.

→ BFH vom 30.5.1990 – BStBl. 1991 II S. 588

Die o. a. Grundsätze gelten auch dann unverändert, wenn zwischen dem Zeitpunkt des Forderungsverzichts und dem Zeitpunkt des Eintritts des Besserungsfalls ein Gesellschafterwechsel erfolgt ist (→ BMF vom 2.12.2003 – BStBl. I S. 648).

Gesellschaftsrechtliches Interesse

→ BFH vom 29.7.1997 – BStBl. 1998 II S. 652

Für die Prüfung der Frage, ob die Zuwendung gesellschaftsrechtlich veranlasst ist, ist ausschließlich auf den Zeitpunkt des Eingehens der Verpflichtung, nicht auf den Zeitpunkt des späteren Erfüllungsgeschäfts abzustellen. Eine gesellschaftsrechtliche Veranlassung kann somit selbst dann anzunehmen sein, wenn zum Zeitpunkt der Erfüllung der Verpflichtung ein Gesellschaftsverhältnis nicht mehr besteht (analog zur vGA; → BFH vom 14.11.1984 – BStBl. 1985 II S. 227).

Gesellschaftsrechtliche Veranlassung

Die Veranlassung durch das Gesellschaftsverhältnis ist gegeben, wenn ein Nichtgesellschafter bei Anwendung der Sorgfalt eines ordentlichen Kaufmanns den Vermögensvorteil der Gesellschaft nicht eingeräumt hätte (→ BFH vom 28.2.1956 – BStBl. III S. 154, vom 19.2.1970 – BStBl. II S. 442, vom 26.11.1980 – BStBl. 1981 II S. 181, vom 9.3.1983 – BStBl. II S. 744, vom 11.4.1984 – BStBl. II S. 535, vom 14.11.1984 – BStBl. 1985 II S. 227, vom 24.3.1987 – BStBl. II S. 705 und vom 26.10.1987 – BStBl. 1988 II S. 348).

Immaterielle Wirtschaftsgüter

→ einlagefähiger Vermögensvorteil

Nachträgliche Preissenkungen

Nachträgliche Preissenkungen eines Gesellschafters beim Verkauf von Wirtschaftsgütern an seine Kapitalgesellschaft stellen in der Regel verdeckte Einlagen dar (→ BFH vom 14.8.1974 – BStBl. 1975 II S. 123).

Nahestehende Person

Die als verdeckte Einlage zu qualifizierende Zuwendung kann auch durch eine dem Gesellschafter nahestehende Person erfolgen, z. B. durch eine andere Tochtergesellschaft (→ BFH vom 30.4.1968 – BStBl. II S. 720, vom 9.6.1997 – BStBl. 1998 II S. 307 und vom 12.12.2000 – BStBl. 2001 II S. 234). Zum Begriff der nahestehenden Person → H 36 III.

Nutzungsvorteile

Die Überlassung eines Wirtschaftsguts zum Gebrauch oder zur Nutzung kann mangels Bilanzierbarkeit des Nutzungsvorteils nicht Gegenstand einer Einlage sein (→ BFH vom 8.11.1960 – BStBl. III S. 513, vom 9.3.1962 – BStBl. III S. 338, vom 3.2.1971 – BStBl. II S. 408, vom 24.5.1984 – BStBl. II S. 747 und vom 26.10.1987 – BStBl. 1988 II S. 348). Das gilt auch, wenn der Gesellschafter ein verzinsliches Darlehen aufnimmt, um der Kapitalgesellschaft ein zinsloses Darlehen zu gewähren (→ BFH vom 26.10.1987 – BStBl. 1988 II S. 348).

Keine einlagefähigen Nutzungsvorteile sind insbesondere

- *eine ganz oder teilweise unentgeltliche Dienstleistung (→ BFH vom 14.3.1989 – BStBl. II S. 633),*
- *eine unentgeltliche oder verbilligte Gebrauchs- oder Nutzungsüberlassung eines Wirtschaftsguts und*

– *der Zinsvorteil bei unverzinslicher oder geringverzinslicher Darlehensgewährung (→ BFH vom 26.10.1987 – BStBl. 1988 II S. 348).*

Rückgewähr einer verdeckten Gewinnausschüttung

Die Rückgewähr einer vGA führt regelmäßig zur Annahme einer Einlage. Das gilt unabhängig davon, ob sich die Rückzahlungsverpflichtung aus einer Satzungsklausel oder aus gesetzlichen Vorschriften (z. B. §§ 30, 31 GmbHG) ergibt, oder ob sie seitens des Gesellschafters freiwillig erfolgt (→ BFH vom 29.5.1996 – BStBl. 1997 II S. 92, H 37 Rückgängigmachung, BMF vom 6.8.1981 – BStBl. I S. 599).

Verdecktes Leistungsentgelt

Gleicht ein Gesellschafter durch Zuwendungen Nachteile einer Kapitalgesellschaft aus, die diese durch die Übernahme von Aufgaben erleidet, die eigentlich der Gesellschafter zu erfüllen hat, so ist das Gesellschaftsverhältnis für die Leistung nicht ursächlich. Folglich liegt keine steuerfreie Vermögensmehrung in Form einer verdeckten Einlage, sondern vielmehr eine steuerpflichtige Betriebseinnahme vor (→ BFH vom 9.3.1983 – BStBl. II S. 744).

Verzicht auf Pensionsanwartschaftsrechte

Verzichtet der Gesellschafter aus Gründen des Gesellschaftsverhältnisses auf einen bestehenden Anspruch aus einer ihm gegenüber durch die Kapitalgesellschaft gewährten Pensionszusage, so liegt hierin eine verdeckte Einlage begründet. Dies gilt auch im Falle eines Verzichts vor Eintritt des vereinbarten Versorgungsfalles hinsichtlich des bis zum Verzichtszeitpunkt bereits erdienten (Anteils des) Versorgungsanspruches. Der durch die Ausbuchung der Pensionsrückstellung bei der Kapitalgesellschaft zu erfassende Gewinn ist im Rahmen der Einkommensermittlung in Höhe des Werts der verdeckten Einlage wieder in Abzug zu bringen. Aus der Annahme einer verdeckten Einlage folgt andererseits beim Gesellschafter zwingend die Annahme eines Zuflusses von Arbeitslohn bei gleichzeitiger Erhöhung der Anschaffungskosten für die Anteile an der Kapitalgesellschaft (→ BFH vom 9.6.1997 – BStBl. 1998 II S. 307).

Sowohl hinsichtlich der Bewertung der verdeckten Einlage als auch hinsichtlich des Zuflusses beim Gesellschafter ist auf den Teilwert der Pensionszusage abzustellen und nicht auf den gem. § 6a EStG ermittelten Teilwert der Pensionsrückstellung der Kapitalgesellschaft. Bei der Ermittlung des Teilwerts ist die Bonität der zur Pensionszahlung verpflichteten Kapitalgesellschaft zu berücksichtigen (→ BFH vom 15.10.1997 – BStBl. 1998 II S. 305).

Verzicht auf Tätigkeitsvergütungen

Verzichtet der Gesellschafter (z. B. wegen der wirtschaftlichen Lage der Kapitalgesellschaft) als Geschäftsführer auf seine Tätigkeitsvergütungen, ist wie folgt zu unterscheiden:

– *Verzicht nach Entstehung:*

    Verzichtet der Gesellschafter-Geschäftsführer nach Entstehung seines Anspruchs auf die Tätigkeitsvergütung, so wird damit der Zufluss der Einnahmen, verbunden mit der Verpflichtung zur Lohnversteuerung, nicht verhindert. Die Tätigkeitsvergütungen sind als Einnahmen aus nichtselbständiger Arbeit zu versteuern. Der Verzicht stellt demgegenüber eine – die steuerlichen Anschaffungskosten des Gesellschafters erhöhende – verdeckte Einlage dar (→ BFH vom 19.5.1994 – BStBl. 1995 II S. 362).

    Bestehen zum Zeitpunkt des Gehaltsverzichts Liquiditätsschwierigkeiten, berührt dies die Werthaltigkeit der Gehaltsforderung, so dass die verdeckte Einlage unter dem Nennwert ggf. sogar mit 0 Euro zu bewerten ist (→ BFH vom 19.5.1993 – BStBl. II S. 804, vom 19.5.1994 – BStBl. 1995 II S. 362 und vom 9.6.1997 – BStBl. 1998 II S. 307).

– *Verzicht vor Entstehung:*

    Verzichtet der Gesellschafter-Geschäftsführer auf noch nicht entstandene Gehaltsansprüche, so ergeben sich hieraus weder bei der Kapitalgesellschaft noch beim Gesellschafter-Geschäftsführer ertragsteuerliche Folgen (→ BFH vom 24.5.1984 – BStBl. II S. 747 und vom 14.3.1989 – BStBl. II S. 633).

Zuschuss zur Abdeckung eines Bilanzverlustes

Der zur Abdeckung eines Bilanzverlustes der Kapitalgesellschaft durch den Gesellschafter-Geschäftsführer geleistete Zuschuss stellt eine verdeckte Einlage dar (→ BFH vom 12.2.1980 – BStBl. II S. 494).

KStR

41. Verluste bei Körperschaften
– unbesetzt –

Hinweise

H 41 Bindungswirkung der Verlustfeststellung

Bei der gesonderten Feststellung des verbleibenden Verlustabzuges zur Körperschaftsteuer ist in den Fällen des § 8 Abs. 4 KStG neben der Höhe des jeweiligen Verlustbetrages auch die steuerliche Abzugsfähigkeit dieses Betrages nach Maßgabe der im Feststellungszeitpunkt geltenden Rechtslage für das spätere Abzugsjahr verbindlich festzulegen (→ BFH vom 22.10.2003 – BStBl. 2004 II S. 468).

Verlust der wirtschaftlichen Identität

→ *BMF vom 16.4.1999 – BStBl. I S. 455.*

– *Allgemeines*

Die Einschränkung des Verlustabzugs durch § 8 Abs. 4 KStG betrifft auch Verluste, die bereits vor Inkrafttreten der gesetzlichen Regelungen entstanden sind, soweit sie noch nicht im Wege des Verlustabzugs berücksichtigt wurden. Darin liegt kein Verstoß gegen das verfassungsrechtliche Rückwirkungsverbot (→ BFH vom 11.02.1998 – BStBl. II S. 485).

– *Gegenständliche Betrachtungsweise*

Überwiegend neues Betriebsvermögen ist in Fällen des Branchenwechsel oder damit vergleichbarer Sachverhalte anhand einer gegenständlichen Betrachtungsweise zu ermitteln (→ BFH vom 5.6.2007 – BStBl. 2008 II S. 986 und BFH vom 5.6.2007 – BStBl. 2008 II S. 988). Soweit der Tz. 9 des BMF-Schreibens vom 16.4.1999 (BStBl. I S. 455) eine andere Auslegung zu entnehmen ist, wird daran nicht mehr festgehalten (→ BMF vom 4.12.2008 – BStBl. I S. 1033).[1]

– *Übertragung der Anteile*

Die Übernahme der Anteile an einer GmbH durch eine Personengesellschaft im Rahmen einer konzerninternen Umstrukturierung führt zum Verlust der wirtschaftlichen Identität der GmbH (→ BFH vom 20.08.2003 – BStBl. 2004 II S. 614).

– *Veräußerung einer mittelbaren Beteiligung*

Die Veräußerung von Geschäftsanteilen einer Kapitalgesellschaft, die an einer anderen Kapitalgesellschaft beteiligt ist, führt nicht zum Verlust der wirtschaftlichen Identität dieser anderen Kapitalgesellschaft (→ BFH vom 20.08.2003 – BStBl. 2004 II S. 616).

– *Zeitlicher und sachlicher Zusammenhang zwischen Anteilsübertragung und Zuführung neuen Betriebsvermögens*

Von einem zeitlichen und sachlichen Zusammenhang ist regelmäßig auszugehen, wenn zwischen Anteilsübertragung und Betriebsvermögenszuführung nicht mehr als zwei Jahre vergangen sind. Tz. 12 Satz 2 des BMF-Schreibens vom 16.4.1999 (BStBl. I S. 455) ist aufgehoben. Auch bei Überschreiten des Zwei-Jahreszeitraums kann bei Vorliegen eines sachlichen Zusammenhangs ein Verlust der wirtschaftlichen Identität eintreten (→ BMF vom 2.8.2007 – BStBl. I S. 624[2] zur Anwendung des BFH-Urteils vom 14.3.2006 – BStBl. 2007 II S. 602).

– *Zeitpunkt des Eintritts der Rechtsfolge*

§ 8 Abs. 4 KStG schließt den Verlustabzug vom Zeitpunkt der Anteilsübertragung an aus. Zuvor festgestellte Verlustvorträge sind deshalb nur insoweit für den Verlustabzug heranzuziehen, als dieser vom anteiligen Gesamtbetrag der Einkünfte vorzunehmen ist, der auf den Zeitraum bis zur Anteilsübertragung entfällt (→ BFH vom 5.6.2007 – BStBl. 2008 II S. 988 und BMF vom 4.12.2008 – BStBl. I S. 1033).[3]

---

1) Vgl. Anlage § 008 (4)-15.
2) Vgl. Anlage § 008 (4)-14.
3) Vgl. Anlage § 008 (4)-15.

– *Zuführung neuen Betriebsvermögens*

Ein Verlust der wirtschaftlichen Identität tritt bei bloßer Umschichtung der Finanzanlagen sowie bei fehlenden zeitlichen Zusammenhang zwischen Zuführung neuen Betriebsvermögens und Veräußerung der Geschäftsanteile nicht ein (→ BFH vom 26.05.2004 – BStBl. II S. 1085).

KStR

42. Mitgliederbeiträge

(1) [1]Mitgliederbeiträge i. S. von § 8 Abs. 5 KStG sind Beiträge, die die Mitglieder einer Personenvereinigung lediglich in ihrer Eigenschaft als Mitglieder nach der Satzung zu entrichten haben. [2]Sie dürfen der Personenvereinigung nicht für die Wahrnehmung besonderer geschäftlicher Interessen oder für Leistungen zugunsten ihrer Mitglieder zufließen. [3]Der Beurteilung als echter Mitgliedsbeitrag steht es entgegen, wenn die Beitragshöhe von der tatsächlichen Inanspruchnahme für Leistungen durch die Mitglieder abhängt.

(2) [1]Mitgliederbeiträge, die auf Grund der Satzung erhoben werden, bleiben bei der Ermittlung des Einkommens von unbeschränkt oder beschränkt körperschaftsteuerpflichtigen Personenvereinigungen außer Ansatz (§ 8 Abs. 5 KStG). [2]Es genügt, dass eine der folgenden Voraussetzungen erfüllt ist:

1. Die Satzung bestimmt Art und Höhe der Mitgliederbeiträge.

2. Die Satzung sieht einen bestimmten Berechnungsmaßstab vor.

3. Die Satzung bezeichnet ein Organ, das die Beiträge der Höhe nach erkennbar festsetzt.

[3]Bei den nicht zur Führung von Büchern verpflichteten Personenvereinigungen zählen echte Mitgliedsbeiträge bereits mangels Zurechenbarkeit zu einer Einkunftsart nicht zu den steuerpflichtigen Einkünften. [4]Das gilt auch für die mit ihnen in Verbindung stehenden Ausgaben, die mithin regelmäßig dem ideellen Bereich der Körperschaft zuzurechnen sind und demzufolge die steuerpflichtigen Einkünfte nicht mindern.

(3) [1]Dient eine Personenvereinigung auch der wirtschaftlichen Förderung der Einzelmitglieder, so sind die Beiträge an diese Vereinigung insoweit keine Mitgliederbeiträge i. S. von § 8 Abs. 5 KStG, sondern pauschalierte Gegenleistungen für die Förderung durch die Vereinigung, und zwar auch dann, wenn die Vereinigung keinen wirtschaftlichen Geschäftsbetrieb ausübt. [2]In diesem Fall sind die Mitgliederbeiträge durch Schätzung in einen steuerfreien Teil (reine Mitgliederbeiträge) und in einen steuerpflichtigen Teil (pauschalierte Gegenleistungen) aufzuteilen.

(4) [1]Bei Versicherungsunternehmen ist die Vorschrift des § 8 Abs. 5 KStG auf Leistungen der Mitglieder, die ein Entgelt für die Übernahme der Versicherung darstellen, nicht anzuwenden. [2]Bei Versicherungsvereinen auf Gegenseitigkeit können jedoch steuerfreie Mitgliederbeiträge in Betracht kommen, z. B. Eintrittsgelder unter besonderen Voraussetzungen.

Hinweise

H 42 Abgrenzung zu Leistungsentgelten

Vereinsbeiträge, die ein Entgelt für bestimmte Leistungen des Vereins zugunsten seiner Mitglieder darstellen, sind keine Mitgliedsbeiträge im Sinne von § 8 Abs. 5 KStG. Beschränkt sich die Tätigkeit des Vereins darauf, seinen Mitgliedern preisgünstige Reisen zu vermitteln und zinsgünstige Darlehen zu gewähren, so sind die gesamten Beiträge Entgelt für diese Leistungen, auch wenn diese pauschal erhoben werden (→ BFH vom 28.6.1989 – BStBl. 1990 II S. 550).

Nichtabzugsfähigkeit des mit Mitgliedsbeiträgen in Verbindung stehenden Aufwands

Zahlt ein Mitglied beim Eintritt in eine Kreditgenossenschaft zur Abgeltung des mit dem Eintritt verbundenen Aufwands ein einmaliges Eintrittsgeld, so kann dieses in vollem Umfang als Mitgliedsbeitrag nach § 8 Abs. 5 KStG steuerfrei sein. Ist das der Fall, so ist der mit dem Eintritt in wirtschaftlichem Zusammenhang stehende Aufwand gemäß § 3c EStG nicht abzugsfähig (→ BFH vom 19.2.1964 – BStBl. III S. 277).

Ein bloß mittelbarer Zusammenhang reicht aber zur Anwendung des § 3c EStG nicht aus (→ BFH vom 11.10.1989 – BStBl. 1990 II S. 88).

Schätzung des Leistungsentgelts bei Erhebung nicht kostendeckender Entgelte für Sonderleistungen

Werden für Sonderleistungen der Personenvereinigung an die einzelnen Mitglieder keine oder keine kostendeckenden Entgelte gefordert, so kann in den allgemeinen Mitgliederbeiträgen teil-

weise ein ggf. im Wege der Schätzung zu ermittelndes Leistungsentgelt enthalten sein (→ BFH vom 9.2.1965 – BStBl. III S. 294).

Die Umlagebeträge, die Interessengemeinschaften zur gemeinsamen Bewirtschaftung von Gemeindewaldungen von den beteiligten Gemeinden nach dem Verhältnis ihres flächenmäßigen Waldbesitzes zur Gesamtfläche des betreuten Waldes erheben, sind (ggf. im Wege der Schätzung) in Entgelte für Einzelleistungen und echte Mitgliedsbeiträge für Gemeinschaftsleistungen aufzuteilen (→ BFH vom 22.11.1963 – BStBl. 1964 III S. 147).

Versicherungsvereine a. G.

Bei den Mitgliederleistungen an Versicherungsvereine a. G. ist zwischen steuerpflichtigen Versicherungsbeiträgen und steuerfreien Einlagen zu unterscheiden. Im Allgemeinen werden Eintrittsgelder insoweit, als ein Rückzahlungsanspruch beim Austritt besteht, der in seiner Höhe genau festgelegt ist und nicht vom Betriebsergebnis abhängt, steuerfreie Einlagen darstellen (→ BFH vom 21.4.1953 – BStBl. III S. 175).

Werbeverband

Umlagen, die pauschalierte Entgelte der einzelnen Mitglieder für die Förderung ihrer wirtschaftlichen Einzelinteressen durch zusammengefasste Werbung darstellen, sind keine Mitgliederbeiträge im Sinne des § 8 Abs. 5 KStG (→ BFH vom 8.6.1966 – BStBl. III S. 632).

KStR

43. Haus- und Grundeigentümervereine, Mietervereine

(1) [1]Die Mitgliederbeiträge zu Haus- und Grundeigentümervereinen sowie zu Mietervereinen enthalten in der Regel Entgelte für die Gewährung besonderer wirtschaftlicher Vorteile, z. B. Rechtsberatung, Prozessvertretung. [2]Sie sind deshalb keine reinen Mitgliederbeiträge i. S. von § 8 Abs. 5 KStG. [3]Um eine einfache und gleichmäßige Besteuerung der in Satz 1 bezeichneten Vereine zu gewährleisten, ist bei der Abgrenzung der steuerfreien Mitgliederbeiträge von den steuerpflichtigen Beträgen sowie bei der Berechnung der hiervon abzuziehenden Ausgabe wie folgt zu verfahren:

1. [1]Von den eigenen Beitragseinnahmen (= gesamte Beitragseinnahmen abzüglich der an übergeordnete Verbände abgeführten Beträge) sind 20 % als steuerpflichtige Einnahmen anzusehen. [2]Erhebt der Verein neben den Beiträgen besondere Entgelte, z. B. für Prozessvertretungen, so sind diese Entgelte den steuerpflichtigen Einnahmen voll hinzuzurechnen.

2. [1]Von den Ausgaben des Vereins, die mit den eigenen Beitragseinnahmen und den daneben erhobenen besonderen Entgelten in unmittelbarem Zusammenhang stehen, ist der Teil abzuziehen, der dem Verhältnis der steuerpflichtigen Einnahmen zu den eigenen Beitragseinnahmen zuzüglich der daneben erhobenen besonderen Entgelte entspricht. [2]Werden jedoch die mit den steuerpflichtigen Einnahmen zusammenhängenden Ausgaben gesondert ermittelt, so sind die gesondert ermittelten Ausgaben abzuziehen.

3. [1]Übersteigen die abzuziehenden Ausgaben die steuerpflichtigen Einnahmen ständig, d. h. in mehreren aufeinanderfolgenden Jahren, so ist erkennbar, dass der als steuerpflichtig behandelte Betrag von 20 % der eigenen Beitragseinnahmen zu niedrig ist. [2]Er ist dann angemessen so zu erhöhen, dass im Durchschnitt mehrerer Jahre die abziehbaren Ausgaben nicht höher als die steuerpflichtigen Einnahmen sind.

(2) Die übrigen steuerpflichtigen Einkünfte, z. B. aus dem Verkauf von Vordrucken und Altmaterial, aus Kapitalvermögen und aus Vermietung und Verpachtung, sind nach den allgemeinen steuerrechtlichen Grundsätzen zu ermitteln.

Hinweise

H 43 Aufteilung der Mitgliederbeiträge bei Haus- und Grundbesitzervereinen sowie Mietervereinen

Zur Zulässigkeit der von der Finanzverwaltung vorgesehenen pauschalen Aufteilung der Mitgliederbeiträge in echte Mitgliederbeiträge und Leistungsentgelte (→ BFH vom 5.6.1953 – BStBl. III S. 212).

Zur Notwendigkeit des Ansatzes eines höheren prozentualen Einnahmeanteils für steuerpflichtige Leistungen bei ansonsten anhaltender Erzielung von Verlusten (→ BFH vom 9.2.1965 – BStBl. III S. 294).

Beispiel zur Aufteilung

	EUR	EUR
Vereinnahmte Mitgliederbeiträge		*130.000*
An den Landesverband sind abgeführt		*– 30.000*
Eigene Beitragseinnahmen		*100.000*

Steuerpflichtige Einnahmen:

	EUR	EUR
20 % von 100.000 €	*20.000*	
Entgelte für Prozessvertretungen	*+ 4.000*	*24.000*

Die Ausgaben, die mit den eigenen Beitragseinnahmen (100.000 €) und den Entgelten für Prozessvertretungen (4.000 €) zusammenhängen, betragen 90.000 €. Abzuziehen sind

$$\frac{90.000 \times 24.000}{104.000} \qquad -20.769$$

	EUR
Überschuss	*3.231*

Würden die gesondert festgestellten abziehbaren Ausgaben 27.000 € betragen und würde sich weiter ergeben, dass die Ausgaben auch in den vorangegangenen Jahren die steuerpflichtigen Einnahmen überstiegen haben, so müsste der Satz von 20 % angemessen erhöht werden.

KStR

44. Sonstige Vereine und Einrichtungen

(1) [1]Die von Obst- und Gartenbauvereinen erhobenen Mitgliederbeiträge enthalten in der Regel Entgelte für die Gewährung besonderer wirtschaftlicher Vorteile. [2]Sie sind deshalb keine reinen Mitgliederbeiträge i. S. von § 8 Abs. 5 KStG. [3]Bei der Abgrenzung der steuerfreien Mitgliederbeiträge von den steuerpflichtigen Beträgen ist R 43 entsprechend anzuwenden.

(2) [1]Die von den Kleingärtner- und Siedlervereinen erhobenen Beiträge enthalten in der Regel keine Entgelte für die Gewährung besonderer wirtschaftlicher Vorteile. [2]Im Allgemeinen bestehen deshalb aus Gründen der Verwaltungsvereinfachung keine Bedenken, diese Beiträge ohne Prüfung als Mitgliederbeiträge i. S. von § 8 Abs. 5 KStG anzusehen.

(3) [1]Sind Tierzuchtverbände oder Vatertierhaltungsvereine nicht steuerbegünstigt und infolgedessen nicht nur mit ihren wirtschaftlichen Geschäftsbetrieben, sondern in vollem Umfang steuerpflichtig, dann werden die Beiträge der Mitglieder zum großen Teil keine steuerfreien Mitgliederbeiträge i. S. von § 8 Abs. 5 KStG sein, weil sie Entgelte der Mitglieder für wirtschaftliche Leistungen enthalten. [2]Aus Vereinfachungsgründen ist bei der Abgrenzung der steuerfreien Mitgliederbeiträge von den steuerpflichtigen Beträgen wie folgt zu verfahren: [3]Die Beitragseinnahmen sind in Höhe von 50 % als steuerpflichtig zu behandeln. [4]Die mit den Beitragseinnahmen in unmittelbarem Zusammenhang stehenden Ausgaben sind dementsprechend nur mit 50 % zu berücksichtigen. [5]Zu den Beitragseinnahmen gehören außer den Mitgliederbeiträgen auch die Beträge, die nicht laufend, sondern einmalig als so genannte Gebühren entrichtet werden, z. B. für die Herdbucheintragungen, für den Nachweis der Abstammung, für die Anerkennung und Umschreibung, für die Vermittlung des Absatzes von Zuchttieren, für das Brennen von Vieh, für Ohrmarken und Geflügelringe und Deckgelder von Mitgliedern. [6]Voraussetzung ist, dass diese Gebühren nach Art und Höhe in der Satzung oder in der Gebührenordnung genau bestimmt sind. [7]Im Übrigen sind die steuerpflichtigen Einkünfte, z. B. aus Gewerbebetrieb, Kapitalvermögen, Vermietung und Verpachtung, sonstige Einkünfte i. S. des § 22 EStG, nach den allgemeinen steuerrechtlichen Grundsätzen zu ermitteln.

(4) Die Bestimmungen in Absatz 3 gelten nicht für die Verbände und Vereine der Pelztierzüchter.

(5) [1]Einrichtungen zur Förderung des Fremdenverkehrs können Betriebe gewerblicher Art von juristischen Personen des öffentlichen Rechts oder Personenvereinigungen sein. [2]Im ersten Fall können sie eine Steuerbefreiung für Mitgliederbeiträge nicht in Anspruch nehmen. [3]Im zweiten Fall sind die Beiträge oft keine reinen Mitgliederbeiträge (§ 8 Abs. 5 KStG), weil sie auch Entgelte der Mitglieder für wirtschaftliche Vorteile enthalten. [4]Aus Vereinfachungsgründen bestehen keine Bedenken, in diesen Fällen nur 25 % der Beitragseinnahmen als steuerpflichtige Einnahmen zu behandeln. [5]Die Ausgaben, die mit den Beitragseinnahmen in unmittelbarem wirtschaftlichen Zusammenhang stehen, sind dementsprechend nur mit 25 % abzuziehen. [6]R 43 ist entsprechend anzuwenden. [7]Im Übrigen sind die steu-

erpflichtigen Einkünfte, z. B. aus dem Verkauf von Zeitungen oder Fahrkarten, nach den allgemeinen steuerrechtlichen Grundsätzen zu ermitteln. [8]Die Zuschüsse, die gemeindliche Fremdenverkehrseinrichtungen von den Gemeinden erhalten, sind steuerfrei zu lassen.

Hinweise

H 44 Lohnsteuerhilfevereine

Die von Lohnsteuerhilfevereinen (→ H 16 Abgrenzung) erhobenen Beiträge sind in vollem Umfang steuerpflichtige Entgelte für Gegenleistungen der Vereine an ihre Mitglieder. § 8 Abs. 5 KStG findet keine Anwendung (→ BFH vom 29.8.1973 – BStBl. 1974 II S. 60).

Verwaltungsregelungen zu § 8

Datum	Anl.	Quelle	Inhalt
Zu § 8 Abs. 1			
	§ 008 (1)-01		(weggefallen)
16.03.93	§ 008 (1)-02	FM BW	Steuerbegünstigung nach § 10g EStG für schutzwürdige Kulturgüter bei der Körperschaftsteuer
28.05.68	§ 008 (1)-03	FM NRW	Körperschaftsteuerliche Behandlung der Verlustübernahme aufgrund von Beherrschungsverträgen
	§ 008 (1)-04		(weggefallen)
	§ 008 (1)-05		(weggefallen)
13.07.79	§ 008 (1)-06	OFD Düs	Bewertung von Sacheinlagen bei Kapitalgesellschaften
	§ 008 (1)-07		(weggefallen)
	§ 008 (1)-08		(weggefallen)
02.12.03	§ 008 (1)-08a	BMF	Ertragsteuerliche Beurteilung des Forderungsverzichts des Gesellschafters einer Kapitalgesellschaft gegen Besserungsschein; Folgen aus der Entscheidung des Großen Senats des BFH vom 9. Juni 1997 (BStBl. 1998 II S. 307)
21.12.88	§ 008 (1)-09	FM SH	Anschaffungskosten junger GmbH-Anteile bei Einzahlung des Ausgabebetrags in Teilbeträgen; hier: Bilanzierung der Einzahlungsverpflichtung
	§ 008 (1)-10		(weggefallen)
26.02.82	§ 008 (1)-11	OFD Mst	Umtausch von Genossenschaftsanteilen in GmbH-Anteile
16.11.93	§ 008 (1)-12	BMF	Bewertungswahlrechte und Vereinfachungsregelungen für Land- und Forstwirtschaft betreibende Kapitalgesellschaften und Gewerbebetriebe kraft Rechtsform
18.02.98	§ 008 (1)-13	BMF	Ertragsteuerliche Behandlung des Sponsoring
11.02.00	§ 008 (1)-14	FM Bay	Zweifelsfragen bei der ertragsteuerlichen Behandlung des Sponsoring
22.08.05	§ 008 (1)-15	BMF	Ertragsteuerliche Behandlung von Aufwendungen für VIP-Logen in Sportstätten
	§ 008 (1)-16		(weggefallen)
23.08.2006	§ 008 (1)-16a	FM Bay	Ertragsteuerliche Behandlung von Baukostenzuschüssen bei Energieversorgungsunternehmen
	§ 008 (1)-17		(weggefallen)
	§ 008 (1)-18		(weggefallen)
12.05.97	§ 008 (1)-19	FM BW	Überführung von Wirtschaftsgütern von einem Betrieb gewerblicher Art in einen anderen

§ 8

Datum	Anl.	Quelle	Inhalt
05.12.88	§ 008 (1)-20	BMF	Betrieb gewerblicher Art „Schwimmbäder"; hier: Umfang des Betriebsvermögens
02.02.89	§ 008 (1)-21	OFD Han	Übertragung von Beteiligungen aus dem Hoheitsvermögen einer Gemeinde in einen Betrieb gewerblicher Art (Eigenbetrieb)
02.12.82	§ 008 (1)-22	FM Nds	Körperschaftsteuerliche Behandlung der Betriebe gewerblicher Art; Abzugsfähigkeit der Sitzungsgelder für Mitglieder des Werksausschusses und des Gemeinderates, soweit diese für die Belange von Eigenbetrieben tätig werden, sowie von Kosten des Rechnungsprüfungsamts einer Gemeinde
30.06.86	§ 008 (1)-23	So	Nachweis der Zinsaufwendungen bei körperschaftsteuerpflichtigen Einrichtungen der Gemeinden sowie für beitragsfähige Baumaßnahmen
18.04.95	§ 008 (1)-24	FM S	Ertragsteuerliche Behandlung von Kapitalzuschüssen aus Mitteln des „Gemeinschaftswerkes Aufschwung Ost"
15.02.93	§ 008 (1)-25	FM S	Ertragsteuerliche Beurteilung von Leasingverträgen im kommunalen Bereich (Kommunalleasing)
03.04.90	§ 008 (1)-26	BMF	Ertragsteuerliche Fragen bei Wertpapierdarlehensgeschäften (sog. Wertpapierleihe)
	§ 008 (1)-27		(weggefallen)
01.11.00	§ 008 (1)-28	BMF	Phasengleiche Aktivierung von Dividendenansprüchen; Anwendung des BFH-Beschlusses vom 7.8.2000, GrS 2/99 (BStBl. 2000 II S. 632)
23.08.94	§ 008 (1)-29	FM BW	Behandlung von Zuwendungen und Ausgleichszahlungen für gemeinwirtschaftliche Verkehrsleistungen im öffentlichen Personennahverkehr
	§ 008 (1)-30		(weggefallen)
	§ 008 (1)-31		(weggefallen)
12.10.98	§ 008 (1)-32	BMF	Verdeckte Einlage von Anteilen an einer Kapitalgesellschaft i.S. des § 17 Abs. 1 EStG in eine Kapitalgesellschaft
02.11.98	§ 008 (1)-33	BMF	Verdeckte Einlage von Anteilen an einer Kapitalgesellschaft im Sinne des § 17 Abs. 1 EStG (wesentliche Beteiligung) in eine Kapitalgesellschaft; Bewertung der Anteile bei der aufnehmenden Kapitalgesellschaft ab dem Veranlagungszeitraum 1992 nach den Grundsätzen des BFH-Urteils vom 11.2.1998 (BStBl. 1998 II S. 691)
02.12.98	§ 008 (1)-34	BMF	Steuerrechtliche Behandlung des Erwerbs eigener Aktien
	§ 008 (1)-35		(weggefallen)
24.03.00	§ 008 (1)-36	BMF	Gewinnermittlung bei Handelsschiffen im internationalen Verkehr nach § 5a EStG; Auswirkungen bei der Körperschaftsteuer
12.06.07	§ 008 (1)-37	BMF	Gewinnermittlung bei Handelsschiffen im internationalen Verkehr, sog. Tonnagesteuer § 5a EStG
08.08.00	§ 008 (1)-38	OFD Rst	Behandlung von Zinsen i. S. des § 233a AO nach Änderung des § 10 Nr. 2 KStG durch das Steuerentlastungsgesetz 1999/2000/2002 (StEntlG 1999/2000/2002)

Datum	Anl.	Quelle	Inhalt
16.08.00	§ 008 (1)-39	BMF	Abzinsung von Schadenrückstellungen der Versicherungsunternehmen; Rücklagen nach § 52 Abs. 16 Satz 10 EStG
28.08.01	§ 008 (1)-40	BMF	Schriftformerfordernis bei Pensionszusagen nach § 6a Abs. 1 Nr. 3 EStG
04.10.05	§ 008 (1)-41	BMF	Öffentlich Private Partnerschaften (ÖPP); Ertragsteuerliche Behandlung im Zusammenhang mit A-Modellen
29.02.08	§ 008 (1)-42	BMF	Übertragung einer Rücklage nach § 6b EStG von einer Kapitalgesellschaft auf ein Wirtschaftsgut einer Personengesellschaft an der die Kapitalgesellschaft beteiligt ist; Umgekehrte Maßgeblichkeit nach § 5 Abs. 1 Satz 2 EStG
31.10.08	§ 008 (1)-43	BMF	Gewinnermittlung bei Handelsschiffen im internationalen Verkehr, sog. Tonnagesteuer, § 5a EStG
Zu § 8 Abs. 3			
28.05.02	§ 008 (3)-01	BMF	Korrektur einer verdeckten Gewinnausschüttung innerhalb oder außerhalb der Steuerbilanz
28.01.05	§ 008 (3)-01a	BMF	Vereinbarung einer Nur-Pension mit dem Gesellschafter-Geschäftsführer einer Kapitalgesellschaft; Folgerungen aus dem BFH-Urteil vom 17. Mai 1995 (BStBl. 1996 II S. 204)
14.10.02	§ 008 (3)-02	BMF	Angemessenheit der Gesamtbezüge eines Gesellschafter-Geschäftsführers
17.06.04	§ 008 (3)-02a	OFD Düs	Angemessenheit der Gesamtausstattung eines Gesellschafter-Geschäftsführers bei Vereinbarung einer Gewinntantieme
06.02.79	§ 008 (3)-03	OFD Düs	Verdeckte Gewinnausschüttungen bei Unternehmen des öffentlichen Personenverkehrs
31.07.80	§ 008 (3)-04	FM NRW	Verdeckte Gewinnausschüttung bei Versicherungsvereinen auf Gegenseitigkeit
14.12.81	§ 008 (3)-05	FM NRW	Verdeckte Gewinnausschüttungen bei Versicherungsvereinen auf Gegenseitigkeit
	§ 008 (3)-06		(weggefallen)
15.01.96	§ 008 (3)-07	BMF	Verdeckte Gewinnausschüttung bei Versicherungsvereinen auf Gegenseitigkeit
	§ 008 (3)-08		(weggefallen)
	§ 008 (3)-09		(weggefallen)
	§ 008 (3)-10		(weggefallen)
	§ 008 (3)-11		(weggefallen)
	§ 008 (3)-12		(weggefallen)
	§ 008 (3)-13		(weggefallen)
20.04.99	§ 008 (3)-14	OFD Nbg	Fahrtkosten, Sitzungsgelder, Verpflegungs- und Übernachtungskosten anläßlich einer Hauptversammlung oder Generalversammlung bzw. einer Vertreterversammlung
09.02.98	§ 008 (3)-15	BMF	Abziehbarkeit von Konzessionsabgaben bei öffentlichen Betrieben, die der Versorgung der Bevölkerung mit Wasser, Gas, Elektrizität oder Wärme (Versorgungsbetriebe) oder dem öffentlichen Personennahverkehr dienen (Verkehrsbetriebe)
	§ 008 (3)-16		(weggefallen)
	§ 008 (3)-17		(weggefallen)

§ 8

Datum	Anl.	Quelle	Inhalt
13.06.83	§ 008 (3)-18	OFD Fra	Steuerliche Behandlung von Konzessionsabgaben einer Gas-Versorgungs-GmbH nur an ihre Gesellschafter- Gemeinden
09.02.87	§ 008 (3)-19	OFD Düs	Steuerliche Berücksichtigung von Konzessionsabgaben; hier: Begriff der mittelbaren Beteiligung
	§ 008 (3)-20		(weggefallen)
27.09.02	§ 008 (3)-21	BMF	Abziehbarkeit von Konzessionsabgaben bei öffentlichen Versorgungsbetrieben
02.10.02	§ 008 (3)-22	OFD Ki	Steuerliche Behandlung von Konzessionsabgaben bei Versorgungsunternehmen in der Rechtsform einer GmbH & Co KG
	§ 008 (3)-23		(weggefallen)
31.07.91	§ 008 (3)-24	BMF	Ertragsteuerliche Behandlung von Teilhaberversicherungen
25.06.91	§ 008 (3)-25	BMF	Übernahme der Gründungskosten durch eine Kapitalgesellschaft als verdeckte Gewinnausschüttung; hier: Anwendung des BFH-Urteils vom 11.10.1989 (BStBl. 1990 II S. 89)
07.01.99	§ 008 (3)-26	OFD Ka	Übernahme von Gründungskosten durch eine Kapitalgesellschaft
26.07.91	§ 008 (3)-27	OFD Kln	Verdeckte Gewinnausschüttung: Selbstkontrahierungsverbot für den Gesellschafter-Geschäftsführer einer Einmann-GmbH
	§ 008 (3)-28		(weggefallen)
11.08.92	§ 008 (3)-29	FM MV	Steuerliche Fragen bei der Kommunalisierung von Wasser/Abwasser-Unternehmen (WAB)
11.05.92	§ 008 (3)-30	FM SA	Zweifelsfragen im Zusammenhang mit Gesellschaften zur Arbeitsförderung, Beschäftigung und Strukturentwicklung (ABS) in den neuen Bundesländern; hier: Verdeckte Gewinnausschüttung
08.12.86	§ 008 (3)-31	BMF	Steuerliche Behandlung von Genußrechten
27.12.95	§ 008 (3)-32	BMF	Steuerliche Behandlung von Genußrechten; Anwendung des BFH-Urteils vom 19. Januar 1994 – BStBl. 1996 I S. 77
15.04.94	§ 008 (3)-33	FM Hes	Rechtsgeschäfte zwischen einer Einmann-GmbH und ihrem Gesellschafter und Geschäftsführer
09.05.94	§ 008 (3)-34	BMF	Steuerliche Anerkennung von Darlehensverträgen zwischen Angehörigen
16.05.94	§ 008 (3)-35	BMF	Zuständigkeit der Gesellschafterversammlung für die Änderung des Gesellschafter-Geschäftsführer-Dienstvertrags
21.12.95	§ 008 (3)-36	FM NRW	Zuständigkeit der Gesellschafterversammlung für die Änderung des Geschäftsführer-Dienstvertrags; hier: Auswirkungen des Urteils des Bundesgerichtshofs (BGH) vom 25. März 1991 – II ZR 169/90 – auf Pensionsrückstellungen
16.02.96	§ 008 (3)-37	OFD Han	Zuständigkeit der Gesellschafterversammlung für die Änderung des (Gesellschafter-)Geschäftsführer-Dienstvertrags
15.08.96	§ 008 (3)-38	BMF	Zuständigkeit der Gesellschafterversammlung für die Änderung von Geschäftsführer-Dienstverträgen
	§ 008 (3)-39		(weggefallen)

Datum	Anl.	Quelle	Inhalt
19.12.96	§ 008 (3)-40	BMF	Risikogeschäfte durch den Gesellschafter-Geschäftsführer für Rechnung der Kapitalgesellschaft (§ 8 Abs. 3 Satz 2 KStG); BFH-Urteil vom 14. September 1994 – I R 6/94 – (BStBl. 1997 II S. 89)
20.05.03	§ 008 (3)-40a	BMF	Durch das Gesellschaftsverhältnis veranlasste Durchführung von Risikogeschäften mit einer Kapitalgesellschaft
01.02.02	§ 008 (3)-41	BMF	Grundsätze bei der Anerkennung von Tantiemezusagen an Gesellschafter-Geschäftsführer; Rechtsfolgen aus dem BFH-Urteil vom 27. März 2001 (BStBl. II 2002 S. 111)
01.08.96	§ 008 (3)-42	BMF	Rückstellungen für Pensionszusagen an beherrschende Gesellschafter-Geschäftsführer von Kapitalgesellschaften – 10jähriger Erdienungszeitraum; BFH-Urteil vom 21. Dezember 1994 (BStBl. 1995 II S. 419)
06.12.96	§ 008 (3)-43	OFD Düs	Rückstellung für Pensionszusagen an beherrschende Gesellschafter-Geschäftsführer von Kapitalgesellschaften – 10jähriger Erdienungszeitraum; BFH-Urteil vom 21.12.1994 (BStBl. 1995 II Seite 419)
15.09.97	§ 008 (3)-44	OFD Kln	Pensionsrückstellungen an nicht beherrschende Gesellschafter-Geschäftsführer von Kapitalgesellschaften-Erdienungszeitraum; BFH-Urteil vom 24.1.1996 – I R 41/95 (BStBl. II 1997, 440)
16.09.97	§ 008 (3)-45	FM S	Rückstellungen von Pensionszusagen an nicht beherrschende Gesellschafter-Geschäftsführer-Wartezeit bei Zusage einer Pension bzw. dienstzeitunabhängigen Invalidenrente
07.03.97	§ 008 (3)-46	BMF	Rückstellungen für Pensionszusagen an nicht beherrschende Gesellschafter-Geschäftsführer von Kapitalgesellschaften – Erdienungszeitraum; BFH-Urteil vom 24. Januar 1996 [– I R 41/95 –] (BStBl. 1997 II S. 440)
14.05.99	§ 008 (3)-47	BMF	Steuerliche Behandlung von Pensionszusagen gegenüber beherrschenden Gesellschafter-Geschäftsführern (§ 8 Abs. 3 Satz 2 KStG); Zu den Kriterien der „Wartezeit" (Abschnitt 32 Abs. 1 Satz 5 und 6 KStR) und der „Finanzierbarkeit" (Abschnitt 32 Abs. 1 Satz 9 KStR)
06.09.05	§ 008 (3)-48	BMF	Finanzierbarkeit von Pensionszusagen gegenüber Gesellschafter-Geschäftsführern (§ 8 Abs. 3 Satz 2 KStG); Anwendung der BFH-Urteile vom 8. November 2000 – BStBl. II 2005 S. 653, vom 20. Dezember 2000 – BStBl. II 2005 s. 657, vom 7. November 2001 – BStBl. II 2005 S. 659, vom 4. September 2002 – BStBl. II 2005 S. 662 und vom 31. März 2005 – BStBl. II 2005 S. 664
07.12.2006	§ 008 (3)-49	OFD Fra/M.	Steuerliche Behandlung von Pensionszusagen gegenüber beherrschenden Gesellschafter-Geschäftsführern (§ 8 Abs. 3 Satz 2 KStG)
11.11.99	§ 008 (3)-50	OFD Kob	Pensionszusagen gegenüber beherrschenden Gesellschafter-Geschäftsführern (§ 8 Abs. 3 Satz 2 KStG); Zweifelsfragen zum BMF-Schreiben v. 14.5.1999 (BMF, Schr. v. 14.5.1999 – IV C 6 – S 2742 – 9/99, BStBl. I 1999, 512)

Datum	Anl.	Quelle	Inhalt
	§ 008 (3)-51		(weggefallen)
14.06.06	§ 008 (3)-51a	FM MV	Verdeckte Gewinnausschüttungen; Rückstellungen für Pensionszusagen an Gesellschafter-Geschäftsführer von Kapitalgesellschaften: unternehmensbezogene Wartezeit
09.08.99	§ 008 (3)-52	OFD Ch	Steuerliche Behandlung der Aufwendungen für eine Rückdeckungsversicherung bei Nichtanerkennung der Pensionszusage
09.12.02	§ 008 (3)-53	BMF	Gesellschafter-Geschäftsführer: Pensionszusagen – Vereinbarung einer sofortigen ratierlichen Unverfallbarkeit und Länge des Erdienungszeitraums
13.05.03	§ 008 (3)-53a	BMF	Pensionszusage an Gesellschafter-Geschäftsführer; Ausgleich einer fehlenden (privaten) Altersversorgung
12.09.02	§ 008 (3)-54	BMF	Gewerbesteuerumlage als verdeckte Gewinnausschüttung
28.10.02	§ 008 (3)-54a	OFD Ko	Gewerbesteuerumlage als verdeckte Gewinnausschüttung
20.12.01	§ 008 (3)-55	OFD Fra	Kapitalerhöhung: Körperschaftsteuerliche Behandlung des Verzichts auf ein Ausgabeaufgeld
29.07.94	§ 008 (3)-56	FM Bra	Veräußerung von Wohnungen durch Wohnungsgenossenschaften in den neuen Bundesländern an ihre Mitglieder; Ausschluß einer verdeckten Gewinnausschüttung
17.08.94	§ 008 (3)-57	OFD Kln	Wegfall der vermeintlichen Sozialversicherungspflicht bei Beherrschung der GmbH
28.09.98	§ 008 (3)-58	BMF	Überstundenvergütungen für Gesellschafter-Geschäftsführer; Anwendung des BFH-Urteils vom 19.3.1997 (BStBl. 1997 II S. 577)
07.07.05	§ 008 (3)-58a	OFD'n Düs/Mst	Zuschläge für Sonntags-, Feiertags- und Nachtarbeit bei Gesellschafter-Geschäftsführern
09.08.05	§ 008 (3)-58b	FM MV	vGA (§ 8 Abs. 3 Satz 3 KStG): Gewährung von Sonntags-, Nacht-, und Feiertagszuschlägen sowie von Überstundenvergütungen an Gesellschafter-Geschäftsführer einer Kapitalgesellschaft
08.11.05	§ 008 (3)-58c	OFD Fra	Überstundenvergütungen für Gesellschafter-Geschäftsführer
09.12.05	§ 008 (3)-58d	OFD Han	Vergütungen für Sonn-, Feiertags- und Nachtarbeit an Gesellschafter-Geschäftsführer
02.11.98	§ 008 (3)-59	OFD Han	Gewährung unverzinslicher oder zinsverbilligter Arbeitgeberdarlehen an beherrschende Gesellschafter- Geschäftsführer von Kapitalgesellschaften
02.11.98	§ 008 (3)-60	OFD Han	Bemessung der verdeckten Gewinnausschüttung bei privater Kfz-Nutzung durch den Gesellschafter oder eine ihm nahestehenden Person
03.11.05	§ 008 (3)-60a	OFD Ef	Höhe der vGA bei privater Kfz-Nutzung (§ 8 Abs. 3 Satz 2 KStG); BFH-Urteil vom 23.2.2005
20.05.99	§ 008 (3)-61	BMF	Verdeckte Gewinnausschüttungen i. S. des § 8 Abs. 3 Satz 2 KStG an nahestehende Personen (BFH-Urteil vom 18. Dezember 1996 – BStBl. 1997 II S. 301 –); Steuerrechtliche Zurechnung der verdeckten Gewinnausschüttung
	§ 008 (3)-62		(weggefallen)

Datum	Anl.	Quelle	Inhalt
21.10.05	§ 008 (3)-63	FM Sar	Arbeitszeitkonto und verdeckte Gewinnausschüttung bei Gesellschafter-Geschäftsführern (§ 8 Abs. 3 Satz 2 KStG)
07.12.00	§ 008 (3)-64	BMF	Inkongruente Gewinnausschüttung – Anwendung des BFH-Urteils vom 19.8.1999 – I R 77/96 – (BStBl. 2001 II S. 43)
10.01.01	§ 008 (3)-65	OFD Kob	Inkongruente Gewinnausschüttung – Anwendung des BFH-Urteils vom 19.8.1999 I R 77/96 (BStBl. 2001 II S. 43)
25.08.00	§ 008 (3)-66	OFD Kob	Anfechtung nach dem AnfG 1999 auf Grund verdeckter Gewinnausschüttung
15.12.06	§ 008 (3)-67	OFD Han	Verzicht des Gesellschafter-Geschäftsführers auf eine finanzierbare Pensionszusage
15.02.07	§ 008 (3)-68	BLSt	Verzicht des Gesellschafter-Geschäftsführers auf eine finanzierbare Pensionszusage (§ 8 Abs. 3 Satz 2 KStG)
23.11.07	§ 008 (3)-69	OFD Fra	Körperschaftsteuerliche Behandlung des Verzichts auf ein Ausgabeaufgeld bei Kapitalerhöhungen
30.10.89	§ 008 (3)-70	FM NRW	Steuerliche Behandlung von Spenden von Sparkassen – Anwendung des BFH-Urteils vom 1. Februar 1989 – I R 98/84 (BStBl. II 1989, 471)
08.09.08	§ 008 (3)-71	OFD Fra	Vereinbarung einer Nur-Pension mit dem Gesellschafter-Geschäftsführer einer Kapitalgesellschaft; Folgerungen aus dem BFH-Urteil vom 17.05.1995 (BStBl. II 1996, 204)
22.06.09	§ 008 (3)-72	OFD Mdb	Steuerliche Beurteilung von Konzessionsabgaben in Durchleitungsfällen; Verdeckte Gewinnausschüttung bei unterlassener Anpassung von Alt-Konzessionsverträgen
31.03.09	§ 008 (3)-73	OFD Mdb	Verdeckte Gewinnausschüttungen bei Kreditgenossenschaften aus dem Programm „VR-Mitgliederbonus"
24.02.09	§ 008 (3)-74	OFD Ch	Angemessenheit der Gesamtbezüge eines Gesellschafter-Geschäftsführers
17.12.09	§ 008 (3)-75	FM NRW	Steuerliche Auswirkungen des Verzichts eines Gesellschafter-Geschäftsführers auf eine Pensionsanwartschaft gegenüber seiner Kapitalgesellschaft

Zu § 8 Abs. 4

Datum	Anl.	Quelle	Inhalt
16.04.99	§ 008 (4)-01	BMF	Körperschaftsteuerlicher Verlustabzug; Anwendung von § 8 Abs. 4 KStG und § 12 Abs. 3 Satz 2 UmwStG
17.06.02	§ 008 (4)-02	BMF	Auslegungsfragen zu § 8 Abs. 4 KStG; Beurteilung des Umfangs von neu zugeführtem Betriebsvermögen
08.06.00	§ 008 (4)-03	OFD Ki	Körperschaftsteuerlicher Verlustabzug (§ 8 Abs. 4 KStG); Berücksichtigung immaterieller Wirtschaftsgüter bei der Zuführung von neuem Betriebsvermögen
17.08.98	§ 008 (4)-04	OFD Kln	Verlustabzug nach § 10d EStG i.V.m. § 8 Abs. 1 KStG und nach § 10a GewStG bei Betrieben gewerblicher Art
21.09.00	§ 008 (4)-05	OFD Ki	Körperschaftsteuerlicher Verlustabzug; Anwendung des § 8 Abs. 4 KStG

§ 8

Datum	Anl.	Quelle	Inhalt
18.06.03	§ 008 (4)-06	OFD Ko	Verfassungsmäßigkeit des § 8 Abs. 4 KStG i. d. F. des UntStFG
19.07.04	§ 008 (4)-07	OFD Mdb	Körperschaftsteuerlicher Verlustabzug gemäß § 8 Abs. 4 KStG; Verhältnis der Vorschriften § 8 Abs. 4 KStG und § 10d EStG zueinander
19.07.04	§ 008 (4)-08	OFD Mdb	Körperschaftsteuerlicher Verlustabzug gemäß § 8 Abs. 4 KStG und Gewerbesteuerverlust nach § 10a GewStG
05.10.04	§ 008 (4)-09	OFD Fra	Körperschaftsteuerlicher Verlustvortrag
01.11.04	§ 008 (4)-10	OFD Han	Körperschaftsteuerlicher Verlustabzug nach § 8 Abs. 4 KStG – Feststellung des verbleibenden Verlustvortrags
	§ 008 (4)-11		(weggefallen)
	§ 008 (4)-12		(weggefallen)
	§ 008 (4)-13		(weggefallen)
02.08.07	§ 008 (4)-14	BMF	Körperschaftsteuerlicher Verlustabzug nach § 8 Abs. 4 KStG; Veröffentlichung des BFH-Urteils vom 14.3.2006 – I R 8/05
04.12.08	§ 008 (4)-15	BMF	Körperschaftsteuerlicher Verlustabzug nach § 8 Abs. 4 KStG, zuletzt in der Fassung vom 23. Dezember 2001; Anwendung der Urteile des BFH vom 5. Juni 2007 – I R 106/05 – (BStBl. II 2008 S. 986) und - I R 9/06 – (BStBl. II 2008 S. 988)
zu § 8 Abs. 6			
	§ 008 (6)-01		(weggefallen)

Rechtsprechungsauswahl

Zu § 8 KStG[1]

Zu § 8 Abs. 1 und 2 KStG: Einkünfteermittlung und Einkunftsart von Körperschaften

BFH vom 15.07.2008, I B 16/08 (BStBl. 2008 II S. 886): Es ist nicht ernstlich zweifelhaft, dass sowohl die Aktivierung als auch die Wertberichtigung des Anspruchs auf Auszahlung des Körperschaftsteuerguthabens in zehn gleichen Jahresbeträgen bei der Einkommensermittlung zu neutralisieren sind (Bestätigung des BMF-Schreibens vom 14. Januar 2008, BStBl. I 2008, 280).

BFH vom 20.11.2007 I R 85/05 (BFH/NV 2008, 551): Der Senat hält an seiner Rechtsprechung zum sog. Dividendenstripping fest (Bestätigung des Senatsurteils vom 15. Dezember 1999 I R 29/97, BFHE 190, 446, BStBl. II 2000, 527).

BFH vom 24.04.2007 I R 35/05 (BStBl. 2008 II S. 253): Ein Wirtschaftsgut, das dem Vermögen einer GmbH im Rahmen einer Überpari-Emission als Sacheinlage zugeführt worden ist, ist in der Steuerbilanz der GmbH auch im Hinblick auf jenen Teilbetrag des Einbringungswertes, der über den Nennbetrag der Stammeinlageverpflichtung des Einlegenden hinausgeht und gemäß § 272 Abs. 2 Nr. 1 HGB in die Kapitalrücklage einzustellen ist, nach den für Tauschgeschäfte geltenden Regeln und nicht nach Maßgabe von § 6 Abs. 1 Nr. 5 EStG als Einlage zu bewerten.

BFH vom 7.2.2007, I R 15/06 (BStBl. 2008 II. S. 340): 1. Der Senat hält daran fest, dass ein beherrschender Gesellschafter Dividendenansprüche gegenüber der beherrschten Kapitalgesellschaft jedenfalls dann nicht schon vor Fassung des Gewinnverwendungsbeschlusses („phasengleich") aktivieren kann, wenn nicht durch objektiv nachprüfbare Umstände belegt ist, dass er am maßgeblichen Bilanzstichtag unwiderruflich zur Ausschüttung eines bestimmten Betrages entschlossen war (Bestätigung des BFH-Beschlusses vom 7. August 2000 GrS 2/99, BFHE 192, 339, BStBl. II 2000, 632, und der Senatsurteile vom 20. Dezember 2000 I R 50/95, BFHE 194, 185, BStBl. II 2001, 409, sowie vom 28. Februar 2001 I R 48/94, BFHE 195, 189, BStBl. II 2001, 401). 2. ...

---

[1] Rechtsprechung zur Einkommensermittlung bei Betrieben gewerblicher Art und Eigengesellschaften der öffentlichen Hand ist gesammelt zu § 4 KStG wiedergegeben.

BFH vom 25.10.2006 I B 120/05 (BFH/NV 2007 S. 502): Eine Leistung aus einer Lebensversicherung auf das Leben des Gesellschafter-Geschäftsführers erhöht das Einkommen der GmbH, wenn die GmbH die Versicherung in eigenem Namen und auf eigene Rechnung abgeschlossen hat und selbst Bezugsberechtigte ist.

BFH vom 25.10.2006 I R 6/05 (BStBl. 2007 II S. 384): Verpflichtungen aus sog. harten Patronatserklärungen sind erst zu passivieren, wenn die Gefahr einer Inanspruchnahme ernsthaft droht. Eine Inanspruchnahme aus einer konzerninternen Patronatserklärung der Muttergesellschaft für ein Tochterunternehmen droht dann nicht, wenn das Schuldnerunternehmen zwar in der Krise ist, innerhalb des Konzerns ein Schwesterunternehmen aber die erforderliche Liquidität bereitstellt und aufgrund der gesellschaftsrechtlichen Verbundenheit nicht damit zu rechnen ist, dass dieses Schwesterunternehmen Ansprüche gegen die Muttergesellschaft geltend machen wird.

BFH vom 09.08.2006 I R 11/06 (BStBl. 2006 II S. 762): Der Anspruch aus der Rückdeckung einer Zusage auf Witwenversorgung ist - mit dem vom Versicherer nachgewiesenen Deckungskapital - zu aktivieren (Anschluss an die Senatsurteile vom 25. Februar 2004 I R 54/02, BFHE 205, 434, BStBl. II 2004, 654, sowie I R 8/03, BFH/NV 2004, 1234).

BFH vom 13.06.2006 I R 58/05 (BStBl. 2006 II S. 928):

1. Eine Rückstellung ist in der Steuerbilanz auch dann zu bilden, wenn sie in der Handelsbilanz zu Unrecht nicht gebildet worden ist.

2. Ein unrichtiger Bilanzansatz ist grundsätzlich in derjenigen Schlussbilanz zu korrigieren, in der er erstmals aufgetreten ist. Eine Nachholung der Korrektur nach dem Grundsatz des „formellen Bilanzenzusammenhangs" kommt nur in Betracht, wenn und soweit die Schlussbilanzen für vorangegangene Jahre Grundlagen für Steuerbescheide sind, die aus verfahrensrechtlichen Gründen nicht mehr geändert werden dürfen (Anschluss an BFH-Urteil vom 16. Mai 1990 X R 72/87, BFHE 161, 451, BStBl. II 1990, 1044).

3. Ein Rechtsgeschäft zwischen einer Kapitalgesellschaft und ihrem alleinigen Gesellschafter-Geschäftsführer kann als vGA gewertet werden, wenn es in der Bilanz der Gesellschaft nicht zutreffend abgebildet wird und ein ordentlicher und gewissenhafter Geschäftsleiter den Fehler bei sorgsamer Durchsicht der Bilanz hätte bemerken müssen.

BFH vom 21.12.2005 I R 93/04 (BStBl. 2006 II S. 925): Wurden Landwirtschaftliche Produktionsgenossenschaften (LPG) in eine Genossenschaft umgewandelt und haben frühere LPG-Mitglieder im Jahr 1993 auf einen Teil ihrer gegen die Genossenschaft gerichteten Auseinandersetzungsguthaben (§ 44 LwAnpG) gegen Zahlung des Restbetrags verzichtet, so führt der darin liegende Forderungserlass nicht zu einem steuerpflichtigen Gewinn der Genossenschaft.

BFH vom 31.05.2005 I R 35/04 (BStBl. 2006 II S. 132): Ein in der Handelsbilanz gebildeter Sonderposten mit Rücklageanteil bildet keinen Schuldposten ab, der aus zivilrechtlicher Sicht das Unternehmensvermögen mindert. Er ist deshalb bei der Prüfung der Frage, ob eine Kapitalgesellschaft überschuldet und deshalb eine gegen sie gerichtete Forderung eines Gesellschafters wertlos ist, regelmäßig nicht zu berücksichtigen.

BFH vom 23.02.2005 I R 44/04 (BStBl. 2005 II S. 522): Veräußert eine Kapitalgesellschaft eigene Anteile an einen bislang an der Gesellschaft nicht Beteiligten, führt dies in Höhe der Differenz des Buchwertes und des Veräußerungserlöses zu einem Veräußerungsgewinn/-verlust. Leistet der neu eintretende Gesellschafter in zeitlichem Zusammenhang mit dem Erwerb der Gesellschaftsanteile eine Zahlung in die Kapitalrücklage, kann dies als (disquotale) Einlage oder als zusätzliches Veräußerungsentgelt zu beurteilen sein.

BFH vom 20.10.2004 I R 11/03 (BStBl. 2005 II S. 581):

1. Der Rangrücktritt eines Darlehensgläubigers lässt das Erfordernis zur Passivierung der Darlehensverbindlichkeit regelmäßig unberührt. „Haftungslose" Darlehen sind hingegen nicht zu passivieren.

2. Einnahmen i. S. des § 3c EStG liegen bei Darlehensaufnahmen regelmäßig nicht vor.

BFH vom 08.11.2000 I R 10/98 (BStBl. 2001 II S. 349):

1. Bei der Aktivierung und Bewertung einer Forderung sind noch nicht entstandene Rückgriffsansprüche nur zu berücksichtigen, soweit sie einem Ausfall der Forderung unmittelbar nachfolgen und nicht bestritten sind.

2. .... 3. § 15 Abs. 4 EStG ist auch auf Kapitalgesellschaften anwendbar.

§ 8

BFH vom 29.08.2000 VIII R 7/99 (BStBl. 2001 II S. 173): Muss ein GmbH-Gesellschafter eine offene Gewinnausschüttung an die GmbH nach § 31 Abs. 1 GmbHG zurückzahlen, so stellt die Rückzahlung nicht nur aus Sicht der GmbH, sondern auch aus Sicht des Gesellschafters eine Einlage dar, die nur im Rahmen des § 17 EStG als nachträgliche Anschaffungskosten des Gesellschafters auf eine Beteiligung an der GmbH berücksichtigt werden kann. Die Rückzahlung führt hingegen nicht zu negativen Einnahmen des Gesellschafters bei den Einkünften aus Kapitalvermögen (Fortführung des BFH-Urteil vom 25. Mai 1999 VIII R 59/97, BFHE 188, 569).

BFH vom 07.08.2000 GrS 2/99 (BStBl. 2000 II S. 632): Eine Kapitalgesellschaft, die mehrheitlich an einer anderen Kapitalgesellschaft beteiligt ist, kann Dividendenansprüche aus einer zum Bilanzstichtag noch nicht beschlossenen Gewinnverwendung der nachgeschalteten Gesellschaft grundsätzlich nicht aktivieren.

BFH vom 20.04.1999 VIII R 38/96 (BStBl. 1999 II S. 647): Übersteigt die Ausschüttung aus dem EK 04 einer Kapitalgesellschaft den Buchwert der Beteiligung an dieser Gesellschaft, so ist sie beim Gesellschafter in Höhe des übersteigenden Betrags als Beteiligungsertrag zu erfassen.

BFH vom 21.05.1997 I B 6/97 (BFH/NV 1997 S. 904): Sponsoringausgaben können vGA sein.

BFH vom 22.01.1997 I R 64/96 (BStBl. 1997 II S. 548):

1. Ein Verspätungszuschlag, den eine Kapitalgesellschaft wegen verspäteter Abgabe einer Kapitalertragsteueranmeldung entrichten muss, ist eine abzugsfähige Betriebsausgabe.

2. Der Umstand, dass der Verspätungszuschlag maßgebend auf der gesetzlichen Verpflichtung zum Steuerabzug beruht, schließt die Annahme einer vGA i. S. des § 8 Abs. 3 Satz 2 KStG 1984 aus.

BFH vom 04.12.1996 I R 54/95 (HFR 1997 S. 327) - Segeljacht: Kapitalgesellschaften haben keine außerbetriebliche Sphäre. Nichtabziehbare Betriebsausgaben i. S. des § 4 Abs. 5 EStG hindern nicht die Annahme einer vGA und einer anderen Ausschüttung. § 4 Abs. 5 EStG und § 8 Abs. 3 Satz 2 KStG können nicht nebeneinander angewendet werden. Eine Kapitalgesellschaft hat stets Einkünfte aus Gewerbebetrieben. Zur Annahme von vGA, wenn die Kapitalgesellschaft im Interesse des Gesellschafters tätig wird, ohne ein angemessenes Entgelt zu erhalten.

BFH vom 23.10.1996 I R 55/95 (BStBl. 1998 II S. 90): Die entgeltliche Übertragung von GmbH-Anteilen auf eine neu gegründete GmbH zwecks Verrechnung von künftig auszuschüttenden Beteiligungserträgen mit einer ausschüttungsbedingten Teilwertabschreibung ist dann nicht mißbräuchlich i. S. des § 42 AO 1977, wenn die Anteilsübertragung auf Dauer angelegt ist.[1]

BFH vom 29.08.1996 VIII R 24/95 (HFR 1997 S. 739): Werden überhöhte Zuwendungen an die Unterstützungskasse an das Trägerunternehmen zurückgeführt, so handelt es sich um Betriebseinnahmen, auch wenn die vorherigen Zuführungen wegen Überschreitens der in § 2 ZuwG (§ 4d EStG) genannten Höchstgrenzen nicht abziehbar waren.

BFH vom 24.07.1996 I R 113/95 (HFR 1997 S. 237): Bilanzielle Behandlung des teilentgeltlichen Erwerbs des Betriebs des Gesellschafters durch die Kapitalgesellschaft. Die Wirtschaftsgüter sind mit dem Teilwert anzusetzen (einschl. Geschäftswert). Dies gilt grundsätzlich auch dann, wenn der Gesellschafter die stillen Reserven nicht versteuert hat. Treu und Glauben können jedoch der nachträglichen Aktivierung entgegenstehen.

BFH vom 11.08.1994 I B 235/93 (BFH/NV 1995 S. 205): Nach § 8 Abs. 1 KStG findet § 4 Abs. 5 Satz 1 Nr. 4 EStG auch im Bereich der Körperschaftsteuer Anwendung (z. B. Aufwendungen für Reiten – sportliche Zwecke –).

BFH vom 16.03.1994 I R 70/92 (BStBl. 1994 II S. 527):

1. Bezieht eine Muttergesellschaft einen Gewinnanteil ihrer unbeschränkt steuerpflichtigen Tochtergesellschaft, der mit dem EK 04 der Tochtergesellschaft verrechnet wurde, so ist der Gewinnanteil steuerrechtlich als Einlagerückgewähr zu behandeln, die die Anschaffungskosten auf die Beteiligung mindert.

2. Eine Zuschreibung gemäß § 6 Abs. 1 Nr. 2 Satz 3 EStG ist nur bis zum Betrag der geminderten Anschaffungskosten gestattet.

---

1) Vgl. hierzu BMF-Schreiben vom 03.02.1998 – IV B 7 – S 2810 – 4/98 – (BStBl. I 1998 S. 207).

BFH vom 16.11.1993 VIII R 33/92 (BStBl. 1994 II S. 632): Zinsen aus kapitalersetzenden Darlehen gelten beim beherrschenden Gesellschafter einer Kapitalgesellschaft so lange nicht als zugeflossen, als der Gesellschaft ein Leistungsverweigerungsrecht zusteht.

BFH vom 03.08.1993 VIII R 82/91 (BStBl. 1994 II S. 561):

1. Rückzahlungen von Gewinnanteilen aus Anteilen an einer Kapitalgesellschaft sind beim Gesellschafter als Einlage und nicht als negative Einnahmen oder Werbungskosten bei den Einkünften aus Kapitalvermögen zu behandeln, wenn diese Rückzahlungen durch das Gesellschaftsverhältnis veranlasst sind..

2. Dies ist mindestens dann der Fall, wenn die Rückzahlungen der Gewinnanteile weder auf einer rechtlichen noch auf einer dieser vergleichbaren tatsächlichen Verpflichtung des Gesellschafters beruhen.

BFH vom 24.03.1993 I R 131/90 (BStBl. 1993 II S. 799):

1. Ein Gesellschafter kann auch Wirtschaftsgüter seines Privatvermögens in das Gesellschaftsvermögen seiner Kapitalgesellschaft einlegen. Dienen die Wirtschaftsgüter im Gesellschaftsvermögen unmittelbar oder mittelbar der Einkünfteerzielung, so bilden sie Betriebsvermögen.

2. Ist eine Kapitalgesellschaft Erbe ihres Gesellschafters, so ist das Nachlassvermögen bei der Kapitalgesellschaft nach Einlagegrundsätzen anzusetzen und zu bewerten. Der Erwerb ist ein unentgeltlicher, der nicht auf der unternehmerischen Tätigkeit der Kapitalgesellschaft beruht.

3. Nachlassschulden sowie die durch den Erbanfall entstehenden Verbindlichkeiten mindern die Höhe des Wertes der Einlage.

BFH vom 16.12.1992 I R 105/91 (BStBl.1993 II S. 792):

1. Verspricht die an einer GmbH & Co. KG beteiligte Komplementär-GmbH, die lediglich die Geschäfte der KG führt, ihrem Geschäftsführer, der zugleich Kommanditist ist, eine Pension, so entsteht in der Person der GmbH eine ungewisse Verbindlichkeit, die in der Steuerbilanz der GmbH nach allgemeinen Grundsätzen zu behandeln ist (Abgrenzung zum BFH-Urteil vom 22. Januar 1970 IV R 47/68, BFHE 98, 479, BStBl. 1970 II S. 415).

2. Bildet die GmbH eine Pensionsrückstellung, dann ergibt sich ein Sonderaufwand der GmbH, der innerhalb der Gewinnermittlung der KG zu berücksichtigen und durch einen gleich hohen Ansatz des Anspruchs auf die Sondervergütung entweder in der Sonderbilanz des Kommanditisten-Geschäftsführers oder anteilig in den Sonderbilanzen aller Kommanditisten unter Beachtung des Grundsatzes korrespondierender Bilanzierung auszugleichen ist.

BFH vom 15.12.1992 VIII R 42/90 (BStBl. 1994 II S. 702): Beteiligt sich der beherrschende Gesellschafter und alleinige Geschäftsführer einer GmbH an dieser auch noch als stiller Gesellschafter mit einer erheblichen Vermögenseinlage unter Vereinbarung einer hohen Gewinnbeteiligung sowie der Verpflichtung, die Belange bestimmter Geschäftspartner persönlich wahrzunehmen, so handelt es sich um eine atypisch stille Gesellschaft (Mitunternehmerschaft). ...

BFH vom 04.12.1991 I R 26/91 (BStBl. 1992 II S. 686): Schadensersatzforderungen einer GmbH gegen einen Berater wegen einer falschen Beratung hinsichtlich der Körperschaftsteuer erhöhen das zu versteuernde Einkommen.

Zu § 8 Abs. 3 KStG / A 36 f KStR: verdeckte Gewinnausschüttung, Allgemeines

BFH vom 29.07.2009, I B 12/09 (n.v.): In der Rechtsprechung ist geklärt, dass mehrere Minderheitsgesellschafter eine GmbH im Einzelfall dadurch beherrschen können, dass sie gleichgerichtete Interessen verfolgen. Hiervon kann auszugehen sein, wenn mit allen Minderheitsgesellschaftern zeitgleiche und inhaltsgleiche Vereinbarungen getroffen werden (vgl. BFH-Urteil vom 18.2.1999 I R 51/98).

BFH vom 22.04.2009, I B 162/08, (BFH/NV 2009 S. 1458):

1. Eine vGA kann bei einer Abfindungszahlung an den beherrschenden Gesellschafter-Geschäftsführer auch dann anzunehmen sein, wenn es hierfür an einer klaren, im Voraus getroffenen, zivilrechtlich wirksamen und tatsächlich durchgeführten Vereinbarung fehlt. Eine klare, im Voraus getroffene Vereinbarung liegt nicht vor, wenn durch den Beschluss der Gesellschafterversammlung nur ein Höchstbetrag für die Abfindungszahlung festgelegt wird.

2. Der Anspruch auf rechtliches Gehör umfasst die Verpflichtung des FG, die Ausführungen der Beteiligten zur Kenntnis zu nehmen und bei seiner Entscheidung in Erwägung zu ziehen. Das FG ist jedoch nicht verpflichtet, in der Begründung seiner Entscheidung zu jedem Vorbringen der Betei-

ligten ausdrücklich Stellung zu nehmen; es muss sich nur mit dem entscheidungserheblichen Kern des Vorbringens auseinandersetzen.

BFH vom 03.03.2009, I B 51/08, (BFH/NV 2009 S. 1280): Die Veräußerung eigener Anteile einer GmbH an die Gesellschafter kann als verdeckte Gewinnausschüttung zu werten sein. Ein ordentlicher und gewissenhafter Geschäftsleiter ist nicht mit Blick auf die Beteiligungsinteressen der Altgesellschafter gehindert, eigene Anteile der Gesellschaft gewinnbringend an Dritte zu veräußern.

BFH vom 24.02.2009, I B 208/08, (n.v.):

1. Angesichts der ständigen Rechtsprechung zur Qualifizierung von Überstundenvergütungen für einen Gesellschafter-Geschäftsführer als verdeckte Gewinnausschüttung bedarf es für die notwendige Veranlassungsprüfung keiner weiteren Differenzierung danach, ob die vergüteten Überstunden im „operativen Tätigkeitsbereich" (mit einer Dokumentation dieser Stunden in den Außenrechnungen) oder im Rahmen allgemeiner Geschäftsführung anfallen, wenn die feste Geschäftsführer-Vergütung durch eine gewinnabhängige Tantieme ergänzt wird.

2. Aus der Möglichkeit, dass im konkreten Streitfall ein nach den Maßgaben der Senatsrechtsprechung anzuerkennender Ausnahmefall vorliegen könnte, kann sich keine grundsätzliche Bedeutung der Rechtssache ergeben (Senatsbeschluss vom 7. Februar 2007 I B 69/06, BFH/NV 2007, 1192).

BFH vom 08.10.2008, I R 61/07 (BFH/NV 2009 S. 504):

1. Eine vGA an eine dem Gesellschafter nahe stehende Kapitalgesellschaft setzt nicht voraus, dass der Gesellschafter in der vorteilsgewährenden oder der empfangenden Kapitalgesellschaft eine beherrschende Stellung innehat.

2. Wurde eine durch das Gesellschaftsverhältnis veranlasste, nicht vollwertige Darlehensforderung im Jahr der Darlehensgewährung fehlerhaft nicht wertberichtigt und wird die Wertberichtigung aufgrund des Grundsatzes des formellen Bilanzzusammenhangs in einem nachfolgenden Veranlagungszeitraum nachgeholt, so kann die Nachholung in dem nachfolgenden Veranlagungszeitraum zu einer vGA führen.

3. Reicht der Steuerpflichtige mit der Steuererklärung zunächst einen formnichtigen Jahresabschluss ein und ersetzt er diesen später durch einen wirksamen Jahresabschluss, ist für die Übereinstimmung der steuerlichen mit der handelsrechtlichen Wahlrechtsausübung nach § 5 Abs. 1 Satz 2 EStG auf den wirksamen Jahresabschluss abzustellen.

BFH vom 20.8.2008, I R 19/07 (BFH/NV 2008, 1963): Eine Rückstellung für die Verpflichtung einer GmbH, einer Schwestergesellschaft die von dieser geleisteten Mietzahlungen nach den Grundsätzen der eigenkapitalersetzenden Gebrauchsüberlassung zu erstatten, führt zu einer vGA.

BFH vom 29.4.2008, I R 67/06 (BFH/NV 2008, 1621): Leistet der Geschäftsführer einer GmbH in der irrtümlichen Annahme einer vertraglichen Leistungspflicht eine Zahlung an einen vormaligen Gesellschafter, liegt hierin jedenfalls dann eine vGA, wenn die Begründung der nach der Vorstellung des Geschäftsführers bestehenden Leistungspflicht als vGA zu beurteilen wäre.

BFH vom 5.3.2008, I R 45/07 (BFH/NV 2008, 1534):

1. Erwirbt die Kapitalgesellschaft ein Wirtschaftsgut von ihrem beherrschenden Gesellschafter zu einem überhöhten Kaufpreis, so führt die Kreditfinanzierung des Kaufpreises nicht zu einer zusätzlichen vGA (Bestätigung des Urteils vom 31.03.2004, I R 83/03).

2. Unterhält die Gesellschaft ein Wirtschaftsgut im Gesellschafterinteresse, liegt keine vGA vor, wenn der Gesellschafter die durch das Wirtschaftsgut entstehenden Kosten einschließlich eines angemessenen Gewinnzuschlags übernimmt (Abgrenzung zu den Urteilen vom 4.12.1996, I R 54/95 und vom 15.05.2002, I R 92/00).

BFH vom 5.3.2008, I B 171/07 (BFH/NV 2008, 1060):

1. Überträgt eine Kapitalgesellschaft einer mit ihr verbundenen Gesellschaft die Leitung ihrer Geschäfte, so kann ein dafür gezahltes Entgelt eine verdeckte Gewinnausschüttung sein. Müssen die für die Auftragnehmerin tätig werdenden Personen in zeitlicher Hinsicht den Einsatz eines in Vollzeit beschäftigten Geschäftsführers erbringen, so ist die Angemessenheit des Entgelts nach den Maßstäben zu bestimmen, die für die Ermittlung angemessener Geschäftsführerbezüge gelten.

2. Eine verdeckte Gewinnausschüttung ist einer inländischen Betriebsstätte zuzurechnen, wenn sie auf einem Vorgang beruht, der sich im Aufwand dieser Betriebsstätte niedergeschlagen hat.

3. Es ist ernstlich zweifelhaft, ob der Gewinn eines in den Niederlanden ansässigen Unternehmens aus dessen inländischer Betriebsstätte für die Jahre 1993 und 1995 einem Körperschaftsteuersatz von

mehr als 30 % unterworfen werden durfte (Abgrenzung zum Senatsurteil vom 9. August 2006 I R 31/ 01, BFHE 214, 496, BStBl. II 2007, 838, und zum BMF-Schreiben vom 17. Oktober 2007, BStBl. I 2007, 766)

BFH vom 23.1.2008, I R 8/06 (BFH/NV 2008, 1057): Eine vertragswidrige private PKW-Nutzung durch den Gesellschafter-Geschäftsführer einer Kapitalgesellschaft stellt in Höhe der Vorteilsgewährung eine verdeckte Gewinnausschüttung dar. Der Vorteil ist nicht gemäß § 6 Abs. 1 Nr. 4 Satz 2 EStG mit 1 % des Listenpreises, sondern nach Fremdvergleichsmaßstäben mit dem gemeinen Wert der Nutzungs- überlassung zuzüglich angemessenen Gewinnaufschlags zu bewerten (Bestätigung des Senatsurteils vom 23. Februar 2005 I R 70/04, BFHE 209, 252, BStBl. II 2005, 882).

BFH vom 19.12.2007, I R 83/06 (BFH/NV 2008, 988): Spenden einer Kapitalgesellschaft an eine Kirchengemeinde als vGA, wenn sie durch ein besonderes Näheverhältnis des Gesellschafters zu dem Spendenempfänger veranlasst sind.

FG Köln vom 22.08.2007, 13 K 647/03 (EFG 2008, 161): Verstößt eine Vereinbarung mit dem beherrschenden Gesellschafter oder einer ihm nahe stehenden Person gegen das Rückwirkungsverbot, sind die Rechtsfolgen der vGA im Anwendungsbereich einer Art. 9 OECD-MA inhaltsgleichen Abkommens- vorschrift nur in dem Umfang zu ziehen, in dem das Leistungsentgelt unangemessen ist; im Übrigen entwickelt Art. 9 OECD-MA gegenüber § 8 Abs. 3 Satz 2 KStG eine Sperrwirkung.

BFH vom 19.06.2007, VIII R 54/05 (BStBl. 2007 II S. 830): Verschafft sich der Geschäftsführer einer Familien-GmbH, der nicht selbst Gesellschafter, aber Familienangehöriger eines Gesellschafters ist, widerrechtlich Geldbeträge aus dem Vermögen der GmbH, so ist dem Gesellschafter keine mittelbare vGA zuzurechnen, wenn ihm die widerrechtlichen eigenmächtigen Maßnahmen des Geschäftsführers nicht bekannt waren und auch nicht in seinem Interesse erfolgt sind.

BFH vom 19.06.2007 VIII R 34/06 (BFH/NV 2007 S. 2291): Geldentnahme eines Geschäftsführers keine verdeckte Gewinnausschüttung, wenn der Geschäftsführer zwar dem Gesellschafter nahe steht, diesem die eigenmächtigen Maßnahmen des Geschäftsführers aber nicht bekannt sind und auch nicht in seinem Interesse erfolgen. Es gibt keine Rechtspflicht des Gesellschafters zur sorgfältigen Überwachung des Geschäftsführers.

BFH vom 08.05.2007, VIII R 13/06 (BFH/NV 2007, 2249): Dem beherrschenden Gesellschafter fließt ein Vermögensvorteil grundsätzlich bereits bei Fälligkeit zu, da er es zumeist in der Hand hat, den Zufluss zu steuern. Dies gilt jedenfalls dann, wenn der Anspruch eindeutig und unbestritten und die Gesellschaft zahlungsfähig ist. Zum Begriff der Zahlungsunfähigkeit.

BFH vom 07.03.2007 I R 45/06 (BFH/NV 2007 S. 1710): Wird ein sich aus einer Überzahlung ergebender Anspruch einer GmbH uneinbringlich, kann eine vGA vorliegen, wenn die Überzahlung aus Voraus- zahlungen der GmbH an eine KG resultiert, mit der Geschäftsbeziehungen unterhalten wurden, und wenn die Gesellschafter der KG mit denen der GmbH familiär verbunden sind.

BFH vom 20.12.2006 I R 29/06 (BFH/NV 2007, 1350): Die vGA sind nachrangig zu § 6a EStG zu prüfen. In die Prüfung, ob eine Überversorgung i.S.d. § 6a EStG vorliegt, sind die im Zeitpunkt der Pensionsin- zusage zu erwartenden Sozialversicherungsrenten einzubeziehen.

BFH vom 13.12.2006, VIII R 31/05 (BStBl. 2007 II. S. 393): Bezieht ein nicht beherrschender Gesell- schafter, der aber zugleich leitender Angestellter der GmbH ist, neben einem hohen Festgehalt, Sonder- zahlungen und einer Gewinntantieme zusätzlich Zuschläge für Sonntags-, Feiertags-, Mehr- und Nachtarbeit, so können diese in Anlehnung an die ständige Rechtsprechung des BFH zur Qualifizierung derartiger Zuschläge an Gesellschafter-Geschäftsführer aufgrund einer Gesamtwürdigung als vGA bei seinen Einkünften aus Kapitalvermögen und nicht als steuerfreie Einnahmen bei den Einkünften aus nichtselbständiger Arbeit zu erfassen sein.

BFH vom 25.08.2006 VIII B 13/06 (BFH/NV 2006 S. 2122): In der höchstrichterlichen Rechtsprechung ist geklärt, dass eine vGA auch ohne tatsächlichen Zufluss bei einem Gesellschafter anzunehmen sein kann, wenn der Vorteil dem Gesellschafter mittelbar in der Weise zugewandt wird, dass ihm nahe stehende Person Nutzen zieht.

BFH vom 09.08.2006 I B 20/06 (BFH/NV 2007 S. 108): Rückzahlung von Nennkapital vor Wirk- samwerden der Kapitalherabsetzung ohne Vereinbarung einer Verzinsung als vGA.

BFH vom 13.06.2006 I R 58/05 (BStBl. 2006 II S. 928): 1.-2. ... 3. Ein Rechtsgeschäft zwischen einer Kapitalgesellschaft und ihrem alleinigen Gesellschafter- Geschäftsführer kann als vGA gewertet werden, wenn es in der Bilanz der Gesellschaft nicht zutreffend abgebildet wird und ein ordentlicher und gewissenhafter Geschäftsleiter den Fehler bei sorgsamer Durchsicht der Bilanz hätte bemerken müssen.

BFH vom 21.12.2005 I B 80/05 (BFH/NV 2006 S. 825): vGA: Überhöhtes Entgelt für Übertragung von Handelsvertreterverträgen.

BFH vom 06.12.2005 VIII R 70/04 (BFH/NV 2006 S. 722): Erfassung einer vGA bei den Einnahmen aus Kapitalvermögen mit dem Bruttobetrag einschließlich der durch die vGA ausgelösten Umsatzsteuer

BFH vom 16.11.2005 I B 34/05 (BFH/NV 2006 S. 362): vGA bei überhöhter Miete.

BFH vom 09.11.2005 I R 27/03 (BStBl. 2006 II S. 564): Es verstößt nicht gegen Art. 52 EGV (= Art. 43 EG), sowie Art. 59 EGV (= Art. 49 EG), wenn inländische Unternehmen, die mit einem Unternehmen verbunden sind, das in einem anderen Mitgliedstaat ansässig ist, und die mit diesem Unternehmen in kaufmännischen oder finanziellen Beziehungen stehen, steuerlich unterschiedlich behandelt werden, je nachdem, ob das verbundene Unternehmen in einem Mitgliedstaat ansässig ist, mit dem eine Art. 9 Abs. 1 OECD-MustAbk entsprechende Abkommensregelung vereinbart worden ist, oder aber in einem Mitgliedstaat, bei dem dies (wie in Art. 3 DBA-Italien 1925) nicht der Fall ist (Anschluss an EuGH-Urteil vom 5. Juli 2005 Rs. C-376/03 „D.", ABlEU 2005, Nr. C 271/4).

BFH vom 02.09.2005 I B 227/04 (BFH/NV 2005 S. 132): Aufwendungsersatz und Darlehenszinsen als verdeckte Gewinnausschüttung.

BFH vom 29.06.2005 I B 6/05 (BFH/NV 2005 S. 2060): Verdeckte Gewinnausschüttung durch Verzicht auf Ausgleichsanspruch des Handelsvertreters.

BFH vom 06.04.2005 I R 22/04 (BStBl. 2007 II S. 658): Zahlungen an eine Schwestergesellschaft für von dieser gelieferte Waren sind als verdeckte Gewinnausschüttungen anzusehen, wenn die Preise unter ansonsten vergleichbaren Bedingungen zwischen nicht verbundenen Unternehmen nicht vereinbart worden wären – Ermittlung eines Fremdvergleichspreises.

BFH vom 06.04.2005 I R 86/04 (BStBl. 2005 II S. 666): Trägt eine Kapitalgesellschaft Aufwendungen für Reisen ihres Gesellschafter-Geschäftsführers, so liegt darin eine verdeckte Gewinnausschüttung, wenn die Reise durch private Interessen des Gesellschafter-Geschäftsführers veranlasst oder in nicht nur untergeordnetem Maße mitveranlasst ist. Eine schädliche private Mitveranlassung liegt regelmäßig vor, wenn bei einer entsprechenden Reise eines Einzelunternehmers oder eines Personengesellschafters das Aufteilungs- und Abzugsverbot des § 12 Nr. 1 EStG eingreifen würde.

BFH vom 06.04.2005 I R 27/04 (BFH/NV 2005 S. 1633): Kurzfristige Verdoppelung des laufenden Geschäftsführer- Gehalts als verdeckte Gewinnausschüttung.

BFH vom 15.03.2005 I B 191/04 (BFH/NV 2005 S. 1378): Bemessung der verdeckten Gewinnausschüttung bei nicht durchgeführter Gehaltsvereinbarung.

BFH vom 23.02.2005 I R 70/04 (BStBl. 2005 II S. 882): ... 2. Eine vertraglich nicht geregelte private Kfz-Nutzung durch den Geschäftsführer und Ehemann der Alleingesellschafterin einer Kapitalgesellschaft stellt in Höhe der Vorteilsgewährung eine vGA dar. Der Vorteil ist nicht gemäß § 6 Abs. 1 Nr. 4 Satz 2 EStG mit 1 v. H. des Listenpreises, sondern nach Fremdvergleichsmaßstäben zu bewerten.

BFH vom 22.02.2005 VIII R 24/03 (BFH/NV 2005, 1266): Eine vGA kann auch anzunehmen sein, wenn der Vorteil dem Gesellschafter in der Weise zugewendet wird, dass eine ihm nahe stehende Person aus der Vermögensverlagerung Nutzen zieht. Der Anscheinsbeweis für das Vorliegen einer derartigen mittelbaren Zuwendung ist erschüttert, wenn andere Ursachen für die Zuwendung auszuschließen sind. Der Erschütterungsbeweis ist aber auch dann geführt, wenn die Zuwendung des Vorteils auch auf der persönlichen Beziehung zu einem anderen, dem Empfänger ebenfalls nahe stehenden Gesellschafter beruhen kann. Der erkennende Senat hat für den Fall, dass unmittelbarer Empfänger der vGA ein nahe stehender Mitgesellschafter ist, bereits ausgeführt, dass die vGA ausschließlich diesem zuzurechnen ist, soweit ihm nicht (auch) sein Mitgesellschafter etwas zuwenden wollte (Hinweis auf BFH, BStBl. 1982 II S. 248).

BFH vom 16.02.2005 I B 154/04 (BFH/NV 2005 S. 1377): Verluste von Wertpapier-Risikogeschäften als verdeckte Gewinnausschüttung.

BFH vom 15.12.2004 I R 32/04 (BFH/NV 2005 S. 1374): Tatsächliche Vertragsdurchführung bei Wiederkehrschuldverhältnissen zwischen GmbH und beherrschendem Gesellschafter-Geschäftsführer.

BFH vom 15.12.2004 I R 61/03 (BFH/NV 2005 S. 1146): Bemessung des angemessenen Gehalts bei Mehrfach-Geschäftsführern.

BFH vom 15.12.2004 I R 6/04 (BFH/NV 2005 S. 796): Ist eine GmbH neben ihren Gesellschaftern an einer anderen Kapitalgesellschaft beteiligt und nimmt sie an einer Kapitalerhöhung bei jener Gesellschaft nicht teil, so kann dieses Verhalten nur dann zu einer vGA führen, wenn die GmbH für ihr Recht zum Bezug neuer Anteile ein Entgelt hätte erzielen können.

BFH vom 17.11.2004 I R 56/03 (BFH/NV 2005, 793):

1. Tätigt eine Kapitalgesellschaft ohne angemessenes Entgelt verlustträchtige Geschäfte, die im privaten Interesse ihrer Gesellschafter liegen, so kann dies zu einer vGA führen. Ob eine Kapitalgesellschaft ein Verlustgeschäft im eigenen Gewinninteresse oder im Interesse der Gesellschafter durchgeführt hat, ist nach denjenigen Kriterien zu prüfen, die zur Abgrenzung zwischen Einkunftserzielung und „Liebhaberei" entwickelt worden sind (Bestätigung des Senatsurteils vom 4. Dezember 1996 I R 54/95, BFHE 182, 123).

2. Erwirbt und unterhält eine GmbH ein Einfamilienhaus und vermietet dieses an ihren Gesellschafter-Geschäftsführer zu dessen privaten Wohnzwecken, bemisst sich die anzusetzende Miete regelmäßig nach den Grundsätzen der Kostenmiete zuzüglich eines angemessenen Gewinnzuschlags. Vorteile der GmbH aus der Inanspruchnahme begünstigter Aufwendungen für Baudenkmäler nach § 82i EStDV 1990 sind nicht einzubeziehen.

BFH vom 20.10.2004 I R 7/04 (BFH/NV 2005 S. 916): Verdeckte Gewinnausschüttung und andere Ausschüttung bei unbesicherten, aber werthaltigen Darlehen einer GmbH an ausländische Muttergesellschaft.

BFH vom 15.09.2004 I R 7/02 (BStBl. 2005 II S. 867):

1. … 2. Bringt eine GmbH ihr Unternehmen unentgeltlich in eine KG ein, an deren Vermögen ausschließlich der beherrschende Gesellschafter der GmbH beteiligt ist, so liegt eine vGA in Höhe des fremdüblichen Entgelts für das eingebrachte Unternehmen vor.

3. Wird der Wert des von der GmbH übertragenen Unternehmens dadurch gemindert, dass die GmbH ihrem Gesellschafter eine überhöhte Vergütung zugesagt hat, so ist bei der Berechnung der vGA nicht der geminderte Unternehmenswert anzusetzen. Maßgeblich ist vielmehr derjenige Wert, der sich bei einer Vereinbarung angemessener Bezüge ergäbe.

BFH vom 14.07.2004 I R 111/03 (BStBl. 2005 II S. 307): Zahlt eine Kapitalgesellschaft ihrem Gesellschafter-Geschäftsführer zusätzlich zu seinem Festgehalt Vergütungen für Sonntags-, Feiertags- und Nachtarbeit, so liegt darin regelmäßig eine verdeckte Gewinnausschüttung (Abgrenzung zu den Senatsurteilen vom 19. März 1997 I R 75/96, BFHE 183, 94, BStBl. 1997 II S. 577, und vom 27. März 2001 I R 40/00, BFHE 195, 243, BStBl. 2001 II S. 655).

BFH vom 14.07.2004 I R 57/03 (BFH/NV 2004 S. 1603): Übernahme der Kosten anlässlich des Geburtstags des Geschäftsführers und mittelbaren Gesellschafters einer Kapitalgesellschaft als vGA.

BFH vom 26.05.2004 I R 92/03 (BFH/NV 2005 S. 77): Angemessenheit der Geschäftsführervergütung bei Aufnahme einer zusätzlichen Geschäftsführertätigkeit.

BFH vom 28.01.2004 I R 50/03 (BStBl. 2005 II S. 524): Abgeltungszahlungen für nicht in Anspruch genommenen Urlaub an den Gesellschafter-Geschäftsführer einer GmbH oder an eine diesem nahe stehende Person stellen auch bei Fehlen von Vereinbarungen zu den Voraussetzungen der Zahlungen und trotz des gesetzlichen Verbots der Abgeltung von Urlaubsansprüchen in § 7 Abs. 4 BUrlG keine vGA dar, wenn betriebliche Gründe der Urlaubsinanspruchnahme entgegenstehen.

BFH vom 22.10.2003 I R 23/03 (BFH/NV 2004 S. 667): Bilanzberichtigung und vGA

BFH vom 18.06.2003 I B 178/02 (BFH/NV 2003 S. 1450): Verdeckte Gewinnausschüttungen aufgrund ungeklärter Vermögenszuflüsse beim Alleingesellschafter-Geschäftsführer.

BFH vom 04.06.2003 I R 24/02 (BStBl. 2004 II S. 136):

1. Die Angemessenheit der Gesamtausstattung eines Gesellschafter-Geschäftsführers muss grundsätzlich anhand derjenigen Umstände und Erwägungen beurteilt werden, die im Zeitpunkt der Gehaltsvereinbarung vorgelegen haben bzw. angestellt worden sind.

2. Die Höhe der angemessenen Bezüge ist im Einzelfall durch Schätzung zu ermitteln. Dabei ist zu berücksichtigen, dass der Bereich des Angemessenen sich auf eine Bandbreite von Beträgen erstre-

§ 8

cken kann. Unangemessen sind nur diejenigen Beträge, die den oberen Rand dieser Bandbreite übersteigen.

3. Die Entscheidung darüber, wie ein ordentlicher Geschäftsführer eine gewinnabhängige Vergütung bemessen und ggf. nach oben begrenzt hätte, obliegt im gerichtlichen Verfahren grundsätzlich dem FG. Dessen Würdigung ist im Revisionsverfahren nur eingeschränkt nachprüfbar.

4. Ist die Gesamtausstattung eines Gesellschafter-Geschäftsführers angemessen, so muss nicht schon deshalb eine vGA vorliegen, weil die Vergütung zu mehr als 25 v. H. aus variablen Anteilen besteht.

5. Die Zahlung einer Gewinntantieme zugunsten eines Gesellschafter-Geschäftsführers ist insoweit, als sie 50 v. H. des Jahresgewinns übersteigt, in der Regel vGA. Bemessungsgrundlage dieser Regelvermutung ist der steuerliche Gewinn vor Abzug der Steuern und der Tantieme.

BFH vom 11.02.2003 I B 159/01 (BFH/NV 2003 S. 1093): Verdeckte Gewinnausschüttung bei Risikogeschäften.

BFH vom 18.12.2002 I R 27/02 (BFH/NV 2003 S. 824): Verdeckte Gewinnausschüttung bei Forderungsverzicht unter Besserungsvorbehalt.

BFH vom 18.12.2002 I R 51/01 (BStBl. 2005 II S. 49)[1]: Vororganschaftlich verursachte Mehrabführungen einer Organgesellschaft an ihren Organträger stellen keine Gewinnausschüttungen i. S. der §§ 8 Abs. 3, 27 KStG 1996, sondern Gewinnabführungen i. S. der §§ 14 ff. KStG 1996 dar (Abweichung von Abschn. 59 Abs. 4 Satz 3 KStR 1995). Nichts anderes ergibt sich aus § 37 Abs. 2 Satz 2 bzw. § 41 KStG 1996.

BFH vom 07.08.2002 I R 2/02 (BStBl. 2004 II S. 131):

1. Eine vGA setzt voraus, dass die Unterschiedsbetragsminderung bei der Körperschaft die Eignung hat, beim Gesellschafter einen sonstigen Bezug i. S. des § 20 Abs. 1 Nr. 1 Satz 2 EStG auszulösen.

2. Beiträge, die eine GmbH für eine Lebensversicherung entrichtet, die sie zur Rückdeckung einer ihrem Gesellschafter-Geschäftsführer zugesagten Pension abgeschlossen hat, stellen auch dann keine vGA dar, wenn die Pensionszusage durch das Gesellschaftsverhältnis veranlasst ist.

BFH vom 07.08.2002 I R 64/01 (BFH/NV 2003 S. 205): Verdeckte Gewinnausschüttung durch Geschäftschancenverlagerung auf Schwestergesellschaften.

BFH vom 15.05.2002 I R 92/00 (BFH/NV 2002 S. 1538): Verlustträchtige Geschäfte einer Kapitalgesellschaft im Interesse der Gesellschafter als vGA; Anlaufphase bis zum Eintritt in die Gewinnzone.

BFH vom 30.01.2002 I R 31/01 (BFH/NV 2002 S. 1172): Verbilligter Erwerb von Forderungen gegen eine GmbH durch Gesellschafter-Geschäftsführer, keine Geschäftschance der GmbH auf Forderungsverzicht.

BFH vom 07.11.2001 I R 57/00 (BStBl. 2002 II S. 369): Die Berechnung der Gewerbesteuerumlage im Organkreis nach der sog. Belastungsmethode („Stand-alone-Methode") führt jedenfalls für das Jahr 1985 nicht zur Annahme einer vGA.

BFH vom 17.10.2001 I R 103/00 (BStBl. 2004 II S. 171):

... 3. Jede Schätzung des FA ist im Klageverfahren voll nachprüfbar. Das FG kann seine Wahrscheinlichkeitsüberlegungen an die Stelle der des FA setzen, ohne deshalb die Schätzung des FA als rechtsfehlerhaft einstufen zu müssen.

... 5. Ein FG darf die Verwertung der vom FA eingebrachten anonymisierten Daten über Vergleichsbetriebe nicht schon im Grundsatz ablehnen.

... 11. Ergibt sich auf der Basis der Preisvergleichs- oder der Wiederverkaufspreismethode nur eine Bandbreite angemessener Fremdvergleichspreise, so besteht für die Schätzung eines Mittelwertes regelmäßig keine Rechtsgrundlage. Die Schätzung muss sich an dem für den Steuerpflichtigen günstigsten Bandbreitenwert orientieren[2].

BFH vom 08.08.2001 I R 106/99 (BStBl. 2003 II S. 487): Tätigt eine Kapitalgesellschaft Risikogeschäfte (Devisentermingeschäfte), so rechtfertigt dies im Allgemeinen nicht die Annahme, die Geschäfte würden im privaten Interesse des (beherrschenden) Gesellschafters ausgeübt. Die Gesellschaft ist grundsätzlich darin frei, solche Geschäfte und die damit verbundenen Chancen, zugleich aber auch Ver-

---

1) Hinweis auf BMF-Schreiben vom 22. Dezember 2004 – IV B 7 – S 2770 – 9/04 (BStBl. I S. 65) und § 14 Abs. 3 KStG.

2) Vgl. BMF vom 26.02.2004, BStBl. I 2004, 270.

lustgefahren wahrzunehmen (Abgrenzung zum Senatsurteil vom 8. Juli 1998 I R 123/97, BFHE 186, 540, und vom BMF-Schreiben vom 19. Dezember 1996, BStBl. I 1997, 112)[1].

BFH vom 27.03.2001 I R 40/00 (BStBl. 2001 II S. 655): Eine Vereinbarung zwischen einer GmbH und ihrem Gesellschafter-Geschäftsführer über die gesonderte Vergütung von Überstunden entspricht grundsätzlich nicht dem, was ein ordentlicher und gewissenhafter Geschäftsleiter einer GmbH mit einem Fremdgeschäftsführer vereinbaren würde. Dies indiziert die Veranlassung der Vereinbarung durch das Gesellschaftsverhältnis (Bestätigung der BFH-Urteile vom 19. März 1997 I R 75/96, BFHE 183, 94 BStBl. 1997 II S. 577; vom 8. April 1997 I R 66/96, BFH/NV 1997, 804). Das gilt auch für Fälle, in denen die Überstundenvergütungen an mehrere Gesellschafter-Geschäftsführer gezahlt werden und die Geschäftsführer keine Ansprüche auf eine Gewinntantieme haben.

BFH vom 21.03.2001 I B 31/00 (BFH/NV 2001 S. 1149): Unzureichende Durchführung eines entgeltlichen Geschäftsführervertrags zwischen einer GmbH und ihrem beherrschenden Gesellschafter.

BFH vom 28.02.2001 I R 12/00 (BStBl. 2001 II S. 468): Eine klare, eindeutige und im Vorhinein abgeschlossene Treuhandvereinbarung zwischen einer Kapitalgesellschaft und ihrem Gesellschafter kann auch dann steuerlich anerkannt werden, wenn die Gesellschaft das treuhänderisch erworbene Wirtschaftsgut nicht schon in ihrer laufenden Buchführung, sondern erst im Jahresabschluss als Treuhandvermögen ausgewiesen hat. Das gilt jedenfalls dann, wenn die zunächst unrichtige Verbuchung nicht auf eine Maßnahme der Geschäftsleitung der Gesellschaft zurückzuführen oder mit deren Einverständnis erfolgt ist.

BFH vom 22.02.2001 I B 132/00 (BFH/NV 2001 S. 1048): Lösegeldzahlung als verdeckte Gewinnausschüttung.

BFH vom 13.09.2000 I R 10/00 (BFH/NV 2001 S. 584): Verdeckte Gewinnausschüttung nur bei Forderungsverzicht, nicht bei fehlendem Bilanzausweis.

BFH vom 09.08.2000 I R 12/99 (BStBl. 2001 II S. 140): Die Überlassung des Konzernnamens an ein konzernverbundenes Unternehmen stellt in der Regel einen sog. Rückhalt im Konzern dar, für den Lizenzentgelte steuerlich nicht verrechenbar sind. Ist der Konzernname jedoch zugleich als Markenname oder Markenzeichen geschützt, gilt etwas anderes, soweit der überlassenen Marke ein eigenständiger Wert zukommt.

BFH vom 17.05.2000 I R 79/99 (BStBl. 2000 II S. 480): Lässt eine Tochtergesellschaft der Treuhandanstalt ein Gutachten zur Ermittlung ihres Unternehmenswerts erstellen, um auf diese Weise ihre eigene Veräußerung durch die Treuhandanstalt vorzubereiten, so stellt die Übernahme der Gutachterkosten durch die Tochtergesellschaft eine vGA an die Treuhandanstalt dar.

BFH vom 14.04.2000 I B 1/98 (BFH/NV 2000 S. 1364): VGA: Abfindung wegen einvernehmlicher Auflösung des Arbeitsverhältnisses an eine dem beherrschenden GmbH-Gesellschafter nahestehende Person.

BFH vom 19.01.2000 I R 24/99 (BStBl. 2000 II S. 545): Für die anlässlich der Kapitalerhöhung einer GmbH anfallenden Kosten gilt das Veranlassungsprinzip. Übernimmt die GmbH die Kosten, die mit der eigentlichen Kapitalerhöhung zusammenhängen, liegt deswegen keine vGA vor, ohne dass es einer besonderen Satzungsregelung über die Kostenübernahme bedürfte. Anders verhält es sich, wenn die GmbH auch diejenigen Kosten trägt, die auf die Übernahme der neuen Kapitalanteile zurückzuführen sind (Abgrenzung zu den Senatsurteilen vom 11. Oktober 1989 I R 12/87, BFHE 158, 390, BStBl. 1990 II S. 89; vom 11. Februar 1997 I R 42/96, BFH/NV 1997, 711).

BFH vom 17.11.1999 I R 4/99 (BFH/NV 2000 S. 1502): Keine vGA bei satzungsmäßiger Gewinnlosigkeit einer GmbH.

BFH vom 13.10.1999 I B 21/99 (BFH/NV 2000 S. 750): VGA bei vertragsgemäß unentgeltlicher Geschäftsführungstätigkeit.

BFH vom 25.05.1999 VIII R 59/97 (BStBl. 2001 II S. 226): 1. Die Rückgewähr von vGA (oder deren Wertersatz) aufgrund einer sog. Satzungsklausel ist beim Gesellschafter als Einlage zu qualifizieren. ...

BFH vom 20.01.1999 I R 32/98 (BFH/NV 1999 S. 1169): Herstellung der Ausschüttungsbelastung, wenn überhöhter Kaufpreis in Raten bezahlt wird.

---

1) Auf das BMF-Schreiben vom 20. Mai 2003, BStBl. I S 333, wird verwiesen (vgl. Anlage § 008 (3)-40a).

§ 8

BFH vom 03.11.1998 I B 6/98 (BFH/NV 1999 S: 672): Verdeckte Gewinnausschüttungen durch Verlagerung von Einkaufsrabatten in das Besitzunternehmen aus außersteuerlichen Gründen.

BFH vom 27.10.1998 I B 48/98 (BFH/NV 1999 S. 671): Ehegatten als beherrschende Personengruppe.

BFH vom 19.08.1998 I R 21/98 (BFH/NV 1999 S: 563): Zur verdeckten Gewinnausschüttung bei einem Verein (landwirtschaftlicher Berufsverband mit landwirtschaftlicher Buchstelle) ohne Gewinnerzielungsabsicht.

BFH vom 08.07.1998 I R 123/97 (BFH/NV 1999 S. 269): Keine außerbetriebliche Sphäre bei Kapitalgesellschaften; Übernahme von Risikogeschäften (Devisentermingeschäften) als verdeckte Gewinnausschüttung.

BFH vom 24.03.1998 I R 93/96 (BFH/NV S. 1579): Zur vGA bei einem vereinbarten Wettbewerbsverbot bei Einwilligung aller Gesellschafter in die Wettbewerbshandlung.

BFH vom 24.03.1998 I R 96/97 (BFH/NV S. 1375): Auch bei Vorliegen mehrerer voneinander abweichender Vereinbarungen zwischen der Kapitalgesellschaft und dem beherrschenden Gesellschafter-Geschäftsführer kann noch eine klare und eindeutige Vereinbarung vorliegen, wenn im Außenverhältnis zu erkennen ist, welche der verschiedenen Vereinbarungen gelten soll.

BFH vom 24.03.1998 I R 79/97 (BStBl. 1998 II S. 578):

1. Über die Frage, ob eine Komplementär-GmbH verdeckt Gewinne ausgeschüttet hat, ist im Rahmen des einheitlichen Gewinnfeststellungsverfahrens der KG zu entscheiden.

2. Über die Frage, ob der im Feststellungsverfahren als vGA beurteilte Vorgang eine andere Ausschüttung i. S. des § 27 Abs. 3 KStG ist, ist selbständig im Veranlagungsverfahren der Komplementär- GmbH zu entscheiden.

BFH vom 15.10.1997 I R 19/97 (BFH/NV 1998 S. 746): Zur Befreiung von den Beschränkungen des § 181 BGB bei „In-sich-Geschäften". Zur Auslegung von Vereinbarungen über Dauerschuldverhältnisse. Auch bei einem gesetzlichen Anspruch sind zur Vermeidung von vGA im voraus geschlossene, klare und eindeutige Vereinbarungen zwischen Kapitalgesellschaft und beherrschendem Gesellschafter erforderlich. Die tatsächliche Durchführung einer Vereinbarung wird nicht deshalb notleidend, weil die Gesellschaft ihren Jahresabschluß erst nach Ablauf der in § 264 Abs. 1 Satz 2 HGB festgelegten Frist aufgestellt und die Tantiemen zugunsten ihres beherrschenden Gesellschafters erst darin ausgewiesen hat. Die Belastung mit Körperschaftsteuer, die durch das gegenwärtige Körperschaftsteuersystem entsteht, widerspricht nicht dem sog. Halbteilungsgrundsatz, der vom BVerfG entwickelt wurde.

BFH vom 13.08.1997 I R 85/96 (BStBl. 1998 II S. 161):

1. § 4 Abs. 3 Satz 2 EStG findet nur bei einer Gewinnermittlung durch Überschußrechnung gemäß § 4 Abs. 3 EStG Anwendung. Bei einer Gewinnermittlung durch Betriebsvermögensvergleich nach §§ 4 Abs. 1 und 5 Abs. 1 EStG findet die Vorschrift unmittelbar keine Anwendung.

2. Erhält ein Berufsverband Rabatte auf Leistungen seiner Mitglieder, um sie an dieselben weiterzuleiten, so löst die Weiterleitung keine vGA aus, wenn sie dem Handeln eines ordentlichen und gewissenhaften Geschäftsleiters entspricht. 3. Übernimmt ein Berufsverband für seine Mitglieder Inkasso- und Abrechnungsfunktionen, so muß er zur Vermeidung einer vGA entweder dafür von seinen Mitgliedern ein angemessenes Entgelt verlangen oder einen angemessenen Teil des Mitgliedsbeiträge als Betriebseinnahme des wirtschaftlichen Geschäftsbetriebs behandeln.

BFH vom 30.07.1997 I B 141-142/96 (BFH/NV 1998 S. 84): Zur Annahme von vGA infolge von Verschmelzungen.

BFH vom 28.07.1997 VIII B 68/96 (BFH/NV 1998 S. 29): Zur steuerlichen Behandlung des Verzichts des Gesellschafters einer Kapitalgesellschaft auf eine nicht werthaltige Forderung (Zufluss beim Gesellschafter).

BFH vom 09.04.1997 I R 52/96 (HFR 1997 S. 836): Zur Änderung von Gehaltsvereinbarungen, für die Schriftform vorgeschrieben ist. Bei Annahme von vGA kommt es darauf an, ob der Gesellschafter im Zeitpunkt des Vertragsabschlusses ein beherrschender ist. Zusammenwirken mehrerer Gesellschafter mit gleichen finanziellen Interesse.

BFH vom 17.03.1997 I B 110/96 (BFH/NV 1997 S. 808): Mündliche Vereinbarungen zwischen Kapitalgesellschaft und beherrschendem Gesellschafter lassen nicht auf vGA schließen, wenn die Vereinbarungen auch laufend durchgeführt werden.

BFH vom 22.01.1997 I R 64/96 (BStBl. 1997 II S. 548):

1. Ein Verspätungszuschlag, den eine Kapitalgesellschaft wegen verspäteter Abgabe einer Kapitalertragsteueranmeldung entrichten muß, ist eine abzugsfähige Betriebsausgabe.

2. Der Umstand, dass der Verspätungszuschlag maßgebend auf der gesetzlichen Verpflichtung zum Steuerabzug beruht, schließt die Annahme einer vGA i. S. des § 8 Abs. 3 Satz 2 KStG 1984 aus.

BFH vom 18.12.1996 I R 139/94 (BStBl. 1997 II S. 301):

1. Zur Begründung des „Nahestehens" reicht jede Beziehung eines Gesellschafters der Kapitalgesellschaft zu einer anderen Person aus, die den Schluß zuläßt, sie habe die Vorteilszuwendung der Kapitalgesellschaft an die andere Person beeinflußt. Derartige Beziehungen können familienrechtlicher, gesellschaftsrechtlicher, schuldrechtlicher oder auch rein tatsächlicher Art sein.

2. Nahestehende Personen aufgrund familienrechtlicher Beziehungen können nicht nur Angehörige i. S. des § 15 AO 1977 sein.

3. Eine verdeckte Gewinnausschüttung i. S. des § 8 Abs. 3 Satz 2 KStG in Form der Zuwendung eines Vermögensvorteils an eine einem Gesellschafter der Kapitalgesellschaft nahestehende Person setzt nicht voraus, dass die Zuwendung einen Vorteil für den Gesellschafter selbst zur Folge hat (Änderung der Rechtsprechung). ...

BFH vom 18.12.1996 I R 128 – 129/95 (BStBl. 1997 II S. 546): Veräußert ein Steuerberater sein bewegliches Betriebsvermögen mit Ausnahme des Mandantenstamms, der das werthaltigste Wirtschaftsgut seines Betriebsvermögens darstellt, an eine von ihm gegründete GmbH, so kann der Mandantenstamm Gegenstand eines Pachtvertrages zwischen Berater und Beratungs-GmbH sein (Abgrenzung zu BFH-Urteil vom 30. März 1994 I R 52/93, BFHE 175, 33, BStBl. 1994 II S. 903). Die von der GmbH hierfür gezahlten (angemessenen) Pachtzinsen sind keine verdeckten oder andere Ausschüttungen i. S. des § 8 Abs. 3 Satz 2 und § 27 KStG.

BFH vom 18.12.1996 I R 26/95 (HFR 1997 S. 413): Hat die Kapitalgesellschaft gegenüber ihrem Gesellschafter- Geschäftsführer zivilrechtliche Ansprüche, so sind diese zu aktivieren. Unterbleibt dies, so ist die Steuerbilanz zu berichtigen. Die Anwendung des § 8 Abs. 3 Satz 2 KStG für eine Korrektur außerhalb der Steuerbilanz kommt nicht in Betracht. vGA und Wettbewerbsverbot.

BFH vom 13.11.1996 I R 149/94 (HFR 1997 S. 326): § 8 Abs. 3 Satz 2 KStG hat nur die Funktion einer Gewinnkorrektur. Nach dieser Vorschrift ist keine anderweitige Zurechnung von Tätigkeiten und Einkünften möglich. Zur Annahme von vGA bei Rechtsansprüchen und der Rückgängigmachung von vGA. Verstoß gegen ein (vertragliches)Wettbewerbsverbot und Geschäftschancenlehre.

BFH vom 23.10.1996 I R 71/95 (BStBl. 1999 II S. 35): Der Alleingesellschafter-Geschäftsführer einer GmbH ist rechtswirksam von den Beschränkungen des § 181 BGB befreit, wenn die Befreiung nach Abschluss von In-sich-Geschäften in der Satzung geregelt und im Handelsregister eingetragen wird. Die In-sich-Geschäfte sind dann als nachträglich genehmigt anzusehen. Das steuerrechtliche Rückwirkungsverbot steht dem nicht entgegen, vorausgesetzt, den In-sich-Geschäften liegen klare und von vornherein abgeschlossene Vereinbarungen zugrunde.

BFH vom 24.07.1996 I R 115/95 (BStBl. 1997 II S. 138):

1. Vereinbaren eine Kapitalgesellschaft und ihr beherrschender Gesellschafter, dass jede Änderung eines zwischen ihnen geschlossenen Anstellungsvertrags zu ihrer Rechtswirksamkeit der Schriftform bedarf, so ist eine mündliche Änderung des Anstellungsvertrags grundsätzlich unwirksam.

2. Die vertragliche Aufhebung einer solchen Schriftformklausel setzt einen – zumindest konkludenten – Aufhebungswillen voraus.

BFH vom 17.05.1995 I R 147/93 (BStBl. 1996 II S. 204): 1. Eine verdeckte Gewinnausschüttung kann auch vorliegen, wenn eine Kapitalgesellschaft mit ihrem Gesellschafter eine an sich für sie günstige Vereinbarung trifft, ein gedachter fremder Dritter aber einer solchen Vereinbarung nie zugestimmt hätte (Fortführung von BFH-Urteil vom 13. Dezember 1989 I R 99/87, BFHE 159, 338, BStBl. 1990 II S. 454). ...

BFH vom 13.07.1994 I R 43/94 (BFH/NV 1995 S. 548): Bei einer vGA trägt das FA die Feststellungslast. Zur Prüfung der Veranlassung einer Zahlung durch das Gesellschaftsverhältnis (Aufwendungen können gleichzeitig Betriebsausgaben und vGA sein).

BFH vom 19.01.1994 I R 67/92 (BStBl. 1996 II S. 77): Räumt ein Genußrecht nur das Recht auf Beteiligung am Gewinn, nicht aber am Liquidationserlös ein, ist § 8 Abs. 3 Satz 2 KStG nicht anwendbar.

BFH vom 03.02.1993 I R 61/91 (BStBl. 1993 II S. 459): Pachtzinsen, die eine Trägerkörperschaft für ein ihrem Betriebe gewerblicher Art zur Nutzung überlassenes angepachtetes Grundstück zahlt, mindern das durch den Betrieb gewerblicher Art erzielte Einkommen der Trägerkörperschaft.

BFH vom 29.07.1992 I R 28/92 (BStBl. 1993 II S. 247): 1. ... 2. Geht bei der Umwandlung einer OHG gemäß § 46 UmwG eine private Versorgungsrente auf eine GmbH über, so sind die Rentenzahlungen bei der GmbH Betriebsausgaben, wenn die Rentenverbindlichkeit durch das übernommene Aktivvermögen abgedeckt war.

BFH vom 29.07.1992 I R 31/91 (BStBl. 1993 II S. 369):

1. Beschließt eine GmbH, die eigene Anteile an sich selbst hält, eine Kapitalherabsetzung sowie die Rückgewähr des durch die Herabsetzung frei gewordenen Kapitals an die „übrigen" Gesellschafter, so erzielen diese einen sonstigen Bezug i. S. des § 20 Abs. 1 Nr. 1 EStG aus ihrer Beteiligung an der GmbH, soweit die Kapitalrückzahlung auf die von der GmbH gehaltenen eigenen Anteile entfällt.

2. Die Kapitalrückzahlung i. S. des Leitsatzes Nr. 1 ist zugleich andere Ausschüttung i. S. des § 27 Abs. 3 Satz 2 KStG.

3. Die Einziehung eigener Anteile einer GmbH löst keine Herstellung der Ausschüttungsbelastung i. S. des § 27 Abs. 1 KStG aus.

4. Die Behandlung einer Kapitalrückgewähr nach Kapitalherabsetzung als andere Ausschüttung i. S. des § 27 Abs. 3 Satz 2 KStG bedeutet nicht, dass das zurückgewährte Kapital bei der GmbH erfolgswirksam zu erfassen ist.

5. Für die Beschwer eines FA durch eine vom FG geänderte vEK-Feststellung reicht es aus, dass das FA geltend machen kann, das FG-Urteil erfasse nicht mehr das gesamte festzustellende vEK.

BFH vom 04.12.1991 I R 63/90 (BStBl. 1992 II S. 362):

1. Stimmt das zwischen einer GmbH und ihrem beherrschenden Gesellschafter schriftlich Vereinbarte mit dem tatsächlich Gewollten nicht überein, so kann das tatsächlich Gewollte nur dann der Besteuerung zugrunde gelegt werden, wenn das FG die Überzeugung gewinnt, dass von Anfang an zwischen den Vertragsschließenden Übereinstimmung über das tatsächlich Gewollte bestand. Bestehende Zweifel gehen zu Lasten dessen, der sich auf das nur mündlich Vereinbarte beruft.

2. Aus einer jahrelangen Übung kann eine klare Vereinbarung frühestens ab dem Zeitpunkt abgeleitet werden, ab dem sie objektiv erkennbar nach außen in Erscheinung tritt.

3. Eine ursprünglich objektiv bestehende Unklarheit kann später beseitigt werden. Dies wirkt steuerlich nur ex-nunc.

BFH vom 12.12.1990 I R 73/89 (BStBl. 1991 II S. 593):

1. Der Wert einer verdeckten Einlage ist nicht geeignet, die Höhe einer verdeckten Gewinnausschüttung zu mindern.

2. Überlässt der Gesellschafter einer Kapitalgesellschaft dieser eine „Erwerbschance" und verzichtet die Kapitalgesellschaft später auf die Nutzung der Erwerbschance wiederum zugunsten des Gesellschafters, so ist eine verdeckte Gewinnausschüttung in Höhe der Differenz zwischen den nicht erzielten Einnahmen und den ggf. angefallenen Aufwendungen anzunehmen.

BFH vom 07.11.1990 I R 35/89 (BFH/NV 1991 S. 839): Bereits in der Hingabe eines ungesicherten Darlehens an eine konkursreife andere GmbH durch eine GmbH kann bereits vGA sein, wenn der Gesellschafter der darlehensgewährenden GmbH dieser gegenüber Bürgschaften übernommen hat.

BFH vom 31.07.1990 I R 62/88 (BStBl. 1991 II S. 28): 1. ... 2. Werden nach dem Tod eines Gesellschafter-Geschäftsführers die üblicherweise entstehenden Kosten der Trauerfeier von der GmbH übernommen, so handelt es sich auch dann um eine verdeckte Gewinnausschüttung, wenn an der Trauerfeier u. a. Angestellte und Geschäftsfreunde der Gesellschaft teilnehmen.

BFH vom 18.07.1990 I R 32/88 (BStBl. 1991 II S. 484):

1. Nehmen die eine GmbH beherrschenden Gesellschafter in Überschreitung ihrer Kompetenzen Handlungen für die GmbH vor, beruht die dadurch ausgelöste Vermögensminderung bzw. verhinderte Vermögensmehrung auf dem Gesellschaftsverhältnis und kann zu einer verdeckten Gewinnausschüttung führen.

2. Einer verdeckten Gewinnausschüttung, die durch die eine Gesellschaft beherrschenden Gesellschafter ausgelöst ist, steht nicht entgegen, dass sie nicht auf einem gültigen Beschluß der Gesellschafterversammlung beruht.

BFH vom 30.05.1990 I R 41/87 (BStBl. 1991 II S. 588):

1. Verzichtet ein Gesellschafter auf eine Forderung gegen seine GmbH unter der auflösenden Bedingung, dass im Besserungsfall die Forderung wiederaufleben soll, so ist die Erfüllung der Forderung nach Bedingungseintritt weder verdeckte Gewinnausschüttung i. S. des § 8 Abs. 3 Satz 2 KStG 1977 noch andere Ausschüttung i. S. des § 27 Abs. 3 Satz 2 KStG 1977, sondern eine steuerlich anzuerkennende Form der Kapitalrückzahlung.

2. Umfaßt der Forderungsverzicht auch den Anspruch auf Darlehenszinsen, so sind nach Bedingungseintritt Zinsen auch für die Dauer der Krise als Betriebsausgaben anzusetzen.

BFH vom 14.03.1990 I R 6/89 (BStBl. 1990 II S. 795): Die durch den Ausfall einer Darlehensforderung eingetretene Vermögensminderung findet ihre Veranlassung im Gesellschaftsverhältnis, wenn es die Kapitalgesellschaft unterlassen hatte, rechtzeitig, insbesondere bei Ausreichung des Darlehens, die erforderlichen Maßnahmen zu treffen, um das ihrem Gesellschafter gewährte Darlehen zu sichern und zurückzuerhalten.

BFH vom 24.01.1990 I R 157/86 (BStBl. 1990 II S. 645):

1. Eine zwischen einer Kapitalgesellschaft und ihrem beherrschenden Gesellschafter mündlich abgeschlossene Vereinbarung kann trotz vereinbarter Schriftform zivilrechtlich wirksam sein, wenn davon auszugehen ist, dass die Vertragsparteien die Bindung an die Schriftformklausel aufheben wollten.

2. Eine zwischen einer Kapitalgesellschaft und ihrem beherrschenden Gesellschafter mündlich abgeschlossene Vereinbarung ist im Sinne der höchstrichterlichen Rechtsprechung klar, wenn ein außenstehender Dritter zweifelsfrei erkennen kann, dass die Leistung der Gesellschaft aufgrund einer entgeltlichen Vereinbarung mit dem Gesellschafter erbracht wurde.

3. Eine mündlich abgeschlossene Vereinbarung über monatlich wiederkehrende Leistungen kann aufgrund ihrer tatsächlichen Durchführung als klar angesehen werden.

BFH vom 13.12.1989 I R 99/87 (BStBl. 1990 II S. 454): Ist im Arbeitsvertrag einer Kapitalgesellschaft mit ihrem nicht beherrschenden Gesellschafter-Geschäftsführer die Auszahlung des Gehalts erst vorgesehen, „sobald die Firma dazu in der Lage ist ", so spricht das für einen durch das Gesellschaftsverhältnis veranlassten (verdeckte Gewinnausschüttung) „Gehaltsaufwand ".

BFH vom 08.11.1989 I R 16/86 (BStBl. 1990 II S. 244):

1. Errichtet eine Kapitalgesellschaft auf eigene Kosten auf dem Grundstück ihres Gesellschafters ein Gebäude, das in das Eigentum des Gesellschafters als Grundstückseigentümer übergeht, so ist in dem Vorgang grundsätzlich eine verdeckte Gewinnausschüttung in Höhe des Betrages anzunehmen, den ein ordentlicher und gewissenhafter Geschäftsleiter von einem Auftraggeber für die schlüsselfertige Errichtung verlangt haben würde, es sei denn, dass zwischen der Kapitalgesellschaft und dem Gesellschafter ein angemessenes Entgelt in anderer Weise vereinbart wurde.

2. Als ein in anderer Weise vereinbartes Entgelt kommt in Betracht, dass der Gesellschafter sich verpflichtete, das Gebäude der Gesellschaft „quoad sortem " zu überlassen.

Zu § 8 Abs. 3 KStG / A 38 KStR: Pensionszusage an den Gesellschafter-Geschäftsführer

BFH vom 18.03.2009, I R 63/08 (BFH/NV 2009 S. 1841):

1. Die Zusage einer Witwenrente an den Gesellschafter-Geschäftsführer einer GmbH rechtfertigt regelmäßig die Annahme einer verdeckten Gewinnausschüttung, wenn der Begünstigte im Zusagezeitpunkt das 65. Lebensjahr überschritten hat. Eine Anstellung des Geschäftsführers „auf Lebenszeit" ändert daran nichts.

2. Handelt es sich bei der zugesagten Witwenversorgung um eine sog. Alt-Zusage, die vor dem 1. Januar 1987 erteilt wurde, und hat die GmbH in der Vergangenheit von ihrem dafür bestehenden Bilanzierungswahlrecht Gebrauch gemacht und keine Pensionsrückstellung für die Versorgungsanwartschaft gebildet, stellen mangels vorheriger Vermögensminderung erst die Witwenrenten in den jeweiligen späteren Auszahlungszeitpunkten nach dem Tod des Gesellschafter-Geschäftsführer verdeckte Gewinnausschüttungen dar.

3. Die verdeckte Gewinnausschüttung in Gestalt der Witwenrente ist objektiv geeignet, eine nachträgliche Kapitaleinkunft i.S. von § 20 Abs. 1 Nr. 1 Satz 2 EStG als Voraussetzung einer vGA bei der GmbH auszulösen, sei es bei dem nunmehrigen Gesellschafter, sei es bei der Witwe selbst oder sei dies auch bei einer dritten Person als Erben.

BFH vom 23.09.2008 I R 62/07 nach FG Münster vom 29.06.2007 9 K 293/03 K, G (EFG 2007, 1629):
Der von der Rechtsprechung entwickelte Grundsatz, nach dem sich der beherrschende Gesellschafter-Geschäftsführer einer Kapitalgesellschaft einen Pensionsanspruch regelmäßig nur erdienen kann, wenn zwischen dem Zusagezeitpunkt und dem vorgesehenen Eintritt in den Ruhestand noch ein Zeitraum von mindestens 10 Jahren liegt, gilt sowohl für Erstzusagen einer Versorgungsanwartschaft als auch für nachträgliche Erhöhungen einer bereits erteilten Zusage.

BFH vom 5.3.2008, I R 12/07 (BFH/NV 2008, 1273)[1]:

1. Es ist aus körperschaftsteuerrechtlicher Sicht grundsätzlich nicht zu beanstanden, wenn eine GmbH ihrem beherrschenden Gesellschafter-Geschäftsführer die Anwartschaft auf eine Altersversorgung zusagt und ihm dabei das Recht einräumt, anstelle der Altersrente eine bei Eintritt des Versorgungsfalls fällige, einmalige Kapitalabfindung in Höhe des Barwerts der Rentenverpflichtung zu fordern.

2. Es ist aus körperschaftsteuerrechtlicher Sicht grundsätzlich auch nicht zu beanstanden, wenn die Zusage der Altersversorgung nicht von dem Ausscheiden des Begünstigten aus dem Dienstverhältnis als Geschäftsführer mit Eintritt des Versorgungsfalls abhängig gemacht wird (Abgrenzung zum Senatsurteil vom 2. Dezember 1992 I R 54/91, BFHE 170, 119, BStBl. II 1993, 311). In diesem Fall würde ein ordentlicher und gewissenhafter Geschäftsleiter allerdings verlangen, dass das Einkommen aus der fortbestehenden Tätigkeit als Geschäftsführer auf die Versorgungsleistung angerechnet wird. Das ist im Rahmen eines versicherungsmathematischen Abschlags auch bei der Kapitalabfindung zu berücksichtigen.

3. Die Kapitalabfindung der Altersrente und die gleichzeitige Fortführung des Dienstverhältnisses als Gesellschafter-Geschäftsführer unter Aufrechterhaltung des Invaliditätsrisikos können einen weiteren versicherungsmathematischen Abschlag rechtfertigen.

4. Die Zusage sofort unverfallbarer, aber zeitanteilig bemessener Rentenansprüche kann steuerlich anerkannt werden. Bei Zusagen an beherrschende Gesellschafter-Geschäftsführer darf die unverfallbare Anwartschaft sich jedoch wegen des für diesen Personenkreis geltenden Nachzahlungsverbots nur auf den Zeitraum zwischen Erteilung der Versorgungszusage und der gesamten tatsächlich erreichbaren Dienstzeit erstrecken, nicht aber unter Berücksichtigung des Diensteintritts (Bestätigung des Senatsurteils vom 20. August 2003 I R 99/02, BFH/NV 2004, 373, sowie des BMF-Schreibens vom 9. Dezember 2002, BStBl. I 2002, 1393, unter 1.).

5. Billigkeitsmaßnahmen der Verwaltung zur Anpassung der Verwaltungspraxis an eine von der bisherigen Verwaltungsmeinung abweichende Rechtsauffassung sind von den Gerichten jedenfalls dann zu beachten, wenn sie vom FA im Rahmen der Steuerfestsetzung getroffen wurden und bestandskräftig geworden sind.

BFH vom 21.08.2007 I R 74/06 (BStBl. 2008 II S. 277):
... 2. Die Zuführungen zu der Rückstellung für die Verbindlichkeit aus einer betrieblichen Versorgungszusage, die den Vorgaben des § 6a EStG entspricht, aus steuerlichen Gründen aber als verdeckte Gewinnausschüttung zu behandeln ist, sind außerhalb der Bilanz dem Gewinn hinzuzurechnen. Ist eine Hinzurechnung unterblieben und aus verfahrensrechtlichen Gründen eine nachträgliche Berücksichtigung nicht mehr möglich, können die rückgestellten Beträge auf der Ebene der Kapitalgesellschaft nicht mehr als verdeckte Gewinnausschüttung berücksichtigt werden (Bestätigung der Senatsrechtsprechung).

3. Eine wegen Wegfalls der Verpflichtung gewinnerhöhend aufgelöste Pensionsrückstellung ist im Wege einer Gegenkorrektur nur um die tatsächlich bereits erfassten verdeckten Gewinnausschüttungen der Vorjahre außerbilanziell zu kürzen (Bestätigung des BMF-Schreibens vom 28. Mai 2002, BStBl. I 2002, 603 Tz. 8).

BFH vom 13.06.2006 I R 58/05 (BFH/NV 2006 S. 1754): Fehlerhafte Abbildung der Abänderung einer Pensionszusage in der Bilanz als vGA.

BFH vom 14.03.2006 I R 38/05 (BFH/NV 2006 S. 1515): vGA wegen Übertragung von Ansprüchen aus Rückdeckungsversicherung für Verzicht auf eine Pensionszusage.

BFH vom 09.11.2005 I R 94/04 (BFH/NV 2006 S. 616): Pensionszusage an 63-jährigen Gesellschafter-Geschäftsführer als vGA. Erdienensdauer 10 Jahre.

---

1) Vgl. auch BMF vom 5.2.2008, BStBl. I 2008, 420, Tz. 185.

BFH vom 09.11.2005 I R 89/04 (BStBl. 2008 II S. 523[1]**):** Erteilt eine GmbH ihrem Gesellschafter-Geschäftsführer eine sog. Nur-Pensionszusage, ohne dass dem eine Umwandlung anderweitig vereinbarten Barlohns zugrunde liegt, zieht die Zusage der Versorgungsanwartschaft eine sog. Überversorgung nach sich (Anschluss an Senatsurteil vom 17. Mai 1995 I R 147/93, BFHE 178, 203, BStBl. II 1996, 204).

BFH vom 28.06.2005 I R 25/04 (BFH/NV 2005 S. 2252): Erdienbarkeit des Pensionsanspruches eines Gesellschafter-Geschäftsführers; Rückwirkung nachträglicher Ereignisse.

BFH vom 23.02.2005 I R 70/04 (BStBl. 2005 II S. 882): 1. Die Erteilung einer Pensionszusage an den Gesellschafter-Geschäftsführer einer Kapitalgesellschaft setzt im Allgemeinen die Einhaltung einer Probezeit voraus, um die Leistungsfähigkeit des neu bestellten Geschäftsführers beurteilen zu können. Handelt es sich um eine neu gegründete Kapitalgesellschaft, ist die Zusage überdies erst dann zu erteilen, wenn die künftige wirtschaftliche Entwicklung der Gesellschaft verlässlich abgeschätzt werden kann (Bestätigung der ständigen Rechtsprechung). 2. ...

BFH vom 15.09.2004 I R 62/03 (BStBl. 2005 II S. 176):

1. Sind Versorgungsbezüge in Höhe eines festen Betrages zugesagt, der wegen der Annahme eines ansteigenden säkularen Einkommenstrends im Verhältnis zu den Aktivbezügen am Bilanzstichtag überhöht ist (sog. Überversorgung), so ist die nach § 6a EStG zulässige Rückstellung für Pensionsanwartschaften nach Maßgabe von § 6a Abs. 3 Satz 2 Nr. 1 Satz 4 EStG unter Zugrundelegung eines angemessenen Vomhundertsatzes der jeweiligen letzten Aktivbezüge zu ermitteln (Bestätigung der ständigen Rechtsprechung des BFH-Urteils vom 13. November 1975 IV R 170/73, BFHE 117, 367, BStBl. 1976 II S. 142).

2. Eine Überversorgung ist regelmäßig anzunehmen, wenn die Versorgungsanwartschaft zusammen mit der Rentenanwartschaft aus der gesetzlichen Rentenversicherung 75 v. H. der am Bilanzstichtag bezogenen Aktivbezüge übersteigt (Bestätigung der ständigen Rechtsprechung des BFH). Nicht um Aktivbezüge in diesem Sinne handelt es sich bei vGA (Bestätigung des Senatsurteils vom 30. Juli 1997 I R 65/96, BFHE 184, 297, BStBl. 1998 II S. 402)[2].

3. Der Gesellschafter-Geschäftsführer einer oder eine diesem nahe stehende Person wird regelmäßig nur dann auf die Barauszahlung von Lohn verzichten und mit dessen Umwandlung in eine Versorgungsanwartschaft einverstanden sein, wenn sein Versorgungsanspruch ausreichend besichert ist.

4. Fest zugesagte prozentuale Rentenerhöhungen sind keine ungewissen Erhöhungen i. S. des § 6a Abs. 3 Satz 2 Nr. 1 Satz 4 EStG. Solange solche Rentenerhöhungen im Rahmen angemessener jährlicher Steigerungsraten von regelmäßig max. 3 v. H. bleiben, nehmen sie keinen Einfluss auf das Vorliegen einer Überversorgung (Bestätigung des Senatsurteils vom 31. März 2004 I R 79/03, BFHE 206, 52, BStBl. 2004 II S. 940). Sie sind überdies auch bezogen auf eine zugesagte Invaliditätsrente bereits in der Anwartschafts- und nicht erst in der Leistungsphase rechnerisch in die Ermittlung des Teilwerts der Anwartschaft einzubeziehen.

5. Sagt eine GmbH ihrem als Arbeitnehmer angestellten beherrschenden Gesellschafter oder einer diesem nahe stehenden Person „spontan " die Zahlung einer Zusatzvergütung für die Erbringung besonderer Leistungen zu, so ist die gezahlte Vergütung regelmäßig vGA, wenn die Zusage nicht vor den erbrachten Leistungen erteilt wird.

BFH vom 14.07.2004 I R 14/04 (BFH/NV 2005 S. 245): Erdienbarkeit des Pensionanspruchs eines Gesellschafter- Geschäftsführers: keine zwingende Herabsetzung der Versorgungszusage bei Herabsetzung des Festgehalts.

BFH vom 31.03.2004 I R 65/03 (BStBl. 2005 II S. 664):

1. Eine Pensionszusage einer GmbH zugunsten ihres Gesellschafter-Geschäftsführers ist im Regelfall durch das Gesellschaftsverhältnis (mit)veranlasst, wenn die eingegangene Versorgungsverpflichtung aus Sicht des Zusagezeitpunktes für die Gesellschaft nicht finanzierbar ist. In diesem Fall können die Zuführungen zu der Pensionsrückstellung ganz oder teilweise verdeckte Gewinnausschüttungen sein.

2. Eine Pensionszusage ist nicht bereits dann unfinanzierbar, wenn im ungünstigsten Fall – bei Verwirklichung des größten denkbaren Risikos – die zu bildende Pensionsrückstellung auf einen Wert aufgestockt werden müsste, der zu einer bilanziellen Überschuldung der Gesellschaft führen würde. Sie ist erst dann nicht finanzierbar, wenn ihre Passivierung zur Überschuldung der GmbH im insolvenzrechtlichen Sinne führen würde (Bestätigung der ständigen Senatsrechtsprechung, z. B. Senatsurteile vom 20. Dezember 2000 I R 15/00, BFHE 194, 191; vom 7. November 2001 I R 79/00, BFHE 197, 164; vom 4. September

---

1) Nichtanwendungsschreiben BMF vom 16.06.2008, BStBl. I 2008, 681; vgl. auch Anlage § 008 (3)-71.
2) Auf das BMF-Schreiben vom 3. November 2004 (BStBl. I S. 1045) wird hingewiesen.

2002 I R 7/01, BFHE 200, 259). 3. Wird auf das Leben des durch die Versorgungszusage begünstigten Gesellschafter-Geschäftsführers eine (voll- oder teilkongruente) Rückdeckungsversicherung abgeschlossen, ist die Finanzierbarkeitsprüfung auf die jährlichen Versicherungsbeiträge zu beziehen.[1]

BFH vom 28.01.2004 I R 21/03 (BStBl. 2005 II S. 841):

1. Die Zusage einer dienstzeitunabhängigen Invaliditätsversorgung durch eine GmbH zugunsten ihres beherrschenden Gesellschafter-Geschäftsführers in Höhe von 75 v. H. des Bruttogehalts kann wegen ihrer Unüblichkeit auch dann zu vGA führen, wenn die Versorgungsanwartschaft von der GmbH aus Sicht des Zusagezeitpunktes finanziert werden kann.

2. Die Rückstellung wegen einer Versorgungszusage, die den Wert einer fehlenden Anwartschaft des Gesellschafter-Geschäftsführers auf gesetzliche Rentenleistungen ersetzt, ist steuerlich nur in jenem Umfang anzuerkennen, in dem sich die im Falle der Sozialversicherungspflicht zu erbringenden Arbeitgeberbeiträge ausgewirkt hätten (Anschluss an Senatsurteil vom 15. Juli 1976 I R 124/73, BFHE 120, 167, BStBl. 1977 II S. 112).

3. Ist eine Pensionszusage durch das Gesellschaftsverhältnis veranlasst, so rechtfertigt dies nicht die gewinnerhöhende Auflösung der Pensionsrückstellung. Vielmehr sind nur die jeweiligen Veranlagungszeitraum erfolgten Zuführungen zur Pensionsrückstellung außerbilanziell rückgängig zu machen. Eine nachträgliche Korrektur von Zuführungen, die früheren Veranlagungszeiträumen zuzuordnen sind, ist nicht zulässig.

BFH vom 20.08.2003 I R 99/02 (BFH/NV 2004 S. 373): Probezeit bei Erteilung einer sofort unverfallbaren Pensionszusage an einen beherrschenden Gesellschafter-Geschäftsführer

BFH vom 04.09.2002 I R 7/01 (BStBl. 2005 II S. 662):

1. Sagt eine GmbH ihrem Gesellschafter-Geschäftsführer eine Alters- und/oder eine Invaliditätsversorgung zu, so ist die Versorgungsverpflichtung nicht finanzierbar, wenn ihre Passivierung zur Überschuldung der GmbH im insolvenzrechtlichen Sinne führen würde. Bei der Beurteilung dieses Merkmals ist auf den Zeitpunkt der Zusageerteilung abzustellen (Bestätigung der Senatsurteile vom 20. Dezember 2000 I R 15/00, BFHE 194, 191, BFH/NV2001, 980, und vom 7. November 2001 I R 79/00, BFHE 197, 164, BFH/NV 2002, 287).

2. Für die Prüfung der insolvenzrechtlichen Überschuldung sind diejenigen Bilanzansätze maßgeblich, die in eine Überschuldungsbilanz aufzunehmen wären. Dabei ist die Pensionsverpflichtung grundsätzlich mit dem nach § 6a Abs. 3 Satz 2 Nr. 2 EStG zu bestimmenden Barwert der Pensionsanwartschaft anzusetzen. Weist jedoch die GmbH nach, dass der handelsrechtlich maßgebliche Teilwert der Pensionsverpflichtung niedriger ist als der Anwartschaftsbarwert, so ist dieser Teilwert anzusetzen.[2]

BFH vom 07.08.2002 I R 2/02 (BStBl. 2004 II S. 131):

1. Eine vGA setzt voraus, dass die Unterschiedsbetragsminderung bei der Körperschaft die Eignung hat, beim Gesellschafter einen sonstigen Bezug i. S. des § 20 Abs. 1 Nr. 1 Satz 2 EStG auszulösen.

2. Beiträge, die eine GmbH für eine Lebensversicherung entrichtet, die sie zur Rückdeckung einer ihrem Gesellschafter-Geschäftsführer zugesagten Pension abgeschlossen hat, stellen auch dann keine vGA dar, wenn die Pensionszusage durch das Gesellschaftsverhältnis veranlasst ist.

BFH vom 24.04.2002 I R 43/01 (BStBl. 2003 II S. 416): Verspricht eine GmbH ihrem 56 Jahre alten beherrschenden Gesellschafter-Geschäftsführer ein Altersruhegeld für die Zeit nach Vollendung des 65. Lebensjahres, so führt dies nicht notwendig zur Annahme einer verdeckten Gewinnausschüttung. Das gilt insbesondere dann, wenn die Pensionszusage auch deshalb erteilt wurde, weil der Geschäftsführer nicht anderweitig eine angemessene Altersversorgung aufbauen konnte.[3]

BFH vom 24.04.2002 I R 18/01 (BStBl. 2002 II S. 670):

1. Die Erteilung einer Pensionszusage an den Gesellschafter-Geschäftsführer einer Kapitalgesellschaft setzt im Allgemeinen die Einhaltung einer Probezeit voraus, um die Leistungsfähigkeit des neu bestellten Geschäftsführers beurteilen zu können. Handelt es sich um eine neu gegründete Kapitalgesellschaft, ist die Zusage überdies erst dann zu erteilen, wenn die künftige wirtschaftliche Entwicklung der Gesellschaft verlässlich abgeschätzt werden kann (Bestätigung der ständigen Rechtsprechung).

---

1) Hinweis auf BMF-Schreiben vom 6. September 2005 – IV B 7 – S 2742 – 69/05 – (BStBl. I S. 875).
2) Hinweis auf BMF-Schreiben vom 6. September 2005 – IV B 7 – S 2742 – 69/05 – (BStBl. I S. 875).
3) Auf das BMF-Schreiben vom 13. Mai 2003, BStBl. 2003 I S. 300, wird verwiesen.

2. Die Dauer dieser Probezeit hängt von den Besonderheiten des Einzelfalles ab. Wird ein Unternehmen durch seine bisherigen leitenden Angestellten „aufgekauft " und führen diese Angestellten den Betrieb in Gestalt einer neu gegründeten Kapitalgesellschaft als Geschäftsführer fort (sog. Management- buy-out), so kann es ausreichen, wenn bis zur Erteilung der Zusagen nur rund ein Jahr abgewartet wird (Anschluss an die Senatsurteile vom 29. Oktober 1997 I R 52/97, BFHE 184, 487, BStBl. 1999 II S. 318; vom 18. Februar 1999 I R 51/98, BFH/NV 1999, 1384; vom 18. August 1999 I R 10/99, BFH/NV 2000, 225).

BFH vom 18.04.2002 III R 43/00 (BStBl. 2003 II S. 149): Bezieht eine GmbH für eine ihrem Gesellschafter- Geschäftsführer gegebene Pensionszusage bei der Berechnung des Teilwertes der Pensionsrückstellung zu Unrecht Vordienstzeiten des Pensionsberechtigten ein, führt dies zu keiner vGA, wenn die Pensionszusage dem Grunde und der Höhe nach einem Fremdvergleich standhält.

BFH vom 30.01.2002 I R 56/01 (BFH/NV 2002 S. 1055): Erdienbarkeit von Pensionsanwartschaften bei Unterbrechung des Dienstverhältnisses.

BFH vom 22.01.2002 I B 75/01 (BFH/NV 2002 S. 952): Steuerliche Anerkennung einer Pensionszusage auch bei sofortiger Unverfallbarkeit.

BFH vom 07.11.2001 I R 79/00 (BStBl. 2005 II S. 659):

1. Sagt eine Kapitalgesellschaft ihrem Gesellschafter-Geschäftsführer eine Alters- und/oder eine Invaliditätsversorgung zu, so ist diese Zusage im Gesellschaftsverhältnis veranlasst, wenn die Versorgungsverpflichtung im Zeitpunkt der Zusage nicht finanzierbar ist. In diesem Fall stellen die Zuführungen zu der zu bildenden Pensionsrückstellung vGA dar (Bestätigung des Senatsurteils vom 20. Dezember 2000 I R 15/00, BFHE 194,191).

2. Eine Versorgungszusage ist nicht finanzierbar, wenn die Passivierung des Barwerts der Pensionsverpflichtung zu einer Überschuldung der Gesellschaft im insolvenzrechtlichen Sinne führen würde.

3. Auch bei der Beurteilung der Finanzierbarkeit einer im Invaliditätsfall eintretenden Versorgungsverpflichtung ist nur deren im Zusagezeitpunkt gegebener versicherungsmathematischer Barwert (§ 6a Abs. 3 Satz 2 Nr. 2 EStG) anzusetzen. Es ist nicht von demjenigen Wert auszugehen, der sich bei einem alsbaldigen Eintritt des Versorgungsfalls ergeben würde (Bestätigung des Senatsurteils in BFHE 194, 191).

4. Ist eine Versorgungsverpflichtung in ihrer Gesamtheit nicht finanzierbar, so ist im Allgemeinen davon auszugehen, dass ein ordentlicher und gewissenhafter Geschäftsleiter statt der unfinanzierbaren eine finanzierbare Verpflichtung eingegangen wäre. [1]

BFH vom 20.12.2000 I R 15/00 (BStBl. 2005 II S. 657):

1. Sagt eine Kapitalgesellschaft ihrem Gesellschafter-Geschäftsführer eine Alters- und/oder eine Invaliditätsversorgung zu, so ist diese Zusage im Gesellschaftsverhältnis veranlasst, wenn die Versorgungsverpflichtung im Zeitpunkt der Zusage für die Gesellschaft nicht finanzierbar ist. In diesem Fall stellen die Zuführungen zu der zu bildenden Pensionsrückstellung vGA dar.

2. Eine Versorgungszusage ist nicht finanzierbar, wenn die Passivierung des Barwerts der Pensionsverpflichtung zu einer Überschuldung der Gesellschaft führen würde.

3. Auch bei der Beurteilung der Finanzierbarkeit einer im Invaliditätsfall eintretenden Versorgungsverpflichtung ist nur deren im Zusagezeitpunkt gegebener versicherungsmathematischer Barwert (§ 6a Abs. 3 Satz 2 Nr. 2 EStG) anzusetzen. Es ist nicht von demjenigen Wert auszugehen, der sich bei einem Eintritt des Versorgungsfalls ergeben würde (gegen Tz. 2.2 des BMF-Schreibens vom 14. Mai 1999 IV C 6 – S 2742 – 9/99, BStBl. I 1999, 512).

4. Die Finanzierbarkeit einer Zusage, die sowohl eine Altersversorgung als auch vorzeitige Versorgungsfälle abdeckt, ist hinsichtlich der einzelnen Risiken jeweils gesondert zu prüfen. [1]

BFH vom 29.11.2000 I R 90/99 (BStBl. 2001 II S. 204): Erteilt eine Kapitalgesellschaft ihrem Gesellschafter-Geschäftsführer eine Pensionszusage, die eine Hinterbliebenenversorgung zugunsten der nichtehelichen Lebensgefährtin des Geschäftsführers beinhaltet, so sind die Zuführungen zu der entsprechenden Pensionsrückstellung nicht notwendig vGA. Vielmehr ist im Einzelfall zu prüfen, ob die Zusage der Hinterbliebenenversorgung durch das Gesellschaftsverhältnis oder durch das Anstellungsverhältnis veranlasst ist.

---

1) Hinweis auf BMF-Schreiben vom 6. September 2005 – IV B 7 – S 2742 – 69/05 – (BStBl. I S. 875).

§ 8

BFH vom 08.11.2000 I R 70/99 (BStBl. 2005 II S. 653):

1. Ob eine Pensionszusage zu Gunsten eines Gesellschafter-Geschäftsführers durch das Gesellschaftsverhältnis veranlasst ist und deshalb zu einer vGA führt, ist grundsätzlich nach den Verhältnissen bei Erteilung der Zusage zu beurteilen.

2. War die Erteilung der Pensionszusage nicht durch das Gesellschaftsverhältnis veranlasst, so führt die spätere Aufrechterhaltung der Zusage nicht allein deshalb zu einer vGA, weil die wirtschaftlichen Verhältnisse der verpflichteten Gesellschaft sich verschlechtert haben. Eine vGA kann vielmehr nur dann vorliegen, wenn ein ordentlicher und gewissenhafter Geschäftsleiter in der gegebenen Situation eine einem Fremdgeschäftsführer erteilte Pensionszusage an die veränderten Verhältnisse angepasst hätte.

3. Ein ordentlicher und gewissenhafter Geschäftsleiter ist nicht schon dann zur Anpassung einer Pensionszusage verpflichtet, wenn die zusagebedingte Rückstellung zu einer bilanziellen Überschuldung der Gesellschaft führt.

4. Die Zusage einer Altersversorgung ist nicht allein deshalb durch das Gesellschaftsverhältnis veranlasst, weil eine zusätzlich bestehende Versorgungsverpflichtung für den Invaliditätsfall nicht finanzierbar ist (gegen BMF-Schreiben vom 14. Mai 1999, BStBl. I 1999, 512).[1]

BFH vom 15.03.2000 I R 40/99 (BStBl. 2000 II S. 504): Dem Erfordernis der Erdienensdauer bei der Zusage einer Pension an die nicht beherrschenden Gesellschafter-Geschäftsführer einer GmbH ist jedenfalls dann genügt, wenn im vorgesehenen Zeitpunkt des Eintritts in den Ruhestand der Beginn der Betriebszugehörigkeit mindestens 12 Jahre zurückliegt und die Zusage für mindestens 3 Jahre bestanden hat. In diese Mindestbetriebszugehörigkeit von 12 Jahren sind nicht nur Zeiträume im Betrieb der GmbH einzubeziehen, sondern auch solche, in denen der Gesellschafter-Geschäftsführer zuvor in einem Einzelunternehmen tätig war, das er in die GmbH eingebracht oder das er an diese veräußert hat.

BFH vom 24.03.1999 I R 20/98 (BStBl. 2001 II S. 612):

1. Ist ein Vertrag zwischen einem beherrschenden Gesellschafter und seiner Kapitalgesellschaft nicht klar und eindeutig, so ist dieser anhand der allgemein geltenden Auslegungsregeln auszulegen. Ggf. kann auch Beweis erhoben werden.

2. Sagt eine Kapitalgesellschaft ihrem beherrschenden Gesellschafter eine Pension zu, die aus einer genau bezifferten fiktiven Jahresnettoprämie zu errechnen ist, ist aber in der Zusage der zur Errechnung der Jahresrente notwendige Rechnungszinsfuß nicht angegeben und wird die Jahresrente von einem Versicherungsmathematiker (zeitnah) errechnet, so kann die Höhe des nach dem Parteiwillen anzusetzenden Rechnungszinsfußes auch durch außerhalb des schriftlichen Vertrages liegende Umstände, sei es im Wege der Auslegung, sei es im Wege der Einvernahme des Versicherungsmathematikers, festgestellt werden.[2]

3. Garantierückstellungen sind im Regelfall anhand der Erfahrungswerte in der Vergangenheit zu bewerten. Die Feststellung dieser Erfahrungswerte ist eine dem FG obliegende Tatsachenfeststellung.

BFH vom 29.10.1997 I R 52/97 (BStBl. 1999 II S. 318):

1. Sagt eine Kapitalgesellschaft ihrem Gesellschafter-Geschäftsführer eine Pension zu, so hält diese Zusage dem Fremdvergleich im allgemeinen stand, wenn aus der Sicht des Zusagezeitpunkts – die Pension noch erdient werden kann, – die Qualifikation des Geschäftsführers, insbesondere aufgrund eine Probezeit feststeht, – die voraussichtliche Ertragsentwicklung die Zusage erlaubt und – keine anderen betrieblichen Besonderheiten der Zusage entgegenstehen (z. B. Wahrung des sozialen Friedens).

2. Erdient werden kann eine Pension von einem beherrschenden Gesellschafter, wenn zwischen Zusagezeitpunkt und dem vorgesehenen Zeitpunkt des Eintritts in den Ruhestand mindestens 10 Jahre liegen, und von einem nicht beherrschenden Gesellschafter, wenn im vorgesehenen Zeitpunkt des Eintritts in den Ruhestand der Beginn der Betriebszugehörigkeit mindestens 12 Jahre zurückliegt und die Zusage für mindestens 3 Jahre bestanden hat (Klarstellung BFH-Urteil vom 24. Januar 1996 R 41/95, BFHE 180, 272, BStBl. 1997 II S. 440).

3. Wird ein Einzelunternehmen in eine Kapitalgesellschaft umgewandelt o. ä. und führt der bisherige, bereits erprobte Geschäftsleiter des Einzelunternehmens als Geschäftsführer der Kapitalgesellschaft das Unternehmen fort, so bedarf es vor Erteilung einer Pensionszusage keiner (erneuten) Probezeit für den Geschäftsführer.

---

1) Hinweis auf BMF-Schreiben vom 6. September 2005 – IV B 7 – S 2742 – 69/05 – (BStBl. I S. 875).

2) Vgl. hierzu BMF-Schreiben vom 28. August 2001 (BStBl. I S. 594).

4. Aus dem Fehlen einer Rückdeckungsversicherung für eine Pensionszusage allein ergibt sich noch nicht, dass die Zusage eine vGA ist. [1]

BFH vom 15.10.1997 I R 58/93 (BStBl. 1998 II S. 305):

1. Verzichtet ein Gesellschafter auf eine Pensionszusage gegenüber seiner Kapitalgesellschaft, so ist eine Einlage in Höhe des Teilwerts der Pensionsanwartschaft anzunehmen. Abzustellen ist auf den Teilwert der Pensionsanwartschaft des Gesellschafters und nicht auf den gemäß § 6a EStG ermittelten „Teilwert" der Pensionsverbindlichkeit der Kapitalgesellschaft.

2. Der Teilwert ist unter Beachtung der allgemeinen Teilwertermittlungsgrundsätze im Zweifel nach den Wiederbeschaffungskosten zu ermitteln. Demnach kommt es darauf an, welchen Betrag der Gesellschafter zu dem Zeitpunkt des Verzichtes hätte aufwenden müssen, um eine gleichhohe Pensionsanwartschaft gegen einen vergleichbaren Schuldner zu erwerben. Dabei kann die Bonität des Forderungsschuldners berücksichtigt werden. Außerdem kann von Bedeutung sein, ob die Pension unverfallbar ist oder ob sie voraussetzt, dass der Berechtigte bis zum Pensionsfall für den Verpflichteten nichtselbständig tätig ist.

3. Sollte der Teilwert der Pensionsanwartschaft unter dem Buchwert der Pensionsrückstellung liegen, so ergibt sich in Höhe des Differenzbetrages ein laufender Gewinn der Kapitalgesellschaft, der sachlich steuerpflichtig ist. Sollte der Teilwert der Pensionsanwartschaft über dem Buchwert der Pensionsrückstellung liegen, so ist der Differenzbetrag zum Stichtag des Forderungsverzichts gleichzeitig als Aufwand der Kapitalgesellschaft und als Einlage zu behandeln.

BFH vom 17.05.1995 I R 147/93 (BStBl. 1996 II S. 204): ... 2. Sagt eine Kapitalgesellschaft ihrem Gesellschafter-Geschäftsführer als Gegenleistung für seine Geschäftsführertätigkeit nur die künftige Zahlung einer Pension zu, so liegt darin eine verdeckte Gewinnausschüttung (Aufgabe der Rechtsprechung in den Urteilen vom 21. Februar 1974 I R 160/71, BFHE 111, 506, BStBl. 1974 II S. 363, und vom 28. Oktober 1987 I R 22/84, BFH/NV 1989, 131).

Zu § 8 Abs. 3 KStG / A 39 KStR: Tantiemen für den Gesellschafter-Geschäftsführer

BFH vom 18.9.2007, I R 73/06 (BStBl. 2008 II S. 314):

1. Verspricht eine Kapitalgesellschaft ihrem Gesellschafter-Geschäftsführer eine Gewinntantieme, die an den in der Handelsbilanz ausgewiesenen Jahresüberschuss anknüpft, so ist dies im Allgemeinen steuerlich nur anzuerkennen, wenn unter der (Mit-)Verantwortung des Gesellschafter-Geschäftsführers angefallene oder noch anfallende Jahresfehlbeträge laut Handelsbilanz ebenfalls in die Bemessungsgrundlage der Tantieme einbezogen werden (Anschluss an Senatsurteil vom 17. Dezember 2003 I R 22/03, BFHE 205, 67, BStBl. II 2004, 524) .

2. Die Jahresfehlbeträge müssen hierbei regelmäßig vorgetragen und durch zukünftige Jahresüberschüsse ausgeglichen werden; eine vorhergehende Verrechnung mit einem etwa bestehenden Gewinnvortrag laut Handelsbilanz darf in der Regel nicht vorgenommen werden .

3. Hiervon abweichende Tantiemevereinbarungen führen regelmäßig zu einer vGA, und zwar in Höhe des Differenzbetrags zwischen der tatsächlich zu zahlenden Tantieme und derjenigen, die sich bei Berücksichtigung der noch nicht ausgeglichenen Jahresfehlbeträge aus den Vorjahren ergeben hätte.

BFH vom 09.01.2007 I B 78/06 (BFH/NV 2007 S. 1189): Vereinbarungen über eine an den beherrschenden Gesellschafter zu zahlende Tantieme führen in aller Regel zu einer vGA, wenn sie die Bemessungsgrundlage der Tantieme nicht so genau festlegen, dass die Höhe der geschuldeten Vergütung allein durch Rechenvorgänge ermittelt werden kann.

BFH vom 08.01.2007 XI B 60/06 (BFH/NV 2007 S. 707): Die Zusage einer Tantieme an einen Ehegatten ist nur unter der Voraussetzung betrieblich und nicht privat veranlasst, dass sie mit hoher Wahrscheinlichkeit auch einem Fremden erteilt worden wäre, weil nur bei einer Leistung, die auch einem Fremden in einer vergleichbaren Position gewährt worden wäre, angenommen werden kann, dass auslösendes Moment der Zusage betriebliche und nicht private Motive gewesen sind.

BFH vom 28.06.2006 I R 108/05 (BFH/NV 2007 S. 107): Umsatzprovision an einen Gesellschafter-Geschäftsführer.

BFH vom 14.03.2006 I R 72/05 (BFH/NV 2006 S. 1711): vGA: Festtantieme als Verfügungsbestandteil.

BFH vom 01.02.2006 I B 112/05 (BFH/NV 2006 S. 1158): Gewinntantieme von mehr als 50 v.H.

---

1) Siehe hierzu BMF-Schreiben vom 14.5.1999 IV C 6 – S 2742 – 9/99 (BStBl. I S. 512).

§ 8

BFH vom 01.02.2006 I B 99/05 (BFH/NV 2006 S. 982): Gewinntantieme bei Freiberufler-GmbH.

BFH vom 06.04.2005 I R 10/04 (BFH/NV 2005 S. 2058): Umsatztantiemen von Geschäftsführern als verdeckte Gewinnausschüttungen.

BFH vom 26.05.2004 I R 86/03 (BFH/NV 2005 S. 75): Umsatztantieme für AG-Vorstand nicht notwendig vGA.

BFH vom 17.12.2003 I R 22/03 (BStBl. 2004 II S. 524): Verspricht eine Kapitalgesellschaft ihrem Gesellschafter- Geschäftsführer eine Gewinntantieme, so muss ein bei ihr bestehender Verlustvortrag jedenfalls dann in die Bemessungsgrundlage der Tantieme einbezogen werden, wenn der tantiemeberechtigte Geschäftsführer für den Verlust verantwortlich oder zumindest mitverantwortlich ist. Anderenfalls liegt in Höhe des Differenzbetrags zwischen der tatsächlich zu zahlenden Tantieme und derjenigen, die sich bei Berücksichtigung des Verlustvortrags ergeben hätte, eine vGA vor.

BFH vom 22.10.2003 I R 36/03 (BStBl. 2004 II S. 307):

1. Vereinbart eine GmbH mit ihrem beherrschenden Gesellschafter-Geschäftsführer die Zahlung von Vorschüssen auf eine erst nach Ablauf des Wirtschaftsjahres fällige Gewinntantieme, so müssen die Voraussetzungen und die Zeitpunkte der vereinbarten Vorschusszahlungen im Einzelnen klar und eindeutig im Voraus festgelegt werden. Es genügt nicht, dem Gesellschafter-Geschäftsführer das Recht einzuräumen, angemessene Vorschüsse verlangen zu können.

2. Zahlt eine GmbH ihrem Gesellschafter ohne eine entsprechende klare und eindeutige Abmachung einen unverzinslichen Tantiemevorschuss, so ist der Verzicht auf eine angemessene Verzinsung eine vGA (Anschluss an das Senatsurteil vom 17. Dezember 1997 I R 70/97, BFHE 185, 224, BStBl. 1998 II S. 545). Dabei ist davon auszugehen, dass sich die GmbH und der Gesellschafter im Zweifel die Spanne zwischen banküblichen Soll- und Habenzinsen teilen (Anschluss an die Senatsurteile vom 28. Februar 1990 I R 83/87, BFHE 160, 192, BStBl. 1990 II S. 649; vom 19. Januar 1994 I R 93/93, BFHE 174, 61, BStBl. 1994 II S. 725).

BFH vom 01.04.2003 I R 78, 79/02 (BFH/NV 2004 S. 86): Eindeutigkeit einer Tantiemevereinbarung.

BFH vom 10.07.2002 I R 37/01 (BStBl. 2003 II S. 418):

1. Ob eine Gewinntantieme der Höhe nach angemessen ist, muss grundsätzlich anhand derjenigen Umstände und Erwägungen beurteilt werden, die im Zeitpunkt der Tantiemezusage gegeben waren bzw. angestellt worden sind.

2. Hielt eine Tantiemevereinbarung im Zeitpunkt ihres Abschlusses einem Fremdvergleich stand und erhöhte sich die Bemessungsgrundlage für die Tantieme später in unerwartetem Maße, so führt die entsprechende Erhöhung der Tantieme nur dann zu einer vGA wenn die Gesellschaft die Vereinbarung zu ihren Gunsten hätte anpassen können und darauf aus im Gesellschaftsverhältnis liegenden Gründen verzichtete.

BFH vom 27.03.2001 I R 27/99 (BStBl. 2002 II S. 111): Verzichtet der alleinige Gesellschafter einer GmbH wegen verschlechterter Gewinnsituation der Gesellschaft auf das vereinbarte Geschäftsführergehalt, jedoch nicht auf die ihm zugesagte Gewinntantieme, so führt die „stehengelassene " Tantieme jedenfalls dann zur Annahme einer vGA, wenn sie weder zeitlich noch betragsmäßig begrenzt wird.[1]

BFH vom 15.03.2000 I R 74/99 (BStBl. 2000 II S. 547):

1. Die Zahlung einer Gewinntantieme ist insoweit, als die Tantieme sich auf mehr als 50 v. H. des Jahresüberschusses der zahlenden Gesellschaft beläuft, in der Regel auch bei einem nicht beherrschenden Gesellschafter-Geschäftsführer vGA.

2. Während der Aufbauphase einer Gesellschaft kann eine das Übliche übersteigende Gewinntantieme nur dann steuerlich anerkannt werden, wenn die Tantiemeverpflichtung von vornherein auf die Aufbauphase begrenzt ist. Das gilt jedenfalls dann, wenn der begünstigte Gesellschafter aufgrund seines Stimmrechts eine spätere Änderung seines Anstellungsvertrags verhindern könnte.

BFH vom 12.10.1995 I R 27/95 (BStBl. 2002 II S. 367):

1. Behandelt das FG die Vereinbarung einer Gewinntantieme gegenüber einem beherrschenden Gesellschafter- Geschäftsführer nur unter dem Gesichtspunkt des Fremdvergleichs als unangemessen und deshalb als vGA, so darf es die Rechtsfolge des § 8 Abs. 3 Satz 2 KStG nicht auch auf den angemessenen Teil der Gewinntantieme erstrecken.[2]

---

1) Auf das BMF-Schreiben IVA 2 – S 2742 – 4/02 vom 1. Februar 2002 (BStBl. I S. 219) wird verwiesen.

2) Auf das BMF-Schreiben vom 28. Mai 2002, BStBl. I S. 603, wird verwiesen.

2. Eine im Jahre 1985 verwirklichte vGA kann nicht in den Erhebungszeitraum 1986 übertragen werden (Bestätigung des BFH-Urteils vom 29. Juni 1994 I R 137/93, BFHE 175, 347)[1].

BFH vom 05.10.1994 I R 50/94 (BStBl. 1995 II S. 549)

1. Eine GmbH muß das Geschäftsführergehalt ihres Gesellschafter-Geschäftsführers auch an den eigenen Gewinnaussichten ausrichten.

2. Soweit Tantiemeversprechen einer GmbH gegenüber mehreren Gesellschafter-Geschäftsführern insgesamt den Satz von 50 v. H. des Jahresüberschusses übersteigen, spricht der Beweis des ersten Anscheins für die Annahme einer verdeckten Gewinnausschüttung.

3. Die unübliche Höhe einer Gewinntantieme rechtfertigt es nicht, dieselbe insgesamt als verdeckte Gewinnausschüttung zu behandeln. Nur der unangemessen hohe Tantiemeanteil ist verdeckte Gewinnausschüttung.

4. Bei der Beurteilung der Angemessenheit einer Gewinntantieme ist von der Höhe der angemessenen Jahresgesamtbezüge auszugehen, die die GmbH bei normaler Geschäftslage ihrem Geschäftsführer zu zahlen in der Lage und bereit ist. Die Jahresgesamtbezüge sind in ein Festgehalt (in der Regel mindestens 75 v. H.) und in einen Tantiemeteil (in der Regel höchstens 25 v. H.) aufzuteilen. Der variable Tantiemeteil ist in Relation zu dem erwarteten Durchschnittsgewinn auszudrücken.

BFH vom 10.03.1993 I R 51/92 (BStBl. 1993 II S. 635): Eine im Laufe des Jahres verwirklichte verdeckte Gewinnausschüttung wird nicht dadurch ganz oder teilweise rückgängig gemacht, dass der mit der Zuwendung verbundene Aufwand den nach Jahresende entstehenden Anspruch der Gesellschafter auf Gewinntantiemen vermindert.

BFH vom 02.12.1992 I R 54/91 (BStBl. 1993 II S. 311 - Nur-Gewinntantieme): Vereinbart eine GmbH mit ihren beherrschenden Gesellschafter-Geschäftsführern als Entgelt für die Geschäftsführertätigkeit ausschließlich eine Gewinntantieme, so kann diese unter Würdigung aller Umstände im Einzelfall eine verdeckte Gewinnausschüttung sein.

BFH vom 01.07.1992 I R 78/91 (BStBl. 1992 II S. 975): Die vertragliche Bemessung der Tantieme eines beherrschenden Gesellschafter-Geschäftsführers nach dem „Gewinn gemäß GoB unter Berücksichtigung aller steuerlich zulässigen Maßnahmen " oder nach dem „Ergebnis der Steuerbilanz " enthält keine klaren Rechtsgrundlagen für die Bemessung nach dem körperschaftsteuerlichen Einkommen zuzüglich dem Aufwand für Gewerbesteuer.

BFH vom 29.04.1992 I R 21/90 (BStBl. 1992 II S. 851): Steht eine im übrigen klare Tantiemevereinbarung mit einem beherrschenden Gesellschafter unter dem vertraglichen Vorbehalt, dass die Gesellschafterversammlung die Tantieme anderweitig höher oder niedriger festsetzen kann, dann besteht Unsicherheit und deshalb auch Unklarheit, ob der Tantiemeanspruch des Gesellschafter-Geschäftsführers letztlich Bestand haben wird. Deshalb ist steuerrechtlich in Höhe des Betrages der Rückstellung für die Tantieme eine verdeckte Gewinnausschüttung anzunehmen.

Zu § 8 Abs. 3 KStG / A 40 KStR: verdeckte Einlage

BFH vom 14.07.2009, VIII R 10/07 (BFH/NV 2009, 1815):

1. Die Rückgewähr einer verdeckten Gewinnausschüttung wegen Verletzung der gesellschaftsrechtlichen Treuepflicht ist gesellschaftsrechtlich veranlasst. Die Rückzahlung der Ausschüttung stellt daher eine Einlage des Gesellschafters und keine negative Einnahme aus Kapitalvermögen dar.

2. Zum Vertrauensschutz bei Änderung der Rechtsprechung gemäß § 176 Abs. 1 Satz 1 Nr. 3 AO.

BFH vom 03.08.2005 I B 242/04 (BFH/NV 2005 S. 2210): Aufwandszuschuss an Verkehrsunternehmen: Einlage oder Betriebseinnahme.

BFH vom 20.07.2005 X R 22/02 (BStBl. 2006 II S. 457): Die verdeckte Einlage einer im Betriebsvermögen gehaltenen 100 %igen Beteiligung an einer Kapitalgesellschaft in eine andere Kapitalgesellschaft, an welcher der einlegende Steuerpflichtige ebenfalls zu 100% beteiligt ist, führt auch dann zu einer Gewinnrealisierung, wenn auch die Beteiligung an der Zielkapitalgesellschaft zum Betriebsvermögen des Steuerpflichtigen gehört.

BFH vom 16.06.2004 X R 34/03 (BFH/NV 2004 S. 1701): Verdeckte Einlage von Wirtschaftsgütern des bisherigen Einzelunternehmers und jetzigen Besitzunternehmers in das Betriebsvermögen einer zuvor

---

1) Auf das BMF-Schreiben IVA 2 – S 2742 – 4/02 vom 1. Februar 2002 (BStBl. I S. 219) wird verwiesen.

mit einem nahen Angehörigen im Wege der Bargründung errichteten Betriebs-GmbH ; teilentgeltliche Übertragung von Wirtschaftsgütern; Übergang des Geschäftswerts.

BFH vom 28.04.2004 I R 20/03 (BFH/NV 2005 S. 19): Abschreibung von zusätzlichen Anschaffungskosten in Gestalt verdeckter Einlagen.

BFH vom 20.12.2001 I B 74/01 (BFH/NV 2002 S. 678): Keine verdeckte Einlage zum Teilwert bei Schuldübernahme unter Regressverzicht durch Gesellschafter einer Kapitalgesellschaft.

BFH vom 04.07.2001 VIII B 79/00 (BFH/NV 2001 S. 1553): Mittelbar verdeckte Einlage – Darlehensgewährung.

BFH vom 08.05.2000 VIII B 78/99 (BFH/NV 2000 S. 1201): Zahlung der auf vGA entfallenden Mehrsteuern der GmbH durch Gesellschafter als verdeckte Einlage.

BFH vom 19.08.1999 I R 77/96 (BStBl. 2001 II S. 43) [1)]

1. Das sog. Schütt-aus-Hol-zurück-Verfahren stellt grundsätzlich keinen Missbrauch von Gestaltungsmöglichkeiten des Rechts dar. Das gilt auch dann, wenn sich die – zueinander als fremde Dritte gegenüberstehenden – Anteilseigner einer GmbH auf eine von den Beteiligungsverhältnissen abweichende („inkongruente ") Gewinnausschüttung verständigen, um dadurch einem der Anteilseigner einen Verlustabzug zu ermöglichen, und wenn anschließend der hierdurch begünstigte Anteilseigner die an ihn ausgeschütteten Gewinne seinerseits wieder inkongruent in die GmbH einlegt.

2. Die inkongruente Wiedereinlage zuvor inkongruent ausgeschütteter Gewinne erfolgt regelmäßig im Eigeninteresse, auch wenn die Kapitalzuführung gleichzeitig eine Wertsteigerung der vom Mitgesellschafter gehaltenen Beteiligung mit sich bringt. Eine Zuwendung an den Mitgesellschafter mit anschließender Wiedereinlage durch diesen scheidet unter solchen Umständen aus (Abgrenzung zum BFH-Beschluss vom 9. Juni 1997 GrS 1/94, BFHE 183, 187, BStBl. 1998 II S. 307).

3. Gleichgelagerte Interessen der Gesellschafter bei der Beschlussfassung über die Ausschüttung der Gewinne der GmbH begründen kein „Nahestehen " der Gesellschafter.

4. Gemäß § 42 Satz 2 AO 1977 entsteht der Steueranspruch im Falle eines Missbrauchs so, wie er bei einer den wirtschaftlichen Vorgängen angemessenen rechtlichen Gestaltung entsteht. Diese Rechtsfolgen einer rechtsmissbräuchlichen Gestaltung kann nur bei demjenigen Steuerpflichtigen gezogen werden, der aus der Gestaltung einen steuerlichen Vorteil erzielt.

BFH vom 25.05.1999 VIII R 59/97 (BStBl. 2001 II S. 226):

1. Die Rückgewähr von vGA (oder deren Wertersatz) aufgrund einer sog. Satzungsklausel ist beim Gesellschafter als Einlage zu qualifizieren.

2. Schuldet der Gesellschafter für die Zeit zwischen Vorteilsgewährung und Rückgewähr (angemessene) Zinsen, stehen diese in einem Veranlassungszusammenhang zu den aus der Beteiligung an der Kapitalgesellschaft erzielten Einnahmen.

BFH vom 15.10.1997 I R 23/93 (BFH/NV 1998 S. 826): Zum Verzicht einer dem Gesellschafter nahestehenden Person auf eine nicht mehr werthaltige Forderung. Der Einlagewert beträgt in diesem Fall 0 DM.

BFH vom 15.10.1997 I R 103/93 (BFH/NV 1998 S. 572): Zur steuerlichen Behandlung des Forderungsverzichts (Einlage in Höhe des Teilwerts).

BFH vom 09.06.1997 GrS 1/94 (BStBl. 1998 II S. 307; HFR 1997 S. 839):

1. Ein auf dem Gesellschaftsverhältnis beruhender Verzicht eines Gesellschafters auf seine nicht mehr vollwertige Forderung gegenüber seiner Kapitalgesellschaft führt bei dieser zu einer Einlage in Höhe des Teilwerts der Forderung. Dies gilt auch dann, wenn die entsprechende Verbindlichkeit auf abziehbare Aufwendungen zurückgeht.

2. Der Verzicht des Gesellschafters auf eine Forderung gegenüber seiner Kapitalgesellschaft im Wege der verdeckten Einlage führt bei ihm zum Zufluss des noch werthaltigen Teils der Forderung.

3. Eine verdeckte Einlage bei der Kapitalgesellschaft kann auch dann anzunehmen sein, wenn der Forderungsverzicht von einer dem Gesellschafter nahestehenden Person ausgesprochen wird.

---

1) Vgl. hierzu BMF-Schreiben vom 07.12.2000 – IVA 2 – S 2810 – 4/00 (BStBl. I S. 47).

BFH vom 29.05.1996 I R 118/93 (BStBl. 1997 II S. 92):

1. Ein Anspruch auf Rückgewähr von vGA hat steuerrechtlich den Charakter einer Einlageforderung (Anschluss an die bisherige Rechtsprechung). Er schließt weder die Annahme einer vorherigen vGA i. S. des § 8 Abs. 3 Satz 2 KStG noch einer anderen Ausschüttung i.S. des § 27 Abs. 3 Satz 2 KStG aus.

2. Der Rückgewähranspruch ist gliederungsrechtlich erst im Zeitpunkt seiner Erfüllung im EK 04 zu erfassen (Änderung der Rechtsprechung).

BFH vom 26.10.1987 GrS 2/86 (BStBl. 1988 II S. 348):

1. Der von einem Gesellschafter einer Kapitalgesellschaft gewährte Vorteil, ein Darlehen zinslos nutzen zu können, ist steuerrechtlich kein einlagefähiges Wirtschaftsgut.

2. Eine Kapitalgesellschaft, die einer anderen, ihr unmittelbar nachgeschalteten Kapitalgesellschaft einen unentgeltlichen Nutzungsvorteil im Sinne der Rechtsfrage 1 gewährt, kann diesen Vorteil steuerrechtlich nicht gewinnerhöhend ansetzen.

3. Gewährt eine Tochterkapitalgesellschaft ihrer Schwestergesellschaft einen Nutzungsvorteil im Sinne der Rechtsfrage 1, fließt der gemeinsamen Muttergesellschaft eine verdeckte Gewinnausschüttung zu, der jedoch ein gleich hoher Aufwand gegenübersteht; zu einer verdeckten Einlage bei der Schwestergesellschaft kommt es nicht.

Zu § 8 Abs. 4 KStG: Verlustabzug

BFH vom 01.07.2009, I R 101/08 (BFH/NV 2009, 1838): Aus dem Missbrauchsverhinderungszweck der Regelung des § 8 Abs. 4 KStG a.F., der auf einem engen sachlichen und zeitlichen Zusammenhang zwischen der Anteilsübertragung und der Betriebsvermögenszuführung aufbaut, folgt zwar einerseits, dass es auf die steuerrechtliche Qualifikation des zugeführten Betriebsvermögens als Anlagevermögen oder Umlaufvermögen grundsätzlich nicht ankommen kann. Andererseits sind solche Betriebsvermögenszuführungen im Bereich des Umlaufvermögens aus dem Tatbestand auszuklammern, die sich als Ergebnis eines fortlaufenden Wirtschaftens mit dem nämlichen Betriebsvermögen darstellen bzw. sich auf ein nicht die wirtschaftliche Identität des Unternehmens prägendes Umlaufvermögen beziehen.

BFH vom 08.10.2008, I R 95/04 (BFH/NV 2009, 500): Es wird die Entscheidung des Bundesverfassungsgerichts darüber eingeholt, ob § 54 Abs. 6 KStG 1996 i.d.F. des Gesetzes zur Finanzierung eines zusätzlichen Bundeszuschusses zur gesetzlichen Rentenversicherung (BGBl I 1997, 3121, BStBl I 1998, 7) insoweit gegen Art. 3 Abs. 1 GG verstößt, als § 8 Abs. 4 KStG 1996 i.d.F. des Gesetzes zur Fortsetzung der Unternehmenssteuerreform (BGBl I 1997, 2590, BStBl I 1997, 928) für Körperschaften, die ihre wirtschaftliche Identität –gemessen an den Maßstäben der Neuregelung– vor dem 1. Januar 1997 verloren haben, bereits 1997 anzuwenden ist, dagegen für Körperschaften, die ihre wirtschaftliche Identität erstmals im Jahr 1997 vor dem 6. August verloren haben, erst im Jahr 1998.

BFH vom 27.08.2008, I R 78/01 (BFH/NV 2009 S. 497):

1. Die Übernahme von 60 v.H. des Stammkapitals einer Körperschaft anlässlich einer Kapitalerhöhung steht einer entsprechenden Anteilsübertragung i.S. von § 8 Abs. 4 Satz 2 KStG 1996 i.d.F. des Gesetzes zur Fortsetzung der Unternehmenssteuerreform vom 29. Oktober 1997 (BGBl I 1997, 2590, BStBl I 1997, 928) gleich.

2. Werden die Anteile an einer GmbH anlässlich einer Kapitalerhöhung von einer KG übernommen, an der die übrigen Gesellschafter der GmbH mittelbar im letztlich selben Verhältnis beteiligt sind, liegt ein schädlicher Anteilseignerwechsel i.S. von § 8 Abs. 4 Satz 2 KStG 1996 vor (Bestätigung des Senatsurteils vom 20. August 2003 I R 81/02, BFHE 203, 424, BStBl II 2004, 614).

3. § 8 Abs. 4 KStG 1996 i.d.F. des Gesetzes zur Fortsetzung der Unternehmenssteuerreform vom 29. Oktober 1997 (BGBl I 1997, 2590, BStBl I 1997, 928) i.V.m. § 54 Abs. 6 Satz 2 KStG 1996 i.d.F. des Gesetzes zur Finanzierung eines zusätzlichen Bundeszuschusses zur gesetzlichen Rentenversicherung vom 19. Dezember 1997 (BGBl I 1997, 3121, BStBl I 1998, 7), nunmehr § 34 Abs. 6 Satz 12 KStG 1999 i.d.F. des Gesetzes zur Senkung der Steuersätze und zur Reform der Unternehmensbesteuerung (Steuersenkungsgesetz) vom 23. Oktober 2000 (BGBl I 2000, 1433, BStBl I 2000, 1428) wirkt nicht in verfassungsrechtlich unzulässiger Weise zurück.

BFH vom 28.5.2008, I R 87/07, DB 2008, 2402

1. § 8 Abs. 4 KStG 1996 n.F. definiert die „wirtschaftliche Identität" einer Körperschaft in Satz 1 nicht, sondern bestimmt in Satz 2 lediglich beispielhaft, wann eine wirtschaftliche Identität nicht mehr gegeben ist. Satz 2 des § 8 Abs. 4 KStG 1996 n.F. als Regelbeispiel setzt damit aber zugleich mittelbar einen Maßstab für die unter Satz 1 zu fassenden Sachverhalte. Sie müssen Voraussetzungen erfüllen,

§ 8

die mit den in Satz 2 genannten wirtschaftlich vergleichbar sind (ständige Rechtsprechung, z.B. Senatsurteile vom 20. August 2003 I R 61/01 und I R 81/02, BFHE 203, 135 und 424, BStBl. II 2004, 616 und 614; vom 5. Juni 2007 I R 9/06, BFHE 218, 207). 2. Wenn im Zusammenhang mit der die Hälfte des gezeichneten Kapitals übersteigenden Übertragung von Geschäftsanteilen und einer Änderung des Unternehmenszwecks von einer aktiv tätigen zu einer vermögensverwaltenden Gesellschaft im Rahmen einer Betriebsaufspaltung (Branchenwechsel) kein neues Betriebsvermögen zugeführt worden ist, liegt eine wirtschaftlich mit dem Regelbeispiel vergleichbare Situation nicht vor.

BFH vom 29.04.2008 I R 25/06, n.v.: Aufhebung des Vorlagebeschlusses vom 22.08.2006 (BStBl. 2007 II S. 793), nachdem die Zweifel an der Rechtsgültigkeit des § 8 Abs. 4 KStG i.d.F. des Gesetzes zur Fortführung der Unternehmenssteuerreform vom 29.10.1997 (BGBl. I S. 1997, 2590) wegen des zur Parallelfrage des § 12 Abs. 2 S. 2 UmwStG ergangenen BVerfG-Beschlusses vom 15.01.2008 2 BvL 12/01, DStR 2008, 556 ausgeräumt sind.

BFH vom 29.4.2008, I R 91/05, DB 2008, 2340

1. Fremdfinanzierte Anschaffungen führen zu neuem Betriebsvermögen i.S. des § 8 Abs. 4 Satz 2 KStG 1996 n.F.

2. Der Verlust der wirtschaftlichen Identität einer GmbH gemäß § 8 Abs. 4 Satz 2 KStG 1996 n.F. setzt voraus, dass zwischen der Übertragung der Gesellschaftsanteile und der Zuführung neuen Betriebsvermögens ein sachlicher und zeitlicher Zusammenhang besteht. Erwirbt die Gesellschaft noch im Jahr der Anteilsübertragung überwiegend neues Betriebsvermögen, ist aufgrund des engen zeitlichen auch der erforderliche sachliche Zusammenhang widerlegbar zu vermuten (Anschluss an Senatsurteile vom 14. März 2006 I R 8/05, BFHE 212, 517, BStBl. II 2007, 602; vom 26. Mai 2004 I R 112/03, BFHE 206, 533, BStBl. II 2004, 1085, sowie Senatsbeschluss vom 15. Dezember 2004 I B 115/04, BFHE 209, 53, BStBl. II 2005, 528).

BFH vom 05.06.2007 I R 9/06 (DStR 2007 S. 2152):

1. Eine Reduzierung des Geschäftsbetriebs auf einen geringfügigen Teil der bisherigen Tätigkeit verbunden mit einer späteren Ausweitung auf eine völlig andersartige, wieder sehr viel umfangreichere Tätigkeit kann einen mit einer Einstellung und Wiederaufnahme des Geschäftsbetriebs i. S. von § 8 Abs. 4 Satz 2 KStG 1996 a. F. wirtschaftlich vergleichbaren Sachverhalt begründen, der zu einem Verlust der wirtschaftlichen Identität nach § 8 Abs. 4 Satz 1 KStG 1996 a. F. führt.

2. Überwiegend neues Betriebsvermögen i. S. des § 8 Abs. 4 Satz 2 KStG 1996 a. F. liegt vor, wenn das zugegangene Aktivvermögen das vorher vorhandene Restaktivvermögen übersteigt. Dies ist anhand einer gegenständlichen Betrachtungsweise zu ermitteln; eine Verrechnung von Zu- und Abgängen zu einem betragsmäßigen Saldo ist nicht vorzunehmen (Bestätigung des BFH v. 13. 8. 1997, I R 89/96, BFHE 183, 556, BStBl. 1997 II S. 829; und v. 8. 8. 2001, I R 29/00, BFHE 196, 178, BStBl. 2002 II S. 392; Abweichung vom BMF v. 17. 6. 2002, IVA 2 – S 2745 – 8/02, BStBl. I 2002, 629 i.V. m. BMF v. 16. 4. 1999, BStBl. I 1999, IV C 6 – S 2745 – 12/99, 455 Tz. 09).

3. Die Zuführung auch von Umlaufvermögen kann jedenfalls dann zu neuem Betriebsvermögen i. S. des § 8 Abs. 4 Satz 2 KStG 1996 a. F. führen, wenn sie mit einem Branchenwechsel verbunden ist.

4. § 8 Abs. 4 KStG 1996 a. F. schließt den Verlustabzug vom Zeitpunkt der Anteilsübertragung an aus. Zuvor festgestellte Verlustvorträge sind deshalb nur insoweit für den Verlustabzug heranzuziehen, als dieser vom anteiligen Gesamtbetrag der Einkünfte vorzunehmen ist, der auf den Zeitraum bis zur Anteilsübertragung entfällt (gegen BMF v. 16. 4. 1999, BStBl. I 1999, 455 Tz. 33).

BFH vom 05.06.2007 I R 106/05 (BFH/NV 2007 S. 2200): Überwiegend neues Betriebsvermögen i.S.d. § 8 Abs. 4 Satz 2 KStG 1999 liegt vor, wenn das zugegangene Aktivvermögen das vorher vorhandene Restaktivvermögen übersteigt. Dies ist anhand einer gegenständlichen Betrachtungsweise zu ermitteln; eine Verrechnung von Zu- und Abgängen zu einem betragsmäßigen Saldo ist nicht vorzunehmen (Bestätigung der Senatsurteile v. 13.08.1997 – I R 89/96, BStBl. 1997 II S. 829, und v. 08.08.2001 – I R 29/00, BStBl. 2002 II S. 392, STX 45/2001, 694; Abweichung vom BMF-Schreiben v. 17.06.2002 – IVA 2 – S 2745 – 8/02, BStBl. I 2002, 629, STX 25/2002, 378, i.Vm. BMF-Schreiben v. 16.04.1999 – IV C 6 – S 2745 – 12/99, BStBl. I 1999, 455, Tz. 9, STX 19/1999, 297). Innenfinanzierte Anschaffungen führen jedenfalls dann zu neuem Betriebsvermögen i.S.d. § 8 Abs. 4 Satz 2 KStG 1999, wenn es sich um einen Fall des Branchenwechsels handelt.

BFH vom 14.03.2006 I R 8/05 (BStBl. 2007 II S. 602): Der Verlust der wirtschaftlichen Identität einer GmbH gemäß § 8 Abs. 4 Satz 2 KStG 1996 setzt voraus, dass zwischen der Übertragung der Gesellschaftsanteile und der Zuführung neuen Betriebsvermögens ein sachlicher und zeitlicher Zusammenhang besteht. Werden Anteile mehr als ein Jahr vor einem Branchenwechsel und der Zuführung neuen Betriebsvermögens übertragen, kann ein derartiger Zusammenhang nicht unterstellt werden. Maßgeblich sind vielmehr die Gegebenheiten des Einzelfalles (Anschluss an Senatsurteil vom 26.5.2004 I R 112/03, BStBl. 2004 II S. 1085, sowie Senatsbeschluss vom 15.12.2004 I B 115/04, BStBl. 2005 II S. 528; Abweichung vom BMF-Schreiben vom 16.4.1999, BStBl. I 1999, 455 Tz. 12 und 33).

BFH vom 15.12.2004 I B 115/04 (BStBl. 2005 II S. 528):

1. Der Verlust der wirtschaftlichen Identität einer GmbH gemäß § 8 Abs. 4 Satz 2 KStG 1999/2002 setzt voraus, dass zwischen der Übertragung der Gesellschaftsanteile und der Zuführung neuen Betriebsvermögens ein sachlicher und zeitlicher Zusammenhang besteht (Bestätigung des Senatsurteils vom 26. Mai 2004 I R 112/03, BFHE 206, 533, BStBl. 2004 II S. 1085). Es ist ernstlich zweifelhaft, dass dieser Zusammenhang gegeben ist, wenn zwischen der schädlichen Anteilsveräußerung i. S. des § 8 Abs. 4 Satz 2 KStG 1999/2002 und der Fortführung des Unternehmens nach Zuführung neuen Betriebsvermögens mehr als drei Jahre liegen (Abweichung vom BMF-Schreiben vom 16. April 1999, BStBl. I 1999, 455 Tz. 12 und 33).

2. Einstweiliger Rechtsschutz mit dem Ziel der vorläufigen Berücksichtigung eines höheren Verlustvortrags kann nur durch Anfechtung und Aussetzung der Vollziehung des vorangehenden Verlustfeststellungsbescheides, nicht aber des Folgebescheides erreicht werden.

BFH vom 26.05.2004 I R 112/03 (BFH/NV 2004 S. 1735): Kein Verlust der wirtschaftlichen Identität i. S. des § 8 Abs. 4 KStG bei bloßer Umschichtung der Finanzanlagen sowie bei fehlendem zeitlichen Zusammenhang zwischen Zuführung neuen Betriebsvermögens und Veräußerung der Geschäftsanteile.

BFH vom 22.10.2003 I R 18/02 (BStBl. 2004 II S. 468): Bei Feststellung des vortragsfähigen Gewerbeverlustes gemäß § 10a Satz 2 GewStG ist in den Fällen des § 8 Abs. 4 KStG 1991 nicht nur die Höhe des jeweiligen Verlustbetrages, sondern auch die steuerliche Abzugsfähigkeit dieses Betrages nach Maßgabe der im Feststellungszeitpunkt geltenden Rechtslage für das spätere Abzugsjahr verbindlich festzulegen (Bestätigung des BMF-Schreibens vom 16. April 1999, BStBl. I 1999, 455 Tz. 35). (Ermittlung der schädlichen Beteiligungsquote unter Berücksichtigung eines zusätzlichen Forderungserwerbs und weiterer Sachverhaltselemente.)

BFH vom 20.08.2003 I R 61/01 (BStBl. 2004 II S. 616): Die Veräußerung von Geschäftsanteilen einer Kapitalgesellschaft, die an einer anderen Kapitalgesellschaft beteiligt ist, führt nicht gemäß § 8 Abs. 4 KStG 1991 zum Verlust der wirtschaftlichen Identität dieser anderen Kapitalgesellschaft.

BFH vom 20.08.2003 I R 81/02 (BStBl. 2004 II S. 614): Die Übernahme der Anteile an einer GmbH durch eine Personengesellschaft im Rahmen einer konzerninternen Umstrukturierung führt gemäß § 8 Abs. 4 Satz 2 KStG 1991 zum Verlust der wirtschaftlichen Identität der GmbH.

BFH vom 08.08.2001 I R 29/00 (BStBl. 2002 II S. 392):

1. Unter der Zuführung neuen Betriebsvermögens i. S. von § 8 Abs. 4 Satz 2 KStG 1991 ist nur die Zuführung neuen Aktivvermögens zu verstehen (Bestätigung des Senatsurteils vom 13. August 1997 I R 89/96, BFHE 183, 556, BStBl. 1997 II S. 829).[1]

2. Um neues Betriebsvermögen in diesem Sinne handelt es sich nicht nur dann, wenn das neue Aktivvermögen unter Verrechnung von Zugängen und Abgängen im betragsmäßigen Saldo höher als das ursprüngliche Aktivvermögen ist, sondern auch dann, wenn die Neuzuführungen den Bestand des vor der Zuführung vorhandenen Restaktivvermögens übersteigen. 3. Die Übernahme von Bürgschaften und die Einräumung von Sicherheiten für Bankkredite kann der Zuführung neuen Aktivvermögens wirtschaftlich vergleichbar sein.

BFH vom 01.02.2001, IV R 3/00 (BStBl. 2001 II S. 520): Wurde vor Inkrafttreten des § 8 Abs. 4 KStG zugleich mit dem Verlustmantel einer GmbH eine gegen diese gerichtete nicht mehr werthaltige Forderung erworben, kann dieser Vorgang nach § 42 AO 1977 wie der Erwerb von GmbH-Anteilen nach vorherigem Forderungsverzicht des Gläubigers der GmbH zu behandeln sein.

BFH vom 11.02.1998 I R 89/97 (BStBl. 1998 II S. 691): Die verdeckte Einlage des Anteils an einer Kapitalgesellschaft i. S. des § 17 Abs. 1 EStG i. d. F. bis zur Änderung durch das StÄndG 1992 in das Betriebsvermögen einer anderen Kapitalgesellschaft ist gemäß § 6 Abs. 1 Nr. 5 Satz 1 Halbsatz 2 Buchst. b EStG mit den Anschaffungskosten zu bewerten.[2]

---

1) Auf das BMF-Schreiben vom 17. Juni 2002 (BStBl. I S. 629) wird verwiesen.

2) Vgl. hierzu BMF-Schreiben vom 2. November 1998 – IV C 2 – S 2244 –2/98 (BStBl. I 1998, 1227).

§ 8

BFH vom 11.02.1998 I R 81/97 (BStBl. 1998 II S. 485): Liegen die Voraussetzungen von § 54 Abs. 4 KStG i. d. F. des StRG 1990 nicht vor, findet § 8 Abs. 4 KStG i. d. F. des StRG 1990 erstmals auf den Veranlagungszeitraum 1990 Anwendung. Auch der Abzug von Verlusten, die vor diesem Veranlagungszeitraum entstanden sind, wird durch die Neuregelungen in § 8 Abs. 4 KStG eingeschränkt. Darin liegt kein Verstoß gegen das verfassungsrechtliche Rückwirkungsverbot.

BFH vom 27.10.1994 I R 60/94 (BStBl. 1995 II S. 326): Wird eine Einkaufs- und Liefergenossenschaft des Handwerks, eingetragene Genossenschaft mit beschränkter Haftpflicht (ELG), in eine Gesellschaft mit beschränkter Haftung (GmbH) nach §§ 4 ff. der Verordnung über die Gründung, Tätigkeit und Umwandlung von Produktionsgenossenschaften des Handwerks (GBl DDR I 1990, 164) umgewandelt, so kann die GmbH Verluste der ELG steuerlich nicht geltend machen.

BFH vom 23.03.1994 I B 134/93 (BFH/NV 1994 S. 782): Keine Übertragung von Verlusten auf die übertragende Körperschaft, die die aufnehmende Körperschaft erst nach der Umwandlung erwirtschaftet hat.

Zu § 8 Abs. 5 KStG: Außeransatzbleiben von Mitgliederbeiträgen

BFH vom 28.06.1989 I R 86/85 (BStBl. 1990 II S. 550):

1. Vereinsbeiträge, die ein Entgelt für bestimmte Leistungen des Vereins zugunsten seiner Mitglieder darstellen, sind keine Mitgliedsbeiträge i. S. von § 8 Abs. 1 KStG 1968, § 8 Abs. 6 KStG 1977 (Anschluss an BFH-Urteil vom 29. August 1973 I R 234/71, BFHE 110, 405, BStBl. 1974 II S. 60).

2. Beschränkt sich die Tätigkeit eines Vereins darauf, seinen Mitgliedern preisgünstige Reisen zu vermitteln und zinsgünstige Darlehen zu gewähren, so sind die gesamten Beiträge Entgelt für diese Leistungen. . . .

BFH vom 29.08.1973 I R 234/71 (BStBl. 1974 II S. 60,HFR 1974 S. 58): Eine Interessengemeinschaft von Lohnsteuerzahlern ist kein Berufsverband. Die von ihr erhobenen Mitgliedsbeiträge bleiben nicht gemäß § 8 Abs. 1 KStG außer Ansatz, weil ein Leistungsaustausch vorliegt.

BFH vom 08.06.1966 II 51/63 (BStBl. 1966 III S. 632, HFR 1966 S. 510): Auslagen, die pauschalierte Entgelte der einzelnen Mitglieder eines steuerpflichtigen Berufsverbandes für die Förderung der wirtschaftlichen Einzelinteressen der Mitglieder durch zusammengefasste Werbung darstellen, sind keine Mitgliederbeiträge im Sinne des § 8 Abs. 1 KStG.

BFH vom 09.02.1965 I 25/63 U (BStBl. 1965 III S. 294): Zur Abgrenzung der reinen Mitgliederbeiträge von steuerpflichtigen pauschalierten Gegenleistungen bei Haus- und Grundbesitzervereinen und Mietervereinen.

Zu § 8 Abs. 6 KStG: Abzugsverbot bei abgeltender Quellensteuer
(einstweilen frei)

§ **8a Betriebsausgabenabzug für Zinszahlungen bei Körperschaften (Zinsschranke)** [1]

(1) [2] [1]§ **4h Abs. 1 Satz 1 des Einkommensteuergesetzes** [3] **ist mit der Maßgabe anzuwenden, dass anstelle des maßgeblichen Gewinns das maßgebliche Einkommen tritt.** [2]**Maßgebliches Einkommen ist das nach den Vorschriften des Einkommensteuergesetzes und dieses Gesetzes ermittelte Einkommen mit Ausnahme der §§ 4h und 10d des Einkommensteuergesetzes und des § 9 Abs. 1 Nr. 2 dieses Gesetzes.** [3]§ **8c gilt für den Zinsvortrag nach § 4h Abs. 1 Satz 2 des Einkommensteuergesetzes entsprechend.** [4]**Auf Kapitalgesellschaften, die ihre Einkünfte nach § 2 Abs. 2 Nr. 2 des Einkommensteuergesetzes ermitteln, ist § 4h des Einkommensteuergesetzes sinngemäß anzuwenden.**

(2) § **4h Abs. 2 Satz 1 Buchstabe b des Einkommensteuergesetzes ist nur anzuwenden, wenn die Vergütungen für Fremdkapital an einen zu mehr als einem Viertel unmittelbar oder mittelbar am Grund- oder Stammkapital beteiligten Anteilseigner, eine diesem nahe stehende Person (§ 1 Abs. 2 des Außensteuergesetzes vom 8. September 1972 – BGBl. I S. 1713 –, das zuletzt durch Artikel 3 des Gesetzes vom 28. Mai 2007 – BGBl. I S. 914 –) geändert worden ist, in der jeweils geltenden Fassung) oder einen Dritten, der auf den zu mehr als einem Viertel am Grund– oder Stammkapital beteiligten Anteilseigner oder eine diesem nahe stehende Person zurückgreifen kann, nicht mehr als zehn Prozent der die Zinserträge übersteigenden Zinsaufwendungen der Körperschaft im Sinne des § 4h Abs. 3 des Einkommensteuergesetzes betragen und die Körperschaft dies nachweist.**

(3) [1]§ **4h Abs. 2 Satz 1 Buchstabe c des Einkommensteuergesetzes ist nur anzuwenden, wenn die Vergütungen für Fremdkapital der Körperschaft oder eines anderen demselben Konzern zugehörenden Rechtsträgers an einen zu mehr als einem Viertel unmittelbar oder mittelbar am Kapital beteiligten Gesellschafter einer konzernzugehörigen Gesellschaft, eine diesem nahe stehende Person (§ 1 Abs. 2 des Außensteuergesetzes) oder einen Dritten, der auf den zu mehr als einem Viertel am Kapital beteiligten Gesellschafter oder eine diesem nahe stehende Person zurückgreifen kann, nicht mehr als zehn Prozent der die Zinserträge übersteigenden Zinsaufwendungen des Rechtsträgers im Sinne des § 4h Abs. 3 des Einkommensteuergesetzes betragen und die Körperschaft dies nachweist.** [2]**Satz 1 gilt nur für Zinsaufwendungen aus Verbindlichkeiten, die in dem voll konsolidierten Konzernabschluss nach § 4h Abs. 2 Satz 1 Buchstabe c des Einkommensteuergesetzes ausgewiesen sind und bei Finanzierung durch einen Dritten einen Rückgriff gegen einen nicht zum Konzern gehörenden Gesellschafter oder eine diesem nahe stehende Person auslösen.**

KStR
Zu § 8a KStG

45. Gesellschafter-Fremdfinanzierung
– unbesetzt –

Hinweise

H 45 Gesellschafter-Fremdfinanzierung
Zu § 8a KStG in den Fassungen vor Änderung durch das Unternehmensteuerreformgesetz vom 14.8.2007 (BGBl. I S. 1912; BStBl I S. 630) → BMF vom 15.12.1994 – BStBl. 1995 I S. 25, 176 [4]*, vom 15.7.2004 – BStBl. I S. 593* [5]*, vom 22.07.2005 – BStBl. I S. 829* [6] *und vom 19.9.2006 – BStBl. I S. 559* [7]

---

1) Zur Übergangsregelung wegen der Gewährträgerhaftung von Gebietskörperschaften s. § 34 Abs. 6a Satz 4.
2) Zur Neufassung von § 8a Abs. 1 Satz 1 und 3 durch das Gesetz vom 22. Dezember 2009 (BGBl. I S. 3950) für nach dem 31. Dezember 2009 endende Wirtschaftsjahre, s. § 34 Abs. 6a.
3) § 4h EStG ist im Anhang 1 dieses Handbuchs wiedergegeben.
4) Vgl. Anlage § 008a-01.
5) Vgl. Anlage § 008a-11.
6) Vgl. Anlage § 008a-14.
7) Vgl. Anlage § 008a-18.

Zinsschranke

Zu § 8a KStG in der Fassung des Unternehmensteuerreformgesetzes vom 14.8.2007 (BGBl. I S. 1912 ; BStBl. I S. 630) → BMF vom 4.7.2008 – BStBl. I S. 718[1]

Verwaltungsregelungen zu § 8a

Datum	Anl.	Quelle	Inhalt
15.12.94	§ 008a-01	BMF	Gesellschafter-Fremdfinanzierung (§ 8a KStG)
26.06.95	§ 008a-02	OFD Han	Begriff des Eigenkapitals i.S.d. § 8a Abs. 2 KStG
06.12.95	§ 008a-03	OFD Han	Gesellschafter-Fremdfinanzierung (§ 8a KStG)
	§ 008a-04		(weggefallen)
05.07.96	§ 008a-05	FM S	Gesellschafter-Fremdfinanzierung – Einzelfragen zum Holdingprivileg
21.02.97	§ 008a-06	OFD Han	Gesellschafter-Fremdfinanzierung: Finanzierungen über nach § 5 Abs. 1 Nr. 2 KStG steuerbefreite Einrichtungen
21.02.97	§ 008a-07	OFD Han	Gesellschafter-Fremdfinanzierung: Bankübliche Geschäfte i.S.d. Tz. 70 des BMF-Schreibens vom 15.12.1994
	§ 008a-08		(weggefallen)
	§ 008a-09		(weggefallen)
27.06.03	§ 008a-09a	FM Hbg	Gesellschafter-Fremdfinanzierung; Europatauglichkeit des § 8a KStG
06.11.00	§ 008a-10	OFD Ki	Vermögenseinlage des stillen Gesellschafters nach § 10 Abs. 4 Kreditwesengesetz (KWG); Steuerliche Behandlung von Vergütungen auf Einlagen stiller Gesellschafter nach § 8a KStG
15.07.04	§ 008a-11	BMF	Gesellschafter-Fremdfinanzierung (§ 8a KStG)
05.10.04	§ 008a-12	OFD'n Muc/Nbg	Gesellschafter-Fremdfinanzierung (§ 8a KStG); BMF-Schreiben vom15.7.2004, BStBl. I 2004, 593
01.04.05	§ 008a-13	OFD Han	Gesellschafter-Fremdfinanzierung (§ 8a KStG)
22.07.05	§ 008a-14	BMF	Bürgschaftsgesicherte Fremdfinanzierung von Kapitalgesellschaften nach § 8a Abs. 1 Satz 2 KStG (Gesellschafter-Fremdfinanzierung) Anwendung der Textziffern 19 ff. des BMF-Schreibens vom 15. Juli 2004 (BStBl. I 2004 S. 593)
20.10.05	§ 008a-15	BMF	Bescheinigung im Sinne der Rdnr. 5 des BMF-Schreibens vom 22.7.2005; § 8a Abs. 1 Satz 2 Alt. 2 KStG (Rückgriffsregelung)
05.01.05	§ 008a-16	OFD Ch	Gesellschafterfremdfinanzierung nach § 8a KStG – Finanzierung von Eigengesellschaften
26.05.05	§ 008a-17	OFD Han	Sparkassen als nahe stehende Personen i. S. des § 1 Abs. 2 AStG/§ 8a Abs. 1 KStG
19.09.06	§ 008a-18	BMF	Gesellschafter-Fremdfinanzierung (§ 8a Abs. 6 KStG)
20.06.07	§ 008a-19	FB Hbg	Gesellschafter-Fremdfinanzierung und EU-Recht
04.07.08	§ 008a-20	BMF	Zinsschranke (§ 4h EStG; § 8a KStG)
02.07.09	§ 008a-21	OFD Fra	Zinsschranke; Reichweite des Rückgriffs bei § 8a Abs. 2 KStG i.d.F. des URefG 2008

---

1) Vgl. Anlage § 008a-20.

Rechtsprechungsauswahl

Zu § 8a KStG a.F. / § 4h EStG, § 8a KStG n.F.

BFH vom 18.03.2009, I R 13/08 (BFH/NV 2009 S. 1613):

1. Eine verdeckte Gewinnausschüttung i.S. des § 8a KStG 1999 führt im Zeitpunkt der Leistung der Fremdkapitalvergütungen zu einem Beteiligungsertrag des Anteilseigners i.S. des § 20 Abs. 1 Nr. 1 Satz 2 EStG 1997 (Bestätigung und Fortführung des Senatsurteils vom 20. August 2008 I R 29/07, BFHE 222, 500).

2. Von den Fremdkapitalvergütungen ist im Zeitpunkt der Leistung gemäß § 43 Abs. 1 Satz 1 Nr. 1 EStG 1997 Kapitalertragsteuer einzubehalten und abzuführen (Bestätigung und Fortführung des Senatsurteils vom 20. August 2008 I R 29/07, BFHE 222, 500).

3. Es ist schuldhaft i.S. von § 44 Abs. 5 Satz 1 letzter Halbsatz EStG 1997, wenn der abführungsverpflichtete Kapitalnehmer wegen bestehender Ungewissheiten über die Rechtswirkungen des § 8a KStG 1999 auf Anteilseignerebene von der ordnungsgemäßen Einbehaltung und Abführung der Kapitalertragsteuer absieht (Bestätigung und Fortführung des Senatsurteils vom 20. August 2008 I R 29/07, BFHE 222, 500).

4. Durch die Umsetzung von Gemeinschaftsrecht geschaffene Ungleichbehandlungen rein innerstaatlicher Sachverhalte können insoweit nicht dem nationalen Gesetzgeber zugerechnet werden, als dieser lediglich gemeinschaftsrechtliche Vorgaben in Erfüllung vertraglicher Verpflichtungen in die nationale Rechtsordnung zu übernehmen hat (Bestätigung des Senatsbeschlusses vom 15. Juli 2005 I R 21/04, BFHE 210, 43, BStBl. II 2005, 716).

BFH vom 20.08.2008, I R 29/07 (BFH/NV 2008, 2133):

1. Eine verdeckte Gewinnausschüttung i. S. des § 8a KStG 2002 führt im Zeitpunkt der Leistung der Fremdkapitalvergütungen zu einem Beteiligungsertrag des Anteilseigners i. S. des § 20 Abs. 1 Nr. 1 Satz 2 EStG 2002 (Bestätigung des BMF-Schrb. v. 15. 7. 2004, BStBl. I 2004, 593, dort Tz. 11 ff.).

2. Von den Fremdkapitalvergütungen ist im Zeitpunkt der Leistung gemäß § 43 Abs. 1 Satz 1 Nr. 1, § 44 Abs. 1 EStG 2002 Kapitalertragsteuer einzubehalten und abzuführen (ebenfalls Bestätigung des BMF-Schrb. v. 15. 7. 2004, BStBl. I 2004, 593, dort Tz. 5).

3. Es ist schuldhaft i. S. von § 44 Abs. 5 Satz 1 letzter Halbsatz EStG 2002, wenn der abführungsverpflichtete Kapitalnehmer wegen bestehender Ungewissheiten über die Rechtswirkungen des § 8a KStG 2002 auf Anteilseignerebene von der ordnungsgemäßen Einbehaltung und Abführung der Kapitalertragsteuer absieht. Der Kapitalnehmer kann deswegen gemäß § 167 Abs. 1 Satz 1 AO i. V. m. § 44 Abs. 5 Satz 3 EStG 2002 durch Nachforderungsbescheid des FA in Anspruch genommen werden (Anschluss an Senatsurt. v. 13. 9. 2000, I R 61/99, BFHE 193, 286, BStBl. II 2001, 67).

BFH vom 25.01.2005 I R 12/04 (BFH/NV 2005 S. 798): Zeitpunkt des Gegenbeweises und fremder Dritter i. S. des § 8a Abs. 1 Satz 1 Nr. 2 KStG 1996.

BFH vom 15.05.2002 I R 53/00 (BStBl. 2003 II S. 327): Banktübliche Geschäfte i. S. von § 8a Abs. 1 Satz 1 Nr. 2 KStG 1991 sind Bankgeschäfte i. S. von § 1 KWG, die ihrer Art nach denen entsprechen, die voneinander unabhängige Dritte unter gleichen oder ähnlichen Verhältnissen vereinbart hätten. Es sind dies auch Geschäfte, die mit konzernabhängigen Tochtergesellschaften getätigt werden, die nicht selbst Kreditinstitute sind (Abweichung von Tz. 70 des BMF-Schreibens vom 15. Dezember 1994, BStBl. I 1995, 25, 176).

§ 8b Beteiligung an anderen Körperschaften und Personenvereinigungen

(1) [1]Bezüge im Sinne des § 20 Abs. 1 Nr. 1, 2, 9 und 10 Buchstabe a des Einkommensteuergesetzes bleiben bei der Ermittlung des Einkommens außer Ansatz. [2]Satz 1 gilt für sonstige Bezüge im Sinne des § 20 Abs. 1 Nr. 1 Satz 2 des Einkommensteuergesetzes und der Einnahmen im Sinne des § 20 Abs. 1 Nr. 9 zweiter Halbsatz sowie des § 20 Abs.1 Nr. 10 Buchstabe a zweiter Halbsatz des Einkommensteuergesetzes nur, soweit sie das Einkommen der leistenden Körperschaft nicht gemindert haben (§ 8 Abs. 3 Satz 2). [3]Sind die Bezüge im Sinne des Satzes 1 nach einem Abkommen zur Vermeidung der Doppelbesteuerung von der Bemessungsgrundlage für die Körperschaftsteuer auszunehmen, gilt Satz 2 ungeachtet des Wortlauts des Abkommens für diese Freistellung entsprechend. [4]Satz 2 gilt nicht, soweit die verdeckte Gewinnausschüttung das Einkommen einer dem Steuerpflichtigen nahe stehenden Person erhöht hat und § 32a des Körperschaftsteuergesetzes auf die Veranlagung dieser nahe stehenden Person keine Anwendung findet. [5]Bezüge im Sinne des Satzes 1 sind auch Einnahmen aus der Veräußerung von Dividendenscheinen und sonstigen Ansprüchen im Sinne des § 20 Abs. 2 Satz 1 Nr. 2 Buchstabe a des Einkommensteuergesetzes sowie Einnahmen aus der Abtretung von Dividendenansprüchen oder sonstigen Ansprüchen im Sinne des § 20 Abs. 2 Satz 2 des Einkommensteuergesetzes.

(2) [1]Bei der Ermittlung des Einkommens bleiben Gewinne aus der Veräußerung eines Anteils an einer Körperschaft oder Personenvereinigung, deren Leistungen beim Empfänger zu Einnahmen im Sinne des § 20 Abs. 1 Nr. 1, 2, 9 und 10 Buchstabe a des Einkommensteuergesetzes gehören, oder an einer Organgesellschaft im Sinne der §§ 14, 17 oder 18 außer Ansatz. [2]Veräußerungsgewinn im Sinne des Satzes 1 ist der Betrag, um den der Veräußerungspreis oder der an dessen Stelle tretende Wert nach Abzug der Veräußerungskosten den Wert übersteigt, der sich nach den Vorschriften über die steuerliche Gewinnermittlung im Zeitpunkt der Veräußerung ergibt (Buchwert). [3]Satz 1 gilt entsprechend für Gewinne aus der Auflösung oder der Herabsetzung des Nennkapitals oder aus dem Ansatz des in § 6 Abs. 1 Satz 1 Nr. 2 Satz 3 des Einkommensteuergesetzes bezeichneten Werts. [4]Die Sätze 1 und 3 gelten nicht, soweit der Anteil in früheren Jahren steuerwirksam auf den niedrigeren Teilwert abgeschrieben und die Gewinnminderung nicht durch den Ansatz eines höheren Werts ausgeglichen worden ist. [5]Satz 4 gilt außer für Gewinne aus dem Ansatz mit dem Wert, der sich nach § 6 Abs. 1 Nr. 2 Satz 3 des Einkommensteuergesetzes ergibt, auch für steuerwirksam vorgenommene Abzüge nach § 6b des Einkommensteuergesetzes und ähnliche Abzüge. [6]Veräußerung im vorstehenden Sinne ist auch die verdeckte Einlage.

(3) [1]Von dem jeweiligen Gewinn im Sinne des Absatzes 2 Satz 1, 3 und 6 gelten 5 Prozent als Ausgaben, die nicht als Betriebsausgaben abgezogen werden dürfen. [2]§ 3c Abs. 1 des Einkommensteuergesetzes ist nicht anzuwenden. [3]Gewinnminderungen, die im Zusammenhang mit dem in Absatz 2 genannten Anteil entstehen, sind bei der Ermittlung des Einkommens nicht zu berücksichtigen. [4]Zu den Gewinnminderungen im Sinne des Satzes 3 gehören auch Gewinnminderungen im Zusammenhang mit einer Darlehensforderung oder aus der Inanspruchnahme von Sicherheiten, die für ein Darlehen hingegeben wurden, wenn das Darlehen oder die Sicherheit von einem Gesellschafter gewährt wird, der zu mehr als einem Viertel unmittelbar oder mittelbar am Grund- oder Stammkapital der Körperschaft, der das Darlehen gewährt wurde, beteiligt ist oder war. [5]Dies gilt auch für diesem Gesellschafter nahe stehende Personen im Sinne des § 1 Abs. 2 des Außensteuergesetzes oder für Gewinnminderungen aus dem Rückgriff eines Dritten auf den zu mehr als einem Viertel am Grund– oder Stammkapital beteiligten Gesellschafter oder eine diesem nahe stehende Person auf Grund eines der Gesellschaft gewährten Darlehens. [6]Die Sätze 4 und 5 sind nicht anzuwenden, wenn nachgewiesen wird, dass auch ein fremder Dritter das Darlehen bei sonst gleichen Umständen gewährt oder noch nicht zurückgefordert hätte; dabei sind nur die eigenen Sicherungsmittel der Gesellschaft zu berücksichtigen. [7]Die Sätze 4 bis 6 gelten entsprechend für Forderungen aus Rechtshandlungen, die einer Darlehensgewährung wirtschaftlich vergleichbar sind. [8]Gewinne aus dem Ansatz einer Darlehensforderung mit dem nach § 6 Abs. 1 Nr. 2 Satz 3 des Einkommensteuergesetzes maßgeblichen Wert bleiben bei der Ermittlung des Einkommens außer Ansatz, soweit auf die vorangegangene Teilwertabschreibung Satz 3 angewendet worden ist.

(4) (aufgehoben)[1]

(5) [1]Von den Bezügen im Sinne des Absatzes 1, die bei der Ermittlung des Einkommens außer Ansatz bleiben, gelten 5 Prozent als Ausgaben, die nicht als Betriebsausgaben abgezogen werden dürfen. [2]§ 3c Abs. 1 des Einkommensteuergesetzes ist nicht anzuwenden.

(6) [1]Die Absätze 1 bis 5 gelten auch für die dort genannten Bezüge, Gewinne und Gewinnminderungen, die dem Steuerpflichtigen im Rahmen des Gewinnanteils aus einer Mitunternehmerschaft zugerechnet werden, sowie für Gewinne und Verluste, soweit sie bei der Veräußerung oder Aufgabe eines Mitunternehmeranteils auf Anteile im Sinne des Absatzes 2 entfallen. [2]Die Absätze 1 bis 5 gelten für Bezüge und Gewinne, die einem Betrieb gewerblicher Art einer juristischen Person des öffentlichen Rechts über andere juristische Personen des öffentlichen Rechts zufließen, über die sie mittelbar an der leistenden Körperschaft, Personenvereinigung oder Vermögensmasse beteiligt ist und bei denen die Leistungen nicht im Rahmen eines Betriebs gewerblicher Art erfasst werden, und damit in Zusammenhang stehende Gewinnminderungen entsprechend.

(7) [1]Die Absätze 1 bis 6 sind nicht auf Anteile anzuwenden, die bei Kreditinstituten und Finanzdienstleistungsinstituten nach § 1a des Kreditwesengesetzes dem Handelsbuch zuzurechnen sind. [2]Gleiches gilt für Anteile, die von Finanzunternehmen im Sinne des Gesetzes über das Kreditwesen mit dem Ziel der kurzfristigen Erzielung eines Eigenhandelserfolges erworben werden. [3]Satz 2 gilt auch für Kreditinstitute, Finanzdienstleistungsinstitute und Finanzunternehmen mit Sitz in einem anderen Mitgliedstaat der Europäischen Gemeinschaft oder in einem anderen Vertragsstaat des EWR-Abkommens.

(8) [1]Die Absätze 1 bis 7 sind nicht anzuwenden auf Anteile, die bei Lebens- und Krankenversicherungsunternehmen den Kapitalanlagen zuzurechnen sind. [2]Satz 1 gilt nicht für Gewinne im Sinne des Absatzes 2, soweit eine Teilwertabschreibung in früheren Jahren nach Absatz 3 bei der Ermittlung des Einkommens unberücksichtigt geblieben ist und diese Minderung nicht durch den Ansatz eines höheren Werts ausgeglichen worden ist. [3]Gewinnminderungen, die im Zusammenhang mit den Anteilen im Sinne des Satzes 1 stehen, sind bei der Ermittlung des Einkommens nicht zu berücksichtigen, wenn das Lebens- oder Krankenversicherungsunternehmen die Anteile von einem verbundenen Unternehmen (§ 15 des Aktiengesetzes) erworben hat, soweit ein Veräußerungsgewinn für das verbundene Unternehmen nach Absatz 2 in der Fassung des Artikels 3 des Gesetzes vom 23. Oktober 2000 (BGBl. I S. 1433) bei der Ermittlung des Einkommens außer Ansatz geblieben ist. [4]Für die Ermittlung des Einkommens sind die Anteile mit den nach handelsrechtlichen Vorschriften ausgewiesenen Werten anzusetzen, die bei der Ermittlung der nach § 21 abziehbaren Beträge zu Grunde gelegt wurden. [5]Entsprechendes gilt für Pensionsfonds.

(9) Die Absätze 7 und 8 gelten nicht für Bezüge im Sinne des Absatzes 1, auf die die Mitgliedstaaten der Europäischen Union Artikel 4 Abs. 1 der Richtlinie 90/435/EWG des Rates vom 23. Juli 1990 über das gemeinsame Steuersystem der Mutter- und Tochtergesellschaften verschiedener Mitgliedstaaten (ABl. EG Nr. L 225 S. 6, Nr. L 266 S. 20, 1997 Nr. L 16 S. 98), zuletzt geändert durch die Richtlinie 2003/123/EG des Rates vom 22. Dezember 2003 (ABl. EU 2004 Nr. L 7 S. 41), anzuwenden haben.

---

1) § 8b Abs. 4 KStG in der nachfolgenden Fassung ist für Anteile weiter anzuwenden, die einbringungsgeboren i.S.d. § 21 UmwStG in der am 12. Dezember geltenden Fassung sind, und für Anteile i.S.d. § 8b Abs. 4 Satz 1 Nr. 2, die auf einer Übertragung bis zum 12. Dezember 2006 beruhen (§ 34 Abs. 7a).
„(4) [1]Absatz 2 ist nur anzuwenden, soweit die Anteile nicht
1. einbringungsgeboren im Sinne des § 21 des Umwandlungssteuergesetzes sind oder
2. durch eine Körperschaft, Personenvereinigung oder Vermögensmasse unmittelbar, mittelbar oder mittelbar über eine Mitunternehmerschaft von einem Einbringenden, der nicht zu den von Absatz 2 begünstigten Steuerpflichtigen gehört, zu einem Wert unter dem Teilwert erworben worden sind.
[2]Satz 1 gilt nicht,
1. wenn der in Absatz 2 bezeichnete Vorgang später als sieben Jahre nach der Einbringung stattfindet oder
2. soweit die Anteile nicht unmittelbar oder mittelbar auf einer Einbringung im Sinne des § 20 Abs. 1 Satz 1 oder § 23 Abs. 1 bis 3 des Umwandlungssteuergesetzes und auf einer Einbringung durch einen nicht von Absatz 2 begünstigten Steuerpflichtigen innerhalb der in Nummer 1 bezeichneten Frist beruhen.
[3]In den Fällen des Satzes 1 und 2 ist Absatz 3 Satz 3 auf Gewinnminderungen anzuwenden, die im Zusammenhang mit den Anteilen entstehen.“

(10)[1) [1]Überlässt eine Körperschaft (überlassende Körperschaft) Anteile, auf die bei ihr Absatz 7 oder 8 anzuwenden ist oder auf die bei ihr aus anderen Gründen die Steuerfreistellungen der Absätze 1 und 2 oder vergleichbare ausländische Vorschriften nicht anzuwenden sind, an eine andere Körperschaft, bei der auf die Anteile Absatz 7 oder 8 nicht anzuwenden ist, und hat die andere Körperschaft, der die Anteile zuzurechnen sind, diese oder gleichartige Anteile zurückzugeben, dürfen die für die Überlassung gewährten Entgelte bei der anderen Körperschaft nicht als Betriebsausgabe abgezogen werden. [2]Überlässt die andere Körperschaft für die Überlassung der Anteile Wirtschaftsgüter an die überlassende Körperschaft, aus denen diese Einnahmen oder Bezüge erzielt, gelten diese Einnahmen oder Bezüge als von der anderen Körperschaft bezogen und als Entgelt für die Überlassung an die überlassende Körperschaft gewährt. [3]Absatz 3 Satz 1 und 2 sowie Absatz 5 sind nicht anzuwenden. [4]Die Sätze 1 bis 3 gelten auch für Wertpapierpensionsgeschäfte im Sinne des § 340b Abs. 2 des Handelsgesetzbuchs. [5]Die Sätze 1 bis 4 gelten nicht, wenn die andere Körperschaft keine Einnahmen oder Bezüge aus den ihr überlassenen Anteilen erzielt. [6]Die Sätze 1 bis 5 gelten entsprechend, wenn die Anteile an eine Personengesellschaft oder von einer Personengesellschaft überlassen werden, an der die überlassende oder die andere Körperschaft unmittelbar oder mittelbar über eine Personengesellschaft oder mehrere Personengesellschaften beteiligt ist. [7]In diesen Fällen gelten die Anteile als an die Körperschaft oder von der Körperschaft überlassen. [8]Die Sätze 1 bis 7 gelten nicht, soweit § 2 Nr. 2 zweiter Halbsatz oder § 5 Abs. 2 Nr. 1 zweiter Halbsatz auf die überlassende Körperschaft Anwendung findet. [9]Als Anteil im Sinne der Sätze 1 bis 8 gilt auch der Investmentanteil im Sinne von § 1 Abs. 1 des Investmentsteuergesetzes vom 15. Dezember 2003 (BGBl. I S. 2676, 2724), das zuletzt durch Artikel 23 des Gesetzes vom 20. Dezember 2007 (BGBl. I S. 3150) geändert worden ist, in der jeweils geltenden Fassung, soweit daraus Einnahmen erzielt werden, auf die § 8b anzuwenden ist.

KStR
Zu § 8b KStG

46. Beteiligung an anderen Körperschaften und Personengesellschaften
– unbesetzt –

Hinweise

H 46 Allgemeine Fragen zur Auslegung des § 8 b KStG
→ *BMF vom 28.4.2003 – BStBl. I S. 292*[2)

Anwendung des § 8 b Abs. 7 KStG 1999
→ *BMF vom 10.1.2000 – BStBl. I S. 71*[3)

Behandlung des Aktieneigenhandels nach § 8 b Abs. 7 KStG
→ *BMF vom 25.7.2002 – BStBl. I S. 712*[4)

Beteiligung in einem eingebrachten Betriebsvermögen
→ *BMF vom 5.1.2004 – BStBl. I S. 44*[5)

Lebens- und Krankenversicherungsunternehmen
Die Neuregelung des § 8b Abs. 8 ist auf einheitlichen Antrag bereits für die VZ 2001 bis 2003 anzuwenden → § 34 Abs. 7 Satz 8 KStG i. d. F. des Gesetzes vom 22.12.2003 (Gesetz zur Umsetzung der Protokollerklärung der Bundesregierung zur Vermittlungsempfehlung zum Steuervergünstigungsabbaugesetz, BGBl. I S. 2840, BStBl. 2004 I S. 14).

---

1) Gemäß § 34 Abs. 7 Satz 9 ist § 8b Abs. 10 erstmals ab dem VZ 2007 anzuwenden.
2) Vgl. Anlage § 008b-01.
3) Vgl. Anlage § 008b-02.
4) Vgl. Anlage § 008b-03.
5) Vgl. Anlage § 008b-07.

Veräußerungskosten/nachträgliche Kaufpreisänderungen
→ *BMF vom 13.3.2008 – BStBl. I S. 506*[1]

Verwaltungsregelungen zu § 8b

Datum	Anl.	Quelle	Inhalt
28.04.03	§ 008b-01	BMF	Anwendung des § 8b KStG 2002 und Auswirkungen auf die Gewerbesteuer
10.01.00	§ 008b-02	BMF	Anwendung des § 8b Abs. 7 KStG
25.07.02	§ 008b-03	BMF	Behandlung des Aktieneigenhandels nach § 8b Abs. 7 KStG i. d. F. des Gesetzes zur Änderung des Investitionszulagengesetzes 1999
06.08.02	§ 008b-04	BMF	Zweifelsfragen zu § 8b Abs. 6 Satz 2 KStG; Sparkassen privaten Rechts
	§ 008b-05		(weggefallen)
	§ 008b-06		(weggefallen)
05.01.04	§ 008b-07	BMF	Anwendung des § 8b Abs. 4 KStG auf Beteiligungen in einem eingebrachten Betriebsvermögen
	§ 008b-08		(weggefallen)
06.10.04	§ 008b-09	OFD Fra	Anwendung des § 8b Abs. 8 Satz 4 KStG i.d.F.des Korb II-Gesetzes; Berücksichtigung der handelsrechtlichen Wertansätze von Anteilen für die Einkommensermittlung
	§ 008b-10		(weggefallen)
	§ 008b-11		(weggefallen)
	§ 008b-12		(weggefallen)
30.05.06	§ 008b-12a	OFD Han	§ 8b Abs. 2 Satz 4 KStG, wenn zuvor vorgenommene Teilwertabschreibungen zum Teil voll steuerwirksam und zum Teil nicht steuerwirksam waren
18.09.06	§ 008b-12b	OFD Ko	Anwendung des § 3 Nr. 40 Satz 1 Buchst. a Satz 2 EStG bzw. des § 8b Abs. 2 Satz 4 KStG, wenn zuvor vorgenomme Teilwertabschreibungen teilweise voll steuerwirksam waren und teilweise nicht steuerwirksam waren
25.04.05	§ 008b-13	OFD Han	Anwendung des § 8b Abs. 3 KStG und des § 3c Abs. 2 EStG auf Gewinnminderungen von im Betriebsvermögen gehaltenen Beteiligungen an Investmentfonds
08.11.05	§ 008b-14	OFD Fra	Behandlung der Auflösung von organschaftlichen Ausgleichsposten in Bezug auf § 8b KStG
21.03.07	§ 008b-15	BMF	Europarechtswidrigkeit des § 8b Abs. 5 KStG a.F.
13.03.08	§ 008b-16	BMF	Veräußerungsgewinnbefreiung nach § 8b Abs. 2 KStG; Behandlung von Veräußerungskosten, die vor oder nach dem Jahr der Anteilsveräußerung entstanden sind
30.04.08	§ 008b-17	BMF	§ 8b Abs. 5 und Abs. 3 S. 1 und 2 KStG – Anwendbarkeit des Betriebsausgabenabzugsverbots auf nach § 8b Abs. 1 KStG i.V. mit § 3 Nr. 41 EStG steuerfreie Gewinnausschüttungen und Veräußerungsgewinne

---

1) Vgl. Anlage § 008b-16.

§ 8b

Datum	Anl.	Quelle	Inhalt
30.09.08	§ 008b-18	BMF	Behandlung von Betriebsausgaben im Zusammenhang mit Auslandsdividenden in den Veranlagungszeiträumen (VZ) 1993 bis 2003; Anwendung des EuGH-Urteils vom 23. Februar 2006 in der Rs. C-471/04 Keller-Holding (BStBl. II S. 834) und der BFH-Urteile vom 13. Juni 2006 – I R 78/04 – (BStBl. II S. 821) und vom 9. August 2006 – I R 50/05 – (BStBl. II S. 823)
08.07.09	§ 008b-19	OFD Han	Anwendung des § 8 b Abs. 2 Satz 4 KStG, wenn zuvor vorgenommene Teilwertabschreibungen zum Teil voll steuerwirksam und zum Teil nicht steuerwirksam waren

Rechtsprechungsauswahl

Zu § 8b KStG

BFH vom 19.08.2009, I R 1/09 (DB 2009, 2578): Die einkommenswirksame Wertaufholung eines Beteiligungswerts gemäß § 6 Abs. 1 Nr. 2 Satz 3 i.V.m. Abs. 1 Nr. 1 Satz 4 EStG 1997 (i.d.F. des StEntlG 1999/2000/2002) umfasst auch eine frühere ausschüttungsbedingte Teilwertabschreibung auf den Buchwert der Beteiligung, die gemäß § 50c Abs. 1 Satz 1 EStG 1990 nicht einkommenswirksam war.

BFH vom 19.08.2009, I R 2/09 (DB 2009, 2636): Sog. Wertaufholungen gemäß § 6 Abs. 1 Nr. 2 Satz 3 EStG 2002, denen in früheren Jahren sowohl steuerwirksame als auch steuerunwirksame Abschreibungen von Anteilen auf den niedrigeren Teilwert vorangegangen sind, sind nach Maßgabe von § 8b Abs. 2 Satz 2 KStG 2002 a.F./§ 8b Abs. 2 Satz 4 KStG 2002 n.F. zunächst mit den nicht steuerwirksamen und erst danach –mit der Folge der Steuerpflicht daraus resultierender Gewinne– mit den steuerwirksamen Teilwertabschreibungen zu verrechnen.

BFH vom 15.06.2009, I B 46/09 (BFH/NV 2009 S. 1843):
1. Zu den Finanzunternehmen i. S. von § 8b Abs. 7 KStG gehören auch Holdinggesellschaften.
2. Unter die Regelungen des § 8b Abs. 7 KStG 2002 fallen auch Anteile an einer nach ausländischem Recht gegründeten und im Ausland registrierten Kapitalgesellschaft.
3. Zu den Voraussetzungen der Teilwertberichtigung einer Darlehensforderung.

BFH vom 22.04.2009, I R 57/06 (BFH/NV 2009 S. 1460): Das Abzugsverbot für Teilwertabschreibungen bei Auslandsbeteiligungen (§ 8b Abs. 3 KStG 1999 i.d.F. des UntStFG) ist im VZ 2001 nicht anwendbar (Anschluss an EuGH-Urteil vom 22. Januar 2009 C-377/07 „STEKO Industriemontage GmbH", IStR 2009, 133).

BFH vom 18.03.2009, I R 37/08 (BFH/NV 2009 S. 1712): Die Rückausnahme des § 8b Abs. 4 Satz 2 Nr. 2 KStG 1999/2002 in den Fassungen des Unternehmenssteuerfortentwicklungsgesetzes und des sog. Korb II-Gesetzes setzt voraus, dass weder die in Halbsatz 1 definierten negativen Tatbestandsmerkmale noch das in Halbsatz 2 definierte negative Tatbestandsmerkmal vorliegen. Letzteres umfasst auch den Fall, dass die durch einen nicht von § 8b Abs. 2 KStG 1999/2002 begünstigten Steuerpflichtigen eingebrachte Beteiligung im Rahmen einer Bargründung entstanden ist. Die Regelungen sind nicht wegen Verstoßes gegen das Gebot der Normenklarheit verfassungswidrig.

BFH vom 04.03.2009 I R 32/08 (BFH/NV 2009 S. 1207): Legt ein Gesellschafter Anteile an einer Kapitalgesellschaft verdeckt in eine andere Kapitalgesellschaft ein, hat diese die Anteile mit dem Teilwert zu bewerten. Auch wenn die aufnehmende Kapitalgesellschaft die Anteile in ihren Bilanzen fehlerhaft mit einem geringeren Wert als dem Teilwert ansetzt, liegt kein Erwerb unter dem Teilwert i.S. des § 8b Abs. 4 Satz 1 Nr. 2 KStG 2002 vor. Ein Gewinn der aufnehmenden Kapitalgesellschaft aus der Veräußerung der Anteile ist daher steuerfrei.

EuGH vom 22.01.2009, C-377/07 (IStR 2009, 133): Bei einer Sachlage wie der des Ausgangsverfahrens, bei der eine inländische Kapitalgesellschaft an einer anderen Kapitalgesellschaft mit weniger als 10 % beteiligt ist, ist Art. 56 EG dahin auszulegen, dass er einer Regelung entgegensteht, wonach ein Verbot des Abzugs von Gewinnminderungen im Zusammenhang mit einer solchen Beteiligung für Beteiligungen an einer ausländischen Gesellschaft früher in Kraft tritt als für Beteiligungen an einer inländischen Gesellschaft.

BFH vom 14.01.2009, I R 47/08, (BFH/NV 2009, 854): Die für die Ermittlung des Einkommens der Organgesellschaft in § 15 Nr. 2 KStG 2002 i.d.F. bis zur Änderung durch das Steuervergünstigungsabbaugesetz vom 16. Mai 2003 (BGBl I 2003, 660, BStBl I 2003, 321) bestimmte Nichtanwendung von § 8b Abs. 1 bis 6 KStG 2002 (sog. Bruttomethode) erstreckte sich im Veranlagungszeitraum 2002 nicht auf Gewinnanteile aus der Beteiligung an einer ausländischen Gesellschaft, die nach den Vorschriften eines Doppelbesteuerungsabkommens von der Besteuerung auszunehmen sind (sog. Schachtelprivileg). Die Einbeziehung auch solcher Gewinnanteile durch § 15 Satz 2 KStG 2002 i.d.F. des Steuervergünstigungsabbaugesetzes findet erstmals im Veranlagungszeitraum 2003 Anwendung.

BFH vom 14.01.2009, I R 52/08, BStBl. II S. 674: Teilwertabschreibungen auf sog. eigenkapitalersetzende Darlehen sind keine bei der Gewinnermittlung nicht zu berücksichtigende Gewinnminderungen i.S. von § 8b Abs. 3 KStG 2002 i.d.F. bis zur Änderung durch das Jahressteuergesetz 2008 vom 20. Dezember 2007 (BGBl I 2007, 3150, BStBl I 2008, 218).

BFH vom 14.01.2009, I R 36/08, BStBl. 2009 II S. 671:

1. Zu den Finanzunternehmen i.S. des § 8b Abs. 7 Satz 2 KStG 2002 gehören auch Holdinggesellschaften und Beteiligungsgesellschaften i.S. von § 1 Abs. 3 Satz 1 Nr. 1 KWG.

2. Der Begriff des Eigenhandelserfolges gemäß § 8b Abs. 7 Satz 2 KStG 2002 bestimmt sich nach eigenständigen körperschaftsteuerrechtlichen Maßstäben. Er umfasst den Erfolg aus jeglichem „Umschlag" von Anteilen i.S. des § 8b Abs. 1 KStG 2002 auf eigene Rechnung und erfordert nicht das Vorliegen eines Eigenhandels als Finanzdienstleistung i.S. von § 1 Abs. 1a Satz 1 Nr. 4 KWG.

3. Die Absicht, einen kurzfristigen Eigenhandelserfolg i.S. von § 8b Abs. 7 Satz 2 KStG 2002 zu erzielen, bezieht sich auf den Zeitpunkt des Anteilserwerbs. Spätere Maßnahmen des Erwerbers, um den Wert der Anteile bis zum Weiterverkauf zu beeinflussen, stehen einer solchen Absicht nicht entgegen.

BFH vom 26.11.2008, I R 7/08 (BFH/NV 2009, 849): § 8b Abs. 5 KStG 2002 i.d.F. bis zur Änderung durch das Gesetz zur Umsetzung der Protokollerklärung der Bundesregierung zur Vermittlungsempfehlung zum Steuervergünstigungsabbaugesetz vom 22. Dezember 2003 (BGBl I 2003, 2840, BStBl I 2004, 14) verstößt sowohl gegen die gemeinschaftsrechtliche Grundfreiheit der freien Wahl der Niederlassung nach Art. 43 und 48 EG als auch gegen die Grundfreiheit des freien Kapitalverkehrs nach Art. 56 und 58 EG und ist deswegen auch gegenüber sog. Drittstaaten unanwendbar (Bestätigung des Senatsurteils vom 9. August 2006 I R 95/05, BFHE 214, 504, BStBl. II 2007, 279; teilweise Abweichung vom BMF-Schreiben vom 21. März 2007, BStBl. I 2007, 302).

BFH vom 23.01.2008, I R 101/06, BStBl. 2008 II S. 719: Gemäß § 8b Abs. 2 KStG 2002 bleiben bei der Ermittlung des Einkommens Gewinne aus der Veräußerung eines Anteils an einer Körperschaft oder Personenvereinigung, deren Leistungen beim Empfänger zu Einnahmen i.S. des § 20 Abs. 1, Nr. 1, 2, 9 und 10 Buchst. a EStG 2002 führen, außer Ansatz, nicht aber Gewinne aus der Veräußerung eines durch Kapitalerhöhung entstandenen Bezugsrechts an einem entsprechenden Anteil (Bestätigung des BMF-Schreibens vom 28. April 2003, BStBl. I 2003, 292, 295; Abgrenzung von dem BFH-Urteil vom 27. Oktober 2005 IX R 15/05, BFHE 211, 273, BStBl. II 2006, 171).

BFH vom 24.04.2007 I R 16/06 (BStBl. 2007 II S. 707): Wertaufholungsgebot bei unter Buchwertfortführung getauschten Beteiligungen.

BFH vom 07.02.2007 I R 27/06 (BStBl. 2008 II S. 526): War eine Kapitalgesellschaft im Jahr 2001 an einer Personengesellschaft beteiligt und hat diese Personengesellschaft Ausschüttungen bezogen, für die bei der ausschüttenden Gesellschaft verwendbares Eigenkapital i.S.d. § 30 Abs. 1 Nr. 1 KStG 1999 verwendet wurde, so unterliegt das auf diesen Ausschüttungen beruhende Einkommen der Kapitalgesellschaft einer Körperschaftsteuer von 40 %.

BFH vom 09.08.2006 I R 50/05 (BStBl. 2008 II S. 823): § 8b Abs. 5 KStG 1999 a.F./KStG 2002 a.F. verstößt gegen die gemeinschaftsrechtliche Grundfreiheit der freien Wahl der Niederlassung nach Art. 43, 48 EG (Anschluss an EuGH-Urteile v. 18.09.2003 – Rs. C-168/01 „Bosal", EuGHE I 2003, 9409, ABl.EU 2003, Nr. C 264, 8, und v. 23.02.2006 – Rs. C-471/04 „Keller Holding", ABl.EU 2006, Nr. C 131, 20).

BFH vom 09.08.2006 I R 95/05 (BStBl. 2007 II S. 279[1]):

1. Beteiligt sich eine Körperschaft über eine Personengesellschaft (Mitunternehmerschaft) an einer anderen Körperschaft, bleiben Gewinnanteile (Dividenden) aus dieser Beteiligung sowie Gewinne

---

1) Vgl. BMF vom 21.03.2007, BStBl. I 2007, 302.

aus der Veräußerung eines Anteils an der Körperschaft nach § 8b Abs. 1 und 2 Satz 1 i. V. m. Abs. 6 Satz 1 KStG 2002 a. F. bei der Ermittlung des Gewerbeertrages der zwischengeschalteten Personengesellschaft (Mitunternehmerschaft) gemäß § 7 Satz 1 GewStG 2002 a. F. außer Ansatz (Abweichung vom BMF-Schreiben vom 28. April 2003, BStBl. I 2003, 292, Tz. 57 f.).

2. § 8b Abs. 5 KStG 2002 i. d. F. bis zur Änderung durch das Gesetz zur Umsetzung der Protokollerklärung der Bundesregierung zur Vermittlungsempfehlung zum Steuervergünstigungsabbaugesetz vom 22. Dezember 2003 (BGBl. I 2003, 2840, BStBl. I 2004, 14) verstößt sowohl gegen die gemeinschaftsrechtliche Grundfreiheit der freien Wahl der Niederlassung nach Art. 43 und 48 EG als auch gegen die Grundfreiheit des freien Kapitalverkehrs nach Art. 56 und 58 EG (Anschluss an EuGH-Urteile vom 18. September 2003 Rs. C-168/01 „Bosal“, EuGHE I 2003, 9409, und vom 23. Februar 2006 Rs. C-471/04 „Keller Holding“, ABlEU 2006, Nr. C 131, 20). BFH vom 03.05.2006 I R 100/05 (BFH/NV 2006 S. 2000): Unternehmensgründung durch Beteiligungsgesellschaft beim Anteilserwerb i.S. von § 8b Abs.7 Satz 2 KStG 2002.

BFH vom 13.06.2006 I R 78/04 (BStBl. 2008 II S. 821): § 8b Abs. 7 KStG 1999 i.d.F. des StBereinG 1999 vom 22.12.1999 (BGBl. I, 2601, BStBl. I 2000, 13) verstößt gegen die gemeinschaftsrechtliche Grundfreiheit der freien Wahl der Niederlassung nach Art. 52, 58 EGV, jetzt Art. 43, 48 EG (Anschluss an EuGH-Urteile v. 18.09.2003 – Rs. C-168/01 „Bosal“, EuGHE I 2003, 9409, ABl. EU 2003, Nr. C 264, 8, und v. 23.02.2006 – Rs. C-471/04 „Keller Holding“, ABl.EU 2006, Nr. C 131, 20).

BFH vom 03.05.2006 I R 100/05 (BStBl. 2007 II S. 60): Ein Unternehmen, das von ihm gehaltene Anteile an Vorratsgesellschaften veräußert, die es zuvor selbst gegründet hat, hat diese Anteile nicht i.S. von § 8b Abs. 7 Satz 2 KStG 2002 mit dem Ziel des kurzfristigen Eigenhandelserfolges erworben.

EuGH vom 23.02.2006 – C-471/04 (Keller-Holding), Beilage zu BFH/NV 7/2006 S. 241: Verbot der Differenzierung bei Abzug von Aufwendungen für den Erwerb von Beteiligungen an ausländischen und inländischen Tochtergesellschaften.

BFH vom 6.07.2000, I B 34/00 (BStBl. 2002 II S. 490):

1. Erzielt eine nach deutschem Recht gegründete und hier unbeschränkt steuerpflichtige GmbH einen Beteiligungsveräußerungsgewinn, so ist derselbe nach § 8 Abs. 1 und 2 KStG i. V. m. § 5 Abs. 1 EStG und nicht nach § 17 Abs. 2 Satz 1 EStG zu ermitteln.

2. Es ist ernstlich zweifelhaft, ob die Anweisung in Abschn. 41 Abs. 5 Satz 5 KStR 1995, wonach Teile des Veräußerungsgewinns, die als vGA zu behandeln sind, nicht unter die Rechtsfolge des § 8b Abs. 2 KStG fallen, dem geltenden Recht entspricht.

§ 8c Verlustabzug bei Körperschaften[1)]

(1) [1]Werden innerhalb von fünf Jahren mittelbar oder unmittelbar mehr als 25 Prozent des gezeichneten Kapitals, der Mitgliedschaftsrechte, Beteiligungsrechte oder der Stimmrechte an einer Körperschaft an einen Erwerber oder diesem nahe stehende Personen übertragen oder liegt ein vergleichbarer Sachverhalt vor (schädlicher Beteiligungserwerb), sind insoweit die bis zum schädlichen Beteiligungserwerb nicht ausgeglichenen oder abgezogenen negativen Einkünfte (nicht genutzte Verluste) nicht mehr abziehbar. [2]Unabhängig von Satz 1 sind bis zum schädlichen Beteiligungserwerb nicht genutzte Verluste vollständig nicht mehr abziehbar, wenn innerhalb von fünf Jahren mittelbar oder unmittelbar mehr als 50 Prozent des gezeichneten Kapitals, der Mitgliedschaftsrechte, Beteiligungsrechte oder der Stimmrechte an einer Körperschaft an einen Erwerber oder diesem nahe stehende Personen übertragen werden oder ein vergleichbarer Sachverhalt vorliegt. [3]Als ein Erwerber im Sinne der Sätze 1 und 2 gilt auch eine Gruppe von Erwerbern mit gleichgerichteten Interessen. [4]Eine Kapitalerhöhung steht der Übertragung des gezeichneten Kapitals gleich, soweit sie zu einer Veränderung der Beteiligungsquoten am Kapital der Körperschaft führt.[2)]

(1a)[3)] [1]Für die Anwendung des Absatzes 1 ist ein Beteiligungserwerb zum Zweck der Sanierung des Geschäftsbetriebs der Körperschaft unbeachtlich. [2]Sanierung ist eine Maßnahme, die darauf gerichtet ist, die Zahlungsunfähigkeit oder Überschuldung zu verhindern oder zu beseitigen und zugleich die wesentlichen Betriebsstrukturen zu erhalten. [3]Die Erhaltung der wesentlichen Betriebsstrukturen setzt voraus, dass

1. die Körperschaft eine geschlossene Betriebsvereinbarung mit einer Arbeitsplatzregelung befolgt oder

2. die Summe der maßgebenden jährlichen Lohnsummen der Körperschaft innerhalb von fünf Jahren nach dem Beteiligungserwerb 400 Prozent der Ausgangslohnsumme nicht unterschreitet; § 13a Absatz 1 Satz 3 und 4 und Absatz 4 des Erbschaftsteuer- und Schenkungsteuergesetzes gilt sinngemäß; oder

3. der Körperschaft durch Einlagen wesentliches Betriebsvermögen zugeführt wird. [2]Eine wesentliche Betriebsvermögenszuführung liegt vor, wenn der Körperschaft innerhalb von zwölf Monaten nach dem Beteiligungserwerb neues Betriebsvermögen zugeführt wird, das mindestens 25 Prozent des in der Steuerbilanz zum Schluss des vorangehenden Wirtschaftsjahrs enthaltenen Aktivvermögens entspricht. [3]Wird nur ein Anteil an der Körperschaft erworben, ist nur der entsprechende Anteil des Aktivvermögens zuzuführen. [4]Der Erlass von Verbindlichkeiten durch den Erwerber oder eine diesem nahestehende Person steht der Zuführung neuen Betriebsvermögens gleich, soweit die Verbindlichkeiten werthaltig sind.[4)] [5]Leistungen der Kapitalgesellschaft, die innerhalb von drei Jahren nach der Zuführung des neuen Betriebsvermögens erfolgen, mindern den Wert des zugeführten Betriebsvermögens. [6]Wird dadurch die erforderliche Zuführung nicht mehr erreicht, ist Satz 1 nicht mehr anzuwenden.

[4]Keine Sanierung liegt vor, wenn die Körperschaft ihren Geschäftsbetrieb im Zeitpunkt des Beteiligungserwerbs im Wesentlichen eingestellt hat oder nach dem Beteiligungserwerb ein Branchenwechsel innerhalb eines Zeitraums von fünf Jahren erfolgt.

---

1) Gemäß § 34 Abs. 7b findet § 8c erstmals für den Veranlagungszeitraum 2008 und auf Anteilsübertragungen nach dem 31. Dezember 2007 Anwendung. Zur Anwendung von Absatz 2 siehe Fußnote dort.

2) § 8c Abs. 1 Satz 5 ff (abgedruckt in der geschlossenen Wiedergabe ab Seite 1 dieses Handbuchs) angefügt durch Gesetz vom 22. Dezember 2009 (BGBl. I S. 3950) mit Wirkung für schädliche Beteiligungserwerbe nach dem 31. Dezember 2009 (§ 34 Abs. 7b).

3) Zur zeitlichen Anwendung von § 8c Abs. 1a s. § 34 Abs. 7c.

4) Befristung nach Satz 5 neugefasst durch Gesetz vom 22. Dezember 2009 (BGBl. I S. 3950).

$(2)^{1)}$

Hinweise

H 46a   Verlustnutzungsbeschränkung
> → *BMF vom 4.7.2008 – BStBl. I S. 736²⁾*

Verwaltungsregelungen zu § 8c

Datum	Anl.	Quelle	Inhalt
04.07.08	§ 008c-01	BMF	Verlustabzugsbeschränkung für Körperschaften (§ 8c KStG)

---

1) § 8c bisheriger Fassung wird zu Absatz 1 und § 8c Abs. 2 wird neu eingefügt durch Art. 4 des MoRaKG vom 12.08.2008 (BGBl. I S. 1672); § 8c Abs. 2 tritt gem. Art. 8 Abs. 2 des MoRaKG am Tag der Genehmigung durch die EU-Kommission in Kraft. Die EU-Kommission hat die Notifizierung durch Entscheidung vom 30.9.2009, Beihilferegister C 2/2009 abgelehnt. Zur zeitlichen Anwendung s. § 34 Abs. 7b. § 8c Abs. 2 soll lauten wie folgt:
„¹Ein nach Absatz 1 nicht abziehbarer Verlust kann im Falle eines unmittelbaren schädlichen Beteiligungserwerbs an einer Zielgesellschaft im Sinne des § 2 Abs. 3 des Wagniskapitalbeteiligungsgesetzes vom 12. August 2008 (BGBl. I S. 1672) in der jeweils geltenden Fassung durch eine Wagniskapitalbeteiligungsgesellschaft (§ 2 Abs. 1 des Wagniskapitalbeteiligungsgesetzes) anteilig abgezogen werden, soweit er auf stille Reserven des steuerpflichtigen inländischen Betriebsvermögens der Zielgesellschaft entfällt (abziehbarer Verlust). ²Gleiches gilt im Falle eines unmittelbaren schädlichen Beteiligungserwerbs an einer Zielgesellschaft von einer Wagniskapitalbeteiligungsgesellschaft durch einen Erwerber, der keine Wagniskapitalbeteiligungsgesellschaft ist, wenn
1. die Zielgesellschaft bei Erwerb der Beteiligung ein Eigenkapital von nicht mehr als 20 Millionen Euro aufweist oder
2. die Zielgesellschaft bei Erwerb der Beteiligung ein Eigenkapital von nicht mehr als 100 Millionen Euro aufweist und die den Betrag von 20 Millionen Euro übersteigende Erhöhung des Eigenkapitals auf den Jahresüberschüssen der der Veräußerung vorangegangenen vier Geschäftsjahre beruht;
der Zeitraum zwischen Anschaffung und Veräußerung der Beteiligung an der Zielgesellschaft durch die Wagniskapitalbeteiligungsgesellschaft darf vier Jahre nicht unterschreiten. ³Der nach Satz 1 abziehbare Verlust kann im Jahr des schädlichen Beteiligungserwerbs zu einem Fünftel im Rahmen des Verlustabzugs nach § 10d des Einkommensteuergesetzes abgezogen werden; dieser Betrag erhöht sich in den folgenden vier Jahren um je ein weiteres Fünftel des nach Satz 1 abziehbaren Verlustes.“

2) Vgl. Anlage § 008c-01.

§ 9 Abziehbare Aufwendungen

(1) [1]Abziehbare Aufwendungen sind auch:

1. bei Kommanditgesellschaften auf Aktien und bei vergleichbaren Kapitalgesellschaften der Teil des Gewinns, der an persönlich haftende Gesellschafter auf ihre nicht auf das Grundkapital gemachten Einlagen oder als Vergütung (Tantieme) für die Geschäftsführung verteilt wird;

2. [1)] vorbehaltlich des § 8 Abs. 3 Zuwendungen (Spenden und Mitgliedsbeiträge) zur Förderung steuerbegünstigter Zwecke im Sinne der §§ 52 bis 54 der Abgabenordnung an eine inländische juristische Person des öffentlichen Rechts oder an eine inländische öffentliche Dienststelle oder an eine nach § 5 Abs. 1 Nr. 9 steuerbefreite Körperschaft, Personenvereinigung oder Vermögensmasse insgesamt bis zu

   1. 20 Prozent des Einkommens oder

   2. vier Promille der Summe der gesamten Umsätze und der im Kalenderjahr aufgewendeten Löhne und Gehälter.

   [2]Nicht abziehbar sind Mitgliedsbeiträge an Körperschaften, die

   1. den Sport (§ 52 Abs. 2 Nr. 21 der Abgabenordnung),

   2. kulturelle Betätigungen, die in erster Linie der Freizeitgestaltung dienen,

   3. die Heimatpflege und Heimatkunde (§ 52 Abs. 2 Nr. 22 der Abgabenordnung) oder

   4. Zwecke im Sinne des § 52 Abs. 2 Nr. 23 der Abgabenordnung

   fördern. [3]Abziehbare Zuwendungen, die die Höchstbeträge nach Satz 1 überschreiten, sind im Rahmen der Höchstbeträge in den folgenden Veranlagungszeiträumen abzuziehen. [4]§ 10d Abs. 4 des Einkommensteuergesetzes gilt entsprechend.

(2) [1]Als Einkommen im Sinne dieser Vorschrift gilt das Einkommen vor Abzug der in Absatz 1 Nr. 2 bezeichneten Zuwendungen und vor dem Verlustabzug nach § 10d des Einkommensteuergesetzes. [2]Als Zuwendung im Sinne dieser Vorschrift gilt auch die Zuwendung von Wirtschaftsgütern mit Ausnahme von Nutzungen und Leistungen. [3]Der Wert der Zuwendung ist nach § 6 Abs. 1 Nummer 4 Satz 1 und 4[2)] des Einkommensteuergesetzes zu ermitteln. [4]Aufwendungen zugunsten einer Körperschaft, die zum Empfang steuerlich abziehbarer Zuwendungen berechtigt ist, sind nur abziehbar, wenn ein Anspruch auf die Erstattung der Aufwendungen durch Vertrag oder Satzung eingeräumt und auf die Erstattung verzichtet worden ist. [5]Der Anspruch darf nicht unter der Bedingung des Verzichts eingeräumt worden sein.

(3) [1]Der Steuerpflichtige darf auf die Richtigkeit der Bestätigung über Spenden und Mitgliedsbeiträge vertrauen, es sei denn, dass er die Bestätigung durch unlautere Mittel oder falsche Angaben erwirkt hat oder dass ihm die Unrichtigkeit der Bestätigung bekannt oder infolge grober Fahrlässigkeit nicht bekannt war. [2]Wer vorsätzlich oder grob fahrlässig eine unrichtige Bestätigung ausstellt oder wer veranlasst, dass Zuwendungen nicht zu den in der Bestätigung angegebenen steuerbegünstigten Zwecken verwendet werden (Veranlasserhaftung), haftet für die entgangene Steuer. [3]In den Fällen der Veranlasserhaftung ist vorrangig der Zuwendungsempfänger (inländische juristische Person des öffentlichen Rechts oder inländische öffentliche Dienststelle oder nach § 5 Abs. 1 Nr. 9 des Körperschaftsteuergesetzes steuerbefreite Körperschaft, Personenvereinigung oder Vermögensmasse) in Anspruch zu nehmen; die in diesen Fällen für den Zuwendungsempfänger handelnden natürlichen Personen sind nur in Anspruch zu nehmen, wenn die entgangene Steuer nicht nach § 47 der Abgabenordnung erloschen ist und Vollstreckungsmaßnahmen gegen den Zuwendungsempfänger nicht erfolgreich sind; § 10b Abs. 4 Satz 5 des Einkommensteuergesetzes gilt entsprechend. [4]Diese ist mit 30 Prozent des zugewendeten Betrags anzusetzen.

---

1) Nach dem Entwurf eines Gesetzes zur Umsetzung steuerlicher EU-Vorgaben sowie zu Änderung steuerlicher Vorschriften (BR-Drs. 4/2010) soll rückwirkend für noch nicht bestandskräftige Fälle der Abzug von Spenden an ausländische Zuwendungsempfänger in der EU/dem EWR eröffnet werden. Das Gesetz tritt voraussichtlich im Frühjahr in Kraft.

2) Zitatanpassung durch Gesetz vom 20. April 2009 (BGBl. I S. 774).

KStR
Zu § 9 KStG

47. Ausgaben i. S. des § 9 Abs. 1 Nr. 1 und 2 KStG

(1) Für die Frage der Abziehbarkeit der Ausgaben i. S. des § 9 Abs. 1 Nr. 2 KStG gelten die §§ 48 bis 50 EStDV, die Anlage 1 zu § 48 Abs. 2 EStDV sowie die Anweisungen in R 111 und 113 EStR entsprechend.

(2) [1]Aufwendungen i. S. des § 9 Abs. 1 Nr. 1 KStG sind bereits bei der Einkunftsermittlung zu berücksichtigen. [2]Die Ausgaben i. S. des § 9 Abs. 1 Nr. 2 KStG sind vorbehaltlich des § 8 Abs. 3 KStG in der im Gesetz genannten Höhe bei der Ermittlung des Gesamtbetrags der Einkünfte abzuziehen. [3]Entsprechend erhöhen sie einen abziehbaren Verlust.

(3) Die Vorschrift des § 9 Abs. 1 Nr. 2 KStG bezieht sich auch im Fall eines abweichenden Wirtschaftsjahres auf die Ausgaben im Wirtschaftsjahr.

(4) Für die Berechnung des Höchstbetrags der abziehbaren Zuwendungen ist das Einkommen des VZ oder die Summe der gesamten Umsätze und der Löhne und Gehälter des Kalenderjahres maßgebend.

(5) [1]In Organschaftsfällen ist § 9 Abs. 1 Nr. 2 KStG bei der Ermittlung des dem Organträger zuzurechnenden Einkommens der Organgesellschaft eigenständig anzuwenden (§ 15 KStG). [2]Dementsprechend bleibt beim Organträger das zugerechnete Einkommen der Organgesellschaft für die Ermittlung des Höchstbetrags der abziehbaren Zuwendungen außer Betracht. [3]Als Summe der gesamten Umsätze i. S. des § 9 Abs. 1 Nr. 2 KStG gelten beim Organträger und bei der Organgesellschaft auch in den Fällen, in denen umsatzsteuerrechtlich ein Organschaftsverhältnis vorliegt (§ 2 Abs. 2 Nr. 2 UStG), jeweils nur die eigenen Umsätze. [4]Für die Ermittlung des Höchstbetrags der abziehbaren Zuwendungen beim Organträger sind die Umsätze der Organgesellschaft demnach dem Organträger nicht zuzurechnen. [5]Andererseits sind bei der Organgesellschaft für die Ermittlung des Höchstbetrags der abziehbaren Zuwendungen ihre eigenen Umsätze maßgebend, obwohl die Organgesellschaft nicht Unternehmer i. S. von § 2 UStG ist und daher umsatzsteuerrechtlich keine steuerbaren Umsätze hat.

(6) [1]Auch Zuwendungen eines Betriebs gewerblicher Art an seine Trägerkörperschaft können unter den Voraussetzungen des § 9 Abs. 1 Nr. 2 KStG abziehbar sein, soweit es sich nicht um eine vGA handelt. [2]Die Entscheidung darüber, ob es sich um eine vGA handelt, hängt von den Umständen des einzelnen Falles ab.

(7) [1]Der wirtschaftliche Geschäftsbetrieb einer Körperschaft, Personenvereinigung oder Vermögensmasse, die im Übrigen wegen Gemeinnützigkeit steuerbegünstigt ist (§ 5 Abs. 1 Nr. 9 KStG), ist kein selbständiges Steuersubjekt. [2]Zuwendungen, die ein solcher wirtschaftlicher Geschäftsbetrieb an diese Körperschaft, Personenvereinigung oder Vermögensmasse zur Förderung deren gemeinnütziger Zwecke gibt, sind deshalb Gewinnverwendung. [3]Die Zuwendungen dürfen deshalb die Einkünfte aus dem wirtschaftlichen Geschäftsbetrieb nicht mindern.

Hinweise

H 47 Auswirkung von Zuwendungen auf den Gewinn

Abzugsfähige Zuwendungen mindern den körperschaftsteuerpflichtigen Gewinn und erhöhen einen vortragsfähigen Verlust einer Kapitalgesellschaft (→ BFH vom 21.10.1981 – BStBl. 1982 I S. 177)

Höchstbetrag für den Zuwendungsabzug in Organschaftsfällen

Ist ein Steuerpflichtiger an einer Personengesellschaft beteiligt, die Organträger einer körperschaftsteuerrechtlichen Organschaft ist, bleibt bei der Berechnung des Höchstbetrags der abziehbaren Zuwendungen nach § 10b Abs. 1 EStG auf Grund des Gesamtbetrags der Einkünfte das dem Steuerpflichtigen anteilig zuzurechnende Einkommen der Organgesellschaft außer Ansatz (→ BFH vom 23.1.2002 – BStBl. 2003 II S. 9).

Minderung des zu versteuernden Einkommens einer teilweise steuerbefreiten Körperschaft durch Zuwendungen

Das zu versteuernde Einkommen einer teilweise von der Körperschaftsteuer befreiten Körperschaft darf nicht durch Spenden gemindert werden, die aus dem steuerfreien Bereich der Körperschaft stammen (→ BFH vom 13.3.1991 – BStBl. II S. 645).

Neuregelung des Spendenabzugs durch das Gesetz zur weiteren Stärkung des bürgerschaftlichen Engagements vom 10.10.2007 – BStBl. I S. 815

→ BMF vom 18.12.2008 – BStBl. 2009 I S. 16

Sponsoring

→ *BMF vom 18.2.1998 – BStBl. I S. 212*[1])

Spendenhaftung

Eine Körperschaft haftet nicht nach § 10b Abs. 4 Satz 2 2. Alt. EStG, § 9 Abs. 3 Satz 2 2. Alt. KStG wegen Fehlverwendung, wenn sie die Spenden zwar zu dem in der Spendenbestätigung aufgegebenen Zweck verwendet, selbst aber rückwirkend nicht als gemeinnützig anerkannt ist (→ BFH vom 10.09.2003 – BStBl. 2004 II S. 352).

Zuschüsse einer Sparkasse zur Zinsverbilligung eines Darlehens an Gemeinden und Schulverbände

Zuschüsse einer Sparkasse zur Zinsverbilligung von Darlehen an Gemeinden und Schulverbände können abziehbare Spenden sein (→ BFH vom 15.5.1968 – BStBl. II S. 629).

Zuwendungen an die Trägergemeinde können verdeckte Gewinnausschüttungen sein

Zuwendungen, die ein Eigenbetrieb seiner Trägergemeinde gibt, mindern bei Vorliegen der im Gesetz näher angeführten Voraussetzungen das Einkommen des laufenden Geschäftsjahres. Sie können wegen der engen Bindung des Eigenbetriebs an die Trägergemeinde eine vGA sein (→ BFH vom 12.10.1978 – BStBl. 1979 II S. 192).

Zuwendungen aus wirtschaftlichem Geschäftsbetrieb an Empfänger, die gleichartige Zwecke verfolgen

Zuwendungen, die gemeinnützige Körperschaften, Personenvereinigungen oder Vermögensmassen (§ 5 Abs. 1 Nr. 9 KStG) aus ihrem der Besteuerung unterliegenden Einkommen aus wirtschaftlichen Geschäftsbetrieben Empfängern zuwenden, die die Voraussetzungen des § 49 EStDV erfüllen, sind auch abziehbar, wenn die Empfänger der Zuwendungen gleichartige steuerbegünstigte Zwecke wie die Zuwendenden verfolgen (→ BFH vom 3.12.1963 – BStBl. 1964 III S. 81).

Zuwendungen und Spenden von Trägern der Sparkasse (Gewährträgern)

– *Macht eine Sparkasse ihrem Gewährträger oder einer dem Gewährträger nahestehenden Person eine Zuwendung, liegt keine abziehbare Zuwendung, sondern eine vGA vor, wenn die Sparkasse bei Anwendung der Sorgfalt eines ordentlichen und gewissenhaften Geschäftsleiters die Zuwendung einer fremden Körperschaft nicht gegeben hätte (→ BFH vom 21.1.1970 – BStBl. II S. 468 und vom 1.12.1982 – BStBl. 1983 II S. 150). Eine vGA ist anzunehmen, soweit die an den Gewährträger geleisteten Zuwendungen den durchschnittlichen Betrag an Spenden übersteigen, den die Sparkasse an Dritte zugewendet hat. Dabei ist grundsätzlich auf die Fremdspenden des Wirtschaftsjahrs, in dem die Spende an den Gewährträger geleistet wurde, und der beiden vorangegangenen Wirtschaftsjahre abzustellen. Lediglich für den Fall, dass sich aus der Einbeziehung eines weiter zurückreichenden Zeitraums von nicht mehr als 5 Wirtschaftsjahren eine höhere Summe an durchschnittlichen Fremdspenden ergibt, ist dieser Zeitraum maßgebend. Eine Einbeziehung eines Zeitraums, der nach Ablauf des zu beurteilenden Wirtschaftsjahres liegt, ist nicht möglich (→ BFH vom 9.8.1989 – BStBl. 1990 II S. 237).*

– *Ausgaben, die als Einkommensverteilung anzusehen sind, bleiben bei der Vergleichsrechnung unberücksichtigt (→ BFH vom 1.2.1989 (BStBl. II S. 471). Gibt eine Sparkasse die Spende an einen Dritten und erfüllt sie damit eine Aufgabe, die sich der Gewährträger – wenn auch ohne gesetzliche Verpflichtung – in rechtsverbindlicher Weise gestellt hat, kann darin eine vGA an den Gewährträger durch mittelbare Zuwendung liegen (→ BFH vom 19.6.1974 – BStBl. II S. 586 und vom 8.4.1992 – BStBl. II S. 849).*

– *Ist ein Landkreis Gewährträger, sind bei der Prüfung, ob die Spenden an den Gewährträger die an Dritte übersteigen, die Spenden zugunsten der kreisangehörigen Gemeinden grundsätzlich als Fremdspenden zu berücksichtigen (→ BFH vom 8.4.1992 – BStBl. II S. 849).*

Zuwendungsbestätigung

→ *BMF vom 13.3.2007 – BStBl. 2008 I S. 4 und BMF vom 31.3.2008 – BStBl. I S. 565*

---

1) Vgl. Anlage § 008(1)-13.

§ 9

Verwaltungsregelungen zu § 9

Datum	Anl.	Quelle	Inhalt
Zu § 9 Abs. 1 Nr. 1			
	§ 009 (1) Nr. 1-01		(weggefallen)
Zu § 9 Abs. 1 Nr. 2			
	§ 009 (1) Nr. 2-01		(weggefallen)
01.03.93	§ 009 (1) Nr. 2-02	OFD Mst	Großspendenregelung der §§ 10b Abs. 1 Satz 3 EStG, 9 Nr. 3a Satz 3 KStG, 9 Nr. 5 Satz 3 GewStG; Großspenden bei Mitunternehmerschaften
	§ 009 (1) Nr. 2-03		(weggefallen)
	§ 009 (1) Nr. 2-04		(weggefallen)
28.08.92	§ 009 (1) Nr. 2-05	FM S	Einkommensteuerliche Behandlung von aus dem Betriebsvermögen entnommenen Sachspenden (§ 10b Abs. 3 Satz 2 EStG)
04.04.03	§ 009 (1) Nr. 2-06	OFD Han	Höchstbetrag für Zuwendungen nach § 10b EStG in Organschaftsfällen
06.11.03	§ 009 (1) Nr. 2-07	OFD Fra	Voraussetzungen für die Anerkennung von Zuwendungsbestätigungen bei Sachspenden
15.12.03	§ 009 (1) Nr. 2-08	OFD Fra	Haftung nach § 10b Abs.4 EStG
18.12.08	§ 009 (1) Nr. 2-09	BMF	Neuregelung des Spendenabzugs durch das Gesetz zur weiteren Stärkung des bürgerschaftlichen Engagements vom 10.10.2007 – BStBl. I S. 815

Rechtsprechungsauswahl

Zu § 9 KStG

BFH vom 05.04.2006 I R 20/05 (BStBl. 2007 II S. 450): Eine sog. Durchlaufspende ist nur dann abziehbar, wenn der Letztempfänger für denjenigen Veranlagungszeitraum, für den die Spende steuerlich berücksichtigt werden soll, wegen Gemeinnützigkeit von der Körperschaftsteuer befreit ist.

BFH vom 10.09.2003 XI R 58/01 (BStBl. 2004 II S. 352): Eine Körperschaft haftet nicht nach § 10b Abs. 4 Satz 2 2. Alt. EStG, § 9 Abs. 3 Satz 2 2. Alt. KStG wegen Fehlverwendung, wenn sie die Spenden zwar zu dem in der Spendenbestätigung angegebenen Zweck verwendet, selbst aber nicht als gemeinnützig anerkannt ist.

BFH vom 23.01.2002, XI R 95/97 (BStBl. 2003 II S. 9): Ist ein Steuerpflichtiger an einer Personengesellschaft beteiligt, die Organträger einer körperschaftsteuerrechtlichen Organschaft ist, so bleibt bei der Berechnung des Höchstbetrags der abziehbaren Spenden nach § 10b Abs. 1 EStG aufgrund des Gesamtbetrags der Einkünfte das dem Steuerpflichtigen anteilig zuzurechnende Einkommen der Organgesellschaft außer Ansatz.

BFH vom 04.12.1996 I R 151/93 (BStBl. 1996 II S. 327):

1. Mit der Formulierung „Summe der gesamten Umsätze" knüpft § 9 Satz 1 Nr. 3 Buchst. a Satz 1 KStG a. F. (jetzt § 9 Abs. 1 Nr. 2 Satz 1 KStG 1996) nicht nur hinsichtlich des Begriffes „Umsatz", sondern auch hinsichtlich der Bemessung des Umsatzes an das Umsatzsteuerrecht an.

2. Zur „Summe der gesamten Umsätze" gehören nicht nur die steuerpflichtigen, sondern auch die steuerfreien Umsätze (Bestätigung des Senatsurteils vom 4. Februar 1970 I R 69/68, BFHE 98, 180, BStBl. 1970 II S. 349).

3. Die Gewährung von Krediten und das Inkasso von Schecks und Wechsel erhöht die „Summe des gesamten Umsätze". Die Erhöhung bemißt sich jedoch nicht nach den Kredit-, Scheck- und Wechselsummen. Bemessungsgrundlage sind vielmehr die Entgelte, die der Steuerpflichtige für die Kreditgewährungen und den Einzug der Schecks und Wechsel erhält.

4. Beim Rediskontgeschäft erhöhen die Rediskontbeträge die „Summe der gesamten Umsätze".

BFH vom 08.04.1992 I R 126/90 (BStBl. 1992 II S. 849):

1. Der Beschluß des Verwaltungsrats einer Sparkasse, im laufenden Wirtschaftsjahr eine Spende an den Gewährträger zu leisten, ist nicht allein deshalb als Beschluß über eine Vorabgewinnausschüttung zu beurteilen, weil er in engem zeitlichen und wirtschaftlichen Zusammenhang mit der Entscheidung

des Verwaltungsrats steht, aus dem erwarteten Bilanzgewinn des laufenden Wirtschaftsjahrs nicht an den Gewährträger auszuschütten.

2. Spenden einer Sparkasse an ihren Gewährträger sind grundsätzlich insoweit verdeckte Gewinnausschüttungen i. S. des § 8 Abs. 3 Satz 2 KStG 1977, als die im Wirtschaftsjahr an den Gewährträger insgesamt geleisteten Spenden den Betrag übersteigen, den die Sparkassen im gleichen Wirtschaftsjahr und in den beiden vorangegangenen Wirtschaftsjahren durchschnittlich pro Jahr an Dritte leistete. Dabei sind Spenden, die als offene Gewinnausschüttung zu beurteilen sind, nicht zu berücksichtigen.

3. Spenden einer Sparkasse an den Gewährträger sind nur die Spenden, die die Sparkasse zugunsten ihres Gewährträgers leistet. Spenden, die der Gewährträger von seiner Sparkasse mit der Auflage erhält, sie an Dritte weiterzuleiten (Durchlaufspenden über den Gewährträger), sind keine Spenden an den Gewährträger. Ausnahmsweise sind sie als Spenden zugunsten des Gewährträgers zu beurteilen, wenn der Dritte – der Endempfänger der Spende – die Spendenmittel für Aufgaben verwenden muß, die ohne die Spende der Gewährträger hätte finanzieren müssen.

BFH vom 13.03.1991 I R 117/88 (BStBl. 1991 II S. 645): Das zu versteuernde Einkommen einer teilweise von der Körperschaftsteuer befreiten Körperschaft darf nicht durch Spenden gemindert werden, die aus steuerbefreiten Bereichen der Körperschaft stammen.

BFH vom 19.12.1990 X R 40/86 (BStBl. 1991 II S. 234): Zahlungen an eine gemeinnützige Einrichtung zur Erfüllung einer Auflage nach § 153a Abs. 1 Nr. 2 StPO sind nicht als Spende (§ 10b Abs. 1 EStG) abziehbar.

BFH vom 31.10.1990 I R 32/86 (BStBl. 1991 II S. 253):

1. Gewinnanteile, die als Vergütung für die Geschäftsführung an die persönlich haftenden Gesellschafter einer KGaA verteilt werden, sind alle Arten von Vergütungen, die die persönlich haftenden Gesellschafter als Gegenleistung für ihre – gegenwärtige oder frühere – Geschäftsführungstätigkeit erhalten. Von diesen Vergütungen zu unterscheiden sind Leistungen, die Auslagen- oder Aufwendungsersatz und kein Entgelt für die Geschäftsführungstätigkeit sind.

2. Aufwendungen, die einem persönlich haftenden Gesellschafter einer KGaA entstehen, weil er die ihm übertragenen Geschäftsführungsaufgaben von anderen Personen (Fremdgeschäftsführer) wahrnehmen läßt, mindern die Hinzurechnung gemäß § 8 Nr. 4 GewStG nicht. Dies gilt auch für die Aufwendungen, die einer Komplementär-GmbH dadurch entstehen, daß sie die ihr übertragene Geschäftsführung der KGaA nur durch Fremdgeschäftsführer ausüben kann.

BFH vom 09.08.1989 I R 4/84 (BStBl. 1990 II S. 237): 1. – 3. . . .

4. Eine verdeckte Gewinnausschüttung ist auch bei einer Nichtkapitalgesellschaft und damit auch bei einem Betrieb gewerblicher Art möglich (Aufgabe der in dem Urteil vom 11. Februar 1987 I R 43/83, BFHE 149, 217, BStBl. 1987 II S. 643, vertretenen Auffassung).

5. Eine verdeckte Gewinnausschüttung einer Sparkasse liegt vor, soweit die an den Gewährträger geleistete Spende den durchschnittlichen Betrag an Spenden übersteigt, den die Sparkasse an Dritte gespendet hat.

6. In die Vergleichsbetrachtung sind nicht die Spenden einzubeziehen, die das Einkommen der Sparkasse deswegen nicht mindern, weil sie aus dem festgesetzten Teil des Jahresüberschusses geleistet wurden (vgl. hierzu BFH-Urteil vom 1. Februar 1989 I R 98/84, BFHE 156, 145, BStBl. 1989 II S. 471).

7. Grundsätzlich ist allein auf die Fremdspenden abzustellen, die in dem Wirtschaftsjahr, bezüglich dessen der Spendenabzug zu prüfen ist, sowie in den beiden diesem Wirtschaftsjahr vorangehenden Wirtschaftsjahren geleistet wurden.

8. Offen bleibt, ob ein den Spendenrahmen sprengendes Spendenverhalten nicht in den Vergleichsmaßstab einbezogen werden kann.

BFH vom 21.06.1989 X R 14/88 (BStBl. 1989 II S. 881):

1. Der persönlich haftende Gesellschafter einer Kommanditgesellschaft auf Aktien (KGaA) ist gemäß § 15 Abs. 1 Nr. 3 EStG in jeder Beziehung als Gewerbetreibender zu behandeln. Der von ihm im Rahmen der KGaA erzielte anteilige Gewinn ist ihm einkommensteuerrechtlich unmittelbar zuzurechnen. Er kann wie ein Mitunternehmer (§ 15 Abs. 1 Nr. 2 EStG) Sonderbetriebsvermögen haben.

2. Der Gewinnanteil des persönlich haftenden Gesellschafters einer KGaA einschließlich seiner Sondervergütungen, Sonderbetriebseinnahmen und Sonderbetriebsausgaben ist durch Betriebs-

vermögensvergleich zu ermitteln. Das Wirtschaftsjahr stimmt mit dem Wirtschaftsjahr der KGaA überein.

3. Die dem persönlich haftenden Gesellschafter gehörigen Kommanditaktien sind weder Betriebsvermögen noch Sonderbetriebsvermögen. Ausschüttungen auf die Kommanditaktien sind im Zeitpunkt des Zuflusses als Einnahmen aus Kapitalvermögen zu erfassen.

4. Der persönlich haftende Gesellschafter kann keine Rückstellung dafür bilden, daß er mit seinem Privatvermögen für Schulden der KGaA in Anspruch genommen zu werden droht. Wird er in Anspruch genommen, erbringt er Einlagen. Frühestens in diesem Zeitpunkt können, sofern die KGaA überschuldet ist, Verluste geltend gemacht werden.

§ 10 Nichtabziehbare Aufwendungen

Nichtabziehbar sind auch:

1. **die Aufwendungen für die Erfüllung von Zwecken des Steuerpflichtigen, die durch Stiftungsgeschäft, Satzung oder sonstige Verfassung vorgeschrieben sind. ²§ 9 Abs. 1 Nr. 2 bleibt unberührt,**

2. **die Steuern vom Einkommen und sonstige Personensteuern sowie die Umsatzsteuer für Umsätze, die Entnahmen oder verdeckte Gewinnausschüttungen sind, und die Vorsteuerbeträge auf Aufwendungen, für die das Abzugsverbot des § 4 Abs. 5 Satz 1 Nr. 1 bis 4 und 7 oder Abs. 7 des Einkommensteuergesetzes gilt; das gilt auch für die auf diese Steuern entfallenden Nebenleistungen,**

3. **in einem Strafverfahren festgesetzte Geldstrafen, sonstige Rechtsfolgen vermögensrechtlicher Art, bei denen der Strafcharakter überwiegt, und Leistungen zur Erfüllung von Auflagen oder Weisungen, soweit die Auflagen oder Weisungen nicht lediglich der Wiedergutmachung des durch die Tat verursachten Schadens dienen,**

4. **die Hälfte der Vergütungen jeder Art, die an Mitglieder des Aufsichtsrats, Verwaltungsrats, Grubenvorstands oder andere mit der Überwachung der Geschäftsführung beauftragte Personen gewährt werden.**

KStR

Zu § 10 KStG

48. Nichtabziehbare Steuern und Nebenleistungen

(1) Zur körperschaftsteuerlichen Behandlung der Umsatzsteuer für Umsätze, die vGA sind, → R 37.

(2) ¹Das Abzugsverbot des § 10 Nr. 2 KStG gilt auch für die auf die dort genannten Steuern entfallenden Nebenleistungen, z. B. Zinsen aus Steuernachforderungen (§ 233a AO), Hinterziehungszinsen (§ 235 AO), Säumniszuschläge (§ 240 AO), Verspätungszuschläge (§ 152 AO), Zwangsgelder (§ 329 AO) und Kosten der Vollstreckung (§§ 337 bis 345 AO). ²Gleichwohl gehören von der Körperschaft empfangene Erstattungszinsen i.S. des § 233a AO zu den steuerpflichtigen Einnahmen. ³Daher sind Erstattungszinsen zu unterscheiden von an den Steuerpflichtigen zurückgezahlten Nachzahlungszinsen, welche erfolgsneutral zu behandeln sind.

Hinweise

H 48 Nichtabziehbare Steuern

Zu den Steuern im Sinne des § 10 Nr. 2 KStG gehören auch
- *die* **ausländische Quellensteuer** *(→ BFH vom 16.5.1990 – BStBl. II S. 920),*
- *die* **Erbschaftsteuer** *und die* **Erbersatzsteuer** *(→ BFH vom 14.9.1994 – BStBl. 1995 II S. 207) sowie*
- *der* **Solidaritätszuschlag** *(→ BFH vom 9.11.1994 – BStBl. 1995 II S. 305).*

Prozesszinsen

Prozesszinsen (§ 236 AO) gehören zu den steuerpflichtigen Einnahmen (→ BFH vom 18.2.1975 – BStBl. II S. 568).

Zinsen

→ BMF vom 5.10.2000 – BStBl. I S. 1508

KStR

49. Geldstrafen und ähnliche Rechtsnachteile

¹Das steuerrechtliche Abzugsverbot für Geldstrafen und ähnliche Rechtsnachteile betrifft in einem Strafverfahren festgesetzte Geldstrafen, sonstige Rechtsfolgen vermögensrechtlicher Art, bei denen der Strafcharakter überwiegt, und Leistungen zur Erfüllung von Auflagen oder Weisungen, soweit die Auflagen oder Weisungen nicht lediglich der Wiedergutmachung des durch die Tat verursachten Schadens dienen (R 120 EStR). ²Geldstrafen sowie Auflagen oder Weisungen sind nach deutschem Strafrecht gegenüber juristischen Personen nicht zulässig. ³Gegen juristische Personen können jedoch sonstige

Rechtsfolgen vermögensrechtlicher Art, bei denen der Strafcharakter überwiegt, verhängt werden (§ 75 Strafgesetzbuch). [4]In Betracht kommt insbesondere die Einziehung von Gegenständen nach § 74 Strafgesetzbuch. [5]Nicht unter das Abzugsverbot fallen die mit den Rechtsnachteilen zusammenhängenden Verfahrenskosten, insbesondere Gerichts- und Anwaltskosten.

Hinweise

H 49   Nichtabziehbarkeit von Geldbußen

> → *§ 4 Abs. 5 Nr. 8 EStG*

KStR

50. Vergütungen für die Überwachung der Geschäftsführung

(1) [1]Vergütungen für die Überwachung der Geschäftsführung (Aufsichtsratsvergütungen) sind alle Leistungen, die als Entgelt für die Tätigkeit gewährt werden. [2]Hierzu gehören auch Tagegelder, Sitzungsgelder, Reisegelder und sonstige Aufwandsentschädigungen. [3]Unter das hälftige Abzugsverbot des § 10 Nr. 4 KStG fällt jedoch nicht der dem einzelnen Aufsichtsratsmitglied aus der Wahrnehmung seiner Tätigkeit erwachsene Aufwand, soweit ihm dieser Aufwand gesondert erstattet worden ist.

(2) [1]Unterliegt die Aufsichtsratsvergütung bei der Umsatzsteuer der Regelbesteuerung und nimmt die Körperschaft den Vorsteuerabzug nach § 15 UStG in Anspruch, ist bei der Ermittlung des Einkommens der Körperschaft die Hälfte des Nettobetrags der Aufsichtsratsvergütung – ohne Umsatzsteuer – nach § 10 Nr. 4 KStG hinzuzurechnen. [2]Ist die Körperschaft nicht oder nur verhältnismäßig zum Vorsteuerabzug berechtigt, so ist außerdem die Hälfte der gesamten oder der den Vorsteuerabzug übersteigenden Umsatzsteuer dem Einkommen hinzuzurechnen. [3]In den übrigen Fällen ist stets die Hälfte des Gesamtbetrags der Aufsichtsratsvergütung (einschl. Umsatzsteuer) nach § 10 Nr. 4 KStG hinzuzurechnen.

(3) [1]Der Begriff der Überwachung ist weit auszulegen. [2]Unter das hälftige Abzugsverbot fällt jede Tätigkeit eines Aufsichtsratsmitglieds, die innerhalb des möglichen Rahmens seiner Aufgaben liegt.

Hinweise

H 50   Beamtenrechtliche Ablieferungspflicht einer Aufsichtsratsvergütung

Der einem Beamten erwachsene tatsächliche Aufwand bemisst sich nicht nach den beamtenrechtlichen Vorschriften über die Ablieferungspflicht der Vergütung (→ BFH vom 12.1.1966 – BStBl. III S. 206).

Doppelfunktion von Vertretern im Aufsichtsrat und Kreditausschuss

Gehören dem Kreditausschuss eines Unternehmens neben Vertretern der Darlehensgeber und mittelverwaltender Behörden und neben den Geschäftsführern auch Mitglieder des Aufsichtsrats des Unternehmens an, schließt deren Doppelfunktion die volle Abziehbarkeit der ihnen als Mitglieder des Kreditausschusses gewährten Sitzungsgelder aus (→ BFH vom 15.11.1978 – BStBl. 1979 II S. 193).

Finanzierungsberatung einer Aktiengesellschaft

Die Finanzierungsberatung einer Aktiengesellschaft durch eines ihrer Aufsichtsratsmitglieder ist keine aus dem Rahmen der Aufsichtsratstätigkeit fallende Sondertätigkeit. Die dafür geleisteten Zahlungen sind als Aufsichtsratsvergütungen zu behandeln (→ BFH vom 20.9.1966 – BStBl. III S. 688).

Geschäftsführeraufgaben

Eine Vergütung, die eine Kapitalgesellschaft einem Mitglied ihres Aufsichtsrats dafür zahlt, dass dieser sich in die Wahrnehmung von Aufgaben der Geschäftsführung einschaltet, unterliegt dem hälftigen Abzugsverbot des § 10 Nr. 4 KStG (→ BFH vom 12.9.1973 – BStBl. II S. 872).

Sachverständige

Die Vergütungen, die eine Gesellschaft an den vom Aufsichtsrat zur Unterstützung seiner Kontrollfunktion beauftragten Sachverständigen zahlt, unterliegen nicht dem hälftigen Abzugsverbot des § 10 Nr. 4 KStG (→ BFH vom 30.9.1975 – BStBl. 1976 II S. 155).

Verwaltungsregelungen zu § 10

Datum	Anl.	Quelle	Inhalt
29.01.79	§ 010-01	OFD Mst	Steuerliche Behandlung des Zweckertrags einer Lotterie

Datum	Anl.	Quelle	Inhalt
08.08.00	§ 010-02	OFD Rst	Behandlung von Zinsen i.S. des § 233a AO nach Änderung des § 10 Nr. 2 KStG durch das Steuerentlastungsgesetz 1999/2000/2002 (StEntlG 1999/2000/2002)
	§ 010-03		(weggefallen)
12.11.02	§ 010-04	OFD Mdb	Aufsichtsrat: Besteuerung von Aufsichtsratsvergütungen
02.11.05	§ 010-05	So	Keine außerbilanzielle Hinzurechnung nach § 10 Nr. 2 KStG der Vorsteuerbeträge auf betrieblich veranlasste Bewirtungsaufwendungen

Rechtsprechungsauswahl

Zu § 10 KStG

Zu § 10 Nr. 1 KStG

BFH vom 05.06.2003 I R 76/01 (BStBl. 2005 II S. 305)[1]:

1. Ausgaben, die durch das Unterhalten eines wirtschaftlichen Geschäftsbetriebs veranlasst sind, sind bei dessen Gewinnermittlung abzuziehen.
2. § 10 Nr. 1 KStG betrifft nur Aufwendungen, die sich der Art nach als Einkommensverwendung darstellen. Aufwendungen, die den Charakter von Betriebsausgaben haben, sind nach allgemeinen Gewinnermittlungsgrundsätzen abzusetzen (Bestätigung der Rechtsprechung).

BFH vom 17.12.1997, I R 58/97 (BStBl. 1998 II S. 357):

1. Verpflichten sich die Mitglieder eines gemeinnützigen Vereins, ihre Arbeitskraft in dem vom Verein unterhaltenen wirtschaftlichen Geschäftsbetrieb einzusetzen, und verpflichtet sich der Verein im Gegenzug hierfür den Mitgliedern einen (schlichten) Lebensunterhalt zu gewähren, so können die Unterhaltsaufwendungen Betriebsausgaben des wirtschaftlichen Geschäftsbetriebs sein.
2. Auch wenn der Wert der Unterhaltsleistung unter dem Wert der Arbeitsleistung liegt, kann hieraus – unter dem Gesichtspunkt des Fremdvergleichs –keine verdeckte Gewinnausschüttung abgeleitet werden.

BFH vom 24.03.1993 I R 27/92 (BStBl. 1993 II S. 637): Stiftungszweck i. S. des § 10 Nr. 1 KStG einer durch Testament errichteten Stiftung kann neben den im Testament als Stiftungszweck bezeichneten Aufgaben auch eine laufende Rente zugunsten einer natürlichen Person sein. Das gilt jedenfalls dann, wenn beide Ziele im Testament festgelegt sind, beide Aufgaben aus den Überschüssen der Stiftung zu erfüllen sind und der Rentenzahlung neben den im Testament genannten Aufgaben eine erhebliche wirtschaftliche Bedeutung zukommt.

BFH vom 16.12.1981 I R 140/81 (BStBl. 1982 II S. 465): Mitgliedsbeiträge einer Kapitalgesellschaft an einen eingetragenen Verein, der die allgemeinen ideellen und wirtschaftlichen Interessen der Industriefirmen des Vereinsgebiets wahrnimmt, sind in der Regel vollen Umfangs als Betriebsausgaben abzugsfähig. Gelegentliche Vereinsveranstaltungen, die möglicherweise dem gesellschaftlich-repräsentativen Bereich zuzuordnen sind, stehen dem nicht entgegen.

BFH vom 16.03.1977 I R 198/74 (BStBl. 1977 II S. 493): ´... Die Aufwendungen für die gemäß den Stiftungsstatuten auf dem Gesamtvermögen ruhenden Schuldlasten dürfen nicht als Betriebsausgaben bei dem zum Stiftungsvermögen gehörenden und einen steuerpflichtigen Geschäftsbetrieb bildenden landwirtschaftlichen Betrieb (Rittergut) abgezogen werden.

BFH vom 19.03.1975 I R 137/73 (BStBl. 1975 II S. 722): ... Liegt der Vorteil einer verdeckten Gewinnausschüttung beim Gesellschafter in der Ersparung von Aufwendungen, so bedarf es einer Hinzurechnung zum sonstigen Einkommen des Gesellschafters nur dann, wenn die ersparten Aufwendungen nicht abzugsfähig sind.

---

1) Vgl. BMF-Schreiben vom 24.03.2005, BStBl. I 2005, 608.

§ 10

Zu § 10 Nr. 2 KStG

BFH vom 22.01.1996 I R 64/96 (BStBl. 1997 II S. 548):

1. Ein Verspätungszuschlag, den eine Kapitalgesellschaft wegen verspäteter Abgabe einer Kapitalertragsteueranmeldung entrichten muß, ist eine abzugsfähige Betriebsausgabe.

2. Der Umstand, daß der Verspätungszuschlag maßgebend auf der gesetzlichen Verpflichtung zum Steuerabzug beruht, schließt die Annahme einer vGA i. S. des § 8 Abs. 3 Satz 2 KStG 1984 aus.

BFH vom 07.12.1994 I R 7/94 (BStBl. 1995 II S. 477):

1. Das Abzugsverbot des § 10 Nr. 2 KStG 1990 erstreckt sich auch auf Hinterziehungszinsen.

2. § 10 Nr. 2 KStG 1990 findet auf den Veranlagungszeitraum 1986 rückwirkende Anwendung.

3. Die in §§ 10 Nr. 2 und 54 Abs. 5 KStG 1990 getroffene Regelung ist verfassungsrechtlich unbedenklich.

BFH vom 14.09.1994 I R 78/94 (BStBl. 1995 II S. 207):

1. Die Erbschaftsteuer ist eine sonstige Personensteuer i. S. des § 10 Nr. 2 KStG. Dies gilt auch für die gemäß § 24 ErbStG in Jahresbeträgen erhobene Erbersatzsteuer.

2. § 10 Nr. 2 KStG ist auch insoweit anzuwenden, als die Jahresbeträge einen Zinsanteil enthalten.

BFH vom 04.12.1991 I R 26/91 (BStBl. 1992 II S. 686): Schadensersatzforderungen einer GmbH gegen einen Berater wegen einer falschen Beratung hinsichtlich der Körperschaftsteuer erhöhen das zu versteuernde Einkommen.

BFH vom 25.04.1990 I R 70/88 (BStBl. 1990 II S. 1086):

1. Übernimmt der ausländische Auftraggeber für eine im Inland unbeschränkt steuerpflichtige Kapitalgesellschaft deren ausländische Quellensteuer, so ist die Übernahme als Teil des Leistungsentgeltes zu behandeln, das die Betriebseinnahmen erhöht.

2. Die ausländische Quellensteuer kann wegen § 10 Nr. 2 KStG 1977 von der unbeschränkt steuerpflichtigen Kapitalgesellschaft nicht als Betriebsausgabe abgesetzt werden.

Zu § 10 Nr. 3 KStG

BFH vom 09.06.1999, I R 100/97 (BStBl. 1999 II S. 658): Bemißt sich die wegen eines Wettbewerbsverstoßes festgesetzte Geldbuße –über den regulären gesetzlichen Höchstbetrag hinaus –unter Einbeziehung des durch die Zuwiderhandlung erlangten Mehrerlöses (§ 38 Abs. 4 Satz 1 GWB a. F., § 81 Abs. 2 Satz 1 GWB), wird zugleich der erlangte wirtschaftliche Vorteil abgeschöpft (§ 13 Abs. 4 Satz 1 OWiG a. F., § 17 Abs. 4 Satz 1 OWiG). Hat die Bußgeldbehörde die Ertragsteuern, die auf diesen Vorteil entfallen, bei der Festsetzung nicht berücksichtigt, mindert die Geldbuße deshalb bis zu den gesetzlichen zulässigen Höchstbeträgen den Gewinn (§ 4 Abs. 5 Satz 1 Nr. 8 Satz 4 EStG). Darauf, daß sich der abschöpfende Teil der einheitlichen Geldbuße eindeutig abgrenzen läßt, kommt es nicht an.

BFH vom 31.07.1991 VIII R 89/86 (BStBl. 1992 II S. 85): § 12 Nr. 4 EStG steht dem Abzug einer Geldstrafe als Betriebsausgabe nicht entgegen, wenn die von einem ausländischen Gericht festgesetzte Geldstrafe wesentlichen Grundsätzen der deutschen Rechtsordnung (ordre public) widerspricht.

BFH vom 21.11.1983, GrS 2/82 (BStBl. 1984 II S. 160): Kein Abzugsverbot für Anwalts- und Gerichtskosten.

Zu § 10 Nr. 4 KStG[1)]

BFH vom 28.08.2003 IV R 1/03 (BStBl. 2004 II S. 112):

1. Eine Tätigkeit ist eine sonstige selbständige Arbeit i. S. von § 18 Abs. 1 Nr. 3 EStG, wenn sie den dort aufgeführten Tätigkeiten (Vollstreckung von Testamenten, Vermögensverwaltung, Tätigkeit als Aufsichtsratsmitglied) ähnlich ist.

2. Eine Tätigkeit als Aufsichtsratsmitglied i. S. von § 18 Abs. 1 Nr. 3 EStG übt derjenige aus, der mit der Überwachung der Geschäftsführung einer Gesellschaft beauftragt ist. Dies ist dann nicht der Fall, wenn vom Beauftragen im Wesentlichen Aufgaben der Geschäftsführung wahrgenommen werden.

BFH vom 16.12.1999 I B 117/97 (BFH/NV 2000 S. 895): Überwachungsfunktion eines GmbH-Beirats.

---

1) Die Urteile beziehen sich zum Teil auf die Vorgängervorschrift § 12 Nr. 3 KStG a.F.

BFH vom 20.01.1993 I R 55/92 (BStBl. 1993 II S. 377):

1. Eine verdeckte Gewinnausschüttung i. S. des § 8 Abs. 3 Satz 2 KStG ist auch bei einer Genossenschaft eine Vermögensminderung oder verhinderte Vermögensmehrung, die durch das Mitgliedschaftsverhältnis zur Genossenschaft veranlaßt ist, sich auf die Höhe des Einkommens auswirkt und in keinem Zusammenhang mit einer offenen Ausschüttung steht.

2. Veräußert eine Genossenschaft eine Eigentumswohnung zu einem unangemessen niedrigen Kaufpreis an ein Mitglied, so liegt die verdeckte Gewinnausschüttung in der Nichtgeltendmachung eines angemessenen Kaufpreises.

3. Wegen § 9 Abs. 2 Satz 1 GenG ist die Veranlassung durch die Aufsichtsratstätigkeit zugleich eine Veranlassung durch die Mitgliedschaft bei der Genossenschaft.

4. Die Nichtgeltendmachung des angemessenen Kaufpreises ist keine Aufwendung, weshalb § 10 Nr. 4 KStG 1984 auf sie nicht anwendbar ist.

BFH vom 13.03.1985 I R 75/82 (BStBl. 1985 II S. 435): Hat der Eigenbetrieb einer Stadtgemeinde die Kosten für die bei ihm regelmäßig stattfindenden Rechnungsprüfungen durch das städtische Rechnungsprüfungsamt an die Stadtkasse abzuführen, handelt es sich nicht um – dem Abzugsverbot unterliegende – Vergütungen an mit der Überwachung der Geschäftsführung beauftragte Personen, sondern um verdeckte Gewinnausschüttungen des Eigenbetriebs an seine Trägerkörperschaft.

BFH vom 12.12.1984 I R 51/80 (BStBl. 1985 II S. 340): Die Vergütungen, die eine öffentlich-rechtliche Sparkasse des Landes Nordrhein-Westfalen an den Hauptverwaltungsbeamten (Stadtdirektor) ihres Gewährträgers (Stadtgemeinde) für die Tätigkeit im Verwaltungsrat und im Kreditausschuß der Sparkasse zahlt, unterliegen nicht dem Abzugsverbot des § 12 Nr. 3 KStG a. F., wenn der Hauptverwaltungsbeamte in keines der genannten Organe der Sparkasse als Mitglied durch die Vertretungskörperschaft des Gewährträgers gewählt worden ist, sondern seine Befugnisse dort – im Verwaltungsrat ein Beanstandungsrecht im Wege der Rechtsaufsicht, im Kreditausschuß die Stellung des Vorsitzenden – kraft Gesetzes wahrnimmt. Es fehlt in diesem Fall an dem Merkmal einer mit der Überwachung der Geschäftsführung „beauftragten" Person.

BFH vom 11.03.1981 I R 8/77 (BStBl. 1981 II S. 623):

1) Vergütungen, die eine GmbH an Mitglieder eines neben ihrem Aufsichtsrat eingerichteten Beirats zahlt, sind nicht abzugsfähig, wenn das Schwergewicht der dem Beirat zugewiesenen Aufgaben in der Überwachung und Prüfung der Geschäftsführung besteht.

2) Gehören dem Beirat leitende Angestellte der Muttergesellschaft an, in die die GmbH als Organ eingegliedert ist, kann nicht ohne weiteres davon ausgegangen werden, daß der bei der Tochtergesellschaft (GmbH) eingerichtete Beirat ausschließlich oder überwiegend Geschäftsführungsbefugnisse wahrnimmt.

BFH vom 15.11.1978 I R 65/76 (BStBl. 1979 II S. 193): ... Die Vergütungen, die an Mitglieder des Kreditausschusses einer öffentlich-rechtlichen Sparkasse des Landes Nordrhein-Westfalen gezahlt werden, die zugleich Mitglieder des Verwaltungsrats dieser Sparkasse sind, sind gemäß § 12 Nr. 3 KStG nicht abzugsfähig. ...

BFH vom 31.01.1978 VIII R 159/73 (BStBl. 1978 II S. 352): Eine Tätigkeit als Aufsichtsratsmitglied i. S. von § 18 Abs. 1 Nr. 3 EStG übt nicht aus, wer nur Repräsentationsaufgaben wahrnimmt und nicht zur Überwachung der Geschäftsführung einer Körperschaft berechtigt ist.

BFH vom 30.09.1975 I R 46/74 (BStBl. 1976 II S. 155): Die Vergütungen, die eine AG (Wertpapiersammelbank) an den vom Aufsichtsrat mit der Überwachung der Verwahrung und Verwaltung der Wertpapiere beauftragten Prüfer zahlt, unterliegen nicht dem Abzugsverbot des § 12 Nr. 3 KStG.

BFH vom 12.09.1973 I R 249/71 (BStBl. 1973 II S. 872): Eine Vergütung, die eine Kapitalgesellschaft einem Mitglied ihres Aufsichtsrats dafür zahlt, daß dieser sich – in Durchbrechung des im Gesetz begründeten dualistischen Systems – in die Wahrnehmung von Aufgaben der Geschäftsführung einschaltet, unterliegt dem Abzugsverbot des § 12 Nr. 3 KStG.

BFH vom 27.01.1971 I R 162/69 (BStBl. 1971 II S. 310): Gehören dem Kreditausschuß eines Unternehmens neben Vertretern der Darlehnsgeber und mittelverwaltender Behörden und neben den Geschäftsführern auch Mitglieder des Aufsichtsrats des Unternehmens an, so schließt deren Doppelfunktion die Abzugsfähigkeit der ihnen (als Mitglieder des Kreditausschusses) gewährten Sitzungsgelder aus.

§ 10

BFH vom 16.10.1968 I 85/65 (BStBl. 1969 II S. 147, HFR 1969 S. 138): .. Vergütungen an ehemalige Mitglieder des Aufsichtsrates für eine beratende Tätigkeit fallen nicht unter das Abzugsverbot des § 12 Nr. 3 KStG.

BFH vom 31.05.1967 I 154/64 (BStBl. 1967 III S. 540, HFR 1967 S. 498): Vergütungen, die eine Aktiengesellschaft an Mitglieder ihres Aufsichtsrats für ihre Tätigkeit im Aufsichtsrat zahlt, unterliegen auch dann dem Abzugsverbot des § 12 Ziff. 3 KStG, wenn die Aufsichtsratsmitglieder Arbeitnehmer eines an der Aktiengesellschaft beteiligten Unternehmens sind und auf Veranlassung dieses Unternehmens in den Aufsichtsrat gewählt wurden.

BFH vom 20.09.1966 I 265/62 (BStBl. 1966 III S. 688): Finanzierungsberatung einer AG durch eines ihrer AR-Mitglieder ist keine aus dem Rahmen der AR-Tätigkeit fallende Sondertätigkeit. Die dafür geleisteten Zahlungen sind als AR-Vergütungen zu behandeln.

BFH vom 12.01.1966 I 185/63 (BStBl. 1966 III S. 206): Die einem Beamten als Aufsichtsratsmitglied gewährte Vergütung unterliegt dem Abzugsverbot des § 12 Ziff. 3 KStG. Der dem Beamten tatsächlich erwachsene Aufwand bemißt sich nicht nach den beamtenrechtlichen Vorschriften über die Ablieferungspflicht der Vergütung.

§ 11 Auflösung und Abwicklung (Liquidation)

(1) [1]Wird ein unbeschränkt Steuerpflichtiger im Sinne des § 1 Abs. 1 Nr. 1 bis 3 nach der Auflösung abgewickelt, so ist der im Zeitraum der Abwicklung erzielte Gewinn der Besteuerung zugrunde zu legen. [2]Der Besteuerungszeitraum soll drei Jahre nicht übersteigen.

(2) Zur Ermittlung des Gewinns im Sinne des Absatzes 1 ist das Abwicklungs-Endvermögen dem Abwicklungs- Anfangsvermögen gegenüberzustellen.

(3) Abwicklungs-Endvermögen ist das zur Verteilung kommende Vermögen, vermindert um die steuerfreien Vermögensmehrungen, die dem Steuerpflichtigen in dem Abwicklungszeitraum zugeflossen sind.

(4) [1]Abwicklungs-Anfangsvermögen ist das Betriebsvermögen, das am Schluss des der Auflösung vorangegangenen Wirtschaftsjahrs der Veranlagung zur Körperschaftsteuer zugrunde gelegt worden ist. [2]Ist für den vorangegangenen Veranlagungszeitraum eine Veranlagung nicht durchgeführt worden, so ist das Betriebsvermögen anzusetzen, das im Falle einer Veranlagung nach den steuerrechtlichen Vorschriften über die Gewinnermittlung auszuweisen gewesen wäre. [3]Das Abwicklungs- Anfangsvermögen ist um den Gewinn eines vorangegangenen Wirtschaftsjahrs zu kürzen, der im Abwicklungszeitraum ausgeschüttet worden ist.

(5) War am Schluss des vorangegangenen Veranlagungszeitraums Betriebsvermögen nicht vorhanden, so gilt als Abwicklungs-Anfangsvermögen die Summe der später geleisteten Einlagen.

(6) Auf die Gewinnermittlung sind im Übrigen die sonst geltenden Vorschriften anzuwenden.

(7) Unterbleibt eine Abwicklung, weil über das Vermögen des unbeschränkt Steuerpflichtigen im Sinne des § 1 Abs. 1 Nr. 1 bis 3 das Insolvenzverfahren eröffnet worden ist, sind die Absätze 1 bis 6 sinngemäß anzuwenden.

KStR
zu § 11 KStG

51. Liquidationsbesteuerung

(1) [1]Der Zeitraum der Abwicklung beginnt mit der Auflösung. [2]Der Besteuerungszeitraum beginnt mit dem Wirtschaftsjahr, in das die Auflösung fällt. [3]Erfolgt die Auflösung im Laufe eines Wirtschaftsjahres, so kann ein Rumpfwirtschaftsjahr gebildet werden. [4]Das Rumpfwirtschaftjahr reicht vom Schluss des vorangegangenen Wirtschaftsjahres bis zur Auflösung. [5]Es ist nicht in den Abwicklungszeitraum einzubeziehen. [6]Bei einer Überschreitung des Dreijahreszeitraums sind die danach beginnenden weiteren Besteuerungszeiträume grundsätzlich jeweils auf ein Jahr begrenzt.

(2) [1]Die Steuerpflicht endet erst, wenn die Liquidation rechtsgültig abgeschlossen ist. [2]Zum rechtsgültigen Abschluss der Liquidation gehört bei Kapitalgesellschaften auch der Ablauf des Sperrjahres. [3]Auch wenn die Kapitalgesellschaft vor Ablauf des Sperrjahres ihr Gesellschaftsvermögen vollständig ausgeschüttet hat, ist sie damit noch nicht erloschen. [4]Die Löschung im Handelsregister ist für sich allein ohne Bedeutung.

(3) [1]Wird der Abwicklungszeitraum in mehrere Besteuerungszeiträume unterteilt (§ 11 Abs. 1 Satz 2 KStG), ist die besondere Gewinnermittlung nach § 11 Abs. 2 KStG nur für den letzten Besteuerungszeitraum vorzunehmen. [2]Dabei ist das Abwicklungs-Anfangsvermögen aus der Bilanz zum Schluss des letzten vorangegangenen Besteuerungszeitraums abzuleiten. [3]Für die vorangehenden Besteuerungszeiträume ist die Gewinnermittlung nach allgemeinen Grundsätzen durchzuführen. [4]Auf den Schluss jedes Besteuerungszeitraums ist eine Steuerbilanz zu erstellen.

(4) Bei den Körperschaftsteuer-Veranlagungen für Besteuerungszeiträume innerhalb des Abwicklungszeitraums handelt es sich nicht um bloße Zwischenveranlagungen, die nach Ablauf des Liquidationszeitraums durch eine Veranlagung für den gesamten Liquidationszeitraum zu ersetzen sind.

Hinweise

H 51 Beginn der Liquidation

Ein Beschluss der Gesellschafter einer Kapitalgesellschaft über die Auflösung wird mit dem Tag der Beschlussfassung wirksam, sofern sich aus dem Beschluss nichts anderes ergibt (→ BFH vom 9.3.1983 – BStBl. II S. 433).

Körperschaftsteuerminderung bei Auskehrungen von Liquidationsraten – Besteuerungszeitraum bei der Gewerbesteuer

→ *BMF vom 4.4.2008 – BStBl. I S. 542*[1]

Liquidationsbesteuerung im Zusammenhang mit dem Übergang zum Halbeinkünfteverfahren

→ *BMF vom 26.8.2003 – BStBl. I S. 434*[2]

Sperrjahr

Das Sperrjahr beginnt mit dem Tag, an dem der Aufruf an die Gläubiger zum dritten Mal bekannt gemacht bzw. veröffentlicht worden ist (§ 272 Abs. 1 AktG oder § 73 GmbHG).

Verwaltungsregelungen zu § 11

Datum	Anl.	Quelle	Inhalt
	§ 011-01		(weggefallen)
	§ 011-02		(weggefallen)
26.08.03	§ 011-03	BMF	Körperschaftsteuerliche Behandlung der Auflösung und Abwicklung von Körperschaften und Personenvereinigungen nach den Änderungen durch das Gesetz zur Fortentwicklung des Unternehmenssteuerrechts (UntStFG)
22.07.04	§ 011-04	FM Th	Besteuerungszeitraum im Fall der Eröffnung eines Insolvenzverfahrens i. S. des § 11 Abs. 7 KStG
04.04.08	§ 011-05	BMF	Liquidation; – Körperschaftsteuerminderung bei Auskehrung von Liquidationsraten – Anwendung des BFH-Urteils vom 22. Februar 2006 – I R 67/05 – (BStBl. 2008 II S. 312) – Besteuerungszeitraum bei der Gewerbesteuer – Anwendung des BFH-Urteils vom 18. September 2007 – I R 44/06 – (BStBl. 2008 II S. 319) –

Rechtsprechungsauswahl

Zu § 11 KStG

BFH vom 18.09.2007 I R 44/06 (BStBl. 2008 II S. 319):

1. Zieht sich die Liquidation einer Kapitalgesellschaft über mehr als drei Jahre hin, so darf das FA nach Ablauf dieses Zeitraums regelmäßig auch dann gegenüber der Kapitalgesellschaft einen Körperschaftsteuerbescheid erlassen, wenn für eine Steuerfestsetzung vor Abschluss der Liquidation kein besonderer Anlass besteht. Ein solches Vorgehen muss nur dann begründet werden, wenn ein rechtliches Interesse der Kapitalgesellschaft an der Verlängerung des Besteuerungszeitraums über drei Jahre hinaus erkennbar ist.

2. Hat das FA gegenüber einer in Liquidation befindlichen Kapitalgesellschaft einen Körperschaftsteuerbescheid für einen im Jahr 1997 endenden Besteuerungszeitraum erlassen und dabei den im Jahr 1997 geltenden Steuersatz angesetzt, so ist dieser Bescheid nicht allein deshalb rechtswidrig, weil die Liquidation über den 31. Dezember 2000 hinaus andauert und seither der tarifliche Körperschaftsteuersatz nur noch 25 % beträgt.1

BFH vom 27.03.2007 VIII R 60/05 (BStBl. 2008 II S. 303[3]**):** Wurde eine Kapitalgesellschaft, an der der Steuerpflichtige wesentlich beteiligt war, wegen Vermögenslosigkeit im Veranlagungszeitraum 2001 im

---

1) Vgl. Anlage § 011-05.
2) Vgl. Anlage § 011-03.
3) Vgl. BMF vom 4.04.2008, BStBl. I 2008, 542.

Handelsregister gelöscht, so war sie liquidationslos vollbeendet und ein in diesem Zeitpunkt realisierter Verlust unterlag noch nicht dem Halbeinkünfteverfahren.

BFH vom 27.03.2007 VIII R 25/05 (BStBl. 2008 II S. 298[1]**):** Im Veranlagungszeitraum 2001 realisierte Auflösungsverluste wesentlich Beteiligter unterliegen ebenso wie Veräußerungsverluste noch nicht dem Halbeinkünfteverfahren. § 52 Abs. 4b Satz 1 Nr. 2 i. V. m. § 3 Nr. 40 Satz 1 Buchst. c EStG erfordern insoweit entsprechend dem Normzweck eine einschränkende Auslegung.

BFH vom 22.02.2006 I R 67/05 (BStBl. 2008 II S. 312[2]**):** Hat eine in Liquidation befindliche GmbH im Jahr 2001 an ihre Gesellschafter Liquidationsraten ausgekehrt, so kann dies jedenfalls dann zu einer Minderung der für dieses Jahr festzusetzenden Körperschaftsteuer führen, wenn die Liquidation schon am 1. Januar 1998 begonnen hat.

BFH vom 22.10.1998 I R 15/98 (BFH/NV 1999 S. 829): Zulässige Gewinnausschüttungen im Liquidationsstadium einer GmbH.

BFH vom 19.04.1994 VIII R 2/93 (BStBl. 1995 II S. 705): Der durch Auskehrung des Vermögens einer Kapitalgesellschaft bei ihrem Alleingesellschafter entstandene Gewinn ist nach §§ 16, 34 EStG steuerbegünstigt.[3]

BFH vom 08.05.1991 I R 33/90 (BStBl. 1992 II S. 437): Ein Liquidationsgewinn ist einem Aufgabegewinn i. S. des § 16 Abs. 3 EStG gleichzusetzen.[4]

BFH vom 09.03.1983 I R 202/79 (BStBl. 1983 II S. 433): Der Beschluß des Alleingesellschafters einer GmbH über die Auflösung der Gesellschaft wird mit dem Tage der Beschlußfassung wirksam, sofern sich aus dem Beschluß nichts anderes ergibt. Der in dem Beschluß nicht zum Ausdruck gekommene Wille des Gesellschafters, daß die Liquidation einige Monate später – Anfang des nächsten Kalenderjahres – beginnen solle, ist unbeachtlich. ...

BFH vom 17.07.1974 I R 233/71 (BStBl. 1974 II S. 692): Wird eine Kapitalgesellschaft im Laufe eines Wirtschaftsjahres aufgelöst, so ist ein Rumpfwirtschaftsjahr zu bilden, das nicht in den Liquidationszeitraum einzubeziehen ist (Änderung der Rechtsprechung des RFH, zuletzt RFH-Urteil vom 6. Juni 1944 I 4/44 RFHE 54, 112, RStBl. 1944, 700). Der Gewinn des Rumpfwirtschaftsjahrs kann noch nach Beginn der Liquidation ausgeschüttet werden.

---

1) Vgl. BMF vom 4.04.2008, BStBl. I 2008, 542.
2) Vgl. BMF vom 4.04.2008, BStBl. I 2008, 542.
3) Vgl. BMF-Schreiben vom 4.10.1995 (BStBl. 1995 I S. 629).
4) Die Aussagen des Urteils zur Anwendung des § 16 Abs. 4 EStG auf Kapitalgesellschaften sind durch Neuregelung der Vorschrift überholt.

§ 12 Verlust oder Beschränkung des Besteuerungsrechts der Bundesrepublik Deutschland

(1) Wird bei der Körperschaft, Personenvereinigung oder Vermögensmasse das Besteuerungsrecht der Bundesrepublik Deutschland hinsichtlich des Gewinns aus der Veräußerung oder der Nutzung eines Wirtschaftsguts ausgeschlossen oder beschränkt, gilt dies als Veräußerung oder Überlassung des Wirtschaftsguts zum gemeinen Wert; § 4 Abs. 1 Satz 4, § 4g und [1] § 15 Abs. 1a des Einkommensteuergesetzes gelten entsprechend.

(2) [1]Wird das Vermögen einer beschränkt steuerpflichtigen Körperschaft, Personenvereinigung oder Vermögensmasse als Ganzes auf eine andere Körperschaft desselben ausländischen Staates durch einen Vorgang übertragen, der einer Verschmelzung im Sinne des § 2 des Umwandlungsgesetzes vom 28. Oktober 1994 (BGBl. I S. 3210, 1995 I S. 428), das zuletzt durch Artikel 10 des Gesetzes vom 9. Dezember 2004 (BGBl. I S. 3214) geändert worden ist, in der jeweils geltenden Fassung vergleichbar ist, sind die übergehenden Wirtschaftsgüter abweichend von Absatz 1 mit dem Buchwert anzusetzen, soweit

1. sichergestellt ist, dass sie später bei der übernehmenden Körperschaft der Besteuerung mit Körperschaftsteuer unterliegen,

2. das Recht der Bundesrepublik Deutschland hinsichtlich der Besteuerung der übertragenen Wirtschaftsgüter bei der übernehmenden Körperschaft nicht beschränkt wird,

3. eine Gegenleistung nicht gewährt wird oder in Gesellschaftsrechten besteht und

4. wenn der übernehmende und der übertragende Rechtsträger nicht die Voraussetzungen des § 1 Abs. 2 Satz 1 und 2 des Umwandlungssteuergesetzes vom 7. Dezember 2006 (BGBl. I S. 2782, 2791) in der jeweils geltenden Fassung erfüllen.

[2]Wird das Vermögen einer Körperschaft durch einen Vorgang im Sinne des Satzes 1 auf eine andere Körperschaft übertragen, gilt § 13 des Umwandlungssteuergesetzes für die Besteuerung der Anteilseigner der übertragenden Körperschaft entsprechend.

(3) [1]Verlegt eine Körperschaft, Vermögensmasse oder Personenvereinigung ihre Geschäftsleitung oder ihren Sitz und scheidet sie dadurch aus der unbeschränkten Steuerpflicht in einem Mitgliedstaat der Europäischen Union oder einem Staat aus, auf den das Abkommen über den Europäischen Wirtschaftsraum Anwendung findet, gilt sie als aufgelöst, und § 11 ist entsprechend anzuwenden. [2]Gleiches gilt, wenn die Körperschaft, Vermögensmasse oder Personenvereinigung auf Grund eines Abkommens zur Vermeidung der Doppelbesteuerung infolge der Verlegung ihres Sitzes oder ihrer Geschäftleitung als außerhalb des Hoheitsgebietes der in Satz 1 genannten Staaten ansässig anzusehen ist. [3]An die Stelle des zur Verteilung kommenden Vermögens tritt der gemeine Wert des vorhandenen Vermögens.

---

1) Eingefügt durch JStG 2008, ist gem. § 34 Abs. 8 Satz 5 erstmals für Wirtschaftsjahre anzuwenden, die nach dem 31. Dezember 2005 enden.

§ 13 Beginn und Erlöschen einer Steuerbefreiung

(1) Wird eine steuerpflichtige Körperschaft, Personenvereinigung oder Vermögensmasse von der Körperschaftsteuer befreit, so hat sie auf den Zeitpunkt, in dem die Steuerpflicht endet, eine Schlussbilanz aufzustellen.

(2) Wird eine von der Körperschaftsteuer befreite Körperschaft, Personenvereinigung oder Vermögensmasse steuerpflichtig und ermittelt sie ihren Gewinn durch Betriebsvermögensvergleich, so hat sie auf den Zeitpunkt, in dem die Steuerpflicht beginnt, eine Anfangsbilanz aufzustellen.

(3) [1]In der Schlussbilanz im Sinne des Absatzes 1 und in der Anfangsbilanz im Sinne des Absatzes 2 sind die Wirtschaftsgüter vorbehaltlich des Absatzes 4 mit den Teilwerten anzusetzen. [2]Wohnungsunternehmen und Organe der staatlichen Wohnungspolitik (Wohnungsunternehmen) im Sinne des § 5 Abs. 1 Nr. 10 und 11 des Körperschaftsteuergesetzes 1984 in der Fassung der Bekanntmachung vom 10. Februar 1984 (BGBl. I S. 217) dürfen den Verlust aus der Vermietung und Verpachtung der Gebäude oder Gebäudeteile, die in der Anfangsbilanz mit dem Teilwert (Ausgangswert) angesetzt worden sind (Abschreibungsverlust), mit anderen Einkünften aus Gewerbebetrieb oder mit Einkünften aus anderen Einkunftsarten nur ausgleichen oder nach § 10d des Einkommensteuergesetzes nur abziehen, soweit er den Unterschiedsbetrag zwischen den Absetzungen für Abnutzung nach dem Ausgangswert und nach den bis zum Zeitpunkt des Beginns der Steuerpflicht entstandenen Anschaffungs- oder Herstellungskosten der Gebäude oder Gebäudeteile übersteigt. [3]Nicht zum Abschreibungsverlust rechnen Absetzungen für Abnutzung, soweit sie sich nach Anschaffungs- oder Herstellungskosten bemessen, die nach dem Zeitpunkt des Beginns der Steuerpflicht entstanden sind. [4]Der Abschreibungsverlust, der nicht nach Satz 2 ausgeglichen oder abgezogen werden darf, vermindert sich um das Doppelte der im Wirtschaftsjahr anfallenden aktivierungspflichtigen Aufwendungen (begünstigtes Investitionsvolumen) für die zum Anlagevermögen des Wohnungsunternehmens gehörenden abnutzbaren unbeweglichen Wirtschaftgüter. [5]Übersteigt das begünstigte Investitionsvolumen im Wirtschaftsjahr den Abschreibungsverlust, der nicht nach Satz 2 ausgeglichen oder abgezogen werden darf, erhöht es bis zu einem Betrag in Höhe des nicht nach Satz 2 ausgeglichenen oder abgezogenen Abschreibungsverlustes des vorangegangenen Wirtschaftsjahrs das begünstigte Investitionsvolumen dieses Wirtschaftsjahrs; ein darüber hinausgehendes begünstigtes Investitionsvolumen erhöht das begünstigte Investitionsvolumen der folgenden Wirtschaftsjahre (Vortragsvolumen). [6]Ein nach Satz 4 verbleibender Abschreibungsverlust, der nicht ausgeglichen oder abgezogen werden darf, mindert den Gewinn aus der Vermietung und Verpachtung von Gebäuden und Gebäudeteilen (Mietgewinn) im laufenden Wirtschaftsjahr oder in späteren Wirtschaftsjahren. [7]Die Minderung in einem späteren Wirtschaftsjahr ist nur zulässig, soweit der Abschreibungsverlust in einem vorangegangenen Wirtschaftsjahr nicht berücksichtigt werden konnte (verbleibender Abschreibungsverlust). [8]Der am Schluss des Wirtschaftsjahrs verbleibende Abschreibungsverlust und das Vortragsvolumen sind gesondert festzustellen; § 10d Abs. 4 des Einkommensteuergesetzes gilt sinngemäß. [9]Die Sätze 2 bis 8 gelten entsprechend für

1. Organträger, soweit dem Organträger der Abschreibungsverlust oder der Mietgewinn des Wohnungsunternehmens zuzurechnen ist,

2. natürliche Personen und Körperschaften, Personenvereinigungen oder Vermögensmassen, die an dem Wohnungsunternehmen still beteiligt sind, wenn sie als Unternehmer (Mitunternehmer) anzusehen sind,

3. natürliche Personen und Körperschaften, Personenvereinigungen oder Vermögensmassen, die dem Wohnungsunternehmen nahe stehen, soweit ihnen Gebäude oder Gebäudeteile des Wohnungsunternehmens, die in der Anfangsbilanz mit dem Ausgangswert angesetzt worden sind, unentgeltlich übertragen werden,

4. natürliche Personen und Körperschaften, Personenvereinigungen oder Vermögensmassen, soweit sie bei Vermögensübertragungen nach dem Umwandlungssteuergesetz Gebäude oder Gebäudeteile des Wohnungsunternehmens, die in der Anfangsbilanz mit

dem Ausgangswert angesetzt worden sind, mit einem unter dem Teilwert liegenden Wert ansetzen.

[10]Soweit Gebäude oder Gebäudeteile des Wohnungsunternehmens oder eines Rechtsträgers nach Satz 9, die in der Anfangsbilanz des Wohnungsunternehmens mit dem Ausgangswert angesetzt worden sind, entgeltlich und in den Fällen des Satzes 9 Nr. 4 mit einem anderen als dem Buchwert an andere Wohnungsunternehmen oder Rechtsträger nach Satz 9 übertragen werden, gilt als Veräußerungsgewinn der Unterschiedsbetrag zwischen dem Veräußerungspreis nach Abzug der Veräußerungskosten und dem Wert, der sich für das Gebäude oder den Gebäudeteil im Zeitpunkt der Veräußerung aus dem Ansatz mit den Anschaffungs- oder Herstellungskosten, vermindert um die Absetzungen für Abnutzung nach § 7 des Einkommensteuergesetzes ergibt. [11]Die Sätze 2 bis 10 gelten nicht für Wohnungsunternehmen, die nach § 5 Abs. 1 Nr. 10 steuerbefreit sind.

(4) [1]Beginnt die Steuerbefreiung auf Grund des § 5 Abs. 1 Nr. 9, sind die Wirtschaftsgüter, die der Förderung steuerbegünstigter Zwecke im Sinne des § 9 Abs. 1 Nr. 2 dienen, in der Schlussbilanz mit den Buchwerten anzusetzen. [2]Erlischt die Steuerbefreiung, so ist in der Anfangsbilanz für die in Satz 1 bezeichneten Wirtschaftsgüter der Wert anzusetzen, der sich bei ununterbrochener Steuerpflicht nach den Vorschriften über die steuerliche Gewinnermittlung ergeben würde.

(5) Beginnt oder erlischt die Steuerbefreiung nur teilweise, so gelten die Absätze 1 bis 4 für den entsprechenden Teil des Betriebsvermögens.

(6) [1]Gehören Anteile an einer Kapitalgesellschaft nicht zu dem Betriebsvermögen der Körperschaft, Personenvereinigung oder Vermögensmasse, die von der Körperschaftsteuer befreit wird, so ist § 17 des Einkommensteuergesetzes auch ohne Veräußerung anzuwenden, wenn die übrigen Voraussetzungen dieser Vorschrift in dem Zeitpunkt erfüllt sind, in dem die Steuerpflicht endet. [2]Als Veräußerungspreis gilt der gemeine Wert der Anteile. [3]Im Falle des Beginns der Steuerpflicht gilt der gemeine Wert der Anteile als Anschaffungskosten der Anteile. [4]Die Sätze 1 und 2 gelten nicht in den Fällen des Absatzes 4 Satz 1.

KStR

Zu § 13 KStG

52. Beginn einer Steuerbefreiung

(1) § 13 Abs. 1 KStG erfasst die Fälle, in denen eine bisher in vollem Umfang steuerpflichtige Körperschaft, Personenvereinigung oder Vermögensmasse in vollem Umfang von der Körperschaftsteuer befreit wird.

(2) [1]Die Pflicht zur Aufstellung einer Schlussbilanz besteht nur insoweit, als die betreffende Körperschaft Einkünfte aus Gewerbebetrieb, aus Land- und Forstwirtschaft oder aus selbständiger Arbeit bezieht. [2]Die Bilanzierungspflicht besteht demnach für Körperschaften i. S. des § 8 Abs. 2 KStG in vollem Umfang (→ R 32 Abs. 3), für andere Körperschaften (→ R 32 Abs. 2) nur hinsichtlich des Bereichs der vorgenannten Einkünfte (zur Anwendung des § 13 KStG auf Beteiligungen i. S. des § 17 EStG außerhalb des Betriebsvermögens → R 55 Abs. 3).

Hinweise

H 52   Beispiele für den Wechsel zwischen Steuerpflicht und Steuerbefreiung

1. *Eine bisher wegen schädlicher Tätigkeiten im Sinne des H 13 steuerpflichtige Unterstützungskassen-GmbH beendet diese Tätigkeiten und fällt anschließend, da sie nicht überdotiert ist, unter die Befreiung des § 5 Abs. 1 Nr. 3 KStG.*

2. *Eine Krankenhaus-GmbH, die bisher nicht die Voraussetzungen des § 67 AO erfüllte und deshalb steuerpflichtig war, erfüllt nunmehr die Voraussetzungen dieser Vorschrift und ist nach § 5 Abs. 1 Nr. 9 KStG in vollem Umfang von der Körperschaftsteuer befreit.*

3. *Eine Wohnungsgenossenschaft, der bisher aufgrund der Beteiligung an einer Personengesellschaft Einnahmen von mehr als 10 % ihrer Gesamteinnahmen zuzurechnen waren (→ BMF vom 22.11.1991 – BStBl. I S. 1014, Tz. 42), veräußert die Beteiligung an der Per-*

sonengesellschaft und erzielt anschließend ausschließlich Einnahmen im Sinne des § 5 Abs. 1 Nr. 10 Satz 1 KStG, so dass sie in vollem Umfang unter diese Befreiungsvorschrift fällt.

Teilweiser Beginn einer Steuerbefreiung (§ 13 Abs. 5 KStG)

→ *R 53 Abs. 3*

KStR

53. Erlöschen einer Steuerbefreiung

(1) § 13 Abs. 2 KStG erfasst die Fälle, in denen eine bisher in vollem Umfang steuerbefreite Körperschaft, Personenvereinigung oder Vermögensmasse in vollem Umfang steuerpflichtig wird.

(2) [1]Zusätzliche Voraussetzung ist, dass die Körperschaft ihren Gewinn nach Eintritt in die Steuerpflicht durch Betriebsvermögensvergleich ermittelt. [2]Körperschaften i. S. des § 8 Abs. 2 KStG fallen stets unter den Anwendungsbereich der Vorschrift, andere Körperschaften nur dann, wenn sie zur Buchführung verpflichtet sind oder freiwillig Bücher führen. [3]Bei diesen anderen Körperschaften erstreckt sich die Bilanzierungspflicht nur auf den Bereich der Gewinneinkünfte (→ R 52 Abs. 2). [4]Zur Anwendung des § 13 KStG auf Beteiligungen i. S. des § 17 EStG außerhalb des Betriebsvermögens → R 55 Abs. 3.

(3) [1]Nach § 13 Abs. 5 KStG gelten die Absätze 1 bis 4 dieser Vorschrift bei nur teilweisem Erlöschen der Steuerpflicht für die entsprechenden Teile des Betriebsvermögens. [2]Der teilweise Beginn einer Steuerbefreiung ist in drei Varianten denkbar:

1. Wechsel von voller zu nur noch partieller Steuerpflicht

   Eine bisher wegen Überschreitens der 10-Vomhundertgrenze in § 5 Abs. 1 Nr. 10 Satz 2 KStG in vollem Umfang steuerpflichtige Wohnungsgenossenschaft verringert die Einnahmen aus den schädlichen Tätigkeiten durch Vermietung frei werdender, bisher an Nichtmitglieder vermieteter Wohnungen an Mitglieder auf weniger als 10 % der Gesamteinnahmen und ist daher nur noch partiell steuerpflichtig.

2. Verringerung der partiellen Steuerpflicht

   Bei einer Unterstützungskassen-GmbH, die wegen ihrer Überdotierung nach § 6 Abs. 5 KStG partiell steuerpflichtig ist, verringert sich das prozentuale Ausmaß der Überdotierung.

3. Wechsel von partieller Steuerpflicht zu voller Steuerbefreiung

   Bei einer nach § 5 Abs. 1 Nr. 9 KStG wegen Verfolgung gemeinnütziger Zwecke steuerbefreiten GmbH wird eine bisher als steuerpflichtiger wirtschaftlicher Geschäftsbetrieb (§ 64 AO) beurteilte Tätigkeit als steuerfreier Zweckbetrieb (§ 65 AO) anerkannt.

54. Schlussbilanz, Anfangsbilanz

(1) [1]Durch den Ansatz der Wirtschaftsgüter in der Schlussbilanz mit dem Teilwert wird erreicht, dass eine steuerpflichtige Körperschaft, die von der Körperschaftsteuer befreit wird, vorbehaltlich des § 13 Abs. 4 KStG die während des Bestehens der Steuerpflicht gebildeten stillen Reserven des Betriebsvermögens aufzudecken und der Besteuerung zuzuführen hat, bevor sie aus der Steuerpflicht ausscheidet. [2]Ermittelt sie ihren Gewinn durch Betriebsvermögensvergleich, hat sie auf den Zeitpunkt, in dem die Steuerpflicht endet, eine Schlussbilanz aufzustellen. [3]Für die aufzustellende Schlussbilanz sind die steuerlichen Gewinnermittlungsvorschriften zu beachten. [4]Ermittelt sie ihren Gewinn durch Vergleich der Betriebseinnahmen mit den Betriebsausgaben, ist R 16 Abs. 7 EStR entsprechend anzuwenden.

(2) [1]Umgekehrt wird durch den Ansatz der Wirtschaftsgüter in der Anfangsbilanz mit dem Teilwert bei Wegfall der Steuerbefreiung erreicht, dass die im Zeitraum der Steuerfreiheit gebildeten stillen Reserven nicht bei einer späteren Realisierung besteuert werden müssen. [2]Zum Erfordernis der Bilanzierung → R 53 Abs. 2.

Hinweise

H 54 Firmenwert

Das Aktivierungsverbot des § 5 Abs. 2 EStG gilt auch für die gemäß § 13 Abs. 1 bzw. Abs. 2 KStG aufzustellende Schluss- bzw. Anfangsbilanz (→ BFH vom 9.8.2000 – BStBl. 2001 II S. 71).

KStR

55. Sonderregelung für bestimmte steuerbegünstigte Körperschaften

(1) [1]Nach § 13 Abs. 4 Satz 1 KStG wird bei bisher steuerpflichtigen Körperschaften, die nach § 5 Abs. 1 Nr. 9 KStG steuerbefreit werden, und mildtätige, kirchliche, religiöse, wissenschaftliche oder als besonders förderungswürdig anerkannte gemeinnützige Zwecke i. S. des § 9 Abs. 1 Nr. 2 KStG verfolgen, auf die Schlussbesteuerung der in der Zeit der früheren Steuerpflicht gebildeten stillen Reserven verzichtet. [2]Verfolgt eine solche Körperschaft neben den vorgenannten Zwecken auch andere gemeinnützige Zwecke, so kommt § 13 Abs. 4 Satz 1 KStG nur für diejenigen Wirtschaftsgüter in Betracht, die einem Zweck i. S. des § 9 Abs. 1 Nr. 2 KStG dienen.

(2) [1]Erlischt bei einer Körperschaft, die mildtätige, kirchliche, religiöse, wissenschaftliche oder als besonders förderungswürdig anerkannte gemeinnützige Zwecke verfolgt, die Steuerbefreiung, so ist für die Wirtschaftsgüter, die in der Anfangsbilanz zu Beginn der Steuerbefreiung nach § 13 Abs. 4 Satz 1 KStG mit dem Buchwert anzusetzen waren, der Wert anzusetzen, der sich bei ununterbrochener Steuerpflicht nach den Vorschriften über die steuerliche Gewinnermittlung ergeben würde. [2]Dadurch wird die steuerliche Erfassung später realisierter stiller Reserven dieser Wirtschaftsgüter aus der Zeit der früheren Steuerpflicht wieder ermöglicht. [3]Für Wirtschaftsgüter, die erst im Zeitraum der Steuerbefreiung angeschafft oder hergestellt worden sind, gilt § 13 Abs. 4 Satz 2 KStG nicht. [4]Für diese Wirtschaftsgüter ist der Teilwert nach § 13 Abs. 3 Satz 1 KStG anzusetzen (→ R 54 Abs. 2).

(3) Durch § 13 Abs. 6 KStG wird der Anwendungsbereich der Vorschrift über den Bereich des Betriebsvermögens hinaus auf Beteiligungen i. S. des § 17 EStG der Körperschaft, Personenvereinigung oder Vermögensmasse an einer Kapitalgesellschaft ausgedehnt.

Hinweise

H 55 Eingeschränkte Verlustverrechnung bei Wohnungsunternehmen
→ *BMF vom 20.12.1994 – BStBl. I S. 917 und die entsprechenden Erlasse der Länder*[1]
Teilweises Erlöschen einer Steuerbefreiung (§ 13 Abs. 5 KStG)
→ R 53 Abs. 3
Überführung eines Betriebs oder Teilbetriebs aus dem steuerpflichtigen in den steuerbefreiten Bereich einer Körperschaft unter Ansatz der Buchwerte nach § 13 Abs. 4 Satz 1 KStG
→ *BMF vom 1.2.2002 – BStBl. I S. 221*[2]

Verwaltungsregelungen zu § 13

Datum	Anl.	Quelle	Inhalt
	§ 013-01		(weggefallen)
	§ 013-02		(weggefallen)
	§ 013-03		(weggefallen)
	§ 013-04		(weggefallen)
	§ 013-05		(weggefallen)
20.12.94	§ 013-06	BMF	Eingeschränkte Verlustverrechnung nach § 13 Abs. 3 Satz 2 bis 11 KStG; Einzelfragen zur Anwendung
17.07.95	§ 013-07	FM Th	Eingeschränkte Verlustverrechnung nach § 13 Abs. 3 KStG
01.02.02	§ 013-08	BMF	Anwendung des § 13 Abs. 4 Satz 1 KStG auf die Überführung eines Betriebs oder Teilbetriebs aus dem steuerpflichtigen in den steuerbefreiten Bereich einer Körperschaft

---

1) Vgl. Anlage § 013-06.
2) Vgl. Anlage § 013-08.

§ 13

Rechtsprechungsauswahl

Zu § 13 KStG

BFH vom 09.08.2000 I R 69/98 (BStBl. 2001 II S. 71): Das Aktivierungsverbot des § 5 Abs. 2 EStG gilt auch für die gemäß § 13 Abs. 1 bzw. Abs. 2 KStG aufzustellenden Schluss- bzw. Anfangsbilanzen.

BFH vom 21.10.1999 I R 68/98 (BFH/NV 2000 S. 891): Gebäudebewertung in der Anfangsbilanz vormals gemeinnütziger Wohnungsunternehmen.

BFH vom 19.07.1995 I R 56/94 (BStBl. 1996 II S. 28): ... 2. Der Ansatz der Teilwerte nach § 13 Abs. 2, 3 KStG kommt grundsätzlich nicht in Betracht, wenn die Körperschaft zwar bislang vom FA als gemeinnützig behandelt wurde, tatsächlich aber die Voraussetzungen für eine Steuerbefreiung nicht erfüllt. ...

ZWEITES KAPITEL
Sondervorschriften für die Organschaft
§ 14 Aktiengesellschaft oder Kommanditgesellschaft auf Aktien als Organgesellschaft

(1) [1]Verpflichtet sich eine Europäische Gesellschaft, Aktiengesellschaft oder Kommanditgesellschaft auf Aktien mit Geschäftsleitung und Sitz im Inland (Organgesellschaft) durch einen Gewinnabführungsvertrag im Sinne des § 291 Abs. 1 des Aktiengesetzes, ihren ganzen Gewinn an ein einziges anderes gewerbliches Unternehmen abzuführen, so ist das Einkommen der Organgesellschaft, soweit sich aus § 16 nichts anderes ergibt, dem Träger des Unternehmens (Organträger) zuzurechnen, wenn die folgenden Voraussetzungen erfüllt sind:

1. [1]Der Organträger muss an der Organgesellschaft vom Beginn ihres Wirtschaftsjahrs an ununterbrochen in einem solchen Maße beteiligt sein, dass ihm die Mehrheit der Stimmrechte aus den Anteilen an der Organgesellschaft zusteht (finanzielle Eingliederung). [2]Mittelbare Beteiligungen sind zu berücksichtigen, wenn die Beteiligung an jeder vermittelnden Gesellschaft die Mehrheit der Stimmrechte gewährt.

2. [1]Der Organträger muss eine unbeschränkt steuerpflichtige natürliche Person oder eine nicht steuerbefreite Körperschaft, Personenvereinigung oder Vermögensmasse im Sinne des § 1 mit Geschäftsleitung im Inland sein. [2]Organträger kann auch eine Personengesellschaft im Sinne des § 15 Abs. 1 Nr. 2 des Einkommensteuergesetzes mit Geschäftsleitung im Inland sein, wenn sie eine Tätigkeit im Sinne des § 15 Abs. 1 Nr. 1 des Einkommensteuergesetzes ausübt. [3]Die Voraussetzung der Nummer 1 muss im Verhältnis zur Personengesellschaft selbst erfüllt sein.

3. [1]Der Gewinnabführungsvertrag muss auf mindestens fünf Jahre abgeschlossen und während seiner gesamten Geltungsdauer durchgeführt werden. [2]Eine vorzeitige Beendigung des Vertrags durch Kündigung ist unschädlich, wenn ein wichtiger Grund die Kündigung rechtfertigt. [3]Die Kündigung oder Aufhebung des Gewinnabführungsvertrags auf einen Zeitpunkt während des Wirtschaftsjahrs der Organgesellschaft wirkt auf den Beginn dieses Wirtschaftsjahrs zurück.

4. Die Organgesellschaft darf Beträge aus dem Jahresüberschuss nur insoweit in die Gewinnrücklagen (§ 272 Abs. 3 des Handelsgesetzbuchs) mit Ausnahme der gesetzlichen Rücklagen einstellen, als dies bei vernünftiger kaufmännischer Beurteilung wirtschaftlich begründet ist.

5. Ein negatives Einkommen des Organträgers bleibt bei der inländischen Besteuerung unberücksichtigt, soweit es in einem ausländischen Staat im Rahmen einer der deutschen Besteuerung des Organträgers entsprechenden Besteuerung berücksichtigt wird.

[2]Das Einkommen der Organgesellschaft ist dem Organträger erstmals für das Kalenderjahr zuzurechnen, in dem das Wirtschaftsjahr der Organgesellschaft endet, in dem der Gewinnabführungsvertrag wirksam wird.

(2) (aufgehoben) [1)]

(3) [1]Mehrabführungen, die ihre Ursache in vororganschaftlicher Zeit haben, gelten als Gewinnausschüttungen der Organgesellschaft an den Organträger. [2]Minderabführungen, die ihre Ursache in vororganschaftlicher Zeit haben, sind als Einlage durch den Organträger in die Organgesellschaft zu behandeln. [3]Mehrabführungen nach Satz 1 und Minderabführungen nach Satz 2 gelten in dem Zeitpunkt als erfolgt, in dem das Wirtschaftsjahr der Organgesellschaft endet. [4]Der Teilwertansatz nach § 13 Abs. 3 Satz 1 ist der vororganschaftlichen Zeit zuzurechnen.

(4) [2)] [1]Für Minder- und Mehrabführungen, die ihre Ursache in organschaftlicher Zeit haben, ist in der Steuerbilanz des Organträgers ein besonderer aktiver oder passiver Aus-

---

1) § 14 Abs. 2 aufgehoben durch das JStG 2009. Die Vorschrift lautete: „Absatz 1 ist auf Organgesellschaften, die Lebens- oder Krankenversicherungsunternehmen sind, nicht anzuwenden." Zur letztmaligen Anwendung s. § 34 Abs. 9 Satz 1 Nr. 6.

2) § 14 Abs. 4 i.d.F. des JStG 2008 ist gem. § 34 Abs. 9 Nr. 5 auch für VZ vor 2008 anzuwenden.

gleichsposten in Höhe des Betrags zu bilden, der dem Verhältnis der Beteiligung des Organträgers am Nennkapital der Organgesellschaft entspricht. [2]Im Zeitpunkt der Veräußerung der Organbeteiligung sind die besonderen Ausgleichsposten aufzulösen. [3]Dadurch erhöht oder verringert sich das Einkommen des Organträgers. [4]§ 3 Nr. 40, § 3c Abs. 2 des Einkommensteuergesetzes und § 8b dieses Gesetzes sind anzuwenden. [5]Der Veräußerung gleichgestellt sind insbesondere die Umwandlung der Organgesellschaft auf eine Personengesellschaft oder eine natürliche Person, die verdeckte Einlage der Beteiligung an der Organgesellschaft und die Auflösung der Organgesellschaft. [6]Minder- oder Mehrabführungen im Sinne des Satzes 1 liegen insbesondere vor, wenn der an den Organträger abgeführte Gewinn von dem Steuerbilanzgewinn der Organgesellschaft abweicht und diese Abweichung in organschaftlicher Zeit verursacht ist.

KStR

Zu § 14 KStG

56. Organträger, Begriff des gewerblichen Unternehmens

– unbesetzt –

Hinweise

H 56 Änderungen bei der Besteuerung steuerlicher Organschaften durch das StSenkG und das UntStFG

→ *BMF vom 26.8.2003 – BStBl. I S. 437*[1])

Änderungen bei der Besteuerung steuerlicher Organschaften durch das StVergAbG

→ *BMF vom 10.11.2005 – BStBl. I S. 1038*[2])

Änderungen des § 302 AktG

Zur Notwendigkeit der Aufnahme der neuen Verjährungsregelung des § 302 Abs. 4 AktG in GAV
→ *BMF vom 16.12.2005 – BStBl. 2006 I S. 12*[3])

KStR

57. Finanzielle Eingliederung

[1]Der Organträger ist i. S. der finanziellen Eingliederung an der Organgesellschaft beteiligt, wenn ihm Anteile an der Organgesellschaft – einschließlich der Stimmrechte daraus – steuerrechtlich in dem für die finanzielle Eingliederung erforderlichen Umfang zuzurechnen sind. [2]Entsprechendes gilt für die mittelbare Beteiligung (§ 14 Abs. 1 Nr. 1 Satz 2 KStG). [3]Unmittelbare und mittelbare Beteiligungen (bzw. mehrere mittelbare Beteiligungen) dürfen zusammengefasst werden. [4]Es sind aber nur solche mittelbaren Beteiligungen zu berücksichtigen, die auf Beteiligungen des Organträgers an vermittelnden (Kapital- oder Personen-)Gesellschaften beruhen, an denen der Organträger jeweils die Mehrheit der Stimmrechte hat.

Beispiele:

In den Beispielen wird unterstellt, dass die Stimmrechtsverhältnisse den Beteiligungsverhältnissen entsprechen.

1) Die Gesellschaft M ist an der Gesellschaft E unmittelbar zu 50 % beteiligt. Über die Gesellschaft T (Beteiligung der T an E 50 %) an der die M ebenfalls zu 50 % beteiligt ist, hält M mittelbar weitere 25 % der Anteile an der E. Die Gesellschaft E ist in die Gesellschaft M nicht finanziell eingegliedert, weil die unmittelbare und die mittelbare Beteiligung der M an der E aufgrund der fehlenden Stimmrechtsmehrheit der M an T nicht zusammenzurechnen sind und die unmittelbare Beteiligung allein die Voraussetzung der finanziellen Eingliederung nicht erfüllt.

2) Die Gesellschaft M ist an den Gesellschaften T 1 zu 100 % und an der Gesellschaft T 2 zu 49 % beteiligt; die Gesellschaften T 1 und T 2 sind an der Gesellschaft E zu je 50 % beteiligt. M besitzt an T 2 nicht die Mehrheit der Stimmrechte. Damit sind die Voraussetzungen des § 14 Abs. 1 Nr. 1

---

1) Vgl. Anlage § 014-15.
2) Vgl. Anlage § 014-15a.
3) Vgl. Anlage § 017-11.

Satz 2 KStG für eine Zusammenrechnung der beiden mittelbaren Beteiligungen nicht erfüllt. Die Gesellschaft E ist in die Gesellschaft M nicht finanziell eingegliedert.

3) Die Gesellschaft M ist zu 20 % unmittelbar an E beteiligt. Zugleich ist M am Vermögen der Personenhandelsgesellschaft P zu 80 % beteiligt, die ihrerseits 80 % der Anteile an E hält. Die Gesellschaft E ist in die Gesellschaft M finanziell eingegliedert, da die unmittelbare und die mittelbare Beteiligung aufgrund der Stimmrechtsmehrheit der M an P zu addieren sind (20 % + 64 %).

Hinweise

H 57 Mittelbare Beteiligung

Eine mittelbare Beteiligung kann auch über eine Gesellschaft bestehen, die nicht selbst Organgesellschaft sein kann (→ BFH vom 2.11.1977 – BStBl. 1978 II S. 74).

Rückwirkende Begründung eines Organschaftsverhältnisses bei Umwandlung

Zur rückwirkenden Begründung eines Organschaftsverhältnisses bei formwechselnder Umwandlung einer GmbH & Co. KG in eine GmbH (→ BMF vom 24.5.2004 – BStBl. I S. 549 und BFH vom 17.9.2003 – BStBl. II S. 534).

Stimmrechtsverbot

Stimmrechtsverbote für einzelne Geschäfte zwischen Organträger und Organgesellschaft stehen der finanziellen Eingliederung nicht entgegen (→ BFH vom 26.1.1989 – BStBl. II S. 455).

KStR

58. Personengesellschaften i. S. des § 15 Abs. 1 Satz 1 Nr. 2 EStG als Organträger

[1]Eine Personengesellschaft i. S. des § 15 Abs. 1 Satz 1 Nr. 2 EStG mit Geschäftsleitung im Inland kann Organträger sein, wenn die Voraussetzung der finanziellen Eingliederung im Verhältnis zur Personengesellschaft selbst erfüllt ist und sie eine Tätigkeit i.S. des § 15 Abs. 1 Satz 1 Nr. 1 EStG ausübt (§ 14 Abs. 1 Satz 1 Nr. 2 KStG). [2]In diesen Fällen hat die Veräußerung eines Mitunternehmeranteils bzw. die Veränderung im Gesellschafterbestand der Organträger-Personengesellschaft während des Wirtschaftsjahres der Organgesellschaft keine Auswirkungen auf das bestehende Organschaftsverhältnis, da der Personengesellschaft im Hinblick auf das Organschaftsverhältnis eine rechtliche Eigenständigkeit eingeräumt wird. [3]Dem entspricht auch, dass die wirtschaftliche Identität der Personengesellschaft gewahrt und die rechtliche Gebundenheit des Gesellschaftsvermögens gleich bleibt, auch wenn die am Vermögen insgesamt Beteiligten wechseln. [4]Gehören die Anteile an der Organgesellschaft nicht zum Vermögen der Personengesellschaft, reicht es für die finanzielle Eingliederung in die Personengesellschaft nicht aus, dass die Anteile notwendiges Sonderbetriebsvermögen der Gesellschafter der Personengesellschaft sind.

Hinweise

H 58 Änderungen bei der Besteuerung steuerlicher Organschaften durch das StVergAbG
→ BMF vom 10.11.2005 – BStBl. I S. 1038[1]

KStR

59. Zeitliche Voraussetzungen

(1) [1]Nach § 14 Abs. 1 Satz 1 Nr. 1 KStG muss die Organgesellschaft vom Beginn ihres Wirtschaftsjahres an ununterbrochen finanziell in das Unternehmen des Organträgers eingegliedert sein. [2]Ununterbrochen bedeutet, dass diese Eingliederung vom Beginn ihres Wirtschaftsjahres an ohne Unterbrechung bis zum Ende des Wirtschaftsjahres bestehen muss. [3]Das gilt auch im Falle eines Rumpfwirtschaftsjahres.

(2) [1]Veräußert der Organträger seine Beteiligung an der Organgesellschaft zum Ende des Wirtschaftsjahres der Organgesellschaft an ein anderes gewerbliches Unternehmen, bedeutet dies, dass der Organträger das Eigentum an den Anteilen an der Organgesellschaft bis zum letzten Tag, 24 Uhr, des Wirtschaftsjahres der Organgesellschaft behält und das andere Unternehmen dieses Eigentum am ersten Tag, 0 Uhr, des anschließenden Wirtschaftsjahres der Organgesellschaft erwirbt. [2]In diesen Fällen ist deshalb die Voraussetzung der finanziellen Eingliederung der Organgesellschaft beim Veräußerer der Anteile bis zum Ende des Wirtschaftsjahres der Organgesellschaft und beim Erwerber der Anteile vom Beginn des anschließenden

---

1) Vgl. Anlage § 014-15a.

Wirtschaftsjahres der Organgesellschaft an erfüllt. [3]Veräußert der Organträger seine Beteiligung an der Organgesellschaft während des Wirtschaftsjahres der Organgesellschaft, und stellt die Organgesellschaft mit Zustimmung des Finanzamts ihr Wirtschaftsjahr auf den Zeitpunkt der Veräußerung der Beteiligung um, ist die finanzielle Eingliederung der Organgesellschaft beim Veräußerer der Anteile bis zum Ende des entstandenen Rumpfwirtschaftsjahres der Organgesellschaft und beim Erwerber der Anteile vom Beginn des anschließenden Wirtschaftsjahres der Organgesellschaft an gegeben.

(3) [1]Wird im Zusammenhang mit der Begründung oder Beendigung eines Organschaftsverhältnisses i. S. des § 14 KStG das Wirtschaftsjahr der Organgesellschaft auf einen vom Kalenderjahr abweichenden Zeitraum umgestellt, ist dafür die nach § 7 Abs. 4 Satz 3 KStG erforderliche Zustimmung zu erteilen. [2]Bei der Begründung eines Organschaftsverhältnisses gilt das auch, wenn das Wirtschaftsjahr der Organgesellschaft im selben Veranlagungszeitraum ein zweites Mal umgestellt wird, um den Abschlussstichtag der Organgesellschaft dem im Organkreis üblichen Abschlussstichtag anzupassen. [3]Weicht dabei das neue Wirtschaftsjahr vom Kalenderjahr ab, ist für die zweite Umstellung ebenfalls die Zustimmung nach § 7 Abs. 4 Satz 3 KStG zu erteilen.

60. Der Gewinnabführungsvertrag

Wirksamwerden des Gewinnabführungsvertrags

(1) [1]Nach § 14 Abs. 1 Satz 2 KStG kann die Einkommenszurechnung erstmals für das Wirtschaftsjahr der Organgesellschaft erfolgen, in dem der GAV wirksam wird. [2]Bei einer nicht nach §§ 319 bis 327 AktG eingegliederten AG oder KGaA wird der GAV i. S. des § 291 Abs. 1 AktG zivilrechtlich erst wirksam, wenn sein Bestehen in das Handelsregister des Sitzes der Organgesellschaft eingetragen ist (vgl. § 294 Abs. 2 AktG). [3]Bei einer nach den §§ 319 bis 327 AktG eingegliederten AG oder KGaA tritt die zivilrechtliche Wirksamkeit des GAV ein, sobald er in Schriftform abgeschlossen ist (vgl. § 324 Abs. 2 AktG).

Mindestlaufzeit

(2) [1]Der GAV muss nach § 14 Abs. 1 Nr. 3 Satz 1 KStG auf einen Zeitraum von mindestens fünf Zeitjahren abgeschlossen sein. [2]Der Zeitraum beginnt mit dem Anfang des Wirtschaftsjahres, für das die Rechtsfolgen des § 14 Abs. 1 Satz 1 KStG erstmals eintreten.

Vollzug des Gewinnabführungsvertrags

(3) [1]Nach § 14 Abs. 1 Satz 1 KStG muss sich die Organgesellschaft aufgrund eines GAV i. S. des § 291 Abs. 1 AktG verpflichten, ihren ganzen Gewinn an ein anderes gewerbliches Unternehmen abzuführen. [2]Die Abführung des ganzen Gewinns setzt hierbei voraus, dass der Jahresabschluss keinen Bilanzgewinn (§ 268 Abs. 1 HGB, § 158 AktG) mehr ausweist. [3]Wegen der nach § 14 Abs. 1 Satz 1 Nr. 4 KStG zulässigen Bildung von Gewinn- oder Kapitalrücklagen siehe nachstehenden Absatz 5 Nr. 3. [4]§ 301 AktG bestimmt als Höchstbetrag der Gewinnabführung für eine nicht eingegliederte Organgesellschaft in der Rechtsform der AG oder der KGaA:

1. in seinem Satz 1 den ohne die Gewinnabführung entstehenden Jahresüberschuss, vermindert um einen Verlustvortrag aus dem Vorjahr und um den Betrag, der nach § 300 AktG in die gesetzliche Rücklage einzustellen ist;

2. in seinem Satz 2 zusätzlich die Entnahmen aus in vertraglicher Zeit gebildeten und wieder aufgelösten Gewinnrücklagen.

[5]Nach § 275 Abs. 4 HGB dürfen Veränderungen der Gewinnrücklagen in der Gewinn- und Verlustrechnung erst nach dem Posten Jahresüberschuss/Jahresfehlbetrag" ausgewiesen werden, d. h. sie verändern zwar nicht den Jahresüberschuss, wohl aber den nach § 291 Abs. 1 Satz 2 des AktG abzuführenden Gewinn. [6]Bei Verlustübernahme (§ 302 AktG) hat der Organträger einen sonst entstehenden Jahresfehlbetrag auszugleichen, soweit dieser nicht dadurch ausgeglichen wird, dass den anderen Gewinnrücklagen Beträge entnommen werden, die während der Vertragsdauer in sie eingestellt worden sind.

Abführung/Ausschüttung vorvertraglicher Rücklagen

(4) [1]Bei einer nicht eingegliederten Organgesellschaft in der Rechtsform der AG oder der KGaA ist der GAV steuerlich als nicht durchgeführt anzusehen, wenn vorvertragliche Gewinnrücklagen entgegen den Vorschriften der §§ 301 und 302 Abs. 1 AktG aufgelöst und an den Organträger abgeführt werden. [2]Da der Jahresüberschuss i. S. des § 301 AktG nicht einen Gewinnvortrag (vgl. § 158 Abs. 1 Nr. 1 AktG, § 266 Abs. 3 A HGB) umfasst, darf ein vor dem Inkrafttreten des GAV vorhandener Gewinnvortrag weder abgeführt noch zum Ausgleich eines aufgrund des GAV vom Organträger auszugleichenden Jahresfehlbetrags (Verlustübernahme) verwendet werden. [3]Ein Verstoß gegen das Verbot, Erträge aus der Auflösung vorvertraglicher Rücklagen an den Organträger abzuführen, liegt auch vor, wenn die Organgesellschaft Aufwand – dazu gehören auch die steuerrechtlich nichtabziehbaren Ausgaben, z. B. Körperschaftsteuer, Aufsichtsratsvergütungen – über eine vorvertragliche Rücklage verrechnet und dadurch

den Gewinn erhöht, der an den Organträger abzuführen ist. [4]Ein Verstoß gegen die §§ 301 und 302 Abs. 1 AktG ist nicht gegeben, wenn die Organgesellschaft vorvertragliche Rücklagen auflöst und den entsprechenden Gewinn außerhalb des GAV an ihre Anteilseigner ausschüttet. [5]Insoweit ist § 14 KStG nicht anzuwenden; für die Gewinnausschüttung gelten die allgemeinen Grundsätze.

Durchführung des Gewinnabführungsvertrags

(5) [1]Der Durchführung des GAV steht es nicht entgegen, wenn z. B.

1. der an den Organträger abzuführende Gewinn entsprechend dem gesetzlichen Gebot in § 301 AktG durch einen beim Inkrafttreten des GAV vorhandenen Verlustvortrag gemindert wird. [2]Der Ausgleich vorvertraglicher Verluste durch den Organträger ist steuerrechtlich als Einlage zu werten;

2. der ohne die Gewinnabführung entstehende Jahresüberschuss der Organgesellschaft nach § 301 AktG um den Betrag vermindert wird, der nach § 300 AktG in die gesetzliche Rücklage einzustellen ist. Zuführungen zur gesetzlichen Rücklage, die die gesetzlich vorgeschriebenen Beträge übersteigen, sind jedoch steuerrechtlich wie die Bildung von Gewinnrücklagen zu beurteilen;

3. die Organgesellschaft nach § 14 Abs. 1 Satz 1 Nr. 4 KStG Gewinnrücklagen i. S. des § 272 Abs. 3 und 4 HGB mit Ausnahme der gesetzlichen Rücklagen, aber einschließlich der Rücklage für eigene Anteile und der satzungsmäßigen Rücklagen (§ 266 Abs. 3 A III HGB) bildet, die bei vernünftiger kaufmännischer Beurteilung wirtschaftlich begründet sind. [2]Die Bildung einer Kapitalrücklage i. S. des § 272 Abs. 2 Nr. 4 HGB beeinflusst die Höhe der Gewinnabführung nicht und stellt daher keinen Verstoß gegen § 14 Abs. 1 Satz 1 Nr. 4 KStG dar. [3]Für die Bildung der Rücklagen muss ein konkreter Anlass gegeben sein, der es auch aus objektiver unternehmerischer Sicht rechtfertigt, eine Rücklage zu bilden, wie z. B. eine geplante Betriebsverlegung, Werkserneuerung, Kapazitätsausweitung. [4]Die Beschränkung nach § 14 Abs. 1 Satz 1 Nr. 4 KStG ist nicht auf die Zuführung zum Sonderposten mit Rücklageanteil i. S. der § 247 Abs. 3 und § 273 HGB, z. B. Rücklagen für Ersatzbeschaffung, Rücklagen i.S. des § 6b EStG, und auf die Bildung stiller Reserven anzuwenden;

4. die Organgesellschaft ständig Verluste erwirtschaftet.

Beendigung des Gewinnabführungsvertrags

(6) [1]Wird der GAV, der noch nicht fünf aufeinanderfolgende Jahre durchgeführt worden ist, durch Kündigung oder im gegenseitigen Einvernehmen beendet, bleibt der Vertrag für die Jahre, für die er durchgeführt worden ist, steuerrechtlich wirksam, wenn die Beendigung auf einem wichtigen Grund beruht. [2]Ein wichtiger Grund kann insbesondere in der Veräußerung oder Einbringung der Organbeteiligung durch den Organträger, der Verschmelzung, Spaltung oder Liquidation des Organträgers oder der Organgesellschaft gesehen werden. [3]Stand bereits im Zeitpunkt des Vertragsabschlusses fest, dass der GAV vor Ablauf der ersten fünf Jahre beendet werden wird, ist ein wichtiger Grund nicht anzunehmen. [4]Das gilt nicht für die Beendigung des GAV durch Verschmelzung oder Spaltung oder aufgrund der Liquidation der Organgesellschaft. [5]Liegt ein wichtiger Grund nicht vor, ist der GAV von Anfang an als steuerrechtlich unwirksam anzusehen.

(7) Ist der GAV bereits mindestens fünf aufeinanderfolgende Jahre durchgeführt worden, bleibt er für diese Jahre steuerrechtlich wirksam.

Nichtdurchführung des Gewinnabführungsvertrags

(8) [1]Wird ein GAV in einem Jahr nicht durchgeführt, ist er

1. von Anfang an als steuerrechtlich unwirksam anzusehen, wenn er noch nicht fünf aufeinander folgende Jahre durchgeführt worden ist;

2. erst ab diesem Jahr als steuerrechtlich unwirksam anzusehen, wenn er bereits mindestens fünf aufeinander folgende Jahre durchgeführt worden ist. [2]Soll die körperschaftsteuerrechtliche Organschaft ab einem späteren Jahr wieder anerkannt werden, bedarf es einer erneuten mindestens fünfjährigen Laufzeit und ununterbrochenen Durchführung des Vertrags.

[2]Ist der GAV als steuerrechtlich unwirksam anzusehen, ist die Organgesellschaft nach den allgemeinen steuerrechtlichen Vorschriften zur Körperschaftsteuer zu veranlagen.

Hinweise

H 60 Änderungen bei der Besteuerung steuerlicher Organschaften durch das StVergAbG
→ *BMF vom 10.11.2005 – BStBl. I S. 1038*[1]

---

1) Vgl. Anlage § 014-15a.

Änderungen des § 302 AktG

Zur Notwendigkeit der Aufnahme der neuen Verjährungsregelung des § 302 Abs. 4 AktG in GAV → BMF vom 16.12.2005 – BStBl. 2006 I S. 12[1]

Auflösung und Abführung vorvertraglicher versteuerter Rücklagen

Zur Auflösung und Abführung vorvertraglicher versteuerter Rücklagen bei einer nach den §§ 319 bis 327 AktG eingegliederten Organgesellschaft in der Rechtsform der AG oder KGaA → R 61 Abs. 3

Auflösung von in organschaftlicher Zeit gebildeten Kapitalrücklagen

→ BFH vom 8.8.2001 – BStBl. 2003 II S. 923 und BMF vom 27.11.2003 – BStBl. I S. 647[2]

Bildung einer Rücklage

Zur Zulässigkeit der Bildung einer Rücklage aus Gründen der Risikovorsorge → BFH vom 29.10.1980 – BStBl. 1981 II S. 336

Verzinsung des Anspruchs auf Verlustübernahme nach § 302 AktG

Die unterlassene oder unzutreffende Verzinsung eines Verlustausgleichsanspruchs steht einer tatsächlichen Durchführung des Gewinnabführungsvertrags nicht entgegen (→ BMF vom 15.10.2007 – BStBl. I S. 765).[3]

Wirksamwerden des Gewinnabführungsvertrags

Bei einem lediglich mit der Vorgründungsgesellschaft (→ H 2) abgeschlossenen GAV gehen die sich daraus ergebenden Rechte und Pflichten nicht automatisch auf die später gegründete und eingetragene Kapitalgesellschaft über (→ BFH vom 08.11.1989 – BStBl. 1990 II S. 91).

KStR

61. Das zuzurechnende Einkommen der Organgesellschaft

(1) [1]Als zuzurechnendes Einkommen ist das Einkommen der Organgesellschaft vor Berücksichtigung des an den Organträger abgeführten Gewinns oder des vom Organträger zum Ausgleich eines sonst entstehenden Jahresfehlbetrags (§ 302 Abs. 1 AktG) geleisteten Betrags zu verstehen. [2]Bei der Ermittlung des Einkommens des Organträgers bleibt demnach der von der Organgesellschaft an den Organträger abgeführte Gewinn außer Ansatz; ein vom Organträger an die Organgesellschaft zum Ausgleich eines sonst entstehenden Jahresfehlbetrags geleisteter Betrag darf nicht abgezogen werden.

(2) [1]Gewinne der Organgesellschaft, die aus der Auflösung vorvertraglicher unversteuerter stiller Reserven herrühren, sind Teil des Ergebnisses des Wirtschaftsjahres der Organgesellschaft, in dem die Auflösung der Reserven erfolgt. [2]Handelsrechtlich unterliegen diese Gewinne deshalb der vertraglichen Abführungsverpflichtung. [3]Steuerrechtlich gehören sie zu dem Einkommen, das nach § 14 KStG dem Organträger zuzurechnen ist. [4]Entsprechendes gilt für Gewinne aus der Auflösung eines Sonderpostens mit Rücklageanteil i. S. von § 247 Abs. 3, § 273 HGB.

(3) [1]Bei einer nach den §§ 319 bis 327 AktG eingegliederten AG oder KGaA als Organgesellschaft sind nach § 324 Abs. 2 AktG die §§ 293 bis 296, 298 bis 303 AktG nicht anzuwenden. [2]Löst diese Organgesellschaft vorvertragliche Gewinn- oder Kapitalrücklagen zugunsten des an den Organträger abzuführenden Gewinns auf, verstößt sie handelsrechtlich nicht gegen das Abführungsverbot. [3]In diesen Fällen ist deshalb R 60 Abs. 8 nicht anzuwenden. [4]Steuerrechtlich fällt die Abführung der Gewinne aus der Auflösung dieser Rücklagen an den Organträger nicht unter § 14 KStG; sie unterliegt somit den allgemeinen steuerrechtlichen Vorschriften.

(4) [1]VGA an den Organträger sind im Allgemeinen vorweggenommene Gewinnabführungen; sie stellen die tatsächliche Durchführung des GAV in Frage. [2]Das gilt auch, wenn eine Personengesellschaft der Organträger ist (R 58) und Gewinn verdeckt an einen Gesellschafter der Personengesellschaft ausgeschüttet wird. [3]Ein solcher Vorgang berührt lediglich die Gewinnverteilung innerhalb der Personengesellschaft. [4]VGA an außenstehende Gesellschafter sind wie Ausgleichszahlungen i. S. des § 16 KStG zu behandeln.

(5) Der Gewinn aus der Veräußerung eines Teilbetriebs unterliegt der vertraglichen Gewinnabführungsverpflichtung; er ist bei der Ermittlung des dem Organträger zuzurechnenden Einkommens zu berücksichtigen.

---

1) Vgl. Anlage § 017-11.

2) Vgl. Anlage § 014-17.

3) Vgl. Anlage § 014-22.

(6) [1]Einwendungen gegen die Höhe des nach § 14 KStG zuzurechnenden Einkommens der Organgesellschaft kann nur der Organträger geltend machen, in dessen Steuerfestsetzung dieses Einkommen als unselbständige Besteuerungsgrundlage enthalten ist. [2]Einwendungen gegen die Höhe des von der Organgesellschaft nach § 16 KStG selbst zu versteuernden Einkommens und gegen die Höhe der festgesetzten Körperschaftsteuer kann nur die Organgesellschaft geltend machen.

(7) Gewinnabführungen stellen auch dann keine Gewinnausschüttungen dar, wenn sie erst nach Beendigung des GAV abfließen.

Hinweise

H 61   Gewinn im Zeitraum der Abwicklung

Der im Zeitraum der Abwicklung erzielte Gewinn (§ 11 KStG, → R 51) unterliegt nicht der vertraglichen Gewinnabführungsverpflichtung und ist deshalb von der Organgesellschaft zu versteuern (→ BFH vom 18.10.1967 – BStBl. 1968 II S. 105).

Einstellung der gewerblichen Tätigkeit

Stellt eine Organgesellschaft ohne förmlichen Auflösungsbeschluss ihre gewerbliche Tätigkeit nicht nur vorübergehend ein und veräußert sie ihr Vermögen, fällt der Gewinn, den sie während der tatsächlichen Abwicklung erzielt, nicht mehr unter die Gewinnabführungsverpflichtung (→ BFH vom 17.2.1971 – BStBl. II S. 411).

Organschaft zwischen kommunalen Eigengesellschaften

→ BFH vom 22.8.2007 – BStBl. II S. 961 und BMF vom 7.12.2007 – BStBl. I S. 905[1]

KStR

62. Die Einkommensermittlung beim Organträger

(1) Ausgaben im Zusammenhang mit der Organbeteiligung, z. B. Zinsen für Schulden, die der Organträger zum Erwerb der Beteiligung aufgenommen hat, dürfen bei der Ermittlung des Einkommens des Organträgers abgezogen werden.

(2) [1]VGA der Organgesellschaft sind beim Organträger zur Vermeidung der Doppelbelastung aus dem Einkommen auszuscheiden, wenn die Vorteilszuwendung den Bilanzgewinn des Organträgers erhöht oder dessen Bilanzverlust gemindert hat. [2]Entgegen dem BFH-Urteil vom 20. 8. 1986 (BStBl. 1987 II S. 455) ist jedoch nicht das zuzurechnende Organeinkommen, sondern das eigene Einkommen des Organträgers zu kürzen.

(3) [1]Der Organträger kann seine Beteiligung an der Organgesellschaft auf den niedrigeren Teilwert abschreiben, wenn die nach dem geltenden Recht hierfür erforderlichen Voraussetzungen erfüllt sind. [2]Eine Abschreibung auf den niedrigeren Teilwert ist jedoch nicht schon deshalb gerechtfertigt, weil die Organgesellschaft ständig Verluste erwirtschaftet.

Hinweise

H 62   Veranlagungszeitraum der Zurechnung

Das Einkommen der Organgesellschaft ist dem Organträger für das Kalenderjahr (Veranlagungszeitraum) zuzurechnen, in dem die Organgesellschaft das Einkommen bezogen hat (→ BFH vom 29.10.1974 – BStBl. 1975 II S. 126).

Verlustübernahme

Der Organträger darf steuerrechtlich keine Rückstellung für drohende Verluste aus der Übernahme des Verlustes der Organgesellschaft bilden (→ BFH vom 26.1.1977 – BStBl. II S. 441).

KStR

63. Bildung und Auflösung besonderer Ausgleichsposten beim Organträger[2]

(1) [1]Stellt die Organgesellschaft aus dem Jahresüberschuss (§ 275 Abs. 2 Nr. 20 oder Abs. 3 Nr. 19 HGB) Beträge in die Gewinnrücklagen i. S. des § 272 Abs. 3 HGB ein oder bildet sie steuerlich nicht anzuerkennende stille Reserven, werden die Rücklagen mit dem zuzurechnenden Einkommen beim Organ-

---

1) Vgl. Anlage § 004-55.

2) Durch das Jahressteuergesetz 2008 vom 20.12.2007 (BGBl. I S. 3150; BStBl. 2008 I S. 218) ist die Regelung aus R 63 KStR in § 14 Abs. 4 KStG klarstellend gesetzlich festgeschrieben worden (gilt auch bereits für Veranlagungszeiträume vor 2008, vgl. § 34 Abs. 9 Nr. 5 KStG i. d. F. des Jahressteuergesetzes 2008).

träger oder, wenn er eine Personengesellschaft ist, bei seinen Gesellschaftern versteuert. [2]Der steuerrechtliche Wertansatz der Beteiligung des Organträgers an der Organgesellschaft bleibt unberührt. [3]Um sicherzustellen, dass nach einer Veräußerung der Organbeteiligung die bei der Organgesellschaft so gebildeten Rücklagen nicht noch einmal beim Organträger steuerrechtlich erfasst werden, ist in der Steuerbilanz des Organträgers, in die der um die Rücklage verminderte Jahresüberschuss der Organgesellschaft eingegangen ist, ein besonderer aktiver Ausgleichsposten in Höhe des Teils der versteuerten Rücklagen einkommensneutral zu bilden, der dem Verhältnis der Beteiligung des Organträgers am Nennkapital der Organgesellschaft entspricht. [4]Löst die Organgesellschaft die Rücklagen in den folgenden Jahren ganz oder teilweise zugunsten des an den Organträger abzuführenden Gewinns auf, ist der besondere aktive Ausgleichsposten entsprechend einkommensneutral aufzulösen.

(2) Weicht der an den Organträger abgeführte Gewinn der Organgesellschaft aus anderen Gründen als infolge der Auflösung einer Rücklage i. S. des Absatzes 1 von dem Steuerbilanzgewinn ab, z. B. wegen Änderung des Wertansatzes von Aktiv- oder Passivposten in der Bilanz oder wegen der Verpflichtung zum Ausgleich vorvertraglicher Verluste (§ 301 AktG, § 30 Abs. 1 GmbHG), ist in der Steuerbilanz des Organträgers ein besonderer aktiver oder passiver Ausgleichsposten in Höhe des Unterschieds zu bilden, der dem Verhältnis der Beteiligung des Organträgers am Nennkapital der Organgesellschaft entspricht.

(3) [1]Die besonderen Ausgleichsposten sind bei Beendigung des GAV nicht gewinnwirksam aufzulösen, sondern bis zur Veräußerung der Beteiligung weiterzuführen. [2]Im Zeitpunkt der Veräußerung der Organbeteiligung sind die besonderen Ausgleichsposten aufzulösen. [3]Dadurch erhöht oder verringert sich das Einkommen des Organträgers; § 8b KStG, § 3 Nr. 40, § 3c Abs. 2 EStG sind anzuwenden.

(4) Werden die Steuerbilanzen der Organgesellschaft nachträglich berichtigt, rechtfertigt dies beim Organträger für alle Jahre, für die die entsprechenden Voraussetzungen gegeben sind, die nachträgliche Bildung besonderer Ausgleichsposten oder eine Änderung früher gebildeter besonderer Ausgleichsposten.

Hinweise

H 63 Allgemeine Fragen zur Auslegung des § 8b KStG
→ *BMF vom 28.4.2003 – BStBl. I S. 292*[1]
Allgemeine Fragen zur Organschaft
→ *BMF vom 26.8.2003 – BStBl. I S. 437*[2]
Steuerliches Einlagekonto
→ *BMF vom 4.6.2003 – BStBl. I S. 366*[3]

Verwaltungsregelungen zu § 14

Datum	Anl.	Quelle	Inhalt
07.05.90	§ 014-01	FM NRW	Verfahrensfragen im Besteuerungsverfahren von Organgesellschaften bei Organschaft mit Ergebnisabführungsvertrag
	§ 014-02		(weggefallen)
17.11.89	§ 014-03	BMF	Mehrmalige Umstellung des Wirtschaftsjahrs bei Organschaft
23.03.76	§ 014-04	FM NRW	Zurechnung des Einkommens der Organgesellschaft bei einer Personengesellschaft als Organträger; hier: Verfahrensrechtliche Fragen
	§ 014-05		(weggefallen)
	§ 014-06		(weggefallen)
	§ 014-07		(weggefallen)
	§ 014-08		(weggefallen)
	§ 014-09		(weggefallen)

1) Vgl. Anlage § 008b-01.
2) Vgl. Anlage § 014-15.
3) Vgl. Anlage § 027-03.

§ 14

Datum	Anl.	Quelle	Inhalt
03.09.86	§ 014-10	BMF	Bildung und Auflösung besonderer Ausgleichsposten i. V. mit § 6b-Übertragung bei Organschaft
13.09.91	§ 014-11	BMF	Bemessung der Ausgleichszahlungen an die Minderheitsgesellschafter der Organgesellschaft
	§ 014-12		(weggefallen)
	§ 014-13		(weggefallen)
22.12.04	§ 014-14	BMF	Vororganschaftlich verursachte Mehr- und Minderabführungen; Anwendung des BFH-Urteils vom 18. Dezember 2002 – R 51/01 – BStBl. 2005 II S. 49
28.06.05	§ 014-14a	BMF	Vororganschaftlich verursachte Mehr- und Minderabführungen; Verlängerung der Antragsfrist des BMF-Schreibens vom 22. Dezember 2004 (BStBl. 2005 I S. 65)
26.08.03	§ 014-15	BMF	Körperschaftsteuerliche und gewerbesteuerliche Organschaft unter Berücksichtigung der Änderungen durch das Steuersenkungs- (StSenkG) und das Unternehmenssteuerfortentwicklungsgesetz (UntStFG)
10.11.05	§ 014-15a	BMF	Änderungen bei der Besteuerung steuerlicher Organschaften durch das Steuervergünstigungsabbaugesetz – StVergAbG –
02.09.05	§ 014-15b	FM S	Dauerverlust-BgA als Organträger; Beurteilung der Gewinnerzielungsabsicht des Organträgers unter außer Acht lassen der Ergebnisse der Organgesellschaft
	§ 014-16		(weggefallen)
27.11.03	§ 014-17	BMF	Auflösung von in organschaftlicher Zeit gebildeten Kapitalrücklagen; Folgerungen aus dem BFH-Urteil vom 08. August 2001 – I R 25/00 –
24.05.04	§ 014-18	BMF	Rückwirkende Begründung eines Organschaftsverhältnisses bei formwechselnder Umwandlung einer GmbH Co KG in eine GmbH; Anwendung des BFH-Urteils vom 17. September 2003 – I R 55/02 – (BStBl. 2004 II S. 534)
	§ 014-18a		(weggefallen)
25.10.04	§ 014-19	OFD Han	Gewinnabführung bei Organschaft
	§ 014-20		(weggefallen)
05.10.07	§ 014-21	BMF	Auflösung passiver Ausgleichsposten bei Organschaft (§ 14 KStG); Anwendung des BFH-Urteils vom 7.2.2007 – I R 5/05
15.10.07	§ 014-22	BMF	Tatsächliche Durchführung des Gewinnabführungsvertrags bei der Organschaft
07.04.08	§ 014-23	OFD Fra	KG ohne Gewinnerzielungsabsicht als Organträgerin
24.07.08	§ 014-24	BMF	Konzerninterner Verkauf einer Organgesellschaft mit anschließender rückwirkender Übernahme des Ergebnisabführungsvertrages durch die Erwerberin
14.08.08	§ 014-25	BMF	Behandlung des Körperschaftsteuerguthabens in Organschaftsfällen
14.01.10	§ 014-26	BMF	Steuerliche Anerkennung einer Organschaft nach Änderung des § 301 AktG und des § 249 HGB durch das Gesetz zur Modernisierung des Bilanzrechts – BilMoG –; Keine Anpassung bestehender Gewinnabführungsverträge

Rechtsprechungsauswahl

BFH vom 04.03.2009, I R 1/08, (BFH/NV 2009 S. 1716):

1. Die Vereinbarung von Ausgleichszahlungen des beherrschenden Unternehmens an einen außenstehenden Aktionär der beherrschten Gesellschaft steht der körperschaftsteuerrechtlichen Anerkennung eines Gewinnabführungsvertrages entgegen, wenn neben einem bestimmten Festbetrag ein zusätzlicher Ausgleich in jener Höhe vereinbart wird, um die der hypothetische Gewinnanspruch des Außenstehenden ohne die Gewinnabführung den Festbetrag übersteigen würde.

2. Die Änderung oder Aufhebung eines Steuerbescheids zugunsten des Steuerpflichtigen wegen der irrigen Beurteilung eines bestimmten Sachverhalts kann nur dann gemäß § 174 Abs. 4 AO zum Anlass für die Aufhebung oder die Änderung eines weiteren Steuerbescheids genommen werden, wenn der zuerst geänderte Bescheid in seiner ursprünglichen Fassung objektiv rechtswidrig war.

BFH vom 14.01.2009, I R 47/08, (BFH/NV 2009, 854): Die für die Ermittlung des Einkommens der Organgesellschaft in § 15 Nr. 2 KStG 2002 i.d.F. bis zur Änderung durch das Steuervergünstigungsabbaugesetz vom 16. Mai 2003 (BGBl I 2003, 660, BStBl I 2003, 321) bestimmte Nichtanwendung von § 8b Abs. 1 bis 6 KStG 2002 (sog. Bruttomethode) erstreckte sich im Veranlagungszeitraum 2002 nicht auf Gewinnanteile aus der Beteiligung an einer ausländischen Gesellschaft, die nach den Vorschriften eines Doppelbesteuerungsabkommens von der Besteuerung auszunehmen sind (sog. Schachtelprivileg). Die Einbeziehung auch solcher Gewinnanteile durch § 15 Satz 2 KStG 2002 i.d.F. des Steuervergünstigungsabbaugesetzes findet erstmals im Veranlagungszeitraum 2003 Anwendung.

BFH vom 22.10.2008, I R 66/07 (DStR 2009, 100): Die Änderung eines zwischen zwei GmbH bestehenden Beherrschungs- und Ergebnisabführungsvertrages bedarf zu ihrer Anerkennung im Rahmen der körperschaftsteuerlichen Organschaft der Eintragung in das Handelsregister, sowie der Zustimmung der Gesellschafterversammlung der beherrschten Gesellschaft.

BFH vom 06.03.2008, IV R 74/05 (BStBl. 2008 II S. 663): Ein Gewinnfeststellungsbescheid für die Tochterpersonengesellschaft einer Organgesellschaft entfaltet verfahrensrechtlich gegenüber dem Organträger nicht die Wirkung eines Grundlagenbescheids.

BFH vom 22.08.2007 I R 32/06 (BStBl. 2007 II S. 961[1]):

1. Die Begründung einer Organschaft zwischen verschiedenen kommunalen Eigenbetrieben in der Rechtsform einer GmbH als Organgesellschaften und einer kommunalen Holding-GmbH als Organträgerin ist grundsätzlich nicht als missbräuchliche Gestaltung i. S. von § 42 Abs. 1 AO anzusehen (Anschluss an das Senatsurteil vom 14. Juli 2004 I R 9/03, BFHE 207, 142).

2. Der Senat hält auch unter der Geltung des sog. Halbeinkünfteverfahrens daran fest, dass eine Kapitalgesellschaft aus körperschaftsteuerlicher Sicht über keine außerbetriebliche Sphäre verfügt (Bestätigung der ständigen Rechtsprechung seit Senatsurteil vom 4. Dezember 1996 I R 54/95, BFHE 182, 123).

3. Das Unterhalten eines strukturell dauerdefizitären kommunalen Eigenbetriebes in der Rechtsform einer GmbH (hier: das Unterhalten eines Bäderbetriebs) ohne Verlustausgleich und ggf. ohne angemessenen Gewinnaufschlag durch die Gesellschafterin (Trägerkörperschaft) führt regelmäßig zur Annahme einer vGA (Bestätigung des Senatsurteils vom 14. Juli 2004 I R 9/03, BFHE 207, 142).

4. Der ordentliche und gewissenhafte Geschäftsleiter einer Organgesellschaft darf den Gesellschaftern auch dann keine Vermögensvorteile zuwenden, wenn seine Handlungsweise für den Organträger von Vorteil wäre. Der Vorteilsausgleich muss sich zwischen der Kapitalgesellschaft und ihrem Gesellschafter vollziehen (Bestätigung des Senatsurteils vom 1. August 1984 I R 99/80, BFHE 142, 123, BStBl. II 1985, 18).

BFH vom 07.02.2007 I R 5/05 (BStBl. 2007 II S. 796): Veräußert der Organträger seine Beteiligung an der Organgesellschaft, ist ein bei ihm vorhandener besonderer passiver Ausgleichsposten erfolgsneutral aufzulösen (entgegen Abschn. 59 Abs. 5 KStR 1995; R 63 Abs. 3 KStR 2004)[2].

---

1) S. dazu BMF vom 7.12.2007, BStBl. I 2007, 905.

2) Vgl. aber § 14 Abs. 4 KStG.

§ 14

BFH vom 14.03.2006 I R 1/04 (BStBl. 2006 II S. 549):

1. Die durch das UntStFG geschaffenen gesetzlichen Regelungen zur sog. Mehrmütterorganschaft sind verfassungsgemäß. Sie verstoßen nicht gegen das aus dem Rechtsstaatsprinzip (Art. 20 Abs. 3 GG) abgeleitete Rückwirkungsverbot.

2. Die verfahrensrechtlichen Bestimmungen über das Ruhen von Verfahren kraft Gesetzes in § 363 Abs. 2 Satz 2 AO 1977 begründen keinen einfachgesetzlichen Vertrauensschutz, der einer rückwirkenden Anwendung des § 2 Abs. 2 Satz 3, § 36 Abs. 2 Satz 2 GewStG 1999 i. V. m. § 14 Abs. 2 KStG 1999 (jeweils i. d. F. des UntStFG) entgegenstünde.

3. Auch im Falle der Beendigung einer sog. Mehrmütterorganschaft gilt, dass Verluste der Organgesellschaft, die während der Dauer der Organschaft entstanden sind, nur von dem maßgebenden Gewerbeertrag der Organträger-GbR abgesetzt werden können. Eine anteilige Berücksichtigung bei einem an der GbR - vormals - beteiligten Unternehmen kommt mangels Unternehmensidentität (§ 10a GewStG) selbst dann nicht in Betracht, wenn dieses Unternehmen den Betrieb der Organgesellschaft fortführt (Bestätigung des BMF-Schreibens vom 26. August 2003, BStBl. I 2003, 437 148Tz. 20).

BFH vom 22.02.2006 I R 74/05 (BFH/NV 2006 S. 1513): Notwendiger Inhalt einer Verlustübernahmevereinbarung in den Fällen des § 17 KStG.

BFH vom 21.12.2005 I R 66/05 (BStBl. 2006 II S. 469): Veräußert der Organträger seine Alleinbeteiligung an der Organgesellschaft, die anschließend gemäß § 2 Abs. 1 UmwStG 1995 rückwirkend auf den Erwerber verschmolzen wird, endet das (gewerbesteuerliche) Organschaftsverhältnis mit dem steuerlichen Übertragungsstichtag. Fällt dieser Übertragungsstichtag nicht auf das Ende eines Wirtschaftsjahres der Organgesellschaft, entsteht bei dieser für steuerliche Zwecke ein mit dem Verschmelzungsstichtag endendes Rumpfwirtschaftsjahr und damit ein abgekürzter Erhebungszeitraum. Der in diesem Zeitraum von der Organgesellschaft erzielte Gewerbeertrag ist dem bisherigen Organträger zuzurechnen.

BFH vom 24.02.2005 IV R 12/03 (BStBl. 2006 II S. 361): Erfüllt die Beteiligung des Organträgers (Obergesellschaft) an einer Organgesellschaft (GmbH) die Voraussetzungen, die an das Vorliegen von Sonderbetriebsvermögen II des Organträgers bei einer Unterpersonengesellschaft zu stellen sind, so liegt die Annahme nahe, dass für die Zeit des Bestehens der Organschaft die Erfassung der aus der Beteiligung herrührenden Einnahmen (Betriebsergebnisse der Organgesellschaft) bei der Untergesellschaft auszusetzen ist. Die Eigenschaft des Anteils an der Organgesellschaft als Sonderbetriebsvermögen der Obergesellschaft bei der Untergesellschaft kommt jedenfalls dann wieder zum Tragen, wenn die Organschaft beendet oder der Anteil veräußert wird.

BFH vom 28.01.2004 I R 84/03 (BStBl. 2004 II S. 539): Die Änderung des dem Organträger zuzurechnenden Einkommens der Organgesellschaft und eines dieser gegenüber ergangenen Körperschaftsteuerbescheids erfüllt bezogen auf die dem Organträger gegenüber festgesetzte Körperschaftsteuer weder die Voraussetzungen des § 175 Abs. 1 Satz 1 Nr. 1 noch die des § 175 Abs. 1 Satz 1 Nr. 2 AO 1977.

BFH vom 22.01.2004 III R 19/02 (BStBl. 2004 II S. 515):

1. Ist Organträger eine natürliche Person, sind Gewinne aus der Veräußerung von Teilbetrieben der Organgesellschaft nicht dem ermäßigten Steuersatz des § 34 EStG zu unterwerfen.

2. Der Gewinn aus der Veräußerung des Teilbetriebs der Organgesellschaft unterliegt der Gewerbesteuer beim Organträger.

BFH vom 19.11.2003 I R 88/02 (BFH/NV 2004 S. 588): Keine abführungsbedingte und ausschüttungsbedingte Teilwertabschreibung im Organkreis

BFH vom 17.09.2003 I R 55/02 (BStBl. 2004 II S. 534): Eine durch übertragende Umwandlung aus einer Personengesellschaft entstandene Kapitalgesellschaft kann jedenfalls dann rückwirkend vom Beginn des Wirtschaftsjahres an gewerbesteuerliche Organgesellschaft sein, wenn der steuerliche Übertragungsstichtag gemäß § 20 Abs. 8 Satz 1 UmwStG 1995 auf den Beginn des Wirtschaftsjahres zurückverlegt wird und die Eingliederungsvoraussetzungen gemäß § 2 Abs. 2 Satz 2 GewStG 1999 i. V. m. § 14 Nr. 1 und 2 KStG 1999 tatsächlich bereits zu Beginn des Wirtschaftsjahres erfüllt waren (gegen BMF-Schreiben vom 25. März 1998, BStBl. I 1998, 268, Tz. Org. 05, Org. 13, Ort. 18)[1]

---

1) Hinweis auf BMF-Schreiben vom 24. Mai 2004 – IVA 2 – S 2770 – 15/04 – (BStBl. I S. 549); Anlage § 014-CD08.

§ 14

BFH vom 29.01.2003 I R 6/99 (BStBl. 2004 II S. 1043[1]):

1. Eine nach dem Recht des Staates Delaware gegründete US-Kapitalgesellschaft mit statutarischem Sitz in den USA, die ihre tatsächliche Geschäftsleitung in die Bundesrepublik verlegt, kann Organträgerin einer inländischen Kapitalgesellschaft sein. Die dem entgegenstehende Regelung des § 14 Nr. 3 Satz 1 KStG 1984 ist nicht mit dem Diskriminierungsverbot des Art. 24 Abs. 1 und 4 DBA-USA 1989 vereinbar (Änderung der Rechtsprechung).

2. Das Diskriminierungsverbot des Art. 24 Abs. 4 DBA-USA 1989 zugunsten der inländischen Tochtergesellschaft einer US-Kapitalgesellschaft mit Sitz in den USA und Geschäftsleitung im Inland ist unabhängig davon, ob die US-Kapitalgesellschaft nach Art. 4 Abs. 3 DBA-USA 1989 als in keinem der beiden Vertragsstaaten ansässig gilt.

BFH vom 18.12.2002 I R 51/01 (BStBl. 2005 II S. 49): Vororganschaftlich verursachte Mehrabführungen einer Organgesellschaft an ihren Organträger stellten keine Gewinnausschüttungen i. S. der §§ 8 Abs. 3, 27 KStG 1996, sondern Gewinnabführungen i. S. der §§ 14 ff. KStG 1996 dar (Abweichung von Abschn. 59 Abs. 4 Satz 3 KStR 1995). Nichts anderes ergibt sich aus § 37 Abs. 2 Satz 2 bzw. § 41 KStG 1996.[2]

BFH vom 24.01.2001 I R 103/99 (BFH/NV 2001 S. 1455): Abflusszeitpunkt einer Gewinnausschüttung trotz Ergebnisabführungsvertrag.

BFH vom 09.06.1999 I R 43/97 (BStBl. 2000 II S. 695)[3]:

1. Bei einer sog. Mehrmütterorganschaft sind die Beteiligungen der lediglich zur einheitlichen Willensbildung in einer GbR zusammengeschlossenen Gesellschaften an der nachgeschalteten Organgesellschaft unmittelbar den Muttergesellschaften zuzurechnen (sog. Lehre von der mehrfachen Abhängigkeit). Die Organschaft besteht sonach zu den Muttergesellschaften und nicht zu der GbR (Abweichung von Abschn. 17 Abs. 6 GewStR 1984, Abschn. 14 Abs. 6 GewStR 1998; Änderung der Rechtsprechung).

2. Die den jeweiligen Muttergesellschaften anteilig zuzurechnenden Gewerbeerträge und Gewerbekapitalien sind in entsprechender Anwendung des § 180 Abs. 1 Nr. 2 Buchst. a AO 1977 einheitlich und gesondert festzustellen.

BFH vom 30.07.1997 I R 7/97 (BStBl. 1998 II S. 33):

1. Ein Ergebnisabführungsvertrag i. S. von § 17 KStG muß, um steuerrechtlich anerkannt werden zu können, zivilrechtlich wirksam sein. Dafür bedarf es nach dem Beschluß des BGH vom 24. Oktober 1988 II ZB 7/88 (BGHZ 105, 324, DB 1988, 2623) der notariell beurkundeten Zustimmung der Gesellschafterversammlung sowie der Eintragung in das Handelsregister.

2. Dies gilt grundsätzlich auch für sog. Altverträge, die vor dem BGH-Beschluß vom 24. Oktober 1988 geschlossen worden sind. Der Umstand, daß die Vertragsparteien den Vertrag als wirksam behandelt und durchgeführt haben, ändert daran nichts. § 41 Abs. 1 Satz 1 AO 1977 ist insoweit ebenso wenig anwendbar wie die gesellschaftsrechtlichen Grundsätze über die „fehlerhafte Gesellschaft".

3. Wird das Fehlen der vorgenannten Wirksamkeitsvoraussetzungen von der Finanzverwaltung für eine Übergangszeit aus Gründen sachlicher Billigkeit nicht beanstandet, so findet diese Übergangsregelung keine Anwendung, wenn sich einer der an der fehlgeschlagenen Organschaft Beteiligten (hier die Organgesellschaft) auf die Unwirksamkeit des Ergebnisabführungsvertrages beruft. Dabei bleibt es auch, wenn der andere Beteiligte, dem die Übergangsregelung günstig ist (hier der Organträger), an dieser festhalten will.

BFH vom 18.09.1996 I B 31/96 (BFH/NV 1997 S. 378): Zur Bildung von Rumpfwirtschaftsjahren bei der Organgesellschaft.

BFH vom 24.07.1996 I R 41/93 (BStBl. 1996 II S. 614):

1. Ist der Organträger zu weniger als 100 % an der Organgesellschaft beteiligt, ist der aktive Ausgleichsposten nach Abschn. 59 Abs. 1 Satz 3 KStR allenfalls in Höhe des Teils der versteuerten Rücklagen zu bilden, der dem Verhältnis der Beteiligung am Nennkapital der Organgesellschaft entspricht.

---

1) S. dazu BMF vom 8.12.2004, BStBl. I 2004, 1181.

2) Hinweis auf BMF-Schreiben vom 22. Dezember 2004 – IV B 7 – S 2770 – 9/04 (BStBl. I S. 65); Anlage § 014-14.

3) Vgl. auch BMF vom 4.12.2000, BStBl. I 2000, 1571 und § 14 Abs. 1 Satz 1 KStG n.F.: „an ein einziges Unternehmen".

§ 14

2. Der Verzicht auf einen Gewinnabführungsanspruch erhöht nicht den Beteiligungssatz für die Organgesellschaft in der Steuerbilanz des Organträgers.

BFH vom 14.04.1992 VIII R 149/86 (BStBl. 1992 II S. 817): Einem Organträger in der Rechtsform einer Personengesellschaft steht für den von der Organgesellschaft abgeführten Gewinn aus einer Veräußerung i. S. des § 16 Abs. 1 Nr. 2 EStG die Vergünstigung des § 34 EStG nicht zu.

BFH vom 05.07.1990 I B 38/90 (BFH/NV 1991 S. 121): Zur „verunglückten Organschaft", §§ 14 und 17 KStG gehen § 8 Abs. 3 Satz 2 KStG vor.

BFH vom 08.11.1989 I R 174/86 (BStBl. 1990 II S. 91):

1. – 2. . . .

3. Schließt eine Vorgründungsgesellschaft einen Organschaftsvertrag ab, so gehen die sich daraus ergebenden Rechte und Pflichten nicht automatisch auf die später gegründete und eingetragene Kapitalgesellschaft über.

BGH v. 24.10.1988 – II Z B 7/88 – (BGHZ 105, 324):

a) Die eine GmbH betreffende, auf die Herbeiführung einer konstitutiven Eintragung gerichtete Anmeldung zum Handelsregister ist durch die Geschäftsführer im Namen der Gesellschaft vorzunehmen. Die Gesellschaft ist daher auch beschwerdeberechtigt i. S. des § 20 Abs. 2 FGG.

b) Ein zwischen zwei Gesellschaften mit beschränkter Haftung abgeschlossener Unternehmensvertrag, in dem sowohl eine Beherrschungsvereinbarung als auch eine Gewinnabführungsverpflichtung enthalten ist, wird nur wirksam, wenn die Gesellschafterversammlungen der beherrschten und der herrschenden Gesellschaft dem Vertrag zustimmen und seine Eintragung in das Handelsregister der beherrschten Gesellschaft erfolgt. Der Zustimmungsbeschluß der herrschenden Gesellschaft bedarf mindestens 3/4 der bei der Beschlußfassung abgegebenen Stimmen. Es bleibt offen, welche qualifizierte Mehrheit bei der beherrschten Gesellschaft erforderlich ist. Der Zustimmungsbeschluß der Gesellschafterversammlung der beherrschten Gesellschaft bedarf der notariellen Beurkundung, nicht hingegen der Unternehmensvertrag und der Zustimmungsbeschluß der Gesellschafterversammlung der herrschenden Gesellschaft. Aus der Eintragung sollen sich Abschluß, Abschlußdatum und Art des Unternehmensvertrages sowie die Tatsache der Gesellschafterversammlung der beherrschten Gesellschaft und das Datum dieses Zustimmungsbeschlusses ergeben. Wegen des weitergehenden Inhalts kann auf den Unternehmensvertrag sowie die zustimmenden Beschlüsse der Gesellschafterversammlungen der beherrschten und der herrschenden Gesellschaft Bezug genommen werden, die sämtlich in Abschrift der Anmeldung zum Handelsregister beizufügen sind.

BFH vom 20.08.1986 I R 150/82 (BStBl. 1987 II S. 455): ... Besteht zwischen der verdeckt ausschüttenden Kapitalgesellschaft und ihrer Muttergesellschaft ein steuerrechtlich anzuerkennendes Organschaftsverhältnis, so ist zur Vermeidung einer Doppelbelastung die verdeckte Gewinnausschüttung aus dem hinzuzurechnenden Einkommen der Organgesellschaft auszuscheiden.

BFH vom 29.08.1984 I R 21/80 (BStBl. 1985 II S. 119): Sind in dem gemäß § 14 KStG 1977 dem Organträger zuzurechnenden Einkommen gemäß §§ 7 ff. AStG steuerpflichtige Einkünfte enthalten, ist der Bescheid gemäß § 18 AStG an die Organgesellschaft zu richten.

BFH vom 29.10.1980 I R 61/77 (BStBl. 1981 II S. 336):

1. Von einer Organgesellschaft in ihrer Bilanz gebildete Rücklagen sind nur dann „bei vernünftiger kaufmännischer Beurteilung wirtschaftlich begründet", wenn die Organgesellschaft einen konkreten Anlaß für die Bildung der Rücklagen dartun kann.

2. Ein konkreter Anlaß kann auch dann vorliegen, wenn das Unternehmen besondere Risiken trägt, die es bei der Ausschüttung der in Rücklage gestellten Beträge an den Organträger ohne Gefährdung des Unternehmens möglicherweise nicht abdecken könnte.

BFH vom 02.11.1977 I R 143/75 (BStBl. 1978 II S. 74): Eine Muttergesellschaft ist – als eine Voraussetzung der finanziellen Eingliederung – an der Enkelgesellschaft (Kapitalgesellschaft) auch dann mittelbar beteiligt, wenn die Tochtergesellschaft eine Personengesellschaft ist.

BFH vom 26.01.1977 I R 101/75 (BStBl. 1977 II S. 441): Organträger dürfen steuerrechtlich keine Rückstellung für drohende Verluste aus Verlustübernahme bilden.

BFH vom 29.10.1974 I R 240/72 (BStBl. 1975 II S. 126):

1. Liegt ein Organverhältnis vor, ist dem Organträger das nach den Vorschriften des Körperschaftsteuergesetzes ermittelte Einkommen der Organgesellschaft hinzuzurechnen. Sein eigenes Ein-

kommen ist um die in diesem enthaltenen, von der Organgesellschaft an ihn abgeführten Beträge außerhalb der Bilanz zu kürzen.

2. Die für die Zurechnung und für die Kürzung maßgebenden Zeitpunkte fallen in verschiedene Veranlagungszeiträume, wenn die Geschäftsjahre beider Unternehmen nicht im gleichen Veranlagungszeitraum enden.

BFH vom 18.09.1974 I R 118/73 (BStBl. 1975 II S. 124): Die zwischen einer sogenannten echten Ein- und Verkaufsgesellschaft (Kapitalgesellschaft) und ihren Gesellschaftern vereinbarte Gewinnlosigkeit der Kapitalgesellschaft kann steuerrechtlich nicht anerkannt werden – es sei denn, daß die Voraussetzungen einer Organschaft gegeben wären.

BFH vom 25.07.1973 I R 225/71 (BStBl. 1973 II S. 791): Übertragen die Minderheitsgesellschafter einer Organgesellschaft ihren Gewinnanspruch (Ausgleichsanspruch) im Wege der Nießbrauchsbestellung an ihren Geschäftsanteilen gegen Entgelt auf den beherrschenden Gesellschafter (Organträger), ist das von diesem den Minderheitsgesellschaftern gezahlte Entgelt für die Nießbrauchsbestellung bei der Organgesellschaft als eigenes Einkommen zu behandeln.

BFH vom 17.02.1971 I R 148/68 (BStBl. 1971 II S. 411): Stellt eine Organgesellschaft ohne förmlichen Auflösungsbeschluß ihre gewerbliche Tätigkeit ein und setzt sie ihr Vermögen in Geld um, so fällt der Gewinn, den sie während der (tatsächlichen) Abwicklung erzielt, nicht unter die Ergebnisabführungsverpflichtung. ...

BFH vom 15.04.1970 I R 122/66 (BStBl. 1970 II S. 554): Eine Organschaft kann steuerrechtlich nicht anerkannt werden, wenn eine Muttergesellschaft ohne sonstige unternehmerische Betätigung nur eine Untergesellschaft beherrscht.

BFH vom 17.12.1969 I 252/64 (BStBl. 1970 II S. 257, HFR 1970 S. 232): Übt das herrschende Unternehmen, dessen Firma im Handelsregister eingetragen ist, die einheitliche Leitung im Konzern über mehrere abhängige Unternehmen in einer Form aus, die bei näherer Prüfung durch die dazu befugten Personen (z. B. Abschlußprüfer, Betriebsprüfer) durch äußere Merkmale erkennbar ist, so kann es Organträger sein.

BFH vom 30.04.1968 I 161/65 (BStBl. 1968 II S. 720, HFR 1968 S. 596): Erläßt eine Organgesellschaft auf Anweisung des gemeinsamen Organträgers einer anderen Organgesellschaft eine Schuld, so kann hierin eine im Gesellschaftsverhältnis begründete Einlage des Organträgers bei der den erlassenen Betrag schuldenden Organgesellschaft liegen. Ist dies zu bejahen, so kann der Erlaß nicht als Sanierung der den Betrag schuldenden Organgesellschaft angesehen werden, da die Sanierung allein das Verhältnis zwischen Gläubiger und Schuldner zum Gegenstand hat, die Einlage aber auf dem Verhältnis zwischen Gesellschafter und Kapitalgesellschaft beruht.

BFH vom 18.10.1967 I 262/63 (BStBl. 1968 II S. 105, HFR 1968 S. 176): Der Ergebnisabführungsvertrag im Rahmen eines Organschaftsverhältnisses verpflichtet nicht zur Abführung des Abwicklungsgewinns. Ein Ergebnisabführungsvertrag, nach dem die Organgesellschaft ihren ganzen Gewinn an den Mehrheitsgesellschafter abzuführen hat, beeinträchtigt daher den Vermögenswert der Anteile des Minderheitsgesellschafters, deren gemeiner Wert bei der Prüfung einer verdeckten Gewinnausschüttung zu ermitteln ist, grundsätzlich nicht.

BFH vom 08.03.1955 I 73/54 U (BStBl. 1955 III S. 187):

1. Zum Begriff eines Organverhältnisses mit Gewinn- und Verlustausschlußvereinbarung.

2. Wird in einem derartigen Vertrag von der Obergesellschaft zusätzlich die Verpflichtung zur Abdeckung vororganschaftlicher Verluste übernommen, so werden hierin im allgemeinen Einlagen zu erblicken sein, die zusätzliche Anschaffungskosten auf die Gesellschaftsanteile darstellen.

3. Der Muttergesellschaft ist nicht der handelsbilanzmäßige Gewinn, sondern der nach den Grundsätzen des Steuerrechts ermittelte Gewinn der Organgesellschaft zuzurechnen, soweit er ohne Verletzung gesetzlicher Vorschriften nach den vertraglichen Vereinbarungen an die Muttergesellschaft abzuführen wäre, falls er in der Handelsbilanz ausgewiesen würde.

4. Wird in einem Organvertrag die Gewinnabführung an die Muttergesellschaft vom Ausgleich des Verlustvortrags aus der Zeit vor Herstellung des Organverhältnisses abhängig gemacht, so treten die steuerlichen Wirkungen der Rechtsprechung des Reichsfinanzhofs für Organverhältnisse mit Gewinn- und Verlustausschlußvereinbarungen erst nach Abdeckung des vorgetragenen Verlustes ein.

§ 15 Ermittlung des Einkommens bei Organschaft

[1]Bei der Ermittlung des Einkommens bei Organschaft gilt abweichend von den allgemeinen Vorschriften Folgendes:

1. Ein Verlustabzug im Sinne des § 10d des Einkommensteuergesetzes ist bei der Organgesellschaft nicht zulässig.

2. [1]§ 8b Abs. 1 bis 6 dieses Gesetzes, sowie § 4 Abs. 6 des Umwandlungssteuergesetzes sind bei der Organgesellschaft nicht anzuwenden. [2]Sind in dem dem Organträger zugerechneten Einkommen Bezüge, Gewinne oder Gewinnminderungen im Sinne des § 8b Abs. 1 bis 3 dieses Gesetzes oder mit solchen Beträgen zusammenhängende Ausgaben im Sinne des § 3c Abs. 2 des Einkommensteuergesetzes oder ein Übernahmeverlust im Sinne des § 4 Abs. 6 des Umwandlungssteuergesetzes enthalten, sind § 8b dieses Gesetzes, § 4 Abs. 6 des Umwandlungssteuergesetzes sowie § 3 Nr. 40 und § 3c Abs. 2 des Einkommensteuergesetzes bei der Ermittlung des Einkommens des Organträgers anzuwenden. [3]Satz 2 gilt nicht, soweit bei der Organgesellschaft § 8b Abs. 7, 8 oder 10 anzuwenden ist.

3. [1]§ 4h des Einkommensteuergesetzes ist bei der Organgesellschaft nicht anzuwenden. [2]Organträger und Organgesellschaften gelten als ein Betrieb im Sinne des § 4h des Einkommensteuergesetzes. [3]Sind in dem dem Organträger zugerechneten Einkommen der Organgesellschaften Zinsaufwendungen und Zinserträge im Sinne des § 4h Abs. 3 des Einkommensteuergesetzes enthalten, sind diese bei Anwendung des § 4h Abs. 1 des Einkommensteuergesetzes beim Organträger einzubeziehen.

4. [1)] [1]§ 8 Abs. 3 Satz 2 und Abs. 7 ist bei der Organgesellschaft auf Dauerverlustgeschäfte im Sinne des § 8 Abs. 7 Satz 2 nicht anzuwenden. [2]Sind in dem dem Organträger zugerechneten Einkommen Verluste aus Dauerverlustgeschäften im Sinne des § 8 Abs. 7 Satz 2 enthalten, ist § 8 Abs. 3 Satz 2 und Abs. 7 bei der Ermittlung des Einkommens des Organträgers anzuwenden.

5. [1]§ 8 Abs. 9 ist bei der Organgesellschaft nicht anzuwenden. [2]Sind in dem dem Organträger zugerechneten Einkommen Einkommen einer Kapitalgesellschaft enthalten, auf die § 8 Abs. 7 Satz 1 Nr. 2 anzuwenden ist, ist § 8 Abs. 9 bei der Ermittlung des Einkommens des Organträgers anzuwenden.

[2]Nummer 2 gilt entsprechend für Gewinnanteile aus der Beteiligung an einer ausländischen Gesellschaft, die nach den Vorschriften eines Abkommens zur Vermeidung der Doppelbesteuerung von der Besteuerung auszunehmen sind.

KStR
Zu § 15 KStG

64. Die Einkommensermittlung bei der Organgesellschaft

[1]Ein Verlustabzug aus der Zeit vor dem Abschluss des GAV darf das Einkommen der Organgesellschaft, das sie während der Geltungsdauer des GAV bezieht, nicht mindern (§ 15 Nr. 1 KStG). [2]Übernimmt der Organträger die Verpflichtung, einen vorvertraglichen Verlust der Organgesellschaft auszugleichen, stellt der Verlustausgleich steuerrechtlich eine Einlage des Organträgers in die Organgesellschaft dar.

Hinweise

H 64 Beteiligungserträge der Organgesellschaft

Zu den steuerfreien Beteiligungserträgen der Organgesellschaft → BMF vom 26.8.2003 – BStBl. I S. 437[2)]

Verlustausgleich durch den Organträger

Die an die Organgesellschaft zum Ausgleich des (vororganschaftlichen) Verlustes gezahlten Beträge sind beim Organträger als nachträgliche Anschaffungskosten für die Anteile an der Organgesellschaft auf dem Beteiligungskonto zu aktivieren (→ BFH vom 8.3.1955 – BStBl. III S. 187).

---

1) § 15 Satz 1 Nr. 4 ist gem. § 34 Abs. 10 auch für VZ vor 2009 anzuwenden.

2) Vgl. Anlage § 014-15.

Verwaltungsregelungen zu § 15

Datum	Anl.	Quelle	Inhalt
	§ 015-01		(weggefallen)
	§ 015-02		(weggefallen)

§ 16 Ausgleichszahlungen

[1]Die Organgesellschaft hat ihr Einkommen in Höhe von 20/17 der geleisteten Ausgleichszahlungen selbst zu versteuern. [2]Ist die Verpflichtung zum Ausgleich vom Organträger erfüllt worden, so hat die Organgesellschaft 20/17 der geleisteten Ausgleichszahlungen anstelle des Organträgers zu versteuern.

KStR
Zu § 16 KStG

65. Ausgleichszahlungen

(1) [1]Ausgleichszahlungen, die in den Fällen der §§ 14, 17 und 18 KStG an außenstehende Anteilseigner gezahlt werden, dürfen nach § 4 Abs. 5 Nr. 9 EStG weder den Gewinn der Organgesellschaft noch den Gewinn des Organträgers mindern. [2]Die Organgesellschaft hat ihr Einkommen in Höhe von 4/3 der geleisteten Ausgleichszahlungen stets selbst zu versteuern, auch wenn die Verpflichtung zum Ausgleich vom Organträger erfüllt worden oder ihr Einkommen negativ ist.

(2) [1]Hat die Organgesellschaft selbst die Ausgleichszahlungen zu Lasten ihres Gewinns geleistet, ist dem Organträger das um 4/3 der Ausgleichszahlungen verminderte Einkommen der Organgesellschaft zuzurechnen. [2]Leistet die Organgesellschaft trotz eines steuerlichen Verlustes die Ausgleichszahlungen, erhöht sich ihr dem Organträger zuzurechnendes negatives Einkommen; die Organgesellschaft hat 4/3 der Ausgleichszahlungen als (positives) Einkommen selbst zu versteuern. [3]Hat dagegen der Organträger die Ausgleichszahlungen geleistet, gilt Folgendes:

1. Das Einkommen des Organträgers wird um die Ausgleichszahlungen vermindert.

2. Die Organgesellschaft hat 4/3 der Ausgleichszahlungen zu versteuern.

3. Das von der Organgesellschaft erwirtschaftete Einkommen ist dem Organträger nach § 14 Abs. 1 Satz 1 KStG zuzurechnen.

[4]Satz 3 gilt auch, wenn der Organträger die Ausgleichszahlungen trotz eines steuerlichen Verlustes geleistet hat.

Verwaltungsregelungen zu § 16

Datum	Anl.	Quelle	Inhalt
22.11.01	§ 016-01	BMF	Organschaftliche Ausgleichszahlungen; Steuerliche Behandlung beim Übergang zum neuen Körperschaftsteuersystem
18.04.05	§ 016-02	OFD Han	Versteuerung von Ausgleichszahlungen nach § 16 KStG im Jahr 2003

§ 17 Andere Kapitalgesellschaften als Organgesellschaft

[1]Die §§ 14 bis 16 gelten entsprechend, wenn eine andere als die in § 14 Abs. 1 Satz 1 bezeichnete Kapitalgesellschaft mit Geschäftsleitung und Sitz im Inland sich wirksam verpflichtet, ihren ganzen Gewinn an ein anderes Unternehmen im Sinne des § 14 abzuführen. [2]Weitere Voraussetzung ist, dass

1. eine Gewinnabführung den in § 301 des Aktiengesetzes genannten Betrag nicht überschreitet und

2. eine Verlustübernahme entsprechend den Vorschriften des § 302 des Aktiengesetzes vereinbart wird.

KStR
Zu § 17 KStG

66. Andere Kapitalgesellschaften als Organgesellschaft

(1) [1]Ist die Organgesellschaft eine GmbH, ist der GAV zivilrechtlich nur wirksam, wenn die Gesellschafterversammlungen der beherrschten und der herrschenden Gesellschaft dem Vertrag zustimmen und seine Eintragung in das Handelsregister der beherrschten Gesellschaft erfolgt. [2]Der Zustimmungsbeschluss der Gesellschafterversammlung der beherrschten Gesellschaft bedarf der notariellen Beurkundung.

(2) Nach § 17 KStG ist Voraussetzung für die steuerliche Anerkennung einer anderen als der in § 14 Abs. 1 Satz 1 KStG bezeichneten Kapitalgesellschaft als Organgesellschaft, dass diese sich wirksam verpflichtet, ihren ganzen Gewinn an ein anderes Unternehmen i. S. des § 14 KStG abzuführen und die Gewinnabführung den in § 301 AktG genannten Betrag nicht überschreitet.

(3) [1]Die Verlustübernahme muss ausdrücklich entsprechend den Vorschriften des § 302 AktG vereinbart werden. [2]Das bedeutet, dass der GAV eine dem § 302 Abs. 1 und 3 AktG entsprechende Vereinbarung über die Verlustübernahme enthalten muss. [3]Dabei genügt es, dass entweder in dem Vertragstext auf § 302 AktG verwiesen oder der Vertragstext entsprechend dem Inhalt dieser Vorschrift gestaltet wird.

(4) R 60 gilt entsprechend.

Hinweise

H 66 Änderungen des § 302 AktG
*Zur Notwendigkeit der Aufnahme der neuen Verjährungsregelung des § 302 Abs. 4 AktG in GAV
→ BMF vom 16.12.2005 – BStBl. 2006 I S. 12*[1]
Vereinbarung der Verlustübernahme
Bei einer GmbH als Organgesellschaft muss die Verlustübernahme entsprechend § 302 AktG ausdrücklich vereinbart werden (→ BFH vom 17.12.1980 – BStBl. 1981 II S. 383).
Zivilrechtlich unwirksamer Gewinnabführungsvertrag
Entgegen § 41 Abs. 1 Satz 1 AO ist ein zivilrechtlich nicht wirksamer GAV steuerlich auch dann unbeachtlich, wenn die Vertragsparteien den Vertrag als wirksam behandelt und tatsächlich durchgeführt haben (→ BFH vom 30.7.1997 – BStBl. 1998 II S. 33).

Verwaltungsregelungen zu § 17

Datum	Anl.	Quelle	Inhalt
	§ 017-01		(weggefallen)
	§ 017-02		(weggefallen)
	§ 017-03		(weggefallen)
	§ 017-04		(weggefallen)
	§ 017-05		(weggefallen)
13.04.94	§ 017-06	FM NRW	Gewinnabführungsvertrag mit einer GmbH

---

1) Vgl. Anlage § 017-11.

Datum	Anl.	Quelle	Inhalt
04.11.87	§ 017-07	OFD Düs	Anerkennung von Ergebnisabführungsverträgen nach der Änderung des § 302 AktG durch das Bilanzrichtliniengesetz (BiRiLiG)
17.12.90	§ 017-08	OFD Mst	Höchstbetrag der Gewinnabführung bei Organschaft hier: Änderung der §§ 301 und 302 Aktiengesetz (AktG) durch das Bilanzrichtliniengesetz (BiRiLiG)
	§ 017-09		(weggefallen)
	§ 017-10		(weggefallen)
16.12.05	§ 017-11	BMF	Körperschaftsteuerliche Organschaft; Änderung des § 302 AktG
12.08.09	§ 017-12	OFD Rhld OFD Ms	Anerkennung von ertragsteuerlichen Organschaftsverhältnissen

§ 18 Ausländische Organträger

[1]Verpflichtet sich eine Organgesellschaft, ihren ganzen Gewinn an ein ausländisches gewerbliches Unternehmen, das im Inland eine im Handelsregister eingetragene Zweigniederlassung unterhält, abzuführen, so ist das Einkommen der Organgesellschaft den beschränkt steuerpflichtigen Einkünften aus der inländischen Zweigniederlassung zuzurechnen, wenn

1. der Gewinnabführungsvertrag unter der Firma der Zweigniederlassung abgeschlossen ist und

2. die für die finanzielle Eingliederung erforderliche Beteiligung zum Betriebsvermögen der Zweigniederlassung gehört.

[2]Im Übrigen gelten die Vorschriften der §§ 14 bis 17 sinngemäß.

§ 19 Steuerabzug bei dem Organträger

(1) Sind bei der Organgesellschaft die Voraussetzungen für die Anwendung besonderer Tarifvorschriften erfüllt, die einen Abzug von der Körperschaftsteuer vorsehen, und unterliegt der Organträger der Körperschaftsteuer, so sind diese Tarifvorschriften beim Organträger so anzuwenden, als wären die Voraussetzungen für ihre Anwendung bei ihm selbst erfüllt.

(2) Unterliegt der Organträger der Einkommensteuer, so gilt Absatz 1 entsprechend, soweit für die Einkommensteuer gleichartige Tarifvorschriften wie für die Körperschaftsteuer bestehen.

(3) [1]Ist der Organträger eine Personengesellschaft, so gelten die Absätze 1 und 2 für die Gesellschafter der Personengesellschaft entsprechend. [2]Bei jedem Gesellschafter ist der Teilbetrag abzuziehen, der dem auf den Gesellschafter entfallenden Bruchteil des dem Organträger zuzurechnenden Einkommens der Organgesellschaft entspricht.

(4) Ist der Organträger ein ausländisches Unternehmen im Sinne des § 18, so gelten die Absätze 1 bis 3 entsprechend, soweit die besonderen Tarifvorschriften bei beschränkt Steuerpflichtigen anwendbar sind.

(5) Sind in dem Einkommen der Organgesellschaft Betriebseinnahmen enthalten, die einem Steuerabzug unterlegen haben, so ist die einbehaltene Steuer auf die Körperschaftsteuer oder die Einkommensteuer des Organträgers oder, wenn der Organträger eine Personengesellschaft ist, anteilig auf die Körperschaftsteuer oder die Einkommensteuer der Gesellschafter anzurechnen.

KStR

Zu § 19 KStG

67. Anwendung besonderer Tarifvorschriften

(1) [1]Eine besondere Tarifvorschrift i. S. des § 19 Abs. 1 KStG ist § 26 Abs. 1 KStG. [2]Die Voraussetzungen der Steuerermäßigung müssen bei der Organgesellschaft erfüllt sein. [3]Der Abzug von der Steuer ist beim Organträger vorzunehmen. [4]Ist die Steuerermäßigung der Höhe nach auf einen bestimmten Betrag begrenzt, richtet sich dieser Höchstbetrag nach den steuerlichen Verhältnissen beim Organträger. [5]Ebenfalls beim Organträger zu berücksichtigen sind die besonderen Steuersätze nach § 26 Abs. 6 KStG, wenn die Organgesellschaft entsprechende Einkünfte erzielt hat.

(2) Ist in dem zugerechneten Einkommen der Organgesellschaft (R 61) ein Veräußerungsgewinn i. S. des § 16 EStG enthalten, kann der Organträger, auch wenn er eine natürliche Person ist, dafür die Steuervergünstigung des § 34 EStG nicht in Anspruch nehmen.

DRITTES KAPITEL
Sondervorschriften für Versicherungsunternehmen, Pensionsfonds und Bausparkassen
§ 20 Schwankungsrückstellungen, Schadenrückstellungen

(1) Für die Bildung der Rückstellungen zum Ausgleich des schwankenden Jahresbedarfs sind insbesondere folgende Voraussetzungen erforderlich:

1. Es muss nach den Erfahrungen in dem betreffenden Versicherungszweig mit erheblichen Schwankungen des Jahresbedarfs zu rechnen sein.

2. [1]Die Schwankungen des Jahresbedarfs dürfen nicht durch die Prämien ausgeglichen werden. [2]Sie müssen aus den am Bilanzstichtag bestehenden Versicherungsverträgen herrühren und dürfen nicht durch Rückversicherungen gedeckt sein.

(2) [1]Bei Rückstellungen für noch nicht abgewickelte Versicherungsfälle (§ 341g des Handelsgesetzbuches) sind die Erfahrungen im Sinne des § 6 Abs. 1 Nr. 3a Buchstabe a des Einkommensteuergesetzes für jeden Versicherungszweig zu berücksichtigen, für den nach aufsichtsrechtlichen Vorschriften eine gesonderte Gewinn- und Verlustrechnung aufzustellen ist. [2]Die Summe der einzelbewerteten Schäden des Versicherungszweiges ist um den Betrag zu mindern (Minderungsbetrag), der wahrscheinlich insgesamt nicht zur Befriedigung der Ansprüche für die Schäden benötigt wird.

KStR

Zu § 20 KStG

68. Schwankungsrückstellungen, Schadenrückstellungen
– unbesetzt –

Hinweise

H 68 Abzinsung der Schadenrückstellungen
Anwendung des § 6 Abs. 1 Nr. 3 a EStG, Pauschalverfahren → BMF vom 16.8.2000 – BStBl. I S. 1218[1] und BMF vom 12.7.2005 – BStBl. I S. 819
Bewertung der Schadenrückstellungen
Ermittlung des Minderungsbetrags nach § 20 Abs. 2 KStG → BMF vom 5.5.2000 – BStBl. I S. 487[2]

Verwaltungsregelungen zu § 20

Datum	Anl.	Quelle	Inhalt
05.05.00	§ 020-01	BMF	Steuerliche Behandlung der Schadenrückstellungen (§ 20 Abs. 2 KStG)
30.04.65	§ 020-02	FM NRW	Berechnung der Beitragsüberträge, der Deckungsrückstellung und der aktiven Rechnungsabgrenzungsposten für die Inkassokosten bei Lebensversicherungsunternehmen
03.01.66	§ 020-03	FM NRW	Körperschaftsteuerrechtliche Behandlung der Vertragsabschlußkosten bei Versicherungsunternehmen
27.01.67	§ 020-04	FM NRW	Berechnung der Deckungsrückstellung und des Beitragsübertrags in der Lebensversicherung (BStBl. 1967 II S. 139)
19.08.70	§ 020-05	FM NRW	Besteuerung von Versicherungsunternehmen; hier: Bilanzierung von Prämienüberträgen im Rückversicherungsgeschäft unter Berücksichtigung von vereinbarten Portefeuille-Stornosätzen

---

1) Vgl. Anlage § 008(1)-39.
2) Vgl. Anlage § 020-01.

§ 20

Datum	Anl.	Quelle	Inhalt
22.02.73	§ 020-06	FM NRW	Ertragsteuerliche Behandlung der Schadenermittlungs- und Schadenbearbeitungskosten bei Versicherungsunternehmen
24.09.73	§ 020-07	FM NRW	Beitragsübertrag bei Lebensversicherungsunternehmen
29.05.74	§ 020-08	FM NRW	Bemessung der Beitragsüberträge bei Versicherungsunternehmen
31.05.74	§ 020-09	FM NRW	Körperschaftsteuerliche Behandlung der Rückversicherungsprovisionen; hier: Überrechnungsmäßige Provisionssätze beim einmaligen Kostenersatz für das Neugeschäft im Lebensrückversicherungsgeschäft
31.05.79	§ 020-10	FM NRW	Körperschaftsteuerliche Behandlung der beschränkt steuerpflichtigen Versicherungsunternehmen
08.05.91	§ 020-11	BMF	Großrisikenrückstellung für die Produkthaftpflicht-Versicherung von Pharma-Risiken
03.02.81	§ 020-12	FM NRW	Spätschadenrückstellung in der Rechtsschutzversicherung
02.01.79	§ 020-13	FM NRW	Körperschaftsteuerliche Behandlung der Schwankungsrückstellung der Versicherungsunternehmen

Rechtsprechungsauswahl

Zu § 20 KStG

BFH vom 19.01.1972 I 114/65 (BStBl. 1972 II S. 392):

1) Krankenversicherungsunternehmen haben die negativen Alterungsrückstellungen eines Tarifs und eines Geschlechts mit den positiven Alterungsrückstellungen anderer Tarife und des anderen Geschlechts zu verrechnen.

2) Schadenrückstellungen der Krankenversicherungsunternehmen sind nur zulässig, soweit die Inanspruchnahme des Arztes, der Apotheke oder des Krankenhauses vor dem Bilanzstichtag liegt.

3) Rückstellungen für Schadenermittlungskosten sind als Rückstellungen für gewisse Schulden in Höhe der Einzelkosten und der Gemeinkosten der Schadenermittlung zulässig. Rückstellungen für Schadenbearbeitungskosten sind nicht zulässig.

4) Ein Versicherungsunternehmen darf die Abführungsverpflichtung nach § 22 der 43. UGDV passivieren und die Zinsen aus den zugeteilten Ausgleichsforderungen als Betriebseinnahmen ansetzen, auch wenn die Zuführungen zur Rückstellung für die Abführungsverpflichtung höher liegen als die Zinseinnahmen.

BFH vom 30.09.1970 I 124/65 (BStBl. 1971 II S. 66, HFR 1971 S. 19):

1) Gegen die Zusammenfassung der Positionen „Prämienübertrag" und „Schadensrückstellung" in eine einheitliche Position „Schadensreserve" bestehen in Anbetracht der besonderen Verhältnisse in der Transportversicherung aus steuerrechtlicher Sicht keine Bedenken.

2) Die Ermittlung der „Schadensreserve" nach dem englischen oder Standardsystem (mit Nullstellung im Zeichnungsjahr) ist aus steuerrechtlicher Sicht nur dann zulässig, wenn für ihre Höhe zum Ende des zweiten, dritten, vierten usw. Jahres der Schadensverlauf der im Zeichnungsjahr geschlossenen Verträge bestimmend ist. Erweist sich der Schadensverlauf – allgemein oder in einzelnen Sparten der Transportversicherung – als relativ konstant, können der Ermittlung der „Schadensreserve" – allgemein oder für die jeweilige Sparte – Standardwerte zugrunde gelegt werden, die aus den Erfahrungen einer Reihe von Jahren gewonnen wurden.

BFH vom 09.10.1968 I 25/65 (BStBl. 1969 II S. 26, HFR 1969 S. 28):

1) Die steuerrechtliche Anerkennung einer versicherungstechnischen Rücklage in der Unfallversicherung (hier: Deckungsrücklage; steuerrechtlich: Rückstellung) verlangt, daß – wie in der Lebens- und in der Krankenversicherung – die Prämien nicht nach festen Sätzen, sondern nach Sätzen erhoben werden, die der Alters- und Generationsabhängigkeit des versicherten Risikos (hier: der Unfallwahrscheinlichkeit) Rechnung tragen.

2) Übernimmt ein Versicherer von einem anderen Versicherer den gesamten Bestand an Versicherungsverträgen eines bestimmten Versicherungszweiges einschließlich der Aktivwerte, die zur Bedeckung einer vom Versicherer zu Unrecht zu Lasten des Gewinns gebildeten Deckungsrücklage bestimmt sind, so sind die Aktivwerte zunächst durch Bildung einer besonderen Rückstellung beim übernehmenden Versicherer zu neutralisieren und sodann nach Maßgabe des Auslaufens der übernommenen Versicherungsverträge zugunsten des Gewinns aufzulösen.

BFH vom 12.06.1968 - I 278/63 (BStBl. 1968 II S. 715): Die Schadensrückstellungen eines Versicherungsunternehmens sind keine Dauerschulden. Die Schwankungsrückstellung ist dagegen als Dauerschuld zu behandeln.

§ 21 Beitragsrückerstattungen[1]

(1) Beitragsrückerstattungen, die für das selbst abgeschlossene Geschäft auf Grund des Jahresergebnisses oder des versicherungstechnischen Überschusses gewährt werden, sind abziehbar

1. in der Lebens- und Krankenversicherung bis zu dem nach handelsrechtlichen Vorschriften ermittelten Jahresergebnis für das selbst abgeschlossene Geschäft, erhöht um die für Beitragsrückerstattungen aufgewendeten Beträge, soweit die Beträge das Jahresergebnis gemindert haben und die hierfür verwendeten Überschüsse dem Grunde nach steuerpflichtig und nicht steuerbefreit sind, und gekürzt um den Betrag, der sich aus der Auflösung einer Rückstellung nach Absatz 2 Satz 2 ergibt, sowie um den Nettoertrag des nach steuerlichen Vorschriften über die Gewinnermittlung anzusetzenden Betriebsvermögens am Beginn des Wirtschaftsjahrs; für Pensionsfonds gilt Entsprechendes. [2]Als Nettoertrag gilt der Ertrag aus langfristiger Kapitalanlage, der anteilig auf das Betriebsvermögen entfällt, nach Abzug der entsprechenden abziehbaren und nichtabziehbaren Betriebsausgaben;

2. in der Schaden- und Unfallversicherung bis zur Höhe des Überschusses, der sich aus der Beitragseinnahme nach Abzug aller anteiligen abziehbaren und nichtabziehbaren Betriebsausgaben einschließlich der Versicherungsleistungen, Rückstellungen und Rechnungsabgrenzungsposten ergibt. [2]Der Berechnung des Überschusses sind die auf das Wirtschaftsjahr entfallenden Beitragseinnahmen und Betriebsausgaben des einzelnen Versicherungszweiges aus dem selbst abgeschlossenen Geschäft für eigene Rechnung zugrunde zu legen.

(2) [1]Zuführungen zu einer Rückstellung für Beitragsrückerstattung sind insoweit abziehbar, als die ausschließliche Verwendung der Rückstellung für diesen Zweck durch die Satzung oder durch geschäftsplanmäßige Erklärung gesichert ist. [2]Die Rückstellung ist vorbehaltlich des Satzes 3 aufzulösen, soweit sie höher ist als die Summe der in den folgenden Nummern 1 bis 4 bezeichneten Beträge:

1. die Zuführungen innerhalb des am Bilanzstichtag endenden Wirtschaftsjahrs und der zwei vorangegangenen Wirtschaftsjahre,

2. der Betrag, dessen Ausschüttung als Beitragsrückerstattung vom Versicherungsunternehmen vor dem Bilanzstichtag verbindlich festgelegt worden ist,

3. in der Krankenversicherung der Betrag, dessen Verwendung zur Ermäßigung von Beitragserhöhungen im folgenden Geschäftsjahr vom Versicherungsunternehmen vor dem Bilanzstichtag verbindlich festgelegt worden ist,

4. in der Lebensversicherung der Betrag, der für die Finanzierung der auf die abgelaufenen Versicherungsjahre entfallenden Schlussgewinnanteile erforderlich ist; für Pensionsfonds gilt Entsprechendes.

[3]Eine Auflösung braucht nicht zu erfolgen, soweit an die Versicherten Kleinbeträge auszuzahlen wären und die Auszahlung dieser Beträge mit einem unverhältnismäßig hohen Verwaltungsaufwand verbunden wäre.

(3) § 6 Abs. 1 Nr. 3a des Einkommensteuergesetzes ist nicht anzuwenden.

KStR

Zu § 21 KStG

69. Beitragsrückerstattung

– unbesetzt –

1) Zur zeitlichen Anwendung des § 21 in der vorliegenden Fassung s. § 34 Abs. 10b.

Hinweise

H 69 Beitragsrückerstattung bei Versicherungsunternehmen

→ *BMF vom 7.3.1978 – BStBl. I S. 160[1) und vom 14.12.1984 – BStBl. 1985 I S. 11[2)

Erfolgsabhängige Beitragsrückerstattungen

Beitragsrückerstattungen, die sich nach dem Jahresüberschuss bemessen, sind nach § 21 Abs. 1 Nr. 1 i.V.m. Abs. 2 Satz 1 KStG 1991 nur beschränkt abziehbar (→ BFH vom 7.3.2007 – BStBl. II S. 589).

Verwaltungsregelungen zu § 21

Datum	Anl.	Quelle	Inhalt
17.09.56	§ 021-01	FM NRW	Körperschaftsteuerliche Behandlung der in der Kraftfahrt- Haftpflicht- und Fahrzeugvollversicherung eingeführten Prämienrückvergütung bei schadenfreiem Verlauf der Verträge
05.08.74	§ 021-02	FM NRW	Beitragsermäßigungen und Beitragsrückerstattungen in der Kraftfahrtversicherung
20.03.78	§ 021-03	FM NRW	Körperschaftsteuer; hier: Beitragsrückerstattungen (§ 21 KStG)
08.01.85	§ 021-04	FM NRW	Berechnung der abziehbaren Beitragsrückerstattungen nach § 21 Abs. 1 Nr. 2 KStG in der Kraftfahrzeugversicherung; hier: Behandlung der Zuführung von Rein-Zinserträgen zur Rückstellung für die gesetzliche Beitragsermäßigung
15.11.82	§ 021-05	FM NRW	Körperschaftsteuer; hier: Behandlung der Zinszuführung zur Schwankungsrückstellung bei der Berechnung der Beitragsrückerstattung und bei der Frage der verdeckten Gewinnausschüttung von Versicherungsvereinen auf Gegenseitigkeit
12.11.07	§ 021-06	BMF	Abzinsung der Rückstellung für erfolgsunabhängige Beitragsrückerstattungen
20.05.08	§ 021-07	BMF	Auswirkung der Erweiterung von Ausnahmetatbeständen in § 56a VAG auf § 21 Abs. 2 Satz 1 KStG i.V.m. § 341e Abs. 2 Nr. 2 HGB; Anwendung des BMF-Schreibens vom 7. März 1978 (BStBl. I S. 160)

Rechtsprechungsauswahl

Zu § 21 KStG

BFH vom 07.03.2007 I R 61/05 (BStBl. 2007 II S. 589): Beitragsrückerstattungen sind i.S. von § 21 Abs. 1 Nr. 1 und Abs. 2 Satz 1 KStG 1991 erfolgsabhängig und deswegen nur beschränkt abziehbar, wenn sie sich nach dem Jahresüberschuss bemessen. Ob die so bemessene Rückerstattung auf einer versicherungsvertraglichen oder aber auf einer geschäftsplanmäßigen Erklärung beruht, ist unbeachtlich (Anschluss an Senatsurteil vom 9.6.1999 I R 17/97, BStBl. 1999 II S. 739).

BFH vom 21.10.1999 I R 36/95 (BStBl. 2000 II S. 238):

1. § 21 Abs. 1 KStG 1984 gilt nur für Beitragsrückerstattungen, die Versicherungsunternehmen für das selbst abgeschlossene Geschäft auf Grund ihres Jahresergebnisses oder eines versicherungstechnischen Überschusses gewähren. Andere Arten von Beitragsrückerstattungen werden von der Vorschrift nicht erfasst.

2. Versicherungstechnischer Überschuss i. S. des § 21 Abs. 1 KStG 1984 ist der Überschuss, der sich nach den Vorschriften des Tarif- oder Versicherungsaufsichtrechts oder nach betriebswirtschaftlichen

---

1) entspricht Anlage § 021-03.
2) entspricht Anlage § 021-04.

Grundsätzen im einzelnen Schaden- oder Unfallversicherungszweig des Versicherungsunternehmens ergibt.

3. Die aus der Anlage der vorausgezahlten Haftpflichtversicherungsprämien vom Versicherungsunternehmen erzielten Zinserträge sind zwar Teil des versicherungstechnischen Überschusses. Sie dürfen aber bei der Berechnung des steuerrechtlich abziehbaren Höchstbetrags gemäß § 21 Abs. 1 Nr. 2 KStG 1984 nicht berücksichtigt werden. Werden sie für die Beitragsrückerstattung verwendet, handelt es sich zumindest insoweit um nicht abziehbare Betriebsausgaben, als das Versicherungsunternehmen tarif- und aufsichtsrechtlich nicht verpflichtet war, die Zinserträge zur Beitragsrückerstattung zu verwenden.

BFH vom 09.06.1999 I R 17/97 (BStBl. 1999 II S. 739):

1. Beitragsrückerstattungen im Lebensversicherungsgeschäft werden i. S. des § 21 Abs. 1 Satz 1 KStG 1984/1991 aufgrund des Jahresergebnisses gewährt, wenn und soweit sie wegen der Höhe des nach den handelsrechtlichen Vorschriften ermittelten Jahresergebnisses gewährt werden.

2. Rückstellungen für Beitragsrückerstattungen i. S. des § 21 Abs. 2 KStG 1984/1991 sind nur die Rückstellungen, die Beitragsrückerstattungen i. S. des § 21 Abs. 1 KStG 1984/1991 betreffen.

3. § 21 KStG 1984/1991 ist nicht – auch nicht analog – auf Beitragsrückerstattungen im Lebensversicherungsgeschäft anwendbar, die aufgrund einer vom Bundesaufsichtsamt für das Versicherungswesen geforderten geschäftsplanmäßigen Erklärung als Mindest-Beitragsrückerstattungen ohne Rücksicht auf das Jahresergebnis gewährt wurden.

BFH vom 13.11.1991 I R 45/90 (BStBl. 1992 II S. 429):

1. Unter einer verdeckten Gewinnausschüttung i. S. des § 8 Abs. 3 Satz 2 KStG 1984 ist auch bei einem VVaG eine Vermögensminderung (verhinderte Vermögensmehrung) zu verstehen, die durch das Mitgliedschaftsverhältnis veranlaßt ist und in keinem Zusammenhang mit einer offenen Ausschüttung steht.

2. Ein VVaG ist keine Körperschaft, deren Leistungen i. S. der §§ 23 Abs. 2 Satz 2, 41 KStG 1984 bei den Empfängern zu den Einnahmen i. S. des § 20 Abs. 1 Nrn. 1 oder 2 EStG gehören.

3. Die Aufwendungen eines VVaG sind nach allgemeinen Veranlassungsgrundsätzen dem Versicherungs- oder dem Mitgliedschaftsverhältnis zuzuordnen.

4. Erhebt ein VVaG im Mitgliedergeschäft keine kostendeckenden Beiträge, so ist eine durch das Mitgliedschaftsverhältnis veranlaßte verhinderte Vermögensmehrung anzunehmen, die steuerlich als verdeckte Gewinnausschüttung zu beurteilen ist.

5. Entsprechendes gilt, wenn Aufwendungen, die durch das versicherungstechnische Mitgliedergeschäft veranlaßt sind und deshalb durch die Erhebung von Mitgliederbeiträgen hätten abgedeckt werden müssen, aus Mitteln des nichtversicherungstechnischen Geschäftes gedeckt werden.

BFH vom 12.01.1977 I R 157/74 (BStBl. 1977 II S. 439): Zuschüsse, die die Aktionäre ihrer allein das Krankenversicherungsgeschäft betreibenden AG gewähren, ohne dafür einen Vorzug für ihre Aktien zu erhalten, erhöhen das für die Bemessung abzugsfähige Beitragsrückerstattungen und Zuführungen zu entsprechenden Rücklagen maßgebliche Geschäftsergebnis des Krankenversicherungsgeschäfts der Gesellschaft, wenn die Zuschüsse nicht für außerhalb des Krankenversicherungsgeschäfts liegende Zwecke bestimmt waren.

§ 21a Deckungsrückstellungen

(1) ¹§ 6 Abs. 1 Nr. 3a Buchstabe e des Einkommensteuergesetzes ist von Versicherungsunternehmen und Pensionsfonds mit der Maßgabe anzuwenden, dass Deckungsrückstellungen im Sinne des § 341 f des Handelsgesetzbuchs mit dem sich für die zugrunde liegenden Verträge aus der Bestimmung in Verbindung mit § 25 der Verordnung über die Rechnungslegung von Versicherungsunternehmen oder in Verbindung mit der auf Grund des § 116 des Versicherungsaufsichtsgesetzes zu erlassenden Rechtsverordnung ergebenden Höchstzinssatz oder einem niedrigeren zulässigerweise verwendeten Zinssatz abgezinst werden können. ²Für die von Schaden- und Unfallversicherungsunternehmen gebildeten Renten-Deckungsrückstellungen kann der Höchstzinssatz, der sich aus § 2 der Deckungsrückstellungsverordnung ergibt, oder ein niedrigerer zulässigerweise verwendeter Zinssatz zugrunde gelegt werden.

(2) Soweit die in Absatz 1 genannten versicherungsrechtlichen Bestimmungen auf Versicherungsunternehmen mit Sitz in einem anderen Mitgliedstaat der Europäischen Gemeinschaft oder in einem anderen Vertragsstaat des EWR-Abkommens keine Anwendung finden, können diese entsprechend verfahren.

Verwaltungsregelungen zu § 21a

Datum	Anl.	Quelle	Inhalt
24.07.91	§ 021a-01	BMF	Steuerrechtliche Behandlung der Zuteilungsrücklage nach § 21a KStG

§ 21b Zuteilungsrücklage bei Bausparkassen

[1]Bausparkassen im Sinne des § 1 Abs. 1 des Gesetzes über Bausparkassen können Mehrerträge im Sinne des § 6 Abs. 1 Satz 2 des Gesetzes über Bausparkassen in eine den steuerlichen Gewinn mindernde Zuteilungsrücklage einstellen. [2]Diese Rücklage darf 3 Prozent der Bauspareinlagen nicht übersteigen. [3]Soweit die Voraussetzungen für die Auflösung des Sonderpostens im Sinne des § 6 Abs. 1 Satz 2 des Gesetzes über Bausparkassen nach der Rechtsverordnung erfüllt sind, die auf Grund der Ermächtigungsvorschrift des § 10 Satz 1 Nr. 9 des Gesetzes über Bausparkassen erlassen wird, ist die Rücklage gewinnerhöhend aufzulösen.

VIERTES KAPITEL
Sondervorschriften für Genossenschaften

§ 22 Genossenschaftliche Rückvergütung

(1) [1]Rückvergütungen der Erwerbs- und Wirtschaftsgenossenschaften an ihre Mitglieder sind nur insoweit als Betriebsausgaben abziehbar, als die dafür verwendeten Beträge im Mitgliedergeschäft erwirtschaftet worden sind. [2]Zur Feststellung dieser Beträge ist der Überschuss

1. bei Absatz- und Produktionsgenossenschaften im Verhältnis des Wareneinkaufs bei Mitgliedern zum gesamten Wareneinkauf,

2. bei den übrigen Erwerbs- und Wirtschaftsgenossenschaften im Verhältnis des Mitgliederumsatzes zum Gesamtumsatz

aufzuteilen. [3]Der hiernach sich ergebende Gewinn aus dem Mitgliedergeschäft bildet die obere Grenze für den Abzug. [4]Überschuss im Sinne des Satzes 2 ist das um den Gewinn aus Nebengeschäften geminderte Einkommen vor Abzug der genossenschaftlichen Rückvergütungen und des Verlustabzugs.

(2) [1]Voraussetzung für den Abzug nach Absatz 1 ist, dass die genossenschaftliche Rückvergütung unter Bemessung nach der Höhe des Umsatzes zwischen den Mitgliedern und der Genossenschaft bezahlt ist und dass sie

1. auf einem durch die Satzung der Genossenschaft eingeräumten Anspruch des Mitglieds beruht oder

2. durch Beschluss der Verwaltungsorgane der Genossenschaft festgelegt und der Beschluss den Mitgliedern bekannt gegeben worden ist oder

3. in der Generalversammlung beschlossen worden ist, die den Gewinn verteilt.

[2]Nachzahlungen der Genossenschaft für Lieferungen oder Leistungen und Rückzahlungen von Unkostenbeiträgen sind wie genossenschaftliche Rückvergütungen zu behandeln.

KStR
Zu § 22 KStG

70. Genossenschaftliche Rückvergütung

(1) Von dem Vorliegen einer Erwerbs- und Wirtschaftsgenossenschaft ist von der Eintragung bis zur Löschung im Genossenschaftsregister auszugehen.

(2) [1]Preisnachlässe (Rabatte, Boni) gehören nicht zu den genossenschaftlichen Rückvergütungen. [2]Sie sind abziehbare Betriebsausgaben. [3]Der Unterschied zwischen dem Preisnachlass und der genossenschaftlichen Rückvergütung besteht darin, dass der Preisnachlass bereits vor oder bei Abschluss des Rechtsgeschäfts vereinbart wird, während die genossenschaftliche Rückvergütung erst nach Ablauf des Wirtschaftsjahres beschlossen wird.

(3) Eine Verpflichtung zur Einzahlung auf die Geschäftsanteile wird durch eine Regelung in der Satzung auch dann begründet, wenn die Bestimmung über Zeitpunkt und Betrag der Leistungen der Generalversammlung übertragen ist.

(4) [1]Die genossenschaftlichen Rückvergütungen sind bei der Ermittlung des Gewinns des Wirtschaftsjahres, für das sie gewährt werden, auch dann abzuziehen bzw. in der Jahresschlussbilanz durch eine Rückstellung zu berücksichtigen, wenn sie nach Ablauf des Wirtschaftsjahres – spätestens bei Feststellung des Jahresabschlusses durch die Generalversammlung – dem Grunde nach beschlossen werden. [2]Sie müssen aber, ohne dass es dabei auf den Zeitpunkt der Aufstellung oder Errichtung der Steuerbilanz ankommt, spätestens bis zum Ablauf von zwölf Monaten nach dem Ende des Wirtschaftsjahres gezahlt oder gutgeschrieben worden sein. [3]In besonders begründeten Einzelfällen kann das Finanzamt diese Frist nach Anhörung des Prüfungsverbands verlängern. [4]Werden die genossenschaftlichen Rückvergütungen nicht innerhalb dieser Frist gezahlt oder gutgeschrieben, können sie auch im Wirtschaftsjahr der Zahlung nicht abgezogen werden. [5]Die Gewährung von genossenschaftlichen Rückvergütungen darf nicht von bestimmten Voraussetzungen abhängig gemacht werden, z. B. davon, dass das Mitglied seine Zahlungsverpflichtungen gegenüber der Genossenschaft stets pünktlich erfüllt und keinen Kredit in An-

spruch nimmt. [6]Die Aufrechnung von genossenschaftlichen Rückvergütungen mit Schulden der Genossen an die Genossenschaft wird dadurch nicht berührt.

(5) [1]Genossenschaftliche Rückvergütungen sind nach § 22 KStG nur dann abziehbare Betriebsausgaben, wenn sie – von der für Geschäftssparten zugelassenen Ausnahme abgesehen – nach der Höhe des Umsatzes (Warenbezugs) bemessen und allen Mitgliedern in gleichen Hundertsätzen des Umsatzes gewährt werden. [2]Eine Abstufung nach der Art der umgesetzten Waren (Warengruppen) oder nach der Höhe des Umsatzes mit den einzelnen Mitgliedern (Umsatzgruppen) ist nicht zulässig. [3]Das gilt nicht für die Umsätze der Konsumgenossenschaften in Tabakwaren, weil nach dem Tabaksteuergesetz auf die Tabakwaren im Einzelhandel weder Rabatte noch genossenschaftliche Rückvergütungen gewährt werden dürfen. [4]Die in der Regelung des Satzes 2 zum Ausdruck kommende Auffassung steht auch einer Bemessung der genossenschaftlichen Rückvergütung nach zeitlichen Gesichtspunkten entgegen. [5]Die Abziehbarkeit der genossenschaftlichen Rückvergütung setzt u. a. voraus, dass die Rückvergütung nach einem einheitlichen, für das ganze Wirtschaftsjahr geltenden Hundertsatz berechnet wird. [6]Die genossenschaftlichen Rückvergütungen dürfen indessen für solche Geschäftssparten nach unterschiedlichen Hundertsätzen des Umsatzes bemessen werden, die als Betriebsabteilungen im Rahmen des Gesamtbetriebs der Genossenschaft eine gewisse Bedeutung haben, z. B. Bezugsgeschäft, Absatzgeschäft, Kreditgeschäft, Produktion, Leistungsgeschäft. [7]Dabei ist in der Weise zu verfahren, dass zunächst der im Gesamtbetrieb erzielte Überschuss i. S. von § 22 Abs. 1 KStG im Verhältnis der Mitgliederumsätze zu den Nichtmitgliederumsätzen aufgeteilt wird. [8]Bei der Feststellung dieses Verhältnisses scheiden die Nebengeschäfte, die Hilfsgeschäfte und die Gegengeschäfte aus. [9]Der so errechnete Anteil des Überschusses, der auf Mitgliederumsätze entfällt, bildet die Höchstgrenze für die an Mitglieder ausschüttbaren steuerlich abziehbaren genossenschaftlichen Rückvergütungen. [10]Die Genossenschaft darf den so errechneten Höchstbetrag der genossenschaftlichen Rückvergütungen nach einem angemessenen Verhältnis auf die einzelnen Geschäftssparten verteilen und in den einzelnen Geschäftssparten verschieden hohe Rückvergütungen gewähren. [11]Es ist nicht zulässig, für jede einzelne Geschäftssparte die höchstzulässige abziehbare Rückvergütung an Mitglieder unter Zugrundelegung der in den einzelnen Geschäftssparten erwirtschafteten Überschüsse zu berechnen, es sei denn, es treffen verschiedenartige Umsätze, z. B. Provisionen und Warenumsätze, zusammen mit der Folge, dass in den einzelnen Geschäftssparten sowohl das Verhältnis des in der Geschäftssparte erwirtschafteten Überschusses zu dem in der Geschäftssparte erzielten Umsatz als auch das Verhältnis des in der Geschäftssparte erzielten Mitgliederumsatzes zu dem in der Geschäftssparte insgesamt erzielten Umsatz große Unterschiede aufweist. [12]In diesen Fällen kann wie folgt verfahren werden: [13]Der im Gesamtbetrieb erzielte Überschuss i. S. von § 22 Abs. 1 KStG wird in einem angemessenen Verhältnis auf die einzelnen Geschäftssparten aufgeteilt. [14]Von dem danach auf die einzelne Geschäftssparte entfallenden Betrag (Spartenüberschuss) wird der auf das Mitgliedergeschäft entfallende Anteil so errechnet, als ob es sich bei der Geschäftssparte um eine selbständige Genossenschaft handelte. [15]Die Summe der in den Geschäftssparten auf das Mitgliedergeschäft entfallenden Anteile bildet die Höchstgrenze für die an Mitglieder ausschüttbaren steuerlich abziehbaren genossenschaftlichen Rückvergütungen.

(6) [1]Wird der Gewinn einer Genossenschaft aufgrund einer Betriebsprüfung nachträglich erhöht, so kann die nachträgliche Ausschüttung des Mehrgewinns – soweit sich dieser in den Grenzen des § 22 KStG hält – als genossenschaftliche Rückvergütung steuerlich als Betriebsausgabe behandelt werden, wenn der Mehrgewinn in einer nach den Vorschriften des GenG geänderten Handelsbilanz ausgewiesen ist und wenn ein entsprechender Gewinnverteilungsbeschluss der Generalversammlung vorliegt. [2]Gewinnanteile, die schon bisher in der Handelsbilanz ausgewiesen, aber in Reserve gestellt waren, dürfen mit steuerlicher Wirkung nachträglich nicht ausgeschüttet werden. [3]Das Ausschüttungsrecht ist verwirkt. [4]Wird eine bisher nach § 5 Abs. 1 Nr. 14 KStG steuerbefreite land- oder forstwirtschaftliche Nutzungs- oder Verwertungsgenossenschaft später, z. B. aufgrund der Feststellung durch eine Betriebsprüfung, körperschaftsteuerpflichtig, so können auch die bisher von der Genossenschaft in Reserve gestellten Gewinne nachträglich mit gewinnmindernder Wirkung als genossenschaftliche Rückvergütungen ausgeschüttet werden. [5]Die nachträglich gewährten genossenschaftlichen Rückvergütungen müssen innerhalb von drei Monaten, vom Zeitpunkt des Ausschüttungsbeschlusses an gerechnet, bezahlt werden. [6]Das Finanzamt kann die Frist nach Anhörung des Prüfungsverbands angemessen verlängern.

(7) [1]Der Gewinn aus Nebengeschäften ist, wenn er buchmäßig nachgewiesen wird, mit dem buchmäßig nachgewiesenen Betrag zu berücksichtigen. [2]Kann der Gewinn aus Nebengeschäften buchmäßig nicht nachgewiesen werden, so ist der um die anteiligen Gemeinkosten geminderte Rohgewinn anzusetzen. [3]Welche Kosten den Gemeinkosten und welche Kosten den mit den Nebengeschäften zusammenhängenden Kosten zuzurechnen sind, ist nach den im Einzelfall gegebenen Verhältnissen zu entscheiden. [4]Die anteiligen Gemeinkosten können aus Vereinfachungsgründen mit dem Teilbetrag berücksichtigt werden, der sich bei Aufteilung der gesamten Gemeinkosten nach dem Verhältnis der Roh-

einnahmen aus Nebengeschäften zu den gesamten Roheinnahmen ergibt. [5]Unter den als Aufteilungsmaßstab für die gesamten Gemeinkosten dienenden Roheinnahmen ist der Umsatz zu verstehen. [6]In Einzelfällen, z. B. bei Warengenossenschaften, können die gesamten Gemeinkosten statt nach den Roheinnahmen (Umsätzen) aus Nebengeschäften nach den entsprechenden Rohgewinnen aufgeteilt werden, wenn dadurch ein genaueres Ergebnis erzielt wird. [7]Soweit Verluste aus einzelnen Nebengeschäften erzielt worden sind, sind sie bei der Ermittlung des gesamten Gewinns aus Nebengeschäften mindernd zu berücksichtigen.

(8) [1]Bei Absatz- und Produktionsgenossenschaften ist der Überschuss im Verhältnis des Wareneinkaufs bei Mitgliedern zum gesamten Wareneinkauf aufzuteilen. [2]Beim gesamten Wareneinkauf sind zu berücksichtigen:

Einkäufe bei Mitgliedern

Einkäufe bei Nichtmitgliedern $\left.\right\}$ (im Rahmen von Zweckgeschäften)

[3]Hilfsgeschäfte und Nebengeschäfte bleiben außer Ansatz.

(9) [1]Gesamtumsatz bei den übrigen Erwerbs- und Wirtschaftsgenossenschaften (§ 22 Abs. 1 Nr. 2 KStG) ist die Summe der Umsätze aus Zweckgeschäften mit Mitgliedern und Nichtmitgliedern. [2]Umsätze aus Nebengeschäften und aus Hilfsgeschäften bleiben außer Ansatz.

(10) Bei Bezugs- und Absatzgenossenschaften ist der Überschuss im Verhältnis der Summe aus dem Umsatz mit Mitgliedern im Bezugsgeschäft und dem Wareneinkauf bei Mitgliedern im Absatzgeschäft zur Summe aus dem Gesamtumsatz im Bezugsgeschäft und dem gesamten Wareneinkauf im Absatzgeschäft aufzuteilen.

(11) Wird Mitgliedern, die der Genossenschaft im Laufe des Geschäftsjahres beigetreten sind, eine genossenschaftliche Rückvergütung auch auf die Umsätze (Einkäufe) gewährt, die mit ihnen vom Beginn des Geschäftsjahres an bis zum Eintritt getätigt worden sind, so sind aus Gründen der Vereinfachung auch diese Umsätze (Einkäufe) als Mitgliederumsätze (-einkäufe) anzusehen.

(12) [1]Übersteigt der Umsatz aus Nebengeschäften weder 2 % des gesamten Umsatzes der Genossenschaft noch 5 200 Euro im Jahr, so ist bei der Ermittlung der Höchstgrenze für die an Mitglieder ausschüttbaren steuerlich abziehbaren genossenschaftlichen Rückvergütungen der Gewinn aus Nebengeschäften nicht abzusetzen. [2]Hierbei ist es gleichgültig, ob der Reingewinnsatz bei Nebengeschäften von dem Reingewinnsatz bei den übrigen Geschäften wesentlich abweicht. [3]In diesen Fällen sind die Nebengeschäfte als Zweckgeschäfte mit Nichtmitgliedern zu behandeln.

(13) [1]Genossenschaftliche Rückvergütungen, die nach den vorstehenden Anordnungen nicht abziehbar sind, sind vGA.

Hinweise

H 70 Abfluss der Rückvergütung

Genossenschaftliche Rückvergütungen können nur dann als bezahlt im Sinne des § 22 Abs. 2 KStG angesehen werden, wenn der geschuldete Betrag bei der Genossenschaft abfließt und in den Herrschaftsbereich des Empfängers gelangt (→ BFH vom 1.2.1966 – BStBl. III S. 321). → Darlehen, → Gutschriften

Abgrenzung zur vGA

→ *BFH vom 9.3.1988 – BStBl. II S. 592*

Beispiel zu Absatz- und Produktionsgenossenschaften (§ 22 Abs. 1 Satz 2 Nr. 1 KStG)

Der Wareneinkauf einer Absatzgenossenschaft im Rahmen von Zweckgeschäften entfällt zu 60 % auf Einkäufe bei Mitgliedern:

	EUR
Einkommen vor Abzug aller genossenschaftlichen Rückvergütungen an Mitglieder und Nichtmitglieder und vor Berücksichtigung des Verlustabzugs sowie des zuzurechnenden Einkommens der Organgesellschaften	*55.000*
Davon ab: Gewinn aus Nebengeschäften	*– 7.000*
Überschuss im Sinne des § 22 Abs. 1 KStG	*48.000*

Als Rückvergütung an Mitglieder kann ein Betrag bis zu 60 % von 48.000 € = 28.800 € vom Gewinn abgezogen werden. Wird z.B. in der Generalversammlung, die den Jahresüberschuss verteilt, beschlossen, über eine bereits im abgelaufenen Wirtschaftsjahr gewährte Rückvergütung an

Mitglieder von 12.000 € hinaus den Mitgliedern einen weiteren Betrag von 18.000 € als Rückvergütung zuzuwenden, so ist das Einkommen wie folgt zu berechnen:

	EUR
Einkommen vor Abzug aller Rückvergütungen an Mitglieder und an Nichtmitglieder und vor Berücksichtigung des Verlustabzugs sowie des zuzurechnenden Einkommens der Organgesellschaften	*55.000*
Davon ab:	
Rückvergütungen an Nichtmitglieder	*– 3.000*
Rückvergütungen an Mitglieder (12.000 € + 18.000 € = 30.000 €) nur mit dem nach der obigen Berechnung zulässigen Höchstbetrag von	*– 28.800*
Es verbleiben	*23.200*
Verlustabzug nach § 10d EStG	*10.000*
Einkommen (evtl. zuzüglich des zuzurechnenden Einkommens der Organgesellschaften)	*13.200*

Die Rückvergütungen an Mitglieder sind in diesem Fall bis zur Höhe von 60 % des Überschusses abzuziehen.

Bilanzierung der Rückvergütung

Mindert eine nach Ablauf des Wirtschaftsjahres beschlossene Warenrückvergütung den Gewinn des Wirtschaftsjahres, für das die Ausschüttung der Warenrückvergütung beschlossen wird, muss in der Schlussbilanz dieses Wirtschaftsjahres eine Rückstellung passiviert und ein sich ergebender Umsatzsteuererstattungsanspruch aktiviert werden (→ BFH vom 8.11.1960 – BStBl. III S. 523).

Darlehen

Belassen die Mitglieder die zur Ausschüttung gelangenden genossenschaftlichen Rückvergütungen der Genossenschaft als Darlehen, so können die Rückvergütungen als bezahlt im Sinne von § 22 KStG angesehen werden, wenn die folgenden Voraussetzungen erfüllt sind:

– *Es muss für jede für ein Wirtschaftsjahr ausgeschüttete genossenschaftliche Rückvergütung ein besonderer Darlehensvertrag abgeschlossen werden.*

– *Der Darlehensvertrag muss über eine bestimmte Summe lauten. Es genügt nicht, wenn lediglich auf die Rückvergütungen des betreffenden Jahres Bezug genommen wird.*

– *Jeder einzelne Genosse muss frei entscheiden können, ob er den Darlehensvertrag abschließen will oder nicht.*

→ *BFH vom 28.2.1968 – BStBl. II S. 458*

Gegengeschäfte

→ *R 20 Abs. 6 Nr. 2*

Gutschriften

Wird die Rückvergütung dem Mitglied gutgeschrieben, so gilt sie nur dann als bezahlt im Sinne des § 22 KStG, wenn das Mitglied über den gutgeschriebenen Betrag jederzeit nach eigenem Ermessen verfügen kann, bei Gutschriften auf nicht voll eingezahlte Geschäftsanteile nur dann, wenn das Mitglied dadurch von einer sonst bestehenden Verpflichtung zur Einzahlung auf seine Geschäftsanteile befreit wird (→ BFH vom 21.7.1976 – BStBl. 1977 II S. 46).

Hilfsgeschäfte

→ *R 20 Abs. 6 Nr. 3*

Moikereigenossenschaft

Für die Abgrenzung der Milchgeldnachzahlungen von den genossenschaftlichen Rückvergütungen ist von den gleichen Grundsätzen auszugehen, wie sie für vGA gelten. Es kommt grundsätzlich darauf an, ob die Nachzahlungen an Nichtmitglieder und Mitglieder zu denselben Bedingungen geleistet werden und die Nichtmitglieder über die gutgeschriebenen Nachzahlungen frei verfügen dürfen (→ BFH vom 18.12.1963 – BStBl. 1964 III S. 211).

Mitgliedergeschäfte

→ *R 20 Abs. 6 Nr. 1 Buchst. a*

Nebengeschäfte

→ *R 20 Abs. 6 Nr. 4*

Zweckgeschäfte

→ *R 20 Abs. 6 Nr. 1*

Verwaltungsregelungen zu § 22

Datum	Anl.	Quelle	Inhalt
02.08.83	§ 022-01	BMF	Betr.: Abziehbarkeit genossenschaftlicher Rückvergütung als Betriebsausgabe; hier: Auslegung des Abschnitts 66 Abs. 3 Satz 4 KStR

Rechtsprechungsauswahl

Zu § 22 KStG

BFH vom 24.04.2007 I R 37/06 (BFH/NV 2007 S. 1599): Leistet eine Genossenschaft an ihre Mitglieder Zahlungen, die sie fremden Dritten unter ansonsten vergleichbaren Umständen nicht gewährt, so sind die gezahlten Beträge nur unter den Voraussetzungen und in den Grenzen des § 22 KStG gewinnmindernd zu berücksichtigen. Mitgliedergeschäfte i.S.d. § 22 Abs. 1 Satz 1 KStG sind nur solche Geschäfte, bei denen die Mitglieder der Genossenschaft als Unternehmer gegenübertreten. Ein Mitgliedergeschäft liegt daher nicht vor, wenn die Genossen ausschließlich im Rahmen von Arbeitsverhältnissen für die Genossenschaft tätig sind.

BFH vom 02.02.1994 I R 78/92 (BStBl. 1994 II S. 479): ... Veranlaßt die Innung die Einkaufs-GmbH, den erzielten „Gewinn" in der Form von Umsatzrückvergütungen an die Innungsmitglieder auszukehren, so kann eine verdeckte Gewinnausschüttung i. S. des § 8 Abs. 3 Satz 2 KStG 1977 anzunehmen sein, wenn sich die Umsatzrückvergütungen als eine Form der verdeckten „Gewinnverteilung" darstellen. Daran ändert sich nichts, wenn auch Nichtinnungsmitglieder in den Genuß der Umsatzrückvergütungen kommen.

BFH vom 09.03.1988 I R 262/83 (BStBl. 1988 II S. 592): ... Die Verpachtung des Betriebes und die nicht zur Finanzierung neuer Betriebsanlagen verwendete Finanzierungsbeihilfe ist Grundlage eines Nebengeschäfts i. S. des § 35 Abs. 2 Satz 5 KStDV a. F. (= § 22 Abs. 1 Satz 4 KStG 1977). Zum Verhältnis genossenschaftlicher Rückvergütungen und verdeckter Gewinnausschüttungen.

BFH vom 21.07.1976 I R 147/74 (BStBl. 1977 II S. 46): Gutschriften einer Genossenschaft auf den Geschäftsguthaben der Genossen sind diesen nur dann als Kapitalerträge zugeflossen, wenn sie dadurch von einer sonst bestehenden Verpflichtung zur Einzahlung auf ihre Geschäftsanteile befreit werden. Beträge, die den Geschäftsguthaben nach Erhöhung der Geschäftsanteile aus den offenen Rücklagen der Genossenschaft gutgeschrieben werden, dienen regelmäßig nicht der Erfüllung einer solchen Verpflichtung.

BFH vom 01.02.1966 I 275/62 (BStBl. 1966 III S. 321, HFR 1966 S. 257): Warenrückvergütungen an Mitglieder, die diese gleichzeitig der Genossenschaft als verlorene Baukostenzuschüsse zum Bau eines Silos zur Verfügung stellen, sind nicht abzugsfähig.

DRITTER TEIL
Tarif; Besteuerung bei ausländischen Einkunftsteilen

§ 23 Steuersatz

(1) Die Körperschaftsteuer beträgt 15 Prozent des zu versteuernden Einkommens.

(2) Wird die Einkommensteuer auf Grund der Ermächtigung des § 51 Abs. 3 des Einkommensteuergesetzes herabgesetzt oder erhöht, so ermäßigt oder erhöht sich die Körperschaftsteuer entsprechend.

KStR

Zu § 23 KStG

71. Ermäßigte Besteuerung bei Einkünften aus außerordentlichen Holznutzungen infolge höherer Gewalt

[1]Bei Körperschaften, Personenvereinigungen und Vermögensmassen kann die Körperschaftsteuer, soweit sie auf Kalamitätsnutzungen i. S. des § 34b Abs. 1 Nr. 2 EStG entfällt, auf die Hälfte ermäßigt werden, wenn die volle Besteuerung zu Härten führen würde. [2]Die Abschnitte R 206 bis 212 EStR sind sinngemäß anzuwenden.

Verwaltungsregelungen zu § 23

Datum	Anl.	Quelle	Inhalt
17.10.07	§ 023-01	BMF	Steuersatz für Gewinne EU/EWR-ausländischer Kapitalgesellschaften nach dem Körperschaftsteuer-Anrechnungsverfahren; Folgen aus der EuGH-Entscheidung in Sachen „CLT-UFA "

Rechtsprechungsauswahl

Zu § 23 KStG

BFH vom 27.08.2008 , I R 33/05, DB 2008, 2734:[1] Es wird die Entscheidung des BVerfG darüber eingeholt, ob § 54 Abs. 9 Satz 1 KStG 1999 i.d.F. des StBereinG 1999 gegen Art. 20 Abs. 3, Art. 76 bs. 1 GG verstößt.

BFH vom 09.08.2006 I R 31/01 (BFH/NV 2007 S. 158): Beseitigung der Diskriminierung von Betriebsstätten ausländischer EU-Kapitalgesellschaften durch Gewährung eines verringerten Körperschaftsteuersatzes.

EuGH vom 23.02.2006 – C-253/03 (Beilage zu BFH/NV 7/2006 S. 237) Niederlassungsfreiheit, Verbot der Differenzierung bei Gewinnbesteuerung zwischen inländischer Zweigniederlassung einer Auslandsgesellschaft und einer vollausschüttenden Tochtergesellschaft.

BFH vom 18.05.1999 I R 60/98 (BStBl. 1999 II S. 634): Durch den Beschluß über eine offene Gewinnausschüttung für ein abgelaufenes Wirtschaftsjahr wird kein abweichender Zinslauf gemäß § 233a Abs. 2a AO 1977 i. d. F. des JStG 1997 ausgelöst, wenn dieser Beschluß ein erstmaliger ist.

BFH vom 13.11.1991 I R 45/90 (BStBl. 1992 II S. 429): ... Ein VVaG ist keine Körperschaft, deren Leistungen i. S. der §§ 23 Abs. 2 Satz 2, 41 KStG 1984 bei den Empfängern zu den Einnahmen i. S. des § 20 Abs. 1 Nrn. 1 oder 2 EStG gehören. ....

BFH vom 18.07.1990 I R 72/86 (BStBl. 1990 II S. 926):

1. Die in § 21 Abs. 2 Satz 2 BerlinFG vorgeschriebene Minderung der tariflichen Körperschaftsteuer um 10 v. H. bezieht sich einerseits auf bestimmte Einkünfte i. S. des § 23 Nr. 2 BerlinFG und andererseits auf den Teilbetrag der tariflichen Körperschaftsteuer i. S. des § 23 Abs. 1 bis 4 KStG 1977, der auf die genannten Einkünfte i. S. des § 23 Nr. 2 BerlinFG entfällt.

2. Die nach § 21 Abs. 2 Satz 2 BerlinFG ermäßigt präferenzierten Einkünfte ergeben sich aus der nach Bilanzierungsgrundsätzen ermittelten Differenz zwischen den Einnahmen i. S. des § 20 Abs. 1 Nrn. 1

---

1) Das Verfahren ist beim BVerfG unter dem Az. 1 BvL 11/08 anhängig.

bis 3 EStG aus Anteilen an Körperschaften oder Personenvereinigungen, die unbeschränkt körperschaftsteuerpflichtig sind, und den durch sie ausgelösten Betriebsausgaben.

§ 24 Freibetrag für bestimmte Körperschaften

[1]Vom Einkommen der steuerpflichtigen Körperschaften, Personenvereinigungen und Vermögensmassen ist ein Freibetrag von 5 000 Euro, höchstens jedoch in Höhe des Einkommens, abzuziehen.[1] [2]Satz 1 gilt nicht

1. für Körperschaften und Personenvereinigungen, deren Leistungen bei den Empfängern zu den Einnahmen im Sinne des § 20 Abs. 1 Nr. 1 oder 2 des Einkommensteuergesetzes gehören,

2. für Vereine im Sinne des § 25.

KStR

Zu § 24 KStG

72. Freibetrag für bestimmte Körperschaften

(1) [1]§ 24 KStG findet Anwendung bei unbeschränkt steuerpflichtigen Körperschaften, Personenvereinigungen und Vermögensmassen, deren Leistungen bei den Empfängern nicht zu den Einnahmen i. S. des § 20 Abs. 1 Nr. 1 und 2 EStG gehören, es sei denn, dass sie den Freibetrag nach § 25 KStG beanspruchen können. [2]Die Regelung des § 24 KStG gilt auch in den Fällen einer teilweisen Steuerpflicht. [3]Wegen der Anwendung der Freibetragsregelung des § 24 KStG auf das Einkommen eines Berufsverbands und der Nichtanwendung auf die Bemessungsgrundlage für die besondere Körperschaftsteuer i.S. des § 5 Abs. 1 Nr. 5 Satz 4 KStG → R 16 Abs. 7.

(2) [1]Körperschaften, Personenvereinigungen und Vermögensmassen i. S. des Absatzes 1, deren Einkommen den Freibetrag von 3 835 Euro nicht übersteigt, sind nicht zu veranlagen (NV-Fall) und haben Anspruch auf Erteilung einer NV-Bescheinigung. [2]Das gilt auch für die Fälle des R 79 Abs. 1.

Hinweise

H 72 Beispiele für die Anwendung des § 24 KStG bei teilweiser Steuerpflicht:

1. Juristische Personen des öffentlichen Rechts mit ihren Betrieben gewerblicher Art, Versicherungsvereine auf Gegenseitigkeit, Stiftungen.

2. Gemeinnützige Körperschaften im Sinne des § 5 Abs. 1 Nr. 9 KStG mit steuerpflichtigen wirtschaftlichen Geschäftsbetrieben, außer wenn sie die Rechtsform einer Kapitalgesellschaft, einer Erwerbs- und Wirtschaftsgenossenschaft oder eines wirtschaftlichen Vereins haben, der Mitgliedschaftsrechte gewährt, die einer kapitalmäßigen Beteiligung gleichstehen.

3. Steuerbefreite Pensions- oder Unterstützungskassen, die die Rechtsform eines Vereins oder einer Stiftung haben und wegen Überdotierung teilweise zu besteuern sind (§ 5 Abs. 1 Nr. 3 i.V. mit § 6 KStG). Obwohl es sich zumindest bei einer Pensionskasse um einen wirtschaftlichen Verein handelt, kommt hier ein Freibetrag in Betracht, weil sie keine mitgliedschaftlichen Rechte gewährt, die einer kapitalmäßigen Beteiligung gleichstehen.

Beispiele für Körperschaften, denen der Freibetrags nach § 24 KStG nicht zusteht:

§ 24 KStG ist bei unbeschränkt steuerpflichtigen Körperschaften, Personenvereinigungen und Vermögensmassen, deren Leistungen bei den Empfängern zu den Einnahmen im Sinne des § 20 Abs. 1 Nr. 1 und 2 EStG gehören, nicht anzuwenden (→ BFH vom 5.6.1985 – BStBl. II S. 634). Das gilt auch, wenn die Körperschaften auf Dauer keine Ausschüttungen vornehmen oder nur teilweise steuerpflichtig sind (→ BFH vom 24.1.1990 – BStBl. II S. 470).

Beispiele:

1. Gemeinnützige Körperschaften im Sinne des § 5 Abs. 1 Nr. 9 KStG mit steuerpflichtigen wirtschaftlichen Geschäftsbetrieben, wenn sie die Rechtsform einer Kapitalgesellschaft haben.

2. Steuerbefreite Pensions- oder Unterstützungskassen, die die Rechtsform einer Kapitalgesellschaft haben und wegen Überdotierung teilweise zu besteuern sind (§ 5 Abs. 1 Nr. 3 i.V. mit § 6 KStG).

3. Vermietungsgenossenschaften oder Siedlungsunternehmen mit teilweiser Steuerpflicht (§ 5 Abs. 1 Nr. 10 und 12 KStG). Das gilt auch, wenn diese Unternehmen in der Rechtsform eines

---

1) Das Wort „unbeschränkt (steuerpflichtigen)" in § 24 Abs. 1 Satz 1 gestrichen und Freibetrag ab VZ 2009 erhöht durch Gesetz vom 17. März 2009 (BGBl. I S. 550).

Vereins betrieben werden, da es sich um einen wirtschaftlichen Verein handelt, der seinen Mitgliedern beteiligungsähnliche Rechte gewährt.

Rechtsprechungsauswahl

Zu § 24 KStG

BFH vom 24.01.1990 I R 33/86 (BStBl. 1990 II S. 470):

1. Der Freibetrag gemäß § 24 Satz 1 KStG 1977 steht den in das körperschaftsteuerliche Anrechnungsverfahren einbezogenen Körperschaften nicht zu (§ 24 Satz 3 Nr. 1 KStG 1977).

2. Eine gemeinnützige Kapitalgesellschaft kann den Freibetrag gemäß § 24 Satz 1 KStG 1977 auch dann nicht beanspruchen, wenn sie satzungsmäßig keine Ausschüttungen tätigen darf und ihre Gesellschafter ebenfalls gemeinnützige Körperschaften sind.

BFH vom 05.06.1985 I R 163/81 (BStBl. 1985 II S. 634): Der Freibetrag gemäß § 24 KStG 1977 steht einer Körperschaft bzw. Personenvereinigung auch dann nicht zu, wenn ihre bei den Empfängern zu Einnahmen i. S. des § 20 Abs. 1 Nr. 1 bzw. 2 EStG gehörenden Leistungen zu Einkünften aus Gewerbebetrieb führen.

§ 25 Freibetrag für Erwerbs- und Wirtschaftsgenossenschaften sowie Vereine, die Land- und Forstwirtschaft betreiben

(1)$^{1)}$ ^{1}Vom Einkommen der steuerpflichtigen Erwerbs- und Wirtschaftsgenossenschaften sowie der steuerpflichtigen Vereine, deren Tätigkeit sich auf den Betrieb der Land- und Forstwirtschaft beschränkt, ist ein Freibetrag in Höhe von 15 000 Euro, höchstens jedoch in Höhe des Einkommens, im Veranlagungszeitraum der Gründung und in den folgenden neun Veranlagungszeiträumen abzuziehen. ^{2}Voraussetzung ist, dass

1. die Mitglieder der Genossenschaft oder dem Verein Flächen zur Nutzung oder für die Bewirtschaftung der Flächen erforderliche Gebäude überlassen und

2. a) bei Genossenschaften das Verhältnis der Summe der Werte der Geschäftsanteile des einzelnen Mitglieds zu der Summe der Werte aller Geschäftsanteile

   b) bei Vereinen das Verhältnis des Werts des Anteils an dem Vereinsvermögen, der im Falle der Auflösung des Vereins an das einzelne Mitglied fallen würde, zu dem Wert des Vereinsvermögens

nicht wesentlich von dem Verhältnis abweicht, in dem der Wert der von dem einzelnen Mitglied zur Nutzung überlassenen Flächen und Gebäude zu dem Wert der insgesamt zur Nutzung überlassenen Flächen und Gebäude steht.

(2) Absatz 1 Satz 1 gilt auch für steuerpflichtige Erwerbs- und Wirtschaftsgenossenschaften sowie für steuerpflichtige Vereine, die eine gemeinschaftliche Tierhaltung im Sinne des § 51a des Bewertungsgesetzes betreiben.

KStR

Zu § 25 KStG

73. Freibetrag für Erwerbs- und Wirtschaftsgenossenschaften sowie Vereine, die Land- und Forstwirtschaft betreiben

Erwerbs- und Wirtschaftsgenossenschaften sowie Vereine, deren Einkommen den nach § 25 KStG zu gewährenden Freibetrag von 15 339 Euro nicht übersteigt, sind nicht zu veranlagen (NV-Fall) und haben Anspruch auf Erteilung einer NV-Bescheinigung.

Hinweise

H 73 Freibetrag nach § 25 KStG

Ab VZ 2004 beträgt der Freibetrag nach § 25 KStG 13.498 Euro → Artikel 11 des Haushaltsbegleitgesetzes 2004 vom 29. Dezember 2003 (BGBl. 2003 I S. 3076, BStBl. 2004 I S. 120)

---

1) Das Wort „unbeschränkt (steuerpflichtigen)" in § 25 Abs. 1 und Abs. 2 gestrichen und Freibetrag in § 25 Abs. 1 Satz 1 ab VZ 2009 erhöht durch Gesetz vom 17. März 2009 (BGBl. I S. 550).

§ 26 Besteuerung ausländischer Einkunftsteile

(1) Bei unbeschränkt Steuerpflichtigen, die mit ausländischen Einkünften in dem Staat, aus dem die Einkünfte stammen, zu einer der deutschen Körperschaftsteuer entsprechenden Steuer herangezogen werden, ist die festgesetzte und gezahlte und um einen entstandenen Ermäßigungsanspruch gekürzte ausländische Steuer auf die deutsche Körperschaftsteuer anzurechnen, die auf die Einkünfte aus diesem Staat entfällt.

(2) bis (5) (weggefallen)

(6) ¹Vorbehaltlich der Sätze 2 und 3 sind § 34c Abs. 1 Satz 2 bis 5 und Abs. 2 bis 7 des Einkommensteuergesetzes und § 50 Abs. 6 des Einkommensteuergesetzes entsprechend anzuwenden; in den Fällen des § 8b Abs.1 Satz 2 und 3 sind vorbehaltlich der Sätze 2 und 3 § 34c Abs. 1 bis 3 und 6 Satz 6 des Einkommensteuergesetzes und § 50 Abs. 6 des Einkommensteuergesetzes entsprechend anzuwenden. ²Bei der Anwendung des § 34c Abs. 1 Satz 2 des Einkommensteuergesetzes ist der Berechnung der auf die ausländischen Einkünfte entfallenden inländischen Körperschaftsteuer die Körperschaftsteuer zugrunde zu legen, die sich ohne Anwendung der §§ 37 und 38 ergibt. ³Bei der entsprechenden Anwendung des § 34c Abs. 2 des Einkommensteuergesetzes ist die ausländische Steuer abzuziehen, soweit sie auf ausländische Einkünfte entfällt, die bei der Ermittlung der Einkünfte nicht außer Ansatz bleiben. ⁴Soweit die in Artikel 6 der Richtlinie 2003/49/EG des Rates vom 3. Juni 2003 über eine gemeinsame Steuerregelung für Zahlungen von Zinsen und Lizenzgebühren zwischen verbundenen Unternehmen verschiedener Mitgliedstaaten (ABl. EU Nr. L 157 S. 49), zuletzt geändert durch die Richtlinie 2004/76/EG des Rates vom 29. April 2004 zur Änderung der Richtlinie 2003/49/EG (ABl. EU Nr. L 157 S. 106, Nr. L 195 S. 33), festgelegten Sätze der Quellensteuer für Zinsen und Lizenzgebühren, die aus Griechenland, Lettland, Litauen, Polen, Portugal, Slowakei, Spanien oder der Tschechischen Republik stammen, niedriger sind als die in den Abkommen zur Vermeidung der Doppelbesteuerung mit diesen Staaten dafür festgelegten Sätze, ist auf Grund des § 34c Abs. 6 in Verbindung mit § 34c Abs. 1 des Einkommensteuergesetzes die Quellensteuer höchstens zu den nach den Richtlinien festgelegten Sätzen anzurechnen. ⁵§ 34c Abs. 6 Satz 3 des Einkommensteuergesetzes ist bei den aus einem Mitgliedstaat der Europäischen Union stammenden Einkünften auch auf Einkünfte anzuwenden, die nach den Richtlinien nicht besteuert werden können. ⁶Eine Zahlung, die von einem Unternehmen der in Satz 3¹⁾ genannten Staaten oder von einer in diesen Staaten gelegenen Betriebsstätte eines Unternehmens eines Mitgliedstaates der Europäischen Union als Schuldner erfolgt, gilt als aus dem betreffenden Mitgliedstaat der Europäischen Union stammend, wenn die Einkünfte nach Artikel 6 der Richtlinie in dem Mitgliedstaat der Europäischen Union besteuert werden können. ⁷Soweit im Abkommen zur Vermeidung der Doppelbesteuerung mit einem dieser Staaten bei Zinsen oder Lizenzgebühren die Anrechnung einer als gezahlt geltenden Steuer vorsieht, ist die Anrechnung bei den unter die Richtlinie fallenden Zinsen und Lizenzgebühren letztmals für den Veranlagungszeitraum zu gewähren, in dem dieser Staat nach Artikel 6 der Richtlinie hierauf noch Quellensteuern erheben kann. ⁸Werden die aus den in Satz 3²⁾ genannten Staaten stammenden Zinsen oder Lizenzgebühren an eine in der Bundesrepublik Deutschland gelegene Betriebsstätte eines Unternehmens eines anderen Mitgliedstaates der Europäischen Union gezahlt, sind bei Anwendung des § 50 Abs. 6 des Einkommensteuergesetzes die Zinsen und Lizenzgebühren als ausländische Einkünfte anzusehen. ⁹Eine Steueranrechnung erfolgt höchstens zu den in Artikel 6 der Richtlinie genannten Sätzen. ¹⁰Die Sätze 1 bis 8³⁾ sind im Fall der Besteuerung nach Artikel 15 Abs. 2 Satz 2 des Abkommens zwischen der Europäischen Gemeinschaft und der Schweizerischen Eidgenossenschaft über Regelungen, die den in der Richtlinie 2003/48/EG des Rates im Bereich der Besteuerung von Zinserträgen festgelegten Regelungen gleichwertig sind (ABl. EU 2004 Nr. L 385 S. 30), entsprechend anzuwenden.

---

1) Richtig Satz 4.
2) Richtig Satz 4.
3) Richtig Satz 9.

KStR

Zu § 26 KStG

74. Berücksichtigung ausländischer Steuern

(1) [1]Bei der Steueranrechnung, die keinen Antrag voraussetzt, handelt es sich um die Anrechnung ausländischer Steuern vom Einkommen, zu denen eine unbeschränkt steuerpflichtige Körperschaft, Personenvereinigung oder Vermögensmasse im Ausland herangezogen wurde oder die für ihre Rechnung einbehalten worden sind, auf die deutsche Körperschaftsteuer. [2]Bei der Ermittlung der auf die ausländischen Einkünfte entfallenden deutschen Körperschaftsteuer ist die Tarifbelastung vor Abzug der anzurechnenden ausländischen Steuern zugrunde zu legen; die Summe der Einkünfte ist entsprechend dem in R 29 enthaltenen Berechnungsschema zu ermitteln. [3]Ausländische Einkünfte, die bis einschließlich VZ 2003 nach § 34c Abs. 5 EStG pauschal besteuert werden, und die Pauschalsteuer bleiben dabei außer Ansatz. [4]Zur direkten Steueranrechnung bei beschränkter Steuerpflicht → Absatz 4.

Beispiel:	Euro
Einkünfte aus einer ausländischen Betriebsstätte	300 000
Abzüglich ausländischer Steuer	60 000
Nettozufluss im Inland	240 000
Körperschaftsteuer 25 % der ausländischen Einkünfte von 300 000 Euro	75 000
Darauf werden angerechnet	60 000
Verbleibende Steuer	15 000

(2) [1]Anstelle der direkten und indirekten Steueranrechnung kann auf Antrag bei ausländischen Einkünften für die Veranlagungszeiträume bis einschließlich 2003 die Pauschalierung der Körperschaftsteuer nach dem Pauschalierungserlass vom 10. 4. 1984 (BStBl. I S. 252) gewährt werden. [2]Die festzusetzende Körperschaftsteuer beträgt in diesem Fall 25 % der begünstigten Einkünfte. [3]Die Pauschalierungsmöglichkeit der Körperschaftsteuer ist ab dem VZ 2004 hinfällig.

(3) [1]Stammen Einkünfte aus einem ausländischen Staat, mit dem ein DBA besteht, so kann eine Steueranrechnung (§ 26 Abs. 1 KStG) oder ein wahlweiser Abzug der ausländischen Steuern bei der Ermittlung der Summe der Einkünfte nur unter Beachtung der Vorschriften des maßgeblichen DBA vorgenommen werden. [2]Gegebenenfalls kann auch die Anrechnung fiktiver Steuerbeträge in Betracht kommen. [3]Sieht ein Abkommen nur die Anrechnung ausländischer Steuern vor, kann dennoch auf Antrag das nach innerstaatlichem Recht eingeräumte Wahlrecht eines Abzugs der ausländischen Steuern bei der Ermittlung der Summe der Einkünfte beansprucht werden. [4]Das Wahlrecht muss für die gesamten Einkünfte aus einem ausländischen Staat einheitlich ausgeübt werden. [5]Über den Rahmen bestehender DBA hinaus kann eine Anrechnung oder ein Abzug ausländischer Steuern in Betracht kommen, wenn das DBA die Doppelbesteuerung nicht beseitigt oder sich nicht auf die fragliche Steuer vom Einkommen dieses Staates bezieht. [6]Bei negativen ausländischen Einkünften i. S. des § 2a EStG aus einem ausländischen Staat, mit dem ein DBA besteht, ist auf Antrag anstelle einer im DBA vorgesehenen Anrechnung ein Abzug der ausländischen Steuern entsprechend § 34c Abs. 2 EStG möglich.

(4) Sind Körperschaften, Personenvereinigungen und Vermögensmassen beschränkt steuerpflichtig (§ 2 Nr. 1 KStG), so ist nach § 26 Abs. 6 KStG in Verbindung mit § 50 Abs. 6 EStG unter den dort genannten Voraussetzungen die direkte Steueranrechnung (§ 34c Abs. 1 EStG) oder der Steuerabzug (§ 34c Abs. 2 und 3 EStG) möglich.

Hinweise

H 74 Anrechnung ausländischer Steuern
    → *§ 34c Abs. 1 Satz 2 und 3, Abs. 6 und 7, § 34 d EStG, §§ 68a und 68b EStDV, R 34c EStR 2008*
    Pauschalierungserlass, zeitliche Anwendung
    → *BMF vom 24.11.2003 – BStBl. I S. 747*[1)]

---

1) Vgl. Anlage § 026-04.

Verwaltungsregelungen zu § 26

Datum	Anl.	Quelle	Inhalt
	§ 026-01		(weggefallen)
	§ 026-02		(weggefallen)
25.10.95	§ 026-03	OFD Rst	Anrechnung ausländischer Steuern nach Doppelbesteuerungsabkommen (DBA); Abgrenzung pro Einkunftsart
22.11.03	§ 026-04	BMF	Pauschalierung der Körperschaftsteuer für ausländische Einkünfte gem. § 26 Abs. 6 KStG i. V. m. § 34c Abs. 5 KStG

Rechtsprechungsauswahl

Zu § 26 KStG

BFH vom 31.05.2005 I R 68/03 (BStBl. 2006 II S. 380): ... § 26 Abs. 6 Satz 1 KStG 1991 legt die Berechnung des Anrechnungshöchstbetrags für ausländische Steuern aufgrund der in § 34c Abs. 1 Satz 2 EStG 1990 vorgegebenen Berechnungsformel abschließend fest. Dieser Betrag errechnet sich aus der Körperschaftsteuer, die sich aus dem zu versteuernden Einkommen einschließlich der ausländischen Einkünfte ergibt, indem diese im Verhältnis der ausländischen Einkünfte zur Summe der Einkünfte aufgeteilt werden. ....

BFH vom 29.03.2000 I R 15/99 (BStBl. 2000 II S. 577): Ob Refinanzierungskosten bei der Ermittlung ausländischer Einkünfte nach § 34d Nr. 6 EStG als Betriebsausgaben in Abzug zu bringen sind, ist auch bei Kreditinstituten nicht nach einer wirtschaftlichen Betrachtungsweise, sondern nach der tatsächlichen Verwendung der die Refinanzierungskosten auslösenden Darlehensmittel zu beurteilen (gegen BMFSchreiben vom 23. Dezember 1997 IV C 1 – S 2293 – 15/97, BStBl. I 1997, 1022). Gleiches gilt für die Beurteilung des unmittelbaren wirtschaftlichen Zusammenhangs i. S. von § 3c EStG und des wirtschaftlichen Zusammenhangs i. S. von § 103 Abs. 1 BewG.

BFH vom 24.03.1998, I R 38/97 (BStBl. 1998 II S. 471):

1. Einkünfte stammen dann nicht aus dem Ausland, wenn es an jedem ausländischen Anknüpfungspunkt fehlt, der die Einkünfte als aus dem Ausland stammend qualifizieren könnte.

2. Einkünfte können nicht aufgrund des Sitzes der sie erzielenden Kapitalgesellschaft einem bestimmten Staat zugeordnet werden.

3. § 34c Abs. 6 Satz 1 EStG sieht die Nichtanwendung des § 34c Abs. 3 EStG nur für den Fall vor, daß die ausländische Steuer (nach deutschem Rechtsverständnis) auf Einkünfte erhoben wird, die aus dem entsprechenden ausländischen Vertragsstaat stammen. Es genügt nicht, daß die ausländische Steuer von einem Staat erhoben wird, mit dem die Bundesrepublik ein DBA abgeschlossen hat.

BFH vom 15.03.1995 I R 98/94 (BStBl. 1995 II S. 580):

1. § 34 c Abs. 1 Satz 1 EStG ist nicht anwendbar, wenn die Einkünfte aus einem ausländischen Staat stammen, mit dem ein Abkommen zur Vermeidung der Doppelbesteuerung besteht (§ 34 c Abs. 6 Satz 1 EStG).

2. Auf die deutsche Steuer von Dividenden aus der Schweiz kann nach Art. 24 Abs. 1 Nr. 2 DBA-Schweiz auch dann nur die abkommensrechtlich auf 15 % begrenzte schweizerische Quellensteuer angerechnet werden (Art. 10 Abs. 2 Buchst. d DBA-Schweiz), wenn eine darüber hinausgehende schweizerische Steuer wegen Ablaufs der Erstattungsfrist nicht mehr erstattet werden kann.

BFH vom 02.02.1994 I R 66/92 (BStBl. 1994 II S. 727): ... 8. Ist die Bemessungsgrundlage der ausländischen Einkünfte im Inland niedriger als im Ausland, so ist die anzurechnende ausländische Steuer dennoch ungekürzt in der Höchstbetragsberechnung gemäß § 34 c Abs. 1 Satz 2 EStG anzusetzen, wenn in ihre ausländische Bemessungsgrundlage keine nichtausländischen Einkünfte eingegangen sind (Abweichung vom BFH-Urteil vom 4. Juni 1991 X R 35/88, BFHE 164, 435, BStBl. II 1992, 187).

VIERTER TEIL
Nicht in das Nennkapital geleistete Einlagen und Entstehung und Veranlagung

§ 27 Nicht in das Nennkapital geleistete Einlagen

(1) [1]Die unbeschränkt steuerpflichtige Kapitalgesellschaft hat die nicht in das Nennkapital geleisteten Einlagen am Schluss jedes Wirtschaftsjahrs auf einem besonderen Konto (steuerliches Einlagekonto) auszuweisen. [2]Das steuerliche Einlagekonto ist ausgehend von dem Bestand am Ende des vorangegangenen Wirtschaftsjahrs um die jeweiligen Zu- und Abgänge des Wirtschaftsjahrs fortzuschreiben. [3]Leistungen der Kapitalgesellschaft mit Ausnahme der Rückzahlung von Nennkapital im Sinne des § 28 Abs. 2 Satz 2 und 3 mindern das steuerliche Einlagekonto unabhängig von ihrer handelsrechtlichen Einordnung nur, soweit sie den auf den Schluss des vorangegangenen Wirtschaftsjahrs ermittelten ausschüttbaren Gewinn übersteigen (Einlagenrückgewähr). [4]Der Bestand des steuerlichen Einlagekontos kann durch Leistungen nicht negativ werden; Absatz 6 bleibt unberührt. [5]Als ausschüttbarer Gewinn gilt das um das gezeichnete Kapital geminderte in der Steuerbilanz ausgewiesene Eigenkapital abzüglich des Bestands des steuerlichen Einlagekontos.

(2) [1]Der unter Berücksichtigung der Zu- und Abgänge des Wirtschaftsjahrs ermittelte Bestand des steuerlichen Einlagekontos wird gesondert festgestellt. [2]Der Bescheid über die gesonderte Feststellung ist Grundlagenbescheid für den Bescheid über die gesonderte Feststellung zum folgenden Feststellungszeitpunkt. [3]Bei Eintritt in die unbeschränkte Steuerpflicht ist der zum Zeitpunkt des Eintritts in die Steuerpflicht vorhandene Bestand der nicht in das Nennkapital geleisteten Einlagen gesondert festzustellen; der gesondert festgestellte Bestand gilt als Bestand des steuerlichen Einlagekontos am Ende des vorangegangenen Wirtschaftsjahrs. [4]Kapitalgesellschaften haben auf den Schluss jedes Wirtschaftsjahrs Erklärungen zur gesonderten Feststellung von Besteuerungsgrundlagen abzugeben. [5]Die Erklärungen sind von den in § 34 der Abgabenordnung bezeichneten Personen eigenhändig zu unterschreiben.

(3) [1]Erbringt eine Kapitalgesellschaft für eigene Rechnung Leistungen, die nach Absatz 1 Satz 3 als Abgang auf dem steuerlichen Einlagekonto zu berücksichtigen sind, so ist sie verpflichtet, ihren Anteilseignern die folgenden Angaben nach amtlich vorgeschriebenem Muster zu bescheinigen:

1. den Namen und die Anschrift des Anteilseigners,

2. die Höhe der Leistungen, soweit das steuerliche Einlagekonto gemindert wurde,

3. den Zahlungstag.

[2]Die Bescheinigung braucht nicht unterschrieben zu werden, wenn sie in einem maschinellen Verfahren ausgedruckt worden ist und den Aussteller erkennen lässt.

(4) [1]Ist die in Absatz 1 bezeichnete Leistung einer Kapitalgesellschaft von der Vorlage eines Dividendenscheins abhängig und wird sie für Rechnung der Kapitalgesellschaft durch ein inländisches Kreditinstitut erbracht, so hat das Institut dem Anteilseigner eine Bescheinigung mit den in Absatz 3 Satz 1 bezeichneten Angaben nach amtlich vorgeschriebenem Muster zu erteilen. [2]Aus der Bescheinigung muss ferner hervorgehen, für welche Kapitalgesellschaft die Leistung erbracht wird. [3]Die Sätze 1 und 2 gelten entsprechend, wenn anstelle eines inländischen Kreditinstituts eine inländische Zweigniederlassung eines der in § 53b Abs. 1 oder 7 des Gesetzes über das Kreditwesen genannten Institute oder Unternehmen die Leistung erbringt.

(5) [1]Ist für eine Leistung der Kapitalgesellschaft die Minderung des Einlagekontos zu niedrig bescheinigt worden, bleibt die der Bescheinigung zugrunde gelegte Verwendung unverändert. [2]Ist für eine Leistung bis zum Tag der Bekanntgabe der erstmaligen Feststellung im Sinne des Absatzes 2 zum Schluss des Wirtschaftsjahrs der Leistung eine Steuerbescheinigung im Sinne des Absatzes 3 nicht erteilt worden, gilt der Betrag der Einlagenrückgewähr als mit 0 Euro bescheinigt. [3]In den Fällen der Sätze 1 und 2 ist eine Berichtigung oder erstmalige Erteilung von Steuerbescheinigungen im Sinne des Absatzes 3 nicht zulässig. [4]In anderen Fällen ist die auf den überhöht ausgewiesenen Betrag der Einlagenrückgewähr entfallende Kapitalertragsteuer durch Haftungsbescheid geltend zu ma-

chen; § 44 Abs. 5 Satz 1 zweiter Halbsatz des Einkommensteuergesetzes gilt insoweit nicht. [5]Die Steuerbescheinigungen können berichtigt werden. [6]Die Feststellung im Sinne des Absatzes 2 für das Wirtschaftsjahr, in dem die entsprechende Leistung erfolgt ist, ist an die der Kapitalertragsteuerhaftung nach Satz 4 zugrunde gelegte Einlagenrückgewähr anzupassen.

(6) Minderabführungen erhöhen und Mehrabführungen mindern das Einlagekonto einer Organgesellschaft, wenn sie ihre Ursache in organschaftlicher Zeit haben.

(7) Die vorstehenden Absätze gelten sinngemäß für andere unbeschränkt steuerpflichtige Körperschaften und Personenvereinigungen, die Leistungen im Sinne des § 20 Abs. 1 Nr. 1, 9 und 10 des Einkommensteuergesetzes gewähren können.

(8) [1]Eine Einlagenrückgewähr können auch Körperschaften oder Personenvereinigungen erbringen, die in einem anderen Mitgliedstaat der Europäischen Union der unbeschränkten Steuerpflicht unterliegen, wenn sie Leistungen im Sinne des § 20 Abs. 1 Nr. 1 oder 9 des Einkommensteuergesetzes gewähren können. [2]Die Einlagenrückgewähr ist in entsprechender Anwendung der Absätze 1 bis 6 und der §§ 28 und 29 zu ermitteln. [3]Der als Leistung im Sinne des Satzes 1 zu berücksichtigende Betrag wird auf Antrag der Körperschaft oder Personenvereinigung für den jeweiligen Veranlagungszeitraum gesondert festgestellt. [4]Der Antrag ist nach amtlich vorgeschriebenem Vordruck bis zum Ende des Kalenderjahrs zu stellen, das auf das Kalenderjahr folgt, in dem die Leistung erfolgt ist. [5]Zuständig für die gesonderte Feststellung ist die Finanzbehörde, die im Zeitpunkt der Abgabe des Antrags nach § 20 der Abgabenordnung für die Besteuerung nach dem Einkommen örtlich zuständig ist. [6]Bei Körperschaften oder Personenvereinigungen, für die im Zeitpunkt der Antragstellung nach § 20 der Abgabenordnung keine Finanzbehörde zuständig ist, ist abweichend von Satz 5 das Bundeszentralamt für Steuern zuständig. [7]Im Antrag sind die für die Berechnung der Einlagenrückgewähr erforderlichen Umstände darzulegen. [8]In die Bescheinigung nach Absatz 3 ist das Aktenzeichen der nach Satz 5 oder 6 zuständigen Behörde aufzunehmen. [9]Soweit Leistungen nach Satz 1 nicht gesondert festgestellt worden sind, gelten sie als Gewinnausschüttung, die beim Anteilseigner zu Einnahmen im Sinne des § 20 Abs. 1 Nr. 1 oder 9 des Einkommensteuergesetzes führen.

KStR

Zu § 27 KStG

75. Steuerliches Einlagekonto
– unbesetzt –

Hinweise

H 75 Abflusszeitpunkt

Eine Gewinnausschüttung ist verwirklicht, wenn bei der Körperschaft der Vermögensminderung entsprechende **Mittel abgeflossen** *sind oder eine Vermögensmehrung verhindert worden ist (→ BFH vom 20.8.1986 – BStBl. 1987 II S. 75, vom 9.12.1987 – BStBl 1988 II S. 460, vom 14.3.1989 – BStBl II S. 633, vom 12.4.1989 – BStBl. II S. 636 und vom 28.6.1989 – BStBl. II S. 854).*

Bei einer **verhinderten Vermögensmehrung** *tritt der Vermögensabfluss in dem Augenblick ein, in dem die verhinderte Vermögensmehrung bei einer unterstellten angemessenen Entgeltvereinbarung sich nach den allgemeinen Realisationsgrundsätzen gewinnerhöhend ausgewirkt hätte (→ BFH vom 23.6.1993 – BStBl. II S. 801).*

Eine Gewinnausschüttung kann auch in der **Umwandlung** *eines Dividendenanspruchs in eine Darlehensforderung liegen (→ BFH vom 9.12.1987 – BStBl. 1988 II S. 460).*

Eine Gewinnausschüttung ist grundsätzlich auch dann abgeflossen, wenn die Gewinnanteile dem Gesellschafter auf **Verrechnungskonten,** *über die die Gesellschafter vereinbarungsgemäß frei verfügen können, bei der Gesellschaft gutgeschrieben worden sind (→ BFH vom 11.7.1973 – BStBl. II S. 806).*

Eine Gewinnausschüttung ist grundsätzlich auch dann abgeflossen, wenn die Gesellschafter ihre **Gewinnanteile** *im Zusammenhang mit der Ausschüttung aufgrund vertraglicher Vereinbarungen* *z. B. als Einlage in die Körperschaft zur Erhöhung des Geschäftsguthabens bei einer Genossen-schaft* **verwenden** *(→ BFH vom 21.7.1976 – BStBl. 1977 II S. 46).*

Steuerliches Einlagekonto
→ *BMF vom 4.6.2003 – BStBl. I S.366*[1])

Steuerliches Einlagekonto bei Betrieben gewerblicher Art
→ *BMF vom 11.9.2002 – BStBl. I S. 935*[2])

Verluste in dem in Artikel 3 des Einigungsvertrags genannten Gebiet
→ *R 82*

Verwaltungsregelungen zu § 27

Datum	Anl.	Quelle	Inhalt
	§ 027-01	So	Steuerbescheinigung der leistenden Körperschaft, Personenvereinigung oder Vermögensmasse (§ 45a EStG, § 8 Abs.1, §§ 27, 28, 37 KStG i.d.F. des Steuersenkungsgesetzes) für Bezüge, für die das Halbeinkünfteverfahren gilt
18.10.01	§ 027-02	BMF	Angaben in Steuerbescheinigungen; Abschnitt 99 Abs. 3 KStR
04.06.03	§ 027-03	BMF	Steuerliches Einlagekonto (Anwendung der §§ 27 und 28 KStG 2002)
24.10.03	§ 027-04	OFD Mdg	Steuerliches Einlagekonto bei Betrieben gewerblicher Art ohne eigene Rechtspersönlichkeit
16.09.03	§ 027-05	OFD Fra	Anfangsbestand der steuerlichen Einlagekonten bei Betrieben gewerblicher Art ohne eigene Rechtspersönlichkeit
10.12.03	§ 027-06	OFD Han	Sinngemäße Anwendung der Vorschriften über das steuerliche Einlagekonto auf andere Körperschaften und Personenvereinigungen (§ 27 Abs. 7 KStG 2002)
19.08.04 19.08.04	§ 027-07	OFD Düs OFD Mst	Anfangsbestand des steuerlichen Einlagekontos i.S. des § 27 KStG bei Betrieben gewerblicher Art
13.01.05	§ 027-08	OFD Mst	Anfangsbestand des steuerlichen Einlagekontos nach § 27 KStG bei Betrieben gewerblicher Art – Ruhen von Einspruchsverfahren nach § 363 Abs. 2 AO
27.04.09	§ 027-09	OFD Mdb	Neuregelung der Verwendungsfestschreibung nach § 27 Abs. 5 KStG

Rechtsprechungsauswahl

Zu § 27 KStG

BFH vom 10.06.2009, I R 10/09 (BStBl II 2009, 974): Die Verwendung des steuerlichen Einlagekontos wird nur dann gemäß § 27 Abs. 1 Satz 5 KStG 2002 festgeschrieben, wenn mindestens einem Anteilseigner eine Bescheinigung i.S. von § 27 Abs. 3 KStG 2002 ausgehändigt wurde. Eine Festschreibung tritt nicht ein, wenn den Anteilseignern solche Bescheinigungen nicht erteilt wurden, weil die Kapitalgesellschaft irrtümlich davon ausging, es sei ausreichender ausschüttbarer Gewinn vorhanden.

BFH vom 10.06.2009, I R 80/08 (BFH/NV 2009, 1835): Hat die Liquidation einer GmbH am 15. Dezember 2000 begonnen und am 12. Dezember 2001 geendet, so führt eine im Liquidationsstadium beschlossene und im Jahr 2001 durchgeführte Gewinnausschüttung für die Zeit vor der Liquidation zur Herstellung der Ausschüttungsbelastung nach Maßgabe des § 27 KStG 1999. Das gilt jedenfalls dann, wenn die GmbH innerhalb des Liquidationszeitraums keine Rumpfwirtschaftsjahre gebildet hat.

BFH vom 29.04.2009, I R 44/08 (BFH/NV 2009 S. 1541): Eine Gewinnausschüttung kann nur insoweit „für ein abgelaufenes Wirtschaftsjahr" i.S. des § 27 Abs. 3 Satz 1 KStG 1999 erfolgen, als sich aus dem Jahresabschluss für das betreffende Wirtschaftsjahr ein verteilungsfähiger Gewinn ergibt. Daran fehlt es,

---

1) Vgl. Anlage § 027-03.
2) Vgl. Anhang 1–02.

soweit in dem Jahresabschluss eine Rücklage für eigene Anteile gebildet worden ist, die nach den gesellschaftsrechtlichen Vorschriften in jenem Wirtschaftsjahr nicht aufgelöst werden durfte.

BFH vom 21.08.2007 I R 78/06 (BStBl. 2008 II S. 317): Einlagen, die eine Trägerkörperschaft ihrem Betrieb gewerblicher Art ohne eigene Rechtspersönlichkeit unter Geltung des Anrechnungsverfahrens zum Ausgleich von Verlusten zugeführt hat, erhöhen nicht den Anfangsbestand des steuerlichen Einlagekontos.

BFH vom 28.04.2004 I R 86/02 (BStBl. 2005 II S. 151):

1. Gilt in der Folge der Berichtigung einer Bilanz auch die DM-Eröffnungsbilanz rückwirkend als geändert, ist eine mit der Berichtigung verbundene Mehrung des Betriebsvermögens bei der gesonderten Feststellung des vEK dem EK 04 zuzuordnen.

2. Gelten die steuerliche Eröffnungsbilanz und die Folgebilanzen als geändert, gilt dies gleichermaßen für die darauf beruhenden Steuerbescheide einschließlich der Bescheide zur Feststellung des vEK. Soweit sich aus den Änderungen steuerliche Auswirkungen ergeben, sind die Bescheide förmlich zu ändern.

BFH vom 29.05.1996, I R 118/93 (BStBl. 1997 II S. 92):

1. Ein Anspruch auf Rückgewähr von vGA hat steuerrechtlich den Charakter einer Einlageforderung (Anschluß an die bisherige Rechtsprechung). Er schließt weder die Annahme einer vorherigen vGA i. S. des § 8 Abs. 3 Satz 2 KStG noch einer anderen Ausschüttung i. S. des § 27 Abs. 3 Satz 2 KStG aus.

2. Der Rückgewähranspruch ist gliederungsrechtlich erst im Zeitpunkt seiner Erfüllung im EK 04 zu erfassen (Änderung der Rechtsprechung).

BFH vom 19.07.1994 VIII R 58/92 (BStBl. 1995 II S. 362):

1. Ein Einkommensteuerbescheid kann auch mit dem Ziel angefochten werden, die Einkommensteuer höher festzusetzen, wenn andernfalls die Anrechnung einer höheren Kapitalertragsteuer oder einer höheren Körperschaftsteuer nicht möglich wäre.

2. Zu den Einkünften aus Kapitalvermögen gehören Ausschüttungen, für die Eigenkapital i. S. des § 30 Abs. 2 Nr. 4 KStG (EK 04) als verwendet gilt, auch dann nicht, wenn der Steuerpflichtige an der ausschüttenden Körperschaft gemäß § 17 EStG wesentlich beteiligt ist. Ob Ausschüttungen in diesem Sinne vorliegen, bestimmt sich nach dem gemäß § 47 KStG im vEK-Bescheid gesondert festgestellten Teilbetrag des verwendbaren Eigenkapitals der Körperschaft.

3. Der Teil der Ausschüttung einer Körperschaft, für den EK 04 als verwendet gilt, führt zu einer Minderung der Anschaffungskosten der wesentlichen Beteiligung.

BFH vom 23.06.1993 I R 72/92 (BStBl. 1993 II S. 801): ... Bei einer verhinderten Vermögensmehrung tritt der Vermögensabfluß zeitlich gesehen in dem Augenblick ein, in dem die verhinderte Vermögensmehrung bei einer unterstellten angemessenen Entgeltsvereinbarung sich nach allgemeinen Realisationsgrundsätzen gewinnerhöhend ausgewirkt hätte.

BFH vom 27.10.1992 VIII R 41/89 (BStBl. 1993 II S. 569):

1. Über Grund und Höhe einer verdeckten Gewinnausschüttung haben das Körperschaftsteuer-FA und das für die Veranlagung der Anteilseigner zuständige FA selbständig zu entscheiden (Anschluß an Beschluß des BFH vom 24. März 1987 I B 117/86, BFHE 149, 468, BStBl. II 1987, 508).

2. Ergebnismitteilungen des Körperschaftsteuer-FA an das für die Veranlagung der Anteilseigner zuständige Veranlagungs-FA über eine bei einer GmbH durchgeführte Außenprüfung geben rechtliche Schlußfolgerungen und Schätzungsergebnisse wieder, stellen für sich jedoch keine Tatsachen dar, die zu einer Änderung nach § 173 Abs. 1 Nr. 1 AO 1977 berechtigen.

3. Ein Sachverständigengutachten ist i. S. des § 173 Abs. 1 Nr. 1 AO 1977 insoweit Beweismittel, als es die Erkenntnis neuer Tatsachen vermittelt und nicht lediglich Schlußfolgerungen enthält.

§ 28 Umwandlung von Rücklagen in Nennkapital und Herabsetzung des Nennkapitals

(1) ¹Wird das Nennkapital durch Umwandlung von Rücklagen erhöht, so gilt der positive Bestand des steuerlichen Einlagekontos als vor den sonstigen Rücklagen umgewandelt. ²Maßgeblich ist dabei der sich vor Anwendung des Satzes 1 ergebende Bestand des steuerlichen Einlagekontos zum Schluss des Wirtschaftsjahrs der Rücklagenumwandlung. ³Enthält das Nennkapital auch Beträge, die ihm durch Umwandlung von sonstigen Rücklagen mit Ausnahme von aus Einlagen der Anteilseigner stammenden Beträgen zugeführt worden sind, so sind diese Teile des Nennkapitals getrennt auszuweisen und gesondert festzustellen (Sonderausweis). ⁴§ 27 Abs. 2 gilt entsprechend.

(2) ¹Im Fall der Herabsetzung des Nennkapitals oder der Auflösung der Körperschaft wird zunächst der Sonderausweis zum Schluss des vorangegangenen Wirtschaftsjahrs gemindert; ein übersteigender Betrag ist dem steuerlichen Einlagekonto gutzuschreiben, soweit die Einlage in das Nennkapital geleistet ist. ²Die Rückzahlung des Nennkapitals gilt, soweit der Sonderausweis zu mindern ist, als Gewinnausschüttung, die beim Anteilseigner zu Bezügen im Sinne des § 20 Abs. 1 Nr. 2 des Einkommensteuergesetzes führt. ³Ein den Sonderausweis übersteigender Betrag ist vom positiven Bestand des steuerlichen Einlagekontos abzuziehen. ⁴Soweit der positive Bestand des steuerlichen Einlagekontos für den Abzug nach Satz 3 nicht ausreicht, gilt die Rückzahlung des Nennkapitals ebenfalls als Gewinnausschüttung, die beim Anteilseigner zu Bezügen im Sinne des § 20 Abs. 1 Nr. 2 des Einkommensteuergesetzes führt.

(3) Ein Sonderausweis zum Schluss des Wirtschaftsjahrs vermindert sich um den positiven Bestand des steuerlichen Einlagekontos zu diesem Stichtag; der Bestand des steuerlichen Einlagekontos vermindert sich entsprechend.

KStR

Zu § 28 KStG

76. Sonderausweis
– unbesetzt –

Hinweise

H 76 Liquidation und Sonderausweis
→ *BMF vom 26.8.2003 – BStBl. I S. 434*¹⁾
Sonderausweis
→ *BMF vom 26.8.2003 – BStBl. I S. 434 und vom 4.6.2003 – BStBl. I S. 366*²⁾

---

1) Vgl. Anlage § 011-03.
2) Vgl. Anlage § 027-03.

§ 29 Kapitalveränderungen bei Umwandlungen

(1) In Umwandlungsfällen im Sinne des § 1 des Umwandlungsgesetzes gilt das Nennkapital der übertragenden Kapitalgesellschaft und bei Anwendung des Absatzes 2 Satz 3 und des Absatzes 3 Satz 3 zusätzlich das Nennkapital der übernehmenden Kapitalgesellschaft als in vollem Umfang nach § 28 Abs. 2 Satz 1 herabgesetzt.

(2) [1]Geht das Vermögen einer Kapitalgesellschaft durch Verschmelzung nach § 2 des Umwandlungsgesetzes auf eine unbeschränkt steuerpflichtige Körperschaft über, so ist der Bestand des steuerlichen Einlagekontos dem steuerlichen Einlagekonto der übernehmenden Körperschaft hinzuzurechnen. [2]Eine Hinzurechnung des Bestands des steuerlichen Einlagekontos nach Satz 1 unterbleibt im Verhältnis des Anteils des Übernehmers an dem übertragenden Rechtsträger. [3]Der Bestand des Einlagekontos des Übernehmers mindert sich anteilig im Verhältnis des Anteils des übertragenden Rechtsträgers am Übernehmer.

(3) [1]Geht Vermögen einer Kapitalgesellschaft durch Aufspaltung oder Abspaltung im Sinne des § 123 Abs. 1 und 2 des Umwandlungsgesetzes auf eine unbeschränkt steuerpflichtige Körperschaft über, so ist der Bestand des steuerlichen Einlagekontos der übertragenden Kapitalgesellschaft einer übernehmenden Körperschaft im Verhältnis der übergehenden Vermögensteile zu dem bei der übertragenden Kapitalgesellschaft vor dem Übergang bestehenden Vermögen zuzuordnen, wie es in der Regel in den Angaben zum Umtauschverhältnis der Anteile im Spaltungs- und Übernahmevertrag oder im Spaltungsplan (§ 126 Abs. 1 Nr. 3, § 136 des Umwandlungsgesetzes) zum Ausdruck kommt. [2]Entspricht das Umtauschverhältnis der Anteile nicht dem Verhältnis der übergehenden Vermögensteile zu dem bei der übertragenden Kapitalgesellschaft vor der Spaltung bestehenden Vermögen, ist das Verhältnis der gemeinen Werte der übergehenden Vermögensteile zu dem vor der Spaltung vorhandenen Vermögen maßgebend. [3]Für die Entwicklung des steuerlichen Einlagekontos des Übernehmers gilt Absatz 2 Satz 2 und 3 entsprechend. [4]Soweit das Vermögen durch Abspaltung auf eine Personengesellschaft übergeht, mindert sich das steuerliche Einlagekonto der übertragenden Kapitalgesellschaft in dem Verhältnis der übergehenden Vermögensteile zu dem vor der Spaltung bestehenden Vermögen.

(4) Nach Anwendung der Absätze 2 und 3 ist für die Anpassung des Nennkapitals der umwandlungsbeteiligten Kapitalgesellschaften § 28 Abs. 1 und 3 anzuwenden.

(5) Die vorstehenden Absätze gelten sinngemäß für andere unbeschränkt steuerpflichtige Körperschaften und Personenvereinigungen, die Leistungen im Sinne des § 20 Abs. 1 Nr. 1, 9 und 10 des Einkommensteuergesetzes gewähren können.

(6) [1]War für die übertragende Körperschaft oder Personenvereinigung ein Einlagekonto bisher nicht festzustellen, tritt für die Anwendung der vorstehenden Absätze an die Stelle des Einlagekontos der Bestand der nicht in das Nennkapital geleisteten Einlagen zum Zeitpunkt des Vermögensübergangs. [2]§ 27 Abs. 8 gilt entsprechend.

KStR

Zu § 29 KStG

77. Auswirkungen von Umwandlungen auf den Bestand des steuerlichen Einlagekontos und den Sonderausweis

– unbesetzt –

Hinweise

H 77 Auswirkungen von Umwandlungen auf den Bestand des steuerlichen Einlagekontos und den Sonderausweis

→ *BMF vom 16.12.2003 – BStB.II S. 786*[1)]

---

1) Vgl. Anhang 4a–02.

§ 29

Verwaltungsregelungen zu § 29

Datum	Anl.	Quelle	Inhalt
	§ 029-01	So	Auszug aus der Stellungnahme des FM NRW zum Richtlinien-Umsetzungsgesetz – EURLUmsG

§ 30 Entstehung der Körperschaftsteuer

Die Körperschaftsteuer entsteht

1. für Steuerabzugsbeträge in dem Zeitpunkt, in dem die steuerpflichtigen Einkünfte zufließen,

2. für Vorauszahlungen mit Beginn des Kalendervierteljahrs, in dem die Vorauszahlungen zu entrichten sind, oder, wenn die Steuerpflicht erst im Laufe des Kalenderjahrs begründet wird, mit Begründung der Steuerpflicht,

3. für die veranlagte Steuer mit Ablauf des Veranlagungszeitraums, soweit nicht die Steuer nach Nummer 1 oder 2 schon früher entstanden ist.

KStR

Zu § 30 KStG

78. Entstehung der Körperschaftsteuer

[1]Die Körperschaftsteuer entsteht hinsichtlich des Körperschaftsteuererhöhungs- und -minderungsbetrags nach §§ 37, 38 KStG mit Ablauf des VZ, in dem die Leistung erbracht bzw. empfangen wird, die die Körperschaftsteueränderung auslöst. [2]Das gilt entsprechend für die besondere Körperschaftsteuer nach § 5 Abs. 1 Nr. 5 Satz 4 KStG.

§ 31 Steuererklärungspflicht, Veranlagung und Erhebung der Körperschaftsteuer

(1) [1]**Auf die Durchführung der Besteuerung einschließlich der Anrechnung, Entrichtung und Vergütung der Körperschaftsteuer sowie die Festsetzung und Erhebung von Steuern, die nach der veranlagten Körperschaftsteuer bemessen werden (Zuschlagsteuern), sind die Vorschriften des Einkommensteuergesetzes entsprechend anzuwenden, soweit dieses Gesetz nichts anderes bestimmt.** [2]**Wird der Gewinn durch Bestandsvergleich ermittelt, sind bei der Festsetzung der Vorauszahlungen die Änderungen durch das Unternehmensteuerreformgesetz 2008 vom 14. August 2007 (BGBl. I S. 1912) zu berücksichtigen, wenn der Steuerpflichtige dies nach amtlich vorgeschriebenem Vordruck beantragt oder das Finanzamt den Steuerpflichtigen zur Abgabe des Vordrucks auffordert.** [3]**Die sich im Zuge der Festsetzung ergebenden einzelnen Körperschaftsteuerbeträge sind jeweils zu Gunsten des Steuerpflichtigen auf volle Euro-Beträge zu runden.** [4]**§ 37b des Einkommensteuergesetzes findet entsprechende Anwendung.**[1]

(1a)[2]

(2) Bei einem vom Kalenderjahr abweichenden Wirtschaftsjahr gilt § 37 Abs. 1 des Einkommensteuergesetzes mit der Maßgabe, dass die Vorauszahlungen auf die Körperschaftsteuer bereits während des Wirtschaftsjahrs zu entrichten sind, das im Veranlagungszeitraum endet.

KStR

Zu § 31 KStG

79. Besteuerung kleiner Körperschaften

(1) [1]Nach § 156 Abs. 2 AO kann die Festsetzung von Steuern unterbleiben, wenn feststeht, dass die Kosten der Einziehung einschließlich der Festsetzung außer Verhältnis zu dem festzusetzenden Betrag stehen. [2]Diese Voraussetzung kann im Einzelfall bei kleinen Körperschaften erfüllt sein, die einen Freibetrag nach § 24 oder § 25 KStG nicht beanspruchen können, insbesondere bei kleinen Erwerbs- und Wirtschaftsgenossenschaften. [3]Bei diesen Körperschaften kann das in Satz 1 bezeichnete Missverhältnis insbesondere vorliegen, wenn das Einkommen im Einzelfall offensichtlich 500 Euro nicht übersteigt. [4]Dementsprechend kann in diesen Fällen von einer Veranlagung zur Körperschaftsteuer und von den gesonderten Feststellungen nach §§ 27, 28, 37 und 38 KStG abgesehen werden. [5]Dies gilt nicht im Fall von Komplementär-Kapitalgesellschaften, die der auf sie entfallende Gewinnanteil im Rahmen der gesonderten Gewinnfeststellung zu ermitteln ist.

(2) Die Veranlagung und die gesonderten Feststellungen für die in Absatz 1 bezeichneten Körperschaften sind auch durchzuführen, wenn die Körperschaften dies beantragen.

(3) Bei der erstmaligen gesonderten Feststellung nach § 27 KStG ist davon auszugehen, dass das in der Steuerbilanz ausgewiesene Eigenkapital ausschließlich aus ausschüttbarem Gewinn (§ 27 Abs. 1 Satz 4 KStG) und gezeichnetem Kapital besteht, soweit die Körperschaft nicht nachweist, dass es aus Einlagen stammt.

---

1) § 31 Abs. 1a in der in dem Text ab Seite 1 dieses Handbuchs wiedergegebenen Fassung ist ab VZ 2011 anzuwenden, s. § 34 Abs. 13a.

2) Der in der Gesetzesfassung ab Seite 1 dieses Handbuchs wiedergegebene § 31 Abs. 1a ist erstmals für den VZ 2011 anzuwenden (§ 34 Abs. 13a).

§ 32 Sondervorschriften für den Steuerabzug

(1) Die Körperschaftsteuer für Einkünfte, die dem Steuerabzug unterliegen, ist durch den Steuerabzug abgegolten,

1. wenn die Einkünfte nach § 5 Abs. 2 Nr. 1 von der Steuerbefreiung ausgenommen sind oder

2. wenn der Bezieher der Einkünfte beschränkt steuerpflichtig ist und die Einkünfte nicht in einem inländischen gewerblichen oder land- oder forstwirtschaftlichen Betrieb angefallen sind.

(2)[1] Die Körperschaftsteuer ist nicht abgegolten,

1. wenn bei dem Steuerpflichtigen während eines Kalenderjahrs sowohl unbeschränkte Steuerpflicht als auch beschränkte Steuerpflicht im Sinne des § 2 Nr. 1 bestanden hat; in diesen Fällen sind die während der beschränkten Steuerpflicht erzielten Einkünfte in eine Veranlagung zur unbeschränkten Körperschaftsteuerpflicht einzubeziehen;

2. für Einkünfte, die dem Steuerabzug nach § 50a Abs. 1 Nr. 1, 2 oder Nr. 4 des Einkommensteuergesetzes unterliegen, wenn der Gläubiger der Vergütungen eine Veranlagung zur Körperschaftsteuer beantragt;

3. soweit der Steuerpflichtige wegen der Steuerabzugsbeträge in Anspruch genommen werden kann oder

4. soweit § 38 Abs. 2 anzuwenden ist.

(3) [1]Von den inländischen Einkünften im Sinne des § 2 Nr. 2 zweiter Halbsatz ist ein Steuerabzug vorzunehmen; Entsprechendes gilt, wenn die inländischen Einkünfte im Sinne des § 2 Nr. 2 zweiter Halbsatz von einer nach § 5 Abs. 1 oder nach anderen Gesetzen als dem Körperschaftsteuergesetz steuerbefreiten Körperschaft, Personenvereinigung oder Vermögensmasse erzielt werden. [2]Der Steuersatz beträgt 15 Prozent des Entgelts. [3]Die für den Steuerabzug von Kapitalerträgen im Sinne des § 43 Abs. 1 Satz 1 Nr. 1 geltenden Vorschriften des Einkommensteuergesetzes mit Ausnahme des § 44 Abs. 2 und § 44a Abs. 8 des Einkommensteuergesetzes sind entsprechend anzuwenden. [4]Der Steuerabzug ist bei Einnahmen oder Bezügen im Sinne des § 2 Nr. 2 zweiter Halbsatz Buchstabe c von der anderen Körperschaft im Sinne des § 8b Abs. 10 Satz 2 vorzunehmen. [5]In Fällen des Satzes 4 hat die überlassende Körperschaft der anderen Körperschaft den zur Deckung der Kapitalertragsteuer notwendigen Betrag zur Verfügung zu stellen; § 44 Abs. 1 Satz 8 und 9 des Einkommensteuergesetzes gilt entsprechend.

(4)[2] [1]Absatz 2 Nr. 2 gilt nur für beschränkt steuerpflichtige Körperschaften, Personenvereinigungen oder Vermögensmassen im Sinne des § 2 Nr. 1, die nach den Rechtsvorschriften eines Mitgliedstaates der Europäischen Union oder nach den Rechtsvorschriften eines Staates, auf den das Abkommen über den Europäischen Wirtschaftsraum vom 3. Januar 1994 (ABl. EG Nr. L 1 S. 3), zuletzt geändert durch den Beschluss des Gemeinsamen EWR-Ausschusses Nr. 91/2007 vom 6. Juli 2007 (ABl. EU Nr. L 328 S. 40), in der jeweiligen Fassung Anwendung findet, gegründete Gesellschaften im Sinne des Artikels 48 des Vertrags zur Gründung der Europäischen Gemeinschaft oder des Artikels 34 des Abkommens über den Europäischen Wirtschaftsraum sind, deren Sitz und Ort der Geschäftsleitung sich innerhalb des Hoheitsgebiets eines dieser Staaten befindet. [2]Europäische Gesellschaften sowie Europäische Genossenschaften gelten für die Anwendung des Satzes 1 als nach den Rechtsvorschriften des Staates gegründete Gesellschaften, in dessen Hoheitsgebiet sich der Sitz der Gesellschaften befindet.

---

1) § 32 Abs. 2 i.d.F. des JStG 2009 gilt erstmals ab VZ 2009.

2) § 32 Abs. 4 neu angefügt durch das JStG 2009.

KStR

Zu § 32 KStG

80. Sondervorschriften für den Steuerabzug vom Kapitalertrag
– unbesetzt –

Hinweise

H 80 Erstattung des Zinsabschlags an steuerbefreite Körperschaften in besonderen Fällen
→ *BMF vom 5.11.2002 – BStBl. I S. 1346*

Verwaltungsregelungen zu § 32

Datum	Anl.	Quelle	Inhalt
20.02.08	§ 032-01	BLSt	Anwendung des § 15 Abs. 1 Satz 7 und 8 InvStG i. V. m. § 32 Abs. 3 KStG

Rechtsprechungsauswahl

Zu § 32 KStG
BFH vom 22.04.2009, I R 53/07 (BFH/NV 2009, 1543)[1]:

1. Die Erstattung einbehaltener und abgeführter Kapitalertragsteuer setzt entweder den Erlass eines Freistellungsbescheids oder eine Änderung oder Aufhebung der Steueranmeldung voraus, auf der die Abführung der Steuer beruht. Der Freistellungsanspruch kann, wenn der Kapitalertrag weder der unbeschränkten noch der beschränkten Steuerpflicht unterliegt, auf eine analoge Anwendung von § 50d Abs. 1 EStG 2002 gestützt werden. Zuständig für die Entscheidung über dieses Freistellungsbegehren ist das FA (Bestätigung der ständigen Senatsrechtsprechung).

2. Die Körperschaftsteuer für Kapitalerträge i.S. von § 20 Abs. 1 Nr. 1 EStG 2002, die nach § 43 Abs. 1 Satz 1 Nr. 1 und Satz 3 i.V.m. § 31 Abs. 1 Satz 1 KStG 2002 dem Steuerabzug unterliegen, ist bei einer beschränkt steuerpflichtigen Kapitalgesellschaft als Bezieherin der Einkünfte nach § 32 Abs. 1 Nr. 2 KStG 2002 durch den Steuerabzug abgegolten. Dass die Kapitalerträge nach § 8b Abs. 1 KStG 2002 bei der Ermittlung des Einkommens einer Kapitalgesellschaft außer Ansatz bleiben, ändert daran nichts.

3. Der Einbehalt von Kapitalertragsteuer auf Dividenden einer im Inland ansässigen Kapitalgesellschaft an eine in der Schweiz ansässige Kapitalgesellschaft verstößt nicht gegen die Kapitalverkehrfreiheit; eine etwaige doppelte Besteuerung ist nach Art. 24 Abs. 2 Nr. 2 DBA-Schweiz 1971 durch entsprechende steuerliche Entlastungsmaßnahmen in der Schweiz zu vermeiden.

---

[1] Verfassungsbeschwerde eingelegt (Az. des BVerfG: 2 BvR 1807/09).

§ 32a Erlass, Aufhebung oder Änderung von Steuerbescheiden bei verdeckter Gewinnausschüttung oder verdeckter Einlage

(1) ¹Soweit gegenüber einer Körperschaft ein Steuerbescheid hinsichtlich der Berücksichtigung einer verdeckten Gewinnausschüttung erlassen, aufgehoben oder geändert wird, kann ein Steuerbescheid oder ein Feststellungsbescheid gegenüber dem Gesellschafter, dem die verdeckte Gewinnausschüttung zuzurechnen ist, oder einer diesem nahe stehenden Person erlassen, aufgehoben oder geändert werden. ²Die Festsetzungsfrist endet insoweit nicht vor Ablauf eines Jahres nach Unanfechtbarkeit des Steuerbescheides der Körperschaft. ³Die Sätze 1 und 2 gelten auch für verdeckte Gewinnausschüttungen an Empfänger von Bezügen im Sinne des § 20 Abs. 1 Nr. 9 und 10 Buchstabe a des Einkommensteuergesetzes.

(2) ¹Soweit gegenüber dem Gesellschafter ein Steuerbescheid oder ein Feststellungsbescheid hinsichtlich der Berücksichtigung einer verdeckten Einlage erlassen, aufgehoben oder geändert wird, kann ein Steuerbescheid gegenüber der Körperschaft, welcher der Vermögensvorteil zugewendet wurde, aufgehoben, erlassen oder geändert werden. ²Abs. 1 Satz 2 gilt entsprechend.

Rechtsprechungsauswahl

Zu § 32a KStG

BFH vom 20.03.2009, VIII B 170/08, (BFH/NV 2009 S. 1029): Wandelt sich das von einer Kapitalgesellschaft betriebene und wegen Insolvenzeröffnung zunächst unterbrochene Klageverfahren betreffend Körperschaftsteuer durch Aufnahme des Rechtsstreits durch das Finanzamt in ein Insolvenz-Feststellungsverfahren und einigen sich die Beteiligten jenes Verfahrens über eine Verminderung der ursprünglich angesetzten verdeckten Gewinnausschüttung mit der Folge, dass das Finanzamt seine Anmeldungen zur Insolvenztabelle entsprechend vermindert und der Rechtsstreit in der Körperschaftsteuersache in der Hauptsache für erledigt erklärt wird, so ist bei summarischer Betrachtung in sinngemäßer Anwendung des § 32a Abs. 1 KStG die Vollziehung des Einkommensteuerbescheides des Gesellschafters dementsprechend auszusetzen.

FÜNFTER TEIL
Ermächtigungs- und Schlussvorschriften

§ 33 Ermächtigungen

(1) [1]Die Bundesregierung wird ermächtigt, zur Durchführung dieses Gesetzes mit Zustimmung des Bundesrates durch Rechtsverordnung

1. zur Wahrung der Gleichmäßigkeit bei der Besteuerung, zur Beseitigung von Unbilligkeiten in Härtefällen und zur Vereinfachung des Besteuerungsverfahrens den Umfang der Steuerbefreiungen nach § 5 Abs. 1 Nr. 3 und 4 näher zu bestimmen. [2]Dabei können

   a) zur Durchführung des § 5 Abs. 1 Nr. 3 Vorschriften erlassen werden, nach denen die Steuerbefreiung nur eintritt,

   aa) wenn die Leistungsempfänger nicht überwiegend aus dem Unternehmer oder seinen Angehörigen, bei Gesellschaften aus den Gesellschaftern und ihren Angehörigen bestehen,

   bb) wenn bei Kassen mit Rechtsanspruch der Leistungsempfänger die Rechtsansprüche und bei Kassen ohne Rechtsanspruch der Leistungsempfänger die laufenden Kassenleistungen und das Sterbegeld bestimmte Beträge nicht übersteigen, die dem Wesen der Kasse als soziale Einrichtung entsprechen,

   cc) wenn bei Auflösung der Kasse ihr Vermögen satzungsmäßig nur für soziale Zwecke verwendet werden darf,

   dd) wenn rechtsfähige Pensions-, Sterbe- und Krankenkassen der Versicherungsaufsicht unterliegen,

   ee) wenn bei rechtsfähigen Unterstützungskassen die Leistungsempfänger zu laufenden Beiträgen oder Zuschüssen nicht verpflichtet sind und die Leistungsempfänger oder die Arbeitnehmervertretungen des Betriebs oder der Dienststelle an der Verwaltung der Beträge, die der Kasse zufließen, beratend mitwirken können;

   b) zur Durchführung des § 5 Abs. 1 Nr. 4 Vorschriften erlassen werden

   aa) über die Höhe der für die Inanspruchnahme der Steuerbefreiung zulässigen Beitragseinnahmen,

   bb) nach denen bei Versicherungsvereinen auf Gegenseitigkeit, deren Geschäftsbetrieb sich auf die Sterbegeldversicherung beschränkt, die Steuerbefreiung unabhängig von der Höhe der Beitragseinnahmen auch eintritt, wenn die Höhe des Sterbegeldes insgesamt die Leistung der nach § 5 Abs. 1 Nr. 3 steuerbefreiten Sterbekassen nicht übersteigt und wenn der Verein auch im Übrigen eine soziale Einrichtung darstellt;

2. Vorschriften zu erlassen

   a) über die Kleinbeträge, um die eine Rückstellung für Beitragsrückerstattung nach § 21 Abs. 2 nicht aufgelöst zu werden braucht, wenn die Auszahlung dieser Beträge an die Versicherten mit einem unverhältnismäßig hohen Verwaltungsaufwand verbunden wäre;

   b) über die Herabsetzung oder Erhöhung der Körperschaftsteuer nach § 23 Abs. 2;

   c) nach denen bei Anschaffung oder Herstellung von abnutzbaren beweglichen und bei Herstellung von abnutzbaren unbeweglichen Wirtschaftsgütern des Anlagevermögens auf Antrag ein Abzug von der Körperschaftsteuer für den Veranlagungszeitraum der Anschaffung oder Herstellung bis zur Höhe von 7,5 Prozent der Anschaffungs- oder Herstellungskosten dieser Wirtschaftsgüter vorgenommen werden kann. [2]§ 51 Abs. 1 Nr. 2 Buchstabe s des Einkommensteuergesetzes gilt entsprechend;

   d) nach denen Versicherungsvereine auf Gegenseitigkeit von geringerer wirtschaftlicher Bedeutung, die eine Schwankungsrückstellung nach § 20 Abs. 1 nicht gebildet haben, zum Ausgleich des schwankenden Jahresbedarfs zu Lasten des steuerlichen Gewinns

Beträge der nach § 37 des Versicherungsaufsichtsgesetzes zu bildenden Verlustrücklage zuführen können;

e) [1] die die Steuerbefreiung nach § 8b Absatz 1 Satz 1 und Absatz 2 Satz 1 sowie vergleichbare Vorschriften in Abkommen zur Vermeidung der Doppelbesteuerung von
der Erfüllung besonderer Nachweis- und Mitwirkungspflichten abhängig machen,
wenn außerhalb des Geltungsbereichs dieses Gesetzes ansässige Beteiligte oder andere
Personen nicht wie inländische Beteiligte bei Vorgängen innerhalb des Geltungsbereichs dieses Gesetzes zur Mitwirkung bei der Ermittlung des Sachverhalts herangezogen werden können. [2]Die besonderen Nachweis- und Mitwirkungspflichten können sich auf die Angemessenheit der zwischen nahestehenden Personen im Sinne des
§ 1 Absatz 2 des Außensteuergesetzes in ihren Geschäftsbeziehungen vereinbarten
Bedingungen und die Bevollmächtigung der Finanzbehörde, im Namen des Steuerpflichtigen mögliche Auskunftsansprüche gegenüber den von der Finanzbehörde benannten Kreditinstituten außergerichtlich und gerichtlich geltend zu machen, erstrecken. [3]Die besonderen Nachweis- und Mitwirkungspflichten auf der Grundlage dieses
Buchstabens gelten nicht, wenn die außerhalb des Geltungsbereichs dieses Gesetzes
ansässigen Beteiligten oder anderen Personen in einem Staat oder Gebiet ansässig
sind, mit dem ein Abkommen besteht, das die Erteilung von Auskünften entsprechend
Artikel 26 des Musterabkommens der OECD zur Vermeidung der Doppelbesteuerung auf dem Gebiet der Steuern vom Einkommen und vom Vermögen in der Fassung
von 2005 vorsieht oder der Staat oder das Gebiet Auskünfte in einem vergleichbaren
Umfang erteilt oder die Bereitschaft zu einer entsprechenden Auskunftserteilung besteht.

(2) Das Bundesministerium der Finanzen wird ermächtigt,

1. im Einvernehmen mit den obersten Finanzbehörden der Länder Muster der in den §§ 27
und 37 vorgeschriebenen Bescheinigungen zu bestimmen;

2. den Wortlaut dieses Gesetzes und der zu diesem Gesetz erlassenen Durchführungsverordnungen in der jeweils geltenden Fassung mit neuem Datum, unter neuer Überschrift
und in neuer Paragrafenfolge bekannt zu machen und dabei Unstimmigkeiten des
Wortlauts zu beseitigen.

Verwaltungsregelungen zu § 33

Datum	Anl.	Quelle	Inhalt
18.09.09	§ 033-01		Auszug aus der Steuerhinterziehungsbekämpfungs-verordnung (SteuerHBekV) vom 18.09.2009 (BGBl. I 2009 S. 3046)

---

1) § 33 Abs. 1 Nr. 2 Buchst. e) eingefügt durch Gesetz vom 29.07.2009 (BGBl. I S. 2302). Siehe dazu die Steuerhinterziehungsbekämpfungsverordnung vom 18. September 2009 (BGBl. I S. 3046), abgedruckt in Anlage § 33-
01.

§ 34 Schlussvorschriften

(1) Diese Fassung des Gesetzes gilt, soweit in den folgenden Absätzen nichts anderes bestimmt ist, erstmals für den Veranlagungszeitraum 2009 [1)].

(2) Das Körperschaftsteuergesetz in der Fassung des Artikels 3 des Gesetzes vom 23. Oktober 2000 (BGBl. I S. 1433) ist bei vom Kalenderjahr abweichenden Wirtschaftsjahren erstmals für den Veranlagungszeitraum 2002 anzuwenden, wenn das erste im Veranlagungszeitraum 2001 endende Wirtschaftsjahr vor dem 1. Januar 2001 beginnt.

(2a) § 2 Nr. 2 und § 5 Abs. 2 Nr. 1 in der Fassung des Artikels 2 des Gesetzes vom 14. August 2007 (BGBl. I S. 1912) sind erstmals auf Entgelte anzuwenden, die nach dem 17. August 2007 zufließen.

(3) [1]§ 5 Abs. 1 Nr. 2 ist für die Landestreuhandstelle Hessen – Bank für Infrastruktur – rechtlich unselbständige Anstalt in der Landesbank Hessen-Thüringen Girozentrale erstmals für den Veranlagungszeitraum 2007 sowie für die Investitions- und Förderbank Niedersachsen erstmals für den Veranlagungszeitraum 2008 anzuwenden. [2]Die Steuerbefreiung nach § 5 Abs. 1 Nr. 2 in der bis zum 24. Dezember 2008 geltenden Fassung ist für die Investitions- und Förderbank Niedersachsen GmbH sowie für die Niedersächsische Landestreuhandstelle – Norddeutsche Landesbank Girozentrale – letztmals für den Veranlagungszeitraum 2007 anzuwenden.

(3a) § 5 Abs. 1 Nr. 8 in der Fassung des Artikels 31 des Gesetzes vom 9. Dezember 2004 (BGBl. I S. 3242) ist erstmals für den Veranlagungszeitraum 2005 anzuwenden.

(3b) § 5 Abs. 1 Nr. 16 in der am 21. Dezember 2004 geltenden Fassung ist erstmals für den Veranlagungszeitraum 2005 anzuwenden.

(3c) § 5 Abs. 1 Nr. 23 in der Fassung des Artikels 3 des Gesetzes vom 15. Dezember 2003 (BGBl. I S. 2645) ist auch in Veranlagungszeiträumen vor 2003 anzuwenden.

(4) [1]§ 5 Abs. 2, § 8a Abs. 1, die §§ 8b, 15, 16 und 18, § 26 Abs. 6, die §§ 27, 28 und 29, § 32 Abs. 2, § 33 Abs. 1 und 2, §§ 35, 36, 37, 38 und 39 sowie § 40 Abs. 3 des Körperschaftsteuergesetzes in der Fassung des Artikels 2 des Gesetzes vom 20. Dezember 2001 (BGBl. I S. 3858) sind, soweit in den folgenden Absätzen nichts anderes bestimmt ist, erstmals für den Veranlagungszeitraum anzuwenden, für den erstmals das Körperschaftsteuergesetz in der Fassung des Artikels 3 des Gesetzes vom 23. Oktober 2000 (BGBl. I S. 1433) anzuwenden ist. [2]§ 29 des Körperschaftsteuergesetzes in der Fassung des Gesetzes vom 14. Juli 2000 (BGBl. I S. 1034) wird mit Wirkung ab diesem Veranlagungszeitraum nicht mehr angewendet.

(5) [1]Erwerbs- und Wirtschaftsgenossenschaften sowie Vereine können bis zum 31. Dezember 1991, in den Fällen des § 54 Abs. 4 des Körperschaftsteuergesetzes in der Fassung des Artikels 9 des Gesetzes vom 18. Dezember 1989 (BGBl. I S. 2212) bis zum 31. Dezember 1992 oder, wenn es sich um Erwerbs- und Wirtschaftsgenossenschaften oder Vereine in dem in Artikel 3 des Einigungsvertrages genannten Gebiet handelt, bis zum 31. Dezember 1993 durch schriftliche Erklärung auf die Steuerbefreiung nach § 5 Abs. 1 Nr. 10 und 14 des Körperschaftsteuergesetzes in der Fassung des Artikels 4 des Gesetzes vom 14. Juli 2000 (BGBl. I S. 1034) verzichten, und zwar auch für den Veranlagungszeitraum 1990. [2]Die Körperschaft ist mindestens für fünf aufeinander folgende Kalenderjahre an die Erklärung gebunden. [3]Die Erklärung kann nur mit Wirkung vom Beginn eines Kalenderjahrs an widerrufen werden. [4]Der Widerruf ist spätestens bis zur Unanfechtbarkeit der Steuerfestsetzung des Kalenderjahrs zu erklären, für das er gelten soll.

(5a) § 5 Abs. 2 Nr. 2 in der Fassung des Artikels 3 des Gesetzes vom 19. Dezember 2008 (BGBl. I S. 2794) ist auch für Veranlagungszeiträume vor 2009 anzuwenden.

---

1) § 34 Abs. 1 i.d.F. des JStG 2009 vom 19.12.2008 (BGBl. I S. 2794).

(6)[1] [1]§ 8 Abs. 1 Satz 2 in der Fassung des Artikels 3 des Gesetzes vom 19. Dezember 2008 (BGBl. I S. 2794) ist auch für Veranlagungszeiträume vor 2009 anzuwenden. [2]§ 8 Abs. 3 Satz 4 bis 6 in der Fassung des Artikels 4 des Gesetzes vom 13. Dezember 2006 (BGBl. I S. 2878) ist erstmals auf verdeckte Einlagen anzuwenden, die nach dem 18. Dezember 2006 getätigt wurden. [3]§ 8 Abs. 4 in der am 23. Dezember 2001 geltenden Fassung ist neben § 8c KStG in der Fassung des Artikels 2 des Gesetzes vom 14. August 2007 (BGBl. I S. 1912) letztmals anzuwenden, wenn mehr als die Hälfte der Anteile an einer Kapitalgesellschaft innerhalb eines Zeitraums vom fünf Jahren übertragen werden, der vor dem 1. Januar 2008 beginnt, und der Verlust der wirtschaftlichen Identität vor dem 1. Januar 2013 eintritt. [4]§ 8 Abs. 7 in der Fassung des Artikels 3 des Gesetzes vom 19. Dezember 2008 (BGBl. I S. 2794) ist auch für Veranlagungszeiträume vor 2009 anzuwenden. [5]Ist im Einzelfall vor dem 18. Juni 2008 bei der Einkommensermittlung nach anderen Grundsätzen als nach § 8 Abs. 7 in der Fassung des Artikels 3 des Gesetzes vom 19. Dezember 2008 (BGBl. I S. 2794) verfahren worden, so sind diese Grundsätze insoweit letztmals für den Veranlagungszeitraum 2011 maßgebend. [6]Entfällt nach dem 18. Juni 2008 erstmals die Mehrheit der Stimmrechte nicht mehr unmittelbar oder mittelbar auf juristische Personen des öffentlichen Rechts oder tragen trotz Bestehens des Stimmrechtserfordernisses nach diesem Tag erstmals auch andere als diese Gesellschafter die Verluste aus den Dauerverlustgeschäften, ist Satz 5 für Veranlagungszeiträume vor 2012 nicht mehr anzuwenden. [7]§ 8 Abs. 8 in der Fassung des Artikels 3 des Gesetzes vom 19. Dezember 2008 (BGBl. I S. 2794) ist erstmals für den Ver-

---

1) § 34 Abs. 6 lautet nach Notifizierung des MoRaKG durch die EU-Kommission (siehe die Fußnote bei § 8c Abs. 2) wie folgt:
„[1]§ 8 Abs. 1 Satz 2 in der Fassung des Artikels 3 des Gesetzes vom 19. Dezember 2008 (BGBl. I S. 2794) ist auch für Veranlagungszeiträume vor 2009 anzuwenden. [2]§ 8 Abs. 3 Satz 4 bis 6 in der Fassung des Artikels 4 des Gesetzes vom 13. Dezember 2006 (BGBl. I S. 2878) ist erstmals auf verdeckte Einlagen anzuwenden, die nach dem 18. Dezember 2006 getätigt wurden. [3]§ 8 Abs. 4 in der am 23. Dezember 2001 geltenden Fassung ist neben § 8c KStG in der Fassung des Artikels 2 des Gesetzes vom 14. August 2007 (BGBl. I S. 1912) letztmals anzuwenden, wenn mehr als die Hälfte der Anteile an einer Kapitalgesellschaft innerhalb eines Zeitraums vom fünf Jahren übertragen werden, der vor dem 1. Januar 2008 beginnt, und der Verlust der wirtschaftlichen Identität vor dem 1. Januar 2013 eintritt. Ein nach Satz 4 [gemeint: Satz 3] nicht abziehbarer Verlust kann im Fall einer Übertragung von mehr als der Hälfte der Anteile an einer Zielgesellschaft im Sinne des § 2 Abs. 3 des Wagniskapitalbeteiligungsgesetzes durch eine Wagniskapitalbeteiligungsgesellschaft (§ 2 Abs. 1 des Wagniskapitalbeteiligungsgesetzes) anteilig abgezogen werden, soweit er auf stille Reserven des steuerpflichtigen inländischen Betriebsvermögens der Zielgesellschaft entfällt (abziehbarer Verlust). [5]Gleiches gilt im Falle eines unmittelbaren schädlichen Beteiligungserwerbs an einer Zielgesellschaft von einer Wagniskapitalbeteiligungsgesellschaft durch einen Erwerber, der keine Wagniskapitalbeteiligungsgesellschaft ist, wenn
1. die Zielgesellschaft bei Erwerb der Beteiligung ein Eigenkapital von nicht mehr als 20 Millionen Euro aufweist oder
2. die Zielgesellschaft bei Erwerb der Beteiligung ein Eigenkapital von nicht mehr als 100 Millionen Euro aufweist und die den Betrag von 20 Millionen Euro übersteigende Erhöhung des Eigenkapitals auf den Jahresüberschüssen der der Veräußerung vorangegangenen vier Geschäftsjahre beruht;
der Zeitraum zwischen Anschaffung und Veräußerung der Beteiligung an der Zielgesellschaft durch die Wagniskapitalbeteiligungsgesellschaft darf vier Jahre nicht unterschreiten. [6]Der abziehbare Verlust kann im Jahr des Wegfalls der wirtschaftlichen Identität zu einem Fünftel im Rahmen des Verlustabzugs nach § 10d des Einkommensteuergesetzes abgezogen werden; dieser Betrag erhöht sich in den folgenden vier Jahren um je ein weiteres Fünftel des abziehbaren Verlusts. [7]§ 8 Abs. 7 in der Fassung des Artikels 3 des Gesetzes vom 19. Dezember 2008 (BGBl. I S. 2794) ist auch für Veranlagungszeiträume vor 2009 anzuwenden. [8]Ist im Einzelfall vor dem 18. Juni 2008 bei der Einkommensermittlung nach anderen Grundsätzen als nach § 8 Abs. 7 in der Fassung des Artikels 3 des Gesetzes vom 19. Dezember 2008 (BGBl. I S. 2794) verfahren worden, so sind diese Grundsätze insoweit letztmals für den Veranlagungszeitraum 2011 maßgebend. [9]Entfällt nach dem 18. Juni 2008 erstmals die Mehrheit der Stimmrechte nicht mehr unmittelbar oder mittelbar auf juristische Personen des öffentlichen Rechts oder tragen trotz Bestehens des Stimmrechtserfordernisses nach diesem Tag erstmals auch andere als diese Gesellschafter die Verluste aus den Dauerverlustgeschäften, ist Satz 5 für Veranlagungszeiträume vor 2012 nicht mehr anzuwenden. [10]§ 8 Abs. 8 in der Fassung des Artikels 3 des Gesetzes vom 19. Dezember 2008 (BGBl. I S. 2794) ist erstmals für den Veranlagungszeitraum 2009 anzuwenden. [11]Der zum 31. Dezember 2008 für einen Betrieb gewerblicher Art, der durch eine Zusammenfassung entstanden war, festgestellte Verlustvortrag, gilt als in diesem Betrieb gewerblicher Art entstanden. [12]§ 8 Abs. 9 in der Fassung des Artikels 3 des Gesetzes vom 19. Dezember 2008 (BGBl. I S. 2794) ist erstmals für den Veranlagungszeitraum 2009 anzuwenden. [13]Ein auf den Schluss des Veranlagungszeitrums 2008 festgestellter Verlustvortrag ist sachgerecht nach Maßgabe des § 8 Abs. 9 aufzuteilen, die sich hiernach ergebenden jeweiligen Beträge gelten als Ausgangsbetrag bei der Anwendung des § 10d des Einkommensteuergesetzes in dem folgenden Veranlagungszeitraum. [14]Für den Verlustrücktrag nach Maßgabe des § 10d des Einkommensteuergesetzes in den Veranlagungszeitraum 2008 ist die Summe der sich im Veranlagungszeitraum 2009 ergebenden Beträge aus den einzelnen Sparten maßgebend. [15]Nach Inkrafttreten des Artikels 4 des Gesetzes vom 12. August 2008 (BGBl. I S. 1672) ist Satz 9 mit der Maßgabe anzuwenden, dass an die Stelle der Angabe „Satz 5" die Angabe „Satz 8" tritt.

anlagungszeitraum 2009 anzuwenden. [8]Der zum 31. Dezember 2008 für einen Betrieb gewerblicher Art, der durch eine Zusammenfassung entstanden war, festgestellte Verlustvortrag, gilt als in diesem Betrieb gewerblicher Art entstanden. [9]§ 8 Abs. 9 in der Fassung des Artikels 3 des Gesetzes vom 19. Dezember 2008 (BGBl. I S. 2794) ist erstmals für den Veranlagungszeitraum 2009 anzuwenden. [10]Ein auf den Schluss des Veranlagungszeitrums 2008 festgestellter Verlustvortrag ist sachgerecht nach Maßgabe des § 8 Abs. 9 aufzuteilen, die sich hiernach ergebenden jeweiligen Beträge gelten als Ausgangsbetrag bei der Anwendung des § 10d des Einkommensteuergesetzes in dem folgenden Veranlagungszeitraum. [11]Für den Verlustrücktrag nach Maßgabe des § 10d des Einkommensteuergesetzes in den Veranlagungszeitraum 2008 ist die Summe der sich im Veranlagungszeitraum 2009 ergebenden Beträge aus den einzelnen Sparten maßgebend. [12]Nach Inkrafttreten des Artikels 4 des Gesetzes vom 12. August 2008 (BGBl. I S. 1672) ist Satz 9 mit der Maßgabe anzuwenden, dass an die Stelle der Angabe „Satz 5 " die Angabe „Satz 8 " tritt.

(6a) [1]§ 8a in der Fassung des Artikels 3 des Gesetzes vom 22. Dezember 2003 (BGBl. I S. 2840) ist erstmals für das Wirtschaftsjahr anzuwenden, das nach dem 31. Dezember 2003 beginnt. [2]§ 8a Abs. 1 Satz 2 in der in Satz 1 genannten Fassung ist nicht anzuwenden, wenn die Rückgriffsmöglichkeit des Dritten allein auf der Gewährträgerhaftung einer Gebietskörperschaft oder einer anderen Einrichtung des öffentlichen Rechts gegenüber den Gläubigern eines Kreditinstituts für Verbindlichkeiten beruht, die bis zum 18. Juli 2001 vereinbart waren; Gleiches gilt für bis zum 18. Juli 2005 vereinbarte Verbindlichkeiten, wenn deren Laufzeit nicht über den 31. Dezember 2015 hinausgeht. [3]§ 8a in der Fassung des Artikels 2 des Gesetzes vom 14. August 2007 (BGBl. I S. 1912) ist erstmals für Wirtschaftsjahre anzuwenden, die nach dem 25. Mai 2007 beginnen und nicht vor dem 1. Januar 2008 enden. [4]§ 8a Abs. 2 und 3 in der in Satz 3 genannten Fassung ist nicht anzuwenden, wenn die Rückgriffsmöglichkeit des Dritten allein auf der Gewährträgerhaftung einer Gebietskörperschaft oder einer anderen Einrichtung des öffentlichen Rechts gegenüber den Gläubigern eines Kreditinstituts für Verbindlichkeiten beruht, die bis zum 18. Juli 2001 vereinbart waren; Gleiches gilt für bis zum 18. Juli 2005 vereinbarte Verbindlichkeiten, wenn deren Laufzeit nicht über den 31. Dezember 2015 hinausgeht. [5]§ 8a Absatz 1 Satz 1 in der Fassung des Artikels 2 des Gesetzes vom 22. Dezember 2009 (BGBl. I S. 3950) ist erstmals für Wirtschaftsjahre anzuwenden, die nach dem 31. Dezember 2009 enden. [6]§ 8a Absatz 1 Satz 3 in der Fassung des Artikels 2 des Gesetzes vom 22. Dezember 2009 (BGBl. I S. 3950) ist erstmals auf schädliche Beteiligungserwerbe nach dem 31. Dezember 2009 anzuwenden.

(7) [1]§ 8b ist erstmals anzuwenden für

1. Bezüge im Sinne des § 20 Abs. 1 Nr. 1 und 2 des Einkommensteuergesetzes, auf die bei der ausschüttenden Körperschaft der Vierte Teil des Körperschaftsteuergesetzes in der Fassung des Artikels 4 des Gesetzes vom 14. Juli 2000 (BGBl. I S. 1034) nicht mehr anzuwenden ist;

2. Gewinne und Gewinnminderungen im Sinne des § 8b Abs. 2 und 3 nach Ablauf des ersten Wirtschaftsjahrs der Gesellschaft, an der die Anteile bestehen, das dem letzten Wirtschaftsjahr folgt, das in dem Veranlagungszeitraum endet, in dem das Körperschaftsteuergesetz in der Fassung des Artikels 4 des Gesetzes vom 14. Juli 2000 (BGBl. I S. 1034) letztmals anzuwenden ist.

[2]Bis zu den in Satz 1 genannten Zeitpunkten ist § 8b des Körperschaftsteuergesetzes in der Fassung des Artikels 4 des Gesetzes vom 14. Juli 2000 (BGBl. I S. 1034) weiter anzuwenden. [3]Bei der Gewinnermittlung für Wirtschaftsjahre, die nach dem 15. August 2001 enden, gilt Folgendes:

[4]§ 8b Abs. 2 des Körperschaftsteuergesetzes in der Fassung des Artikels 4 des Gesetzes vom 14. Juli 2000 (BGBl. I S. 1034) ist mit der Maßgabe anzuwenden, dass über Satz 2 der Vorschrift hinausgehend auch Gewinnminderungen aus Teilwertabschreibungen nicht zu berücksichtigen sind, soweit die Anteile von einem verbundenen Unternehmen (§ 15 des Aktiengesetzes) erworben worden sind. [5]Die Wertminderung von Anteilen an Kapitalgesellschaften, die die Voraussetzungen für die Anwendung des § 8b Abs. 2 des Körperschaftsteuergesetzes in der Fassung des Artikels 4 des Gesetzes vom 14. Juli 2000 (BGBl. I S. 1034)

im Zeitpunkt der Wertminderung nicht oder nicht mehr erfüllen, ist in Höhe des Teils der Anschaffungskosten der Anteile nicht zu berücksichtigen, der bei der Veräußerung der Anteile durch einen früheren Anteilseigner nach § 8b Abs. 2 Satz 1 des Körperschaftsteuergesetzes in der Fassung des Artikels 4 des Gesetzes vom 14. Juli 2000 (BGBl. I S. 1034) oder nach § 8b Abs. 2 Satz 1 des Körperschaftsteuergesetzes in der Fassung des Artikels 4 des Gesetzes vom 20. Dezember 2000 (BGBl. I S. 1850) bei der Ermittlung des Einkommens außer Ansatz geblieben ist. [6]Die Wertminderung von Anteilen an inländischen oder ausländischen Kapitalgesellschaften ist nicht zu berücksichtigen, soweit sie auf eine Wertminderung im Sinne der Sätze 4 und 5 von Anteilen an nachgeordneten Kapitalgesellschaften zurückzuführen ist. [7]§ 8b Abs. 4 Satz 2 Nr. 2 letzter Halbsatz des Körperschaftsteuergesetzes in der Fassung des Artikels 2 des Gesetzes vom 20. Dezember 2001 (BGBl. I S. 3858) ist erstmals auf Veräußerungen anzuwenden, die nach dem 15. August 2001 erfolgen.

[8]§ 8b Abs. 8 und § 21 Abs. 1 Nr. 1 Satz 1 sind anzuwenden:

1. in der Fassung des Artikels 3 des Gesetzes vom 22. Dezember 2003 (BGBl. I S. 2840) erstmals für den Veranlagungszeitraum 2004, bei vom Kalenderjahr abweichenden Wirtschaftsjahren erstmals für den Veranlagungszeitraum 2005;

2. auf einheitlichen, bis zum 30. Juni 2004 zu stellenden, unwiderruflichen Antrag bereits für die Veranlagungszeiträume 2001 bis 2003, bei vom Kalenderjahr abweichenden Wirtschaftsjahren für die Veranlagungszeiträume 2002 bis 2004 (Rückwirkungszeitraum). [2]Dabei ist § 8b Abs. 8 in folgender Fassung anzuwenden:

„(8) [1]Die Absätze 1 bis 7 sind anzuwenden auf Anteile, die bei Lebens- und Krankenversicherungsunternehmen den Kapitalanlagen zuzurechnen sind, mit der Maßgabe, dass die Bezüge, Gewinne und Gewinnminderungen zu 80 Prozent bei der Ermittlung des Einkommens zu berücksichtigen sind. [2]Satz 1 gilt nicht für Gewinne im Sinne des Absatzes 2, soweit eine Teilwertabschreibung in früheren Jahren nach Absatz 3 bei der Ermittlung des Einkommens unberücksichtigt geblieben ist und diese Minderung nicht durch den Ansatz eines höheren Werts ausgeglichen worden ist. [3]Gewinnminderungen, die im Zusammenhang mit den Anteilen im Sinne des Satzes 1 stehen, sind bei der Ermittlung des Einkommens nicht zu berücksichtigen, wenn das Lebens- oder Krankenversicherungsunternehmen die Anteile von einem verbundenen Unternehmen (§ 15 des Aktiengesetzes) erworben hat, soweit ein Veräußerungsgewinn für das verbundene Unternehmen nach Absatz 2 in der Fassung des Artikels 3 des Gesetzes vom 23. Oktober 2000 (BGBl. I S. 1433) bei der Ermittlung des Einkommens außer Ansatz geblieben ist. [4]Für die Ermittlung des Einkommens sind die Anteile mit den nach handelsrechtlichen Vorschriften ausgewiesenen Werten anzusetzen, die bei der Ermittlung des nach § 21 abziehbaren Beträge zu Grunde gelegt wurden. [5]Negative Einkünfte des Rückwirkungszeitraums dürfen nicht in Veranlagungszeiträume außerhalb dieses Zeitraums rück- oder vorgetragen werden. [6]Auf negative Einkünfte des Rückwirkungszeitraums ist § 14 Abs. 1 nicht anzuwenden. [7]Entsprechendes gilt für Pensionsfonds. "

[9]§ 8b Abs. 10 in der Fassung des Artikels 2 des Gesetzes vom 14. August 2007 (BGBl. I S. 1912) ist erstmals ab dem Veranlagungszeitraum 2007 anzuwenden. [10]§ 8b Abs. 9 ist für den Veranlagungszeitraum 2004 in der folgenden Fassung anzuwenden:

„(9) Die Absätze 7 und 8 gelten nicht für Bezüge im Sinne des Absatzes 1, auf die die Mitgliedstaaten der Europäischen Union Artikel 4 Abs. 1 der Richtlinie 90/435/EWG des Rates vom 23. Juli 1990 über das gemeinsame Steuersystem der Mutter- und Tochtergesellschaften verschiedener Mitgliedstaaten (ABl. EG Nr. L 225 S. 6, Nr. L 266 S. 20, 1997 Nr. L 16 S. 98), zuletzt geändert durch Akte über die Beitrittsbedingungen und die Anpassungen der Verträge – Beitritt der Tschechischen Republik, der Republik Estland, der Republik Zypern, der Republik Lettland, der Republik Litauen, der Republik Ungarn, der Republik Malta, der Republik Polen, der Republik Slowenien und der Slowakischen Republik (ABl. EU 2003 Nr. L 236 S. 33), anzuwenden haben. "

[11]§ 21 Abs. 1 Nr. 1 Satz 1 in der Fassung des Artikels 3 des Gesetzes vom 9. Dezember 2004 (BGBl. I S. 3310) ist erstmals für den Veranlagungszeitraum 2004 anzuwenden. [12]§ 8b

§ 34

Abs. 1 Satz 2 bis 4[1) in der Fassung des Artikels 4 des Gesetzes vom 13. Dezember 2006 (BGBl. I S. 2878) ist erstmals auf Bezüge im Sinne des § 8b Abs. 1 Satz 1 anzuwenden, die nach dem 18. Dezember 2006 zugeflossen sind.

(7a) § 8b Abs. 4 in der am 12. Dezember 2006 geltenden Fassung ist für Anteile weiter anzuwenden, die einbringungsgeboren im Sinne des § 21 des Umwandlungssteuergesetzes in der am 12. Dezember 2006 geltenden Fassung sind, und für Anteile im Sinne des § 8b Abs. 4 Satz 1 Nr. 2, die auf einer Übertragung bis zum 12. Dezember 2006 beruhen.

(7b) [1]§ 8c in der Fassung des Artikels 2 des Gesetzes vom 14. August 2007 (BGBl. I S. 1912) findet erstmals für den Veranlagungszeitraum 2008 und auf Anteilsübertragungen nach dem 31. Dezember 2007 Anwendung.[2) [2]§ 8c Absatz 1 in der Fassung des Artikels 2 des Gesetzes vom 22. Dezember 2009 (BGBl. I S. 3950) ist erstmals auf schädliche Beteiligungserwerbe nach dem 31. Dezember 2009 anzuwenden.

(7c) [1]§ 8c Absatz 1a in der Fassung des Artikels 2 des Gesetzes vom 22. Dezember 2009 (BGBl. I S. 3950) findet erstmals für den Veranlagungszeitraum 2008 und auf Anteilsübertragungen nach dem 31. Dezember 2007 Anwendung.[3) [2]Erfüllt ein nach dem 31. Dezember 2007 erfolgter Beteiligungserwerb die Voraussetzungen des § 8c Absatz 1a, bleibt er bei Anwendung des § 8c Absatz 1 Satz 1 und 2 unberücksichtigt.

(8) [1]§ 12 Abs. 2 in der Fassung des Artikels 2 des Gesetzes vom 20. Dezember 2001 (BGBl. I S. 3858) ist erstmals auf Vermögensübertragungen anzuwenden, die nach dem 31. Dezember 2001 vorgenommen werden. [2]§ 12 Abs. 1 und 3 in der Fassung des Artikels 3 des Gesetzes vom 7. Dezember 2006 (BGBl. I S. 2782) sind erstmals für nach dem 31. Dezember 2005 endende Wirtschaftsjahre anzuwenden. [3]§ 12 Abs. 2 in der Fassung des Artikels 3 des Gesetzes vom 7. Dezember 2006 (BGBl. I S. 2782) ist erstmals auf Vorgänge anzuwenden, die nach dem 12. Dezember 2006 zur Eintragung in ein öffentliches Register angemeldet werden. [4]§ 12 Abs. 2 Satz 2 in der in Satz 1 genannten Fassung ist letztmals auf Vorgänge anzuwenden, die bis zum 13. Dezember 2006 zur Eintragung in ein öffentliches Register angemeldet werden. [5]§ 12 Abs. 1 in der Fassung des Artikels 3 des Gesetzes vom 20. Dezember 2007 (BGBl. I S. 3150) ist erstmals für Wirtschaftsjahre anzuwenden, die nach dem 31. Dezember 2005 enden.

(8a) [1]§ 9 Abs. 1 Nr. 2 und Abs. 2 in der Fassung des Artikels 3 des Gesetzes vom 10. Oktober 2007 (BGBl. I S. 2332) gilt erstmals für Zuwendungen, die im Veranlagungszeitraum 2007 geleistet werden. [2]Auf Antrag des Steuerpflichtigen ist auf Zuwendungen, die im Veranlagungszeitraum 2007 geleistet werden, § 9 Abs. 1 Nr. 2 in der bis zum 31. Dezember 2006 geltenden Fassung anzuwenden. [3]§ 9 Abs. 3 Satz 3 in der Fassung des Artikels 3 des Gesetzes vom 10. Oktober 2007 (BGBl. I S. 2332) gilt erstmals für Zuwendungen, die im Veranlagungszeitraum 2007 geleistet werden. [4]§ 9 Absatz 2 Satz 3 in der Fassung des Artikels 2 des Gesetzes vom 20. April 2009 (BGBl. I S. 774) gilt erstmals für Zuwendungen, die im Veranlagungszeitraum 2007 geleistet werden.

(9) § 14 ist anzuwenden:

1. für den Veranlagungszeitraum 2000 und frühere Veranlagungszeiträume in folgender Fassung:

„(1) Verpflichtet sich eine Aktiengesellschaft oder Kommanditgesellschaft auf Aktien mit Geschäftsleitung und Sitz im Inland (Organgesellschaft) durch einen Gewinnabführungsvertrag im Sinne des § 291 Abs. 1 des Aktiengesetzes, ihren ganzen Gewinn an ein einziges anderes inländisches gewerbliches Unternehmen abzuführen, so ist das Einkommen der Organgesellschaft, soweit sich aus § 16 nichts anderes ergibt, dem Träger des Unternehmens (Organträger) zuzurechnen, wenn die folgenden Voraussetzungen erfüllt sind:

---

1) Zitatanpassung durch das JStG 2008 in § 34 Abs. 7 „Satz 11" (richtig: Satz 12).

2) Zum Inkrafttreten von § 8c Abs. 2 i.d.F. von Art. 4 und 8 des MoRaKG vom 12.08.2008 (BGBl. I S. 1672) nach Notifikation durch die EU-Kommission siehe die Fußnote bei § 8c Abs. 2.

3) Die Befristung gem. § 34 Abs. 7c i.d.F. des Gesetzes vom 16. Juli 2009 (BGBl. I S. 1959) ist entfallen.

1. ¹Der Organträger muss an der Organgesellschaft vom Beginn ihres Wirtschaftsjahrs an ununterbrochen und unmittelbar in einem solchen Maße beteiligt sein, dass ihm die Mehrheit der Stimmrechte aus den Anteilen an der Organgesellschaft zusteht (finanzielle Eingliederung). ²Eine mittelbare Beteiligung genügt, wenn jede der Beteiligungen, auf denen die mittelbare Beteiligung beruht, die Mehrheit der Stimmrechte gewährt.

2. ¹Die Organgesellschaft muss von dem in Nummer 1 bezeichneten Zeitpunkt an ununterbrochen nach dem Gesamtbild der tatsächlichen Verhältnisse wirtschaftlich und organisatorisch in das Unternehmen des Organträgers eingegliedert sein. ²Die organisatorische Eingliederung ist stets gegeben, wenn die Organgesellschaft durch einen Beherrschungsvertrag im Sinne des § 291 Abs. 1 des Aktiengesetzes die Leitung ihres Unternehmens dem Unternehmen des Organträgers unterstellt oder wenn die Organgesellschaft eine nach den Vorschriften der §§ 319 bis 327 des Aktiengesetzes eingegliederte Gesellschaft ist. ³Der Beherrschungsvertrag muss zu Beginn des Wirtschaftsjahrs der Organgesellschaft, für das die organisatorische Eingliederung auf Grund des Vertrags erstmals bestehen soll, abgeschlossen sein und durchgeführt werden und bis zum Ende des folgenden Wirtschaftsjahrs wirksam werden.

3. ¹Der Organträger muss eine unbeschränkt steuerpflichtige natürliche Person oder eine nicht steuerbefreite Körperschaft, Personenvereinigung oder Vermögensmasse im Sinne des § 1 mit Geschäftsleitung und Sitz im Inland oder eine Personengesellschaft im Sinne des § 15 Abs. 1 Nr. 2 des Einkommensteuergesetzes mit Geschäftsleitung und Sitz im Inland sein. ²An der Personengesellschaft dürfen nur Gesellschafter beteiligt sein, die mit dem auf sie entfallenden Teil des zuzurechnenden Einkommens im Geltungsbereich dieses Gesetzes der Einkommensteuer oder der Körperschaftsteuer unterliegen. ³Sind ein oder mehrere Gesellschafter der Personengesellschaft beschränkt einkommensteuerpflichtig, so muss die Voraussetzung der Nummer 1 im Verhältnis zur Personengesellschaft selbst erfüllt sein. ⁴Das Gleiche gilt, wenn an der Personengesellschaft eine oder mehrere Körperschaften, Personenvereinigungen oder Vermögensmassen beteiligt sind, die ihren Sitz oder ihre Geschäftsleitung nicht im Inland haben.

4. ¹Der Gewinnabführungsvertrag muss bis zum Ende des Wirtschaftsjahrs der Organgesellschaft, für das Satz 1 erstmals angewendet werden soll, auf mindestens fünf Jahre abgeschlossen und bis zum Ende des folgenden Wirtschaftsjahrs wirksam werden. ²Er muss während seiner gesamten Geltungsdauer durchgeführt werden. ³Eine vorzeitige Beendigung des Vertrags durch Kündigung ist unschädlich, wenn ein wichtiger Grund die Kündigung rechtfertigt. ⁴Die Kündigung oder Aufhebung des Gewinnabführungsvertrags auf einen Zeitpunkt während des Wirtschaftsjahrs der Organgesellschaft wirkt auf den Beginn dieses Wirtschaftsjahrs zurück.

5. Die Organgesellschaft darf Beträge aus dem Jahresüberschuss nur insoweit in die Gewinnrücklagen (§ 272 Abs. 3 des Handelsgesetzbuchs) mit Ausnahme der gesetzlichen Rücklagen einstellen, als dies bei vernünftiger kaufmännischer Beurteilung wirtschaftlich begründet ist.

(2) ¹Schließen sich mehrere gewerbliche Unternehmen im Sinne des Absatzes 1 Nr. 3, die gemeinsam im Verhältnis zur Organgesellschaft die Voraussetzungen des Absatzes 1 Nr. 1 erfüllen, in der Rechtsform einer Personengesellschaft lediglich zum Zwecke der einheitlichen Willensbildung gegenüber der Organgesellschaft zusammen, ist die Personengesellschaft als gewerbliches Unternehmen anzusehen, wenn jeder Gesellschafter der Personengesellschaft ein gewerbliches Unternehmen unterhält. ²Der Personengesellschaft ist das Einkommen der Organgesellschaft vorbehaltlich des § 16 zuzurechnen, wenn zusätzlich zu den Voraussetzungen nach Absatz 1

1. jeder Gesellschafter der Personengesellschaft an der Organgesellschaft vom Beginn ihres Wirtschaftsjahrs an ununterbrochen beteiligt ist und den Gesellschaftern die Mehrheit der Stimmrechte im Sinne des Absatzes 1 Nr. 1 an der Organgesellschaft zusteht,

2. die Personengesellschaft vom Beginn des Wirtschaftsjahrs der Organgesellschaft an ununterbrochen besteht,

3. der Gewinnabführungsvertrag mit der Personengesellschaft abgeschlossen ist und im Verhältnis zu dieser Gesellschaft die Voraussetzungen des Absatzes 1 Nr. 4 erfüllt sind,

4. durch die Personengesellschaft gewährleistet ist, dass der koordinierte Wille der Gesellschafter in der Geschäftsführung der Organgesellschaft tatsächlich durchgesetzt wird und

5. die Organgesellschaft jedes der gewerblichen Unternehmen der Gesellschafter der Personengesellschaft nach Maßgabe des Absatzes 1 Nr. 2 in der Fassung des Artikels 4 des Gesetzes vom 14. Juli 2000 (BGBl. I S. 1034) wirtschaftlich fördert oder ergänzt. ";

2. die Absätze 1 und 2 in der Fassung des Artikels 2 des Gesetzes vom 20. Dezember 2001 (BGBl. I S. 3858) für die Veranlagungszeiträume 2001 und 2002;

3. Absatz 1 Satz 2 in der Fassung des Artikels 2 des Gesetzes vom 16. Mai 2003 (BGBl. I S. 660) im Veranlagungszeitraum 2002, wenn der Gewinnabführungsvertrag nach dem 20. November 2002 abgeschlossen wird. [2]In den Fällen, in denen der Gewinnabführungsvertrag vor dem 21. November 2002 abgeschlossen worden ist, gilt Absatz 1 Nr. 3 des Körperschaftsteuergesetzes in der Fassung der Bekanntmachung vom 15. Oktober 2002 (BGBl. I S. 4144);

4. Absatz 3 in der Fassung des Artikels 3 des Gesetzes vom 9. Dezember 2004 (BGBl. I S. 3310) ist erstmals für Mehrabführungen von Organgesellschaften anzuwenden, deren Wirtschaftsjahr nach dem 31. Dezember 2003 endet.

5. Absatz 4 in der Fassung des Artikels 3 des Gesetzes vom 20. Dezember 2007 (BGBl. I S. 3150) ist auch für Veranlagungszeiträume vor 2008 anzuwenden.

6. Absatz 2 in der am 24. Dezember 2008 geltenden Fassung ist letztmals anzuwenden, wenn das Wirtschaftsjahr der Organgesellschaft vor dem 1. Januar 2009 endet. [2]Abweichend von Satz 1 ist auf gemeinsamen Antrag der Organgesellschaft und des Organträgers § 14 Abs. 1 auf Organgesellschaften, die Lebens- oder Krankenversicherungsunternehmen sind und deren Wirtschaftsjahr nach dem 31. Dezember 2007 endet, anzuwenden mit der Maßgabe, dass für den Organträger und die Organgesellschaft § 21 in der Fassung des Artikels 3 des Gesetzes vom 19. Dezember 2008 (BGBl. I S. 2794) erstmals ab dem Veranlagungszeitraum 2008 anzuwenden ist.

(10) [1]§ 15 Nr. 2 ist bei der Ermittlung des Einkommens des Organträgers anzuwenden, wenn die Ermittlung des dem Organträger zuzurechnenden Einkommens der Organgesellschaft nach dem Körperschaftsteuergesetz in der Fassung des Artikels 3 des Gesetzes vom 23. Oktober 2000 (BGBl. I S. 1433), zuletzt geändert durch Artikel 2 des Gesetzes vom 20. Dezember 2001 (BGBl. I S. 3858), vorzunehmen ist. [2]§ 15 Satz 1 Nr. 2 in der am 12. Dezember 2006 geltenden Fassung ist weiter anzuwenden, soweit in dem dem Organträger zuzurechnenden Einkommen der Organgesellschaft ein Übernahmegewinn im Sinne des § 4 Abs. 7 des Umwandlungssteuergesetzes in der am 21. Mai 2003 geltenden Fassung enthalten ist. [3]§ 15 Satz 1 Nr. 3 in der Fassung des Artikels 2 des Gesetzes vom 14. August 2007 (BGBl. I S. 1912) ist erstmals für Wirtschaftsjahre anzuwenden, die nach dem 25. Mai 2007 beginnen und nicht vor dem 1. Januar 2008 enden. [4]§ 15 Satz 1 Nr. 4 in der Fassung des Artikels 3 des Gesetzes vom 19. Dezember 2008 (BGBl. I S. 2794) ist auch für Veranlagungszeiträume vor 2009 anzuwenden; Absatz 6 Satz 5 und 6 gilt entsprechend. [5]§ 15 Satz 1 Nr. 5 in der Fassung des Artikels 3 des Gesetzes vom 19. Dezember 2008 (BGBl. I S. 2794) ist erstmals für Veranlagungszeiträume ab 2009 anzuwenden. [6]Nach Inkrafttreten des Artikels 4 des Gesetzes vom 12. August 2008 (BGBl. I S. 1672) ist Satz 4 mit der Maßgabe anzuwenden, dass an die Stelle der Angabe „Satz 5 und 6 " die Angabe „Satz 8 und 9 " tritt.

(10a) § 16 in der Fassung des Artikels 2 des Gesetzes vom 14. August 2007 (BGBl. I S. 1912) ist erstmals für den Veranlagungszeitraum 2008 anzuwenden.

(10b) [1]§ 21 in der Fassung des Artikels 3 des Gesetzes vom 19. Dezember 2008 (BGBl. I S. 2794) ist erstmals für den Veranlagungszeitraum 2009 anzuwenden. [2]In den Fällen des

Absatzes 9 Satz 1 Nr. 6 Satz 2 in der Fassung des Artikels 3 des Gesetzes vom 19. Dezember 2008 (BGBl. I S. 2794) ist § 21 in der Fassung des Artikels 3 des Gesetzes vom 19. Dezember 2008 (BGBl. I S. 2794) erstmals für den Veranlagungszeitraum 2008 anzuwenden.

(11) [1]§ 21b Satz 3 ist letztmals für das Wirtschaftsjahr anzuwenden, das nach dem 31. Dezember 2002 endet. [2]Eine Rücklage, die am Schluss des letzten vor dem 1. Januar 1999 endenden Wirtschaftsjahrs zulässigerweise gebildet ist, ist in den folgenden fünf Wirtschaftsjahren mit mindestens je einem Fünftel gewinnerhöhend aufzulösen.

(11a) § 23 in der Fassung des Artikels 2 des Gesetzes vom 14. August 2007 (BGBl. I S. 1912) ist erstmals für den Veranlagungszeitraum 2008 anzuwenden.

(11b) § 25 Abs. 1 Satz 1 in der Fassung des Artikels 11 des Gesetzes vom 29. Dezember 2003 (BGBl. I S. 3076) ist erstmals für den Veranlagungszeitraum 2004 anzuwenden.

(11c) [1]§ 26 Abs. 6 in der Fassung des Artikels 2 des Gesetzes vom 2. Dezember 2004 (BGBl. I S. 3112) ist erstmals ab dem Veranlagungszeitraum 2004 anzuwenden. [2]§ 26 Abs. 6 in der Fassung des Artikels 2 des Gesetzes vom 19. Juli 2006 (BGBl. I S. 1652) ist erstmals ab dem Veranlagungszeitraum 2005 anzuwenden. [3]§ 26 Abs. 6 Satz 1 erster Halbsatz in Verbindung mit Satz 3 in der Fassung des Artikels 4 des Gesetzes vom 13. Dezember 2006 (BGBl. I S. 2878) ist für alle Veranlagungszeiträume anzuwenden, soweit Steuerbescheide noch nicht bestandskräftig sind. [4]§ 26 Abs. 6 Satz 1 zweiter Halbsatz in der Fassung des Artikels 4 des Gesetzes vom 13. Dezember 2006 (BGBl. I S. 2878) ist erstmals auf ausländische Quellensteuern anzuwenden, die von Bezügen im Sinne des § 8b Abs. 1 Satz 1 erhoben wurden, die nach dem 18. Dezember 2006 zugeflossen sind.

(12) [1]Die Vorschriften des Vierten Teils des Körperschaftsteuergesetzes in der Fassung des Artikels 4 des Gesetzes vom 14. Juli 2000 (BGBl. I S. 1034) sind letztmals anzuwenden

1. für Gewinnausschüttungen, die auf einem den gesellschaftsrechtlichen Vorschriften entsprechenden Gewinnverteilungsbeschluss für ein abgelaufenes Wirtschaftsjahr beruhen, und die in dem ersten Wirtschaftsjahr erfolgen, das in dem Veranlagungszeitraum endet, für den das Körperschaftsteuergesetz in der Fassung des Artikels 3 des Gesetzes vom 23. Oktober 2000 (BGBl. I S. 1433) erstmals anzuwenden ist;

2. für andere Ausschüttungen und sonstige Leistungen, die in dem Wirtschaftsjahr erfolgen, das dem in Nummer 1 genannten Wirtschaftsjahr vorangeht.

[2]Für unbeschränkt steuerpflichtige Körperschaften und Personenvereinigungen, deren Leistungen bei den Empfängern zu den Einnahmen im Sinne des § 20 Abs. 1 Nr. 1 oder 2 des Einkommensteuergesetzes in der Fassung des Artikels 1 des Gesetzes vom 23. Oktober 2000 (BGBl. I S. 1433), dieses wiederum geändert durch Artikel 2 des Gesetzes vom 19. Dezember 2000 (BGBl. I S. 1812), gehören, beträgt die Körperschaftsteuer 45 Prozent der Einnahmen im Sinne des § 20 Abs. 1 Nr. 1 oder 2 des Einkommensteuergesetzes in der Fassung des Artikels 1 des Gesetzes vom 23. Oktober 2000 (BGBl. I S. 1433), dieses wiederum geändert durch Artikel 2 des Gesetzes vom 19. Dezember 2000 (BGBl. I S. 1812), zuzüglich der darauf entfallenden Einnahmen im Sinne des § 20 Abs. 1 Nr. 3 des Einkommensteuergesetzes in der Fassung des Artikels 1 des Gesetzes vom 23. Oktober 2000 (BGBl. I S. 1433), dieses wiederum geändert durch Artikel 2 des Gesetzes vom 19. Dezember 2000 (BGBl. I S. 1812), für die der Teilbetrag im Sinne des § 54 Abs. 11 Satz 1 des Körperschaftsteuergesetzes in der Fassung des Artikels 4 des Gesetzes vom 14. Juli 2000 (BGBl. I S. 1034) als verwendet gilt. [3]§ 44 Abs. 1 Satz 1 Nr. 6 Satz 3 des Körperschaftsteuergesetzes in der Fassung des Artikels 4 des Gesetzes vom 14. Juli 2000 (BGBl. I S. 1034) gilt entsprechend. [4]Die Körperschaftsteuer beträgt höchstens 45 Prozent des zu versteuernden Einkommens. [5]Die Sätze 2 bis 4 gelten nicht für steuerbefreite Körperschaften und Personenvereinigungen im Sinne des § 5 Abs. 1 Nr. 9, soweit die Einnahmen in einem wirtschaftlichen Geschäftsbetrieb anfallen, für den die Steuerbefreiung ausgeschlossen ist. [6]Die Körperschaftsteuer beträgt 40 Prozent der Einnahmen im Sinne des § 20 Abs. 1 Nr. 1 und 2 des Einkommensteuergesetzes in der Fassung des Artikels 1 des Gesetzes vom 23. Oktober 2000 (BGBl. I S. 1433), dieses wiederum geändert durch Artikel 2 des Gesetzes vom 19. Dezember 2000 (BGBl. I S. 1812), zuzüglich der darauf entfallenden Einnahmen im Sinne des § 20 Abs. 1 Nr. 3 des Einkommensteuergesetzes in der Fassung des Artikels 1 des Gesetzes vom 23. Oktober 2000 (BGBl. I

S. 1433), dieses wiederum geändert durch Artikel 2 des Gesetzes vom 19. Dezember 2000 (BGBl. I S. 1812), für die der Teilbetrag im Sinne des § 30 Abs. 1 Nr. 1 des Körperschaftsteuergesetzes in der Fassung des Artikels 4 des Gesetzes vom 14. Juli 2000 (BGBl. I S. 1034) als verwendet gilt. [7]Die Körperschaftsteuer beträgt höchstens 40 Prozent des zu versteuernden Einkommens abzüglich des nach den Sätzen 2 bis 4 besteuerten Einkommens. [8]Die Sätze 3 und 5 gelten entsprechend.

(13) [1]§ 28 Abs. 4 des Körperschaftsteuergesetzes in der Fassung des Artikels 4 des Gesetzes vom 14. Juli 2000 (BGBl. I S. 1034) gilt auch, wenn für eine Gewinnausschüttung zunächst der in § 54 Abs. 11 Satz 1 des Körperschaftsteuergesetzes in der Fassung des Artikels 4 des Gesetzes vom 14. Juli 2000 (BGBl. I S. 1034) genannte Teilbetrag als verwendet gegolten hat. [2]Ist für Leistungen einer Kapitalgesellschaft nach § 44 oder § 45 des Körperschaftsteuergesetzes in der Fassung des Artikels 4 des Gesetzes vom 14. Juli 2000 (BGBl. I S. 1034) Eigenkapital im Sinne des § 54 Abs. 11 Satz 1 des Körperschaftsteuergesetzes in der Fassung des Artikels 4 des Gesetzes vom 14. Juli 2000 (BGBl. I S. 1034) bescheinigt worden, bleibt die der Bescheinigung zugrunde gelegte Verwendung unverändert, wenn später eine höhere Leistung gegen den Teilbetrag nach § 54 Abs. 11 Satz 1 des Körperschaftsteuergesetzes in der Fassung des Artikels 4 des Gesetzes vom 14. Juli 2000 (BGBl. I S. 1034) verrechnet werden könnte.

(13a) § 31 Abs. 1 Satz 2 in der Fassung des Artikels 2 des Gesetzes vom 14. August 2007 (BGBl. I S. 1912) ist erstmals für den Veranlagungszeitraum 2008 anzuwenden. [2]§ 31 Abs. 1a in der Fassung des Artikels 6 des Gesetzes vom 20. Dezember 2008 (BGBl. I S. 2850) ist erstmals für den Veranlagungszeitraum 2011 anzuwenden.

(13b) [1]§ 32 Abs. 3 in der Fassung des Artikels 2 des Gesetzes vom 14. August 2007 (BGBl. I S. 1912) ist erstmals auf Einkünfte anzuwenden, die nach dem 17. August 2007 zufließen. [2]Für Einkünfte, die nach dem 17. August 2007 und vor dem 1. Januar 2008 zufließen, ist § 32 Abs. 3 mit der Maßgabe anzuwenden, dass der Steuersatz 10 Prozent beträgt.

(13c) [1]§ 32a in der Fassung des Artikels 4 des Gesetzes vom 13. Dezember 2006 (BGBl. I S. 2878) ist erstmals anzuwenden, wenn nach dem 18. Dezember 2006 ein Steuerbescheid erlassen, aufgehoben oder geändert wird. [2]Bei Aufhebung oder Änderung gilt dies auch dann, wenn der aufzuhebende oder zu ändernde Steuerbescheid vor dem 18. Dezember 2006 erlassen worden ist.

(13d) [1]§ 37 Abs. 2a Nr. 1 in der Fassung des Artikels 2 des Gesetzes vom 16. Mai 2003 (BGBl. I S. 660) ist nicht für Gewinnausschüttungen anzuwenden, die vor dem 21. November 2002 beschlossen worden sind und die nach dem 11. April 2003 und vor dem 1. Januar 2006 erfolgen. [2]Für Gewinnausschüttungen im Sinne des Satzes 1 und für Gewinnausschüttungen, die vor dem 12. April 2003 erfolgt sind, gilt § 37 Abs. 2 des Körperschaftsteuergesetzes in der Fassung der Bekanntmachung vom 15. Oktober 2002 (BGBl. I S. 4144). [3]§ 37 in der Fassung des Artikels 6 des Gesetzes vom 20. Dezember 2008 (BGBl. I S. 2850) ist erstmals im Kalenderjahr 2008 anzuwenden.

(13e) [1]§ 38 Abs. 1 in der Fassung des Artikels 4 des Gesetzes vom 13. Dezember 2006 (BGBl. I S. 2878) gilt nur für Genossenschaften, die zum Zeitpunkt der erstmaligen Anwendung des Körperschaftsteuergesetzes in der Fassung des Artikels 3 des Gesetzes vom 23. Oktober 2000 (BGBl. I S. 1433) bereits bestanden haben. [2]Die Regelung ist auch für Veranlagungszeiträume vor 2007 anzuwenden. [3]Ist in den Fällen des § 40 Abs. 5 und 6 in der Fassung des Artikels 3 des Gesetzes vom 7. Dezember 2006 (BGBl. I S. 2782) die Körperschaftsteuerfestsetzung unter Anwendung des § 38 der am 27. Dezember 2007 geltenden Fassung vor dem 28. Dezember 2007 erfolgt, sind die §§ 38 und 40 Abs. 5 und 6 weiter anzuwenden. [4]§ 38 Abs. 4 bis 9 in der Fassung des Artikels 3 des Gesetzes vom 20. Dezember 2007 (BGBl. I S. 3150) ist insoweit nicht anzuwenden.

(14) [1]Auf Liquidationen, deren Besteuerungszeitraum im Jahr 2001 endet, ist erstmals das Körperschaftsteuergesetz in der Fassung des Artikels 3 des Gesetzes vom 23. Oktober 2000 (BGBl. I S. 1433) anzuwenden. [2]Bei Liquidationen, die über den 31. Dezember 2000 hinaus fortdauern, endet der Besteuerungszeitraum nach § 11 auf Antrag der Körperschaft oder Personenvereinigung, der bis zum 30. Juni 2002 zu stellen ist, mit Ablauf des 31. Dezember

2000. [3]Auf diesen Zeitpunkt ist ein steuerlicher Zwischenabschluss zu fertigen. [4]Für den danach beginnenden Besteuerungszeitraum ist Satz 1 anzuwenden. [5]In den Fällen des Satzes 2 gelten Liquidationsraten, andere Ausschüttungen und sonstige Leistungen, die in dem am 31. Dezember 2000 endenden Besteuerungszeitraum gezahlt worden sind, als sonstige Leistungen im Sinne des Absatzes 12 Satz 1 Nr. 2 und des § 36 Abs. 2 Satz 1. [6]§ 40 Abs. 3 in der Fassung der Bekanntmachung vom 15. Oktober 2002 (BGBl. I S. 4144) ist letztmals für Liquidationen anzuwenden, die vor dem 13. Dezember 2006 abgeschlossen worden sind.

(15) § 40 in der Fassung des Artikels 3 des Gesetzes vom 7. Dezember 2006 (BGBl. I S. 2782) ist erstmals auf Umwandlungen anzuwenden, bei denen die Anmeldung zur Eintragung in ein öffentliches Register nach dem 12. Dezember 2006 erfolgt ist.

(16) [1]§ 38 und § 40 in der am 27. Dezember 2007 geltenden Fassung sowie § 10 des Umwandlungssteuergesetzes vom 7. Dezember 2006 (BGBl. I S. 2782, 2791) sind auf Antrag weiter anzuwenden für

1. Körperschaften oder deren Rechtsnachfolger, an denen unmittelbar oder mittelbar zu mindestens 50 Prozent

   a) juristische Personen des öffentlichen Rechts aus Mitgliedstaaten der Europäischen Union oder aus Staaten, auf die das Abkommen über den Europäischen Wirtschaftsraum Anwendung findet oder

   b) Körperschaften, Personenvereinigungen oder Vermögensmassen im Sinne des § 5 Abs. 1 Nr. 9

   alleine oder gemeinsam beteiligt sind und

2. Erwerbs- und Wirtschaftsgenossenschaften,

die ihre Umsatzerlöse überwiegend durch Verwaltung und Nutzung eigenen zu Wohnzwecken dienenden Grundbesitzes, durch Betreuung von Wohnbauten oder durch die Errichtung und Veräußerung von Eigenheimen, Kleinsiedlungen oder Eigentumswohnungen erzielen, sowie für steuerbefreite Körperschaften.

[2]Der Antrag ist unwiderruflich und kann von der Körperschaft bis zum 30. September 2008 bei dem für die Besteuerung zuständigen Finanzamt gestellt werden. [3]Die Körperschaften oder deren Rechtsnachfolger müssen die Voraussetzungen nach Satz 1 ab dem 1. Januar 2007 bis zum Ende des Zeitraums im Sinne des § 38 Abs. 2 Satz 3 erfüllen. [4]Auf den Schluss des Wirtschaftsjahres, in dem die Voraussetzungen des Satzes 1 nach Antragstellung erstmals nicht mehr vorliegen, wird der Endbetrag nach § 38 Abs. 1 letztmals ermittelt und festgestellt. [5]Die Festsetzung und Erhebung des Körperschaftsteuererhöhungsbetrags richtet sich nach § 38 Abs. 4 bis 9 in der Fassung des Artikels 3 des Gesetzes vom 20. Dezember 2007 (BGBl. I S. 3150) mit der Maßgabe, dass als Zahlungszeitraum im Sinne des § 38 Abs. 6 Satz 1 die verbleibenden Wirtschaftsjahre des Zeitraums im Sinne des § 38 Abs. 2 Satz 3 gelten. [6]Die Sätze 4 und 5 gelten entsprechend, soweit das Vermögen der Körperschaft oder ihres Rechtsnachfolgers durch Verschmelzung nach § 2 des Umwandlungsgesetzes oder Auf- oder Abspaltung im Sinne des § 123 Abs. 1 und 2 des Umwandlungsgesetzes ganz oder teilweise auf eine andere Körperschaft übergeht und diese keinen Antrag nach Satz 2 gestellt hat. [7]§ 40 Abs. 6 in der am 27. Dezember 2007 geltenden Fassung ist nicht anzuwenden.

KStDV

Anwendungszeitraum

Die Körperschaftsteuer-Durchführungsverordnung in der Fassung des Artikels 5 des Gesetzes vom 19. Dezember 2000 (BGBl. I S. 1790) ist erstmals für den Veranlagungszeitraum 2002 anzuwenden.

Zu § 34 KStG

81. Schlussvorschriften

[1]Der vierte Teil des KStG 1999 regelt die Herstellung der Ausschüttungsbelastung (30 %) unter Berücksichtigung der bei den Leistungen verwendeten Eigenkapitalteile. [2]Für die letztmalige Herstellung der Ausschüttungsbelastung für Leistungen der Körperschaft kommt es auf das Wirtschaftsjahr an, für das erstmals das neue Körperschaftsteuerrecht nach § 34 Abs. 1, 2 und 12 KStG bei der leistenden inländischen Körperschaft anzuwenden ist.

Hinweise

H 81 Übergangsregelung vom Anrechnungsverfahren zum Halbeinkünfteverfahren
→ *BMF vom 6.11.2003 – BStBl. I S. 575*[1)]

Verwaltungsregelungen zu § 34

Datum	Anl.	Quelle	Inhalt
06.11.03	§ 034-01	BMF	Letztmalige Anwendung des Anrechnungsverfahrens und erstmalige Anwendung des Halbeinkünfteverfahrens; Übergangsregelungen (§§ 34 bis 38 KStG n. F.)
04.04.08	§ 034-02	BMF	Liquidation; – Körperschaftsteuerminderung bei Auskehrung von Liquidationsraten – Anwendung des BFH-Urteils vom 22. Februar 2006 – I R 67/05 – (BStBl. 2008 II S. 312); – Besteuerungszeitraum bei der Gewerbesteuer – Anwendung des BFH-Urteils vom 18. September 2007 – I R 44/06 – (BStBl. 2008 II S. 319) –
23.09.08	§ 034-03	OFD Rhld OFD Mst	Optionsregelung nach § 34 Abs. 16 KStG
11.02.09	§ 034-04	OFD Mdb	Körperschaftsteuererhöhungsbetrag nach § 38 KStG; Antrag gemäß § 34 Abs. 16 KStG auf Fortführung des Verfahrens nach § 38 Abs. 1 bis 3 KStG

---

1) Vgl. Anlage § 034-01.

§ 35 **Sondervorschriften für Körperschaften, Personenvereinigungen oder Vermögens- massen in dem in Artikel 3 des Einigungsvertrages genannten Gebiet**

Soweit ein Verlust einer Körperschaft, Personenvereinigung oder Vermögensmasse, die am 31. Dezember 1990 ihre Geschäftsleitung oder ihren Sitz in dem in Artikel 3 des Eini- gungsvertrages genannten Gebiet und im Jahre 1990 keine Geschäftsleitung und keinen Sitz im bisherigen Geltungsbereich des Körperschaftsteuergesetzes hatte, aus dem Ver- anlagungszeitraum 1990 auf das Einkommen eines Veranlagungszeitraums für das das Körperschaftsteuergesetz in der Fassung des Artikels 3 des Gesetzes vom 23. Oktober 2000 (BGBl. I S. 1433) erstmals anzuwenden ist oder eines nachfolgenden Veranlagungszeit- raums vorgetragen wird, ist das steuerliche Einlagekonto zu erhöhen.

KStR

Zu § 35 KStG

82. **Sondervorschriften für Körperschaften, Personenvereinigungen oder Vermögensmassen in dem in Artikel 3 des Einigungsvertrags genannten Gebiet**

[1]Im Jahr des Verlustabzugs (§ 10d EStG) erhöht der vom Einkommen abgezogene Verlust das steuerliche Einlagekonto. [2]Ist ein Verlustabzug in einem Veranlagungszeitraum zu berücksichtigen, dessen Ein- kommen sich aus dem Gewinn von zwei Wirtschaftjahren zusammensetzt, ist er für die Erhöhung des Einlagekontos auf die beiden Wirtschaftsjahre aufzuteilen.

SECHSTER TEIL
Sondervorschriften für den Übergang vom Anrechnungsverfahren zum Halbeinkünfteverfahren

§ 36 Endbestände

(1) Auf den Schluss des letzten Wirtschaftsjahrs, das in dem Veranlagungszeitraum endet, für den das Körperschaftsteuergesetz in der Fassung der Bekanntmachung vom 22. April 1999 (BGBl. I S. 817), zuletzt geändert durch Artikel 4 des Gesetzes vom 14. Juli 2000 (BGBl. I S. 1034), letztmals anzuwenden ist, werden die Endbestände der Teilbeträge des verwendbaren Eigenkapitals ausgehend von den gemäß § 47 Abs. 1 Satz 1 Nr. 1 des Körperschaftsteuergesetzes in der Fassung der Bekanntmachung vom 22. April 1999 (BGBl. I S. 817), das zuletzt durch Artikel 4 des Gesetzes vom 14. Juli 2000 (BGBl. I S. 1034) geändert worden ist, festgestellten Teilbeträgen gemäß den nachfolgenden Absätzen ermittelt.

(2) ¹Die Teilbeträge sind um die Gewinnausschüttungen, die auf einem den gesellschaftsrechtlichen Vorschriften entsprechenden Gewinnverteilungsbeschluss für ein abgelaufenes Wirtschaftsjahr beruhen, und die in dem in Absatz 1 genannten Wirtschaftsjahr folgenden Wirtschaftsjahr erfolgen, sowie um andere Ausschüttungen und sonstige Leistungen, die in dem in Absatz 1 genannten Wirtschaftsjahr erfolgen, zu verringern. ²Die Regelungen des Vierten Teils des Körperschaftsteuergesetzes in der Fassung der Bekanntmachung vom 22. April 1999 (BGBl. I S. 817), das zuletzt durch Artikel 4 des Gesetzes vom 14. Juli 2000 (BGBl. I S. 1034) geändert worden ist, sind anzuwenden. ³Der Teilbetrag im Sinne des § 54 Abs. 11 Satz 1 des Körperschaftsteuergesetzes in der Fassung der Bekanntmachung vom 22. April 1999 (BGBl. I S. 817), das zuletzt durch Artikel 4 des Gesetzes vom 14. Juli 2000 (BGBl. I S. 1034) geändert worden ist, erhöht sich um die Einkommensteile, die nach § 34 Abs. 12 Satz 2 bis 5 einer Körperschaftsteuer von 45 Prozent unterlegen haben, und der Teilbetrag, der nach dem 31. Dezember 1998 einer Körperschaftsteuer in Höhe von 40 Prozent ungemildert unterlegen hat, erhöht sich um die Beträge, die nach § 34 Abs. 12 Satz 6 bis 8 einer Körperschaftsteuer von 40 Prozent unterlegen haben, jeweils nach Abzug der Körperschaftsteuer, der sie unterlegen haben.

(3) ¹Ein positiver belasteter Teilbetrag im Sinne des § 54 Abs. 11 Satz 1 des Körperschaftsteuergesetzes in der Fassung der Bekanntmachung vom 22. April 1999 (BGBl. I S. 817), das zuletzt durch Artikel 4 des Gesetzes vom 14. Juli 2000 (BGBl. I S. 1034) geändert worden ist, ist dem Teilbetrag, der nach dem 31. Dezember 1998 einer Körperschaftsteuer in Höhe von 40 Prozent ungemildert unterlegen hat, in Höhe von 27/22 seines Bestands hinzuzurechnen. ²In Höhe von 5/22 dieses Bestands ist der Teilbetrag im Sinne des § 30 Abs. 2 Nr. 2 des Gesetzes in der Fassung der Bekanntmachung vom 22. April 1999 (BGBl. I S. 817), das zuletzt durch Artikel 4 des Gesetzes vom 14. Juli 2000 (BGBl. I S. 1034) geändert worden ist, zu verringern.

(4) Ist die Summe der unbelasteten Teilbeträge im Sinne des § 30 Abs. 2 Nr. 1 bis 3 in der Fassung des Artikels 4 des Gesetzes vom 14. Juli 2000 (BGBl. I S. 1034) nach Anwendung der Absätze 2 und 3 negativ, sind diese Teilbeträge zunächst untereinander und danach mit den mit Körperschaftsteuer belasteten Teilbeträgen in der Reihenfolge zu verrechnen, in der ihre Belastung zunimmt.

(5) ¹Ist die Summe der unbelasteten Teilbeträge im Sinne des § 30 Abs. 2 Nr. 1 bis 3 in der Fassung des Artikels 4 des Gesetzes vom 14. Juli 2000 (BGBl. I S. 1034) nach Anwendung der Absätze 2 und 3 nicht negativ, sind zunächst die Teilbeträge im Sinne des § 30 Abs. 2 Nr. 1 und 3 in der Fassung des Artikels 4 des Gesetzes vom 14. Juli 2000 (BGBl. I S. 1034) zusammenzufassen. ²Ein sich aus der Zusammenfassung ergebender Negativbetrag ist vorrangig mit einem positiven Teilbetrag im Sinne des § 30 Abs. 2 Nr. 2 in der Fassung des Artikels 4 des Gesetzes vom 14. Juli 2000 (BGBl. I S. 1034) zu verrechnen. ³Ein negativer Teilbetrag im Sinne des § 30 Abs. 2 Nr. 2 in der Fassung des Artikels 4 des Gesetzes vom 14. Juli 2000 (BGBl. I S. 1034) ist vorrangig mit dem positiven zusammengefassten Teilbetrag im Sinne des Satzes 1 zu verrechnen.

(6) ¹Ist einer der belasteten Teilbeträge negativ, sind diese Teilbeträge zunächst untereinander zu verrechnen. ²Ein sich danach ergebender Negativbetrag mindert vorrangig den nach Anwendung des Absatzes 5 verbleibenden positiven Teilbetrag im Sinne des § 30 Abs. 2 Nr. 2 in der Fassung des Artikels 4 des Gesetzes vom 14. Juli 2000 (BGBl. I S. 1034); ein darüber hinausgehender Negativbetrag mindert den positiven zusammengefassten Teilbetrag nach Absatz 5 Satz 1.

(7) Die Endbestände sind getrennt auszuweisen und werden gesondert festgestellt; dabei sind die verbleibenden unbelasteten Teilbeträge im Sinne des § 30 Abs. 2 Nr. 1 und 3 des Körperschaftsteuergesetzes in der Fassung der Bekanntmachung vom 22. April 1999 (BGBl. I S. 817), das zuletzt durch Artikel 4 des Gesetzes vom 14. Juli 2000 (BGBl. I S. 1034) geändert worden ist, in einer Summe auszuweisen.

KStR
Zu § 36 KStG

Hinweise

H 82a Umgliederungsvorschriften

Die gesetzlichen Regelungen zur Umrechnung des am 31. Dezember 2001 vorhandenen verwendbaren Eigenkapitals einer Kapitalgesellschaft in ein Körperschaftsteuerguthaben (→ § 36 KStG i.d.F. des Steuersenkungsgesetzes vom 23. Oktober 2000) sind mit dem Grundgesetz vereinbar (→ BFH vom 31.05.2005 – BStBl. I S. 884[1]).

Verwaltungsregelungen zu § 36

Datum	Anl.	Quelle	Inhalt
	§ 036-01		(weggefallen)
12.01.05	§ 036-02	OFD Kob	Behauptete Verfassungswidrigkeit des § 36 KStG

Rechtsprechungsauswahl

Zu § 36 KStG

BFH vom 17.07.2008 I R 12/08 (BStBl. II 2009 S. 160): Hat eine in Liquidation befindliche Kapitalgesellschaft im Jahr 2001 Gewinn für ein vor dem Beginn der Liquidation im Jahr 2000 endendes Wirtschaftsjahr ausgeschüttet und entspricht der Ausschüttungsbeschluss den gesellschaftsrechtlichen Vorschriften, so ist für den Veranlagungszeitraum 2000 die Ausschüttungsbelastung herzustellen (entgegen BMF-Schreiben vom 26. August 2003, BStBl. I 2003, 434, Tz. 1).

BFH vom 26.09.2007 I R 8/07 (BStBl. 2008 II S. 387): Wurde für eine Ausschüttung EK 45 verwendet und stellt sich später heraus, dass ein höheres EK 45 als ursprünglich angenommen für die Ausschüttung zur Verfügung stand, schreibt § 54 Abs. 10a KStG 1999 die Verwendung des EK 45 im ursprünglich bescheinigten Umfang fest. Hat sich nachträglich zugleich der Bestand an EK 40 vermindert, so dass nunmehr nicht mehr ausreichend belastetes EK zur Finanzierung der Ausschüttung vorhanden ist, ist die Ausschüttung insoweit mit dem EK 02 zu verrechnen. Da § 54 Abs. 10a und § 28 Abs. 4 KStG 1999 diese Rechtsfolgen ausdrücklich vorschreiben, ist davon auszugehen, dass der Gesetzgeber sie bewusst gewählt hat und das Gesetz insoweit nicht lückenhaft ist.

BFH vom 31.05.2005 I R 107/04 (BStBl. 2005 II S. 884): Die gesetzlichen Regelungen zur Umrechnung des am 31. Dezember 2001 vorhandenen verwendbaren Eigenkapitals einer Kapitalgesellschaft in ein Körperschaftsteuerguthaben (§ 36 KStG i. d. F. des Steuersenkungsgesetzes vom 23. Oktober 2000) sind mit dem Grundgesetz vereinbar.

---

[1] Hinweis auf das hierzu beim BVerfG anhängige Verfahren (1 BvR 2192/05).

§ 37 Körperschaftsteuerguthaben und Körperschaftsteuerminderung

(1) [1]Auf den Schluss des Wirtschaftsjahrs, das dem in § 36 Abs. 1 genannten Wirtschaftsjahr folgt, wird ein Körperschaftsteuerguthaben ermittelt. [2]Das Körperschaftsteuerguthaben beträgt 1/6 des Endbestands des mit einer Körperschaftsteuer von 40 Prozent belasteten Teilbetrags.

(2) [1]Das Körperschaftsteuerguthaben mindert sich vorbehaltlich des Absatzes 2a um jeweils 1/6 der Gewinnausschüttungen, die in den folgenden Wirtschaftsjahren erfolgen und die auf einem den gesellschaftsrechtlichen Vorschriften entsprechenden Gewinnverteilungsbeschluss beruhen. [2]Satz 1 gilt für Mehrabführungen im Sinne des § 14 Abs. 3 entsprechend. [3]Die Körperschaftsteuer des Veranlagungszeitraums, in dem das Wirtschaftsjahr endet, in dem die Gewinnausschüttung erfolgt, mindert sich bis zum Verbrauch des Körperschaftsteuerguthabens um diesen Betrag, letztmalig in dem Veranlagungszeitraum, in dem das 18. Wirtschaftsjahr endet, das auf das Wirtschaftsjahr folgt, auf dessen Schluss nach Absatz 1 das Körperschaftsteuerguthaben ermittelt wird. [4]Das verbleibende Körperschaftsteuerguthaben ist auf den Schluss der jeweiligen Wirtschaftsjahre, letztmals auf den Schluss des 17. Wirtschaftsjahrs, das auf das Wirtschaftsjahr folgt, auf dessen Schluss nach Absatz 1 das Körperschaftsteuerguthaben ermittelt wird, fortzuschreiben und gesondert festzustellen. [5]§ 27 Abs. 2 gilt entsprechend.

(2a) Die Minderung ist begrenzt

1. für Gewinnausschüttungen, die nach dem 11. April 2003 und vor dem 1. Januar 2006 erfolgen, jeweils auf 0 Euro; [1)]

2. für Gewinnausschüttungen, die nach dem 31. Dezember 2005 erfolgen auf den Betrag, der auf das Wirtschaftsjahr der Gewinnausschüttung entfällt, wenn das auf den Schluss des vorangegangenen Wirtschaftsjahrs festgestellte Körperschaftsteuerguthaben gleichmäßig auf die einschließlich des Wirtschaftsjahrs der Gewinnausschüttung verbleibenden Wirtschaftsjahre verteilt wird, für die nach Absatz 2 Satz 3 eine Körperschaftsteuerminderung in Betracht kommt.

(3) [1]Erhält eine unbeschränkt steuerpflichtige Körperschaft oder Personenvereinigung, deren Leistungen bei den Empfängern zu den Einnahmen im Sinne des § 20 Abs. 1 Nr. 1 oder 2 des Einkommensteuergesetzes in der Fassung des Artikels 1 des Gesetzes vom 20. Dezember 2001 (BGBl. I S. 3858) gehören, Bezüge, die nach § 8b Abs. 1 bei der Einkommensermittlung außer Ansatz bleiben, und die bei der leistenden Körperschaft zu einer Minderung der Körperschaftsteuer geführt haben, erhöht sich bei ihr die Körperschaftsteuer und das Körperschaftsteuerguthaben um den Betrag der Minderung der Körperschaftsteuer bei der leistenden Körperschaft. [2]Satz 1 gilt auch, wenn der Körperschaft oder Personenvereinigung die entsprechenden Bezüge einer Organgesellschaft zugerechnet werden, weil sie entweder Organträger ist oder an einer Personengesellschaft beteiligt ist, die Organträger ist. [3]Im Fall des § 4 des Umwandlungssteuergesetzes sind die Sätze 1 und 2 entsprechend anzuwenden. [4]Die leistende Körperschaft hat der Empfängerin die folgenden Angaben nach amtlich vorgeschriebenem Muster zu bescheinigen:

1. den Namen und die Anschrift des Anteilseigners,

2. die Höhe des in Anspruch genommenen Körperschaftsteuerminderungsbetrags,

3. den Zahlungstag.

[5]§ 27 Abs. 3 Satz 2, Abs. 4 und 5 gilt entsprechend. [6]Sätze 1 bis 4 gelten nicht für steuerbefreite Körperschaften und Personenvereinigungen im Sinne des § 5 Abs. 1 Nr. 9, soweit die Einnahmen in einem wirtschaftlichen Geschäftsbetrieb anfallen, für den die Steuerbefreiung ausgeschlossen ist.

(4) [1]Das Körperschaftsteuerguthaben wird letztmalig auf den 31. Dezember 2006 ermittelt. [2]Geht das Vermögen einer unbeschränkt steuerpflichtigen Körperschaft durch einen der in § 1 Abs. 1 des Umwandlungssteuergesetzes vom 07. Dezember 2006 (BGBl. I S. 2782, 2791) in der jeweils geltenden Fassung genannten Vorgänge, bei denen die Anmeldung zur Ein-

---

1) Gilt nicht für vor dem 21. November 2002 beschlossene Gewinnausschüttungen (§ 34 Abs. 13d).

tragung in ein öffentliches Register nach dem 12. Dezember 2006 erfolgt, ganz oder teilweise auf einen anderen Rechtsträger über, wird das Körperschaftsteuerguthaben bei der übertragenden Körperschaft letztmalig auf den vor dem 31. Dezember 2006 liegenden steuerlichen Übertragungsstichtag ermittelt. [3]Wird das Vermögen einer Körperschaft oder Personenvereinigung im Rahmen einer Liquidation im Sinne des § 11 nach dem 12. Dezember 2006 und vor dem 1. Januar 2007 verteilt, wird das Körperschaftsteuerguthaben letztmalig auf den Stichtag ermittelt, auf den die Liquidationsschlussbilanz erstellt wird. [4]Die Absätze 1 bis 3 sind letztmals auf Gewinnausschüttungen und als ausgeschüttet geltende Beträge anzuwenden, die vor dem 1. Januar 2007 oder bis zu dem nach Satz 2 maßgebenden Zeitpunkt erfolgt sind. [5]In Fällen der Liquidation sind die Absätze 1 bis 3 auf Abschlagszahlungen anzuwenden, die bis zum Stichtag erfolgt sind, auf das Körperschaftsteuerguthaben letztmalig ermittelt wird.

(5) [1]Die Körperschaft hat innerhalb eines Auszahlungszeitraums von 2008 bis 2017 einen Anspruch auf Auszahlung des Körperschaftsteuerguthabens in zehn gleichen Jahresbeträgen. [2]Der Anspruch entsteht mit Ablauf des 31. Dezember 2006 oder des nach Absatz 4 Satz 2 oder Satz 3 maßgebenden Tages. [3]Der Anspruch wird für den gesamten Auszahlungszeitraum festgesetzt. [4]Der Anspruch ist jeweils am 30. September auszuzahlen. [5]Für das Jahr der Bekanntgabe des Bescheids und die vorangegangenen Jahre ist der Anspruch innerhalb eines Monats nach Bekanntgabe des Bescheids auszuzahlen, wenn die Bekanntgabe des Bescheids nach dem 31. August 2008 erfolgt. [6]Abweichend von Satz 1 ist der festgesetzte Anspruch in einem Betrag auszuzahlen, wenn das festgesetzte Körperschaftsteuerguthaben nicht mehr als 1 000 Euro beträgt. [7]Der Anspruch ist nicht verzinslich. [8]Die Festsetzungsfrist für die Festsetzung des Anspruchs läuft nicht vor Ablauf des Jahres ab, in dem der letzte Jahresbetrag fällig geworden ist oder ohne Anwendung des Satzes 6 fällig geworden wäre. [9]§ 10d Abs. 4 Satz 4 und 5 des Einkommensteuergesetzes gilt sinngemäß. [10]Auf die Abtretung oder Verpfändung des Anspruchs ist § 46 Abs. 4 der Abgabenordnung nicht anzuwenden.

(6) [1]Wird der Bescheid über die Festsetzung des Anspruchs nach Absatz 5 aufgehoben oder geändert, wird der Betrag, um den der Anspruch, der sich aus dem geänderten Bescheid ergibt, die Summe der Auszahlungen, die bis zur Bekanntgabe des neuen Bescheids geleistet worden sind, übersteigt, auf die verbleibenden Fälligkeitstermine des Auszahlungszeitraums verteilt. [2]Abweichend von Satz 1 ist der übersteigende Betrag in einer Summe auszuzahlen, wenn er nicht mehr als 1 000 Euro beträgt und auf die vorangegangene Festsetzung Absatz 5 Satz 6 oder dieser Satz angewendet worden ist. [3]Ist die Summe der Auszahlungen, die bis zur Bekanntgabe des neuen Bescheids geleistet worden sind, größer als der Auszahlungsanspruch, der sich aus dem geänderten Bescheid ergibt, ist der Unterschiedsbetrag innerhalb eines Monats nach Bekanntgabe des Bescheids zu entrichten.

(7) [1]Erträge und Gewinnminderungen der Körperschaft, die sich aus der Anwendung des Absatzes 5 ergeben, gehören nicht zu den Einkünften im Sinne des Einkommensteuergesetzes. [2]Die Auszahlung ist aus den Einnahmen an Körperschaftsteuer zu leisten.

KStR

Zu § 37 KStG

83. Körperschaftsteuerguthaben und Körperschaftsteuerminderung
– unbesetzt –

Hinweise

H 83 Abflusszeitpunkt
→ H 75

Bilanzierung
Bilanzielle Behandlung des Körperschaftsteuerguthabens nach Änderung durch das SEStEG
→ *BMF vom 14.1.2008 – BStBl. I S. 280*[1]
Billigkeitsregelung für die Auszahlung von Kleinbeträgen nach § 37 Abs. 5 KStG
→ *BMF vom 21.7.2008 – BStBl. I S. 741*[2]
Jahresgleiche Realisierung des Körperschaftsteuerguthabens
→ *BFH vom 28.11.2007 – BStBl. 2008 II S. 390*
Körperschaftsteuerminderung bei Auskehrung von Liquidationsraten
→ *BMF vom 4.4.2008 – BStBl. I S. 542*[3]

Verwaltungsregelungen zu § 37

Datum	Anl.	Quelle	Inhalt
16.05.02	§ 037-01	BMF	Gewinnausschüttung: Körperschaftsteuerminderung i. S. d. § 37 Abs. 2 KStG n. F. – Zeitpunkt der Aktivierung des Anspruchs aus der Minderung in der Handelsbilanz
13.09.02	§ 037-02	BMF	Gewinnausschüttung: Auswirkungen des § 37 Abs. 2 und § 38 Abs. 2 KStG i. d. F. des Steuersenkungsgesetzes auf den Bilanzgewinn
16.01.03	§ 037-03	OFD Nbg	Gewinnverwendung: Übergang vom Anrechnungs- auf das Halbeinkünfteverfahren und Verstoß von Gewinnverteilungsbeschlüssen gegen das Kapitalerhaltungsgebot
10.05.03	§ 037-04	OFD Mst	Steuerrechtliche Qualifizierung eines gegen §§ 30, 31 GmbH-Gesetz verstoßenden Gewinnverteilungsbeschlusses – Anwendung des BFH-Urteils vom 07.11.2001 (BFH/NV 2002 S. 540)
19.12.02	§ 037-05	OFD Mdb	Anwendung des § 37 Abs. 3 KStG n. F.: Besteuerung von Dividenden, für die Körperschaftsteuerguthaben verwendet worden sind
10.02.05	§ 037-06	OFD Mdb	Nachsteuer nach § 37 Abs. 3 KStG n. F.; Bescheinigungsverfahren, Besonderheiten bei einer sog. Mehrfachverwendung
20.04.07	§ 037-07	OFD Mst OFD Rhld	Fragen im Zusammenhang mit der Neuregelung der Vorschriften zum KSt-Guthaben (§ 37 KStG), Verrechnungsstundung und Auszahlung an Insolvenzverwalter
14.01.08	§ 037-08	BMF	Bilanzielle Behandlung des Körperschaftsteuerguthabens nach der Änderung durch das Gesetz über steuerliche Begleitmaßnahmen zur Einführung der Europäischen Gesellschaft und zur Änderung weiterer steuerrechtlicher Vorschriften (SEStEG); Anwendung des § 37 Abs. 7 KStG
07.12.07	§ 037-09	OFD Ko	Körperschaftsteuerguthaben nach § 37 Abs. 5 KStG – Anträge auf Verrechnungsstundung – Aufrechung im eröffneten Insolvenzverfahren – Geschäftsmäßiger Erwerb
12.12.07	§ 037-10	OFD Han	Auszahlung des Körperschaftsteuerguthabens in Fällen der Liquidation oder bei bevorstehender Löschung im Handelsregister

---

1) Vgl. Anlage § 037-08.
2) Vgl. Anlage § 037-14.
3) Vgl. Anlage § 037-05.

§ 37

Datum	Anl.	Quelle	Inhalt
17.12.07	§ 037-11	OFD Mst	Verfassungsrechtliche Bedenken gegen die §§ 36 bis 38 KStG i.d.F. ab dem StSenkG
	§ 037-12		(weggefallen)
17.04.08	§ 037-13	OFD Fra	Jahresgleiche Realisierung von nach § 37 Abs. 3 KStG begründeten Körperschaftsteuerguthaben; Anwendung des BFH-Urteils vom 28.11.2007 (Az. I R 42/07)
21.07.08	§ 037-14	BMF	Billigkeitsregelung für die Auszahlung von Kleinbeträgen beim Körperschaftsteuerguthaben nach § 37 Abs. 5 KStG
27.10.08	§ 037-15	OFD MSt	Ratierliche Auszahlung des Körperschafsteuerguthabens – Anträge auf Auszahlung des Solidaritätszuschlags
05.11.08	§ 037-16	OFD Han	Behandlung des Körperschaftsteuerguthabens in Organschaftsfällen

Rechtsprechungsauswahl

Zu § 37 KStG

BFH vom 15.07.2008, I B 16/08 (BStBl. 2008 II S. 886): Es ist nicht ernstlich zweifelhaft, dass sowohl die Aktivierung als auch die Wertberichtigung des Anspruchs auf Auszahlung des Körperschaftsteuerguthabens in zehn gleichen Jahresbeträgen bei der Einkommensermittlung zu neutralisieren sind (Bestätigung des BMF-Schreibens vom 14. Januar 2008, BStBl. I 2008, 280).

BFH vom 19.12.2007 I R 52/07 (BStBl. 2008 II S. 431):
1. Eine Realisierung von Körperschaftsteuerguthaben gemäß § 37 Abs. 2 KStG 1999 n. F. ist nur durch Gewinnausschüttungen möglich, die zeitlich nach dem Stichtag für die erstmalige Ermittlung des Guthabens nach Maßgabe des § 37 Abs. 1 KStG 1999 n. F. erfolgen (Bestätigung des BMF-Schreibens vom 6. November 2003, BStBl. I 2003, 575 Tz. 31).
2. Eine Gewinnausschüttung ist dann i. S. des § 37 Abs. 2 KStG 1999 n. F. erfolgt, wenn sie abgeflossen ist (Bestätigung des BMF-Schreibens vom 6. November 2003, BStBl. I 2003, 575 Tz. 7 und 30).

BFH vom 28.11.2007 I R 42/07 (BStBl. 2008 II S. 390):
1. Ein durch die sog. Nachsteuerregelung des § 37 Abs. 3 KStG 2002 begründetes Körperschaftsteuerguthaben kann nach § 37 Abs. 2 KStG 2002 realisiert werden, indem die Gesellschaft noch im selben Jahr, in dem sie die Gewinnausschüttung erhält, ihrerseits eine Gewinnausschüttung vornimmt (entgegen BMF-Schreiben vom 6. November 2003, BStBl. I 2003, 575 Tz. 40).
2. Hierbei kommt es weder darauf an, ob es sich bei der vorgenommenen Gewinnausschüttung um eine Vorabausschüttung oder um eine Ausschüttung für ein abgelaufenes Wirtschaftsjahr handelt, noch darauf, in welcher zeitlichen Reihenfolge die erhaltene und die vorgenommene Gewinnausschüttung erfolgen.

BFH vom 15.05.2007 I B 6/07 (BFH/NV 2007 S. 1713): Ein Gewinnverteilungsbeschluss, der unter Verstoß gegen die Kapitalerhaltungsvorschriften des GmbH-Rechts gefasst wurde, ist zivilrechtlich wirksam. Die Verrechnung eines Ausschüttungsanspruchs mit einer Gegenforderung der Gesellschaft ist nicht im Hinblick auf § 30 Abs. 1 GmbHG unwirksam, ein Verstoß gegen das Rückzahlungsverbot führt nur zu den Rechtsfolgen des § 31 GmbHG.

BFH vom 08.11.2006 I R 69/05; I R 70/05 (BStBl. 2007 II S. 662): § 37 Abs. 2a KStG 2002 i.d.F. des StVergAbG vom 16.5.2003 (BGBl. I 2003, 660, BStBl. I 2003, 321), der ausschüttungsbedingte Minderungen der Körperschaftsteuer im Hinblick auf nach dem 11.4.2003 und vor dem 1.1.2006 erfolgende Gewinnausschüttungen ausschließt („Körperschaftsteuer-Moratorium"), ist mit dem Grundgesetz vereinbar.

BFH vom 22.08.2006 I R 40/05 (BStBl. 2007 II S. 728): Eine Ausschüttung bei einer prüfungspflichtigen GmbH beruht nicht auf einem den gesellschaftsrechtlichen Vorschriften entsprechenden Gewinnverteilungsbeschluss für ein abgelaufenes Wirtschaftsjahr (§ 27 Abs. 3 Satz 1 KStG 1991), wenn der geprüfte Jahresabschluss durch die Gesellschafterversammlung geändert wird und der Bestätigungsvermerk des Abschlussprüfers über die Nachtragsprüfung (§ 316 Abs. 3 HGB) erst nach Ablauf der in § 173 Abs. 3 Satz 2 AktG angeführten Frist erteilt wird.

BFH vom 28.06.2006 I R 97/05 (BFH/NV 2006 S. 2207): Sog. Rücklagenmanagement zur „Mobilisierung" von Körperschaftsteuerguthaben nicht rechtsmissbräuchlich.

BFH vom 31.05.2005 I R 107/04 (BStBl. 2005 II S. 884): Die gesetzlichen Regelungen zur Umrechnung des am 31. Dezember 2001 vorhandenen verwendbaren Eigenkapitals einer Kapitalgesellschaft in ein Körperschaftsteuerguthaben (§ 36 KStG i. d. F. des Steuersenkungsgesetzes vom 23. Oktober 2000) sind mit dem Grundgesetz vereinbar.

BFH vom 05.04.2005 I B 221/04 (BStBl. 2005 II S. 526): Es bestehen ernstliche Zweifel daran, ob § 37 KStG 2002 der Nutzung eines Körperschaftsteuerguthabens entgegensteht, das auf einer Ausschüttung eines Tochterunternehmens im laufenden Wirtschaftsjahr beruht und daher zum Schluss des vorangegangenen Wirtschaftsjahres nicht gesondert festgestellt wurde.

BFH vom 01.04.2003 I R 51/02 (BStBl. 2003 II S. 779):

1. Für die Vorabausschüttung einer GmbH ist auch dann die Ausschüttungsbelastung gemäß § 27 Abs. 1 und 3 Satz 2 KStG 1991 herzustellen, wenn sie von dem später festgestellten Jahresgewinn nicht gedeckt wird. Die Rückforderung und Rückzahlung der überhöhten Vorabausschüttung ändert daran nichts (Bestätigung der ständigen Rechtsprechung und von Abschn. 77 Abs. 10 Satz 6 KStR 1993).

2. Das gilt auch dann, wenn der Gewinnverteilungsbeschluss wegen des Verstoßes gegen die Kapitalerhaltungsvorschriften des GmbH-Rechts ausnahmsweise unwirksam ist.

§ 38 Körperschaftsteuererhöhung

(1) ¹Ein positiver Endbetrag im Sinne des § 36 Abs. 7 aus dem Teilbetrag im Sinne des § 30 Abs. 2 Nr. 2 in der Fassung des Artikels 4 des Gesetzes vom 14. Juli 2000 (BGBl. I S. 1034) ist auch zum Schluss der folgenden Wirtschaftsjahre fortzuschreiben und gesondert festzustellen. ²§ 27 Abs. 2 gilt entsprechend. ³Der Betrag verringert sich jeweils, soweit er als für Leistungen verwendet gilt. ⁴Er gilt als für Leistungen verwendet, soweit die Summe der Leistungen, die die Gesellschaft im Wirtschaftsjahr erbracht hat, den um den Bestand des Satzes 1 verminderten ausschüttbaren Gewinn (§ 27) übersteigt. ⁵Maßgeblich sind die Bestände zum Schluss des vorangegangenen Wirtschaftsjahrs. ⁶Die Rückzahlung von Geschäftsguthaben an ausscheidende Mitglieder von Genossenschaften stellt, soweit es sich dabei nicht um Nennkapital im Sinne des § 28 Abs. 2 Satz 2 handelt, keine Leistung im Sinne der Sätze 3 und 4 dar. ⁷Satz 6 gilt nicht, soweit der unbelastete Teilbetrag im Sinne des Satzes 1 § 40 Abs. 1 oder Abs. 2 infolge der Umwandlung einer Körperschaft, die nicht Genossenschaft im Sinne des § 34 Abs. 13d [1] ist, übergangen ist.

(2) ¹Die Körperschaftsteuer des Veranlagungszeitraums, in dem das Wirtschaftsjahr endet, in dem die Leistungen erfolgen, erhöht sich um 3/7 des Betrags der Leistungen, für die ein Teilbetrag aus dem Endbetrag im Sinne des Absatzes 1 als verwendet gilt. ²Die Körperschaftsteuererhöhung mindert den Endbetrag im Sinne des Absatzes 1 bis zu dessen Verbrauch. ³Satz 1 ist letztmals für den Veranlagungszeitraum anzuwenden, in dem das 18. Wirtschaftsjahr endet, das auf das Wirtschaftsjahr folgt, auf dessen Schluss nach § 37 Abs. 1 Körperschaftsteuerguthaben ermittelt werden.

(3) ¹Die Körperschaftsteuer wird nicht erhöht, soweit eine von der Körperschaftsteuer befreite Körperschaft Leistungen an einen unbeschränkt steuerpflichtigen, von der Körperschaftsteuer befreiten Anteilseigner oder an eine juristische Person des öffentlichen Rechts vornimmt. ²Der Anteilseigner ist verpflichtet, der ausschüttenden Körperschaft seine Befreiung durch eine Bescheinigung des Finanzamts nachzuweisen, es sei denn, er ist eine juristische Person des öffentlichen Rechts. ³Das gilt nicht, soweit die Leistung auf Anteile entfällt, die in einem wirtschaftlichen Geschäftsbetrieb gehalten werden, für den die Befreiung von der Körperschaftsteuer ausgeschlossen ist, oder in einem nicht von der Körperschaftsteuer befreiten Betrieb gewerblicher Art.

(4) ¹Der Endbetrag nach Absatz 1 wird letztmalig auf den 31. Dezember 2006 ermittelt und festgestellt. ²Wird das Vermögen einer Körperschaft oder Personenvereinigung im Rahmen einer Liquidation im Sinne des § 11 nach dem 31. Dezember 2006 verteilt, wird der Endbetrag im Sinne des Satzes 1 letztmalig auf den Schluss des letzten vor dem 1. Januar 2007 endenden Besteuerungszeitraums festgestellt. ³Bei über den 31. Dezember 2006 hinaus fortdauernden Liquidationen endet der Besteuerungszeitraum nach § 11 auf Antrag der Körperschaft oder Personenvereinigung mit Ablauf des 31. Dezember 2006. ⁴Die Absätze 1 bis 3 sind letztmals auf Leistungen anzuwenden, die vor dem 1. Januar 2007 oder dem nach Satz 2 maßgebenden Zeitpunkt erfolgt sind.

(5) ¹Der Körperschaftsteuererhöhungsbetrag beträgt 3/100 des nach Absatz 4 Satz 1 festgestellten Endbetrags. ²Er ist begrenzt auf den Betrag, der sich nach den Absätzen 1 bis 3 als Körperschaftsteuererhöhung ergeben würde, wenn die Körperschaft oder Personenvereinigung ihr am 31. Dezember 2006 oder an dem nach Absatz 4 Satz 2 maßgebenden Zeitpunkt bestehendes Eigenkapital laut Steuerbilanz für eine Ausschüttung verwenden würde. ³Ein Körperschaftsteuererhöhungsbetrag ist nur festzusetzen, wenn er 1 000 Euro übersteigt.

(6) ¹Die Körperschaft oder deren Rechtsnachfolger hat den sich nach Absatz 5 ergebenden Körperschaftsteuererhöhungsbetrag innerhalb eines Zeitraums von 2008 bis 2017 in zehn gleichen Jahresbeträgen zu entrichten (Zahlungszeitraum). ²Satz 1 gilt nicht für Körperschaften oder Personenvereinigungen, die sich am 31. Dezember 2006 bereits in Liquidation befanden. ³Der Anspruch entsteht am 1. Januar 2007. ⁴Der Körperschaftsteuererhöhungsbetrag wird für den gesamten Zahlungszeitraum festgesetzt. ⁴Der Jahresbetrag ist jeweils am 30. September fällig. ⁵Für das Jahr der Bekanntgabe des Bescheids und die voran-

---

1) Jetzt § 34 Abs. 13e.

gegangenen Jahre ist der Jahresbetrag innerhalb eines Monats nach Bekanntgabe des Bescheids fällig, wenn die Bekanntgabe des Bescheids nach dem 31. August 2008 erfolgt. [6]In den Fällen des Satzes 2 ist der gesamte Anspruch innerhalb eines Monats nach Bekanntgabe des Bescheids fällig. [7]Der Anspruch ist nicht verzinslich. [8]Die Festsetzungsfrist für die Festsetzung des Körperschaftsteuererhöhungsbetrags läuft nicht vor Ablauf des Jahres ab, in dem der letzte Jahresbetrag fällig geworden ist.

(7) [1]Auf Antrag kann die Körperschaft oder deren Rechtsnachfolger abweichend von Absatz 6 Satz 1 den Körperschaftsteuererhöhungsbetrag in einer Summe entrichten. [2]Der Antrag kann letztmals zum 30. September 2015 gestellt werden. [3]Anstelle des jeweiligen Jahresbetrags ist zu dem Zahlungstermin, der auf den Zeitpunkt der Antragstellung folgt, der zu diesem Termin nach Absatz 6 Satz 4 fällige Jahresbetrag zuzüglich der noch nicht fälligen Jahresbeträge abgezinst mit einem Zinssatz von 5,5 Prozent zu entrichten. [4]Mit der Zahlung erlischt der gesamte Anspruch. [5]Die Sätze 3 und 4 sind in den Fällen des Absatzes 6 Satz 6, des Absatzes 8 und des Absatzes 9 Satz 1 und 2 von Amts wegen anzuwenden.

(8) Bei Liquidationen, die nach dem 31. Dezember 2006 beginnen, werden alle entstandenen und festgesetzten Körperschaftsteuererhöhungsbeträge an dem 30. September fällig, der auf den Zeitpunkt der Erstellung der Liquidationseröffnungsbilanz folgt.

(9) [1]Geht das Vermögen einer unbeschränkt steuerpflichtigen Körperschaft oder Personenvereinigung durch einen der in § 1 Abs. 1 Nr. 1 des Umwandlungssteuergesetzes vom 7. Dezember 2006 (BGBl. I S. 2782, 2791) in der jeweils geltenden Fassung genannten Vorgänge ganz oder teilweise auf eine nicht unbeschränkt steuerpflichtige Körperschaft oder Personenvereinigung über oder verlegt eine unbeschränkt steuerpflichtige Körperschaft oder Personenvereinigung ihren Sitz oder Ort der Geschäftsleitung und endet dadurch ihre unbeschränkte Steuerpflicht, werden alle entstandenen und festgesetzten Körperschaftsteuererhöhungsbeträge an dem 30. September fällig, der auf den Zeitpunkt des Vermögensübergangs oder des Wegzugs folgt. [2]Ist eine Festsetzung nach Absatz 6 noch nicht erfolgt, ist der gesamte Anspruch innerhalb eines Monats nach Bekanntgabe des Bescheids fällig. [3]Satz 1 gilt nicht, wenn der übernehmende Rechtsträger in einem anderen Mitgliedstaat der Europäischen Union unbeschränkt steuerpflichtig ist oder die Körperschaft oder Personenvereinigung in den Fällen des Wegzugs in einem anderen Mitgliedstaat der Europäischen Union unbeschränkt steuerpflichtig wird.

(10) § 37 Abs. 6 und 7 gilt entsprechend.

KStR

Zu § 38 KStG

84. Körperschaftsteuererhöhung
– unbesetzt –

Hinweise

H 84 Abflusszeitpunkt
    → *H 75*

    Allgemeines

    BMF-Schreiben vom 6.11.2003 – BStBl. I S. 575[1)]

---

1)   Anlage § 034-01.

§ 38

Rechtsprechungsauswahl

Zu § 38 KStG

BFH vom 11.02.2009, I R 67/07, (BFH/NV 2009 S. 1038):

1. Die Ausschüttung von Rücklagen aus dem Alt-EK 02 führt im Übergangszeitraum nach § 38 Abs. 2 KStG 2002 zu einer Körperschaftsteuererhöhung. Ob eine Ausschüttung aus dem Alt-EK 02 erfolgt, richtet sich gemäß § 38 Abs. 1 Satz 4 KStG 2002 danach, ob der Ausschüttungsbetrag den um den Bestand des Alt-EK 02 verminderten ausschüttbaren Gewinn übersteigt.

2. Der ausschüttbare Gewinn ist nach § 38 Abs. 1 Satz 4 KStG 2002 nur insoweit um den Bestand des Alt-EK 02 zu vermindern, als das Alt-EK 02 nicht bereits aufgrund einer vorangegangenen Kapitalerhöhung aus Gesellschaftsmitteln als Abzugsposten bei der Ermittlung des ausschüttbaren Gewinns (§ 27 Abs. 1 Satz 4 KStG 2002) berücksichtigt worden ist.

§ 39 Einlagen der Anteilseigner und Sonderausweis

(1) Ein sich nach § 36 Abs. 7 ergebender positiver Endbetrag des Teilbetrags im Sinne des § 30 Abs. 2 Nr. 4 des Körperschaftsteuergesetzes in der Fassung der Bekanntmachung vom 22. April 1999 (BGBl. I S. 817), das zuletzt durch Artikel 4 des Gesetzes vom 14. Juli 2000 (BGBl. I S. 1034) geändert worden ist, wird als Anfangsbestand des steuerlichen Einlagekontos im Sinne des § 27 erfasst.

(2) Der nach § 47 Abs. 1 Satz 1 Nr. 2 in der Fassung des Artikels 4 des Gesetzes vom 14. Juli 2000 (BGBl. I S. 1034) zuletzt festgestellte Betrag wird als Anfangsbestand in die Feststellung nach § 28 Abs. 1 Satz 3 einbezogen.

§ 40 (aufgehoben)[1)]

---

1) Der durch das JStG 2008 aufgehobene, gem. 34 Abs. 13e, Abs. 16 ggf. fortgeltende § 40 lautet wie folgt:

„§ 40 Umwandlung, Liquidation und Verlegung des Sitzes

(1) Geht das Vermögen einer unbeschränkt steuerpflichtigen Körperschaft durch Verschmelzung nach § 2 des Umwandlungsgesetzes auf eine unbeschränkt steuerpflichtige Körperschaft über, ist der unbelastete Teilbetrag gemäß § 38 dem entsprechenden Betrag der übernehmenden Körperschaft hinzuzurechnen.

(2) [1]Geht Vermögen einer unbeschränkt steuerpflichtigen Körperschaft durch Aufspaltung oder Abspaltung im Sinne des § 123 Abs. 1 und 2 des Umwandlungsgesetzes auf eine unbeschränkt steuerpflichtige Körperschaft über, ist der in Absatz 1 genannte Betrag der übertragenden Körperschaft einer übernehmenden Körperschaft im Verhältnis der übergehenden Vermögensteile zu dem bei der übertragenden Körperschaft vor dem Übergang bestehenden Vermögen zuzuordnen, wie es in der Regel in den Angaben zum Umtauschverhältnis der Anteile im Spaltungs- und Übernahmevertrag oder im Spaltungsplan (§ 126 Abs. 1 Nr. 3, § 136 des Umwandlungsgesetzes) zum Ausdruck kommt. [2]Entspricht das Umtauschverhältnis der Anteile nicht dem Verhältnis der übergehenden Vermögensteile zu dem bei der übertragenden Körperschaft vor der Spaltung bestehenden Vermögen, ist das Verhältnis der gemeinen Werte der übergehenden Vermögensteile zu dem vor der Spaltung vorhandenen Vermögen maßgebend. [3]Soweit das Vermögen auf eine Personengesellschaft übergeht, mindert sich der Betrag der übertragenden Körperschaft in dem Verhältnis der übergehenden Vermögensteile zu dem vor Spaltung bestehenden Vermögen.

(3) [1]Geht das Vermögen einer unbeschränkt steuerpflichtigen Körperschaft durch einen der in § 1 Abs. 1 Nr. 1 des Umwandlungssteuergesetzes vom 7. Dezember 2006 (BGBl. I S. 2782, 2791) in der jeweils geltenden Fassung genannten Vorgänge ganz oder teilweise auf eine von der Körperschaftsteuer befreite Körperschaft, Personenvereinigung oder Vermögensmasse oder auf eine juristische Person des öffentlichen Rechts über oder wird die Körperschaft steuerbefreit, erhöht sich die Körperschaftsteuer um den Betrag, der sich nach § 38 ergeben würde, wenn das in der Steuerbilanz ausgewiesene Eigenkapital abzüglich des Betrags, der nach § 28 Abs. 2 Satz 1 in Verbindung mit § 29 Abs. 1 dem steuerlichen Einlagekonto gutzuschreiben ist, als im Zeitpunkt des Vermögensübergangs für eine Ausschüttung verwendet gelten würde. [2]Die Körperschaftsteuer erhöht sich nicht in den Fällen des § 38 Abs. 3.

(4) [1]Wird das Vermögen einer Körperschaft oder Personenvereinigung im Rahmen einer Liquidation im Sinne des § 11 verteilt, erhöht sich die Körperschaftsteuer um den Betrag, der sich nach § 38 ergeben würde, wenn das verteilte Vermögen als im Zeitpunkt der Verteilung für eine Ausschüttung verwendet gelten würde. [2]Das gilt auch insoweit, als das Vermögen bereits vor Schluss der Liquidation verteilt wird. [3]Die Erhöhung der Körperschaftsteuer ist für den Veranlagungszeitraum vorzunehmen, in dem die Liquidation bzw. der jeweilige Besteuerungszeitraum endet. [4]Eine Erhöhung ist letztmals für den Veranlagungszeitraum 2020 vorzunehmen. [5]Bei Liquidationen, die über den 31. Dezember 2020 hinaus fortdauern, endet der Besteuerungszeitraum nach § 11 mit Ablauf des 31. Dezember 2020. [6]Auf diesen Zeitpunkt ist ein steuerlicher Zwischenabschluss zu fertigen. [7]Die Körperschaftsteuer erhöht sich nicht in den Fällen des § 38 Abs. 3.

(5) Geht das Vermögen einer unbeschränkt steuerpflichtigen Körperschaft oder Personenvereinigung durch einen der in § 1 Abs. 1 Nr. 1 des Umwandlungssteuergesetzes vom 7. Dezember 2006 (BGBl. I S. 2782, 2791) in der jeweils geltenden Fassung genannten Vorgänge ganz oder teilweise auf eine nicht unbeschränkt steuerpflichtige Körperschaft oder Personenvereinigung über oder verlegt eine unbeschränkt steuerpflichtige Körperschaft oder Personenvereinigung ihren Sitz oder Ort der Geschäftsleitung und endet dadurch ihre unbeschränkte Steuerpflicht, erhöht sich die Körperschaftsteuer um den Betrag, der sich nach § 38 ergeben würde, wenn das zum Übertragungsstichtag oder im Zeitpunkt des Wegfalls der unbeschränkten Steuerpflicht vorhandene Vermögen abzüglich des Betrags, der nach § 28 Abs. 2 Satz 1 in Verbindung mit § 29 Abs. 1 dem steuerlichen Einlagekonto gutzuschreiben ist, als am Übertragungsstichtag oder im Zeitpunkt des Wegfalls der unbeschränkten Steuerpflicht für eine Ausschüttung verwendet gelten würde.

(6) [1]Ist in den Fällen des Absatzes 5 die übernehmende Körperschaft oder Personenvereinigung in einem anderen Mitgliedstaat der Europäischen Union unbeschränkt steuerpflichtig und nicht von der Körperschaftsteuer befreit, ist der auf Grund der Anwendung des § 38 nach Absatz 5 festgesetzte Betrag bis zum Ablauf des nächsten auf die Bekanntgabe der Körperschaftsteuerfestsetzung folgenden Kalenderjahres zinslos zu stunden, soweit die übernehmende Körperschaft oder Personenvereinigung bis zum 31. Mai des nachfolgenden Jahres nachweist, dass sie bis zum Zeitpunkt der Fälligkeit keine Ausschüttung der übernommenen unbelasteten Teilbeträge vorgenommen hat. [2]Die Stundung verlängert sich jeweils um ein Jahr, soweit der in Satz 1 genannte Nachweis erbracht wird, letztmals bis zum Schluss des Wirtschaftsjahrs, das nach dem 31. Dezember 2018 endet. [3]Auf diesen Zeitpunkt gestundete Beträge werden nicht erhoben, soweit der in Satz 1 genannte Nachweis erbracht wird. [4]Die Sätze 1 bis 3 gelten auch bei der Sitzverlegung, wenn die Körperschaft oder Personenvereinigung in einem anderen Mitgliedstaat der Europäischen Union unbeschränkt steuerpflichtig wird. [5]Die Stundung ist zu widerrufen, wenn die aufnehmende Körperschaft oder Personenvereinigung oder deren Rechtsnachfolger

a) von der Körperschaftsteuer befreit wird,

b) aufgelöst und abgewickelt wird,

c) ihr Vermögen ganz oder teilweise auf eine Körperschaft oder Personenvereinigung überträgt, die in einem Staat außerhalb der Europäischen Union unbeschränkt steuerpflichtig ist,

d) ihren Sitz oder Ort der Geschäftsleitung in einen Staat außerhalb der Europäischen Union verlegt und dadurch ihre unbeschränkte Steuerpflicht innerhalb der Europäischen Union endet oder

e) ihr Vermögen auf eine Personengesellschaft oder natürliche Person überträgt."

KStR

Zu § 40 KStG

85. Umwandlung und Liquidation
– unbesetzt –

Hinweise

H 85 Liquidation
→ *BMF vom 26.8.2003 – BStBl. I S. 434* [1]
Umwandlung
→ *BMF vom 25.3.1998 – BStBl. I S. 268* [2] *und vom 16.12.2003 – BStBl. I S. 786* [3]

Rechtsprechungsauswahl

Zu § 40 KStG
BFH vom 22.02.2006 I R 67/05 (BStBl. 2008 II S. 312 [4]**):** Hat eine in Liquidation befindliche GmbH im Jahr 2001 an ihre Gesellschafter Liquidationsraten ausgekehrt, so kann dies jedenfalls dann zu einer Minderung der für dieses Jahr festzusetzenden Körperschaftsteuer führen, wenn die Liquidation schon am 1. Januar 1998 begonnen hat.

---

1) Vgl. Anlage § 011-03.
2) Vgl. Anhang 4–01.
3) Vgl. Anhang 4–02.
4) S. BMF vom 4.04.2008, BStBl. I 2008, 542.

Die nachstehend abgedruckten Anlagen und Anhänge wurden um die für den aktuellen Veranlagungszeitraum nicht mehr relevanten Verwaltungsanweisungen bereinigt.
Sie finden die im Buch nicht mehr abgedruckten Verwaltungsanweisungen der früheren Auflagen weiterhin auf der Archiv-CD.
Die Ordnungsnummern der gestrichenen Anlagen bleiben frei.

Steuerrechtliche Behandlung ausländischer Kapitalgesellschaften

Verfügung OFD Hannover vom 15.04.2005

S 2700 – 2 – StO 241

1. Zivilrechtliche Beurteilung

1.1 Gründungstheorie

Nach der Gründungstheorie bestimmt sich der Status einer Gesellschaft grundsätzlich nach dem Recht des Staates, in dem sie unter Beachtung der dort geltenden Formvorschriften rechtswirksam gegründet worden ist. Diese einmal erworbene Rechtsfähigkeit geht auch dann nicht verloren, wenn die Gesellschaft ihren tatsächlichen Verwaltungssitz (Ort der Geschäftsleitung) zunächst im Gründungsstaat hat, ihn aber anschließend in ein anderes Land verlegt.

Die Gründungstheorie ist vor allem weit verbreitet in den anglo-amerikanischen und sozialistischen Rechtskreisen.

1.2 Sitztheorie

Abweichend von der Gründungstheorie knüpft das deutsche Internationale Privatrecht bei der Beurteilung der Rechtsfähigkeit von ausländischen Gesellschaften, die den tatsächlichen Verwaltungssitz in das Inland verlegen, an die Rechtsordnung an, die am Verwaltungssitz gilt (Sitztheorie).

Verlegt also eine ausländische Kapitalgesellschaft, die nach dem Recht ihres Gründungsstaates Rechtsfähigkeit besitzt, ihren tatsächlichen Verwaltungssitz nach Deutschland, so besteht sie nur dann als rechtsfähige, juristische Person weiter, wenn das am bisherigen Sitz geltende Recht die Sitzverlegung zulässt und die Kapitalgesellschaft die Bedingungen erfüllt, an die das deutsche Recht die Rechtsfähigkeit knüpft. Eine Gesellschaft mit Sitz in Deutschland muss deshalb nach deutschem Recht gegründet sein, um hier als rechtsfähig anerkannt werden zu können.

2. Steuerrechtliche Beurteilung

2.1 Nach dem Recht eines Staates außerhalb der EU gegründete Gesellschaft

Die fehlende Rechtsfähigkeit im Inland schließt die unbeschränkte Körperschaftsteuerpflicht nicht aus. Die Körperschaftsteuerpflicht kann sich in diesen Fällen aus § 1 Abs. 1 Nr. 5 KStG i. V. m. § 3 Abs. 1 KStG ergeben.

Zur Feststellung der Körperschaftsteuerpflicht einer Gesellschaft, die ihren statuarischen Sitz im (Nicht-EU-)Ausland und ihren Verwaltungssitz im Inland hat, ist wie folgt zu verfahren:

2.2 Typenvergleich

In einem ersten Schritt ist ein Typenvergleich vorzunehmen, bei dem festzustellen ist, ob die Unternehmensform einer der in § 1 Abs. 1 Nrn. 1 bis 5 KStG aufgeführten Körperschaftsteuersubjekte entspricht.

Bei dem Typenvergleich ist eine Gesamtwürdigung der maßgebenden ausländischen Bestimmungen über die Organisation und die Struktur der Gesellschaft vorzunehmen. Nicht entscheidend ist dagegen, die Gestaltung der inneren Verhältnisse der Gesellschaft im Einzelfall, etwa die Anzahl der Gesellschafter oder Anteilseigner und deren tatsächliches Verhalten, solange sie nur als Vertreter der Gesellschaft auftreten.

Der Typenvergleich ist nur ein formaler Vergleich der Gesellschaftsformen.

2.3 Einkünftezurechnung

In einem zweiten Schritt ist zu untersuchen, ob die Einkünfte auch tatsächlich der Gesellschaft zugerechnet werden können. Hierfür können folgende Gesichtspunkte sprechen:

– Bei inländischem Grundstückseigentum ist die Gesellschaft und nicht deren Gesellschafter im Grundbuch eingetragen.

– Die Gesellschaft tritt im Geschäftsverkehr nach außen immer im eigenen Namen auf.

– Soweit Anteilseigner auftreten, handeln diese stets ausdrücklich und erkennbar im Namen der Gesellschaft.

– Alle maßgebenden Verträge sind unter Beachtung der vorstehenden Gesichtspunkte abgeschlossen worden.

Ausländische Gesellschaften mit Geschäftsleitung im Inland, die mit deutschen Körperschaftsteuersubjekten vergleichbar sind und denen die Einkünfte unmittelbar zuzurechnen sind, unterliegen danach im Inland der unbeschränkten Körperschaftsteuerpflicht.

2.4 Nach dem Recht eines Mitgliedstaates der EU gegründete Gesellschaften

Der in Deutschland vertretenen Sitztheorie ist der EuGH mit seinen Urteilen vom 9. 3.1999 „Centros" (GmbHR, 474; DB, 625), vom 5.11. 2002 „Überseering" (GmbHR, 1137; DB, 2425) und vom 30. 9. 2003 „Inspire Art" (GmbHR, 1260) entgegen getreten. Die Urteile führen zur Anwendung der Gründungstheorie. Danach erlangt eine Gesellschaft Rechtsfähigkeit, wenn sie nach dem Recht eines Mitgliedstaats der EU wirksam gegründet wurde. Die anderen Mitgliedstaaten haben diese Gründung anzuerkennen und die Gesellschaft auch in ihrem Land als rechtsfähig zu behandeln. Entsprechende Kapitalgesellschaften sind nach § 1 Abs. 1 Nr. 1 KStG unbeschränkt körperschaftsteuerpflichtig.

3. Ausprägung der Limited englischen Rechts

(Von der OFD Karlsruhe übernommen)

3.1 Gründung

Die Gründer müssen die Gesellschaft beim registrar of companies im Companies House in London, Cardiff oder Edinburgh unter Angabe des Gesellschaftssitzes anmelden. Jede in England registrierte Ltd. ist verpflichtet, in England ein registered office zu unterhalten. Wird der tatsächliche Verwaltungssitz im Anschluss nach Deutschland verlegt, handelt es sich hierbei (nur) um eine Büroadresse ohne wesentliche eigene Funktion. Geschäftsunterlagen wie ein Verzeichnis der Schriftführer, Protokolle der Gesellschafterversammlungen usw. müssen im registered office geführt werden. Beim registrar müssen die Gründungsurkunde, die Satzung, die Liste der Geschäftsführer und der Schriftführer eingereicht werden.

Die Anmeldebehörde prüft die Dokumente auf ihre formelle Ordnungsmäßigkeit und stellt im Anschluss die Gründungsurkunde aus.

Es bedarf keines Mindestkapitals. Die Rechtssubjektsfähigkeit mit der Konsequenz der Haftungsbeschränkung entsteht mit der Eintragung der Gesellschaft in das Register. Das Gründungsverfahren bis zur Eintragung dauert i. d. R. höchstens zwei Wochen.

Auch wenn die Limited in Deutschland, unbeschränkt steuerpflichtig ist (s. u.), hat sie in Großbritannien gleichfalls steuerliche Pflichten zu erfüllen. Kommt sie diesen nicht nach, droht dort die schnelle Löschung im Handelsregister. Die Internetadresse des englischen Handelsregisters lautet: www.companeshouse.gov.uk.

3.2 Organisationsstruktur

Die Ltd. wird durch den director (Geschäftsführer) vertreten. Daneben hat jede Ltd. einen secretary (Schriftführer) zu bestellen. Die Funktion des secretary wird regelmäßig auf Dauer durch einen englischen Berater wahrgenommen, der director kann auch gleichzeitig Gesellschafter sein.

Einmal jährlich hat eine Gesellschafterversammlung stattzufinden. Die Beschlussfassungen der Versammlungen (z. B. Bestellung des directors und des secretarys, Änderungen des Gesellschaftsvertrags) sind formfrei.

3.3 Haftung

Es besteht grundsätzlich keine persönliche Haftung der Gesellschafter (Ausnahme s. u. Tz. 3.4.2). Die Haftung der Gesellschaft ist auf das Gesellschaftsvermögen beschränkt. Auch das englische Recht kennt allerdings die Durchgriffshaftung auf die Gesellschafter für den Fall der Einsetzung eines Strohmanns, des Betrugs sowie in Ausnahmefällen der materiellen Unterkapitalisierung. Wie weit daneben die deutschen Grundsätze über die Haftung im Fall des existenzvernichtenden Eingriffs gelten, ist umstritten (vgl. Wachter, GmbHR 2003,1254; Ebert/Levedag, GmbHR 2003, 1337). Die Geschäftsführer der Ltd. haften für die Verletzung ihrer Pflichten. Dazu gehören Treue- und Loyalitätspflichten sowie die allgemeinen Sorgfaltspflichten.

3.4 Besteuerung der englischen Limited in Deutschland

3.4.1 Ertragsteuem, Gewinnermittlung

Hat die englische Limited zwar ihren Satzungssitz in Großbritannien, ihren Verwaltungssitz aber in Deutschland, so ist sie in Deutschland bei Anwendung der Gründungstheorie nach § 1 Abs. 1 Nr. 1 KStG unbeschränkt körperschaftsteuerpflichtig. (Auch nach der früher angewendeten Sitztheorie bestand bereits eine unbeschränkte Steuerpflicht für englische Limiteds mit Verwaltungssitz in Deutschland, allerdings nach der Vorschrift des § 1 Abs. 1 Nr. 5 KStG, nach dem damals anzustellenden Typvergleich war die englische Limited der deutschen GmbH vergleichbar.)

Allein wegen der Rechtsform als Limited kann noch keine Scheinfirma angenommen werden. Sollte im Einzelfall aber eine Scheinfirma vorliegen (ggf. Nachfrage bei der IZA, Auskunftsersuchen nach Großbritannien), so ist diese dennoch unbeschränkt steuerpflichtig. Neben der unbeschränkten Steuerpflicht ist für die Anwendung von § 42 AO grds. kein Raum, da es an einer Steuerminderung fehlt.

Die Limited ist in beiden Staaten ansässig. Gem. Art. 2 Abs. 1 Lit. h. Unterabs. III DBA-Großbritannien gilt die Gesellschaft im Fall der Doppelansässigkeit als in dem Gebiet ansässig, in dem sich der Ort ihrer tatsächlichen Geschäftsleitung befindet, also i. d. R. in Deutschland. Übt sie ihre aktive Tätigkeit somit ausschließlich in Deutschland aus, so ist der Gewinn auch vollständig in Deutschland zu versteuern. Sie unterliegt wie eine inländische GmbH mit ihrem Welteinkommen in Deutschland der Besteuerung.

Grundsätzlich müsste die englische Limited als inländische Zweigniederlassung, bei der es sich im Grunde um die Hauptniederlassung handelt, in das inländische Handelsregister eingetragen werden. Fehlt diese Eintragung, so ist dies steuerrechtlich unerheblich, die Eintragung ist für die unbeschränkte KSt-Pflicht nicht erforderlich.

Die Neuaufnahme der Limited hat zu erfolgen, sobald dem Finanzamt die Existenz der Limited und deren inländische Bestätigung bekannt werden. Entsprechend der Verfahrensweise bei inländischen Kapitalgesellschaften ist die Vorlage des Gesellschaftsvertrags und des englischen Handelsregisterauszugs zu verlangen.

Da die Amtssprache deutsch ist, sind die Urkunden in deutscher Übersetzung vorzulegen. Hierbei sind im Regelfall auch nicht amtliche Übersetzungen zu akzeptieren, wobei zum Vergleich der englische Originaltext mit anzufordern ist. Lediglich in begründeten Fällen soll gem. § 87 Abs. 2 AO auf der Vorlage einer beglaubigten oder von einem öffentlich bestellten oder beeidigten Dolmetscher oder Übersetzer angefertigten Übersetzung bestanden werden.

Die Gewinnermittlung hat nach den Vorschriften des HGB zu erfolgen, die Limited hat eine Steuerbilanz nach deutschem Recht zu erstellen. Nach englischem Recht vorgenommene Gewinnermittlungen sind unbeachtlich und können allenfalls zur Verprobung der eingereichten deutschen Besteuerungsgrundlagen herangezogen werden; dies gilt auch für Gewinnermittlungen nach IAS/IFRS, ist die Limited nicht im deutschen Handelsregister eingetragen, so ist sie kein Kaufmann nach deutschem HGB (§ 5 HGB, kein Formkaufmann). Hier ist auch eine Gewinnermittlung durch Einnahmeüberschussrechnung (§ 4 Abs. 3 EStG) zulässig.

Neben dem Ertragsteuern sind umsatzsteuerliche Verpflichtungen, Arbeitgeberpflichten usw. in Deutschland zu erfüllen. Es bestehen also keine Unterschiede zur Besteuerung einer GmbH.

3.4.2 ultra-vires-Lehre

Das englische Recht folgt der ultra-vires-Lehre, wonach eine Gesellschaft nur für die Verfolgung derjenigen Zwecke mit Rechtsfähigkeit ausgestattet ist, die im Gesellschaftsstatut/in der Satzung als Gesellschaftszwecke benannt sind. Verfolgt sie andere Zwecke als die genannten, überschreitet sie ihre Kompetenzen mit der Folge, dass die Gesellschafter aus diesen Geschäften persönlich verpflichtet werden. Es liegt dann ein Personenunternehmen und keine Körperschaft mehr vor.

Konsequenz dieser Rechtsauffassung ist, dass die Gesellschaftszwecke in der Satzung sehr umfassend (mitunter über mehrere Seiten) formuliert werden.

Ob bei Überschreiten des Gesellschaftszwecks auch bei der deutschen Besteuerung ein Personenunternehmen angenommen werden muss, ist äußerst fraglich. Allein der Umstand, dass die Gesellschafter für diese außersatzungsmäßigen Betätigungen persönlich haften, begründet für steuerliche Zwecke nicht die Annahme eines neben der Limited bestehenden Personenunternehmens. Solange die Limited nach außen im eigenen Namen auftritt, sollte das Finanzamt davon ausgehen, dass Geschäfte der Limited vorliegen. Es kann nicht Aufgabe des Finanzamts sein, für jedes Einzelgeschäft zu prüfen, ob sich die Betätigung noch im Rahmen des Gesellschaftszwecks bewegt oder nicht. In die Prüfung ist erst einzusteigen, wenn von anderer Seite entsprechende Argumente vorgetragen werden. Ggf. wäre dann eine Entscheidung auf Bundesebene über die weitere Verfahrensweise abzuwarten.

3.4.3 Zuständigkeit

Gem. § 21 Abs. 1 Satz 2 AO i. V. m. der UStZustV ist für Unternehmer, die Wohnsitz, Sitz oder Geschäftsleitung außerhalb des Geltungsbereichs des Gesetzes haben, die örtliche Zuständigkeit in Umsatzsteuersachen einem Finanzamt für den Geltungsbereich des Gesetzes übertragen worden; für im Vereinigten Königreich Großbritannien und Nordirland ansässige Unternehmer ist dies das FA Hannover-Nord.

In der Gesetzesbegründung zu § 21 Abs. 1 Satz 2 AO wird ausgeführt, dass die zentrale Zuständigkeit bereits dann eindeutig greifen soll, wenn auch nur ein Anknüpfungspunkt der Kriterien Wohnsitz, Sitz oder Geschäftsleitung außerhalb Deutschlands gegeben ist. Dies bedeutet eine Erweiterung der zentralen Zuständigkeit auf alle Fälle mit Auslandsbezug. Zweifelhaft ist, ob man bei der Gesetzesformulierung die Fälle berücksichtigt hat, in denen ein Unternehmen in Deutschland ansässig ist, hier als unbeschränkt steuerpflichtig veranlagt wird und sämtliche Geschäfte in Deutschland tätigt. Trotz dieser Zweifel ist in Umsatzsteuerangelegenheiten die UStZustV anzuwenden.

Die Zuständigkeiten für die Ertragsbesteuerung und die USt fallen somit auseinander. Eine zentrale Zuständigkeit für die USt hat sich dennoch als zweckmäßig erwiesen, um die Information über diese Gesellschaften zu bündeln. Das FA Hannover-Nord kennt zwischenzeitlich alle Massendomiziladressen und deren Verwalter; für einzelne Finanzämter sind diese Informationen nicht oder nur sehr zeitaufwendig zu beschaffen. Es hat sich gezeigt, dass viele Gesellschaften nach kurzer Zeit wieder gelöscht werden und es sich anschließend um Scheingesellschaften handelt. Diese Feststellungen lassen sich aber nur mit den erweiterten Ermittlungsmöglichkeiten und dem Know-how des FA Hannover-Nord treffen. Eingehende USt-Voranmeldungen sind deshalb ggf. zusammen mit der Gewerbeanmeldung an das FA Hannover-Nord weiterzuleiten.

Ungeachtet dessen kann es im Einzelfall sinnvoll sein, gem. § 27 AO mit dem FA Hannover-Nord eine Zuständigkeitsvereinbarung hinsichtlich der USt zu treffen.

Zu den Einzelheiten siehe Verfügung der Oberfinanzdirektionen Hannover vom 30. 6. 2001, AO-Kartei § 21 AO Karte 2.

3.4.4 Gesellschafter – nachträgliche Anschaffungskosten bei eigenkapitalersetzenden Darlehen

Für die Berücksichtigung eines Darlehens im Rahmen von § 17 EStG ist erforderlich, dass dieses den gleichen Bindungen unterliegt, wie sie der BFH für das einer deutschen Kapitalgesellschaft überlassene Darlehen fordert, das als eigenkapitalersetzend anerkannt werden soll. Im englischen Recht sind die Gesellschaften allgemein und darunter auch die Limited betreffenden Regelungen in Companies Act (CA) von 1985 zusammengefasst; darin findet sich keine Vorschrift, die der des § 32a GmbHG vergleichbar wäre.

Die Limited britischen Rechts ist auch nicht automatisch in allen Belangen einer deutschen GmbH gleichzustellen. Die Frage, ob ein Darlehen mit Eigenkapitalersatzcharakter vorliegt, kann nur nach dem für die Gesellschaft gültigen Recht, d. h. nach britischem Gesellschaftsrecht beantwortet werden.

Da das englische Recht keine Kapitalersatzregeln vergleichbar dem § 32a GmbHG kennt, sind verlorene Gesellschafterdarlehen damit nicht nach § 17 EStG berücksichtigungsfähig (Urteil des FG Rheinland-Pfalz vom 22. 6. 2004, EFG 2005, 38).

Verordnung über die Steuerbegünstigung von Stiftungen, die an die Stelle von Familienfideikommissen getreten sind

Vom 13.02.1926 (Reichsgesetzbl. I S. 101)

Auf Grund des § 108 Abs. 2 der Reichsabgabenordnung wird mit Zustimmung des Reichsrates folgendes bestimmt:

§ **1** Ist eine Vermögensmasse, die zu einem standesherrlichen Hausvermögen, einem Familienfideikommiß, einem Lehen oder einem Erbstammgut gehört hat, ganz oder zum Teil nach den für die Auflösung geltenden Vorschriften in eine Stiftung umgewandelt worden, so bleiben bei der Veranlagung einer solchen Stiftung zur Körperschaftsteuer die Einkünfte außer Ansatz, die an die nach der Stiftungssatzung bezugsberechtigten unbeschränkt einkommensteuerpflichtigen Familienmitglieder verteilt werden.

§ **2** Diese Verordnung gilt erstmalig für den ersten Steuerabschnitt, für den nach dem Körperschaftsteuergesetz vom 10.8.1925 (Reichsgesetzbl. I S. 208) eine Stiftung der im § 1 bezeichneten Art zur Körperschaftsteuer zu veranlagen ist.

Steuerliche Behandlung der regionalen Untergliederungen von Großvereinen [1]

BMF-Schreiben vom 18.10.1988

IV A 2 – S 7104 – 22/88

IV B 4 – S 0170 – 52/88

IV B 7 – S 2704 – 2/88

(BStBl. 1988 I S. 443)

Unter Bezugnahme auf das Ergebnis der Erörterungen mit den obersten Finanzbehörden der Länder gilt für die Behandlung regionaler Untergliederungen von Großvereinen bei der Körperschaftsteuer und Umsatzsteuer folgendes:

(1) Regionale Untergliederungen (Landes-, Bezirks-, Ortsverbände) von Großvereinen sind als nichtrechtsfähige Vereine (§ 1 Abs. 1 Nr. 5 KStG) selbständige Steuersubjekte im Sinne des Körperschaftsteuerrechts, wenn sie

a) über eigene satzungsmäßige Organe (Vorstand, Mitgliederversammlung) verfügen und über diese auf Dauer nach außen im eigenen Namen auftreten und

b) eine eigene Kassenführung haben.

Es ist nicht erforderlich, daß die regionalen Untergliederungen – neben der Satzung des Hauptvereins – noch eine eigene Satzung haben. Zweck, Aufgaben und Organisation der Untergliederungen können sich auch aus der Satzung des Hauptvereins ergeben.

(2) Wenn die Voraussetzungen des Absatzes 1 vorliegen, ist auch die umsatzsteuerliche Selbständigkeit anzuerkennen. Die regionalen Untergliederungen der Großvereine sind in diesen Fällen – unter den im Einzelfall zu prüfenden weiteren Voraussetzungen des § 2 Abs. 1 UStG – neben dem Hauptverein selbständige Unternehmer.

(3) Die selbständigen regionalen Untergliederungen können jedoch nur dann als gemeinnützig behandelt werden, wenn sie eine eigene Satzung haben, die den gemeinnützigkeitsrechtlichen Anforderungen entspricht.

Dieses Schreiben wird in die USt-Kartei aufgenommen.

---

[1] Aufhebung durch BMF-Schreiben zur Eindämmung der Normenflut vom 29.3.2007 – IV C 6 – O 1000/07/0018 (BStBl. 2007 I 369). Die Aufhebung des BMF-Schreibens bedeutet keine Aufgabe der bisherigen Rechtsauffassung der Verwaltung, sondern dient der Bereinigung der Weisungslage.

Steuerliche Behandlung der Investment-Clubs

Erlaß FM NW vom 29.05.1970

S 2705 – 2 – V B 4

Nach einem von der Deutschen Schutzvereinigung für Wertpapierbesitz e. V. entwickelten Mustergesellschaftsvertrag für sog. Investment-Clubs (Effekten-Clubs, Wertpapier-Clubs) soll sich ein auf 20 bis 30 Personen begrenzter Kreis von Sparern in Form einer BGB-Gesellschaft nach Bruchteilen zusammenschließen und gleichbleibende monatliche Sparbeträge gemeinsam in Wertpapieren investieren. Hierzu ist die Frage entstanden, wie solche Investment-Clubs ertragsteuerlich zu behandeln sind, insbesondere ob sie wie nichtrechtsfähige Vereine einer besonderen Ertragsbesteuerung unterliegen.

Der Bundesminister der Justiz ist der Auffassung, daß das von der Deutschen Schutzvereinigung für Wertpapiere entwickelte Modell eines Investment-Clubs als Gesellschaft des bürgerlichen Rechts und nicht als nichtrechtsfähiger Verein anzusehen sei. Wesentliches Indiz gegen die Annahme eines nichtrechtsfähigen Vereins sei die vorgesehene Abfindung ausscheidender Sparer in Höhe ihrer wertmäßigen Beteiligung an dem gemeinsamen Vermögen gem. § 736 ff. BGB. Beim Verein bestehe im allgemeinen keine wirtschaftliche Beteiligung am Vereinsvermögen in der Weise, daß ein prozentualer oder bruchteilmäßiger oder nennwertmäßiger Anteil wirtschaftlich zum Vermögen der Mitglieder gehört. Von maßgeblicher Bedeutung sei auch der aus dem Mustervertrag zu entnehmende Gründerwille, nach welchem die Investment-Clubs eindeutig als Gesellschaften des bürgerlichen Rechts anzusehen seien. Die in § 4 des Mustervertrags vorgesehene Regelung, nach der das Gesellschaftsvermögen den Gesellschaftern nicht zur gesamten Hand, sondern nach Bruchteilen zustehe, sei zwar ungewöhnlich, aber nicht unzulässig. Die Auffassung, daß es sich bei Investment-Clubs, die dem von der Deutschen Schutzvereinigung für Wertpapierbesitz entwickelten Mustervertrag entsprechen, um Gesellschaften des bürgerlichen Rechts handelt, wird von mir geteilt. Solche Investment-Clubs unterliegen daher grundsätzlich nicht der Körperschaftsteuer. Eine andere Beurteilung könnte allenfalls Platz greifen, wenn die Zahl der Gesellschafter die im Modellfall vorgesehene Zahl nennenswert übersteigt oder wenn eine starke Gesellschafter-Fluktuation vorliegt.

Umsatzsteuerliche und ertragsteuerliche Behandlung der Veranstaltungsgemeinschaften i. S. des Rundfunkgesetzes des Landes Nordrhein-Westfalen (LRG) (GV NW 88,6 ff.)[1]

Verfügung OFD Düsseldorf vom 16.11.1990

S 7104 A – St 14 H

S 2729 A – St 13 H

Nach dem LRG erfolgt die Veranstaltung von lokalem Rundfunk durch Veranstaltungsgemeinschaften (VG) (§§ 25 ff. LRG)[2]. Nur diese sind berechtigt, lokale Rundfunkprogramme zu verbreiten. Zur technischen Durchführung müssen die VG mit Betriebsgesellschaften (BG) (§§ 29 LRG)[3] eine Vereinbarung treffen. Danach stellt die BG der VG die zur Produktion und zur Verbreitung des lokalen Programmes erforderlichen technischen Einrichtungen zur Verfügung. Darüber hinaus stattet die BG die VG mit den erforderlichen Mitteln zur Erfüllung ihrer Aufgaben aus. Die VG wiederum ist verpflichtet, Werbesendung ausschließlich von den BG zu übernehmen.

1. Umsatzsteuer

Die Veranstaltung des Hörfunkprogrammes durch die VG ist als unternehmerische Tätigkeit zu beurteilen.

Indem VG der BG Übertragungszeit für Werbesendungen einräumt, bewirkt sie eine steuerpflichtige Leistung an die BG. Als Entgelt hierfür erhält sie Finanz- und Sachmittel. Es liegt ein tauschähnlicher Umsatz mit Baraufgabe vor, bei dem das Entgelt nach § 10 Abs. 2 Satz 2 UStG zu ermitteln ist. Die VG ist berechtigt, über ihre Leistungen Rechnungen mit Umsatzsteuerausweis an die BG auszustellen, die ihrerseits die Vorsteuer abziehen kann.

Soweit die VG gegenüber Dritten (vgl. § 24 Abs. 3 u. 4 LRG) Leistungen erbringt, ist sie unternehmerisch tätig. Dies gilt auch, sofern sie von der Möglichkeit der Kostenerstattung nach § 24 Abs. 6 und § 19 Abs. 5 LRG keinen Gebrauch macht. Eine Aufteilung der Vorsteuern der VG kommt daher nicht in Betracht.

2. Körperschaftsteuer

Die gern. § 25 Abs. 1 LRG NW in der Rechtsform eines eingetragenen Vereins zu errichtenden VG sind grundsätzlich körperschaftsteuerpflichtig (§ 1 Abs. 1 Nr. 4 KStG).

Sofern allerdings die von den VG mit den jeweiligen BG abzuschließenden Vereinbarungen vorsehen, daß die VG Rundfunkwerbung ausschließlich von der BG zu übernehmen hat und ihr für die Ausstrahlung lediglich ein Kostenerstattungsanspruch zusteht, fällt Körperschaftsteuer mangels Vorliegens einer Gewinnerzielungsabsicht nicht an.

3. Gewerbesteuer

Mit der Verbreitung des Rundfunkprogramms einschl. der Werbung gegen entsprechende Kostenerstattung unterhält die VG einen wirtschaftlichen Geschäftsbetrieb i. S. des § 14 AO.

Mit diesem wirtschaftlichen Geschäftsbetrieb unterliegt sie der Gewerbesteuer gem. § 2 Abs. 3 GewStG. Eine Gewinnerzielungsabsicht ist hier nicht erforderlich.

---

1) Das Landesrundfunkgesetz wurde ersetzt durch das Landesmediengesetz Nordrhein-Westfalen (LMG) vom 2.7.2002 (GV NRW 2007, 334).

2) §§ 52 ff. LMG.

3) §§ 59 f. LMG.

Anlage § 001–07

Betriebsfonds bei Erzeugerorganisationen

Verfügung OFD Hannover vom 19.08.2003

StO 214/S 2705 – 23 – StH 231

Begriff des Betriebsfonds

Seit 1997 können Erzeugerorganisationen nach Art. 15 der Verordnung (EG) Nr. 2200/96 vom 28.10.1996 (im Folgenden: VO) einen Betriebsfonds einrichten. Dieser Betriebsfonds wird mit Finanzbeiträgen (Umlagen) der angeschlossenen Erzeuger und mit Beihilfen der Gemeinschaft gespeist. Dazu muss die Erzeugerorganisation den in Art. 11 ff. der VO im Einzelnen genannten Voraussetzungen entsprechen, d. h. es muss sich um eine sog. anerkannte Erzeugerorganisation handeln, und der Zweck der Betriebsfonds muss gem. Art. 15 Abs. 2 der VO entweder der Finanzierung von Marktrücknahmen oder eines operationellen Programms dienen, das von den zuständigen innerstaatlichen Behörden gem. Art. 15 Abs. 4 sowie Art. 16 Abs. 1 der VO genehmigt sein muss. Die Genehmigung ist wiederum Voraussetzung für die Beihilfegewährung der Gemeinschaft. Die finanziellen Beihilfen der Gemeinschaft umfassen höchstens 50 v. H. der tatsächlichen Ausgaben für die Marktrücknahme oder das operationelle Programm und werden nur gewährt, wenn die Mitglieder der Erzeugerorganisationen ebenfalls mindestens 50 v. H. der Gesamtkosten in den Betriebsfonds eingezahlt haben.

Körperschaftsteuerrechtliche Einordnung des Betriebsfonds

Jeder einzelne Betriebsfonds, der auf Grund der VO von anerkannten Erzeugerorganisationen eingerichtet wird, ist Zweckvermögen i. S. des § 1 Abs. 1 Nr. 5 KStG. Das Zweckvermögen bleibt zwar rechtlich im Eigentum der betreffenden Erzeugergemeinschaft, wirtschaftlich ist es jedoch als selbstständig anzusehen, da die Vermögensteile der Verfügungsmacht der Erzeugergemeinschaft so entzogen sind, dass die Erfüllung des besonderen Zwecks nicht mehr vom Willen der Erzeugergemeinschaft abhängt. Die Erzeugergemeinschaft ist als rechtlicher Eigentümer gehindert, das Vermögen für eigene Zwecke zu verwenden. Der Betriebsfonds ist als Zweckvermögen unbeschränkt körperschaftsteuerpflichtig (§ 1 Abs. 1 Nr. 5 KStG).

Einkommen des Betriebsfonds

Körperschaftsteuerpflichtige Einkünfte des Betriebsfonds sind insbesondere die Erträge aus der Anlage des Vermögens. Die von den Mitgliedern der Erzeugerorganisationen an den Betriebsfonds zu leistenden Finanzbeiträge (Umlagen) und die Zuschüsse der EG sind dagegen keine Einkünfte des Betriebsfonds i. S. des § 8 Abs. 1 i. V. mit § 2 Abs. 1 EStG. Andererseits sind die Aufwendungen, die entsprechend der Zweckbestimmung aus dem Vermögen des Betriebsfonds geleistet werden, nach § 10 Nr. 1 KStG bei der Ermittlung des Einkommens des Betriebsfonds nicht abziehbar. Dazu gehören auch Mittel, die an die Mitglieder der Erzeugerorganisation und der EG zurückgezahlt werden, falls sich bei dem Betriebsfonds ein Überschuss ergibt.

Aktivierung des Anspruchs auf Beihilfe der Gemeinschaft

Forderungen sind zu aktivieren, wenn sie am Bilanzstichtag realisiert sind. Diese Voraussetzung liegt vor, wenn eine Forderung entweder zivilrechtlich entstanden ist oder die für die Entstehung wesentlichen wirtschaftlichen Ursachen im abgelaufenen Geschäftsjahr gesetzt worden sind und mit der künftigen rechtlichen Entstehung des Anspruchs fest gerechnet werden kann (BFH-Urteil vom 08.11.2000, BStBl. II 2001 S. 349). Mit der Genehmigung des operationellen Programms für den Betriebsfonds der Erzeugerorganisation durch die Landesbehörde ist die Beihilfegewährung seitens der Gemeinschaft sicher und somit eine Aktivierung der Forderung vorzunehmen.

Behandlung der Finanzbeiträge (Umlagen) der Mitglieder der Erzeugerorganisationen

Die Finanzbeiträge (Umlagen) der Mitglieder der Erzeugerorganisationen an den Betriebsfonds sind nicht gesellschaftsrechtlich veranlasst und daher bei den Mitgliedern Betriebsausgaben.

Gesetz über deutsche Immobilien-Aktiengesellschaften mit börsennotierten Anteilen (REITG);
Gewährung der Steuerbefreiung aufgrund der Eintragung im Handelsregister als REIT-AG

BMF-Schreiben vom 10.07.2007

IV B 8 – S 1983/07/0001, 2007/0314201 (BStBl. I 2007 S. 527)

Unter Bezugnahme auf das Ergebnis der Erörterungen mit den obersten Finanzbehörden der Länder bitte ich bezüglich des Verfahrens und der Anforderungen zur erstmaligen Gewährung der Steuerbefreiung, auch bei Äußerungen gegenüber den Handelsregistergerichten, folgende Auffassung zu vertreten:

REIT-Aktiengesellschaften sind von der Körperschaft- und Gewerbesteuer befreit. Voraussetzung hierfür ist nach § 16 Abs. 1 REITG die Erfüllung der Voraussetzungen der §§ 8 bis 15 des REITGesetzes. Diese Voraussetzungen sind von der Gesellschaft während der Dauer des REIT-Status fortlaufend zu erfüllen. Die Überprüfung der Anforderungen nach den §§ 12, 14 und 15 erfolgt auf Grundlage des Einzel- oder Konzernabschlusses nach IFRS, die Ausschüttungsverpflichtung nach § 13 ist anhand des HGB-Jahresabschlusses zu prüfen.

Die Steuerbefreiung tritt zu Beginn des Wirtschaftsjahres ein, in dem die Gesellschaft in das Handelsregister unter einer den Anforderungen des § 6 REITG entsprechenden Firma eingetragen wird (§ 17 Abs. 1 REITG). Da die für die Eintragung als REIT-Aktiengesellschaft notwendigen Unterlagen (Satzung der Gesellschaft und Nachweis der Zulassung zum Börsenhandel) dem Handelsregister zur Prüfung vorgelegen haben, kann die Erfüllung der Voraussetzungen für die Steuerbefreiung durch die Finanzverwaltung im Zeitraum der Eintragung des REIT-Status in das Handelsregister regelmäßig vermutet werden. Anträgen auf Anpassung der Vorauszahlungen auf die Körperschaft und Gewerbesteuer für diesen Veranlagungszeitraum ist daher zu entsprechen. Ob die Voraussetzungen für die Steuerbefreiung tatsächlich vorliegen, ist gemäß § 21 Abs. 2 REITG regelmäßig, auch im ersten Jahr der Steuerbefreiung auf der Grundlage der Steuererklärung für den abgelaufenen Veranlagungszeitraum zu prüfen. Dieser sind die nach Ablauf des Geschäftsjahres aufzustellenden Abschlüsse beizufügen. Erforderlichenfalls können weitere Unterlagen wie eine aktuelle Fassung der Satzung der Gesellschaft, ein Handelsregisterauszug oder der Nachweis der Börsenzulassung angefordert werden.

Dieses Schreiben wird im Bundessteuerblatt Teil I veröffentlicht.

Anlage § 004–02

Körperschaftsteuerliche Auswirkungen der kommunalen Neugliederung bei Eigenbetrieben und Eigengesellschaften

Erlaß Baden-Württemberg vom 15.12.1972

S 2707 A – 4/72

Im Zusammenhang mit der Auflösung, Neubildung und Gebietsänderung von Kreisen und Gemeinden werden häufig Eigenbetriebe der sich auflösenden Gemeinde auf eine neue Gemeinde oder eine bereits bestehende Gemeinde übertragen bzw. mit bereits bestehenden Eigenbetrieben zusammengefaßt.

Im einzelnen wird zur körperschaftsteuerlichen Behandlung dieser Fälle auf folgendes hingewiesen: Durch den Zusammenschluß mehrerer Gemeinden zu einer neuen Gemeinde und durch die Eingliederung einer Gemeinde in eine andere werden die den aufgelösten Gemeinden gehörenden Eigenbetriebe als Steuersubjekte i. S. des § 1 Abs. 1 Nr. 6 KStG nicht berührt. Der Wechsel des Rechtsträger hat auf den Fortbestand des einzelnen Betriebs gewerblicher Art als Steuersubjekt keinen Einfluß. Eine Änderung tritt erst ein bei einem Zusammenschluß mehrerer dieser Eigenbetriebe zu einem neuen oder bei Einbrigung eines Eigenbetriebs in einen anderen.

Werden mehrere Eigenbetriebe desselben Rechtsträgers zu einem neuen Eigenbetrieb zusammengeschlossen oder wird ein Eigenbetrieb in einen anderen desselben Rechtsträgers eingebracht, so richtet sich die steuerliche Anerkennung dieser Maßnahmen nach Abschn. 5 Abs. 8 bis 11 KStR. Der zusammengefaßte oder der aufnehmende Betrieb hat die Buchwerte der einzelnen Wirtschaftgüter fortzuführen. Ist der untergehende Eigenbetrieb wegen seines geringen Gewichts kein Betrieb gewerblicher Art i. S. des § 1 Abs. 1 Nr. 6 KStG (Abschn. 5 Abs. 2 bis 5 KStR), so liegt eine Einlage von Wirtschaftgütern aus dem allgemeinen Gemeindevermögen in einen Betrieb gewerblicher Art vor.

Eine Körperschaft des öffentlichen Rechts kann mehrere ihr gehörende Betriebe gewerblicher Art zu einem einheitlichen Steuersubjekt unter den Voraussetzungen des Abschn. 5 Abs. 8 bis 11 KStR zusammenfassen. Dabei steht es in ihrem Ermessen, welcher Betrieb den bzw. die anderen aufnimmt. Im Hinblick auf die besonderen Umstände bei Zusammenschlüssen von Betrieben gewerblicher Art im Rahmen der kommunalen Neugliederung wird es für vertretbar gehalten, die in Betracht kommenden Betriebe im Falle ihres Zusammenschlusses nicht ungünstiger zu stellen, als sie es ohne den Zusammenschluß wären. Dies gilt insbesondere bezüglich des Verlustabzugs nach § 8 Abs. 1 KStG i. V. m. § 10d EStG. Ein etwaiger Verlustabzug des untergehenden Betriebs kann in diesen Fällen gem. § 163 Abs. 1 Satz 1 AO innerhalb der 5-Jahres-Frist des § 10d EStG beim aufnehmenden Betrieb berücksichtigt werden.

Hat ein untergehender Eigenbetrieb im Zeitpunkt des Zusammenschlusses oder der Einbringung nach Abschnitt 32 Abs. 2 letzter Absatz KStR noch die Möglichkeit, eine Konzessionsabgabe nachzuholen, so wird es aus den unter Nr. 3 angeführten Gründen im Billigkeitsweg für zulässig erachtet, daß der neue oder aufnehmende Betrieb die gekürzten Beträge geltend macht.

Werden im Zuge der kommunalen Neugliederung Teile einer Gemeinde in eine andere Gemeinde eingegliedert und besitzt ein Eigenbetrieb oder eine Eigengesellschaft der abgebenden Gemeinde auf diesem Gebiet Anlagevermögen (z. B. Rohrnetze), so kann es vorkommen, daß der Eigenbetrieb oder die Eigengesellschaft die betreffenden Wirtschaftsgüter im Wege eines Auseinandersetzungsvertrages an den Eigenbetrieb oder die Eigengesellschaft der aufnehmenden Gemeinde veräußern muß. Soweit dabei Veräußerungsgewinne entstehen, kann der abgebende Eigenbetrieb (die Eigengesellschaft) im Wirtschaftsjahr der Veräußerung einen Betrag bis zur Höhe der Veräußerungsgewinne von den Anschaffungs- oder Herstellungskosten der Wirtschaftsgüter des Anlagevermögens abziehen, die in diesem Wirtschaftsjahr angeschafft oder hergestellt worden sind (§ 163 Abs. 1 Satz 2 AO). Die Teile der Veräußerungsgewinne, die durch den Abzug nicht verbraucht worden sind, dürfen in eine steuerlichen Gewinn mindernde Rücklage eingestellt werden. Ein Betrag bis zur Höhe dieser Rücklage kann von den Anschaffungs- oder Herstellungskosten der Wirtschaftsgüter des Anlagevermögens, die in den folgenden vier Wirtschaftsjahren angeschafft oder hergestellt worden sind, im Wirtschaftsjahr der Anschaffung oder Herstellung abgezogen werden. Die Rücklage ist in Höhe des abgezogenen Betrags gewinnerhöhend aufzulösen. Soweit die Rücklage am Schluß des vierten auf ihre Bildung folgenden Wirtschaftjahres noch vorhanden ist, muß sie in diesem Zeitpunkt gewinnerhöhend aufgelöst werden.

Die Bildung der Rücklage hängt von dem Ausweis eines entsprechenden Passivpostens in mindestens gleicher Höhe in der Handelsbilanz ab. Ist von den Anschaffungs- oder Herstellungskosten eines Wirtschaftsguts ein Betrag i. S. der vorstehenden Ausführungen abgezogen worden, so gilt der verbleibende Betrag als Anschaffungs- oder Herstellungskosten des Wirtschaftsguts. Die übrigen Voraussetzungen des § 6b EStG brauchen nicht erfüllt zu sein.

Diese Anordnungen ergehen mit Zustimmung des Bundesministers der Finanzen und der obersten Finanzbehörden der anderen Länder.

Steuerliche Behandlung von Betriebsarztrenten;
hier: Arbeitsmedizinische Zentren der Berufsgenossenschaften

Erlaß FM NW vom 20.07.1978 – S 2706 – 49 – V B 4

Unterhalten Berufsgenossenschaften als juristische Personen des öffentlichen Rechts arbeitsmedizinische Zentren, so ist diese Tätigkeit dem wirtschaftlichen Bereich zuzuordnen und unter den in Abschnitt 5 KStR[1] genannten Voraussetzungen ein Betrieb gewerblicher Art anzunehmen. Die von den Berufsgenossenschaften betriebenen arbeitsmedizinischen Zentren sind nicht dem Hoheitsbereich der Berufsgenossenschaften zuzurechnen. Nach § 719a RVO stellt nämlich die Einrichtung eines arbeitsmedizinischen Dienstes durch eine Berufsgenossenschaft keine Pflichtaufgabe der Berufsgenossenschaft dar. § 719 Satz 1 RVO spricht vielmehr davon, daß Berufsgenossenschaften arbeitsmedizinische Dienste einrichten können. Die Unterhaltung von arbeitsmedizinischen Zentren durch Berufsgenossenschaften ist daher keine Tätigkeit, die den Berufsgenossenschaften eigentümlich und vorbehalten ist. Die als Betrieb gewerblicher Art behandelten arbeitsmedizinischen Zentren der Berufsgenossenschaften dienen nicht ausschließlich und unmittelbar gemeinnützigen Zwecken und fallen daher nicht unter die Befreiungsvorschrift des § 5 Abs. 1 Nr. 9 KStG.

Soweit die arbeitsmedizinischen Zentren der Berufsgenossenschaften in der Vergangenheit bisher anders behandelt wurden, kann es bis einschließlich Veranlagungszeitraum 1978 dabei verbleiben.

Dieser Erlaß ergeht im Einvernehmen mit dem Bundesminister der Finanzen und den obersten Finanzbehörden der anderen Länder.

Körperschaftsteuerliche Behandlung der Sparkassen- und Giroverbände

Erlaß FM Baden-Württemberg vom 28.11.1978
S 2706 – 59 –312

Zu der Frage, ob die gesamte Tätigkeit eines Sparkassen- und Giroverbandes mit Ausnahme der dem hoheitlichen Bereich zuzuordnenden Tätigkeit der Prüfungsstelle des Verbandes einen einheitlichen Betrieb gewerblicher Art und dementsprechend einen einheitlichen Gewerbebetrieb darstellt, wird die folgende Auffassung vertreten:

Die Sparkassen- und Giroverbände sind aufgrund ihrer Tätigkeit nicht insgesamt als Betriebe gewerblicher Art anzusehen. Dies ergibt sich aus einem Vergleich mit der körperschaftsteuerlichen Behandlung der Berufsverbände ohne öffentlich-rechtlichen Charakter. Während ein Sparkassen- und Giroverband – Berufsverband der Sparkassen – als juristische Person des öffentlichen Rechts nur insoweit unbeschränkt körperschaftsteuerpflichtig ist, als er einen Betrieb gewerblicher Art unterhält, sind Berufsverbände ohne öffentlich-rechtlichen Charakter nach § 5 Abs. 1 Nr. 5 KStG von der Körperschaftsteuer befreit, soweit sie keinen wirtschaftlichen Geschäftsbetrieb unterhalten. Die Begriffsmerkmale eines Betriebs gewerblicher Art und eines wirtschaftlichen Geschäftsbetriebs stimmen weitgehend überein. Insoweit besteht steuerrechtlich eine Gleichbehandlung der öffentlich-rechtlichen Berufsverbände und der Berufsverbände ohne öffentlich-rechtlichen Charakter. Entsprechend der Definition des Berufsverbandes in Abschn. 8 Abs. 1 KStR[2] würde ein Sparkassen- und Giroverband ohne öffentlich-rechtlichen Charakter aufgrund seiner Tätigkeit nicht insgesamt als wirtschaftlicher Geschäftsbetrieb anzusehen sein. Er würde deshalb seine Steuerfreiheit nach § 5 Abs. 1 Nr. 5 KStG nicht verlieren. Daher kann diese Tätigkeit bei einem Sparkassen- und Giroverband mit öffentlich-rechtlichem Charakter ebenfalls nicht zu einer unbeschränkten Steuerpflicht führen.

Auch das Halten der Beteiligung an der Landesbank ist – selbst bei einer 100%igen Beteiligung – nicht als Betrieb gewerblicher Art anzusehen. Es überschreitet nicht den Rahmen der Vermögensverwaltung.

Ob im Einzelfall eine bestimmte Tätigkeit oder eine Zusammenfassung bestimmter Tätigkeiten eines Sparkassen- und Giroverbandes einen Betrieb gewerblicher Art darstellt, ist von Fall zu Fall zu prüfen.

Dieser Erlaß ergeht im Einvernehmen mit dem Bundesminister der Finanzen und den obersten Finanzbehörden der anderen Länder.

---

1) Jetzt R 6 KStR.
2) Jetzt R 16 KStR.

Verkauf von Landkarten und anderen Veröffentlichungen durch die Landesvermessungsämter, die Landesämter für Bodenforschung und das Institut für Angewandte Geodäsie

Erlaß FM Rheinland-Pfalz vom 28.10.1980

S 7106/S 2706 A – 444,445

Der Verkauf von Karten, die nicht den Katasterkarten oder den amtlichen topographischen Karten zuzurechnen sind (z. B. Straßenkarten, Wanderkarten, d. h. Karten, die für Zwecke des Wanderns besonders kenntlich gemacht sind, und historische Karten), an private Abnehmer und Wiederveräußerer stellt eine wirtschaftliche Tätigkeit der Landesvermessungsämter, der Landesämter für Bodenforschung und des Instituts für Angewandte Geodäsie dar, die unter den Voraussetzungen des Abschnitts 5 KStR[1] zur Annahme eines Betriebs gewerblicher Art führt. Die Abgabe von Karten an juristische Personen des öffentlichen Rechts ist als Amtshilfe anzusehen.

Dieser Erlaß ist im Einvernehmen mit dem Bundesminister der Finanzen sowie den obersten Finanzbehörden der anderen Bundesländer ergangen.

---

1) Jetzt R 6 KStR.

Zusammenfassung von Betrieben gewerblicher Art[1]

Verfügung OFD Frankfurt/M v. 11.04.1997

S 2706 A – 16-St II 12

S 2706 A – 56-St II 12

1. Zusammenfassung von Betrieben gewerblicher Art

Nach Abschn. 5 Abs. 9 KStR 1990 ist die Zusammenfassung mehrerer gleichartiger Betriebe gewerblicher Art zulässig. Darüber hinaus können Betriebe gewerblicher Art nur zusammengefaßt werden, wenn zwischen diesen Betrieben nach dem Gesamtbild der tatsächlichen Verhältnisse objektiv eine enge wechselseitige technisch-wirtschaftliche Verflechtung besteht. Eine Ausnahme gilt für Versorgungsbetriebe, Verkehrsbetriebe und Hafenbetriebe

2. Zusammenfassung von Betrieben gewerblicher Art in Eigengesellschaften

Nach Abschn. 5 Abs. 11a KStR 1990 ist die Zusammenfassung von Betrieben gewerblicher Art in Kapitalgesellschaften ebenfalls grundsätzlich anzuerkennen. Werden jedoch Verlust- und Gewinnbetriebe in einer Kapitalgesellschaft zusammengefaßt, so stellt sich nach Satz 2 dieser Vorschrift die Frage des Mißbrauchs rechtlicher Gestaltungsmöglichkeiten i. S. d. § 42 AO. Ein Rechtsmißbrauch ist hingegen nicht anzunehmen, wenn die zusammengefaßten Betriebe auch als Betriebe gewerblicher Art hätten zusammengefaßt werden können, z. B. weil zwischen ihnen eine enge wechselseitige technisch-wirtschaftliche Verflechtung besteht.

3. Zusammenfassung von betrieblichen Aktivitäten und Beteiligungsengagements:

3.1 In einem Betrieb gewerblicher Art (BgA)

Die Überführung einer Beteiligung an einer Kapitalgesellschaft, die nicht alle Anteile umfaßt, in das einem Betrieb gewerblicher Art dienende Vermögen ist steuerlich als Einlagenvorgang zu betrachten und nach den für gewillkürtes Betriebsvermögen geltenden Grundsätzen (Abschn. 13 Abs. 1 Satz 4, Abschn. 14 Abs. 1 Satz Einkommensteuer-Richtlinien (EStR 1995) zu beurteilen (vgl. Rdvfg. vom 9.7.1990 – S 2706 A – 56 – St II 12 –, KSt-Kartei, § 4 Karte A 11).

Umfaßt die Beteiligung alle Anteile, so sind die steuerlichen Einlagenvoraussetzungen daraufhin zu prüfen, ob ein Gestaltungsmißbrauch (§ 42 AO) vorliegt. Da eine 100 %ige Beteiligung steuerlich einen (Teil-)Betrieb repräsentiert (vgl. z. B. § 20 UmwStG), sind dabei die aus § 4 KStG abgeleiteten Grundsätze für die Zusammenfassung von Betrieben gewerblicher Art (Abschn. 5 Abs. 9 KStR) entsprechend anzuwenden. Soweit danach eine Zusammenfassung der Engagements steuerlich abzulehnen wäre, falls beide in Eigenregie als Betrieb gewerblicher Art geführt würden, scheidet auch die Annahme einer steuerlich wirksamen Einlage der Beteiligung in das Betriebsvermögen des Betriebs gewerblicher Art aus.

Soweit dagegen von einer steuerlich wirksamen Einlage auszugehen ist, ist die Beteiligung im Betriebsvermögen des Betriebs gewerblicher Art mit dem Teilwert anzusetzen (§ 8 Abs. 1 KStG i. V. mit § 6 Abs. 1 Nr. 5 EStG). Die Vorschrift des § 6 Abs. 1 Nr. 5 Buchst. b EStG findet in diesem Fall keine Anwendung, weil die Beteiligung bei der einlegenden juristischen Person des öffentlichen Rechts nicht unter § 17 EStG fällt. Die Vorschrift des § 50c EStG ist jedoch zu beachten (Abschn. 227d EStR).

3.2 In einer Kapitalgesellschaft (Eigengesellschaft)

a) Werden in einer Eigengesellschaft lediglich Beteiligungen an Kapitalgesellschaften zusammengefaßt (Holding), so kann bereits in der Errichtung der Gesellschaft steuerlich ein Gestaltungsmißbrauch (§ 42 AO) zu erblicken sein, wenn die Gesellschaft keine eigene wirtschaftliche Tätigkeit entfaltet und für ihre Zwischenschaltung über das Halten und Verwalten der Beteiligungen hinaus keine weiteren wirtschaftlichen oder sonst beachtlichen Gründe ersichtlich sind (Beschluß des GrS des BFH vom 25.2.1991, BStBl. 1991 S. 691, 702). Zielt bei der Errichtung und Erstausstattung einer Eigengesellschaft die Gestaltung der Rechtsverhältnisse dagegen lediglich darauf ab, den Gewinn nicht über eine angemessene Verzinsung des eingezahlten Nennkapitals und über eine Vergütung für das Risiko des nicht eingezahlten Nennkapitals hinaus zu steigern, so ist nicht der Gründungsvorgang als solcher steuerlich zu beanstanden, sondern es ist eine vGA anzunehmen (BFH-Urteil vom 5.10.1977, BStBl. 1978 II S. 234, und vom 23.5.1984, BStBl. II S. 673, sowie Abschn. 31 Abs. 4 Satz 2 KStR).

b) Verfolgt die Eigengesellschaft außer Beteiligungsverwaltung auch andere wirtschaftliche Ziele und ist daher steuerlich keine insgesamt mißbräuchliche Gestaltung anzunehmen, so sind gleichwohl

---

[1] Vgl. nunmehr R 7 KStR und H 7 KStH.

einzelne Maßnahmen zur Übertragung von Beteiligungsengagements in die Eigengesellschaft (Zusammenfassung eines Beteiligungsengagements mit eigenen betrieblichen Aktivitäten) auf ihre steuerliche Anerkennung hin zu untersuchen, gleichgültig, ob sie im Rahmen der Gründung oder erst später bei der bereits bestehenden Gesellschaft durchgeführt werden. Wird eine Beteiligung von der juristischen Person des öffentlichen Rechts auf ihre Eigengesellschaft übertragen (Kauf, Tausch oder Einlage), die nicht alle Anteile umfaßt, so hat die Eigengesellschaft als zivilrechtliche Beteiligungsinhaberin die Beteiligung im Regelfall auch steuerlich zu aktivieren (Ansatz mit den Anschaffungskosten bei entgeltlichem Erwerb, mit dem Teilwert im Einlagefall), ohne daß dabei die steuerlichen Einlagengrundsätze des Abschn. 13 Abs. 1 EStR 1995 eine Rolle spielen. Eine steuerlich wirksame Übertragung der Beteiligung ist jedoch – trotz des zivilrechtlich wirksamen Eigentumsübergangs – zu verneinen, wenn die Eigengesellschaft nicht auch wirtschaftlicher Eigentümer geworden ist (§ 39 AO) oder wenn ein Gestaltungsmißbrauch vorliegt (§ 42 AO); letzterer kann z. B. anzunehmen sein, wenn die in Abschn. 14 Abs. 1 Satz 4 EStR 1995 genannten Merkmale vorliegen, d. h. wenn erkennbar ist, daß die Beteiligung dem Betrieb keinen Nutzen, sondern nur Verluste bringen wird.

Handelt es sich um eine Beteiligung, die alle Anteile umfaßt und damit im steuerlichen Sinne einen eigenständigen Betrieb repräsentiert (s. Nr. 3.1), so ist der Übergang der Beteiligung auf die Eigengesellschaft auch steuerlich anzuerkennen, wenn auch das wirtschaftliche Eigentum übergegangen ist und kein Gestaltungsmißbrauch vorliegt (Ansatz anstelle der Anschaffungskosten oder des Teilwerts mit dem nach § 20 UmwStG maßgebenden Wert, wenn die Einbringung nach dieser Vorschrift erfolgt). Von einem Gestaltungsmißbrauch ist dabei beispielsweise dann auszugehen, wenn nach den aus § 4 KStG abgeleiteten Grundsätzen (Abschn. 5 Abs. 9 KStR) eine Zusammenfassung steuerlich nicht anzuerkennen wäre, falls beide Engagements in Eigenregie als Betrieb gewerblicher Art geführt würden.

5. Einzelfallbeispiele

a) Sachverhalt

Die Stadt X hält in ihrem Vermögenshaushalt 10 % der Anteile an einem in der Rechtsform der GmbH betriebenen Verkehrsunternehmen. Sie möchte diese Anteile in die als Eigenbetrieb geführten Stadtwerke, die die Stadt X mit Gas und Wasser versorgen, einbringen. Alternativ wird daran gedacht, den Eigenbetrieb Stadtwerke in eine GmbH umzuwandeln und die Beteiligung an dem Verkehrsunternehmen in die neugegründete Stadtwerke GmbH einzubringen.

Steuerrechtliche Beurteilung:

Die Einlage der 10 %-Beteiligung in den Betrieb gewerblicher Art Stadtwerke ist unter den in Tz. 3.1 genannten Voraussetzungen steuerlich anzuerkennen. Dabei hat der Ansatz mit dem Teilwert zu erfolgen. § 50c EStG ist zu beachten (Abschn. 227d EStR).

Variante:

Werden die Stadtwerke als Eigengesellschaft geführt und wird die 10 %-Beteiligung in das Vermögen dieser Gesellschaft eingelegt, so ist die Einlage nach Maßgabe der Ausführungen zu Tz. 3.2 auch steuerlich wirksam. Der Ansatz hat mit dem Teilwert zu erfolgen, § 50c EStG ist zu beachten.

b) Sachverhalt:

Die Stadt X hält 100 % der Anteile an einer Versorgungs-GmbH. Sie legt 79 % der Anteile in den Bäderbetrieb (BgA) ein.

Steuerrechtliche Beurteilung:

Die 100 %ige Beteiligung der Stadt stellt steuerlich einen (Teil-)Betrieb dar. Hinsichtlich der Einlage der Beteiligung ist daher zu prüfen (vgl. Tz. 3.1), ob ein Gestaltungsmißbrauch i. S. d. § 42 AO vorliegt, auch wenn sich die Einlage nicht auf die gesamte Beteiligung erstreckt. Entscheidend ist, ob die Stadt die Möglichkeit der Einlage eines (Teil-)Betriebs hat. Durch die Entscheidung, diesen (Teil-)Betrieb nur teilweise einzulegen, kann die Stadt die Überprüfung des Mißbrauchs rechtlicher Gestaltungsmöglichkeiten nicht umgehen.

Maßgebend sind mithin die in Abschn. 5 Abs. 9 KStR enthaltenen Grundsätze. Gegen die Einlage bestehen daher nur dann steuerlich keine Bedenken, wenn zwischen dem als Eigengesellschaft betriebenen Versorgungsunternehmen und dem Bäderbetrieb eine wechselseitige technisch-wirtschaftliche Verflechtung besteht.

Ist die Einlage der Beteiligung steuerlich anzuerkennen, so ist der Teilwert anzusetzen (§ 6 Abs. 1 Nr. 5 EStG) und § 50c EStG zu beachten.

c) Sachverhalt:

Die Stadt X betreibt auf ihrem Stadtgebiet Abwasserbeseitigungsanlagen. Sie hält zudem 100 % der Anteile an einer Versorgungs-GmbH. Der Abwasserbeseitigungsbetrieb erfordert erhebliche Erweiterungsinvestitionen. Die Stadt möchte ihn in die Versorgungs-GmbH einbringen.

Steuerrechtliche Beurteilung:

Die von der Stadt in eigener Regie betriebene Abwasserbeseitigung ist eine *hoheitliche Tätigkeit*. Die Stadt beabsichtigt mithin, den Hoheitsbetrieb „Abwasserbeseitigung" mit dem seiner Art nach als Betrieb gewerblicher Art einzustufenden Versorgungsunternehmen zusammenzufassen.

Die Zusammenfassung von Betrieben gewerblicher Art mit Hoheitsbetrieben ist steuerrechtlich nicht zulässig (Abschn. 5 Abs. 8 KStR).

Die Einbringung des Abwasserbeseitigungsbetriebs in die Versorgungs-GmbH gegen neue Anteile kann zwar nach § 20 UmwG steuerlich nicht verhindert werden. Da die Beteiligung an der Versorgungs-GmbH aber einen Versorgungsbetrieb repräsentiert, verbietet sich die Zusammenfassung des hoheitlichen Abwasserbeseitigungsbetriebs mit diesem Versorgungsbetrieb aufgrund der aus § 4 KStG abgeleiteten Regeln (Abschn. 5 Abs. 8 KStR) nach § 42 AO.

d) Sachverhalt:

Die Stadt X hält 100 % der Anteile an einer Verkehrs-GmbH. Zudem ist sie Mitunternehmer eines in der Rechtsform der Gesellschaft des bürgerlichen Rechts geführten überregionalen Verkehrsunternehmens. In ihrem Vermögenshaushalt hält sie zudem RWE-Aktien. Die Stadt X gründet eine Holding-GmbH, in die sie ihre Anteile an der Verkehrs-GmbH und ihren Mitunternehmeranteil an dem überregionalen Verkehrsunternehmen einbringt. Zudem überträgt sie ihr RWE-Aktienpaket (teilweise im Wege der Einlage, teilweise durch Veräußerung) auf die Holding GmbH. Diese tilgt den Kaufpreis für die RWE-Aktien mit dem Einsatz von Fremdmitteln.

Steuerrechtliche Beurteilung:

Die primäre Frage nach der Funktion der Holding (Tz. 3.2a) beantwortet sich hier bereits aus der Tatsache, daß die Holding gewerblicher Mitunternehmer und damit „funktionserfüllt" wird. Verkörpern die Beteiligungen/Anteile in ihrer Gesamtheit bei der Stadt einen eigenständigen Teilbetrieb (z. B. „Beteiligungsverwaltung"), so kann die Einbringung in die Holding-GmbH gem. § 20 Abs. 1 UmwStG mit dem nach dieser Vorschrift zulässigen Ansatz (historische Anschaffungskosten, Teilwert oder Zwischenwert) erfolgen. Die hierfür gewährten Holding-Anteile sind dann steuerverhaftet (§ 21 UmwStG).

Sind die Voraussetzungen eines Teilbetriebs nicht erfüllt und können die Engagements daher nicht als Einheit eingebracht werden, so

– kann die 100 %-Beteiligung einzeln gem. § 20 Abs. 6 UmwStG (Folge: Wertansatz nach dieser Vorschrift bei der Holding, Holding-Anteile fallen bei der Stadt unter § 21 UmwStG) oder im Wege des erfolgsneutralen Tauschs (Folge: Wertfortführung der historischen Anschaffungskosten, Holding-Anteile sind nicht verstrickt) auf die Holding übertragen werden,

– können die RWE-Anteile in die Holding entweder ggf. aufgrund des BFH-Tauschgutachtens erfolgsneutral oder nach den allgemeinen Regeln erfolgswirksam eingelegt werden (Folge: entweder Fortführung der historischen Anschaffungskosten oder Teilwert-Ansatz), wenn die steuerlichen Einlagevoraussetzungen (Tz. 3.1) erfüllt sind. (Der Verkauf eines Teils dieser Anteile an die Holding fällt nicht unter diese Beurteilungsregeln, da offenbar von einem regulären entgeltlichen Erwerbsvorgang auszugehen ist). Entscheidend ist daher, ob die RWE-Anteile der Holding unter Berücksichtigung der für die Fremdfinanzierung aufzubringenden Zinsen dienlich sind oder ihr auf Dauer nur Verluste bringen werden (vgl. Abschn. 14 Abs. 1 Satz 4 EStR 1995).

Soweit die Übertragung der Anteile auf die Holding steuerlich wirksam ist, ist § 50c EStG zu beachten.

e) Sachverhalt:

Die Stadt X hält in ihrem Vermögenshaushalt 100 %-Anteile an einem städtischen Versorgungsunternehmen (Stadtwerke-GmbH), 50 % der Anteile an einem überregionalen Versorgungsunternehmen (Gas-GmbH) und ein RWE-Aktienpaket. Sie bringt ihre Beteiligung an der Gas-GmbH in die Stadtwerke GmbH ein und veräußert dieser auch ihr RWE-Aktienpaket. Anschließend legt sie die Beteiligung an der Stadtwerke GmbH in den Betrieb gewerblicher Art Bäderbetrieb ein.

Steuerrechtliche Beurteilung:

Bei der steuerrechtlichen Beurteilung der (offenen oder verdeckten) Einlage der Beteiligung an der Gas-GmbH in die Stadtwerke GmbH ist Tz. 3.2 zu beachten.

Gesichtspunkte, die gegen die steuerliche Wirksamkeit dieser Einlage sprechen können, sind anhand des Sachverhalts nicht zu erkennen.

Sollte die Einlage offen im Tauschwege gegen neue Anteile der Stadtwerke-GmbH gewinneutral erfolgen, so ist der Buchwert (= historische Anschaffungskosten) fortzuführen, andernfalls ist der Teilwert anzusetzen.

Gegen die Veräußerung des RWE-Aktienpakets an die Stadtwerke-GmbH lassen sich steuerliche Einwände aus dem Sachverhalt heraus nicht ableiten (keine Gesichtspunkte gegen die Ernsthaftigkeit des Geschäfts, zu evtl. Vorbehalten hinsichtlich des Eigentumsübergangs oder zur Wirksamkeit der Kaufpreisvereinbarung usw.).

Zu beachten ist jedoch § 50c EStG sowohl im Einlage- als auch beim entgeltlichen Erwerbsvorgang.

Die in den Betrieb gewerblicher Art „Bäderbetrieb" eingelegte 100 %-Beteiligung an der Stadtwerke-GmbH repräsentiert steuerlich einen Versorgungsbetrieb, der nur dann mit dem Bäderbetrieb steuerlich zusammenfaßbar ist, wenn eine enge wechselseitige technisch-wirtschaftliche Verflechtung besteht (Abschn. 5 Abs. 9 KStR). Sollte eine solche Verflechtung nicht bestehen (der Sachverhalt enthält hierzu keine Aussage, im allgemeinen bestehen zwischen Versorgungs- und Bäderbetrieben jedoch keine derartigen Verflechtungen), so ist die Einlage steuerlich nicht anzuerkennen. In diesem Falle ist § 50c EStG zu beachten.

f) Sachverhalt:

Die Stadt hält 100% der Anteile an einer defizitären Verkehrs-AG, 20% dieser Anteile will sie in ihre Holding GmbH einbringen. Alternativ wird daran gedacht, die gesamten Anteile einzubringen.

Steuerrechtliche Beurteilung:

Die Einlage der 20%-igen Beteiligung ist wegen § 42 AO steuerlich nicht anzuerkennen, da die Einlage von Wirtschaftsgütern als gewillkürtes Betriebsvermögen nicht zulässig ist, wenn erkennbar wird, daß die betreffenden Wirtschaftsgüter dem Betrieb keinen Nutzen, sondern wie im vorliegenden Fall nur Verluste bringen (vgl. Abschn. 14 Abs. 1 S. 4 EStR 1995) Auch ist ein darüber hinausgehender betrieblicher Nutzen für die Stadtwerke, der in einer Kapitalverstärkung bestehen könnte, zu verneinen. Ferner kann mit der Einlage einer 20%-igen Beteiligung nicht nachhaltig die Organisationsstruktur verändert werden. Darüber hinaus kann die Ablehnung der steuerlichen Anerkennung bereits darauf gestützt werden, daß ein gewissenhafter Geschäftsführer unter keinen Umständen ein derartiges Beteiligungsengagement, das nur zu Verlusten führt, eingehen würde.

Variante:

Die Einlage der gesamten Beteiligung an der Verkehrs-AG ist unter dem Aspekt der Zusammenfassung von Betrieben steuerlich anzuerkennen, auch wenn dadurch das Verlustausgleichspotential erhöht wird.

g) Sachverhalt

Die Stadt X besitzt in ihrem Rathaus eine Kantine, in der sowohl eigene als auch Bedienstete anderer Verwaltungen entgeltlich verköstigt werden. Die städtischen Bediensteten zahlen dabei ein geringeres Entgelt als die übrigen Besucher der Kantine. Diese Kantine sowie verpachtete Cafeterias und Verkaufsstellen im Krankenhaus bzw. Berufsschulzentrum hat sie in einer GmbH zusammengefaßt. Alle drei Bereiche werfen auf Dauer nur Verluste ab. Später wurden gegen Gewährung von Gesellschaftsanteilen Aktien eines Energieversorgungsunternehmens sowie eine verlustbringende Kommanditbeteiligung an einer Thermalbad GmbH & Co KG unter gleichzeitiger Übernahme von Verbindlichkeiten der Stadt X in die GmbH eingebracht. Unter Berücksichtigung der Beteiligungserträge aus den Aktien und der anfallenden Zinsen für das übernommene Darlehen ergab sich jeweils ein geringes positives zu versteuerndes Einkommen. Dies führte wegen der Anrechnung der Körperschaftsteuer und der Kapitalertragsteuer zu hohen Steuererstattungen.

Steuerrechtliche Beurteilung:

– Die Zusammenfassung der von der Stadt X betriebenen Kantine sowie die verpachteten Cafeterias und Verkaufsstellen in der GmbH ist anzuerkennen, weil sie auch als Betrieb gewerblicher Art hätten zusammengefaßt werden können (Abschn. 5 Abs. 10 und 11a KStR).

– Ein Betrieb gewerblicher Art ist auch die verlustbringende Beteiligung der Stadt X an der Thermalbad GmbH & Co. KG (Abschn. 5 Abs. 2 Satz 7 – Organisation gebäudewirtschaftlicher Leistungen unter Professionalisierungs- und Wirtschaftlichkeitsgesichtspunkten).

Der KGSt-Bericht schlägt drei grundsätzliche Organisationsvarianten zur Optimierung gebäudewirtschaftlicher Leistungen vor:

– Das Mieter-/Vermieter-Modell: Dabei „kauft" der raumnutzende Fachbereich die Gesamtheit der von ihm benötigten gebäudewirtschaftlichen Leistungen ein. Er mietet die notwendigen Gebäude und Grundstücke.

– Das Management-Modell: Das Mieter-/Vermieter-Modell wird durch eine Management-Organisationseinheit ergänzt.

– Das Eigentümer-Modell: Dabei übernimmt der raumnutzende Fachbereich mit eigenen Kapazitäten die Bereitstellung, Bewirtschaftung und Unterhaltung des von ihm genutzten Raumes einschließlich Grundstück.

Die Neuorganisation der Gebäudewirtschaft wird als integrative Angelegenheit verstanden, bei der betriebswirtschaftliche, technische und organisatorische Gesichtspunkte zusammengeführt werden. Auf Initiative der Stadt Frankfurt hat sich im Frühjahr 1997 unter dem Dach des Deutschen Städtetages (DST) ein Arbeitskreis „Gebäudebewirtschaftung" konstituiert, der eine vorläufige Bewertung der o. g. Modelle vorgenommen und Hinweise zur pragmatischen Umsetzung der Modelle erarbeitet hat. Der Bauausschuß des DST hat die Ergebnisse des Arbeitskreises am 9./19.10.1997 in Langenhagen beraten und zustimmend zur Kenntnis genommen. Den Mitgliedstädten des DST wurde mit Rundschreiben vom 27.11.1997 (M 5114) das Hinweispapier „Organisation der Gebäudewirtschaft" zur Verfügung gestellt.

Zusammenfassung von Hoheitsbetrieben und Betrieben gewerblicher Art in Kapitalgesellschaften in den jungen Bundesländern

BMF-Schreiben vom 06.10.1992
IV B 7 – S 2706 – 43/92

Zu der Frage der zwangsweisen Zusammenfassung der Abwasserbeseitigung und der Wasserversorgung in Wasser- und Abwassergesellschaften in den jungen Bundesländern nehme ich wie folgt Stellung:

Die Frage der Zulässigkeit der Zusammenfassung von Betrieben gewerblicher Art ist in Abschnitt 5 Abs. 8 bis 11a KStR[1] geregelt. Danach ist die Zusammenfassung mehrerer gleichartiger Betriebe gewerblicher Art zulässig. Im übrigen können Betriebe gewerblicher Art nur zusammengefaßt werden, wenn zwischen diesen Betrieben nach dem Gesamtbild der tatsächlichen Verhältnisse objektiv eine enge wechselseitige technisch-wirtschaftliche Verflechtung besteht. Versorgungsbetriebe, Verkehrsbetriebe, Hafenbetriebe und Flughafenbetriebe können uneingeschränkt zusammengefaßt werden. Die Zusammenfassung von Betrieben gewerblicher Art mit Hoheitsbetrieben ist dagegen nicht zulässig.

Nach dem ab Veranlagungszeitraum 1990 in Abschnitt 5 KStR neu eingefügten Absatz 11a ist die Zusammenfassung von Betrieben gewerblicher Art in Kapitalgesellschaften grundsätzlich anzuerkennen. Werden jedoch Gewinn- und Verlustbetriebe zusammengefaßt, liegt ein Fall des Mißbrauchs rechtlicher Gestaltungsmöglichkeiten (§ 42 AO) vor, es sei denn, die Betriebe hätten auch als Betriebe gewerblicher Art nach Abschnitt 5 Abs. 9 KStR zusammengefaßt werden können. Dieser Rechtsgedanke des Abschnitts 5 Abs. 11a KStR ist auch in den Fällen der Zusammenfassung von Betrieben gewerblicher Art mit Hoheitsbetrieben in Kapitalgesellschaften zu beachten.

Wegen der besonderen Verhältnisse in den vorgetragenen Fällen werden jedoch in einer Übergangszeit von 2 Jahren, d. h. in den Veranlagungszeiträumen 1992 und 1993, keine Konsequenzen aus der Zusammenfassung der Hoheitsbetriebe (Abwasserbeseitigung) und der Betriebe gewerblicher Art (Wasserversorgung) in den Wasser- und Abwassergesellschaften gezogen, d. h. in dieser Zeit ist der Ausgleich von Gewinnen und Verlusten innerhalb der Wasser- und Abwassergesellschaften auch steuerlich anzuerkennen.

---

1) Jetzt R 7 KStR und H 7 KStH.

Zusammenfassung von Betrieben der öffentlichen Hand bei Zwischenschaltung eines Blockheizkraftwerks (BHKW)

Verfügung OFD Frankfurt/M. vom 27.07.1995

S 2706 A – 16 – St II 12

Verschiedene Betriebe gewerblicher Art (BgA) können mit steuerrechtlicher Wirkung nur dann zusammengefaßt werden, wenn zwischen ihnen nach dem Gesamtbild der Verhältnisse objektiv eine enge wechselseitige technisch-wirtschaftliche Verflechtung besteht (Abschn. 5 Abs. 9 Satz 2 KStR[1]). Nach den von der Rechtsprechung entwickelten Grundsätzen (vgl. BFH-Beschluß vom 16.1.1967 GrS 4/66, BStBl. 1967 III S. 240 und BFH vom 19.5.1967 III 50761, BStBl. 1967 III S. 510) kann von einer den Anforderungen genügenden Verflechtung ausgegangen werden, wenn sich aus der Lieferung eines Hauptstoffes für den einen Betrieb gleichzeitig Vorteile für den anderen Betrieb ergeben, die sich nicht allein auf einer Verknüpfung aufgrund einer subjektiven Willensentscheidung begründen, sondern zwangsläufig aufgrund chemischer bzw. physikalischer Vorgänge entstehen.

Ein BHKW ist dem Grunde nach geeignet, die erforderliche technische Verflechtung herzustellen. Nach dem rationellen Prinzip der Kraft-Wärme-Kopplung dient ein BHKW der Ausnutzung der bei der Erzeugung von Kraft (Strom) notwendigerweise entstehenden Wärme. Der Betrieb eines BHKW ermöglicht daher neben der Beheizung der Bäderbetriebe sowie der Erzeugung von Fernwärme auch die Stromerzeugung. Im Gegensatz zu den herkömmlichen öl- und gasbefeuerten Kesselanlagen führt das BHKW hierbei zu einem höheren Ausnutzungsgrad der Primärenergie, der wiederum als wirtschaftlichen Effekt eine hieraus resultierende Energieeinsparung bedeutet. Die durch den Betrieb des BHKW entstehende Abwärme wird im Bäderbereich für die Beheizung der Räume sowie für die Erwärmung des Brauch- und Beckenwassers genutzt und kann bei entsprechender Kapazität des BHKW in ein städtisches Fernwärmenetz eingespeist werden. Die Doppelfunktion des BHKW erlaubt zudem die Beteiligung an der städtischen Stromversorgung, wodurch insbesondere Leistungsspitzen im Stromversorgungsnetz der Stadtwerke abgedeckt werden können. In diesem Zusammenhang gewinnt der Einsatz des Beckenwassers des Bades als Wärmespeicher an Bedeutung, der eine Anpassung an den individuellen Wärme- und Strombedarf erlaubt und in Stromspitzenzeiten eine vorrangige Stromversorgung ermöglicht, wobei die hierdurch entstehende Überwärme im Beckenwasser gespeichert wird. Die wirtschaftliche Verflechtung ist durch ein Wirtschaftlichkeitsgutachten, das den VDI-Richtlinien (VDI 2067) entsprechen muß, nachzuweisen.

Soweit über den Wärmebedarf des Bäderbetriebes hinaus Dritte beliefert werden, ist dies grundsätzlich unschädlich. Ein schädliches Lieferverhältnis aufgrund einer Überdimensionierung der Wärmeerzeugung ist erst dann anzunehmen, wenn das BHKW auch ohne den Bäderbetrieb noch wirtschaftlich wäre. Ist dies der Fall, kann eine Anerkennung der Zusammenfassung der BgA nicht erfolgen, da das Bad nicht zwingend für die Wirtschaftlichkeit des Verbundes erforderlich ist. Zu deren Überprüfung ist vom Steuerpflichtigen eine weitere Berechnung vorzulegen, aus der sich die Unwirtschaftlichkeit des BHKW bei fehlender Leistungsabnahme des Bäderbetriebes ergibt.

---

1) Jetzt H 7 KStH.

Anlage § 004–12

Körperschaftsteuerliche Behandlung von Grundstücksverkäufen der Gemeinden

Erlaß FM NW vom 18.11.1980

S 2706 – 56 – V B 4[1]

Zu der Frage der körperschaftsteuerlichen Behandlung von Grundstücksgeschäften der Gemeinden nehme ich wie folgt Stellung:

Der Verkauf von Grundstücken, die nicht bereits zum Betriebsvermögen eines Betriebs gewerblicher Art gehören und damit dem Hoheitsvermögen (Vermögensverwaltung) der Gemeinden zuzurechnen sind, ist grundsätzlich keine wirtschaftliche Tätigkeit, die zur Annahme eines Betriebs gewerblicher Art führen würde.

Die Gemeinden sind allgemein zur Ordnung und Gestaltung ihres Gebiets durch eine planmäßige und gezielte Boden- und Siedlungspolitik verpflichtet. Dabei beschränkt sich die Aufgabe der Gemeinden nicht auf die Planung, sondern umfaßt auch die Durchführung der erforderlichen Maßnahmen, soweit ein Eingreifen der Gemeinde im Einzelfall geboten ist. Hierzu gehört auch der Erwerb und die Veräußerung von Grundstücken. Einige Gesetze schreiben den Gemeinden diese Aufgabe ausdrücklich vor und geben ihnen besondere Rechte bei der Durchführung der notwendigen Maßnahmen.

So sind die Gemeinden nach § 1 BBauG verpflichtet, die bauliche und sonstige Nutzung der Grundstücke in der Gemeinde durch die Aufstellung von Bauleitplänen vorzubereiten und zu leiten. Zur Sicherung der Bauleitplanung stehen den Gemeinden bestimmte gesetzliche Vorkaufsrechte zu (§§ 24 bis 28a BBauG). Dadurch werden die Gemeinden in den Stand gesetzt, Grundstücke zu erwerben und anschließend wieder zu veräußern, um auf diese Weise eine geordnete städtebauliche Entwicklung und eine dem Wohl der Allgemeinheit entsprechende sozialgerechte Bodennutzung zu gewährleisten (vgl. § 1 Abs. 6 BBauG). Die Gemeinden können sich zur Durchführung ihrer Aufgaben auch hoheitlicher Zwangsmittel wie des Umlegungsverfahrens (§§ 45 ff. BBauG) und des Enteignungsverfahrens (§§ 85 ff. BBauG) bedienen.

Das Städtebauförderungsgesetz verpflichtet die Gemeinden zum Zwecke der Durchführung städtebaulicher Sanierungs- und Entwicklungsmaßnahmen zum Erwerb und zur Veräußerung von Grundstücken (§§ 25, 54 Abs. 3 und 59) und gewährt ihnen besondere Vorkaufsrechte und Grunderwerbsrechte (§§ 17 und 18).

§ 89 II. WoBauG schreibt den Gemeinden die Bereitstellung und Beschaffung von Bauland für den Wohnungsbau vor, namentlich für den sozialen Wohnungsbau. Danach haben die Gemeinden

– geeignete eigene Grundstücke als Bauland abzugeben,
– eigene ungeeignete Grundstücke zum Austausch gegen geeignetes Bauland bereitzustellen,
– fremde Grundstücke für Zwecke des Wohnungsbaus zu beschaffen, baureif zu machen und abzugeben.

Soweit die Gemeinden im Rahmen der von ihnen durchzuführenden Boden- und Siedlungspolitik Grundstücke verkaufen, nehmen sie hoheitliche Aufgaben wahr und unterliegen deshalb nicht der Besteuerung.

Dieser Erlaß ergeht im Einvernehmen mit dem Bundesminister der Finanzen und den obersten Finanzbehörden der anderen Länder.

---

1) FG Baden-Württemberg vertritt mit Urteil vom 07.02.1992 (EFG 1992 S. 422) die Auffassung, daß die Grundstücksgeschäfte einen BgA begründen; die Nichtzulassungsbeschwerde ist abgewiesen worden (BFH-Beschluß vom 16.12.1992 – V B 74/92 – BFH/NV 1993 S. 696).

Wasserbeschaffung und Wasserversorgung durch einen Wasser- und Bodenverband als Betrieb gewerblicher Art

Verfügung OFD Düsseldorf vom 08.11.1982

S 2706 A – St 13 H

Die Frage, wie die Fälle zu beurteilen sind, in denen ein Wasser- und Bodenverband neben der Wasserbeschaffung auch die Wasserversorgung durchführt, ist auf Bundesebene erörtert worden.

In dem Einzelfall, der den Erörterungen zugrunde lag, wird von einem Wasser- und Bodenverband eine Talsperre sowie eine Wasseraufbereitungsanlage mit Pumpwerk errichtet. Die Talsperre soll neben dem Hochwasserschutz vor allem der Bereitstellung und Speicherung von Wasser zu Trink- und Brauchwasserzwecken dienen. Das in der Talsperre angesammelte Rohwasser soll zu etwa 8 v. H. für Aufgaben des Hochwasserschutzes verwendet werden. Die verbleibende Rohwassermenge soll zu etwa 80 v. H. zu Trinkwasser aufbereitet und zu etwa 20 v. H. für die Lieferung von Rohwasser eingesetzt werden. Das zu Trinkwasser aufbereitete Rohwasser wird an Versorgungsunternehmen von Verbandsmitgliedern geliefert, welche die Weiterleitung an die Endverbraucher vornehmen.

Die Erörterung auf Bundesebene führte zu folgenden Ergebnissen:

Die Lieferung von aufbereitetem Trinkwasser durch einen Wasser- und Bodenverband ist eine wirtschaftliche Tätigkeit. Sie stellt einen Betrieb gewerblicher Art (Wasserversorgungsbetrieb) im Sinne des § 1 Abs. 1 Nr. 6 in Verbindung mit § 4 Abs. 3 KStG dar. Diesem Betrieb ist die für die Wasserversorgung notwendige Wasserbeschaffung zuzurechnen. Für sich allein gesehen ist zwar die Wasserbeschaffung eine hoheitliche Tätigkeit. Falls eine juristische Person des öffentlichen Rechts jedoch für ihren Wasserversorgungsbetrieb die Wasserbeschaffung selbst betreibt, kommt eine Trennung der Funktionen Wasserbeschaffung (als hoheitliche Tätigkeit) und Wasserversorgung (als gewerbliche Tätigkeit) nicht in Betracht. In diesem Fall bilden vielmehr Wasserbeschaffung und Wasserversorgung eine Betriebseinheit, die insgesamt als Betrieb gewerblicher Art zu beurteilen ist.

In dem oben dargestellten Einzelfall dient die Talsperre demnach überwiegend dem Wasserversorgungsbetrieb. Sie ist deshalb notwendiges Betriebsvermögen dieses Betriebs. Die Verwendung des Talsperrenwassers für Zwecke des Hochwasserschutzes und für die Lieferung von Rohwasser stellen eine Entnahme im Sinne des § 6 Abs. 1 Nr. 4 EStG dar, weil es sich insoweit um eine hoheitliche Tätigkeit des Wasser- und Bodenverbandes handelt.

Ich bitte, gleichgelagerte Fälle entsprechend zu beurteilen.

Anlage § 004–15

1. Körperschaftsteuerliche Behandlung der Forschungstätigkeit der Hochschulen
2. Steuerliche Behandlung der entgeltlichen Auftragsforschung bei gemeinnützigen Forschungseinrichtungen des privaten Rechts

Verfügung OFD Düsseldorf vom 21.05.1990

S 2706 A – St 13 H

S 2729 A – St 13 H

I. Für die Zuordnung der entgeltlichen Forschungstätigkeit der Hochschulen zum hoheitlichen Bereich oder zum Betrieb gewerblicher Art ist es ohne Bedeutung, ob es sich um Grundlagenforschung oder um anwendungsorientierte Forschung (Auftragsforschung) handelt.

Entscheidend ist vielmehr, von welcher Qualität die Einnahmen sind, die den Hochschulen zufließen. Hierzu bitte ich, folgende Auffassung zu vertreten:

1. Erhält eine Hochschule echte Zuschüsse oder Spenden für Forschungstätigkeiten, handelt es sich um Einnahmen des hoheitlichen Bereichs der Hochschule. Bei der Entscheidung der Frage, wann es sich um echte Zuschüsse handelt, ist auf die umsatzsteuerliche Beurteilung abzustellen.

2. Erhält eine Hochschule im Rahmen einer Auftragsforschung Zahlungen von Dritten (öffentliche Hand oder Privatpersonen), *bei denen sich der Dritte für die Verwertung des Forschungsergebnisses Exklusivrechte in irgendeiner Form einräumen läßt,* sind diese Zahlungen Einnahmen aus einer wirtschaftlichen Tätigkeit, die unter den Voraussetzungen des Abschn. 5 KStR[1] zur Annahme eines Betriebs gewerblicher Art führt.

3. Erhält eine Hochschule von Dritten Mittel im Rahmen einer Auftragsforschung, Projektförderung oder ähnlichem und werden die Forschungsergebnisse veröffentlicht, *ohne daß der Dritte sich irgendwelche Exklusivrechte bei der Verwertung der Forschungsergebnisse einräumen läßt,* sind diese Mittel, sofern ein umsatzsteuerlicher Leistungsaustausch vorliegt, ebenfalls Einnahmen aus einer wirtschaftlichen Tätigkeit, die unter den Voraussetzungen des Abschn. 5 KStR[2] zur Annahme eines Betriebs gewerblicher Art führen. Bei fehlendem Leistungsaustausch (echter Zuschuß) sind die Einnahmen dem hoheitlichen Bereich zuzuordnen (vgl. unter 1.).

II. [3] Die obigen Ausführungen gelten für die Beurteilung der Forschungstätigkeit der gemeinnützigen Forschungseinrichtungen des privaten Rechts sinngemäß. Hiernach gehören die Einnahmen bei Tz. 1 zum ideellen Bereich, bei Tz. 2 zum steuerpflichtigen wirtschaftlichen Geschäftsbetrieb und bei Tz. 3 zum Zweckbetrieb bzw. zum ideellen Bereich der steuerbegünstigten Forschungseinrichtung.

---

1) Jetzt R 6 KStR.

2) Jetzt R 6 KStR.

3) Zur gemeinnützigkeitsrechtlichen Behandlung von Forschungseinrichtungen des privaten Rechts (§ 68 Nr. 9 AO) vgl. nunmehr BMF-Schreiben vom 22.9.1999 – IV C 6 – S 0171 – 97/99, BStBl. 1999 I S. 944).

Steuerliche Behandlung der
psychiatrischen Landeskrankenhäuser und Hochschulkliniken

Verfügung OFD Köln vom 03.09.1984

S 2730 – 20 – St 131

Gegenstand einer Erörterung war die Frage der steuerlichen Behandlung der psychiatrischen Landeskrankenhäuser (psychiatrischen Kliniken) und der Hochschulkliniken.

1. Psychiatrische Landeskrankenhäuser (psychiatrische Kliniken)

Bei der Tätigkeit der psychiatrischen Landeskrankenhäuser ist zwischen Behandlungsfällen, Verwahrfällen und Pflegefällen zu unterscheiden.

Ein *Behandlungsfall* liegt vor, wenn eine zielgerichtete ärztliche (medizinisch-therapeutische) Behandlung der Krankheit des Patienten erfolgt. Zu der Behandlung zählen z. B. auch Pflegemaßnahmen, psychotherapeutische und sozialtherapeutische Maßnahmen, die vom Arzt zur Erreichung des Behandlungsziels angeordnet und von ihm geleitet oder überwacht werden. Auf die Dauer der Unterbringung des Patienten im Krankenhaus kommt es nicht an.

Ein *Verwahrfall* liegt vor, wenn die stationäre Unterbringung eines Patienten nicht medizinisch begründet ist, sondern ausschließlich aus Gründen der öffentlichen Sicherheit und Ordnung erforderlich ist. Dem steht nicht entgegen, wenn der Patient im Krankenhaus medizinisch behandelt wird, denn die medizinische Versorgung als solche könnte auch ambulant erfolgen.

Ein *Pflegefall* liegt vor, wenn die stationäre Unterbringung eines Patienten auch aus medizinischen Gründen erforderlich ist, die Krankheit jedoch durch eine zielgerichtete medizinisch-therapeutische Behandlung nicht mehr beeinflußbar ist. Die erforderliche medizinische Versorgung im Krankenhaus dient lediglich dem Zweck, einem Zustand der Hilflosigkeit des Patienten oder einem Zustand der Gefährlichkeit des Patienten für sich selbst oder andere zu begegnen.

Die Behandlungsfälle sind dem wirtschaftlichen Bereich zuzuordnen. Dabei kommt es nicht darauf an, ob die Patienten aufgrund eigener Willensentscheidung oder aufgrund gerichtlicher Einweisung bzw. gerichtlich genehmigter Veranlassung eines Vormunds in das Krankenhaus aufgenommen worden sind. Die Verwahr- und Pflegefälle sind dem hoheitlichen Bereich zuzuordnen, wenn die Patienten aufgrund gerichtlicher Einweisung oder gerichtlich genehmigter Veranlassung eines Vormunds in das Krankenhaus aufgenommen worden sind.

Nach meiner Auffassung kann unter Berücksichtigung der aufgezählten Merkmale nur aufgrund der Gegebenheiten im Einzelfall entschieden werden, ob ein psychiatrisches Landeskrankenhaus als Hoheitsbetrieb oder als Betrieb gewerblicher Art anzusehen ist. Das gilt auch für die Frage, ob ein psychiatrisches Landeskrankenhaus, das einen Betrieb gewerblicher Art darstellt, die Voraussetzungen der Gemeinnützigkeit erfüllt.

2. Hochschulkliniken

Die Tätigkeit der Hochschulkliniken läßt sich nicht klar dem hoheitlichen (Forschung und Lehre) oder dem wirtschaftlichen Bereich (Krankenhaus) zuordnen, weil die Patientenversorgung mit Forschung und Lehre untrennbar verbunden ist. Nach ihrer überwiegenden Zweckbestimmung besitzt die Tätigkeit der Hochschulkliniken wirtschaftlichen Charakter, denn sie wird ganz überwiegend von der Patientenversorgung bestimmt und zwar von der stationären ärztlichen Versorgung im Bereich der höchsten Versorgungsstufe mit dem gesamten medizinischen Leistungsspektrum bis hin zur Hochleistungsmedizin und von der ambulanten Versorgung in den poliklinischen Einrichtungen. Die dem hoheitlichen Bereich zuzurechnende Forschungs- und Lehrtätigkeit hat gegenüber der Patientenversorgung nur eine untergeordnete Bedeutung, obwohl sie der Anlaß für die Patientenversorgung ist.

Nach meiner Auffassung sind Hochschulkliniken daher stets als Betriebe gewerblicher Art anzusehen. Ob die Voraussetzungen für die Anerkennung als gemeinnützige Einrichtung vorliegen, kann nur nach den Gegebenheiten des Einzelfalls entschieden werden.

Tätigkeiten eines Zweckverbandes für kommunale Datenverarbeitung

Erlaß FM NW vom 07.11.1984

S 2706 – 21 – V B 4

S 7106 – 25 – V C 2

Zur Frage, wie die Tätigkeiten eines Zweckverbandes für kommunale Datenverarbeitung körperschaft- steuer- und umsatzsteuerrechtlich zu beurteilen sind, bitte ich folgende Auffassung zu vertreten:

Kommunale Körperschaften haben sich teilweise in Zweckverbänden zusammengeschlossen, die die Aufgaben der kommunalen Datenverarbeitung für die Mitglieder und, soweit die Kapazität ausreicht, für Nichtmitglieder übernehmen. Aufgabenbereiche sind insbesondere das Personal-, Einwohner- und Krankenhauswesen sowie die Erstellung von Verbrauchsabrechnungen. Der Zweckverband erhebt von Mitgliedern und Nichtmitgliedern Entgelte nach dem Umfang der Inanspruchnahme. Nichtmitgliedern wird zusätzlich eine Pauschale für die Einführungs-, Entwicklungs- und Verwaltungskosten in Rech- nung gestellt, die ursprünglich von den Mitgliedern getragen worden sind. Die nicht gedeckten Kosten werden von den Mitgliedern durch eine Umlage erhoben.

Überträgt eine juristische Person des öffentlichen Rechts hoheitliche Aufgaben i. S. des § 4 Abs. 5 KStG auf eine andere juristische Person des öffentlichen Rechts, so stellt die Übernahme der Aufgaben keinen Betrieb gewerblicher Art dar. Wird der Zweckverband für kommunale Datenverarbeitung daher für den Hoheitsbereich der Mitglieder oder Nichtmitglieder tätig, liegt kein Betrieb gewerblicher Art vor. Übernimmt der Zweckverband dagegen Aufgaben für einen Betrieb gewerblicher Art von Mitgliedern oder Nichtmitgliedern oder für einen Dritten, der keine juristische Person des öffentlichen Rechts ist, so handelt es sich um eine wirtschaftliche Tätigkeit, die unter den Voraussetzungen des Abschn. 5 KStR zur Annahme eines Betriebs gewerblicher Art führt.

Soweit ein Betrieb gewerblicher Art vorliegt, sind nicht nur die Benutzungsentgelte, sondern auch die Umlagen Leistungsentgelte.

Dieser Erlaß ergeht im Einvernehmen mit dem Bundesminister der Finanzen und den obersten Finanz- behörden der anderen Länder.

Verpachtung einer Mülldeponie als Hoheitsbetrieb oder Betrieb gewerblicher Art

Erlaß FM Baden-Württemberg vom 25.02.1987

S 2706 A – 34/85

Es ist die Frage aufgeworfen worden, ob die Verpachtung einer Mülldeponie an einen privaten Unter- nehmer durch einen Landkreis, dem die Beseitigung des Abfalls nach dem Abfallbeseitigungsgesetz als Hoheitsaufgabe obliegt, als Betrieb gewerblicher Art anzusehen ist.

Hierzu bitte ich die Auffassung zu vertreten, daß die Zielsetzung des § 4 Abs. 4 KStG darauf gerichtet ist, eine ihrer Natur nach gewerbliche Tätigkeit bei Verpachtung des Betriebs durch die Gebietskörperschaft der Besteuerung zu unterwerfen. Die Verpachtung eines Betriebs, der bei der juristischen Person des öffentlichen Rechts im Falle des Betreibens in eigener Regie einen Hoheitsbetrieb darstellt, fällt nicht unter den Tatbestand der Verpachtung eines Betriebs gewerblicher Art und begründet daher keinen Be- trieb gewerblicher Art i. S. des § 4 Abs. 4 KStG.

Dieser Erlaß ergeht im Einvernehmen mit dem Bundesminister der Finanzen und den obersten Finanz- behörden der anderen Länder.

Steuerliche Behandlung von
Personalgestellungen durch juristische Personen des öffentlichen Rechts;
hier: Umwandlung kommunaler Krankenhäuser in privatrechtliche Einrichtungen

Verfügung OFD Münster vom 12.03.1987

S 7106 – 19 – St 14 – 32

Es ist gefragt worden, ob Personalgestellung gegen Kostenerstattung auch dann einen Betrieb gewerblicher Art begründet, wenn eine juristische Person des öffentlichen Rechts ein bisher als Eigenbetrieb geführtes Krankenhaus in private Trägerschaft (GmbH) überführt und die unkündbar im öffentlichen Dienst beschäftigten Ärzte weiterhin im Krankenhaus tätig bleiben, das die Kosten übernimmt.

Hierzu vertreten die obersten Finanzbehörden des Bundes und der Länder die folgende Auffassung:

Stellt eine juristische Person des öffentlichen Rechts Bedienstete aus ihrem Hoheitsbereich privatrechtlichen Unternehmern gegen Entgelt zur Verfügung, so handelt es sich grundsätzlich um eine wirtschaftliche Tätigkeit, die unter den Voraussetzungen des Abschn. 5 KStR[1] zur Annahme eines Betriebs gewerblicher Art führt (vgl. Abschn. 23 Abs. 17 UStR[2]).

Bei dem vorgetragenen Sachverhalt handelt es sich jedoch um einen Sonderfall, bei dem ein Betrieb gewerblicher Art nicht anzunehmen ist. Denn in diesem Fall ist die Personalgestellung lediglich eine Folge organisatorisch bedingter äußerer Zwänge (Wechsel der Rechtsform des Krankenhauses einerseits, Unkündbarkeit wegen Anstellung im öffentlichen Dienst andererseits), ohne daß sich an Arbeitsstelle oder Art der Tätigkeit der betroffenen Ärzte etwas geändert hat.

---

1) Jetzt R 6 KStR.
2) Jetzt R 23 Abs. 16 UStR.

Anlage § 004–23

Buchführungspflicht der Gemeinden für die Betriebe gewerblicher Art[1]

Erlaß FM NW vom 23.12.1987   Bezug: Erlaß vom 09.12.1980
S 0311 – 4 – V C 2   S 0311 – 4 – V A 1

Zur Frage der Buchführungspflicht weise ich auf folgendes hin:

1. Einrichtungen, die als wirtschaftliche Unternehmen der Gemeinde ohne eigene Rechtspersönlichkeit zu den „Eigenbetrieben" i. S. der Eigenbetriebsverordnung (EigVO) vom 22.12.1953, geändert durch VO vom 17.7.1987 (GV. NW. S. 5290/SGV. NW. 641) rechnen, sind nach § 17 Abs. 1 EigVO verpflichtet, ihre Rechnung nach den Regeln der kaufmännischen doppelten Buchführung oder einer entsprechenden Verwaltungsbuchführung zu führen. Die Buchführung muß zusammen mit der Bestandsaufnahme die Aufstellung von Jahresabschlüssen gestatten, die aus der Bilanz, der Gewinn- und Verlustrechnung und dem Anhang bestehen und den Anforderungen des § 19 EigVO genügen. Nach § 19 EigVO finden die allgemeinen Vorschriften, die Ansatzvorschriften, die Vorschriften über die Bilanz und die Gewinn- und Verlustrechnung, die Bewertungsvorschriften und die Vorschriften über den Anhang für den Jahresabschluß der großen Kapitalgesellschaften im Dritten Buch des Handelsgesetzbuchs sinngemäß Anwendung, soweit sich aus der EigVO nichts anderes ergibt.

   Diese Buchführungspflicht ist auch für die Besteuerung zu erfüllen (§ 140 AO). § 141 AO bleibt außer Betracht.

2. Bei den sonstigen Einrichtungen, die nicht unter die EigVO fallen, aber Betriebe gewerblicher Art i. S. des § 1 Abs. 1 Nr. 6 i. V. m. § 4 KStG sind, ist zu unterscheiden:

   a) Einrichtungen, die als kaufmännischer Betrieb i. S. des Handelsrechts geführt werden, unterliegen den Buchführungs-, Bilanzierungs- und Aufbewahrungspflichten nach den §§ 238-261 HGB. Landesrechtliche Vorschriften, die von den HGB-Bestimmungen abweichen, bleiben indessen unberührt (§ 263 HGB). Zu den abweichenden landesrechtlichen Vorschriften rechnen in Nordrhein-Westfalen die §§ 78 und 84 der Gemeindeordnung und die – aufgrund der Ermächtigung in § 119 Abs. 2 der Gemeindeordnung erlassene – Gemeindekassenverordnung vom 5.11.1976 (SGV. NW. 630). Es genügt mithin, wenn sich die Gemeinden bei den vorbezeichneten Einrichtungen der (kameralistischen) Buchführung nach diesen Vorschriften bedienen. Diese Buchführung genügt auch steuerlichen Zwecken (§ 140 AO); § 141 AO kommt nicht zum Zuge.

   b) Einrichtungen, die nicht nach Handelsrecht buchführungspflichtig sind, brauchen für steuerliche Zwecke Bücher nur zu führen, wenn sie die Buchführungsgrenzen des § 141 AO überschreiten.

   Im Hinblick auf die Regelung zu a) habe ich keine Bedenken, die unter § 141 AO fallenden Einrichtungen gem. § 148 AO von der Pflicht zur kaufmännischen Buchführung i. S. des § 141 Abs. 1 AO zu entbinden und sich mit den Aufzeichnungen zu begnügen, die nach Gemeindehaushaltsrecht (siehe oben unter a)) zu führen sind.

Dieser Erlaß trägt den zwischenzeitlichen Änderungen des HGB und der EigVO Rechnung. Er tritt an die Stelle des Bezugserlasses.

---

1) Vgl. nachfolgende Anlagen § 004-23a und § 004-23b.

Buchführungspflicht der Gemeinden für ihre als Regiebetriebe geführten Betriebe gewerblicher Art

Verfügung OFD Münster vom 01.08.2005

S 2741 – 231 – St 13-33 [1]

Gemeinden und Gemeindeverbände sind nach landesrechtlichen Vorschriften bislang nicht zur doppelten Buchführung verpflichtet. Die Gemeindeordnung bzw. Gemeindekassenverordnung bestimmen für NRW, dass die kameralistische Buchführung für Regiebetriebe genügt [2].

Dieser Auffassung hatte sich die Finanzverwaltung für steuerliche Zwecke bislang angeschlossen, vgl. KSt.-Kartei NRW § 4 KStG Karte 13. [3]

Die v. g. Karteianweisung wurde jedoch im Zug der Aktualisierung der KSt.-Kartei NRW aufgehoben, vgl. Vfg. vom 13.6.2005 S 2600 – 21 – St 13 – 33. [4]

Es sind daher sämtliche Gemeinden verpflichtet, soweit sie die Buchführungsgrenzen des § 141 AO überschreiten, für ihre Regiebetriebe Bücher zu führen und aufgrund jährlicher Bestandsaufnahmen Abschlüsse zu machen.

Die Buchführungspflicht ist vom Beginn des Wirtschaftsjahres an zu erfüllen, das auf die Bekanntgabe der Mitteilung folgt, durch die die Finanzbehörde auf den Beginn dieser Verpflichtung hingewiesen hat, grundsätzlich daher ab dem 1. 1. 2006 (§ 141 Abs. 2 Satz 1 AO). Der Gewinn ist dann durch Bestandsvergleich gem. § 8 Abs. 1 KStG i. V. mit § 4 Abs. 1 EStG zu ermitteln.

Es sollen entsprechende Feststellungsbescheide an die betroffenen Gemeinden erlassen werden.

---

1) Vgl. Anlage § 004-23b.

2) In NRW sind die Gemeinden und Gemeindeverbände spätestens ab dem Haushaltsjahr 2009 verpflichtet, ihre Geschäftsvorfälle nach dem System der doppelten Buchführung zu erfassen; vgl. § 1 Abs. 1 des Gesetzes zur Einführung des Neuen Kommunalen Finanzmanagements für Gemeinden in Nordrhein-Westfalen (NKFEG-NRW) vom 16. 11. 2004 (GV NRW 2004 S. 644). Diese Verpflichtung gilt für sämtliche gemeindlichen Regiebetriebe auch für die Besteuerung, vgl. § 140 AO.

3) Hier nicht abgedruckt.

4) Hier nicht abgedruckt.

Buchführungspflicht der Gemeinden für ihre als Regiebetriebe geführten Betriebe gewerblicher Art

Verfügung OFD Münster vom 26.06.2006

S 2741 – 231 – St 13-33

Ergänzung der Verfügung vom 01.08.2005

S 2741 – 231 – St 13-33[1]

Hinsichtlich der Buchführungspflicht der Gemeinden für ihre Betriebe gewerblicher Art, bitte ich Folgendes zu beachten:

Die o.g. Verfügung bezieht sich auf Betriebe gewerblicher Art (BgA), die nicht bereits nach anderen (außersteuerlichen) Vorschriften zur Buchführung verpflichtet sind, und auf den Übergangszeitraum bis zur Einführung des NKF in einer Kommune.

Die Aufforderung der Gemeinden zur Buchführung für ihre Betriebe gewerblicher Art ist für steuerliche Zwecke bis zur Buchführungspflicht gemäß § 140 AO i.V.m. NKFEG-NRW erforderlich und beinhaltet kein Vorziehen der Regelung des NKFEG-NRW. Nach dem NKFEG-NRW sind die Gemeinden in ihrer Gesamtheit verpflichtet, Bücher zu führen. Die Aufforderung gemäß § 141 AO, für steuerliche Zwecke Bücher zu führen, bezieht sich ausschließlich auf den abgegrenzten Bereich des jeweiligen BgA.

Anlass für die Aufforderung zur Gewinnermittlung durch Bestandsvergleich ist die Regelung des § 20 Abs. 1 Nr. 10 b EStG. In den Regelungsbereich der Norm fallen die Betriebe gewerblicher Art ohne eigene Rechtspersönlichkeit, die ihren Gewinn durch Bestandsvergleich ermitteln und solche, die die Buchführungsgrenzen des § 141 AO überschreiten, unabhängig von ihrer Gewinnermittlungsmethode.

Ermittelt ein Betrieb gewerblicher Art, der die Buchführungsgrenzen des § 141 AO überschreitet, seinen Gewinn nicht nach den Grundsätzen des Bestandsvergleichs, so ist der Gewinn für Zwecke der Anwendung des § 20 Abs. 1 Nr. 10 b EStG im Wege des Betriebsvermögensvergleichs zu schätzen (BMF-Schreiben 11.09.2002 Tz. 17).

Bei Dauerverlustbetrieben habe ich keine Bedenken, wenn bis auf Weiteres von einer Aufforderung zum Bestandsvergleich abgesehen wird, auch wenn die Umsatzgrenze des § 141 AO überschritten werden, da dort in der Regel keine KapSt entstehen wird.

Sollte eine Gemeinde der Aufforderung zur Buchführungspflicht nicht Folge leisten, so bitte ich von der Androhung oder Festsetzung von Zwangsmitteln bis auf Weiteres abzusehen. Es treten folgende Konsequenzen ein:

Rücklagen zur Minderung der Bemessungsgrundlage im Sinne des § 20 Abs. 1 Nr. 10 b) EStG können nicht berücksichtigt werden, da Rücklagen nur im Rahmen einer Bilanz ausgewiesen werden können (vgl. BMF-Schreiben vom 11.09.2002 Tz. 23 Satz 1).

Für Zwecke des § 20 Abs. 1 Nr. 10 b) EStG wird der Gewinn nach den Regeln des Bestandsvergleichs geschätzt.

Diese Konsequenzen bitte ich den betroffenen Gemeinden darzustellen.

Bei bereits vorliegenden Einsprüchen bitte ich entsprechend der dargestellten Grundsätze zu entscheiden. Vor Fertigung einer Einspruchsentscheidung rege ich an, den betroffenen Gemeinden die Gelegenheit zur Einspruchsrücknahme zu geben und insoweit auf die Nachteile hinzuweisen, die den Gemeinden durch eine Gewinnermittlung durch Einnahmeüberschussrechnung entstehen (s.o.).

---

1) Hier abgedruckt als Anlage § 004-23a

Buchführungspflicht für Betriebe gewerblicher Art (BgA)
nach dem Gemeindewirtschaftsrecht und dem Eigenbetriebsgesetz (EigBGes)

Verfügung OFD Frankfurt/M. vom 27.03.2000

S 2706 A – 82 – St II 13

1. Eigenbetriebe

Einrichtungen, die als wirtschaftliche Unternehmen einer Gemeinde ohne eigene Rechtspersönlichkeit zu den Eigenbetrieben i. S. d. § 1 Abs. 1 EigBGes rechnen, sind nach § 20 Abs. 1 Satz 1 EigBGes verpflichtet, ihr Rechnungswesen nach den Regeln der kaufmännischen doppelten Buchführung oder einer entsprechenden Verwaltungsbuchführung zu führen. Die Buchführung muß zusammen mit der Bestandsaufnahme die Aufstellung von Jahresabschlüssen gestatten, die aus der Bilanz, der Gewinn- und Verlustrechnung und dem Anhang bestehen (§ 20 Abs. 1 Satz 3 i. V. m. § 22 Satz 1 EigBGes). Die allgemeinen Vorschriften, die Ansatzvorschriften, die Vorschriften über die Bilanz und die Gewinn- und Verlustrechnung, die Bewertungsvorschriften und die Vorschriften über den Anhang für den Jahresabschluß der großen Kapitalgesellschaften im Dritten Buch des Handelsgesetzbuchs finden sinngemäß Anwendung, soweit sich aus dem EigBGes nichts anderes ergibt (§ 22 Satz 2 EigBGes).

Gem. § 130 AO ist diese Buchführungspflicht auch für die Besteuerung zu erfüllen.

Die Vorschriften des EigBGes sind gem. § 30 EigBGes auf wirtschaftliche Unternehmen ohne Rechtspersönlichkeit eines Landkreises, des Landeswohlfahrtsverbandes Hessen und des Umlandverbandes Frankfurt mit der Maßgabe anzuwenden, daß an die Stelle der Organe der Gemeinde (Gemeindevertretung, Gemeindevorstand, Bürgermeister) die entsprechenden Organe dieser Gemeinschaftsverbände treten.

Ist die Hauptaufgabe eines Zweckverbandes der Betrieb eines wirtschaftlichen Unternehmens, kann die Verbandssatzung bestimmen, daß auf die Wirtschafts- und Haushaltsführung des Zweckverbandes die Vorschriften über die Eigenbetriebe sinngemäß anzuwenden sind (§ 18 Abs. 2 Satz 1 des hessischen Gesetzes über kommunale Gemeinschaftsarbeit – KGG). Dies gilt auch für Gemeindeverwaltungsverbände (§ 30 Abs. 2 KGG).

Ist die Hauptaufgabe eines Wasser- und Bodenverbandes der Betrieb eines wirtschaftlichen Unternehmens oder die Beschaffung und Bereitstellung von Wasser für mehr als 10 000 Einwohner, sind für die Wirtschafts- und Haushaltsführung die Vorschriften über Eigenbetriebe sinngemäß anzuwenden (§ 2 Abs. 2 Satz 1 des Hessischen Ausführungsgesetzes zum Wasserverbandsgesetz – HWVG). In den übrigen Fällen kann die Verbandssatzung bestimmen, daß für die Wirtschafts- und Haushaltsführung des Verbandes die Vorschriften über Eigenbetriebe sinngemäß anzuwenden sind (§ 2 Abs. 3 Satz 1 HWVG).

2. Einrichtungen, die nicht unter das EigBGes fallen

Gem. § 121 Abs. 2 Satz 1 der Hessischen Gemeindeordnung (HGO) gelten folgende Einrichtungen nicht als wirtschaftliche Unternehmen:

1. Unternehmen, zu denen die Gemeinde gesetzlich verpflichtet ist,

2. Einrichtungen des Bildungs-, Gesundheits- und Sozialwesens, der Kultur, des Sports, der Erholung, der Abfall- und Abwasserbeseitigung sowie Einrichtungen ähnlicher Art,

3. Einrichtungen, die als Hilfsbetriebe ausschließlich der Deckung des Eigenbedarfs der Gemeinde dienen.

Diese Einrichtungen können entsprechend den Vorschriften über die Eigenbetriebe geführt werden (§ 121 Abs. 2 Satz 2 HGO); eine Verpflichtung hierzu besteht jedoch nur dann, wenn es der Minister des Innern durch Rechtsverordnung bestimmt (§ 121 Abs. 3 HGO) oder eine entsprechende spezialgesetzliche Regelung existiert (z. B. § 13 Abs. 1 des Hessischen Krankenhausgesetzes – HKHG – i. V. m. der hierzu ergangenen Krankenhausbetriebs-Verordnung – KHBetrV).

Wird eine Einrichtung i. S. d. § 121 Abs. 2 HGO nicht entsprechend den Vorschriften über die Eigenbetriebe geführt, unterliegt sie den Vorschriften des Gemeindewirtschaftsrechts (§§ 92ff. HGO). Gem. § 95 HGO und der – aufgrund der Ermächtigung in § 154 Abs. 3 und 4 HGO erlassenen – Gemeindehaushaltsverordnung (GemHVO) ist sie in dem Haushaltsplan der betreffenden Gemeinde zu erfassen. Dies gilt zum einen, wenn die Einrichtung in kaufmännischer Weise eingerichteten Geschäftsbetrieb i. S. d. § 1 Abs. 2 HGB darstellt, da landesrechtliche Vorschriften, die von den Buchführungsvorschriften der §§ 238-261 HGB abweichen, bei Unternehmen ohne eigene Rechtspersönlichkeit einer Gemeinde, eines Gemeindeverbandes oder eines Zweckverbandes unberührt bleiben (§ 263 HGB).

Erfüllt eine solche Einrichtung die Voraussetzungen für die Annahme eines BgA, sind aus der nach den Vorschriften der GemHVO und der Gemeindekassenverordnung (GemKVO) erstellten kameralistischen Buchführung die Werte für die Überschußermittlung nach § 8 Abs. 1 KStG i. V. m. § 4 Abs. 3 EStG abzuleiten.

Die Landkreise, der Umlandverband Frankfurt, die Zweckverbände, die Gemeindeverwaltungsverbände und die Wasser- und Bodenverbände unterhalten ebenfalls eine kameralistische Buchführung im Sinne des Gemeindewirtschaftsrechts (§ 52 Abs. 1 Satz 1 der Hessischen Landkreisordnung – HKO –, § 16 Abs. 1 des Gesetzes über den Umlandverband Frankfurt, § 18 Abs. 1 und § 30 Abs. 2 KGG, § 2 Abs. 1 HWVG), soweit nicht das EigBGes anzuwenden ist.

Erfüllt die Tätigkeit einer als BgA zu beurteilenden Einrichtung die Voraussetzungen des § 15 Abs. 2 EStG (Selbständigkeit, Nachhaltigkeit, Gewinnerzielungsabsicht, Beteiligung am allgemeinen wirtschaftlichen Verkehr, Tätigkeit weder im Sinne von § 13 noch von § 18 EStG) und überschreitet die Einrichtung die Umsatz- oder die Gewinngrenze des § 141 Abs. 1 Satz 1 Nr. 1 bzw. 4 AO (mehr als 500 000 DM Umsatz[1] bzw. mehr als 48 000 DM[2] Gewinn), so ist der Träger der Einrichtung verpflichtet, Bücher zu führen und auf Grund jährlicher Bestandsaufnahmen Abschlüsse zu machen. Die Buchführungspflicht ist vom Beginn des Wirtschaftsjahres an zu erfüllen, das auf die Bekanntgabe der Mitteilung folgt, durch die die Finanzbehörde auf den Beginn dieser Verpflichtung hingewiesen hat (§ 141 Abs. 2 Satz 1 AO). Der Gewinn ist dann durch Bestandsvergleich gem. § 8 Abs. 1 KStG i. V. m. § 4 Abs. 1 EStG zu ermitteln. Auf die AO Kartei, § 141 AO, Allgemeines, Karte 1 (AEAO zu § 141) wird hingewiesen.

---

1) Jetzt 500 000 €

2) Jetzt 50 000 €

Betriebe gewerblicher Art (BgA)
von juristischen Personen des öffentlichen Rechts (§ 1 Nr. 6, § 4 KStG)
hier: Hinweise zur steuerlichen Gewinnermittlung
und zur Buchführungspflicht von kommunalen BgA

Verfügung OFD Rostock vom 27.08.2002

S 2706 – 1/01 – St 24a

1. Steuerliche Gewinnermittlung

Einkünfte, die eine Kommune mit einem BgA erzielt, sind stets als solche aus Gewerbebetrieb zu behandeln (A. 28 I KStR 1995[1]). Die steuerliche Gewinnermittlung ist – soweit nicht eine Zusammenfassung nach A. 5 VIII bis XI KStR 1995[2] erfolgt – für jeden BgA gesondert durchzuführen.

Als Gewinnermittlungsarten kommen in Betracht

– die Ermittlung des Gewinns durch Betriebsvermögensvergleich (Bestandsvergleich) nach §§ 4 Abs. 1, 5 EStG;

sowie

– die Ermittlung des Gewinns durch Gegenüberstellen der Betriebseinnahmen und Betriebsausgaben nach § 4 Abs. 3 EStG (Einnahmeüberschussrechnung).

1.1 Gewinnermittlung durch Betriebsvermögensvergleich

Die steuerliche Gewinnermittlung ist durch Betriebsvermögensvergleich nach §§ 4 Abs. 1, 5 EStG durchzuführen, wenn

a) der Steuerpflichtige auf Grund gesetzlicher Vorschriften verpflichtet ist, Bücher zu führen und regelmäßig Abschlüsse zu erstellen (§ 5 Abs. 1 Satz 1 erste Alternative EStG);

Gesetzliche Verpflichtungen in diesem Sinne sind

– die Verpflichtungen nach anderen Gesetzen als den Steuergesetzen (§ 140 AO). In Betracht kommt bei BgA neben der Buchführungspflicht für Kaufleute nach § 238 HGB insbesondere die (kaufmännische) Buchführungspflicht nach kommunalrechtlichen Vorschriften; siehe nachfolgende Tz. 2).

oder

– die steuerrechtliche Verpflichtung nach § 141 AO auf Grund eines entsprechenden Hinweises des Finanzamts.

b) der Steuerpflichtige ohne eine solche Verpflichtung freiwillig Bücher führt und für den Betrieb regelmäßig Abschlüsse erstellt (§ 5 Abs. 1 Satz 1 zweite Alternative EStG).

1.2 Gewinnermittlung durch Einnahme-Überschussrechnung

Die steuerliche Gewinnermittlung ist in den übrigen Fällen nach § 4 Abs. 3 EStG durch Ermittlung des Überschusses der Betriebseinnahmen über die Betriebsausgaben durchzuführen.

2. Buchführungspflichten im Zusammenhang mit wirtschaftlichen Betätigungen der Kommunen

Grundsätzlich dürfen sich Städte und Gemeinden im Rahmen von Unternehmen wirtschaftlich betätigen (Hinweis auf §§ 689 ff. der Kommunalverfassung M.-V. i. d. F. der Bekanntmachung vom 13. 1. 1998, GVOBl. M.-V., S. 29).

Derartige Unternehmen können als Eigenbetriebe oder als Regiebetriebe geführt werden.

2.1 Eigenbetriebe

Eigenbetriebe stellen als wirtschaftliche Unternehmen ohne eigene Rechtspersönlichkeit Sondervermögen der Gemeinden i. S. des § 64 der Kommunalverfassung M.-V. dar.

Für Eigenbetriebe sind nach § 17 i. V. mit §§ 19 bis 23 der Eigenbetriebsverordnung M.-V. vom 14.9.1998, GVOBl. M.-V., S. 808 eine kaufmännische Buchführung einzurichten sowie Jahresabschlüsse i. S. der §§ 238 ff. HGB zu erstellen. Dabei kommt es gem. § 263 HGB i. V. mit den einschlägigen Bestimmungen der Eigenbetriebsverordnung M.-V. zu geringfügigen Abweichungen von den allgemeinen handelsrechtlichen Vorschriften (z. B. Erstellung der Bilanz nach einem vom Innenministerium erlassenen Formblatt, § 20 EigVO).

---

1) Jetzt H 33 KStH.

2) Jetzt R 7 KStR und H 7 KStH.

Bildet ein Eigenbetrieb steuerlich einen BgA i. S. der § 1 Abs. 1 Nr. 6, § 4 KStG, ist die steuerliche Gewinnermittlung nach Tz. 1.1 zwingend durch Betriebsvermögensvergleich nach §§ 4 Abs. 1, 5 EStG vorzunehmen.

2.2 Regiebetriebe

Erfolgt die wirtschaftliche Betätigung der Kommunen nicht im Rahmen eines Eigenbetriebs, spricht man von einem Regiebetrieb. Regiebetriebe sind haushaltsrechtlich als Teil des kommunalen Haushalts nach den dafür geltenden Bestimmungen der Gemeindehaushaltsverordnung (GemHVO) und Gemeindekassenverordnung (GemKVO) zu führen.

Die Aufzeichnungen nach der GemHVO und GemKVO stellen keine (kaufmännische) Buchführung i. S. des § 140 AO dar; die Verwaltungsbuchführung (Kameralistik) ermöglicht keine Gewinnermittlung durch Bestandsvergleich nach §§ 4 Abs. 1, 5 EStG.

Handelt es sich bei den Regiebetrieb um einen BgA i. S. des § 1 Abs. 1 Nr. 6, § 4 KStG, ist hinsichtlich der steuerlichen Gewinnermittlung wie folgt zu differenzieren:

a) Ist die Kommune auf Grund außersteuerlicher gesetzlicher Vorschriften verpflichtet, Bücher zu führen und regelmäßig Abschlüsse zu machen, hat sie diese Verpflichtung nach § 140 AO auch für steuerliche Zwecke zu erfüllen und entsprechend die steuerliche Gewinnermittlung für den Regiebetrieb durch Betriebsvermögensvergleich nach §§ 4 Abs. 1, 5 EStG vorzunehmen. Gesetzliche Vorschrift in diesem Sinne kann z. B. die Buchführungspflicht für Kaufleute nach § 238 HGB sein.

Erhält die Kommune nach § 141 AO einen Hinweis des Finanzamts, dass sie verpflichtet ist, Bücher zu führen und regelmäßig Abschlüsse zu erstellen, hat sie die steuerliche Gewinnermittlung für den Regiebetrieb durch Betriebsvermögensvergleich nach §§ 4 Abs. 1, 5 EStG vorzunehmen.

Dasselbe gilt, wenn sie freiwillig Bücher führt und regelmäßig Abschlüsse aufstellt.

b) in den übrigen Fällen ist die steuerliche Gewinnermittlung für den Regiebetrieb nach § 4 Abs. 3 EStG durch Ermittlung des Überschusses der Betriebseinnahmen über die Betriebsausgaben durchzuführen.

Die vorstehenden Ausführungen gelten sinngemäß für alle BgA von juristischen Personen des öffentlichen Rechts.

2.3 Aufforderung zur Buchführung durch das Finanzamt (§ 141 Abs. 2 AO)

Die Verpflichtung zur Buchführung ist vom Beginn des Wirtschaftsjahres an zu erfüllen, das auf die Bekanntgabe der Mitteilung i. S. von § 141 Abs. 2 AO folgt.

Es wird gebeten, die in Betracht kommenden Steuerfälle kurzfristig daraufhin zu überprüfen, ob die Buchführungsgrenzen des § 141 AO überschritten werden. Die Aufforderung zur Buchführung ist spätestens bis Ende November 2002 zu erteilen. In einschlägigen Fällen sollte zugleich vorsorglich auch ein Hinweis auf die neu eingeführte Kapitalertragsteuerpflicht gem. §§ 20 Abs. 1 Nr. 10 b, 43 Abs. 1 Nr. 7c, 43a Abs. 1 Nr. 5 EStG erfolgen.

Buchführungspflicht und Gewinnermittlung bei Betrieben gewerblicher Art von Kommunen – Besonderheiten bei Dauerverlustbetrieben und bei Zweckbetrieben von gemeinnützigen Betrieben gewerblicher Art

Verfügung OFD Rostock vom 26.02.2003

S 2706 – 1/01 – St 24a

Es ist die Frage aufgeworfen worden, ob die Buchführungsverpflichtung gem. § 141 AO bei Überschreiten der entsprechenden Betragsgrenzen auch solche Betriebe gewerblicher Art trifft, die dauerhaft Verluste erwirtschaften bzw. ob insoweit ggf. Buchführungserleichterungen i. S. von § 148 AO gewährt werden können. Die gleiche Fragestellung ergibt sich für Zweckbetriebe von gemeinnützigen Betrieben gewerblicher Art (BgA).

Hierzu ist auszuführen:

Für BgA kommt die Buchführungspflicht nach § 141 AO nur in Betracht, wenn sie gewerbliche Unternehmen sind. Dies ist dann der Fall, wenn es sich um einen Gewerbebetrieb i. S. des § 2 Abs. 1 GewStG i. V. mit § 15 Abs. 2 EStG handelt (vgl. AEAO zu § 141 Nr. 1). Dabei ist grundsätzlich auf jeden einzelnen Gewerbebetrieb abzustellen. Die Ausnahme des § 64 Abs. 2 AO gilt für steuerpflichtige wirtschaftliche Geschäftsbetriebe jedes einzelnen gemeinnützigen BgA.

Bei Dauerverlust-BgA ist die Gewinnerzielungsabsicht zu verneinen (Hinweis auf A 17 Abs. 2 Satz 3 GewStR). Deshalb hat eine Aufforderung zur Buchführung (§ 141 Abs. 2 Satz 1 AO) bei derartigen Betrieben zu unterbleiben.

Soweit BgA die Voraussetzungen für die Anerkennung der steuerlichen Gemeinnützigkeit erfüllen, gilt für Zweckbetriebe i. S. der §§ 65 bis 68 AO Folgendes: Gemeinnützigkeitsrechtlich ist es nicht von vornherein ausgeschlossen, dass Zweckbetriebe mit Gewinnerzielungsabsicht betrieben werden. In der Regel geht es bei den Zweckbetrieben aber wegen des Grundsatzes der Selbstlosigkeit nach § 55 AO bestenfalls darum, die Selbstkosten zu decken. Dies schließt eine Gewinnerzielungsabsicht aus (H 134b Selbstkostendeckung EStH 2001[1]). Deshalb wird auch bei Zweckbetrieben eine steuerliche Buchführungspflicht – wie vorstehend ausgeführt – bereits mangels Vorliegen einer Gewinnerzielungsabsicht und damit eines Gewerbebetriebs zu verneinen sein.

Unabhängig davon bestünde bei Zweckbetrieben wegen der Steuerbefreiungen nach § 5 Abs. 1 Nr. 9 KStG/§ 3 Nr. 6 GewStG auch kein sachliches Erfordernis, eine Gewinnermittlung durch Betriebsvermögensvergleich gem. § 4 Abs. 1 EStG durchzuführen.

Es wird deshalb gebeten, auch bei Zweckbetrieben von gemeinnützigen BgA von vornherein von einer Aufforderung zur Buchführung gem. § 141 Abs. 2 Satz 1 AO abzusehen.

---

1) Jetzt H 15.3. EStH.

Anlage § 004–26

Wirtschaftliche Tätigkeiten der Rechenzentren der Hochschulen des Landes NRW

Verfügung OFD Düsseldorf vom 09.10.1989

S 2706 A – St 13 H

S 7106 A – St 143

1. Nach § 34 des Gesetzes über die wissenschaftlichen Hochschulen des Landes NRW (WissHG) sind die Rechenzentren eine zentrale Betriebseinheit der jeweiligen Hochschule. Entsprechend ihrer Rechtsstellung als Körperschaften des öffentlichen Rechts (§ 2 Abs. 1 WissHG) können die Hochschulen nur im Rahmen des § 1 Abs. 1 Nr. 6 i. V. m. § 4 KStG steuerpflichtig sein.

2. Soweit die Rechenzentren Leistungen erbringen, ist zu prüfen, ob die Merkmale eines Betriebs gewerblicher Art vorliegen. Dies richtet sich nach den allgemeinen Grundsätzen:

2.1 Juristische Personen des öffentlichen Rechts (hier: die Hochschulen) unterliegen nicht der Besteuerung, soweit sie sich auf die Ausübung der öffentlichen Gewalt beschränken. Ausübung der öffentlichen Gewalt ist die Tätigkeit, die der juristischen Person des öffentlichen Rechts eigentümlich und vorbehalten ist (Hoheitsbetrieb). Juristische Personen des öffentlichen Rechts unterliegen jedoch insoweit der Besteuerung, als sie einen Betrieb *gewerblicher Art* unterhalten, d. h. wenn sie sich in den wirtschaftlichen Verkehr einschalten und eine auf die *Erzielung von Einnahmen* gerichtete *Tätigkeit* entfalten, die sich ihrem Inhalt nach von der Tätigkeit eines privaten gewerblichen Unternehmens nicht wesentlich unterscheidet (§ 1 Abs. 1 Nr. 6 i. V. m. § 4 KStG).

Umsatzsteuerlich ist die juristische Person des öffentlichen Rechts mit der Gesamtheit der von ihr unterhaltenen Betriebe gewerblicher Art *Unternehmer* (§ 2 Abs. 3 UStG). Sofern Rechenzentren einen Betrieb gewerblicher Art begründen, ist dieser der jeweiligen Hochschule, nicht etwa dem Land NRW, als Unternehmer im Sinne des § 2 UStG zuzurechnen. Dem steht nicht entgegen, daß die Hochschulen nach § 2 Abs. 1 WissHG zugleich Einrichtungen des Landes NRW sind. Hieraus folgt, daß ein umsatzsteuerrechtlich beachtlicher Leistungsaustausch zwischen den Rechenzentren und der jeweiligen Hochschule, zu der sie gehören, nicht in Betracht kommen kann.

Die Frage, ob ein Betrieb gewerblicher Art einer juristischen Person des öffentlichen Rechts vorliegt, ist für die Körperschaftsteuer und die Umsatzsteuer *einheitlich* zu entscheiden. Die zu den gesetzlichen Vorschriften von Rechtsprechung und Verwaltung für das Gebiet der Körperschaftsteuer entwickelten Grundsätze sind anzuwenden (vgl. insbesondere Abschn. 5 der KStR 1985[1]).

2.2 Die an den Hochschulen unterhaltenen Rechenzentren sind aufgrund ihrer Zweckbestimmung grundsätzlich auf die Erfüllung hoheitlicher Aufgaben gerichtet. Soweit die Rechenzentren im *hoheitlichen Bereich* und in der dem hoheitlichen Bereich zuzuordnenden *Amtshilfe* tätig werden, kommt eine Besteuerung der Hochschulen nicht in Betracht. In den nicht der Besteuerung unterliegenden Bereich (hoheitliche Tätigkeiten einschließlich Amtshilfe) fallen neben dem eigentlichen zweckbestimmten Tätigkeitsbereich (Nutzung des Rechenzentrums durch die Hochschulen – Institute der Hochschule – selbst) die Leistungen an andere Hochschulen des Landes, an Behörden des Landes, an Hochschulen anderer Bundesländer und an Bundesbehörden für deren hoheitliche Zwecke. Für die Beurteilung als hoheitliche Tätigkeit ist es ohne Bedeutung, ob die bezeichneten Leistungen unentgeltlich oder entgeltlich erbracht werden und ggf. in welcher Form das Entgelt erhoben wird (Erstattung der Betriebskosten, Erstattung der Selbstkosten oder Marktpreise).

2.3 Erbringt das Rechenzentrum der Hochschule gegenüber privatrechtlichen Forschungseinrichtungen und gemeinnützigen Organisationen (z. B. Deutsche Forschungsgemeinschaft, Max-Planck-Gesellschaft, Fraunhofer-Gesellschaft, Stiftung Volkswagenwerk), sowie gegenüber Industrieunternehmen und sonstigen Nutzern *Leistungen gegen Entgelt,* so liegt keine hoheitliche, sondern eine *wirtschaftliche Tätigkeit* zur Erzielung von Einnahmen vor, die im Regelfall auch von privaten Unternehmern ausgeübt wird. Für die Beurteilung als wirtschaftliche Tätigkeit ist es ohne Bedeutung, in welcher Form das Entgelt erhoben wird (Erstattung der Betriebskosten, Erstattung der Selbstkosten oder Marktpreise).

Eine wirtschaftliche Tätigkeit in vorstehendem Sinne liegt auch dann vor, wenn das Rechenzentrum der Hochschule gegenüber *Betrieben gewerblicher Art* (der eigenen Hochschule, anderer Hochschulen des Landes, der Hochschulen anderer Bundesländer, der Behörden des Landes und der Bundesbehörden) *Leistungen gegen Entgelt* erbringt.

---

1) Jetzt R 6 KStR.

2.4 *Unentgeltlich erbrachte Leistungen* der Rechenzentren der Hochschulen gegenüber privaten Forschungseinrichtungen, gemeinnützigen Organisationen, gegenüber Industrieunternehmen und sonstigen Nutzern sowie gegenüber Betrieben gewerblicher Art von juristischen Personen des öffentlichen Rechts, stellen dagegen keine wirtschaftliche Tätigkeit dar. Diese Leistungen scheiden für die Beurteilung, ob die Tätigkeiten der Rechenzentren einen Betrieb gewerblicher Art begründen, aus.

2.5 Die wirtschaftliche Tätigkeit der Rechenzentren (in dem oben beschriebenen Sinne) führt zur Steuerpflicht der Hochschulen, wenn auch die übrigen Voraussetzungen eines Betriebs gewerblicher Art anzunehmen sind. Ein *Betrieb gewerblicher Art* ist jede *Einrichtung,* die einer nachhaltigen wirtschaftlichen Tätigkeit zur Erzielung von Einnahmen dient und sich innerhalb der Gesamtbetätigung der juristischen Person des öffentlichen Rechts (hier der Hochschulen) wirtschaftlich heraushebt (§ 4 Abs. 1 KStG).

Der Begriff „Einrichtung" setzt nicht voraus, daß die wirtschaftliche Tätigkeit im Rahmen einer im Verhältnis zur sonstigen Betätigung verselbständigten Abteilung ausgeübt wird. Sie kann auch innerhalb des hoheitlichen Betriebs miterledigt werden. Die Einbeziehung der wirtschaftlichen Tätigkeit in den hoheitlichen Bereich schließt es nicht aus, die einbezogene Tätigkeit steuerlich gesondert zu beurteilen. Dies gilt selbst dann, wenn die nichtsteuerbare (hoheitliche) und die steuerbare (wirtschaftliche) Tätigkeit mit denselben personellen und sächlichen Mitteln erbracht wird (vgl. Abschn. 5 Abs. 2 KStR[1]). Entscheidend ist allein die wirtschaftliche Selbständigkeit des Tätigkeitsbereichs. Die wirtschaftliche Selbständigkeit (= Annahme einer „Einrichtung") kann sich aus einer besonderen Leistung, aus einem geschlossenen Geschäftskreis oder aus ähnlichen, auf eine Einheit hindeutenden Merkmalen ergeben (vgl. Abschn. 5 Abs. 4 Satz 1 KStR[2]). Nach Abschn. 5 Abs. 4 Satz 5 KStR kann eine „Einrichtung" auch ohne organisatorische Abgrenzung angenommen werden, sofern eine zeitliche Abgrenzung möglich ist. Nach dem vorliegenden Sachverhalt ist davon auszugehen, daß sich die verschiedenen Nutzungen der Rechenzentren funktionell, zeit- und rechnungsmäßig trennen lassen. Somit sind die nach dem Körperschaftsteuerrecht erforderlichen Voraussetzungen für das Vorliegen einer „Einrichtung" regelmäßig erfüllt.

Für die Annahme eines Betriebs gewerblicher Art ist außerdem erforderlich, daß sich die die „Einrichtung" begründende Tätigkeit der Rechenzentren innerhalb der Gesamtbetätigung der Hochschulen wirtschaftlich heraushebt.

Davon kann in der Regel ausgegangen werden, wenn der Jahresumsatz aus der wirtschaftlichen Tätigkeit 60 000 DM[3] nachhaltig übersteigt (vgl. Abschn. 5 Abs. 5 Sätze 1 bis 4 KStR[4]).

Die Umsatzgrenze von 250 000 DM[5] nach Abschn. 5 Abs. 4 KStR[6] ist hier nicht maßgebend. Diese Umsatzgrenze kommt nur in Betracht, wenn außer organisatorischen auch andere Merkmale für das Vorliegen einer Einrichtung fehlen.

2.6 Erfüllt die wirtschaftliche Betätigung die Voraussetzungen eines Betriebes gewerblicher Art, so liegt insoweit unternehmerische Tätigkeit vor, die nach der Art der von den Rechenzentren erbrachten Leistungen grundsätzlich Umsatzsteuerpflicht auslöst.

---

1) Jetzt R 6 Abs. 2 KStR.
2) Jetzt R 6 Abs. 4 KStR.
3) Jetzt 30 678 €.
4) Jetzt R 6 Abs. 4 KStR
5) Jetzt 130 000 €.
6) Jetzt R 6 Abs. 2 KStR.

Betriebe gewerblicher Art (BgA) – § 1 Abs. 1 Nr. 6, § 4 KStG, § 2 Abs. 3 UStG; Beistandsleistungen juristischer Personen des öffentlichen Rechts gegenüber einer anderen juristischen Person des öffentlichen Rechts

Verfügung OFD Rostock vom 21.11.2002

S 2706 – 4/01 – St 242

Für die steuerliche Behandlung von Beistandsleistungen juristischer Personen des öffentlichen Rechts gegenüber einer anderen juristischen Person des öffentlichen Rechts gilt Folgendes:

1. Beistandsleistung als hoheitliche Tätigkeit

Die *Wahrnehmung der hoheitlichen Aufgaben* einer anderen juristischen Person des öffentlichen Rechts durch eine juristische Person des öffentlichen Rechts im Wege der Beistandsleistung ist *bei der Beistand leistenden juristischen Person* des öffentlichen Rechts als *hoheitliche Tätigkeit* anzusehen; diese Beistandsleistung begründet keinen BgA nach § 1 Abs. 1 Nr. 6, § 4 KStG. Dies gilt insbesondere, wenn die beteiligten juristischen Personen des öffentlichen Rechts die Ausführung der hoheitlichen Aufgaben in den hierzu erforderlichen Vereinbarungen (z. B. Zweckverbandssatzung oder Staatsvertrag) entsprechend regeln.

Beispiel:

Ein Abwasser-Zweckverband, dem die angeschlossenen Kommunen die ihnen obliegenden Aufgaben der Abwasserbeseitigung übertragen, wird hoheitlich tätig; die Übernahme der Aufgaben der Kommunen begründet keinen BgA.

Unschädlich ist insoweit, wenn sich die Beistandsleistung nicht auf die hoheitliche Aufgabe insgesamt, sondern auf Teilaufgaben oder Hilfsgeschäfte bezieht, die für sich gesehen keinen hoheitlichen Charakter hätten. Wird eine solche Teilaufgabe oder ein solches Hilfsgeschäft, die/das – bei einer Abwicklung durch die juristische Person des öffentlichen Rechts selbst – originär als hoheitlich zu qualifizieren ist, im Wege der Beistandsleistung von einer anderen juristischen Person des öffentlichen Rechts wahrgenommen, bleibt der hoheitliche Charakter erhalten; es ist *keine isolierende Betrachtung* vorzunehmen.

Beispiel:

Ein Zweckverband für kommunale Datenverarbeitung, der für die angeschlossenen Kommunen diejenigen Aufgaben der Datenverarbeitung erledigt, die dort im hoheitlichen Bereich anfallen, ist als Hoheitsbetrieb, nicht als BgA zu behandeln.

2. Beistandsleistung als wirtschaftliche Tätigkeit

Die *Wahrnehmung von wirtschaftlichen Aufgaben* einer anderen juristischen Person des öffentlichen Rechts durch eine juristische Person des öffentlichen Rechts im Wege der Beistandsleistung ist *bei der Beistand leistenden juristischen Person* des öffentlichen Rechts als *wirtschaftliche Tätigkeit* anzusehen; die Beistandsleistung begründet einen BgA nach § 1 Abs. 1 Nr. 6, § 4 KStG, soweit die Voraussetzungen im Übrigen erfüllt sind.

Beispiel:

Ein Wasserversorgungs-Zweckverband, dem die angeschlossenen Kommunen die ihnen obliegenden Aufgaben der Wasserversorgung übertragen, wird wirtschaftlich tätig; die Übernahme der wirtschaftlichen Aufgaben der Kommunen begründet unter den weiteren Voraussetzungen von § 1 Abs. 1 Nr. 6, § 4 KStG einen BgA.

Die Begriffe „wirtschaftlich" und „hoheitlich" sind jeweils ausschließlich nach steuerlichen Kriterien (Abschn. 5 KStR 1995[1]) auszulegen. Eine juristische Person des öffentlichen Rechts leistet einer anderen juristischen Person des öffentlichen Rechts Beistand, wenn die Aufgaben im Rahmen einer öffentlich-rechtlichen Verpflichtung (z. B. im Wege der Amtshilfe) bzw. Vereinbarung (z. B. Zweckverbandssatzung, Staatsvertrag) übernommen werden. Erbringt die juristische Person die Leistungen aufgrund einer privatrechtlichen (schuldrechtlichen) Vereinbarung, spricht dies für das Vorliegen einer wirtschaftlichen Tätigkeit.

---

1) Jetzt R 6 KStR.

Personalgestellung durch eine juristische Person des öffentlichen Rechts als Betrieb gewerblicher Art; Arbeitnehmerüberlassung zwischen Universität und Universitätsklinikum

Verfügung OFD Hannover vom 22.08.2002

S 2706 – 143 – St 0214 / S 2706 – 178 – StH 231

I. Abschnitt 23 Abs. 16 UStR regelt anhand mehrerer Beispiele, in welchen Fällen die Personalgestellung durch eine juristische Person des öffentlichen Rechts gegen Kostenerstattung einen Leistungsaustausch im Rahmen eines Betriebes gewerblicher Art darstellt. Nach einem Beschluss der obersten Finanzbehörden des Bundes und der Länder begründet eine entgeltliche Personalgestellung nicht einen Betrieb gewerblicher Art, wenn folgende Voraussetzungen erfüllt sind:

1. Die entgeltliche Personalgestellung ist eine Folge organisatorisch bedingter äußerer Zwänge (z. B. Wechsel der Rechtsform – ohne Rücksicht auf Wechsel der Inhaberschaft –, Unkündbarkeit der Bediensteten).

2. Die Beschäftigung gegen Kostenerstattung erfolgt im Interesse der betroffenen Bediensteten zur Sicherstellung der erworbenen Rechte aus dem Dienstverhältnis mit einer juristischen Person des öffentlichen Rechts.

3. Die Personalgestellung ist begrenzt auf den zum Zeitpunkt einer Umwandlung vorhandenen Personalbestand, so dass sich der Umfang mit Ausscheiden der betreffenden Mitarbeiter von Jahr zu Jahr verringert.

4. Die Gestellung des Personals darf nicht das äußere Bild eines Gewerbebetriebes annehmen.

II. Für die steuerliche Beurteilung der entgeltlichen Personalgestellung einer Universität an die Universitätsklinik ist zu unterscheiden zwischen der Überlassung des wissenschaftlichen und des nichtwissenschaftlichen Personals.

1. Bei der Überlassung des wissenschaftlichen Personals ist zu unterscheiden, ob die Tätigkeiten in der Klinik der Forschung und Lehre (=hoheitlich) oder der Krankenversorgung (= nicht hoheitlich) dienen.

   Ist eine Abgrenzung möglich, sind die verschiedenen Tätigkeiten getrennt zu beurteilen. Für die dem nicht hoheitlichen Bereich dienenden Tätigkeiten gelten dann die Grundsätze unter I.

   Greifen die Tätigkeiten, die in der Klinik einerseits der Forschung und Lehre und andererseits der Krankenversorgung dienen, derart ineinander, dass eine genaue Abgrenzung nicht möglich ist und liegt eine überwiegende Zweckbestimmung im Bereich der Forschung und Lehre, ist eine überwiegend hoheitliche Zweckbestimmung anzunehmen, vgl. Abschn. 5 Abs. 3 KStR [1].

2. Die Überlassung des nichtwissenschaftlichen Personals ist nach den Grundsätzen unter I. zu beurteilen. Wird dabei auch Personal überlassen, dass erst nach dem Zeitpunkt der organisatorischen Änderung (z. B. Ausgliederung oder Änderung der Rechtsform) neu eingestellt worden ist, ist die Personalgestellung des nichtwissenschaftlichen Personals insgesamt als Betrieb gewerblicher Art zu beurteilen. Eine Aufteilung in die Überlassung von Altpersonal und neu eingestelltes Personal kommt nicht in Betracht, auch wenn hierfür besondere Gründe vorgetragen werden (z. B. Fehlen einer Versorgungsverordnung für die Anstellung in der Klinik).

---

[1] Jetzt R 6 Abs. 3 KStR.

**Leistungen der kommunalen/staatlichen Hochbauverwaltungen
gegenüber Betrieben gewerblicher Art**

Verfügung OFD Hannover vom 06.09.2002
S 2706 – 196 – St 0214 / S 2706 – 238 – StH 231

Leistungen der kommunalen Hochbauverwaltung an einen steuerpflichtigen Eigenbetrieb der Kommune begründen nicht einen Betrieb gewerblicher Art. Voraussetzung für die Annahme eines Betriebes gewerblicher Art ist u. a. die wirtschaftliche Bedeutung der Tätigkeit (§ 4 Abs. 1 KStG; Abschn. 5 Abs. 5 KStR). Diese wird regelmäßig nach den Umsätzen im Sinne des § 1 Abs. 1 Nr. 1 UStG beurteilt (Abschn. 5 Abs. 5 Satz 3 KStR[1]), d. h. es müssen Umsätze an Dritte gegen Entgelt erbracht werden. Umsätze an einen Betrieb gewerblicher Art *derselben* juristischen Person des öffentlichen Rechts erfüllen diese Voraussetzung nicht und sind daher bei der Prüfung, ob die wirtschaftliche Tätigkeit von einigem Gewicht ist, nicht einzubeziehen.

---

1) Jetzt R 6 Abs. 5 KStR.

Steuerliche Behandlung von gemeindeeigenen Schlachthöfen als Betriebe gewerblicher Art im Sinne des § 4 Abs. 1 KStG

Erlaß FM Baden-Württemberg vom 10.06.1992

S 2706/13

Verschiedene Städte und Gemeinden haben die steuerliche Anerkennung ihrer gemeindeeigenen Schlachthöfe, die bisher als Hoheitsbetriebe geführt wurden, als Betriebe gewerblicher Art im Sinne von § 4 Körperschaftsteuergesetz (KStG) beantragt. Als Begründung ist neben einer Änderung der tatsächlichen Verhältnisse hinsichtlich der Nutzer der Schlachthöfe die Änderung der Körperschaftsteuer-Richtlinien (KStR) (Abschnitt 5 Abs. 14 Satz 3 KStR 1990) angeführt worden.

Nach der Rechtsprechung des RFH ist unter „Ausübung der öffentlichen Gewalt" eine Tätigkeit zu verstehen, durch die eine öffentlich-rechtliche Körperschaft Aufgaben erfüllt, die ihr in ihrer Eigenschaft als Träger der öffentlichen Gewalt eigentümlich und vorbehalten sind. Eine derartige Tätigkeit ist insbesondere anzunehmen – so bis 1976 § 4 Abs. 1 Körperschaftsteuer-Durchführungsverordnung (KStDV) –, wenn es sich um Leistungen handelt, zu deren Annahme der Leistungsempfänger aufgrund gesetzlicher oder behördlicher Anordnung verpflichtet ist. Hierher gehören z. B. Schlachthöfe (vgl. § 4 Abs. 1 KStDV 1968).

Die Vorschrift des § 4 Abs. 1 KStDV 1968 ist 1977 in die Körperschaftsteuer-Richtlinien übernommen worden (Abschnitt 5 Abs. 14 KStR). Abschnitt 5 Abs. 14 KStR ist durch die Körperschaftsteuer-Änderungsrichtlinien (KStÄR) 1990 geändert worden. Danach können *Schlachthöfe zu den Hoheitsbetrieben gehören.* Die Änderung beruht auf den BFH-Urteilen vom 30.06.1988 (BStBl. 1988 II S. 910) und vom 21.9.1988 (BStBl. 1990 II S. 95), in denen der BFH den Grundsatz der Wettbewerbsneutralität wesentlich deutlicher herausgestellt hat als bisher. Danach ist eine unternehmerische Tätigkeit anzunehmen, wenn sich eine juristische Person des öffentlichen Rechts in Bereichen der privatunternehmerischen Berufs- und Gewerbeausübung bewegt. Übernimmt z. B. eine juristische Person des öffentlichen Rechts in größerem Umfang Aufgaben, wie sie auch Privatpersonen ausüben, und tritt sie auch nur ungewollt in Wettbewerb zur privaten Wirtschaft, so ist die Tätigkeit nach Auffassung des BFH nicht der juristischen Person des öffentlichen Rechts eigentümlich und vorbehalten, also keine hoheitliche Tätigkeit mehr.

Bezüglich der steuerlichen Behandlung von gemeindeeigenen Schlachthöfen als Betriebe gewerblicher Art ist demnach folgende Auffassung zu vertreten:

Kennzeichnend für die Ausübung öffentlicher Gewalt ist – wie oben ausgeführt – die Erfüllung öffentlich-rechtlicher Aufgaben, die aus der Staatsgewalt abgeleitet sind und staatlichen Zwecken dienen. Hiervon ist insbesondere auszugehen, wenn Leistungen erbracht werden, zu deren Annahme der Leistungsempfänger aufgrund gesetzlicher oder behördlicher Anordnung verpflichtet ist. Demnach stellen gemeindeeigene Schlachthöfe Hoheitsbetriebe dar, wenn das Schlachten durch die ortsansässigen Metzgereibetriebe aufgrund des satzungsmäßigen Benutzungszwangs *nur in gemeindeeigenen Schlachthöfen* vorgenommen werden darf. In diesen Fällen kann es nicht zur steuerlichen Benachteiligung von Wettbewerbern kommen, weil alle Betroffenen sich zum Schlachten des gemeindeeigenen Schlachthofes bedienen müssen. Ist dagegen das Schlachten *auch außerhalb des gemeindeeigenen Schlachthofes* zulässig, ist von einem Betrieb gewerblicher Art auszugehen.

Bei dieser Auslegung haben es die Gemeinden zwar in der Hand, durch Änderung der tatsächlichen Verhältnisse (Freigabe des Schlachtens) dem gemeindeeigenen Schlachthof die Eigenschaft eines Hoheitsbetriebs zu nehmen. Dadurch wird den Gemeinden jedoch kein „steuerliches Wahlrecht" für die Besteuerung der gemeindeeigenen Schlachthöfe eingeräumt.

Dieser Erlaß ergeht im Einvernehmen mit dem Bundesminister der Finanzen und den obersten Finanzbehörden der Länder.

Besteuerung der Feuerwehren[1]

Erlaß FM Baden-Württemberg vom 16.01.1990

S 2706 A – 51/89 (Auszug)

...

Seit Inkrafttreten des § 18a des Feuerwehrgesetzes (FwG) gilt für die steuerliche Behandlung der Kameradschaftskassen der Feuerwehren folgendes:

Das Gesetz zur Änderung des Feuerwehrgesetzes vom 8. Mai 1989 (GBl. S. 141, in Kraft seit 24. Mai 1989) hat u. a. einen neuen § 18a in das Feuerwehrgesetz eingefügt. Die Rechtsänderung schafft im Rahmen eines zu bildenden Sondervermögens die Möglichkeit, die Kameradschaftskasse als öffentliche Kasse der Gemeinde zu führen. Sie stellt klar, daß die Gemeinde Veranstalter ist, wenn eine Veranstaltung nach Maßgabe eines Wirtschaftsplans über das Sondervermögen abgewickelt wird (§ 18a Abs. 3 Satz 3 FwG).

In diesem Fall bestehen Steuerpflichten nur bei Vorliegen eines Betriebs gewerblicher Art (BgA) der Gemeinde.

Ein Betrieb gewerblicher Art einer juristischen Person des öffentlichen Rechts ist jede Einrichtung, die

1. einer nachhaltigen wirtschaftlichen Tätigkeit zur Erzielung von Einnahmen außerhalb der Land- und Forstwirtschaft dient und

2. sich innerhalb der Gesamtbetätigung der juristischen Person wirtschaftlich hervorhebt (Nr. 5 Abs. 2 KStR).

Die Tätigkeit der Einrichtung muß von einigem Gewicht sein; auf die Gewinnerzielungsabsicht kommt es nicht an (§ 4 Abs. 1 KStG, Nr. 5 Abs. 5 KStR).

Nachhaltigkeit i. S. des Steuerrechts liegt regelmäßig bereits bei einmaligem Handeln vor (s. BFH, Urteil vom 21. August 1985 I R 60/80, BStBl. 1986 II S. 88, und Urteil vom 21. August 1985 I R 3/82, BStBl. 1986 II S. 92). Wiederholte (d. h. nachhaltige) Tätigkeiten liegen auch vor, wenn der Grund zum Tätigwerden auf einem einmaligen Entschluß beruht, die Erledigung aber eine Reihe von Einzelhandlungen erfordert. Dies ist auch bei der Veranstaltung eines Festes der Fall. Die Verwirklichung dieses Entschlusses erfordert eine Vielzahl von Einzeltätigkeiten, die in ihrer tatsächlichen und rechtlichen Vielfalt überwiegend in den wirtschaftlich-gewerblichen Bereich einzuordnen sind.

Von einer Tätigkeit mit einigem Gewicht ist steuerlich in der Regel dann auszugehen, wenn aus den Veranstaltungen ein steuerbarer Jahresumsatz i. S. von § 1 Abs. 1 Nr. 1 UStG von *mehr als 60 000 DM* erzielt wird (Grenze für die Annahme einer geringfügigen Tätigkeit). Die Frage, ob eine Tätigkeit eines Betriebes gewerblicher Art von einigem Gewicht ist, bestimmt sich also nicht nach der Höhe des Jahresgewinns. Wird die Umsatzgrenze von 60 000 DM überschritten, unterliegt der Betrieb gewerblicher Art der Gemeindefeuerwehr nach den allgemeinen Besteuerungsregelungen der *Körperschaft-, Gewerbe-, Umsatz- und Vermögens*besteuerung. Für die Gewerbesteuerpflicht muß aber zusätzlich zu den Merkmalen des Betriebs gewerblicher Art noch die Gewinnerzielungsabsicht hinzutreten. Wird diese ausgeschlossen, entstehen keine Gewerbesteuerfolgen. Wird die Grenze von 60 000 DM nicht überschritten, sind die Veranstaltungen der Gemeindefeuerwehr in der Regel ohne Steuerfolgen. Die 60 000-DM-Grenze ist nach dem Jahresumsatz der wirtschaftlichen Betätigung zu berechnen.

Der Betrieb gewerblicher Art ist somit von der Vermögensverwaltung abzugrenzen:

Zinsen aus Geldanlagen sind bei der Berechnung der Umsatzgrenze nach ihrer Herkunft aufzuteilen. Stammen Geldanlagen aus Überschüssen der wirtschaftlichen Betätigung, sind die Zinsen aus diesen Geldanlagen auf die Umsatzgrenze von 60 000 DM anzurechnen. Zinsen aus Geldanlagen, die bei der Bildung des Sondervermögens vorhanden sind, werden nicht auf die Umsatzgrenze von 60 000 DM angerechnet.

Zuwendungen der Gemeinde an die Kameradschaftskasse ohne bestimmte Verknüpfung, also für die Kameradschaftspflege zweckfrei gewährt, werden auf die Umsatzgrenze von 60 000 DM nicht angerechnet. Eine für eine bestimmte Veranstaltung zweckgebunden gewährte Zuwendung ist hingegen zu berücksichtigen.

Spenden an die Kameradschaftskasse werden nicht auf die Umsatzgrenze von 60 000 DM angerechnet. Sie sind kein Umsatz. Der Kameradschaftskasse dürfen steuerlich abzugsfähige Spenden ohnehin nicht zugeleitet werden.

---

1) Vgl. BFH-Urteil vom 18.12.1996 (BStBl. 1997 II S. 361).

Von der Kameradschaftskasse bezahlte *Arbeitslöhne* verändern als Ausgaben die steuerbaren Umsätze und damit die von den Einnahmen beeinflußte Umsatzgrenze nicht. Sie sind jedoch für die Gewinnermittlung bedeutsam. Voraussetzung in beiden Fällen ist, daß die Arbeitslöhne kassenwirksam ausgegeben werden (also durch Barauszahlung oder Überweisung). Ausschlaggebend ist der Kassenfluß von der Gemeinde (-Feuerwehr) an den Feuerwehrangehörigen. Werden bei Veranstaltungen Feuerwehrangehörige durch Arbeitslohn entschädigt, sind die steuerlichen Pflichten für den Steuerabzug vom steuerpflichtigen Arbeitslohn von der Gemeinde zu beachten. Erreicht der Umsatz auch nur in einem Jahr einmalig die 60 000-DM-Grenze, so liegt ein Betrieb gewerblicher Art vor; es entsteht für dieses Jahr die Steuerpflicht. Diese Steuerpflicht kann bei Gemeindefeuerwehren schon bei einer einzelnen Veranstaltung im Jahr eintreten (z. B. Jubiläum, Feuerwehrfest). Hat eine juristische Person des öffentlichen Rechts mehrere Betriebe gewerblicher Art, so ist sie Subjekt der Körperschaftsteuer wegen jedes einzelnen Betriebs (Nr. 5 Abs. 1 KStR).

Nach § 18a Abs. 1 FeuerwehrG können *Sondervermögen* auch für „aktive Abteilungen" der Gemeindefeuerwehr gebildet werden. Unter „aktiver Abteilung" ist die ggf. für einen *Ortsteil* gebildete Ortsteilfeuerwehr zu verstehen. Nicht unter „aktive Abteilung" fallen hingegen die Jugendfeuerwehrabteilung, die Altenfeuerwehr etc. Veranstaltungen der aktiven Abteilungen in Ortsteilen können somit für sich beurteilt und als gesonderte Betriebe bewerblicher Art behandelt werden. Zwar kann nach § 18a FwG ein Sondervermögen sowohl für einzelne aktive Abteilungen als auch für die Gesamtfeuerwehr gebildet werden. Die Annahme eines Betriebs gewerblicher Art „Gesamtfeuerwehr" ist jedoch ausgeschlossen, wenn Sondervermögen für die aktiven Abteilungen gebildet werden. Bei Veranstaltungen der „Gesamtfeuerwehr", an denen aus organisatorischen Gründen alle oder mehrere aktive Abteilungen mitwirken (z. B. bei einem Feuerwehrfest), ist der Umsatz der Gesamtfeuerwehr aus solchem wirtschaftlichem Handeln den einzelnen aktiven Abteilungen anteilig zuzurechnen. Eine Feuerwehr kann als Betrieb gewerblicher Art einer Gemeinde nicht – auch nicht durch Festlegung in der Feuerwehrsatzung – vom Finanzamt als *gemeinnützig* anerkannt werden (§§ 51 ff. AO). Der in § 18a FwG enthaltene Zweck, für den Sondervermögen gebildet werden darf (Kameradschaftspflege und Durchführung von Veranstaltungen), schließt eindeutig aus, daß über einen Feuerwehr-BgA (Sondervermögen) gemeinnützige Zwecke verwirklicht werden. Daher hat das nur für gemeinnützige Körperschaften geltende *Vereinsförderungsgesetz* (BStBl. 1989 I S. 499, d. Schriftl.), das am 1. Januar 1990 in Kraft getreten ist, auf einen Feuerwehr-BgA weder positive noch negative Auswirkungen. Werden keine Sondervermögen nach § 18a FwG eingerichtet und tritt bei Veranstaltungen die Gemeinde nicht nach außen als Veranstalter auf, so ist die bisherige und eingangs dargestellte steuerliche Behandlung weiterhin maßgebend . . .

Steuerliche Beurteilung des Verkaufs von AU-Plaketten durch Kfz-Innungen bzw. Kreishandwerkerschaften

Erlaß FM NRW vom 26.09.1994

S 2706 – 108 – V B 4

Im Land Nordrhein-Westfalen beziehen die nach § 447b der Straßenverkehrs-Zulassungs-Ordnung (StVZO) zur Durchführung von Abgas-Untersuchungen (AU) nach § 47a Abs. 4 StVZO anerkannten Kraftfahrzeugwerkstätten die AU-Plaketten entgeltlich durch die Kfz-Innungen bzw. durch die Kreishandwerkerschaften.

Die Frage, ob die Kfz-Innungen bzw. die Kreishandwerkerschaften mit der Tätigkeit (Verkauf der AU-Plaketten) einen Betrieb gewerblicher Art (BgA) im Sinne der §§ 1 Abs. 1 Nr. 6, 4 KStG begründen, nehme ich wie folgt Stellung:

Ein BgA setzt nach § 4 Abs. 1 KStG eine Einrichtung voraus, die das äußere Bild eines Gewerbebetriebs hat. Betriebe von juristischen Personen des öffentlichen Rechts, die überwiegend der Ausübung der öffentlichen Gewalt dienen (Hoheitsbetriebe), gehören nicht zu den BgA. Eine Ausübung der öffentlichen Gewalt ist insbesondere anzunehmen, wenn es sich um Leistungen handelt, zu deren Annahme der Leistungsempfänger aufgrund gesetzlicher oder behördlicher Anordnung verpflichtet ist.

Bei der AU sind dem hoheitlichen Bereich alle Handlungen im Rahmen der technischen Durchführung der AU, der Zuteilung der Plaketten als Bestätigung des vorschriftsmäßigen Zustandes und der Verteilung der Plaketten auf vorgeschriebenen Wegen, die der Aufsicht der zuständigen Stellen (vgl. § 47b Abs. 4 StVZO) unterliegen, zuzurechnen.

Nicht hoheitlich ist dagegen der Handel mit den Plaketten, wenn sich unter jeweils freier Vereinbarung eines Kaufpreises eine Verkaufskette vom Hersteller der Plakette bis zu der Stelle, die die Plakette zuteilt, entwickelt.

Die Bezugswege bis zur Erteilung der Plakette verlaufen nur insoweit hoheitlich, als ein ordnungsgemäßes Verteilungsverfahren sicherzustellen ist. Wenn dabei gleichzeitig mit den Plaketten Handel betrieben wird, wird der Rahmen hoheitlicher Tätigkeit verlassen. Die Kfz-Innungen bzw. die Kreishandwerkerschaften verfolgen hier hoheitliche Zwecke – ordnungsgemäße Verteilung auf Wegen, die gegen Mißbrauch abgeschirmt sind – mit privatrechtlichen, also auch unternehmerischen Mitteln. Unter der Voraussetzung, daß der Verkauf der AU-Plaketten von einigem Gewicht (Abschn. 5 Abs. 5 KStR[1]) ist, begründen die Kfz-Innungen bzw. die Kreishandwerkerschaften mit dieser selbständig ausgeübten wirtschaftlichen Tätigkeit einen der Besteuerung unterliegenden BgA. Allerdings treten keine steuerlichen Folgen ein, wenn die Kfz-Innungen bzw. die Kreishandwerkerschaften den Verkauf der AU-Plaketten bis zum 31. Dezember 1994 als hoheitliche Tätigkeit behandeln.

Dieser Erlaß ergeht im Einvernehmen mit dem Bundesministerium der Finanzen und den obersten Finanzbehörden der anderen Länder.

Jugend- und Familienerholungsstätten von Organen der öffentlichen Jugendhilfe

Verfügung OFD Frankfurt vom 05.05.1994

S 2706 A – 66 – St II 12

Die Organe der öffentlichen Jugendhilfe (Jugendämter, Landesjugendämter und oberste Landesbehörden) betreiben Einrichtungen, die als Ferienheime zur allgemeinen Kinder-, Jugend- und Familienerholung, als Schullandheime sowie zur Alten- und Behindertenerholung genutzt werden. In einigen Fällen werden in den Einrichtungen auch Asylbewerber, Asylanten sowie Aus- und Übersiedler vorübergehend untergebracht.

Mit diesen Betrieben werden die Organe der öffentlichen Jugendpflege nicht hoheitlich tätig, so daß die Einrichtungen – unter den weiteren Voraussetzungen des § 4 KStG – zu einem Betrieb gewerblicher Art führen können. Eventuell kommt eine Steuerbefreiung eines solchen Betriebs gewerblicher Art wegen Erfüllung steuerbegünstigter Zwecke in Betracht (§§ 51 ff. AO i. V. m. § 5 Abs. 1 Nr. 9 EStG, § 3 Nr. 6 GewStG und § 3 Abs. 1 Nr. 4, 12 VStG). Voraussetzung hierfür ist u. a. das Vorliegen einer Satzung (§ 59 AO).

---

1) Jetzt R 6 Abs. 5 KStR.

Steuerliche Beurteilung der Aufgabenerfüllung nach der Verpackungsverordnung durch Körperschaften des öffentlichen Rechts

Erlaß FM NRW vom 02.03.1995

S 2706 – 109 – V B 4

Zu der Frage, ob die Sammlung, Sortierung oder Verwertung gebrauchter Verkaufsverpackungen durch die entsorgungspflichtige Körperschaft im Rahmen des Systems nach § 6 Abs. 3 Satz 1 der Verpackungsverordnung – VerpackV – vom 12. Juni 1991 – BGBl. I S. 1234 – (Duales System) der hoheitlichen oder der wirtschaftlichen Tätigkeit der öffentlichen Hand zuzurechnen ist, nehme ich wie folgt Stellung:

Die VerpackV fordert durchgehend die Verantwortlichkeit von Herstellern und Vertreibern für die Rücknahme sowie Wiederverwendung oder stoffliche Verwertung gebrauchter Verpackungen. Die Verantwortung für Systeme nach § 6 Abs. 3 VerpackV ist somit auf die Privatwirtschaft übergegangen, so daß die Erfüllung von Aufgaben nach der Verpackungsverordnung nicht in Ausübung öffentlicher Gewalt erfolgen kann.

Dieser Wertung steht nicht entgegen, daß gem. § 6 Abs. 3 Satz 2 VerpackV ein solches System auf vorhandene Sammel- und Verwertungssysteme der entsorgungspflichtigen Körperschaften abzustimmen ist. Etwas anderes ergibt sich auch nicht aus § 6 Abs. 3 Satz 5 VerpackV, wonach die entsorgungspflichtigen Körperschaften die Übernahme bzw. Mitbenutzung bestehender eigener Einrichtungen gegen ein angemessenes Entgelt verlangen können. Diese Regelungen haben nicht den Sinn, privatwirtschaftlich zu erfüllende Erfassungs- und Sortierpflichten wieder in den Hoheitsbereich zurückzuverlagern. Ihnen liegt vielmehr allein die Intention des Verordnungsgebers zugrunde, bereits bestehende Einrichtungen der entsorgungspflichtigen Körperschaften vor einer wirtschaftlichen Entwertung zu schützen.

Danach sind die entsorgungspflichtigen Körperschaften wirtschaftlich tätig, wenn sie aufgrund von privatrechtlichen Vereinbarungen Aufgaben im Rahmen des in § 6 Abs. 3 Satz 1 VerpackV bezeichneten Systems durchführen. Dies gilt auch für die folgenden Leistungen, die die entsorgungspflichtigen Körperschaften für das Duale System erbringen: Erfassung von Verkaufsverpackungen, Öffentlichkeitsarbeit, Wertstoffberatung, Zurverfügungstellung und Reinigung von Containerstellplätzen. Soweit die weiteren Voraussetzungen des Abschnitts 5 KStR[1] erfüllt sind, ist ein Betrieb gewerblicher Art (§§ 1 Abs. 1 Nr. 6, 4 KStG) anzunehmen.

Soweit in der Vergangenheit von einer hoheitlichen Aufgabenerfüllung ausgegangen worden ist, bestehen – zur Vermeidung steuerlicher Nachteile (z. B. Umsatzsteuernachforderungen, Rechnungsberichtigungen) – keine Bedenken, in den betroffenen Fällen bei dieser Beurteilung für die Vergangenheit – einschließlich des Veranlagungszeitraums 1994 – zu verbleiben.

Dieser Erlaß ergeht im Einvernehmen mit dem Bundesministerium der Finanzen und den obersten Finanzbehörden der anderen Länder.

---

1) Jetzt R 6 KStR.

Steuerliche Beurteilung der Aufgabenerfüllung nach der Verpackungsverordnung durch Körperschaften des öffentlichen Rechts

Verfügung OFD Düsseldorf vom 29.05.1995

S 2706 A – St 13 H

Die Körperschaften des öffentlichen Rechts sind über den im Erlaß[1] geregelten Bereich hinaus im Rahmen eines Betriebes gewerblicher Art tätig, soweit sie z. B. zur Eigenentsorgung des Abfalls nach § 3 Abs. 4 AbfallG NW verpflichteten Personen Wertstoffcontainer zur Verfügung stellen und diese Entsorgung vertraglich übernehmen. Insoweit wird die Körperschaft nicht aufgrund eigener gesetzlicher Verpflichtungen nach § 3 AbfallG NW[2] tätig, sondern sie übernimmt die Entsorgungsverpflichtung des Abfallbesitzers.

Die nach ihrer Art und Menge in Haushaltungen anfallenden Abfälle i. S. der §§ 3 Abs. 3 i. V. m. 3 Abs. 2 AbfallG NW werden weiterhin durch die Körperschaften des öffentlichen Rechts im Rahmen ihrer Hoheitsbetriebe entsorgt, vgl. Abschn. 5 Abs. 1 KStR 1990.

Steuerliche Behandlung der Prüfung von Röntgeneinrichtungen durch Ärztliche und Zahnärztliche Stellen nach § 16 Abs. 3 der Röntgenstrahlenverordnung (RöV) vom 8. Januar 1997, BGBl. I S. 114

Verfügung OFD Hannover vom 10.12.1998

S 2706 – 174 – StO 214

S 2706 – 220 – StH 231

Die Ärztlichen und Zahnärztlichen Stellen nach § 16 Abs. 3 RöV sind entweder als Zusammenschlüsse/ Einrichtungen mehrerer juristischer Personen des öffentlichen Rechts (z. B. der Kassenärztlichen Vereinigung, der Ärztekammer und der Zahnärztekammer) oder als Teil (z. B. als besondere Abteilung) einer dieser juristischen Personen des öffentlichen Rechts tätig. Sie haben die Aufgabe, zur Verbesserung des Strahlenschutzes den Strahlenschutzverantwortlichen ihres Zuständigkeitsbereiches und dem anwendenden Arzt Vorschläge zu Verringerung der Strahlenexposition und zur Verbesserung der Bildqualität zu machen. Es handelt sich dabei nicht um technische Überprüfungen, wie sie nach den §§ 3, 4 und 18 RöV von privaten Einrichtungen vorgenommen werden, sondern um Maßnahmen zur Qualitätssicherung ärztlicher Leistungen mit dem Ziel der Strahlenreduktion. Für diese Tätigkeit erheben die Ärztlichen/Zahnärztlichen Stellen Gebühren von den Betreibern der Röntgenanlagen.

Bei diesen Aufgaben handelt es sich um **hoheitliche Tätigkeiten** auf der Grundlage des Atomgesetzes (in Umsetzung europäischen Rechts), die öffentlich-rechtlichen Körperschaften eigentümlich und vorbehalten sind.

Diese Beurteilung gilt auch für die Wahrnehmung der Aufgabe durch eine Arbeitsgemeinschaft in Form einer GbR, bestehend aus zwei Körperschaften des öffentlichen Rechts.

---

1) Erlaß FM NRW vom 02.03.1995 (vgl. Anlage § 004-34).
2) Die Entsorgungspflichten sind inzwischen in Kreislandwirtschafts- und Abfallgesetz geregelt.

Entgeltliche Überlassung von Parkplätzen durch Landesbehörden und Hochschulen

Verfügung OFD Hannover vom 26.01.1999
S 2706 – 175 – StO 214
S 2706 – 219 – StH 231

Zu der Frage, ob in der entgeltlichen Nutzungsüberlassung von Parkplätzen durch Landesbehörden und Hochschulen an Bedienstete/Studenten ein Betrieb gewerblicher Art zu sehen ist, bitte ich, folgende Auffassung zu vertreten:

Die Abgrenzung der Vermögensverwaltung von einer wirtschaftlichen Tätigkeit i. S. des § 4 Abs. 1 Satz 1 KStG bzw. einer gewerblichen Tätigkeit ist nach den Grundsätzen des Einkommensteuerrechts zu § 15 EStG und R 137 EStR 1996 [1] vorzunehmen. Danach stellt das Unterhalten von **bewachten** Parkplätzen eine wirtschaftliche Tätigkeit dar (vgl. Abschn. 5 Abs. 21 Satz 2 KStR [2]).

Die entgeltliche Parkraumüberlassung an Bedienstete/Studenten erfolgt demgegenüber in der Regel ohne feste Zuordnung an einzelne Fahrzeughalter und ohne weitere Leistungen. Die Verwaltung erfordert lediglich einen für die Annahme einer Vermögensverwaltung üblichen Aufwand. Die bloße Stellplatzüberlassung an Bedienstete/Studenten erfüllt somit nicht die Voraussetzungen für die Annahme eines Betriebs gewerblicher Art.

---

1) Jetzt R 15.7 EStR.
2) Jetzt H 10 KStR.

Anlage § 004–38

Steuerliche Behandlung der Gutachterausschüsse
i. S. d. §§ 192ff Baugesetzbuch

Verfügung OFD Düsseldorf vom 18.03.1999

S 2706 A – St 131

S 7106 A – St 1412

Im Einvernehmen mit dem Finanzministerium und dem Innenministerium des Landes Nordrhein-Westfalen bitte ich, zur steuerrechtlichen Beurteilung der Gutachterausschüsse für Grundstückswerte folgende Rechtsauffassung zu vertreten:

Gutachterausschüsse i. S. d. §§ 192ff Baugesetzbuch (BauGB) sind selbständige unabhängige Kollegialorgane ohne eigene Rechtspersönlichkeit und Behörden i. S. d. Verwaltungsverfahrensgesetzes NRW. Sie sind Landeseinrichtungen, auch wenn sie sich kommunaler Behörden als Geschäftsstellen bedienen.

Die Gutachterausschüsse handeln hoheitlich i. S. d. § 4 Abs. 5 KStG, soweit sie die Kaufpreissammlung i. S. d. § 195 Baugesetzbuch (BauGB) führen, nach § 196 BauGB Bodenrichtwerte ermitteln oder die sonstigen in § 193 Abs. 2 und Abs. 1 Nr. 1 und 2 BauGB genannten Aufgaben erfüllen. Hoheitlich ist auch die Erstattung von Gutachten gem. § 5 Abs. 2 des Bundeskleingartengesetzes.

Aus umsatzsteuerlicher Sicht wird im Rahmen dieser hoheitlichen Tätigkeiten der Gutachterausschüsse keine Unternehmereigenschaft der juristischen Person des öffentlichen Rechts begründet (vgl. § 2 Abs. 3 Satz 1 Umsatzsteuergesetz – UStG –).

Demgegenüber ist die Wertermittlungstätigkeit der Gutachterausschüsse i. S. d. § 193 Abs. 1 Nrn. 3 und 4 BauGB für Privatpersonen und Gerichte bzw. Behörden eine wirtschaftliche Betätigung i. S. d. Abschnitts 5 Abs. 2 KStR[1]. Auf das Urteil des Finanzgerichts Baden-Württemberg vom 28.10.97, 12 K 201/95 (EFG 98 S. 408) weise ich hin. Gleiches gilt für die weiteren Aufgaben i. S. v. § 5 der Gutachterausschuß-Verordnung NRW (GAVO).

Mit diesen Betätigungen wird ein Betrieb gewerblicher Art des Landes NRW i. S. v. § 1 Abs. 1 Nr. 6 i. V. m. § 4 Abs. 1 KStG begründet, wenn der einzelne Gutachterausschuß die Umsatzgrenze nach Abschnitt 5 Abs. 5 KStR i. H. v. 60 000 DM[2] nachhaltig überschreitet und die Voraussetzungen des Abschnitts 5 KStR auch im übrigen erfüllt.

Wird die genannte Umsatzgrenze nicht erreicht, kann im Einzelfall auf Antrag gleichwohl ein Betrieb gewerblicher Art angenommen werden, wenn hierfür von der juristischen Person des öffentlichen Rechts besondere Gründe vorgetragen werden, vgl. Abschnitt 5 Abs. 6 Satz 6 KStR.

Das Innenministerium des Landes Nordrhein-Westfalen hat die Bezirksregierungen Arnsberg, Detmold, Düsseldorf, Köln, Münster mit Erlaß vom 01.02.1999 III C 2 – 9210 angewiesen, ab sofort die wirtschaftlichen (nicht hoheitlichen) Betätigungen aller Gutachterausschüsse des Landes als umsatzsteuerpflichtig zu behandeln, auch wenn im Einzelfall die Umsatzgrenze von 60 000 DM[3] nicht überschritten wird und dies mit der Gleichbehandlung der Antragsteller und Ausschüsse begründet. Diese Entscheidung gilt auch für die Körperschaftsteuer.

Unter umsatzsteuerlichen Gesichtspunkten ist nicht der einzelne Betrieb gewerblicher Art, sondern das Land Nordrhein-Westfalen als juristische Person des öffentlichen Rechts gemäß § 2 Abs. 3 Satz 1 UStG unternehmerisch tätig.

Die Gesamtheit aller Betriebe gewerblicher Art im Sinne von § 1 Abs. 1 Nr. 6 i. V. m. § 4 KStG stellt das Unternehmen des Landes Nordrhein-Westfalen dar (Abschnitt 23 Abs. 2 UStR). Deshalb sind Leistungen zwischen den Betrieben gewerblicher Art als Innenumsätze nicht steuerbar. Die Kleinunternehmerregelung des § 19 UStG kann nicht in Anspruch genommen werden, weil für die Anwendung der Umsatzgrenze auf die Summe der Umsätze aller Betriebe gewerblicher Art des Landes Nordrhein-Westfalen abzustellen ist und der Gesamtumsatz im Sinne des § 19 Abs. 3 UStG die in § 19 Abs. 1 UStG festgelegten Grenzen übersteigt.

Lediglich aus Gründen der Praktikabilität besteht bezüglich der Betriebe gewerblicher Art (des Bundes und) der Länder die Sonderregelung, wonach für jeden Betrieb gewerblicher Art ein besonderes Besteuerungsverfahren durchgeführt wird.

---

1) Jetzt R 6 KStR.

2) Jetzt 30 678 €.

3) Jetzt 30 678 €.

Umsatzsteuer-Voranmeldungen und -jahreserklärungen sind dementsprechend jeweils für den einzelnen Betrieb gewerblicher Art/Gutachterausschuß abzugeben.

Folgende Grundsätze sind für sämtliche Gutachterausschüsse einheitlich anzuwenden:

- Voranmeldungszeitraum ist gemäß § 18 Abs. 2 UStG der Kalendermonat
- die Steuer wird gemäß § 20 Abs. 1 UStG nach vereinnahmten Entgelten berechnet
- die nach § 15 UStG abziehbaren Vorsteuerbeträge werden mit dem z. Zt. gültigen Durchschnittsatz von 1,9 % des Umsatzes berechnet (§ 23 UStG, §§ 69 und 70 UStDV, Abschnitt B Nr. 1 der Anlage zu den §§ 69 und 70 UStDV).

Anlage § 004–39

Leistungen der Eichämter im Bereich der medizinischen Meßgeräte

Verfügung OFD Düsseldorf vom 07.07.1999

S 7106 A – St 412/S 2706 A –St 131

1. Durch die Medizinprodukte-Betreiberverordnung vom 29.6.1998 (BGBl. I 1998 S. 1762) wurde für medizinische Meßgeräte anstelle der Ersteichung durch die Eichämter (Landesbehörden) die sog. meßtechnische Kontrolle eingeführt, die sowohl von den Eichämtern als auch von privaten Unternehmen durchgeführt werden kann. Im Hinblick auf die bestehende Wettbewerbssituation ist bei den Eichämtern insoweit ein Betrieb gewerblicher Art anzunehmen.

Ein Betrieb gewerblicher Art i. S. der § 1 Abs. 1 Nr. 6, § 4 KStG und damit eine unternehmerische Tätigkeit der juristischen Person des öffentlichen Rechts des Landes Nordrhein-Westfalen im Bereich der medizinischen Meßgeräte (§ 2 Abs. 3 Satz 1 UStG) setzt jedoch regelmäßig voraus, daß das einzelne Eichamt damit nachhaltig einen jährlichen Umsatz von mehr als 60 000 DM [1] einschließlich USt erzielt (Abschn. 5 Abs. 5 KStR).

Aus Gründen des Vertrauensschutzes ist ein Betrieb gewerblicher Art und eine unternehmerische Tätigkeit bei Vorliegen der Voraussetzungen erst mit Wirkung ab dem 1.1.1999 anzunehmen.

2. Umsatzsteuerlich ist das Land NRW Unternehmer und Stpfl. hinsichtlich der Leistungen der Eichämter im Bereich der medizinischen Meßgeräte.

Das FinMin. NRW wird das Ministerium für Wirtschaft und Mittelstand, Technologie und Verkehr des Landes NRW bitten, die Abgabe von Steuererklärungen, insbesondere von USt-Voranmeldungen, ab dem 1.1.1999 zu veranlassen.

Der Vorsteuerabzug der Eichämter richtet sich nach den allgemeinen Grundsätzen des § 15 UStG. Eine Pauschalregelung wie für Vermessungs- und Katasterbehörden (Abschn. 23 Abs. 11 UStR) kommt nicht in Betracht.

3. Für die Ertrags- und Umsatzbesteuerung ist gem. §§ 20-22 AO das *FA Köln-Nord* zentral zuständig. Soweit andere Finanzämter bisher schon zur Besteuerung einzelner Eichämter tätig geworden sind, geben sie den Vorgang in entsprechender Anwendung des § 26 AO an das FA Köln-Nord ab.

---

1) Jetzt 30 678 €. R 6 Abs. 5 KStR.

(Neu-)Gründung von Zweckverbänden;
Steuerrechtliche Fragen im Zusammenhang mit der fehlgeschlagenen Gründung von Zweckverbänden in Sachsen

Erlass FM Sachsen vom 2.2.2000 33 – S 2706/W – 2/13 – 6602

In Sachsen stellt sich bei einer Vielzahl von Zweckverbänden die Frage, ob der Verband als Körperschaftsteuersubjekt zu behandeln ist, obwohl er nicht rechtswirksam gegründet worden ist. Das Sächsische Oberverwaltungsgericht (OVG) Bautzen hat mit Urteil vom 9.9.1998 – 2 S 382/95 – (LKV 1999 S. 61) in einem Normenkontrollverfahren, das die Überprüfung einer Abwassersatzung zum Gegenstand hatte, grundsätzlich Ausführungen zur Rechtsgrundlage für die Gründung von Zweckverbänden vor Inkrafttreten des SächsKomZG am 22.9.1993 und zum Sächsischen Gesetz zur Ordnung der Rechtsverhältnisse der Verwaltungsgemeinschaften und Zweckverbände im Freistaat Sachsen vom 15.1.1998 (Heilungsgesetz) gemacht. Aufgrund der durch den Senat festgestellten materiellen Gründungsmängel ist der Abwasserzweckverband nicht wirksam entstanden. Überdies werden nach Auffassung des Gerichts die aufgezeigten Gründungsmängel auch durch das Heilungsgesetz nicht beseitigt; eine Heilung sei nur für die Zukunft und durch eine Neugründung möglich.

Nach einer Schätzung des Sächsischen Städte- und Gemeindetags und des Sächsischen Staatsministeriums des Innern weisen nahezu alle sächsischen Zweckverbände, die nach der Wiederherstellung der deutschen Einheit gegründet worden sind, Gründungsfehler (insbesondere Form-, Verfahrens-, Vertretungsmängel, z. B. fehlende Bekanntgabe der Satzung) auf. Dem entsprechend lassen sich die Zweckverbände in folgende drei Gruppen einteilen:

1. Zweckverbände, deren unwirksame Gründung durch gerichtliche Entscheidung festgestellt worden ist,

2. Zweckverbände, deren Überprüfung durch den Verband oder die Mitgliedsgemeinden ergab, daß sie nicht ordnungsgemäß bzw. nicht wirksam gegründet worden sind,

3. Zweckverbände, bei denen sich nur mit unverhältnismäßig großem Aufwand und auch dann nicht abschließend rechtssicher feststellen läßt, ob sie ordnungsgemäß bzw. rechtmäßig gegründet worden sind.

Der Versuch, der Rechtsunsicherheit in Sachsen durch ein Heilungsgesetz abzuhelfen und damit Gründungsfehler rückwirkend zu heilen, blieb in vielen Fällen ohne Erfolg. Das Heilungsgesetz entfaltet hinsichtlich materieller Fehler keine Wirkung. Vor diesem Hintergrund empfiehlt der Sächsische Städte- und Gemeindetag, sämtliche Zweckverbände „aus Sicherheitsgründen" mit dem Ziel der rechtssicheren Existenz neu zu gründen. Dabei sollen die „alten" Zweckverbände aufgelöst werden. Zu beachten ist u. a., daß in vergangenen Jahren Kommunen aus Zweckverbänden aus- bzw. eingetreten sind bzw. im Rahmen der beabsichtigten (Neu-)Gründung Kommunen aus dem Zweckverband austreten werden.

Für die rechtliche Behandlung der fehlerhaft gegründeten Zweckverbände gibt es bisher keine allgemein anerkannten Regeln. Die Sächsischen Verwaltungsgerichte haben über den Rechtscharakter eines fehlgeschlagenen Zweckverbands nicht entschieden. Überdies halten nach Aussagen des Sächsischen Städte- und Gemeindetags die zuständigen Gerichte Thüringens die Gründungsmängel für unbeachtlich und sehen die Zweckverbände als wirksam gegründet an. Eine in Sachsen vergleichbare Situation besteht nach allgemeiner Kenntnis jedoch in Brandenburg und Sachsen-Anhalt.

Zu den steuerrechtlichen Fragen der Sicherheitsneugründungen von zunächst unwirksam gegründeten Zweckverbänden wird in Abstimmung mit den obersten Finanzbehörden des Bundes und der anderen Länder folgende Auffassung vertreten:

Entscheidende Bedeutung für die steuerrechtliche Beurteilung kommt der Rechtsnatur des fehlgeschlagenen, ursprünglichen Zweckverbands („Vorverband") zu. Die Sächsischen Verwaltungsgerichte haben hierüber nicht entschieden. Das öffentliche Landesrecht (Landeszweckverbandsgesetz) regelt die Situation des Zweckverbands im Gründungsstadium, der an Gründungsfehlern leidet, ebenfalls nicht.

Das Sächsische Staatsministerium des Innern gelangt nach verwaltungsrechtlicher Prüfung zu Recht zu der Auffassung, daß der Vorverband – ohne juristische Person des öffentlichen Rechts geworden zu sein – dem öffentlich-rechtlichen Rechtsraum zuzuordnen ist, da er aufgrund eines öffentlich-rechtlichen Vertrags zwischen den beteiligten Gründungsmitgliedern existiert. Für den Fall, daß der Vor-Zweckverband anschließend Rechtsfähigkeit erlangt, hat der BGH (NJW-RR 1996, S. 853f.) unter ausdrücklichem Hinweis auf die parallele Lage bei der Vor-GmbH entschieden, daß der rechtsfähig gewordene Zweckverband für die privatrechtlichen Verpflichtungen, die er im Gründungsstadium eingegangen ist, einzustehen hat. Der Bayerische VGH (BayVBl 1956 S. 279) hatte im Ergebnis das Gleiche für Verpflichtungen ausgeführt, die ein Zweckverband schon vor Genehmigung seiner Satzung eingegangen war.

Obgleich der Vor-Zweckverband noch keine juristische Person ist, ist er nur mit dem späteren (wirksam gewordenen) Zweckverband identisch. Mangels abweichender spezieller öffentlich-rechtlicher Regeln gelten die allgemeinen Grundsätze der Vor-Gesellschaft im Gesellschaftsrecht auch für den fehlerhaften öffentlich-rechtlichen Vor-Zweckverband. Folglich entspricht der fehlgeschlagene Vor-Zweckverband steuerrechtlich dem späteren (rechtswirksam) gegründeten Zweckverband (vgl. Rechtsstellung der Gründungs-Vor-GmbH).

Der nicht ordnungsgemäß gegründete Zweckverband befindet sich aufgrund der Gründungsmängel noch immer im Gründungsstadium (Vor-Zweckverband). Mit der ordnungsgemäßen Sicherheits-neugründung wird der Gründungsakt beendet, es entsteht der (ordnungsgemäß) gegründete Zweckverband, so wie er von Anfang an gewollt war. Der Vor-Zweckverband ist faktisch mit dem späteren Zweckverband identisch und folglich als ein einheitliches Körperschaftsteuersubjekt zu behandeln. Dies entspricht auch dem praktizierten Willen der Gründungsparteien.

Der Bayerische VGH hatte in seinem Urteil vom 11.10.1955 (BayVBl 1956 S. 279) einen Zweck-verband, dessen Genehmigung der Satzung erst Jahre später erfolgte, bereits als „faktischen Zweck-verband" bezeichnet. Die Tatsache, daß alle Beteiligten in ständiger Übung so gehandelt haben, als ob der Zweckverband bereits vollwirksam ins Leben getreten ist, kann von der Rechtsprechung nicht ein-fach ignoriert werden. Zudem hat der Senat dem faktischen Zweckverband die Dienstherrenfähigkeit zuerkannt. Für die Annahme eines faktischen Zweckverbands sprechen folgende Gesichtspunkte:

– Es wurden Verwaltungsakte erlassen, Wirtschaftspläne genehmigt und Fördermittel zugewendet.

– Die Verbände haben Haushalts- und Wirtschaftspläne aufgestellt und beschlossen, u. U. bedürfte es der Genehmigung der Kommunalaufsichtsbehörde.

– Es wurden Fördermittel in Form von Zuschüssen oder zinsverbilligten Darlehn an den Verband ge-währt. Der Zuwendungsgeber hat dabei die einschlägigen Vorschriften der jeweiligen Bundes- bzw. Landeshaushaltsordnung zu beachten. Der Zuwendungsgeber ist regelmäßig durch Zuwendungs-richtlinien gebunden, die die Förderung als bestimmte, häufig juristische Personen des öffentlichen Rechts vorsehen. Seitens der Zuwendungsgeber bestanden darin offensichtlich keine Zweifel.

Aus den vorgenannten Gründen sind Vor-Zweckverband und späterer Zweckverband steuerrechtlich als ein Rechtssubjekt zu behandeln. Steuersubjekt ist von Anfang an eine Körperschaft des öffentlichen Rechts. Das gilt auch für die Umsatzsteuer und die Grunderwerbsteuer.

Aus- bzw. Eintritte von Kommunen, die Bestandsänderungen der Zweckverbände bewirken, werden nach den allgemeinen ertragsteuerlichen Grundsätzen beurteilt.

Unentgeltliche Leistungen eines Wasserversorgungsunternehmens an die Gemeinde für Zwecke der Berechnung und Erhebung der Abwassergebühren

Verfügung OFD Düsseldorf vom 04.05.2001

S 7206 A – St 442/S 2706 A – St 13

Die **Abwasserbeseitigung** gehört zum Hoheitsbereich der Gemeinden (juristischen Personen des öffentlichen Rechts). Als Grundlage für die Berechnung und Erhebung der Abwassergebühren durch die Gemeinden dienen die Wasserverbrauchsdaten. Diese Daten werden von den Wasserversorgungsunternehmen (Betriebe gewerblicher Art § 1 Abs. 1 Nr. 6 i. V. m. § 4 KStG oder GmbH) durch Ablesen der Meßeinrichtungen beim Verbraucher ermittelt. Die Wasserversorgungsunternehmen stellen den Gemeinden die ermittelten Wasserverbrauchs-/Ablesedaten unentgeltlich zur Verfügung.

Im Einvernehmen mit den obersten Finanzbehörden des Bundes und der Länder bitte ich, die unentgeltliche Überlassung der Wasserverbrauchsdaten an die Gemeinde umsatzsteuerrechtlich wie folgt zu beurteilen:

Ein Wasserversorgungsunternehmen (Betrieb gewerblicher Art oder GmbH) erbringt mit der Weiterleitung der Ablesedaten an den Hoheitsbereich der Gemeinde für die Zwecke der Abwassergebührenerhebung eine steuerbare und steuerpflichtige unentgeltliche sonstige Leistung im Sinne des § 3 Abs. 9a Nr. 2 UStG (vormals: Leistungseigenverbrauch).

Gemäß § 10 Abs. 4 Nr. 3 UStG wird die sonstige Leistung im Sinne des § 3 Abs. 9a Nr. 2 UStG nach den bei der Ausführung dieses Umsatzes entstandenen Kosten bemessen.

Wirtschaftlicher Inhalt des Umsatzes ist die Überlassung der Wasserverbrauchsdaten an die Gemeinde. Die Datenerhebung ist **nicht** die ursächliche, gegenständliche Leistung des Wasserversorgungsunternehmens, die an die Gemeinde erbracht wird, da diese ohnehin für den eigenen Unternehmenszweck des Wasserversorgungsunternehmens durchgeführt wird.

Die Kosten für die Datenerhebung sind daher **nicht** in die Bemessungsgrundlage einzubeziehen. Es sind lediglich die Kosten für die Datenweitergabe an die Gemeinde anzusetzen (z. B. anteilige Bürokosten, Übermittlungskosten, Kosten für die Zusammenstellung der Daten für die Gemeinde, Kosten für spezielle Auswertungen für die Gemeinde usw.)

Hinsichtlich der **körperschaftsteuerrechtlichen Beurteilung** der unentgeltlichen Leistungen eines Wasserversorgungsunternehmens an die Gemeinde verweise ich auf die Ausführung des BFH in seinem Urteil vom 10.07.1996 (BStBl. 1997 II S. 230).[1]

Danach liegt eine verdeckte Gewinnausschüttung im Sinne des § 8 Abs. 3 Satz 2 KStG vor, wenn Bedienstete des Wasserversorgungsunternehmens in der Rechtsform einer Kapitalgesellschaft oder als Betrieb gewerblicher Art Meßeinrichtungen ablesen und diese Daten der Kommune oder Trägerkörperschaft des Wasserversorgungsunternehmens für deren hoheitliche Zwecke zur Verfügung gestellt werden, ohne daß ein im Geschäftsverkehr übliches Entgelt gezahlt wird.

In den vorstehenden Fällen ist die verdeckte Gewinnausschüttung nach § 8 Abs. 3 Satz 2 KStG mit der erzielbaren Vergütung (einschließlich USt) anzusetzen. In der Regel wird es nicht zu beanstanden sein, wenn die erzielbare Vergütung auf der Grundlage der anteiligen Kosten ermittelt wird.

---

1) Bestätigt durch BFH-Urteil vom 28.01.2004 – I R 87/02.

Anlage § 004–42

Vermietung von Büro- oder Verwaltungsgebäuden durch juristische Personen des öffentlichen Rechts an ihrem Betrieb gewerblicher Art

Verfügung OFD Frankfurt/M. vom 22.07.2003

S 2706 A – 46 – St II 13

Miet- und Pachtverträge zwischen einer juristischen Person des öffentlichen Rechts (jPdöR) und ihrem Betrieb gewerblicher Art (BgA) sind nur dann der Besteuerung zugrunde zu legen, wenn es sich bei den überlassenen Wirtschaftsgütern nicht um wesentliche Betriebsgrundlagen des BgA handelt (Abschn. 28 Abs. 4 KStR 1995).

Zur Beurteilung, ob eine wesentliche Betriebsgrundlage überlassen wird, sind die zur Betriebsaufspaltung aufgestellten Grundsätze hinsichtlich der sachlichen Verflechtung heranzuziehen. Durch das BFH-Urteil vom 23.05.2000 (BStBl. II, 621) wurde die Rechtsprechung zur sachlichen Verflechtung dahingehend verschärft, dass nunmehr auch Büro- und Verwaltungsgebäude eine wesentliche Betriebsgrundlage darstellen können, wenn das Büro- und Verwaltungsgebäude für die Geschäftstätigkeit der Betriebsgesellschaft nicht von untergeordneter Bedeutung ist. Davon ist bei der Anmietung durch die Betriebsgesellschaft regelmäßig auszugehen, wenn diese das Büro- und Verwaltungsgebäude für die Geschäftstätigkeit benötigt, es für betriebliche Zwecke der Betriebsgesellschaft geeignet und wirtschaftlich nicht von untergeordneter Bedeutung ist.

Nach diesen Grundsätzen sind auch bei der Beurteilung von Miet- und Pachtverhältnissen zwischen einer jPdöR und ihrem BgA Büro- und Verwaltungsgebäude in aller Regel als wesentliche Betriebsgrundlage anzusehen.

Solche Miet- und Pachtverträge sind der Besteuerung nicht mehr zugrunde zu legen. Das überlassene Gebäude ist vielmehr dem Betriebsvermögen des BgA zuzurechnen (vgl. z. B. BFH-Urteil vom 14.03.1984, BStBl. II, 496).

Die wesentlichen Betriebsgrundlagen sind in der Steuerbilanz des BgA mit den Werten zu aktivieren, mit denen die Wirtschaftsgüter zu Buche stehen würden, wenn sie von Anfang an, d. h. vom Zeitpunkt der Nutzung durch den BgA an, als Betriebsvermögen des BgA behandelt worden wären. Dieser Wert entspricht den historischen Anschaffungs- und Herstellungskosten bzw. den historischen Einlagewert abzüglich der Absetzung für Abnutzung.

Nach dem BMF-Schreiben vom 11.06.202 (BStBl. I, 647) werden die steuerlichen Folgen, die sich aus dem BFH-Urteil vom 23.05.2000 (a. a. O.) ergeben auf Antrag erst für die Zeit nach dem 31.12.2002 gezogen. Wird demnach eine jPdöR über diesen Termin hinaus eine wesentliche Betriebsgrundlage an ihren BgA überlassen, so sind die betreffenden Miet- und Pachtverträge ab dem 01.01.2003 nicht mehr anzuerkennen und das überlassenen Wirtschaftsgut dem Betriebsvermögen des BgA zuzuordnen.

Konsequenzen aus der BFH-Rechtsprechung (Urteil vom 23.5.2000, BStBl. I, 621) zur Nutzungsüberlassung von Verwaltungsgebäuden/Betriebsgrundstücken von der Trägerkörperschaft an einen BgA

Verfügung OFD Koblenz vom 19.01.2004

S 2706A – St 33 1

Nach der Rundverfügung vom 4.6.2003 – S 2706A – St 34 1 – (KSt-Kartei, § 4 Karte A 19) sind (unter Berücksichtigung der Grundsätze des o. a. BFH-Urteils vom 23.5.2000) auch bei der Beurteilung von Miet- und Pachtverhältnissen zwischen juristischen Personen des öffentlichen Rechts und ihren Betrieben gewerblicher Art Büro- und Verwaltungsgebäude in aller Regel als wesentliche Betriebsgrundlage anzusehen. Auf Grund der Regelung in Abschn. 28 Abs. 4 KStR 1995[1] sind solche Miet- und Pachtverhältnisse daher künftig nicht mehr der Besteuerung zugrunde zu legen.

Das BMF-Schreiben vom 18.9.2001 (BStBl. I, 634) sieht für den Fall der Annahme einer Betriebsaufspaltung vor, dass die nachträgliche Bilanzierung von Grundstücken nach den Grundsätzen des o. a. BFH-Urteils beim Besitzunternehmen mit den Werten erfolgt, die zu Buche stehen würden, wenn die Betriebsaufspaltung von Anfang an zutreffend erkannt worden wäre.

Zwar lassen sich insoweit weder das BFH-Urteil vom 23.5.2000 noch das BMF-Schreiben vom 18.9.2001 auf das Verhältnis einer Trägerkörperschaft zu ihrem BgA unmittelbar anwenden, da es hier an einem rechtlich verselbständigten Besitzunternehmen mangelt. Die gebotene analoge Anwendung bedeutet aber in entsprechender Konsequenz, dass hier die nachträgliche Bilanzierung der Grundstücke beim BgA zu den gleichen steuerlichen Ergebnis führen muss, wie wenn diese Grundstücke bereits von Anfang an bei diesem bilanziert worden wären. Das hat folgende Konsequenzen:

– Mit dem entsprechend ermittelten Wert sind Grundstücke, die nach der einschlägigen BFH-Rechtsprechung nicht mehr Gegenstand eines Miet- oder Pachtverhältnisses sein können, ab 1.1.2003 in der Bilanz des BgA auszuweisen (vgl. auch BMF-Schreiben vom 11.6.2002, BStBl. I, 647).

– Darlehen/Verbindlichkeiten, die unmittelbar zuordenbar im Zusammenhang mit dem Grundstück stehen (z. B. Anschaffungsdarlehen), sind entsprechend zu passivieren.

– Soweit in den vorgenannten Fällen ein BgA über kein eigenes Geldkonto in der Bilanz verfügt, über welches die Anschaffungskosten gebucht werden könnten, ist es auch zulässig, die nachträgliche Einbuchung zu Lasten eines in Soll und Haben verzinslichen Verrechnungskontos vorzunehmen. Dabei ist die Verzinsung in den Grenzen des Abschn. 28 Abs. 3 KStR 1995 grundsätzlich zulässig.

Es bleibt jedoch abzuwarten, ob – vor dem Hintergrund der gerade erst beschlossenen Neuregelung des § 8a KStG – im Rahmen der geplanten Neufassung der Körperschaftsteuerrichtlinien an der in Abschn. 28 Abs. 3 KStR 1995[2] genannten 30%-Grenze zukünftig noch festgehalten wird.

---

1) Jetzt H 33 KStH.

2) Vgl. R 33 Abs. 2 KStR 2004.

Öffentlich-rechtliche Religionsgemeinschaften;
Erfassung und Besteuerung von Betrieben gewerblicher Art und von wirtschaftlichen Geschäftsbetrieben[1]

Verfügung OFD Hannover vom 19.02.2004

S 2706 – 165 – StO 214; S 2706 – 209 – StH 231

Der Bundesrechnungshof hat festgestellt, dass die Finanzämter bei öffentlich-rechtlichen Religionsgemeinschaften und diesen nahe stehenden Einrichtungen die Erfassung und Besteuerung von Betrieben gewerblicher Art und von wirtschaftlichen Geschäftsbetrieben nicht hinreichend prüfen. Es wird gebeten, künftig verstärkt hierauf zu achten und es wird insoweit auf das bei den Körperschaftsteuer-Fachtagungen 1998 überreichte Arbeitspapier hingewiesen. Nach dem Ergebnis der Erörterungen der obersten Finanzbehörden des Bundes und der Länder ist dabei Folgendes zu beachten:

Fortbildungs- und Tagungsstätten

Die Einrichtungen sind dem hoheitlichen Bereich zuzuordnen, soweit sie nach dem kirchlichen Selbstverständnis dazu dienen, den Verkündigungsauftrag der Kirche wahrzunehmen. Dies ist insbesondere bei kirchlichen Angeboten an Christen und religiös Interessierte zu bejahen, z. B. Besinnungstage, Exerzitien, Seminare, Schulungen oder sonstige Veranstaltungen zu relevanten gesellschaftsrechlichen Themen, in deren pluralistische Diskussion auch die Kirche ihren Standpunkt einbringen will. Entscheidend ist der spezifische kirchliche Charakter der Veranstaltung. Dabei ist dem kirchlichen Selbstverständnis eine weit reichende Bedeutung beizumessen. Die Grenze zur Steuerpflicht wird überschritten, wenn die Angebote und Leistungen ihren spezifischen kirchlichen Charakter verlieren und die Kirche den Bereich der steuerfreien Vermögensverwaltung verlässt sowie in Wettbewerb mit privaten Wirtschaftsunternehmen tritt. In Zweifelsfällen ist bei den kirchlichen Behörden zu klären, nach welchen Maßgaben der Umfang des kirchlichen Verkündigungsauftrages einzugrenzen ist. Dabei ist insbesondere der Wettbewerb zu Wirtschaftsunternehmen zu beachten. Diese Überprüfung durch die Finanzverwaltung ist – wenn auch im Hinblick auf das verfassungsrechtlich garantierte Selbstverwaltungs- und Selbstbestimmungsrecht der Kirchen eingeschränkt – zulässig, insbesondere wenn Anhaltspunkte für eine missbräuchliche Handhabung vorliegen.

Zentrale Gehalts- und Abrechnungsstellen sowie Buchführungstätigkeiten

Bei Leistungen an Kirchen oder andere juristische Personen des öffentlichen Rechts ist für die körperschaftsteuerliche Beurteilung der Charakter der Tätigkeit bei der auftraggebenden Person des öffentlichen Rechts entscheidend. Soweit die ausgelagerte Tätigkeit beim Auftraggeber selbst als hoheitliche Tätigkeit oder als körperschaftsteuerliche unbeachtliche Hilfstätigkeit zu behandeln wäre, liegt kein Betrieb gewerblicher Art vor.

Kindergärten, Kinderhorte und Kindertagesstätten

Diese Einrichtungen der öffentlich-rechtlichen Religionsgemeinschaften begründen keine Betriebe gewerblicher Art. Bei ihnen steht regelmäßig eine pastorale Aufgabenwahrnehmung im Vordergrund, die private Unternehmen nicht in gleicher Weise erfüllen können.

Alten- und Pflegeheime, Krankenhäuser, Mahlzeitendienste und Sozialstationen

Diese Tätigkeiten begründen regelmäßig keine Betriebe gewerblicher Art. Sie sind grundsätzlich Gegenstand des kirchlichen Verkündigungsauftrages und Ausdruck der tätigen Nächstenliebe.

Andere Tätigkeiten

Auch andere als die vorgenannten Tätigkeiten können in den Hoheitsbereich einer öffentlich-rechtlichen Religionsgemeinschaft fallen, wenn sie Gegenstand des kirchlichen Verkündigungsauftrages oder Ausdruck tätiger Nächstenliebe sind. Dagegen stehen bestimmte andere Tätigkeiten (z. B. Basare, Kantinenbetriebe, Personalverpflegung, Schrottverkauf, Cafeterien, Kioske, Krankenhauswäschereien, Kegelbahnen, Reiseveranstaltungen, Altkleiderverwertung, Erholungs- und Ferienheime, Krankenhausapotheken) in keinem besonderen Verhältnis zum kirchlichen Verkündigungsauftrag. Es handelt sich insoweit nicht um Hoheitsbetriebe.

---

1) Vgl. auch Anlage § 004–45.

Kindergärten oder Kindertagesstätten als Betrieb gewerblicher Art

Verfügung OFD Hannover vom 12.10. 2004

S 2706 – 182 – StO 241

Nach einem Beschluss der obersten Finanzbehörden des Bundes und der Länder sind kommunale Kindergärten und Kindertagesstätten als eine wirtschaftliche Tätigkeit zu behandeln, die unter den weiteren Voraussetzungen der § 1 Abs. 1 Nr. 6, § 4 KStG einen Betrieb gewerblicher Art begründet.

Kindergärten, Kinderhorte und Kindertagesstätten der *öffentlich-rechtlichen Religionsgemeinschaften* bilden keinen Betrieb gewerblicher Art, weil bei ihnen regelmäßig eine pastorale Aufgabenwahrnehmung im Vordergrund steht, vgl. Vfg. vom 19.2.2004 S 2706 – 165 – StO 214/S 2706 – 209 – StH – 231.[1]

Übernahme der Durchführung von Aufgaben der Ämter für Ausbildungsförderung durch Studentenwerke

Verfügung OFD Hannover vom 22.10.2004

S 2706 – 212 – StO 241

Die Studentenwerke begründen mit der Durchführung der BaföG-Bearbeitung gegen eine Fallkostenpauschale keinen Betrieb gewerblicher Art i. S. des § 4 KStG. Sie nehmen insoweit als juristische Person des öffentlichen Rechts hoheitliche Aufgaben einer anderen juristischen Person des öffentlichen Rechts, nämlich des Landes Niedersachsen (vgl. § 39 Abs. 1 BaföG), wahr und werden daher nicht wirtschaftlich tätig.

---

1) Hier als Anlage § 004-45 abgedruckt

Anlage § 004–47

Ertragsteuerliche Behandlung der Personalüberlassung an die Arbeitsgemeinschaften nach § 44b SGB II durch die beteiligten kommunalen Träger der Grundsicherung

Verfügung OFD Chemnitz vom 10.01.2005

S 2706 – 145/2 – St 21

Die obersten Finanzbehörden haben im Zusammenhang mit der Umsetzung des sog. Hartz-IV-Gesetzes ertragsteuerliche Fragen erörtert.

Das Hartz-IV-Gesetz (SGB II) regelt insbes. die Aufgabenverteilung zwischen Bund und Kommunen für die zum 1.1.2005 im neuen Leistungssystem, der Grundsicherung für Arbeitssuchende, zusammengeführte Arbeitslosen- und Sozialhilfe. Träger der Grundsicherung sind die Bundesagentur für Arbeit sowie die kommunalen Träger (kreisfreie Städte und Kreise). § 44b SGB II bestimmt, dass die Leistungsträger durch privat-rechtlich oder öffentlich-rechtliche Verträge Arbeitsgemeinschaften errichten.

Bei der Errichtung der Arbeitsgemeinschaften ist die Frage aufgetreten, ob die dabei vorgesehene Personalgestellung von Kommunen an die Arbeitsgemeinschaften eine Steuerpflicht auslöst. Die obersten Finanzbehörden des Bundes und der Länder haben verschiedene Fallvarianten erörtert und sind dabei zu folgenden Ergebnissen gekommen.

1. Personalüberlassung durch die Träger der Grundsicherung (kommunale Träger bzw. Bundesagentur) an die Arbeitsgemeinschaft nach § 44b SGB II

a) Sachverhalt/Grundlage

Die Bundesagentur bzw. die Kommunen (Kreise und kreisfreie Städte) sind jeweils für ihren nach SGB II normierten Bereich eigenständiger Träger von Verpflichtungen zur Erbringung der Grundsicherung. Die von dem jeweiligen Träger insoweit zu erbringenden Tätigkeiten sind hoheitlich. Die Träger setzen zur Erfüllung der ihnen jeweils obliegenden Leistungen Personal ein (i. d. R. eigenes Personal, Beamte und/oder Angestellte).

Nach § 44b SGB II ist vorgesehen, dass die beiden Träger zur einheitlichen Leistungserbringung eine Arbeitsgemeinschaft gründen, die damit zum Träger der Verpflichtung wird. Die Arbeitsgemeinschaft, die vielfach als Kapitalgesellschaft verfasst ist, ist Beliehener, das heißt, sie erbringt hoheitliche Leistungen.

Die Arbeitsgemeinschaft hat noch kein eigenes Personal. Deshalb kommt es zur Überlassung des Personals seitens der Bundesagentur bzw. der Kommunen gegen Kostenersatz.

b) Ergebnis

Die Personalüberlassung an eine Arbeitsgemeinschaft in der Rechtsform einer Kapitalgesellschaft führt nicht zur Steuerpflicht beim Bund oder bei der Kommune. Vor dem Hintergrund des gesetzgeberischen Ziels einer einheitlichen Leistungserbringung durch die Arbeitsgemeinschaft wird mit der Personalüberlassung kein steuerpflichtiger Betrieb gewerblicher Art begründet.

Soweit die Arbeitsgemeinschaft in der Rechtsform einer „öffentlich-rechtlichen BGB-Gesellschaft" gegründet wird, stellt die Beteiligung der Träger der Grundsicherung an der Gesellschaft keine Beteiligung an einer steuerpflichtigen Mitunternehmerschaft dar. Die Tätigkeiten der Gesellschaft sind den Gesellschaftern im Ergebnis unmittelbar zuzurechnen. Sie stellen bei ihnen eine hoheitliche Tätigkeit dar.

2. Personalüberlassung durch eine bisher mit den Aufgaben der Sozialhilfe betraute Kommune

a) Sachverhalt/Grundlage

In einzelnen Ländern waren bisher Kommunen mit der Aufgabe der Sozialhilfe betraut. Im Zug der Gesetzgebung zu Hartz IV geht diese Aufgabe ab 2005 auf andere juristische Personen des öffentlichen Rechts (i. d. R. Kreise) über. Das bisher von den Kommunen im Bereich Sozialhilfe eingesetzte Personal wird entweder an die künftigen Träger der Grundsicherung nach SGB II oder an die Arbeitsgemeinschaft nach § 44b SGB II überlassen.

b) Ergebnis

Auch bei derartigen Fallgestaltungen sind die Grundsätze unter 1. anzuwenden. Die Personalüberlassung führt somit zu keinem steuerpflichtigen Betrieb gewerblicher Art.

3. Personalüberlassung durch eine mit Dienstherrenbefugnissen ausgestattete Kapitalgesellschaft an Leistungserbringer nach SGB II

a) Sachverhalt/Grundlage

Insbesondere wegen des hohen Personalbedarfs im Zug der Einführung von Hartz IV haben einzelne Leistungserbringer mit Kapitalgesellschaften, die aus einer öffentlich-rechtlichen Einrichtung hervorgegangen sind und mit Dienstherrenbefugnissen gegenüber übernommenen Beamten ausgestattet sind, Verträge über Personalüberlassung geschlossen.

b) Ergebnis

Die aus einer öffentlich-rechtlichen Einrichtung hervorgegangene Kapitalgesellschaft ist nach den allgemein für diese Gesellschaftsform geltenden Grundsätzen zu besteuern. Der Umstand, dass sie Dienstherrenbefugnisse besitzt, kann keine andere Behandlung rechtfertigen. Dass der Beliehene ggf. hoheitliche Tätigkeiten ausübt, spielt keine Rolle. Die Kapitalgesellschaft ist mit der Personalüberlassung ertrag- und umsatzsteuerpflichtig. Das Sächsische Staatministerium der Finanzen hat den Sächsischen Städte- und Gemeindetag e. V. entsprechend unterrichtet.

Ertragsteuerliche Behandlung (KSt, GewSt) eigener und weitergeleiteter, zweckgebundener, öffentlicher Zuschüsse an Eigenbetriebe (BgA i. S. des § 4 Abs. 1 KStG) und/oder Eigengesellschaften

Verfügung OFD Cottbus vom 13.01.2004 [1]

S 2706 – 28 – St 224

Im Hinblick auf die neuere Rechtsprechung des BFH ist gefragt worden, ob an der bisherigen Auffassung festgehalten werden soll, dass Zuschüsse, die eine Trägerkörperschaft öffentlichen Rechts an ihren BgA bzw. ihre Eigengesellschaft zahlt, als verdeckte Einlage i. S. von Abschn. 36a KStR 1995 [2] zu behandeln sind oder ob steuerpflichtige Betriebseinnahmen vorliegen.

Die hier in Rede stehende Problematik wurde mit dem Ministerium der Finanzen des Landes Brandenburg abgestimmt. Danach sind Zuschüsse bis zur Veröffentlichung des BFH-Urteils vom 27.4.2000 (-I R 12/98-) [3] im Bundessteuerblatt Teil II und einer begleitenden Übergangsregelung zu dessen Anwendung weiterhin wie folgt zu behandeln:

1. Eigene Zuschüsse der Trägerkörperschaft eines BgA bzw. der Anteilseigner von Eigengesellschaften

Für eigene Zuschüsse einer Trägerkörperschaft an ihren BgA bzw. der Anteilseigner an ihre Eigengesellschaft ist weiterhin von einer einkommensneutralen Kapitalzuführung (d. h. Einlage i. S. des Abschn. 36a KStR 1995) auszugehen. Dies gilt auch für den Fall, dass diese Zuschüsse der dauerhaften Verlustabdeckung aus der gewöhnlichen Geschäftstätigkeit dienen.

2. Zweckgebundene, weitergeleitete Zuschüsse

Zweckgebundene Zuschüsse, die der Trägerkörperschaft (z. B. Landkreis, Stadt) eines BgA bzw. dem Gesellschafter einer Eigengesellschaft z. B. vom Land Brandenburg gewährt und von dieser an die BgA bzw. die Eigengesellschaft weitergeleitet werden, sind weiterhin ebenfalls (einkommensneutral) als verdeckte Einlage zu behandeln.

---

1) Vgl. auch Anlage § 004–49.

2) Jetzt R 40 KStR.

3) BFH/NV 2000 S. 1365.

Ertragssteuerliche Behandlung öffentlicher Investitionszuschüsse an Eigenbetriebe und Eigengesellschaften von juristischen Personen des öffentlichen Rechts

Erlass Bayer. Landesamt für Steuern vom 21.08.2006

S 2706 – 27 St 31N [1]

1. Eigene Zuschüsse der Trägerkörperschaft eines BgA bzw. der Anteilseigner von Eigengesellschaften

Für eigene Zuschüsse einer Trägerkörperschaft an ihren BgA bzw. der Anteilseigner an ihre Eigengesellschaft ist von einer einkommensneutralen Kapitalzuführung (d.h. Einlage i.S. von R 40 KStR 2004) auszugehen. Die Absetzung für Abnutzung ist von den ungeminderten Anschaffungs- bzw. Herstellungskosten vorzunehmen.

2. Zweckgebundene weitergeleitete Zuschüsse

Zweckgebundene öffentliche Zuschüsse, die der Trägerkörperschaft (z.B. Landkreis, Stadt) eines BgA bzw. dem Gesellschafter einer Eigengesellschaft gewährt und an den BgA bzw. die Eigengesellschaft weitergeleitet werden, sind ebenfalls (einkommensneutral) als verdeckte Einlage zu behandeln. Die Absetzung für Abnutzung ist von den ungeminderten Anschaffungs- bzw. Herstellungskosten vorzunehmen. Diese Grundsätze sind auch bei Kapitaldienstzuschüssen für aufgenommene Darlehen anzuwenden.

3. Zuschüsse unmittelbar an den BgA bzw. die Eigengesellschaft

Ist der BgA bzw. die Eigengesellschaft Antragsteller und Zuwendungsempfänger besteht das Wahlrecht, die Zuschüsse als Betriebseinnahmen anzusetzen oder die Herstellungskosten um die Zuschüsse zu mindern und die Abschreibung für Abnutzung von den geminderten Anschaffungs- bzw. Herstellungskosten vorzunehmen (R 6.5 Abs. 2 EStR 2005).

4. Grundsätze des BFH-Urteils vom 27.4.2000, – I R 12/98 – (BFH/NV 2000, 1365) sind vorläufig nicht anzuwenden

Der BFH hat mit o.g. Urteil entschieden, dass zweckgebundene Zuschüsse, die eine Gemeinde für Investitionen im Bereich der gemeindlichen Wasserversorgung erhält, durch den BgA Wasserversorgung veranlasst sind und den durch diesen Betrieb erzielten Gewinn erhöhen. Den Steuerpflichtigen steht jedoch ein Wahlrecht nach R 6.5 Abs. 2 EStR 2005 zu, Anschaffungs- oder Herstellungskosten der bezuschussten Wirtschaftsgüter um den Zuschuss zu mindern.

Bis zur Veröffentlichung dieses BFH-Urteils und eines begleitenden BMF-Schreibens im BStBl. ist nach der bisher geltenden Weisungslage (s.o.) zu verfahren.

---

1) Vgl. Anlage § 004-48.

Anlage § 004–50

Errichtung eines Studienfonds zur Deckung des Ausfalls bei der Darlehensrückzahlung für Studiengebühren (§ 4 KStG)

Verfügung OFD Frankfurt/M. vom 15.08.2006

S 2706 A – 113 – St 54

Gegenstand der Erörterung auf Bund-Länderebene war die Frage, ob eine Landesanstalt des öffentlichen Rechts hoheitlich oder gewerblich tätig ist.

Ausschließlicher Zweck der Anstalt ist es, Ausfälle bei Banken zu decken, die diese bei der Rückzahlung von Darlehen zur Finanzierung von Studiengebühren an Studenten erleiden. Die Anstalt lässt sich im Gegenzug von den Banken die Not leidenden Darlehensforderungen abtreten, um sie zu verwalten und zu vollstrecken bzw. im Fall der Unmöglichkeit der Rückzahlung zu erlassen. Finanziert wird die Anstalt durch am jährlichen Finanzbedarf orientierte Umlagen, die auf Grund gesetzlicher Regelungen die Hochschulen und Berufsakademien des Landes als Empfänger der Studiengebühren in Abhängigkeit von den an sie jeweils gezahlten Studiengebühren an die Anstalt zu leisten haben.

Die Tätigkeit der Anstalt könnte zum einen als öffentlich-rechtliche Bürgschaftseinrichtung angesehen werden. Nach dem das Streitjahr 1953 betreffenden BFH-Urteil vom 25. 4. 1968, BStBl. II 1969, 94, ist die entgeltliche Gewährung von Bürgschaften für Bankdarlehen durch die öffentliche Hand zur Wirtschaftsförderung mangels vergleichbarer privater Unternehmen, die eine derartige Tätigkeit ausüben, nicht wirtschaftlich; sie dient volkswirtschaftlichen Gesichtspunkten und dem Gemeinwohl.

Hiergegen ließe sich einwenden, dass zwischenzeitlich (seit VZ 1991) in § 5 Abs. 1 Nr. 17 KStG eine Steuerbefreiung für private Bürgschaftsbanken besteht. Die beispielhaft aufgeführten begünstigten Tätigkeitsbereiche zeigen, dass derartige Einrichtungen nicht nur staatliche Bürgschaften übernehmen oder Bürgschaften mit staatlicher Rückbürgschaft erteilen, d.h. sie sind nicht nur „verlängerter" Arm bei staatlichen Maßnahmen. Entsprechendes ergibt sich auch aus dem BFH-Urteil vom 21 . 10. 1999, BStBl. II 2000, 325 (Streitjahr 1993) zu einer privaten Bürgschaftsbank. Allerdings zeigen die Urteile und die Steuerbefreiungsvorschrift, dass die Tätigkeit der Bürgschaftsgewährung zumindest mittelbar staatlichen Interessen dienen kann (Wirtschaftsförderung und (hier) Bildung).

Die Tätigkeit der Anstalt könnte zum anderen als öffentlich-rechtliche Kreditversicherung in Form der sog. Delkredereversicherung (Anlage Teil Azum VAG, Nr. 14a) angesehen werden.

Die Beiträge zum Studienfonds werden aber im Unterschied zu Prämien für Versicherungsleistungen nicht individuell in Abhängigkeit von der Bonität des einzelnen Darlehensnehmers ermittelt, sondern – im Wege der Umlage von den Hochschulen – nach einem Durchschnittssatz.

Die Ländervertreter sprachen sich in Abwägung vorgenannter Überlegungen einvernehmlich dafür aus, die Tätigkeit der Anstalt als hoheitlich anzusehen.

Ausstellung von Ansässigkeitsbescheinigungen für (Personal-)Körperschaften des öffentlichen Rechts

Verfügung OFD Frankfurt/M. vom 15.08.2006

S 2706 A – 112 – St 54

Die obersten Finanzbehörden des Bundes und der Länder haben die Frage erörtert, ob auch für sonstige Personalkörperschaften des öffentlichen Rechts Ansässigkeitsbescheinigungen für DBA-Anwendungszwecke ausgestellt werden können.

Der Erörterung lag folgender Sachverhalt zugrunde:

Auf Antrag ist die Erstattung von im Ausland erhobener Quellensteuer durch den Quellenstaat möglich, wenn den Erstattungsanträgen u.a. eine Bescheinigung des Ansässigkeitsstaates beigefügt ist.

Nach Art. 4 des OECD-MA ist „eine in einem Vertragsstaat ansässige Person" eine Person, die nach dem Recht dieses Staates dort steuerpflichtig ist und umfasst auch seine Gebietskörperschaften. Andere DBA knüpfen allein an die unbeschränkte Steuerpflicht einer Person an, ohne die Gebietskörperschaften zu nennen (z.B. Art. 2 Nr. 4 DBA-Frankreich).

Fraglich war daher, ob Personalkörperschaften „ansässigen Personen" im Sinne der DBA sind mit der Folge, dass sog. Ansässigkeitsbescheinigungen durch die Finanzämter auszustellen wären.

Außerhalb ihrer Betriebe gewerblicher Art sind Körperschaften des öffentlichen Rechts nicht unbeschränkt steuerpflichtig, womit faktisch eine Doppelbesteuerung nicht eintreten kann. Geht man allein vom Wortlaut der DBA aus, kann eine Ansässigkeit in Deutschland mangels unbeschränkter Steuerpflicht nicht bescheinigt werden.

Nach dem als Urteil wirkenden Gerichtsbescheid des FG München vom 13. 6. 2003 (Az. – 7 K 3871/00 –, EFG 2004, 478) soll jedoch die Frage der Ansässigkeit lediglich voraussetzen, dass die Person zumindest zu einem der Vertragsstaaten diejenige Beziehung aufweisen muss, die zu ihrer unbeschränkten Steuerpflicht führen könnte. Die Norm fordert also nicht, dass die Körperschaft tatsächlich unbeschränkt besteuert wird.

Unter Bezugnahme auf das obige Urteil wurde bereits im Jahr 2004 entschieden, dass für die kirchlichen Körperschaften des öffentlichen Rechts Ansässigkeitsbescheinigungen auszustellen sind.

Die Erörterungen haben nun zu dem Ergebnis geführt, dass auch bei den anderen (nicht kirchlichen) Personalkörperschaften des öffentlichen Rechts Ansässigkeitsbescheinigungen auszustellen sind. Die tatsächliche Besteuerung ist keine Voraussetzung zur Inanspruchnahme von DBA-Vorteilen; ausreichend ist die eindeutige örtliche Anknüpfung und das grundsätzliche Unterfallen unter die Steuergesetze des Ansässigkeitsstaates nach den für die Körperschaftsbesteuerung geltenden Kriterien.

Betrieb von Sportstätten durch jPdöR als BgA

Verfügung OFD Münster vom 02.03.2007

DB 2007, 604

Es werden vermehrt Anträge auf Erteilung einer verbindlichen Auskunft gestellt, die die steuerliche Behandlung des Betriebes von Sportstätten zum Gegenstand haben. Dabei ist das Ziel in der Regel, die Behandlung als Betrieb gewerblicher Art zu erreichen, um in den Genuss des Vorsteuerabzuges für neue Anlagen beziehungsweise Renovierung- und Erhaltungsmaßnahmen zu kommen. Zu der steuerrechtlichen Beurteilung nehme ich wie folgt Stellung:

Die Abgrenzung, ob es sich bei der Tätigkeit einer Gemeinde um eine steuerlich relevante Tätigkeit in Form eines Betriebes gewerblicher Art (BgA) handelt, richtet sich nach § 4 KStG i. V. m. § 1 Abs. 1 Nr. 6 KStG. Demnach ist eine Tätigkeit dann als BgA zu beurteilen, wenn eine nachhaltige wirtschaftliche Tätigkeit zur Erzielung von Einnahmen außerhalb der Land- und Forstwirtschaft vorliegt, die sich innerhalb der Betätigung der jPdöR wirtschaftlich heraushebt und in analoger Anwendung des § 14 AO keine vermögensverwaltende Tätigkeit darstellt.

Bei dem Betrieb von Sportstätten ist insbesondere die Abgrenzung zur vermögensverwaltenden Tätigkeit vorzunehmen. Diese richtet sich nach den allgemeinen ertragsteuerlichen Grundsätzen zur Abgrenzung der Vermögensverwaltung von gewerblichen Einkünften. Für eine Betätigung, die über die bloße Vermögensverwaltung hinausgeht, kann unter Anderem sprechen, dass die Sportstätten an sehr viele kurzfristig wechselnde Nutzer überlassen werden, und dass zusätzliche Leistungen (Bühnen- und Tribünenauf- und -abbau, Reinigung, Security, etc.) erbracht werden. Sind demnach die Voraussetzungen erfüllt, um eine bloße Vermögensverwaltung zu verneinen, müssen weiterhin die Kriterien der Einrichtung (R 6 Abs. 4 KStR) und der wirtschaftlichen Bedeutsamkeit (R 6 Abs. 5 KStR) erfüllt sein. Eine Einrichtung liegt vor, wenn eine eigenständige Organisationseinheit mit der Tätigkeit betraut wird (z. B. ein „Eigenbetrieb Sportstätten").

Die wirtschaftliche Bedeutsamkeit erfordert, dass der Jahresumsatz im Sinne des § 1 Abs. 1 Nr. 1 UStG 30.678 € nachhaltig übersteigt. Ich weise darauf hin, dass die Überlassung an Schulen und an andere Einrichtungen der jPdöR (z. B. für kulturelle Zwecke) nicht zum Umsatz im Sinne des § 1 Abs. 1 Nr. 1 UStG rechnen. Ein eventuell hierfür berechnetes „Entgelt" ist umsatzsteuerlich ohne Bedeutung. Es handelt sich um eine Nutzung für außerunternehmerische Zwecke im Sinne des § 3 Abs. 9a UStG, da der Unternehmer „Kommune" die Sportstätten für Zwecke, die außerhalb des Unternehmens (der Gesamtheit aller BgA) verwendet. Die Bemessungsgrundlage ist nach § 10 Abs. 4 UStG zu bestimmen.

Steuerliche Behandlung der Arzneimittelbevorratung des Landes für Pandemiefälle [1]

Verfügung OFD Frankfurt am Main vom 03.08.2007

S 2706 A – 119 – St 54

Nach mehrheitlicher Auffassung der Referatsleiter des Bundes und der Länder ist ein Land mit der Arzneimittelbevorratung für Pandemiefälle im Rahmen des von der Gesundheitsministerkonferenz beschlossenen Aktionsplans (Nationaler Pandemieplan) hoheitlich tätig und begründet keinen Betrieb gewerblicher Art.

Die Bevorratung erfolgt aufgrund der allgemeinen staatlichen Aufgabe, Gefahrenvorsorge für die Bevölkerung zu betreiben, die aus dem grundrechtlichen Schutz von Leben und Gesundheit abzuleiten ist.

---

1) Unter Pandemie versteht man eine länder- und kontinentübergreifende Ausbreitung einer Krankheit, im engeren Sinn eine Infektionskrankheit. Im Gegensatz zur Epidemie ist eine Pandemie nicht örtlich begrenzt.

Kriterien für die Behandlung einer Beteiligung einer juristischen Person des öffentlichen Rechts an einer Kapitalgesellschaft als Betrieb gewerblicher Art

Verfügung OFD Frankfurt am Main vom 03.08.2007

S 2706 A – 120 – St 54

Nach R 6 Abs. 2 Satz 6 KStR 2004 begründet eine Beteiligung einer juristischen Person des öffentlichen Rechts an einer Kapitalgesellschaft grundsätzlich keinen Betrieb gewerblicher Art.

Nach dem Beschluss der Referatsleiter des Bundes und der Länder sind jedoch die Grundsätze der R 16 Abs. 5 Sätze 3 und 4 KStR 2004 entsprechend auf Betriebe gewerblicher Art anzuwenden. Danach stellt die Beteiligung einer juristischen Person des öffentlichen Rechts an einer Kapitalgesellschaft einen wirtschaftlichen Geschäftsbetrieb dar, wenn mit der Beteiligung tatsächlicher Einfluss auf die laufende Geschäftsführung ausgeübt wird (BFH-Urteil vom 30.06.1971, BStBl. II S. 753).

Folgen aus dem BFH-Urteil vom 22. August 2007 (I R 32/06) für die Besteuerung der wirtschaftlichen Tätigkeiten der öffentlichen Hand

BMF-Schreiben vom 7.12.2007

IV B 7 – S 2706/07/0011(2007/0570512)

Der BFH hat im Urteil vom 22. August 2007 (BStBl. II 2007 S. 905) u.a. entschieden, dass die Übernahme einer dauerdefizitären Tätigkeit durch eine Eigengesellschaft einer juristischen Person öffentlichen Rechts (jPöR) ohne schuldrechtlichen Verlustausgleich zumindest in Höhe der laufenden Betriebsverluste zu einer verdeckten Gewinnausschüttung an die jPöR führt.

Nach dem Ergebnis einer Erörterung der obersten Finanzbehörden der Länder gilt zur Anwendung der Grundsätze des BFH-Urteils über den entschiedenen Einzelfall hinaus im Hinblick auf eine künftige gesetzliche Regelung Folgendes:

Bis zum Veranlagungszeitraum 2003 war nach Abschn. 5 Abs. 11a KStR 1995 die Zusammenfassung von Gewinn- und Verlusttätigkeiten in Eigengesellschaften unter dem Gesichtspunkt des § 42 AO zu beurteilen. Ab dem Veranlagungszeitraum 2004 ist nach R 7 Abs. 2 KStR 2004 bei der Einkommensermittlung der Eigengesellschaft das Vorliegen einer vGA nach den Umständen des Einzelfalls zu beurteilen, wenn Tätigkeiten zusammengefasst werden, die in einem Betrieb gewerblicher Art (BgA) nicht hätten zusammengefasst werden können. Diese Grundsätze gelten entsprechend bei der Zusammenfassung von Tätigkeiten durch sonstige Gestaltungen, z.B. in Form von Organschaften.

Die Grundsätze des BFH-Urteils vom 22. August 2007 (a.a.O.) sind für die Beurteilung der Zusammenfassung von Tätigkeiten in einer Eigengesellschaft oder in vergleichbaren Gestaltungen, die in einem BgA hätten zusammengefasst werden können, nicht allgemein anzuwenden.

Das gilt insbesondere auch in Fällen, in denen eine Eigengesellschaft eine Verlusttätigkeit der Trägerkörperschaft übernimmt, ohne sonst eine weitere Tätigkeit auszuüben, und bei der Besteuerung von BgA.

Anlage § 004–56

Leistungen städtischer Krematorien

OFD Erfurt, 13.1.2005, S 2706 A – 42 L 231 (L)

TFM-Erlasse vom 15.12.2004 und vom 5.1.2005, S 7106 A – 26 – 202.1/S 2706 A – 57 – 205.2

1. Steuerliche Behandlung als Betriebe gewerblicher Art

Nach dem Beschluss der Körperschaftsteuer-Referatsleiter der obersten Finanzbehörden des Bundes und der Länder zu TOP 1/2 der Sitzung KSt/GewSt I/03 sind für die Frage, ob der Betrieb eines Krematoriums durch die Öffentliche Hand zu einem Betrieb gewerblicher Art führt, die in den einzelnen Ländern geltenden Bestimmungen maßgebend. Sehen diese vor, dass die Aufgabe im Sinne einer unmittelbaren Leistungserbringung an den „Endverbraucher" übertragen werden kann, dann liegt ein Betrieb gewerblicher Art vor. Sehen die Vorschriften dagegen lediglich vor, dass sich die öffentliche Hand bei der Erfüllung ihrer Aufgaben nur eines Privaten bedienen kann, dann liegt keine Aufgabenübertragung und damit kein Betrieb gewerblicher Art im Sinne des § 4 KStG vor.

Nach der Neufassung des Thüringer Bestattungsgesetzes (ThürBestG) vom 19.5.2004 (Gesetz- und Verordnungsblatt für den Freistaat Thüringen Nr. 11/2004 S. 505 ff) dürfen Feuerbestattungsanlagen nunmehr auch von privaten Trägern errichtet und betrieben werden. Die Errichtung und der Betrieb der Feuerbestattungsanlagen bedürfen der Genehmigung der zuständigen Behörde (§ 22 ThürBestG).

Da mit dieser Bestimmung die Möglichkeit der Übertragung der Aufgabe des Betriebs von Feuerbestattungsanlagen auf Private besteht, begründet die Tätigkeit der städtischen Krematorien in Thüringen unter den Voraussetzungen des § 4 Abs. 1 KStG einen Betrieb gewerblicher Art und zwar unabhängig davon, ob und wie viele Genehmigungen an private Träger tatsächlich erteilt werden.

Die Neufassung des Thüringer Bestattungsgesetzes ist am 20.5.2004 in Kraft getreten und grundsätzlich ab diesem Zeitpunkt zu beachten. Es bestehen allerdings keine Bedenken, wenn die Krematorien der öffentlichen Hand zur Vermeidung von Übergangsschwierigkeiten erst ab dem 1. Januar 2005 unter den Voraussetzungen des § 4 Abs. 1 KStG als Betriebe gewerblicher Art beurteilt werden.

2. Unternehmereigenschaft der öffentlichen Hand

Nach dem Beschluss der Umsatzsteuer-Referatsleiter der obersten Finanzbehörden des Bundes und der Länder zu TOP 16 der Sitzung USt VI/04 sind Krematorien der öffentlichen Hand, sofern sie nicht bereits in der Vergangenheit als Betriebe gewerblicher Art qualifiziert worden sind, ab dem 1.1.2005 zwingend als solche zu behandeln.

Die städtischen Krematorien in Thüringen sind deshalb ab dem 1.1.2005 unter den Voraussetzungen des § 4 Abs. 1 KStG körperschaft-, gewerbe- und umsatzsteuerpflichtig. In diesem Fall unterliegen ihre Leistungen dem allgemeinen Steuersatz von zur Zeit 16%.

Dauerdefizitäre Unternehmen der öffentlichen Hand

Verfügung BLSt vom 17.12.2007

Mit Urteil vom 22.08.2007, I R 32/06, BStBl. II 2008, (...), hat der BFH noch entschieden, dass die Übernahme einer strukturell dauerdefizitären Tätigkeit durch eine Eigengesellschaft einer juristischen Person des. öffentlichen Rechts (jPöR) ohne schuldrechtlichen Verlustausgleich zumindest in Höhe der laufenden Betriebsverluste zu einer verdecktem Gewinnausschüttungen an die jPöR führt.

Nach dem BMF-Schreiben, vom 7.12.2007, BStBl. I 2008, (...) sind die Grundsätze des Urteils über den entschiedenen Einzelfall hinaus weder für die Beurteilung der Zusammenfassung von Tätigkeiten in einer Eigengesellschaft, noch einer vergleichbaren Gestaltung und insbesondere auch in Fällen nicht anzuwenden; in denen eine Eigengesellschaft ausschließlich Verlusttätigkeiten der Trägerkörperschaft übernimmt. Die Urteilsgrundsätze sind auch nicht anzuwenden bei der Besteuerung von Betrieben gewerblicher Art (BgA).

Damit ist sowohl bei Eigengesellschaften (auch Organschaften), als auch bei sonstigen Formen der Tätigkeit der öffentlichen Hand (Eigenbetriebe, Regiebetriebe) der Ansatz verdeckter Gewinnausschüttungen allein aufgrund eines Dauerdefizits nicht mehr angezeigt.

Das Fach-Info 40/2007 vom 26.10.2007 ist überholt. Auch auf die Grundsätze des BFH-Beschlusses vom 25.01.2005, I R 8/04, BStBl. II 2005, 190 kann nicht mehr zurückgegriffen werden. Der Ausgang des beim BFH noch anhängigen Verfahrens I R 5/07 muss nicht mehr abgewertet werden.

Soweit bei Unternehmen der öffentlichen Hand – gleich welcher Tätigkeitsform – ein Ansatz verdeckter Gewinnausschüttungen allein wegen einer strukturell dauerdefizitären Tätigkeit vorgenommen wurde und die entsprechenden Bescheide änderbar sind (Rechtsbehelfsverfahren, Vorbehalt der Nachprüfung), bitte ich, den Ansatz verdeckter Gewinnausschüttungen rückgängig zu machen. Entsprechendes gilt für (laufende) Betriebsprüfungen. Feststellungen in diesem Sinne sind nicht mehr zu treffen; noch nicht ausgewertete Betriebsprüfungsberichte, in denen noch derartige Feststellungen enthalten sind, sind zu ändern.

Die in den KStR niedergelegten allgemeinen Grundsätze bleiben unberührt. Soweit beispielsweise in einer Eigengesellschaft Tätigkeiten ausgeführt werden, die in einem BgA nicht hätten zusammengefasst werden dürfen, kann sich daraus eine verdeckte Gewinnausschüttung ergeben (R 7 Abs. 2 KStR 2004).

Anlage § 004–58

Anwendung der Grundsätze zur Betriebsaufspaltung bei Verpachtung von Hoheitsvermögen an die Eigengesellschaft

Verfügung OFD Frankfurt vom 7.4.2008

S 2706 A – 46 – St 54

Gegenstand der Erörterung war die Frage, ob die Verpachtung von zum Hoheitsbereich einer juristischen Person des öffentlichen Rechts zählender Wirtschaftsgüter (Abwasserentsorgungsanlagen) an eine Eigengesellschaft (Abwasserentsorger), die bei der Gesellschaft zum wesentlichen Betriebsvermögen gehören, bei der juristischen Person des öffentlichen Rechts unter Berücksichtigung der Grundsätze der Betriebsaufspaltung – zu einem „Besitz"-BgA führt. Bei Bejahung würde dem BgA allerdings nach den Grundsätzen des BFH-Urteils vom 17. Mai 2000 (BStBl. 2001 II S. 558) kein Betriebsvermögen zuzurechen sein, da Hoheitsvermögen lt. BFH zwar von einem BgA genutzt, nicht aber dessen Betriebsvermögen sein könne. Als Folge hätte der BgA die Pachteinnahmen zu versteuern, könnte aber keine Abschreibung auf die überlassenen Wirtschaftsgüter vornehmen.

In der KSt/GewSt-Referatsleitersitzung der obersten Finanzbehörden des Bundes und der Länder V/85 zu TOP I/3 ist entschieden worden, dass die Verpachtung von Hoheitsvermögen an eine fremde Kapitalgesellschaft nicht zu einem Verpachtungs-BgA führt. In der KSt/GewSt-Referatsleitersitzung III/86 zu TOP I/7 ist ergänzend entschieden worden, dass die Verpachtung von Hoheitsvermögen an eine Eigengesellschaft ein hoheitliches Hilfsgeschäft darstellt, auf das die Grundsätze der Betriebsaufspaltung nicht anzuwenden sind.

Die Ländervertreter sahen in den Grundsätzen des zwischenzeitlich ergangenen BFH-Urteils vom 17. Mai 2000 (a.a.O.) keine Veranlassung, von vorstehenden Entscheidungen abzurücken. Im vorliegenden Einzelfall wird durch die Überlassung des Hoheitsvermögens kein „Besitz"-BgA begründet.

Dies wäre nur dann der Fall, wenn die überlassenen Wirtschaftsgüter durch die Überlassung ihre hoheitliche Funktion verlieren würden (z.B. Verpachtung einer Büroetage des Rathauses an eine Eigengesellschaft).

Auswirkungen des BFH-Urteils vom 22.08.2007, I R 32/06,
auf die Besteuerung der öffentlichen Hand

Verfügung OFD Münster vom 21.8.2008

S 2742 – 196 – St 13-33

Der BFH hat mit Urteil vom 22.08.2007 – I R 32/06 – (BStBl. II 2007, 961) entschieden, dass die Übernahme einer dauerdefizitären Tätigkeit durch eine Eigengesellschaft einer juristischen Person des öffentlichen Rechts ohne Verlustausgleich durch die Gesellschafterin zu einer verdeckten Gewinnausschüttung (vGA) führt.

Lt. BMF-Schreiben vom 7.12.2007 (BStBl. I 2007, 905) sind die Urteilsgrundsätze bei der Beurteilung der Zusammenfassung von Tätigkeiten, die im Rahmen eines Betriebs gewerblicher Art (BgA) hätten zusammengefasst werden können, in einer Eigengesellschaft oder auf vergleichbare Gestaltungen nicht allgemein anzuwenden. „Dies gilt insbesondere auch in Fällen, in denen eine Eigengesellschaft eine Verlusttätigkeit der Trägerkörperschaft übernimmt, ohne sonst eine weitere Tätigkeit auszuüben, und bei der Besteuerung von BgA."

Bei der Umsetzung des BMF-Schreibens haben sich in der Praxis zahlreiche Einzelfragen ergeben. Auf Grundlage des BMF-Schreibens sind folgende Fallvarianten zu unterscheiden:

1. Verluste einer Eigengesellschaft ohne weitere gewinnbringende Tätigkeit

Übt eine Eigengesellschaft einer juristischen Person des öffentlichen Rechts ausschließlich eine strukturell dauerdefizitäre Tätigkeit aus (z.B. Schwimmbad GmbH), führen die aus dem nichthoheitlichen allgemeinen Badebetrieb herrührenden Verluste für sich genommen noch nicht zu verdeckten Gewinnausschüttungen an die Trägerkörperschaft. Zahlungen der Anteilseigner zur Abdeckung dieser Verluste sind ertragsteuerlich als Einlagen zu behandeln, sofern sie nicht Entgelt für eine einzelvertraglich vereinbarte Leistung der Kapitalgesellschaft darstellen (insoweit liegen vGA vor; BFH vom 10.7.1996 – I R 108, 109/95 –, BStBl. II 1997, 230). Die Verluste sind nach § 10d Abs. 4 EStG gesondert festzustellen.

2. Verluste eines BgA ohne weitere gewinnbringende Tätigkeiten

Die unter 1. dargestellten Grundsätze sind nach dem BMF-Schreiben vom 07.12.2007 (a.a.O) auch bei der Besteuerung von Betrieben gewerblicher Art anzuwenden. Die Verluste sind ebenfalls nach § 10d Abs. 4 EStG gesondert festzustellen.

3. Steuerlicher Querverbund

Gemäß BMF-Schreiben vom 7.12.2007 (a.a.O.) ist die Zusammenfassung von gleichartigen Betrieben gewerblicher Art (R 7 Abs. 1 KStR 2004), von Querverbundunternehmen (Versorgung, Verkehr, Häfen; H 7 KStH 2004) bzw. von Betrieben mit enger wechselseitiger technisch-wirtschaftlicher Verflechtung (H 7 KStH 2004) weiterhin steuerlich anzuerkennen, auch wenn sie zur Verrechnung von Gewinnen mit Verlusten führt. Übersteigen die Verluste die Gewinne (strukturelle Dauerverluste), führt dieser Umstand für sich genommen noch nicht zur Annahme verdeckter Gewinnausschüttungen an die Trägerkörperschaft. Die verbleibenden Verluste sind nach § 10d Abs. 4 EStG gesondert festzustellen.

Dies gilt auch für die Zusammenfassung der vorgenannten Tätigkeiten in einer Kapitalgesellschaft bzw. bei ihrer Ausübung durch mehrere Kapitalgesellschaften innerhalb eines ertragsteuerlichen Organkreises.

4. Zusammenfassung von Gewinn- und Verlusttätigkeiten außerhalb des sog. Querverbunds

Werden Gewinn- und Verlusttätigkeiten in einer Kapitalgesellschaft oder einem ertragsteuerlichen Organkreis entgegen den Grundsätzen in R 7 KStR 2004 bzw. H 7 KStH 2004 zusammengefasst, so führt die Übernahme der Verluste nach dem BFHUrteil vom 22.08.2007 (a.a.O.) zur Annahme von verdeckten Gewinnausschüttungen. Von dem zusätzlichen Ansatz eines Gewinnzuschlags ist abzusehen.

Beispiel:

Die städtische Holding-GmbH (H) ist 100%iger Gesellschafter der dauerdefizitären Bäder-GmbH (B) und der Stadtwerke-GmbH (S). Es bestehen zu beiden Tochtergesellschaften Ergebnisabführungsverträge. Eine enge wechselseitige technisch-wirtschaftliche Verflechtung, z.B. über ein Blockheizkraftwerk, existiert nicht. B erwirtschaftet einen strukturellen Verlust von 1 Mio. €; S erzielt einen strukturellen Gewinn von 6 Mio. € (Fall des o.a. BFH-Urteils). Es ist eine verdeckte Gewinnausschüttung der Holding-GmbH an die Trägerkörperschaft von 1 Mio. € anzunehmen.

Abwandlung:

Es besteht eine enge wechselseitige technisch-wirtschaftliche Verflechtung. B erwirtschaftet einen strukturellen Verlust von 800.000 €, S erzielt einen strukturellen Gewinn von 500.000 €. In den Organkreis wird nunmehr auch der Gewinn aus der Abfallwirtschafts-GmbH (A) in Höhe von 200.000 € organschaftlich mit einbezogen. Gesellschaftszweck der A ist die Entsorgung von Industriemüll.

Die Industriemüllentsorgung ist keine mit dem Bäderbetrieb vergleichbare Tätigkeit und könnte damit steuerlich nicht im Rahmen eines Betriebes gewerblicher Art mit den anderen Tätigkeiten (insbesondere den Bädern) zusammengefasst werden. Aufgrund der organschaftlichen Einbeziehung kommt es zum Ansatz einer verdeckten Gewinnausschüttung der Holding-GmbH an die Trägerkörperschaft in Höhe des nach isolierter – weil zulässiger – Ergebnisverrechnung des Bäder-Verlustes mit dem Stadtwerke-Gewinn verbleibenden Verlustes (300.000 €). Im Ergebnis unterliegt somit der Gewinn aus der Industriemüllentsorgung der Besteuerung.

Soweit die Trägerkörperschaft gewinn- und verlustträchtige Betriebe gewerblicher Art zusammenfasst, obwohl die Grundsätze der zulässigen Zusammenfassung gem. R 7 KStR 2004 und H 7 KStH 2004 nicht erfüllt werden, ist jeder BgA mit seinem Ergebnis einzeln zu besteuern. Somit ist jeder BgA mit seinem steuerlichen Ergebnis zu veranlagen. Eine gleichwohl vorgenommene organisatorische Zusammenführung (z. B. durch eine gemeinsame Buchführung) hat keine Auswirkungen darauf, dass die Trägerkörperschaft mit jedem ihrer Betriebe gewerblicher Art Subjekt der Körperschaftsteuer bleibt. Eine verdeckte Gewinnausschüttung ist nicht anzunehmen.

Bis zu einer eventuellen gesetzlichen Neuregelung bitte ich nach den vorstehenden Grundsätzen zu verfahren. Anhängige Rechtsbehelfe können entsprechend erledigt werden.

Steuerliche Anerkennung von sog. Tracking-Stock-Gestaltungen

Verfügung OFD Rheinland vom 3.12.2008

S 2706 – 1016 – St 133

Tracking Stocks sind Aktien und sonstige Gesellschaftsanteile, bei denen sich die Gewinnbeteiligung nicht nach dem Erfolg des Gesamtunternehmens, sondern nach dem wirtschaftlichen Ergebnis eines Geschäftsbereichs oder eines Tochterunternehmens (tracked unit) richtet.

Insbesondere im Bereich der öffentlichen Hand werden Tracking-Stock-Gestaltungen gewählt.

Beispiel:

Eine kommunale Eigengesellschafts-Holding hält z.B. Beteiligungen an einer Verkehrs-GmbH und an einer Stadtwerke-GmbH. Zu beiden Unternehmen bestehen Organschaftsverhältnisse, so dass es auf Ebene der Holding zu einer Verrechnung von Verlusten des Verkehrsbetriebs mit den Gewinnen der Stadtwerke kommt.

An der Holding beteiligt sich (z.B. zu 74,5 %) eine private Gesellschaft. Vertraglich wird festgelegt, dass dieser nicht Gewinnausschüttungen der Holding entsprechend ihrer Beteiligungsquote zustehen sollen, sondern sie Ansprüche auf die anteiligen Gewinne bezogen auf die „Betriebssparte Stadtwerke" hat (auf der Grundlage einer fiktiven isolierten Ergebnisermittlung dieser Sparte).

Der Investor wird dabei letztlich so gestellt, als hätte er sich unmittelbar an der Stadtwerke-GmbH beteiligt.

Ich bitte mich künftig in Fällen, in denen Steuerpflichtige (auch außerhalb der öffentlichen Hand) sog. Tracking-Stock-Gestaltungen planen oder eingerichtet haben, rechtzeitig vor einer beabsichtigten steuerlichen Anerkennung derartiger Gestaltungen durch Berichtsvorlage zu unterrichten.

Ergänzend weise ich darauf hin, dass mit der im Gesetzentwurf des JStG 2009 in § 8 Abs. 7 Satz 1 Nr. 2 Satz 2 KStG/E vorgesehenen Regelung eine steuerliche Anerkennung von Tracking-Stock-Gestaltungen nicht zwingend verbunden ist.

Verluste aus der Unterbringung von Begleitpersonen im Rahmen der Kuraufenthalte der Mitglieder

Verfügung OFD Frankfurt am Main vom 26.08.2008

S 2706 A – 134 – St 54

In dem vorgetragenen Sachverhalt erzielt eine juristische Person des öffentlichen Rechts in ihrem Betrieb gewerblicher Art (BgA) „Unterbringung von Begleitpersonen im Rahmen der Kuraufenthalte der Mitglieder" dauerhaft Verluste, Der BgA erhebt für die Unterbringung der Begleitpersonen keine kostendeckenden Entgelte und unterstützt damit den originären hoheitlichen Kurbetrieb.

Nach mehrheitlicher Auffassung der Ländervertreter ist die Unterbringung von Begleitpersonen eine Dauerverlusttätigkeit, für die der zu dem BFH-Urteil vom 22. August 2007 (BSBl. II S. 961) ergangene Nichtanwendungserlass vom 7. Dezember 2007 (BStBl. I S. 905) einschlägig ist (vgl. KSt-Karteikarte zu § A KStG Karte A 39). Der Verzicht auf die Vereinnahmung von kostendeckenden Entgelten für die Unterbringung von Begleitpersonen führt daher nicht zu einer verdeckten Gewinnausschüttung.

Nutzungsvergütungen in Form von öffentlich-rechtlichen Sondernutzungsentgelten für wesentliche Betriebsanlagen als Betriebsausgaben bei einem Betrieb gewerblicher Art

Verfügung OFD Frankfurt am Main vom 26.08.2008

S 2706 A – 134 – St 54

Nach ständiger Rechtsprechung des BFH kann eine juristische Person des öffentlichen Rechts (jPöR) für Wirtschaftgüter, die ihrem Hoheitsvermögen zuzurechnen sind und einem Betrieb gewerblicher Art (BgA) überlassen werden, mit steuerlicher Wirkung kein Nutzungsentgelt vereinbaren, auch wenn die Wirtschaffsgüter beim BgA eine wesentliche Betriebsanlage darstellen.

Mit Urteil vom 6. November 2007, I R 72/06, hat der BFH seine Rechtsprechung insoweit geändert, als er öffentlich-rechtliche Sondernulzungsentgelte, die ein BgA für die Nutzung hoheitlichen Vermögens der jPöR zahlen musste, ais Betriebsausgaben anerkannt hat.

Die Ländervertreter waren der Auffassung, dass die Grundsätze dieses Urteils über den entschiedenen Einzelfall hinaus allgemein anzuwenden sind.

Sie sahen keine Gefahr, dass die Kommunen auf der Grundlage des Urteils künftig versuchen, bisher nicht als Betriebsausgaben anerkannte Nutzungsentgelte über den „Umweg" der öffentlich-rechtlichen Sondernutzungsentgelte steuerwirksam werden zu lassen. Der BFH habe im Urteil ausdrücklich den Grundsatz des Fremdvergleichs erwähnt. Danach sei es der Kommune nicht möglich, gezielt BgA mit entsprechenden öffentlich-rechtlichen Sondernutzungsentgelten zu belegen; diese müssten in allen vergleichbaren Fällen, d. h. auch von Privaten verlangt werden. Andernfalls würde der Tatbestand der vGA erfüllt sein. Im Übrigen waren die Ländervertreter der Auffassung, dass trotz öffentlich-rechtlicher Sondernutzungsentgelte dem BgA noch ein angemessener Restgewinn verbleiben müsste (analoge Anwendung der Grundsätze zu den Konzessionsabgaben).

Verdeckte Gewinnausschüttung bei unzulässiger Zusammenfassung von Betrieben gewerblicher Art (BgA)

Verfügung OFD Frankfurt am Main vom 26.08.2008

S 2706 A – 135 – St 54

Gegenstand der Erörterung war die Frage, ob nach den Grundsätzen von R 7 Abs. 2 Satz 3 KStR eine verdeckte Gewinnausschüttung (vGA) geprüft werden muss, wenn eine Kommune einen Gewinn- und einen Verlust-BgA zusammenfasst, obwohl die Zusammenfassungsvoraussetzungen nicht erfüllt sind. Die Ländervertreter waren mehrheitlich der Auffassung, dass die in R 7 Abs. 2 KStR enthaltenen Grundsätze nur den Fall der Zusammenfassung von Tätigkeiten in einer Eigengesellschaft betreffen. Dagegen wird die juristische Person des öffentlichen Rechts mit BgA, bei denen die Zusammenfassungsvoraussetzungen nicht erfüllt sind, jeweils getrennt besteuert. Folglich kann sich die Frage nicht stellen, ob in Höhe der laufenden Verluste des Verlust-BgA zur Vermeidung einer unzulässigen Ergebnisverrechnung eine vGA anzusetzen ist.

Besteuerung der öffentlichen Hand (§ 4 KStG); Abwasserentsorgung – Konzessionsmodell

Verfügung OFD Frankfurt am Main vom 26.08.2008

S 2706 A – 71 – St 54

Gegenstand einer Erörterung auf Bund-/Länderebene war die Frage, ob es zu einem BgA führt, wenn ein Bürger nach den in einer Kommune bestehenden Regelungen wählen kann, ob er seine Abwässer einem von der entsorgungsverpflichteten Körperschaft (Kommune) bestellten privaten Konzessionsnehmer oder der Körperschaft selbst zur Entsorgung überlässt.

Die Sitzungsvertreter waren der Auffassung, dass bei der entsorgungsverpflichteten Körperschaft kein BgA entsteht. Hierfür spricht auch das BFH-Urteil vom 25. Januar 2005, BStBl. II S. 501. Darin hat das Gericht in Fällen, in denen eine Aufgabe seitens der juristischen Person das öffentlichen Rechts auf Private übertragen werden kann, weiterhin eine der öffentlichen Hand eigentümlich und vorbehaltene Aufgabe aufgenommen, wenn der Private nur als Beliehener tätig werden kann. Im Fall der Abwasserentsorgung fehlt es bereits an der Möglichkeit, die Aufgabe an Private zu übertragen. Folglich kann ein Tätigwerden des Privaten keinen Einfluss auf die Qualifizierung einer der juristischen Person des öffentlichen Rechts obliegenden Aufgabe als ihr eigentümlich und vorbehalten haben.

Der Umstand, dass der Private (Konzessionsnehmer) und die juristische Person des öffentlichen Rechts wegen der Wahlmöglichkeit des Bürgers in Konkurrenz stehen, ändert hieran nichts. Eine derartige Konkurrenzsituation besteht auch zwischen dem Beliehenen und der juristischen Person des öffentlichen Rechts, ohne dass dies nach Auffassung des BFH Einfiuss auf die Qualifizierung der Tätigkeit der juristischen Person des öffentlichen Rechts als wirtschaftlich hat.

Einkommensermittlung einer Arbeitsgemeinschaft nach § 44b SGB II in der Rechtsform einer Kapitalgesellschaft

Verfügung OFD Frankfurt am Main vom 05.11.2008

S 2706 A – 98 – St 54

Die Bundesagentur für Arbeit bzw. die Kommunen (Kreise und kreisfreie Städte) sind jeweils für ihren nach SG8 II normierten Bereich eigenständiger Träger von Verpflichtungen zur Erbringung der Grundsicherung. Die von dem jeweiligen Träger insoweit zu erbringenden Tätigkeiten sind hoheitlich. Nach § 44b SGB II ist vorgesehen, dass die beiden Träger zur einheitlichen Leistungserbringung eine Arbeitsgemeinschaft gründen, die damit zum Träger der Verpflichtung wird.

Eine Rückfrage bei den hessischen Finanzämtern hat ergeben, dass die Gewinn- und Verlustrechnungen solcher Arbeitsgemeinschaften jedoch aus nur wenigen Positionen bestehen. Erträge und Aufwendungen werden nur in geringer Höhe ausgewiesen, obwohl die Arbeitsgemeinschaften wesentlich höhere Auszahlungs- und Rückforderungsbescheide erlassen haben.

Weitere Ermittlungen haben jetzt ergeben, dass lediglich 69 sog. Optionskommunen ihre Leistungen im eigenen Namen und auf eigene Rechnung erbringen. Diese 69 Optionskommunen, die neben der Bundesagentur für Arbeit ein zugelassener Leistungsträger nach dem SGB II sind, erhalten sämtliche ihnen entstandene Kosten (einschließlich der Leistungsbeträge) von der Bundesagentur für Arbeit auf das eigene Konto erstattet und nehmen die Auszahlungen an die Beteiligten (Antragsteller) selbst vor.

Bei allen anderen Arbeitsgemeinschaften nach § 44b SGB II, die in der Rechtsform einer Kapitalgesellschaft geführt werden, erfolgt die Auszahlung des gesamten Leistungsbetrags (Grundsicherung und Unterkunft) direkt über ein Konto der Bundesagentur für Arbeit an den betreffenden Antragsteller. Die Bundesagentur für Arbeit rechnet dann die Kosten der Unterkunft direkt mit der Kommune ab. Die Arbeitsgemeinschaften nach § 44b SGB II sind selbst kein Leistungsträger nach dem SGB II. Träger der Grundsicherung sind weiterhin nach § 6 Abs. 1 SGB II die Bundesagentur für Arbeit und die jeweilige Kommune.

Aus diesem Grund sind bei den 69 Optionskommunen weiterhin die Leistungen an die Antragsteller in der Buchführung zu erfassen sind, da diese Optionskommunen ihre Leistungen im eigenen Namen und auf eigene Rechnung erbringen. Sofern jedoch die Auszahlungsvorgänge nicht über die Bankkonten der Arbeitsgemeinschaften nach § 44b SGB II, die in der Rechtsform einer Kapitalgesellschaft geführt werden, abgewickelt werden und diese Arbeitsgemeinschaften ihre Leistungen nicht im eigenen Namen und auf eigene Rechnung erbringen, sind die Auszahlungsvorgänge auch nicht in der Buchführung zu erfassen.

Eine Übersicht über die 69 Optionskommunen enthält die Anlage 1.

Übersicht der 69 Optionskomnmnen nach Bundesländern

Bundesland	Kommune	
Schleswig-Holstein	Kreis	Nordfriesland
	Kreis	Schleswig-Flensburg
Mecklenburg-Vorpommern	Landkreis	Ostvorpommern
Niedersachsen	Landkreis	Ammerland
	Landkreis	Emsland
	Landkreis	Göttingen
	Landkreis	Grafschaft Bentheim
	Landkreis	Leer
	Landkreis	Osnabrück
	Landkreis	Oldenburg
	Landkreis	Osterholz
	Landkreis	Osterode am Harz
	Landkreis	Peine
	Landkreis	Rothenburg/Wümme
	Landkreis	Soltau-Fallingbostel
	Landkreis	Verden
Sachsen-Anhalt	Landkreis	Anhalt-Bitterfeld
	Landkreis	Harz
		Saalekreis
		Salzlandkreis
Brandenburg	Landkreis	Oberhavel
	Landkreis	Oder-Spree
	Kreis	Ostprignitz-Ruppin
	Landkreis	Spree-Neiße
	Landkreis	Uckermark
Nordrhein-Westfalen	Kreis	Borken
	Kreis	Coesfeld
	Kreis	Düren
		Ennepe-Ruhr-Kreis
	Stadt	Hamm
		Hochsauerlandkreis
	Kreis	Kleve
	Kreis	Minden-Lübbecke
	Stadt	Mülheim an der Ruhr
	Kreis	Steinfurt

Bundesland	Kommune	
Hessen	Kreis	Bergstraße
	Landkreis	Darmstadt-Dieburg
	Landkreis	Fulda
	Landkreis	Hersfeld-Rotenburg
		Hochtaunuskreis
		Main-Kinzig-Kreis
		Main-Taunus-Kreis
	Landkreis	Marburg-Biedenkopf
		Odenwaldkreis
	Kreis	Offenbach
		Rheingau-Taunus-Kreis
		Vogelsbergkreis
	Landeshauptstadt	Wiesbaden
Thüringen	Landkreis	Eichsfeld
	Stadt	Jena
Sachsen	Landkreis	Bautzen
	Landkreis	Döbeln
	Landkreis	Kamenz
	Landkreis	Löbau-Zittau
	Landkreis	Meißen
		Muldentalkreis
Rheinland-Pfalz	Landkreis	Südwestpfalz
	Landkreis	Vulkaneifel
Saarland	Landkreis	St. Wendel
Baden-Württemberg	Landkreis	Biberach
		Bodenseekreis
		Ortenaukreis
	Landkreis	Tuttlingen
	Landkreis	Waldshut
Bayern	Stadt	Erlangen
	Landkreis	Miesbach
	Stadt	Schweinfurt
	Landkreis	Würzburg

Zuteilung von Feinstaubplaketten durch die Kfz-Zulassungsbehörde

Verfügung Bayerisches Landesamt für Steuern vom 12.02.2009
S 2706.2.1-12/2 St 31

Zur ertragsteuerlichen Behandlung der Zuteilung von Feinstaubplaketten durch die Kfz-Zulassungsbehörde bitte ich folgende bundeseinheitlich abgestimmte Rechtsauffassung zu vertreten:

Die Ausgabe der Feinstaubplaketten erfolgt durch die zur Durchführung der Abgasuntersuchung berechtigten Stellen (z.B. DEKRA, TÜV und Kfz-Werkstätten) nach einer vorherigen Berechtigungsprüfung anhand der Fahrzeugdokumente und der Eintragung des Kfz-Kennzeichens in die Plakette. Ein hoheitliches Anbringen der Plaketten ist dabei nicht vorgesehen. Die o.g. privaten Stellen werden nicht als beliehene Unternehmer, sondern auf eigene Rechnung tätig.

Der Verkauf der Feinstaubplaketten durch die Kfz-Zulassungsstellen der Landratsämter und Stadtverwaltungen stellt keine hoheitliche Tätigkeit dar, da sie der juristischen Person des öffentlichen Rechts nicht eigentümlich und vorbehalten ist. Diese Tätigkeit begründet einen Betrieb gewerblicher Art (BgA), wenn auch die übrigen Voraussetzungen für das Vorliegen eines BgA (§ 4 KStG) erfüllt sind.

Verpachtung eines Betriebes gewerblicher Art;
Entgeltlichkeit der Verpachtung

Verfügung OFD Hannover vom 23.09.2009

S 2706 – 290 – StO 241

Nach § 4 Abs. 4 KStG gilt die Verpachtung eines Betriebes gewerblicher Art (BgA) als BgA. Verpachtung eines BgA ist jede entgeltliche Überlassung von Einrichtungen, Anlagen oder Rechten, die beim Verpächter einen BgA darstellen würde (Dötsch/Jost/Pung/Witt, KStG, Anm. 56 zu § 4 KStG; Gosch, KStG, Anm. 91 zu § 4 KStG; Herrmann/Heuer/Raupach, EStG-KStG, Anm. 56 zu § 4 KStG). Die unentgeltliche Verpachtung begründet keinen BgA i. S. d. § 4 Abs. 4 KStG. Insbesondere bei der Verpachtung eines defizitären Betriebes gewerblicher Art (z. B. öffentliches Schwimmbad) ist es verbreitet, dass die juristische Person des öffentlichen Rechts dem Pächter (Betreiber) einen Zuschuss zum Unterhalt der Einrichtung gewährt. Sofern der Zuschuss höher ist als das vertraglich vereinbarte Entgelt für die Verpachtung des BgA, stellt sich die Frage, ob überhaupt eine entgeltliche Verpachtung vorliegt. Wirtschaftlich gesehen ist die juristische Person des öffentlichen Rechts durch die Verpachtung im Ergebnis nicht bereichert, vielmehr führt sie bei ihr zu einer Belastung. Wirtschaftlich macht es auch keinen Unterschied, ob in Zuschussfällen die Verpachtung ohne Entgelt oder mit Entgelt und einem entsprechend höherem Zuschuss erfolgt. Aufgrund der gebotenen wirtschaftlichen Betrachtungsweise sind in diesen Fällen Pachtentgelt und Zuschuss als Einheit zu beurteilen. Andernfalls hätte die juristische Person des öffentlichen Rechts die Möglichkeit, einen wirtschaftlich gleichen Sachverhalt so zu gestalten, dass er von § 4 Abs. 4 KStG erfasst bzw. nicht erfasst wird. Ergibt sich bei einheitlicher Betrachtung eine Belastung für die juristische Person des öffentlichen Rechts, weil der Zuschuss das Entgelt für die Verpachtung übersteigt, ist eine entgeltliche Verpachtung zu verneinen. Ein BgA i. S. d. § 4 Abs. 4 KStG liegt dann nicht vor. Dies gilt auch bei der Überlassung wesentlicher Betriebsgrundlagen durch eine juristische Person des öffentlichen Rechts an eine Eigengesellschaft. In diesen Fällen findet zwar grundsätzlich das Rechtsinstitut der Betriebsaufspaltung Anwendung. Für die Annahme eines BgA ist aber auch hier Voraussetzung, dass die wesentlichen Betriebsgrundlagen gegen Entgelt an die Eigengesellschaft verpachtet werden (so z. B. auch Dötsch/Jost/Pung/Witt, a. a. O. Anm. 71 zu § 4 KStG und Mössner/Seeger, KStG, Anm. 107 zu § 7 KStG).

Die Rechtfertigung für die Anwendung der Grundsätze der Betriebsaufspaltung bei Betrieben gewerblicher Art liegt nämlich darin, dass es andernfalls juristischen Personen des öffentlichen Rechts möglich wäre, am wettbewerbsrelevanten Marktgeschehen teilzunehmen und gleichzeitig einen Teil der Markteinkünfte in den nicht steuerpflichtigen Bereich zu verlagern (Mössner/Seeger; a. a. O., mit Hinweis auf das BFH-Urteil vom 14. März 1984, BStBl. II S. 496). Zwar hat die Rechtsprechung das Verhältnis zwischen Trägerkörperschaft und BgA grundsätzlich dem Verhältnis zwischen einer Kapitalgesellschaft und ihren Gesellschaftern gleichgestellt. Diese Gleichstellung hat jedoch dort ihre Grenze, wo die Besonderheiten des BgA eine andere Sachbehandlung gebieten (BFH- Urteil vom 14. März 1984 , a. a. O.). Daraus ergibt sich auch die Grenze für die Verwendung des Rechtsinstituts der Betriebsaufspaltung. Bei der unentgeltlichen Überlassung werden keine Einkünfte verlagert, so dass es auch nicht des Rechtsinstituts der Betriebsaufspaltung bedarf, um eine sachgerechte Besteuerung herbeizuführen.

Auftragsforschung der staatlichen Hochschulen des Landes NRW
Beurteilungseinheit für die Annahme eines Betriebs gewerblicher Art „Auftragsforschung"

Verfügung OFD Münster vom 28.09.2009

S 2706 – 73 – St 13-33

Die in § 1 Abs. 2 Hochschulgesetz NRW (HG NRW) genannten Hochschulen und Fachhochschulen sind gem. § 2 Abs. 1 Satz 1 HG NRW Körperschaften öffentlichen Rechts. Die Hochschulen sind als juristische Personen des öffentlichen Rechts (jPdöR) gem. § 1 Abs. 1 Nr. 6 KStG i. V. m. § 4 KStG nur mit ihren Betrieben gewerblicher Art (BgA) steuerpflichtig und insoweit Steuersubjekt hinsichtlich jedes einzelnen BgA (vgl. BFH vom 13.03.1974, BStBl. II 1974, 391).

Soweit die Hochschule Grundlagen- oder Eigenforschung betreibt, besitzt die Forschungstätigkeit hoheitlichen Charakter, weil sie der Hochschule eigentümlich und vorbehalten ist und die Ergebnisse erkennbar der Allgemeinheit zugute kommen.

Erbringt die Hochschule dagegen auf der Grundlage eines gegenseitigen Vertrages mit einem Dritten Auftrags- oder Ressortforschungsleistungen und erhält der Dritte die Forschungsergebnisse als Gegenleistung, sind die Einnahmen der wirtschaftlichen Tätigkeit der Hochschule zuzurechnen. Erhält die Hochschule die Zahlungen für die Auftrags- oder Ressortforschung hingegen auf Grund eines Zuwendungsbescheides, liegt eine wirtschaftliche Tätigkeit nur unter den im BMF-Schreiben vom 15.08.2006, BStBl. I 2006, 502, genannten Voraussetzungen vor.

Entscheidungserheblich für die Frage, ob die Tätigkeit der Auftragsforschung einen Betrieb gewerblicher Art (§ 1 Abs. 1 Nr. 6 i.V.m. § 4 KStG) begründet, ist dabei, auf welche organisatorische Einheit der Hochschule die in R 6 Abs. 5 KStR 2004 festgelegte Umsatzgrenze von 30.678 Euro anzuwenden ist, bei deren Überschreiten eine nachhaltige wirtschaftliche Tätigkeit von einigem Gewicht (R 6 Abs. 5 Satz 2 KStR 2004) vorliegt.

Nach § 25 i.V.m. § 26 Abs. 1 HG NRW gliedert sich die Hochschule in Fachbereiche als organisatorische Grundeinheiten, sofern nicht nach § 29 HG NRW wissenschaftliche Einrichtungen oder Institute begründet werden.

Als Folge dieser dezentralen Organisation der Hochschulen bildet jeder Fachbereich mit seiner Auftragsforschung einen Betrieb gewerblicher Art, sofern dessen Einnahmen aus der Auftragsforschung nachhaltig die Umsatzgrenze von 30.678 € übersteigen. Wurden Institute eingerichtet, ist die Umsatzgrenze auf die Einnahmen aus der Auftragsforschung des jeweiligen Instituts anzuwenden.

Eine Anwendung der Umsatzgrenze auf die Einnahmen aus der Auftragsforschung der jeweiligen Professorin/des jeweiligen Professors kommt ausnahmsweise nur dann in Betracht, wenn dem Forschenden die Möglichkeit zur rechtlich selbständigen Verwaltung der Drittmittel gemäß § 71 Abs. 4 Satz 4 HG NRW eingeräumt wurde, und dieser die Drittmittel auch tatsächlich selbständig verwaltet.

Die tatsächliche selbständige Verwaltung der Forschungsaufträge setzt daher voraus, dass der Forschende für alle wesentlichen Maßnahmen im Zusammenhang mit dem Forschungsauftrag entscheidungsbefugt ist, diese Tätigkeiten auch selbst ausübt und sie nicht durch die Hochschulverwaltung ausüben lässt (z.B. die Anschaffung von Material und Gerätschaften, die Einstellung von Personal für Zwecke des Forschungsauftrages, die Verwaltung/Bezahlung aller Sach- und Personalkosten, die mit dem Forschungsauftrag zusammen hängen). Eine selbständige Verwaltung der Drittmittel setzt ferner voraus, dass der jeweilige Forschende entweder ein eigenes Bankkonto zur Zahlungsabwicklung des Forschungsauftrages eröffnet oder eine Einzelverfügungsberechtigung über das betroffene Bankkonto der Hochschule besitzt, auf dem seine Drittmittelzahlungen eingehen und von dem die Kosten bezahlt werden. Der Forschende muss die Überweisungen/Abhebungen von diesem Bankkonto selbst durchführen oder durch Mitarbeiter seines Lehrstuhls durchführen lassen. Da die Auftragsforschung eine Tätigkeit der Hochschule ist und keine (private) Tätigkeit des Forschenden, muss das Bankkonto auf den Namen der Hochschule lauten und die buchhalterische Erfassung der Drittmittel durch die Hochschulverwaltung muss sichergestellt sein. Soweit diese Voraussetzungen erfüllt werden, ist die Umsatzgrenze aus R 6 Abs. 5 Satz 2 KStR 2004 bezogen auf den jeweiligen Forschenden anzuwenden.

Die vorgenannten Grundsätze sind in allen nicht bestandskräftigen Veranlagungszeiträumen anzuwenden. Soweit im Rahmen der bisherigen steuerlichen Behandlung von anderen Grundsätzen ausgegangen wurde, ist zu prüfen, ob eine Änderung nach den Grundsätzen des Vertrauensschutzes gegebenenfalls unterbleiben kann. Dies kann in der Regel nur in Abstimmung mit dem zuständigen Finanzamt für Groß- und Konzernbetriebsprüfung abschließend beurteilt werden.

Anlage § 004–69

Anwendungsfragen zu den Regelungen im Jahressteuergesetz 2009 zur Besteuerung von Betrieben gewerblicher Art und Eigengesellschaften von juristischen Personen des öffentlichen Rechts

BMF-Schreiben vom 12.11.2009

IV C 7 – S 2706/08/10004, 2009/0742398

Zu Anwendungsfragen zu den Regelungen zur Besteuerung der Betriebe gewerblicher Art (BgA) und Eigengesellschaften der juristischen Personen des öffentlichen Rechts (jPöR) durch das Jahressteuergesetz 2009 nehme ich nach dem Ergebnis der Erörterung mit den obersten Finanzbehörden des Bundes und der Länder wie folgt Stellung:

A. Zusammenfassung von BgA

I. Allgemeines

Durch § 4 Absatz 6 KStG werden die bisherigen Verwaltungsgrundsätze für die Zu sammenfassung von 1 BgA gesetzlich festgeschrieben. Die Grundsätze des R 7 Ab satz 1 und des H 7 KStH sind weiter anzuwenden, soweit im Folgenden nichts Ab weichendes gesagt wird. Eine Zusammenfassung nach anderen Grundsätzen ist steu erlich nicht anzuerkennen. Die jPöR hat jeweils ein Wahlrecht, ob und in welchem Umfang sie bestehende BgA im Einzelfall nach diesen Grundsätzen steuerlich zu sammenfasst oder eine Zusammenfassung beibehält (wegen der Zusammenfassung in einer Eigengesellschaft vgl. Rdnr. 68). Eine steuerliche Zusammenfassung nach § 4 Absatz 6 Satz 1 KStG setzt keine organisatorische Zusammenfassung der BgA durch die jPöR voraus.

Beispiel: 2

Die Stadt unterhält die zwei getrennt von einander organisierten Bäder-Ämter A und B. Im Amt A werden die Bäder Süd und Ost und im Amt B die Bäder Nord und West verwaltet.

Die Ämter A und B bilden jeweils Einrichtungen i. S. d. § 4 Absatz 1 KStG, die jeweils einen BgA darstellen. Die Stadt kann die beiden BgA in Folge ihrer Gleichartigkeit steuerlich zu einem BgA zusammenfassen.

Für den zusammengefassten BgA muss steuerlich eine eigenständige Gewinnermittlung vorgenommen 3 werden.

Die einzelnen in § 4 Absatz 6 Satz 1 KStG aufgeführten Zusammenfassungstatbe stände sind jeweils 4 getrennt zu prüfen. Dabei sind Versorgungs- und Verkehrsbe triebe nicht bereits schon deshalb als gleichartig anzusehen, weil sie in § 4 Ab satz 3 KStG genannt sind. Dagegen sind die in § 4 Absatz 3 KStG aufgeführten Ver sorgungsbetriebe gleichartig.

Sind BgA nach einem Tatbestand zusammengefasst worden, so kann für diesen zu sammengefassten 5 BgA gesondert geprüft werden, ob er mit einem anderen, ggf. auch zusammengefassten BgA, weiter zusammengefasst werden kann. Für die Zusammen fassung eines BgA mit einem anderen zusammengefassten BgA oder einer Einrich tung, die mehrere Betriebe umfasst, reicht es aus, wenn die Zusammenfassungsvor aussetzungen nur zwischen diesem BgA und einem der „BgA" des zusammenge fassten BgA oder einem der Betriebe der Einrichtung vorliegen. In den Fällen des § 4 Absatz 6 Satz 1 Nummer 2 KStG muss die Voraussetzung „von einigem Gewicht" jedoch im Verhältnis zum zusammengefassten BgA vorliegen.

Soll ein nach § 4 Absatz 6 Satz 1 Nummer 2 KStG zusammengefasster BgA nach § 4 Absatz 6 Satz 1 6 Nummer 3 KStG mit einem anderen BgA weiter zusammengefasst werden, setzt dies voraus, dass beide BgA als Verkehrs- oder Versorgungs-BgA anzusehen sind, d. h. von dem jeweiligen Tätigkeitsbereich geprägt sind. Soll ein nach § 4 Absatz 6 Satz 1 Nummer 2 oder 3 KStG zusammengefasster BgA nach § 4 Absatz 6 Satz 1 Nummer 1 KStG mit einem anderen BgA weiter zusammengefasst werden, setzt dies voraus, dass beide BgA als gleichartig anzusehen sind.

7 *Beispiel 1:*

Die Stadt unterhält die Bäder Ost, West und Nord als jeweils eigenständige BgA. Am Bad Ost haben die Stadtwerke ein Blockheizkraftwerk errichtet. Zwischen diesem Bad und den Stadtwerken besteht hiernach eine enge wechselseitige technisch-wirtschaftliche Verflechtung von einigem Gewicht.

Die Stadtwerke (mit dem Blockheizkraftwerk) sind ein Versorgungs-BgA. Die Bäder bilden jeweils eigenständige BgA, die, weil gleichartig, zu einem Gesamt-Bad-BgA zusammengefasst werden können. Eine enge wechselseitige technisch-wirtschaftliche Verflechtung von einigem Gewicht besteht nur zum Bad Ost. Eine Zusammenfassung des Versorgungs-BgA mit dem Gesamt-Bad-BgA nach § 4 Absatz 6 Satz 1 Nummer 2 KStG ist möglich, da zumindest mit dem Bad Ost eine technisch-wirtschaftliche Verflechtung besteht, diese muss zusätzlich aber zum zusammengefassten Gesamt-Bad-BgA nach der Gesamtschau von einigem Gewicht sein. Wegen Gleichartigkeit könnten aber auch nur die BgA Bad West und Nord zu einem Doppelbad-BgA zusammengefasst und daneben könnten die Stadtwerke mit dem BgA Ost nach § 4 Absatz 6 Satz 1 Nummer 2 KStG zu einem gesonderten Versorgungs-Bad-BgA zusammengefasst werden.

8 *Beispiel 2:*

Die Stadt verwaltet die Bäder Ost, West und Nord in einem Bäder-Amt (eine Einrichtung i. S. d. § 4 Absatz 1 Satz 1 KStG). Am Bad Ost (ein großes Bad) ist ein kleines Blockheizkraftwerk errichtet. Zwischen diesem Großbad und dem Blockheizkraftwerk besteht hiernach eine enge wechselseitige technisch-wirtschaftliche Verflechtung von einigem Gewicht, bei dem wegen der unterschiedlichen Dimension der zusammengefassten Betriebe der Badbetrieb das Gepräge gibt. Daneben unterhält die Stadt einen Verkehrsbetrieb.

Der Verkehrsbetrieb ist ein Verkehrs-BgA. Das Blockheizkraftwerk ist isoliert betrachtet ein Versorgungs-BgA. Beide BgA können nach § 4 Absatz 6 Satz 1 Nummer 3 KStG zusammengefasst werden. Die in dem Bäder-Amt verwalteten Bäder bilden als Einrichtung einen BgA. Zu diesem Bäder-BgA besteht keine enge wechselseitige technisch-wirtschaftliche Verflechtung von einigem Gewicht. Diese besteht nur zum Großbad Ost und dem eigenständigen Versorgungs-BgA. Eine Zusammenfassung dieses Versorgungs-BgA nach § 4 Absatz 6 Satz 1 Nummer 2 KStG mit dem Großbad Ost wäre nur möglich, wenn es verwaltungsmäßig aus dem Bäder-Amt herausgelöst und zu einem eigenständigen BgA verselbständigt würde. In diesem Fall würde der zusammengefasste Großbad Ost-Blockheizkraftwerk-BgA nicht als Versorgungsbetrieb gelten, weil ihm der Bäderbereich das Gepräge gibt; eine Zusammenfassung mit dem Verkehrs-BgA nach § 4 Absatz 6 Satz 1 Nummer 3 KStG scheidet aus.

II. Versorgungsbetriebe

1. Allgemeines

9 Versorgungsbetriebe i. S. d. § 4 Absatz 3 KStG sind nur Einrichtungen im Bereich der Wasser-, Gas-, Elektrizitäts- oder Wärmeversorgung. Ihre Tätigkeit muss der Versorgung der Bevölkerung dienen. Erfasst werden sämtliche Wertschöpfungs stufen (Erzeugung, Transport und Handel bzw. Vertrieb). Für die Einordnung als Versorgungsbetrieb ist es ausreichend, dass die Einrichtung nur eine oder einige der Wertschöpfungsstufen umfasst.

10 § 4 Absatz 3 KStG erfasst nur Tätigkeiten, die bis zur Übergabe an den Endkun den anfallen. Tätigkeiten, die in Folge der Verwendung des Wassers, der Energie oder der Wärme beim Endkunden anfallen, sind von § 4 Absatz 3 KStG nicht er fasst. Hierunter fallen insbesondere Dienstleistungen im Bereich der Wartung von Kundenanlagen oder der Betrieb einer Anlage beim Kunden (sog. Contracting) sowie der Energieberatung. Diese Tätigkeiten führen grundsätzlich zu einem ge sonderten BgA, der ggf. nach den übrigen Voraussetzungen des § 4 Ab satz 6 KStG mit dem Versorgungs-BgA oder anderen BgA zusammengefasst werden kann.

2. Selbständiger Netzbetrieb

11 Die bloße Überlassung eines gesamten Leitungsnetzes (z. B. Strom-, Gas- oder Wasserleitungen) durch die jPöR an einen rechtlich selbständigen Versorger, bei der der Versorger auch für den Unterhalt der Leitungen verantwortlich ist, stellt grundsätzlich eine vermögensverwaltende Tätigkeit dar, die aber regelmäßig die Tatbestände des Verpachtungs-BgA i. S. d. § 4 Absatz 4 KStG erfüllt. Werden nur Teile eines Leitungsnetzes überlassen, liegen aber die personellen und sachlichen Voraussetzungen für eine Betriebsaufspaltung (vgl. R 15.7 Absatz 4 EStR) vor, ist dieser Netzbetrieb (Besitzbetrieb) ein BgA i. S. d. § 4 Absatz 1 KStG.

Ein Netzbetrieb ist ein Versorgungsbetrieb i. S. d. § 4 Absatz 3 KStG. Ent sprechendes gilt für Netz- 12
verpachtungs-BgA und Netzbesitz-BgA.

3. Telekommunikationsbetrieb

Das Unterhalten eines öffentlichen Telekommunikationsbetriebs durch die jPöR führt zwar zu einem 13
BgA, stellt aber keinen Versorgungsbetrieb i. S. d. § 4 Absatz 3 KStG dar.

4. Photovoltaikanlage

Der Betrieb einer Photovoltaikanlage begründet einen Versorgungsbetrieb i. S. d. § 4 Absatz 3 KStG. 14

III. Verpachtungs-BgA

Ein Verpachtungs-BgA i. S. d. Fiktion des § 4 Absatz 4 KStG liegt nur vor, wenn die überlassenen 15
Wirtschaftsgüter die wesentlichen Grundlagen des Betriebs ausmachen, mit denen der Pächter sogleich
ohne größere Vorkehrungen einen Gewerbebetrieb ausüben kann (vgl. BFH-Urteil vom 11. Juli 1990,
BStBl. II S. 1100).

Für die Frage, ob ein Verpachtungs-BgA mit einem anderen Verpachtungs-BgA oder einem BgA i. S. d 16
§ 4 Absatz 1 KStG zusammengefasst werden kann, ist nicht auf die Verpachtungstätigkeit, sondern auf
die Tätigkeit des Pächters abzustellen.

Werden dagegen nicht alle wesentlichen Grundlagen an den Pächter überlassen, liegt kein Verpachtungs- 17
BgA, sondern grundsätzlich eine Vermögensverwaltung vor. Erfüllt eine derartige Verpachtung aber die
persönlichen und sachlichen Voraussetzungen für eine Betriebsaufspaltung (vgl. R 15.7 Absatz 4 EStR),
stellt sie eine gewerbliche Tätigkeit dar, die zu einem BgA i. S. d § 4 Absatz 1 KStG führt.

Eine Zusammenfassung dieser BgA kann nicht nach den für Verpachtungs-BgA geltenden Grundsätzen 18
(vgl. Rdnr. 16) vorgenommen werden. Es ist zu prüfen, ob der Besitz-BgA mit der Verpachtung des oder
der Wirtschaftgüter im Einzelfall die Zusammenfassungsvoraussetzungen des § 4 Absatz 6 KStG erfüllt.

IV. Fortgelten bisheriger verbindlicher Auskünfte oder Zusagen

Die gesetzliche Festschreibung der bisherigen Verwaltungsgrundsätze für die Zusammenfassung von 19
BgA hat keine Rechtsänderung im Sinne des AEAO zu § 89 AO, Nr. 3.6.4 zur Folge. Sind auf der
Grundlage der bisherigen Verwaltungsauffassung im Einzelfall verbindliche Auskünfte erteilt worden,
verlieren diese allein durch das In krafttreten des § 4 Absatz 6 KStG nicht ihre Bindungswirkung.

Sind verbindliche Auskünfte im Einzelfall für die Zukunft aufzuheben, sind bisher fest gestellte Ver- 20
lustvorträge sachgerecht den nicht mehr zusammenfassbaren BgA zuzu ordnen.

B. Allgemeine Grundsätze der Einkommensermittlung eines BgA

Die jPöR ist mit ihrem BgA nach § 1 Absatz 1 Nummer 6 i. V. m. § 4 KStG bereits dann subjektiv un- 21
beschränkt körperschaftsteuerpflichtig, wenn der BgA nur mit Einnahmeer zielungsabsicht betrieben
wird, eine Totalgewinn aber nicht zu erwarten ist. § 8 Absatz 1 Satz 2 KStG stellt klar, dass auch in einem
solchen Fall grundsätzlich ein Einkommen zu ermitteln ist. Hierbei gelten die Einkommensermittlungs-
vorschriften des EStG bzw. des KStG einschließlich § 8 Absatz 3 Satz 2 KStG, von dessen Anwendung
nur unter den Voraussetzungen des § 8 Absatz 7 KStG abgesehen werden kann.

C. Sonderregelung zum Ausschluss einer verdeckten Gewinnausschüttung (§ 8 Absatz 7 KStG)

I. Begünstigte Betriebe

1. BgA

Die Sonderregelung des § 8 Absatz 7 Satz 1 Nummer 1 KStG erfasst den einzel nen BgA i. S. d § 4 KStG 22
(einschl. Verpachtungs-BgA), der ein Dauerverlustge schäft unterhält. Dies gilt auch, wenn er Organträger ist und das Dauerverlustge schäft der Organgesellschaft unterhalten wird (§ 15 Satz 1 Nummer
4 Satz 2 KStG). Handelt es sich um einen BgA, der in Folge einer Zusammenfas sung i. S. d § 4 Absatz 6
KStG entstanden ist, muss dieser BgA ein Dauerverlust geschäft unterhalten.

Werden auf Grund der Sonderregelung die Rechtsfolgen einer verdeckten Gewinn ausschüttung nicht 23
gezogen, ist insoweit auch § 20 Absatz 1 Nummer 10 EStG nicht anzuwenden.

2. Eigengesellschaften

a) Allgemeines

Von der Sonderregelung des § 8 Absatz 7 Satz 1 Nummer 2 KStG erfasst wird eine Kapitalgesellschaft, 24
die ein Dauerverlustgeschäft unterhält. Dies gilt auch, wenn sie Organträger ist und das Dauerverlustgeschäft von der Organgesellschaft unterhalten wird (§ 15 Satz 1 Nummer 4 Satz 2 KStG).

25 Werden auf Grund der Sonderregelung die Rechtsfolgen einer verdeckten Gewinnausschüttung nicht gezogen, ist insoweit auch § 20 Absatz 1 Nummer 1 Satz 2 EStG nicht anzuwenden.

b) Stimmrechtsverhältnisse

26 Die Mehrheit der Stimmrechte muss unmittelbar oder mittelbar auf jPöR entfallen. Stimmrechtsvereinbarungen sind zu beachten. Es ist nicht notwendig, dass die Stimmrechte nur bei einer jPöR liegen. Die jeweilige jPöR kann auch in einem Mitgliedstaat der EU oder der EWR ansässig sein.

27 Bei mittelbarer Beteiligung muss auf jeder Stufe der Beteiligungskette die Mehrheit der Stimmrechte vermittelt werden.

c) Verlusttragung

28 Die gesamten Verluste aus den einzelnen Dauerverlustgeschäften, die sich handelsrechtlich vor Verlustübernahme oder einer anderweitigen Verlustkompensation ergeben, müssen nachweislich von der jPöR als Gesellschafter getragen werden. Dies gilt auch, wenn sich bei der Gesellschaft selbst handelsrechtlich in der Summe kein Verlust ergibt. Für die Tragung der Verluste ist es nicht notwendig, dass die Verluste jährlich seitens der jPöR mittels Einlagen ausgeglichen werden. Es reicht aus, dass sie von der jPöR wirtschaftlich im Ergebnis getragen werden. Maßgebend sind die Verhältnisse des Einzelfalls. Sind mehrere jPöR Gesellschafter, bemisst sich die jeweilige Verlustragungspflicht nach der Beteiligungsquote dieser Gesellschafter.

29 Unterhält die Kapitalgesellschaft neben einem Dauerverlustgeschäft auch eine gewinnbringende Tätigkeit, werden die Ergebnisse regelmäßig gesellschaftsintern verrechnet. Die jPöR als Mitgesellschafterin trägt die Verluste aus der Verlusttätigkeit nur in Höhe des auf sie entsprechend ihrer Beteiligungsquote entfallenden Anteils am Ergebnis aus der Gewinntätigkeit. Den gesamten sich aus der Verlusttätigkeit ergebenden Verlust trägt sie nur, wenn sie auch den darüber hinausgehenden Verlust aus der Verlusttätigkeit nach den Grundsätzen der Rdnr. 28 trägt. Entsprechendes gilt, wenn die Tätigkeiten in verschiedenen Eigengesellschaften ausgeübt werden, die z. B. in einer Holdingstruktur gesellschaftsrechtlich verbunden sind.

30 *Beispiel:*

An einer GmbH ist die Gemeinde G zu 51 % und der Private P zu 49 % beteiligt. Die GmbH betreibt ÖPNV mit Jahresverlusten von 100 und die Stromversorgung mit Jahresgewinnen von 100.

Damit bei der GmbH § 8 Absatz 7 KStG angewendet werden kann, muss sich G verpflichten, den jährlich rechnerisch auf P entfallenden Verlustanteil aus dem Dauerverlustgeschäft ÖPNV in Höhe von 49 zu tragen, z. B. durch Einlagen. Leistet sie diese Einlagen, dürfen diese im Falle einer Liquidation nicht an G, sondern nur an P ausgekehrt werden.

31 Ist ein BgA Organträger einer Kapitalgesellschaft, trägt der BgA auf Grund des Ergebnisabführungsvertrags die Verluste jährlich voll; der Tatbestand des § 8 Absatz 7 Satz 1 Nummer 2 Satz 2 KStG ist damit erfüllt.

32 Die auf Grund § 8 Absatz 7 Satz 1 Nummer 2 Satz 2 KStG getroffenen Verlusttragungsvereinbarungen lassen die Grundsätze des BMF-Schreibens vom 7. Dezember 2000 (BStBl. I 2001 S. 47) unberührt. Danach ist bei einer disquotalen Verlusttragung der jPöR für die Anerkennung einer disquotalen Gewinnverteilung eine „besondere Leistung" des privaten Gesellschafters erforderlich.

II. Begünstigte Dauerverlustgeschäfte

1. Allgemeines

33 Für die Frage, ob die Sonderregelung zur Anwendung kommt, ist zunächst erforderlich, dass beim BgA bzw. der Eigengesellschaft eine Vermögensminderung bzw. verhinderte Vermögensmehrung vorliegt, die den Tatbestand der verdeckten Gewinnausschüttung i. S. d. § 8 Absatz 3 Satz 2 KStG erfüllt. Die Sonderregelung erfasst nur Vermögensminderungen bzw. verhinderte Vermögensmehrungen, soweit sie auf dem Unterhalten eines Dauerverlustgeschäfts aus den in § 8 Absatz 7 Satz 2 KStG genannten Gründen beruhen. Hierbei handelt es sich um „wirtschaftliche" Dauerverlustgeschäfte (vgl. Rdnrn. 36 bis 49) und „hoheitliche" Dauerverlustgeschäfte (vgl. Rdnrn. 50 bis 51). Für Vermögensminderungen bzw. verhinderte Vermögensmehrungen aus anderen Gründen, gelten die allgemeinen Grundsätze des § 8 Absatz 3 Satz 2 KStG.

34 *Beispiel:*

Der Verkehrsbetrieb, der einen Betriebsverlust von 100.000 € erzielt, überlässt seiner Trägerkommune ein Grundstück, für das eine Marktmiete von jährlich 1.000 € zu erzielen wäre, für 100 €.

In Höhe von 900 € liegt eine Vermögensminderung vor, die nach § 8 Absatz 3 Satz 2 KStG zu einer verdeckten Gewinnausschüttung führt. Durch die Einkommenshinzurechnung der verdeckten Gewinn-

ausschüttung ergibt sich nur ein negatives Einkommen von 99.100 €. Dieses unterfällt der Sonderregelung des § 8 Absatz 7 KStG.

Liegt eine verdeckte Gewinnausschüttung vor, trifft die Feststellungslast für die Anwendung der Sonderregelung den Steuerpflichtigen. 35

2. Voraussetzung für ein „wirtschaftliches" Dauerverlustgeschäft

Ein Dauerverlustgeschäft i. S. d. § 8 Absatz 7 Satz 2 erster Halbsatz KStG setzt zum einen voraus, dass 36 eine wirtschaftliche Betätigung aus den aufgeführten politischen Gründen ohne kostendeckende Entgelte unterhalten wird, und zum anderen der dabei entstehende Verlust ein Dauerverlust ist. Entsprechendes gilt, wenn die Entgelte nur zu einem ausgeglichenen Ergebnis führen. Ein Dauerverlust liegt vor, wenn auf Grund einer Prognose nach den Verhältnissen des jeweiligen Veranlagungszeitraums nicht mit einem positiven oder ausgeglichenen Ergebnis oder nicht mit einem steuerlichen Totalgewinn zu rechnen ist. Dabei sind Betriebsvermögensmehrungen, die nicht der Besteuerung unterliegen (z. B. zu erwartende Investitionszulagen oder Dividenden, die unter § 8b KStG fallen), gewinnerhöhend und Aufwendungen, die den steuerlichen Gewinn nicht mindern dürfen, gewinnmindernd zu berücksichtigen (vgl. BFH-Urteil vom 30. November 1989, BStBl. 1990 II S. 452, 454). Maßgebend ist ausschließlich das Ergebnis aus der Geschäftstätigkeit selbst, d. h. unter Berücksichtigung allein des hierfür notwendigen Betriebsvermögens.

Mögliche Aufgabe- und Veräußerungsgewinne sind bei der Beurteilung als Dauerverlustgeschäft nicht 37 zu berücksichtigen.

Gewinne in einzelnen Veranlagungszeiträumen stehen der Annahme eines Dauerverlustgeschäfts nicht 38 entgegen.

§ 8 Absatz 7 KStG ist ab dem Zeitpunkt nicht mehr anzuwenden, ab dem ein Dauerverlustgeschäft i. S. d. 39 Rdnr. 36 nicht mehr vorliegt. Die Frage, ob die Rechtsfolgen einer vGA zu ziehen sind, richtet sich ab diesem Zeitpunkt allein nach allgemeinen Grundsätzen.

3. Einzelne begünstigte „wirtschaftliche" Dauerverlustgeschäfte

§ 8 Absatz 7 Satz 2 KStG enthält eine abschließende Aufzählung der Gründe, aus denen ein kosten- 40 deckendes Entgelt nicht erhoben wird. Die begünstigten wirtschaftlichen Geschäfte müssen den folgenden Bereichen zuzurechnen sein, denen die genannten Betätigungen beispielhaft zuzuordnen sind:

a) Verkehrsbereich

ÖPNV, Flughafenbetriebe, Parkraumbewirtschaftung, Hafen- und Fährbetriebe. 41

b) Umweltbereich

Gewerbemüllentsorgung (soweit im Einzelfall nicht hoheitlich). 42

c) Sozialbereich

Kindergärten, Tageseinrichtungen für Kinder, Einrichtungen der Jugend- und Erwachsenenhilfe, Se- 43 nioreneinrichtungen; Wirtschaftsförderung ist keine sozialpolitische Tätigkeit; sie zählt nicht zu den in § 8 Absatz 7 Satz 2 aufgeführten Bereichen.

d) Kulturbereich

Bibliotheken, Zoologische Gärten, Museen, kulturelle Ausstellungen, Kinos, Opern, Theater, Bühnen, 44 Orchester.

e) Bildungsbereich

Schulen und Kurstätigkeit von Kammern (soweit nicht hoheitlich) oder Volkshochschulen. 45

f) Gesundheitsbereich

Krankenhäuser, Bäder, Kuranlagen, Sportanlagen; Beherbergungsbetriebe zählen nicht zum Gesund- 46 heitsbereich.

Die Begünstigung setzt voraus, dass der BgA oder die Kapitalgesellschaft die Geschäfte selbst tätigen. 47 Überlässt der BgA oder die Kapitalgesellschaft nur Wirtschaftsgüter an Dritte, damit diese vergleichbare Geschäfte tätigen können, liegt grundsätzlich bei dem BgA oder der Kapitalgesellschaft kein begünstigtes Geschäft vor (z. B. die Überlassung einer Multifunktionshalle an verschiedene Veranstalter). Führt die Überlassung durch die jPöR zur Fiktion des (dauerdefizitären) Verpachtungs-BgA (§ 4 Absatz 4 KStG) und übt in diesen Fällen der Pächter selbst ausschließlich die in § 8 Absatz 7 Satz 2 KStG aufgeführten Tätigkeiten aus, ist § 8 Absatz 7 KStG auf den Verpachtungs-BgA anzuwenden. Entsprechendes gilt, wenn verschiedene Pächter jeweils selbst ausschließlich die in § 8 Absatz 7 Satz 2 KStG aufgeführten Tätigkeiten ausüben.

48 *Beispiel 1:*

JPöR betreibt ihr Theater nicht selbst, sondern überlässt es nebst Inventar an eine Theatergesellschaft oder wechselnde private Theatergesellschaften und erhebt aus kulturpolitischen Gründen keine kostendeckende Pacht.

Die Überlassung führt zu einem dauerdefizitären Verpachtungs-BgA auf den § 8 Absatz 7 KStG anzuwenden ist.

49 *Beispiel 2:*

JPöR unterhält mit einer Multifunktionshalle, die mit Erbringung erheblicher zusätzlicher Leistungen (z. B. Bühnen- und Tribünenauf- und -abbau, Reinigung, Sicherheitsdienst etc.) an unterschiedliche Nutzer zu deren Zwecken (z. B. Theateraufführung, Kongressveranstaltung oder Parteitag) überlassen wird, einen BgA; kostendeckende Erlöse werden nicht erhoben.

Das Unterhalten der Halle ist ein BgA i. S. d. § 4 Absatz 1 KStG, der kein in § 8 Absatz 7 Satz 2 aufgeführtes Dauerverlustgeschäft betreibt.

4. „Hoheitliche" Dauerverlustgeschäfte einer Kapitalgesellschaft

50 Hoheitliche Tätigkeiten führen bei der jPöR nicht zu einem BgA (vgl. § 4 Absatz 5 Satz 1 KStG); Verluste im Rahmen dieser Tätigkeiten, sind für die jPöR steuerlich irrelevant. Derartige Verlustgeschäfte sind allerdings nach den Grundsätzen des BFH-Urteils vom 22. August 2007 (BStBl. II S. 961) im Rahmen der Einkommensermittlung zu berücksichtigen, wenn sie von einer Kapitalgesellschaft getätigt werden. Handelt es sich bei der Verlusttätigkeit um Dauerverlustgeschäfte (vgl. Rdnr. 33), ist bei der Kapitalgesellschaft nach § 8 Absatz 7 Satz 2 letzter Halbsatz KStG die Rechtsfolge der verdeckten Gewinnausschüttung nicht zu ziehen. Das gilt z. B. für das Schulschwimmen in einem von der Kapitalgesellschaft betriebenen öffentlichen Bad.

51 Von der Sonderregelung erfasst sind nur „hoheitliche" Tätigkeiten, die die Kapitalgesellschaft selbst ausübt. Verpachtet die Gesellschaft z. B. einen Bauhof oder ein Rathaus an die Trägerkörperschaft gegen ein nicht kostendeckendes Entgelt, ist § 8 Absatz 7 Satz 2 letzter Halbsatz KStG nicht einschlägig; es ist nach allgemeinen Grundsätzen zu prüfen, ob das nicht kostendeckende Entgelt den Tatbestand der verdeckten Gewinnausschüttung erfüllt.

III. Höhe der verdeckten Gewinnausschüttung bei nicht begünstigten Dauerverlustgeschäften

52 Liegt kein begünstigtes Dauerverlustgeschäft i. S. d. § 8 Absatz 7 Satz 2 KStG vor, gelten die allgemeinen Grundsätze zur verdeckten Gewinnausschüttung des § 8 Absatz 3 Satz 2 KStG. Nach den Grundsätzen des BFH-Urteils vom 22. August 2007 (a. a. O.) wird das Dauerverlustgeschäft ohne Verlustausgleich im Interesse des Gesellschafters der Eigengesellschaft unterhalten. In Höhe des Verlustes kommt es zu einer verdeckten Gewinnausschüttung. Für BgA und dessen Verhältnis zur Trägerkörperschaft gilt Entsprechendes. Maßgebend für die Bemessung der verdeckten Gewinnausschüttung ist grundsätzlich der steuerliche Verlust aus dem Geschäft. Fallen im Zuge des Geschäfts allerdings Vermögensmehrungen an, die nicht der Besteuerung unterliegen (z. B. vereinnahmte Investitionszulagen oder Dividenden, die unter § 8b KStG fallen), so mindern diese Beträge die Bemessungsgrundlage der verdeckten Gewinnausschüttung.

53 In Fällen, in denen nach den Grundsätzen des BMF-Schreibens vom 7. Dezember 2007, BStBl. I S. 905, in Veranlagungszeiträumen vor 2009 eine verdeckte Gewinnausschüttung anzusetzen ist, gelten vorstehende Grundsätze entsprechend.

IV. Anwendungsregelungen

54 § 8 Absatz 7 KStG ist auch für Veranlagungszeiträume vor 2009 anzuwenden (vgl. § 34 Absatz 6 Satz 4 KStG). Ist im Einzelfall vor dem 18. Juni 2008 (Tag der Kabinettbefassung zum Entwurf eines Jahressteuergesetzes 2009) zu Gunsten der Steuerpflichtigen nach anderen als den in § 8 Absatz 7 KStG enthaltenen Grundsätzen verfahren worden, sind diese Grundsätze grundsätzlich bis einschl. Veranlagungszeitraum 2011 weiter anzuwenden (vgl. § 34 Absatz 6 Satz 5 KStG). § 34 Absatz 6 Satz 5 KStG kommt allerdings nur zur Anwendung, wenn diese Grundsätze den bisherigen Verwaltungsgrundsätzen bzw. der bisherigen Rechtslage nicht entgegenstanden.

55 Die Übergangsregelung kommt hiernach zur Anwendung, wenn im Einzelfall vor dem 18. Juni 2008 die Rechtsfolgen der verdeckten Gewinnausschüttung nicht gezogen worden sind,

56 – bei anderen als in § 8 Absatz 7 Satz 2 KStG aufgeführten Dauerverlustgeschäften. Die insoweit bis Veranlagungszeitraum 2011 festgestellten Verlustvorträge sind auch -vorbehaltlich § 8 Absatz 8 und 9 KStG -in den folgenden Veranlagungszeiträumen nach Maßgabe des § 10d EStG bzw. § 8c KStG nutzbar,

– bei einer Kapitalgesellschaft, bei der die Stimmrechtsverhältnisse und/oder die Verlusttragungs- 57
regelungen nicht den Vorgaben des § 8 Absatz 7 Satz 1 Nummer 2 Satz 2 KStG entsprechen.

Entsprechen bei der Kapitalgesellschaft die Stimmrechtsverhältnisse und die Verlusttragungsregelungen 58
vor dem 18. Juni 2008 den Vorgaben des § 8 Absatz 7 Satz 1 Nummer 2 Satz 2 KStG und trifft dies bei
mindestens einer der Maßgaben zu einem Zeitpunkt nach dem 18. Juni 2008 nicht mehr zu, so kann die
Kapitalgesellschaft ab dem Veranlagungszeitraum der Veränderung die Übergangsregelung des § 34
Absatz 6 Satz 5 KStG nicht in Anspruch nehmen (§ 34 Absatz 6 Satz 6 KStG).

**V. Anwendung der Grundsätze des § 8 Absatz 7 KStG auf Personengesellschaften mit Dauer-
verlustgeschäften**

1. Juristische Person des öffentlichen Rechts ist Gesellschafterin der Personengesellschaft

a) Allgemeines

Nach R 6 Absatz 2 Satz 2 KStR ist die Beteiligung der jPöR an einer Mitunternehmerschaft ein eigen- 59
ständiger BgA. Diese Regelung ist nach den Grundsätzen des R 7 Absatz 2 KStR auf jede von der Personengesellschaft ausgeübte Tätigkeit gesondert anzuwenden. Eine Zusammenfassung der sich hiernach
ergebenden BgA beurteilt sich nach § 4 Absatz 6 KStG.

b) Personengesellschaft unterhält ausschließlich ein Dauerverlustgeschäft

Eine Mitunternehmerschaft liegt nach dem BFH-Urteil vom 25. Juni 1996 (BStBl. 1997 II S. 202) nur 60
vor, wenn die Personengesellschaft insgesamt mit Gewinnerzielungsabsicht tätig ist. Eine Personengesellschaft, deren Geschäftstätigkeit sich auf ein Dauerverlustgeschäft beschränkt, ist keine Mitunternehmerschaft; R 6 Absatz 2 Satz 2 KStR ist insoweit nicht einschlägig.

Die der jPöR aus einer Beteiligung an einer derartigen Personengesellschaft zuzurechnende anteilige 61
Tätigkeit der Gesellschaft stellt bei der jPöR aber nach den allgemeinen Grundsätzen des § 4 KStG einen
BgA dar. Auf diesen BgA sind § 4 Absatz 6 und § 8 Absatz 7 KStG anzuwenden.

**c) Personengesellschaft unterhält neben einem Dauerverlustgeschäft auch andere Geschäfts-
bereiche**

Das jeweilige Dauerverlustgeschäft bildet nach allgemeinen Grundsätzen einen gesonderten BgA. Für 62
die jeweiligen Gewinntätigkeiten gilt (auch unter Berücksichtigung von R 6 Absatz 2 Satz 2 KStR)
Entsprechendes. Auf die BgA sind § 4 Absatz 6 und § 8 Absatz 7 KStG anzuwenden.

2. Kapitalgesellschaft ist Gesellschafterin der Personengesellschaft

Nach den Grundsätzen des BFH-Urteils vom 25. Juni 1996 (a. a. O.) sind die aus den einzelnen Tätig- 63
keiten der Gesellschaft dem Gesellschafter zuzurechnenden Einkünfte bei ihm nur steuerrelevant, soweit
die Tätigkeiten mit Gewinnerzielungsabsicht unternommen werden. Verlustgeschäfte, auch soweit sie
Dauerverlustgeschäfte i. S. d. § 8 Absatz 7 Satz 2 KStG sind, sind bei der Einkommensermittlung der
Kapitalgesellschaft nicht zu berücksichtigen. Damit stellt sich die Frage, ob eine Zurechnung der anteiligen Verluste eine verdeckte Gewinnausschüttung zur Folge hat, nicht. Dies gilt auch bei einer gewerblich geprägten Personengesellschaft (vgl. BFH-Urteil vom 25. September 2008, BStBl. 2009 II
S. 266).

D. Verlustnutzungen bei zusammengefassten BgA (§ 8 Absatz 8 KStG)

Die Vorschriften des Verlustabzugs sind auf den jeweiligen BgA anzuwenden. Aus der zulässigen Zu- 64
sammenfassung von BgA, die nicht gleichartig sind, entsteht ein neuer BgA, der Verlustvorträge, die im
Einzelfall bei den bisherigen BgA vor Zusammenfassung festgestellt worden sind, nicht übernehmen
kann (§ 8 Absatz 8 Satz 2 KStG). Diese Verlustvorträge sind erst wieder „nutzbar", wenn die jPöR einen
BgA, wie er bis zur Zusammenfassung bestand, künftig wieder unterhält. Entsprechendes gilt, wenn ein
BgA, in dem nicht gleichartige Tätigkeiten zulässigerweise zusammengefasst worden sind, getrennt
wird. Wird einem BgA, in dem mehrere nicht gleichartige Tätigkeiten zusammen gefasst sind (z. B.
ÖPNV und Hafenbetrieb) ein weiterer Tätigkeitsbereich (z. B. Wasser versorgung) zugeführt, liegt ein
neuer BgA vor, der über keinen Verlustvortrag verfügt. Veränderungen innerhalb eines Tätigkeitsbereichs (z. B. Erweiterung des Verkehrsbe triebs von Bussen um Straßenbahnen) sind dagegen unschädlich.

Beispiel: 65

*Die jPöR unterhält den BgA „Bad Ost und West" und den BgA „ÖPNV". Zum 31. Dezember 2008 sind
beim Bäder-BgA 100.000 € Verlustvortrag und beim Verkehrs BgA 300.000 € Verlustvortrag festgestellt.
In 2009 als auch in 2010 erzielt der BgA „Bad Ost und West" jeweils einen Jahresverlust von 10.000 €
und der Verkehrsbetrieb in 2009 als auch in 2010 jeweils einen Jahresverlust von 20.000 €. In 2010*

eröffnet die jPöR zusätzlich das Bad „Süd", das einen Gewinn von 1.000 € erzielt. In 2010 betreibt die jPöR auch noch die Stromversorgung mit einem Gewinn von 11.000 €. Für den BgA Bad „Ost und West" wird zum 31. Dezember 2009 ein Verlustvortrag von 110.000 € festgestellt. Durch die Eröffnung des Bad „Süd" kann die jPöR, da eine gleichartige Tätigkeit vorliegt, den BgA zum BgA „Bad Ost, West und Süd" erweitern, dessen Verlustvortrag zum 31. Dezember 2010 auf 110.000 + 10.000 ./. 1000 = 119.000 € festzustellen ist.

Für den BgA „ÖPNV" wird zum 31. Dezember 2009 ein Verlustvortrag von 320.000 € festgestellt. Fasst die jPöR in 2010 diesen BgA mit dem neuen BgA „Stromversorgung" zusammen, entsteht ein neuer BgA „ÖPNV-Stromversorgung", der zum 31. Dezember 2010 einen festzustellenden Verlustvortrag von 0 + 20.000 ./. 11.000 = 9.000 € hat. Der bisherige Verlustvortrag von 320.000 € aus dem BgA „ÖPNV" wird so lange „eingefroren" bis die jPöR in der Zukunft die Stromversorgung wieder aufgeben sollte und den ÖPNV „alleine" weiter betreibt. In diesem Fall würde der wieder entstandene BgA „ÖPNV" mit einem Verlustvortrag von 320.000 € „starten" und der Verlustvortrag von 9.000 € des BgA „ÖPNV-Stromversorgung" festgeschrieben bleiben.

E. Spartentrennung bei Eigengesellschaften (§ 8 Absatz 9 KStG)

I. Allgemeines

66 § 8 Absatz 9 KStG ist anzuwenden, wenn für eine Kapitalgesellschaft § 8 Absatz 7 Satz 1 Nummer 2 KStG zur Anwendung kommt und diese

– mehr als eine Tätigkeit ausübt, die bei einer jPöR jeweils zu einem BgA führen würde, die ggf. aber nach § 4 Absatz 6 KStG zusammengefasst werden könnten,

– neben mindestens einer wirtschaftlichen Tätigkeit auch eine Tätigkeit im Sinne des § 8 Absatz 7 Satz 2 letzter Halbsatz KStG ausübt oder

– mehrere Tätigkeiten im Sinne des § 8 Absatz 7 Satz 2 letzter Halbsatz KStG ausübt.

67 In Fällen der Organschaft vgl. unter F.

II. Sparteneinteilung

1. Einzelne Sparten

68 Mit der Ausübung mehrerer verschiedener Tätigkeiten in einer Kapitalgesellschaft kommt es zur Zusammenfassung dieser Tätigkeiten bei einem Steuerpflichtigen. Diese Zusammenfassung ist unter Beachtung der Grundsätze des § 4 Absatz 6 KStG bei der Spartenbildung zwingend zu berücksichtigen (wegen der Zusammenfassung bei BgA vgl. Rdnr. 1).

Für die Spartenzuordnung sind

69 – zunächst Dauerverlustgeschäfte im Sinne des § 8 Absatz 7 Satz 2 letzter Halbsatz KStG jeweils einer gesonderten Sparte zuzuordnen (Sparten i. S. d. § 8 Absatz 9 Satz 1 Nummer 1 KStG = Sparten mit „hoheitlichen" Dauerverlustgeschäften). Eine Zusammenfassung dieser „hoheitlichen" Tätigkeiten scheidet aus;

70 – danach Tätigkeiten, die entweder nach § 4 Absatz 6 Satz 1 KStG zusammenfassbar sind, unabhängig davon, ob es sich um Dauerverlustgeschäfte oder Gewinnbetriebe handelt, oder bei den übrigen nicht zusammenfassbaren Dauerverlustgeschäften stammen, nach Maßgabe des § 4 Absatz 6 Satz 1 EStG jeweils einer gesonderten Sparte zuzuordnen (Sparten i. S. d. § 8 Absatz 9 Satz 1 Nummer 2 KStG);

71 – die danach verbleibenden Tätigkeiten einer gesonderten Sparte zuzuordnen (Sparte i. S. d. § 8 Absatz 9 Satz 1 Nummer 3 KStG; „übrige Sparte"). In diese Sparte sind auch Geschäfte einzuordnen, die - ohne Dauerverlustgeschäfte zu sein -in einzelnen Wirtschaftsjahren Verluste bzw. Anlaufverluste erzielen.

72 Jede Änderung in der Tätigkeitsstruktur der Kapitalgesellschaft ist auf ihre Auswirkung auf die Spartenzuordnung zu überprüfen; eine Änderung in der Tätigkeitsstruktur kann auch über Umwandlungsvorgänge bewirkt werden:

73 – Wird zu einer bestehenden Sparte eine gleichartige Tätigkeit aufgenommen oder fällt eine solche weg, wird die nämliche Sparte in ihrer veränderten Form fortgeführt.

74 – Veränderungen in der „übrigen Sparte" (§ 8 Absatz 9 Satz 1 Nummer 3 KStG) führen zu Änderungen in dieser Sparte und der Fortführung dieser Sparte in der veränderten Form.

75 – Übrige Veränderungen in Form der Aufnahme neuer Tätigkeiten oder dem Wegfall bisheriger Tätigkeiten führen zu neuen Sparten unter Berücksichtigung der aktuellen Tätigkeitsstruktur. Wenn hiervon bisherige Sparten betroffen sind, fallen diese Sparten weg: Ein in einer dieser Sparten festgestellter Verlustvortrag ist festzuschreiben; kommt es künftig wieder zu einer Tätigkeitsstruktur, die

dieser Sparte entspricht, ist dieser festgeschriebene Betrag als Anfangsbestand der neuen Sparte maßgebend.

Hilfsgeschäfte zu einer Haupttätigkeit der Kapitalgesellschaft teilen das Schicksal der Haupttätigkeit. Ob **76** ein Hilfsgeschäft vorliegt, beurteilt sich nach den Gege benheiten des Einzelfalls. Die Veräußerung des Betriebsvermögens in Folge der Aufgabe der operativen Tätigkeit ist beispielsweise ein Hilfsgeschäft in der Sparte, der das Betriebsvermögen bisher zugeordnet war. Für Nebengeschäfte von untergeordneter Bedeutung gilt Entsprechendes.

Die Spartenbildung ist losgelöst von der Frage vorzunehmen, ob die einzelnen Sparten einen Teilbetrieb **77** bilden oder nicht.

Beispiel 1: **78**

Im Veranlagungszeitraum 01 betreibt die Kapitalgesellschaft ein Theater mit einem Verlust von 30, in den Stadtteilen A und B jeweils ein Bad mit Verlusten von 30 bzw. 40, ein Blockheizkraftwerk, das aus der Stromgewinnung einen Überschuss von 120 erzielt, den ÖPNV mit einem Verlust von 160, ein reines Schulschwimmbad mit einem Verlust von 40, die Hausmüllentsorgung mit einem Gewinn von 10, die Grundstücksverwertung mit einem Gewinn von 30 und erstmals eine EDV-Servicetätigkeit mit einem Anlaufverlust von 5.

Die Tätigkeiten der Eigengesellschaft sind zwingend folgenden Sparten zuzuordnen:

- *Sparte „Schulschwimmbad" (Verlust 40) als „hoheitliches" Dauerverlustgeschäft.*
- *Sparte „Theater" (Verlust 30) als Dauerverlustgeschäft.*
- *Sparte „Bäder A und B" (Verlust 70) als gleichartig zusammengefasste Tätigkeiten.*
- *Sparte „Stromversorgung / Verkehrsbetrieb" (Verlust 40) als auf Grund § 4 Absatz 3 KStG zusammengefasste Tätigkeiten.*
- *Sparte „übrige Tätigkeiten" bestehend aus der mit Gewinnerzielungsabsicht betriebenen Tätigkeit der Hausmüllentsorgung, der Grundstücksverwertung und der EDV-Servicetätigkeit (Gewinn 35).*

Die Verluste der vier Verlustsparten sind gesondert festzustellen. Der Gewinn aus der Sparte „übrige Tätigkeiten" ist bei der Einkommensermittlung der Gesellschaft für den Veranlagungszeitraum 01 zu berücksichtigen.

Beispiel 2: **79**

Im Veranlagungszeitraum 02 betreibt die Kapitalgesellschaft zum einen dieselben Tätigkeiten wie 01 und erzielt hierbei auch die entsprechenden Ergebnisse. Zusätzlich betreibt sie ab Beginn des Jahres noch ein zweites Theater mit einem Gewinn von 70 und die Wasserversorgung mit einem Gewinn von 50.

Die Tätigkeiten der Eigengesellschaft sind nunmehr zwingend folgenden Sparten zuzuordnen:

- *Sparte „Schulschwimmbad" (Verlust 40) als „hoheitliches" Dauerverlustgeschäft. Ingesamt festgestellter Verlust 80.*
- *Sparte „Theater" bestehend aus dem Dauerverlustgeschäft des bisherigen Theaters und dem neu hinzu gekommenen Theater, das kein Dauerverlustgeschäft ist. Das laufende Ergebnis von 70 ./. 30 = 40 vermindert sich um den Verlustvortrag dieser Sparte von 30, so dass sich für 02 ein Gesamtbetrag der Einkünfte von 10 ergibt.*
- *Sparte „Bäder A und B" (Verlust 70) als gleichartig zusammengefasste Tätigkeiten. Ingesamt festgestellter Verlust 140.*
- *Neue Sparte „Stromversorgung / Verkehrsbetrieb / Wasserversorgung" (Gewinn (50 ./. 40 =) 10) als auf Grund von § 4 Absatz 3 KStG zusammengefasste Tätigkeiten. Dieser Gewinn kann nicht um den Verlustvortrag der bisherigen Sparte „Stromversorgung / Verkehrsbetrieb" aus 01 gemindert werden, da zwar die Stromversorgung und die Wasserversorgung für sich als gleichartig anzusehen wären, in Folge der schon bestehenden Zusammenfassung der Stromversorgung mit dem Verkehrsbetrieb aber kein Versorgungsbetrieb vorliegt, der mit der Wasserversorgung wegen Gleichartigkeit zusammengefasst werden könnte. (Dies wäre nur der Fall, wenn bei der Zusammenfassung der Stromversorgung mit dem Verkehrsbetrieb die Stromversorgung diesem zusammengefassten BgA das Gepräge geben würde.)*
- *Sparte „Übrige Tätigkeiten" bestehend aus der mit Gewinnerzielungsabsicht betriebenen Tätigkeit der Hausmüllentsorgung und der Grundstücksverwertung und der EDV-Servicetätigkeit (Gewinn 35).*

Die Verluste der zwei Verlustsparten sind gesondert festzustellen. Die Gewinne aus den Sparten „Theater", „Stromversorgung / Verkehrsbetrieb/ Wasserversorgung" und „Übrige Tätigkeiten" sind bei der Einkommensermittlung der Gesellschaft für den Veranlagungszeitraum 02 zu berücksichtigen.

2. Ergebnisermittlung der Sparten

80 Die Bildung der Sparten lässt die Steuerpflicht der Kapitalgesellschaft selbst unberührt. Für die Ermittlung der Spartenergebnisse sind die Wirtschaftsgüter bzw. die Geschäftsvorfälle der Kapitalgesellschaft aus der für sie bestehenden Rechnungslegung den einzelnen Sparten in sachgerechter Weise rechnerisch zuzuordnen; dies gilt insbesondere für Beteiligungen oder Finanzanlagen. Dabei ist für die Tätigkeit notwendiges Betriebsvermögen zwingend entsprechend der Tätigkeit dieser Sparte zuzuordnen. Die Änderung der spartenmäßigen Zuordnung eines Wirtschaftsguts führt nicht zur Realisierung stiller Reserven.

81 *Beispiel 1:*

Die Kapitalgesellschaft betreibt den dauerdefizitären Nahverkehr und die Abwasserentsorgung. Sie hält Anteile an einer Reisebürogesellschaft und einer Recyclinggesellschaft. Schließlich hat sie ein Festgeldkonto, auf dem liquide Finanzmittel angelegt sind.

Die Kapitalgesellschaft ist in die Sparten „Nahverkehr" und „Abwasserentsorgung" aufzuteilen. Die Beteiligung an dem Reisebüro ist der Sparte „Nahverkehr" und die an der Recyclinggesellschaft der Sparte "Abwasserentsorgung" zuzuordnen. Die Finanzmittel sind beiden Sparten z. B. umsatzabhängig zuzuordnen. Eine ausschließliche Zuordnung zur Sparte „Nahverkehr" wäre z. B. nur möglich, wenn nachweisbar im Bereich Abwasserentsorgung keine liquiden Finanzmittel anfallen oder benötigt würden.

82 *Beispiel 2:*

Die Kapitalgesellschaft betreibt den Nahverkehr, bei dem sich dauerhaft ein Betriebsverlust ergibt, der aber regelmäßig durch Ausschüttungen auf eine dem Nahverkehr als gewillkürtes Betriebsvermögen zugeordnete nicht 100% ige Beteiligung überkompensiert wird, die Stromversorgung und die Abwasserentsorgung.

Die Kapitalgesellschaft ist in die Sparten „Nahverkehr/Stromversorgung" und „Abwasserentsorgung" aufzuteilen. Im Zuge der Ermittlung des Gesamtbetrags der Einkünfte in der Sparte „Nahverkehr/ Stromversorgung" kommt es in Folge § 8b KStG zu einer Verrechnung der Betriebsverluste aus dem Nahverkehr mit einem Gewinn aus der Stromversorgung.

3. Behandlung allgemeiner Verwaltungs- und Servicekosten

83 Die allgemeinen ex- und internen Verwaltungs- und Servicekosten (z. B. Kosten für Buchführung oder Beratung) oder vergleichbare Kosten der Kapitalgesellschaft sind den einzelnen Sparten sachgerecht zuzuordnen. Weicht der Steuerpflichtige von seinen bisherigen Zuordnungsgrundsätzen ab, kann dies nur anerkannt werden, wenn die Abweichung nachvollziehbar begründet wird.

84 Werden derartige Leistungen von einer Konzerngesellschaft für die einzelnen Unternehmen des Konzerns erbracht, stellt diese Tätigkeit bei der Konzerngesellschaft eine sonstige Tätigkeit dar, die der Sparte „übrige Tätigkeiten" zuzuordnen ist. Die den Konzerngesellschaften in Rechnung gestellten Beträge stellen bei diesen externe Verwaltungs- und Servicekosten dar.

4. Zinsschranke

85 Kommt es bei der Kapitalgesellschaft nach den Grundsätzen der Rdnrn. 91 bis 93 des BMF-Schreibens vom 4. Juli 2008 (BStBl. I S. 718) zur Anwendung des § 4h EStG bzw. § 8a KStG, so ist der nichtabziehbare Betrag bzw. der Zinsvortrag sachgerecht den einzelnen Sparten zuzuordnen.

5. Ermittlung des Einkommens der Kapitalgesellschaft

86 Für jede Sparte ist nach Maßgabe des R 29 Absatz 1 Satz 2 KStR ein eigenstän diger Gesamtbetrag der Einkünfte zu ermitteln (§ 8 Absatz 9 Satz 2 KStG). Hierbei sind insbesondere § 8 Absatz 3 Satz 2 KStG bzw. § 8 Absatz 7 KStG in der je weiligen Sparte anzuwenden.

87 Nur Sparten, deren Gesamtbetrag der Einkünfte nicht negativ ist, sind bei der an schließenden Ermittlung des Einkommens der Eigengesellschaft zu berücksichti gen.

6. Verlustabzug bei der Kapitalgesellschaft

88 Nach § 8 Absatz 9 Satz 5 KStG mindert ein Verlust in einer Sparte nach Maßgabe des § 10d EStG den positiven Gesamtbetrag der Einkünfte, der sich in dem um mittelbar vorangegangenen und in den folgenden Veranlagungszeiträumen für diese Sparte ergibt. Dies hat zur Folge, dass sich der Verlustrücktrag von bis zu 511.500 € bzw. der Sockelbetrag beim Verlustvortrag von 1 Mio. € pro Sparte ermittelt.

89 Der sich hiernach pro Sparte ergebende verbleibende Verlustvortrag ist nach Maß gabe des § 10d Absatz 4 EStG gesondert festzustellen.

F. Sonderregelungen bei Organschaftsgestaltungen

I. Allgemeines

In Fällen einer Organschaft kommt es auf Ebene des Organträgers zu einer Zusammenfassung der Tä- 90
tigkeiten, die im Organkreis ausgeübt werden.

Auf Ebene der Organgesellschaft sind im Wege der Einkommensermittlung weder Sparten i. S. d. § 8 91
Absatz 9 KStG zu bilden noch bei Dauerverlustgeschäften die Rechtsfolgen des § 8 Absatz 3 Satz 2 und
Absatz 7 KStG zu ziehen (§ 15 Satz 1 Nummer 4 Satz 1 und Nummer 5 Satz 1 KStG). Das dem Organträger zugerechnete Einkommen ist auf Ebene des Organträgers nach Maßgabe der Ausführungen unter E
den beim Organträger zu bildenden Sparten zuzuordnen (§ 15 Satz 1 Nummer 5 Satz 2 KStG). Innerhalb
dieser Sparten ist dann § 8 Absatz 3 Satz 2 und Absatz 7 KStG anzuwenden (§ 15 Satz 1 Nummer 4
Satz 2 KStG).

II. Organträger ist ein BgA

Nach § 15 Satz 1 Nummer 5 Satz 2 KStG ist in Fällen, in denen die Organgesellschaft Dauerverlust- 92
geschäfte im Sinne des § 8 Absatz 7 Satz 2 KStG ausübt, bei der Ermittlung des Einkommens des Organträgers § 8 Absatz 9 KStG anzuwenden. Dies gilt auch, wenn der Organträger keine Kapitalgesellschaft i. S. d. § 8 Absatz 9 KStG, sondern ein BgA ist.

Beispiel: 93

*JPöR unterhält einen gewinnträchtigen BgA „Grundstücksverwertung", der mit einer GmbH, die lau-
fende Verluste aus Bädern erzielt und die die Voraussetzungen des § 8 Absatz 7 Satz 1 Nummer 2 KStG
erfüllt, ein Organschaftsverhältnis begründet hat.*

*Auf Ebene der GmbH ist § 8 Absatz 7 KStG nicht anzuwenden (§ 15 Satz 1 Nummer 4 Satz 1 KStG). Die
Anwendung der Grundsätze des § 8 Absatz 9 KStG auf Ebene des Organträgers (§ 15 Satz 1 Nummer 5
Satz 2 KStG) führt zu einer Spartenbildung: Sparte „Grundstücksverwertung" und Sparte „Bäder". In
der Sparte „Bäder" ist keine vGA anzusetzen (§ 15 Satz 1 Nummer 4 Satz 2 i. V. m. § 8 Absatz 7 KStG).*

Ein Dauerverlust-BgA kann kein Organträger sein (vgl. Rdnr. 5 des BMF-Schreibens vom 26. August 94
2003, BStBl. I S. 437).

G. Gewerbesteuerliche Regelungen

I. Ermittlung des Gewerbeertrags bei Betrieben der öffentlichen Hand und Eigengesellschaften

§ 8 Absatz 1 Satz 2 KStG ist für die Ermittlung des Gewerbeertrags eines Betriebs der öffentlichen Hand 95
ohne Bedeutung. Ein solcher liegt im Gegensatz zum BgA nur vor, wenn er die Tatbestände des stehenden Gewerbebetriebs erfüllt, zu denen u. a. die Gewinnerzielungsabsicht zählt.

Die Zuordnung der Wirtschaftsgüter bzw. der Geschäftsvorfälle der Kapitalgesellschaft auf die einzel- 96
nen Sparten (vgl. E) ist für die Hinzurechnung bzw. Kürzung nach §§ 8 und 9 GewStG maßgebend. Der
Freibetrag des § 8 Nummer 1 GewStG ist nur für die Eigengesellschaft zu gewähren. Er ist auf die einzelnen Sparten entsprechend dem Verhältnis aufzuteilen, wie die Hinzurechnungsbeträge (vor Freibetrag) auf die Sparten entfallen. Entsprechend den Grundsätzen zu Rdnr. 88 ist der Betrag von 1 Mio. €
nach § 10a Satz 2 GewStG pro Sparte zu ermitteln.

In Fällen einer Organschaft sind die Grundsätze des Abschnitts 41 GewStR anzuwenden. 97

II. Gewerbesteuerliche Zusammenfassung von Betrieben der öffentlichen Hand

§ 2 Absatz 1 Satz 1 GewStDV stellt klar, dass für die Frage, ob ein Betrieb der öffentlichen Hand als 98
stehender Gewerbebetrieb anzusehen ist, die Zusammenfassungsgrundsätze des § 4 Absatz 6 Satz 1
KStG maßgebend sind. Maßgebend ist danach, ob das nach diesen Grundsätzen zusammengefasste
Unternehmen mit Gewinnerzielungsabsicht betrieben wird.

Dieses Schreiben wird im Bundessteuerblatt Teil I veröffentlicht.

Anlage § 004–70

Kriterien zur Abgrenzung hoheitlicher von wirtschaftlicher Tätigkeit einer juristischen Person des öffentlichen Rechts

BMF-Schreiben vom 11.12.2009

IV C 7 – S 2706/07/10006 2009/0833347

Der BFH hat im Urteil vom 29. Oktober 2008 (I R 51/07), BStBl. 2009 II S. . . ., zum Betrieb eines Krematoriums zur Frage Stellung genommen, unter welchen Voraussetzungen eine Betätigung der juristischen Person des öffentlichen Rechts (jPöR) als hoheitliche Tätigkeit angesehen werden kann.

Nach dem Ergebnis der Erörterung mit den obersten Finanzbehörden der Länder sind die Grundsätze dieser Entscheidung unter Berücksichtigung der nachfolgenden Ausführungen über den entschiedenen Einzelfall hinaus bei der Beurteilung von Tätigkeiten der jPöR (einschließlich des Betriebs eines Krematoriums) in Ergänzung der Ausführungen in R 9 und H 9 KStH allgemein anzuwenden.

I. Abgrenzung hoheitlicher von wirtschaftlicher Tätigkeit

Eine Tätigkeit der jPöR ist, sofern es sich nicht um eine Tätigkeit eines Betriebs i. S. des § 4 Absatz 3 KStG handelt, nur wirtschaftlich (und damit unter den übrigen Voraussetzungen als BgA) einzustufen, wenn sie der jPöR nicht eigentümlich und vorbehalten ist. Bei der Prüfung, ob eine der jPöR vorbehaltene Tätigkeit vorliegt, gilt Folgendes:

1. Aufgabenzuweisung an die jPöR

a) Grundsatz

Eine Tätigkeit ist der jPöR vorbehalten, soweit die jPöR (z. B. Kommune) sie in Erfüllung einer ihr gesetzlich (z. B. durch Bundesrecht, Landesrecht oder Landesrecht auf der Grundlage von Bundesrecht) zugewiesenen Aufgabe ausübt. Entsprechendes gilt, soweit eine derart zugewiesene Aufgabe von der jPöR auf eine andere jPöR (Zweckverband oder Anstalt öffentlichen Rechts) übertragen wird.

Ist eine Tätigkeit hiernach in einem Bundesland der jPöR vorbehalten und besteht hier ein öffentlich-rechtlicher Benutzungszwang, bleibt die Tätigkeit ihr vorbehalten, auch wenn die Tätigkeit in einem anderen Bundesland der jPöR nicht vorbehalten ist.

Eine vorbehaltene Tätigkeit liegt nicht vor, wenn die jPöR die Aufgaben auf private Dritte übertragen kann (vgl. unter 2.). Eine Übertragung einer Aufgabe auf einen Dritten liegt nicht vor, wenn sich die jPöR bei ihrer Durchführung privater Dritter lediglich als Erfüllungsgehilfen bedient.

Beispiel:

Auf der Grundlage des bis Februar 2010 geltenden § 18a Absatz 2a Wasserhaushaltgesetzes bzw. des ab März 2010 geltenden § 56 Wasserhaushaltsgesetzes bestimmt Artikel 41b Absatz 1 Satz 1 des Bayerischen Wassergesetzes, dass die Aufgabe der Abwasserbeseitigung der Kommune zugewiesen ist, in der die Abwässer anfallen. Der Abwassererzeuger ist zur Überlassung seiner Abwässer an die Kommune verpflichtet (öffentlich-rechtlicher Benutzungszwang).

Die Aufgabe der Entsorgung dieser Abwässer ist der Kommune – auch wenn sie sich bei der Durchführung der Aufgabe eines privaten Dritten bedient (z. B. einem privaten Klär-anlagenbetreiber) - vorbehalten. Es liegt unter Berücksichtigung der übrigen Kriterien des § 4 KStG eine hoheitliche Tätigkeit vor.

b) Ausnahme

Trotz einer Aufgabenzuweisung an die jPöR liegt keine vorbehaltene Tätigkeit vor, wenn kein öffentlich-rechtlicher Benutzungszwang besteht, so dass die Leistung auch bei einem Dritten nachgefragt werden kann, der keine in- oder ausländische jPöR ist.

Beispiel:

§ 13 Absatz 1 des Hamburger Bestattungsgesetzes weist den Betrieb von Feuerbestattungs-anlagen in der Hansestadt einer jPöR zu; ein öffentlich-rechtlicher Benutzungszwang dieser Anlagen besteht nicht; d. h., auch andernorts ansässige Unternehmen, die derartige Tätig-keiten anbieten, können von Hamburgern in Anspruch genommen werden.

Mangels bestehendem öffentlich-rechtlichem Benutzungszwang liegt keine der jPöR vor-behaltene Aufgabe vor. Die der jPöR zugewiesene Aufgabe führt bei dieser zu einem BgA.

c) *Rückausnahme*

Dies gilt ausnahmsweise nicht, wenn der Markt für die von der jPöR ausgeübte Tätigkeit örtlich so eingeschränkt ist, dass eine Wettbewerbsbeeinträchtigung steuerpflichtiger Unternehmen im In- und Ausland ausgeschlossen werden kann.

2. **Aufgabenübertragung auf private Dritte**

a) *Grundsatz*

Kann die der jPöR zugewiesene Aufgabe auf einen privaten Dritten übertragen werden, handelt es sich mangels einer der jPöR vorbehaltenen Aufgabe um eine wirtschaftliche Tätigkeit, die – soweit auch die übrigen Voraussetzungen erfüllt sind – zu einem BgA der jPöR führt.

Beispiel:

Nach § 39 Absatz 2 des Hessischen Wassergesetzes (und vergleichbarer Regelungen in den anderen Bundesländern) kann die den Gemeinden zugewiesene Aufgabe der ausreichenden Versorgung der Bevölkerung mit Trinkwasser von diesen auf private Dritte übertragen werden.

Die Trinkwasserversorgung begründet bei einer jPöR damit einen BgA.

b) *Ausnahme*

Trotz der Möglichkeit, die der jPöR zugewiesene Aufgabe auf einen privaten Dritten zu übertragen, ist die Tätigkeit der jPöR allerdings vorbehalten, wenn

– die Übertragung auf den privaten Dritten nur im Wege der Beleihung möglich ist und

– ein öffentlich-rechtlicher Benutzungszwang besteht, so dass die Leistung nur von jPöR oder von Beliehenen erbracht werden kann. Besteht in einem Bundesland ein öffentlich-rechtlicher Benutzungszwang, ist die Tätigkeit der jPöR in diesem Land der jPöR vorbehalten und damit unter Berücksichtigung der übrigen Voraussetzungen des § 4 KStG hoheitlich, auch wenn dieses Vorbehalten in einem anderen Bundesland nicht vorliegt.

Eine Beleihung in diesem Sinne setzt voraus, dass der private Dritte seine ihm übertragene Aufgabe nach Maßgabe öffentlich-rechtlicher Handlungsformen zu erfüllen hat.

Beispiel:

Nach § 2 Absatz 2 Satz 1 des Vermessungs- und Katastergesetzes NRW wird die Aufgabe des amtlichen Vermessungswesens, das nach § 2 Absatz 1 des Vermessungs- und Katastergesetzes NRW den Kreisen und kreisfreien Städten übertragen ist, auch von einem in NRW zugelassenen öffentlich bestellten Vermessungsingenieur erbracht, der diese Aufgabe in den Handlungsformen des öffentlichen Rechts auszuüben hat.

Die genannte Vermessungstätigkeit der Katasterbehörden in NRW ist hoheitlich, da privaten Dritten diese Aufgabe nur im Wege der Beleihung übertragen werden kann und nicht beliehene private Dritte die Leistung nicht erbringen können. Für Zwecke der Umsatzsteuer ist § 2 Absatz 3 Satz 2 Nummer 4 UStG zu beachten.

II. Übergangsregelung

Soweit zu vorstehenden Grundsätzen in einzelnen Bundesländern bisher abweichende Regelungen galten, sind diese Grundsätze erstmals für den Veranlagungszeitraum 2010 anzuwenden.

Dieses Schreiben wird im Bundessteuerblatt Teil I veröffentlicht. Es steht ab sofort für eine Übergangszeit auf den Internet-Seiten des Bundesministeriums der Finanzen unter der Rubrik Wirtschaft und Verwaltung – Steuern – Veröffentlichungen zu Steuerarten – Körperschaftsteuer – (http://www.bundesfinanzministerium.de) zur Ansicht und zum Abruf bereit.

Anlage § 005 (1) Nr. 03–01

Körperschaftsteuerliche Behandlung der Zusatzversorgungseinrichtungen des öffentlichen Dienstes

Erlaß FM Hessen vom 31.12.1978

S 2723 A – 7d – II B 31

Die Zusatzversorgungseinrichtungen des öffentlichen Dienstes erfüllen die gleichen Aufgaben wie die von den Trägerunternehmen der gewerblichen Wirtschaft gegründeten Pensionskassen. Es ist daher gerechtfertigt, die Zusatzversorgungseinrichtungen unter den gleichen Voraussetzungen von der Besteuerung zu befreien wie die Pensionskassen. Schwierigkeiten ergeben sich jedoch bei der Anwendung der Vorschrift des § 5 Abs. 1 Nr. 3 Buchst. d KStG. Die Zusatzversorgungseinrichtungen des öffentlichen Dienstes finanzieren nicht wie üblich nach dem Anwartschaftsdeckungsverfahren, sondern nach einem modifizierten Umlageverfahren mit der Auflage einer Bedarfsdeckung für einen mehrjährigen Abschnitt. Dieses Umlageverfahren kann nicht für die Prüfung der Voraussetzungen in § 5 Abs. 1 Nr. 3 Buchst. d KStG herangezogen werden.

Es stellt sich daher die Frage, ob die bezeichneten Versorgungseinrichtungen angehalten werden müssen, wie die Pensionskassen eine versicherungsmathematische Berechnung der Deckungsrückstellung vorzunehmen, oder ob in diesen Fällen allgemein auf die Prüfung der Voraussetzungen des § 5 Abs. 1 Nr. 3 Buchst. d KStG verzichtet werden kann.

Ich bitte hierzu folgende Auffassung zu vertreten:

Im Regelfall kann davon ausgegangen werden, daß das Anwartschaftsdeckungsverfahren höhere Vermögenswerte erfordert als ein modifiziertes Umlageverfahren. Demzufolge ist nicht damit zu rechnen, daß die partielle Steuerpflicht i. S. des § 6 Abs. 1 KStG für die Zusatzversorgungseinrichtungen des öffentlichen Dienstes praktische Bedeutung erlangt. Aus diesem Grunde bestehen keine Bedenken, in diesen Fällen auf die versicherungsmathematische Berechnung der Deckungsrückstellungen nach dem Anwartschaftsdeckungsverfahren und somit auf die Prüfung der Voraussetzung des § 5 Abs. 1 Nr. 3 Buchst. d KStG zu verzichten.

Dieser Erlaß ergeht im Einvernehmen mit dem Bundesminister der Finanzen und den obersten Finanzbehörden der anderen Länder.

Körperschaftsteuerliche Behandlung rechtsfähiger Pensions- und Unterstützungskassen; hier: Einmalige Zahlung anstelle von laufenden Rentenzahlungen

Erlaß FM NW vom 21.05.1968

S 2727 – 2 – VB 4

Bezug: Mein Erlaß vom 7. April 1967 S 2727 – 2 – VB 4

Zahlt eine rechtsfähige Pensions- und Unterstützungskasse anstelle laufender Rentenzahlungen eine entsprechende Kapitalabfindung, so kommt es nach meinem Bezugserlaß für die Steuerbefreiung der Kasse nicht nur auf die Einhaltung der in den §§ 10 und 11 KStDV[1] genannten Höchstbeträge, sondern auch darauf an, daß der Leistungsempfänger durch die Kapitalisierung keinen höheren Betrag erhält, als er insgesamt bei laufender Rentenzahlung bekommen würde. Diese Voraussetzung ist erfüllt, wenn bei der Berechnung der Kapitalabfindung ein Zinssatz von 5,5 v. H. angewendet wird.

Hierzu weise ich darauf hin, daß die Frage des Zinsfußes im wesentlichen nur in den Fällen praktische Bedeutung hat, in denen die zu kapitalisierende Rente den Höchstbeträgen der §§ 10 und 11 KStDV[2] entspricht. Handelt es sich dagegen um eine Rente, die unter diesen Höchstbeträgen liegt, so verliert die Höhe des angewandten Zinsfußes um so mehr an Bedeutung, je niedriger die Rente ist. In diesen Fällen, insbesondere bei der Kapitalisierung von Zwergrenten, geht der Kasse die Steuerbefreiung auch dann nicht verloren, wenn der Abfindungsbetrag nach einem unter 5,5 v. H. liegenden geschäftsplanmäßig vorgesehenen Rechnungszinsfuß ermittelt worden ist. Andererseits hat eine den Kapitalhöchstbetrag übersteigende einmalige Zahlung die gleichen nachteiligen Folgen wie laufende Leistungen, die über die Rentenhöchstbeträge hinausgehen. Die dargelegten Grundsätze sind außer bei Pensions- und Unterstützungskassen auch bei den sonstigen Kassen i. S. des § 4 Abs. 1 Ziff. 7 KStG[2] anzuwenden.

Dieser Erlaß ergeht im Einvernehmen mit dem Bundesminister der Finanzen und den Finanzministern (-senatoren) der anderen Länder.

---

1) Jetzt §§ 2 und 3 KStDV.

2) Jetzt § 5 Abs. 1 Nr. 3 KStG.

Anlage § 005 (1) Nr. 03–04

Übertragung von Mitteln einer Unterstützungskasse auf das Trägerunternehmen

Erlaß FM NW vom 28.05.1980

S 2723 – 4 – V B 4

Erteilt ein Unternehmen seinen Arbeitnehmern, die bisher von der Unterstützungskasse des Unternehmens versorgt werden sollten, eine Pensionszusage, so ist eine Übertragung des Vermögens der Unterstützungskasse auf das Trägerunternehmen insoweit zulässig, als das Vermögen am Schluß des Wirtschaftsjahrs den in § 5 Abs. 1 Nr. 3 Buchst. e KStG bezeichneten Betrag übersteigt (§ 6 Abs. 6 KStG; Abschnitt 6 Abs. 11 KStR)[1]. Das kann im Einzelfall das gesamte Vermögen der Unterstützungskasse sein.

Es ist die Frage gestellt worden, ob Unterstützungskassen auch insoweit, als sie Leistungen von Fall zu Fall gewähren, ihr Vermögen steuerunschädlich auf das Trägerunternehmen übertragen können, wenn dieses durch eine entsprechende Betriebsvereinbarung die Leistungen übernimmt. Ich bitte hierzu die Auffassung zu vertreten, daß eine Vermögensübertragung auch insoweit zulässig ist, ohne daß die Unterstützungskasse ihre Steuerfreiheit mit Wirkung für die Vergangenheit verliert.

Nach § 6 Abs. 6 KStG wird die Vermögensbindung einer Unterstützungskasse beseitigt, soweit das Kassenvermögen den in § 5 Abs. 1 Nr. 3 Buchst. e KStG bezeichneten Betrag übersteigt (sog. Überdotierung). Maßgebender Betrag ist nach § 5 Abs. 1 Nr. 3 Buchst. e KStG das um 25 v. H. erhöhte zulässige Kassenvermögen im Sinne des § 4d EStG. Wird die Aufgabe einer Unterstützungskasse, Leistungen von Fall zu Fall zu erbringen, von dem Trägerunternehmen übernommen, so beträgt das nach § 4d Abs. 1 Nr. 2 KStG zulässige Kassenvermögen der Unterstützungskasse 0 DM. Das ergibt sich aus § 4d EStG, der den Rahmen bestimmt, innerhalb dessen die Zuwendungen des Trägerunternehmens an die Unterstützungskasse als Betriebsausgaben anerkannt werden. Übernimmt nämlich das Trägerunternehmen die Aufgabe der Unterstützungskasse, Leistungen von Fall zu Fall zu gewähren, besteht keine Unterstützungskasse mehr, die tatsächlich nicht lebenslänglich laufende Leistungen gewährt. Damit fehlt es an einer Grundvoraussetzung für die Anwendung des § 4d Abs. 1 Nr. 2 EStG. Folglich ist die Unterstützungskasse mit ihren Deckungsmitteln für die in der Satzung vorgesehenen Leistungen von Fall zu Fall überdotiert.

Dieser Erlaß ergeht im Einvernehmen mit dem Bundesminister der Finanzen und den obersten Finanzbehörden der anderen Länder.

---

1) Jetzt R 13 Abs. 4 KStR.

Zuwendungen zwischen Trägerunternehmen und ihren Unterstützungskassen; Umwandlung einer Unterstützungskasse auf das Trägerunternehmen

Verfügung OFD Düsseldorf vom 05.11.1987

S 2723 A – St 13 H; DB 1987, 2613

Erteilt ein Unternehmen seinen Arbeitnehmern, die bisher von der Unterstützungskasse des Unternehmens versorgt werden sollten, eine Pensionszusage oder übernimmt ein Unternehmen die bisher von der Unterstützungskasse gewährten Leistungen von Fall zu Fall aufgrund einer entsprechenden Betriebsvereinbarung, so ist eine Übertragung des Vermögens der Unterstützungskasse auf das Trägerunternehmen insoweit zulässig, als das Vermögen am Schluß des Wirtschaftsjahres den in § 5 Abs. 1 Nr. 3 Buchst. e KStG bezeichneten Betrag übersteigt (§ 6 Abs. 6 KStG, Abschnitt 6 Abs. 12 KStR [1]). Das kann im Einzelfall das gesamte Vermögen der Unterstützungskasse sein.

I. Zuwendungen des Trägerunternehmens

Wird die Unterstützungskasse in der Rechtsform eines eingetragenen Vereins (einer Stiftung) betrieben, so gehören die Zuwendungen des Trägerunternehmens an die Unterstützungskasse bei dieser nicht zu den steuerpflichtigen Einkünften im Sinne des § 2 EStG. Die Leistungen der Unterstützungskasse sind nichtabziehbare Aufwendungen im Sinne des § 10 Nr. 1 KStG. Die Höhe der beim Trägerunternehmen als Betriebsausgaben abziehbaren Zuwendungen richtet sich nach § 4d EStG.

Wird die Unterstützungskasse in der Rechtsform einer Kapitalgesellschaft betrieben, so sind die Zuwendungen des Trägerunternehmens an die Unterstützungskasse als gesellschaftsrechtliche Einlagen [2] anzusehen, wenn das Trägerunternehmen, was in der Regel der Fall ist, Gesellschafter der Unterstützungskasse ist. Die Zuwendungen unterliegen deshalb bei der Unterstützungskasse nicht der Körperschaftsteuer. Die Leistungen der Unterstützungskasse sind auch hier nichtabziehbare Aufwendungen im Sinne des § 10 Nr. 1 KStG. Die Frage, in welcher Höhe die Zuwendungen an die Unterstützungskasse beim Trägerunternehmen als Betriebsausgaben abgezogen werden können, beurteilt sich auch in diesem Fall nach § 4d EStG. Zuwendungen, die den nach § 4d EStG abziehbaren Betrag übersteigen, stellen gesellschaftsrechtliche Einlagen dar. Die Vorschrift des § 4d Abs. 2 Satz 3 EStG, wonach übersteigende Beträge in den folgenden 3 Wirtschaftsjahren abgezogen werden können, bleibt unberührt.

II. Eigenkapitalgliederung

Hat die Unterstützungskasse die Rechtsform einer Kapitalgesellschaft, so sind bei der Gliederung ihres verwendbaren Eigenkapitals die Zuwendungen des Trägerunternehmens nach Abzug der Leistungen der Unterstützungskasse dem EK 04 [1] zuzuordnen.

III. Rückübertragung auf das Trägerunternehmen

1. Unterstützungskasse in der Rechtsform eines eingetragenen Vereins (einer Stiftung)

Überträgt eine Unterstützungskasse in der Rechtsform eines eingetragenen Vereins (einer Stiftung) ihr überdotiertes Vermögen auf das Trägerunternehmen, so liegen beim Trägerunternehmen in vollem Umfang steuerpflichtige Betriebseinnahmen vor.

2. Unterstützungskasse in der Rechtsform einer Kapitalgesellschaft

a) Rückübertragung durch Ausschüttung oder Liquidation

Überträgt eine Unterstützungskasse in der Rechtsform einer Kapitalgesellschaft ihr überdotiertes Vermögen im Wege der Ausschüttung oder im Rahmen der Liquidation auf das Trägerunternehmen, so liegen beim Trägerunternehmen ebenfalls steuerpflichtige Betriebseinnahmen vor. Soweit bei der Ausschüttung oder Liquidation Eigenkapital im Sinne des § 30 Abs. 2 Nr. 4 KStG (EK 04) als verwendet gilt, sind die Bezüge bis zur Höhe des Buchwerts der Anteile als Kapitalrückzahlung zu behandeln. Auf das BMF-Schreiben vom 29.2.1980 – IV B 2 – S 2143 – 3/80 – (BStBl. I S. 134) wird hingewiesen.

b) Rückübertragung durch Umwandlung oder Verschmelzung

Die Übertragung des Vermögens auf das Trägerunternehmen kann auch im Wege der Umwandlung oder Verschmelzung erfolgen.

aa) Umwandlung auf eine Personengesellschaft oder eine natürliche Person

Bei der Umwandlung der Unterstützungskasse auf eine Personengesellschaft oder eine natürliche Person ist der Übernahmegewinn von den Gesellschaftern der übernehmenden Personengesellschaft oder von der übernehmenden natürlichen Person zu versteuern (§§ 5 und 11 UmwStG). Übernahmegewinn ist der

---

1) Jetzt R 13 Abs. 4 KStR.
2) Vgl. jedoch BFH-Urteil vom 04.12.1991 (BStBl. 1992 II S. 744).

infolge des Vermögensübergangs sich ergebende Unterschiedsbetrag zwischen dem Buchwert der Anteile an der übertragenden Unterstützungskasse und den Teilwerten der übergegangenen Wirtschaftsgüter (§ 5 Abs. 5 UmwStG). Damit wird das von der Unterstützungskasse übertragene Vermögen beim Trägerunternehmen steuerlich erfaßt.

bb) Umwandlung oder Verschmelzung auf eine juristische Person

Bei der Umwandlung oder Verschmelzung der Unterstützungskasse auf eine juristische Person bleibt der Übernahmegewinn im Sinne des § 5 Abs. 5 UmwStG außer Ansatz (§ 15 Abs. 2 Satz 1 UmwStG). Nach § 15 Abs. 2 Satz 2 UmwStG ist jedoch in den Fällen, in denen die tatsächlichen Anschaffungskosten den Buchwert der Anteile an der übertragenden Körperschaft übersteigen, der Unterschiedsbetrag dem Gewinn der übernehmenden Körperschaft hinzuzurechnen und von dieser zu versteuern. Zu den tatsächlichen Anschaffungskosten gehören auch die Einlagen, die die übernehmende Körperschaft an die übertragende Körperschaft geleistet hat. Da es sich bei den Zuwendungen des Trägerunternehmens an die Unterstützungskasse dem Grunde nach um gesellschaftsrechtliche Einlagen handelt, die nur aufgrund ausdrücklicher gesetzlicher Vorschrift (§ 4d EStG, früher Zuwendungsgesetz vom 26.3.1952) beim Trägerunternehmen als Betriebsausgaben abzugsfähig sind, bedeutet dies, daß die Zuwendungen – wie andere Einlagen – die tatsächlichen Anschaffungskosten des Trägerunternehmens für die Anteile an der Unterstützungskasse erhöhen. Dabei ist jedoch zu berücksichtigen, daß die Zuwendungen als Betriebsausgaben verbucht worden sind. Die Anschaffungskosten des Trägerunternehmens müßten also nachträglich ermittelt werden.

Bei Anwendung des § 15 Abs. 2 UmwStG ergibt sich infolge der Umwandlung oder Verschmelzung einer Unterstützungskasse auf eine juristische Person in Höhe des Unterschiedsbetrags zwischen den um die Zuwendungen erhöhten tatsächlichen Anschaffungskosten und dem Buchwert der Beteiligung beim Trägerunternehmen ein steuerpflichtiger Gewinn. Der vorangegangene Abzug der Zuwendungen als Betriebsausgabe würde damit insoweit rückgängig gemacht. Nach § 15 Abs. 2 Satz 4 UmwStG ist die Besteuerung auf den Wert des übernommenen Vermögens begrenzt, der den Buchwert der Beteiligung übersteigt. Dadurch verbleibt es bei dieser Beurteilung hinsichtlich der Zuwendungen, die von der Unterstützungskasse für Leistungen verausgabt worden sind, bei der ursprünglich vorgenommenen Gewinnminderung.

Ohne die Vorschrift des § 15 Abs. 2 Satz 2 UmwStG wäre in den Fällen der Umwandlung oder Verschmelzung einer Unterstützungskasse auf eine juristische Person eine steuerfreie Übertragung des Vermögens der Unterstützungskasse auf das Trägerunternehmen möglich. Da die Zuwendungen an die Unterstützungskasse beim Trägerunternehmen im Rahmen des § 4d EStG (früher Zuwendungsgesetz vom 26.3.1952) als Betriebsausgabe abgezogen worden sind, obwohl es sich um gesellschaftsrechtliche Einlagen des Trägerunternehmens gehandelt hat, ist die steuerfreie Rückübertragung des Vermögens der Unterstützungskasse bis zur Höhe der Zuwendungen jedoch nicht zu rechtfertigen. Daher kann hilfsweise aus der Vorschrift des § 4d EStG (früher Zuwendungsgesetz vom 26.3.1952) die Folgerung gezogen werden, daß in diesen Fällen die Rückübertragung des Vermögens der Unterstützungskasse beim Trägerunternehmen als gewinnerhöhende Betriebseinnahme in der Höhe behandelt wird, in der die Zuwendungen des Trägerunternehmens an die Unterstützungskasse in der Vergangenheit als Betriebsausgaben abgezogen worden sind. In dieser Höhe müßte daher der Gewinn des Trägerunternehmens außerhalb der Bilanz erhöht werden.

Die Gliederung des verwendbaren Eigenkapitals des Trägerunternehmens nach der Umwandlung oder Verschmelzung richtet sich nach § 38 KStG. Soweit die Summe der zusammengerechneten Teilbeträge das verwendbare Eigenkapital übersteigt, weil sich die Zuwendungen des Trägerunternehmens sowohl im EK 04 der Unterstützungskasse als auch im mit Körperschaftsteuer belasteten Eigenkapital des Trägerunternehmens niederschlagen, ergibt sich die Korrektur aus § 38 Abs. 1 Satz 2 KStG, d. h. in den hier zu beurteilenden Fällen in der Regel beim EK 04.

Diese Verfügung wird in die KSt-Kartei NW aufgenommen.

Ertragsteuerliche Behandlung von Unterstützungskassen

Erlaß FM Thüringen vom 26.07.1991

S 2144 A – 2.06

Im Einvernehmen mit dem Bundesminister der Finanzen und den obersten Finanzbehörden der Länder nehme ich zum Begriff der Jahresprämie i. S. v. § 4d EStG und zur Bewertung des tatsächlichen und des zulässigen Kassenvermögens in kongruent rückgedeckten Unterstützungskassen wie folgt Stellung:

1. Begriff der Jahresendprämie i. S. v. § 4d EStG

Wendet ein Trägerunternehmen seiner Unterstützungskasse den Betrag der Jahresprämie zu, den die Kasse an einen Versicherer zahlt, um sich insoweit die Mittel für ihre Leistungen durch Abschluß der Versicherung zu verschaffen, so kann das Trägerunternehmen diesen Betrag als Betriebsausgabe abziehen (vgl. § 4d Abs. 1 Nr. 1 Buchst. c EStG). § 4 d Abs. 1 Nr. 1 Buchst. c EStG spricht anders als § 10 Abs. 1 Nr. 2 Buchst. b Doppelbuchst. cc und dd EStG von „Jahresprämie" und nicht von „laufender Beitragsleistung". Der Begriff „Jahresprämie" i. S. v. § 4d EStG ist anders auszulegen als der Begriff der „laufenden Beitragsleistung" i. S. v. § 10 EStG.

Jahresprämien i. S. d. § 4d Abs. 1 Nr. 1 Buchst. c EStG sind zwar – im Gegensatz zu Einmalprämien – laufende Prämien (vgl. Abschn. 27a Abs. 6 Satz 1 EStR). Aus der Verwendung des Begriffs der „Jahresprämie" folgt aber darüber hinaus, daß es sich um Prämien für eine Versicherung handeln muß, die die Unterstützungskasse für jedes Jahr bis zum Eintritt des Versorgungsfalles an den Versicherer zu zahlen hat. Der Begriff der „Jahresprämie" ist insoweit im Zusammenhang mit dem Begriff der „Jahresbeträge" i. S. d. § 6a Abs. 3 EStG zu sehen. „Jahresbeträge" nach § 6a Abs. 3 Nr. 1 Satz 3 EStG sind so zu bemessen, daß sie auf den Zeitraum vom Beginn des Wirtschaftsjahres, in dem das Dienstverhältnis begonnen hat, bis zu dem in der Pensionszusage vorgesehenen Zeitpunkt des Eintritts des Versorgungsfalls entfallen. Eine Verteilung auf einen kürzeren Zeitraum ist nicht zulässig.

Wendet das Trägerunternehmen der Unterstützungskasse Beträge zu, die diese für eine Versicherung mit abgekürzter Prämienzahlungsdauer (z. B. Prämienzahlungsdauer nur fünf Jahre) oder Versicherungsdauer verwendet, so dürfen diese Zuwendungen bei ihm nicht als Betriebsausgaben i. S. v. § 4d Abs. 1 Nr. 1 Buchst. c EStG abgezogen werden. Dies gilt auch dann, wenn es sich bei den der Unterstützungskasse zugewendeten Beträgen nicht um Einmalprämien, sondern um laufende Prämien handelt.

2. Bewertung des tatsächlichen und des zulässigen Kassenvermögens bei kongruent rückgedeckten Unterstützungskassen

Ein wesentliches Element bei der steuerlichen Behandlung von Unterstützungskassen ist das Vermögen dieser Kassen. Hierzu ist das tatsächliche und das zulässige Kassenvermögen zu ermitteln.

Bei kongruent rückgedeckten Unterstützungskassen errechnen sich diese Vermögen wie folgt:

a) Tatsächliches Kassenvermögen:

Hat die Kasse Grundvermögen, so ist dieses mit dem Wert anzusetzen, mit dem es bei einer Veranlagung der Kasse zur Vermögensteuer auf den Veranlagungszeitpunkt anzusetzen wäre, der auf den Schluß des Wirtschaftsjahres folgt. Das übrige Vermögen der Kasse – insbesondere der Anspruch gegenüber der Versicherung aus den abgeschlossenen Rückdeckungsversicherungen – ist mit dem gemeinen Wert am Schluß des Wirtschaftsjahres zu bewerten. Der gemeine Wert errechnet sich nach § 12 Abs. 4 BewG (bei noch nicht laufenden Leistungen) und nach § 14 Abs. 1 BewG (bei bereits laufenden Leistungen).

b) Zulässiges Kassenvermögen:

Bei der Bewertung des zulässigen Kassenvermögens sind die laufenden Leistungen der Unterstützungskasse mit ihrem Deckungskapital nach Anlage 1 zum EStG zu bewerten (vgl. § 4d Abs. 1 Satz 4 EStG). Hinsichtlich der noch nicht laufenden Leistungen ist bei kongruent rückgedeckten Unterstützungskassen als Vermögenswert der Anspruch gegen die Rückdeckungsversicherung anzusetzen. Der Anspruch ist grundsätzlich mit dem geschäftsplanmäßigen Deckungskapital der Versicherungsgesellschaft zuzüglich eines etwaigen vorhandenen Guthabens aus Beitragsrückerstattungen zu bewerten. Er kann nur dann mit dem niedrigeren Rückkaufswert angesetzt werden, wenn am Bilanzstichtag ernsthaft mit der Auflösung des Versicherungsvertrags zu rechnen ist (vgl. Abschn. 27a Abs. 9 Satz 2 i. V. m. Abschn. 41 Abs. 26 EStR).

3. Verpfändung von Rückdeckungsversicherungen einer überbetrieblichen Unterstützungskasse an Trägerunternehmen

Die Verpfändung, d. h. die Sicherungsabtretung, der Ansprüche einer Unterstützungskasse – auch einer überbetrieblichen Unterstützungskasse – aus den von ihr abgeschlossenen Rückdeckungsversicherungen an das Trägerunternehmen ist ein Verstoß gegen die Vermögensbindung i. S. d. § 5 Abs. 1 Nr. 3 Buchst. c i. V. m. § 6 KStG. Diese gesetzlich vorgeschriebene Vermögensbindung läßt eine Ausnahme auch nicht für den Fall zu, daß das Trägerunternehmen aufgrund seiner Subsidiärhaftung in Anspruch genommen wird. Außerdem würde die Zuwendungsmöglichkeit nach § 4d Abs. 1 Buchst. c EStG zweifelhaft.

Zweifelsfragen bei der Besteuerung von Unterstützungskassen

Verfügung OFD München vom 28.05.1993

S 2144 C – 6/2 St 41

Zu dem o. g. Thema nahm der BMF in Übereinstimmung mit den obersten Finanzbehörden der Länder wie folgt Stellung:

1. Zum Begriff „Verhältnisse am Ende des Wirtschaftsjahres"

Zuwendungen eines Trägerunternehmens an eine Unterstützungskasse zum sog. Reservepolster sind u. a. abhängig von der Höhe des Durchschnittsbetrags der jährlichen Versorgungsleistungen, welche die Leistungsanwärter nach den Verhältnissen am Schluß des Wirtschaftsjahrs der Zuwendung im letzten Zeitpunkt der Anwartschaft erhalten können (vgl. § 4d Abs. 1 Nr. 1 Buchst. b EStG). Mit dieser Regelung soll sichergestellt werden, daß bei der Ermittlung der Höhe der steuerbegünstigten Zuwendungen zum Reservepolster das Stichtagsprinzip beachtet wird. Was die Höhe der künftig erreichbaren Anwartschaften angeht, so sind die Verhältnisse am Bilanzstichtag maßgebend. Änderungen, die erst nach dem Bilanzstichtag wirksam werden, sind nur zu berücksichtigen, wenn sie am Bilanzstichtag bereits feststehen. Die Grundsätze, wie sie bei der Anwendung des Stichtagsprinzips hinsichtlich der Ermittlung der Pensionsrückstellung maßgebend sind, gelten entsprechend (vgl. Abschn. 41 Abs. 19 EStR[1]).

2. Wahlmöglichkeit bei der Dotierung des Reservepolsters

Nach § 4d Abs. 1 Nr. 1 Buchst. b EStG hat das Trägerunternehmen bei der Ermittlung der Höhe der steuerbegünstigten Zuwendungen zum Reservepolster der Kasse ein Wahlrecht. Es besteht die Möglichkeit, auf den Durchschnittsbetrag der jährlichen Versorgungsleistungen abzustellen, den die Leistungsanwärter künftig erhalten können, oder auf den Durchschnittsbetrag der von der Kasse bereits erbrachten Leistungen. Je nachdem von welcher Möglichkeit das Trägerunternehmen Gebrauch macht, ergibt sich unterschiedlich hohes zulässiges Kassenvermögen und damit ein unterschiedliches steuerbegünstigtes Dotierungsvolumen zum Reservepolster. Das Trägerunternehmen ist an die einmal getroffene Wahl grundsätzlich fünf Wirtschaftsjahre lang gebunden. Erst danach kann es sich – wieder mit entsprechender Bindungswirkung – erneut entscheiden, wie es künftig verfahren will. In diesem Zusammenhang ist aber zu beachten, daß die Unterstützungskasse bei der Prüfung der Frage, ob eine partielle Steuerpflicht vorliegt, hinsichtlich der Ermittlung ihres zulässigen Kassenvermögens nicht an die Bewertungsmethode gebunden ist, die das Trägerunternehmen bei der Ermittlung des Dotierungsrahmens zum Reservepolster angewandt hat.

3. Zuwendungen an mehrere Unterstützungskassen

Leistet ein Trägerunternehmen Zuwendungen an mehrere Unterstützungskassen, so sind diese Kassen bei der Ermittlung der Höhe der steuerbegünstigten Zuwendungen im Sinne von § 4d EStG als Einheit zu behandeln (vgl. § 4d Abs. 1 Satz 3 EStG). Für die Ermittlung der zulässigen Gesamtzuwendung sind danach die Verhältnisse bei den Kassen zu berücksichtigen. An welche Kasse letztlich Zuwendungen erfolgen, ist hierbei unbeachtlich. Eine vom Gesetzeswortlaut abweichende anderweitige Ermittlung der Zuwendungshöhe ist nicht zulässig (vgl. BGH-Urteil vom 8.11.1989, BStBl. II 1990, 210).

4. Übergangsregelung für die partielle Steuerpflicht der Kasse

Soweit sich für im Veranlagungszeitraum 1992 endende Wirtschaftsjahre der Kasse eine Überdotierung wegen der Änderung des § 5 Abs. 1 Nr. 3 Buchst. e KStG durch das Steueränderungsgesetz 1992 ergibt oder soweit sich eine bestehende Überdotierung dadurch erhöht, tritt keine partielle Steuerpflicht ein. Die Kasse ist aber dennoch – ohne Verstoß gegen die Pflicht zur Vermögensbindung – berechtigt, diesen Vermögensteil auf das Trägerunternehmen zu übertragen (§ 54 Abs. 5a KStG). Die Frage, nach welchen Vorschriften das Trägerunternehmen in dieser Zeit steuerbegünstigte Zuwendungen an die Kasse vornehmen konnte, ist für die Anwendung bei § 54 Abs. 5a KStG ohne Bedeutung.

5. Übernahme der Steuerbilanzwerte bei der Einheitsbewertung des Betriebsvermögens

Ab 1. 1. 1993 kann bei einem Trägerunternehmen eine Last in Höhe des Unterschiedsbetrags zwischen dem Kapitalwert der von der Unterstützungskasse zu erbringenden laufenden Leistungen und dem Wert des gesamten Kassenvermögens der Unterstützungskasse nicht mehr angesetzt werden, wenn in der Steuerbilanz insoweit kein Schuldposten ausgewiesen ist.

---

1) Jetzt R 6a KStR.

Ermittlungszeitpunkt für die Höhe der Zuwendungen an eine Unterstützungskasse

BMF-Schreiben vom 07.01.1994 IV B 2 – S 2144c – 55/93
(BStBl. 1994 I S. 18)

Zuwendungen eines Trägerunternehmens an eine Unterstützungskasse sind grundsätzlich in dem Wirtschaftsjahr als Betriebsausgaben abzuziehen, in dem sie geleistet werden. In welchem Umfang die Zuwendungen nach § 4d EStG als Betriebsausgaben abgezogen werden dürfen, richtet sich nach den Verhältnissen am Schluß des Wirtschaftsjahres der Kasse, für das die Zuwendung erfolgt. Zu diesem Stichtag ist die Anzahl der nach dem geltenden Leistungsplan der Kasse begünstigten Leistungsempfänger bzw. Leistungsanwärter und die Höhe der den Leistungsempfängern gezahlten laufenden Leistungen bzw. die Höhe der von den Leistungsanwärtern erreichbaren Anwartschaften zu ermitteln. Diese Werte sind Grundlage für die Ermittlung der Höhe des Deckungskapitals und des sog. Reservepolsters nach § 4d Abs. 1 Nr. 1 Buchstaben a und b EStG und des zulässigen Kassenvermögens auf den Schluß des Wirtschaftsjahres der Kasse.

Nach dem Ergebnis der Erörterung mit den obersten Finanzbehörden der Länder wird es nicht beanstandet, wenn unter sinngemäßer Anwendung der Grundsätze des § 241 Abs. 3 HGB die Anzahl der nach dem geltenden Leistungsplan der Kasse begünstigten Leistungsempfänger bzw. Leistungsanwärter und die Höhe der den Leistungsempfänger gezahlten laufenden Leistungen bzw. die Höhe der von den Leistungsanwärtern erreichbaren Anwartschaften nicht zum Schluß des Wirtschaftsjahres der Kasse ermittelt wird, sondern zu einem Stichtag, der höchstens drei Monate vor dem Schluß des Wirtschaftsjahres der Kasse liegt (Ermittlungsstichtag). Die Ermittlung hat für den Schluß des Wirtschaftsjahres der Kasse zu erfolgen. Dabei sind alle am Ermittlungsstichtag feststehenden Umstände zu berücksichtigen, soweit sie für die Berechnung des Deckungskapitals und des Reservepolsters sowie des zulässigen Kassenvermögens von Bedeutung sind. So ist z. B. ein Leistungsanwärter, der nach dem Ermittlungsstichtag, aber vor dem Schluß des Wirtschaftsjahres der Kasse das 30. Lebensjahr vollendet, bereits zu berücksichtigen. Gleiches gilt, wenn z. B. am Ermittlungsstichtag feststeht, daß ein geänderter Leistungsplan vor dem Schluß des Wirtschaftsjahres der Kasse in Kraft tritt.

Dieses Verfahren ist nur zulässig, wenn

a) der Ermittlungsstichtag höchstens drei Monate vor dem Bilanzstichtag des Trägerunternehmens liegt;

b) die Unterstützungskasse mindestens 100 Begünstigte hat;

c) die Ermittlung der Zuwendung zum Reservepolster nach § 4d Abs. 1 Nr. 1 Buchstabe b Satz 1 EStG erfolgt.

Soweit nach dem Ermittlungsstichtag und vor dem Schluß des Wirtschaftsjahres der Kasse außergewöhnliche Veränderungen des Kreises der Begünstigten eintreten oder eine Änderung des Leistungsplanes beschlossen wird, sind die zum Ermittlungsstichtag ermittelten Zuwendungen den Veränderungen anzupassen.

Die Berechnung der Höhe der Zuwendungen für Vorstandsmitglieder und Geschäftsführer von Kapitalgesellschaften richtet sich dagegen ausschließlich nach den Verhältnissen am Schluß des Wirtschaftsjahres der Kasse, für das die Zuwendungen erfolgen.

Es bestehen keine Bedenken, nach den vorstehenden Grundsätzen auch bei der Prüfung des zulässigen Vermögens nach § 5 Abs. 1 Nr. 3 Buchstabe e KStG zu verfahren. Bei Gruppenunterstützungskassen ist dies jedoch nur möglich, wenn alle Trägerunternehmen diese Grundsätze auf einen einheitlichen Stichtag hin anwenden.

Leistungen von Fall zu Fall – Gewährung von Ausbildungs- und Überbrückungsbeihilfen – Vermittlungsleistungen

Verfügung OFD Frankfurt/M. vom 11.09.1996

S 2723 A – 9 – St II 13

Gewährt eine rechtsfähige betriebliche Unterstützungskasse nicht nur Krankheits- und sonstige Notstandsbeihilfen, sondern darüber hinaus auch Überbrückungsbeihilfen Arbeitnehmern, die infolge der Automation des Unternehmens oder aus ähnlichen Gründen entlassen werden, so entsteht die Frage, ob die Befreiung der Kasse von der Körperschaftsteuer dadurch berührt wird.

§ 5 Abs. 1 Nr. 3 KStG 1981 setzt für die Steuerbefreiung rechtsfähiger Unterstützungskassen u. a. voraus, daß die Leistungen der Kasse auf alle Fälle der Not oder Arbeitslosigkeit beschränkt bleiben. Erbringt die Kasse auch in anderen Fällen Leistungen, so ist die Steuerbefreiung zu verneinen.

Die Zahlung von Überbrückungsbeihilfen ist hiernach nur dann steuerlich unschädlich, wenn sie ausschließlich an Arbeitnehmer erfolgt, die durch die Entlassung arbeitslos geworden sind oder bei denen die Entlassung aus anderen Gründen zu einer Notlage geführt hat. Bei der Prüfung, ob ein Fall der „Not" vorgelegen hat, muß berücksichtigt werden, daß die Rechtsprechung dieser, Begriff weit ausgelegt hat (vgl. RFH-Urteil vom 15.11.1943, RStBl. 1944, 443).

Die gleichen Grundsätze sind zu beachten, wenn eine rechtsfähige Unterstützungskasse Beihilfen für die Fortbildung der Arbeitnehmer des Trägerunternehmens oder Ausbildungsbeihilfen für die Kinder dieser Arbeitnehmer gewährt.

Dieser Rundverfügung. liegt der HMdF-Erlaß vom 16.5.1968 – S 2727 A – 3 – II A 31 – zugrunde, der im Einvernehmen mit den obersten Finanzbehörden des Bundes und der anderen Länder ergangen ist.

Zusatz der OFD:

Die Leistungen von Fall zu Fall umfassen nicht nur Geldleistungen, sondern auch sonstige Leistungen. Die Arbeitsvermittlung aus betriebsbedingten Gründen nach der Ausbildung nicht übernommener Ausgebildeter, die entweder sofort oder in absehbarer Zeit arbeitslos werden, ist als eine derartige sonstige Leistung anzusehen. Bei der Vermittlungsleistung darf es sich jedoch nur um eine Nebentätigkeit handeln, um einen Wettbewerb zu gewerblichen Vermittlern zu vermeiden.

Gehaltsverzicht zugunsten einer betrieblichen Altersversorgung über eine steuerbefreite Unterstützungskasse (§ 3 KStDV)

Verfügung OFD Hannover vom 03.09.1998

S 2723 – 26 – StO 214

S 2723 – 39 – StH 231

Zur Frage des Gehaltsverzichts zugunsten einer betrieblichen Altersversorgung ist folgende Auffassung zu vertreten:

Verzichtet ein Arbeitnehmer auf einen Arbeitslohnanspruch zugunsten von Beitragsleistungen des Arbeitgebers an eine Versorgungseinrichtung, die dem Arbeitnehmer keine Rechtsansprüche auf Versorgungsleistungen gewährt, liegt beim Arbeitnehmer kein Zufluß von Arbeitslohn vor. Auf Abschn. 104a Abs. 1 LStR wird hingewiesen.

Erfolgt in diesem Fall die betriebliche Altersversorgung über eine steuerbefreite Unterstützungskasse, bleibt die Steuerbefreiung unberührt. Da kein Zufluß von Arbeitslohn vorliegt, wird auch keine Leistung an die Unterstützungskasse durch die Leistungsempfänger (Arbeitnehmer) angenommen.

Steuerbefreiung von Unterstützungskassen – Freiwillige Beiträge des Leistungsempfängers (§ 3 KStDV)

Verfügung OFD Münster vom 03.09.1998

S 2723 – 13 – St 13 – 31

Hinsichtlich der Frage, ob es für die Steuerbefreiung einer Unterstützungskasse schädlich ist, wenn ein Arbeitnehmer auf Teile seines Gehalts zugunster einer betrieblichen Alterversorgung über eine Unterstützungskasse verzichtet, wird die Auffassung vertreten, daß eine Gehaltsumwandlung zugunsten einer betrieblichen Altersversorgung über eine Unterstützungskasse die Steuerbefreiung einer Unterstützungskasse nicht beeinträchtigt.

Eine Gehaltsumwandlung und damit der Verzicht auf Teile des zukünftigen Gehalts stellt keine Verwendung von Vermögenswerten und somit keinen Zufluß von Arbeitslohn dar. Insoweit kann daher auch keine Leistung eines Leistungsempfängers (Arbeitnehmers) an eine Unterstützungskasse vorliegen. Eine Leistung durch Arbeitnehmer an die Unterstützungskasse kann nur angenommen werden, wenn entsprechende Geldbeträge dem jeweiligen Arbeitnehmer (Leistungsempfänger) tatsächlich zufließen (§ 11 EStG).

Rückgedeckte Unterstützungskasse – Verpfändung der Ansprüche aus den Rückdeckungsversicherungen an die begünstigten Arbeitnehmer [1)]

BMF-Schreiben vom 07.09.1998

IV B 2 – S 2144c – 36/98

Es war nach den steuerlichen Auswirkungen gefragt worden, die eine Verpfändung von Ansprüchen aus Rückdeckungsversicherungen einer Unterstützungskasse an die von der Unterstützungskasse Begünstigten hat. Hierzu wird unter Bezugnahme auf das Ergebnis einer Erörterung mit den obersten Finanzbehörden der Länder wie folgt Stellung genommen:

1. Auswirkung auf die als Betriebsausgabe abzugsfähigen Zuwendungen nach § 4d Abs. 1 Satz 1 Nr. 1 Buchst. c EStG

Zuwendungen des Trägerunternehmens an eine Unterstützungskasse, die lebenslänglich laufende Leistungen in Aussicht stellt, dürfen vom Trägerunternehmen nur unter den Voraussetzungen des § 4d Abs. 1 Satz 1 Nr. 1 Buchst. c EStG als Betriebsausgaben abgezogen werden. Verpfändet die Unterstützungskasse ihre Ansprüche aus von ihr abgeschlossenen Rückdeckungsversicherungsverträgen an die begünstigten Arbeitnehmer, denen sie Leistungen in Aussicht gestellt hat, erhalten die Arbeitnehmer aus der Verpfändung gegenwärtig keine Rechte, die ihnen einen Zugriff auf die Versicherungen und die darin angesammelten Vermögenswerte ermöglichen würden. Die Verpfändung berührt damit weder den nach § 1 Abs. 4 Betriebsrentengesetz fehlenden Rechtsanspruch noch verstößt sie gegen die in § 4d Abs. 1 Satz 1 Nr. 1 Buchst. c EStG genannten Voraussetzungen für den Betriebsausgabenabzug der Zuwendungen.

2. Auswirkungen auf die Befreiung der Kasse von der Körperschaftsteuer

Eine Unterstützungskasse ist von der KSt nur befreit, wenn vorbehaltlich des § 6 KStG die ausschließliche und unmittelbare Verwendung des Vermögens und der Einkünfte der Kasse nach der Satzung und der tatsächlichen Geschäftsführung für die Zwecke der Kasse dauernd gesichert ist (vgl. § 5 Abs. 1 Nr. 3 Buchst. c KStG). Die Verpfändung der Ansprüche aus von der Kasse abgeschlossenen Rückdeckungsversicherungsverträgen an die begünstigten Arbeitnehmer verstößt nicht gegen diese Voraussetzung der Befreiung der Kasse von der KSt.

Eine abschließende Entscheidung zur lohnsteuerlichen Behandlung von Modellen der sog. Gehaltsumwandlung im Zusammenhang mit Zusagen auf Leistungen der betrieblichen Altersversorgung steht noch aus.

---

1) Aufhebung durch BMF-Schreiben zur Eindämmung der Normenflut vom 29.3.2007 – IV C 6 – O 1000/07/0018 (BStBl. 2007 I 369). Die Aufhebung des BMF-Schreibens bedeutet keine Aufgabe der bisherigen Rechtsauffassung der Verwaltung, sondern dient der Bereinigung der Weisungslage.

Körperschaftsteuerbefreiung: Verpfändung von Rückdeckungsversicherungen einer überbetrieblichen Untersützungskasse

Verfügung OFD Frankfurt/M. vom 11.11.1998

S 2723 A – 15 – St II 12

I. Verpfändung an Trägerunternehmen

Die Verpfändung, d. h. die Sicherungsabtretung, der Ansprüche einer Unterstützungskasse – auch einer überbetrieblichen Unterstützungskasse – aus den von ihr abgeschlossenen Rückdeckungsversicherungen an das Trägerunternehmen ist ein Verstoß gegen die Vermögensbindung i. S. d. § 5 Abs. 1 Nr. 3c i. V. m. § 6 KStG. Diese gesetzlich vorgeschriebene Vermögensbindung läßt eine Ausnahme auch nicht für den Fall zu, daß das Trägerunternehmen aufgrund seiner Subsidiärhaftung in Anspruch genommen wird. Außerdem würde die Zuwendungsmöglichkeit nach § 4d Abs. 1 Nr. 1c EStG zweifelhaft.

II. Verpfändung an die begünstigten Arbeitnehmer

Eine Unterstützungskasse ist von der Körperschaftsteuer nur befreit, wenn vorbehaltlich des § 6 KStG die ausschließliche und unmittelbare Verwendung des Vermögens und der Einkünfte der Kasse dauernd gesichert ist (vgl. § 5 Abs. 1 Nr. 3c KStG). Die Verpfändung der Ansprüche aus von der Kasse abgeschlossenen Rückdeckungsversicherungsverträgen an die begünstigten Arbeitnehmer verstößt nicht gegen diese Voraussetzung der Befreiung der Kasse von der Körperschaftsteuer.

Steuerbefreiung einer Pensions- oder Unterstützungskasse nach § 5 Abs. 1 Nr. 3 KStG; Lebensgefährt(inn)en als Leistungsempfänger

BMF-Schreiben vom 08.01.2003

IV A 2 – S 2723 – 3/02

(BStBl. 2003 I S. 93)

Zur Frage der Anerkennung der nichtehelichen Lebensgefährtin bzw. des nichtehelichen Lebensgefährten als Leistungsempfängerin bzw. Leistungsempfänger einer Unterstützungskasse i. S. d. § 5 Abs. 1 Nr. 3 KStG nehme ich nach Abstimmung mit den obersten Finanzbehörden der Länder wie folgt Stellung:

Zur Auslegung des in § 5 Abs. 1 Nr. 3 KStG verwendeten Begriffs des Angehörigen sind die im BMF-Schreiben vom 25. Juli 2002 – IV A 6 – S 2176 – 28/02 – (BStBl. I S. 706) zur steuerlichen Anerkennung von Hinterbliebenenzusagen an Lebensgefährten aufgestellten Grundsätze heranzuziehen.

Dieses Schreiben wird im Bundessteuerblatt Teil I veröffentlicht.

Ausländisches Trägerunternehmen einer Gruppenunterstützungskasse

Verfügung OFD Hannover vom 19.08.2005

S 2723 – 30 – StO 242

Die Steuerbefreiung einer Unterstützungskasse nach § 5 Abs. l Nr. 3 KStG wird durch die (Mit-)Trägerschaft eines ausländischen Unternehmens nicht berührt.

Nach § 5 Abs. l Nr. 3a Doppelbuchst. aa KStG ist Voraussetzung für die Steuerbefreiung einer Unterstützungskasse, dass sich die Kasse auf Zugehörige von wirtschaftlichen Geschäftsbetrieben beschränkt. Wirtschaftlicher Geschäftsbetrieb ist nach § 14 AO eine selbstständige nachhaltige Tätigkeit zur Einnahmeerzielung, die über den Rahmen einer Vermögensverwaltung hinausgeht. Ein Inlandsbezug wird insoweit nicht vorausgesetzt.

Übernahme von Administration und Verwaltung einer Pensionskasse im Rahmen von Funktionsausgliederungsverträgen durch eine nach § 5 Abs. 1 Nr. 3 KStG steuerbefreite Pensionskasse

Verfügung OFD Hannover vom 01.03.2007

S 2723 – 34 – StO 241, DB 2007, 716

Nach § 5 Abs. 1 Nr. 3 KStG steuerbefreite Pensionskassen können aufgrund sog. Funktionsausgliederungsverträge die Administration und Verwaltung anderer Pensionskassen übernehmen. Bei diesen Aufgaben handelt es sich um versicherungsnahe Tätigkeiten. Übernimmt eine steuerbefreite Pensionskasse diese Aufgaben nur gegen Kostenersatz, ist davon auszugehen, dass sie sich durch die Übernahme keinen neuen, nicht satzungsgemäßen Zweck setzt. Betriebsrentenrechtliche oder versicherungsaufsichtsrechtliche Hinderungsgründe dürften regelmäßig nicht vorliegen.

Nach einer bundeseinheitlich abgestimmten Rechtsauffassung führt die Übernahme der Administration und Verwaltung einer anderen steuerbefreiten Pensionskasse daher nicht zum Verlust der Steuerbefreiung, wenn

• die versicherungsaufsichtsrechtlichen Voraussetzungen für die Übernahme der Aufgaben vorliegen,

• mit der übernommenen Tätigkeit eine Gewinnerzielungsabsicht nicht verbunden ist und

• die Übernahme der Tätigkeit nur gegen Kostenerstattung erfolgt.

Unterstützungskassen (Kampffonds) von Berufsverbänden

Erlaß FM Baden-Württemberg vom 27.06.1953

S 2513 A – 193/53

Die Einrichtung von Unterstützungskassen (Kampffonds) bei steuerbefreiten Wirtschaftsverbänden (Berufsverbänden) hat den Zweck, den Mitgliederfirmen einen Schutz gegen Schädigungen durch Streiks und unvermeidliche Aussperrungen der Arbeitnehmer zu gewähren. Für die Bildung der Unterstützungsfonds sind inzwischen von der Bundesvereinigung der Arbeitgeberverbände Richtlinien ausgearbeitet worden. Die wesentlichsten Punkte dieser Richtlinien sind:

a) Der Fonds ist nur für Unterstützungen vorgesehen, die im allgemeinen Interesse des Verbands liegen.

b) Der Fonds ist ein Bestandteil des Verbandsvermögens.

c) Der Fonds wird nicht aus Sonderbeiträgen, sondern aus dem Aufkommen an allgemeinen Mitgliederbeiträgen gespeist.

d) Die Mitglieder haben keinen Rechtsanspruch auf Unterstützung.

Das Bundesfinanzministerium hat mit Zustimmung der Länderfinanzministerien entschieden, daß die Unterhaltung von Unterstützungsfonds bei Arbeitgeberverbänden keinen wirtschaftlichen Geschäftsbetrieb darstelle, der die Steuerbefreiung dieser Verbände ausschließt, sofern die von der Bundesvereinigung aufgestellten Richtlinien beachtet werden.

Beteiligung an einer Kapitalgesellschaft als wirtschaftlicher Geschäftsbetrieb

Erlaß FM Baden-Württemberg vom 29.05.1968

S 2728 A – 2/67

Die steuerrechtliche Beurteilung des nachstehenden Sachverhalts ist von den obersten Finanzbehörden der Länder und des Bundesministers der Finanzen erörtert worden:

Ein Berufsverband ohne öffentlich-rechtlichen Charakter ist über einen Treuhänder zu 75 v. H. an einer GmbH beteiligt. Die einzige Tätigkeit der GmbH besteht bisher in der Verwaltung von Gruppenversicherungsverträgen, die der Verband zur Rückdeckung von Versorgungszusagen der Mitglieder abgeschlossen hat. Die GmbH arbeitet in Personalunion und in Bürogemeinschaft mit dem Verband. Die Beteiligung ist bisher als wirtschaftlicher Geschäftsbetrieb angesehen worden, so daß durch das Halten der Beteiligung nur die partielle Steuerpflicht des Verbands begründet wurde.

Der Verband beabsichtigt nun, seinen Mitgliedern über die GmbH Dienstleistungen auf dem Gebiet der elektronischen Datenverarbeitung anzubieten. Dabei soll die GmbH Rahmenverträge mit Rechenzentren abschließen, um den Mitgliedern des Verbands die Möglichkeit zu eröffnen, bei den Rechenzentren im Lohnauftrag zu besonders günstigen Preisen arbeiten zu lassen. Im einzelnen soll die GmbH dem Rechenzentrum entsprechende Mitglieder zuführen sowie bei den Verhandlungen und beim Vertragsabschluß mitwirken. Vor Abgabe eines verbindlichen Angebots an ein Mitglied soll das Rechenzentrum das Honorar mit der GmbH abstimmen. Die GmbH erhält für ihre Vermittlertätigkeit eine Vergütung, die im Regelfall 5 v. H. des zwischen dem betreffenden Mitglied und dem Rechenzentrum vereinbarten Honorars beträgt.

Hierzu ist folgende Auffassung zu vertreten:

Die Vermittlung von Dienstleistungen auf dem Gebiet der elektronischen Datenverarbeitung in der dargestellten Art läßt sich nicht als Wahrnehmung allgemeiner Belange des Berufsverbandes qualifizieren. Durch eine solche Tätigkeit werden vielmehr überwiegend Einzelinteressen der Mitglieder wahrgenommen.

Die Beteiligung an der GmbH ist als wirtschaftlicher Geschäftsbetrieb zu erfassen (Abschn. 8 Abs. 4 KStR[1]).

---

1) Jetzt R 16 Abs. 5 KStR.

Körperschaftsteuerrechtliche Behandlung der Marketing-Clubs; Anerkennung als Berufsverbände i. S. des § 5 Abs. 1 Nr. 5 KStG

Erlaß FM Niedersachsen vom 13.08.1982
S 2728 – 14 – 312

Zur Frage der steuerrechtlichen Anerkennung der Marketing-Clubs als Berufsverbände i. S. des § 5 Abs. 1 Nr. 5 KStG bitte ich, die folgende Auffassung zu vertreten:

Der Beruf des Marketing-Fachmanns ist als eigenständiger Berufsstand mit abgrenzbarem Berufsbild anzusehen. Unter dem Begriff des Marketing-Fachmanns lassen sich sowohl der Ausbildungsberuf „Werbekaufmann/Werbekauffrau" als auch die Fortbildungsberufe „Werbefachwirt" und „Fachkaufmann Marketing" zusammenfassen. Damit ist die Bedingung erfüllt, daß Mitglieder eines Berufsverbandes nur Angehörige desselben Berufs oder doch naher verwandter, durch natürliche Interessengemeinschaft verknüpfter Berufe sein können. Daß Marketing-Fachleute sowohl selbständig als auch unselbständig tätig sind, hindert ihren Zusammenschluß in einem Berufsverband nicht.

Marketing-Clubs können daher als Berufsverbände i. S. des § 5 Abs. 1 Nr. 5 KStG anerkannt werden. Voraussetzung für die steuerliche Anerkennung der Marketing-Clubs als Berufsverbände ist allerdings, daß sie nach ihrer Satzung die allgemeinen, aus der beruflichen und unternehmerischen Tätigkeit erwachsenden ideellen und wirtschaftlichen Interessen des Berufsstands wahrnehmen, wobei ihre Tätigkeit der Satzung entsprechen muß.

Dieser Erlaß ergeht im Einvernehmen mit dem Bundesminister der Finanzen und den obersten Finanzbehörden der anderen Länder.

Anlage § 005 (1) Nr. 05–04

Verfahren zur Überprüfung der Körperschaftsteuer- und Vermögensteuerpflicht von Berufsverbänden ohne öffentlich-rechtlichen Charakter

Erlaß Ministerium für Wirtschaft und Finanzen Saarland vom 06.03.1996
B/3 – 104/96 – S 2725

Für die körperschaftsteuerliche und vermögensteuerliche Behandlung der Berufsverbände ohne öffentlich-rechtlichen Charakter (im folgenden kurz Berufsverbände) gilt folgendes:

I. Körperschaftsteuer

1. Steuerfreiheit oder Steuerpflicht der Berufsverbände

Berufsverbände sind nach § 5 Abs. 1 Nr. 5 KStG grundsätzlich von der Körperschaftsteuer befreit.

a) Ausschluß der Befreiung von der Körperschaftsteuer

Die Befreiung von der Körperschaftsteuer ist ausgeschlossen

- soweit die Berufsverbände einen wirtschaftlichen Geschäftsbetrieb unterhalten (teilweise Steuerpflicht), oder

- wenn sie Mittel von mehr als 10 v. H. der Einnahmen für die unmittelbare oder mittelbare Unterstützung oder Förderung politischer Parteien verwenden (volle Steuerpflicht).

b) besondere Körperschaftsteuer i. S. d. § 5 Abs. 1 Nr. 5 Satz 4 KStG

Verwenden Berufsverbände Mittel für die unmittelbare oder mittelbare Unterstützung der Förderung politischer Parteien, beträgt die Körperschaftsteuer insoweit 50 v. H. der Zuwendung. Dies gilt unabhängig davon, ob die o. g. 10 v. H.-Grenze überschritten wird oder nicht.

c) Steuersubjekt

Die jeweiligen regionalen Untergliederungen von Berufsverbänden (Landes-, Bezirks-, Kreis-, Ortsverbände) sind selbständige Steuersubjekte, wenn sie über eigene satzungsmäßige Organe (Vorstand, Mitgliederversammlung) verfügen, über diese auf Dauer nach außen im eigenen Namen auftreten und eine eigene Kassenführung haben.

2. Laufende Überprüfung

Bei den Berufsverbänden bzw. ihren regionalen Untergliederungen, wenn sie selbständige Steuersubjekte darstellen, sind die Voraussetzungen sowie der Umfang ihrer Steuerbefreiung und die Verwendung von Mitteln zur unmittelbaren oder mittelbaren Unterstützung oder Förderung politischer Parteien zu überprüfen.

a) Überprüfung wegen wirtschaftlicher Geschäftsbetriebe

Die Überprüfung wegen wirtschaftlicher Geschäftsbetriebe soll in der Regel alle drei Jahre anhand des Erklärungsvordrucks KSt Ber 1 erfolgen. Die Überprüfung kann sich im allgemeinen zunächst auf das letzte (dritte) Jahr beschränken, es sei denn, daß Hinweise auf die Steuerpflicht in den übrigen Jahren vorliegen.

Berufsverbände sind jährlich zur Abgabe von Steuererklärungen (KSt 1B, GewSt 1A) aufzufordern, wenn für einen der letzten drei Veranlagungszeiträume Körperschaftsteuer oder Gewerbesteuer – mit Ausnahme der 50 %igen Körperschaftsteuer auf Zuwendungen an politische Parteien – erhoben worden ist.

Auf eine regelmäßige (turnusmäßige) Überprüfung der Berufsverbände kann verzichtet werden, wenn nach den bisher festgestellten Merkmalen mit einiger Sicherheit auch dann keine Körperschaftsteuer zu erwarten ist, wenn die Steuerbefreiung nach § 5 Abs. 1 Nr. 5 KStG wegfällt.

b) Angaben zur besonderen Körperschaftsteuer und zur 10 v. H.-Grenze i. S. d. § 5 Abs. 1 Nr. 5 Satz 4 KStG (Zuwendungen an Parteien)

Angaben zur besonderen Körperschaftsteuer und zur 10 v. H.-Grenze i. S. d. § 5 Abs. 1 Nr. 5 KStG können anhand der vereinfachten Erklärung KSt Ber 1a abgefragt werden. Dabei sind folgende Fallgruppen zu unterscheiden:

- Berufsverbände, die wegen eines steuerpflichtigen wirtschaftlichen Geschäftsbetriebs jährlich eine Körperschaftsteuererklärung (KSt 1B) abzugeben haben.

  Die Angaben zur besonderen Körperschaftsteuer i. S. d. § 5 Abs. 1 Nr. 5 Satz 4 KStG werden bereits im Vordruck KSt 1 B abgefragt (Zeilen 70a bis 70c). Eine zusätzliche Übersendung der vereinfachten Erklärung (KSt Ber 1a) ist in diesen Fällen nicht erforderlich.

- Berufsverbände, die wegen eventueller wirtschaftlicher Geschäftsbetriebe im Turnus von drei Jahren überprüft werden.

Diesen Berufsverbänden wird alle drei Jahre der Vordruck KSt Ber 1 übersandt. Daneben erhalten sie jährlich den vereinfachten Erklärungsvordruck KSt Ber 1a, mit den Angaben zu der besonderen Körperschaftsteuer und zur 10 v. H.-Grenze i. S. d. § 5 Abs. 1 Nr. 5 Satz 4 KStG abgefragt werden.

– Berufsverbände, bei denen auf eine regelmäßige (turnusmäßige) Überprüfung hinsichtlich der wirtschaftlichen Geschäftsbetriebe verzichtet wird.

Wie bisher wird auf eine regelmäßige (turnusmäßige) Überprüfung der Berufsverbände hinsichtlich eines wirtschaftlichen Geschäftsbetriebs unter den unter 2.a) dargelegten Voraussetzungen verzichtet. Auch diesen Berufsverbänden wird jährlich der vereinfachte Erklärungsvordruck KSt Ber 1a übersandt, mit dem Angaben zu der besonderen Körperschaftsteuer und der 10 v. H.-Grenze i. S. d. § 5 Abs. 1 Nr. 5 KStG abgefragt werden.

c) Festsetzung der besonderen Körperschaftsteuer i. S. d. § 5 Abs. 1 Nr. 5 Satz 4 KStG

Die besondere Körperschaftsteuer ist jährlich anhand der Vordrucke KSt 2 B und KSt 3 B (Zeilen 70a bis 70c) festzusetzen.

Hat der Berufsverband wegen wirtschaftlicher Geschäftsbetriebe jährlich eine KSt-Erklärung abzugeben, ist die besondere Körperschaftsteuer zusammen mit der Körperschaftsteuer für die wirtschaftlichen Geschäftsbetriebe festzusetzen. Unterliegt der Berufsverband wegen eventueller wirtschaftlicher Geschäftsbetriebe der turnusmäßigen Überprüfung, erfolgt die jährliche Festsetzung der besonderen Körperschaftsteuer unter Vorbehalt der Nachprüfung (§ 164 AO). Die Festsetzung ist zu ändern, wenn im Rahmen der turnusmäßigen Überprüfung nachträglich ein wirtschaftlicher Geschäftsbetrieb aufgedeckt wird.

Vorauszahlungen auf die besondere Körperschaftsteuer sind nicht festzusetzen.

3. Erteilung eines Steuerbescheides

Es ist darauf zu achten, daß einem Berufsverband für einen Veranlagungszeitraum – außer im Fall der Berichtigung aufgrund einer besonderen Rechtsvorschrift – nur ein KSt-Bescheid erteilt wird, der auch die Festsetzung der 50%igen Körperschaftsteuer auf eventuelle Zuwendungen an politische Parteien nach § 5 Abs. 1 Nr. 5 Satz 4 KStG enthält (und nicht etwa für den steuerpflichtigen Bereich ein KSt-Bescheid bzw. für die besondere Körperschaftsteuer i. S. d. § 5 Abs. 1 Nr. 5 Satz 4 KStG ein KSt-Bescheid und im übrigen ein Freistellungsbescheid).

Der vorgesehene Freistellungsbescheid (Vordruck KSt Ber 2) kann nur erteilt werden, wenn der Berufsverband in vollem Umfang von der Körperschaftsteuer freigestellt ist, also

a) keinen steuerpflichtigen wirtschaftlichen Geschäftsbetrieb unterhält oder

b) zwar einen steuerpflichtigen wirtschaftlichen Geschäftsbetrieb unterhält, ohne daß dieser aber unter Berücksichtigung des Freibetrags nach § 24 KStG zu einer Körperschaftsteuer oder gem. Abschn. 104 KStR zu einer KSt-Erhebung führt, und

c) keine Mittel für die unmittelbare oder mittelbare Unterstützung oder Förderung politischer Parteien verwendet.

Wird ein KSt-Bescheid wegen wirtschaftlicher Geschäftsbetriebe oder wegen Zuwendungen an politische Parteien bis der 10 v. H.-Grenze des § 5 Abs. 1 Nr. 5 Satz 4 KStG erteilt (teilweise Steuerpflicht), ist in diesem Bescheid zu bestätigen, daß der Berufsverband im übrigen gem. § 5 Abs. 1 Nr. 5 KStG steuerbefreit ist.

4. Verwaltung des Vermögens der Berufsverbände

Lassen die Berufsverbände ihr Vermögen durch eine Körperschaft oder Personenvereinigung i. S. d. § 5 Abs. 1 Nr. 6 KStG verwalten, sind auch diesen Körperschaften oder Personenvereinigungen die Erklärungsvordrucke KSt Ber 1 und KSt Ber 1a – ggf. handschriftlich angepaßt – zu übersenden.

II. Vermögensteuer

Berufsverbände sind bei Vorliegen der Voraussetzung des § 3 Abs. 1 Nr. 8 VStG auch von der Vermögensteuer befreit. Bestehen Anhaltspunkte für eine Vermögensteuerpflicht, sind Berufsverbände zu jedem Vermögensteuer-Hauptveranlagungszeitpunkt zur Abgabe einer Vermögensteuererklärung (Vm 1) und einer Vermögensaufstellung (Vm 4) aufzufordern. Der vorgesehene Freistellungsbescheid (Vordruck KSt Ber 2) kann bezüglich der Vermögensteuer in den Fällen des Abschn. I Nr. 3 Buchst. b dieses Erlasses erteilt werden, wenn das steuerpflichtige Vermögen unter Berücksichtigung des § 117a BewG nicht die Besteuerungsgrenze des § 8 Abs. 1 VStG erreicht.

Dieser Erlaß ergeht im Einvernehmen mit dem Bundesministerium der Finanzen und den obersten Finanzbehörden der Länder.

Steuerbefreiung von Berufsverbänden nach § 5 Abs. 1 Nr. 5 KStG:
Unterhaltung eines wirtschaftlichen Geschäftsbetriebs, der dem Verbandszweck dient

Verfügung OFD Frankfurt/M. vom 13.11.1998

S 2725 A – 13 – St II 12

Nach § 5 Abs. 1 Nr. 5 KStG sind Berufsverbände von der Körperschaftsteuer befreit, wenn deren Zweck nicht auf einen wirtschaftlichen Geschäftsbetrieb gerichtet ist. Nach Abschn. 8 Abs. 1 S. 8 KStR 1995 [1] darf die Verbandstätigkeit nicht soweit hinter die wirtschaftliche Tätigkeit zurücktreten, daß der wirtschaftliche Geschäftsbetrieb dem Verband das Gepräge gibt.

Die Unterhaltung eines wirtschaftlichen Geschäftsbetriebes, der dem Verbandszweck dient, führt grundsätzlich nicht zum Verlust der Steuerbefreiung eines Berufsverbandes. So ist z. B. ein Genossenschaftsverband als Berufsverband auch dann von der Körperschaftsteuer befreit, wenn ein erheblicher Teil der Tätigkeit des Verbandes in der sich aus § 53 GenG ergebenden Pflichtprüfung seiner Mitglieder liegt. Ein von einem Berufsverband im Rahmen eines wirtschaftlichen Geschäftsbetriebes unterhaltener Beratungsdienst dient hingegen nicht dem Verbandszweck.

Wirtschaftliche Geschäftsbetriebe der nach § 5 Abs. 1 Nr. 5 KStG
steuerbefreiten Berufsverbände ohne öffentlich-rechtlichen Charakter

Verfügung OFD Hannover vom 06.06.2002

S 2725 – 32 – StH 233 / S 2725 – 20 – StO 214

Die Satzungen steuerbefreiter Berufsverbände weisen nicht selten das Unterhalten eines wirtschaftlichen Geschäftsbetriebs *als Satzungszweck* aus. Insbesondere gewähren die Berufsverbände ihren Mitgliedern satzungsmäßig Rechtsschutz und Rechtsberatung als besonderen wirtschaftlichen Vorteil.

In der Frage, ob ein wirtschaftlicher Geschäftsbetrieb in der Satzung des Berufsverbandes (neben dessen anderen Zwecken) aufgeführt werden kann, wird gebeten, folgende Auffassung zu vertreten:

In Abkehr von der bisherigen Auffassung ist es nicht zu beanstanden, wenn auch die wirtschaftliche Tätigkeit in der Satzung ausgewiesen ist; § 5 Abs. 1 Nr. 5 KStG ist nicht zu entnehmen, dass eine in der Satzung genannte wirtschaftliche Tätigkeit schädlich für die Steuerbefreiung des Berufsverbandes ist.

Aus Vereinfachungsgründen ist das steuerliche Ergebnis des wirtschaftlichen Geschäftsbetriebs „Rechtsberatung" pauschal mit 0 EUR anzusetzen.

---

[1] Jetzt R 16 Abs. 1 KStR.

Rechtsberatende Tätigkeit der Berufsverbände (§ 5 Abs. 1 Nr. 5 KStG)[1]

Verfügung OFD Münster vom 24.04.2005
– Kurzinformation –

Berufsverbände ohne öffentlich-rechtlichen Charakter sind gem. § 5 Abs. 1 Nr. 5 KStG von der KSt. befreit, wenn ihr Satzungszweck nicht auf einen wirtschaftlichen Geschäftsbetrieb gerichtet ist. Als steuerbefreite Berufsverbände kommen z. B. Gewerkschaften und Arbeitgeberverbände, aber auch Haus- und Grundeigentümer- sowie Mietervereine in Betracht.

Soweit diese einen wirtschaftlichen Geschäftsbetrieb unterhalten, ist insoweit die Steuerbefreiung ausgeschlossen.

Die rechtsberatende Tätigkeit (u. a. professionelle rechtliche Beratung im engeren Sinn, Prozessvertretung) der Berufsverbände stellt einen solchen steuerpflichtigen wirtschaftlichen Geschäftsbetrieb dar. Insoweit liegt unternehmerisches Tätigwerden im Sinne des UStG vor. Es stellte sich daher die Frage, wie hoch das steuerliche Ergebnis des wirtschaftlichen Geschäftsbetriebs „Rechtsberatung" ist.

Mitgliedsbeiträge sollen nur in der Höhe als Entgelt für die rechtsberatende Tätigkeit und mithin als Betriebseinnahmen erfasst werden, in der mit der Rechtsberatung zusammenhängende Betriebsausgaben entstanden sind. Das steuerliche Ergebnis des wirtschaftlichen Geschäftsbetriebs „Rechtsberatung" ist daher pauschal mit null € anzusetzen.

---

1) Vgl. auch BFH-Beschluss vom 15.07.2005 – I B 58/04 (BFH/NV 2005 S. 2061).

Steuerliche Behandlung der Vereinigungen der CDU und CSU und anderer Parteien auf Bundes- und Landesebene

BMF-Schreiben vom 30.03.1990

IV B 7 – S 2727 – 5/90

Unter Bezugnahme auf das Ergebnis der Erörterungen mit den obersten Finanzbehörden der Länder wird zu den Fragen der steuerlichen Behandlung der Vereinigungen der CDU und CSU und anderer Parteien auf Bundes- und Landesebene wie folgt Stellung genommen:

I. Vereinigungen der CDU und CSU auf Bundes- und Landesebene

Es sind die Fragen aufgeworfen worden,

1. ob die bei der CDU und CSU bestehenden Vereinigungen auf Bundes-, Landes-, Kreis- und Ortsebene als selbständige Körperschaftsteuersubjekte zu behandeln sind,

2. ob diese Vereinigungen unter die Befreiungsvorschrift des § 5 Abs. 1 Nr. 7 KStG fallen,

3. wie die Beiträge und Spenden an diese Vereinigungen steuerlich zu behandeln sind.

Zu 1.:

Auf Bundesebene bestehen zur Zeit folgende Vereinigungen der CDU und CSU:

- Junge Union Deutschland der CDU/CSU (JU),
- Frauenvereinigung der CDU (Frauenvereinigung),
- Sozialausschüsse der Christlich-Demokratischen Arbeitnehmerschaft (CDA),
- Kommunalpolitische Vereinigung der CDU und CSU Deutschland (KPV),
- Mittelstandsvereinigung der CDU/CSU (MIT),
- Ost- und Mitteldeutsche Vereinigung der CDU/CSU,
- Union der Vertriebenen und Flüchtlinge – (OMV),
- Senioren-Union der CDU.

Entsprechende Vereinigungen der CDU und CSU gibt es auf Landesebene.

Eine in § 38 des Statuts der CDU vorgesehene „Wirtschaftsvereinigung der CDU" besteht zur Zeit nur als Landesvereinigung.

Die genannten Bundes- und Landesvereinigungen sowie ihre jeweiligen Untergliederungen auf Kreis- und Ortsebene sind, soweit sie nicht mit eigener Rechtsfähigkeit ausgestattet sind, unter den im BMF-Schreiben vom 18. Oktober 1988 (BStBl. I, 443) genannten Voraussetzungen als selbständige Körperschaftsteuersubjekte anzusehen.

Zu 2.:

Die genannten Bundes- und Landesvereinigungen und ihre Untergliederungen sind in § 38 des CDU-Parteistatuts aufgeführt. Nach der Gesamtheit der Regelungen im Statut sowie in der Finanz- und Beitragsordnung und der Parteigerichtsordnung sind die Vereinigungen und ihre Untergliederungen in starkem Maße in die Organisationsstruktur der Partei eingebunden. Sie sind deshalb als Teilorganisation (vgl. BFH-Urteil vom 28. Januar 1988 – V R 48/85 – DB 1989, 156) Teile der Partei i. S. des § 2 des Parteiengesetzes und fallen damit unter die Befreiungsvorschrift des § 5 Abs. 1 Nr. 7 KStG und des § 3 Abs. 1 Nr. 10 VStG.

Zu 3.:

Zuwendungen an die genannten Bundes- und Landesvereinigungen und ihre Untergliederungen sind als Mitgliedsbeiträge und Spenden an politische Parteien im Rahmen der §§ 10b Abs. 2, 34g Nr. 1 EStG, § 9 Nr. 3 Buchst. b KStG steuerlich abziehbar. § 10b Abs. 2 Satz 3 EStG gilt mit der Maßgabe, daß Spenden an die genannten Bundes- oder Landesvereinigungen und ihre Untergliederungen mit unmittelbar an die Partei geleisteten Spenden zusammenzurechnen sind.

II. Vereinigungen der anderen Parteien

Die für die Vereinigungen der CDU und CSU geltenden Besteuerungsgrundsätze (vgl. unter I.) gelten unter denselben Voraussetzungen auch für die entsprechenden Organisationen der anderen Parteien.

Steuerliche Behandlung der politischen Parteien
im Sinne des § 2 des Parteiengesetzes und ihrer Gebietsverbände;
hier: Verfahren zur Überprüfung der Körperschaftsteuer- und Vermögensteuerpflicht
von politischen Parteien im Sinne des § 2 des Parteiengesetzes und ihrer Gebietsverbände
im Hinblick auf wirtschaftliche Geschäftsbetriebe

Erlaß FM NRW vom 20.12.1990

S 2932 – 65 – V B 4

Für die steuerliche Behandlung der politischen Parteien im Sinne des § 2 des Parteiengesetzes und ihrer Gebietsverbände gilt folgendes:

1. Erfassung der politischen Parteien und ihrer Gebietsverbände

Politische Parteien im Sinne des § 2 des Parteiengesetzes und ihre Gebietsverbände sind nach § 5 Abs. 1 Nr. 7 KStG von der Körperschaftsteuer und nach § 3 Abs. 1 Nr. 10 VStG von der Vermögensteuer befreit. Unterhalten sie einen wirtschaftlichen Geschäftsbetrieb, so ist die Steuerbefreiung insoweit ausgeschlossen.

Die politischen Parteien und ihre Gebietsverbände sind daraufhin zu überprüfen, ob sie einen wirtschaftlichen Geschäftsbetrieb unterhalten.

Selbständige Steuersubjekte sind auch die jeweiligen Untergliederungen der Parteien (Landes-, Bezirks-, Kreis-, Ortsverbände), wenn sie über eigene satzungsmäßige Organe (Vorstand, Mitgliederversammlung) verfügen, über diese auf Dauer nach außen im eigenen Namen auftreten und eine eigene Kassenführung haben. Die Vordrucke sind allen Landes-, Bezirks- und Kreisverbänden der Parteien zu übersenden. Untergliederungen unterhalb der Kreisverbände sind die Vordrucke nur dann zuzusenden, wenn bekannt ist oder tatsächliche Anhaltspunkte bestehen, daß die jeweilige Untergliederung einen wirtschaftlichen Geschäftsbetrieb unterhält. Die einzelnen Steuersubjekte erhalten jeweils 2 Abdrucke des Erklärungsvordrucks KSt/Part 1. Die Frist für die Abgabe der Erklärung ist nicht kleinlich festzusetzen.

2. Laufende Überprüfung

Die Überprüfung soll in der Regel alle 3 Jahre anhand des Erklärungsvordrucks KSt/Part 1 erfolgen. Die Überprüfung kann sich im allgemeinen zunächst auf das letzte (dritte) Jahr beschränken, es sei denn, daß es sich als notwendig herausstellt, auch für die übrigen Jahre weitere Ermittlungen vorzunehmen.

Politische Parteien, die einen steuerpflichtigen wirtschaftlichen Geschäftsbetrieb unterhalten, sind jährlich zur Abgabe von Steuererklärungen (KSt 1 B, GewSt 1 A) aufzufordern, wenn für einen der letzten drei Veranlagungszeiträume Körperschaftsteuer oder Gewerbesteuer erhoben worden ist. Darüber hinaus sind sie zu jedem VSt-Hauptveranlagungszeitpunkt zur Abgabe einer Vermögensteuererklärung (Vm 1) und einer Vermögensaufstellung (Vm 4) aufzufordern, wenn Anhaltspunkte für eine Vermögensteuerpflicht bestehen.

Auf eine regelmäßige (turnusmäßige) Überprüfung der politischen Parteien und ihrer Gebietsverbände kann verzichtet werden, wenn nach den bisher festgestellten Merkmalen mit einiger Sicherheit keine Steuer zu erwarten ist.

3. Erteilung eines Steuerbescheids

Es ist darauf zu achten, daß einer politischen Partei für einen Veranlagungszeitraum – außer im Fall der Berichtigung aufgrund einer besonderen Rechtsvorschrift – nur ein KSt/VSt-Bescheid erteilt wird (und nicht etwa für den steuerpflichtigen Bereich ein KSt/VSt-Bescheid und im übrigen ein Freistellungsbescheid).

Der vorgesehene Freistellungsbescheid (Vordruck KSt/Part 2) kann nur erteilt werden, wenn eine politische Partei in vollem Umfang von der Körperschaftsteuer und Vermögensteuer freigestellt ist, also

a) kein steuerpflichtiger wirtschaftlicher Geschäftsbetrieb unterhalten wird oder

b) zwar ein steuerpflichtiger wirtschaftlicher Geschäftsbetrieb unterhalten wird, dieser aber unter Berücksichtigung des Freibetrags nach § 24 KStG zu keiner Körperschaftsteuer oder gem. Abschn. 104 KStR zu keiner KSt-Erhebung führt bzw. das steuerpflichtige Vermögen unter Berücksichtigung des § 117a BewG nicht die Besteuerungsgrenze des § 8 Abs. 1 VStG erreicht.

Dieser Erlaß ergeht im Einvernehmen mit dem Bundesminister der Finanzen und den obersten Finanzbehörden der anderen Länder.

Anlage § 005 (1) Nr. 07–04

Überprüfung der Körperschaftsteuerpflicht von politischen Parteien i.S. des § 2 des Parteiengesetzes und ihrer Gebietsverbände sowie von kommunalen Wählervereinigungen und ihrer Dachverbände im Hinblick auf wirtschaftliche Geschäftsbetriebe

Erlass FM Mecklenburg Vorpommern vom 21.12.2007

IV 302 – S 2727 1/07 / IV 302 – S 2900 – 14/07

I Vorbemerkungen

Von der Körperschaftsteuer befreit sind nach § 5 Abs. 1 Nr. 7 KStG

politische Parteien im Sinne des § 2 des Parteiengesetzes und ihre Gebietsverbände sowie kommunale Wählervereinigungen und ihre Dachverbände. Wird ein wirtschaftlicher Geschäftsbetrieb unterhalten, so ist die Steuerbefreiung insoweit ausgeschlossen.

Der Begriff „politische Partei" wird in § 2 Parteiengesetz definiert:

(1) Parteien sind Vereinigungen von Bürgern, die dauernd oder für längere Zeit für den Bereich des Bundes oder eines Landes auf die politische Willensbildung Einfluss nehmen und an der Vertretung des Volkes im Deutschen Bundestag oder einem Landtag mitwirken wollen, wenn sie nach dem Gesamtbild der tatsächlichen Verhältnisse, insbesondere nach Umfang und Festigkeit ihrer Organisation, nach der Zahl ihrer Mitglieder und nach ihrem Hervortreten in der Öffentlichkeit eine ausreichende Gewähr für die Ernsthaftigkeit dieser Zielsetzung bieten. Mitglieder einer Partei können nur natürliche Personen sein.

(2) Eine Vereinigung verliert ihre Rechtsstellung als Partei, wenn sie sechs Jahre lang weder an einer Bundestagswahl noch an einer Landtagswahl mit eigenen Wahlvorschlägen teilgenommen hat.

(3) Politische Vereinigungen sind nicht Parteien, wenn

1. ihre Mitglieder oder die Mitglieder ihres Vorstandes in der Mehrheit Ausländer sind oder

2. ihr Sitz oder ihre Geschäftsleitung sich außerhalb des Geltungsbereichs dieses Gesetzes befindet.

Der Begriff „kommunale Wählervereinigung" wird weder im KStG selbst noch durch Rückgriff auf eine andere gesetzliche Vorschrift definiert. Zur Auslegung kann auf § 34g EStG zurückgegriffen werden. Diese Vorschrift unterscheidet – ebenso wie in § 5 Abs. 1 Nr. 7 KStG – zwischen politischen Parteien und „Vereinen ohne Parteicharakter" (= „Wählervereinigungen"). In Anknüpfung an die dort gegebenen Bestimmungen ist eine „kommunale Wählervereinigung" anzunehmen, wenn

a) der Zweck des Vereins ausschließlich darauf gerichtet ist, durch Teilnahme mit eigenen Wahlvorschlägen an Wahlen auf Kommunalebene bei der politischen Willensbildung mitzuwirken und

b) der Verein auf Kommunalebene bei der jeweils letzten Wahl wenigstens ein Mandat errungen oder der zuständigen Wahlbehörde oder dem zuständigen Wahlorgan angezeigt hat, dass er mit eigenen Wahlvorschlägen auf Kommunalebene an der jeweils nächsten Wahl teilnehmen will.

Eine Gewerbesteuerbefreiung ist für politische Parteien im Sinne des § 2 des Parteiengesetzes und ihre Gebietsverbände sowie kommunale Wählervereinigungen und ihre Dachverbände nicht ausdrücklich in § 3 GewStG vorgesehen. Dies ist aber auch nicht erforderlich. Parteien und Wählervereinigungen sind regelmäßig als eingetragene oder nicht eingetragene Vereine organisiert und unterliegen deshalb nach § 2 Abs. 3 GewStG von vornherein nur der Gewerbesteuer, *soweit sie einen wirtschaftlichen Geschäftsbetrieb (ausgenommen Land- und Forstwirtschaft)* unterhalten. Im Ergebnis sind deshalb politische Parteien und kommunale Wählervereinigungen bei der Körperschaftsteuer und bei der Gewerbesteuer gleich zu behandeln.

Die Veranlagung zur Körperschaftsteuer hat keinen Einfluss darauf, ob die Partei oder die kommunale Wählervereinigung bei Zufluss einer Zuwendung i.S. der § 10b Abs. 2, § 34g EStG als politische Partei i. S. des § 2 PartG bzw. als (kommunale) unabhängige Wählervereinigung anzusehen ist. Ob diese Voraussetzung erfüllt ist, muss ggf. jeweils bei der Veranlagung des Zuwendenden geprüft werden. In den Mustern für die Bestätigungen über Zuwendungen an politische Partei i.S. des § 2 PartG bzw. an unabhängige Wählervereinigung (> BMF-Schreiben vom 13.12.2007, IV C 4 – S 2223/07/0018, wird im BStBl Teil I veröffentlicht) wird daher – anders als bei Bestätigungen über Zuwendungen an eine nach § 5 Abs. 1 Nr. 9 KStG wegen Verfolgung steuerbegünstigter Zwecke i.S. der §§ 51 – 68 AO befreite

Körperschaft – weder auf § 5 Abs. 1 Nr. 7 KStG noch auf den entsprechenden Steuerbescheid / Freistellungsbescheid Bezug genommen. [1)]

Für die steuerliche Erfassung und Überprüfung der politischen Parteien im Sinne des § 2 des Parteiengesetzes und ihre Gebietsverbände sowie kommunale Wählervereinigungen und ihre Dachverbände gilt folgendes:

I. Überprüfung der politischen Parteien und ihrer Gebietsverbände

1. Erfassung

Politische Parteien i.S. des § 2 des Parteiengesetzes und ihre Gebietsverbände sind nach § 5 Abs. 1 Nr. 7 KStG von der Körperschaftsteuer befreit. Unterhalten sie einen wirtschaftlichen Geschäftsbetrieb, so ist die Steuerbefreiung insoweit ausgeschlossen.

Die politischen Parteien und ihre Gebietsverbände sind daraufhin zu überprüfen, ob sie einen wirtschaftlichen Geschäftsbetrieb unterhalten.

Selbständige Steuersubjekte sind auch die jeweiligen Untergliederungen der Parteien (Landes-, Bezirks-, Kreis-, Ortsverbände), wenn sie über eigene satzungsmäßige Organe (Vorstand, Mitgliederversammlung) verfügen, über diese auf Dauer nach außen im eigenen Namen auftreten und eine eigene Kassenführung haben. Es ist nicht erforderlich, dass die Untergliederungen der Parteien – neben der Satzung des übergeordneten Verbandes – auch eine eigene Satzung haben. Zweck, Aufgaben und Organisationen der Untergliederungen können sich auch aus der Satzung des übergeordneten Verbandes ergeben.

Soweit bei den Ortsverbänden der Parteien wirtschaftliche Nebentätigkeiten (z. B. die Durchführung von Veranstaltungen gegen Entgelt, Verkauf von Büchern und Zeitschriften, von Speisen und Getränken usw.) im eigenen Namen und für eigene Rechnung erfolgen, sind diese als selbständige Steuersubjekte zu betrachten.

Unter den vorgenannten Voraussetzungen kann regelmäßig davon ausgegangen werden, dass die Landes- und Kreisverbände der im Bundestag sowie im Landtag M-V vertretenen Parteien als selbständige Steuersubjekte in Betracht kommen. Untergliederungen unterhalb der Kreisverbände sind nur dann zu erfassen, wenn bekannt ist oder tatsächliche Anhaltspunkte bestehen, dass die jeweilige Untergliederung einen wirtschaftlichen Geschäftsbetrieb unterhält, der zur Festsetzung einer Steuer führen könnte.

Zur erstmaligen steuerlichen Erfassung sind anzufordern:

- Fragebogen zur steuerlichen Erfassung [2)]
- Satzung oder sonstige Verfassung; Gründungsprotokoll
- bei eingetragenen Vereinen: registergerichtliche Eintragung
- falls zweifelhaft: Unterlagen über die Eigenschaft als politische Partei.

Bei jeder folgenden Veranlagung ist zu prüfen, ob die dem Finanzamt vorliegenden Unterlagen noch aktuell sind.

Aufstellungen über die politischen Parteien und ihre Untergliederungen, die in Mecklenburg- Vorpommern ihre Geschäftsführung haben, liegen hier nicht vor. Die in Frage kommenden politischen Parteien oder Untergliederungen sind ggf. anhand geeigneter Unterlagen, z. B. Telefonbüchern, zu ermitteln.

Politische Parteien sind im Steuerbezirk 141 zu führen (Hinweis auf Tz. 2.1 des Erlasses über die Erfassung und Veranlagung gemeinnütziger Körperschaften vom 20.09.2007, IV 302 - S 0178 – 2/07 / S 2900 – 14/07). Werden politische Parteien mit Steuernummer geführt, wird der Erklärungseingang und die Erteilung eines Steuerbescheid maschinell überwacht.

2. Laufende Überprüfung

Die Überprüfung der politischen Parteien soll in der Regel alle 3 Jahre anhand des Erklärungsvordruckes „KSt Part 1" erfolgen. Die Steuerung erfolgt über die Eingabe im Grundinformationsdienst (Über-

---

1) In der „Bestätigung über Geldzuwendungen/Mitgliedsbetrag im Sinne des § 34g des Einkommensteuergesetzes an unabhängige Wählervereinigungen" kann alternativ angekreuzt werden: „. . . Wir sind beim Finanzamt . . . StNr. . . . erfasst. / . . . Wir sind steuerlich nicht erfasst."
Dass die Alternative „Wir sind steuerlich nicht erfasst." in dem früheren Muster für eine Zuwendungsbestätigung an unabhängige Wählervereinigungen (> R 10b.2 EStR 2005, H 10b.2 EStH 2006 sowie die dort genannten BMF-Schreiben) gefehlt hat, beruht auf einem Redaktionsversehen.

2) Eine besondere Fassung des Fragebogens zur steuerlichen Erfassung von Körperschaften („KSt GU 2") speziell für politische Parteien steht nicht zur Verfügung. Ggf. kann zusätzlich oder an Stelle des Vordrucks „KSt GU 2" bereits für die erstmalige Erfassung der Erklärungsvordruck KSt Part 1" verwendet und mit einem in Anlehnung an den Vordruck „KSt-GU 1" formulierten Anschreiben versandt werden.

wachungskennbuchstabe „CK…" + Zusatzkennbuchstabe „PP"). Die Überprüfung kann sich im Allgemeinen zunächst auf das letzte (dritte) Jahr beschränken, es sei denn, es stellt sich als notwendig heraus, auch für die übrigen Jahre weitere Ermittlungen vorzunehmen.

Die bei den Finanzämtern im Lande mit Steuernummer geführten politischen Parteien werden – ggf. unter Berücksichtigung des Drei-Jahres-Turnus – mit einheitlichem Schreiben zur Abgabe der entsprechenden Steuererklärung für das letzte (dritte) Jahr aufgefordert mit dem Hinweis, dass der Erklärungsvordruck „KSt Part 1" im Internet unter der Adresse des Finanzamtes herunter geladen oder unmittelbar beim Finanzamt angefordert werden kann.

Hat eine politische Partei einen wirtschaftlichen Geschäftsbetrieb unterhalten, für den in einem der letzten drei Veranlagungszeiträume Körperschaftsteuer erhoben worden ist, erfolgt die Überprüfung bis auf weiteres jährlich. In diesen Fällen ist die politische Partei personell zusätzlich auch zur Abgabe der Steuererklärungen KSt 1 B und GewSt 1 A aufzufordern.

Auf eine regelmäßige (turnusmäßige) Erinnerung an die Abgabe der entsprechenden Steuererklärung kann verzichtet werden, wenn nach den bis dahin festgestellten Merkmalen mit einiger Sicherheit keine Steuer zu erwarten ist.

Sollen politische Parteien oder ihre Gebietsverbände nicht (mehr) regelmäßig an die Abgabe von Steuererklärungen erinnert werden, muss die förmliche steuerliche Erfassung mit Steuernummer beendet werden; die Fälle sind deshalb aus dem Grundinformationsdienst zu löschen. Diese steuerbefreiten Körperschaften sind mit dem zusätzlichen Vermerk „Partei" in die formlos zu führenden Überwachungsliste aufzunehmen (Hinweis auf Tz. 6 des o.g. Erlasses über die Erfassung und Veranlagung gemeinnütziger Körperschaften vom 20.09.2007).

3. Erteilung eines Steuerbescheides (Freistellungsbescheides)

Ob eine Körperschaft steuerbefreit ist, entscheidet das Finanzamt im Veranlagungsverfahren durch Steuerbescheid (ggf. Freistellungsbescheid; > AEAO zu § 59, Nr. 3). Im Steuerbescheid werden Aussagen sowohl hinsichtlich der Befreiung als auch hinsichtlich der partiellen Steuerpflicht getroffen. Es ist darauf zu achten, dass einer politischen Partei für einen Veranlagungszeitraum nur ein Steuerbescheid erteilt wird (und nicht etwa für den steuerpflichtigen Bereich ein Steuerbescheid und im Übrigen ein Freistellungsbescheid).

Ein Freistellungsbescheid wird (nur) erteilt, wenn die politische Partei in vollem Umfang von der Körperschaftsteuer freigestellt ist, d.h.

a) kein wirtschaftlicher Geschäftsbetrieb (§ 5 Abs. 1 Nr. 7 Satz 2 KStG) unterhalten wird, oder

b) zwar ein steuerpflichtiger wirtschaftlicher Geschäftsbetrieb unterhalten wird, dieser aber unter Berücksichtigung des Freibetrages nach § 24 KStG nicht zur Festsetzung von Körperschaftsteuer führt (> R 72 KStR 2004).

Für den Freistellungsbescheid steht der Vordruck „KSt Part 2, 3" zur Verfügung.

III. Überprüfung der kommunalen Wählervereinigungen und ihrer Dachverbände

Nach § 5 Abs. 1 Nr. 7 KStG in der Fassung des StBereinG 1999 sind neben den politischen Parteien und ihren Gebietsverbänden auch kommunale Wählervereinigungen und ihre Dachverbände von der Körperschaftsteuer befreit. Die Befreiung ist nach § 54 Abs. 2c KStG in der Fassung des StBereinG 1999 bereits für Veranlagungszeiträume vor 2000 anzuwenden. Sie ist, wie bei den politischen Parteien, ausgeschlossen, soweit ein wirtschaftlicher Geschäftsbetrieb unterhalten wird.

Wählervereinigungen sollen nur dann erfasst werden, wenn bekannt oder anzunehmen ist, dass sie einen steuerlich beachtlichen wirtschaftlichen Geschäftsbetrieb unterhalten haben oder zukünftig unterhalten werden.

Für die Überprüfung der kommunalen Wählervereinigungen und ihrer Dachverbände gelten im Übrigen dieselben Grundsätze wie für politische Parteien.

Die Verfügungen der Oberfinanzdirektion Rostock vom 07.03.1991, S 2727 A – St 241 und vom 29.05.1995, S 2727 – St 24/ St 241 sind nicht mehr anzuwenden.

Steuerbefreiung öffentlich-rechtlicher Versicherungs- und Versorgungseinrichtungen von Berufsgruppen nach § 5 Abs. 1 Nr. 8 KStG, § 3 Nr. 11 GewStG; Altersteilzeit

BMF-Schreiben vom 20.10.2003

IV A 2-S 2708-4/03

(BStBl. 2003 I S. 558)

Unter Bezugnahme auf das Ergebnis der Erörterungen mit den obersten Finanzbehörden der Länder gilt bei der Anwendung der Befreiungsvorschriften des § 5 Abs. 1 Nr. 8 KStG, § 3 Nr. 11 GewStG Folgendes: Für die Steuerbefreiung der berufsständischen Versicherungs- und Versorgungseinrichtungen ist es entsprechend § 187a SGB VI unschädlich, wenn aus einer vom Arbeitgeber gezahlten Entlassungsentschädigung wegen Altersteilzeit neben den in § 5 Abs. 1 Nr. 8 KStG, § 3 Nr. 11 GewStG festgelegten Höchstbeträgen zur Reduzierung des versicherungsmathematischen Abschlags beim vorgezogenen Alters ruhegeld Leistungen in die berufsständische Versorgungseinrichtung entrichtet werden.

Steuerliche Behandlung von Ausgleichszahlungen für die Übernahme der Verpflichtung zur Schaffung von naturschutzrechtlichen Ausgleichsflächen (§ 65 AO)

Bayerisches Landesamt für Steuern vom 18.4.2006
S 0184 – 2 St 31 N

Werden Landschaften in ihrer natürlichen Beschaffenheit maßgeblich und nachhaltig verändert (z.b. Erschließung eines Bau- oder Gewerbegebiets, Bau von Straßen, Abtragungen von Bodenvorkommen), ist der Verursacher naturschutzrechtlich verpflichtet (§ 19 BNatSchG, § 6a BayNatSchG), die Beeinträchtigungen durch Maßnahmen des Naturschutzes und der Landschaftspflege auszugleichen (Ausgleichsmaßnahmen) oder zu kompensieren (Ersatzmaßnahmen).

Ein gewerbliches Unternehmen kann seiner Verpflichtung zur Schaffung von Ausgleichsflächen für einen Eingriff in die Natur z.B. dadurch nachkommen, dass es einer gemeinnützigen Körperschaft, die satzungsgemäß den Natur- und Landschaftsschutz fördert, Mittel für den Ankauf einer Fläche und deren biotopgerechte Gestaltung zur Verfügung stellt.

Unter Bezugnahme auf das Ergebnis der Erörterung der obersten Finanzbehörden des Bundes und der Länder bitte ich hierzu die Auffassung zu vertreten, dass die entgeltliche Übernahme der Durchführung der Verpflichtung zur Schaffung von Ausgleichsflächen bei der gemeinnützigen Körperschaft **grundsätzlich** einen **steuerpflichtigen wirtschaftlichen Geschäftsbetrieb begründet.**

Die Schaffung der Ausgleichsflächen gegen Entgelt dient in erster Linie der Erfüllung der Zwecke der Auftraggeber und damit nicht der Verwirklichung der eigenen steuerbegünstigten Zwecke der gemeinnützigen Körperschaft. Darüber hinaus spricht auch der mögliche Wettbewerb zu nicht steuerbegünstigten Landschafts- und Gartenbaubetrieben gegen die Annahme eines steuerbegünstigten Zweckbetriebs.

Ausnahmsweise können in einem Einzelfall auch die Voraussetzungen für die Annahme eines Zweckbetriebs erfüllt sein. Dies kommt z.B. in Betracht, wenn im Rahmen eines Gesamtkonzepts für die Gestaltung und Pflege eines Biotops weit reichende Maßnahmen des Pflanzen-, Tier- und Artenschutzes, die den fachlichen Hintergrund einer gemeinnützigen Organisation erfordern oder aufgrund ihrer Personalintensität nur unter Einsatz von ehrenamtlich tätigen Personen realistisch finanzierbar sind, hinzukommen.

Gemeinnützigkeitsrecht;
Betrieb einer Solaranlage als Zweckbetrieb

Oberfinanzdirektion Chemnitz vom 21.11.2006
S 0171 – 369/2 – St 21

Der Verkauf des in einer Solarstromanlage erzeugten Stroms an einen gewerblichen Netzbetreiber ist nur dann ein Zweckbetrieb, wenn die Anlage ausschließlich zu Lehr- und Demonstrationszwecken betrieben wird und nicht überdimensioniert ist.

Die obersten Finanzbehörden des Bundes und der Länder haben erörtert, wie es steuerlich zu beurteilen ist, wenn eine steuerbegünstigte Körperschaft, z. B. ein gemeinnütziger Schul- oder Umweltschutzverein, zu Lehr- oder Demonstrationszwecken eine Fotovoltaikanlage betreibt und den dabei anfallenden Strom gegen Entgelt in das Netz eines Energieversorgungsunternehmens einspeist.

Danach ist der wirtschaftliche Geschäftsbetrieb i.S.d. § 14 Satz 1 und 2 AO, der beim Verkauf des in einer Solarstromanlage einer steuerbegünstigten Körperschaft erzeugten Stroms an einen gewerblichen Netzbetreiber vorliegt, nur dann ein Zweckbetrieb i. S. d. § 65 AO, wenn die Anlage nur zu Lehr- und Demonstrationszwecken betrieben wird. Ist die Anlage größer als es für Lehr- und Demonstrationszwecke nötig wäre, liegt insgesamt ein steuerpflichtiger wirtschaftlicher Geschäftsbetrieb i.S.d. § 64 AO vor. Die Körperschaft, die die Solarstromanlage betreibt, darf nicht als gemeinnützig behandelt werden, wenn ihr der steuerpflichtige wirtschaftliche Geschäftsbetrieb das Gepräge gibt.

Medizinische Versorgungszentren nach § 95 SGB V als Einrichtung der Wohlfahrtspflege i.S.d. § 66 AO

Bayerisches Landesamt für Steuern vom 27.11.2006
S 0185 – 1 St 31 N

Auf der Grundlage von § 95 SGB V werden von im System der gesetzlichen Krankenversicherung tätigen Leistungserbringern, insbesondere Krankenhäusern, „Medizinische Versorgungszentren" (MVZ) gegründet. Hierbei handelt es sich um Einrichtungen der ambulanten Pflege, die mit Hilfe angestellter Ärzte oder freiberuflicher Vertragsärzte ambulante medizinische Leistungen erbringen.

Nach dem Ergebnis der Erörterungen der Körperschaftsteuer-Referatsleiter des Bundes und der Länder sind die MVZ keine Zweckbetriebe i.S.d. §§ 65 und 67 AO. Bei Vorliegen der übrigen Voraussetzungen für die Gemeinnützigkeit können sie jedoch ein Zweckbetrieb nach § 66 AO sein. Es wird besonders darauf hingewiesen, dass eine Einrichtung der Wohlfahrtspflege nur dann vorliegt, wenn nachgewiesen werden kann, dass mindestens zwei Drittel der Leistungen hilfsbedürftigen Personen (§ 53 AO) zugute kommen.

Deutsche Pfadfinderschaft Sankt Georg (DPSG) und ihre Fördervereine; Mustersatzung

Ministerium der Finanzen des Landes Brandenburg vom 24.4.2007

35 – S 0177 – 1/06

Die Deutsche Pfadfinderschaft Sankt Georg (DPSG) ist der katholische Pfadfinderverband in der Bundesrepublik Deutschland. Sie ist zur Zeit in 25 Diözesen gegliedert und zählt ca. 1.400 Stämme/Siedlungen sowie 137 Bezirke. Da die Diözesen, Bezirke und Stämme jeweils sowohl über Organe (Vorstände) verfügen, die nach außen hin eigenverantwortlich auftreten, als auch eine eigene Kassenführung haben, handelt es sich hierbei um rechtlich selbständige Körperschaften (hier: nichtrechtsfähige Vereine). Die Mitgliedschaft des Einzelnen besteht nicht zur DPSG, sondern zum jeweiligen Stamm etc.

Für eine Reihe von Pfadfinderstämmen sind in der Vergangenheit eigene Fördervereine gegründet worden. Vorausetzung für eine gemeinnützigkeitsrechtliche Anerkennung dieser Fördervereine ist, dass die Pfadfinderstämme selbst als steuerbegünstigte Körperschaften i.S.d. § 5 Abs. 1 Nr. 9 KStG anerkannt sind (§ 58 Nr. 1 AO). Hierzu ist es u. a. erforderlich, dass die Untergliederungen eine eigene Satzung haben, die den gemeinnützigkeitsrechtlichen Anforderungen entspricht. Die nachstehend abgedruckte Satzung für die Pfadfinderstämme wurde für diesen Zweck als Mustersatzung entworfen und kann – mit geringfügigen Änderungen – auch als Mustersatzung für die anderen Untergliederungen dienen. Alternativ ist es auch zulässig, dass die DPSG eine auf die Belange der Untergliederung zugeschnittene, den Gemeinnützigkeitsforderungen entsprechende Satzung für alle Untergliederungen beschließt und diese Satzung verbindlich für die in einer Anlage zur Satzung aufgeführten Untergliederungen erklärt.

Sofern bisher die geförderten Untergliederungen nicht die Voraussetzungen für die Anerkennung als steuerbegünstigte Körperschaft erfüllt haben, sind für die Vergangenheit hinsichtlich der Steuerbegünstigung der Fördervereine keine nachteiligen Folgerungen zu ziehen, wenn diese gegenüber dem zuständigen Finanzamt bis zu einem bestimmten Termin den Nachweis der Gemeinnützigkeit der geförderten Untergliederung erbringen.

Mustersatzung des Pfadfinderstammes XXXX

§ 1

Der Pfadfinderstamm XXXX e. V. mit Sitz in XXXX zählt zur Deutschen Pfadfinderschaft Sankt Georg (DPSG) und verfolgt ausschließlich und unmittelbar gemeinnützige Zwecke im Sinne des Abschnitts „Steuerbegünstigte Zwecke" der Abgabenordnung. Zweck des Vereins ist die Erziehung junger Menschen nach den Zielvorstellungen und Methoden, wie sie sich aus der Ordnung des DPSG ergeben.

Diese steht in der Tradition der Weltpfadfinderbewegung und der Jugendarbeit in der katholischen Kirche.

Der Satzungszweck wird insbesondere wie folgt verwirklicht:

1. Unterstützung junger Menschen bei deren Persönlichkeitsentwicklung. Hierzu zählt insbesondere die Umsetzung der pfadfinderischen Methode als ein System fortschreitender Selbsterziehung junger Menschen. Dies geschieht durch:
   – Die Arbeit im Wechselspiel von Klein- und Großgruppen
   – Das fortschreitende Entdecken und die Übernahme von Verantwortung sowie Erziehung zur Selbständigkeit
   – Teilnahme an aufeinander aufbauenden und aktiven, an der Lebenswelt der Mitglieder orientierten Programmen.
2. Vermittlung christlicher Werte und christlicher Lebensorientierung.
3. Förderung interkultureller und internationaler Begegnungen im In- und Ausland als Grundlage für Gerechtigkeit und Toleranz, Verständigung und Frieden.
4. Vermittlung der ökologischen und ökonomischen Verantwortung, d. h. der Verantwortung gegenüber sich selbst, gegenüber anderen und gegenüber der Natur.

Die Ordnung des Verbandes DPSG und diese Satzung ergänzen sich gegenseitig.

§ 2

Der Verein ist selbstlos tätig; er verfolgt nicht in erster Linie eigenwirtschaftliche Zwecke.

§ 3

Mittel des Vereins dürfen nur für die satzungsmäßigen Zwecke verwendet werden. Die Mitglieder erhalten keine Zuwendungen aus Mitteln des Vereins.

§ 4

Es darf keine Person durch Ausgaben, die dem Zweck der Körperschaft fremd sind, oder durch unverhältnismäßig hohe Vergütungen begünstigt werden.

§ 5

Bei Auflösung des Vereins oder bei Wegfall des steuerbegünstigten Zwecks fällt das Vermögen des Vereins an – den – die – das (Bezeichnung einer Körperschaft des öffentlichen Rechts oder einer anderen steuerbegünstigten Körperschaft), der – die – das – es unmittelbar und ausschließlich für gemeinnützige Zwecke i. S. des § 1 der Satzung zu verwenden hat.

Anerkennung der Gemeinnützigkeit einer Patentstelle hinsichtlich der Forschungsförderung (§§ 64, 65 und 68 Nr. 9 AO)

Oberfinanzdirektion Hannover vom 14.8.2007

S 0187–21–StO 253

Zu beurteilen war die gemeinnützigkeitsrechtliche Behandlung einer sog. Patentstelle, die zu einer Forschungseinrichtung gehört. Die Tätigkeit der Patentstelle umfasst umfassende Dienstleistungen gegenüber Forschern (Einzelpersonen, Universitäten und Fachhochschulen), denen Rechte aus den Forschungsergebnissen zustehen. Die Patentstelle führt Beratungen durch, finanziert Patente vor, meldet sie an und vermittelt die wirtschaftliche Verwertung.

Nach Auffassung der obersten Finanzbehörden des Bundes und der Länder ist die gegen Entgelt erbrachte Tätigkeit der Patentstelle als steuerpflichtiger wirtschaftlicher Geschäftsbetrieb nach § 64 AO zu qualifizieren.

Ein Zweckbetrieb nach § 68 Nr. 9 AO liegt nicht vor, weil es sich um Tätigkeiten ohne direkten Forschungsbezug, bzw. nur um Tätigkeiten handelt, die mit der Anwendung gesicherter wissenschaftlicher Erkenntnisse verbunden sind (§ 68 Nr. 9 Satz 3 AO). Die Voraussetzungen eines Zweckbetriebes nach § 65 AO sind ebenfalls nicht erfüllt, da die Patentstelle keine unmittelbare Förderung der Forschung betreibt. Die Patentstelle hilft durch die Sicherung des Patentschutzes bei der (alleinigen) wirtschaftlichen Nutzung der Forschungsergebnisse durch den Erfinder und fördert damit in erster Linie die eigenwirtschaftlichen Zwecke der Antragsteller (Verstoß gegen das Gebot der Selbstlosigkeit). Außerdem besteht ein erheblicher Wettbewerb zu steuerpflichtig tätigen Anwälten und Agenturen.

Ergänzend verweise ich auf das zur gemeinnützigkeitsrechtlichen Behandlung der Erfinderclubs ergangene Karteiblatt zu § 5 KStG Karte H 4.2 KSt-Kartei.

Leistungen im Zusammenhang mit der Durchführung des Freiwilligen Sozialen Jahres

OFD Frankfurt am Main Verfügung vom 21.8.2007

S 0177 A – 12 –St 53

Zur Durchführung des Freiwilligen Sozialen Jahres schließen die Freiwilligen mit einem „Maßnahmeträger", in der Regel ein Landesverband, z.B. des DRK oder des DSOB, eine Teilnahmevereinbarung ab. Die Freiwilligen erhalten einen arbeitnehmerähnlichen Status. Der Verband zahlt Taschengeld und übernimmt die Anmeldung zur Sozialversicherung.

Die Freiwilligen leisten Ihren Dienst nicht beim Verband selbst, sondern bei einer anderen steuerbegünstigten Einrichtung, z.B bei einem dem Verband angeschlossenen Verein (sog Einsatzstelle). Nach dem Vertrag zwischen Verband und Einsatzstelle ersetzt die Einsatzstelle dem Verband das Taschengeld, die Beiträge zur Sozialversicherung und zahlt ihm einen monatlichen Betrag (z.B. 100 €) zur Abgeltung anderer Kosten (Verwaltung, Gehaltsabrechnung usw.).

Hierzu bitte ich die Auffassung zu vertreten, dass die Überlassung von Freiwilligen durch einen Verband an eine steuerbegünstigte Einrichtung gegen Entgelt im Rahmen des Freiwilligen Sozialen Jahres einen steuerpflichtigen wirtschaftlichen Geschäftsbetrieb darstellt. Die Voraussetzungen der §§ 65, 66 und 68 AO für die Annahme eines Zweckbetriebs werden nicht erfüllt.

Dieser Rdvfg. liegt der HMdF-Erlass vom 01.08.2007 – 5 0177 A – 019 – 114a – zugrunde.

Anerkennung von Tischfußball als Sport i.S. von § 52 Abs. 2 Nr. 2 Abgabenordnung

OFD Frankfurt am Main Verfügung vom 26.9.2007
S 0171 A – 170 – St 53

Nach einer Entscheidung der obersten Finanzbehörden des Bundes und der Länder ist Tischfußball kein Sport i.S. des Gemeinnützigkeitsrechts.
Dieser Rundverfügung liegt der HMdF-Erlass vom 23.08.2007 – S 0171 A – 192 – II 9a – zugrunde.

Gemeinnützigkeitsrechtliche Behandlung der Hausnotrufzentrale und des Kompetenzzentrums eines bundesweit tätigen Wohlfahrtsverbandes (§ 66 AO)

OFD Hannover vom 31.10.2007
S 0185 – 8 – StO 251

Der Landesverband eines bundesweit tätigen Wohlfahrtsverbandes baut gegenwärtig ein einheitliches, flächendeckendes Notrufsystem auf. Soweit sich dieses System bewährt, ist eine bundesweite Übernahme vorgesehen. Es handelt sich um ein technisches Hilfssystem, das über einen Festnetz-Telefonanschluss im Notfall sofort eine Verbindung zwischen den Teilnehmern und der Hausnotrufzentrale herstellt. Der Teilnehmer kann identifiziert und es kann bedarfsgerechte Hilfe eingeleitet werden. Diese Hilfe besteht darin, dass entweder Personen aus dem Umkreis, wie Angehörige, Nachbarn oder Hausarzt verständigt werden oder ggf. sofort ein zuständiger Rettungsdienst beauftragt wird.

Umgesetzt werden soll das System mithilfe der Kreisverbände, hier im Einzelnen durch drei Bereiche: die Hausnotrufzentrale, die örtlichen Kreisverbände und das Kompetenzzentrum.

Die **Notrufzentrale** ist bei einem örtlichen Kreisverband (zentraler Kreisverband) eingerichtet und nimmt die telefonische Betreuung der Nutzer des Notrufsystems und Einleitung weitergehender Maßnahmen vor.

Die **örtlichen Kreisverbände** übernehmen die vor Ort erforderlichen Maßnahmen, wie einen 24- Stunden Hintergrunddienst für die örtliche Hilfe, Anwerbung von Nutzern, Vertragsabschlüsse mit den Teilnehmern sowie Erschließung des sozialen Umfeldes.

Das Kompetenzzentrum, das ebenfalls bei einem Kreisverband zentral angesiedelt ist, verfolgt vorwiegend organisatorische Tätigkeiten, die der Betrieb des Hausnotrufsystems mit sich bringt, z.B. die Sicherstellung eines einheitlichen Marketings, die Durchführung und Unterstützung zentraler und lokaler Werbemaßnahmen, Anleitung und Hilfestellung beim Einstig in die Aufgabe Hausnotruf, Schulung der Mitarbeiter, Beschwerdemanagement etc.

Die Vertreter der obersten Finanzbehörden der Länder haben entschieden, dass bei dieser Fallgestaltung die Tätigkeiten der örtlichen Kreisverbände einschließlich Hausnotrufzentrale und Kompetenzzentrum als Gesamtleistung einen **Zweckbetrieb** gem. § 66 AO darstellen. Die örtlichen Kreisverbände erbringen steuerbegünstigte Leistungen in besonderem Maße unmittelbar gegenüber dem in § 53 AO genannten Personenkreis. Der zentrale Kreisverband wird mit dem Betrieb der Hausnotrufzentrale als Hilfsperson (§ 57 Abs. 1 Satz 2 AO) für die örtlichen Kreisverbände tätig. Seine Tätigkeit ist den örtlichen Kreisverbänden als eigene unmittelbare Tätigkeit gegenüber den Teilnehmern zuzurechnen. Das Kompetenzzentrum ist entsprechend den Grundsätzen des Urteils des BFH vom 18. März 2004 (BStBl II S. 798) in die Gesamtleistung Hausnotrufdienst mit einzubeziehen.

Die Verwirklichung eines gemeinnützigen Zwecks durch mehrere gemeinnützige Körperschaften ist als Gesamtkonzept anzusehen.

Unterstützung anderer Körperschaften (§ 58 Nrn. 1 bis 4 AO)

OFD Frankfurt am Main Verfügung vom 21.1.2008

S 0177 A – 6 –St 53/S 0177 A – 7 – St 53

Eine steuerbegünstigte Körperschaft kann ihrer Pflicht, sämtliche Mittel für ihre steuerbegünstigten satzungsmäßigen Zwecke zu verwenden (§ 55 Abs. 1 Nr. 1 AO), auf folgende Arten nachkommen:

– Die Körperschaft muss ihre steuerbegünstigten Zwecke grundsätzlich selbst verwirklichen, also ihre Mittel unmittelbar dafür verwenden (§ 57 Abs. 1 Satz 1AO), ggfs. durch Einschaltung einer Hilfsperson (§ 57 Abs. 1 Satz 2 AO).

– Die Körperschaft darf unter bestimmten Voraussetzungen ihre Mittel (in vollem Umfang) an eine andere Körperschaft des öffentlich oder privaten Rechts (s. Tz. 1.1) für die Verwirklichung der steuerbegünstigten Zwecke dieser Körperschaft weitergeben, wenn die Beschaffung von Mitteln für die andere Körperschaft ihr Satzungszweck ist (§ 58 Nr. 1 AO – sog. Förder- oder Spendensammelkörperschaft), s. Tz. 1.

– Wenn die Beschaffung von Mitteln für andere Körperschaften nicht Satzungszweck ist, darf die Körperschaft ihre Mittel teilweise, höchstens zur Hälfte, an eine andere, ebenfalls steuerbegünstigte Körperschaft oder an eine Körperschaft des öffentlichen Rechts zur Vewendung für steuerbegünstigte Zwecke weitergeben (§ 58 Nr. 2 AO), s. Tz. 2.

– Auch ist es gemeinnützigkeitsrechtlich unschädlich, wenn eine Körperschaft sowohl Mittel zur unmittelbaren Zweckerfüllung verwendet als auch Mittel nach § 58 Nr. 1 und 2 AO vergibt.

– Die Körperschaft kann ihre Arbeitskräfte anderen Personen, Unternehmen, Einrichtungen oder einer Körperschaft des öffentlichen Rechts für steuerbegünstigte Zwecke zur Verfügung stellen, s. Tz 3.

– Es ist auch gemeinnützigkeitsrechtlich unschädlich, wenn eine Körperschaft ihr gehörende Räume einer anderen, ebenfalls steuerbegünstigten Körperschaft oder einer Körperschaft des öffentlichen Rechts zur Nutzung zu steuerbegünstigten Zwecken überlässt, s.Tz. 4.

1. § 58 Nr. 1 AO:

1.1 Empfängerkörperschaft

Die Beschaffung und Weiterleitung von Mitteln ist sowohl an Körperschaften des privaten als auch des öffentlichen Rechts zulässig. Die Empfängerkörperschaft muss die Mittel für die Verwirklichung ihrer steuerbegünstigten Zwecke verwenden.

Die Beschaffung von Mitteln für eine unbeschränkt steuerpflichtige Körperschaft des privaten Rechts setzt voraus, dass die Empfängerkörperschaft selbst steuerbegünstigt ist. Dies bedeutet, dass bereits zu Beginn des Veranlagungszeitraums eine ordnungsgemäße Satzung vorliegen muss.

Die Weiterleitung von Mitteln an eine Körperschaft des öffentlichen Rechts zur Verwendung in einem steuerpflichtigen Betrieb gewerblicher Art (BgA) ist unschädlich, wenn die Mittel in dem BgA für einen steuerbegünstigten Zweck verwendet werden. Dies gilt auch für die Weiterleitung von freien sowie gebundenen Zuwendungen, wobei im letzteren Fall die Zuwendung für den bestimmten Zweck verwendet werden muss. Besondere Anforderungen sind an den BgA nicht zu stellen. Entscheidend ist die Verwendung der Zuwendung für einen begünstigten Zweck.

Für die Steuerbegünstigung der Förderkörperschaften eines BgA, z.B. Bibliotheken, Kindergärten, Museen, ist die Steuerbegünstigung der Empfängerkörperschaft nicht Voraussetzung. Die BgA als Empfängerkörperschaften benötigen demzufolge keine eigene Satzung.

An eine nicht unbeschränkt steuerpflichtige ausländische Körperschaft (die nach derzeitiger Verwaltungsauffassung nicht als steuerbegünstigte Körperschaft i.S.d. §§ 51 ff. AO anerkannt werden kann) ist die Weitergabe von Mitteln zulässig, wenn die Mittel tatsächlich für steuerbegünstigte Zwecke verwendet werden.

1.2 Wechsel der Verwendungsarten

Zu der Frage, ob die Mittelverwendungsarten jährlich wechseln dürfen, bitte ich die Auffassung zu vertreten, dass es grundsätzlich nicht schädlich ist für die Steuerbegünstigung einer Körperschaft, die mehrere steuerbegünstigte Satzungszwecke hat und in jedem Jahr mindestens einen davon verfolgt, wenn sie einen oder mehrere andere Satzungszwecke auch über einen längeren Zeitraum hinweg nicht fördert. Als steuerbegünstigter Satzungszweck ist dabei auch die Beschaffung von Mitteln i.S.d. § 58 Nr. 1 AO anzusehen. Eine Satzungsänderung ist erst dann erforderlich, wenn die Körperschaft einen Zweck auf Dauer (endgültig) aufgibt.

1.3 Benennung der Körperschaft

Eine Förderkörperschaft i.S.d. § 58 Nr. 1 AO braucht die Körperschaft, für die sie Mittel beschafft, nicht namentlich in ihrer Satzung zu nennen. Die Angabe des Zwecks, für dessen Verwirklichung (durch andere Körperschaften) die Mittel beschafft werden, reicht aus. Wenn die unterstützte Körperschaft allerdings in der Satzung angegeben ist, darf die Förderkörperschaft ihre Mittel erst nach einer entsprechenden Satzungsänderung an eine andere oder weitere Körperschaft weitergeben.

2. § 58 Nr. 2 AO:

2.1 Zuwendungsabzug

Eine teilweise Weitergabe von Mitteln entsprechend § 58 Nr. 2 AO ist grundsätzlich für alle nach §§ 52 bis 54 AO steuerbegünstigten Zwecke möglich. Dies gilt auch für Förderkörperschaften. Weder die Weitergabe der Mittel noch der steuerbegünstigte Zweck, für den die Mittel von der Empfängerkörperschaft verwendet werden, braucht Satzungszweck der Körperschaft, die die Mittel weitergibt, zu sein.

Einschränkungen bestehen insoweit nur wegen der unterschiedlichen Behandlung von Mitgliedsbeiträgen: Es muss sichergestellt sein, dass Mitgliedsbeiträge, die beim Zuwendenden steuerlich abziehbar sind auch bei der Weitergabe an eine andere Körperschaft für einen Zweck verwendet werden, der zum Abzug von Mitgliedsbeiträgen berechtigt. Dies kann, durch eine Kopie des Freistellungsbescheides der Empfängerkörperschaft nachgewiesen werden. Weitere Nachweise über die zweckentsprechende Verwendung der Zuwendung durch die andere Körperschaft brauchen vom Erstempfänger nicht erbracht zu werden.

Bei Verwendung der weitergeleiteten Mittel durch die andere Körperschaft für Zwecke, die nicht zum Abzug von Mitgliedsbeiträgen berechtigen, ist der Körperschaft, die die Mittel weitergegeben hat, nicht zwangsläufig die Steuerbegünstigung zu versagen. Hierbei handelt es sich nicht um einen schwerwiegenden Verstoß gegen die Vorschriften des Gemeinnützigkeitsrechts, wie z.B. bei der Ausstellung von Gefälligkeitsbestätigungen (vgl. AEAO Tz. 2 zu § 63), der für sich allein zur Versagung der Steuerbegünstigung führt. Von der Frage der Steuerbegünstigung losgelöst ist allerdings die Haftungsinanspruchnahme nach § 10b Abs. 4 EStG zu prüfen.

2.2 teilweise Mittelweitergabe

Nach § 58 Nr. 2 AO wird die Steuervergünstigung nicht dadurch ausgeschlossen, dass eine Körperschaft ihre Mittel teilweise einer begünstigten Empfängerkörperschaft zur Verwendung zu steuerbegünstigten Zwecken zuwendet. Der Begriff „Mittel" beschränkt sich nicht nur auf die der Körperschaft in dem jeweiligen Veranlagungszeitraum zufließenden Mittel. Vielmehr sind sämtliche Vermögenswerte der Körperschaft in die Berechnung mit einzubeziehen. Grundsätzlich ist mithin die Weitergabe von 50 v.H. des Kapitals der Körperschaft, das nicht durch gesellschafts- und/oder stiftungsrechtliche Regelungen (z. B. Dotationskapital, Rücklagen nach § 58 Nr. 6 AO) gebunden ist, in jedem Veranlagungszeitraum gestattet.

3. § 58 Nr. 3 AO:

Die Körperschaft kann ihre Arbeitskräfte anderen Personen, Unternehmen, Einrichtungen oder einer Körperschaft des öffentlichen Rechts zur Verfügung stellen. Es ist nicht Voraussetzung, dass diese ihrerseits steuerbegünstigt sind. Die überlassenen Arbeitskräfte dürfen jedoch nur für steuerbegünstigte Zwecke eingesetzt werden.

Erfolgt die Überlassung der Arbeitskräfte gegen Entgelt, bedeutet die Beurteilung als steuerunschädliche Betätigung nicht, dass diese zwangsläufig als steuerbegünstigter Zweckbetrieb zu beurteilen ist. Die Vorschrift des § 58 Nr. 3 AO begründet weder einen eigenständigen steuerbegünstigten Zweck noch eine Rechtsnorm für die Einstufung als Zweckbetrieb. Die Überlassung ist vielmehr als steuerpflichtiger wirtschaftlicher Geschäftsbetrieb zu beurteilen (vgl. AEAO Tz. 23 zu § 58).

4. § 58 Nr. 4 AO:

Die Steuerunschädlichkeit setzt voraus, dass die Räume einer anderen, ebenfalls steuerbegünstigten Körperschaft oder einer Körperschaft des öffentlichen Rechts überlassen werden. Die Räume dürfen von der Empfängerkörperschaft nur für steuerbegünstigte Zwecke genutzt werden.

Erfolgt die Überlassung der Räume gegen Entgelt, bedeutet die Beurteilung als steuerunschädliche Betätigung nicht, dass diese zwangsläufig als steuerbegünstigter Zweckbetrieb zu beurteilen ist. Die Vorschrift des § 58 Nr. 4 AO begründet weder einen eigenständigen steuerbegünstigten Zweck noch eine Rechtsnorm für die Einstufung als Zweckbetrieb. Die Überlassung ist vielmehr als steuerpflichtiger wirtschaftlicher Geschäftsbetrieb oder Vermögensverwaltung zu beurteilen (vgl. AEAO Tz. 23 zu § 58).

Dieser Rdvfg. liegen die HMdF-Erlasse vom 08.07.1994 – S 0177 A – 1   II A 11, 15.07.1997 – S 0177 A – 2 – II A 11 – 30.07.2004 – S 0177 A – 2 – II 4a – 11.10.2004 – S 0177 A – 002 – II 4a – 21.10.2004 – S 0177 A – 2 – II 4a und vom 21.09.2005 – S 0177 A – 002 – II 4a – zugrunde.

Gemeinnützigkeitsrechtliche Beurteilung der Leistungen zwischen regionalen Untergliederungen des DRK und dem Blutspendedienst des DRK

OFD Koblenz vom 23.1.2008

S 0183 A – St 33 1

Die Untergliederungen des Deutschen Roten Kreuzes (DRK) wirken durch die Erledigung organisatorischer Arbeiten bei Blutspendeterminen der selbständigen Blutspendegesellschaften des DRK mit. Sie erhalten dafür Entgelte, die sich regelmäßig nach der Zahl der Blutspender richten.

Nach dem Ergebnis einer Erörterung der obersten Finanzbehörden des Bundes und der Länder sind – abweichend von der bisherigen Verwaltungsauffassung – die Leistungen der regionalen Untergliederungen des DRK als steuerbegünstigter Zweckbetrieb zu beurteilen.

Gemeinnützigkeitsrecht;
Förderung und Organisation alternativer Wohnformen von Menschen verschiedenen Alters und Herkunft

Thüringer Landesfinanzdirektion vom 1.2.2008

S 0171 A – 60 –A 2.18

Nach einer Entscheidung der Körperschaftsteuer-Referatsleiter des Bundes und der Länder ist die Förderung des generationsübergreifenden Wohnens kein gemeinnütziger (§ 52 AO) oder mildtätiger (§ 53 AO) Zweck.

Steuerliche Behandlung der örtlichen Versammlungen der Zeugen Jehovas in NRW

OFD Münster vom 30.4.2008

S 2729 – 120 –St 13 – 33

Mit Wirkung vom 13.06.2006 hat das Land Berlin der Religionsgemeinschaft der Zeugen Jehovas in Deutschland e.V. die Rechtsstellung einer Körperschaft des öffentlichen Rechts verliehen. Die bisher selbstständigen und in der Regel als gemeinnützig anerkannten Untergliederungen (Versammlungen) des Vereins sollen zu unselbständigen Gliederungen der Körperschaft des öffentlichen Rechts werden.

Nach einem auf Bundesebene abgestimmten Beschluss wirkt die Verleihung der Körperschaftsrechte an den Bundesverband in Berlin nur für die Religionsgemeinschaft in Berlin selbst, so dass die Existenz der in Nordrhein-Westfalen steuerlich geführten bisher selbständigen Untergliederungen nicht automatisch beendet ist. Eine Beendigung kann nur durch die eigene Verleihung der Körperschaftsrechte in Nordrhein-Westfalen oder durch einen Auflösungsbeschluss der Mitgliederversammlungen der jeweiligen bisher selbständigen Vereine erfolgen. Bei rechtsfähigen Vereinen ist zudem nach dem Auflösungsbeschluss der Mitgliederversammlung die Löschung im Vereinsregister zu beantragen.

Da die Beantragung der Körperschaftsrechte in Nordrhein-Westfalen nicht beabsichtigt ist, ist hinsichtlich der Beendigung der Steuerpflicht der Vereine wie folgt zu verfahren:

– Die örtliche Versammlung (eingetragener bzw. nicht eingetragener Verein) legt dem zuständigen Finanzamt einen ordnungsgemäßen Auflösungsbeschluss ihrer Mitgliederversammlung (gemäß Satzung) vor.

– In Fällen der bereits erfolgten Löschung einer Versammlung (als eingetragener Verein) aus dem Vereinsregister von Amtswegen kann aus Vereinfachungsgründen auf eine Überprüfung der Rechtsgültigkeit der Löschung verzichtet werden.

– Die Einhaltung der Vermögensbindung im Sinne des § 55 Abs. 1 Nr. 4 AO ist gegenüber dem Finanzamt nachzuweisen. Die Vorlage eines Vermögensstatus reicht dazu nicht aus. Es ist vielmehr nachzuweisen, dass das Vermögen tatsächlich an die Körperschaft des öffentlichen Rechts in Berlin übertragen wurde.

– Wird das Vermögen der örtlichen Versammlung auf die Körperschaft des öffentlichen Rechts in Berlin übertragen, so hat die örtliche Versammlung keine eigenständige Kassenführung mehr, so dass ab Auflösung und nach gemeinnützigkeitsrechlich unschädlicher Überführung des Vermögens die örtliche Versammlung als unselbständige Untergliederung der Körperschaft des öffentlichen Rechts zu behandeln ist.

– Für den Zeitraum vom Ende des letzten gemeinnützigkeitsrechtlichen Überprüfungszeitraums bis zur Auflösung des Vereins sind die üblichen Steuererklärungsunterlagen anzufordern und eine letztmalige Gemeinnützigkeitsüberprüfung durchzuführen.

– Wurden der Auflösungsbeschluss und der Nachweis über die Einhaltung der Vermögensbindung vorgelegt und ist die letzte durchzuführende Gemeinnützigkeitsüberprüfung erfolgt, kann die steuerliche Löschung der örtlichen Versammlung erfolgen.

Wirtschaftliche Hilfsbedürftigkeit i.S.d. § 53 Nr. 2 Satz 1 AO

OFD Frankfurt vom 15.5.2008
S 0172 A – 3 –St 53

Regelsätze nach dem Bundessozialhilfegesetz

Gemäß § 53 Nr. 2 Satz 1 AO verfolgt eine Körperschaft durch die selbstlose Unterstützung bedürftiger Personen mildtätige Zwecke, wenn deren Bezüge das Vierfache, beim Alleinstehenden oder Haushaltsvorstand das Fünffache des Regelsatzes der Sozialhilfe i.S.d. § 22 des Bundessozialhilfegesetzes nicht übersteigen.

Diese Regelsätze wurden wie folgt festgesetzt:

	Haushalts-vorstände und Alleinstehende	sonstige Haushaltsangehörige				
		bis zur Vollendung des 7. Lebensjahres	bis zur Vollendung des 7. Lebensjahres beim Zusammenleben mit einer Person, die allein für die Pflege und Erziehung des Kindes sorgt	vom Beginn des 8. bis zur Vollendung des 14. Lebensjahres	vom Beginn des 15. bis zur Vollendung des 18. Lebensjahres	vom Beginn des 19. Lebensjahres an
Zeitraum	€	€	€	€	€	€
ab 01.01.2002	287,35	143,67	157,99	186,62	258,71	230,08
ab 01.07.2002	294,–	147,–	162,–	191,–	265,–	235,–
ab 01.07.2003	297,–	149,–	163,–	193,–	267,–	238,–

Ab 01.01.2005 wurden die Regelsätze neu eingeteilt und wie folgt festgesetzt:

	Haushaltsvorstände und Alleinstehende (sog. Eckregelsatz)	Ehepaare oder Lebenspartner, die zusammenleben (90 % Eckregelsatz)	sonstige Haushaltsangehörige	
			bis zur Vollendung des 14. Lebensjahres	ab Vollendung des 14. Lebensjahres
Zeitraum	€	€	€	€
ab 01.01.2005	345	311	207	276
ab 01.07.2007	347	312	208	278

Fitness-Studios gemeinnütziger Sportvereine[1]

OFD Frankfurt am Main Verfügung vom 15.5.2008
S 0186a A – 11 – St 63

Zu der Frage, wie der Betrieb eines Fitness-Studios durch einen gemeinnützigen Sportverein zu beurteilen ist, bitte ich folgende Auffassung zu vertreten:

Nach einer Entscheidung der obersten Finanzbehörden des Bundes und der Länder können Sportvereine mit dem Betrieb eines Fitness-Studios einen Zweckbetrieb unterhalten.

Werden die Benutzer der Räume und Geräte beim Training von einem Übungsleiter betreut, ist der wirtschaftliche Geschäftsbetrieb i.S.d. § 14 AO als sportliche Veranstaltung i.S.d. § 67a AO anzusehen.

Werden hingegen nur Räume und Sportgeräte ohne qualifizierte Betreuung durch den Verein überlassen, liegt insoweit ein Zweckbetrieb i.S.d. § 65 AO vor, als die Mieter Mitglieder des Sportvereins sind (AEAO Tz. 12 zu § 67a).

Dieser Rdvfg. liegt der HMdF-Ertass vom 11.4.2008 – S 0186a A – 007 – II 4a – zugrunde.

---

1) Vgl. auch Verf. der OFD Hannover vom 24.7.2008, S 0186a – 7 – StO 251.

Spenden für steuerbegünstigte Zwecke (§ 10b EStG);
hier: Steuerliche Behandlung der Tafeln und der Unternehmer, die Lebensmittel unentgeltlich abgeben

Thüringer Landesfinanzdirektion vom 15.5.2008

S 2223 A – 89 – A 2.14, S 0185 A – 07 – A 2.18

I Allgemeines

Tafeln sammeln Lebensmittel ein, die nach den gesetzlichen Bestimmungen noch verwertbar sind, aber im Wirtschaftsprozess nicht mehr verwendet werden können (z. B. Lebensmittel kurz vor Ablauf des Haltbarkeitsdatums, Backwaren vom Vortag oder Fehlproduktionen). Die Tafeln erhalten die Lebensmittel unentgeltlich und geben sie an bedürftige Menschen ab. Die Bedürftigkeit ermittelt jede Tafel unter Berücksichtigung der örtlichen Gegebenheiten in Anlehnung an § 53 AO. Die Tafeln geben die Lebensmittel unentgeltlich oder gegen einen geringen Kostenbeitrag ab. Sie können auch Artikel des täglichen Bedarfs ausgeben. Der Schwerpunkt muss aber auf dem Sammeln und Ausgeben von Lebensmitteln liegen.

Nach der EU-VO 178/2002 muss der Weg von Lebensmitteln auf allen Handelsstufen verfolgt werden können. Für die Tafeln ist ab 1. Mai 2005 das „Vereinfachte Dokumentationsverfahren" mit einem bundeseinheitlichen Lieferschein (Anlage) eingeführt worden. Den bundeseinheitlichen Lieferschein verwenden Tafeln, wenn sie Lebensmittel beim Einzelhändler abholen. Hersteller und Großhändler stellen für die unentgeltliche Abgabe in der Regel eigene Lieferscheine aus. Der Name Tafel ist als eingetragenes Markenzeichen durch den Bundesverband Deutsche Tafel e. V. geschützt. Tafeln haben die Rechtsform eines Vereins oder werden in Trägerschaft z.B. des DRK, der AWO oder einer Kirche betrieben. Eine Tafel kann Mitglied im Bundesverband Deutsche Tafel e.V. sein. Der Bundesverband Deutsche Tafel e.V. ist Mitglied des paritätischen Gesamtverbandes.

II Körperschaftsteuer/Gemeinnützigkeit

1. Beurteilung der Tafeln

Durch ihre Tätigkeit, Lebensmittel (u. U. auch in geringerem Umfang Artikel des täglichen Bedarfs) unentgeltlich an Bedürftige (§ 53 AO) abzugeben, erfüllen die Tafeln gemeinnützige Zwecke i.S.d. § 52 Abs. 2 Nr. 9 AO (Förderung des Wohlfahrtswesens) sowie mildtätige Zwecke i.S.d. § 53 AO. Sie sind bei Vorliegen der übrigen gemeinnützigkeitsrechtlichen Voraussetzungen der §§ 52 ff. AO gemäß § 5 Abs. 1 Nr. 9 KStG von der Körperschaftsteuer befreit.

Geben die Tafeln ihre Lebensmittel gegen einen Kostenbeitrag ab, begründen sie damit einen wirtschaftlichen Geschäftsbetrieb. Dieser ist als Zweckbetrieb unter den Voraussetzungen des § 66 AO (Einrichtung der Wohlfahrtspflege) ebenfalls von der Körperschaftsteuer befreit.

2. Nachweispflicht

Eine Voraussetzung des § 66 AO ist, dass die Leistungen der Körperschaft in besonderem Maße, d. h. zu mindestens 2/3, den in § 53 AO genannten Personen zugute kommen. Dies ist grundsätzlich entsprechend nachzuweisen.

Bei der hier angesprochenen karitativen Einrichtung der Tafeln, deren Leistungen nach der allgemeinen Lebenserfahrung üblicherweise von Personen in Anspruch genommen werden, die bedürftig i.S.d. § 53 AO sind, kann allerdings ausnahmsweise auch ohne besondere Nachweisführung unterstellt werden, dass mindestens 2/3 der Leistungen den nach § 53 AO bedürftigen Personen zugute kommen.

Bei Einrichtungen, bei denen es grundsätzlich vorstellbar ist, dass vergleichbare Leistungen sowohl an bedürftige als auch an nicht bedürftige Personen erbracht werden, ist dies nicht der Fall. Sie müssen sich hinsichtlich der persönlichen Hilfsbedürftigkeit i.S.d. § 53 Nr. 1 AO davon überzeugen und auch dokumentieren, dass derartige Umstände vorliegen. Hinsichtlich der wirtschaftlichen Bedürftigkeit i.S.d. § 53 Nr. 2 AO ist gemäß AEAO Nr. 9 zu § 53 eine Erklärung der die Leistungen empfangenden Person zur Höhe ihrer laufenden Einkünfte und ihres Vermögens erforderlich und zu dokumentieren.

III Gewerbesteuer

Körperschaften, Personenvereinigungen und Vermögensmassen, die nach der Satzung, dem Stiftungszweck oder der sonstigen Verfassung und nach der tatsächlichen Geschäftsführung ausschließlich und unmittelbar gemeinnützigen, mildtätigen oder kirchlichen Zwecken dienen, sind nach § 3 Nr. 6 GewStG von der Gewerbesteuer befreit. Dieser Wortlaut stimmt mit dem des § 5 Abs. 1 Nr. 9 S. 1 KStG überein. Die Ausführungen zur Körperschaftsteuer gelten daher entsprechend für die Gewerbesteuer.

IV Spendenabzug

Entscheidungserheblich ist, ob die Lebensmittel im Zeitpunkt der Abgabe an die Tafeln noch einen gewissen Wert (Wiederbeschaffungspreis, momentaner Einkaufspreis beim Großhändler oder Hersteller) haben oder aber bereits wertlos sind.

Im Regelfall geben Unternehmer Lebensmittel an die Tafeln ab, die im Wirtschaftsprozess nicht mehr verwendet werden können (s. Allgemeines), also Waren, die nicht mehr in den normalen Verkauf gelangen. Es handelt sich dabei um für den jeweiligen Unternehmer wertlos gewordene Ware (Schwund, Verderb). Hinsichtlich der Beurteilung, ob es sich bei diesen Warenabgaben um Spenden der Unternehmer handelt, ist zunächst von getätigten Sachspenden auszugehen, die aus einem Betriebsvermögen heraus zu steuerbegünstigten Zwecken zugewendet werden. Derartige Entnahmen sind im Rahmen der jeweiligen Gewinnermittlungen grundsätzlich mit dem Teilwert anzusetzen, § 6 Abs. 1 Nr. 4 Satz 1 i.V.m. § 10 b Abs. 3 Satz 2 EStG. Von diesem Grundsatz hat der Gesetzgeber mit dem sog. „Buchwertprivileg" des § 6 Abs. 1 Nr. 4 Satz 4 EStG eine Ausnahme geschaffen. Der betreffende Steuerpflichtige hat in diesen Fällen also ein Wahlrecht.

Nach § 10 b Abs. 3 Satz 2 EStG darf bei der Ermittlung der Ausgabenhöhe der bei der Entnahme angesetzte Wert des Wirtschaftsgutes nicht überschritten werden. Sollte der gemeine Wert der Wirtschaftsgüter, die aus dem Betriebsvermögen heraus zugewendet wurden, jedoch niedriger als der vom Zuwendenden in seiner Buchführung angesetzte Entnahmewert sein, ist immer der niedrigere gemeine Wert hierfür in der Zuwendungsbestätigung anzusetzen. Da es sich hier wie oben ausgeführt um wertlos gewordene Ware bei den Zuwendungen handelt, wird der gemeine Wert der zugewendeten Wirtschaftsgüter mit 0,00 EUR zu bemessen sein. Dieser „Wert" wäre in den Zuwendungsbestätigungen anzusetzen.

Der Unternehmer ist demnach durch die Abgabe der wertlosen Ware wirtschaftlich nicht belastet, er tätigt keine „Ausgabe", so dass bei ihm keine Vermögensminderung, kein Vermögensopfer vorliegt. Vielmehr erspart sich der Unternehmer auf diese Weise die Entsorgungskosten für die nicht mehr verwertbare Ware. Der ohnehin auch ohne die erfolgte Warenabgabe und bei normaler Entsorgung entstehende betriebliche Aufwand wird einerseits durch den gebuchten Wareneinkauf und andererseits durch das spätere Fehlen der abgegebenen Ware beim Inventurbestand erfasst. Eine endgültige Vermögensminderung ist jedoch neben Freiwilligkeit und Unentgeltlichkeit eine weitere Voraussetzung, um eine Spende annehmen zu können. Da es an dieser Voraussetzung fehlt, ist bei der Warenabgabe der Unternehmer an die Tafeln nicht von Spenden auszugehen, die Tafeln in der Rechtsform eines Vereins oder ihre jeweiligen Träger dürfen für diese Zuwendungen keine Zuwendungsbestätigungen ausstellen.

Ist den abgegeben Waren jedoch noch ein gewisser Wert (Wiederbeschaffungspreis, momentaner Einkaufspreis beim Großhändler oder Hersteller) beizumessen, sind in diesen Fällen unter Berücksichtigung der für getätigte Sachspenden geltenden Regeln entweder der Teilwert, der Buchwert oder der niedrigere gemeine Wert in der Zuwendungsbestätigung anzusetzen (siehe obige Ausführungen).

Verband Wohneigentum Hessen e.V. und angeschlossene Mitgliedsverbände

Rundverfügung OFD Frankfurt vom 10.6.2008

S 0171 A – 78 – St 53

Die Mitgliedsvereine des o.a. Verbandes sind bisher – soweit ihre Satzung der als Anlage beigefügten Mustersatzung entsprach – wegen Förderung des Siedlungswesens nach § 5 Abs. 1 Nr. 9 KStG i.V.m. §§ 51 ff. AO als gemeinnützig anerkannt worden.

Dieser Zweck ist nicht ausdrücklich in § 52 Abs. 2 AO n.F. aufgeführt. Allerdings soll durch das Gesetz zur weiteren Stärkung des bürgerschaftlichen Engagements keine Schlechterstellung gegenüber der bisherigen steuerlichen Behandlung erfolgen.

Soweit die Mitgliedsvereine – entsprechend der Satzung des Verbands – satzungsgemäß „die Familie durch Unterstützung bei der Schaffung eines familiengerechten und gesunden Lebensraums für jedermann" fördern, können sie weiterhin als steuerbegünstigte Körperschaft anerkannt werden, da die Förderung des Schutzes von Ehe und Familie als gemeinnütziger Zweck ausdrücklich in § 52 Abs. 2 Nr. 19 AO genannt ist.

Dieser Rundverfügung liegen die HMdF-Erlasse vom 5.3.1991 – S 2223 A – 190 – II B 31 – und vom 29.5.2008 – S 0171 A – 201 – II 4a – zugrunde.

Die bisherige Karteikarte H 50 (Kontroll-Nr. 407) bitte ich auszusondern.

Anlage

**Mustersatzung
für örtliche Siedlergemeinschaften**

§ 1: Name und Sitz des Vereins

§ 2: Gemeinnützigkeit

1. Die Siedlergemeinschaft ..... verfolgt ausschließlich und unmittelbar gemeinnützige Zwecke im Sinne des Abschnittes „Steuerbegünstigte Zwecke" der Abgabenordnung.

2. Die Siedlergemeinschaft ist selbstlos tätig, sie verfolgt nicht in erster Linie eigenwirtschaftliche Zwecke.

3. Mittel der Siedlergemeinschaft dürfen nur für satzungsmäßige Zwecke verwendet werden. Die Mitglieder erhalten keine Zuwendung aus Mitteln der Siedlergemeinschaft.

4. Es darf keine Person durch Ausgaben, die dem Zweck der Siedlergemeinschaft fremd sind, oder durch unverhältnismäßig hohe Vergütungen begünstigt werden.

§ 3: Zwecke und deren Verwirklichung

1. Die Siedlergemeinschaft ..... dient dem Gemeinwohl, indem sie sich in jeder zweckdienlichen Weise für die Förderung und Erhaltung des Familienheimes (Kleinsiedlung und Eigenheim) sowie der landwirtschaftlichen Nebenerwerbssiedlung einsetzt. Ihre Tätigkeit ist darauf gerichtet, die Allgemeinheit auf diesem Gebiet selbstlos zu fördern. Das Ziel aller Betätigungen ist die Förderung der Familie durch Unterstützung bei der Schaffung eines familiengerechten und gesunden Lebensraumes für jedermann.

Der Satzungszweck wird verwirklicht insbesondere durch

– die Hebung des Gemeinschaftssinnes und Gedankens der Selbsthilfe, indem eine gute Nachbarschaft gepflegt und aktive Nachbarschaftshilfe geleistet wird;

– die Erziehung der Jugend im Sinne des Siedlergedankens zur Naturverbundenheit;

– das Hinwirken auf die öffentliche Bereitstellung von Bauland für Familienheime;

– eine auf das Wohneigentum und den Garten bezogene Verbraucherberatung der Kleinsiedler und Eigenheimbesitzer mit der Zielsetzung eines wirksamen Verbraucherschutzes;

– die fachliche Beratung der Kleinsiedler und Eigenheimbesitzer bei der Anlage und Pflege von Gärten im Sinne einer ökologischen Landschaftspflege unter Beachtung des Natur- und Umweltschutzes;

– die Mitwirkung beim Wettbewerb um die beste Kleinsiedlung;

– die Unterstützung hilfsbedürftiger Nachbarn im Haus und Garten;

– die Zusammenfassung aller Kleinsiedler und Eigenheimbesitzer unter Ausschluss jeglicher parteipolitischer und konfessioneller Zielsetzungen bei partnerschaftlicher Mitwirkung von Männern und Frauen.

§ 4: Mitgliedschaft

Die ordentliche Mitgliedschaft können Inhaber und am Erwerb von selbstgenutztem Wohneigentum Interessierte erlangen sowie alle Personen, die die Ziele und Aufgaben der Siedlergemeinschaft ..... durch ihre Mitgliedschaft unterstützen wollen.

§ 5: Beendigung der Mitgliedschaft

§ 6: Mitgliedsbeitrag

§ 7: Organe der Gemeinschaft

§ 8: Mitgliederversammlung

§ 9: Aufgaben der Mitgliederversammlung

§ 10: Vorstand

§ 11: Aufgaben des Vorstandes

§ 12: Kassenprüfer

§ 13: Auflösung des Vereins

Bei der Auflösung der Siedlergemeinschaft oder bei Wegfall steuerbegünstigter Zwecke fällt das Vermögen der Siedlergemeinschaft an den Landesverband ..... e.V., der es unmittelbar und ausschließlich für gemeinnützige Zwecke zu verwenden hat.

§ 14: Sonstige Bestimmungen

§ 15: Inkrafttreten der Satzung

Gemeinnützigkeitsrechtliche Beurteilung einer ärztlichen Notfallpraxis

Rundverfügung OFD Frankfurt vom 16.6.2008
S 0185 A – 8 – St 53

Zur Sicherstellung des ärztlichen Bereitschaftsdienstes, insbesondere in der Nacht und an Wochenenden, werden von der Kassenärztlichen Vereinigung und mehreren zum Notdienst verpflichteten Ärzten Vereine gegründet. Diese richten regelmäßig in dafür von einem Krankenhaus angemieteten Räumen eine Notfallpraxis ein. Die Ärzte erhalten ein fest vereinbartes Honorar, das in einem angemessenen Verhältnis zu ihren Leistungen steht.

Nach einer Entscheidung der obersten Finanzbehörden des Bundes und der Länder können die Vereine als steuerbegünstigte Körperschaften i.S.d. §§ 51 ff. AO anerkannt werden. Die von den Vereinen unterhaltenen wirtschaftlichen Geschäftsbetriebe sind als Zweckbetriebe i.S.d. § 66 AO anzusehen. Ein Verstoß gegen das Gebot der Selbstlosigkeit (§ 55 AO) liegt nicht vor.

Dieser Rdvfg. liegt der HMdF-Erlass vom 11.4.2008 – S 0171 A – 198 – II 4a – zugrunde.

Ärztliche Notfallpraxis in der Rechtsform eines eingetragenen Vereins (aus dem MF-Erlass vom 15. April 2008 – S 2729 – 340 – 31 1 –)

OFD Hannover vom 26.6.2008
S 0174 – 35 – St 251

Die Erörterung der obersten Finanzbehörden des Bundes und der Länder hat zur gemeinnützigkeitsrechtlichen Behandlung einer ärztlichen Notfallpraxis in der Rechtsform eines eingetragenen Vereins Folgendes ergeben:

Einem Verein wurde die Aufgabe übertragen, den ärztlichen Bereitschaftsdienst an Wochenenden, Feiertagen und in der Nacht sicherzustellen. Der Verein hat dafür in von einem Krankenhaus angemieteten Räumlichkeiten eine Notfallpraxis eingerichtet. Mitglieder des Vereins sind die kassenärztliche Vereinigung und mehrere in der genannten Zeit zum Notdienst grundsätzlich verpflichtete Ärzte, Vertragspartner der die Leistungen des Vereins in Anspruch nehmenden Patienten ist der Verein, die den Notdienst leitenden Ärzte erhalten von ihm ein fest vereinbartes Honorar, das in einem angemessenen Verhältnis zu ihren Leistungen steht.

Nach dem Ergebnis der Erörterung kann der Verein als steuerbegünstigte Körperschaft i.S.d. § 5 ff. AO anerkannt werden. Der vom Verein unterhaltene wirtschaftliche Geschäftsbetrieb kann als Einrichtung der Wohlfahrtspflege (Zweckbetrieb i.S.d. § 66 AO) angesehen werden.

Ein Verstoß gegen das Gebot der Selbstlosigkeit (§ 55 AO) liegt nach Art der Betätigung nicht vor.

Steuerlich unschädliche Betätigungen;
Zuführung von Zuwendungen von Todes wegen zum Vermögen gemäß § 58 Nr. 11a AO
(aus dem MF-Erlass vom 15. April 2008 – S 0177 – 25 – 31 1 –)

OFD Hannover vom 27.6.2008

S 0177 – 36 – StO 251

Die obersten Finanzbehörden des Bundes und der Länder hatten folgenden Sachverhalt zu beurteilen:

Eine Stiftung hatte mehrere Erbschaften und Vermächtnisse erhalten, bei denen der Erblasser eine Verwendung „für den Wiederaufbau der X-Kirche" bestimmt hat. Die Stiftung führte die Gelder jedoch stattdessen ihrem Vermögen zu und legte sie verzinslich an.

Gegenstand der Erörterung war die Frage, ob dies als Verstoß gegen die zeitnahe Mittelverwendung anzusehen und damit schädlich für die Gemeinnützigkeit der Stiftung ist oder ob die derartige Vermögenszuführung gemäß § 58 Nr. 11a AO zulässig ist. Hiernach darf eine Körperschaft Zuwendungen von Todes wegen dem Vermögen zuführen, wenn der Erblasser keine Verwendung für den laufenden Aufwand der Körperschaft vorgeschrieben hat.

Die Erörterung ergab folgendes Ergebnis:

Die Formulierung "für den Wiederaufbau der X-Kirche" schreibt nicht zwingend eine zeitnahe Verwendung der Mittel für den laufenden Aufwand vor. Die Mittel dürfen daher gemäß § 58 Nr. 11a AO dem Vermögen der Stiftung zugeführt werden.

Bei anders formulierten Bestimmungen über den Verwendungszweck ist im Einzelfall zu prüfen, ob damit eine Verwendung der Mittel für den laufenden Aufwand konkret vorgeschrieben wird.

Fitness-Studios gemeinnütziger Sportvereine
(aus dem Erlass vom 15. April 2008 –S 0186a– 5 – 31 3 –)

OFD Hannover vom 24.7.2008

S 0186a – 7 – StO 251

Nach dem Ergebnis der Erörterung der obersten Finanzbehörden des Bundes und der Länder können Sportvereine mit dem Betrieb eines Fitness-Studios einen Zweckbetrieb unterhalten.

Wenn die Benutzer der Räume und Geräte beim Training von einem Übungsleiter betreut werden, ist der wirtschaftliche Geschäftsbetrieb als sportliche Veranstaltung i.S. des § 67a AO anzusehen.

Werden nur Räume und Sportgeräte ohne qualifizierte Betreuung durch den Verein überlassen, liegt insoweit ein Zweckbetrieb i.S. des § 65 AO vor, als die Mieter Mitglieder des Sportvereins sind (AEAO zu § 67a Nr. 12).

Leistungen im Zusammenhang mit der Durchführung des Freiwilligen Sozialen Jahres

OFD Hannover vom 8.8.2008
S 0183 – 50 – StO 251

Zur Durchführung des Freiwilligen Sozialen Jahres schließen die Freiwilligen mit einem „Maßnahmeträger", in der Regel ein Landesverband z.B. des DRK oder des DSOB, eine Teilnahmevereinbarung ab. Die Freiwilligen erhalten einen arbeitnehmerähnlichen Status. Der Verband zahlt Taschengeld und übernimmt die Anmeldung zur Sozialversicherung.

Die Freiwilligen leisten ihren Dienst nicht beim Verband selbst, sondern bei einer anderen gemeinnützigen Einrichtung, z.B. bei einem dem Verband angeschlossenen Verein (sog. Einsatzstelle). Nach dem Vertrag zwischen Verband und Einsatzstelle ersetzt die Einsatzstelle dem Verband das Taschengeld, die Beiträge zur Sozialversicherung und zahlt ihm einen monatlichen Betrag (z.B. 100,00 EUR) zur Abgeltung anderer Kosten (Verwaltung, Gehaltsabrechnung usw.).

Ich bitte die Auffassung zu vertreten, dass die Überlassung von Freiwilligen durch einen Verband an eine steuerbegünstigte Einrichtung gegen Entgelt im Rahmen des Freiwilligen Sozialen Jahres einen steuerpflichtigen wirtschaftlichen Geschäftsbetrieb darstellt. Die Voraussetzungen der §§ 65, 66 und 68 AO für die Annahme eines Zweckbetriebes werden nicht erfüllt.

Wirtschaftliche Hilfsbedürftigkeit i.S.d. § 53 Nr. 2 S. 1 AO

Thüringer Landesfinanzdirektion vom 2.9.2008
S 0172 A – 02 – A 2.18

Meine Verfügung vom 13.8.2007 – Az. S 0172 A – 02 – A 2.18

Eine Körperschaft verfolgt nach § 53 Nr. 2 AO mildtätige Zwecke durch die selbstlose Unterstützung von Personen, die aufgrund ihrer wirtschaftlichen Lage auf die Hilfe anderer angewiesen sind. Wirtschaftliche Hilfsbedürftigkeit wird insbesondere bei Personen angenommen, deren Bezüge das Vierfache, beim Alleinstehenden oder Haushaltsvorstand das Fünffache des Regelsatzes der Sozialhilfe i.S.d. § 28 SGB XII (bis 31.12.2004: § 22 BSHG) nicht übersteigen (§ 53 Nr. 2 S. 1 AO).

Körperschaften, die wirtschaftlich hilfsbedürftige Personen unterstützen, müssen anhand von Unterlagen nachweisen können, dass die Einkünfte und Bezüge sowie das Vermögen der unterstützten Personen die Grenzen des § 53 Nr. 2 AO nicht übersteigen (AEAO Nr. 9 zu § 53 AO).

Die monatlichen Regelsätze der Sozialhilfe nach § 22 BSHG wurden für Thüringen wie folgt festgesetzt:

Zeitraum	Haushalts-vorstände und Allein-stehende	Sonstige Haushaltsangehörige				
		bis zur Vollendung des 7. Le-bensjahres	bis zur Vollendung des 7. Le-bensjahres bei Allein-erziehen-den	vom Beginn des 8. bis zur Vollendung des 14. Le-bensjahres	vom Beginn des 15. bis zur Vollendung des 18. Le-bensjahres	vom Beginn des 19. Lebens-jahres an
01.07.98 – 30.06.99	515 DM	258 DM	283 DM	335 DM	464 DM	412 DM
01.07.99 – 30.06.00	522 DM	261 DM	287 DM	339 DM	470 DM	418 DM
01.07.00 – 30.06.01	525 DM	263 DM	289 DM	341 DM	473 DM	420 DM
01.07.01 – 31.12.01	535 DM	268 DM	294 DM	348 DM	482 DM	428 DM
01.01.02 – 30.06.02	273,54 €	137,03 €	150,32 €	177,93 €	246,44 €	218,83 €
01.07.02 – 30.06.03	279 €	140 €	153 €	181 €	251 €	223 €
01.07.03 – 31.12.04	282 €	141 €	155 €	183 €	254 €	226 €

Die monatlichen Regelsätze für die Hilfe zum Lebensunterhalt nach § 28 SGB XII wurden für Thüringen wie folgt bestimmt:

Zeitraum	Haushalts-vorstände und Alleinstehende (100 % = Eckregelsatz)	Zusammen-lebende Ehe-partner bzw. Lebenspartner (jeweils 90 % des Eckregelsatzes)	Haushaltsangehörige	
			bis zur Voll-endung des 14. Lebensjahres (60 % des Eck-regelsatzes)	ab Vollendung des 14. Lebens-jahres (80 % des Eck-regelsatzes)
01.01.05 – 31.12.06	331 €	298 €	199 €	265 €
01.01.07 – 30.06.07	345 €	311 €	207 €	276 €
01.07.07 – 30.06.08	347 €	312 €	208 €	278 €
ab 01.07.08	351 €	316 €	211 €	281 €

Die Bezugsverfügung wird aufgehoben.

Förderung des bürgerschaftlichen Engagements i.S.d. § 52 Abs. 2 Nr. 25 AO

OFD Frankfurt vom 5.9.2008
S 0171 A – 174 – St 53

Förderung des bürgerschaftlichen Engagements i.S.d. § 52 Abs. 2 Nr. 25 AO Nach § 52 Abs. 2 Nr. 25 AO i.d. Fassung des Gesetzes zur weiteren Stärkung des bürgerschaftlichen Engagements ist die Förderung des bürgerschaftlichen Engagements zugunsten gemeinnütziger, mildtätiger oder kirchlicher Zwecke als Förderung der Allgemeinheit anzuerkennen. Nach einer Entscheidung der obersten Finanzbehörden des Bundes und der Länder wird hierdurch das Gebot der Unmittelbarkeit, nach dem eine Körperschaft ihre steuerbegünstigten Zwecke grundsätzlich selbst verwirklichen muss, nicht berührt. Eine Körperschaft kann deshalb auch weiterhin nur dann als gemeinnützig anerkannt werden, wenn sie nicht nur einen steuerbegünstigten Zweck fördert, sondern zusätzlich auch die Voraussetzungen des § 57 AO erfüllt. Körperschaften, die den gemeinnützigen Zweck durch Überlassung von Liegenschaften an steuerbegünstigte Körperschaften, durch Beratung und Förderung von Selbsthilfeorganisationen oder durch die Unterstützung und Beratung bei Stiftungsgründungen nur mittelbar fördern, können daher nicht als steuerbegünstigte Körperschaft anerkannt werden.

Dieser Rdvfg. liegt der HMdF-Erlass vom 07.08.2008 – S 0171 A – 199 – II 4a – zugrunde.

Anhebung der Grenze für pauschale Aufwandsentschädigungen an bezahlte Sportler auf 400 EUR; Änderung des AEAO mit BMF-Schreiben vom 21.4.2008 (BStBl I S. 582)

Thüringer Landesfinanzdirektion vom 30.10.2008
S 0186a A – 03 – A 2.18

Erlass des TFM vom 20.10.2008 – S 0170 A – 58 – 204.1

Im Rahmen der Änderung des AEAO mit BMF-Schreiben vom 21.04.2008(a.a.O.) wurde u. a. auch die Grenze für pauschale Aufwandsentschädigungen an bezahlte Sportler in AEAO zu § 67a, Nr. 31 von bisher 358 EUR auf 400 EUR angehoben. Nach dem Eingangssatz des BMF-Schreibens gilt die Anhebung „mit sofortiger Wirkung".

Nach einer Abstimmung der obersten Finanzbehörden von Bund und Ländern ist diese Anwendungsregelung dahingehend auszulegen, dass der erhöhte Betrag grundsätzlich für Kalenderjahre ab 2008 gilt.

In **Einzelfällen** kann die Anhebung der Betragsgrenze **im Einvernehmen** mit dem Steuerpflichtigen jedoch **auch auf offene Veranlagungszeiträume in der Vergangenheit** angewendet werden.

Verein „Netzwerk Spendenportal e.V.";
hier: Schreiben des Vereins an niedersächsische Finanzämter, in deren Zuständigkeitsbereich ein Verein belegen ist, der auf den Internetseiten „spendenportal.de" um Spenden wirbt

OFD Hannover vom 4.11.2008
S 2223 – 341 – StO 235

Der in Bielefeld ansässige Verein „Netzwerk Spendenportal e. V." wirbt im Internet unter „spendenportal.de" um Spenden zugunsten gemeinnützig anerkannter Einrichtungen. Das Internet-Spendenportal bietet dabei den nach § 5 Abs. 1 Nr. 9 des Körperschaftsteuergesetzes (KStG) steuerbefreiten Körperschaften, Personenvereinigungen oder Vermögensmassen die Möglichkeit, auf einem gemeinsamen Internetplatz für Spenden zu werben. Der obige Verein informiert die für die steuerliche Veranlagung der werbenden Vereine zuständigen Finanzämter mittels eines Formschreibens, wenn sich eine gemeinnützige Körperschaft ihres Geschäftsbereiches an der Spendenwerbung im Internet-Spendenportal beteiligt. Das zuständige Finanzamt wird in diesem Zusammenhang um Rückmeldung gebeten, falls dort gegen die Spendenwerbung Bedenken bestehen. Der Verein „Netzwerk Spendenportal e.V." vereinnahmt von den Zuwendenden zunächst die Spendengelder und leitet sie danach an die gemeinnützige Körperschaft weiter, die vom Spender als Empfänger benannt wurde. Im Umgang mit den schriftlichen Anzeigen des obigen Vereins über die Beteiligung einer gemeinnützigen Einrichtung an der Spendenwerbung per Internet bitte ich Folgendes zu beachten:

1. Wahrung des Steuergeheimnisses

Von einer Reaktion der für die Körperschaftsteuerveranlagung der gemeinnützigen Körperschaften zuständigen Finanzämter auf die Anschreiben des Vereins „Netzwerk Spendenportal e.V." ist wegen der Notwendigkeit der Wahrung des Steuergeheimnisses (§ 30 Abgabenordnung) abzusehen. Die Formschreiben sind kommentarlos zu den Steuervorgängen zu nehmen. Für den Fall etwaiger diesbezüglicher Rückfragen des Vereins bitte ich diesen darauf hinzuweisen, dass der Nachweis über die Anerkennung der Gemeinnützigkeit ausschließlich über die Vorlage des entsprechenden Körperschaftsteuer-Freistellungsbescheides oder der vorläufigen Bescheinigung durch die betreffende Körperschaft selbst zu führen ist und die Finanzämter wegen der Wahrung des Steuergeheimnisses gem. § 30 AO darüber hinaus nicht auskunftsberechtigt sind.

2. Ausstellung von Zuwendungsbestätigungen

Für die Ausstellung von Zuwendungsbestätigungen für die per Internet erworbenen Zuwendungen ist ausschließlich die letztempfangende Körperschaft berechtigt, da der Verein „Netzwerk Spendenportal e.V." als Initiator der Spendenaktion im Ergebnis lediglich als Treuhänder für den Spender auftritt. Den Einzelspendern kann unter folgenden Voraussetzungen eine steuerwirksame Zuwendungsbestätigung ausgestellt werden:

der Verein „Netzwerk Spendenportal e.V." erstellt eine Liste, aus der jeweils hervorgeht:

– die geleistete Einzelspende,

– der Tag der Zahlung,

– der Name des jeweiligen Spenders,

die gesammelten Spenden werden zeitgleich mit Übergabe der Spenderliste an die nach § 5 Abs. 1 Nr. 9 KStG steuerbefreite Körperschaft weitergeleitet/überwiesen, der Verein „Netzwerk Spendenportal e.V." versichert mit Übergabe der Liste ausdrücklich die Richtigkeit der in der Spenderliste enthaltenen Angaben, die Empfängerkörperschaft verpflichtet sich zur ordnungsgemäßen Verwendung der erhaltenen Beträge.

Die als gemeinnützig anerkannte Empfängerkörperschaft kann dann den jeweiligen Spendern steuerwirksame Zuwendungsbestätigungen erteilen.

Ich bitte, den jeweiligen Verein entsprechend zu unterrichten, sobald Ihnen die Nachricht des Vereins „Netzwerk Spendenportal e.V." über dessen Teilnahme an der Spendenwerbung im Internet-Spendenportal vorliegt.

Die Oberfinanzdirektion Münster als zuständige Mittelbehörde für den Verein „Netzwerk Spendenportal e.V." erhält eine Abschrift dieser Verfügung.

Naturfreunde Deutschlands e.V.;
Mustersatzungen der Landesverbände und Ortsgruppen

Bayerisches Landesamt für Steuern vom 27.11.2008

S 0171 – 93 – St 31 N

Auf Veranlassung des Bundesvorstandes des Vereins Naturfreunde Deutschlands e.V. wurden, in Abstimmung mit den obersten Finanzbehörden des Bundes und der Länder, zur Schaffung von Rechtsund Planungssicherheit, für 18 Landesverbände und mehrere hundert Einzelvereine des Verbandes die nachfolgend dargestellten Mustersatzungen erarbeitet.

Die Mustersatzung für die Landesverbände soll ohne weitere Veränderungen von allen Landesverbänden übernommen werden, da alle in der Satzung genannten Zwecke auch von den Landesverbänden verwirklicht werden.

Die bundeseinheitlichen Ortsgruppenrahmensatzungen sollen hingegen an die jeweiligen Zwecke des Vereins (Ortsgruppe) angepasst werden. In der Ortsgruppenrahmensatzung sind daher alle Zwecke (§ 2) und Zweckverwirklichungen (§ 3) genannt, die die Naturfreunde verwirklichen. Bei der Satzungsgebung für die einzelne Ortsgruppe sollen dann jeweils nur die Zwecke in die Satzung aufgenommen werden, die der örtliche Verein tatsächlich verwirklicht. Hinsichtlich der §§ 12 bis 16 (Zusammensetzung der Organe) beabsichtigt der Bundesverband keine Vorgaben zu machen.

Mustersatzung für Landesverbände der NaturFreunde Deutschlands e.V.

Präambel

1. Die NaturFreunde sind als Umwelt-, Kultur- und Freizeitorganisation den Idealen des demokratischen Sozialismus verpflichtet.

2. Sie wollen mithelfen an der Schaffung einer Gesellschaft, in der niemand seiner Hautfarbe, Abstammung, politischen Überzeugung, seines Geschlechts oder Glaubens wegen benachteiligt oder bevorzugt wird und in der alle Menschen gleichberechtigt sind und sich frei entfalten können.

3. Die NaturFreunde verstehen sich als Verband für nachhaltige Entwicklung. Nachhaltigkeit gilt ihnen als Handlungsmaxime, in der wirtschaftliche Entwicklung dauerhaft mit sozialer Gerechtigkeit und ökologischer Verträglichkeit verbunden wird. Sie orientieren ihre Aktivitäten als Umwelt-, Kultur- und Freizeitorganisation am Prinzip der Nachhaltigkeit.

4. Ihr Ziel ist es, dazu beizutragen, dass die Menschen sich ihrer Einbindung in die soziale und natürliche Umwelt bewusst werden und erkennen, dass sie nur dadurch in sozialer Gerechtigkeit und in Frieden leben und sich entwickeln können.

5. Die NaturFreunde befassen sich mit sozial-, wirtschafts- und kulturpolitischen sowie naturschutzund umweltpolitischen Fragen und nehmen zu ihnen öffentlich Stellung.

6. Die NaturFreunde arbeiten mit allen zusammen, die gleiche oder ähnliche Zielsetzungen verfolgen.

§ 1 Name und Grundlagen

1. Der Verein führt den Namen NaturFreunde Deutschlands, Verband für Umweltschutz, sanften Tourismus, Sport und Kultur, Landesverband XY e.V. (Kurzbezeichnung: NaturFreunde XY)

2. Er bekennt sich zu einer demokratischen und sozialistischen Gesellschaftsordnung, ist aktiv im Natur- und Umweltschutz und setzt sich für den ökologischen Umbau der Industriegesellschaft ein.

3. Der Verein bekennt sich zum Grundgesetz der Bundesrepublik Deutschland. Er ist parteipolitisch und religiös unabhängig.

4. Der Verein ist Mitglied der Bundesgruppe der NaturFreunde Deutschlands, Verband für Umweltschutz, sanften Tourismus, Sport und Kultur e.V. mit Sitz in Berlin und somit der NFI.

§ 2 Zwecke des Vereins

Der Verein fordert das Prinzip der Nachhaltigkeit in allen Lebensbereichen und will damit dazu beitragen, die natürlichen Lebensgrundlagen zu erhalten. Der Verein fördert vorrangig und nicht nur vorübergehend Ziele des Umwelt- und Naturschutzes und der Landschaftspflege. Alle Aktivitäten stehen unter dem Vorbehalt der Vereinbarkeit mit den Zielen des Natur- und Umweltschutzes.

Die geforderten gemeinnützigen Zwecke im Sinne der Abgabenordnung sind:

a) die Förderung der Jugend- und Altenhilfe,

b) die Förderung des Naturschutzes und der Landschaftspflege sowie die Förderung des Umweltschutzes,

c) die Förderung des Sports,

d) die Förderung von Wissenschaft und Forschung,

e) die Förderung der Bildung und Erziehung,

f) die Förderung von Kunst und Kultur,

g) die Förderung der Natur- und Heimatkunde,

h) die Förderung von Verbraucherberatung und Verbraucherschutz,

i) die Förderung internationaler Gesinnung, der Toleranz auf allen Gebieten der Kultur und des Völkerverständigungsgedankens.

§ 3 Tätigkeiten

Die Vereinszwecke sollen insbesondere erreicht werden durch:

a) die Förderung der Jugend- und Altenhilfe mittels Durchführung von Maßnahmen der außerschulischen Jugendbildung im Sinne des Kinder- und Jugendhilfegesetzes sowie von Maßnahmen zur Förderung der Partizipation älterer Menschen, z. B. durch Mitwirkung in Seniorenorganisationen und durch die ideelle und finanzielle Förderung der Jugendverbandsarbeit der Naturfreundejugend Deutschlands sowie die Förderung des Erhaltens und Betreibens von Jugendherbergen, Jugendzeltplätzen und Naturfreundehäusern als Stützpunkte der Kinder- und Jugendhilfe, des Wanderns und der natursportlichen Betätigung sowie als Begegnungs- und Informationsstätten,

b) die Förderung des Naturschutzes und der Landschaftspflege sowie die Förderung des Umweltschutzes bei der Ausübung des Wanderns und des Sports und der Unterhaltung von Wanderwegen und Naturfreundehäusern als Informationsstätten für Natur- und Umweltschutz sowie die Durchführung modellhafter Projekte des Natur- und Landschaftsschutzes,

c) die Förderung des Sports durch die Aus- und Fortbildung von Übungsleitern des alpinen Bergsteigens, des Kletterns, des Schneesports, des Kajakfahrens und des Wanderns sowie die Entwicklung neuer Ausbildungsgänge für eine sportliche Betätigung in der Natur unter besonderer Berücksichtigung des Natur- und Umweltschutzes,

d) die Förderung von Wissenschaft und Forschung durch wissenschaftliche Arbeiten zur Geschichte der Arbeitersportbewegung und des sanften Tourismus und die Durchführung entsprechender Vortragsveranstaltungen wie die Herausgabe von Schriften,

e) die Förderung der Bildung und Erziehung von Kindern durch die Herausgabe von Materialien der außerschulischen Jugendbildung und die Förderung oder Durchführung entsprechender Multiplikatorveranstaltungen wie Informationstage oder Umweltseminare,

f) die Förderung von Kunst und Kultur durch Fachveranstaltungen, Wettbewerbe und Unterstützung von Fachgruppen, z.B. von Foto-, Musik- und Tanzgruppen, Orchestern und Ausstellungen,

g) die Förderung der Natur- und Heimatkunde durch fachlichen Austausch bei Seminaren und Fachgruppentreffen, die Dokumentation und das Anlegen entsprechender Sammlungen in Naturfreundehäusern,

h) die Förderung von Verbraucherberatung und Verbraucherschutz mittels Kampagnen der Verbraucherinformation insbesondere in Naturfreundehäusern, z.B. zu Themen der Ernährung und des umweltgerechten Verhaltens in allen Lebensbereichen sowie die Bereitstellung von Informationsmaterialien zur Verbraucheraufklärung, z.B. auf den Gebieten des sanften Tourismus und des Klimaschutzes,

i) die Förderung internationaler Gesinnung, der Toleranz auf allen Gebieten der Kultur und des Völkerverständigungsgedankens durch Mitgliedschaft in der Naturfreunde Internationale und Mitwirkung z.B. bei grenzübergreifenden Projekten des Natur- und Landschaftsschutzes wie der „Landschaft des Jahres" und die Förderung und Durchführung internationaler Jugendbegegnungen.

§ 4 Gemeinnützigkeit

1. Der Verein verfolgt ausschließlich und unmittelbar gemeinnützige Zwecke im Sinne des Abschnittes „steuerbegünstigte Zwecke" der Abgabenordnung.

2. Er ist selbstlos tätig; er verfolgt nicht in erster Linie eigenwirtschaftliche Zwecke.

3. Die Mittel des Vereins dürfen nur für die satzungsgemäßen Zwecke verwendet werden. Die Mitglieder erhalten keine Zuwendung aus Mitteln des Vereins.

4. Es darf keine Person durch Ausgaben, die dem Zweck des Vereins fremd sind oder durch unverhältnismäßig hohe Vergütungen begünstigt werden.

5. Bei Auflösung oder Aufhebung des Vereins oder bei Wegfall der steuerbegünstigten Zwecke fällt das Vermögen des Vereins an den Bundesverband der NaturFreunde Deutschlands e.V., der es unmittelbar und ausschließlich für einen der gemeinnützige Zwecke:

   Förderung der Jugend- und Altenhilfe, die Förderung des Naturschutzes und der Landschaftspflege sowie die Förderung des Umweltschutzes, die Förderung des Sports, die Förderung von Wissenschaft und Forschung, die Förderung der Bildung und Erziehung, die Förderung von Kunst und Kultur, die Förderang der Natur- und Heimatkunde, die Förderung von Verbraucherberatung und Verbraucherschutz, die Förderang internationaler Gesinnung, der Toleranz auf allen Gebieten der Kultur und des Völkerverständigungsgedankens im Sinne des § 2 dieser Satzung zu verwenden hat.

§ 5 Fachbereiche mit Fachgruppen

1. Für die in § 3 genannten Aufgaben können Fachgruppen gebildet werden. Diese können fachbezogen in Fachbereichen zusammengeschlossen werden. Die Fachbereiche mit ihren Fachgruppen sind vereinsrechtlich unselbstständige Gliederungen des Landesverbandes.

2. Ihre Tätigkeit wird bestimmt von dieser Satzung und den „Richtlinien der Fachgruppen", die von dem Bundeskongress beschlossen werden.

§ 6 Hausbetreuungs-, Hausbewirtschaftungs- und Hausverwaltungsvereine

Zur Durchführung der Satzungszwecke kann die Betreuung, Bewirtschaftung und Verwaltung der Naturfreundehäuser im Wege eines Pachtvertrages auf selbstständige Hausbetreuungs-, Hausbewirtschaftungs- oder Hausverwaltungsvereine übertragen werden. Für die Tätigkeit dieser Vereine gelten die §§ 1 bis 4 dieser Satzung.

§ 7 Kinder- und Jugendgruppenarbeit

1. Der Verein sieht es als eine der wesentlichen Aufgaben an, Kinder und Jugendliche für die Ziele der Naturfreundeorganisation zu gewinnen. Deshalb sind die Kinder und Jugendlichen in eigenen Gruppen zusammengefasst, damit sie sich in der ihnen angemessenen Form entwickeln und entfalten können.

2. Die Kinder- und Jugendgruppen des Vereins sind zusammengefasst unter der Bezeichnung „Naturfreundejugend Deutschlands Landesverband XY", kurz: „Naturfreundejugend XY". Ihre Tätigkeit wird bestimmt von dieser Satzung und den „Richtlinien der Naturfreundejugend Deutschlands".

3. Die „Richtlinien der Naturfreundejugend Deutschlands" werden von der Bundeskonferenz der Naturfreundejugend Deutschlands beschlossen. Sie bedürfen zu ihrer Gültigkeit der Bestätigung durch den Bundeskongress.

4. Die Kinder- und Jugendgruppen der Naturfreundejugend XY sind Gliederungen des Vereins. Sie bestimmen ihre Arbeit – ihren Aufgaben entsprechend – selbst. Die Aufgaben ergeben sich aus dieser Satzung und den „Richtlinien der Naturfreundejugend Deutschlands". Sie entscheiden auch über die Verwendung der ihnen zufließenden Mittel in eigener Zuständigkeit.

5. Die Landeskinder- und -Jugendleitung hat einen Haushaltsvorschlag aufzustellen. Vor der Annahme durch den Landeskinder- und Jugendausschuss ist der Haushaltsvorschlag dem Landesvorstand vorzulegen. Einwendungen sind zu berücksichtigen, wenn er der Satzung oder den „Richtlinien der Naturfreundejugend Deutschlands" nicht entspricht oder die Gesamtfinanzierung nicht sichergestellt ist.

6. Über die Kasse der Naturfreundejugend ist eine Jahresabrechnung zu erstellen und dem Landesvorstand vorzulegen. Die Kassenführung unterliegt der Prüfung durch die Revision des Vereins.

   [Im Falle des Bestehens oder der beabsichtigten Einrichtung eines Kinder- und Jugendwerks des Landesverbandes XY der NaturFreunde Deutschlands ist folgender zusätzlicher Punkt 4 im § 6 Kinder- und Jugendarbeit in die jeweilige Satzung einzufügen: „Die rechtliche Abwicklung der Kinderund Jugendgruppenarbeit kann einem Kinder- und Jugendwerk des Landesverbandes XY übertragen werden. Die Entscheidung darüber trifft die Mitgliederversammlung der Ortsgruppe."]

§ 8 Mitgliedschaft

1. Mitglieder des Landesverbandes sind die im Bundesland XY bestehenden Ortsgruppen.

2. Eine vorübergehende Mitgliedschaft von Einzelmitgliedern bei dem Verein ist möglich, bis über die Eingliederung in eine Ortsgruppe entschieden ist.

3. Die Mitglieder verpflichten sich durch ihren Beitritt, diese Satzung, die Mustersatzung für Ortsgruppen, die vom Bundeskongress genehmigten Richtlinien, sowie die Beschlüsse des Bundeskongresses, der Landeskonferenz und der Naturfreunde-Internationale anzuerkennen und zu vollziehen.

4. Körperschaften und andere juristische Personen können als Förderer Mitglied werden. Sie haben kein Stimm- oder Wahlrecht, jedoch das Recht auf Teilnahme an der Landeskonferenz.

§ 9 Aufnahme – Austritt – Ausschluss

1. Der Beitritt zu dem Verein ist schriftlich gegenüber dem Landesvorstand zu erklären. Über die Aufnahme entscheidet der Landesausschuss. Die Aufnahme kann ohne Angaben von Gründen verweigert werden.

2. Jedes Mitglied kann unter Einhaltung einer Frist von 6 Monaten zum Schluss eines Geschäftsjahres seine Mitgliedschaft kündigen. Die Kündigung ist mittels Einschreibebriefes dem Landesvorstand gegenüber zu erklären. Dem Kündigungsschreiben ist ein ordnungsgemäßes Protokoll über die Mitgliederversammlung, in der die Kündigung beschlossen worden ist, beizufügen. Der Austritt einer Ortsgruppe aus dem Landesverband kann nur in einer ausdrücklich zu diesem Zweck ordnungsgemäß einberufenen Mitgliederversammlung mit einer Mehrheit von 3/4 der anwesenden Mitglieder beschlossen werden. Ein Beschluss über die Kündigung der Mitgliedschaft in dem Landesverband ist nur wirksam, wenn der Vorstand der Ortsgruppe den Landesvorstand mindestens 8 Wochen vor Abhaltung der Mitgliederversammlung von diesem Tagesordnungspunkt schriftlich unterrichtet hat. Ein Austritt mit dem Ziel, die Gesamtorganisation der NaturFreunde Deutschlands zu verlassen, kommt einer Auflösung der Ortsgruppe gleich. Bis zum Ablauf der Kündigungsfrist hat das Mitglied alle in der Satzung enthaltenen Verpflichtungen zu erfüllen.

3. Ein Mitglied, welches das Ansehen des Vereins schädigt, der Satzung zuwiderhandelt oder Beschlüsse des Bundeskongresses, der Landeskonferenz und der Naturfreunde-Internationale nicht durchfuhrt, kann ausgeschlossen werden.

   Der Ausschluss kann nur von dem Landesvorstand oder 1/3 der Mitglieder des Landesausschusses beantragt werden. Über den Ausschluss entscheidet der Landesausschuss mit 2/3 Mehrheit; er ist insoweit nur beschlussfähig, wenn mindestens 3/4 seiner Mitglieder an der Abstimmung teilnehmen. Der Ausschlussantrag muss den Mitgliedern des Landesausschusses mindestens 3 Monate vorher schriftlich bekannt gegeben werden. Gegen den Beschluss des Landesausschusses ist die Anrufung des Landesschiedsgerichtes möglich. Gegen dessen Beschluss kann die Landeskonferenz angerufen werden.

4. Das ausgeschiedene Mitglied darf keine Rechtshandlungen im Namen des Vereins vornehmen, sowie den Namen und die Symbole des Vereins nicht mehr führen.

§ 10 Finanzierung der Arbeit

1. Die Finanzierung der Tätigkeit des Vereins erfolgt durch Einnahmen aus Beiträgen, Spenden, eigenen Veranstaltungen, Vermietung und Verpachtung, Zuschüssen und auf sonstige, gesetzlich zulässige und mit dem Vereinszweck zu vereinbarende Weise.

2. Über die Höhe der Beiträge entscheidet die Landeskonferenz.

3. Über Einnahmen und Ausgaben ist jährlich ein Haushaltsplan aufzustellen und eine Jahresrechnung vorzulegen.

§ 11 Organe des Vereins

Die Organe des Vereins sind:

1. Die Landeskonferenz

2. Der Landesausschuss

3. Der Landesvorstand

4. Der geschäftsführende Landesvorstand

§ 12 Die Landeskonferenz

§ 13 Der Landesausschuss

§ 14 Der Landesvorstand

§ 15 Der geschäftsführende Landesvorstand

§ 16 Die Revisionskommission/ Die Kontrollkommission

§ 17 Funktionsenthebung

1. Mitglieder des Landesvorstandes, Landesreferenten, Schriftleiter und Leitungsmitgliedern von Gliederungen können ihrer Funktion enthoben werden, wenn sie das Ansehen des Vereins schädigen, gegen die Satzung oder Beschlüsse verstoßen oder ihren wesentlichen Pflichten zuwiderhandeln.

2. Die Funktionsenthebung kann von jedem Mitglied des Landesausschusses beantragt werden. Über den Antrag entscheidet der Landesausschuss mit 2/3 Mehrheit der abgegebenen Stimmen. Vor Beschlussfassung sind die betroffenen Gliederungen zu hören. Bei der Funktionsenthebung von Mitgliedern der Landeskinder- und Jugendleitung oder einer Fachgruppenleitung stellt der Landesvorstand einen Antrag an den Landeskinder- und Jugendausschuss oder die betreffende Fachgruppenkonferenz. Wird dieser Antrag abgelehnt, entscheidet der Landesausschuss mit 2/3 Mehrheit seiner Mitglieder. Die/Der Betroffene kann gegen die ausgesprochene Funktionsenthebung das zuständige Schiedsgericht anrufen. Bis zur endgültigen Entscheidung nach Maßgabe der Bundesschiedsordnung ruht die Funktion der/des Betroffenen.

3. Bei Anrufung der ordentlichen Gerichte ruht die Funktion der/des Betroffenen bis zum rechtskräftigen Abschluss des Verfahrens.

§ 18 Vermögen, Naturfreundehäuser und Grundstücke

1. Der Landesverband verwaltet sein Vermögen und seine Einnahmen selbst. Für Naturfreundeliegenschaften ist ein dinglich gesichertes Vorkaufsrecht für die Bundesgruppe der NaturFreunde Deutschlands e.V. einzutragen.

2. Die im Eigentum der Ortsgruppen und Bezirke befindlichen Grundstücke, Naturfreundehäuser und -heime dienen der Gesamtorganisation und dürfen nur mit Zustimmung des Landesverbandes belastet, verkauft oder anderen Zwecken zugeführt werden. Auch der Neuerwerb bedarf der Zustimmung des Landesverbandes. Für Naturfreundeliegenschaften ist ein dinglich gesichertes Vorkaufsrecht für den Landesverband bzw. die Bundesgruppe einzutragen.

§ 19 Bezirke

1. Zur Durchführung der Aufgaben des Landesverbandes und zur Entlastung des Landesvorstandes kann der Landesverband in Bezirke unterteilt werden.

2. Der Landesausschuss legt die Bezirksgrenzen fest.

3. Die Bezirksleitungen werden in Bezirkskonferenzen gewählt und sind dieser und dem Landesvorstand verantwortlich.

4. Die Richtlinien zur Durchführung der Bezirksaufgaben legt der Landesvorstand fest.

§ 20 Schiedsgericht

1. Für Streitfälle innerhalb des Vereins ist ein Schiedsgericht auf Ortsgruppen, Bezirks-, Landes- und Bundesebene zuständig.

2. Zusammensetzung, Aufgaben und Arbeitsweise der Schiedsgerichte regeln sich nach der jeweils gültigen Bundesschiedsordnung der NaturFreunde Deutschlands e.V.

§ 21 Weitere Bestimmungen der Bundesgruppe

Der Landesverband berichtet über seine Arbeit dem Bundeskongress der NaturFreunde Deutschlands e.V.

§ 22 Schlussbestimmung

1. Der Verein hat seinen Sitz in XY.

2. Das Geschäftsjahr ist das Kalenderjahr.

3. Gerichtsstand ist der Sitz des Landesverbandes.

4. Diese Satzung wurde von der Mitgliederversammlung am xx.xx.xx beschlossen.

5. Die bisherige Satzung verliert damit ihre Gültigkeit.

Die Satzung wurde in das Vereinsregister des Amtsgerichtes Xxxxxxx am xx.xx.xx unter der Nummer VR XXX eingetragen.

Bundeseinheitliche Ortsgruppenmustersatzung der NaturFreunde Deutschlands e.V.

Präambel

1. Die NaturFreunde sind als Umwelt-, Kultur- und Freizeitorganisation den Idealen des demokratischen Sozialismus verpflichtet.

2. Sie wollen mithelfen an der Schaffung einer Gesellschaft, in der niemand seiner Hautfarbe, Abstammung, politischen Überzeugung, seines Geschlechts oder Glaubens wegen benachteiligt oder bevorzugt wird und in der alle Menschen gleichberechtigt sind und sich frei entfalten können.

3. Die NaturFreunde verstehen sich als Verband für nachhaltige Entwicklung. Nachhaltigkeit gilt ihnen als Handlungsmaxime, in der wirtschaftliche Entwicklung dauerhaft mit sozialer Gerechtigkeit und ökologischer Verträglichkeit verbunden wird. Sie orientieren ihre Aktivitäten als Umwelt-, Kultur- und Freizeitorganisation am Prinzip der Nachhaltigkeit.

4. Ihr Ziel ist es, dazu beizutragen, dass die Menschen sich ihrer Einbindung in die soziale und natürliche Umwelt bewusst werden und erkennen, dass sie nur dadurch in sozialer Gerechtigkeit und in Frieden leben und sich entwickeln können.

5. Die NaturFreunde befassen sich mit sozial-, wirtschafts- und kulturpolitischen sowie naturschutz- und umweltpolitischen Fragen und nehmen zu ihnen öffentlich Stellung.

6. Die NaturFreunde arbeiten mit allen zusammen, die gleiche oder ähnliche Zielsetzungen verfolgen.

§ 1 Name und Grundlagen

1. Der Verein führt den Namen NaturFreunde Deutschlands, Verband für Umweltschutz, sanften Tourismus, Sport und Kultur, Ortsgruppe Xxxxxxxx e.V. Kurzbezeichnung: NaturFreunde Xxxxxxxx e.V.

2. Der Verein hat seinen Sitz in Xxxxxxxx.

3. Der Verein ist im Vereinsregister eingetragen.

4. Er bekennt sich zu einer demokratischen und sozialistischen Gesellschaftsordnung, ist aktiv im Natur- und Umweltschutz und setzt sich ftir den ökologischen Umbau der Industriegesellschaft ein.

5. Der Verein bekennt sich zum Grundgesetz der Bundesrepublik Deutschland. Er ist parteipolitisch und religiös unabhängig.

6. Der Verein ist Mitglied der NaturFreunde Deutschlands, Verband für Umweltschutz, sanften Tourismus, Sport und Kultur, Landesverband Xxxxx e.V. (NaturFreunde Xxxx) und über diese Mitgliedschaft Mitglied der NaturFreunde Deutschlands e.V. sowie der Naturfreunde Internationale (NFI). Er verpflichtet sich die Satzung der NaturFreunde Deutschlands e.V. und des Landesverbandes Xxxxx e.V. als rechtsverbindlich anzuerkennen und die jeweils vom Bundeskongress und der Landesversammlung genehmigten Richtlinien und deren Beschlüsse anzuerkennen und zu vollziehen.

§ 2 Zwecke des Vereins

1. Der Verein fordert das Prinzip der Nachhaltigkeit in allen Lebensbereichen und will damit dazu beitragen, die natürlichen Lebensgrundlagen zu erhalten. Der Verein fördert vorrangig und nicht nur vorübergehend Ziele des Umwelt- und Naturschutzes und der Landschaftspflege. Alle Aktivitäten stehen unter dem Vorbehalt der Vereinbarkeit mit den Zielen des Natur- und Umweltschutzes.

2. Die geförderten gemeinnützigen Zwecke im Sinne der Abgabenordnung sind:
   a) die Förderung der Jugend- und Altenhilfe,
   b) die Förderung des Naturschutzes und der Landschaftspflege sowie die Förderung des Umweltschutzes,
   c) die Förderung des Sports,
   d) die Förderung von Wissenschaft und Forschung,
   e) die Förderung der Bildung und Erziehung,
   f) die Förderang von Kunst und Kultur,
   g) die Förderung der Natur- und Heimatkunde,
   h) die Förderung von Verbraucherberatung und Verbraucherschutz,
   i) die Förderung internationaler Gesinnung, der Toleranz auf allen Gebieten der Kultur und des Völkerverständigungsgedankens.

§ 3 Tätigkeiten

Die Vereinszwecke sollen insbesondere erreicht werden durch:

a) die Förderung der Jugend- und Altenhilfe mittels Durchführung von Maßnahmen der außerschulischen Jugendbildung im Sinne des Kinder- und Jugendhilfegesetzes sowie von Maßnahmen zur Förderung der Partizipation älterer Menschen, z. B. durch Mitwirkung in Seniorenorganisationen und durch die ideelle und finanzielle Förderung der Jugendverbandsarbeit der Naturfreundejugend Deutschlands sowie die Förderung des Erhaltens und Betreibens von Jugendherbergen, Jugendzeltplätzen und Naturfreundehäusern als Stützpunkte der Kinder- und Jugendhilfe, des Wanderns und der natursportlichen Betätigung sowie als Begegnungs- und Informationsstätten,

b) die Förderung des Naturschutzes und der Landschaftspflege sowie die Förderung des Umweltschutzes bei der Ausübung des Wanderns und des Sports und der Unterhaltung von Wanderwegen und Naturfreundehäusern als Informationsstätten für Natur- und Umweltschutz sowie die Beteiligung an modellhaften Projekten des Natur- und Landschaftsschutzes,

c) die Förderung des Sports durch die Pflege sportlicher Betätigung in der Natur unter besonderer Berücksichtigung des Natur- und Umweltschutzes, wie z. B. des alpinen Bergsteigens, des Kletterns, des Schneesports, des Kajakfahrens und des Wanderns,

d) die Förderung von Wissenschaft und Forschung durch die Befassung mit wissenschaftlichen Arbeiten zur Geschichte der Arbeitersportbewegung und des sanften Tourismus,

e) die Förderung der Bildung und Erziehung von Kindern durch die Verbreitung von Materialien der außerschulischen Jugendbildung und die Beteiligung an entsprechenden Multiplikatorveranstaltungen wie Informationstagen oder Umweltseminaren,

f) die Förderung von Kunst und Kultur durch die Pflege musischer und kultureller Betätigung und die Beteiligung an Fachveranstaltungen und Wettbewerben und die Organisation von Fachgruppen, z.B. von Foto-, Musik- und Tanzgruppen, Orchestern und Ausstellungen,

g) die Förderung der Natur- und Heimatkunde durch fachlichen Austausch bei Seminaren und Fachgruppentreffen, die Dokumentation und das Anlegen entsprechender Sammlungen u.a. in Naturfreundehäusern,

h) die Förderung von Verbraucherberatung und Verbraucherschutz durch Beteiligung an Kampagnen der Verbraucherinformation insbesondere in Naturfreundehäusern, z.B. zu Themen der Ernährung und des umweltgerechten Verhaltens in allen Lebensbereichen sowie die Bereitstellung von Informationsmaterialien zur Verbraucheraufklärung, z.B. auf den Gebieten des sanften Tourismus und des Klimaschutzes,

i) die Förderung internationaler Gesinnung, der Toleranz auf allen Gebieten der Kultur und des Völkerverständigungsgedankens durch Mitgliedschaft in der Naturfreunde Internationale und Mitwirkung z.B. bei grenzübergreifenden Projekten des Natur- und Landschaftsschutzes wie der „Landschaft des Jahres" und internationaler Jugendbegegnungen.

§ 4 Gemeinnützigkeit

1. Der Verein verfolgt ausschließlich und unmittelbar gemeinnützige Zwecke im Sinne des Abschnittes „steuerbegünstigte Zwecke" der Abgabenordnung.

2. Er ist selbstlos tätig; er verfolgt nicht in erster Linie eigenwirtschaftliche Zwecke.

3. Die Mittel des Vereins dürfen nur für die satzungsgemäßen Zwecke verwendet werden. Die Mitglieder erhalten keine Zuwendung aus Mitteln des Vereins.

4. Es darf keine Person durch Ausgaben, die dem Zweck des Vereins fremd sind oder durch unverhältnismäßig hohe Vergütungen begünstigt werden.

5. Bei Auflösung oder Aufhebung des Vereins oder bei Wegfall der steuerbegünstigten Zwecke fällt das Vermögen des Vereins an eine Gliederung der NaturFreunde Deutschlands e.V., die es unmittelbar und ausschließlich für einen der gemeinnützigen Zwecke: Förderung der Jugend- und Altenhilfe, die Förderung des Naturschutzes und der Landschaftspflege sowie die Förderung des Umweltschutzes, die Förderung des Sports, die Förderung von Wissenschaft und Forschung, die Förderung der Bildung und Erziehung, die Förderung von Kunst und Kultur, die Förderung der Natur- und Heimatkunde, die Förderung von Verbraucherberatung und Verbraucherschutz, die Förderung internationaler Gesinnung, der Toleranz auf allen Gebieten der Kultur und des Völkerverständigungsgedankens im Sinne des § 2 dieser Satzung zu verwenden hat.

§ 5 Fachgruppenarbeit, Hausvereine

1. Für die im § 3 genannten Aufgaben können Fachgruppen gebildet werden.

2. Ihre Tätigkeit wird bestimmt von dieser Satzung und den „Richtlinien für Fachgruppen/Fachbereiche" des Landesverbandes.

3. Zur Durchführung der Satzungszwecke kann die Betreuung, Bewirtschaftung und Verwaltung der Naturfreundehäuser im Wege eines Pachtvertrages auf selbstständige Hausbetreuungs-, Hausbewirtschaftungs- oder Hausverwaltungsvereine übertragen werden. Für die Tätigkeit dieser Vereine gelten die §§ 1-4 dieser Satzung.

§ 6 Kinder- und Jugendarbeit

1. In ihrer Arbeit finden sich die Mitglieder der Naturfreundejugend Deutschlands bis zur Vollendung des 27. Lebensjahres in der Kinder- bzw. Jugendgruppe oder Gruppen für aktive Familien, Jugendclubs, Projektgruppen, Interessen- und Arbeitsgruppen zusammen. Sie führt die Bezeichnung: Naturfreundejugend Deutschlands, Ortsgruppe Xxxxxxxx.

2. Ihre Tätigkeit wird bestimmt von dieser Satzung und den „Richtlinien der Naturfreundejugend Deutschlands", die von der Bundeskonferenz der Naturfreundejugend Deutschlands beschlossen und vom Bundeskongress bestätigt werden.

3. Die Kinder- und Jugendgruppe führt eine eigene Kasse, die der Überwachung der Ortsgruppen-Kontrollkommission unterliegt.

[Im Falle des Bestehens oder der beabsichtigten Einrichtung eines Kinder- und Jugendwerks der Ortsgruppe XY der NaturFreunde Deutschlands ist folgender zusätzlicher Punkt 4 im § 6 Kinderund Jugendarbeit in die jeweilige Satzung einzufügen: „Die rechtliche Abwicklung der Kinder- und Jugendgruppenarbeit kann einem Kinder- und Jugendwerk der Ortsgruppe XY übertragen werden. Die Entscheidung darüber trifft die Mitgliederversammlung der Ortsgruppe."]

§ 7 Finanzierung der Arbeit

1. Die Finanzierung der Arbeit erfolgt durch Einnahmen aus:
   – Mitgliedsbeiträgen
   – Spenden und Sammlungen
   – Zuschüssen
   – Veranstaltungen
   – Vermietungen und Verpachtungen
   und auf sonstige, gesetzlich zulässige und mit dem Vereinszweck zu vereinbarende Weise.

2. Die Mitgliedsbeiträge werden durch die Mitgliederversammlung festgelegt unter Berücksichtigung der Anteile für Bezirk, Landesverband, Bundesgruppe, Naturfreunde Internationale. Die Beitragszahlung ist eine Bringschuld.

3. Über Einnahmen und Ausgaben ist jährlich vom Ortsgruppen vorstand ein Haushaltsplan aufzustellen und eine Jahresrechnung vorzulegen.

§ 8 Aufnahme und Mitgliedschaft

1. Mitglied der Ortsgruppe kann jede Person werden, die die Zwecke des Vereines unterstützen will. Bei Minderjährigen ist die Zustimmung des/der gesetzlichen Vertreters/in erforderlich.

2. Der Beitritt zur Ortsgruppe ist unter Anerkennung dieser Satzung schriftlich zu erklären und an den Ortsgruppenvorstand einzureichen. Über die Aufnahme entscheidet der Ortsgruppenvorstand mit einfacher Stimmenmehrheit. Die Aufnahme kann ohne Angaben von Gründen verweigert werden.

3. Die Mitgliedschaft bei den NaturFreunden wird durch den offiziellen Mitgliedsausweis der Natur-Freunde Deutschlands e.V. nachgewiesen.

4. Körperschaften und andere juristische Personen können als Förderer Mitglied werden. Sie haben kein Stimm- oder Wahlrecht, jedoch das Recht auf Teilnahme an der Jahreshauptversammlung.

§ 9 Rechte

1. Jedes Mitglied hat das Recht, an den Veranstaltungen der Ortsgruppe und der Verbandsgliederungen entsprechend der Satzungen teilzunehmen, an den durch die Mitgliedschaft sich ergebenden Vergünstigungen teilzuhaben und sonstige Leistungen des Verbandes zu nutzen und zu empfangen.

2. Jedes Mitglied kann wählen und gewählt werden. Minderjährige bedürfen der Zustimmung des gesetzlichen Vertreters, können jedoch nicht in den Vorstand nach BGB § 26 gewählt werden. Das Stimmrecht muss persönlich und in Anwesenheit ausgeübt werden. Es ist nicht übertragbar.

3. Jedes Mitglied ist berechtigt, durch schriftlichen Antrag beim Ortsgruppenvorstand, bestimmte Angelegenheiten als Tagesordnungspunkt bei der Mitgliederversammlung behandeln zu lassen.

4. Die Mitgliedsrechte können erst nach der Beitragszahlung wahrgenommen werden.

§ 10 Pflichten

1. Jedes Mitglied hat die Pflicht, das Ansehen und die Belange der Ortsgruppe zu fordern.

2. Zur Durchführung der Vereinsaufgaben haben alle Mitglieder einen Jahresbeitrag zu entrichten. Die jeweilige Höhe beschließt die Mitgliederversammlung. Die Beitragszahlung ist eine Bringschuld.

3. Die Mitglieder haben Änderungen ihrer Anschrift und Bankverbindung unverzüglich dem Vorstand mitzuteilen.

§ 11 Beendigung der Mitgliedschaft

1. Durch Tod

2. Durch freiwilligen Austritt

   Der Austritt kann nur zum Ende des Kalenderjahres erfolgen und ist schriftlich dem Ortsgruppen-vorstand bis spätestens 30.9. mitzuteilen.

3. Durch Streichung

   Ein Mitglied, das seine Beiträge trotz zweier schriftlicher Aufforderungen nicht bezahlt hat, kann durch den Ortsgruppenvorstand aus der Mitgliederliste gestrichen werden. Es gilt damit zum Ende des laufenden Vereinsjahres als aus dem Verband NaturFreunde Deutschlands ausgeschieden.

4. Durch Ausschluss

   Über den Ausschluss beschließt der Ortsgruppenausschuss mit einfacher Stimmenmehrheit und be-zieht sich auf alle Gliederungen der NaturFreunde Deutschlands. Gegen den Ausschluss ist Berufung an die Mitgliederversammlung zulässig. Sie muss innerhalb einer Frist von einem Monat ab Zugang des Ausschließungsbescheides beim Ortsgruppenvorstand eingelegt werden. Vor der Beschluss-fassung durch die Mitgliederversammlung ist dem Mitglied unter Setzung einer angemessenen Frist rechtliches Gehör zu gewähren. Der Beschluss über den Ausschluss ist zu begründen und dem Mit-glied mittels eingeschriebenen Briefs bekannt zu geben. Gegen den Beschluss der Mitglieder-versammlung ist Einspruch beim Ortsgruppen-Schiedsgericht möglich.

§ 12 Organe der Ortsgruppe

§ 13 Mitgliederversammlung

§ 14 Ortsgruppenausschuss

§ 15 Ortsgruppenvorstand

§ 16 Kontrollkommission

§ 17 Schiedsgericht

1. Für Streitfälle innerhalb des Verbandes sind die Schiedsgerichte auf Ortsgruppen-, Bezirks- Landes- und Bundesebene zuständig.

2. Zusammensetzung, Aufgaben und Arbeitsweise der Schiedsgerichte regeln sich nach der jeweils gültigen Bundesschiedsordnung der NaturFreunde Deutschlands e.V.

3. Das Ortsgruppenschiedsgericht besteht aus drei ordentlichen Mitgliedern und drei Ersatzmitgliedern

§ 18 Bestimmungen der Bundesgruppe und des Landesverbandes

1. Satzungsänderung Diese Satzung kann nur durch die Mitgliederversammlung mit Dreiviertelmehr-heit der anwesenden stimmberechtigten Mitglieder beschlossen oder geändert werden.

2. Bestimmungen der Bundesgruppe:

   a) Die Ortsgruppensatzung darf nicht im Widerspruch zu der Satzung des Bundesverbandes stehen.

   b) Naturfreundehäuser und Grundstücke können nur im Einvernehmen mit dem jeweiligen Landes-verband belastet oder verkauft werden, auch der Neuerwerb bedarf der Zustimmung des Landes-verbandes. Für Naturfreundeliegenschaften ist ein dinglich gesichertes Vorkaufsrecht für den Landesverband bzw. die Bundesgruppe der NaturFreunde Deutschlands e.V. einzutragen,

   c) Anschriften- und Funktionsänderungen sind dem Landesverband innerhalb von sechs Wochen mitzuteilen.

§ 19 Auflösung der Ortsgruppe

1. Die Auflösung kann nur durch eine zu diesem Zweck einberufene Mitgliederversammlung, bei wel-cher mindestens % der Mitglieder anwesend sind, beschlossen werden.

2. Der Beschluss bedarf einer Dreiviertelmehrheit der anwesenden stimmberechtigten Mitglieder.

3. Bei Auflösung der Ortsgruppe oder Wegfall steuerbegünstigter Zwecke fällt das Vermögen der Orts-gruppe, nach Abwicklung aller rechtlichen Forderungen und Verbindlichkeiten der nächst höheren gemeinnützigen Gliederung der NaturFreunde zu, die es unmittelbar und ausschließlich für ge-meinnützige Zwecke im Sinne des §s 4 zu verwenden hat. Die Festlegung einer anderen begünstigten

Gliederung der NaturFreunde Deutschlands kann in der Auflösungsversammlung durch Beschluss von mindestens Dreiviertel der anwesenden stimmberechtigten Mitglieder erfolgen.

4. Die Ortsgruppe, insbesondere der letzte Ortsgruppenvorstand, ist für die ordnungsgemäße Überführung des Vermögens, einschließlich aller schriftlichen Unterlagen, Dokumente und dergleichen an die begünstigte Gliederung verantwortlich.

§ 20 Schlussbestimmung

1. Das Geschäftsjahr ist das Kalenderjahr
2. Gerichtsstand ist der Sitz der Ortsgruppe.
3. Diese Satzung wurde von der Mitgliederversammlung am xx.xx.xx beschlossen.
4. Die bisherige Satzung verliert damit ihre Gültigkeit.
5. Die Satzung wurde in das Vereinsregister des Amtsgerichtes Xxxxxxx am xx.xx.xx unter der Nummer VR XXX eingetragen.

Gemeinnützigkeitsrechtliche Behandlung der Rettungsdienste und Krankentransporte; Beschluss des BFH vom 18. September 2007 – I R 30/60 –

BMF-Schreiben vom 20.01.2009
IV C 4 - S 0185/08/10001– 2009/0012162

Der BFH hat mit Beschluss vom 18. September 2007, BStBl. II 2009 S. . . ., entschieden, dass gewerbliche Rettungsdienste und Krankentransporte nicht von der Gewerbesteuer befreit sind. Er hat in diesem Beschluss unabhängig von der zu treffenden Entscheidung ausgeführt, dass nach seiner Auffassung auch die Rettungsdienste und Krankentransporte gemeinnütziger Wohlfahrtsverbände und der juristischen Personen des öffentlichen Rechts körperschaft- und gewerbesteuersteuerpflichtige Betriebe seien.

Nach dem Anwendungserlass zur AO zu § 66, Nr. 6, ist der Krankentransport von Personen, für die während der Fahrt eine fachliche Betreuung bzw. der Einsatz besonderer Einrichtun-gen eines Krankentransport- oder Rettungswagens erforderlich ist oder möglicherweise not-wendig wird, durch steuerbegünstigte Körperschaften als Zweckbetrieb zu behandeln. Nach dem Ergebnis der Erörterung mit den obersten Finanzbehörden der Länder wird an dieser Anweisung festgehalten. Die steuerbegünstigten Körperschaften üben ihren Rettungsdienst und Krankentransport entgegen der Annahme des BFH regelmäßig nicht des Erwerbs wegen und zur Beschaffung zusätzlicher Mittel aus, sondern verfolgen damit ihren satzungsmäßigen steuerbegünstigten Zweck der Sorge für notleidende oder gefährdete Menschen.

Dieses Schreiben wird im Bundessteuerblatt Teil I veröffentlicht.

Grenzen für die wirtschaftliche Hilfsbedürftigkeit; Umfang des Vermögens im Sinne des § 53 Satz 1 Nr. 2 AO, das zur nachhaltigen Verbesserung des Unterhalts ausreicht

Verfügung OFD Magdeburg vom 26.05.2009
S 0172 – 8 – St 217

Nach § 53 Satz 1 Nr. 2 AO verfolgt eine Körperschaft mildtätige Zwecke, wenn ihre Tätigkeit darauf gerichtet ist, Personen selbstlos zu unterstützen, deren Bezüge nicht höher sind als das Vierfache des Regelsatzes der Sozialhilfe i.S. des § 28 SGB XII; beim Alleinstehenden oder Haushaltsvorstand tritt an die Stelle des Vierfachen das Fünffache des Regelsatzes. Dies gilt nicht für Personen, deren Vermögen zur nachhaltigen Verbesserung ihres Unterhalts ausreicht und denen zugemutet werden kann, es dafür zu verwenden. Bei Personen, deren wirtschaftliche Lage aus besonderen Gründen zu einer Notlage geworden ist, dürfen die Bezüge oder das Vermögen die genannten Grenzen übersteigen.

§ 53 Nr. 2 AO legt die Grenzen der wirtschaftlichen Hilfsbedürftigkeit fest.

Der AEAO zu § 53 Nrn. 5 bis 8 AO enthält weitere Regelungen zur Berechnung der Einkünfte und Bezüge. Bisher fehlen konkrete und verbindliche Anweisungen zum zulässigen Vermögen.

Die Ländervertreter teilen einstimmig die Auffassung, bei der Beantwortung der Frage nach der Höhe des bei der Anwendung des § 53 AO noch als unschädlich für die wirtschaftliche Hilfsbedürftigkeit anzusehenden Vermögens auf die Grundsätze in R 33a.1 Abs. 2 EStR zurückzugreifen.

Danach kann ein Vermögen bis zu einem Wert von 15.500 € in der Regel als geringfügig angesehen werden.

Der Anwendungserlass zur Abgabenordnung soll entsprechend ergänzt werden.

Gemeinnützigkeit von Fördervereinen bei schulstrukturellen Änderungen

Verfügung OFD Koblenz vom 15.06.2009

S 0180 – A – St 33 1

„Das Ministerium für Bildung, Wissenschaft, Jugend und Kultur hat mich darauf hingewiesen, dass es mit dem Landesgesetz zur Änderung der Schulstruktur vom 22. Dezember 2008, GVBl. S. 340, zu sehr weit reichenden Umstrukturierungen kommt. Kernstück dieser Schulstrukturreform ist die Einführung der Realschule plus, bei der die Hauptschule und die Realschule zusammengeführt werden. Die Realschule plus wird es in den Schulformen der Integrativen Realschule und der Kooperativen Realschule geben.

Im ersten Schritt der Schulstrukturreform in Rheinland-Pfalz gehen zum Schuljahr 2009/2010 insgesamt 122 Realschulen plus landesweit an den Start und bieten den Abschluss der Berufsreife und der Mittleren Reife unter einem Dach an. Darunter sind 78 Regionale Schulen und 13 Duale Oberschulen, die per Gesetz in Realschulen plus umgewandelt werden, sowie 31 neue Realschulen plus. Von diesen 31 neu entstehenden Realschulen plus kommen 20 durch das Zusammengehen einer Haupt- und einer Realschule zustande. Zudem wollen sechs bisherige Realschulen sowie zwei jetzige Hauptschulen künftig das Profil einer Realschule plus anbieten. In zwei Fällen soll die neue Schulform durch die Zusammenarbeit von zwei Hauptschulen entstehen, einmal durch das Zusammengehen einer Hauptschule mit einer Regionalen Schule.

Gut die Hälfte der 122 neuen Realschulen plus wird in der integrativen Form starten, sie unterrichten also im Klassenverband und differenzieren für die Bildungsgänge in einzelnen Fächern oder bilden frühestens ab der 8. Klassenstufe abschlussbezogene Klassen. Die andere Hälfte der Schulen wird in der kooperativen Form geführt und bilden direkt nach der für alle Realschulen plus verbindlichen gemeinsamen Orientierungsstufe (Klassenstufen 5 und 6) eigene Klassen für die Abschlüsse Berufsreife und Mittlere Reife.

Als Folge dieser Umstrukturierungen im Schulbereich kann es in vielen Fällen dazu kommen, dass bei steuerbegünstigten Schulfördervereinen das satzungsmäßig festgelegte Förderobjekt durch Auflösung der betreffenden Schule unter- bzw. in eine neue Schulorganisationsform übergeht.

Zu den in diesem Zusammenhang auftretenden gemeinnützigkeitsrechtlichen Fragen bitte ich, folgende Auffassung zu vertreten:

– Bleibt der Förderverein einer aufgelösten/übergehenden Schule bestehen und soll durch den Förderverein zukünftig deren Nachfolgeeinrichtung gefördert werden, ist die Satzung insbesondere hinsichtlich Satzungszweck und Vermögensbindung entsprechend anzupassen.

– Besteht für die Nachfolgeeinrichtung einer aufgelösten/übergehenden Schule bereits ein (steuerbegünstigter) Förderverein und soll der Förderverein der aufgelösten/übergehenden Schule aufgelöst werden, ist von einer steuerunschädlichen Verwendung der Mittel im Sinne von § 55 Abs. 1 Nr. 4 AO i. V. mit § 61 AO auch auszugehen, soweit das Vermögen dem (steuerbegünstigten) Förderverein der Nachfolgeeinrichtung zugewendet wird.

– Vorstehendes gilt entsprechend, wenn sowohl der Förderverein der aufgelösten Schule als auch der Förderverein der Nachfolgeeinrichtung aufgelöst werden und ein neuer Förderverein gegründet wird. In diesem Fall können die jeweiligen Vermögen steuerunschädlich auf den neu gegründeten Förderverein übertragen werden, wenn dieser die Voraussetzungen der Steuerbegünstigung erfüllt.

– Die Zusammenfassung von (rechtsfähigen) Vereinen kann nach den §§ 99 bis 104a UmwG auch durch Verschmelzung erfolgen. Auch bei Vermögensübertragungen in diesen Verschmelzungsfällen ist grundsätzlich von einer steuerunschädlichen Mittelverwendung im Sinne von § 55 Abs. 1 Nr. 4 AO i. V. mit § 61 AO auszugehen, sofern die Voraussetzungen der Steuerbegünstigung ansonsten erhalten bleiben. Eine vorherige Satzungsänderung der übertragenden Vereine ist im Hinblick auf die Vermögensbindung nicht erforderlich.

Für die Umsetzung der jeweiligen Maßnahmen (Satzungsänderung, Auflösung und Übertragung von Vermögen, Verschmelzung) kann den Vereinen eine angemessene Frist zugestanden werden.

Ich bitte, die Finanzämter entsprechend zu unterrichten. Einen Abdruck dieses Schreibens habe ich dem Ministerium für Bildung, Wissenschaft, Jugend und Kultur mit der Bitte zugeleitet, auch die betreffenden Schulen entsprechend zu unterrichten."

Gemeinnützigkeit von Unternehmergesellschaften i. S. d. § 5a GmbHG in der Fassung des Gesetzes zur Modernisierung des GmbH-Rechts und zur Bekämpfung von Missbräuchen – MoMiG (sogenannte "Mini- oder 1-Euro-GmbHs")

Verfügung OFD Hannover vom 06.07.2009

S 0170 – 103 – StO 251

Durch das Gesetz zur Modernisierung des GmbH-Rechts und zur Bekämpfung von Missbräuchen (MoMiG) vom 23. Oktober 2008, BGBl. I S. 2026, wurde mit Wirkung ab 1. November 2008 die Gründung von Gesellschaften mit der Bezeichnung „Unternehmergesellschaften (haftungsbeschränkt)" oder „UG (haftungsbeschränkt)" zugelassen. Für die Gründung dieser Gesellschaften reicht ein Stammkapital von 1,00 EUR. Die Gesellschaft muss jedoch ein Viertel ihres Jahresüberschusses in eine gesetzliche Rücklage einstellen. Diese Pflicht fällt weg, wenn die Rücklage die Schwelle des § 5 Abs. 1 GmbHG von 25.000,00 EUR für die Gründung einer GmbH erreicht und das Stammkapital entsprechend angehoben wird.

Es stellte sich die Frage, ob für diese Gesellschaften eine Steuerbegünstigung des § 5 Abs. 1 Nr. 9 KStG infrage kommt. Zu prüfen war, ob die Verpflichtung zur Einstellung von Mitteln in eine Rücklage (§ 5a Abs. 3 GmbHG) im Widerspruch zum Gebot der zeitnahen Mittelverwendung (§ 55 Abs. 1 Nr. 5 AO).

Hierzu ist nach dem Ergebnis der Erörterung der obersten Finanzbehörden des Bundes und der Länder folgende Auffassung zu vertreten:

Die gesetzlich vorgeschriebene Rücklagenbildung bis zum Erreichen des Stammkapitals von 25.000,00 EUR verstößt nicht gegen den Grundsatz der zeitnahen Mittelverwendung i. S. § 55 AO. Das Stammkapital einer Kapitalgesellschaft unterliegt nicht der zeitnahen Mittelverwendungspflicht. Das gilt auch für Mittel, die von Gesetzes wegen in die zur Erhöhung des Stammkapitals gedachte Rücklage gem. § 5a Abs. 3 GmbHG eingestellt werden müssen und insoweit bereits anderweitig gebunden sind.

§ 52 Abs. 2 Nr. 3 AO;
Förderung des öffentlichen Gesundheitswesens durch Mineralsalztherapie nach Dr. Schüßler (Biochemische Gesundheitsvereine)

Verfügung OFD Hannover vom 03.07.2009

S 0171 – 191 – StO 251

Zur Frage, wie sogenannte „Biochemische Gesundheitsvereine" gemeinnützigkeitsrechtlich zu beurteilen sind, gilt nach einer Entscheidung der obersten Finanzbehörden des Bundes und der Länder Folgendes:

„Biochemische Gesundheitsvereine", die nach ihrer Satzung die öffentliche Gesundheitspflege durch die Pflege, Förderung und Verbreitung natürlicher Lebens-, Ernährungs- und Heilweisen, insbesondere der von Dr. Schüßler begründeten und von ihm „Biochemie" genannte Mineralsalztherapie fördern, können nicht wegen Förderung des öffentlichen Gesundheitswesens (§ 52 Abs. 2 Nr. 3 AO) als gemeinnützig anerkannt werden.

Schüßler-Salze sind alternativmedizinische Präparate von Mineralsalzen in homöopatischer Dosierung (Potenzierung). Die Therapie mit den Mineralsalzen basiert auf der Annahme, Krankheiten entstünden allgemein durch Störungen des Mineralhaushalts der Körperzellen und könnten durch homöopatische Gaben von Mineralien geheilt werden.

Die Annahmen und Therapien sind wissenschaftlich jedoch nicht als wirksam anerkannt.

Das Bundesinstitut für Arzneimittel und Medizinprodukte hat mitgeteilt, dass die Mineralsalze für eine medizinisch wirksame und nachweisbare Substitutionstherapie (Behandlung, die darauf abzielt, einen Mangel an üblicherweise einem Organismus zur Verfügung stehenden Substanzen durch deren künstliche Zufuhr zu beheben) nicht in Betracht kommen.

Die Stiftung Warentest kommt zu dem Ergebnis, dass der Nutzen der Therapie nicht belegt und Biochemie zur Behandlung von Krankheiten nicht geeignet sei. Darüber hinaus wird ausgeführt, dass sich Dr. Schüßler und seine Anhänger hinsichtlich der Anwendungsgebiete der Mineralsalze kaum Beschränkungen auferlegen und sogar den Gebrauch von Antibiotika bei Einnahme von Schüßler-Salzen für weitgehend vermeidbar hielten. Damit sei die Gefahr groß, dass eine notwendige und hilfreiche konventionelle Behandlung zu spät einsetze oder gar versäumt werde. Sofern geraten werde, die üblichen, ärztlich verordneten Medikamente in ihrer Dosierung erheblich zu verringern oder gar abzusetzen, könne dies zu beträchtlichen gesundheitlichen Risiken führen.

Auch das Niedersächsische Ministerium für Soziales, Frauen, Familie und Gesundheit kommt in einer Beurteilung zu dem Ergebnis, dass die biochemischen Vereine nicht gesundheitsfördernd, sondern eher kontraproduktiv wirken.

Eine Steuerbegünstigung durch § 5 Abs. 1 Nr. 9 KStG wegen Förderung des öffentlichen Gesundheitswesens i. S. d. § 52 Abs. 2 Nr. 3 AO kommt unter Berücksichtigung dieser Argumente nicht in Betracht.

Außerdem ist Folgendes zu beachten:

Die Vereine geben nach den Ausführungen im Internet (www.nam.de/gruendg.htm) Mitteilungsblätter heraus, organisieren regelmäßig Informationsveranstaltungen und vertreiben bei ihren Mitgliedern die Biochemischen Mineralsalztabletten sowie entsprechende Bücher. Eine kommerzielle Ausrichtung (vordergründig ein Vertrieb der Produkte) würde ohnehin dazu führen, dass ein Verein wegen fehlender Selbstlosigkeit (Überwiegen der steuerpflichtigen wirtschaftlichen Betätigung) nicht als gemeinnützig anerkannt werden könnte.

Gemeinnützigkeitsrechtliche Folgerungen aus der Anwendung des § 3 Nummer 26a EStG: Zahlungen an Mitglieder des Vorstands

BMF-Schreiben vom 14.10.2009

IV C 4 – S 2121/07/0010 – 2009/0680374

Nach den Feststellungen der Finanzverwaltung haben gemeinnützige Vereine die Einführung des neuen Steuerfreibetrags für Einnahmen aus nebenberuflichen Tätigkeiten im Dienst oder Auftrag einer steuerbegünstigten Körperschaft oder einer Körperschaft des öffentlichen Rechts zur Förderung steuerbegünstigter Zwecke in Höhe von 500 Euro im Jahr durch das Gesetz zur weiteren Stärkung des bürgerschaftlichen Engagements vom 10. Oktober 2007 (vgl. § 3 Nummer 26a des Einkommensteuergesetzes - EStG) zum Anlass genommen, pau-schale Tätigkeitsvergütungen an Mitglieder des Vorstands zu zahlen.

Im Einvernehmen mit den obersten Finanzbehörden der Länder gilt dazu Folgendes:

Nach dem gesetzlichen Regelstatut des BGB hat ein Vorstandsmitglied Anspruch auf Aus-lagenersatz (§§ 27, 670 BGB). Die Zahlung von pauschalen Vergütungen für Arbeits- oder Zeitaufwand (Tätigkeitsvergütungen) an den Vorstand ist nur dann zulässig, wenn dies durch bzw. aufgrund einer Satzungsregelung ausdrücklich zugelassen ist. Ein Verein, der nicht aus-drücklich die Bezahlung des Vorstands regelt und der dennoch Tätigkeitsvergütungen an Mit-glieder des Vorstands zahlt, verstößt gegen das Gebot der Selbstlosigkeit. Die regelmäßig in den Satzungen enthaltene Aussage: „Es darf keine Person … durch unverhältnismäßig hohe Vergütungen begünstigt werden" (vgl. Anlage 1 zu § 60 AO; dort § 4 der Mustersatzung) ist keine satzungsmäßige Zulassung von Tätigkeitsvergütungen an Vorstandsmitglieder.

Eine Vergütung ist auch dann anzunehmen, wenn sie nach der Auszahlung an den Verein zurückgespendet oder durch Verzicht auf die Auszahlung eines entstandenen Vergütungsanspruchs an den Verein gespendet wird.

Der Ersatz tatsächlich entstandener Auslagen (z. B. Büromaterial, Telefon- und Fahrtkosten) ist auch ohne entsprechende Regelung in der Satzung zulässig. Der Einzelnachweis der Aus-lagen ist nicht erforderlich, wenn pauschale Zahlungen den tatsächlichen Aufwand offen-sichtlich nicht übersteigen; dies gilt nicht, wenn durch die pauschalen Zahlungen auch Arbeits- oder Zeitaufwand abgedeckt werden soll. Die Zahlungen dürfen nicht unangemessen hoch sein (§ 55 Absatz 1 Nummer 3 AO).

Falls ein gemeinnütziger Verein bis zu dem Datum dieses Schreibens ohne ausdrückliche Erlaubnis dafür in seiner Satzung bereits Tätigkeitsvergütungen gezahlt hat, sind daraus unter den folgenden Voraussetzungen keine für die Gemeinnützigkeit des Vereins schädlichen Fol-gerungen zu ziehen:

1. Die Zahlungen dürfen nicht unangemessen hoch gewesen sein (§ 55 Absatz 1 Nummer 3 AO).
2. Die Mitgliederversammlung beschließt bis zum 31. Dezember 2010 eine Satzungs-änderung, die Tätigkeitsvergütungen zulässt. An die Stelle einer Satzungsänderung kann ein Beschluss des Vorstands treten, künftig auf Tätigkeitsvergütungen zu verzichten.

Dieses Schreiben ersetzt meine Schreiben vom 22. April 2009 – IV C 4 – S 2121/07/0010 – (nicht im BStBl veröffentlicht) und vom 9. März 2009 – IV C 4 – S 2121/07/0010 – (BStBl. I Seite 445) und Nummer 8 meines Schreibens vom 25. November 2008 – IV C 4 – S 2121/07/0010 – (BStBl. I Seite 985).

Dieses Schreiben wird im Bundessteuerblatt Teil I veröffentlicht.

„Ehrenamtspauschale" gem. § 3 Nr. 26a EStG;
hier: Satzungsmäßige Voraussetzungen für Zahlungen an den Vorstand

Verfügung OFD Hannover vom 23.10.2009
S 0174 – 45 – StO 251

Das Bundesfinanzministerium hat mit Schreiben vom 14. Oktober 2009 – IV C 4 – S 2121/ 07/0010 – erneut zu den gemeinnützigkeitsrechtlichen Folgerungen aus der Anwendung des § 3 Nr. 26a EStG Stellung genommen. Es ist zu erwarten, dass etliche Vereine ihre Satzungen im Hinblick darauf, dass die Zahlung von Vorstandsvergütungen notwendigerweise eine ausdrückliche Satzungsregelung voraussetzt, bei der nächsten Mitgliederversammlung entsprechend anpassen wollen.

In diesem Zusammenhang wird häufig um Formulierungsvorschläge gebeten. Als **mögliche** Formulierung käme folgende Fassung in Betracht:

„Die Mitglieder des Vorstands können für ihren Arbeits- oder Zeitaufwand (pauschale) Vergütungen erhalten. Der Umfang der Vergütungen darf nicht unangemessen hoch sein. Maßstab der Angemessenheit ist die gemeinnützige Zielsetzung des Vereins".

Daneben sind aber auch ähnliche Varianten zulässig. Bei auftretenden Fragen können Sie sich an mich wenden.

Aufhebung der Steuerbefreiung für gemeinnützige Wohnungsunternehmen und Einführung der Steuerbefreiung für Vermietungsgenossenschaften sowie -vereine durch das Steuerreformgesetz 1990

Erlaß FM NRW vom 22.11.1991

S 2730 – 39 – V B 4

Zu Zweifels- und Auslegungsfragen im Zusammenhang mit der Aufhebung der Steuerbefreiung für gemeinnützige Wohnungsunternehmen sowie Organe der staatlichen Wohnungspolitik und der Einführung der Steuerbefreiung für Vermietungsgenossenschaften sowie -vereine durch das Steuerreformgesetz 1990 vom 25.7.1988 (BGBl. I S. 1093; BStBl. I S. 224) nehme ich wie folgt Stellung:

A. Körperschaftsteuer

Tz.

I. Aufhebung der Steuerbefreiung für gemeinnützige Wohnungsunternehmen und für Organe der staatlichen Wohnungspolitik

1. Letztmalige Anwendung der Steuerbefreiung grundsätzlich für 1989

Durch Artikel 21 § 1 in Verbindung mit Artikel 29 des Steuerreformgesetzes 1990 sind das Wohnungs- 1
gemeinnützigkeitsgesetz (WGG) und die Verordnung zur Durchführung des Wohnungsgemeinnützigkeitsgesetzes (WGGDV) mit Wirkung vom 1. Januar 1990 aufgehoben worden. Die Steuerbefreiung für gemeinnützige Wohnungunternehmen nach § 5 Abs. 1 Nr. 10 KStG 1984 und für Organe der staatlichen Wohnungspolitik nach § 5 Abs. 1 Nr. 11 KStG 1984, die die Anerkennung aufgrund des WGG voraussetzt, ist letztmals für den Veranlagungszeitraum 1989 anzuwenden.

2. Fortgeltung der Steuerbefreiung auf Antrag für 1990

Nach § 54 Abs. 4 KStG für die Steuerbefreiung für gemeinnützige Wohnungsunternehmen und Organe 2
der staatlichen Wohnungspolitik nach § 5 Abs. 1 Nr. 10 und 11 KStG 1984 letztmals für den Veranlagungszeitraum 1990 anzuwenden, wenn die Körperschaft

a) dies beantragt und

b) im Veranlagungszeitraum 1990 ausschließlich Geschäfte betreibt, die nach den bis zum 31. Dezember 1989 geltenden gesetzlichen Vorschriften zulässig waren.

Der Antrag nach Buchstabe a kann bis zur Bestandskraft des Körperschaftsteuerbescheids für 1990 gestellt werden.

Ob die Körperschaft im Veranlagungszeitraum 1990 ausschließlich zulässige Geschäfte betrieben hat 3
(Buchstabe b), ist nach den §§ 6 und 29a des bis zum 31. Dezember 1989 geltenden WGG und nach den §§ 6 bis 9 der bis zum 31. Dezember 1989 geltenden WGGDV zu beurteilen. Bei Organen der staatlichen Wohnungspolitik richtet sich der zulässige Geschäftskreis in den Fällen des § 28 Abs. 2 WGG nach der am 31. Dezember 1989 gebilligten Satzung.

Zu den zulässigen Geschäften sind aus Billigkeitsgründen auch Geschäftsbesorgungen und andere 4
Hilfestellungen zugunsten der Arbeiterwohnungsgenossenschaften (AWSs), der gemeinnützigen Wohnungsgenossenschaften (GWGs) und der VEBs der ehemaligen DDR im Bereich der Wohnungswirtschaft zu rechnen,

– wenn es sich um Geschäftsbesorgungen und andere Hilfestellungen handelt, die der Art nach auch nach dem früheren WGG zulässig gewesen wären und

– wenn die Leistungen kostenlos oder gegen Kostenerstattung erbracht werden.

Sind in der Vergangenheit Ausnahmebewilligungen nach § 6 Abs. 4 WGG (§ 10 WGGDV) erteilt wor- 5
den, so behalten sie – soweit ihre ursprüngliche Geltungsdauer über den 31. Dezember 1989 hinausreicht – in den Antragsfällen auch für die steuerliche Beurteilung im Veranlagungszeitraum 1990 Bedeutung. Das gleiche gilt für die aufgrund von Ausnahmebewilligungen zu erfüllenden Auflagen, insbesondere für Auflagen abgabenrechtlicher Art.

Ist der Körperschaft eine Ausnahmebewilligung für die Vermietung von Räumen oder Flächen an einen 6
bestimmten Mieter erteilt worden, kann die Vermietung für 1990 auch dann als zulässig angesehen werden, wenn zwar der Mieter wechselt, die Nutzung aber im wesentlichen unverändert bleibt.

Nach dem 31. Dezember 1989 können neue Ausnahmebewilligungen nicht mehr erteilt werden, weder 7
von der Anerkennungsbehörde noch von einer Finanzbehörde. Neu aufgenommene Geschäfte, für die eine Ausnahmebewilligung nicht vorliegt, sind deshalb als nicht zulässig anzusehen. Das gilt auch, wenn für die Geschäfte nach den bis zum 31. Dezember 1989 anzuwendenden Vorschriften eine Ausnahmebewilligung hätte erteilt werden können.

8   Hiernach ist die Steuerbefreiung für 1990 grundsätzlich zu versagen, wenn sich die Körperschaft im Jahre 1990 an einem Unternehmen beteiligt, das nicht zu den in § 9 WGGDV bezeichneten Unternehmen gehört. Es bestehen aber keine Bedenken, die Steuerbefreiung denjenigen Körperschaften zu gewähren, die sich im Jahr 1990 an einem anderen Unternehmen beteiligen, um nicht begünstigte Tätigkeiten auf dieses Unternehmen zu übertragen und dadurch die Voraussetzungen

   – für die Steuerbefreiung als Vermietungsgenossenschaft oder -verein nach § 5 Abs. 1 Nr. 10 KStG oder

   – für die Kürzung nach § 9 Nr. 1 Satz 2 bis 4 GewStG

   zu schaffen.

9   Die Beteiligung an einem anderen Unternehmen ist im Jahr 1990 nur zulässig,

   – wenn das Unternehmen bis einschließlich 1989 zu den in § 9 WGGDV bezeichneten Unternehmen gehört hat oder

   – wenn es sich um eine vor 1990 mit Ausnahmebewilligung gegründete oder um eine in 1990 gegründete Tochtergesellschaft handelt, die den nach § 5 Abs. 1 Nr. 10 KStG bzw. § 9 Nr. 1 Satz 2 bis 4 GewStG nicht begünstigten Tätigkeitsbereich der Muttergesellschaft übernimmt.

   Der Tätigkeitsbereich der Tochtergesellschaft darf jedoch in 1990 nicht über den im früheren WGG gezogenen Rahmen (vgl. Tz. 2 und 3) hinausgehen. Die Steuerbefreiung der Muttergesellschaft nach § 5 Abs. 1 Nr. 10 KStG 1984 ist nicht davon abhängig, daß auch die Tochtergesellschaft die Steuerbefreiung in Anspruch nimmt. Sie bleibt in Ausgliederungsfällen für 1990 auch dann erhalten, wenn der Zweck der Ausgliederung (Steuerbefreiung nach § 5 Abs. 1 Nr. 10 KStG oder erweiterte Kürzung nach § 9 Nr. 1 Satz 2 bis 4 GewStG) für einen späteren Veranlagungszeitraum nicht erreicht wird. Mit den Ausschüttungen aus einer vor 1990 mit Ausnahmebewilligung unter Auflagen abgabenrechtlicher Art oder in 1990 zu Ausgliederungszwecken gegründeten Tochtergesellschaft ist das Wohnungsunternehmen in 1990 partiell steuerpflichtig.

10 Hat die Körperschaft im Veranlagungszeitraum 1990 ausschließlich Geschäfte betrieben, die nach den bis zum 31. Dezember 1989 geltenden gesetzlichen Vorschriften zulässig waren, kommt die Steuerbefreiung für 1990 auch in Betracht, wenn das Unternehmen in diesem Veranlagungszeitraum andere Vorschriften des früheren WGG nicht beachtet (z. B. durch überhöhte Ausschüttungen, durch Abschluß eines Ergebnisabführungsvertrags, durch Verstoß gegen die Wirtschaftlichkeit des Geschäftsbetriebes oder durch Verstoß gegen die Unabhängigkeit von Angehörigen des Baugewerbes).

3. Maßnahmen bei Verstößen vor dem 1. Januar 1990 gegen Vorschriften des Wohnungsgemeinnützigkeitsrechts

11 Hat ein am 31. Dezember 1989 als gemeinnütziges Wohnungsunternehmen oder als Organ der staatlichen Wohnungspolitik anerkanntes Unternehmen gegen die §§ 2 bis 15 WGG verstoßen, ist eine Entziehung der Anerkennung nach diesem Zeitpunkt nicht mehr möglich. Dementsprechend kann auch die Steuerbefreiung für zurückliegende Veranlagungszeiträume nicht versagt werden. Nach Artikel 21 § 2 des Steuerreformgesetzes 1990 kann die ehemals zuständige Anerkennungsbehörde dem Unternehmen nur eine geldliche Leistung zur Abgeltung der durch die Gesetzesverstöße erlangten Vorteile einschließlich der ersparten Steuern auferlegen. Werden Verstöße festgestellt, durch die das Unternehmen steuerliche Vorteile erlangt hat, so sind sie der ehemals zuständigen Anerkennungsbehörde mitzuteilen.

4. Eintritt in die Steuerpflicht, steuerliche Anfangsbilanz

12 Soweit gemeinnützige Wohnungsunternehmen oder Organe der staatlichen Wohnungspolitik nicht aufgrund anderer Befreiungsvorschriften (§ 5 Abs. 1 Nr. 2 oder 10 KStG) weiterhin von der Körperschaftsteuer befreit sind (vgl. Tz. 15 bis 51), unterliegen sie erstmals im Veranlagungszeitraum 1990 der Steuerpflicht.

13 Sind die gemeinnützigen Wohnungsunternehmen verpflichtet, Bücher nach den Vorschriften des Handelsgesetzbuchs zu führen (§ 238 HGB), haben sie ihren Gewinn nach dem Wirtschaftsjahr zu ermitteln (§ 7 Abs. 4 Satz 1 KStG). Bei einem vom Kalenderjahr abweichenden Wirtschaftsjahr gilt der Gewinn als in dem Kalenderjahr bezogen, in dem das Wirtschaftsjahr endet (§ 7 Abs. 4 Satz 2 KStG). Der Ermittlung der Besteuerungsgrundlagen nach den Vorschriften des neuen Rechts ist deshalb das Ergebnis des Wirtschaftsjahres zugrunde zu legen, das im Kalenderjahr 1990 endet. Das Ergebnis dieses Wirtschaftsjahres wird wesentlich durch die steuerliche Anfangsbilanz im Sinne des § 13 Abs. 2 KStG bestimmt. Die Anfangsbilanz ist demnach auf den Beginn des ersten im Kalenderjahr 1990 endenden Wirtschaftsjahres aufzustellen, auch wenn dieser Zeitpunkt im Kalenderjahr 1989 liegt.

14 In den Fällen des § 54 Abs. 4 KStG (vgl. Tz. 2 bis 10) ist die steuerliche Anfangsbilanz auf den Beginn des ersten im Kalenderjahr 1991 endenden Wirtschaftsjahres aufzustellen.

II. Einführung der Steuerbefreiung für Vermietungsgenossenschaften und -vereine

1. Persönlicher und zeitlicher Anwendungsbereich

Nach § 5 Abs. 1, Nr. 10 KStG erstreckt sich die Steuerbefreiung auf Erwerbs- und Wirtschafts- **15** genossenschaften und auf Vereine, auch soweit die Unternehmen vor 1990 nicht als gemeinnützige Wohnungsunternehmen von der Körperschaftsteuer befreit waren.

Hinsichtlich der erstmaligen Anwendung der Steuerbefreiung gelten die Tz. 2 bis 10 entsprechend.

Die folgenden Tz. 16 bis 49 betreffen die Steuerbefreiung von Vermietungsgenossenschaften, Tz. 50 und 51 die Steuerbefreiung von Vermietungsvereinen.

2. Vermietungsgenossenschaften

a) Überlassung von Wohnungen an Mitglieder

Die Steuerbefreiung nach § 5 Abs. 1 Nr. 10 KStG setzt unter anderem voraus, daß die Genossenschaften **16** ihren Mitgliedern selbst hergestellte oder erworbene Wohnungen aufgrund eines Mietvertrags oder aufgrund eines genossenschaftlichen Nutzungsvertrags zum Gebrauch überlassen. Die Verschaffung von Wohnungen durch Miete, Pacht, Nießbrauch oder als Treuhänder ist nicht als Erwerb im Sinne des § 5 Abs. 1 Nr. 10 KStG anzusehen.

Der Mietvertrag muß mit demjenigen abgeschlossen werden, dem die Wohnung zum Gebrauch über- **17** lassen wird. Außerdem muß der Mieter oder sein Ehegatte Mitglied der Genossenschaft sein.

Zur Vermeidung eines eventuellen Nichtmitgliedergeschäfts bei einem Mieterwechsel gilt folgendes **18** (Tz. 19 und 20):

Die Mitgliedschaft bei einer Vermietungsgenossenschaft entsteht durch die Eintragung in die Liste der **19** Genossen (§ 15 GenG). Es bestehen jedoch keine Bedenken, eine Vermietung an ein Mitglied anzunehmen, wenn spätestens bei Mietbeginn die Beitrittserklärung des Mieters vorliegt und diese unverzüglich dem Registergericht zur Eintragung eingereicht wird.

Stirbt ein Mitglied, dem die Genossenschaft eine Wohnung vermietet hat, so geht die Mitgliedschaft auf **20** die Erben über. Die Mitgliedschaft endet mit dem Schluß des Wirtschaftsjahres, in dem der Erbfall eingetreten ist (§ 77 Abs. 1 GenG). Nach diesem Zeitpunkt ist die Wohnungsvermietung dem nicht begünstigten Nichtmitgliedergeschäft zuzurechnen, es sei denn, der Erbe setzt die Mitgliedschaft des verstorbenen Genossen fort (§ 77 Abs. 2 GenG) oder ist bis dahin – ohne die Mitgliedschaft des verstorbenen Genossen fortzusetzen – Mitglied der Vermietungsgenossenschaft geworden. Aus Billigkeitsgründen wird die Wohnungsvermietung dem begünstigten Mitgliedergeschäft zugerechnet, wenn die Beitrittserklärung des Erben, der Mieter wird, bis zur Bilanzaufstellung vorliegt und diese unverzüglich dem Registergericht zur Eintragung eingereicht wird.

Einer Vermietungsgenossenschaft, die am 31. Dezember 1989 als gemeinnütziges Wohnungsunter- **21** nehmen anerkannt war, kann die Steuerbefreiung aus Billigkeitsgründen auch gewährt werden, wenn z. B. Bund, Länder, Gemeinden, Kirchen oder Unternehmen für Mieter Genossenschaftsanteile erwerben und halten. Auf die Voraussetzung, daß die Genossenschaft den Miet- oder Nutzungsvertrag mit demjenigen abschließt, der die Wohnung tatsächlich nutzt, kann aber auch in diesen Fällen nicht verzichtet werden.

Durch übliche Untermietverhältnisse (z. B. die Untervermietung von Räumen an Studenten) wird die **22** Steuerbefreiung nicht ausgeschlossen.

Zu den Wohnungen gehören auch Zubehörräume (Garagen, Keller, Speicher, Bodenräume), wenn sie **23** zusammen mit den Wohnungen genutzt werden. Die Vermietung von Einzel-, Sammel-, Tiefgaragenoder Stellplätzen ist auch dann als Vermietung eines Zubehörraums anzusehen, wenn unterschiedliche Mietverträge über die Vermietung der Wohnung und des Zubehörraums bestehen. Die Vermietung eines Zubehörraums wird entsprechend der zugehörigen Wohnungsvermietung dem begünstigten oder nicht begünstigten Bereich zugerechnet. Im Rahmen einer begünstigten Wohnungsvermietung liegt ein begünstigtes Geschäft auch vor, wenn der Garagen- bzw. der Stellplatz an ein im Haushalt lebendes Familienmitglied vermietet worden ist. Die Vermietung eines Garagen- oder Stellplatzes an Außenstehende ist dagegen ein nicht begünstigtes Geschäft.

Die Vermietung von Wohnungen zu Ferienzwecken an Mitglieder ist begünstigt, wenn die Ver- **24** mietungstätigkeit als Vermögensverwaltung anzusehen ist und keinen gewerblichen Charakter angenommen hat. Wegen der Abgrenzung des Gewerbebetriebs gegenüber der Vermögensverwaltung wird auf Abschnitt 137 Abs. 3 EStR hingewiesen.

b) Betrieb von Gemeinschaftsanlagen und Folgeeinrichtungen

25 Eine Vermietungsgenossenschaft ist nach § 5 Abs. 1 Nr. 10 Buchstabe b KStG auch steuerbefreit, soweit sie im Zusammenhang mit der Wohnungsvermietung Gemeinschaftsanlagen oder Folgeeinrichtungen herstellt oder erwirbt und sie betreibt, wenn diese Einrichtungen überwiegend für Mitglieder und deren zum Haushalt gehörende Angehörige bestimmt sind und der Betrieb durch die Genossenschaft notwendig ist.

26 Gemeinschaftsanlagen sind bauliche Anlagen, die für Wohnungen errichtet werden und anstelle der üblicherweise zur Wohnungsnutzung gehörenden Einzelanlagen den Wohnungsberechtigten zur gemeinsamen Benutzung dienen. Dazu gehören z. B. gemeinsame Heizungsanlagen, Wasch- und Trockenanlagen, Badeeinrichtungen sowie Gemeinschaftsgebäude für Wohnsiedlungen (vgl. § 8 Abs. 2 der bis zum 31. Dezember 1989 geltenden WGGDV).

27 Folgeeinrichtungen sind bauliche Anlagen, die für eine größere Anzahl von zusammenhängenden Wohnungen notwendig sind, um die bildungsmäßige, soziale oder verwaltungsmäßige Betreuung zu gewährleisten. Dazu gehört z. B. Kindertagesstätten, Kindergärten und Lesehallen (vgl. § 8 Abs. 3 der bis zum 31. Dezember 1989 geltenden WGGDV).

28 Die Steuerbefreiung wird nicht dadurch eingeschränkt, daß Gemeinschaftsanlagen oder Folgeeinrichtungen auch von Nichtmitgliedern in Anspruch genommen werden, die Nutzung durch Nichtmitglieder darf aber nicht überwiegen.

29 Das steuerbegünstigte „Betreiben" einer Gemeinschaftsanlage oder Folgeeinrichtung setzt nicht voraus, daß die Vermietungsgenossenschaft im eigenen Namen und für eigene Rechnung den Nutzenden gegenüber selbst tätig wird.

c) Einnahmen aus nicht begünstigten Tätigkeiten

30 Nach § 5 Abs. 1 Nr. 10 Satz 2 KStG ist die Steuerbefreiung ausgeschlossen, wenn die Einnahmen der Vermietungsgenossenschaft aus den in Satz 1 nicht bezeichneten Tätigkeiten 10 v. H. der gesamten Einnahmen übersteigen. In diesem Falle ist das Einkommen aus der gesamten Geschäftstätigkeit zu versteuern.

31 Betragen die Einnahmen aus den nicht begünstigten Tätigkeiten nicht mehr als 10 v. H. der gesamten Einnahmen, ist die Genossenschaft nur hinsichtlich der nicht begünstigten Tätigkeiten steuerpflichtig; im übrigen bleibt die Steuerfreiheit erhalten. Die nicht begünstigten Tätigkeiten bilden einen einheitlichen Gewerbebetrieb.

32 Der Begriff und die Höhe der Einnahmen (Einnahmen einschließlich Umsatzsteuer) bestimmen sich nach den Grundsätzen über die steuerliche Gewinnermittlung. Der Zufluß i. S. v. § 11 EStG ist nicht maßgebend, weil der gewerbliche Gewinn einer Vermietungsgenossenschaft nach § 5 EStG ermittelt wird. Die Einnahmen sind im begünstigten und nicht begünstigten Bereich nach den gleichen Grundsätzen zu ermitteln.

33 Nach dem BFH-Urteil vom 22. Juli 1988 (BStBl. II S. 995) lehnt sich die Rechtsprechung für die Umschreibung der gesetzlich nicht definierten Betriebseinnahmen an die Begriffsbestimmung des § 8 Abs. 1 EStG an. Danach sind Betriebseinnahmen alle Zugänge in Geld und Geldeswert anzusehen, die durch den Betrieb veranlaßt sind. Diese Definition ist auch für die Gewinnermittlung durch Betriebsvermögensvergleich von Bedeutung.

34 Danach gehören zu den Einnahmen z. B. auch

– Einnahmen aus der Abtretung, dem Verkauf und der Einlösung (Rückzahlung bei Fälligkeit) von Wertpapieren,

– Einnahmen aus der Rückzahlung von Darlehen und anderen Ausleihungen mit einer Gesamtlaufzeit von über einem Jahr.

35 Die Umschichtung von Barmitteln in Kontokorrentmittel oder andere kurzfristige Geldanlagen mit einer Gesamtlaufzeit bis zu einem Jahr und umgekehrt führt nicht zu Einnahmen. Allerdings sind die Zinseinnahmen aus Kontokorrentguthaben und den kurzfristigen Geldanlagen als Einnahmen zu erfassen.

36 Wertänderungen im Betriebsvermögen sind keine Betriebseinnahmen.

Beispiele:

– Erträge aus der Auflösung von Rückstellungen,

– Zahlungseingänge auf in früheren Jahren abgewertete Forderungen,

– Auflösung aktivisch abzusetzender Pauschalwertberichtigungen zu Forderungen.

Ob die Einnahmen aus nicht begünstigten Tätigkeiten innerhalb der 10 v. H.-Grenze liegen, ist für jedes **37** Wirtschaftsjahr gesondert zu prüfen. Der Wortlaut der Befreiungsvorschrift und der Grundsatz der Abschnittsbesteuerung lassen es nicht zu, auf die Verhältnisse im Durchschnitt mehrerer Jahre abzustellen.

d) Abgrenzung der Einnahmen aus nicht begünstigten Tätigkeiten von den Einnahmen aus begünstigten Tätigkeiten

aa) Begünstigte Geschäfte

Geschäfte, die zur Abwicklung der begünstigten Tätigkeiten notwendig sind und die im Rahmen der **38** begünstigten Tätigkeiten erfolgen, sind ebenfalls begünstigt. Einnahmen aus solchen Geschäften fallen deshalb nicht unter die 10 v. H.-Grenze.

Zu den begünstigten Geschäften gehören z. B.: **39**

- der Verkauf von nicht mehr benötigtem Inventar aus dem begünstigten Bereich;
- die Veräußerung von Betriebsgrundstücken oder von Teilen von Betriebsgrundstücken aus dem begünstigten Bereich. Der Verkauf von bebauten oder unbebauten Grundstücken ist aber nicht begünstigt, wenn der Grundstückshandel gewerblichen Charakter annimmt und deshalb insoweit die Merkmale eines Gewerbebetriebs gegeben sind;
- die Anlage liquider Mittel, die entsprechend der Instandhaltungs- und Investitionsplanung mittelfristig (bis zu fünf Jahren) bereitgehalten werden müssen. Im Rahmen der Instandhaltungs- und Investitionsplanung dürfen nur Mittel angelegt werden, die aus der begünstigten Vermietung von Wohnungen stammen (s. auch Tz. 41);
- die vorübergehende Verpachtung von Grundstücken, die in naher Zukunft für den Bau von Mietwohnungen vorgesehen sind, wenn diese überwiegend für Mitglieder bestimmt sind.

Zu den begünstigten Geschäften gehören z. B. auch die folgenden Geschäfte, wenn sie im Rahmen einer **40** begünstigten Wohnungsvermietung anfallen:

- die Annahme und verzinsliche Anlage von Mietkautionen für vermietete Wohnungen;
- die Annahme von Baukostenzuschüssen, Aufwendungszuschüssen und sonstigen Baufinanzierungsmitteln;
- die Ersatzleistungen der Versicherungsunternehmen für von der Vermietungsgenossenschaft abgeschlossene Versicherungsverträge über Schäden durch Feuer, Glasbruch, Wassereinbruch, Sturm, Hagel u. ä.;
- die Abwicklung von Bergschäden.

Die entsprechend der Instandhaltungs- und Investitionsplanung (vgl. Tz. 39 dritter Spiegelstrich) an- **41** gelegten liquiden Mittel werden der begünstigten Tätigkeit zugeordnet, wenn

- die Vermietungsgenossenschaft bei Eintritt in die Besteuerung als Vermietungsgenossenschaft und sodann zum Ende eines jeden Wirtschaftsjahres (zum Bilanzstichtag) eine detaillierte Instandhaltungs- und Investitionsplanung erstellt, das Planungsvorhaben und das Planungsvolumen angemessen sind,
- Planungsvorhaben und Planungsvolumen jährlich an die aktuellen Gegebenheiten angepaßt werden und
- die liquiden Mittel aus der begünstigten Wohnungsvermietung stammen. Nicht begünstigt ist die Anlage liquider Mittel, die aus nicht begünstigten Tätigkeiten stammen oder die dem nicht begünstigten Bereich zuzurechnen sind.

Liegen die im Rahmen der Instandhaltungs- und Investitionsplanung begünstigten liquiden Mittel zum jeweiligen Bilanzstichtag unter dem Planungsvolumen, sind die gesamten Beträge begünstigt. Erträge und Einnahmen im Zusammenhang mit der Anlage dieser Mittel fallen insgesamt in den begünstigten Bereich.

Liegen die im Rahmen der Instandhaltungs- und Investitionsplanung begünstigten liquiden Mittel zum jeweiligen Bilanzstichtag über dem Planungsvolumen, sind nur jeweils die anteiligen Beträge begünstigt. Der übersteigende Betrag ist dem nicht begünstigten Bereich zuzuordnen. Die jeweils anteiligen Erträge können durch Ansatz einer kalkulatorischen Durchschnittsverzinsung errechnet und anteilig nach den Verhältnissen am Bilanzstichtag aufgeteilt werden. Die Einnahmen aus diesen Anlagen sind jeweils anteilig dem begünstigten und nicht begünstigten Bereich nach den Verhältnissen am Bilanzstichtag zuzurechnen.

bb) Nicht begünstigte Geschäfte

Nicht zu den begünstigten Geschäften gehören dagegen z. B.: **42**

- der Verkauf von Wirtschaftsgütern aus dem nicht begünstigten steuerpflichtigen Gewerbebetrieb (vgl. Tz. 31);
- die Finanzierung von Mieterzeitschriften durch Anzeigen Dritter;
- die Annahme von Spenden für Mieterfeste;
- die Einräumung von Erbbaurechten;
- die Durchführung von Reparaturen, zu denen vertraglich die Mieter verpflichtet sind. Das gilt insbesondere, wenn die Vermietungsgenossenschaft hierzu eigene Handwerker einsetzt. Werden die Reparaturen dagegen von fremden Handwerksbetrieben durchgeführt und den Mietern höchstens die dem Wohnungsunternehmen durch die Beschäftigung der fremden Handwerksbetriebe entstandenen Kosten berechnet, ist die Tätigkeit den begünstigten Geschäften zuzurechnen, wenn sie im Rahmen einer begünstigten Wohnungsvermietung erfolgt. Aus Billigkeitsgründen wird die Durchführung von Reparaturen durch fremde Handwerksbetriebe gegen Kostenerstattung im Rahmen der erweiterten Kürzung nach § 9 Nr. 1 Satz 2 bis 4 GewStG nicht den für die erweiterte Kürzung schädlichen Geschäften zugerechnet;
- bei Vermietungsgenossenschaften mit Spareinrichtungen die Anlage von Spareinlagen;
- die Beteiligung an einem anderen Unternehmen.
- = Bei der Beteiligung an einer Körperschaft sind als Einnahmen die Gewinnausschüttung zuzüglich der darauf entfallenden anrechenbaren Körperschaftsteuer anzusehen.
- = Bei der Beteiligung an einer Personengesellschaft sind die anteiligen Einnahmen der Personengesellschaft anzusetzen.

Wegen einer Beteiligung im Jahre 1990 in den Fällen des Antrags nach § 54 Abs. 4 KStG vgl. Tz. 2 bis 10.

e) Betriebsvermögen der Vermietungsgenossenschaft

aa) Zuordnung des Betriebsvermögens

43 Die Wirtschaftsgüter der Vermietungsgenossenschaft sind nach den allgemeinen Grundsätzen dem begünstigten und, dem nicht begünstigten Bereich zuzuordnen (vgl. Abschnitt 13b, 14 und 14a EStR). Bei Vermietungsgenossenschaften mit Spareinrichtungen sind die Mittel der Spareinrichtung dem nicht begünstigten Bereich zuzurechnen (vgl. Tz. 42 sechster Spiegelstrich). Die Verbindlichkeiten, insbesondere die objektgebundenen Kredite und die Betriebsmittelkredite sind dem begünstigten und nicht begünstigten Bereich nach objektiven Gesichtspunkten direkt zuzuordnen. Ist eine direkte Zuordnung nicht möglich, sind die Fremdmittel den beiden Bereichen nach einem sachgerechten Aufteilungsmaßstab anteilig zuzuordnen.

bb) Änderung der Nutzung von Teilen des Betriebsvermögens

44 Zum Betriebsvermögen des steuerpflichtigen Gewerbebetriebs (vgl. Tz. 31) gehören alle Wirtschaftsgüter, die diesem Gewerbebetrieb zu dienen bestimmt sind.

45 Ob Grundstücke oder Grundstücksteile zum Betriebsvermögen gehören, ist in entsprechender Anwendung des Abschnitts 14 EStR zu beurteilen. Die Nutzung für nicht begünstigte Tätigkeiten entspricht der eigenbetrieblichen Nutzung der Grundstücke oder Grundstücksteile i. S. des Abschnitts 14 EStR. Bei der Nutzungsänderung von Grundstücken, Grundstücksteilen oder anderen Wirtschaftsgütern ist nach § 13 Abs. 5 KStG zu verfahren. Die Aufdeckung der stillen Reserven in der Schlußbilanz erhöht das zu versteuernde Einkommen; bei dem Vergleich der Einnahmen nach § 5 Abs. 1 Nr. 10 Satz 2 KStG bleibt der Betrag der aufgedeckten Reserven aber unberücksichtigt.

f) Abwicklung von Geschäften, die nach dem Wohnungsgemeinnützigkeitsrecht zulässig waren

46 Aufgrund langfristiger Verträge führen Vermietungsgenossenschaften zum Teil Tätigkeiten aus, die nach den bis zum 31. Dezember 1989 geltenden gesetzlichen Vorschriften zulässig waren, nach § 5 Abs. 1 Nr. 10 KStG aber unter die 10 v. H.-Grenze fallen. Es handelt sich z. B. um Verträge über

- die Verwaltung von Mietwohnungen (vgl. § 7 Abs. 2 WGGDV),
- die Verwaltung von Eigentumswohnungen,
- die Überlassung von Räumen für Gewerbebetriebe oder
- die Vorbereitung oder Durchführung städtebaulicher Sanierungs- oder Entwicklungsmaßnahmen (§ 29a WGG).

47 Es war den Unternehmen nicht immer möglich, diese Verträge bis zum 31. Dezember 1989 – in den Antragsfällen nach § 54 Abs. 4 KStG bis zum 31. Dezember 1990 (vgl. Tz. 2 bis 10) – abzuwickeln oder sich aus ihnen zu lösen. Aus Billigkeitsgründen braucht deshalb die Steuerbefreiung der Vermietungsgenossenschaften für die Jahre 1990 und 1991 – in den Antragsfällen nach § 54 Abs. 4 KStG für die Jahre

1991 und 1992 – nicht in vollem Umfange versagt zu werden, wenn die 10 v. H.-Grenze nur wegen der Durchführung solcher langfristiger Verträge überschritten wird. Voraussetzung ist jedoch, daß die Verträge vor dem 2. August 1988 (= Tag der Verkündung des Steuerreformgesetzes 1990) abgeschlossen sind und nach dem WGG zulässig waren. Der Gewinn aus dieser Tätigkeit ist jedoch zu versteuern.

Aus Billigkeitsgründen werden die Einnahmen aus einem gewerblichen Grundstückshandel (vgl. Tz. 39 zweiter Spiegelstrich) nicht auf die 10 v. H.-Grenze angerechnet, soweit die Grundstücke am 31. Dezember 1988 zum Bestand der Genossenschaft gehört haben und vor dem 31. Dezember 1992 veräußert werden oder schon veräußert worden sind. Die Steuerpflicht der Gewinne aus diesen gewerblichen Grundstücksgeschäften bleibt unberührt. **48**

Wegen der Billigkeitsmaßnahme bei der vorübergehenden Unterbringung von Aus- und Übersiedlern sowie Asylbewerbern und Obdachlosen in Wohnungen von Vermietungsgenossenschaften i. S. des § 5 Abs. 1 Nr. 10 KStG vgl. Abschnitt c) meines Erlasses vom 1. Juli 1991 S 0183 – 10 – V B 4 / S 2706 – 101 – V B 4 / S 2730 – 43 – V B 4. **49**

3. Vermietungsvereine

Vermietungsvereine können außer Einkünften aus Gewerbebetrieb auch andere Einkünfte erzielen. Die nicht begünstigten Tätigkeiten, die zu gewerblichen Einkünften führen, bilden einen einheitlichen steuerpflichtigen Gewerbebetrieb. Bei der Änderung der Nutzung von Teilen des Betriebsvermögens (vgl. Tz. 44 und 45) ist § 13 Abs. 5 KStG nur anzuwenden, wenn der gewerbliche Gewinn nach § 4 Abs 1 oder nach § 5 EStG ermittelt wird. Wird der gewerbliche Gewinn nicht nach § 4 Abs. 1 oder nach § 5 EStG ermittelt oder gehören die Einnahmen zu einer anderen Einkunftsart, ist der Zufluß i. S. von § 11 EStG maßgebend. **50**

Im übrigen gelten die Ausführungen in Tz. 16 bis 49 entsprechend. **51**

III. Sonderfragen, die nicht nur bei Vermietungsgenossenschaften und -vereine auftreten

1. Kostendeckende Miete und verdeckte Gewinnausschüttungen

Die Erhebung der Kostenmiete i. S. des § 13 WGGDV, die von der ortsüblichen Vergleichsmiete abweicht, führt auch nach Aufhebung des WGG grundsätzlich nicht zur Annahme einer verdeckten Gewinnausschüttung. Die Überlassung von Wohnungen zu einem unter der Vergleichsmiete liegenden Mietpreis hat ihre Ursache in diesen Fällen nicht in dem Mitgliedschaftsverhältnis (vgl. auch BFH-Urteil vom 7. Dezember 1988, BStBl. 1989 II S. 248). Verdeckte Gewinnausschüttungen sind jedoch anzunehmen, wenn Nichtmitgliedern höhere Mieten berechnet werden als Mitgliedern. **52**

2. Verlustabzug

Nach den bis zum 31. Dezember 1989 geltenden Vorschriften durften Verluste aus Geschäften, für die eine Ausnahmebewilligung erteilt worden war, nicht mit Gewinnen aus anderen ausnahmebewilligungspflichtigen Geschäften ausgeglichen werden. Ein Verlustabzug im Rahmen des § 10d EStG und des § 8 Abs. 4 KStG 1984 von Gewinnen aus dem gleichen ausnahmebewilligungspflichtigen Geschäft war jedoch möglich. **53**

Da nach den gab 1990 geltenden Vorschriften die verschiedenen nicht begünstigten Tätigkeiten der Vermietungsgenossenschaft einen einheitlichen Gewerbebetrieb darstellen (vgl. Tz. 31), sind nicht ausgeglichene Verluste aus ausnahmebewilligungspflichtigen Geschäften im Rahmen des Verlustvortrags von Gewinnen abzuziehen, die nach der geänderten Rechtslage in dem steuerpflichtigen Gewerbebetrieb entstanden sind. Umgekehrt sind Verluste eines steuerpflichtigen Gewerbebetriebs im Rahmen des zulässigen Verlustrücktrags mit Gewinnen zu verrechnen, die vor der Änderung der Rechtslage bei der Durchführung ausnahmebewilligungspflichtiger Geschäfte entstanden sind. **54**

Bei anderen bisher steuerbefreiten gemeinnützigen Wohnungsunternehmen und Organen der staatlichen Wohnungspolitik ist entsprechend zu verfahren. **55**

3. Gliederung des verwendbaren Eigenkapitals

Gemeinnützige Wohnungsunternehmen und Organe der staatlichen Wohnungspolitik, die unbeschränkt körperschaftsteuerpflichtige Kapitalgesellschaften sind oder zu den unbeschränkt steuerpflichtigen Körperschaften i. S. des § 43 KStG gehören, haben zum Schluß jedes Wirtschaftsjahres ihr für Ausschüttungen verwendbares Eigenkapital zu gliedern. Das gilt auch, soweit die Unternehmen nach § 5 Abs. 1 Nr. 10 KStG von der Körperschaftsteuer befreit sind. **56**

Die Einzelheiten ergeben sich insbesondere aus § 30 KStG und aus Abschnitt 83a KStR. Wegen der Behandlung kleiner Körperschaften wird auf Abschnitt 104 KStR hingewiesen.

IV. Steuerliche Behandlung der Verbände der gemeinnützigen Wohnungswirtschaft

57 Soweit die Verbände der gemeinnützigen Wohnungswirtschaft nach den bis zum 31. Dezember 1989 geltenden gesetzlichen Vorschriften als Organ der staatlichen Wohnungspolitik anerkannt waren, gelten für sie die Ausführungen in Tz. 1 bis 14 sinngemäß.

58 Für Veranlagungszeiträume ab 1990 – in den Fällen des § 54 Abs. 4 KStG ab 1991 – sind die Verbände nur steuerbefreit, wenn sie die Voraussetzungen des § 5 Abs. 1 Nr. 5 KStG als Berufsverband erfüllen.

B. Gewerbesteuer

I. Gewerbesteuerpflicht

59 Vermietungsgenossenschaften sind Gewerbebetriebe kraft Rechtsform (§ 2 Abs. 2 GewStG). Vermietungsvereine unterliegen der Gewerbesteuer, soweit ihre körperschaftsteuerpflichtigen Tätigkeiten einen Gewerbebetrieb i. S. des § 2 Abs. 1 GewStG oder einen wirtschaftlichen Geschäftsbetrieb i. S. des § 2 Abs. 3 GewStG darstellen (vgl. Abschnitt 18 GewStR).

II. Erweiterte Kürzung nach § 9 Nr. 1 Satz 2 bis 4 GewStG

1. Bei Vermietungsgenossenschaften und -vereinen

60 Bei Vermietungsgenossenschaften und -vereinen kommt die Anwendung der erweiterten Kürzung nach § 9 Nr. 1 Satz 2 bis 4 GewStG in Betracht,

a) wenn sie nach § 3 Nr. 15 GewStG von der Gewerbesteuer teilweise befreit sind, für den Teil des Gewerbeertrags, der sich aus den in § 5 Abs. 1 Nr. 10 Satz 2 KStG bezeichneten Einnahmen ergibt, soweit er auf die Verwaltung und Nutzung des eigenen Grundbesitzes entfällt. Bei der Prüfung der Voraussetzung, ob die Genossenschaft oder der Verein ausschließlich eigenen Grundbesitz verwaltet oder daneben nur die in § 9 Nr. 1 GewStG ausdrücklich zugelassenen Tätigkeiten ausübt, ist auf die Gesamttätigkeit der Genossenschaft oder des Vereins abzustellen. Eine gewerbliche Tätigkeit, die zur Versagung der erweiterten Kürzung führt, kann nicht deshalb unberücksichtigt bleiben, weil neben der Begünstigungsvorschrift des § 9 Nr. 1 Satz 2 bis 4 GewStG die weitere Begünstigungsvorschrift des § 3 Nr. 15 GewStG in Anspruch genommen werden kann;

b) wenn sie von der Gewerbesteuer nicht befreit sind, weil der Umfang der in § 5 Abs. 1 Nr. 10 Satz 2 KStG bezeichneten Tätigkeiten die 10 v. H.-Grenze überschreitet.

2. Erweiterte Kürzung trotz gewerblicher Tätigkeit während einer Übergangszeit

61 Bei Vermietungsgenossenschaften und -vereinen sowie bei anderen bisher steuerbefreiten gemeinnützigen Wohnungsunternehmen und Organen der staatlichen Wohnungspolitik braucht aus den in Tz. 46 und 48 bezeichneten Billigkeitsgründen die erweiterte Kürzung nach § 9 Nr. 1 Satz 2 bis 4 GewStG bis zum Erhebungszeitraum 1991 bzw. 1992 nicht versagt zu werden, wenn der gewerblistiger Verträge über die Verwaltung fremden Grundbesitzes,

– die Überlassung von Grundbesitz für den Gewerbebetrieb eines Mitglieds,

– die Vorbereitung und Durchführung städtebaulicher Sanierungs- und Entwicklungsmaßnahmen,

– die Gewährung von Restkaufgeld-Darlehen bei der Veräußerung von Wohneigentum, soweit dies in gewerblichem Rahmen geschieht.

Voraussetzung ist, daß die Verträge vor dem 2. August 1988 (= Tag der Verkündung des Steuerreformgesetzes 1990) abgeschlossen sind und nach dem WGG zulässig waren.

Der Gewerbeertrag aus diesen Tätigkeiten ist jedoch in die Kürzung nicht einzubeziehen.

Die Bezugserlasse hebe ich auf.

Dieser Erlaß ergeht im Einvernehmen mit dem Bundesminister der Finanzen und den obersten Finanzbehörden der anderen Länder. Er entspricht dem Schreiben des Bundesministers der Finanzen vom 22. November 1991 IV B 7 – S 2730 – 24/91, das im Bundessteuerblatt Teil I[1] veröffentlicht wird.

---

1) BStBl. 1991 I S. 1014.

Wohnungsgemeinnützigkeitsrecht: Zulässigkeit einer Vermietung von Wohnungen an eine Gemeinde zur vorübergehenden Unterbringung von Aus- und Übersiedlern

Verfügung OFD Köln vom 08.12.1989

S 2730 – 20 – St 133

Vermietet ein gemeinnütziges Wohnungsunternehmen Wohnungen an eine Gemeinde, die darin vorübergehend Aus- und Übersiedler (zu Wohnzwecken) unterbringt, so stellt dies wohnungsgemeinnützigkeitsrechtlich ein zulässiges Geschäft dar, auch wenn die Unterbringung mit erhöhter Belegungsdichte erfolgt. Die Inanspruchnahme der Option nach § 54 Abs. 3 KStG n. F. wird hierdurch nicht berührt.

Nach Auslaufen der Steuerbefreiung für gemeinnützige Wohnungsunternehmen ist folgendes zu beachten:

Für Vermietungsgenossenschaften i. S. des § 5 Abs. 1 Nr. 10 KStG n. F. ist die Überlassung an die Gemeinde als nicht begünstigte Tätigkeit einzustufen. Mit dieser Tätigkeit wird die Vermietungsgenossenschaft partiell steuerpflichtig, ggf. ist die Vermietungsgenossenschaft insgesamt steuerpflichtig (vgl. § 5 Abs. 1 Nr. 10 S. 2 KStG n. F. und Teil A Abschnitt II Nr. 2 Buchst. c) des mit Verfügung vom 29.8.1989 S 2730 – 19 – St 133 mitgeteilten Erlasses des Finanzministers NW vom 24.7.1989 S 2730 – 39 – V B 4 – BStBl. 1989 I S. 271).

Einer Vermietungsgenossenschaft, die am 31.12.1989 als gemeinnütziges Wohnungsunternehmen anerkannt ist, kann die Steuerbefreiung allerdings aus Billigkeitsgründen gewährt werden, wenn die Gemeinde für die unterzubringenden Aus- und Übersiedler Genossenschaftsanteile erwirbt und hält. Auf die weitere Voraussetzung, daß die Genossenschaft den Miet- und Nutzungsvertrag mit den nutzungsberechtigten Aus- oder Übersiedlern abschließt, kann jedoch nicht verzichtet werden (vgl. Teil A Abschn. II Nr. 2 Buchst. a) des o. a. Erlasses).

Billigkeitsmaßnahme bei der vorläufigen Unterbringung von Aus- und Übersiedlern in Wohnungen von Vermietungsgenossenschaften sowie -vereinen i. S. des § 5 Abs. 1 Nr. 10 KStG

Erlaß FM NRW vom 18.09.1990

S 2730 – 43 – V B 4

Die Steuerbefreiung nach § 5 Abs. 1 Nr. 10 KStG setzt u. a. voraus, daß die Genossenschaften oder die Vereine ihren Mitgliedern selbst hergestellte oder erworbene Wohnungen aufgrund eines Mietvertrags oder eines genossenschaftlichen Nutzungsvertrags zum Gebrauch überlassen. Der Mietvertrag muß hiernach mit demjenigen abgeschlossen werden, dem die Wohnung zum Gebrauch überlassen wird. Außerdem muß der Mieter Mitglied der Genossenschaft bzw. des Vereins sein.

Bei der vorläufigen Unterbringung von Aus- und Übersiedlern in Wohnungen von Vermietungsgenossenschaften sowie -vereinen i. S. des § 5 Abs. 1 Nr. 10 KStG gilt folgende Billigkeitsregelung:

Werden Aus- und Übersiedler zur vorübergehenden Unterbringung in Wohnungen einer Vermietungsgenossenschaft i. S. des § 5 Abs. 1 Nr. 10 KStG aufgenommen und werden die Entgelte aus öffentlichen Kassen gezahlt, kann der Vermietungsgenossenschaft die Steuerbefreiung aus Billigkeitsgründen auch gewährt werden, wenn z. B. Bund, Länder oder Gemeinden für die Aus- und Übersiedler Genossenschaftsanteile erwerben und halten und den Miet- oder Nutzungsvertrag mit der Genossenschaft abschließen. Entsprechendes gilt für Vermietungsvereine i. S. des § 5 Abs. 1 Nr. 10 KStG. Die Billigkeitsregelung ist in Anlehnung an die Übergangsregelung im BMF-Schreiben vom 24.7.1989 Teil A Abschn. II Nr. 2 f bis zum 31.12.1991 [1] befristet.

Dieser Erlaß ergeht im Einvernehmen mit dem Bundesminister der Finanzen und den obersten Finanzbehörden der anderen Länder.

---

1) Die Billigkeitsregelung ist bis zum 31.12.1998 verlängert und auf die vorübergehende Unterbringung von Bürgerkriegsflüchtlingen ausgedehnt worden (Erlaß FM NRW v. 8.1.1997 S 0183 – 10 – V B 4 – S 2706 – 101 – V B 4 – S 2730 – 43 – V B 4).

Steuerbefreite Vermietungsgenossenschaften (§ 5 Abs. 1 Nr. 10 KStG)
– Abschluss von Miet- und Dauernutzungsverträgen mit eingetragenen Lebenspartnem
– Unterbringung bestimmter Personengruppen in Genossenschaftswohnungen

Verfügung OFD Frankfurt am Main vom 05.12.2007

S 2730 A – 15 – St 53

Zur Auslegung des BMF-Schreibens vom 22.11.1991 (KSt-Kartei, § 5 Karte J 7) bitte ich – nach Abstimmung der obersten Finanzbehörden des Bundes und der Länder – folgende Rechtsauffassung zu vertreten:

a) Abschluss von Miet- bzw. Dauernutzungsverträgen mit eingetragenen Lebenspartnern

Nach Tz. 17 des BMF-Schreibens muss der Mietvertrag mit demjenigen abgeschlossen werden, dem die Wohnung zum Gebrauch überlassen wird. Außerdem muss der Mieter oder sein Ehegatte Mitglied der Genossenschaft sein.

Die Regelung der Tz. 17 ist auch auf die eingetragene Lebenspartnerschaft i.S.d. Gesetzes über die Eingetragene Lebenspartnerschaft vom 16. Februar 2001 (BGBl. I S. 266) zu übertragen, da diese rechtlich der Ehe in wesentlichen Aspekten – insbesondere was das Mietvertragsrecht anbelangt – gleichgestellt ist. So setzt zum Beispiel § 563 BGB beim Eintrittsrecht bei Tod des Mieters den Lebenspartner dem Ehegatten im wesentlichen gleich.

b) Unterbringung bestimmter Personengruppen in Genossenschaftswohnungen

Soweit Genossenschaften Mietverträge über Genossenschaftswohnungen mit gemeinnützigen oder sozialen Trägern abschließen, die Mitglied der Genossenschaft werden, und die Wohnungen bestimmten Personengruppen von Nichtmitgliedern überlassen, wie z. B. psychisch Behinderte, Alzheimer- und Demenzkranke (mit den Wohnungsinhabern werden keine Mietverträge abgeschlossen), handelt es sich insoweit nicht um eine begünstigte Tätigkeit im Sinne von § 5 Abs. 1 Nr. 10 Satz 1 KStG.

Voraussetzung für die Steuerbefreiung nach §5 Abs. 1 Nr. 10 Buchst. a 1. HS KStG ist u. a., dass der Wohnungsinhaber Mitglied der Genossenschaft ist und die Wohnung auf Grund eines Mietvertrags oder genossenschaftlichen Nutzungsvertrags nutzt. Dies gilt nach § 5 Abs. 1 Nr. 10 Buchst. a 2. HS KStG entsprechend für die Überlassung von Wohnräumen in Wohnheimen i. S. d. §15 des Zweiten Wohnungsbaugesetzes. Der Geschäftsbetrieb der Genossenschaft muss sich auf bestimmte, eng umrissene Tätigkeiten beschränken, nämlich die Überlassung von Wohnungen an Mitglieder auf Grund von Überlassungsverträgen. Eine diesbezügliche Ausweitung der Steuerbefreiung für Wohnungsgenossenschaften ist aus Gleichbehandlungs- und aus Wettbewerbsgründen nicht möglich.

Zudem ist es den steuerbefreiten Wohnungsgenossenschaften nicht verwehrt, unter Erhalt der Steuerbefreiung Wohnungen an Nichtmitglieder bzw. ohne die notwendigen Überlassungsverträge zu überlassen. Die Steuerbefreiung nach § 5 Abs. 1 Nr. 10 KStG bleibt dabei erhalten, wenn die Einnahmen des Unternehmens aus den nicht begünstigten Kerntätigkeiten 10 % der gesamten Einnahmen nicht übersteigen (§ 5 Abs. 1 Nr. 10 Satz 2 KStG). Die nichtbegünstigten Tätigkeiten führen insoweit zu einer partiellen Steuerpflicht.

Dieser Rdvfg. liegt der HMdF-Erlass vom 2.10.2007 – S 2730 A –16/3 - II 4a – zugrunde.

Abgrenzung der begünstigten Tätigkeiten

Erlaß FM NRW vom 14.10.1980

S 2732 – 4 – V B 4

Zur steuerlichen Behandlung von Architektenleistungen und von Ingenieurleistungen, die von Siedlungsunternehmen im Sinne des § 5 Abs. 1 Nr. 12 KStG ausgeführt werden, nehme ich wie folgt Stellung:

Alle Tätigkeiten der Siedlungsunternehmen, die unmittelbar der Durchführung von Siedlungs-, Agrarstrukturverbesserungs- und Landentwicklungsmaßnahmen dienen, fallen unter die Steuerbefreiung nach § 5 Abs. 1 Nr. 12 KStG. Dazu gehören auch Architektenleistungen und Ingenieurleistungen, die bei der Verwirklichung dieser Maßnahmen anfallen. Dabei ist es unerheblich, ob sie staatlich vorgeschrieben sind oder den Siedlungsunternehmen freiwillig übertragen werden. Einzelbetriebliche Maßnahmen der Siedlungsunternehmen dienen der Durchführung der Agrarstrukturverbesserung, wenn sie nach den Vergaberichtlinien des öffentlichen Förderungsprogramms förderungswürdig sind, und zwar unabhängig davon, ob für die Maßnahmen tatsächlich öffentliche Mittel gewährt werden.

Die Betreuung im ländlichen Wohnungs- und Ferienhausbau fällt nicht unter die Steuerbefreiung nach § 5 Abs. 1 Nr. 12 KStG.

Dieser Erlaß ergeht im Einvernehmen mit dem Bundesminister der Finanzen und den obersten Finanzbehörden der anderen Länder.

Steuerliche Behandlung einer Dividendenausschüttung durch ein nach § 5 Abs. 1 Nr. 12 KStG in der Fassung des Steuerreformgesetzes 1990 von der Körperschaftsteuer befreites gemeinnütziges Siedlungsunternehmen

Erlaß FM NRW vom 06.06.1990

S 2732 – 1 – V B 4

Zu der Frage der steuerlichen Behandlung einer Dividendenausschüttung durch ein nach § 5 Abs. 1 Nr. 12 KStG in der Fassung des Steuerreformgesetzes 1990 von der Körperschaftsteuer befreites gemeinnütziges Siedlungsunternehmen nehme ich wie folgt Stellung:

Durch die Aufhebung des Wohnungsgemeinnützigkeitsgesetzes (Artikel 21 des Steuerreformgesetzes 1990) ist der Bezugserlaß überholt und daher ab 1. Januar 1990 nicht mehr anzuwenden. In Zukunft sind im Rahmen der Besteuerung folgende Arten von gemeinnützigen Siedlungsunternehmen zu unterscheiden:

1. Gemeinnützige Siedlungsunternehmen im Sinne des Reichssiedlungsgesetzes, die nach Satzung und tatsächlicher Geschäftsführung alle Voraussetzungen der Gemeinnützigkeit (§§ 51-68 AO) erfüllen und die deshalb nach § 5 Abs. 1 Nr. 9 KStG von der Körperschaftsteuer befreit sind.

   Diese Unternehmen dürfen weder in der Satzung oder im Gesellschaftsvertrag Gewinnausschüttungen vorsehen noch tatsächlich Gewinnausschüttungen vornehmen (§ 55 Abs. 1 Nr. 1 AO).

2. Gemeinnützige Siedlungsunternehmen im Sinne des Reichssiedlungsgesetzes, die nicht nach § 5 Abs. 1 Nr. 9 KStG, sondern nach § 5 Abs. 1 Nr. 12 KStG in der Fassung des Steuerreformgesetzes 1990 steuerbefreit sind.

   Gewinnausschüttungen stehen der Steuerbefreiung nicht entgegen.

3. Gemeinnützige Siedlungsunternehmen im Sinne des Reichssiedlungsgesetzes, die für das Jahr 1990 nach § 5 Abs. 1 Nr. 12 KStG 1984 steuerbefreit sind, weil sie die Optionsregelung nach § 54 Abs. 3 KStG in der Fassung des Steuerreformgesetzes 1990 (§ 54 Abs. 4 KStG in der Fassung des Vereinsförderungsgesetzes vom 18. Dezember 1989) in Anspruch nehmen.

   Gewinnausschüttungen im 1990 stehen der Steuerbefreiung nicht entgegen (vgl. hierzu Abschnitt A. I.2. – letzter Absatz – meines Erlasses vom 24. Juli 1989 – S 2730 – 39 – V B 4, der dem BMF-Schreiben vom 24. Juli 1989 – IV B 7 – S 2730 – 65/89 –, BStBl. 15. 271, entspricht).

Dieser Erlaß ergeht im Einvernehmen mit dem Bundesminister der Finanzen und den obersten Finanzbehörden der anderen Länder.

Steuerliche Beurteilung der Einnahmen aus der Vermietung von Wohnungen

Erlaß FM Baden-Württemberg vom 19.09.1966

S 2515 A – 2/66

Bei der Vermietung von Wohnräumen durch steuerbefreite landwirtschaftliche Nutzungs- und Verwertungsgenossenschaften oder Vereine handelt es sich um ein steuerunschädliches Hilfsgeschäft, wenn die Vermietung aus betrieblichen Gründen (im eigenen betrieblichen Interesse) veranlaßt ist (Abschn. 16 Abs. 4 Nr. 3 KStR). Erfolgt die Vermietung von Wohnungen nicht im eigenen betrieblichen Interesse der Genossenschaft (des Vereins), so liegt ein Nebengeschäft vor, das grundsätzlich zur vollen Steuerpflicht führt (Abschn. 16 Abs. 7 KStR). Die uneingeschränkte Beachtung dieses Grundsatzes kann zu Härten führen, wenn eine Genossenschaft (ein Verein) freigewordene Werkswohnungen als unausweichliche Folge der Entwicklung vorübergehend oder für immer nicht mehr an Betriebsangehörige vermieten kann.

In Übereinstimmung mit dem Bundesminister der Finanzen und den obersten Steuerbehörden der anderen Bundesländer ist in diesen Fällen wie folgt zu verfahren:

Die Vermietung von Werkswohnungen an Nichtbetriebsangehörige führt dann nicht zur vollen Steuerpflicht, wenn die Fremdvermietung entweder nur von vorübergehender Dauer ist oder, soweit eine Vermietung an Betriebsangehörige künftig überhaupt nicht in Betracht kommt, der Wohnungsbestand in angemessener Zeit dem verminderten Wohnungsbedarf für Betriebsangehörige angepaßt wird und diese Anpassung nach den gegebenen Umständen der Genossenschaft (dem Verein) auch zugemutet werden kann.

Liegen diese Voraussetzungen vor, so ist die Genossenschaft (der Verein) nur partiell mit den Einkünften aus der Fremdvermietung zur Körperschaftsteuer heranzuziehen.

Körperschaftsteuerliche Behandlung der Betriebshilfsdienste

Erlaß FM NW vom 12.10.1978

S 2734 – 2 – V B 4

Es ist die Frage gestellt worden, ob Betriebshilfsdienste nach § 5 Abs. 1 Nr. 14 Buchst. b KStG von der Körperschaftsteuer befreit sind, wenn sie ausschließlich für landwirtschaftliche Mitgliederbetriebe tätig sind.

Aufgabe der von Landwirten, meist in der Rechtsform eines Vereins, gebildeten Betriebshilfsdienste ist es, den Mitgliederbetrieben bei Ausfall des Betriebsleiters Ersatzkräfte (Betriebshelfer) zur Verfügung zu stellen, die für die Ausfallzeit die Tätigkeit des Betriebsleiters sowohl bezüglich der Betriebsleitung als auch der körperlichen Mitarbeit übernehmen. Die Betriebshelfer können Angestellte (Arbeiter) der Betriebshilfsdienste, aber auch andere geeignete Fachkräfte sein. Hier kommen insbesondere Landwirtssöhne in Frage, die in der Zeit, in der sie nicht als Betriebshelfer eingesetzt sind, im elterlichen Betrieb mitarbeiten oder aber selbständige Landwirte, die während ihres Einsatzes als Betriebshelfer die Leitung des eigenen Betriebs auf einen im Betrieb mitarbeitenden Familienangehörigen übertragen. In den letztgenannten Fällen besteht die Leistung der Betriebshilfsdienste in der Vermittlung der Betriebshelfer an die bedürftigen Mitgliederbetriebe.

Ich bitte, hierzu die Auffassung zu vertreten, daß die Betriebshilfsdienste unter die Befreiungsvorschrift des § 5 Abs. 1 Nr. 14 Buchst. b KStG fallen, wenn sich ihr Geschäftsbetrieb auf Leistungen für die Betriebe ihrer Mitglieder beschränkt.

Dieser Erlaß ergeht im Einvernehmen mit dem Bundesminister der Finanzen und den obersten Finanzbehörden der anderen Länder.

Körperschaftsteuerliche Behandlung der Betriebshilfsdienste

Verfügung OFD Düsseldorf vom 21.10.1985

S 2734 – A – St 131

Zu Zweifelsfragen, die bei der steuerlichen Beurteilung der Betriebshilfsdienste aufgetreten sind, bitte ich, folgende Auffassung zu vertreten:

1. Ist eine Tätigkeit aufgrund vertraglicher Beziehungen mit Versicherungsträgern steuerschädlich?

Die landwirtschaftlichen Sozialversicherungsträger (landwirtschaftliche Berufsgenossenschaften, Krankenkassen, Alterskassen) sind verpflichtet, den Versicherten z. B. während einer stationären Heilbehandlung Betriebs- und Haushaltshilfe zu gewähren. Die Sozialversicherungsträger haben zur Gewährung von Betriebs- und Haushaltshilfe vorrangig Ersatzkräfte zu stellen. Sie können die benötigten Personen zwar selbst anstellen. In der Regel bedienen sich die Versicherungsträger zur Erfüllung ihrer Leistungspflicht jedoch der Betriebshilfsdienste. Aufgrund besonderer Verträge stellen die Betriebshilfsdienste ihr Personal für Einsatz bei den Versicherten zur Verfügung und erhalten dafür pro Einsatztag eine Vergütung.

In den Fällen der sozialen Not (Tod, Unfall, Krankheit), in denen die Landwirte regelmäßig einen versicherungsrechtlichen Anspruch haben, kommen vertragliche Beziehungen nur zwischen den Betriebshilfsdiensten und den Versicherungsträgern zustande. Von den Landwirten selbst werden die Betriebshilfsdienste nur aus arbeitswirtschaftlichen (Überbelastung, Arbeitsspitzen) oder persönlichen (Erholungsurlaub, Fortbildungsmaßnahmen) Gründen beauftragt.

Für die Steuerbefreiung nach § 5 Abs. 1 Nr. 14 Buchstabe b KStG kommt es nicht darauf an, ob die in der Vorschrift genannten Dienst- und Werkverträge mit den Mitgliedern oder mit Sozialversicherungsträgern abgeschlossen werden. Auch bei Vertragsbeziehungen nur zu den Sozialversicherungsträgern handelt es sich der Sache nach um Leistungen für die Betriebe der Mitglieder.

2. Gehört auch die Haushaltshilfe zu den begünstigten Tätigkeiten?

Die Betriebshilfsdienste stellen nicht nur Ersatzkräfte für den eigentlichen Produktionsbetrieb, sondern auch sogenannte Landfrauenvertreterinnen für die Hilfe im landwirtschaftlichen Haushalt zur Verfügung. Bei den Landfrauenvertreterinnen handelt es sich überwiegend um staatlich geprüfte Wirtschafterinnen und Meisterinnen der ländlichen Hauswirtschaft. Nach dem Berufsbild gehört zu den Aufgaben insbesondere, die engen Wechselbeziehungen zwischen Haushalt und Betrieb zu übersehen, um für die Haushaltsführung notwendige Konsequenzen zu ziehen, sowie bei der Führung des landwirtschaftlichen Betriebs partnerschaftlich mitzuwirken. Aufgrund der engen wechselseitigen Beziehungen zwischen Betrieb und Haushalt ist es vertretbar, auch die Haushaltshilfe zu den begünstigten Zweckgeschäften zu rechnen.

3. Dürfen Betriebshilfsdienste auch für Mitglieder anderer Betriebshilfsdienste tätig werden?

Nach § 5 Abs. 1 Nr. 14 KStG tritt die Steuerfreiheit nur ein, wenn Leistungen für die Mitglieder erbracht werden. Die für einen bestimmten örtlich abgegrenzten Bereich zuständigen Betriebshilfsdienste haben sich verpflichtet, sich gegenseitig auszuhelfen, wenn der zuständige Betriebshilfsdienst ausgelastet ist. Es kommt daher vor, daß Betriebshilfsdienste für Mitglieder anderer Betriebshilfsdienste tätig werden. Dies führt grundsätzlich zum Verlust der Steuerbefreiung.

Ich halte es aber für zulässig, dieses Problem durch eine Anschlußmitgliedschaft aller Betriebshilfsdienste (im Sinne der in Abschnitt 16 Abs. 10 KStR[1]) angeführten Anschlußgenossenschaft) zu lösen. Dagegen ist die Tätigkeit für Nichtmitglieder, auch soweit sie von den Versicherungsträgern verlangt werden sollte, steuerschädlich.

---

1) Jetzt R 20 Abs. 10 KStR.

Ansammlung von Reserven bei steuerbefreiten Genossenschaften und Vereinen im Bereich der Land- und Forstwirtschaft (§ 5 Abs. 1 Nr. 14 KStG)

Verfügung OFD Hannover vom 07.10.1999

S 2734 – 16 – StO 214/S 2734 – 15 – StH 232

Im BFH-Gutachten vom 8.9.1953 (BStBl. III 1954 S. 38) ist die Auffassung vertreten worden, daß ein Mißbrauch rechtlicher Gestaltungsmöglichkeiten vorliegen kann, wenn eine Genossenschaft ihre Überschüsse in erheblichem Umfang zur Erweiterung ihrer betrieblichen Anlagen verwendet, statt sie in Form von Warenrückvergütungen oder Gewinnausschüttungen den Genossen zuzuführen. Zur Beantwortung der Frage, ob die Genossenschaft in übermäßiger Weise Reserven zu Dauerinvestitionen verwendet hat, ist ein einheitliches Berechnungsschema entwickelt worden, das in den meisten Bundesländern zur Anwendung gekommen ist (vgl. Vfg. vom 3.4.1981, KSt-Kartei der OFD Hannover, § 5 KStG Karte K I 2). Mit Urteil vom 11.2.1998 (BStBl. II 1998 S. 576) hat der BFH entschieden, daß die Steuerbefreiung nach § 5 Abs. 1 Nr. 14 KStG nicht ausgeschlossen ist, wenn die Genossenschaft die Gewinne ganz oder überwiegend thesauriert und zur Bildung von Reserven verwendet. Ein Mißbrauch von Gestaltungsmöglichkeit könne allenfalls für den eher theoretischen Fall vorliegen, daß sich eine kleine Anzahl von Personen der Rechtsform der Genossenschaft bediene, um durch betriebswirtschaftlich nicht begründete Reservenbildung unter Ausnutzung des § 5 Abs. 1 Nr. 14 KStG steuerfrei ein erhebliches Kapital ansammeln zu können.

Durch diese Rechtsprechung ist dem Berechnungsschema zur Überprüfung der übermäßigen Reservenbildung die Grundlage entzogen. Die Finanzämter sollen dieses Berechnungsschema deshalb nicht mehr anwenden. Diese Verfügung ist mit den obersten Finanzbehörden des Bundes und der Länder abgestimmt.

Körperschaftsteuer; Steuerbefreiung für Molkereigenossenschaften (§ 5 KStG)

Erlaß FM Bayern vom 01.08.1988

33 – S 2734 – 465 – 12

Steuerbefreite Molkereigenossenschaften nach Abschn. 17 KStR [1] beabsichtigen, zugelassene Be- und Verarbeitungsvorgänge aus Rationalisierungsgründen im Wege der Kooperation bei einer anderen steuerbefreiten Molkereigenossenschaft durchführen zu lassen, wobei Milcherzeugnisse zurückgeliefert werden. Zur Wahrung der Steuerbefreiung nach § 5 Abs. 1 Nr. 14 KStG ist dies unter folgenden Voraussetzungen zulässig:

1. Beide Genossenschaften sind steuerbefreit nach § 5 Abs. 1 Nr. 14 KStG und erwerben die gegenseitige Mitgliedschaft.

2. Beide Genossenschaften haben die gleiche Zweckbestimmung.

3. Die von der Molkereigenossenschaft an die andere Molkereigenossenschaft gelieferte Milch muß zur Herstellung der Milcherzeugnisse, die zurückgeliefert werden, mengenmäßig ausreichen.

4. Die Molkereigenossenschaft darf nur solche Milcherzeugnisse beziehen, die von der anderen Molkereigenossenschaft aus der angelieferten Milch selbst hergestellt sind und deren Herstellung in den Bereich der Landwirtschaft fällt.

Steuerbefreite Molkereigenossenschaften, die nach diesen Grundsätzen verfahren, können deshalb Rohmilch, Magermilch, Rahm oder Buttermilch an andere steuerbefreite Molkereigenossenschaften liefern und Milcherzeugnisse zurückbeziehen, die bei eigener Herstellung in den Bereich der Landwirtschaft fallen würden, ohne daß danach die Steuerbefreiung nach § 5 Abs. 1 Nr. 14 KStG für beide Genossenschaften verloren geht.

---

1) Jetzt R 21 KStR.

Körperschaftsteuerliche Behandlung der Molkereigenossenschaften; hier: Gewährung von Zuschüssen an die Milchlieferanten zur Beschaffung von Milchkühlanlagen

Erlaß FM NW vom 04.04.1977

S 2735 – 23 – V B 4

Bezug: Mein Erlaß vom 30. November 1954 S 2515 – 130 49/V B – 3

Die Frage, ob die Gewährung von Zuschüssen durch eine steuerbefreite Molkereigenossenschaft an die Milchlieferanten zur Beschaffung von Milchkühlanlagen steuerschädlich ist, ist entsprechend den Grundsätzen in meinem Erlaß vom 20. September 1966 S 2515 – 317 – V B 4 zu beurteilen. Danach ist darauf abzustellen, ob die Zuschüsse oder zinslosen Darlehen zur Abwicklung von solchen Geschäften gewährt werden, die steuerunschädliche Hilfsgeschäfte darstellten, wenn sie von der Genossenschaft selbst durchgeführt würden. Da die aus Gründen der Rationalisierung erfolgende Umstellung der Milcherfassung vom bisherigen Sammelstellensystem und der täglich zweimaligen Abholung auf einmalige Sammelwagenabholung die Beschaffung von Milchkühlanlagen zur notwendigen Tiefkühlung bei den Erzeugern voraussetzt und die Beschaffung der Milchkühlanlagen bei den Molkereigenossenschaften zu den Hilfsgeschäften rechnen würde, ist die Gewährung dieser Finanzierungshilfe als steuerunschädliches Hilfsgeschäft anzusehen.

Mein Erlaß vom 30. November 1954 S 2515 – 130 49/V B – 3 betreffend die Gewährung von verlorenen Zuschüssen oder zinslosen Darlehen durch steuerbefreite Molkereigenossenschaften an ihre Milchlieferer zur Beschaffung von Kleinkälteanlagen ist nicht mehr anzuwenden.

Dieser Erlaß ergeht im Einvernehmen mit dem Bundesminister der Finanzen und den obersten Finanzbehörden der anderen Länder.

Steuerfreie Winzergenossenschaften und -vereine: Herstellung von Branntwein aus Wein

Verfügung OFD Köln vom 07.11.1983

S 2734 – 6 – St 131

Die Herstellung von Branntweinerzeugnissen fällt bei Winzergenossenschaften nach Abschnitt 18 Abs. 2 Buchst. b KStR 1981[1] nicht in den Bereich der Landwirtschaft. Branntweinerzeugnisse sind Getränke, deren Grundstoff der Branntwein bildet, denen aber Essenzen oder sonstige Zusätze beigefügt sind.

Eine Regelung, in welcher Weise sich bei den Winzergenossenschaften die Herstellung von Branntwein steuerrechtlich auswirkt, ist in den Körperschaftsteuer-Richtlinien nicht enthalten. Unter Branntwein ist das Destillat aus vergorenen Pflanzenstoffen ohne Zusatz von Essenzen und dergleichen zu verstehen. Trinkbranntwein ist der zum menschlichen Genuß bestimmte Branntwein. Trinkbranntwein bleibt auch dann Branntwein im Sinne der Bestimmung des Abschnitts 20 Buchst. b KStR 1981[2], wenn das Destillat, um es genußfähig zu machen, mit reinem Wasser versetzt wird.

Bei anderen Verwertungsgenossenschaften fällt die Herstellung von Branntwein unter der Voraussetzung, daß es sich um die Bearbeitung von Erzeugnissen der land- und forstwirtschaftlichen Betriebe der Mitglieder handelt, nach Abschnitt 20 Buchst. b KStR 1981[3] in den Bereich der Landwirtschaft. Es bestehen keine Bedenken, die Winzergenossenschaften insoweit, als sie Branntwein aus Wein oder aus Rückständen herstellen, die bei der Weinbereitung anfallen (also aus Trester und Hefe), den anderen landwirtschaftlichen Verwertungsgenossenschaften gleichzustellen.

Ich bitte um Beachtung.

---

1) Jetzt R 22 Abs. 3 Nr. 3 KStR.

2) Jetzt R 24 Nr. 2 KStR.

3) Jetzt R 24 Nr. 2 KStR.

Körperschaftsteuerbefreiung landwirtschaftlicher Winzergenossenschaften; Zukauf von Tafelwein zur obligatorischen Destillation

Erlaß FM Baden-Württemberg vom 23.05.1985

S 2734 A – 17/85

Nach Artikel 41 der Verordnung (EWG) Nr. 337/79 des Rates über die gemeinsame Marktorganisation für Wein vom 5. 2. 1979 (ABl. der EG Nr. L 54) ist eine obligatorische Destillation von Tafelweinen durchzuführen, wenn die zu Beginn eines Weinwirtschaftsjahrs festgestellte vorhandene Menge den normalen Bedarf in dem betreffenden Wirtschaftsjahr um mehr als 5 Monate übersteigt. Von dieser Regelung hat die Kommission der Europäischen Gemeinschaften erstmals mit Verordnung (EWG) Nr. 147/85 vom 18.1.1985 (Abl. der EG Nr. L 16/25) für das Weinwirtschaftsjahr 1984/85 Gebrauch gemacht. In dieser Verordnung werden die Tafelweinmengen näher bestimmt, die von den einzelnen Erzeugern zu destillieren sind.

Nach Artikel 10 Abs. 1 der Verordnung (EWG) Nr. 147/85 genügen die Erzeuger ihrer Destillationsverpflichtung auch, wenn sie statt Tafelwein aus eigener Erzeugung Tafelwein destillieren lassen, den sie bei anderen Erzeugern im EG-Bereich gekauft haben. Dies bietet sich für deutsche Winzer an, wenn die auf dem freien Makt erzielbaren Preise für deutsche Tafelweine erheblich über den Tafelweinpreisen in den anderen Mitgliedstaaten der EG und den Preisen für Tafelweine, die der Destillation zugeführt werden, liegen. In diesen Fällen sind die deutschen Winzer bemüht, ihre eigenerzeugten Tafelweine unmittelbar auf dem Markt abzusetzen und ihrer Verpflichtung aus der obligatorischen Destillation durch Zukauf von Tafelweinen in anderen Mitgliedstaaten nachzukommen.

Winzergenossenschaften sind Erzeuger im Sinne der gemeinsamen Marktorganisation für Wein. Sie sind besonders betroffen, weil für genossenschaftlich organisierte Einzelerzeuger keine Freistellungsmöglichkeit besteht, die sonst bei einer Tafelweinerzeugung von weniger als 50 hl eingreift.

Es bestehen wegen dieser Sachlage keine Bedenken, bei steuerfreien Winzergenossenschaften den Zukauf von Tafelwein von Nichtmitgliedern in anderen EG-Mitgliedstaaten zur Erfüllung ihrer Destillationsverpflichtung als Hilfsgeschäft zu behandeln, das nicht zum Verlust der Steuerbefreiung führt.

Dieser Erlaß ergeht im Einvernehmen mit dem Bundesminister der Finanzen und den obersten Finanzbehörden der anderen Länder.

Steuerbefreiung der Winzergenossenschaften gemäß § 5 Abs. 1 Nr. 14 KStG

BMF-Schreiben vom 20.01.1987

IV B 7 – S 2734 – 8/86

Dem BMF ist die Frage vorgelegt worden, ob und inwieweit eine nach § 5 Abs. 1 Nr. 14 KStG steuerbefreite Winzergenossenschaft ihre Steuerfreiheit gefährdet, wenn sie einem nichtgemeinnützigen Verkehrsverein für die Durchführung eines Weinfestes ihr Betriebsgelände sowie weitere Betriebsanlagen ohne besonderes Entgelt zur Verfügung stellt. Nach Abstimmung mit den obersten Finanzbehörden der Länder hat das BMF die gestellte Frage wie folgt beantwortet: Die Überlassung von Betriebsgelände und weiteren Betriebsanlagen an einen Verkehrsverein ist ein Geschäft, das über den Aufgabenbereich einer steuerfreien Winzergenossenschaft hinausgeht und damit grundsätzlich zum Verlust der Steuerfreiheit nach § 5 Abs. 1 Nr. 14 KStG führt. Erfolgt die Überlassung jedoch unentgeltlich und in engen zeitlichen Grenzen, so bestehen keine Bedenken, die für Erwerbs- und Wirtschaftsgenossenschaften allgemein geltende Regelung des Abschnitts 16 Abs. 7 KStR[1] anzuwenden.

---

1) Jetzt R 20 KStR.

Steuerliche Behandlung der Herstellung und des Vertriebs von Sekt durch Weinbaubetriebe oder Winzergenossenschaften (-vereine)

Erlaß FM Rheinland-Pfalz vom 03.12.1987
S 2233/S 2734 A – 442, 444

Zur Frage der steuerlichen Behandlung der Herstellung und des Vertriebs von Sekt durch Weinbaubetriebe oder Winzergenossenschaften (-vereine) gilt folgendes:

I. Steuerliche Behandlung der Weinbaubetriebe

1. Herstellung von Winzersekt durch Weinbaubetriebe

Stellt ein Weinbaubetrieb im Rahmen eines landwirtschaftlichen Betriebs i. S. des § 13 Abs. 1 Nr. 1 EStG Winzersekt her, sind die Sektherstellung als landwirtschaftlicher Nebenbetrieb anzusehen und die Einkünfte aus der Herstellung und dem Vertrieb des Winzersekts den Einkünften aus Land- und Forstwirtschaft zuzuordnen, wenn die folgenden Voraussetzungen gegeben sind:

1.1 Der Winzersekt muß aus Grundweinen des Weinbaubetriebes hergestellt werden, die ausschließlich aus selbsterzeugten Trauben dieses Betriebes gewonnen wurden. Er muß ferner als Erzeugnis dieses Betriebes unter Angabe der Rebsorten, des Jahrgangs, der Weinbergslage und des Weingutes in sinngemäßer Anwendung der bezeichnungsrechtlichen Vorschriften für Wein bezeichnet sein.

1.2 Die Merkmale eines land- und forstwirtschaftlichen Nebenbetriebs nach Abschnitt 135 Abs. 5 EStR[1] im übrigen müssen vorliegen.

Läßt ein Weinbaubetrieb Winzersekt im Wege einer Werkleistung (sog. Lohnversektung) herstellen und vermarktet ihn als eigenes Erzeugnis, gilt die Regelung entsprechend.

2. Zukauf und Vertrieb von Sekt durch Weinbaubetriebe

Bei einem Weinbaubetrieb, der Sekt aus Grundweinen seines Anbaugebiets erwirbt, wird der Vertrieb dieses Sektes unter den Voraussetzungen des Abschnitts 135 Abs. 4 EStR[2] noch dem land- und forstwirtschaftlichen Betrieb zugerechnet.

II. Steuerliche Behandlung der Winzergenossenschaften (-vereine)

Eine Winzergenossenschaft, die Winzersekt aus Grundwein herstellt, der ausschließlich aus dem Lesegut ihrer Mitglieder gewonnen wurde, betätigt sich mit der Herstellung und dem Vertrieb des Winzersekts noch im Bereich der Landwirtschaft (Abschnitt 18 Abs. 1 KStR[3]), wenn der Sekt beim Vertrieb durch die Genossenschaft unter Angabe der Rebsorten, des Jahrgangs, der Weinbergslage und als Erzeugnis der Genossenschaft in sinngemäßer Anwendung der bezeichnungsrechtlichen Vorschriften für Wein bezeichnet ist. Dabei darf der Wein weder von den Mitgliedern noch von der Genossenschaft zugekauft sein. Läßt eine Winzergenossenschaft Winzersekt im Wege einer Werkleistung (sog. Lohnversektung) durch eine gewerbliche Sektkellerei herstellen und vermarktet ihn als eigenes Erzeugnis der Genossenschaft, gilt die Regelung entsprechend.

Die oben genannten Grundsätze sind sinngemäß auch für Erzeugergemeinschaften in der Rechtsform des wirtschaftlichen Vereins anzuwenden. Abschnitt 18 Abs. 2 Buchst. b KStR gilt mit der Maßgabe, daß Winzersekt unter den obengenannten Voraussetzungen in den Bereich der Landwirtschaft fällt.

Dieser Erlaß ergeht im Einvernehmen mit dem Bundesminister der Finanzen und den obersten Finanzbehörden der anderen Bundesländer.

---

1) Jetzt R 15.5 Abs. 3 EStR.

2) Jetzt R 15.5 Abs. 5 EStR.

3) Jetzt R 22 Abs. 2 KStR.

Körperschaftsteuerliche Behandlung der Milchkontrollvereine und -verbände

Verfügung OFD Hannover vom 06.12.1988

S 2734 – 45 – StO 231

S 2734 – 51 – StH 232

Körperschaftsteuerliche Behandlung der Milchkontrollvereine und -verbände

Der Niedersächsische Minister der Finanzen hat dem Niedersächsischen Minister für Ernährung, Landwirtschaft und Forsten durch Schreiben vom 3. November 1988 – S 2734 – 33 – 31 1 – mitgeteilt, daß Milchkontrollvereine und -verbände nach § 1 Abs. 1 Nr. 4 KStG grundsätzlich unbeschränkt körperschaftsteuerpflichtig seien. Zur Frage einer möglichen Steuerbefreiung hat er im einzelnen ausgeführt:

„**1. § 5 Abs. 1 Nr. 5 KStG (Berufsverband) und § 5 Abs. 1 Nr. 9 KStG (Gemeinnützigkeit)**

Die Milchkontrollvereine/-verbände dienen dem allgemeinen Verbraucherinteresse, aber auch den wirtschaftlichen Einzelinteressen der angeschlossenen Mitglieder, für die sie als Hauptzweck entgeltlich (teils pauschaliert über Mitgliederbeiträge) die gesetzlich vorgeschriebenen Qualitätskontrollen durchführen. Die Förderung wirtschaftlicher Einzelinteressen der Mitglieder schließt sowohl die Gemeinnützigkeit als auch die Anerkennung als steuerfreie Berufsverbände aus (§ 5 Abs. 1 Nrn. 5 und 9 KStG; BFH vom 17. März 1964 – HFR 1964 S. 301 – sowie vom 11. August 1972 – BStBl. 1973 II S. 39).

Diese grundsätzlichen Bedenken sind bereits in der Vergangenheit durch Erörterung mit den obersten Finanzbehörden des Bundes und der anderen Länder bestätigt worden, so daß ich eine erneute Befassung dieses Kreises mit der Problematik nicht für aussichtsreich halte. Als steuerfreie Berufsverbände oder gemeinnützige Vereine könnten die Milchkontrollvereine/-verbände danach nur im Falle der Änderung ihrer Zielsetzung und tatsächlichen Geschäftsführung behandelt werden. Satzungsänderungen würden dafür nicht ausreichen.

2. § 5 Abs. 1 Nr. 14 KStG (landwirtschaftliche Erwerbs- und Wirtschaftsgenossenschaften)

Nach § 5 Abs. 1 Nr. 14 KStG können Vereine, deren Geschäftsbetrieb sich auf die in dieser Vorschrift angeführten und in der jeweiligen Satzung niedergelegten Tätigkeiten beschränkt, von der Körperschaftsteuer befreit sein. Die Steuerbefreiung setzt grundsätzlich voraus, daß alle Mitglieder des Vereins Land- und Forstwirte sind, für deren Betriebe der Verein tätig wird. Die Mitgliedschaft lediglich fördernder Mitglieder ist jedoch für die Steuerbefreiung unschädlich. Sind einem Milchkontrollverein darüber hinaus noch eine oder mehrere Molkereien des Vereinsgebiets angeschlossen, so kann dies zum Verlust der Steuerbefreiung des Milchkontrollvereins führen. Dies gilt nicht, wenn alle dem Milchkontrollverein beigetretenen Molkereien ebenfalls lediglich fördernde Mitglieder sind – also keine Leistungen des Vereins in Anspruch nehmen – oder nach § 5 Abs. 1 Nr. 14 KStG steuerbefreit sind.

Entsprechendes gilt für die Körperschaftsteuerpflicht von Milchkontrollverbänden mit der Maßgabe, daß die Mitgliedschaft von Milchkontrollvereinen für die Steuerbefreiung nach § 5 Abs. 1 Nr. 14 KStG unschädlich ist, wenn alle Milchkontrollvereine die Voraussetzungen dieser Vorschrift selbst erfüllen. In Anlehnung an die zu Genossenschaftszentralen entwickelten Grundsätze bleibt die Steuerbefreiung des Milchkontrollverbands auch erhalten, wenn er für Land- und Forstwirte oder steuerbefreite Molkereien tätig wird, die nicht selbst Verbandsmitglied, wohl aber Mitglied des dem Verband beigetretenen steuerbefreiten Vereins sind. Insoweit teile ich die Auffassung des Niedersächsischen Finanzgerichts nicht (Urteil vom 22. November 1984 – VI 118/82 –).

Ich vermag z. Z. nicht abschließend zu beurteilen, welche Milchkontrollvereine/-verbände im einzelnen bei Anwendung dieser Grundsätze von der Körperschaftsteuer befreit sein könnten. Die Oberfinanzdirektion Hannover hat mir jedoch berichtet, daß in nicht wenigen Fällen von einer Steuerbefreiung i. S. des § 5 Abs. 1 Nr. 14 KStG ausgegangen werden könne, soweit auch die übrigen – hier nicht streitigen – Voraussetzungen der Vorschrift erfüllt sind und die tatsächliche Geschäftsführung ihren Eingang in die Satzung des Vereins gefunden hat und sich als dem Satzungszweck entsprechend darstellt. Den Entwurf einer Mustersatzung halte ich, unabhängig von der Frage, ob diese den besonderen Verhältnissen des jeweiligen Vereins überhaupt gerecht werden könnte, für nicht erforderlich."

Ich bitte – soweit dies nicht bereits geschehen ist –, eine dementsprechende Auffassung zu vertreten. Dabei kann die Prüfung, ob eine Steuerbefreiung in Betracht kommt, aus verwaltungsökonomischen Gründen auf die Fälle beschränkt werden, in denen das Einkommen des Milchkontrollvereins bzw.

-verbandes den Freibetrag gem. § 24 KStG von 5 000 DM[1] überschreitet oder in denen im Einzelfall die Frage, ob einem Milchkontrollverein die Steuerbefreiung gewährt werden kann, für die steuerliche Behandlung eines Milchkontrollverbands von ausschlaggebender Bedeutung ist.

---

1) Jetzt 3 835 €.

Partielle Steuerpflicht für Genossenschaften und Vereine
nach § 5 Abs. 1 Nr. 14 KStG

BMF-Schreiben vom 16.03.1993

IV B7 – S 2734 – 1/93

Nach Abstimmung mit den obersten Finanzbehörden der Länder hat das BMF zu Einzelfragen wie folgt Stellung genommen:

1. Üben nach § 5 Abs. 1 Nr. 14 KStG begünstigte Genossenschaften auch nicht begünstigte Tätigkeiten aus und betragen die Einnahmen daraus nicht mehr als 10 v. H. der gesamten Einnahmen, sind die Genossenschaften mit den Gewinnen aus den nicht begünstigten Tätigkeiten partiell steuerpflichtig. Übersteigen die Einnahmen aus den nicht begünstigten Tätigkeiten in einem Veranlagungszeitraum 10 v. H. der gesamten Einnahmen, entfällt die Steuerbefreiung für diesen Veranlagungszeitraum insgesamt. Bei Verwertungsgenossenschaften bestehen nach Abschn. 16 Abs. 9 Satz 5 KStR grundsätzlich zwei Möglichkeiten, die Einnahmen aus begünstigten und nicht begünstigten Tätigkeiten zu ermitteln:

   a) Die Einnahmen aus begünstigten und nicht begünstigten Tätigkeiten werden durch unmittelbare Zuordnung getrennt aufgezeichnet.

   b) Ist eine unmittelbare Zuordnung nicht möglich, sind die Einnahmen aus begünstigten und nicht begünstigten Tätigkeiten nach dem Verhältnis der Ausgaben für bezogene Waren von Mitgliedern und Nichtmitgliedern aus den Gesamteinnahmen zu ermitteln.

   Bei der Vereinfachungsregelung zu b) ist für die Ermittlung der Einnahmen aus begünstigter und nicht begünstigter Tätigkeit von den Ausgaben für bezogene Waren von Mitgliedern und Nichtmitgliedern und den Gesamteinnahmen im gleichen Wirtschaftsjahr auszugehen. Durch diese zeitliche Zuordnung kann es in Einzelfällen zu Verschiebungen kommen, wenn Ausgaben für bezogene Waren und Einnahmen aus dem Verkauf dieser Waren in verschiedenen Wirtschaftsjahren anfallen.

   Diese Verschiebungen können zugunsten einer einfachen Handhabung der Vereinfachungsregelung hingenommen werden, da eine Zuordnung der Einnahmen auf der Grundlage des Wareneinsatzes praktisch nicht durchführbar ist.

2. Unter Einnahmen sind die Einnahmen einschließlich USt zu verstehen (vgl. Abschn. 16 Abs. 2 KStR). Es wird in diesem Zusammenhang auf eine entsprechende Regelung für die steuerfreien Vermietungsgenossenschaften in Rdn. 32 des BMF-Schreibens vom 22.11.1991 IV B 7 – S 2730 – 24/91 (BStBl. I 1991 S. 1014) verwiesen.

Steuerbefreiung von Wirtschaftsförderungsgesellschaften

Erlaß FM NRW vom 04.01.1996

S 2738 – 1 – V B 4

Wirtschaftsförderungsgesellschaften sind unter folgenden Voraussetzungen von der Körperschaftsteuer (§ 5 Abs. 1 Nr. 18 KStG), von der Gewerbesteuer (§ 3 Nr. 25 GewStG) und von der Vermögensteuer (§ 3 Abs. 1 Nr. 20 VStG) befreit.

I. Rechtsform und Anteilseigner

Die Steuerbefreiungen gelten nur für Wirtschaftsförderungsgesellschaften in der Rechtsform einer Kapitalgesellschaft (§ 1 Abs. 1 Nr. 1 KStG). Gesellschafter müssen überwiegend Gebietskörperschaften (Bund, Länder, Kreise und Gemeinden sowie insbesondere Landschaftsverbände) sein. Das setzt voraus, daß Gebietskörperschaften unmittelbar zu mehr als 50 v. H. an der Wirtschaftsförderungsgesellschaft beteiligt sind und die Mehrheit der Stimmrechte haben. Die Beteiligungen sonstiger Körperschaften des öffentlichen Rechts (z. B. Industrie- und Handelskammern, Sparkassen) bleiben insoweit unberücksichtigt.

II. Art der Tätigkeit

Die Tätigkeit der Wirtschaftsförderungsgesellschaften muß sich auf die Verbesserung der sozialen und wirtschaftlichen Struktur einer bestimmten Region (z. B. auch einer Kommune) durch Förderung der Wirtschaft, insbesondere durch Industrieansiedlung, Beschaffung neuer Arbeitsplätze und Sanierung von Altlasten beschränken. Die Tätigkeit darf nicht über den für die Zweckverwirklichung sachlich gebotenen Umfang hinausgehen, insbesondere darf sie nicht den Umfang einer laufenden Unternehmensberatung annehmen.

Der regionalen Wirtschaftsförderung dienen namentlich folgende Tätigkeiten:

1. Analysen über die Erwerbs- und Wirtschaftsstruktur einzelner Regionen und Standorte,
2. Information über Standortvorteile und Förderungsmaßnahmen der betreffenden Region,
3. Information über Wirtschaftsförderungsmaßnahmen von Bund, Ländern und Gemeinden sowie der Europäischen Union,
4. Anwerbung und Ansiedlung von Unternehmen,
5. Beratung und Betreuung von Kommunen und ansiedlungswilligen Unternehmen in Verfahrens-, Förderungs- und Standortfragen,
6. Beratung bei der Beschaffung von Gewerbegrundstücken in Zusammenarbeit mit der örtlichen Gemeinde,
7. Beschaffung und Veräußerung von Grundstücken zur Ansiedlung, Erhaltung oder Erweiterung von Unternehmen,
8. Vermietung oder Verpachtung von Geschäfts- und Gewerberäumen an Existenzgründer für einen beschränkten Zeitraum (bis zu fünf Jahren), einschließlich dazugehöriger Nebenleistungen (z. B. Technologiezentren),
9. Förderung überbetrieblicher Kooperationen,
10. Beschaffung neuer Arbeitsplätze, z. B. durch Förderung von Maßnahmen, die dem Aufbau, Erhalt bzw. Ausbau von Beschäftigungsstrukturen, vor allem der Schaffung von Dauerarbeitsplätzen dienen, oder Einrichtung, Koordinierung und Übernahme von Trägerschaften projektbezogener Arbeitsbeschaffungsmaßnahmen (dazu zählt nicht die Tätigkeit der sog. Beschäftigungsgesellschaften; vgl. BMF-Schreiben vom 11. März 1992 – IV B 4 -S 0170 – 32/92 – BStBl. 1993 I S. 214),
11. Durchführung oder Förderung der Sanierung von Altlasten für Zwecke der Ansiedlung, Erhaltung oder Erweiterung von Unternehmen,
12. allgemeine Förderung des Fremdenverkehrs durch Werbung für die Region. Darüber hinausgehende Tätigkeiten (Vermittlungsleistungen, Andenkenverkauf) sind dagegen schädlich.

III. Versagung und Verlust der Steuerbefreiung

1. Ausübung nicht begünstigter Tätigkeiten

Übt eine Wirtschaftsförderungsgesellschaft in einem Wirtschaftsjahr neben begünstigten Tätigkeiten auch nicht begünstigte Tätigkeiten aus, verliert sie die Steuerbefreiung für den betreffenden Veranlagungszeitraum in vollem Umfang. Eine teilweise Steuerfreiheit sieht § 5 Abs. 1 Nr. 18 KStG nicht vor.

2. Beteiligung an anderen Unternehmen

Die Beteiligung einer landesweit tätigen Wirtschaftsförderungsgesellschaft an anderen (z. B. regional tätigen) Wirtschaftsförderungsgesellschaften ist zulässig. Die Beteiligung an anderen Unternehmen ist nur dann unschädlich, wenn die Beteiligung unmittelbar der Zweckverwirklichung dient. In eine Wirtschaftsförderungsgesellschaft dürfen weder bei ihrer Gründung noch später Wirtschaftsgüter und damit verbundene Tätigkeitsbereiche eingelegt werden, die nicht unmittelbar der Zweckverwirklichung dienen. Eine bloße Kapitalverstärkung erfüllt diese Voraussetzung nicht.

3. Verwendung von Überschüssen

Erzielte Überschüsse dürfen nur für die begünstigten Tätigkeiten verwendet werden. Dies schließt nicht aus, daß Rücklagen gebildet werden, die bei vernünftiger kaufmännischer Beurteilung für die Zweckverwirklichung erforderlich sind. Die ertragbringende Anlage der entsprechenden Mittel ist unschädlich.

4. Vermögensbindung

Das Vermögen und etwa erzielte Überschüsse einer Wirtschaftsförderungsgesellschaft dürfen nur für die im Gesetz genannten Zwecke (Wirtschaftsförderung) verwendet werden. Mittelauskehrungen (Gewinnausschüttungen, Einlagenrückgewähr) an die Gesellschafter führen zur Versagung der Steuerbefreiung. Bei Auflösung der Gesellschaft darf auch das Grund- oder Stammkapital nicht an die Gesellschafter zurückgezahlt werden, es sei denn, die Gesellschafter verwenden es für Zwecke der Wirtschaftsförderung.

Verstöße gegen die Vermögensbindung führen zur rückwirkenden Aufhebung der Steuerbefreiung (§ 175 Abs. 2 AO).

IV. Erstmalige Anwendung

1. Bisher steuerpflichtige Gesellschaften

Die Steuerbefreiung des § 5 Abs. 1 Nr. 18 KStG ist erstmals für den Veranlagungszeitraum 1993 anzuwenden (§ 54 Abs. 5a KStG).

Werden von einer bereits bestehenden Kapitalgesellschaft die Voraussetzungen für die Steuerbefreiung nach § 5 Abs. 1 Nr. 18 KStG erst im Laufe des Veranlagungszeitraums 1993 erfüllt, ist der Kapitalgesellschaft aus Billigkeitsgründen für den gesamten Veranlagungszeitraum die Steuerbefreiung nach § 5 Abs. 1 Nr. 18 KStG zu gewähren.

Eine bisher steuerpflichtige Kapitalgesellschaft hat nach § 13 Abs. 1 KStG auf den Zeitpunkt, in dem die Steuerpflicht endet, eine Schlußbilanz aufzustellen, in der die Wirtschaftsgüter mit dem Teilwert anzusetzen sind (§ 13 Abs. 3 Satz 1 KStG).

2. Bisher als gemeinnützig behandelte Gesellschaften

Tritt eine bisher als gemeinnützig behandelte und nach § 5 Abs. 1 Nr. 9 KStG befreite Kapitalgesellschaft in die Steuerbefreiung nach § 5 Abs. 1 Nr. 18 KStG ein, ergeben sich daraus keine schädlichen Folgen für die bisherige Anerkennung als gemeinnützige Körperschaft.

Dieser Erlaß ergeht im Einvernehmen mit dem Bundesministerium der Finanzen und den obersten Finanzbehörden der anderen Länder. Er entspricht dem Schreiben des Bundesministeriums der Finanzen vom 4.1.1996 – IV B 7 – S 2738 – 17/95, das im Bundessteuerblatt Teil I veröffentlicht wird. [1]

---

[1] BStBl. 1996 I S. 54.

Unschädlichkeit bestimmter Tätigkeiten für Steuerbefreiung von Wirtschaftsförderungsgesellschaften

Verfügung OFD München vom 15.05.2003

S 2738 – 2 St 424

Unter Bezugnahme auf das Ergebnis der Erörterung der obersten Finanzbehörden des Bundes und der Länder wird gebeten, zur Frage der Unschädlichkeit bestimmter Tätigkeiten für die Steuerbefreiung nach § 5 Abs. 1 Nr. 18 KStG von folgenden Grundsätzen auszugehen:

Die *Vermietung und Verpachtung von Geschäfts- und Gewerberäumen* für die Dauer von höchstens fünf Jahren ist eine begünstigte Tätigkeit, wenn sie an Existenzgründer erfolgt (BMF v. 04.01.1996, BStBl. I, 54, Nr. II.8 [1]). Die Vermietung und Verpachtung derartiger Räumlichkeiten an andere Unternehmen als an Existenzgründer oder an Existenzgründer über den Zeitraum von fünf Jahren hinaus ist eine nicht begünstigte Tätigkeit im Bereich der Vermögensverwaltung, weil der Tätigkeitskatalog des BMF-Schreibens grundsätzlich abschließenden Charakter hat. Ausnahmsweise kann eine derartige Vermietung und Verpachtung jedoch als unschädlich angesehen werden, wenn sie beispielsweise zur Kapazitätsauslastung erfolgt und durch die vertraglichen Vereinbarungen sicher gestellt ist, dass kurzfristig eine Vermietung an interessierte Existenzgründer erfolgen kann. Nach den Umständen des Einzelfalls kann sie auch unter die Nr. 4 der genannten Tätigkeitskatalogs (= Anwerbung und Ansiedlung von Unternehmen) fallen. Im Übrigen schließt eine in ihrem Umfang und in ihrer wirtschaftlichen Bedeutung ganz geringfügige Nebentätigkeit die Steuerbefreiung nach dem Grundsatz der Verhältnismäßigkeit nicht aus. Für die Frage, wann das Merkmal der Geringfügigkeit erfüllt ist, können die Erwägungen des BFH-Urteils vom 11.08.1999 (XI R 12/98, BStBl. II 2000, 229) zur Abfärberegelung des § 15 Abs. 3 Nr. 1 EStG bei einem extrem geringen Anteil der originär gewerblichen Tätigkeit einen Anhalt bieten.

Im Übrigen ist Folgendes zu beachten:

Im Rahmen der Vermietung und Verpachtung von Geschäfts- und Gewerberäumen an Existenzgründer können Technologiezentren die dazu gehörenden *Nebenleistungen* erbringen. Dazu können gehören die Gestellung von Empfang und Rezeption, Hausmeister, Kopier- und Faxgeräten, Datennetzen und Telekommunikationseinrichtungen, Betriebs- und Geschäftsausstattungen. Ob auch die Gestellung von Personal eine steuerunschädliche Nebenleistung ist, lässt sich nur auf Grund der Umstände des Einzelfalls beurteilen.

Wenn in der Satzung einer Wirtschaftsförderungsgesellschaft die in § 5 Abs. 1 Nr. 18 Satz 2 KStG vorgeschriebene Vermögensanbindung nicht festgeschrieben ist, führt dies nicht zur Versagung der Steuerbefreiung. Nach dem Wortlaut der Vorschrift kommt es darauf an, dass das Vermögen und etwa erzielte Überschüsse tatsächlich nur zur Wirtschaftsförderung verwendet werden.

---

1) Vgl. Anlage § 005 (1) Nr. 18-01.

Steuerbefreiung von Wirtschaftsförderungsgesellschaften (§ 5 Abs. 1 Nr. 18 KStG) –
Auswirkungen des BFH-Urteils vom 26. 2. 2003 I R 49/01 (BStBl. II 2003 S. 723)

Verfügung OFD Koblenz vom 05.01.2005

S 2738 A – St 33 1

Im o. a. Urteil vom 26. 2. 2003 hat der BFH entschieden, dass eine „Förderung der Wirtschaft" i. S. des § 5 Abs. l Nr. 18 KStG von allgemeinen gesamtwirtschaftlich wirkenden Maßnahmen zur Konjunktur- und Wachstumsbelebung abzugrenzen sei und ein zweckgerichtetes Handeln mit dem Ziel der selektiven unternehmensbezogenen Förderung abgrenzbarer wirtschaftlicher Verhaltensweisen voraussetze. Wirtschaftsförderung in diesem Sinn umfasse somit nur Maßnahmen zur unmittelbaren Förderung unternehmerischer Tätigkeiten. Darunter fielen solche Maßnahmen nicht, die lediglich mittelbar begünstigend auf die wirtschaftliche Entwicklung einer bestimmten Region einwirkten.

Zur Anwendung dieses Urteils wird folgende Rechtsauffassung vertreten: Der BFH fordert in seiner Entscheidung zwar eine selektiv unternehmensbezogene Förderung abgrenzbarer wirtschaftlicher Verhaltensweisen als Voraussetzung für die Steuerbefreiung. Damit ist indessen nicht eine Förderung einzelner – benennbarer – Unternehmen gemeint, sondern die abstrakt unternehmensbezogene Förderung wirtschaftlicher Verhaltensweisen. Es soll das nach § 5 Abs. l Nr. 18 KStG begünstigte Handeln von allgemein gesamtwirtschaftlich wirkenden Maßnahmen abgegrenzt werden. Bei einer gesamtwirtschaftlichen Betrachtungsweise wäre dagegen jede – wie auch immer geartete – Fördermaßnahme begünstigt. Die Zweckrichtung bzw. Zielorientierung auf die Förderung von Unternehmen ist deshalb ein sinnvolles Abgrenzungskriterium.

Steuerrechtliche Beurteilung „Klinischer Studien" als Auftragsforschung bei einer medizinischen Hochschule (§ 5 Abs. 1 Nr. 23 KStG)

Verfügung OFD Frankfurt/M. vom 09.08.2005

S 2720 A – 6 – St II 1.03

Die im Zug der Zulassung eines Medikaments i. d. R. durchzuführende klinische Prüfung i. S. des § 22 Abs. 2 Nr. 3 Arzneimittelgesetz (AMG) erfüllt bei der durchführenden Stelle den Tatbestand des § 5 Abs. l Nr. 23 KStG. Diese Prüfung kann grundsätzlich mit der Tätigkeit verglichen werden, die nach der Verfügung vom 7.12.1999 S 0187 – A – 12/S 0170 – A – 24 – St II 12 (KSt.-Kartei, § 5 Karte H 128) unter IV. in Abgrenzung zu nicht begünstigter Tätigkeit einer privaten Forschungseinrichtung als begünstigte Tätigkeit einzustufen ist. Eine begünstigte Forschungstätigkeit liegt grundsätzlich nicht vor, wenn es sich um die bloße Anwendung gesicherter wissenschaftlicher Erkenntnisse handelt. Im Zusammenhang mit der Zulassungsprüfung für ein Medikament kann hiervon nicht ausgegangen werden. Einer klinischen Prüfung bedarf es nach § 22 Abs. 3 AMG nicht, wenn die beizubringenden Erkenntnisse bereits aus Bekanntem abgeleitet werden können. Wird eine klinische Prüfung durchgeführt, ist davon auszugehen, dass neue Erkenntnisse angestrebt werden. Andernfalls würde auf die kostenintensive Prüfung verzichtet werden.

Steuerbegünstigung nach § 10g EStG
für schutzwürdige Kulturgüter bei der Körperschaftsteuer

Erlaß FM Baden-Württemberg vom 16.03.1993

S 2741/4

Zur Frage, ob die ab 1992 zu beachtende Steuerbegünstigung nach § 10g EStG auch bei der Körperschaftsteuer zu gewähren ist, bitte ich folgende Auffassung zu vertreten:

§ 10g EStG begünstigt Aufwendungen für Herstellungs- und Erhaltungsaufwendungen an schutzwürdigen Kulturgütern, die nicht der Einkünfteerzielung dienen. Der sich danach ergebende Betrag ist „wie Sonderausgaben" abzuziehen.

§ 10g EStG findet im Bereich der Körperschaftsteuer ebenfalls Anwendung. Der Abzug muß nach dem Gesamtbetrag der Einkünfte erfolgen.

Dieser Erlaß ergeht im Einvernehmen mit den obersten Finanzbehörden des Bundes und der Länder.

Körperschaftsteuerliche Behandlung der Verlustübernahme
aufgrund von Beherrschungsverträgen

Erlaß FM NW vom 28.05.1968

S 2741 – 4 – V B 4

Unterstellt eine Aktiengesellschaft durch einen Beherrschungsvertrag i. S. des § 291 Abs. 1 des Aktiengesetzes 1965 (AktG) die Leitung ihrer Gesellschaft einem anderen Unternehmen, so hat nach § 302 Abs. 1 AktG das beherrschende Unternehmen jeden während der Vertragsdauer sonst entstehenden Jahresfehlbetrag auszugleichen, soweit dieser nicht dadurch ausgeglichen wird, daß den freien Rücklagen Beträge entnommen werden, die während der Vertragsdauer in sie eingestellt worden sind.

Es ist die Frage entstanden, wie die Verlustübernahme nach § 302 Abs. 1 AktG steuerlich zu behandeln ist, wenn eine Organschaft mit einem steuerlich anerkannten Gewinnabführungsvertrag nicht besteht, das herrschende Unternehmen aber am Nennkapital der beherrschten Gesellschaft beteiligt ist (Beteiligungsfall).

Ich bitte, hierzu folgende Auffassung zu vertreten:

Die Verlustübernahme nach § 302 Abs. 1 AktG ist in den Beteiligungsfällen steuerrechtlich als gesellschaftsrechtlicher Vorgang zu beurteilen. Es handelt sich um eine Einlage des herrschenden Unternehmens in die beherrschte Gesellschaft, durch die ein steuerlicher Verlust der Gesellschaft nicht beseitigt wird. Beim herrschenden Unternehmen führt die Einlage zu einer entsprechenden Erhöhung des Buchwerts der Beteiligung an der beherrschten Gesellschaft. Das herrschende Unternehmen hat jedoch unter den entsprechenden Voraussetzungen die Möglichkeit der Abschreibung der Beteiligung auf den niedrigeren Teilwert.

Dieser Erlaß ergeht im Einvernehmen mit dem Bundesminister der Finanzen und den Finanzministern (-senatoren) der anderen Länder.

Bewertung von Sacheinlagen bei Kapitalgesellschaften

Verfügung OFD Düsseldorf vom 13.07.1979

$$\frac{S\,2741}{S\,2178}\ A - St\ 13\ H$$

Ich bitte, die Auffassung zu vertreten, daß eine Kapitalgesellschaft, die eine Beteiligung an einer anderen Kapitalgesellschaft von einem Anteilseigner dieser Gesellschaft gegen Hergabe von Anteilen am eigenen Nennkapital erwirbt, die Beteiligung stets mit dem Teilwert zu bewerten hat. Das gilt ohne Rücksicht darauf, ob der einbringende Gesellschafter zur Anrechnung von Körperschaftsteuer berechtigt ist. Als ausschlaggebend für diese Rechtsauffassung wird angesehen, daß die Einbringung der Beteiligung zwar für den einbringenden Gesellschafter einen Anschaffungsvorgang darstellt, nicht aber für die Kapitalgesellschaft, in die eingebracht wird. Für diese handelt es sich um eine gesellschaftsrechtliche Einlage (BFH-Guthaben vom 16.12.1958 1 D 1/57 S, BStBl. 1959 III S. 30, A. IV., Abs. 10; BFH-Urteile vom 4.10.1966 I 1/64, BStBl. 1966 III S. 690 und vom 15.7.1976 I R 17/74, BStBl. 1976 II S. 748).

Auf gesellschaftsrechtliche Einlagen sind die für Einlagen geltenden einkommensteuerrechtlichen Vorschriften sinngemäß anzuwenden, da das Körperschaftsteuergesetz insoweit keine spezielle Regelung enthält und § 8 Abs. 1 KStG ergänzend auf die einkommensteuerrechtlichen Vorschriften über die Ermittlung des Einkommens verweist. Die Bewertung der in eine Kapitalgesellschaft eingebrachten Beteiligung richtet sich somit nach § 6 Abs. 1 Nr. 5 EStG. Grundsätzlich ist hiernach der Teilwert maßgebend. Unter den Voraussetzungen der Buchstaben a) oder b) des § 6 Abs. 1 Nr. 5 EStG sind zwar statt dessen die Anschaffungskosten anzusetzen; diese Sonderregelungen gelten jedoch nicht für Einlagen in Kapitalgesellschaften, weil sie ihrem Grundgedanken nach nur anwendbar sind, wenn Wirtschaftsgüter aus dem Privatvermögen in das Betriebsvermögen desselben Steuerrechtssubjekts eingelegt werden.

An der Regelung in der KSt-Kartei NW §§ 6 und 7 KStG a. F., Anweisung Nr. A 9, wonach Sacheinlagen bei Kapitalgesellschaften in der Regel mit dem Ausgabekurs der jungen Gesellschaftsrechte zu bewerten sind (= Anschaffungskosten), wird nicht mehr festgehalten.

Vorstehende Anweisung wird in die KSt-Kartei NW aufgenommen werden.

Ertragssteuerliche Beurteilung des Forderungsverzichts des Gesellschafters einer Kapitalgesellschaft gegen Besserungsschein; Folgen aus der Entscheidung des Großen Senats des BFH vom 09. Juni 1997 (BStBl. 1998 II S. 307) [1]

BMF-Schreiben vom 02.12.2003

IV A 2 – S 2743 – 5/03

(BStBl. 2003 I S. 648)

Nach dem Ergebnis der Erörterungen mit den obersten Finanzbehörden der Länder nehme ich zu der ertragssteuerlichen Beurteilung des Forderungsverzichts des Gesellschafters einer Kapitalgesellschaft gegen Besserungsschein wie folgt Stellung:

1. Allgemeines

Der Erlass einer Forderung eines Gesellschafters gegenüber der Gesellschaft (§ 397 Abs. 1 BGB) führt aus Sicht der Gesellschaft zum Erlöschen einer Verbindlichkeit. Die Vereinbarung, dass die Forderung bei Eintritt der im Besserungsschein genannten Bedingungen wieder auflebt, steht dem nicht entgegen (vgl. BFH-Urteil vom 30. Mai 1990, BStBl. 1991 II S. 588).

Für die steuerrechtliche Beurteilung des Forderungsverzichts gegen Besserungsschein auf Ebene der Gesellschaft gelten die Grundsätze des Beschlusses des Großen Senats vom 09. Juni 1997 (BStBl. 1998 II S. 307): Die bisher bei der Gesellschaft ausgewiesene Verbindlichkeit gegenüber dem Gesellschafter ist in Höhe des Betrags des Forderungsverzichts auszubuchen. Dies führt bei der Gesellschaft in Höhe des Betrags des Forderungsverzichts zu einer Vermögensmehrung. Ist der Forderungsverzicht durch das Gesellschaftsverhältnis veranlasst, liegt in Höhe des werthaltigen Teils der Verbindlichkeit eine (verdeckte) Einlage des Gesellschafters vor, die gemäß § 6 Abs. 1 Nr. 5 EStG mit dem Teilwert zu bewerten ist und bei der Gewinnermittlung der Gesellschaft den Unterschiedsbetrag im Sinne des § 4 Abs. 1 Satz 1 EStG i. V. m. § 8 Abs. 1 Satz 1 KStG mindert.

2. Eintritt des Besserungsfalls

a) (Wieder-)Einbuchung der Verbindlichkeit

Der ursprünglich ausgebuchte Betrag des Forderungsverzichts ist im Zeitpunkt des Eintritts des Besserungsfalls (auflösende Bedingung) wieder als Verbindlichkeit vermögensmindernd einzubuchen. Soweit die ursprüngliche Ausbuchung nach den Grundsätzen de Beschlusses des Großen Senats vom 09. Juni 1997 (a. a. O.) als (verdeckte) Einlage zu beurteilen war, gilt diese als zurückgewährt. Im Rahmen der steuerlichen Gewinnermittlung ist der Unterschiedsbetrag im Sinne des § 4 Abs. 1 Satz 1 EStG i. V. m. § 8 Abs. 1 Satz 1 KStG entsprechend zu korrigieren (vgl. BFH-Urteil vom 30. Mai 1990, a. a. O.):

b) Steuerrechtliche Behandlung der auf die wieder eingebuchte Verbindlichkeit zu zahlender Zinsen

Der Betriebsausgabenabzug der ab dem Zeitpunkt der (Wieder-)Einbuchung der Verbindlichkeit zu zahlenden Zinsen beurteilt sich nach der ursprünglichen Veranlassung der Verbindlichkeit. Der Eintritt der auflösenden Bedingung hat in entsprechender Anwendung des § 158 Abs. 2 BGB zur Folge, dass eine durch den auflösend bedingten Forderungsverzicht eingetretene Veranlassung durch das Gesellschaftsverhältnis entfällt und der ursprüngliche Veranlassungszusammenhang wieder auflebt. Dieses gilt nach dem BFH-Urteil vom 30. Mai 1990 (a. a. O.) auch für den Teil der Zinsen, der nach den Vereinbarungen der Parteien für die Dauer der Krise (nach) zu zahlen ist und der damit wirtschaftlich auf die Zeitspanne entfällt, in der zivil- und steuerrechtlich keine Fremdverbindlichkeit vorlag. Sofern auf Grund einer klar und von vornherein getroffenen Vereinbarung der Bedingungseintritt schuldrechtlich auf einen früheren Zeitpunkt zurückbezogen werden soll (§ 159 BGB), liegt im Verhältnis zwischen Gesellschaft und beherrschendem Gesellschafter insoweit auch kein Verstoß gegen das Nachzahlungsverbot vor.

c) Gesellschafterwechsel nach Forderungsverzicht

Die vorstehenden Ausführungen bei (Wieder-)Einbuchung der Verbindlichkeit gelten bei Gesellschafterwechsel zwischen Forderungsverzicht gegen Besserungsschein und Eintritt des Besserungsfalls entsprechend. Sofern in sachlichem und zeitlichem Zusammenhang mit dem Gesellschafterwechsel eine Abtretung der Forderung erfolgt, finden die Grundsätze des BFH-Urteils vom 01. Februar 2001 (BStBl. II S 520) Anwendung.

---

1) Vgl. zum Rangrücktritt BMF-Schreiben vom 18.08.2004 (BStBl. 2004 I S. 850) und BFM-Schreiben vom 08.09.2006 (BStBl. 2006 I S. 497).

d) Auswirkungen des Besserungsscheins auf § 8 Abs. 4 KStG

Liegen zu einem Zeitpunkt zwischen der Ausbuchung und der (Wieder-)Einbuchung der Verbindlichkeit die Tatbestandsvoraussetzungen für eine beschränkte Verlustberücksichtigung gemäß § 8 Abs. 4 KStG vor, so ist der sich aus der (Wieder-)Einbuchung ergebende steuerliche Aufwand (= Differenz zwischen dem Nennbetrag und dem Teilwert der Forderung im Verzichtszeitpunkt) als Aufwand zu behandeln, der unter die beschränkte Verlustberücksichtigung nach § 8 Abs. 4 KStG fällt. Der Gewinn des Wirtschaftsjahres der (Wieder-)Einbuchung ist im Rahmen der Einkommensermittlung um den Aufwandsbetrag zu erhöhen. Für die in Buchstabe b) genannten Zinsen gilt Vorstehendes entsprechend. Der bei der Einkommensermittlung hinzuzurechnende Betrag ist in diesen Fällen jedoch auf den Zinsaufwand begrenzt, der rechnerisch auf den Zeitraum zwischen der Vereinbarung des Verzichts und dem Verlust der wirtschaftlichen Identität im Sinne des § 8 Abs. 4 KStG entfällt.

3. Anwendung

Die Grundsätze der steuerrechtlichen Beurteilung der Auswirkungen eines Besserungsscheins auf § 8 Abs. 4 KStG, vgl. Ziffer 2 Buchstabe d), sind erstmals anzuwenden, wenn der Forderungsverzicht nach dem 18. Dezember 2003 vereinbart worden ist. Im Übrigen finden die Grundsätze dieses Schreibens in allen noch offenen Fällen Anwendung.

Anschaffungskosten junger GmbH-Anteile bei Einzahlung des Ausgabebetrags in Teilbeträgen; hier: Bilanzierung der Einzahlungsverpflichtung

Erlaß FM Schleswig-Holstein vom 21.12.1988

VI 310b – S 2139 – 094

(DStZ/E 1989 S. 59)

Nach meinem Erlaß vom 14.03.1969 – S 2171 – 9 – VI 31 – sind GmbH-Anteile bei Einzahlung des Stammkapitals in Teilbeträgen jeweils nur in Höhe des eingeforderten Betrages zu aktivieren und auch nur in dieser Höhe als angeschafft anzusehen (sogenannte Netto-Methode).

An dieser Auffassung kann nicht mehr festgehalten werden.

Bei betrieblich veranlaßten Beteiligungen an Kapitalgesellschaften sind die Anteile im Übernahmezeitpunkt nach § 6 Abs. 1 Nr. 2 EStG mit den Anschaffungskosten zu aktivieren. Zu den Anschaffungkosten der übernommenen Stammanteile gehört nicht nur die bereits eingeforderte, sondern auch die noch nicht geforderte Einzahlungsverpflichtung.

Die Aktivierung der GmbH-Anteile im Übernahmezeitpunkt mit dem vollen Ausgabebetrag und die Passivierung einer noch bestehenden Einzahlungsverpflichtung (sogenannte Brutto-Methode) ist in allen noch offenen Fällen anzuwenden. Dies entspricht auch den handelsrechtlichen Grundsätzen ordnungsmäßiger Buchführung, insbesondere dem Vollständigkeitsgebot (§ 246 Abs. 1 HGB) und dem Verrechnungsverbot (§ 246 Abs. 2 HGB).

Dieser Erlaß ergeht im Einvernehmen mit dem Bundesminister der Finanzen und den obersten Finanzbehörden der anderen Länder.

Umtausch von Genossenschaftsanteilen in GmbH-Anteile

Verfügung OFD Münster vom 26.02.1982

S 2173 – 28 – St 11 – 31

Bezug: Verfügung vom 24.2.1971 S 2173 – 28 – St 11 – 31 – ESt-Nr. 28/1971
ESt-Kartei NW § 5 EStG A Nr. 73a

In der Bezugsverfügung, die der vorbezeichneten Anweisung der ESt-Kartei NW entspricht, ist vorbehaltlich einer abweichenden Entscheidung der obersten Finanzbehörden des Bundes und der Länder oder der Steuergerichte die Auffassung vertreten worden, daß bei Umwandlung einer Genossenschaft in eine GmbH der Tausch der Genossenschaftsanteile in GmbH-Anteile bei den Genossen nicht zu einer Gewinnrealisierung führe, weil es sich dabei um einen Sachverhalt handele, der wirtschaftlich vergleichbar sei dem Fall der formwechselnden Umwandlung einer Genossenschaft in eine Aktiengesellschaft nach §§ 358m ff. Aktiengesetz, bei der keine Gewinnrealisierung anzunehmen sei.

Mit Urteil vom 20.3.1980 (BStBl. II S. 439) hat der BFH nunmehr entschieden, daß bei Umwandlung einer Genossenschaft in eine GmbH ein Tausch der Genossenschaftsanteile in GmbH-Anteile vorliege, der als Veräußerungsvorgang zu beurteilen sei und damit zur Gewinnrealisierung führe.

Nach einem Beschluß der obersten Finanzbehörden des Bundes und der Länder ist uneingeschränkt nach den Grundsätzen des vorbezeichneten Urteils des BFH vom 20.3.1980 zu verfahren. Die sich danach ergebenden unterschiedlichen Rechtsfolgen beim Tausch von Genossenschaftsanteilen in Aktien einerseits und in GmbH-Anteile andererseits müssen im Hinblick auf die unterschiedlichen handelsrechtlichen Vorschriften hingenommen werden; insoweit könne nur durch eine Änderung der handelsrechtlichen Vorschriften abgeholfen werden.

Diese Anweisung wird in die ESt-Kartei NW aufgenommen.

Bewertungswahlrechte und Vereinfachungsregelungen für Land- und Forstwirtschaft betreibende Kapitalgesellschaften und Gewerbebetriebe kraft Rechtsform

BMF-Schreiben vom 16.11.1993

IV B 2 – S 2133 – 16/93

Im Einvernehmen mit den obersten Finanzbehörden der Länder nehme ich zu der Frage, ob Land- und Forstwirtschaft betreibende juristische Personen und Gewerbebetriebe kraft Rechtsform, die für die Ermittlung der Einkünfte aus Land- und Forstwirtschaft nach § 13 EStG geltenden Vereinfachungsregelungen bei der Bestandsaufnahme und der Bewertung von Wirtschaftsgütern des Betriebsvermögens in Anspruch nehmen können, wie folgt Stellung: Kapitalgesellschaften und Erwerbs- und Wirtschaftsgenossenschaften sowie Gewerbetreibende, die aufgrund gesetzlicher Vorschriften verpflichtet sind, Bücher zu führen und regelmäßig Abschlüsse zu machen, haben beim Ansatz und der Bewertung von Vermögensgegenständen und Schulden die handelsrechtlichen Vorschriften der §§ 246 ff. HGB zu beachten. Die Wertansätze sind grundsätzlich auch für die Steuerbilanz maßgeblich (vgl. auch BFH-Urteil vom 1. Oktober 1992, BStBl. II 1993, 284), soweit sich nicht aus § 5 Abs. 6 EStG etwas anderes ergibt. Die im BMF-Schreiben vom 15. Dezember 1981 (BStBl. I, 878) enthaltenen Erleichterungen bei der Bestandsaufnahme und der Bewertung von Hofvorräten und das im BMF-Schreiben vom 22. Oktober 1985 IV B 4 – S 2163 – 16/85 zugelassene Bewertungswahlrecht bei der Aktivierung von Pflanzenbeständen und Kulturen in landwirtschaftlichen Betrieben (Obstanlagen) können grundsätzlich nur Land- und Forstwirte in Anspruch nehmen, die aus einem land- und forstwirtschaftlichen Betrieb Einkünfte im Sinne des § 13 EStG erzielen. Bei Kapitalgesellschaften, Erwerbs- und Wirtschaftsgenossenschaften sind jedoch nach § 8 Abs. 2 KStG alle Einkünfte als gewerblich zu behandeln. Im Interesse der Gleichmäßigkeit der Besteuerung dürfen auch diese Steuerpflichtigen bestimmte Steuervergünstigungen und Vereinfachungsregelungen, die im übrigen nur bei den Einkünften aus Land- und Forstwirtschaft (§ 13 EStG) gewährt werden, in Anspruch nehmen, wenn gleichzeitig die Voraussetzungen des Abschnitts 28 Satz 3 KStR erfüllt sind. Unter Berücksichtigung dieser Erwägungen können auch Kapitalgesellschaften und Erwerbs- und Wirtschaftsgenossenschaften die in Textziffer 3.1.3 und 3.2 des BMF-Schreibens vom 15. Dezember 1981 (a. a. O.) und im BMF-Schreiben vom 22. Oktober 1985 gewährten Buchführungserleichterungen in Anspruch nehmen, wenn der Betrieb der Körperschaft auf Land- und Forstwirtschaft beschränkt ist oder der land- und forstwirtschaftliche Betrieb als organisatorisch verselbständigter Betriebsteil (Teilbetrieb) geführt wird. Dies gilt entsprechend für Personengesellschaften, die Gewerbebetrieb kraft Rechtsform sind. Für Körperschaften, Personenvereinigungen und Vermögensmassen gilt Abschnitt 212 EStR sinngemäß (vgl. Abschnitt 105 Satz 2 KStR).

Ertragsteuerliche Behandlung des Sponsoring[1]

BMF-Schreiben vom 18.02.1998
IV B 2 – S 2144 – 40 / 98
IV B 7 – S 0183 – 62 / 98
(BStBl. 1998 I S. 212)

Für die ertragsteuerliche Behandlung des Sponsoring gelten – unabhängig von dem gesponserten Bereich (z. B. Sport-, Kultur-, Sozio-, Öko- und Wissenschaftssponsoring) – im Einvernehmen mit den obersten Finanzbehörden der Länder folgende Grundsätze:

I. Begriff des Sponsoring

Unter Sponsoring wird üblicherweise die Gewährung von Geld oder geldwerten Vorteilen durch Unternehmen zur Förderung von Personen, Gruppen und/oder Organisationen in sportlichen, kulturellen, kirchlichen, wissenschaftlichen, sozialen, ökologischen oder ähnlich bedeutsamen gesellschaftspolitischen Bereichen verstanden, mit der regelmäßig auch eigene unternehmensbezogene Ziele der Werbung oder Öffentlichkeitsarbeit verfolgt werden. Leistungen eines Sponsors beruhen häufig auf einer vertraglichen Vereinbarung zwischen dem Sponsor und dem Empfänger der Leistungen (Sponsoring-Vertrag), in dem Art und Umfang der Leistungen des Sponsors und des Empfängers geregelt sind. **1**

II. Steuerliche Behandlung beim Sponsor

Die im Zusammenhang mit dem Sponsoring gemachten Aufwendungen können **2**
– Betriebsausgaben i. S. d. § 4 Abs. 4 EStG,
– Spenden, die unter den Voraussetzungen der §§ 10b EStG, 9 Abs. 1 Nr. 2 KStG, 9 Nr. 5 GewStG abgezogen werden dürfen, oder
– steuerlich nicht abzugsfähige Kosten der Lebensführung (§ 12 Nr. 1 EStG), bei Kapitalgesellschaften verdeckte Gewinnausschüttungen (§ 8 Abs. 3 Satz 2 KStG) sein.

1. Berücksichtigung als Betriebsausgaben

Aufwendungen des Sponsors sind Betriebsausgaben, wenn der Sponsor wirtschaftliche Vorteile, die **3** insbesondere in der Sicherung oder Erhöhung seines unternehmerischen Ansehens liegen können (vgl. BFH vom 3. Februar 1993, BStBl. II S. 441, 445), für sein Unternehmen erstrebt oder für Produkte seines Unternehmens werben will. Das ist insbesondere der Fall, wenn der Empfänger der Leistungen auf Plakaten, Veranstaltungshinweisen, in Ausstellungskatalogen, auf den von ihm benutzten Fahrzeugen oder anderen Gegenständen auf das Unternehmen oder auf die Produkte des Sponsors werbewirksam hinweist. Die Berichterstattung in Zeitungen, Rundfunk oder Fernsehen kann einen wirtschaftlichen Vorteil, den der Sponsor für sich anstrebt, begründen, insbesondere wenn sie in seine Öffentlichkeitsarbeit eingebunden ist oder der Sponsor an Pressekonferenzen oder anderen öffentlichen Veranstaltungen des Empfängers mitwirken und eigene Erklärungen über sein Unternehmen oder seine Produkte abgeben kann.

Wirtschaftliche Vorteile für das Unternehmen des Sponsors können auch dadurch erreicht werden, **4** daß der Sponsor durch Verwendung des Namens, vom Emblem oder Logos des Empfängers oder in anderer Weise öffentlichkeitswirksam auf seine Leistungen aufmerksam macht.

Für die Berücksichtigung der Aufwendungen als Betriebsausgaben kommt es nicht darauf an, ob die **5** Leistungen notwendig, üblich oder zweckmäßig sind; die Aufwendungen dürfen auch dann als Betriebsausgaben abgezogen werden, wenn die Geld- oder Sachleistungen des Sponsors und die erstrebten Werbeziele für das Unternehmen nicht gleichwertig sind. Bei einem krassen Mißverhältnis zwischen den Leistungen des Sponsors und dem erstrebten wirtschaftlichen Vorteil ist der Betriebsausgabenabzug allerdings zu versagen (§ 4 Abs. 5 Satz 1 Nr. 7 EStG).

Leistungen des Sponsors im Rahmen des Sponsoring-Vertrags, die die Voraussetzungen der RdNrn. **6** 3, 4 und 5 für den Betriebsausgabenabzug erfüllen, sind keine Geschenke i. S. d. § 4 Abs. 5 Satz 1 Nr. 1 EStG.

2. Berücksichtigung als Spende

Zuwendungen des Sponsors, die keine Betriebsausgaben sind, sind als Spenden (§ 10b EStG) zu behandeln, wenn sie zur Förderung steuerbegünstigter Zwecke freiwillig oder aufgrund einer freiwillig **7** eingegangenen Rechtspflicht erbracht werden, kein Entgelt für eine bestimmte Leistung des Emp-

---

1) Vgl. auch Anlage § 008(1)-14.

fängers sind und nicht in einem tatsächlichen wirtschaftlichen Zusammenhang mit dessen Leistungen stehen (BFH vom 25. November 1987, BStBl. II 1988 S. 220; vom 12. September 1990, BStBl. II 1991 S. 258).

3. Nichtabzugsfähige Kosten der privaten Lebensführung oder verdeckte Gewinnausschüttungen

8 Als Sponsoringaufwendungen bezeichnete Aufwendungen, die keine Betriebsausgaben und keine Spenden sind, sind nicht abzugsfähige Kosten der privaten Lebensführung (§ 12 Nr. 1 Satz 2 EStG). Bei entsprechenden Zuwendungen einer Kapitalgesellschaft können verdeckte Gewinnausschüttungen vorliegen, wenn der Gesellschafter durch die Zuwendungen begünstigt wird, z. B. eigene Aufwendungen als Mäzen erspart (vgl. Abschnitt 31 Abs. 2 Satz 4 KStR 1995).

III. Steuerliche Behandlung bei steuerbegünstigten Empfängern

9 Die im Zusammenhang mit dem Sponsoring erhaltenen Leistungen können, wenn der Empfänger eine steuerbegünstigte Körperschaft ist, steuerfreie Einnahmen im ideellen Bereich, steuerfreie Einnahmen aus der Vermögensverwaltung oder steuerpflichtige Einnahmen eines wirtschaftlichen Geschäftsbetriebs sein. Die steuerliche Behandlung der Leistungen beim Empfänger hängt grundsätzlich nicht davon ab, wie die entsprechenden Aufwendungen beim leistenden Unternehmen behandelt werden.

10 Für die Abgrenzung gelten die allgemeinen Grundsätze (vgl. insbesondere Anwendungserlaß zur Abgabenordnung, zu § 67a, Tz. I/9). Danach liegt kein wirtschaftlicher Geschäftsbetrieb vor, wenn die steuerbegünstigte Körperschaft dem Sponsor nur die Nutzung ihres Namens zu Werbezwecken in der Weise gestattet, daß der Sponsor selbst zu Werbezwecken oder zur Imagepflege auf seine Leistungen an die Körperschaft hinweist. Ein wirtschaftlicher Geschäftsbetrieb liegt auch dann nicht vor, wenn der Empfänger der Leistungen z. B. auf Plakaten, Veranstaltungshinweisen, in Ausstellungskatalogen oder in anderer Weise auf die Unterstützung durch einen Sponsor lediglich hinweist. Dieser Hinweis kann unter Verwendung des Namens, Emblems oder Logos des Sponsors, jedoch ohne besondere Hervorhebung, erfolgen. Ein wirtschaftlicher Geschäftsbetrieb liegt dagegen vor, wenn die Körperschaft an den Werbemaßnahmen mitwirkt. Der wirtschaftliche Geschäftsbetrieb kann kein Zweckbetrieb (§§ 65 bis 68 AO) sein.

Dieses Schreiben ersetzt das BMF-Schreiben vom 9. Juli 1997 (BStBl. I S. 726).

Zweifelsfragen bei der ertragsteuerlichen Behandlung des Sponsoring

Erlass FM Bayern vom 11.02.2000

33 – S 0183 – 12/14 – 59238

Unter Bezugnahme auf das Ergebnis der Erörterung mit den obersten Finanzbehörden der Länder wird zur Abgrenzung zwischen steuerfreien und steuerpflichtigen Sponsoring-Einnahmen gemäß Tz. III des BMF-Schreibens vom 18.2.1998 (BStBl. I 1998, 212)[1] wie folgt Stellung genommen:

1. Benennung eines Saals in einem Museum nach dem Sponsor (z. B. „BMW-Saal")
In diesem Fall liegt kein steuerpflichtiger wirtschaftlicher Geschäftsbetrieb vor.

2. Logo des Sponsors auf der Internetseite eines gemeinnützigen Vereins
Kann durch einen Link auf das Logo des Sponsors zu den Werbeseiten der sponsernden Firma umgeschaltet werden, liegt eine Werbeleistung des Vereins vor, die zur Annahme eines steuerpflichtigen wirtschaftlichen Geschäftsbetriebs führt. Dagegen sind die Einnahmen des Vereins nicht steuerpflichtig, wenn die Internetseite zwar das Logo des Sponsors enthält, eine Umschaltung zu dessen Werbeseiten aber nicht möglich ist. Die Entscheidungen folgen den Grundsätzen, nach denen die vergleichbaren Sachverhalte bei Werbung in Vereinszeitschriften beurteilt werden (Werbeseiten oder Werbebeilage des Sponsors: steuerpflichtiger wirtschaftlicher Geschäftsbetrieb, nur Logo: nach dem Sponsoring-Erlass unschädlich). Diese Grundsätze werden lediglich auf Werbung durch ein modernes Medium (Internet) übertragen.

---

1) Hier abgedruckt als Anlage § 008(1)-13.

Ertragsteuerliche Behandlung von Aufwendungen für VIP-Logen in Sportstätten [1]

BMF-Schreiben vom 22.08.2005

IV B 2 – S 2144 – 41/05

(BStBl. 2005 I S. 845)

Unter Aufwendungen für VIP-Logen in Sportstätten werden solche Aufwendungen eines Steuerpflichtigen verstanden, die dieser für bestimmte sportliche Veranstaltungen trägt und für die er vom Empfänger dieser Leistung bestimmte Gegenleistungen mit Werbecharakter für die „gesponserte" Veranstaltung erhält. Neben den üblichen Werbeleistungen (z. B. Werbung über Lautsprecheransagen, auf Videowänden, in Vereinsmagazinen) werden dem sponsernden Unternehmer auch Eintrittskarten für VIP-Logen überlassen, die nicht nur zum Besuch der Veranstaltung berechtigen, sondern auch die Möglichkeit der Bewirtung des Steuerpflichtigen und Dritter (z. B. Geschäftsfreunde, Arbeitnehmer) beinhalten. Regelmäßig werden diese Maßnahmen in einem Gesamtpaket vereinbart, wofür dem Sponsor ein Gesamtbetrag in Rechnung gestellt wird.

Im Einvernehmen mit den obersten Finanzbehörden der Länder gilt zur ertragsteuerlichen Behandlung der Aufwendungen für VIP-Logen in Sportstätten Folgendes:

1 Aufwendungen im Zusammenhang mit VIP-Logen in Sportstätten können betrieblich veranlasst (Ausnahme Rdnr. 11) und in der steuerlichen Gewinnermittlung entsprechend der Art der Aufwendungen einzeln zu berücksichtigen sein. Dabei sind die allgemeinen Regelungen des § 4 Abs. 4 und 5 EStG in Verbindung mit dem zum Sponsoring ergangenen BMF-Schreiben vom 18. Februar 1998 (BStBl. I S. 212) zu beachten. Bei den Aufwendungen sind zu unterscheiden:

1. Aufwendungen für Werbeleistungen

2 Die in den vertraglich abgeschlossenen Gesamtpaketen neben den Eintrittskarten, der Bewirtung, den Raumkosten u. Ä. erfassten Aufwendungen für Werbeleistungen sind grundsätzlich als Betriebsausgaben gemäß § 4 Abs. 4 EStG abziehbar.

2. Aufwendungen für eine besondere Raumnutzung

3 Wird im Einzelfall glaubhaft gemacht, dass auf der Grundlage einer vertraglichen Vereinbarung Räumlichkeiten in der Sportstätte für betriebliche Veranstaltungen (z. B. Konferenzen, Besprechungen mit Geschäftspartnern) außerhalb der Tage, an denen Sportereignisse stattfinden, genutzt werden, stellen die angemessenen, auf diese Raumnutzung entfallenden Aufwendungen ebenfalls abziehbare Betriebsausgaben dar (vgl. Rdnr. 19).

3. Aufwendungen für VIP-Maßnahmen gegenüber Geschäftsfreunden

a) Geschenke

4 Wendet der Steuerpflichtige seinen Geschäftsfreunden unentgeltlich Leistungen zu (beispielsweise Eintrittskarten), um geschäftliche Kontakte vorzubereiten und zu begünstigen oder um sich geschäftsfördernd präsentieren zu können, kann es sich um Geschenke i. S. von § 4 Abs. 5 Satz 1 Nr. 1 EStG handeln, die nur abziehbar sind, wenn die Anschaffungs- oder Herstellungskosten der dem Empfänger im Wirtschaftsjahr zugewendeten Gegenstände insgesamt 35 Euro nicht übersteigen. Der Geschenkbegriff des § 4 Abs. 5 Satz 1 Nr. 1 EStG entspricht demjenigen der bürgerlich-rechtlichen Schenkung.

5 Erfolgt die Zuwendung dagegen als Gegenleistung für eine bestimmte in engem sachlichen oder sonstigem unmittelbaren Zusammenhang stehende Leistung des Empfängers, fehlt es an der für ein Geschenk notwendigen unentgeltlichen Zuwendung. Die Aufwendungen sind dann grundsätzlich unbeschränkt als Betriebsausgaben abziehbar.

b) Bewirtung

6 Aufwendungen für die Bewirtung von Geschäftsfreunden aus geschäftlichem Anlass sind gemäß § 4 Abs. 5 Satz 1 Nr. 2 EStG unter den dort genannten Voraussetzungen beschränkt abziehbar.

c) Behandlung beim Empfänger

7 Bei den Empfängern der Geschenke ist der geldwerte Vorteil wegen der betrieblichen Veranlassung als Betriebseinnahme zu versteuern, und zwar auch dann, wenn für den Zuwendenden das Abzugsverbot des § 4 Abs. 5 Satz 1 Nr. 1 EStG gilt (BFH-Urteil vom 26. September 1995, BStBl. 1996 II S. 273). Der

---

[1] Vgl. auch BMF-Schreiben vom 30.03.2006 (BStBl. 2006 I S. 307) und vom 11.07.2006 (BStBl. 2006 I S. 447).

Vorteil aus einer Bewirtung i. S. des § 4 Abs. 5 Satz 1 Nr. 2 EStG ist dagegen aus Vereinfachungsgründen beim bewirteten Steuerpflichtigen nicht als Betriebseinnahme zu erfassen (R 18 Abs. 3 EStR 2003).

4. Aufwendungen für VIP-Maßnahmen zugunsten von Arbeitnehmern

a) Geschenke

Aufwendungen für Geschenke an Arbeitnehmer des Steuerpflichtigen sind vom Abzugsverbot des § 4 Abs. 5 Satz 1 Nr. 1 EStG ausgeschlossen und somit in voller Höhe als Betriebsausgaben abziehbar. **8**

b) Bewirtung

Bewirtungen, die der Steuerpflichtige seinen Arbeitnehmern gewährt, gelten als betrieblich veranlasst und unterliegen mithin nicht der Abzugsbeschränkung des § 4 Abs. 5 Satz 1 Nr. 2 EStG. Zu unterscheiden hiervon ist die Bewirtung aus geschäftlichem Anlass, an der Arbeitnehmer des Steuerpflichtigen lediglich teilnehmen (Beispiel: Der Unternehmer lädt anlässlich eines Geschäftsabschlusses die Geschäftspartner und seine leitenden Angestellten ein). Hier greift § 4 Abs. 5 Satz 1 Nr. 2 EStG auch für den Teil der Aufwendungen, der auf den an der Bewirtung teilnehmenden Arbeitnehmer entfällt. **9**

c) Behandlung beim Empfänger

Die Zuwendung stellt für den Arbeitnehmer einen zum steuerpflichtigen Arbeitslohn gehörenden geldwerten Vorteil dar, wenn der für die Annahme von Arbeitslohn erforderliche Zusammenhang mit dem Dienstverhältnis gegeben ist (§ 8 Abs. 1 i. V. m. § 19 Abs. 1 Satz 1 Nr. 1 EStG und § 2 Abs. 1 LStDV). Der geldwerte Vorteil ist grundsätzlich nach § 8 Abs. 2 Satz 1 EStG zu bewerten. Die Freigrenze für Sachbezüge i. H. v. 44 Euro im Kalendermonat (§ 8 Abs. 2 Satz 9 EStG) und R 31 Abs. 2 Satz 9 LStR 2005 sind zu beachten. **10**

Nicht zum steuerpflichtigen Arbeitslohn gehören insbesondere Zuwendungen, die der Arbeitgeber im ganz überwiegenden betrieblichen Interesse erbringt. Dies sind auch Zuwendungen im Rahmen einer üblichen Betriebsveranstaltung (vgl. R 72 LStR 2005) oder Zuwendungen aus geschäftlichem Anlass (Beispiel: Der Unternehmer lädt anlässlich eines Geschäftsabschlusses die Geschäftspartner und seine leitenden Angestellten ein, vgl. R 31 Abs. 8 Nr. 1 LStR 2005).

5. Privat veranlasste Aufwendungen für VIP-Maßnahmen

Ist die Leistung des Unternehmers privat veranlasst, handelt es sich gemäß § 12 Nr. 1 EStG in vollem Umfang um nicht abziehbare Kosten der privaten Lebensführung; bei Kapitalgesellschaften können verdeckte Gewinnausschüttungen vorliegen. Eine private Veranlassung ist u. a. dann gegeben, wenn der Steuerpflichtige die Eintrittskarten an Dritte überlässt, um damit gesellschaftlichen Konventionen zu entsprechen, z. B. aus Anlass eines persönlichen Jubiläums (vgl. BFH-Urteil vom 12. Dezember 1991, BStBl. 1992 II S. 524; BFH-Urteil vom 29. März 1994, BStBl. II S. 843). **11**

6. Nachweispflichten

Der Betriebsausgabenabzug für Aufwendungen im Rahmen von VIP-Maßnahmen ist zu versagen, wenn keine Nachweise dafür vorgelegt worden sind, welchem konkreten Zweck der getätigte Aufwand diente, d. h. welchem Personenkreis aus welcher Veranlassung die Leistung zugewendet wurde. **12**

Dagegen ist der Betriebsausgabenabzug nicht bereits aus dem Grunde zu versagen, dass der Nutzungsvertrag keine Aufgliederung des vereinbarten Nutzungsentgelts einerseits und der Einräumung der sonstigen werblichen Möglichkeiten andererseits zulässt. Soweit die vertraglichen Vereinbarungen keine Aufschlüsselung des Pauschalpreises in die einzelnen Arten der Ausgaben enthalten, führt dies nicht zu einem generellen Abzugsverbot. Vielmehr ist im Wege der sachgerechten Schätzung mittels Fremdvergleichs unter Mitwirkung des Unternehmers zu ermitteln, in welchem Umfang die Kosten auf die Eintrittskarten, auf die Bewirtung, auf die Werbung und/oder auf eine besondere Raumnutzung entfallen. Das vereinbarte Gesamtentgelt ist hierbei einzelfallbezogen unter Würdigung der Gesamtumstände nach dem Verhältnis der ermittelten Teilwerte für die Einzelleistungen aufzuteilen. Im Rahmen der Einzelfallprüfung ist ggf. auch eine Kürzung der ausgewiesenen Werbekosten vorzunehmen, wenn diese im Fremdvergleich unangemessen hoch ausfallen. **13**

7. Vereinfachungsregelungen

a) Pauschale Aufteilung des Gesamtbetrages für VIP-Logen in Sportstätten

Aus Vereinfachungsgründen ist es nicht zu beanstanden, wenn bei betrieblich veranlassten Aufwendungen der für das Gesamtpaket (Werbeleistungen, Bewirtung, Eintrittskarten usw.) vereinbarte Gesamtbetrag wie folgt pauschal aufgeteilt wird: **14**

- Anteil für die Werbung: 40 v. H. des Gesamtbetrages.

Dieser Werbeaufwand, der in erster Linie auf die Besucher der Sportstätte ausgerichtet ist, ist in vollem Umfang als Betriebsausgabe abziehbar.

- Anteil für die Bewirtung: 30 v. H. des Gesamtbetrages.

Dieser Anteil ist gemäß § 4 Abs. 5 Satz 1 Nr. 2 EStG mit dem abziehbaren v. H.-Satz als Betriebsausgabe zu berücksichtigen.

- Anteil für Geschenke: 30 v. H. des Gesamtbetrages.

Sofern nicht eine andere Zuordnung nachgewiesen wird, ist davon auszugehen, dass diese Aufwendungen je zur Hälfte auf Geschäftsfreunde (Rdnr. 15, 16) und auf eigene Arbeitnehmer (Rdnr. 17, 18) entfallen.

b) Geschenke an Geschäftsfreunde (z. B. andere Unternehmer und deren Arbeitnehmer)

15 Da diese Aufwendungen regelmäßig den Betrag von 35 Euro pro Empfänger und Wirtschaftsjahr übersteigen, sind sie gemäß § 4 Abs. 5 Satz 1 Nr. 1 EStG nicht als Betriebsausgabe abziehbar.

16 Bei den Empfängern der Zuwendungen ist dieser geldwerte Vorteil grundsätzlich als Betriebseinnahme/Arbeitslohn zu versteuern. Auf eine Benennung der Empfänger und die steuerliche Erfassung des geldwerten Vorteils bei den Empfängern kann jedoch verzichtet werden, wenn zur Abgeltung dieser Besteuerung 60 v. H. des auf Geschäftsfreunde entfallenden Anteils am Gesamtbetrag i. S. der Rdnr. 14 zusätzlich der Besteuerung beim Zuwendenden unterworfen werden.

c) Geschenke an eigene Abeitnehmer

17 Soweit die Aufwendungen auf Geschenke an eigene Arbeitnehmer entfallen, sind sie in voller Höhe als Betriebsausgabe abziehbar. Zur steuerlichen Behandlung dieser Zuwendungen bei den eigenen Arbeitnehmern vgl. Rdnr. 10.

18 Bei Anwendung der Vereinfachungsregelung i. S. der Rdnr. 14 kann der Steuerpflichtige (Arbeitgeber) die Lohnsteuer für diese Zuwendungen mit einem Pauschsteuersatz in Höhe von 30 v. H. des auf eigene Arbeitnehmer entfallenden Anteils am Gesamtbetrag i. S. der Rdnr. 14 übernehmen. Die Höhe dieses Pauschsteuersatzes berücksichtigt typisierend, dass der Arbeitgeber die Zuwendungen an einen Teil seiner Arbeitnehmer im ganz überwiegenden betrieblichen Interesse erbringt (vgl. Rdnr. 10). § 40 Abs. 3 EStG gilt entsprechend.

d) Pauschale Aufteilung bei besonderer Raumnutzung

19 In Fällen der Rdnr. 3, in denen die besondere Raumnutzung mindestens einmal wöchentlich stattfindet, kann der auf diese Raumnutzung entfallende Anteil vorab pauschal mit 15 v. H. des Gesamtbetrages ermittelt und als Betriebsausgabe abgezogen werden. Für die weitere Aufteilung nach Rdnr. 14 ist in diesen Fällen von dem um den Raumnutzungsanteil gekürzten Gesamtbetrag auszugehen.

8. Zeitliche Anwendung

20 Die vorstehenden Regelungen sind in allen offenen Fällen anzuwenden.

Die Regelungen des BMF-Schreibens vom 18. Februar 1998 (BStBl. I S. 212)[1] bleiben unberührt.

---

1) Hier abgedruckt als Anlage § 008 (1)-13.

Ertragssteuerliche Behandlung von Baukostenzuschüssen bei Energieversorgungsunternehmen

Erlass Bayer. Landesamt für Steuern vom 23.08.2006

S 2706 – 27 St 31 N

Bezug: BMF-Schreiben vom 27.05.2003 (BStBl. I 2003 S. 361)

Im Einvernehmen mit den obersten Finanzbehörden der Länder gilt zur ertragsteuerlichen Behandlung von Baukostenzuschüssen an Energieversorgungsunternehmen, die nach dem In-Kraft-Treten des Energiewirtschaftsgesetztes – EnWG – vom 24. 4. 1998 (BGBl. I, 730), zuletzt geändert durch das Gesetz zur Umstellung von Gesetzen und Verordnungen im Zuständigkeitsbereich des Bundesministeriums für Wirtschaft und Technologie sowie des Bundesministeriums für Bildung und Forschung auf Euro (Neuntes Euro-Einführungsgesetz) vom 10.11. 2001 (BGBl. I, 2992) vereinbart worden sind, Folgendes: Nicht rückzahlbare Beträge, die Versorgungsunternehmen dem Kunden als privatem oder gewerblichem Endabnehmer oder dem Weiterverteiler im Zusammenhang mit der Herstellung des Versorgungsanschlusses als Baukostenzuschüsse in Rechnung stellen, sind Vermögensvorteile, die der Zuschussgeber zur Förderung des in seinem Interesse liegenden Zwecks, nämlich der Herstellung des Anschlusses, dem Zuschussempfänger zuwendet (R 34 Abs. 1 Satz 1 EStR[1]). Das gilt unabhängig davon, durch wen die Energielieferung erfolgt und ob es sich um Tarifkunden oder um Sondervertragskunden handelt. Der hergestellte Versorgungsanschluss, für den der Zuschuss gezahlt wird, ist ein Wirtschaftsgut des Anlagevermögens des Versorgungsunternehmens. Die ertragsteuerliche Folge aus der Qualifizierung des Zuschusses als solchem zur Herstellung eines Wirtschaftsguts des Anlagevermögens ergibt sich aus R 34 Abs. 2 EStR. Danach hat das Versorgungsunternehmen ein Wahlrecht, die empfangenen Zuschüsse als Betriebseinnahmen zu erfassen oder erfolgsneutral von den durch das Unternehmen selbst getragenen Anschaffungs- oder Herstellungskosten für den Versorgungsanschluss abzuziehen. Das gilt unabhängig davon, ob mit demselben Unternehmen auch der Versorgungsliefervertrag geschlossen wurde.

Es bestehen keine Bedenken, die Regelung erst auf Baukostenzuschüsse anzuwenden, die in Wirtschaftsjahren vereinbart werden, die nach dem 31. 12. 2002 beginnen.

Die Regelung ist für von Windkraftanlagenbetreibern gezahlte Baukostenzuschüsse bei Energieversorgungsunternehmen entsprechend anzuwenden.

Anmerkung des LfSt:

1. Nach Auffassung der ESt-Referatsleiter des Bundes und der Länder sind Baukostenzuschüsse, die vor In-Kraft-Treten des EnWG vom 24. 4. 1998 (a.a.O.) von Energieversorgungsunternehmen mit Tarifabnehmern und Sonderabnehmern mit über 20-jährigen Verträgen vereinbart worden sind („alte" Baukostenzuschüsse), – wie bisher – auf 20 Jahre zu verteilen. Aus Gleichbehandlungsgründen bestehen auch bei einer mit Sonderabnehmern vereinbarten Vertragslaufzeit von unter 20 Jahren keine Bedenken, den passiven Rechnungsabgrenzungsposten über eine Laufzeit von bis zu 20 Jahren verteilt aufzulösen. Soweit bei Betriebsprüfungen „alte" Baukostenzuschüsse zu beurteilen sind, können die Prüfungen im o.g. Sinn abgeschlossen werden (aus FMS vom 24. 7. 2002, – 31 – S 2137 – 107 – 30 687/02 –).

2. Ertragsteuerliche Behandlung von Baukostenzuschüssen bei Wasserversorgungsunternehmen

Nach Auffassung der Einkommensteuer-Referatsleiter des Bundes und der Länder gilt die vorstehende Regelung (einschließlich der Übergangsregelung) auch für Baukostenzuschüsse, die Wasserversorgungsunternehmen erhalten (aus FMS vom 13. 1. 2004, Az.: – 31 – S 2137 – 107 – 394/04 –).

3. Bilanzsteuerliche Behandlung von Baukostenzuschüssen sowie Zuschüssen zur Hausanschlusskosten bei Versorgungsunternehmen, die nicht über das wirtschaftliche Eigentum an den Versorgungsleitungen bzw. Hausanschlüssen verfügen

Verfügt der Zuschussempfänger (Versorgungsunternehmen) nicht über das zivilrechtliche bzw. wirtschaftliche Eigentum an den Versorgungsanlagen (Leitungsnetz bzw. Hausanschlüsse), sind die vereinnahmten Baukostenzuschüsse bzw. Zuschüsse für Hausanschlusskosten passiv abzugrenzen und über die Dauer von 20 Jahren linear aufzulösen. Denn Zuschüsse gehen kostenmindernd in die Kalkulation der Netznutzungsentgelte ein und sind wirtschaftlich betrachtet als Vorauszahlungen auf den Gas-, Strom- oder Wasserpreis anzusehen ((vgl. auch §§ 7 und 9 der Gasnetz- bzw. Stromnetzentgeltverordnung vom 25. 7. 2005, BGBl. I, 2197 bzw. 2225); aus FMS vom 2. 8. 2006, Az.: – 31 – S 2137 – 107 – 23 979/06 –).

---

[1] Jetzt R 6.5 EStR.

Überführung von Wirtschaftsgütern von einem Betrieb gewerblicher Art in einen anderen

Erlaß FM Baden-Württemberg vom 12.05.1997

3 – S 20.6182

Es ist gefragt worden, ob die Überführung von Beteiligungen, die zum gewillkürten Betriebsvermögen eines Betriebes gewerblicher Art gehören, in einen anderen Betrieb gewerblicher Art derselben Trägerkörperschaft zur Aufdeckung von stillen Reserven zwingt.

Im Einvernehmen mit dem Bundesministerium der Finanzen und den obersten Finanzbehörden der anderen Länder wird hierzu folgende Auffassung vertreten:

Das Verhältnis von Betrieben gewerblicher Art zu ihren Trägerkörperschaften ist dem Verhältnis von Kapitalgesellschaft zu ihren Gesellschaftern angenähert. Zwar ist nicht der einzelne Betrieb gewerblicher Art, sondern die Körperschaft des öffentlichen Rechts als Körperschaftsteuersubjekt anzusehen, gleichwohl ist ein Betrieb gewerblicher Art in gewissem Sinne gegenüber der Trägerkörperschaft verselbständigt. Demgemäß ist bei einer Körperschaft des öffentlichen Rechts, die mehrere Betriebe gewerblicher Art unterhält, das Einkommen für jeden dieser Betriebe gewerblicher Art gesondert zu ermitteln und die Körperschaftsteuer gesondert gegen die Trägerkörperschaft festzusetzen (Abschn. 28 Abs. 2 Satz 1 KStR 1995[1]). Eine Saldierung von Gewinnen und Verlusten unter verschiedenen Betrieben gewerblicher Art ist nicht zulässig.

Infolgedessen können Wirtschaftsgüter, die zum gewillkürten Betriebsvermögen eines Betriebes gewerblicher Art gehören, auf einen anderen Betrieb gewerblicher Art übertragen werden. Die Wirtschaftsgüter sind dabei aber nicht mit Buchwerten, sondern mit Teilwerten anzusetzen. Die Übertragung von Wirtschaftsgütern aus einem Betrieb gewerblicher Art in einen anderen Betrieb gewerblicher Art derselben Trägerkörperschaft zwingt somit zur Aufdeckung der stillen Reserven.

Betrieb gewerblicher Art „Schwimmbäder"; hier: Umfang des Betriebsvermögens

BMF-Schreiben vom 05.12.1988

IV B 7 – S 2706 – 67/88

(DStZ/E 1989 S. 45)

In einer Eingabe wurde gefragt, welche steuerliche Behandlung sich ergibt, wenn ein von einer Kommune betriebenes Schwimmbad Leerräume an einen Gaststättenbetrieb verpachtet. Der BMF hat dazu nach Abstimmung mit den obersten Finanzbehörden der Länder wie folgt Stellung genommen:

Die Verpachtung von Räumlichkeiten ohne Inventar ist grundsätzlich dem Bereich der Vermögensverwaltung zuzuordnen und stellt somit keinen Betrieb gewerblicher Art dar. Eine Zusammenfassung von Bereichen der Vermögensverwaltung mit einem Betrieb gewerblicher Art ist steuerlich nicht zulässig (Abschn. 5 Abs. 8 bis 11 KStR[2]). In den von Ihnen geschilderten Fällen liegt jedoch ein einheitlicher Betrieb gewerblicher Art vor, wenn die verpachteten Leerräume zum Betriebsvermögen des Betriebs gewerblicher Art „Schwimmbäder" gehören. Auf Abschn. 14 Abs. 3 und 4 EStR[3] weise ich hin. Im Hinblick darauf, daß der Betrieb einer Gaststätte die Anziehungskraft eines Schwimmbades erhöhen kann, bestehen im allgemeinen keine Bedenken, die verpachteten Leerräume als gewillkürtes Betriebsvermögen des Betriebs gewerblicher Art zu behandeln.

---

1) Jetzt R 33 KStR.

2) Jetzt R 7 KStR.

3) Jetzt R 4.2 Abs. 9 EStR.

Übertragung von Beteiligungen aus dem Hoheitsvermögen einer Gemeinde in einen Betrieb gewerblicher Art (Eigenbetrieb)

Verfügung OFD Hannover vom 02.02.1989
S 2706 – 97 – StH 231
S 2706 – 104 – StO 231

Die Einlage einer nicht hundertprozentigen ertragbringenden Beteiligung durch eine juristische Person des öffentlichen Rechts in ihren Betrieb gewerblicher Art ist unter den Voraussetzungen zulässig, die in Abschnitt 14a Abs. 1 und 2 EStR[1] für die Behandlung von Wertpapieren als gewillkürtes Betriebsvermögen gefordert werden.

Die Bewertung von Einlagen richtet sich nach § 6 Abs. 1 Nr. 5 EStG, der über § 8 Abs. 1 KStG grundsätzlich auch für die Körperschaftsteuer gilt. Danach sind Einlagen mit dem Teilwert für den Zeitpunkt der Zuführung anzusetzen. Die Vorschrift des § 6 Abs. 1 Nr. 5 Buchst. b EStG findet in diesem Fall keine Anwendung, weil die einbringende juristische Person des öffentlichen Rechts an der Gesellschaft nicht i. S. des § 17 EStG beteiligt ist. Juristische Personen des öffentlichen Rechts sind nur mit ihren Betrieben gewerblicher Art steuerpflichtig. Das Halten einer Beteiligung ist jedoch grundsätzlich Vermögensverwaltung und damit kein Betrieb gewerblicher Art.

---

1) Jetzt H 4.2 Abs. 1 EStH.

**Körperschaftsteuerliche Behandlung der Betriebe gewerblicher Art;
Abzugsfähigkeit der Sitzungsgelder für Mitglieder des Werksausschusses und
des Gemeinderates, soweit diese für die Belange von Eigenbetrieben tätig werden,
sowie von Kosten des Rechnungsprüfungsamts einer Gemeinde**

Erlaß FM Niedersachsen vom 02.12.1982
S 2755 – 58 – 31 2

I. Sitzungsgelder für Mitglieder des Werksausschusses bei Eigenbetrieben

Für die Eigenbetriebe der Kommunen müssen nach § 113 Abs. 3 NGO/§ 65 NLO Werksausschüsse gebildet werden. Sie sind Ausschüsse nach besonderen Rechtsvorschriften i. S. der §§ 53 NGO, 47 NLO, die Beschlüsse der Vertretungen (Rat und Kreistag) bezüglich der Angelegenheiten der Eigenbetriebe vorbereiten. Ihnen können nach § 113 Abs. 4 NGO durch die Betriebssatzung vom Rat bestimmte Angelegenheiten zur eigenen Entscheidung übertragen werden.

Die der Vertretung angehörenden Mitglieder der Werksausschüsse erhalten für ihre Tätigkeit im Rat/Kreistag und seinen Ausschüssen regelmäßig nach §§ 39 Abs. 6 NGO, 35 Abs. 6 NLO eine monatliche Aufwandsentschädigung, die ganz oder teilweise als Sitzungsgeld gezahlt werden kann. Die nicht der Vertretung angehörenden Ausschußmitglieder können eine Aufwandsentschädigung nur in Form eines Sitzungsgeldes erhalten (§ 53 i. V. m. § 51 Abs. 7 NGO). Neben der Aufwandsentschädigung erhalten die Ausschußmitglieder Verdienstausfall- und Fahrkostenentschädigung (§§ 39 Abs. 5 und 6 NGO, 35 Abs. 5 und 6 NLO).

Soweit Eigenbetriebe Zahlungen in Form von Sitzungsgeldern und Verdienstausfall- und Fahrkostenentschädigungen an Ausschußmitglieder aus ihren Haushalten leisten, ist ein Abzug der auf die Tätigkeit im Werksausschuß entfallenden Entschädigungen als Betriebsausgaben zulässig, da diese Entschädigungen in erster Linie mit den wirtschaftlichen Belangen der Eigenbetriebe zusammenhängen. Werden Sitzungsgelder nicht gezahlt, kann der Abzug eines Teils der Aufwandsentschädigung als Betriebsausgaben in Betracht kommen. Die Höhe bestimmt sich im Einzelfall nach dem anteiligen Aufwand für diesen Teil der Ratsherrntätigkeit. Bei Gemeinden und Landkreisen mit mehreren Eigenbetrieben sind die nach den vorstehenden Ausführungen als Betriebsausgaben abziehbaren Entschädigungen auf die Eigenbetriebe aufzuteilen.

Nimmt der Werksausschuß allerdings überwiegend überwachende Aufgaben wahr, unterliegen die Entschädigungen dem teilweisen Abzugsverbot des § 10 Nr. 3 KStG.

II. Kosten des Rechnungsprüfungsamtes einer Gemeinde

Das Rechnungsprüfungsamt ist eine Einrichtung der kommunalen Selbstverwaltung. Dem Rechnungsprüfungsamt obliegen als Pflichtaufgaben gegenüber dem Eigenbetrieb vor allem die dauernde Überwachung seiner Kasse und die Vornahme der Kassenprüfung (§ 119 Abs. 1 Nr. 3 NGO, ggf. i. V. m. § 67 NLO). Die Eigenprüfung kann der Rat erweitern, indem er dem Rechnungsprüfungsamt weitere Aufgaben im Rahmen des § 119 Abs. 2 Nr. 3 NGO überträgt.

Die Rechnungslegungsprüfung erfolgt im öffentlichen Interesse. Soweit mit der Prüfung zugleich Interessen der Eigenbetriebe gefördert werden, ist der betrieblich veranlaßte Teil der Aufwendungen nicht leicht und einwandfrei zu ermitteln. Die Kosten des Rechnungsprüfungsamtes können, da sie dem Hoheitsbereich zuzuordnen sind, auch nicht teilweise als Betriebsausgaben eines Eigenbetriebes anerkannt werden. [1)]

Dieser Erlaß ergeht im Einvernehmen mit dem Bundesminister der Finanzen und den obersten Finanzbehörden der anderen Länder.

Ich bitte, die Finanzämter hiervon zu unterrichten.

---

1) Mit Urteil vom 28.2.1990 (BStBl. 1990 II, 647) hat der BFH entschieden, das angemessene Aufwendungen eines Betriebs gewerblicher Art für gesetztliche vorgesehene Rechnungs- und Kassenprüfungen durch das Rechnungsprüfungsamt der Trägerkörperschaft als Betriebsausgaben anziehbar sind. Abweichend vom BFH-Urteil vom 13.3.1985 (BStBl. 1985 II, 435) liegen keine vgA vor.

Nachweis der Zinsaufwendungen bei körperschaftsteuerpflichtigen Einrichtungen der Gemeinden sowie für beitragsfähige Baumaßnahmen

RdErl. des Innenministers NW vom 30.06.1986

III B 3 – 5/105 – 4357/86 [1)2)]

Die Grundsätze des kommunalen Haushaltsrechts über die Gesamtdeckung im Vermögenshaushalt, den zentralen Nachweis der Kreditaufnahmen und der Ausgaben für Zinsen und Tilgungen sowie der Rücklagen bei einzelnen Aufgabenbereichen lassen Sonderabschlüsse für Teile der Jahresrechnung nicht zu. Damit kann insbesondere der tatsächliche Zinsaufwand für die kommunalen Einrichtungen, die als Betriebe gewerblicher Art der Körperschaftsteuer unterliegen, nicht im kommunalen Haushaltsplan und in der Jahresrechnung getrennt nachgewiesen werden.

Damit den Gemeinden (GV) aus der zentralen Veranschlagung der Zinsausgaben keine steuerlichen Nachteile erwachsen, bestehen keine Bedenken, wenn bei der Ermittlung des Zinsaufwandes für kreditfinanzierte Investitionen der körperschaftsteuerpflichtigen Einrichtungen sowie für beitragsfähige Baumaßnahmen künftig wie folgt verfahren wird:

1. Für Kredite und innere Darlehen, die die Gemeinde vor dem 1.1.1974 (Inkrafttreten der Neuregelung des kommunalen Haushaltsrechts) zur Finanzierung von Investitionen für ihre körperschaftsteuerpflichtigen Einrichtungen aufgenommen hat (Altschulden), sind die Zinsausgaben bis zur völligen Tilgung der Kredite und inneren Darlehen jeweils in besonderen Aufzeichnungen nachzuweisen.

2. Werden Investitionsmaßnahmen körperschaftsteuerpflichtiger Einrichtungen im Rahmen der Gesamtdeckung unter Einsatz von Krediten oder inneren Darlehen finanziert, ist für den Nachweis eines angemessenen Zinsaufwandes in dem **Beschluß des Rates über die Durchführung der jeweiligen Maßnahme oder durch Erläuterung im Haushaltsplan** bei der jeweilig betroffenen Einrichtung (Haushaltsunterabschnitt) der Umfang der Kreditfinanzierung festzulegen. Der Beschluß kann auch in Zusammenhang mit der notwendigen Beschlußfassung über eine Kreditaufnahme herbeigeführt werden.

In dem Beschluß muß festgelegt sein, welcher Betrag eines zur Finanzierung von Ausgaben des Vermögenshaushalts aufgenommenen Kredits der körperschaftsteuerpflichtigen Einrichtung zuzurechnen ist. Der nach Berücksichtigung etwaiger Zuweisungen und/oder Beiträge Dritter festgestellte Kreditanteil der körperschaftsteuerpflichtigen Betriebe gewerblicher Art ist zu reduzieren, soweit ein **angemessener Eigenfinanzierungsanteil** nicht erreicht wird (vgl. Nr. 3).

Der Eigenfinanzierungsanteil kann sich aus dem Verhältnis der Summe der im Verwaltungshaushalt erwirtschafteten Investitionsrate, der Investitionspauschale und der Entnahme aus der allgemeinen Rücklage für Investitionen zur Summe sämtlicher Investitionsausgaben des Vermögenshaushaltes bemessen. Dabei darf aber der angemessene Eigenfinanzierungsanteil (vgl. Nr. 3) nicht unterschritten werden.

Für die Verzinsung und Tilgung des festgesetzten kreditfinanzierten Anteils der Investitionsaufwendungen ist ein durchschnittlicher Zinssatz und eine mittlere Laufzeit zugrunde zu legen. Der durchschnittliche Zinssatz kann dabei aus den Zinssätzen aller im Jahr vor der Investition zur Deckung der Ausgaben des Vermögenshaushalts aufgenommenen Kredite und inneren Darlehen errechnet werden; die mittlere Laufzeit kann aus den Laufzeiten dieser Kredite und inneren Darlehen als Durchschnittssatz gebildet werden. Die erläuterte Durchschnittsmethode führt grundsätzlich zu einem angemessenen Zinssatz. Sie ist für die steuerliche Anerkennung der Zinsaufwendungen jedoch nicht zwingend. Steuerlich ist jeder angemessene, durch Beschluß festgelegter Zins anzuerkennen.

Falls der festgelegte Zins unangemessen hoch sein sollte, ist der unangemessene Teil eine verdeckte Gewinnausschüttung.

Der endgültige Betrag des kreditfinanzierten Investitionsanteils und der zugrunde gelegten Verzinsung und Tilgung kann in der Jahresrechnung als Erläuterung festgelegt werden.

Die Ausgaben für Zinsen und Tilgung sind zentral im Abschnitt 91 zu veranschlagen und nachzuweisen.

---

1) Veröffentlicht im MBl. NW. 1986 S. 1011.

2) Die in dem Erlaß getroffenen Regelungen betreffen nur Betriebe gewerblicher Art, auf die die Eigenbetriebsverordnung für das Land NRW vom 22.12.1953 (GV. NW. 1953 S. 435), geändert durch VO vom 17.07.1987 (GV. NW. S. 5290 / SGV. NW. S. 641) keine Anwendung findet.

3. Die Frage einer steuerrechtlich angemessenen Eigenkapitalausstattung von Betrieben gewerblicher Art der juristischen Personen des öffentlichen Rechts ist in den ab Veranlagungszeitraum 1985 anzuwendenden Körperschaftsteuer-Richtlinien 1985 wie folgt erläutert:

Regelungen der juristischen Personen des öffentlichen Rechts in bezug auf den Betrieb gewerblicher Art über verzinsliche Darlehen sind steuerrechtlich nur anzuerkennen, soweit der Betrieb gewerblicher Art mit einem angemessenen Eigenkapital ausgestattet ist. Ein Anhaltspunkt ist die Kapitalstruktur gleichartiger Unternehmen in privatrechtlicher Form. Vgl. BFH-Urteil vom 1.9.1982 (BStBl. 1983 II S. 147). Ein Betrieb gewerblicher Art ist grundsätzlich mit einem angemessenen Eigenkapital ausgestattet, **wenn das Eigenkapital mindestens 30 v. H. des Aktivvermögens beträgt.** Für die Berechnung der Eigenkapitalquote ist von den Buchwerten in der Steuerbilanz am Anfang des Wirtschaftsjahrs auszugehen. Das Aktivvermögen ist um die Baukostenzuschüsse und die passiven Wertberichtigungsposten zu kürzen. Von der juristischen Person des öffentlichen Rechts gewährte unverzinsliche Darlehen sind als Eigenkapital zu behandeln. Pensionrückstellungen rechnen als echte Verpflichtungen nicht zum Eigenkapital. Soweit das zur Verfügung gestellte Eigenkapital unter der Grenze von 30 v. H. liegt, ist ein von der juristischen Person des öffentlichen Rechts ihrem Betrieb gewerblicher Art gewährtes Darlehen als Eigenkapital zu behandeln mit der Folge, daß die insoweit angefallenen Zinsen als verdeckte Gewinnausschüttung anzusehen sind. Die Angemessenheit des Eigenkapitals ist für jeden Veranlagungszeitraum neu zu prüfen.

4. Soweit zur Finanzierung **beitragsfähige Baumaßnahmen** Beiträge nicht im ausreichenden Umfange zur Verfügung stehen, kann für den Nachweis der bis zum Eingang der Beiträge entstehenden Zwischenfinanzierungszinsen entsprechend Nr. 2 verfahren werden.

Dieser RdErl. findet keine Anwendung auf körperschaftssteuerpflichtige Einrichtungen, für die Sonderrechnungen geführt werden (z. B. Eigenbetriebe). Die Vorschriften des Kommunalabgabengesetzes bleiben von dieser Regelung unberührt.

Mein RdErl. vom 11.4.1973 (SMBl. NW. 6300) wird aufgehoben.

Im Einvernehmen mit dem Finanzminister.

Ertragsteuerliche Behandlung von Kapitalzuschüssen aus Mitteln des „Gemeinschaftswerkes Aufschwung Ost"

Erlaß FM Sachsen vom 18.04.1995

33 – S 2706 – 58/3 – 64788

Im Einvernehmen mit dem Bundesministerium der Finanzen und den obersten Finanzbehörden der Länder wird bei Eigenbetrieben und Eigengesellschaften die steuerneutrale Behandlung von Zuschüssen aus Mitteln des „Gemeinschaftswerks Aufschwung Ost" nicht beanstandet, wenn der Träger oder der Gesellschafter (im Regelfall die Gemeinde bzw. der Gemeindeverband) als Zuwendungsempfänger die Mittel aus dem „Gemeinschaftswerk Aufschwung Ost" als Kapitaleinlage an den Eigenbetrieb oder die Eigengesellschaft weitergeleitet hat.

Bei dieser Rechtsgestaltung bemessen sich die Absetzungen für Abnutzung nach den vollen (ungekürzten) Anschaffungs- oder Herstellungskosten der „geförderten" Wirtschaftsgüter.

Ertragsteuerliche Beurteilung von Leasingverträgen im kommunalen Bereich (Kommunalleasing)[1]

Erlaß FM Sachsen vom 15.02.1993

32 – S 2170 – 5/2 – 32068

I. Allgemeines

Private Kapitalanleger streben als Leasinggeber bei Leasingmodellen zum Bau und Betrieb kommunaler Einrichtungen zur Verbesserung der Rendite auch steuerliche Vorteile an.

Zu den steuerlichen Vorteilen kann es nur dann kommen, wenn das Leasingobjekt (die kommunale Einrichtung) dem Leasinggeber (i. d. R. über eine Personengesellschaft oder Gemeinschaft) zugerechnet wird. Dies setzt voraus, daß der Leasinggeber nicht nur bürgerlich-rechtlicher, sondern auch wirtschaftlicher Eigentümer des Leasingobjekts ist.

II. Wirtschaftliches Eigentum

Wirtschaftliches Eigentum ist nach den handels- und steuerrechtlichen Bestimmungen bei der Person gegeben, die den Sachherrschaft über das Objekt ausübt; die Substanz und der Ertrag des Wirtschaftsguts (Objekts) müssen vollständig und auf Dauer auf diese Person übergegangen sein. Für die Frage des wirtschaftlichen Eigentums (die nicht leasingspezifischer Natur ist) kommt es auf die wirtschaftliche Betrachtungsweise an; maßgebend sind neben den vertraglichen Vereinbarungen zwischen Leasinggeber und Leasingnehmer und ihrer tatsächlichen Durchführung auch die Art des Leasingobjekts (der kommunalen Einrichtung) und der Verwendung durch den Leasingnehmer (durch die Kommune).

III. Allgemeine Zurechnungsgrundsätze

Für die Frage, ob nach der Vertragsgestaltung das wirtschaftliche Eigentum im Einzelfall beim Leasinggeber (Fondsgesellschaft, Objektgesellschaft) angenommen werden kann, sind auch im Bereich des Kommunalleasing die von der Finanzverwaltung herausgegebenen allgemeinen Grundsätze (in den sog. Leasingerlassen) heranzuziehen. Danach gelten

– *für Vollamortisationsverträge* (Leasinggeber erhält während der unkündbaren Grundmietzeit seine Investitionskosten vollständig über die Leasingraten ersetzt) über unbewegliche Wirtschaftsgüter die Regelungen im BMF-Schreiben vom 21.3.1972 (BStBl. I, 188) und in den entsprechenden Erlassen der obersten Finanzbehörden der Länder sowie über bewegliche Wirtschaftsgüter die Regelungen im BMF-Schreiben vom 19.4.1971 (BStBl. I, 264) und in den entsprechenden Erlassen der obersten Finanzbehörden der Länder,

– *für Teilamortisationsverträge* (Leasingraten während der Grundmietzeit decken die Investitionskosten nur zum Teil) über unbewegliche Wirtschaftsgüter die Regelungen im BMF-Schreiben vom 23.12.1991 (BStBl. I 1992 , 13) und in den entsprechenden Erlassen der obersten Finanzbehörden der Länder sowie über bewegliche Wirtschaftsgüter die Regelungen im BMF-Schreiben vom 22.12.1975, IV B 2 – S 2170 – 161/75 (StEK EStG § 6 Abs. 1 Ziff. 1 Nr. 45) und in den entsprechenden Erlassen der obersten Finanzbehörden der Länder.

IV. Spezialleasing

Handelt es sich beim Leasingobjekt um ein Wirtschaftsgut, das speziell auf die Verhältnisse des Leasingnehmers zugeschnitten ist und nach Ablauf der Grundmietzeit regelmäßig nur noch bei ihm wirtschaftlich sinnvoll verwendbar ist, so ist der Leasingnehmer unabhängig von der Vertragsgestaltung von vornherein als wirtschaftlicher Eigentümer anzusehen; in diesem Fall liegt Spezialleasing vor.

Von Spezialleasing ist insbesondere dann auszugehen, wenn hinsichtlich des Leasingobjekts aufgrund seiner konkreten Beschaffenheit oder seiner Lage ein Wechsel des Leasingnehmers (Benutzers) nicht denkbar ist und das Wirtschaftsgut ohne Umbaumaßnahmen bzw. Umstrukturierung von einem anderen Leasingnehmer nicht genutzt werden kann (mangelnde Drittverwendungsfähigkeit). Die sog. Drittverwendungsfähigkeit ist zu verneinen, wenn ein Wechsel des Leasingnehmers (Benutzers) oder ein anderer Erwerber, bei dem das Objekt ebenfalls wirtschaftlich sinnvoll verwendbar wäre, ausgeschlossen erscheint.

Spezialleasing ist immer dann gegeben, wenn bei Abschluß des Leasingvertrags ein Markt für derartige Wirtschaftsgüter nicht besteht und daher ein Wechsel des Leasingnehmers ausgeschlossen erscheint; in einem solchen Fall übernimmt der Leasingnehmer nach Ablauf der Grundmietzeit das Objekt zwangs-

---

1) Vgl. auch Verfügung OFD München vom 28.01.2005 – S 2170 – 73 – St 41/42 (StEd 2005 S. 187).

läufig (auch zivilrechtlich), weil ein anderer Erwerber nicht denkbar ist (insbesondere wenn mit der kommunalen Einrichtung eine nach geltendem Recht hoheitliche, im Verhältnis zum Bürger nicht privatisierbare Aufgabe durch die Kommune erfüllt wird).

V. Verfahren

Über die Frage, wem im Einzelfall das Leasingobjekt zuzurechnen ist, entscheidet das für den Leasinggeber (Fondsgesellschaft, Objektgesellschaft) zuständige FA. Die Beurteilung durch dieses FA hat grundsätzlich Vorrang gegenüber einer vom FA des Leasingnehmers möglicherweise vertretenen anderweitigen Auffassung. Vor der abschließenden Entscheidung des FA im Rahmen der Veranlagung (Feststellung der Einkünfte) ist in einem verwaltungsinternen Verfahren der Einzelfall von den obersten Finanzbehörden des Bundes und der Länder zu erörtern, wenn es sich beim Leasingobjekt um ein kommunales Bauobjekt handelt und dieses dem Leasinggeber nach Auffassung des zuständigen FA zugerechnet werden soll (entsprechendes gilt im übrigen für Bauobjekte anderer Gebietskörperschaften – Bund, Land –). Die Abklärung auf Bundesebene, die vom Staatsministerium der Finanzen eingeleitet wird, dient der Sicherstellung einer einheitlichen Rechtsanwendung im Hinblick darauf, daß die im Kommunalleasing errichteten Bauobjekte häufig so auf die Verhältnisse des Leasingnehmers zugeschnitten sind, daß Spezialleasing vorliegt. Sie betrifft Leasingobjekte, bei denen eine Kommune (Gemeinde, Landkreis, kommunaler Zweckverband) unmittelbar Leasingnehmer ist oder eine privatrechtlich organisierte Gesellschaft (Betriebs-GmbH, AG, Personengesellschaft), an der mehrheitlich Kommunen beteiligt sind, als Leasingnehmer (Mieter) der kommunalen Einrichtung auftritt; auch soweit kommunale Betriebe (z. B. Stadtwerke) Leasingverträge als Leasingnehmer abschließen, liegt ein Fall des Kommunalleasing vor.

Kommunale Bauobjekte sind z. B. Verwaltungsgebäude zur büromäßigen Nutzung, Betriebsgebäude (z. B. Lager, Kfz-Halle u. dgl. für die Stadtwerke), Parkhäuser, Bürgerhäuser, Kultur-, Kongreß- und Freizeitzentren, Kurhäuser, Freibäder und Thermalbäder, Schulen, Theater, Gewerbezentren, Energieversorgungsanlagen (Strom, Gas, Wasser, Fernwärme), Kläranlagen, Müllverwertungs- und -verbrennungsanlagen, Kompostieranlagen usw. Auf die kommunalrechtliche Abgrenzung zwischen Pflichtaufgaben und freiwillig übernommenen Aufgaben der Kommunen bzw. ihre Einordnung nach den Eigenbetriebsverordnungen kann es für die zur Sicherstellung einer einheitlichen Beurteilung angeordnete interne Vorlagepflicht ebensowenig ankommen wie auf die steuerrechtliche Unterscheidung zwischen Gebäude und Betriebsvorrichtungen bzw. zwischen unbeweglichem und beweglichem Vermögen.

Die interne Prüfung auf Bundesebene kann eingeleitet werden, sobald die Kommune mit einem bestimmten Anbieter auf dem Leasingmarkt die Durchführung eines kommunalen Bauobjekts im Leasingverfahren vereinbart hat; vor Abschluß der Ausschreibung und Erteilung des Zuschlags ist eine steuerliche Beurteilung schon im Hinblick auf die Wahrung der Wettbewerbsneutralität nicht möglich. Zur Vorlage bei den obersten Finanzbehörden des Bundes und der Länder ist sodann erforderlich, daß der Leasinggeber, dem das kommunale Bauobjekt steuerlich zugerechnet werden soll, ein ausgearbeitetes Vertragswerk, dessen Verwirklichung konkret betrieben wird, zusammen mit einer eigenen Wertung der Zurechnungsfrage dem Staatsministerium der Finanzen über das zuständige FA übersendet.

Ertragsteuerliche Fragen bei Wertpapierdarlehensgeschäften (sog. Wertpapierleihe)[1)]

BMF-Schreiben vom 03.04.1990
IV B 2 – S 2134 – 2/90

Bei einem Wertpapierleihgeschäft werden Wertpapiere mit der Verpflichtung übereignet, daß der „Entleiher" nach Ablauf der vereinbarten Zeit Papiere gleicher Art, Güte und Menge zurückübereignet und für die Dauer der „Leihe" ein Entgelt entrichtet. Nach ihrer Darstellung gehören die hingegebenen und die zurückzugebenden Wertpapiere derselben Wertpapiergattung an: Bei festverzinslichen Wertpapieren sind dies Wertpapiere einer Emission, sie haben also die gleiche Ausstattung (gleiches Ausgabedatum, gleicher Nennbetrag, gleiche Laufzeit und Verzinsung); bei Aktien sind Emittent und Art der Aktie (z. B. Inhaberaktie, Vorzugsaktie) identisch. Dabei könne davon ausgegangen werden, daß die Laufzeit der Darlehen sehr kurz sein werde und das Entgelt am Geldmarktzins ausgerichtet sei.

Zivilrechtlich liegt diesem Geschäft unstreitig ein Vertrag über ein Sachdarlehen zugrunde, §§ 607 ff. BGB. Nach § 607 BGB können Gegenstand eines Darlehens Geld oder andere vertretbare Sachen sein. Zu den vertretbaren Sachen gehören grundsätzlich auch Wertpapiere.

Im Einvernehmen mit den obersten Finanzbehörden des Bundes und der Länder ist ein Wertpapierleihgeschäft bilanzsteuerrechtlich von einem echten Wertpapierpensionsgeschäft (§ 340b HGB) zu unterscheiden. Bei einem echten Wertpapierpensionsgeschäft werden Wertpapiere entgeltlich mit der Verpflichtung übertragen, daß der Erwerber (Pensionsnehmer) die Wertpapiere zu einem bestimmten Zeitpunkt oder vom Veräußerer (Pensionsgeber) noch zu bestimmenden Zeitpunkt auf ihn zurücküberträgt. In diesem Fall sind die übertragenen Wertpapiere ununterbrochen in der Bilanz des Pensionsgebers auszuweisen.

Für Wertpapierleihgeschäfte ist keine besondere handelsrechtliche Regelung vorgesehen, so daß die allgemeinen Grundsätze ordnungsmäßiger Buchführung gelten. Danach hat der Kaufmann seine Vermögensgegenstände und seine Schulden in der Bilanz auszuweisen. Bilanzsteuerrechtlich ist ein Wertpapierleihgeschäft deshalb wie folgt zu behandeln:

Mit der zivilrechtlichen Übertragung des Eigentums ist die Darlehensvaluta auch steuerlich dem Darlehensnehmer („Entleiher") zuzurechnen, da er auch im wirtschaftlichen Sinne Eigentümer ist. Eine Zurechnung beim Darlehensgeber ist demgemäß ausgeschlossen. Durch diese Behandlung wird auch vermieden, daß bei einer anschließenden Übereignung der Wertpapiere durch den Darlehensnehmer an einen Dritten die Wertpapiere doppelt – nämlich sowohl beim Darlehensgeber als auch bei dem Dritten – erfaßt werden. Bei dem Darlehensgeber tritt an die Stelle der Wertpapiere eine Forderung auf Wertpapiere gleicher Art, Güte und Menge. Die Sachforderung ist das Surrogat für die Sache selbst. Unter diesem Blickwinkel ist die Sachforderung mit dem Buchwert der hingegebenen Wertpapiere anzusetzen. Eine Gewinnrealisierung aufgrund der ggf. in den Wertpapieren enthaltenen stillen Reserven (z. B. durch Kurssteigerungen) tritt durch diesen Aktivtausch nicht ein.

---

1) Aufhebung durch BMF-Schreiben zur Eindämmung der Normenflut vom 29.3.2007 – IV C 6 – O 1000/07/0018 (BStBl. 2007 I 369). Die Aufhebung des BMF-Schreibens bedeutet keine Aufgabe der bisherigen Rechtsauffassung der Verwaltung, sondern dient der Bereinigung der Weisungslage.

Phasengleiche Aktivierung von Dividendenansprüchen; Anwendung des BFH-Beschlusses vom 7.8.2000, GrS 2/99

BMF-Schreiben vom 01.11.2000
IV A 6 – S 2134 – 9/00 (BStBl. II S. 632)

Im Einvernehmen mit den obersten Finanzbehörden der Länder gilt für die phasengleiche Aktivierung von Dividendenansprüchen Folgendes:

Für Gewinnausschüttungen, die auf einem den gesellschaftsrechtlichen Vorschriften entsprechenden Gewinnverteilungsbeschluss für ein abgelaufenes Wirtschaftsjahr beruhen, für die letztmals der Vierte Teil des KStG i. d. F. der Bekanntmachung vom 22.4.1999 (BGBl. I, 817), zuletzt geändert durch Art. 4 des Gesetzes zur weiteren steuerlichen Förderung von Stiftungen vom 14.7.2000 (BGBl. I, 1034) anzuwenden ist, wird es nicht beanstandet, wenn die bisherigen Grundsätze zur phasengleichen Aktivierung von Dividendenansprüchen weiterhin angewendet werden.

Behandlung von Zuwendungen und Ausgleichszahlungen für gemeinwirtschaftliche Verkehrsleistungen im öffentlichen Personennahverkehr

Erlaß FM Baden-Württemberg vom 23.08.1994
S 2743/3

Zu den steuerlichen Auswirkungen der VO (EWG) Nr. 1191/69 in der Fassung der VO (EWG) Nr. 1893/91 (kurz: EU-VO), soweit diese zukünftig auch für den öffentlichen Personennahverkehr (ÖPNV) gelten soll, gilt folgendes:

Die obersten Finanzbehörden des Bundes und der Länder haben entschieden, daß eine Gebietskörperschaft als Anteilseignerin einer Verkehrsgesellschaft den von dieser nach steuerrechtlichen Vorschriften ermittelten Verlust auch bei Geltung der EU-VO auf gesellschaftsrechtlicher Basis wirtschaftlich durch (steuerneutrale) Einlagen ausgleichen kann. Insbesondere unter Berücksichtigung der verkehrsrechtlichen Auslegung der EU-VO bleiben die ertragsteuerlichen Wirkungen des Querverbundes – mit der Möglichkeit der Verlustverrechnung – im Bereich des ÖPNV bei allen Gestaltungen so lange erhalten, wie das Verkehrsunternehmen die Verkehrsleistungen eigenwirtschaftlich erbringt. Unter welchen Voraussetzungen Verkehrsleistungen eigenwirtschaftlich erbracht werden, regelt § 8 Abs. 4 Satz 1 und 2 Personenbeförderungsgesetz i. d. F. des Artikels 16 Abs. 116 des Eisenbahnneuordnungsgesetzes vom 27.12.1993 (BGBl. I, 2378, 2418). Leistet die zuständige Behörde für gemeinwirtschaftlich erbrachte Verkehrsleistungen Ausgleichszahlungen nach der EU-VO, erhöhen diese als Betriebseinnahmen den Gewinn.

Verdeckte Einlage von Anteilen an einer Kapitalgesellschaft i. S. des § 17 Abs. 1 EStG in eine Kapitalgesellschaft

BMF-Schreiben vom 12.10.1998
IV C 2 – S 2244 – 2/98

Es ist gefragt worden, wie die verdeckte Einlage von Anteilen an einer Kapitalgesellschaft i. S. des § 17 Abs. 1 EStG (wesentliche Beteiligung) in eine andere Kapitalgesellschaft zu bewerten ist. Im Einvernehmen mit den obersten Finanzbehörden der Länder wird hierzu wie folgt Stellung genommen.

1. Gesellschafterebene

a) Behandlung wie eine Veräußerung der eingelegten Anteile

Für den Gesellschafter einer Kapitalgesellschaft steht auf Grund der Änderung durch das Steueränderungsgesetz 1992 die verdeckte Einlage seiner im Privatvermögen gehaltenen wesentlichen Beteiligung an der Kapitalgesellschaft in eine andere Kapitalgesellschaft der Veräußerung der Anteile gleich (§ 17 Abs. 1 Satz 2 EStG). An die Stelle des Veräußerungspreises tritt in diesen Fällen der gemeine Wert der Anteile (§ 17 Abs. 2 Satz 2 EStG), so daß sich der Veräußerungsgewinn wie folgt ermittelt:

Gemeiner Wert der Anteile

./. Anschaffungskosten

./. Veräußerungskosten

= Veräußerungsgewinn

b) Nachträgliche Anschaffungskosten für die bestehenden Anteile an der aufnehmenden Kapitalgesellschaft

Die verdeckte Einlage einer im Privatvermögen gehaltenen wesentlichen Beteiligung an einer Kapitalgesellschaft in eine andere Kapitalgesellschaft führt für den Gesellschafter zu nachträglichen Anschaffungskosten seiner bestehenden Beteiligung an der anderen, aufnehmenden Kapitalgesellschaft. Der Wert der Beteiligung an der aufnehmenden Kapitalgesellschaft ist um den gemeinen Wert der eingelegten Beteiligung zu erhöhen (vgl. BFH v. 26.7.1967, BStBl. III, 733 und v. 12.2.1980, BStBl. II, 494).

Auf der Gesellschafterebene kommt es somit jeweils zum Ansatz des gemeinen Werts. Kann dieser nicht aus zeitnahen Verkäufen abgeleitet werden, so ist er unter Berücksichtigung des zu Teilwerten bewerteten Vermögens der Kapitalgesellschaft und ihrer Ertragsaussichten zu schätzen.

2. Gesellschaftsebene (aufnehmende Kapitalgesellschaft)

Auf Seiten der aufnehmende Kapitalgesellschaft ist die verdeckte Einlage einer wesentlichen Beteiligung ihres Gesellschafters unverändert als Einlage zu behandeln. Die Fiktion der Veräußerung beim Gesellschafter hat bei der aufnehmenden Kapitalgesellschaft nicht die Fiktion eines Erwerbs vom Gesellschafter zur Folge.

Auf die verdeckte Einlage sind bei der aufnehmenden Kapitalgesellschaft vielmehr die für Einlagen geltenden einkommensteuerrechtlichen Vorschriften anzuwenden (vgl. § 8 Abs. 1 KStG; BFH v. 9.6.1997, GrS 1/94, BStBl. II 1998, 307). Die Bewertung der in eine Kapitalgesellschaft eingebrachten wesentlichen Beteiligung richtet sich somit nach § 6 Abs. 1 Nr. 5 EStG.

Zwar sind die eingelegten Anteile auf der Gesellschaftsebene nach dem Wortlaut des § 6 Abs. 1 Nr. 5 Buchst. b EStG höchstens mit den Anschaffungskosten anzusetzen. § 6 Abs. 1 Nr. 5 EStG ist aber für eine wesentliche Beteiligung vom Veranlagungszeitraum 1992 an im Wege der teleologischen Reduktion einschränkend zu verstehen. Dafür sprechen auch die Ausführungen unter 2. b in den Gründen des BFH-Urteils vom 11.2.1998, I R 89/87. Ansonsten droht die Gefahr einer doppelten Erfassung der stillen Reserven der eingebrachten Beteiligung, wenngleich nicht bei ein und demselben Steuerpflichtigen, sondern zum einen bei dem Gesellschafter und zum anderen bei der Kapitalgesellschaft. Die verdeckte eingelegten Anteile i. S. des § 17 Abs. 1 EStG sind deshalb in diesen Fällen nach § 6 Abs. 1 Nr. 5 Satz 1 Halbsatz 1 EStG stets mit dem Teilwert anzusetzen.

Verdeckte Einlage von Anteilen an einer Kapitalgesellschaft im Sinne des § 17 Abs. 1 EStG (wesentliche Beteiligung) in eine Kapitalgesellschaft; Bewertung der Anteile bei der aufnehmenden Kapitalgesellschaft ab dem Veranlagungszeitraum 1992 nach den Grundsätzen des BFH-Urteils vom 11. Februar 1998, BStBl. II S. 691

BMF-Schreiben vom 02.11.1998

IV C 2 – S 2244 – 2/98

(BStBl. 1998 I S. 1227)

Aufgrund der Ergänzung des § 17 Abs. 1 EStG durch Artikel 1 Nr. 17 Buchstabe a des Steueränderungsgesetzes 1992 vom 25. Februar 1992 (BGBl. I S. 297, BStBl. I S. 146) steht die verdeckte Einlage von Anteilen an einer Kapitalgesellschaft in eine Kapitalgesellschaft mit Wirkung vom Veranlagungszeitraum 1992 an der Veräußerung der Anteile gleich. Nach den Grundsätzen des BFH-Urteils vom 11. Februar 1998 (BStBl. II S. 691) ist § 6 Abs. 1 Nr. 5 EStG in derartigen Fällen vom Veranlagungszeitraum 1992 an im Wege der teleologischen Reduktion einschränkend auszulegen und die verdeckt eingelegte wesentliche Beteiligung bei der aufnehmenden Kapitalgesellschaft nach § 6 Abs. 1 Nr. 5 Satz 1 Halbsatz 1 EStG stets mit dem Teilwert anzusetzen.

Steuerrechtliche Behandlung des Erwerbs eigener Aktien

BMF-Schreiben vom 02.12.1998

IV C 6 – S 2741 – 12/98

(BStBl. 1998 I S. 1509)

Im Einvernehmen mit den obersten Finanzbehörden der Länder nehme ich zur steuerrechtlichen Behandlung des Erwerbs eigener Anteile durch Aktiengesellschaften wie folgt Stellung:

I. Handelsrechtliche Beurteilung

1. Erwerb

a) Zulässigkeit

1 Bisher war der Erwerb eigener Aktien nur zu den in § 71 Abs. 1 Nr. 1 bis 7 AktG abschließend aufgezählten Zwecken zulässig.

2 Durch das Gesetz zur Kontrolle und Transparenz im Unternehmensbereich (KonTraG) vom 27. April 1998 (BGBl. I S. 786) sind die bestehenden Möglichkeiten, eigene Aktien zu erwerben, durch die neu eingefügte Nummer 8 in Absatz 1 des § 71 AktG erweitert worden. Danach kann der Vorstand durch einen Beschluß der Hauptversammlung, der höchstens 18 Monate gilt, zum Erwerb eigener Anteile ermächtigt werden.

b) Bilanzierung

3 Eigene Aktien, die entgeltlich erworben werden, sind entweder zu aktivieren oder vom Eigenkapital einschließlich der Gewinnrücklagen abzusetzen. Dabei sind folgende Fallgestaltungen zu unterscheiden:

aa) Aktivierung der eigenen Aktien

4 Eigene Aktien sind grundsätzlich unter dem dafür vorgesehenen Posten im Umlaufvermögen auszuweisen (vgl. § 265 Abs. 3 Satz 2 HGB) und mit den Anschaffungskosten nach § 255 Abs. 1 HGB zu aktivieren. Korrespondierend zu dem Posten "eigene Anteile" ist auf der Passivseite der Bilanz in gleicher Höhe eine Rücklage für eigene Anteile einzustellen (§ 272 Abs. 4 HGB).

5 Ist am Bilanzstichtag der Wert der Aktien unter die Anschaffungskosten gesunken, sind sie nach dem strengen Niederstwertprinzip gemäß § 253 Abs. 3 HGB auf den niedrigeren beizulegenden Wert abzuschreiben. In entsprechender Höhe ist die nach § 272 Abs. 4 HGB gebildete Rücklage aufzulösen.

bb) Absetzen der eigenen Aktien vom Eigenkapital einschließlich Gewinnrücklagen

6 Aktien, die zur Einziehung erworben werden, dürfen nicht aktiviert werden. Das ist regelmäßig der Fall, wenn

– die Hauptversammlung die Einziehung der Aktien beschlossen hat (§ 71 Abs. 1 Nr. 6 AktG),

– die Ermächtigung zum Eigenerwerb zum Zwecke der Einziehung erfolgt und es für die Einziehung eines weiteren Hauptversammlungsbeschlusses bedarf,

– die Ermächtigung zum Eigenerwerb zum Zwecke der Einziehung erfolgt mit der Ermächtigung zur Durchführung der Einziehung verbunden ist.

7 Eine Aktivierung ist auch unzulässig, wenn die Ermächtigung zum Eigenerwerb unter dem Vorbehalt steht, daß eine Rückgabe an den Markt eines weiteren Hauptversammlungsbeschlusses bedarf (§ 272 Abs. 1 Satz 5 HGB).

8 In diesen Fällen ist der Nennbetrag oder der rechnerische Wert der rückerworbenen Aktien in der Vorspalte offen von dem Bilanzposten „gezeichnetes Kapital" als Kapitalrückzahlung abzusetzen (§ 272 Abs. 1 Satz 4 HGB). Der den Nennbetrag oder den rechnerischen Wert übersteigende Kaufpreis ist mit den vorhandenen Gewinnrücklagen zu verrechnen. Weitergehende Anschaffungskosten (z. B. Provisionen) sind betrieblicher Aufwand (§ 272 Abs. 1 Satz 6 HGB).

9 Ein Verstoß gegen einzelne Zulässigkeitsvoraussetzungen in § 71 Abs. 1 und Abs. 2 AktG macht den Erwerb eigener Aktien nicht unwirksam. Die erworbenen eigenen Aktien dürfen deshalb in der Handelsbilanz unter dem Posten „Umlaufvermögen" ausgewiesen oder gegebenenfalls vom Posten „gezeichnetes Kapital" (einschließlich der Gewinnrücklagen) abgezogen werden.

2. Veräußerung eigener Aktien

10 Werden eigene Aktien veräußert, die nach den unter Nr. 1 dargestellten Grundsätzen zu aktiveren sind, geht der Unterschiedsbetrag zwischen Veräußerungspreis und Buchwert der Aktien in das han-

delsrechtliche Jahresergebnis ein. Die Auflösung der Rücklage erhöht den Bilanzgewinn, nicht jedoch den Jahresüberschuß.

Werden eigene Aktien veräußert, die nach den unter Nr. 1 dargestellten Grundsätzen nicht zu aktivieren sind, steht die Veräußerung wirtschaftlich einer Kapitalerhöhung gleich. Der den Nominalbetrag der Aktien übersteigende Verkaufspreis ist ergebnisneutral der Kapitalrücklage zuzuführen. **11**

3. Spätere Einbeziehung

Werden eigene Aktien, die zunächst zu aktivieren sind, später auf Grund eines Einziehungsbeschlusses eingezogen, führt dies zur Ausbuchung der eigenen Aktien sowie zur gleichzeitigen Auflösung der nach § 272 Abs. 4 HGB gebildeten Rücklage. **12**

Die Einziehung der eigenen Aktien vollzieht sich nach den Bestimmungen für eine Kapitalherabsetzung (§ 237 AktG). **13**

Auch die Einziehung eigener Aktien, die nach den unter Nr. 1 dargestellten Grundsätzen nicht zu aktivieren sind, unterliegt den Regeln des § 237 Abs. 3 bis 5 AktG. In den Fällen des § 71 Nr. 6 und 8 AktG gilt bei der endgültigen Einziehung jeweils § 237 Abs. 5 AktG. Unter den dort genannten Voraussetzungen ist in die Kapitalrücklage ein Betrag einzustellen, der dem Gesamtnennbetrag der eingezogenen Aktien gleichkommt. Sind die zuvor zur Einziehung vorgesehenen Aktien „netto" durch Abzug von dem Bilanzposten „gezeichnetes Kapital" ausgewiesen worden (§ 272 Abs. 1 Satz 4 HGB), ist der Betrag bei der endgültigen Einziehung gegebenenfalls von der Gewinnrücklage in die Kapitalrücklage umzubuchen. **14**

Die Einziehung ist ein bilanz- und ergebnisneutraler Vorgang. **15**

II. Steuerrechtliche Beurteilung

1. Erwerb

a) Aktien, die nach handelsbilanziellen Grundsätzen zu aktivieren sind

aa) Behandlung bei der Aktiengesellschaft

Der Erwerb stellt bei der Aktiengesellschaft ein Anschaffungsgeschäft dar. Die in der Handelsbilanz aktivierten eigenen Aktien sind nach dem Grundsatz der Maßgeblichkeit der Handelsbilanz für die Steuerbilanz anzusetzen, und zwar mit ihren Anschaffungskosten (§ 6 Abs. 1 Nr. 2 Satz 1 EStG). **16**

Bei Zahlung eines überhöhten Kaufpreises kann eine verdeckte Gewinnausschüttung im Sinne des § 8 Abs. 3 Satz 2 KStG und eine andere Ausschüttung im Sinne des § 27 Abs. 3 Satz 2 KStG anzunehmen sein. Ein überhöhter Kaufpreis wird in der Regel nicht angenommen, wenn die Anteile über die Börse oder im Tender-Verfahren erworben werden. **17**

Sind die Voraussetzungen des § 50c Abs. 1 oder Abs. 11 Satz 1 EStG erfüllt, löst der Erwerb eigener Aktien die Bildung eines Sperrbetrages im Sinne des § 50c Abs. 4 EStG aus. Im Falle der Weiterveräußerung kann dieser Sperrbetrag gemäß § 50 c Abs. 8 EStG auf den Erwerber als Rechtsnachfolger übergehen. **18**

bb) Behandlung beim Aktionär

Der Erwerb eigener Aktien durch die Aktiengesellschaft stellt beim Aktionär ein Veräußerungsgeschäft dar, das nach allgemeinen Grundsätzen der Besteuerung unterliegt. Eine Steuerpflicht der Veräußerung kann sich u. a. ergeben aus §§ 13 bis 18, 23 EStG oder aus § 21 UmwStG. **19**

Soweit im Einzelfall wegen eines überhöhten Kaufpreises eine verdeckte Gewinnausschüttung anzunehmen ist (vgl. Randziffer 17), ist dem Aktionär ein entsprechender Kapitalertrag im Sinne des § 20 Abs. 1 Satz 2 und Abs. 1 Nr. 3 EStG zuzurechnen. **20**

b) Aktien, die nach handelsbilanziellen Grundsätzen nicht zu aktivieren sind

aa) Behandlung bei der Aktiengesellschaft

Der Erwerb eigener Aktien wird bei der Aktiengesellschaft steuerlich als Anschaffungsgeschäft behandelt. Die handelsrechtlich nicht aktivierungsfähigen eigenen Aktien dürfen aber wegen des Maßgeblichkeitsgrundsatzes (§ 5 Abs. 1 Satz 1 EStG) auch in der Steuerbilanz nicht ausgewiesen werden. **21**

Durch den Erwerb der eigenen Aktien verringert sich das in der Steuerbilanz der Aktiengesellschaft auszuweisende Betriebsvermögen. Diese Vermögensminderung beruht auf einem Rechtsvorgang, der gesellschaftsrechtlich veranlaßt ist und sich nicht auf den steuerlichen Gewinn der Aktiengesellschaft auswirken darf.

Soweit der Nennbetrag oder der rechnerische Wert der Aktien als Kapitalzahlung von dem gezeichneten Kapital abzusetzen ist und dieses Kapital einen nach § 29 Abs. 3 KStG für Ausschüt- **22** tungen verwendbaren Teil enthält, ist § 41 Abs. 2 KStG nicht anzuwenden. Abschnitt 95 Abs. 2 Sätze 1 und 2 KStR sind entsprechend anzuwenden. Soweit der Kaufpreis den als Kapitalrückzahlung zu behandelnden Betrag übersteigt, ist aufgrund der Einkommenskorrektur das in der Eigenkapitalgliederung auszuweisende verwendbare Eigenkapital höher als das verwendbare Eigenkapital laut Steuerbilanz. Das verwendbare Eigenkapital laut Gliederungsrechnung ist um den Differenzbetrag zu verringern. Die Verringerung ist gemäß Abschnitt 83 Abs. 4 Satz 1 KStR beim Teilbetrag EK 04 vorzunehmen.

bb) Behandlung beim Aktionär

24 Beim Aktionär liegt ein Veräußerungsgeschäft vor, das nach allgemeinen Grundsätzen der Besteuerung unterliegt (vgl. Randziffer 19).

2. Teilwertabschreibung und Weiterveräußerung

25 Veräußerungsgewinne aus der Weiterveräußerung eigener Aktien, die nach handelsrechtlichen Grundsätzen zu aktivieren sind, unterliegen bei der Aktiengesellschaft der Besteuerung.

Beispiel:

Eine AG kauft in 01 eigene Aktien, die sie mit 1 000 (= Anschaffungskosten) bilanziert. Sie erzielt in den Jahren 01 bis 04 Gewinne von 500, die sie auch versteuert. In 05 veräußert sie ihre eigenen Aktien für 1 500.

Die AG hat in 05 einen Veräußerungsgewinn in Höhe von 500 zu versteuern.

26 Veräußerungsverluste oder Aufwand aus einer Teilwertabschreibung sind steuerlich zu berücksichtigen. Dies gilt nicht, wenn die Verluste oder die Teilwertabschreibung allein auf Verlusten der Aktiengesellschaft beruhen (BFH-Urteil vom 6. Dezember 1995, BStBl. 1998 II S. 781).

27 Bei der Weiterveräußerung eigener Aktien, die nach handelsrechtlichen Grundsätzen nicht zu aktivieren sind, liegt steuerrechtlich eine Kapitalerhöhung vor. Das Nennkapital ist um den Nennbetrag oder den rechnerischen Wert der ausgegebenen Aktien zu erhöhen und der den Nennbetrag oder den rechnerischen Wert der Aktien übersteigende Verkaufspreis (Agio) ist in die Kapitalrücklage einzustellen und erhöht in der Gliederungsrechnung das EK 04.

3. Spätere Einziehung von Aktien, die nach handelsrechtlichen Grundsätzen zu aktivieren sind

28 Der Erwerb und die Einziehung sind getrennt zu beurteilen. Die spätere Einziehung ist steuerrechtlich nach Kapitalherabsetzungsgrundsätzen zu behandeln. Auf der Passivseite der Steuerbilanz verringern sich neben dem Nennkapital gegebenenfalls die Rücklagen oder der Gewinnvortrag. Das verwendbare Eigenkapital verringert sich, soweit der Buchwert der Anteile deren Nennbetrag übersteigt. Die Abschnitte 83 Abs. 4 KStR und 95 Abs. 2 KStR sind zu beachten.

Gewinnermittlung bei Handelsschiffen im internationalen Verkehr nach § 5a EStG; Auswirkungen bei der Körperschaftsteuer

BMF-Schreiben vom 24.03.2000
IV C 6 – S 1900 – 22/00, BStBl. I S. 453

Nach Abstimmung mit den obersten Finanzbehörden der Länder nehme ich zu den körperschaftsteuerlichen Fragen bei der Gewinnermittlung von Handelsschiffen im internationalen Verkehr nach § 5a EStG wie folgt Stellung:

1. Keine Korrektur des nach § 5a EStG ermittelten Gewinns

Der nach § 5a EStG pauschal ermittelte Gewinn ist für Zwecke der Körperschaftsteuer weder um verdeckte Gewinnausschüttungen im Sinne des § 8 Abs. 3 Satz 2 oder des § 8 a Abs. 1 KStG noch um nichtabziehbare Ausgaben im Sinne des § 10 KStG oder um den nichtabziehbaren Teil der Ausgaben i.S. des § 9 Abs. 1 Nr. 2 KStG zu korrigieren.

2. Gliederungsrechtliche Behandlung der steuerfreien Vermögensmehrung

Bei der Gliederung des verwendbaren Eigenkapitals ist die Differenz zwischen dem verwendbaren Eigenkapital, das aus dem auf der Grundlage des § 5a EStG ermittelten Einkommens abgeleitet worden ist, und dem verwendbaren Eigenkapital nach der Steuerbilanz (§ 29 KStG) dem Teilbetrag EK 02 zuzuordnen. Da verdeckte Gewinnausschüttungen das verwendbare Eigenkapital nach der Steuerbilanz gemäß § 29 Abs. 1 KStG nicht verringern, erhöhen sie den dem Teilbetrag EK 02 zuzuordnenden Differenzbetrag. Für sie ist die Ausschüttungsbelastung nach allgemeinen Grundsätzen herzustellen.

3. Gliederungsrechtliche Behandlung der nichtabziehbaren Ausgaben

Bei der Gliederung des verwendbaren Eigenkapitals sind die nichtabziehbaren Ausgaben im Sinne des § 31 Abs. 1 Nr. 1 bis 3 KStG entsprechend dieser Vorschrift abzuziehen. Sonstige nichtabziehbare Ausgaben haben den Gewinn nach § 5a EStG nicht gemindert. Sie haben aber das verwendbare Eigenkapital nach der Steuerbilanz und damit den Differenzbetrag, der dem EK 02 zuzuordnen ist, verringert. § 31 Abs. 1 Nr. 4 KStG findet keine Anwendung.

4. Mischbetriebe

Ist Unternehmensgegenstand der Kapitalgesellschaft nicht ausschließlich der Betrieb von Handelsschiffen im internationalen Verkehr (Mischbetrieb), so werden der Gewinn aus dem Betrieb von Handelsschiffen im internationalen Verkehr und der Gewinn für den übrigen Bereich getrennt ermittelt. Die vorstehenden Regelungen in den Tzn.1 bis 3 gelten bei Mischbetrieben nur für solche nichtabziehbaren Ausgaben bzw. Ausschüttungen, die dem Bereich zuzuordnen sind, für den der Gewinn nach § 5a EStG ermittelt wird.

5. Unterschiedsbetrag nach § 5a Abs. 4 EStG

Der Unterschiedsbetrag nach § 5a Abs. 4 EStG ist bei der Beendigung der Gewinnermittlung nach § 5a EStG bzw. beim Ausscheiden von einzelnen Wirtschaftsgütern aus dem Betriebsvermögen dem Gewinn – ggf. verteilt auf fünf Jahre – hinzuzurechnen und erhöht insoweit das jeweilige zu versteuernde Einkommen. In der Gliederungsrechnung ergeben sich entsprechende Zugänge zum verwendbaren Eigenkapital. Differenzen, die sich aufgrund der Regelung des § 5a Abs. 4 EStG zwischen dem verwendbaren Eigenkapital laut Gliederungsrechnung und dem verwendbaren Eigenkapital laut Steuerbilanz ergeben, sind über den Teilbetrag EK 02 auszugleichen.

6. Nichtanrechnung ausländischer Steuern

Soweit der Gewinn nach § 5a EStG ermittelt wird, kommt entsprechend der für die Einkommensteuer geltenden Regelung des § 5a Abs. 5 Satz 2 EStG eine Anrechnung oder ein Abzug ausländischer Steuern nach § 26 KStG, zu denen Einkünfte im Sinne des § 34 d Nr. 1 Buchstabe c EStG herangezogen worden sind, nicht in Betracht.

Gewinnermittlung bei Handelsschiffen im internationalen Verkehr, sog. Tonnagesteuer § 5a EStG

BMF-Schreiben vom 12.06.2002[1])

IV A 6 – S 2133a – 11/02, BStBl. I 2002 S. 614

Im Einvernehmen mit den obersten Finanzbehörden der Länder gilt zur Gewinnermittlung bei Handelsschiffen im internationalen Verkehr (§ 5a EStG) Folgendes:

A. Gewinnermittlung bei Handelsschiffen im internationalen Verkehr (§ 5a EStG)

I. Besondere Gewinnermittlung (§ 5a Abs. 1 EStG)

1. Geschäftsleitung und Bereederung im Inland (§ 5a Abs. 1 Satz 1 EStG)

1 Neben der Geschäftsleitung (§ 10 AO) ist die Bereederung im Inland eine zusätzliche und eigenständige Voraussetzung. Die Bereederung eines Handelsschiffes umfasst insbesondere folgende wesentliche Tätigkeiten:

   a) Abschluss von Verträgen, die den Einsatz des Schiffes betreffen,

   b) Ausrüstung und Verproviantierung der Schiffe,

   c) Einstellung von Kapitänen und Schiffsoffizieren,

   d) Befrachtung des Schiffes,

   e) Abschluss von Bunker- und Schmierölverträgen,

   f) Erhaltung des Schiffes,

   g) Abschluss von Versicherungsverträgen über Schiff und Ausrüstung,

   h) Führung der Bücher,

   i) Rechnungslegung,

   j) Herbeiführung und Verwirklichung der Beschlüsse der Mitreeder (bei Korrespondentreedern).

2 Diese wesentlichen Tätigkeiten der Bereederung müssen zumindest fast ausschließlich tatsächlich im Inland durchgeführt werden. Dies gilt auch bei Delegation einzelner Aufgaben der Bereederung auf andere Unternehmen.

2. Gewinnermittlung bei Mischbetrieben (§ 5a Abs. 1 Satz 1 EStG)

3 Ist Gegenstand eines Gewerbebetriebes nicht ausschließlich der Betrieb von Handelsschiffen im internationalen Verkehr (gemischter Betrieb), so müssen der Gewinn aus dem Betrieb von Handelsschiffen im internationalen Verkehr und der übrige Gewinn getrennt ermittelt werden. Das erfordert regelmäßig eine klare und einwandfreie buchmäßige Zuordnung der Betriebseinnahmen und Betriebsausgaben zu den verschiedenen Tätigkeitsbereichen. Betriebseinnahmen und Betriebsausgaben, die sowohl durch den Betrieb von Handelsschiffen im internationalen Verkehr als auch durch andere gewerbliche Betätigungen veranlasst sind, sind entsprechend den tatsächlichen Verhältnissen aufzuteilen. Hierbei sind die jeweiligen Anteile erforderlichenfalls zu schätzen.

3. Betriebstage (§ 5a Abs. 1 Satz 2 EStG)

4 Betriebstag ist grundsätzlich jeder Kalendertag ab Infahrtsetzung des Schiffes bzw. ab Charterbeginn bis zum Ausscheiden des Schiffes bzw. bis zum Charterende. Ein 12 Monate umfassendes Wirtschaftsjahr hat demnach grundsätzlich 365 Betriebstage; ausgenommen sind Tage des Umbaus oder der Großreparatur. Für Kalendertage, die keine Betriebstage sind, bleibt es bei der Gewinnermittlung nach § 5a Abs. 1 EStG mit der Folge, dass der Gewinn für diese Tage 0 EUR beträgt.

II. Handelsschiffe im internationalen Verkehr (§ 5a Abs. 2 EStG)

1. Überwiegender Einsatz im internationalen Verkehr (§ 5a Abs. 2 Satz 1 EStG)

5 Die Entscheidung, ob ein Schiff im Wirtschaftsjahr überwiegend im internationalen Verkehr eingesetzt war, hängt ab von dem Anteil der entsprechenden Reisetage an der Gesamtzahl der Reisetage des Schiffes in einem Wirtschaftsjahr. Wartezeiten des Schiffes im betriebsbereiten Zustand gelten als Reisetage. Wurde ein Schiff im Laufe eines Wirtschaftsjahres in Fahrt gesetzt, so ist insoweit der Zeitraum von der Infahrtsetzung bis zum Schluss des Wirtschaftsjahres maßgebend. Entsprechend ist zu verfahren, wenn ein Schiff im Laufe eines Wirtschaftsjahres veräußert worden ist. Ist im Laufe eines Wirt-

---

1) Geändert durch BMF-Schreiben vom 31.10.2008; vgl. Anlage § 008 (1)-43.

schaftsjahres die Eintragung in einem inländischen Seeschiffsregister entfallen ohne Wechsel des wirtschaftlichen Eigentums an dem Schiff, so sind die Reisetage im internationalen Verkehr, die das Schiff bis zum Fortfall der Voraussetzung zurückgelegt hat, der Gesamtzahl der Reisetage des vollen Wirtschaftsjahrs gegenüberzustellen. Entsprechendes gilt, wenn die Eintragung in einem inländischen Seeschiffsregister erst im Laufe eines Wirtschaftsjahres erfolgt.

2. Neben- und Hilfsgeschäfte (§ 5a Abs. 2 Satz 2 EStG)

Nebengeschäfte sind solche Geschäfte, die nicht den eigentlichen Zweck der unternehmerischen Betätigung ausmachen und sich auch nicht notwendig aus dem eigentlichen Geschäftsbetrieb ergeben, aber in seiner Folge vorkommen und nebenbei miterledigt werden. Hilfsgeschäfte sind solche Geschäfte, die der Geschäftsbetrieb üblicherweise mit sich bringt und die die Aufnahme, Fortführung und Abwicklung der Haupttätigkeit erst ermöglichen. Während Nebengeschäfte regelmäßig bei Gelegenheit des Hauptgeschäftes, also zeitlich neben diesem vorkommen, ist es für Hilfsgeschäfte, die in einer funktionalen Beziehung zum Hauptgeschäft stehen, typisch, dass sie dem Hauptgeschäft zeitlich vorgehen. Solche das Hauptgeschäft vorbereitenden Maßnahmen sind beispielsweise die Einstellung von Personal, das Anmieten von Geschäftsräumen und die Anschaffung von Maschinen und Material, die die Aufnahme der Haupttätigkeit ermöglichen. Bei einem Schifffahrtsbetrieb sind dementsprechende Maßnahmen, die auf den Erwerb oder die Herstellung eines Seeschiffes gerichtet sind, Hilfsgeschäfte des Unternehmens (BFH-Urteil vom 24. November 1983, BStBl. II 1984 S. 156). **6**

Die Bereederung von Handelschiffen im internationalen Verkehr ist begünstigt, wenn der Bereederer an den Schiffen beteiligt ist. Die Bereederung fremder Schiffe ist dagegen nicht begünstigt. Zur Behandlung anderer Entgelte an Gesellschafter vgl. Rz. 34. **7**

Gecharterte Teile von Seeschiffen, insbesondere Stellplätze, können zwar vom Steuerpflichtigen nicht selbst eingesetzt werden, die Anwendung des § 5a EStG kommt insoweit aber als Neben- oder Hilfsgeschäft in Betracht. **8**

Erträge aus Kapitalanlagen bzw. Beteiligungen an Kapitalgesellschaften gehören mangels unmittelbaren Zusammenhangs mit dem Betrieb von Schiffen grundsätzlich nicht zu dem Gewinn nach § 5a Abs. 1 EStG. Zinserträge aus laufenden Geschäftskonten sind hingegen abgegolten; eine Anrechnung von Steuerabzugsbeträgen ist insoweit möglich. **9**

3. Einkünfte aus vercharterten Handelsschiffen (§ 5a Abs. 2 Satz 2 EStG)

Die Voraussetzungen des § 5a Abs. 2 Satz 1 EStG müssen erfüllt sein. Alle wesentlichen Tätigkeiten der dem Vercharterer obliegenden Aufgaben müssen im Inland erfüllt werden. In den Fällen der sog. bareboat-charter liegen beim Vercharterer keine begünstigten Einkünfte vor. **10**

4. Einkünfte aus gecharterten Handelsschiffen (§ 5a Abs. 2 Sätze 3 und 4 EStG)

Nicht in einem inländischen Seeschiffsregister eingetragene gecharterte Seeschiffe sind nur begünstigt, wenn das Verhältnis gemäß § 5a Abs. 2 Satz 4 EStG beachtet wird und die dem Charterer obliegenden wesentlichen Bereederungsaufgaben im Inland erfüllt werden. Bei einem Konsortium oder einem Pool wird bei der Bestimmung des Verhältnisses der Nettotonnage der im Inland registrierten eigenen oder gecharterte Schiffe zur Nettotonnage der im Ausland registrierten hinzugecharterten Schiffe nur die Nettotonnage der selbst eingebrachten Schiffe berücksichtigt. Soweit nur Teile eines Schiffes (z.B. Stellplätze oder Slots) hinzugechartert werden, ist nur der entsprechende Anteil zu berücksichtigen. **11**

III. Antrag auf besondere Gewinnermittlung (§ 5a Abs. 3 EStG)

1. Beginn der Antragsfrist bei neu gegründeten Betrieben (§ 5a Abs. 3 Satz 1 EStG)

Für den Beginn der Antragsfrist bei neu gegründeten Betrieben ist der Zeitpunkt entscheidend, in dem erstmals Einkünfte aus dem Betrieb von Handelsschiffen im internationalen Verkehr im Sinne des § 5a Abs. 2 EStG erzielt werden. Dies ist bei neuen Betrieben regelmäßig mit Abschluss des Bau- bzw. Kaufvertrages der Fall. **12**

Beispiel:

Ein neuer Betrieb schließt am 14. Februar 2000 einen Vertrag über die Bestellung eines neuen Containerschiffes ab und stellt gleichzeitig den Antrag auf Gewinnermittlung nach § 5a Abs. 1 EStG. Die Infahrtsetzung erfolgt am 10. Januar 2001. Das Schiff wird in einem inländischen Seeschiffsregister eingetragen, die Bereederung findet im Inland statt und das Schiff wird im Sinne des § 5a Abs. 2 Satz 1 EStG verwendet. Das Wirtschaftsjahr entspricht dem Kalenderjahr. **13**

Lösung:

Die Bestellung eines Schiffes stellt ein Hilfsgeschäft dar. Da dieses Hilfsgeschäft zum Betrieb von Handelsschiffen im internationalen Verkehr gehört (§ 5a Abs. 2 Satz 2 EStG), werden im Jahr 2000 **14** erstmals Einkünfte hieraus erzielt. Mangels tatsächlich im Betrieb vorhandener Tonnage beträgt im Jahr 2000 der nach § 5a Abs. 1 EStG pauschal ermittelte Gewinn 0 EUR.

Der Antrag auf die pauschale Gewinnermittlung nach der im Betrieb geführten Tonnage kann frühestens im Jahr 2000 mit Wirkung ab dem Jahr 2000 und könnte spätestens am 31. Dezember 2002 mit Wirkung ab dem 1. Januar 2002 gestellt werden. Würde diese Frist versäumt, so könnte ein Antrag auf die pauschale Gewinnermittlung erst wieder mit Wirkung ab dem Jahr 2010 (Erstjahr ist 2000) gestellt werden.

2. Beginn der Antragsfrist bei Betrieben, die bereits vor dem 1. Januar 1999 Einkünfte aus dem Betrieb von Handelsschiffen im internationalen Verkehr erzielt haben

15 Für einen Betrieb, der bereits vor dem 1. Januar 1999 Einkünfte aus dem Betrieb von Handelsschiffen im internationalen Verkehr erzielt hat, ist der Antrag bis spätestens 31. Dezember 2001 mit Wirkung ab 1. Januar 2001 zu stellen. Nach § 52 Abs. 15 Satz 3 EStG konnte der Antrag für Altbetriebe aus Billigkeitsgründen bereits in 1999 mit Wirkung ab dem Wirtschaftsjahr gestellt werden, welches nach dem 31. Dezember 1998 endet.

3. Beginn der Antragsfrist in sonstigen Fällen

16 Für den Beginn der Antragsfrist in sonstigen Fällen ist gleichfalls der Zeitpunkt entscheidend, in dem erstmals Einkünfte aus dem Betrieb von Handelsschiffen im internationalen Verkehr erzielt werden. Diese Voraussetzung ist erst in dem Wirtschaftsjahr erfüllt, in dem die Anzahl der Tage mit inländischer Registrierung die übrigen Tage überwiegt und die Schiffe zu mehr als der Hälfte der tatsächlichen Seereisetage des gesamten Wirtschaftsjahres zur Beförderung von Personen und Gütern auf Fahrten im Verkehr mit oder zwischen ausländischen Häfen, innerhalb eines ausländischen Hafens oder zwischen einem ausländischen Hafen und der freien See eingesetzt waren.

4. Zeitpunkt der Antragstellung

17 Während der Antragsfrist kann der Antrag auf Anwendung der pauschalen Gewinnermittlung nach § 5a Abs. 1 EStG erst in dem Wirtschaftsjahr gestellt werden, von dessen Beginn an sämtliche Voraussetzungen des § 5a Abs. 1 EStG vorliegen.

18 Aus Billigkeitsgründen wird es als ausreichend angesehen, wenn die Voraussetzungen der Durchführung der Bereederung und Geschäftsleitung im Inland für das in 1999 endende Wirtschaftsjahr spätestens am Ende dieses Wirtschaftsjahres und für das in 2000 endende Wirtschaftsjahr spätestens am 30. Juni 2000 vorlagen

19 Die Grundsätze in Rz. 16 sind in den Fällen anzuwenden, in denen das Handelsschiff nach dem 27.06.2002 (Tag der Veröffentlichung im BStBl) in Dienst gestellt wird. Bei bereits vor dem 28.06.2002 (Tag der Veröffentlichung im BStBl) in Dienst gestellten Handelsschiffen kann Rz. 15a meines Schreibens vom 25. Mai 2000 (BStBl I S. 809) weiter angewendet werden, bis die Anwendung der Tonnagesteuer in einem Wirtschaftsjahr beantragt wird, das dem im Kalenderjahr 2002 endenden Wirtschaftsjahr folgt.

20 Der Antrag für die Anwendung der Gewinnermittlung nach § 5a Abs. 1 EStG ist schriftlich zu stellen.

IV. Unterschiedsbetrag (§ 5a Abs. 4 EStG)

1. Unmittelbar dem Betrieb von Handelsschiffen im internationalen Verkehr dienendes Wirtschaftsgut (§ 5a Abs. 4 Satz 1 EStG)

21 Ein Wirtschaftsgut, das unmittelbar dem Betrieb von Handelsschiffen im internationalen Verkehr dient, kann nicht nur das Handelsschiff, sondern auch ein anderes Wirtschaftsgut des Betriebsvermögens sein, z.B. die Betriebs- und Geschäftsausstattung. Bei Mischbetrieben (s. Rz. 3) kann ein Wirtschaftsgut ggf. nur anteilig unmittelbar dem Betrieb von Handelsschiffen im internationalen Verkehr dienen. Der auf diesen Teil entfallende Unterschiedsbetrag ist ggf. zu schätzen. In passiven Wirtschaftsgütern ruhende stille Reserven (z.B. Fremdwährungsverbindlichkeiten) sind einzubeziehen.

2. Aufstellung des Verzeichnisses (§ 5a Abs. 4 Satz 1 EStG)

22 Zum Schluss des Übergangsjahres ist ein Verzeichnis entsprechend dem Anlageverzeichnis zu erstellen, in dem jedes Wirtschaftsgut und der darauf entfallende Unterschiedsbetrag aufgeführt ist. Dienen Wirtschaftsgüter nur teilweise dem Betrieb von Handelsschiffen im internationalen Verkehr, ist nur der darauf entfallende anteilige Unterschiedsbetrag aufzuzeichnen. Der Unterschiedsbetrag der geringwertigen Wirtschaftsgüter kann aus Vereinfachungsgründen in einer Summe ausgewiesen werden.

3. Gesonderte und ggf. einheitliche Feststellung des Unterschiedsbetrags (§ 5a Abs. 4 Satz 1 EStG)

23 Die Unterschiedsbeträge sind gesondert bzw. gesondert und einheitlich festzustellen. Dabei sind die folgenden Feststellungen zu treffen:

a) Bezeichnung der Wirtschaftsgüter,

b) auf die Wirtschaftsgüter jeweils entfallende Unterschiedsbeträge bzw. bei Mischbetrieben im Fall von gemischt genutzten Wirtschaftsgütern der auf den begünstigten Betrieb entfallende Anteil des Unterschiedsbetrages,

c) Anteile der Gesellschafter an den einzelnen Unterschiedsbeträgen. Wird ein Wirtschaftsgut dem Betriebsvermögen ganz oder dem Miteigentumsanteil des Mitunternehmers entsprechend zugeführt oder erhöht sich der Nutzungsanteil, ist der jeweilige Unterschiedsbetrag gesondert bzw. gesondert und einheitlich festzustellen; war das Betriebsvermögen bisher teilweise gemischt genutzt, ist nur der auf den Erhöhungsbetrag entfallende Unterschiedsbetrag zum Zeitpunkt der Nutzungsänderung festzustellen. Der bisher festgestellte Betrag bleibt unberührt. Die Feststellungen nach § 5a Abs. 4 Satz 2 oder Satz 4 EStG sind für die Steuerbescheide oder Feststellungsbescheide (Folgebescheide) bindend, in denen der Unterschiedsbetrag hinzuzurechnen ist.

4. Fortschreibung des Verzeichnisses

Das Verzeichnis ist fortzuschreiben, wenn   24

a) Wirtschaftsgüter ausscheiden oder sich ihr Nutzungsanteil verringert,

b) Wirtschaftsgüter zugeführt werden oder sich ihr Nutzungsanteil erhöht,

c) Fremdwährungsverbindlichkeiten, für die ein Unterschiedsbetrag festgestellt wurde, getilgt werden oder

d) Veränderungen im personellen Bestand eintreten und eine Hinzurechnung nach § 5a Abs. 4 Satz 3 Nr. 3 EStG nicht erfolgte.

5. Besteuerung des Unterschiedsbetrages (§ 5a Abs. 4 Satz 3 EStG)

Der Unterschiedsbetrag ist in dem Jahr, in dem das Wirtschaftsgut aus der Gewinnermittlung nach § 5a   25
EStG ausscheidet, dem Gewinn nach § 5a Abs. 1 Satz 1 EStG hinzuzurechnen und ist damit Bestandteil der Einkünfte aus Gewerbebetrieb im Sinne des § 15 EStG. Dies gilt auch für den Fall, dass das Ausscheiden eines Wirtschaftsguts, wie z.B. bei Ein-Schiffs-Gesellschaften, gleichzeitig die Betriebsaufgabe darstellt. Soweit ein Wirtschaftsgut bei Mischbetrieben in den nicht begünstigten Teil überführt wird, ist es entsprechend § 5a Abs. 6 EStG dort mit dem Teilwert anzusetzen.

Bei ratierlicher Tilgung von Fremdwährungsverbindlichkeiten ist der Unterschiedsbetrag (teilweise)   26
aufzulösen. Auch Nutzungsänderungen von Wirtschaftsgütern (z.B. bei Bürogebäuden) können zur Zurechnung von Unterschiedsbeträgen führen.

Die Anwendung des § 5a Abs. 4 Satz 3 Nr. 1 EStG setzt voraus, dass der Steuerpflichtige sich gemäß § 5a   27
Abs. 3 Satz 4 EStG nach Ablauf des 10-Jahres-Zeitraums für die Anwendung der Normalbesteuerung entscheidet und der Betrieb fortgeführt wird. § 5a Abs. 4 Satz 3 Nr. 2 EStG ist in allen sonstigen Fällen anwendbar.

§ 5a Abs. 4 Satz 3 Nr. 3 EStG gilt für den Fall, dass ein Gesellschafter im Sinne des § 15 Abs. 1 Satz 1   28
Nr. 2 EStG seinen Anteil an der Personengesellschaft veräußert. Für die verbleibenden Gesellschafter ändert sich der festgestellte Unterschiedsbetrag nicht.

V. Gesellschaften nach § 15 Abs. 1 Satz 1 Nr. 2 EStG (§ 5a Abs. 4a EStG)

1. Umfang des Gewinns bei Personengesellschaften; Behandlung von Gewinnen und Verlusten im Sonderbetriebsvermögen eines Gesellschafters (§ 5a Abs. 4a Satz 1 EStG)

Die Gewinnermittlungsvorschrift im Sinne des § 5a Abs. 1 Satz 1 EStG stellt grundsätzlich auf den Ge-   29
samtgewinn der Mitunternehmerschaft ab. Die zusätzliche Berücksichtigung von Sonderbetriebs-ausgaben, z.B. für die Finanzierung des Anteilserwerbes, ist daher nicht zulässig. Eine Ausnahme gilt nur für Ausgaben, die im unmittelbaren Zusammenhang mit hinzuzurechnenden Sondervergütungen im Sinne des § 15 Abs. 1 Satz 1 Nr. 2 und Satz 2 EStG stehen.

Zur Behandlung von Vergütungen siehe Rz. 34.   30

2. Verhältnis zu § 15a EStG (§ 5a Abs. 4a Satz 2 EStG)

Nach § 5a Abs. 5 Satz 4 EStG ist für die Anwendung des § 15a EStG der nach § 4 Abs. 1 oder § 5 EStG   31
ermittelte Gewinn zugrunde zu legen.

§ 15a EStG findet während des Tonnagesteuerzeitraums uneingeschränkt Anwendung: Parallel zur Ge-   32
winnermittlung nach der Tonnagesteuer wird die Steuerbilanz einschließlich der Kapitalkonten fort-geführt; der verrechenbare Verlust wird jährlich festgestellt und mit den Ergebnissen der Steuerbilanz (Gesamthands- bzw. Ergänzungsbilanz) verrechnet. Im Einzelnen bedeutet dies:

a) Verrechenbare Verluste aus der Zeit vor der Tonnagebesteuerung sind mit den tatsächlichen laufenden Gewinnen aus der Zeit der Tonnagebesteuerung auszugleichen.

b) Verluste aus der Zeit der Tonnagebesteuerung erhöhen bereits vorhandene verrechenbare Verluste, auch soweit sie auf die Zeit vor der Tonnagebesteuerung entfallen.

c) Ein im Zeitpunkt des Ausscheidens oder der Veräußerung eines Wirtschaftsguts oder der Veräußerung des ganzen Betriebs oder des Ausscheidens eines Gesellschafters noch vorhandener verrechenbarer Verlust ist zunächst mit einem dabei entstehenden Veräußerungsgewinn auszugleichen, auch wenn dieser Veräußerungsgewinn wegen § 5a Abs. 5 Satz 1 EStG durch die Tonnagesteuerung abgegolten ist; ein nach Gegenrechnung des Veräußerungsgewinns etwa noch verbleibender verrechenbarer Verlust ist beim Unterschiedsbetrag vor dessen Besteuerung nach § 5a Abs. 4 Satz 3 EStG abzuziehen.

d) Verrechenbare Verluste sind in den Fällen des § 5a Abs. 4 Satz 3 Nr. 1 EStG sowie in den Fällen, in denen das Schiff nicht mehr dem Betrieb von Handelsschiffen im internationalen Verkehr dient, mit dem im Zusammenhang mit dem Ansatz des Teilwerts gem. § 5a Abs. 6 EStG entstehenden Gewinn zu verrechnen; ein nach Gegenrechnung eines so entstandenen Gewinns etwa noch verbleibender verrechenbarer Verlust ist beim Unterschiedsbetrag vor dessen Besteuerung nach § 5a Abs. 4 Satz 3 EStG abzuziehen.

3. Gewinnerzielungsabsicht (§ 5a Abs. 4a Satz 2 EStG)

33 Zur Sicherstellung des mit der zweijährigen Antragsfrist (§ 5a Abs. 3 EStG) verfolgten Förderziels des Gesetzgebers ist für die Prüfung der Gewinnerzielungsabsicht auch während des Tonnagesteuerzeitraums die Gewinnermittlung nach § 4 Abs. 1 oder § 5 EStG (ohne Berücksichtigung des Unterschiedsbetrages nach § 5a Abs. 4 EStG) zugrunde zu legen.

4. Hinzuzurechnende Vergütungen (§ 5a Abs. 4a Satz 3 EStG)

34 Zu den hinzuzurechnenden Vergütungen im Sinne des § 15 Abs. 1 Satz 1 Nr. 2 und Satz 2 EStG gehört weder das Bereederungsentgelt eines am Schiff beteiligten Bereederer (Rz. 7) noch ein auf gesellschaftsrechtlicher Vereinbarung beruhender Vorabgewinn. Die Frage, ob ein solcher Vorabgewinn vorliegt oder eine hinzuzurechnende Vergütung, bestimmt sich nach allgemeinen Grundsätzen. Für die Behandlung der Vergütung als Vorabgewinn genügt nicht, dass sie im Gesellschaftsvertrag vereinbart ist. (Tätigkeits-)Vergütungen, die in einem Gesellschaftsvertrag vereinbart sind, sind nach der Rechtsprechung des BFH als Sondervergütungen im Sinne des § 15 Abs. 1 Satz 1 Nr. 2 und Satz 2 EStG zu qualifizieren, wenn sie handelsrechtlich nach den Bestimmungen des Gesellschaftsvertrags als Kosten zu behandeln, insbesondere im Gegensatz zu einem Vorabgewinn auch dann zu zahlen sind, wenn kein Gewinn erwirtschaftet wird (BFH-Urteil vom 6. Juli 1999, BStBl. II S. 720).

VI. Tarifbegrenzung/Steuerermäßigung bei Einkünften aus Gewerbebetrieb

35 Der in § 5a Abs. 5 Satz 2 EStG festgelegte Ausschluss bezieht sich auf den nach § 5a EStG ermittelten Gewinn, einschließlich der Hinzurechnungen nach § 5a Abs. 4 und Abs. 4a EStG.

VII. Unterlagen zur Steuererklärung (§ 60 EStDV)

36 Neben der Gewinnermittlung nach § 5a EStG ist eine Steuerbilanz nach § 4 Abs. 1 oder § 5 EStG, bei Personengesellschaften einschließlich etwaiger Ergänzungs- oder Sonderbilanzen sowie ein jährlich fortentwickeltes Verzeichnis im Sinne des § 5a Abs. 4 EStG, aus dem sich Veränderungen der Unterschiedsbeträge (vgl. Rz. 23) ergeben, beizufügen. Bei Mischbetrieben sind die Unterlagen über die getrennte Gewinnermittlung (vgl. Rz. 3) vorzulegen.

B. Gewerbesteuer

37 Soweit der Gewinn nach § 5a EStG ermittelt worden ist, kommen Hinzurechnungen und Kürzungen nicht in Betracht.

38 Die Auflösung des Unterschiedsbetrages gehört zum Gewerbeertrag. Die Vorschrift des § 9 Nr. 3 GewStG ist insoweit anzuwenden.

39 Auch der nach § 5a EStG ermittelte Gewerbeertrag ist gemäß § 10a GewStG mit Verlusten aus Vorjahren verrechenbar.

Dieses Schreiben ersetzt vorbehaltlich der Aussage in Rz. 19 meine Schreiben vom 24. Juni 1999 – IV C 2 – S 1900 – 65/99 –, BStBl. I S. 669 und vom 25. Mai 2000 – IV C 2 – S 2133a – 12/00 –, BStBl. I S. 809.

Dieses Schreiben wird im Bundessteuerblatt Teil I veröffentlicht. Es steht ab sofort für eine Übergangszeit auf den Internet-Seiten des Bundesministeriums der Finanzen unter der Rubrik Steuern und Zölle – Steuern – Veröffentlichungen zu Steuerarten – Einkommensteuer – (http://www.bundesfinanzministerium.de/Einkommensteuer-.479.htm) zur Ansicht und zum Download bereit.

Behandlung von Zinsen i. S. des § 233a AO
nach Änderung des § 10 Nr. 2 KStG durch das Steuerentlastungsgesetz 1999/2000/2002 (StEntlG 1999/2000/2002)

Verfügung OFD Rostock vom 08.08.2000

S 2755 – 1/00 – St 241

Nach § 10 Nr. 2 KStG in der Fassung des StEntlG 1999/2000/2002 sind u. a. die Steuern vom Einkommen und sonstige Personensteuern nicht abziehbare Aufwendungen. Das gilt auch für die auf diese Steuern entfallenden Nebenleistungen. Die bisherige Ausnahme vom Abzugsverbot für Zinsen auf Steuerforderungen nach § 233a (Zinsen auf Steuernachforderungen); § 234 (Stundungszinsen) und § 237 AO (Aussetzungszinsen) ist mit Wirkung ab VZ 1999 gestrichen worden. Das Abzugsverbot gilt danach nicht erst für Zinsen, die auf Steueransprüche für VZ ab 1999 entstehen, sondern ist auf alle Beträge anzuwenden, die in einem nach dem 31.12.1998 endenden Wirtschaftsjahr buchtechnisch zu erfassen sind.

Zur Frage, wie Erstattungszinsen i. S. des § 233a AO steuerlich zu behandeln sind, wird gebeten folgende Auffassung zu vertreten:

Es gibt keinen allgemeinen Grundsatz, wonach Nebenleistungen, zu denen auch Erstattungszinsen gehören, in ihrer ertragsteuerlichen Behandlung das Schicksal der Hauptleistung teilen. Das ergibt sich eindeutig aus dem BFH-Urteil vom 18.2.1975, BStBl. II, 568. Das gesetzliche Abzugsverbot für Nachzahlungszinsen in § 10 Nr. 2 KStG kann auch nicht im Wege des Umkehrschlusses als Steuerbefreiung von Erstattungszinsen gedeutet werden.

Einkommensteuerrechtlich gehören die Erstattungszinsen – auch nach Einführung des einkommensteuerrechtlichen Abzugsverbots für Nachzahlungszinsen durch Aufhebung des § 10 Abs. 1 Nr. 5 EStG – zu den Einkünften aus Kapitalvermögen i. S. des § 20 Abs. 1 Nr. 7 EStG.

Nach dem BFH-Urteil vom 18.2.1975, a.a.O., verzinst die Finanzverwaltung die zuviel erhobenen Steuern so, als habe sie in dieser Höhe ein Darlehen erhalten, während der Steuerpflichtige so gestellt wird, als habe er ein Darlehen gewährt. Das gilt für die Körperschaftsteuer entsprechend. Bei Kapitalgesellschaften und Genossenschaften gehören diese Einkünfte zu den Einkünften aus Gewerbebetrieb – § 8 Abs. 2 KStG.

Bei der ertragsteuerlichen Einordnung der Zinsen i. S. des § 233a AO ist jedoch danach zu unterscheiden, ob es sich um Erstattungszinsen oder um an den Steuerpflichtigen zurückgezahlte Nachzahlungszinsen handelt. Bei der Rückzahlung derartiger Zinsen kommt es nicht zur Vereinnahmung steuerpflichtiger Erstattungszinsen, sondern zur Minderung zuvor festgesetzter Nachzahlungszinsen, die erfolgsneutral zu behandeln sind.

Entsprechendes gilt auch für die Minderung zuvor festgesetzter Erstattungszinsen. Hier ist nicht die Zahlung von – nach § 10 Nr. 2 KStG nichtabziehbaren – Nachzahlungszinsen, sondern die Minderung zuvor festgesetzter Erstattungszinsen gegeben, die erfolgswirksam (hier: den Gewinn mindernd) zu erfassen sind.

Eine andere Auffassung ergibt sich auch nicht aus der Tatsache, daß die §§ 9 und 10 KStG als Gewinn- bzw. Einkunftsermittlungsvorschriften anzusehen sind.

Abzinsung von Schadenrückstellungen der Versicherungsunternehmen; Rücklagen nach § 52 Abs. 16 Satz 10 EStG

BMF-Schreiben vom 16.08.2000

IV C 2 – S 2175 – 14/00, BStBl. I S. 1218

1 Nach dem Ergebnis der Erörterung mit den obersten Finanzbehörden der Länder gilt für die Abzinsung von noch nicht abgewickelten Versicherungsfällen (Schadenrückstellungen) und die Auflösung der Rücklagen nach § 52 Abs. 16 Satz 10 EStG, die wegen der auf diese Rückstellungen anzuwendenden Neuregelung des § 6 Abs. 1 Nr. 3 a EStG gebildet worden sind, Folgendes:

Abzinsung von Schadenrückstellungen

A. Abzinsungspflicht

2 Versicherungsunternehmen haben die Schadenrückstellungen im Rahmen der Bewertung nach § 6 Abs. 1 Nr. 3 a Buchstabe e EStG abzuzinsen. Der Grundsatz der Einzelbewertung ist zu beachten.

B. Pauschalregelung

3 Es ist nicht zu beanstanden, wenn Versicherungsunternehmen die Abzinsung statt nach dem Grundsatz der Einzelbewertung nach dem nachfolgend dargestellten Pauschalverfahren berechnen. Voraussetzung für die Anwendung des Pauschalverfahrens ist, dass es vom Versicherungsunternehmen für alle von ihm betriebenen Versicherungszweige des selbst abgeschlossenen und des übernommenen Versicherungsgeschäfts angewendet wird.

I. Ermittlung der Bemessungsgrundlage für die Abzinsung

4 1. Bei der Ermittlung der Bemessungsgrundlage für die Abzinsung sind ausgehend von den in der Handelsbilanz gebildeten Rückstellungen, sofern diesen Bilanzposten nicht steuerrechtliche Sonderregelungen entgegenstehen, folgende Beträge auszuscheiden:

5 a) Rückstellungsbeträge in der Krankenversicherung;

6 b) Rückstellungsbeträge, wenn die zugrunde liegenden Verpflichtungen nach dem Versicherungsvertragsgesetz oder den Allgemeinen Versicherungsbedingungen verzinslich sind, soweit gesonderte Nachweisungen nach aufsichtsrechtlichen Grundsätzen vorliegen;

7 c) Rückstellungsbeträge, die ausländischen Betriebsstätten zuzuordnen sind, deren Einkünfte nach einem Doppelbesteuerungsabkommen von der inländischen Besteuerung freizustellen sind;

8 d) Renten-Deckungsrückstellungen und

9 e) Minderungsbeträge nach § 20 Abs. 2 KStG (vgl. BMF-Schreiben vom 5. Mai 2000, BStBl. I S. 487), soweit sie nicht bereits in der Handelsbilanz berücksichtigt worden sind.

2. Zuordnung in Gruppen

10 Die für die Versicherungszweige zu bildenden Schadenrückstellungen sind anschließend an die Korrektur gemäß RdNrn. 4 bis 9 den Gruppen „Allgemeine Haftpflicht/Kraftfahrt-Haftpflicht", „Lebensversicherung" und „Sonstige" zuzuordnen.

3. Pauschalabschläge

11 a) Nach § 6 Abs. 1 Nr. 3 a Buchstabe e i.V.m. Nr. 3 EStG hat die Abzinsung zu unterbleiben, wenn die Laufzeit der Verpflichtung, die der Rückstellung zugrunde liegt, am Bilanzstichtag weniger als 12 Monate beträgt. Daher ist der der Gruppe „Allgemeine Haftpflicht/Kraftfahrt-Haftpflicht" zuzuordnende Betrag um 30 %, der der Gruppe „Lebensversicherung" zuzuordnende Betrag um 83 % und der der Gruppe „Sonstige" zuzuordnende Betrag um 60 % zu kürzen.

12 b) Die danach verbleibenden Beträge sind jeweils um 40 % zu kürzen.

13 Damit werden die in § 6 Abs. 1 Nr. 3a Buchstabe e i.V.m. Nr. 3 EStG aufgeführten einschränkenden Regelungen zur Abzinsung, soweit sie nicht in RdNrn. 4 bis 9 erfasst sind, pauschal berücksichtigt.

II. Abzinsungszeitraum

14 Der Abzinsungszeitraum beträgt für die Gruppe „Allgemeine Haftpflicht/Kraftfahrt-Haftpflicht" 4,8 Jahre und für die Gruppen „Lebensversicherung" und „Sonstige" 1,8 Jahre.

III. Zeitliche Anwendung

15 Die Pauschalregelung kann im ersten nach dem 31. Dezember 1998 endenden Wirtschaftsjahr und in den folgenden vier Wirtschaftsjahren in Anspruch genommen werden. Soweit neue Erkenntnisse Anlass geben, die Pauschalregelung zu ändern, wird das BMF-Schreiben entsprechend angepasst.

Rücklagen nach § 52 Abs. 16 Satz 10 EStG

Nach § 52 Abs. 16 Satz 10 EStG zulässigerweise gebildete Rücklagen sind über eine Zeitspanne von 16 neun Wirtschaftsjahren jährlich mindestens mit einem Neuntel gewinnerhöhend aufzulösen; scheidet die der Rückstellung zugrunde liegende Verpflichtung während dieser Zeitspanne aus dem Betriebsvermögen aus, ist die Rücklage in vollem Umfang gewinnerhöhend aufzulösen. Dies gilt auch für zulässigerweise im Zusammenhang mit der Bewertung von Schadenrückstellungen gebildete Rücklagen.

Es ist nicht zu beanstanden, wenn Versicherungsunternehmen, die die Pauschalregelung anwenden, die 17 Rücklagen unabhängig von der Entwicklung der den Schadenrückstellungen zugrunde liegenden Verpflichtungen, soweit sie auf Schadenrückstellungen der Gruppe „Allgemeine Haftpflicht/Kraftfahrt-Haftpflicht" entfallen, linear über neun Wirtschaftsjahre und, soweit sie auf Schadenrückstellungen der Gruppen „Lebensversicherung" und „Sonstige" entfallen, linear über vier Wirtschaftsjahre verteilt gewinnerhöhend auflösen.

Geltungsbereich

Die vorgenannten Grundsätze gelten unabhängig davon, ob es sich bei dem Versicherungsunternehmen 18 um ein Erst- oder ein Rückversicherungsunternehmen handelt.

Schriftformerfordernis bei Pensionszusagen nach § 6a Abs. 1 Nr. 3 EStG

BMF-Schreiben vom 28.08.2001
IV A 6 – S 2176 – 27/01
BStBl. 2001 I S. 594

Der I. Senat des Bundesfinanzhofs hat in seinem Urteil vom 24. März 1999, BStBl. 2001 II S. 612, zur Auslegung von Verträgen zwischen einer Kapitalgesellschaft und ihrem beherrschenden Gesellschafter-Geschäftsführer im Zusammenhang mit einer Pensionszusage Stellung genommen und ausgeführt, dass eine Vereinbarung, die nicht klar und eindeutig ist, anhand der allgemein geltenden Auslegungsregeln zu beurteilen ist. Gegebenenfalls könne über den Inhalt der Vereinbarungen auch Beweis erhoben werden. Aussagen zum Vorliegen der besonderen Voraussetzung der Schriftform im Sinne von § 6a Abs. 1 Nr. 3 EStG enthält die Entscheidung jedoch nicht.

Nach Abstimmung mit den obersten Finanzbehörden der Länder nehme ich zum Schriftformerfordernis des § 6a Abs. 1 Nr. 3 EStG wie folgt Stellung:

Voraussetzung für die steuerliche Anerkennung einer Pensionsrückstellung nach § 6a EStG ist u. a. eine schriftlich erteilte Pensionszusage (§ 6a Abs. 1 Nr. 3 EStG). Die Vereinbarung muss neben dem Zusagezeitpunkt eindeutige und präzise Angaben zu Art, Form, Voraussetzungen und Höhe der in Aussicht gestellten künftigen Leistungen enthalten (vgl. hierzu auch R 41 Abs. 7 Einkommensteuer-Richtlinien[1]). Sofern es zur eindeutigen Ermittlung der in Aussicht gestellten Leistungen erforderlich ist, sind auch Angaben für die versicherungsmathematische Ermittlung der Höhe der Versorgungsverpflichtung (z. B. anzuwendender Rechnungszinsfuß oder anzuwendende biometrische Ausscheidewahrscheinlichkeiten) schriftlich festzulegen.

Sind die genannten Angaben nicht vorhanden, scheidet die Bildung einer Pensionsrückstellung jedenfalls in der Steuerbilanz aus.

---

1) Jetzt R 6a Abs. 7 EStR.

Öffentlich Private Partnerschaften (ÖPP);
Ertragsteuerliche Behandlung im Zusammenhang mit A-Modellen

BMF-Schreiben vom 04.10.2005

IV B 2 – S 2134a – 37/05

(BStBl. 2005 I S. 916)

Im Einvernehmen mit den obersten Finanzbehörden der Länder gilt zur ertragsteuerlichen Behandlung von Öffentlich Privaten Partnerschaften – ÖPP (Public Private Partnership – PPP) in Form von A-Modellen Folgendes:

I. Gegenstand des A-Modells

Mit dem Gesetz über die Erhebung streckenbezogener Gebühren für die Benutzung von Bundes- **1** autobahnen mit schweren Nutzfahrzeugen – Autobahnmautgesetz für schwere Nutzfahrzeuge – ABMG – Neufassung vom 2. Dezember 2004 (BGBl. l, 3122) will der Gesetzgeber die Verkehrsinfrastruktur verbessern. Dazu können für den Bau und die Unterhaltung öffentlicher Straßen Private (Konzessionsnehmer) eingesetzt werden.

Bei der rechtlichen Ausgestaltung des Verkehrsprojekts nach dem „A-Modell" werden von den Kon- **2** zessionsnehmern Autobahnstreckenabschnitte errichtet und auch im verkehrsrechtlichen Sinne betrieben, der Bund (Konzessionsgeber) bleibt jedoch Eigentümer des Autobahnstreckenabschnitts und allein berechtigt, für die Benutzung Mautgebühren zu erheben. In Zusammenarbeit mit dem Bundesministerium für Verkehr, Bau und Wohnungswesen sind Musterverträge erstellt worden, die Grundlage sowohl der Angebotserstellung als auch der bilanzsteuerrechtlichen Beurteilung sind.

Der Inhalt des Mustervertrags für das A-Modell ist als Heft 889 (ISBN 3-934458-84-86-6) der Schriftenreihe „Forschungsberichte aus dem Forschungsprogramm des Bundesministeriums für Verkehr, Bau und Wohnungswesen e. V", herausgegeben vom Bundesministerium für Verkehr, Bau und Wohnungswesen, Abteilung Straßenbau, Straßenverkehr, Bonn, veröffentlicht.

A-Modelle sind Vertragsmodelle, bei denen sich der Konzessionsnehmer vertraglich gegenüber dem **3** Konzessionsgeber (Bund) verpflichtet, eine bestimmte Konzessionsstrecke (Bundesautobahnabschnitt) auszubauen (dies beinhaltet auch die Erweiterung um weitere Richtungsfahrbahnen) und diese während des Konzessionszeitraumes (i. d. R. 30 Jahre) zu betreiben und zu erhalten. Als Gegenleistung erhält der Konzessionsnehmer ggf. eine Anschubfinanzierung sowie einen prozentualen Anteil an den Gesamtmauteinnahmen. Diese werden monatlich vom Konzessionsgeber an den Konzessionsnehmer weitergeleitet. Zum Ende des Konzessionszeitraumes ist der Konzessionsnehmer verpflichtet, die Konzessionsstrecke in einen bestimmten Mindestzustand zu versetzen, der über die normale Erhaltungsverpflichtung hinausgeht.

II. Vertragliche Ausgestaltung des A-Modells

Die ertragsteuerliche Würdigung wird anhand der nachfolgend dargestellten vertraglichen Regelungen **4** vorgenommen. Abweichungen davon führen ggf. zu einer anderen steuerlichen Behandlung.

1. Pflichten des Konzessionsnehmers

– Bauleistung **5**

Der Konzessionsnehmer ist verpflichtet, die Konzessionsstrecke gem. den Vertragsvereinbarungen auszubauen. Er hat eine betriebsfertige Gesamtleistung zu erbringen.

– Betriebspflicht **6**

Der Konzessionsnehmer hat die Konzessionsstrecke für die Dauer des Konzessionszeitraumes nach Maßgabe der Vertragsbedingungen auf seine Kosten zu betreiben. Dazu zählen u. a. Verkehrsüberwachung, Verkehrssicherungspflicht und der Winterdienst.

– Erhaltungspflicht **7**

Die Konzessionsstrecke ist für die Dauer des Konzessionszeitraumes durch den Konzessionsnehmer auf seine Kosten vertragsgemäß (Leistungsbeschreibung, technische Regelwerke und Rechtsvorschriften) zu erhalten. Inbegriffen sind erforderliche Bauleistungen, für die die Bestimmungen über die Erbringung von Bauleistungen gelten.

– Versicherungen **8**

Der Konzessionsnehmer ist verpflichtet, die vertraglich vorgegebenen Versicherungen abzuschließen.

9 – Rückgabe

Zum Ende des Konzessionszeitraumes hat der Konzessionsnehmer die Konzessionsstrecke in einem vertraglich bestimmten Mindestzustand „zurückzugeben". Besteht dieser nicht, ist er herzustellen.

2. Pflichten des öffentlich-rechtlichen Auftraggebers (Konzessionsgeber)

10 – Anschubfinanzierung

Der Konzessionsgeber kann sich verpflichten, eine betragsmäßig bestimmte Anschubfinanzierung zu leisten. Diese stellt eine Teilvergütung für die Baukosten dar. Sie kann gemäß Baufortschritt in Teilbeträgen abgerechnet werden.

11 – Lkw-Maut

Der Konzessionsgeber ist verpflichtet, einen bestimmten Prozentsatz der tatsächlich zugeflossenen Mauteinnahmen an den Konzessionsnehmer weiterzuleiten (i. d. R. 95 %). Die Weiterleitung soll monatlich, bis zum 10. des Folgemonats erfolgen. Anpassungen an tatsächlich rechtliche oder technische Änderungen sind vorgesehen.

Diese Zahlungen stellen die Gegenleistung für den Ausbau, den Betrieb und die Erhaltung der Konzessionsstrecke dar.

III. Bilanzsteuerrechtliche Beurteilung
1. Beurteilung des Vertragsverhältnisses

12 Die vertragliche Gestaltung des A-Modells begründet ein Dauerschuldverhältnis mit unterschiedlichen zeitraumbezogenen Leistungen. Diese bestehen in der Herstellung der Konzessionsstrecke, der Unterhaltungs- und Betriebspflicht sowie der Herstellung eines bestimmten Mindestzustandes bei Rückgabe einerseits und der Zahlung der Gegenleistung andererseits bis zum Ende der Laufzeit. Das Dauerschuldverhältnis ist als schwebendes Geschäft grundsätzlich nicht bilanzwirksam. Soweit Vorleistungen des einen Vertragspartners erbracht worden sind, sind sie über Rechnungsabgrenzungsposten oder Anzahlungen zu berücksichtigen.

2. Aufwendungen zur Herstellung der Konzessionsstrecke

13 In Höhe der Ausbaukosten abzüglich einer etwaigen Anschubfinanzierung liegt eine Vorleistung des Konzessionsnehmers vor. Die anfallenden Aufwendungen sind daher während der Bauphase ebenso wie eine Anschubfinanzierung gewinnneutral zu behandeln (d. h. wie eine Anzahlung) und nach Fertigstellung und Abnahme des Bauwerkes in einen aktiven Rechnungsabgrenzungsposten (§ 5 Abs. 5 Satz 1 Nr. 1 EStG) einzustellen.

14 Dieser Posten ist bis zum Ende des Konzessionszeitraums in gleichmäßigen Raten aufzulösen.

3. Verpflichtung zur Herstellung eines Mindestzustandes zum Ende des Konzessionszeitraums

15 Für die Verpflichtung, die Konzessionsstrecke in einem vertraglich bestimmten Mindestzustand zurückzugeben, ist eine Rückstellung für ungewisse Verbindlichkeiten gemäß § 249 Abs. 1 Satz 1 1. Alt. HGB zu bilden, die wegen des Maßgeblichkeitsgrundsatzes auch in der steuerlichen Gewinnermittlung anzusetzen ist.

16 Die Höhe der Rückstellung orientiert sich an einer Schätzung der zu erwartenden Kosten. Der Rückstellungsbetrag ist gemäß § 6 Abs. 1 Nr. 3a Buchst. d EStG anzusammeln (vgl. R 38 Satz 1 EStR 2003[1]) und ab dem Zeitpunkt der Nutzung der Konzessionsstrecke, d. h. ab Fertigstellung bis zum Ende des Konzessionszeitraumes zu berechnen. Er ist gemäß § 6 Abs. 1 Nr. 3a Buchst. e EStG bis zum Beginn der Erfüllung der Verpflichtung (Beginn der Maßnahmen zur Herstellung des vereinbarten Mindestzustandes) abzuzinsen. Rückstellungsfähig sind dabei nur die Beträge, die über die normale Erhaltungsverpflichtung hinausgehen.

4. Laufende Aufwendungen des Betriebs und der Erhaltung der Konzessionsstrecke

17 Die Aufwendungen für Betrieb und Erhaltung der Konzessionsstrecke sind als laufende Betriebsausgaben zu erfassen.

5. Weitergeleitete Mauteinnahmen

18 Die Einnahmen aus der anteiligen Weiterleitung des Mautaufkommens sind als laufende Erträge zu berücksichtigen. Soweit vor Fertigstellung der Baumaßnahme die Mautzahlungen an den Konzessionsnehmer weitergeleitet werden, sind sie während der Bauphase gewinnneutral als Anzahlung zu passivieren, soweit sie im Wege einer sachgerechten Schätzung anteilig auf die Bauleistung für die Konzessionsstrecke entfallen. Es ist jedoch nicht zu beanstanden, wenn diese Mauteinnahmen bis zur Höhe

---

1) Jetzt R 6.11 EStR.

der laufenden Ausgaben gewinnwirksam erfasst werden und nur ein überschießender Betrag als Anzahlung passiviert wird.

Übertragung einer Rücklage nach § 6b EStG von einer Kapitalgesellschaft auf ein Wirtschaftsgut einer Personengesellschaft an der die Kapitalgesellschaft beteiligt ist; Umgekehrte Maßgeblichkeit nach § 5 Abs. 1 Satz 2 EStG
TOP 15 ESt II/08

BMF-Schreiben vom 29.2.2008

IV B 2-S – 2139/007/0003, 2008/0111417 (BStBl. I 2008, S. 495)

Im Einvernehmen mit den obersten Finanzbehörden der Länder nehme ich zur Übertragung einer Rücklage nach § 6b EStG, die von einer Kapitalgesellschaft gebildet wurde und auf ein Wirtschaftgut einer Personengesellschaft, an der die Kapitalgesellschaft beteiligt ist, übertragen wird, wie folgt Stellung:

I. Bildung der Rücklage nach § 6b EStG bei der Kapitalgesellschaft

Die bei der Veräußerung eines Wirtschaftsgutes aufgedeckten stillen Reserven können gemäß § 6b EStG auf ein anderes begünstigtes Wirtschaftsgut übertragen werden. Wird diese Übertragung nicht im selben Wirtschaftsjahr vorgenommen, so kann der Steuerpflichtige eine den Gewinn mindernde Rücklage bilden. Die Bildung der Rücklage ist in der Steuerbilanz oder der Anpassungsrechnung nach § 60 Abs. 2 Satz 1 EStDV des Steuerpflichtigen nur zulässig, wenn das steuerliche Wahlrecht in Übereinstimmung mit der Handelsbilanz ausgeübt wird, d.h., wenn in der Handelsbilanz ein entsprechender Passivposten (Sonderposten mit Rücklagenanteil, § 247 Abs. 3 HGB) ausgewiesen wird (Grundsatz der umgekehrten Maßgeblichkeit, § 5 Abs. 1 Satz 2 EStG).

II. Übertragung der Rücklage nach § 6b EStG von der Kapitalgesellschaft auf ein Wirtschaftsgut einer Tochterpersonengesellschaft

Der Steuerpflichtige kann den in die Rücklage eingestellten begünstigten Gewinn, der in einem als Einzelunternehmen geführten Betrieb entstanden ist, auf Wirtschaftsgüter übertragen, die zum Betriebsvermögen einer Personengesellschaft gehören, an der er als Mitunternehmer beteiligt ist (R 6b.2 Abs. 6 Satz 1 Nr. 2 EStR 2005). Da § 6b EStG gemäß § 8 Abs. 1 KStG i.V.m. R 32 Abs. 1 KStR bei der Einkommensermittlung der Kapitalgesellschaft entsprechend anzuwenden ist, besteht diese Übertragungsmöglichkeit auch für Kapitalgesellschaften.

Eine Übertragung ist der Höhe nach nur zulässig, soweit die Wirtschaftsgüter dem Steuerpflichtigen zuzurechnen sind (R 6b.2 Abs. 6 Satz 1 Nr. 2 EStR 2005).

1. Auflösung der Rücklage bei der Kapitalgesellschaft

Wird die in der Bilanz der Kapitalgesellschaft gebildete Rücklage bei den Anschaffungs- oder Herstellungskosten eines Wirtschaftsguts der Personengesellschaft, an der die Kapitalgesellschaft beteiligt ist, berücksichtigt, ist bilanzsteuerrechtlich entsprechend den Grundsätzen in R 6b.2 Abs. 8 EStR 2005 zu verfahren. In der Handelsbilanz der Kapitalgesellschaft muss der Sonderposten mit Rücklagenanteil aufgelöst werden, weil die Ausübung dieses steuerlichen Wahlrechtes nicht mehr dargestellt werden kann.

Da die Beteiligung an einer Personengesellschaft abweichend vom Handelsrecht in der Steuerbilanz der Kapitalgesellschaft kein selbständiges Wirtschaftsgut darstellt, sondern die anteilige Zurechnung der der Personengesellschaft dienenden Wirtschaftsgüter beim Gesellschafter begründet, mindert sich der entsprechende Ansatz in der Steuerbilanz der Kapitalgesellschaft aufgrund der spiegelbildlichen Darstellungsweise (vgl. unter II. 2. Minderung des Kapitalkontos der Kapitalgesellschaft in der Steuerbilanz der Personengesellschaft). Dies gilt unabhängig von der Bewertung der Beteiligung in der Handelsbilanz der Kapitalgesellschaft. Der Grundsatz der umgekehrten Maßgeblichkeit findet insoweit keine Anwendung, da für den Ansatz der Beteiligung an der Personengesellschaft kein steuerliches Wahlrecht im Sinne des § 5 Abs. 1 Satz 2 EStG besteht.

2. Minderung der Anschaffungs-/Herstellungskosten des Wirtschaftsgutes bei der Personengesellschaft (Mitunternehmerschaft)

Wird der begünstigte Gewinn auf ein Wirtschaftsgut einer Personengesellschaft übertragen, sind die Anschaffungs- oder Herstellungskosten dieses Wirtschaftsgutes zu mindern. Die Übertragung wird durch erfolgsneutrale Absetzung vom Kapitalkonto in der Steuerbilanz der Personengesellschaft abgebildet. Da § 6b EStG eine gesellschafterbezogene Begünstigung darstellt, ist allein das Kapitalkonto in der Steuerbilanz des Mitunternehmers zu mindern, der den begünstigten Gewinn überträgt.

Die Übertragung der Rücklage stellt die Ausübung eines steuerlichen Wahlrechtes dar. Nach dem Grundsatz der umgekehrten Maßgeblichkeit müssen daher die Anschaffungs- oder Herstellungskosten des Wirtschaftsgutes in der Handelsbilanz der Personengesellschaft entsprechend gemindert werden. Soweit der Abzug in einem der folgenden Wirtschaftjahre in der handelsrechtlichen Jahresbilanz durch eine Zuschreibung rückgängig gemacht wird, erhöht der Betrag der Zuschreibung den Buchwert des Wirtschaftsgutes in der Steuerbilanz (§ 5 Abs. 1 Satz 2 EStG, R 6b.2 Abs. 1 Satz 2 EStR 2005).

III. Zeitliche Anwendung

Dieses Schreiben gilt für alle Rücklagen, die nicht auf Veräußerungen im Zeitraum vom 1. Januar 1999 bis zum 31. Dezember 2001 beruhen. Hinsichtlich der geforderten Darstellung des Übertragungs-vorgangs in der Handelsbilanz der Personengesellschaft ist es nicht zu beanstanden, wenn bei bis zum 1. April 2008 aufgestellten Bilanzen die Minderung der Anschaffungs- oder Herstellungskosten des Wirtschaftsgutes in der Handelsbilanz nicht vorgenommen wurde und die Personengesellschaft für den Gesellschafter, der begünstigte Veräußerungsgewinne überträgt, eine negative Ergänzungsbilanz aufgestellt hat. Diese Darstellungsweise kann in den nachfolgend aufzustellenden Bilanzen beibehalten werden.

Dieses Schreiben wird im Bundessteuerblatt Teil I veröffentlicht. Es steht ab sofort für eine Übergangs-zeit auf den Internet-Seiten des Bundesministeriums der Finanzen unter der Rubrik Steuern – Ver-öffentlichungen zu Steuerarten – Einkommensteuer – (http://www.bundesfinanzministerium.de) zum Download bereit.

Gewinnermittlung bei Handelsschiffen im internationalen Verkehr, sog. Tonnagesteuer; § 5a EStG

BMF-Schreiben vom 31.10.2008

IV C 6 – S 2133 – a/07/10001, 2008/0103644

BMF-Schreiben vom 12. Juni 2002
– IV A 6 – S 2133a – 11/02 –
Einkommensteuersitzung VI/08 vom 22. bis 23. Oktober 2008 zu TOP 15
Im Einvernehmen mit den obersten Finanzbehörden der Länder sind die Rz. 21, 28, 34, 35 und 38 des BMF-Schreibens vom 12. Juni 2002 (BStBl I 2002, S. 614) wie folgt zu ändern:

Rz. 21 wird – wie folgt – gefasst:
Ein Wirtschaftsgut, das unmittelbar dem Betrieb von Handelsschiffen im internationalen Verkehr dient, kann nicht nur das Handelsschiff, sondern auch ein anderes Wirtschaftsgut des Betriebsvermögens sein, z. B. die Betriebs- und Geschäftsausstattung. Bei Mischbetrieben (s. Rz. 3) kann ein Wirtschaftsgut ggf. nur anteilig unmittelbar dem Betrieb von Handelsschiffen im internationalen Verkehr dienen. Der auf diesen Teil entfallende Unterschiedsbetrag ist ggf. zu schätzen. In passiven Wirtschaftsgütern ruhende stille Reserven (z. B. Fremdwährungsverbindlichkeiten) sind einzubeziehen. Zur Ermittlung des Unterschiedsbetrages des Handelsschiffes wird nicht beanstandet, wenn der Steuerpflichtige den Teilwert in der Weise ermittelt, dass von den ursprünglichen Anschaffungs-/Herstellungskosten Absetzungen für Abnutzung nach § 7 Abs. 1 Satz 1 EStG abgezogen werden; es seidenn, das Handelsschiff wird zeitnah zur Feststellung des Unterschiedsbetrags veräußert. Bei dieser vereinfachten Teilwertermittlung ist von einer Nutzungsdauer von 25 Jahren auszugehen. Ein Schrottwert bleibt außer Ansatz.

Rz. 28 wird – wie folgt – gefasst:
§ 5a Abs. 4 Satz 3 Nr. 3 EStG gilt für den Fall, dass ein Gesellschafter im Sinne des § 15 Abs. 1 Satz 1 Nr. 2 EStG seinen Anteil an der Personengesellschaft veräußert. Für die verbleibenden Gesellschafter ändert sich der festgestellte Unterschiedsbetrag nicht. In den Fällen der Übertragung oder Einbringung zu Buchwerten (z. B. § 6 Abs. 3 EStG und § 24 UmwStG) findet § 5a Abs. 4 Satz 3 Nr. 3 EStG keine Anwendung.

Rz. 34 wird – wie folgt – gefasst:
Zu den hinzuzurechnenden Vergütungen im Sinne des § 15 Abs. 1 Satz 1 Nr. 2 und Satz 2 EStG gehören nicht:
– ein auf gesellschaftsrechtlicher Vereinbarung beruhender Vorabgewinn sowie
– das Bereederungsentgelt eines am Schiff beteiligten Bereederers (Rz. 7), soweit das Bereederungsentgelt zuzüglich des für die Bereederung gezahlten Vorabgewinns 4 % der Bruttofrachtraten nicht übersteigt. Übersteigt das Bereederungsentgelt den vorstehenden Betrag, so sind auch die dazugehörigen Aufwendungen in dem Verhältnis des Bereederungsentgelts, das mit der Tonnagesteuer abgegolten ist, zu dem Bereederungsentgelt, das darüber hinaus eine gem. § 5a Abs. 4a Satz 3 EStG hinzuzurechnende Sondervergütung darstellt, aufzuteilen. Auf die Anzahl der beteiligten Vertragsreeder kommt es insoweit nicht an.

Eine neben dem Bereederungsentgelt anfallende Befrachtungskommission ist nicht mit dem Tonnagegewinn abgegolten. Sie ist als hinzuzurechnende Vergütung im Sinne des § 15 Abs. 1 Satz 1 Nr. 2 und Satz 2 EStG zu berücksichtigen.

Ob ein Vorabgewinn vorliegt oder eine hinzuzurechnende Vergütung, bestimmt sich grundsätzlich nach den im Gesellschaftsvertrag getroffenen Vereinbarungen. Allerdings ist die formale Bezeichnung im Gesellschaftsvertrag als „Vorabgewinn" für die steuerliche Beurteilung nicht entscheidend. Bei der Abgrenzung, ob für den Gesellschafter ein Gewinnvorab oder eine Tätigkeits-(Sonder-)vergütung vorliegt, ist auf den wirtschaftlichen Gehalt der getroffenen Vereinbarung abzustellen. Die buchtechnischen Abwicklungen entfalten allenfalls eine nachrangige Wirkung.

(Tätigkeits-)Vergütungen, die in einem Gesellschaftsvertrag vereinbart sind, sind nach der Rechtsprechung des BFH als Sondervergütungen im Sinne des § 15 Abs. 1 Satz 1 Nr. 2 und Satz 2 EStG zu qualifizieren, wenn sie handelsrechtlich nach den Bestimmungen des Gesellschaftsvertrags als Kosten zu behandeln, insbesondere im Gegensatz zu einem Vorabgewinn auch dann zu zahlen sind, wenn kein Gewinn erwirtschaftet wird (BFH-Urteil vom 6. Juli 1999, BStBl II S. 720). Im Gesellschaftsvertrag als Vorabgewinn bezeichnete Leistungen, die auch in Verlustfällen zu leisten sind und nicht als Entnahmen das Kapitalkonto des Gesellschafters mindern, sind für die Gewinnermittlung nach § 5a EStG als hinzuzurechnende Vergütungen zu behandeln.

Rz. 35 wird – wie folgt – gefasst:

Der in § 5a Abs. 5 Satz 2 EStG festgelegte Ausschluss bezieht sich auf den nach § 5a EStG ermittelten Gewinn.

Rz. 37 wird – wie folgt – gefasst:

Soweit der Gewinn nach § 5a EStG ermittelt worden ist, kommen Hinzurechnungen und Kürzungen nicht in Betracht (BFH-Urteil vom 6. Juli 2005, BStBl II 2008 S. ...).

Rz. 38 wird – wie folgt – gefasst:

Die Auflösung des Unterschiedsbetrags nach § 5a Abs. 4 EStG (BFH-Urteil vom 13. Dezember 2007, BStBl II 2008 S. 583) gehört zum Gewerbeertrag nach § 7 Satz 3 GewStG.

Zeitliche Anwendung:

Dieses Schreiben ist grundsätzlich in allen offenen Fällen anzuwenden. Rz. 34 ist hinsichtlich der Begrenzung des Bereederungsentgeltes ebenso wie die Änderungen in Rz. 38 erstmalig für Wirtschaftsjahre anzuwenden, die nach dem 31.12.2007 beginnen.

Dieses Schreiben wird im Bundessteuerblatt Teil I veröffentlicht. Es steht ab sofort für eine Übergangszeit auf den Internet-Seiten des Bundesministeriums der Finanzen unter der Rubrik Steuern – Veröffentlichungen zu Steuerarten – Einkommensteuer – (http://www.bundesfinanzministerium.de) zum Download bereit.

Korrektur einer verdeckten Gewinnausschüttung
innerhalb oder außerhalb der Steuerbilanz[1]

BMF-Schreiben vom 28.05.2002

IV A 2 – S 2745 – 32/02

(BStBl. 2002 I S. 603)

1 Die **Körperschaftsteuer** bemisst sich bei Körperschaftsteuerpflichtigen grundsätzlich nach dem zu versteuernden Einkommen (§ 7 Abs. 1 KStG). Maßgebend für die Ermittlung des zu versteuernden Einkommens ist das Einkommen im Sinne des § 8 Abs. 1 KStG. Dies ermittelt sich nach den Vorschriften des Einkommensteuergesetzes und des Körperschaftsteuergesetzes. § 8 Abs. 3 Satz 2 KStG schreibt allgemein vor, dass verdeckte Gewinnausschüttungen das Einkommen nicht mindern. Das Körperschaftsteuergesetz enthält keine Aussage dazu, auf welcher Stufe der Einkommensermittlung die verdeckte Gewinnausschüttung korrigiert wird.

2 Nach dem BFH-Urteil vom 29. Juni 1994 (BStBl. 2002 II S. 366) erschöpft sich bei einem Körperschaftsteuerpflichtigen, der Einkünfte aus Gewerbebetrieb erzielt, die Rechtsfolge des § 8 Abs. 3 Satz 2 KStG in einer Gewinnkorrektur und setzt außerhalb der Steuerbilanz an. Die Gewinnerhöhung auf Grund einer verdeckten Gewinnausschüttung im Sinne des § 8 Abs. 3 Satz 2 KStG ist dem Steuerbilanzgewinn außerhalb der Steuerbilanz hinzuzurechnen.

Nach dem Ergebnis der Erörterung mit den obersten Finanzbehörden der Länder gilt bei der Anwendung der Grundsätze dieses Urteils über den entschiedenen Einzelfall hinaus Folgendes:

I. Grundsatz

1. Allgemeines

3 Voraussetzung für die Annahme einer verdeckten Gewinnausschüttung im Sinne des § 8 Abs. 3 Satz 2 KStG ist u. a. eine Vermögensminderung oder verhinderte Vermögensmehrung, die sich auf die Höhe des Einkommens ausgewirkt hat (vgl. Abschn. 31 Abs. 3 Satz 1 KStR 1995[2]). Soweit eine verdeckte Gewinnausschüttung im Sinne des § 8 Abs. 3 Satz 2 KStG vorliegt, ist sie außerhalb der Steuerbilanz dem Steuerbilanzgewinn im Rahmen der Ermittlung des Einkommens der Körperschaft hinzuzurechnen.

4 Ist die verdeckte Gewinnausschüttung bei der erstmaligen Veranlagung des Wirtschaftsjahrs, in dem es zu der Vermögensminderung bzw. zu der verhinderten Vermögensmehrung gekommen ist, nicht hinzugerechnet worden und kann diese Veranlagung nach den Vorschriften der Abgabenordnung nicht mehr berichtigt oder geändert werden, so unterbleibt die Hinzurechnung nach § 8 Abs. 3 Satz 2 KStG endgültig.

5 Zu einer anderen Ausschüttung im Sinne des § 27 Abs. 3 Satz 2 KStG in der Fassung vor Änderung durch das Steuersenkungsgesetz bzw. einer Leistung der Kapitalgesellschaft im Sinne des KStG in der Fassung des Steuersenkungsgesetzes kommt es unabhängig von der bilanziellen bzw. einkommensmäßigen Behandlung der verdeckten Gewinnausschüttung erst im Zeitpunkt ihres tatsächlichen Abflusses (vgl. Abschn. 77 Abs. 6 KStR 1995[3]).

6 Beim Gesellschafter ist die verdeckte Gewinnausschüttung nach den für ihn geltenden steuerlichen Grundsätzen unabhängig davon zu erfassen, ob sie auf der Ebene der Gesellschaft dem Einkommen hinzugerechnet wurde.

2. Verdeckte Gewinnausschüttung bei Passivierung von Verpflichtungen

7 Ist eine Vereinbarung mit dem Gesellschafter, die in der Steuerbilanz zu einer Passivierung geführt hat (Verbindlichkeit oder Rückstellung), ganz oder teilweise als verdeckte Gewinnausschüttung zu beurteilen, hat dies auf die Passivierung der Verpflichtung keinerlei Einfluss. Das Betriebsvermögen ist in der Steuerbilanz zutreffend ausgewiesen; der gebildete Passivposten ist im Hinblick auf die verdeckte Gewinnausschüttung nicht zu korrigieren.

8 Für den betreffenden Passivposten in der Steuerbilanz ist zum Zwecke der weiteren steuerlichen Behandlung der verdeckten Gewinnausschüttung eine Nebenrechnung durchzuführen. In Höhe der verdeckten Gewinnausschüttung ist ein Teilbetrag I zu bilden. Die Höhe des Teilbetrages I ist nicht davon abhängig, dass ein entsprechender Betrag im Rahmen der Einkommensermittlung der Gesellschaft hinzugerechnet worden ist. Ergänzend ist festzuhalten, in welchem Umfang der Teilbetrag I bei der Ein-

---

1) Vgl. auch Anlage § 008 (3)–01a.

2) Jetzt R 36 Abs. 1 KStR.

3) Jetzt H 75 KStH.

kommensermittlung dem Steuerbilanzgewinn hinzugerechnet worden ist (Teilbetrag II). Die Nebenrechnung als Folge einer verdeckten Gewinnausschüttung ist für jeden betroffenen Passivposten gesondert vorzunehmen.

Die beiden Teilbeträge sind entsprechend der Entwicklung des Passivpostens in der Steuerbilanz fort- **9** zuschreiben. Sie sind aufzulösen, soweit die Verpflichtung (vgl. Rdnr. 7) in der Steuerbilanz gewinnerhöhend aufzulösen ist. Die Gewinnerhöhung, die sich durch die Auflösung der Verpflichtung in der Steuerbilanz ergibt, ist, soweit sie anteilig auf den durch das Gesellschaftsverhältnis veranlassten Teil der Verpflichtung entfällt, bis zur Höhe des aufzulösenden Teilbetrags II außerhalb der Steuerbilanz vom Steuerbilanzgewinn zur Vermeidung einer doppelten Erfassung abzuziehen.

II. Auswirkungen der Grundsätze im Einzelnen

1. Verdeckte Gewinnausschüttung bei laufenden Betriebsausgaben

Maßgebend für die Hinzurechnung ist der Betrag, der im laufenden Wirtschaftsjahr den Steuerbilanz- **10** gewinn und damit das Einkommen gemindert hat.

Beispiel 1
Die Kapitalgesellschaft erzielt im Wirtschaftsjahr 01 einen Steuerbilanzgewinn von 200.000 €. Dabei hat sie ihrem Gesellschafter-Geschäftsführer gemäß Anstellungsvertrag 9.000 € als laufendes Monatsgehalt gezahlt, obwohl nach dem Fremdvergleich nur 6.000 € angemessen wären.

Zur Ermittlung des Einkommens ist dem Steuerbilanzgewinn der Kapitalgesellschaft im Beispielsfall der **11** Betrag von 36.000 € hinzuzurechnen. In Höhe des Hinzurechnungsbetrags liegen im Wirtschaftsjahr 01 eine Ausschüttung der Kapitalgesellschaft und beim Gesellschafter Einnahmen aus Kapitalvermögen vor.

2. Verdeckte Gewinnausschüttung bei Passivierung von Verpflichtungen

a) Abfluss der verdeckten Gewinnausschüttung im Jahr nach Passivierung der Verpflichtung

Beispiel 2

In der Steuerbilanz für das Wirtschaftsjahr 01 ist für eine Tantiemezusage an den Gesellschafter-Geschäftsführer eine Tantiemerückstellung von 70.000 € gebildet worden; die Tantieme ist zum 30. 6. 02 fällig und wird zu diesem Zeitpunkt ausgezahlt. Die durch die gebildete Rückstellung eingetretene Vermögensminderung ist (unstreitig) in Höhe von 20.000 € eine verdeckte Gewinnausschüttung. Im Zuge der Veranlagung für das Wirtschaftsjahr 01 wird

  a) die verdeckte Gewinnausschüttung hinzugerechnet

  b) die verdeckte Gewinnausschüttung nicht hinzugerechnet; eine Änderungsmöglichkeit nach den Vorschriften der AO besteht nicht.

In der Steuerbilanz der Gesellschaft ist im Unterfall a) und b) für das Wirtschaftsjahr 01 gewinn- **12** mindernd eine Tantiemerückstellung in Höhe von 70.000 € zu bilden.

Im Unterfall a) kommt es im Zuge der Einkommensermittlung für 01 zur Hinzurechnung der ver- **13** deckten Gewinnausschüttung von 20.000 €. Der Teilbetrag I und der Teilbetrag II belaufen sich am Schluss des Wirtschaftsjahrs 01 jeweils auf 20.000 €. In Folge der Auszahlung in 02 kommt es zur Auflösung der Rückstellung; Auszahlung und Auflösung wirken sich nicht auf den Steuerbilanzgewinn aus. Die Teilbeträge I und II sind ebenfalls aufzulösen; die Auflösung hat keinen Einfluss auf die Einkommensermittlung der Gesellschaft.

Im Unterfall b) unterbleibt im Zuge der Einkommensermittlung für 01 eine Hinzurechnung von 20.000 €. **14** Der Teilbetrag I beläuft sich am Schluss des Wirtschaftsjahrs 01 auf 20.000 €, der Teilbetrag II auf 0 €. In Folge der Auszahlung in 02 kommt es zur Auflösung der Rückstellung; Auszahlung und Auflösung wirken sich nicht auf den Steuerbilanzgewinn aus. Der Teilbetrag I ist aufzulösen; die Auflösung hat keinen Einfluss auf die Einkommensermittlung der Gesellschaft.

Auf der Ebene des Gesellschafters führt der Zufluss der 70.000 € in den beiden Unterfällen in Höhe **15** des Teilbetrags I (= 20.000 €) zu Einnahmen aus Kapitalvermögen und in Höhe des Restbetrags zu Einnahmen aus nichtselbständiger Arbeit.

b) Abfluss der verdeckten Gewinnausschüttung erst nach Ablauf einer Zeitspanne von mehr als 12 Monaten

Beispiel 3

Dem Gesellschafter-Geschäftsführer ist für das Wirtschaftsjahr 01 eine Tantieme von 20.000 € zugesagt worden, die (zulässigerweise) am 31. 1. 03 fällig gestellt und ausbezahlt wird. Die durch die Rückstellung eintretende Vermögensminderung stellt zu 50 % eine verdeckte Gewinnausschüttung dar. In der Steuerbilanz für das Wirtschaftsjahr 01 ist eine Tantiemerückstellung von 18.960 € gebildet und für das Wirtschaftsjahr 02 auf 20.000 € aufgestockt worden (§ 6 Abs. 1 Nr. 3a Buchstabe e EStG (Aufzinsungsbetrag)). Im Zuge der Veranlagung für das Wirtschaftsjahr 01 wird

a) die verdeckte Gewinnausschüttung hinzugerechnet

b) die verdeckte Gewinnausschüttung nicht hinzugerechnet; eine Änderungsmöglichkeit nach den Vorschriften der AO besteht nicht.

Die Veranlagung für das Wirtschaftsjahr 02 ist noch offen.

16 In der Steuerbilanz der Gesellschaft ist im Unterfall a) und b) am Schluss des Wirtschaftsjahrs 01 eine Tantiemerückstellung in Höhe von 18.960 € und am Schluss des Wirtschaftsjahrs 02 von 20.000 € auszuweisen.

17 Im Unterfall a) kommt es im Zuge der Einkommensermittlung für 01 zur Hinzurechnung von 9.480 € und für 02 von 520 € (50 % des Aufstockungsbetrags von 1.040 €). Der Teilbetrag I und der Teilbetrag II belaufen sich am Schluss des Wirtschaftsjahrs 01 jeweils auf 9.480 € und erhöhen sich am Schluss des Wirtschaftsjahrs 02 um jeweils 520 € auf jeweils 10.000 €. In Folge der Auszahlung in 03 kommt es zur Auflösung der Rückstellung; Auszahlung und Auflösung wirken sich nicht auf den Steuerbilanzgewinn aus. Die Teilbeträge I und II sind aufzulösen; die Auflösung hat keinen Einfluss auf die Einkommensermittlung der Gesellschaft.

18 Im Unterfall b) unterbleibt im Zuge der Einkommensermittlung für 01 eine Hinzurechnung von 9.480 €. Der Teilbetrag I beläuft sich am Schluss des Wirtschaftsjahrs 01 auf 9.480 €, der Teilbetrag II auf 0 €. Im Zuge der Einkommensermittlung für 02 kommt es zu einer Hinzurechnung von 520 €. Der Teilbetrag I erhöht sich am Schluss des Wirtschaftsjahrs 02 auf 10.000 €, der Teilbetrag II beläuft sich zu diesem Stichtag auf 520 €. In Folge der Auszahlung in 03 kommt es zur Auflösung der Rückstellung; Auszahlung und Auflösung wirken sich nicht auf den Steuerbilanzgewinn aus. Die Teilbeträge I und II sind aufzulösen; die Auflösung hat keinen Einfluss auf die Einkommensermittlung der Gesellschaft.

19 Auf der Ebene des Gesellschafters führt der Zufluss der 20.000 € in Höhe des Teilbetrags I (= 10.000 €) im Jahr 03 zu Einnahmen aus Kapitalvermögen und in Höhe des Restbetrags zu Einnahmen aus nichtselbständiger Arbeit.

c) Durch das Gesellschaftsverhältnis veranlasster Verzicht auf einen voll werthaltigen Anspruch, der zu einer verdeckten Gewinnausschüttung geführt hat

Beispiel 4

Wie Beispiel 3; der Gesellschafter-Geschäftsführer verzichtet aber am 15. 1. 03 aus durch das Gesellschaftsverhältnis veranlassten Gründen auf die Auszahlung der Tantieme.

20 Es gelten die Grundsätze des BFH-Beschlusses vom 9. Juni 1997, BStBl. 1998 II S. 307. Die gewinnwirksame Auflösung der Tantiemerückstellung in der Steuerbilanz des Wirtschaftsjahres 03 wird in gleicher Höhe durch eine Einlage des Gesellschafters neutralisiert. Die Teilbeträge I und II sind aufzulösen; die Auflösung hat im Unterfall a) und b) keinen Einfluss auf die Einkommensermittlung der Gesellschaft.

21 Auf der Ebene des Gesellschafters führt der Verzicht auf die Tantieme in Höhe des Teilbetrags I (= 10.000 €) zu Einnahmen aus Kapitalvermögen und der Differenzbetrag von Tantiemerückstellung und Teilbetrag I (= 10.000 €) zu Einnahmen aus nichtselbständiger Arbeit. In Höhe der Einlage (von 20.000 €) erhöhen sich die steuerlichen Anschaffungskosten der Beteiligung .

*d) Durch das Gesellschaftsverhältnis veranlasster Verzicht auf einen **nicht voll werthaltigen Anspruch**, der zu einer verdeckten Gewinnausschüttung geführt hat*

Beispiel 5

Wie Beispiel 3; der Gesellschafter-Geschäftsführer verzichtet aber am 15. 1. 03 aus durch das Gesellschaftsverhältnis veranlassten Gründen auf die Auszahlung der Tantieme von 20.000 € (Anspruch war nur noch zu 40 % werthaltig).

22 War der Anspruch im Zeitpunkt des Verzichtes nicht mehr voll werthaltig, beschränkt sich die Einlage nach den Grundsätzen des BFH-Beschlusses vom 9. Juni 1997 (a.a.O.) betragsmäßig auf den werthaltigen Teil der Tantiemeverpflichtung lt. Steuerbilanz. Die in der Steuerbilanz des Wirtschaftsjahres 03 auszubuchende Verpflichtung wirkt sich damit im Ergebnis im Unterfall a) und b) in Höhe des nicht werthaltigen Teils gewinnwirksam aus (60 % von 20.000 € = 12.000 €).

23 Dieser Betrag von 12.000 € entfällt im Verhältnis des Teilbetrags I (10.000 €) zum Rückstellungsbetrag (20.000 €) auf die vormalige verdeckte Gewinnausschüttung (50 % von 12.000 € = 6.000 €). Sie ist daher außerhalb der Steuerbilanz im Rahmen der Einkommensermittlung 03 bis zur Höhe des Teilbetrags II zu mindern. Im Unterfall a) sind dies 6.000 €; der Restbetrag des Teilbetrags II ist ebenso wie der Teilbetrag I ohne Auswirkung auf die Einkommensermittlung aufzulösen. Im Unterfall b) kommt es zur Minderung um 520 €; der Restbetrag des Teilbetrags I ist ohne Auswirkung auf die Einkommensermittlung aufzulösen.

Auf der Ebene des Gesellschafters kommt es auf Grund des Verzichtes auf die Tantieme in Höhe des werthaltigen Teils des Anspruchs (= 8.000 €) zum Zufluss. Dieser führt im Verhältnis des Teilbetrags I (10.000 €) zur Rückstellung (20.000 €), d.h. zu 50 % zu Einnahmen aus Kapitalvermögen und in Höhe des Restbetrags zu Einnahmen aus nichtselbständiger Arbeit. In Höhe der Einlage (= 8.000 €) erhöhen sich die steuerlichen Anschaffungskosten der Beteiligung. **24**

e) Verdeckte Gewinnausschüttung bei Pensionsrückstellungen in der **Anwartschaftsphase**

Beispiel 6

Dem Gesellschafter-Geschäftsführer ist im Wirtschaftsjahr 01 (zulässigerweise ohne Berücksichtigung einer Probezeit) eine endgehaltsabhängige Pensionszusage (Invaliditäts- und Altersversorgung) erteilt worden. Im Wirtschaftsjahr 01 war eine Pensionsrückstellung von 10.000 € zu bilden. Im Wirtschaftsjahr 02 waren 12.000 € zuzuführen. In Folge einer Gehaltsabsenkung im Wirtschaftsjahr 03 war die Rückstellung um 2.000 € auf 20.000 € aufzulösen. Im Wirtschaftsjahr 04 kommt es zur Zuführung von 10.000 € auf 30.000 €. Die Zusage ist in Höhe von 40 % als verdeckte Gewinnausschüttung einzustufen. Im Zuge der Veranlagung für das Wirtschaftsjahr 01 wird

a) die verdeckte Gewinnausschüttung hinzugerechnet;

b) die verdeckte Gewinnausschüttung nicht hinzugerechnet; eine Änderungsmöglichkeit nach den Vorschriften der AO besteht nicht.

Die Veranlagungen für die Wirtschaftsjahre 02 bis 04 sind noch offen.

In der Steuerbilanz der Gesellschaft ist im Unterfall a) und b) eine Pensionsrückstellung auszuweisen. Am Schluss des Wirtschaftsjahrs 01 beträgt diese 10.000 €, am Schluss des Wirtschaftsjahrs 02 beträgt sie 22.000 €, am Schluss des Wirtschaftsjahrs 03 beträgt sie 20.000 € und am Schluss des Wirtschaftsjahrs 04 beträgt sie 30.000 €. Die jeweiligen Zuführungen bzw. die Auflösung wirken sich in der Steuerbilanz gewinnmindernd bzw. gewinnerhöhend aus. **25**

Im Unterfall a) kommt es im Rahmen der Einkommensermittlung des Veranlagungszeitraums für das Wirtschaftsjahr 01 zur Hinzurechnung von 40 % von 10.000 € = 4.000 € und für das Wirtschaftsjahr 02 zur Hinzurechnung von 40 % von 12.000 € = 4.800 €. Die Teilbeträge I und II betragen am Schluss des Wirtschaftsjahrs 01 jeweils 4.000 € und am Schluss des Wirtschaftsjahrs 02 jeweils 8.800 €. **26**

Im Unterfall b) kommt es im Rahmen der Einkommensermittlung des Veranlagungszeitraums für das Wirtschaftsjahr 01 nicht zur Hinzurechnung von 40 % von 10.000 € = 4.000 €. Am Schluss des Wirtschaftsjahrs 01 beträgt der Teilbetrag I 4.000 € und der Teilbetrag II 0 €. Im Rahmen der Einkommensermittlung des Veranlagungszeitraums für das Wirtschaftsjahr 02 kommt es zur Hinzurechnung von 40 % von 12.000 € = 4.800 €. Am Schluss des Wirtschaftsjahrs 02 beträgt der Teilbetrag I 8.800 € und der Teilbetrag II 4.800 €. **27**

Im Wirtschaftsjahr 03 kommt es in der Steuerbilanz in Folge der Rückstellungsauflösung zu einer Gewinnerhöhung von 2.000 €. Diese Gewinnerhöhung ist im Verhältnis des Teilbetrags I zum Schluss des vorangegangenen Wirtschaftsjahrs (8.800 €) zum Rückstellungsbetrag zu diesem Zeitpunkt (22.000 €) durch das Gesellschaftsverhältnis veranlasst (40 % von 2.000 € = 800 €). Die Gewinnerhöhung von 2.000 € in der Steuerbilanz 03 ist außerhalb der Steuerbilanz im Rahmen der Einkommensermittlung des Veranlagungszeitraums für das Wirtschaftsjahr 03 bis zur Höhe des Teilbetrags II zu mindern. Die Minderung beträgt in Unterfall a) und b) jeweils 800 €. Der Teilbetrag I in Höhe von 8.800 € ist in beiden Unterfällen ebenfalls um 800 € aufzulösen und in Höhe des Restbetrags von 8.000 € fortzuführen. Der Restbetrag des Teilbetrags II beträgt nach Abzug von 800 € in Unterfall a) 8.000 € und in Unterfall b) 4.000 €. **28**

Im Rahmen der Einkommensermittlung des Veranlagungszeitraums für das Wirtschaftsjahr 04 kommt es im Unterfall a) und b) zur Hinzurechnung von 40 % von 10.000 € = 4.000 €. Im Unterfall a) betragen der Teilbetrag I und der Teilbetrag II jeweils 12.000 €. Im Unterfall b) beträgt am Schluss des Wirtschaftsjahrs 04 der Teilbetrag I 12.000 € und der Teilbetrag II 8.000 €. **29**

f) Verdeckte Gewinnausschüttung bei Pensionsrückstellungen in der Leistungsphase

Die fällige Pensionsverpflichtung führt nach den Grundsätzen von R 41 Abs. 23 Satz 1 EStR zu einer gewinnerhöhenden Auflösung der Pensionsrückstellung in der Steuerbilanz; die laufenden Pensionszahlungen führen zu Betriebsausgaben. Im Ergebnis kommt es im Rahmen der Einkommensermittlung auf der Ebene der Gesellschaft nur in Höhe des Saldos beider Größen zu einer Vermögensminderung und damit zu einer verdeckten Gewinnausschüttung. Beide Vorgänge sind für die **30**

Ausschüttung auf der Ebene der Gesellschaft und auf der Ebene des Gesellschafters aber getrennt zu betrachten.

aa) Gleich bleibender Anteil der durch das Gesellschaftsverhältnis veranlassten Zusage in der Leistungsphase

Beispiel 7

Dem Gesellschafter-Geschäftsführer ist im Wirtschaftsjahr 01 eine Pensionszusage (Invaliditäts- und Altersversorgung) erteilt worden, für die am Schluss des Wirtschaftsjahrs 15 eine Pensionsrückstellung von 100.000 € zu bilden ist. Die Zusage ist in Höhe von 40 % als verdeckte Gewinnausschüttung einzustufen. Am Schluss des Wirtschaftsjahrs 15 beläuft sich der Teilbetrag I auf 40.000 €. Der Teilbetrag II beläuft sich zu diesem Zeitpunkt

a) auf 40.000 €

b) auf 2.000 €.

Am 1. 1. 16 tritt planmäßig der Versorgungsfall ein; als Pensionsleistungen werden jährlich 7.500 € (625 € im Monat) ausbezahlt, die Pensionsrückstellung am Schluss des Wirtschaftsjahrs 16 beläuft sich auf 93.000 €.

31 Im Wirtschaftsjahr 16 kommt es in der Steuerbilanz in Folge der Rückstellungsauflösung zu einer Gewinnerhöhung um 7.000 €. Diese Gewinnerhöhung ist im Verhältnis des Teilbetrags I zum Schluss des vorangegangenen Wirtschaftsjahres (40.000 €) zum Rückstellungsbetrag zu diesem Zeitpunkt (100.000 €) durch das Gesellschaftsverhältnis veranlasst (40 % von 7.000 € = 2.800 €). Die Gewinnerhöhung in der Steuerbilanz des Wirtschaftsjahrs 16 ist im Rahmen der Einkommensermittlung für den Veranlagungszeitraum 16 außerhalb der Steuerbilanz bis zur Höhe des Teilbetrags II zu mindern.

32 Im Unterfall a) mindert sich der Teilbetrag II um 2.800 € auf 37.200 €, so dass sich isoliert betrachtet eine Einkommenserhöhung von 4.200 € (7.000 € ./. 2.800 €) ergibt. Der Restbetrag des Teilbetrags II von 37.200 € ist fortzuführen.

33 Im Unterfall b) mindert sich der Teilbetrag II um 2.000 € auf 0 €, so dass sich isoliert betrachtet eine Einkommenserhöhung von 5.000 € (7.000 € ./. 2.000 €) ergibt. Eine Fortführung des Teilbetrags II entfällt.

34 Die Pensionszahlungen führen im Wirtschaftsjahr 16 zu laufenden Betriebsausgaben in Höhe von 7.500 €. Diese sind in Höhe von 3.000 € (= 40 % von 7.500 €) durch das Gesellschaftsverhältnis veranlasst. Dieser Betrag ist dem Steuerbilanzgewinn insoweit hinzuzurechnen, wie er die Differenz aus aufzulösendem Teilbetrag I und aufzulösendem Teilbetrag II übersteigt. Im Unterfall a) beträgt die Hinzurechnung 3.000 € ./. [2.800 € ./. 2.800 €] = 3.000 €. Im Unterfall b) beträgt sie 3.000 € ./. [2.800 € ./. 2.000 €] = 2.200 €. Im Ergebnis kommt es daher im Unterfall a) und im Unterfall b) zu einer effektiven Hinzurechnung von 200 € (= 40 % von 500 € Mehraufwand gegenüber der Rückstellungsauflösung).

35 Auf der Ebene des Gesellschafters führen die zufließenden Pensionszahlungen im Veranlagungszeitraum 16 in Höhe des Verhältnisses des Teilbetrags I zum Schluss des vorangegangenen Wirtschaftsjahrs (40.000 €) zur Pensionsrückstellung zu diesem Zeitpunkt (100.000 €) zu Einnahmen aus Kapitalvermögen von 3.000 € (= 40 % von 7.500 €) und in Höhe des Restbetrags von 4.500 € zu Einnahmen aus nichtselbständiger Arbeit.

bb) Wechselnder Anteil der durch das Gesellschaftsverhältnis veranlassten Zusage in der Leistungsphase

36 Durch die durch das Gesellschaftsverhältnis veranlasste Erhöhung der Pensionszahlungen ist der Anteil der durch das Gesellschaftsverhältnis veranlassten Pensionsleistung für die Wirtschaftsjahre ab der Änderung der Zusage in geeigneter Weise neu zu ermitteln. Im Wirtschaftsjahr der Änderung der Pensionszusage ist bis zum Zeitpunkt der Änderung der bisherige und danach der korrigierte Aufteilungsmaßstab anzuwenden; die Teilbeträge I und II sind entsprechend fortzuführen. Es gelten die Grundsätze der Rdnr. 31 - 35 entsprechend.

g) Vollständiger Wegfall der Pensionsverpflichtung durch Tod

Beispiel 8

Dem Gesellschafter-Geschäftsführer ist im Wirtschaftsjahr 01 eine Pensionszusage (Invaliditäts- und Altersversorgung) erteilt worden, für die zum Schluss des Wirtschaftsjahrs 15 eine Pensionsrückstellung von 100.000 € zu bilden ist. Die Zusage ist (unstreitig) in Höhe von 40 % als verdeckte Gewinnausschüttung einzustufen. Am Schluss des Wirtschaftsjahrs 15 beläuft sich der Teilbetrag I auf 40.000 €. Der Teilbetrag II beläuft sich zu diesem Zeitpunkt

a) auf 40.000 €

b) auf 30.000 €.

Am 1. 1. 16 stirbt der Gesellschafter-Geschäftsführer.

Die auszubuchende Verpflichtung erhöht den Steuerbilanzgewinn des Wirtschaftsjahres 16 um **37**
100.000 €.

Diese Gewinnerhöhung in der Steuerbilanz ist im Verhältnis des Teilbetrags I von 40.000 € zum **38**
Rückstellungsbetrag von 100.000 € (= zu 40 % = 40.000 €) außerhalb der Steuerbilanz im Rahmen
der Einkommensermittlung der Veranlagung des Wirtschaftsjahres 16 bis zur Höhe des Teilbetrags II
zu mindern. Im Unterfall a) kommt es zur Minderung um 40.000 €. Im Unterfall b) kommt es zur
Minderung um 30.000 €. Der Teilbetrag I ist im Unterfall a) und b) ohne Auswirkung auf die Einkommensermittlung aufzulösen.

h) Aktiventod und Fälligwerden der Hinterbliebenenversorgung

Beispiel 9

Dem Gesellschafter-Geschäftsführer ist im Wirtschaftsjahr 01 eine Pensionszusage (Alters- und
Hinterbliebenenversorgung) erteilt worden, für die zum Schluss des Wirtschaftsjahres 15 eine Pensionsrückstellung von 100.000 € zu bilden ist. Die Zusage ist in Höhe von 40 % als verdeckte Gewinnausschüttung einzustufen. Am Schluss des Wirtschaftsjahrs 15 beläuft sich der Teilbetrag I auf
40.000 €. Der Teilbetrag II beläuft sich zu diesem Zeitpunkt

a) auf 40.000 €

b) auf 30.000 €.

Am 31. 12. 16 stirbt der Gesellschafter-Geschäftsführer. Die Witwenversorgung (60 % der Altersversorgung) führt zu einer Pensionsrückstellung von anfangs 190.000 €.

In der Steuerbilanz des Wirtschaftsjahres 16 kommt es in Folge der Rückstellungsaufstockung zu **39**
einer Gewinnminderung von 90.000 €.

Diese Gewinnminderung ist im Verhältnis des Teilbetrags I zum Schluss des vorangegangenen **40**
Wirtschaftsjahres (40.000 €) zum Rückstellungsbetrag zu diesem Zeitpunkt (100.000 €) durch das
Gesellschaftsverhältnis veranlasst (40 % von 90.000 € = 36.000 €). Dem Steuerbilanzgewinn des
Wirtschaftsjahres 16 ist im Rahmen der Einkommensermittlung außerhalb der Steuerbilanz ein Betrag von 36.000 € hinzuzurechnen. Der Teilbetrag I erhöht sich im Unterfall a) und b) um jeweils
36.000 € auf 76.000 €. Im Unterfall a) erhöht sich der Teilbetrag II am Schluss des Wirtschaftsjahres
16 auf 76.000 € und im Unterfall b) erhöht sich der Teilbetrag II zu diesem Zeitpunkt auf 66.000 €.

Für die nachfolgenden Jahre der Auszahlung gelten die Grundsätze unter Rdnr. 31 - 36 entsprechend. **41**

3. Verdeckte Gewinnausschüttung bei Posten der Aktivseite

Beispiel 10

Die Kapitalgesellschaft erwirbt von ihrem Gesellschafter eine Maschine (betriebsgewöhnliche Nutzungsdauer von 5 Jahren) im Wert von 100.000 € zum Preis von 120.000 €. Der Mehrpreis von
20.000 € ist durch das Gesellschaftsverhältnis veranlasst.

Die Maschine ist mit den unter fremden Dritten üblichen Anschaffungskosten zu aktivieren (vgl. **42**
BFH-Urteil vom 13. März 1985, BFH/NV 1986 S. 116). In Höhe der Differenz zum tatsächlich gezahlten Betrag kommt es zu einem durch das Gesellschaftsverhältnis veranlassten Aufwand, der als
verdeckte Gewinnausschüttung gilt. Ein Zufluss beim Gesellschafter liegt in dem Zeitpunkt vor, in
dem er den Anspruch nach den für ihn geltenden allgemeinen Gewinn- bzw. Einkommensermitt-
lungsvorschriften zu erfassen hat.

Kann die Veranlagung für das Wirtschaftsjahr der Anschaffung nach den Vorschriften der AO nicht **43**
mehr berichtigt oder geändert werden, ist das Wirtschaftsgut im Wirtschaftsjahr des ersten offenen
Veranlagungszeitraums mit dem Wert zu bewerten, der sich unter Berücksichtigung der Abschreibungen bezogen auf die unter Fremden üblichen Anschaffungskosten ergibt. Die sich hierbei
ergebende Vermögensminderung stellt eine verdeckte Gewinnausschüttung dar.

III. Anwendung

Die Grundsätze dieses Schreibens sind in allen noch offenen Fällen anzuwenden. Steht die verdeckte **44**
Gewinnausschüttung im Zusammenhang mit einer passivierten Verpflichtung, so ist die Verpflichtung in
der Schlussbilanz des ersten offenen Wirtschaftsjahrs nach den vorstehenden Grundsätzen in der Steuerbilanz auszuweisen. Soweit die sich danach ergebende Minderung des Steuerbilanzgewinns wirtschaftlich auf das laufende Wirtschaftsjahr entfällt, ist eine dieses Wirtschaftsjahr betreffende verdeckte
Gewinnausschüttung entsprechend den Grundsätzen dieses Schreibens zu behandeln. Bis zur Höhe des

Betrags, zu dem die Minderung des Bilanzgewinns wirtschaftlich nicht auf das laufende Wirtschaftsjahr entfällt, sind Beträge, die in den Vorjahren als verdeckte Gewinnausschüttungen erfasst worden sind, im Rahmen der Einkommensermittlung dem Steuerbilanzgewinn hinzuzurechnen. Die in den Vorjahren und dem laufenden Jahr tatsächlich als verdeckte Gewinnausschüttung erfassten Beträge sind die ersten Zugänge zum Teilbetrag II. Der Teilbetrag I ergibt sich zum Schluss des laufenden Wirtschaftsjahrs in Höhe des Betrags, zu dem die Verpflichtung als durch das Gesellschaftsverhältnis veranlasst anzusehen ist.

Beispiel 11

In 1990 wurde eine Pensionszusage erteilt, die (vereinfacht) jährlich zu Zuführungen zur Pensionsrückstellung von 10.000 € führt. Die Zusage ist zu 60 % durch das Gesellschaftsverhältnis veranlasst. Bis zum Jahre 01 beträgt die Pensionsrückstellung rechnerisch 120.000 €. Davon sind 72.000 € als verdeckte Gewinnausschüttung behandelt worden.

a) In der Steuerbilanz ist zum 31. 12. 01 eine Pensionsrückstellung von 48.000 € ausgewiesen.

b) Wie a), daneben ist eine Ausschüttungsverpflichtung von 72.000 € ausgewiesen.

In 02 wird auf die vorstehenden Grundsätze umgestellt, zum 31. 12. 02 beträgt die Pensionsrückstellung 130.000 €.

Unterfall a)

Durch die Rückstellungserhöhung auf 130.000 € ergibt sich in der Steuerbilanz eine Gewinnminderung von 82.000 €. Diese entfällt wirtschaftlich in Höhe von 10.000 € auf das laufende Wirtschaftsjahr. Von diesen 10.000 € werden 6.000 € als verdeckte Gewinnausschüttung behandelt und dem Bilanzgewinn hinzugerechnet. Der Restbetrag von 72.000 € entfällt wirtschaftlich auf die Vorjahre; er wird bis zur Höhe der in der Vergangenheit tatsächlich als verdeckte Gewinnausschüttung behandelten Beträge, d.h. um 72.000 € dem Bilanzgewinn hinzugerechnet.

Zum 31. 12. 2002 beträgt der Teilbetrag II 78.000 €; der Teilbetrag I beträgt ebenfalls 78.000 €.

Unterfall b)

Durch die „Umbuchung" von Ausschüttungsverbindlichkeit auf Rückstellung und die „normale" Jahreszuführung 02 ergibt sich eine Minderung des Bilanzgewinns von 10.000 €. Diese entfällt wirtschaftlich voll auf das Jahr 02. Von dem Minderungsbetrag sind 6.000 € als verdeckte Gewinnausschüttung zu behandeln. Eine weitere Korrektur eines wirtschaftlich auf die Vorjahre entfallenden Minderungsbetrags entfällt.

Zum 31. 12. 02 beträgt der Teilbetrag II 78.000 €; der Teilbetrag I beträgt ebenfalls 78.000 €.

Beispiel 12

In 1990 wurde eine Pensionszusage erteilt, die (vereinfacht) jährlich zu Zuführungen zur Pensionsrückstellung von 10.000 € führt. Die Zusage ist zu 60 % durch das Gesellschaftsverhältnis veranlasst. Bis zum Jahre 2000 beträgt die Pensionsrückstellung (rechnerisch) 110.000 €; eine Korrektur als verdeckte Gewinnausschüttung ist bisher unterblieben. In 01 werden erstmals 6.000 € als verdeckte Gewinnausschüttung behandelt.

a) In der Steuerbilanz ist zum 31. 12. 01 eine Pensionsrückstellung von 114.000 € ausgewiesen.

b) Wie a), daneben ist eine Ausschüttungsverpflichtung von 6.000 € ausgewiesen.

In 02 wird auf vorstehende Grundsätze umgestellt, zum 31. 12. 02 beträgt die Rückstellung 130.000 €.

Unterfall a)

Durch die Rückstellungserhöhung ergibt sich eine Gewinnminderung von 16.000 €. Diese entfällt wirtschaftlich in Höhe von 10.000 € auf das laufende Wirtschaftsjahr. Von den 10.000 € werden 6.000 € als verdeckte Gewinnausschüttung behandelt und dem Bilanzgewinn hinzugerechnet. Der Restbetrag von 6.000 € entfällt wirtschaftlich auf die Vorjahre; er wird bis zur Höhe der in der Vergangenheit tatsächlich als verdeckte Gewinnausschüttung behandelten Beträge, d.h. um 6.000 € dem Bilanzgewinn hinzugerechnet.

Zum 31. 12. 02 beträgt der Teilbetrag II 12.000 €; der Teilbetrag I beträgt 78.000 €.

Unterfall b)

Durch die „Umbuchung" von Ausschüttungsverbindlichkeit auf Rückstellung und die „normale" Jahreszuführung 02 ergibt sich eine Minderung des Bilanzgewinns von 10.000 €. Diese entfällt wirtschaftlich voll auf das Jahr 02. Von dem Minderungsbetrag sind 6.000 € als verdeckte Gewinnausschüttung zu behandeln. Eine weitere Korrektur eines wirtschaftlich auf die Vorjahre entfallenden Minderungsbetrags entfällt.

Zum 31. 12. 02 beträgt der Teilbetrag II 12.000 €; der Teilbetrag I beträgt 78.000 €.

Vereinbarung einer Nur-Pension mit dem Gesellschafter-Geschäftsführer einer Kapitalgesellschaft; Folgerungen aus dem BFH-Urteil vom 17. Mai 1995 (BStBl. 1996 II S. 204) [1]

BMF-Schreiben vom 28.01.2005

IV B7 – S 2742 – 9/05

(BStBl. 2005 I S. 387)

Der BFH hat mit Urteil vom 17. Mai 1995 (a. a. O.) unter Aufgabe seiner früheren Rechtsprechung entschieden, dass die Zusage einer Nur-Pension einer Kapitalgesellschaft gegenüber ihrem Gesellschafter-Geschäftsführer durch das Gesellschaftsverhältnis veranlasst ist. Die durch die Zusage bei der Gesellschaft eintretende Vermögensminderung führt zu einer verdeckten Gewinnausschüttung.

Nach dem Ergebnis der Erörterung mit den obersten Finanzbehörden der Länder gilt für die allgemeine Anwendung der Grundsätze des Urteils Folgendes:

A. Zusage einer Nur-Pension nach dem 26. April 1996

Für Zusagen einer Nur-Pension, die nach dem 26. April 1996 (Tag der Veröffentlichung des BFH-Urteils vom 17. Mai 1995 im Bundessteuerblatt Teil II) erteilt worden sind, gelten die Grundsätze des BMF-Schreibens vom 28. Mai 2002 (BStBl. I S. 603).

B. Zusage einer Nur-Pension vor dem 27. April 1996

I. Die Zusage bleibt bestehen

Auf der Ebene der Kapitalgesellschaft sind Zuführungen zur Pensionsrückstellung bis zum Ende des ersten nach dem 26. April 1996 endenden Wirtschaftsjahrs nicht als verdeckte Gewinnausschüttungen zu behandeln. Für spätere Zuführungen gelten die Grundsätze unter A.

Auf der Ebene des Gesellschafters führen Leistungen aus der Zusage nur insoweit zu sonstigen Bezügen i. S. d. § 20 Abs. 1 Nr. 1 EStG, als sie bei der Gesellschaft auf Zuführungen zur Pensionsrückstellung beruhen, die nach Ablauf des ersten nach dem 26. April 1996 endenden Wirtschaftsjahrs vorgenommen worden sind.

II. Die Zusage wird aufgehoben

Wurde bzw. wird die Zusage einer Nur-Pension im Hinblick auf das BFH-Urteil vom 17. Mai 1995 (a. a. O.) aufgehoben, ist die Pensionsrückstellung in vollem Umfang gewinnerhöhend aufzulösen.

Im Wirtschaftsjahr, in dem die Zusage einer Nur-Pension aufgehoben wurde bzw. wird, kann in Höhe von vier Fünftel des aufzulösenden Betrags der Pensionsrückstellung eine den Gewinn mindernde Rücklage gebildet werden, wenn die Aufhebung spätestens am 31. Dezember 2005 vereinbart wird. Der rücklagenfähige Betrag mindert sich um den Betrag, der nach Satz 3 der Rdnr. 9 des BMF-Schreibens vom 28. Mai 2002 (a. a. O.) außerhalb der Steuerbilanz vom Steuerbilanzgewinn abzuziehen ist. Die Rücklage ist in Höhe von mindestens je einem Viertel in den folgenden Wirtschaftsjahren gewinnerhöhend aufzulösen. § 5 Abs. 1 Satz 2 EStG ist insoweit nicht anzuwenden. Wird im Wirtschaftsjahr der Aufhebung der Zusage einer Nur-Pension eine neue Pensionszusage erteilt, ist die Rücklage nur in Höhe von vier Fünftel der Differenz aus aufzulösender und neu zu bildender Pensionsrückstellung zulässig; die Auflösung des nach Satz 3 der Rdnr. 9 des o. g. BMF-Schreibens genannten Betrages mindert ebenfalls den rücklagefähigen Betrag. Wird die neue Zusage in einem späteren Wirtschaftsjahr erteilt, darf die Rücklage am Ende dieses Wirtschaftsjahrs nicht höher sein als der Betrag, der sich zu diesem Zeitpunkt ergeben hätte, wenn die neue Zusage bereits im Wirtschaftsjahr der Aufhebung der Zusage einer Nur-Pension erteilt worden wäre.

Erhält der Gesellschafter-Geschäftsführer im Gegenzug zur aufgehobenen Zusage einer Nur-Pension eine neue Zulage, die nach den Grundsätzen des BFH-Urteils vom 17. Mai 1995 (a.a.O.) nicht durch das Gesellschaftsverhältnis veranlasst ist, dann sind für die Frage der Erdienbarkeit die Verhältnisse maßgebend, die im Zeitpunkt der ursprünglich zugesagten Nur-Pension vorlagen.

III. Die Zusage wird an die Urteilsgrundsätze angepasst

Die Grundsätze unter II. gelten entsprechend, wenn die Zusage einer Nur-Pension dahingehend geändert wird, dass sie nach den Grundsätzen des BFH-Urteils vom 17. Mai 1995 (a.a.O.) als

---

[1] Vgl. auch Anlage § 008 (3)-01.

nicht durch das Gesellschaftsverhältnis veranlasst gilt (z. B. durch Herabsetzung des Pensionsanspruchs und der Vereinbarung zusätzlicher Aktivbezüge).

IV. Eintritt des Versorgungsfalls vor dem 22. März 2005

Ist der Versorgungsfall bis zum 22. März 2005 eingetreten, werden aus Billigkeitsgründen die vor Veröffentlichung des BFH-Urteils vom 17. Mai 1995 (a. a. O.) geltenden Grundsätze weiter angewandt.

Die Grundsätze, nach denen sich bei einer Pensionszusage aus anderen Gründen eine verdeckte Gewinnausschüttung ergeben kann, bleiben unberührt.

Angemessenheit der Gesamtbezüge eines Gesellschafter-Geschäftsführers [1]

BMF-Schreiben vom 14.10.2002

IV A 2 – S 2745 – 62/02

(BStBl. 2002 I S. 972)

Nach dem Ergebnis einer Erörterung mit den obersten Finanzbehörden der Länder nehme ich zu den Grundsätzen, nach denen die Frage nach der Angemessenheit der Gesamtausstattung des Gesellschafter-Geschäftsführers zu beurteilen ist, wie folgt Stellung:

A. Allgemeines

Das **Zivilrecht** behandelt die Kapitalgesellschaft und ihren Gesellschafter jeweils als eigenständige 1 Rechts- und Vermögenssubjekte. Das **Steuerrecht** folgt den Wertungen des Zivilrechts. Die Kapitalgesellschaft und der dahinterstehende Gesellschafter sind jeweils selbständige Steuersubjekte. Daher sind schuldrechtliche Leistungsbeziehungen (hier: Arbeits- oder Dienstverträge) zwischen der Kapitalgesellschaft und dem Gesellschafter grundsätzlich steuerlich anzuerkennen. Sie führen auf der Ebene der Kapitalgesellschaft zu Betriebsausgaben, die den Unterschiedsbetrag im Sinne des § 4 Abs. 1 Satz 1 EStG mindern.

Steuerlich ist zu prüfen, ob die Vereinbarung ganz oder teilweise durch das Gesellschaftsverhältnis ver- 2 anlasst ist. Die Gewinnminderung, die auf dem durch das Gesellschaftsverhältnis veranlassten Teil der Vereinbarung beruht, ist außerhalb der Steuerbilanz dem Steuerbilanzgewinn im Rahmen der Ermittlung des Einkommens hinzuzurechnen (§ 8 Abs. 3 Satz 2 KStG).

B. Einzelne Vergütungsbestandteile

Die Vergütung des Gesellschafter-Geschäftsführers setzt sich regelmäßig aus mehreren Bestandteilen 3 zusammen. Es finden sich Vereinbarungen über Festgehälter (einschl. Überstundenvergütung), zusätzliche feste jährliche Einmalzahlungen (z.B. Urlaubsgeld, Weihnachtsgeld), variable Gehaltsbestandteile (z.B. Tantieme, Gratifikationen), Zusagen über Leistungen der betrieblichen Altersversorgung (z.B. Pensionszusagen) und Sachbezüge (z.B. Fahrzeugüberlassung, private Telefonnutzung).

C. Steuerliche Beurteilung der Vergütungsbestandteile

I. Allgemeines

Die Beurteilung der gesellschaftlichen Veranlassung der Vergütungsvereinbarung bezieht sich zuerst 4 auf die Vereinbarung des jeweils einzelnen Vergütungsbestandteils und danach auf die Angemessenheit der steuerlich anzuerkennenden Gesamtvergütung.

II. Prüfungsschema

In einem ersten Schritt sind alle vereinbarten Vergütungsbestandteile einzeln danach zu beurteilen, 5 ob sie **dem Grunde nach** als durch das Gesellschaftsverhältnis veranlasst anzusehen sind. Ist dies der Fall, führt die Vermögensminderung, die sich durch die Vereinbarung ergibt, in vollem Umfang zu einer verdeckten Gewinnausschüttung. So ist beispielsweise die Vereinbarung von Überstundenvergütungen nicht mit dem Aufgabenbild eines Geschäftsführers vereinbar (vgl. BFH-Urteile vom 19. März 1997, BStBl. II S. 577, und vom 27. März 2001, BStBl. II S. 655). Auch Pensionszusagen, die gegen die Grundsätze der Wartezeit (vgl. BMF-Schreiben vom 14. Mai 1999, BStBl. I S. 512, unter 1.) verstoßen, oder zeitlich unbefristete Nur-Tantiemezusagen (vgl. Grundsätze des BMF-Schreibens vom 1. Februar 2002, BStBl. I S. 219) führen in vollem Umfang zu verdeckten Gewinnausschüttungen.

In einem zweiten Schritt sind die verbleibenden Vergütungsbestandteile danach zu beurteilen, ob sie 6 **der Höhe nach** als durch das Gesellschaftsverhältnis veranlasst anzusehen sind. Vgl. z.B. zum Verhältnis der Tantieme zum Festgehalt die Grundsätze des BMF-Schreibens vom 1. Februar 2002 (a.a.O.). Soweit die gesellschaftliche Veranlassung reicht, führt dies zu verdeckten Gewinnausschüttungen.

Im dritten Schritt ist bezogen auf die verbliebene nicht durch das Gesellschaftsverhältnis veranlasste 7 Vergütung zu prüfen, ob sie in der Summe als angemessen angesehen werden kann. Soweit die Vergütung die Grenze der Angemessenheit übersteigt, führt dies zu einer verdeckten Gewinnausschüttung.

---

[1] Vgl. auch Anlage § 008 (3)-02a.

8   Sind die einzelnen Vergütungsbestandteile nicht zeitgleich vereinbart worden und übersteigt die Vergütung die Angemessenheitsgrenze, ist der unangemessene Betrag in der Regel dem bzw. den zuletzt vereinbarten Bestandteilen zuzuordnen. Sind die einzelnen Vergütungsbestandteile zeitgleich vereinbart worden, ist der die Angemessenheitsgrenze übersteigende Betrag nach sachgerechten Kriterien (z. B. quotal) auf die einzelnen Vergütungsbestandteile zu verteilen.

9   *Beispiel*

Die GmbH vereinbart ab dem Geschäftsjahr 02 mit ihrem Gesellschafter-Geschäftsführer ein Festgehalt von 350.000 €. Ab dem Geschäftsjahr 03 soll er zusätzlich eine Tantieme von 250.000 € erhalten. Die angemessene Gesamtausstattung beträgt a) 600.000 € und b) 400.000 €.

zu a)

Zweite Stufe:

Anzuerkennende Tantieme:

25 % des **vereinbarten** Gesamtgehalts von 600.000 € = 150.000 €

4 verdeckte Gewinnausschüttung aus zweiter Stufe: 100.000 €

Dritte Stufe:

Anzuerkennende Vergütung nach der zweiten Stufe: 350.000 € (F) + 150.000 € (T) = 500.000 €

angemessene Gesamtausstattung: 600.000 €

4 Folge: keine (weitere) verdeckte Gewinnausschüttung aus dritter Stufe

verdeckte Gewinnausschüttung insgesamt: 100.000

zu b)

Zweite Stufe:

Anzuerkennende Tantieme:

25 % des **vereinbarten** Gesamtgehalts von 600.000 € = 150.000 €

4 verdeckte Gewinnausschüttung aus zweiter Stufe: 100.000 €

Dritte Stufe:

Anzuerkennende Vergütung nach der zweiten Stufe: 350.000 € (F) + 150.000 € (T) = 500.000 €

angemessene Gesamtausstattung: 400.000 €

4 verdeckte Gewinnausschüttung aus dritter Stufe: 100.000 €

verdeckte Gewinnausschüttung insgesamt: 200.000 €

D. Festlegung der Angemessenheitsgrenze

10   Beurteilungskriterien für die Angemessenheit sind Art und Umfang der Tätigkeit, die künftigen Ertragsaussichten des Unternehmens, das Verhältnis des Geschäftsführergehaltes zum Gesamtgewinn und zur verbleibenden Eigenkapitalverzinsung sowie Art und Höhe der Vergütungen, die im selben Betrieb gezahlt werden oder in gleichartigen Betrieben an Geschäftsführer für entsprechende Leistungen gewährt werden (BFH-Urteil vom 5. Oktober 1994, BStBl. 1995 II S. 549).

1. Art und Umfang der Tätigkeit

11   Art und Umfang der Tätigkeit werden vorrangig durch die Größe des Unternehmens bestimmt. Je größer ein Unternehmen ist, desto höher kann das angemessene Gehalt des Geschäftsführers liegen, da mit der Größe eines Unternehmens auch Arbeitseinsatz, Anforderung und Verantwortung steigen. Die Unternehmensgröße ist vorrangig anhand der Umsatzhöhe und der Beschäftigtenzahl zu bestimmen.

12   Übt der Gesellschafter außerhalb seiner Geschäftsführerfunktion anderweitige unternehmerische Tätigkeiten aus (z.B. als Einzelunternehmer, in einer Personengesellschaft oder einer anderen Kapitalgesellschaft), so deckt sich die Angemessenheitsgrenze bei der betreffenden Gesellschaft mit dem Umfang, in dem er jeweils für die konkrete Gesellschaft tätig ist. Er kann in diesem Fall nicht seine gesamte Arbeitskraft der Kapitalgesellschaft zur Verfügung stellen.

13   Entsprechendes gilt in den Fällen, in denen zwei oder mehrere Geschäftsführer sich die Verantwortung für die Kapitalgesellschaft teilen. Vor allem bei kleineren Gesellschaften ist, auch wenn sie ertragsstark sind, in diesen Fällen ein Abschlag gerechtfertigt. Hier kann unterstellt werden, dass Anforderungen und Arbeitseinsatz des einzelnen Geschäftsführers geringer sind als bei einem Alleingeschäftsführer und dass von dem einzelnen Geschäftsführer im Regelfall deshalb auch solche Aufgaben wahrgenommen werden, die bei vergleichbaren Gesellschaften von Nichtgeschäftsführern erledigt werden (BFH-Urteil vom 11. Dezember 1991, BStBl. 1992 II S. 690).

2. Ertragsaussichten der Gesellschaft/Verhältnis zur Eigenkapitalverzinsung

Neben der Unternehmensgröße stellt die Ertragssituation das entscheidende Kriterium für die An- **14** gemessenheitsprüfung dar. Maßgebend ist hierbei vor allem das Verhältnis der Gesamtausstattung des Geschäftsführergehalts zum Gesamtgewinn der Gesellschaft und zur verbleibenden Eigenkapitalverzinsung. Ein ordentlicher und gewissenhafter Geschäftsleiter würde bei der Festlegung der Gesamtbezüge des Geschäftsführers sicherstellen, dass der Gesellschaft auch nach Zahlung der Bezüge mindestens eine angemessene Eigenkapitalverzinsung verbleibt.

Die angemessene Verzinsung des Eigenkapitals ist dabei aus dem gesamten von der Gesellschaft **15** eingesetzten Eigenkapital zu ermitteln. Wird nahezu der gesamte Gewinn einer Kapitalgesellschaft durch die Gesamtvergütung „abgesaugt", stellt dies ein wesentliches Indiz für die Annahme einer unangemessenen Gesamtvergütung dar.

Die Mindestverzinsung des eingesetzten Eigenkapitals rechtfertigt es allerdings nicht, darüber hi- **16** nausgehende Beträge in vollem Umfang als Geschäftsführergehalt auszukehren. Es ist Aufgabe der Kapitalgesellschaft, Gewinne zu erzielen und die Gewinne nach Möglichkeit zu steigern, und ein ordentlicher und gewissenhafter Geschäftsleiter wird auf jeden Fall dafür sorgen, dass der Kapitalgesellschaft ein entsprechender Gewinn verbleibt (BFH-Urteil vom 28. Juni 1989, BStBl. II S. 854). Im Regelfall kann daher von der Angemessenheit der Gesamtausstattung der Geschäftsführerbezüge ausgegangen werden, wenn der Gesellschaft nach Abzug der Geschäftsführervergütungen noch ein Jahresüberschuss vor Ertragsteuern in mindestens gleicher Höhe wie die Geschäftsführervergütungen verbleibt. Bei mehreren Gesellschafter-Geschäftsführern ist hierbei auf die Gesamtsumme der diesen gewährten Vergütungen abzustellen.

Der dargestellte Grundsatz rechtfertigt es allerdings auch bei sehr ertragsstarken Gesellschaften **17** nicht, die Vergütungen unbegrenzt zu steigern. Die jeweilige Obergrenze muss nach den Umständen des Einzelfalles bestimmt werden. Hierbei ist vor allem auf die Unternehmensgröße abzustellen. Orientierungshilfen für die Bemessung des zu ermittelnden Höchstbetrags können die in den Gehaltsstrukturuntersuchungen für die jeweilige Branche und Größenklasse genannten Höchstwerte bieten. Diese tragen auch dem Umstand hinreichend Rechnung, dass der Unternehmenserfolg maßgeblich von der Leistung des Geschäftsführers und von dessen hohem Arbeitseinsatz abhängt sowie dass sich das Unternehmen in einem Ballungsgebiet mit hohem Gehaltsniveau befindet; eines speziellen Gehaltszuschlags bedarf es hierdurch nicht.

Bei ertragsschwachen Gesellschaften ist hingegen davon auszugehen, dass auch ein Fremdge- **18** schäftsführer selbst in Verlustjahren nicht auf ein angemessenes Gehalt verzichten würde. Das Unterschreiten einer Mindestverzinsung des eingesetzten Kapitals führt daher nicht zwangsläufig zu einer verdeckten Gewinnausschüttung. Vielmehr kann von einer angemessenen Ausstattung der Gesamtbezüge des Gesellschafter-Geschäftsführers dann ausgegangen werden, wenn er Gesamtbezüge erhält, die sich am unteren Ende des entsprechenden Vergleichsmaßstabes befinden.

3. Fremdvergleichmaßstab

Für die Ermittlung der Angemessenheitsgrenze ist der Fremdvergleich (vgl. BFH-Urteil vom 17. Mai **19** 1995, BStBI 1996 II S. 204) maßgebend.

a) Interner Betriebsvergleich

Wird in der Gesellschaft neben dem Gesellschafter-Geschäftsführer ein Fremdgeschäftsführer **20** beschäftigt, stellt dessen Vergütungshöhe ein wesentliches Indiz bei der Festlegung der Angemessenheitsgrenze der Vergütung des Gesellschafter-Geschäftsführers dar.

b) Externer Betriebsvergleich

Ein externer Betriebsvergleich lässt sich i.d.R. nur unter Heranziehung von nach den Regeln der **21** wissenschaftlichen Statistik erstellten neutralen Gehaltsuntersuchungen führen. Nach dem BFH-Urteil vom 14. Juli 1999, BFH/NV 1999 S. 1645, bestehen gegen die Heranziehung von Gehaltsstrukturuntersuchungen im Rahmen eines externen Betriebsvergleichs keine rechtlichen Bedenken. Daneben besteht die Möglichkeit, branchenspezifische Erfahrungswerte zu verwenden, die aber nur in seltenen Fällen vorliegen werden.

c) Durchführung der Angemessenheitsprüfung

Die Prüfung der Angemessenheit der Gesamtbezüge von Gesellschafter-Geschäftsführern ist im **22** Einzelfall nach den o.a. Kriterien vorzunehmen. Die Prüfung darf auch nicht aus Vereinfachungsgründen unterbleiben, d.h. betragsmäßige Unter- oder Obergrenzen finden keine Anwendung.

Im Übrigen ist zu berücksichtigen, dass nach der Rechtsprechung des BFH bei einer nur gering- **23** fügigen Überschreitung der Angemessenheitsgrenze noch keine verdeckte Gewinnausschüttung vorliegt. Eine verdeckte Gewinnausschüttung ist danach jedenfalls dann anzunehmen, wenn die tatsächliche Vergütung die Angemessenheitsgrenze um mehr als 20 % überschreitet (BFH-Urteil vom 28. Juni 1989, BStBl. II S. 854); eine Freigrenze ist hiermit nicht verbunden.

E. Anwendung vorstehender Grundsätze

24 Die vorstehenden Grundsätze sind in allen offenen Fällen anzuwenden. Soweit in der Vergangenheit hiervon abweichende allgemeine Grundsätze bestanden haben, sind diese ab dem Wirtschaftsjahr, das im Veranlagungszeitraum 2003 beginnt, nicht mehr anzuwenden.

Angemessenheit der Gesamtausstattung eines Gesellschafter-Geschäftsführers bei Vereinbarung einer Gewinntantieme

Verfügung OFD Düsseldorf vom 17.06.2004

S 2742A – St 13/S 2742 – 88 – St 131 – K

1. Hinweis auf aktuelle Rechtslage

Der BFH hat in seinen Entscheidungen vom 27.2.2003 (I R 46/01, BStBl. II 2004, 132) und vom 4.6.2003 (I R 24/02, BStBl. II 2004, 136) zur Angemessenheit der Gesamtausstattung bei Vereinbarung einer Gewinntantieme sowie zum Verhältnis der Gewinntantieme zu den Festbestandteilen der Geschäftsführerbezüge Stellung genommen. Er spricht sich in seinen Entscheidungen für eine *generelle Einzelfallbetrachtung* aus und widerspricht teilweise den in den BMF-Schreiben vom 1.2.2002 (IV A 2 – S 2742 – 4/02, BStBl. I, 219 [1]; Anerkennung von Gewinntantiemen) und vom 14.10.2002 (IV A 2 – S 2742 – 62/02, BStBl. I, 972 [2]; Angemessenheit der Gesamtbezüge eines Gesellschafter-Geschäftsführers) enthaltenen Grundaussagen.

2. Übereinstimmung zwischen Verwaltungsregelung und jüngerer Rechtsprechung

Eine Übereinstimmung zwischen den Verwaltungsregelungen und der jüngeren Rspr. besteht noch insoweit fort, als

– die vom BFH aufgestellte 50 v. H.-Obergrenze fortbesteht (vgl. BFH v. 5.10.1994, I R 50/94, BStBl. II 1995, 549). Hiernach ist eine vGA regelmäßig dann anzunehmen, wenn die vereinbarte und gezahlte Tantieme sich auf mehr als 50 v. H. des handelsrechtlichen Jahresüberschusses der Kapitalgesellschaft vor Abzug der Gewinntantieme und der ertragsabhängigen Steuern (KSt, GewSt und SolZ) beläuft;

– die Ermittlung des angemessenen Tantiemesatzes weiterhin nach dem Verhältnis der angemessenen Tantieme zum durchschnittlich erzielbaren *Jahresüberschuss vor Abzug der Tantieme und der ertragsabhängigen Steuern* erfolgen kann (vgl. hierzu auch BFH v. 10.7.2002, I R 37/01, BStBl. II 2003, 418);

– die Vereinbarung einer *Nur-Gewinntantieme* (bzw. Nur-Rohgewinntantieme) als unüblich anzusehen ist und daher grundsätzlich zu einer vGA führt.

3. Bandbreitenbetrachtung im Zusammenhang mit der Angemessenheit der Gesamtausstattung

Abweichend vom BMF-Schreiben vom 14.10.2002 (a. a. O.; Prüfschritt 2) prüft der BFH die *einzelnen Vergütungstatbestände* nicht dahingehend, ob diese der Höhe nach angemessen sind; entscheidend ist nach seiner Rechtsauffassung vorrangig die Gesamtausstattung im Zusagezeitpunkt. Bei der im Einzelfall anhand betriebsexterner Merkmale zu schätzende Höhe der angemessenen Bezüge ist zu berücksichtigen, dass der BFH davon ausgeht, dass es kein starres angemessenes Gehalt gibt, sondern eine *Bandbreitenbetrachtung* greift.

Nach seiner Auffassung sind nur *die* Bezüge unangemessen, die den *oberen Rand* dieser Bandbreite übersteigen. Ausgangswert für die Berechnung der absoluten Angemessenheitsgrenze ist demzufolge das Gehalt laut dem oberen Quartil der Gehaltsstudie (z. B. BBE-Verlag, Zusammenstellung der OFD Karlsruhe, Vfg. v. 17.4.2001, S 2742 A – St 331). Im Einzelfall können Zuschläge wegen besonderer Personenbezogenheit oder extrem hoher Gewinne bzw. Abschläge wegen dauerhaft schlechter Erträge angezeigt sein. Im Übrigen ist ein Sicherheitszuschlag bis zu 20 v. H. möglich (vgl. BFH v. 28.6.1989, BStBl. II, 854).

Das zur Berechnung der Angemessenheit der Gesamtausstattung verwandte „Programm Hansmann" setzt als Ausgangswert für die Berechnung der absoluten Angemessenheitsgrenze das Gehalt aus dem mittleren Quartil der Gehaltsstudie an. Zur Zeit ist ein Verfahren beim FG Münster (9 K 6436/02 K, F) anhängig, in dem die gerichtliche Verwendbarkeit der Ergebnisse dieses Programms überprüft wird. Inwieweit das Programm überarbeitet wird, hängt auch vom Ausgang des Gerichtsverfahrens ab.

4. Verhältnis der Tantieme zu den Festbezügen (sog. 75/25-Regel)

Der BFH hat in den obengenannten Urteilen auch Stellung zum Verhältnis der Gewinntantieme zu den Festbestandteilen der Geschäftsführerbezüge genommen. Danach führt ein 25 v. H. überschreitender Anteil an variablen Gehaltsbestandteilen nicht zwangsläufig zu einer vGA, wenn die Gesamtausstattung

---

1) Vgl. Anlage § 008 (3)-41.

2) Vgl. Anlage § 008 (3)-02.

des Geschäftsführers insgesamt angemessen ist. Der Überschreitung der *typisierten 25 v. H.-Grenze* kommt nach Meinung des BFH lediglich *Indizwirkung* für die Annahme einer vGA zu.

Die Abweichung vom Regelverhältnis 75/25 ist kein vGA-Indiz wenn:
- mit sprunghaften Gewinnentwicklungen gerechnet werden konnte
- oder starke Ertragsschwankungen gegeben sind
- oder eine Gewinnprognose im Vorfeld nicht erstellt wurde oder sich die Prognose später nicht mehr verlässlich rekonstruieren lässt oder
- keine weiteren Anhaltspunkte für die Annahme einer vGA (wie z. B. eine mangelhafte Durchführung) bestehen.

In diesen Fallgestaltungen betrachtet es der BFH aus ausreichend, wenn der absolute Tantiemesatz als solcher dem Fremdvergleich Stand hält. Das Verhältnis zwischen Festgehalt und Tantieme soll bei einem entsprechenden Sachverhalt unbeachtlich sein.

In derartigen Fallgestaltungen ist es allerdings erforderlich, im Rahmen der Angemessenheitsprüfung einen *Höchstbetrag* zu fixieren, bei dessen Überschreitung eine Gewinnausschüttung anzunehmen ist. Mangelt es an einer solchen, geht der BFH von einer vGA der Höhe nach (= Frage der Angemessenheit) und nicht dem Grund nach (= Frage der Üblichkeit) aus (vgl. hierzu BFH v. 10.7.2002, a. a. O.).

Die Abweichung vom Regelverhältnis 75/25 ist aber *ausnahmsweise ein vGA-Indiz*, wenn die nachfolgenden Kriterien kumulativ erfüllt sind:
- es bestehen keine größeren Ertragsschwankungen (stetige Ertragslage);
- eine nachvollziehbare Gewinnprognose wurde erstellt bzw. eine Gewinnprognose ist ohne größere Unwägbarkeiten rekonstruierbar;
- es wurde keine Deckelung der Tantieme vorgenommen;
- die Abweichung vom Regelverhältnis 75/25 ist erheblich (> 50 v. H. Tantiemeanteil);
- die indizielle Wirkung wird durch weitere Anhaltspunkte, die für die Annahme einer vGA sprechen (z. B. mangelhafte Durchführung) erhärtet.

5. Weitere Vorgehensweise

Die angesprochenen BFH-Urteile sind im BStBl. II veröffentlicht und damit über den entschiedenen Einzelfall hinaus allgemein anzuwenden. Da das BMF-Schreiben vom 1.2.2002 (a. a. O.) nicht durch die Veröffentlichung der Urteile aufgehoben worden ist, stellt sich – insb. für Fälle, in denen ein Abweichen vom Regelverhältnis 75/25 nicht als vGA-Indiz zu werten ist – die Frage nach der weiteren Vorgehensweise.

Bereits aufgegriffene Steuerfälle

Die Regelung bestehender Auslegungsfragen zu den veröffentlichten Urteilen soll in den neuen KStR erfolgen. Die bereits aufgegriffenen Fälle können daher nicht bereits jetzt durch Abhilfebescheide erledigt werden. Es bestehen keine Bedenken, in diesen Steuerfällen Aussetzungen der Vollziehung zu gewähren und die abschließende Entscheidung über den Rechtsbehelf – mit Zustimmung des Steuerpflichtigen – zurückzustellen.

Laufende Betriebsprüfung bzw. Veranlagungsverfahren

Es wird angeregt, vorerst Fallgestaltungen, in denen eine Tantieme gewährt wird und die variablen Vergütungsbestandteile 25 v. H. der Gesamtvergütung überschreiten, nur noch aufzugreifen, wenn zusätzlich Zweifel an der Angemessenheit der Gesamtausstattung bestehen oder das Abweichen vom Regelaufteilungsmaßstab nach den vorgenannten Kriterien *ausnahmsweise* als vGA-Indiz zu werten ist.

Verdeckte Gewinnausschüttungen bei Unternehmen des öffentlichen Personenverkehrs[1]

Verfügung OFD Düsseldorf vom 06.02.1979
S 2742 A – St 13 H

Kommunale Verkehrsbetriebe des öffentlichen Personenverkehrs können ihre Pflichten nach dem Personenbeförderungsgesetz (Betriebs-, Fahrplan-, Beförderungs- und Tarifpflicht) oftmals nicht kostendeckend erfüllen. Die Trägergemeinden übernehmen in solchen Fällen vielfach die Verluste, die auf andere Weise nicht gedeckt werden können, entweder aufgrund besonderer Verpflichtungen oder aus faktischem Zwang. Es ist gefragt worden, ob eine verdeckte Gewinnausschüttung darin zu sehen ist, daß der Verkehrsbetrieb seiner Beförderungspflicht aufgrund von Tarifen nachkommt, die schon in ihrer Anlage nicht kostendeckend sind und dadurch zu Verlusten führen.

Ich bitte hierzu die Auffassung zu vertreten, daß in diesen Fällen keine Vorteilsgewährung der Gesellschaft (Verkehrsbetriebe) an den Gesellschafter (Gemeinde) vorliegt. Ob die Übernahme des Verlustes durch die Gemeinde ein Ertragszuschuß oder eine gesellschaftsrechtliche Einlage ist, kann nur nach den jeweiligen Verhältnissen des Einzelfalles entschieden werden.

Diese Anweisung in die KSt-Kartei NW aufgenommen werden.

---

1) Folgerungen aus dem BFH-Urteil vom 22.8.2007 – I R 32/06, DB 2007 S. 2517 werden zur Zeit von der Verwaltung nicht gezogen; vgl. hierzu Anlage § 004-55.

Anlage § 008 (3)–04

Verdeckte Gewinnausschüttung bei Versicherungsvereinen auf Gegenseitigkeit

Erlaß FM NW vom 31.07.1980 [1]
S 2775 – 8 – V B 4

Es ist die Frage gestellt worden, ob eine verdeckte Gewinnausschüttung vorliegt, wenn ein Versicherungsverein auf Gegenseitigkeit (VVaG) bei nicht ausreichender Deckung des versicherungstechnischen Aufwands durch Versicherungsbeiträge die versicherungstechnischen Verluste mit nichtversicherungstechnischen Erträgen oder mit der Verlustrücklage (§ 37 VAG) verrechnet.
Die Rechtsprechung hat in insgesamt sechs veröffentlichen Urteilen zu dieser Frage Stellung genommen:
- RFH-Urteil vom 21.3.1937 (RStBl. S. 911)
- RFH-Urteil vom 31.5.1938 (RStBl. S. 821)
- RFH-Urteil vom 19.11.1940 (RStBl. 1941 S. 75)
- BFH-Urteil vom 13.3.1963 (BStBl. III S. 244)
- BFH-Urteil vom 26.6.1968 (BStBl. 1969 II S. 12)
- BFH-Urteil vom 14.7.1976 (BStBl. II S. 731)

Nach der Rechtsprechung liegt in dem Verzicht auf die Erhebung eines angemessenen Beitrags eine verdeckte Gewinnausschüttung, wenn hierdurch im versicherungstechnischen Geschäft ein Ausgabenüberschuß entsteht. Bis zum Jahr 1976 hatte die Rechtsprechung eine verdeckte Gewinnausschüttung nur angenommen, wenn die Beiträge auf eine gewisse Dauer unzureichend bemessen waren. Nach dem BFH-Urteil vom 14.7.1976 (BStBl. II S. 731) ist jedoch der Ausgleich einer Unterdeckung im versicherungstechnischen Geschäft mit anderen Mitteln als mit Beiträgen eine verdeckte Gewinnausschüttung. Dies gilt insbesondere, wenn ein VVaG Ausgaben des versicherungstechnischen Geschäfts aus den Einnahmen aus dem nichtversicherungstechnischen Geschäft oder aus der Verlustrücklage bestreitet und damit die zu erhebenden Beiträge (Vorausbeiträge, Umlagen, Nachschüsse) vermindert.
Eine Entnahme aus der Verlustrücklage zur Abdeckung von Verlusten des versicherungstechnischen Geschäfts ist allerdings nur als schädlich anzusehen, wenn der VVaG die Verlustrücklage allein aus dem nichtversicherungstechnischen Geschäft gespeist hat oder wenn er ihr zwar auch Überschüsse des versicherungstechnischen Geschäfts zugeführt, aber diese innerhalb der Verlustrücklage nicht von den Überschüssen aus dem nichtversicherungstechnischen Geschäft getrennt hat.
Den Einwendungen, eine verdeckte Gewinnausschüttung sei abweichend von dieser Rechtsprechung nicht anzunehmen, wenn ein VVaG bei Verlusten in einzelnen Versicherungszweigen keinen Anspruch auf Nachschußerhebung hat und er diese Verluste in gleicher Weise wie Versicherungsunternehmen anderer Rechtsformen mit Überschüssen aus anderen Zweigen, Mitteln des nichttechnischen Geschäfts oder versteuerten Mitteln ausgleicht, kann nicht gefolgt werden. Die höchstrichterliche Rechtsprechung zur verdeckten Gewinnausschüttung bei VVaG ist maßgebend. Es besteht keine Veranlassung, dieser Rechtsprechung – insbesondere dem BFH-Urteil vom 14.7.1976 (BStBl. II S. 731) – nicht zu folgen.
Bei Mehrsparten-VVaG (Komposit-VVaG) ist ein Verlustausgleich zwischen den einzelnen Versicherungssparten (Spartenausgleich) möglich und zulässig. Dies gilt jedoch nur für den Verlustausgleich innerhalb eines Wirtschaftsjahres. Eine verdeckte Gewinnausschüttung ist daher bei diesen Vereinen nur anzunehmen, wenn sich insgesamt (nach Spartenausgleich) in einem Wirtschaftsjahr ein versicherungstechnischer Verlust ergibt und dieser mit Einnahmen aus dem nichtversicherungstechnischen Geschäft ausgeglichen wird.
Dieser Erlaß ergeht im Einvernehmen mit dem Bundesminister der Finanzen und den obersten Finanzbehörden der anderen Länder.

---

1) Bestätigt durch die inzwischen ergangene Entscheidung des BFH im Urteil vom 13.11.1991 (BStBl. 1992 II S. 429).

Verdeckte Gewinnausschüttungen bei Versicherungsvereinen auf Gegenseitigkeit

Erlaß FM NW vom 14.12.1981

S 2775 – 8 – V B 4 [1)]

Bezug: Mein Erlaß vom 31.7.1980 S 2775 – 8 – V B 4

Nach dem o. a. Erlaß vom 31.7.1980 liegt bei einem Versicherungsverein auf Gegenseitigkeit (VVaG) entsprechend der höchstrichterlichen Rechtsprechung in dem Verzicht auf die Erhebung eines angemessenen Beitrags eine verdeckte Gewinnausschüttung, wenn hierdurch im versicherungstechnischen Geschäft ein Ausgabenüberschuß entsteht und dieser mit Einnahmen aus dem nichtversicherungstechnischen Geschäft ausgeglichen wird. Bei Mehrsparten-VVaG (Composit-VVaG) ist zuvor innerhalb eines Wirtschaftsjahres ein Verlustausgleich zwischen den einzelnen Versicherungssparten (Spartenausgleich) möglich und zulässig. Eine verdeckte Gewinnausschüttung ist daher bei diesen Vereinen ebenfalls nur anzunehmen, wenn sich insgesamt (nach Spartenausgleich) in einem Wirtschaftsjahr ein versicherungstechnischer Verlust ergibt und dieser mit Einnahmen aus dem nichtversicherungstechnischen Geschäft ausgeglichen wird.

Bei der praktischen Anwendung dieser Grundsätze sind folgende Fragen aufgetreten, die für die Wahrung der Gleichmäßigkeit der Besteuerung von Gewicht sind und daher einer einheitlichen Regelung bedürfen:

1. Vortrag und Verrechnung eines versicherungstechnischen Verlustes.

2. Ansatz von Kapitalerträgen bei der Prüfung der Angemessenheit des Beitrags.

Zu diesen Fragen vertrete ich die folgende Auffassung:

Zu 1:

Das Vorhandensein eines versicherungstechnischen Verlustes führt noch nicht zur Annahme einer verdeckten Gewinnausschüttung. Hinzu kommen muß vielmehr der Ausgleich des versicherungstechnischen Verlustes mit Einnahmen aus dem nichtversicherungstechnischen Geschäft.

Eine verdeckte Gewinnausschüttung ist nicht anzunehmen, wenn ein versicherungstechnischer Verlust (nach Spartenausgleich) auf die folgenden drei Wirtschaftsjahre vorgetragen und mit versicherungstechnischen Gewinnen dieser Jahre verrechnet wird. Vgl. auch BFH-Urteil vom 14.7.1976 (BStBl. II S. 731). Erst der am Ende des dritten Wirtschaftsjahres noch nicht verrechnete Verlust ist in diesem Jahr als verdeckte Gewinnausschüttung anzusetzen. [2)]

Zu 2:

Erträge aus Kapitalanlagen dürfen nach der Rechtsprechung auf der Einnahmeseite der versicherungstechnischen Erfolgsrechnung grundsätzlich nicht angesetzt werden. Vgl. BFH-Urteil vom 6.12.1960 (BStBl. 1961 III S. 81).

Eine Ausnahme gilt jedoch für solche Versicherungssparten, bei denen ein Deckungskapital nach versicherungsmathematischen Grundsätzen zu bilden und anzulegen ist (z. B. Unfallversicherungen, Haftpflichtversicherungen). Vgl. BFH-Urteil vom 26.6.1968 (BStBl. 1969 II S. 12) und Tz. 3 meines Erlasses vom 20.3.1978 S 2775 – 5 – V B 4. In diesen Fällen können die in den jährlichen Zuführungen zum Deckungskapital enthaltenen rechnungsmäßigen Zinsen neben den Beitragseinnahmen auf der Einnahmeseite der Überschußrechnung berücksichtigt werden. Dies gilt auch für die rechnungsmäßige Zinszuführung zur Schwankungsrückstellung. Darüber hinaus ist für die Prüfung der Angemessenheit wegen der Vorschüssigkeit der Beitragszahlung auf der Einnahmeseite der Überschußrechnung der durchschnittliche Nettokapitalertrag aus einjähriger Kapitalanlage von 75 v. H. der liquiden Bruttoeigenbeitragsprämie des Geschäftsjahres (bezahlte Bruttoprämie abzüglich bezahlte Rückversicherungsprämie) anzusetzen.

Daraus ergibt sich folgendes **Verfahren für die Feststellung von verdeckten Gewinnausschüttungen bei VVaG:**

– Berechnung des versicherungstechnischen Überschusses für die zusammengefaßten Versicherungssparten

– Zinszuführungen zum Deckungskapital bzw. zur Deckungsrückstellung und zur Schwankungsrückstellung sind auf der Einnahmeseite der Überschußrechnung zu berücksichtigen.

---

1) Vgl. die inzwischen ergangene Entscheidung des BFH im Urteil vom 13.11.1991 (BStBl. 1992 II S. 429).

2) Vgl. Anlage § 008 (3)-07.

– Der Überschuß ist um den Netto-Kapitalertrag zu erhöhen, der durchschnittlich aus der einjährigen Kapitalanlage von 75 v. H. der liquiden Bruttoeigenbehaltsprämie des Geschäftsjahres erzielt wird.

– Ein danach noch verbleibender Verlust kann auf die folgenden drei Wirtschaftsjahre vorgetragen werden. Er ist jeweils in Höhe des Vortrags bei der Berechnung des Überschusses des Folgejahres zu berücksichtigen.

Der am Ende des dritten Wirtschaftsjahres noch nicht verrechnete Verlust des VVaG ist in diesem Jahr als verdeckte Gewinnausschüttung anzusetzen.

Die Berechnung der abziehbaren Beitragsrückerstattung nach § 21 KStG bleibt dem VVaG von dem Verfahren der Feststellung einer verdeckten Gewinnausschüttung unberührt.

Dieser Erlaß ergeht im Einvernehmen mit dem Bundesminister der Finanzen und den obersten Finanzbehörden der anderen Länder.

Verdeckte Gewinnausschüttung bei Versicherungsvereinen auf Gegenseitigkeit

BMF-Schreiben vom 15.01.1996

IV B 7 – S 2775 – 4/96

Bis zu einer endgültigen Entscheidung wird im Einvernehmen mit den obersten Finanzbehörden der Länder die mit BMF-Schreiben vom 4.11.1994, IV B 7 – S 2775 – 47/94 mitgeteilte Übergangsregelung wie folgt verlängert:

Eine verdeckte Gewinnausschüttung ist nicht anzunehmen, wenn ein versicherungstechnischer Verlust (Spartenausgleich) auf die folgenden fünf Wirtschaftsjahre vorgetragen und mit versicherungstechnischen Gewinnen dieser Jahre verrechnet wird. Erst der am Ende des fünften Wirtschaftsjahres noch nicht verrechnete Verlust ist in diesem Jahr als verdeckte Gewinnausschüttung anzusetzen. Im übrigen gelten die Anweisungen im BMF-Schreiben vom 24.11.1981, IV B 7 – S 2775 – 30/81 unverändert fort.

Anlage § 008 (3)–14

Fahrtkosten, Sitzungsgelder, Verpflegungs- und Übernachtungskosten anläßlich einer Hauptversammlung oder Generalversammmlung bzw. einer Vertreterversammlung

Verfügung OFD Nürnberg vom 20.04.1999
S 2145 – 103/St 31

Für die steuerliche Behandlung der Fahrtkosten, Sitzungsgelder, Verpflegungs- und Übernachtungskosten anläßlich einer Hauptversammlung oder Generalversammlung bzw. einer Vertreterversammlung ist von folgenden Grundsätzen auszugehen:

1. Fahrtkosten

a) Erstattung an Gesellschafter, Genossen oder Mitglieder

Ersetzt eine Kapitalgesellschaft, eine Genossenschaft oder ein Versicherungsverein auf Gegenseitigkeit den Gesellschaftern, Genossen oder Mitgliedern die Kosten für die Fahrt zur Teilnahme an der Hauptversammlung oder Generalversammlung oder trägt eine Kapitalgesellschaft, eine Genossenschaft oder ein Versicherungsverein auf Gegenseitigkeit die Aufwendungen für die für diese Zwecke unentgeltlich bereitgestellten Beförderungsmittel, so liegt darin eine verdeckte Gewinnausschüttung (vGA). Auf das Urteil vom 16.12.1955 (BStBl. III 1956 S. 43) wird hingewiesen.

b) Erstattung an Mitglieder einer Vertreterversammlung

Ersetzt eine Genossenschaft oder ein Versicherungsverein auf Gegenseitigkeit den Mitgliedern der Vertreterversammlung die Fahrtauslagen, so liegen abziehbare Betriebsausgaben vor (vgl. BFH-Urteil vom 24.8.1983, BStBl. II 1984 S. 273). Die in dem Urteil aufgestellten Rechtsgrundsätze sind auf Genossenschaften und Versicherungsvereine auf Gegenseitigkeit in allen noch nicht bestandskräftigen Fällen anzuwenden.

2. Sitzungsgelder, Verpflegungs- und Übernachtungskosten

a) Zahlung an Gesellschafter, Genossen oder Mitglieder

Ausgaben einer Kapitalgesellschaft, einer Genossenschaft oder eines Versicherungsvereins auf Gegenseitigkeit zur Bewirtung von Gesellschaftern, Genossen oder Mitgliedern anläßlich einer Hauptversammlung oder Generalversammlung sind insoweit als Betriebsausgaben anzuerkennen, als sie den Betrag von 25 DM[1] (maßgeblicher Betrag bis einschließlich Veranlagungszeitraum 1978: 20 DM) je Gesellschafter, Genosse oder Mitglied nicht übersteigen. Alle darüber hinausgehenden Ausgaben stellen vGA dar.

b) Zahlung an Mitglieder einer Vertreterversammlung

Gewährt eine Genossenschaft oder ein Versicherungsverein auf Gegenseitigkeit den Mitgliedern der Vertreterversammlung in angemessener Höhe Sitzungsgelder, Verpflegungs- und Übernachtungspauschalen, so liegen abziehbare Betriebsausgaben vor (vgl. BFH-Urteil vom 24.8.1983, a. a. O.). Die in dem Urteil aufgestellten Rechtsgrundsätze sind auf Genossenschaften und Versicherungsvereine auf Gegenseitigkeit in allen noch nicht bestandskräftigen Fällen anzuwenden.

Die nach Buchst. a bzw. Buchst. b als Betriebsausgaben anzuerkennenden Bewirtungskosten fallen ab dem VZ 1999 unter die Regelung des § 4 Abs. 5 Satz 1 Nr. 2 und Abs. 7 EStG, mit der Folge, daß die Abzugsfähigkeit auf 80 v. H.[2] beschränkt ist und die besonderen Nachweis- und Aufzeichnungspflichten des § 4 Abs. 5 Satz 1 Nr. 2 und Abs. 7 EStG gelten. Bis einschließlich VZ 1998 bleibt es aus Vertrauensschutzgründen bei der bisherigen Verwaltungsauffassung, daß die im Auslagenersatz enthaltenen Bewirtungskosten nicht der besonderen Nachweis- und Aufzeichnungspflicht nach § 4 Abs. 5 Satz 1 Nr. 2 und Abs. 7 EStG unterliegen.

---

1) Jetzt 12,78 €.
2) Jetzt 70 %.

544

Abziehbarkeit von Konzessionsabgaben bei öffentlichen Betrieben, die der Versorgung der Bevölkerung mit Wasser, Gas, Elektrizität oder Wärme (Versorgungsbetriebe) oder dem öffentlichen Personennahverkehr dienen (Verkehrsbetriebe)

BMF-Schreiben vom 09.02.1998
IV B 7 – S 2744 – 2/98
(BStBl. 1998 I S. 209)

Unter Bezugnahme auf das Ergebnis der Erörterungen mit den obersten Finanzbehörden der Länder gilt zur Frage der Abziehbarkeit von Konzessionsabgaben bei öffentlichen Betrieben, die der Versorgung der Bevölkerung mit Wasser, Gas, Elektrizität oder Wärme (Versorgungsbetriebe) oder dem öffentlichen Personennahverkehr dienen (Verkehrsbetriebe), folgendes:

A. Konzessionsabgaben bei Versorgungsbetrieben

I. Begriff des Versorgungsbetriebs

Versorgungsbetriebe im Sinne diese Schreibens sind Betriebe der Gemeinden oder Gemeindeverbände (Gebietskörperschaft), die der Versorgung der Bevölkerung mit Wasser, Gas, Elektrizität oder Wärme dienen. Dabei kann es sich einerseits um Eigenbetriebe der Gebietskörperschaften, andererseits um Gesellschaften handeln, an deren Grund- oder Stammkapital die Gebietskörperschaften unmittelbar oder mittelbar beteiligt sind.

II. Zulässigkeit von Konzessionsabgaben

Die Zulässigkeit von Konzessionsabgaben der Versorgungsbetriebe an Gemeinden und Gemeindeverbände wird durch folgende preisrechtliche Vorschriften begrenzt:

1. Elektrizität und Gas

Verordnung über Konzessionsabgaben für Strom und Gas (Konzessionsabgabenverordnung – KAV –) vom 9. Januar 1992 (BGBl. I S. 12).

2. Wasser

Anordnung über die Zulässigkeit von Konzessionsabgaben der Unternehmen für Betriebe zur Versorgung mit Elektrizität, Gas und Wasser an Gemeinden und Gemeindeverbände (KAE) vom 4. März 1941 (RAnz Nr. 57, 120) in der Fassung vom 7. März 1975 (BAnz Nr. 49), Ausführungsanordnung zur Konzessionsabgabenanordnung (A/KAE) vom 27. Februar 1943 (RAnz Nr. 75) und Durchführungsbestimmungen zur Konzessionsabgabenordnung und zu ihrer Ausführungsanordnung (D/KAE) vom 27. Februar 1943 (RAnz Nr. 75). Die maßgebliche Einwohnerzahl bezieht sich auf die einzelne versorgte Gemeinde oder auf den einzelnen gesondert versorgten Gemeindeteil. Grundlage für die Feststellung der Einwohnerzahl ist das Ergebnis der Volkszählung auf den letzten Stichtag, der vor dem Ende des Wirtschaftsjahrs liegt. Konzessionsabgaben an Landkreise dürfen den Höchstsatz von 10 v. h. der Roheinnahmen dürfen den Höchstsatz von 10 v. H. der Roheinnahmen nicht übersteigen.

3. Wärme

Für Wärme bestehen keine eigenen preisrechtlichen Vorschriften.

Bei der Beurteilung der höchstzulässigen Konzessionsabgabe für Wärmelieferungen ist von der Anordnung über die Zulässigkeit von Konzessionsabgaben der Unternehmen und Betriebe zur Versorgung mit Elektrizität, Gas und Wasser an Gemeinden und Gemeindeverbände (KAE) vom 4. März 1941 auszugehen.

III. Abgrenzung zwischen Betriebsausgaben und verdeckten Gewinnausschüttungen

1. Steuerrechtlich ist der Abzug von Konzessionsabgaben nach den Grundsätzen über die Abgrenzung der Betriebsausgaben von den verdeckten Gewinnausschüttungen zu beurteilen. Danach gilt folgendes:

1.1 In den Fällen, in denen die Gebietskörperschaft (z. B. Gemeinde, Landkreis) weder unmittelbar noch mittelbar an dem Grund- oder Stammkapital des Versorgungsbetriebs beteiligt ist, sind die Konzessionsabgaben in voller Höhe als Betriebsausgaben abzuziehen.

1.2 In Beteiligungsfällen sind die Konzessionsabgaben nur als Betriebsausgaben abzuziehen, soweit sie nicht als verdeckte Gewinnausschüttungen anzusehen sind. Beteiligungsfälle sind Fälle, in denen der Versorgungsbetrieb ein Eigenbetrieb ist oder in denen die Gebietskörperschaft unmittelbar oder mittelbar an dem Grund- oder Stammkapital des Versorgungsbetriebs beteiligt ist.

2. Bei der Prüfung der Frage, inwieweit bei der Zahlung von Konzessionsabgaben verdeckte Gewinnausschüttungen anzunehmen sind, ist aus Gründen der Vereinfachung und zur Sicherstellung einer einheitlichen Verwaltungspraxis unter den folgenden Voraussetzungen ohne nähere Nachprüfung von einer Beanstandung des Abzugs von Konzessionsabgaben abzusehen:

2.1 Die in der KAV für die Strom- und Gasversorgung bzw. in der KAE für die Wasserversorgung festgelegten preisrechtlichen Höchstsätze werden nicht überschritten.

2.2 Der Betrag der Konzessionsabgabe ist nur insoweit als Aufwand gebucht und damit als Betriebsausgabe geltend gemacht worden, als nach seinem Abzug dem Versorgungsbetrieb ein angemessener handelsrechtlicher Jahresüberschuß (Mindestgewinn) verbleibt (vgl. BFH-Urteil vom 1. September 1982, BStBl. II S. 783, und vom 31. Juli 1990, BStBl. 1991 II S. 315). Der Mindestgewinn darf 1,5 v. H. des Sachanlagevermögens, das am Anfang des Wirtschaftsjahres in der Handelsbilanz ausgewiesen ist, nicht unterschreiten.

3. Wird durch den Abzug der Konzessionsabgabe für die Strom- und Gasversorgung der in Nr. 2.2 bezeichnete Mindestgewinn unterschritten, ist im Einzelfall für den jeweiligen Veranlagungszeitraum nach den Grundsätzen des Fremdvergleichs zu prüfen, ob eine verdeckte Gewinnausschüttung vorliegt.

Dabei ist davon auszugehen, daß ein ordentlicher und gewissenhafter Geschäftsleiter einer Kapitalgesellschaft ein angemessener Gewinn verbleibt (Abschnitt 31 Abs. 3 Satz 14 KStR 1995). Eine verdeckte Gewinnausschüttung ist daher anzunehmen, wenn in dem Veranlagungszeitraum des Abzugs der Konzessionsabgabe und den folgenden fünf Jahren ein angemessener Gesamtgewinn nicht erreicht wird. Ein angemessener Gesamtgewinn wird nicht erreicht, wenn innerhalb dieses Zeitraums im Durchschnitt der in Nr. 2.2 bezeichnete Mindestgewinn unterschritten wird. Die Konzessionsabgabe wird in diesen Fällen in dem jeweiligen Veranlagungszeitraum nur insoweit anerkannt, als der in Nr. 2.2 bezeichnete Mindestgewinn dieses Veranlagungszeitraums nicht unterschritten wird. Die Veranlagungen sind daher in diesem Punkt zunächst vorläufig durchzuführen.

Die vorstehenden Ausführungen gelten in Fällen, in denen in den neuen Ländern bis zum 31. Dezember 1997 vorhandene Stromversorgungsreinrichtungen für ein Versorgungsgebiet (insbesondere Leitungsnetze) von dort ansässigen Versorgungsbetrieben angeschafft werden, mit der Maßgabe, daß eine verdeckte Gewinnausschüttung anzunehmen ist, wenn in dem Veranlagungszeitraum der Anschaffung und den folgenden neun Jahren ein angemessener Gesamtgewinn nicht erreicht wird. Für die auf das Jahr der Anschaffung folgenden vier Veranlagungszeiträume verringert sich der maßgebende Überprüfungszeitraum um jeweils ein Jahr; so daß im vierten auf das Jahr der Anschaffung folgenden Veranlagungszeitraum der maßgebende Überprüfungszeitraum einschließlich des jeweiligen Jahres des Abzugs der Konzessionsabgabe sechs Jahre beträgt.

4. Zum Sachanlagevermögen im Sinne der Nr. 2.2 gehören nicht das auf Lager befindliche und zum späteren Einbau in Sachanlagen bestimmte Installationsmaterial sowie Baukostenzuschüsse, die für die Errichtung von Trafo-Stationen, Zuleitungen u. ä. geleistet und in der Bilanz des Versorgungsbetriebs aktiviert worden sind.

IV. Konzessionsabgabe bei Verbundbetrieben

1. Im Fall der Zusammenfassung mehrerer Versorgungsbetriebe (Verbundbetriebe) ist grundsätzlich Ausgangsgröße für die Prüfung der Frage, ob und in welcher Höhe die Konzessionsabgaben als Betriebsausgaben abzuziehen oder als verdeckte Gewinnausschüttungen anzusehen sind, der Mindestgewinn des Verbundbetriebs. Für die Ermittlung des Mindestgewinns des Verbundbetriebs ist das Sachanlagevermögen der zusammengefaßten Versorgungsbetriebe und für die Ermittlung des tatsächlich erzielten handelsrechtlichen Jahresüberschusses die Handelsbilanz der zusammengefaßten Versorgungsbetriebe zugrunde zu legen.

2. Verbleibt dem Verbundbetrieb nach Abzug der als Aufwand geltend gemachten Konzessionsabgabe ein Mindestgewinn im Sinne der Nr. III./2.2, ist die Konzessionsabgabe in vollem Umfang als Betriebsausgabe abzuziehen.

Wird der in Nr. III./2.2 bezeichnete Mindestgewinn unterschritten, ist eine Spartentrennung vorzunehmen. Für jeden der im Verbundbetrieb zusammengefaßten Versorgungsbetriebe sind in diesem Fall der tatsächlich erzielte handelsrechtliche Jahresüberschuß und der Mindestgewinn getrennt zu ermitteln. Nach dieser spartenbezogenen Ermittlung ist für jede Sparte nach Nr. III./2. bis 4. zu prüfen und zu entscheiden, in welcher Höhe die als Aufwand gebuchte Konzessionsabgabe als Betriebsausgabe abzuziehen oder als verdeckte Gewinnausschüttung anzusehen ist.

V. Zusammenfassung mit anderen Betrieben

1. Verbundbetriebe

Ist ein Versorgungsbetrieb mit anderen Betrieben zusammengefaßt, die keine Versorgungsbetriebe sind, oder erstreckt sich die Tätigkeit einer Kapitalgesellschaft auch auf andere Geschäfts- und Beteiligungszweige als die eines Versorgungsbetriebs, ist für die Berechnung der abziehbaren Konzessionsabgabe eine Spartentrennung zwingend vorzunehmen. Danach ist für den Betriebsteil „Versorgungsbetrieb" zu entscheiden, in welcher Höhe die Konzessionsabgabe nach den Nrn. III. bis IV. als Betriebsausgabe abziehbar oder als verdeckte Gewinnausschüttung anzusehen ist.

2. Organschaft

Ist ein in der Rechtsform der Kapitalgesellschaft geführter Versorgungsbetrieb Organ eines anderen Unternehmens, so ist bei der Berechnung der abzugsfähigen Konzessionsabgabe des Organs die Organschaft außer Betracht zu lassen.

VI. Verteilung der Konzessionsabgabe

1. Einspartenbetriebe

Ist mit Rücksicht auf die Sicherstellung des Mindestgewinns der Abzug der Konzessionsabgabe für Wasser gekürzt worden, so können die gekürzten Beträge nach Maßgabe der KAE neben den Höchstbeträgen für die laufende Konzessionsabgabe und unter Beachtung der Mindestgewinngrenze in den folgenden fünf Wirtschaftsjahren geltend gemacht werden. Für die Strom- und Gasversorgung ist nach der KAV eine Kürzung und Nachholung der Konzessionsabgabe nicht mehr zulässig.

2. Verbundbetriebe

Nummer 1 gilt auch bei Verbundbetrieben. Maßgebend ist hier das Ergebnis der zusammengefaßten Versorgungsbetriebe. Eine Spartentrennung in der Weise, daß für jeden der zusammengefaßten Versorgungsbetriebe der erzielte handelsrechtliche Jahresüberschuß und der Mindestgewinn zu ermitteln sind, findet für Zwecke der Verteilung des Abzugs der Konzessionsabgabe grundsätzlich nicht statt.

Ist allerdings der Mindestgewinn des Verbundbetriebs unterschritten und wird bei einem Verbundbetrieb eine Spartentrennung im Sinne der Nr. IV./2. durchgeführt, ist in dem „Spartenbetrieb" Wasserversorgung eine Kürzung und Nachholung des Aufwands der Konzessionsabgabe nach Nr. 1 möglich.

VII. Sonderabschreibungen nach dem Fördergebietsgesetz

Bei Sonderabschreibungen nach dem Fördergebietsgesetz kann neben der Verteilung der Konzessionsabgabe im Sinne der Nrn. I. bis IV. aus Billigkeitsgründen folgendes Verfahren zugelassen werden:

Nimmt ein Versorgungsbetrieb Sonderabschreibungen nach dem Fördergebietsgesetz in Anspruch, so können diese Sonderabschreibungen im Einzelfall aus Billigkeitsgründen dem Gewinn des Versorgungsbetriebs für die Zwecke der Berechnung des Mindestgewinns ganz oder teilweise hinzugerechnet werden. Dabei ist zu beachten, daß die Sonderabschreibungen zur Finanzierung der Investitionen der Versorgungsbetriebe beitragen sollen. Deshalb muß sichergestellt werden, daß die Hinzurechnung der Sonderabschreibungen zum Gewinn des Abschreibungsjahres in der Folgezeit durch entsprechende Kürzungen vom Gewinn wieder ausgeglichen wird. Dieser Ausgleich ist in der Weise herabzuführen, daß die dem Gewinn hinzugerechneten Sonderabschreibungen mit Beginn des Jahres, das dem Zeitraum der Inanspruchnahme der Sonderabschreibungen folgt, in zehn gleichen Jahresraten für die Zwecke der Berechnung des Mindestgewinns vom handelsrechtlichen Jahresüberschuß wieder abzuziehen sind.

VIII. Verbilligte Sachleistungen

Auf verbilligte Sachleistungen an Abnehmer, die unmittelbar oder mittelbar am Grund- oder Stammkapital des Versorgungsbetriebs beteiligt sind, sind die Grundsätze über die Abgrenzung der Betriebsausgaben von den verdeckten Gewinnausschüttungen anzuwenden. Eine verdeckte Gewinnausschüttung ist nicht anzunehmen bei

1. verbilligten Lieferungen von Wasser, Gas, Elektrizität und Wärme, bei denen auf die allgemeinen Tarifpreise ein Preisnachlaß von nicht mehr als 10 v. H. gewährt wird. Der Eigenverbrauch der Gemeinden, Gemeindeverbände und Zweckverbände ist für alle räumlich getrennt liegenden Abnahmestellen gesondert abzurechnen;

2. unentgeltlicher oder verbilligter Wasserlieferung für Feuerlöschzwecke, für Feuerlöschübungszwecke, für Zwecke der Straßenreinigung, für Zwecke der Reinigung von Abwasseranlagen und für öffentliche Zier- und Straßenbrunnen (auch Wasserkünste) sowie bei unentgeltlicher oder verbilligter

Errichtung und Unterhaltung von Anlagen für Löschwasserversorgung und Feuerschutz durch ein Wasserwerk.

B. Abziehbarkeit der Konzessionsabgaben bei Verkehrsbetrieben

1. Begriff des Verkehrsbetriebs

Verkehrsbetriebe im Sinne dieses Schreibens sind Betriebe der Gebietskörperschaften, die dem öffentlichen Personennahverkehr dienen. Dabei kann es sich einerseits um Eigenbetriebe der Gebietskörperschaften, andererseits um Gebietskörperschaften handeln, an deren Grund- oder Stammkapital die Gebietskörperschaften unmittelbar oder mittelbar beteiligt sind.

2. Beteiligungsfälle

Die Ausführungen in A. III./1. Über die steuerrechtliche Unterscheidung zwischen Beteiligungsfällen und anderen Fällen gelten entsprechend für öffentliche Verkehrsbetriebe.

In Beteiligungsfällen ist aus Vereinfachungsgründen von der Annahme einer verdeckten Gewinnausschüttung abzusehen, wenn die Konzessionsabgabe die Hälfte der Höchstsätze nach der KAE nicht übersteigt. Für O-Busbetriebe gilt Satz 1 mit der Maßgabe, daß an die Stelle der Hälfte ein Viertel der Höchstsätze tritt.

C. Erstmalige Anwendung

Dieses Schreiben ist erstmals für den Veranlagungszeitraum 1998 anzuwenden. Bis einschließlich Veranlagungszeitraum 1997 richtet sich die Abziehbarkeit der Konzessionsabgaben nach Abschnitt 32 KStR 1990 in Verbindung mit dem BMF-Schreiben vom 30. März 1994 (BStBl. I S. 264). Für den dort angesprochenen Fremdvergleich gelten die vorstehenden Ausführungen in A. III./3. entsprechend. Es bestehen keine Bedenken, dieses Schreiben im Einzelfall auf Antrag bereits auf die Veranlagungszeiträume ab 1992 anzuwenden.

Steuerliche Behandlung von Konzessionsabgaben einer Gas-Versorgungs-GmbH nur an ihre Gesellschafter-Gemeinden

Verfügung OFD Frankfurt/M. vom 13.06.1983

S 2746 A – 9 – St II 10

Leistet eine Versorgungs-GmbH zwecks Abgeltung finanzieller Belastungen, die ihren Gesellschafter-Gemeinden durch Einlagen und ggf. zinslose bzw. zinsverbilligte Darlehen entstanden sind, an diese Gesellschafter Konzessionsabgaben, während die übrigen versorgten Gemeinden, die nicht Gesellschafter sind, keine Konzessionsabgabe erhalten, so stellen diese Vergütungen verdeckte Gewinnausschüttungen dar.

Steuerliche Berücksichtigung von Konzessionsabgaben; hier: Begriff der mittelbaren Beteiligung

Verfügung OFD Düsseldorf vom 09.02.1987

S 2744 A – St 131

Die Höhe der steuerlich abziehbaren Konzessionsabgabe ist in sog. Beteiligungsfällen nach Maßgabe der in Abschnitt 32 KStR[1] genannten Merkmale begrenzt. Ein Beteiligungsfall in diesem Sinne liegt u. a. dann vor, wenn eine Gebietskörperschaft unmittelbar oder mittelbar am Nennkapital eines als Kapitalgesellschaft geführten Versorgungsbetriebs beteiligt ist (Abschnitt 32 Abs. 1 Satz 5 KStR[1]).

Es ist gefragt worden, wie bei einem als Kapitalgesellschaft geführten Versorgungsbetrieb der Begriff der mittelbaren Beteiligung auszulegen ist. In dem vorgetragenen Fall ist Hauptgesellschafter der Versorgungskapitalgesellschaft eine andere Kapitalgesellschaft (Kreis-Holding), deren Anteile von dem Landkreis gehalten werden. Konzessionsgeber und Empfänger der von dem Versorgungsunternehmen gezahlten Konzessionsabgaben sind die kreisangehörigen Gemeinden.

Die kreisangehörigen Gemeinden sind an dem Versorgungsunternehmen, von dem sie die Konzessionsabgaben beziehen, nicht mittelbar beteiligt, da sie keine Anteile an der Kreis-Holding halten. Kreisangehörige Gemeinden sind auch grundsätzlich nicht als nahestehende Personen des Landkreises anzusehen. Vgl. BFH-Urteil vom 1.12.1982 (BStBl. 1983 II S. 152). Sie sind jedoch dann als nahestehende Personen zu behandeln, wenn im Aufsichtsrat des Versorgungsunternehmens sowohl der Landkreis als auch die kreisangehörigen Gemeinden vertreten sind (s. Verfügung vom 23.1.1987 S 2751 A – St 131). In derartigen Fällen sind die Verwaltungsanweisungen zur Abgrenzung von Betriebsausgaben und verdeckten Gewinnausschüttungen bei Konzessionsabgabenzahlungen an die kreisangehörigen Gemeinden entsprechend anzuwenden.

---

1) Inzwischen aufgehoben.

Abziehbarkeit von Konzessionsabgaben bei öffentlichen Versorgungsbetrieben

BMF-Schreiben vom 27.09.2002

IV A 2 – S 2744 – 5/02

(BStBl. 2002 I S. 940)

Das BMF-Schreiben vom 9. Februar 1998 (BStBl. I S. 209)[1] legt unter A. III. für öffentliche Versorgungsbetriebe Kriterien fest, unter denen gezahlte Konzessionsabgaben als verdeckte Gewinnausschüttungen zu behandeln sind. Zur Geltendmachung als Betriebsausgabe ohne Hinzurechnung einer verdeckten Gewinnausschüttung kommt es nur, soweit dem Betrieb nach Abzug der Abgabe ein Mindestgewinn verbleibt. Der Mindestgewinn darf 1,5 % des Sachanlagevermögens, das am Anfang des Wirtschaftsjahres in der Handelsbilanz auszuweisen ist, nicht unterschreiten (vgl. A. III. 2.2).

Nach dem Ergebnis einer Erörterung mit den obersten Finanzbehörden der Länder wird Punkt A. III. 2.2 Satz 2 des BMF-Schreibens vom 9. Februar 1998 (a.a.O.) wie folgt neu gefasst:

„Der Mindestgewinn darf 1,5 % des eigenen oder gemieteten Sachanlagevermögens nicht unterschreiten; maßgebend sind die Verhältnisse am Anfang des Wirtschaftsjahres."

Eine Gewinnerzielungsabsicht besteht unabhängig davon, ob der Betrieb für seinen Betriebszweck eigenes oder gemietetes Sachanlagevermögen einsetzt. In beiden Fällen gilt es, einen Mindestgewinn im Sinne der Grundsätze von A. III. des BMF-Schreibens vom 9. Februar 1998 (a.a.O.) festzulegen.

Die Grundsätze dieses Schreibens sind ab dem Veranlagungszeitraum 2003 anzuwenden.

Steuerliche Behandlung von Konzessionsabgaben bei Versorgungsunternehmen in der Rechtsform einer GmbH & Co. KG

Verfügung OFD Kiel vom 02.10.2002

S 2241 A – St 234 / S 2706 A – St 261

Gegenstand einer Erörterung auf Bund-Länder-Ebene war die ertragsteuerliche Behandlung der von Versorgungsunternehmen in der Rechtsform einer GmbH & Co. KG an Kommunen geleisteten Zahlungen für die Einräumung des Rechts zur unmittelbaren Versorgung von Letztverbrauchern mit Strom, Gas, Wasser und Wärme im Gemeindegebiet mittels Benutzung öffentlicher Verkehrswege für die Verlegung und den Betrieb von Leitungen (Konzessionsabgabe) wenn die Kommune selbst Mitunternehmerin der Versorgungsgesellschaft ist.

Die Konzessionsabgabe ist für das Versorgungsunternehmen im Rahmen des BMF-Schreibens vom 09.02.1998 (BStBl. I 1998 S. 209)[2] eine abziehbare Betriebsausgabe. Dies gilt nach dem Beschluss der ESt.-Referatsleiter des Bundes und der Länder auch, wenn die Gebietskörperschaft mittelbar oder unmittelbar an dem Versorgungsunternehmen beteiligt ist.

Die Zahlung der Konzessionsabgabe an die Kommune, die gleichzeitig Mitunternehmerin des Versorgungsunternehmens ist, führt nicht zu Sonderbetriebseinnahmen i. S. des § 15 Abs. 1 Satz 1 Nr. 2 EStG. Die von der Kommune (Kommanditistin) zur Nutzung überlassenen Verkehrswege stehen im öffentlichen Eigentum. Die Kommune ist verpflichtet, allen Anbietern von Versorgungsleistungen den Zugang zu den öffentlichen Verkehrswegen zur Verfügung zu stellen (§ 13 Energiewirtschaftsgesetz). Die Nutzungsüberlassung ist daher Ausfluss des öffentlichen Eigentums an den Verkehrswegen und kann folglich nicht zu Sonderbetriebsvermögen der Kommune führen. Die Konzessionsabgabezahlungen fließen bei ihr in den hoheitlichen Bereich.

---

1) Vgl. Anlage § 008 (3)-15

2) Vgl. Anlage § 008 (3)-15

Ertragsteuerliche Behandlung von Teilhaberversicherungen [1]

BMF-Schreiben vom 31.07.1991
IV B 2 – S 2144 – 24/91 II

Es ist gefragt worden, ob die Nichtabzugsfähigkeit von Prämien bei Teilhaberversicherungen auf das Leben dieser Person auch für GmbH-Gesellschafter gilt, wenn mit einer solchen Police Abfindungsansprüche versichert werden sollen.

Versicherungen auf den Lebens- oder Todesfall oder Risikolebensversicherungen, die eine Kapitalgesellschaft für Ihre Gesellschafter abschließt, sind auch bei der Körperschaftsteuer grundsätzlich nicht betrieblich veranlaßt. Sie sind vielmehr durch das Gesellschaftsverhältnis begründet. Die Aufwendungen für derartige Versicherungen sind daher grundsätzlich verdeckte Gewinnausschüttungen.

Eine betriebliche Veranlassung und damit ein Abzug als Betriebsausgabe ist jedoch dann anzuerkennen, wenn derartige Versicherungen im Rahmen eines Anstellungsverhältnisses abgeschlossen worden sind und die dem Gesellschafter für seine Tätigkeit insgesamt gewährte Vergütung nicht unangemessen ist. Soweit die Vergütung – einschließlich der Beiträge für die oben genannten Versicherungen – unangemessen ist, liegt eine verdeckte Gewinnausschüttung vor.

Übernahme der Gründungskosten durch eine Kapitalgesellschaft als verdeckte Gewinausschüttung; hier: Anwendung des BFH-Urteils vom 11.10.1989 (BStBl. 1990 II S. 89)

BMF-Schreiben vom 25.06.1991
IV B 7 – S 2741 – 4/91 (BStBl. I S. 661)

Nach dem BFH-Urteil vom 11. Oktober 1989 (BStBl. 1990 II S. 89) ist keine Betriebsausgabe, sondern eine andere Ausschüttung im Sinne des § 27 Abs. 3 Satz 2 KStG (verdeckte Gewinnausschüttung) gegeben, wenn eine Kapitalgesellschaft die eigenen Gründungskosten begleicht, die zivilrechtlich von den Gesellschaftern zu tragen sind. Hinsichtlich der Frage, wann Gründungskosten zivilrechtlich von den Gesellschaftern zu tragen sind, nimmt der BFH auf den Beschluß des BGH vom 20. Februar 1989 – II ZB 10/88 – (DB 1989 S. 871, GmbHR 1989 S. 250) Bezug. Danach ist aufgrund der Vorschrift des § 26 Abs. 2 AktG, der als Ausdruck eines allgemeinen Rechtsgedankens für alle Kapitalgesellschaften und damit auch für die GmbH verbindlich ist, in der Satzung offenzulegen, wie weit das gezeichnete Kapital durch Gründungsaufwand vorbelastet ist. Zur Kennzeichnung des Gesamtaufwands reicht es nicht aus, daß die Kosten, aus denen er sich zusammensetzt, ihrer Art nach im einzelnen namentlich genannt werden. Vielmehr sind die einzelnen Kosten zusammengefaßt als Gesamtbetrag in der Satzung auszuweisen, wobei Beträge, die noch nicht genau beziffert werden können, geschätzt werden müssen. Fehlt die bezifferte Benennung des Gründungsaufwands in der Satzung, ist die Klausel zivilrechtlich unwirksam. Soweit die Offenlegung unterbleibt oder den vorstehenden Grundsätzen nicht entspricht, entfällt auch die Vorbelastung. In diesen Fällen ist der Gründungsaufwand im Innenverhältnis von den Gesellschaftern als den Gründern zu tragen.

Unter Bezugnahme auf das Ergebnis der Erörterungen mit den obersten Finanzbehörden der Länder gilt folgende Übergangsregelung:

Das BFH-Urteil vom 11. Oktober 1989 (BStBl. 1990 II S. 89) ist grundsätzlich auf alle noch nicht bestandskräftigen Fälle anzuwenden. Bei Gesellschaftsverträgen, die vor dem 1. April 1990 abgeschlossen worden sind, bestehen jedoch keine Bedenken, die Gründungskosten als Betriebsausgabe anzuerkennen, auch wenn der Gesellschaftsvertrag die im BFH-Urteil vom 11. Oktober 1989 (a. a. O.) genannten strengen Formanforderungen nicht enthält.

---

[1] Vgl. Urteil des FG Düsseldorf vom 23.8.1994, EFG 1995, 176.

Übernahme von Gründungskosten durch eine Kapitalgesellschaft

Verfügung OFD Karlsruhe vom 07.01.1999

S 2742 A – St 331

Nach dem BMF-Schreiben vom 25.6.1991, BStBl. I, 661, und dem zugrunde liegenden BFH-Urteil vom 11.10.1989, BStBl. II 1990, 89 ist eine verdeckte Gewinnausschüttung/andere Ausschüttung gegeben, wenn eine Kapitalgesellschaft die eigenen Gründungskosten begleicht, die zivilrechtlich von den Gesellschaftern zu tragen sind.

Die Anwendungen dürfen nur dann von der Kapitalgesellschaft getragen werden, wenn in der Satzung verbindlich festgelegt ist, wie weit das gezeichnete Kapital durch Gründungsaufwand vorbelastet ist. Hierzu sind die einzelnen Kosten zusammengefaßt als Gesamtbetrag in der Satzung auszuweisen.

Soweit bisher zusätzlich gefordert wurde, daß die Kosten ihrer Art nach zumindest beispielhaft im einzelnen in der Satzung benannt sein müssen, ist daran nicht mehr festzuhalten (vgl. insbesondere Fortbildung der OFD Karlsruhe im Januar 1995 „Aktuelle Fragen zu verdeckten Gewinnausschüttungen", Tz 3, und Verfügung der OFD Freiburg vom 5.12.1994 S 2742 A – St 32 1). Nach einer Entscheidung des Finanzministeriums Baden-Württemberg ist der Abzug der Gründungskosten als Betriebsausgaben bei der Kapitalgesellschaft bereits dann zuzulassen, wenn die einzelnen Kosten zusammengefaßt als Gesamtbetrag in der Satzung ausgewiesen sind. Hierbei ist ausreichend, wenn ein Höchstbetrag beziffert wird, bis zu dem die Gesellschaft die Gründungskosten selbst trägt; die Benennung der einzelnen Kostenarten ist nicht mehr erforderlich.

Trägt eine Kapitalgesellschaft allerdings die Kosten ihrer Gründung, ohne daß dies in der Satzung betragsmäßig festgelegt ist, liegt – wie bisher – eine verdeckte Gewinnausschüttung i. S. von § 8 Abs. 3 Satz 2 KStG und eine andere Ausschüttung i. S. von § 27 Abs. 3 Satz 2 KStG vor.

Verdeckte Gewinnausschüttung:
Selbstkontrahierungsverbot für den Gesellschafter-Geschäftsführer
einer Einmann-GmbH

Verfügung OFD Köln vom 26.07.1991

S 2742 – 27 – St 131

Der Bundesgerichtshof hat in der vorbezeichneten Angelegenheit mit Beschluß vom 8. April 1991 (vgl. Der Betrieb 1991, 1111) wie folgt entschieden:

„Die Befreiung von den Beschränkungen des § 181 BGB, die einem Geschäftsführer einer mehrgliedrigen GmbH – sei es unmittelbar durch den Gesellschaftsvertrag, sei es aufgrund einer in ihm enthaltenen Ermächtigung durch Beschluß der Gesellschafterversammlung – erteilt worden ist, bleibt auch dann bestehen, wenn sich die GmbH später in eine Einmann-Gesellschaft verwandelt, deren Geschäftsführer mit dem einzigen Gesellschafter personengleich ist."

Die gegenteilige Auffassung des Bayerischen Obersten Landesgerichts (BayObLGZ 1987, S. 153 ff., 1989, S. 378 ff.) und die darauf gestützte Entscheidung des FG Rheinland-Pfalz vom 25. September 1989 (EFG 1990, 124) sind damit überholt.

Steuerliche Fragen bei der Kommunalisierung von Wasser/Abwasser-Unternehmen (WAB)

Erlaß FM Mecklenburg-Vorpommern vom 11.08.1992

$$\text{IV } 330 \, \frac{\text{S } 2742 - 12/92}{\text{S } 4500 - 38/92}$$

Die Versorgung mit Wasser und die schadlose Abwasserableitung und -behandlung sind nach der Kommunalverfassung Selbstverwaltungsaufgaben der Gemeinden. Die Einrichtungen und Vermögenswerte der Wasserver- und Wasserentsorgung wurden zunächst neu gegründeten Kapitalgesellschaften zugeordnet. Die Kommunalisierung soll durch Übertragung der Gesellschaftsanteile auf die Gemeinden erfolgen. Für eine Übergangszeit werden die Anteile von einem Verein treuhänderisch für die Mitgliedskommunen gehalten. Dieser Verein hat die Aufgabe, die auf Bezirksebene gebildeten WAB-Nachfolgegesellschaften zu entflechten. Die dem Verein entstehenden Kosten (insbesondere Beratungsgebühren bzw. -honorare, Notargebühren, sonst. Kosten des Vereins) übernehmen die WAB-Nachfolgegesellschaften.

Zu Fragen zur steuerrechtlichen Behandlung der Kommunalisierung von WAB nehme ich wie folgt Stellung:

1. Körperschaftsteuer

Die von den WAB-Nachfolgegesellschaften übernommenen Kosten für die Kommunalisierung der Gesellschaft können betrieblich veranlaßt sein. Daher ist davon auszugehen, daß grundsätzlich verdeckte Gewinnausschüttungen nicht anzunehmen. Es ist jedoch nicht ausgeschlossen, daß ausschließlich gesellschaftsrechtliche Interessen betroffen sind, z. B. wenn Gegenstand einer Auftragsvergabe nur die Anteilsaufteilung ist. In diesem Fall sind die Kosten nicht durch den Betrieb, sondern durch das Gesellschaftsverhältnis veranlaßt, so daß die Übernahme der Kosten durch die WAB-Nachfolgegesellschaften eine verdeckte Gewinnausschüttung darstellt.

2. Grunderwerbsteuer

. . .

3. Schenkungsteuer

. . .

Zweifelsfragen im Zusammenhang mit Gesellschaften zur Arbeitsförderung, Beschäftigung und Strukturentwicklung (ABS) in den neuen Bundesländern; hier: Verdeckte Gewinnausschüttung

Erlaß FM Sachsen-Anhalt vom 11.05.1992

43 – S 2742 – 16

ABS-Gesellschaften betreuen im Rahmen staatlich geförderter Arbeitsbeschaffungsmaßnahmen (ABM) vor allem Projekte im Umweltbereich, z. B. Altlastensanierung sowie Projekte zur Industriesanierung. Im Rahmen der Industriesanierung werden u. a. Betriebsgelände saniert, in denen Gebäude abgebrochen und Grundstücke aufgeräumt und entsorgt werden.

Im Rahmen dieses Tätigkeitsbereichs führen die ABS-Gesellschaften auch Sanierungsarbeiten auf dem Werksgelände ihrer Gesellschafter durch. Ein Leistungsentgelt wird weder von Dritten noch von den Gesellschaftern erhoben.

Die ABS-Gesellschaften finanzieren sich ausschließlich aus öffentlichen Mitteln, die ihnen im Rahmen des staatlichen Programms für Arbeitsbeschaffungsmaßnahmen zur Verfügung gestellt werden.

Zu der Frage, wann Sanierungsarbeiten im Rahmen des Tätigkeitsbereichs einer ABS-Gesellschaft auf dem Werksgelände ihrer Gesellschafter zu einer verdeckten Gewinnausschüttung führen, nehme ich im Einvernehmen mit dem Bundesminister der Finanzen und den obersten Finanzbehörden wie folgt Stellung:

Eine verdeckte Gewinnausschüttung ist nicht anzunehmen, wenn die ABS-Gesellschaften zu gleichen Bedingungen wie gegenüber Nichtgesellschaftern auch für ihre Gesellschafter tätig werden. Tatbestandsvoraussetzung für die Annahme einer verdeckten Gewinnausschüttung ist u. a., daß die Vermögensminderung oder verhinderte Vermögensmehrung durch das Gesellschaftsverhältnis veranlaßt ist. Danach liegt eine verdeckte Gewinnausschüttung nicht vor, wenn eine Kapitalgesellschaft bei der Anwendung der Sorgfalt eines ordentlichen und gewissenhaften Geschäftsleiters die Vermögensminderung oder verhinderte Vermögensmehrung unter sonst gleichen Umständen auch gegenüber einem Nichtgesellschafter hingenommen hätte (Abschn. 31 Abs. 3 KStR[1]).

---

[1] Jetzt R 36 KStR und H 36 KStH.

Steuerliche Behandlung von Genußrechten[1)]

BMF-Schreiben vom 08.12.1986 IV B 7 – S 2742 – 26/86

Es wird die Auffassung vertreten, daß Ausschüttungen auf Genußrechte bei Kapitalgesellschaften als Betriebsausgaben abziehbar sind, wenn die Voraussetzungen des § 8 Abs. 3 Satz 2 KStG nicht vorliegen. Grundsätzlich wird diese Ansicht geteilt.

Zur Auslegung dieser Bestimmung wurde auf die im Bericht des Finanzausschusses zitierte Auskunft des Bundesfinanzministeriums hingewiesen; danach liegt ein Recht auf Beteiligung am Liquidationserlös nicht vor, „wenn das Genußrechtskapital ohne anteilige stille Reserven zurückzuzahlen ist" (BT-Drucks. 10/2510 S. 7). An dieser Beurteilung hält der Bundesfinanzminister fest. Er macht aber darauf aufmerksam, daß sich aus der abgewandelten Formulierung Mißverständnisse ergeben könnten. Denn im Bericht des Finanzausschusses wird ausdrücklich darauf abgestellt, daß das Genußrechtskapital zurückzuzahlen ist.

Eine Beteiligung am Liquidationserlös liegt jedoch auch in den Fällen vor, in denen eine Rückzahlung vor Liquidation des Unternehmens nicht verlangt werden kann. Der Anspruch auf Rückzahlung des Genußrechtskapitals belastet dann ausschließlich die Erlöse des Unternehmens bei der Liquidation. Diese Auslegung ergibt sich aus dem Wortlaut des § 8 Abs. 3 Satz 2 KStG. Der dort verwandte Begriff „Liquidationserlös" ist nicht identisch mit dem Begriff „Liquidationsüberschuß". Sein Inhalt ist auch nicht unmittelbar aus anderen Regelungen abzuleiten. Reichsfinanzhof (vgl. Urteil vom 28.4.1936, RStBl. S. 770) und Bundesfinanzhof (vgl. Urteil vom 28.6.1960, HFR 1961 S. 12) haben deshalb auch nach Einführung der gesetzlichen Regelung darauf abgestellt, ob die Genußrechte die Steuerkraft des Unternehmens in etwa gleicher Weise belasten wie Stammkapital. Diese Voraussetzung ist erfüllt, wenn die Rückzahlung des Genußrechtskapitals nicht vor der Liquidation des Unternehmens verlangt werden kann. Die Nichtabziehbarkeit der Ausschüttungen auf derartige Genußrechte entspricht daher den von der Rechtsprechung entwickelten Grundsätzen.

Diese Auslegung ist auch im Ergebnis her sinnvoll, wenn man die Einzahlung des Genußrechtskapitals in die Beurteilung mit einbezieht. Kommt eine Passivierung des Genußrechtskapitals als Verbindlichkeit oder die Bildung einer entsprechenden Rückstellung wegen der Nichtrückzahlbarkeit nicht in Betracht, ist zu prüfen, ob die Einzahlung steuerlich als Einlage oder Gewinn zu behandeln ist. Da die Ausschüttungen unter den zuvor genannten Voraussetzungen steuerlich als Gewinnausschüttungen anzusehen sind, ist entsprechend die Einzahlung als Einlage und nicht als Gewinn zu erfassen.

Ist der Anspruch auf Rückzahlung des Genußrechtskapitals wirtschaftlich ohne Bedeutung, liegt ebenfalls eine Beteiligung am Liquidationserlös vor. Das folgt aus dem Belastungsvergleich, den die Rechtsprechung – wie oben dargelegt – entwickelt hat. Der Rückzahlungsanspruch kann z. B. dann wirtschaftlich bedeutungslos sein, wenn die Rückzahlung erst in ferner Zukunft verlangt werden kann. Im Hinblick auf die auch bei Schuldverschreibungen noch üblichen Laufzeiten ergeben sich unter diesen Gesichtspunkten bei Laufzeiten bis zu 30 Jahren keine Bedenken. Es wird dabei die Ansicht geteilt, daß unbefristete, aber vom Inhaber kündbare Genußrechte insoweit derselben Beurteilung unterliegen wie befristete Genußrechte.

Zur Frage der Beteiligung an den stillen Reserven ist bereits mit Schreiben vom 17.2.1986 (Az. IV B 7 – S 2742 – 1/86) Stellung genommen worden.

Allein aus dem Bestehen einer Nachrangvereinbarung, kombiniert mit einer Verlustteilnahme, ergibt sich noch keine Qualifizierung als Eigenkapital; entscheidend sind die oben dargelegten weiteren Kriterien.

Auch bei Genußrechten, die mit Wandelungs- oder Optionsrechten verbunden sind, ist zu prüfen, ob eine Beteiligung an den stillen Reserven vorliegt oder ob nach dem von der Rechtsprechung entwickelten Belastungsvergleich Eigenkapital anzunehmen ist. Insbesondere in den zweifelhaften Fällen, in denen die Modalitäten des Wandelungs- oder Optionsrechtes so ausgestaltet sind, daß ein wirtschaftlicher Zwang zum Erwerb von Gesellschaftsrechten ausgeübt wird, kann daher eine Beteiligung am Liquidationserlös in Betracht kommen. Ergeben sich weder nach den zuvor dargelegten Kriterien zur Rückzahlbarkeit noch unter dem Gesichtspunkt der Beteiligung an den stillen Reserven Bedenken, wird die Ansicht geteilt, daß die Einräumung zusätzlicher Wandelungs- oder Optionsrechte nicht zu einer Versagung des Betriebsausgabenabzugs der Ausschüttungen führt.

Bei Körperschaften, die nicht Kapitalgesellschaften sind, ist ebenfalls zu prüfen, ob die Ausschüttungen steuerlich als Betriebsausgaben oder als Gewinnausschüttungen zu behandeln sind. Das ergibt sich aus

---

1) Vgl. Anlage § 008 (3)-32.

dem Wortlaut des § 8 Abs. 3 Satz 2 KStG, der mit „auch" eingeleitet wird und deshalb die Kapitalgesellschaften nur beispielhaft nennt, sowie aus den von der Rechtsprechung entwickelten Grundsätzen, die auf die Belastung der Steuerkraft des Unternehmens abstellen.

Es wird die Ansicht geteilt, daß Genußrechte, deren Ausschüttungen unter den zuvor erläuterten Gesichtspunkten Betriebsausgaben darstellen, einkommensteuerlich keine Mitunternehmerschaft begründen, da es am Kriterium des Tragens von Unternehmerinitiative fehlt.

Genußrechtskapital kann vermögensteuerlich als Schuldposten abgezogen werden, wenn nach den erwähnten Kriterien die Ausschüttungen Betriebsausgaben sind.

Steuerliche Behandlung von Genußrechten;
Anwendung des BFH-Urteils vom 19. Januar 1994 – BStBl. 1996 I S. 77 [1]

BMF-Schreiben vom 27.12.1995
IV B 7 – S 2742 – 76/95
(BStBl. 1996 I S. 49)

Der Bundesfinanzhof hat in seinem Urteil vom 19. Januar 1994 (BStBl. 1996 II S. 77) zur steuerlichen Behandlung von Genußrechten Stellung genommen, die einem Alleingesellschafter einer GmbH für einen Darlehensverzicht eingeräumt worden sind. Dabei hat er entschieden, daß § 8 Abs. 3 Satz 2 KStG nicht auf Genußrechte anwendbar ist, die nur das Recht auf Beteiligung am Gewinn, nicht aber am Liquidationserlös einräumen.

Das Urteil entspricht nicht der Auslegung des § 8 Abs. 3 Satz 2 KStG, wie sie im BMF-Schreiben vom 8. Dezember 1986 – IV B 7 – S 2742 – 26/86 zum Ausdruck kommt. Danach wird eine Beteiligung am Liquidationserlös auch in den Fällen angenommen, in denen eine Rückzahlung des Genußrechtskapitals vor Liquidation der Kapitalgesellschaft nicht verlangt werden kann. Diese Auslegung folgt der Rechtsprechung des Reichsfinanzhofs (Urteil vom 28. April 1936, RStBl. S. 770) und des Bundesfinanzhofs (Urteil vom 28. Juni 1960, HFR 1961 S. 12), die auch nach Einführung der gesetzlichen Regelung bei der steuerlichen Beurteilung darauf abgestellt haben, ob die Genußrechte die Steuerkraft des Unternehmens in etwa gleicher Weise belasten wie Stammkapital. Nach diesen Grundsätzen muß § 8 Abs. 3 Satz 2 KStG erst recht Anwendung finden, wenn der Alleingesellschafter auf die Rückzahlung des Kapitals verzichtet, das er der Kapitalgesellschaft für die Einräumung des Genußrechts überlassen hat. Der Genußrechtsinhaber ist hier als Alleingesellschafter am Liquidationserlös beteiligt. Das Kapital, das der Gesellschaft durch den Verzicht zugeführt worden ist, schlägt sich in dem Liquidationserlös nieder, der mit Abschluß der Liquidation an den Alleingesellschafter ausgekehrt wird.

Unter Bezugnahme auf das Ergebnis der Erörterung mit den obersten Finanzbehörden der Länder sind die Grundsätze des BFH-Urteils vom 19. Januar 1994 deshalb über den entschiedenen Einzelfall hinaus nicht anzuwenden.

---

[1] Vgl. Anlage § 008 (3)-31.

Rechtsgeschäfte zwischen einer
Einmann-GmbH und ihrem Gesellschafter und Geschäftsführer

Erlaß FM Hessen vom 15.04.1994

S 2742 A – 30 – II B 3a

§ 35 Abs. 4 GmbH-Gesetz ist durch das Gesetz zur Durchführung der Zwölften EG-Richtlinie vom 18.12.1991 (BGBl. I, 2206) geändert worden. Danach ist bei Rechtsgeschäften zwischen der GmbH und ihrem Alleingesellschafter – auch wenn er nicht alleiniger Geschäftsführer ist – unverzüglich nach ihrer Vornahme eine Niederschrift zu fertigen (Aufnahme des Rechtsgeschäfts in eine Niederschrift).

Es ist gefragt worden, ob bei Nichtbeachtung dieser Vorschrift mit steuerlichen Sanktionen zu rechnen sei. Hinter dieser Frage steckt die Befürchtung, daß die Finanzverwaltung streng formal vorgehen und derartige Geschäfte wegen fehlender Aufnahme in eine Niederschrift als verdeckte Gewinnausschüttung ansehen könnte, selbst wenn alle übrigen steuerlichen Wirksamkeitsmerkmale erfüllt seien.

Nach Auskunft des Bundesministers der Justiz ist ein Rechtsgeschäft zwischen der Gesellschaft und ihrem Alleingesellschafter auch ohne die vorgeschriebene Aufnahme in eine Niederschrift zivilrechtlich wirksam. Der Gesetzgeber hat von einer besonderen und eigenständigen Sanktion bei Verletzung der Pflicht zur Aufnahme in eine Niederschrift abgesehen.

Für die steuerliche Anerkennung von Vereinbarungen zwischen Gesellschaft und beherrschendem Gesellschafter ist eine klare und im voraus abgeschlossene Vereinbarung erforderlich. Fehlt es an einer derartigen Vereinbarung oder wird nicht einer klaren Vereinbarung entsprechend verfahren, ist eine Veranlassung durch das Gesellschaftsverhältnis und damit eine verdeckte Gewinnausschüttung anzunehmen. Zur Vermeidung einer verdeckten Gewinnausschüttung hat der beherrschende Gesellschafter den Nachweis zu erbringen, daß eine klare und eindeutige Vereinbarung vorliegt und entsprechend dieser Vereinbarung verfahren worden ist. Die Form der Vereinbarung wird von der Rechtsprechung nicht ausdrücklich vorgeschrieben (vgl. Abschn. 31 Abs. 5 KStR[1]).

Das gilt auch für die steuerliche Behandlung von Rechtsgeschäften zwischen einer Einmann-GmbH und ihrem Gesellschafter und Geschäftsführer. Die fehlende Niederschrift über derartige Rechtsgeschäfte allein kann nicht zur Annahme einer verdeckten Gewinnausschüttung führen. Der Nachweis kann auch in anderer Weise erbracht werden. Da die Rechtsgeschäfte zivilrechtlich auch ohne Aufnahme in eine Niederschrift wirksam sind, kann auch für die steuerrechtliche Anerkennung auf dieses Formerfordernis verzichtet werden.

---

1) Jetzt R 36 KStR und H 36 KStH.

Steuerliche Anerkennung von Darlehensverträgen zwischen Angehörigen [1)]

BMF-Schreiben vom 09.05.1994

IV B 2 – S 2144 – 78/93

Im Einvernehmen mit den obersten Finanzbehörden der Länder gilt zur steuerlichen Anerkennung von Darlehensverträgen zwischen Angehörigen folgendes:

Angehörige sind stets nur natürliche Personen, also z. B. Eltern und Kinder, Geschwister, Ehegatten (vgl. § 15 AO). Daraus folgt, daß die Regelungen der BMF-Schreiben vom 1. Dezember 1992 (BStBl. I 729) und vom 25. Mai 1993 (BStBl. I 410) auf Darlehensverhältnisse zwischen natürlichen und juristischen Personen, auch wenn es sich bei der natürlichen Person um den Angehörigen des beherrschenden Gesellschafters oder Gesellschafter-Geschäftsführer einer GmbH handelt, nicht anwendbar sind. Sie gelten aber für die Zurechnung der Darlehensforderung und der Zinsen im Verhältnis des Darlehensgebers zum beherrschenden Gesellschafter oder Gesellschafter-Geschäftsführer.

Beispiel:

Geldbeträge werden einem Kind von einem Elternteil mit der Maßgabe geschenkt, sie der von diesem Elternteil beherrschten GmbH als Darlehen zur Verfügung zu stellen. Die Abhängigkeit zwischen Schenkung und Darlehenshingabe berührt nicht die Besteuerung der GmbH mit der Folge, daß die von der GmbH vereinbarungsgemäß geleisteten Zinszahlungen bei ihr als Betriebsausgaben abgezogen werden können. Die Darlehensforderung und die Zinseinnahmen sind aber dem Schenker zuzurechnen (Tzn. 8 ff. des BMF-Schreibens vom 1. Dezember 1992, a. a. O.).

Die allgemeinen Grundsätze über das Vorliegen einer verdeckten Gewinnausschüttung bleiben unberührt.

Angehörige sind voneinander wirtschaftlich unabhängig, wenn jeder für sich für seinen Unterhalt und seine für die Lebensführung benötigten Aufwendungen aus eigenen Mitteln bestreiten kann. Das ist bei einem Ehegatten, der keine eigenen Einkünfte bezieht und auch kein nennenswertes eigenes Vermögen hat, aus dem er seinen Unterhalt bestreiten könnte, nicht der Fall. Auch ein volljähriges Kind, das noch auf die Unterhaltsleistungen anderer, z.B. seiner Eltern, angewiesen ist, ist wirtschaftlich nicht unabhängig.

Die steuerliche Anerkennung von Darlehensverträgen zwischen Angehörigen setzt stets voraus, daß diese Verträge unter fremden Dritten üblichen entsprechen (Fremdvergleich). Tz. 7 des BMF-Schreibens vom 1. Dezember 1992 (a. a. O.) enthält Erleichterungen des Fremdvergleichs bei wirtschaftlich voneinander unabhängigen Angehörigen, die auf das BFH-Urteil vom 4. Juni 1991, (BStBl. II, 838) zurückgehen. Der BFH gewährt diese Erleichterungen für den Fremdvergleich nur unter den zusätzlichen Voraussetzungen, daß das Darlehen in unmittelbarem wirtschaftlichem Zusammenhang mit der Anschaffung oder Herstellung von Wirtschaftsgütern steht und ansonsten bei einem fremden Dritten hätte aufgenommen werden müssen.

Werden die Darlehensmittel dagegen für andere Zwecke eingesetzt, sind an dem Fremdvergleich stets die im BMF-Schreiben vom 1. Dezember 1992 (a. a. O.) in Tzn. 4 bis 6 genannten erhöhten Anforderungen zu stellen.

---

1) Aufhebung durch BMF-Schreiben zur Eindämmung der Normenflut vom 29.3.2007 – IV C 6 – O 1000/07/0018 (BStBl. 2007 I 369). Die Aufhebung des BMF-Schreibens bedeutet keine Aufgabe der bisherigen Rechtsauffassung der Verwaltung, sondern dient der Bereinigung der Weisungslage.

Zuständigkeit der Gesellschafterversammlung für die Änderung des Gesellschafter-Geschäftsführer-Dienstvertrags

BMF-Schreiben vom 16.05.1994

IV B 7 – S 2742 – 14/94

(BStBl. 1994 I S. 868)

Nach dem BGH-Urteil vom 25.3.1991 (vgl. GmbH-Rundschau 1991, S. 363) ist die Gesellschafterversammlung einer GmbH außer für den Abschluß und die Beendigung des Anstellungsvertrags eines Geschäftsführers auch für dessen Änderung zuständig, soweit keine anderweitige Zuständigkeit (z. B. nach der Satzung) bestimmt ist. Vertragsänderungen, die nicht vom zuständigen Organ vorgenommen worden sind, sind nach dem BGH-Urteil zivilrechtlich nicht wirksam zustande gekommen.

An seiner früheren Rechtsprechung, nach der die Änderung des Anstellungsvertrags in den Aufgabenbereich des Mitgeschäftsführers fällt, soweit ein solcher vorhanden und alleinvertretungsberechtigt ist, hält der BGH nicht mehr fest.

Unter Bezugnahme auf das Ergebnis der Erörterungen mit den obersten Finanzbehörden der Länder gilt zur Frage der steuerlichen Berücksichtigung des BGH-Urteils vom 25.3.1991 folgendes:

Das BGH-Urteil ist auch bei Vereinbarungen über die Änderung der Bezüge eines Gesellschafter-Geschäftsführers zu beachten. Ist eine derartige Vereinbarung mit dem Gesellschafter-Geschäftsführer nach den Grundsätzen des BGH-Urteils zivilrechtlich nicht wirksam zustande gekommen, sind vereinbarte Gehaltserhöhungen steuerlich als verdeckte Gewinnausschüttungen anzusehen.

Für vor dem 1.1.1996 gezahlte Bezüge werden nicht bereits deshalb die steuerlichen Folgen einer verdeckten Gewinnausschüttung gezogen, weil die zugrundeliegende Vereinbarung nicht den verschärften Anforderungen des BGH-Urteils entspricht.

Zuständigkeit der Gesellschafterversammlung
für die Änderung des Geschäftsführer-Dienstvertrags;
hier: Auswirkungen des Urteils des Bundesgerichtshofs (BGH) vom 25. März 1991
– II ZR 169/90 – auf Pensionsrückstellungen

Erlaß FM NRW vom 21.12.1995

S 2742 – 42 – V B 4

Bezug: Mein Erlaß vom 16. Mai 1994 – S 2742 – 42 – V B 4

Nach dem BGH-Urteil vom 25. März 1991 – II Z R 169/90 – (vgl. GmbH-Rundschau 1991 S. 363 und Betriebsberater 1991 S. 927) ist die Gesellschafterversammlung einer GmbH außer für den Abschluß und die Beendigung des Dienstvertrags eines Geschäftsführers auch für dessen Änderung zuständig, soweit keine anderweitige Zuständigkeit (z. B. nach der Satzung) bestimmt ist. Vertragsänderungen, die nicht vom zuständigen Organ vorgenommen worden sind, sind nach dem BGH-Urteil zivilrechtlich nicht wirksam zustande gekommen.

Der Bezugserlaß vom 16. Mai 1994 – S 2742 – 42 – V B 4 – (entspricht dem BMF-Schreiben vom 16. Mai 1994)[2] – IV B 7 – S 2742 – 14/94 – BStBl. I S. 868) enthält zur Anwendung des BGH-Urteils vom 25. März 1991 – II ZR 169/90 – eine Übergangsregelung für Bezüge, die vor dem 1. Januar 1996 aufgrund einer nach den Grundsätzen des BGH-Urteils zivilrechtlich unwirksamen Vereinbarung gezahlt worden sind.

In Ergänzung des Bezugserlasses vom 16. Mai 1994 gilt für Pensionsrückstellungen, die aufgrund einer nach den Grundsätzen des BGH-Urteils zivilrechtlich unwirksamen Vereinbarung gebildet worden sind, folgendes:

1. Auffassung des BGH

Nach Auffassung des BGH fällt nicht nur eine Erhöhung der Bezüge des Geschäftsführers, sondern auch eine Vereinbarung, Änderung oder Erhöhung der Ruhegehalts- bzw. Hinterbliebenenversorgungszusage in die Zuständigkeit der Gesellschafterversammlung. Das gilt unabhängig davon, ob der Geschäftsführer an der Gesellschaft beteiligt ist.

Bei der Erteilung einer Versorgungszusage sind folgende Gestaltungen denkbar:

a) Bei Abschluß des Geschäftsführer-Dienstvertrags ist die Versorgungszusage bereits dem Grunde und der Höhe nach, einschließlich der üblichen Anpassungsklauseln, festgelegt worden.

b) Der Dienstvertrag stellt nach Ablauf der betriebsüblichen Wartezeit eine Versorgungszusage in Aussicht.

c) Der Dienstvertrag enthält keine Aussage über eine Versorgungszusage. Nach Ablauf der betriebsüblichen Wartezeit wird eine Versorgungszusage erteilt.

d) Eine erteilte Versorgungszusage wird abweichend von der bisherigen Zusage erhöht.

Für den zivilrechtlich wirksamen Abschluß des Dienstvertrags im Sinne des Buchstaben a ist die Gesellschafterversammlung zuständig (§ 46 Nr. 5 GmbH-Gesetz). Ohne Zustimmung der Gesellschafterversammlung ist der Dienstvertrag zivilrechtlich nicht wirksam zustande gekommen.

In den Fällen der Buchstaben b bis d handelt es sich um Änderungen des Geschäftsführer-Dienstvertrags, für die nach dem BGH-Urteil vom 26. März 1991 ebenfalls die Gesellschafterversammlung zuständig ist.

2. Voraussetzungen für Pensionsrückstellungen

Die Passivierung einer Pensionsrückstellung aufgrund einer Versorgungszusage an einen GmbH-Geschäftsführer ist in der Steuerbilanz, die der Handelsbilanz folgt, nur dann zulässig, wenn die Gesellschafterversammlung diese Zusage beschlossen oder genehmigt hat. Dies gilt auch dann, wenn die Zusage vor dem 25. März 1991, dem Tag der BGH-Entscheidung, erteilt worden ist.

3. Übergangsregelung

Ist zwar der Dienstvertrag ursprünglich wirksam zustande gekommen, entspricht aber die Änderung des Dienstvertrags hinsichtlich der Pensionszusage (Fälle b bis d) nicht den verschärften Anforderungen des BGH-Urteils, ist den in der Steuerbilanz gebildeten Pensionsrückstellungen für Wirtschaftsjahre, die vor dem 1. Januar 1997 enden, die Anerkennung nicht aus diesem Grund zu versagen. Werden den Anforderungen des BGH-Urteils entsprechende Vereinbarungen bis zum 31. Dezember 1996 jedoch nicht nachgeholt, ist der Rückstellungsbetrag in der Schlußbilanz des ersten Wirtschaftsjahrs, das nach dem

30. Dezember 1996 endet, gewinnerhöhend aufzulösen, soweit die Versorgungszusage den Anforderungen des BGH-Urteils nicht entspricht.

Dieser Erlaß ergeht im Einvernehmen mit dem Bundesministerium der Finanzen und den obersten Finanzbehörden der anderen Länder. Er entspricht dem Schreiben des Bundesministeriums der Finanzen vom 21. Dezember 1995 – IV B 7 – S 2742 – 68/95 –, das im Bundessteuerblatt Teil I[1] veröffentlicht werden wird.

---

1) BStBl. 1996 I S. 50.

Zuständigkeit der Gesellschafterversammlung
für die Änderung des (Gesellschafter-)Geschäftsführer-Dienstvertrags

Verfügung OFD Hannover vom 16.02.1996

S 2742 – 122 – St H 231

S 2742 – 79 – St O 214

I. Übergangsregelung für Bezüge

BMF-Schreiben vom 16.5.1994 – IV B 7 – S 2742 – 14/94 (BStBl. 1994 I S. 868)

Zusatz der OFD:

Für vor dem 1.1.1996 gezahlte Bezüge ergeben sich danach keine steuerlichen Nachteile, wenn die zugrundeliegende Vertragsänderung nicht von der Gesellschafterversammlung beschlossen wurde.

Für nach dem 31.12.1995 gezahlte Bezüge muß zur Vermeidung steuerlicher Nachteile eine den zivilrechtlichen Anforderungen entsprechende Vereinbarung vorliegen. Hierfür genügt allerdings ein Beschluß der jetzigen Gesellschafterversammlung, der die Vertragsänderung beinhaltet. Ein rückwirkender Beschluß und eine Beteiligung ausgeschiedener Gesellschafter ist aus steuerlicher Sicht nicht erforderlich.

II. Übergangsregelung für Pensionszusagen

BMF-Schreiben vom 21.12.1995 – IV B 7 – S 2742 – 68/95 (BStBl. 1996 I S. 50)

Zusatz der OFD:

Bei der Frist vom 31.12.1996 nach Nr. 3 des genannten BMF-Schreibens handelt es sich um eine einheitliche Frist; sie gilt auch für abweichende Wirtschaftsjahre. Etwaige Folgerungen werden somit erst in der ersten Bilanz gezogen, die auf einen Stichtag nach dem 30.12.1996 erstellt wird.

Auch in Fällen, in denen aufgrund der Pensionszusage die Altersversorgungsbezüge bereits gezahlt werden, kann auf die formale Anpassung der – evtl. weit zurückliegenden – Versorgungszusage nicht verzichtet werden. Es handelt sich dabei insbesondere um Fälle, in denen der Geschäftsführer bereits aus dem Dienst ausgeschieden ist und Altersbezüge aufgrund einer ganz oder teilweise zivilrechtlich nichtigen Zusage gezahlt werden (in krassen Fällen bereits seit Jahren), oder in denen der Geschäftsführer bereits verstorben ist und nur noch die Witwenbezüge gezahlt werden.

Wurden Sonderabschreibungen auf Anzahlungen in Anspruch genommen, kam es jedoch wegen späterer Versagung der Genehmigung nicht zu einer Anschaffung, so ist auch in diesen Fällen der entsprechende Steuerbescheid unter rückwirkender Versagung der Sonderabschreibungen zu ändern, wenn der Erwerber niemals wirtschaftliches Eigentum erlangt hat.

Ist der Stpfl. wirtschaftlicher Eigentümer des Grundstücks geworden, so ändert sich hieran auch nichts durch z. B. eine spätere Vertragsaufhebung oder eine Rückgängigmachung des Kaufvertrags. Eine rückwirkende Versagung der Sonderabschreibungen darf in einem solchen Fall nicht erfolgen.

Die vorgenannten Grundsätze gelten nur dann, wenn der Antrag auf Genehmigung bereits gestellt wurde, diese aber noch nicht erteilt worden ist. Liegt bereits eine Versagung der Genehmigung vor, so können Sonderabschreibungen nicht in Anspruch genommen werden.

Zuständigkeit der Gesellschafterversammlung
für die Änderung von Geschäftsführer-Dienstverträgen

BMF-Schreiben vom 15.08.1996
IV B 7 – S 2742 – 60/96

Zu der Frage, ob auch bei einer mitbestimmten GmbH für die Änderung von Anstellungsverträgen mit Geschäftsführern ausschließlich die Gesellschafterversammlung zuständig ist, wird nach Abstimmung mit dem Bundesministerium der Justiz folgendes mitgeteilt:

Nach ganz überwiegender Auffassung ist der Aufsichtsrat einer unter das Mitbestimmungsgesetz von 1976 fallenden GmbH für den Abschluß und die Änderung des Anstellungsvertrags des Geschäftsführers zwingend zuständig (BGH vom 14.11.1983, II ZR 33/83, BGHZ 89, 48; *Rohwedder/Koppensteiner*, GmbHG, 2. Aufl., § 35 Rdnr. 15 m. w. N.; a. A.; *Scholz/Schneider*, GmbHG, 8. Aufl., § 35 Rdnr. 177). Die herrschende Meinung ist zutreffend. § 31 Mitbestimmungsgesetz i. V. m. § 84 AktG sieht zwar lediglich für die Bestellung die zwingende Zuständigkeit des Aufsichtsrats vor. Da jedoch zwischen der (organschaftlichen) Bestellung und der (dienstvertraglichen) Anstellung ein enger sachlicher Zusammenhang besteht, ist zur Gewährleistung eines Gleichlaufs zwischen beiden Vorgängen die einheitliche Zuständigkeit des Aufsichtsrats anzunehmen.

Durch das BGH-Urteil vom 25.3.1991 (NJW, 1991, 1680), in dem die Zuständigkeit der Gesellschafterversammlung einer GmbH für die Änderungen des Dienstvertrags eines Geschäftsführers ausgesprochen wird, ist bezüglich der Zuständigkeit des Aufsichtsrats in der mitbestimmten GmbH keine Änderung eingetreten. Der BGH hat die Zuständigkeit der Gesellschafterversammlung ausdrücklich unter den Vorbehalt gestellt, nach Gesetz oder Satzung keine anderweitige Zuständigkeit bestimmt ist. Vorliegend ergibt sich eine anderweitige Zuständigkeit aus § 31, MitbestG. Auch aus der Begründung des Urteils kann geschlossen werden, daß die Zuständigkeit des Aufsichtsrats für den Abschluß und die Änderung des Anstellungsvertrags eines Geschäftsführers nicht angetastet werden sollte. Daraus wird ersichtlich, daß der BGH der Gesellschafterversammlung die Zuständigkeit für den Abschluß und die Änderung des Anstellungsvertrags eines Geschäftsführers zugewiesen hat, weil für ihn ein enger Zusammenhang zwischen der Bestellung und der Anstellung besteht. Um nicht den Entscheidungsspielraum der Gesellschafter gem. § 46 Nr. 5 GmbHG bei der Bestellung des Geschäftsführers einzuengen, hielt es der BGH für geboten, in entsprechender Anwendung dieser Bestimmung die Zuständigkeit für Änderungen oder Aufhebungen des Anstellungsvertrags ebenfalls der Gesellschafterversammlung zuzuweisen. Dieser Gedanke kann auf die Bestellungskompetenz, die dem Aufsichtsrat in der mitbestimmten GmbH nach § 31 MitbestG i. V. m. § 84 AktG zusteht, übertragen werden.

Steuerrechtlich werden durch die BMF-Schreiben vom 16.5.1994 (BStBl. I 1994, 868, DStR 1994, 940) und vom 21.12.1995 (BStBl. I 1996, 50, DStR 1996, 106) keine vom Zivilrecht abweichenden Zuständigkeiten für eine wirksame Änderung von Geschäftsführer-Dienstverträgen begründet. In den BMF-Schreiben wird ausdrücklich hingewiesen, daß nach dem Urteil des BGH vom 25.3.1991 neben der Gesellschafterversammlung andere Gremien zuständig sein können. Diese anderweitigen Zuständigkeiten sind auch steuerrechtlich zu beachten.

Risikogeschäfte durch den Gesellschafter-Geschäftsführer für Rechnung der Kapitalgesellschaft (§ 8 Abs. 3 Satz 2 KStG); BFH-Urteil vom 14. September 1994-I R 6/94 – (BStBl. 1997 II S. 89)

BMF-Schreiben vom 19.12.1996
IV B 7 – S 2742 – 57/96 (BStBl. 1997 I S. 112)

Im Urteil vom 14. September 1994 – I R 6/94 – (BStBl. 1997 II S. 89) hat der BFH zur Annahme einer verdeckten Gewinnausschüttung durch Übernahme von Risikogeschäften durch eine GmbH Stellung genommen. Unter Bezugnahme auf das Ergebnis der Erörterungen mit den obersten Finanzbehörden der Länder ist bei der Anwendung der Grundsätze des BFH-Urteils folgendes zu beachten:

1. Im Urteilsfall hat der BFH die Annahme einer verdeckten Gewinnausschüttung nur unter dem Gesichtspunkt des Verzichts der GmbH auf einen Schadensersatzanspruch gegenüber ihrem Gesellschafter-Geschäftsführer geprüft. Nach Auffassung des BFH löst die Übernahme von Risikogeschäften (hier: Goldoptionen) auch im Verlustfall bei einer Zweipersonen-GmbH (im Urteilsfall Mutter und Sohn) keinen Schadensersatzanspruch nach § 43 GmbH-Gesetz gegenüber dem Geschäftsführer aus, wenn die Gesellschafter dem Abschluß des Risikogeschäftes zugestimmt haben. Eine verdeckte Gewinnausschüttung wegen Nichtgeltendmachung einer Schadensersatzforderung gegenüber dem Gesellschafter-Geschäftsführer kommt in diesem Fall nicht in Betracht.

2. Zu der Frage, ob bereits der infolge der Übernahme des Risikogeschäfts (z. B. Optionen, Differenzgeschäfte) eingetretene Verlust und die damit verbundene Vermögensminderung bei der GmbH die Voraussetzungen einer verdeckten Gewinnausschüttung erfüllen, nimmt der BFH nicht gesondert Stellung. Diese Frage ist nach den allgemeinen Grundsätzen der verdeckten Gewinnausschüttung zu beurteilen. Eine verdeckte Gewinnausschüttung im Sinne des § 8 Abs. 3 Satz 2 KStG ist eine Vermögensminderung oder verhinderte Vermögensmehrung, die durch das Gesellschaftsverhältnis veranlaßt ist, sich auf die Höhe des Einkommens auswirkt und nicht auf einem den gesellschaftsrechtlichen Vorschriften entsprechenden Gewinnverteilungsbeschluß beruht (Abschnitt 31 Abs. 3 Satz 1 KStR 1995). Eine Veranlassung durch das Gesellschaftsverhältnis liegt vor, wenn ein ordentlicher und gewissenhafter Geschäftsleiter (§ 93 Abs. 1 Satz 1 Aktiengesetz, § 43 Abs. 1 GmbH-Gesetz, § 34 Abs. 1 Satz 1 Genossenschaftsgesetz) die Vermögensminderung oder verhinderte Vermögensmehrung gegenüber einer Person, die nicht Gesellschafter ist, unter sonst gleichen Umständen nicht hingenommen hätte (Abschnitt 31 Abs. 3 Satz 3 KStR 1995 [1]).

Die Übernahme risikobehafteter Geschäfte ist im Geschäftsleben durchaus üblich und stellt im allgemeinen keine verdeckte Gewinnausschüttung dar. Eine verdeckte Gewinnausschüttung ist nur anzunehmen, wenn das Risikogeschäft seine Ursache im Gesellschaftsverhältnis hat und ein ordentlicher und gewissenhafter Geschäftsleiter das Geschäft nicht eingegangen wäre. Anzunehmen ist dies insbesondere bei Geschäften, die nach Art und Umfang der Geschäftstätigkeit der Gesellschaft völlig unüblich, mit hohen Risiken verbunden und nur aus privaten Spekulationsabsichten des Gesellschafter-Geschäftsführers zu erklären sind (wie z. B. im Urteilssachverhalt bei Optionsgeschäften in einem kleineren Einzelhandel).

3. Unter II.1. der Urteilsgründe führt der BFH aus, daß jede Forderung einer Kapitalgesellschaft gegen ihren Gesellschafter solange, wie sie nach den Grundsätzen ordnungsmäßiger Buchführung in der Steuerbilanz in voller Höhe zu aktivieren ist, nicht Gegenstand einer verdeckten Gewinnausschüttung i. S. des § 8 Abs. 3 Satz 2 KStG sein kann. Der die Vermögensminderung ausschließende Ansatz in der Steuerbilanz hat danach Vorrang vor der Rechtsfolge des § 8 Abs. 3 Satz 2 KStG.

Die Ausführungen des BFH betreffen nur Fälle, in denen die von der Kapitalgesellschaft aktivierte Forderung selbst – z. B. bei Verzicht – Gegenstand einer verdeckten Gewinnausschüttung sein kann. Eine Vermögensminderung tritt dann bei der Kapitalgesellschaft nicht ein, solange die Forderung in der Bilanz der Kapitalgesellschaft ausgewiesen wird. Die Ausführungen des BFH betreffen demgegenüber nicht Fälle, in denen Gegenstand der verdeckten Gewinnausschüttung eine Vermögensminderung ist, die ihrerseits einen zivilrechtlichen Schadensersatzanspruch auslöst (z. B. Fall der Unterschlagung). Der infolge der Vermögensminderung entstandene Schadensersatzanspruch hat den Charakter einer Einlage (Abschnitt 31 Abs. 9 KStR 1995; BFH-Urteil vom 29. Mai 1996 – I R 118/93 – BStBl. 1997 II S. 92).

Die Aktivierung eines solchen Anspruchs steht deshalb der Annahme einer Vermögensminderung, die eine verdeckte Gewinnausschüttung zur Folge hat, nicht entgegen.

---

[1] Jetzt R 36 KStR und H 36 KStH.

Durch das Gesellschaftsverhältnis veranlasste Durchführung von Risikogeschäften mit einer Kapitalgesellschaft

BMF-Schreiben vom 20.05.2003

IV A 2 – S 2742 – 26/03

(BStBl. 2003 I S. 333)

Das BMF-Schreiben vom 19. Dezember 1996 (BStBl. 1997 I S. 112)[1] legt in seinen Textziffern 1 und 2 im Zusammenhang mit sog. Risikogeschäften Kriterien für die Abgrenzung der Gesellschafter- von der Gesellschaftssphäre fest. Dabei ist die Übernahme risikobehafteter Geschäfte nicht von vornherein als im Geschäftsleben unüblich anzusehen. Etwas anderes gilt allerdings dann, wenn ein ordentlicher und gewissenhafter Geschäftsleiter das Geschäft nicht eingegangen wäre. Diese Voraussetzung ist insbesondere erfüllt, wenn das Geschäft nach Art und Umfang der Geschäftstätigkeit der Gesellschaft völlig unüblich, mit hohen Risiken verbunden und nur aus privaten Spekulationsabsichten des Gesellschafter-Geschäftsführers zu erklären ist.

Im Urteil vom 08. August 2001 – I R 106/99 – (BStBl 2003 II S. 487) hat der Bundesfinanzhof dagegen entschieden, dass es Sache der Gesellschaft sei, Risikogeschäfte mit den damit verbundenen Chancen und Verlustgefahren wahrzunehmen. Dies gelte selbst dann, wenn sich die damit zum Ausdruck kommende Risiko- und Spekulationsbereitschaft mit den Absichten des Gesellschafter-Geschäftsführers decken sollten. Der Umstand, dass die Durchführung nach Art und Umfang der Geschäftstätigkeit der Gesellschaft völlig unüblich oder mit hohem Risiko verbunden sei, könne die Veranlassung der Geschäfte durch das Gesellschaftsverhältnis nicht begründen.

Nach dem Ergebnis einer Erörterung mit den obersten Finanzbehörden der Länder sind die Grundsätze des BFH-Urteils über den entschiedenen Einzelfall hinaus nicht anzuwenden. Die Grundsätze des BMF-Schreibens vom 19. Dezember 1996 (a. a. O.) gelten für die Abgrenzung der Gesellschafter- von der Gesellschaftssphäre bei Risikogeschäften weiter. Die Umstände des Einzelfalls sind im Rahmen der Feststellungslast möglichst umfassend zu werten.

---

1) Vgl. Anlage § 008 (3)-40.

Grundsätze bei der Anerkennung von Tantiemezusagen an Gesellschafter-Geschäftsführer; Rechtsfolgen aus dem BFH-Urteil vom 27. März 2001 (BStBl. II 2002 S. 111)

BMF-Schreiben vom 01.02.2002

IV A 2 – S 2742 – 4/02

(BStBl. 2002 I S. 219)

Mit Urteil vom 27. März 2001 (a.a.O.) hat der BFH zu Grundsätzen bei der körperschaftsteuerlichen Anerkennung von Tantiemezusagen (insbesondere von Nur-Tantiemezusagen) an den Gesellschafter-Geschäftsführer Stellung genommen. Nach dem Ergebnis einer Erörterung mit den obersten Finanzbehörden der Länder sind künftig ergänzend zu Abschn. 33 KStR nachfolgende Grundsätze bei der Anerkennung von Tantiemezusagen an Gesellschafter-Geschäftsführer anzuwenden:

1. Verhältnis der Tantieme zum verbleibenden Jahresüberschuss

   Nach Abschn. 33 Abs. 2 Satz 1 KStR[1] können Tantiemezusagen an mehrere Gesellschafter-Geschäftsführer, die insgesamt die Grenze von 50 % des Jahresüberschusses übersteigen, zu einer verdeckten Gewinnausschüttung führen. Diese Grenze ist auch bei Tantiemezusagen an einen Gesellschafter-Geschäftsführer maßgebend. Bemessungsgrundlage für die 50 %-Grenze ist der handelsrechtliche Jahresüberschuss vor Abzug der Gewinntantieme und der ertragsabhängigen Steuern.

2. Verhältnis der Tantieme zu sonstigen Bestandteilen der Gesamtbezüge

   Nach Abschn. 33 Abs. 2 Satz 4 KStR[2] ist bei Tantiemezusagen an den Gesellschafter-Geschäftsführer zu beachten, dass die Bezüge im Allgemeinen wenigstens zu 75 % aus einem festen und höchstens zu 25 % aus erfolgsabhängigen Bestandteilen (Tantieme) bestehen. Bei der Ermittlung des der Höhe nach angemessenen Teils der Tantieme ist von der angemessenen Gesamtausstattung des Gesellschafter-Geschäftsführers auszugehen.

   Beispiel:

   Ein Gesellschafter-Geschäftsführer soll eine angemessene Gesamtausstattung von 400.000 € erhalten, die sich wie folgt zusammensetzt:

   Festgehalt   150.000 €
   Tantieme   250.000 €

   Der durchschnittlich erzielbare Jahresüberschuss vor Abzug der Tantieme und der ertragsabhängigen Steuern wird mit 1,6 Mio. € angenommen.

   Die angemessene Tantieme beträgt 25 % von 400.000 € = 100.000 €. Es ergibt sich eine verdeckte Gewinnausschüttung in Höhe von 150.000 € (250.000 € abzüglich 100.000 €).

   Der sich aus der Aufteilung ergebende absolute Betrag der angemessenen Tantieme ist in eine Beziehung zu dem durchschnittlich erzielbaren Jahresüberschuss vor Abzug der Tantieme und der ertragsabhängigen Steuern (im Beispielsfall 1,6 Mio. €) zu setzen. Aus diesem Vergleich ergibt sich der angemessene Tantiemesatz durch folgende Rechnung:

   100.000 x 100/1,6 Mio. = 6,25 %

   Dieser angemessene Tantiemesatz ist bis zum nächsten Zeitpunkt der Überprüfung der Angemessenheit der gezahlten Tantieme (vgl. hierzu Abschn. 33 Abs. 2 Satz 7 KStR) maßgebend.

3. Vereinbarung einer Nur-Tantieme

   Die Vereinbarung einer Nur-Tantieme ist grundsätzlich nicht anzuerkennen (BFH-Urteil vom 27. März 2001; a.a.O.). Als Ausnahmefälle kommen insbesondere die Gründungsphase der Gesellschaft, Phasen vorübergehender wirtschaftlicher Schwierigkeiten oder Tätigkeiten in stark risikobehafteten Geschäftszweigen in Betracht. In derartigen Ausnahmefällen ist es unter Berücksichtigung der Grundsätze des Abschn. 33 Abs. 2 Satz 5 KStR[3] auch zulässig, bei der 75/25 %-Grenze zugunsten des Tantiemeanteils abzuweichen. Liegt ein Ausnahmefall vor, ist die Tantieme dem Grund nach allerdings nur anzuerkennen, wenn die Vereinbarung die Grundsätze der Textziffer 1 beachtet und ausdrücklich zeitlich begrenzt ist und bei Wegfall der Ausnahmesituation zwingend

---

1) Jetzt R 39 KStR und H 39 KStH.

2) Jetzt R 39 KStR und H 39 KStH.

3) Jetzt R 39 KStR und H 39 KStH.

durch eine Vereinbarung einschließlich fester Vergütungsbestandteile bzw. mit angemessenem Verhältnis dieser Bestandteile zueinander ersetzt wird. Ein Ausnahmefall liegt dagegen nicht vor, wenn der Gesellschafter-Geschäftsführer bei zwei Schwestergesellschaften tätig ist und mit der einen eine Nur-Tantieme und mit der anderen ein Festgehalt vereinbart hat.

4. Nur-Rohgewinntantieme

   Die vorstehenden Ausführungen gelten für eine Nur-Rohgewinntantieme entsprechend.

5. Wegfall bisheriger BMF-Schreiben und Anwendung

   Dieses Schreiben tritt an die Stelle der BMF-Schreiben vom 3. Januar 1996 (BStBl. I S. 53), vom 13. Oktober 1997 (BStBl. I S. 900) und vom 5. Januar 1998 (BStBl. I S. 90); Übergangsregelungen in diesen Schreiben bleiben hiervon unberührt. Soweit dieses Schreiben bezogen auf den BFH-Beschluss vom 26. Januar 1999 (BStBl. II S. 241) von in der Vergangenheit im Einzelfall vertretenen Grundsätzen zur Nur-Tantieme abweicht, ist es erstmals für den Veranlagungszeitraum 2003 anzuwenden; im Übrigen sind die Grundsätze dieses Schreibens in allen noch offenen Fällen anzuwenden.

Zusatz der OFD Hannover:

„Nur-Tantiemen" können dem **Grunde nach** anerkannt werden, wenn ein Ausnahmefall (z. B. Gründungsphase) vorliegt (vgl. Tz. 3 des BMF-Schr.). Diese Tantiemezusagen an einen oder mehrere Gesellschafter-Geschäftsführer dürfen insgesamt grundsätzlich nicht mehr als 50 v. H. des Jahresüberschusses vor Abzug der Tantieme und der ertragsabhängigen Steuern betragen (vg. Tz. 3 i. V. m. Tz. 1 des BMF-Schr.). Es ist zusätzlich erforderlich, dass die „Nur-Tantiemen" zeitlich begrenzt und bei Wegfall der Ausnahmesituation zwingend durch eine Vereinbarung einschließlich fester Vergütungsbestandteile in angemessenem Verhältnis ersetzt werden (vgl. Tz. 3 des BMF-Schr.). Werden diese Voraussetzungen nicht erfüllt, ist die „Nur-Tantieme" in vollem Umfang nicht anzuerkennen.

Ist die „Nur-Tantieme" ausnahmsweise dem Grunde nach anzuerkennen, ist die „Nur-Tantieme" **der Höhe nach** zu 25 v. H. angemessen und zu 75 v. H. unangemessen. Von diesem Regelaufteilungsmaßstab kann zugunsten der Beteiligten abgewichen werden, wenn sie darlegen, dass die Abweichung außerhalb des Gesellschaftsverhältnisses veranlasst ist (vgl. Abschn. 33 Abs. 2 S. 5 KStR[1] und Tz. 3 des BMF-Schr.).

Hinweis auf Verfügung OFD Hannover vom 23. 4. 2002 – S 2742 – 175 – StH 231/S 2742 – 91 – StO 214.

---

1) Jetzt R 39 KStR und H 39 KStH.

Rückstellungen für Pensionszusagen an beherrschende Gesellschafter-Geschäftsführer von Kapitalgesellschaften – 10jähriger Erdienungszeitraum; BFH-Urteil vom 21. Dezember 1994 (BStBl. 1995 II S. 419)

BMF-Schreiben vom 01.08.1996
IV B 7 – S 2741 – 88/96
(BStBl. 1996 I S. 1138)

Nach dem Urteil des BFH vom 21. Dezember 1994 (BStBl. 1995 II S. 419) ist die Zusage einer Pension an den beherrschenden Gesellschafter-Geschäftsführer einer Kapitalgesellschaft eine verdeckte Gewinnausschüttung, wenn der Zeitraum zwischen dem Zeitpunkt der Zusage der Pension und dem vorgesehenen Zeitpunkt des Eintritts in den Ruhestand weniger als 10 Jahre beträgt.

Unter Bezugnahme auf das Ergebnis der Erörterung mit den obersten Finanzbehörden der Länder gilt für die erstmalige Anwendung der Grundsätze des BFH-Urteils folgendes:

Die Grundsätze des BFH-Urteils vom 21. Dezember 1994 (BStBl. 1995 II S. 419) zum 10jährigen Erdienungszeitraum sind nur auf Pensionszusagen anzuwenden, die nach der Veröffentlichung des Urteils im Bundessteuerblatt Teil II vom 8. Juli 1995 an zivilrechtlich wirksam vereinbart worden sind. Die vor diesem Stichtag getroffenen Vereinbarungen (Altfälle) sind nach der bisherigen Verwaltungspraxis in den einzelnen Ländern zu entscheiden.

Rückstellung für Pensionszusagen an beherrschende Gesellschafter-Geschäftsführer von Kapitalgesellschaften – 10jähriger Erdienungszeitraum; BFH-Urteil vom 21.12.1994 (BStBl. 1995 II Seite 419)

Verfügung OFD Düsseldorf vom 06.12.1996
S 2742 A – St 131

Nach dem Urteil des BFH vom 21.12.1994 (BStBl. II 1995 S. 419) ist die Zusage einer Pension an den beherrschenden Gesellschafter – Geschäftsführer einer Kapitalgesellschaft eine verdeckte Gewinnausschüttung, wenn der Zeitraum zwischen dem Zeitpunkt der Zusage der Pension und dem vorgesehenen Zeitpunkt des Eintritts in den Ruhestand weniger als 10 Jahre beträgt.

Die Grundsätze des BFH-Urteils vom 21.12.1994 zum 10-jährigen Erdienungszeitraum sind nach dem Erlaß des Finanzministeriums des Landes NRW vom 1.8.1996 – S 2742 – 9 – V B 4 – der dem BMF-Schreiben vom 1.8.1996 – IV B 7 – S 2742 – 88/96 – (BStBl. 1996 I S. 1138) entspricht, nur auf Pensionszusagen anzuwenden, die nach der Veröffentlichung des Urteils im BStBl. Teil II vom 7.7.1995 zivilrechtlich wirksam vereinbart worden sind. Die vor diesem Stichtag getroffenen Vereinbarungen (Altfälle) sind nach der bisherigen Verwaltungspraxis in den einzelnen Ländern zu entscheiden.

Feststellungen aus der Praxis aller drei Oberfinanzdirektionsbezirke führten zu der einvernehmlichen Entscheidung mit den Oberfinanzdirektionen Köln und Münster, als bisherige Verwaltungspraxis in diesen Fällen einen Erdienungszeitraum von mindestens sieben Jahren als steuerlich ausreichend anzuerkennen.

Ich bitte, dieses zeitliche Kriterium auf alle noch nicht bestandskräftigen Altfälle anzuwenden.

Pensionsrückstellungen an nicht beherrschende
Gesellschafter-Geschäftsführer von Kapitalgesellschaften – Erdienungszeitraum;
BFH-Urteil vom 24.1.1996 – I R 41/95 (BStBl. II 1997, 440)

Verfügung OFD Köln vom 15.09.1997
S 2742 – 63 – St 131

Die vor dem 10.7.1997 zivilrechtlich wirksam vereinbarten Pensionszusagen sind nach BMF-Schreiben vom 7.3.1997 – IV B 7 – S 2742 – 20/97 (BStBl. I, 637) entsprechend der bisherigen Verwaltungspraxis in den einzelnen Ländern zu entscheiden. Im Bereich der OFD Köln haben hierzu in der Vergangenheit keine Weisungen bestanden. In Altfällen sind Pensionszusagen an nicht beherrschende Gesellschafter-Geschäftsführer aber dann anzuerkennen, wenn sie der bestehenden Übergangsregelung zu den beherrschenden Gesellschafter-Geschäftsführer entsprechen. Als bisherige Verwaltungspraxis ist dort für Altzusagen ein Erdienungszeitraum von mindestens sieben Jahren als steuerlich ausreichend anzuerkennen (vgl. Vfg OFD Köln vom 8.11.1996 – S 2742 – 63 – St 131).

Pensionszusagen an Gesellschafter-Geschäftsführer von Kapitalgesellschaften in einem Alter von ab 60 Jahren sind – auch bei nichtbeherrschenden Gesellschaftern – wegen ihrer allgemeinen Unüblichkeit steuerlich nicht anzuerkennen. Das gilt ebenso für Altfälle. Die Übergangsregelung findet hierauf keine Anwendung.

Rückstellungen für Pensionszusagen an nicht beherrschende
Gesellschafter-Geschäftsführer – Wartezeit bei Zusage einer Pension
bzw. dienstzeitunabhängigen Invalidenrente

Erlaß FM Sachsen vom 16.09.1997
33 – S 2742 – 22/42 – 46910

Hinsichtlich der *Erdienbarkeit* haben die obersten Finanzbehörden des Bundes und der Länder beschlossen, die Grundsätze des BFH-Urteils vom 24.1.1996, I R 41/95 im Hinblick auf die in einzelnen Ländern bisher geltende günstigere Verwaltungspraxis nur auf Pensionszusagen anzuwenden, die nach der Veröffentlichung des Urteils im Bundessteuerblatt zivilrechtlich wirksam vereinbart worden sind (siehe BMF v. 7.3.1997).

In *Sachsen* ist bisher die steuerliche Anerkennung einer Pensionszusage an einen nicht beherrschenden Gesellschafter-Geschäftsführer dann versagt worden, wenn die allgemein für eine vGA geltenden Voraussetzungen vorgelegen haben. Eine Berücksichtigung des Vertrauens ist nur insoweit gerechtfertigt, als tatsächlich in der Verwaltungspraxis des jeweiligen Landes ein für den Steuerpflichtigen günstigerer Erdienungszeitraum anerkannt wurde. Daher läßt sich für die Vergangenheit keine bundeseinheitliche Regelung herbeiführen. Mangels eigenständiger Verwaltungsanweisung gelten in Sachsen die Grundsätze des vorbezeichneten Urteils deshalb uneingeschränkt für noch alle offenen Fälle.

Rückstellungen für Pensionszusagen an nicht beherrschende Gesellschafter-Geschäftsführer von Kapitalgesellschaften – Erdienungszeitraum; BFH-Urteil vom 24. Januar 1996 [– I R 41/95 –] (BStBl. 1997 II S. 440)

BMF-Schreiben vom 07.03.1997

IV B 7 – S 2742 – 20/97 (BStBl. 1997 I S. 637)

Nach dem BFH-Urteil vom 24. Januar 1996 [– I R 41/95 –] (BStBl. 1997 II S. 440) ist die Zusage einer Pension an einen nicht beherrschenden Gesellschafter-Geschäftsführer eine verdeckte Gewinnausschüttung,

– wenn der Zeitraum zwischen dem Zeitpunkt der Zusage der Pension und dem vorgesehenen Zeitpunkt des Eintritts in den Ruhestand weniger als zehn Jahre beträgt

oder

– wenn dieser Zeitraum zwar mindestens drei Jahre beträgt, der Gesellschafter-Geschäftsführer dem Betrieb aber weniger als zwölf Jahre angehört (Anschluß an BFH-Urteil vom 21. Dezember 1994 – BStBl. 1995 II S. 419 – zum beherrschenden Gesellschafter-Geschäftsführer).

Unter Bezugnahme auf das Ergebnis der Erörterung mit den obersten Finanzbehörden der Länder gilt für die Anwendung der Grundsätze des BFH-Urteils folgendes:

1. Erdienungszeitraum

Der BFH stellt für die Beurteilung, wie lange der Zeitraum sein muß, in dem eine Pensionszusage jedenfalls dem Grunde nach durch eine aktive Tätigkeit erdient ist, auf § 1 Abs. 1 des Gesetzes zur Verbesserung der betrieblichen Altersversorgung (BetrAVG) vom 19. Dezember 1974 (BGBl. 1974 I S. 3610) und die hierin für die Bestimmung der Unverfallbarkeit maßgeblichen Zeitvorstellungen ab. Anders als der beherrschende Gesellschafter unterliegt der nicht beherrschende Gesellschafter nicht dem sogenannten Nachzahlungsverbot. Für die steuerliche Anerkennung von Pensionsrückstellungen kann daher bei ihm auf die Dauer der Betriebszugehörigkeit (§ 1 Abs. 1 2. Spiegelstrich BetrAVG) abgestellt werden. In dem entschiedenen Einzelfall ist der BFH davon ausgegangen, daß eine Pension erdient ist, wenn der nicht beherrschende Gesellschafter im Zeitpunkt der Pensionszusage seit mehr als zwölf Jahren im Betrieb tätig gewesen ist und wenn sichergestellt ist, daß im Betrieb eine aktive Tätigkeit von mindestens drei weiteren Jahren verbleibt. Der BFH geht insoweit von einem maßgeblichen Zeitraum von insgesamt 15 Jahren der Betriebszugehörigkeit aus. Es wird darauf hingewiesen, daß je nach Lage des Einzelfalls auch eine zwölfjährige Betriebszugehörigkeit ausreichen kann. So wird je einem Arbeitnehmer beispielsweise nach sechsjähriger Betriebszugehörigkeit erteilte Versorgungszusage nach § 1 Abs. 1 2. Spiegelstrich BetrAVG unverfallbar, wenn dieser dem Betrieb weitere sechs Jahre angehört hat.

2. Übergangsregelung

Die Grundsätze des BFH-Urteils vom 24. Januar 1996 zum Erdienungszeitraum bei einem nicht beherrschenden Gesellschafter-Geschäftsführer sind nur auf Pensionszusagen anzuwenden, die nach der Veröffentlichung des Urteils im Bundessteuerblatt Teil II vom 10. Juli 1997 zivilrechtlich wirksam vereinbart worden sind. Die vor diesem Stichtag getroffenen Vereinbarungen (Altfälle) sind nach der bisherigen Verwaltungspraxis in den einzelnen Ländern zu entscheiden.

3. Wechsel der Beherrschungsverhältnisse

Wird einem bisher beherrschenden Gesellschafter-Geschäftsführer eine Pensionszusage erteilt, nachdem sich sein Beteiligungsbesitz auf eine nicht beherrschende Beteiligung verringert hat, ist die Pensionszusage steuerlich nach den für nicht beherrschende Gesellschafter-Geschäftsführer geltenden Grundsätzen zu beurteilen. Wird die Stellung als beherrschender Gesellschafter nach der Pensionszusage wiederhergestellt, ist allerdings zu prüfen, ob ein Gestaltungsmißbrauch nach § 42 AO vorliegt.

Steuerliche Behandlung von Pensionszusagen gegenüber beherrschenden Gesellschafter-Geschäftsführern (§ 8 Abs. 3 Satz 2 KStG); zu den Kriterien der „Wartezeit" (Abschnitt 32 Abs. 1 Satz 5 und 6 KStR) und der „Finanzierbarkeit" (Abschnitt 32 Abs. 1 Satz 9 KStR) [1]

BMF-Schreiben vom 14.05.1999

IV C 6 – S 2745 – 9/99

(BStBl. 1999 I S. 512)

Nach dem Ergebnis der Erörterungen mit den obersten Finanzbehörden der Länder bitte ich zur steuerlichen Beurteilung von Rückstellungen für Pensionszusagen an beherrschende Gesellschafter-Geschäftsführer von Kapitalgesellschaften folgende Auffassung zu vertreten:

1 Probezeit

Nach Abschnitt 32 Abs. 1 Satz 5 und 6 KStR [2] ist die Erteilung der Pensionszusage unmittelbar nach der Anstellung und ohne die unter Fremden übliche Wartezeit in der Regel nicht betrieblich, sondern durch das Gesellschaftsverhältnis veranlaßt.

Der Begriff der Wartezeit wird hier im Sinne einer Probezeit verwendet. Dies ist der Zeitraum zwischen Dienstbeginn und der erstmaligen Vereinbarung einer schriftlichen Pensionszusage (zusagefreie Zeit). Der Zeitraum zwischen der Erteilung einer Pensionszusage und der erstmaligen Anspruchsberechtigung (versorgungsfreie Zeit) zählt nicht zur Probezeit.

1.1 Dauer der Probezeit

Für die steuerliche Beurteilung einer Pensionszusage ist regelmäßig eine Probezeit von zwei bis drei Jahren als ausreichend anzusehen. Der BFH hält in seinem Urteil vom 15. Oktober 1997 – I R 42/97 – (BStBl. 1999 II S. 316) zwar eine Probezeit von fünf Jahren für ausreichend. Dies schließt die steuerliche Berücksichtigung kürzerer Probezeiten jedoch nicht aus, da es in dem Urteilsfall nicht entscheidungserheblich war, ob unter Umständen auch ein kürzerer Zeitraum zur Erprobung genügt hätte.

Eine Probezeit ist bei entsprechenden Vortätigkeiten nicht in jedem Fall erforderlich. So hat der BFH in seinem Urteil vom 29. Oktober 1997 – I R 52/97 – (BStBl. 1999 II S. 318) entschieden, daß es vor Erteilung einer Pensionszusage keiner erneuten Probezeit bedarf, wenn ein Einzelunternehmen in eine Kapitalgesellschaft umgewandelt wird und der bisherige, bereits erprobte Geschäftsführer des Einzelunternehmens als Geschäftsführer der Kapitalgesellschaft das Unternehmen fortführt.

Ein ordentlicher und gewissenhafter Geschäftsleiter einer neu gegründeten Kapitalgesellschaft wird einem gesellschaftsfremden Geschäftsführer erst dann eine Pension zusagen, wenn er die künftige wirtschaftliche Entwicklung und damit die künftige wirtschaftliche Leistungsfähigkeit der Kapitalgesellschaft zuverlässig abschätzen kann. Hierzu bedarf es in der Regel eines Zeitraums von wenigstens fünf Jahren. Dies gilt nicht, wenn die künftige wirtschaftliche Entwicklung aufgrund der bisherigen unternehmerischen Tätigkeit hinreichend deutlich abgeschätzt werden kann, wie z.B. in Fällen der Betriebsaufspaltung und Umwandlung eines Einzelunternehmens in eine Kapitalgesellschaft.

1.2 Verstoß gegen die angemessene Probezeit

Zuführungen zu einer Rückstellung für eine Pensionszusage, die ohne Beachtung der unter Fremden üblichen Probezeit vereinbart worden ist, werden bis zum Ablauf der angemessenen Probezeit als verdeckte Gewinnausschüttung im Sinne des § 8 Abs. 3 Satz 2 KStG behandelt. Nach Ablauf der angemessenen Probezeit werden die weiteren Zuführungen aufgrund der ursprünglichen Pensionszusage für die Folgezeit gewinnmindernd berücksichtigt1) [3]. Die Möglichkeit einer Aufhebung der ursprünglichen und des Abschlusses einer neuen Pensionszusage nach Ablauf der angemessenen Probezeit bleibt hiervon unberührt.

---

1) Vgl. auch Anlagen § 008 (3)-48 bis 50.

2) Jetzt H 38 KStH.

3) Zu den steuerlichen Folgen der Behandlung von Zuführungen zur Pensionsrückstellung als verdeckte Gewinnausschüttung ist in einem BMF-Schreiben zur Anwendung des BFH-Urteils vom 29. Juni 1994 – I R 137/93 – zur Korrektur einer verdeckten Gewinnausschüttung außerhalb der Steuerbilanz Stellung genommen worden (hier abgedruckt als Anlage § 008 (3)-01.

Tritt bei einer unter Verstoß gegen die Probezeit erteilten Pensionszusage vor Ablauf der angemessenen Probezeit der Versorgungsfall ein, werden die Zuführungen zur Pensionsrückstellung und die Pensionszahlungen als verdeckte Gewinnausschüttungen im Sinne des § 8 Abs. 3 Satz 2 KStG und die Pensionszahlungen als andere Ausschüttungen im Sinne des § 27 Abs. 3 Satz 2 KStG behandelt. Dies gilt auch für Pensionszahlungen, die nach Ablauf der angemessenen Probezeit geleistet werden.

2 Finanzierbarkeit [1]

Die betriebliche Veranlassung einer Pensionszusage setzt u.a. voraus, daß die Zusage finanzierbar ist (Abschnitt 32 Abs. 1 Satz 3 KStR [2]).

Der BFH unterscheidet in seinem Urteil vom 15. Oktober 1997 (a.a.O.) zwischen der ungewissen Verbindlichkeit aufgrund der Pensionszusage gegenüber dem Geschäftsführer und der ungewissen Verbindlichkeit aufgrund der Witwenklausel und hält es für denkbar, daß die Veranlassung beider Verbindlichkeiten unterschiedlich zu beurteilen ist. Für die Prüfung, ob eine Passivierung der sich aus der Pensionszusage ergebenden Verbindlichkeit zu einer buchmäßigen Überschuldung führt, komme es nur auf den Betrag an, für den eine verdeckte Gewinnausschüttung in Betracht gezogen wird (im Urteilsfall laut BFH die Zuführung zur Pensionsrückstellung in Höhe von 23 295 DM). Für diese Zuführung sei die Witwenklausel ohne Belang.

Diese Grundsätze des BFH-Urteils sind nicht allgemein anzuwenden.

2.1 Pensionsverpflichtung als einheitliches Wirtschaftsgut [3]

Die Pensionsverpflichtung gegenüber einem Arbeitnehmer stellt mit allen ihren Komponenten (z. B. Alters-, Invaliden- oder Witwenrente) ein einheitliches Wirtschaftsgut dar, das einheitlich zu bilanzieren ist. Damit ist in der Zuführung zur Pensionsrückstellung – bei entsprechender Zusage – auch die Invaliditäts- und Witwenzusage enthalten.

2.2 Prüfung der Finanzierbarkeit [4]

Die Finanzierbarkeit der Zusage ist dann zu verneinen, wenn bei einem unmittelbar nach dem Bilanzstichtag eintretenden Versorgungsfall der Barwert der künftigen Pensionsleistungen am Ende des Wirtschaftsjahres auch nach Berücksichtigung einer Rückdeckungsversicherung zu einer Überschuldung in der Bilanz führen würde (Abschnitt 32 Abs. 1 Satz 9 KStR). Die Finanzierbarkeit der Pensionszusage ist danach unter Einbeziehung einer etwa bestehenden Rückdeckungsversicherung anhand eines fiktiven vorzeitigen Versorgungsfalles (z.B. Invalidität oder Witwenversorgung) und des sich hieraus ergebenden fiktiven Zuführungsbedarfs zu prüfen. Demgegenüber ist die tatsächlich vorgenommene Zuführung zur Pensionsrückstellung nicht Grundlage für die Finanzierbarkeitsprüfung.

Bei der Prüfung der Überschuldung sind alle materiellen und immateriellen Wirtschaftgüter einschließlich ihrer stillen Reserven zu berücksichtigen. Ein selbstgeschaffener Firmenwert bleibt außer Ansatz.

Die Prüfung der Finanzierbarkeit hat im Zeitpunkt der Zusageerteilung, einer wesentlichen Zusageänderung (BFH-Urteil vom 29. Oktober 1997 a.a.O.) oder einer wesentlichen Verschlechterung der wirtschaftlichen Verhältnisse der Gesellschaft zu erfolgen.

Eine Anpassungsklausel, wonach bei einer Verschlechterung der wirtschaftlichen Situation der Gesellschaft die zugesagten Leistungen gekürzt oder versagt werden können, bleibt für die Beurteilung der Finanzierbarkeit unberücksichtigt.

2.3 Nicht finanzierbare Pensionszusage [5]

Die Pensionszusage an den beherrschenden Gesellschafter-Geschäftsführer ist gesellschaftsrechtlich veranlaßt, wenn die Finanzierbarkeit im Zeitpunkt der Zusage nicht erfüllt ist. Eine Aufteilung in einen finanzierbaren und einen nicht finanzierbaren Teil kommt nicht in Betracht. Zuführungen zu einer solchen Pensionszusage werden insgesamt als verdeckte Gewinnaus-

---

1) Die vorstehende Tz. 2 ist durch das BMF-Schreiben vom 06.09.2005 IV B 7 – S 2742 – 69/05 (BStBl. 2005 I S. 875) aufgehoben worden (hier abgedruckt als Anlage § 008 (3)-48).

2) Gestrichen.

3) Die vorstehende Tz. 2 ist durch das BMF-Schreiben vom 06.09.2005 IV B 7 – S 2742 – 69/05 (BStBl. 2005 I S. 875) aufgehoben worden (hier abgedruckt als Anlage § 008 (3)-48).

4) Die vorstehende Tz. 2 ist durch das BMF-Schreiben vom 06.09.2005 IV B 7 – S 2742 – 69/05 (BStBl. 2005 I S. 875) aufgehoben worden (hier abgedruckt als Anlage § 008 (3)-48).

5) Die vorstehende Tz. 2 ist durch das BMF-Schreiben vom 06.09.2005 IV B 7 – S 2742 – 69/05 (BStBl. 2005 I S. 875) aufgehoben worden (hier abgedruckt als Anlage § 008 (3)-48).

schüttungen behandelt. Das gilt auch dann, wenn sich die finanzielle Lage der Gesellschaft später verbessert. Die Möglichkeit der Aufhebung der ursprünglichen und die Erteilung einer neuen, dann finanzierbaren Pensionzusage bleibt hiervon unberührt.

2.4 Finanzierbare Pensionszusage [1]

Ist die Pensionszusage im Zusagezeitpunkt finanzierbar, ist sie bei Vorliegen der übrigen Voraussetzungen betrieblich veranlaßt.

2.4.1 Kürzung bei späterem Wegfall der Finanzierbarkeit [2]

Verschlechtert sich in späteren Jahren die wirtschaftliche Situation der Gesellschaft, würde ein ordentlicher und gewissenhafter Geschäftsleiter eine Anpassung der Pensionszusage herbeiführen. Eine Pensionszusage ist daher zu kürzen, soweit ihre Finanzierbarkeit entfällt.

Diese Kürzung der Pensionszusage ist betrieblich veranlaßt. Dies gilt unabhängig davon, ob die Anpassung einseitig (z.B. aufgrund einer entsprechenden Anpassungsklausel) oder mit Zustimmung des Gesellschafter-Geschäftsführers erfolgt. Hierin ist kein gesellschaftsrechtlich veranlaßter Verzicht des Gesellschafter-Geschäftsführers und damit kein Zufluß im Sinne des Beschlusses des GrS des BFH vom 9. Juni 1997 (BStBl. 1998 II S. 307) zu sehen.

Die Pensionsrückstellung ist in Höhe der Differenz zwischen der Rückstellung für die ursprüngliche Pensionszusage und der Pensionsrückstellung für die abgeänderte Pensionszusage ertragswirksam aufzulösen. Verbessert sich die wirtschaftliche Situation der Gesellschaft wieder, kann die Pensionszusage im Rahmen der Finanzierbarkeit wieder erhöht werden. Unabhängig vom Zeitpunkt der späteren Erhöhung bleibt diese bis zur Höhe der ursprünglichen Zusage erdienbar. Im Jahr der erneuten Anpassung ist die Pensionsrückstellung entsprechend zu erhöhen.

2.4.2 Unterlassen der Kürzung trotz Wegfalls der Finanzierbarkeit [3]

Erfolgt die notwendige Anpassung der Pensionszusage nicht, sind die der Pensionsrückstellung zugeführten Beträge ab dem Zeitpunkt, ab dem die Finanzierbarkeit nicht mehr gegeben ist, in voller Höhe als verdeckte Gewinnausschüttungen zu behandeln. Die bis zu diesem Zeitpunkt (zulässigerweise) gebildete Rückstellung wird nicht erfolgswirksam aufgelöst. Verbessert sich die wirtschaftliche Situation und wird die Zusage wieder finanzierbar, sind die weiteren Zuführungen zur Pensionsrückstellung gewinnmindernd zu berücksichtigen.

---

1) Die vorstehende Tz. 2 ist durch das BMF-Schreiben vom 06.09.2005 IV B 7 – S 2742 – 69/05 (BStBl. 2005 I S. 875) aufgehoben worden (hier abgedruckt als Anlage § 008 (3)-48).

2) Die vorstehende Tz. 2 ist durch das BMF-Schreiben vom 06.09.2005 IV B 7 – S 2742 – 69/05 (BStBl. 2005 I S. 875) aufgehoben worden (hier abgedruckt als Anlage § 008 (3)-48).

3) Die vorstehende Tz. 2 ist durch das BMF-Schreiben vom 06.09.2005 IV B 7 – S 2742 – 69/05 (BStBl. 2005 I S. 875) aufgehoben worden (hier abgedruckt als Anlage § 008 (3)-48).

Finanzierbarkeit von Pensionszusagen gegenüber Gesellschafter-Geschäftsführern
(§ 8 Abs. 3 Satz 2 KStG);
Anwendung der BFH-Urteile vom 8. November 2000 – BStBl. II 2005 S. 653, vom
20. Dezember 2000 – BStBl. II 2005 S. 657, vom 7. November 2001 – BStBl. II 2005 S. 659,
vom 4. September 2002 – BStBl. II 2005 S. 662 und vom 31. März 2004 –
BStBl. II 2005 S. 664

BMF-Schreiben vom 06.09.2005
IV B 7 – S 2742 – 69/05
(BStBl. 2005 I S. 875)

Der BFH hat in seinen Urteilen vom 8. November 2000 (BStBl. II 2005 S. 653), vom 20. Dezember 2000 (BStBl. II 2005 S. 657), vom 7. November 2001 (BStBl. II 2005 S. 659), vom 4. September 2002 (BStBl. II 2005 S. 662) und vom 31. März 2004 (BStBl. II 2005 S. 664) zu den Voraussetzungen für die Annahme einer verdeckten Gewinnausschüttung bei fehlender Finanzierbarkeit einer Pensionszusage gegenüber dem beherrschenden Gesellschafter-Geschäftsführer Stellung genommen. Nach dem Ergebnis der Erörterung mit den obersten Finanzbehörden der Länder sind die Grundsätze der Urteile in allen offenen Fällen allgemein anzuwenden; Tz. 2 des BMF-Schreibens vom 14. Mai 1999 (BStBl. I S. 512) wird aufgehoben.

Ist auf eine Pensionszusage vor dem 20. Oktober 2005 vollständig oder teilweise verzichtet worden, wird es nicht beanstandet, wenn auf übereinstimmenden Antrag der Gesellschaft und des Gesellschafters die vor der Veröffentlichung der BFH-Urteile geltenden Grundsätze der Tz. 2 des BMF-Schreibens vom 14. Mai 1999 weiter angewandt werden. Der Antrag ist bis zur Bestandskraft des Körperschaftsteuerbescheides für den Veranlagungszeitraum des Verzichts zu stellen.

Die Rechtsgrundsätze der o. g. Urteile des BFH sowie die Möglichkeit zur abweichenden Antragstellung im Verzichtsfalle sind auch auf nicht beherrschende Gesellschafter-Geschäftsführer anzuwenden.

Steuerliche Behandlung von Pensionszusagen gegenüber beherrschenden Gesellschafter-Geschäftsführern (§8 Abs. 3 Satz 2 KStG)

Verfügung OFD Frankfurt/M. vom 07.12.2006

S 2742 A – 10 – St 51

Zu den Kriterien der

1. „Wartezeit" (A 32 Abs. 1 Satz 5 und 6 KStR 1995, H 38 Warte-/Probezeit KStH 2004)

2. „Finanzierbarkeit" (A 32 Abs. 1 Satz 9 KStR 1995, R 38 KStR 2004)

Nach dem Ergebnis der Erörterungen mit den obersten Finanzbehörden der Länder wird gebeten zur steuerlichen Beurteilung von Rückstellungen für Pensionszusagen an beherrschende Gesellschafter-Geschäftsführer von Kapitalgesellschaften folgende Auffassung zu vertreten:

1. Probezeit

Nach Abschnitt 32 Abs. 1 Satz 5 und 6 KStR 1995 ist die Erteilung der Pensionszusage unmittelbar nach der Anstellung und ohne die unter Fremden übliche Wartezeit in der Regel nicht betrieblich, sondern durch das Gesellschaftsverhältnis veranlasst.

Der Begriff der Wartezeit wird hier im Sinne einer Probezeit verwendet. Dies ist der Zeitraum zwischen Dienstbeginn und der erstmaligen Vereinbarung einer schriftlichen Pensionszusage (zusagefreie Zeit). Der Zeitraum zwischen der Erteilung einer Pensionszusage und der erstmaligen Anspruchsberechtigung (versorgungsfreie Zeit) zählt nicht zur Probezeit.

1.1 Dauer der Probezeit

Für die steuerliche Beurteilung einer Pensionszusage ist regelmäßig eine Probezeit von zwei bis drei Jahren als ausreichend anzusehen. Der BFH hält in seinem Urteil vom 15. 10. 1997 – I R 42/97 – (BStBl. II 1999, 316) zwar eine Probezeit von fünf Jahren für ausreichend. Dies schließt die steuerliche Berücksichtigung kürzerer Probezeiten jedoch nicht aus, da es in dem Urteilsfall nicht entscheidungserheblich war, ob unter Umständen auch ein kürzerer Zeitraum zur Erprobung genügt hätte.

Eine Probezeit ist bei entsprechenden Vortätigkeiten nicht in jedem Fall erforderlich. So hat der BFH in seinem Urteil vom 29. 10. 1997 – I R 52/97 – (BStBl. II 1999, 318) entschieden, dass es vor Erteilung einer Pensionszusage keiner erneuten Probezeit bedarf, wenn ein Einzelunternehmen in eine Kapitalgesellschaft umgewandelt wird und der bisherige, bereits erprobte Geschäftsführer des Einzelunternehmens als Geschäftsführer der Kapitalgesellschaft das Unternehmen fortführt.

Ein ordentlicher und gewissenhafter Geschäftsleiter einer neu gegründeten Kapitalgesellschaft wird einem gesellschaftsfremden Geschäftsführer erst dann eine Pension zusagen, wenn er die künftige wirtschaftliche Entwicklung und damit die künftige wirtschaftliche Leistungsfähigkeit der Kapitalgesellschaft zuverlässig abschätzen kann. Hierzu bedarf es in der Regel eines Zeitraums von wenigstens fünf Jahren. Dies gilt nicht, wenn die künftige wirtschaftliche Entwicklung aufgrund der bisherigen unternehmerischen Tätigkeit hinreichend deutlich abgeschätzt werden kann, wie z.B. in Fällen der Betriebsaufspaltung und Umwandlung eines Einzelunternehmens in eine Kapitalgesellschaft.

1.2 Verstoß gegen die angemessene Probezeit

Zuführungen zu einer Rückstellung für eine Pensionszusage, die ohne Beachtung der unter Fremden üblichen Probezeit vereinbart worden ist, werden bis zum Ablauf der angemessenen Probezeit als verdeckte Gewinnausschüttung i.S. des § 8 Abs. 3 Satz 2 KStG behandelt. Nach Ablauf der angemessenen Probezeit werden die weiteren Zuführungen aufgrund der ursprünglichen Pensionszusage für die Folgezeit gewinnmindernd berücksichtigt (vgl. KSt-Kartei zu § 8 KStG Karte B 25). Die Möglichkeit einer Aufhebung der ursprünglichen und des Abschlusses einer neuen Pensionszusage nach Ablauf der angemessenen Probezeit bleibt hiervon unberührt.

Tritt bei einer unter Verstoß gegen die Probezeit erteilten Pensionszusage vor Ablauf der angemessenen Probezeit der Versorgungsfall ein, werden die Zuführungen zur Pensionsrückstellung als verdeckte Gewinnausschüttungen i.S. des § 8 Abs. 3 Satz 2 KStG behandelt und außerhalb der Steuerbilanz in die Einkommensermittlung einbezogen (vgl. KSt-Kartei zu § 8 KStG Karte B 25).

Das gleiche gilt für die Pensionszahlungen, soweit sie nicht mit der Rückstellung verrechnet werden und dadurch Einfluss auf die Höhe des Steuerbilanzergebnisses gehabt haben. Die Pensionszahlungen werden – ungeachtet der Behandlung bei der Einkommensermittlung – in vollem Umfang als andere Ausschüttungen i.S. des § 27 Abs. 3 Satz 2 KStG a.F. behandelt.

2. Finanzierbarkeit von Pensionszusagen gegenüber Gesellschafter-Geschäftsführern im Sinne der BFH-Rechtsprechung

Der BFH hat in seinen Urteilen vom 8.11. 2000 (BStBl. II 2005,653), vom 20.12. 2000 (BStBl. II 2005, 657), vom 7.11. 2001 (BStBl. II 2005, 659), vom 4. 9. 2002 (BStBl. II 2005, 662) und vom 31. 3. 2004 (BStBl. II 2005, 664) zu den Voraussetzungen für die Annahme einer verdeckten Gewinnausschüttung bei fehlender Finanzierbarkeit einer Pensionszusage gegenüber dem beherrschenden Gesellschafter-Geschäftsführer Stellung genommen.

Nach dem Ergebnis der Erörterung mit den obersten Finanzbehörden der Länder sind die Grundsätze der Urteile in allen offenen Fällen allgemein anzuwenden; Tz. 2 des BMF-Schreibens vom 14. 5. 1999 (BStBl. I 1999, 512) wird aufgehoben.

Ist auf eine Pensionszusage vor dem 20. 11. 2005 vollständig oder teilweise verzichtet worden, wird es nicht beanstandet, wenn auf übereinstimmenden Antrag der Gesellschaft und des Gesellschafters die vor der Veröffentlichung der BFH-Urteile geltenden Grundsätze oder Tz. 2 des BMF-Schreibens vom 14. 5. 1999 weiter angewandt werden (Wortlaut der Tz. 2, siehe Zusatz der OFD). Der Antrag ist bis zur Bestandskraft des Körperschaftsteuerbescheids für den Veranlagungszeitraum des Verzichts zu stellen.

Die Rechtsgrundsätze der o.g. Urteile des BFH sowie die Möglichkeit zur abweichenden Antragstellung im Verzichtsfalle sind auch auf nicht beherrschende Gesellschafter-Geschäftsführer anzuwenden.

Diese Verfügung fasst die BMF-Schreiben 14. 5. 1999 – IV C 6 – S 2742 – 9/99 – (BStBl. 1999, 512[1]) und vom 6. 9. 2005 – IV B 7 – S 2742 – 69/05 – (BStBl. I 2005, 875)[2] zusammen.

Zusatz der OFD:

Finanzierbarkeit i.S. der Tz. 2 des BMF-Schreibens vom 14.5.1999:

Die betriebliche Veranlassung einer Pensionszusage setzt u.a. voraus, dass die Zusage finanzierbar ist (Abschnitt 32 Abs. 1 Satz 3 KStR 1995).

Der BFH unterscheidet in seinem Urteil vom 15. 10. 1997 (a.a.O.) zwischen der ungewissen Verbindlichkeit aufgrund der Pensionszusage gegenüber dem Geschäftsführer und der ungewissen Verbindlichkeit aufgrund der Witwenklausel und hält es für denkbar, dass die Veranlassung beider Verbindlichkeiten unterschiedlich zu beurteilen ist. Für die Prüfung, ob eine Passivierung der sich aus der Pensionszusage ergebenden Verbindlichkeit zu einer buchmäßigen Überschuldung führt, komme es nur auf den Betrag an, für den eine verdeckte Gewinnausschüttung in Betracht gezogen wird (im Urteilsfall laut BFH die Zuführung zur Pensionsrückstellung in Höhe von 23 295 DM). Für diese Zuführung sei die Witwenklausel ohne Belang.

Diese Grundsätze des BFH-Urteils sind nicht allgemein anzuwenden.

2.1 Pensionsverpflichtung als einheitliches Wirtschaftsgut

Die Pensionsverpflichtung gegenüber einem Arbeitnehmer stellt mit allen ihren Komponenten (z. B. Alters-, Invaliden- oder Witwenrente) ein einheitliches Wirtschaftsgut dar, das einheitlich zu bilanzieren ist. Damit ist in der Zuführung zur Pensionsrückstellung – bei entsprechender Zusage – auch die Invaliditäts- und Witwenzusage enthalten.

2.2 Prüfung der Finanzierbarkeit

Die Finanzierbarkeit der Zusage ist dann zu verneinen, wenn bei einem unmittelbar nach dem Bilanzstichtag eintretenden Versorgungsfall der Barwert der künftigen Pensionsleistungen am Ende des Wirtschaftsjahres auch nach Berücksichtigung einer Rückdeckungsversicherung zu einer Überschuldung in der Bilanz führen würde (Abschnitt 32 Abs. 1 Satz 9 KStR 1995). Die Finanzierbarkeit der Pensionszusage ist danach unter Einbeziehung einer etwa bestehenden Rückdeckungsversicherung anhand eines fiktiven vorzeitigen Versorgungsfalles (z.B. Invalidität oder Witwenversorgung) und des sich hieraus ergebenden fiktiven Zuführungsbedarfs zu prüfen. Demgegenüber ist die tatsächlich vorgenommene Zuführung zur Pensionsrückstellung nicht Grundlage für die Finanzierbarkeitsprüfung.

Bei der Prüfung der Überschuldung sind alle materiellen und immateriellen Wirtschaftsgüter einschließlich ihrer stillen Reserven zu berücksichtigen. Ein selbstgeschaffener Firmenwert bleibt außer Ansatz.

Die Prüfung der Finanzierbarkeit hat im Zeitpunkt der Zusageerteilung, einer wesentlichen Zusageänderung (BFH-Urteil vom 29. 10. 1997 a.a.O.) oder einer wesentlichen Verschlechterung der wirtschaftlichen Verhältnisse der Gesellschaft zu erfolgen.

---

1) Hier abgedruckt als Anlage § 008(3)-47.
2) Hier abgedruckt als Anlage § 008(3)-48.

Eine Anpassungsklausel, wonach bei einer Verschlechterung der wirtschaftlichen Situation der Gesellschaft die zugesagten Leistungen gekürzt oder versagt werden können, bleibt für die Beurteilung der Finanzierbarkeit unberücksichtigt.

2.3 Nicht finanzierbare Pensionszusage

Die Pensionszusage an den beherrschenden Gesellschafter-Geschäftsführer ist gesellschaftsrechtlich veranlasst, wenn die Finanzierbarkeit im Zeitpunkt der Zusage nicht erfüllt ist. Eine Aufteilung in einen finanzierbaren und einen nicht finanzierbaren Teil kommt nicht in Betracht. Zuführungen zu einer solchen Pensionszusage werden insgesamt als verdeckte Gewinnausschüttungen behandelt. Das gilt auch dann, wenn sich die finanzielle Lage der Gesellschaft später verbessert. Die Möglichkeit der Aufhebung der ursprünglichen und die Erteilung einer neuen, dann finanzierbaren Pensionszusage bleibt hiervon unberührt.

2.4 Finanzierbare Pensionszusage

Ist die Pensionszusage im Zusagezeitpunkt finanzierbar, ist sie bei Vorliegen der übrigen Voraussetzungen betrieblich veranlasst.

2.4.1 Kürzung bei späterem Wegfall der Finanzierbarkeit

Verschlechtert sich in späteren Jahren die wirtschaftliche Situation der Gesellschaft, würde ein ordentlicher und gewissenhafter Geschäftsleiter eine Anpassung der Pensionszusage herbeiführen. Eine Pensionszusage ist daher zu kürzen, soweit ihre Finanzierbarkeit entfällt.

Diese Kürzung der Pensionszusage ist betrieblich veranlasst. Dies gilt unabhängig davon, ob die Anpassung einseitig (z.B. aufgrund einer entsprechenden Anpassungsklausel) oder mit Zustimmung des Gesellschafter-Geschäftsführers erfolgt. Hierin ist kein gesellschaftsrechtlich veranlasster Verzicht des Gesellschafter-Geschäftsführers und damit kein Zufluss i.S. des Beschlusses des GrS des BFH vom 9. 6. 1997 (BStBl. II 1998, 307) zu sehen.

Die Pensionsrückstellung ist in Höhe der Differenz zwischen der Rückstellung für die ursprüngliche Pensionszusage und der Rückstellung für die abgeänderte Pensionszusage ertragswirksam aufzulösen. Verbessert sich die wirtschaftliche Situation der Gesellschaft wieder, kann die Pensionszusage im Rahmen der Finanzierbarkeit wieder erhöht werden. Unabhängig vom Zeitpunkt der späteren Erhöhung bleibt diese bis zur Höhe der ursprünglichen Zusage erdienbar. Im Jahr der erneuten Anpassung ist die Pensionsrückstellung entsprechend zu erhöhen.

2.4.2 Unterlassen der Kürzung trotz Wegfalls der Finanzierbarkeit

Erfolgt die notwendige Anpassung der Pensionszusage nicht, sind die der Pensionsrückstellung zugeführten Beträge ab dem Zeitpunkt, ab dem die Finanzierbarkeit nicht mehr gegeben ist, in voller Höhe als verdeckte Gewinnausschüttungen zu behandeln. Die bis zu diesem Zeitpunkt (zulässigerweise) gebildete Rückstellung wird nicht erfolgswirksam aufgelöst. Verbessert sich die wirtschaftliche Situation und wird die Zusage wieder finanzierbar, sind die weiteren Zuführungen zur Pensionsrückstellung gewinnmindernd zu berücksichtigen.

Verzicht des Gesellschafter-Geschäftsführers auf eine finanzierbare Pensionszusage

Gegenstand der Erörterungen mit den obersten Finanzbehörden der Länder war auch die Frage, wie der Verzicht eines Gesellschafter-Geschäftsführers auf eine noch finanzierbare Pensionszusage zu werten ist.

Der Verzicht (Widerruf oder Einschränkung im Wege eines Erlass-, Schuldaufhebungs- oder Änderungsvertrages) des Gesellschafter-Geschäftsführers ist regelmäßig als im Gesellschaftsverhältnis veranlasst anzusehen. Von einer betrieblichen Veranlassung des Verzichts ist hingegen auszugehen, wenn die Pensionszusage im Verzichtszeitpunkt nach der Rechtsprechung des BFH in den Urteilen vom 8. 11. 2000 (BStBl. II 2005, 653), vom 20. 12. 2000 (BStBl. II 2005, 657), vom 7. 11. 2001 (BStBl. II 2005, 659) und vom 4. 9. 2002 (BStBl. II 2005, 662) nicht finanzierbar ist. Dient der Verzicht der Vermeidung einer drohenden Überschuldung der Gesellschaft im insolvenzrechtlichen Sinne und steht er im Zusammenhang mit weiteren die Überschuldung vermeidenden Maßnahmen (wie insbesondere einer Absenkung des Aktivgehaltes) ist er entsprechend den allgemeinen Grundsätzen nur dann betrieblich veranlasst, wenn sich auch ein Fremdgeschäftsführer zu einem Verzicht bereit erklärt hätte.

Pensionszusagen gegenüber beherrschenden Gesellschafter-Geschäftsführern (§ 8 Abs. 3 Satz 2 KStG); Zweifelsfragen zum BMF-Schreiben vom 14.5.1999 (BMF-Schreiben vom 14.5.1999 – IV C 6 – S 2742 – 9/99, BStBl. I 1999, 512)[1]

Verfügung OFD Koblenz vom 11.11.1999

S 2742 A – St 34 2

Das BMF hat in zwei Schreiben vom 3.11.1999 zu Fragen im Zusammenhang mit dem BMF-Schreiben vom 14.5.1999 (BMF-Schreiben vom 14.5.1999 – IV C 6 – S 2742 – 9/99, BStBl. I 1999, 512) wie folgt Stellung genommen:

1. Verzicht des Gesellschafters auf eine Pensionszusage, die bereits im Zusagezeitpunkt nicht finanzierbar[2] war:

Eine Pensionszusage, die bereits im Zusagezeitpunkt nicht finanzierbar war, ist von vornherein gesellschaftsrechtlich veranlaßt. Wird diese Pensionszusage aufgehoben, sind die Grundsätze des Beschlusses des GrS des BFH vom 9.6.1997 (BFH-Beschluß des Großen Senats vom 9.6.1997 – GrS 1/94, BStBl. II 1998, 307) zu beachten. Der Verzicht des Gesellschafter-Geschäftsführers auf eine Forderung (Pensionsanspruch) gegenüber der Gesellschaft ist in diesen Fällen gesellschaftsrechtlich veranlaßt und führt zu einem Zufluß bei ihm.

Zusatz der OFD:

Ein Zufluß ist nur in Höhe des Teilwertes der Pensionsanwartschaft (= werthaltiger Teil des Pensionsanspruches) anzunehmen. Bei dem Gesellschafter-Geschäftsführer liegen in diesen Fällen (Pensionszusage von vornherein gesellschaftsrechtlich veranlaßt) insoweit keine Einkünfte i. S. des § 19 EStG, sondern solche i. S. des § 20 Abs. 1 Nr. 1 EStG oder, wenn sich die GmbH-Anteile im Betriebsvermögen des Steuerpflichtigen befinden, i. S. der §§ 15 bzw. 18 EStG vor.

2. Übergangsregelung zu Tz. 2 des BMF-Schreibens vom 14.5.1999 (a. a. O.)[3]

Das BMF hat eine Übergangsregelung zu Tz. 2 des BMF-Schreibens vom 14.5.1999, die im Hinblick auf das BFH-Urteil vom 15.10.1997 (BFH, Urt. v. 15.10.1997 – I R 42/97, BStBl. II 1999, 316) gefordert worden war, abgelehnt. Die im Urteil vom 15.10.1997 enthaltenen Aussagen des BFH zur bilanziellen Behandlung der Pensionsverpflichtungen stünden im Widerspruch zur ständigen Rechtsprechung und zur Verwaltungsauffassung, wonach alle Bestandteile einer Pensionszusage steuerlich als ein einheitliches Wirtschaftsgut anzusehen sind. Da das Urteil vom 15.10.1997 nicht vor dem BMF-Schreiben vom 14.5.1999 im BStBl. veröffentlicht worden sei, könne aus dem Urteil auch kein Vertrauensschutz erwachsen.

3. Erdienbarkeit bei Aufhebung einer bestehenden und Erteilung einer neuen Pensionszusage nach Tz. 1.2 (1. Absatz) des BMF-Schreibens vom 14.5.1999

Wird eine Pensionszusage, die unter Verstoß gegen eine angemessene Probezeit erteilt worden war, nach Tz. 1.2 des BMF-Schreibens vom 14.5.1999 aufgehoben und nach Ablauf der angemessenen Probezeit eine neue Pensionszusage erteilt, so müssen die steuerlichen Voraussetzungen für die Erteilung dieser neuen Zusage im Zusagezeitpunkt erfüllt sein. Die Erdienbarkeit ist daher zum Zeitpunkt der Erteilung der Neuzusage zu prüfen.

---

1) Vgl. Anlage § 008 (3)-47.

2) Vgl. Anlage § 008 (3)-48.

3) Vgl. Anlage § 008 (3)-48.

Verdeckte Gewinnausschüttungen; Rückstellungen für Pensionszusagen an Gesellschafter-Geschäftsführer von Kapitalgesellschaften: unternehmensbezogene Wartezeit

Erlass FM Mecklenburg-Vorpommern vom 14.06.2006

IV 302 – S 2742 – 34/93

Nach ständiger Rechtsprechung des BFH wird „ein ordentlicher und gewissenhafter Geschäftsleiter einer neu gegründeten Kapitalgesellschaft [...] einem gesellschaftsfremden Geschäftsführer erst dann eine Pension zusagen, wenn er die künftige wirtschaftliche Entwicklung und damit die künftige wirtschaftliche Leistungsfähigkeit der Kapitalgesellschaft zuverlässig abschätzen kann. Hierzu bedarf es in der Regel eines Zeitraums von wenigstens fünf Jahren. Dies gilt nicht, wenn die künftige wirtschaftliche Entwicklung aufgrund der bisherigen unternehmerischen Tätigkeit hinreichend deutlich abgeschätzt werden kann, wie z. B. in Fällen der Betriebsaufspaltung und Umwandlung eines Einzelunternehmens in eine Kapitalgesellschaft." (→ Tz. 1.1 des BMF-Schreibens vom 14. 5. 1999, BStBl. I 1999, 512).

Mit Urteil vom 22. 2. 2006, 1 K 372/02 hat das FG Mecklenburg-Vorpommern entschieden, dass im Streitfall drei Jahre und 11 Monate zwischen der Gründung einer Kapitalgesellschaft und der Pensionszusage ausgereicht haben, um die künftige wirtschaftliche Ertragsentwicklung auf Grund gesicherter Erkenntnisse einschätzen zu können. Im Hinblick auf die Umstände des entschiedenen Einzelfalls erscheint die Entscheidung des FG überzeugend. Deshalb ist die vom FG zugelassene Revision mit Einverständnis des Ministeriums nicht eingelegt worden. Das Urteil ist rechtskräftig.

Es wird gebeten, in vergleichbaren Fällen darauf zu achten, dass hinsichtlich der personenbezogenen Probezeit (regelmäßig 2-3 Jahre) und der unternehmensbezogenen Wartezeit (regelmäßig wenigstens fünf Jahre) stets eine Prüfung nach den Umständen des Einzelfalls vorgenommen wird.

Steuerliche Behandlung der Aufwendungen für eine Rückdeckungsversicherung bei Nichtanerkennung der Pensionszusage

Verfügung OFD Chemnitz vom 09.08.1999

S 2742 – 68/4 – St 33

Hat eine Kapitalgesellschaft neben einer Pensionsverpflichtung gegenüber ihrem Gesellschafter-Geschäftsführer eine Rückdeckungsversicherung bei einem Versicherungsunternehmen abgeschlossen, so sind der Versicherungsanspruch und die Pensionsverpflichtung (Pensionsrückstellung) in der Steuerbilanz getrennt zu bilanzieren (Grundsatz der Einzelbewertung gemäß § 252 Abs. 1 Nr. 3 HGB, Verrechnungsverbot i. S. des § 246 Abs. 2 HGB, s. a. R 41 Abs. 24 EStR 1998 [1]).

Zweck der Rückdeckungsversicherung ist die Absicherung des finanziellen Risikos der Pensionszusage. Die Versicherung soll die Liquidität der Gesellschaft beim Anfall von Pensionszahlungen sichern. Versicherungsnehmerin und Bezugsberechtigte ist die Kapitalgesellschaft, nicht der Begünstigte der Pensionszusage.

Liegt eine zivilrechtliche wirksame Pensionszusage vor, ist es für die Beurteilung der Rückdeckungsversicherung unerheblich, ob die Pensionszusage steuerlich anerkannt oder ggf. ganz oder teilweise als verdeckte Gewinnausschüttung qualifiziert wird. Die Gesellschaft trägt auf jeden Fall das finanzielle Risiko. Die Absicherung dieses Risikos durch Abschluß einer Rückdeckungsversicherung liegt somit grundsätzlich im betrieblichen Interesse (s. a. BFH vom 5.6.1962, BStBl. III, 416 und vom 4.4.1963, HFR 1963, 298).

Die Rückdeckungsversicherung teilt nicht das Schicksal der Pensionszusage. Die Aufwendungen für eine solche Versicherung sind grundsätzlich betrieblich veranlaßt und nicht in eine etwaige verdeckte Gewinnausschüttung wegen Nichtanerkennung der Pensionszusage einzubeziehen. Die Ansprüche aus der Rückdeckungsversicherung haben ebenfalls keine Auswirkung auf die Höhe einer etwaigen verdeckten Gewinnausschüttung.

---

1) Jetzt H 6a Abs. 23 EStH.

Gesellschafter-Geschäftsführer:
Pensionszusagen – Vereinbarung einer sofortigen ratierlichen Unverfallbarkeit und Länge des Erdienungszeitraums

BMF-Schreiben vom 09.12.2002
IV A 2 – S 2742 – 68/02

Im Einvernehmen mit den obersten Finanzbehörden der Länder gilt zur steuerlichen Behandlung einer Pensionszusage an einen Gesellschafter-Geschäftsführer Folgendes:

1. Unverfallbarkeit

Vereinbarungen über eine Unverfallbarkeit in Zusagen auf Leistungen der betrieblichen Altersversorgung an Gesellschafter-Geschäftsführer einer Kapitalgesellschaft sehen häufig abweichend von den Regelungen im Gesetz zur Verbesserung der betrieblichen Altersversorgung (Betr-AVG) vor, dass dem Berechtigten eine sofortige Unverfallbarkeit der zugesagten Ansprüche eingeräumt wird. Eine derartige Vereinbarung ist grundsätzlich für sich genommen nur dann nicht als durch das Gesellschaftsverhältnis veranlasst anzusehen, wenn es sich um eine sofortige ratierliche Unverfallbarkeit handelt. Bei einem Anspruch auf betriebliche Altersversorgung durch Entgeltumwandlung ist nicht zu beanstanden, wenn sich die Unverfallbarkeit nach § 2 Abs. 5a BetrAVG richtet.

Ist die Zusage danach als durch das Gesellschaftsverhältnis veranlasst anzusehen, liegt bei einem vorzeitigen Ausscheiden des Berechtigten auf der Ebene der Gesellschaft eine verdeckte Gewinnausschüttung insoweit vor, als der Rückstellungsausweis für die Verpflichtung nach § 6a EStG den Betrag übersteigt, der sich bei einer sofortigen ratierlichen Unverfallbarkeit ergeben würde. Bei Zusagen an beherrschende Gesellschafter-Geschäftsführer ist zur Ermittlung des Betrags, der sich bei einer sofortigen ratierlichen Unverfallbarkeit ergeben würde, nicht der Beginn der Betriebszugehörigkeit, sondern der Zeitpunkt der Zusage maßgebend. Auf die verdeckte Gewinnausschüttung sind die Grundsätze des Schr. des BMF v. 28.5.2002 – IV A 2 – S 2742 – 32/02, BStBl. I 2002, 603 anzuwenden.

2. Erdienungszeitraum

Nach dem BMF-Schr. v. 1.8.1996 – IV B 7 – S 2742 – 88/96, BStBl. I 1996, 1138 bzw. v. 7.3.1997 – IV B 7 – S 2742 – 20/97, BStBl. I 1997, 637 lehnen sich die Zeiträume, in denen sich der Gesellschafter-Geschäftsführer seine Ansprüche aus einer Zusage auf Leistungen der betrieblichen Altersversorgung erdienen muss, an die Unverfallbarkeitsfristen des BetrAVG in dessen damaliger Fassung an. Diese Fristen sind durch das Altersvermögensgesetz vom 26.6.2001 verkürzt worden.

Die in den Schr. des BMF v. 1.8.1996 – IV B 7 – S 2742 – 88/96, BStBl. I 1996, 1138 bzw. v. 7.3.1997 – IV B 7 – S 2742 – 20/97, BStBl. I 1997, 637 genannten Fristen sind weiterhin zu beachten. Ein Unterschreiten ist als Indiz dafür anzusehen, dass die Zusage ihre Ursache im Gesellschaftsverhältnis hat.

Dieses Schreiben wird im BStBl. I[1] veröffentlicht.

---

1) BStBl. 2002 I S. 1393.

Pensionszusage an Gesellschafter-Geschäftsführer;
Ausgleich einer fehlenden (privaten) Altersversorgung

BMF-Schreiben vom 13.05. 2003

IV A 2 – S 2742 – 27/03

(BStBl. 2003 I S. 300)

Der BFH hat im Urteil vom 24. April 2002 – I R 43/01 – (BStBl. 2003 II S. 416) entschieden, dass eine Pensionszusage an einen beherrschenden Gesellschafter-Geschäftsführer einer Kapitalgesellschaft grundsätzlich dann nicht durch das Gesellschaftsverhältnis veranlasst ist, wenn zwischen Zusageerteilung und dem 65. Lebensjahr des Begünstigten weniger als zehn Jahre liegen, weil der Begünstigte nicht anderweitig eine angemessene Altersversorgung aufbauen konnte.

Der Entscheidung des BFH liegt ein besonders gelagerter Sachverhalt zu Grunde. Nach dem Ergebnis einer Erörterung mit den obersten Finanzbehörden der Länder bestehen keine Bedenken, die Grundsätze dieses Urteils in gleichgelagerten Ausnahmesachverhalten anzuwenden. Im Übrigen bleiben die Grundsätze des BMF-Schreibens vom 01. August 1996 (BStBl. I S. 1138)[1] bzw. vom 07. März 1997 (BStBl. I S. 637)[2] hiervon unberührt.

---

1) Vgl. Anlage § 008 (3) - 42.

2) Vgl. Anlage § 008 (3) - 46.

Gewerbesteuerumlage als verdeckte Gewinnausschüttung

BMF-Schreiben vom 12.09.2002

IV A 2 – S 2742 – 58/02

Zu der Frage, welche Auswirkungen das BFH-Urteil vom 7.11.2001 (BStBl. II 2002, 369) auf die körperschaftsteuerliche Behandlung von Gewerbesteuerumlagen hat, wird unter Bezugnahme auf das Ergebnis einer Erörterung mit den obersten Finanzbehörden der Länder wie folgt Stellung genommen:

Das Gericht hat in dem Urteil vom 7.11.2001 (a. a. O.) entschieden, dass in Fällen einer nur gewerbesteuerlichen Organschaft, bei der die Ermittlung der von den Organgesellschaften zu entrichtenden Gewerbesteuerumlage sich nach der sog. Belastungsmethode richtet, aus den BGH-Urteilen vom 22.10.1992 (IX ZR 244/91) und vom 1.3.1991 (II ZR 312/97) bezogen auf das Streitjahr 1985 keine negativen Folgen zu ziehen sind. Die neueren Erkenntnisse des BGH, nach denen die Belastungsmethode grundsätzlich nicht anzuerkennen sei, weil sie i. d. R. nicht zu betriebswirtschaftlich gerechtfertigten Belastungen der Organgesellschaft führe, könne für das Streitjahr (noch) keine Bedeutung haben. Im Übrigen gäbe es seit den 60er Jahren steuerliche Verwaltungsanweisungen zur Anerkennung der Belastungsmethode (z. B. FinMin. NRW v. 14.12.1964, DB 1965, 13), die nach Ergehen der BGH-Urteile nicht aufgehoben worden seien.

Das BFH-Urteil gibt keine Veranlassung, von den vorgenannten Verwaltungsanweisungen abzuweichen. Nach den Anweisungen ist jede Methode zur Ermittlung der Gewerbesteuerumlage in Fällen einer nur gewerbesteuerlichen Organschaft anzuerkennen, die zu einem betriebswirtschaftlich vertretbaren Ergebnis führt. Voraussetzung hierfür ist allerdings u. a., dass mindestens im Durchschnitt mehrerer Jahre nur die tatsächlich gezahlte Gewerbesteuer umgelegt wird.

Dies bedeutet für die Belastungsmethode, dass spätestens bei Beendigung der Organschaft der Organgesellschaft der Betrag zurückerstattet wird, der ihr in den Vorjahren rechnerisch zuviel als Umlage abverlangt worden ist; die Organgesellschaft hat (spätestens) im Zeitpunkt der Beendigung des Organschaft einen Ausgleichsanspruch gegen den Organträger. Wird auf die Geltendmachung dieses Anspruchs verzichtet, dann ist zu prüfen, ob dies seine Ursache im Gesellschaftsverhältnis hat und der Verzicht zu einer verdeckten Gewinnausschüttung (verhinderte Vermögensmehrung) führt.

Durch das BFH-Urteil vom 7.11.2001 (a. a. O.) hat sich an dieser langjährigen Verwaltungsauffassung nichts geändert. Daher sind auch Überlegungen, im Hinblick auf das Urteil eine Vertrauensschutzregelung vorzusehen, entbehrlich.

Gewerbesteuerumlage als verdeckte Gewinnausschüttung

Verfügung OFD Koblenz vom 28.10.2002

S 2742 A – St 34 1

Zusatz der OFD zum BMF-Schreiben vom 12.09.2002 – IV A2 – 58/02 [1]:

Die Voraussetzungen für die Anerkennung einer gewerbesteuerlichen Organschaft entsprechen ab dem Veranlagungszeitraum 2002 den Voraussetzungen für die körperschaftsteuerliche Organschaft (§ 2 Abs. 2 Satz 2 GewStG in der ab 2002 gültigen Fassung). Eine bisher bestehende nur gewerbesteuerliche Organschaft endet daher mit Ablauf des Veranlagungszeitraums 2001. Nach dem o. a. BMF-Schreiben hat die (bisherige) Organgesellschaft somit im Veranlagungszeitraum 2001 ggf. einen Ausgleichsanspruch gegenüber dem Organträger zu aktivieren.

Ich bitte daher, bei der Veranlagung für den VZ 2001 den mit diesem Zeitraum endenden Fällen der nur gewerbesteuerlichen Organschaft besondere Aufmerksamkeit zu widmen.

Kapitalerhöhung:
Körperschaftsteuerliche Behandlung des Verzichts auf ein Ausgabeaufgeld

Verfügung OFD Frankfurt/M. vom 20.12.2001

S 2742 A – 28 – St II 10

Beschließen die Gesellschafter einer Kapitalgesellschaft eine Kapitalerhöhung aus Gesellschaftermitteln (effektive Kapitalerhöhung) und wird dabei auf ein Ausgabeaufgeld verzichtet, das den stillen Reserven entspricht, die auf die bisherigen Anteile entfallen, stellt dies weder eine verdeckte Gewinnausschüttung noch eine nicht den gesellschaftsrechtlichen Vorschriften entsprechende (andere) Ausschüttung dar. Dies deshalb, weil sich der Vorgang nicht auf das steuerliche Einkommen der Kapitalgesellschaft auswirkt und auch nicht als fingierte Doppelmaßnahme (Einlage mit anschließender Wiederausschüttung) zu sehen ist.

Bedingt durch die niedrigeren Anschaffungskosten ergeben sich ertragsteuerliche Folgerungen erst bei der Veräußerung der Anteile entweder im Rahmen eines höheren Gewinns nach § 5 EStG (falls die Beteiligung Betriebsvermögen ist) oder im Rahmen eines höheren Veräußerungsgewinns nach § 17 EStG.

Erfolgt die Kapitalerhöhung aus Gesellschaftermitteln in Bezug auf die bisherigen Gesellschafter nicht verhältniswahrend, z. B. weil die bisherigen Gesellschafter an der Kapitalerhöhung nicht entsprechend ihrer bisherigen Beteiligungsquote teilnehmen oder weil ein neuer Gesellschafter aufgenommen wird, führt der Verzicht auf ein Ausgabeaufgeld oder der nicht angemessene Ansatz eines Ausgabeaufgeldes zu einer Verschiebung der stillen Reserven von den bisherigen Anteilen hin zu den durch die Kapitalerhöhung begründeten neuen Anteilen (vgl. auch Tz. 21.14 zur KSt-Kartei, UmwStG, Karte 17). Es kann dies einen Anwendungsfall des § 10 der Verordnung zu § 180 Abs. 2 AO darstellen. Danach kann u. a. gesondert und bei mehreren Beteiligten einheitlich festgestellt werden, ob und in welchem Umfang im Rahmen einer Kapitalerhöhung stille Reserven in Gesellschaftsanteilen, die der Besteuerung nach § 21 UmwStG oder § 17 EStG unterliegen (steuerverstrickte Anteile), auf andere Gesellschaftsanteile übergehen (mitverstrickte Anteile), in welchem Umfang die Anschaffungskosten der steuerverstrickten Anteile den mitverstrickten Anteilen zuzurechnen sind und wie hoch die Anschaffungskosten der steuerverstrickten Anteile nach dem Übergang stiller Reserven sowie der mitverstrickten Anteile im Übrigen sind.

Außerdem kann die Kapitalerhöhung gegen ein zu geringes Aufgeld auch eine gemischte Schenkung auslösen, weil stille Reserven von den Alt-Anteilen auf die im Rahmen der Kapitalerhöhung entstehenden neuen Anteile übergehen (Tz. 2.2.3 sowie Beispiel 4 der KSt-Kartei, Sonstiges, Schenkungsteuerliche Behandlung von Leistungen von Gesellschaftern und Dritten an KapGes).

---

1) Vgl. Anlage § 008 (3) - 54.

Veräußerung von Wohnungen
durch Wohnungsgenossenschaften in den neuen Bundesländern an ihre Mitglieder;
Ausschluß einer verdeckten Gewinnausschüttung

Erlaß FM Brandenburg vom 29.07.1994

35 – S 2742 – 3/94

Zu der Frage, ob eine verdeckte Gewinnausschüttung vorliegen kann, wenn wegen der Privatisierungs- und Veräußerungspflicht von Wohnungen (§ 5 des Altschuldenhilfe-Gesetzes) Erlöse erzielt werden, die wegen des gesetzlich vorgeschriebenen Vorrangs der Mieterprivatisierung unter dem Verkaufspreis liegen, die ohne die gesetzliche Auflage erzielt werden könnten, gilt folgendes:

Nach den allgemeinen Grundsätzen einer verdeckten Gewinnausschüttung i. S. d. § 8 Abs. 3 Satz 2 KStG liegt eine solche nicht vor, wenn die Wohnungsgenossenschaft eine Wohnung an ein Mitglied der Genossenschaft zu einem Preis veräußert, den sie auch von einer Person, die nicht Genosse ist, unter sonst gleichen Umständen verlangt hätte. Dieser Verkaufspreis kann z. B. im Hinblick auf die mit fortschreitender Zeit prozentual ansteigenden, an den Erblastentilgungsfonds abzuführenden Erlösanteile (§ 5 Abs. 2 des Altschuldenhilfe-Gesetzes) durchaus unter dem Verkaufspreis liegen, der ohne die gesetzliche Privatisierungs- und Veräußerungspflicht verlangt würde.

Wird die Veräußerung an ein Genossenschaftsmitglied demgegenüber zu einem Verkaufspreis durchgeführt, der unter dem von einem Dritten verlangten Verkaufspreis liegt, kommt es zu einer verdeckten Gewinnausschüttung.

Wegfall der vermeintlichen Sozialversicherungspflicht bei Beherrschung der GmbH

Verfügung OFD Köln vom 17.08.1994

S 2333 – 47 – St 15 A

Beherrschende Gesellschafter-Geschäftsführer einer GmbH stehen nicht in einem sozialversicherungspflichtigen Beschäftigungsverhältnis (§§ 2, 3 AVG), so daß der Arbeitgeber gesetzlich nicht zur Zahlung von Arbeitgeberanteilen zur Renten-, Kranken- und Arbeitslosenversicherung verpflichtet ist. Deshalb sind diese Arbeitgeberbeiträge nicht nach § 3 Nr. 62 EStG steuerfrei. Ob es sich um einen beherrschenden, nicht sozialversicherungspflichtigen Gesellschafter-Geschäftsführer oder um einen abhängigen Arbeitnehmer handelt, entscheidet die zuständige Einzugsstelle der Sozialversicherungsträger. Diese Entscheidung ist auch grundsätzlich für steuerliche Zwecke maßgebend. Die Finanzbehörden haben jedoch ein eigenes Prüfungsrecht, wenn die Entscheidung der Einzugsstelle zu begründeten Zweifeln Anlaß gibt.

Ein abhängiges Beschäftigungsverhältnis zu der GmbH liegt sozialversicherungsrechtlich nicht vor, wenn der Gesellschafter-Geschäftsführer einen maßgeblichen Einfluß auf die Geschicke der GmbH ausüben kann. Das ist i. d. R. der Fall, wenn der Anteil am Stammkapital der GmbH mindestens 50 v. H. beträgt. Bei einem Kapitalanteil von weniger als 50 v. H. kann ein abhängiges Beschäftigungsverhältnis zu verneinen sein, wenn der Geschäftsführer hinsichtlich Zeit, Dauer, Umfang und Ort seiner Tätigkeit im wesentlichen weisungsfrei ist und, wirtschaftlich gesehen, seine Tätigkeit nicht für ein fremdes, sondern für ein eigenes Unternehmen ausübt (vgl. auch § 3 EStG Fach 6 Nr. 800).

Wird festgestellt, daß in der Vergangenheit keine Sozialversicherungspflicht bestand und deshalb § 3 Nr. 62 Satz 1 EStG nicht anwendbar war, so ist bei rückwirkendem Wegfall der angemessenen Versicherungspflicht von folgenden Grundsätzen auszugehen:

1. Erstattet der Sozialversicherungsträger die *Arbeitgeberanteile* zur gesetzlichen Renten- und Arbeitslosenversicherung an den Arbeitgeber, die dieser in der rechtsirrtümlichen Annahme der Versicherungspflicht geleistet hat, ohne daß sie vom Arbeitgeber an den Arbeitnehmer weitergegeben werden, so ergeben sich daraus keine lohnsteuerlichen Folgen (BFH vom 27.3.1992, BStBl. II 1992, 663).

2. Erstattungen der vermeintlich gesetzlichen *Arbeitnehmeranteile* zur gesetzlichen Renten- und Arbeitslosenversicherung berühren nicht den Arbeitslohn. Ein Abzug der der Erstattung zugrundeliegenden Beträge als Sonderausgaben kommt nicht in Betracht. Die Veranlagungen sind daher nach § 173 Abs. 1 Nr. 1 AO zu ändern.

3. Der *Vorwegabzug* nach § 10 Abs. 3 Nr. 2 EStG ist für die Vergangenheit i. d. R. nicht zu kürzen. Der Stpfl. war nicht bei einem Träger der gesetzlichen Rentenversicherung usw. pflichtversichert (§ 10 Abs. 3 Nr. 2 Buchst. a Doppelbuchst. aa EStG). Für Kalenderjahre vor 1990 hatte der Arbeitgeber keinen gesetzlichen Beitrag zur gesetzlichen Rentenversicherung zu leisten (§ 10 Abs. 3 Nr. 2 Buchst. a EStG a. F.). Eine Kürzung des Vorwegabzugs kommt nur in Betracht, wenn ausnahmsweise eine andere Kürzungsvorschrift des § 10 Abs. 3 Nr. 2 EStG eingreift. Die Veranlagungen sind daher ggf. nach § 173 Abs. 1 Nr. 2 AO zu ändern.

4. Krankenversicherungsbeiträge werden nicht erstattet.

5. Werden die Arbeitgeberanteile zur gesetzlichen Renten- und Arbeitslosenversicherung vom Sozialversicherungsträger an den Arbeitgeber erstattet und von diesem an den Arbeitnehmer weitergegeben, so ist vom VBZ zu entscheiden, ob es sich um eine verdeckte Gewinnausschüttung oder um steuerpflichtigen Arbeitslohn des Arbeitnehmers handelt. Bei Annahme von Arbeitslohn sind die Arbeitgeberanteile in *dem* Kalenderjahr zu versteuern, in dem sie an den Arbeitnehmer gezahlt werden. Dies gilt auch dann, wenn die erstatteten Beiträge von diesem für eine private Lebensversicherung verwendet werden.

6. Verzichtet der Arbeitgeber auf die Rückzahlung der Arbeitgeberbeiträge zur gesetzlichen Rentenversicherung und werden die Beiträge für die freiwillige Versicherung des Arbeitnehmers in der gesetzlichen Rentenversicherung verwendet (Umwandlung), ist ebenfalls zu entscheiden, ob es sich um eine verdeckte Gewinnausschüttung oder um steuerpflichtigen Arbeitslohn (FG Köln vom 21.11.1989, EFG 1990, 383) handelt. Ist steuerpflichtiger Arbeitslohn gegeben, liegt Zufluß bereits in den jeweiligen Kalenderjahren der früheren Zahlung vor, da hier durch Umwandlung rückwirkend eine Versicherungsanwartschaft begründet wird. Die freiwillige Versicherung nimmt die Stellung der vermeintlichen gesetzlichen Versicherung ein. Die ESt-Veranlagungen der früheren Kalenderjahre sind unter den Voraussetzungen des § 173 Abs. 1 Nr. 1 AO zu ändern, da es sich bei dem nicht steuerfreien Arbeitgeberanteil um Sonderausgaben des Arbeitnehmers handelt und der Vorwegabzugsbetrag nicht mehr zu kürzen ist.

Überstundungsvergütungen für Gesellschafter-Geschäftsführer;
Anwendungen des BFH-Urteils vom 19. März 1997 (BStBl. II S. 577)[1)2)]

BMF-Schreiben vom 28.09.1998 IV B 7 – S 2742 – 88/98
(BStBl. 1998 I S. 1194)

In seinem Urteil vom 19. März 1997 (a. a. O.) hat der BFH u. a. entschieden, daß eine Vereinbarung über die Vergütung von Überstunden unvereinbar mit dem Aufgabenbild eines Gesellschafter-Geschäftsführers einer GmbH ist. Dies gelte erst recht dann, wenn die Vereinbarung von vornherein auf die Vergütung von Überstunden an Sonntagen, Feiertagen und zur Nachtzeit beschränkt sei oder wenn außerdem eine Gewinntantieme vereinbart sei. Die von der GmbH an ihren Gesellschafter-Geschäftsführer geleisteten Überstundenvergütungen seien steuerlich als verdeckte Gewinnausschüttungen im Sinne des § 8 Abs. 3 Satz 2 KStG zu behandeln.

Unter Bezugnahme auf das Ergebnis der Erörterung mit den obersten Finanzbehörden der Länder nehme ich zur Anwendung der Rechtsgrundsätze des o. a. BFH-Urteils wie folgt Stellung:

Soweit in Abschnitt 30 Abs. 1 Satz 2 LStR 1996 unter anderem auch Gesellschafter-Geschäftsführer einer GmbH als mögliche Empfänger von nach § 3b EStG steuerbefreiten Zuschlägen genannt werden, setzt die Steuerfreiheit voraus, daß die Zuschläge ohne diese Vorschrift den Einkünften aus nichtselbständiger Arbeit zuzurechnen wären. Die Steuerbefreiung ist deshalb nicht zu gewähren, soweit die Zuschläge als verdeckte Gewinnausschüttung im Sinne des § 8 Abs. 3 Satz 2 KStG anzusehen sind.

Soweit Zuschläge für Sonntags-, Feiertags- oder Nachtarbeit im Sinne des § 3b EStG für vor dem 1. Januar 1998 endende Lohnzahlungszeiträume geleistet worden sind, sind aus den Rechtsgrundsätzen des BFH-Urteils keine nachteiligen steuerlichen Folgen zu ziehen. Die Annahme einer verdeckten Gewinnausschüttung im Sinne des § 8 Abs. 3 Satz 2 KStG aus anderen Gründen bleibt unberührt.

---

1) Aufhebung durch BMF-Schreiben zur Eindämmung der Normenflut vom 29.3.2007 – IV C 6 – O 1000/07/0018 (BStBl. 2007 I 369). Die Aufhebung des BMF-Schreibens bedeutet keine Aufgabe der bisherigen Rechtsauffassung der Verwaltung, sondern dient der Bereinigung der Weisungslage.

2) Bestätigt durch BFH vom 7.2.2007 – I B 69/06 – BFH NV 2007, 1192.

Zuschläge für Sonntags-, Feiertags- und Nachtarbeit bei Gesellschafter-Geschäftsführern [1]

Verfügung OFD'en Düsseldorf und Münster vom 07.07.2005
S 2343 A – St 22 (D)
S 2343 – 31 – St 213 (K)
S 2343 – 10 – St 21-31

Zuschläge, die eine GmbH ihrem Gesellschafter-Geschäftsführer für Sonntags-, Feiertags- und Nachtarbeit zahlt, sind unvereinbar mit dem Aufgabenbild des Gesellschafter-Geschäftsführers und daher regelmäßig als verdeckte Gewinnausschüttungen anzusehen. Daraus folgt, dass für diese Zuschläge die Steuerfreiheit nach § 3b EStG *grundsätzlich* nicht in Betracht kommt, denn dafür wäre Voraussetzung, dass die Zuschläge ohne diese Vorschrift den Einkünften aus nichtselbstständiger Arbeit zuzurechnen sind (H 30 „Einkünfte aus nichtselbstständiger Arbeit" LStH). Dieser Grundsatz gilt gleichermaßen für beherrschende und nicht beherrschende Gesellschafter-Geschäftsführer (BFH-Urteil vom 19.3.1997 I R 75/96, BStBl. II 1997 S. 577; vom 27.3.2001 I R 40/00, BStBl. II 2001 S. 655) und auch dann, wenn sowohl in der betreffenden Branche als auch in dem einzelnen Betrieb regelmäßig in der Nacht sowie an Sonn- und Feiertagen gearbeitet werden muss (FG Hamburg vom 29.6.2001, EFG 2001 S. 1412) und gesellschaftsfremde Arbeitnehmer typischerweise solche Zuschläge erhalten (BFH om 14.7.2004 I R 24/04, BFH/NV 2005 S. 247). Unbeachtlich ist auch, dass dem Gesellschafter-Geschäftsführer keine Gewinntantieme zusteht und er für seine Sonntags-, Feiertags- und Nachtarbeit ausschließlich die nach einem festen Grundlohn berechneten Zuschläge erhält (BFH vom 19. 7. 2001 I B 14/00, BFH/NV 2001 S. 1608).

Arbeitslohn und damit keine verdeckte Gewinnausschüttung kann *ausnahmsweise* dann vorliegen, wenn im Einzelfall entsprechende Vereinbarungen über die Zahlung von Sonntags-, Feiertags- und Nachtzuschlägen nicht nur mit dem Gesellschafter-Geschäftsführer, sondern auch mit vergleichbaren gesellschaftsfremden Arbeitnehmern abgeschlossen wurden. Eine solche Gestaltung weist im Rahmen des betriebsinternen Fremdvergleichs darauf hin, dass die Vereinbarung speziell in dem betreffenden Unternehmen auf betrieblichen Gründen beruht (BFH vom 14.7.2004 I R 111/03, BStBl. II 2005 S. 307).

Für die Frage der Vergleichbarkeit kommt es darauf an, dass die gesellschaftsfremden Arbeitnehmer

– eine mit dem Geschäftsführer vergleichbare Leitungsfunktion haben und

– eine Vergütung erhalten, die sich in derselben Größenordnung bewegt wie die Gesamtbezüge des Gesellschafter-Geschäftsführers.

---

1) Vgl. Anlagen § 008 (3)-58 und 58b bis 58d.

vGA (§ 8 Abs. 3 Satz 2 KStG): Gewährung von Sonntags-, Nacht-, und Feiertagszuschlägen sowie von Überstundenvergütungen an Gesellschafter-Geschäftsführer einer Kapitalgesellschaft[1]

Verfügung FM Mecklenburg-Vorpommern vom 09.08.2005
IV 302 – S 2742 – 5/97

Aus gegebener Veranlassung wird auf Folgendes hingewiesen:

Nach gefestigter Rechtsprechung des BFH sind Vergütungen, die eine Kapitalgesellschaft ihrem Gesellschafter-Geschäftsführer für die Ableistung von Sonntags-, Nacht-, und Feiertagsarbeit sowie von Überstunden gewährt, nicht mit dem Aufgabenbild eines Geschäftsführers vereinbar. Entsprechende Aufwendungen sind deshalb regelmäßig als gesellschaftsrechtlich veranlasst anzusehen und als vGA zu behandeln.

Mit Urteil vom 14.7.2004 (I R 111/03, BStBl. II 2005, 307) hat der BFH demgegenüber in einem Einzelfall – unter ausdrücklichem Festhalten an seiner bisherigen Rechtsprechung – entschieden, dass eine vGA ausnahmsweise dann nicht vorliegt, wenn überzeugende für das betroffene Unternehmen spezifische betriebliche Gründe vorgetragen werden können, die geeignet sind, die Vermutung einer gesellschaftsrechtlichen Veranlassung zu entkräften. Der zu Grunde liegende Einzelfall betraf ein Unternehmen mit ca. 40 Arbeitnehmern; zwei leitende Angestellte bezogen Gehälter in derselben Größenordnung wie der betroffene Gesellschafter-Geschäftsführer. Diesen gesellschaftsfremden Personen sind u. a. Vergütungen für Sonntags-, Nacht-, und Feiertagsarbeit (§ 3b EStG) gewährt worden.

Unter diesen Umständen hat der BFH die Zusage entsprechender Vergütungen auch an den bzw. die Gesellschafter-Geschäftsführer unter dem Gesichtspunkt des betriebsinternen Fremdvergleichs als ebenfalls betrieblich veranlasst angesehen und deshalb den Ansatz einer vGA verneint.

In einem Artikel der Allgemeinen Hotel- und Gaststättenzeitung wird die Auffassung vertreten, auf Grund der im Gastgewerbe branchenüblichen Arbeitszeiten auch an Sonn- und Feiertagen sowie zu Nachtstunden würden dort dem Urteilsfall vergleichbare Fallgestaltungen anzunehmen sein.

Hierzu ist anzumerken:

Wie vorstehend ausgeführt, bleibt die bisherige Rechtsprechung des BFH zur steuerlichen Unzulässigkeit der Gewährung von Sonntags-, Nacht-, und Feiertagszuschlägen sowie von Überstundenvergütungen an den Gesellschafter-Geschäftsführer durch das Urteil vom 14.7.2004 (I R 111/03) grundsätzlich unberührt:

So führt der BFH beispielsweise in der am selben Tage entschiedenen Rs. I R 24/04 (BFH/NV 2005, 247) aus, dass die Gewährung von Sonntags-, Feiertags- und Nachtzuschlägen an den Gesellschafter-Geschäftsführer regelmäßig auch dann zur vGA führen kann, wenn sowohl in der betreffenden Branche als auch in dem betreffenden einzelnen Betrieb auch gesellschaftsfremde Arbeitnehmer typischerweise entsprechende Zuschläge erhalten. Dieser Urteilsfall betraf einen Betrieb der „Systemgastronomie", in der zwar ebenfalls eine Vielzahl von Arbeitnehmern angestellt war, denen entsprechende Zuschläge gewährt worden sind. Der BFH hat die allgemeine Branchen- sowie auch die spezielle Betriebsüblichkeit der Zuschläge jedoch als nicht ausreichend angesehen, die Zahlung der genannten Zuschläge auch an den Gesellschafter-Geschäftsführer steuerlich anzuerkennen. Er hat insoweit vielmehr eine gesellschaftsrechtliche Veranlassung angenommen.

Dieses führt zum Ansatz einer vGA; § 3b EStG kommt insoweit mangels Vorliegen von Einkünften aus nichtselbstständiger Arbeit nicht zur Anwendung (H 30 LStH „Einkünfte aus nichtselbstständiger Arbeit").

Dass hier die Gewährung der Zuschläge an den Gesellschafter-Geschäftsführer dem betriebsinternen Fremdvergleich nicht standhielt, lag darin begründet, dass ein vergleichbar ausgestatteter gesellschaftsfremder leitender Angestellter nicht vorhanden war. Ein betriebsinterner Fremdvergleich war deshalb – entgegen der besonderen Situation in der eingangs erörterten Rs. I R 111/03 – nicht möglich.

Es wird gebeten, diesbezügliche Anfragen von Steuerpflichtigen entsprechend zu beantworten. Über Auskunftsersuchen an die Arbeitgeberstelle (§ 42e EStG) ist im Einvernehmen mit dem KSt-Veranlagungsbezirk zu entscheiden. Es wird gebeten, schriftliche Auskunftsersuchen nachrichtlich zur Kenntnis zu geben. Zweifelsfälle sind vorab abzustimmen.

---

1) Vgl. Anlagen § 008 (3)-58 und 58a, c, d.

Anlage § 008 (3)–58c

Überstundenvergütungen für Gesellschafter-Geschäftsführer [1]

Verfügung OFD Frankfurt/M. vom 08.11.2005
S 2742 A – 38 – St II 1.01

In seinem Urteil vom 19. 3. 1997 (I R 75/96, BStBl. 1997 II S. 577) hat der BFH u. a. entschieden, dass eine Vereinbarung über die Vergütung von Überstunden unvereinbar mit dem Aufgabenbild eines Gesellschafter-Geschäftsführers einer GmbH ist. Dies gelte erst recht dann, wenn die Vereinbarung von vornherein auf die Vergütung von Überstunden an Sonntagen, Feiertagen und zur Nachtzeit beschränkt sei oder wenn außerdem eine Gewinntantieme vereinbart sei. Die von der GmbH an ihren Gesellschafter-Geschäftsführer geleisteten Überstundenvergütungen seien steuerlich als verdeckte Gewinnausschüttungen i. S. des § 8 Abs. 3 Satz 2 KStG zu behandeln.

Unter Bezugnahme auf das Ergebnis der Erörterung mit den obersten Finanzbehörden der Länder hat das BMF mit Schreiben vom 28.9.1998 (IV B 7 – S 2742 – 88/98, BStBl. I 1998, 1194) zur Anwendung der Rechtsgrundsätze des o. a. BFH-Urteils wie folgt Stellung genommen:
Soweit in Abschn. 30 Abs. 1 Satz 2 LStR 1996 u. a. auch Gesellschafter-Geschäftsführer einer GmbH als mögliche Empfänger von nach § 3b EStG steuerbefreiten Zuschlägen genannt werden, setzt die Steuerfreiheit voraus, dass die Zuschläge ohne diese Vorschrift den Einkünften aus nichtselbstständiger Arbeit zuzurechnen wären. Die Steuerbefreiung ist deshalb nicht zu gewähren, *soweit* die Zuschläge als verdeckte Gewinnausschüttung i. S. des § 8 Abs. 3 Satz 2 KStG anzusehen sind.

Soweit Zuschläge für Sonntags-, Feiertags- oder Nachtarbeit i. S. des § 3b EStG für vor dem 1.1.1998 endende Lohnzahlungszeiträume geleistet worden sind, sind aus den Rechtsgrundsätzen des BFH-Urteils keine nachteiligen steuerlichen Folgen zu ziehen. Die Annahme einer verdeckten Gewinnausschüttung i. S. des § 8 Abs. 3 Satz 2 KStG aus anderen Gründen bleibt unberührt.

Zusatz der OFD:

Mit Urteil vom 14. 7. 2004 (I R 111/03, BStBl. II 2005, 307) hat der BFH unter ausdrücklichem Festhalten an seiner ständigen Rechtsprechung entschieden, dass die Zahlung von Sonn- und Feiertagszuschlägen an einen Gesellschafter-Geschäftsführer ausnahmsweise keine verdeckte Gewinnausschüttung darstellt, wenn überzeugende, für das betroffene Unternehmen spezifische betriebliche Gründe vorgetragen werden können, die geeignet sind, die Vermutung einer gesellschaftsrechtlichen Veranlassung zu entkräften.

Die Indizwirkung der gesellschaftsrechtlich veranlassten Überstundenvergütung an den Gesellschafter-Geschäftsführer ist im Einzelfall widerlegt, wenn anderen Arbeitnehmern des Betriebs, die nicht Gesellschafter sind, auf Grund des Betriebsablaufs ein in der Höhe und der Art und Weise der Entgeltzahlung vergleichbares Gehalt für eine vergleichbare Tätigkeit zugestanden wird. Dies setzt insbesondere voraus, dass der Gesellschafter-Geschäftsführer für seinen besonderen Arbeitseinsatz nicht bereits anderweitige erfolgsabhängige Vergütungen – wie etwa eine Gewinntantieme – erhält und der Arbeitseinsatz des Gesellschafter-Geschäftsführers klar belegt werden kann.

Hält die zu beurteilende Regelung in diesem Sinne einem betriebsinternen Fremdvergleich stand, so kann eine verdeckte Gewinnausschüttung auch dann im Einzelfall zu verneinen sein, wenn eine entsprechende Regelung im allgemeinen Wirtschaftsleben unüblich ist oder aus anderen Gründen regelmäßig zur verdeckten Gewinnausschüttung führt (BFH v. 14. 7. 2004, a. a. O.).

---

1) Vgl. Anlagen § 008 (3)-58 und 58a, b, d.

Vergütungen für Sonn-, Feiertags- und Nachtarbeit an Gesellschafter-Geschäftsführer[1]

Verfügung OFD Hannover vom 09.12.2005

S 2742 – 107 – StO 214

Die Zahlung einer Überstundenvergütung an den Gesellschafter-Geschäftsführer ist eine verdeckte Gewinnausschüttung, da die gesonderte Vergütung von Überstunden nicht dem entspricht, was ein ordentlicher und gewissenhafter Geschäftsleiter einer GmbH mit einem Fremdgeschäftsführer vereinbaren würde (BMF v. 28.9.1998, IV B 7 – S 2742 – 88/98, BStBl. I 1998, 1194 und H 36 (Überstundenvergütung, Sonn-, Feiertags- und Nachtzuschläge) KStH 2004).

Mit Urteil vom 14.7.2004 (I R 111/03, BStBl. II 2005, 307) hat der BFH in einem besonders gelagerten Einzelfall entschieden, dass die Zahlungen von Sonn- und Feiertagszuschlägen an einen Gesellschafter-Geschäftsführer *ausnahmsweise* keine verdeckte Gewinnausschüttung darstellt, wenn überzeugende betriebliche Gründe vorliegen, die geeignet sind, die Vermutung einer gesellschaftsrechtlichen Veranlassung zu entkräften. Dies ist dann der Fall, wenn eine solche Vereinbarung auch mit vergleichbaren gesellschaftsfremden Personen abgeschlossen ist.

Mit der amtlichen Veröffentlichung des Urteils ist *keine Abkehr* von der o. a. Verwaltungsauffassung verbunden. Denn der BFH hält grundsätzlich an seiner ständigen Rechtsprechung fest, dass bei Vergütungen für Sonn-, Feiertags- und Nachtarbeit zunächst von der – allerdings widerlegbaren – Vermutung der Veranlassung durch das Gesellschaftsverhältnis auszugehen ist.

Gewährung unverzinslicher oder zinsverbilligter Arbeitgeberdarlehen an beherrschende Gesellschafter-Geschäftsführer von Kapitalgesellschaften

Verfügung OFD Hannover vom 02.11.1998

S 2742 – 207 – StH 231

S 2742 – 112 –StO 214

Zu entscheiden war die Frage, ob bei der Gewährung von unverzinslichen oder zinsverbilligten Arbeitgeberdarlehen einer Kapitalgesellschaft an einen beherrschenden Gesellschafter-Geschäftsführer (z. B. für dessen private Einfamilienhaus-Einrichtung) verdeckte Gewinnausschüttungen anzunehmen sind, wenn die Gewährung der Darlehen im Anstellungsvertrag geregelt ist, den übrigen Arbeitnehmern aber keine entsprechenden Darlehen gewährt bzw. angeboten werden.

Ich bitte, hierzu folgende Auffassung zu vertreten:

Eine verdeckte Gewinnausschüttung liegt nicht bereits deshalb vor, weil nur dem beherrschenden Gesellschafter-Geschäftsführer – und nicht auch anderen Arbeitnehmern der Gesellschaft – ein Darlehen gewährt wird. Wird die Darlehensgewährung von vornherein im Anstellungsvertrag vereinbart, ist das Vorliegen einer verdeckten Gewinnausschüttung dann vornehmlich im Rahmen der Angemessenheit der Gesamtausstattung zu untersuchen.

Soweit die unangemessene Verzinsung als Gehaltsbestandteil nicht zu beanstanden ist, ist eine Bewertung des Sachbezugs nach § 8 Abs. 3 EStG i.V. m. A 31 Abs. 8 LStR[2] vorzunehmen.

---

1) Vgl. Anlagen § 008 (3)-58 und 58a, b, c.

2) Jetzt R 31 Abs. 11 LStR.

Bemessung der verdeckten Gewinnausschüttung bei privater Kfz-Nutzung durch den Gesellschafter oder eine ihm nahe stehenden Person [1)]

Verfügung OFD Hannover vom 08.11.2005

S 2742 – 109 – StO 241

Der Wert einer verdeckten Gewinnausschüttung in Form einer Nutzungsüberlassung bestimmt sich nach der erzielbaren Vergütung (H 37 (Nutzungsüberlassungen) KStH 2004). Die in § 8 Abs. 3 KStG enthaltenen Regelungen über verdeckte Gewinnausschüttungen gehen den Regelungen über die Bewertung der Entnahmen in § 6 Abs. 1 Nr. 4 EStG vor, vgl. den BFH-Beschluss des Großen Senats vom 26. Oktober 1987 (BStBl. II 1998 S. 348 unter C I 3 a). Eine Bewertung der verdeckten Gewinnausschüttung mit den pauschalierten Selbstkosten i. S. v. § 6 Abs. 1 Nr. 4 Satz 2 ff EStG (1 v. H.-Regelung, Fahrtenbuch) kommt danach grundsätzlich nicht in Betracht, vgl. das BFH-Urteil 23. Februar 2005 I R 70/04 (GmbHR S. 775, BStBl. II S. 882).

Es ist jedoch aus Gründen der Praktikabilität vertretbar, den Wert der verdeckten Gewinnausschüttung in Anlehnung an § 6 Abs. 1 Nr. 4 Satz 2 ff EStG zu ermitteln. Damit wird insbesondere den Schwierigkeiten Rechnung getragen, eine erzielbare Vergütung im Sinne des H 37 (Nutzungsüberlassungen) KStH 2004 zu ermitteln. Nur in begründeten Einzelfällen können auch davon abweichende **Schätzungen** zugelassen werden.

Höhe der vGA bei privater Kfz-Nutzung (§ 8 Abs. 3 Satz 2 KStG); BFH-Urteil vom 23. 2. 2005 [2)]

Verfügung OFD Erfurt vom 03.11.2005

S 2742 A – 28 – L 231

Der BFH hat mit Urteil vom 23. 2. 2005 (I R 70/04, DStR 2005, 918) u. a. entschieden, dass der Wert einer verdeckten Gewinnausschüttung im Zusammenhang mit einer privaten Kfz-Nutzung durch den Gesellschafter und/oder ihm nahe stehende Personen nicht gemäß § 6 Abs. 1 Nr. 4 Satz 2 EStG mit 1 v. H. des Listenpreises, sondern nach Fremdvergleichsmaßstäben zu ermitteln ist. Diese Entscheidung des BFH ist insofern strenger als der Beschluss der Referatsleiter der obersten Finanzbehörden des Bundes und der Länder zu TOP I/10 der KSt/GewSt III/98. Danach hatte man es aus Vereinfachungsgründen durchaus für vertretbar gehalten, den Wert der verdeckten Gewinnausschüttung in Anlehnung an den § 6 Abs. 1 Nr. 4 Sätze 2 und 3 EStG (1 v. H. des Listenpreises, Fahrtenbuch) zu ermitteln. In begründeten Einzelfällen sollten auch davon abweichende Schätzungen zugelassen werden. Die Referatsleiter der obersten Finanzbehörden des Bundes und der Länder haben sich nunmehr dafür ausgesprochen, insbesondere aus Praktikabilitätsgründen, an der bisherigen Verwaltungsauffassung festzuhalten, so dass auch weiterhin der Wert der verdeckten Gewinnausschüttung im Zusammenhang mit einer privaten Kfz-Nutzung in Anlehnung an den § 6 Abs. 1 Nr. 4 Sätze 2 und 3 EStG ermittelt werden kann. In begründeten Einzelfällen sollen nach wie vor auch davon abweichende Schätzungen zulässig sein.

---

1) Vgl. Anlage § 008 (3)-60a.

2) Vgl. Anlage § 008 (3)-60.

Verdeckte Gewinnausschüttungen i.S. des § 8 Abs. 3 Satz 2 KStG an nahestehende Personen (BFH-Urteil vom 18. Dezember 1996 – BStBl. 1997 II S. 301 –); Steuerrechtliche Zurechnung der verdeckten Gewinnausschüttung

BMF-Schreiben vom 20.05.1999

IV C 6 – S 2252 – 8/99

(BStBl. 1999 I S. 514)

Der Bundesfinanzhof hat in seinem Urteil vom 18. Dezember 1996 (BStBl. 1997 II S. 301) die Frage offen gelassen, ob eine verdeckte Gewinnausschüttung, die einer Person zufließt, die einem Gesellschafter nahesteht, dem betreffenden Gesellschafter nur dann steuerrechtlich zugerechnet werden darf, wenn er selbst durch sie einen Vermögensvorteil erlangt. Nach Abstimmung mit den obersten Finanzbehörden der Länder bitte ich hierzu die Auffassung zu vertreten, daß die der nahestehenden Person zugeflossene verdeckte Gewinnausschüttung steuerrechtlich stets dem Gesellschafter als Einnahme zuzurechnen ist, dem die Person nahesteht, der die Gewinnausschüttung zugeflossen ist.

Arbeitszeitkonto und verdeckte Gewinnausschüttung bei Gesellschafter-Geschäftsführern
(§ 8 Abs. 3 Satz 2 KStG)

Erlass FM Saarland vom 21.10.2005
B/2-5 – 194/2005 – S 2742

Zu der körperschaftsteuerlichen Beurteilung flexibler Arbeitszeitmodelle (Führung von sog. Arbeitszeitkonten) für Gesellschafter-Geschäftsführer wird gebeten folgende Auffassung zu vertreten:

I. Sachverhalt

Zur Finanzierung eines vorgezogenen Ruhestandes bzw. einer Altersvorsorge werden für den Gesellschafter-Geschäftsführer sog. Arbeitszeitkonten eingerichtet. In der *ersten Phase* – der sog. Ansparphase – verrichtet der Gesellschafter-Geschäftsführer in unveränderter Art und unverändertem Umfang seine Tätigkeit weiter, die bisher vereinbarte Geschäftsführervergütung wird jedoch gekürzt. Der vereinbarte Kürzungsbetrag wird vom Arbeitgeber einbehalten und auf dem Arbeitszeitkonto entweder in Geld oder in Zeit gutgeschrieben. Teilweise werden auch nicht in Anspruch genommene Urlaubstage sowie Einmalzahlungen und Sonderzahlungen in die Konten eingestellt.

In der *zweiten Phase* – der Auszahlungsphase – beansprucht der Gesellschafter-Geschäftsführer sein Guthaben. Er wird unter Fortzahlung seiner Bezüge von der Arbeit freigestellt; entsprechend der Auszahlung der Bezüge verringert sich das Guthaben auf dem Arbeitszeitkonto.

Die vorstehend aufgezeigte Nutzung von Arbeitszeitkonten durch Geschäftsführer ist derzeit noch wenig verbreitet, gleichwohl zeichnet sich eine Tendenz ab, derartige Arbeitszeitkontenmodelle zur Abwicklung von Betriebsübergaben im Rahmen von Nachfolgeregelungen einzusetzen. Praxistauglich dürfte hier eher das *Modell der Entgeltumwandlung* sein als das – gleichfalls mögliche – Modell der Zeitgutschrift. Bei der Entgeltumwandlung werden bereits erdiente Lohnansprüche vertraglich in ein Versorgungsrecht für die Freistellungsphase umgewandelt, so dass der Lohn erst zu einem späteren Zeitpunkt tatsächlich ausgezahlt wird.

Gegenüber einer Pensionszusage, die zusätzlich Gehaltsbestandteil ist, besteht beim Arbeitszeitkonto insoweit ein Unterschied, als der Arbeitgeber auf Grund eines unbedingten Anspruchs aus bereits erarbeiteter Zeit zu einer späteren Zahlung des Gehalts verpflichtet ist. Faktisch „erkauft" sich der Geschäftsführer durch seine Tätigkeit Zeit für die spätere Freistellungsphase; die Lohnzahlung für bereits geleistete Arbeit wird durch eine Abrede über eine spätere Fälligkeit in die Freistellungsphase verschoben.

Das Arbeitszeitkontenmodell ist insoweit attraktiv, weil es ggf. einen Renditevorteil bringt. Bei konventioneller Geldanlage steht hierfür nur das Nettogehalt zur Verfügung, während beim Arbeitszeitkontenmodell der Arbeitgeber das Bruttogehalt für den Arbeitnehmer mit dem Ergebnis höherer Erträge anlegen kann.

II. Körperschaftsteuerliche Behandlung

Entscheidungserheblich für die körperschaftsteuerliche Behandlung von Arbeitszeitkontenmodellen für Gesellschafter-Geschäftsführer sind u. a. die Fragen

– ob die *Organhaftung des Geschäftsführers* auch die Freistellungsphase des Geschäftsführers umfasst und
– ob das Wertguthaben des Geschäftsführers *der Insolvenzsicherung*

unterfällt.

Die *Organhaftung* des GmbH-Geschäftsführers begründet sich gemäß § 43 GmbHG in der Verletzung der Sorgfalt eines ordentlichen Geschäftsführers mit den erforderlichen Kenntnissen und Fähigkeiten in einer Angelegenheit der Gesellschaft. In seiner Freistellungsphase nimmt der Geschäftsführer tatsächlich keine Geschäftsführungsaufgaben wahr, bezieht aber noch ein Geschäftsführergehalt. Ein Fortbestehen der Organhaftung in der Freistellungsphase ist für die Beurteilung der Frage von Bedeutung, ob sich ein *fremder Geschäftsführer* auf eine derartige Vereinbarung eingelassen hätte.

Zur Frage der *Insolvenzversicherung* gilt, dass das Wertguthaben einschließlich des darauf entfallenden Arbeitgeberbeitrages am Gesamtsozialversicherungsbeitrag gemäß § 8a Altersteilzeitgesetz (ATG) gegen das Risiko der Zahlungsunfähigkeit abzusichern ist und dem betroffenen Arbeitnehmer die zur Sicherung des Wertguthabens getroffenen Maßnahmen nachzuweisen sind.

§ 8a ATG sanktioniert außerdem für ab dem 1.7. 2004 beginnende Altersteilzeit-Arbeitsverhältnisse die Nichtsicherung. Für sog. Altfälle gilt wie bisher § 7d SGB IV, welcher den Vertragsparteien lediglich auferlegt, Vorkehrungen zur Erfüllung der Wertguthaben einschließlich des auf sie entfallenden Arbeitgeberanteils am Gesamtsozialversicherungsbeitrag bei Zahlungsunfähigkeit des Arbeitgebers zu treffen. Vorgaben zur Art und Weise der Insolvenzsicherung enthält § 7d SGB IV nicht.

Eine insolvenzsichere Ausgestaltung des Arbeitszeitkontenmodells für Geschäftsführer ist aber beispielsweise über eine an den Geschäftsführer verpfändete Rückdeckungsversicherung möglich.

Reine Arbeitszeitkontenmodelle sind aus körperschaftsteuerlicher Sicht nicht mit dem Aufgabenbild eines GmbH-Geschäftsführers vereinbar. Unter reinen Arbeitszeitmodellen werden dabei typischerweise Vereinbarungen verstanden, in denen in der Ansparphase nicht ausbezahlte laufende Gehälter, Sonderzahlungen (z. B. Tantiemen, Urlaubs- und Weihnachtsgeld) in Arbeitzeitguthaben umgerechnet und gutgeschrieben werden und in der Freistellungsphase unter Abbau des Zeitguthabens nach einem bestimmten Umrechnungsfaktor Gehalt bezahlt wird. Derartige Arbeitszeitkontenmodelle für Gesellschafter-Geschäftsführer sind regelmäßig gemäß § 8 Abs. 3 Satz 2 KStG als verdeckte Gewinnausschüttung zu beurteilen. Bei der Bemessung des Gehaltes des Gehaltes für einen Geschäftsführer kommt es entscheidend auf das Ergebnis seines Arbeitseinsatzes an und nicht (vorrangig) auf die Anzahl der geleisteten Arbeitsstunden. Diese Argumentation entspricht auch der ständigen Rechtsprechung des BFH zur körperschaftsteuerlichen Behandlung von Überstundenvergütungen an Gesellschafter-Geschäftsführer als verdeckte Gewinnausschüttung (vgl. u. a. BFH v. 27. 3. 2001, I R 40/00, BStBl. II 2001, 655).

Da das Geschäftsführergehalt erfolgsorientiert bemessen ist, wird vom Geschäftsführer ein entsprechender Arbeitseinsatz ohne gesonderte Entlohnung der geleisteten Arbeitszeit erwartet. Zeitgutschriften auf einem Konto für einen Gesellschafter-Geschäftsführer zur Finanzierung einer später nachfolgenden Arbeitsfreistellung mit Gehaltsfortzahlung unter – anteiliger – Verringerung des Zeitguthabens entsprechen grundsätzlich nicht dem, was ein ordentlicher und gewissenhafter Geschäftsleiter einer GmbH mit einem Fremdgeschäftsführer vereinbaren würde und indizieren von daher die gesellschaftsrechtliche Veranlassung einer derartigen Vereinbarung.

Auf *Entgeltsumwandlungsmodelle* (siehe I.) sind indessen die *allgemeinen Grundsätze zur verdeckten Gewinnausschüttung* anzuwenden. Danach müssen derartige Vereinbarungen insbesondere dem inneren und äußeren Betriebsvergleich standhalten.

III. Versorgungsobergrenze gemäß § 6a EStG

Zu der weitergehenden Frage, ob im Falle einer Pensionszusage und der Führung eines Arbeitszeitkontos in der Ansparphase (in Gestalt einer Entgeltumwandlung) bei der Ermittlung der *Versorgungsobergrenze* gemäß § 6a EStG i. H. von 75 % der Gesamtbezüge für einen Gesellschafter-Geschäftsführer die angemessene Vergütung vor oder nach Verwendung eines Teilbetrages zur Füllung eines Arbeitszeitkontos zu Grunde zu legen ist, gilt Folgendes:

Bei der Ermittlung der 75 %-Grenze im Sinne des BMF-Schreibens vom 3.11.2004 (IV B 2 – S 2176 – 1/04, BStBl. I 2004, 1045) zur Prüfung einer möglichen unzulässigen Vorwegnahme künftiger Einkommensentwicklungen sind sämtliche Aktivbezüge des Versorgungsberechtigten zu berücksichtigen, die dem Arbeitslohn gemäß § 2 LStDV entsprechen (Rdnr. 9 des Schrb. v. 3. 11. 2004) und die als im Veranlagungszeitraum zugeflossenen anzusehen sind.

Inkongruente Gewinnausschüttungen;
Anwendung des BFH-Urteils vom 19. August 1999 – I R 77/96 – (BStBl. 2001 II S. 43)

BMF-Schreiben vom 07.12.2000

IV A 2 – S 2810 – 4/00

(BStBl. 2001 I S. 47)

Der Bundesfinanzhof hat mit Urteil vom 19. August 1999 – I R 77/96 – (BStBl. 2001 II S. 43) entschieden, dass von den Beteiligungsverhältnissen abweichende inkongruente Gewinnausschüttungen und inkongruente Wiedereinlagen steuerrechtlich anzuerkennen sind und grundsätzlich auch dann keinen Gestaltungsmissbrauch im Sinne des § 42 AO darstellen, wenn andere als steuerliche Gründe für solche Maßnahmen nicht erkennbar sind.

Nach dem Ergebnis der Erörterungen mit den obersten Finanzbehörden der Länder gilt zur Anwendung des BFH-Urteils vom 19. August Folgendes:

Die Grundsätze des BFH-Urteils sind über den entschiedenen Einzelfall hinaus nicht allgemein anzuwenden.

Inkongruente Gewinnausschüttungen können steuerlich dann anzuerkennen sein, wenn für eine vom gesetzlichen Verteilungsschlüssel abweichende Gewinnverteilung besondere Leistungen eines oder mehrerer Gesellschafter für die Kapitalgesellschaft ursächlich sind. Dabei müssen die für die abweichende Gewinnverteilung sprechenden Gründe im Verhältnis zwischen der den Gewinn ausschüttenden Kapitalgesellschaft und den begünstigten Gesellschaftern bestehen. Derartige für eine inkongruente Gewinnausschüttung beachtlichen Gründe können dann angenommen werden, wenn einem Gesellschafter im Hinblick auf zusätzliche Beiträge zum Gesellschaftszweck eine Mehrbeteiligung am Gewinn der Kapitalgesellschaft eingeräumt wird. Dies ist beispielsweise der Fall, wenn ein Gesellschafter der Kapitalgesellschaft wertvolle Grundstücke unentgeltlich zur Nutzung überlässt oder wenn er unentgeltlich die Geschäftsführung der Kapitalgesellschaft übernimmt.

Dagegen liegen beispielsweise keine wirtschaftlich beachtlichen Gesellschafterleistungen vor, wenn eine inkongruente Gewinnausschüttung mit einer inkongruenten Einlage verbunden wird. Dies ist insbesondere der Fall, wenn eine Kapitalgesellschaft sich in einem geringen Umfang an einer anderen Kapitalgesellschaft gegen Einlage beteiligt, die sie fremdfinanziert hat, in Höhe der erbrachten Einlage eine Sonderausschüttung zur Realisierung von Körperschaftsteuerguthaben erhält und die empfangende Kapitalgesellschaft die Dividendeneinnahmen auf Grund des angefallenen Aufwands ohne steuerliche Belastung vereinnahmt.

Liegen keine wirtschaftlich beachtlichen Gesellschafterleistungen für die vom gesetzlichen Verteilungsschlüssel abweichende Gewinnausschüttung vor, sind die Ausschüttungen den Gesellschaftern im Verhältnis ihrer Beteiligung am Nennkapital der Gesellschaft zuzurechnen.

Wird – wie auch im Urteilsfall geschehen – die inkongruente Gewinnausschüttung zugunsten eines Gesellschafters mit einer inkongruenten Einlage dieses Gesellschafters ausgeglichen, ergeben sich folgende Besteuerungsfolgen:

– Der auf die Gewinnbeteiligung verzichtende Gesellschafter hat seine Gewinnbeteiligung gegen die Zusage einer disquotalen Einlage veräußert. Er realisiert durch diese Veräußerung den Tatbestand des § 20 Abs. 2 Nr. 2 Satz 1 EStG.

– Der die Gewinnbeteiligung erwerbende Gesellschafter erzielt in Höhe der so erworbenen Dividende keine Kapitaleinkünfte; er realisiert lediglich eine Forderung. Im Zeitpunkt des Zugangs der disquotalen Gewinnausschüttung ist diese mit der Forderung zu verrechnen, so dass sich insoweit keine gewinnmäßigen Auswirkungen ergeben.

Die vorstehenden Besteuerungsfolgen treten auch dann ein, wenn die inkongruente Einlage der inkongruenten Gewinnausschüttung zeitlich vorangeht.

Inkongruente Gewinnausschüttung
– Anwendung des BFH-Urteils vom 19.8.1999 I R 77/96 (BStBl. 2001 II S. 43)

Verfügung OFD Koblenz vom 10.01.2001

S 2810 A – St 34 2

Das BMF hatte mit dem Schreiben vom 7.12.2000 IV A 2 – S 2810 – 4/00 (BStBl. 2001 I S. 47) zur Anwendung des BFH-Urteils vom 19.8.1999 I R 77/96 (BStBl. 2001 II S. 43) Stellung genommen. Mit der Verfügung vom 10.1.2001 macht die OFD Koblenz nachfolgenden Zusatz zu diesem BMF-Schreiben.

Für die unter § 20 Abs. 2 Nr. 2 Satz 1 EStG fallenden Erträge gilt bezüglich der KapSt und der anzurechnenden KSt Folgendes:

Das KSt-Guthaben ist nach § 20 Abs. 1 Nr. 3 EStG 2000 auch dann im Veranlagungszeitraum des Zufließens des Veräußerungserlöses i. S. des § 20 Abs. 2 Nr. 2 Satz 1 EStG mitzuversteuern und nach § 36 Abs. 2 Nr. 3 EStG 2000 anzurechnen, wenn die Körperschaft die auf die veräußerte Gewinnbeteiligung entfallende Dividende erst im Folgejahr an den Erwerber ausschüttet.

Die KSt-Anrechnung verfällt nach § 36 Abs. 2 Nr. 3 Buchst. d EStG 2000, wenn die veräußerten Ansprüche erst nach Ablauf des Kalenderjahres fällig werden, das auf den Veranlagungszeitraum der Veräußerung erfolgt.

In den Fällen des § 20 Abs. 2 Nr. 2 Satz 1 Buchst. a EStG besteht keine Pflicht zur Einbehaltung von KapSt. Eine zu Unrecht erhobene KapSt kann nach § 45 Satz 2 EStG 2000 an den Erwerber erstattet werden.

Anfechtung nach dem AnfG 1999
auf Grund verdeckter Gewinnausschüttung

Verfügung OFD Koblenz vom 25.08.2000

S 0370 B – St 52 4

Zweck des Anfechtungsgesetzes ist es, unter bestimmten, fest begrenzten Voraussetzungen Vermögenswerte, welche ein Schuldner aus seinem Vermögen weggegeben hat, dem Vollstreckungszugriff des Gläubigers wieder zu erschließen.

Es stellt sich daher die Frage, ob verdeckte Gewinnausschüttungen unter die Vorschriften des Anfechtungsgesetzes subsumiert werden können.

1. Definition der verdeckten Gewinnausschüttung

Unter einer verdeckten Gewinnausschüttung i. S. des § 8 Abs. 3 Satz 2 KStG ist bei einer Kapitalgesellschaft eine Vermögensminderung (verhinderte Vermögensmehrung) zu verstehen, die durch das Gesellschaftsverhältnis veranlasst ist, sich auf die Höhe des Einkommens auswirkt und in keinem Zusammenhang mit einer offenen Ausschüttung steht (BFH v. 11.12.1991, I R 49/90, BStBl. II 1992, 434, DStR 1992, 614). Für den größten Teil der entschiedenen Fälle hat der BFH eine Veranlassung der Vermögensminderung durch das Gesellschaftsverhältnis angenommen, wenn die Kapitalgesellschaft ihrem Gesellschafter einen Vermögensvorteil zuwendet, den sie bei Anwendung der Sorgfalt eines ordentlichen und gewissenhaften Geschäftsleiters einem Nichtgesellschafter nicht gewährt hätte (BFH v. 16.3.1967, I 261/63, BStBl. II 1967, 626).

2. Anfechtung nach dem Anfechtungsgesetz 1999

Im Rahmen der Insolvenzrechtsreform wurde das AnfG 1879 durch das AnfG 1999 ersetzt. Nach dieser Neuordnung sind anfechtbar:

– Rechtshandlungen, die der Schuldner in den letzten 10 Jahren vor der Anfechtung mit dem Vorsatz, seine Gläubiger zu benachteiligen, vorgenommen hat, wenn der andere Teil zur Zeit der Handlung den Vorsatz kannte (§ 3 Abs. 1 AnfG);

– entgeltliche, in den letzten Jahren vor der Anfechtung geschlossene Verträge des Schuldners mit einer nahestehenden Person, durch welche die Gläubiger unmittelbar benachteiligt werden, es sei denn, dem anderen Teil war der Vorsatz, die Gläubiger zu benachteiligen, bei Vertragsabschluss nicht bekannt (§ 3 Abs. 2 AnfG);

– unentgeltliche Leistungen des Schuldners in den letzten vier Jahren vor der Anfechtung mit Ausnahme von gebräuchlichen Gelegenheitsgeschenken geringen Werts (§ 4 AnfG).

Weitere Anfechtungstatbestände sind in den § 5 AnfG (Rechtshandlungen der Erben) und § 6 AnfG (Rückgewähr von kapitalersetzenden Darlehen) enthalten.

3. Anfechtungsgesetz und verdeckte Gewinnausschüttung

Sachverhalte, die unter dem Gesichtspunkt einer verdeckten Gewinnausschüttung zu würdigen sind, können grundsätzlich auch die Voraussetzungen einer Gläubigeranfechtung erfüllen – dies gilt für die vier Grundfälle, unter die sich die meisten verdeckten Gewinnausschüttungen einordnen lassen:

vGA-Sachverhalt	§ 3 Abs. 1 AnfG	§ 3 Abs. 2 AnfG	§ 4 AnfG
Die Kapitalgesellschaft veräußert Wirtschaftsgüter an den Gesellschafter			
a) unentgeltlich oder	X		X
b) gegen ein unangemessen niedriges Entgelt	X	X	
Die Kapitalgesellschaft erwirbt vom Gesellschafter Wirtschaftsgüter gegen ein unangemessen hohes Entgelt	X	X	

vGA-Sachverhalt	§ 3 Abs. 1 AnGf	§ 3 Abs. 2 AnGf	§ 4 AnGf
Die Kapitalgesellschaft überlässt dem Gesellschafter Dienste, Kapital oder Wirtschaftsgüter zur Nutzung			
unentgeltlich oder	X		X
gegen ein unangemessen niedriges Entgelt	X	X	
Die Kapitalgesellschaft nutzt Dienste, Kapital und Wirtschaftsgüter des Gesellschafters gegen ein unangemessen hohes Entgelt.	X	X	

Diesen Grundfällen der verdeckten Gewinnausschüttung werden im Regelfall Rechtshandlungen des Schuldners (d.h. der Organe der Kapitalgesellschaft) zu Grunde liegen, die unter § 1 Abs. 1 AnfG fallen können, wenn durch sie Gläubigerbenachteiligungen eintreten. Gerade in den Fällen der verdeckten Gewinnausschüttung erbringt der Anfechtungsgegner keine gleichwertigen Gegenleistungen, die die objektive Benachteiligung entkräften könnten.

Kann die Frage der (zumindest bedingt) vorsätzlichen Benachteiligung nach § 3 AnfG bejaht werden, dürfte dies bei der gegebenen gesellschaftsrechtlichen Verflechtung der Beteiligten auch für die Kenntnis des „anderen Teils" gelten. Angesichts der Doppelfunktion der handelnden Personen – einerseits als Organ oder Gesellschafter der Kapitalgesellschaft, andererseits als Anfechtungsgegner – dürften sich bei solchen Fallgestaltungen die Nachweisschwierigkeiten des Gläubigers in Grenzen halten.

4. Gründungskosten einer Kapitalgesellschaft als verdeckte Gewinnausschüttung

Übernimmt eine Kapitalgesellschaft die Kosten ihrer Gründung, obwohl diese Kosten zivilrechtlich von den Gesellschaftern zu tragen sind, liegt eine verdeckte Gewinnausschüttung vor (BFH v. 11.2.1997, 1 R 42/96, BFH/NV 1997, 711). Gerade in den Fällen einer in Zahlungsschwierigkeiten geratenen jungen Kapitalgesellschaft eröffnen sich die Möglichkeiten der Anfechtung.

5. Zusammenarbeit innerhalb des Finanzamts

Für die Vollstreckungsstellen ist die Information über eine verdeckte Gewinnausschüttung unerlässlich. Es ist daher wichtig, dass die Veranlagungsstelle bzw. die Betriebsprüfung die Vollstreckung in geeigneten Fällen über eine verdeckte Gewinnausschüttung zeitnah unterrichtet.

Verzicht des Gesellschafter-Geschäftsführers auf eine finanzierbare Pensionszusage

Verfügung OFD Hannover vom 15.12.2006
S 2742 – 117 – StO 241, DB 2007, 135

Der Verzicht (Widerruf oder Einschränkung im Wege eines Erlasses, Schuldaufhebungs- oder Änderungsvertrages) des Gesellschafter-Geschäftsführers ist regelmäßig als im Gesellschaftsverhältnis veranlasst anzusehen.

Von einer betrieblichen Veranlassung des Verzichts ist hingegen auszugehen, wenn die Pensionszusage im Zeitpunkt des Verzichts nach der Rechtsprechung des BFH in den Urteilen vom 8. November 2000 (BStBl. II 2005 S. 653), vom 20. Dezember 2000 (BStBl. II 2005 S. 657), vom 7. November 2001 (BStBl. II 2005 S. 659) und vom 4. September 2002 (BStBl. II 2005 S. 662) nicht finanzierbar ist. Dient der Verzicht der Vermeidung einer drohenden Überschuldung der Gesellschaft im insolvenzrechtlichen Sinne und steht er im Zusammenhang mit weiteren die Überschuldung vermeidenden Maßnahmen (wie insbesondere einer Absenkung des Aktivgehaltes) ist er entsprechend den allgemeinen Grundsätzen nur dann betrieblich veranlasst, wenn sich auch ein Fremdgeschäftsführer zu einem Verzicht bereit erklärt hätte.

Verzicht des Gesellschafter-Geschäftsführers auf eine finanzierbare Pensionszusage
(§ 8 Abs. 3 Satz 2 KStG)

Bayerisches Landesamt für Steuern vom 15.02.2007

S 2742 – 26 St31N, DStR 2007, 993

Von den obersten Finanzbehörden des Bundes und der Länder wurde die Frage, wie der Verzicht eines Gesellschafter-Geschäftsführers auf eine noch finanzierbare Pensionszusage zu werten ist, mit folgendem Ergebnis diskutiert:

Im BMF-Schreiben vom 14. Mai 1999 (BStBl. I S. 512) war in Tz. 2 geregelt, dass der Verzicht auf eine Pensionszusage, die nicht mehr finanzierbar ist, betrieblich veranlasst ist. Eine Nichtfinanzierbarkeit war nach der damaligen Verwaltungsauffassung bereits dann gegeben, wenn nach dem sog. Worst-Case-Szenario bei einem unmittelbar nach dem Bilanzstichtag eintretenden Versorgungsfall (Bilanzsprungrisiko) der Barwert der künftigen Pensionsverpflichtungen zu einer bilanziellen Überschuldung geführt hätte. Aufgrund der Anwendung der BFH-Rechtsprechung zur Finanzierbarkeit kommt es zu einer Verschiebung des Zeitpunktes, zu dem eine Pensionszusage nicht mehr als finanzierbar gewertet wird. Nach Aufhebung der Tz. 2 des BMF-Schreibens vom 14. Mai 1999 stellte sich deshalb die Frage, unter welchen Voraussetzungen ein Verzicht auf eine Pensionszusage - insbesondere ein Verzicht bereits vor Eintritt der insolvenzrechtlichen Überschuldung - betrieblich veranlasst ist.

Es bestand Einvernehmen, dass bei einer nach den Urteilen des BFH vom 8. November 2000 (BStBl. II 2005 S. 653), vom 20. Dezember 2000 (BStBl. II 2005 S. 657), vom 7. November 2001 (BStBl. II 2005 S. 659) und vom 4. September 2002 (BStBl. II 2005 S. 662) nicht finanzierbaren Pensionszusage ein Verzicht im Regelfall als betrieblich veranlasst zu werten ist.

Bei der Prüfung der gesellschaftsrechtlichen bzw. betrieblichen Veranlassung einer unterbliebenen Anpassung einer Pensionszusage und eines Verzichts auf eine Pensionszusage sind die nämlichen Kriterien anzuwenden. Daraus folgt, dass ein Verzicht auf eine Pensionszusage vor dem Zeitpunkt, in dem sie nicht mehr finanzierbar ist, grundsätzlich als gesellschaftsrechtlich veranlasst anzusehen ist. Etwas anderes kann nur dann gelten, wenn im Ausnahmefall weitere Umstände hinzutreten, die den Rückschluss erlauben, dass auch ein fremder dritter Geschäftsführer auf seine Pensionszusage verzichtet hätte.

Die Sitzungsteilnehmer erklärten ihr Einverständnis mit dieser Auffassung und einigten sich auf folgende Handhabung:

Der Verzicht (Widerruf oder Einschränkung im Wege eines Erlass-, Schuldaufhebungs- oder Änderungsvertrages) des Gesellschafter-Geschäftsführers ist regelmäßig als im Gesellschaftsverhältnis veranlasst anzusehen. Von einer betrieblichen Veranlassung des Verzichts ist hingegen auszugehen, wenn die Pensionszusage im Verzichtszeitpunkt nach der Rechtsprechung des BFH in den Urteilen vom 8. November 2000 (BStBl. II 2005 S. 653), vom 20. Dezember 2000 (BStBl. II 2005 S. 657), vom 7. November 2001 (BStBl. II 2005 S. 659) und vom 4. September 2002 (BStBl. II 2005 S. 662) nicht finanzierbar ist. Dient der Verzicht der Vermeidung einer drohenden Überschuldung der Gesellschaft im insolvenzrechtlichen Sinne und steht er im Zusammenhang mit weiteren die Überschuldung vermeidenden Maßnahmen (wie insbesondere einer Absenkung des Aktivgehaltes) ist er entsprechend den allgemeinen Grundsätzen nur dann betrieblich veranlasst, wenn sich auch ein Fremdgeschäftsführer zu einem Verzicht bereit erklärt hätte.

Körperschaftsteuerliche Behandlung des Verzichts auf ein Ausgabeaufgeld bei Kapitalerhöhungen

Verfügung OFD Frankfurt am Main vom 23.11.2007

S 2742 A – 28 – St 51

Beschließen die Gesellschafter einer Kapitalgesellschaft eine Kapitalerhöhung aus Gesellschaftermitteln (effektive Kapitalerhöhung) und wird dabei auf ein Ausgabeaufgeld verzichtet, das den stillen Reserven entspricht, die auf die bisherigen Anteile entfallen, stellt dies weder eine verdeckte Gewinnausschüttung noch eine nicht den gesellschaftsrechtlichen Vorschriften entsprechende (andere) Ausschüttung dar. Dies deshalb, weil sich der Vorgang nicht auf das steuerliche Einkommen der Kapitalgesellschaft auswirkt und auch nicht als fingierte Doppelmaßnahme (Einlage mit anschließender Wiederausschüttung) zu sehen ist.

Bedingt durch die niedrigeren Anschaffungskosten ergeben sich ertragsteuerliche Folgerungen erst bei der Veräußerung der Anteile entweder im Rahmen eines höheren Gewinns nach § 5 EStG (falls die Beteiligung Betriebsvermögen ist) oder im Rahmen eines höheren Veräußerungsgewinns nach § 17 EStG.

Erfolgt die Kapitalerhöhung aus Gesellschaftermitteln in Bezug auf die bisherigen Gesellschafter nicht verhältniswahrend, z.B. weil die bisherigen Gesellschafter an der Kapitalerhöhung nicht entsprechend ihrer bisherigen Beteiligungsquote teilnehmen oder weil ein neuer Gesellschafter aufgenommen wird, führt der Verzicht auf ein Ausgabeaufgeld oder der nicht angemessene Ansatz eines Ausgabeaufgeldes zu einer Verschiebung der stillen Reserven von den bisherigen Anteilen hin zu den durch die Kapitalerhöhung begründeten neuen Anteilen (vgl. KSt-Kartei, UmwStG, Karte 17, Tz. 21.14). Für Zeiträume bis zum 12.12.2006 kann dies einen Anwendungsfall des § 10 der Verordnung zu § 180 Abs. 2 AO darstellen. Demnach kann u.a. gesondert und bei mehreren Beteiligten einheitlich festgestellt werden, ob und in welchem Umfang im Rahmen einer Kapitalerhöhung stille Reserven in Gesellschaftsanteilen, die der Besteuerung nach § 21 UmwStG oder § 17 EStG unterliegen (steuerverstrickte Anteile), auf andere Gesellschaftsanteile übergehen (mitverstrickte Anteile), in welchem Umfang die Anschaffungskosten der steuerverstrickten Anteile den mitverstrickten Anteilen zuzurechnen sind und wie hoch die Anschaffungskosten der steuerverstrickten Anteile nach dem Übergang stiller Reserven sowie der mitverstrickten Anteile im Übrigen sind.

Für Zeiträume nach dem 12.12.2006 ist zu beachten, dass § 10 V zu § 180 Abs. 2 AO mit Wirkung zum 13.12.2006 durch Artikel 12 des SEStEG aufgehoben worden ist. Gemäß der Anwendungsregelung in § 11 Satz 3 V zu § 180 Abs. 2 AO sind Feststellungen bzw. die vorherige Erklärungsanforderung ab dem 13.12.2006 nur noch erlaubt, soweit die Feststellungen die Mitverstrickung bezüglich steuerverstrickter Anteile nach § 21 UmwStG a. F., mithin einbringungsgeborene Anteile, die durch Einbringung vor der Systemumstellung des Einbringungsteils des UmwStG durch das SEStEG entstanden sind, betreffen. Für nach § 17 EStG steuerverstrickte Anteile gilt dies indes nicht.

Außerdem kann die Kapitalerhöhung gegen ein zu geringes Aufgeld auch eine gemischte Schenkung auslösen, weil stillen Reserven von den Alt-Anteilen auf die im Rahmen der Kapitalerhöhung entstehenden neuen Anteile übergehen (KSt-Kartei, Veranlagungsregeln, Erstellen von Kontrollmaterial/ Zusammenarbeit mit anderen Dienststellen, Schenkungssteuer Tz. 2.2.3 sowie Beispiel 4).

Steuerliche Behandlung der Spenden von Sparkassen;
hier: BFH-Urteil vom 1.2.1989 I R 98/84 (BStBl 1989 II S. 471)

Finanzministerium des Landes Nordrhein-Westfalen
VV NW FinMin 1989 – 10 – 30 S 2742 – 32 – V B 4

Der Finanzminister des Landes Nordrhein-Westfalen hat in einem Schreiben an den Rheinischen und Westfälisch-Lippischen Sparkassen- und Giroverband zur Behandlung der Spende von Sparkassen wie folgt Stellung genommen:

Der Bundesfinanzhof (BFH) hat mit Urteil vom 01.02.1989 I R 98/84 (BStBl 1989 II S. 471) entschieden, daß eine Einkommensverteilung im Sinne des § 7 Satz 1 KStG 1968 (= § 8 Abs. 3 KStG 1977) anzunehmen ist, wenn eine Sparkasse den Teil des Jahresüberschusses gemeinnützigen Zwecken zuführt, auf dessen Auszahlung die Gewährträger zuvor verzichtet hat oder dessen Verwendung der Gewährträger zugestimmt hat. Die Annahme einer Einkommensverteilung führt dazu, daß ein Spendenabzug ausgeschlossen ist. Die Grundsätze des Urteils sind aus Gründen des Vertrauensschutzes erstmals bei der steuerlichen Beurteilung von Spenden anzuwenden, die aus dem Jahresüberschuß 1989 geleistet werden. Auf meinen Erlaß vom 16. Oktober 1989 S 2742 – 32 – V B 4 nehme ich Bezug.

Wie Ihre Vertreter im Gespräch am 12. Oktober 1989 ausführten, werden die Sparkassen nach Ablauf der genannten Übergangsregelung Zuwendungen zu gemeinnützigen Zwecken aus dem Jahresüberschuß (§ 27 Abs. 4 SpkG NRW) nicht mehr vornehmen. Sie werden vielmehr – vorbehaltlich zukünftiger Änderungen des Sparkassengesetzes Nordrhein-Westfalen – die Zuwendungen zu gemeinnützigen Zwecken zu Lasten des Gewinns des laufenden Geschäftsjahres leisten. Derartige Zuwendungen sind nicht mehr als eine den Spendenabzug ausschließende Einkommensverteilung im Sinne des § 8 Abs. 3 KStG nach Maßgabe des BFHUrteils vom 1.2.1989 I R 98/84 a.a.O. anzusehen. Die Sparkassen dürfen deshalb diese Zuwendungen grundsätzlich als Spenden im Rahmen des § 9 Nr. 3 KStG bei der Ermittlung ihres Einkommens abziehen, wenn im übrigen die Voraussetzungen des spendenabzugs gegeben sind.

Die Entscheidung darüber, ob eine als Spende bezeichnete **Zuwendung** der Sparkasse an ihren **Gewährträger** eine nach § 9 Nr. 3 KStG abziehbare Spende oder sachlich eine verdeckte Gewinnausschüttung darstellt, hängt von den Umständen des einzelnen Falles ab und ist im allgemeinen eine Tatfrage. Es kommt, wie der BFH im Urteil vom 12.10.1978 I R 149/75 (BStBl. 1979 II S. 192) ausführt, darauf an, ob die Sparkasse bei Anwendung der Sorgfalt eines ordentlichen und gewissenhaften Geschäftsleiters die Spende einer Körperschaft, die nicht ihr Gewährträger ist oder ihr nahesteht, nicht gegeben hätte. Maßgebend ist somit das Spendenverhalten der Sparkasse. Im Vordergrund steht hierbei, in welchem Verhältnis die dem Gewährträger zugewendeten Spenden zu Spenden an fremde steuerbegünstigte Körperschaften und Einrichtungen stehen (sog. Fremdspendenvergleich). In Höhe der Beträge, in der die Sparkasse Spenden üblicherweise an fremde Dritte gibt, sind Spenden der Sparkasse an den Gewährträger im Rahmen des § 9 Nr. 3 KStG zum Abzug zuzulassen. Übersteigende Spendenbeträge sind als verdeckte Gewinnausschüttungen (§ 8 Abs. 3 Satz 2 KStG) bei der Ermittlung des steuerpflichtigen Einkommens hinzuzurechnen.

In den **Fremdspendenvergleich** sind sowohl die **unmittelbar** als auch die **mittelbar** dem Gewährträger zugewendeten Spenden einzubeziehen. Dem Gewährträger gegeben ist nämlich auch ein Betrag, den die Sparkasse als Spende einem Dritten zuwendet, wenn die Sparkasse damit eine Aufgabe erfüllt, zu deren Durchführung der Gewährträger rechtlich verpflichtet ist oder der er sich nicht entziehen könnte (vgl. BFH-Urteil vom 19.06.1974 I R 94/71, BStBl. 1974 II S. 586).

Die Abgrenzungsfrage, ob **Zuwendungen** der Sparkasse an **Dritte** (Drittspenden), **mittelbare** Zuwendungen an den **Gewährträger** darstellen, gestaltet sich in der Praxis als schwierig. Von Seiten der Finanzverwaltung kann dieser Frage häufig erst im Rahmen der steuerlichen Außenprüfung nachgegangen werden.

Zur Erleichterung der Nachprüfung ist es zweckdienlich und zumutbar, daß die jeweilige Sparkasse auf Grund ihrer steuerlichen Mitwirkungspflichten (§ 90 Abgabenordnung) in einer der jährlichen Körperschaftsteuererklärung beizufügenden Aufstellung die für den Fremdspendenvergleich erforderliche Aufteilung der Zuwendungen in unmittelbare und mittelbare Spenden an den Gewährträger einerseits und Spenden an Dritte andererseits nach Abstimmung mit dem Gewährträger vornimmt. Für Zwecke der Nachprüfung der in der jährlichen Aufstellung vorgenommenen Zuordnung der Spenden hat die Sparkasse geeignete Nachweise bereitzuhalten.

Ich bitte Sie, die Ihrem Verband angehörenden Sparkassen auf diese Problematik besonders hinzuweisen und sie anzuhalten, im Rahmen der vorstehenden Ausführungen an der Aufklärung des steuerlich relevanten Sachverhalts mitzuwirken.

Die Oberfinanzdirektionen des Landes Nordrhein-Westfalen und die für die Sparkassen zuständigen Finanzämter werden entsprechend unterrichtet.

Vereinbarung einer Nur-Pension mit dem Gesellschafter-Geschäftsführer einer Kapitalgesellschaft; Folgerungen aus dem BFH-Urteil vom 17. Mai 1995 (BStBl. 1996 II S. 204)

Verfügung OFD Frankfurt am Main vom 08.09.2008

S 2742 A – 10 – St 51

Der BFH hat mit Urteil vom 17. Mai 1995 (a.a.O.) unter Aufgabe seiner früheren Rechtsprechung entschieden, dass die Zusage einer Nur-Pension einer Kapitalgesellschaft gegenüber ihrem Gesellschafter-Geschäftsführer durch das Gesellschaftsverhältnis veranlasst ist. Die durch die Zusage bei der Gesellschaft eintretende Vermögensminderung führt zu einer verdeckten Gewinnausschüttung.

Nach dem Ergebnis der Erörterung mit den obersten Finanzbehörden der Länder gilt für die allgemeine Anwendung der Grundsätze des Urteils Folgendes:

A. Zusage einer Nur-Pension nach dem 26. April 1996

Für Zusagen einer Nur-Penslon, die nach dem 26. April 1996 (Tag der Veröffentlichung des BFH-Urteils vom 17. Mai 1995 im Bundessteuerblatt Teil II) erteilt worden sind, gelten die Grundsätze des BMF-Schreibens vom 28. Mai 2002 (BStBl. I S, 603) [KSt-Kartei, § 8 KStG, Karte B 25].

B. Zusage einer Nur-Pension vor dem 27. April 1996

I. Die Zusage bleibt bestehen.

Auf der Ebene der Kapitalgesellschaft sind Zuführungen zur Pensionsrückstellung bis zum Ende des ersten nach dem 26. April 1996 endenden Wirtschaftsjahrs nicht als verdeckte Gewinnausschüttungen zu behandeln. Für spätere Zuführungen gelten die Grundsätze unter A.

Auf der Ebene des Gesellschafters führen Leistungen aus der Zusage nur insoweit zu sonstigen Bezügen i.S.d. § 20 Abs. 1 Nr. 1 EStG, als sie bei der Gesellschaft auf Zuführungen zur Pensionsrückstellung beruhen, die nach Ablauf des ersten nach dem 26. April 1996 endenden Wirtschaftsjahrs vorgenommen worden sind.

II. Die Zusage wird aufgehoben.

Wurde bzw. wird die Zusage einer Nur-Pension im Hinblick auf das BFH-Urteil vom 17. Mai 1995 (a.a.O.) aufgehoben, ist die Pensionsrückstellung in vollem Umfang gewinnerhöhend aufzulösen.

Im Wirtschaftsjahr, in dem die Zusage einer Nur-Pension aufgehoben wurde bzw. wird, kann in Höhe von vier Fünftel des aufzulösenden Betrags der Pensionsrückstellung eine den Gewinn mindernde Rücklage gebildet werden, wenn die Aufhebung spätestens am 31. Dezember 2005 vereinbart wird. Der rücklagenfähige Betrag mindert sich um den Betrag, der nach Satz 3 der Rdnr. 9 des BMF-Schreibens vom 28. Mai 2002 (a.a.O.) [KSt-Kartei § 8 KStG, Karte B 25] außerhalb der Steuerbilanz vom Steuerbilanzgewinn abzuziehen ist. Die Rücklage ist in Höhe von mindestens je einem Viertel in den folgenden Wirtschaftsjahren gewinnerhöhend aufzulösen. § 5 Abs. 1 Satz 2 EStG ist insoweit nicht anzuwenden. Wird im Wirtschaftsjahr der Aufhebung der Zusage einer Nur-Pension eine neue Pensionszusage erteilt, ist die Rücklage nur in Höhe von vier Fünftel der Differenz aus aufzulösender und neu zu bildender Pensionsrückstellung zulässig; die Auflösung des in Satz 3 der Rdnr. 9 des o.g. BMF-Schreibens genannten Betrages mindert ebenfalls den rücklagefähigen Betrag. Wird die neue Zusage in einem späteren Wirtschaftsjahr erteilt, darf die Rücklage am Ende dieses Wirtschaftsjahrs nicht höher sein als der Betrag, der sich zu diesem Zeitpunkt ergeben hätte, wenn die neue Zusage bereits im Wirtschaftsjahr der Aufhebung der Zusage einer Nur-Pension erteilt worden wäre.

Erhält der Gesellschafter-Geschäftsführer im Gegenzug zur aufgehobenen Zusage einer Nur-Pension eine neue Zusage, die nach den Grundsätzen des BFH-Urteils vom 17. Mai 1395 (a.a.O.) nicht durch das Gesellschaftsverhältnis veranlasst ist, dann sind für die Frage der Erdienbarkeit die Verhältnisse maßgebend, die im Zeitpunkt der ursprünglich zugesagten Nur-Pension vorlagen.

III. Die Zusage wird an die Urteilsgrundsätze angepasst

Die Grundsätze unter II. gelten entsprechend, wenn die Zusage einer Nur-Pension dahin geändert wird, dass sie nach den Grundsätzen des BFH-Urteils vom 17. Mai 1995 (a.a.O.) als nicht durch das Gesellschaftsverhältnis veranlasst gilt (z.B. durch Herabsetzung des Pensionsanspruchs und der Vereinbarung zusätzlicher Aktivbezüge).

IV. Eintritt des Versorgungsfalls vor dem 22.03.2005

Ist der Versorgungsfall bis zum 22.03.2005 eingetreten, werden aus Billigkeitsgründen die vor Veröffentlichung des BFH-Urteils vom 17. Mai 1995 (a.a.O.) geltenden Grundsätze weiter angewandt.

Die Grundsätze, nach denen sich bei einer Pensionszusage aus anderen Gründen eine verdeckte Gewinnausschüttung ergeben kann, bleiben unberührt.

Dieser Rundverfügung liegt der HMdF-Erlass vom 03.02.2005 – S 2742 A – 37/6 – II 41 zugrunde. Er entspricht dem Schreiben des Bundesministeriums der Finanzen vom 28.01.2005 – IV B 7 – S 2742 – 9/05, BStBl. 2005 I S 387.

Zusatz der OFD:

Der BFH hat sich in seinem Urteil vom 09.11.2005 – I R 89/04, BStBl. I) 2008, 523, sich mit der Frage der steuerlichen Behandlung sog. Nur-Pensionen auseinandergesetzt. Zu dieser Entscheidung ist ein Nichtanwendungserlass (BMF-Schreiben vom 16.06.2008, BStBl. I 2008, 681) [ESt-Kartei, § 6a EStG, Karte 29] ergangen.

Unter dem Gesichtspunkt der verdeckten Gewinnausschüttung ist im Falle von Nur-Pensionen wie folgt zu verfahren:

Liegt ein anfänglicher Barlohnverzicht mit der Folge einer dann Nur-Pension vor, kann dies nach den Grundsätzen der BFH-Rechtsprechung ein Fall der Übersorgung nach § 6a EStG sein. Nach Auffassung der Finanzverwaltung ist hierin eine verdeckte Gewinnausschüttung zu sehen. Denn eine Ausstattung des Gesellschaftergeschäftsführers ist nicht fremdüblich, wenn sie nur in einer Pensionszusage besteht.

Eine Nur-Pension als Folge eines späteren Barlohnverzichts führt nach den Grundsätzen der BFH-Rechtsprechung nicht zu einer Überversorgung im Sinne des § 6a EStG, da sie aus Eigenmitteln aufgebaut wird. Eine solche Versorgungszusage ist nach Auffassung der Finanzverwaltung nach den allgemeinen Grundsätzen der verdeckten Gewinnausschüttung auf ihre Zulässigkeit hin zu überprüfen.

Eine Nur-Pension ist danach regelmäßig nicht anzuerkennen, wenn

– sie nicht ernsthaft ist,

(Dies ist regelmäßig zu bezweifeln, wenn dem Gesellschaftergeschäftsführer keine anderweitigen Mittel für seinen laufenden Lebensunterhalt zur Verfügung stehen.)

– sie nicht Insolvenzsicher ist oder

(Die Insolvenzfestigkeit der Zusage wird in der Regel über eine Rückdeckungsversicherung erreicht.)

– für sich genommen bereits unangemessen ist.

(Dies ist z. B. der Fall, wenn die Versorgungszusage überhöht ist.)

Steuerliche Beurteilung von Konzessionsabgaben in Durchleitungsfällen; Verdeckte Gewinnausschüttung bei unterlassener Anpassung von Alt-Konzessionsverträgen

Verfügung OFD Magdeburg vom 22.06.2009

S 2742 – 167 – St 215

Mit der Öffnung der Strom- und Gasmärkte haben sich das zur Beurteilung der Konzessionsabgabe auf Durchleitungsfälle maßgebliche Energiewirtschaftsgesetz (EnWG) und die Konzessionsabgabeverordnung (KAV) geändert. Danach hat gemäß § 14 Abs. 3 EnWG (1998)/§ 48 Abs. 3 EnWG (2005) die Gemeinde in Durchleitungsfällen bei entsprechender vertraglicher Vereinbarung einen Anspruch auf Konzessionsabgabe gegenüber dem Netzbetreiber. Zuvor enthielten die einschlägigen Bestimmungen dagegen keine Regelungen für die Zahlung von Konzessionsabgaben in Durchleitungsfällen.

Dementsprechend enthalten Alt-Verträge, die zwischen den Energieversorgern und den Gemeinden abgeschlossen worden sind, lediglich Regelungen zu dem Recht der GmbH zur unmittelbaren Versorgung von Letztverbrauchern mit Strom oder Gas und verpflichten hierfür die GmbH zur Zahlung einer Konzessionsabgabe an die Kommune. In der Praxis werden jedoch auch Konzessionsabgaben in Durchleitungsfällen gezahlt.

Es ist die Frage gestellt worden, ob ein Alt-Konzessionsvertrag, dessen Laufzeit vor der Neuregelung der KAV in 1999 beginnt, hinsichtlich der Änderungen der KAV für die Konzessionsabgabe in Durchleitungsfällen noch hinreichend bestimmt ist, wenn er zu deren Höhe keine Angaben bzw. lediglich den Hinweis enthält, dass sich die Höhe und Zahlung der Konzessionsabgabe nach der KAV in einer bestimmten oder in der jeweils geltenden Fassung richtet. In den Fällen, in denen die abgabenberechtigte Gemeinde auch beherrschender Gesellschafter des verpflichteten Energieunternehmens ist, stellt sich daher die Frage der vGA.

Nach erneuter Abstimmung der obersten Finanzbehörden des Bundes und der Länder bitte ich hierzu nunmehr folgende Auffassung zu vertreten:

Es ist anhand der Umstände des Einzelfalls zu prüfen, ob der vorliegende Vertragsinhalt die Zahlung von Konzessionsabgaben in Durchleitungsfällen umfasst. Dabei kann die Prüfung ergeben, dass der Konzessionsvertrag dahingehend auszulegen ist, dass die Durchleitungsfälle auch ohne ausdrückliche schriftliche Anpassung Vertragsinhalt geworden sind und eine verdeckte Gewinnausschüttung durch das Energieversorgungsunternehmen an den beherrschenden Gesellschafter zu verneinen ist.

Verdeckte Gewinnausschüttungen bei Kreditgenossenschaften aus dem Programm „VRMitgliederbonus"

Verfügung OFD Magdeburg vom 31.03.2009

S 2780 – 4 – St 215

Die obersten Finanzbehörden des Bundes und der Länder haben die ertragsteuerliche Behandlung eines von dem Bundesverband der Deutschen Volks- und Raiffeisenbanken entwickelten Kundenbindungsprogramms erörtert.

Das Programm sieht für Mitglieder der Genossenschaftsbank vor, dass diese für Geldeingänge, Spareinlagen, Kreditverträge, Riesterrentenabschlüsse im Geschäftsjahr Boni sammeln können. Diese werden dann in Abhängigkeit von der Anzahl der Geschäftsanteile nach Abschluss des Geschäftsjahres ausgezahlt. Kunden der Banken, die nicht Mitglieder der Genossenschaftsbank sind, erhalten diese Boni nicht.

Es stellte sich die Frage, ob diese Boni von der Genossenschaftsbank steuerlich als vGA zu qualifizieren sind.

Eine verdeckte Gewinnausschüttung ist eine Vermögensminderung, die durch das Gesellschaftsverhältnis veranlasst ist, sich auf den Gewinn i. S. d. § 4 Abs. 1 EStG auswirkt und keine offene Gewinnausschüttung darstellt (R 36 KStR „Verdeckte Gewinnausschüttungen").

Die Ungleichbehandlung von Mitgliedern und Nichtmitgliedern führt hier aufgrund des Fremdvergleiches zu einer vGA, da das Bonussystem ausschließlich Mitgliedern vorbehalten ist und daher die Leistungen durch das Mitgliedschaftsverhältnis veranlasst sind.

Angemessenheit der Gesamtbezüge eines Gesellschafter-Geschäftsführers

Verfügung OFD Chemnitz vom 24.02.2009

S 2742 – 44/17 – St 21

1. Allgemeine Grundsätze zur Bestimmung der Angemessenheit von Vergütungen für Gesellschafter-Geschäftsführer

Nach ständiger Rechtsprechung des BFH ist von einer vGA im Sinne des § 8 Abs. 3 S. 2 KStG bei einer Kapitalgesellschaft auszugehen, wenn eine Vermögensminderung (verhinderte Vermögensmehrung) vorliegt,

- die durch das Gesellschaftsverhältnis veranlasst ist,
- sich auf die Ermittlung des Unterschiedsbetrags im Sinne von § 4 Abs. 1 S. 1 EStG in Verbindung mit § 8 Abs. 1 KStG auswirkt,
- nicht auf einem den gesellschaftsrechtlichen Vorschriften entsprechenden Gewinnverteilungsbeschluss beruht und
- beim Gesellschafter die Eignung hat, einen sonstigen Bezug im Sinne des § 20 Abs. 1 Nr. 1 S. 2 EStG auszulösen.

Der BFH hat die Veranlassung einer Vermögensminderung (verhinderten Vermögensmehrung) durch das Gesellschaftsverhältnis angenommen, wenn die Kapitalgesellschaft ihrem Gesellschafter einen Vermögensvorteil zuwendet, den sie bei der Sorgfalt eines ordentlichen und gewissenhaften Geschäftsleiters einem Nichtgesellschafter nicht gewährt hätte (vgl. H 36 III KStH 2006).

Entsprechend kann auch eine Vergütung, die eine Kapitalgesellschaft ihrem Gesellschafter-Geschäftsführer zugestanden hat, eine vGA sein, wenn diese dem Grunde und/oder der Höhe nach nicht dem entspricht, was ein ordentlicher und gewissenhafter Geschäftsleiter einem Nichtgesellschafter-Geschäftsführer als Tätigkeitsentgelt zukommen lassen würde.

Das BMF-Schreiben vom 14.10.2002, BStBl. I S. 972 (Anhang 12.15 KStH 2006) enthält grundlegende Ausführungen zur steuerlichen Beurteilung einzelner Vergütungsbestandteile sowie zur Angemessenheit der Gesamtausstattung des Gesellschafter-Geschäftsführers. Die Gesamtausstattung umfasst die Summe aller Vorteile und Entgelte, die der Geschäftsführer für seine Tätigkeit erhält (Festgehalt, Tantieme, Pensionszusage, Beiträge zu Direktversicherungen, Sonderzahlungen wie Weihnachts- und Urlaubsgeld, Sachleistungen wie Kfz-Gestellungen etc.).

Die Angemessenheit der Gesamtausstattung schließt es nicht aus, dass hinsichtlich einzelner Bestandteile dem Grunde und/oder der Höhe nach eine vGA gegeben ist (vgl. Rzn. 5 und 6 des o. g. BMF-Schreibens). Hinsichtlich einer Tantiemezusage wird in den Randziffern 5 und 6 des BMFSchreibens auf das BMF-Schreiben vom 01.02.2002 (BStBl. I S. 219) Bezug genommen. Das Kriterium der 75/25 Prozent-Grenze (Tz. 2 des BMF-Schreibens vom 01.02.2002) hat die BFH-Rechtsprechung relativiert. Der Höhe nach angemessene Gesamtbezüge sind nicht allein deshalb teilweise eine verdeckte Gewinnausschüttung, weil sie zu mehr als 25 Prozent aus Tantiemen bestehen. Vielmehr muss in einer solchen Situation jeweils im Einzelfall ermittelt werden, ob ein höherer Tantiemeanteil darauf hinweist, dass die gewählte Gestaltung in ihrer Gesamtheit oder ggf. in Teilen durch das Gesellschaftsverhältnis veranlasst ist (vgl. a. Erlass vom 28.01.2004, Az.: 33-S2742-54/81-5126 und H 39 [Grundsätze] KStH 2006).

Hinsichtlich einer Pensionszusage zugunsten des Gesellschafter-Geschäftsführers verweise ich auf die Anweisungen in R 38 KStR sowie auf H 38 KStH 2006.

Für Zuschläge wegen der Arbeit des Gesellschafter-Geschäftsführers an Sonn- und Feiertagen und zur Nachtzeit besteht eine Regelvermutung für deren Veranlassung durch das Gesellschaftsverhältnis (vgl. H 36 Abschn. IV KStH 2006).

2. Prüfung der Angemessenheit der Gesamtausstattung der Geschäftsführerbezüge

Für die Angemessenheit der Bezüge eines Gesellschafter-Geschäftsführers gibt es keine festen Regeln. Die obere Grenze ist im **Einzelfall** durch Schätzung zu ermitteln. Dabei ist zu berücksichtigen, dass sich der Bereich des angemessenen Gehalts auf eine gewisse Bandbreite von Beträgen erstreckt **(Bandbreitenbetrachtung)**. Unangemessen können nur diejenigen Bezüge sein, die die obere Grenze dieser Bandbreite deutlich übersteigen (vgl. Tz. 23 des BMF-Schreibens vom 14.10.2002 und des BFH-Urteils vom 04.06.2003, BStBl. 2004 II S. 136).

Die Angemessenheit der Gesamtausstattung eines Gesellschafter-Geschäftsführers muss grundsätzlich anhand derjenigen Umstände und Erwägungen beurteilt werden, die im **Zeitpunkt der Gehaltsver-**

einbarungen vorgelegen haben und angestellt worden sind (BFH-Urteil vom 10.07.2002, BStBl. 2003 II S. 418).

Beurteilungskriterien für die Angemessenheit der Vergütung sind

– Art und Umfang der Tätigkeit als Gesellschafter-Geschäftsführer (Rz. 11 bis 13 des BMFSchreibens vom 14.10.2002) § das Verhältnis des Geschäftsführergehalts zum Gesamtgewinn und zur verbleibenden Kapitalverzinsung (Rz. 14 bis 18 des BMF-Schreibens vom 14.10.2002)

– Entgelt eines Fremdgeschäftsführers im selben Unternehmen (interner Fremdvergleich, Rz. 19 und 20 des BMF-Schreibens vom 14.10.2002)

– Entgelte an Geschäftsführer in gleichartigen Betrieben (externer Fremdvergleich, Rz. 19 und 21 des BMF-Schreibens vom 14.10.2002)

Braucht der Gesellschafter-Geschäftsführer nicht alle Aufgaben der Unternehmensführung erledigen, weil diese in erheblichem Umfang auf leitende Angestellte übertragen wurden oder weil mehrere Geschäftsführer bestellt sind, ist dies in der Gesamtschau zu berücksichtigen (vgl. a. Rz. 11 – 13 des BMF-Schreibens vom 14.10.2002; Abschnitt II Nr. 4 Buchstabe e der Gründe des BFH-Urteils vom 04.06.2003, BStBl. 2004 II S. 139 sowie das Urteil des Sächsischen Finanzgerichts vom 21.02.2008 Az.: 8 K 1479/01 in der Anlage 2).

3. Externer Fremdvergleich - Gehaltsstrukturuntersuchungen

Für den externen Fremdvergleich wurde den Betriebsprüfungsstellen eine Software basierend auf der Kienbaum-Vergütungsstudie „Geschäftsführer 2004" zur Verfügung gestellt. Demnächst wird eine aktuelle Version basierend auf der Kienbaum-Vergütungsstudie „Geschäftsführer 2006" bereitgestellt. Nachfolgende Ausführungen gelten für die Version 2006. Bis zum Einsatz dieser Version sind die Berechnungen entsprechend auf Grundlage der Version 2004 vorzunehmen.

4. Anwendung der Kienbaum-Vergütungsstudie „Geschäftsführer 2006" zur Ermittlung der Angemessenheit von Vergütungen für Gesellschafter-Geschäftsführer

4.1 Inhalt und Aufbau der Kienbaum-Vergütungsstudie

Um die Vergütungsstudie zu erstellen, befragt Kienbaum jährlich Gesellschafter- und Fremd-Geschäftsführer von gewerblichen Unternehmen. Die Anzahl der befragten Personen und Unternehmen sind in nachfolgender Tabelle zusammengefasst.

Kienbaum-Vergütungsstudien „Geschäftsführer"		
	Anzahl	**Erhöhung der Vergütung im Vergleich zum Vorjahr**
	der befragten Geschäftsführer	**aus Unternehmen**
		in %
2004	unbekannt	412	2,9
2005	716	418	3,2
2006	703	408	3,0
2007	679	391	4,9
2008	858	495	4,0

Die große Zahl der einbezogenen Unternehmen spricht nach Kienbaum dafür, dass die ermittelten Daten die Vergütungsrealität zutreffend widerspiegeln.

Die Software basiert auf den Ergebnissen der Kienbaum-Vergütungsstudie „Geschäftsführer 2006". Der Erhebungsstichtag war der 1. Mai 2006. Die Gehaltswerte berücksichtigen die Gehaltserhöhungen für das Jahr 2006.

4.2 Vergütungsbestandteile

Die Vergleichswerte der Kienbaum-Studien beinhalten nur das **jährliche Grundgehalt** der Geschäftsführer **zuzüglich Urlaubs- und Weihnachtsgelder sowie Tantiemen und andere variable Gehaltsbestandteile.**

Geldwerte Vorteile (Pkw-Gestellung etc.) sowie vereinbarte betriebliche Altersversorgung (Pensionszusagen etc.), die zur Gesamtausstattung gehören, finden in den Vergleichswerten der Kienbaum-Studien dagegen keinen Niederschlag.

Diesem Umstand ist ggf. durch entsprechende Zuschläge Rechnung zu tragen (vgl. II Nr. 4 Buchstabe d der Gründe des BFH-Urteils vom 04.06.2003, BStBl. 2004 II S. 139).

4.3 Differenzierung in Gesellschafter-Geschäftsführer und Fremdgeschäftsführer

Die Kienbaum-Studien beinhalten sowohl Angaben zu Vergütungen von Gesellschafter-Geschäftsführern (mit Kapitalbeteiligung am Unternehmen) als auch solche von Fremdgeschäftsführern (ohne Kapitalbeteiligung am Unternehmen).

Für einen Drittvergleich sind vorrangig die im Zusammenhang mit Fremdgeschäftsführern stehenden Zahlenwerte geeignet. Im Feld „Kapitalbeteiligung des Geschäftsführers" ist dafür „Keine (Angestellten-Geschäftsführer)" auszuwählen. Für den Vergleich kann sich auch eine weitere Abfrage unter Berücksichtigung der Höhe der Beteiligung des Gesellschafter-Geschäftsführers am Stammkapital anbieten.

4.4 Kriterien der Kienbaum-Vergütungsstudie zur Ermittlung der Vergütungen für Fremdgeschäftsführer

Sowohl die Struktur als auch die Höhe der Geschäftsführervergütungen wird durch eine Vielzahl von Einflussgrößen geprägt. Als Kriterien für die innerhalb der Kienbaum-Studien ausgewiesenen tabellarischen Zusammenstellungen dienen insbesondere folgende vergütungsrelevanten Faktoren:

– Unternehmensgröße (Jahresumsatz, Anzahl der Beschäftigten),
– Kapitalbeteiligung des Geschäftsführers,
– Ertragslage und Umsatzrendite des Unternehmens,
– Unternehmensbranche / Wirtschaftszweig,
– Bundesland, Stadt-/Gemeindegröße (bezogen auf den Haupt- bzw. Firmensitz) sowie
– Lebensalter, Berufserfahrung, Dauer der Firmenzugehörigkeit und Rang des Geschäftsführers

Durch Angabe des Bundeslandes werden regionale Unterschiede im Durchschnittsgehalt berücksichtigt.

4.5 Anwendung der Kienbaum-Vergütungsstudien „Geschäftsführer 2006" in anderen Kalender-/ Wirtschaftsjahren

Ausgehend vom Erhebungszeitraum der jeweils verwendeten Kienbaum-Studie sind **Zu- bzw. Abschläge je Kalenderjahr für nachfolgende bzw. vorhergehende Kalenderjahre** vorzunehmen. Bei der Berechnung der Zu- bzw. Abschläge sollte grundsätzlich die durchschnittliche Erhöhung der Geschäftsführer-Gehälter gegenüber dem Vorjahr zugrunde gelegt werden (vergleiche Tabelle zu Tz. 4.1).

5. Bedeutung von Einzelgutachten

Ein vom Steuerpflichtigen vorgelegtes Gutachten über die Angemessenheit von Geschäftsführergehältern, das anhand von Gehaltsstrukturuntersuchungen erstellt wurde ohne die besonderen Verhältnisse des Betriebs (z.B. mehrere Geschäftsführer) zu analysieren, hat keinen über die allgemein veröffentlichten Gehaltsstrukturuntersuchungen hinausgehenden Beweiswert. Dies gilt insbesondere, wenn Differenzierungskriterien und Erhebungsgrundlagen nicht näher dargelegt werden, die Ergebnisse des Einzelgutachtens ohne ersichtlichen Grund erheblich von den Werten der Kienbaum-Vergütungsstudie abweichen und besondere Umstände, die eine von der Gehaltsstrukturuntersuchung abweichende individuelle Beurteilung gebieten, nicht erkennbar sind (vgl. a. Urteil des Hess. FG vom 18.01.2000 , EFG S. 1032).

Branchenspezifische Erfahrungswerte mit Repräsentationswert (z. B. die Gehaltsstudie eines Berufsverbandes oder einer Bp-Stelle) können bei der Bestimmung der angemessenen Gesamtbezüge herangezogen werden (Urteil des Sächsischen FG vom 21.02.2008, 8 K 1479/01 in der Anlage 2).

Die Verfügungen vom 05.02.2004, Az.: S2742-44/12-St21 und vom 07.04.2008, Az.: S2742-127/3-St21 sowie die Kurzinformationen auf dem Gebiet der Lohnsteuer Nr. 03/2006 wird hiermit aufgehoben.

Steuerliche Auswirkungen des Verzichts eines Gesellschafter-Geschäftsführers auf eine Pensionsanwartschaft gegenüber seiner Kapitalgesellschaft

Verfügung FM NRW vom 17.12.2009

S 2743-10-V B 4

I. Verzichtet ein Gesellschafter-Geschäftsführer einer GmbH auf eine Pensionszusage, die nach den in R 38 KStR und H 38 KStH genannten Kriterien zu einer Minderung des Einkommens der GmbH geführt hat, so ergeben sich folgende Auswirkungen:

   1. Die GmbH hat die nach § 6a EStG gebildete Pensionsrückstellung in ihrer Steuerbilanz erfolgswirksam aufzulösen.

   2. Der Verzicht auf die Pensionszusage ist regelmäßig durch das Gesellschaftsverhältnis veranlasst, weil ein Nichtgesellschafter der Gesellschaft diesen Vermögensvorteil (entschädigungsloser Wegfall einer Pensionsverpflichtung) nicht eingeräumt hätte. Eine betriebliche Veranlassung des Verzichts auf die Pensionszusage ist nach allgemeinen Grundsätzen nur anzunehmen, wenn auch ein Fremdgeschäftsführer auf die Pensionszusage verzichten würde.

   3. Im Fall der gesellschaftsrechtlichen Veranlassung des Pensionsverzichts liegt eine verdeckte Einlage in Höhe des Teilwerts der Pensionsanwartschaft vor (BFH vom 09.06.1997 – GrS 1/94, BStBl. II 1998 S. 307, und vom 15.10.1997 – I R 58/93, BStBl. II 1998 S. 305). Die verdeckte Einlage ist außerbilanziell bei der Ermittlung des zu versteuernden Einkommens in Abzug zu bringen. Der Teilwert der verdeckten Einlage ist nicht nach § 6a EStG, sondern unter Beachtung der allgemeinen Teilwertermittlungsgrundsätze im Zweifel nach den Wiederbeschaffungskosten zu ermitteln. Demnach kommt es darauf an, welchen Betrag der Gesellschafter zu dem Zeitpunkt des Verzichtes hätte aufwenden müssen, um eine gleich hohe Pensionsanwartschaft gegen einen vergleichbaren Schuldner zu erwerben. Dabei kann die Bonität des Forderungsschuldners berücksichtigt werden. Außerdem kann von Bedeutung sein, ob die Pension unverfallbar ist oder ob sie voraussetzt, dass der Berechtigte bis zum Pensionsfall für den Verpflichteten nicht selbständig tätig ist (BFH vom 15.10.1997, BStBl. II 1998 S. 307).

   4. In Höhe des Teilwerts der verdeckten Einlage liegt beim Gesellschafter-Geschäftsführer ein Zufluss von Arbeitslohn vor.

   5. Die verdeckte Einlage führt zu nachträglichen Anschaffungskosten auf die GmbH Anteile (§ 6 Abs. 6 Satz 2 EStG betr. zum Betriebsvermögen gehörende Anteile; BFH vom 02.12.1980 – VIII R 114/77, BStBl. II S. 494, zu Anteilen i.S.d. § 17 EStG).

II. Die unter I. dargestellten Grundsätze gelten entsprechend, wenn der Gesellschafter-Geschäftsführer nur auf einen Teil seiner Pensionsanwartschaft verzichtet.

Beispiel:

Gemäß den Bestimmungen der Pensionszusage vom 16.01.1990 wurden dem Gesellschafter-Geschäftsführer folgende Versorgungsanwartschaften eingeräumt:

– Monatliche Altersrente in Höhe von 6.300 €

– Monatliche Berufsunfähigkeitsrente in Höhe von 6.300 €.

In einer Änderungsvereinbarung zur Pensionszusage zwischen der GmbH und dem Gesellschafter-Geschäftsführer vom 01.08.2008 werden diese Anwartschaften auf jeweils 3.200 € reduziert.

In der Änderungsvereinbarung wird dargestellt, dass es sich bei den Beträgen i.H.v. 3.200 € um „einvernehmlich als unverfallbar festgestellte Anwartschaften" handele und ein weiteres Anwachsen von Versorgungsanwartschaften ab dem 01.08.08 nicht mehr stattfinde. Künftig zu erdienende Versorgungsanwartschaften („future service") würden einvernehmlich auf 0 € herabgesetzt.

Auswirkungen:

   1. Die Pensionsrückstellung ist bis zur Höhe des Teilwerts nach § 6a Abs. 3 Satz 2 EStG aufzulösen, der sich auf den Bilanzstichtag nach dem Teilverzicht ergeben hätte, wenn von Anfang an nur eine Pension in der später reduzierten Höhe zugesagt worden wäre. Nach dem Grundsatz des § 6a EStG, die Pensionsrückstellung bis zum vertraglich vereinbarten Pensionsalter gleichmäßig aufzubauen, ist ein Verzicht nur auf den „future service" mit der Folge des Einfrierens der bereits gebildeten Pensionsrückstellung nicht möglich.

   2. Es liegt eine verdeckte Einlage vor, weil ein Nichtgesellschafter im Regelfall eine Reduzierung seiner Pensionsanwartschaft ohne Gegenleistung nicht vereinbart hätte. Für die Frage, ob eine verdeckte Einlage vorliegt, ist unerheblich, in welcher Höhe die Pensionsanwartschaft zum

Zeitpunkt des Verzichts in der Änderungsvereinbarung zur Pensionszusage von den Vertragsparteien als „erdient" bzw. „unverfallbar" bezeichnet wird. Die Anwartschaft stellt einen einheitlichen Vermögensvorteil dar. Verzichtet der Gesellschafter-Geschäftsführer auf einen Teil der ihm zugesagten Versorgungsbezüge (z.B. auf 3.100 € monatlich ab Eintritt des Versorgungsfalls), so betrifft dieser Verzicht sowohl den bereits erdienten als auch den noch nicht erdienten Teil der Anwartschaft. Eine Aufteilung der Anwartschaft in der Weise, dass ein Verzicht nur auf den nicht erdienten Teil angenommen werden könnte, ist im Hinblick auf die Einheitlichkeit dieses Vermögensvorteils ausgeschlossen.

3. Bei der Ermittlung des Teilwerts der verdeckten Einlage ist nach den unter I. 3 dargestellten Grundsätzen des BFH-Urteils vom 15.10.1997, BStBl. II 1998 S. 307, darauf abzustellen, wie hoch zum Zeitpunkt des Teilverzichts die Wiederbeschaffungskosten für den Differenzbetrag zwischen der ursprünglich zugesagten und der reduzierten Versorgung sind.

Körperschaftsteuerlicher Verlustabzug;
Anwendung von § 8 Abs. 4 KStG und § 12 Abs. 3 Satz 2 UmwStG

BMF-Schreiben vom 16.04.1999

IV C 6 – S 2745 – 12/99

(BStBl. 1999 I S. 455)

Im Einvernehmen mit den obersten Finanzbehörden der Länder nehme ich zur Anwendung der durch das Gesetz zur Fortsetzung der Unternehmenssteuerreform vom 29. Oktober 1997 (BGBl. I S. 2590, BStBl. I S. 928) und das Gesetz zur Finanzierung eines zusätzlichen Bundeszuschusses zur gesetzlichen Rentenversicherung vom 19. Dezember 1997 (BGBl. I S. 3121, BStBl. 1998 I S. 7) geänderten Vorschriften des § 8 Abs. 4 KStG und des § 12 Abs. 3 Satz 2 UmwStG wie folgt Stellung:

A. Verlust der wirtschaftlichen Identität (§ 8 Abs. 4 KStG)

1. Sachliche Anwendung

a) Hauptanwendungsfall

1 Voraussetzung für den Verlustabzug nach § 10d EStG ist bei einer Körperschaft, daß sie nicht nur rechtlich, sondern auch wirtschaftlich mit der Körperschaft identisch ist, die den Verlust erlitten hat. Der Verlustabzug ist nach § 8 Abs. 4 KStG in der Fassung des Gesetzes zur Fortsetzung der Unternehmenssteuerreform bei einer Kapitalgesellschaft insbesondere zu versagen, wenn folgende Tatbestandsmerkmale erfüllt sind:

– Es sind mehr als 50 % der Anteile der Kapitalgesellschaft übertragen worden und

– die Kapitalgesellschaft führt ihren Geschäftsbetrieb mit überwiegend neuem Betriebsvermögen fort oder nimmt ihn wieder auf.

2 Die Zuführung neuen Betriebsvermögens ist unschädlich (Sanierungsfälle), wenn

– sie allein der Sanierung des Geschäftsbetriebs dient, der den verbleibenden Verlustabzug i.S. des § 10d Abs. 4 Satz 2 EStG verursacht hat, und

– die Kapitalgesellschaft den Geschäftsbetrieb in einem nach dem Gesamtbild der wirtschaftlichen Verhältnisse vergleichbaren Umfang in den folgenden fünf Jahren fortführt.

b) Übertragung von mehr als 50 % der Anteile an einer Kapitalgesellschaft und entsprechende Fälle

3 Die Grenze von mehr als 50 % der Anteile bezieht sich grundsätzlich auf das Nennkapital. Besitzt die Verlustgesellschaft eigene Anteile, bemißt sich der Umfang der übertragenen Anteile nach dem Verhältnis dieser Anteile zu dem Betrag des um die eigenen Anteile gekürzten Nennkapitals der Gesellschaft.

4 Die Übertragung der Anteile kann entgeltlich oder unentgeltlich erfolgt sein. Der Anteilsübergang durch Erbfall einschließlich der Erbauseinandersetzung wird von § 8 Abs. 4 KStG nicht erfaßt, jedoch der Fall der vorweggenommenen Erbfolge.

5 Erwerber der Anteile können sowohl neue als auch bereits beteiligte Gesellschafter sein. Unerheblich ist, auf wie viele Erwerber und wie viele Erwerbsvorgänge sich die übertragenen Anteile verteilen. Die mehrfache Übertragung des nämlichen Anteils wird nur einmal gezählt. Entscheidend ist, daß insgesamt eine Quote von mehr als 50 % der Anteile übertragen wird.

Beispiel:

An der X-GmbH sind A zu 90 % und B zu 10 % beteiligt. A veräußert

a) 60 % der Anteile an der X-GmbH an den bisherigen Gesellschafter B, so daß nach dieser Veräußerung A zu 30 % und B zu 70 % an der X-GmbH beteiligt sind.

b) 30 % der Anteile an der X-GmbH an den bisherigen Gesellschafter B und weitere 30 % der Anteile an der X-GmbH an den neuen Gesellschafter C, so daß nach dieser Veräußerung A zu 30 %, B zu 40 % und C zu 30 % an der X-GmbH beteiligt sind.

In beiden Fällen wurden mehr als die Hälfte der Anteile übertragen.

6 Die Übertragung der Anteile muß in einem zeitlichen Zusammenhang stehen. Hiervon ist regelmäßig auszugehen, wenn innerhalb eines Zeitraums von fünf Jahren mehr als 50 % der Anteile an der Kapitalgesellschaft übertragen werden.

c) Zuführung von überwiegend neuem Betriebsvermögen

Die Zuführung von überwiegend neuem Betriebsvermögen ist sowohl im Fall der Fortführung als 7
auch im Fall der Wiederaufnahme des Geschäftsbetriebs Voraussetzung für den Verlust der wirtschaftlichen Identität.

Jede Kapitalgesellschaft hat nur einen einheitlichen Geschäftsbetrieb. Jede Tätigkeit einer Ka- 8
pitalgesellschaft kann einen Geschäftsbetrieb darstellen (z.B. auch eine Vermögensverwaltung).
Auch eine Gesellschaft, deren Haupttätigkeit sich darauf beschränkt, Beteiligungen an anderen
Kapitalgesellschaften zu halten (Holdinggesellschaft), unterhält einen Geschäftsbetrieb. Das Halten
der Beteiligung an einer Kapitalgesellschaft reicht für die Annahme eines Geschäftsbetriebs aus.

Neues Betriebsvermögen überwiegt, wenn das über Einlagen und Fremdmittel zugeführte bzw. 9
finanzierte Aktivvermögen das im Zeitpunkt der Anteilsübertragung vorhandene Aktivvermögen
(BFH-Urteil vom 13. August 1997, BStBl. II S. 829) übersteigt.[1] Gehören zum Betriebsvermögen
Beteiligungen an Organgesellschaften oder Personengesellschaften, ist das Aktivvermögen der Organgesellschaft in vollem Umfang bzw. das Aktivvermögen der Personengesellschaft zu dem Anteil
der Beteiligung in den Vergleich einzubeziehen. Bewertungsmaßstab sind die Teilwerte des vorhandenen und des zugeführten Vermögens; etwaige immaterielle Wirtschaftsgüter sind zu berücksichtigen, auch wenn sie bei der steuerlichen Gewinnermittlung nicht angesetzt werden dürfen. Eine
Saldierung von zugeführtem Aktivvermögen mit Ausschüttungen findet nicht statt.

Beispiel:

Die Vermögensgegenstände auf der Aktivseite der Bilanz der A-AG haben einen Teilwert von 1.000.
Nach der Übertragung von mehr als der Hälfte der Anteile an der A-AG auf den Gesellschafter N legt
dieser in die A-AG Vermögensgegenstände von 900 ein. 6 Wochen später nimmt die A-AG eine Gewinnausschüttung von 300 vor. Weitere 30 Tage später nimmt die A-AG ein Darlehen in Höhe von
200 auf.

Es ist bei einem ursprünglichen Betriebsvermögen von 1.000 überwiegend neues Betriebsvermögen
in Höhe von (900 + 200 =) 1.100 zugeführt worden. Die Gewinnausschüttung mindert das zugeführte
Betriebsvermögen nicht.

Im Fall eines Branchenwechsels ist überwiegend neues Betriebsvermögen im Sinne des § 8 Abs. 4 10
KStG auch dann zugeführt, wenn für die von einer Kapitalgesellschaft wiederaufgenommene Tätigkeit überwiegend Vermögensgegenstände verwendet werden, die vor der Einstellung des ursprünglichen Geschäftsbetriebs noch nicht vorhanden waren (gegenständliche Betrachtungsweise entsprechend dem BFH-Urteil vom 13. August 1997, a.a.O.).

Neues Betriebsvermögen kann auch durch Verschmelzung einer anderen Gesellschaft auf die Ver- 11
lustgesellschaft zugeführt werden.

Zwischen der Übertragung der Anteile und der Zuführung neuen Betriebsvermögens muß ein zeitli- 12
cher Zusammenhang bestehen. Deshalb ist in der Regel nur neues Betriebsvermögen zu berücksichtigen, das innerhalb von fünf Jahren nach der schädlichen Anteilsübertragung zugeführt wird.
Vgl. hierzu auch die Ausführungen unter Tz. 24 bis 32.

d) Sanierungsfälle

aa) Zuführung neuen Betriebsvermögens zu Sanierungszwecken

Die Zuführung neuen Betriebsvermögens ist unschädlich, wenn 13

– sie allein der Sanierung dient,

– der Geschäftsbetrieb, der den Verlust verursacht hat, in einem nach dem Gesamtbild der
wirtschaftlichen Verhältnisse vergleichbaren Umfang erhalten wird und

– die Körperschaft den Geschäftsbetrieb in diesem Umfang fünf Jahre fortführt.

(1) Sanierung

Allein der Sanierung dient die Zuführung neuen Betriebsvermögens, wenn die Kapitalgesell- 14
schaft sanierungsbedürftig ist und das zugeführte Betriebsvermögen den für das Fortbestehen
des Geschäftsbetriebs notwendigen Umfang nicht wesentlich überschreitet.

Beispiel:

Die Holdinggesellschaft H erwirbt 100 % der Anteile an der V-GmbH. Die V-GmbH hat im
Zeitpunkt des Anteilserwerbs vortragsfähige Verluste in Höhe von 2,5 Mio. DM. Während des
ersten Wirtschaftsjahrs nach dem Anteilserwerb wird die Verlustgesellschaft V-GmbH durch
organisatorische Maßnahmen saniert und hat nach einem mittelfristig geltenden Finanzplan

---

1) Zum Forderungsverzicht siehe Anlage § 008 (1)-8a.

jährliche Gewinne in Höhe von 80.000 DM zu erwarten. Im zweiten Jahr nach dem Anteilserwerb legt die H Beteiligungen an anderen Unternehmen in die V-GmbH zu einem Wert ein, der den Wert des bisherigen Betriebsvermögens übersteigt. Die steuerpflichtigen Erträge aus diesen anderen Unternehmen belaufen sich auf jährlich 2 Mio. DM.

Die Zuführung des neuen Betriebsvermögens in die V-GmbH in Form von Beteiligungen führt zur Versagung des Verlustabzugs, weil die Zuführung nicht allein der Sanierung dient. Die V-GmbH war bereits saniert, so daß das Merkmal der Sanierungsbedürftigkeit fehlt. Die Zuführung des neuen Betriebsvermögens hat auch dem Zweck gedient, die Verluste der V-GmbH statt innerhalb der nächsten ca. 30 Jahre in nur zwei Jahren mit sonst steuerpflichtigen Gewinnen zu verrechnen.

(2) Verlustverursachender Geschäftsbetrieb

15 Der Geschäftsbetrieb, der den verbleibenden Verlustabzug verursacht hat, ist regelmäßig der ursprüngliche Geschäftsbetrieb in dem Umfang, den er im Durchschnitt während der Verlustphase gehabt hat. Diese Phase endet spätestens mit dem Verlust der wirtschaftlichen Identität.

16 Ein Abschmelzen des verlustverursachenden Geschäftsbetriebs (Tz. 15) bis zum Ablauf des Fortführungszeitraums (Tz. 21) um mehr als die Hälfte seines Umfangs ist für den Verlustabzug schädlich.

Beispiel:

Umfang der Gesellschaft im Durchschnitt während der Verlustphase	100
Umfang im Zeitpunkt des Anteilseignerwechsels	60
Umfang im Zeitpunkt des Verlustes der wirtschaftlichen Identität	50
Umfang nach Abschmelzen in der Sanierungsphase	40
= schädliches Abschmelzen	

17 Vergleichsmerkmale für die Fortführung des Verlustbetriebs in einem vergleichbaren Umfang (= Mindestumfang) können im Rahmen einer auf den Einzelfall bezogenen Gesamtwürdigung unter anderem der Umsatz, das Auftragsvolumen, das Aktivvermögen und die Anzahl der Arbeitnehmer sein.

Beispiel:

Der Personalbestand einer Kapitalgesellschaft mit dem Unternehmensgegenstand Anlagenbau ist vor Übertragung der Anteile von 500 Arbeitnehmern auf 200 Arbeitnehmer abgebaut worden, das Betriebsvermögen ist von einem Wert von 20 Mio. DM auf 8 Mio. DM abgeschmolzen, der Umsatz von 300 Mio. DM auf 140 Mio. DM zurückgegangen.

Der Verlustabzug ist untergegangen. Eine Sanierung i.S. des § 8 Abs. 4 KStG ist nicht mehr möglich, da der Betrieb nach allen Merkmalen wesentlich abgeschmolzen ist.

18 Ein einmal eingestellter Geschäftsbetrieb kann nicht mehr saniert werden. Auch der Wechsel von einer aktiven Tätigkeit zu einer aktiven Tätigkeit anderer Art (Branchenwechsel) kann als Einstellung des Geschäftsbetriebs anzusehen sein (BFH-Urteil vom 13. August 1997, a.a.O.). Im Fall des Branchenwechsels ist verlustverursachender Geschäftsbetrieb nur der Geschäftsbetrieb nach dem Branchenwechsel. In einem solchen Fall kann bei einer Sanierung nur der hieraus entstandene Verlust abgezogen werden.

19 Ein Branchenwechsel ohne wesentliche Änderung der personellen und sachlichen Ressourcen (Strukturwandel) gilt nicht als Einstellung des Geschäftsbetriebs.

20 Im Fall der Verpachtung eines bisher aktiv betriebenen Geschäftsbetriebs führt die Kapitalgesellschaft den bisherigen Geschäftsbetrieb nicht fort. Die Begründung einer Betriebsaufspaltung beendet hingegen die Fortführung des Geschäftsbetriebs nicht.

(3) Fortführung des Geschäftsbetriebs

21 Der fünf Zeitjahre betragende Fortführungszeitraum beginnt mit dem Zeitpunkt, in dem mehr als die Hälfte der Anteile übertragen und überwiegend neues Betriebsvermögen zugeführt worden ist. Das gilt auch für Fälle, in denen die Anteile vor 1997 übertragen worden sind.

22 Wird der Geschäftsbetrieb innerhalb des Fünfjahreszeitraums ganz oder teilweise auf andere Weise als durch Gesamtrechtsnachfolge auf einen anderen Rechtsträger (z.B. durch Veräußerung oder im Wege der Einbringung durch Einzelrechtsnachfolge) übertragen, geht der Verlustabzug im nachhinein verloren.

bb) Feststellungslast

Der Steuerpflichtige trägt die Feststellungslast, daß die Zuführung des neuen Betriebsvermögens 23
allein der Sanierung gedient hat. Bei Übertragung der Mehrheit der Anteile vor dem 6. August
1997 wird es aus Billigkeitsgründen nicht zu seinem Nachteil berücksichtigt, wenn er im nachhinein den Nachweis der Fortführung des Geschäftsbetriebs in vergleichbarem Umfang nicht
mehr führen kann. Die Regelung des § 8 Abs. 4 KStG ist aber anzuwenden, wenn die Finanzbehörde nachweisen kann, daß der Verlust der wirtschaftlichen Identität eingetreten ist.

e) Anwendung auf andere Körperschaften und auf andere Fälle des Verlusts der wirtschaftlichen Identität

Der Ausschluß des Verlustabzugs nach § 8 Abs. 4 KStG gilt nicht nur für Kapitalgesellschaften, 24
sondern auch für andere Körperschaften. Die Übertragung von mehr als 50 % der Anteile bezieht sich
in diesen Fällen auf die Beteiligungs- und Mitgliedschaftsrechte.

§ 8 Abs. 4 Satz 2 KStG regelt den Verlust der wirtschaftlichen Identität nicht abschließend (BFH- 25
Urteil vom 13. August 1997, a.a.O.). Über den dort geregelten Hauptanwendungsfall hinaus ist der
Verlustabzug nach § 8 Abs. 4 KStG auch in den Fällen ausgeschlossen, die diesem beispielhaft ge-
regelten Fall wirtschaftlich entsprechen.

Einem Gesellschafterwechsel durch Übertragung von mehr als 50 % der Anteile sind z.B. gleich- 26
zusetzen:

– Eine Kapitalerhöhung, bei der die neu eintretenden Gesellschafter die Einlage ganz oder teilweise
  leisten und nach der Kapitalerhöhung zu mehr als 50 % beteiligt sind.

– Eine Verschmelzung auf die Verlustgesellschaft, wenn nach der Verschmelzung die an der Verlustgesellschaft bisher nicht beteiligten Gesellschafter zu mehr als 50 % beteiligt sind.

– Die Einbringung eines Betriebs, Teilbetriebs oder Mitunternehmeranteils, wenn nach der Einbringung neu hinzugekommene Gesellschafter zu mehr als 50 % beteiligt sind.

Entsprechendes gilt, wenn anstelle von neuen Gesellschaftern – oder neben diesen – bereits beteiligte 27
Gesellschafter nach den vorgenannten Maßnahmen zusammen mehr als 50 Prozentpunkte höher am
Nennkapital beteiligt sind als vorher.

Der Verlustabzug kann nach § 8 Abs. 4 KStG auch dann verloren gehen, wenn mittelbar – auch über 28
Personengesellschaften – gehaltene Beteiligungen an der Verlustgesellschaft übertragen werden.
Dies gilt auch, wenn aus der mittelbaren Beteiligung eine unmittelbare Beteiligung an der Verlustgesellschaft wird (§ 8 Abs. 4 Satz 2 KStG, vgl. auch Tz. 11.30 des BMF-Schreibens vom 25. März
1998, BStBl. I S. 267). Erfolgsneutrale Umstrukturierungen mittelbarer in mittelbare Beteiligungen
nach Maßgabe der §§ 11 ff. und 20 ff. UmwStG innerhalb verbundener Unternehmen i.S. von § 271
Abs. 2 HGB stellen keine Anteilsübertragungen i.S. des § 8 Abs. 4 KStG dar.

Eine dem Hauptanwendungsfall gleichstehende Gestaltung kann u.a. auch vorliegen, wenn seine 29
Voraussetzungen nicht vollständig erfüllt sind, aber durch zusätzliche andere Maßnahmen die wirtschaftliche Identität der Körperschaft aufgegeben worden ist. Dies ist u.a. der Fall, wenn zwar nicht
mehr als 50 % aller Geschäftsanteile übertragen werden, jedoch ein Anteilserwerber eine Rechtsposition erhält, die mit der eines Gesellschafters wirtschaftlich vergleichbar ist, der mehr als 50 % der
Gesellschaftsanteile an der Kapitalgesellschaft hält (BFH-Urteil vom 13. August 1997 a.a.O.).

In Ausnahmefällen kann auch die Übertragung von mehr als 50 % der Stimmrechte ohne ent- 30
sprechende Anteilsübertragung zu einem Verlust der wirtschaftlichen Identität der Körperschaft führen.

Im Einzelfall kann die Zuführung neuen Betriebsvermögens auch dann schädlich sein, wenn sie vor 31
dem Zeitpunkt der Anteilsübertragung beginnt oder sogar schon abgeschlossen ist, z.B. im Fall des
kollusiven Zusammenwirkens von Veräußerer und Erwerber der Anteile. In diesem Fall wird der
Umfang des zugeführten Betriebsvermögens mit dem Betriebsvermögen verglichen, das vor Beginn
der Zuführung vorhanden war.

Eine dem Hauptanwendungsfall gleichstehende Gestaltung kann darin liegen, daß der (neue) Ge- 32
sellschafter der Verlustgesellschaft nicht dieser selbst, sondern deren Tochtergesellschaft(en) neues
Betriebsvermögen zuführt, mit deren Gewinnausschüttungen die Verlustgesellschaft ihre Verlustvorträge verrechnen will.

f) Umfang des Abzugsverbots

Die Verluste, die bis zu dem Zeitpunkt des Verlustes der wirtschaftlichen Identität entstanden sind, 33
dürfen mit danach entstandenen Gewinnen weder ausgeglichen (§ 8 Abs. 4 Satz 4 KStG) noch von
ihnen abgezogen werden. Verluste, die nach diesem Zeitpunkt entstanden sind, bleiben dagegen

ausgleichs- und abzugsfähig, auch wenn danach weitere Anteile übertragen werden oder zusätzlich neues Betriebsvermögen zugeführt wird.

g) Auswirkungen auf die Gliederungsrechnung

34 Der Verlust der wirtschaftlichen Identität der Körperschaft führt nicht zu einem Wechsel des Steuersubjekts. Die Körperschaft hat daher die Teilbeträge des verwendbaren Eigenkapitals fortzuführen. Der nach § 8 Abs. 4 Satz 4 KStG nicht ausgleichsfähige Verlust verringert das EK 02.

2. Zeitliche Anwendung

35 § 8 Abs. 4 KStG in der Fassung des Gesetzes zur Fortsetzung der Unternehmenssteuerreform ist nach § 54 Abs. 6 KStG in der Fassung von Artikel 3 des Gesetzes zur Finanzierung eines zusätzlichen Bundeszuschusses zur gesetzlichen Rentenversicherung vom 19. Dezember 1997 (BGBl. I S. 3121) erstmals für den Veranlagungszeitraum 1997 anzuwenden. Bei Vorliegen der übrigen Voraussetzungen entfällt hiernach der Verlustabzug nach § 10d EStG ab 1997 auch in Fällen, in denen der Verlust der wirtschaftlichen Identität schon vor 1997 eingetreten ist. Wegen der ab 1997 geltenden anderen Voraussetzungen für den Verlustabzug im Vergleich zu der am 31. Dezember 1996 geltenden Rechtslage besteht keine Bindung an den auf diesen Zeitpunkt gesondert festgestellten vortragsfähigen Verlust. Ist der Verlust der wirtschaftlichen Identität erst im Jahr 1997 vor dem 6. August eingetreten, gilt § 8 Abs. 4 KStG erstmals für den Veranlagungszeitraum 1998.

Beispiel 1:

60 % der Anteile an der V-GmbH wurden am 31.12.1994 von A an B übertragen. Zum Ende des Jahres 1996 ist für die V-GmbH ein verbleibender Verlustabzug in Höhe von 500 TDM gesondert festgestellt worden. Im Jahr 1995 beginnt B mit der Zuführung neuen Betriebsvermögens, das nicht allein der Sanierung dient. Am 31.12.1996 ist diese finanzielle Umstrukturierung in der Weise abgeschlossen, daß die Schädlichkeitsgrenze (= überwiegend) überschritten wird.

Im Jahr 1997 ist die Berücksichtigung des Verlustes der V-GmbH in Höhe von 500 TDM nicht zulässig.

Beispiel 2:

Wie Beispiel 1 mit dem Unterschied, daß die Schädlichkeitsgrenze (= überwiegend) für die Zuführung neuen Betriebsvermögens erst im Jahr 1997, aber vor dem 6. August, überschritten wird.

Im Jahr 1997 kann ein Verlust, der zum 31. Dezember 1996 festgestellt worden ist, noch abgezogen werden. Der Abzug eines danach verbleibenden Verlustbetrages ist ab 1998 nicht mehr möglich.

Beispiel 3:

Wie Beispiel 1 und 2 mit dem Unterschied, daß die Schädlichkeitsgrenze (= überwiegend) für die Zuführung neuen Betriebsvermögens erst nach dem 5. August 1997 überschritten wird.

Der zum 31. Dezember 1996 festgestellte vortragsfähige Verlust – ggf. zuzüglich eines Verlustes in 1997, der bis zum Zeitpunkt des Erreichens der Schädlichkeitsgrenze entstanden ist (erforderlichenfalls im Schätzungswege zu ermitteln) – kann in 1997 weder abgezogen noch ausgeglichen werden.

B. Übergang des verbleibenden Verlustabzugs nach § 12 Abs. 3 Satz 2 UmwStG

1. Sachliche Anwendung

36 Nach § 12 Abs. 3 Satz 2 UmwStG i.d.F. des Gesetzes zur Fortsetzung der Unternehmenssteuerreform setzt der Übergang des Verlustabzugs auf die übernehmende Körperschaft voraus, daß der Betrieb oder Betriebsteil, der den Verlust verursacht hat, über den Umwandlungsstichtag hinaus in einem nach dem Gesamtbild der wirtschaftlichen Verhältnisse vergleichbaren Umfang fortgeführt wird.

a) Betrieb oder Betriebsteil, der den Verlust verursacht hat

37 Der Betrieb umfaßt ebenso wie der Geschäftsbetrieb i.S. des § 8 Abs. 4 KStG die gesamte wirtschaftliche Aktivität eines Unternehmens. Ein Betriebsteil ist demgegenüber eine abgrenzbare wirtschaftliche Aktivität, der bestimmte Ressourcen sachlich und sachliche Ressourcen zugeordnet werden können (z.B. eine Produktlinie oder bei einer Holdinggesellschaft die einzelne Beteiligung). Ein Betriebsteil braucht nicht die Voraussetzungen eines Teilbetriebs im Sinne von R 139 Abs. 3 EStR 1996 zu erfüllen. Einzelne Wirtschaftsgüter oder reine Kostenstellen (z.B. die Forschungsabteilung eines Chemieunternehmens) erfüllen nicht die Voraussetzungen eines Betriebsteils.

38 Der Verlustabzug geht auf die übernehmende Körperschaft nur über, wenn der ursprüngliche Betrieb, der den Verlust verursacht hat, fortgeführt wird. Wegen des Umfangs des verlustverursachenden Betriebs gelten die Ausführungen zu § 8 Abs. 4 KStG (Tz. 15 bis 20) entsprechend. Ist der ursprüngliche Betrieb im Umfang erheblich reduziert worden (z.B. auch durch Veräußerung oder Verpachtung von

Produktionsanlagen an Dritte), steht § 12 Abs. 3 Satz 2 UmwStG dem Übergang des auf den Betrieb entfallenden verbleibenden Verlustabzugs entgegen, es sei denn, die Steuerpflichtige weist nach (z.b. aufgrund ihrer Betriebsabrechnung), daß der Verlust oder ein Teil des Verlustes einem bestimmten Betriebsteil zugeordnet werden kann, für den die Voraussetzungen der Fortführung erfüllt sind.

Bei körperschaftsteuerlicher Organschaft ist für den Umfang des verlustverursachenden Betriebs oder **39** Betriebsteils auch auf den Betrieb oder Betriebsteil der Organgesellschaft abzustellen. Dies gilt entsprechend für den Betrieb oder Betriebsteil einer Mitunternehmerschaft, an der die Körperschaft als Mitunternehmerin beteiligt ist.

b) Verlustabzug bei Betriebsteilen

Liegen die Voraussetzungen für den Verlustabzug für den gesamten Verlustbetrieb nicht vor und weist **40** die Steuerpflichtige nach, daß die Verluste einem bestimmten Betriebsteil zugeordnet werden können, so werden die für den Verlustübergang zugelassenen Teilbeträge in folgender Weise ermittelt, wenn Betriebsteile in der Zeit vor dem Übergang des verbleibenden Verlustabzugs Gewinne erzielt haben: Erzielt derselbe Betriebsteil neben den abziehbaren Verlusten auch Gewinne, ist eine Verlustverrechnung mit den Gewinnen aus demselben Betriebsteil vorzunehmen (= isolierte Betrachtung des verlustverursachenden Betriebsteils). Der so ermittelte Gesamtbetrag der Verluste der fortgeführten Betriebsteile wird erforderlichenfalls auf den verbleibenden Verlustabzug des Gesamtbetriebs begrenzt.

Beispiel:

Die A-GmbH besteht aus fünf dem Umfang nach gleichwertigen Betriebsteilen (BT), denen in den Jahren 01 und 02 folgende Gewinne (+) oder Verluste (–) zugerechnet werden können:

	BT 1	BT 2	BT 3	BT 4	BT 5	Gesamt
01	+ 200	+ 200	+ 200	– 500	– 600	– 500
02	+ 100	0	0	– 100	+ 100	+ 100
Summe	300	200	200	– 600	– 500	– 400

Die A-GmbH wird zum Ende des Jahres 02 auf die B-AG verschmolzen. Die B-AG führt nur den Betriebsteil BT 5 fort.

Der Betrieb der A-GmbH wird nicht fortgeführt, denn er wird auf $^1/_5$ seines bisherigen Umfangs abgeschmolzen. Der Gesamtverlust (- 400) der A-GmbH ist deshalb bei der B-AG nicht abziehbar.

Der Verlust des Betriebsteils BT 5 in Höhe von – 500 ist dem Grunde nach bei der B-AG abziehbar. Dieser Betrag wird auf die Höhe des vortragsfähigen Gesamtbetrags der A-GmbH (= – 400) begrenzt.

c) Fortführung in einem dem Gesamtbild der wirtschaftlichen Verhältnisse vergleichbaren Umfang in den folgenden fünf Jahren

Der Fünfjahreszeitraum beginnt mit dem steuerlichen Übertragungsstichtag. **41**

Für den Übergang des Verlustabzugs ist es unschädlich, wenn der Betrieb oder Betriebsteil in den **42** folgenden fünf Jahren erweitert wird. Es genügt, wenn er mindestens in dem geforderten Umfang fortgeführt wird. Für die Beurteilung des Umfangs des Betriebs- oder Betriebsteils gelten die Ausführungen unter Tz. 37 bis 39.

d) Übertragung von Teilen des verlustverursachenden Betriebs oder Betriebsteils

Erforderlich ist die Fortführung des Betriebs oder Betriebsteils durch die übernehmende Körper- **43** schaft. Überträgt sie den Betrieb oder Betriebsteil im Wege der Einzelrechtsnachfolge (z. B. Veräußerung, Einbringung), ist der Verlustübergang (nachträglich) zu versagen. Bei einer Gesamtrechtsnachfolge ist die Fortführung des Betriebs oder Betriebsteils durch den Rechtsnachfolger erforderlich.

Die Begründung einer Betriebsaufspaltung während des Fortführungszeitraums beendet die Fort- **44** führung des Betriebs oder Betriebsteils nicht.

e) Fortführung in Spaltungsfällen

Der Übergang des verbleibenden Verlustabzugs i. S. des § 10 d Abs. 4 Satz 2 EStG setzt voraus, daß **45** der verlustverursachende Betrieb oder Betriebsteil von der Kapitalgesellschaft in dem erforderlichen Umfang fortgeführt wird, bei der dieser Betrieb oder Betriebsteil im Rahmen der Umwandlung verbleibt oder auf die er übergeht. Unter diesen Voraussetzungen ist der Verlustabzug möglich, soweit er nach § 15 Abs. 4 UmwStG teilweise einer anderen übernehmenden Kapitalgesellschaft zuzuordnen ist.

Beispiel:

Die Verlustgesellschaft X-GmbH besteht aus den Teilbetrieben TB 1, TB 2 und TB 3. Verluste hat nur der TB 1 verursacht. Die X-GmbH wird aufgespalten in die TB 1-GmbH, die TB 2-GmbH und die TB 3-GmbH. Der verbleibende Verlustabzug wird nach § 15 Abs. 4 UmwStG aufgeteilt. TB 1-GmbH ($^1/_{10}$), TB 2-GmbH ($^3/_{10}$) und TB 3-GmbH ($^6/_{10}$).

Wenn der verlustverursachende Betriebsteil in dem erforderlichen Umfang von der TB 1-GmbH fortgeführt wird, steht § 12 Abs. 3 Satz 2 UmwStG auch dem Verlustabzug bei der TB 2-GmbH und der TB 3-GmbH nicht entgegen.

2. Zeitliche Anwendung

46   Nach § 27 Abs. 3 UmwStG in der Fassung des Gesetzes zur Finanzierung eines zusätzlichen Bundeszuschusses zur gesetzlichen Rentenversicherung vom 19. Dezember 1997 (BGBl. I S. 3121) ist die Neuregelung erstmals für Umwandlungsvorgänge anzuwenden, deren Eintragung im Register nach dem 5. August 1997 beantragt worden ist. Maßgebend ist der Eingang des Antrags bei dem zuständigen Register.

C. Verhältnis von § 12 Abs. 3 Satz 2 UmwStG zu § 8 Abs. 4 KStG

47   Die Anwendung des § 8 Abs. 4 KStG ist neben der Anwendung des § 12 Abs. 3 Satz 2 UmwStG zu prüfen. Während § 12 Abs. 3 Satz 2 UmwStG den Übergang nicht verbrauchter Verluste der übertragenden Körperschaft auf die übernehmende Körperschaft ausschließt, untersagt § 8 Abs. 4 KStG den Abzug eigener Verluste der Körperschaft.

Beispiel:

Die B-GmbH mit nicht verbrauchten Verlustvorträgen wird auf die A-GmbH, die ebenfalls über hohe nicht verbrauchte Verlustabzüge verfügt, verschmolzen. Nach der Verschmelzung sind an der A-GmbH die bisher nicht beteiligten Gesellschafter der B-GmbH zu mehr als 50 % beteiligt. Sind die übrigen Voraussetzungen des § 8 Abs. 4 KStG ebenfalls gegeben, kann die A-GmbH ihre eigenen Verlustvorträge nach § 8 Abs. 4 KStG künftig nicht mehr verrechnen. Eine Übertragung der nicht verbrauchten Verlustabzüge der B-GmbH ist nicht ausgeschlossen, wenn die Voraussetzungen des § 12 Abs. 3 Satz 2 UmwStG erfüllt sind.

48   Die gegenüber der früheren Rechtslage verschärften Bestimmungen über die Versagung des Verlustabzugs ab 1997 können dazu führen, daß ein bei einem Umwandlungsvorgang in der Zeit vor 1997 bereits übergegangener Verlustabzug ab 1997 nicht mehr zu berücksichtigen ist. Das ist der Fall, wenn die Voraussetzungen für die Versagung des Verlustabzugs zwar nicht nach den bisherigen, wohl aber nach dem jetzt geltenden § 8 Abs. 4 KStG vorliegen.

49   Im Falle der Verschmelzung einer Verlust-Kapitalgesellschaft, deren Anteile zu mehr als der Hälfte übertragen worden sind, auf eine Gewinn-Kapitalgesellschaft und der Zuführung überwiegend neuen Betriebsvermögens von außen (außerhalb der Rechtsnachfolgerin, z.B. durch den Gesellschafter der übernehmenden Gesellschaft) liegt ein Anwendungsfall des § 8 Abs. 4 KStG vor. Der verbleibende Verlustabzug geht nach § 8 Abs. 4 KStG unter und kann nicht auf die übernehmende Kapitalgesellschaft nach § 12 Abs. 3 Satz 2 UmwStG übergehen.

Beispiel:

Eine Gesellschaft (M) beabsichtigt, die Mehrheit der Anteile an einer verlusttragenden Gesellschaft (T) zu kaufen. Der Anteilseignerwechsel in Verbindung mit einer entsprechenden Vermögenszuführung würde bei T zum Verlust der wirtschaftlichen Identität und damit zum Verbot des Verlustabzugs führen (§ 8 Abs. 4 KStG).

Um den verbleibenden Verlust der T zu nutzen, soll die T auf die M verschmolzen werden. Danach wird die Vermögenszuführung bei M vorgenommen.

Erfolgt die Zuführung von überwiegend neuem Betriebsvermögen von außen (z.B. durch den Gesellschafter der übernehmenden Gesellschaft), handelt es sich um eine dem Hauptanwendungsfall vergleichbare Gestaltung (§ 8 Abs. 4 Satz 1 KStG). Die Verschmelzung der T (Verlustgesellschaft) auf M (Gewinngesellschaft) ist als solche kein Ersatztatbestand für die Vermögenszuführung.

50   Zur bisherigen Rechtslage gilt das BMF-Schreiben vom 11. Juni 1990 (BStBl. I S. 252) fort, soweit nicht in dem vorliegenden Schreiben zu den Voraussetzungen des § 8 Abs. 4 KStG in der Fassung des Steuerreformgesetzes 1990 abweichende (z. B. zum Branchenwechsel) oder ergänzende Regelungen getroffen werden.

Auslegungsfragen zu § 8 Abs. 4 KStG;
Beurteilung des Umfangs von neu zugeführtem Betriebsvermögen

BMF-Schreiben vom 17.06.2002
IV A 2 – S 2745 – 8/02
(BStBl. 2002 I S. 629)

Der BFH hat mit Urteil vom 8. August 2001, BStBl. 2002 II S. 392, und mit Beschluss vom 19. Dezember 2001, BStBl. 2002 S. II 395, zu der Frage Stellung genommen, unter welchen Voraussetzungen überwiegend neues Betriebsvermögen im Sinne des § 8 Abs. 4 Satz 2 KStG als zugeführt gelten kann.

Nach dem Ergebnis einer Erörterung mit den obersten Finanzbehörden der Länder sind die Grundsätze des BFH-Urteils vom 8. August 2001 (a.a.O.) über den entschiedenen Einzelfall hinaus nicht anzuwenden, soweit diese nicht im Einklang mit dem BMF-Schreiben vom 16. Mai 1999 (BStBl. I S. 455) stehen.

Der Bundesminister der Finanzen wird dem Verfahren, das Gegenstand des Beschlusses vom 19. Dezember 2001 (a.a.O.) ist, beitreten. Nach Abschluss dieses Verfahrens wird hierzu gesondert Stellung genommen.[1]

Körperschaftsteuerlicher Verlustabzug (§ 8 Abs. 4 KStG);
Berücksichtigung immaterieller Wirtschaftsgüter
bei der Zuführung von neuem Betriebsvermögen

Verfügung OFD Kiel vom 08.06.2000
S 2745 A – St 261

Für die Anwendung des § 8 Abs. 4 KStG gilt zur Berücksichtigung immaterieller Wirtschaftsgüter bei der Zuführung von Betriebsvermögen Folgendes:

Bei dem in Tz. 09 des BMF-Schreibens vom 16.4.1999 – IV C 6 – S 2745 – 12/99 – (BStBl. I, 455; KSt-Kartei, Karte 4.1 zu § 8 KStG) vorgeschriebenen Vergleich des vorhandenen und des zugeführten Vermögens sind immaterielle Wirtschaftsgüter zu berücksichtigen, auch wenn sie bei der steuerlichen Gewinnermittlung nicht angesetzt werden dürfen. Hierbei ist zu unterscheiden zwischen immateriellen Wirtschaftsgütern, die nach § 5 Abs. 2 EStG mangels entgeltlichen Erwerbs nicht bilanziert werden dürfen, und solchen immateriellen Wirtschaftsgütern, die zwar entgeltlich erworben worden sind, die aber nach den Grundsätzen ordnungsmäßiger Buchführung und Bilanzierung deshalb nicht zu bilanzieren sind, weil sie Bestandteil eines schwebenden Vertrages sind, der noch von keiner Seite (voll) erfüllt ist, soweit der Anspruch auf die künftigen Nutzungen (Nutzungsrecht) und die Verpflichtung zu künftigen Gegenleistungen (Nutzungsentgelt) sich am Bilanzstichtag gleichwertig gegenüberstehen. Die zuletzt genannten immateriellen Wirtschaftsgüter sind in die Vergleichsrechnung nicht einzubeziehen.

---

1) Der Beitritt ist durch Erledigung des Verfahrens nicht zustande gekommen.

Anlage § 008 (4)–04

Verlustabzug nach § 10d EStG i. V. m. § 8 Abs. 1 KStG und nach § 10a GewStG bei Betrieben gewerblicher Art (BgA)

Verfügung OFD Köln vom 17.08.1998

S 2745 – 23 – St 132

Es ist verstärkt zu beobachten, daß Körperschaften des öffentlichen Rechts ihre Betriebe gewerblicher Art unter den Voraussetzungen von Abschn. 5 Abs. 8-11a KStR[1] zusammenfassen. Durch die dann zulässige Ergebnisverrechnung soll vielfach eine Reduzierung der Steuerlast erreicht werden (z. B. Zusammenfassung eines defizitären Bäderbetriebs mit einem gewinnträchtigen Energieversorgungsbetrieb durch Zwischenschaltung eines Blockheizkraftwerks).

In diesem Zusammenhang bitte ich zu beachten, daß nach der Rechtsprechung des BFH (BFH, Urt. v. 4.12.1991 – I R 74/89, BStBl. II 1992, 432) hinsichtlich des Verlustrücktrags und Verlustvortrags dann Einschränkungen zu beachten sind, wenn das Verlustentstehungs- und das Verlustabzugsjahr nicht beide in die Zeit nach der Zusammenfassung der jeweiligen BgA fallen.

Beispiel: Eine Stadt errichtete in 1996 ein Schwimmbad und faßt den Schwimmbadbetrieb zulässigerweise nach Abschn. 5 Abs. 9 KStR[2] wegen einer nachgewiesenen wechselseitigen wirtschaftlich-technischen Verflechtung mit dem Energieversorgungsbetrieb zusammen, aus dem die Stadt schon seit Jahren Gewinne erzielt hat. Der zusammengefaßte BgA erzielte in 1996 einen Verlust von 100 000 DM. Dieser Betrag setzt sich aus einem Gewinn der Energieversorgungsbetriebs von 200 000 DM und einem Verlust aus dem Betrieb des Schwimmbads von 300 000 DM zusammen.

Ein nach der Zusammenfassung erlittener Verlust mindert das vor der Zusammenfassung durch einen der zusammengefaßten BgA erzielte Einkommen nur insoweit, als der gemäß § 10d EStG i. V. m. § 8 Abs. 1 KStG zurückzutragende Verlust durch die gleiche Tätigkeit entstanden ist wie das um ihn zu mindernde Einkommen. Da der in 1996 erzielte Verlust in vollem Umfang durch den Schwimmbadbetrieb verursacht wurde, kann er nicht im Wege des Verlustrücktrags von dem positiven Einkommen des Energieversorgungsbetriebs abgezogen werden.

Soweit jedoch sowohl das Verlustentstehungsjahr als auch das Verlustabzugsjahr in die Zeit nach der Zusammenfassung des BgA fallen, bestehen keine Einschränkungen bei der Verlustnutzung. Im Beispielsfall bedeutet das, daß der Verlust aus 1996 uneingeschränkt im Wege des Verlustvortrags genutzt werden kann, unabhängig davon, auf welche Betriebssparte das positive Einkommen des bzw. der Folgejahre entfällt.

Die o. a. Grundsätze geltend entsprechend für den Verlustvortrag.

Beispiel: Der BgA Schwimmbad, dessen vortragsfähiger Verlust zum 31.12.1996 auf 3,5 Mio. DM festgestellt worden ist, wurde mit steuerlicher Wirkung zum 1.1.1997 mit einem Energieversorgungsbetrieb zusammengefaßt. Der zusammengefaßte BgA erzielte in 1997 einen Gewinn von 200 000 DM. Zu diesem Ergebnis hat das Schwimmbad einen Verlust von 400 000 DM beigesteuert.

Der vortragsfähige Verlust des BgA Schwimmbad kann nur insoweit vom Einkommen des zusammengefaßten BgA abgezogen werden, als auf das Schwimmbad ein positives Einkommen entfällt. Da dies hier nicht der Fall ist (und bei Schwimmbadbetrieben wohl auch niemals zu erwarten sein dürfte), kann kein Verlustabzug vorgenommen werden.

---

1) Jetzt R 7 KStR 2004.

2) Jetzt R 7 KStR 2004.

Körperschaftsteuerlicher Verlustabzug
Anwendung des § 8 Abs. 4 KStG

Verfügung OFD Kiel vom 21.09.2000

S 2745 – 1 – St 261

Nach § 8 Abs. 4 KStG tritt Verlust der wirtschaftlichen Identität einer Kapitalgesellschaft ein, wenn mehr als die Hälfte der Anteile an einer Kapitalgesellschaft übertragen werden und der Kapitalgesellschaft überwiegend neues Betriebsvermögen zugeführt wird. Zwischen beiden Ereignissen darf kein längerer Zeitraum als fünf Jahre liegen (Tz. 12 des BMF-Schreibens vom 16.4.1999, BStBl. I, 455 – KSt-Kartei, § 8 KStG, Karte 4.1).

Im Fall der Sanierung ist die Zuführung neuen Betriebsvermögens unschädlich, wenn sie allein der Sanierung dient (Tz. 13, erstes Tiret). Dies ist der Fall, wenn das zugeführte Betriebsvermögen den für das Fortbestehen des Gewerbebetriebs notwendigen Umfang nicht wesentlich überschreitet (Tz. 14).

Fraglich ist, ob die Zuführung von weiterem neuen Betriebsvermögen nach Ablauf des Fünf-Jahres-Zeitraums der Tz. 12 schädlich sein kann, wenn nach einer Sanierung im vorstehenden Sinn die Zuführung dieses weiteren Betriebsvermögens den für das Fortbestehen des Betriebs notwendigen Umfang überschreitet und zu diesem Zeitpunkt der Fortführungszeitraum im Sinne der Tz. 21 noch nicht abgelaufen ist.

Hierzu wird gebeten, die Auffassung zu vertreten, daß nach Ablauf von fünf Jahren seit der Anteilsübertragung die Zuführung von neuem Betriebsvermögen – in welchem Umfang auch immer – nicht mehr zum Verlust der wirtschaftlichen Identität unter dem Gesichtspunkt der Übersanierung führen kann.

Die Frage der Erweiterung des Verlustbetriebs bei der Fortführung während des Mindestzeitraums von fünf Jahren seit dem Vorliegen der Voraussetzungen für den Verlust der wirtschaftlichen Identität i. S. der Tz. 21 (der regelmäßig später als der zuvor genannte Fünf-Jahres-Zeitraum i. S. der Tz. 12 beginnt und entsprechend später endet) kann nicht anders entschieden werden, als die Fortführung des Verlustbetriebs in Fall der Tz. 42. Danach ist die Erweiterung des Verlustbetriebs für den Verlustabzug unter dem Gesichtspunkt des Gebots der Betriebsfortführung unschädlich.

Verfassungsmäßigkeit des § 8 Abs. 4 KStG i. d. F. des UntStFortsG

Verfügung OFD Koblenz vom 18.06.2003

S 2745 A – St 34 1

Das FM hat Folgendes bestimmt (Erlass vom 05.06.2003 – S 2745 A – 444):

„In einem Vorlagebeschluss vom 18.07.2001 (BStBl. II 2002, 27) hat der BFH erhebliche Zweifel an der Verfassungsmäßigkeit der ersatzlosen Streichung von § 12 Abs. 2 Satz 4 UmwStG durch das Gesetz zur Fortsetzung der Unternehmenssteuerreform vom 29.10.1997 (BStBl. I 1997, 928) zum Ausdruck gebracht.

Die Vorlage stellt dabei u. a. auch in Frage, ob § 12 Abs. 3 Satz 2 UmwStG formell verfassungsgemäß zustande gekommen ist. Nach einem weiteren Beschluss des BFH vom 19.12.2001 (BStBl. II 2002, 395, 767) bestehen wegen des sachlichen und formalen Zusammenhangs für § 8 Abs. 4 KStG die gleichen verfassungsrechtlichen Bedenken.[1)]

Deshalb sollen im Einvernehmen mit dem Bundesminister der Finanzen und den obersten Finanzbehörden der anderen Länder, Einsprüche, die sich hierauf stützen, ruhen (§ 363 Abs. 2 AO). Das gilt sowohl für entsprechende Einspruchsverfahren wegen § 8 Abs. 4 KStG als auch für Verfahren wegen § 12 Abs. 3 Satz 2 UmwStG.

Bei Anträgen auf Aussetzung der Vollziehung ist auf Grund des Vorlagebeschlusses des BFH das Vorliegen „ernstlicher Zweifel" i. S. d. § 361 AO grundsätzlich zu bejahen."

---

1) Hinweis auf den weiteren Vorlagebeschluss des BFH vom 22.8.2006 – I R 25/06, BStBl. II 2007, 793.

Körperschaftsteuerlicher Verlustabzug gemäß § 8 Abs. 4 KStG;
Verhältnis der Vorschriften § 8 Abs. 4 KStG und § 10d EStG zueinander

Verfügung OFD Magdeburg vom 19.07.2004
S 2745 – 33 – St 216

Der BFH hat mit Urteil vom 22.10.2003 (I R 18/02[1]) entschieden, dass im Rahmen der Feststellung des verbleibenden Verlustvortrags (früher Verlustabzug) auch über die Anwendung des § 8 Abs. 4 KStG zu entscheiden ist. Ein (erneutes) Prüfen der Vorschrift im Jahr des eigentlichen Verlustabzugs hat zu unterbleiben, da es sich bei der Feststellung des verbleibenden Verlustvortrags insoweit um eine „abgeschichtete Grundlagenentscheidung" handelt. Wegen der weiteren Einzelheiten wird auf die das Urteil tragenden Gründe verwiesen. Das Urteil wird demnächst im BStBl. II veröffentlicht werden.

Es wird daher gebeten, die Folgerungen aus der Anwendung des § 8 Abs. 4 KStG immer und ausschließlich in dem Jahr zu ziehen, in dem der Verlust der wirtschaftlichen Identität eingetreten ist. Der zum Schluss des entsprechenden Kalenderjahrs festzustellende verbleibende Verlustvortrag ist dabei um diejenigen Beiträge zu mindern, die unter das Abzugsverbot des § 8 Abs. 4 KStG fallen (Eingabe zur Kz 17.16, der verbotene Verlustausgleich des laufenden Jahres gemäß § 8 Abs. 4 Satz 4 KStG ist bei Kz 13.38, Zeile 25 des Vordrucks KSt 1 A 2003 mit zu erfassen).

Da es sich im Ergebnis der BFH-Entscheidung bei § 8 Abs. 4 KStG nicht nur um eine Vorschrift die Einkommensermittlung betreffend handelt, ist in geeigneten Fällen der Feststellungsbescheid nach § 10d EStG unter Vorbehalt der Nachprüfung zu erlassen.

Eine fehlerhafte, nicht nach den Vorschriften der AO änderbare Feststellung des verbleibenden Verlustabzugs nach § 10d Abs. 3 EStG kann nicht zum nächsten Feststellungszeitpunkt korrigiert werden.

Wird in Sanierungsfällen der Geschäftsbetrieb nicht in fünf Jahren in einem nach dem Gesamtbild der wirtschaftlichen Verhältnisse vergleichbaren Umfang fortgeführt, liegt hingegen ein rückwirkendes Ereignis i. S. des § 175 Abs. 1 Nr. 2 AO vor, das zur Änderung der KSt-Bescheide, GewSt-Messbescheide und der Feststellungsbescheide nach § 10d Abs. 3 EStG sowie nach § 10a Satz 2 GewStG führt.

Ergänzend wird auf die Verfügung vom 19.7.2004, S 2745 – 33 – St 216, GewSt, zur Gewerbesteuer[2] verwiesen.

---

1) BStBl. 2004 II S. 468.
2) Vgl. Anlage § 008 (4)-08.

Körperschaftsteuerlicher Verlustabzug gemäß § 8 Abs. 4 KStG und Gewerbesteuerverlust nach § 10a GewStG [1]

Verfügung OFD Magdeburg vom 19.7.2004

S 2745 – 33 – St 216

Der BFH hat in seinem Urteil vom 22.10.2003 (I R 18/02) [2] entschieden, dass bei der Feststellung des vortragsfähigen Gewerbeverlustes gemäß § 10a Satz 2 GewStG in den Fällen des § 8 Abs. 4 KStG 1991 nicht nur die Höhe des jeweiligen Verlustbetrages, sondern auch die steuerliche Abzugsfähigkeit dieses Betrages nach Maßgabe der im Feststellungszeitpunkt geltenden Rechtslage für das spätere Abzugsjahr verbindlich festzulegen ist (Bestätigung des BMF-Schrb. v. 16.4.1999, IV C 6 – S 2745 – 12/99, BStBl. I, 455, Tz. 35). [3]

Aus dem BFH-Urteil vom 11.2.1998 (I R 81/97, BStBl. II, 485), in welchem die Auffassung vertreten wurde, dass sich der Regelungsinhalt einer Feststellung nach § 10d Abs. 3 EStG darin erschöpfe, die Höhe des jeweiligen Verlustbetrages für das spätere Abzugsjahr verbindlich festzulegen, könne nicht gefolgert werden, dass es sich in jedem Fall um bloße betragsmäßige Feststellungen handele.

Festzustellen sei der Unterschiedsbetrag zwischen den tatsächlich ausgeglichenen und den „abziehbaren" Beträgen und nicht lediglich der absolute Betrag des Verlustvortrages.

Mit der Aussage des BFH, dass bei gleichbleibender Gesetzeslage die steuerliche Abziehbarkeit des Verlustbetrages für das spätere Abzugsjahr verbindlich festgestellt wird, ist im Umkehrschluss auch die in Tz. 35 des BMF-Schreibens vom 16.4.1999 (a. a. O.) dokumentierte Rechtsauffassung der Finanzverwaltung als bestätigt anzusehen. Danach besteht wegen der ab 1997 geänderten gesetzlichen Voraussetzungen für einen schädlichen Mantelkauf i. S. des § 8 Abs. 4 KStG i. d. F. des Gesetzes zur Fortsetzung der Unternehmenssteuerreform vom 29.10.1997 (BGBl. I, 928) keine Bindungswirkung an den auf den 31.12.1990 gesondert festgestellten vortragsfähigen Verlust.

Die Entscheidung über die Anwendung des § 8 Abs. 4 KStG ist in dem VZ zu treffen, in dem die Voraussetzungen des § 8 Abs. 4 KStG erstmals vorliegen. Sofern eine abschließende rechtliche Beurteilung der Anwendung des § 8 Abs. 4 KStG bei der Veranlagung des betreffenden VZ nicht möglich erscheint, kann durch Verlustfeststellung unter dem Vorbehalt der Nachprüfung gemäß § 164 Abs. 1 AO eine spätere Korrektur – innerhalb der Festsetzungsfrist – erreicht werden.

Eine fehlerhafte, nicht nach den Vorschriften der AO geänderte Feststellung des verbleibenden Verlustabzugs nach § 10d Abs. 3 EStG kann nicht zum nächsten Feststellungszeitpunkt korrigiert werden.

Wird in Sanierungsfällen der Geschäftsbetrieb nicht in fünf Jahren in einem nach dem Gesamtbild der wirtschaftlichen Verhältnisse vergleichbaren Umfang fortgeführt, liegt hingegen ein rückwirkendes Ereignis i. S. des § 175 Abs. 1 Nr. 2 AO vor, das zur Änderung der KSt-Bescheide, GewSt-Messbescheide und der Feststellungsbescheide nach § 10d Abs. 3 EStG sowie nach § 10a Satz 2 GewStG führt.

---

1) Vgl. Anlage § 008 (4)-07.

2) BStBl. 2004 II S. 468.

3) Vgl. Anlage § 008 (4)-01.

Körperschaftsteuerlicher Verlustvortrag

Verfügung OFD Frankfurt/M. vom 05.10.2004

S 2745A – 22 – St II 1.01

Der BFH hat sich in zwei Urteilen (I R 61/01 und I R 81/02) zur Frage des Verlustes der wirtschaftlichen Identität i. S. des § 8 Abs. 4 KStG geäußert:

Im Verfahren I R 81/02 hatte der BFH entschieden, dass die Übernahme der Anteile an einer GmbH im Rahmen einer konzerninternen Umstrukturierung zum Verlust der wirtschaftlichen Identität i. S. des § 8 Abs. 4 Satz 2 KStG führt, weil sich die unmittelbaren Beteiligungsverhältnisse an der GmbH geändert haben.

Im Verfahren 61/01 hat der BFH *entgegen Tz. 28 Satz 1 des BMF-Schreibens vom 16.4.1999* (BStBl. I, 455)[1] für die Veräußerung von Geschäftsanteilen einer Kapitalgesellschaft, die an einer anderen Kapitalgesellschaft beteiligt ist, den Verlust der wirtschaftlichen Identität dieser anderen Kapitalgesellschaft verneint. In den Entscheidungsgründen führt der BFH aus, dass *mittelbare* Anteilsübertragungen weder dem Regelbeispiel des § 8 Abs. 4 Satz 2 KStG unterfielen noch mit diesem wirtschaftlich vergleichbar wären. In beiden Urteilen lehnt der BFH die Annahme einer Öffnungs- oder Konzernklausel ab.

Die Urteile wurden im BStBl. veröffentlicht. Tz. 28 Satz 1 des BMF-Schreibens vom 16.4.1999[2] ist damit überholt.

Körperschaftsteuerlicher Verlustabzug nach § 8 Abs. 4 KStG – Feststellung des verbleibenden Verlustvortrags

Verfügung OFD Hannover vom 01.11.2004

S 2745 – 24 – St O 242

Bei der Feststellung des verbleibenden Verlustvortrags ist der Unterschiedsbetrag zwischen den tatsächlich ausgeglichenen und den „abziehbaren" Beträgen zu ermitteln. Die Abzugsfähigkeit richtet sich nach der im Feststellungszeitpunkt geltenden Rechtslage. Hierzu gehört auch die Anwendung des § 8 Abs. 4 KStG (vgl. auch BFH-Urteil vom 22.10.2003, BStBl. II 2004 S. 468). Eine erneute Prüfung im Jahr des tatsächlichen Verlustabzugs unterbleibt („abgeschichtete Grundlagenentscheidung"). Aus der Bindungswirkung folgt, dass eine fehlerhafte Feststellung des verbleibenden Verlustvortrags zum nächsten Feststellungstermin nur nach den Vorschriften der AO berichtigt oder geändert werden kann, z. B. nach § 175 Abs. 1 Nr. 2 AO – rückwirkendes Ereignis –, wenn in einem Sanierungsfall der Geschäftsbetrieb nicht 5 Jahre in einem nach dem Gesamtbild der wirtschaftlichen Verhältnisse vergleichbaren Umfang fortgeführt wurde. Deshalb soll auf die Anwendung des § 8 Abs. 4 KStG im Jahr des Verlusts der wirtschaftlichen Identität geachtet werden. Gegebenenfalls ist der Feststellungsbescheid unter dem Vorbehalt der Nachprüfung zu erlassen.

---

1) Vgl. Anlage § 008 (4)-01.

2) Vgl. Anlage § 008 (4)-01.

Körperschaftsteuerlicher Verlustabzug nach § 8 Abs. 4 KStG;
Veröffentlichung des BFH-Urteils vom 14. März 2006 – I R 8/05 – (BStBl. 2007 II S. 602)

BMF-Schreiben vom 02.08.2007
IV B 7 – S 2745/0, 2007/0337332, BStBl. 2007 I S. 624

Im Urteil vom 14. März 2006 – I R 8/05 – (BStBl. 2007 II S. 602) hat der BFH entschieden, dass der Verlust der wirtschaftlichen Identität gem. § 8 Abs. 4 Satz 2 KStG einen zeitlichen und sachlichen Zusammenhang zwischen der Übertragung der Gesellschaftsanteile und der Zuführung neuen Betriebsvermögens voraussetzt. Bei einem zeitlichen Zusammenhang bis zu einem Jahr bestünde die – durch den Steuerpflichtigen widerlegbare – Vermutung eines sachlichen Zusammenhangs.

Nach dem Ergebnis der Erörterungen mit den obersten Finanzbehörden gilt zur allgemeinen Anwendung der Grundsätze des BFH-Urteils Folgendes:

Für die regelmäßige Annahme eines „zeitlichen und sachlichen Zusammenhangs" ist eine Frist von einem Jahr zu kurz bemessen. Unter Aufhebung von Tz. 12 Satz 2 des BMF-Schreibens vom 16. April 1999 (BStBl. I S. 455) ist daher regelmäßig von einem zeitlichen und sachlichen Zusammenhang auszugehen, wenn zwischen Anteilsübertragung und Betriebsvermögenszuführung nicht mehr als zwei Jahre vergangen sind. Auch bei Überschreiten des Zwei-Jahreszeitraums kann ein Verlust der wirtschaftlichen Identität eintreten, wenn ein sachlicher Zusammenhang zwischen der Anteilsübertragung und der Zuführung neuen Betriebsvermögens anhand entsprechender Umstände dargelegt werden kann.

Körperschaftsteuerlicher Verlustabzug nach § 8 Abs. 4 KStG,
zuletzt in der Fassung vom 23. Dezember 2001;
Anwendung der Urteile des BFH vom 5. Juni 2007
– I R 106/05 – (BStBl. II 2008 S. 986)
und – I R 9/06 – (BStBl. II 2008 S. 988) –

BMF-Schreiben vom 16. April 1999 (BStBl. I S. 455) und vom 17. Juni 2002 (BStBl. I S. 629),
sowie Sitzung KSt/GewSt III/08 zu TOP I/1
IV C 7 – S 2745/07/10003, 2008/0612175 (BStBl. 2008 I, 1033)

Nach dem Ergebnis der Erörterung mit den obersten Finanzbehörden der Länder gilt für die Anwendung der oben genannten BFH-Urteile Folgendes:

I. Betriebsvermögenszuführung

Der BFH hat mit Urteilen I R 106/05 (BStBl. II 2008 S. 986) und I R 9/06 (BStBl. II 2008 S. 988) vom 5. Juni 2007 für den Branchenwechsel oder damit vergleichbare Sachverhalte zu der Frage Stellung genommen, unter welchen Voraussetzungen überwiegend neues Betriebsvermögen im Sinne des § 8 Abs. 4 Satz 2 KStG als zugeführt gelten kann. Dem ist zu folgen.

Soweit der Tz. 9 des BMF-Schreibens vom 16. April 1999 (BStBl. I S. 455) eine andere Auslegung zu entnehmen ist, wird hieran nicht mehr festgehalten. Das BMF-Schreiben vom 17. Juni 2002 (BStBl. I S. 629) wird aufgehoben.

II. Zeitpunkt des Eintritts der Rechtsfolge

Der Auffassung des BFH in seinem Urteil I R 9/06 folgend unterliegen die bis zum Zeitpunkt der schädlichen Anteilsübertragung i. S. d. § 8 Abs. 4 Satz 2 KStG entstandenen Verluste dem Abzugsverbot des § 8 Abs. 4 KStG und können von danach entstehenden Gewinnen oder (positiven) Einkünften nicht mehr abgezogen bzw. ausgeglichen werden; danach entstandene Verluste bleiben ausgleichs- und abzugsfähig. Tz. 33 des BMF-Schreibens vom 16. April 1999 wird aufgehoben.

III. Zeitliche Anwendung der Urteile

Die Grundsätze der BFH-Urteile sind auf alle offenen Fälle anzuwenden; § 176 Abgabenordnung ist zu beachten.

Hat die Übertragung von mehr als 50 % der Anteile vor dem 1. Januar 2009 stattgefunden, können die Textziffern 9 und 33 des BMF-Schreiben vom 16. April 1999 auf Antrag aus Gründen des Vertrauensschutzes in ihrer bisherigen Fassung weiterhin zugunsten des Steuerpflichtigen angewendet werden. Damit kann in diesem Fall die Prüfung der Betriebsvermögenszuführung gem. Tz. 9 des BMF-Schreibens vom 16. April 1999 nach saldenmäßiger statt nach gegenständlicher Betrachtungsweise erfolgen. Für den Verlustuntergang kann gem. Tz. 33 des BMF-Schreibens vom 16. April 1999 auf den Zeitpunkt des Verlusts der wirtschaftlichen Identität abgestellt werden.

Dieses Schreiben wird im Bundessteuerblatt Teil I veröffentlicht.

Gesellschafter-Fremdfinanzierung (§ 8a KStG)

BMF-Schreiben vom 15.12.1994[1] [2]

IV B 7 – S 2742a – 63/94

(BStBl. 1995 I S. 25)

Inhaltsübersicht

---

1) Das BMF-Schreiben ist im BStBl. versehentlich mit dem Datum 17.11.1994 veröffentlicht worden.

2) Vgl. Anlage § 008a-11 (BMF-Schreiben vom 15.7.2004 zur Gesellschafter-Fremdfinanzierung nach § 8a KStG n. F.

Anlage § 008a–01

Unter Bezugnahme auf das Ergebnis der Erörterungen mit den obersten Finanzbehörden der Länder nehme ich zur Anwendung des § 8a KStG wie folgt Stellung:

I. Allgemeines

1 Unter den Voraussetzungen des § 8a KStG gelten Vergütungen für Fremdkapital als verdeckte Gewinnausschüttungen. Bei ausländischen Anteilseignern gilt das unabhängig davon, wie die Vergütungen im Ausland steuerlich behandelt werden. Das zur Verfügung gestellte Kapital bleibt Verbindlichkeit, insbesondere für Zwecke der Gliederung des verwendbaren Eigenkapitals, der Vermögensteuer und der Gewerbekapitalsteuer.

2 Bei der Ermittlung des Gewerbeertrags wird die Summe des Gewinns und der Hinzurechnungen um die nach § 8a KStG bei der Ermittlung des Gewinns (§ 7 GewStG) angesetzten Vergütungen für Fremdkapital gekürzt (§ 9 Nr. 10 GewStG). § 8 Nr. 1 und 3 GewStG ist auf diese Vergütungen anzuwenden.

3 Die allgemeinen Grundsätze der verdeckten Gewinnausschüttung nach § 8 Abs. 3 Satz 2 KStG haben Vorrang vor § 8a KStG. Übersteigen z. B. die für die Überlassung des Fremdkapitals gezahlten Vergütungen den nach allgemeinen Grundsätzen angemessenen Zins, liegen insoweit verdeckte Gewinnausschüttungen nach § 8 Abs. 3 Satz 2 vor (vgl. hierzu Tz. 67 ff.). Wegen der Vereinbarung niedrigerer als marktüblicher Zinsen vgl. Tz. 63 ff.

4 § 8a KStG schließt die Anwendung des § 42 AO nicht aus.

II. Persönlicher Anwendungsbereich

1. Empfänger des Fremdkapitals

5 § 8a KStG gilt für unbeschränkt steuerpflichtige Kapitalgesellschaften, soweit sie nicht von der Körperschaftsteuer befreit sind. Auf andere Körperschaften – z. B. Genossenschaften – findet die Vorschrift keine Anwendung, auch wenn sie zur Gliederung des verwendbaren Eigenkapitals verpflichtet sind.

6 Ausländische Gesellschaften mit Geschäftsleitung im Inland und statuarischem Sitz im Ausland, die nach der Rechtsprechung des Bundesfinanzhofs (BFH-Urteil vom 23. Juni 1992, BStBl. II S. 972) und den hierzu ergangenen Ländererlassen unbeschränkt körperschaftsteuerpflichtig sind, fallen unter § 8a KStG, wenn sie nach dem notwendigen Typenvergleich einer Kapitalgesellschaft im Sinne des § 1 Abs. 1 Nr. 1 KStG entsprechen.

2. Geber des Fremdkapitals

a) Nichtanrechnungsberechtigter wesentlich beteiligter Anteilseigner (§ 8a Abs. 1 Satz 1 und Abs. 3 Satz 1 bis 3 KStG)

7 Anteilseigner ist, wer unmittelbar oder mittelbar, z. B. über eine vorgeschaltete Gesellschaft, an der Kapitalgesellschaft beteiligt ist.

8 Nicht zur Anrechnung der Körperschaftsteuer berechtigt sind in der Regel ausländische Anteilseigner, inländische juristische Personen des öffentlichen Rechts und steuerbefreite Körperschaften i. S. d. § 5 Abs. 1 KStG. Zur Anwendung des § 8a KStG bei Anrechnungsberechtigung dieser Anteilseigner vgl. § 8a Abs. 5 KStG und Tz. 91 ff.

9 Eine wesentliche Beteiligung liegt nach § 8a Abs. 3 Satz 1 KStG vor, wenn der Anteilseigner am Grund- oder Stammkapital der Kapitalgesellschaft zu mehr als einem Viertel unmittelbar oder mittelbar über eine Kapitalgesellschaft oder eine Personengesellschaft beteiligt ist.

10 Maßgebend ist die Kapitalbeteiligung, nicht der Umfang der Stimmrechte. Bei Treuhandverhältnissen ist § 39 Abs. 2 Nr. 1 Satz 2 AO zu beachten. Besteht neben einer unmittelbaren eine mittelbare Beteiligung

an der Kapitalgesellschaft, liegt eine wesentliche Beteiligung vor, wenn die Zusammenrechnung eine Beteiligung von mehr als einem Viertel ergibt, unabhängig davon, ob der Anteilseigner die die mittelbare Beteiligung vermittelnde Gesellschaft beherrscht oder nicht (BFH-Urteil vom 28. Juni 1978, BStBl. II S. 590 und vom 12. Juni 1980, BStBl. II S. 646). Mittelbar gehaltene Anteile werden dabei mit der auf den Anteilseigner entfallenden rechnerischen Quote berücksichtigt. Werden von einer Kapitalgesellschaft eigene Anteile gehalten, ist von dem um die eigenen Anteile der Kapitalgesellschaft verminderten Nennkapital auszugehen (BFH-Urteil vom 24. September 1970, BStBl. 1971 II S. 89). Bei der Ermittlung der Anteilsquote sind Beteiligungen an einer Kapitalgesellschaft, die unmittelbar oder mittelbar von einer Personengesellschaft gehalten werden, an der der Anteilseigner beteiligt ist, entsprechend seinem Anteil an der Personengesellschaft zu berücksichtigen. Zur Zusammenrechnung der Anteile mehrerer Anteilseigner vgl. insbesondere § 8a Abs. 3 Satz 2 1. Alternative und Tz. 12.

Nach § 8a Abs. 1 Satz 1 KStG reicht es aus, wenn der Anteilseigner die Voraussetzungen einer wesent-   11
lichen Beteiligung zu irgendeinem Zeitpunkt im Wirtschaftsjahr erfüllt. Eine nur kurzfristige wesentliche Beteiligung genügt.

Von einer wesentlichen Beteiligung ist nach § 8a Abs. 3 Satz 2 KStG auch auszugehen, wenn der An-   12
teilseigner zwar nicht alleine, aber zusammen mit anderen Anteilseignern zu mehr als einem Viertel beteiligt ist,

– mit denen er eine Personenvereinigung (z. B. zum Zwecke der gemeinsamen Verwaltung der Anteile) bildet (1. Alternative) oder

– von denen er beherrscht wird, die er beherrscht oder die mit ihm gemeinsam beherrscht werden (2. Alternative).

Beispiel:

Die ausländische Muttergesellschaft MG ist zu 15 v. H. direkt und zu 15 v. H. über ihre 100prozentige ausländische Tochtergesellschaft TG an der inländischen I-GmbH beteiligt.

Lösung:

Die MG ist nach § 8a Abs. 3 Satz 1 KStG wesentlich an der I-GmbH beteiligt (zu 15 v. H. direkt und zu 15 v. H. mittelbar über die TG – vgl. Tz. 10). Die TG ist zwar selbst nur zu 15 v. H. an der X-GmbH beteiligt. Da sie von der MG beherrscht wird, wird ihre Beteiligung jedoch nach § 8a Abs. 3 Satz 2 2. Alternative KStG mit der Beteiligung der MG an der I-GmbH zu insgesamt 30 v. H. zusammengerechnet. die ist damit ebenfalls wesentlich an der I-GmbH beteiligt.

Ein Anteilseigner ohne wesentliche Beteiligung steht nach § 8a Abs. 3 Satz 3 KStG einem wesentlich   13
beteiligten Anteilseigner gleich, wenn er alleine oder im Zusammenwirken mit anderen Anteilseignern einen beherrschenden Einfluß auf die Kapitalgesellschaft ausübt.

Für den Begriff des Beherrschens in § 8a Abs. 3 Satz 2 2. Alternative und Satz 3 KStG gilt Abschnitt 31   14
Abs. 6 KStR entsprechend.

Eine Zusammenrechnung der Anteile mehrerer Anteilseigner im Sinne von § 8a Abs. 3 Satz 3 KStG setzt   15
ein tatsächliches Beherrschen voraus. Die bloße Möglichkeit eines Beherrschens reicht nicht aus.

b) Nahestehende Person im Sinne des § 1 Abs. 2 AStG (§ 8a Abs. 1 Satz 2 1. Alternative KStG)   16

Auch Vergütungen für Fremdkapital, die die Kapitalgesellschaft an eine dem Anteilseigner nahestehende   17
nichtanrechnungsberechtigte Person leistet, gelten unter den Voraussetzungen des § 8a KStG als verdeckte Gewinnausschüttungen.

Der Begriff der nahestehenden Person ergibt sich aus § 1 Abs. 2 AStG. Nahestehende Personen sind   18
danach insbesondere Mutter- und Tochtergesellschaften des Anteilseigners, können aber auch natürliche Personen sein (vgl. § 1 Abs. 2 Nr. 3 AStG).

§ 8a KStG setzt voraus, daß die nahestehende Person nicht zur Anrechnung der Körperschaftsteuer be-   19
rechtigt ist. Vergütungen an die nichtanrechnungsberechtigte nahestehende Person sind auch umzuqualifizieren, wenn der Anteilseigner selbst anrechnungsberechtigt ist. Die verdeckte Gewinnausschüttung wird dem Anteilseigner zugerechnet.

c) Dritter mit Rückgriffsmöglichkeit (§ 8a Abs. 1 Satz 2 2. Alternative KStG)

Dritter im Sinne dieser Vorschrift ist nur, wer nicht nahestehende Person ist.   20

Vergütungen, die die Kapitalgesellschaft an einen Dritten zahlt, gelten unter den Voraussetzungen des   21
§ 8a KStG als verdeckte Gewinnausschüttungen, soweit der Dritte auf den Anteilseigner oder eine diesem nahestehende Person, (z. B. als Sicherungsgeber) zurückgreifen kann. Ein konkreter rechtlich durchsetzbarer Anspruch (z. B. aufgrund einer Garantieerklärung oder einer Bürgschaft), eine Vermerkpflicht in der Bilanz, eine dingliche Sicherheit (z. B. Sicherungseigentum, Grundschuld) oder eine harte oder weiche Patronatserklärung reichen für die Anwendung des § 8a KStG aus, sind aber nicht er-

forderlich. Es genügt bereits, wenn der Anteilseigner oder die ihm nahestehende Person dem Dritten gegenüber faktisch für die Erfüllung der Schuld einsteht. Insbesondere werden auch Gestaltungen erfaßt, bei denen eine Bank der Kapitalgesellschaft ein Darlehen gewährt und der Anteilseigner seinerseits bei der Bank eine Einlage unterhält (sogenannte back-to-back-Finanzierung). Die Anwendung des § 8a KStG setzt eine Abtretung der Einlageforderung gegen die Bank nicht voraus.

22 In Konzernfällen ist regelmäßig davon auszugehen, daß die Muttergesellschaft für die Verbindlichkeiten der Tochtergesellschaft einstehen muß, es sei denn, die Muttergesellschaft widerlegt diese Vermutung.

23 Werden Vergütungen an einen rückgriffsberechtigten Dritten gezahlt, ist § 8a KStG unabhängig von der Anrechnungsberechtigung des rückgriffsberechtigten Dritten anzuwenden, wenn der Anteilseigner nichtanrechnungsberechtigt ist. Ist der Dritte, der auf den nichtanrechnungsberechtigten Anteilseigner oder eine ihm nahestehende Person zurückgreifen kann, selbst anrechnungsberechtigt (z. B. inländische Bank), wird eine verdeckte Gewinnausschüttung nach § 8a KStG nicht angenommen, wenn die Kapitalgesellschaft nachweist, daß die Vergütungen bei dem Dritten im Rahmen der deutschen Besteuerung erfaßt werden und bei diesem nicht mit Ausgaben in Zusammenhang stehen, deren unmittelbarer oder mittelbarer Empfänger der Anteilseigner oder eine ihm nahestehende Person ist (back-to-back-Finanzierung).

24 Im Falle der Rückgriffsmöglichkeit des Dritten auf eine dem Anteilseigner nahestehende Person ist § 8a KStG anzuwenden:

1. wenn der Anteilseigner nichtanrechnungsberechtigt ist, unabhängig von der Anrechnungsberechtigung der nahestehenden Person,

2. wenn der Anteilseigner zwar anrechnungsberechtigt, die nahestehende Person aber nichtanrechnungsberechtigt ist.

25 Die als verdeckte Gewinnausschüttung geltenden, an einen Dritten mit Rückgriffsmöglichkeit gezahlten Vergütungen sind dem Anteilseigner unabhängig von der steuerlichen Behandlung beim Empfänger zuzurechnen.

III. Anteiliges Eigenkapital des Anteilseigners

26 Nach § 8a Abs. 1 Satz 1 Nr. 1 und 2 KStG findet eine Umqualifizierung der Vergütungen für Fremdkapital statt, soweit ein nach dem anteiligen Eigenkapital des Anteilseigners an der Kapitalgesellschaft zu berechnendes zulässiges Fremdkapital überschritten wird und in den Fällen der Nummer 2 ein Drittvergleich nicht gelingt und es sich nicht um eine Mittelaufnahme zur Finanzierung banküblicher Geschäfte handelt.

1. Eigenkapital der Kapitalgesellschaft (§ 8a Abs. 2 Satz 2 KStG)

27 Ausgangspunkt für die Ermittlung des anteiligen Eigenkapitals des Anteilseigners ist das Eigenkapital der Kapitalgesellschaft.

28 Maßgeblich ist nach § 8a Abs. 2 Sätze 1 und 2 KStG das Eigenkapital zum Schluß des vorangegangenen Wirtschaftsjahrs laut Handelsbilanz (§ 266 Abs. 3 Abschnitt A, § 272 des Handelsgesetzbuches), das wie folgt ermittelt wird.

	gezeichnetes Kapital
–	ausstehende Einlagen
+	Kapitalrücklagen
+	Gewinnrücklagen
+ / –	Gewinnvortrag/Verlustvortrag
+ / –	Jahresüberschuß/Jahresfehlbetrag
+	die Hälfte der Sonderposten mit Rücklagenanteil (§§ 273, 281 HGB)
–	Buchwert der Beteiligungen an einer Kapitalgesellschaft gemäß § 8a Abs. 4 Satz 3 KStG (vgl. Tz. 89)
	Eigenkapital der Kapitalgesellschaft

Die Aufzählung des § 8a Abs. 2 Satz 2 KStG ist abschließend. Auch die Positionen, die handelsrechtlich als Eigenkapital behandelt werden (z. B. ggf. Genußrechtskapital) gehören nicht zum Eigenkapital im Sinne des § 8a Abs. 2 KStG.

29 Bei Neugründung einer Kapitalgesellschaft wird ausnahmsweise auf das Eigenkapital in der Eröffnungsbilanz abgestellt. § 8a KStG ist bereits auf die Vorgesellschaft anzuwenden, wenn die Kapitalgesellschaft später im Handelsregister eingetragen wird.

Verdeckte Einlagen, die das handelsrechtliche Jahresergebnis beeinflussen, erhöhen das Eigenkapital 30
zum Schluß des Wirtschaftsjahrs der Zuführung, das für das zulässige Fremdkapital des darauffolgenden
Wirtschaftsjahrs maßgeblich ist.

Bareinlagen, die im Rahmen einer Nennkapitalerhöhung auf das erhöhte Nennkapital eingezahlt werden, 31
werden bis zur Handelsregistereintragung in der Handelsbilanz auf der Passivseite unter dem Sonderposten „Zur Durchführung der beschlossenen Kapitalerhöhung geleistete Einlagen" ausgewiesen. Die
bis zum Bilanzstichtag geleisteten Bareinlagen und ein damit zusammenhängendes Aufgeld erhöhen das
Eigenkapital erst, wenn die Eintragung der Nennkapitalerhöhung bei der Bilanzaufstellung bereits erfolgt und der Sonderposten in der Handelsbilanz als Eigenkapital auszuweisen ist.

Zum Eigenkapital zählt neben dem im Gesetz ausdrücklich aufgeführten Jahresüberschuß auch der nach 32
Entscheidung über die Verwendung des Jahresüberschusses insoweit an seiner Stelle ausgewiesene
Bilanzgewinn.

2. Eigenkapitalminderungen durch vorübergehende Verluste (§ 8a Abs. 2 Satz 3 KStG)

Ein von einer Kapitalgesellschaft erzielter Jahresfehlbetrag im abgelaufenen Wirtschaftsjahr mindert 33
nach § 8a Abs. 2 Satz 3 KStG zunächst das für § 8a KStG maßgebliche Eigenkapital nicht, wenn er bis
zum Ablauf des dritten auf das Wirtschaftsjahr des Verlustes folgenden Wirtschaftsjahres ausgeglichen
wird (vorübergehender Verlust). Die Steuer der Kapitalgesellschaft und des Anteilseigners wird insoweit
nach § 165 Abs. 1 AO vorläufig festgesetzt. Erfolgt kein Ausgleich, sind die Veranlagungen der Kapitalgesellschaft und des Anteilseigners für die Jahre, in denen der Verlust aufgrund der Regelung des
§ 8a Abs. 2 Satz 3 KStG das Eigenkapital zunächst nicht gemindert hat, nach § 165 Abs. 2 AO zu ändern.

Das ursprüngliche Eigenkapital kann durch Einlagen innerhalb der dem Verlustjahr folgenden drei 34
Wirtschaftsjahre, die gemäß § 272 HGB als gezeichnetes Kapital oder als Kapitalrücklagen auszuweisen
sind, oder durch in die Gewinnrücklage eingestellte Beträge aus Jahresüberschüssen der dem Verlustjahr
folgenden drei Wirtschaftsjahre wiederhergestellt werden. Es reicht auch aus, wenn ein Verlustvortrag entsprechend den handelsrechtlichen Vorschriften (§ 58 Abs. 1 Satz 3, Abs. 2 Satz 4 AktG, § 29 Abs. 1, 2
GmbHG) bis zum Ablauf des dritten auf das Verlustjahr folgenden Wirtschaftsjahrs mit einem Jahresüberschuß verrechnet wird. Eine Verrechnung von Jahresfehlbeträgen mit Gewinnvorträgen und Gewinnrücklagen aus den dem Verlustjahr vorangegangenen Wirtschaftsjahren stellt das ursprüngliche
Eigenkapital nicht her. Sogenannte „verdeckte Einlagen", die nicht nach § 272 Abs. 2 HGB als Kapitalrücklage auszuweisen sind, sind handelsrechtlich Ertrag und erhöhen das Jahresergebnis. Sie gleichen
eine Minderung des Eigenkapitals durch einen Jahresfehlbetrag nur aus, wenn der entsprechende Jahresüberschuß in die Gewinnrücklage eingestellt oder mit einem Verlustvortrag verrechnet wird.

Einlagen und Jahresüberschüsse, die nach den obigen Grundsätzen das ursprüngliche Eigenkapital
wiederherstellen, sind für Zwecke des § 8a KStG in den dem Verlustjahr folgenden Wirtschaftsjahren mit
der Minderung des Eigenkapitals durch den Jahresfehlbetrag zu verrechnen. Die Verrechnung wird nicht
bis zum Ablauf des dritten dem Verlustjahr folgenden Wirtschaftsjahrs hinausgeschoben. Ein dies-
bezügliches Wahlrecht besteht nicht. Das für § 8a KStG maßgebliche Eigenkapital und damit das für den
Anteilseigner zulässige Fremdkapital erhöht sich bis zur vollständigen Verrechnung der verlustbeding-
ten Minderung des Eigenkapitals nicht.

Beispiel:

Die inländische I-GmbH hat zum 31.12.00 ein Eigenkapital i. H. v. 1 Mio DM. In den Jahren 01 bis 05
schließt sie mit folgenden Jahresergebnissen ab:

01: ./.   100 TDM
02: ./.   250 TDM
03:        0 TDM
04: +   75 TDM
05: +   25 TDM

Der nichtanrechnungsberechtigte Alleingesellschafter A leistet in 02 eine Einlage i. H. v. 15 TDM in die
Kapitalrücklage (§ 272 Abs. 2 Nr. 4 HGB). Zum Ausgleich des Jahresfehlbetrags 01 leistet er in 04 eine
weitere Einlage i. H. v. 100 TDM in die Kapitalrücklage.

Lösung:

In den Veranlagungen 02 bis 05 ist nach § 8a Abs. 2 Satz 3 KStG zur Ermittlung des zulässigen Fremdkapitals zunächst folgendes anteilige Eigenkapital des A berücksichtigt worden:

Anfangsbestand 00		1 000 TDM
01: ./. 100 TDM		–
(§ 8a Abs. 2 Satz 3 KStG)		
Eigenkapital 01 (maßgeblich für 02)		1 000 TDM
02:		
Vortrag Jahresfehlbetrag 01	./. 100 TDM	
Einlage	+ 15 TDM	
restlicher Vortrag Jahresfehlbetrag 01	./. 85 TDM	
Verlust 02	./. 250 TDM	
(§ 8a Abs. 2 Satz 3 KStG)		
Eigenkapital 02 (maßgeblich für 03)		1000 TDM
03:		
Jahresergebnis		0 DM
Eigenkapital 03 (maßgeblich für 04)		1000 TDM
04:		
Vortrag Jahresfehlbetrag 01	./. 85 TDM	
Einlage	+ 100 TDM	
Jahresüberschuß	+ 75 TDM	
	90 TDM	
Vortrag Jahresfehlbetrag 02	./. 250 TDM	
restlicher Vortrag Jahresfehlbetrag 02	./. 160 TDM	
Eigenkapital 04 (maßgeblich für 05)		1000 TDM

Die Steuerfestsetzung erfolgte insoweit vorläufig nach § 165 Abs. 1 AO.

Die Minderung des Eigenkapitals durch den Jahresfehlbetrag 01 wurde bis zum Ablauf des Jahres 04 voll ausgeglichen. Wegen der Minderung des Eigenkapitals durch den Jahresfehlbetrag 02, der nicht voll (Tz. 35) bis Ablauf 05 ausgeglichen wurde, ist bei den Veranlagungen 03 bis 05 nach § 165 Abs. 2 AO folgendes anteilige Eigenkapital des A zu berücksichtigen:

Anfangsbestand 00		1000 TDM
Jahresfehlbetrag 01	./.	0 DM
(in 04 voll ausgeglichen)		
Eigenkapital 01 (maßgeblich für 02)		
unverändert		1000 TDM
02:		
Vortrag Jahresfehlbetrag 01	./. 100 TDM	
Einlage	+ 15 TDM	
Vortrag Jahresfehlbetrag 01	./. 85 TDM	
Jahresfehlbetrag 02	./.	250 TDM
(bis 05 nicht voll ausgeglichen)		
Eigenkapital 02 (maßgeblich für 03)		750 TDM
03:		
Vortrag Jahresfehlbetrag 01	./. 85 TDM	
Jahresergebnis	0 DM	0 DM
Eigenkapital 03 (maßgeblich für 04)		750 TDM
04:		
Vortrag Jahresfehlbetrag 01	./. 85 TDM	
Einlage	+ 100 TDM	

Jahresüberschuß	+ 75 TDM	
	90 TDM	90 TDM
Eigenkapital 04 (maßgeblich für 05)		840 TDM
05:		
Jahresergebnis 05		25 TDM
Eigenkapital 05 (maßgeblich für 06)		865 TDM

§ 8a Abs. 2 Satz 3 KStG setzt voraus, daß das ursprüngliche Eigenkapital in voller Höhe wieder hergestellt wird. Ein teilweiser Ausgleich reicht nicht aus.

Beispiel:

Die inländische I-GmbH hat zum 31.12.00 ein Eigenkapital von 200 TDM. Der Verlust der I-GmbH für 01 beträgt 120 TDM und das Eigenkapital zum 31.12.01 laut Handelsbilanz 80 TDM. Der nichtanrechnungsberechtigte Anteilseigner A ist zu 50 v. H. an der I-GmbH beteiligt. Er hat der I-GmbH in 02 festverzinsliches Fremdkapital i. H. v. 150 TDM gewährt. Bis zum Ablauf des Jahres 04 werden lediglich 20 TDM der Minderung des Eigenkapitals durch Einlagen ausgeglichen.

Lösung:

Nachdem bis Ablauf des Jahres 04 die Minderung des Eigenkapitals durch den Jahresfehlbetrag 01 nicht vollständig ausgeglichen wurde, mindert der zunächst nach § 8a Abs. 2 Satz 3 KStG unberücksichtigt gebliebene Jahresfehlbetrag 01 das anteilige Eigenkapital des Anteilseigners für die Folgejahre. So beträgt das anteilige Eigenkapital des A an der I-GmbH für 02 40 TDM (50 v. H. von 80 TDM) und sein zulässiges Fremdkapital 120 TDM (3 x 40 TDM).

§ 8a Abs. 2 Satz 3 KStG ist bei der Ermittlung des maßgeblichen Eigenkapitals zum 31. Dezember 1993 für Verluste der Wirtschaftsjahre vor Anwendung des § 8a KStG (§ 54 Abs. 6b KStG) entsprechend anzuwenden. **36**

Auch Jahresfehlbeträge der Wirtschaftsjahre vor Anwendung des § 8a KStG sind für die Ermittlung des maßgeblichen Eigenkapitals zum 31.12.1993, oder bei abweichendem Wirtschaftsjahr zum Schluß des ersten nach dem 31. Dezember 1993 endenden Wirtschaftsjahres, und der folgenden Wirtschaftsjahre nur dann unbeachtlich, wenn sie bis Ablauf des dritten auf das Wirtschaftsjahr des Verlustes folgenden Wirtschaftsjahres ausgeglichen werden. **37**

Soweit ein Ausgleich der Jahresfehlbeträge bis zum maßgeblichen Stichtag unterbleibt, sind die Veranlagungen der Kapitalgesellschaft und der Anteilseigner für die Wirtschaftsjahre, in denen nach § 8a Abs. 3 Satz 2 KStG zunächst von dem nicht um die Jahresfehlbeträge geminderten Eigenkapital ausgegangen wurde, nach § 165 Abs. 2 AO zu ändern (vgl. Tz. 33). **38**

3. Anteiliges Eigenkapital des Anteilseigners (§ 8a Abs. 2 Satz 1 KStG)

Anteiliges Eigenkapital ist nach § 8a Abs. 2 Satz 1 KStG der Teil des Eigenkapitals der Kapitalgesellschaft zum Schluß des vorangegangenen Wirtschaftsjahres, der dem Anteil des Anteilseigners am gezeichneten Kapital entspricht. Abgestellt wird auf die Beteiligung am Grund- oder Stammkapital, nicht auf den Umfang der Stimmrechte. **39**

Ausstehende Einlagen werden den einzelnen Gesellschaftern bei der Ermittlung des anteiligen Eigenkapitals des Anteilseigners nicht individuell zugeordnet. **40**

Beispiel:

Die Handelsbilanz der I-GmbH weist zum 31.12.01 folgendes Eigenkapital aus:

Stammkapital	500 TDM
ausstehende Einlagen des Gesellschafters	./. 100 TDM
Gewinnrücklagen	200 TDM
Bilanzgewinn	100 TDM
	700 TDM

An der I-GmbH sind die nichtanrechnungsberechtigten Gesellschafter A und B jeweils zu 50 v. H. beteiligt.

Lösung:

Das anteilige Eigenkapital errechnet sich wie folgt:

Eigenkapital der Gesellschaft	700 TDM
x Beteiligungsquote 50 v. H.	350 TDM
= anteiliges Eigenkapital des A und B.	

41 Für die Berechnung des anteiligen Eigenkapitals ist die Beteiligungsquote zum Schluß des vorangegangenen Wirtschaftsjahres zugrunde zu legen. Ein Gesellschafter, der während des laufenden Wirtschaftsjahres im Rahmen einer Kapitalerhöhung gegen neu ausgegebene Anteile oder durch Übernahme bestehender Anteile in eine Kapitalgesellschaft eintritt, ist zum Schluß des vorangegangenen Wirtschaftsjahres nicht an der Gesellschaft beteiligt. Anteiliges Eigenkapital ist ihm erst für das dem Eintrittsjahr folgende Jahr zuzurechnen.

Beispiel:

Der nichtanrechnungsberechtigte A erwirbt zum 1.7.02 alle Anteile an der inländischen I-GmbH vom bisherigen Alleingesellschafter B und gewährt der Gesellschaft gleichzeitig ein Darlehen i.H.v. 1 Mio DM. Das Eigenkapital der GmbH zum 31.12.01 beträgt 2 Mio DM.

Lösung:

Der Anteil des A am Eigenkapital der I-GmbH zum 31.12.01 beträgt 0 DM. A ist ab 1.7.02 zwar an der I-GmbH wesentlich beteiligt im Sinne des § 8a Abs. 1 KStG, ihm ist für 02 aber kein anteiliges Eigenkapital zuzurechnen, so daß er kein zulässiges Fremdkapital beanspruchen kann. Die Zinsen sind daher in vollem Umfang nach § 8a KStG in eine verdeckte Gewinnausschüttung umzuqualifizieren, wenn ein Drittvergleich nicht gelingt.

42 Bei Neugründung einer Kapitalgesellschaft bemißt sich das anteilige Eigenkapital ausnahmsweise nach der Beteiligungsquote im Zeitpunkt der Eröffnungsbilanz (vgl. Tz. 29).

43 Der mittelbar beteiligte Anteilseigner ist über den unmittelbar beteiligten Anteilseigner an der Kapitalgesellschaft beteiligt. Das auf die Beteiligungskette entfallende anteilige Eigenkapital ist auf das anteilige Eigenkapital des unmittelbar beteiligten Anteilseigners beschränkt. Für die Frage, ob und inwieweit innerhalb der Beteiligungskette ein zulässiges Fremdkapital in Anspruch genommen werden kann, ist die zeitliche Reihenfolge der Darlehensgewährung maßgebend.

Beispiel:

Die nichtanrechnungsberechtigte X-SA ist zu 60 v. H. an der inländischen I-GmbH (Eigenkapital 200 TDM) beteiligt. Die Beteiligung des nichtanrechnungsberechtigten A an der X-SA beträgt 50 v. H. Die X-SA und A gewähren der I-GmbH je ein festverzinsliches Darlehen i. H. v. 300 TDM und zwar in folgender Reihenfolge:

a) die X-SA vor dem A

b) A vor der X-SA .

Lösung:

Hieraus folgt:

a) Gewährt die X-SA der I-GmbH das Darlehen, bevor A sein Darlehen gewährt, berechnet sich das schädliche Fremdkapital innerhalb der Beteiligungskette wie folgt:

zulässiges Fremdkapital (3 x 120 TDM)	360 TDM
Darlehen der X-SA	300 TDM
schädliches Fremdkapital der X-SA	0 TDM
restliches zulässiges Fremdkapital	60 TDM
davon entfällt auf A (50 v. H.)	30 TDM
Darlehen des A	300 TDM
zulässiges Fremdkapital	./. 30 TDM
schädliches Fremdkapital des A	270 TDM

b) Gewährt A der I-GmbH sein Darlehen vor der X-SA, berechnet sich das schädliche Fremdkapital innerhalb der Beteiligungskette wie folgt:

Darlehen des A		300 TDM
zulässiges Fremdkapital (3 x 60 TDM)		180 TDM
schädliches Fremdkapital des A		120 TDM
Darlehen der X-SA		300 TDM
zulässiges Fremdkapital der Beteiligungskette	360 TDM	
verbraucht von A	180 TDM	
		180 TDM
schädliches Fremdkapital der X-SA		120 TDM

IV. Fremdkapital im Sinne des § 8a Abs. 1 KStG

1. Begriff

Zum Gesellschafter-Fremdkapital gehören grundsätzlich alle als Verbindlichkeit passivierungsfähigen **44** Kapitalzuführungen in Geld, die nach steuerrechtlichen Grundsätzen nicht zum Eigenkapital gehören. Das sind insbesondere:

- fest und variabel verzinsliche Darlehen (auch soweit es sich um eigenkapitalersetzende Gesellschafterdarlehen im Sinne des § 32a GmbHG oder der Rechtsprechung des Bundesgerichtshofs handelt)
- partiarische Darlehen
- typische stille Beteiligungen
- Gewinnschuldverschreibungen
- Genußrechtskapital (mit Ausnahme des Genußrechtskapitals im Sinne des § 8 Abs. 3 Satz 2 KStG).

Zum Fremdkapital im Sinne des § 8a KStG gehört auch solches Kapital, für das eine Vergütung nicht vereinbart wurde oder für das vereinbarungsgemäß in dem jeweiligen Wirtschaftsjahr keine Vergütung (z. B. wegen Verlust in dem maßgeblichen Geschäftsjahr) ausgezahlt wird.

Durchlaufende Posten gehören nicht zum Fremdkapital im Sinne des § 8a KStG. **45**

Bei Banken stellt auch das nach dem KWG dem haftenden Eigenkapital zuzurechnende Fremdkapital **46** Fremdkapital im Sinne des § 8a KStG dar.

2. Kurzfristig überlassenes Kapital

Kurzfristig überlassenes Kapital aus Waren- und Lieferkrediten, die der Anteilseigner oder eine ihm na- **47** hestehende Person der Kapitalgesellschaft gewähren, gehört nicht zum Fremdkapital, wenn Lieferant und Kreditgeber identisch sind. Von einer kurzfristigen Kapitalüberlassung ist bei einer Laufzeit bis zu sechs Monaten auszugehen. Auf den Begriff der Dauerschuld (§ 8 Nr. 1 GewStG, Abschnitt 47 GewStR) wird nicht abgestellt.

Kredite im Sinne der Tz. 47 stellen in der Regel auch dann kein Fremdkapital im Sinne des § 8a KStG **48** dar, wenn die Laufzeit mehr als sechs Monate beträgt und die längere Laufzeit in dem jeweiligen Geschäftszweig branchenüblich ist (z. B. Abrechnung von Großaufträgen im Bereich des Maschinen- oder Schiffbaus).

In ein Kontokorrentverhältnis einzustellende Forderungen des Anteilseigners oder einer ihm nahe- **49** stehenden Person stellen kein kurzfristig überlassenes Kapital im Sinne des § 8a KStG dar, auch wenn es sich nicht um Dauerschulden im Sinne der Gewerbesteuer (Abschnitt 47 Abs. 8 GewStR) handelt.

3. Fremdwährungsdarlehen

Schulden in ausländischer Währung sind auch dann mit dem Kurswert im Zeitpunkt der Darlehens- **50** aufnahme anzusetzen, wenn der Kurs der ausländischen Währung gesunken ist. Die Kapitalgesellschaft muß den höheren Teilwert der Schuld ansetzen, wenn der Kurs der ausländischen Währung gestiegen ist (vgl. R 37 Abs. 2 EStR 1993). Der höhere Teilwert ist dann auch für Zwecke des § 8a KStG maßgeblich.

V. Steuerliche Behandlung der auf das Fremdkapital entfallenden Vergütung

1. Begriff der Vergütung

Vergütungen sind Gegenleistungen aller Art, die die Kapitalgesellschaft für die Überlassung des **51** Fremdkapitals gewährt. Hierzu gehören insbesondere Zinsen zu einem festen oder variablen Zinssatz, Gewinnbeteiligungen (Vergütungen für partiarische Darlehen, Genußrechte und Gewinnschuldverschreibungen) und Umsatzbeteiligungen. Vergütungen im Sinne des § 8a KStG sind auch Vergütungen, die zwar nicht als Zins berechnet werden, aber Vergütungscharakter haben (z. B. das Damnum, das Disagio, Vorfälligkeitsentschädigungen, Provisionen und Gebühren, die an den Geber des Fremdkapitals gezahlt werden).

2. Abgrenzung zwischen nicht in einem Bruchteil des Kapitals bemessenen und in einem Bruchteil des Kapitals bemessenen Vergütungen (§ 8a Abs. 1 Satz 1 Nrn. 1 und 2 KStG).

§ 8a Abs. 1 Satz. 1 KStG unterscheidet je nach der Ausgestaltung der Vergütung zwischen nicht in einem **52** Bruchteil des Kapitals bemessenen und in einem Bruchteil des Kapitals bemessenen Vergütungen.

Nicht in einem Bruchteil des Kapitals bemessene Vergütungen im Sinne des § 8a Abs. 1 Satz 1 Nr. 1 **53** KStG sind Vergütungen, die von den Erwerbschancen und -risiken der Kapitalgesellschaft abhängen. Darunter fallen in der Regel gewinn- und umsatzabhängige Vergütungen (z. B. Vergütungen für die Überlassung von Genußscheinkapital, stille Beteiligung).

54 Vergütungen im Sinne des § 8a Abs. 1 Satz 1 Nr. 2 KStG sind solche Vergütungen, die ausschließlich nach einem Bruchteil des Kapitals berechnet werden. Das sind regelmäßig gewinn- und umsatzunabhängige Vergütungen (z. B. festverzinsliche Darlehen).

55 § 8a Abs. 1 Satz 1 Nr. 1 KStG ist als Auffangtatbestand auf alle Vergütungen anzuwenden, die sich nicht ausschließlich nach einem Bruchteil des Kapitals bestimmen. Davon ist z. B. auszugehen, wenn sich die Vergütung sowohl nach ertragsunabhängigen als auch nach ertragsabhängigen Faktoren berechnet.

Beispiele:
- Vereinbart wird eine Staffelung fester Zinssätze, wobei der in Betracht kommende Zinssatz abhängig ist von dem Gewinn der Kapitalgesellschaft; beispielsweise:

  bis 100 000 DM.   8 v. H.
  über 100 000 bis 200 000 DM   9 v. H.
  über 200 000 bis 300 000 DM   10 v. H.

- Es wird eine gewinnabhängige Vergütung vereinbart, die allerdings begrenzt wird durch einen festen Mindestzinssatz (z B. 6 v. H.) und einen festen Höchstzinssatz (z. B. 20 v. H.).
- Über einen festen Zinssatz hinaus wird eine gewinnabhängige weitere Vergütung vereinbart.

Das gleiche gilt, wenn die Vergütung zwar selbst ausschließlich nach einem bestimmten Bruchteil des Kapitals berechnet wird, die Vergütungsabrede darüber hinaus aber auch weitere ertragsabhängige Bestandteile enthält.

Beispiele:
- Es wird eine Verzinsung in einem Bruchteil des Kapitals vereinbart, allerdings sollen in Verlustjahren der Kapitalgesellschaft keine Zinsen entstehen.
- Zinsen werden in einem Bruchteil des Kapitals berechnet, sollen aber bei Verlusten der Kapitalgesellschaft gestundet werden.

Unter § 8a Abs. 1 Satz 1 Nr. 1 KStG fallen auch Teilschuldverschreibungen, bei denen neben der festen Verzinsung ein Recht auf Umtausch in Gesellschaftsanteile (Wandelanleihe) eingeräumt ist (vgl. § 43 Abs. 1 Nr. 1 EStG).

3. Steuerliche Behandlung der nicht in einem Bruchteil des Kapitals bemessenen Vergütungen (§ 8a Abs. 1 Satz 1 Nr. l KStG)

56 Nach § 8a Abs. 1 Satz 1 Nr. 1 KStG werden nicht in einem Bruchteil des Kapitals bemessene Vergütungen für Gesellschafter-Fremdkapital in eine verdeckte Gewinnausschüttung umqualifiziert, soweit das von einem Anteilseigner gewährte Fremdkapital zu einem Zeitpunkt, im Wirtschaftsjahr die Hälfte seines anteiligen Eigenkapitals (Verhältnis 1: 0,5) übersteigt (zulässiges Fremdkapital). Hierbei ist auch unentgeltlich überlassenes Fremdkapital zu berücksichtigen.

Beispiel:
Das anteilige Eigenkapital des Anteilseigners beträgt 300 TDM. Der Anteilseigner überläßt der Kapitalgesellschaft 200 TDM Genußscheinkapital. Die Vergütung beträgt 20 TDM.

Lösung:
Bis zu einem Gesellschafter-Fremdkapital von 150 TDM werden die Vergütungen von § 8a KStG nicht erfaßt. Die auf das übersteigende Gesellschafter-Fremdkapital von 50 TDM entfallende Vergütung gilt als verdeckte Gewinnausschüttung. Sie beträgt 5 TDM (50/200 von 20 TDM).

57 Einen Drittvergleich oder eine Sonderregelung für Mittelaufnahmen zur Finanzierung banküblicher Geschäfte sieht § 8a Abs. 1 Satz 1 Nr. 1 KStG im Gegensatz zu § 8a Abs. 1 Satz 1 Nr. 2 KStG nicht vor.

4. Steuerliche Behandlung der in einem Bruchteil des Kapitals bemessenen Vergütungen

a) Zulässiges Fremdkapital

58 Nach § 8a Abs. 1 Satz 1 Nr. 2 KStG findet eine Umqualifizierung von ausschließlich in einem Bruchteil des Kapitals bemessenen Vergütungen statt, soweit das vom Anteilseigner gewährte Fremdkapital zu einem Zeitpunkt im Wirtschaftsjahr das Dreifache seines anteiligen Eigenkapitals (Verhältnis 1 : 3) übersteigt.

b) Drittvergleich

aa) Begriff und Nachweis

59 Die Vergütung, die auf das das zulässige Fremdkapital übersteigende Fremdkapital entfällt, gilt nach § 8a Abs. 1 Satz 1 Nr. 2 KStG nicht als verdeckte Gewinnausschüttung, wenn die Kapitalgesellschaft nachweist, daß sie dieses Fremdkapital bei sonst gleichen Umständen auch von einem fremden Dritten hätte erhalten können (Drittvergleich).

Der Drittvergleich kann nur über die einzelnen das zulässige Fremdkapital übersteigenden Darlehen **60** geführt werden. Bei der Beurteilung der „sonst gleichen Umstände" sind die konkreten Vertragsbedingungen und die sonstigen Verhältnisse des Einzelfalls (Höhe der Vergütung, Höhe des eigenen Vermögens der Kapitalgesellschaft, die Sicherheit der Kapitalanlage – eigene Sicherungsmittel, Geschäftsumfang – und die allgemeine Finanzstruktur [Bonität]) zu berücksichtigen.

Der Drittvergleich ist auf den Zeitpunkt zu führen, in dem das betreffende Gesellschafterdarlehen das **61** zulässige Fremdkapital im Sinne des § 8a Abs. 1 Satz 1 Nr. 2 KStG übersteigt. Die Kapitalgesellschaft kann den Beweis durch alle sachdienlichen Beweismittel führen (z. B. spezifizierte Kreditangebote von Banken, Ergebnisse von Kreditwürdigkeitsanalysen, aus denen sich zumindest der Darlehensbetrag, die Laufzeit, der Zinssatz und eventuelle Sicherheiten ergeben). Bei Konsortialkrediten gilt das nur, wenn die gemeinsam handelnden Kreditgeber nach außen wie ein Kreditgeber auftreten.

Wird das Fremdkapital von einem Dritten überlassen, der auf den Anteilseigner oder eine diesem nahe- **62** stehende Person zurückgreifen kann, wird im Rahmen des Drittvergleichs die Rückgriffsmöglichkeit nicht berücksichtigt; berücksichtigt werden nur die eigenen Sicherungsmittel der Kapitalgesellschaft.

bb) Niedrig verzinsliche Gesellschafter-Darlehen

Werden zwischen Gesellschaft und Gesellschafter niedrigere Zinsen als mit einem fremden Dritten ver- **63** einbart, sind die Grundsätze der Doppelbesteuerungsabkommen zu beachten, die § 8a KStG vorgehen (§ 2 AO). Dabei ist insbesondere auf Artikel 9 des OECD-Musterabkommens hinzuweisen.

Nach den Grundsätzen zur internationalen Gewinnabgrenzung zwischen verbundenen Unternehmen **64** sind Gewinne, die dadurch gemindert sind, daß Bedingungen vereinbart wurden, die von denen abweichen, die voneinander unabhängige Dritte unter gleichen oder ähnlichen Verhältnissen vereinbart hätten, so anzusetzen, wie sie unter den zwischen unabhängigen Dritten vereinbarten Bedingungen angefallen wären. Bestimmungen der Doppelbesteuerungsabkommen, die Artikel 9 bzw. Artikel 11 Abs. 6 des OECD-Musterabkommens entsprechen, bilden dabei eine Schranke gegen weitergehende Gewinnberichtigungen „nach oben". Für den Drittvergleich im Fall der Vereinbarung von niedrig (unter Marktansätzen) verzinslichen Gesellschafter-Darlehen ergibt sich daraus folgendes:

Ergibt der Drittvergleich, daß ein fremder Dritter der Kapitalgesellschaft das Fremdkapital aufgrund ih- **65** rer Bonität zwar gewährt hätte (Drittvergleich hinsichtlich der Bonität), hierfür jedoch einen höheren Zins verlangt hätte, wäre der Gewinn bei einer solchen Fremdfinanzierung um die an den Dritten gezahlten Vergütungen niedriger als nach einer Umqualifizierung der an den Gesellschafter gezahlten Zinsen. Eine Umqualifizierung nach § 8a KStG findet daher nicht statt. Eine Umqualifizierung findet dagegen für diejenigen Darlehen statt, die das zulässige Fremdkapital übersteigen und für die der Kapitalgesellschaft der Drittvergleich hinsichtlich der Bonität nicht gelingt.

Beispiel:

Die inländische I-GmbH wird in 01 durch ihren ausländischen Alleingesellschafter A wie folgt fremdfinanziert:

800 TDM Fremdkapital

600 TDM Drittvergleich (Bonität)

500 TDM zulässiges Fremdkapital

Kreditzins: 8 v. H.
Normalzins: 10 v. H.

Lösung:

Fremdkapital i. H. v. 300 TDM übersteigt das zulässige Fremdkapital. I. H. v. 100 TDM scheitert der Drittvergleich nur daran, daß der vereinbarte Zins unter dem Marktzins liegt. Die auf diese 100 TDM entfallenden Zinsen werden nach internationalen Besteuerungsgrundsätzen nicht umqualifiziert, da ein Dritter einen Zins von 10 v. H. verlangt hätte und der Gewinn der Gesellschaft bei einer Finanzierung durch einen Dritten niedriger ausgefallen wäre als nach einer Umqualifizierung der Zinszahlungen an den Gesellschafter. Die den Drittvergleich übersteigenden 200 TDM wären der Kapitalgesellschaft mangels Bonität nicht von Dritten gewährt worden. Die hierauf entfallenden Zinsen sind verdeckte Gewinnausschüttungen im Sinne des § 8a KStG.

Diese Grundsätze sind auf ausländische Anteilseigner, die keinem Doppelbesteuerungsabkommen nach **66** dem OECD-Musterabkommen unterliegen (z. B. Anteilseigner in einem Staat, mit dem kein Doppelbesteuerungsabkommen besteht) und auf inländische nichtanrechnungsberechtigte Anteilseigner entsprechend anzuwenden.

cc) Hochverzinsliche Gesellschafter-Darlehen

67 Erhält der Gesellschafter für das überlassene Kapital eine zu hohe Vergütung, ist der Teil der Vergütung, der eine angemessene Vergütung übersteigt, nach § 8 Abs. 3 Satz 2 KStG in eine verdeckte Gewinnausschüttung umzuqualifizieren. Die allgemeinen Grundsätze der verdeckten Gewinnausschüttung (§ 8 Abs. 3 Satz 2 KStG) haben Vorrang vor § 8a KStG (vgl. Tz. 3). Eine Kürzung des Gewerbeertrags gemäß § 9 Nr. 10 GewStG i. d. F. des StandOG findet insoweit nicht statt.

68 Die Vergütung, die auf das zulässige Fremdkapital übersteigende Fremdkapital entfällt, wird bis zur Höhe der angemessenen Vergütung nach § 8a Abs. 1 Satz 1 Nr. 2 KStG umqualifiziert, soweit der Kapitalgesellschaft nicht der Drittvergleich hinsichtlich der Bonität gelingt.

Beispiel:

Die inländische I-GmbH wird durch ihren ausländischen Alleingesellschafter A in 01 wie folgt fremdfinanziert:

800 TDM Fremdkapital

600 TDM Drittvergleich (Bonität)

500 TDM zulässiges Fremdkapital

Kreditzins: 14 v. H.
Normalzins: 10 v. H.

Lösung:

Der Kreditzins übersteigt den Normalzins um 4 v. H. Die unangemessene Verzinsung hat ihre Ursache im Gesellschaftsverhältnis. Dieser Zins ist bezogen auf die gesamten 800 TDM nach § 8 Abs. 3 Satz 2 KStG umzuqualifizieren.

Das Fremdkapital übersteigt das zulässige Fremdkapital um 300 TDM. Für einen übersteigenden Betrag i. H. v. 100 TDM gelingt der Drittvergleich hinsichtlich der Bonität. Eine Umqualifizierung der hierauf entfallenden angemessenen Vergütungen nach § 8a KStG scheidet aus. Weitere 200 TDM wären der Kapitalgesellschaft mangels Bonität von einem Dritten nicht gewährt worden. Die hierauf entfallende angemessene Vergütung wird nach § 8a Abs. 1 Satz 1 Nr. 2 KStG umqualifiziert.

Insgesamt stellen danach Zinsen i. H. v. 4 v. H. von 800 TDM eine verdeckte Gewinnausschüttung nach § 8 Abs. 3 Satz 2 KStG und Zinsen in Höhe von 10 v. H. von 200 TDM eine verdeckte Gewinnausschüttung nach 8a Abs. 1, Satz 1 Nr. 2 KStG dar.

c) Mittelaufnahme zur Finanzierung banküblicher Geschäfte

69 Den Besonderheiten der Eigenkapitalausstattung bei Banken trägt § 8a Abs. 1 Satz 1 Nr. 2 KStG dadurch Rechnung, daß ausschließlich in einem Bruchteil des Kapitals bemessene Vergütungen für Mittelaufnahmen zur Finanzierung banküblicher Geschäfte nicht in verdeckte Gewinnausschüttungen nach § 8a KStG umqualifiziert werden.

70 Bankübliche Geschäfte sind die Geschäfte im Sinne des § 1 KWG, die von Kreditinstituten mit einer Zulassung gemäß § 32 KWG getätigt werden. Keine banküblichen Geschäfte liegen vor, wenn es sich um eine Mittelaufnahme zur Finanzierung von Tochtergesellschaften in konzernabhängigen Unternehmen handelt, die nicht selbst Kreditinstitut sind.

Beispiel:

Die nichtanrechnungsberechtigte X-SA ist zu jeweils 100 v. H. an der inländischen K-AG, einem Kreditinstitut mit der Zulassung nach § 32 KWG und der I-GmbH beteiligt. Die X-SA gewährt der K-AG Gesellschafter-Fremdkapital, das die K-AG an die I-GmbH weiterleitet.

Lösung:

Die Darlehensaufnahme der K-AG bei der X-SA stellt keine Mittelaufnahme zur Finanzierung banküblicher Geschäfte dar.

5. Grundsatz der Einzelbetrachtung und Reihenfolge der Berücksichtigung der Gesellschafter-Darlehen

71 Bei Anwendung des § 8a KStG werden die verschiedenen Gesellschafter-Darlehen (z. B. unverzinsliche und verzinsliche oder verschieden verzinsliche) einzeln betrachtet. Sie werden für die steuerliche Beurteilung dem Fremdkapital im Sinne des § 8a Abs. 1 Satz 1 Nr. 1 oder Nr. 2 KStG zugeordnet. Maßgeblich für die steuerliche Beurteilung innerhalb dieser beiden Arten des Fremdkapitals ist die zeitliche Reihenfolge der Entstehung der Darlehensverbindlichkeiten.

Beispiel:

Das Eigenkapital der inländischen I-GmbH für 02 beträgt 100 TDM. Sie hat gegenüber ihrem ausländischen Alleingesellschafter A folgende Darlehensverbindlichkeiten:

Darlehen 1 vom 1.3.01 i. H. v. 100 TDM zu 7 v. H.

Darlehen 2 vom 1.9.01 i. H. v. 150 TDM zu 6 v. H.

Am 1.7.02 gewährt A ein weiteres Darlehen i. H. v. 250 TDM zu einem Zins von 15 v. H. (angemessener Zins 10 v. H.). Ein Drittvergleich wird nicht geführt.

Lösung:

Der unangemessene Zins i. H. v. 5 v. H. (15 v. H. ./. 10 v. H.) auf den Gesamtbetrag von 250 TDM hat seine Ursache im Gesellschaftsverhältnis und stellt eine verdeckte Gewinnausschüttung nach § 8 Abs. 3 Satz 2 KStG dar.

Das zulässige Fremdkapital beträgt 300 TDM. Die Summe der Gesellschafter-Darlehen beläuft sich auf 500 TDM. Das zulässige Fremdkapital wird erst durch das letzte Darlehen vom 1.7.02 um 200 TDM überschritten. Der auf diesen Betrag entfallende angemessene Zins i. H. v. 10 v. H. ist nach § 8a KStG in eine verdeckte Gewinnausschüttung umzuqualifizieren.

Entsteht eine Verbindlichkeit im Sinne des § 8a Abs. 1 Satz 1 Nr. 1 KStG später als eine Verbindlichkeit nach § 8a Abs. 1 Satz 1 Nr. 2, hat § 8a Abs. 1 Satz 1 Nr. 1 KStG Vorrang.

Beispiel:

Das anteilige Eigenkapital des nichtanrechnungsberechtigten Gesellschafters A an der inländischen I-GmbH beträgt zum 31.12.00 100 TDM. A überläßt der I-GmbH in 01 folgendes Fremdkapital:

am 1.7.01 ein festverzinsliches Darlehen i. H. v. 400 TDM

am 1.10.01 Genußrechtskapital i. H. v. 40 TDM.

Ein Drittvergleich wird nicht geführt.

Lösung:

1.7. bis 30.9.01:

festverzinsliches Darlehen	400 TDM
zulässiges Fremdkapital (§ 8a Abs. 1 Satz 1 Nr. 2 KStG)	./. 300 TDM
schädliches Fremdkapital	100 TDM

1.10. bis 31.12.01:

zulässiges Fremdkapital (§ 8a Abs. 1 Satz 1 Nr. 1 KStG) (0,5 x 100 TDM – vgl. Tz. 56)	50 TDM
Genußrechtskapital	./. 40 TDM
nach § 8a Abs. 1 Satz 1 Nr. 1 KStG nicht ausgenutztes zulässiges Fremdkapital	10 TDM
Darlehen	400 TDM
zulässiges Fremdkapital (§ 8a Abs. 1 Satz 1 Nr. 2 KStG 6x10 TDM)	./. 60 TDM
schädliches Fremdkapital	340 TDM

In der Zeit vom 1.7. bis 30.9.01 sind die Vergütungen auf ein Fremdkapital i. H. v. 100 TDM nach § 8a Abs. 1 Satz 1 Nr. 2 KStG in verdeckte Gewinnausschüttungen umzuqualifizieren. Das am 1.10.01 zugeführte Genußrechtskapital ist, obwohl erst nach dem festverzinslichen Darlehen gewährt, vorrangig im Rahmen des § 8a Abs. 1 Satz 1 Nr. 1 KStG zu berücksichtigen. Ab 1.10.01 sind die auf 340 TDM des festverzinslichen Darlehens entfallenden Vergütungen nach § 8a Abs. 1 Satz 1 Nr. 2 KStG umzuqualifizieren.

6. Zeitweises Überschreiten des zulässigen Fremdkapitals

Die Rechtsfolgen des § 8a KStG treten ein, soweit das Fremdkapital zu einem Zeitpunkt im Wirtschaftsjahr das zulässige Fremdkapital übersteigt. Ein kurzzeitiges Überschreiten genügt bereits. Ist das zulässige Fremdkapital nur zeitweise überschritten, sind nur die auf diese Zeit entfallenden Vergütungen auf das Fremdkapital, das das zulässige Fremdkapital übersteigt, als verdeckte Gewinnausschüttung anzusetzen. Dabei ist von einem jährlichen Zinszahlungszeitraum von 360 Tagen auszugehen. **72**

Beispiel:

Die der inländischen I-GmbH von ihrem ausländischen Alleingesellschafter A gewährten Darlehen übersteigen das zulässige Fremdkapital nur vom 1.5. bis 15.5.01 um 120 TDM. Der Zins beträgt 10 v. H. (angemessener Zins).

Lösung:

Nach § 8a KStG sind umzuqualifizieren 500,– DM (15/360 von 12 TDM).

7. *Zusammentreffen von Fremdkapital gegen nicht in einem Bruchteil des Kapitals und gegen in einem Bruchteil des Kapitals bemessene Vergütungen (Kumulationsverbot)*

73 Das zulässige Fremdkapital nach § 8a Abs. 1 Satz 1 Nr. 1 und das zulässige Fremdkapital nach § 8a Abs. 1 Satz 1 Nr. 2 KStG können nicht kumulativ in Anspruch genommen werden.

74 Liegt sowohl Fremdkapital im Sinne der Nummer 1 als auch Fremdkapital im Sinne der Nummer 2 vor, ist vorrangig zu prüfen, ob das zulässige Fremdkapital nach § 8a Abs. 1 Satz 1 Nr. 1 KStG ausgeschöpft ist (zur zeitlichen Reihenfolge vgl. Tz. 71). Beträgt das Fremdkapital im Sinne der Nummer 1 weniger als die Hälfte des anteilig auf den Anteilseigner entfallenden Eigenkapitals, ist der Differenzbetrag bei der Ermittlung des zulässigen Fremdkapitals nach § 8a Abs. 1 Satz 1 Nr. 2 KStG zu berücksichtigen. Entsprechend der unterschiedlichen Wertigkeit des anteilig auf den Anteilseigner entfallenden Eigenkapitals in § 8a Abs. 1 Satz 1 Nr. 1 und Nr. 2 2. Halbsatz KStG findet eine Umrechnung im Verhältnis 1 : 6 statt.

75 *Beispiel:*

Eigenkapital	20 TDM
Fremdkapital	
– gegen gewinnabhängige Vergütungen	5 TDM
– gegen gewinnunabhängige Vergütungen	40 TDM

Lösung:

Zulässiges Fremdkapital nach § 8a Abs. 1 Satz 1 Nr. 1	
(0,5 x 20 TDM)	10 TDM
gewinnabhängig vergütetes Fremdkapital	./. 5 TDM
restliches zulässiges Fremdkapital im Sinne der Nummer 1	5 TDM
gewinnunabhängig vergütetes Fremdkapital	40 TDM
zulässiges Fremdkapital im Sinne der Nummer 2	
(Umrechnung im Verhältnis 1 : 6)	– 30 TDM
übersteigendes Fremdkapital	10 TDM

8. *Rechtsfolgen der verdeckten Gewinnausschüttung im Sinne des § 8a KStG*

76 Die Rechtsfolgen der verdeckten Gewinnausschüttung i. S. d. § 8a KStG bestimmen sich (u. a. hinsichtlich des Zu- und Abflusses, der Körperschaftsteuererhöhung und -minderung, der Art und Höhe der Kapitalertragsteuer, der DBA-Berechtigung) nach den allgemeinen Grundsätzen. Die Auswirkung der verdeckten Gewinnausschüttung bei der leistenden Kapitalgesellschaft richtet sich nach § 8a Abs. 3 S. 2 KStG. Die verdeckte Gewinnausschüttung stellt eine andere Ausschüttung im Sinne der §§ 27 Abs. 3 und § 28 Abs. 2 KStG dar und erfolgt mit dem Abfluß der Mittel bei der Kapitalgesellschaft. Sie unterliegt der Kapitalertragsteuer nach den allgemeinen Vorschriften.

77 Diese Grundsätze gelten entsprechend auch für verdeckte Gewinnausschüttungen, die einem mittelbar beteiligten Anteilseigner zugerechnet werden (Tz. 7) sowie für dem Anteilseigner als verdeckte Gewinnausschüttung zuzurechnende Vergütungen, die nahestehende Personen (Tz. 17 bis 19) oder an rückgriffsberechtigte Dritte (Tz. 20 bis 25) gezahlt werden.

78 Eine verdeckte Gewinnausschüttung im Sinne des § 8a KStG wird dem Anteilseigner nur für den Zeitraum zugerechnet, in dem er Gesellschafter der Kapitalgesellschaft ist. Für die Anwendung des § 8a KStG reicht es aus, wenn der Anteilseigner zu irgendeinem Zeitpunkt im Wirtschaftsjahr wesentlich am Grund- oder Stammkapital der Kapitalgesellschaft beteiligt ist (§ 8a Abs. 1 Satz 1 KStG). Die Zurechnung einer verdeckten Gewinnausschüttung im Sinne des § 8a KStG setzt nicht voraus, daß der Anteilseigner während des Zeitraums der Fremdkapitalgewährung wesentlich beteiligt ist.

Beispiel:

Der nichtanrechnungsberechtigte Alleingesellschafter A veräußert zum 2.1.01 80 v. H. seiner Beteiligung an der inländischen I-GmbH. Das Wirtschaftsjahr der GmbH stimmt mit dem Kalenderjahr überein. Am 1.7.01 gewährt er der I-GmbH ein sein zulässiges Fremdkapital übersteigendes Darlehen i.H.v. 100 TDM. Die vereinbarte Vergütung beträgt 10 v. H. Sie ist angemessen. Zum 1.10.01 scheidet A aus der I-GmbH aus. Das Darlehen wird in 01 nicht zurückgezahlt.

Lösung:

A ist zu einem Zeitpunkt im Wirtschaftsjahr, nämlich am 1.1.01, wesentlich an der I-GmbH beteiligt (§ 8a Abs. 1 Satz 1 KStG). Die auf den Zeitraum vom 1.7.01 bis zum 30.9.01 entfallende Vergütung i. H. v. 2 500 DM gilt nach § 8a KStG als verdeckte Gewinnausschüttung, die auf die Zeit vom 1.10. bis 31.12.01 entfallende Vergütung i. H. v. 2 500 DM dagegen nicht, da A während dieser Zeit nicht mehr Gesellschafter der I-GmbH ist.

VI. Verbundene Unternehmen

1. Holdinggesellschaften (§ 8a Abs. 4 Sätze 1 und 2 KStG)

Nach § 8a Abs. 4 Satz 1 KStG gilt bei inländischen Holdinggesellschaften für ausschließlich nach einem **79** Bruchteil des Kapitals vergütetes Fremdkapital im Sinne des § 8a Abs. 1 Satz 1 Nr. 2 KStG ein erweitertes zulässiges Fremdkapital (Verhältnis anteiliges Eigenkapital des Anteilseigners zum anteiligen Gesellschafter-Fremdkapital 1 : 9 bzw. 1 : 18).

Holdinggesellschaften sind Kapitalgesellschaften, die nach § 8a Abs. 4 Satz 1 KStG zumindest einen der **80** nachfolgenden Tatbestände erfüllen:

– die Haupttätigkeit besteht darin, Beteiligungen an Kapitalgesellschaften zu halten und diese Kapitalgesellschaften zu finanzieren (1. Alternative), oder

– ihr Vermögen besteht zu mehr als 75 v. H. ihrer Bilanzsumme aus Beteiligungen an Kapitalgesellschaften (2. Alternative).

Der Begriff der Haupttätigkeit (1. Alternative) setzt voraus, daß das Halten von Beteiligungen und die **81** Finanzierung der Beteiligungsgesellschaften den Schwerpunkt der Tätigkeit der Kapitalgesellschaft bildet. Davon ist im Regel auszugehen, wenn ihre Bruttoerträge im Sinne des Abschnitts 76 Abs. 8 Satz 1 KStR im Durchschnitt der drei vorausgegangenen Jahre zu mindestens 75 v. H. aus begünstigten Tätigkeiten, nämlich dem Halten der Beteiligungen an und der Finanzierung von Kapitalgesellschaften stammen.

Eine geschäftsleitende Tätigkeit oder die Organträgerstellung einer Gesellschaft steht einer Qualifizie- **82** rung als Holdinggesellschaft i. S. d. § 8a Abs. 4 Satz 1 1. Alternative KStG grundsätzlich nicht entgegen.

Nach § 8a Abs. 4 Satz 1 2. Alternative KStG liegt eine Holdinggesellschaft vor, wenn ihr Vermögen zu **83** mehr als 75 v. H. ihrer Bilanzsumme aus Beteiligungen an Kapitalgesellschaften besteht. Forderungen der Holdinggesellschaft aus der Finanzierung nachgeordneter Gesellschaften bleiben bei der Ermittlung der 75-v.H.-Grenze außer Betracht .

Beispiel:

Die Bilanzsumme der H-GmbH setzt sich auf der Aktivseite wie folgt zusammen:

Grund und Boden	50 TDM
Beteiligung A-GmbH	500 TDM
Beteiligung B-GmbH	300 TDM
Forderungen aus der Finanzierung nachgeordneter Gesellschafte	400 TDM
sonstige Aktiva	200 TDM
Bilanzsumme	1 450 TDM

Die H-GmbH ist Holdinggesellschaft im Sinne des § 8a Abs. 4 Satz 1 2. Alternative KStG. Die um die Forderungen aus der Finanzierung nachgeordneter Gesellschaften bereinigte Bilanzsumme der H-GmbH beträgt 1 050 TDM (1 450 TDM ./. 400 TDM). Die Beteiligungen an der A-GmbH und der B-GmbH machen 76,2 v. H. dieser Bilanzsumme aus.

Die vermögensmäßigen Voraussetzungen müssen am Schluß des vorangegangenen Wirtschaftsjahrs erfüllt sein. Bei Neugründung einer Holdinggesellschaft ist ausnahmsweise auf die Eröffnungsbilanz abzustellen.

Der Begriff der Beteiligung bestimmt sich nach § 271 Abs. 1 HGB. Entscheidend ist danach, daß die Beteiligung dazu bestimmt ist, dem eigenen Geschäftsbetrieb durch Herstellung einer dauernden Verbindung zu dem anderen Unternehmen zu dienen. Im Zweifel gelten als Beteiligung Anteile, deren Nennbetrag insgesamt 20 v. H. des Nennkapitals dieser Gesellschaft überschreiten. Hat diese Gesellschaft eigene Anteile, ist das um die eigenen Anteile verminderte Nennkapital maßgebend.

Die Anwendung der Holding-Regelung setzt mindestens zwei Beteiligungen voraus. Beteiligungen an **84** nach § 42 AO unbeachtlichen sog. funktionslosen Gesellschaften bleiben unberücksichtigt. Den Beteiligungsbegriff i. S. d. § 8a Abs. 4 erfüllen auch Beteiligungen an ausländischen Kapitalgesellschaften.

85 Der Wortlaut des § 8a Abs. 4 geht von unmittelbaren Beteiligungen an Kapitalgesellschaften aus. Mittelbare Beteiligungen (z. B. die Anteile an einer anderen Kapitalgesellschaft werden über eine Personengesellschaft gehalten) können eine Holdingeigenschaft nicht begründen.

86 Nach § 8a Abs. 4 Satz 2 KStG werden Vergütungen für Fremdkapital, das einer nachgeordneten Kapitalgesellschaft von einem Gläubiger im Sinne dieser Vorschrift gewährt wird, grundsätzlich in verdeckte Gewinnausschüttungen umqualifiziert (Ausnahme siehe Tz. 87). Ein zulässiges Fremdkapital besteht für nachgeordnete Gesellschaften nicht, an denen die Holdinggesellschaft unmittelbar oder mittelbar beteiligt ist. Auf die Höhe der Beteiligung der Holdinggesellschaft an dieser Gesellschaft kommt es nicht an. Dadurch wird verhindert, daß durch das Hintereinanderschalten von Gesellschaften der Fremdfinanzierungsrahmen für den nichtanrechnungsberechtigten Anteilseigner vervielfältigt wird, ohne daß dem eine entsprechende Eigenkapitalausstattung gegenübersteht (Kaskadeneffekt).

87 Eine unschädliche Gesellschafter-Fremdfinanzierung durch ausschließlich nach einem Bruchteil des Kapitals vergütetes Fremdkapital im Sinne des § 8a Abs. 1 Satz 1 Nr. 2 KStG ist im nachgeordneten Bereich nur im Rahmen des Drittvergleichs oder soweit es sich um Mittelaufnahmen zur Finanzierung banküblicher Geschäfte handelt möglich.

88 Auf die Anwendung der Holdingregelung kann nicht zugunsten der Kürzung des Beteiligungsbuchwerts (Tz. 89) verzichtet werden. Ein Wahlrecht besteht nicht.

2. Andere verbundene Unternehmen (§ 8a Abs. 4 Satz 3 KStG)

89 Bei einer Beteiligungskette ohne eine Holding-Gesellschaft im Sinne des § 8a Abs. 4 Satz 1 KStG an der Spitze wird der Kaskadeneffekt vermieden, indem das Eigenkapital der Obergesellschaft um den Buchwert der Beteiligung an der Untergesellschaft gekürzt wird (§ 8a Abs. 4 Satz 3 KStG). Auf die Höhe der Beteiligung kommt es insoweit nicht an. Die Kürzung findet höchstens bis auf Null statt, wenn der Buchwert der Beteiligung das Eigenkapital übersteigt. Das zulässige Fremdkapital. bei der Obergesellschaft entfällt oder wird deutlich eingeschränkt, während das zulässige Fremdkapital auf der untersten Beteiligungsebene erhalten bleibt. Die Möglichkeit des Drittvergleichs im Rahmen des § 8a Abs. 1 Nr. 2 KStG bleibt auf allen Beteiligungsebenen bestehen.

Beispiel:

Der ausländische Anteilseigner A ist Alleingesellschafter der inländischen I-GmbH. Die I-GmbH verfügt über ein Eigenkapital von 100 TDM. Sie erhält von A gewinnunabhängig vergütetes Fremdkapital i. H. v. 300 TDM. Mit Eigen- und Fremdkapital gründet sie die T-GmbH. Die T-GmbH verfügt danach über ein Eigenkapital von 400 TDM. Sie erhält von A Fremdkapital i. H. v. 1 200 TDM, das sie zusammen mit ihren Eigenmitteln zur Gründung der E-GmbH verwendet. A führt der E-GmbH, die über ein Eigenkapital von 1 600 TDM verfügt, Fremdkapital i. H. v. 4 800 TDM zu. Die inländische Konzernstruktur ergibt folgendes Bild:

I-GmbH			
Eigenkapital	100 TDM	Fremdkapital	300 TDM
T-GmbH			
Eigenkapital	400 TDM	Fremdkapital	1 200 TDM
E-GmbH			
Eigenkapital	1 600 TDM	Fremdkapital	4 800 TDM

Lösung:

	Eigenkapital	Beteiligungsbuchwert	zulässiges Fremdkapital
I-GmbH	100 TDM	./. 400 TDM	0
T-GmbH	400 TDM	./. 1 600 TDM	0
E-GmbH	1 600 TDM	–	4 800 TDM

Das von A der I-GmbH und der T-GmbH gewährte Fremdkapital fällt unter § 8a KStG, soweit kein Drittvergleich gelingt. Das der E-GmbH gewährte Fremdkapital übersteigt nicht das zulässige Fremdkapital.

90 Eine Kürzung um die Buchwerte der Beteiligungen an ausländischen Kapitalgesellschaften findet nicht statt.

VII. Verhinderung von Umgehungen

91 Die Regelung des § 8a Abs. 5 KStG dient der Verhinderung von Umgehungsmöglichkeiten durch Zwischenschaltung von Betriebsstätten und Personengesellschaften.

1. Zwischenschaltung einer Betriebsstätte oder Personengesellschaft (§ 8a Abs. 5 Nr. 1 KStG)

Nach § 8a Abs. 5 Nr. 1 KStG gelten die Absätze 1 bis 4 entsprechend, wenn der Anteilseigner zur An- **92** rechnung der Körperschaftsteuer nur berechtigt ist, weil die Einkünfte aus der Beteiligung Betriebseinnahmen eines inländischen Betriebs sind. Die Regelung erfaßt insbesondere den Fall, in dem eine ausländische Muttergesellschaft, die über eine inländische gewerblich tätige Personengesellschaft an einer inländischen Kapitalgesellschaft beteiligt ist, dieser Kapitalgesellschaft unmittelbar ein Darlehen gewährt.

Die ausländische Muttergesellschaft unterliegt mit den von der inländischen Kapitalgesellschaft an sie **93** gezahlten Zinsen nicht der inländischen beschränkten Steuerpflicht (§ 49 Abs. 1 Nr. 5 KStG). Ohne die Regelung in § 8a Abs. 5 Nr. 1 KStG wäre § 8a KStG nicht anwendbar, da die von der Kapitalgesellschaft ausgeschütteten Dividenden als Einkünfte des inländischen gewerblichen Betriebs der Personengesellschaft anfallen und die ausländische Muttergesellschaft insoweit anrechnungsberechtigt ist.

Zu Tz. 92

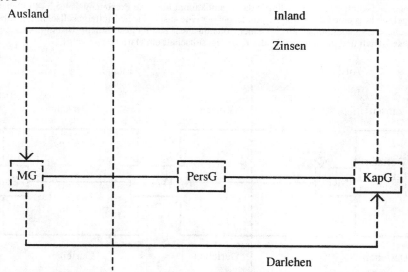

Aus der entsprechenden Anwendung der Absätze 1 bis 4 des § 8a KStG folgt, daß die unmittelbar von der **94** Kapitalgesellschaft an die ausländischen Muttergesellschaft gezahlten Zinsen als verdeckte Gewinnausschüttungen an die mittelbar beteiligte ausländische Muttergesellschaft gelten. Betriebseinnahmen/ Sonderbetriebseinnahmen auf der Ebene der Personengesellschaft folgen aus der Umqualifizierung nicht. Die für die verdeckte Gewinnausschüttung von der Kapitalgesellschaft herzustellende Ausschüttungsbelastung wird für die ausländischen Muttergesellschaft definitiv. Sie kann sich nicht auf die über die inländische Personengesellschaft vermittelte Anrechnungsberechtigung berufen. Die verdeckte Gewinnausschüttung wirkt sich dabei wie vor der Umqualifizierung der Zinszahlung nicht auf den Gewinn der Personengesellschaft aus.

Beispiel:

An der inländischen X-OHG ist der nichtanrechnungsberechtigte Gesellschafter A zu 50 v. H. beteiligt. Die X-OHG hält eine 100 %ige Beteiligung an der inländischen I-GmbH. Das Eigenkapital der I-GmbH zum 31.12. beträgt 100 TDM. A gewährt der I-GmbH am 1.1.01 ein Darlehen i. H. v. 450 TDM. Er erhält eine angemessene Vergütung i. H. v. 45 TDM (= 10 v. H.).

Lösung:

A ist in 1 zu 50 v. H. mittelbar an der I-GmbH beteiligt. Sein anteiliges Eigenkapital beträgt 50 TDM (50 v. H. von 100 TDM). Die nach § 8a KStG umzuqualifizierende Vergütung beträgt:

Darlehen	450 TDM
zulässiges Fremdkapital (3 x 50 TDM)	./. 150 TDM
übersteigendes Fremdkapital	300 TDM
darauf entfallende Vergütung i. H. v. 10 v. H.	30 TDM

Die von der I-GmbH an A gezahlte Vergütung stellt i. H. v. 30 TDM eine verdeckte Gewinnausschüttung dar. Das Einkommen der I-GmbH ist entsprechend zu erhöhen. Die verdeckte Gewinnausschüttung ist unmittelbar dem A und nicht der X-OHG zuzurechnen. A kann sich nicht auf die durch die X-OHG vermittelte Anrechnungsberechtigung berufen, da die Vergütung als Folge des Durchgriffs nicht zu den Einkünften eines inländischen gewerblichen Betriebs gehört.

95 Die Vorschrift ist auch bei Fremdfinanzierung einer Kapitalgesellschaft durch eine Körperschaft des öffentlichen Rechts, anzuwenden, die nur zur Anrechnung der Körperschaftsteuer berechtigt ist, weil sie ihre Beteiligung in einem Betrieb gewerblicher Art hält. Entsprechendes gilt für eine Fremdfinanzierung durch eine steuerbefreite Körperschaft, wenn die Anteile Betriebsvermögen eines wirtschaftlichen Geschäftsbetriebs sind.

2. Finanzierung über eine zwischengeschaltete Personengesellschaft (§ 8a Abs. 5 Nr. 2 KStG)

96 Nach § 8a Abs. 5 Nr. 2 KStG gelten die Absätze 1 bis 4 entsprechend, wenn die Beteiligung über eine Personengesellschaft gehalten wird und das Fremdkapital über die Personengesellschaft geleitet wird. Der Regelung liegt eine Gestaltung zugrunde, bei der eine ausländische Muttergesellschaft, die über eine inländische Personengesellschaft an einer inländischen Kapitalgesellschaft beteiligt ist, der Personengesellschaft und diese ihrerseits der Kapitalgesellschaft ein Darlehen gewährt.

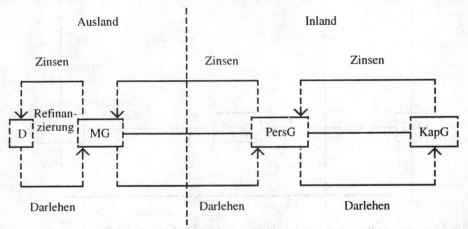

97 Die von der Kapitalgesellschaft an die Personengesellschaft gezahlten Zinsen erhöhen bei dieser den gewerblichen Gewinn. Mit ihrem Gewinnanteil unterliegt die ausländische Muttergesellschaft der inländischen beschränkten Steuerpflicht (§ 49 Abs. 1 Nr. 2 Buchstabe a EStG). Die von der Personengesellschaft an die ausländischen Muttergesellschaft gezahlten Zinsen erhöhen nach § 15 Abs. 1 Nr. 2 EStG den der inländischen Besteuerung unterliegenden Gewinnanteil der Muttergesellschaft. Die Muttergesellschaft kann eine Belastung der von der Personengesellschaft an sie gezahlten Zinsen mit inländischer Steuer jedoch vermeiden, wenn sie sich selbst im Ausland bei einem Dritten refinanziert. Ihre Zinszahlungen mindern dann als Sonderbetriebsausgaben die ihr im Rahmen des § 15 Abs. 1 Nr. 2 EStG als Gewinnanteil zuzurechnenden, der inländischen Besteuerung unterliegenden Zinseinnahmen von der Personengesellschaft.

98 Aus der entsprechenden Anwendung der Absätze 1 bis 4 folgt, daß die Vergabe des Fremdkapitals und die darauf entfallenden Vergütungen als unmittelbar zwischen dem Anteilseigner und der Kapitalgesellschaft zu den für diese geltenden Bedingungen vereinbart gelten, wenn der Kapitalgesellschaft Fremdkapital vom Anteilseigner, einer diesem nahestehenden Person oder einem Dritten im Sinne des Absatzes 1 über eine Personengesellschaft zugeführt wird. Das gilt aber nur, soweit die Vergütungen, die die Kapitalgesellschaft vereinbart hat, die Vergütungen, die der Anteilseigner vereinbart hat, nicht übersteigen. Dieser Durchgriff ist auf den Betrag des nach § 8a Abs. 1 KStG schädlichen Fremdkapitals, das von einem Geber im Sinne des Absatzes 1 der Personengesellschaft gegeben und von dieser der Kapitalgesellschaft zugeführt wird, und auf die Höhe der von der Kapitalgesellschaft hierauf gezahlten Vergütungen beschränkt, die der Darlehensgeber tatsächlich über die Personengesellschaft erhält. Die Fiktion der unmittelbaren Darlehensgewährung wirkt sich auch auf die steuerliche Behandlung der Personengesellschaft aus. Bei der Feststellung ihres Betriebsvermögens und Gewinns bleiben sowohl das nach § 8a Abs. 1 KStG schädliche Fremdkapital als auch die hierauf entfallenden Vergütungen außer Betracht, auf die sich der Durchgriff bezieht.

Beispiel:

Der nichtanrechnungsberechtigte A ist zu 50 v. H. an der inländischen X-OHG beteiligt. Die X-OHG hält eine 100 %ige Beteiligung an der inländischen I-GmbH. Das Eigenkapital der I-GmbH zum 31.12.00 beträgt 100 TDM. A hat der X-OHG in 01 ein Darlehen i. H. v. 600 TDM zu 10 v. H. Zinsen gewährt. Diesen Betrag hat A seinerseits als Darlehen bei der niederländischen N-BV, deren Alleingesellschafter A ist, zu ebenfalls 10 v. H. Zinsen aufgenommen. Die X-OHG gewährt der I-GmbH am 1.1.01 einen Kredit i. H. v. 450 TDM zu 12,5 v. H. Zinsen (= 56 250 TDM).

Lösung:

Für die steuerliche Behandlung bleibt die Zwischenschaltung der Personengesellschaft in einem gewissen Rahmen außer Betracht. Der Durchgriff ist hier auf 450 TDM beschränkt. A hat der X-OHG zwar 600 TDM gewährt, diese hat aber nur 450 TDM an die I-GmbH weitergeleitet. Hinsichtlich der Vergütung bezieht sich der Durchgriff auf 10 v. H. von 450 TDM. Die X-OHG erhält von der I-GmbH zwar Zinsen i. H. v. 12,5 v. H., sie leitet an A aber nur 10 v. H. weiter.

Die nach § 8a KStG umzuqualifizierende Vergütung beträgt danach:

weitergeleitetes Fremdkapital	450 TDM
zulässiges Fremdkapital des A (3 x 50 TDM)	./. 150 TDM
übersteigendes Fremdkapital	300 TDM
darauf entfallende Vergütung i. H. v. 10 v. H.	30 TDM

Die von der I-GmbH an die X-OHG gezahlte Vergütung stellt i. H. v. 30 TDM eine verdeckte Gewinnausschüttung im Sinne des § 8a KStG dar. Diese verdeckte Gewinnausschüttung wird im Durchgriff durch die X-OHG unmittelbar dem A zugerechnet. A kann sich nicht auf die durch die X-OHG vermittelte Anrechnungsberechtigung berufen, da die Vergütung als Folge des Durchgriffs nicht zu den Einkünften eines inländischen gewerblichen Betriebs gehört. Die von der I-GmbH herzustellende Ausschüttungsbelastung wird für A definitiv.

Der Durchgriff bewirkt bei der X-OHG, daß das von A der X-OHG gewährte Darlehen und die Forderung der X-OHG gegen die I-GmbH i. H. des nach § 8a Abs. 1 KStG weitergeleiteten schädlichen Betrages von 300 TDM im Betriebsvermögen der X-OHG einschließlich des Sonderbetriebsvermögens ihrer Gesellschafter nicht berücksichtigt werden. Die auf den Betrag von 300 TDM entfallende Vergütung i. H. v. 30 TDM bleibt bei der Gewinnermittlung der X-OHG außer Betracht.

VIII. Sonderfälle

1. Treuhandanstalt

Vergütungen für Fremdkapital, das die Treuhandanstalt oder eine Person im Sinne des § 8a Abs. 1 Satz 2 KStG einer Kapitalgesellschaft, deren Anteilseigner die Treuhandanstalt ist, gewährt, gelten nicht als verdeckte Gewinnausschüttung, soweit die Vergabe der Mittel im Rahmen der Aufgabenerfüllung nach § 2 des Gesetzes zur Privatisierung und Reorganisation des volkseigenen Vermögens (Treuhandgesetz) erfolgt. **99**

2. Wohnungsunternehmen

Vergütungen für Fremdkapital, das ein nicht anrechnungsberechtigter Anteilseigner oder eine Person im Sinne des § 8a Abs. 1 S. 2 KStG einem Wohnungsunternehmen gewährt, gelten nicht als verdeckte Gewinnausschüttung im Sinne des § 8a KStG, wenn es sich um mittelbar oder unmittelbar aus öffentlichen Haushalten gewährte Wohnbauförderungsmittel nach dem II. Wohnungsbaugesetz, d. h. Mittel von Bund, Ländern, Gemeinden oder anderen öffentlich-rechtlichen Körperschaften handelt. Hierzu zählen öffentliche und nicht öffentliche Baudarlehen, Wohnungsfürsorgemittel oder Mittel, die mit Auflagen (insbesondere Belegungsrechten oder Mietpreisbindungen) verbunden sind. **100**

IX. Erstmalige Anwendung (§ 54 Abs. 6b KStG)

Nach § 54 Abs. 6b KStG ist § 8a KStG erstmals für das Wirtschaftsjahr anzuwenden, das nach dem 31. Dezember 1993 beginnt. **101**

Für Altkredite im Sinne des § 8a Abs. 1 Satz 1 Nr. 1 KStG, die die Kapitalgesellschaft vor dem 9. Dezember 1992 erhalten hat, ist eine Übergangsregelung vorgesehen (§ 54 Abs. 6b Satz 2 KStG). Danach gilt für diese Kredite für Wirtschaftsjahre, die vor dem 31. Dezember 1997 enden, ein zulässiges Fremdkapital von 1 : 1 (statt von 0,5 : 1). Darüber hinaus findet in der Übergangszeit kein Abzug des Beteiligungsbuchwerts beim Eigenkapital nach § 8a Abs. 4 Satz 3 KStG statt. Sind in diesen Fällen auch **102**

Kredite im Sinne des § 8a Abs. 1 Satz 1 Nr. 2 KStG vereinbart worden, so gelten die Kumulationsregelungen des § 8a KStG sinngemäß (vgl. Tz. 73 bis 75 und 79). Ein nicht ausgeschöpftes zulässiges Fremdkapital ist im Verhältnis 1 : 3 bzw. 1 : 9 umzurechnen.

Dieses Schreiben wird im Bundessteuerblatt Teil I veröffentlicht. [1]

---

1) BStBl. 1995 I S. 25.

Begriff des Eigenkapitals i. S. d. § 8a Abs. 2 KStG

Verfügung OFD Hannover vom 26.06.1995

S 2742 – 141 – StH 231

S 2741 – 267 – StO 214

Es ist gefragt worden, ob Aufwendungen für die Ingangsetzung und Erweiterung des Geschäftsbetriebs, die nach § 269 Abs. 1 HGB in der Handelsbilanz aktiviert werden dürfen, bei der Ermittlung des Eigenkapitals i. S. d. § 8a Abs. 2 KStG zu berücksichtigen sind.

§ 8a Abs. 2 KStG knüpft für die Ermittlung des maßgeblichen Eigenkapitals an die Handelsbilanz zum Schluß des vorangegangenen Wirtschaftsjahres an. Soweit die nach Handelsrecht bilanzierten Aufwendungen für die Ingangsetzung und Erweiterung des Geschäftsbetriebs das Eigenkapital der Handelsbilanz in Form der Rücklagen erhöhen, sind sie auch für Zwecke des § 8a KStG zu berücksichtigen.

Gesellschafter-Fremdfinanzierung (§ 8a KStG)

Verfügung OFD Hannover vom 06.12.1995

S 2742 – 141 – StH 231

S 2741 – 267 – StO 214

I. Kreditgewährung durch Fremde bei Rückgriff

Nach Tz. 23 des BMF-Erlasses vom 15. Dezember 1994 – S 2741 – 191 – 312 – ist § 8a KStG nicht anzuwenden, wenn ein rückgriffsberechtigter Dritter, der auf den nichtanrechnungsberechtigten Anteilseigner oder eine ihm nahestehende Person zurückgreifen kann, selbst anrechnungsberechtigt ist (z. B. inländische Bank), sofern die Kapitalgesellschaft nachweist, daß die Vergütungen bei dem Dritten im Rahmen der deutschen Besteuerung erfaßt werden und bei diesem nicht mit Ausgaben im Zusammenhang stehen, deren unmittelbarer oder mittelbarer Empfänger der Anteilseigner oder eine ihm nahestehende Person ist (sog. back-to-back-Finanzierung).

Es ist gefragt worden, ob für die Annahme einer back-to-back-Finanzierung ein bewußter Zusammenhang zwischen der Fremdfinanzierung der Kapitalgesellschaft und der vom Anteilseigner bei der darlehensgewährenden Bank unterhaltenen Einlage bestehen muß.

Die Milderungsregelung in Tz. 23 Satz 2 a. a. O. ist deshalb gerechtfertigt, weil in der dort genannten Fallgruppe die inländische Einmalbesteuerung bei der anrechnungsberechtigten Bank sichergestellt ist. Eine Ausnahme von der inländischen Einmalbesteuerung in Fällen, in denen keine bewußte back-to-back-Finanzierung vorliegt, ist mit dem Grundsatz der inländischen Einmalbelastung nicht zu vereinbaren. Im übrigen wird es schwierig sein, den praktischen Nachweis eines subjektiven Zusammenhangs zu führen. § 8a KStG ist deshalb nicht nur in Fällen bewußter back-to-back-Finanzierung anzuwenden.

II. Begriff der inländischen Bank

Nach Tz. 23 des o. a. BMF-Erlasses treten die Rechtsfolgen des § 8a KStG nicht ein, wenn der Kreditgeber anrechnungsberechtigt ist. Beispielhaft sind in dieser Textziffer inländische Banken genannt. Hierzu gehören auch anrechnungsberechtigte inländische Betriebsstätten ausländischer Kreditinstitute.

Gesellschafter-Fremdfinanzierung – Einzelfragen zum Holdingprivileg

Erlaß FM Sachsen vom 05.07.1996

33 – S 2742 – 4/45 – 38562

Nach Textziffer 81 des BMF-Schreibens vom 15.12.1994, IV B 7 – S 2742 a – 63/94 (BStBl. I 1995, 25) setzt der Begriff der Haupttätigkeit der Holdinggesellschaft voraus, daß das Halten von Beteiligungen und die Finanzierung der Beteiligungsgesellschaften den Schwerpunkt der Tätigkeit der Kapitalgesellschaft bildet. Davon ist i. d. R. auszugehen, wenn ihre Bruttoerträge i. S. d. Abschn. 76 Abs. 8 Satz 1 KStR im Durchschnitt der drei vorausgegangenen Jahre zu mind. 75 v. H. aus begünstigten Tätigkeiten, nämlich dem Halten der Beteiligungen und der Finanzierung von Kapitalanlagen stammen.

Im einzelnen wird dabei auf folgendes hingewiesen:

1. Bruttoerträge i. S. d. 75 v. H-Grenze

In die Verhältnisrechnung können nur solche Erträge einbezogen werden, die aus einer Tätigkeit stammen. Erträge aus der Auflösung einer Rückstellung, Erträge, die durch die Erstattung von Betriebsausgaben oder durch den vollen Eingang einer zuvor auf den niedrigeren Teilwert abgeschriebenen Kundenforderung entstehen, werden nicht berücksichtigt.

2. Managerkosten

Zu den Erträgen aus der begünstigten Tätigkeit gehören nur die Erträge aus dem Halten der Beteiligungen (Gewinnbeteiligungen) und der Finanzierung von Kapitalanlagen (Fremdkapitalzinsen). Danach sind Managerkosten keine Erträge aus der begünstigten Tätigkeit. Das gilt sowohl für den Anteil, der für die Gestellung von Personal gezahlt wird, als auch für Umlagen der Geschäftsführergehälter.

3. Auswirkung eines Gewinn- oder Verlustanteils einer Personengesellschaft im Rahmen der Berechnung der 75 v. H.-Grenze

Die Bruttoerträge einer Personengesellschaft, an der die Holdinggesellschaft beteiligt ist, sind insg. als nicht begünstigte Erträge zu erfassen.

Dieser Erlaß ergeht im Einvernehmen mit dem BMF und den obersten Finanzbehörden der anderen Länder.

Gesellschafter-Fremdfinanzierung: Finanzierungen über nach § 5 Abs. 1 Nr. 2 KStG steuerbefreite Einrichtungen

Verfügung OFD Hannover vom 21.02.1997

S 2742 – 141 – StH 231

S 2741 – 267 – StO 214

Es kann grundsätzlich nur einzelfallbezogen über die Anwendung des § 8a KStG entschieden werden, wenn nach § 5 Abs. 1 Nr. 2 KStG steuerbefreite Einrichtung im Rahmen eines Finanzierungsprogramms auf einen nichtanrechnungsberechtigten Anteilseigner zurückgreifen kann. In der Regel soll § 8a KStG in diesen sogenannten Rückbürgschaftsfällen auf Finanzierungen nicht angewandt werden, wenn folgende Voraussetzungen erfüllt sind:

1. Der Dritte, der auf den nichtanrechnungsberechtigten Anteilseigner zurückgreifen kann, ist eine nach § 5 Abs. 1 Nr. 2 KStG steuerbefreite Einrichtung

   und

2. im Rahmen des jeweiligen Finanzierungsprogramms werden Zinsverbilligungen gegenüber Marktkonditionen gewährt, die aus öffentlichen Haushaltsmitteln oder mit einem eigenen Förderbeitrag (Zinsersatz oder Risikoübernahme) finanziert werden.

Von der Ausnahmeregelung sind danach auch Finanzierungen erfaßt, in denen Zinsverbilligungen aus eigenen Rücklagen finanziert oder in denen z. B. im Rahmen einer Anstoßfinanzierung auch nicht banktypische Risiken übernommen werden.

Gesellschafterfremdfinanzierung:
Banktübliche Geschäfte i. S. d. Tz. 70 des BMF-Schreibens vom 15.12.1994

Verfügung OFD Hannover vom 21.02.1997
S 2742 – 141 – StH 231
S 2741 – 267 – StO 214

Es ist gefragt worden, ob banktübliche Geschäfte i. S. d. Ausnahmeregelung der Tz. 70 des BMF-Schreibens vom 15.12.1994 IV B 7 – S 2742a – 63/94 (BStBl. I 1995, 25) auch dann vorliegen, wenn ein inländisches Kreditinstitut eines ausländischen Konzerns Forderungen anderer inländischer konzernabhängiger Unternehmen aufkauft und hierfür Mittel verwendet, die ihm von der ausländischen Konzernmutter zur Verfügung gestellt wurden.

Der Begriff „Finanzierung" in Tz. 70 ist nicht identisch mit dem Begriff „Zurverfügungstellen von Fremdkapital" in Tz. 44 des o. a. BMF-Schreibens. Nach Tz. 70 S. 2 ist es danach nicht nur schädlich, wenn das inländische konzerneigene Kreditinstitut anderen konzernabhängigen Unternehmen Darlehen gewährt. Schädlich ist darüber hinaus auch die Finanzierung anderer konzernabhängiger Unternehmen im Rahmen der sonstigen nach § 1 KWG erlaubten Geschäfte (auch Factoring und Leasing).

Gesellschafter-Fremdfinanzierung; Europatauglichkeit des § 8a KStG

Erlass Finanzbehörde Hamburg vom 27.06.2003
53 – S 2742a – 06/97

Mit Urteil C-324/00 vom 12.12.2002 hat der EuGH entschieden, dass die Vorschrift des § 8a Abs. 1 Nr. 2 KStG gegen die Niederlassungsfreiheit des Art. 43 EG verstoße, weil die Vorschrift eine unterschiedliche Behandlung inländischer Tochtergesellschaften bewirke, je nachdem, ob ihre Muttergesellschaft ihren Sitz in Deutschland hat oder nicht.

§ 8a KStG findet in allen nicht festgesetzten oder nicht bestandskräftigen Fällen grundsätzlich keine Anwendung mehr, wenn das *Anteilseigner* i. S. des § 8a KStG von der Niederlassungsfreiheit nach Art. 43 Abs. 1 Satz 2 EG geschützt ist. § 8a KStG ist daher nicht mehr anzuwenden, wenn der zuvor bezeichnete Anteilseigner

– Staatsangehöriger eines Mitgliedstaates der Europäischen Union oder eine nach den Rechtsvorschriften eines Mitgliedstaates gegründete Gesellschaft im Sinne Art. 48 EG und

– in einem anderen Mitgliedstaat der europäischen Gemeinschaft ansässig ist.

Über entsprechend anhängige Einspruchs- und Klageverfahren kann nunmehr im vorstehenden Sinne entschieden werden.

Soweit der ausländische Anteilseigner nicht die o. g. Voraussetzungen erfüllt oder zu den in § 8a KStG genannten Inländern gehört, ist die Vorschrift des § 8a KStG weiterhin anzuwenden.

Vermögenseinlage des stillen Gesellschafters nach § 10 Abs. 4 Kreditwesengesetz (KWG); Steuerliche Behandlung von Vergütungen auf Einlagen stiller Gesellschafter nach § 8a KStG

Verfügung OFD Kiel vom 06.11.2000

S 2742a – St 261

Das BMF hat mit Schreiben vom 11.9.2000 – IV C 6 – S 2742a – 10/99 – zur steuerlichen Beurteilung von stillen Einlagen mit den Merkmalen des § 10 KWG Stellung genommen. Es war gefragt worden, ob eine stille Einlage mit den Merkmalen des § 10 KWG, die handelsrechtlich als Eigenkapital gilt, über den Maßgeblichkeitsgrundsatz auch steuerrechtlich so zu behandeln ist.

Stellungnahme des BMF:

„Die Vorschrift des § 8a KStG und die hierzu ergangenen Verwaltungsregelungen stehen einer steuerlichen Qualifikation der stillen Einlage als Eigenkapital entgegen, weil das Steuerrecht insoweit eine eigene Wertung vornimmt.

Nach der Aufzählung in Tz. 28 des Anwendungsschreibens zu § 8a KStG vom 15.12.1994 (BStBl. 1995 i. S. 25, 176) gehört die Einlage des typischen stillen Gesellschafters nicht zum Eigenkapital im Sinne von § 8a KStG. Die Aufzählung der Eigenkapitalpositionen in § 8a Abs. 2 Satz 2 KStG ist abschließend. Auch wenn Positionen handelsrechtlich als Eigenkapital behandelt werden, gehören sie deswegen nicht ohne weiteres zum Eigenkapital im Sinne § 8a KStG.

Für die Bestimmung der Eigen-/Fremdkapital-Relation ist die Einlage des stillen Gesellschafters als Fremdkapital zu behandeln (vgl. Tz. 44). Nach Tz. 45 stellt bei Banken auch das Fremdkapital, das nach dem KWG dem haftenden Eigenkapital zuzurechnen ist, Fremdkapital im Sinne von § 8a KStG dar. Die Vergütungen auf die stillen Einlagen dürfen danach nur in den Grenzen des § 8a KStG als Betriebsausgaben abgezogen werden.

Eine andere Beurteilung kann sich allerdings in Fällen der stillen Beteiligung ergeben, in denen der stille Gesellschafter zugleich beherrschender Gesellschafter der Kapitalgesellschaft ist, an der er sich still beteiligt. In diesen Fällen wird häufig eine atypische (mitunternehmerische) Beteiligung anzunehmen sein. Dies trifft etwa dann zu, wenn der stille Gesellschafter auch ohne Verlustbeteiligung und ohne Teilhabe an den stillen Reserven eine hohe Beteiligung am Bilanzgewinn hat und ihm typische Unternehmensentscheidungen auch der laufenden Geschäftsführung übertragen sind. Er ist dann steuerrechtlich Mitunternehmer (z. B. BFH, BStBl. 1982 ff., 389). In Fällen der atypischen stillen Beteiligung zählt die Vermögensanlage des stillen Gesellschafters zum Eigenkapital (§ 15 Abs. 1 Nr. 2 EStG).

Für die Zeit vor Inkrafttreten des § 8a KStG gelten für die Bestimmung des Begriffs des Eigenkapitals entsprechende Grundsätze, vgl. BMF-Schreiben vom 16.3.1987 (BStBl. I 373). Die Einlage nach § 10 Abs. 4 KWG war danach auch als Fremdkapital zu behandeln.“

Gesellschafter-Fremdfinanzierung (§ 8a KStG)

BMF-Schreiben vom 15.07.2004

IV A 2 – S 2742a – 20/04

(BStBl. 2004 I S. 593)

Inhaltsübersicht

Unter Bezugnahme auf das Ergebnis der Erörterungen mit den obersten Finanzbehörden der Länder wird zu grundlegenden Anwendungsfragen der Neuregelung des § 8a KStG durch das Gesetz zur Umsetzung der Protokollerklärung der Bundesregierung zur Vermittlungsempfehlung zum Steuervergünstigungsabbaugesetz vom 22. Dezember 2003 (BGBl. I 2003 S. 2840) wie folgt Stellung genommen:

I. Verhältnis zum BMF-Schreiben vom 15. Dezember 1994 (BStBl. I 1995 S. 25, 170)

Die Grundsätze des BMF-Schreibens vom 15. Dezember 1994 (a. a. O.) sind bis zu einer Überarbeitung 1 dieses Schreibens auf § 8a KStG in der o. g. Fassung anzuwenden, soweit sich aus dem Folgenden nichts Abweichendes ergibt.

II. Allgemeines

Die zur Annahme einer verdeckten Gewinnausschüttung im Sinne des § 8 Abs. 3 Satz 2 KStG sowie einer 2 verdeckten Einlage im Sinne der §§ 8 Abs. 1 KStG, 4 Abs. 1 EStG erforderliche Veranlassung durch das Gesellschaftsverhältnis liegt vor, wenn die Tatbestandsvoraussetzungen des § 8a KStG erfüllt sind.

§ 8a KStG findet nur auf beschränkt oder unbeschränkt steuerpflichtige Kapitalgesellschaften An- 3 wendung.

Eine verdeckte Gewinnausschüttung nach §§ 8 Abs. 3 Satz 2, 8a KStG führt beim wesentlich beteiligten 4 Anteilseigner zu Einkünften aus Kapitalvermögen im Sinne des § 20 Abs. 1 Nr. 1 Satz 2 EStG. Das gilt in den Fällen der Fremdfinanzierung durch eine nahe stehende Person oder einen Dritten im Sinne des § 8a Abs. 1 Satz 2 KStG entsprechend.

5 Diese Kapitalerträge unterliegen nach § 43 Abs. 1 Satz 1 Nr. 1 EStG dem Steuerabzug vom Kapitalertrag. Die Kapitalertragsteuer beträgt gemäß § 43a Abs. 1 Nr. 1 EStG 20 % des Kapitalertrags, wenn der Anteilseigner sie trägt; sie beträgt 25 % des tatsächlich ausgezahlten Betrags, wenn die Kapitalgesellschaft sie übernimmt. Die Kapitalertragsteuer ist nach allgemeinen Grundsätzen von der fremdfinanzierten Kapitalgesellschaft einzubehalten und abzuführen.

6 Es wird nicht beanstandet, wenn die Kapitalertragsteuer erst einbehalten und abgeführt wird, sobald die Vergütungen für das Fremdkapital im Sinne des § 8a Abs. 1 Satz 1 KStG die Freigrenze in Höhe von 250 000 € übersteigen. Dies gilt nicht für Vergütungen im Sinne des § 8a Abs. 4 Satz 2, Abs. 6 KStG oder wenn bei einer Prognose bereits zu Beginn des Veranlagungszeitraums damit zu rechnen ist, dass die Vergütungen die Freigrenze übersteigen werden.

III. Finanzierungswege des § 8a KStG

7 § 8a Abs. 1 KStG unterscheidet danach, ob das schädliche Fremdkapital von einem wesentlich beteiligten Anteilseigner, einer nahe stehenden Person oder von einem rückgriffsberechtigten Dritten überlassen wurde:

1. Fremdfinanzierung durch den wesentlich beteiligten Anteilseigner

8 Anteilseigner im Sinne des § 8a KStG ist, wer unmittelbar an der Kapitalgesellschaft beteiligt ist.

9 Soweit die Vergütung für Fremdkapital nach §§ 8 Abs. 3 Satz 2, 8a KStG eine verdeckte Gewinnausschüttung darstellt, wird sie bei der **leistenden Kapitalgesellschaft** im Steuerbilanzgewinn im Rahmen der Ermittlung des Einkommens nach den Grundsätzen des BMF-Schreibens vom 28. Mai 2002 (BStBl. I 2002 S. 603) außerhalb der Steuerbilanz hinzugerechnet. Das auf diese Weise erhöhte Einkommen der Kapitalgesellschaft gilt als Gewinn im Sinne des § 7 Satz 1 GewStG.

10 Die verdeckte Gewinnausschüttung stellt eine **sonstige Leistung** dar und erfolgt mit Abfluss der Vergütung bei der Kapitalgesellschaft.

11 Beim wesentlich beteiligten **Anteilseigner** unterliegen die als verdeckte Gewinnausschüttung qualifizierten Vergütungen als Einkünfte im Sinne des § 20 Abs. 1 Nr. 1 Satz 2 EStG dem Halbeinkünfteverfahren (§ 3 Nr. 40 EStG, § 8b Abs. 1 KStG); § 8b Abs. 5 KStG, § 3c Abs. 2 EStG sind anzuwenden. Für Zwecke der Gewerbesteuer ist § 9 Nr. 2a GewStG zu beachten.

Beispiel:
Der Alleingesellschafter A gewährt der inländischen I-GmbH am 1.1.01 ein Darlehen in Höhe von 10 Mio. €, das das zulässige Fremdkapital in voller Höhe übersteigt. Die vereinbarte Vergütung beträgt 1 Mio. €. Das Wirtschaftsjahr der I-GmbH stimmt mit dem Kalenderjahr überein. Die I-GmbH erwirtschaftet im Jahr 01 einen Steuerbilanzgewinn in Höhe von 120 000 €. A ist eine natürliche Person und hält die Beteiligung im Betriebsvermögen [1].

Alternative: Alleingesellschafter ist die A-GmbH.

Lösung:
I-GmbH

Steuerbilanzgewinn	120 000 €
verdeckte Gewinnausschüttung	1 000 000 €
körperschaftsteuerpflichtiges Einkommen	*1 120 000 €*
maßgebender Gewerbeertrag	*1 120 000 €*
kapitalertragsteuerpflichtiger Betrag	*1 000 000 €*
20 % Kapitalertragsteuer	*200 000 €*

	A	A-GmbH
Kapitalertrag i. S. d. § 20 Abs. 1 Nr. 1 Satz 2 EStG	1 000 000 €	1 000 000 €
Steuerbefreiung (§ 3 Nr. 40 EStG; § 8b Abs. 1 KStG)	− 500 000 €	− 1 000 000 €
Abzugsverbot (§ 3c Abs. 2 EStG; § 8b Abs. 5 KStG)	0 €	50 000 €
Einkünfte aus Gewerbebetrieb (§§ 15, 20 Abs. 3 EStG)	*500 000 €*	*50 000 €*
Gewinn aus Gewerbebetrieb	500 000 €	50 000 €

---

1) Der Solidaritätszuschlag bleibt in diesem und den nachfolgenden Beispielen aus Vereinfachungsgründen unberücksichtigt.

	A	A-GmbH
Kürzung (§ 9 Nr. 2a GewStG)	– 500 000 €	0 €
maßgebender Gewerbeertrag	*0 €*	*50 000 €*
Anrechnungsbetrag Kapitalertragsteuer	*200 000 €*	*200 000 €*

2. Fremdfinanzierung durch eine nahe stehende Person

Für die Ermittlung des Einkommens der fremdfinanzierten Kapitalgesellschaft gelten die unter Abschnitt III. Punkt 1 genannten Grundsätze entsprechend. Die verdeckte Gewinnausschüttung erfolgt mit Abfluss der Vergütung an die nahe stehende Person.   **12**

Beim wesentlich beteiligten **Anteilseigner** führen die als verdeckte Gewinnausschüttung qualifizierten   **13** Vergütungen zu Einkünften im Sinne des § 20 Abs. 1 Nr. 1 Satz 2 EStG, die dem Halbeinkünfteverfahren (§ 3 Nr. 40 EStG; § 8b Abs. 1 KStG) unterliegen; § 8b Abs. 5 KStG, § 3c Abs. 2 EStG sind anzuwenden. Für Zwecke der Gewerbesteuer ist §9 Nr. 2a GewStG zu beachten.

Der Vergütungsbetrag ist ein einlagefähiger Vermögensvorteil. Handelt es sich bei der dem wesentlich   **14** beteiligten Anteilseigner nahe stehenden Person um eine Kapitalgesellschaft, fließt der Vermögens-vorteil der das Fremdkapital gewährenden Gesellschaft **im Wege der verdeckten Einlage** des wesent-lich beteiligten Anteilseigners zu; der Wertansatz der Beteiligung ist beim wesentlich beteiligten An-teilseigner entsprechend zu erhöhen (nachträgliche Anschaffungskosten). Bei einer Personengesell-schaft liegt eine Einlage vor.

Beispiel:

A ist Alleingesellschafter der T-GmbH und der I-GmbH. Die T-GmbH gewährt der I-GmbH am 1.1.01 ein Darlehen in Höhe von 10 Mio. €, das das zulässige Fremdkapital in voller Höhe übersteigt. Die vereinbarte Vergütung beträgt 1 Mio. €. Die Wirtschaftsjahre der T-GmbH und der I-GmbH stimmen mit dem Kalenderjahr überein. Die I-GmbH erwirtschaftet im Jahr 01 einen Steuerbilanz-gewinn in Höhe von 120 000 €, die T-GmbH einen Steuerbilanzverlust in Höhe von 50 000 €. A ist eine natürliche Person und hält die Beteiligungen an der T-GmbH und der I-GmbH im Betriebs-vermögen.

Alternative: Alleingesellschafter ist die A-GmbH.

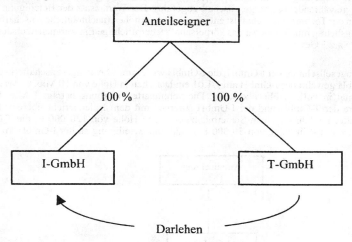

Lösung:

I-GmbH

Steuerbilanzgewinn	120 000 €
verdeckte Gewinnausschüttung	1 000 000 €
körperschaftsteuerpflichtiges Einkommen	*1 120 000 €*
maßgebender Gewerbeertrag	*1 120 000 €*
kapitalertragsteuerpflichtiger Betrag	*1 000 000 €*
20 % Kapitalertragsteuer	*200 000 €*

	A	A-GmbH
Erhöhung Beteiligungsbuchwertansatz T-GmbH	1 000 000 €	1 000 000 €
Kapitalertrag i. S. d. § 20 Abs. 1 Nr. 1 Satz 2 EStG	1 000 000 €	1 000 000 €
Steuerbefreiung (§ 3 Nr. 40 EStG; § 8b Abs. 1 KStG)	– 500 000 €	– 1 000 000 €
Abzugsverbot (§ 3c Abs. 2 EStG; § 8b Abs. 5 KStG)	0 €	50 000 €
Einkünfte aus Gewerbebetrieb (§§ 15, 20 Abs. 3 EStG)	*500 000 €*	*50 000 €*
Gewinn aus Gewerbebetrieb	500 000 €	50 000 €
Kürzung (§ 9 Nr. 2a GewStG)	– 500 000 €	0 €
maßgebender Gewerbeertrag	*0 €*	*50 000 €*
Anrechnungsbetrag Kapitalertragsteuer	*200 000 €*	*200 000 €*

T-GmbH

Steuerbilanzgewinn	– 50 000 €
verdeckte Einlage	– 1 000 000 €
körperschaftsteuerpflichtiges Einkommen	*– 1 050 000 €*
Erhöhung des Einlagekontos; § 27 Abs. 2, 3 KStG	1 000 000 €
maßgebender Gewerbeertrag (Gewerbeverlust)	*1 050 000 €*

15 Die dargestellten Grundsätze sind in **mehrstufigen Beteiligungsstrukturen** bis zum gemeinsamen Anteilseigner der fremdfinanzierten und der das Fremdkapital gewährenden Gesellschaft anzuwenden.

3. Fremdfinanzierung durch eine Tochtergesellschaft

16 § 8a KStG findet auch im Falle der Fremdfinanzierung einer Kapitalgesellschaft durch ihre Tochtergesellschaft Anwendung. Die das Fremdkapital überlassende Tochtergesellschaft kann gemäß § 8a Abs. 1 Satz 2 KStG nahe stehende Person des Anteilseigners der Kapitalgesellschaft sein.

17 Soweit die Vergütungen für Fremdkapital nach § 8a KStG gesellschaftsrechtlich veranlasst sind (vgl. Tz. 2), wird der Vergütungsbetrag von der Kapitalgesellschaft **im Wege der verdeckten Einlage** der das Fremdkapital gewährende Tochtergesellschaft zugeführt. Der Wertansatz der Beteiligung der Kapitalgesellschaft an der Tochtergesellschaft ist entsprechend zu erhöhen (nachträgliche Anschaffungskosten). Der Vergütungsbetrag mindert weder das körperschaftsteuerpflichtige Einkommen noch den Gewinn im Sinne des § 7 Satz 1 GewStG.

Beispiel:

A ist Alleingesellschafter der I-GmbH; die I-GmbH wiederum ist Alleingesellschafterin der T-GmbH. Die T-GmbH gewährt der I-GmbH am 1.1.01 ein Darlehen in Höhe von 10 Mio. €, das das zulässige Fremdkapital in voller Höhe übersteigt. Die vereinbarte Vergütung beträgt 1 Mio. €. Die Wirtschaftsjahre der T-GmbH und der I-GmbH stimmen mit dem Kalenderjahr überein. Die I-GmbH erwirtschaftet im Jahr 01 einen Steuerbilanzgewinn in Höhe von 120 000 €, die T-GmbH einen Steuerbilanzverlust in Höhe von 50 000 €. A hält die Beteiligung an der I-GmbH im Betriebsvermögen.

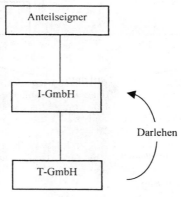

Lösung:

I-GmbH

Erhöhung Beteiligungsbuchwertansatz T-GmbH	1 000 000 €
Steuerbilanzgewinn	120 000 €
a. o. Ertrag aus Zuschreibung Beteiligung T	1 000 000 €
korrigierter Steuerbilanzgewinn	1 120 000 €
körperschaftsteuerpflichtiges Einkommen	*1 120 000 €*
maßgebender Gewerbeertrag	*1 120 000 €*

T-GmbH

Steuerbilanzverlust	− 50 000 €
verdeckte Einlage	− 1 000 000 €
körperschaftsteuerpflichtiges Einkommen	*− 1 050 000 €*
Erhöhung des Einlagekontos (§ 27 Abs. 2, 3 KStG)	1 000 000 €
maßgebender Gewerbeertrag (Gewerbeverlust)	*1 050 000 €*

4. Fremdfinanzierung durch einen rückgriffsberechtigten Dritten [1]

a) Definition des Rückgriffs

Die Tz. 21 bis 23 des BMF-Schreibens vom 15. Dezember 1994 (a. a. O.) sind nicht anzuwenden. **18**

Vergütungen für Fremdkapital, die die Kapitalgesellschaft an einen Dritten zahlt, sind unter den Vo- **19** raussetzungen der §§ 8 Abs. 3 Satz 2, 8a KStG verdeckte Gewinnausschüttungen, soweit der Dritte (z. B. als Sicherungsnehmer) auf den wesentlich beteiligten Anteilseigner oder eine diesem nahe stehende Person zurückgreifen kann, weil ein rechtlicher Anspruch (z. B. aufgrund einer Garantieerklärung, Patronatserklärung oder einer Bürgschaft) oder eine dingliche Sicherheit (z. B. Sicherungseigentum, Grundschuld) besteht.

Eine verdeckte Gewinnausschüttung liegt nicht vor, soweit die Kapitalgesellschaft nachweist, dass die **20** Vergütungen beim rückgriffsberechtigten Dritten oder einer sonstigen Person nicht mit Vergütungen für nicht nur kurzfristige (vgl. Tz. 37) Einlagen oder sonstige nicht nur kurzfristige Kapitalüberlassungen im Zusammenhang stehen, deren unmittelbarer oder mittelbarer Empfänger der wesentlich beteiligte Anteilseigner oder eine diesem nahe stehende Person ist (Gegenbeweis) [2]. Damit werden von §§ 8 Abs. 3 Satz 2, 8a KStG z. B. Gestaltungen erfasst, bei denen der Dritte der Kapitalgesellschaft ein Darlehen gewährt und der wesentlich beteiligte Anteilseigner seinerseits gegen den Dritten eine Forderung hat, auf die der Dritte zugreifen kann (sog. Back-to-back-Finanzierungen).

Der Gegenbeweis kann z. B. durch eine Bescheinigung des rückgriffsberechtigten Dritten geführt wer- **21** den, aus der sich neben dem o. g. Nachweis insbesondere Art und Umfang der für die Kapitalüberlassung gewährten Sicherheiten ergeben; die Verpflichtung zur Vorlage aller vertraglichen Vereinbarungen bleibt unberührt.

b) Rechtsfolgen

Die an den rückgriffsberechtigten Dritten gezahlte Vergütung für Fremdkapital ist insoweit gesell- **22** schaftsrechtlich veranlasst, wie beim wesentlich beteiligten Anteilseigner oder einer diesem nahe stehenden Person unmittelbar oder mittelbar ein Vermögensvorteil eintritt. Für die Ermittlung des Einkommens der fremdfinanzierten Kapitalgesellschaft gelten die unter Abschnitt III. Punkt 1 genannten Grundsätze entsprechend. Die verdeckte Gewinnausschüttung erfolgt mit Abfluss der Vergütung an den rückgriffsberechtigten Dritten.

Die auf den als verdeckte Gewinnausschüttung zu qualifizierenden Teil der Vergütung entfallende **23** **Kapitalertragsteuer** gilt als mit befreiender Wirkung für die Kapitalgesellschaft einbehalten und abgeführt, soweit die dem wesentlich beteiligten Anteilseigner auf die Einlage oder sonstige Kapitalüberlassung gezahlte Vergütung mit Kapitalertragsteuer belastet ist.

Beim wesentlich beteiligten **Anteilseigner** führen die als verdeckte Gewinnausschüttung qualifizierten **24** Vergütungen zu Einkünften im Sinne des § 20 Abs. 1 Nr. 1 Satz 2 EStG, die dem Halbeinkünfteverfahren (§ 3 Nr. 40 EStG; § 8b Abs. 1 KStG) unterliegen; § 8b Abs. 5 KStG, § 3c Abs. 2 EStG sind anzuwenden. Für Zwecke der Gewerbesteuer ist § 9 Nr. 2a GewStG zu beachten.

---

1) Vgl. hierzu Anlagen § 008a–14 und 15.
2) Vgl. hierzu Anlage § 008a–15.

25 Auf die steuerliche Behandlung der Vergütungen beim rückgriffsberechtigten Dritten hat § 8a KStG keinen Einfluss.

Beispiel:

A ist Alleingesellschafter der I-GmbH. Die X-Bank gewährt der I-GmbH am 1.1.01 ein Darlehen in Höhe von 10 Mio. €, das das zulässige Fremdkapital in voller Höhe übersteigt. Die vereinbarte Vergütung beträgt 1 Mio. €. A unterhält bei der X-Bank ein Guthaben in Höhe von 8 Mio. €, für das er eine Vergütung in Höhe von 640 000 € erhält und das der X-Bank als Sicherheit für das Darlehen dient; die X-Bank behält auf die Guthabenzinsen 30 % Kapitalertragsteuer ein und führt diese ab. Das Wirtschaftsjahr der I-GmbH stimmt mit dem Kalenderjahr überein. Die I-GmbH erwirtschaftet im Jahr 01 einen Steuerbilanzgewinn in Höhe von 120 000 €. A ist eine natürliche Person und hält die Beteiligung an der I-GmbH im Betriebsvermögen.

Alternative: Alleingesellschafter ist die A-GmbH.

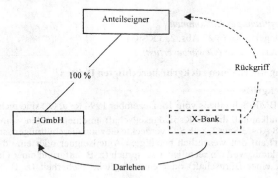

Lösung:

I-GmbH

Steuerbilanzgewinn	120 000 €
verdeckte Gewinnausschüttung	640 000 €
körperschaftsteuerpflichtiges Einkommen	*760 000 €*
maßgebender Gewerbeertrag	*760 000 €*
kapitalertragsteuerpflichtiger Betrag	*640 000 €*
Kapitalertragsteuer (vgl. Tz. 23)	*0 €*

	A	A-GmbH
Kapitalertrag i. S. d. § 20 Abs. 1 Nr. 1 Satz 2 EStG	640 000 €	640 000 €
Steuerbefreiung (§ 3 Nr. 40 EStG; § 8b Abs. 1 KStG)	– 320 000 €	– 640 000 €
Abzugsverbot (§ 3c Abs. 2 EStG; § 8b Abs. 5 KStG)	0 €	32 000 €
Einkünfte aus Gewerbebetrieb (§§ 15, 20 Abs. 3 EStG)	*320 000 €*	*32 000 €*
Gewinn aus Gewerbebetrieb	320 000 €	32 000 €
Kürzung (§ 9 Nr. 2a GewStG)	– 320 000 €	0 €
maßgebender Gewerbeertrag	*0 €*	*32 000 €*
Anrechnungsbetrag Kapitalertragsteuer	*192 000 €*	*192 000 €*

5. Fremdfinanzierung bei Organschaft

26 Für die Ermittlung des Einkommens einer fremdfinanzierten Organgesellschaft gelten die unter Abschnitt III. Punkt 1 genannten Grundsätze entsprechend. Die von §§ 8 Abs. 3 Satz 2, 8a KStG betroffenen Vergütungen gelten als **vorweggenommene Gewinnabführung** und sind beim Organträger aus dem Einkommen auszuscheiden. Für Zwecke der Gewerbesteuer gilt Entsprechendes. Als vorweggenommene Gewinnabführung unterliegen die Vergütungen nicht der Kapitalertragsteuer.

Beispiel:

Die A-GmbH ist Alleingesellschafterin der I-GmbH und der T-GmbH; zwischen der A-GmbH und der I-GmbH besteht ein Gewinnabführungsvertrag im Sinne des § 291 Abs. 1 AktG, der den Anforderungen der §§ 14ff KStG genügt. Die T-GmbH gewährt der I-GmbH am 1.1.01 ein Darlehen in Höhe von 10 Mio. €, das das zulässige Fremdkapital in voller Höhe übersteigt. Die vereinbarte Vergütung beträgt 1 Mio. €. Die Wirtschaftsjahre der beteiligten Gesellschaften stimmen mit dem Kalenderjahr überein. Die I-GmbH erwirtschaftet im Jahr 01 einen Steuerbilanzgewinn vor Gewinnabführung in Höhe von 120 000 €, die T-GmbH einen Steuerbilanzverlust in Höhe von 50 000 €.

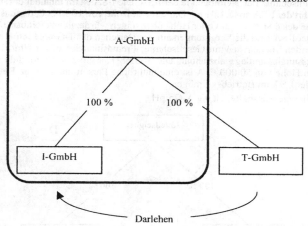

Lösung:

I-GmbH (Organgesellschaft)

Steuerbilanzgewinn	0 €
Gewinnabführung an den Organträger	120 000 €
verdeckte Gewinnausschüttung (= vorweggenommene Gewinnabführung	1 000 000 €
dem Organträger zuzurechnendes Einkommen	*1 120 000 €*
Gewerbeertrag der fiktiven Betriebsstätte	*1 120 000 €*

A-GmbH (Organträger)

Erhöhung Beteiligungsbuchwertansatz T-GmbH	1 000 000 €
Steuerbilanzgewinn (einschließlich Gewinnabführung I-GmbH)	120 000 €
vorweggenommene Gewinnabführung I-GmbH	1 000 000 €
Neutralisierung der Gewinnabführung	− 1 120 000 €
	0 €
dem Organträger zuzurechnendes Einkommen der I-GmbH	1 120 000 €
Abzugsverbot (§ 8b Abs. 5 KStG)	0 €
Einkünfte aus Gewerbebetrieb; §§ 15, 20 Abs. 3 EStG	*1 120 000 €*
maßgebender Gewerbeertrag	*1 120 000 €*

T-GmbH

Steuerbilanzverlust	− 50 000 €
verdeckte Einlage	− 1 000 000 €
körperschaftsteuerpflichtiges Einkommen	*− 1 050 000 €*
Erhöhung des Einlagekontos (§ 27 Abs. 2, 3 KStG)	1 000 000 €
maßgebender Gewerbeertrag (Gewerbeverlust)	*1 050 000 €*

6. Fremdfinanzierung ausländischer Kapitalgesellschaften

Im Falle der Fremdfinanzierung einer im Inland nicht steuerpflichtigen Kapitalgesellschaft treten die **27** Rechtsfolgen einer verdeckten Gewinnausschüttung bzw. einer verdeckten Einlage infolge des § 8a KStG für die inländischen Beteiligten in dem Umfang ein, in dem die gezahlten Vergütungen nach dem Recht des anderen Staates tatsächlich nicht die steuerliche Bemessungsgrundlage der Kapitalgesellschaft gemindert haben und dies im Einzelfall nachgewiesen wird. Entsprechendes gilt für im Inland beschränkt steuerpflichtige Kapitalgesellschaften hinsichtlich einer Gesellschafter-Fremdfinanzierung, die nicht mit inländischen Einkünften im wirtschaftlichen Zusammenhang steht[1].

Beispiel:

A ist Alleingesellschafter der T-GmbH und der I-SA. Die I-SA ist im Inland nicht steuerpflichtig. Die T-GmbH gewährt der I-SA am 1.1.01 ein Darlehen in Höhe von 10 Mio. €, das das zulässige Fremdkapital im Sinne des § 8a KStG in voller Höhe übersteigen würde. Die vereinbarte Vergütung beträgt 1 Mio. €. Bei der I-SA sind die Vergütungen auf das Darlehen der T-GmbH infolge der im Ansässigkeitsstaat geltenden Vorschriften zur Gesellschafter-Fremdfinanzierung zu 40 % nicht von der steuerlichen Bemessungsgrundlage abziehbar. Die T-GmbH erwirtschaftet im Jahr 01 einen Steuerbilanzverlust in Höhe von 50 000 €. A ist eine natürliche Person und hält die Beteiligungen an der T-GmbH und der I-SA im Betriebsvermögen.

Alternative: Alleingesellschafter ist die A-GmbH.

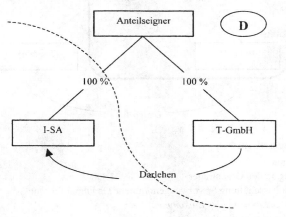

Lösung:

I-SA

bei Anwendung des § 8a KStG hinzuzurechnender Betrag	1 000 000 €
tatsächlich hinzugerechnet (nicht abziehbar)	400 000 €

	A	A-GmbH
Erhöhung Beteiligungsbuchwertansatz T-GmbH	400 000 €	400 000 €
Kapitalertrag i. S. d. § 20 Abs. 1 Nr. 1 Satz 2 EStG	400 000 €	400 000 €
Steuerbefreiung (§ 3 Nr. 40 EStG; § 8b Abs. 1 KStG)	– 200 000 €	– 400 000 €
Abzugsverbot (§ 3c Abs. 2 EStG; § 8b Abs. 5 KStG)	0 €	20 000 €
Einkünfte aus Gewerbebetrieb (§§ 15, 20 Abs. 3 EStG)	*200 000 €*	*20 000 €*
Gewinn aus Gewerbebetrieb	200 000 €	20 000 €
Kürzung (§ 9 Nr. 7, 8 GewStG)	200 000 €	0 €
maßgebender Gewerbeertrag	*0 €*	*20 000 €*

T-GmbH

Steuerbilanzverlust	– 50 000 €
verdeckte Einlage	– 400 000 €
körperschaftsteuerpflichtiges Einkommen	*– 450 000 €*
Erhöhung des Einlagekontos (§ 27 Abs. 2, 3 KStG)	400 000 €
maßgebender Gewerbeertrag (Gewerbeverlust)	*– 450 000 €*

---

1) Beispiel: Die inländische Muttergesellschaft gewährt ihrer in Deutschland beschränkt steuerpflichtigen Tochtergesellschaft ein Darlehen, das nicht der inländischen Betriebsstätte zuzuordnen ist.

7. Freigrenze

Die Freigrenze des § 8a Abs. 1 Satz 1 KStG bezieht sich auf die insgesamt im Veranlagungszeitraum an die wesentlich beteiligten Anteilseigner der Kapitalgesellschaft oder Personen im Sinne des § 8a Abs. 1 Satz 2 KStG zu entrichtenden Vergütungen **(gesellschafts- und veranlagungszeitraumbezogene Freigrenze)**. Vergütungen für nur kurzfristig überlassenes Fremdkapital bleiben unberücksichtigt. **28**

Bei der Prüfung der Freigrenze sind auch Vergütungen auf das zulässige Fremdkapital und Vergütungen auf Fremdkapital, für das der Drittvergleich gelingt, einzubeziehen. Vergütungen an einen rückgriffsberechtigten Dritten sind nur zu berücksichtigen, soweit kein Gegenbeweis im Sinne der Tz. 20 geführt wird. **29**

Auf Vergütungen im Sinne des § 8a Abs. 4 Satz 2, Abs. 6 KStG findet die Freigrenze keine Anwendung; Vergütungen im Sinne des § 8a Abs. 4 Satz 2 KStG verbrauchen jedoch die Freigrenze. **30**

IV. Anteiliges Eigenkapital

Anteiliges Eigenkapital ist nach § 8a Abs. 2 Satz 1 KStG der Teil des Eigenkapitals der Kapitalgesellschaft zum Schluss des vorangegangenen Wirtschaftsjahres, der dem Anteil des Anteilseigners am gezeichneten Kapital entspricht. Abgestellt wird ausschließlich auf eine **unmittelbare Beteiligung** am Grund- oder Stammkapital (vgl. Tz. 8); auf den Umfang der Stimmrechte kommt es nicht an. **31**

1. Beteiligungen an Personengesellschaften

Ist die fremdfinanzierte Kapitalgesellschaft an einer Personengesellschaft beteiligt, treten für die Ermittlung des anteiligen Eigenkapitals an die Stelle des Buchwerts der Beteiligung an der Personengesellschaft die anteiligen Buchwerte der Vermögensgegenstände der Personengesellschaft (§ 8a Abs. 2 Satz 3 KStG). Dies gilt unabhängig davon, ob ein Fall der Überlassung von Fremdkapital durch die Personengesellschaft im Sinne des § 8a Abs. 5 KStG vorliegt. Die anteiligen Buchwerte der Vermögensgegenstände sind **nach handelsrechtlichen Maßstäben** unter Zugrundelegung des § 8a Abs. 2 KStG zu ermitteln und umfassen **sowohl die Aktiv- als auch die Passivseite der Handelsbilanz** der Personengesellschaft. **Sonder- und Ergänzungsbilanzen** bleiben unberücksichtigt. **32**

Beispiel:

A hält einen Anteil in Höhe 40 % an der I-GmbH, die ihrerseits zu 30 % als persönlich haftende Gesellschafterin an der I-GmbH & Co. KG beteiligt ist. Die Handelsbilanz der I-GmbH stellt sich zum 31.12.00 wie folgt dar:

I-GmbH zum 31.12.00

I-GmbH & Co. KG	15 000 000 €	Eigenkapital	25 000 000 €
Sonstige Aktiva	25 000 000 €	Sonstige Passiva	15 000 000 €
	40 000 000 €		**40 000 000 €**

Die Handelsbilanz der I-GmbH & Co. KG ergibt folgendes Bild:

I-GmbH & Co. KG zum 31.12.00

Aktiva	30 000 000 €	Kapitalkonto I-GmbH	9 000 000 €
		Sonstige Kapitalkonten	21 000 000 €
	30 000 000 €		**30 000 000 €**

Lösung:

Zwecks Ermittlung des anteiligen Eigenkapitals im Sinne des § 8a KStG ist bei der I-GmbH der Buchwert der Beteiligung an der I-GmbH & Co. KG in Höhe von 15 Mio. € durch die anteiligen Vermögensgegenstände der Personengesellschaft zu ersetzen. In der Zusammenfassung ergeben sich bei der I-GmbH folgende Werte:

I-GmbH zum 31.12.00

Anteilige Aktiva der I-GmbH & Co. KG	9 000 000 €	Eigenkapital	19 000 000 €
Sonstige Aktiva	25 000 000 €	Sonstige Passiva	15 000 000 €
	34 000 000 €		**34 000 000 €**

Das anteilige Eigenkapital des A beträgt 7,6 Mio. € (= 19 000 000 Mio. € x 40 %).

33 Zu den von § 8a Abs. 2 Satz 3 KStG erfassten Vermögensgegenständen der Personengesellschaft gehört nicht das vom wesentlich beteiligten Anteilseigner, einer diesem nahe stehenden Person oder einem rückgriffsberechtigten Dritten überlassene Fremdkapital. Dieses gilt als vollumfänglich der Kapitalgesellschaft überlassen (§ 8a Abs. 5 Satz 2 KStG).

Beispiel:

A hält einen Anteil in Höhe 40 % an der I-GmbH, die ihrerseits zu 30 % als persönlich haftende Gesellschafterin an der I-GmbH & Co. KG beteiligt ist. Die Handelsbilanz der I-GmbH stellt sich zum 31.12.00 wie folgt dar:

I-GmbH zum 31.12.00

I-GmbH & Co. KG	15 000 000 €	Eigenkapital	25 000 000 €
Sonstige Aktiva	25 000 000 €	Sonstige Passiva	15 000 000 €
	40 000 000 €		**40 000 000 €**

Die Handelsbilanz der I-GmbH & Co. KG ergibt folgendes Bild:

I-GmbH & Co. KG zum 31.12.00

Aktiva	50 000 000 €	Kapitalkonto I-GmbH	9 000 000 €
		Sonstige Kapitalkonten	21 000 000 €
		8a-Darlehen des A	20 000 000 €
	50 000 000 €		**50 000 000 €**

Lösung:

Zwecks Ermittlung des anteiligen Eigenkapitals im Sinne des § 8a KStG ist bei der I-GmbH der Buchwert der Beteiligung an der I-GmbH & Co. KG in Höhe von 15 Mio. € durch die anteiligen Vermögensgegenstände der Personengesellschaft zu ersetzen. Das Darlehen des Gesellschafters A ist der I-GmbH vollständig zuzurechnen. Im Ergebnis betragen die zuzurechnenden Aktiva der I-GmbH & Co. KG damit 29 Mio. €:

[50 000 000 € – 20 000 000 € (8a-Darlehen)] x 30 % + 20 000 000 € = 29 000 000 €.

In der Zusammenfassung ergeben sich bei der I-GmbH folgende Werte:

I-GmbH zum 31.12.00

Anteilige Aktiva der I-GmbH & Co. KG	29 000 000 €	Eigenkapital	19 000 000 €
Sonstige Aktiva	25 000 000 €	8a-Darlehen des A	20 000 000 €
		Sonstige Passiva	15 000 000 €
	54 000 000 €		**54 000 000 €**

Das anteilige Eigenkapital des A beträgt 7,6 Mio. € (= 19 000 000 € x 40 %).

2. Definition des Eigenkapitals und Beteiligungsbuchwertkürzung

34 Die Beteiligungsbuchwertkürzung nach § 8a Abs. 2 Satz 2 KStG gilt für **Beteiligungen an inländischen und ausländischen Kapitalgesellschaften. Eigene Anteile** der Kapitalgesellschaft fallen nicht unter die Kürzung.

35 Von der Beteiligungsbuchwertkürzung sind auch Beteiligungen betroffen, die der Kapitalgesellschaft gemäß § 8a Abs. 2 Satz 3 KStG **anteilig** zuzurechnen sind.

Beispiel:

In dem o. g. Beispiel bestehen die Aktiva der I-GmbH & Co. KG zu 20 % (= 10 Mio. €) aus Beteiligungen an Kapitalgesellschaften.

Lösung:

Die Aktiva der Personengesellschaft bestehen zu 20 % aus Beteiligungen, die der Beteiligungsbuchwertkürzung im Sinne des § 8a Abs. 2 Satz 2 KStG unterliegen. Die der I-GmbH anteilig zuzurech-

nenden Vermögensgegenstände der I-GmbH & Co. KG sind daher um 5,8 Mio. € (= 29 000 000 €
x 20 %) zu kürzen. In der Zusammenfassung ergeben sich bei der I-GmbH folgende Werte:

I-GmbH zum 31.12.00

Anteilige Aktiva der I-GmbH & Co. KG (o. Beteiligungen)	23 200 000 €	Eigenkapital	13 200 000 €
Sonstige Aktiva	25 000 000 €	8a-Darlehen des A	20 000 000 €
		Sonstige Passiva	15 000 000 €
	48 200 000 €		**48 200 000 €**

V. Zulässiges Fremdkapital

In den Fällen der Tz. 18 ff. wird das zulässige Fremdkapital ausgeschöpft, soweit kein Gegenbeweis im **36** Sinne der Tz. 20 geführt wird. Das einer nachgeordneten Kapitalgesellschaft im Sinne des § 8a Abs. 4 Satz 2 KStG überlassene Fremdkapital mindert ebenfalls das zulässige Fremdkapital des wesentlich beteiligten Anteilseigners. [1]

Das Fremdkapital darf der Kapitalgesellschaft **nicht nur kurzfristig** überlassen werden. Die Grundsätze **37** zu § 8 Nr. 1 GewStG gelten entsprechend; § 19 GewStDV gilt nicht. Tz. 47 bis 49 des BMF-Schreibens vom 15. Dezember 1994 (a. a. O.) sind nicht anzuwenden.

VI. Holdingregelung

Bei einer Kapitalgesellschaft, die Holdinggesellschaft im Sinne des § 8a Abs. 4 KStG ist, ist abweichend **38** von § 8a Abs. 2 Satz 2 KStG keine Beteiligungsbuchwertkürzung vorzunehmen.

1. Begriff der Holdinggesellschaft

Holdinggesellschaft ist **jede im Inland steuerpflichtige Kapitalgesellschaft,** die die Voraussetzungen **39** des § 8a Abs. 4 Satz 1 KStG erfüllt.

Die Holdingeigenschaft des § 8a Abs. 4 Satz 1 KStG wird nur durch unmittelbare Beteiligungen an **40** Kapitalgesellschaften vermittelt. Als unmittelbar in diesem Sinne gelten auch solche Beteiligungen, die über eine oder mehrere zwischengeschaltete Personengesellschaften gehalten werden.

Kapitalgesellschaften ohne wesentlich beteiligten Anteilseigner sind nicht Holdinggesellschaft im **41** Sinne des § 8a Abs. 4 KStG.

2. Nachgeordnete Kapitalgesellschaften

Einer Holdinggesellschaft nachgeordnet ist jede Kapitalgesellschaft, an der der Anteilseigner der Hol- **42** dinggesellschaft nach Maßgabe des § 8a Abs. 3 KStG selbst oder zusammen mit einer nahe stehenden Personen wesentlich beteiligt ist.

Nach § 8a Abs. 4 Satz 2 KStG sind Vergütungen für die Fremdfinanzierung einer nachgeordneten **43** Kapitalgesellschaft durch den Anteilseigner ihrer Holdinggesellschaft, einer diesem nahe stehenden Person (mit Ausnahme der Holdinggesellschaft) oder durch einen rückgriffsberechtigten Dritten ver- deckte Gewinnausschüttungen, wenn eine Drittvergleich nicht gelingt; eine Freigrenze und ein zu- lässiges Fremdkapital sind nicht zu berücksichtigen.

Die Fremdfinanzierung der nachgeordneten Kapitalgesellschaften durch ihre Holdinggesellschaft un- **44** terliegt nicht der Beschränkung des § 8a Abs. 2 KStG.

Demgegenüber unterliegen Fremdfinanzierungen zwischen derselben Holdinggesellschaft nachgeord- **45** neten Kapitalgesellschaften ebenfalls den Beschränkungen des § 8a Abs. 4 Satz 2 KStG. Es wird nicht beanstandet, wenn in diesen Fällen – abweichend von Tz. 87 des BMF-Schreibens vom 15. Dezember 1994 (a. a. O.) – für Vergütungen im Sinne des § 8a Abs. 1 Satz 1 Nr. 2 KStG ein um steuerliche verdeckte und offene Einlagen gekürztes anteiliges Eigenkapital des wesentlich beteiligten Anteilseigners der nachgeordneten Kapitalgesellschaft (§ 8a Abs. 2 KStG) berücksichtigt wird. Dabei ist das Eigenkapital regelmäßig um das Nennkapital sowie um den Bestand des steuerlichen Einlagekontos zum Schluss des vorangegangenen Wirtschaftsjahres zu kürzen und um einen etwaigen Sonderausweis im Sinne des § 28 KStG zu erhöhen. In den Fällen des § 8a Abs. 2 Satz 5 KStG gilt Entsprechendes.

Beispiel:

A ist Alleingesellschafter der I-GmbH. Diese ist Holdinggesellschaft im Sinne des § 8a Abs. 4 Satz 1 KStG und ihrerseits alleinige Gesellschafterin der Gesellschaften N1-GmbH, N2-GmbH und N3-GmbH. A gewährt der N1-GmbH ein Darlehen. Die I-GmbH hält an der N2-GmbH eine variabel

---

1) Vgl. Anlage § 008a-13.

vergütete stille Beteiligung und gewährt der N3-GmbH ein Darlehen. Ferner gewährt die N1-GmbH der N2-GmbH ein Darlehen.

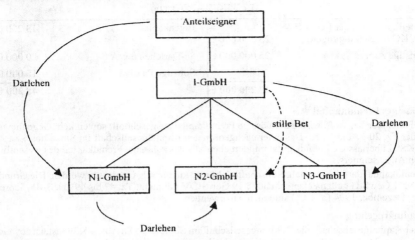

Lösung:

Das Darlehen des Anteilseigners der Holdinggesellschaft an die N1-GmbH ist Fremdkapital im Sinne des § 8a Abs. 4 Satz 2 KStG; sofern der Drittvergleich nicht gelingt, kommt es zur vollständigen Hinzurechnung der gezahlten Vergütungen (ohne zulässiges Fremdkapital und ohne Freigrenze).

Die Vergütungen auf die typische stille Beteiligung der I-GmbH an der N2-GmbH erfüllen die Voraussetzungen des § 8a Abs. 1 Nr. 1 KStG; sie sind verdeckte Gewinnausschüttung der N2-GmbH, sobald sie mehr als 250 000 € betragen.

Für das Darlehen der I-GmbH an die N3-GmbH besteht ein zulässiges Fremdkapital in Höhe des Eineinhalbfachen des Eigenkapitals der N3-GmbH; soweit dieses überschritten ist, der Drittvergleich nicht gelingt und die Vergütungen mehr als 250 000 € betragen, kommt es zu einer verdeckten Gewinnausschüttung.

Das Darlehen der N1-GmbH an die N2-GmbH erfüllt die Voraussetzungen des § 8a Abs. 4 Satz 2 KStG. Es wird jedoch ein zulässiges Fremdkapital in Höhe des Eineinhalbfachen des gekürzten anteiligen Eigenkapitals angenommen (keine Freigrenze, vgl. Tz. 30). Soweit dieses überschritten ist und der Drittvergleich nicht gelingt, liegt eine verdeckte Gewinnausschüttung vor.

3. Konkurrierende Holdinggesellschaften

a) Vertikale Konkurrenz zwischen Holdinggesellschaften

46 Mehrere Kapitalgesellschaften in einer Beteiligungskette können jede für sich Holdinggesellschaft sein; eine nachgeordnete Kapitalgesellschaft im Sinne des § 8a Abs. 4 Satz 2 KStG kann nicht gleichzeitig Holdinggesellschaft sein.

Beispiel:

Im international tätigen Konzern A werden die europäischen Gesellschaften durch die EU-Hold. SA mit Sitz und Geschäftsleitung in Belgien geführt. Die Beteiligungen an den deutschen konzernzugehörigen Gesellschaften sind in der I-Holding-GmbH gebündelt. Die EU-Hold. SA und die I-Holding-GmbH erfüllen jede für sich die Holdingvoraussetzungen im Sinne des § 8a Abs. 4 Satz 1 KStG. Die EU-Hold. SA ist im Inland nicht steuerpflichtig.

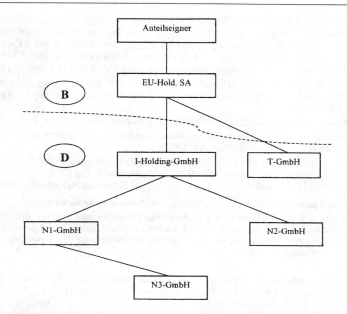

Lösung:

Die EU-Hold. SA ist selbst nicht Holdinggesellschaft im Sinne des § 8a Abs. 4 KStG, da sie im Inland nicht steuerpflichtig ist (vgl. Tz. 39). Sie kann die I-Holding-GmbH unter Beachtung der Grenzen des § 8a Abs. 1, 6 KStG finanzieren. Das Eigenkapital der I-Holding-GmbH ist infolge der Holding-regelung erweitert, eine Beteiligungsbuchwertkürzung findet nicht statt.

Bei Finanzierungen durch die EU-Hold. SA gegenüber den Gesellschaften N1-GmbH, N2-GmbH, N3-GmbH und eventuellen weiteren nachgeordneten Gesellschaften der I-Holding-GmbH findet § 8a Abs. 4 Satz 2 KStG Anwendung. Es besteht insoweit kein zulässiges Fremdkapital und keine Frei-grenze für die N1-GmbH, N2-GmbH und N3-GmbH.

Die I-Holding GmbH kann ihre nachgeordneten Gesellschaften innerhalb der Grenzen des § 8a Abs. 1, 6 KStG finanzieren.

b) Horizontale Konkurrenz zwischen Holdinggesellschaften

An einer nachgeordneten Kapitalgesellschaft können mehrere Kapitalgesellschaften in der Weise betei-ligt sein, dass jede für sich die Holdingvoraussetzungen erfüllt. In diesem Falle kann jede der Holding-gesellschaften die ihr nachgeordnete Kapitalgesellschaft nach den o. g.Grundsätzen als Holdinggesell-schaft finanzieren.   47

Beispiel:

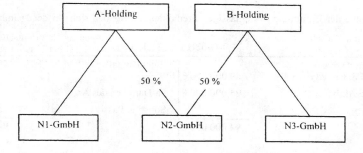

Lösung:

Sowohl die A-Holding als auch die B-Holding können die N2-GmbH in Höhe ihres anteiligen Ei-genkapitals finanzieren.

VII. Fremdfinanzierung von Personengesellschaften

48 Die Absätze 1 bis 4 des § 8a KStG gelten entsprechend, wenn das Fremdkapital einer Personengesellschaft überlassen wird, an der eine Kapitalgesellschaft alleine oder zusammen mit ihr nahe stehenden Personen unmittelbar oder mittelbar zu mehr als einem Viertel beteiligt ist (§ 8a Abs. 5 Satz 1 KStG).

49 § 8a Abs. 5 KStG findet Anwendung, wenn die Personengesellschaft nicht nur kurzfristig Fremdkapital
 – von einem Anteilseigner der Kapitalgesellschaft erhalten hat, der zu einem Zeitpunkt im Wirtschaftsjahr wesentlich am Grund- oder Stammkapital (der Kapitalgesellschaft) beteiligt war (§ 8a Abs. 1 Satz 1 KStG), oder
 – von einer diesem nahe stehenden Person erhalten hat (§ 8a Abs. 1 Satz 2 1. Alt. KStG) oder
 – von einem Dritten erhalten hat, der auf diesen Anteilseigner oder eine diesem nahe stehende Person zurückgreifen kann (§ 8a Abs. 1 Satz 2 2. Alt. KStG).

50 Die Tatbestandsvoraussetzungen des § 8a KStG sind auf der Grundlage der Verhältnisse der Kapitalgesellschaft zu prüfen; § 8a Abs. 2 Satz 3 KStG findet Anwendung. Der Drittvergleich (Tz. 59ff des BMF-Schreibens vom 15. Dezember 1994, a. a. O.) ist bei der Personengesellschaft zu führen.

1. Einheitliche und gesonderte Gewinnfeststellung der Personengesellschaft

51 Die unter § 8a Abs. 5 KStG fallenden **Vergütungen für Fremdkapital** sind auf der Ebene der Personengesellschaft zu erfassen, soweit sie den Gewinnanteil der Kapitalgesellschaft gemindert haben. Sie sind im Rahmen der einheitlichen und gesonderten Gewinnfeststellung der Personengesellschaft als verdeckte Gewinnausschüttungen festzustellen.

Beispiel:

A ist Alleingesellschafter der I-GmbH, die zu 30 % an der I-GmbH & Co. KG beteiligt ist; er hält die Beteiligung im Betriebsvermögen. Die übrigen Gesellschafter der I-GmbH & Co. KG sind nicht nahe stehende Personen des A. A gewährt der I-GmbH & Co. KG am 1.1.00 ein Darlehen in Höhe von 60 Mio. € zu einem Zinssatz von 10 %; weitere Darlehen werden nicht gewährt. Die Wirtschaftsjahre der Gesellschaften entsprechen dem Kalenderjahr. Die I-GmbH & Co. KG erwirtschaftet im Jahr 01 einen Gewinn von 6,5 Mio. €.

Die Bilanzen der I-GmbH und der I-GmbH & Co. KG stellen sich zum 31.12.00 wie folgt dar:

I-GmbH zum 31.12.00

I-GmbH & Co. KG	15 000 000 €	Eigenkapital	25 000 000 €
Sonstige Aktiva	25 000 000 €	Sonstige Passiva	15 000 000 €
	40 000 000 €		**40 000 000 €**

I-GmbH & Co. KG zum 31.12.00

Aktiva	90 000 000 €	Kapitalkonto I-GmbH	9 000 000 €
		Sonstige Kapitalkonten	21 000 000 €
		8a-Darlehen des A	60 000 000 €
	90 000 000 €		**90 000 000 €**

Lösung:

Für Zwecke der Ermittlung des zulässigen Fremdkapitals ergeben sich bei der I-GmbH folgende Werte:

I-GmbH zum 31.12.00

Anteilige Aktiva der I-GmbH & Co. KG[1]	69 000 000 €	Eigenkapital	19 000 000 €
Sonstige Aktiva	25 000 000 €	8a-Darlehen des A	60 000 000 €
		Sonstige Passiva	15 000 000 €
	94 000 000 €		**94 000 000 €**

---

1) (90–60) x 30 % + 60.

Das zulässige Fremdkapital des A bei der I-GmbH beträgt 28,5 Mio. € (= 19 000 000 € x 1,5). Es wird durch das Gesellschafterdarlehen an die I-GmbH & Co. KG um 31,5 Mio. € (= 60 000 000 € ./. 28 500 000 €) überschritten. Die hierauf von der I-GmbH & Co. KG gezahlten Zinsen in Höhe von 3,15 Mio. € (= 31 500 000 € x 10 %) entfallen zu 30 % (= 945 000 €) auf den Gewinnanteil der I-GmbH. Die verbleibenden Vergütungen in Höhe von 5 055 000 € (= 6 000 000 € ./. 945 000 €) fließen als Zinszahlung an A; da A an der I-GmbH & Co KG nicht beteiligt ist, haben sie auf das Ergebnis der Personengesellschaft keinen weiteren Einfluss. Es ergibt sich folgende Gewinnfeststellung auf der Ebene der I-GmbH & Co. KG:

	I-GmbH & Co. KG	I-GmbH	Übrige Gesellschafter
Gewinn VZ 01	6 500 000 €	1 950 000 €	4 550 000 €
verdeckte Gewinnausschüttung	945 000 €	945 000 €	
festzustellender Gewinn	7 445 000 €	2 895 000 €	4 550 000 €

Der um die verdeckte Gewinnausschüttung erhöhte Gewinn unterliegt auf Ebene der Personengesellschaft vollständig der Gewerbesteuer. Auf Ebene der Kapitalgesellschaft findet § 9 Nr. 2 GewStG Anwendung. Die verbleibende und nicht umqualifizierte Vergütung für das Darlehen (5 055 000 €) ist für Zwecke der Gewerbesteuer dem Gewinn der Personengesellschaft gemäß § 8 Nr. 1 GewStG zur Hälfte hinzuzurechnen. Beim Anteilseigner findet hinsichtlich des als verdeckte Gewinnausschüttung zufließenden Teils der Vergütung § 9 Nr. 2a GewStG Anwendung.

Die auf den als verdeckte Gewinnausschüttung zu qualifizierenden Teil der Vergütung entfallende **52 Kapitalertragsteuer** kann mit befreiender Wirkung für die Kapitalgesellschaft von der Personengesellschaft einbehalten und abgeführt werden. Die Kapitalertragsteuer ist von der gezahlten Vergütung unmittelbar abzuziehen, so dass an den Anteilseigner nur der „Nettobetrag" der Vergütung abzuführen ist.

2. Wesentlich beteiligter Anteilseigner als Beteiligter an einer Personengesellschaft

§ 8a Abs. 5 KStG findet auch Anwendung, wenn der das Fremdkapital gewährende wesentlich beteiligte **53** Anteilseigner der Kapitalgesellschaft **gleichzeitig an der Personengesellschaft beteiligt** ist. Die ihm gemäß § 15 Abs. 1 Nr. 2 EStG als Sondervergütung zuzurechnenden Vergütungen auf das Fremdkapital sind als verdeckte Gewinnausschüttung der Kapitalgesellschaft an den wesentlich beteiligten Anteilseigner zu erfassen. Sofern sich die Anteile an der Kapitalgesellschaft im Sonderbetriebsvermögen des Anteilseigners bei der Personengesellschaft befinden (vgl. H 13 Abs. 2 EStR 2003), ist gleichzeitig im Rahmen der einheitlichen und gesonderten Gewinnfeststellung eine verdeckte Gewinnausschüttung der Kapitalgesellschaft an den Anteilseigner als Sonderbetriebseinnahme festzustellen.

Beispiel:

A ist Alleingesellschafter der I-GmbH, die als Komplementärin zu 30 % am Vermögen der I-GmbH & Co. KG beteiligt ist. Gleichzeitig ist A mit 70 % als Kommanditist an der I-GmbH & Co. KG beteiligt; die Beteiligung an der I-GmbH & Co. KG hält A im Betriebsvermögen seines Einzelunternehmens. A gewährt der I-GmbH & Co. KG am 1.1.00 ein Darlehen in Höhe von 60 Mio. € zu einem Zinssatz von 10 %; weitere Darlehen werden nicht gewährt. Die Wirtschaftsjahre der Gesellschaften entsprechen dem Kalenderjahr. Die I-GmbH & Co. KG erwirtschaftet im Jahr 01 einen Gewinn von 6,5 Mio. €.

Für Zwecke der Ermittlung des zulässigen Fremdkapitals ergeben sich bei der I-GmbH folgende Werte:

I-GmbH zum 31.12.00

Anteilige Aktiva der I-GmbH & Co. KG	69 000 000 €	Eigenkapital	19 000 000 €
Sonstige Aktiva	25 000 000 €	8a-Darlehen des A	60 000 000 €
		Sonstige Passiva	15 000 000 €
	94 000 000 €		**94 000 000 €**

Lösung:

Das zulässige Fremdkapital des A bei der I-GmbH beträgt 28,5 Mio. € (= 19 000 000 € x 1,5). Es wird durch das Gesellschafterdarlehen an die I-GmbH & Co. KG um 31,5 Mio. € (= 60 000 000 € ./. 28 500 000 €) überschritten. Die hierauf von der I-GmbH & Co. KG gezahlten Zinsen in Höhe von

3,15 Mio. € (= 31 500 000 € x 10 %) entfallen zu 30 % (= 945 000 €) auf den Gewinnanteil der I-GmbH. Die Anteile des A an der I-GmbH gehören zum Sonderbetriebsvermögen des A bei der I-GmbH & Co. KG. Der bei der I-GmbH nach §§ 8 Abs. 3 Satz 2, 8a KStG hinzuzurechnende Betrag fließt dem A gleichzeitig als verdeckte Gewinnausschüttung zu und ist als Sonderbetriebseinnahme in der einheitlichen und gesonderten Gewinnfeststellung zu erfassen; die verbleibenden Vergütungen in Höhe von 5 055 000 € (= 6 000 000 € ./. 945 000 €) sind als Sondervergütungen an A für die Hingabe von Darlehen festzustellen. Es ergibt sich folgende Gewinnfeststellung auf der Ebene der I-GmbH & Co. KG:

	I-GmbH & Co. KG	I-GmbH	A
Gewinn VZ 01	6 500 000 €	1 950 000 €	4 550 000 €
Sondervergütungen	5 055 000 €		5 055 000 €
verdeckte Gewinnausschüttung	945 000 €	945 000 €	
Sonderbetriebseinnahme	945 000 €		945 000 €
festzustellender Gewinn	13 445 000 €	2 895 000 €	10 550 000 €
in dem festgestellten Gewinnanteil enthaltene Einnahmen nach § 3 Nr. 40 EStG bzw. § 8b KStG			945 000 €

Auf der Ebene der Personengesellschaft unterliegen die Vergütungen weiterhin vollständig in Höhe von 6 Mio. € der Gewerbesteuer. Auf die für A in Höhe von 945 000 € festzustellende Sonderbetriebseinnahme findet bei der Personengesellschaft die Kürzung nach § 9 Nr. 2a GewStG Anwendung, so dass sich ein maßgebender Gewerbeertrag von 12,5 Mio. € ergibt. Beim Mitunternehmer findet hinsichtlich des Gewinnanteils aus der I-GmbH & Co. KG § 9 Nr. 2 GewStG Anwendung.

VIII. Anwendung

54 Die Grundsätze dieses BMF-Schreibens finden erstmals auf Wirtschaftsjahre Anwendung, die nach dem 31. Dezember 2003 beginnen (§ 34 Abs. 6a Satz 1 KStG).

Gesellschafter-Fremdfinanzierung (§ 8a KStG);
BMF-Schreiben vom 15.7.2004, BStBl. I 2004, 593 [1)]

Verfügung OFD'en München und Nürnberg vom 05.10.2004

S 2742a – 2/St 42

S 2742a – 1/St 31

Mit dem BMF-Schreiben vom 15.7. 2004 (IVA 2 – S 2742a – 20/04, BStBl. 2004 I S. 593 [2)]) wird zu § 8a KStG i. d. F. des Gesetzes zur Umsetzung der Protokollerklärung der Bundesregierung zur Vermittlungsempfehlung zum StVergAbG vom 22. 12. 2003 (BStBl. I 2004, 14) Stellung genommen.

Zusatz der OFDen:

Die durch die Neuregelung des § 8a KStG vermehrt gestellten Anträge auf verbindliche Auskunft sollen durch die Finanzämter nur insoweit beantwortet werden, als auf der Grundlage der BMF-Schreiben vom 15.7.2004 (a. a. O.) und 15.12.1994 (IV B 7 – S 2742a – 63/94, BStBl. I 1995, 25, 176) Aussagen zu den jeweils einschlägigen Rechtsfragen möglich sind.

Nicht durch die BMF-Schreiben abgedeckte Zweifelsfragen sind zum Zwecke der Herbeiführung einer abgestimmten Verwaltungsauffassung *unverzüglich* der OFD vorzulegen. Entsprechende Anträge auf Erteilung einer verbindlichen Auskunft sind – soweit möglich – zurückzustellen bzw. mit dem Hinweis auf eine in absehbarer Zeit zu erwartende Verwaltungsregelung abzulehnen.

Darüber hinaus wird gebeten, auch über Zweifelsfragen zu § 8a KStG, die sich z. B. im Veranlagungsverfahren oder im Rahmen von Außenprüfungen ergeben, zu berichten.

Gesellschafter-Fremdfinanzierung (§ 8a KStG)

Verfügung OFD Hannover vom 01.04.2005

S 2742a – 3 – StO 241

Rechtslage für Wirtschaftsjahre, die vor dem 1.1. 2004 beginnen

Hinweis auf das BMF-Schreiben vom 15.12.1994 (IV B 7 – S 2742a – 63/94, BStBl. I 1995, 25) [3)].

Rechtslage für Wirtschaftsjahre, die nach dem 31.12. 2003 beginnen

Hinweis auf das BMF-Schreiben vom 15. 7. 2004 (IV – A 2 – S 2742a – 20/04, BStBl. I 2004, 593) [4)]

Satz 2 der Tz. 36 des BMF-Schreibens vom 15.7. 2004 (a. a. O.) lautet wie folgt:

„Das einer nachgeordneten Kapitalgesellschaft im Sinne des § 8a Abs. 4 Satz 2 KStG überlassene Fremdkapital mindert ebenfalls das zulässige Fremdkapital des wesentlich beteiligten Anteilseigners. "

Diese Aussage führte in der Vergangenheit mehrfach zu Nachfragen hinsichtlich ihrer Auslegung. Mit dem wesentlich beteiligten Anteilseigner ist nicht der wesentlich beteiligte Anteilseigner der Holdinggesellschaft, sondern der wesentlich beteiligte Anteilseigner der nachgeordneten Kapitalgesellschaft gemeint.

Nach dem BMF-Schreiben vom 4. 3. 2005, IV B 7 – S 2742a – 10/05 ist daher Satz 2 der Tz. 36 wie folgt auszulegen:

„Das einer nachgeordneten Kapitalgesellschaft im Sinne des § 8a Abs. 4 Satz 2 KStG überlassene Fremdkapital mindert ebenfalls das zulässige Fremdkapital des wesentlich beteiligten Anteilseigners der nachgeordneten Kapitalgesellschaft. "

---

1) Hier abgedruckt als Anlage § 008a-11.

2) Hier abgedruckt als Anlage § 008a-11.

3) Hier abgedruckt als Anlage § 008a-01.

4) Hier abgedruckt als Anlage § 008a-11.

Bürgschaftsgesicherte Fremdfinanzierung von Kapitalgesellschaften nach
§ 8a Abs. 1 Satz 2 KStG (Gesellschafter-Fremdfinanzierung)
Anwendung der Textziffern 19 ff. des BMF-Schreibens vom 15. Juli 2004
(BStBl. I 2004 S. 593)[1)]

BMF-Schreiben vom 22.07.2005
IV B 7 – S 2742a – 31/05
(BStBl. 2005 I S. 829)

Unter Bezugnahme auf das Ergebnis der Erörterungen mit den obersten Finanzbehörden der Länder wird zu Anwendungsfragen des § 8a Abs. 1 Satz 2 2. Alternative KStG (sog. Rückgriffsregelung) in der Fassung des Gesetzes zur Umsetzung der Protokollerklärung der Bundesregierung zur Vermittlungsempfehlung zum Steuervergünstigungsabbaugesetz vom 22. Dezember 2003 (BGBl. I 2003 S. 2840) in Ergänzung zu dem BMF-Schreiben vom 15. Juli 2004 (BStBl. I 2004 S. 593) wie folgt Stellung genommen:

1 § 8a Abs. 1 Satz 2 2. Alternative KStG ist grundsätzlich nur auf solche Sachverhalte gerichtet, in denen der Anteilseigner oder eine diesem nahe stehende Person eine Kapitalforderung besitzt und über diese aus Anlass der Darlehensgewährung eine Verfügungsbeschränkung zu Gunsten des rückgriffsberechtigten Darlehensgebers getroffen wird. § 8a Abs. 1 Satz 2 2. Alternative KStG findet damit grundsätzlich nur auf folgende Sachverhalte Anwendung:

1. Dingliche Sicherheit

2 Zu Gunsten des rückgriffsberechtigten Darlehensgebers besteht eine dingliche Sicherheit an der Kapitalforderung.

Beispiel 1 (dingliche Sicherheit):

Die GmbH nimmt bei Bank 1 ein Darlehen auf. Der Anteilseigner (AE) unterhält bei Bank 2 eine Spareinlage und gewährt für das Darlehen als Sicherheit ein Pfandrecht an der Spareinlage.

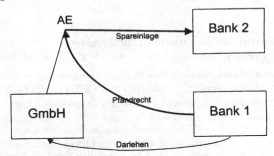

Lösung:

Das Pfandrecht an der Spareinlage des Anteilseigners bei der Bank 2 ist eine dingliche Sicherheit. Es räumt der Bank 1 im Sicherungsfalle eine unmittelbare Zugriffsmöglichkeit auf die Spareinlage ein. Die Voraussetzungen eines schädlichen Rückgriffs sind erfüllt.

3 Eine dingliche Sicherheit in diesem Sinne besteht auch in den Fällen, in denen aufgrund einer Bürgschaftserklärung nach den Allgemeinen Geschäftsbedingungen des Darlehensgebers ein Pfandrecht an den Kapitalforderungen des Bürgen im Bereich des Darlehensgebers vereinbart worden ist (Nr. 14 AGB-Pfandrecht, Muster BdB).

2. Verfügungsbeschränkung oder Unterwerfung unter die sofortige Zwangsvollstreckung

4 Der Darlehensgeber hat einen schuldrechtlichen Anspruch gegen den Anteilseigner oder eine diesem nahe stehende Person, verbunden mit einer Verfügungsbeschränkung hinsichtlich der Kapitalforderung oder einer Unterwerfung unter die sofortige Zwangsvollstreckung durch den Anteilseigner oder die nahe stehende Person.

---

1) Hier abgedruckt als Anlage § 008a-11.

Beispiel 2 (Verfügungsbeschränkung):

Die GmbH nimmt bei Bank 1 ein Darlehen auf. Der Anteilseigner (AE) unterhält bei Bank 2 eine Spareinlage und erklärt gegenüber der Bank 1, bis zur vollständigen Tilgung des Darlehens und der daraus resultierenden Zinsverpflichtungen nicht über die Spareinlage zu verfügen.

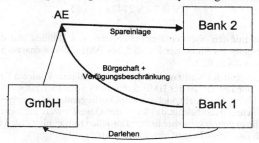

Lösung:

Die Bank 1 kann im Sicherungsfalle infolge der beschränkten Verfügungsmöglichkeiten des Anteilseigners auf die Spareinlage zugreifen. Es liegt ein schädlicher Rückgriff vor.

Beispiel 3 (Unterwerfung unter die sofortige Zwangsvollstreckung):

Sachverhalt wie in Beispiel 2. Der Anteilseigner (AE) beschränkt sich allerdings nicht in seinen Verfügungsmöglichkeiten über die Spareinlage, sondern unterwirft sich im Rahmen der Bürgschaftserklärung der sofortigen Zwangsvollstreckung in sein gesamtes Vermögen.

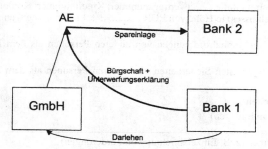

Lösung:

Die Bank 1 kann im Sicherungsfalle sofort auf die Spareinlage zugreifen. Es liegt ein schädlicher Rückgriff vor.

Die Beweislast[1] dafür, dass kein Fall des § 8a Abs. 1 Satz 2 2. Alternative KStG vorliegt, liegt beim **5** Steuerpflichtigen. Für die Beweisführung ist es erforderlich, dass eine Bescheinigung des rückgriffsberechtigten Darlehensgebers vorgelegt wird, in der Auskunft über die in Folge der Darlehensausreichung an die Kapitalgesellschaft gewährten Sicherheiten erteilt wird.

---

1) Vgl. Anlage § 008a-15.

Bescheinigung im Sinne der Rdnr. 5 des BMF-Schreibens vom 22.7.2005;
§ 8a Abs. 1 Satz 2 Alt. 2 KStG (Rückgriffsregelung)[1]

BMF-Schreiben vom 20.10.2005

IV B 7 – S 2742a – 43/05

Die Anlage enthält das mit den obersten Finanzbehörden des Bundes und der Länder abgestimmte Muster einer Bescheinigung im Sinne der Rdnr. 5 des BMF-Schreibens vom 22. 7. 2005 (IV B 7 – S 2742a – 31/05, BStBl. I 2005, 829)[2]

Auf der Grundlage der anhand des Musters erstellten Bescheinigung kann ein Kreditnehmer in der Regel den Gegenbeweis im Sinne der Tz. 20 des BMF-Schreibens vom 15.7.2004 (IV A 2 – S 2742a – 20/04, BStBl. I 2004, 593)[3] führen. Durch abweichend vom vorliegenden Muster gestaltete Nachweise (z. B. durch eine selbst entworfene Bescheinigung) kann der Gegenbeweis erbracht werden, wenn darin in vergleichbarer Weise alle gegenbeweiserheblichen Tatsachen mitgeteilt werden und dieser Nachweis vor dem 30. 10. 2005 durch das Kreditinstitut ausgestellt wurde.

Anlage

Musterbank/-sparkasse Ort
Postadresse

ENTWURF

Bescheinigung zur Vorlage beim Finanzamt für Zwecke des § 8a KStG

Sie hatten die .... („Bank/Sparkasse") gebeten, zur Vorlage beim Finanzamt für Zwecke des § 8a KStG eine Bescheinigung auszustellen[1]. Hierzu erklären wir, dass uns bezüglich des Mischlimits/des Darlehens/der Betriebsmittellinie .... (Vertragsnummer; Kreditnummer; Kontonummer) vom .... (Datum des Vertragsschlusses) in Höhe von EUR .... („Finanzierung") an die [XY] („Kreditnehmer")

( ) keine Sicherheiten an Kapitalforderungen von anderen Personen als dem Kreditnehmer gewährt wurden[2].

( ) die nachfolgend aufgeführten Sicherheiten von anderen Personen als dem Kreditnehmer gewährt wurden:

1. Dingliche Sicherheiten

( ) Pfandrechte (z. B. an Einlagen)

_____

( ) Sicherungsabtretungen (z. B. Einzelabtretung von Forderungen)

_____

2. Personalsicherheiten (z. B. Bürgschaft, Garantie, Schuldmitübernahme)

_____

verbunden mit folgenden/r:

( ) dinglichen Sicherheiten (z. B. an Einlagen)

_____

( ) Sicherungsabtretungen (z. B. Einzelabtretung von Forderungen; Global-/Mantelabtretung von Forderungen)

_____

( ) Unterwerfung unter die sofortige Zwangsvollstreckung mit dem gesamten Vermögen oder hinsichtlich einzelner Vermögensgegenstände

_____

( ) vereinbarten Verfügungsbeschränkungen

_____

( ) sonstigen Vereinbarungen (z. B.: Pfandrechte nach den Allgemeinen Geschäftsbedingungen[3])

_____

---

1) Hier abgedruckt als Anlage § 008a-14.
2) Hier abgedruckt als Anlage § 008a-14.
3) Hier abgedruckt als Anlage § 008a-11.

3. Sicherheiten der o. g. Art, auf die während des bestehenden Darlehensverhältnisses verzichtet wurde

Sonstige Anmerkungen[4]

Die Bescheinigung enthält nur solche Angaben, die dem bei der Bank/Sparkasse mit der vorgenannten Finanzierung vertrauten Personenkreis bekannt sind.

Die Bank/Sparkasse übernimmt mit dieser Erklärung – bereits aus rechtlichen Gründen – keine Beratung in steuerlichen Angelegenheiten. Insbesondere steht die Bank/Sparkasse nicht für einen steuerlichen Erfolg ein, der mit dieser Bescheinigung angestrebt wird.

Mit freundlichen Grüßen
Bank/Sparkasse

Erläuterungen

1   Die Erklärung ist grundsätzlich nur auf Anforderung des Kreditnehmers anlässlich des Abschlusses einer der genannten Rechtsgeschäfte (Darlehen etc.) durch den Kreditgeber abzugeben; sie ist vom Aussteller der ursprünglichen Bescheinigung ferner anlässlich jeder Vertragsänderung oder Änderung der gewährten Sicherheiten ohne weitere Anforderung des Kreditnehmers abzugeben.

2   Die Aufzählung der von Dritten gewährten Sicherheiten und die namentliche Auflistung der Sicherheitengeber erfolgt unabhängig davon, ob es sich dabei um nicht nur kurzfristige Einlagen oder nicht nur kurzfristige sonstige Kapitalforderungen im Sinne der Rdnr. 20 des BMF-Schreibens vom 15. 7. 2004 zu § 8a KStG (BStBl. I 2004, 593)[1] handelt. Sie erfolgt ferner unabhängig davon, ob die Sicherheit vom Eintritt einer Bedingung (z. B. dem Sicherungsfall oder der Fälligkeit der gesicherten Schuld) oder dem Ablauf einer Frist abhängig ist.

3   Einzufügen sien ferner sämtliche für das Darlehen/den Kredit bestellten Sicherheiten und Treuhandverhältnisse (z. B. Grundschuld, Hypothek, Patronatserklärung, Sicherungsübereignung).

4   Hier sind Angaben anzubringen, sofern und soweit von (weiteren) Personen, die nicht Kreditnehmer sind, Sicherheiten gewährt wurden, diese Personen das Kreditinstitut jedoch nicht von einem bestehenden Bankgeheimnis hinsichtlich dieser Bescheinigung entbunden haben.

---

1)   Vgl. Anlage § 008a-11.

Gesellschafterfremdfinanzierung nach § 8a KStG – Finanzierung von Eigengesellschaften

Verfügung OFD Chemnitz vom 05.01.2005

S 2742a – 8/5 – St 21

Unter die Regelung des § 8a KStG fallen auch Finanzierungen, bei denen eine Kapitalgesellschaft ein Darlehen von einer dem Anteilseigner nahe stehenden Person erhält (§ 8a Abs. 1 Satz 2 KStG). Zu klären war, ob eine nach den einschlägigen Vorschriften des Landesrechts errichtete Sparkasse oder Landesbank eine nahestehende Person ihres Gewährsträgers ist. Dies spielt insbes. für die Fremdkapital-überlassung einer Sparkasse oder Landesbank an andere Eigengesellschaften des betreffenden Gewährsträgers eine Rolle.

Die obersten Finanzbehörden des Bundes und der Länder haben entschieden, dass sich diese Frage nach dem jeweiligen Sparkassengesetz beurteilt. Allein aufgrund des Gesetzes über die öffentlich-rechtlichen Kreditinstitute im Freistaat Sachsen und die Sachsen-Finanzgruppe ist von einem Nahestehen der Sparkassen zu ihren jeweiligen Gewährsträgern i. S. des § 8a Abs. 1 Satz 2 1. Alt. KStG auszugehen.

Für die Finanzierungen von Eigengesellschaften, bei denen eine Bank, Sparkasse, Beteiligungsgesellschaft etc. der Eigengesellschaft ein Darlehen gewährt und der Gesellschafter seinerseits Einlagen bei dem Kreditgeber unterhält, auf die dieser (z. B. aufgrund einer Bürgschaft, Verpfändung etc.) zurückgreifen kann (sog. Back-to-back-Finanzierungen), sind jedoch die Grenzen des § 8a KStG zu beachten.

Sparkassen als nahe stehende Personen i. S. des § 1 Abs. 2 AStG/§ 8a Abs. 1 KStG

Verfügung OFD Hannover vom 26.05.2005

S 2742a – 7 – StO 241

Unter die Regelung des § 8a KStG fallen auch Finanzierungen, bei denen eine Kapitalgesellschaft ein Darlehen von einer dem Anteilseigner nahe stehenden Person i. S. des § 1 Abs. 2 AStG erhält (§ 8a Abs. 1 Satz 2 KStG). Nach der derzeit geltenden Rechtslage auf Grund der Regelungen im Niedersächsischen Sparkassengesetz ist eine Sparkasse nicht als eine nahe stehende Person ihres Gewährsträgers anzusehen.

Für die Finanzierung von Eigengesellschaften, bei denen eine Bank, Sparkasse, Beteiligungsgesellschaft etc. der Eigengesellschaft ein Darlehen gewährt und der Gesellschafter seinerseits Einlagen bei dem Kreditgeber unterhält, auf die dieser (z. B. auf Grund einer Bürgschaft, Verpfändung etc.) zurückgreifen kann (sog. Back-to-Back-Finanzierungen), sind jedoch die Grenzen des § 8a KStG zu beachten.

Gesellschafter-Fremdfinazierung (§ 8a Abs. 6 KStG)

BMF-Schreiben vom 19.09.2006

IV B 7 – S 2742a – 21/06

(BStBl. 2006 I S. 559)

Inhaltsübersicht

Unter Bezugnahme auf das Ergebnis der Erörterungen mit den obersten Finanzbehörden der Länder wird zu Anwendungsfragen des § 8a Abs. 6 KStG in der Fassung des Gesetzes zur Umsetzung der Protokollerklärung der Bundesregierung zur Vermittlungsempfehlung zum Steuervergünstigungsabbaugesetz vom 22. Dezember 2003 (BGBl. I 2003 S. 2840) wie folgt Stellung genommen:

I. Allgemeines

Erfasst werden nur solche Gesellschafter-Fremdfinanzierungen, bei denen das Fremdkapital zum **1** Zwecke des Erwerbs einer Beteiligung am Grund- oder Stammkapital einer Kapitalgesellschaft **(Kapitalbeteiligung)** aufgenommen wurde (§ 8a Abs. 6 Satz 1 **Nr. 1** KStG). Es soll die Verbesserung des Eigenkapitals durch steuerbegünstigte Anteilsverkäufe verhindert werden. § 8a Abs. 6 KStG findet deshalb nur auf solche Anteilserwerbe Anwendung, bei denen

– der Veräußerer (unmittelbar oder mittelbar) eine Kapitalgesellschaft ist

  oder

– der Anteilserwerb beim Erwerber zu einer Verbesserung seines Safe-havens nach § 8a Abs. 2 und 4 KStG führt; eine Verbesserung des Safe-havens beim Erwerber kann auch vorliegen, wenn durch den Beteiligungserwerb dessen Holdingeigenschaft (§ 8a Abs. 4 KStG) erst begründet wird.

II. Erwerbsvoraussetzungen (§ 8a Abs. 6 Satz 1 Nr. 1 KStG)

1. Erwerb einer Kapitalbeteiligung

Kapitalbeteiligung im Sinne des § 8a Abs. 6 KStG kann nur die Beteiligung an einer in- oder aus- **2** ländischen Kapitalgesellschaft sein. Hinsichtlich des Erwerbs der Kapitalbeteiligung durch eine Personengesellschaft siehe Textziffern 27 ff.

Für die Anwendung des § 8a Abs. 6 KStG kommt es auf eine bestimmte Mindestbeteiligungsquote **3** (§ 271 Abs. 1 HGB) nicht an.

Anteilserwerb in diesem Sinne ist auch der Erwerb eigener Anteile des Veräußerers oder Erwerbers. **4**

Die **Einbringung** einer Kapitalbeteiligung (Anteilstausch) löst einen Anteilserwerb im Sinne des § 8a **5** Abs. 6 KStG aus, wenn hierfür eine Gegenleistung erbracht wird, die nicht ausschließlich in Gesellschaftsanteilen der aufnehmenden Gesellschaft besteht. Die Zuführung des eingebrachten Vermögens zu den offenen Rücklagen im Sinne des § 272 Abs. 2 Nr. 4 HGB stellt keine Gegenleistung dar.

Beispiel:

A ist Alleingesellschafter der I-GmbH und der T-GmbH. Die T-GmbH bringt ihre Beteiligung an der E-GmbH in die I-GmbH gegen Gewährung von Gesellschaftsrechten ein. Zusätzlich erhält sie von der I-GmbH eine Zahlung in Höhe von 10 Mio. €, die durch ein Darlehen des A refinanziert wird. Die für das Darlehen vereinbarte jährliche Vergütung beträgt 1 Mio. €; sie ist angemessen.

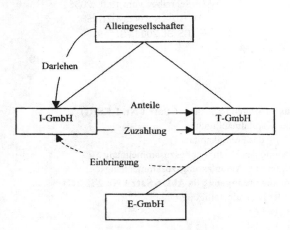

Lösung:

Die Voraussetzungen des § 8a Abs. 6 KStG sind erfüllt, und es kommt zu einer verdeckten Gewinnausschüttung in Höhe von 1 Mio. € bei der I-GmbH. Die I-GmbH nahm das ihr überlassene Fremdkapital in Höhe von 10 Mio. € zum Erwerb der Beteiligung an der E-GmbH auf. Die Einbringung gegen Zuzahlung ist insoweit ein nach § 8a Abs. 6 Satz 1 Nr. 1 KStG schädlicher Erwerbsvorgang.

6   Keinen Anteilserwerb im Sinne des § 8a Abs. 6 Satz 1 Nr. 1 KStG stellt die Erlangung einer Kapitalbeteiligung durch **Kapitalerhöhung** oder im Rahmen der Neugründung einer Kapitalgesellschaft dar.

7   Auf die Übertragung einer Kapitalbeteiligung im Wege der **verdeckten Einlage** findet § 8a Abs. 6 KStG ebenfalls keine Anwendung.

2. Zweckbindung des Fremdkapitals

8   Der erwerbenden Kapitalgesellschaft muss zum Zwecke des Erwerbs einer Kapitalbeteiligung Fremdkapital überlassen werden. Dies setzt voraus, dass die Überlassung des Fremdkapitals durch den Erwerb einer Kapitalbeteiligung veranlasst ist **(Veranlassungsprinzip)**.

a) Begründung des Veranlassungszusammenhangs

9   Eine Veranlassung in diesem Sinne ist anzunehmen, wenn das überlassene Fremdkapital tatsächlich zum Erwerb einer Kapitalbeteiligung verwendet wird. Gleiches gilt, wenn zunächst die Kapitalbeteiligung erworben und anschließend das der Finanzierung des Anteilserwerbs dienende Fremdkapital aufgenommen wird. Eine gemischt veranlasste Fremdkapitalüberlassung erfüllt die Voraussetzungen des § 8a Abs. 6 KStG, wenn sie auch durch den Erwerb einer Kapitalbeteiligung veranlasst ist.

10 Ein Zusammenhang zwischen der Überlassung des Fremdkapitals und dem Erwerb der Kapitalbeteiligung ist in der Regel anzunehmen, wenn zwischen der Fremdkapitalüberlassung und dem Beteiligungserwerb ein Zeitraum von weniger als einem Jahr liegt.

11 Ein schädlicher Veranlassungszusammenhang liegt auch vor, wenn die Überlassung des Fremdkapitals nach dem erkennbaren Willen der Beteiligten mit dem Ziel des **mittelbaren Erwerbs einer Kapitalbeteiligung** erfolgte **(Gesamtplan)**. Die Form der Überlassung des Fremdkapitals an die erwerbende Kapitalgesellschaft (Eigen- oder Fremdkapital) ist unerheblich.

Beispiel:

A ist Alleingesellschafter der I_1-GmbH und der T-GmbH. Er gewährt der I_1-GmbH am 1. Oktober 01 ein Darlehen in Höhe von 10 Mio. € (Darlehen I), das diese vollumfänglich an ihre Tochtergesellschaft – die I_2-GmbH – zum Erwerb einer Kapitalbeteiligung an der E-GmbH von der T-GmbH weitergeben soll (Darlehen II). Die I_2-GmbH verwendet das Darlehen II zum vorgesehenen Zweck. Die für das Darlehen I vereinbarte jährliche Vergütung beträgt 1 Mio. €; sie ist angemessen. Das Darlehen II ist zinslos.

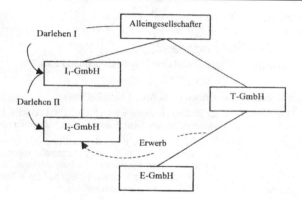

Lösung:

Sowohl das Darlehen I als auch das Darlehen II erfüllen die Voraussetzungen des § 8a Abs. 6 KStG. Beide Darlehen dienen dem Erwerb der Kapitalbeteiligung an der E-GmbH von der T-GmbH. Bei der I_1-GmbH kommt es infolge der Vermögensminderung durch die Zinszahlung auf das Darlehen I zu einer verdeckten Gewinnausschüttung in Höhe von 1 Mio. €. Bei der I_2-GmbH tritt dagegen keine Vermögensminderung ein (Zinslosigkeit des Darlehens II); die infolge der Zinslosigkeit des Darlehens II bei der I_1-GmbH eingetretene verhinderte Vermögensmehrung ist ein nicht einlagefähiger Vorteil (Nutzungseinlage).

b) Beendigung des Veranlassungszusammenhangs

Ein bestehender Veranlassungszusammenhang wird nicht bereits dadurch beendet, dass die Kapitalbeteiligung veräußert wird oder die erworbenen Anteile wegfallen (z. B. weil die Kapitalgesellschaft aufgelöst bzw. umgewandelt wird). Die Rückzahlung **(Tilgung)** des überlassenen Fremdkapitals beendet dagegen regelmäßig den Veranlassungszusammenhang. 12

Wird das ursprüngliche Fremdkapital durch die Aufnahme anderen Fremdkapitals ersetzt **(Um-** 13 **finanzierung)**, beendet dies den Veranlassungszusammenhang nur, soweit die mit dem ursprünglichen Fremdkapital erworbenen Anteile nicht mehr zum Vermögen der Kapitalgesellschaft gehören. War die spätere Umfinanzierung dagegen von Beginn an vorgesehen, besteht der ursprüngliche Veranlassungszusammenhang fort. Gleiches gilt, wenn das durch die Umfinanzierung abgelöste Fremdkapital nach dem Gesamtbild der Umstände nur den Zweck einer Zwischenfinanzierung haben konnte.

III. Beteiligungsvoraussetzungen (§ 8a Abs. 6 Satz 1 Nr. 2 KStG)

1. Veräußerer der Kapitalbeteiligung

Der **Veräußerer** der Kapitalbeteiligung muss gemäß § 8a Abs. 6 Satz 1 Nr. 2 KStG 14

– ein wesentlich beteiligter Anteilseigner der erwerbenden Kapitalgesellschaft

oder

– eine dem wesentlich beteiligten Anteilseigner nahe stehende Person im Sinne des § 1 Abs. 2 AStG

sein. Ein **rückgriffsberechtigter Dritter** (§ 8a Abs. 1 Satz 2 KStG) als Veräußerer einer Kapitalbeteiligung erfüllt diese Voraussetzung nicht.

Die **Qualifikation des Veräußerers** der Kapitalbeteiligung als Anteilseigner der erwerbenden Kapital- 15 gesellschaft oder eine dem Anteilseigner nahe stehende Person muss im Zeitpunkt des schädlichen Anteilserwerbs vorliegen. Wird der Veräußerer der Kapitalbeteiligung zu einem späteren Zeitpunkt Anteilseigner der fremdfinanzierten Kapitalgesellschaft oder eine dem Anteilseigner nahe stehende Person, ist dies schädlich, wenn die Veräußerung der Kapitalbeteiligung und die spätere Erlangung einer schädlichen Stellung als Anteilseigner oder nahe stehende Person einem Gesamtplan entsprechen.

Ein Fortbestehen der Qualifikation des Veräußerers als Anteilseigner der erwerbenden Kapitalgesell- 16 schaft oder eine dem Anteilseigner nahe stehende Person nach dem schädlichen Erwerbsvorgang ist für Zwecke des § 8a Abs. 6 KStG nicht erforderlich.

Der Veräußerer der Kapitalbeteiligung und der Geber des Fremdkapitals können verschiedene Personen 17 sein.

2. Fremdkapitalgeber

18 Das Fremdkapital muss

- von einem wesentlich beteiligten Anteilseigner,
- von einer dem wesentlich beteiligten Anteilseigner nahe stehenden Person

oder

- von einem rückgriffsberechtigten Dritten (§ 8a Abs. 1 Satz 2 KStG)

überlassen werden. Die Grundsätze der BMF-Schreiben vom 15. Juli 2004 (BStBl. I S. 593)[1] und vom 22. Juli 2005 (BStBl. I S. 829)[2] sind anwendbar, soweit sich aus diesem Schreiben nichts anderes ergibt.

19 Für die Anwendung des § 8a Abs. 6 KStG genügt es, wenn die Stellung des Fremdkapitalgebers als Anteilseigner der fremdfinanzierten Kapitalgesellschaft oder eine diesem nahe stehende Person zu einem Zeitpunkt im Wirtschaftsjahr der fremdfinanzierten Kapitalgesellschaft vorliegt. In Wirtschaftsjahren der fremdfinanzierten Kapitalgesellschaft, in denen der Fremdkapitalgeber diese Voraussetzung zu keinem Zeitpunkt erfüllt, findet § 8a Abs. 6 KStG keine Anwendung.

Beispiel:

Der Alleingesellschafter B ist an der I-GmbH und an der T-GmbH beteiligt. A gewährt der I-GmbH am 1. Oktober 01 ein Darlehen in Höhe von 10 Mio. €, das die I-GmbH vollumfänglich zum Erwerb einer Beteiligung an der E-GmbH von der T-GmbH einsetzt. Am 1. Juli 02 erwirbt B die Darlehensforderung im Wege der Abtretung von A. Die Wirtschaftsjahre der Beteiligten entsprechen dem Kalenderjahr. Die für das Darlehen vereinbarte jährliche Vergütung beträgt 1 Mio. €; sie ist angemessen.

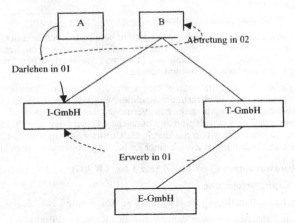

Lösung:

Die Voraussetzungen des § 8a Abs. 6 KStG sind ab dem 1. Juli 02 und damit erstmals im Wirtschaftsjahr 02 erfüllt. Die Zinszahlungen der I-GmbH führen ab dem 1. Juli 02 zu verdeckten Gewinnausschüttungen bei der I-GmbH.

3. Fremdkapital

20 § 8a Abs. 6 KStG erfasst – anders als § 8a Abs. 1 Satz 1 KStG – auch kurzfristig überlassenes Fremdkapital.

21 Die Kapitalgesellschaft hat im Gegensatz zu § 8a Abs. 1 Satz 1 Nr. 2 KStG hinsichtlich des zum Zwecke des Anteilserwerbs überlassenen Fremdkapitals **kein zulässiges Fremdkapital**. Das zulässige Fremdkapital im Sinne des § 8a Abs. 1 Satz 1 Nr. 2, Abs. 4 und Abs. 5 KStG wird nicht durch Fremdkapital verbraucht, auf das § 8a Abs. 6 KStG Anwendung findet.

22 Die Möglichkeit eines Entlastungsbeweises wie in § 8a Abs. 1 Satz 1 Nr. 2 KStG **(Drittvergleich)** besteht nicht.

---

1) Hier abgedruckt als Anlage § 008a-11.

2) Hier abgedruckt als Anlage § 008a-14.

IV. Rechtsfolgen

Hinsichtlich der durch § 8a Abs. 6 KStG ausgelösten Rechtsfolgen wird auf die Grundsätze der BMF- 23
Schreiben vom 15. Juli 04 (BStBl. I S. 593) und vom 22. Juli 05 (BStBl. I S. 829) verwiesen.

Ein bereits **abgeschlossener Anteilsübergang** ist nicht Voraussetzung, damit die Rechtsfolgen des § 8a 24
Abs. 6 KStG eintreten. Der Abschluss eines entsprechenden Verpflichtungsgeschäfts reicht aus, wenn
das überlassene Fremdkapital später erkennbar der Abwicklung dieses Geschäfts dient und der Anteilserwerb tatsächlich erfolgt.

Beispiel:

Der Alleingesellschafter A ist an der I-GmbH und an der T-GmbH beteiligt. Er gewährt der I-GmbH
am 1. Oktober 01 ein Darlehen in Höhe von 10 Mio. €, das die I-GmbH nach dem Inhalt des Darle-
hensvertrages vollumfänglich zum Erwerb einer Beteiligung an der E-GmbH von der T-GmbH einsetzen soll. Der Anteilserwerb erfolgt am 28. Februar 02. Die Wirtschaftsjahre der Beteiligten entsprechen dem Kalenderjahr. Die für das Darlehen vereinbarte jährliche Vergütung beträgt 1 Mio. €;
sie ist angemessen.

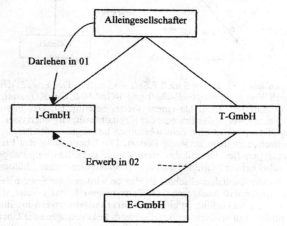

Lösung:

Die Voraussetzungen des § 8a Abs. 6 KStG sind bereits im Wirtschaftsjahr 01 erfüllt. Das vom Anteilseigner überlassene Fremdkapital diente angesichts der klaren Zweckbestimmung dem Erwerb der
Kapitalbeteiligung an der E-GmbH von der T-GmbH, obwohl der Erwerb erst im Wirtschaftsjahr
nach der Überlassung des Fremdkapitals abgeschlossen wurde. Die durch das Darlehen ausgelösten
Vermögensminderungen führen ab dem Wirtschaftsjahr 01 zu verdeckten Gewinnausschüttungen.

Bei einem **gemischt veranlassten Fremdkapital** führen die Zinszahlungen in dem Umfang zu ver- 25
deckten Gewinnausschüttungen, in dem das Fremdkapital durch den Erwerb der Kapitalbeteiligung
veranlasst ist.

Eine Freigrenze im Sinne des § 8a Abs. 1 Satz 1 KStG besteht nicht. 26

V. Erwerb der Kapitalbeteiligung durch eine Personengesellschaft

Gemäß § 8a Abs. 6 Satz 2 KStG wird der Erwerb von Kapitalbeteiligungen durch eine Personengesell- 27
schaft erfasst, an der eine Kapitalgesellschaft im Sinne des § 8a Abs. 6 Satz 1 KStG alleine oder zusammen mit ihr nahe stehenden Personen (§ 1 Abs. 2 AStG) unmittelbar oder mittelbar zu mehr als einem
Viertel beteiligt ist. Tz. 32 des BMF-Schreibens vom 15. Juli 04 (BStBl. I S. 593) gilt entsprechend.

Die Tatbestandsvoraussetzungen des § 8a Abs. 6 Satz 1 **Nr. 1** KStG (Erwerbsvorgang) sind auf der 28
Grundlage der Verhältnisse der Personengesellschaft und die Voraussetzungen des § 8a Abs. 6 Satz 1
Nr. 2 KStG (Beteiligtenverhältnisse) auf der Grundlage der Verhältnisse der an der Personengesellschaft
beteiligten Kapitalgesellschaft zu prüfen.

Die von § 8a Abs. 6 KStG erfassten Vergütungen führen zu verdeckten Gewinnausschüttungen, soweit 29
sie den Gewinnanteil der Kapitalgesellschaft bei der Personengesellschaft mindern. Tz. 48 ff. des BMF-
Schreibens vom 15. Juli 2004 (BStBl. I S. 593) gelten entsprechend.

Beispiel:

A ist Alleingesellschafter der I-GmbH und der T-GmbH. Die I-GmbH ist zu 30 % an der I-GmbH & Co. KG beteiligt. A gewährt der I-GmbH & Co. KG ein Darlehen in Höhe von 10 Mio. €, das die I-GmbH & Co. KG vollumfänglich zum Erwerb einer Kapitalbeteiligung an der E-GmbH von der T-GmbH verwendet. Die für das Darlehen vereinbarte jährliche Vergütung beträgt 1 Mio. €; sie ist angemessen.

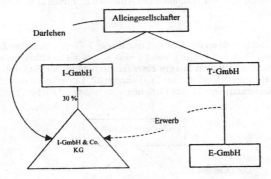

Lösung:

Die Voraussetzungen des § 8a Abs. 6 Satz 2 KStG sind erfüllt. Der Erwerb der Beteiligung an der E-GmbH fand durch eine Personengesellschaft (die I-GmbH & Co. KG) statt, an der die Kapitalgesellschaft (die I-GmbH) zu mehr als einem Viertel beteiligt ist. Das Fremdkapital wurde der I-GmbH & Co. KG zum Zwecke des Erwerbs der Kapitalbeteiligung überlassen. Der Veräußerer der Kapitalbeteiligung (T-GmbH) ist eine dem wesentlich beteiligten Anteilseigner der Kapitalgesellschaft (Alleingesellschafter) nahe stehende Person. Die Überlassung des Fremdkapitals erfolgte durch den Alleingesellschafter. Die auf das Fremdkapital gezahlten Vergütungen mindern den Gewinnanteil der I-GmbH bei der I-GmbH zu einer verdeckten Gewinnausschüttung.

30 Sofern das Fremdkapital der Kapitalgesellschaft überlassen wird und der Erwerb der Kapitalbeteiligung durch eine der Kapitalgesellschaft nachgeschaltete Personengesellschaft erfolgt, die die Voraussetzungen des § 8a Abs. 6 Satz 2 KStG erfüllt, ist ein **mittelbarer Anteilserwerb** im Sinne der Tz. 11 dieses BMF-Schreibens zu prüfen. Ein schädlicher Anteilserwerb liegt vor, wenn die Überlassung des Fremdkapitals nach dem erkennbaren Willen der Beteiligten dem Erwerb einer Kapitalbeteiligung dienen soll (Gesamtplan).

Beispiel:

A ist Alleingesellschafter der I-GmbH und der T-GmbH. Er gewährt der I-GmbH am 1. Oktober 01 ein Darlehen in Höhe von 10 Mio. €, das diese vollumfänglich als Eigenkapital an die ihr nachgeschaltete Personengesellschaft – die I-GmbH & Co. KG – zum Erwerb einer Kapitalbeteiligung an der E-GmbH von der T-GmbH weitergeben soll. Die I-GmbH & Co. KG verwendet das Kapital zum vorgesehenen Zweck. Die für das Darlehen vereinbarte jährliche Vergütung beträgt 1 Mio. €; sie ist angemessen.

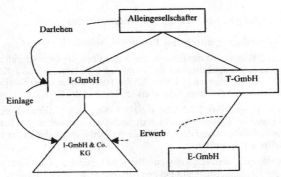

Lösung:

Das Darlehen erfüllt die Voraussetzungen des § 8a Abs. 6 **Satz 1** KStG. Es dient dem Erwerb einer Kapitalbeteiligung an der E-GmbH. Bei der I-GmbH kommt es infolge der Zinszahlung auf das Darlehen zu Sonderbetriebsausgaben, die im Rahmen der einheitlichen und gesonderten Gewinnfeststellung der I-GmbH & Co. KG Berücksichtigung finden und zu einer verdeckten Gewinnausschüttung in Höhe von 1 Mio. € führen.

Der fremdfinanzierte **Erwerb des Mitunternehmeranteils** an einer Personengesellschaft erfüllt die Voraussetzungen eines mittelbaren Anteilserwerbs, soweit das Vermögen der Personengesellschaft aus Kapitalbeteiligungen besteht. **31**

§ 8a Abs. 6 Satz 2 KStG setzt voraus, dass die Kapitalgesellschaft zu einem Zeitpunkt ihres Wirtschaftsjahres alleine oder zusammen mit ihr nahe stehenden Personen im Sinne des § 1 Abs. 2 AStG unmittelbar oder mittelbar zu mehr als einem Viertel an der fremdfinanzierten Personengesellschaft beteiligt ist. Der Fremdkapitalgeber muss die Voraussetzungen der Tz. 18 dieses BMF-Schreibens bezogen auf die Kapitalgesellschaft erfüllen. **32**

VI. Anwendung

Die Grundsätze dieses BMF-Schreibens finden erstmals auf Wirtschaftsjahre Anwendung, die nach dem 31. Dezember 2003 beginnen (§ 34 Abs. 6a Satz 1 KStG). Erfasst werden nur solche fremdfinanzierten Anteilserwerbe, bei denen das obligatorische Rechtsgeschäft (Verpflichtungsgeschäft) oder die erstmalige Überlassung des dem Erwerb dienenden Fremdkapitals nach dem 31. Dezember 2001 liegt; Tz. 9 dieses BMF-Schreibens gilt entsprechend. **33**

Gesellschafter-Fremdfinanzierung und EU-Recht

Erlass Finanzbehörde Hamburg vom 20.06.2007
53 – S 2742a – 005/06

Der EuGH hat die Vorlagefrage des FG Baden-Württemberg vom 14.10.2004 (3 K 62/00) mit Bechluss vom 10.05.2007 (C-492/04, Lasertec, IStR 2007, 439) dahin gehend entschieden, dass der § 8a KStG i.d. F. des Standortsicherungsgesetzes vom 13.09.1993 (BGBl. I 1993, 1569) europarechtlich bei Sachverhalten nicht zu beanstanden ist, an denen in Drittstaaten ansässige Darlegensgeber bzw. Anteilseigner beteiligt sind. Danach hat der EuGH die bisherige Verwaltungsauffassung bekräftigt, wonach die Anwendung des § 8a KStG a.f. bei einschlägigen Drittlandssachverhalten grundsätzlich zulässig ist.

Der EuGH begründet diese Entscheidung wie folgt:

„Eine nationale Maßnahme, nach der Darlehenszinsen, die eine gebietsansässige Kapitalgesellschaft an einen gebietsfremden Anteilseigner zahlt, der an ihrem Kapital wesentlich beteiligt ist, unter bestimmten Voraussetzungen als vGA behandelt werden, die bei der Darlehensnehmerin besteuert wird, berührt vorwiegend die Ausübung der Niederlassungsfreiheit i.S.d. Art. 43 ff. EG.

Diese Bestimmungen können nicht bei Sachverhalten geltend gemacht werden, an denen ein Unternehmen eines Drittlands beteiligt ist."

Einspruchsverfahren, in denen unter Berufung auf das o.g. EuGH-Verfahren eine Verletzung des EGV durch § 8a KStG a.F. in sog. Drittstaatsfällen gerügt wird und die ggf. nach § 363 Abs. 2 Satz 2 AO kraft Gesetzes ruhten, sollen nunmehr fortgesetzt bzw. der/die Einspruchsführer/in im Hinblick auf den vorgenannten EuGH-Beschluss um Stellungnahme gebeten werden, ob der Rechtsbehelf aufrechterhalten wird.

Sollte der Rechtsbehelf aufrechterhalten werden, soll dieser unter Hinweis auf diesen EuGH-Beschluss als unbegründet zurückgewiesen werden.

Zinsschranke (§ 4h EStG; § 8a KStG)

BMF-Schreiben vom 4.7.2008

IV C 7 – S 2742 – a/07/10001, 2008/0336202 (BStBl. I 2008, S. 718)

Inhaltsübersicht

Unter Bezugnahme auf das Ergebnis der Erörterungen mit den obersten Finanzbehörden der Länder wird zu Anwendungsfragen des § 4h EStG und des § 8a KStG in der Fassung des Unternehmensteuerreformgesetzes 2008 vom 14. August 2007 (BGBl. I S. 1912, BStBl I S. 630) – Zinsschranke – wie folgt Stellung genommen:

I. Zeitliche Anwendung

Die Zinsschranke ist erstmals für Wirtschaftsjahre anzuwenden, die nach dem 25. Mai 2007 (Tag des **1** Beschlusses des Deutschen Bundestags über das Unternehmensteuerreformgesetz 2008) beginnen und nicht vor dem 1. Januar 2008 enden (§ 52 Abs. 12d EStG, § 34 Abs. 6a Satz 3 KStG).

II. Betriebsausgabenabzug für Zinsaufwendungen (§ 4h Abs. 1 EStG, § 8a Abs. 1 KStG)

1. Betrieb

§ 4h EStG ist eine Gewinnermittlungsvorschrift und beschränkt den Betriebsausgabenabzug für Zins- **2** aufwendungen eines Betriebs. Voraussetzung sind Einkünfte des Betriebs aus Land- und Forstwirtschaft, Gewerbebetrieb oder selbständiger Arbeit.

Ein Einzelunternehmer kann mehrere Betriebe haben (siehe hierzu aber Tz. 62 und 64). **3**

4 Die Zinsschranke ist auch anzuwenden, wenn der Gewinn gemäß § 4 Abs. 3 EStG durch den Überschuss der Betriebseinnahmen über die Betriebsausgaben ermittelt wird.

5 Eine vermögensverwaltend tätige Personengesellschaft ist kein Betrieb im Sinne der Zinsschranke, es sei denn, ihre Einkünfte gelten kraft gewerblicher Prägung nach § 15 Abs. 3 Nr. 2 EStG als Gewinneinkünfte.

6 Eine Mitunternehmerschaft hat nur einen Betrieb im Sinne der Zinsschranke. Zum Betrieb der Mitunternehmerschaft gehört neben dem Gesamthandsvermögen auch das Sonderbetriebsvermögen von Mitunternehmern im Sinne des § 15 Abs. 1 Satz 1 Nr. 2 und Abs. 3 EStG .

7 Eine Kapitalgesellschaft hat grundsätzlich nur einen Betrieb im Sinne der Zinsschranke. Nach § 8a Abs. 1 Satz 4 KStG ist § 4h EStG auf Kapitalgesellschaften, die ihre Einkünfte durch den Überschuss der Einnahmen über die Werbungskosten ermitteln (§ 2 Abs. 2 Nr. 2 EStG), sinngemäß anzuwenden.

8 Die Kommanditgesellschaft auf Aktien (KGaA) hat nur einen Betrieb im Sinne der Zinsschranke; dazu gehört auch der Gewinnanteil des persönlich haftenden Gesellschafters. Zur KGaA siehe auch Tz. 44.

9 Betriebsstätten sind keine eigenständigen Betriebe.

10 Der Organkreis gilt für Zwecke der Zinsschranke als ein Betrieb (§ 15 Satz 1 Nr. 3 KStG).

2. Kapitalforderungen/Fremdkapital

11 Die Zinsschranke erfasst grundsätzlich nur Erträge und Aufwendungen aus der Überlassung von Geldkapital (Zinserträge und Zinsaufwendungen im engeren Sinne) und nicht solche aus der Überlassung von Sachkapital. Fremdkapital im Sinne des § 4h Abs. 3 EStG sind damit alle als Verbindlichkeit passivierungspflichtigen Kapitalzuführungen in Geld, die nach steuerlichen Kriterien nicht zum Eigenkapital gehören. Das sind insbesondere

- fest und variabel verzinsliche Darlehen (auch soweit es sich um Darlehensforderungen und verbindlichkeiten im Sinne des § 8b Abs. 3 Satz 4 ff. KStG handelt),
- partiarische Darlehen,
- typisch stille Beteiligungen,
- Gewinnschuldverschreibungen und
- Genussrechtskapital (mit Ausnahme des Genussrechtskapitals im Sinne des § 8 Abs. 3 Satz 2 KStG).

12 Auf die Dauer der Überlassung des Fremdkapitals kommt es nicht an.

13 Bei Banken stellt auch das nach dem Kreditwesengesetz (KWG) dem haftenden Eigenkapital zuzurechnende Fremdkapital Fremdkapital im Sinne des § 4h Abs. 3 Satz 2 EStG dar.

14 Die Abtretung einer Forderung zu einem Betrag unter dem Nennwert gilt als eigenständige Überlassung von Fremdkapital im Sinne von § 4h Abs. 3 EStG, wenn die Abtretung nach allgemeinen Grundsätzen als Darlehensgewährung durch den Zessionar an den Zedenten zu beurteilen ist (sog. unechte Forfaitierung/unechtes Factoring). Die Grundsätze des BMF#Schreibens vom 9. Januar 1996 (BStBl. I S. 9) sind zu beachten.

Übernimmt der Zessionar zusätzlich das Risiko der Zahlungsunfähigkeit des Schuldners der abgetretenen Forderung (sog. echte Forfaitierung/echtes Factoring) ergeben sich durch die Abtretung grundsätzlich weder beim Zedenten noch beim Zessionar Zinsaufwendungen und Zinserträge im Sinne des § 4h Abs. 3 Satz 2 und 3 EStG. Es wird aber nicht beanstandet, wenn Zessionar und Zedent auf Grund eines übereinstimmenden schriftlichen Antrags, der bei dem für den Zessionar örtlich zuständigen Finanzamt zu stellen ist, die echte Forfaitierung bzw. das echte Factoring als Überlassung von Fremdkapital im Sinne von § 4h Abs. 3 EStG behandeln (siehe hierzu Tz. 32 ff. und 37 ff.). Der Zessionar hat in diesen Fällen nachzuweisen, dass der Zedent gegenüber dem für ihn örtlich zuständigen Veranlagungsfinanzamt eine schriftliche und unwiderrufliche Einverständniserklärung abgegeben hat, wonach er mit der Erfassung der Zinsanteile als Zinsaufwendungen im Rahmen der Zinsschranke einverstanden ist. Die Anwendung der Billigkeitsregelung beim Zessionar hängt von der korrespondierenden Erfassung der Zinsen beim Zedenten ab.

Entgelte für die Übernahme des Bonitätsrisikos und anderer Kosten stellen keine Zinsaufwendungen beim Zedenten und keine Zinserträge beim Zessionar dar.

Unerheblich ist, ob die abgetretene Forderung ihrerseits eine Forderung aus der Überlassung von Geldkapital ist; auch die Abtretung einer Forderung aus der Überlassung von Sachkapital kann ihrerseits die Überlassung von Fremdkapital darstellen.

3. Zinsaufwendungen/Zinserträge

15 Zinsaufwendungen im Sinne der Zinsschranke sind Vergütungen für Fremdkapital (§ 4h Abs. 3 Satz 2 EStG); Zinserträge im Sinne der Zinsschranke sind Erträge aus Kapitalforderungen jeder Art (§ 4h Abs. 3

Satz 3 EStG). Hierzu gehören auch Zinsen zu einem festen oder variablen Zinssatz, aber auch Gewinnbeteiligungen (Vergütungen für partiarische Darlehen, typisch stille Beteiligungen, Genussrechte und Gewinnschuldverschreibungen) und Umsatzbeteiligungen. Zinsaufwendungen bzw. Zinserträge sind auch Vergütungen, die zwar nicht als Zins berechnet werden, aber Vergütungscharakter haben (z.B. Damnum, Disagio, Vorfälligkeitsentschädigungen, Provisionen und Gebühren, die an den Geber des Fremdkapitals gezahlt werden).

Keine Zinsaufwendungen oder -erträge sind Dividenden, Zinsen nach § 233 ff. AO sowie Skonti und **16** Boni.

Ausgeschüttete oder ausschüttungsgleiche Erträge aus Investmentvermögen, die aus Zinserträgen im **17** Sinne des § 4h Abs. 3 Satz 3 EStG stammen, sind beim Anleger im Rahmen des § 4h Abs. 1 EStG als Zinserträge zu berücksichtigen (§ 2 Abs. 2a InvStG in der Fassung des Jahressteuergesetzes 2008).

Der Zinsschranke unterliegen nur solche Zinsaufwendungen und Zinserträge, die den maßgeblichen **18** Gewinn bzw. das maßgebliche Einkommen gemindert oder erhöht haben. Insbesondere nicht abziehbare Zinsen gemäß § 3c Abs. 1 und 2 EStG, § 4 Abs. 4a EStG, § 4 Abs. 5 Satz 1 Nr. 8a EStG und Zinsen, die gemäß § 8 Abs. 3 Satz 2 KStG als verdeckte Gewinnausschüttungen das Einkommen einer Körperschaft nicht gemindert haben, sind keine Zinsaufwendungen im Sinne des § 4h Abs. 3 Satz 2 EStG.

Zinsaufwendungen, die im Inland steuerpflichtige Sondervergütungen eines Mitunternehmers im Sinne **19** des § 15 Abs. 1 Satz 1 Nr. 2 EStG sind, stellen weder Zinsaufwendungen der Mitunternehmerschaft noch Zinserträge des Mitunternehmers dar. Zinsaufwendungen und -erträge, die Sonderbetriebsausgaben oder -einnahmen sind, werden der Mitunternehmerschaft zugeordnet.

Zinsaufwendungen für Fremdkapital, das zur Finanzierung der Herstellung eines Vermögensgegen- **20** stands verwendet wird (z. B. Bauzeitzinsen), dürfen nach § 255 Abs. 3 Satz 2 HGB als Herstellungskosten angesetzt werden, soweit sie auf den Zeitraum der Herstellung entfallen. In diesem Fall führt die spätere Ausbuchung bzw. Abschreibung des entsprechenden Aktivpostens nicht zu Zinsaufwendungen im Sinne der Zinsschranke (vgl. BFH-Urteil vom 30. April 2003 - BStBl 2004 II S. 192).

Erbbauzinsen stellen ein Entgelt für die Nutzung des Grundstücks dar und führen nicht zu Zinsaufwen- **21** dungen oder Zinserträgen.

Gewinnauswirkungen in Zusammenhang mit Rückstellungen in der Steuerbilanz sind keine Zinserträge **22** und keine Zinsaufwendungen im Rahmen der Zinsschranke. Dies gilt nicht, soweit Zinsaufwendungen im Sinne des § 4h Abs. 3 Satz 2 EStG zurückgestellt werden.

Vergütungen für die vorübergehende Nutzung von fremdem Sachkapital stellen grundsätzlich keine **23** Zinserträge bzw. Zinsaufwendungen im Sinne der Zinsschranke dar. Dazu gehören auch Aufwendungen und Erträge, die Scheideanstalten aus der Goldleihe bzw. aus Edelmetallkonten erzielen.

Eine Wertpapierleihe oder ein ähnliches Geschäft kann einen Missbrauch von rechtlichen Gestaltungs- **24** möglichkeiten (§ 42 AO) darstellen, wenn es z. B. dazu dienen soll, beim Entleiher künstlich Zinseinnahmen zu erzielen und dadurch die Abzugsmöglichkeit für anfallende Zinsaufwendungen zu erhöhen.

Zinsanteile in Leasingraten führen zu Zinsaufwendungen oder -erträgen, wenn das wirtschaftliche **25** Eigentum am Leasinggegenstand (Sachkapital) auf den Leasingnehmer übergeht, der Leasinggeber also eine Darlehensforderung und der Leasingnehmer eine Darlehensverbindlichkeit auszuweisen hat. Die in den BMFSchreiben vom 19. April 1971 (BStBl I S. 264), vom 21. März 1972 (BStBl I S. 188), vom 22. Dezember 1975 (Anhang 21 III EStH 2007) und vom 23. Dezember 1991 (BStBl 1992 I S. 13) niedergelegten Grundsätze sind zu beachten.

Verbleibt nach Maßgabe der in Tz. 25 angeführten BMF-Schreiben das wirtschaftliche Eigentum am **26** Leasinggegenstand beim Leasinggeber (Vollund Teilamortisationsverträge) und handelt es sich um Finanzierungsleasing von Immobilien, ist eine Erfassung von Zinsanteilen in Leasingraten möglich, wenn der Leasinggeber mit den in der Grundmietzeit zu entrichtenden Raten zuzüglich des Erlöses aus einer Ausübung eines von Anfang an zum Ende der Grundmietzeit vertraglich vereinbarten Optionsrechts seine Anschaffungsoder Herstellungskosten für den Leasinggegenstand sowie alle Nebenkosten einschließlich der Finanzierungskosten deckt und er dies gegenüber den Finanzbehörden nachweist.

Der Leasinggeber kann in diesen Fällen die Zinsanteile als Zinserträge im Rahmen der Zinsschranke saldieren, soweit er in Leasingraten enthaltene Zinsanteile gegenüber dem Leasingnehmer offen ausweist; der Leasingnehmer hat seinerseits die Zinsanteile als Zinsaufwendungen im Rahmen der Zinsschranke zu erfassen. Die Erfassung von Zinsanteilen in Leasingraten setzt einen gemeinsamen schriftlichen Antrag von Leasinggeber und Leasingnehmer bei dem für den Leasinggeber örtlich zuständigen Finanzamt voraus. Der Leasinggeber muss außerdem nachweisen, dass der Leasingnehmer gegenüber dem für ihn örtlich zuständigen Veranlagungsfinanzamt eine schriftliche und unwiderrufliche Einverständniserklärung abgegeben hat, dass er mit der Erfassung der Zinsanteile als Zinsaufwendungen im Rahmen der Zinsschranke einverstanden ist. Die Anwendung der Billigkeitsregelung beim Leasinggeber hängt von der korrespondierenden Erfassung der Zinsen beim Leasingnehmer ab.

Bei Leasingverträgen über Immobilien, die bis zum 25. Mai 2007 (Tag des Beschlusses des Deutschen Bundestags über das Unternehmensteuerreformgesetz 2008) abgeschlossen worden sind, wird es im Zeitraum bis zur erstmaligen Änderungsmöglichkeit des Leasingvertrags nicht beanstandet, wenn der Leasinggeber in Leasingraten enthaltene Zinsanteile auch ohne Ausweis gegenüber dem Leasingnehmer als Zinserträge im Rahmen der Zinsschranke saldiert. Voraussetzung hierfür ist ein schriftlicher Antrag des Leasinggebers und der Nachweis des enthaltenen Zinsanteils gegenüber den Finanzbehörden.

4. Aufzinsung

27 Die Aufzinsung unverzinslicher oder niedrig verzinslicher Verbindlichkeiten oder Kapitalforderungen führt zu Zinserträgen oder Zinsaufwendungen im Sinne der Zinsschranke (§ 4h Abs. 3 Satz 4 EStG). Ausgenommen sind Erträge anlässlich der erstmaligen Bewertung von Verbindlichkeiten (Abzinsung). Die vom Nennwert abweichende Bewertung von Kapitalforderungen mit dem Barwert führt ebenfalls nicht zu Zinsaufwendungen im Sinne der Zinsschranke. Die Auf- und Abzinsung und Bewertungskorrekturen von Verbindlichkeiten oder Kapitalforderungen mit einer Laufzeit am Bilanzstichtag von weniger als zwölf Monaten bleiben unberücksichtigt.

Beispiel 1 (Endfällige Forderung):

Die V-GmbH liefert am 30.12.01 Waren an die S-GmbH. Der Kaufpreis beträgt 10 Mio. € und ist am 31.12.10 endfällig. Das Wirtschaftsjahr aller Beteiligten entspricht dem Kalenderjahr. Die Voraussetzungen für die Anwendbarkeit der Zinsschranke (Überschreiten der Freigrenze, kein Escape etc.) sind bei allen Beteiligten gegeben.

Lösung:

B1 Die S-GmbH hat die Waren zum Barwert der Kaufpreisverpflichtung angeschafft. Zum Zwecke der Ermittlung des Barwerts kann der Vervielfältiger 0,618 nach Tabelle 2 des BMF-Schreibens vom 26. Mai 2005 (BStBl I S. 699) verwendet werden. Der durch die Neubewertung der Verbindlichkeit zu den nachfolgenden Stichtagen sukzessiv entstehende Aufwand ist Zinsaufwand im Sinne des § 4h Abs. 3 Satz 2 EStG. Im Wirtschaftsjahr 02 entsteht auf diese Weise ein Zinsaufwand in Höhe von 340 T€, im Wirtschaftsjahr 03 von 350 T€, im Wirtschaftsjahr 04 von 380 T€ etc.; im Wirtschaftsjahr 10 wird die Verbindlichkeit vollständig getilgt, und der Zinsaufwand beträgt 520 T€. Der zu berücksichtigende Gesamtzinsaufwand der S-GmbH über die Laufzeit der Verbindlichkeit beläuft sich auf 3,82 Mio. €.

B2 Die V-GmbH hat auf den 31.12.01 eine Forderung gegen die S-GmbH auszuweisen. Die Forderung ist in Höhe der Anschaffungskosten der Forderung, die deren Barwert entspricht, zu bilanzieren. Zur Ermittlung der Anschaffungskosten (Barwert) kann ebenfalls der Vervielfältiger 0,618 nach Tabelle 2 des BMF-Schreibens vom 26. Mai 2005 (a. a. O.) verwendet werden. Der Barwert der Forderung beläuft sich auf 6,18 Mio. €. Der durch die Neubewertung der Forderung zu den nachfolgenden Stichtagen sukzessiv entstehende Ertrag ist Zinsertrag im Sinne des § 4h Abs. 3 Satz 3 EStG. Im Wirtschaftsjahr 02 kommt es zu einem Zinsertrag in Höhe von 340 T €, im Wirtschaftsjahr 03 von 350 T€ etc.. Der berücksichtigungsfähige Gesamtzinsertrag der V-GmbH über die Laufzeit der Forderung beträgt 3,82 Mio. €.

28 Teilwertberichtigungen führen – vorbehaltlich der in Tz. 27 genannten Grundsätze – nicht zu Zinsaufwendungen oder Zinserträgen im Sinne des § 4h Abs. 3 Satz 2 und 3 EStG.

5. Abtretung

a. Abtretung einer Forderung aus der Überlassung von Geldkapital

aa) Unechte Forfaitierung/unechtes Factoring

29 Bei der unechten Forfaitierung bzw. dem unechten Factoring bleibt die Forderung beim Zedenten weiterhin mit ihrem Barwert aktiviert. Der Zedent hat eine verzinsliche Darlehensschuld in Höhe des Nennwerts der gegenüber dem Zessionar bestehenden Rückzahlungsverpflichtung (= Nennwert der abgetretenen Forderung) zu passivieren.

30 In Höhe der Differenz zwischen dem Nennwert der Verbindlichkeit und dem überlassenen Geldkapital hat der Zedent einen aktiven Rechnungsabgrenzungsposten zu bilden. Der Zessionar weist eine Darlehensforderung gegenüber dem Zedenten und einen passiven Rechnungsabgrenzungsposten in entsprechender Höhe aus. Die Rechnungsabgrenzungsposten sind bei Fälligkeitsdarlehen linear aufzulösen. Der hierdurch entstehende Aufwand bzw. Ertrag ist Zinsaufwand bzw. -ertrag im Sinne des § 4h Abs. 3 Satz 2 und 3 EStG. Factoring-Gebühren bzw. Forfaitierungs-Gebühren, die sonstige Kosten – z.B.

für die Übernahme der Debitorenbuchhaltung durch den Zessionar – abdecken, stellen keine Zinsaufwendungen und keine Zinserträge dar. Die Zinsaufwendungen des Zedenten vermindern sich um Factoring-Gebühren bzw. Forfaitierungs-Gebühren nur insoweit, als er eine ordnungsgemäße Rechnung des Zessionars über diese Beträge vorlegt.

Beispiel 2 (Abtretung endfälliger Forderung):

Die V-GmbH verkauft ihre endfällige Forderung gegen die S-GmbH aus Beispiel 1 noch am 30.12.01 an die K-GmbH und tritt sie mit sofortiger Wirkung ab. Der Kaufpreis beträgt 6,0 Mio. € und wird sofort gezahlt. Das Risiko der Zahlungsunfähigkeit der S-GmbH trägt laut Kaufvertrag weiterhin die V-GmbH. Ein gesonderter Abschlag für Inkassokosten etc. ist nicht vereinbart worden. Das Wirtschaftsjahr aller Beteiligten entspricht dem Kalenderjahr. Die Voraussetzungen für die Anwendbarkeit der Zinsschranke (Überschreiten der Freigrenze, kein Escape etc.) sind bei allen Beteiligten gegeben.

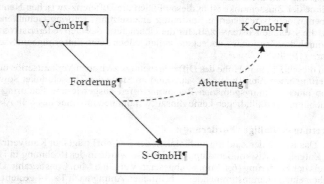

Lösung:

B3 Die bilanzielle Behandlung der Verbindlichkeit der S-GmbH gegenüber der VGmbH wird von der Forderungsabtretung nicht berührt. Das Bilanzbild und die Ergebnisentwicklung entsprechen jener in Tz. B1. Der zu berücksichtigende Gesamtzinsaufwand der S-GmbH über die Laufzeit der Verbindlichkeit beträgt unverändert 3,82 Mio. €.

B4 Die V-GmbH hat auf den 31.12.01 – neben der Forderung gegen die S-GmbH (siehe Tz. B2) – nunmehr eine Darlehensverbindlichkeit in Höhe von 10,0 Mio. € gegenüber der K-GmbH sowie einen aktiven Rechnungsabgrenzungsposten in Höhe von 4,0 Mio. € auszuweisen:

V-GmbH	Aktiva		Passiva	
31.12.01	Forderung gg.S-GmbH	6.180.000	EK	6.180.000
	Bankguthaben	6.000.000	Darlehensverbindlichkeit	10.000.000
	aktiver RAP			
		16.180.000		16.180.000

B5 Die Darlehensverbindlichkeit unterliegt keiner Abzinsung nach § 6 Abs. 1 Nr. 3 EStG, da sie verzinslich ist. Zu den nachfolgenden Abschlussstichtagen entstehen durch die Neubewertung der Forderung Erträge, die über die Gesamtlaufzeit zu einem Zinsertrag im Sinne des § 4h Abs. 3 Satz 3 EStG in Höhe von 3,82 Mio. € führen (siehe Tz. B2). Der aktive Rechnungsabgrenzungsposten ist linear (endfällige Verbindlichkeit) über die Laufzeit der Darlehensverbindlichkeit aufzulösen und führt jährlich zu einem Zinsaufwand im Sinne des § 4h Abs. 3 Satz 2 EStG in Höhe von 444.444 €. Über die Laufzeit der Darlehensverbindlichkeit kommt es bei V insgesamt zu einem Zinsaufwand von 180 T€.

B6 Die K-GmbH erwirbt durch den Forderungskauf eine Darlehensforderung gegen die V-GmbH. Das Bilanzbild stellt sich auf den 31.12.01 wie folgt dar:

K-GmbH	Aktiva		Passiva	
31.12.01	Forderung gg.V-GmbH	10.000.000	Bank	6.000.000
			passiver RAP	4.000.000
		10.000.000		10.000.000

B7 Die Darlehensforderung unterliegt keiner Bewertungskorrektur nach § 6 Abs. 1 Nr. 2 EStG, da sie verzinslich ist. Der passive Rechnungsabgrenzungsposten ist linear (endfällige Forderung) über die Laufzeit der Forderung aufzulösen und führt jährlich zu einem Zinsertrag im Sinne des § 4h Abs. 3 Satz 3 EStG in Höhe von 444.444 €.

31 Erfolgt die Tilgung der (abgetretenen) Forderung in Raten, sind die Rechnungsabgrenzungsposten nach der Zinsstaffelmethode aufzulösen.

bb) Echte Forfaitierung/echtes Factoring

32 Bei der echten Forfaitierung bzw. dem echten Factoring übernimmt der Zessionar das Risiko der Uneinbringlichkeit der abgetretenen Forderung. Die Forderung ist bilanziell bei ihm zu aktivieren. Die Abtretung gilt nur auf übereinstimmenden schriftlichen Antrag von Zessionar und Zedent im Sinne von Tz. 14 als Überlassung von Fremdkapital im Sinne von § 4h Abs. 3 Satz 2 EStG. Als Zinsertrag des Zessionars im Sinne der Zinsschranke ist in diesen Fällen die Differenz zwischen Nennwert und Kaufpreis der erworbenen bereits realisierten Forderung anzusetzen. Factoring-Gebühren bzw. Forfaitierungs-Gebühren, die sonstige Kosten – z. B. für die Übernahme des Delkredererisikos und der Debitorenbuchhaltung durch den Zessionar – abdecken, stellen jedoch keine Zinserträge im Sinne des § 4h Abs. 3 Satz 3 EStG dar.

33 Der Zedent hat in diesen Fällen in Höhe des Differenzbetrags zwischen Verkaufserlös und Buchwert der verkauften Forderung einen Zinsertrag bzw. -aufwand im Sinne der Zinsschranke. Soweit dieser Differenzbetrag auf in einer ordnungsgemäßen Rechnung offen ausgewiesene Factoring-Gebühren bzw. Forfaitierungs-Gebühren entfällt, liegen keine Zinsaufwendungen im Sinne des § 4h Abs. 3 Satz 2 EStG vor.

Beispiel 3 (Abtretung endfälliger Forderung):
Siehe Beispiel 2. Das Risiko der Zahlungsunfähigkeit der S-GmbH trägt laut Kaufvertrag die K-GmbH. Ein gesondertes Entgelt für Risikoübernahme und Inkasso wurde in der Rechnung in Höhe von 100 T€ von dem Kaufpreis der Forderung (6,1 Mio. €) abgesetzt. V erhält 6 Mio. € ausbezahlt. Die V-GmbH und die K-GmbH haben einen übereinstimmenden schriftlichen Antrag nach Tz. 14 gestellt.

Lösung:
B8 Die bilanzielle Behandlung der Verbindlichkeit der S-GmbH gegenüber der VGmbH wird von der Forderungsabtretung nicht berührt. Das Bilanzbild und die Ergebnisentwicklung entsprechen jener in Tz. B1. Der zu berücksichtigende Gesamtzinsaufwand der S-GmbH über die Laufzeit der Verbindlichkeit beträgt 3,82 Mio. €.

B9 Die V-GmbH hat die Forderung auszubuchen und den Verkaufserlös einzubuchen. In Höhe der Wertdifferenz zwischen dem Buchwert der abgetretenen Forderung und dem Verkaufspreis kommt es zu einem Zinsaufwand bzw. einem Zinsertrag im Sinne der Zinsschranke. Bei der V-GmbH entsteht damit ein sofort zu berücksichtigender Zinsaufwand im Sinne von § 4h Abs. 3 Satz 2 EStG in Höhe von 80 T€ (= 6,1 Mio. € ./. 6,18 Mio. €). In Höhe der offen in der Rechnung ausgewiesenen Gebühren für Risikoübernahme und Inkasso entstehen sofort abziehbare Betriebsausgaben in Höhe von 100 T€, die keine Zinsaufwendungen im Sinne des § 4h Abs. 3 Satz 2 EStG sind.

B10 Die K-GmbH erwirbt eine Forderung gegen die S-GmbH und realisiert einen Ertrag in Höhe von 100 T€ für Risikoübernahme und Inkasso. Die Forderung gegen die S-GmbH ist zum 31.12.01 mit 6,1 Mio. € zu bilanzieren. Zu den nachfolgenden Bilanzstichtagen ist die Forderung grundsätzlich mit ihren Anschaffungskosten von 6,1 Mio. € zu bewerten. Bei Erfüllung der Forderung im Wirtschaftsjahr 10 realisiert die K-GmbH einen Zinsertrag im Sinne von § 4h Abs. 3 Satz 3 EStG in Höhe von 3,9 Mio. €.

34 In den Fällen der echten Forfaitierung/des echten Factorings einer ratenweise zu tilgenden Forderung ist sinngemäß zu verfahren.

b. Abtretung einer Forderung aus schwebenden Geschäften

35 Im Falle der Abtretung einer noch nicht realisierten Geldforderung aus einem Dauerschuldverhältnis ergeben sich vor der Abtretung keine Zinsaufwendungen oder -erträge im Sinne der Zinsschranke aus der Auf- oder Abzinsung der Forderung und Verbindlichkeit, da diese bilanziell noch nicht erfasst sind.

aa) Unechte Forfaitierung

36 Die Abtretung einer Forderung zu einem Betrag unter dem Nennwert ist eine eigenständige Überlassung von Fremdkapital im Sinne des § 4h Abs. 3 Satz 2 EStG, wenn der Vorgang bilanziell als Darlehensgeschäft auszuweisen ist (sog. unechte Forfaitierung). Bei der Ermittlung der Zinsaufwendungen und Zinserträge aus der Abtretung einer Forderung im o. g. Sinne sind die Grundsätze zur Abtretung einer Forderung aus der Überlassung von Geldkapital (siehe Tz. 29 ff.) und des BMF-Schreibens vom 9. Ja-

nuar 1996 (BStBl I S. 9) zu beachten. Der Zedent hat in Höhe der Differenz zwischen dem Nennwert der Darlehensschuld und dem überlassenen Geldkapital einen aktiven Rechnungsabgrenzungsposten zu bilden, der nach der Zinsstaffelmethode aufzulösen ist. Der hierdurch entstehende Aufwand ist Zinsaufwand im Sinne des § 4h Abs. 3 Satz 2 EStG. Der Zessionar hat einen Zinsertrag im Sinne des § 4h Abs. 3 Satz 3 EStG in entsprechender Höhe. Factoring-Gebühren bzw. Forfaitierungs-Gebühren, die sonstige Kosten – z. B. für die Übernahme der Debitorenbuchhaltung durch den Zessionar – abdecken, stellen keine Zinsaufwendungen und keine Zinserträge im Sinne des § 4h Abs. 3 Satz 2 und 3 EStG dar. Die Zinsaufwendungen des Zedenten vermindern sich um Forfaitierungs-Gebühren nur insoweit, als er eine ordnungsgemäße Rechnung des Zessionars über diese Beträge vorlegt.

Beispiel 4 (Unechte Forfaitierung einer Mietforderung):

Die V-GmbH überlässt der S-GmbH ab dem 01.01.01 ein Grundstück zur Miete. Der Mietvertrag ist bis zum 31.12.10 befristet. Der jährlich auf den 01.01. zu entrichtende Mietzins beträgt 1 Mio. €. Die V-GmbH verkauft sämtliche noch nicht beglichenen Mietzinsansprüche mit einem Nennwert von 9 Mio. € am 30.12.01 an die K-GmbH und tritt sie mit sofortiger Wirkung ab. Der Kaufpreis beträgt 7,5 Mio. € und wird sofort gezahlt. Das Risiko der Zahlungsunfähigkeit der S-GmbH trägt laut Kaufvertrag weiterhin die V-GmbH. Ein gesonderter Abschlag für Inkassokosten etc. ist nicht vereinbart worden. Das Wirtschaftsjahr aller Beteiligten entspricht dem Kalenderjahr. Die Voraussetzungen für die Anwendbarkeit der Zinsschranke (Überschreiten der Freigrenze, kein Escape etc.) sind bei allen Beteiligten gegeben.

Lösung:

B11 Die S-GmbH als Mieterin bilanziert ihre zukünftigen, wirtschaftlich noch nicht entstandenen Verbindlichkeiten aus dem Mietvertrag nicht. Der von ihr für das jeweils laufende Wirtschaftsjahr entrichtete Mietzins für den Gebrauch der Mietsache führt unmittelbar zu Mietaufwand.

B12 Die V-GmbH hat der K-GmbH gegenüber eine Darlehensverbindlichkeit in Höhe des Nennwerts der veräußerten Mietzinsansprüche zu passivieren. Sie vereinnahmt den Mietzins bei Zahlung durch die S-GmbH erfolgswirksam als Mietertrag, der in voller Höhe als sofort an die K-GmbH weitergeleitet gilt. Die Darlehensverbindlichkeit mindert sich um den jeweiligen Mietzins. In Höhe der Differenz zwischen dem Nennwert der abgetretenen Mietzinsansprüche und dem Kaufpreis ist ein aktiver Rechnungsabgrenzungsposten in Höhe von 1,5 Mio. € zu bilden, der entsprechend der Zinsstaffelmethode aufzulösen ist und zu Zinsaufwand im Sinne des § 4h Abs. 3 Satz 2 EStG führt. Der zu berücksichtigende Gesamtzinsaufwand im Sinne des § 4h Abs. 3 Satz 2 EStG der V-GmbH beläuft sich im Beispielsfall auf 1,5 Mio. €.

B13 Die K-GmbH aktiviert eine (Darlehens-)Forderung in Höhe des Nennwerts der Mietzinsansprüche gegen die V-GmbH und passiviert einen Rechnungsabgrenzungsposten in Höhe der Differenz zwischen Nennwert und Kaufpreis, der entsprechend der Zinsstaffelmethode aufzulösen ist. Der Gesamtzinsertrag im Sinne des § 4h Abs. 3 Satz 3 EStG der K-GmbH über die Laufzeit der erworbenen Forderung beträgt 1,5 Mio. €.

bb) Echte Forfaitierung

In den Fällen, in denen der Zessionar zusätzlich das Risiko der Zahlungsunfähigkeit des Schuldners der **37** abgetretenen Forderung übernimmt (sog. echte Forfaitierung) gilt die Abtretung einer Forderung zu einem Betrag unter dem Nennwert nach Tz. 14 nur auf übereinstimmenden schriftlichen Antrag von Zessionar und Zedent als eigenständige Überlassung von Fremdkapital im Sinne von § 4h Abs. 3 Satz 2 EStG.

Als Zinsertrag des Zessionars im Sinne des § 4h Abs. 3 Satz 3 EStG ist in diesen Fällen die Differenz **38** zwischen den vereinnahmten Erlösen aus dem Dauerschuldverhältnis (z. B. Mieterträge) und dem Kaufpreis der Forderung anzusetzen. Forfaitierungs-Gebühren, die sonstige Kosten – z. B. für die Übernahme des Delkredererisikos und der Debitorenbuchhaltung durch den Zessionar – abdecken, stellen jedoch keine Zinserträge im Sinne des § 4h Abs. 3 Satz 3 EStG dar.

Der Zedent hat in Höhe des Differenzbetrags zwischen Verkaufserlös und Nennwert der verkauften **39** Forderung einen Zinsaufwand bzw. einen Zinsertrag im Sinne der Zinsschranke. Soweit dieser Differenzbetrag auf in einer ordnungsgemäßen Rechnung offen ausgewiesene Forfaitierungs-Gebühren entfällt, liegen keine Zinsaufwendungen im Sinne des § 4h Abs. 3 Satz 2 EStG vor.

Beispiel 5 (Echte Forfaitierung einer Mietforderung):

Siehe Beispiel 4. Das Risiko der Zahlungsunfähigkeit der S-GmbH trägt laut Kaufvertrag die K-GmbH. Ein gesondertes Entgelt für die Risikoübernahme wurde nicht vereinbart. Die V-GmbH und die K-GmbH haben einen übereinstimmenden schriftlichen Antrag nach Tz. 14 gestellt.

Lösung:

B14 Die S-GmbH als Mieterin bilanziert ihre Verbindlichkeit aus dem Mietvertrag in der Regel nicht. Der von ihr entrichtete Mietzins für den Gebrauch der Mietsache führt unmittelbar zu Aufwand, der kein Zinsaufwand im Sinne der Zinsschranke ist.

B15 Es ist für Zwecke der Zinsschranke abweichend von den allgemeinen bilanzsteuerlichen Grundsätzen davon auszugehen, dass die V-GmbH eine Mieteinnahme in Höhe des Nennbetrags der (Summe der) abgetretenen Mietforderungen vereinnahmt. In Höhe des Differenzbetrags zwischen dem Nennbetrag der abgetretenen Mietforderungen und dem vereinnahmten Kaufpreis entsteht gleichzeitig ein Zinsaufwand der V-GmbH im Sinne des § 4h Abs. 3 Satz 2 EStG. Der zu berücksichtigende Gesamtzinsaufwand der V-GmbH beläuft sich im Beispielsfall somit auf 1,5 Mio. €. Der durch die Mieteinnahme erlöste Ertrag und der Gesamtzinsaufwand sind über die Laufzeit des Mietvertrags wie ein Rechnungsabgrenzungsposten auf die Wirtschaftsjahre linear zu verteilen.

B16 Die K-GmbH aktiviert die erworbenen Forderungen gegen die S-GmbH in Höhe des Kaufpreises. Der vereinnahmte Mietzins ist in einen Zinsanteil und einen Tilgungsanteil aufzuteilen. Die Ermittlung des Zinsanteils pro Rate erfolgt nach allgemeinen bilanzsteuerrechtlichen Grundsätzen. Der danach ermittelte Zinsanteil stellt Zinsertrag im Sinne des § 4h Abs. 3 Satz 3 EStG dar. Die Forderung vermindert sich um den Tilgungsanteil. Der Gesamtzinsertrag beträgt im Beispielsfall 1,5 Mio. €.

6. Steuerliches EBITDA

40 Die Zinsaufwendungen eines Betriebs sind in Höhe des Zinsertrags abziehbar, darüber hinaus ist der Abzug auf 30 Prozent des um den Zinsertrag und um den nach § 6 Abs. 2 Satz 1, § 6 Abs. 2a Satz 2 und § 7 EStG abgesetzten Beträge erhöhten und um die Zinserträge verminderten maßgeblichen Gewinns bzw. des maßgeblichen Einkommens begrenzt (sog. steuerliches EBITDA).

Bei Personenunternehmen ist maßgeblicher Gewinn der nach den Vorschriften des EStG mit Ausnahme von § 4h Abs. 1 EStG ermittelte steuerpflichtige Gewinn (§ 4h Abs. 3 Satz 1 EStG):

Steuerpflichtiger Gewinn vor Anwendung des § 4h EStG

./. Zinserträge
+ Zinsaufwendungen
+ Abschreibungen nach § 6 Abs. 2 und 2a sowie § 7 EStG
= steuerliches EBITDA.

41 Bei Körperschaften tritt an die Stelle des maßgeblichen Gewinns das nach den Vorschriften des EStG und des KStG mit Ausnahme der §§ 4h, 10d EStG und § 9 Abs. 1 Satz 1 Nr. 2 KStG ermittelte Einkommen. Das steuerliche EBITDA einer Körperschaft wird insbesondere durch verdeckte Gewinnausschüttungen erhöht und durch Dividenden und Veräußerungsgewinne vermindert, soweit diese nach § 8b KStG steuerfrei sind:

Einkommen der Körperschaft im Sinne des § 8 Abs. 1 KStG vor Anwendung des § 4h EStG

./. Zinserträge
+ Zinsaufwendungen
+ Abschreibungen nach § 6 Abs. 2 und 2a sowie § 7 EStG
+ Verlustabzug im Sinne von § 10d EStG (Verlustrück- und -vortrag)
+ Spendenabzug im Sinne von § 9 Abs. 1 Satz 1 Nr. 2 KStG
= steuerliches EBITDA.

42 Das steuerliche EBITDA ist betriebsbezogen zu ermitteln. Zinsaufwendungen, Zinserträge, Abschreibungen und Anteile am maßgeblichen Gewinn, die in das steuerliche EBITDA einer Mitunternehmerschaft einfließen, finden deshalb beim Mitunternehmer nicht nochmals Berücksichtigung.

43 Hält ein Gesellschafter einer vermögensverwaltenden Personengesellschaft seine Beteiligung im Betriebsvermögen (sog. Zebragesellschaft), kommt die Zinsschranke auf der Ebene des Gesellschafters zur Anwendung. Zinsaufwendungen, Zinserträge und Abschreibungen der Personengesellschaft und die Beteiligungseinkünfte sind anteilig beim Gesellschafter im Rahmen seiner Gewinneinkünfte zu berücksichtigen.

44 Bei einer KGaA ist zur Ermittlung des maßgeblichen Einkommens im Sinne des § 8a Abs. 1 KStG die Vorschrift des § 9 Abs. 1 Satz 1 Nr. 1 KStG nicht anzuwenden. Hinsichtlich eventueller Sondervergütungen ist § 8a Abs. 2 und 3 KStG zu prüfen. Bei der Bildung des steuerlichen EBITDA des persönlich haftenden Gesellschafters bleibt der Gewinnanteil unberücksichtigt.

Zinsaufwendungen und Zinserträge im Sinne des § 4h Abs. 3 EStG einer Organgesellschaft sind beim **45** Organträger im Rahmen des § 4h Abs. 1 EStG zu berücksichtigen (§ 15 Satz 1 Nr. 3 Satz 3 KStG). Entsprechendes gilt für Abschreibungen nach § 6 Abs. 2 Satz 1, § 6 Abs. 2a Satz 2 und § 7 EStG.

7. Zinsvortrag

Die nicht abziehbaren Zinsaufwendungen eines Veranlagungszeitraums sind nach § 4h Abs. 1 Satz 2 **46** EStG in die folgenden Wirtschaftsjahre vorzutragen (Zinsvortrag). Sie erhöhen die Zinsaufwendungen dieser Wirtschaftsjahre und können dazu führen, dass im Vortragsjahr die Freigrenze nach § 4h Abs. 2 Satz 1 Buchstabe a EStG überschritten wird.

Nach § 4h Abs. 5 EStG geht ein nicht verbrauchter Zinsvortrag bei Aufgabe oder Übertragung des Be- **47** triebs unter. Bei Aufgabe oder Übertragung eines Teilbetriebs geht der Zinsvortrag anteilig unter. Als Aufgabe eines Teilbetriebs gilt auch das Ausscheiden einer Organgesellschaft aus dem Organkreis.

Die Nutzung eines vororganschaftlichen Zinsvortrags der Organgesellschaft ist während der Organ- **48** schaft nicht zulässig; die Grundsätze zu § 15 Satz 1 Nr. 1 KStG gelten entsprechend.

Der Zinsvortrag ist gemäß § 4h Abs. 4 Satz 1 EStG gesondert festzustellen. Der Feststellungsbescheid ist **49** für jeden Betrieb an den Betriebsinhaber (Personengesellschaft, Körperschaft) zu richten, bei Einzelunternehmern an diesen unter Bezeichnung des Betriebs. Bei Mitunternehmerschaften sind diese selbst Adressaten des Feststellungsbescheids, nicht die Mitunternehmer. Bei Betrieben gewerblicher Art ist der Feststellungsbescheid an dessen Rechtsträger unter Bezeichnung des Betriebs zu richten.

8. Mitunternehmerschaften

Zu Sonderbetriebsvermögen und Sondervergütungen von Mitunternehmern siehe Tz. 6 und 19. **50**

Die Ermittlung der nicht abziehbaren Zinsaufwendungen erfolgt betriebsbezogen. Nicht abziehbare **51** Zinsaufwendungen sind den Mitunternehmern auch dann nach dem allgemeinen Gewinnverteilungsschlüssel zuzurechnen, wenn es sich um Zinsaufwendungen aus dem Sonderbetriebsvermögensbereich eines Mitunternehmers handelt.

Bei Ausscheiden eines Mitunternehmers aus einer Gesellschaft geht der Zinsvortrag anteilig mit der **52** Quote unter, mit der der ausgeschiedene Mitunternehmer an der Gesellschaft beteiligt war (§ 4h Abs. 5 Satz 2 EStG).

Beispiel:

An der ABC-OHG sind die A-GmbH zu 10 %, die B-GmbH zu 60 %, die CGmbH zu 30 % beteiligt. Alle Gesellschaften gehören einem Konzern an. Der Gewinnverteilungsschlüssel der OHG richtet sich nach den Beteiligungsquoten. Der Gewinn der OHG (Gesamthandsbereich) beträgt am 31.12.01 10 Mio. €. Die A-GmbH hat ihre Beteiligung fremdfinanziert. Es entstehen bis zum 31.12.01 im Sonderbetriebsvermögensbereich der A-GmbH Sonderbetriebsausgaben in Höhe von 7 Mio. €. Der OHG gelingt der Escape nicht.

Am 01.01.02 scheidet a) die A-GmbH b) die C-GmbH aus.

Lösung:

1. Gewinnverteilung:

		A (10 %)	B (60 %)	C (30 %)
Gesamthand	10.000.000	1.000.000	6.000.000	3.000.000
SBA	./. 7.000.000	./. 7.000.000		
Gewinn	3.000.000	./. 6.000.000	6.000.000	3.000.000

2. Ermittlung der abziehbaren Zinsen

Der maßgebliche Gewinn beträgt 3 Mio. € + 7 Mio. € = 10 Mio. €.

Die abziehbaren Zinsen betragen 10 Mio. € * 30% = 3 Mio. €.

3. Ermittlung des Zinsvortrags:

7 Mio. € ./. 3 Mio. € = 4 Mio. €.

4. Gewinnverteilung nach Anwendung der Zinsschranke:

		A (10 %)	B (60 %)	C (30 %)
Gesamthand	10.000.000	1.000.000	6.000.000	3.000.000
SBA		./. 7.000.000	./. 7.000.000		
	3.000.000	./. 6.000.000	6.000.000	3.000.000
Nicht abziehbare Zinsen	4.000.000	4.000.000	2.400.000	1.200.000
Gewinn	7.000.000	5.600.000	8.400.000	4.200.000

5. Untergehender Zinsvortrag nach § 4h Abs. 5 Satz 2 EStG:
a) bei Ausscheiden der A-GmbH: 4 Mio. € * 10/100 = 0,4 Mio. €,
b) bei Ausscheiden der C-GmbH: 4 Mio. € * 30/100 = 1,2 Mio. €.

9. Organschaften

53 Zur Behandlung der Organschaft als Betrieb siehe Tz. 10 und 65.

54 Zur Freigrenze bei Organschaft siehe Tz. 57.

III. Ausnahmetatbestände (§ 4h Abs. 2 EStG)

1. Freigrenze

55 Die Zinsschranke kommt nicht zur Anwendung, wenn die die Zinserträge übersteigenden Zinsaufwendungen (Zinssaldo) weniger als eine Million Euro betragen (Freigrenze des § 4h Abs. 2 Satz 1 Buchstabe a EStG).

56 Die Freigrenze ist betriebsbezogen. Sie gilt auch für Körperschaften, Personenvereinigungen und Vermögensmassen (§ 8a Abs. 1 KStG).

57 Die Freigrenze wird für den Organkreis nur einmal gewährt.

58 Die Freigrenze bezieht sich auf das jeweilige Wirtschaftsjahr des Betriebs.

2. Konzernzugehörigkeit

59 Der Zinsschranke liegt ein erweiterter Konzernbegriff zugrunde. Ein Betrieb kann nur durch einen Rechtsträger beherrscht werden. Ob ein Betrieb konzernzugehörig ist, bestimmt sich regelmäßig nach § 4h Abs. 3 Satz 5 EStG (Grundfall). Ein Betrieb gehört danach zu einem Konzern, wenn er nach dem einschlägigen Rechnungslegungsstandard in einen Konzernabschluss einzubeziehen ist oder einbezogen werden könnte.

60 Liegt kein Konzern im Sinne des § 4h Abs. 3 Satz 5 EStG vor, sind die Voraussetzungen des § 4h Abs. 3 Satz 6 EStG (sog. Gleichordnungskonzern) zu prüfen. Voraussetzung für einen Gleichordnungskonzern ist, dass die Finanz- und Geschäftspolitik eines Betriebs mit einem oder mehreren anderen Betrieben einheitlich bestimmt werden kann. Ein Konzern kann somit auch dann vorliegen, wenn eine natürliche Person an der Spitze des Konzerns steht und die Beteiligungen an den beherrschten Rechtsträgern im Privatvermögen gehalten werden. Auch eine vermögensverwaltend tätige Gesellschaft kann Konzernspitze sein. In den Fällen, in denen die Konzernspitze selbst keinen Betrieb im Sinne des § 4h Abs. 1 EStG darstellt oder unterhält, sind in den Konzernabschluss nur die beherrschten Betriebe einzubeziehen. Zur Frage der Gesellschafterfremdfinanzierung in diesen Fällen siehe Tz 80.

61 Gemeinschaftlich geführte Unternehmen nach § 310 HGB oder vergleichbare Unternehmen, die nach anderen zur Anwendung kommenden Rechnungslegungsstandards (z. B. IAS 31) nur anteilmäßig in den Konzernabschluss einbezogen werden, gehören für Zwecke der Zinsschranke nicht zu einem Konzern. Gleiches gilt für assoziierte Unternehmen (§ 311 HGB) oder diesen vergleichbare Unternehmen.

62 Ein Einzelunternehmer mit mehreren Betrieben begründet für sich noch keinen Konzern im Sinne der Zinsschranke.

63 Ergibt sich die Gewerblichkeit eines Besitzunternehmens nur aufgrund einer personellen und sachlichen Verflechtung mit dem Betriebsunternehmen (Betriebsaufspaltung), liegt ebenfalls kein Konzern im Sinne der Zinsschranke vor.

64 Ein Einzelunternehmer oder eine Gesellschaft begründet nicht bereits deshalb einen Konzern, weil er oder sie eine oder mehrere Betriebsstätten im Ausland hat. Für die Dotation der Betriebsstätte mit Eigenkapital gelten die Betriebsstätten- Verwaltungsgrundsätze nach dem BMF-Schreiben vom 24. Dezember 1999 (BStBl I S. 1076).

Ein Organkreis gilt als ein Betrieb (§ 15 Satz 1 Nr. 3 KStG) und bildet für sich allein keinen Konzern im 65
Sinne der Zinsschranke.

Bei einer GmbH & Co. KG gelten die KG und die als Komplementär allein haftende GmbH als ein Be- 66
trieb im Sinne der Zinsschranke, wenn sich die Tätigkeit der GmbH – neben ihrer Vertretungsbefugnis –
in der Übernahme der Haftung und Geschäftsführung für die KG erschöpft und weder die KG noch die
als Komplementär allein haftende GmbH anderweitig zu einem Konzern gehören. Die GmbH & Co. KG
ist in diesen Fällen nicht als Konzern anzusehen. Das gilt nicht, wenn die GmbH darüber hinaus eine
eigene Geschäftstätigkeit entfaltet. Dies ist z. B. dann anzunehmen, wenn ihr nach den Grundsätzen
dieses Schreibens Zinsaufwendungen zuzuordnen sind. Entsprechendes gilt bei Gesellschaften in
Rechtsformen, die der GmbH & Co. KG vergleichbar sind (z. B. die Limited & Co. KG).

Zweckgesellschaften sind für Zwecke der Zinsschranke konzernangehörige Betriebe, wenn nach dem 67
jeweils zur Anwendung kommenden Rechnungslegungsstandard eine Konsolidierung in den Konzernabschluss zu erfolgen hat. In den Fällen des Gleichordnungskonzerns nach § 4h Abs. 3 Satz 6 EStG sind
Zweckgesellschaften dann als konzernangehörig anzusehen, wenn ihre Finanz- und Geschäftspolitik mit
einem oder mehreren anderen Betrieben einheitlich bestimmt werden kann.

Verbriefungszweckgesellschaften im Rahmen von Asset-Backed-Securities- Gestaltungen, deren Unternehmensgegenstand in dem rechtlichen Erwerb von Forderungen aller Art und/oder der Übernahme
von Risiken aus Forderungen und Versicherungen liegt, gelten für Zwecke der Zinsschranke nicht als
konzernangehörige Unternehmen, wenn eine Einbeziehung in den Konzernabschluss allein aufgrund
einer wirtschaftlichen Betrachtungsweise unter Berücksichtigung der Nutzen- und Risikoverteilung erfolgt ist.

Für die Frage, ob und zu welchem Konzern ein Betrieb gehört, ist grundsätzlich auf die Verhältnisse am 68
vorangegangenen Abschlussstichtag abzustellen. Das gilt auch für die Fälle des unterjährigen Erwerbs
oder der unterjährigen Veräußerung von Gesellschaften.

Bei Neugründung einer Gesellschaft, einschließlich der Neugründung durch Umwandlung, gilt die Gesellschaft ab dem Zeitpunkt der Neugründung für Zwecke der Zinsschranke als konzernangehörig. Entsteht ein Konzern im Sinne des § 4h Abs. 3 Satz 5 und 6 EStG neu, gelten die einzelnen Betriebe erst zum
folgenden Abschlussstichtag als konzernangehörig.

3. Eigenkapitalvergleich bei konzernzugehörigen Betrieben (Escape- Klausel)

Nach § 4h Abs. 2 Satz 1 Buchstabe c Satz 2 EStG unterliegt der Zinsabzug nicht den Beschränkungen des 69
§ 4h Abs. 1 EStG, wenn die Eigenkapitalquote des Betriebs die Eigenkapitalquote des Konzerns um
nicht mehr als einen Prozentpunkt unterschreitet. Die Eigenkapitalquote ermittelt sich als Verhältnis des
Eigenkapitals zur Bilanzsumme (§ 4h Abs. 2 Satz 1 Buchstabe c Satz 3 EStG).

Für die Anwendung der Escape-Klausel ist auf die Eigenkapitalquote am vorangegangenen Abschluss- 70
stichtag abzustellen (§ 4h Abs. 2 Satz 1 Buchstabe c Satz 1 EStG). Bei Neugründung eines Betriebs wird
ausnahmsweise auf das Eigenkapital in der Eröffnungsbilanz abgestellt. Die Eigenkapitalquote des Betriebs ist mit der Eigenkapitalquote des Konzerns am vorangegangenen Abschlussstichtag zu vergleichen. Der Konzernabschluss wird nicht um den neu gegründeten Betrieb erweitert.

Weicht der Abschlussstichtag des Betriebs vom Abschlussstichtag des Konzerns ab, ist für den Vergleich
der Eigenkapitalquoten derjenige Abschluss des Betriebs maßgeblich, der in den Konzernabschluss
eingegangen ist. Es kann sich dabei um einen Zwischenabschluss handeln (vgl. z. B. bei Abschlüssen
nach dem Handelsgesetzbuch § 299 Abs. 2 HGB).

Für den Eigenkapitalvergleich sind der bestehende Konzernabschluss und der bestehende Abschluss des 71
Betriebs zugrunde zu legen. Die für den Eigenkapitalvergleich erforderlichen Korrekturen von Eigenkapital und Bilanzsumme des Konzernabschlusses oder/und des Abschlusses des Betriebs sind außerhalb des Abschlusses in einer Nebenrechnung vorzunehmen.

Bestehende Konzernabschlüsse werden in den Fällen des § 4h Abs. 3 Satz 5 EStG grundsätzlich un- 72
verändert für den Eigenkapitalvergleich herangezogen, wenn sie nach den §§ 291, 292 und 315a HGB
befreiende Wirkung haben. Sie müssen nicht um diejenigen konzernzugehörigen Betriebe erweitert
werden, die zulässigerweise - etwa nach § 296 HGB - nicht in den Konzernabschluss aufgenommen
wurden; diese Betriebe sind dessen ungeachtet konzernangehörige Betriebe im Sinne des § 4h Abs. 2
Satz 1 Buchstabe c EStG.

Konsolidierte Verbriefungszweckgesellschaften sind zur Ermittlung der Eigenkapitalquote des Konzerns aus dem Konzernabschluss herauszurechnen, wenn sie für Zwecke der Zinsschranke als nicht
konzernangehörig gelten.

Für gemeinschaftlich geführte Unternehmen darf ein Wahlrecht auf anteilmäßige Konsolidierung (Quotenkonsolidierung) für Zwecke der Zinsschranke nicht ausgeübt werden. Die Eigenkapitalquote des Konzernabschlusses ist ggf. entsprechend anzupassen.

Eine Korrektur des Konzernabschlusses um Verbriefungszweckgesellschaften und gemeinschaftlich geführte Unternehmen kann unterbleiben, sofern sich dadurch keine erheblichen Veränderungen der Konzerneigenkapitalquote ergäben.

73 Bei der Ermittlung der Eigenkapitalquote des Betriebs sind Vermögensgegenstände und Schulden, einschließlich Rückstellungen, Bilanzierungshilfen, Rechnungsabgrenzungsposten u. Ä., sofern sie im Konzernabschluss enthalten sind, mit den dort abgebildeten Werten anzusetzen. Ein im Konzernabschluss enthaltener Firmenwert und im Rahmen eines Beteiligungserwerbs mitbezahlte stille Reserven der Beteiligungsgesellschaft sind dem Betrieb zuzuordnen, soweit sie auf diesen entfallen. Die Bilanzsumme des Betriebs ist ggf. anzupassen.

74 Die in § 4h Abs. 2 Satz 1 Buchstabe c Satz 5 EStG vorgesehene Kürzung der Anteile an anderen inländischen und ausländischen Konzerngesellschaften umfasst auch die Beteiligungen an Mitunternehmerschaften. Die Beteiligungshöhe ist unmaßgeblich.

Eine Kürzung um eigene Anteile und um Anteile an nicht konzernangehörigen Gesellschaften unterbleibt.

75 Bei der Ermittlung der Eigenkapitalquote des Betriebs ist das nach den jeweils relevanten Rechnungslegungsstandards ermittelte Eigenkapital um folgende Größen zu modifizieren (§ 4h Abs. 2 Satz 1 Buchstabe c Satz 5 bis 7 EStG):

+   im Konzernabschluss enthaltener Firmenwert, soweit er auf den Betrieb entfällt,

+ ./. Korrektur der Wertansätze der Vermögensgegenstände und Schulden (Ausweis – vorbehaltlich der Tz. 73 - mit den im Konzernabschluss enthaltenen Werten),

+   die Hälfte des Sonderpostens mit Rücklageanteil (§ 273 HGB),

./. Eigenkapital, das keine Stimmrechte vermittelt – mit Ausnahme von Vorzugsaktien –,

./. Anteile an anderen Konzerngesellschaften,

./. Einlagen der letzten sechs Monate vor dem maßgeblichen Abschlussstichtag, soweit ihnen Entnahmen oder Ausschüttungen innerhalb der ersten sechs Monate nach dem maßgeblichen Abschlussstichtag gegenüberstehen;

+ ./. Sonderbetriebsvermögen ist dem Betrieb der Mitunternehmerschaft zuzuordnen.

76 Die Bilanzsumme des Betriebs ist wie folgt zu verändern:

+   im Konzernabschluss enthaltener Firmenwert, soweit er auf den Betrieb entfällt,

+ ./. Korrektur der Wertansätze der Vermögensgegenstände und Schulden (Ausweis – vorbehaltlich der Tz. 73 - mit den im Konzernabschluss enthaltenen Werten),

./. Anteile an anderen Konzerngesellschaften,

./. Einlagen der letzten sechs Monate vor dem maßgeblichen Abschlussstichtag, soweit ihnen Entnahmen oder Ausschüttungen innerhalb der ersten sechs Monate nach dem maßgeblichen Abschlussstichtag gegenüberstehen,

./. Kapitalforderungen, die nicht im Konzernabschluss ausgewiesen sind und denen Verbindlichkeiten im Sinne des § 4h Abs. 3 EStG in mindestens gleicher Höhe gegenüberstehen;

+ ./. Sonderbetriebsvermögen ist dem Betrieb der Mitunternehmerschaft zuzuordnen.

77 Der Eigenkapitalvergleich hat grundsätzlich auch dann auf der Grundlage von nach den International Financial Reporting Standards (IFRS) erstellten Abschlüssen zu erfolgen, wenn bislang kein Konzernabschluss erstellt wurde (§ 4h Abs. 2 Satz 1 Buchstabe c Satz 8 EStG). Hiervon abweichend können Abschlüsse nach dem Handelsrecht eines Mitgliedstaats der Europäischen Union verwendet werden, wenn kein Konzernabschluss nach den IFRS zu erstellen und offen zu legen ist und für keines der letzten fünf Wirtschaftsjahre ein Konzernabschluss nach den IFRS erstellt wurde.

78 Nach den Generally Accepted Accounting Principles der Vereinigten Staaten von Amerika (US-GAAP) aufzustellende und offen zu legende Abschlüsse sind zu verwenden, wenn kein Konzernabschluss nach den IFRS oder dem Handelsrecht eines Mitgliedstaats der Europäischen Union zu erstellen und offen zu legen ist.

IV. Gesellschafterfremdfinanzierung

Auf Rechtsträger, die nicht zu einem Konzern gehören (§ 4h Abs. 2 Satz 1 Buchstabe b EStG), findet die **79** Abzugsbeschränkung des § 4h Abs. 1 EStG Anwendung, wenn eine schädliche Gesellschafterfremdfinanzierung vorliegt. Diese setzt eine Vergütung für Gesellschafterfremdfinanzierung in Höhe von mehr als 10 % der die Zinserträge übersteigenden Zinsaufwendungen der Körperschaft an einen unmittelbar oder mittelbar zu mehr als einem Viertel am Kapital beteiligten Anteilseigner (wesentlich beteiligter Anteilseigner), eine diesem nahe stehende Person im Sinne des § 1 Abs. 2 AStG oder einen Dritten, der auf den wesentlich beteiligten Anteilseigner oder die nahe stehende Person zurückgreifen kann, voraus (vgl. § 8a Abs. 2 KStG).

Ein zu einem Konzern gehörender Rechtsträger kann die Escape-Klausel des § 4h Abs. 2 Satz 1 Buch- **80** stabe c EStG nur in Anspruch nehmen, wenn ihm der Nachweis im Sinne des § 8a Abs. 3 Satz 1 KStG für sämtliche zum Konzern gehörenden Rechtsträger gelingt. § 8a Abs. 3 KStG setzt eine schädliche Fremdfinanzierung irgendeiner inländischen oder ausländischen Konzerngesellschaft durch einen unmittelbar oder mittelbar wesentlich beteiligten nicht konzernangehörigen Anteilseigner dieser oder einer anderen Konzerngesellschaft, eine diesem nahe stehende Person oder einen Dritten, der auf diesen wesentlich beteiligten Anteilseigner oder die nahe stehende Person zurückgreifen kann, voraus. Es muss sich dabei nicht um eine Fremdfinanzierung des Rechtsträgers handeln, auf den § 4h Abs. 1 EStG Anwendung findet.

Konzerninterne Finanzierungen führen nicht zu einer schädlichen Gesellschafterfremdfinanzierung im Sinne von § 8a Abs. 3 KStG; dies gilt z. B. auch für konzerninterne Bürgschaften.

Eine konzerninterne Finanzierung liegt dann nicht vor, wenn das Fremdkapital durch die Konzernspitze überlassen wird und die Konzernspitze selbst nicht zum Konzern gehört (Gleichordnungskonzern). Eine Fremdfinanzierung von Konzerngesellschaften durch die Konzernspitze kann in diesen Fällen unter den Voraussetzungen des § 8a Abs. 3 KStG schädlich sein. Eine solche Konstellation kann z. B. dann vorliegen, wenn eine natürliche Person mehrere Kapitalgesellschaften beherrscht und diesen Gesellschaften Fremdkapital überlässt.

Unmittelbare und mittelbare Beteiligungen werden für die Beurteilung, ob ein Gesellschafter wesentlich **81** beteiligt ist, zusammengerechnet; mittelbare Beteiligungen reichen aus.

Eine Gesellschafterfremdfinanzierung ist schädlich, wenn die auf sie entfallene Vergütung 10 % des **82** Nettozinsaufwands der Gesellschaft übersteigt. Es werden die Vergütungen für Fremdkapital aller Gesellschafter zusammengerechnet (Gesamtbetrachtung).

Einbezogen werden Gesellschafterfremdfinanzierungen unabhängig davon, ob sie sich auf den inländischen oder ausländischen Gewinn des Rechtsträgers auswirken.

Ein konkreter rechtlich durchsetzbarer Anspruch (z. B. aufgrund einer Garantieerklärung oder einer **83** Bürgschaft), eine Vermerkpflicht in der Bilanz, eine dingliche Sicherheit (z. B. Sicherungseigentum, Grundschuld) oder eine harte bzw. weiche Patronatserklärung vermögen einen Rückgriff im Sinne der Tz. 79 f. zu begründen, sind hierfür aber nicht erforderlich. Es genügt bereits, wenn der Anteilseigner oder die ihm nahe stehende Person dem Dritten gegenüber faktisch für die Erfüllung der Schuld einsteht. Insbesondere werden auch Gestaltungen erfasst, bei denen eine Bank der Kapitalgesellschaft ein Darlehen gewährt und der Anteilseigner seinerseits bei der Bank eine Einlage unterhält (sog. Back-to-back-Finanzierung); die Abtretung der Einlageforderung an die Bank ist nicht Voraussetzung. Auch die Verpfändung der Anteile an der fremdfinanzierten Gesellschaft begründet einen Rückgriff.

V. Öffentlich Private Partnerschaften

Zur Anwendung der Zinsschranke auf Öffentlich Private Partnerschaften - ÖPP (Public Private Partnerships – PPP) gilt Folgendes:

1. Grundlagen

Unter ÖPP ist eine vertraglich geregelte und langfristig angelegte Zusammenarbeit zwischen öffentlicher **84** Hand und Privatwirtschaft zur wirtschaftlichen Erfüllung öffentlicher Aufgaben zu verstehen, wobei der private Partner regelmäßig die Planung, den Bau, die Finanzierung, den Betrieb und ggf. die Verwertung des Projektgegenstands übernimmt. Als Vertragsmodelle kommen dabei im Wesentlichen das Inhabermodell, das Erwerbermodell, das Vermietungsmodell, das Leasingmodell, das Contracting-Modell sowie das Konzessionsmodell in Betracht. Die Projekte können sowohl im Rahmen von bereits bestehenden Betrieben als auch im Rahmen von für Zwecke des Projekts gegründeten Gesellschaften abgewickelt werden, ggf. unter Beteiligung des öffentlichen Auftraggebers als Gesellschafter (Gesellschaftsmodell).

2. Grundsätze

85 Die Zurechnung der Wirtschaftsgüter, die Gegenstand eines ÖPP-Vertrags sind, ist von der von den Parteien gewählten Vertragsgestaltung und deren tatsächlicher Durchführung abhängig. Unter Würdigung der gesamten Umstände ist im Einzelfall nach allgemeinen Grundsätzen zu entscheiden, wem die Gegenstände zuzurechnen sind. Die in den Tz. 27 ff. dargelegten Grundsätze zur Auf- und Abzinsung und zur Abtretung von Forderungen (Forfaitierung) sind auch auf Vertragsbeziehungen im Rahmen von ÖPP anzuwenden.

3. Inhabermodell/Erwerbermodell

86 Kennzeichnend für das Inhaber- und das Erwerbermodell ist es, dass die öffentliche Hand nach Übergabe und Abnahme des Projektgegenstands zivilrechtlicher und wirtschaftlicher (beim Inhabermodell) oder zumindest wirtschaftlicher Eigentümer (beim Erwerbermodell) des Projektgegenstands wird. Zur Refinanzierung seiner Aufwendungen erhält der private Auftragnehmer ein monatliches Leistungsentgelt vom öffentlichen Auftraggeber. Wird hinsichtlich der über die Vertragslaufzeit gestundeten Forderung des privaten Auftragnehmers eine gesonderte Kreditvereinbarung getroffen, stellen die vereinbarten Vergütungen beim privaten Auftragnehmer Zinserträge und beim öffentlichen Auftraggeber Zinsaufwendungen dar. Fehlt eine gesonderte Zinsvereinbarung, ist die Forderung des privaten Auftragnehmers mit dem Barwert zu bilanzieren. Entsprechend Tz. 27 entstehen beim privaten Auftragnehmer sukzessive Zinserträge und beim öffentlichen Auftraggeber sukzessive Zinsaufwendungen.

Bei Forfaitierung der Forderung durch den privaten Auftragnehmer kann es nach Maßgabe der Tz. 29 ff. bei einer unechten Forfaitierung und nach Maßgabe der Tz. 32 ff. bei einer echten Forfaitierung beim privaten Auftragnehmer zu einem Zinsaufwand kommen, der der Zinsschranke unterliegt.

4. Vermietungsmodell

87 Kennzeichnend für das Vermietungsmodell ist es, dass das zivilrechtliche und wirtschaftliche Eigentum am Projektgegenstand während der gesamten Vertragslaufzeit beim privaten Auftragnehmer liegt. Mietzahlungen, die durch die öffentliche Hand an den privaten Auftragnehmer geleistet werden, enthalten keinen Zinsanteil und führen bei diesem nicht zu Zinserträgen, die zur Saldierung mit Zinsaufwendungen im Rahmen der Zinsschranke berechtigen.

Die Forfaitierung von künftigen Mieterlösen durch den privaten Auftragnehmer führt unter den Voraussetzungen der Tz. 36 ff. bei diesem zu Zinsaufwendungen.

5. Leasingmodell

88 In Leasingraten enthaltene Zinsanteile führen nach Maßgabe der Tz. 25 zu Zinserträgen beim privaten Auftragnehmer als Leasinggeber und zu Zinsaufwendungen beim öffentlichen Auftraggeber als Leasingnehmer. Die Forfaitierung von künftigen Leasingerlösen durch den privaten Auftragnehmer führt unter den Voraussetzungen der Tz. 36 ff. bei diesem zu Zinsaufwendungen.

6. Contracting-Modell

89 Vertragsgegenstand ist regelmäßig der Einbau und der Betrieb von technischen Anlagen in Gebäuden. Entsprechend den für Mietereinbauten geltenden Grundsätzen ist im konkreten Einzelfall unter Berücksichtigung der jeweiligen vertraglichen Vereinbarungen zu prüfen, wem die Contracting-Anlage bilanzsteuerlich zuzurechnen ist. Im Falle der Zurechnung zum privaten Auftragnehmer gelten die Ausführungen zu Tz. 87 und im Falle der Zurechnung zum öffentlichen Auftraggeber die Ausführungen in Tz. 86 entsprechend.

7. Konzessionsmodell

90 Bei ÖPP, die vertraglich über das Konzessionsmodell abgewickelt werden, besteht die Besonderheit, dass Nutzer des Projektgegenstands und ggf. der weiteren Leistungen des privaten Auftragnehmers nicht der öffentliche Auftraggeber, sondern Dritte sind. Die Dritten sind nicht Vertragspartner im Rahmen des Konzessionsvertrags, der zwischen dem privaten Auftragnehmer und dem öffentlichen Auftraggeber abgeschlossen wird. Der öffentliche Auftraggeber räumt im Konzessionsvertrag dem privaten Auftragnehmer das Recht ein, sich durch Entgelte bzw. Gebühren der Nutzer zu refinanzieren.

Unabdingbare Voraussetzung für die Annahme einer Finanzierungsleistung des privaten Auftragnehmers, die bei diesem zu Zinserträgen führt, ist es, dass zumindest das wirtschaftliche Eigentum an dem Projektgegenstand beim öffentlichen Auftraggeber liegt bzw. spätestens bei Fertigstellung auf diesen übertragen wird. Soweit im Rahmen von Konzessionsverträgen gesonderte Darlehensvereinbarungen zwischen den Vertragsparteien über die Finanzierungsleistungen des privaten Auftragnehmers getroffen werden, stellen die in Rechnung gestellten und gezahlten Zinsen beim privaten Auftragnehmer Zinserträge und beim öffentlichen Auftraggeber Zinsaufwendungen dar. Der private Auftragnehmer hat nachzuweisen, dass die vereinbarte Vergütung marktüblich ist. Übersteigen die dem öffentlichen Auftraggeber in Rechnung gestellten und gezahlten Zinsen die Refinanzierungskosten des privaten Auftragnehmers, ist dies als Indiz gegen die Marktüblichkeit zu werten.

VI. Öffentliche Hand

Körperschaften des öffentlichen Rechts (z. B. Gebietskörperschaften, Kirchen) bilden mit ihren Betrieben gewerblicher Art und ihren Beteiligungen an anderen Unternehmen, soweit sie nicht in einem Betrieb gewerblicher Art gehalten werden, keinen Gleichordnungskonzern im Sinne der Zinsschranke. **91**

Beteiligungsgesellschaften der öffentlichen Hand können Teil eines Konzerns im Sinne der Zinsschranke sein. Im Besitz von Körperschaften des öffentlichen Rechts stehende Holdinggesellschaften des privaten Rechts können ebenfalls einen eigenständigen Konzern im Sinne des § 4h EStG bilden. **92**

Körperschaften des öffentlichen Rechts und steuerbefreite Einrichtungen im Sinne des § 5 Abs. 1 Nr. 2 KStG erfüllen durch die Gewährung von Bürgschaften und anderen Sicherheiten bei der Finanzierung von Gesellschaften, an denen sie zu mindestens 50 % unmittelbar oder mittelbar am Kapital beteiligt sind, nicht die Voraussetzungen einer Gesellschafterfremdfinanzierung nach § 8a KStG, es sei denn, es handelt sich um eine Gestaltung, bei der der rückgriffsberechtigte Dritte der Kapitalgesellschaft ein Darlehen gewährt und die Körperschaft des öffentlichen Rechts ihrerseits gegen den Dritten oder eine diesem nahe stehende Person eine Forderung hat, auf die der Dritte zurückgreifen kann (sog. Back-to-back-Finanzierung). Entsprechendes gilt im Fall einer gesamtschuldnerischen Mithaftung der öffentlichen Hand. Die öffentliche Hand erfüllt mit ihren wirtschaftlichen Betätigungen regelmäßig Aufgaben der Daseinsvorsorge im Rahmen gesetzlicher Vorgaben und unterliegt regelmäßig einer Aufsicht. **93**

VII. Sonderfälle

Vergütungen für Darlehen, die auf Grund von allgemeinen Förderbedingungen vergeben werden, sind keine Zinsaufwendungen oder Zinserträge im Sinne der Zinsschranke, wenn es sich um mittelbar oder unmittelbar aus öffentlichen Haushalten gewährte Mittel der Europäischen Union, von Bund, Ländern, Gemeinden oder Mittel anderer öffentlich-rechtlicher Körperschaften oder einer nach § 5 Abs. 1 Nr. 2, 17 oder 18 KStG steuerbefreiten Einrichtung handelt. **94**

Hierzu zählen insbesondere

– Förderdarlehen der Förderinstitute (im Sinne der Verständigung zwischen der EU-Kommission und der Bundesrepublik Deutschland über die Ausrichtung rechtlich selbstständiger Förderinstitute in Deutschland vom 1. März 2002),

– öffentliche und nicht öffentliche Baudarlehen,

– Wohnungsfürsorgemittel,

– Mittel, die mit Auflagen (z. B. Belegungsrechten oder Mietpreisbindungen) verbunden sind.

Anlage § 008a–21

Zinsschranke; Reichweite des Rückgriffs bei § 8a Abs. 2 KStG i.d.F. des URefG 2008

Verfügung OFD Frankfurt vom 02.07.2009

S 2742a A – 3 – St 51

Vergütungen für Fremdkapital an Dritte sind im Rahmen des § 8a Abs. 2 und 3 KStG schädlich, soweit der Dritte auf den wesentlich beteiligten Anteilseigner oder eine diesem nahe stehende Person zurückgreifen kann. Erstreckt sich bei einer Fremdfinanzierung die Rückgriffsmöglichkeit des Dritten nur auf einen Teilbetrag, geht nur die auf diesem Teilbetrag entfallende Vergütung in die Berechnung der 10%-Grenze des § 8a Abs. 2 und 3 KStG ein.

Beispiel:

Eine Bürgschaft erstreckt sich bei einer Darlehenssumme von 30 Mio. € auf einen Teilbetrag von 1,5 Mio. €. Nur die auf den Teilbetrag von 1,5 Mio. € entfallenden Vergütungen gehen in die Berechnung der in § 8a Abs. 2 KStG festgelegten 10 % Grenze ein.

Anwendung des § 8b KStG 2002 [1] und Auswirkungen auf die Gewerbesteuer

BMF-Schreiben vom 28.04.2003

IV A 2 – S 2750a – 7/03

(BStBl. 2003 I S. 292)

Inhaltsübersicht

---

1) KStG 2002 = KStG n.F.; KStG 1999 = KStG a.F.

Unter Bezugnahme auf das Ergebnis der Erörterungen mit den obersten Finanzbehörden der Länder gilt zur Anwendung der durch das Steuersenkungsgesetz – StSenkG – vom 23. Oktober 2000 (BGBl. I S. 1433, BStBl. I S. 1428) neu gefassten und durch das Unternehmenssteuerfortentwicklungsgesetz – UntStFG – vom 20. Dezember 2001 (BGBl. I S. 3858, BStBl. I 2002 S. 35) geänderten Vorschriften des § 8b Abs. 1 bis 6 KStG Folgendes:

A. Einführung

1 Durch das Steuersenkungsgesetz wurde das Vollanrechnungsverfahren durch das so genannte Halbeinkünfteverfahren ersetzt. Im Halbeinkünfteverfahren werden die Gewinne der Körperschaft unabhängig davon, ob sie ausgeschüttet oder einbehalten werden, in Höhe des jeweiligen Körperschaftsteuersatzes (mit 25 v.H. bzw. 26,5 v.H.) besteuert. Ausgeschüttete Gewinne werden beim Anteilseigner nur zur Hälfte in die Bemessungsgrundlage seiner Einkommensteuer einbezogen. Bei Gewinnausschüttungen einer Körperschaft an eine andere Körperschaft gilt beim Empfänger grundsätzlich eine allgemeine Beteiligungsertragsbefreiung; dadurch bleibt es in Beteiligungsketten bei einer einmaligen Körperschaftsteuerbelastung in Höhe des jeweiligen Körperschaftsteuersatzes, bis der Gewinn die Ebene der Körperschaften verlässt und an eine natürliche Person ausgeschüttet wird.

2 Der Gewinn aus der Veräußerung einer Beteiligung an einer inländischen oder ausländischen Körperschaft wird durch § 8b Abs. 2 KStG ebenfalls grundsätzlich steuerfrei gestellt. Die Freistellung berücksichtigt, dass der Veräußerungsgewinn auf offenen und stillen Reserven in der Beteiligungsgesellschaft beruht, welche dort entweder bereits versteuert worden sind oder auch nach der Veräußerung steuerverhaftet bleiben.

3 Gewinnminderungen, die im Zusammenhang mit steuerfreien Erträgen nach § 8b KStG stehen, sind nur eingeschränkt zu berücksichtigen. Zu Einzelfragen der Abzugsbeschränkung ergeht ein gesondertes BMF-Schreiben.

B. Beteiligungsertragsbefreiung (§ 8b Abs. 1 KStG)

I. Allgemeines

4 § 8b Abs. 1 KStG gilt sachlich für Beteiligungserträge aus dem In- und Ausland und persönlich für alle Körperschaften, Personenvereinigungen und Vermögensmassen i.S. der §§ 1 und 2 KStG als Empfänger. Die Anwendung des § 8b Abs. 1 KStG setzt keine Mindestbeteiligungsquote oder Mindestbehaltefrist voraus.

II. Sachlicher Anwendungsbereich

5 § 8b Abs. 1 KStG enthält eine abschließende Aufzählung der Tatbestände, die unter die Beteiligungsertragsbefreiung fallen. Dies sind insbesondere **Bezüge aus offenen und verdeckten Gewinnausschüttungen** (§ 20 Abs. 1 Nr. 1 EStG).

6 Zu den Bezügen i.S. des § 20 Abs. 1 Nr. 1 EStG gehören nicht solche Ausschüttungen, die als Zahlung aus dem steuerlichen Einlagekonto i.S. des § 27 KStG gelten. Diese **Einlagenrückgewähr** unterliegt der Steuerbefreiung nach § 8b Abs. 2 KStG, soweit sie den Buchwert der Beteiligung übersteigt.

7 **Liquidationsraten**, die nicht in der Rückzahlung von Nennkapital mit Ausnahme des Nennkapitals i.S. des § 28 Abs. 2 Satz 2 KStG bestehen und nicht aus dem Bestand des steuerlichen Einlagekontos i.S. des § 27 KStG stammen, gehören gem. § 20 Abs. 1 Nr. 2 EStG zu den Einkünften aus Kapitalvermögen und fallen daher unter die Beteiligungsertragsbefreiung.

Beispiel

Die A-GmbH (Nennkapital 50.000 €) wird zum 30.06.2003 aufgelöst. Der Abwicklungszeitraum endet am 31.08.2004. Zum 31.08.2004 betragen die sonstigen Rücklagen lt. Steuerbilanz 200.000 €. Ein KSt-Guthaben oder ein Bestand an Alt-EK 02 ist nicht vorhanden. Am 31.12.2003 betrug das steuerliche Einlagekonto 20.000 €. Alleingesellschafterin der A-GmbH ist die X-GmbH.

Das verteilte Vermögen beträgt 250.000 € (sonstige Rücklagen und Nennkapital). Der ausschüttbare Gewinn gem. § 27 Abs. 1 Satz 4 KStG vor der Schlussverteilung beträgt 180.000 €. Von dem verteilten Vermögen entfallen 50.000 € auf die Rückzahlung des Nennkapitals; 20.000 € gelten als Zahlung aus dem steuerlichen Einlagekonto und unterliegen damit bei der X-GmbH der Steuerbefreiung des § 8b Abs. 2 KStG. Die Auskehrung des restlichen Betrages von 180.000 € führt bei der

X-GmbH zu Einnahmen i. S. des § 20 Abs. 1 Nr. 2 EStG und fallen damit unter die Beteiligungs-ertragsbefreiung nach § 8b Abs. 1 KStG.

Zur steuerlichen Behandlung der Auflösung von Körperschaften ergeht ein gesondertes BMF-Schreiben.

Die Beteiligungsertragsbefreiung erstreckt sich auch auf **Einnahmen aus der Veräußerung von Dividendenansprüchen**(§ 8b Abs. 1 Satz 2 KStG).   8

Einnahmen aus Wertpapierleihgeschäften (Leihgebühr, Kompensationszahlungen des Entleihers)   9 fallen nicht unter die Beteiligungsertragsbefreiung.

Von § 8b Abs. 1 KStG werden ebenfalls Einnahmen aus Leistungen einer Körperschaft, Personenver-   10 einigung oder Vermögensmasse i.S. des § 1 Abs. 1 Nr. 3 bis 6 KStG erfasst, die Gewinnausschüttungen i. S. des § 20 Abs. 1 Nr. 1 EStG vergleichbar sind (**Leistungen i. S. des § 20 Abs. 1 Nr. 9 und 10 Buchst. a EStG**).

III. Einbehaltung und Anrechnung von Kapitalertragsteuer

Der Kapitalertragsteuerabzug wird durch § 8b Abs. 1 KStG nicht ausgeschlossen (§ 43 Abs. 1 Satz 3   11 EStG). Die auf Erträge i. S. des § 8b Abs. 1 KStG einbehaltene Kapitalertragsteuer kann im Rahmen der Körperschaftsteuerveranlagung in voller Höhe angerechnet werden (§ 8 Abs. 1 KStG i. V. m. § 36 Abs. 2 Satz 2 Nr. 2 EStG). Bei beschränkt Steuerpflichtigen ohne inländisches Betriebsvermögen hat der Kapitalertragsteuereinbehalt abgeltende Wirkung (§ 32 Abs. 1 Nr. 2 KStG).

IV. Steuerpflicht nach anderen Vorschriften

Die Beteiligungsertragsbefreiung nach § 8b Abs. 1 KStG schließt eine Steuerpflicht nach anderen Vor-   12 schriften (z.b. § 37 Abs. 3 KStG) nicht aus.

C. Veräußerungsgewinnbefreiung (§ 8b Abs. 2 KStG)

I. Allgemeines

§ 8b Abs. 2 KStG gilt persönlich für alle Körperschaften (z.B. beschränkt steuerpflichtige Körperschaft   13 ohne inländisches Betriebsvermögen, steuerpflichtiger Verein). Durch § 8b Abs. 2 KStG wird sachlich der Gewinn aus der Veräußerung einer Beteiligung an einer anderen Körperschaft steuerfrei gestellt. Das gilt sowohl für Beteiligungen an inländischen als auch an ausländischen Körperschaften, unabhängig von der Beteiligungshöhe.

Ausdrücklich geregelt ist außerdem die Steuerfreiheit von Gewinnen aus der Veräußerung eines Anteils   14 an einer Organgesellschaft, aus der Auflösung, der Kapitalherabsetzung oder Wertaufholung, aus der Anwendung des § 21 Abs. 2 UmwStG und aus der verdeckten Einlage.

II. Gesetzlich geregelte Anwendungsfälle des § 8b Abs. 2 KStG

Das Gesetz unterscheidet nicht zwischen Anteilen an anderen Körperschaften und **eigenen Anteilen.**   15 Deshalb fällt auch der Verkauf von zur Weiterveräußerung erworbenen eigenen Anteilen unter § 8b Abs. 2 KStG.

Die Veräußerungsgewinnbefreiung nach § 8b Abs. 2 KStG gilt auch, wenn ein Organträger, auf den § 8b   16 KStG Anwendung findet, die**Beteiligungen an einer Organgesellschaft** verkauft.

Einzubeziehen ist dabei auch der Gewinn aus der Auflösung eines passiven Ausgleichspostens, der gebildet worden ist, weil der an den Organträger abgeführte Gewinn der Organgesellschaft von dem Steuerbilanzgewinn abweicht. Gewinnminderungen aus der Auflösung entsprechender aktiver Ausgleichsposten fallen unter das Abzugsverbot des § 8b Abs. 3 KStG (vgl. Rdnr. 26).

Beispiel

Die A-GmbH veräußert die Beteiligung an ihrer 100%igen Organgesellschaft (OG) (Veräußerungspreis 500, Buchwert 200). Aufgrund handelsrechtlicher Mehrabführungen der OG hatte die A-GmbH in ihrer Steuerbilanz einen passiven Ausgleichsposten i.H. von 50 gebildet. Aus der Veräußerung erzielt die A-GmbH einen Gewinn von 300 (500 – 200). Dieser Gewinn erhöht sich durch die Auflösung des passiven Ausgleichspostens um weitere 50. Der Gesamtbetrag von 350 fällt unter die Veräußerungsgewinnbefreiung des § 8b Abs. 2 KStG.

Zur Anwendung des § 8b Abs. 2 KStG im Fall der **Liquidation** vgl. Rdnr.7.   17

Unter die Veräußerungsgewinnbefreiung fallen ferner Gewinne aus **Wertaufholungen i. S. des § 6**   18 **Abs. 1 Nr. 2 Satz 3 EStG**, denen eine nach § 8b Abs. 3 KStG steuerlich nicht zu berücksichtigende Teilwertabschreibung vorausgegangen ist.

Beispiel

Die A-GmbH bringt im Jahr 01 einen Teilbetrieb zu einem unter dem Teilwert liegenden Buchwert in die B-GmbH ein. Sie erhält Anteile im Nennwert von 400. Im Jahr 04 schreibt sie die Beteiligung auf 200 ab. Im Jahr 08 wird eine Wertaufholung von 100 erforderlich.

Die Teilwertabschreibung von 200 ist nach § 8b Abs. 3 KStG steuerlich nicht zu berücksichtigen. Das Einkommen des Jahres 04 ist daher um 200 zu erhöhen. Die Wertaufholung führt zu einer Gewinnerhöhung von 100, die nach § 8b Abs. 2 KStG steuerfrei ist.

Abwandlung

Die Wertaufholung erfolgt im Jahr 06.

Die Wertaufholung führt zu einer Gewinnerhöhung von 100, die nicht durch § 8b Abs. 2 KStG begünstigt ist, weil sie innerhalb des 7-Jahreszeitraums (vgl. Rdnr. 40 ff.) erfolgt ist. Der Gewinn ist jedoch um die zuvor steuerlich nicht gewinnmindernd berücksichtigte Teilwertabschreibung zu korrigieren, so dass kein steuerpflichtiger Gewinn verbleibt.

19 § 8b Abs. 2 KStG erfasst ebenfalls die Fälle, in denen bei einbringungsgeborenen Anteilen nach **§ 21 Abs. 2** UmwStG eine Gewinnrealisierung ohne Veräußerung eintritt. Wegen einer möglichen Steuerpflicht des Veräußerungsgewinns nach § 8b Abs. 4 KStG vgl. Rdnr. 28 ff.

Beispiel

Die A-GmbH bringt im Jahr 01 einen Teilbetrieb (Buchwert 200, Teilwert 400) gem. § 20 Abs. 1 Satz 1 UmwStG zu Buchwerten in die B-GmbH ein. Im Jahr 09 stellt die A-GmbH einen Antrag nach § 21 Abs. 2 Satz 1 Nr. 1 UmwStG. Der Wert der Anteile beträgt zu diesem Zeitpunkt 500. Der Gewinn i.H. von 300 (500 – 200) ist steuerfrei nach § 8b Abs. 2 KStG.

20 Gewinne aus der Übertragung von Anteilen im Rahmen einer **verdeckten Einlage** werden nach § 8b Abs. 2 Satz 3 KStG den Gewinnen aus Veräußerungen gleichgestellt.

III. Anwendung des § 8b Abs. 2 KStG auf weitere Realisationsvorgänge

21 Einkommenserhöhungen durch **verdeckte Gewinnausschüttungen** im Zusammenhang mit der Übertragung von Anteilen fallen unter die Steuerbefreiung. Die Ermittlung der verdeckten Gewinnausschüttung geht der Anwendung des § 8b KStG vor.

Beispiel 1

Die M-AG veräußert Anteile an der T-GmbH für 200 an ihren Anteilseigner. Die Anteile an der T-GmbH haben Anschaffungskosten von 500, einen Buchwert von 500 und einen Teilwert (gemeinen Wert) von 1.000.

Steuerpflichtiger Veräußerungsgewinn der M-AG:

Veräußerungserlös	200
Buchwert	– 500
	– 300
verdeckte Gewinnausschüttung (§ 8 Abs. 3 Satz 2 KStG):	
Wert der Anteile	1.000
Gegenleistung	– 200
	+ 800
Gewinn	+ 500
Anwendung § 8b Abs. 2 KStG:	– 500
steuerpflichtiger Veräußerungsgewinn	0
Bemessungsgrundlage der Kapitalertragsteuer (§ 43a Abs. 1 Nr. 1 EStG)	800
Bezüge des Anteilseigners (§ 20 Abs. 1 Nr. 1 EStG)	800

Beispiel 2

Die M-AG veräußert Anteile an der T-GmbH für 200 an ihren Anteilseigner. Die Anteile an der T-GmbH haben Anschaffungskosten von 500, einen Buchwert von 300 (steuerwirksam abgeschrieben) und einen Teilwert (gemeinen Wert) von 1.000.

Steuerpflichtiger Veräußerungsgewinn der M-AG:

Veräußerungserlös	200
Buchwert	– 300
	– 100

verdeckte Gewinnausschüttung (§ 8 Abs. 3 Satz 2 KStG):

Wert der Anteile	1.000
Gegenleistung	– 200
	+ 800
Gewinn	700

Anwendung § 8b Abs. 2 KStG:

Steuerbefreiung	700
Teilwertabschreibung (§ 8b Abs. 2 Satz 2 KStG)	– 200
	– 500
steuerpflichtiger Veräußerungsgewinn	200
Bemessungsgrundlage der Kapitalertragsteuer (§ 43a Abs. 1 Nr. 1 EStG)	800
Bezüge des Anteilseigners (§ 20 Abs. 1 Nr. 1 EStG)	800

Gibt eine Kapitalgesellschaft Anteile an einer Kapitalgesellschaft an ihre Anteilseigner weiter (**Sach-** **22** **dividende**), fallen die Gewinne aus der Aufdeckung stiller Reserven unter die Veräußerungsgewinnbefreiung nach § 8b Abs. 2 KStG. Die als Sachdividende abgegebenen Anteile werden bei der Ermittlung des Einkommens mit dem gemeinen Wert angesetzt.

Die Steuerbefreiung gilt auch für **Übertragungsgewinne i. S. der §§ 11, 15 UmwStG**, soweit diese auf **23** Beteiligungen i. S. des § 8b Abs. 2 KStG entfallen.

Unter die Veräußerungsgewinnbefreiung fallen auch **Genussrechte i. S. des § 8 Abs. 3 Satz 2 KStG**; nicht **24** aber andere Genussrechte, Wandelschuldverschreibungen, Optionsanleihen und sonstige Bezugsrechte.

D. Nicht zu berücksichtigende Gewinnminderungen (§ 8b Abs. 3 KStG)

Nach § 8b Abs. 3 KStG sind Gewinnminderungen, die im Zusammenhang mit dem in Absatz 2 ge- **25** nannten Anteil entstehen, bei der Gewinnermittlung nicht zu berücksichtigen.

Dabei handelt es sich insbesondere um Gewinnminderungen **26**

– durch Ansatz des niedrigeren Teilwerts
– durch Veräußerung des Anteils (Veräußerungsverlust)
– bei Auflösung der Gesellschaft
– bei Herabsetzung des Nennkapitals der Kapitalgesellschaft
– bei Anwendung des § 21 Abs. 2 UmwStG
– aus der Auflösung eines aktiven Ausgleichspostens aufgrund handelsrechtlicher Minderabführungen bei Organschaft (vgl. Rdnr. 16)
– im Zusammenhang mit der verdeckten Ausschüttung eines Anteils
– bei Sachdividenden.

Beispiel

Die M-AG veräußert Anteile an der T-GmbH für 200 an ihren Anteilseigner. Die Anteile an der T-GmbH haben Anschaffungskosten von 500, einen Buchwert von 500 und einen Teilwert (gemeinen Wert) von 300.

Steuerpflichtiger Veräußerungsgewinn der M-AG:

Veräußerungserlös	200
Buchwert	– 500
	– 300

verdeckte Gewinnausschüttung (§ 8 Abs. 3 Satz 2 KStG):

Wert der Anteile	300
Gegenleistung	– 200

	+ 100
Verlust	– 200
Anwendung § 8b Abs. 3 KStG:	+ 200
steuerpflichtiger Gewinn	0
Bemessungsgrundlage der Kapitalertragsteuer (§ 43a Abs. 1 Nr. 1 EStG)	100
Bezüge des Anteilseigners (§ 20 Abs. 1 Nr. 1 EStG)	100

27 Das Abzugsverbot greift auch dann, wenn ein Gewinn nach § 8b Abs. 4 KStG steuerpflichtig wäre.

Beispiel

Im Jahr 1997 hatte die X-GmbH einen Teilbetrieb zu einem unter dem Teilwert liegenden Buchwert von 500 gegen Gewährung von Gesellschaftsrechten in die Y-GmbH eingebracht. Wegen schlechter Geschäftsentwicklung veräußert die X-GmbH im Jahr 2002 ihren Anteil an der Y-GmbH für 300. Der Verlust von 200 ist nach § 8b Abs. 3 KStG nicht abzugsfähig. Das Abzugsverbot gilt unabhängig davon, dass ein Gewinn aus der Veräußerung dieses Anteils innerhalb der 7-Jahresfrist steuerpflichtig gewesen wäre.

Zu Einzelfragen der Abzugsbeschränkung ergeht ein gesondertes BMF-Schreiben.

E. Einbringungsklausel (§ 8b Abs. 4 KStG)

I. Allgemeines

28 Die Ausnahmeregelungen des § 8b Abs. 4 KStG sollen Gestaltungen unter Nutzung der Möglichkeiten der steuerneutralen Einbringung nach § 20 UmwStG verhindern. Dies betrifft die Einbringung von Betrieben, Teilbetrieben oder Mitunternehmeranteilen in eine Kapitalgesellschaft und die anschließende steuerfreie Veräußerung des Anteils an der Kapitalgesellschaft (**sachliche Sperre**, § 8b Abs. 4 Satz 1 Nr. 1 KStG) . Die Veräußerung des eingebrachten Betriebsvermögens durch die einbringende Kapitalgesellschaft selbst könnte nicht steuerfrei erfolgen.

29 Die Einbringungsklausel soll auch verhindern, dass die Steuerbefreiung des § 8b Abs. 2 KStG von natürlichen Personen in Anspruch genommen wird, die nicht unter den begünstigten Personenkreis fallen (**persönliche Sperre**, § 8b Abs. 4 Satz 1 Nr. 2 KStG). Über die steuerneutrale Einbringung einer Kapitalbeteiligung in eine Kapitalgesellschaft und die anschließende Weiterveräußerung des Anteils durch die Kapitalgesellschaft wäre es ohne die Regelung möglich, die Versteuerung eines Veräußerungsgewinns aus dem Verkauf einer Kapitalbeteiligung im Halbeinkünfteverfahren zu umgehen.

30 Es verbleibt hingegen bei der Steuerbefreiung, wenn der Vorgang i.S. des § 8b Abs. 2 KStG später als sieben Jahre nach dem Zeitpunkt der Erwerbs der betreffenden Anteile stattfindet (**zeitliche Rückausnahme** – 7-Jahresfrist). Nach einer Behaltefrist von sieben Jahren kann davon ausgegangen werden, dass der Sachverhalt auf eine längerfristige Umstrukturierung ausgerichtet war.

31 Innerhalb der Sperrfrist ist die Veräußerung steuerfrei, wenn ein Anteil betroffen ist, der aufgrund eines Einbringungsvorgangs im Sinne des § 20 Abs. 1 Satz 2 UmwStG oder § 23 Abs. 4 UmwStG (Erwerb einer mehrheitsvermittelnden Beteiligung durch Anteilstausch) erworben worden war (**sachliche Rückausnahme**).

32 Die Rückausnahme gilt nicht, wenn die im Rahmen des Einbringungsvorgangs hingegebenen Anteile ihrerseits aus einer Einbringung i.S. des § 20 Abs. 1 Satz 1 UmwStG unter dem Teilwert entstanden sind (**Ausnahme der Rückausnahme**). In diesem Fall handelt es sich mittelbar wieder um die Veräußerung eines Betriebs, Teilbetriebs oder Mitunternehmeranteils und es greift daher die sachliche Sperre des § 8b Abs. 4 Satz 1 Nr. 1 KStG. Die Rückausnahme gilt ebenfalls nicht, wenn die Anteile von einem nicht durch § 8b Abs. 2 KStG begünstigten Steuerpflichtigen unter dem Teilwert erworben worden sind.

33 Entsteht innerhalb der Sperrfrist ein Veräußerungsverlust, ist dieser nach § 8b Abs. 3 KStG steuerlich nicht abziehbar (vgl. Rdnrn. 26 und 27).

II. Sachliche Sperre (§ 8b Abs. 4 Satz 1 Nr. 1 KStG)

34 Die Steuerbefreiung gilt nicht für einbringungsgeborene Anteile i. S. des § 21 UmwStG.

35 Die Anteile fallen nicht mehr unter die Ausnahmeregelung, wenn eine Versteuerung der stillen Reserven nach § 21 Abs. 2 Satz 1 Nr. 1 UmwStG auf Antrag oder nach § 21 Abs. 2 Satz 1 Nr. 2 UmwStG wegen des Wegfalls des deutschen Besteuerungsrechts erfolgt ist.

Beispiel

Die X-GmbH hält 100 % der Anteile an der Y-GmbH, die sie im Jahr 1998 im Wege der Einbringung eines Teilbetriebs zu einem unter dem Teilwert liegenden Buchwert erworben hat. Der Buchwert betrug 500, der Teilwert 1.000. Im Jahr 2002 stellt die X-GmbH einen Antrag auf Versteuerung der stillen Reserven nach § 21 Abs. 2 Satz 1 Nr. 1 UmwStG. Der Teilwert der Y-Anteile beträgt zu diesem Zeitpunkt 1.200.

Der Gewinn i.H. von 700 (Teilwert im Zeitpunkt der Antragsbesteuerung 1.200 minus Buchwert 500) ist steuerpflichtig. Die Steuerbefreiung des § 8b Abs. 2 KStG gilt gem. § 8b Abs. 4 Satz 1 Nr. 1 KStG nicht, weil die Y-Anteile einbringungsgeboren sind. Durch die Antragsversteuerung verlieren die Anteile im Jahr 2002 aber den Charakter als einbringungsgeborene Anteile (vgl. Rdnr. 21.07 des BMF-Schreibens vom 25. März 1998, BStBl. I S. 268) und können nachfolgend – auch vor Ablauf der 7-Jahresfrist – steuerfrei veräußert werden.

Wegen der Anwendung des § 8b Abs. 2 und 3 KStG auf Gewinne und Verluste i.S. des § 21 Abs. 2 Satz 1 Nr. 1 und 2 UmwStG vgl. Rdnr. 19 und 25 f. **36**

III. Persönliche Sperre (§ 8b Abs. 4 Satz 1 Nr. 2 KStG)

Sind Gegenstand des Vorgangs i.S. des § 8b Abs. 2 KStG Anteile, die die veräußernde Kapitalgesellschaft, Personenvereinigung oder Vermögensmasse von einem nicht durch § 8b Abs. 2 KStG begünstigten Einbringenden zu einem Wert unter dem Teilwert erworben hat, ist die Steuerbefreiung nur unter den Voraussetzungen des § 8b Abs. 4 Satz 2 KStG zu gewähren. **37**

Dies gilt für Anteile, die von einem nicht durch § 8b Abs. 2 KStG begünstigten Einbringenden (i.d.R. eine natürliche Person) unmittelbar oder mittelbar erworben worden sind und wegen § 8b Abs. 6 KStG für Anteile, die über eine Mitunternehmerschaft mittelbar erworben worden sind. **38**

Beispiel 1 (unmittelbarer Erwerb)

Einzelunternehmer U hält eine Beteiligung an der X-GmbH, deren Veräußerung für ihn steuerpflichtig wäre. U bringt die Beteiligung an der X-GmbH zum unter dem Teilwert liegenden Buchwert in die Y-GmbH ein. Die Y-GmbH veräußert die Anteile an Dritte weiter.

Beispiel 2 (mittelbarer Erwerb)

Einzelunternehmer U hält eine Beteiligung an der X-GmbH, deren Veräußerung für ihn steuerpflichtig wäre. U bringt die Beteiligung an der X-GmbH zum unter dem Teilwert liegenden Buchwert in die Y-GmbH ein. Die Y-GmbH bringt ihrerseits die Beteiligung an der X-GmbH zum unter dem Teilwert liegenden Buchwert in die Z-AG ein. Die Z-AG veräußert die Anteile an der X-GmbH an Dritte weiter.

Beispiel 3 (mittelbarer Erwerb über eine Mitunternehmerschaft)

Einzelunternehmer U hält eine 100%ige Beteiligung an der X-GmbH, deren Veräußerung für ihn steuerpflichtig wäre. U bringt die Beteiligung gem. § 24 Abs. 1 UmwStG zum unter dem Teilwert liegenden Buchwert in die U-KG ein, deren Mitunternehmerin die Y-GmbH ist. Die U-KG veräußert die Anteile an Dritte weiter.

Für den Veräußerungsgewinn, der auf die Y-GmbH entfällt, gilt die persönliche Sperre des § 8b Abs. 4 Satz 1 Nr. 2 KStG.

Die **unentgeltliche Übertragung von Anteilen** ist regelmäßig eine verdeckte Einlage, die in der Regel zur Gewinnrealisierung führt. Sie ist über § 8b Abs. 2 Satz 3 KStG der Veräußerung gleichgestellt. Nur in den seltenen Ausnahmefällen, in denen dies nicht zutrifft (Bewertung der verdeckten Einlage mit den Anschaffungskosten gem. § 6 Abs. 1 Nr. 5 Satz 1 Buchst. a EStG) liegt ein Anwendungsfall des § 8b Abs. 4 Satz 1 Nr. 2 KStG vor und es ist eine Besitzzeitanrechnung beim unentgeltlichen Erwerber vorzunehmen. **39**

IV. Rückausnahmen (Steuerfreiheit)

1. 7-Jahresfrist (§ 8b Abs. 4 Satz 2 Nr. 1 KStG)

Auch wenn die Tatbestände des § 8b Abs. 4 Satz 1 Nrn. 1 und 2 KStG vorliegen, ist der Veräußerungsgewinn steuerfrei, wenn der in § 8b Abs. 2 KStG bezeichnete Vorgang später als sieben Jahre nach der Einbringung stattfindet. Diese Frist gilt sowohl für die unter § 8b Abs. 4 Satz 1 Nr. 1 KStG (einbringungsgeborene Anteile) als auch für die unter § 8b Abs. 4 Satz 1 Nr. 2 KStG (Erwerb von Anteilen von einem nicht von § 8b Abs. 2 KStG begünstigten Einbringenden unter dem Teilwert) fallenden Anteile. **40**

a) Beginn und Ende der 7-Jahresfrist

41 Die 7-Jahresfrist beginnt mit Ablauf des steuerlichen Übertragungsstichtags i.S. des UmwStG. Im Falle der Ketteneinbringung ist die Einbringung eines Betriebs, Teilbetriebs oder Mitunternehmeranteils zu einem unter dem Teilwert liegenden Wert für den Fristbeginn maßgebend; eine neue 7-Jahresfrist beginnt im Falle des Erwerbs einer Beteiligung von einem nicht durch § 8b Abs. 2 KStG begünstigten Steuerpflichtigen unter dem Teilwert.

42 Der Beginn der 7-Jahresfrist kann auch vor dem Inkrafttreten des StSenkG liegen.

43 Die Frist beträgt sieben Zeitjahre. Eine steuerfreie Veräußerung ist erst nach Ablauf von sieben Jahren nach der schädlichen Einbringung bzw. dem schädlichen Erwerb von einem nicht nach § 8b Abs. 2 KStG Begünstigten möglich.

44 Unter Umständen sind auch Gewinne aus der Veräußerung von Anteilen steuerpflichtig, die vor mehr als sieben Jahren erworben wurden, wenn diese Anteile nachträglich verstrickt worden sind. Zur nachträglichen Verstrickung vgl. im Übrigen Rdnr. 51 f.

b) Spaltung oder Verschmelzung innerhalb der 7-Jahresfrist

45 Sind bei einer ganz oder teilweise steuerneutralen Verschmelzung oder Spaltung in dem übertragenen Vermögen Anteile i.S. des § 8b Abs. 4 KStG enthalten, tritt die übernehmende Körperschaft gemäß § 4 Abs. 2 Satz 1 bzw. § 12 Abs. 3 Satz 1 UmwStG in die steuerliche Rechtsstellung des übertragenden Rechtsträgers ein; die übertragenen Anteile verlieren nicht ihre Eigenschaft als einbringungsgeborene Anteile. Es beginnt keine neue 7-Jahresfrist.

2. Steuerlich nicht berücksichtigte Teilwertabschreibungen

46 Nach § 8b Abs. 3 KStG sind Gewinnminderungen, die durch Ansatz des niedrigeren Teilwerts entstehen, steuerlich nicht zu berücksichtigen. Wird die Beteiligung veräußert, erhöht sich der Veräußerungsgewinn um die steuerlich nicht berücksichtigte Teilwertabschreibung, da sie den Buchwert der Beteiligung gemindert hat. Bei Veräußerung einer Beteiligung innerhalb der 7-Jahresfrist ist der (steuerpflichtige) Veräußerungsgewinn um die steuerlich nicht berücksichtigte Teilwertabschreibung zu mindern. Entsprechendes gilt für Wertaufholungen i.S. des § 6 Abs. 1 Nr. 2 Satz 3 EStG (vgl. Beispiel in Rdnr. 18).

3. Rückausnahme nach § 8b Abs. 4 Satz 2 Nr. 2 KStG (Steuerfreiheit)

47 Der Ausschluss von der Steuerbefreiung tritt grundsätzlich nicht ein, wenn die Anteile aufgrund eines Einbringungsvorgangs (Anteilstausch) i.S. des § 20 Abs. 1 Satz 2 UmwStG oder § 23 Abs. 4 UmwStG von einem nach § 8b Abs. 2 KStG begünstigten Steuerpflichtigen erworben worden sind. In diesen Fällen hätte die Steuerbefreiung dem Einbringenden auch zugestanden, wenn er die Anteile unmittelbar veräußert hätte.

Beispiel

Die X-GmbH bringt Anteile an der C-GmbH, die nicht einbringungsgeboren sind, nach § 20 Abs. 1 Satz 2 UmwStG in die Y-AG ein. Anschließend verkauft die X-GmbH die Anteile an der Y-AG.

4. Ausnahme von der Rückausnahme (Steuerpflicht)

48 Ist der Einbringung i.S. des § 20 Abs. 1 Satz 2 UmwStG oder i.S. des § 23 Abs. 4 UmwStG innerhalb von sieben Jahren vor der Veräußerung die Einbringung eines Betriebs, Teilbetriebs oder Mitunternehmeranteils gem. § 20 Abs. 1 Satz 1 UmwStG oder § 23 Abs. 1 bis 3 UmwStG zu einem unter dem Teilwert liegenden Wert vorausgegangen, dessen Veräußerung bei der Körperschaft nicht begünstigt gewesen wäre, so tritt die Rückausnahme des § 8b Abs. 4 Satz 2 Nr. 2 KStG nicht ein. Die Veräußerung der nach § 20 Abs. 1 Satz 2 UmwStG erworbenen Anteile ist steuerpflichtig, da sie mittelbar auf einer Einbringung nach § 20 Abs. 1 Satz 1 UmwStG beruhen und die Veräußerung innerhalb von sieben Jahren seit dieser Einbringung liegt.

Beispiel

Die X-GmbH hatte im Jahr 1998 einen Teilbetrieb zu einem unter dem Teilwert liegenden Buchwert von 400 in die Y-GmbH eingebracht. Im Jahr 2000 übertrug sie die Anteile an der Y-GmbH zu Buchwerten im Wege der Sachgründung auf die Z-GmbH. Im Jahr 2003 veräußert die X-GmbH die Anteile an der Z-GmbH für 750.

Der Veräußerungsgewinn von 350 fällt nicht unter die Rückausnahme des § 8b Abs. 4 Satz 2 Nr. 2 KStG. Die Anteile an der Z-GmbH beruhen zwar auf einem Einbringungsvorgang i.S. des § 20 Abs. 1 Satz 2 UmwStG, sind aber mittelbar durch eine (schädliche) Einbringung eines Teilbetriebs gem. § 20 Abs. 1 Satz 1 UmwStG entstanden, die noch nicht länger als sieben Jahre zurückliegt.

Zur Steuerpflicht führt es auch, wenn Gegenstand der Veräußerung Anteile i.S. von § 20 Abs. 1 Satz 2 **49** UmwStG (sog. mehrheitsvermittelnde Anteile) sind, die von einer nicht durch § 8b Abs. 2 KStG begünstigten Person direkt oder unter Zwischenschaltung weiterer Steuerpflichtiger in die veräußernde Körperschaft eingebracht worden sind.

Beispiel

Einzelunternehmer U hält eine 60%ige Beteiligung an der X-GmbH, deren Veräußerung für ihn steuerpflichtig wäre. U bringt die Beteiligung an der X-GmbH zum unter dem Teilwert liegenden Buchwert in die Y-GmbH ein. Die Y-GmbH bringt ihrerseits die Beteiligung der X-GmbH ebenfalls zum unter dem Teilwert liegenden Buchwerten in die zu diesem Zweck neu gegründete Z-GmbH ein. Die Y-GmbH veräußert die Anteile an der Z-AG.

Eine Veräußerung innerhalb der 7-Jahresfrist ist steuerpflichtig, weil die Anteile auf einer Einbringung durch eine nicht durch § 8b Abs. 2 KStG begünstigte Person beruhen.

Die Einschränkung der Rückausnahme durch § 8b Abs. 4 Satz 2 Nr. 2 KStG i.d.F. des UntStFG ist gem. **50** § 34 Abs. 7 KStG erstmals auf Veräußerungen anzuwenden, bei denen die Übertragung des wirtschaftlichen Eigentums nach dem 15. August 2001 (Tag des Kabinettbeschlusses) erfolgt.

5. Nachträglich eintretende Steuerverstrickung

Zur nachträglichen Verstrickung von Anteilen wird auf das Beispiel in Rdnr. 21.14 des BMF-Schreibens **51** vom 25. März 1998 (a.a.O.) hingewiesen. In diesem Fall, in dem stille Reserven aus allen Wirtschaftsgütern auf einen neuen Geschäftsanteil verlagert werden, kommt stets ausschließlich eine quotale Verteilung in Betracht.

Rdnr. 51 gilt entsprechend, wenn stille Reserven von neuen Geschäftsanteilen auf Altanteile verlagert **52** werden, die entweder nicht steuerverstrickt sind oder bei denen eine anfangs bestehende Steuerverstrickung durch Ablauf der 7-Jahresfrist nach § 8b Abs. 4 Satz 2 Nr. 1 KStG weggefallen ist.

Beispiel

Die X-GmbH hat im Jahr 01 im Rahmen einer Sachgründung durch Einbringung eines Teilbetriebs zu Buchwerten 100 % der Anteile (Nennkapital 500) an der Y-GmbH erworben. Im Jahr 04 bringt die X-GmbH einen weiteren Teilbetrieb mit einem Buchwert von 500 und Verkehrswert von 1.000 in die Y-GmbH ein und erhält dafür neue Anteile aus einer Kapitalerhöhung von nominal 500. Der Verkehrswert der Anteile an der Y-GmbH beträgt ohne Berücksichtigung der weiteren Teilbetriebseinbringung zum Zeitpunkt der Kapitalerhöhung 800 (stille Reserven: 300). Nach der Kapitalerhöhung im Jahr 04 hält die X-GmbH Anteile an der Y-GmbH mit einem Nennwert von 1.000. Davon entfallen jeweils 500 (50 %) auf die Anteile durch Sachgründung (Altanteile) und die Anteile durch Kapitalerhöhung. Die Verkehrswerte der Anteile stehen sich im Verhältnis 800/1.000 gegenüber.

Im Jahr 09 möchte die X-GmbH 50 % ihrer Anteile (Nennwert 500) an der Y-GmbH verkaufen.

Eine nach § 8b Abs. 2 KStG steuerfreie Veräußerung der Y-Anteile, die aus der Sachgründung resultieren, ist nicht möglich, obwohl für diese Anteile im Jahr 09 die 7-Jahresfrist bereits abgelaufen ist. Die Einbringung des zweiten Teilbetriebs erfolgte nicht verhältniswahrend, sodass stille Reserven aus der zweiten Teilbetriebseinbringung auf die Altanteile überspringen. Da diese stillen Reserven nicht einzelnen Anteilen zugeordnet werden können, ist jeder Altanteil teilweise steuerverhaftet, die Veräußerung ist entsprechend teilweise steuerpflichtig.

F. Pauschaliertes Betriebsausgaben-Abzugsverbot bei ausländischen Dividenden (§ 8b Abs. 5 KStG)

Zur Abzugsbeschränkung im Zusammenhang mit steuerfreien ausländischen Dividenden wird in einem **53** gesonderten BMF-Schreiben Stellung genommen (vgl. Hinweise in Rdnr. 3 und 26 f.).

G. Anwendung des § 8b Absätze 1 bis 5 bei Beteiligung über eine Personengesellschaft (§ 8b Abs. 6 KStG)

I. Allgemeines

Die Steuerbefreiungen und die Abzugsbeschränkungen des § 8b KStG gelten auch, wenn die Körper- **54** schaften, Personenvereinigungen und Vermögensmassen die Bezüge, Gewinne bzw. Gewinnminderungen nicht unmittelbar, sondern nur mittelbar über eine Mitunternehmerschaft erzielen. Dies gilt auch bei mehrstufigen Mitunternehmerschaften.

Die Regelung erfasst auch Gewinne bzw. Gewinnminderungen aus der Veräußerung von Mitunterneh- **55** meranteilen, soweit zu dem Betriebsvermögen der Mitunternehmerschaft eine Beteiligung an einer Kapitalgesellschaft, Personenvereinigung oder Vermögensmasse gehört.

II. Beteiligung über eine vermögensverwaltende Personengesellschaft

56 §§ 8b Abs. 1 bis 5 KStG ist auch bei mittelbarer Beteiligung über eine vermögensverwaltende Personengesellschaft anzuwenden. Der Durchgriff durch die vermögensverwaltende Personengesellschaft folgt aus der so genannten Bruchteilsbetrachtung (§ 39 AO).

III. Auswirkungen auf die Gewerbesteuer[1]

57 § 8b Absätze 1 bis 5 KStG sowie § 3 Nr. 40 EStG sind bei der Ermittlung des Gewerbeertrags (§ 7 GewStG) einer Mitunternehmerschaft nicht anzuwenden.

58 Auch der Gewinn i.S. des § 7 Satz 2 GewStG aus der Veräußerung eines Mitunternehmeranteils durch eine Kapitalgesellschaft entsteht auf der Ebene der Mitunternehmerschaft. Die Grundsätze der Rdnr. 57 gelten daher auch für diese Gewinnanteile.

H. Keine Anwendung des § 8b Absätze 1 bis 6 KStG auf den kurzfristigen Eigenhandel bei Banken und Finanzdienstleistern (§ 8b Abs. 7 KStG)

59 Zur Anwendung des § 8b Abs. 7 KStG wird auf das BMF-Schreiben vom 25. Juli 2002 (BStBl. I S. 712)[2] hingewiesen.

I. Zeitliche Anwendung (§ 34 Abs. 7 KStG)

I. Erstmalige Anwendung der Beteiligungsertragsbefreiung des § 8b Abs. 1 KStG bei Inlandsbeteiligungen

60 Die steuerliche Behandlung einer Ausschüttung bei der ausschüttenden Körperschaft und die steuerliche Behandlung beim Empfänger des Beteiligungsertrags müssen korrespondieren. Gilt für eine Ausschüttung auf der Seite der ausschüttenden Körperschaft noch das Anrechnungsverfahren, kommt eine Beteiligungsertragsbefreiung beim Empfänger nicht in Betracht. Die Anwendungsregelung für § 8b Abs. 1 KStG nimmt deshalb auf die letztmalige Abwicklung von Ausschüttungen nach dem Anrechnungsverfahren Bezug (§ 34 Abs. 12 KStG).

61 Bei offenen Gewinnausschüttungen für abgelaufene Wirtschaftsjahre gilt § 8b Abs. 1 KStG erst für Ausschüttungen, die **bei der ausschüttenden Körperschaft** nicht mehr nach dem Anrechnungsverfahren (Vierter Teil des KStG a.F.) behandelt werden; dies ist i.d.R. bei Körperschaften mit kalenderjahrgleichem Wirtschaftsjahr erstmals bei Abfließen der Ausschüttung im Jahr 2002 oder später (bei abweichendem Wirtschaftsjahr: 2002/2003 oder später) der Fall.

62 Für andere Gewinnausschüttungen (insbesondere verdeckte Gewinnausschüttungen und Vorabausschüttungen) und sonstige Leistungen gilt § 8b Abs. 1 KStG bei Körperschaften mit kalenderjahrgleichem Wirtschaftsjahr bereits i.d.R. erstmals bei Abfließen der Leistung im Jahr 2001 (bei abweichendem Wirtschaftsjahr 2001/2002).

63 § 8b Abs. 1 KStG n.F. ist nach § 34 Abs. 7 KStG bei der empfangenden Körperschaft auch dann anzuwenden, wenn bei ihr das KStG n.F. im Übrigen noch nicht gilt.

II. Erstmalige Anwendung der Veräußerungsgewinnbefreiung des § 8b Abs. 2 KStG und des Abzugsverbots des § 8b Abs. 3 KStG bei Inlandsbeteiligungen

1. Kalenderjahrgleiches Wirtschaftsjahr der Gesellschaft, deren Anteile übertragen werden

64 § 8b Abs. 2 und 3 KStG gilt vorbehaltlich der § 8b Abs. 4 und 34 Abs. 7 Satz 2 KStG für Gewinne und Gewinnminderungen aus Vorgängen, die im Jahr 2002 oder später erfolgen.

2. Vom Kalenderjahr abweichendes Wirtschaftsjahr der Gesellschaft, deren Anteile übertragen werden

65 § 8b Abs. 2 und 3 KStG gilt vorbehaltlich der § 8b Abs. 4 und 34 Abs. 7 Satz 2 KStG für Gewinne und Gewinnminderungen aus Vorgängen, die im Wirtschaftsjahr 2002/2003 oder später erfolgen.

3. Anwendung bei der veräußernden Körperschaft

66 Für die Anwendung des § 8b Abs. 2 KStG n.F. bei der veräußernden Körperschaft gelten die Ausführungen in Rdnr. 63 entsprechend.

III. Anwendung des § 8b Abs. 2 KStG bei Umstellung auf ein vom Kalenderjahr abweichendes Wirtschaftsjahr in 2001 (§ 34 Abs. 7 Satz 1 Nr. 2 KStG)

67 Eine Umstellung des kalenderjahrgleichen Wirtschaftsjahrs auf ein vom Kalenderjahr abweichendes Wirtschaftsjahr in 2001 (Beispiel: Rumpfwirtschaftsjahr 01.01.01 bis 31.03.01 und dann abweichendes Wirtschaftsjahr 01.04.01 bis 31.03.02) ist unter Darlegung sachlicher Gründe möglich (§ 7 Abs. 4 Satz 3

---

1) Ab Erhebungszeitraum 2004 gilt jedoch § 7 Satz 4 GewStG.

2) Vgl. Anlage § 008b-03.

KStG). Die Veräußerungsgewinnbefreiung ist dann bereits ab dem Wirtschaftsjahr 2001/2002 der Beteiligungsgesellschaft anzuwenden, denn der Veräußerungsgewinn entsteht bei Veräußerung im Wirtschaftsjahr 2001/2002 nach Ablauf des ersten Wirtschaftsjahres, das dem letzten Wirtschaftsjahr folgt, das in dem Veranlagungszeitraum endet, in dem das KStG a.F. letztmals anzuwenden ist (§ 34 Abs. 7 Satz 1 Nr. 2 KStG).

IV. Anwendung der Beteiligungsertragsbefreiung des § 8b Abs. 1 KStG und der Veräußerungsgewinnbefreiung des § 8b Abs. 2 KStG bei Auslandsbeteiligungen

Gewinnausschüttungen und Gewinne aus der Veräußerung von Beteiligungen an ausländischen Gesellschaften durch inländische Kapitalgesellschaften sind nach der allgemeinen Anwendungsvorschrift des § 34 Abs. 1 bzw. Abs. 2 KStG erstmals im Veranlagungszeitraum 2001 oder bei vom Kalenderjahr abweichendem Wirtschaftsjahr im Veranlagungszeitraum 2002 steuerfrei. Veräußerungsverluste und Teilwertabschreibungen können nach § 8b Abs. 3 KStG von diesem Zeitpunkt an nicht mehr steuerlich berücksichtigt werden. Maßgebend ist die Anwendung des KStG n.F. bei der veräußernden Körperschaft. Die besondere Anwendungsvorschrift des § 34 Abs. 7 KStG greift nicht, da eine ausländische Körperschaft nie dem Anrechnungsverfahren (Vierter Teil des KStG a.F.) unterlegen hat.
  68

Anwendung des § 8b Abs. 7 KStG[1]

BMF-Schreiben vom 10.01.2000
IV D 3 – S 1300 – 217/99
(BStBl. 2000 I S. 71)

Unter Bezugnahme auf das Ergebnis der Erörterungen mit den obersten Finanzbehörden der Länder gilt für die Anwendung des § 8b Abs. 7 KStG i. d. F. des Steuerbereinigungsgesetzes 1999 vom 22. 12. 1999 (BGBl. I 1999 S. 2601) folgendes:

1. Anwendungsbereich der Vorschrift

Die Vorschrift ist auf Dividenden anzuwenden, die als solche nach einem DBA oder nach § 8b Abs. 4 oder 5 KStG von der KSt bereit sind. Sie ist auch anzuwenden, wenn nach dem Wortlaut eines DBA die Einkünfte aus Dividenden oder die Nettoeinkünfte, die den Dividenden entsprechen, freigestellt sind. In Organschaftsfällen ist sie bei der Ermittlung der Einkommens der Organgesellschaft anzuwenden. Maßgebend ist unmittelbar oder über § 8b Abs. 4 oder 5 KStG der Begriff der Dividenden nach dem anzuwendenden DBA. Als Dividenden kommen damit auch verdeckte Gewinnausschüttungen in Betracht. Einkünfte i. S. des § 20 Abs. 1 Nr. 4 EStG werden von § 8b Abs. 7 KStG nicht erfaßt, auch wenn sie nach der Dividendendefinition des DBA zu den Dividenden i. S. des DBA gehören.

Soweit im Rahmen anderer Vorschriften auf die Freistellung nach einem DBA oder nach § 8b Abs. 4 oder 5 KStG verwiesen wird, ist § 8b Abs. 7 KStG anzuwenden. Solche Verweisungen enthalten § 26 Abs. 5 KStG, § 13 Abs. 1 Nr. 1 AStG und § 9 Nr. 8 GewStG. Keine Anwendung findet § 8b Abs. 7 KStG danach z. B. im Rahmen von § 8b Abs. 1 KStG, § 26 Abs. 2, 2a und 3 KStG, § 11 Abs. 4 AStG und § 9 Nr. 7 GewStG.

2. Tragweite der Fiktion

Unabhängig davon, ob und in welcher Höhe tatsächlich Betriebsausgaben entstanden sind, gelten stets 5 % der Einnahmen (vor Abzug ausländischer Steuern) als Betriebsausgaben, die mit den Einnahmen in unmittelbarem Zusammenhang stehen. Insoweit tritt die Rechtsfolge des § 3c EStG ein. Im Ergebnis werden damit 5 % der Einnahmen der Besteuerung unterworfen und gelten 95% der Einnahmen als Einkünfte aus den Dividenden. Auf die tatsächlichen Betriebsausgaben findet § 3c EStG daneben keine Anwendung.

3. Gliederungsrechnung

In der Gliederungsrechnung sind nur 95% der ausländischen Dividenden als Zugang beim Teilbetrag EK 01 zu erfassen (Minderung der steuerfreien Gewinnausschüttung um den als nicht abziehbar geltenden Betrag i. H. von 5 %, Abschn. 85 Abs. 3 Nr. 1 KStR). Die nach Abzug der der steuerfreien Gewinnausschüttung zugeordneten Betriebsausgaben (5 % der Gewinnausschüttung) verbleibenden tatsächlich angefallenen und abziehbaren Betriebsausgaben mindern das vEK nach den allgemeinen Regeln (entweder als Minderung des Zugangs zum belasteten Eigenkapital oder – in Verlustfällen – als Abzug vom Teilbetrag EK 02). Soweit die der steuerfreien Gewinnausschüttung zugeordneten Betriebsausgaben die tatsächlich angefallenen Betriebsausgaben übersteigen, erhöhen sie das steuerliche Einkommen und damit auch das (i. d. R. belastete) vEK.

Beispiel 1:

Der Handelsbilanzgewinn vor Steuern vom Einkommen und Ertrag beträgt 1 250 DM. Darin enthalten sind nach DBA steuerfreie Schachteldividenden i. H. von 500 DM und damit zusammenhängende Betriebsausgaben i. H. von 250 DM.

Einkommensermittlung:

vorläufiger Handelsbilanzgewinn	1 250
./. steuerfreie Schachteldividende	./. 500
+ nichtabziehbare Betriebsausgabe (§ 8b Abs.7 KStG) 5% von 500	+ 25
zu versteuerndes Einkommen	775

---

1) Jetzt § 8b Abs. 5 KStG n. F.

Gliederungsrechnung:

	Summe	EK 40	EK 01
Einkommen	775		
KSt 40 %	./. 310		
Zugang EK 40	465	465	465
steuerfreie Dividende	500		
nichtabziehbare Betriebsausgabe	./. 25		
Zugang EK 01	475	475	475
vEK		940	465	475

Probe:

HB-Gewinn vor Steuern:	1 250
abzgl. KSt	310
EK nach StB	940

Beispiel 2:

Der Handelsbilanzgewinn vor Steuern vom Einkommen und Ertrag beträgt 250 DM. Darin sind enthalten nach DBA steuerfreie Schachteldividenden i. H. von 500 DM und damit zusammenhängende Betriebsausgaben i. H. von 250 DM.

Einkommensermittlung:

vorläufiger Handelsbilanzgewinn	250
./. steuerfreie Schachteldividende	./. 500
+ nichtabziehbare Betriebsausgabe (§ 8b Abs.7 KStG) = 5% von 500	+ 25
zu versteuerndes Einkommen	25

Gliederungsrechnung:

	Summe	EK 40	EK 01	EK 02
Einkommen (= Verlust) Abzug EK 02	./. 225			./. 225
steuerfreie Dividende	500			
nichtabziehbare Betriebsausgabe	./. 25			
Zugang EK 01	+ 475		+ 475	
vEK	250		+ 475	./. 225

Probe:

HB-Gewinn vor Steuern:	250
KSt	0
EK nach StB	250

Beispiel 3:

Wie 2., allerdings betragen die tatsächlichen Betriebsausgaben statt 250 DM nunmehr null DM.

Einkommensermittlung:

vorläufiger Handelsbilanzgewinn	250
./. steuerfreie Schachteldividende	./. 500
+ nichtabziehbare Betriebsausgabe (§ 8b Abs.7 KStG) = 5% von 500	+ 25
zu versteuerndes Einkommen	25

Gliederungsrechnung:

		Summe	EK 40	EK 01
Einkommen	25			
KSt 40 %	./. 10			
Zugang EK 40	15	15	15	
steuerfreie Dividende	500			
nichtabziehbare Betriebsausgabe	./. 25			
Zugang EK 01		475		475
Summe vEK	475	490	15	475

Probe:

HB-Gewinn vor Steuern:	500
abzgl. KSt	10
EK nach StB	490

4. Erstmalige Anwendung

§ 8b Abs. 7 KStG ist erstmals für den VZ 1999 anzuwenden (§ 54 Abs. 6c KStG i. d. F. des Steuer-bereinigungsgesetzes 1999 vom 22. 12. 1999 BGBl. I 1999 S. 2601).

Sind die Dividenden nach den Grundsätzen zur phasengleichen Aktivierung von Dividenden-ansprüchen bereits in dem Jahr zu erfassen, für das die Tochtergesellschaft ausschüttet, kommt es auf den steuerlich maßgebenden Zeitpunkt an (BFH-Urteil vom 30. 4. 1974, BStBl. II 1974 S. 541; vom 21. 10. 1981, BStBl. II 1982 S. 139).

5. Aufhebung des BMF-Schreibens vom 20. 1. 1997

Das BMF-Schreiben vom 20. 1. 1997 IV C 5 – S 1300 – 176/96 (BStBl. I 1997 S. 99) wird aufgehoben und ist letztmals für den VZ 1998 anzuwenden.

Behandlung des Aktieneigenhandels nach § 8b Abs. 7 KStG
i. d. F. des Gesetzes zur Änderung des Investitionszulagengesetzes 1999

BMF-Schreiben vom 25.07.2002

IV A 2 – S 2750a – 6/02

(BStBl. 2002 I S. 712)

Unter Bezugnahme auf das Ergebnis der Erörterung mit den obersten Finanzbehörden der Länder nehme ich zur Anwendung des § 8b Abs. 7 KStG in der Fassung des Gesetzes zur Änderung des Investitionszulagengesetzes 1999 vom 20. Dezember 2000 (BGBl. I S. 1850, BStBl. 2001 I S. 28) wie folgt Stellung.

A. Allgemeines

Die Vorschrift des § 8b Abs. 7 KStG nimmt Anteile, die für den kurzfristigen Eigenhandel bei Kreditinstituten und Finanzdienstleistungsinstituten vorgesehen sind, aus dem Anwendungsbereich der allgemeinen Regelungen zur Dividendenfreistellung und zur Veräußerungsgewinnbefreiung aus. Entsprechend bleiben mit diesen Anteilen im Zusammenhang stehende Betriebsausgaben zum Abzug zugelassen. Zur Abgrenzung der Bestände knüpft das Gesetz bei Instituten im Sinne des Gesetzes über das Kreditwesen (Kreditwesengesetz – KWG) an das nach § 1 Abs. 12 KWG zu führende Handelsbuch an. Soweit die Kreditinstitute von der Führung des Handelsbuchs befreit sind, gelten die Vorschriften analog. Bei Finanzunternehmen, die nicht zur Führung eines Handelsbuchs verpflichtet sind, richtet sich die Steuerpflicht danach, ob die Anteile mit dem Ziel der kurzfristigen Erzielung eines Eigenhandelserfolgs erworben werden. Die Regelung gilt auch für inländische Zweigniederlassungen von Unternehmen mit Sitz in einem anderen Mitgliedstaat der Europäischen Gemeinschaft oder in einem anderen Vertragsstaat des EWR-Abkommens, die nicht der inländischen Kreditaufsicht unterliegen. Kreditinstitute mit Sitz in Staaten außerhalb der Europäischen Union unterliegen mit ihren inländischen Zweigniederlassungen dem KWG und haben gemäß § 1 Abs. 12 KWG ein Handelsbuch zu führen.

B. Anwendung auf Kredit- und Finanzdienstleistungsinstitute, bei denen Anteile dem Handelsbuch zuzurechnen sind (§ 8b Abs. 7 Satz 1 KStG)

I. Steuerliche Bindung an die Zuordnung zum Handelsbuch

Das Gesetz knüpft in § 8b Abs. 7 Satz 1 KStG für den Bereich der Kreditwirtschaft zur Unterscheidung von Anteilserwerben zum Zweck der Finanzanlage (steuerfrei) und Anteilserwerben mit dem Ziel der kurzfristigen Erzielung eines Eigenhandelserfolgs auch für Besteuerungszwecke an kreditaufsichtsrechtliche Regelungen an und stellt auf die Einordnung in das Handels- oder Anlagebuch nach § 1 Abs. 12 KWG ab.

Gemäß § 1 Abs. 12 Satz 5 KWG hat die Einbeziehung von Geschäften in das Handelsbuch nach institutsinternen nachprüfbaren Kriterien zu erfolgen, die der Bundesanstalt für Finanzdienstleistungsaufsicht (BAFin; vormals: Bundesaufsichtsamt für das Kreditwesen) und den zuständigen Hauptverwaltungen der Deutschen Bundesbank mitzuteilen sind. Das Regelungsermessen des Instituts findet seine Grenzen über die ausdrücklichen Vorgaben des § 1 Abs. 12 KWG hinaus zum Konsistenzgebot und dem allgemeinen Willkürverbot. Die Zuordnung zum Anlagebuch bzw. zum Handelsbuch darf nicht lediglich deshalb vorgenommen werden, um hierdurch Vorteile (Einordnung als Nichthandelsbuchinstitut bzw. Erreichung geringerer Anrechnungs- und Unterlegungssätze) zu erlangen. Der Kriterienkatalog muss abschließend und eindeutig sein.

§ 8b Abs. 7 KStG gilt für Anteile, die dem Handelsbuch nach institutsinternen Regelungen zuzuordnen sind; auf den konkreten Ausweis im Handelsbuch kommt es nicht an. Im Regelfall kann dem tatsächlichen Ansatz im Handelsbuch auch steuerlich gefolgt werden. Aus einer falschen Zuordnung können steuerliche Konsequenzen gezogen werden, d.h. der falsche Ansatz ist ggf. in der Steuerbilanz entsprechend zu korrigieren.

II. Umwidmung

Umwidmungen von Positionen des Handelsbuchs in das Anlagebuch bzw. umgekehrt sind bei Positionen im Sinne des § 1 Abs. 12 Satz 1 Nr. 1 KWG nach den Richtlinien der BAFin [1] grundsätzlich

---

1) Derzeit noch Rundschreiben 17/99 vom 8. Dezember 1999 (I 3 – 1119 – 3/98) „Zuordnung der Bestände und Geschäfte der Institute zum Handelsbuch und zum Anlagebuch (§ 1 Abs. 12 KWG, § 2 Abs. 11 KWG)". Aufgrund einer Änderung des KWG im Rahmen des Vierten Finanzmarktförderungsgesetzes vom 21. Juli 2002 (BGBl. I S. 2010) wird die Handelsbuchabgrenzung gemäß § 1 Abs. 12 Satz 3 KWG künftig Gegenstand einer Rechtsverordnung sein.

nur in begründeten Einzelfällen möglich, wenn sich die interne Zweckbestimmung der Geschäfte ändert. Als Ausnahmetatbestand ist die Regelung des § 1 Abs. 12 Satz 6 KWG eng auszulegen. Umwidmungen müssen in den Unterlagen des Instituts nachvollziehbar dokumentiert und begründet werden (§ 1 Abs. 12 Satz 6 KWG). Die Dokumentation kann z.b. durch einen Beschluss der Geschäftsführung erfüllt werden, der auch der BAFin vorzulegen ist. An die Begründung werden hohe Anforderungen gestellt. Das Konsistenzgebot und das Willkürverbot gelten auch für Umwidmungen. Falls sich inkonsistente bzw. willkürliche Umwidmungen häufen, kann sich die Frage der Ordnungsmäßigkeit der Geschäftsorganisation stellen.

Dagegen ist die Zuordnung zum Handelsbuch in den Fällen des § 1 Abs. 12 Satz 1 Nr. 3 und Satz 2 KWG zwingend; eine Umwidmung kann hier nur erfolgen, soweit der Tatbestand durch Wegfall der Voraussetzungen nachträglich entfällt. Bei Positionen im Sinne des § 1 Abs. 12 Satz 1 Nr. 2 KWG (Bestände und Geschäfte zur Absicherung von Marktrisiken des Handelsbuchs und damit im Zusammenhang stehende Refinanzierungsgeschäfte) folgt eine Umwidmung zwingend der Umwidmung der zugrunde liegenden Geschäfte nach § 1 Abs. 12 Satz 1 Nr. 1 KWG.

III. Wertpapiere der so genannten Liquiditätsreserve

Wertpapiere der handelsrechtlichen Liquiditätsreserve (§ 340f Abs. 1 Satz 1 HGB) sind grundsätzlich dem Anlagebuch zuzuordnen. Sie können dem Handelsbuch zugeordnet werden, wenn die allgemeinen Zuordnungskriterien des § 1 Abs. 12 KWG erfüllt sind, die Institute die Zuordnung intern dokumentieren und sie dies gegenüber der BAFin darlegen. Die handelsrechtliche Bewertung der Wertpapiere der Liquiditätsreserve ist mit denen des Handelsbestandes identisch (Umlaufvermögen, § 340e HGB).

Die steuerliche Behandlung von Wertpapieren der so genannten Liquiditätsreserve folgt für die Beurteilung, ob § 8b Abs. 7 KStG Anwendung findet, der Zuordnung zum Anlage- oder Handelsbuch und nicht der handelsrechtlichen Bewertung.

C: Merkmale „Finanzunternehmen"; „Eigenhandelserfolg" (§ 8b Abs. 7 Satz 2 KStG)

I. Definition des Finanzunternehmens

Der Begriff des Finanzunternehmens ist weit auszulegen.

§ 8b Abs. 7 Satz 2 KStG erfasst Finanzunternehmen i.S.d. KWG. Nach § 1 Abs. 3 KWG sind dies solche Unternehmen, die keine Kreditinstitute bzw. Finanzdienstleistungsinstitute sind und deren Haupttätigkeit u.a. im Erwerb von Beteiligungen besteht.

Der Begriff „Finanzunternehmen" umfasst nach dem Wortlaut des Gesetzes alle Unternehmen des Finanzsektors als Restgröße, d.h. alle, die nicht Institute nach § 1 Abs. 1b KWG sind.

Ob ein Unternehmen unter die Definition des Finanzunternehmens fällt, bestimmt sich danach, ob die Tätigkeiten im Sinne des § 1 Abs. 3 KWG die Haupttätigkeit des Finanzunternehmens darstellen. Für die Abgrenzung sind die Grundsätze der Tz. 81 und 82 des BMF-Schreibens vom 15. Dezember 1994 betreffend Gesellschafter-Fremdfinanzierung – § 8a KStG (BStBl. 1995 I S. 25) anzuwenden.

Unter den gegebenen Voraussetzungen zählen dazu Holding-, Factoring-, Leasing-, Anlageberatungs- und bestimmte Unternehmensberatungsunternehmen, sowie grundsätzlich auch vermögensverwaltende Kapitalgesellschaften.

II. Auslegung des Merkmals „Ziel der kurzfristigen Erzielung eines Eigenhandelserfolgs"

Gemäß § 8b Abs. 7 Satz 2 KStG wird die Steuerfreiheit versagt, wenn Finanzunternehmen i.S.d. KWG Anteile mit dem Ziel der kurzfristigen Erzielung eines Eigenhandelserfolgs erworben haben. Diese besondere Regelung gilt für Finanzunternehmen, auf die die Regelung über das Handelsbuch nicht anzuwenden ist.

Das Merkmal „Erwerb der Anteile mit dem Ziel der kurzfristigen Erzielung eines Eigenhandelserfolgs" ist immer dann erfüllt, wenn die Anteile dem Umlaufvermögen zuzuordnen sind. Das Institut ist an seine Zuordnung gebunden.

Zweifelsfragen zu § 8b Abs. 6 Satz 2 KStG; Sparkassen privaten Rechts

BMF-Schreiben vom 06.08.2002

IV A 2 – S 1910 – 197/02

Es wurde um Stellungnahme zu der Frage gebeten, ob § 8b Abs. 6 Satz 2 KStG entgegen seinem Wortlaut auch dann Anwendung finden kann, wenn die in der Vorschrift genannten Bezüge und Gewinne einer Sparkasse privaten Rechts zufließen.

Nach dem Ergebnis einer Erörterung mit den obersten Finanzbehörden der Länder sind die Grundsätze des § 8b Abs. 6 Satz 2 KStG entsprechend anzuwenden, wenn die genannten Bezüge und Gewinne nicht einem Betrieb gewerblicher Art einer juristische Person des öffentlichen Rechts, sondern einer Körperschaft, Personenvereinigung und Vermögensmasse i. S. des § 1 Abs. 1 Nr. 1, 4 und 5 KStG zufließen.

Anlage § 008b–07

Anwendung des § 8b Abs. 4 KStG auf Beteiligungen in einem eingebrachten Betriebsvermögen

BMF-Schreiben vom 05.01.2004
IV A 2 – S 2750a – 35/03
(BStBl. 2004 I S. 44)

Unter Bezugnahme auf das Ergebnis der Erörterungen mit den obersten Finanzbehörden der Länder wird zu der Anwendung des § 8b Abs. 4 Satz 2 Nr. 2 KStG (Rückausnahme) auf Beteiligungen, die als Bestandteil eines eingebrachten Betriebsvermögens übergehen, wie folgt Stellung genommen:

Gewinne aus der Veräußerung von einbringungsgeborenen Anteilen, die einer Körperschaft, Personenvereinigung oder Vermögensmasse für die Übertragung der in einem Betriebsvermögen enthaltenen Beteiligungen gewährt werden, fallen unter die Rückausnahme und sind damit nach § 8b Abs. 2 KStG bei der Einkommensermittlung außer Acht zu lassen wenn

- eine mehrheitsvermittelnde Beteiligung übertragen worden ist,
- die Beteiligung nicht wesentliche Betriebsgrundlage des übertragenen Betriebs oder Teilbetriebs ist,
- die für die übertragenen Anteile gewährten Anteile genau identifizierbar sind (z. B. aufgrund des Vertrags über die Einbringung) und
- das Verhältnis des Nennwerts dieser Anteile zum Nennwert der insgesamt gewährten Anteile dem Verhältnis des Verkehrswerts der übertragenen Anteile zum Verkehrswert des insgesamt übertragenen Betriebsvermögens entspricht. Die Verkehrswerte sind zum steuerlichen Übertragungsstichtag der Einbringung zu ermitteln.

Ist eine dieser Voraussetzungen nicht erfüllt, stellen auch die für die übertragenen Anteile gewährten einbringungsgeborenen Anteile Anteile i. S. des § 20 Abs. 1 Satz 1 UmStG dar. Gewinne aus der Veräußerung dieser Anteile innerhalb der 7-Jahresfrist sind damit grundsätzlich nach § 8b Abs. 4 Satz 1 Nr. 1 KStG steuerpflichtig (Ausnahmen siehe unten). Die generelle Rückausnahme nach § 8b Abs. 4 Satz 2 Nr. 2 KStG gilt lediglich für einbringungsgeborene Anteile i. S. des § 20 Abs. 1 Satz 2 UmStG und ist daher insoweit nicht anwendbar.

Beispiel:

Die X-AG bringt einen Teilbetrieb zu unter dem Teilwert liegenden Buchwerten in die Y-GmbH ein. Zu dem Teilbetrieb gehört die 100%ige Beteiligung an der C-GmbH. Die C-GmbH ist durch Bargründung entstanden. Die X-AG veräußert innerhalb der 7-Jahresfrist Anteile an der Y-GmbH.

Alternative A: Der Vertrag über die Einbringung legt fest, dass 50 % der Anteile an der Y-GmbH auf die Übertragung der C-Beteiligung entfallen und bezeichnet diese Anteile.

Die Buchwerte betragen 150, davon entfallen 100 (2/3) auf die Beteiligung an der C-GmbH und 50 (1/3) auf die übrigen Wirtschaftsgüter des Teilbetriebs. Die Y-GmbH gewährt Anteile im Nennwert von 150. Der Verkehrswert des eingebrachten Teilbetriebs beträgt 400 und entfällt je zur Hälfte (je 200) auf die Beteiligung an der C-GmbH und auf die übrigen Wirtschaftsgüter.

Die C-Anteile sind keine wesentliche Betriebsgrundlage des eingebrachten Teilbetriebs.

Die Veräußerung der Anteile an der Y-GmbH ist steuerfrei, soweit sie für die Übertragung der C-Anteile gewährt worden sind. Die Übertragung der Anteile an der C-GmbH fällt unter § 20 Abs. 1 Satz 2 UmwStG, auch wenn sie im Rahmen der Einbringung eines Teilbetriebs erfolgt ist. Es gilt die Rückausnahme des § 8b Abs. 4 Satz 2 Nr. 2 KStG.

Alternative B: Eines der in Alternative A dargestellten Merkmale ist nicht gegeben, beispielsweise stellen die C-Anteile eine wesentliche Betriebsgrundlage des eingebrachten Teilbetriebs dar.

Die Veräußerung der Anteile ist steuerpflichtig. Alle Anteile an der Y-GmbH sind einbringungsgeborene Anteile i. S. des § 20 Abs. 1 Satz 1 UmStG. Die Anteile an der C-GmbH teilen als wesentliche Betriebsgrundlage das Schicksal des Teilbetriebs. Eine Aufteilung kommt nicht in Betracht. In diesem Fall greift die Rückausnahme des § 8b Abs. 4 Satz 2 Nr. 2 KStG nicht.

Ist die Rückausnahme nur deshalb nicht anwendbar, weil die für die übertragenen Anteile gewährten einbringungsgeborenen Anteile nicht genau identifizierbar sind (vgl. oben 3, Spiegelstrich), ist aus Billigkeitsgründen eine quotale Betrachtung anzuwenden, wenn die Anteile auf einer Einbringung beruhen, die bis zum 31.1.2004 erfolgt ist. In diesen Fällen ist die Veräußerung eines Anteils innerhalb der 7-Jahresfrist stets zum Teil steuerfrei und zum Teil steuerpflichtig. Die Steuerverhaftung eines jeden Anteils richtet sich dabei nach dem Verhältnis der Verkehrswerte zum Zeitpunkt der Einbringung des Betriebs oder Teilbetriebs.

Beispiel:

Die X-AG hatte im Jahr 2001 einen Teilbetrieb zu unter dem Teilwert liegenden Buchwerten in die Y-GmbH eingebracht. Die Buchwerte betrugen 150, davon entfallen 100 (2/3) auf die Beteiligung an der C-GmbH (keine wesentliche Betriebsgrundlage) und 50 (1/3) auf die übrigen Wirtschaftsgüter. Die Y-GmbH gewährt Anteile im Nennwert von 150. Der Verkehrswert des eingebrachten Teilbetriebs beträgt 400 und entfällt je zur Hälfte (je 200) auf die Beteiligung an der C-GmbH und auf die übrigen Wirtschaftsgüter.

Es liegen keine Angaben über eine Zuordnung der gewährten Anteile vor. Die X-AG verkauft im Jahr 2006 einen Teil der Anteile an der Y-GmbH mit einem Gewinn i. H. von 600, von dem 200 auf die Beteiligung an der C-GmbH entfällt.

Die der X-AG für die Übertragung der Anteile an der C-GmbH gewährten Anteile an der Y-GmbH sind nicht identifizierbar. Der Veräußerungsgewinn ist aus Billigkeitsgründen zu 50 % (Verhältnis der Verkehrswerte zum Einbringungsstichtag) steuerpflichtig.

Die Regelung gilt entsprechend für die Einbringung einer Beteiligung im Rahmen eines Formwechsels einer Personengesellschaft in eine Kapitalgesellschaft nach § 25 UmwStG, soweit Gesellschafter der Personengesellschaft von § 8b Abs. 2 KStG begünstigte Steuerpflichtige sind.

Die Kapitalbeteiligung selbst, die als Bestandteil des von einer Kapitalgesellschaft eingebrachten Betriebs nach Maßgabe des § 20 Abs. 1 Satz 1 UmwStG auf eine andere Kapitalgesellschaft übergeht, kann von der Übernehmerin ggf. direkt gemäß § 8b Abs. 2 KStG steuerfrei veräußert werden. Voraussetzung dafür ist, dass die Beteiligung ihrerseits nicht mittelbar oder unmittelbar auf einer schädlichen Einbringung beruht.

Beispiel:

Die X-AG bringt einen Teilbetrieb zu unter dem Teilwert liegenden Buchwerten in die Y-GmbH ein. Zu dem Teilbetrieb gehört die 100%ige Beteiligung an der C-GmbH. Die C-GmbH ist durch Bargründung entstanden. Die Y-GmbH verkauft die Anteile an der C-GmbH.

Es liegt kein Fall des § 8b Abs. 4 KStG vor, weil die Anteile an der C-GmbH nicht einbringungsgeboren sind. Die Veräußerung kann steuerfrei erfolgen.

Anwendung des § 8b Abs. 8 Satz 4 KStG i. d. F. des Korb II-Gesetzes; Berücksichtigung der handelsrechtlichen Wertansätze von Anteilen für die Einkommensermittlung

Verfügung OFD Frankfurt/M. vom 06.10.2004

S 2750aA – 11 – St II 1.02

Bei der Regelung des § 8b Abs. 8 Satz 4 KStG handelt es sich entsprechend dem Gesetzeswortlaut um eine Einkommensermittlungsvorschrift (und nicht etwa eine Bilanzierungsvorschrift). Folglich sind sowohl im ersten Jahr der Neuregelung als auch in den Folgejahren lediglich *handelsbilanzielle Wertveränderungen außerhalb der Steuerbilanz im Wege der Korrektur* zu berücksichtigen.

Beispiel:

	Börsenwert	HB-Ansatz	HB-Gewinn	StB-Ansatz	StB-Gewinn	außerb. Korrektur
AK in 2002	100	100		100		
31.12.2002	100	100	0	100	0	0
31.12.2003	50	50	– 50	100	0	0
31.12.2004	50	50	0	100	0	0
Verkauf 2005	80		30		– 20	+ 50

2004 ergibt sich mangels handelsbilanzieller Wertveränderung keine Korrektur außerhalb der Steuerbilanz (bislang steuerlich nicht berücksichtigte *Teilwertabschreibungen* können mithin 2004 nicht nachgeholt werden). 2005 entspricht das steuerliche Einkommen durch die außerbilanzielle Korrektur dem Handelsbilanzgewinn vom 30. Dadurch wird auch der gewünschte Gleichlauf mit der Rückstellung für Beitragsrückerstattung (§ 21 KStG) erreicht, bei deren Bildung ebenfalls von 30 ausgegangen wird.

Ausgehend von diesem Ergebnis ist fraglich, ob bei steuerlicher Nichtberücksichtigung von Teilwertabschreibungen auf den Anteilsbesitz nach altem Recht (2002/2003) wegen § 8b Abs. 3 KStG oder Fehlens einer dauernden Wertminderung (i. S. der ESt-Kartei, § 6 Fach 1 Karte 21 Rz. 4) spätere – unter § 8b Abs. 8 KStG fallende – Wertaufholungen oder Veräußerungsgewinne insoweit außer Ansatz bleiben. Dabei wird unterstellt, dass keine Option ausgeübt wird.

Hierzu wird gebeten, die Auffassung zu vertreten, dass Gewinne nach § 8b Abs. 8 Satz 2 KStG nur außer Betracht bleiben können, wenn ausnahmsweise die Voraussetzungen einer steuerbilanziellen Teilwertabschreibung (dauernde Wertminderung) vorgelegen haben und diese Teilwertabschreibung wegen § 9b Abs. 3 KStG nicht berücksichtigt worden ist. In Fällen, in denen vor der Geltung des § 8b Abs. 8 KStG Teilwertabschreibungen wegen Fehlens einer dauernden Wertminderung steuerlich nicht berücksichtigungsfähig waren, sind spätere Wertaufholungen oder Veräußerungsgewinne steuerpflichtig.

§ 8b Abs. 2 Satz 4 KStG, wenn zuvor vorgenommene Teilwertabschreibungen zum Teil voll steuerwirksam und zum Teil nicht steuerwirksam waren

Verfügung OFD Hannover vom 30.05.2006[1]

S 2750a – 19 – StO 242, DStZ 2006, 494

Soweit sich eine während der Geltung des Anrechnungsverfahrens vorgenommene Teilwertabschreibung gewinnmindernd ausgewirkt hat, führt eine Teilwertaufholung im zeitlichen Geltungsbereich des Halbeinkünfteverfahrens in vollem Umfang zu einer Gewinnerhöhung. Sie ist also in voller Höhe steuerwirksam und nicht vorrangig mit einer während der Geltung des Halbeinkünfteverfahrens vorgenommen, nicht steuerwirksamen Teilwertabschreibung (§ 8b Abs. 2 Satz 3 KStG) zu verrechnen.

Eine Teilwertabschreibung fällt jedoch unter die Steuerbefreiung nach § 8b Abs. 2 Satz 3 KStG, soweit sie die während der Geltung des Anrechnungsverfahrens erfolgte Teilwertabschreibung übersteigt.

---

1) S. aber BFH v. 19.8.2009, I R 2/09, DStR 2009, 2483.

Anwendung des § 3 Nr. 40 Satz 1 Buchst. a Satz 2 EStG bzw. des § 8b Abs. 2 Satz 4 KStG, wenn zuvor vorgenommene Teilwertabschreibungen teilweise voll steuerwirksam und teilweise nicht steuerwirksam waren

Verfügung OFD Koblenz vom 18.09.2006 [1)]

S 2324 / S 2750 a – A-St 332

Nach § 8b Abs. 2 Satz 4 KStG greift für Körperschaften als Anteilseigner die Steuerbefreiung nach § 8b Abs. 2 Sätze 1 und 3 KStG insoweit nicht, als der Anteil in früheren Jahren steuerwirksam auf den niedrigeren Teilwert abgeschrieben und die Gewinnminderung nicht durch den Ansatz eines höheren Werts ausgeglichen worden ist. Eine entsprechende Regelung enthält § 3 Nr. 40 Satz 1 Buchst. a Satz 2 EStG für im Betriebsvermögen gehaltene Anteile von natürlichen Personen. Bei natürlichen Personen als Anteilseigner ist insoweit nicht das Halbeinkünfteverfahren anzuwenden.

Ein Reihenfolgenproblem ergibt sich, wenn eine Teilwertabschreibung steuerlich abziehbar und eine Teilwertabschreibung nach § 8b Abs. 3 Satz 3 KStG in voller Höhe bzw. nach § 3c Abs. 2 EStG zur Hälfte nicht abziehbar war.

Nach Verwaltungsauffassung ist in diesen Fällen die Gewinnerhöhung (z. B. Wertaufholungsgewinn, Veräußerungsgewinn) in voller Höhe steuerpflichtig, bis die steuerwirksame Teilwertabschreibung vollständig rückgängig gemacht worden ist. D. h. die Gewinnerhöhung ist nicht vorrangig mit einer während der Geltungsdauer des Halbeinkünfteverfahrens vorgenommenen nicht oder nur zur Hälfte steuerwirksamen Teilwertabschreibung zu verrechnen.

Die Gewinnerhöhung fällt jedoch insoweit unter die Steuerbefreiung nach § 8b Abs. 2 Sätze 1 und 3 KStG bzw. unter die Halbbefreiung nach § 3 Nr. 40 Satz 1 Buchst, a Satz 1 EStG, als sie die voll steuerwirksame Teilwertabschreibung übersteigt. In den Fällen des § 8b KStG ist dabei ab dem VZ 2004 für den übersteigenden Betrag die Pauschalierung nach § 8b Abs. 3 Satz 1 KStG zu beachten.

Beispiel:

Die A-GmbH hat die Beteiligung an der B-GmbH in 1994 für 1 Mio. € erworben. In 1998 nimmt die A-GmbH auf die Beteiligung an der B-GmbH eine steuerlich anzuerkennende Teilwertabschreibung i. H. von 100 000 € vor. In 2004 erfolgt eine weitere nach § 8b Abs. 3 Satz 3 KStG steuerlich nicht anzuerkennende Teilwertabschreibung i. H. von 100 000 €. In 2006 erfolgt eine Aufstockung des Buchwerts der Beteiligung an der B-GmbH i. H. von 150 000 €.

Nach § 8b Abs. 2 Satz 4 KStG ist in 2006 ein Betrag i. H. von 100 000 € in voller Höhe steuerpflichtig. Die übersteigenden 50 000 € sind nach § 8b Abs. 2 Satz 3 KStG steuerfrei. Die nicht abziehbaren Betriebsausgaben sind nach § 8b Abs. 3 Satz 1 KStG mit 5 % von 50 000 € zu pauschalieren.

---

1) S. aber BFH v. 19.8.2009, I R 2/09, DStR 2009, 2483.

Anlage § 008b–13

Anwendung des § 8b Abs. 3 KStG und des § 3c Abs. 2 EStG auf Gewinnminderungen von im Betriebsvermögen gehaltenen Beteiligungen an Investmentfonds

Verfügung OFD Hannover vom 25.04.2005

S 2750a – 14 – StO 242

Werden Fondsanteile an in- und ausländischen Investmentfonds im Betriebsvermögen einer Kapitalgesellschaft, eines Einzelunternehmens oder einer Personengesellschaft gehalten, so stellt sich bei einer Wertminderung die Frage, unter welchen Voraussetzungen und in welcher Höhe Teilwertabschreibungen steuerlich berücksichtigt werden können.

1. Steuerliche Berücksichtigung dem Grunde nach

Die steuerliche Bewertung der Fondsanteile erfolgt gemäß § 6 Abs. 1 Nr. 2 EStG (nicht abnutzbares Anlage- und Umlaufvermögen). Danach sind Teilwertabschreibungen nur bei einer voraussichtlich *dauernden* Wertminderung zulässig. Für die Beurteilung der Frage, ob eine voraussichtlich dauernde Wertminderung vorliegt, ist auf die im Sondervermögen des Fonds enthaltenen Wirtschaftsgüter abzustellen (Transparenzprinzip). Soweit im Sondervermögen börsennotierte Wirtschaftsgüter enthalten sind, stellen Kursschwankungen von Fondsanteilen *im Anlagevermögen* regelmäßig nur vorübergehende Wertminderungen dar (Tz. 11 des BMF-Schrb. v. 25.2.2000, IV C 2 – S 2171b – 14/00, BStBl. I 2000, 372). Dies gilt auch für den mit Beginn des Jahres 2001 festzustellenden Kursverfall vieler börsennotierter Wirtschaftsgüter. Den Nachweis, dass *ausnahmsweise* eine voraussichtlich dauernde Wertminderung vorliegt, hat der Steuerpflichtige – z. B. durch Vorlage von Unterlagen des Investmentfonds – zu erbringen (Tz. 2 des BMF-Schrb. v. 25.2.2000, a. a. O.). Bei Fondsanteilen *im Umlaufvermögen* kommt eine Teilwertabschreibung demgegenüber in Betracht, wenn deren Wertminderung bis zum Zeitpunkt der Aufstellung der Bilanz anhält (Tz. 23 des BMF-Schrb. v. 25.2.2000, a. a. O.).

2. Steuerliche Berücksichtigung der Höhe nach

2.1 Anteile an inländischen Investmentfonds

2.1.1 Anteile im Betriebsvermögen einer Kapitalgesellschaft

Wird eine dem Grunde nach zulässige Teilwertabschreibung auf Fondsanteile, die eine Kapitalgesellschaft im Betriebsvermögen hält, vorgenommen, so ist Folgendes zu beachten:

– Gewinnminderungen, die *vor dem 1.1.2004* entstanden sind, sind nicht zu berücksichtigen, soweit sie auf im Fonds enthaltene Anteile an Gesellschaften entfallen, deren Leistungen beim Empfänger zu Einnahmen nach § 20 Abs. 1 Nr. 1 EStG führen (z. B. Aktien; § 40a Abs. 1 Satz 2 KAGG i. d. F. Korb II i. V. m. § 8b Abs. 3 KStG n. F.). Die Gewinnminderungen sind (zu 100 %) außerhalb der Bilanz hinzuzurechnen. Diese *Neuregelung* gilt nach § 43 Abs. 18 KAGG (i. d. F. Korb II) *für alle noch nicht bestandskräftigen Festsetzungen,* da es sich nach Auffassung des Gesetzgebers nur um eine klarstellende Gesetzesänderung handelt. Sofern die Gewinnminderungen auf andere Vermögenswerte im Fonds zurückzuführen sind (z. B. verzinsliche Wertpapiere), können diese unter den Voraussetzungen der Tz. 1 steuerlich berücksichtigt werden.

Hinweis:

Beim FG Mecklenburg-Vorpommern ist zwischenzeitlich unter dem Az. 1 K 479/04 ein *Musterverfahren* anhängig, mit dem geklärt werden soll, ob Teilwertabschreibungen und Veräußerungsverluste in den Jahren bis 2003 tatsächlich unter § 8b Abs. 3 KStG fallen. In Streitfällen kann *Ruhen des Verfahrens,* aber keine Aussetzung der Vollziehung gewährt werden.

– Bei Gewinnminderungen, die *nach dem 31.12.2003* entstehen, gelten gemäß § 18 InvStG (BStBl. I 2004, 5) i. V. m. § 8 Abs. 2 InvStG und § 8b KStG, § 3c Abs. 2 EStG die o. g. Ausführungen entsprechend.

2.1.2 Anteile im Betriebsvermögen eines Einzelunternehmens oder einer Personengesellschaft

Die oben dargestellten Ausführungen gelten für Fondsanteile, die Einzelunternehmen im Betriebsvermögen halten, unter Berücksichtigung des § 3c Abs. 2 EStG entsprechend (50%ige Hinzurechnung außerhalb der Bilanz).

Befinden sich die Anteile im Betriebsvermögen einer Personengesellschaft, so richtet sich die Beurteilung nach der Rechtsform der an der Personengesellschaft beteiligten Personen.

2.2 Anteile an ausländischen Investmentfonds

– Für *vor dem 1.1.2004* entstandene Gewinnminderungen, die im Zusammenhang mit Anteilen an ausländischen Investmentfonds stehen, sind die vorstehenden Regelungen nicht anwendbar. Das bedeutet, dass dem Grunde nach zulässige Teilwertabschreibungen steuerlich in vollem Umfang zu berücksichtigen sind (vgl. § 17 Abs. 2b AuslInvestG).

– Bei *nach dem 31.12.2003* entstandenen Gewinnminderungen treten hingegen die gleichen Rechtsfolgen wie bei Anteilen an inländischen Investmentfonds ein (§ 8 Abs. 2 InvStG).

Behandlung der Auflösung von organschaftlichen Ausgleichsposten in Bezug auf § 8b KStG

Verfügung OFD Frankfurt/M. vom 08.11.2005

S 2750a A – 8 – St II 1.01

Organschaftliche Ausgleichsposten stellen Korrekturbeträge zum Beteiligungsbuchwert dar.

Daraus folgt, dass auf Gewinne oder Verluste aus der Auflösung eines Ausgleichspostens die Vorschriften des § 8b KStG anzuwenden sind.

Erfolgt die Auflösung eines passiven oder aktiven Ausgleichspostens im Zusammenhang mit der Veräußerung der Beteiligung, erhöht oder verringert der Betrag aus der Auflösung der Ausgleichsposten den Veräußerungsgewinn oder -verlust. Auf den saldierten Betrag ist § 8b KStG anzuwenden (vgl. R 63 Abs. 3 KStR 2004).

Rechtsfolgen aus der Veröffentlichung des BFH-Urteils I R 95/05 vom 9. August 2006 im Bundessteuerblatt II S. 279

BMF-Schreiben vom 21.03.2007
IV B 7 – G 1421/0, 2007/0100766, BStBl. 2007 I S. 302

Der BFH hat im Urteil vom 9. August 2006 (a.a.O.) entschieden, dass

1. die Rdnr. 57 des BMF-Schreibens vom 28. April 2003 (BStBl I S. 292) zur Nichtanwendung der Grundsätze des § 8b Abs. 1 bis 5 KStG sowie des § 3 Nr. 40 EStG bei der Ermittlung des Gewerbeertrags einer Mitunternehmerschaft nicht dem seinerzeit geltenden Recht entspricht und

2. § 8b Abs. 5 KStG in der bis Veranlagungszeitraum 2003 geltenden Fassung (KStG a.F.) gegen die Niederlassungsfreiheit nach Artikel 43 ff . und gegen die Kapitalverkehrsfreiheit nach Artikel 56 ff. EG verstößt.

Nach dem Ergebnis der Erörterung mit den obersten Finanzbehörden des Bundes und der Länder gilt zur allgemeinen Anwendung der Urteilsgrundsätze Folgendes:

1. Ermittlung des Gewerbeertrags bei einer Mitunternehmerschaft

a) Ermittlung des Gewerbeertrags einer Mitunternehmerschaft abweichend von Rdnr. 57 des BMF-Schreibens vom 28. April 2003(a.a.O.)

Die Regelungen des § 8b Abs. 1 bis 5 KStG sowie des § 3 Nr. 40 EStG sind auch für Erhebungszeiträume vor 2004 nach den Grundsätzen des ab dem Erhebungszeitraum 2004 geltenden § 7 Satz 4 GewStG in allen noch offenen Fällen anzuwenden.

Soweit für Erhebungszeiträume vor 2004 bei der Mitunternehmerschaft im Rahmen der Gewinnermittlung Verluste aus der Veräußerung einer Beteiligung an einer Kapitalgesellschaft oder Teilwertabschreibungen auf eine derartige Beteiligung anzuerkennen sind, die sich nach den Grundsätzen der Rdnr. 57 mindernd auf den Gewerbeertrag der Mitunternehmerschaft ausgewirkt hätten, können diese Grundsätze in allen offenen Fällen - sofern sich ein derartiger Anspruch nicht bereits aus § 176 Abs. 2 AO ergibt – auf Antrag aus Gründen des Vertrauensschutzes weiter angewendet werden.

Das gilt entsprechend, wenn es sich bei der Mitunternehmerschaft um einen Venture Capital und Privat Equity Fonds handelt; Tz. 20 Satz 2 des BMF-Schreibens vom 16. Dezember 2003 (BStBl. I 2004 S. 40) wird aufgehoben.

b) Mitunternehmerschaft als Organträger

Nach Rdnr. 34 des BMF-Schreibens vom 26. August 2003 (BStBl. I S. 437) finden die Vorschriften des § 8b KStG und des § 3 Nr. 40 EStG bei der Gewerbeertragsermittlung einer Personengesellschaft (Mitunternehmerschaft) als Organträgerin keine Anwendung, wenn ihr Einkommen einer Organgesellschaft zuzurechnen ist, in dem die in § 15 Satz 1 Nr. 2 Satz 2 KStG genannten Einkommensteile enthalten sind.

Hieran ist nach den Grundsätzen des BFH-Urteils vom 9. August 2006 (a.a.O.) auch für Erhebungszeiträume vor 2004 in allen noch offenen Fällen nicht mehr festzuhalten. Bei der Gewerbeertragsermittlung einer Personengesellschaft als Organträgerin finden in diesem Fall die Grundsätze des § 7 Satz 4 GewStG Anwendung.

Soweit für Erhebungszeiträume vor 2004 bei der Personengesellschaft als Organträgerin im ihr von der Organgesellschaft zuzurechnenden Einkommen in § 15 Satz 1 Nr. 2 Satz 2 KStGgenannte Einkommensteile enthalten sind, die negativ sind, können die Grundsätze der Rdnr. 34 des BMF-Schreibens vom 26. August 2003(a.a.O.) in allen offenen Fällen – sofern sich ein derartiger Anspruch nicht bereits aus § 176 Abs. 2 AO ergibt - auf Antrag aus Gründen des Vertrauensschutzes weiter angewendet werden.

2. Anwendung des § 8b Abs. 5 KStG a.F.

Die Grundsätze des Urteils sind über den entschiedenen Einzelfall hinaus nicht anzuwenden, soweit der BFH im vorliegenden Fall einen Verstoß des § 8b Abs. 5 KStG a.F. gegen die Kapitalverkehrsfreiheit gem. Art. 56 EG annimmt.

Der BFH vertritt in dem Urteil die Auffassung, dass bei einer Beteiligung an einer südafrikanischen Kapitalgesellschaft mit einer Quote von 50,01 % die Kapitalverkehrsfreiheit zur Anwendung kommen soll. Nach ständiger Rechtsprechung des EuGH kommt jedoch die Niederlassungsfreiheit zur Anwendung, wenn die Beteiligung an einer ausländischen Kapitalgesellschaft zwangsläufig mit der Kontrolle über diese Gesellschaft oder ihrer Leitung verbunden ist (EuGH-Urteil vom 13. August 2006, C-251/98 („Baars"), Rn. 20). Bei einer Beteiligung mit einer Quote von mehr als 50 % finden daher regelmäßig die Regelungen zur Niederlassungsfreiheit Anwendung. Die Niederlassungsfreiheit gewährt aber keinen Schutz bei Beteiligungen an Kapitalgesellschaften mit Sitz außerhalb des EU- bzw. EWR-Raumes.

Auch ist die Kapitalverkehrsfreiheit in diesen Fällen nicht ersatzweise heranzuziehen, da die beschränkenden Wirkungen des § 8b Abs. 5 KStG a.F. nur eine zwangsläufige Folge der Beschränkungen der Niederlassungsfreiheit ist. Nach der aktuellen Rechtsprechung des EuGH besteht ein Exklusivitätsverhältnis der Niederlassungsfreiheit bzw. der Dienstleistungsfreiheit zur Kapitalverkehrsfreiheit, wenn die „beschränkenden Auswirkungen die unvermeidliche Konsequenz einer eventuellen Beschränkung der Niederlassungsfreiheit" (EuGH-Urteil vom 12. September 2006, C-196/04 („Cadbury Schweppes"), Rn. 33) bzw. sie „zwangsläufige Folge der Beschränkung des freien Dienstleistungsverkehrs" sind (EuGH-Urteil vom 3. Oktober 2006, 452/04 („Fidium Finanz"), Rn. 48). Für die Kapitalverkehrsfreiheit bleibt dann kein Raum mehr. Hier dürften auch die noch anhängigen EuGH-Verfahren in der Rs. C-492/04 („Lasertec") bzw. C-415/06 („Stahlwerk Ergste Westig") für weitere Klärung sorgen.

Dieses Schreiben wird im Bundessteuerblatt Teil I veröffentlicht. Es steht ab sofort für eine Übergangszeit auf den Internetseiten des Bundesministeriums der Finanzen (http://www.bundesfinanzministerium.de) unter der Rubrik Steuern – Veröffentlichungen zu Steuerarten – Gewerbesteuer – zur Ansicht und zum Abruf bereit.

Veräußerungsgewinnbefreiung nach § 8b Abs. 2 KStG; Behandlung von Veräußerungskosten, die vor oder nach dem Jahr der Anteilsveräußerung entstanden sind

BMF-Schreiben vom 13.3.3008 (BStBl. I 2008, S. 506)

IV B 7 – S 2750a/07/0002, 2008/0134576 (BStBl. I S. 506)

Sitzungen KSt/GewSt I/07, TOP I/14 und II/07, TOP I/10

Es ist gefragt worden, wie Veräußerungskosten im Rahmen der Anwendung des § 8b KStG zu behandeln sind, die vor oder nach dem Wirtschaftsjahr der Anteilsveräußerung entstanden sind.

Unter Bezugnahme auf das Ergebnis der Erörterung mit den obersten Finanzbehörden der Länder gilt dazu Folgendes:

Die in einem anderen Wirtschaftsjahr entstandenen Veräußerungskosten sind bei der Ermittlung des Veräußerungsgewinns oder Veräußerungsverlusts nach den Grundsätzen des § 8b Abs. 2 Satz 2 KStG im Wirtschaftsjahr der Veräußerung der Beteiligung zu berücksichtigen. Dies gilt unabhängig davon, ob in dem Jahr, in dem die Veräußerungskosten entstanden sind, bereits das Halbeinkünfteverfahren gegolten hat oder nicht. Der danach ermittelte Veräußerungsgewinn oder -verlust unterliegt den allgemeinen Regelungen des § 8b KStG.

Bei der einheitlichen und gesonderten Gewinnfeststellung für Personengesellschaften müssen die Veräußerungskosten für die Ermittlung des Veräußerungsgewinns oder -verlusts in dem Veranlagungszeitraum, in dem sie entstanden sind, gesondert ausgewiesen werden.

Im Fall nachträglicher Kaufpreisminderungen oder -erhöhungen ist die Veranlagung des Wirtschaftsjahrs zu ändern, in dem die Veräußerung der Beteiligung erfolgt ist. Dabei ist für die Korrektur des Einkommens nach § 8b KStG davon auszugehen, dass die Kaufpreisminderung oder -erhöhung im Wirtschaftsjahr der Veräußerung eingetreten ist. Aufwand oder Ertrag aus einer Auf- oder Abzinsung der Kaufpreisforderungen unterliegt nicht der Anwendung des § 8b KStG.

Beispiel:

Eine GmbH (Wj = Kj) veräußert im Jahr 02 die Beteiligung an einer Tochtergesellschaft (Buchwert - BW – 100 TEUR) zum Preis von 500 TEUR. Im Jahr 01 sind Veräußerungskosten – VK – (Beratungskosten) i.H.v. 20 TEUR angefallen (entstanden). Der Kaufpreis – KP – wurde gestundet. Im Jahr 04 fällt die Kaufpreisforderung aus. (Die Abzinsung der Kaufpreisforderung ist in dem Beispiel aus Vereinfachungsgründen nicht berücksichtigt).

– Im Jahr 01 mindern die Veräußerungskosten das Einkommen.

– Im Jahr 02 werden die Veräußerungskosten in die Berechnung des nach § 8b Abs. 2 KStG steuerfreien Veräußerungsgewinns und die Bemessungsgrundlage für die nicht abzugsfähigen Betriebsausgaben einbezogen.

– Der Ausfall der Kaufpreisforderung im Jahr 04 wirkt sich auf die Berechnung des § 8b Abs. 2 Satz 2 KStG aus und führt zur nachträglichen Änderung der Veranlagung für das Jahr 02.

Auswirkungen des Veräußerungsvorgangs auf Jahresüberschuss und Einkommen der Jahre 01 – 04				
(alle Beträge in TEUR)	Gesamt 01 – 04	Jahr 01	Jahr 02	Jahr 04
Veräußerungskosten 01	– 20	–20		
Veräußerung in 02				
Ertrag aus KP-Forderung	500		500	
Ausbuchung der Beteiligung (BW)	– 100		– 100	
Nach § 8b KStG zu berücksichtigen: KP 500 BW – 100 VK – 20				
Veräußerungsgewinn 380				
steuerfrei gem. § 8b Abs. 2 KStG	– 380		– 380	
§ 8b Abs. 3 Satz 1 KStG (5 %)	+ 19		+ 19	
Einkommen vor Änderung	*19*	*– 20*	*39*	
Aufwand aus dem Ausfall der KP-Forderung in 04	- 500		- 500	
Änderung in 02				
bisher nach § 8b KStG berücksichtigte Beträge sind zu neutralisieren	+ 380		+ 380	
	- 19		- 19	
Nach § 8b KStG sind neu zu berücksichtigen: KP 0 BW – 100 VK – 20				
Veräußerungsverlust (§ 8b Abs. 3) – 120	+ 120		+ 120	
Einkommen nach Änderung	**0**	**– 20**	**520**	**– 500**

Dieses Schreiben wird im Bundessteuerblatt Teil I veröffentlicht. Es steht ab sofort für eine Übergangszeit auf den Internetseiten des Bundesministeriums der Finanzen unter der Rubrik 'Aktuelles' – 'Veröffentlichungen zu Steuerarten' – 'Körperschaftsteuer/Umwandlungssteuerrecht' – 'BMF-Schreiben' zum Download bereit.

§ 8b Abs. 5 und Abs. 3 S. 1 u. 2 KStG –
Anwendbarkeit des Betriebsausgabenabzugverbots auf nach § 8 Abs. 1 KStG
i.V.m. § 3 Nr. 41 EStG steuerfreie Gewinnausschüttungen und Veräußerungsgewinne

BMF-Schreiben vom 30.4.2008

– IV B 7 – S 2750-a/07/0001 2008/0221570

Bezug: Schreiben des Finanzministeriums NRW vom 30.1.2008 – S 2750a – 27 – V B 4

Mit o. g. Schreiben hat das Finanzministerium des Landes Nordrhein-Westfalen angefragt, ob auf Gewinnausschüttungen und Veräußerungsgewinne, die nach § 8 Abs. 1 KStG i.V.m. § 3 Nr. 41 EStG steuerfrei sind, das pauschale Betriebsausgabenabzugsverbot des § 8b Abs. 3 und 5 KStG Anwendung findet. § 3 Nr. 41 EStG stellt Gewinnausschüttungen und Veräußerungsgewinne steuerfrei, sofern aufgrund einer Beteiligung an einer ausländischen Zwischengesellschaft innerhalb der vorangegangenen 7 Jahre eine Hinzurechnungsbesteuerung nach den §§ 7-14 AStG vorausgegangen ist.

Nordrhein-Westfalen bejaht die Anwendung des § 8b Abs. 5 und 3 Sätze 1 und 2 KStG mit der Begründung, der Wortlaut der Vorschriften stelle nicht darauf ab, dass eine Befreiung nach § 8b Abs. 1 oder 2 KStG vorausgegangen ist. Die Formulierungen „Bezüge im Sinne des Absatzes 1" bzw. „Gewinn im Sinne des Absatzes 2" schließe alle Bezüge und Gewinne ein, die dem Grunde nach in den Absätzen 1 und 2 angesprochen sind, also z. B. alle Bezüge im Sinne des § 20 Abs. 1 Nr. 1 EStG.

Nach Abstimmung mit dem zuständigen Außensteuerreferat schließe ich mich dieser Auffassung an. Anhängige Fälle können auf der Basis entschieden werden.

Behandlung von Betriebsausgaben im Zusammenhang mit Auslandsdividenden in den Veranlagungszeiträumen (VZ) 1993 bis 2003; Anwendung des EuGH-Urteils vom 23. Februar 2006 in der Rs. C-471/04 Keller-Holding (BStBl II 2008 S. 834) und der BFH-Urteile vom 13. Juni 2006 – I R 78/04 – (BStBl. II 2008 S. 821) und vom 9. August 2006 – I R 50/05 – (BStBl. II 2008 S. 823)

BMF-Schreiben vom 30.9.2008
IV C 7 – S 2750 – a/07/10001 (BStBl. I 2008 S. 940)

Anlage 1

In dem Urteil vom 23. Februar 2006 in der Rs. C-471/04 Keller-Holding (BStBl. II 2008 S. 834 hat der EuGH entschieden, dass Art. 43 EG (und Art. 31 des EWR-Abkommens) einer Regelung eines Mitgliedstaats entgegensteht, nach der Finanzierungsaufwendungen einer in diesem Mitgliedstaat unbeschränkt steuerpflichtigen Muttergesellschaft für den Erwerb von Beteiligungen an einer Tochtergesellschaft steuerlich nicht abzugsfähig sind, soweit diese Aufwendungen auf steuerfreie Dividenden von einer in einem anderen EU/EWR-Staat ansässigen Enkelgesellschaft entfallen, obwohl solche Aufwendungen dann abzugsfähig sind, wenn sie auf Dividenden von einer Enkelgesellschaft entfallen, die im Mitgliedstaat der Muttergesellschaft ansässig ist. Dem stehe nicht entgegen, dass Ausschüttungen inländischer Kapitalgesellschaften in der Zeit des Anrechnungsverfahrens grundsätzlich steuerpflichtig waren, weil durch die Vollanrechnung der auf den Ausschüttungen lastenden Körperschaftsteuer faktisch ebenfalls eine Steuerfreistellung stattgefunden habe.

In den Entscheidungen vom 13. Juni 2006 – I R 78/04 – (BStBl. II 2008 S. 821) und 9. August 2006 – I R 50/05 –- (BStBl. II 2008 S. 823) folgt der BFH dem EuGH und sieht die Fiktion des § 8b Abs. 7 KStG i.d.F. des StEntlG 1999/2000/2002 vom 24. März 1999 bzw. des § 8b Abs. 5 KStG i. d. F. vor dem Gesetz zur Umsetzung der Protokollerklärung der Bundesregierung zur Vermittlungsempfehlung zum Steuervergünstigungsabbaugesetz vom 22. Dezember 2003 als europarechtswidrig an. Dabei sei es unerheblich, ob tatsächlich Betriebsausgaben angefallen sind oder nicht.

Im Einvernehmen mit den obersten Finanzbehörden der Länder nehme ich nachfolgend zur steuerlichen Behandlung von Betriebsausgaben im Zusammenhang mit Dividenden, die von EU/EWR-Gesellschaften ausgeschüttet worden sind, für die VZ 1993 – 2003 Stellung. Auf die Höhe der Beteiligung an der ausschüttenden Gesellschaft kommt es nicht an.

1. Zeitraum 1993 – 1998

In diesem Zeitraum sind Betriebsausgaben im Zusammenhang mit inländischen Dividenden abziehbar. Nach § 8b Abs. 1 und Abs. 5 KStG i.d.F. des StandOG vom 13. September 1993 werden Dividenden, für die die ausschüttende Gesellschaft EK 01 verwendet hat und Dividenden, die von einer ausländischen Gesellschaft ausgeschüttet werden, wenn sie nach einem Abkommen zur Vermeidung der Doppelbesteuerung befreit sind und die Beteiligung mindestens 1/10 beträgt, bei der Ermittlung des Einkommens nicht berücksichtigt. Betriebsausgaben, die in unmittelbarem wirtschaftlichen Zusammenhang mit diesen steuerfreien Dividenden stehen, unterliegen dem Abzugsverbot des § 3c EStG.

Abweichend hiervon sind in allen offenen Fällen auch Betriebsausgaben steuerlich zu berücksichtigen, die mit steuerfreien Dividenden, die von einer EU/EWR-Gesellschaft ausgeschüttet worden sind, in unmittelbarem wirtschaftlichen Zusammenhang stehen. Die Betriebsausgaben sind in voller Höhe abziehbar; § 3c EStG ist nicht anzuwenden.

2. Zeitraum 1999 – 2000/2001

In diesem Zeitraum sind Betriebsausgaben im Zusammenhang mit inländischen Dividenden abziehbar. Ausländische Dividenden werden nach den unter 1. genannten Voraussetzungen bei der Ermittlung des Einkommens nicht berücksichtigt. Als nicht abziehbare Betriebsausgaben, die in unmittelbarem wirtschaftlichen Zusammenhang mit diesen steuerfreien Dividenden stehen, gelten gemäß § 8b Abs. 7 bzw. Abs. 5 KStG i.d.F. des StEntlG 1999/2000/2002und § 8b Abs. 5 KStG i. d. F. des StSenkG vom 23. Oktober 2000 5 Prozent der steuerfreien Dividenden.

Abweichend hiervon sind in allen offenen Fällen auch Betriebsausgaben steuerlich zu berücksichtigen, die mit steuerfreien ausländischen Dividenden, die von einer EU/EWR-Gesellschaft ausgeschüttet worden sind, in unmittelbarem wirtschaftlichen Zusammenhang stehen. Die Pauschalierung des § 8b Abs. 7 bzw. Abs. 5 KStG i.d.F. des StEntlG 1999/2000/2002 und § 8b Abs. 5 i. d. F. des StSenkG ist nicht anzuwenden. Die Betriebsausgaben sind in voller Höhe abziehbar. § 3c EStG ist ebenfalls nicht anzuwenden.

Dies gilt in 2001 auch noch für solche ausländischen Gewinnausschüttungen, die auf einem ordentlichen Gewinnverwendungsbeschluss beruhen, da insoweit für inländische Dividenden noch das Anrechnungsverfahren gilt.

3. Zeitraum 2001/2002 – 2003

Nach § 8b Abs. 1i. d. F. des StSenkG bleiben sowohl inländische Dividenden, für die nicht mehr das Anrechnungsverfahren gilt, als auch ausländische Dividenden unabhängig von der Höhe der Beteiligung bei der Ermittlung des Einkommens außer Ansatz. Mit den steuerfreien Dividenden in unmittelbarem wirtschaftlichen Zusammenhang stehende Betriebsausgaben sind gemäß § 3c Abs. 1 EStG nicht abziehbar; für ausländische Dividenden werden die danach nicht abziehbaren Betriebsausgaben gemäß § 8b Abs. 5 KStG i. d. F. des StSenkG mit 5 Prozent der steuerfreien Dividenden pauschaliert.

Abweichend hiervon ist in allen offenen Fällen auf Dividenden, die von einer EU/EWR-Gesellschaft ausgeschüttet worden sind, die Pauschalierung des § 8b Abs. 5 KStG i.d.F. des StSenkG nicht anzuwenden, wenn die tatsächlichen Betriebsausgaben 5 Prozent der Dividenden unterschreiten. In diesen Fällen sind nur die tatsächlichen Betriebsausgaben nicht abziehbar (§ 3c Abs. 1 EStG). Das pauschalierte Betriebsausgabenabzugsverbot des § 8b Abs. 5 KStG i. d. F. des StSenkG ist weiter anzuwenden, wenn die mit den Dividenden in unmittelbarem wirtschaftlichen Zusammenhang stehenden tatsächlichen Betriebsausgaben 5 Prozent der Dividenden übersteigen.

4. Zeitraum ab 2004

Seit der Änderung durch das Gesetz zur Umsetzung der Protokollerklärung der Bundesregierung zur Vermittlungsempfehlung zum Steuervergünstigungsabbaugesetz gilt das pauschalierte Betriebsausgabenabzugsverbot nach § 8b Abs. 5 KStG auch für inländische Gewinnausschüttungen und ist der Besteuerung zugrunde zu legen.

5. Zuordnung von Betriebsausgaben zu steuerfreien Dividenden

Für die Zuordnung von Betriebsausgaben zu steuerfreien Dividenden gelten die Grundsätze des BMFSchreibens vom 20. Januar 1997 (BStBl. I 1997 S. 99). Das mit BMF-Schreiben vom 10. Januar 2000 (BStBl. I 2000 S. 71) aufgehobene Schreiben wird wieder in Kraft gesetzt. Es ist mit der Maßgabe anzuwenden, dass an die Stelle der dort genannten Schachteldividenden alle steuerfreien Dividenden treten, auf die nach den oben genannten Grundsätzen § 3c EStG anzuwenden ist.

6. Anwendungsbereich

Die Regelungen dieses BMF-Schreibens gelten für EU/EWR-Gesellschaften, sofern zwischen der Bundesrepublik Deutschland und dem Staat/den Staaten, in dem/in denen die ausschüttende EU/EWRGesellschaft ihren Sitz und ihren Ort der Geschäftsleitung hat, aufgrund der Richtlinie 77/799/EWG des Rates vom 19. Dezember 1977 über die gegenseitige Amtshilfe zwischen den zuständigen Behörden der Mitgliedstaaten im Bereich der direkten Steuern und der Mehrwertsteuer (ABl. EG Nr. L 336 S. 15), die zuletzt durch die Richtlinie 2006/98 EWG des Rates vom 20. November 2006 (ABl. EU Nr. L 363 S. 129) geändert worden ist, in der jeweils geltenden Fassung einer vergleichbaren zwei- oder mehrseitigen Vereinbarung Auskünfte erteilt werden, die erforderlich sind, um die Besteuerung durchzuführen. Dies ist derzeit der Fall bei den Mitgliedstaaten der EU sowie Island und Norwegen. EU/EWR-Gesellschaften sind Körperschaften, Personenvereinigungen oder Vermögensmassen, die nach den Rechtsvorschriften eines Mitgliedstaats der Europäischen Union oder nach den Rechtsvorschriften eines Staates, auf den das Abkommen über den Europäischen Wirtschaftsraum Anwendung findet, gegründete Gesellschaften im Sinne des Art. 48 des Vertrags zur Gründung der Europäischen Gemeinschaft oder des Art. 34 des Abkommens über den Europäischen Wirtschaftsraum sind, deren Sitz und Ort der Geschäftsleitung sich innerhalb des Hoheitsgebiets dieser Staaten befindet. Europäische Gesellschaften sowie Europäische Genossenschaften gelten für die Anwendung des vorstehenden Satzes als nach den Rechtsvorschriften des Staats gegründete Gesellschaften, in dessen Hoheitsgebiet sich der Sitz der Gesellschaften befindet.

Veranlagungszeitraum	Behandlung von Betriebsausgaben im Zusammenhang mit steuerfreien Dividenden aus Beteiligungen an Gesellschaften mit Sitz und Ort der Geschäftsleitung		
	in EU/EWR-Staaten	im Inland	Übrige
1993 – 1998	– in voller Höhe abziehbar – § 3c EStG ist nicht anzuwenden	– in voller Höhe abziehbar	– nicht abziehbar – § 3c EStG ist anzuwenden
1999 – 2000/200	– in voller Höhe abziehbar – das pauschale Abzugsverbot des § 8b Abs. 7 bzw. Abs. 5 KStG a. F. ist nicht anzuwenden – § 3c EStG ist nicht anzuwenden	– in voller Höhe abziehbar	– 5 % der Einnahmen sind nicht abziehbar (§ 8b Abs. 5 KStG a. F.)
2001 (2002) – 2003	– tatsächliche BA < 5% der Einnahmen: § 3c Abs. 1 EStG ist anzuwenden – tatsächliche BA < 5 % der Einnahmen: 5 % der Einnahmen sind nicht abziehbar (§ 8b Abs. 5 KStG a. F.)	– nicht abziehbar – § 3c Abs. 1 EStG ist anzuwenden	– 5 % der Einnahmen sind nicht abziehbar (§ 8b Abs. 5 KStG a. F.)
ab 2004	– 5 % der Einnahmen sind nicht abziehbar (§ 8b Abs. 5 KStG)	– 5 % der Einnahmen sind nicht abziehbar (§ 8b Abs. 5 KStG)	– 5 % der Einnahmen sind nicht abziehbar (§ 8b Abs. 5 KStG)

Anwendung des § 8 b Abs. 2 Satz 4 KStG, wenn zuvor vorgenommene Teilwertabschreibungen zum Teil voll steuerwirksam und zum Teil nicht steuerwirksam waren

Verfügung OFD Hannover vom 08.07.2009

S 2750 a – 19 – StO 242

Soweit sich eine während der Geltung des Anrechnungsverfahrens vorgenommene Teilwertabschreibung gewinnmindernd ausgewirkt hat, führt eine Teilwertaufholung im zeitlichen Geltungsbereich des Halbeinkünfteverfahrens in vollem Umfang zu einer Gewinnerhöhung. Sie ist also in voller Höhe steuerwirksam und nicht vorrangig mit einer während der Geltung des Halbeinkünfteverfahrens vorgenommenen, nicht steuerwirksamen Teilwertabschreibung (§ 8 b Abs. 2 Satz 3 KStG) zu verrechnen.

Eine Teilwertaufholung fällt jedoch unter die Steuerbefreiung nach § 8 b Abs. 2 Satz 3 KStG, soweit sie die während der Geltung des Anrechnungsverfahrens erfolgte Teilwertabschreibung übersteigt.

Nach Auffassung des Finanzgerichts Düsseldorf im Urteil vom 2. Dezember 2008, EFG 2009 S. 436, ist demgegenüber zunächst die letzte, nicht steuerwirksame Teilwertabschreibung rückgängig zu machen. Gegen diese Entscheidung ist Revision eingelegt worden (Az. I R 2/09). Entsprechende Einspruchsverfahren ruhen daher gem. § 363 Abs. 2 Satz 2 AO. Aussetzung der Vollziehung ist zu gewähren.

Anlage § 008c–01

Verlustabzugsbeschränkung für Körperschaften (§ 8c KStG)

BMF-Schreiben vom 4.7.2008
IV C 7 – S 2745 – a/08/10001, 2008/0349554 (BStBl. I 2008 S. 736)

Inhaltsübersicht

Im Einvernehmen mit den obersten Finanzbehörden der Länder nehme ich zur Anwendung der durch das Unternehmensteuerreformgesetz 2008 vom 14. August 2007 (BGBl. I S. 1912, BStBl I S. 630) neu geregelten allgemeinen Verlustabzugsbeschränkung für Körperschaften gemäß § 8c KStG wie folgt Stellung:

I. Anwendungsbereich

1 § 8c KStG ist auf unbeschränkt und beschränkt steuerpflichtige Körperschaften, Personenvereinigungen und Vermögensmassen i. S. d. § 1 Abs. 1 KStG anzuwenden. Auch Anstalten oder Stiftungen fallen in den Anwendungsbereich des § 8c KStG.

2 Die Abzugsbeschränkung gemäß § 8c KStG ist auf alle nicht ausgeglichenen und nicht abgezogenen negativen Einkünfte (nicht genutzte Verluste) anwendbar und umfasst insbesondere die Verluste nach § 2a, § 10d (Verlustvor- und -rücktrag), § 15 Abs. 4, § 15a und § 15b EStG. § 8c KStG gilt für den Zinsvortrag nach § 4h Abs. 1 Satz 2 EStG entsprechend (§ 8a Abs. 1 Satz 3 KStG). Auf gewerbesteuerliche Fehlbeträge ist § 8c KStG gemäß § 10a Satz 9 GewStG entsprechend anzuwenden.

II. Schädlicher Beteiligungserwerb

3 § 8c KStG setzt einen schädlichen Beteiligungserwerb innerhalb eines Zeitraums von fünf Jahren durch Personen eines Erwerberkreises voraus. Den Erwerberkreis bildet der Erwerber gemeinsam mit ihm nahe stehenden Personen und Personen, die mit ihm oder den nahe stehenden Personen gleichgerichtete Interessen haben.

4 Der Erwerb der Beteiligung kann entgeltlich oder unentgeltlich erfolgen, z.B. im Wege der Schenkung. Ein Erwerb seitens einer natürlichen Person durch Erbfall einschließlich der unentgeltlichen Erbauseinandersetzung und der unentgeltlichen vorweggenommenen Erbfolge wird von § 8c KStG nicht erfasst; dies gilt nicht, wenn der Erwerb in auch nur geringem Umfang entgeltlich erfolgt.

1. Anteilsübertragung und vergleichbare Sachverhalte

5 § 8c KStG erfasst neben dem Erwerb von Kapitalanteilen auch den Erwerb von Mitgliedschaftsrechten und Beteiligungsrechten (jeweils auch ohne Stimmrechte) sowie von Stimmrechten und vergleichbaren Sachverhalten. Werden zugleich mehrere Anteile und Rechte übertragen, ist diejenige Übertragung maßgebend, die die weitestgehende Anwendung des § 8c KStG erlaubt.

Soweit es für den Erwerb auf den Übergang einer Eigentumsposition ankommt, ist auf den Übergang des 6
wirtschaftlichen Eigentums abzustellen.

Ein Zwischenerwerb durch eine Emissionsbank im Rahmen eines Börsengangs i. S. d. § 1 Abs. 1 Satz 2
Nr. 10 KWG bleibt unbeachtlich.

Vergleichbare Sachverhalte können insbesondere sein: 7
– der Erwerb von Genussscheinen i. S. d. § 8 Abs. 3 Satz 2 KStG;
– Stimmrechtsvereinbarungen, Stimmrechtsbindungen, Stimmrechtsverzicht;
– die Umwandlung auf eine Verlustgesellschaft, wenn durch die Umwandlung ein Beteiligungserwerb
  durch einen Erwerberkreis stattfindet;
– die Einbringung eines Betriebs, Teilbetriebs oder Mitunternehmeranteils, wenn durch die Einbringung
  ein Beteiligungserwerb am übernehmenden Rechtsträger durch einen Erwerberkreis stattfindet;
– die Fusion von Anstalten des öffentlichen Rechts, wenn hierdurch bei der aufnehmenden Anstalt des
  öffentlichen Rechts mit nicht genutzten Verlusten ein Träger Beteiligungsrechte an der Anstalt (hinzu)
  erwirbt;
– der Erwerb eigener Anteile, wenn sich hierdurch die Beteiligungsquoten ändern;
– die Kapitalherabsetzung, mit der eine Änderung der Beteiligungsquoten einhergeht.

Auch die Kombination verschiedener Sachverhalte kann insgesamt zu einem schädlichen Beteiligungserwerb führen (BFH-Urteil vom 22. Oktober 2003 – BStBl. 2004 II S.468).

Werden neben Stammaktien auch stimmrechtslose Vorzugsaktien erworben, ist bei der Ermittlung der 8
Quote der übertragenen Anteile für die Stammaktien im Regelfall nur auf das stimmberechtigte Kapital
und für die Vorzugsaktien auf das gesamte Stammkapital abzustellen. Verschiedene Quoten werden nicht
addiert.

Beispiel 1:

Die Anteile an einer Gesellschaft entfallen zu 70 % auf Stammaktien und zu 30 % auf Vorzugsaktien.
Erworben werden

a) 30-%-Punkte der Vorzugsaktien (= 30 % des Nennkapitals);
b) 21-%-Punkte der Stammaktien (= 30 % der Stimmrechte);
c) 10-%-Punkte der Vorzugsaktien (= 10 % des Nennkapitals) und 14-%-Punkte der Stammaktien
   (= 20 % der Stimmrechte).

Lösung:

B1 In den Fallvarianten a) und b) wird die schädliche Beteiligungsgrenze überschritten:

a) 20/100 = 30 %;
b) 21/70 = 30 %.

In der Fallvariante c) wird die schädliche Beteiligungsgrenze nicht überschritten, denn es werden
24 % gezeichnetes Kapital und 20% Stimmrechte übertragen.

2. Kapitalerhöhung

Einem Beteiligungserwerb von mehr als 25 % ist eine Kapitalerhöhung bzw. die Erhöhung anderer Be- 9
teiligungsrechte i. S. d. Tz. 5 gleichzusetzen, bei der der neu hinzutretende Erwerberkreis nach der Kapitalerhöhung bzw. der Erhöhung anderer Beteiligungsrechte i.S.d. Tz. 5 zu mehr als 25 % des Kapitals
i.S.d. Tz. 5 beteiligt ist oder sich eine bestehende Beteiligung um mehr als 25 % erhöht (§ 8c Satz 4
KStG). Die Quote ist auf das Kapital nach der Kapitalerhöhung bzw. der Erhöhung anderer Beteiligungsrechte i. S. d. Tz. 5 zu beziehen.

Die Kapitalerhöhung bei einer Gesellschaft, die ihrerseits unmittelbar oder mittelbar an einer Ver- 10
lustgesellschaft beteiligt ist, löst unter den genannten Voraussetzungen die Rechtsfolgen des § 8c KStG
aus, wenn sich dadurch die mittelbare Beteiligungsquote eines Erwerberkreises an der Verlustgesellschaft in schädlichem Umfang ändert.

3. Unmittelbarer und mittelbarer Erwerb

Der Erwerb einer Beteiligung kann unmittelbar oder mittelbar erfolgen. Der unmittelbare Erwerb ist 11
auch schädlich, wenn er mittelbar zu keiner Änderung der Beteiligungsquote führt (keine Konzern-
betrachtung). Auch die Übernahme von mehr als 25 % der Anteile an einer GmbH durch eine Mitunternehmerschaft, an der die bisherigen Gesellschafter der GmbH beteiligt sind, führt zur Anwendung
des § 8c KStG.

Beispiel 2:

Die Gesellschafterin der Verlustgesellschaft V-GmbH ist die E-GmbH, deren Gesellschafterin ist die T-GmbH und deren Gesellschafter sind die M1-KG und die M2-KG.

Lösung:

B2 Eine schädliche konzerninterne Umstrukturierung liegt u. a. vor, wenn:
- die E-GmbH auf die T-GmbH verschmolzen wird oder umgekehrt;
- die M1-KG auf die M2-KG verschmolzen wird oder umgekehrt;
- die Anteile an der T-GmbH aus dem Gesamthandsvermögen der M1 in das Sonder-Betriebsvermögen eines ihrer Gesellschafter übertragen werden oder umgekehrt.

Ein Formwechsel des Anteilseigners i. S. d. § 190 Abs. 1 UmwG oder ein vergleichbarer ausländischer Vorgang bewirkt keine mittelbare Übertragung der Anteile an einer nachgeordneten Körperschaft.

12 Im Falle eines mittelbaren Beteiligungserwerbs ist die auf die Verlustgesellschaft durchgerechnete Beteiligungsquote oder Stimmrechtsquote maßgeblich.

4. Zeitpunkt des Erwerbs

13 Der Zeitpunkt des Beteiligungserwerbs oder des vergleichbaren Sachverhalts bestimmt sich nach dem Übergang des wirtschaftlichen Eigentums.

14 Kapitalerhöhungen werden mit ihrer Eintragung ins Handelsregister wirksam (BFHUrteil vom 14. März 2006, BStBl II S. 746). Zu diesem Zeitpunkt entstehen die neuen Mitgliedschaftsrechte.

15 Bei der Umwandlung des Anteilseigners einer Verlustgesellschaft ist für den Erwerb der Beteiligung an der Verlustgesellschaft durch den übernehmenden Rechtsträger der Übergang des wirtschaftlichen Eigentums maßgebend. Ein steuerlicher Rückbezug des Beteiligungserwerbs nach § 2 UmwStG scheidet aus.

5. Fünf-Jahres-Zeitraum

16 Zur Ermittlung des schädlichen Beteiligungserwerbs nach § 8c Satz 1 KStG werden alle Erwerbe durch den Erwerberkreis innerhalb eines Fünf-Jahres-Zeitraums zusammengefasst.

17 Ein Fünf-Jahres-Zeitraum beginnt mit dem ersten unmittelbaren oder mittelbaren Beteiligungserwerb an der Verlustgesellschaft durch einen Erwerberkreis. Zu diesem Zeitpunkt muss noch kein Verlustvortrag der späteren Verlustgesellschaft vorhanden sein.

18 Wird die 25-%-Grenze durch einen Erwerberkreis überschritten, beginnt – unabhängig davon, ob zu diesem Zeitpunkt ein nicht genutzter Verlust vorhanden ist – mit dem nächsten Beteiligungserwerb ein neuer Fünf-Jahres-Zeitraum i.S.d. § 8c Satz 1 KStG für diesen Erwerberkreis.

19 Eine Mehrzahl von Erwerben durch einen Erwerberkreis gilt als ein Erwerb, wenn ihnen ein Gesamtplan zugrunde liegt. Ein schädlicher Gesamtplan in diesem Sinne wird widerleglich vermutet, wenn die Erwerbe innerhalb eines Jahres erfolgen.

20 Der Verlustabzugsbeschränkung des § 8c Satz 2 KStG ist ein eigener Fünf-Jahres- Zeitraum zugrunde zu legen. Eine quotale Kürzung des nicht genutzten Verlustes nach § 8c Satz 1 KStG löst deshalb keinen neuen Fünf-Jahres-Zeitraum für Zwecke des § 8c Satz 2 KStG aus.

Im Rahmen des § 8c Satz 1 KStG berücksichtigte Erwerbsvorgänge, die eine quotale Kürzung des nicht genutzten Verlustes ausgelöst haben, sind im Rahmen des § 8c Satz 2 KStG nochmals zu berücksichtigen.

Wird die 50-%-Grenze überschritten, beginnt – unabhängig davon, ob zu diesem Zeitpunkt ein nicht genutzter Verlust vorhanden ist – ein neuer Fünf-Jahres-Zeitraum i.S.d. § 8c Satz 2 KStG mit dem nächsten Beteiligungserwerb.

21 Wird innerhalb eines Fünf-Jahres-Zeitraums die 50-%-Grenze überschritten, ist der zu diesem Zeitpunkt bestehende Verlustabzug vollständig zu versagen.

22 Die mehrfache Übertragung der nämlichen Anteile ist schädlich, soweit sie je Erwerberkreis die Beteiligungsgrenzen des § 8c KStG übersteigt. Wird mit einer unmittelbaren Übertragung einer Verlustgesellschaft gleichzeitig im Erwerberkreis auch eine mittelbare Übertragung verwirklicht, wird bei der Ermittlung der übertragenen Quote nur die unmittelbare Übertragung berücksichtigt.

Beispiel 3:

Im VZ 01 erwirbt die E-GmbH 30 % der Anteile an der Verlust-GmbH vom bisherigen Alleingesellschafter A. Von der E-GmbH erwirbt die M-AG, die an der E-GmbH zu 80 % beteiligt ist, im VZ 03 dieselben 30 %. Weitere 21 % erwirbt die M-AG in 04 direkt von A.

Lösung:

B3 VZ 01: Quotaler Verlustuntergang nach § 8c Satz 1 KStG wegen des Beteiligungserwerbs durch die E-GmbH von 30 %.

B4 VZ 03: Quotaler Verlustuntergang nach § 8c Satz 1 KStG wegen des Beteiligungserwerbs durch die M-AG von 30 %. Dem steht nicht entgegen, dass die EGmbH und die M-AG einen Erwerberkreis bilden.

B5 VZ 04: Der nochmalige Beteiligungserwerb durch die M-AG von 21 % führt zum Überschreiten der 50 %-Quote nach § 8c Satz 2 KStG und damit zum vollständigen Verlustuntergang.

Nicht erforderlich ist, dass der schädliche Erwerb oder die zu addierenden Einzelerwerbe zu einer Zeit   **23** erfolgen, zu der die Körperschaft nicht genutzte Verluste aufweist.

Beispiel 4:

A hält 100 % der Anteile an einer GmbH. B erwirbt per 31.12.2008 25 % und per 31.12.2009 weitere 25 % der Anteile. Die GmbH erzielte in 2008 einen Gewinn von 20.000 € und in 2009 einen Verlust von 200.000 €.

Lösung:

B6 Es kommt zu einem quotalen Untergang (zu 50 %) des nicht genutzten Verlusts der GmbH per 31.12.2009 in Höhe von 100.000 €. Der Anteilserwerb per 31.12.2008 ist ebenfalls zu berücksichtigen, obwohl er in einer Gewinnphase der GmbH erfolgte und zum Erwerbszeitpunkt noch keine nicht genutzten Verluste der GmbH vorhanden waren.

III. Erwerber

Erwerber kann jede natürliche Person, juristische Person oder Mitunternehmerschaft sein. Für vermö- **24** gensverwaltende Personengesellschaften gilt eine anteilige Zurechnung nach § 39 Abs. 2 Nr. 2 AO.

1. Übertragung auf nahe stehende Personen

Zur Begründung des „Nahe Stehens" reicht jede rechtliche oder tatsächliche Beziehung zu einer anderen **25** Person aus (H 36 KStH 2006 ; „Nahe stehende Person – Kreis der nahe stehenden Personen"), die bereits vor oder unabhängig von dem Anteilserwerb besteht.

2. Übertragung auf Erwerber mit gleichgerichteten Interessen

Personen mit gleichgerichteten Interessen gehören zum Erwerberkreis (vgl. Tz. 3).   **26**

Von einer Erwerbergruppe mit gleichgerichteten Interessen ist regelmäßig auszugehen, wenn eine Ab- **27** stimmung zwischen den Erwerbern stattgefunden hat, wobei kein Vertrag vorliegen muss. Die Verfolgung eines gemeinsamen Zwecks i.d.S. § 705 BGB reicht zur Begründung gleichgerichteter Interessen aus, ist aber nicht Voraussetzung. Die gleichgerichteten Interessen müssen sich nicht auf den Erhalt des Verlustvortrags der Körperschaft richten. Gleichgerichtete Interessen liegen z.B. vor, wenn mehrere Erwerber einer Körperschaft zur einheitlichen Willensbildung zusammenwirken. Indiz gleichgerichteter Interessen ist auch die gemeinsame Beherrschung der Körperschaft; vgl. H 36 KStH 2006 („Beherrschender Gesellschafter – gleichgerichtete Interessen").

IV. Rechtsfolgen

1. Zeitpunkt und Umfang des Verlustuntergangs

Werden innerhalb von fünf Jahren mittelbar oder unmittelbar mehr als 25 % der Anteile durch einen Er- **28** werberkreis erworben, geht der Verlust gemäß § 8c Satz 1 KStG quotal entsprechend der Höhe der schädlichen Beteiligungserwerbe unter.

Bei einem schädlichen Beteiligungserwerb von über 50 % innerhalb eines Zeitraums von fünf Jahren **29** geht der nicht genutzte Verlust gemäß § 8c Satz 2 KStG vollständig unter.

Die Rechtsfolge tritt in dem Wirtschaftsjahr ein, in dem die 25-%-Grenze bzw. die 50-%-Grenze über- **30** schritten wird. Verluste, die bis zum Zeitpunkt des schädlichen Beteiligungserwerbs entstanden sind, dürfen mit danach entstandenen Gewinnen weder ausgeglichen noch von ihnen abgezogen werden. Sie dürfen auch nicht in vorangegangene Veranlagungszeiträume zurückgetragen werden.

Anlage § 008c–01

Beispiel 6:

	Jahr 01 €	Jahr 02 €	Jahr 03 €	Jahr 04 €	Jahr 05 €
Gezeichnetes Kapital	1.000.000	1.000.000	1.000.000	1.000.000	1.000.000
Beteiligungsverhältnisse					
Gesellschafter A	700.000	400.000	400.000	400.000	400.000
Gesellschafter B	300.000	300.000	200.000	150.000	50.000
Gesellschafter C		300.000	400.000	450.000	550.000
Übertragene Anteile im Fünf-Jahres-Zeitraum		300.000 (30 %)	400.000 (40 %)	450.000 (45 %)	550.000 (55 %)
Schädlicher Beteiligungserwerb		**ja**	**nein**	**nein**	**ja**
Ergebnis des laufenden VZ		– 2.000.000	– 600.000	3.500.000	4.700.000
davon Verlust bis zum schädlichen Beteiligungserwerb		– 1.200.000	– 300.000	0	0
Verbleibender Verlustabzug zum Ende des vorangeg. VZ		20.000.000	15.640.000	16.240.000	13.740.000
Verlustabzugsverbot § 8c Satz 1 KStG		6.000.000 (30 %)	0	0	0
Verlustabzugsverbot § 8c Satz 2 KStG		0	0	0	13.740.000 (100 %)
Verlustausgleichsverbot § 8c Satz 1 KStG		360.000	0	0	0
Verlustabzug				2.500.000	
Verbleibender Verlustabzug zum Ende des VZ		**15.640.000**	**16.240.000**	**13.740.000**	**0**

2. Unterjähriger Beteiligungserwerb

31 Erfolgt der schädliche Beteiligungserwerb während des laufenden Wirtschaftsjahrs, unterliegt auch ein bis zu diesem Zeitpunkt erzielter Verlust der Verlustabzugsbeschränkung nach § 8c KStG. Ein bis zum Beteiligungserwerb erzielter Gewinn kann nicht mit noch nicht genutzten Verlusten verrechnet werden.

32 Der Verlust des gesamten Wirtschaftsjahrs, in dem das schädliche Ereignis eingetreten ist, ist zeitanteilig aufzuteilen. Die Körperschaft kann eine andere, wirtschaftlich begründete Aufteilung darlegen.

33 Der Verlustabzugsbeschränkung infolge eines schädlichen Beteiligungserwerbs bei einem Organträger unterliegt auch das noch nicht zugerechnete anteilige negative Organeinkommen. Es ist vor der Einkommenszurechnung auf Ebene der Organgesellschaft entsprechend der Ergebnisaufteilung im Sinne der Tz. 32 zu kürzen.

3. Unternehmenssanierungen

34 Im Zusammenhang mit Unternehmenssanierungen gilt das BMF-Schreiben vom 27. März 2003 (BStBl. I S. 240). Die Mitteilungspflicht der obersten Finanzbehörden der Länder gemäß Tz. 14 des vorgenannten BMF-Schreibens ist zu beachten.

V. Anwendungsvorschriften

1. Erstmalige Anwendung des § 8c KStG

35 § 8c KStG findet gemäß § 34 Abs. 7b KStG erstmals für den Veranlagungszeitraum 2008 und auf Beteiligungserwerbe Anwendung, bei denen das wirtschaftliche Eigentum nach dem 31. Dezember 2007 übergeht. Die zeitlichen Voraussetzungen müssen kumulativ vorliegen.

Beispiel 6:

Eine GmbH mit abweichendem Wirtschaftsjahr 01.07./30.06. erzielt im Wirtschaftsjahr 2006/2007 einen Verlust von 200.000 €. Am 30.09.2007 werden 26 % der Anteile auf einen Erwerber übertragen.

Lösung:

B7 Auf den 31.12.2007 wird ein verbleibender Verlust von 200.000 € festgestellt, der Beteiligungserwerb am 30.09.2007 ist zwar dem Wirtschaftsjahr 1.7.2007 – 30.06.2008 und damit dem Veranlagungszeitraum 2008 zuzurechnen, hat aber vor dem 1.1.2008 stattgefunden und löst somit nicht die Rechtsfolgen des § 8c Satz 1 KStG aus.

2. Anwendung des § 8 Abs. 4 KStG neben § 8c KStG

§ 8 Abs. 4 KStG ist neben § 8c KStG letztmals anzuwenden, wenn mehr als die Hälfte der Anteile an einer Kapitalgesellschaft innerhalb eines Fünf-Jahres-Zeitraums übertragen werden, der vor dem 1. Januar 2008 beginnt, und der Verlust der wirtschaftlichen Identität vor dem 1. Januar 2013 eintritt. Gleiches gilt für den Verlust der wirtschaftlichen Identität einer Körperschaft nach § 8 Abs. 4 Satz 1 KStG. 36

Die für die Sanierungsklausel des § 8 Abs. 4 Satz 3 KStG erforderliche fünfjährige Fortführung des den Verlust verursachenden Betriebs ist ggf. bis längstens Ende 2017 zu überwachen. 37

Die Grundsätze des BMF-Schreibens vom 2. August 2007 (BStBl I S. 624) finden Anwendung. 38

Beispiel 7:

Im Jahr 2007 werden 40 % und am 30.06.2011 26 % der Anteile an der Verlustgesellschaft V von A an B veräußert. Zum Veräußerungszeitpunkt in 2011 besitzt V ein Aktivvermögen von 100.000 €. Im Anschluss daran kommt es zu Betriebsvermögenszuführungen von 50.000 € im Jahr 2011 und 60.000 € im Jahr 2012, die nicht allein der Sanierung des Geschäftsbetriebs i. S. d. § 8 Abs. 4 Satz 3 KStG dienen.

Lösung:

B8 § 8 Abs. 4 KStG ist anwendbar, da innerhalb eines Zeitraums von 5 Jahren (beginnend vor dem 1.1.2008) mehr als 50 % der Anteile übertragen wurden, nach dem schädlichen Anteilseignerwechsel in 2011 innerhalb von 2 Jahren überwiegend neues Betriebsvermögen zugeführt wurde und die wirtschaftliche Identität somit noch vor dem 1.1.2013 verloren ging. Der Verlust geht zum 30.06.2011 vollständig unter. Wäre der Betrag von 60.000 € nach dem 31.12.2012 zugeführt worden, wäre § 8 Abs. 4 KStG nicht mehr anwendbar.

B9 Daneben ist auch § 8c Satz 1 KStG in 2011 anwendbar und würde zwar für sich zu einem quotalen Verlustuntergang von 26 % führen. Dieser bleibt aber ohne Auswirkung, da der Verlust infolge der Anwendung des § 8 Abs. 4 KStG rückwirkend zum 30.12.2011 vollständig untergeht.

Großspendenregelung der §§ 10b Abs. 1 Satz 3 EStG, 9 Nr. 3a Satz 3 KStG[1], 9 Nr. 5 Satz 3 GewStG; Großspenden bei Mitunternehmerschaften

Verfügung OFD Münster vom 01.03.1993

S 2223 – 185 – St 13 – 31

Nach dem Wortlaut der gesetzlichen Regelungen (§ 10b Abs. 1 Satz 3 EStG[2], § 9 Nr. 3 Buchst. a Satz 3 KStG[1], § 9 Nr. 5 Satz 3 GewStG) ist Voraussetzung für die Anwendung der sog. Großspendenregelung, daß auf der Ebene des Steuersubjekts oder Steuergegenstands, bei dem die Spende steuerwirksam wird, eine zu berücksichtigende Einzelzuwendung von mindestens 50 000 DM[3] vorliegt, die die gesetzlich vorgeschriebenen Höchstsätze überschreitet. Steuersubjekt in diesem Sinne ist bei der Einkommensteuer die natürliche Person (nicht die Gesellschaft) und bei der Körperschaftsteuer die Körperschaft. Bei der Gewerbesteuer ist Steuergegenstand der Gewerbebetrieb.

Bei einer von einer Personengesellschaft geleisteten Einzelzuwendung zur Förderung wissenschaftlicher oder kultureller Zwecke muß demnach auf den einzelnen Gesellschafter ein Spendenanteil von mindestens 50 000 DM[4] entfallen, damit bei seiner Einkommen- oder Körperschaftsteuerveranlagung die Großspendenregelung ggf. zur Anwendung kommen kann. Der Gesellschafter einer Mitunternehmerschaft erfährt bei dieser Betrachtung in bezug auf den Spendenabzug die gebotene Gleichstellung mit einer als Einzelunternehmer tätigen natürlichen Person bzw. mit einer Körperschaft, die nicht Gesellschafter einer Personengesellschaft ist.

Die hiernach nach den jeweiligen Verhältnissen im Einzelfall mögliche unterschiedliche Behandlung einer von einer Personengesellschaft geleisteten Großspende bei der Gewerbesteuer der Gesellschaft einerseits und bei den Einkommen- oder Körperschaftsteuerveranlagungen der Gesellschafter andererseits ist in der durch das Steueränderungsgesetz 1992 geschaffenen eigenständigen Spendenabzugsregelung für die Gewerbesteuer begründet. Diese unterschiedliche Behandlung erscheint auch gerechtfertigt, weil bei der Gewerbesteuer die Personengesellschaft selbst das Steuersubjekt (§ 5 Abs. 1 Satz 3 GewStG) ist, bei dem die Spende nunmehr im Rahmen einer eigenen – von der einkommen- oder körperschaftsteuerlichen Auswirkung losgelösten – Kürzungsvorschrift zu berücksichtigen ist.

Einkommensteuerliche Behandlung von aus dem Betriebsvermögen entnommenen Sachspenden (§ 10b Abs. 3 Satz 2 EStG)

Erlaß FM Sachsen vom 28.08.1992

32 – S 2223 – 16 – 25631

Es ist die Frage aufgeworfen worden, ob die Umsatzsteuer bei aus dem Betriebsvermögen entnommenen Sachspenden im Rahmen des § 10b EStG zusätzlich zum einkommensteuerlichen Entnahmewert als Spende abgezogen werden kann.

Hierzu vertrete ich nach dem Ergebnis der Erörterung mit den obersten Finanzbehörden des Bundes und der anderen Länder folgende Auffassung:

Es ist sachgerecht, bei Sachspenden aus einem Betriebsvermögen den bei der Entnahme angesetzten Wert im Sinne des § 6 Abs. 1 Nr. 4 EStG zuzüglich der dabei angefallenen Umsatzsteuer als Spende abzuziehen.

---

1) Jetzt § 9 Abs. 1 Nr. 2 KStG.
2) Jetzt § 10b Abs. 1 Satz 4, letztmalig für VZ 2006.
3) Jetzt 25 565 €
4) Jetzt 25 565 €

Höchstbetrag für Zuwendungen nach § 10b EStG in Organschaftsfällen

Verfügung OFD Hannover vom 04.04.2003

S 2223 – 259 – StO 215/S 2223 – 330 – StH 215

Die gesetzlichen Regelungen der körperschaftsteuerrechtlichen Organschaft gehen von der Zurechnungstheorie aus. Danach wird das Einkommen der Organ*gesellschaft* (Körperschaft) nach den allgemeinen Vorschriften ermittelt, dann allerdings nicht von dieser versteuert, sondern dem Organ*träger* (Körperschaft oder Personengesellschaft/natürliche Person) zugerechnet und anschließend von diesem versteuert.

Hieraus ergeben sich Konsequenzen für die Ermittlung des Höchstbetrags beim Spendenabzug in diesen Fällen.

Nach § 10b Abs. 1/Abs. 1a EStG kann der Höchstbetrag der abziehbaren Zuwendungen

– *variabel* sein (z. B. 5 % oder 10 %/2 v. T.) oder

– bei Zuwendungen an Stiftungen darüber hinaus in einer *festen Summe* bestehen (20 450 € bzw. 307 000 €).

Bei der Ermittlung der *variablen Größe* bleiben beim Organträger als Bemessungsgrundlage das ihm zugerechnete Einkommen und der Umsatz der Organgesellschaft außer Betracht (Abschn. 42 Abs. 5 KStR). Damit soll verhindert werden, dass diese Beträge bei der Höchstbetragsberechnung für den Spendenabzug doppelt Berücksichtigung finden (zunächst bei der Berechnung des Spendenabzugs für die Organgesellschaft selbst und dann noch einmal bei der Berechnung des Spendenabzugs für den Organträger). Diese Auffassung wurde vom BFH jüngst bestätigt (BFH v. 23.01.2002, XI 95/97, BStBl. II 2003, 9).

In Fällen, in denen der Organträger keine eigenen Einkünfte hat, ist danach bei ihm insoweit kein Spendenabzug möglich.

In Fällen, in denen *Festbeträge* bei Zuwendungen an Stiftungen steuerlich abziehbar sind, gilt dies nicht. Diese Spenden sind beim Organträger auch dann steuerlich abzuziehen, wenn er keine eigenen Einkünfte erzielt. Durch die Hinzurechnung des Einkommens der Organgesellschaft auf der Ebene des zu versteuernden Einkommens wirken sich diese Spenden dann beim Organträger auch steuerlich aus.

Ergänzend wird darauf hingewiesen, dass bei Zuwendungen an Stiftungen, sofern die festen Höchstbeträge überschritten werden,

– bis zum festen Höchstbetrag ein Abzug nach der Stiftungssonderregelung,

– für den übersteigenden Betrag ein Abzug im Rahmen der %-Grenzen möglich ist.

Voraussetzungen für die Anerkennung von Zuwendungsbestätigungen bei Sachspenden

Verfügung OFD Frankfurt/M. vom 6.11.2003
S 2223 A – 22 – St II 2.06

Bei Sachspenden muss aus der Zuwendungsbestätigung der Wert und die genaue Bezeichnung der gespendeten Sache i. S. des § 10b Abs. 3 EStG ersichtlich sein (BFH v. 22.10.1971, BStBl. II 1972, 55; H 111 – Gebrauchte Kleidung als Sachspende – Abziehbarkeit und Wertermittlung – EStH 2002).

Werden mehrere Gegenstände zugewendet, muss der Aussteller der Zuwendungsbestätigung die Gegenstände einzeln auf ihren Wert untersuchen, denn nach § 10b Abs. 3 Satz 3 EStG ist die Höhe der Zuwendung mit dem gemeinen Wert, d. h. dem Einzelveräußerungspreis (§ 9 Abs. 2 BewG) anzusetzen. Zu diesem Zweck ist der Marktwert *jedes einzelnen Gegenstandes* zu ermitteln (BFH v. 23.5.1989, BStBl. II, 879) und in der Zuwendungsbestätigung auszuweisen, sofern jedes einzelne Wirtschaftsgut einen Wert beinhaltet und es sich nicht um Massenware handelt.

Nicht zulässig ist eine unabhängig vom Alter und Neuwert durchgeführte Gruppenbewertung (Pauschalbewertung) der zugewendeten Gegenstände; eine Bewertung anhand von Preisgruppen reicht nicht aus (ABFH v. 23.5.1989, a. a. O.).

Beispiel:

Ein Universitätsprofessor spendet seine Fachbüchersammlung an seine Universität. Seines Erachtens hat diese Zuwendung einen Wert von ca. 40 000 €.

Die Universität hat nun zwei Möglichkeiten für die Ausstellung von Zuwendungsbestätigungen:

a) Sie stellt für jedes einzelne Buch eine Zuwendungsbestätigung aus.

b) Sie stellt eine Sammelzuwendungsbestätigung aus; dieser muss dann aber eine Anlage beigefügt sein, aus welcher der Titel und die Bewertung jedes einzelnen Buchs ersichtlich ist.

Eine Sammelzuwendungsbestätigung ohne eine detaillierte Auflistung und ohne Bewertung der einzelnen zugewendeten Gegenstände kann nicht anerkannt werden.

Wurde die Sachspende aus dem Privatvermögen des Zuwendenden getätigt, so hat der Zuwendungsempfänger anzugeben, welche Unterlagen er zur Ermittlung des angesetzten Werts herangezogen hat. In Betracht kommt in diesem Zusammenhang z. B. ein Gutachten über den aktuellen Kaufpreis unter Berücksichtigung einer Absetzung für Abnutzung. Diese Unterlagen hat der Zuwendungsempfänger zusammen mit der Zuwendungsbestätigung in seine Buchführung aufzunehmen.

Stammt die Sachzuwendung nach den Angaben des Zuwendenden aus dessen Betriebsvermögen, so ist sie mit dem Entnahmewert anzusetzen; dies ist grds. der Teilwert. Wird ein Wirtschaftgut jedoch unmittelbar nach der Entnahme für steuerbegünstigte Zwecke gespendet, kann die Entnahme auch mit dem Buchwert angesetzt werden (sog. Buchwertprivileg, § 6 Abs., 1 Nr. 4 EStG). In diesem Fall muss der Zuwendungsempfänger zur Wertermittlung keine zusätzlichen Unterlagen in seine Buchführung aufnehmen, ebenso sind Angaben über die Unterlagen, die zur Wertermittlung gedient haben, nicht erforderlich.

Sind die zur steuerlichen Berücksichtigung einer Spende erforderlichen Angaben in der Zuwendungsbestätigung nicht enthalten, so ist eine nachträgliche Bescheinigung der fehlenden Angaben in einem formlosen Schreiben nicht ausreichend. Ein Abzug als Spende wäre nur möglich, wenn der Steuerpflichtige eine geänderte und hinreichend aufgeschlüsselte Zuwendungsbestätigung nachreicht. Anderenfalls hat der Steuerpflichtige den Nachteil der Nichterweislichkeit des gemeinen Werts als Spende zu tragen (BFH v. 23.5.1989, a. a. O., unter 2b).

Haftung nach § 10b Abs. 4 EStG

Verfügung OFD Frankfurt/M. vom 15.12.2003

S 2223a – 95 – St II 1.03

Einzelfragen

Bei der Haftungsinanspruchnahme nach § 10b Abs. 4 EStG sind die nachfolgenden Grundsätze zu beachten:

1. Haftungsschuldner

Nach § 10b Abs. 4 Satz 2 EStG haftet, wer vorsätzlich oder grob fahrlässig eine unrichtige Bestätigung ausstellt (1. Alternative) oder wer veranlasst, dass Zuwendungen nicht zu den in der Bestätigung angegebenen steuerbegünstigten Zwecken verwendet werden (2. Alternative).

1.1. Steuerbegünstigte Körperschaft im Sinne der §§ 51 ff. AO

Der Aussteller der Bestätigung bzw. der Veranlasser einer Fehlverwendung haftet für die entgangene Steuer. Haftungsschuldner ist daher der Handelnde.

Die Ausstellerhaftung trifft grundsätzlich nur die Körperschaft, da § 50 Abs. 1 EStDV ausdrücklich anordnet, dass Zuwendungsbestätigungen vom Empfänger auszustellen sind. Da als Zuwendungsempfänger nur die in § 49 EStDV genannten Einrichtungen in Betracht kommen, sind diese allein „Aussteller" der Zuwendungsbestätigungen (vgl. BFH v. 24.4.2002, XI R 123/96, BStBl. II 2003, 128, DStRE 2002, 1118). Gegenüber einer natürlichen Person greift die Ausstellerhaftung allenfalls dann ein, wenn die Person außerhalb des ihr zugewiesenen Wirkungskreises gehandelt hat.

Auch hinsichtlich der Veranlasserhaftung ist die Körperschaft in Haftung zu nehmen, da durch die Haftung ein Fehlverhalten des Empfängers der Zuwendung im Zusammenhang mit der Spendenverwendung sanktioniert werden soll (BFH v. 24.4.2002, a. a. O.). Die Haftung ist dabei verschuldensunabhängig und damit in Form einer Gefährdungshaftung ausgestaltet.

1.2 Bis 31.12.1999: Körperschaft des öffentlichen Rechts als Durchlaufstelle und Aussteller der Spendenbestätigung

Bis 31.12.1999 konnten die steuerbegünstigten Körperschaften bei Verfolgung bestimmter gemeinnütziger Zwecke Spenden nur über eine Körperschaft des öffentlichen Rechts empfangen.

Stellte die Körperschaft des öffentlichen Rechts die Spendenbestätigung aus, ohne sich die Steuerbegünstigung des Letztempfängers nachweisen zu lassen, erfüllte sie nicht die ihr auferlegten haushalts- und aufsichtsrechtlichen Prüfungspflichten (vgl. z. B. BFH v. 19.7.1978, I B 14/78, BStBl. II, 598), zu denen insbesondere das Verlangen des Nachweises der Steuerbegünstigung durch Vorlage des letzten Freistellungsbescheides bzw. der vorläufigen Bescheinigung gehörte. Sie handelte damit grob fahrlässig und erfüllte die in der Person des Ausstellers begründeten Voraussetzungen des § 10b Abs. 4 Satz 2 Alt. 1 EStG.

Verließ sich die Körperschaft des öffentlichen Rechts ohne genügende Überprüfung auf die unzutreffenden Angaben des Letztempfängers der Spende, hat dies keinen entlastenden Einfluss auf die Haftung der Durchlaufstelle. Da sie ihren Prüfungspflichten grob fahrlässig nicht ordnungsgemäß nachgekommen ist, trägt sie die steuerliche Verantwortung für die durch den Spendenabzug entgangene Steuer.

1.3 Körperschaft, die nicht nach §§ 51 ff. AO als steuerbegünstigte Körperschaft anerkannt ist

Es gelten die zu Tz. 1.1 genannten Grundsätze

1.4 Sonstige Aussteller unrichtiger Zuwendungsbestätigungen bzw. Veranlasser der Fehlverwendung von Zuwendungen

1.4.1 Natürliche Person:

Ist eine natürliche Person Zuwendungsempfänger und stellt diese die unrichtigen Zuwendungsbestätigungen aus, so ist sie als Haftungsschuldner in Anspruch zu nehmen.

1.4.2 BGB-Gesellschaft/Gemeinschaft:

Ist eine Gesellschaft/Gemeinschaft Zuwendungsempfänger, kommen zwar ein, mehrere oder alle Gesellschafter als Haftungsschuldner in Betracht. Vorrangig sollte aber als Haftungsschuldner die handelnde Person in Anspruch genommen werden.

2. Bindung der Haftungsinanspruchnahme an den Vertrauensschutz beim Zuwendenden

Der Haftungstatbestand ist an den Vertrauensschutz beim Zuwendenden gekoppelt. Nach der Gesetzesbegründung (vgl. Gegenäußerung der Bundesregierung zu der Stellungnahme des Bundesrates, BT-Drs. 11/4305 v. 6.4.1989, zu 6. und 9., und Beschlussempfehlung und Bericht des Finanzausschusses (7. Ausschuss), BT-Drs. 11/5582 v. 7.11.1989, zu „Spendenabzug") müssen die FÄ bei der Haftungsprüfung stets die Gutgläubigkeit des Zuwendenden prüfen. Obwohl der pauschale Ansatz der Haftungssumme mit 40 v. H. des zugewendeten Betrages gegen eine in jedem Einzelfall zu prüfende Verknüpfung des Haftungstatbestandes mit dem Vertrauensschutz beim Zuwendenden spricht, ist die Haftungsinanspruchnahme von einem bestehenden Vertrauensschutz abhängig.

Die Darlegungs- und Beweislast für die den Vertrauensschutz ausschließenden Gründe hat im Haftungsverfahren der Aussteller der unrichtigen Zuwendungsbestätigung. Der potenzielle Haftungsschuldner hat daher auch die Möglichkeit einzuwenden, dass es, bezogen auf die einzelne Zuwendung, zu keinem Steuerausfall gekommen ist, weil der Zuwendende z. B. den Abzug der Zuwendung bei seiner Steuererklärung nicht begehrt oder weil er den Höchstbetrag nach § 10b Abs. 1 Satz 1 EStG bereits ohne die fragliche Zuwendung ausgeschöpft hatte.

3. Vertrauensschutz beim Zuwendenden

Nach § 10b Abs. 4 Satz 1 EStG darf der Zuwendende auf die Richtigkeit der Bestätigung vertrauen, es sei denn, dass er die Bestätigung durch unlautere Mittel oder falsche Angaben erwirkt hat oder dass ihm die Unrichtigkeit der Bestätigung bekannt oder infolge grober Fahrlässigkeit nicht bekannt war. Widerruft der Aussteller der unrichtigen Zuwendungsbestätigung diese, bevor der Zuwendende seine Steuererklärung einschließlich der unrichtigen Bestätigung beim FA abgegeben hat, kann der Zuwendende nicht mehr auf die Richtigkeit der Bestätigung vertrauen. Da auch bei der Anwendung der Vertrauensschutzregelung § 150 Abs. 2 AO zu beachten ist, wonach die Angaben in der Steuererklärung wahrheitsgemäß nach bestem Wissen und Gewissen zu machen sind, darf der Zuwendende in diesem Fall den Abzug der Zuwendung nicht mehr unter Hinweis auf den Vertrauensschutz beantragen.

Die Bösgläubigkeit des Zuwendenden ist u. a. gegeben, wenn ihm Umstände bekannt sind, die für eine Verwendung der Zuwendung sprechen, die nicht den Unterlagen entspricht oder wenn der „Zuwendung" eine Gegenleistung gegenübersteht.

4. Umfang der Haftung

Die entgangene Steuer, für die der Haftende in Anspruch genommen wird, ist nach § 10b Abs. 4 Satz 3 EStG mit 40 v. H. des zugewendeten Betrages anzusetzen. Die Festlegung der Haftungshöhe als fester Prozentsatz der Zuwendung erfolgt unabhängig von den tatsächlichen Verhältnissen beim Zuwendenden (soweit dieser Vertrauensschutz genießt). Die Frage, in welchem Umfang sich der Abzug der Zuwendung beim Zuwendenden steuerlich ausgewirkt hat, bleibt ohne Bedeutung für die Haftungsfrage (vgl. Tz. 2). Einzelfallbezogene Ermittlungen des Ausfalls unterbleiben.

Im Falle der Ausstellerhaftung bestimmt sich die Bemessungsgrundlage für die Haftungshöhe nach den Zuwendungen, für die eine unrichtige Zuwendungsbestätigung ausgestellt wurde. Im Falle der Veranlasserhaftung bestimmt sie sich nach den fehlverwendeten Zuwendungen.

Die Entscheidung über den Umfang der Haftungsinanspruchnahme im Falle der Versagung der Steuerbegünstigung nach § 51 ff. AO für abgelaufene Veranlagungszeiträume ist wegen des beim BFH derzeit anhängigen Verfahrens (BFH v. 3.12.2001) noch zurückgestellt worden. Zu gegebener Zeit ergeht hierzu eine gesonderte Anweisung.

5. Erteilung des Haftungsbescheides

Für die Erteilung des Haftungsbescheides ist 191 AO zu beachten.

Dem Haftenden ist zunächst rechtliches Gehör zu gewähren (vgl. Tz. 5 Rdvfg. v. 8.9.2003, S 0370 A – 15 – St II 4.03, AO-Kartei, § 191 AO, Karte 1N). Im Haftungsbescheid sind die Gründe für die Ermessensentscheidung darzustellen. Insbesondere sind, wenn mehrere Personen als Haftende in Betracht kommen, die Erwägungen zu erläutern, warum gerade die in Anspruch genommene/n Person/en unter mehreren zur Haftung ausgewählt und herangezogen wird/werden (vgl. Tz. 6.8.2.2 der Rdvfg. v. 8.9.2003, a. a. O.).

Steuerbegünstigte Zwecke (§ 10b EStG);
Gesetz zur weiteren Stärkung des bürgerschaftlichen Engagements vom 10. Oktober 2007;
Anwendungsschreiben zu § 10b EStG

BMF-Schreiben vom 18.12.2008
IV C 4 – S 2223/07/0020, 2008/0731361
(BStBl. I 2009 S. 16)

Durch das Gesetz zur weiteren Stärkung des bürgerschaftlichen Engagementsvom 10. Oktober 2007 (BGBl. I S. 2332, BStBl. I S. 815) haben sich u. a. Änderungen im Spendenrecht ergeben, die grundsätzlich rückwirkend zum 1. Januar 2007 gelten.

Die Neuregelungen sind auf Zuwendungen anzuwenden, die nach dem 31. Dezember 2006 geleistet werden. Für Zuwendungen, die im Veranlagungszeitraum 2007 geleistet werden, gilt auf Antrag des Steuerpflichtigen § 10b Abs. 1 EStG in der für den Veranlagungszeitraum 2006 geltenden Fassung (vgl. § 52 Abs. 24d Satz 2 und 3 EStG).

Unter Bezugnahme auf das Ergebnis der Erörterungen mit den obersten Finanzbehörden der Länder gilt für die Anwendung des § 10b EStG ab dem Veranlagungszeitraum 2007 Folgendes:

1. Großspenden

Nach der bisherigen Großspendenregelung waren Einzelzuwendungen von mindestens 25.565 Euro zur Förderung wissenschaftlicher, mildtätiger oder als besonders förderungswürdig anerkannter kultureller Zwecke, die die allgemeinen Höchstsätze überschreiten, im Rahmen der Höchstsätze im Jahr der Zuwendung, im vorangegangenen und in den fünf folgenden Veranlagungszeiträumen abzuziehen.

Für den verbleibenden Großspendenvortrag zum 31. Dezember 2006 gilt damit die alte Regelung fort, d. h. dieser Vortrag ist weiterhin verbunden mit der Anwendung der alten Höchstbeträge und der zeitlichen Begrenzung. Dies bedeutet, dass bei vorhandenen Großspenden ggf. noch für fünf Veranlagungszeiträume altes Recht neben neuem Recht anzuwenden ist.

Für im Veranlagungszeitraum 2007 geleistete Spenden kann auf Antrag § 10b Abs. 1 EStG a. F. in Anspruch genommen werden. Dann gilt für diese Spenden auch der zeitlich begrenzte Großspendenvortrag nach altem Recht.

Im Hinblick auf die Abzugsreihenfolge ist der zeitlich begrenzte Altvortrag von verbleibenden Großspenden mit entsprechender Anwendung der Höchstbeträge vorrangig.

2. Zuwendungen an Stiftungen

Durch das Gesetz zur weiteren Stärkung des bürgerschaftlichen Engagements vom 10. Oktober 2007 (a. a. O.) wurden die Regelungen zur steuerlichen Berücksichtigung von Zuwendungen vereinfacht. Differenziert werden muss nur noch, ob es sich bei einer Zuwendung zur Förderung steuerbegünstigter Zwecke im Sinne der §§ 52 bis 54 AO um eine Zuwendung in den Vermögensstock einer Stiftung handelt oder nicht. Der Höchstbetrag für Zuwendungen an Stiftungen in Höhe von 20.450 Euro ist entfallen, hier gelten wie für alle anderen Zuwendungen die Höchstbeträge von 20 Prozent des Gesamtbetrags der Einkünfte oder 4 Promille der Summe der gesamten Umsätze und der im Kalenderjahr aufgewendeten Löhne und Gehälter. Dafür wurden die Regelungen zur steuerlichen Berücksichtigung von Zuwendungen in den Vermögensstock einer Stiftung ausgeweitet (siehe Ausführungen zu 3.)

Für im Veranlagungszeitraum 2007 geleistete Spenden kann auf Antrag § 10b Abs. 1 EStG a. F. in Anspruch genommen werden.

3. Vermögensstockspenden

Der Sonderausgabenabzug nach § 10b Abs. 1a EStG ist nur auf Antrag des Steuerpflichtigen vorzunehmen; stellt der Steuerpflichtige keinen Antrag, gelten auch für Vermögensstockspenden die allgemeinen Regelungen nach § 10b Abs. 1 EStG. Im Antragsfall kann die Vermögensstockspende nach § 10b Abs. 1a EStG innerhalb eines Zeitraums von 10 Jahren vom Spender beliebig auf die einzelnen Jahre verteilt werden. Der bisherige Höchstbetrag von 307.000 Euro wurde auf 1 Mio. Euro angehoben und die Voraussetzung, dass die Spende anlässlich der Neugründung der Stiftung geleistet werden muss, ist entfallen, so dass auch Spenden in den Vermögensstock bereits bestehender Stiftungen (sog. Zustiftungen) begünstigt sind.

Der Steuerpflichtige beantragt in seiner Einkommensteuererklärung erstens, in welcher Höhe die Zuwendung als Vermögensstockspende im Sinne von § 10b Abs. 1a EStG behandelt werden soll, und zweitens, in welcher Höhe er im entsprechenden Zeitraum eine Berücksichtigung wünscht. Leistet ein

Steuerpflichtiger im VZ 2008 beispielsweise 100.000 Euro in den Vermögensstock, entscheidet er im Rahmen seiner Einkommensteuererklärung 2008 über den Betrag, der als Vermögensstockspende nach § 10b Abs. 1a EStG behandelt werden soll – z. B. 80.000 Euro –, dann sind die übrigen 20.000 Euro Spenden im Rahmen der Höchstbeträge nach § 10b Abs. 1 EStG zu berücksichtigen. Leistet ein Steuerpflichtiger einen höheren Betrag als 1 Mio. Euro in den Vermögensstock einer Stiftung, kann er den 1 Mio. Euro übersteigenden Betrag ebenfalls nach § 10b Abs. 1 EStG geltend machen. Im zweiten Schritt entscheidet der Steuerpflichtige über den Anteil der Vermögensstockspende, die er im VZ 2008 abziehen möchte. Innerhalb des 10-Jahreszeitraums ist ein Wechsel zwischen § 10b Abs. 1a EStG und § 10b Abs. 1 EStG nicht zulässig.

Durch das Gesetz zur weiteren Stärkung des bürgerschaftlichen Engagements vom 10. Oktober 2007 (a. a. O.) wurde kein neuer 10-Jahreszeitraum im Sinne des § 10b Abs. 1a Satz 2 EStG geschaffen. Wurde also bereits vor 2007 eine Vermögensstockspende geleistet, beginnt der 10jährige-Abzugszeitraum im Sinne des § 10b Abs. 1a Satz 1 EStG entsprechend früher. Mit jeder Spende in den Vermögensstock beginnt ein neuer 10jähriger-Abzugszeitraum. Mehrere Vermögensstockspenden einer Person innerhalb eines Veranlagungszeitraums sind zusammenzufassen.

Beispiel:

Ein Stpfl. hat im Jahr 2005 eine Zuwendung i. H. v. 300.000 Euro in den Vermögensstock einer neu gegründeten Stiftung geleistet. Diese wurde antragsgemäß mit je 100.000 Euro im VZ 2005 und 2006 gemäß § 10b Abs. 1a Satz 1 EStG a. F. abgezogen.

Im Jahr 2007 leistet der Stpfl. eine Vermögensstockspende i. H. v. 1.200.000 Euro und beantragt 900.000 Euro im Rahmen des § 10b Abs. 1a EStG zu berücksichtigen. Im VZ 2007 beantragt er einen Abzugsbetrag nach § 10b Abs. 1a EStG i. H. v. 800.000 Euro (100.000 Euro zuzüglich 700.000 Euro). Die verbleibenden 200.000 Euro (900.000 Euro abzüglich 700.000 Euro) sollen im Rahmen des § 10b Abs. 1a EStG in einem späteren VZ abgezogen werden.

Die übrigen 300.000 Euro (1.200.000 Euro abzüglich 900.000 Euro) fallen unter die allgemeinen Regelungen nach § 10b Abs. 1 EStG.

VZ 2005	§ 10b Abs. 1a EStG a. F.	100.000 Euro
VZ 2006	§ 10b Abs. 1a EStG a. F.	100.000 Euro
VZ 2007	§ 10b Abs. 1a EStG n. F.	800.000 Euro (= 100.000 aus VZ 2005 + 700.000 aus VZ 2007)

– Beginn des ersten 10jährigen-Abzugszeitraums ist der VZ 2005 und dessen Ende der VZ 2014; somit ist für die Jahre 2008 bis 2014 der Höchstbetrag von 1.000.000 Euro durch die Inanspruchnahme der 800.000 Euro im VZ 2007 ausgeschöpft.

– Beginn des zweiten 10jährigen-Abzugszeitraums ist der VZ 2007 und dessen Ende der VZ 2016. In den VZ 2015 und 2016 verbleiben daher maximal noch 200.000 Euro als Abzugsvolumen nach § 10b Abs. 1 EStG (1.000.000 Euro abzüglich 800.000 Euro, siehe VZ 2007). Die verbleibenden Vermögensstockspenden i. H. v. 200.000 Euro aus der Zuwendung im VZ 2007 können somit entsprechend dem Antrag des Stpfl. in den VZ 2015 und/oder 2016 abgezogen werden.

– Stellt der Stpfl. (z.B. aufgrund eines negativen GdE) in den VZ 2015 und 2016 keinen Antrag zum Abzug der verbleibenden Vermögensstockspenden, gehen diese zum 31.12.2016 in den allgemeinen unbefristeten Spendenvortrag nach § 10b Abs. 1 EStG über.

4. Zuwendungsvortrag

a) Vortrag von Vermögensstockspenden

Vermögensstockspenden, die nicht innerhalb des 10jährigen-Abzugszeitraums nach § 10b Abs. 1a Satz 1 EStG verbraucht wurden, gehen in den allgemeinen unbefristeten Spendenvortrag nach § 10b Abs. 1 EStG über.

Die Vorträge von Vermögensstockspenden sind für jeden Ehegatten getrennt festzustellen.

b) Großspendenvortrag

Für den Übergangszeitraum von maximal sechs Jahren ist neben der Feststellung des Vortrages von Vermögensstockspenden und der Feststellung des allgemeinen unbefristeten Spendenvortrags ggf. auch eine Feststellung des befristeten Großspendenvortrags nach altem Recht vorzunehmen. Verbleibt nach Ablauf der fünf Vortragsjahre ein Restbetrag, geht dieser nicht in den allgemeinen unbefristeten Spendenvortrag über, sondern ist verloren.

c) Allgemeiner unbefristeter Spendenvortrag

In den allgemeinen unbefristeten Spendenvortrag werden die abziehbaren Zuwendungen aufgenommen, die die Höchstbeträge im Veranlagungszeitraum der Zuwendung überschreiten oder die den um die Beträge nach § 10 Abs. 3 und 4 , § 10c und § 10d verminderten Gesamtbetrag der Einkünfte übersteigen und nicht dem Vortrag von Vermögensstockspenden bzw. dem Großspendenvortrag zuzuordnen sind. Die Beträge nach § 10 Abs. 4a EStG stehen den Beträgen nach Absatz 3 und 4 gleich.

Der am Schluss eines Veranlagungszeitraums verbleibende Spendenvortrag ist entsprechend § 10d Abs. 4 EStG für die verschiedenen Vorträge – Vortrag von Vermögensstockspenden, Großspendenvortrag und allgemeiner unbefristeter Spendenvortrag – gesondert festzustellen. Ein Wechsel zwischen den verschiedenen Zuwendungsvorträgen, mit Ausnahme des unter a) genannten Übergangs vom Vortrag für Vermögensstockspenden zum allgemeinen unbefristeten Zuwendungsvortrag, ist nicht möglich.

5. Übergang von altem in neues Recht

Die Änderungen des § 10b Abs. 1 und 1a EStG gelten rückwirkend ab dem 1. Januar 2007.

§ 52 Abs. 24d Satz 3 EStG eröffnet dem Spender die Möglichkeit, hinsichtlich der Regelungen des § 10b Abs. 1 EStG für den Veranlagungszeitraum 2007 die Anwendung des bisherigen Rechts zu wählen. Wenn er sich hierzu entschließt, gilt dies einheitlich für den gesamten Spendenabzug im Jahr 2007.

6. Haftungsregelung

Maßgeblicher Zeitpunkt für die Haftungsreduzierung im Sinne des § 10b Abs. 4 EStG durch das Gesetz zur weiteren Stärkung des bürgerschaftlichen Engagements vom 10. Oktober 2007 (BGBl. I S. 2332, BStBl. I S. 815) von 40 % auf 30 % des zugewendeten Betrags ist der Zeitpunkt der Haftungsinanspruchnahme, somit der Zeitpunkt der Bekanntgabe des Haftungsbescheides. Dies ist unabhängig davon, für welchen Veranlagungszeitraum die Haftungsinanspruchnahme erfolgt.

7. Anwendungsregelung

Dieses Schreiben ist ab dem Veranlagungszeitraum 2007 anzuwenden.

Dieses Schreiben wird im Bundessteuerblatt Teil I veröffentlicht.

Steuerliche Behandlung des Zweckertrags einer Lotterie

Verfügung OFD Münster vom 29.01.1979

S 2755 – 101 – St 13 – 31

In den Fällen, in denen ein Lotterieunternehmen nach dem von dem Innenminister des zuständigen Landes erteilten Genehmigungsbescheid für die Durchführung einer Lotterie verpflichtet ist, den Zweckertrag der Lotterie an einen Dritten (z. B. eine gemeinnützige Einrichtung) abzuführen, handelt es sich bei der Abführung des Zweckertrages um Ausgaben im Zusammenhang mit der Durchführung der Lotterie, die als Betriebsausgaben abzugsfähig sind. Die Vorschrift des § 10 Nr. 1 KStG 1977 findet keine Anwendung, da der Zweckertrag nicht für die Erfüllung eigener satzungsmäßiger Zwecke verwendet wird, sondern an einen Dritten abgeführt werden muß. Unabhängig von dieser Entscheidung ist jedoch die Frage der verdeckten Gewinnausschüttung zu prüfen.

Behandlung von Zinsen i.S. des § 233a AO nach Änderung des § 10 Nr. 2 KStG durch das Steuerentlastungsgesetz 1999/2000/2002 (StEntlG 1999/2000/2002)

Verfügung OFD Rostock vom 8.8.2000

S 2755 – 1/00 – St 241

Nach § 10 Nr. 2 KStG in der Fassung des StEntlG 1999/2000/2002 sind u.a. die Steuern vom Einkommen und sonstige Personensteuern nichtabziehbare Aufwendungen. Das gilt auch für die auf diese Steuern entfallenden Nebenleistungen. Die bisherige Ausnahme vom Abzugsverbot für Zinsen auf Steuerforderungen nach § 233a (Zinsen auf Steuernachforderungen), § 234 (Stundungszinsen) und § 237 AO (Aussetzungszinsen) ist mit Wirkung ab VZ 1999 gestrichen worden. Das Abzugsverbot gilt danach nicht erst für Zinsen, die auf Steueransprüche für VZ ab 1999 entstehen, sondern ist auf alle Beträge anzuwenden, die in einem nach dem 31.12.1998 endenden Wirtschaftsjahr buchtechnisch zu erfassen sind.

Zur Frage, wie Erstattungszinsen i.S.d. § 233a AO steuerlich zu behandeln sind, bitte ich folgende Auffassung zu vertreten:

Es gibt keinen allgemeinen Grundsatz, wonach Nebenleistungen, zu denen auch Erstattungszinsen gehören, in ihrer ertragsteuerlichen Behandlung das Schicksal der Hauptleistung teilen. Das ergibt sich eindeutig aus dem BFH-Urteil vom 18.02.1975, BStBl. II S. 568. Das gesetzliche Abzugsverbot für Nachzahlungszinsen in § 10 Nr. 2 KStG kann auch nicht im Wege des Umkehrschlusses als Steuerbefreiung von Erstattungszinsen gedeutet werden.

Einkommensteuerrechtlich gehören die Erstattungszinsen – auch nach Einführung des einkommensteuerrechtlichen Abzugsverbots für Nachzahlungszinsen durch Aufhebung des § 10 Abs. 1 Nr. 5 EStG – zu den Einkünften aus Kapitalvermögen i.S. des § 20 Abs. 1 Nr. 7 EStG.

Nach dem BFH-Urteil vom 18.02.1975, a.a.O. verzinst die Finanzverwaltung die zuviel erhobenen Steuern so, als habe sie in dieser Höhe ein Darlehen erhalten, während der Steuerpflichtige so gestellt wird, als habe er ein Darlehen gewährt. Das gilt für die Körperschaftsteuer entsprechend. Bei Kapitalgesellschaften und Genossenschaften gehören diese Einkünfte zu den Einkünften aus Gewerbebetrieb - § 8 Abs. 2 KStG.

Bei der ertragsteuerlichen Einordnung der Zinsen i.S. des § 233a AO ist jedoch danach zu unterscheiden, ob es sich um Erstattungszinsen oder um an den Steuerpflichtigen zurückgezahlte Nachzahlungszinsen handelt. Bei der Rückzahlung derartiger Zinsen kommt es nicht zur Vereinnahmung steuerpflichtiger Erstattungszinsen, sondern zur Minderung zuvor festgesetzter Nachzahlungszinsen, die erfolgsneutral zu behandeln ist.

Entsprechendes gilt auch für die Minderung zuvor festgesetzter Erstattungszinsen. Hier ist nicht die Zahlung – nach § 10 Nr. 2 KStG nichtabziehbarer – Nachzahlungszinsen, sondern die Minderung zuvor festgesetzter Erstattungszinsen gegeben, die erfolgswirksam (hier: den Gewinn mindernd) zu erfassen ist.

Eine andere Auffassung ergibt sich auch nicht aus der Tatsache, dass die §§ 9 und 10 KStG als Gewinn- bzw. Einkunftsermittlungsvorschriften anzusehen sind.

Aufsichtsrat: Besteuerung von Aufsichtsratsvergütungen

Verfügung OFD Magdeburg vom 12.11.2002

S 2755 – 1 – St 216

1. Wirtschaftliche Bedeutung der Aufsichtsratsvergütungen

Aufsichtsratsmitgliedern kann für ihre Tätigkeit eine Vergütung gewährt werden. Sie kann in der Satzung festgesetzt oder von der Hauptversammlung bewilligt werden und soll in einem angemessenen Verhältnis zu den Aufgaben der Aufsichtsratsmitglieder und zur Lage der Gesellschaft stehen (§ 113 Abs. 1 AktG).

Einen Aufsichtsrat zu bestellen haben grundsätzlich die AG und KGaA (§§ 95 ff. AktG), die GmbH mit mehr als 500 Arbeitnehmern (§ 95 ff. AktG bzw. § 77 BVG) sowie Genossenschaften (§§ 36 ff. GenG). Aufgrund des Gesellschaftsvertrags kann die Kontrollbefugnis auch auf ein anderes Gesellschaftsorgan, z. B. auf einen Beirat, übertragen werden.

Das am 1.5.1998 in Kraft getretene Gesetz zur Kontrolle und Transparenz im Unternehmensbereich (KonTraG) hat die Tätigkeit des Aufsichtsrats aufgewertet. Das hat inzwischen auch die Höhe der Vergütung für Aufsichtsräte beeinflusst und eine großzügige Auslegung des Begriffs der Angemessenheit dieser Vergütung i. S. d. Aktienrechts zur Folge gehabt.

2. Ertragsteuerliche Behandlung der Aufsichtsratsvergütung

2.1. Ebene der beaufsichtigten Körperschaft

Die an die Überwachungsorgane von Körperschaften gezahlten Vergütungen stellen an sich nach § 4 Abs. 4 EStG Betriebsausgaben dar. Die Vorschrift des § 10 Nr. 4 KStG beschränkt deren Abziehbarkeit allerdings auf die Hälfte.

Das Abzugsverbot gilt für alle Körperschaften, die Vergütungen an Mitglieder ihres Aufsichtsrats, Verwaltungsrats, Grubenvorstands oder an andere mit der Überwachung der Geschäftsführung beauftrage Personen gewährt. Das gilt neben Kapitalgesellschaften auch für Genossenschaften, Vereine, Stiftungen, Betriebe gewerblicher Art von juristischen Personen des öffentlichen Rechts (insbesondere bei Sparkassen), für Komplementär-GmbH einer GmbH & Co. KG sowie für einen sog. Werksausschuss eines Eigenbetriebs einer Kommune. Die Aufzählung im Gesetz ist nur beispielhaft. Entscheidend für die Anwendung des § 10 Nr. 4 KStG ist, dass der Empfänger der Vergütung eine Überwachungsfunktion über die Geschäftsführung ausübt.

Folgende Merkmale stehen einer Überwachungsfunktion nicht entgegen:

– die Tätigkeit der Überwachung stellt zwar eine wesentliche Aufgabe dar, ist aber nicht auf diese beschränkt,

– Überwachungstätigkeit muss nicht tatsächlich ausgeübt werden,

– in welcher Eigenschaft oder in wessen Interesse das Aufsichtsratsmitglied tätig wird, ist unerheblich,

– das Aufsichtsratsmitglied nimmt nicht nur eine ausschließlich beratende Funktion ein.

Dagegen sind folgende Vergütungen keine Zahlungen für Aufsichtsratstätigkeiten i. S. d. § 10 Nr. 4 KStG:

– für reine Repräsentationsaufgaben,

– an ehemalige Aufsichtsratsmitglieder für beratende Tätigkeiten,

– für eine Doppelfunktion (z. B. Aufsichtsratsmitglied ist sowohl Mitglied der Geschäftsführung als auch in einem sog. Kreditausschuss),

– für Tätigkeiten an Aufsichtsratsmitglieder, die neben dem Aufsichtsrat auch noch als Sachverständige zur weiteren Kontrollfunktion beauftragt werden.

Übt das Aufsichtsratsmitglied neben der Überwachungsfunktion noch eine andere, nicht unter das Abzugsverbot des § 10 Nr. 4 KStG gehörenden Tätigkeit aus, ist eine Aufteilung der Vergütung nicht zulässig. Liegt diese andere Tätigkeit allerdings außerhalb der Überwachungsarbeiten eines Aufsichtsrats und wird diese gesondert vereinbart und vergütet, ist diese Vergütung voll abzugsfähig.

Zu den Aufsichtsratsvergütungen gehören einmalige oder laufende Vergütungen, Sitzungs- sowie Tagegelder, Reisegelder und Aufwandsentschädigungen. Aber auch geldwerte Vorteile zählen dazu, wie freie Wohnung, Kost und Unterbringung, unentgeltliche PKW-Überlassung oder Beitragszahlungen zur Altersversorgung.

§ 10 Nr. 4 KStG findet keine Anwendung auf Erstattung der tatsächlichen Kosten wie Fahrt- und Übernachtungskosten oder der Verpflegungsmehraufwendungen, wenn diese Erstattungen neben der Aufsichtsratsvergütung erfolgen.

Ist das Aufsichtsratsmitglied Unternehmer (vgl. Tz. 3), ist bei der Anwendung des § 10 Nr. 4 KStG das Folgende zu beachten:

Ist die Umsatzsteuer des Aufsichtsratsmitglieds bei der Körperschaft als Vorsteuer abzugsfähig, ist nur die Hälfte des Nettobetrags der Vergütung (ohne Umsatzsteuer) gem. § 10 Nr. 4 KStG hinzuzurechnen (Abschn. 45 Abs. 2 S. 1 KStR 1995).

Ist die Körperschaft nicht oder nur teilweise vorsteuerabzugsberechtigt, ist außerdem die Hälfte der gesamten oder der den Vorsteuerabzug übersteigenden Umsatzsteuer hinzuzurechnen.

In den übrigen Fällen ist stets die Hälfte des Gesamtbetrags der Aufsichtsratsvergütung (einschließlich Umsatzsteuer) nach § 10 Nr. 4 KStG hinzuzurechnen.

Rückzahlungen von Aufsichtsratsvergütungen sind im Umkehrschluss aus § 10 Nr. 4 KStG nur zur Hälfte als steuerpflichtige Betriebseinnahme anzusetzen.

2.2 Steuerliche Behandlung beim Empfänger einer Aufsichtsratsvergütung

Beim Empfänger stellt die Aufsichtsratsvergütung *in vollem Umfang* Einnahmen aus selbständiger Arbeit i. S. d. § 18 Abs. 1 Nr. 3 EStG dar. Zu den Einnahmen gehören auch geldwerte Vorteile, z. B. Sachzuwendungen. Der eingeschränkte Betriebsausgabenabzug auf der Seite der auszahlenden Körperschaft hindert grundsätzlich nicht die Besteuerung auf der Empfängerseite (vgl. BFH v. 5.7.1996 – VI R 10/96, BStBl. II 1996, 545).

Der Gewinn wird üblicherweise durch Einnahme-Überschuss-Rechnung gem. § 4 Abs. 3 EStG ermittelt. Im Übrigen gelten die allgemeinen einkommensteuerlichen Vorschriften.

2.3 Besonderheiten bei beschränkt steuerpflichtigen Aufsichtsratsmitgliedern

Die Vergütung an beschränkt steuerpflichtige Aufsichtsratsmitglieder unterliegt dem Steuerabzug nach § 50a Abs. 1 EStG (Aufsichtsratsteuer). Der Steuerabzug beträgt nach § 50a Abs. 2 EStG 30 v. H.

Die Einbehaltung, Abführung und Anmeldung der Aufsichtsratsteuer ist im § 73e EStDV geregelt. Für den Steuerabzug von Aufsichtsratsvergütungen nach § 50a EStG besteht *keine* Zentralzuständigkeit. Zuständig ist das Finanzamt, das für die Besteuerung der Körperschaft nach dem Einkommen zuständig ist.

Trägt die beaufsichtigte Körperschaft die Aufsichtsratsteuer, beträgt der Steuerabzug 42,85 v. H. der ausgezahlten Vergütung (R 277c EStR 2001). Die übernommene Steuer ist Teil der Aufsichtsratsvergütung und ebenfalls nur zur Hälfte abzugsfähig.

3. Umsatzsteuer auf Aufsichtsratsvergütungen

Das Aufsichtsratsmitglied ist regelmäßig Unternehmer i. S. d. § 2 UStG.

In jedem Einzelfall ist zu prüfen, ob eine Umsatzsteuerveranlagung für das Aufsichtsratsmitglied durchzuführen ist, da das Aufsichtsratsmitglied die Voraussetzungen des § 19 UStG erfolgen kann und somit in den Abrechnungen keine Umsatzsteuer offen ausgewiesen wird.

Bei der Prüfung des § 19 UStG ist zu beachten, dass sämtliche Aufsichtsratsvergütungen des steuerpflichtigen Aufsichtsratsmitglieds zusammenzurechnen sowie auch weitere Umsätze des Steuerpflichtigen (z. B. im Rahmen eines Einzelunternehmens) mit den Aufsichtsratsvergütungen zusammenzufassen sind.

Keine außerbilanzielle Hinzurechnung nach § 10 Nr. 2 KStG der Vorsteuerbeträge auf betrieblich veranlasste Bewirtungsaufwendungen

Verfügung des Bayer. Landesamts für Steuern vom 02.11.2005

S 2575 – 1 – St 31 N

Der BFH hat mit Urteil vom 10.2.2005 V R 76/03 (BStBl. II 2005 S. 509) entschieden, dass betrieblich veranlasste Bewirtungskosten unter den allgemeinen Voraussetzungen des Art. 17 Abs. 2 der 6. EG-RL zum Vorsteuerabzug berechtigen. Auf das hierzu ergangene BMF-Schreiben vom 23.6.2005 (BStBl. I 2005 S. 816) wird verwiesen.

Die abziehbare Vorsteuer auf angemessene betrieblich veranlasste Bewirtungskosten führt danach zu keinem betrieblichen Aufwand. Unabhängig von der außerbilanziellen Zurechnung der Bewirtungskosten selbst, die den Gewinn nicht mindern dürfen (§ 8 Abs. 1 KStG i. V. mit § 4 Abs. 5 Satz 1 Nr. 2 EStG), ist eine außerbilanzielle Hinzurechnung der Vorsteuer im Rahmen des § 10 Nr. 2 KStG nicht mehr veranlasst.

Anlage § 011–03

Körperschaftsteuerliche Behandlung der Auflösung und Abwicklung von Körperschaften und Personenvereinigungen nach den Änderungen durch das Gesetz zur Fortentwicklung des Unternehmenssteuerrechts (UntStFG)

BMF-Schreiben vom 26.08.2003

IV A 2 – S 2760 – 4/03

(BStBl. 2003 I S. 434)

Nach dem Ergebnis der Erörterung mit den obersten Finanzbehörden der Länder gilt für die steuerliche Behandlung der Auflösung und Abwicklung einer Körperschaft und Personenvereinigung nach In-Kraft-Treten des Gesetzes zur Fortentwicklung des Unternehmenssteuerrechts vom 20. Dezember 2001 (BGBl. I S. 3858 – UntStFG –) Folgendes:

A. Bedeutung des Besteuerungszeitraums

1   Im Abwicklungszeitraum gibt es keine Wirtschaftsjahre im steuerrechtlichen Sinne. Für Zwecke der §§ 27, 37 und 38 KStG n.F.[1] tritt an die Stelle des Wirtschaftsjahrs der Besteuerungszeitraum.

2   Auf den Schluss jedes Besteuerungszeitraums ist eine Steuerbilanz aufzustellen.

3   Umfasst der Abwicklungszeitraum mehrere Besteuerungszeiträume, ist auf den Schluss eines jeden Besteuerungszeitraums, für den neues Recht gilt (siehe Rdnr. 4 ff.), das Körperschaftsteuerguthaben (§ 37 KStG n.F.), der Teilbetrag EK 02 (§ 38 KStG n.F.) und das steuerliche Einlagekonto (§ 27 KStG n.F.) gesondert festzustellen. Die abschließenden gesonderten Feststellungen für den letzten Besteuerungszeitraum sind auf den Zeitpunkt vor der Schlussverteilung des Vermögens vorzunehmen.

B. Systemübergreifende Liquidation

I. Grundsatz

4   Endet bei der Liquidation einer unbeschränkt steuerpflichtigen Körperschaft der Besteuerungszeitraum nach dem 31. Dezember 2000, richtet sich die Besteuerung für diesen Zeitraum nach den Vorschriften des KStG n.F. (§ 34 Abs. 14 Satz 1 KStG n.F.).

5   Auch für den auf die Zeit vor dem 1. Januar 2001 entfallenden Teil des Besteuerungszeitraums ist das KStG n.F. anzuwenden. Ob das verteilte Vermögen bei der Körperschaft zu einer Minderung oder Erhöhung der Körperschaftsteuer führt, richtet sich nach § 40 Abs. 4 i.V. mit den §§ 37 und 38 KStG n.F. Bereits unter Zugrundelegung der früheren Rechtslage ausgestellte Steuerbescheinigungen sind zurückzufordern und auf der Grundlage des EStG bzw. KStG n.F. neu zu erteilen.

6   Der Feststellung der Endbestände nach § 36 Abs. 7 KStG n.F. sind die Bestände zum Schluss des letzten vor Liquidationsbeginn endenden Wirtschaftsjahrs bzw. zum Schluss des letzten Besteuerungszeitraums, für das noch das KStG a.F. gilt, zugrunde zu legen.

II. Antrag im Sinne des § 34 Abs. 14 KStG n.F.

7   Hat die in Liquidation befindliche Körperschaft, deren Besteuerungszeitraum vor dem 1. Januar 2001 beginnt und nach dem 31. Dezember 2000 endet, gemäß § 34 Abs. 14 Satz 2 KStG n.F. bis zum 30. Juni 2002 (Ausschlussfrist) den Antrag gestellt, auf die Zeit bis zum 31. Dezember 2000 das KStG a.F. anzuwenden, so endet auf den 31. Dezember 2000 ein Besteuerungszeitraum, für den ein steuerlicher Zwischenabschluss zu fertigen ist (§ 34 Abs. 14 Satz 3 KStG n.F.).

8   In den in Rdnr. 7 genannten Fällen unterliegt das Einkommen des am 31. Dezember 2000 endenden Besteuerungszeitraums dem noch KStG a.F. Für Liquidationsraten, andere Ausschüttungen und sonstige Leistungen, die in diesem Besteuerungszeitraum erfolgen, ist noch die Körperschaftsteuer-Ausschüttungsbelastung nach dem Vierten Teil des KStG a.F. herzustellen (§ 34 Abs. 14 Satz 5 KStG n.F.). Diese Auskehrungen verringern gemäß § 36 Abs. 2 KStG n.F. die Endbestände der auf den 31. Dezember 2000 festzustellenden Teilbeträge des verwendbaren Eigenkapitals.

9   Die Feststellung der Endbestände nach § 36 Abs. 7 KStG n.F. erfolgt auf den 31. Dezember 2000.

C. Gewinnausschüttungen für vor dem Abwicklungszeitraum endende Wirtschaftsjahre

10   Eine Ausschüttung kann auch dann auf einem den gesellschaftsrechtlichen Vorschriften entsprechenden Gewinnverteilungsbeschluss für ein abgelaufenes Wirtschaftsjahr beruhen, wenn die Körperschaft nach Beginn der Liquidation beschließt, Gewinne für vor dem Abwicklungszeitraum endende Wirtschafts-

---

1) KStG n.F. = KStG 2002; KStG a.F. = KStG 1999.

jahre auszuschütten (BFH-Urteile vom 12. September 1973, BStBl. 1974 II S. 14, vom 17. Juli 1974, BStBl. II S. 692 und vom 22. Oktober 1998, I R 15/98, BFH NV 1999 S. 829).

Erfolgt eine solche Gewinnausschüttung in Besteuerungszeiträumen, die bereits unter das KStG n.F. fallen, ist § 34 Abs. 12 Satz 1 Nr. 1 KStG n.F. nicht anzuwenden, da es während des Abwicklungszeitraums keine Wirtschaftsjahre gibt (vgl. Rdnr. 1). Für diese Ausschüttungen gilt der Vierte Teil des KStG a.F. daher nicht mehr. **11**

D. Auswirkungen der Liquidation auf das steuerliche Einlagekonto und den Sonderausweis

Bei der Vermögensverteilung gilt das übrige Eigenkapital als vor dem Nennkapital ausgezahlt. **12**

Die Vermögensverteilung ist, soweit sie nicht als Nennkapitalrückzahlung zu beurteilen ist, eine Leistung im Sinne des § 27 Abs. 1 Satz 3 KStG. Bei Abschlagszahlungen ist auf den ausschüttbaren Gewinn zum Schluss des der Leistung vorangegangenen Besteuerungszeitraums bzw. Wirtschaftsjahrs abzustellen. Bei der Schlussauskehrung ist der ausschüttbare Gewinn maßgeblich, der sich auf den Zeitpunkt vor dieser Auskehrung ergibt. Das ist grundsätzlich der Zeitpunkt, auf den die Liquidationsschlussbilanz erstellt wird. **13**

Soweit die Vermögensverteilung als Nennkapitalrückzahlung zu behandeln ist, wird in Höhe dieses Betrags zunächst der Sonderausweis verringert (§ 28 Abs. 2 Satz 1 KStG n.F.). Wegen des Zeitpunktes, auf den der maßgebliche Bestand des Sonderausweises zu ermitteln ist, gilt Rdnr. 13 entsprechend. Insoweit gilt die Rückzahlung des Nennkapitals als Gewinnausschüttung, die bei den Anteilseignern zu kapitalertragsteuerpflichtigen Bezügen im Sinne des § 20 Abs. 1 Nr. 2 EStG führt (§ 28 Abs. 2 Satz 2 KStG n.F.). **14**

Soweit die Nennkapitalrückzahlung einen Sonderausweis übersteigt bzw. wenn ein Sonderausweis nicht besteht, führt der Rückzahlungsbetrag zu einer betragsmäßig identischen Erhöhung und Verringerung des steuerlichen Einlagekontos (§ 28 Abs. 2 Satz 1 2. Halbsatz und Satz 2 2. Halbsatz KStG). Eine Steuerbescheinigung im Sinne des § 27 Abs. 3 KStG ist den Anteilseignern insoweit nicht auszustellen. **15**

E. Körperschaftsteuerminderung bzw. -erhöhung in Liquidationsfällen

Unabhängig davon, ob das Vermögen der Körperschaft als Abschlagszahlung auf den Liquidationserlös oder im Rahmen der Schlussverteilung ausgekehrt wird, mindert oder erhöht sich die Körperschaftsteuer um den Betrag, der sich nach den §§ 37 und 38 KStG n.F. ergeben würde, wenn das verteilte Vermögen einschließlich des Nennkapitals in dem Zeitpunkt der Verteilung für eine Ausschüttung verwendet gelten würde (§ 40 Abs. 4 Satz 1 KStG n.F.). **16**

Wegen des Zeitpunktes, auf den die maßgeblichen Bestände des KSt-Guthabens, des Teilbetrags EK 02 und des ausschüttbaren Gewinns zu ermitteln sind, gelten die Ausführungen zu Rdnr. 13 entsprechend. Für die Anwendung des § 40 Abs. 4 Satz 3 KStG n.F. gilt die Liquidation auf den Stichtag der Erstellung der Liquidationsschlussbilanz als beendet. **17**

F. Zusammenfassendes Beispiel

Beispiel: **18**

Die A-GmbH (Wirtschaftsjahr = Kalenderjahr) wird zum 30. Juni 2002 aufgelöst. Der der Schlussauskehrung zugrunde liegende Liquidationsschlussbestand wird auf den 31. August 2003 ermittelt. Für die Zeit vom 1. Januar 2002 bis zum 30. Juni 2002 bildet die GmbH ein Rumpfwirtschaftsjahr. Zum 31. Dezember 2001 und zum 30. Juni 2002 betragen das KSt-Guthaben 25.000 € und der Teilbetrag EK 02 30.000 €. Das Nennkapital zu den Stichtagen beträgt 90.000 € und der Sonderausweis 40.000 €.

Das übrige Eigenkapital lt. Steuerbilanz beträgt

a) zum 30. Juni 2002 = 410.000 €

b) zum 31. August 2003 = 648.500 €

Der Gewinn des Rumpfwirtschaftsjahrs 2002 wird am 15. August 2003 in Höhe von 75.000 € offen ausgeschüttet.

Lösung:

Anwendung des § 28 Abs. 2 und des § 40 Abs. 4 KStG n.F.

	Einlage-konto	KSt-Guthaben	EK 02	Nenn-kaptital	Sonder-ausweis
Bestände zum 30. Juni 2002 Offene Gewinnausschüttung für das Rumpf-Wj. 2002 75.000 KSt-Minderung: 1/6 von 75.000 Keine Verwendung von EK 02[1]	0	25.000 −12.500	30.000 0	90.000	40.000
Bestände vor Schlussverteilung (= letzte gesonderte Feststellung) Nullstellung des Nennkapitals gem. § 28 Abs. 2 Satz 1 KStG n.F.	0 +50.000	12.500	30.000	90.000 −90.000	40.000 −40.000
Zwischensumme	50.000	12.500	30.000	0	0
Verteiltes Vermögen (= übriges Eigenkapital und Nennkapital) 738.500 Unmittelbarer Abzug beim Einlagekonto gem. § 28 Abs. 2 Satz 2 Hs 2 KStG n.F. − 50.000	−50.000				
Zwischensumme Leistung gem. **§ 27 Abs. 1 S. 3 KStG n.F.** (= Verteiltes Vermögen abzüglich Nennkapital) 648.500 **Verwendung Einlagekonto** (höchstens verbleibender Bestand) − 0	0 0	12.500	30.000	0	0
Zwischensumme Leistung i. S. d. **§ 40 Abs. 4 i. V. mit §§ 37, 38 KStG n. F.** (= verteiltes Vermögen) 738.500	0	12.500	30.000	0	0
KSt-Minderung (§ 37 KStG n.F.) 1/6 von 738.500; höchstens jedoch Bestand des KSt-Guthabens		− 12.500			
KSt-Erhöhung (§ 38 KStG n. F.) Verwendung von EK 02[2] 738.500 − 618.500 = 120.000; höchstens 7/10 des Bestandes KSt-Erhöhung = 3/7 von 21.000			− 21.000 − 9.000		

G. Behandlung der Nennkapitalrückzahlung bei den Anteilseignern

19   Bei den Anteilseignern richtet sich die steuerliche Behandlung der Nennkapitalrückzahlung nach § 17 Abs. 4 EStG bzw. – soweit ein Sonderausweis vorhanden ist – nach § 20 Abs. 1 Nr. 2 Satz 2 EStG, unabhängig davon, ob die Leistung bei der Körperschaft zu einer Minderung bzw. einer Erhöhung der Körperschaftsteuer führt oder nicht.

---

1) Differenzrechnung: Ausschüttbarer Gewinn zum 30. Juni 2002 abzüglich EK 02 zum 30. Juni 2002: 410.000 € − 30.000 € = 380.000 €. Da die Ausschüttung kleiner ist als 380.000 €, gilt EK 02 nicht als verwendet.

2) Differenzrechnung: Ausschüttbarer Gewinn vor Schlussverteilung abzüglich EK 02 vor Schlussverteilung: 648.500 € − 30.000 € = 618.500 €; das verteilte Vermögen i. H. v. 738.500 € übersteigt 618.500 € um 120.000 €. Für die Berechnung der KSt-Erhöhung gilt: 120.000 € x 3/7 = 51.428 €, höchstens jedoch 7/10 x 30.000 € (Bestand des EK 02) = 21.000 €.

Besteuerungszeitraum im Fall der Eröffnung eines Insolvensverfahrens i. S. des § 11 Abs. 7 KStG

Erlass FM Thüringen vom 22.07.2004

S 2706A – 1 – 205.2

1. Das Insolvenzverfahren kann sich gemäß §§ 157, 159, 165 ff. Insolvenzordnung (InsO) darauf richten, die Vermögensgegenstände zu verwerten und die Gläubiger zu befriedigen; hierzu gehört auch der Fall, in dem das Unternehmen als Ganzes oder Teile des Unternehmens als Ganzes veräußert werden. Gemäß §§ 157, 159, 230 Abs. 1 InsO kann sich das Insolvenzverfahren aber auch darauf richten, das Unternehmen fortzuführen.

Ob das eine oder das andere der Fall ist, ergibt sich aus dem Beschluss, durch den der Insolvenzplan bestätigt oder seine Bestätigung versagt wird (§ 252 InsO). Zur Vorlage eines Insolvenzplanes an das Insolvenzgericht sind der Insolvenzverwalter und der Schuldner berechtigt (§ 218 Abs. 1 InsO). Nach der Annahme des Insolvenzplanes durch die Gläubiger (§§ 244 bis 246 InsO) und der Zustimmung des Schuldners (§ 247 InsO) bedarf der Plan der Bestätigung durch das Insolvenzgericht (§ 248 InsO), das seine Entscheidung durch einen Beschluss bekannt gibt (§ 252 InsO).

2. Ist das Verfahren auf die Verwertung der Gegenstände gerichtet, so gilt hinsichtlich des Veranlagungszeitraums die Regelung betreffend die Liquidation, der das Insolvenzverfahren insoweit auch wirtschaftlich entspricht (§ 11 Abs. 7 KStG, Abschn. 46 KStR 1995 bzw. R 51 KStR 2003 – Entwurf Std. 14.6.2004)[1].

3. Richtet sich das Verfahren auf die Fortführung des Unternehmens, so ist § 11 Abs. 7 KStG nicht anwendbar. Hinsichtlich der Veranlagungszeiträume gelten die allgemeinen Regeln. Danach ist die Gesellschaft weiter nach einjährigen Zeiträumen i. S. des § 7 Abs. 3 Sätze 1 und 2 KStG zu veranlagen. Davon unberührt bleibt die Pflicht zur Erstellung einer Schlussbilanz (§ 242 Abs. 1 Satz 1 HGB), weil mit der Eröffnung des Insolvenzverfahrens ein neues Geschäftsjahr beginnt (§ 155 Abs. 2 Satz 1 InsO). Durch die Verfahrenseröffnung entsteht also ein Rumpfwirtschaftsjahr (vgl. MüKo-InsO, Rz. 5 zu § 155 InsO).

4. In dem Fall, dass der Inhalt des Beschlusses gemäß § 252 InsO von dem tatsächlichen Verhalten des Insolvenzverwalters abweicht, ist das tatsächliche Verhalten maßgebend. Ist im Beschluss über den Insolvenzplan niedergelegt, die Vermögensgegenstände zu verwerten und führt der Insolvenzverwalter gleichwohl das Unternehmen fort und schreiten die Gläubiger nicht ein, so ist davon auszugehen, dass der Beschluss gemäß § 41 Abs. 2 AO nicht ernstlich gewollt ist. Gemäß § 41 Abs. 1 AO ist dann der Lebenssachverhalt zu Grunde zu legen, wie er tatsächlich verwirklicht wird.

---

1) Vgl. Abschn. 51 KStR 2004.

Liquidation;
Körperschaftsteuerminderung bei Auskehrung von Liquidationsraten
– Anwendung des BFH-Urteils vom 22. Februar 2006 – I R 67/05 – (BStBl. 2008 II S. 312) –
Besteuerungszeitraum bei der Gewerbesteuer
– Anwendung des BFH-Urteils vom 18. September 2007 – I R 44/06 – (BStBl. 2008 II S. 319) –

BMF-Schreiben vom 4.4.2008
IV B 7 – S 2760/0, 2008/0158164 (BStBl. I 2008, S. 542)

Sitzung KSt/GewSt I/07, TOP I/16

1. BFH-Urteil vom 22. Februar 2006 (a.a.O.)

Der BFH vertritt im Urteil vom 22. Februar 2006 (a.a.O.) die Auffassung, dass in Ermangelung eines Antrags nach § 34 Abs. 14 KStG auf Beendigung des Besteuerungszeitraums zum 31. Dezember 2000 bei systemübergreifenden Liquidationen für die gesamte Liquidation neues Recht anzuwenden ist. Er sieht den Besteuerungszeitraum 1. Januar 1998 – 31. Dezember 2000 als erstes „Wirtschaftsjahr" im neuen Recht an. Mithin sei das Körperschaftsteuerguthaben auf den 31. Dezember 2000 festzustellen. Es stehe damit für eine Verwendung im Veranlagungszeitraum 2001 zur Verfügung.

Unter Bezugnahme auf das Ergebnis der Erörterung mit den obersten Finanzbehörden der Länder sind die Rechtsgrundsätze des Urteils nicht über den entschiedenen Einzelfall hinaus anzuwenden.

Wird der Abwicklungszeitraum in mehrere Besteuerungszeiträume unterteilt, ist für die einzelnen Besteuerungszeiträume jeweils das Recht anzuwenden, das für den Veranlagungszeitraum maßgeblich ist, in dem der Besteuerungszeitraum endet. Wenn – wie in dem Streitfall – ein Besteuerungszeitraum gem. R 51 KStR 2004 zum 31. Dezember 2000 endet, ist daher noch altes Recht anzuwenden.

Entgegen der Auffassung des BFH ist es in diesem Fall unerheblich, ob ein Antrag auf Zwischenveranlagung nach § 34 Abs. 14 Satz 2 KStG gestellt worden ist oder nicht, weil ein solcher Antrag ins Leere geht, wenn am 31. Dezember 2000 ohnehin ein Besteuerungszeitraum endet.

Die Sonderregelung des § 34 Abs. 14 Satz 2 KStG ist nur in solchen Fällen von Bedeutung, bei denen der 3-jährige Besteuerungszeitraum zum 31. Dezember 2000 noch nicht abgeschlossen ist. Da für den am 31. Dezember 2000 endenden Besteuerungszeitraum noch nicht neues Recht anzuwenden ist, fehlt es hier an der rechtlichen Grundlage für die Feststellung des Körperschaftsteuerguthabens zum 31. Dezember 2000. Etwas anderes ergibt sich auch nicht aus § 40 Abs. 4 Satz 4 KStG, denn die Regelung hat bezogen auf die erstmalige Verwendung des Körperschaftsteuerguthabens nur Bedeutung für Liquidationen, die im Veranlagungszeitraum 2001 enden. Endet die Liquidation im Veranlagungszeitraum 2001, kann danach für Liquidationsabschlusszahlungen, die in 2001 geleistet werden, bereits eine Körperschaftsteuerminderung gewährt werden.

Die Verwaltungsauffassung, nach der eine Körperschaftsteuerminderung erstmals für Gewinnausschüttungen in Betracht kommt, die in dem zweiten Wirtschaftsjahr erfolgen, für das neues Recht gilt (vgl. Rdnr. 31 des BMF-Schreibens vom 6. November 2003, BStBl. I S. 575), wird durch das Urteil nicht in Frage gestellt.

An der Verwaltungsauffassung zu den allgemeinen körperschaftsteuerlichen Grundsätzen der Liquidationsbesteuerung (vgl. BMF-Schreiben vom 6. November 2003 – a.a.O. – und vom 26. August 2003, BStBl. I S. 434 sowie R 51 KStR 2004) wird ebenfalls weiterhin festgehalten. Die Urteile des BFH vom 27. März 2007, VIII R 25/05 (BStBl. 2008 II S. 298) und VIII R 60/05 (BStBl. 2008 II S. 303) und vom 18. September 2007, I R 44/06, (a.a.O.) stehen dem nicht entgegen.

2. BFH-Urteil vom 18. September 2007 (a.a.O.)

In dem Urteil vom 18. September 2007 (a.a.O.) vertritt der BFH die Auffassung, dass für den Zeitraum, für den eine Körperschaftsteuerveranlagung bei noch nicht abgeschlossener Liquidation durchzuführen ist, daran anschließend auch eine Festsetzung des Gewerbesteuermessbetrags durchzuführen ist.

Nach einem Beschluss der obersten Finanzbehörden der Länder sind die Rechtsgrundsätze des Urteils insoweit nicht über den entschiedenen Einzelfall hinaus anzuwenden.

Nach § 16 Abs. 1 GewStDV ist der Gewerbeertrag, der bei einem in der Abwicklung befindlichen Gewerbebetrieb im Sinne des § 2 Abs. 2 des Gesetzes im Zeitraum der Abwicklung entstanden ist, auf die Jahre des Abwicklungszeitraums zu verteilen. Nach Abschn. 44 Abs. 1 Satz 2 GewStR 1998 ist Abwicklungszeitraum der Zeitraum vom Beginn bis zum Ende der Abwicklung. Eine Festlegung eines Sollabwicklungszeitraums entsprechend der Regelung des § 11 Abs. 1 Satz 2 KStG enthält § 16 GewStDV nicht. Auch ist eine sinngemäße Anwendung des § 11 Abs. 1 Satz 2 KStG ausweislich § 16

GewStDV und der Regelung in Abschn. 44 Abs. 1 Satz 2 GewStR nicht vorgesehen. Aus § 7 Satz 1 GewStG ergibt sich nichts anderes. Abzustellen ist danach auf die Gewinnermittlungsvorschriften des Einkommensteuergesetzes und des Körperschaftsteuergesetzes. § 11 Abs. 1 Satz 2 KStG ist jedoch keine Gewinnermittlungsvorschrift; eine solche ist nur die Regelung in § 11 Abs. 2 KStG.

Dieses Schreiben wird im Bundessteuerblatt Teil I veröffentlicht.

Anlage § 013–06

Eingeschränkte Verlustverrechnung nach § 13 Abs. 3 Satz 2 bis 11 KStG; Einzelfragen zur Anwendung

BMF-Schreiben vom 20.12.1994

IV B 2 – S 1900 – 147/94

(BStBl. 1994 I S. 917)

Im Einvernehmen mit den obersten Finanzbehörden der Länder nehme ich zu Fragen der Anwendung des § 13 Abs. 3 Satz 2 bis 11 KStG wie folgt Stellung:

1. **Aufteilung der Einkünfte aus Gewerbebetrieb von ehemals gemeinnützigen Wohnungsunternehmen zur Ermittlung des nach § 13 Abs. 3 Satz 2 KStG in der Verrechnung eingeschränkten Abschreibungsverlustes**

Kapitalgesellschaften und Genossenschaften erzielen grundsätzlich nur Einkünfte aus Gewerbebetrieb, die einheitlich zu ermitteln und der Besteuerung zu unterwerfen sind.

Aufgrund der Neuregelung in § 13 Abs. 3 Satz 2 bis 11 KStG dürfen Wohnungsunternehmen und Organe der staatlichen Wohnungspolitik im Sinne des § 5 Abs. 1 Nr. 10 und 11 Körperschaftsteuergesetz 1984 in der Fassung der Bekanntmachung vom 10. Februar 1984 (BGBl. I S. 217) den Verlust aus der Vermietung und Verpachtung der Gebäude oder Gebäudeteile, die in der Anfangsbilanz mit dem Teilwert (Ausgangswert) angesetzt worden sind, mit anderen Einkünften aus Gewerbebetrieb oder mit Einkünften aus anderen Einkunftsarten nur ausgleichen oder nach § 10 d des Einkommensteuergesetzes nur abziehen, soweit er den Unterschiedsbetrag zwischen den Absetzungen für Abnutzung nach dem Ausgangswert und nach den bis zum Zeitpunkt des Beginns der Steuerpflicht entstandenen Anschaffungs- oder Herstellungskosten der Gebäude oder Gebäudeteile übersteigt. Soweit der Abschreibungsverlust nicht ausgeglichen oder abgezogen werden darf, mindert er den Gewinn aus der Vermietung und Verpachtung von Gebäuden und Gebäudeteilen (Mietgewinn) im laufenden Wirtschaftsjahr oder in späteren Wirtschaftsjahren (§ 13 Abs. 3 Satz 6 KStG). Ausgenommen von der Neuregelung sind Wohnungsunternehmen, die nach § 5 Abs. 1 Nr. 10 KStG ganz oder teilweise von der Steuer befreit sind (§ 13 Abs. 3 Satz 11 KStG).

Vor diesem Hintergrund bestehen keine Bedenken, wenn Wohnungsunternehmen im Sinne des § 13 Abs. 3 KStG mit Beginn des Wirtschaftsjahrs, für das die Neuregelung erstmals anzuwenden ist, den Gewinn getrennt nach folgenden Tätigkeitsbereichen ermitteln:

a) Gewinn/Verlust aus der steuerpflichtigen Vermietung und Verpachtung der in der Anfangsbilanz mit dem Teilwert angesetzten Gebäude oder Gebäudeteile;

b) Gewinn/Verlust aus der steuerpflichtigen Vermietung und Verpachtung anderer als der in der Anfangsbilanz mit dem Teilwert angesetzten Gebäude oder Gebäudeteile (einschließlich der von den Wohnungsunternehmen selbst gemieteten oder gepachteten Objekte);

c) Gewinn/Verlust aus anderer steuerpflichtiger Tätigkeit als der Vermietungstätigkeit.

Die Erträge (Betriebseinnahmen) und Aufwendungen (Betriebsausgaben) des Wohnungsunternehmens sind den jeweiligen Tätigkeitsbereichen nach ihrer unmittelbaren wirtschaftlichen Verursachung zuzuordnen. Demzufolge ergibt sich für die Vermietungstätigkeiten ein Gewinn/Verlust lediglich aus der reinen Vermietung. Zinserträge aus der Anlage liquider Mittel (z. B. aus Mietüberschüssen), Erträge aus Hilfsgeschäften (z. B. aus dem Verkauf von nicht mehr benötigtem Inventar) sowie Erträge aus der Veräußerung von Gebäuden oder Gebäudeteilen des Anlagevermögens rechnen nicht zu den Betriebseinnahmen aus der Vermietungstätigkeit.

Nicht abziehbare Betriebsausgaben sind dem Gewinn/Verlust des einzelnen Tätigkeitsbereichs hinzuzurechnen, soweit sie diesen zuvor gemindert/erhöht haben.

2. **Unterschiedsbetrag nach § 13 Abs. 3 Satz 2 KStG; Historische Anschaffungs- oder Herstellungskosten**

Nach § 13 Abs. 3 Satz 2 letzter Halbsatz KStG ist der Abschreibungsverlust uneingeschränkt verrechenbar, soweit er den Unterschiedsbetrag zwischen den Absetzungen für Abnutzung nach dem Ausgangswert und nach den bis zum Zeitpunkt des Beginns der Steuerpflicht entstandenen Anschaffungs- oder Herstellungskosten der Gebäude oder Gebäudeteile übersteigt.

Die bis zum Zeitpunkt des Beginns der Steuerpflicht entstandenen Anschaffungs- oder Herstellungskosten sind auf der Grundlage der historischen Anschaffungs- oder Herstellungskosten im Sinne der Tz. 1.1.1.1 des BMF-Schreibens vom 30. März 1990 (BStBl. I S. 149) zu ermitteln. Die Kosten der

Wiederherstellung von Außenanlagen sowie pauschale Zuschläge für Modernisierungsmaßnahmen rechnen nicht zu den historischen Anschaffungs- oder Herstellungskosten.

Können die historischen Anschaffungs- oder Herstellungskosten nicht ermittelt werden, sind sie sachgerecht zu schätzen. Als Schätzungsgrundlage können die Normalherstellungskosten im Sinne der Tz. 1.1.1.2 des BMF-Schreibens vom 30. März 1990 (a. a. O.) herangezogen werden. Dabei sind die Normalherstellungskosten auf das tatsächliche Baujahr der Gebäude oder Gebäudeteile, die in der Anfangsbilanz mit dem Teilwert angesetzt worden sind, hochzurechnen (Baupreisindex des Statistischen Bundesamtes in Fachserie 17 Reihe 4 oder der Statistischen Landesämter).

3. Ermittlung des begünstigten Investitionsvolumens nach § 13 Abs. 3 Satz 4 KStG

Nach § 13 Abs. 3 Satz 4 KStG vermindert sich der Abschreibungsverlust, der nicht ausgeglichen oder abgezogen werden darf, um das Doppelte der im Wirtschaftsjahr anfallenden aktivierungspflichtigen Aufwendungen (begünstigtes Investitionsvolumen) für die zum Anlagevermögen des Wohnungsunternehmens gehörenden abnutzbaren unbeweglichen Wirtschaftsgüter.

Das begünstigte Investitionsvolumen ist nach allgemeinen steuerlichen Grundsätzen zu ermitteln. Dies führt im einzelnen zu folgender Beurteilung:

a) Aktivierung von Aufwendungen

Bei der Aktivierung von Aufwendungen in der Steuerbilanz gelten der Grundsatz der Maßgeblichkeit der Handelsbilanz für die Steuerbilanz sowie die Grundsätze ordnungsmäßiger Buchführung (vgl. R 32a bis 33a EStR 1993 [1]).

b) Teilherstellungskosten von Anlagen im Bau

Anlagen im Bau (teilfertige Bauten) sind mit den bis zum Bilanzstichtag entstandenen Aufwendungen zu aktivieren (Teilherstellungskosten). Die Teilherstellungskosten rechnen zum begünstigten Investitionsvolumen, nicht dagegen Anzahlungen auf noch zu erstellende Anlagen.

c) Abgrenzung Anlage- und Umlaufvermögen

Die Frage, ob abnutzbare unbewegliche Wirtschaftsgüter dem Anlage- oder dem Umlaufvermögen zuzurechnen sind, ist zum Zeitpunkt der Anschaffung oder Herstellung des Wirtschaftsguts zu entscheiden. Wird nach diesem Zeitpunkt die Zweckbestimmung des Wirtschaftsguts geändert mit der Folge der Umwidmung von Umlauf- in Anlagevermögen, rechnet das Wirtschaftsgut mit der Umwidmung zum begünstigten Investitionsvolumen.

Führt die geänderte Zweckbestimmung zur Umwidmung von Anlage- in Umlaufvermögen, bleibt das begünstigte Investitionsvolumen unberührt, es sei denn, die Umwidmung erfolgt im zeitlichen Zusammenhang mit der Anschaffung oder Herstellung des Wirtschaftsguts.

4. Begünstigtes Investitionsvolumen von Wohnungsunternehmen, die nach § 5 Abs. 1 Nr. 10 KStG ganz oder teilweise steuerbefreit und deshalb grundsätzlich von der einschränkenden Verlustverrechnungsregelung ausgenommen sind

Investitionskosten in Wirtschaftsjahren, in denen ein Wohnungsunternehmen nach § 5 Abs. 1 Nr. 10 KStG ganz oder teilweise von der Steuer befreit ist, rechnen nicht zum begünstigten Investitionsvolumen und können deshalb nicht in Wirtschaftsjahre, in denen das Wohnungsunternehmen der vollen Steuerpflicht unterliegt (Überschreiten der 10 vom Hundert-Grenze), vor- oder zurückgetragen werden. Nicht ausgeschöpfte Investitionsbeträge aus Wirtschaftsjahren, in denen das Wohnungsunternehmen bereits der vollen Steuerpflicht unterlegen hat, können dagegen über den Zeitraum hinweg, in dem das Wohnungsunternehmen ganz oder teilweise von der Steuer befreit war, in das laufende Wirtschaftsjahr, in dem das Wohnungsunternehmen erneut der vollen Steuerpflicht unterliegt, vorgetragen werden. Maßgebend ist das Vortragsvolumen, das zum Schluß des letzten Wirtschaftsjahres vor dem Zeitraum, in dem das Wohnungsunternehmen ganz oder teilweise von der Steuer befreit war, festgestellt ist.

5. Mietgewinn nach § 13 Abs. 3 Satz 6 KStG

Der Mietgewinn ergibt sich als saldierter Betrag aus der gesamten Vermietungstätigkeit des Wohnungsunternehmens, korrigiert um den nicht ausgleichsfähigen und nicht abziehbaren Abschreibungsverlust des laufenden Wirtschaftsjahres nach § 13 Abs. 3 Satz 2 bis 5 KStG. Danach errechnet sich der Mietgewinn für das Wirtschaftsjahr regelmäßig wie folgt:

Gewinn/Verlust aus der steuerpflichtigen Vermietung und Verpachtung anderer als der in der Anfangsbilanz mit dem Teilwert angesetzten Gebäude oder Gebäudeteile,

zuzüglich Gewinn/abzüglich Verlust aus der steuerpflichtigen Vermietung und Verpachtung der in der Anfangsbilanz mit dem Teilwert angesetzten Gebäude oder Gebäudeteile,

---

1) Jetzt R 6.1 ff EStR.

zuzüglich nicht ausgleichsfähiger und nicht abziehbarer Abschreibungsverlust nach § 13 Abs. 3 Satz 2 bis 5 KStG.

Beispiel:

Das Wohnungsunternehmen erzielt in 01 einen Verlust aus der Vermietung und Verpachtung der in der Anfangsbilanz mit dem Teilwert angesetzten Gebäude oder Gebäudeteile in Höhe von 1 Mio DM. Der Unterschiedsbetrag zwischen den AfA nach dem Teilwert und den AfA nach den historischen Anschaffungs-/Herstellungskosten beträgt 550 000 DM. Investitionen nach § 13 Abs. 3 Satz 4 KStG sind nicht vorgenommen worden. Daneben erzielt das Wohnungsunternehmen einen Gewinn aus der Vermietung und Verpachtung anderer als der in der Anfangsbilanz mit dem Teilwert angesetzten Gebäude oder Gebäudeteile in Höhe von 700 000 DM und Zinserträge in Höhe von 250 000 DM.

Lösung:

– Der Gewinn aus der Vermietung und Verpachtung anderer als der in der Anfangs- bilanz mit dem Teilwert angesetzten Gebäude oder Gebäudeteile beträgt	+ 700 000 DM
abzüglich Verlust aus der Vermietung und Verpachtung der in der Anfangs- bilanz mit dem Teilwert angesetzten Gebäude oder Gebäudeteile	– 1 000 000 DM
zuzüglich nicht ausgleichsfähiger und nicht abziehbarer Abschreibungsverlust nach § 13 Abs. 3 Satz 2 bis 5 KStG	+ 550 000 DM
= Mietgewinn § 13 Abs. 3 Satz 6 KStG	250 000 DM
– nicht ausgleichsfähiger und nicht abziehbarer Abschreibungsverlust nach § 13 Abs. 3 Satz 2 bis 5 KStG	550 000 DM
abzüglich Mietgewinn	– 250 000 DM
= verbleibender Abschreibungsverlust nach § 13 Abs. 3 Satz 2 bis 8 KStG	300 000 DM

6. Auswirkungen auf die Bemessungsgrundlage für die Gewerbeertragsteuer

§ 13 Abs. 3 Satz 2 bis 11 KStG ist zur Ermittlung der Bemessungsgrundlage für die Gewerbesteuer nicht anzuwenden.

7. Anwendung in Fällen der Organschaft nach § 13 Abs. 3 Satz 9 Nr. 1 KStG

Die Grundsätze dieses Schreibens sind auf die einzelne Organgesellschaft anzuwenden (vgl. Abschnitt 57 Abs. 1 und 3 KStR).

8. Veräußerungsregelung nach § 13 Abs. 3 Satz 10 KStG

Soweit Gebäude oder Gebäudeteile des Wohnungsunternehmens oder eines Rechtsträgers nach Satz 9, die in der Anfangsbilanz des Wohnungsunternehmens mit dem Ausgangswert angesetzt worden sind, entgeltlich und in den Fällen des Satzes 9 Nr. 4 mit einem anderen als dem Buchwert an andere Wohnungsunternehmen oder Rechtsträger nach Satz 9 übertragen werden, gilt als Veräußerungsgewinn der Unterschiedsbetrag zwischen dem Veräußerungspreis nach Abzug der Veräußerungskosten und dem Wert, der sich für das Gebäude oder den Gebäudeteil im Zeitpunkt der Veräußerung aus dem Ansatz mit den steuerlichen Anschaffungs- oder Herstellungskosten, vermindert um die Absetzungen für Abnutzung nach § 7 des Einkommensteuergesetzes, ergibt.

a) Betroffener Personenkreis

Der Begriff des Wohnungsunternehmens ist in § 13 Abs. 3 Satz 2 KStG definiert. § 13 Abs. 3 Satz 10 KStG findet deshalb nur auf die Fälle Anwendung, in denen ein ehemals gemeinnütziges Wohnungsunternehmen oder Organ der staatlichen Wohnungspolitik oder ein Rechtsträger nach Satz 9 Gebäude oder Gebäudeteile, die in der Anfangsbilanz eines ehemals gemeinnützigen Wohnungsunternehmens oder Organs der staatlichen Wohnungspolitik mit dem Teilwert angesetzt worden sind, entgeltlich und in den Fällen des Satzes 9 Nr. 4 mit einem anderen als dem Buchwert auf andere ehemals gemeinnützige Wohnungsunternehmen oder Organe der staatlichen Wohnungspolitik oder Rechtsträger nach Satz 9 überträgt. Nicht zum betroffenen Personenkreis rechnen Wohnungsunternehmen, die nach § 5 Abs. 1 Satz 10 KStG ganz oder teilweise von der Steuer befreit sind (§ 13 Abs. 3 Satz 11 KStG).

b) Gewährung der Steuervergünstigung nach § 6b EStG

Der sich nach § 13 Abs. 3 Satz 10 KStG ergebende Gewinn aus der Veräußerung eines Gebäudes oder Gebäudeteils ist unter den Voraussetzungen des § 6 b EStG begünstigt.

aa) Veräußerung

Eine nach § 6b EStG begünstigte Veräußerung liegt vor, soweit die Übertragung entgeltlich und in den Fällen des § 13 Abs. 3 Satz 9 Nr. 4 KStG mit einem anderen als dem Buchwert erfolgt.

bb) Höhe des begünstigten Gewinns

Begünstigt ist der sich nach § 13 Abs. 3 Satz 10 KStG ergebende Gewinn. Dabei sind unter Anschaffungs- oder Herstellungskosten die fortgeführten historischen Kosten (vgl. Nummer 2) und nicht der Teilwert, der sich bei Ausweis des Wirtschaftsguts in der Anfangsbilanz nach Wegfall der Gemeinnützigkeit ergab, zu verstehen. Wird dieser Betrag in der Steuerbilanz erfolgswirksam in eine Rücklage nach § 6b Abs. 3 EStG eingestellt, muß in der Handelsbilanz entsprechend verfahren werden. Die Rücklage in der Handelsbilanz muß aber nur bis zu der Höhe des sich in der Handelsbilanz ergebenden Veräußerungsgewinns gebildet werden.

cc) Vorbesitzzeit nach § 6b Abs. 4 Nr. 2 EStG

Veräußern ehemals gemeinnützige Wohnungsunternehmen nach Wegfall ihrer persönlichen Steuerbefreiung Gebäude, die sie vor dem Eintritt in die Steuerpflicht angeschafft oder hergestellt haben, und ist der Veräußerungsgewinn nach § 13 Abs. 3 Satz 10 KStG zu ermitteln, so rechnet zur Vorbesitzzeit im Sinne von § 6b Abs. 4 Nr. 2 EStG insoweit auch die Zeit vor Eintritt in die Steuerpflicht, weil der bei der Veräußerung des Gebäudes entstehende Gewinn der ehemals gemeinnützigen Wohnungsunternehmen nach § 13 Abs. 3 Satz 10 KStG aufgrund gedachter Buchwertfortführung ermittelt wird. Für die Ermittlung dieses Veräußerungsgewinns wird unterstellt, daß während der gesamten Zeit zwischen Anschaffung oder Herstellung des Gebäudes und seiner Veräußerung ein nicht steuerbefreiter Betrieb vorlag.

dd) Begünstigte Reinvestitionsobjekte

Die Reinvestitionsobjekte, von denen ein Betrag im Sinne von § 6b Abs. 1 oder 3 EStG abgezogen werden soll, müssen zum Anlagevermögen einer inländischen steuerpflichtigen Betriebsstätte gehören. § 6b Abs. 6 EStG ist entsprechend anzuwenden.

ee) Beispiel:

Ein Wohnungsunternehmen im Sinne von § 13 Abs. 3 KStG veräußert im Jahre 08 ein Gebäude für 320 000 DM. Die historischen Anschaffungskosten des Gebäudes betragen 100 000 DM, der Teilwert im Zeitpunkt des Wegfalls der Wohnungsgemeinnützigkeit beträgt 300 000 DM, der steuerliche Buchwert im Veräußerungszeitpunkt beträgt 290 000 DM und der steuerliche Buchwert nach fortgeführten historischen Anschaffungskosten zu diesem Zeitpunkt 80 000 DM. Veräußerungskosten sind nicht entstanden. Der gesamte Gewinn soll in eine § 6b EStG-Rücklage eingestellt werden.

1. Veräußerungsgewinn im Jahre 08 nach allgemeinen Gewinnermittlungsgrundsätzen:

Erlös	320 000 DM
abzüglich steuerlicher Buchwert	– 290 000 DM
= Veräußerungsgewinn	30 000 DM

2. Veräußerungsgewinn im Jahre 08 nach § 13 Abs. 3 Satz 10 KStG:

Erlös	320 000 DM
abzüglich steuerlicher Buchwert nach fortgeführten historischen Anschaffungskosten	– 80 000 DM
= Veräußerungsgewinn § 13 Abs. 3 Satz 10 KStG	240 000 DM

3. Außerbilanzieller Hinzurechnungsbetrag im Jahre 08 nach § 13 Abs. 3 Satz 10 KStG:

Veräußerungsgewinn nach § 13 Abs. 3 Satz 10 KStGDM	240 000 DM
abzüglich Gewinn nach allgemeinen Grundsätzen	– 30 000 DM
= außerbilanzieller Hinzurechnungsbetrag	210 000 DM

4. Bildung der § 6b EStG-Rücklage im Jahre 08

Gewinn nach allgemeinen Grundsätzen	30 000 DM
zuzüglich außerbilanzieller Hinzurechnungsbetrag	+ 210 000 DM
= bilanzieller Aufwand (§ 6b EStG-Rücklage)	240 000 DM

5. Verprobung

Veräußerungsgewinn lt. Steuerbilanz	30 000 DM
zuzüglich außerbilanziellem Hinzurechnungsbetrag	+ 210 000 DM
= Veräußerungsgewinn nach § 13 Abs. 3 Satz 10 KStG	= 240 000 DM
abzüglich bilanzieller Aufwand aus der Bildung der § 6b EStG-Rücklage	– 240 000 DM
= in 08 zu versteuernder Gewinn	0 DM

6. Behandlung der § 6b EStG-Rücklage
Die weitere Behandlung der § 6b EStG-Rücklage erfolgt nach allgemeinen steuerlichen Grundsätzen.

c) Historische Anschaffung- oder Herstellungskosten
Die unter Nummer 2 dargestellten Grundsätze gelten entsprechend.

9. **Fortbestand wirksam ausgeübter Optionen nach § 54 Abs. 4 und 5 KStG**

Soweit ein Wohnungsunternehmen für Veranlagungszeiträue vor der Anwendung des § 13 Abs. 3 Satz 2 bis 11 KStG eine Option nach § 54 Abs. 4 oder 5 KStG ausgeübt hat, ist die Option mit der Bestandskraft der Veranlagungen für den Veranlagungszeitraum, für den die Option ausgeübt worden ist, wirksam. Eine Option kann in diesem Fall nicht unter Hinweis auf die Neuregelung des § 13 Abs. 3 Satz 2 bis 11 KStG und der damit verbundenen geänderten Rahmenbedingungen rückwirkend widerrufen werden.

10. **Zeitliche Anwendung**

a) Verluste vor Inkrafttreten der Neuregelung

Verluste, die in den Jahren vor der zeitlichen Anwendung der einschränkenden Verlustverrechnungsregelung entstanden und nach § 10d EStG festgestellt sind, bleiben von der Einschränkung unberührt.

b) Steuerliche Rückbeziehung des Zeitpunkts der Einbringung in eine Kapitalgesellschaft

In den Fällen der Einbringung in eine Kapitalgesellschaft nach dem Umwandlungssteuergesetz ist für die Anwendung des § 13 Abs. 3 Satz 2 bis 11 KStG nicht auf den steuerlich wirksamen Zeitpunkt der Einbringung, der vor dem Tag des Abschlusses des Einbringungsvertrags liegen kann, sondern auf den Tag des Abschlusses des Einbringungsvertrags abzustellen.

Das BMF-Schreiben vom 7. Januar 1994 (BStBl. I S. 17) wird hiermit gegenstandslos.

Eingeschränkte Verlustverrechnung nach § 13 Abs. 3 KStG

Erlaß FM Thüringen vom 17.07.1995
S 2765 A – 02 – 205.2

Zum persönlichen Anwendungsbereich des § 13 Abs. 3 KStG gebe ich folgende Hinweise:
Mit Schreiben vom 20.12.1994 – IV B 2 – S 1900 – 147/94 – (BStBl. I, 917) hat das Bundesministerium der Finanzen eingehend zu § 13 Abs. 3 KStG in der Fassung des Standortsicherungsgesetzes Stellung genommen.

Die im Rahmen des Standortsicherungsgesetzes neu eingeführten Sätze 2 bis 10 des § 13 Abs. 3 KStG gelten für Wohnungsunternehmen und Organe der staatlichen Wohnungspolitik im Sinne des § 5 Abs. 1 Nr. 10 und 11 KStG 1984 in der Fassung der Bekanntmachung vom 10.2.1984 (BGBl. I, 217). Das heißt, betroffen von der Neuregelung sind zunächst alle ehemals gemeinnützigen Wohnungsunternehmen, die nach dem Wohnungsgemeinnützigkeitsgesetz als gemeinnützig anerkannt waren, sowie die nach dem Wohnungsgemeinnützigkeitsgesetz als Organe der staatlichen Wohnungspolitik anerkannten Unternehmen.

Das bedeutet aber auch, daß die Wohnungsunternehmen, die stets in den neuen Ländern ansässig waren und sind, grundsätzlich nicht von § 13 Abs. 3 Sätze 2 bis 10 KStG betroffen sind, obwohl es auch in der ehemaligen DDR eine Gemeinnützigkeit gab. Diese Gemeinnützigkeit ist aber nicht gleichbedeutend mit der Gemeinnützigkeit nach dem Wohnungsgemeinnützigkeitsgesetz.

Anwendung des § 13 Abs. 4 Satz 1 KStG auf die Überführung eines Betriebs oder Teilbetriebs aus dem steuerpflichtigen in den steuerbefreiten Bereich einer Körperschaft

BMF-Schreiben vom 01.02.2002
IV A 2 – S 2765 – 1/02
(BStBl. 2002 I S. 221)

Beginnt die Steuerbefreiung einer Körperschaft auf Grund des § 5 Abs. 1 Nr. 9 KStG, sind die Wirtschaftsgüter, die der Förderung steuerbegünstigter Zwecke i. S. des § 9 Abs. 1 Nr. 2 KStG dienen, in der Schlussbilanz mit den Buchwerten anzusetzen (§ 13 Abs. 4 Satz 1 KStG). Nach Abschn. 47 Abs. 12 KStR 1995 kommt eine Buchwertfortführung nicht in Betracht, wenn eine Körperschaft i. S. des § 13 Abs. 4 Satz 1 KStG einen bisher steuerpflichtigen wirtschaftlichen Geschäftsbetrieb durch Aufgabe oder Verpachtung des Betriebs beendet. Die Veräußerung oder Aufgabe des Betriebs ist nach § 16 EStG zu beurteilen und führt zur Realisierung der stillen Reserven.

Unter Bezugnahme auf das Ergebnis der Erörterungen mit den obersten Finanzbehörden der Länder ist im Vorgriff auf eine entsprechende Änderung des Abschn. 47 Abs. 12 KStR 1995 [1] von folgender Auffassung auszugehen:

Die Überführung eines Betriebs oder Teilbetriebs in den steuerbefreiten Bereich der Körperschaft ist ein unter § 13 Abs. 5 KStG fallender teilweiser Beginn der Steuerbefreiung. Unter den Voraussetzungen des § 13 Abs. 4 Satz 1 KStG ist die Überführung der betreffenden Wirtschaftsgüter zum Buchwert möglich. Das gilt auch, wenn z. B. vor der Überführung in den steuerbefreiten Bereich die Aufgabe des wirtschaftlichen Geschäftsbetriebs erklärt wird und der Vorgang gleichzeitig eine Betriebsaufgabe i. S. des § 16 EStG darstellt. § 13 Abs. 4 Satz 1 KStG ist in den Fällen der Betriebsaufgabe ausgeschlossen, soweit Wirtschaftsgüter vor der Überführung in den steuerbefreiten Bereich oder in engem zeitlichen Zusammenhang danach veräußert werden.

Der Förderung steuerbegünstigter Zwecke i. S. des § 9 Abs. 1 Nr. 2 KStG dienen auch die von einer steuerbefreiten Körperschaft im Rahmen der Vermögensverwaltung genutzten Wirtschaftsgüter.

---

1) Jetzt H 55 KStH.

Anlage § 014–01

Verfahrensfragen im Besteuerungsverfahren von Organgesellschaften bei Organschaft mit Ergebnisabführungsvertrag

Erlaß FM NRW vom 07.05.1990
S 0402 – 3 – V C 5

– Auszug –

1. Örtliche Zuständigkeit

1.1 Grundsatz

Für die Besteuerung einer Organgesellschaft (OG) ist grundsätzlich das Finanzamt zuständig, in dessen Bezirk sich die Geschäftsleitung der OG befindet.

Die Geschäftsleitung befindet sich dort, wo die gesetzlichen Vertreter der OG den für die Geschäftsführung maßgebenden Willen bilden.

Wird die Geschäftsleitung der OG durch den Organträger (OT) in der Weise maßgebend beeinflußt, daß dieser ständig in die Tagespolitik der OG eingreift und dadurch die im gewöhnlichen Geschäftsverkehr erforderlichen Entscheidungen von einigem Gewicht selbst trifft (BFH-Urteil vom 26.5.1970, BStBl. 1970 II S. 759), bestimmt sich die örtliche Zuständigkeit für die Besteuerung der OG nach dem Ort, von dem aus der OT die Geschäfte (auch der OG) leitet.

1.2 Zuständigkeitsvereinbarungen

1.2.1 Nach Inkrafttreten der AO (1.1.1977) kann im Einvernehmen mit dem nach Nr. 1.1 zuständigen Finanzamt ein anderes Finanzamt die Besteuerung nur noch dann übernehmen wenn,

  – dies der einfachen und zweckmäßigen Durchführung des Besteuerungsverfahrens dient (Grundsatz aus § 26 AO) und

  – der Betroffene zustimmt (§ 27 AO).

1.2.2 Ist die örtliche Zuständigkeit vor Inkrafttreten der AO nach damaligem Recht (§ 78 Abs. 1 RAO) ohne Zustimmung des Betroffenen auf ein anderes Finanzamt übertragen worden, bleibt es bei der damit geänderten Zuständigkeit (AEAO Nr. 3 zu § 27).

1.2.3 Soweit für die Besteuerung von OT und OG nach Nr. 1.1 verschiedene FÄ zuständig wären, ist aus Zweckmäßigkeitsgründen regelmäßig eine Zuständigkeitsvereinbarung anzustreben, die die Zuständigkeit des für den OT zuständigen FA auch für die OG begründet.

Dies gilt für die Vermögensbesteuerung jedoch nur dann, wenn der Ort der Geschäftsleitung von OG und OT in NRW liegt.

1.3 Anwendungsbereich

Die vorstehenden Regelungen berühren nicht die Zuständigkeit der Lagefinanzämter für die Feststellung der Einheitswerte von Betriebsgrundstücken und Mineralgewinnungsrechten sowie die Zuständigkeiten für die Einzelsteuern.

2.–3. . . .

Mehrmalige Umstellung des Wirtschaftsjahrs bei Organschaft

BMF-Schreiben vom 17.11.1989

IV B 7 – S 2770 – 29/89

(DStZ/E 1989 S. 379)

Das BMF ist gefragt worden, ob eine Organgesellschaft im Jahr der Begründung der steuerrechtlichen Organschaft ihr Wirtschaftsjahr zweimal umstellen darf, und zwar

- zunächst auf den Zeitpunkt, an dem das Organschaftsverhältnis beginnt und
- anschließend auf den im Organkreis üblichen Abschlußtag, im betreffenden Fall auf den 31. Dezember.

Im Einvernehmen mit den obersten Finanzbehörden der Länder hat das BMF wie folgt Stellung genommen:

Nach dem Ergebnis der Erörterung bestehen keine Bedenken, in dem Sonderfall der Begründung der Organschaft die zweimalige Umstellung und damit die Bildung von zwei Rumpfwirtschaftsjahren in einem Veranlagungszeitraum steuerlich anzuerkennen.

Die erste Umstellung auf den Zeitpunkt des Beginns der Organschaft läßt bereits Abschnitt 53 Abs. 3 KStR allgemein zu. Da die zweite Umstellung auf das Kalenderjahr erfolgt, bedarf es dazu nicht der Zustimmung des Finanzamts.

Das BFH-Urteil vom 7. Februar 1969 (BStBl. II S. 337), wonach bei der Umstellung des Wirtschaftsjahrs nur *ein* Rumpfwirtschaftsjahr im Veranlagungszeitraum entstehen darf, betraf nicht den Fall der Begründung einer Organschaft.

Die Urteilsgründe stehen der zweimaligen Umstellung des Wirtschaftsjahrs in dem vorgetragenen Fall nicht entgegen.

**Zurechnung des Einkommens
der Organgesellschaft bei einer Personengesellschaft als Organträger;
hier: Verfahrensrechtliche Fragen**

Erlaß FM NW vom 23.03.1976

S 2755 – 25 – V B 4

S 1194 – 15 – V A 1

DB 1976 S. 653

Es ist festgestellt worden, daß bei Organschaften mit einer Personengesellschaft i. S. des § 15 Abs. 1 Ziff. 2 EStG als Organträger die Einkommenszurechnung nach § 7a KStG[1] in der Praxis unterschiedlich gehandhabt wird. In einigen Fällen ist das Einkommen der Organgesellschaft dem einheitlich und gesondert festgestellten Gewinn aus Gewerbebetrieb der Personengesellschaft, in anderen Fällen unmittelbar den einzelnen Gesellschaftern der Personengesellschaft zugerechnet worden.

Ich bitte in diesen Fällen wie folgt zu verfahren:

Nach § 7a Abs. 1 KStG[1] ist das Einkommen der Organgesellschaft dem Träger des Unternehmens (Organträger) zuzurechnen. Organträger kann nach § 7a Abs. 1 Ziff. 3 KStG[2] auch eine Personengesellschaft i. S. des § 15 Ziff. 2 EStG sein. Daraus folgt, daß in diesen Fällen das Einkommen der Organgesellschaft der Personengesellschaft zuzurechnen ist. Aus rechtssystematischen Gründen ist dabei das Einkommen der Organgesellschaft bei der Organträger-Personengesellschaft nicht dem nach § 215 AO[3] einheitlich und gesondert festgestellten Gewinn aus Gewerbebetrieb der Personengesellschaft zuzurechnen und mit diesem zusammen in einem Betrag auf die Gesellschafter der Personengesellschaft aufzuteilen, sondern es ist neben diesem Gewinn aus Gewerbebetrieb als eigenständige Besteuerungsgrundlage auszuweisen und als solche einheitlich und gesondert festzustellen.

Im Handelsbilanz-Ergebnis der Organträger-Personengesellschaft ist der aufgrund des Gewinnabführungsvertrages an den Organträger abgeführte Gewinn bzw. ein zum Ausgleich eines sonst entstehenden Jahresfehlbetrags geleistete Betrag enthalten. Diese Beträge sind zur Vermeidung einer Doppelbesteuerung des Einkommens der Organgesellschaft außerhalb der Bilanz des Organträgers zu kürzen bzw. hinzuzurechnen (vgl. BFH-Urteil vom 29.10.1974 I R 240/72, BStBl. 1975 II S. 126). Diese Kürzung oder Hinzurechnung außerhalb der Bilanz der Organträger-Personengesellschaft ist im Gegensatz zur Einkommenszurechnung nach § 7a KStG[1] bei dem für die Personengesellschaft einheitlich und gesondert festgestellten Gewinn aus Gewerbebetrieb zu berücksichtigen.

Das dem Organträger zuzurechnende Einkommen der Organgesellschaft ist auch schon deshalb nicht dem einheitlich und gesondert festgestellten Gewinn aus Gewerbebetrieb der Personengesellschaft zuzurechnen und mit diesem zusammen in einem Betrag auf die Gesellschafter der Personengesellschaft aufzuteilen, weil das Einkommen der Organgesellschaft dem Organträger für das Kalenderjahr (Veranlagungszeitraum) zuzurechnen ist, in dem die Organgesellschaft das Einkommen bezogen hat (vgl. Tz. 29 des Organschaftserlasses 1971, BStBl. 1972 I S. 2)[4]. Das hat in den Fällen praktische Auswirkungen, in denen die Wirtschaftsjahre von Organträger und Organ nicht im gleichen Veranlagungszeitraum enden. Hier fallen auch die Zurechnung des Einkommens der Organgesellschaft nach § 7a KStG[1] und die Kürzung oder Hinzurechnung um den tatsächlich aufgrund des Gewinnabführungsvertrags abgeführten Gewinn oder übernommenen Jahresfehlbetrag in verschiedene Veranlagungszeiträume.

Beispiel:

Das Wirtschaftsjahr der Organträger-Personengesellschaft endet am 30.9.; das Wirtschaftsjahr der Organgesellschaft endet am 31.12.

Der aufgrund des Gewinnabführungsvertrags von der Organgesellschaft abgeführte Gewinn des Wirtschaftsjahres 1974 ist von der Organträger-Personengesellschaft im Wirtschaftsjahr 1974/75 vereinnahmt worden. Der zum 30.9.1975 festgestellte Bilanzgewinn der Organträger-Personengesellschaft ist um den tatsächlich abgeführten Gewinn der Organgesellschaft außerhalb der Bilanz zu kürzen. Der unter Berücksichtigung dieser Kürzung festgestellte steuerpflichtige Gewinn der Perso-

---

1) Jetzt § 14 KStG.

2) Jetzt § 14 Abs. 1 Nr. 2 Satz 2 KStG.

3) Jetzt § 180 AO.

4) Jetzt Abschn. 61 KStR 2004.

nengesellschaft zum 30.9.1975 ist der einheitlich und gesondert festgestellte Gewinn der Personengesellschaft für das Kalenderjahr 1975.

In dem Gewinnfeststellungsbescheid der Personengesellschaft für das Kalenderjahr 1975 ist aber nicht das Einkommen der Organgesellschaft für 1974 (ermittelt auf der Grundlage des für das Wirtschaftsjahr 1974 abgeführten Gewinns der Organgesellschaft) als eigenständige einheitlich und gesondert festgestellte Besteuerungsgrundlage auszuweisen, sondern das Einkommen der Organgesellschaft für das Kalenderjahr 1975 (ermittelt auf der Grundlage des für das Wirtschaftsjahr 1975 abgeführten Gewinns der Organgesellschaft). Das Einkommen der Organgesellschaft für das Kalenderjahr 1974 ist bereits in der einheitlichen Gewinnfeststellung der Personengesellschaft für das Kalenderjahr 1974 (Gewinn des vom Kalenderjahr abweichenden Wirtschaftsjahres 1973/74) auszuweisen.

Der gesonderte Ausweis des nach § 7a KStG[1] zuzurechnenden Einkommens der Organgesellschaft ist auch deshalb erforderlich, damit beim Gesellschafter der Personengesellschaft der Höchstbetrag der abziehbaren Spenden nach § 10b EStG zutreffend ermittelt werden kann.

Bei Organgesellschaften i. S. des § 7a KStG_1)_ ist die Vorschrift des § 11 Ziff. 5 KStG)[2] (Spendenabzug) auch bei der Ermittlung des dem Organträger zuzurechnenden Einkommens der Organgesellschaft anzuwenden. Dementsprechend bleibt beim Organträger das zugerechnete Einkommen der Organgesellschaft für die Ermittlung des Höchstbetrags der abziehbaren Spenden außer Betracht (vgl. Abschn. 49 Abs. 3 KStR 1969)[3]. Bei Organträger-Personengesellschaften gilt das für die anteilig auf die Gesellschafter entfallenden Beträge des Einkommens der Organgesellschaft.

Die eigenständig auszuweisende Besteuerungsgrundlage „dem Organträger zuzurechnendes Einkommen der Organgesellschaft" im Feststellungsbescheid für die Organträger-Personengesellschaft wird mit Wirkung für alle Beteiligten rechtsverbindlich festgestellt, d. h. die im Feststellungsbescheid einheitlich und gesondert festgestellte eigenständige Besteuerungsgrundlage „dem Organträger zuzurechnendes Einkommen der Organgesellschaft" kann nur in einem Rechtsbehelfsverfahren gegen diesen Feststellungsbescheid angefochten werden. Die Rechtslage ist insoweit anders als bei den von der Personengesellschaft geleisteten Spenden und Beiträgen i. S. des § 10b EStG, die dem Finanzamt des Gesellschafters der Personengesellschaft in der Mitteilung über die einheitliche und gesonderte Feststellung der Einkünfte aus Gründen der Amtshilfe nur nachrichtlich mitgeteilt werden.

Die bundeseinheitlichen Vordrucke ESt 1 B (Erklärung zur einheitlichen und gesonderten Feststellung des Gewinns der Einkünfte), ESt 2 B (Feststellungsbogen für die einheitliche und gesonderte Feststellung), ESt 3 B (Feststellungsbescheid) und ESt 4 B (Mitteilung über die einheitliche und gesonderte Feststellung) werden bei nächster Gelegenheit entsprechend ergänzt. Bis dahin bitte ich, die Vordrucke handschriftlich um die erforderlichen Angaben zu ergänzen.

Dieser Erlaß ergeht im Einvernehmen mit dem Bundesminister der Finanzen und den obersten Finanzbehörden der anderen Länder.

---

1) Jetzt § 14 KStG.

2) Jetzt § 9 Abs. 1 Nr. 2

3) Vgl. jetzt Abschn. 47 Abs. 4 KStR 2004.

Bildung und Auflösung besonderer Ausgleichsposten
i. V. mit § 6b-Übertragung bei Organschaft

BMF-Schreiben vom 03.09.1986
IV B 7 – S 2770 – 9/86 (DStR 1987 S. 271)

Sie fragen an, wie der wegen einer organschaftlichen Mehrabführung in der Steuerbilanz des Organträgers gebildete passive Ausgleichsposten zu behandeln ist, wenn der Gewinnabführungsvertrag beendet wird.

Im vorgetragenen Fall hatte eine Organgesellschaft einen Veräußerungsgewinn i. S. des § 6b EStG ursprünglich in der Handels- und in der Steuerbilanz auf ein Ersatzwirtschaftsgut übertragen. Im folgenden Wirtschaftsjahr machte sie in der Handelsbilanz diese Übertragung rückgängig, d. h. sie realisierte den früheren Veräußerungsgewinn im nachhinein. In der Steuerbilanz beließ sie es bei der Übertragung der stillen Reserven. Den daraus entstandenen handelsrechtlichen Mehrgewinn führte die Organgesellschaft an den Organträger ab.

Nachdem in einem späteren Jahr der Gewinnabführungsvertrag beendet wurde, machte die frühere Organgesellschaft auch in der Steuerbilanz die Übertragung des Gewinns i. S. des § 6b EStG rückgängig und realisierte das entsprechende steuerliche Einkommen.

Nach Abstimmung mit den obersten Finanzbehörden der Länder nehme ich zur steuerrechtlichen Behandlung dieses Sachverhalts wie folgt Stellung:

1. Kein rückwirkender Wegfall der Steuervergünstigung nach § 6b EStG

Erhöht ein Unternehmer in der Handelsbilanz durch Zuschreibung den Buchwertansatz eines Wirtschaftsguts, von dessen Anschaffungs- oder Herstellungskosten er in einem früheren Wirtschaftsjahr einen Abzug nach § 6b EStG vorgenommen hat, so führt dies nach dem BFH-Urteil vom 24.4.1985[1] nicht zum rückwirkenden Verlust der Steuervergünstigung nach § 6b EStG. Die Finanzverwaltung wendet dieses Urteil über den entschiedenen Fall hinaus für Veranlagungszeiträume vor 1987 an, soweit Steuerbescheide nicht bestandskräftig sind oder unter dem Vorbehalt der Nachprüfung stehen. Es empfiehlt sich, zur Anwendung des Urteils einen entsprechenden Antrag beim FA zu stellen.

Wegen der Rechtslage nach der Neufassung des § 6 Abs. 3 EStG weise ich auf mein Schreiben vom 16.1.1986 hin.

2. Körperschaftsteuerrechtliche Behandlung des besonderen passiven Ausgleichspostens

In dem Jahr, in dem die Organgesellschaft ausschließlich in der Handelsbilanz die Übertragung der Rücklage nach § 6b EStG rückgängig macht und dadurch einen Mehrgewinn realisiert, den sie an den Organträger abführt, haben weder die Organgesellschaft noch der Organträger ein Einkommen aus dieser Mehrabführung zu versteuern.

Bei der Organgesellschaft ist die Mehrabführung von dem Teilbetrag EK 04 abzusetzen[2]. Beim Organträger ist in der Steuerbilanz ein passiver Ausgleichsposten in Höhe der Mehrabführung zu bilden; Auswirkungen auf die Gliederungsrechnung ergeben sich bei ihm nicht.

Zur Besteuerung bei der ehemaligen Organgesellschaft kommt es im späteren Jahr der Gewinnrealisierung in der Steuerbilanz.

Bei Beendigung des Gewinnabführungsvertrags hat der frühere Organträger den passiven Ausgleichsposten als Zusatzposten zur Beteiligung an der bisherigen Organgesellschaft weiterzuführen. Das Problem einer zweiten Besteuerung, das Sie in Ihrem Schreiben aufgeworfen haben, tritt bei dieser Beurteilung nicht auf. Denn bei einer späteren Veräußerung ist zwar einerseits der passive Ausgleichsposten aufzulösen, andererseits ist jedoch der Wert der Beteiligung um die – frühere – Mehrabführung gemindert, so daß sich ein entsprechend geringerer Veräußerungsgewinn ergibt.

---

1) I R 65/80. BStBl. 1986 II S. 324.
2) Entsprechend Abschn. B II 1 des BMF-Schreibens vom 10.01.1981, BStBl. I S. 44.

Bemessung der Ausgleichszahlungen
an die Minderheitsgesellschafter der Organgesellschaft

BMF-Schreiben vom 13.09.1991

IV B 7 – S 2770 – 34/91

Das BMF-Schreiben vom 16.4.1991 – IV B 7 – S 2770 – 11/91 – äußert sich zu möglichen Anknüpfungspunkten für die Bemessung der an Minderheitsgesellschafter einer Organgesellschaft zu leistenden Ausgleichszahlungen. Nach Abstimmung mit dem Bundesminister der Justiz und den obersten Finanzbehörden der Länder wurde in diesem Schreiben darauf hingewiesen, daß § 14 Satz 1 erster Halbsatz KStG für die Anerkennung der körperschaftsteuerrechtlichen Organschaft fordert, daß die Organschaft sich verpflichtet, ihren „ganzen Gewinn" an den Organträger abzuführen und daß es für die Feststellung, ob der gesamte Gewinn abgeführt wird, nicht auf die Ausgestaltung der nach Maßgabe von § 304 AktG geleisteten Ausgleichszahlungen ankommt. Danach spielt es entsprechend der handelsrechtlichen Regelung auch für die steuerrechtliche Beurteilung grundsätzlich keine Rolle, ob die Ausgleichszahlungen in einem festen Betrag, der sich an der bisherigen Ertragslage der Organgesellschaft und ihren künftigen Ertragsaussichten orientiert, oder mit einem Vomhundertsatz des Ergebnisses des Organträgers geleistet werden.

Das BMF ist gefragt worden, ob auch solche Ausgleichszahlungen steuerrechtlich anzuerkennen sind, die in einem Vomhundertsatz an den Gewinn der Organ*gesellschaft* anknüpfen. Weiter wurde gefragt, was unter der im o. a. BMF-Schreiben verwendeten Bezugsgröße „Ergebnis des Organträgers" zu verstehen ist.

Im Einvernehmen mit dem Bundesminister der Justiz nimmt das BMF dazu wie folgt Stellung:

Die Grundaussage des o. a. BMF-Schreibens ist, daß das Steuerrecht sich in der Frage, wie eine Ausgleichszahlung zu bemessen ist, in vollem Umfang der zivilrechtlichen Beurteilung anschließt.

§ 304 AktG räumt für die Bemessung der an die außenstehenden Aktionäre der Organgesellschaft zu zahlenden Ausgleichsleistungen zwei Möglichkeiten ein:

– Zum einen kann ein *fester Ausgleich* gezahlt werden, der sich an der bisherigen Ertragslage der Organgesellschaft und ihren künftigen Ertragsaussichten orientiert (§ 304 Abs. 2 Satz 1 AktG).

– Zum anderen kann aber auch ein *variabler Ausgleich* gewährt werden, der – anders als der feste Ausgleich – auf dem tatsächlichen Gewinn der herrschenden Gesellschaft, also des Organträgers, beruht (§ 304 Abs. 2 Satz 2 AktG). Nach § 304 AktG kann als Ausgleichszahlung die Zahlung des Betrags zugesichert werden, der auf Aktien der herrschenden Gesellschaft mit mindestens dem entsprechenden Nennbetrag jeweils als Gewinnanteil entfällt. Was Gewinnanteil ist, bestimmt sich nach den allgemeinen Grundsätzen, d. h. dieser Betrag richtet sich nach dem Ergebnis des Organträgers, in dem das Ergebnis der Organgesellschaft bereits seinen Niederschlag gefunden hat.

Die Bemessung der Ausgleichszahlungen in einem Vomhundertsatz des Gewinns der Organgesellschaft ist in § 304 Abs. 2 AktG nicht vorgesehen und damit an sich unzulässig.

Anders kann die rechtliche Beurteilung jedoch sein, wenn eine feste Ausgleichszahlung garantiert wird, die Zahlung sich jedoch entsprechend den jeweils tatsächlichen Gewinnen der Organgesellschaft erhöht oder vermindert. Unterstellt man, daß es sich bei dem garantierten *festen* Betrag um den Mindestausgleich nach § 304 Abs. 2 Satz 1 AktG handelt, so verstößt ein *darüber hinausgehender* Zuschlag nicht gegen § 304 Abs. 2 AktG, auch wenn dieser Zuschlag sich an einem Vomhundertsatz der tatsächlichen Gewinne der Organgesellschaft orientiert. § 304 AktG sieht den festen Ausgleich nämlich ausdrücklich als *Mindest*-Größe vor, die nicht unterschritten werden darf, bei der aber ein höherer Ausgleich gewährt werden kann (vgl. Kölner Kommentar-Koppensteiner, 2. Aufl. 1987, § 304, Rdnr. 29 a. E.). Demgegenüber dürfte die zweite Variante, bei der sich der garantierte feste Betrag entsprechend den tatsächlichen Gewinnen der abhängigen Gesellschaft *reduziert*, nach § 304 AktG unzulässig sein, da bei dieser Variante nicht ausgeschlossen ist, daß infolge des Abschlages die gesetzliche Mindestgröße unterschritten wird.

Anlage § 014–14

Vororganschaftlich verursachte Mehr- und Minderabführungen; Anwendung des BFH-Urteils vom 18. Dezember 2002 – I R 51/01 – BStBl. 2005 II S. 49 [1)]

BMF-Schreiben vom 22. 12.2004

IV B 7 – S 2770 – 9/04

(BStBl. 2005 I S. 65)

Mit dem o. g. Urteil vom 18. Dezember 2002 hat der BFH in Abweichung von Abschnitt 59 Abs. 4 Satz 3 KStR 1995 entschieden, dass vororganschaftlich verursachte Mehrabführungen einer Organgesellschaft an ihren Organträger keine Gewinnausschüttungen, sondern Gewinnabführungen i. S. der §§ 14 ff. KStG sind.

Nach dem Ergebnis der Erörterungen mit den obersten Finanzbehörden der Länder gilt für die allgemeine Anwendung des Urteils Folgendes:

I. Zeitlicher Anwendungsbereich, Übergangsregelung

Die BFH-Rechtsprechung ist in allen noch offenen Fällen anzuwenden.

Es bestehen keine Bedenken, für Wirtschaftsjahre, die vor dem 1. Januar 2004 enden, auf gemeinsamen Antrag von Organgesellschaft und Organträger weiterhin nach den Regelungen des Abschnitts 59 Abs. 4 Satz 3 bis 5 KStR 1995 sowie der BMF-Schreiben vom 28. Oktober 1997, BStBl. I 1997 S. 939 und vom 24. Juni 1996, BStBl. I 1996 S. 695 zu verfahren. Dabei ist zu beachten, dass während der Geltung des Halbeinkünfteverfahrens eine Körperschaftsteuerminderung nach § 37 KStG für eine Mehrabführung der Organgesellschaft nicht in Betracht kommt.

Der Antrag kann für jede Organgesellschaft des Organträgers gesondert gestellt werden. Er ist für alle offenen Veranlagungszeiträume einheitlich auszuüben.

Der Antrag ist unwiderruflich. Er ist bis zum 30. Juni 2005 bei dem für die Organgesellschaft örtlich zuständigen Finanzamt zu stellen.

Für Wirtschaftsjahre, die nach dem 31. Dezember 2003 enden, ist bei vororganschaftlich verursachten Mehr- und Minderabführungen die gesetzliche Neuregelung des § 14 Abs. 3 KStG in der Fassung des Richtlinien-Umsetzungsgesetzes (EURLUmsG) vom 9. Dezember 2004 (BGBl. I S. 3310, BStBl. I S. 1158) anzuwenden. Nach § 37 Abs. 2 Satz 2 KStG in der Fassung des EURLUmsG können Mehrabführungen, die unter die Neuregelung fallen, eine Körperschaftsteuerminderung auslösen.

II. Auswirkungen bei Anwendung der BFH-Rechtsprechung

Während der Geltung des Anrechnungsverfahrens führt die Mehrabführung bei der Organgesellschaft zu einem Abzug im EK 02 und bei dem Organträger zu einem Zugang im EK 02. Die Minderabführung führt bei der Organgesellschaft zu einem Zugang im EK 02 und bei dem Organträger zu einem Abzug im EK 02. Das EK 02 kann durch den Abzug ggf. auch negativ werden.

Während der Geltung des Halbeinkünfteverfahrens und vor der Anwendung des § 14 Abs. 3 KStG in der Fassung des EURLUmsG (a. a. O.) führt die Mehr- oder Minderabführung bei der Organgesellschaft weder zu einer Veränderung des Bestands des steuerlichen Einlagekontos nach § 27 Abs. 6 KStG noch zu einer Körperschaftsteuerminderung oder -erhöhung nach §§ 37, 38 KStG. Die Mehr- und Minderabführungen haben auch keine Auswirkung auf den fortgeschriebenen Endbetrag des EK 02. Bei dem Organträger ergibt sich nur eine Auswirkung auf den ausschüttbaren Gewinn.

Steuerliche Ausgleichsposten sind wegen vororganschaftlich verursachter Mehr- und Minderabführungen nicht zu bilden.

III. Sonstige Regelungen

Die vorstehenden Regelungen gelten auch, soweit die Anweisungen zur Verschmelzung und Spaltung in Org. 26 des BMF-Schreibens vom 25. März 1998, BStBl. I 1998 S. 268 Anwendung finden.

Die Behandlung von Mehr- und Minderabführungen, die ihre Ursache in organschaftlicher Zeit haben (Abschnitt 59 Abs. 3 KStR 1995; § 27 Abs. 6 KStG n. F.), bleibt unberührt.

---

1) Vgl. auch Anlage § 014-14a.

Vororganschaftlich verursachte Mehr- und Minderabführungen; Verlängerung der Antragsfrist des BMF-Schreibens vom 22. Dezember 2004 (BStBl. 2005 I S. 65)[1]

BMF-Schreiben vom 28.06.2005

IV B 7 – S 2770 – 12/05

(BStBl. 2005 I S. 813)

Nach dem Ergebnis der Erörterungen mit den obersten Finanzbehörden der Länder gilt für die Anwendung des BMF-Schreibens vom 22. Dezember 2004 Folgendes:

Der Antrag auf Anwendung der Regelungen des Abschnitts 59 Abs. 4 Satz 3 bis 5 KStR 1995 sowie der BMF-Schreiben vom 28. Oktober 1997, BStBl. I S. 939 und vom 24. Juni 1996, BStBl. I S. 695 auf Wirtschaftsjahre, die vor dem 1. Januar 2004 enden, kann bis zur materiellen Bestandskraft der Veranlagungen von Organgesellschaft und Organträger gestellt werden. Zur Sicherstellung korrespondierender Korrekturen müssen für alle Veranlagungszeiträume, für die der Antrag gelten soll, die Veranlagungen sowohl der Organgesellschaft als auch des Organträgers offen sein. Der Antrag ist für alle offenen Veranlagungszeiträume einheitlich zu stellen. Er ist unwiderruflich.

Anträge, die vor Veröffentlichung dieses Schreibens auf den Internetseiten des Bundesfinanzministeriums aufgrund der bisherigen Antragsfrist bis zum 30. Juni 2005 gestellt worden sind, können widerrufen werden.

Im Übrigen bleiben die Regelungen des BMF-Schreibens vom 22. Dezember 2004 unberührt.

---

1) Hier abgedruckt als Anlage § 014-14.

Körperschaftsteuerliche und gewerbesteuerliche Organschaft unter Berücksichtigung der Änderungen durch das Steuersenkungs- (StSenkG) und das Unternehmenssteuerfortentwicklungsgesetz (UntStFG)

BMF-Schreiben vom 26.08.2003

IV A 2 – S 2770 – 18/03 (BStBl. 2003 I S. 437)

Unter Bezugnahme auf das Ergebnis der Erörterungen mit den obersten Finanzbehörden der Länder gilt zur Anwendung der Änderungen der Organschaftsregelungen durch das Steuersenkungsgesetz (StSenkG) vom 23. Oktober 2000 (BGBl. I S. 1433, BStBl. I S. 1428) und durch das Unternehmenssteuerfortentwicklungsgesetz (UntStFG) vom 20. Dezember 2001 (BGBl. I S. 3858, BStBl. I 2002 S. 35) Folgendes:[1]

A. Organträger

1 Nach § 14 Abs. 1 Satz 1 i.V. mit Abs. 1 Nr. 2 Satz 1 KStG kann Organträger nur noch ein einziges gewerbliches Unternehmen mit Geschäftsleitung im Inland sein. Eine Organschaft zu mehreren Organträgern ist nicht zulässig (vgl. Rdnr. 15 ff.).

I. Begriff des gewerblichen Unternehmens

2 Ein gewerbliches Unternehmen liegt vor, wenn die Voraussetzungen für einen Gewerbebetrieb im Sinne des § 2 GewStG erfüllt sind.

3 Eine eigene gewerbliche Tätigkeit des Organträgers ist nicht mehr erforderlich. Organträger kann auch eine gewerblich geprägte Personengesellschaft i.S. des § 15 Abs. 3 Nr. 2 EStG[2] oder ein Unternehmen sein, das Gewerbebetrieb kraft Rechtsform ist.

4 Die Tätigkeit einer Kapitalgesellschaft gilt nach § 2 Abs. 2 GewStG stets und in vollem Umfang als Gewerbebetrieb, so dass auch eine bloß vermögensverwaltende Kapitalgesellschaft und eine dauerdefizitäre Kapitalgesellschaft als Organträger in Betracht kommen.

5 Dies gilt nicht für einen dauerdefizitären Betrieb gewerblicher Art.[3] Aufgrund fehlender Gewinnerzielungsabsicht erfüllt er nicht die allgemeinen Voraussetzungen für das Vorliegen eines Gewerbebetriebes i.S. von § 2 Abs. 1 Satz 2 GewStG.

II. Wegfall des Begriffs „inländisches" Unternehmen

6 Der Organträger musste bisher seinen Sitz und seine Geschäftsleitung im Inland haben. Auf diesen doppelten Inlandsbezug beim Organträger verzichtet § 14 Abs. 1 Nr. 2 KStG. Es reicht künftig aus, wenn sich die Geschäftsleitung des Organträgers im Inland befindet.

III. Zeitliche Anwendung

7 Die obigen Voraussetzungen gelten für die körperschaftsteuerliche Organschaft erstmals ab dem Veranlagungszeitraum 2001 (§ 34 Abs. 9 Nr. 2 KStG) und für die gewerbesteuerliche Organschaft erstmals ab dem Erhebungszeitraum 2002 (§ 36 Abs. 1 GewStG).

B. Organgesellschaft

8 Bisher reichte es für die gewerbesteuerliche Organschaft aus, wenn sich die Geschäftsleitung der Organgesellschaft im Inland befand. Ab dem Erhebungszeitraum 2002 ist nach § 2 Abs. 2 Satz 2 GewStG i V. mit § 14 Abs. 1 Satz 1 KStG und § 36 Abs. 1 GewStG auch der inländische Sitz (doppelter Inlandsbezug) erforderlich. Eine ausländische Kapitalgesellschaft kann danach nicht Organgesellschaft sein, selbst wenn sie im Inland einen Gewerbebetrieb unterhält.

---

1) Die Änderungen sind in dem KStG 2002 in der Fassung der Bekanntmachung vom 15. Oktober 2002 (BGBl. I S. 4144, BStBl. I S. 1169) – KStG n.F. – und in dem GewStG 2002 in der Fassung der Bekanntmachung vom 15. Oktober 2002 (BGBl. I S. 4167, BStBl. I S. 1192) – GewStG n.F. – enthalten. Das KStG 2002 ist zuletzt durch das Steuervergünstigungsabbaugesetz (StVergAbG) vom 16. Mai 2003 (BGBl. I S. 660) geändert worden. Das GewStG 2002 ist zuletzt durch das Kleinunternehmerförderungsgesetz (KleinUntFG) vom 31. Juli 2003 (BGBl. I S. 1550) geändert worden. Auf die Änderungen wird an geeigneter Stelle durch Fußnoten hingewiesen. Die Gesetzeszitate dieses Schreibens beziehen sich noch auf die Gesetzesfassungen der Bekanntmachungen vom 15. Oktober 2002.

2) Ab dem VZ 2003 kann eine Personengesellschaft nur dann Organträger sein, wenn sie eine Tätigkeit i.S. des § 15 Abs. 1 Nr. 1 EStG ausübt (§ 14 Abs. 1 Satz 1 Nr. 2 KStG i.d.F. des StVergAbG (vgl. Fn. 1); vgl. hierzu Anlage § 014-15a.

3) Vgl. hierzu Anlage § 014-15b.

C. Gewinnabführungsvertrag und Eingliederungsvoraussetzungen

I. Körperschaftsteuerliche Organschaft

Ab dem Veranlagungszeitraum 2001 sind die Organschaftsvoraussetzungen der wirtschaftlichen und organisatorischen Eingliederung weggefallen (§ 34 Abs. 9 Nr. 2 KStG). Die körperschaftsteuerliche Organschaft setzt künftig nur noch einen Gewinnabführungsvertrag i.S. des § 291 Abs. 1 Aktiengesetz und die finanzielle Eingliederung der Organgesellschaft voraus. 9

II. Gewerbesteuerliche Organschaft

Für die gewerbesteuerliche Organschaft werden bis zu dem Erhebungszeitraum 2001 unverändert die finanzielle, wirtschaftliche und organisatorische Eingliederung gefordert (§ 36 Abs. 2 GewStG). 10

III. Angleichung der Voraussetzungen für die körperschaftsteuerliche und gewerbesteuerliche Organschaft

Ab dem Erhebungszeitraum 2002 stimmen die Voraussetzungen für die gewerbesteuerliche Organschaft mit denen der körperschaftsteuerlichen Organschaft überein (§ 36 Abs. 2 GewStG). Bereits bestehende gewerbesteuerliche Organschaften ohne Gewinnabführungsvertrag enden mit dem Erhebungszeitraum 2001, wenn nicht mit Wirkung ab 2002 ein Gewinnabführungsvertrag abgeschlossen und tatsächlich durchgeführt wird. 11

Die Rückbeziehung der finanziellen Eingliederung und damit die rückwirkende Begründung eines Organschaftsverhältnisses ist nicht zulässig. Rz. Org. 05 des BMF-Schreibens vom 25. März 1998 (BStBl. I S. 268)[1]) gilt für die finanzielle Eingliederung entsprechend. 12

IV. Additionsverbot

Sowohl für die körperschaftsteuerliche als auch für die gewerbesteuerliche Organschaft dürfen ab dem Veranlagungs-/Erhebungszeitraum 2001 für das Vorliegen einer finanziellen Eingliederung i.S. von § 14 Abs. 1 Nr. 1 KStG mittelbare und unmittelbare Beteiligungen zusammengerechnet werden, wenn die Beteiligung an jeder vermittelnden Gesellschaft die Mehrheit der Stimmrechte gewährt. 13

Beispiel für die finanzielle Eingliederung:

14

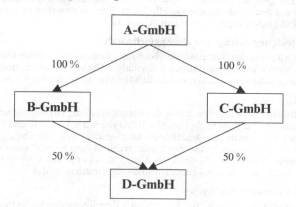

Die B-GmbH und die C-GmbH sind in die A-GmbH auf Grund unmittelbarer Beteiligung von jeweils 100% finanziell eingegliedert. Die A-GmbH ist an der D-GmbH nicht unmittelbar beteiligt.

Die Zusammenrechnung der mittelbaren Beteiligung über die B-GmbH (50%) und die C-GmbH (50%) führt aber zur finanziellen Eingliederung der D-GmbH in die A-GmbH.

D. Mehrmütterorganschaft

Die bislang gewohnheitsrechtlich anerkannte Mehrmütterorganschaft ist durch § 14 Abs. 2 Satz 1 i.V. mit § 34 Abs. 9 Nr. 4 KStG erstmals gesetzlich geregelt worden.[2]) 15

---

1) Vgl. Anhang 4.

2) Durch das StVergAbG (vgl. Fn. 1) ist das Rechtsinstitut der Mehrmütterorganschaft mit Wirkung ab dem VZ 2003 gestrichen worden, vgl. hierzu Anlage § 014-15a.

Anlage § 014–15

I. Qualifizierung der Willensbildungs-GbR als Organträger

16 Schließen sich mehrere gewerbliche Unternehmen zum Zwecke der einheitlichen Willensbildung gegenüber einer Kapitalgesellschaft zu einer Gesellschaft bürgerlichen Rechts (Willensbildungs-GbR) zusammen, ist die Willensbildungs-GbR Organträger. Sie ist kraft Gesetzes als gewerbliches Unternehmen anzusehen (§ 14 Abs. 2 KStG).

17 Voraussetzung für die Begründung eines Organschaftsverhältnisses ist in diesen Fällen, dass den Gesellschaftern der GbR die Mehrheit der Stimmrechte an der Organgesellschaft zusteht und ihr Wille in der Organgesellschaft tatsächlich durchgeführt wird. Vom Beginn des Wirtschaftsjahrs der Organgesellschaft muss die GbR ununterbrochen bestehen und jeder ihrer Gesellschafter an der Organgesellschaft ununterbrochen beteiligt sein (§ 14 Abs. 2 Satz 2 KStG). Weitere Voraussetzung für eine Organschaft ist ein Gewinnabführungsvertrag zwischen der Organgesellschaft und der Willensbildungs-GbR. Veräußert ein Gesellschafter der Willensbildungs-GbR während des Wirtschaftsjahrs der Organgesellschaft seine Anteile an der Organgesellschaft oder scheidet er während des Wirtschaftsjahrs der Organgesellschaft aus der Willensbildungs-GbR aus, ist vom Zeitpunkt der Veräußerung oder des Ausscheidens an die Voraussetzung der finanziellen Eingliederung nicht mehr erfüllt. Damit entfällt die Anwendung des § 14 KStG für dieses Wirtschaftsjahr.

18 Für den Veranlagungszeitraum 2000 und früher setzt eine Mehrmütterorganschaft voraus, dass die Organgesellschaft wirtschaftlich und organisatorisch in das Unternehmen des Organträgers eingegliedert ist (§ 14 Abs. 2 Nr. 1 bis 5 KStG i.V. mit § 34 Abs. 9 Nr. 1 KStG). Eine Ergebniszurechnung bei den an der Willensbildungsgesellschaft beteiligten Muttergesellschaften ist gesetzlich ausgeschlossen.

II. Auswirkungen der Mehrmütterorganschaft auf gewerbesteuerliche Verluste

19 Nach § 2 Abs. 2 Satz 3 GewStG[1] ist in Fällen der Mehrmütterorganschaft die Willensbildungs-GbR Organträger. Der Gewerbeertrag der Organgesellschaft ist der Willensbildungs-GbR zuzurechnen. Eine Berücksichtigung bei den an der Willensbildungs-GbR beteiligten Gesellschaftern (Muttergesellschaften) ist ausgeschlossen. Die Entscheidungen des Bundesfinanzhofs zur Mehrmütterorganschaft vom 9. Juni 1999 (BStBl. 2000 II S. 695 und BFH-NV 2000 S. 347) finden keine Anwendung.[2]

20 Bei Beendigung der Mehrmütterorganschaft durch Ausscheiden des vorletzten Gesellschafters aus der Willensbildungs-GbR geht ein noch nicht berücksichtigter Verlustabzug i.S. des § 10a GewStG weder ganz noch anteilig auf den verbleibenden Gesellschafter über, da zwischen dem verbleibenden Gesellschafter und der GbR keine Unternehmensidentität besteht.

E. Steuerfreie Beteiligungserträge der Organgesellschaft

21 Es entspricht der Systematik des Halbeinkünfteverfahrens, wenn ausgeschüttete Gewinne im Organkreis steuerfrei bleiben, soweit sie letztlich auf eine Kapitalgesellschaft entfallen, und lediglich der Halbeinkünftebesteuerung unterliegen, soweit sie letztlich auf eine natürliche Person entfallen.

I. Bruttomethode

22 Nach § 15 Nr. 2 KStG finden bei der Ermittlung des Einkommens der Organgesellschaft § 8b Abs. 1 bis 6 KStG keine Anwendung. Die Vorschriften des § 8b KStG sowie des § 3 Nr. 40 und des § 3c EStG sind bei der Ermittlung des Einkommens des Organträgers anzuwenden, wenn die Organgesellschaft Dividendeneinnahmen oder Veräußerungserlöse erzielt oder wenn in dem beim Organträger zuzurechnenden Einkommen Gewinnminderungen i.S. des § 8b Abs. 3 KStG oder mit solchen Bezügen zusammenhängende Ausgaben i.S. des § 3c EStG enthalten sind (sog. Bruttomethode).[3]

II. Fremdfinanzierungsaufwendungen

23 Fremdfinanzierungsaufwendungen für den Erwerb einer Beteiligung durch die Organgesellschaft stehen im Zusammenhang mit den nach § 8b Abs. 1 KStG steuerfreien Beteiligungserträgen und unterliegen damit dem Abzugsverbot des § 3c Abs. 1 EStG. § 8b Abs. 1 bis 6 KStG ist aber nicht auf der Ebene der Organgesellschaft, sondern erst bei der Ermittlung des Einkommens des Organträgers anzuwenden (§ 15 Nr. 2 Sätze 1 und 2 KStG).

24 Finanziert der Organträger die Beteiligung an der Organgesellschaft fremd, sind die Aufwendungen in voller Höhe abziehbar. Eine Anwendung des § 3c EStG scheidet aus, da die Aufwendungen im Zusammenhang mit Gewinnabführungen und nicht mit nach § 8b KStG steuerfreien Einnahmen stehen.

---

1) Satz 3 wurde durch das StVergAbG aufgehoben (vgl. a. Fn. 3).

2) BMF-Schreiben vom 4. Dezember 2000, BStBl. I S. 1571.

3) Durch das StVergAbG (vgl. Fn. 1) ist klargestellt worden, dass die Bruttomethode auch angewendet wird, soweit die Organgesellschaft einen Übernahmegewinn i.S. von § 4 Abs. 7 UmwStG oder Erträge aus ausländischen Beteiligungen, die durch ein DBA-Schachtelprivileg freigestellt sind, erzielt.

Dies gilt nicht, wenn eine Organgesellschaft für ein Geschäftsjahr in vertraglicher Zeit vorvertragliche Rücklagen auflöst und hieraus eine Gewinnausschüttung leistet. Insoweit handelt es sich um nach § 8b Abs. 1 KStG steuerfreie Beteiligungserträge.

III. Organträger ist eine Kapitalgesellschaft

Ist Organträger eine Kapitalgesellschaft, gilt für die steuerliche Behandlung der steuerfreien Beteiligungserträge der Organgesellschaft Folgendes: **25**

Beispiel:

Die A-GmbH ist 100 %ige Tochtergesellschaft der B-GmbH. Es besteht ein Organschaftsverhältnis. Die A-GmbH erzielt Dividendeneinnahmen in Höhe von 10.000 €, auf die Betriebsausgaben in Höhe von 1.000 € entfallen.

Bei der Ermittlung des der B-GmbH gemäß § 14 KStG zuzurechnenden Einkommens werden § 8b Abs. 1 KStG und § 3c Abs. 1 EStG nicht berücksichtigt (§ 15 Nr. 2 KStG). Das zuzurechnende Einkommen beträgt 9.000 €.

10.000 €	Betriebseinnahmen
./. 1.000 €	Betriebsausgaben
9.000 €	

In der Steuererklärung macht die A-GmbH als Organgesellschaft folgende Angaben:

Einkommen:	9.000 €
nachrichtlich:	
inländische Bezüge i.S. des § 8b Abs. 1 KStG:	10.000 €
Betriebsausgaben nach § 3c Abs. 1 EStG:	1.000 €

Bei der B-GmbH als Organträger werden nach § 15 Nr. 2 Satz 2 KStG vom zuzurechnenden Einkommen nach § 14 KStG in Höhe von 9.000 € nun die steuerfreien Bezüge nach § 8b Abs. 1 KStG in Höhe von 10.000 € gekürzt und die damit im Zusammenhang stehenden Betriebsausgaben i.S. von § 3c Abs. 1 EStG hinzugerechnet. Das verbleibende zuzurechnende Einkommen beträgt 0 €.

IV. Organträger ist eine natürliche Person

Ist Organträger eine natürliche Person, gilt für die steuerliche Behandlung der steuerfreien Beteiligungserträge der Organgesellschaft Folgendes: **26**

Beispiel:

Die 100 %ige Beteiligung an der A-GmbH ist Betriebsvermögen des gewerblichen Einzelunternehmens des B. Es besteht ein Organschaftsverhältnis. Die A-GmbH erzielt Dividendeneinnahmen in Höhe von 10.000 €, auf die Betriebsausgaben in Höhe von 1.000 € entfallen.

Das dem Organträger gemäß § 14 KStG zuzurechnende Einkommen beträgt 9.000 € (wie Beispiel zu Rdnr. 25).

Die Angaben in der Steuererklärung der A-GmbH als Organgesellschaft entsprechen dem Beispiel zu Rdnr. 25.

Bei Organträger B werden nach § 15 Nr. 2 Satz 2 KStG vom zuzurechnenden Einkommen nach § 14 KStG i.H. von 9.000 € die nach § 3 Nr. 40 Buchstabe d EStG steuerfreien Bezüge i.H. von 5.000 € abgezogen und nach § 3c Abs. 2 EStG die Hälfte der damit im Zusammenhang stehenden Betriebsausgaben hinzugerechnet. Das dem Organträger B verbleibende zuzurechnende Einkommen beträgt 4.500 €.

V. Organträger ist eine Personengesellschaft

Ist der Organträger eine Personengesellschaft, werden steuerfreie Beteiligungserträge der Organgesellschaft bei Gesellschaftern, die Kapitalgesellschaften sind, entsprechend Beispiel zu Rdnr. 25 und bei Gesellschaftern, die natürliche Personen sind, entsprechend Beispiel zu Rdnr. 26 behandelt. **27**

VI. Auswirkungen der Bruttomethode des § 15 Nr. 2 KStG auf die Gewerbesteuer

Die Bruttomethode nach § 15 Nr. 2 KStG ist auch bei der Gewerbesteuer anzuwenden. Dabei ist nach § 15 Nr. 2 Satz 2 KStG die Anwendung der Vorschriften § 8b KStG, § 3 Nr. 40 EStG und § 3c EStG auf der Ebene des Organträgers nachzuholen. **28**

1. Veräußerungsgewinne

29 Gewinne aus der Veräußerung von Anteilen an in- und ausländischen Körperschaften sind im Steuerbilanzgewinn der Organgesellschaft enthalten. § 8b Abs. 2 KStG findet auf der Ebene der Organgesellschaft keine Anwendung (§ 15 Nr. 2 Satz 1 KStG). Die Voraussetzungen einer Kürzungsvorschrift nach § 9 GewStG liegen nicht vor. § 8b Abs. 2 KStG ist nach § 15 Nr. 2 Satz 2 KStG bei der Ermittlung des Einkommens des Organträgers anzuwenden.

Beispiel:

Die O-GmbH hat einen Gewinn aus Gewerbetrieb in Höhe von 100.000 €. Darin enthalten ist ein Gewinn aus der Veräußerung von Anteilen an der E-AG in Höhe von 10.000 €. Es besteht ein Organschaftsverhältnis mit der M-AG als Organträger.

Lösung:

Nach § 15 Nr. 2 Satz 1 KStG ist bei der O-GmbH § 8b Abs. 2 KStG nicht anzuwenden. Der Steuerbilanzgewinn beträgt 100.000 €. Dieser Betrag stellt auch den Gewerbeertrag der O-GmbH dar, weil auf Veräußerungsgewinne eine gewerbesteuerliche Kürzungsvorschrift nicht anzuwenden ist.

Auf der Ebene der M-AG ist § 8b Abs. 2 KStG anzuwenden. Es ergibt sich ein Gewerbeertrag i.H. von 90.000 €.

2. Dividendeneinnahmen aus Schachtelbeteiligungen

30 Auf Dividendeneinnahmen der Organgesellschaft ist § 8b Abs. 1 KStG nicht anzuwenden (§15 Nr. 2 Satz 1 KStG). Die Dividendeneinnahmen unterliegen im Organkreis nicht der Gewerbesteuer, wenn die Voraussetzungen einer Kürzung nach § 9 Nr. 2a oder Nr. 7 GewStG erfüllt sind. In diesem Fall sind sie bei der Ermittlung des Gewerbeertrags der Organgesellschaft abzüglich der damit im Zusammenhang stehenden Ausgaben zu kürzen.

Beispiel:

Die O-GmbH hat einen Gewinn aus Gewerbebetrieb in Höhe von 100.000 €. Darin enthalten sind Dividenden aus der 15%igen Beteiligung an der E-AG i.H. von 10.000 €. Es besteht ein Organschaftsverhältnis mit der M-AG als Organträger.

Lösung:

Nach § 15 Nr. 2 KStG ist bei der O-GmbH der Gewinn in voller Höhe von 100.000 € anzusetzen, weil § 8b Abs. 1 KStG bei ihr nicht zu berücksichtigen ist. Dieser Gewinn ist Ausgangsgröße für die Ermittlung des Gewerbeertrags. Bei der Ermittlung des Gewerbeertrags ist der Gewinn i.H. von 100.000 € nach § 9 Nr. 2a GewStG um die darin enthaltenen Einnahmen aus der Schachteldividende zu kürzen. Der Gewerbeertrag beträgt 90.000 €.

Der M-AG ist als Organträger ein Gewerbeertrag der O-GmbH in Höhe von 90.000 € zuzurechnen. Es ist keine Korrektur vorzunehmen, da in dem zugerechneten Betrag keine Einnahmen i.S. des § 8b Abs. 1 KStG enthalten sind.

31 Bei mehreren Beteiligungen im Organkreis ist die 10% - Grenze des § 9 Nr. 2a und Nr. 7 GewStG für jede Beteiligung getrennt zu betrachten.

3. Dividendeneinnahmen aus Streubesitz

32 Auf Dividendeneinnahmen der Organgesellschaft ist § 8b Abs. 1 KStG nicht bei der Ermittlung des Einkommens der Organgesellschaft, sondern erst auf der Ebene des Organträgers anzuwenden (§ 15 Nr. 2 Satz 1 und 2 KStG). Die Dividendeneinnahmen sind jedoch nach § 8 Nr. 5 GewStG wieder hinzuzurechnen.

Beispiel:

Die O-GmbH hat einen Gewinn aus Gewerbebetrieb in Höhe von 100.000 €. Darin enthalten sind Dividenden aus einer 5 %igen Beteiligung an der E-AG i.H. von 10.000 €. Es besteht ein Organschaftsverhältnis mit der M-AG als Organträger.

Lösung:

Nach § 15 Nr. 2 KStG ist bei der O-GmbH der Gewinn in voller Höhe von 100.000 € anzusetzen, weil § 8b Abs. 1 KStG bei ihr nicht zu berücksichtigen ist. Bei der Ermittlung des Gewerbeertrags ist eine Kürzung nicht vorzunehmen, weil die Voraussetzungen des § 9 Nr. 2a GewStG bei Nicht-Schachtelbeteiligungen nicht vorliegen. Der Gewinn aus Gewerbebetrieb und der Gewerbeertrag betragen 100.000 €.

Auf der Ebene M-AG ist § 8b Abs. 1 KStG anzuwenden. Durch die Hinzurechnung nach § 8 Nr. 5 GewStG auf der Ebene des Organträgers bleibt es bei einem Gewerbeertrag von 100.000 €.

4. Entgelte für Dauerschulden

Sind bei der Organgesellschaft in den mit nach § 8b KStG steuerfreien Einnahmen im Zusammenhang   33
stehenden Ausgaben (§ 3c EStG) Entgelte für Dauerschulden enthalten, ist § 3c EStG auf der Ebene des
Organträgers nur noch insoweit anzuwenden, wie nicht schon eine Hinzurechnung in Höhe der Hälfte
der Entgelte für Dauerschuldzinsen nach § 8 Nr. 1 GewStG bei der Organgesellschaft erfolgt ist.

5. Organträger ist eine Personengesellschaft

Ist Organträger eine Personengesellschaft, finden die Vorschriften zu § 8b KStG und § 3 Nr. 40 EStG bei   34
der Gewerbesteuer keine Anwendung, da die Personengesellschaft eigenes Gewerbesteuersubjekt i.S.
des § 2 GewStG ist.

Beispiel:

Die O-GmbH ist Organgesellschaft einer Personengesellschaft, an der zu 50 % eine natürliche Person
und zu 50 % eine Kapitalgesellschaft beteiligt sind. Die O-GmbH hat einen Gewinn aus Gewerbebetrieb i.H. von 100.000 €. Darin enthalten ist ein Gewinn aus der Veräußerung von Anteilen an der
E-AG i.H. von 10.000 €.

Lösung:

Der Gewinn aus der Veräußerung der Anteile an der E-AG ist auf der Ebene der O-GmbH nicht nach
§ 8b Abs. 2 KStG steuerfrei (§ 15 Nr. 2 KStG). Auf der Ebene der Personengesellschaft als Organträger ist weder § 8b KStG noch § 3 Nr. 40 EStG anwendbar, sodass der Gewerbeertrag (einschließlich des Veräußerungsgewinns von 10.000 €) in voller Höhe von 100.000 € der Gewerbesteuer unterliegt.

F. Unterschiedliches Recht bei Organgesellschaft und Organträger

Beim Übergang vom Anrechnungsverfahren zum Halbeinkünfteverfahren bei der Körperschaftsteuer   35
kann es zu einem Zusammenfallen von altem Recht (KStG a.F. [1]) und neuem Recht (KStG n.F) innerhalb
des Organkreises kommen, wenn das Wirtschaftsjahr bei der Organgesellschaft und dem Organträger
nicht identisch ist.

Zu unterscheiden sind zwei Fallgruppen:

I. Fallgruppe 1: Abweichendes Wirtschaftsjahr bei der Organgesellschaft

Unterliegt der Organträger dem KStG n.F. und ist für die Ermittlung des ihm zuzurechnenden Organ-   36
einkommens noch das KStG a.F. anzuwenden, ist auf das zu versteuernde Einkommen des Organträgers
ein Steuersatz von 25 % anzuwenden.

Beispiel:

Im Jahr 2001 ermittelt der Organträger, bei dem das Wirtschaftsjahr das Kalenderjahr ist, sein Einkommen nach neuem Recht. Die Organgesellschaft ermittelt hingegen das Organeinkommen für das
Wirtschaftsjahr 2000/2001 noch nach altem Recht. Dieses Organeinkommen wird dem Organträger
für den Veranlagungszeitraum 2001 zugerechnet. Auf das zu versteuernde Einkommen des Organträgers ist ein Steuersatz von 25 % anzuwenden.

II. Fallgruppe 2: Abweichendes Wirtschaftsjahr beim Organträger

Unterliegt der Organträger dem KStG a.F. und ist für die Ermittlung des ihm zuzurechnenden Organ-   37
einkommens schon das KStG n.F. anzuwenden, ist auf das zu versteuernde Einkommen des Organträgers ein Steuersatz von 40 % anzuwenden.

Beispiel:

Der Organträger ermittelt sein Einkommen für das Wirtschaftsjahr 2000/2001 noch nach altem Recht.
Für die Organgesellschaft gilt bereits neues Recht. Das nach neuem Recht ermittelte Organeinkommen wird dem Organträger für den Veranlagungszeitraum 2001 zugerechnet. Auf das zu versteuernde Einkommen des Organträgers ist ein Steuersatz von 40 % anzuwenden.

Bezieht die Organgesellschaft Beteiligungserträge nach neuem Recht, findet § 15 Nr. 2 Satz 2 KStG n.F.   38
und damit § 8b KStG, § 3 Nr. 40 und § 3c EStG beim Organträger Anwendung (§ 34 Abs. 10 KStG).

G. Körperschaftsteuererhöhung nach § 37 Abs. 3 KStG [2]

Vereinnahmt eine Körperschaft Bezüge i.S. des § 8b Abs. 1 KStG, die bei der leistenden Körperschaft zu   39
einer Körperschaftsteuerminderung geführt haben, führt dies bei der Empfängerin der Bezüge nach § 37

---

1) KStG a.F. = KStG 1999.

2) Vgl. Anlage § 037-06.

Abs. 3 KStG zu einer Körperschaftsteuererhöhung. In Organschaftsfällen ist für Bezüge der Organgesellschaft die Körperschaftsteuererhöhung beim Organträger vorzunehmen (§ 37 Abs. 3 Satz 2 KStG).

H. Organschaftliche Mehr- und Minderabführungen (§ 27 Abs. 6 KStG)

40 Veränderungen des steuerlichen Einlagekontos bei Mehr- und Minderabführungen einer Organgesellschaft sind in § 27 Abs. 6 KStG geregelt. Ist die Kapitalgesellschaft Organgesellschaft im Sinne des § 14 KStG oder des § 17 KStG und übersteigt das dem Organträger zuzurechnende Einkommen den abgeführten Gewinn

– wegen der Einstellung von Beträgen aus dem Jahresüberschuss in die gesetzliche Rücklage (§ 300 Nr. 1 des Aktiengesetzes),

– in den Fällen des § 14 Abs. 1 Nr. 4 KStG wegen Einstellung von Beträgen aus dem Jahresüberschuss in die Gewinnrücklagen,

– wegen der Verpflichtung zum Ausgleich vorvertraglicher Verluste (§ 301 des Aktiengesetzes) oder wegen von der Handelsbilanz abweichender Bewertung von Aktiv- oder Passivposten in der Steuerbilanz,

ist der Unterschiedsbetrag (Minderabführung) bei der Organgesellschaft auf dem steuerlichen Einlagekonto zu erfassen.

41 Unterschreitet das dem Organträger zuzurechnende Einkommen den abgeführten Gewinn

– wegen der Auflösung der in Satz 1 genannten Gewinnrücklagen oder

– wegen von der Handelsbilanz abweichender Bewertung von Aktiv- oder Passivposten in der Steuerbilanz,

mindert der Unterschiedsbetrag (Mehrabführung) das steuerliche Einlagekonto.

42 Zur Verwendung des steuerlichen Einlagekontos bei Mehr- und Minderabführungen wird auf das BMF-Schreiben vom 4. Juni 2003 zum steuerlichen Einlagekonto (BStBl. I S. 366)[1] verwiesen.

I. Organschaftsausgleichsposten

43 Nach der Umstellung des Körperschaftsteuersystems vom Anrechnungs- auf das Halbeinkünfteverfahren gilt für die steuerliche Behandlung von Ausgleichsposten bei der Organschaft Folgendes:

Der Ausgleichsposten ist ein Korrekturposten zum Beteiligungsbuchwert. Auch nach der Systemumstellung sind die organschaftlichen Ausgleichsposten in voller Höhe zu bilden, unabhängig davon, ob das Organschaftseinkommen bzw. Teile davon beim Organträger voll steuerpflichtig oder insgesamt oder hälftig steuerfrei sind. Die Ausgleichsposten sind aber begrenzt auf die Höhe des Prozentsatzes der Beteiligung des Organträgers an der Organgesellschaft.

44 Wird beispielsweise ein beim Organträger gebildeter passiver Ausgleichsposten im Rahmen einer Veräußerung der Organbeteiligung aufgelöst, so erhöht sich der – nach § 8b Abs. 2 KStG steuerfreie – Veräußerungsgewinn. Der passive Ausgleichsposten repräsentiert stille Reserven in der Organgesellschaft, die handelsrechtlich bereits an den Organträger abgeführt worden sind.

45 Nach § 8b Abs. 2 Satz 2 KStG tritt die Steuerfreiheit jedoch nicht ein, soweit in den vorangegangenen Jahren bereits steuerwirksame Teilwertabschreibungen vorgenommen worden sind. In Höhe dieser Teilwertabschreibungen bleibt der Veräußerungsgewinn, zu dem auch die Auflösung eines Ausgleichspostens gehört, steuerpflichtig.

---

1) Vgl. Anlage § 027-03.

Änderungen bei der Besteuerung steuerlicher Organschaften durch das Steuervergünstigungsabbaugesetz – StVergAbG –

BMF-Schreiben vom 10.11.2005

IV B 7 – S 2770 – 24/05

(BStBl. 2005 I S. 1038)

Unter Bezugnahme auf das Ergebnis der Erörterungen mit den obersten Finanzbehörden der Länder gilt zur Anwendung der Organschaftsregelungen i. d. F. des Steuervergünstigungsabbaugesetzes (StVergAbG) vom 16. Mai 2003 (BGBl. I S. 660, BStBl. I S. 318) und des Gesetzes zur Änderung des Gewerbesteuergesetzes und anderer Gesetze vom 23. Dezember 2003 (BGBl. I S. 2922, BStBl. 2004 I S. 20) Folgendes:

A. Allgemeines

Durch das StVergAbG vom 16. Mai 2003 (a.a.O.) sind die Vorschriften über die steuerliche Organschaft **1** geändert worden:

- Die Mehrmütterorganschaft wird ab dem Veranlagungszeitraum/Erhebungszeitraum (VZ/EZ) 2003 steuerlich nicht mehr anerkannt.

- Eine Personengesellschaft kommt ab dem VZ/EZ 2003 nach § 14 Abs. 1 Satz 1 Nr. 2 Satz 2 und 3 KStG als Organträger nur noch in Betracht,

  - wenn die finanzielle Eingliederung der Organgesellschaft zur Organträger-Personengesellschaft (Organträger-PersG) selbst besteht, d. h., die Anteile an der Organgesellschaft müssen zum Gesamthandsvermögen der Organträger-PersG gehören und

  - wenn die Organträger-PersG eine eigene gewerbliche Tätigkeit i. S. des § 15 Abs. 1 Satz 1 Nr. 1 EStG ausübt.

- Das Einkommen der Organgesellschaft ist dem Organträger nach § 14 Abs. 1 Satz 2 KStG erstmals für das Kalenderjahr zuzurechnen, in dem das Wirtschaftsjahr der Organgesellschaft endet, in dem der Gewinnabführungsvertrag wirksam wird.

Durch das Gesetz zur Änderung des Gewerbesteuergesetzes und anderer Gesetze vom 23. Dezember **2** 2003 (a. a. O.) ist die Möglichkeit des Abzugs vororganschaftlicher Verluste bei der Organgesellschaft auch für die Gewerbesteuer weggefallen – § 10a Satz 5 GewStG (vgl. Rdnr. 25).

B. Wirksamwerden des Gewinnabführungsvertrags

I. Neuregelung

Nach § 14 Abs. 1 Satz 2 KStG kann das Einkommen der Organgesellschaft dem Organträger erstmals für **3** das Kalenderjahr zugerechnet werden, in dem das Wirtschaftsjahr der Organgesellschaft endet, in dem der Gewinnabführungsvertrag (GAV) wirksam wird. Danach muss der GAV bis zum Ende des Wirtschaftsjahrs der Organgesellschaft, für das die Folgen der steuerlichen Organschaft erstmals eintreten sollen, in das Handelsregister eingetragen sein.

II. Mindestlaufzeit

Nach § 14 Abs. 1 Satz 1 Nr. 3 KStG muss der GAV auf mindestens fünf Jahre abgeschlossen sein. Die **4** Voraussetzung der Mindestlaufzeit ist nicht erfüllt, wenn der Vertrag zwar auf fünf Jahre abgeschlossen ist, aber erst in einem auf das Jahr des Abschlusses folgenden Jahr ins Handelsregister eingetragen wird. Für die Frage, ob die Mindestlaufzeit erfüllt ist, kommt es auf die für die steuerliche Anerkennung maßgebende zivilrechtliche Wirksamkeit des GAV an (vgl. auch R 60 Abs. 2 Satz 2 KStR 2004). Eine vertragliche Vereinbarung, nach der die Laufzeit des GAV erst in dem Wirtschaftsjahr beginnt, in dem der GAV im Handelsregister eingetragen wird, ist nicht zu beanstanden.

III. Übergangsregelung des § 34 Abs. 9 Nr. 3 KStG

Nach § 34 Abs. 9 Nr. 3 KStG konnte ein steuerliches Organschaftsverhältnis noch nach den bisherigen **5** Grundsätzen begründet werden, wenn der GAV vor dem 21. November 2002 abgeschlossen wurde. Dabei reicht der Vertragsabschluss durch die vertretungsbefugten Organe (Geschäftsführer oder Vorstand) aus. Die Zustimmung der Hauptversammlung bzw. der Gesellschafterversammlung ist für die Einhaltung der Frist nicht erforderlich.

C. Wegfall der steuerlichen Anerkennung der Mehrmütterorganschaft

I. Allgemeines

6 Eine Mehrmütterorganschaft liegt vor, wenn sich mehrere Unternehmen (mehrere Mütter), die allein die Voraussetzungen der finanziellen Eingliederung nicht erfüllen, zu einer Gesellschaft bürgerlichen Rechts (Willensbildungs-GbR) zusammenschließen, um ein Organschaftsverhältnis zu einer Organgesellschaft zu begründen. Dabei handelt es sich i. d. R. um eine reine Innengesellschaft, die keinen eigenen anderweitigen betrieblichen Zweck verfolgt. Eine Mehrmütterorganschaft ist letztmalig für den VZ/EZ 2002 anzuerkennen (§ 34 Abs. 1 KStG i. d. F. des StVergAbG). Der Wegfall der steuerlichen Anerkennung der Mehrmütterorganschaft ist ein wichtiger Grund i. S. des § 14 Abs. 1 Satz 1 Nr. 3 Satz 2 KStG für die Beendigung des GAV. Der Vertrag bleibt für die Jahre, für die er durchgeführt worden ist, bis einschließlich 2002 steuerrechtlich wirksam.

II. Auswirkungen auf die Willensbildungs-GbR und deren Gesellschafter

7 Mit Wegfall der steuerlichen Anerkennung der Mehrmütterorganschaft, ist die Willensbildungs-GbR nicht mehr als gewerbliches Unternehmen und damit nicht mehr als Steuergegenstand der Gewerbesteuer anzusehen. Sie gilt im Zeitpunkt der erstmaligen Anwendung der Gesetzesänderung steuerlich als aufgelöst. Die Willensbildungs-GbR besteht steuerlich nur in den Fällen bis zu ihrer zivilrechtlichen Beendigung fort, in denen sie keine reine Innengesellschaft ist.

8 Handelt es sich bei der Willensbildungs-GbR um eine reine Innengesellschaft, die keinen eigenen anderweitigen betrieblichen Zweck verfolgt, findet eine Aufdeckung der stillen Reserven der Anteile an der Organgesellschaft auf der Ebene der Willensbildungs-GbR nicht statt. Eine solche Willensbildungs-GbR ist deshalb nicht gewerblich tätig i. S. des § 15 Abs. 1 Satz 1 Nr. 1 EStG. Sie ist auch mangels Einkünfteerzielungsabsicht nicht gewerblich geprägt i. S. des § 15 Abs. 3 Nr. 2 EStG. Sie wurde nach § 14 Abs. 2 KStG a. F. lediglich fiktiv als Gewerbebetrieb behandelt. Als bloße Innengesellschaft hat sie kein eigenes Betriebsvermögen.

Während des Bestehens der Mehrmütterorganschaft gehörten die Anteile an der Organgesellschaft daher weder zum Betriebsvermögen der Willensbildungs-GbR noch zum Sonderbetriebsvermögen der Gesellschafter der Willensbildungs-GbR. Sie waren Betriebsvermögen der Gesellschafter der Willensbildungs-GbR.

III. Auswirkungen auf gewerbesteuerliche Verlustvorträge der Willensbildungs-GbR

9 Mit Wegfall der steuerlichen Anerkennung einer Mehrmütterorganschaft gilt die Willensbildungs-GbR, die nur eine reine Innengesellschaft ist, steuerlich als aufgelöst (vgl. Rdnr. 7). Ein noch nicht berücksichtigter Verlustabzug geht unter. Eine Berücksichtigung der Verlustvorträge bei den Gesellschaftern der Willensbildungs-GbR oder bei der bisherigen Organgesellschaft ist grundsätzlich nicht möglich.

10 Aus Billigkeitsgründen wird allerdings auf übereinstimmenden, unwiderruflichen, beim für die Besteuerung der Organgesellschaft zuständigen Finanzamt zu stellenden Antrag der Gesellschafter der Willensbildungs-GbR und der Organgesellschaft eine Übertragung des Verlustvortrags auf die bisherige verlustverursachende Organgesellschaft nicht beanstandet. Der Antrag ist bis zur materiellen Bestandskraft der Feststellung des verbleibenden Verlustvortrags der ehemaligen Willensbildungs-GbR für den EZ 2002 zu stellen.

11 Nimmt die Willensbildungs-GbR, die als reine Innengesellschaft anzusehen war, mit Wegfall der steuerlichen Anerkennung einer Mehrmütterorganschaft eine gewerbliche Tätigkeit auf, ist dies als Neugründung anzusehen. Mangels Unternehmensidentität i. S. der gewerbesteuerlichen Grundsätze des Abschn. 67 GewStR 1998 kann daher diese Gesellschaft ihren Gewerbeertrag nicht um Verluste kürzen, die auf die als aufgelöst geltende Innengesellschaft entfallen.

12 Änderte sich der Gesellschafterbestand der Willensbildungs-GbR, die als reine Innengesellschaft anzusehen war, vor dem Zeitpunkt ihrer Auflösung, sind hierbei die gewerbesteuerlichen Grundsätze der Unternehmeridentität zu beachten (Abschn. 68 GewStR 1998 vgl. auch Rdnr. 20 des BMF-Schreibens vom 26. August 2003 – BStBl. I S. 437).[1]

D. Personengesellschaft als Organträger

I. Finanzielle Eingliederung der Organträger-Personengesellschaft

13 Bei einer Personengesellschaft als Organträger müssen ab dem VZ 2003 die Voraussetzungen der finanziellen Eingliederung im Verhältnis zur Personengesellschaft selbst erfüllt sein (§ 14 Abs. 1 Satz 1 Nr. 2 Satz 3 KStG). Danach ist es erforderlich, dass zumindest die Anteile, die die Mehrheit der Stimm-

---

1) Hier abgedruckt als Anlage § 014-15.

rechte an der Organgesellschaft vermitteln, im Gesamthandsvermögen der Personengesellschaft gehalten werden.

Befinden sich die Anteile an der Organgesellschaft im Sonderbetriebsvermögen eines Mitunternehmers **14** und sollen sie (zur Fortführung der Organschaft) in das Gesamthandsvermögen der Personengesellschaft übertragen werden, erfolgt dies nach § 6 Abs. 5 Satz 3 EStG zu Buchwerten. Soweit an der aufnehmenden Personengesellschaft weitere Kapitalgesellschaften beteiligt sind, ist aber nach § 6 Abs. 5 Satz 5 EStG der Teilwert anzusetzen.

II. Eigene gewerbliche Tätigkeit der Organträger-Personengesellschaft

1. Allgemeines

Zusätzlich zu den übrigen Voraussetzungen muss nach § 14 Abs. 1 Satz 1 Nr. 2 Satz 2 KStG bei einer **15** Organträger-PersG zur steuerlichen Anerkennung einer Organschaft ab dem VZ 2003 eine eigene gewerbliche Tätigkeit i. S. des § 15 Abs. 1 Satz 1 Nr. 1 EStG vorliegen. Gewerblich geprägte Personengesellschaften i. S. des § 15 Abs. 3 Nr. 2 EStG können damit nicht mehr Organträger sein.

Eine Besitzpersonengesellschaft im Rahmen einer Betriebsaufspaltung kommt als Organträger in Betracht. Ihr wird die gewerbliche Tätigkeit i. S. des § 15 Abs. 1 Satz 1 Nr. 1 EStG der Betriebsgesellschaft **16** zugerechnet.

2. Umfang der eigenen gewerblichen Tätigkeit

Durch das Merkmal der eigenen gewerblichen Tätigkeit soll insbesondere auch verhindert werden, dass **17** mit Hilfe einer Personengesellschaft ohne substanzielle originäre gewerbliche Tätigkeit das steuerliche Ergebnis einer Mehrmütterorganschaft erreicht werden kann. Die Voraussetzung ist daher nur erfüllt, wenn die eigene gewerbliche Tätigkeit der Organträger-PersG nicht nur geringfügig ist.

Einzelfälle

Holdinggesellschaften/geschäftsleitende Holding **18**

Eine Holdingpersonengesellschaft kann nur dann Organträger sein, wenn sie selbst eine eigene gewerbliche Tätigkeit ausübt. Für die Frage, ob eine geschäftsleitende Holding die Voraussetzung der eigenen gewerblichen Tätigkeit i. S. des § 14 Abs. 1 Satz 1 Nr. 2 Satz 2 KStG erfüllt, kann nicht auf die Grundsätze des BFH zur wirtschaftlichen Eingliederung (vgl. Abschn. 50 Abs. 2 Nr. 2 KStR 1995) abgestellt werden.

Erbringung von sonstigen Dienstleistungen gegenüber Konzerngesellschaften **19**

Das Merkmal der Teilnahme am allgemeinen wirtschaftlichen Verkehr ist schon dann erfüllt, wenn eine Gesellschaft Dienstleistungen nur gegenüber einem Auftraggeber erbringt. Eine gewerbliche Tätigkeit liegt daher auch vor, wenn eine Gesellschaft Dienstleistungen (wie z. B. Erstellen der Buchführung, EDV-Unterstützung o. Ä.) nur gegenüber einer oder mehreren Konzerngesellschaften erbringt. Voraussetzung ist, dass die Leistungen gegen gesondertes Entgelt erbracht und wie gegenüber fremden Dritten abgerechnet werden.

Beteiligung an einer gewerblich tätigen Personengesellschaft **20**

Eine vermögensverwaltende Personengesellschaft wird nicht allein deshalb selbst gewerblich i. S. des § 14 Abs. 1 Satz 1 Nr. 2 Satz 2 KStG tätig, weil sie an einer gewerblich tätigen Personengesellschaft beteiligt ist und aufgrund dieser Beteiligung gewerbliche Einkünfte erzielt.

3. Übergangsregelungen

Zur steuerlichen Anerkennung einer Organschaft müssen alle gesetzlichen Voraussetzungen grundsätz- **21** lich vom Beginn des Wirtschaftsjahrs der Organgesellschaft an erfüllt sein. Dies gilt auch für die eigene gewerbliche Tätigkeit des Organträgers.

Eine im VZ/EZ 2002 steuerlich wirksame Organschaft wird für die Zukunft steuerlich weiter anerkannt, **22** wenn die Voraussetzungen der Aufnahme einer eigenen gewerblichen Tätigkeit und des Haltens der Organbeteiligung im Gesamthandvermögen bis zum 31. Dezember 2003 vorgelegen haben. Eine rückwirkende Übertragung von Sonderbetriebsvermögen in das Gesamthandvermögen ist nicht möglich. Rdnr. 11 bleibt davon unberührt.

Ein neu begründetes Organschaftsverhältnis wird ab dem VZ 2003 steuerlich grundsätzlich nur aner- **23** kannt, wenn die Voraussetzungen des § 14 KStG i. d. F. des StVergAbG von Anfang an erfüllt sind. Für im VZ 2003 neu begründete Organschaftsverhältnisse, für die der GAV vor dem 16. Mai 2003 abgeschlossen wurde, gilt Rdnr. 22 entsprechend. Das Organschaftsverhältnis wird steuerlich anerkannt, wenn die ab 2003 geltenden strengeren Voraussetzungen bis zum 31. Dezember 2003 erfüllt wurden.

24 Eine wirksame steuerliche Organschaft bleibt für die Vergangenheit auch dann anerkannt, wenn künftig die veränderten Voraussetzungen für eine Organschaft nicht mehr erfüllt sind. Das gilt auch, wenn der bis dahin tatsächlich durchgeführte GAV deshalb beendet wird. Die Gesetzesänderung ist ein wichtiger Grund i. S. des § 14 Abs. 1 Satz 1 Nr. 3 Satz 2 KStG i. V. mit R 60 Abs. 6 KStR 2004.

E. Gewerbesteuerliches Abzugsverbot vororganschaftlicher Verluste

25 Nach § 10a Satz 3 GewStG i. d. F. des Gesetzes zur Änderung des Gewerbesteuergesetzes und anderer Gesetze vom 23. Dezember 2003 (a. a. O.) kann im Fall des § 2 Abs. 2 Satz 2 GewStG die Organgesellschaft den maßgebenden Gewerbeertrag nicht um Fehlbeträge kürzen, die sich vor dem Rechtswirksamwerden des GAV ergeben haben. Nach der korrespondierenden Vorschrift des § 14 Abs. 1 Satz 2 KStG ist das Einkommen der Organgesellschaft dem Organträger erstmals für das Kalenderjahr zuzurechnen, in dem das Wirtschaftsjahr der Organgesellschaft endet, in dem der GAV wirksam wird. Der GAV wird wirksam mit der Eintragung im Handelsregister.

Für den gewerbesteuerlichen Verlustabzug ist entsprechend der körperschaftsteuerlichen Regelung auf das Jahr des Wirksamwerdens des GAV abzustellen.

Beispiel:

Abschluss des GAV in 2003; Eintragung im Handelsregister am 30. Juni 2004.

Die körperschaftsteuerliche Einkommenszurechnung nach § 14 Abs. 1 Satz 2 KStG erfolgt erstmals für den VZ 2004. Gewerbesteuerlich ist der Gewerbeertrag der Organgesellschaft erstmals für den EZ 2004 dem Organträger zuzurechnen (vgl. § 2 Abs. 2 Satz 2 GewStG). Bei der Ermittlung des Gewerbeertrags der Organgesellschaft für den EZ 2004 dürfen die auf den 31. Dezember 2003 festgestellten nicht ausgeglichenen (vororganschaftlichen) Fehlbeträge der Organgesellschaft nicht mehr abgezogen werden (vgl. § 10a Satz 3 GewStG).

Dauerverlust-BgA als Organträger;
Beurteilung der Gewinnerzielungsabsicht des Organträgers unter außer Acht lassen der Ergebnisse der Organgesellschaft

Erlass FM Sachsen vom 02.09.2005

33 – S 2706 – 171/5 – 36379

Soll eine Organschaft unter Beteiligung eines BgA begründet werden, ist in einem ersten Schritt zu prüfen, ob dies nach den Grundsätzen über die Zusammenfassung von BgA nach R 7 Abs. 2 KStR und H 7 „Nicht gleichartige Betriebe gewerblicher Art" KStH dem Grunde nach möglich ist. In einem nächsten Schritt ist zu prüfen, ob die Voraussetzungen der Organschaft nach den §§ 14 ff. KStG erfüllt sind, insbesondere ob ein gewerbliches Unternehmen vorliegt, welches Organträger sein soll. Nach § 14 S. 1 KStG kann Organträger nur ein Unternehmen sein, welches die Eigenschaften eines Gewerbebetriebs im Sinne des § 2 GewStG – insbesondere die Gewinnerzielungsabsicht – erfüllt. Diese Voraussetzung ist für einen dauerdefizitären BgA zu verneinen, so dass dieser mithin nicht Organträger sein kann (vgl. Rz. 5 des BMF-Schreibens vom 26.08.2003 [1]). Ich weise in diesem Zusammenhang auf folgende Fallvarianten hin:

a) dauerdefizitärer BgA als Anteilseigner von Gewinnbeteiligungen

Wird in einen dauerdefizitären BgA zur Verbesserung der Kapitalausstattung eine ertragbringende Mehrheitsbeteiligung an einer Kapitalgesellschaft in das (notwendige oder gewillkürte) Betriebsvermögen eingelegt, ist fraglich ob für die Beurteilung der Gewinnerzielungsabsicht die Beteiligungserträge mit einzubeziehen sind.

Beispiel 1:

Ein BgA hält drei Beteiligungen an GmbH's, die dem notwendigen Betriebsvermögen zuzurechnen sind und die nacheinander in eine Organschaftsstruktur eingebunden werden sollen. Der BgA erzielt einen Verlust von 90 und aus den Beteiligungen jeweils Dividenden von 50.

Werden nun die Beteiligungserträge in die Beurteilung der Gewinnerzielungsabsicht mit einbezogen, ergibt sich folgendes Ergebnis, wenn nacheinander mit allen drei GmbH's Organschaften begründet werden sollen:

Die Organschaft mit der ersten GmbH wäre möglich, da nach Verrechnung mit den Beteiligungserträgen aus den beiden anderen GmbH's auf der Ebene des BgA ein Totalüberschuss erzielt wird. Bei Begründung der zweiten Organschaft würde das Ergebnis „kippen". Der BgA wäre dauerdefizitär, so dass die zweite Organschaft nicht begründet werden kann. Daneben verliert der BgA für die bestehende erste Organschaft die Organträgereigenschaft. Jetzt würden wieder Beteiligungserträge vorliegen, die die Kette erneut in Gang setzten könnten. Um diese Folge zu vermeiden, sind Beteiligungserträge für die Frage der Gewinnerzielungsabsicht beim Organträger generell außer Acht zu lassen. Der BgA kann nicht Organträger sein.

Beispiel 2:

Ein Bäder BgA hält eine 100%ige Beteiligung an der Stadtwerke GmbH, die ein Blockheizkraftwerk unterhält, das zu einer wirtschaftlichen Verflechtung zwischen BgA und GmbH führt. Zwischen Bäder-BgA und Stadtwerke GmbH soll eine Organschaft begründet werden. Der Bäder-BgA erwirtschaftet einen jährlichen eigenen Verlust von 100. Unter Berücksichtigung der Dividende (200) aus der Stadtwerke GmbH ergibt sich insgesamt ein Gewinn von 100.

Nach den Grundsätzen über die Zusammenfassung von BgA nach R 7 Abs. 2 KStR und H 7 „Nicht gleichartige Betriebe gewerblicher Art" KStH ist die Begründung einer Organschaft „dem Grunde nach" möglich. Würden die Beteiligungserträge in die Gewinn-Prognose einbezogen, würde der BgA einen Totalüberschuss erzielen und könnte damit als gewerbliches Unternehmen grundsätzlich Organträger sein. In jedem Veranlagungszeitraum wäre aber die Frage der Organträgereigenschaft neu zu beantworten. Im Falle der Organschaft würden dann anstelle der Dividenden Gewinnabführungen anfallen. Die „Erträge" aus den Gewinnabführungen sind jedoch erst die Folge einer bestehenden Organschaft, so dass diese nicht zur Beurteilung der Vorfrage, ob überhaupt eine Organschaft begründet werden kann, herangezogen werden dürfen. Daraus folgt dann allerdings auch, dass die Beteiligungserträge (Dividenden) in die Gewinn-Prognose generell nicht einbezogen werden können. Der BgA kann aus diesem Grund kein Organträger sein.

---

1) Vgl. Anlage § 014–15.

Anlage § 014–15b

b) dauerdefizitärer BgA als Besitzunternehmen im Rahmen einer Betriebsaufspaltung

Beispiel 3:

Ein dauerdefizitärer BgA überlässt wesentliche Betriebsgrundlagen an eine GmbH gegen einen nur symbolischen Pachtzins. Die Trägerkörperschaft des BgA ist zu 100 % an der GmbH beteiligt. Zwischen dem BgA und der Kapitalgesellschaft besteht eine Betriebsaufspaltung. Die Anteile an der GmbH sind Betriebsvermögen des BgA.

Auch in den Fällen der Betriebsaufspaltung kann der dauerdefizitäre BgA nicht Organträger sein. Aufgrund fehlender Gewinnerzielungsabsicht erfüllt der BgA nicht die Voraussetzungen für einen Gewerbebetrieb. Das Bestreben, Beteiligungserträge zu erzielen, ist jedenfalls in den Fällen nicht mit in die Betrachtung der Gewinnerzielungsabsicht einzubeziehen, in denen die Beteiligungsgesellschaft gleichzeitig Organgesellschaft ist. § 14 Abs. 1 KStG setzt ein gewerbliches Unternehmen des Organträgers voraus. Daraus folgt, dass der Organträger für sich betrachtet die Voraussetzungen des § 2 Abs. 1 Satz 2 GewStG erfüllen muss. Merkmale der (späteren) Organgesellschaft sind nicht mit in die Betrachtung einzubeziehen (vgl. auch Beispiele oben). Der BgA muss – auch als Besitzunternehmen im Rahmen einer Betriebsaufspaltung – für den Organträgerstatus eigenständig die Voraussetzung der Gewinnerzielung erfüllen. An dieser Beurteilung für BgA ändert sich auch nichts durch das zur Veröffentlichung anstehende BMF-Schreiben zur Änderung der Besteuerung steuerlicher Organschaften durch das Steuervergünstigungsabbaugesetz.

Möglicherweise kann nach Abschluss des BFH-Verfahrens I R 8/04 eine andere Beurteilung der Gewerbebetriebseigenschaft in den Organschaftsfällen geboten sein. Bis auf weiteres sind aber die v. g. Grundsätze anzuwenden.

Von den Fällen unter a) und b) sind die Fälle zu unterscheiden, in denen Organträger eine Kapitalgesellschaft ist. Die Tätigkeit einer Kapitalgesellschaft gilt nach § 2 Abs. 2 GewStG stets und in vollem Umfang als Gewerbebetrieb. Daraus folgt, dass eine dauerdefizitäre Kapitalgesellschaft Organträger sein kann (vgl. Rz. 4 des o. g. BMF-Schreibens).

Ich bitte verstärkt darauf zu achten, dass die Finanzämter die vorstehenden Grundsätze anwenden.

Anlage:

BMF-Schreiben vom 06.07.2005 {Az.: IV B 7 – S 2706 – 87/05)

Das Finanzministerium des Landes Nordrhein-Westfalen verweist in seinen Schreiben zurecht auf die **geltende Rechtslage,** nach der bei der Prüfung der Frage, ob ein Dauerverlust-BgA vorliegt, Beteiligungserträge dann nicht einzubeziehen sind, wenn mit der Beteiligungsgesellschaft ein Organschaftsverhältnis begründet werden soll (bzw. ein Organschaftsverhältnis besteht). An dieser Beschlusslage hat der Beschluss des BFH vom 25. Januar 2005, IR 8/04, nichts geändert.

In der Anlage übersende ich Ihnen das Muster einer „Gestaltung", in der ein Dauerverlust-BgA als Organträger fungiert. Die Darstellung wurde im Rahmen einer öffentlichen Seminarveranstaltung vorgetragen und soll ein in der Praxis gängiges Modell beschreiben.

Ich bitte daher, Ihre nachgeordneten Behörden verstärkt auf obige Beschlusslage zu verweisen.

Anlage zum BMF-Schreiben vom 06.07.2005 (Az.: IV B 7 – S 2706 – 87/05)

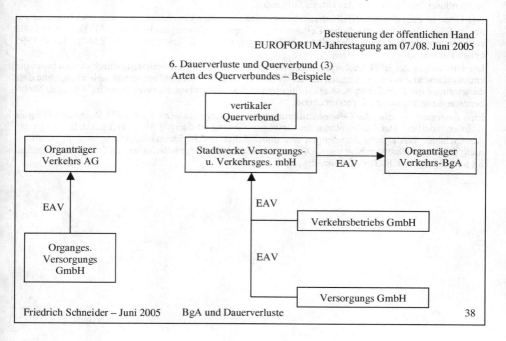

Besteuerung der öffentlichen Hand
EUROFORUM-Jahrestagung am 07./08. Juni 2005

6. Dauerverluste und Querverbund (3)
Arten des Querverbundes – Beispiele

Friedrich Schneider – Juni 2005   BgA und Dauerverluste   38

Auflösung von in organschaftlicher Zeit gebildeten Kapitalrücklagen: Folgerungen aus dem BFH-Urteil vom 08. August 2001 – I R 25/00 –

BMF-Schreiben vom 27.11.2003

IV A 2 – S 2770 – 31/03

(BStBl. 2003 I S. 647)

Der BFH hat mit Urteil vom 08. August 2001 – IR 25/00[1] – entgegen der bisherigen Verwaltungsauffassung (R 55 Abs. 3 Satz 4 Nr. 2 Satz 2 KStR 1995) entschieden, dass eine in organschaftlicher Zeit gebildete und aufgelöste Kapitalrücklage nur ausgeschüttet werden kann. Sie unterliegt danach nicht der Gewinnabführung.

Nach dem Ergebnis der Erörterung mit den obersten Finanzbehörden der Länder gilt für die allgemeine Anwendung der Grundsätze des Urteils Folgendes:

Das Urteil ist über den Einzelfall hinaus anzuwenden. Es wird nicht beanstandet, wenn die Gewinne aus der Auflösung von in vertraglicher Zeit gebildeten Kapitalrücklagen noch bis zum 31. Dezember 2003 entsprechend der bisherigen Verwaltungsauffassung gemäß R 55 Abs. 3 Satz 4 Nr. 2 Satz 2 KStG 1995 behandelt werden.

Die Grundsätze der BFH-Rechtsprechung sind im Fall einer Verlustübernahme durch den Organträger entsprechend anzuwenden. Danach hat der Organträger einen Jahresfehlbetrag auszugleichen, ohne dass dieser zuvor mit dem Ertrag aus der Auflösung der Kapitalrücklage zu verrechnen ist. Die o. a. Nichtbeanstandungsregelung gilt entsprechend.

Eine Änderung bestehender Gewinnabführungsverträge aufgrund der obigen BFH-Rechtsprechung ist nicht erforderlich. Der Höchstbetrag der Gewinnabführung ist durch § 301 AktG gesetzlich begrenzt. Abweichende vertragliche Regelungen sind unbeachtlich und berühren nicht die steuerliche Anerkennung des Organschaftsverhältnisses. Dies gilt für andere Kapitalgesellschaften als Organgesellschaften im Sinne des § 17 KStG entsprechend.

---

1) BStBl. 2003 II S. 923

Rückwirkende Begründung eines Organschaftsverhältnisses bei formwechselnder Umwandlung einer GmbH & Co KG in eine GmbH; Anwendung des BFH-Urteils vom 17. September 2003 – I R 55/02 – (BStBl. 2004 II S. 534)

BMF-Schreiben vom 24.05.2004

IV A 2 – S 2770 – 15/04

(BStBl. 2004 I S. 549)

In seinem Urteil vom 17. September 2003 hat der BFH die rückwirkende Begründung eines Organschaftsverhältnisses anerkannt. In dem entschiedenen Fall war die zukünftige Organgesellschaft, eine GmbH & Co. KG, mit Vertrag vom 5. Mai 1999 rückwirkend zum 1. Januar 1999 formwechselnd in eine GmbH umgewandelt worden. Nach Auffassung des BFH hat die GmbH & Co. KG die Eingliederungsvoraussetzungen seit dem Beginn des Wirtschaftsjahres tatsächlich erfüllt. Der Mangel, dass die GmbH & Co. KG als Personengesellschaft selbst nicht Organgesellschaft sein konnte, werde durch die Rückwirkungsfiktion des § 25 i. V. m. § 20 Abs. 7 und Abs. 8 UmwStG behoben.

Nach dem Ergebnis der Erörterung mit den obersten Finanzbehörden der Länder sind die Grundsätze des Urteils über den entschiedenen Einzelfall hinaus nur anzuwenden, wenn der Sachverhalt dem Sachverhalt entspricht, der dem Urteil zugrunde lag.

Die Aussagen der Rdnrn. Org. 05, Org. 13 und Org. 18 des BMF-Schreibens vom 25. März 1998 (BStBl. I S. 268) und der Rdnr. 12 des BMF-Schreibens vom 25. August 2003 (BStBl. I S. 437)[1], wonach das Tatbestandsmerkmal der finanziellen Eingliederung nicht zurückbezogen werden kann, bleiben im Übrigen unberührt. So bleibt es insbesondere dabei, dass bei einer Abspaltung, Ausgliederung oder Einbringung eines Teilbetriebs des Organträgers unter Abschluss eines Gewinnabführungsvertrages mit der neu gegründeten Tochtergesellschaft die rückwirkende Begründung eines Organschaftsverhältnisses nicht möglich ist.

Gewinnabführung bei Organschaft

Verfügung OFD Hannover vom 25.10.2004

S 2770 – 55 – St O 242

Ein Gewinnabführungsvertrag i. S. von § 14 KStG ist auch durchgeführt und der volle Gewinn abgeführt, wenn das Ausschüttungsverbot des § 274 Abs. 2 Satz 3 HGB (Ausschüttungssperre hinsichtlich aktivierter latenter Steuern) beachtet wird.

---

1) Vgl. Anlage § 014-15.

Auflösung passiver Ausgleichsposten bei Organschaft (§ 14 KStG); Anwendung des BFH-Urteils vom 7. Februar 2007 – I R 5/05 – (BStBl. II S. 796)

BMF-Schreiben vom 5.10.2007
IV B 7 – S 2770/07/0004, 2007/0449869, BStBl. 2007 I S. 743

Der BFH vertritt in dem Urteil vom 7. Februar 2007 – I R 5/05 – (BStBl. II S. 796) die Auffassung, dass ein beim Organträger bestehender passiver Ausgleichsposten im Fall der Veräußerung der Organbeteiligung erfolgsneutral aufzulösen ist. Im Gegensatz dazu geht die Finanzverwaltung von einer einkommenswirksamen Auflösung der Ausgleichsposten aus.

Unter Bezugnahme auf das Ergebnis der Erörterung mit den obersten Finanzbehörden der Länder sind die Rechtsgrundsätze des Urteils nicht über den entschiedenen Einzelfall hinaus anzuwenden. Das Urteil steht nicht im Einklang mit dem Grundsatz der körperschaftsteuerlichen Organschaft, wonach sich innerhalb des Organkreises erzielte Gewinne und Verluste insgesamt nur einmal – und zwar beim Organträger – auswirken dürfen. Diesem Grundsatz der Einmalbesteuerung dienen auch die aktiven und passiven Ausgleichsposten.

Bei der Auflösung der passiven und aktiven Ausgleichsposten finden daher R 63 Abs. 3 KStR 2004 und Rdnr. 43 ff des BMF-Schreibens vom 26. August 2003 (BStBl. I S. 437) weiterhin Anwendung. Wegen des Zusammenhangs der Ausgleichsposten mit der Beteiligung, ist auf die entsprechende Einkommenserhöhung bzw. -minderung das Halbeinkünfteverfahren anzuwenden (§ 8b, § 3 Nr. 40, § 3c Abs., 2 EStG).

Das BMF-Schreiben wird gleichzeitig mit dem BFH-Urteil vom 7. Februar 2007 im Bundessteuerblatt veröffentlicht.

Tatsächliche Durchführung des Gewinnabführungsvertrags bei der Organschaft (§ 14 KStG);
Verzinsung des Anspruchs auf Verlustübernahme nach § 302 AktG

BMF-Schreiben vom 15.10.2007
IV B 7 – S 2770/0, 2007/0456675, DB 2007 S. 2344

Der Bundesgerichtshof hat mit dem Urteil vom 14. Februar 2005 (II ZR 361/02) seine Rechtsprechung bestätigt, dass der sich aus einem Gewinnabführungsvertrag ergebende Anspruch auf Ausgleich eines Jahresfehlbetrages (§ 302 AktG) am Bilanzstichtag der beherrschten Gesellschaft entsteht und mit seiner Entstehung fällig wird. Dem Zeitpunkt der Feststellung des Jahresabschlusses komme insoweit keine Bedeutung zu. Damit ist der Verlustausgleichsanspruch nach §§ 352, 353 HGB ab dem Bilanzstichtag zu verzinsen.

Es ist gefragt worden, welche Auswirkung ein Verstoß gegen die Verzinsungsregelung auf die steuerliche Anerkennung der Organschaft hat.

Unter Bezugnahme auf das Ergebnis der Erörterung mit den obersten Finanzbehörden der Länder gilt Folgendes:

Der Verstoß gegen die Pflicht der §§ 352, 353 HGB zur Verzinsung eines Verlustausgleichsanspruchs bzw. der Verzicht auf eine Verzinsung im Rahmen einer Organschaft hat keine Auswirkungen auf die steuerliche Anerkennung der Organschaft.

Die unterlassene oder unzutreffende Verzinsung eines Verlustausgleichsanspruchs steht einer tatsächlichen Durchführung des Gewinnabführungsvertrags nicht entgegen. Im Falle einer unterlassenen Verzinsung oder eines unzulässigen Verzichts verletzen die Beteiligten lediglich eine vertragliche Nebenpflicht. Das Unterlassen der Verzinsung führt aus steuerlicher Sicht insoweit zwar zu einer verdeckten Gewinnausschüttung, weil der Gewinnabführungsvertrag nicht zu „fremdüblichen" Bedingungen abgewickelt wird. Verdeckte Gewinnausschüttungen der Organgesellschaft an den Organträger haben jedoch den Charakter vorweggenommener Gewinnabführungen, so dass sie als Vorausleistungen auf den Anspruch aus dem Gewinnabführungsvertrag zu werten sind. Diese werden zur Vermeidung einer steuerlichen Doppelbelastung auf der Ebene des Organträgers entsprechend R 62 Abs. 2 KStR 2004 gekürzt. Durch eine verdeckte Gewinnausschüttung wird die Durchführung des Gewinnabführungsvertrags nicht in Frage gestellt (R 61 Abs. 4 Satz 1 KStR 2004).

Dieses Schreiben wird im Bundessteuerblatt Teil I veröffentlicht. Es steht ab sofort für eine Übergangszeit auf den Internetseiten des Bundesministeriums der Finanzen unter der Rubrik 'Steuern und Zölle' – 'Steuern' – 'Veröffentlichungen zu Steuerarten' – 'Körperschaftsteuer / Umwandlungssteuerrecht' – (http://www.bundesfinanzministerium.de/Steuern-und-Zoelle/Koerperschaftsteuer-/-Umwandlungssteuerrecht-.659.htm) zum Download bereit.

Körperschaftsteuerliche und gewerbesteuerliche Organschaft

OFD Frankfurt – Verfügung vom 7.4.2008

S 2706 A – 131 – St 54

Gegenstand einer Erörterung der Referatsleiter des Bundes und der Länder war die Frage, ob eine KG, an der eine Kommune als Gesellschafterin beteiligt ist und deren eigenständige Tätigkeiten sämtlich nicht mit Gewinnerzielungsabsicht unternommen werden, Organträgerin sein kann (zum Organkreis würde dann eine Organgesellschaft (GmbH) gehören, die Gewinne erzielt).

Die Ländervertreter waren einstimmig der Auffassung, dass in dem Einzelfall die KG nicht Organträgerin sein kann, weil diese Gesellschaft keine gewerblichen Einkünfte erzielt. Dies ist aber nach § 14 Abs. 1 Nr. 2 Satz 2 KStG Voraussetzung für die Organträgereigenschaft einer Personengesellschaft. Nach dem BFH-Urteil vom 25. Juni 1996 (BStBl 1997 II S. 202) bleiben Tätigkeiten, die nicht mit Gewinnerzielungsabsicht ausgeübt werden, bei der Einkünfteermittlung der Gesellschaft unberücksichtigt. Da im vorgetragenen Einzelfall alle Tätigkeiten der Gesellschaft nicht mit Gewinnerzielungsabsicht ausgeübt werden, liegen keine Einkünfte aus Gewerbebetrieb vor.

Die im Sachverhalt angestrebte Verrechnung der Gewinne der GmbH mit den Verlusten der KG unterbleibt.

Organschaft; konzerninterner Verkauf einer Organgesellschaft mit anschließender rückwirkender Übernahme des Ergebnisabführungsvertrags durch die Erwerberin

BMF-Schreiben vom 24.7.2008

IV C 7 – 2770/08/10003 – 2008/0360681

Der berichtete Fall, in dem es um die Frage der zivilrechtlichen Wirksamkeit einer Rückbeziehung der Vertragsübernahme beim konzerninternen Verkauf einer Organgesellschaft mit anschließender rückwirkender Übernahme des Ergebnisabführungsvertrages durch die Erwerberin geht, wurde mit Schreiben vom 19. Mai 2008 dem Bundesministerium der Justiz vorgetragen.

In dem Fall ist zu Beginn des Wirtschaftsjahres 2003 die D-GmbH (Holding) alleinige Anteilseignerin der P-AG (AG). Diese hält wiederum eine mehrheitliche Beteiligung an der P-GmbH (GmbH), mit der seit mehr als fünf Jahren ein Organschaftsverhältnis besteht. Mit Vertrag vom 16. September 2003 veräußert die AG ihre mehrheitliche Beteiligung an der GmbH an die Holding, die hierdurch vom mittelbaren zum unmittelbaren Anteilseigner der GmbH wird. Der bisher zwischen der AG als herrschendem Unternehmen und der GmbH als beherrschtem Unternehmen bestehende Beherrschungs- und Gewinnabführungsvertrag wurde durch Vertrag vom 13. November 2003 von der Holding mit Wirkung zum Ablauf des 31. Dezember 2002 übernommen. Die entsprechende Eintragung im Handelsregister erfolgte am 15. Dezember 2003.

Das Bundesministerium der Justiz (BMJ) sieht die Rückbeziehung der Übernahme eines Gewinnabführungsvertrages – anders als bei einem Beherrschungsvertrag – als gesellschaftsrechtlich zulässig an. Aufgrund der vorliegenden Kombination von Beherrschungs- und Gewinnabführungsvertrag ergebe sich die Problematik der Teilnichtigkeit. Die Unwirksamkeit der Rückwirkung des Beherrschungsvertrags lässt aber die Wirksamkeit der rückwirkenden Übernahme des Gewinnabführungsvertrags aus der Sicht des BMJ unberührt.

Demnach kann zwischen der D-GmbH als Organträger und der P-GmbH als Organgesellschaft steuerlich rückwirkend ein Organschaftsverhältnis den Veranlagungszeitraum 2003 anerkannt werden. Neben der gesellschaftsrechtlichen Zulässigkeit der rückwirkenden Übernahme des Gewinnabführungsvertrags hat auch die erforderliche finanzielle Eingliederung (mittelbar über die P-AG) während des gesamten Wirtschaftsjahres vorgelegen. Hätte kein Organschaftsverhältnis zwischen der P-AG und der P-GmbH vorgelegen, wären für die D-GmbH alle Voraussetzungen erfüllt gewesen, um ein neues Organschaftsverhältnis mit der P-AG zu begründen und zwar sowohl vor, als auch nach Übertragung der Anteile. Auch die Eintragung ins Handelsregister ist noch im Jahr 2003 erfolgt.

Behandlung des Körperschaftsteuerguthabens in Organschaftsfällen

BMF-Schreiben vom 14.8.2008

IV C 7 – S 2861/07/10001 – 2008/0388695

Nach den Grundsätzen des BMF-Schreibens vom 14. Januar 2008 ist in Organschaftsfällen der Anspruch einer Organgesellschaft auf Auszahlung des Körperschaftsteuerguthabens bilanziell bei dieser zu erfassen und ein durch Aktivierung des Anspruchs erhöhtes Ergebnis im Rahmen des Ergebnisabführungsvertrages an den Organträger abzuführen.

Das Hessische Ministerium der Finanzen nennt in seinem Schreiben vom 16. Juni 2008 Fälle, in denen das Körperschaftsteuerguthaben der Organgesellschaft zum 31. Dezember 2006 nicht aktiviert wurde bzw. im Falle einer zutreffenden Aktivierung die Abführung des insoweit handelsrechtlich erhöhten Ergebnisses an den Organträger unterblieben ist. Dabei geht es um die Frage, ob ein Verstoß gegen die Ergebnisabführungsverpflichtung der Organgesellschaft vorliegt, der zur Nichtanerkennung der Organschaft führt.

Im Fall der fehlenden Bilanzierung eines Körperschaftsteuerguthabens bei der Organgesellschaft oder bei Aktivierung des Guthabens in der Bilanz des Organträgers teile ich die Auffassung, dass ein Verstoß gegen die ordnungsgemäße Durchführung des Ergebnisabführungsvertrages aufgrund dieser Falschbilanzierung nicht vorliegt. Die Organschaft ist weiterhin anzuerkennen.

Hinsichtlich der fehlenden Abführung an den Organträger trotz zutreffender Aktivierung bei der Organgesellschaft teile ich die Auffassung des Sächsischen Staatsministeriums der Finanzen, des Ministeriums der Finanzen Sachsen-Anhalt und der Senatsverwaltung für Finanzen Berlin, die in solchen Fällen einen Verstoß gegen die Abführungsverpflichtung sehen, der zur Nichtanerkennung der Organschaft führt.

Die Organgesellschaft muss sich nach § 14 Abs. 1 Satz 1 KStG aufgrund eines Gewinnabführungsvertrages im Sinne des § 291 Abs. 1 AktG verpflichten, ihren ganzen Gewinn an ein anderes gewerbliches Unternehmen abzuführen. Diese Voraussetzung ist nicht erfüllt, wenn der handelsrechtliche Ertrag aus der Aktivierung des Körperschaftsteuerguthabens nicht abgeführt wurde.

Steuerliche Anerkennung einer Organschaft nach Änderung des § 301 AktG und des § 249 HGB durch das Gesetz zur Modernisierung des Bilanzrechts – BilMoG –; Keine Anpassung bestehender Gewinnabführungsverträge

BMF-Schreiben vom 14.1.2010

IV C 2 – S 2770/09/10002, 2009/0861137

Es ist gefragt worden, inwieweit sich die Änderung einzelner Bilanzierungsvorschriften durch das Gesetz zur Modernisierung des Bilanzrechts – BilMoG – vom 25. Mai 2009, BGBl. I 2009 Seite 1102 auf die steuerliche Anerkennung ertragsteuerlicher Organschaftsverhältnisse auswirkt.

Unter Bezugnahme auf das Ergebnis der Erörterung mit den obersten Finanzbehörden der Länder gilt dazu Folgendes:

Änderung des Höchstbetrags der Gewinnabführung nach § 301 AktG

Die steuerliche Anerkennung der Organschaft bleibt durch die Änderung des § 301 AktG i. V. m. § 268 Absatz 8 HGB grundsätzlich unberührt. Bei der Durchführung der Gewinnab-führung sind jedoch die Neuregelungen zum Höchstbetrag der Gewinnabführung nach § 301 AktG ungeachtet ggf. abweichender vertraglicher Vereinbarungen zwingend zu beachten.

Für Organgesellschaften in der Rechtsform der GmbH fordert § 17 Satz 2 Nummer 1 KStG nicht, dass die Begrenzung der Gewinnabführung gem. § 301 AktG in den Gewinnabfüh-rungsvertrag ausdrücklich aufgenommen wird.

Änderung des § 249 HGB

Wird das Wahlrecht nach Artikel 67 Absatz 3 EG-HGB n. F. zur Beibehaltung der im Jahres-abschluss für das letzte vor dem 1. Januar 2010 beginnende Geschäftsjahr bestehenden nach § 249 Absatz 1 Satz 3 und Absatz 2 HGB in der bis zum 28. Mai 2009 geltenden Fassung gebildeten Aufwandsrückstellungen nicht ausgeübt, stellt die daraus resultierende Auflösung dieser Rückstellungen sowie die unmittelbare Einstellung der aufgelösten Beträge in eine Gewinnrücklage keine Verletzung der Grundsätze des § 14 Absatz 1 Satz 1 Nummer 4 KStG dar.

Das Schreiben wird im Bundessteuerblatt Teil I veröffentlicht.

Organschaftliche Ausgleichszahlungen;
Steuerliche Behandlung beim Übergang zum neuen Körperschaftsteuersystem [1)]

BMF-Schreiben vom 22.11.2001 IV A 2 – S 2770 – 33/01 BStBl. 2001 I S. 874

Im Einvernehmen mit den obersten Finanzbehörden der Länder nehme ich zur steuerlichen Behandlung von organschaftlichen Ausgleichszahlungen beim Übergang zum neuen Körperschaftsteuersystem wie folgt Stellung:

Ausgleichszahlungen sind keine Gewinnausschüttungen, die auf einem den gesellschaftsrechtlichen Vorschriften entsprechenden Gewinnausschüttungsbeschluss beruhen. Der Vierte Teil des KStG i.d.F. der Bekanntmachung vom 22. April 1999 (BGBl. I Seite 817), zuletzt geändert durch Art. 4 des Gesetzes vom 14. Juli 2000 (BGBl. I Seite 1034), ist daher gemäß § 34 Absatz 10 a Nr. 2 KStG i.d.F. des Artikels 3 des Gesetzes vom 23. Oktober 2000 (BGBl. I Seite 1433) – KStG n.F. – letztmals für Ausgleichszahlungen an außenstehende Anteilseigner (§ 16 KStG) anzuwenden, die in dem Wirtschaftsjahr der Organgesellschaft erfolgen, welches dem ersten Wirtschaftsjahr vorangeht, das in dem Veranlagungszeitraum endet, für den das KStG n.F. erstmals anzuwenden ist. Bei kalenderjahrgleichem Wirtschaftsjahr sind dies Ausgleichszahlungen, die in 2000 erfolgen. Spätere Ausgleichszahlungen werden nach KStG n.F. abgewickelt. Bei Ausgleichszahlungen für das Wirtschaftsjahr der letztmaligen Anwendung des KStG a.F. hat die Organgesellschaft im Rahmen des § 16 KStG 100/70 der Ausgleichszahlung zu versteuern.

Es wird nicht beanstandet, wenn die für das Wirtschaftsjahr der letztmaligen Anwendung des KStG a.F. geleistete Ausgleichszahlung unter entsprechender Anwendung des § 34 Absatz 10 a KStG n.F. nach den gleichen Grundsätzen abgewickelt wird, die für Gewinnausschüttungen gelten, die auf einem den gesellschaftsrechtlichen Vorschriften entsprechenden Gewinnverteilungsbeschluss für ein abgelaufenes Wirtschaftsjahr beruhen, und die in dem ersten Wirtschaftsjahr erfolgen, das in dem Veranlagungszeitraum endet, für den das Körperschaftsteuergesetz neuer Fassung erstmals anzuwenden ist.

Versteuerung von Ausgleichszahlungen nach §16 KStG im Jahr 2003

Verfügung OFD Hannover vom 18.04.2005
S 2770 – 57 – StO 242

Nach § 16 KStG hat die Organgesellschaft ihr Einkommen i. H. von 4/3 der geleisteten Ausgleichszahlungen selbst zu versteuern. Der Bruch von 4/3 resultiert aus dem KSt-Satz von 25 v. H. nach § 23 KStG. Im VZ 2003 beträgt der KSt-Satz 26,5 v. H. auf Grund der Änderungen durch das Flutopfersolidaritätsgesetz vom 19. 9. 2002, ohne dass § 16 KStG dem angepasst wurde. In diesem VZ entspricht daher das Einkommen der Organgesellschaft nach § 16 Satz 1 KStG (4/3 der Ausgleichszahlung) nicht dem aktuellen KSt-Satz. In diesen Fällen ist wie folgt zu verfahren:

Der KSt-Spitzenbetrag von 1,5 v. H. wird als nichtabziehbare Betriebsausgabe behandelt. Dadurch wird der Gewinnabführungsbetrag vermindert, nicht aber das dem Organträger zuzurechnende Einkommen.

---

1) Aufhebung durch BMF-Schreiben zur Eindämmung der Normenflut vom 29.3.2007 – IV C 6 – O 1000/07/0018 (BStBl. 2007 I 369). Die Aufhebung des BMF-Schreibens bedeutet keine Aufgabe der bisherigen Rechtsauffassung der Verwaltung, sondern dient der Bereinigung der Weisungslage.

Gewinnabführungsvertrag mit einer GmbH

Erlaß FM NRW vom 13.04.1994

S 2770 – 39 – V B 4

Es ist die Frage gestellt worden, ob es bei einer Organgesellschaft in der Rechtsform der GmbH ausreicht, wenn die tatsächliche Gewinnabführung den in § 301 AktG genannten Betrag nicht überschreitet, ohne daß die Aussage des § 301 AktG nochmals ausdrücklich in den Gewinnabführungsvertrag aufgenommen werden muß.

Ich nehme zu dieser Frage wie folgt Stellung:

§ 17 KStG in der ab dem Veranlagungszeitraum 1991 geltenden Fassung verlangt für die steuerrechtliche Anerkennung einer GmbH als Organgesellschaft, daß diese sich wirksam verpflichtet, ihren ganzen Gewinn an ein anderes Unternehmen im Sinne des § 14 KStG abzuführen und die Gewinnabführung den in § 301 AktG genannten Betrag nicht überschreitet. § 17 Satz 2 Nr. 1 KStG n. F. fordert nicht, daß die Begrenzung der Gewinnabführung gem. § 301 AktG in den Gewinnabführungsvertrag ausdrücklich aufgenommen wird. Das gilt sowohl für bestehende als auch für noch abzuschließende Verträge.

Dieser Erlaß ergeht im Einvernehmen mit dem Bundesministerium der Finanzen und den obersten Finanzbehörden der anderen Länder.

Anerkennung von Ergebnisführungsverträgen nach der Änderung des § 302 AktG durch das Bilanzrichtliniengesetz (BiRiLiG)

Verfügung OFD Düsseldorf vom 04.11.1987

S 2770 A – St 13 H

Es ist gefragt worden, ob dem Ergebnisabführungsvertrag einer GmbH als Organgesellschaft künftig die steuerrechtliche Anerkennung zu versagen sei, wenn er den gleichen Wortlaut verwendet wie der bisherige § 302 Abs. 1 AktG, jedoch nach Inkrafttreten des BiRiLiG nicht an den geänderten Wortlaut des § 302 AktG angepaßt ist.

Es bestehen keine Bedenken, solche Verträge auch künftig steuerrechtlich anzuerkennen. Die genannten Ergebnisabführungsverträge sollten bei nächster Gelegenheit an den geänderten Wortlaut des § 302 Abs. 1 AktG angepaßt werden.

Anlage § 017–08

Höchstbetrag der Gewinnabführung bei Organschaft
hier: Änderung der §§ 301 und 302 Aktiengesetz (AktG) durch das
Bilanzrichtliniengesetz (BiRiLiG)

Verfügung OFD Münster vom 17.12.1990
S 2770 – 136 – St 13–31

Bis zum Inkrafttreten der Regelungen des BiRiLiG wurden in der Praxis Zuschüsse der Gesellschafter von der Organgesellschaft handelsrechtlich als Ertrag ausgewiesen und konnten somit Bestandteil der freien Rücklage (§ 151 Abs. 1 Passivseite II AktG a. F.) werden.

Das Gesetz (§§ 266 Abs. 3 A II, III, 272 Abs. 2, 3 HGB) unterscheidet nunmehr im gesetzlichen Gliederungsschema zwischen Kapital- und Gewinnrücklagen.

In § 301 Satz 2 AktG – Höchstbetrag der Gewinnabführung – sowie in § 302 Abs. 1 AktG sind dementsprechend die Worte „freie Rücklagen" durch „andere Gewinnrücklagen" ersetzt worden.

Es ist gefragt worden, ob andere Zuzahlungen im Sinne des § 272 Abs. 2 Nr. 4 HGB, die ein Gesellschafter während der Geltungsdauer des Gewinnabführungsvertrages in das Eigenkapital der Organgesellschaft leistet, ohne Auswirkung auf die steuerliche Anerkennung des Organschaftsverhältnisses in späteren Jahren zugunsten des Jahresüberschusses aufgelöst und an den Organträger abgeführt werden dürfen.

Hierzu bitte ich folgende Auffassung zu vertreten:

Auch nach der Änderung des § 301 AktG durch das BiRiLiG hat eine Organgesellschaft die Möglichkeit, Zuschüsse ihrer Anteilseigner im Wege der Gewinnabführung an den Organträger weiterzuleiten. Die Weiterleitung an den Organträger ist zum einen dann möglich, wenn die von den Anteilseignern geleisteten Zuzahlungen als Ertragszuschuß behandelt und damit nicht in die Kapital-, sondern in die Gewinnrücklage eingestellt worden sind.

Aber auch Zahlungen, die *während der Geltungsdauer des Vertrages* in die *Kapitalrücklage* nach § 272 Abs. 2 Nr. 4 HGB eingestellt worden sind, können in späteren Jahren steuerunschädlich zugunsten des Jahresüberschusses aufgelöst und anschließend an den Organträger abgeführt werden.

Dagegen verstößt bei einer nichteingegliederten Organgesellschaft in der Rechtsform der Aktiengesellschaft oder der Kommanditgesellschaft auf Aktien die Auflösung und Abführung einer vorvertraglich gebildeten Gewinnrücklage und einer *vorvertraglich* gebildeten Kapitalrücklage im Sinne des § 272 Abs. 2 Nr. 4 HGB gegen die Regelung des § 301 AktG und führt deshalb steuerlich zur Nichtanerkennung des Gewinnabführungsvertrages.

Entsprechendes gilt, wenn die Organgesellschaft die Rechtsform der GmbH besitzt.

Körperschaftsteuerliche Organschaft; Änderung des § 302 AktG

BMF-Schreiben vom 16.12.2005

IV B 7 – S 2770 – 30/05

(BStBl. 2006 I S. 12)

Voraussetzung für die Anerkennung eines Organschaftsverhältnisses nach § 17 Satz 2 Nr. 2 KStG ist die ausdrückliche Vereinbarung einer Verlustübernahme entsprechend den Vorschriften des § 302 AktG. Durch das Gesetz zur Anpassung von Verjährungsvorschriften an das Gesetz zur Modernisierung des Schuldrechts vom 9.12.2004 (BGBl. I 2004, 3214) ist § 302 AktG durch einen neuen Abs. 4 um eine Verjährungsregelung ergänzt worden.

Nach dem Ergebnis der Erörterung mit den obersten Finanzbehörden der Länder gilt für die Auswirkungen dieser Änderung des AktG auf die organschaftliche Voraussetzung des Gewinnabführungsvertrags Folgendes:

Es wird nicht beanstandet, wenn vor dem 1. 1. 2006 abgeschlossene Gewinnabführungsverträge einen Hinweis auf § 302 Abs. 4 AktG nicht enthalten.

Auch eine Anpassung dieser Verträge ist nicht erforderlich. Wird nicht allgemein auf § 302 AktG verwiesen, müssen Neuverträge eine dem § 302 Abs. 4 AktG entsprechende Vereinbarung enthalten.

Dieses Schreiben wird im BStBl. I veröffentlicht.

Anerkennung von ertragsteuerlichen Organschaftsverhältnissen
Anforderungen an die Vereinbarung einer Verlustübernahme i.S.v. § 17 Satz 2 Nr. 2 KStG

OFD Rheinland und Münster vom 12.8.2009
S 2770 – 1015 – St 131 (Rhld) / S 2770 – 249 – St 13 – 33 (Ms)

Nach § 17 Satz 2 Nr. 2 KStG kann ein Organschaftsverhältnis zu einer Kapitalgesellschaft in der Rechtsform einer GmbH nur anerkannt werden, wenn eine Verlustübernahme entsprechend den Voraussetzungen des § 302 AktG vereinbart wird.

Diese ausdrückliche Vereinbarung ist nach ständiger BFH-Rechtsprechung ungeachtet dessen erforderlich, dass § 302 AktG im GmbH-Konzern analog auch ohne ausdrückliche Vereinbarung gelten soll. An dieser Rechtsauffassung hat der BFH in jüngster Vergangenheit mit Nachdruck festgehalten. Siehe hierzu die Urteile vom 22.02.2006, Az. I R 73/05, GmbHR 2006, 890, ebenfalls vom 22.02.2006, I R /74/05, DStR 2006, 1224, vom 16.06.2008, Az. IV R 76/06 (n.v.) und vom 17.06.2008, Az. IV R 88/ 05, BFH/NV 2008, 1705.

Mithin muss der Gewinnabführungsvertrag (GAV) entsprechend R 66 Abs. 3 Sätze 2 und 3 KStR

– entweder allgemein auf die Geltung sämtlicher Absätze des § 302 AktG verweisen (es reicht aus, wenn die Verpflichtung zur Verlustübernahme – ohne jegliche Einschränkung – „entsprechend den Regelungen des § 302 AktG" vereinbart wird) oder
– den Wortlaut der Vorschrift des § 302 AktG wörtlich übernehmen.

Bei Beherrschungs- und Gewinnabführungsverträgen handelt es sich um Unternehmensverträge i.S.d. § 291 Abs. 1 AktG, die aus der Sicht objektiver Dritter auszulegen sind. Nicht allgemein erkennbare Umstände außerhalb der zum Handelsregister eingereichten Unterlagen, wie z.B. Vorentwürfe, können dabei nicht berücksichtigt werden (BFH-Urteil vom 28.11.2007, Az. I R 94/06, DStR 2008, 1413).

Fehlt es an einer Vereinbarung entsprechend § 302 AktG, ist eine Heilung des GAV mit Rückwirkung, z B. im Wege einer deklaratorischen Ergänzung, nicht möglich. Da Ergänzungen dieser Art konstitutiven Charakter haben, kann das Organschaftsverhältnis frühestens ab dem Jahr der Wirksamkeit (HR-Eintragung) der Ergänzungsvereinbarung unter den allgemeinen Voraussetzungen des § 14 KStG anerkannt werden. Hierbei ist insbesondere zu beachten, dass die fünfjährige Mindestvertragslaufzeit nach § 14 Abs. 1 Satz 1 Nr. 3 KStG gerechnet ab dem ersten Jahr der tatsächlichen Anerkennung des Organschaftsverhältnisses erfüllt sein muss.

Im Zusammenhang mit dem o.g. Allgemeinverweis ist die Frage aufgeworfen worden, ob folgende vertragliche Regelung einen wirksamen Allgemeinverweis auf § 302 AktG i.o. Sinne darstellt:

„Die . . . GmbH verpflichtet sich, entsprechend § 302 AktG jeden während der Vertragsdauer sonst entstehenden Jahresfehlbetrag der . . . GmbH auszugleichen, soweit dieser nicht dadurch ausgeglichen wird, dass den freien Gewinnrücklagen Beträge entnommen werden, die während der Vertragsdauer in sie eingestellt worden sind. "

Nach bundeseinheitlich abgestimmter Rechtsauffassung stellt die o.a. vertragliche Regelung keine steuerlich anzuerkennende Verlustübernahmevereinbarung i.S.v. § 17 Satz 2 Nr. 2 KStG dar, da die Vertragspartner hier im Ergebnis nur eine Verlustübernahme i.S.v. § 302 Abs. 1 AktG vereinbart haben. Zwar wird im einleitenden Satzteil § 302 AktG in Gänze erwähnt, allerdings ist dieser Satzteil sprachlich und inhaltlich nur im Gesamtzusammenhang mit dem nachfolgenden Satzteils verständlich. Dieser nachfolgende Satzteil beinhaltet jedoch nur eine wörtliche Wiedergabe des Regelungsinhalts von § 302 Abs. 1 AktG. Sollte hingegen die gesamte Geltung von § 302 AktG vereinbart werden (also insbesondere auch Absatz 3 und – ab 1.1.2006 – Abs. 4), hätte es einer nachfolgenden Wiederholung des Regelungsinhalts von § 302 Abs. 1 AktG nicht mehr bedurft. Vielmehr bestimmt der zweite Satzteil den Umfang, in dem es zu einer entsprechenden Anwendung von § 302 AktG kommen soll. Auf der Basis dieser Sichtweise fehlt es an einer wirksamen Vereinbarung gemäß § 302 Abs. 3 AktG. Bei nach dem 01.01.2006 abgeschlossenen Verträgen fehlt zudem eine wirksame Vereinbarung von § 302 Abs. 4 AktG (siehe hierzu BMF-Schreiben vom 16.12.2005, BStBl. I 2006, 12).

Ich bitte, in entsprechenden Fällen das körperschaftsteuerliche und gewerbesteuerliche Organschaftsverhältnis nicht anzuerkennen.

Einzelfälle, in denen die Anerkennungsfähigkeit einer abweichenden vertraglichen Vereinbarung zweifelhaft ist, bitte ich mit der OFD abzustimmen.

Erstmalig vorgelegte GAV bitte ich insbesondere diesbezüglich zeitnah zu überprüfen. Sofern danach die steuerrechtliche Anerkennung der Organschaft fraglich erscheint, ist zwischen den für Organträger und Organgesellschaft zuständigen Finanzämtern eine Abstimmung sowie ein Einvernehmen herbeizuführen.

Steuerliche Behandlung der Schadenrückstellungen (§ 20 Abs. 2 KStG)

BMF-Schreiben vom 05.05.2000

IV C 6 – S 2775 – 9/00

(BStBl. 2000 I S. 487)

Unter Bezugnahme auf das Ergebnis der Erörterungen mit den obersten Finanzbehörden der Länder gilt zur steuerlichen Behandlung der Schadenrückstellungen Folgendes:

I. Allgemeine Grundsätze

Die Schadenrückstellungen sind von den Versicherungsunternehmen für die voraussichtlich nach dem Abschlussstichtag entstehenden Aufwendungen zur Regulierung der Schäden zu bilden, die bis zum Abschlussstichtag zwar eingetreten oder verursacht, aber noch nicht abgewickelt worden sind. Es handelt sich hierbei um Rückstellungen für ungewisse Verbindlichkeiten i. S. des § 249 HGB, für deren Bewertung § 341g HGB besondere Regelungen enthält. Nach dem Grundsatz der Maßgeblichkeit der Handelsbilanz für die Steuerbilanz (§ 5 Abs. 1 EStG) gelten insoweit die handelsrechtlichen Regelungen auch für die steuerliche Gewinnermittlung. Die steuerlichen Vorschriften über die Bewertung von Rückstellungen sind zu befolgen (§ 5 Abs. 6 EStG).

Der Jahresabschluss hat unter Beachtung der Grundsätze ordnungsmäßiger Buchführung ein den tatsächlichen Verhältnissen entsprechendes Bild der Vermögens-, Finanz- und Ertragslage der Gesellschaft zu vermitteln (§ 264 Abs. 2 HGB). Vernünftiger kaufmännischer Beurteilung entspricht es dabei, den rückstellungsbegründenden Sachverhalt nicht nur in seinen negativen Aspekten zu erfassen, sondern auch die positiven Merkmale zu berücksichtigen, die die Wahrscheinlichkeit einer Inanspruchnahme mindern oder gar aufheben, weil der Kaufmann insoweit wirtschaftlich und rechtlich nicht belastet wird (BFH-Urteil vom 17. Februar 1993, BStBl. II S. 437).

Nach der Rechtsprechung des BFH (Urteil vom 17. Februar 1993, a. a. O.) ist für die Bewertung von Rückstellungen auch auf die Erfahrungen der Vergangenheit zurückzugreifen. Dies gilt insbesondere für Schadenrückstellungen, da sich insoweit aus bereits erfolgten Schadenabwicklungen Erkenntnisse für die wahrscheinliche Inanspruchnahme aus noch nicht abgewickelten Schadenfällen gewinnen lassen. Auf § 6 Abs. 1 Nr. 3a Buchstabe e EStG wird verwiesen.

Nach dem sowohl im Handelsrecht als auch im Steuerrecht geltenden Grundsatz der Einzelbewertung muss zunächst jedes einzelne Wirtschaftsgut und jede einzelne Verbindlichkeit für sich bewertet werden, d.h. für die Schadenrückstellung: Es muss das objektive Risiko des einzelnen Schadenfalles mit Blick auf die voraussichtliche tatsächliche Inanspruchnahme möglichst zutreffend geschätzt werden. Dieses Erfordernis zwingt jedoch dazu, in einem zweiten Schritt die Erfahrung aus der Vergangenheit in der Summe der Fälle eines bestimmten Versicherungszweigs in die Bewertung mit einzubeziehen, da nur in der Gesamtbetrachtung die Folgen, z.B. der Abwehrbemühungen der Versicherungsunternehmen oder des Auftauchens gestohlener Gegenstände usw., auf ihre Auswirkung für die zukünftige Inanspruchnahme aus Schadenfällen beurteilt werden können. Eine zusammengefasste Bewertung auf der Grundlage eines Gesamtbestandes wird nach der Rechtsprechung des BFH (Urteil vom 22. November 1988, BStBl. 1989 II S. 359) verlangt, wenn aus einem Gesamtbestand gleichartiger Verbindlichkeiten ein bestimmter Anteil nicht erfüllt werden muss, diese Verbindlichkeiten aber individuell nicht bestimmt werden können. Gleiches muss gelten, wenn die Verbindlichkeiten zwar individuell erfasst, aber hinsichtlich ihres Risikos nur in ihrer Summe aufgrund einer Gesamtbetrachtung zutreffend bestimmt werden können. Dieser Umstand erfordert dann keine Gruppenbewertung, sondern lediglich einen pauschalen Abschlag auf den im übrigen einzelbewerteten Gesamtbestand der Verbindlichkeiten eines Versicherungszweigs.

II. Gesetzliche Klarstellung

Durch Artikel 5 Nr. 5 des Steuerentlastungsgesetzes 1999/2000/2002 vom 24. März 1999 (BGBl. I S. 402, BStBl. I S. 304) ist in § 20 Abs. 2 KStG geregelt worden, dass bei der Bewertung der Schadenrückstellung die Erfahrungen der Vergangenheit im Sinne des § 6 Abs. 1 Nr. 3a Buchstabe e EStG für jeden Versicherungszweig zu berücksichtigen sind, für den nach aufsichtsrechtlichen Vorschriften eine gesonderte Gewinn- und Verlustrechnung aufzustellen ist. Die Summe der einzelbewerteten Schäden des Versicherungszweigs ist danach um den Betrag zu mindern, der wahrscheinlich insgesamt nicht zur Befriedigu?ng der Ansprüche für die Schäden benötigt wird.

Nach § 54 Abs. 8c KStG ist die Vorschrift des § 20 Abs. 2 KStG auch auf Veranlagungszeiträume vor 1999 anzuwenden. Ein sich aus dem Minderungsbetrag ergebender Mehrgewinn ist nicht nach § 52 Abs. 16 Satz 10 EStG zu verteilen.

III. Ermittlung des Minerungsbetrags im Sinne des § 20 Abs. 2 KStG

Zur Ermittlung des pauschalen Abschlags bei der Bewertung der Schadenrückstellungen (Minerungsbetrag) werden die Erkenntnisse aus der Vergangenheit für die einzelnen Versicherungszweige mit Hilfe einer sogenannten Ablaufverprobung überprüft. Die Ablaufverprobung ist grundsätzlich nach Bilanzjahren vorzunehmen. Alternativ kann eine Ablaufverprobung nach Schadenfalljahren durchgeführt werden, wenn das Versicherungsunternehmen alle erforderlichen Nachweise für eine Berechnung auf Netto-Basis (insbesondere zu den Anteilen der abgegebenen Rückversicherung nach Schadenanfalljahren) vorlegen kann.

1. **Schaden- und Unfallversicherungsunternehmen**

   Die von den Schaden- und Unfallversicherungsunternehmen zu erstellenden Gewinn- und Verlustrechnungen sind in §§ 2 und 4 der Verordnung über die Berichterstattung von Versicherungsunternehmen gegenüber dem Bundesaufsichtsamt für das Versicherungswesen (BerVersV) geregelt. Für welche Versicherungszweige gesonderte versicherungstechnische Gewinn- und Verlustrechnungen zu erstellen sind, regelt § 4 BerVersV. Darüber hinaus haben die Schaden- und Unfallversicherungsunternehmen zusätzliche formgebundene Erläuterungen zu erstellen (§ 12 BerVersV). Bei der Aufgliederung der Schadenrückstellungen auf Versicherungszweige kann dieselbe Aufgliederung wie für die Meldungen an das Bundesaufsichtsamt für das Versicherungswesen (BAV) verwendet werden. Eine weitergehende Untergliederung ist nicht zulässig.

   Die erforderlichen Angaben für eine Ablaufverprobung zur Ermittlung des Minerungsbetrags ergeben sich in erster Linie aus den folgenden Unterlagen:

   Fb 200 Gewinn- und Verlustrechnung (für jeden Versicherungszweig gesondert gemäß § 4 BerVersV)

   Nw 242 Angaben zu den Versicherungsfällen, Rückstellungen und Aufwendungen des selbstabgeschlossenen Versicherungsgeschäfts (§ 12 Abs. 1 Nr. 3 BerVersV)

   Die Rückstellungen für unbekannte Spätschäden können für die Ablaufverprobung nach Tz. 1.1 aus den BAV-Nachweisungen ausgesondert werden. In diesen Fällen sind die Grundsätze für die Bildung und die pauschale Bewertung der Spätschäden weiterhin anzuwenden. Die Rückstellungen für unbekannte Spätschäden sind unabhängig von den Erlassregelungen dem Grunde und der Höhe nach zu prüfen (Hinweis auf Geschäftsbericht des BAV für 1977 S. 43 – 44).

   Die Schaden- und Unfallversicherungsunternehmen berechnen die Rückstellung für Schadenregulierungsaufwendungen regelmäßig nach Maßgabe des BMF-Schreibens vom 2. Februar 1973 – IV B 5 – S 2750 – 7/73 –. Das Ergebnis aus der Abwicklung dieser Teil-Schadenrückstellung darf das Abwicklungsergebnis insgesamt nicht beeinflussen.

1.1 **Ermittlung des prozentualen Abwicklungsergebnisses und des Rückstellungsbedarfs für das selbst abgeschlossene Geschäft**

   Das prozentuale Abwicklungsergebnis und der Rückstellungsbedarf für das selbst abgeschlossene Geschäft sind bei der Verprobung nach Bilanzjahren ausgehend von der Brutto-Schadenrückstellung für das selbstabgeschlossene Geschäft nach folgenden Rechenschritten zu ermitteln:

1.1.1 **Schadenrückstellung für eigene Rechnung am Anfang des Wj. (Rechengröße)**

   Brutto-Schadenrückstellung am Anfang des Wj.
   - Rückstellung für Schadenregulierungsaufwendungen am Anfang des Wj.
   - Anteil der Rückversicherung an der Brutto-Schadenrückstellung am Anfang des Wj.
   + Anteil der Rückversicherung an der Rückstellung für Schadenregulierungskosten am Anfang des Wj.
   = Rückstellung für eigene Rechnung am Anfang des Wj.

1.1.2 **Rückstellung für Versicherungsfälle der Vorjahre für eigene Rechnung am Ende des Wj. (Rechengröße)**

   Brutto-Schadenrückstellung für Vorjahres-Versicherungsfälle – also ohne Versicherungsfälle des laufenden Wj. – am Ende des Wj.
   - Rückstellung für Schadenregulierungsaufwendungen für Vorjahres-Versicherungsfälle am Ende des Wj.
   - Anteil der Rückversicherung an der Brutto-Schadenrückstellung für Vorjahres-Versicherungsfälle am Ende des Wj.
   + Anteil der Rückversicherung an der Rückstellung für Schadenregulierungskosten für Vorjahres-Versicherungsfälle am Ende des Wj.
   = Rückstellung für Versicherungsfälle der Vorjahre für eigene Rechnung am Ende des Wj.

1.1.3 Zahlungen im Wj. für Versicherungsfälle der Vorjahre für eigene Rechnung

Zahlungen im laufenden Wj. für Vorjahres-Versicherungsfälle

– Im laufenden Wj. gezahlte Schadenregulierungsaufwendungen für Vorjahres-Versicherungsfälle

– Anteil der Rückversicherung an den Zahlungen im laufenden Wj. für Vorjahres-Versicherungsfälle

+ Anteil der Rückversicherung an den Zahlungen für Schadenregulierungskosten im laufenden Wj. für Vorjahres-Versicherungsfälle

= Zahlungen im Wj. für Versicherungsfälle der Vorjahre für eigene Rechnung

1.1.4 Prozentuales Abwicklungsergebnis für das selbst abgeschlossene Geschäft

Rückstellung für eigene Rechnung am Anfang des Wj. (Tz. 1.1.1)

– Rückstellung für Versicherungsfälle der Vorjahre für eigene Rechnung am Ende des Wj. (Tz. 1.1.2)

= Abwicklungsvolumen

– Zahlungen im Wj. für Versicherungsfälle der Vorjahre für eigene Rechnung (Tz. 1.1.3)

= Abwicklungsergebnis

$$\frac{\text{Abwicklungsergebnis x 100}}{\text{Abwicklungsvolumen}} = \text{Prozentuales Abwicklungsergebnis}$$

Für eine aussagefähige Ablaufverprobung ist ein Beobachtungszeitraum von mindestens 5 Jahren erforderlich. Für neue Versicherungszweige ist ein kürzerer Beobachtungszeitraum möglich.

Die Summe der prozentualen Abwicklungsergebnisse aller Jahre des Beobachtungszeitraums geteilt durch die Anzahl der beobachteten Jahre ergibt das mittlere arithmetische Abwicklungsergebnis. Dieses mittlere arithmetische Abwicklungsergebnis entspricht der durchschnittlichen prozentualen Besserregulierung der vergangenen Jahre .

1.1.5 Rückstellungsbedarf

Der Rückstellungsbedarf in Prozent bezogen auf die tatsächlich gebildete Rückstellung ergibt sich aus der Differenz zwischen 100 und dem prozentualen Abwicklungsergebnis .

1.2 Sicherheitszuschlag

Bei der Ermittlung des **tatsächlichen Rückstellungsbedarfs** ist es nicht zu beanstanden, wenn der nach Tz. 1.1.5 ermittelte Rückstellungsbedarf um einen Sicherheitszuschlag in Höhe von 15 % **bezogen auf den Rückstellungsbedarf** korrigiert wird.

Der Sicherheitszuschlag kann höher bemessen werden, wenn dies durch Besonderheiten gerechtfertigt ist, die durch die Ablaufverprobung nicht erfasst werden (z.B. größere Abweichungen vom mittleren arithmetischen Abwicklungsergebnis bei den Ergebnissen der einzelnen Jahre des Beobachtungszeitraums, Veränderungen im Versicherungsbestand, in den Schadenstrukturen und der Schadenentwicklung, Großschäden, Schätzunsicherheiten). Die Besonderheiten und deren Nichtberücksichtigung bei der Schadenrückstellung hat das Versicherungsunternehmen nachzuweisen.

Beispiel:

(BOZ = Beobachtungszeitraum)	Unternehmen A DM	Unternehmen B DM	Unternehmen C DM
Ergebnis der Ablaufverprobung			
Zahlung (Durchschnitt des BOZ)	8.000.000,00	8.000.000,00	8.000.000,00
Dafür gebildete Rückstellung (Durchschnitt des BOZ)	10.000.000,00	12.000.000,00	16.000.000,00
Abwicklungsergebnis absolut	2.000.000,00	4.000.000,00	8.000.000,00
Abwicklungsergebnis in %	20,00 %	33,33 %	50,00 %
Rückstellungsbedarf in %	80,00 %	66,67 %	50,00 %
Sicherheitszuschlag in % auf **Rückstellungsbedarf**	15,00 %	15,00 %	15,00 %
Rückstellungsbedarf einschl. Sicherh.-Zuschlag	92,00 %	76,67 %	57,50 %
Rückstellung Ende des BOZ	10.000.000,00	12.000.000,00	16.000.000,00
Auflösung in Prozent	8,00 %	23,33 %	42,50 %
Auflösung absolut	800.000,00	2.800.000,00	6.800.000,00
verbleibende Rückstellung	9.200.000,00	9.200.000,00	9.200.000,00

2. **Versicherungszweige, die nach Zeichnungsjahren abgerechnet werden**

   Für Versicherungszweige und Versicherungsarten, die nach Zeichnungsjahren abgerechnet werden (z.B. die Transportversicherung), gelten nach § 27 Abs. 2 der Verordnung über die Rechnungslegung von Versicherungsunternehmen (RechVersV) besondere Bewertungsvorschriften für die versicherungstechnische Rückstellung. In diesen Fällen enthält diese Rückstellung sowohl Elemente der Schadenrückstellung als auch der Beitragsüberträge.

   Bei einer Ablaufverprobung für die Versicherungszweige, die nach Zeichnungsjahren abgerechnet werden, ist das dargestellte Modell der Ablaufverprobung zu modifizieren. Dabei sind die Beitragsüberträge und die Nachverrechnungsbeiträge (Beitragseingänge im Geschäftsjahr für in Vorjahren begonnene Zeichnungsjahre) zu berücksichtigen. Das BFH-Urteil vom 30. September 1970 (BStBl. 1971 II S. 66), das eine Nullstellung im Zeichnungsjahr zulässt, ist zu beachten.

3. **Rückversicherungsunternehmen**

   Die von den Rückversicherungsunternehmen zu erstellenden Gewinn- und Verlustrechnungen sind in § 2 und in § 6 BerVersV geregelt. Für welche Versicherungszweige gesonderte versicherungstechnische Gewinn- und Verlustrechnungen zu erstellen sind, ergibt sich aus § 6 BerVersV. Darüber hinaus haben die Rückversicherungsunternehmen zusätzliche formgebundene Erläuterungen zu erstellen (§ 14 BerVersV).

   Die erforderlichen Angaben für eine Ablaufverprobung zur Ermittlung des Minderungsbetrags, der wahrscheinlich insgesamt nicht zur Befriedigung der Ansprüche für die Schäden benötigt wird, ergeben sich in erster Linie aus dem Vordruck Fb 200 Gewinn- und Verlustrechnung (für jeden Versicherungszweig gesondert gemäß § 6 BerVersV).

4. **Krankenversicherungsunternehmen**

   Für die Berechnung der Rückstellung für noch nicht abgewickelte Versicherungsfälle bestimmt § 341g Abs. 3 HGB die Anwendung eines statistischen Näherungsverfahrens. Weitere Angaben zum Umfang der Schadenrückstellung und ihrer Berechnung enthält § 26 Abs. 1 Satz 2 ff RechVersV.

   Bei zutreffender Anwendung des statistischen Näherungsverfahrens wird die Bewertung der Schadenrückstellung bei den Krankenversicherungsunternehmen den Anforderungen des § 20 Abs. 2 KStG genügen. Eine zusätzliche Ablaufverprobung ist entbehrlich.

5. **Lebensversicherungsunternehmen**

   Für die Höhe der Rückstellung für noch nicht abgewickelte Versicherungsfälle bei den Lebensversicherungsunternehmen sind die gegenüber dem Begünstigten bestehenden Verpflichtungen maßgebend (§ 26 Abs. 1 Satz 1 RechVersV).

   Die Bedeutung der Schadenrückstellung für die Handels- und Steuerbilanz ist bei den Lebensversicherungsunternehmen gering, auch der Abwicklungszeitraum der einzelnen Versicherungsfälle beträgt regelmäßig nur wenige Tage oder Monate. Eine Ablaufverprobung ist daher entbehrlich.

   Soweit bei Teilen der Schadenrückstellungen (z.B. in der Berufsunfähigkeitsversicherung auf Grund von Ablehnungsfällen oder Wegfall des Berufsunfähigkeitsgrundes) nicht unerhebliche Abwicklungsgewinne vorliegen, sind die Schadenrückstellungen unter Beachtung der Grundsätze des § 20 Abs. 2 KStG zu überprüfen.

6. **Abzinsung**[1]

   Zur Frage der Abzinsung ergeht ein besonderes BMF-Schreiben.

7. **Verhältnis der Schadenrückstellung zur Schwankungsrückstellung**

   Die Anwendung der Rechtsgrundsätze, die durch § 20 Abs. 2 KStG in der Fassung des Steuerentlastungsgesetzes 1999/2000/2002 vom 24. März 1999 (BGBl. I S. 403, BStBl. I S. 304) klargestellt werden, führt zu keiner Änderung der für die Berechnung der Schwankungsrückstellung maßgebenden Schadenquoten.

---

1) Vgl. Anlage § 008 (1) – 39.

Berechnung der Beitragsüberträge, der Deckungsrückstellung und der aktiven Rechnungsabgrenzungsposten für die Inkassokosten bei Lebensversicherungsunternehmen

Erlaß FM NW vom 30.04.1965

S 2511 – 28 – V A 2

1. Mittlerer Versicherungsbeginn

In der Lebensversicherung werden die geschäftsplanmäßig in der Handelsbilanz zu bildenden Beitragsüberträge (Prämienüberträge) und Deckungsrückstellungen[1] zur Kostenersparnis unter der Annahme berechnet, daß alle innerhalb eines Wirtschaftsjahres abgeschlossenen Versicherungen in der Mitte des Wirtschaftsjahres beginnen, z. B. am 1. Juli, wenn das Wirtschaftsjahr mit dem Kalenderjahr übereinstimmt. Bei dieser Berechnung wird unterstellt, daß sich die Versicherungsabschlüsse gleichmäßig über das Wirtschaftsjahr verteilen.

Vom Verband der Lebensversicherungsunternehmen ist angeregt worden, diesen im Geschäftsplan festgelegten rechnungsmäßigen mittleren Versicherungsbeginn auch steuerlich anzuerkennen. Ich bitte, hierzu folgende Auffassung zu vertreten:

In allen Fällen, in denen Beitragsüberträge und Deckungsrückstellungen (aus Sparbeiträgen) zu bilden sind, ist von einer Beanstandung abzusehen, wenn die Beitragsüberträge und Deckungsrückstellungen nach demselben im Geschäftsplan festgelegten rechnungsmäßigen mittleren Versicherungsbeginn berechnet sind. Hier beeinflußt die Abweichung des rechnungsmäßigen mittleren Versicherungsbeginns von dem tatsächlichen mittleren Versicherungsbeginn wegen gegenläufiger Auswirkungen bei den Beitragsüberträgen und den Deckungsrückstellungen den Gewinn nur unwesentlich.

In den Fällen, für die nur Beitragsüberträge zu bilden sind (als solche sind auch die temporären Todesfallversicherungen zu behandeln) oder nur Deckungsrückstellungen zu stellen sind (z. B. beitragsfreie Versicherungen und die Kleinlebensversicherungen mit echter unterjähriger Zahlungsweise) kann von einer Berichtigung nur dann abgesehen werden, wenn der der Berechnung zugrunde liegende rechnungsmäßige mittlere Versicherungsbeginn (gewogenes Mittel) von dem tatsächlichen Versicherungsbeginn um nicht mehr als einen Monat abweicht.

2. Aktive Rechnungsabgrenzung eines Teils der Inkassokosten

Nach den Rechnungslegungsvorschriften für die größeren Lebensversicherungsunternehmen ist bei der Berechnung der Beitragsüberträge grundsätzlich von den Bruttobeiträgen auszugehen. Daneben ist es zulässig, die Beitragsüberträge aus den Nettobeiträgen zu ermitteln. Bei beiden Verfahren wird in der Regel rechnungsmäßig unterstellt, daß alle innerhalb eines Wirtschaftsjahres abgeschlossenen Versicherungen in der Mitte des Wirtschaftsjahres beginnen. Bei einem Wirtschaftsjahr, das mit dem Kalenderjahr übereinstimmt, wird somit der 1. Juli als mittlerer Versicherungsbeginn festgelegt.

Beim Bruttoverfahren wird dementsprechend der halbe Bruttobeitrag für die Verwendung in oder ersten Hälfte des folgenden Wirtschaftsjahres passiviert. Dieser Beitragsübertrag umfaßt den anteiligen Zillmernettobeitrag (Risiko- und Sparbeitrag), den anteiligen Inkassokostenzuschlag und den anteiligen Zuschlag für die Kosten der laufenden Verwaltung. Der Beitragsübertrag ist nach den Rechnungslegungsvorschriften in der Weise zu korrigieren, daß die auf ihn entfallenden vorausgezahlten Provisionen und Verwaltungskosten unter den aktiven Rechnungsabgrenzungsposten auszuweisen sind. Bisher haben die Lebensversicherungsunternehmen in der Regel nur die vorausgezahlten Provisionen aktiv abgegrenzt.

Beim Nettoverfahren wird nur der anteilige Zillmernettobeitrag übertragen. Dazu wird eine Rückstellung für die Kosten der laufenden Verwaltung gebildet und zusammen mit dem übertragenen Zillmernettobeitrag als Beitragsübertrag ausgewiesen. Bereits verausgabte Kosten, z. B. vom Versicherer für das ganze Versicherungsjahr vorausgezahlte Inkassoprovisionen, dürfen nicht passiviert werden.

Vom Verband der Lebensversicherungsunternehmen ist die Frage aufgeworfen worden, ob außer den vorausgezahlten Inkassoprovisionen auch sonstige Inkassokosten, soweit sie im Wirtschaftsjahr für einen über den Bilanzstichtag hinausreichenden Zeitraum verausgabt wurden, aktiv abzugrenzen (beim Bruttoverfahren) bzw. nicht in die Rückstellung für die Kosten der laufenden Verwaltung (beim Nettoverfahren) einzustellen sind.

Unter den sonstigen Inkassokosten sind die Inkassoverwaltungskosten zu verstehen. Dazu gehören alle Kosten, die mit dem Inkasso unmittelbar oder mittelbar zusammenhängen. Es ist zu unterscheiden, zwischen den einmaligen besonderen Inkassokosten (z. B. Kosten der Beitragserhebung und Verbuchung) und den laufenden Inkassokosten, (z. B. Kosten der Korrespondenz, des Versands von Zahlungserinnerungen, des außergerichtlichen und gerichtlichen Mahnverfahrens, der Aufrechterhaltung der sich ständig ändernden Inkassoorganisation).

Ich bitte, hierzu folgende Auffassung zu vertreten:

Beim B r u t t o v e r f a h r e n sind nur die nachstehenden Inkassokosten aktiv abzugrenzen, soweit sie im Wirtschaftsjahr für einen über den Bilanzstichtag hinausreichenden Zeitraum verausgabt wurden:

a) die vorausgezahlten Inkassoprovisionen und

b) die verausgabten besonderen einmaligen sonstigen Inkassokosten.

Beim N e t t o v e r f a h r e n gelten diese Grundsätze sinngemäß mit der Maßgabe, daß die vorausgezahlten Inkassoprovisionen und die verausgabten besonderen einmaligen sonstigen Inkassokosten nicht in die Bemessungsgrundlage für den Beitragsübertrag einbezogen werden dürfen.

Diese Grundsätze sind erstmals für Wirtschaftsjahre zu beachten, die im Kalenderjahr 1964 enden.

3. Dieser Erlaß ergeht im Einvernehmen mit dem Herrn Bundesminister der Finanzen und den obersten Finanzverwaltungen der anderen Länder.

Körperschaftsteuerrechtliche Behandlung der Vertragsabschlußkosten bei Versicherungsunternehmen [1]

Erlaß FM NW vom 03.01.1966
S 2511 – 10 – V B 4 (BStBl. 1966 II S. 37)

Bezug: Meine Erlasse vom 3. Januar 1962, S 2511 – 10 – VA 2 (BStBl. 1962 II S. 31) und vom 9. Mai 1963, S 2511 – 10 – VA 2

Nach § 56 Abs. 2 des Gesetzes über die Beaufsichtigung der privaten Versicherungsunternehmen und Bausparkassen in der Fassung des § 37 Nr. 8 des Einführungsgesetzes zum Aktiengesetz vom 6. September 1965 (BGBl. I S. 1185; BStBl. 1965 I S. 519) dürfen Aufwendungen für den Abschluß von Versicherungsverträgen in der Handelsbilanz nicht aktiviert werden. Im Hinblick darauf kommt körperschaftsteuerrechtlich ebenfalls eine Aktivierung der Vertragsabschlußkosten nicht mehr in Betracht. Das gilt auch für die Vergangenheit, soweit die Veranlagungen noch nicht rechtskräftig sind. Meine Bezugserlasse sind hierdurch überholt.

Die Frage, wie die Zahlungen (Kostenersatz) des Rückversicherers an den Vorversicherer steuerrechtlich zu behandeln sind (vgl. meinen Erlaß vom 21. Februar 1964 S 2511 – 10 – VA 2), wird dadurch nicht berührt. Diese Frage wird noch besonders geprüft werden.

Dieser Erlaß ergeht mit Zustimmung des Herrn Bundesministers der Finanzen und im Einvernehmen mit den Herren Finanzministern (-senatoren) der anderen Länder des Bundesgebiets.

---

[1] Der Erlaß ist von den übrigen Ländern übernommen worden (vgl. BStBl. 1966 II S. 48, 50, 52, 58, 60 und 66).

Anlage § 020–04

Berechnung der Deckungsrückstellung und des Beitragsübertrags in der Lebensversicherung (BStBl. 1967 II S. 139)[1]

Erlaß FM NW vom 27.01.1967
S 2750 – 3 – V B 4

In der Lebensversicherung richtet sich die Höhe der Bilanzpositionen „Deckungsrückstellung" und „Beitragsübertrag" u. a. nach dem Zeitpunkt des Beginns der am Bilanzstichtag laufenden Versicherungen. Nach den von der Aufsichtsbehörde genehmigten Geschäftsplänen berechnen die Versicherungsunternehmen die Deckungsrückstellung und den Beitragsübertrag in aller Regel unter der Annahme, daß der durchschnittliche Versicherungsbeginn für alle in einem Wirtschaftsjahr abgeschlossenen Versicherungen in der Mitte des Wirtschaftsjahres liegt. Durch diese Berechnung kann, wenn der geschäftsplanmäßige mittlere Versicherungsbeginn abweicht, auch die Höhe des Gewinns beeinflußt sein.

Steuerlich wird dazu folgendes bestimmt:

1. Bei Versicherungen, die zur Bilanzierung einer Deckungsrückstellung und eines Beitragsübertrags führen, sowie bei beitragsfreien Versicherungen, die zur Bilanzierung nur einer Deckungsrückstellung führen, sind, vorausgesetzt, daß keine anderen steuerlichen Bedenken bestehen, die Deckungsrückstellung und der Beitragsübertrag steuerlich anzuerkennen, wenn diese Bilanzpositionen nach dem gleichen geschäftsplanmäßigen mittleren Versicherungsbeginn (gleicher mittlerer Beginn für die Berechnung der Deckungsrückstellung und des Beitragsübertrags) berechnet worden sind. (In diesen Fällen ergeben sich bei einer Abweichung des tatsächlichen mittleren Versicherungsbeginns von dem geschäftsplanmäßigen mittleren Versicherungsbeginn keine betragsmäßig erheblichen Auswirkungen).

2. Bei Versicherungen (ausschließlich der unter Ziffer 1 bezeichneten beitragsfreien Versicherungen), die nur zur Bilanzierung einer Deckungsrückstellung führen (z. B. die Kleinlebensversicherung), ist die Deckungsrückstellung wegen der betragsmäßig nicht unerheblichen Auswirkungen nach Maßgabe des tatsächlichen mittleren Versicherungsbeginns zu berichtigen, wenn dieser von dem geschäftsplanmäßig festgelegten mittleren Versicherungsbeginn um mehr als einen Monat abweicht.

   Es bestehen keine Bedenken, wenn der tatsächliche mittlere Beginn näherungsweise als gewogenes Mittel unter Berücksichtigung des Beginns des Versicherungsjahres und des Jahressollbeitrags berechnet wird. Der Beginn des Versicherungsjahres ist der Jahrestag des Beginns der Versicherung. Der Jahressollbeitrag ist der für ein Versicherungsjahr zu zahlende Beitrag, der bei vereinbarter Zahlung für einen kürzeren Zeitraum durch entsprechende (zeitliche) Vervielfachung zu ermitteln ist (bei Monatsbeiträgen mal 12). Versicherungsbeginn desselben Monats können auf den Beginn des Monats zusammengezogen werden.

3. Ist nur ein Prämienübertrag zu bilanzieren (hierzu zählen auch die temporären Risikoversicherungen), ergibt sich der gesamte Wert pro rata temporis.

   Als Näherungsverfahren kann hier, wenn die Voraussetzungen dafür gegeben sind, wie in der Schaden- und Unfallversicherung das sog. Bruchteilverfahren (1 / 24 -System oder 1 / 12 -System) angewendet werden.

4. Für die nach den Ziffern 1 bis 3 zu treffenden Feststellungen ist jeder Bestand, für den ein eigener Geschäftsplan vorhanden ist, für sich zu betrachten.

Dieser Erlaß ergeht im Einvernehmen mit dem Herrn Bundesminister der Finanzen und den Herren Finanzministern (Finanzsenatoren) der anderen Länder des Bundesgebiets. Er wird im Teil II des Bundessteuerblatts veröffentlicht werden.

---

1) Der Erlaß ist von den übrigen Ländern übernommen worden (BStBl. II S. 124-126, 140-142).

Besteuerung von Versicherungsunternehmen;
hier: Bilanzierung von Prämienüberträgen im Rückversicherungsgeschäft unter Berücksichtigung von vereinbarten Portefeuille-Stornosätzen

Erlaß FM NW vom 19.08.1970
S 2750 – 26 – V B 4

Die sich aus der Kündigung eines Rückversicherungsvertrags ergebenden Verpflichtungen des Rückversicherers sind nach den allgemeinen steuerlichen Grundsätzen zu bilanzieren. Sieht der Rückversicherungsvertrag für den Fall der Kündigung des Vertrags einen festen Portefeuille-Stornosatz vor, so ist hiernach wie folgt zu unterscheiden:

1. Ist der Rückversicherungsvertrag am Bilanzstichtag bereits gekündigt, so ist die Stichtagsverpflichtung (Portefeuille-Stornosatz) beim Rückversicherer zu passivieren.

2. Ist die Kündigung des Rückversicherungsvertrags am Bilanzstichtag mit großer Wahrscheinlichkeit zu erwarten, so darf die Stichtagsverpflichtung (Portefeuille-Stornosatz) vom Rückversicherer passiviert werden.

3. In allen anderen Fällen ist davon auszugehen, daß die Stichtagsverpflichtung des Rückversicherers ausschließlich in der Gewährung von Versicherungsschutz für die versicherte Risikodauer, die über den Bilanzstichtag hinausreicht, besteht. Deshalb hat der Rückversicherer in diesen Fällen nur den Prämienübertrag zu passivieren; der Betrag, um den der höhere Portefeuille-Stornosatz den Prämienübertrag übersteigt, darf nicht passiviert werden.

Dieser Erlaß ergeht im Einvernehmen mit dem Bundesminister der Finanzen und den obersten Finanzbehörden der anderen Länder.

Anlage § 020–06

Ertragsteuerliche Behandlung der Schadenermittlungs- und Schadenbearbeitungskosten bei Versicherungsunternehmen

Erlaß FM NW vom 22.02.1973

S 2750 – 24 – V B 4

Zu der Frage der ertragsteuerlichen Behandlung der Schadenermittlungs- und Schadenbearbeitungskosten bitte ich, folgende Auffassung zu vertreten:

Die Verpflichtung zur Schadenermittlung ist bei der Bilanzierung der Verpflichtung zur Schadenleistung zu berücksichtigen. Für die Berechnung der Schadenermittlungskosten ist zunächst die Gesamtkostenrechnung des Versicherungsunternehmens nach Kostenbereichen aufzugliedern. Dabei sind die Gemeinkosten nach dem Schlüssel der Lohn- und Gehaltsaufwendungen zu verteilen. Aus dem Kostenbereich Schadenregulierung (Schadenermittlung und Schadenbearbeitung) bilden die den Herstellungskosten entsprechenden Kosten die Bemessungsgrundlage für die Schadenermittlungskosten. Ein Einzelnachweis ist entbehrlich, wenn in der Schaden- und Unfallversicherung nicht mehr als 80 v. H. dieser Bemessungsgrundlage den Schadenermittlungskosten zugeordnet werden.

Bei der Bilanzierung der Verpflichtung zur Schadenermittlung ist davon auszugehen, daß bis zum Bilanzstichtag im Durchschnitt 25 v. H. der Schadenermittlung bereits durchgeführt sind.

Erfolgt die Berechnung der Rückstellung für Schadenermittlungskosten unter Zugrundelegung des durchschnittlichen Stückkostensatzes, der aus der Gesamtheit der im Geschäftsjahr abgewickelten Schadenfälle abgeleitet wurde, so ist der sich ergebende Betrag in dem Verhältnis zu erhöhen, in dem der durchschnittliche bilanzierte Schaden zum durchschnittlichen Schaden der Schadenfälle steht, die der Berechnung des Stückkostensatzes zugrunde liegen, und wegen der zum Schaden nicht proportional steigenden fixen Kosten um 20 v. H. zu kürzen.

Es ist nicht zu beanstanden, wenn bei dieser Rechnung die nach dem Bilanzstichtag in das Schadenregister aufgenommenen Schäden des abgelaufenen Geschäftsjahres außer Betracht bleiben und in diesem Umfang die Rückstellung für Schadenermittlungskosten anhand eines durchschnittlichen prozentualen Zuschlags zur Schadenrückstellung geschätzt wird.

In der Krankenversicherung ist ein Einzelnachweis entbehrlich, wenn die Rückstellung für Schadenermittlungskosten nicht mehr beträgt als 70 v. H. der Schadenrückstellung, multipliziert mit dem Verhältnis der Schadenregulierungskosten zu den Schadenleistungen, die für im Geschäftsjahr abgewickelte Schadenfälle aufgewendet worden sind.

In der Lebensversicherung ist ein Einzelnachweis entbehrlich, wenn die Rückstellung für Schadenermittlungskosten nicht mehr beträgt als 1 v. H. der Schadenrückstellung, welche die Versicherungssumme für abgelaufene Versicherungen nicht mehr enthält.

Wird ein Einzelnachweis für die zu bilanzierende Verpflichtung zur Schadenermittlung geführt, so sind entsprechend den Grundsätzen des BFH Urteils vom 19. Januar 1972, I 114/65 (BStBl. 1972 II S. 392) folgende Kostenarten nicht der Schadenermittlung zuzuordnen:

Anteilige persönliche und sächliche Kosten für:

Prüfung des Versicherungsverhältnisses und daraus entstehende Deckungsprozesse; registraturmäßige Behandlung der Schadenakten;

Kartei- und Listenführung, Statistik, Verkehr mit anderen Ressorts;

Abrechnung mit Rück- und Mitversicherern;

Bearbeitung von Regressen und Ausgleichsansprüchen gegen Dritte bzw. deren Versicherer;

Bearbeitung von Teilungsabkommen mit anderen Versicherern, und Verwaltung von Renten.

Rückstellungen für Schadenbearbeitungskosten sind nicht zulässig. Auf das BFH-Urteil vom 19. Januar 1972 I 114/65 (BStBl. 1972 II S. 392) wird Bezug genommen.

Diese Regelung ist auf Wirtschaftsjahre anzuwenden, die am 31. Dezember 1972 oder später enden.

Dieser Erlaß ergeht im Einvernehmen mit dem Bundesminister der Finanzen und den obersten Finanzbehörden der anderen Länder.

Beitragsübertrag bei Lebensversicherungsunternehmen

Erlaß FM NW vom 24.09.1973

S 2750 – 33 – V B 4

Bezug: Meine Erlasse vom 29. Juli 1968 S 2750–12–V B 4, 9. März und 29. Mai 1973 S 2750 – 33 –V B 4

Die im Jahre 1968 von den obersten Finanzbehörden der Länder zur Frage der Bemessung des Beitragsübertrags vertretene Auffassung (vgl. meinen o. a. Erlaß vom 29. Juli 1968) hat in vielen Fällen zu einer Verminderung des Beitragsübertrags geführt. Die sich hierdurch ergebenden Gewinne sind im Wirtschaftsjahr 1968 von den Lebensversicherungsunternehmen unter Vorbehalt der Rückstellung für Beitragsrückerstattung zugeführt worden. Die entsprechenden Beträge sollten nach den hierzu abgegebenen geschäftsplanmäßigen Erklärungen wieder zurückgebracht werden, falls die neuen Rechnungslegungsvorschriften zum Aktiengesetz 1965 eine Erhöhung des Beitragsübertrags erfordern würden.

Nach der ab 1972 getroffenen Neuregelung zur Ermittlung des Beitragsübertrags (vgl. meinen o. a. Erlaß vom 9. März 1973) sind die Beitragsüberträge mit einem höheren Betrag zu passivieren als bisher. Die Versicherungsunternehmen beabsichtigen daher, den im Jahre 1968 der Rückstellung für Beitragsrückerstattung zugeführten Betrag nunmehr wieder zur Auffüllung des Beitragsübertrags zu verwenden. Diese Rückbuchung (Umbuchung von der Rückstellung für Beitragsrückerstattung auf den Beitragsübertrag) würde zu steuerlichen Nachteilen führen, wenn das Lebensversicherungsunternehmen sowohl in 1968 als auch in 1972 der Mindestbesteuerung im Sinne des § 6 Abs. 4 KStG unterliegt. Für diesen Fall ist es daher nicht zu beanstanden, wenn der Betrag der Rückbuchung von der für § 6 Abs. 4 KStG maßgebenden Bemessungsgrundlage abgesetzt wird, weil dieser Betrag bereits in einem früheren Wirtschaftsjahr (1968) der Mindestbesteuerung unterlegen hat.

Dieser Erlaß ergeht im Einvernehmen mit dem Bundesminister der Finanzen und den obersten Finanzbehörden der anderen Länder.

Anlage § 020–08

Bemessung der Beitragsüberträge bei Versicherungsunternehmen

Erlaß FM NW vom 29.05.1974
S 2750 – 33 – V B 4

Bezug: Meine Erlasse vom 9. März, 29. Mai und 24. September 1973 S 2750 – 33 – V B 4

Zu der Frage dar Bemessung der Beitragsüberträge bitte ich, folgende Auffassung zu vertreten:

Bei der Ermittlung des Beitragsübertrags ist im selbst abgeschlossenen Geschäft vom Tarifbeitrag (Beitrag, der den Ratenzuschlag nicht enthält) bzw. von dem ihm entsprechenden Versicherungsentgelt auszugehen. Die Bemessungsgrundlage ergibt sich aus dem Tarifbeitrag durch Kürzung nicht übertragsfähiger Einnahmeteile. Auf die Summe der Provisionen und sonstigen Bezüge der Vertreter bezogen sind als nicht übertragsfähige Einnahmeteile 85 v. H. dieser Aufwendungen anzusetzen. Aus der maßgeblichen Bemessungsgrundlage ist der Beitragsübertrag zeitanteilig zu ermitteln. Hat der Erstversicherer einen Teil seines Geschäfts in Rückversicherung gegeben, so ist der vom Rückversicherer für dieses übernommene Geschäft zu bildende Beitragsübertrag (Abs. 3) beim Erstversicherer bei der Ermittlung des Beitragsübertrags für seinen Selbstbehalt abzusetzen.

Wird bei einem Versicherungsunternehmen die Abschluß- und Inkassotätigkeit einschl. Bestandspflege nicht ausschließlich von Vertretern auf Provisionsbasis durchgeführt, so sind für die Ermittlung des Beitragsübertrags der Position „Provisionen und sonstige Bezüge der Vertreter" Teile der Gehälter und sonstigen Bezüge derjenigen Angestellten, die im Abschluß- und Inkassobereich und zur Bestandspflege eingesetzt sind, insoweit anzurechnen, als sie anstelle von Vertretern auf Provisionsbasis tätig wurden.

Die Bemessungsgrundlage für den Beitragsübertrag im übernommenen Geschäft ergibt sich durch Abzug von 92,5 v. H. der Rückversicherungsprovision vom Rückversicherungsbeitrag.

Im Lebensversicherungsgeschäft ist aus der Bemessungsgrundlage der kalkulierte Inkassozuschlag auszuscheiden, soweit er nicht mehr als 4 v. H. des Beitrags beträgt. Eine Rabattgewährung für das Inkasso vermindert, ein Stückkostenzuschlag erhöht den auszuscheidenden Betrag.

Diese Regelung ist auf Wirtschaftsjahre anzuwenden, die am 31. Dezember 1972 oder später enden.

Mein Erlaß vom 9. März 1973 S 2750 – 33 – V B 4 wird hiermit ersatzlos aufgehoben.

Dieser Erlaß ergeht im Einvernehmen mit dem Bundesminister der Finanzen und den obersten Finanzbehörden der anderen Länder.

Körperschaftsteuerliche Behandlung der Rückversicherungsprovisionen;
hier: Überrechnungsmäßige Provisionssätze beim einmaligen Kostenersatz für das Neugeschäft im Lebensrückversicherungsgeschäft

Erlaß FM NW vom 31.05.1974

S 2750 – 33 – V B 4

Bezug: Mein Erlaß vom 21. Februar 1964 S 2511 – 10 – V A 2

In der Lebensversicherung ist das Todesfallrisiko des Versicherungsnehmers Inhalt des Erstversicherungsvertrags und des Rückversicherungsvertrags. Ebenso wird der Zillmervorgang in beiden Verträgen mit gleicher Wirkung vereinbart. In der Lebensrückversicherung gewährt der Rückversicherer dem Erstversicherer in der Regel im Erstjahr der Laufzeit eines Lebensrückversicherungsvertrags (abweichend von der Behandlung in der Sachversicherung) eine einmalige Rückversicherungsprovision (Vergütung für Abschlußkosten), die vertraglich vereinbart ist. Sind dem Erstversicherer überrechnungsmäßige Abschlußkosten (über den Zillmersatz hinausgehende einmalige Abschlußkosten) entstanden, so erhält er den Ausgleich für diese Kosten vom Rückversicherer ebenfalls im Rahmen der vereinbarten Rückversicherungsprovision. Bei der Bemessung dieser einmaligen Rückversicherungsprovision gehen der Erstversicherer und der Rückversicherer davon aus, daß sich der aufgewendete Betrag während der Laufzeit des Rückversicherungsvertrages über die anteiligen Rückversicherungsprämien amortisiert. Die Tilgung der vom Rückversicherer gezahlten überrechnungsmäßigen Rückversicherungsprovision erfolgt z. T. in der Weise, daß der Erstversicherer sich zur Zahlung eines in der Rückversicherungsprämie enthaltenen Zuschlags zur Tilgung des überrechnungsmäßigen Provisionssatzes verpflichtet.

Die Verteilung der einmaligen Rückversicherungsprovision auf die Laufzeit des Vertrages wird dadurch erreicht, daß der Rückversicherer – wie der Erstversicherer betr. die Verteilung der Abschlußkosten auf die Laufzeit des Vertrages – eine gezillmerte Deckungsrückstellung ausweist. Liegt die einmalige Rückversicherungsprovision über dem bei der Zillmerung berücksichtigten Beträgen, so ist die Frage zu entscheiden, ob der überrechnungsmäßige, also nicht gezillmerte Kostenersatz beim Rückversicherer sofort voll den Gewinn des Erstjahres mindern darf oder ebenfalls auf die Laufzeit des Vertrages zu verteilen ist.

Zu dieser Frage nehme ich wie folgt Stellung.

Gewährt der Rückversicherer dem Erstversicherer im Erstjahr der Laufzeit eines Lebensrückversicherungsvertrages eine einmalige Rückversicherungsprovision (Vergütung für Abschlußkosten), die über dem bei der Zillmerung berücksichtigten Beträgen liegt, so steht im Rahmen des überrechnungsmäßigen Provisionssatzes die Gegenleistung des Tilgungszuschlags gegenüber. Soweit die Gegenleistung (Tilgungszuschlag), wie dies auch beim Zillmervorgang der Fall ist, innerhalb des Anspruchs auf Rückversicherungsprämie zu einem selbständig abrechenbaren Anspruch auf den Tilgungszuschlag führt, hat der Rückversicherer als Gegenposten zu dem als Aufwand verbuchten überrechnungsmäßigen Provisionssatz diesen Anspruch in Höhe des Barwerts der Tilgungszuschläge zu aktivieren.

Das ist nicht der Fall, wenn der Rückversicherer keinen unabdingbaren Anspruch auf Ausgleich für den geleisteten überrechnungsmäßigen Provisionssatz, sondern lediglich die Chance künftiger Zins- und Sterblichkeitsgewinne hat.

Grundlage für die Beurteilung ist die Vertragsgestaltung.

Mein Erlaß vom 21. Februar 1964 S 2511 – 10 V A 2 wird hiermit ersatzlos aufgehoben.

Dieser Erlaß ergeht im Einvernehmen mit dem Bundesminister der Finanzen und den obersten Finanzbehörden der anderen Länder.

Körperschaftsteuerliche Behandlung der beschränkt steuerpflichtigen Versicherungsunternehmen

Erlaß FM NW vom 31.05.1979 S 2775 – 6 – V B 4

Zur Frage der körperschaftsteuerlichen Behandlung der beschränkt steuerpflichtigen Versicherungsunternehmen gilt folgendes:

1 Beschränkte Steuerpflicht

Versicherungsunternehmen, die weder ihre Geschäftsleitung noch ihren Sitz im Inland haben (ausländische Versicherungsunternehmen), sind mit ihren inländischen Einkünften im Sinne des § 49 EStG beschränkt körperschaftsteuerpflichtig (§ 2 Nr. 1 KStG).

Für ausländische Versicherungsunternehmen kommen im allgemeinen nur in Betracht

– Einkünfte aus Gewerbebetrieb (§ 49 Abs. 1 Nr. 2 EStG),
– Einkünfte aus Kapitalvermögen (§ 49 Abs. 1 Nr. 5 EStG) und
– Einkünfte aus Vermietung und Verpachtung (§ 49 Abs. 1 Nr. 6 EStG).

Einkünfte aus Kapitalvermögen bzw. aus Vermietung und Verpachtung liegen vor (isolierende Betrachtungsweise),

– wenn ein ausländisches Versicherungsunternehmen im Inland ausschließlich Kapitalvermögen im Sinne des § 49 Abs. 1 Nr. 5 EStG und/oder unbewegliches Vermögen im Sinne des § 49 Abs. 1 Nr. 6 EStG besitzt und daraus Einkünfte erzielt oder
– wenn ein ausländisches Versicherungsunternehmen Einkünfte aus Gewerbebetrieb im Sinne des § 49 Abs. 1 Nr. 2 EStG hat und darüber hinaus im Inland Kapitalvermögen und/oder unbewegliches Vermögen besitzt, das nicht zum inländischen Betriebsvermögen gehört.

2 Einkünfte aus Gewerbebetrieb

2.1 Buchführungspflicht

Buchführungspflichtig sind die inländischen Betriebe ausländischer Versicherungsunternehmen,

– für die inländische Betriebsstätten unterhalten werden, die dem inländischen Handels- und Versicherungsaufsichtsrecht unterliegen. Die den inländischen Betriebsstätten ausländischer Versicherungsunternehmen obliegenden Buchführungspflichten nach HGB und VAG gelten nach § 140 AO auch für das Steuerrecht;
– für die im Inland ein ständiger Vertreter bestellt ist, unter den Voraussetzungen des § 141 Abs. 1 AO.

2.2 Gewinnermittlungsmethode

Besteht für den inländischen Betrieb eines ausländischen Versicherungsunternehmens Buchführungspflicht oder werden freiwillig Bücher geführt, so ist grundsätzlich die direkte Gewinnermittlungsmethode anzuwenden. Eine Ausnahme gilt nur, wenn ein Doppelbesteuerungsabkommen vorliegt und die Vertragstaaten sich im Verständigungsverfahren in einem konkreten Fall auf eine andere Gewinnermittlungsmethode geeinigt haben.

Werden trotz bestehender Buchführungspflicht keine Bücher geführt oder besteht keine Buchführungspflicht und werden auch freiwillig keine Bücher geführt, so ist der der inländischen Besteuerung unterliegende Gewinn zu schätzen.

2.3 Gewinnermittlung

2.3.1 Grundsatz

Bei der direkten Gewinnermittlungsmethode ist vom Bilanzergebnis des inländischen Betriebs auszugehen, das sich nach den steuerrechtlichen Vorschriften über die Gewinnermittlung ergibt.

Für die abziehbaren versicherungstechnischen Rückstellungen und die Zuführungen hierzu gelten die Grundsätze des inländischen Steuerrechts. Sind bei der Ermittlung solcher Rückstellungen bzw. der Berechnung von Zuführungen oder Entnahmen Aufwendungen für den Versicherungsbetrieb anzusetzen (z. B. Abschnitt II Nr. 6 der Anordnung über die Schwankungsrückstellung der Versicherungsunternehmen vom 21. September 1978
– übersandt mit Erlaß vom 2.1.1979 S 2775 – 3 V B 4 –;
Tz. 3 meines Erlasses vom 20.3.1978 S 2775 – 5 – V B 4),
müssen diese Aufwendungen auch die anteiligen Generalunkosten (Tz. 2.3.3) enthalten.

Wird Rückversicherung von der Hauptverwaltung im Ausland genommen, sind bei allen in Betracht kommenden Positionen der Bilanz und der Gewinn- und Verlust-Rechnung die Anteile der Rückversicherer mit ihren auf das inländische Versicherungsgeschäft entfallenden Beträgen zu berücksichtigen (§ 18 Abs. 2 Nr. 3 Interne RechVUVO). Sie sind durch geeignete Unterlagen (RV-Verträge, RV-Abrechnungen) nachzuweisen.

2.3.2 Zurechnung von Wirtschaftsgütern

2.3.2.1 Grundsatz

Wirtschaftsgüter sind dem inländischen Betrieb zuzurechnen,

1. wenn sie in dem inländischen Betrieb gehalten werden, oder
2. wenn aus ihnen Einkünfte fließen, zu deren Erzielung die Tätigkeit des inländischen Betriebs wesentlich beigetragen hat, oder
3. wenn sie vom ausländischen Versicherungsunternehmen zu dem Zweck gehalten werden, die Geschäftstätigkeit des inländischen Betriebs zu fördern.

2.3.2.2 [1] Kapitalanlagen bei inländischen Betrieben, die der Versicherungsaufsicht unterliegen.

Dem der Versicherungsaufsicht unterliegenden inländischen Betrieb sind mindestens Kapitalanlagen zuzurechnen in Höhe

1. der versicherungstechnischen Rückstellungen und der Depotverbindlichkeiten (Pos. 14 und 15 des Formblatts 300 bzw. 400 der Internen RechVUVO), weil die Tätigkeit des inländischen Betriebs zur Erzielung der Einkünfte hieraus wesentlich beigetragen hat, zuzüglich
2. der Mindesteigenmittel i. S. der §§ 53c, 106a, 106b VAG

weil sie zu dem Zweck gehalten werden, die Geschäftstätigkeit des inländischen Betriebs zu fördern.

Mindesteigenmittel in diesem Sinne sind Eigenmittel in Höhe einer Solvabilitätsspanne, bezogen auf den Geschäftsumfang der inländischen Niederlassung, oder der Mindestbetrag des Garantiefonds im Sinne des § 2 der Kapitalausstattungs-Verordnung vom 3. März 1976 (BGBl. I S. 409), falls dieser höher ist.

Die Höhe der Solvabilitätsspanne ergibt sich bei Versicherungsunternehmen mit Sitz außerhalb der EG, wenn keine Ausnahmegenehmigung nach § 106b Abs. 5 Nr. 1 VAG erteilt wurde, aus den dem BAV einzureichenden Unterlagen. In allen anderen Fällen ist sie unter sinngemäßer Anwendung der Kapitalausstattungs-Verordnung und des BAV-Rundschreibens R 9/76 vom 30. Juni 1976 (VerBAV 1976 S. 286) gesondert zu ermitteln.

2.3.2.3 Kapitalanlagen bei inländischen Betrieben, die nicht der Versicherungsaufsicht unterliegen.

Tz. 2.3.2.2 gilt sinngemäß mit der Maßgabe, daß als Mindestbetrag nur der nach Tz. 2.3.2.2 Nr. 1 zu ermittelnde Betrag anzusetzen ist. Soweit dort auf Positionen der Internen RechVUVO Bezug genommen wird, sind die Bilanzpositionen anzusetzen, die sachlich denen der Internen RechVUVO entsprechen.

2.3.2.4 Differenzbetrag

Übersteigt der nach Tz. 2.3.2.2 bzw. 2.3.2.3 ermittelte Mindestbetrag (arithmetisches Mittel zu Beginn und Ende des Wirtschaftsjahres) das arithmetische Mittel der zu Beginn und Ende des Wirtschaftsjahres bilanzierten Kapitalanlagen (Positionen 020-0271 des Formblatts 300 bzw. 020-0281 des Formblatts 400 der Internen RechVUVO bzw. die diesen sachlich entsprechenden Bilanzpositionen), ist der Differenzbetrag dem inländischen Betrieb zuzurechnen.

2.3.2.5 Erträge aus den nach Tz. 2.3.2.2 bzw. 2.3.2.3 zuzurechnenden Kapitalanlagen

Dem Bilanzgewinn des inländischen Betriebs sind zusätzliche Erträge aus Kapitalanlagen in Höhe der Durchschnittsrendite des Gesamtvermögens des Versicherungsunternehmens, angewendet auf den nach 2.3.2.4 ermittelten Differenzbetrag, hinzuzurechnen.

2.3.3 Gewinnkorrekturen – Generalunkosten

Bei der Ermittlung des Bilanzergebnisses sind alle dem inländischen Betrieb zurechenbaren Aufwendungen einschließlich eines Anteils an den Generalunkosten des Gesamtunternehmens (Kosten, die durch die zentrale Verwaltung entstehen) abzuziehen, soweit dieser Anteil den Bilanzgewinn noch nicht gemindert hat (§ 18 Abs. 2 Nr. 2 Interne RechVUVO).

---

1) Der BFH hat die unter Tz. 2.3.2.2 bis 2.3.2.5 enthaltenen Regelungen über die fiktive Zuordnung von Erträgen und Vermögen weitestgehend bestätigt (vgl. Urteil vom 18.9.1996, BFH/NV 1997, 140).

Dieser Anteil ist nicht generell nach dem Prämienschlüssel, sondern nach den Verhältnissen im Einzelfall zu ermitteln.

2.3.4 Lebensversicherungsunternehmen

Die Vorschriften über die Solvabilität gelten nicht für Lebensversicherungsunternehmen (§§ 53c Abs. 5, 106a Abs. 1 vorletzter Satz, 106b Abs. 6 VAG).

Bei beschränkt steuerpflichtigen Lebensversicherungsunternehmen kann daher die Zurechnung von Wirtschaftsgütern zum inländischen Betriebsvermögen nur für den Einzelfall anhand der Auslegungsregeln zu § 49 EStG erfolgen. Die Tzn. 2.3.2.2 bis 2.3.2.5 sind nicht anzuwenden.

2.3.4.1 Kapitalanlagen, die der Bedeckung der versicherungstechnischen Passiva dienen

Als zu bedeckendes Passivum kommt neben den Beitragsüberträgen, der Rückstellung für noch nicht abgewickelte Versicherungsfälle und der Rückstellung für Beitragsrückerstattung in erster Linie die Deckungsrückstellung in Betracht. Sie unterliegt den besonderen Vorschriften der §§ 66, 67 VAG (Deckungsstock).

2.3.4.2 Kapitalanlagen in Höhe der Eigenmittel

Für die Eigenmittel der Lebensversicherungsunternehmen gilt die allgemeine Vorschrift des § 8 Abs. 1 Nr. 2 VAG. Bei beschränkt steuerpflichtigen Lebensversicherungsunternehmen kann das BAV die Stellung von Sicherheiten (feste und bewegliche Kaution) und die Einrichtung eines Organisationsfonds verlangen (§ 106a Abs. 1 letzter Satz VAG).

2.3.5 Andere gewerbliche Tätigkeit

Bei der Gewinnermittlung sind auch die Einkünfte aus anderer gewerblicher Tätigkeit (z. B. aus dem Vermittlungsgeschäft) zu erfassen.

3 Nichtgewerbliche Einkunftsarten

Als nichtgewerbliche Einkunftsarten kommen bei Versicherungsunternehmen im allgemeinen nur Einkünfte aus Kapitalvermögen (§ 49 Abs. 1 Nr. 5 EStG) und Einkünfte aus Vermietung und Verpachtung (§ 49 Abs. 1 Nr. 6 EStG) in Betracht. Sie sind nach den Grundsätzen des inländischen Steuerrechts zu ermitteln.

Beispiel:

Ein im Inland belegenes Grundstück, das nicht nach Tz. 2.3.2.1 Nr. 1 i. V. m. Tz. 2.3.2.4 im inländischen Betrieb gehalten wird, gehört nicht zum inländischen gewerblichen Vermögen, selbst wenn die Kapitalanlagen dieses Betriebes nicht den nach Tz. 2.3.2.2 bzw. 2.3.2.3 zu ermittelnden Mindestbetrag erreichen.

4 Anwendung

4.1 Diese Regelung ist erstmals für Wirtschaftsjahre anzuwenden, die nach dem 31.7.1978 beginnen.

4.2 Mein Erlaß vom 24.9.1973 S 2750 – 22 – V B 4 ist ab diesem Zeitpunkt nicht mehr anzuwenden.

Dieser Erlaß ergeht im Einvernehmen mit dem Bundesminister der Finanzen und den obersten Finanzbehörden der anderen Länder. Er entspricht dem BMF-Schreiben vom 31.5.1979 IV B 7 – S 2775 – 9/791)[1], das im Bundessteuerblatt Teil I veröffentlicht wird.

---

1) BStBl. 1979 I S. 306.

Großrisikenrückstellung für die Produkthaftpflicht-Versicherung von Pharma-Risiken

BMF-Schreiben vom 08.05.1991
IV B 7 – S 2775 – 4/91 (BStBl. I S. 535)

Unter Bezugnahme auf das Ergebnis der Erörterungen mit den obersten Finanzbehörden der Länder wird zu den Fragen der Großrisikenrückstellung für die Produkthaftpflicht-Versicherung von Pharma-Risiken wie folgt Stellung genommen:

Gewährt ein Versicherungsunternehmen Versicherungsschutz durch Produkthaftpflicht-Versicherung von Pharma-Risiken, ist eine hierfür gebildete Großrisikenrückstellung unter folgenden Voraussetzungen auch steuerlich anzuerkennen:

1. Die Rückstellung darf das 15fache der verdienten Beiträge des Wirtschaftsjahrs für eigene Rechnung nicht überschreiten.

2. Die steuerlich anzuerkennende jährliche Zuführung zur Großrisikenrückstellung beträgt 75 v. H. des Saldos aus verdienten Beiträgen und gewährten erfolgsabhängigen Beitragsrückerstattungen des Wirtschaftsjahrs für eigene Rechnung. Der sich hiernach ergebende Zuführungsbetrag ist um die Schadenaufwendungen einschließlich der Verluste aus der Schadenabwicklung zu vermindern und um die Erträge aus der Schadenabwicklung zu erhöhen; die Beträge beziehen sich jeweils auf den Selbstbehalt des Wirtschaftsjahrs. Übersteigen die Schadenaufwendungen einschließlich der Ergebnisse aus der Schadenabwicklung den Zuführungsbetrag, ist die Rückstellung insoweit gewinnerhöhend aufzulösen. Erfolgsunabhängige (vertragliche) Beitragsrückerstattungen sind wie Schadenaufwendungen zu behandeln.

3. Auf die Produkthaftpflicht-Versicherungen von Pharma-Risiken ist das BMF-Schreiben vom 2. Januar 1979 – IV B 7 – S 2775 – 34/78 – (BStBl. 1979 I S. 58) betreffend die körperschaftsteuerliche Behandlung der Schwankungsrückstellung der Versicherungsunternehmen nicht anzuwenden.

4. Die Großrisikenrückstellung ist nur zulässig für das inländische Versicherungsgeschäft aus der Produkthaftung nach dem Arzneimittelgesetz; sie ist für das selbst abgeschlossene und für das in Rückdeckung übernommene Geschäft jeweils getrennt zu ermitteln.

5. Die Regelung ist erstmals für das Wirtschaftsjahr anzuwenden, in das der 31. Dezember 1990 fällt, und gilt bis zum Schluß des Wirtschaftsjahrs, in das der 31. Dezember 1998 fällt. Die bis dahin gebildete Rückstellung ist zum 31. Dezember 1999 (bei abweichendem Wirtschaftsjahr zum Schluß des Wirtschaftsjahrs 1999/2000) aufzulösen. Der Auflösungsbetrag ist der Schwankungsrückstellung zuzuführen. Soweit durch diese Zuführung der Sollbetrag der Schwankungsrückstellung im Sinne von Abschnitt I Nr. 2 der Anordnung des Bundesaufsichtsamts für das Versicherungswesen über die Schwankungsrückstellung der Schaden- und Unfallversicherungsunternehmen vom 21. September 1978 – Anlage 1 des BMF-Schreibens vom 2. Januar 1979 – IV B 7 S 2775 – 34/78 – überschritten wird, ist der übersteigende Betrag gewinnerhöhend aufzulösen. Die Auflösung kann in entsprechender Anwendung des Abschnitts VI Abs. 2 der genannten Anordnung auf das Wirtschaftsjahr 1999 (bei abweichendem Wirtschaftsjahr auf das Wirtschaftsjahr 1999/2000) und die folgenden vier Wirtschaftsjahre gleichmäßig verteilt werden.

Dieses Schreiben tritt an die Stelle der BMF-Schreiben vom 20. November 1979 – IV B 7 – S 2775 – 27/79 –, BStBl. 1979 I S. 685 und vom 27. Dezember 1984 – IV B 7 – S 2775 – 22/84 –, BStBl. 1985 I S. 12.

Spätschadenrückstellung in der Rechtsschutzversicherung

Erlaß FM NW vom 03.02.1981

S 2775 – 13 – V B 4

Zur Frage der ertragsteuerrechtlichen Anerkennung von Spätschadenrückstellungen in der Rechtsschutzversicherung nehme ich wie folgt Stellung:

In ihrer Handelsbilanz haben Schaden- und Unfallversicherungsunternehmen eine Rückstellung für noch nicht abgewickelte Versicherungsfälle zu passivieren, die nach den Richtlinien für die Aufstellung des zu veröffentlichenden Rechnungsabschlusses von Versicherungsunternehmen (RRVU) vom 1.6.1974 die künftigen Aufwendungen für diejenigen Versicherungsfälle enthält, die bis zum Abschlußstichtag eingetreten oder verursacht, aber noch nicht erledigt sind (Nr. 28 Abs. 1 RRVU). Sie haben ferner für die bis zum Abschlußstichtag eingetretenen oder verursachten, aber bis zum Zeitpunkt der inventurmäßigen Feststellung der Rückstellung noch nicht gemeldeten Aufwendungen für Versicherungsfälle eine Spätschadenrückstellung in angemessener Höhe zu bilden (Nr. 28 Abs. 7 RRVU). Dies gilt auch für die Rechtsschutzversicherung.

Die allgemeinen Bedingungen für die Rechtsschutzversicherung (ARB) legen als Versicherungsfall beim Schadenersatzrechtsschutz den Eintritt des dem Anspruch zugrunde liegenden Schadenereignisses fest (§ 14 Abs. 1 ARB). Beim Strafrechtsschutz gilt der Versicherungsfall in dem Zeitpunkt als eingetreten, in dem der Versicherungsnehmer begonnen hat oder begonnen haben soll, die Vorschrift zu verletzen (§ 14 Abs. 2 ARB). In allen übrigen Fällen gilt der Versicherungsfall in dem Zeitpunkt als eingetreten, in dem der Versicherungsnehmer, der Gegner oder ein Dritter begonnen hat oder begonnen haben soll, gegen Rechtspflichten oder Rechtsvorschriften zu verstoßen (§ 14 Abs. 3 ARB).

Nach Eintritt eines Versicherungsfalles sorgt der Rechtsschutzversicherer für die Wahrnehmung der rechtlichen Interessen des Versicherungsnehmers, soweit sie notwendig ist, und trägt die dem Versicherungsnehmer hierbei entstehenden Kosten (§ 1 Abs. 1 ARB).

Hieraus folgt, daß in der Rechtsschutzversicherung – anders als in den meisten anderen Versicherungszweigen – der Versicherungsfall und der vom Versicherer zu ersetzende Vermögensschaden (§ 1 Abs. 1 VVG) nicht gleichzeitig, sondern mit einem – in Extremfällen erheblichen – Zeitabstand eintreten. Mit entsprechender zeitlicher Verzögerung ist vom Versicherer nach Eintritt des Vermögensschadens, d. h. „sobald der Versicherungsnehmer wegen der Kosten in Anspruch genommen wird" (§ 2 Abs. 2 ARB), die Ersatzleistung zu erbringen.

Diese branchenspezifischen zeitlichen Zusammenhänge bedingen indessen kein Abweichen von dem Grundsatz, daß der Versicherer bei der Bilanzierung der Rückstellung für noch nicht abgewickelte Versicherungsfälle auf den Eintritt des Versicherungsfalls abzustellen und sowohl seinen bereits bekannten als auch seinen noch unbekannten, aber zu erwartenden Leistungsverpflichtungen für Geschäftsjahres- und Vorjahresschäden Rechnung zu tragen hat. Vielmehr ist gerade eine ausreichende Spätschadenrückstellung in der Rechtsschutzversicherung von besonderer Bedeutung, weil hier ähnlich wie in der Vermögensschaden-Haftpflichtversicherung durch Gewährung von Rechtsschutz häufig für Rechtsverletzungen eingetreten werden muß, die bei der Bilanzerstellung weder dem Versicherungsunternehmen noch u. U. dem Versicherungsnehmer bekannt sind.

Sobald ein Versicherungsfall eingetreten ist, entsteht daraus die Möglichkeit eines Vermögensschadens und damit die Gefahr einer Inanspruchnahme des Versicherers. Soweit diese Gefahr nicht schon durch eine Rückstellung für ungewisse Verbindlichkeiten im Sinne des § 152 Abs. 7 Aktiengesetz berücksichtigt werden muß, weil eine Verbindlichkeit noch nicht vorhanden ist, muß für sie eine versicherungstechnische Rückstellung (§ 56 Abs. 3 VAG) bilanziert werden, um die Erfüllbarkeit der Verpflichtungen aus den Versicherungen sicherzustellen. Bei Eintritt des Versicherungsfalls entsteht jedenfalls eine rückstellungsfähige Verpflichtung. Es ist nicht erforderlich, daß bereits eine Verbindlichkeit rechtlich entstanden ist; sie muß jedoch im vergangenen Geschäftsjahr wirtschaftlich verursacht sein, d. h. der Tatbestand, dessen Rechtsfolge die Verbindlichkeit ist, muß im wesentlichen vor dem Bilanzstichtag verwirklicht worden sein (vgl. BFH-Urteile vom 19.1.1972, BStBl. II S. 392 und vom 10.5.1972, BStBl. II S. 823).

Daß der Rechtsschutzversicherer die durch die Rechtsverfolgung entstehenden Kosten dem Geschäftsjahr zuordnen muß, in dem der Versicherungsfall eingetreten ist, wird insbesondere in folgenden Fällen deutlich:

a) Beendigung eines Rechtsschutz-Versicherungsvertrages zum Bilanzstichtag,

b) Bestandsübertragung von einem Rechtsschutzversicherer auf einen anderen,

c) Einstellung des Geschäftsbetriebs durch einen Rechtsschutzversicherer.

Handelsrechtlich sind danach in die Spätschadenrückstellung auch Versicherungsfälle im Sinne der ARB einzubeziehen, aus denen bis zum Bilanzstichtag Kosten noch nicht entstanden sind, aus denen der Versicherer jedoch nach den Erfahrungen der Vergangenheit mit einer Inanspruchnahme rechnen muß.

Die handelsrechtlich zu bildenden Spätschadenrückstellungen sind auch ertragsteuerrechtlich zu berücksichtigen.

Dieser Erlaß ergeht im Einvernehmen mit dem Bundesminister der Finanzen und den obersten Finanzbehörden der anderen Länder.

Körperschaftsteuerliche Behandlung
der Schwankungsrückstellung der Versicherungsunternehmen

Erlaß FM NW vom 02.01.1979

S 2775 – 3 – V B 4

Zur Frage der körperschaftsteuerlichen Behandlung der Schwankungsrückstellung der Versicherungsunternehmen gilt folgendes:

Das Bundesaufsichtsamt für das Versicherungswesen (BAV) hat die Anordnung über die Schwankungsrückstellung der Schaden- und Unfallversicherungsunternehmen vom 21. September 1978 – Anlage 1 – erlassen. Die Anordnung gilt erstmals für Wirtschaftsjahre, die nach dem 31. Dezember 1977 beginnen (Abschnitt VII der Anordnung).

Die nach der Anordnung des BAV gebildeten Schwankungsrückstellungen erfüllen die Voraussetzungen des § 20 Abs. 2 KStG und sind bei der Ermittlung des Einkommens (§ 8 KStG) anzuerkennen.

Der koordinierte Ländererlaß aus 1966 (BStBl. 1966 II S. 135) und die ihn ergänzenden Erlasse sind für Wirtschaftsjahre, die nach dem 31. Dezember 1977 beginnen, nicht mehr anzuwenden.

Ergänzend dazu gilt folgendes:

1. Zinszuführung zur Schwankungsrückstellung bei Versicherungsvereinen auf Gegenseitigkeit

Die Buchung der Zinszuführung zur Schwankungsrückstellung zu Lasten des finanztechnischen Geschäfts führt bei Versicherungsvereinen auf Gegenseitigkeit nicht zur Annahme einer verdeckten Gewinnausschüttung.

2. Schwankungsrückstellung bei Vorliegen von Doppelbesteuerungsabkommen

Bei Ermittlung der Schwankungsrückstellung bei Vorliegen von Doppelbesteuerungsabkommen ist entsprechend der Anordnung des BAV von dem Gesamtergebnis des betreffenden Versicherungszweigs auszugehen. Die Tatsache, daß steuerlich aufgrund eines Doppelbesteuerungsabkommens das Ergebnis der ausländischen Betriebsstätte ausgesondert und nur das inländische Ergebnis zur Besteuerung herangezogen wird, verbietet nicht, bei der Frage, ob und in welcher Höhe eine Schwankungsrückstellung gebildet werden darf, vom Gesamtergebnis auszugehen. Der auf das Inland entfallende und bei der inländischen Besteuerung zu berücksichtigende Teil der Schwankungsrückstellung ist nach dem Verhältnis der verdienten Beiträge für eigene Rechnung für das der inländischen Besteuerung unterliegende Geschäft zu den verdienten Beiträgen für eigene Rechnung für das gesamte Geschäft zu ermitteln.

3. Delkredererückstellung für die „Kautionsversicherung"

Kreditversicherungsunternehmen sind bisher, soweit sie die Kautionsversicherung betrieben haben, wie Kreditinstitute behandelt worden. Sie konnten deshalb anstelle der Schwankungsrückstellung eine Delkredererückstellung bilden. Diese Regelung ist für Wirtschaftsjahre, die nach dem 31. Dezember 1977 beginnen, nicht mehr anzuwenden. Die Delkredererückstellung ist deshalb im ersten nach dem 31. Dezember 1977 beginnenden Wirtschaftsjahr aufzulösen bzw. nach Abschnitt VI Abs. 4 der Anordnung des BAV in die Schwankungsrückstellung zu überführen.

4. Schwankungsrückstellung bei Versicherungsunternehmen von geringer wirtschaftlicher Bedeutung

4.1 Wegen der Schwankungsrückstellung bei Versicherungsunternehmen von geringerer wirtschaftlicher Bedeutung wird auf Abschnitt IV der Anordnung des BAV hingewiesen. Entscheidet sich ein Versicherungsunternehmen von geringerer wirtschaftlicher Bedeutung unter den Voraussetzungen des Abschnitts IV Nr. 3 der Anordnung für die Bildung der Schwankungsrückstellung nach der Anordnung, so ist es an diese Entscheidung auch für die künftigen Jahre gebunden.

4.2 Bei Versicherungsunternehmen von geringerer wirtschaftlicher Bedeutung, die keine Schwankungsrückstellung nach der Anordnung des BAV bilden, ist steuerlich davon auszugehen, daß die nach der Satzung zu bildende gesetzliche Rücklage im Sinne des § 37 VAG (Verlustrücklage) auch die Aufgaben einer Schwankungsrückstellung erfüllt. Steuerlich kann aus Vereinfachungsgründen auf einen besonderen Ausweis der Schwankungsrückstellung verzichtet werden. Bei der Ermittlung des steuerlichen Gewinns ist wie folgt zu verfahren:

4.2.1 Zuführungen zu der Verlustrücklage sind steuerlich als Zuführungen zur Schwankungsrückstellung abziehbar, solange die Summe der Zuführungen einschließlich des Bestandes der Verlustrücklage am 21./25. Juni 1948 die folgenden Beträge (Grenzbeträge) nicht überschreitet:

– in der Hagelversicherung 200 v. H. des durchschnittlichen jährlichen Selbstbehaltsbeitrags,

- in der Sturmversicherung 200 v. H. des durchschnittlichen jährlichen Selbstbehaltsbeitrags,
- in der Schiffskaskoversicherung 200 v. H. des durchschnittlichen jährlichen Selbstbehaltsbeitrags,
- in der landwirtschaftlichen und ländlichen Feuerversicherung 200 v. H. des durchschnittlichen jährlichen Selbstbehaltsbeitrags,
- in der Tierversicherung 100 v. H. des durchschnittlichen jährlichen Selbstbehaltsbeitrags,
- in der Haftpflichtversicherung (mit Ausnahme der Kraftfahr-Haftpflichtversicherung) 20 v. H. des durchschnittlichen jährlichen Selbstbehaltsbeitrags,
- in der Glas- und Rechtsschutzversicherung 50 v. H. des durchschnittlichen jährlichen Selbstbehaltsbeitrags.

Die abziehbaren jährlichen Zuführungen dürfen jedoch 80 v. H. des steuerlichen Gewinns, der sich ohne die Zuführungen ergeben würde, nicht überschreiten.

Der durchschnittliche jährliche Selbstbehaltsbeitrag ist im Fall der Hagelversicherung nach den Selbstbehaltsbeiträgen der jeweils letzten zwölf vollen Wirtschaftsjahre, in den übrigen Fällen nach den Selbstbehaltsbeiträgen der jeweils letzten drei vollen Wirtschaftsjahre zu berechnen. Betreibt ein Unternehmen einen der vorbezeichneten Versicherungszweige noch keine zwölf bzw. drei vollen Wirtschaftsjahre, so sind bei der Ermittlung des durchschnittlichen jährlichen Selbstbehaltsbeitrags die jeweils vorhandenen Wirtschaftsjahre zugrunde zu legen.

Jeweils letztes Wirtschaftsjahr ist das im Veranlagungszeitraum endende Wirtschaftsjahr.

Selbstbehaltsbeitrag eines Wirtschaftsjahres ist der Unterschied zwischen der in der Gewinn- und Verlustrechnung ausgewiesenen Beitragseinnahme und dem ausgewiesenen Rückversicherungsbeitrag.

4.2.2 Die satzungsgemäßen Entnahmen aus der Verlustrücklage, die der Deckung von Verlusten dienen, sind steuerlich als Entnahmen aus der Schwankungsrückstellung zu behandeln, solange die Entnahmen die bisherigen abziehbaren Zuführungen (4.2.1) nicht überschreiten.

Beispiel:

Aus der Verlustrücklage von	40 000 DM
wird satzungsgem. zur Deckung eines Verlustes ein Betrag von entnommen	10 000 DM
Es verbleiben	30 000 DM
Der Grenzbetrag (4.2.1 Satz 1) beträgt	33 000 DM
Die Summe der bisherigen abziehbaren Zuführungen (4.2.1) beträgt	25 000 DM
Die Entnahme von ist in voller Höhe als Entnahme aus der Schwankungsrückstellung zu behandeln und von der Summe der bisherigen abziehbaren Zuführungen abzuziehen.	10 000 DM
Es verbleiben	15 000 DM

4.2.3 Verringert sich der Grenzbetrag im Sinne der Nummer 4.2.1 Satz 1 und übersteigt die um die Entnahmen gemäß Nummer 4.2.2 gekürzte Summe der bisherigen abziehbaren Zuführungen den neuen Grenzbetrag, so ist der den neuen Grenzbetrag übersteigende Teil dieser Zuführungen bei der Ermittlung des steuerlichen Gewinns hinzuzurechnen.

Beispiel:

Die Verlustrücklage beträgt	40 000 DM
Die nach Abzug der bisherigen Entnahme verbleibende Summe der bisherigen abziehbaren Zuführungen beträgt	36 000 DM
Der Grenzbetrag (4.2.1 Satz1) hat sich von 38 000DM auf verringert,	35 000 DM
Bei der Ermittlung des steuerlichen Gewinns sind hinzuzurechnen.	1 000 DM

4.2.4 Zu den bisherigen abziehbaren Zuführungen im Sinne der vorstehenden Ausführungen gehören auch die Zuführungen zur Verlustrücklage, die nach den bisherigen Anweisungen steuerlich als Zuführungen zur Schwankungsrückstellung zum Abzug zugelassen worden sind.

4.3 Übersteigen bei einem Versicherungsunternehmen von geringerer wirtschaftlicher Bedeutung die Brutto-Beitragseinnahmen im Durchschnitt der letzten drei Geschäftsjahre die Grenze von 1 Million DM, so ist die Schwankungsrückstellung nach Maßgabe der Anordnung des BAV zu bilden. Der

Übergang von dem vereinfachten Verfahren gem. der Nummer 4.2 zur genaueren Berechnung der Schwankungsrückstellung nach der Anordnung des BAV kann im Einzelfall durch die Auflösung der Verlustrücklage zu nicht unerheblichen Gewinnrealisierungen führen. Aus Liquiditätsgründen ist es den Versicherungsunternehmen nicht immer möglich, diese Beträge der Rückstellung für Beitragsrückerstattung zuzuführen. In diesen Fällen kann sich durch die Auflösung der Rücklage für die betreffenden Versicherungsunternehmen eine unzumutbare steuerliche Belastung ergeben.

Es bestehen daher keine Bedenken, wenn im Einzelfall aus Billigkeitsgründen zur Vermeidung von Härten wie folgt verfahren wird:

Übersteigt die für einen Versicherungszweig bisher mit steuerlicher Wirkung anerkannte Verlustrücklage die nach der Anordnung des BAV zu bildende Schwankungsrückstellung, so kann der übersteigende Betrag in fünf gleichen Jahresraten aufgelöst werden. Eine frühere Auflösung ist zulässig.

4.4 Diese Regelung tritt für Wirtschaftsjahre, die nach dem 31. Dezember 1977 beginnen, an die Stelle der bisherigen Anweisungen.

5. Schwankungsrückstellung bei Versicherungszweigen mit geringen Beitragseinnahmen

5.1 Sofern eine Schwankungsrückstellung in einem Versicherungszweig nach Abschnitt I Nr. 1 der Anordnung des BAV deshalb nicht zu bilden ist, weil die verdienten Beiträge für eigene Rechnung im Durchschnitt der letzten drei Geschäftsjahre einschließlich des Bilanzjahres 250 000 DM nicht übersteigen, ist es nicht zu beanstanden, wenn in diesem Versicherungszweig eine Schwankungsrückstellung in sinngemäßer Anwendung der Regelung für Versicherungsunternehmen von geringerer wirtschaftlicher Bedeutung gebildet wird.

5.2 Diese Regelung gilt erstmals für Wirtschaftsjahre, die nach dem 31. Dezember 1977 beginnen.

6. Änderungs- und Widerrufsklausel

Trifft das BAV auf Grund der Änderungs- und Widerrufsklausel in Abschnitt V der Anordnung eine von den Abschnitten I bis IV der Anordnung abweichende Regelung, so ist diese steuerlich nur mit Zustimmung der zuständigen obersten Landesfinanzbehörde zu beachten.

7. Versicherungszweige und Versicherungsunternehmen, die nicht der Versicherungsaufsicht unterliegen

Für Versicherungszweige, die nicht der Versicherungsaufsicht unterliegen (z. B. die einzelnen Zweige der Rückversicherung, wenn sie nicht in Verbindung mit aufsichtspflichtigen Versicherungsarten betrieben werden), ist dieses Schreiben entsprechend anzuwenden, wenn die Schwankungsrückstellung auch in der Handelsbilanz unter Beachtung der Anordnung des BAV gebildet wird. Das gleiche gilt für die nicht der Versicherungsaufsicht unterliegenden Versicherungsunternehmen (professionelle Rückversicherer, die nicht die Rechtsform eines Versicherungsvereins auf Gegenseitigkeit haben). Das gilt nicht für die Rückversicherung in der Lebens- und Krankenversicherung.

8. Anordnung über die Auflösung der Schwankungsrückstellung der Krankenversicherungsunternehmen

Die Anordnung des BAV über die Auflösung der Schwankungsrückstellung der Krankenversicherungsunternehmen vom 21. September 1978 – Anlage 2 – ist auch steuerlich zu beachten.

Dieser Erlaß ergeht im Einvernehmen mit dem Bundesminister der Finanzen und den obersten Finanzbehörden der anderen Länder. Er entspricht dem Schreiben des Bundesministers der Finanzen vom 2.1.1979 IV B 7 – S 2775 – 34/78, das im Bundessteuerblatt Teil I[1] veröffentlicht wird.

Anlage 1 zu vorstehender Anlage

R 4/78

An alle vom Bundesaufsichtsamt für das Versicherungswesen beaufsichtigten Versicherungsunternehmen, die die Schaden- und Unfallversicherung betreiben, mit Ausnahme der Unternehmen von geringerer wirtschaftlicher Bedeutung

Betr.: Schwankungsrückstellung

Um die dauernde Erfüllbarkeit der Verpflichtungen aus den Schaden- und Unfallversicherungen sicherzustellen, wird aufgrund von § 81 Abs. 2 in Verbindung mit § 56 Abs. 3 des Gesetzes über die Beaufsichtigung der privaten Versicherungsunternehmen angeordnet:

---

1) BStBl. 1979 I S. 58.

Abschnitt I

Bildung, Höhe, Zuführungen, Entnahmen, Auflösung

1. In jedem Versicherungszweig der Schaden- und Unfallversicherung ist eine Rückstellung zum Ausgleich der Schwankungen im jährlichen Schadenbedarf (Schwankungsrückstellung) nach dieser Anordnung zu bilden, wenn die verdienten Beiträge im Durchschnitt der letzten drei Geschäftsjahres einschließlich des Bilanzjahres 250 000,– DM übersteigen, die Standardabweichung der Schadenquoten des Beobachtungszeitraums von der durchschnittlichen Schadenquote mindestens 5 v. H. beträgt und die Summe aus Schaden- und Kostenquote mindestens einmal im Beobachtungszeitraum 100 v. H. der verdienten Beiträge eines Geschäftsjahres überschritten hat.

2. (1) Der Sollbetrag der Schwankungsrückstellung beträgt das Viereinhalbfache, in der Hagel- und Kreditversicherung das Sechsfache der Standardabweichung der Schadenquoten des Beobachtungszeitraumes von der durchschnittlichen Schadenquote multipliziert mit den verdienten Beiträgen des Bilanzjahres.

(2) Unterschreitet die durchschnittliche Schadenquote die Grenzschadenquote, ist die dreifache Differenz zwischen Grenzschadenquote und durchschnittlicher Schadenquote multipliziert mit den verdienten Beiträgen des Bilanzjahres von dem nach Abs. 1 ermittelten Betrag abzuziehen. Satz 1 gilt nicht in der Hagelversicherung.

3. (1) Der Schwankungsrückstellung sind in jedem Bilanzjahr unabhängig vom Eintritt eines Über- oder Unterschadens zunächst 3,5 v. H. ihres jeweiligen Sollbetrages zuzuführen, bis dieser erreicht oder wieder erreicht ist.

(2) Ist in einem Bilanzjahr ein Unterschaden eingetreten, so ist der nach Abschnitt II Nr. 7 Satz 2 zu berechnende Betrag zusätzlich der Schwankungsrückstellung zuzuführen, bis ihr Sollbetrag erreicht oder wieder erreicht ist.

4. Ist in einem Bilanzjahr ein Überschaden eingetreten, so ist der nach Abschnitt II Nr. 8 Satz 2 zu berechnende Betrag der Schwankungsrückstellung zu entnehmen. Unterschreitet die durchschnittliche Schadenquote die Grenzschadenquote, vermindert sich der zu entnehmende Betrag um 60 v. H. der mit den verdienten Beiträgen des Bilanzjahres multiplizierten Differenz aus Grenzschadenquote und durchschnittlicher Schadenquote.

5. (1) Sind die Voraussetzungen für die Bildung einer Schwankungsrückstellung gemäß Nr. 1 nicht mehr erfüllt, so ist die Schwankungsrückstellung aufzulösen. Die Auflösung kann auf das Bilanzjahr und die folgenden vier Geschäftsjahre gleichmäßig verteilt werden. Unterschreitet der Sollbetrag die vorhandene Schwankungsrückstellung, so ist sie um den den Sollbetrag übersteigenden Betrag aufzulösen.

(2) Abs. 1 Satz 1 und 2 gilt nicht, wenn das Versicherungsunternehmen nach dem Rechnungsabschluß des Bilanzjahres verpflichtet ist, im folgenden Geschäftsjahr wieder eine Schwankungsrückstellung zu bilden. Die Schwankungsrückstellung ist in der Höhe fortzuführen, in der sie unter Berücksichtigung des Ergebnisses des Bilanzjahres und eines gegenüber dem Bilanzjahr unveränderten verdienten Beitrages im folgenden Geschäftsjahr zu stellen wäre.

Abschnitt II

Begriffsbestimmungen

1. (1) Ein Versicherungszweig im Sinne dieser Anordnung liegt vor, wenn entsprechend der Verordnung über die Rechnungslegung der Versicherungsunternehmen gegenüber dem Bundesaufsichtsamt für das Versicherungswesen vom 17. Oktober 1974 – Interne RechVUVO – eine gesonderte Gewinn- und Verlustrechnung aufgestellt wird.

(2) In jedem Fall gelten als Versicherungszweig im Sinne dieser Anordnung unbeschadet einer weitergehenden Untergliederung

1. die Feuer-Industrieversicherung einschließlich der Feuer-Betriebsunterbrechungsversicherung,

2. die Landwirtschaftliche Feuerversicherung,

3. die Gebäudeversicherung der Zwangs- und Monopolanstalten, und bei Versicherungsunternehmen, die ausschließlich die Kreditversicherung betreiben,

4. die Delkredere-Versicherung,

5. die Vertrauensschaden-Versicherung und

6. die Kautionsversicherung.

(3) Als Versicherungszweig im Sinne dieser Anordnung gelten nicht

1. die zusammengefaßte Gewinn- und Verlustrechnung der sonstigen und nicht aufgegliederten Schaden- und Unfallversicherung,

2. die zusammengefaßten Gewinn- und Verlustrechnungen gemäß § 3 Abs. 1 Nr. 1 und 4 Interne RechVUVO,

3. die Gewinn- und Verlustrechnungen gemäß § 3 Abs. 1 Nr. 2 und 5 Interne RechVUVO, sofern hierdurch mehrere Versicherungszweige im Sinne dieser Anordnung zusammengefaßt werden.

2. Die Standardabweichung der Schadenquoten des Beobachtungszeitraumes im Sinne dieser Anordnung ist die Quadratwurzel aus dem Summenwert der quadrierten Abweichungen im Beobachtungszeitraum, der durch die um 1 verminderte Zahl der Geschäftsjahre des Beobachtungszeitraumes dividiert wurde. Abweichung ist die Differenz zwischen der Schadenquote eines Geschäftsjahres des Beobachtungszeitraumes und der durchschnittlichen Schadenquote des Beobachtungszeitraumes.

3. (1) Beobachtungszeitraum im Sinne dieser Anordnung sind jeweils die fünfzehn, in der Hagel- und der Kreditversicherung die dreißig dem Bilanzjahr vorausgehenden Geschäftsjahre. In der Kreditversicherung bleiben Geschäftsjahre, die vor dem 1. Januar 1966 begonnen haben, für den Beobachtungszeitraum unberücksichtigt.

(2) Betreibt ein Versicherungsunternehmen einen Versicherungszweig noch nicht während des gesamten Beobachtungszeitraumes im Sinne des Abs. 1, mindestens aber zehn Geschäftsjahre vor dem Bilanzjahr, so gelten jeweils sämtliche Geschäftsjahre als Beobachtungszeitraum.

4. (1) Die Schadenquote eines Geschäfts- bzw. Bilanzjahres im Sinne dieser Anordnung ist das Verhältnis der Aufwendungen für Versicherungsfälle einschließlich der Schadenregulierungsaufwendungen, der Aufwendungen für die gesetzliche und die erfolgsunabhängige Beitragsrückerstattung, der Aufwendungen für Rückkäufe und Rückgewährbeträge und der Veränderungen der Beitragsdeckungsrückstellung, abzüglich des technischen Zinsertrages, jeweils für eigene Rechnung, zu den verdienten Beiträgen des Geschäfts- bzw. Bilanzjahres.

(2) Die durchschnittliche Schadenquote ist das arithmetische Mittel der Schadenquoten des Beobachtungszeitraumes.

5. Die Grenzschadenquote im Sinne dieser Anordnung ergibt sich für das selbstabgeschlossene Geschäft aus der Differenz zwischen 95 v. H., für das selbstabgeschlossene Rechtsschutzgeschäft 98 v. H. und für das in Rückdeckung übernommene Geschäft 99 v. H. und der mittleren Kostenquote.

6. (1) Kostenquote im Sinne dieser Anordnung ist das Verhältnis der Aufwendungen für den Versicherungsbetrieb zuzüglich der Aufwendungen für Schadenverhütung und -bekämpfung sowie für Feuerschutzsteuer zu den verdienten Beitragen jeweils ohne Abzug des Anteils der Rückversicherer.

(2) Die mittlere Kostenquote ist das arithmetische Mittel der Kostenquoten des Bilanzjahres und der zwei vorausgehenden Geschäftsjahre.

7. Ein Unterschaden liegt vor, wenn die Schadenquote des Bilanzjahres die durchschnittliche Schadenquote unterschreitet. Der Betrag des Unterschadens ergibt sich aus der Differenz dieser beiden Quoten multipliziert mit den verdienten Beiträgen des Bilanzjahres.

8. Ein Überschaden liegt vor, wenn die Schadenquote des Bilanzjahres die durchschnittliche Schadenquote übersteigt. Der Betrag des Überschadens ergibt sich aus der Differenz dieser beiden Quoten multipliziert mit den verdienten Beiträgen des Bilanzjahres.

9. (1) Verdiente Beiträge eines Geschäfts- bzw. Bilanzjahres im Sinne dieser Anordnung sind die jeweiligen Beiträge einschließlich der Nebenleistungen und der Veränderungen der Beitragsüberträge, im in Rückdeckung übernommenen Geschäft zusätzlich einschließlich der Portefeuille-Beiträge aus diesem Geschäft, jeweils für eigene Rechnung.

(2) Bei Versicherungsvereinen auf Gegenseitigkeit, bei denen die Erhebung von Nachschüssen geschäftsplanmäßig nicht ausgeschlossen ist, gelten als verdiente Beiträge des Bilanzjahres die im Bilanzjahre im voraus erhobenen Beiträge zuzüglich 10 v. H. der Summe der im zehn dem Bilanzjahr vorausgehenden Geschäftsjahren sich ergebenden Nachschußquoten multipliziert mit den im voraus erhobenen Beiträgen des Bilanzjahres.

(3) Die Nachschußquote eines Geschäftsjahres ist das Verhältnis des im Geschäftsjahr erhobenen Nachschusses zu den im voraus erhobenen Beiträgen des Geschäftsjahres.

Abschnitt III

Neuaufnahme und Untergliederung von Versicherungszweigen

1. (1) Sind in einem Versicherungszweig im Sinne dieser Anordnung, für den nach den Vorschriften der Internen RechVUVO oder des Abschnitts II Nr. 1 Abs. 2 erstmals eine gesonderte versicherungstechnische Gewinn- und Verlustrechnung aufzustellen ist, die für einen mindestens zehnjährigen Beobachtungszeitraum erforderlichen Schadenquoten aus den eigenen Geschäftsunterlagen ganz oder teilweise nicht zu ermitteln, so sind für die fehlenden Geschäftsjahre die Schadenquoten aus den in den Geschäftsberichten des BAV veröffentlichten Tabellen zu verwenden. Sobald ein mindestens zehnjähriger eigener Beobachtungszeitraum vorliegt, ist nach Abschnitt II Nr. 4 zu verfahren.

(2) Sind bei Anwendung des Abs. 1 die zur Berechnung der mittleren Kostenquote erforderlichen Kostenquoten früherer Geschäftsjahre aus den eigenen Geschäftsunterlagen nicht zu ermitteln, so gilt als mittlere Kostenquote die Kostenquote des jeweiligen Bilanzjahres. Sobald mindestens drei Geschäftsjahre einschließlich des Bilanzjahres vorliegen, ist nach Abschnitt II Nr. 6 Abs. 2 zu verfahren.

2. (1) Wird für einzelne Versicherungszweige eine gesonderte versicherungstechnische Gewinn- und Verlustrechnung aufgestellt, obwohl dies nach den Vorschriften der Internen RechVUVO und des Abschnitts II Nr. 1 Abs. 2 nicht zwingend vorgeschrieben ist, so darf für diese Versicherungszweige eine gesonderte Schwankungsrückstellung nur gebildet werden, wenn die nach dieser Anordnung zur Bildung der Schwankungsrückstellung erforderlichen Berechnungen für einen mindestens zehnjährigen Beobachtungszeitraum aus vorhandenen Geschäftsunterlagen vorgenommen werden können. Eine für den bisherigen Versicherungszweig gebildete Schwankungsrückstellung ist im Verhältnis der sich für die neuen Versicherungszweige ergebenden Sollbeträge aufzuteilen.

(2) Bei Anwendung des Abs. 1 ist die Untergliederung der Versicherungszweige für Zwecke der Schwankungsrückstellung beizubehalten. Eine weitere Untergliederung der neuen Versicherungszweige ist zulässig.

Abschnitt IV

Versicherungsunternehmen von geringer wirtschaftlicher Bedeutung

1. Diese Anordnung findet auf Versicherungsunternehmen von geringerer wirtschaftlicher Bedeutung keine Anwendung.

2. Versicherungsunternehmen von geringerer wirtschaftlicher Bedeutung im Sinne dieser Anordnung sind Versicherungsvereine auf Gegenseitigkeit, deren Brutto-Beitragseinnahmen im Durchschnitt der letzten drei Geschäftsjahre nicht mehr als 1 Million DM betragen hat.

3. Versicherungsunternehmen von geringerer wirtschaftlicher Bedeutung im Sinne dieser Anordnung, die bisher nach der Anordnung über Schwankungsrückstellung der Versicherungsunternehmen vom 21. Dezember 1965 (VerBAV 1965, S. 254) und den sie ergänzenden Anordnungen eine Schwankungsrückstellung gebildet haben, können nach der vorliegenden Anordnung verfahren.

Abschnitt V

Änderungs- und Widerrufsklausel

Die Aufsichtsbehörde behält sich vor, die Anordnung für einzelne Versicherungsunternehmen zu ändern oder zu widerrufen, sofern die tatsächlichen Verhältnisse eine Änderung der Berechnungsgrundlagen erfordern oder die Regelung den Ausgleich der Schwankungen im jährlichen Schadenbedarf nicht oder nicht ausreichend gewährleistet.

Abschnitt VI

Übergangsregelungen

(1) Liegen in dem Geschäftsjahr, in dem die Anordnung erstmals Anwendung findet, die Voraussetzungen für die Bildung einer Schwankungsrückstellung nicht vor, so ist eine nach den bisher geltenden Anordnungen gebildete Schwankungsrückstellung aufzulösen. Abschnitt I Nr. 5 Abs. 1 Satz 2 gilt entsprechend.

(2) Übersteigt die nach den bisher geltenden Anordnungen gebildete Schwankungsrückstellung den Sollbetrag nach dieser Anordnung, so ist der überschießende Betrag aufzulösen. Abschnitt I Nr. 5 Abs. 1 Satz 2 gilt entsprechend.

(3) Aus dem jeweils noch aufzulösenden Betrag sind die im Auflösungszeitraum auftretenden Überschäden des Versicherungszweiges zu decken oder die nach dieser Anordnung erforderlichen Zuführungen vorzunehmen.

(4) Wird in den Zweigen der Kreditversicherung, in denen bisher anstelle der Schwankungsrückstellung eine Delkredererückstellung gestellt worden ist, eine Schwankungsrückstellung nach dieser Anordnung gebildet, so ist der in der Delkredererückstellung angesammelte Betrag bis zur Höhe des Sollbetrags in die Schwankungsrückstellung zu überführen.

Abschnitt VII

Inkrafttreten

Diese Anordnung gilt erstmals für Geschäftsjahre, die nach dem 31. Dezember 1977 beginnen. Mit Wirkung vom gleichen Zeitpunkt an werden die Anordnung über die Schwankungsrückstellung der Versicherungsunternehmen vom 21. Dezember 1965 (VerBAV 1965 S. 254) und die sie ergänzenden Anordnungen aufgehoben.

Rechtsmittelbelehrung

Gegen diese Verfügung kann innerhalb von zwei Wochen nach Zustellung schriftlich oder zur Niederschrift bei dem Bundesaufsichtsamt für das Versicherungswesen, Berlin 15, Ludwigkirchplatz 3-4, Einspruch erhoben werden. Der Einspruch soll einen bestimmten Antrag enthalten sowie die Beschwerdepunkte und die zur Begründung dienenden Tatsachen und Beweismittel angeben.

Über den Einspruch entscheidet eine Beschlußkammer des Bundesaufsichtsamtes.

Hat die Beschlußkammer ohne zureichenden Grund nicht binnen drei Monaten nach Einlegung des Einspruchs über diesen entschieden, so gilt der Einspruch als abgelehnt. In diesem Falle ist die Erhebung der Anfechtungsklage zulässig.

Die Anfechtungsklage ist – möglichst in vierfacher Ausfertigung – durch einen Rechtsanwalt oder einen Rechtslehrer an einer deutschen Hochschule als Bevollmächtigten bei dem Bundesverwaltungsgericht 1 Berlin 12, Hardenbergstraße 31, zu erheben.

Die Anfechtungsklage muß den Kläger, den Beklagten und den Streitgegenstand bezeichnen. Sie soll einen bestimmten Antrag enthalten und die zur Begründung dienenden Tatsachen und Beweismittel angeben.

Anlage 2 zu vorstehender Anlage

R 5/78

An alle vom Bundesaufsichtsamt für das Versicherungswesen beaufsichtigten Versicherungsunternehmen, die die Krankenversicherung betreiben

Betr. Auflösung der Schwankungsrückstellung der Krankenversicherungsunternehmen

An die Stelle der Anordnung über die Schwankungsrückstellung der Versicherungsunternehmen vom 21. Dezember 1965 (VerBAV 1965, S. 254) und die sie ergänzenden Anordnungen ist die Anordnung gemäß Rundschreiben R 4/78 vom 21.9.1978 getreten. Sie sieht die Bildung einer Rückstellung zum Ausgleich der Schwankungen im jährlichen Schadenbedarf (Schwankungsrückstellung) nur noch für die Versicherungszweige der Schaden- und Unfallversicherung vor. Aufgrund von § 81 Abs. 2 VAG ordne ich daher für die Krankenversicherungsunternehmen an:

Die aufgrund der Anordnung über die Schwankungsrückstellung der Versicherungsunternehmen vom 21. Dezember 1965 (VerBAV 1965, S. 254) und der sie ergänzenden Anordnungen gebildete Schwankungsrückstellung ist aufzulösen. Die Auflösung kann auf 5 Geschäftsjahre gleichmäßig verteilt werden. Mit der Auflösung ist in dem Geschäftsjahr zu beginnen, in das der 31. Dezember 1978 fällt.

Rechtsmittelbelehrung

Gegen diese Verfügung kann **innerhalb von zwei Wochen** nach Zustellung schriftlich oder zur Niederschrift bei dem Bundesaufsichtsamt für das Versicherungswesen, Berlin 15, Ludwigkirchplatz 3-4, **Einspruch** erhoben werden. Der Einspruch soll einen bestimmten Antrag enthalten soweit die Beschwerdepunkte und die zur Begründung dienenden Tatsachen und Beweismittel angeben.

Über den Einspruch entscheidet eine Beschlußkammer des Bundesaufsichtsamtes.

Hat die Beschlußkammer ohne zureichenden Grund nicht binnen drei Monaten nach Einlegung des Einspruchs über diesen entschieden, so gilt der Einspruch als abgelehnt. In diesem Falle ist die Erhebung der Anfechtungsklage zulässig.

Die Anfechtungsklage ist – möglichst in vierfacher Ausfertigung – durch einen Rechtsanwalt oder einen Rechtslehrer an einer deutschen Hochschule als Bevollmächtigten bei dem Bundesverwaltungsgericht, Berlin 12, Hardenbergstraße 31, zu erheben.

Die Anfechtungsklage muß den Kläger, den Beklagten und den Streitgegenstand bezeichnen. Sie soll einen bestimmten Antrag enthalten und die zur Begründung dienenden Tatsachen und Beweismittel angeben.

Körperschaftsteuerliche Behandlung der in der Kraftfahrt-Haftpflicht- und Fahrzeugvollversicherung eingeführten Prämienrückvergütung bei schadenfreiem Verlauf der Verträge

Erlaß FM NW vom 17.09.1956
S 2511 – 7221 – V B 3

Im Zusammenhang mit der Erhöhung der Einheitstarife für Kraftfahrtversicherungen hat der Bundesminister für Wirtschaft in der Kraftfahrthaftpflicht- und Fahrzeugvollversicherung eine Prämienermäßigung bei schadensfreiem Verlauf der Verträge angeordnet (vgl. Verordnung PR Nr. 7/52 vom 25. Januar 1952, Bundesanzeiger Nr. 22 vom 1. Februar 1952).

Diese Prämienermäßigung ist in Form einer Prämienrückvergütung (Beitragsrückerstattung) vorzunehmen. Sie ist aus dem nach dieser Verordnung besonders zu ermittelnden Überschuß der Einnahmen über die Ausgaben (technischer Überschuß) zu errechnen.

Die in Rede stehende Prämienermäßigung (Prämienrückvergütung) ist erstmalig für das nach dem 23. August 1950 beginnende Geschäftsjahr des Versicherungsunternehmens vorzunehmen. Für den Überschußermittlungszeitraum 1953 gilt die Verordnung PR Nr. 7/52 in der Neufassung vom 2. September 1953 (vgl. §§ 3 und 4 der Verordnung PR Nr. 24/53 vom 2. September 1953, Bundesanzeiger Nr. 172 vom 8. September 1953) und mit Wirkung vom 30. Dezember 1954 ist an die Stelle der Verordnung PR 7/52 die Verordnung PR Nr. 13/54 vom 22. Dezember 1954 (Bundesanzeiger Nr. 249 vom 28. Dezember 1954) in der Fassung der Verordnung PR Nr. 3/55 vom 14. Juli 1955 (Bundesanzeiger Nr. 136 vom 19. Juli 1955) getreten.

Nach der mit Wirkung vom 30. Dezember 1954 an die Stelle der Verordnung PR 7/52 getretenen Verordnung PR Nr. 13/54 ist bei schadensfreiem Verlauf der Verträge neben der Beitragsermäßigung aus dem technischen Überschuß (§ 3 der Verordnung PR Nr. 13/54) noch eine feste Beitragsermäßigung (§ 2 der Verordnung PR Nr. 13/54) angeordnet worden.

Die nach den Verordnungen PR Nr. 7/52 und PR Nr. 13/54 vorzunehmenden Prämienrückvergütungen (Beitragsermäßigungen) sind in voller Höhe abzugsfähige Betriebsausgaben. Das gilt sowohl für die festen Beitragsermäßigungen als auch für die Beitragsermäßigungen aus dem technischen Überschuß.

Soweit Versicherungsunternehmen jedoch aus Wettbewerbsgründen dazu übergehen, Prämienrückvergütungen auch dann zu gewähren, wenn sie aufgrund der Verordnungen PR Nr. 7/52 und PR Nr. 13/54 dazu nicht verpflichtet sind, weil ihr technischer Überschuß im Sinne dieser Verordnungen nicht 4 v. H. der Beitragseinnahmen übersteigt (vgl. § 3 Abs. 1 der Verordnung PR Nr. 7/52 und § 5 Absatz 1 der Verordnung PR Nr. 13/54), ist die steuerliche Abzugsfähigkeit dieser freiwilligen Prämienrückvergütungen nach § 6 Absatz 2 KStG 1955[1] (vorher § 22 KStDV 1953) zu beurteilen.

Dieser Erlaß ergeht im Einvernehmen mit dem Herrn Bundesminister der Finanzen und den Herren Finanzministern (Finanzsenatoren) der Länder.

---

1) Jetzt § 21 KStG.

Anlage § 021–02

Beitragsermäßigungen und Beitragsrückerstattungen in der Kraftfahrtversicherung

Erlaß FM NW vom 5.08.1974
S 2750 – 10 – V B 4

Bezug: Mein Erlaß vom 17. September 1956 (S 2511 – 7221 / V B – 3)

Sachversicherer, die die Kraftfahrtversicherung betreiben, haben u. a. jährlich die Abrechnung nach der Verordnung Preisrecht (Verordnung über die Tarife in der Kraftfahrtversicherung) für die Ermittlung des „Technischen Überschusses oder Fehlbetrags" für Zwecke der Beitragsermäßigung zu erstellen. Der technische Überschuß oder Fehlbetrag ergibt sich durch Gegenüberstellung der Einnahmen und Ausgaben ohne Berücksichtigung der aktiven und passiven Rückversicherung. Die Verordnung Preisrecht schreibt weiter vor, daß die Versicherungsunternehmen den Versicherungsnehmern nach Maßgabe der zu erstellenden versicherungstechnischen Erfolgsrechnung bei schadenfreiem Verlauf eine Beitragsermäßigung zu gewähren haben.

Nach dem Entwurf einer Siebenten Verordnung zur Änderung der Verordnung über die Tarife in der Kraftfahrtversicherung (Verordnung Preisrecht) soll nunmehr der zu ermittelnde „Technische Überschuß" dadurch erhöht werden, daß der Vortrag eines Fehlbetrags aus Vorjahren nur noch insoweit zulässig ist, als er nicht durch Zinserträge aus den versicherungstechnischen Rückstellungen in der Kraftfahrtversicherung ausgeglichen wird. Die Kürzung des Fehlbetrags, der vorgetragen werden darf, führt zu einer Erhöhung des Überschusses nach der Verordnung Preisrecht.

Zu der Frage der steuerrechtlichen Behandlung der Beitragsermäßigung nehme ich wie folgt Stellung:
Die steuerrechtliche Beurteilung ist allein davon abhängig, ob eine Pflicht zur Beitragsermäßigung i. S. der Verordnung Preisrecht besteht oder ob es sich um eine freiwillige Beitragsermäßigung handelt. Auf meinen Erlaß vom 17. September 1956 S 2511 – 7221/VB-3 nehme ich Bezug. Besteht unter Berücksichtigung der Änderung bei der Ermittlung des technischen Überschusses i. S. der Verordnung Preisrecht eine Pflicht zur Beitragsermäßigung, so liegt eine echte voll abzugsfähige Versicherungsleistung vor. Soweit dagegen freiwillige Beitragsermäßigungen bzw. Beitragsrückerstattungen in Betracht kommen, ist § 6 Abs. 2 Ziff. 2 KStG[1] mit den dort bezeichneten Einschränkungen anzuwenden.

Dieser Erlaß ergeht im Einvernehmen mit dem Bundesminister der Finanzen und den obersten Finanzbehörden der anderen Länder.

---

1) Jetzt § 21 Abs. 1 Nr. 2 KStG.

Körperschaftsteuer; hier: Beitragsrückerstattungen (§ 21 KStG)

Erlaß FM NW vom 20.03.1978

S 2775 – 5 – V B 4

Zur Frage der steuerlichen Behandlung der Beitragsrückerstattungen bei Versicherungsunternehmen nach § 21 KStG gilt folgendes:

1. Anwendungsbereich

§ 21 KStG regelt die Abziehbarkeit von Beitragsrückerstattungen, die für das selbst abgeschlossene Geschäft

in der Lebens- und Krankenversicherung

in Abhängigkeit von dem erzielten Jahresergebnis für das selbst abgeschlossene Geschäft und

in der Schaden- und Unfallversicherung

in Abhängigkeit von dem versicherungstechnischen Überschuß des betreffenden Versicherungszweiges aus dem selbst abgeschlossenen Geschäft für eigene Rechnung gewährt werden.

Das selbst abgeschlossene Geschäft setzt unmittelbare versicherungsvertragliche Rechtsbeziehungen zwischen Versicherungsgesellschaft und Versicherungsnehmer voraus. Dazu gehören z. B. nicht das in Rückdeckung übernommene Versicherungsgeschäft und die Vermittlungstätigkeit.

Beitragsrückerstattungen, auf die in der Lebens- und Krankenversicherung ohne Rücksicht auf das Jahresergebnis und in der Schaden- und Unfallversicherung ohne Rücksicht auf einen versicherungstechnischen Überschuß ein Rechtsanspruch besteht, fallen nicht unter § 21 KStG. Sie sind wie Versicherungsleistungen zu behandeln (RFH-Urteil vom 21.05.1940, RStBl. S. 747).

2. Lebens- und Krankenversicherung

2.1 Jahresergebnis

Ausgangsgrundlage für die Ermittlung der abziehbaren Beitragsrückerstattung im Wirtschaftsjahr ist das nach handelsrechtlichen Grundsätzen zu ermittelnde Jahresergebnis für das selbst abgeschlossene Geschäft. Dieses Jahresergebnis entspricht dem Jahresüberschuß/Jahresfehlbetrag nach § 157 Abs. 1 Nr. 28 AktG, wenn sich die Tätigkeit des Versicherungsunternehmens auf das selbst abgeschlossene Versicherungsgeschäft beschränkt.

Ist das Versicherungsunternehmen noch in anderer Weise tätig (z. B. Vermittlungstätigkeit), so ergibt sich das Jahresergebnis des selbst abgeschlossenen Geschäfts nach § 2 der Verordnung über die Rechnungslegung von Versicherungsunternehmen gegenüber dem Bundesaufsichtsamt für das Versicherungswesen (Interne RechVUVO) vom 17.10.1974, BGBl. I S. 2453, aus der gesondert zu erstellenden GuV-Rechnung, bei Lebensversicherungsunternehmen lt. Formblatt 150/1 und bei Krankenversicherungsunternehmen lt. Formblatt 350/1, unter Berücksichtigung der anteiligen Erträge und Aufwendungen des nicht versicherungstechnischen Teils der GuV-Rechnung.

2.2 Zurechnungsbetrag

Dem Jahresergebnis aus dem selbst abgeschlossenen Geschäft ist der Betrag für erfolgsabhängige Beitragsrückerstattung hinzuzurechnen, der das Jahresergebnis gemindert hat. Dieser Betrag ist in der GuV-Rechnung nach der Verordnung über die Rechnungslegung von Versicherungsunternehmen vom 11.7.1973 (BGBl. I S. 1209) – im folgenden Externe RechVUVO – bei Lebensversicherungsunternehmen im Formblatt L II unter der Position 10 und bei Krankenversicherungsunternehmen im Formblatt K II unter der Position 9b ausgewiesen.

2.3 Kürzungsbetrag

Das Jahresergebnis enthält auch den Nettoertrag, der aus der Bewirtschaftung des Eigenkapitals erzielt wird. Dieser Ertrag kann nicht mit überhobenen Beitragseinnahmen und damit nicht mit einer Beitragsrückerstattung in Zusammenhang gebracht werden. Das Jahresergebnis für die Ermittlung der abziehbaren Beitragsrückerstattung ist daher um diesen Ertrag zu vermindern. Bei der hierfür durchzuführenden Berechnung ist es nicht zu beanstanden, wenn wie folgt verfahren wird:

2.3.1 Betreibt das Versicherungsunternehmen außer dem selbst abgeschlossenen Lebens- oder Krankenversicherungsgeschäft noch andere Geschäfte, so kann das steuerliche Betriebsvermögen nach Maßgabe der Einnahmen (z. B. Beitragseinnahmen, Provisionseinnahmen) auf die verschiedenen Tätigkeitsbereiche aufgeteilt werden.

2.3.2 Als langfristige Kapitalanlage im Sinne des § 21 Abs. 1 Nr. 1 Satz 2 KStG kann unter Berücksichtigung korrespondierender Wertberichtigungen und nach Anpassung an die Wertermittlung in der Steuerbilanz die Summe derjenigen Wirtschaftsgüter angesetzt werden, die in der Bilanz von den Lebensversicherungsunternehmen (Formblatt L I) unter II und III und von den Krankenversicherungsunternehmen (Formblatt K I) unter II ausgewiesen werden.

2.3.3 Als Bezugsgröße für die Ertragsrechnung kann der Mittelwert der Kapitalanlagen zum Ende und zu Anfang des Wirtschaftsjahres zugrunde gelegt werden.

2.3.4 Als Bruttoertrag aus langfristiger Kapitalanlage kann die Summe der in den Formblättern L II und K II unter den Positionen 5a bis 5e der GuV-Rechnung ausgewiesenen Beträge angesetzt werden.

2.3.5 Für die Berechnung des Nettoertrages vor Abzug von Steuern ist es ausreichend, wenn als Aufwendungen für Kapitalanlagen aus der GuV-Rechnung in der Lebensversicherung die Beträge der Positionen 14a bis 14d des Formblatts L II und in der Krankenversicherung die Beträge der Positionen 12a bis 12d des Formblatts K II und in beiden Versicherungszweigen die nach dem Lohn- und Gehaltsschlüssel zugeordneten Aufwendungen für Altersversorgung und Unterstützung, für Abschreibungen auf die Betriebs- und Geschäftsausstattung und für die Lohnsummensteuer berücksichtigt werden. Dieser Schlüssel ergibt sich aus Muster 9 zu § 13 Ziff. 3 der Externen RechVUVO.

2.3.6 Der so berechnete Nettoertrag vor Abzug von Steuern kann in das Verhältnis zu dem Mittelwert der Kapitalanlagen (Tz. 2.3.3) gesetzt werden. Mit dem so ermittelten Vomhundertsatz, angewendet auf das zu Beginn des Wirtschaftsjahres maßgebliche steuerliche Betriebsvermögen, läßt sich der anteilig auf das Betriebsvermögen entfallende Nettoertrag (§ 21 Abs. 1 Nr. 1 Satz 2, erster Halbsatz KStG), jedoch vor Abzug der Steuern, bestimmen.

2.3.7 Bei der Berücksichtigung der Steuern können die Gewerbekapitalsteuer und die Vermögensteuer dem Ertrag aus dem steuerlichen Betriebsvermögen direkt zugeordnet werden. Bei der Vermögensteuer gilt dies wegen der Nichtabziehbarkeit der Vermögensteuer zuzüglich der darauf entfallenden Körperschaftsteuer und Gewerbeertragsteuer (RFH-Urteil vom 9.1.1940, RStBl. S. 436). Die restlichen Aufwendungen für Körperschaftsteuer und Gewerbeertragsteuer können entsprechend ihrer Verursachung im Verhältnis des Nettoertrags aus dem steuerlichen Betriebsvermögen und der Überschüsse aus dem übrigen Geschäft, jeweils vor Abzug der Steuern, zugeordnet werden. Der Überschuß aus dem versicherungstechnischen Geschäft muß um die abziehbaren Beitragsrückerstattungen gemindert sein.

2.4 Jahresergebnis (Tz. 2.1) zuzüglich Zurechnungsbetrag (Tz. 2.2) und abzüglich Kürzungsbetrag (Tz. 2.3) ergibt den Höchstbetrag des abziehbaren Aufwandes für Beitragsrückerstattungen im Wirtschaftsjahr. Eine Verpflichtung zur Auflösung der Rückstellung für Beitragsrückerstattung nach § 21 Abs. 2 Satz 2 KStG bleibt unberührt.

Beispiel:

a) *Sachverhalt*

Ein Lebensversicherungsunternehmen (AG), dessen Wirtschaftsjahr mit dem Kalenderjahr übereinstimmt, hat 1977 neben dem direkten Lebensversicherungsgeschäft das aktive Rückversicherungsgeschäft (RV) sowie die Vermittlung von Sachversicherungen betrieben.

Der Abschluß zum 31.12.1977 weist u. a. folgende Zahlen aus:

– Der Jahresüberschuß beträgt 900 000 DM;

– das (voll eingezahlte) Grundkapital zum 31.12.1976 und 31.12.1977 beträgt 8 Mio DM;

– die offenen Rücklagen zum 31.12.1976 betrugen 7 Mio DM;

– auf Grund des Jahresüberschusses wurden 82 400 000 DM der Rückstellung der Beitragsrückerstattung zugewiesen.

b) *Höchstbetrag der abziehbaren Beitragsrückerstattung nach § 21 Abs. 1 Nr. l KStG für das WJ 1977*

Jahresergebnis für das selbst abgeschlossene Lebensversicherungsgeschäft

Jahresüberschuß	900 000 DM	
Jahresüberschuß vor Abzug der Steuer aus aktivem RV und aus der Vermittlung von Sachversicherungen	400 000 DM	
./. anteilige Steuern	– 130 383 DM – 269 617 DM	630 383 DM
Aufwand für Beitragsrückerstattung (lt. Nr. 10 der GuV)		82 400 000 DM
Nettoertrag des Betriebsvermögens		– 700 243 DM
Höchstabzugsbetrag nach § 21 Abs. 1 Nr. 1 KStG		82 330 140 DM

Von dem Aufwand des WJ 1977 für Beitragsrückerstattung (Zuführung zur RfBR) sind 69 860 DM nichtabziehbare Betriebsausgaben
(82 400 000 DM ./. 82 330 140 DM).

c) *Nettoertrag vor Abzug von Steuern (Tz. 2.3)*

  aa) Langfristige Kapitalanlagen (Tz. 2.3.2) Die Kapitalanlagen nach Abschnitt II und III der Steuerbilanz des Lebensversicherungsunternehmens betragen

31.12.1976	1 470 000 TDM
31.12.1977	1 650 000 TDM
	3 120 000 TDM
Mittelwert	1 560 000 TDM

  bb) Ertrag der langfristigen Kapitalanlagen (Tz. 2.3.4 – 2.3.6) in 1977

Erträge lt. Nr. 5a)–e) der GuV			141 800 TDM
Aufwendungen lt. Nr. 14a)–d) der GuV			–17 500 TDM
anteiliger sonstiger Aufwand für Kapitalanlagen, z. B.			
Lohnsummensteuer	150 TDM		
Aufw. für Altersversorgung und Unterstützung	1 580 TDM		
AfA/Betriebsausstattung	1 270 TDM		
	3 000 TDM		

$$3\,000\ \text{TDM} \times \frac{2\,050}{19\,520} = \quad - \quad 315\ \text{TDM}$$

$$123\,985\ \text{TDM}$$

Der anteilige sonstige Aufwand, der für die Kapitalanlagen entstand, wird mit Hilfe der anteiligen Löhne und Gehälter den Kapitalanlagen zugeordnet.

Nach den gem. Muster 9 der Externen RechVUVO veröffentlichten persönlichen Aufwendungen ergibt sich der Aufteilungsmaßstab wie folgt:

Aufwendungen für die Verwaltung von Kapitalanlagen (Nr. 6 im Muster 9)		2 050 TDM
Gesamtsumme der Löhne und Gehälter Gesamtbetrag der persönl. Aufwendungen	38 740 TDM	
davon Provisionen und sonstige Bezüge der Versicherungsvertreter i. S. v. § 92 HGB	– 19 220 TDM	19 520 TDM

  cc) Betriebsvermögen 1.1.1977

  Das steuerliche Betriebsvermögen am Beginn des Wirtschaftsjahres errechnet sich aus der Steuerbilanz zum 31.12.1976 wie folgt:

Grundkapital	8 000 000 DM
Offene Rücklagen	7 000 000 DM
(StB-) Gewinn	986 000 DM
(StB-) Gewinnvortrag	5 030 000 DM
Betriebsvermögen 1.1.77	21 016 000 DM

Das gesamte Betriebsvermögen am 1.1.1977 wird für das selbstabgeschlossene Lebensversicherungsgeschäft (Einnahmen 1977: 247 600 TDM) wie für die übrigen Betätigungen verwendet (Einnahmen 1977: 12 400 TDM).

Auf das selbstabgeschlossene Lebensversicherungsgeschäft entfällt daher am 1.1.1977 ein Betriebsvermögen von

$$21\,016\,000\ \text{DM} \times \frac{247\,600\ \text{TDM}}{247\,600\ \text{TDM} + 12\,000\ \text{TDM}} = 20\,000\,000\ \text{DM}$$

dd) Nettoertrag v o r Steuern

Der Nettoertrag des Betriebsvermögens vor Berücksichtigung von Steuern errechnet sich wie folgt:

123 985 TDM   = 1 589 551 DM

d) Nettoertrag nach Abzug der Steuern (Tz. 2.3.7)

aa) Steueraufwand

Für das Wirtschaftsjahr 1977 ist folgender Steueraufwand entstanden:

Körperschaftsteuer 1977	600 000 DM
Vermögensteuer 1977 für das dem selbst abgeschlossenen Lebensversicherungsgeschäft dienende Vermögen	180 000 DM
Gewerbeertragsteuer 1977	320 000 DM
Gewerbekapitalsteuer 1977 für das dem selbst abgeschlossenen Lebensversicherungsgeschäft dienende Vermögen	70 000 DM

Die Vermögensteuer für 1977 wurde gem. § 31 Abs. 1 Nr. 4 KStG von dem EK 56 abgezogen.

bb) Nettoertrag nach Steuerabzug

Nettoertrag vor Steuern	1 589 551 DM
Gewerbekapitalsteuer 1977	– 70 000 DM
	1 519 551 DM
Vermögensteuer 1977	– 180 000 DM
Körperschaftsteuer (127,27 %)	– 229 090 DM
Gewerbeertragsteuer (350 % x 5 % x 409 090 =)	– 71 591 DM
Zwischensumme	1 038 870 DM
anteilige Körperschaftsteuer	– 202 804 DM
anteilige Gewerbeertragsteuer	– 135 823 DM
Nettoertrag des Betriebsvermögens	700 243 DM

cc) Aufteilung des Steueraufwandes

Während die Vermögensteuer und Gewerbekapitalsteuer für das Wirtschaftsjahr in vollem Umfang dem Nettoertrag zuzuordnen sind, werden die übrigen Steuern wie folgt aufgegliedert:

	KSt	Gewerbeertrags-steuer	Ertragsteuer insgesamt
	DM	DM	DM
Gesamtaufwand	600 000	320 000	920 000
abzgl. als Annex zur VSt	– 229 090	– 71 591	– 300 681
	370 910	248 409	619 319
Vom Restbetrag entfallen auf Nettoertrag			
$\frac{1\ 038\ 870}{1\ 900\ 000}$	– 202 804	– 135 823	– 338 627
aktives RV und Sachvermittlungsgeschäft vor Abzug der Steuer			
$\frac{400\ 000}{1\ 900\ 000}$	– 78 086	– 52 297	– 130 383
Sonstige Einkommensbestandteile Überschüsse vor Abzug der Steuer			
$\frac{461\ 130}{1\ 900\ 000}$	– 90 020	– 60 289	– 150 309
	0	0	0

Die Aufgliederung des restlichen Steueraufwands erfolgte nach folgendem Schlüssel

Nettoertrag lt. Zwischensumme	1 038 870 DM
Jahresüberschuß vor Abzug der Steuer aus aktivem RV und aus dem Sachvermittlungsgeschäft	400 000 DM
Sonstige Einkommensbestandteile vor Abzug der Steuer	461 130 DM
Einkommen	1 900 000 DM

3. Schaden- und Unfallversicherung

Die Zuordnung der auf das Wirtschaftsjahr entfallenden Betriebsausgaben zu den einzelnen Versicherungszweigen ist nach dem Verursachungsprinzip vorzunehmen. Es ist nicht zu beanstanden, wenn dabei die für die Lebens- und Krankenversicherungsunternehmen zugelassenen Regelungen in der Schaden- und Unfallversicherung entsprechend angewandt werden.

Die rechnungsmäßige Verzinsung deckungsstockpflichtiger Deckungsrückstellungen und die Verzinsung der Überschußrückstellung nach § 24 Abs. 3 der Verordnung über die Tarife in der Kraftfahrtversicherung vom 20.11.1967 in der Fassung vom 7.12.1976 (BAnz. Nr. 233 vom 10.12.1976, S. 1) sind bei der Berechnung des versicherungstechnischen Überschusses nicht als Betriebsausgabe zu berücksichtigen.

4. Rückstellung für Beitragsrückerstattung

4.1 Verwendungssicherung

Zuführungen zu einer Rückstellung für Beitragsrückerstattung sind nach § 21 Abs. 2 Satz 1 KStG insoweit abziehbar, als die ausschließliche Verwendung der Rückstellung für diesen Zweck durch die Satzung oder durch geschäftsplanmäßige Erklärung gesichert ist. Diese Verwendungssicherung ist auch dann noch erfüllt, wenn Beträge der Rückstellung für Beitragsrückerstattung in Ausnahmefällen mit Zustimmung der Aufsichtsbehörde im Interesse der Versicherten zur Abwendung eines Notstandes verwendet werden dürfen (RFH-Urteil vom 4.4.1939, RStBl. S. 892).

4.2 Verbindliche Festlegung

Bei der Prüfung, ob die Rückstellung für Beitragsrückerstattung nach § 21 Abs. 2 Satz 2 KStG ganz oder teilweise aufzulösen ist, sind außer den in Nr. 1 genannten Zuführungsbeträgen nach Nr. 2 generell solche Beträge auszuscheiden, deren Verwendung zur Beitragsrückerstattung vor dem Bilanzstichtag verbindlich festgelegt worden ist. Die Festlegung muß dem Grunde und der Höhe nach erfolgen.

Eine verbindliche Festlegung dem Grunde nach ist beispielsweise anzunehmen, wenn sie durch geschäftsplanmäßige Erklärung oder in der Weise erfolgt, daß die zuständigen Organe des Unternehmens einen diesbezüglichen Beschluß fassen und bekanntgeben, z. B. im Geschäftsbericht oder im Bundesanzeiger. Die Bedingung der Festlegung der Höhe nach ist erfüllt, wenn ein der Höhe, der Zahlungsfrist oder dem Zahlungszeitpunkt und dem Personenkreis nach bestimmbarer Betrag zu erstatten ist. Als festgelegt gilt der Betrag, der zur Finanzierung der beschlossenen Maßnahme erforderlich ist.

Bei Berechnung des erforderlichen Betrages ist nur dann abzuzinsen, wenn die Durchführung der Beitragsrückerstattung, vom Zeitpunkt der rechtswirksamen Beschlußfassung ausgehend, einen Zeitraum von mehr als zwei Jahre erfordert.

4.3 Krankenversicherung

Für das Krankenversicherungsgeschäft wird in § 21 Abs. 2 Satz 2 Nr. 3 KStG zugelassen, einen Betrag zur Ermäßigung von Beitragserhöhungen im folgenden Geschäftsjahr verbindlich festzulegen. Da in diesem Fall die Verwendung insgesamt im folgenden Geschäftsjahr erfolgen muß, genügt die Angabe des Betrages in einer Summe und die verbindliche Festlegung dem Grunde nach (Tz. 4.2).

4.4 Lebensversicherung

Die auf die abgelaufenen Versicherungsjahre entfallenden Schlußgewinnanteile im Sinne von § 21 Abs. 2 Satz 2 Nr. 4 KStG ergeben sich in der Weise, daß der erforderliche Finanzierungsbedarf nach versicherungsmathematischen Grundsätzen gleichmäßig angesammelt wird. Dafür sind die geschäftsplanmäßig genehmigten Rechnungsgrundlagen zugrunde zu legen.

5. Kleinbetragsregelung

5.1 Die Auflösung der Rückstellung für Beitragsrückerstattung nach § 21 Abs. 2 Satz 2 KStG braucht nicht zu erfolgen, soweit an die Versicherten Kleinbeträge auszuzahlen wären. Der Sachverhalt der Erstattung von Kleinbeträgen ist dann anzunehmen, wenn bei Durchführung der maßgebenden Regelung für die Beitragsrückerstattung im Durchschnitt weniger als 20,– DM auf den einzelnen begünstigten

Versicherungsvertrag bzw. begünstigten Versicherten entfallen würden oder wenn in dem überschuß-berechtigten Versicherungszweig weniger als 1 v. H. der Bruttojahresbeiträge des Versicherungszweigs für eine Beitragsrückerstattung zur Verfügung steht.

Überschreitet die noch nicht verbindlich festgelegte Rückstellung für Beitragsrückerstattung den höchsten Gesamtbetrag der Kleinbetragsregelung, so wird der in § 21 Abs. 2 Satz 2 KStG genannte Vorbehalt nicht wirksam.

5.2 Eine unter die Kleinbetragsregelung fallende Rückstellung für Beitragsrückerstattung ist für die Prüfung, ob eine Auflösung der Rückstellung vorzunehmen ist, als Zuführung (§ 21 Abs. 2 Satz 2 Nr. 1 KStG) erneut in dem Wirtschaftsjahr zu berücksichtigen, in dem die Kleinbetragsregelung nicht mehr wirksam wird.

5.3 Ergeben sich bei der Durchführung der Beitragsrückerstattung Beträge, die ihrer Verwendung nicht zugeführt werden können, so sind diese Beträge als Zuführung (§ 21 Abs. 2 Satz 2 Nr. 1 KStG) dem Wirtschaftsjahr zuzuordnen, in dem die nicht durchführbare Verwendung erkennbar wird.

5.4 Die nach Tz. 5.2 und Tz. 5.3 als Zuführungen des maßgeblichen Wirtschaftsjahres geltenden Beträge berühren nicht den Höchstbetrag des in diesem Wirtschaftsjahr abziehbaren Aufwands für Beitragsrückerstattungen nach Tz. 2.4.

6. Der Erlaß ist erstmals für Wirtschaftsjahre anzuwenden, die im Kalenderjahr 1977 enden.

7. Die bisher zu dieser Frage herausgegebenen Erlasse sind nicht mehr anzuwenden.

Dieser Erlaß ergeht im Einvernehmen mit dem Bundesminister der Finanzen und den obersten Finanz-behörden der anderen Länder. Er entspricht dem Schreiben des Bundesministers der Finanzen vom 07.03.1978 IV B 7 – S 2775 – 10/78, das im Bundessteuerblatt Teil I[1] veröffentlicht wird.

---

1) BStBl. 1978 I S. 160.

Berechnung der abziehbaren Beitragsrückerstattungen nach § 21 Abs. 1 Nr. 2 KStG in der Kraftfahrzeugversicherung; hier: Behandlung der Zuführung von Rein-Zinserträgen zur Rückstellung für die gesetzliche Beitragsermäßigung

Erlaß FM NW vom 08.01.1985

S 2775 – 5 – V B 4

Bezug: Mein Erlaß vom 20. März 1978 S 2775 – 5 – V B 4

In der Schadensversicherung dürfen Beitragsrückerstattungen aufgrund des versicherungstechnischen Überschusses aus dem selbstabgeschlossenen Geschäft nur bis zur Höhe des Überschusses abgezogen werden, der sich aus der Beitragseinnahme nach Abzug aller anteiligen abziehbaren und nichtabziehbaren Betriebsausgaben einschließlich der Versicherungsleistungen, Rückstellungen und Rechnungsabgrenzungsposten ergibt (§ 21 Abs. 1 Nr. 2 KStG). Zur Zulässigkeit von Beitragsrückerstattungen nach § 21 KStG wird allgemein in dem Bezugserlaß, der dem Schreiben des Bundesministers der Finanzen vom 7. März 1978 – IV B 7 – S 2775 – 10/78 – (BStBl. I S. 160) entspricht, Stellung genommen.

Es hat sich die Frage ergeben, wie in der Kraftfahrtversicherung die Zuführung von Rein-Zinserträgen zur Rückstellung für die gesetzliche Beitragsermäßigung bei der Berechnung der abziehbaren Beitragsrückerstattungen nach § 21 Abs. 1 Nr. 2 KStG zu behandeln ist. Die Erörterungen auf Bundesebene haben zu dem Ergebnis geführt, daß Tz. 3 Abs. 2 meines Bezugserlasses mit folgendem Wortlaut anzuwenden ist:

„Die rechnungsmäßige Verzinsung deckungsstockpflichtiger Deckungsrückstellungen, die Verzinsung der Überschußrückstellung nach § 24 Abs. 3 und die Zuführung von Rein-Zinserträgen zur gesetzlichen Überschußrückstellung nach § 24a der Verordnung über die Tarife in der Kraftfahrtversicherung in der Fassung der 12. Änderungs-Verordnung vom 8. Dezember 1978 (BAnz. Nr. 237 vom 19. Dezember 1978) sind bei der Berechnung des versicherungstechnischen Überschusses nicht als Betriebsausgaben zu berücksichtigen."

Die Änderung der Tz. 3 Abs. 2 meines Bezugserlasses ist in allen noch nicht bestandskräftigen Fällen zu beachten.

Dieser Erlaß ergeht im Einvernehmen mit dem Bundesminister der Finanzen und den obersten Finanzbehörden der anderen Länder. Er entspricht dem Schreiben des Bundesministers der Finanzen vom 14. Januar 1984 – IV B 7 – S 2775 – 19/84 –, das im Bundessteuerblatt Teil I[1] veröffentlicht wird.

---

1) BStBl. 1985 I S. 11.

Körperschaftsteuer;
hier: Behandlung der Zinszuführung zur Schwankungsrückstellung bei der Berechnung der Beitragsrückerstattung und bei der Frage der verdeckten Gewinnausschüttung von Versicherungsvereinen auf Gegenseitigkeit

Erlaß FM NW vom 15.11.1982 S 2775 – 5 – V B 4

Zur steuerlichen Behandlung der Zinszuführung zur Schwankungsrückstellung bei der Berechnung der Beitragsrückerstattung und bei der Frage der verdeckten Gewinnausschüttung von Versicherungsvereinen auf Gegenseitigkeit nehme ich wie folgt Stellung:

1. Die Zinszuführung zur Schwankungsrückstellung nach Abschnitt I Nr. 3 Abs. 1 der Anordnung des Bundesaufsichtsamtes für das Versicherungswesen über die Schwankungsrückstellung der Schaden- und Unfallversicherungsunternehmen vom 21.9.1978 (BStBl. 1979 I S. 61) ist bei der Berechnung des Überschusses für die Ermittlung der abziehbaren Beitragsrückerstattung nach § 21 Abs. 1 Nr. 2 KStG als Betriebsausgabe zu berücksichtigen.

   Erträge aus Kapitalanlagen dürfen grundsätzlich nicht auf der Einnahmenseite der versicherungstechnischen Erfolgsrechnung angesetzt werden. Vgl. BFH-Urteil vom 6.12.1960 (BStBl. 1961 III S. 81).

   Eine Ausnahme gilt zwar für solche Versicherungsparteien, bei denen ein Deckungskapital nach versicherungsmathematischen Grundsätzen zu bilden und anzulegen ist (z. B. Unfallversicherungen, Haftpflichtversicherungen). Vgl. BFH-Urteil vom 26.6.1968 (BStBl. 1969 II S. 12). In diesen Fällen können die in den jährlichen Zuführungen zum Deckungskapital enthaltenen rechnungsmäßigen Zinsen neben den Beitragseinnahmen auf der Einnahmeseite der Überschußrechnung berücksichtigt werden.

   Es ist jedoch nicht gerechtfertigt, die Zinszuführung bei der Schwankungsrückstellung mit den Zinszuführungen bei der Deckungsrückstellung gleich zu behandeln. Die Schwankungsrückstellung wird zwar wie die Deckungsrückstellung nach der Barwertmethode ermittelt. Es fehlt aber eine besondere Verpflichtung zur Vermögensanlage des Rückstellungsbetrags. Die Zuführung der rechnungsmäßigen Zinsen zur Schwankungsrückstellung wird deshalb nicht aus Vermögenserträgen gespeist, die wirtschaftlich der Rückstellung zuzuordnen sind.

2. Führt die Zinszuführung zur Schwankungsrückstellung zu einem versicherungstechnischen Verlust, so haben Versicherungsunternehmen in der Rechtsform der Kapitalgesellschaft die Möglichkeit, diesen Verlust mit Erträgen aus dem finanztechnischen Geschäft auszugleichen, ohne daß bei ihnen deshalb eine verdeckte Gewinnausschüttung angenommen wird. Versicherungsvereine auf Gegenseitigkeit werden insoweit Kapitalgesellschaften gleichgestellt. An dem in meinem Erlaß vom 14.12.1981 S 2775 8 V B 4[1] dargestellten Verfahren für die Feststellung von verdeckten Gewinnausschüttungen bei Versicherungsvereinen auf Gegenseitigkeit ändert sich daher nichts.

   Dieser Erlaß ergeht im Einvernehmen mit dem Bundesminister der Finanzen und den obersten Finanzbehörden der anderen Länder.

---

1) Vgl. die inzwischen ergangene Entscheidung des BFH im Urteil vom 13.11.1991 (BStBl. 1992 II S. 429).

Abzinsung der Rückstellung für erfolgsunabhängige Beitragsrückerstattungen

BMF-Schreiben vom 12.11.2007

IV B 7 – S 2775/07/0001, 2007/0505923

Krankenversicherungsunternehmen, die Rückstellungen für erfolgsunabhängige Beitragsrückerstattungen gebildet haben, müssen diese lt. bisheriger Auffassung der Finanzverwaltung nach § 6 Abs. 1 Nr. 3a EStG abzinsen. Hiergegen wendet sich eine Vielzahl von Versicherungsunternehmen.

Mit Schreiben vom 24. Februar 2006 baten Sie daher um Bestätigung Ihrer Rechtsauffassung bzw. um Weisung zu folgenden Fragen:

1. Stellen Rückstellungen gemäß § 12a Abs. 3 VAG und Rückstellungen für poolrelevante Überschüsse der Pflegeversicherung nach §§ 110 ff. SGB XI. erfolgsunabhängige oder erfolgsabhängige Beitragsrückerstattungen dar?

2. Ist § 21 Abs. 3 KStG nur anwendbar für Fälle des § 21 Abs. 1 und 2 KStG?

3. Kann § 21 Abs. 3 KStG im Wege der analogen Anwendung auch auf Fälle, die unter 1. beschrieben sind, angewendet werden, da eine mögliche Gesetzeslücke vorliegt?

In Abstimmung mit den obersten Finanzbehörden der Länder teile ich Ihnen hierzu folgendes mit

Zu 1. Nach dem Wortlaut des § 21 KStG werden dort nur Rückstellungen für erfolgsabhängige Beitragsrückerstattungen geregelt. Rückstellungen gemäß § 12a Abs. 3 VAG und Rückstellungen für poolrelevante Überschüsse der Pflegeversicherung nach §§ 110 ff. SGB XI. stellen hingegen Rückstellungen für erfolgsunabhängige Beitragsrückerstattungen dar.

Zu 2. Mit der Abzinsungsregelung des § 6 Abs. 1 Nr. 3a EStG hat der Gesetzgeber ein allgemeines Abzinsungsgebot geschaffen. Ausnahmen hiervon sind u.a. die Rückstellungen für erfolgsabhängige Beitragsrückerstattungen. Das Körperschaftsteuergesetz sieht mit der steuerlichen Sondernorm des § 21 KStG bereits einen Höchstwert für Rückstellungen vor, welcher nicht durch die allgemeine Norm des § 6 EStG unterschritten werden soll. Dies ist durch § 21 Abs. 3 KStG sichergestellt und ist nur für Fälle des § 21 Abs. 1 und 2 KStG anzuwenden. Eine solche Sonderregelung hat der Gesetzgeber für Rückstellungen für erfolgsunabhängige Beitragsrückerstattungen nicht geschaffen, so dass die allgemeine Norm des § 6 EStG, das Abzinsungsgebot, gilt.

Zu 3. Eine analoge Anwendung des § 21 Abs. 3 KStG kommt für diese Fälle nicht in Betracht, auch liegt diesbezüglich keine Gesetzeslücke vor. Das Abzinsungsgebot des § 6 EStG bleibt bestehen.

Auswirkung der Erweiterung von Ausnahmetatbeständen in § 56a VAG auf § 21 Abs. 2 Satz 1 KStG i.V.m. § 341e Abs. 2 Nr. 2 HGB; Anwendung des BMF-Schreiben vom 7. März 1978 (BStBl. I S. 160)[1]

Anfrage vom 6.3.2008
IV B 7 – S 2775/07/0003, 2008/0253341

zu Ihrer Frage nach den Auswirkungen der Änderung des § 56a VAG auf § 21 Abs. 2 KStG und der Zulässigkeit der Zuführung zu einer RfB bei drohendem Notstand nehme ich nach dem Ergebnis der Erörterung mit den obersten Finanzbehörden der Länder wie folgt Stellung:

In Ergänzung des Wortlauts der Tz. 4.1 des o. a. BMF-Schreibens liegt eine Verwendungssicherung nach § 21 Abs. 2 KStG auch dann vor, wenn Beträge der Rückstellung für Beitragsrückerstattungen (RfB) in Ausnahmefällen mit Zustimmung der Aufsichtsbehörde im Interesse der Versicherten zur Abwendung eines bereits drohenden Notstandes verwendet werden dürfen.

---

1) Vgl. Anlage § 021-03; der Erlass des FM NRW vom 20.3.1978 entspricht dem BMF-Schreiben vom 7.3.1978

Steuerrechtliche Behandlung der Zuteilungsrücklage nach § 21a KStG

BMF-Schreiben vom 24.07.1991

IV B 2 – S 2138 – 13/91

Es ist gefragt worden, ob eine Bausparkasse Mehrerträge im Sinne von § 6 Abs. 1 Satz 2 BSpKG in ihrer Steuerbilanz auch dann in eine den steuerlichen Gewinn mindernde Zuteilungsrücklage nach § 21a KStG einstellen darf, wenn in ihrer Handelsbilanz entsprechende Zuführungen von Mehrerträgen in den Sonderposten nach § 6 Abs. 1 BSpKG unterbleiben. Im Einvernehmen mit den obersten Finanzbehörden der Länder vertrete ich hierzu folgende Auffassung:

Eine Bausparkasse ist nach § 6 Abs. 1 Satz 2 BSpKG verpflichtet, Erträge aus der Anlage von Zuteilungsmitteln, die vorübergehend nicht zugeteilt werden können, weil Bausparverträge die Zuteilungsvoraussetzungen nicht erfüllen, in Höhe des Unterschiedsbetrages zwischen dem Zinsertrag aus der Zwischenanlage der Zuteilungsmittel und dem Zinsertrag, der sich bei Anlage der Zuteilungsmittel in Bauspardarlehen ergeben hätte (sog. Mehrerträge), in der Handelsbilanz einem Sonderposten zuzuführen. Von dieser handelsrechtlichen Passivierungspflicht läßt § 19 Abs. 4 BSpKG zwei Ausnahmen zu:

– Mehrerträge brauchen dem Sonderposten nicht zugeführt werden, wenn die Zuteilungsmittel, die vorübergehend nicht zugeteilt werden können, aus Bausparverträgen stammen, die vor dem 1. Januar 1991 abgeschlossen worden sind (sog. Altverträge).

– Die übrigen Mehrerträge brauchen, falls sie bis zum 31. Dezember 2000 anfallen, nur zu 60 v. H. in den Sonderposten eingestellt zu werden (Mindestdotierung).

Hinsichtlich der Mehrerträge aus Altverträgen bzw. dem Betrag, der die Mindestdotierung übersteigt, besteht handelsrechtlich ein Passivierungswahlrecht.

In der Steuerbilanz kann die Bausparkasse Mehrerträge im Sinne von § 6 Abs. 1 Satz 2 BSpKG in eine den steuerlichen Gewinn mindernde Zuteilungsrücklage einstellen (vgl. § 21a Satz 1 KStG). Die Bildung der Zuteilungsrücklage ist erstmals möglich, wenn Mehrerträge nach dem 31. Dezember 1990 anfallen (vgl. § 54 Abs. 8a KStG). Steuerrechtlich besteht bei der Bildung der Rücklage ein Wahlrecht. Nach dem Grundsatz der umgekehrten Maßgeblichkeit setzt ein Ausweis in der Steuerbilanz einen entsprechenden Ausweis in der Handelsbilanz voraus (vgl. § 5 Abs. 1 Satz 2 EStG). Dies bedeutet, daß ein in der Handelsbilanz ausgewiesener Sonderposten grundsätzlich in die Steuerbilanz zu übernehmen ist. Die Übernahme des Sonderpostens in die Steuerbilanz ist nur insoweit beschränkt, als die Rücklage in der Steuerbilanz den Betrag von 3 v. H. der Bausparsumme nicht überschreiten darf (vgl. § 21a Satz 2 KStG).

Anlage § 022–01

Betr.: Abziehbarkeit genossenschaftlicher Rückvergütung als Betriebsausgabe; hier: Auslegung des Abschnitts 66 Abs. 3 Satz 4 KStR

BMF-Schreiben vom 02.08.1983

IV B 7 – S 2780 – 8/83

Voraussetzung für den Abzug von genossenschaftlichen Rückvergütungen als Betriebsausgaben ist nach § 22 KStG u. a., daß sie bezahlt sind (§ 22 Abs. 2 KStG). Der geschuldete Betrag der Rückvergütung muß bei der Genossenschaft abgeflossen und in den Herrschaftsbereich des Empfängers gelangt sein. Diese Voraussetzung ist bei Gutschriften auf nicht voll eingezahlte Geschäftsanteile der Mitglieder nur dann als erfüllt anzusehen, wenn die Mitglieder dadurch von einer sonst bestehenden Verpflichtung zur Einzahlung auf ihre Geschäftsanteile befreit werden. Vgl. Abschnitt 66 Abs. 3 KStR und das dort zitierte Urteil des BFH vom 21. Juli 1976 (BStBl. 1977 II S. 46).

Nach Ihrer Information sind bei den Genossenschaften folgende Satzungsbestimmungen üblich:

Fall 1: § 37 Abs. 2 der Satzung enthält lediglich den Satz:
„Auf den Geschäftsanteil sind 10 v. H. einzuzahlen."

Fall 2: § 37 Abs. 2 der Satzung lautet:
„Der Geschäftsanteil ist sofort voll einzuzahlen."

Fall 3: § 37 Abs. 2 der Satzung lautet:
„Auf den Geschäftsanteil sind sofort nach Eintragung in die Liste der Mitglieder _____ DM einzuzahlen. Vom Beginn des folgenden Monats/Quartals ab sind monatlich/vierteljährlich weitere _____ DM einzuzahlen, bis der Geschäftsanteil erreicht ist."

Fall 4: § 37 Abs. 2 der Satzung lautet:
„Der Geschäftsanteil ist sofort einzuzahlen. Der Vorstand kann die Einzahlung in Raten zulassen. In diesem Fall sind auf den Geschäftsanteil sofort nach Eintragung in die Liste der Mitglieder _____ DM einzuzahlen. Vom Beginn des folgenden Monats/Quartals ab sind monatlich/vierteljährlich weitere _____ DM einzuzahlen, bis der Geschäftsanteil erreicht ist."

Fall 5: § 37 Abs. 2 der Satzung lautet:
„Auf den Geschäftsanteil sind mindestens 10 v. H. einzuzahlen. Über weitere Einzahlungen entscheidet die Generalversammlung gemäß § 50 GenG."

Nach Abstimmung mit den obersten Finanzbehörden der Länder nehme ich zu der Frage, ob in den von Ihnen vorgetragenen Satzungsbestimmungen von einer „sonst bestehenden Verpflichtung zur Einzahlung auf die Geschäftsanteile" gesprochen werden kann, wie folgt Stellung:

Nach § 7 Nr. 2 GenG muß die Satzung einer Genossenschaft die Höhe des Geschäftsanteils und die Einzahlungen auf den Geschäftsanteil, zu denen jedes Mitglied verpflichtet ist, bestimmen. Auf den Geschäftsanteil müssen mindestens 10 v. H. eingezahlt werden. In der Satzung muß die Verpflichtung zur Mindesteinzahlung nach Betrag und Zeit genau festgesetzt werden. Über den gesetzlichen Mindestbetrag hinaus kann die Satzung die Mitglieder zu weiteren Einzahlungen bis zur vollen Höhe des Geschäftsanteils verpflichten. Die weitere Einzahlungsverpflichtung kann in der Satzung nach Betrag und Zeit genau bestimmt werden. Sie kann aber auch nur generell festgesetzt werden. In diesem Fall steht die Bestimmung, wann und in welchen Raten der Einzahlungsverpflichtung zu genügen ist, der Generalversammlung zu (§ 50 GenG). Die Einzahlungsverpflichtung entsteht in jedem Fall mit der Übernahme des Geschäftsanteils und zwar in dem Umfang, in dem die Mitglieder nach der Satzung zu Einzahlungen auf die Geschäftsanteile verpflichtet sind.

Im Fall 1 besteht eine Einzahlungsverpflichtung nur in Höhe von 10 v. H. des Geschäftsanteils. Sollen die Mitglieder zu weiteren Einzahlungen verpflichtet werden, muß die Satzung geändert werden. Haben die Mitglieder die erforderlichen 10 v. H. auf ihre Geschäftsanteile eingezahlt, besteht keine weitere Verpflichtung zur Einzahlung auf die Geschäftsanteile. Im Falle der Gutschrift von genossenschaftlichen Rückvergütungen auf die nicht voll eingezahlten Geschäftsanteile werden die Mitglieder daher nicht von einer sonst bestehenden Verpflichtung zur Einzahlung auf ihre Geschäftsanteile befreit.

In den Fällen 2, 3, 4 und 5 besteht die Einzahlungsverpflichtung in voller Höhe des übernommenen Geschäftsanteils von Anfang an. Soweit die Mitglieder ihre Geschäftsanteile noch nicht voll eingezahlt haben, werden sie im Falle der Gutschrift von genossenschaftlichen Rückvergütungen auf die Geschäftsanteile von einer sonst bestehenden Verpflichtung zur Einzahlung auf ihre Geschäftsanteile befreit.

Im Fall 5 heißt es zwar in der Satzung, daß über Einzahlungen, die über 10 v. H. des Geschäftsanteils hinausgehen, die Generalversammlung nach § 50 GenG entscheidet. Das bedeutet jedoch nicht, daß die

Einzahlungsverpflichtung zunächst nur in Höhe von 10 v. H. des Geschäftsanteils und erst aufgrund der Beschlußfassung der Generalversammlung in voller Höhe entstünde. Vielmehr ist der Hinweis auf § 50 GenG so zu verstehen, daß die Mitglieder der Genossenschaft über den gesetzlichen Mindestbetrag hinaus generell zu weiteren Einzahlungen bis zur vollen Höhe des Geschäftsanteils verpflichtet sind, daß aber die Bestimmung, wann und in welchen Raten diese weitere Einzahlungspflicht zu erfüllen ist, der Generalversammlung zusteht. Besteht in derartigen Fällen eine weitere Satzungsbestimmung, wonach die den Mitgliedern gewährten genossenschaftlichen Rückvergütungen zu einem bestimmten Teil dem Geschäftsguthaben gutgeschrieben werden, so ersetzt diese Bestimmung der Satzung insoweit die Beschlußfassung der Generalversammlung nach § 50 GenG über Zeitpunkt und Betrag der weiteren Einzahlung auf den Geschäftsanteil.

Anlage § 023–01

Steuersatz für Gewinne EU/EWR-ausländischer Kapitalgesellschaften nach dem Körperschaftsteuer-Anrechnungsverfahren; Folgen aus der EuGH-Entscheidung in Sachen „CLT-UFA"

BMF-Schreiben vom 17.10.2007
IV B 7 – S 2800/07/001 (2007/0449388), BStBl. I 2007 S. 766

Der BFH hat mit Urteil vom 9. August 2006 – I R 31/01 – (BStBl. II 2007 S. 838) als Reaktion auf das Urteil des EuGH vom 23. Februar 2006 (CLT-UFA) entschieden, dass der von einer ausländischen EU-Kapitalgesellschaft durch eine Zweigniederlassung im Inland erzielte Gewinn unter Anwendung der Grundsätze der Niederlassungsfreiheit (Art. 43 und 48 EG bzw. vormals Art. 52 und 58 EGV) mit dem Steuersatz zu besteuern ist, der unter vergleichbaren Umständen bei Gewinnen einer inländischen Tochtergesellschaft, die ihre Gewinne voll ausschüttet („Ausschüttungsfiktion"), angewandt würde.

Die Grundsätze des BFH-Urteils sind nach dem Ergebnis einer Erörterung der obersten Finanzbehörden des Bundes und der Länder nach Maßgabe der folgenden Ausführungen über den entschiedenen Einzelfall hinaus allgemein anzuwenden.

1. Geltungsbereich

Die Urteilsgrundsätze sind in allen offenen Fällen von beschränkt steuerpflichtigen Kapitalgesellschaften anzuwenden, deren Sitz oder Geschäftsleitung in einem EU/ EWR-Mitgliedstaat liegt (EU/ EWR-Kapitalgesellschaft) und die Gewinne in einer inländischen Betriebsstätte erzielen.

2. Steuerbelastung der Betriebsstätteneinkünfte

Die Steuerbelastung für inländische Betriebsstättenein-künfte von EU/EWR-Kapitalgesellschaften ergibt sich auf der Grundlage des maßgebenden Ausschüttungssteuersatzes auf das zu versteuernde Einkommen zuzüglich darin nicht enthaltener Betriebsvermögensänderungen i. S. von § 30 Abs. 2 Nr. 2 KStG a. F., einer zusätzlichen Körperschaftsteuerbelastung auf nichtabziehbare Aufwendungen, der Kapitalertragsteuer auf den als ausgeschüttet geltenden Gewinn und dem maßgebenden Solidaritätszuschlag auf die Körperschaftsteuer.

Sie berechnet sich wie folgt:

- Auf das zu versteuernde Einkommen zuzüglich der darin nicht enthaltenen Betriebsvermögensänderungen i. S. von § 30 Abs. 2 Nr. 2 KStG a. F. für das laufende Wirtschaftsjahr (z B. Investitionszulagen) = Bemessungsgrundlage (BMG) ist der für den jeweiligen Veranlagungszeitraum maßgebende Steuersatz nach § 27 Abs. 1 KStG a. F. (Ausschüttungssteuersatz) anzuwenden (zuzüglich maßgebender Solidaritätszuschlag).

- Die Steuerbelastung erhöht sich, sofern im zu versteuernden Einkommen nichtabziehbare Ausgaben i. S. des § 31 Abs. 1 Nr. 4 KStG a. F. enthalten sind. Zu diesen rechnet auch der Solidaritätszuschlag. Die nichtabziehbaren Ausgaben stehen für eine Ausschüttung i. S. der „Ausschüttungsfiktion" des BFH-Urteils nicht zur Verfügung. Die Steuererhöhung auf die nichtabziehbaren Ausgaben ergibt sich aus der entsprechenden Spalte der nachfolgend enthaltenen Tabelle. Auf die Ermittlung eines Solidaritätszuschlags auf diesen Mehrbetrag wird aus Vereinfachungsgründen verzichtet.

- Nach der „Ausschüttungsfiktion" des BFH-Urteils gilt der Unterschiedsbetrag zwischen dem handelsrechtlichen Betriebsvermögen am Schluss des letzten im maßgebenden Veranlagungszeitraum endenden Wirtschaftsjahrs der Betriebsstätte und dem handelsrechtlichen Betriebsvermögen am Schluss des vorangegangenen Wirtschaftsjahrs als zum Ende des Veranlagungszeitraums ausgeschüttet. Bei abweichenden Wirtschaftsjahren oder bei Rumpfwirtschaftsjahren gilt der Schluss des Wirtschaftsjahrs als Ausschüttungszeitpunkt.

Der Ausschüttungsbetrag unterliegt – unter Berücksichtigung der Mutter/Tochter-Richtlinie oder eines im Einzelfall maßgebenden Doppelbesteuerungsabkommens – der für den jeweiligen Veranlagungszeitraum maßgebenden Kapitalertragsteuer für Dividenden.

Für Ausschüttungen im Veranlagungszeitraum 1996 an Gesellschaften, die Muttergesellschaften i. S. der Mutter-Tochter-Richtlinie sind, gilt der Ausschüttungsbetrag im Hinblick auf § 44d Abs. 1 Satz 3 EStG in der für 1996 geltenden Fassung als anteilig zugeflossen, sofern die beschränkte Steuerpflicht nicht erst im zweiten Halbjahr eintrat; siehe auch Beispiel 2.

Die Steuerbelastung darf den Betrag nicht übersteigen, der sich unter Berücksichtigung des Betriebsstättensteuersatzes auf das zu versteuernde Einkommen oder für die Veranlagungszeiträume 1999 und 2000 unter Berücksichtigung des Steuersatzes nach § 23 Abs. 1 KStG auf das zu versteuernde Einkommen ergibt.

Die Gesamtsteuerbelastung einer Betriebsstätte nach den Urteilsgrundsätzen berechnet sich wie folgt:

Gesamtsteuerbelastung $E = A + B + D$ wobei

– D I	=	Differenzbetrag von dem maßgebenden Thesaurierungssteuersatz i. S. des § 23 Abs. 1 KStG a. F. und dem maßgebenden Ausschüttungssteuersatz
– D II	=	Differenzbetrag von 100 und dem maßgebenden Thesaurierungssteuersatz i. S. des § 23 Abs. 1 KStG a. F.
– BMG x Ausschüttungssteuersatz	=	A (vorläufige Steuerbelastung)
– na A[1] x D I/D II	=	B (Körperschaftsteuererhöhung)
– BMG - A - B - na A	=	C (fiktive Ausschüttung)
– C x Kapitalertragsteuersatz	=	D (Kapitalertragsteuer)
– A + B + D	=	E (Gesamtsteuerbelastung)

Bei der Berechnung sind folgende Steuersätze zu Grunde zu legen:

Veranlagungs-zeitraum	Ausschüttungs-steuersatz	Thesaurierungs-steuersatz	Betriebsstätten-steuersatz[2]	Steuererhöhung auf na A	Kapitalertrag-steuer[3][4]
Bis 1989	36%	56%	50%	20/44[5] x na A	25%
1990/1991	36%	50%	46%	14/50 x na A	15% Regelfall
1992/1993	36%	50%	46%	14/50 x na A	5%
1994 — 06/1996	30%	45%	42%	15/55 x na A	5%
07/1996 — 1998	30%	45%	42%	15/55 x na A	0%
1999/2000[6]	30%	40%	40%	10/60 x na A	0%

Beispiel 1

Eine britische Ltd. unterhält in Deutschland eine Betriebsstätte. Dort erzielt sie 1993 einen Gewinn von 800. Nichtabziehbare Ausgaben liegen i. H. v. 200 vor (zvE/BMG damit 1 000).

Folgende Steuersätze gelten in diesem Jahr:

Thesaurierungssteuersatz	50 %
Ausschüttungssteuersatz	36 %
Betriebsstättensteuersatz	46 %
Kapitalertragsteuer	5 %

(D I = Thesaurierungssteuersatz – Ausschüttungssteuersatz = 14;
D II = 100 – Thesaurierungssteuersatz = 50)

Die BMG beträgt 1 000. Darauf ist der Ausschüttungssteuersatz von 36 % anzuwenden. Es ergibt sich auf die BMG eine Steuerbelastung von 360. Bezogen auf den Thesaurierungssteuersatz von 50 % ergibt sich eine zusätzliche Körperschaftsteuerbelastung auf die nichtabziehbaren Ausgaben i. H. v. 56 (P l/D II] x na A = 14/50 x 200 = 56).

Es ergibt sich somit eine Steuer von 416 (360 + 56). Auf den Ausschüttungsbetrag von 384 (800 – 360 – 56 = 384) entfällt eine KapESt von 5 % = 384 x 5 % = 19,20. Damit ergibt sich eine Gesamtsteuerbelastung von 435.20 (360 + 56 + 19.20) = 43,52 %.

Dieser Steuersatz von 43,52 % liegt unter dem Betriebsstättensteuersatz des Jahres 1993 und ist somit maßgebend.

Beispiel 2

Eine britische Ltd. unterhält in Deutschland eine Betriebsstätte. Dort erzielt sie 1996 einen vorläufigen Gewinn von 950. Es liegen nichtabziehbare Ausgaben (noch ohne Solidaritätszuschlag) i. H. v. 50 vor.

---

1) Nichtabziehbare Ausgaben.
2) Jeweils noch zuzüglich Solidaritätszuschlag (VZ 1991 und VZ 1992 i. H. v. 3,75 %. VZ 1995 bis 1997 i. H. v 7.5 % und für VZ ab 1998 5,5 %)
3) Ausschüttung an Muttergesellschaften i. S. der Mutter-/Tochter-Richtlinie.
4) Ein Solidaritätszuschlag hierauf entfällt analog § 5 SolZG.
5) Jeweils D I geteilt durch D II.
6) Bei abweichendem Wirtschaftsjahr einschließlich 2001.

Folgende Steuersätze gelten in diesem Jahr:

Thesaurierungssteuersatz	45 %
Ausschüttungssteuersatz	30 %
Betriebsstättensteuersatz	42 %
Kapitalertragsteuer 30.06.	5 %
Kapitalertragsteuer 01.07.	0 %
Solidaritätszuschlag	7,5 %

(D I = Thesaurierungssteuersatz – Ausschüttungssteuersatz = 15;
D II = 100 – Thesaurierungssteuersatz = 55)

Die BMG beträgt 1 000. Darauf ist der Ausschüttungssteuersatz von 30 % anzuwenden. Es ergibt sich auf die BMG eine Körperschaftsteuerbelastung von 300 zuzüglich einem Solidaritätszuschlag von 300 x 7.5 % = 22.50. Bezogen auf den Thesaurierungssteuersatz von 45 % ergibt sich eine zusätzliche Körperschaftsteuerbelastung auf die nichtabziehbaren Ausgaben (50 + 22,50 = 72,50) i. H. v. 19,80 ([D I/D II] x na A = 15/55 x 72,50 = 19,80).

Es ergibt sich somit eine Steuer von 342,30 (300 + 22,50 + 19,80). Für den Zeitraum 1. Januar 1996 bis 30. Juni 1996 ergibt sich hierauf eine KapESt von 5 % (bezogen auf 607,70/2 x 5 %) = 15.20.

Es ergibt sich damit eine Gesamtsteuerbelastung von 357.50 (342.30 + 15,20) = 35.75 %. Dieser Steuersatz von 35,75 % liegt unter dem Betriebsstättensteuersatz des Jahres 1996 und ist somit maßgebend.

3. Zeitlicher Geltungsbereich

Die Urteilsgrundsätze sind in allen Fällen anzuwenden, in denen das zu versteuernde Einkommen der EU/EWR-Kapitalgesellschaft in einem Veranlagungszeitraum erzielt wurde, in dem das Körperschaftsteuer-Anrechnungsverfahren gilt. Dies betrifft bei kalenderjahrgleichem Wirtschaftsjahr die Veranlagungszeiträume vor 2001, bei abweichendem Wirtschaftsjahr einer eingetragenen Niederlassung einschließlich 2001.

Anrechnung ausländischer Steuern nach Doppelbesteuerungsabkommen (DBA); Abgrenzung pro Einkunftsart

Verfügung OFD Rostock vom 25. 10. 1995

S 2294 – 30/95 – St 241

Bei Bestehen eines DBA mit Anrechnungsmethode kann ausländische Steuer, die ihrer Art nach der deutschen Einkommen- oder Körperschaftsteuer entspricht, gem. § 34c Abs. 1 EStG bzw. § 26 Abs. 1 KStG jeweils in Verbindung mit dem entsprechenden DBA auf die deutsche Einkommen- oder Körperschaftsteuer angerechnet werden.

Dies jedoch nur insoweit, als die ausländische Steuer auch betragsmäßig der deutschen Einkommen- oder Körperschaftsteuer entspricht, die auf die entsprechenden – in diesem Staat erzielten – Einkünfte entfällt. Alle anrechnungsfähigen Steuern des betreffenden ausländischen Staates sind für diesen Zweck zusammenzufassen. Die Berechnung der deutschen Einkommen- bzw. Körperschaftsteuer, die auf die entsprechenden Einkünfte aus diesem Staat entfällt, hat einheitlich ohne Aufteilung nach Einkunftsarten zu erfolgen (Erlaß der Finanzministerin des Landes Mecklenburg/Vorpommern vom 9.3.1994, IV 310 S 2293 – 10/92).

Beispiel:

	in DM
ausl. Dividendeneinkünfte:	1 000,–*
davon einbehaltene ausl. Quellensteuern (10 %)	100,–
ausl. Betriebsstätteneinkünfte:	25 000,–*
davon einbehaltene Quellensteuern auf der Betriebsstätte zuzurechnenden Dividendenerträgen	4 900,–
inländische Einkünfte des Steuerpflichtigen aus anderen Einkunftsarten:	24 000,–*
* = = >	
Einkünfte aus Kapitalvermögen:	1 000,–
Einkünfte aus Gewerbebetrieb:	25 000,–
andere Einkunftsarten:	24 000,–
Summe der Einkünfte (S d E)	= 50 000,–
festgesetzte deutsche ESt (unterstellt):	8 000,–
	(= 16 % Steuerbel.)

Von der insgesamt gezahlten ausländischen Steuer in Höhe von 5000,– DM ist auf die deutsche Steuer nur der Teil anrechenbar, der auf die der Anrechnungsmethode unterliegenden ausländischen Einkünfte entfällt:

$$\text{Anrechnungshöchstbetrag} \frac{\text{ausl. Einkünfte}}{\text{S d E}} \times \text{deutsche ESt/KSt}$$

hier (in DM):

$$\frac{26\,000,- \text{ ausl. Eink.}}{50\,000,- \text{ S d E}} \times 8000,- \text{ ESt} = 4\,160,-$$

Im Beispielsfall sind im Rahmen der Anrechnungsmethode von den gezahlten 5000,– DM ausländischen Steuern gem. § 34c Abs. 1 EStG nur 4160,– DM auf die deutsche Einkommensteuer anrechenbar.

In Höhe der verbleibenden 840,– DM tritt keine Entlastung ein.

Ein Abzug von der Bemessungsgrundlage nach § 34c Abs. 2 EStG kommt nicht in Betracht. Eine nach den Einkunftsarten aufgeteilte Berechnungsweise hätte im Beispielsfall zu dem Ergebnis geführt, daß die 100,– DM ausländische Quellensteuer auf die Dividendeneinkünfte voll anrechenbar (10 % ausländische Steuerbelastung unterschreiten 16 % deutsche ESt-Belastung) und die 4900,– DM auf den Betriebsstättengewinn lastenden ausländischen Quellensteuern (19,6 % ausländische Steuerbelastung nur in Höhe von 4000,– DM (auf den Betriebsstättengewinn entfallende deutsche ESt) anrechenbar wären.

Pauschalierung der Körperschaftsteuer für ausländische Einkünfte gem. § 26 Abs. 6 KStG i.V.m. § 34c Abs. 5 EStG

BMF-Schreiben vom 24.11.2003
IV B 4 – S 2293 – 46/03
(BStBl. 2003 I S. 747)

Im Einvernehmen mit den obersten Finanzbehörden der Länder nehme ich zur Anwendung des BMF-Schreibens vom 10. April 1984 (BStBl. I S. 252) wie folgt Stellung:

Infolge der Absenkung des allgemeinen Körperschaftsteuersatzes ab 1. Januar 2001 auf 25 % durch das Gesetz zur Senkung der Steuersätze und zur Reform der Unternehmensbesteuerung – Steuersenkungsgesetz (StSenkG) – vom 23. Oktober 2000 (BStBl. I S. 1428) kommt der Regelung in Tz. 8 des BMF-Schreibens vom 10. April 1984 für Körperschaften grundsätzlich keine Bedeutung mehr zu. Dies gilt jedoch wegen des mit dem Flutopfersolidaritätsgesetz vom 19. September 2002 (BGBl. I S. 3651, BStBl. I S. 865) eingeführten erhöhten Körperschaftsteuersatzes von 26,5 % nicht für den Veranlagungszeitraum 2003.

Obgleich der erhöhte Körperschaftsteuersatz nur für das Jahr 2003 gilt, wird das BMF-Schreiben aus Vereinfachungsgründen für die Körperschaftsteuer erst mit Wirkung ab den Veranlagungszeitraum 2004 aufgehoben.

_____

(Bezeichnung der ausschüttenden Körperschaft)

Steuerbescheinigung

der leistenden Körperschaft, Personenvereinigung oder Vermögensmasse
(§ 45 a EStG, § 8 Abs. 1, §§ 27, 28, 37 KStG i. d. F. des Steuersenkungsgesetzes)

für Bezüge, für die das Halbeinkünfteverfahren gilt

Das KStG i. d. F. des StSenkG vom 23. 10. 2000 (BGBl I S. 1433) ist bei der leistenden Körperschaft erstmals anzuwenden für den Veranlagungszeitraum

☐ 2001 [1)] (Wirtschaftsjahr vom _____ bis _____)

☐ 2002 [1)] (Wirtschaftsjahr vom _____ bis _____)

An _____

(Name und Anschrift des Anteilseigners / Gläubigers der Kapitalerträge)

_____

wurden laut Beschluss vom _____ am _____ für _____

                                                (Zahlungstag)   (Zeitraum)

folgende _____ gezahlt.

                                 (Art der Kapitalerträge)

☐ DM [2)]   ☐ € [2)]

Kapitalerträge im Sinne des § 20 Abs. 1 Nr. 1, 9 und Nr. 10 Buchst. a EStG . . . . _____

Bezüge im Sinne des § 20 Abs. 1 Nr. 2 EStG . . . . _____

   darin enthaltene Leistungen aus der Herabsetzung
   des gezeichneten Kapitals (§ 28 Satz 4 KStG) . . . . _____

Summe . . . . _____

Anrechenbare Kapitalertragsteuer im Sinne des § 43 a Abs. 1 Nr. 1 und 2 EStG . . . . _____

Anrechenbare Kapitalertragsteuer im Sinne des § 43 a Abs. 1 Nr. 4 und 5 EStG . . . . _____

Anrechenbarer Solidaritätszuschlag zur Kapitalertragsteuer . . . . _____

Leistungen aus dem steuerlichen Einlagekonto (§ 27 KStG) . . . . _____

Höhe des von der leistenden Körperschaft in Anspruch genommenen Körperschaftsteuerminderungsbetrags
(§ 37 KStG) . . . . _____

Finanzamt, an das die Kapitalertragsteuer
und der darauf entfallende Solidaritätszuschlag abgeführt worden sind: _____

Steuernummer . . . . _____

Ich versichere, dass ich die Angaben wahrheitsgemäß nach bestem Wissen und Gewissen gemacht habe.

               (Ort, Datum)   (Unterschrift)

1) Bitte Zutreffendes ankreuzen.
2) Für Zahlungen in 2001 sind die Betragsangaben nur in DM zulässig; für Zahlungen ab 2002 sind die Betragsangaben nur in Euro zulässig.

VE 8   Halbeinkünfteverfahren (2001)
Dez. 2000

Angaben in Steuerbescheinigungen;
Abschnitt 99 Abs. 3 KStR

BMF-Schreiben vom 18.10.2001
IV A 2 – S 2830 – 7/01
BStBl. 2001 I S. 784

Bei Bescheinigungen, die in vollem Umfang maschinell ausgedruckt werden, dürfen die nach Abschnitt 99 Abs. 3 KStR erforderlichen Angaben wie folgt abgekürzt werden:

Kapitalerträge i. S. des § 20 Abs. 1 Nr. 1 EStG	KapErträge
Bezüge im Sinne des § 20 Abs. 1 Nr. 2 EStG	Bezüge
darin enthaltene Leistungen aus der Herabsetzung des gezeichneten Kapitals	darin ent. Leist.
Leistungen aus dem steuerlichen Einlagekonto (§ 27 KStG)	Einlagek.-Aussch.
Höhe des von der leistenden Körperschaft in Anspruch genommenen Körper- schaftsteuerminderungsbetrags (§ 37 KStG)	KSt-Mindbetrag
Darin enthaltene Leistungen, für die der Teilbetrag EK 40 als verwendet gilt (§ 30 Abs. 1 Nr. 1 KStG 1999)	darin ent. EK 40

Es ist nicht zu beanstanden, wenn in Fällen, in denen ein gesonderter Ausweis der nachfolgend genannten Angaben nicht in Betracht kommt, diese tatsächlich nicht ausgewiesen werden:

- Bezüge im Sinne des § 20 Abs. 1 Nr. 2 EStG
- darin enthaltene Leistungen aus der Herabsetzung des gezeichneten Kapitals (§ 28 Satz 4 KStG)
- anrechenbare Kapitalertragsteuer im Sinne des § 43 a Abs. 1 Nrn. 4 und 5 EStG
- Leistungen aus dem steuerlichen Einlagekonto (§ 27 KStG)
- Höhe des von der leistenden Körperschaft in Anspruch genommenen Körperschaftsteuerminderungsbetrags (§ 37 KStG)

Steuerliches Einlagekonto
(Anwendung der §§ 27 und 28 KStG 2002)[1]

BMF-Schreiben vom 04.06.2003

IV A 2 – S 2836 – 2/03

(BStBl. 2003 I S. 366)

Unter Bezugnahme auf das Ergebnis der Erörterungen mit den obersten Finanzbehörden der Länder gilt für die Anwendung der §§ 27 und 28 KStG 2002[2] Folgendes:

A. Steuerliches Einlagekonto (§ 27 KStG)

I. Allgemeines

Wie im bisherigen Recht führt die Rückgewähr von nicht in das Nennkapital geleisteten Einlagen **1** grundsätzlich nicht zu steuerpflichtigen Beteiligungserträgen der Anteilseigner. Um dies zu gewährleisten, bestimmt § 27 KStG, dass diese Einlagen außerhalb der Steuerbilanz auf einem besonderen Konto erfasst werden.

II. Persönlicher Anwendungsbereich

Ein Einlagekonto haben unter der Voraussetzung der unbeschränkten Körperschaftsteuerpflicht zu füh- **2** ren:

a) Kapitalgesellschaften (§ 1 Abs. 1 Nr. 1 KStG);

b) Sonstige Körperschaften, die Leistungen i.S. des § 20 Abs. 1 Nr. 1 EStG gewähren können;

c) Körperschaften und Personenvereinigungen, die Leistungen i.S. des § 20 Abs. 1 Nr. 9 bzw. 10 EStG gewähren können.

Bei den unter Buchstabe a) und b) genannten Körperschaften handelt es sich um die ehemals zur Gliederung des verwendbaren Eigenkapitals verpflichteten unbeschränkt steuerpflichtigen Körperschaften. Unter Buchstabe b) fallen in erster Linie die Erwerbs- und Wirtschaftsgenossenschaften (§ 1 Abs. 1 Nr. 2 KStG) sowie Realgemeinden und wirtschaftliche Vereine, die Mitgliedschaftsrechte gewähren, welche einer kapitalmäßigen Beteiligung gleich stehen. Wegen der Führung des Einlagekontos bei Betrieben gewerblicher Art von juristischen Personen des öffentlichen Rechts bei Leistungen i.S. des § 20 Abs. 1 Nr. 10 EStG wird auf das BMF-Schreiben vom 11. September 2002 (BStBl. I S. 935)[3] verwiesen.

Beschränkt steuerpflichtige Körperschaften haben kein Einlagekonto zu führen. **3**

Das Einlagekonto ist auch von Körperschaften und Personenvereinigungen zu führen, bei denen Ausschüttungen ausgeschlossen sind.

III. Ermittlung und Fortschreibung des steuerlichen Einlagekontos

1. Anfangsbestand

a) Überleitung vom Anrechnungsverfahren zum Halbeinkünfteverfahren

Nach § 36 Abs. 7 KStG ist auf den Schluss des letzten Wirtschaftsjahres, das noch unter das Anrech- **4** nungsverfahren fällt, u.a. der Schlussbestand des Teilbetrags nach § 30 Abs. 2 Nr. 4 KStG a.F. (EK 04) gesondert festzustellen. Der Feststellungsbescheid ist Grundlagenbescheid für die Feststellung des Einlagekontos nach § 27 Abs. 2 Satz 1 KStG auf den Schluss des ersten Wirtschaftsjahrs im neuen Recht. Der festgestellte Schlussbestand wird, soweit er positiv ist, als Anfangsbestand des Einlagekontos erfasst (§ 39 Abs. 1 KStG).

b) Erstmalige Verpflichtung zur Führung des Einlagekontos in sonstigen Fällen

Hat eine Körperschaft oder eine Personenvereinigung erstmalig ein Einlagekonto zu führen, z.B. beim **5** Wechsel von der beschränkten zur unbeschränkten Körperschaftsteuerpflicht, ist der Anfangsbestand des steuerlichen Einlagekontos mit 0 anzusetzen.

Im Gegensatz dazu ist in den Fällen der Bar- und Sachgründung, sowie in Einbringungsfällen nach § 20 **6** UmwStG (vgl. auch Rdnr. 27) das in der Eröffnungsbilanz auszuweisende Eigenkapital, soweit es das

---

1) KStG 2002 = KStG n.F.; KStG 1999 = KStG a.F.

2) Zur Anwendung des § 29 KStG vgl. gesondert ergehendes BMF-Schreiben zu den Änderungen des Umwandlungssteuerrechts.

3) Vgl. Anhang 1-02.

Nennkapital übersteigt, als Zugang beim steuerlichen Einlagekonto in der Feststellung zum Schluss des ersten Wirtschaftsjahrs zu erfassen.

Beispiel

Das bisherige Einzelunternehmen des A wird zu Buchwerten in die neu gegründete A-GmbH eingebracht. Das in der Schlussbilanz des Einzelunternehmens ausgewiesene Eigenkapital beträgt 500. A erhält im Rahmen der Einbringung Anteile an der A-GmbH im Nennwert von 100. Der übersteigende Betrag i.H. von 400 wird in der Eröffnungsbilanz der A-GmbH zu 150 in die Kapitalrücklage eingestellt und zu 250 als Darlehensverbindlichkeit gegenüber A ausgewiesen.

Das in der Eröffnungsbilanz der A-GmbH auszuweisende Eigenkapital beträgt 250. Der das Nennkapital von 100 übersteigende Betrag i.H. von 150 ist als Zugang beim steuerlichen Einlagekonto in der Feststellung zum Schluss des Gründungsjahres zu erfassen.

7 Zu Körperschaften bzw. Personenvereinigungen, die im Wege einer Umwandlung nach UmwG neu entstehen bzw. erstmalig zur Führung eines Einlagekontos verpflichtet sind, wird auf das gesondert ergehende BMF-Schreiben zu den Änderungen des Umwandlungssteuerrechts verwiesen.

c) Führung des Einlagekontos in den Fällen des § 156 Abs. 2 AO

8 Wird nach § 156 Abs. 2 AO auf eine Festsetzung der Körperschaftsteuer verzichtet, unterbleibt auch die gesonderte Feststellung des Einlagekontos. Findet für einen folgenden Veranlagungszeitraum erstmalig eine Körperschaftsteuerveranlagung statt, ist bei der dann notwendigen gesonderten Feststellung des Einlagekontos auf den Schluss des Wirtschaftsjahrs der Anfangsbestand des Einlagekontos mit 0 anzusetzen, soweit die Körperschaft nicht etwas anderes nachweist.

2. Verringerung des Einlagekontos durch Leistungen

a) Allgemeines

9 Im Wirtschaftsjahr von der Körperschaft erbrachte Leistungen verringern das Einlagekonto, soweit sie in der Summe des letzten Wirtschaftsjahrs ermittelten ausschüttbaren Gewinn übersteigen (§ 27 Abs. 1 Satz 3 KStG). Unter das Halbeinkünfteverfahren fallende Leistungen im ersten Wirtschaftsjahr des neuen Rechts können bereits zu einer Verringerung des Einlagekontos führen.

10 Eine Verringerung des steuerlichen Einlagekontos nach § 27 Abs. 1 Satz 3 KStG ist grundsätzlich auf den positiven Bestand des Einlagekontos zum Schluss des vorangegangenen Wirtschaftsjahrs begrenzt. U.a. in den Fällen der Festschreibung nach § 27 Abs. 1 Satz 5 KStG (Rdnr. 24) kann es auch zu einem Negativbestand des steuerlichen Einlagekontos kommen (wegen weiterer Fälle, in denen das steuerliche Einlagekonto negativ werden kann vgl. Rdnrn. 28 und 29).

b) Begriff der Leistung

11 Leistungen i.S. des § 27 Abs. 1 Satz 3 KStG sind alle Auskehrungen, die ihre Ursache im Gesellschaftsverhältnis haben.

Zur Rückzahlung von Nennkapital nach § 28 Abs. 2 Satz 2 KStG vgl. Rdnr. 40.

12 Für die Verrechnung mit dem steuerlichen Einlagekonto sind alle Leistungen eines Wirtschaftsjahrs zusammenzufassen. Eine sich danach ergebende Verwendung des steuerlichen Einlagekontos ist den einzelnen Leistungen anteilig zuzuordnen.

13 Leistungen, die nach § 34 Abs. 12 Satz 1 Nr. 1 KStG noch unter das Anrechnungsverfahren fallen, stellen keine Leistungen i.S. des § 27 Abs. 1 Satz 3 KStG dar.

c) Ausschüttbarer Gewinn

14 Der ausschüttbare Gewinn nach § 27 Abs. 1 Satz 4 KStG ist wie folgt zu ermitteln:

Eigenkapital laut Steuerbilanz

– gezeichnetes Kapital

– (positiver) Bestand des steuerlichen Einlagekontos

ausschüttbarer Gewinn (wenn negativ, Ansatz mit 0)

15 Der Berechnung sind jeweils die Bestände zum Schluss des vorangegangenen Wirtschaftsjahrs zugrunde zu legen. Zugänge bzw. Abgänge des laufenden Wirtschaftsjahrs beeinflussen den ausschüttbaren Gewinn nicht. Wegen der für Liquidationen geltenden Besonderheiten wird auf das gesondert ergehende BMF-Schreiben zur Auflösung und Abwicklung von Körperschaften und Personenvereinigungen hingewiesen.

aa) In der Steuerbilanz ausgewiesenes Eigenkapital

Maßgeblich ist das Eigenkapital laut Steuerbilanz. Rückstellungen und Verbindlichkeiten stellen auch **16** dann Fremdkapital dar, wenn sie auf außerhalb der Steuerbilanz zu korrigierenden verdeckten Gewinnausschüttungen i.S. des § 8 Abs. 3 Satz 2 KStG beruhen.

Nicht zum Eigenkapital gehören diejenigen auf der Passivseite der Steuerbilanz ausgewiesenen Posten, **17** die aufgrund steuerrechtlicher Vorschriften erst bei ihrer Auflösung zu versteuern sind (Sonderposten mit Rücklageanteil i.S. des § 247 Abs. 3 HGB).

§ 27 Abs. 1 Satz 4 KStG enthält keine Verpflichtung zur Aufstellung einer Steuerbilanz. Hat die Kör- **18** perschaft oder Personenvereinigung eine Steuerbilanz nicht aufgestellt, muss sie für die Berechnung des ausschüttbaren Gewinns das Eigenkapital, ausgehend von der Handelsbilanz, ermitteln, das sich nach den Vorschriften über die steuerliche Gewinnermittlung ergibt (§ 60 Abs. 2 Satz 1 EStDV).

bb) Gezeichnetes Kapital

Gezeichnetes Kapital i.S. des § 27 Abs. 1 Satz 4 KStG ist das Grundkapital einer Aktiengesellschaft, das **19** Stammkapital einer GmbH oder die Summe der Geschäftsguthaben der Genossen bei Erwerbs- und Wirtschaftsgenossenschaften.

Für die Berechnung des ausschüttbaren Gewinns (Rdnr. 14 ff.) ist das gezeichnete Kapital aus Verein- **20** fachungsgründen auch dann mit dem Nominalbetrag anzusetzen, wenn es nicht vollständig eingezahlt ist. Das gilt unabhängig davon, ob ausstehende Einlagen ganz oder teilweise eingefordert sind und ob der ausstehende, nicht eingeforderte Teil in der Steuerbilanz offen vom Nennkapital abgesetzt ist.

cc) Bestand des steuerlichen Einlagekontos

Maßgeblich für die Ermittlung des ausschüttbaren Gewinns ist der auf den Schluss des vorangegangenen **21** Wirtschaftsjahrs gesondert festgestellte Bestand des steuerlichen Einlagekontos bzw. der nach § 36 Abs. 7 KStG festgestellte Schlussbestand des EK 04. Ist dieser Bestand negativ, ist er bei der Ermittlung des ausschüttbaren Gewinns nicht zu berücksichtigen.

d) Bescheinigung

Die Verwendung des steuerlichen Einlagekontos ist gemäß § 27 Abs. 3 Satz 1 Nr. 2 KStG den Anteils- **22** eignern entsprechend ihrem Anteil an der Gesamtleistung zu bescheinigen. Bescheinigungen sind auch zu erteilen, wenn sich das steuerliche Einlagekonto in einem der in Rdnr. 29 aufgeführten Sonderfälle unmittelbar verringert.

Dagegen ist bei der Rückzahlung von Nennkapital nach einer Kapitalherabsetzung (vgl. Rdnr. 40) für **23** den das steuerliche Einlagekonto unmittelbar mindernden Betrag eine Steuerbescheinigung nicht auszustellen.

e) Festschreibung nach § 27 Abs. 1 Satz 5 KStG

Nach § 27 Abs. 1 Satz 5 KStG bleibt die der Bescheinigung zugrunde gelegte Verwendung unverändert, **24** wenn für die Leistung die Minderung des steuerlichen Einlagekontos bescheinigt worden ist. Bei einer nachträglichen Änderung des maßgeblichen Bestands des steuerlichen Einlagekontos, z.B. durch eine Betriebsprüfung, kommt es weder zu einer höheren noch zu einer niedrigeren Verwendung des steuerlichen Einlagekontos.

f) Nebeneinander von Einlagerückgewähr und Körperschaftsteuer-Minderung/-Erhöhung nach §§ 37, 38 KStG

Eine Leistung, die nach § 27 Abs. 1 Satz 3 KStG den Bestand des steuerlichen Einlagekontos verringert, **25** kann gleichzeitig zu einer Körperschaftsteuer-Minderung nach § 37 Abs. 2 Satz 1 KStG und/oder zu einer Körperschaftsteuer-Erhöhung nach § 38 Abs. 2 KStG führen. Soweit eine Leistung, die bei der ausschüttenden Körperschaft zu einer Minderung der Körperschaftsteuer führt, zugleich eine Einlagerückgewähr nach § 27 Abs. 1 Satz 3 KStG darstellt, ist lediglich eine Steuerbescheinigung nach § 27 Abs. 3 KStG auszustellen. Ein Körperschaftsteuer-Minderungsbetrag ist entgegen § 37 Abs. 3 Satz 4 Nr. 2 KStG nicht auszuweisen.

3. Einlagen

Einlagen erhöhen das steuerliche Einlagekonto bei Zufluss. **26**

4. Zugang beim steuerlichen Einlagekonto in den Fällen der Einbringung nach § 20 UmwStG

Bei Einbringung eines Betriebs, Teilbetriebs oder Mitunternehmeranteils in eine unbeschränkt körper- **27** schaftsteuerpflichtige Kapitalgesellschaft (§ 20 UmwStG) erhöht der Eigenkapitalzugang einschließlich der in diesem Zusammenhang geleisteten Bareinlagen den Bestand des steuerlichen Einlagekontos, soweit er den dem Anteilseigner im Zuge der Einbringung gewährten Teil des Nennkapitals übersteigt (vgl. Rdnr. 6).

5. Organschaftliche Mehr-/Minderabführungen

28 § 27 Abs. 6 KStG regelt die Behandlung von organschaftlichen Mehr-/Minderabführungen. Minderabführungen erhöhen, Mehrabführungen vermindern das steuerliche Einlagekonto nach Bilanzierungsgrundsätzen. Die Verringerung des steuerlichen Einlagekontos durch Mehrabführungen gemäß § 27 Abs. 6 KStG kann auch zu einem Negativbestand führen.

6. Sonderfälle der Verrechnung mit dem Einlagekonto

29 Außer in den Fällen der Leistungsverrechnung nach § 27 Abs. 1 Satz 3 bis 5 KStG (Rdnr. 9 ff.) und der organschaftlichen Mehrabführungen i.S. des § 27 Abs. 6 KStG (Rdnr. 28) verringert sich das steuerliche Einlagekonto insbesondere in den folgenden Sonderfällen:

– Erfüllung bzw. Wiederaufleben einer Darlehensverpflichtung gegenüber Gesellschaftern nach vorausgegangenem Forderungsverzicht gegen Besserungsversprechen (BFH-Urteil vom 30. Mai 1990, BStBl. 1991 II S. 588).

– Rückzahlung von Nachschüssen der Anteilseigner i.S. des § 26 GmbHG, die nicht zur Deckung eines Verlustes an Stammkapital erforderlich sind (§ 30 Abs. 2 GmbHG).

Die Verringerung des Einlagekontos erfolgt in diesen Fällen unabhängig von der Höhe des ausschüttbaren Gewinns i.S. des § 27 Abs. 1 Satz 4 KStG (Rdnr. 14 ff.) und kann auch zu einem Negativbestand führen.

30 Wegen der Verringerung des Einlagekontos durch Auskehrungen bei Kapitalherabsetzung, bei der Auflösung von Körperschaften bzw. im Rahmen von Umwandlungsvorgängen wird auf Rdnr. 37 ff. bzw. die gesondert ergehenden BMF-Schreiben zur körperschaftsteuerlichen Behandlung der Auflösung und Abwicklung von Körperschaften und Personenvereinigungen und zu den Änderungen des Umwandlungssteuerrechts verwiesen.

B. Umwandlung von Rücklagen in Nennkapital und Herabsetzung des Nennkapitals (§ 28 KStG)

I. Allgemeines

31 Wie im bisherigen Recht sind die in Nennkapital umgewandelten Beträge, die aus Gewinnrücklagen stammen, getrennt auszuweisen und gesondert festzustellen (Sonderausweis). Da die Auskehrung des Herabsetzungsbetrags beim Anteilseigner insoweit zu Einkünften aus Kapitalvermögen i.S. des § 20 Abs. 1 Nr. 2 EStG führt, hat die leistende Körperschaft Kapitalertragsteuer einzubehalten (§ 43 Abs. 1 Nr. 1 EStG).

II. Persönlicher Anwendungsbereich

32 § 28 KStG gilt für alle unbeschränkt steuerpflichtigen Körperschaften, bei denen ein Nennkapital (Rdnr. 19) auszuweisen ist.

III. Sonderausweis

1. Begriff des Sonderausweises

33 Der Sonderausweis ist die Summe der Beträge, die dem Nennkapital durch Umwandlung von Rücklagen mit Ausnahme von aus Einlagen der Anteilseigner stammenden Beträgen zugeführt worden sind. Der Sonderausweis kann auch im Zusammenhang mit Umwandlungen zu bilden oder zu verändern sein (siehe dazu im Einzelnen das gesondert ergehende BMF-Schreiben zu den Änderungen des Umwandlungssteuerrechts).

2. Anfangsbestand

34 Der nach § 47 Abs. 1 Satz 1 Nr. 2 KStG a.F. zuletzt festgestellte Betrag wird als Anfangsbestand bei der Ermittlung des Sonderausweises auf den Schluss des ersten Wirtschaftsjahrs im neuen Recht berücksichtigt (§ 39 Abs. 2 KStG). Er gilt gleichzeitig als Bestand zum Schluss des vorangegangenen Wirtschaftsjahrs i.S. des § 28 Abs. 2 Satz 1 KStG.

3. Kapitalerhöhung aus Gesellschaftsmitteln

35 Bei der Umwandlung von Rücklagen in Nennkapital mindert der Kapitalerhöhungsbetrag vorrangig den positiven Bestand des steuerlichen Einlagekontos, der sich ohne die Kapitalerhöhung für den Schluss dieses Wirtschaftsjahrs ergeben würde (§ 28 Abs. 1 Satz 1 und 2 KStG).

36 Übersteigt der Betrag der Kapitalerhöhung den maßgeblichen Bestand des steuerlichen Einlagekontos, ist der übersteigende Betrag im Sonderausweis zu erfassen.

Beispiel:

Zum Ende des vorangegangenen Wirtschaftsjahrs weist die Bilanz der A-GmbH folgende Beträge aus:

Nennkapital (davon Sonderausweis: 0)	100
Kapitalrücklage (= steuerliches Einlagekonto)	50
Sonstige Rücklagen	100

Am 1. März erfolgt eine Kapitalerhöhung aus Gesellschaftsmitteln um 100 und am 1. Mai eine Einlage i.H. von 20.

Ermittlung des steuerlichen Einlagekontos sowie des Sonderausweises:

	Vorspalte	Einlage-konto	Sonder-ausweis
Anfangsbestand		50	0
+ Einlage		+ 20	
Zwischenergebnis (Bestand nach § 28 Abs. 1 Satz 2 KStG		70	0
Betrag der Kapitalerhöhung	100		
Vorrangige Verwendung des steuerlichen Einlagekontos	– 70	– 70	
Zugang beim Sonderausweis	30		+ 30
Schlussbestände		0	30

IV. Herabsetzung des Nennkapitals

Bei Herabsetzung des Nennkapitals verringert sich vorrangig der auf den Schluss des vorangegangenen Wirtschaftsjahrs festgestellte Bestand des Sonderausweises. Die Verringerung des Sonderausweises ist unabhängig davon vorzunehmen, ob der Kapitalherabsetzungsbetrag an die Anteilseigner ausgekehrt wird. Stehen im Zeitpunkt des Kapitalherabsetzungsbeschlusses Einlagen auf das Nennkapital aus, so ist die vorgenannte Kürzung nach § 28 Abs. 2 Satz 1 KStG nur insoweit vorzunehmen, als der Herabsetzungsbetrag auf den eingezahlten Teil des Nennkapitals entfällt (vgl. Rdnr. 39). **37**

Übersteigt der Betrag der Kapitalherabsetzung den maßgeblichen Bestand des Sonderausweises, erhöht der Differenzbetrag den Bestand des steuerlichen Einlagekontos zum Schluss des Wirtschaftsjahrs, in dem die Kapitalherabsetzung wirksam wird (Eintragung im Handelsregister). Das Einlagekonto ist auch dann zunächst zu erhöhen, wenn der Kapitalherabsetzungsbetrag anschließend an die Anteilseigner ausgekehrt wird. **38**

Entfällt der Kapitalherabsetzungsbetrag auf zum Zeitpunkt des Kapitalherabsetzungsbeschlusses ausstehende Einlagen und fällt dadurch die Einzahlungsverpflichtung der Anteilseigner weg, unterbleibt eine Hinzurechnung des Herabsetzungsbetrages zum Bestand des steuerlichen Einlagekontos (§ 28 Abs. 2 Satz 1 2. Halbsatz KStG). Soweit der Herabsetzungsbetrag jedoch auf das eingezahlte Nennkapital entfällt, d.h. die Einzahlungsverpflichtung bestehen bleibt, hat eine Erhöhung des steuerlichen Einlagekontos um den den Sonderausweis übersteigenden Herabsetzungsbetrag zu erfolgen (vgl. Rdnr. 38). Es ist dabei unmaßgeblich, ob und ggf. in welcher Höhe die Einzahlungsverpflichtung eingefordert ist. **39**

Nach § 28 Abs. 2 Satz 2 KStG verringert der im Beschluss über die Kapitalherabsetzung vorgesehene Auskehrungsbetrag das steuerliche Einlagekonto. Wenn ein Sonderausweis vorhanden ist, gilt dies nur für den den Sonderausweis übersteigenden Auszahlungsbetrag. Der Auszahlungsbetrag ist nicht in die Differenzrechnung nach § 27 Abs. 1 Satz 3 KStG einzubeziehen. **40**

Beispiel

Die A-GmbH weist zum Schluss des vorangegangenen Wirtschaftsjahres folgende Beträge aus:

Nennkapital	200	(davon nicht eingezahlt 20)
Sonderausweis	50	
Steuerliches Einlagekonto	0	

Es erfolgt eine Kapitalherabsetzung um 100, die auch auf den nicht eingezahlten Teil von 20 entfällt, und Rückzahlung des eingezahlten Nennkapitals in Höhe von 80.

	Vorspalte	Einlage-konto	Sonder-ausweis
Anfangsbestand		0	0
Betrag der Kapitalherabsetzung	100		
– Verringerung des Sonderausweises	– 50		– 50
Zwischenergebnis	50		
– ausstehende Einlagen auf das Nennkapital	– 20		
Zugang beim steuerlichen Einlagekonto	30	+ 30	
Zwischenergebnis		30	0
Rückzahlung von Nennkapital	80		
– Verringerung des Sonderausweises	– 50		
Abgang vom steuerlichen Einlagekonto	30	– 30	
Schlussbestände		0	0

41 Die Auskehrung des Herabsetzungsbetrages ist unabhängig davon, ob ein Sonderausweis vorhanden ist, eine Leistung, die zu einer Körperschaftsteuer-Erhöhung nach § 38 KStG führen kann. Eine Minderung nach § 37 KStG kommt nicht in Betracht.

42 Auch bei verspäteter Auszahlung des im Beschluss über die Kapitalherabsetzung vorgesehenen Auskehrungsbetrags erhöht sich das steuerliche Einlagekonto nach § 28 Abs. 2 Satz 1 KStG in dem Wirtschaftsjahr, in dem der Beschluss wirksam wird (vgl. Rdnr. 38). Die Verringerung des steuerlichen Einlagekontos nach § 28 Abs. 2 Satz 2 2. Halbsatz KStG um den den Sonderausweis übersteigenden Auskehrungsbetrag (vgl. Rdnr. 40) erfolgt dagegen erst im Wirtschaftsjahr der Auszahlung.

V. Auflösung einer Körperschaft

43 Auf die Ausführungen in dem gesondert ergehenden BMF-Schreiben[1] zur körperschaftsteuerlichen Behandlung der Auflösung und Abwicklung von Körperschaften und Personenvereinigungen wird hingewiesen.

VI. Verrechnung des Sonderausweises mit dem Bestand des steuerlichen Einlagekontos

44 Wenn ein Sonderausweis i.S. des § 28 KStG und ein positiver Bestand des steuerlichen Einlagekontos zusammentreffen, verringern sich beide Beträge nach Maßgabe des § 28 Abs. 3 KStG. Die Verringerung ist als letzter Schritt der Ermittlung des steuerlichen Einlagekontos bzw. des Sonderausweises vorzunehmen.

---

1) Vgl. Anlage § 011-03.

Steuerliches Einlagekonto bei Betrieben gewerblicher Art ohne eigene Rechtspersönlichkeit[1)]

Verfügung OFD Magdeburg vom 24.10.2003

S 2706 – 89 – St 217 V

Nicht den Rücklagen zugeführte Gewinne und verdeckte Gewinnausschüttungen von Betrieben gewerblicher Art (BgA) ohne eigene Rechtspersönlichkeit gehören zu den Einkünften aus Kapitalvermögen der Trägerkörperschaft nach § 20 Abs. 1 Nr. 10 b EStG, wenn der BgA den Gewinn durch Betriebsvermögensvergleich ermittelt oder die dort genannten Umsatz- oder Gewinngrenzen überschritten sind. Dafür haben auch die BgA ohne eigene Rechtspersönlichkeit ein steuerliches Einlagekonto zu führen.

Es ist die Frage nach der steuerlichen Behandlung einer Rückzahlung von Kapital bei BgA aufgeworfen worden. Nach dem Ergebnis einer Erörterung der obersten Finanzbehörden der Länder gilt hierzu Folgendes:

Nach Rdnrn. 8 und 13 des BMF-Schreibens vom 11.09.2002 (BStBl. I, 935)[2)] werden Betriebe gewerblicher Art *mit eigener Rechtspersönlichkeit* im Grundsatz mit Kapitalgesellschaften gleichgestellt. Diese BgA haben ein Nennkapital, das nicht Bestandteil des Einlagekontos ist. Eine Rückzahlung des Nennkapitals führt bei der Trägerkörperschaft nicht zu steuerpflichtigen Einnahmen i. S. des § 20 Abs. 1 Nr. 10 a EStG und mindert auch nicht das Einlagekonto.

Nach Rdnr. 25 des o. g. BMF-Schreibens haben auch Betriebe gewerblicher Art *ohne eigene Rechtspersönlichkeit* ein Einlagekonto zu führen, dessen Anfangsbestand sich aus Altrücklagen und Alteinlagen zusammensetzt. Im Übrigen gelten die Grundsätze der Rdnrn. 8 und 13 des BMF-Schreibens entsprechend.

Zu den BgA ohne eigene Rechtspersönlichkeit gehören die Eigenbetriebe der Gemeinden, Landkreise und Verwaltungsgemeinschaften. Gemäß § 12 Abs. 2 des Eigenbetriebsgesetzes des Landes Sachsen-Anhalt (EigBG) vom 24.03.1997 (GVBl. LSA 1997, S. 446) i. d. F. des Gesetzes über das kommunale Unternehmensrecht vom 03.04.2001 (GVBl. LSA 2001, S. 136) ist der Eigenbetrieb mit einem angemessenen Stammkapital auszustatten, dessen Höhe in der Betriebssatzung festzusetzen ist. Für bestimmte Eigenbetriebe der o. g. juristischen Personen des öffentlichen Rechts kann von der Festsetzung eines Stammkapitals abgesehen werden (§ 12 Abs. 2 Satz 2 EigBG).

Die Eigenbetriebsverordnung des Landes Sachsen-Anhalt (EigVO) vom 20.08.1997 (GVBl. LSA 1997, S. 758) enthält bezüglich des Stammkapitals keine abweichenden Regelungen. Nach § 7 Abs. 2 EigVO ist das Stammkapital in der Bilanz des Eigenbetriebes mit dem in der Betriebssatzung festgelegten Betrag anzusetzen.

Sofern Eigenbetriebe ein Stammkapital besitzen, ist dieses nicht dem Einlagekonto gemäß § 27 KStG zuzuordnen. Bei teilweiser oder vollständiger Auskehrung des Stammkapitals an die Trägerkörperschaft kommt es bei dieser nicht zu steuerpflichtigen Zuflüssen nach § 20 Abs. 1 Nr. 10 b EStG. Diese Vermögenszuführung unterliegt auch nicht der Regelung des § 27 Abs. 1 Sätze 3 ff. KStG und mindert damit nicht das Einlagekonto.

---

1) Vgl. auch Anlagen § 027-05-07.

2) Vgl. Anhang 1-02.

Anfangsbestand der steuerlichen Einlagekonten bei Betrieben gewerblicher Art ohne eigene Rechtspersönlichkeit [1)]

Verfügung OFD Frankfurt/M. vom 16.09.2003

S 2400A – 57 – St II 1.04

Nach Rdnr. 25 des BMF-Schreibens vom 11.9.2002 (BStBl. I, 935) [2)] – vgl. Rdvfg. vom 14.10.2002, S 2400 A – 57 – St II 1.04, KSt-Kartei § 4 KStG Karte A 27 – können bei Betrieben gewerblicher Art ohne eigene Rechtspersönlichkeit die Grundsätze der Rdnr. 8 und 13 des Schreibens entsprechend angewendet werden.

Nach dem Ergebnis der Erörterungen der obersten Finanzbehörden hat dies zur Folge, dass auch bei einem Betrieb gewerblicher Art ohne eigene Rechtspersönlichkeit eine dem Nennkapital vergleichbare Größe angenommen werden kann (vgl. z. B. § 10 Abs. 2 des Hessischen Eigenbetriebsgesetzes).

Dieser Betrag ist nicht dem Einlagekonto gemäß § 27 KStG zuzuordnen. Soweit er an die Trägerschaft ausgekehrt wird, kommt es bei ihr nicht zu steuerpflichtigen Zuflüssen., Diese Vermögenszuführung unterliegt auch nicht der Regelung des § 27 Abs. 1 Satz 3 ff. KStG und mindert damit nicht das Einlagekonto.

Sinngemäße Anwendung der Vorschriften über das steuerliche Einlagekonto auf andere Körperschaften und Personenvereinigungen (§ 27 Abs. 7 KStG 2002) [3)]

Verfügung OFD Hannover vom 10.12.2003

S 2836 – 1 – St O – 214/S 2836 – 1 – St H 233

Nach § 27 Abs. 7 KStG sind die Vorschriften über das steuerliche Einlagekonto außer auf unbeschränkt steuerpflichtige Kapitalgesellschaften sinngemäß auch auf andere Körperschaften und Personenvereinigungen, die Leistungen i. S. des § 20 Abs. 1 Nr. 1, 9 und 10 EStG gewähren können, anzuwenden. Dies sind dem Grunde nach

- Versicherungsvereine auf Gegenseitigkeit (§ 1 Abs. 1 Nr. 3 KStG),
- sonstige juristische Personen des privaten Rechts (§ 1 Abs. 1 Nr. 4 KStG) und
- nichtrechtsfähige Vereine, Stiftungen und andere Zweckvermögen des privaten Rechts (§ 1 Abs. 1 Nr. 5 KStG).

In der Praxis dürfte der Anteil dieser Körperschaften, die Vermögensübertragungen an die hinter der Körperschaft stehenden Person erbringen, welche einer Gewinnausschüttung vergleichbar sind, gering sein. Eine flächendeckende Anforderung von Freistellungserklärungen und Durchführung von Freistellungen i. S. des § 27 Abs. 1 Satz 1 KStG für alle o. g. Körperschaften ist deshalb nicht erforderlich. R 104 KStR 1995 (R 78 des Entwurfs der Änderungsrichtlinien) [4)] ist in diesen Fällen entsprechend anzuwenden.

---

1) Vgl. auch Anlagen § 027-04, 06 und 07.

2) Vgl. Anhang 1-02.

3) Vgl. Anlagen § 027-04, 05 und 07.

4) Vgl. Abschn. 79 KStR 2004.

Anfangsbestand des steuerlichen Einlagekontos i. S. des § 27 KStG bei Betrieben gewerblicher Art[1]

Verfügung OFD Düsseldorf vom 19.08.2004

S 2706 A – St 134

Verfügung OFD Münster vom 19.08.2004

S 2836 – 6 – St 13-33

Bei Betrieben gewerblicher Art (BgA) wurde in letzter Zeit vermehrt die Frage gestellt, ob die Einlagen vor dem 1.1.2001, die zum 31.12.2000 z. B. wegen einer Verrechnung mit Verlusten nicht mehr im Eigenkapital des BgA enthalten sind, bei der erstmaligen Feststellung des steuerlichen Einlagekontos nach § 27 KStG zu berücksichtigen sind.

Hierzu wird folgende Auffassung vertreten:

Nach § 27 Abs. 1 KStG hat eine steuerpflichtige Kapitalgesellschaft die nicht in das Nennkapital geleisteten Einlagen am Schluss jeden Wirtschaftsjahres auf dem steuerlichen Einlagekonto zu erfassen und ausgehend vom Bestand zum Schluss des vorangegangenen Wirtschaftsjahres um die jeweiligen Zu- und Abgänge fortzuschreiben.

Die Vorschrift gilt ab dem ersten Vz., in dem das erste Wirtschaftsjahr endet, das unter neues KSt-Recht fällt (§ 34 Abs. 1 KStG i. d. F. des StSenkG vom 23.10.2000). In das steuerliche Einlagekonto sind daher grundsätzlich nur solche Einlagen einzustellen, die der Kapitalgesellschaft ab dem 1.1.2001 (bei abweichenden Wirtschaftsjahren entsprechend später) zugeführt worden sind. Alteinlagen in Wirtschaftsjahren vor dem Systemwechsel sind grundsätzlich nicht zu berücksichtigen, da auf den Schluss des dem ersten Wirtschaftsjahr im neuen Recht vorangehenden Wirtschaftsjahres kein Bestand des steuerlichen Einlagenkontos festzustellen ist. Diese Grundsätze gelten nach § 27 Abs. 7 KStG insbesondere für BgA sinngemäß.

Ergänzend dazu enthält § 39 Abs. 1 KStG die Regelung, dass ein sich nach § 36 Abs. 7 KStG ergebender positiver Endbestand des EK 04 als Anfangsbestand des steuerlichen Einlagekontos zu übernehmen ist. Eine entsprechende Anwendung auf im alten Recht nicht dem Anrechnungsverfahren unterliegende Körperschaften scheidet nach dem eindeutigen Wortlaut der Vorschrift aus. Denn es werden nicht die in früheren Jahren tatsächlich geleisteten und noch im Eigenkapital vorhandenen Einlagen als Anfangsbestand des steuerlichen Einlagekontos übernommen, sondern der formal festgestellte Endbestand des EK 04. Ein solcher Betrag existiert bei „Nicht-Gliederungskörperschaften" jedoch nicht. Die Bestimmung befindet sich daher auch nicht etwa in § 27 KStG selbst, sondern im sechsten Teil des KStG, der die Sondervorschriften für den Übergang vom Anrechnungsverfahren zum Halbeinkünfteverfahren enthält.

Nach dem Gesetzeswortlauf beträgt der Anfangsbestand des steuerlichen Einlagekontos bei nicht dem Anrechnungsverfahren unterliegenden Körperschaften damit grundsätzlich Null. Dem widersprechen auch nicht die Regelungen in Rdn. 13 und 25 des BMF-Schreibens vom 11.9.2002 (BStBl. I 2002 S. 935)[2]. Nach diesen Bestimmungen sind im Ergebnis alle im Zeitpunkt des Systemwechsels vorhandenen Eigenkapitalteile, die das Nennkapital bzw. eine vergleichbare Kapitalgröße des BgA übersteigen (also alle noch vorhandenen Altgewinne und Alteinlagen), als Anfangsbestand in das steuerliche Einlagekonto zu übernehmen.

Die neue Gesetzessystematik des Halbeinkünfteverfahrens setzt sich aus zwei Komponenten zusammen: zum Einen aus der 25%igen Definitivbelastung des Einkommens bei der Körperschaft selbst und zum Anderen aus der zusätzlichen ermäßigten Besteuerung beim Letztempfänger dieses Einkommens. Bei BgA erfolgt die nachgelagerte Besteuerung beim Letztempfänger des Einkommens (Trägerkörperschaft) im Weg der Erhebung der 10%igen KapSt nach §§ 20 Abs. 1 Nr. 10, 43a Abs. 1 EStG. Allerdings kommt die nachgelagerte Besteuerung nur für solches Einkommen des BgA in Betracht, das er in unter das Halbeinkünfteverfahren fallenden Wirtschaftsjahren erzielt hat (§ 52 Abs. 37a EStG). Altgewinne und Alteinlagen, die im Zeitpunkt des Systemwechsels noch im Eigenkapital des BgA vorhanden sind, dürfen dagegen bei ihrer Abführung an die Trägerkörperschaft nicht dem Kapitalertragsteuerabzug unterworfen werden. Um dies auf technisch einfache Weise sicherzustellen, sind diese Beträge als Anfangsbestand in das steuerliche Einlagekonto einzustellen. Soweit hingegen vor dem Systemwechsel ent-

---

1) Vgl. Anlagen § 027-04, 05, 06 und 08.

2) Vgl. Anhang 1-02.

standene Verluste durch Einlagen ausgeglichen wurden, ist eine Einstellung dieser Beträge in das steuerliche Einlagekonto nicht möglich, weil insoweit keine verwendungsfähigen Beträge mehr existieren.

Im Ergebnis ist daher festzuhalten, dass bei der Feststellung des Anfangsbestands des steuerlichen Einlagekontos eines BgA nur auf die im Zeitpunkt des Systemwechsels vorhandenen Eigenkapitalanteile, die das Nennkapital bzw. eine vergleichbare Kapitalgröße des BgA übersteigen, abzustellen ist.

Anfangsbestand des steuerlichen Einlagekontos nach § 27 KStG bei Betrieben gewerblicher Art – Ruhen von Einspruchsverfahren nach § 363 Abs. 2 AO

Verfügung der OFD Münster vom 13.01.2006
Kurzinformation Körperschaftsteuer Nr. 2/2006

Unter Bezugnahme auf die Verfügung der OFD'en Münster und Düsseldorf vom 19.08.2004 – S 2836 – 6 – St 33 – 33 [1)] wird mitgeteilt, dass zwischenzeitlich zu der Frage, ob im Anfangsbestand des steuerlichen Einlagekontos bei Betrieben gewerblicher Art Einlagen der Trägerkörperschaft zur Verlustabdeckung aus Jahren vor dem Systemwechsel zu berücksichtigen sind, mehrere finanzgerichtliche Verfahren vor dem FG Münster anhängig sind (Az.: X K 1491/05 Kap; X K 2378/05 Kap).

Daher sollen in gleich gelagerten Fällen die Rechtsbehelfsverfahren nach § 363 Abs. 2 AO ruhend gestellt werden.

---

1) Hier abgedruckt als Anlage § 027-07.

Anlage § 027–09

Die Referatsleiter der obersten Finanzbehörden des Bundes und der Länder haben verschiedene Fragen zur Handhabung der Haftungsregelungen und Anwendung der Festschreibungsregelungen des § 27 Abs. 5 KStG i. d. F. des SEStEG mit den nachstehenden Ergebnissen erörtert:

Anwendungsfragen zur Handhabung der Haftungsregelungen

Eine Haftungsinanspruchnahme entfällt, soweit die Steuerbescheinigungen berichtigt werden und die korrekte KapESt nachträglich abgeführt wird.

Ein Verzicht auf die Nacherhebung der KapESt zugunsten einer Korrektur über die Veranlagung des Anteilseigners kann grundsätzlich nicht erfolgen. Die berichtigte Bescheinigung berechtigt den Anteilseigner zur Anrechnung der höheren KapESt. Es muss daher sichergestellt sein, dass diese KapESt auch einbehalten und abgeführt ist. Das System des § 27 Abs. 5 KStG stellt aus Vereinfachungsgründen keine Korrespondenz zwischen der ausschüttenden Gesellschaft und den Anteilseignern her, sondern regelt lediglich, dass auf der Ebene der Gesellschaft die Ausschüttung zutreffend in Einlagenrückgewähr und reguläre Kapitalerträge aufgeteilt wird und die sich daraus ergebende korrekte Kapitalertragsteuer abgeführt wird. Es kann daher im Grundsatz keinen Vorrang des Veranlagungsverfahrens geben.

Ausnahmen könnten zugelassen werden, wenn die Erfassung und Erhebung im Einzelfall im Veranlagungsverfahren sichergestellt ist.

Publikumsgesellschaften können die Berichtigung der Steuerbescheinigungen über die „Wertpapiermitteilungen" bekannt geben, vorausgesetzt, die KapESt wird abgeführt.

Fraglich ist die Anwendung der Regelung des § 45a EStG im Rahmen des § 27 Abs. 5 KStG. Die Ländervertreter sprachen sich gegen eine strikte Anwendung des § 45a EStG (Rückforderung der falschen Bescheinigung und Kennzeichnung der berichtigten Bescheinigung) und für eine Anwendung des § 45a EStG im Bedarfsfall aus. Es solle z. B. zugelassen werden, dass auf eine Rückforderung der falschen Bescheinigung verzichtet wird, wenn die Rückforderung nicht praktikabel ist (z. B. im Fall von Publikumsgesellschaften). Die berichtigten Steuerbescheinigungen sind als solche zu kennzeichnen. Im Haftungswege nach § 27 Abs. 5 Satz 4 KStG sind 20 % des überhöht als Einlagenrückgewähr ausgewiesenen Betrags nachzuerheben. In dieser Höhe entsteht ein Rückforderungsanspruch gegenüber dem Anteilseigner. Verzichtet die Körperschaft auf die Geltendmachung des Anspruchs und ist dies durch das Gesellschaftsverhältnis veranlasst, ist eine zusätzliche vGA in Höhe von 25 Punkten (erhobener Haftungsbetrag i. H. v. 20 zzgl. darauf entfallende Kapitalertragsteuer von 5) anzunehmen. Die vGA ist nicht in die Haftungsinanspruchnahme einzubeziehen und gesondert zu bescheinigen.

Fragen zur Anwendung der Festschreibungsregelungen

a. Verwendungsfestschreibung bei verdeckten Gewinnausschüttungen

Es ist die Frage aufgetreten, ob für nachträglich festgestellte vGA (z. B. im Rahmen einer Betriebsprüfung) eine Einlagenrückgewähr bescheinigt werden kann oder ob die Verwendungsfestschreibung des § 27 Abs. 5 Sätze 1 bzw. 2 und 3 KStG dazu führt, dass es für eine solche vGA nie zu einer Verwendung und Bescheinigung von steuerlichen Einlagekonten kommen kann.

Nach dem Wortlaut des § 27 Abs. 5 Sätze 1 bis 3 KStG scheidet die Änderung oder erstmalige Erstellung einer Bescheinigung i. S. d. § 27 Abs. 3 KStG aus, wenn entweder bereits eine niedrigere Einlagenrückgewähr bescheinigt wurde oder die Einlagenrückgewähr als mit 0 bescheinigt gilt, wenn bis zum Tag der Bekanntgabe der erstmaligen Feststellung des Einlagekontos keine Bescheinigung erteilt worden ist. Da in Betriebsprüfungsfällen stets eine der beiden Voraussetzungen gegeben sein dürfte, kommt für eine im Rahmen der Betriebsprüfung bekannt gewordene vGA eine Einlagenrückgewähr nicht in Betracht.

b. Anwendung des § 27 Abs. 5 KStG in den Fällen des § 27 Abs. 8 KStG

Eine vor der Bescheidung des Antrages nach § 27 Abs. 8 KStG erteilte Bescheinigung der ausschüttenden Gesellschaft an den Anteilseigner ist keine Steuerbescheinigung i. S. d. § 27 Abs. 3 KStG, weil die entsprechende Anwendung des § 27 Abs. 1 bis 6 KStG bei Leistungen ausländischer Kapitalgesellschaften erst durch das Verfahren nach § 27 Abs. 8 KStG zur Feststellung der Einlagenrückgewähr ausgelöst wird. Daher kann eine solche Mitteilung über die Ausschüttung auch keine Festschreibung nach § 27 Abs. 5 Sätze 1 und 3 KStG zur Folge haben. In diesen Fällen kann auch keine Festschreibung nach § 27 Abs. 5 Sätze 2 und 3 KStG erfolgen, weil für die ausländische

Gesellschaft kein steuerliches Einlagekonto festzustellen ist. Es wird lediglich der Einlagenrück-gewährbetrag festgestellt (vgl. § 27 Abs. 8 Satz 3 KStG).

Rückwirkende Anwendung

Durch das SEStEG, das am 12. Dezember 2006 verkündet worden ist (BGBl. I S. 2782), wurde die Haftungsregelung des § 27 Abs. 5 KStG für den Fall unrichtiger Steuerbescheinigungen geändert. Wie bisher haftet der Aussteller einer Bescheinigung, in der zu Unrecht eine zu hohe Verwendung des Einlagekontos ausgewiesen ist, für die darauf entfallende Kapitalertragsteuer. Anders als bisher ist aber nach der Neuregelung für die Haftungsinanspruchnahme nicht mehr von der Finanzverwaltung nachzuweisen, dass aufgrund der unrichtigen Bescheinigungen Steuern verkürzt oder zu Unrecht Steuervorteile erzielt worden sind.

In einem Einzelfall ist 2006 vor der Verkündung des SEStEG eine unrichtige Bescheinigung ausgestellt worden. Nach dem eindeutigen Gesetzeswortlaut hat auch für diesen Fall die Haftungsinanspruchnahme nach § 27 Abs. 5 KStG n. F. zu erfolgen, denn in Ermangelung einer besonderen Anwendungsregelung gilt die Vorschrift nach § 34 Abs. 1 KStG bereits für den gesamten Veranlagungszeitraum 2006.

Nach Auffassung des BMF ist eine unzulässige Rückwirkung in diesen Fällen zu verneinen und § 27 Abs. 5 KStG n. F. anzuwenden.

Auszug aus der Stellungnahme des FM NRW zum Richtlinien-Umsetzungsgesetz – EURLUmsG

Der Betrieb 2004 S. 2660, 2663

b) Auswirkungen einer Abwärtsverschmelzung auf die Bestände des steuerlichen Einlagekontos der beteiligten Gesellschaften (§ 29 Abs. 1 KStG)

Ist die übertragende Körperschaft an der übernehmenden Körperschaft beteiligt (Abwärtsverschmelzung), ist für eine zutreffende Ermittlung des steuerlichen Einlagekontos vor Anwendung des § 29 Abs. 2 Satz 3 bzw. Abs. 3 Satz 3 KStG bei der übernehmenden Gesellschaft von einer Herabsetzung des Nennkapitals gem. § 28 Abs. 2 Satz 1 KStG auszugehen. Die Neufassung des § 29 Abs. 1 KStG entspricht der bestehenden Verwaltungsauffassung.

Anwendung des § 15 Abs. 1 Satz 7 und 8 InvStG i.V.m. § 32 Abs. 3 KStG

Bayerisches Landesamt für Steuern vom 20.2.2008

S 1980 – 2 St 31

Um zu verhindern, dass steuerbefreite Körperschaften, Personenvereinigungen oder Vermögensmassen i.S.d. § 32 Abs. 3 KStG, die eine indirekte Vermögensanlage über Spezial-Sondervermögen wählen, durch Wertpapierleihgeschäfte des Sondervermögens die definitive Körperschaftsteuerbelastung umgehen, wurden mit dem Unternehmensteuerreformgesetz 2008 vom 14. August 2007 (BStBl. I S. 630) in § 15 Abs. 1 InvStG die Sätze 7 und 8 angefügt. In diesem Zusammenhang sind diverse Zweifelsfragen aufgetreten, zu denen das Bundesministerium für Finanzen gegenüber dem Bundesverband Investment und Asset Management e.V. (BVI) und den Bankenverbänden folgende Auffassung vertreten hat:

1. Zeitliche Anwendung – Steuersatz

Nach der Neuregelung hat die Investmentgesellschaft auch auf ausgeschüttete oder ausschüttungsgleiche Erträge eines Anlegers i.S.d. § 32 Abs. 3 KStG, die er aus einem Anteil an einem inländischen Spezial-Sondervermögen erzielt, einen Steuerabzug vom Kapitalertrag vorzunehmen, wenn folgende Voraussetzungen erfüllt sind:

a) Die ausgeschütteten oder ausschüttungsgleichen Erträge enthalten Entgelte, die dem Spezial-Sondervermögen zuvor als Kompensationszahlungen für die Wertpapierleihe zugeflossen sind.

b) Der Zufluss der Kompensationszahlungen beim Spezial-Sondervermögen erfolgte nach Inkrafttreten der Unternehmensteuerreform (= Zufluss ab 18. August 2007).

Für die nach dem 17. August 2007 bis einschließlich 31. Dezember 2007 zugeflossenen oder als zugeflossen geltenden Erträge beim Anleger i.S.d. § 32 Abs. 3 KStG beträgt der Steuersatz 10 %, für später zugeflossene oder als zugeflossen geltende Erträge 15 % (§ 34 Abs. 13b KStG).

2. Steuerabzugspflichtige Erträge

Der spezielle Steuerabzug gemäß § 15 Abs. 1 Satz 7 InvStG ist auf Erträge aus Anteilen an inländischen Spezial-Sondervermögen beschränkt und nur bei Anlegern, die entweder nach § 5 Abs. 1 KStG oder nach anderen Gesetzen als dem Körperschaftsteuergesetz steuerbefreit sind, durch das Spezial-Sondervermögen als Investmentgesellschaft vorzunehmen. Er ist für jede Anlegerart spezifisch durchzuführen.

Wenn neben den Anlegern i.S. des § 32 Abs. 3 KStG noch andere Anleger an dem inländischen Spezial-Sondervermögen beteiligt sind, bleibt es für diese bei der Anwendung des § 7 Abs. 1 InvStG oder § 7 Abs. 4 bis 6 InvStG .

3. Entlastung der Anleger

Nach § 15 Abs. 1 Satz 2 InvStG findet § 44a EStG auch auf ausgeschüttete oder ausschüttungsgleiche Erträge aus Anteilen an Spezial-Sondervermögen Anwendung. Gemäß § 32 Abs. 3 Satz 3 KStG i.V.m. § 44a Abs. 7 EStG sind Anleger, die nach § 5 Abs. 1 Nr. 9 KStG steuerbefreit sind sowie Stiftungen des öffentlichen Rechts, die ausschließlich und unmittelbar gemeinnützigen oder mildtätigen Zwecken dienen und juristische Personen des öffentlichen Rechts, die ausschließlich und unmittelbar kirchlichen Zwecken dienen, vollständig vom Steuerabzug zu entlasten.

Die vollständige Entlastung der Anleger, die die Voraussetzungen des § 44a Abs. 7 EStG erfüllen, geschieht allerdings nicht durch Abstandnahme seitens der Investmentgesellschaft, sondern durch Erstattung im Sammelantragsverfahren in entsprechender Anwendung des § 44a Abs. 7 Satz 3 EStG.

4. Erteilung von Steuerbescheinigungen

Bei den Anlegern i.S.d. § 32 Abs. 3 KStG ist für die Erträge aus dem Anteil an den inländischen Spezial-Sondervermögen, die aus Kompensationszahlungen für Wertpapierleihe mit Beteiligungen an inländischen Kapitalgesellschaften herrühren, keine Steuerbescheinigung nach § 45a EStG zu erteilen. Bei Anlegern, die die Voraussetzungen des § 44a Abs. 7 EStG erfüllen, geschieht dies mit Rücksicht auf die Erstattung im Sammelantragsverfahren (§ 45b Abs. 1 Satz 1 Nr. 1 EStG). Für die übrigen steuerbefreiten Anleger i.S. § 32 Abs. 3 KStG schließt diese Handhabung jede weitere Entlastung, für die eine Steuerbescheinigung notwendig wäre, aus. Dies gilt insbesondere für die Anleger, die die Voraussetzungen des § 44a Abs. 8 EStG erfüllen.

5. Thesaurierende inländische Spezial-Sondervermögen

Bei thesaurierenden inländischen Spezial-Sondervermögen, an denen neben den Anlegern i.S.d. § 32 Abs. 3 KStG noch andere Anleger beteiligt sind, sind die aus den Wertpapierleiherträgen herrührenden ausschüttungsgleichen Erträge durch die Investmentgesellschaft einheitlich nach den Vorschriften für den Zinsabschlag (bzw. ab 2009 den Kapitalertragsteuerabzug) um 30 % (bzw. 25 %) zu kürzen. Für Anleger i.S.d. § 32 Abs. 3 KStG ist nur Kapitalertragsteuer i.H.v. 10 % (für 2007) bzw. 15 % (ab 2008) abzuführen.

Der Unterschiedsbetrag zu 30 % bzw. 25 % ist allen Anlegern gut zu bringen. Bei anderen Anlegern, für die das Erstattungsverfahren nach § 7 Abs. 5 und 6 InvStG anzuwenden ist, ist entsprechend zu verfahren.

Auszug aus der Steuerhinterziehungsbekämpfungsverordnung (SteuerHBekV) vom 18. September 2009 (BGBl. I S. 3046)

Auf Grund des . . . § 33 Absatz 1 Nummer 2 Buchstabe e des Körperschaftsteuergesetzes . . . verordnet die Bundesregierung:

. . .

§ 1 Versagung des Abzugs von Betriebsausgaben und Werbungskosten

. . .

(2) Auf Geschäftsbeziehungen zum Ausland mit einer nahe stehenden Person im Sinne des § 1 Absatz 1 des Außensteuergesetzes ist § 90 Absatz 3 der Abgabenordnung mit der Maßgabe anzuwenden, dass die Aufzeichnungen für alle Geschäftsbeziehungen in sinngemäßer Anwendung des § 90 Absatz 3 Satz 3 der Abgabenordnung zeitnah zu erstellen und auf Anforderung entsprechend § 90 Absatz 3 Satz 9 der Abgabenordnung vorzulegen sind.

. . .

(5) Unterhält der Steuerpflichtige Geschäftsbeziehungen zu Kreditinstituten im Ausland oder bestehen objektiv erkennbare Anhaltspunkte für die Annahme, dass der Steuerpflichtige über Geschäftsbeziehungen zu Kreditinstituten im Ausland verfügt, hat der Steuerpflichtige nach Aufforderung durch die Finanzbehörde diese zu bevollmächtigen, in seinem Namen mögliche Auskunftsansprüche gegenüber den von der Finanzbehörde benannten Kreditinstituten außergerichtlich und gerichtlich geltend zu machen.

. . .

§ 4 Versagung der Steuerbefreiung nach § 8b Absatz 1 Satz 1 und Absatz 2 Satz 1 des Körperschaftsteuergesetzes

[1]Wenn die in § 1 Absatz 2 oder Absatz 5 genannten besonderen Mitwirkungs- und Aufzeichnungspflichten nicht erfüllt werden, sind auf Vorgänge im Sinne des § 33 Absatz 1 Nummer 2 Buchstabe e Satz 1 des Körperschaftsteuergesetzes folgende Vorschriften nicht anzuwenden:

1. die Vorschriften über die Steuerbefreiung nach § 8b Absatz 1 Satz 1 und Absatz 2 Satz 1 des Körperschaftsteuergesetzes sowie
2. vergleichbare Vorschriften in Abkommen zur Vermeidung der Doppelbesteuerung.

[2]Das gilt nicht, soweit eine der Voraussetzungen des § 33 Absatz 1 Nummer 2 Buchstabe e Satz 3 des Körperschaftsteuergesetzes erfüllt ist.

. . .

§ 6 Anwendungsvorschrift

[1]Die §§ 1, 3 und 4 sind erstmals ab dem Veranlagungszeitraum 2010 anzuwenden. Hat der Steuerpflichtige ein vom Kalenderjahr abweichendes Wirtschaftsjahr, sind die §§ 1, 3 und 4 erstmals ab dem 1. Januar 2010 anzuwenden. [2]§ 2 ist erstmals auf Gewinnausschüttungen anzuwenden, die nach dem 31. Dezember 2009 gezahlt oder gutgeschrieben werden.

§ 7 Inkrafttreten

Diese Verordnung tritt am Tag nach der Verkündung in Kraft.

Anlage § 034–01

Letztmalige Anwendung des Anrechnungsverfahrens und erstmalige Anwendung des Halbeinkünfteverfahrens; Übergangsregelungen (§§ 34 bis 38 KStG n.F.)[1]

BMF-Schreiben vom 06.11.2003
IV A 2 – S 1910 – 156/03
(BStBl. 2003 I S. 575)

Nach dem Ergebnis der Erörterung mit den obersten Finanzbehörden der Länder gelten für den Übergang zum neuen Körperschaftsteuerrecht die nachfolgenden Grundsätze:

A. Letztmalige Anwendung des Anrechnungsverfahrens und erstmalige Anwendung des Halbeinkünfteverfahrens

I. Grundsätzliches

1 Die Vorschriften des KStG n.F. sind bei der Besteuerung von Körperschaften, Personenvereinigungen und Vermögensmassen im Allgemeinen (insbesondere hinsichtlich der Einkommensermittlung und des Steuersatzes) grundsätzlich erstmals für den Veranlagungszeitraum 2001 (§ 34 Abs. 1 KStG n.F.) und bei einem vom Kalenderjahr abweichenden Wirtschaftsjahr 2000/2001 erstmals für den Veranlagungszeitraum 2002 (§ 34 Abs. 2 KStG n.F.) anzuwenden.
Im Einzelnen bedeutet dies:

1. Erstmalige Anwendung für den Veranlagungszeitraum 2001

2 Das neue Recht ist erstmals für den Veranlagungszeitraum 2001 anzuwenden, wenn
– das Wirtschaftsjahr der Körperschaft dem Kalenderjahr entspricht,
– es sich um eine in 2001 gegründete Gesellschaft handelt,
– das Wirtschaftsjahr in 2001 wirksam von einem kalenderjahrgleichen auf ein vom Kalenderjahr abweichendes Wirtschaftsjahr umgestellt worden ist
oder
– das Wirtschaftsjahr in 2000 wirksam von einem vom Kalenderjahr abweichenden Wirtschaftsjahr auf ein dem Kalenderjahr entsprechendes Wirtschaftsjahr umgestellt worden ist.

3 Voraussetzung dafür, dass die Umstellung des Wirtschaftsjahrs auch steuerlich wirksam ist, sind eine Satzungsänderung bei der Körperschaft, sowie das Wirksamwerden sonstiger ggf. mit der Umstellung verbundener Rechtsakte (insbesondere der Eintragung in das Handelsregister) bis zum Ende des geplanten Rumpf-Wirtschaftsjahrs.

2. Erstmalige Anwendung für den Veranlagungszeitraum 2002

4 Das neue Recht ist erstmals für den Veranlagungszeitraum 2002 anzuwenden, wenn die Körperschaft ein vom Kalenderjahr abweichendes Wirtschaftsjahr 2000/2001 hat. Das gilt auch, wenn in 2001 das vom Kalenderjahr abweichende Wirtschaftsjahr wirksam auf ein dem Kalenderjahr entsprechendes Wirtschaftsjahr umgestellt worden ist (siehe hierzu Rdnr. 3).

II. Letztmalige Herstellung der Ausschüttungsbelastung nach dem Vierten Teil des KStG a.F. – erstmalige Minderung und Erhöhung der Körperschaftsteuer nach §§ 37 und 38 KStG n.F.

5 Die Ausschüttungsbelastung nach dem Vierten Teil des KStG a.F. ist letztmals herzustellen für
– Gewinnausschüttungen, die auf einem den gesellschaftsrechtlichen Vorschriften entsprechenden Gewinnverteilungsbeschluss für ein abgelaufenes Wirtschaftsjahr beruhen und die in dem ersten Wirtschaftsjahr erfolgen, für das neues Recht gilt (§ 34 Abs. 12 Satz 1 Nr. 1 KStG n.F.). Das gilt für verspätet beschlossene Vorabausschüttungen entsprechend.
– andere Ausschüttungen und sonstige Leistungen, die in dem letzten Wirtschaftsjahr erfolgen, für das altes Recht gilt (§ 34 Abs. 12 Satz 1 Nr. 2 KStG n.F.).

6 Offene Gewinnausschüttungen, für die noch die Ausschüttungsbelastung herzustellen ist, werden im Rahmen der §§ 27 und 38 KStG n.F. nicht als Leistungen berücksichtigt.

7 Eine Leistung ist erfolgt, wenn bei der Körperschaft die entsprechenden Mittel abgeflossen sind. Die Gewinnausschüttung ist noch nicht verwirklicht, wenn offene oder verdeckte Gewinnausschüttungen bei der Kapitalgesellschaft lediglich als Verpflichtung gegenüber dem Anteilseigner passiviert werden. Der Abfluss der Gewinnausschüttung erfolgt erst mit der tatsächlichen Zahlung an die Gesellschafter oder

---

1) KStG 2002 = KStG n.F.; KStG 1999 = KStG a.F.

aber mit dem Untergang der Verbindlichkeit in anderer Weise (Aufrechnung, Erlass, usw.). Eine Gewinnausschüttung kann auch in der Umwandlung eines Dividendenanspruchs in eine Darlehensforderung bestehen. Auf den Zufluss beim Anteilseigner im Sinne von § 11 EStG bzw. § 44 EStG kommt es nicht an.

Fließt eine auf einem den gesellschaftsrechtlichen Vorschriften entsprechenden Gewinnverteilungsbeschluss beruhende Gewinnausschüttung für ein abgelaufenes Wirtschaftsjahr erst in einem späteren als dem ersten Wirtschaftsjahr ab, für das neues Recht gilt (verspätet abfließende Gewinnausschüttung), ist die Ausschüttungsbelastung nach dem KStG a.F. nicht mehr herzustellen. Das gilt auch, wenn die Gewinnausschüttung bereits vor Ablauf des ersten Wirtschaftsjahrs, für das neues Recht gilt, beschlossen worden ist. Entsprechendes gilt für Vorabausschüttungen, die in dem letzten Wirtschaftsjahr, für das altes Recht gilt, beschlossen worden sind, die aber erst nach Ablauf des letzten Wirtschaftsjahrs, für das altes Recht gilt, abfließen. **8**

III. Erhöhter Steuersatz von 40 v.H. oder 45 v.H. nach § 34 Abs. 12 Satz 2 ff. KStG n.F.

Beziehen unbeschränkt steuerpflichtige Körperschaften, deren Leistungen bei den Empfängern zu Einnahmen i.S. des § 20 Abs. 1 Nr. 1 oder 2 EStG a.F. führen, ihrerseits derartige Einnahmen, so werden diese Einnahmen zuzüglich der Einnahmen i.S. des § 20 Abs. 1 Nr. 3 EStG i.d. Fassung des Gesetzes vom 24. März 1999 (EStG a.F.), für die bei der ausschüttenden Körperschaft der Teilbetrag EK 45 oder EK 40 als verwendet gilt, bei der Empfängerin mit 45 v.H. bzw. mit 40 v.H. Körperschaftsteuer belastet. **9**

Die ausschüttende Körperschaft hat in der der Empfängerin zu erteilenden Steuerbescheinigung als Einnahme i.S. des § 20 Abs. 1 Nr. 1 oder 2 EStG das verwendete EK 45 bzw. EK 40 zuzüglich des darauf entfallenden Körperschaftsteuer-Minderungsbetrags (EK 45: 70/55 des mit dem EK 45 verrechneten Betrags; EK 40: 70/60 des mit dem EK 40 verrechneten Betrags) anzusetzen. Ist in der Steuerbescheinigung eine Verwendung von EK 45 nicht bescheinigt, auch nicht als Nullbetrag, dann gilt die gesamte Leistung als Leistung, für die der Teilbetrag EK 45 als verwendet gilt (siehe § 44 Abs. 1 Nr. 6 KStG a.F.). **10**

Für andere Körperschaften und Personenvereinigungen (z.B. Betriebe gewerblicher Art) ist der erhöhte Steuersatz von 45 v.H. bzw. 40 v.H. nicht anzuwenden. **11**

Auf steuerbefreite Körperschaften und Personenvereinigungen i.S. des § 5 Abs. 1 Nr. 9 KStG ist der erhöhte Steuersatz von 45 v.H. bzw. 40 v.H. nicht anzuwenden, soweit die Einnahmen in einem wirtschaftlichen Geschäftsbetrieb anfallen, für den die Steuerbefreiung ausgeschlossen ist (§ 34 Abs. 12 Satz 5 und 8 KStG n.F.).

Bei der Anwendung des § 34 Abs. 12 Satz 2 ff. KStG n.F. ist es unerheblich, ob die Einnahmen i.S. des § 20 Abs. 1 Nr. 1 bis 3 EStG a.F. den Einkünften aus Kapitalvermögen oder nach § 20 Abs. 3 EStG einer anderen Einkunftsart zuzurechnen sind. **12**

Liegen Einnahmen i.S. des § 20 Abs. 1 Nr. 1 oder 2 EStG a.F. vor, für die teilweise das EK 45 und teilweise das EK 40 als verwendet gilt und ist das Einkommen niedriger als die Summe dieser Einnahmen, die den erhöhten Steuersätzen unterliegen, ist auf das Einkommen vorrangig der erhöhte Steuersatz von 45 v.H. anzuwenden. Auf ein dann evtl. noch verbleibendes Einkommen ist der erhöhte Steuersatz von 40 v.H. anzuwenden (§ 34 Abs. 12 Satz 7 KStG n.F.). **13**

Beispiel:
Die M-GmbH und ihre Tochtergesellschaft, die T-GmbH, haben ein kalenderjahrgleiches Wirtschaftsjahr. Die T-GmbH beschließt und leistet in 2001 eine offene Gewinnausschüttung für 2000 und weist in der der M-GmbH ausgestellten Steuerbescheinigung Einnahmen i.S. des § 20 Abs. 1 Nr. 1 EStG i.H. von jeweils 35.000 aus dem EK 45 und aus dem EK 40 aus. Das zu versteuernde Einkommen der M-GmbH in 2001 beträgt 60.000.

	Zu versteuerndes Einkommen 2001 der M-GmbH	Festzusetzende KSt 2001 der M-GmbH
	60.000	
Davon unterliegen einem erhöhten Steuersatz i.H. von 45 v.H. Einnahmen i.H. von 50.000 (§ 20 Abs. 1 Nr. 1 und 3 EStG; (35.000 x 10/7))	50.000 x 45 v.H.	22.500
Davon unterliegen einem erhöhten Steuersatz i.H. von 40 v.H. Einnahmen i.H. von 50.000 (§ 20 Abs. 1 Nr. 1 und 3 EStG; (35.000 x 10/7)); maximal 10.000	10.000 x 40 v.H.	4.000
Verbleibendes zu versteuerndes Einkommen, das einem KSt-Satz von 25 v.H. unterliegt	0	0
		26.500

Entwicklung Eigenkapitalgliederung M-GmbH zum 31.12.2000:

	EK 45	EK 40
Zugang (§ 36 Abs. 2 Satz 2 KStG n.F.	27.500 (50.000 – 22.500)	6.000 (10.000 – 4.000)

Anschließend erfolgt die Umgliederung nach § 36 KStG n.F.

15 In Organschaftsfällen ist der erhöhte Steuersatz für durch die Organgesellschaft vereinnahmte Bezüge i.S. des § 20 Abs. 1 Nr. 1 oder 2 EStG a.F. bei der Festsetzung der Körperschaftsteuer des Organträgers zu berücksichtigen. Das gilt auch, wenn der Organträger bereits unter neues Recht, die Organgesellschaft aber noch unter altes Recht fällt.

16 Die empfangende Körperschaft kann die nach § 34 Abs. 12 Satz 2 ff.. KStG n.F. nachversteuerten Beträge ihrerseits nicht für eine Ausschüttung oder sonstige Leistung verwenden, die mit dem verwendbaren Eigenkapital auf den Schluss des Wirtschaftsjahrs, für das letztmals das KStG a.F. anzuwenden ist, verrechnet werden. Die Verrechnung dieser Ausschüttungen mit dem verwendbaren Eigenkapital erfolgt vielmehr vor Berücksichtigung der Zugänge zum verwendbaren Eigenkapital aus den nach § 34 Abs. 12 Satz 2 ff. KStG n.F. nachversteuerten Beträgen.

B. Übergangsregelungen (§§ 36 bis 38 KStG n.F.)

I. Allgemeines

17 Der Systemwechsel vom Anrechnungsverfahren zum Halbeinkünfteverfahren sieht einen 18-jährigen[1] Übergangszeitraum vor. Während dieser Zeit kann außerhalb des Moratoriums (Rdnr. 32) ein Körperschaftsteuerguthaben aus der Differenz zwischen Thesaurierungsbelastung und Ausschüttungsbelastung der Altgewinne aus der Zeit des Anrechnungsverfahrens bei ordnungsgemäßen Gewinnausschüttungen in vereinfachter Form geltend gemacht werden (§ 37 KStG n.F.). Gilt während des Übergangszeitraums unbelastetes EK 02 als für eine Ausschüttung verwendet, führt dies nach § 38 KStG n.F. zu einer Körperschaftsteuererhöhung.

II. Feststellung der Endbestände nach § 36 KStG

18 Die Feststellung der Endbestände nach § 36 KStG hat für die Besteuerung folgende Bedeutung:

– Aus dem positiven EK 40 wird nach § 37 KStG n. F. das Körperschaftsteuerguthaben ermittelt.

– Ein positives EK 02 kann zu Körperschaftsteuererhöhungen nach § 38 KStG n.F. führen.

– Das positive EK 04 geht als Anfangsbestand in das steuerliche Einlagekonto nach § 27 KStG n.F. ein.

Alle anderen Feststellungen von Positiv- und Negativbeträgen dienen der rechnerischen Abstimmung und haben über den Zeitpunkt des Systemwechsels hinaus keine Bedeutung mehr.

---

1) Durch das Steuervergünstigungsabbaugesetz vom 16. Mai 2003 (BGBl. I S. 660) wurde der Übergangszeitraum von 15 auf 18 Jahre verlängert.

1. Feststellungszeitpunkt

Nach § 36 Abs. 1 KStG n.F. werden die zum Zeitpunkt des Systemwechsels vorhandenen Endbestände **19** der Teilbeträge des verwendbaren Eigenkapitals nach Maßgabe des § 36 KStG n.F. ermittelt und nach § 36 Abs. 7 KStG n.F. gesondert festgestellt. Maßgeblicher Zeitpunkt für die Ermittlung und Feststellung ist

– bei einem dem Kalenderjahr entsprechenden Wirtschaftsjahr der 31.12.2000 und
– bei einem abweichenden Wirtschaftsjahr der Schluss des Wirtschaftsjahrs 2000/2001.

Auf denselben Zeitpunkt ist letztmals eine gesonderte Feststellung der Teilbeträge des verwendbaren Eigenkapitals nach § 47 Abs. 1 Satz 1 Nr. 1 KStG a.F. durchzuführen.

2. Ermittlung der Endbestände

Die Endbestände sind gemäß § 36 KStG in den folgenden Schritten zu ermitteln:

a) Feststellung nach § 47 Abs. 1 Satz 1 Nr. 1 KStG a.F.

Die letztmalige Feststellung der Teilbeträge des verwendbaren Eigenkapitals nach § 47 Abs. 1 Satz 1 **20** Nr. 1 KStG a.F. (Rdnr. 19) ist Ausgangspunkt und Grundlagenbescheid für die Ermittlung der Endbestände nach § 36 KStG n.F.

b) Minderung um nach den Regeln des Anrechnungsverfahrens abgewickelte Ausschüttungen

Die Teilbeträge nach § 47 Abs. 1 Satz 1 Nr. 1 KStG a.F. sind um Ausschüttungen zu mindern, die noch **21** nach dem Anrechnungsverfahren abgewickelt werden (vgl. Rdnr. 5). Diese Ausschüttungen sind in dem nachrichtlichen Teil der gesonderten Feststellung nach § 47 Abs. 1 Satz 1 Nr. 1 KStG a.F. ausgewiesen. Sollte eine Feststellung der Endbestände nach § 36 KStG n.F. zum Zeitpunkt der Ausschüttung bereits durchgeführt sein, ist sie nach § 175 Abs. 1 Satz 1 Nr. 2 AO zu ändern.

c) Erhöhung um im neuen Recht vereinnahmte Ausschüttungen

Die Teilbeträge nach § 47 Abs. 1 Satz 1 Nr. 1 KStG a.F. sind um Ausschüttungen zu erhöhen, die bei der **22** empfangenden Körperschaft im neuen Recht vereinnahmt werden und für die bei der ausschüttenden Körperschaft EK 45 oder EK 40 verwendet worden ist (vgl. Rdnr. 10). Diese Ausschüttungen unterliegen bei der empfangenden Körperschaft noch einer Körperschaftsteuer von 45 bzw. 40 v.H. (§ 34 Abs. 12 Satz 2 bis 8 KStG n.F.). Als Zugang zu dem EK 45 und dem EK 40 sind die Nettobeträge nach Abzug der hierauf entfallenden Körperschaftsteuer auszuweisen. Eine bereits durchgeführte Feststellung der Endbestände ist nach § 175 Abs. 1 Satz 1 Nr. 2 AO zu ändern.

d) Umgliederung des EK 45

Ein positives EK 45 ist i.H. von 27/22 seines Bestandes in das EK 40 und i.H. von 5/22 seines Bestandes **23** als Negativbetrag in das EK 02 einzustellen.

e) Umgliederung bei negativem EK 0

Ist die Summe aus EK 01, EK 02 und EK 03 negativ, so ist sie mit den belasteten Teilbeträgen in der **24** Reihenfolge EK 30, EK 40 zu verrechnen.

f) Umgliederung bei positivem EK 0

Ist die Summe aus EK 01, EK 02 und EK 03 positiv, werden zunächst EK 01 und EK 03 zu einer Summe **25** zusammengefasst. Ist diese Summe negativ, wird sie mit dem positiven EK 02 verrechnet. Ist diese Summe positiv, wird sie mit dem negativen EK 02 verrechnet.
Ist sowohl die Summe aus EK 01 und EK 03 als auch das EK 02 positiv, sind beide Teilbeträge getrennt von einander fortzuführen.

g) Umgliederung bei negativem belasteten EK

Ist entweder das EK 30 oder das EK 40 negativ, sind diese Teilbeträge zunächst untereinander aus- **26** zugleichen. Ist die Summe von EK 30 und EK 40 negativ, erfolgt vorrangig ein Ausgleich mit positivem EK 02. Reicht das EK 02 nicht aus oder ist es negativ, findet ein Ausgleich des negativen belasteten EK mit einem eventuell positiven EK 01/03 statt.

h) Feststellung der Endbeträge

Die ermittelten Teilbeträge sind getrennt auszuweisen und gesondert festzustellen. Nur die Teilbeträge **27** EK 01 und EK 03 sind zusammenzufassen. Die gesonderte Feststellung ist Grundlagenbescheid für die Ermittlung des Körperschaftsteuerguthabens nach § 37 Abs. 1 Satz 1 KStG n.F., für die Feststellung nach § 38 Abs. 1 KStG n.F. (Körperschaftsteuererhöhung) und für die Feststellung des steuerlichen Einlagekontos nach § 27 Abs. 1 Satz 2 KStG n.F. i.V.m. § 39 Abs. 1 KStG n.F.

i) Sonderausweis

28 Der nach § 47 Abs. 1 Nr. 2 KStG a.F. gesondert festgestellte Betrag des für Ausschüttungen verwendbaren Teils des Nennkapitals i.S. des § 29 Abs. 3 KStG a.F. wird nach § 39 Abs. 2 KStG n.F. als Anfangsbestand in die Feststellung nach § 28 Abs. 1 Satz 2 KStG einbezogen.

III. Körperschaftsteuerguthaben und -minderung nach § 37 KStG n.F.

1. Körperschaftsteuerguthaben

29 Das Körperschaftsteuerguthaben wird aus dem nach § 36 Abs. 7 KStG n.F. festgestellten EK 40 auf den Schluss des Wirtschaftsjahrs, das dem in § 36 Abs. 1 KStG n.F. bezeichneten Wirtschaftsjahr (Rdnr. 19) folgt, ermittelt. Das Guthaben beträgt 1/6 des festgestellten EK 40; es ist auf volle EUR-Beträge aufzurunden.

2. Entwicklung des Körperschaftsteuerguthabens

30 Das auf den Schluss des jeweils vorangegangenen Wirtschaftsjahrs ermittelte bzw. festgestellte Körperschaftsteuerguthaben mindert sich vorbehaltlich der Ausführungen in den Rdnrn. 32 ff. um 1/6 der Gewinnausschüttungen, die in den folgenden Wirtschaftsjahren erfolgen und die auf einem den gesellschaftsrechtlichen Vorschriften entsprechenden Gewinnverteilungsbeschluss beruhen. Zu diesen Gewinnausschüttungen gehören auch ordnungsgemäße Vorabausschüttungen. Sonstige Leistungen, wie z. B. verdeckte Gewinnausschüttungen, Ausgleichszahlungen an außenstehende Anteilseigner und Kapitalherabsetzungen, führen nicht zur Realisierung des Körperschaftsteuerguthabens. Eine Gewinnausschüttung ist erfolgt, wenn sie bei der ausschüttenden Körperschaft abgeflossen ist (vgl. Rdnr. 7).

3. Körperschaftsteuerminderung

31 Die Körperschaftsteuerminderung wird bei der ausschüttenden Körperschaft in dem Veranlagungszeitraum berücksichtigt, in dem das Wirtschaftsjahr endet, in dem die Ausschüttung abfließt. Ist die tarifliche Körperschaftsteuer für den Veranlagungszeitraum, für den der Minderungsbetrag zu berücksichtigen ist, geringer als der Minderungsbetrag, ergibt sich eine Körperschaftsteuererstattung.

Eine Körperschaftsteuerminderung ist erstmals bei ordnungsmäßigen Gewinnausschüttungen vorzunehmen, die in dem zweiten Wirtschaftsjahr erfolgen, für das neues Recht gilt.

Zu einer Körperschaftsteuerminderung kann es darüber hinaus auch in Fällen des § 40 Abs. 3 und 4 KStG n.F. und den §§ 10, 14 und 16 UmwStG kommen. In diesen Fällen können sich Besonderheiten ergeben (auf die gesondert ergehenden BMF-Schreiben zur Liquidationsbesteuerung bzw. zu den Änderungen des Umwandlungssteuerrechts wird hingewiesen).

4. Änderungen durch das Steuervergünstigungsabbaugesetz

a) Moratorium

32 Für Gewinnausschüttungen, die nach dem 11. April 2003 und vor dem 1. Januar 2006 erfolgen, ist gem. § 37 Abs. 2a Nr. 1 KStG i.d. Fassung des Steuervergünstigungsabbaugesetzes – StVergAbG – (BGBl. I 2003 S. 660) eine Körperschaftsteuerminderung nicht zu berücksichtigen (Moratorium). Für alle Gewinnausschüttungen, die vor dem 12. April 2003 erfolgt sind und für Gewinnausschüttungen, die vor dem 21. November 2002 beschlossen worden sind und erst nach dem 11. April 2003 aber vor dem 1. Januar 2006 erfolgen, ist das Moratorium nicht anzuwenden. Eine Körperschaftsteuerminderung ist in diesen Fällen weiterhin nach den Regelungen des § 37 KStG 2002 zu berücksichtigen.

b) Höchstbetrag

33 Für Gewinnausschüttungen, die nach dem 31. Dezember 2005 erfolgen, ist die Körperschaftsteuerminderung von 1/6 des Betrages der Gewinnausschüttung auf einen jährlichen Höchstbetrag begrenzt. Ausgangsgröße ist das festgestellte Körperschaftsteuerguthaben zum Schluss des der Gewinnausschüttung vorangegangenen Wirtschaftsjahrs. Dieses Körperschaftsteuerguthaben ist durch die Anzahl der verbleibenden Wirtschaftsjahre, für die eine Körperschaftsteuerminderung gem. § 37 Abs. 2 Satz 2 KStG i.d. Fassung des StVergAbG noch in Betracht kommt (grundsätzlich: 18 abzüglich seit Geltung des KStG n.F. abgelaufene Wirtschaftsjahre), zu teilen.

c) Ausnahmen

34 § 37 Abs. 2a KStG i.d. Fassung des StVergAbG (Rdnr. 32 und 33) ist bei Liquidationen und bei Vermögensübertragungen durch Verschmelzung sowie durch Auf- oder Abspaltung und bei Formwechsel von einer Körperschaft auf eine Personengesellschaft oder eine natürliche Person (§§ 3 bis 10, 14, 16 UmwStG) nicht anzuwenden (§ 40 Abs. 3 Satz 2 KStG, § 10 Satz 2 UmwStG).

5. Nachsteuer nach § 37 Abs. 3 KStG n.F.

Erhält eine Körperschaft Bezüge, die bei ihr nach § 8b Abs. 1 KStG n.F. außer Ansatz bleiben und die bei **35** der leistenden Körperschaft zu einer Minderung der Körperschaftsteuer geführt haben, erhöht sich bei ihr die Körperschaftsteuer und das Körperschaftsteuerguthaben um den auf sie entfallenden Betrag der Minderung bei der leistenden Körperschaft.

Nachsteuerpflichtig sind unbeschränkt steuerpflichtige Körperschaften und Personenvereinigungen, **36** deren Leistungen bei den Empfängern zu den Einnahmen i.S. des § 20 Abs. 1 Nr. 1 oder 2 EStG gehören. Nicht nachsteuerpflichtig sind damit insbesondere juristische Personen des öffentlichen Rechts, Anstalten, Stiftungen und ausländische Körperschaften, die mit den Einkünften aus einer inländischen Betriebsstätte der beschränkten Körperschaftsteuerpflicht unterliegen. Nicht nachsteuerpflichtig sind auch von der Körperschaftsteuer befreite Körperschaften, Personenvereinigungen und Vermögensmassen, wenn die Gewinnausschüttungen im steuerfreien Bereich zufließen. Bei gemeinnützigen Körperschaften i.S. des § 5 Abs. 1 Nr. 9 KStG gilt dies auch, wenn die Einnahmen in einem steuerpflichtigen Geschäftsbetrieb anfallen.

Ist Empfänger eine Personengesellschaft, fällt eine Nachsteuer an, soweit eine nachsteuerpflichtige **37** Körperschaft an ihr beteiligt ist. Dabei wird die Nachsteuer nicht auf der Ebene der Personengesellschaft erhoben, sondern bei der nachsteuerpflichtigen Körperschaft.

Ist Empfänger der Ausschüttung eine Organgesellschaft, ist die Nachsteuer bei dem Organträger zu erheben, wenn dieser eine nachsteuerpflichtige Körperschaft ist. Ist der Organträger eine Personengesellschaft, gelten die Ausführungen in Rdnr. 37. **38**

Die leistende Körperschaft hat der Empfängerin nach § 37 Abs. 3 Satz 4 KStG n.F. eine Bescheinigung **39** auszustellen.

Das aus der Nachsteuer entstehende Körperschaftsteuerguthaben erhöht den Bestand zum Schluss des **40** Wirtschaftsjahrs des Zuflusses und kann deshalb erst bei einer Ausschüttung in den Folgejahren realisiert werden.

IV. Körperschaftsteuererhöhung nach § 38 KStG n.F.

1. Allgemeines

Eine Körperschaftsteuererhöhung nach § 38 KStG n.F. kann sich nur ergeben, wenn ein positiver Endbestand des EK 02 nach § 36 Abs. 7 KStG n.F. festgestellt worden ist. Ein negativer Endbestand hat keine steuerliche Bedeutung. Eine Körperschaftsteuererhöhung kommt auch in Fällen des § 40 Abs. 3 und 4 KStG n.F. und der §§ 10, 14 und 16 UmwStG in Betracht. **41**

Zu einer Körperschaftsteuererhöhung nach § 38 KStG n.F. kann es – anders als bei der Körperschaftsteuerminderung nach § 37 KStG n.F. – erstmals bereits im ersten Jahr, in dem neues Recht gilt, kommen. In den Fällen in denen nach § 34 Abs. 12 KStG n.F. die Ausschüttungsbelastung letztmals herzustellen ist (Rdnr. 5 f.), ist die Körperschaftsteuererhöhung nach § 38 KStG ausgeschlossen. **42**

2. Leistungen, die zu einer Körperschaftsteuererhöhung führen

Die Körperschaftsteuererhöhung tritt für den Teil der Leistungen ein, für den EK 02 als verwendet gilt. **43** Maßgebend ist der Bestand des EK 02 zum Schluss des vorangegangenen Wirtschaftsjahrs. Es kann dadurch bei Vorabausschüttungen zu einer Körperschaftsteuererhöhung kommen, auch wenn der Gewinn des Wirtschaftsjahrs, das ausgeschüttet wird, für die Ausschüttung ausreicht.

Leistungen sind alle Auskehrungen, die ihre Ursache im Gesellschaftsverhältnis haben einschließlich der **44** Rückzahlung von Nennkapital und der Einlagenrückgewähr.

Für die Rechnung nach § 38 Abs. 1 Satz 4 KStG sind alle Leistungen eines Wirtschaftsjahrs zusammenzufassen. Ausgenommen sind Leistungen, die noch unter das Anrechnungsverfahren fallen (vgl. Rdnr. 6). **45**

Die Verwendung des Betrages i.S. des § 36 Abs. 7 KStG bzw. § 38 Abs. 1 KStG ist nach der folgenden Differenzrechnung zu ermitteln:

Anlage § 034–01

Eigenkapital laut Steuerbilanz
./. gezeichnetes Kapital
./. positiver Bestand des steuerlichen Einlagekontos
= ausschüttbarer Gewinn
./. zum Schluss des Wirtschaftsjahrs festgestellter Betrag nach § 38 Abs. 1 KStG
= verminderter ausschüttbarer Gewinn
./. Leistungen
= <u>Differenz</u>

Ist die Differenz positiv, kommt eine Körperschaftsteuererhöhung nicht in Betracht. Ist die Differenz negativ, gilt insoweit EK 02 als für die Leistungen verwendet (vgl. § 38 Abs. 1 Satz 4 KStG n.F.), höchstens jedoch bis zur Höhe von 7/10 seines Bestands.

3. Betrag der Körperschaftsteuererhöhung

46 Die Körperschaftsteuererhöhung beträgt 3/7 des Betrags der Leistungen, für die ein Teilbetrag des EK 02 als verwendet gilt. Die Körperschaftsteuer wird für den Veranlagungszeitraum erhöht, in dem das Wirtschaftsjahr endet, in dem die Leistung abgeflossen ist. Die Körperschaftsteuererhöhung ist erstmals vorzunehmen für Leistungen nach Ablauf des letzten Wirtschaftsjahrs, für das altes Recht gilt (vgl. aber Rdnr. 5 f.).

4. Fortentwicklung des Endbestands des EK 02

47 Der nach § 36 Abs. 7 KStG n.F. festgestellte Betrag des EK 02 ist auf den Schluss jedes folgenden Wirtschaftsjahrs fortzuentwickeln und gesondert festzustellen. Gilt für eine Leistung EK 02 als verwendet, wird der festgestellte Betrag des EK 02 um den Betrag dieser Leistung und zusätzlich um den Betrag der Körperschaftsteuererhöhung gemindert, höchstens aber bis zum Verbrauch des EK 02.

V. Mehrfachverwendung

48 Eine Gewinnausschüttung kann gleichzeitig eine Körperschaftsteuerminderung, eine Körperschaftsteuererhöhung und eine Minderung des Einlagekontos auslösen.

Beispiel:

Zum 31.12.2001 sind in der Steuerbilanz folgende Eigenkapitalbestände ausgewiesen:

Nennkapital	30.000
Kapitalrücklage	130.000
Gewinnertrag	120.000
Jahresfehlbetrag	– 20.000
Summe Eigenkapital	120.000

Ferner haben sich zum 31.12.2001 folgende Bestände i.S. des §§ 27, 37 und 38 KStG n.F. ergeben:

Körperschaftsteuerguthaben	5.000
Bestand EK 02	50.000
Steuerliches Einlagekonto	180.000

Im Wirtschaftsjahr 2002 beschließt die Gesellschafterversammlung eine offene Gewinnausschüttung für das Wirtschaftsjahr 2001 i.H. von 100.000.

Lösung:

Es ergeben sich folgende Auswirkungen auf die KSt-Festsetzung für den Veranlagungszeitraum 2002 aufgrund der Ausschüttung:

KSt

Körperschaftsteuerminderung (§ 37 KStG n.F.)
1/6 von 100.000, höchstens jedoch Bestand des Guthabens   **– 5.000**
Körperschaftsteuererhöhung (§ 38 KStG n.F.)

Leistungen i.S. des § 38 KStG n.F.		100.000
Eigenkapital laut Steuerbilanz	260.000	
./. Nennkapital	– 30.000	
./. Steuerliches Einlagekonto	–	
	180.000	
= ausschüttbarer Gewinn i.S. des § 27 KStG n.F.	50.000	
./. Bestand des EK 02	– 50.000	
= verminderter ausschüttbarer Gewinn (§ 38 KStG n.F.)	0	– 0
Differenz		100.000
führt zur Minderung des EK 02-Bestandes, höchstens jedoch bis zur Höhe von 7/10 des EK 02-Bestands zum 31.12.2001		35.000
daraus resultierende KSt-Erhöhung = 3/7 der Verwendung EK 02 i.H. von 35.000		**15.000**

Änderung der Körperschaftsteuerfestsetzung   **+ 10.000**

Bestand des steuerlichen Einlagekontos zum 31.12.2001		180.000
Verwendung steuerliches Einlagekonto (§ 27 KStG n.F.)		
Leistungen i.S. des § 27 KStG n.F.		100.000
Eigenkapital laut Steuerbilanz	260.000	
./. Nennkapital	– 30.000	
./. Steuerliches Einlagekonto	–	
	180.000	
= ausschüttbarer Gewinn i.S. des § 27 KStG n.F.	50.000	– 50.000
Differenz		50.000
Verwendung und Minderung des steuerlichen Einlagekontos, höchstens jedoch bis zum obigen Bestand		– 50.000

Bestand des steuerlichen Einlagekontos zum 31.12.2002   **130.000**

Fälle dieser Art treten dann auf, wenn das verwendbare Eigenkapital laut Steuerbilanz durch Verluste, Vorabausschüttungen oder verdeckte Gewinnausschüttungen aufgezehrt worden ist.

Liquidation;
Körperschaftsteuerminderung bei Auskehrung von Liquidationsraten
Anwendung des BFHUrteils vom 22. Februar 2006
– I R 67/05 – (BStBl. 2008 II S. 312) –
Besteuerungszeitraum bei der Gewerbesteuer
Anwendung des BFH-Urteils vom 18. September 2007
– I R 44/06 – (BStBl. 2008 II S. 319) –

BMF-Schreiben vom 4.4.2008
IV B 7 – 2760/0, 2008/0158164 (BStBl. I 2008 S. 542)

Sitzung KSt/GewSt I/07, TOP I/16

1. BFH-Urteil vom 22. Februar 2006 (a.a.O.)

Der BFH vertritt im Urteil vom 22. Februar 2006 (a.a.O.) die Auffassung, dass in Ermangelung eines Antrags nach § 34 Abs. 14 KStG auf Beendigung des Besteuerungszeitraums zum 31. Dezember 2000 bei systemübergreifenden Liquidationen für die gesamte Liquidation neues Recht anzuwenden ist. Er sieht den Besteuerungszeitraum 1. Januar 1998 - 31. Dezember 2000 als erstes „Wirtschaftsjahr" im neuen Recht an. Mithin sei das Körperschaftsteuerguthaben auf den 31. Dezember 2000 festzustellen. Es stehe damit für eine Verwendung im Veranlagungszeitraum 2001 zur Verfügung.

Unter Bezugnahme auf das Ergebnis der Erörterung mit den obersten Finanzbehörden der Länder sind die Rechtsgrundsätze des Urteils nicht über den entschiedenen Einzelfall hinaus anzuwenden.

Wird der Abwicklungszeitraum in mehrere Besteuerungszeiträume unterteilt, ist für die einzelnen Besteuerungszeiträume jeweils das Recht anzuwenden, das für den Veranlagungszeitraum maßgeblich ist, in dem der Besteuerungszeitraum endet. Wenn – wie in dem Streitfall – ein Besteuerungszeitraum gem. R 51 KStR 2004 zum 31. Dezember 2000 endet, ist daher noch altes Recht anzuwenden. Entgegen der Auffassung des BFH ist es in diesem Fall unerheblich, ob ein Antrag auf Zwischenveranlagung nach § 34 Abs. 14 Satz 2 KStG gestellt worden ist oder nicht, weil ein solcher Antrag ins Leere geht, wenn am 31. Dezember 2000 ohnehin ein Besteuerungszeitraum endet.

Die Sonderregelung des § 34 Abs. 14 Satz 2 KStG ist nur in solchen Fällen von Bedeutung, bei denen der 3-jährige Besteuerungszeitraum zum 31. Dezember 2000 noch nicht abgeschlossen ist. Da für den am 31. Dezember 2000 endenden Besteuerungszeitraum noch nicht neues Recht anzuwenden ist, fehlt es hier an der rechtlichen Grundlage für die Feststellung des Körperschaftsteuerguthabens zum 31. Dezember 2000. Etwas anderes ergibt sich auch nicht aus § 40 Abs. 4 Satz 4 KStG, denn die Regelung hat bezogen auf die erstmalige Verwendung des Körperschaftsteuerguthabens nur Bedeutung für Liquidationen, die im Veranlagungszeitraum 2001 enden. Endet die Liquidation im Veranlagungszeitraum 2001, kann danach für Liquidationsabschlusszahlungen, die in 2001 geleistet werden, bereits eine Körperschaftsteuerminderung gewährt werden.

Die Verwaltungsauffassung, nach der eine Körperschaftsteuerminderung erstmals für Gewinnausschüttungen in Betracht kommt, die in dem zweiten Wirtschaftsjahr erfolgen, für das neues Recht gilt (vgl. Rdnr. 31 des BMF-Schreibens vom 6. November 2003, BStBl I S. 575), wird durch das Urteil nicht in Frage gestellt.

An der Verwaltungsauffassung zu den allgemeinen körperschaftsteuerlichen Grundsätzen der Liquidationsbesteuerung (vgl. BMF-Schreiben vom 6. November 2003 – a.a.O. – und vom 26. August 2003, BStBl. I S. 434 sowie R 51 KStR 2004) wird ebenfalls weiterhin festgehalten. Die Urteile des BFH vom 27. März 2007, VIII R 25/05 (BStBl. 2008 II S. 298) und VIII R 60/05 (BStBl. 2008 II S. 303) und vom 18. September 2007, I R 44/06, (a.a.O.) stehen dem nicht entgegen.

2. BFH-Urteil vom 18. September 2007 (a.a.O.)

In dem Urteil vom 18. September 2007 (a.a.O.) vertritt der BFH die Auffassung, dass für den Zeitraum, für den eine Körperschaftsteuerveranlagung bei noch nicht abgeschlossener Liquidation durchzuführen ist, daran anschließend auch eine Festsetzung des Gewerbesteuermessbetrags durchzuführen ist.

Nach einem Beschluss der obersten Finanzbehörden der Länder sind die Rechtsgrundsätze des Urteils insoweit nicht über den entschiedenen Einzelfall hinaus anzuwenden.

Nach § 16 Abs. 1 GewStDV ist der Gewerbeertrag, der bei einem in der Abwicklung befindlichen Gewerbebetrieb im Sinne des § 2 Abs. 2 des Gesetzes im Zeitraum der Abwicklung entstanden ist, auf die Jahre des Abwicklungszeitraums zu verteilen. Nach Abschn. 44 Abs. 1 Satz 2 GewStR 1998 ist Abwicklungszeitraum der Zeitraum vom Beginn bis zum Ende der Abwicklung. Eine Festlegung eines

Sollabwicklungszeitraums entsprechend der Regelung des § 11 Abs. 1 Satz 2 KStG enthält § 16 GewStDV nicht. Auch ist eine sinngemäße Anwendung des § 11 Abs. 1 Satz 2 KStG ausweislich § 16 GewStDV und der Regelung in Abschn. 44 Abs. 1 Satz 2 GewStR nicht vorgesehen. Aus § 7 Satz 1 GewStG ergibt sich nichts anderes. Abzustellen ist danach auf die Gewinnermittlungsvorschriften des Einkommensteuergesetzes und des Körperschaftsteuergesetzes. § 11 Abs. 1 Satz 2 KStG ist jedoch keine Gewinnermittlungsvorschrift; eine solche ist nur die Regelung in § 11 Abs. 2 KStG.

Dieses Schreiben wird im Bundessteuerblatt Teil I veröffentlicht.

Optionsregelung nach § 34 Abs. 16 KStG
Hier: Antrag gemäß § 34 Abs. 16 KStG für steuerbefreite Körperschaften
bei Anwendung von R 79 Abs. 1 Satz 4 KStR

Oberfinanzdirektionen Rheinland und Münster vom 23.9.2008
S 2862 – 1 004 – St 131 (Rhld)
S 2862 – 1 – St 13 – 33 (Ms)
DB 2008, 2280

§ 34 Abs. 16 KStG eröffnet u. a. steuerbefreiten Körperschaften die Möglichkeit auf Weiteranwendung des § 38 KStG in der bisherigen Fassung und somit die Abstandnahme von der verpflichtenden Nachversteuerung des EK 02.

Gemäß § 34 Abs. 16 Satz 2 KStG ist der Antrag von den betroffenen Körperschaften spätestens bis zum 30.09.2008 zu stellen (Ausschlussfrist).

Für kleine Körperschaften ist bisher unter den Voraussetzungen des § 156 Abs. 2 AO von einer Veranlagung zur Körperschaftsteuer abgesehen worden, wenn die Kosten der Festsetzung und Einziehung außer Verhältnis zu dem festgesetzten Betrag stehen. In derartigen Fällen war auch eine Gliederung des verwendbaren Eigenkapitals bzw. eine Feststellung von EK 02-Beständen bisher nicht vorzunehmen (R 79 Abs. 1 KStR 2004). Auch ohne Veranlagung können sich aber in der Zeit des Anrechnungsverfahrens über die Jahre hinweg EK 02-Bestände ergeben haben, die die Bagatellgrenzen des § 38 Abs. 5 Satz 3 KStG übersteigen.

Es treten nun vermehrt Fragen dazu auf, ob in derartigen Fällen – ohne Kenntnis des konkret aufgelaufenen EK 02-Bestandes – bis zum 30.09.2008 Anträge nach § 34 Abs. 16 Satz 2 KStG gestellt werden müssen, um die spätere Festsetzung eines KSt-Erhöhungsbetrags, z.B. infolge einer künftigen Betriebsprüfung mit sich anschließender EK 02-Feststellung, zu verhindern.

Anträgen gemäß § 34 Abs. 16 Satz 2 KStG von Stpfl., bei denen im Veranlagungszeitraum 2006 (bzw. bei vom Kalenderjahr abweichenden Wirtschaftsjahr für den Veranlagungszeitraum 2007) nach R 79 Abs. 1 KStR 2004 von einer Feststellung des EK 02-Bestands abgesehen wurde, ist ausnahmsweise auch dann zu entsprechen, wenn diese nach dem 30.09.2008, jedoch vor Ablauf der für den jeweiligen Festsetzungsbescheid gemäß § 38 Abs. 5 KStG geltenden Einspruchsfrist beim zuständigen Finanzamt gestellt werden.

Körperschaftsteuererhöhungsbetrag nach § 38 KStG;
Antrag gemäß § 34 Abs. 16 KStG auf Fortführung des Verfahrens nach
§ 38 Abs. 1 bis 3 KStG

Verfügung OFD Magdeburg vom 11.02.2009
S 2862 – 3 – St 215

Die Anspruchnahme des Antragswahlrechts nach § 34 Abs. 16 KStG ist an verschiedene Voraussetzungen geknüpft. Außer im Fall steuerbefreiter Körperschaften kommt der Antrag nur für Gesellschaften in Betracht, die ihre Umsatzerlöse überwiegend durch Verwaltung und Nutzung eigenen zu Wohnzwecken dienenden Grundbesitzes, durch Betreuung von Wohnbauten oder durch die Errichtung und Veräußerung von Eigenheimen, Kleinsiedlungen oder Eigentumswohnungen erzielen (Wohnungsunternehmen).

Auf Beschluss der Körperschaftsteuer-Referatsleiter der obersten Finanzbehörden des Bundes und der Länder ist der Begriff der Umsatzerlöse an § 275 HGB und die ergänzende Aufgliederung gem. § 1 Abs. 1 der Verordnung über Formblätter für die Gliederung des Jahresabschlusses von Wohnungsunternehmen vom 22.09.1970 (BGBl. I S. 1334) anzuknüpfen.

Andere Erträge, z. B. Erträge aus Beteiligungen, anderen Wertpapieren oder Zinsen sind danach in die Berechnung zur Prüfung des Vorliegens der Tätigkeitsvoraussetzungen nicht einzubeziehen. Nicht zu den Umsatzerlösen gehören nach den allgemeinen Grundsätzen auch Erlöse aus dem Verkauf von Anlagegegenständen. Der Begriff der Umsatzerlöse ist daher nicht weit, sondern in den Grenzen der o. g. Vorschriften eher eng auszulegen.

Behauptete Verfassungswidrigkeit des § 36 KStG

Verfügung OFD Koblenz vom 12.01.2005

S 2860 A

Mit der Kurzinformation Nr. 026/04 vom 23.3.2004 wurde darauf hingewiesen, dass wegen der in mehreren Bundesländern anhängigen Finanzgerichts-Verfahren zur Frage der Verfassungsmäßigkeit der Vorschriften zum Systemwechsel bei der KSt, insbesondere des § 36 KStG, keine Bedenken dagegen bestünden, entsprechende Rechtsbehelfsverfahren ruhen zu lassen.

Das FG München hat zwischenzeitlich mit Urteil vom 9.9.2004, 7 K 2991/03 (DStRE 2005, 582) entschieden, dass die durch das StSenkG in das KStG eingefügten Regelungen in §§ 36 und 37 KStG n. F. über die beim Systemwechsel vorzunehmende Umgliederung der Teilbeträge des vEK nicht gegen die verfassungsrechtlichen Grenzen einer Rückwirkung von belastenden Gesetzen verstoßen und dass es sich bei dem in den Teilbeträgen des vEK liegenden KSt-Minderungspotenzial nicht um eine in den Schutzbereich des Art. 14 Abs. 1 GG fallende Rechtsposition handelt.

Gegen dieses Urteil wurde Revision eingelegt; Az. des BFH: I R 107/04. Wegen des vor dem BFH anhängigen Verfahrens ruhen die entsprechenden Einspruchsverfahren nach § 363 Abs. 2 Satz 2 AO nunmehr kraft Gesetzes. [1]

---

1) BFH vom 31.05.2005 – I R 107/04, BStBl. II S. 884 hat § 36 KStG für verfassungskonform erklärt.

Gewinnausschüttung: Körperschaftsteuerminderung i. S. d. § 37 Abs. 2 KStG n. F. – Zeitpunkt der Aktivierung des Anspruchs aus der Minderung in der Handelsbilanz

BMF-Schreiben vom 16.05.2002
IV A 2 – S 2741 – 4/02

Es wurde die Frage gestellt, ob der Anspruch auf Minderung der Körperschaftsteuer 2002, der sich nach § 37 Abs. 2 S. 2 KStG n. F. infolge einer in 2002 beschlossenen und auch abgeflossenen Gewinnausschüttung für 2001 ergibt, handelsrechtlich bereits in der Schlussbilanz für das Geschäftsjahr 2001 einzubuchen und damit Bestandteil des Jahresergebnisses 2001 ist.

Nach dem grundsätzlich auf der Ebene der Gesellschaft für Ausschüttungen bis zum 31.12.2001 geltenden KSt-Anrechnungsverfahren galt für Ausschüttungen ein anderer KSt-Satz als für einbehaltene Gewinne. Der Anspruch auf die KSt-Minderung auf Ausschüttungen, die den gesellschaftsrechtlichen Vorschriften entsprachen, bezog sich auf das Jahr, *für* das ausgeschüttet wurde (§ 27 Abs. 3 KStG a. F.). Die KSt für dieses Jahr war unter Berücksichtigung des Ausschüttungssteuersatzes zu ermitteln. Durch die insoweit niedrigere KSt-Belastung erhöhte sich das Ergebnis des Jahres, *für* das ausgeschüttet wurde (§ 278 HGB).

Nach dem Systemwechsel vom Anrechnungs- zum Halbeinkünfteverfahren ab 2001 gibt es nur einen einheitlichen KSt-Satz (§ 23 KStG); zu einer Minderung der KSt-Belastung infolge einer Ausschüttung ab 2002 kommt es hierdurch nicht mehr. Allerdings stellte sich mit dem Systemwechsel die Frage, ob und ggf. auf welche Weise das im Umstellungszeitpunkt rein rechnerisch bei noch nicht ausgeschütteten Gewinnen vorhandene KSt-Minderungsguthaben den Unternehmen gutgebracht werden sollte. Der Gesetzgeber hat sich entschlossen, dieses Guthaben bezogen auf das einzelne Unternehmen festzuhalten und es ab 2002 innerhalb einer Übergangszeit von 15 Wirtschaftsjahren ausschüttungsabhängig auszuzahlen (§ 37 Abs. 2 KStG n. F.). Der Anspruch wird i. H. v. $^1/_6$ der jeweiligen Gewinnausschüttung fällig und mindert *im* Jahr der Ausschüttung die für *dieses* Jahr festzusetzende Körperschaftsteuer. Das Anknüpfen an eine Ausschüttung ist hierbei rein technischer Natur und hat – anders als beim Anrechnungsverfahren – keinen rechtlichen Einfluss auf die Höhe der Körperschaftsteuer des Jahres, für das ausgeschüttet wird.

In dem o. g. Sachverhalt ist deshalb in der Handels- und Steuerbilanz für das Jahr 2001 kein Anspruch auf KSt-Minderung i. S. d. § 37 Abs. 2 KStG n. F. für die in 2001 vorzunehmende Gewinnausschüttung zu berücksichtigen.

Die vom Hauptfachausschuss des IdW in dessen Sitzung v. 30.10.2001 unter Berücksichtigung der Grundsätze des § 278 HGB vertretene gegenteilige Auffassung wird nicht geteilt. Sie verkennt die Auswirkungen des Systemwechsels bei der Körperschaftsteuer auf § 278 HGB. Das BMJ hat gegen die hier vertretene Auffassung keine Einwände erhoben.

Gewinnausschüttung: Auswirkungen des § 37 Abs. 2
und § 38 Abs. 2 KStG i. d. F. des Steuersenkungsgesetzes auf den Bilanzgewinn [1)]

BMF-Schreiben vom 13.09.2002
IV A 2 – S 2741 – 9/02

In Ihrem ... bitten Sie unter Bezugnahme auf das BMF-Schr. v. 16.5.2002 – IV A 2 – S 2741 – 4/02 um Stellungnahme zu den Auswirkungen dieses Schreibens auf das Verhältnis zwischen Handels- und Steuerbilanz. Zudem werfen Sie die Frage auf, ob die Grundsätze des Schreibens für die Rechtsfolgen aus § 38 Abs. 2 KStG i. d. F. des Steuersenkungsgesetzes (StSenkG) entsprechend anzuwenden sind.

In dem BMF-Schr. v. 16.5.2002 – IV A 2 – S 2741 – 4/02 habe ich ausgeführt, dass sich nach § 37 Abs. 2 KStG i. d. F. des StSenkG die Körperschaftsteuer des Veranlagungszeitraum mindert, in dem das Wirtschaftsjahr endet, in dem die Gewinnausschüttung erfolgt. Die Körperschaftsteuer des Veranlagungszeitraums des Wirtschaftsjahres, für das ausgeschüttet wird, bleibt hiervon unberührt. Die sich hiernach ergebende Auswirkung auf die Körperschaftsteuer des jeweiligen Veranlagungszeitraums hat entsprechende Auswirkungen auf den Bilanzgewinn des Wirtschaftsjahres. Diese Auswirkungen sind handels- und steuerrechtlich identisch. Das Bundesministerium der Justiz war im Vorfeld beteiligt. Es hat aus handelsrechtlicher Sicht keine Veranlassung gesehen, dieser Rechtsauslegung zu widersprechen.

Die Finanzverwaltung wird vorstehende Rechtsauslegung bei der Prüfung der Steuererklärungen für die Veranlagungszeiträume, die die in § 37 Abs. 2 KStG i. d. F. des StSenkG genannte Zeitspanne betreffen, zu beachten und hiervon abweichende Bilanzen entsprechend zu ändern haben. Diese geänderten Bilanzansätze sind dann z. B. bei der Prüfung des nach § 8a Abs. 2 KStG zu berücksichtigenden anteiligen Eigenkapitals maßgebend.

Die im BMF-Schr. v. 16.5.2002 – IV A 2 – S 2741 – 4/02 zum Ausdruck kommenden Grundsätze gelten für § 38 Abs. 2 KStG i. d. F. des StSenkG entsprechend. D. h., die sich danach ergebende Körperschaftsteuererhöhung betrifft den Veranlagungszeitraum des Wirtschaftsjahres, in dem das Wirtschaftsjahr endet, in dem die Leistung erfolgt.

---

1) Vgl. Anlage § 037-03.

Gewinnverwendung: Übergang vom Anrechnung- auf das Halbeinkünfteverfahren und Verstoß von Gewinnverteilungsbeschlüssen gegen das Kapitalerhaltungsgebot

Verfügung OFD Nürnberg vom 16.01.2003

S 2811 – 24/St 31

1. Zeitpunkt der Aktivierung des Anspruchs auf Minderung der Körperschaftssteuer nach § 37 Abs. 2 KStG n. F.[1]

Im körperschaftsteuerlichen Anrechnungsverfahren galten für ausgeschüttete und einbehaltene Gewinne unterschiedliche Steuersätze. Dabei entstand der Anspruch auf die KSt.-Minderung aufgrund von Ausschüttungen, die den gesellschaftsrechtlichen Bestimmungen entsprachen, bereits für das Jahr, für das ausgeschüttet wurde (§ 27 Abs. 3 KStG a. F.). Die Körperschaftsteuer für dieses Jahr war unter Berücksichtigung des Ausschüttungsteuersatzes zu ermitteln, so dass die insoweit *i. d. R.* niedrigere KSt-Belastung das Ergebnis des Jahres erhöhte, für das ausgeschüttet wurde (§ 278 HGB).

Nach dem Systemwechsel vom Anrechnungs- zum Halbeinkünfteverfahren gibt es nur mehr einen einheitlichen KSt.-Satz (§ 23 KStG). Die aus der Anwendung dieses Steuersatzes sich ergebende Körperschaftsteuer kann jedoch innerhalb einer Übergangszeit von 15 Wirtschaftsjahren noch zu mindern sein, wenn ausschüttungsbedingt nach § 37 Abs. 2 KStG. n. F. ein KSt.-Guthaben zu vergüten ist. Der Anspruch auf Berücksichtigung dieses Guthabens mindert allerdings im Gegensatz zur bisherigen Rechtslage erst die Körperschaftsteuer des Jahres, in dem die Ausschüttung erfolgt (§ 37 Abs. 2 S. 2 KStG n. F.).

Die Körperschaftsteuer des Jahres, auf das sich der Ausschüttungsbeschluß bezieht, ist in der jeweiligen Handels- und Steuerbilanz daher ohne Berücksichtigung der aufgrund der Ausschüttung auszuzahlenden Steuerguthabens abzubilden. Die vom Hauptfachausschuß des IdW in dessen Sitzung v. 30.10.2001 unter Berücksichtigung des § 278 HGB vertretene gegenteilige Auffassung wird nicht geteilt. Sie verkennt die Auswirkungen des Systemwechsels bei der Körperschaftsteuer auf § 278 HGB.

2. Bilanzielle Darstellung der KSt.-Erhöhung nach § 38 Abs. 2 KStG n. F.

Die vorstehenden Grundsätze gelten entsprechend für die handels- und steuerbilanzielle Abbildung des KSt.-Erhöhungsbetrags nach § 38 Abs. 2 KStG, d. h. dieser betrifft ebenfalls den Veranlagungszeitraum des Wirtschaftsjahres, in dem das Wirtschaftsjahr endet, in dem die Leistung erfolgt.

3. Auswirkung auf § 8a KStG

Von den vorstehenden Grundsätzen abweichende Bilanzen sind zu ändern. Die geänderten Bilanzansätze sind in die Prüfung des nach § 8a Abs. 2 KStG zu berücksichtigenden anteiligen Eigenkapitals einzubeziehen.

4. Steuerrechtliche Qualifikation eines gegen § 30, § 31 GmbHG verstoßenden Gewinnverteilungsbeschlusses[2]

Aufgrund des Systemwechsels vom Anrechnungs- zum Halbeinkünfteverfahren haben viele Gesellschaften ihr gesamtes Eigenkapital ausgeschüttet, ohne auf die Einhaltung der Kapitalerhaltungsvorschriften der § 30, § 31 GmbHG zu achten, bzw. bei Ausschüttungen im Halbeinkünfteverfahren wurden die Kapitalerhaltungsvorschriften deshalb verletzt, weil der KSt.-Minderungsanspruch nach § 37 Abs. 2 KStG n. F. abweichend von dem unter vorstehend 1. ausgeführten bereits in dem Wirtschaftsjahr verbucht wurde, für das die Ausschüttung beschlossen wurde.

Nach dem Anfang April 2002 bekannt gewordenen Urt. des BFH v. 07.11.2001 – I R 11/01, GmbHR 2002, 337 kann ein Gewinnverteilungsbeschluss grundsätzlich auch dann i. S. d. § 27 Abs. 3 S. 1 KStG 1991 "den gesellschaftsrechtlichen Vorschriften entsprechen" (gleiches gilt für die Anwendung des § 37 Abs. 2 S. 1 KStG n. F.), wenn seine Ausführung zu einer gegen § 30 Abs. 1 GmbHG verstoßenden Rückzahlung von Stammkapital führt. Das Urteil ist zur Veröffentlichung vorgesehen und allgemein anzuwenden.

---

1) Vgl. Anlage § 037-02.
2) Vgl. Anlage § 037-04.

Steuerrechtliche Qualifizierung eines gegen §§ 30, 31 GmbH-Gesetz verstoßenden Gewinnverteilungsbeschlusses – Anwendung des BFH-Urteils vom 07.11.2001 (BFH/NV 2002 S. 540)[1]

Verfügung OFD Münster vom 15.05.2003

S 2861 – 2 St 13-33

Nach § 37 Abs. 2 Satz 1 KStG i. d. F. der Bekanntmachung vom 15.10.2002, BStBl. I 2002 S. 1169 (KStG 2002), mindert sich das KSt-Guthaben um jeweils 1/6 der Gewinnausschüttung, die in den folgenden Wirtschaftsjahren erfolgen und die auf einem den gesellschaftsrechtlichen Vorschriften entsprechenden Gewinnverteilungsbeschluss beruhen. Besondere Bedeutung kommt in diesem Zusammenhand der Frage zu, ob die Gewinnausschüttung auf einem den gesellschaftsrechtlichen Vorschriften entsprechenden Gewinnverteilungsbeschluss beruht.

Nach dem Urteil des BFH vom 07.11.2001 (a. a. O.) führt ein *Verstoß gegen die Kapitalerhaltungsvorschriften des § 30 GmbHG* nicht zur zivilrechtlichen Unwirksamkeit und damit nicht zu einem den gesellschaftsrechtlichen Vorschriften widersprechenden Gewinnverteilungsbeschluss.

Demgegenüber stellen Ausschüttungen, die auf einem als *nichtig festgestellten Jahresabschluss* beruhen, keinen den gesellschaftsrechtlichen Vorschriften entsprechenden Beschluss dar. Die Nichtigkeit des festgestellten Jahresabschlusses überträgt sich somit auf den Gewinnverteilungsbeschluss. Ein Gewinnverteilungsbeschluss entspricht danach immer dann den gesellschaftsrechtlichen Vorschriften, wenn er zivilrechtlich wirksam zustande gekommen ist.

Weil das bislang von der Finanzverwaltung nicht angewendete o. g. BFH-Urteil nunmehr zur Veröffentlichung im BStBl. vorgesehen ist, soll es ab sofort in allen noch offenen Fällen allgemein angewandt werden; gleiches gilt für die Anwendung des § 27 Abs. 3 KStG a. F.

---

1) Vgl. Anlage § 037-03.

Anwendung des § 37 Abs. 3 KStG n. F.: Besteuerung von Dividenden, für die Körperschaftsteuerguthaben verwendet worden sind

Verfügung OFD Magdeburg vom 19.12.2002

S 2861 – 2 – St 216 / S 2830 – 10 – St 216

Der § 37 KStG sieht vor, dass eine Körperschaft eine Körperschaftsteuer-(KSt-)Minderung beanspruchen kann, wenn sie über ein entsprechendes Guthaben aus der Umgliederung der EK-Bestände verfügt. Ist der Empfänger ebenfalls eine „Ausschüttungskörperschaft", so erhöht sich bei ihr die KSt und gleichzeitig auch das KSt-Guthaben. Das gilt auch dann, wenn die Ausschüttungen einer Körperschaft nicht unmittelbar, sondern mittelbar über eine zwischengeschaltete Personengesellschaft zufließen. Die Verwendung des Guthabens ist dem Ausschüttungsempfänger zu bescheinigen.

Beispiel:

Die A-GmbH ist Alleingesellschafterin der B-GmbH. Beide haben Wj. = Kj. Die A-GmbH schüttet im Wj. 02 auf Grund eines den gesellschaftsrechtlichen Vorschriften entsprechenden Gewinnverteilungsbeschlusses Gewinn i. H. von 60 000 € aus. Das auf den 31.12.2001 bei ihr zu ermittelnde KSt-Guthaben beträgt 100 000 €. Welche Angaben muss die A-GmbH der B-GmbH bescheinigen und was muss die B-GmbH versteuern?

Lösung:

Die A-GmbH hat folgende Angaben zu bescheinigen:

Kapitalerträge i. S. des § 20 Abs. 1 Nr. 1 EStG	60 000 €
anzurechnende Kapitalertragsteuer (KapSt)	xx €
anzurechnender Solidaritätszuschlag zur KapSt	xx €
Höhe des in Anspruch genommenen KSt-Minderungsbetrags	– 10 000 €

Die B-GmbH hat Folgendes zu versteuern:

eigenes steuerpflichtiges Einkommen	0 €
(weil Dividende der A-GmbH nach § 8 Abs. 1 KStG steuerfrei ist)	
Nachsteuer nach § 37 Abs. 3 KStG 2001	10 000 €
festzusetzende KSt	10 000 €
KSt-Guthaben zum 31.12.2002	+ 10 000 €

Hätte die B-GmbH dem Finanzamt eine Bescheinigung ohne den in Anspruch genommenen KSt-Minderungsbetrag vorgelegt, wäre dies vom Finanzamt nicht zu beanstanden gewesen, denn die ausschüttende Körperschaft muss nicht zwingend über ein KSt-Guthaben verfügen. In diesem Fall wäre es bei der B-GmbH nicht zu einer Festsetzung der Nachsteuer und nicht zur Erhöhung des KSt-Guthabens gekommen. Eine unterbliebene KSt-Guthabenerhöhung führt letztlich dazu, dass die B-GmbH in Zukunft eine geringere KSt-Minderung beanspruchen kann.

Diese gesetzliche Wechselwirkung tritt nur dann ein, wenn die in der ausgestellten Steuerbescheinigung enthaltenen Angaben zutreffend sind. Ob dies der Fall ist, kann die Veranlagungsstelle des Finanzamts der die Ausschüttung empfangenden Körperschaft (w. o. B-GmbH) nicht erkennen.

Der § 37 Abs. 3 KStG n. F. hält im Ergebnis an einer Regelung fest, die in § 23 Abs. 2 KStG a. F. enthalten ist. Für das Jahr des Wechsels vom sog. Anrechnungsverfahren zum Halbeinkünfteverfahren ist eine gleich gelagerte Vorschrift im § 34 Abs. 12 KStG n. F. geregelt.

Wie bei der Anwendung des § 23 Abs. 2 KStG a. F. und auch im Anrechnungsverfahren stellt die Steuerbescheinigung das Bindeglied zwischen der ausschüttenden Gesellschaft und dem Ausschüttungsempfänger dar. Zu einem echten Steuerausfall bei nicht ordnungsgemäßer Bescheinigung kann es in den Fällen der sog. Nachsteuer des § 37 Abs. 3 KStG n. F. am Ende des Übergangszeitraums kommen.

Mögliche Fehler im Bescheinigungsverfahren (von der Ausstellung bis hin zur Auswertung) sind durch einen erhöhten Informationsaustausch gering zu halten. Das Kontrollmitteilungsverfahren mit der Verwendung des Vordrucks „KSt GU/KM – Halbeinkünfteverfahren" ist in der Verfügung vom 19.12.2002 (DA-AVB/ANB Teil 2 – Kontrollmitteilungen/Mitteilungen von Besteuerungsgrundlagen für Gesellschafter) geregelt. Danach hat das Finanzamt der ausschüttenden Körperschaft (w. o. der A-GmbH) dem Finanzamt der empfangenden Körperschaft (w. o. der B-GmbH) die entsprechenden Angaben zur Anwendung der Regelung des § 37 KStG n. F. mitzuteilen. Das Finanzamt der empfangenden Körperschaft ist ferner verpflichtet, sich mit dem Finanzamt der ausschüttenden Körperschaft abzustimmen, wenn die empfangende Körperschaft keine oder eine von den Angaben in der Kontrollmitteilung abweichende Steuerbescheinigung vorlegt.

Nachsteuer nach § 37 Abs. 3 KStG n. F.;
Bescheinigungsverfahren, Besonderheiten bei einer sog. Mehrfachverwendung

Verfügung OFD Magdeburg vom 10.02.2005
S 2861 – 2 – St 215
S 2830 – 10 – St 215

1 Allgemeines

Für Gewinnausschüttungen, die auf einem den gesellschaftsrechtlichen Vorschriften entsprechenden Gewinnverteilungsbeschluss beruhen, kann die ausschüttende Gesellschaft nach § 37 Abs. 2 KStG eine KSt-Minderung beanspruchen, sofern sie über ein entsprechendes KSt-Guthaben verfügt (§ 37 Abs. 2 KStG).

Ist der Empfänger der Dividende eine „Ausschüttungskörperschaft" i. S. des § 37 Abs. 3 KStG, so erhöht sich bei dieser die zu zahlende Körperschaftsteuer (sog. Nachsteuer) und gleichzeitig das eigene KSt-Guthaben um den KSt-Minderungsbetrag der ausschüttenden Gesellschaft. Zu den sog. Ausschüttungskörperschaften gehören unbeschränkt steuerpflichtige Körperschaften bzw. Personenvereinigungen, deren Leistungen bei den Empfängern zu Einnahmen i. S. des § 20 Abs. 1 Nr. 1 oder 2 EStG führen.

Die Rechtsfolgen des § 37 Abs. 3 KStG treten auch dann ein, wenn die Ausschüttung einer Körperschaft nur mittelbar über eine zwischengeschaltete Personengesellschaft zufließt oder wenn der Ausschüttungsempfänger ein negatives Einkommen hat. Die Nachsteuerpflicht ist nicht an eine bestimmte Beteiligungsquote geknüpft. Die Rechtsfolgen treten auch dann ein, wenn eine Organgesellschaft Bezüge i. S. des § 8b Abs. 1 KStG empfängt. In diesem Fall wird die Nachsteuer vom Organträger erhoben, sofern dieser eine Körperschaft ist (vgl. BMF v. 26. 8. 2003, IV A 2 – S 2770 – 18/03, BStBl. I 2003, 437, Tz. 39[1]).

2 Steuerbescheinigung der ausschüttenden Körperschaft (Bescheinigungsverfahren)

Die ausschüttende Körperschaft hat nach § 37 Abs. 3 Satz 4 KStG der Empfängerkörperschaft eine Steuerbescheinigung zu erteilen, in der u. a. auch die in Anspruch genommene KSt-Minderung anzugeben ist.

Die Steuerbescheinigung wird damit zum Bindeglied zwischen der ausschüttenden und der die Ausschüttung empfangenden Körperschaft. Es entsteht eine gesetzlich verankerte Wechselwirkung. Diese tritt aber nur dann ein, wenn die in der ausgestellten Steuerbescheinigung enthaltenen Angaben zutreffend sind.

Beispiel:

An der *A-GmbH* ist zu 100 v. H. die *B-GmbH* beteiligt. Die A-GmbH schüttet an die B-GmbH 60 000 € aus. Dabei mindert ein KSt-Guthaben von 10 000 € die festzusetzende Körperschaftsteuer der A-GmbH.

Bei der B-GmbH erhöht sich die festzusetzende Körperschaftsteuer um das von der A-GmbH in Anspruch genommene KSt-Guthaben nur dann, wenn die A-GmbH den KSt-Minderungsbetrag ordnungsgemäß bescheinigt (§ 37 Abs. 3 Satz 4 KStG). Ansonsten kommt es zu einer ungewollten sofortigen und endgültigen Realisierung von KSt-Guthaben.

3 Überprüfung durch die Finanzämter

Da nicht alle Körperschaften über ein KSt-Guthaben verfügen, welches den Ausweis der KSt-Minderung in der Steuerbescheinigung zur Folge hat, können die für die Besteuerung der Dividendenempfänger zuständigen Arbeitsbereiche mögliche Fehler im Bescheinigungsverfahren nicht erkennen. Zur Sicherstellung des Verfahrens sind daher Kontrollmitteilungen zu fertigen.

3.1 Finanzamt der ausschüttenden Körperschaft

Ist der Empfänger der Ausschüttung

– selbst eine „Ausschüttungskörperschaft" oder

– eine Personengesellschaft, an der eine oder mehrere „Ausschüttungskörperschaften" beteiligt sind,

so sind im Rahmen der laufenden Veranlagungen Kontrollmitteilungen zu versenden, wenn eine KSt-Minderung durch die ausschüttende Körperschaft in Anspruch genommen wird.

---

1) Vgl. Anlage § 014-15.

Zur Vereinfachung wird im maschinellen Veranlagungsverfahren bei den ausschüttenden Körperschaften der Prüfhinweis K 1 – 5012 ausgegeben. Wird der Hinweis ausgegeben, hat der Bearbeiter zu prüfen, ob der Empfänger der Ausschüttung eine „Ausschüttungskörperschaft" ist. Trifft dies zu, so ist die Kontrollmitteilung KSt GU/KM „Mitteilung von Besteuerungsgrundlagen für Gesellschafter-Halbeinkünfteverfahren" zu fertigen und dem Finanzamt des Ausschüttungsempfängers zu übersenden (vgl. Vfg. v. 19. 12. 2002, DA-AVB Teil 2 – Mitteilung von Besteuerungsgrundlagen für Gesellschafter).

Kontrollmitteilungen sind grundsätzlich nur dann zu fertigen, wenn das von der ausschüttenden Körperschaft in Anspruch genommene KSt-Guthaben 2 500 € überschreitet. Liegen konkrete Anhaltspunkte vor, die auf eine fehlerhafte Steuerbescheinigung schließen lassen, sind Kontrollmitteilungen aber auch bei Beträgen unter 2 500 € zu fertigen.

Derartige Anhaltspunkte sind insbesondere dann gegeben, wenn die Besteuerungsgrundlagen der ausschüttenden Körperschaft wiederholt geschätzt werden mussten oder die Steuerpflichtige in der Vergangenheit Steuerbescheinigungen ausgestellt hat, in denen der aus dem EK 45 bzw. EK 40 stammende Teil einer Ausschüttung zu niedrig angegeben worden ist.

3.2 Finanzamt des Ausschüttungsempfängers

Ist der Empfänger der Gewinnausschüttung eine Kapitalgesellschaft, so ist für die Erhebung der Nachsteuer und der gleichzeitigen Erhöhung des KSt-Guthabens in der Anlage WA eine Eintragung zur Kennzahl 19.84 vorzunehmen.

Hierbei ist zu beachten, dass die Kontrollmitteilung die von der ausschüttenden Gesellschaft zu erstellende Steuerbescheinigung nicht ersetzt. Ohne diese Steuerbescheinigung darf bei dem Ausschüttungsempfänger weder KapSt noch SolZ zur KapSt angerechnet werden. Die auf Grund einer Kontrollmitteilung bei der Veranlagung angesetzte Nachsteuer erhöht das KSt-Guthaben der Empfängerkörperschaft.

Sofern die empfangene Körperschaft keine oder eine von den Angaben in der Kontrollmitteilung abweichende Steuerbescheinigung vorlegt, ist mit dem Finanzamt der ausschüttenden Gesellschaft Kontakt aufzunehmen. Dort ist zu prüfen, ob eine Inanspruchnahme im Haftungswege in Betracht kommt (§ 37 Abs. 3 Satz 5 KStG i. V. m. § 27 Abs. 5 KStG) und ob der Sachverhalt bußgeld- bzw. strafrechtlich zu würdigen ist.

4 Sonderfälle

4.1 Mittelbare Ausschüttung über eine zwischengeschaltete Personengesellschaft

Fließt die Ausschüttung der Empfängerkörperschaft mittelbar über eine zwischengeschaltete Personengesellschaft zu, ist eine Kontrollmitteilung zu fertigen, wenn an der Personengesellschaft wiederum eine „Ausschüttungskörperschaft" beteiligt ist. Die Kontrollmitteilung ist dann dem zuständigen Bearbeiter für Personengesellschaften zu übersenden. Die Kontrollmitteilung ist im Rahmen des Feststellungsverfahrens auszuwerten.

4.2 Publikumsgesellschaften

In Fällen, in denen die Gewinnausschüttung von der Vorlage eines Dividendenscheins abhängig ist und für Rechnung der unbeschränkt steuerpflichtigen Körperschaft von einem inländischen Kreditinstitut vorgenommen wird, geht die Pflicht der ausschüttenden Körperschaft zur Ausstellung der Steuerbescheinigung nach § 37 Abs. 3 Satz 4 KStG i. V. m. § 27 Abs. 4 KStG auf das Kreditinstitut über.

Entsprechendes gilt, wenn die Ausschüttung über die inländische Zweigstelle eines der in § 53b Abs. l und 7 KWG genannten Institute oder Unternehmen ausgezahlt wird. Darüber hinaus können auch inländische Zweigstellen ausländischer Kreditinstitute, die ihren Sitz nicht in der EU haben, Steuerbescheinigungen ausstellen, wenn dem ausländischen Unternehmen die Erlaubnis zum Betrieb von Bankgeschäften im Inland erteilt ist (ESt-Kartei Teil 1 § 45a EStG Karte 6).

Von der Vorlage eines Dividendenscheins sind in der Regel Ausschüttungen (börsennotierter) Publikumsgesellschaften in der Rechtsform der AG betroffen.

Die Anteilseigner der (börsennotierten) Publikumsgesellschaften sind der Körperschaftsteuerstelle in der Regel nicht bekannt. Die Erstellung von Kontrollmitteilungen ist daher praktisch nicht durchführbar. In diesen Fällen ist es Aufgabe der Betriebsprüfung, festzustellen, ob die Publikumsgesellschaft die Angaben über eine in Anspruch genommene KSt-Minderung an die Kreditinstitute zutreffend weitergeleitet hat.

5 Nebeneinander von Einlagenrückgewähr und KSt-Minderung

Eine Leistung, die nach § 27 Abs. l Satz 3 KStG den Bestand des steuerlichen Einlagekontos verringert, kann gleichzeitig zu einer KSt-Minderung nach § 37 Abs. 2 Satz l KStG und/oder zu einer KSt-Erhöhung nach § 38 Abs. 2 KStG führen. Dies ist darin begründet, dass das Gesetz keine gegenseitige Anrechnung vorsieht. Es sind daher stets parallele Berechnungen durchzuführen, d. h., die gesamte Leistung der Gesellschaft ist ohne Minderung der jeweiligen Berechnung des Verbrauchs des steuerlichen Einlagekontos, der KSt-Minderung und der KSt-Erhöhung zu Grunde zu legen.

Soweit eine Leistung, die bei der ausschüttenden Körperschaft zu einer Minderung der Körperschaftsteuer führt, *zugleich eine Einlagerückgewähr nach § 27 Abs. 1 Satz 3 KStG darstellt,* ist lediglich eine Steuerbescheinigung nach § 27 Abs. 3 KStG auszustellen. Ein KSt-Minderungsbetrag ist entgegen § 37 Abs. 3 Satz 4 Nr. 2 KStG insoweit nicht auszuweisen (vgl. Rz. 25 des BMF-Schrb. v. 4. 6. 2003, IV A 2 – S 2836 – 2/03, BStBl. I 2003, 366[1]). Nach einem Beschluss der KSt-Referatsleiter soll für Zwecke der Steuerbescheinigung sowie für die Besteuerung des Anteilseigners die Verwendung des steuerlichen Einlagekontos Vorrang vor der Verwendung zur Realisierung eines KSt-Guthabens haben; ansonsten gilt weiterhin, dass die Gesamtleistung der Gesellschaft parallel den Berechnungen nach den §§ 27, 37 und 38 KStG zu Grunde gelegt wird.

Eine gleichzeitige Verwendung der Leistung zur Realisierung eines KSt-Guthabens und zum Verbrauch des steuerlichen Einlagekontos liegt vor, wenn die Summe aus dem 6fachen des KSt-Minderungsbetrags und der Verwendung des Einlagekontos höher ist als die tatsächliche Leistung der Gesellschaft im Wirtschaftsjahr.

Der Betrag des noch nach § 37 Abs. 3 KStG zu bescheinigenden KSt-Minderungsbetrags errechnet sich dann wie folgt:

Gesamtbetrag der KSt-Minderung – 1/6 der Mehrfachverwendung.

Dieser Betrag wird maschinell ermittelt und dem Bearbeiter durch Ausgabe eines Bearbeitungshinweises zum Zweck der Fertigung einer Kontrollmitteilung an das Betriebsstätten-Finanzamt des Anteilseigners mitgeteilt.

Beispiel 1:

Zum 31. 12. 2001 sind in der Steuerbilanz folgende Eigenkapitalbestände ausgewiesen:

Nennkapital	30 000
Kapitalrücklage	130 000
Gewinnvortrag	110 000
Jahresfehlbetrag	– 20 000
Summe Eigenkapital	250 000

Ferner haben sich zum 31. 12. 2001 folgende Bestände i. S. der §§ 27 und 37 KStG ergeben:

Körperschaftsteuerguthaben	5 000
Steuerliches Einlagekonto	130 000

Im Wirtschaftsjahr 2002 beschließt die Gesellschafterversammlung eine offene Gewinnausschüttung für das Wirtschaftsjahr 2001 i. H. von 100 000.

Lösung 1:

Es ergeben sich folgende Auswirkungen auf die KSt-Festsetzung für den Veranlagungszeitraum 2002 auf Grund der Ausschüttung:

Körperschaftsteuerminderung (§ 37 KStG)

1/6 von 100 000, höchstens jedoch Bestand des Guthabens		5 000

Verwendung des steuerlichen Einlagekontos (§ 27 KStG)

Leistungen i. S. des § 27 KStG		100 000
Eigenkapital laut Steuerbilanz	250 000	
– Nennkapital	– 30 000	
– Steuerliches Einlagekonto	– 130 000	
= ausschüttbarer Gewinn	90 000	– 90 000
Verwendung		10 000

Ist der Anteilseigner eine Kapitalgesellschaft, ist auf der auszustellenden Steuerbescheinigung zum Zwecke der Nachversteuerung ein KSt-Guthaben von 5 000 auszuweisen. Eine Mehrfachverwendung

---

1) Anlage § 027-03.

liegt nicht vor, da die Summe aus dem Sechsfachen der KSt-Minderung (= 30 000) und der Verwendung des steuerlichen Einlagekontos (=10 000) nicht höher ist als die Gesamtleistung der Gesellschaft. Dies bedeutet, dass sowohl für die Realisierung des Guthabens als auch für die Verwendung des steuerlichen Einlagekontos ausreichend verwendbares Eigenkapital zur Verfügung steht.

Beispiel 2

Zum 31.12.2001 sind in der Steuerbilanz folgende Eigenkapitalbestände ausgewiesen:

Nennkapital	30 000
Kapitalrücklage	130 000
Gewinnvortrag	110 000
Jahresfehlbetrag	− 100 000
Summe Eigenkapital	170 000

Ferner haben sich zum 31. 12. 2001 folgende Bestände i. S. der §§ 27 und 37 KStG ergeben:

Körperschaftsteuerguthaben	5 000
Steuerliches Einlagekonto	130 000

Im Wirtschaftsjahr 2002 beschließt die Gesellschafterversammlung eine offene Gewinnausschüttung für das Wirtschaftsjahr 2001 i. H. von 100 000.

Lösung 2:

Es ergeben sich folgende Auswirkungen auf die KSt-Festsetzung für den Veranlagungszeitraum 2002 auf Grund der Ausschüttung:

Körperschaftsteuerminderung (§ 37 KStG)

1/6 von 100 000, höchstens jedoch Bestand des Guthabens		5 000

Verwendung des steuerlichen Einlagekontos (§ 27 KStG)

Leistungen i. S. des § 27 KStG		100 000
Eigenkapital laut Steuerbilanz	170 000	
− Nennkapital	− 30 000	
− Steuerliches Einlagekonto	− 130 000	
= ausschüttbarer Gewinn i. S. des § 27 KStG	10 000	− 10 000
Verwendung		90 000

In diesem Fall ergibt sich eine Mehrfachverwendung von steuerlichem Einlagekonto und KSt-Guthaben i. H. von 20 000:

Verwendung KSt-Guthaben (5 000) x 6 =	30 000
Verwendung Einlagekonto:	90 000
Summe	120 000
Leistung	− 100 000
Mehrfachverwendung	20 000

Zur Realisierung einer KSt-Minderung von 5 000 wird daher eine Ausschüttung von 30 000 benötigt, 90 000 verringern das steuerliche Einlagekonto. Dies ergibt einen Gesamtbetrag von 120 000, dem eine tatsächliche Ausschüttung von 100 000 gegenübersteht.

Der Betrag des für Nachversteuerungszwecke zu bescheinigenden KSt-Guthabens ist daher auf 1/6 x 10 000 = 1 667 zu beschränken, da von der Gewinnausschüttung von 100 000 bereits vorrangig 90 000 für die Minderung des steuerlichen Einlagekontos verbraucht werden.

Fragen im Zusammenhang mit der Neuregelung der Vorschriften zum Körperschaftsteuerguthaben (§ 37 KStG) Verrechnungsstundung und Auszahlung an Insolvenzverwalter

Verfügung OFD Rheinland, OFD Münster vom 20.04.2007

S 0453 – 43 – St 32 – 41 (Mst)

S 0453 – 1004 – St 324 (Rhld)

Durch das SEStEG wurde die bisher in § 37 Abs. 2 und Abs. 2a Nr. 2 KStG enthaltene ausschüttungsabhängige Regelung bei der Mobilisierung von Körperschaftsteuerguthaben durch eine ausschüttungsunabhängige ratierliche Auszahlung des zum 31.12.2006 vorhandenen Körperschaftsteuerguthabens ersetzt. § 37 Abs. 4 KStG sieht vor, dass letztmalig zum 31.12.2006, oder in Umwandlungs- oder Liquidationsfällen zu einem früheren Stichtag, das Körperschaftsteuerguthaben ermittelt (aber nicht mehr gesondert festgestellt) wird und zwar unabhängig davon, ob die Körperschaft ein kalenderjahrgleiches oder ein abweichendes Wirtschaftsjahr hat (§ 37 Abs. 4 S. 4, Abs. 5 S. 2 KStG). Die Körperschaft hat innerhalb eines Auszahlungszeitraums von 2008 bis 2017 einen unverzinslichen Anspruch auf Auszahlung des ermittelten Körperschaftsteuerguthabens in zehn gleichen Jahresbeträgen (§ 37 Abs. 5 KStG). Für das Jahr 2007 ergibt sich damit eine einjährige „Stundung".

Dieser Anspruch entsteht gemäß § 37 Abs. 5 Satz 2 KStG in voller Höhe mit Ablauf des 31.12.2006. Die Entstehung des Anspruchs ist nicht von einer Antragstellung oder der Bekanntgabe des Bescheides über die Schlussermittlung des Körperschaftsteuerguthabens abhängig.

In diesem Zusammenhang sind die nachfolgend aufgeführten Fragestellungen an mich herangetragen worden, zu denen ich wie folgt Stellung nehme:

Verrechnungsstundung

Es gehen vermehrt Anträge auf Verrechnungsstundung ein, die die Verrechnung der jetzt fälligen Zahlungen (z. B. KSt-Vorauszahlungen) mit den Auszahlungsbeträgen des Körperschaftsteuerguthabens begehren.

Voraussetzung für eine Verrechnungsstundung ist, dass ein Gegenanspruch alsbald – also zeitnah – fällig wird. Diese Voraussetzung ist bei dem Anspruch auf Auszahlung des Körperschaftsteuerguthabens nach § 37 KStG zum jetzigen Zeitpunkt eindeutig nicht erfüllt. Der Anspruch ist zwar rechtlich mit Ablauf des 31.12.2006 entstanden, die erste Rate ist jedoch frühestens im Jahr 2008 fällig, die weiteren 9 Raten jährlich zum 30.09. Ab welchem Zeitraum von einer ausreichenden Zeitnähe zu einer im Vorfeld fälligen Forderung auszugehen ist, ist derzeit in der Diskussion. Aktuell wird geprüft, ob die Körperschaftsteuerguthaben gegebenenfalls grundsätzlich nicht mit fälligen Steueransprüchen verrechnet werden dürfen. Soweit diesbezüglich eine Entscheidung getroffen wurde, werde ich Sie unterrichten.

Auszahlung in Insolvenzfällen

In den Fällen, in denen bereits vor dem 01.01.2007 das Insolvenzverfahren über das Vermögen der Kapitalgesellschaft eröffnet worden ist, stellen Insolvenzverwalter derzeit vermehrt Anträge auf Auszahlung des Körperschaftsteuerguthabens zur Insolvenzmasse.

Da das Körperschaftsteuerguthaben kraft Gesetzes mit Ablauf des 31.12.2006 begründet ist (§ 37 Abs. 5 Satz 2 KStG) kann es nicht mit Insolvenzforderungen aufgerechnet werden (§ 96 Abs. 1 Nr. 1 InsO). Es steht daher nach § 35 InsO der Insolvenzmasse zu.

Eine Auszahlung an den Insolvenzverwalter kommt nur nach den Regelungen des § 37 Abs. 5 KStG in Betracht – also in zehn gleichen Jahresbeträgen innerhalb des Auszahlungszeitraums von 2008 bis 2017. Das Vorhandensein von massezugehörigen Forderungen, die erst in weiter Zukunft fällig werden und deren Verwertung somit nicht von Handlungen des Insolvenzverwalters abhängig ist, hindert die Schlussverteilung und die Aufhebung des Insolvenzverfahrens jedoch nicht. Der Insolvenzverwalter hat die Möglichkeit, die Forderung abzutreten oder in die Schlussrechnung und in das Schlussverzeichnis mit aufzunehmen. Die Verteilung ist ohne Anordnung eines nachgeordneten Verfahrens möglich. Es handelt sich um einen Massezufluss, der bis zum Zeitpunkt des Schlusstermins bekannt wird. Eine sofortige Berücksichtigung des Masseanspruchs kommt allerdings aufgrund der mangelnden Fälligkeit nicht in Betracht. Eine (quotale) Auszahlung an die Massegläubiger kann somit erst ab 2008 erfolgen.

Hinweis: Eine Nachtragsverteilung kommt nicht in Betracht, da sich derartige Sachverhalte nicht unter die abschließende Aufzählung des § 203 Abs.1 Nr. 1-3 InsO subsumieren lassen.

Für Insolvenzverfahren, die nach dem 31.12.2006 eröffnet werden, ergibt sich die oben genannte Problematik nicht, da dann der Anspruch auf das Körperschaftsteuerguthaben vor Insolvenzeröffnung begründet wurde und damit zur Aufrechnung mit vorhandenen Insolvenzforderungen zur Verfügung steht.

Bilanzielle Behandlung des Körperschaftsteuerguthabens nach der Änderung durch das Gesetz über steuerliche Begleitmaßnahmen zur Einführung der Europäischen Gesellschaft und zur Änderung weiterer steuerrechtlicher Vorschriften (SEStEG); Anwendung des § 37 Abs. 7 KStG

BMF vom 14.1.2008

IV B 7 – S 2861/07/0001 (2007/0580289)

Es ist gefragt worden, wie das Körperschaftsteuerguthaben nach Änderung des § 37 KStG bilanziell zu behandeln ist.

Unter Bezugnahme auf das Ergebnis der Erörterung mit den obersten Finanzbehörden der Länder gilt dazu Folgendes:

Durch das SEStEG wurde das bisherige ausschüttungsabhängige System der Körperschaftsteuerminderung durch eine ratierliche Auszahlung des zum maßgeblichen Stichtag vorhandenen Körperschaftsteuerguthabens ersetzt. Das Körperschaftsteuerguthaben wird im Regelfall letztmalig auf den 31. Dezember 2006 ermittelt. In einigen Sonderfällen (Umwandlungen, Liquidation) kann der Stichtag auch vor dem 31. Dezember 2006 liegen. Innerhalb des Auszahlungszeitraums von 2008 bis 2017 hat die Körperschaft einen unverzinslichen Anspruch auf Auszahlung des ermittelten Körperschaftsteuerguthabens in zehn gleichen Jahresbeträgen.

Der gesamte Anspruch auf Auszahlung entsteht gem. § 37 Abs. 5 Satz 2 KStG mit Ablauf des 31. Dezember 2006 (Regelfall). Die Entstehung des Anspruchs ist nicht von einer Antragstellung abhängig. Der Auszahlungsanspruch ist entsprechend bei einem mit dem Kalenderjahr übereinstimmenden Wirtschaftsjahr in der Handels- und Steuerbilanz des Anspruchsberechtigten zum 31. Dezember 2006 gewinnerhöhend anzusetzen und mit dem Barwert zu bewerten. Der Barwert ist auf der Grundlage des Marktzinses am Bilanzstichtag zu ermitteln. Als Orientierungshilfe kann z. B. die Verzinsung von Bundesanleihen herangezogen werden.

In Organschaftsfällen ist der Anspruch einer Organgesellschaft auf Auszahlung ihres Körperschaftsteuerguthabens bei der jeweiligen Organgesellschaft zu erfassen. Ein durch die Aktivierung des abgezinsten Anspruchs erhöhtes handelsrechtliches Ergebnis der Organgesellschaft ist im Rahmen des Ergebnisabführungsvertrags ebenso an den Organträger abzuführen wie Erträge aus einer späteren Aufzinsung und der Auszahlung der jährlichen Raten (Differenz zwischen der tatsächlichen Auszahlung und der Verringerung der abgezinsten Forderung).

Die Gewinnerhöhung aus der Aktivierung des Körperschaftsteuerguthabens ist gem. § 37 Abs. 7 KStG bei der Einkommensermittlung zu neutralisieren. Die Vereinnahmung der zehn Jahresraten führt in Höhe des Zinsanteils zu einer Gewinnrealisation, die wie die Aktivierung des Anspruchs bei der Ermittlung des Einkommens zu neutralisieren ist. Gewinnminderungen im Zusammenhang mit dem Körperschaftsteuerguthaben (z.B. Zinsverluste, Abzinsung auf den Barwert, Rückzahlungen oder Verluste bei Übertragung des Anspruchs) wirken sich entsprechend ebenfalls nicht auf die Höhe des Einkommens aus.

§ 37 Abs. 7 KStG gilt nur für Körperschaften, denen gegenüber der Anspruch nach § 37 Abs. 5 Satz 3 KStG festgesetzt wurde. Die Regelung gilt darüber hinaus auch für Gesamtrechtsnachfolger, wenn der übernehmende Rechtsträger den Regelungen des Körperschaftsteuergesetzes unterliegt. Nach Umwandlung auf eine Personengesellschaft ist § 37 Abs. 7 KStG auch insoweit nicht anzuwenden, als an der Personengesellschaft Körperschaften beteiligt sind.

§ 37 Abs. 7 KStG gilt des Weiteren nicht für anderweitig erworbene Auszahlungsansprüche. In diesen Fällen hat der Erwerber den Auszahlungsanspruch mit den Anschaffungskosten zu aktivieren. Die Ratenzahlungen bleiben in Höhe des Tilgungsanteils erfolgsneutral. Der Zinsanteil wirkt sich erhöhend auf den Gewinn aus und darf nicht nach § 37 Abs. 7 KStG bei der Ermittlung des Einkommens neutralisiert werden.

Dieses Schreiben wird im Bundessteuerblatt Teil I veröffentlicht.

Anlage § 037–09

Körperschaftsteuerguthaben nach § 37 Abs. 5 KStG

OFD Koblenz, Rdvfg. vom 7.12.2007

S 0453A/S 0550A/S 0166A – St 341/St 342/St 358

I. Anträge auf Verrechnungsstundung mit Körperschaftsteuerguthaben nach § 37 Abs. 5 KStG

Bei der Europäisierung des Umwandlungssteuerrechts durch das Gesetz über steuerliche Begleitmaßnahmen zur Einführung der Europäischen Gesellschaft und zur Änderung weiterer steuerlicher Vorschriften (SEStEG) musste auch die Erstattung der im Anrechnungsverfahren gebildeten Körperschaftsteuerguthaben neu geregelt werden.

Die bisher in § 37 Abs. 2 und Abs. 2a Nr. 2 KStG enthaltene ausschüttungsabhängige Regelung bei der Mobilisierung von KSt-Guthaben wurde durch eine ausschüttungsunabhängige ratierliche Auszahlung des zum 31.12.2006 vorhandenen KSt-Guthabens ersetzt. Nach § 37 Abs. 5 Satz 1 KStG haben Körperschaften einen Anspruch auf Auszahlung des auf den 31.12.2006 ermittelten Körperschaftsteuerguthabens in zehn gleichen Jahresbeträgen innerhalb eines Auszahlungszeitraums von 2008 bis 2017. Der Anspruch wird gemäß § 37 Abs. 5 Satz 3 KStG für den gesamten Auszahlungszeitraum durch Bescheid festgesetzt. Die Raten werden jeweils am 30.9. des Jahres ausgezahlt. Für das Jahr der Bekanntgabe des Bescheids und die vorangegangenen Jahre ist der Anspruch innerhalb eines Monats nach Bekanntgabe auszuzahlen, wenn die Bekanntgabe des Bescheids nach dem 31.8.2008 erfolgt.

Eine Auszahlung vor dem 30.9. 2008 kommt nicht in Betracht § 37 Abs. 5 KStG i.d.F. des JStG 2008).

In den Finanzämtern gehen vermehrt Anträge ein, die die Verrechnung von jetzt fälligen Steuerforderungen (z.B. Vorauszahlungen zur Körperschaftsteuer) mit den Auszahlungsbeträgen des Körperschaftssteuerguthabens nach § 37 Abs. 5 KStG begehren.

Die Referatsleiter AO des Bundes und der Länder vertreten die Auffassung, dass das Körperschaftsteuerguthaben nach § 37 Abs. 5 KStG grundsätzlich Gegenstand einer Verrechnungsstundung sein können. Allerdings kommt eine Verrechnungsstundung frühestens dann in Betracht, wenn feststeht, wann mit der erstmaligen Auszahlung des Körperschaftsteuerguthabens gerechnet werden kann.

Einem Antrag auf Verrechnungsstundung wegen des Anspruchs auf Körperschaftssteuerguthaben kann vorerst nicht stattgegeben werden.

Die erste Auszahlung erfolgt frühestens ab dem 30.9.2008. Mit einer Erstattung ist daher nicht „in Kürze" zu rechnen. Nach Ergehen der Festsetzungsbescheide im Jahr 2008 richtet sich die Möglichkeit einer Verrechnungsstundung weiterhin danach, ob die jeweilige Rate in Kürze fällig wird. Als „kurz" kann in diesem Zusammenhang ein Zeitraum von einem Monat angesehen werden.

II. Aufrechnung im eröffneten Insolvenzverfahren

Grundsätzlich hindert die Eröffnung des Insolvenzverfahrens die Aufrechnung gegenseitiger Forderungen gemäß §226 AO, §387 ff. BGB nicht.

Über die Regelung des §96 Abs. 1 Nr. 1–4 InsO werden die Aufrechnungsmöglichkeiten im eröffneten Insolvenzverfahren aber erheblich eingeschränkt.

Eine Aufrechnung nach § 96 Abs. 1 Nr. 1 InsO ist im Insolvenzverfahren unzulässig, wenn der Anspruch, mit dem aufgerechnet werden soll, erst nach Eröffnung des Insolvenzverfahrens begründet wurde. Maßgeblich für das Begründetsein von Erstattungsansprüchen ist nicht die Vollrechtsentstehung im steuerrechtlichen Sinn, sondern der Zeitpunkt, in dem der dem jeweiligen Steuertatbestand zugrunde liegende Lebenssachverhalt verwirklicht ist (BFH v. 21.9.1993, VIII R119/91, BStBl. II 1994 S. 83, BeckRS 1993, 22010837, zur Abrechnung der Sequestervergütung während des Konkursverfahrens).

Nach der st. Rspr. des BFH ist eine Aufrechnung nach § 96 Abs. 1 Nr. 1 InsO möglich, wenn die Hauptforderung ihrem Kern nach bereits vor Eröffnung des Insolvenzverfahrens insolvenzrechtlich begründet wurde. Insolvenzrechtlich begründet ist eine Forderung dann, wenn der zugrunde liegende Sachverhalt, der zur Entstehung des Steueranspruchs führte, bereits vor Eröffnung des Insolvenzverfahrens verwirklicht worden ist.

Körperschaftsteuerguthaben, das nach § 37 Abs. 5 KStG ausgezahlt werden soll, ist durch die Umstellung des Anrechnungsverfahrens auf das Halb-Einkünfte-Verfahren „entstanden".

Damit aber über das Guthaben tatsächlich verfügt werden kann, bedurfte es eines Ausschüttungsbeschlusses. Insolvenzrechtlich begründet wurde das Guthaben daher erst, wenn der Beschluss über die Ausschüttung gefasst wurde.

§ 37 Abs. 5 KStG „fingiert" eine Ausschüttung und ersetzt den bisher notwendigen Ausschüttungsbeschluss. Insolvenzrechtlich wird das Guthaben nunmehr durch die Fiktion des § 37 Abs. 5 KStG mit Ablauf des 31.12.2006 begründet. Eine Aufrechnung mit Insolvenzforderungen ist daher nur in Insolvenzverfahren möglich, die nach dem 31.12.2006 eröffnet worden sind.

Im Insolvenzeröffnungsverfahren (vorläufige Insolvenzverwaltung) ist die Aufrechnung ebenfalls uneingeschränkt zulässig.

III. Geschäftsmäßiger Erwerb von Körperschaftsteuerguthaben

Bei dem gesondert festzusetzenden Anspruch auf Auszahlung des Körperschaftsteuerguthabens nach § 37 Abs. 5 KStG handelt es sich um einen Anspruch auf eine Erstattung von Steuern, welcher abgetreten, verpfändet oder gepfändet werden kann.

Mit dem JStG 2008, welches am 8.11. 2007 vom Bundestag verabschiedet worden ist, wurde dem § 37 Abs. 5 KStG der Satz „Auf die Abtretung oder Verpfändung des Anspruchs ist § 46 Abs. 4 der Abgabenordnung nicht anzuwenden." angefügt.

Nach § 46 Abs. 4 AO sind der geschäftsmäßige Erwerb und die geschäftsmäßige Einziehung von Erstattungsansprüchen nur bei Sicherungsabtretungen und nur Bankunternehmen gestattet (BFH v. 23.10. 1985, VII R 196/82, BStBl. II 1986, 124, BeckRS 1985, 22007439). Zweck dieses Verbots ist der Schutz des Abtretenden/Verpfändenden vor Übervorteilung (BFH v. 4. 2.1999, VII R 112/ 97, BStBl. II 1999, 430, DStRE 1999,440).

Diese Beschränkungen des § 46 Abs. 4 AO gelten für die Abtretung des Körperschaftsteuerguthaben nach der neu eingeführten Regelung im Körperschaftsteuergesetz nicht.

Auszahlung des Körperschaftsteuerguthabens

Verfügung OFD Hannover vom 12.12.2007

S 2861 – 7 – StO 242

Im Zusammenhang mit der bevorstehenden ratierlichen Auszahlung des Körperschaftsteuerguthabens ist wiederholt gefragt worden, wie bei Steuerpflichtigen verfahren werden kann, die sich in Liquidation befinden und/oder bei denen die Löschung im Handelsregister bevorsteht. Es bestehen keine Bedenken, in diesen Fällen der Abtretung auf Auszahlung des Körperschaftsteuerguthabens auf eine natürliche Person zuzustimmen, soweit der amtlich vorgeschriebene Vordruck „Abtretungsanzeige" vorgelegt wird (BStBl. I 2001 S. 762). Nach § 46 Abs. 4 AO ist der geschäftsmäßige Erwerb durch Banken allerdings nur unter Einschränkungen (Abtretung zur Sicherung) möglich. *§ 37 Abs. 5 Satz 8 KStG* in der Fassung des Jahressteuergesetzes 2008 sieht vor, dass bei der ratierlichen Auszahlung des Körperschaftsteuerguthabens zur Verbesserung der Finanzierungslage der Unternehmen eine Abtretung des Anspruchs insbesondere auch an Banken möglich ist. Die Vorschrift ist erstmals für den Veranlagungszeitraum 2008 anzuwenden.

Die Stpfl. sollten jedoch in jedem Fall darauf hingewiesen werden, dass der Bescheid über die Festsetzung des Körperschaftsteuerguthabens bei vorheriger Löschung der GmbH aus dem Handelsregister nur an einen ggf. eigens hierfür zu bestellenden Nachtragsliquidator erfolgen kann (AEAO zu § 122 AO, Tz. 2.8.3.2). Die Eintragung eines Nachtragsliquidators im Handelsregister ist mit Kosten verbunden (vgl. § 121 Kostenordnung „das Doppelte der vollen Gebühr").

Verfassungsrechtliche Bedenken gegen die §§ 36-38 i.d.F ab Steuersenkungsgesetz

Oberfinanzdirektion Münster

Kurzinformation Körperschaftsteuer Nr. 005/2007 vom 17.12.2007

DB 2008, 93

Mit Urteil vom 8.11.2006 (Az. IR 69/05 und I R 70/05) hat der BFH entschieden, dass § 37 Abs. 2a KStG 2002 i.d.F. des StVergAbG vom 16.5.2003, der ausschüttungsbedingte Minderungen der Körperschaftsteuer im Hinblick auf nach dem 11. April 2003 und vor dem 1. Januar 2006 erfolgende Gewinnausschüttungen ausschließt, mit dem Grundgesetz vereinbar ist.

Gleichgelagerte Einspruchsverfahren können nach den Urteilsgrundsätzen entschieden werden.

Sofern sich der Einspruchsführer auf das beim Bundesverfassungsgericht anhängige Verfahren zur Verfassungsmäßigkeit der §§ 36-38 i.d.F. des StSenkG (Az. BvR 2192/05, vorgehend BFH-Urteil vom 31.5.2005, Az. IR 107/04) beruft, ruht das Einspruchsverfahren weiterhin nach § 363 Abs. 2 S. 2 AO.

**Jahresgleiche Realisierung von nach § 37 Abs. 3 KStG
begründeten Körperschaftsteuerguthaben;
Anwendung des BFH-Urteils vom 28.11.2007 (Az. I R 42/07)**

OFD Frankfurt vom 17.4.2008

S 2860 A – 4 – St 52

Mit Urteil vom 28.11.2007 (I R 42/07) hat der BFH **entgegen der Verwaltungsauffassung** (Rdn. 40 des BMF-Schreibens vom 6.11.2003, KSt-Kartei, § 34 KStG Karte 1) eine **jahresgleiche Realisierung** von nach § 37 Abs. 3 KStG begründeten Körperschaftsteuerguthaben zugelassen und eine vorherige gesonderte Feststellung zum Schluss des vorangegangenen Wirtschaftsjahres nicht als Voraussetzung angesehen.

Die Urteilsgrundsätze sind **allgemein über den entschiedenen Fall hinaus anzuwenden.**

Für **Gewinnausschüttungen**, die **nach dem 31.12.2005** erfolgen, ist gesetzlich geregelt, dass **nur ein zuvor festgestelltes Körperschaftsteuerguthaben** zur Inanspruchnahme einer Körperschaftsteuerminderung zur Verfügung steht; vgl. § 37 Abs. 2a Nr. 2 KStG i.d.F. des StVergAbG.

**Billigkeitsregelung für die Auszahlung von Kleinbeträgen beim
Körperschaftsteuerguthaben nach § 37 Abs. 5 KStG**

BFM-Schreiben vom 21.7.2008

IV C 7 – S 2861/07/10001, 2008/0387856

Nach dem Ergebnis der Erörterungen mit den obersten Finanzbehörden der Länder gilt für die Anwendung des § 37 Abs. 5 KStG i.d.F. des Jahressteuergesetzes 2008 – JStG 2008 – vom 20. Dezember 2007 (BGBl. I S. 3150) im Vorgriff auf eine gesetzliche Regelung im Steuerbürokratieabbaugesetz Folgendes:

Durch das Gesetz über steuerliche Begleitmaßnahmen zur Einführung der Europäischen Gesellschaft und zur Änderung weiterer steuerrechtlicher Vorschriften – SEStEG – vom 7. Dezember 2006 (BGBl. I S. 2782, ber. BGBl. I 2007 S. 68) wurde das bisherige ausschüttungsabhängige System der Körperschaftsteuerminderung durch eine ratierliche Auszahlung des zum maßgeblichen Stichtag vorhandenen Körperschaftsteuerguthabens ersetzt. Die Auszahlung erfolgt grundsätzlich in zehn gleichen Jahresbeträgen, beginnend am 30. September 2008. Beträgt der nach § 37 Abs. 5 Satz 1 und 3 KStG festgesetzte Anspruch auf Auszahlung des Körperschaftsteuerguthabens nicht mehr als 1.000 EUR, ist er aus Billigkeitsgründen in einer Summe auszuzahlen. Für die Auszahlung des Einmalbetrags gilt § 37 Abs. 5 Satz 5 KStG entsprechend.

Erhöht sich der Anspruch in den o. g. Fällen später durch eine geänderte Festsetzung auf einen Betrag von mehr als 1.000 EUR, ist der ausgezahlte Betrag nicht zurückzufordern, um den Vereinfachungseffekt nicht zu beeinträchtigen. Ergibt sich aus der geänderten Festsetzung ein Auszahlungsanspruch, der den bisher ausgezahlten Einmalbetrag um nicht mehr als 1.000 EUR übersteigt, ist der übersteigende Betrag ebenfalls in einer Summe auszuzahlen. Ein höherer übersteigender Betrag ist nach § 37 Abs. 6 S. 1 KStG auf die verbleibenden Fälligkeitstermine des Auszahlungszeitraums zu verteilen.

Die Billigkeitsregelung hat keinen Einfluss auf die Festsetzungsfrist; für die Anwendung des § 37 Abs. 5 Satz 7 KStG gilt der Auszahlungsanspruch als in gleichen Jahresraten ausgezahlt.

Dieses Schreiben wird im Bundessteuerblatt Teil I veröffentlicht. Es steht ab sofort für eine Übergangszeit auf den Internetseiten des Bundesministeriums der Finanzen (http://www.bundesfinanzministerium.de) unter der Rubrik Aktuelles – BMF-Schreiben – Körperschaftsteuer / Umwandlungssteuerrecht – zum Download bereit.

Anlage § 037–15

§ 37 Abs. 4 – 7 KStG – Ratierliche Auszahlung des Körperschaftsteuerguthabens
Hier: Anträge auf Auszahlung des Solidaritätszuschlags

Oberfinanzdirektion Münster
Kurzinformation Körperschaftsteuer Nr. 008/2008 vom 27.10.2008[1]

Derzeit mehren sich Einsprüche gegen den Bescheid über die Festsetzung des Anspruchs auf Auszahlung des KSt-Guthabens nach § 37 Abs. 5 KStG mit hilfsweisen Anträgen auf gesonderte Festsetzung eines Auszahlungsanspruchs für den auf das KSt-Guthaben entfallenden Solidaritätszuschlag.

Die Auszahlung des Solidaritätszuschlags ist gesetzlich nicht vorgesehen. Da sich seit der Neuregelung über die ratierliche Auszahlung des KSt-Guthabens durch das SEStEG das KSt-Guthaben nicht mehr auf die Höhe der festgesetzten Körperschaftsteuer auswirkt, beeinflusst das KSt-Guthaben nicht mehr die Bemessungsgrundlage für den Solidaritätszuschlag und führt dementsprechend nicht zu einer Auszahlung eines Solidaritätszuschlags.

Die Einsprüche gegen die Festsetzung des Anspruchs auf Auszahlung des KSt-Guthabens sind als unzulässig zu verwerfen, weil die Festsetzung eines SolZ-Erstattungsanspruchs nicht Regelungsinhalt des angefochtenen Bescheides ist und mithin keine Beschwer gem. § 350 AO vorliegt.

Die Anträge auf gesonderte Festsetzung des Auszahlungsanspruchs für den Solidaritätszuschlag sind mit Rechtsbehelfsbelehrung abzulehnen. Der Ablehnungsbescheid kann mit dem Einspruch angefochten werden.

Sofern mit dem Einspruch gegen die Festsetzung des Anspruchs auf Auszahlung des KSt-Guthabens kein Antrag auf Festsetzung des Auszahlungsanspruchs für den Solidaritätszuschlag verbunden wurde, ist in dem Einspruchserörterungsschreiben auf die erforderliche Antragstellung hinzuweisen.

Richtet sich der Einspruch nicht gegen die Festsetzung des Anspruchs auf Auszahlung des KSt-Guthabens gem. § 37 Abs. 5 KStG sondern gegen den Bescheid zum 31.12.2006 über die gesonderte Feststellung der Besteuerungsgrundlagen gem. § 27 Abs. 2, § 28 Abs. 1 und § 38 Abs. 1 KStG und beantragt die Stpfl. als Begründung die gesonderte Feststellung eines Solidaritätszuschlagguthabens, ist dieser Einspruch ebenfalls als unzulässig zu verwerfen (s.o.). Hierbei ist auch daraufhinzuweisen, dass zum 31.12.2006 (anders als zu den vorangegangenen Stichtagen) keine – rechtsbehelfsfähige – Feststellung des KSt-Guthabens nach § 37 Abs. 3 Satz 5 KStG erfolgt. Das KSt-Guthaben wird lediglich (unverbindlich) gem. § 37 Abs. 4 Satz 1 KStG ermittelt.

Sollte der Einspruch nicht in einen solchen Antrag umgedeutet werden können, ist im Rahmen der Erörterung das Einspruchs daraufhinzuweisen.

---

1) Die OFD Rhld hat mit Datum vom 27.10.2008 eine Kurzinformation gleichen Inhalts herausgegeben.

Behandlung des Körperschaftsteuerguthabens in Organschaftsfällen

Oberfinanzdirektion Hannover vom 5.11.2008

S 2861 – 3 – StO 241

Nach dem BMF-Schreiben vom 14. Januar 2008 – IV B7 – S 2861/07/001 – zur bilanziellen Behandlung des Körperschaftsteuerguthabens ist der Anspruch einer Organgesellschaft auf Auszahlung ihres Körperschaftsteuerguthabens bei der Organgesellschaft zu erfassen. Ein durch die Aktivierung des abgezinsten Anspruchs erhöhtes handelsrechtliches Ergebnis der Organgesellschaft ist im Rahmen des Ergebnisabführungsvertrages an den Organträger abzuführen. Dies gilt auch für die Erträge aus der späteren Aufzinsung und Auszahlung der jährlichen Raten. Für die steuerrechtliche Beurteilung der Organschaft ist zu unterscheiden zwischen der Aktivierung des Körperschaftsteuerguthabens in der Bilanz und der Abführung des Körperschaftsteuerguthabens an den Organträger.

– *Keine Bilanzierung des Körperschaftsteuerguthabens in der Bilanz der Organgesellschaft*

Bei unterlassener Aktivierung des Körperschaftsteuerguthabens in der Bilanz der Organgesellschaft ist die Bilanz zwar falsch. Die fehlende Ordnungsmäßigkeit der Buchführung berührt jedoch nicht die Organschaft. Denn die KStR kennen nicht die Bedingung der ordnungsmäßigen Buchführung. Es liegt insoweit auch kein Verstoß gegen die ordnungsgemäße Durchführung des Ergebnisabführungsvertrages vor, so dass die Organschaft weiterhin anzuerkennen ist.

– *Bilanzierung des Körperschaftsteuerguthabens in der Bilanz des Organträgers*

Die Organschaft ist entsprechend den o. a. Gründen weiterhin anzuerkennen.

– *Fehlerhafte Bilanzierung in der Bilanz der Organgesellschaft*

Die fehlerhafte Aktivierung des Körperschaftssteuerguthabens in der Bilanz der Organgesellschaft berührt die Organschaft nicht. Voraussetzung für ihre steuerliche Anerkennung ist jedoch zusätzlich, dass das in der Bilanz der Organgesellschaft aktivierte Körperschaftsteuerguthaben an den Organträger abgeführt wird. Wird das Körperschaftsteuerguthaben nicht oder nicht vollständig an den Organträger abgeführt, liegt ein Verstoß gegen die ordnungsgemäße Durchführung des Ergebnisabführungsvertrages vor und die Organschaft ist steuerlich nicht anzuerkennen.

– *Fehlerhafte Bilanzierung in der Bilanz des Organträgers*

Die Organschaft ist weiterhin anzuerkennen.

– *Aktivierung des Körperschaftsteuerguthabens in der Bilanz der Organgesellschaft, aber keine Abführung an den Organträger*

Die Organschaft ist wegen Verstoß gegen die ordnungsgemäße Durchführung des Ergebnisabführungsvertrages nicht anzuerkennen. Die Organgesellschaft muss sich nach § 14 Abs. 1 Satz 1 KStG aufgrund eines Ergebnisabführungsvertrages im Sinne des § 291 Abs. 1 AktG verpflichten, ihren ganzen Gewinn an ein anderes gewerbliches Unternehmen abzuführen. Diese Voraussetzung ist nicht erfüllt, wenn der handelsrechtliche Ertrag aus der Aktivierung des Körperschaftsteuerguthabens nicht abgeführt wurde.

Rückzahlung von Geschäftsguthaben der Genossenschaften; Anwendung der Übergangsregelungen vom Anrechnungsverfahren zum Halbeinkünfteverfahren

Verfügung OFD Hannover vom 18.02.2005

S 2862 – 1 – StO 241

Die Übergangsregelungen vom Anrechnungsverfahren zum Halbeinkünfteverfahren (BMF v. 6.11.2003, IV A 2 – S 1910 – 156/03, BStBl. I 2003, 575)[1] sehen vor, dass jede Leistung einer Körperschaft an ihre Gesellschafter eine Körperschaftsteuererhöhung auslösen kann, wenn dafür nach den Regeln des § 38 KStG (unversteuertes) EK 02 als verwendet gilt. Eine Leistung in diesem Sinne ist auch die Rückzahlung von Nennkapital.

Genossenschaften kennen kein Nennkapital wie die Kapitalgesellschaften. Bei ihnen tritt daher an die Stelle des Nennkapitals die Summe der Geschäftsguthaben. Scheiden Mitglieder durch Kündigung aus oder kündigen Mitglieder einzelne Geschäftsanteile, vermindert sich die Summe der Geschäftsguthaben. Treten neue Mitglieder der Genossenschaft bei oder zeichnen bestehende Mitglieder weitere Geschäftsanteile, erhöht sich die Summe der Geschäftsguthaben.

Bei Erwerbs- und Wirtschaftsgenossenschaften i. S. des § 1 Abs. 1 Nr. 1 KStG gilt die Rückzahlung von Geschäftsguthaben nur insoweit als Leistung i. S. des § 38 KStG, als die Rückzahlung der Geschäftsguthaben die Einzahlungen zum Geschäftsguthaben infolge des Eintritts neuer Mitglieder – bezogen auf einen Jahreszeitraum – übersteigt. Die Rückzahlungen und Einzahlungen sind jeweils zum Schluss des Wirtschaftsjahres zu saldieren.

Die Saldierung stellt sicher, dass auch bei Genossenschaften eine tatsächliche Verringerung des Geschäftsguthabens unter den Leistungsbegriff fällt. Dieser Fall entspricht dem Fall der Kapitalherabsetzung bei anderen Körperschaften.

Rückzahlung von Geschäftsguthaben der Genossenschaften

Verfügung OFD Hannover vom 18.04.2005

S 2862 – 1 – StO 241

Mit Verfügung vom 18. 2. 2005 (S 2862 – 1 – StO 241)[2] ist für die Genossenschaften eine Milderungsregelung dahingehend getroffen worden, dass die Rückzahlung von Geschäftsguthaben an ausscheidende Mitglieder nur insoweit als Leistung i. S. des § 38 KStG anzusehen ist, als die Rückzahlungen die Einzahlungen desselben Jahres übersteigen.

Inzwischen ist eine Ergänzung des § 38 KStG vorgesehen mit dem Ziel, die Rückzahlung von Genossenschaftsanteilen an ausscheidende Mitglieder nur dann als Leistung i. S. des § 38 Abs. 1 Sätze 3 und 4 KStG anzusehen, wenn es sich dabei um Nennkapital i. S. des § 28 Abs. 2 Satz 2 KStG handelt. Die Änderung wird voraussichtlich in allen offenen Fällen anzuwenden sein.[3]

Es wird deshalb gebeten, entsprechende Steuerbescheide unter dem Vorbehalt der Nachprüfung zu erlassen und Einsprüche gegen die o. g. Saldierung offen zu halten.

---

1) Vgl. Anlage § 034-01.
2) Hier abgedruckt als Anlage § 038-02.
3) Vgl. § 38 Abs. 1 i. d. F. des Gesetzes vom 13.12.2006 (BGBl. I S. 2878).

Auszug aus dem Einkommensteuergesetz (EStG)

in der Fassung der Bekanntmachung vom 8. Oktober 2009 (BGBl. I S. 3366), zuletzt geändert durch Artikel 1 des Wachstumsförderungsgesetzes vom 22. Dezember 2009 (BGBl. I S. 3950)

...

§ 3
[Steuerfreie Einnahmen]

Steuerfrei sind

...

70. ¹die Hälfte

a) der Betriebsvermögensmehrungen oder Einnahmen aus der Veräußerung von Grund und Boden und Gebäuden, die am 1. Januar 2007 mindestens fünf Jahre zum Anlagevermögen eines inländischen Betriebsvermögens des Steuerpflichtigen gehören, wenn diese auf Grund eines nach dem 31. Dezember 2006 und vor dem 1. Januar 2010 rechtswirksam abgeschlossenen obligatorischen Vertrages an eine REIT-Aktiengesellschaft oder einen Vor-REIT veräußert werden,

b) der Betriebsvermögensmehrungen, die aufgrund der Eintragung eines Steuerpflichtigen in das Handelsregister als REIT-Aktiengesellschaft im Sinne des REIT-Gesetzes vom 28. Mai 2007 (BGBl. I S. 914) durch Anwendung des § 13 Abs. 1 und Abs. 3 Satz 1 des Körperschaftsteuergesetzes auf Grund und Boden und Gebäude entstehen, wenn diese Wirtschaftsgüter vor dem 1. Januar 2005 angeschafft oder hergestellt wurden, und die Schlussbilanz im Sinne des § 13 Abs. 1 und Abs. 3 des Körperschaftsteuergesetzes auf einen Zeitpunkt vor dem 1. Januar 2010 aufzustellen ist.

²Satz 1 ist nicht anzuwenden,

a) wenn der Steuerpflichtige den Betrieb veräußert oder aufgibt und der Veräußerungsgewinn nach § 34 besteuert wird,

b) soweit der Steuerpflichtige von den Regelungen der §§ 6b und 6c Gebrauch macht,

c) soweit der Ansatz des niedrigeren Teilwerts in vollem Umfang zu einer Gewinnminderung geführt hat und soweit diese Gewinnminderung nicht durch den Ansatz eines Werts, der sich nach § 6 Abs. 1 Nr. 1 Satz 4 ergibt, ausgeglichen worden ist,

d) wenn im Falle des Satzes 1 Buchstabe a der Buchwert zuzüglich der Veräußerungskosten den Veräußerungserlös oder im Falle des Satzes 1 Buchstabe b der Buchwert den Teilwert übersteigt. Ermittelt der Steuerpflichtige den Gewinn nach § 4 Abs. 3, treten an die Stelle des Buchwerts die Anschaffungs- oder Herstellungskosten verringert um die vorgenommenen Absetzungen für Abnutzung oder Substanzverringerung,

e) soweit vom Steuerpflichtigen in der Vergangenheit Abzüge bei den Anschaffungs- oder Herstellungskosten von Wirtschaftsgütern im Sinne des Satzes 1 nach § 6b oder ähnliche Abzüge voll steuerwirksam vorgenommen worden sind,

f) wenn es sich um eine Übertragung im Zusammenhang mit Rechtsvorgängen handelt, die dem Umwandlungssteuergesetz unterliegen und die Übertragung zu einem Wert unterhalb des gemeinen Werts erfolgt.

³Die Steuerbefreiung entfällt rückwirkend, wenn

a) innerhalb eines Zeitraums von vier Jahren seit dem Vertragsschluss im Sinne des Satzes 1 Buchstabe a der Erwerber oder innerhalb eines Zeitraums von vier Jahren nach dem Stichtag der Schlussbilanz im Sinne des Satzes 1 Buchstabe b die REIT-Aktiengesellschaft den Grund und Boden oder das Gebäude veräußert,

b) innerhalb eines Zeitraums von vier Jahren seit dem Vertragsschluss im Sinne des Satzes 1 Buchstabe a der Vor-REIT oder ein anderer Vor-REIT als sein Gesamtrechtsnachfolger nicht als REIT-Aktiengesellschaft in das Handelsregister eingetragen wird,

c) die REIT-Aktiengesellschaft innerhalb eines Zeitraums von vier Jahren seit dem Vertragsschluss im Sinne des Satzes 1 Buchstabe a oder nach dem Stichtag der Schlussbilanz im Sinne des Satzes 1 Buchstabe b in keinem Veranlagungszeitraum die Voraussetzungen für die Steuerbefreiung erfüllt,

d) die Steuerbefreiung der REIT-Aktiengesellschaft innerhalb eines Zeitraums von vier Jahren seit dem Vertragsschluss im Sinne des Satzes 1 Buchstabe a oder nach dem Stichtag der Schlussbilanz im Sinne des Satzes 1 Buchstabe b endet,

e) das Bundeszentralamt für Steuern dem Erwerber im Sinne des Satzes 1 Buchstabe a den Status als Vor-REIT im Sinne des § 2 Satz 4 des REIT-Gesetzes vom 28. Mai 2007 (BGBl. I S. 914) bestandskräftig aberkannt hat.

[4]Die Steuerbefreiung entfällt auch rückwirkend, wenn die Wirtschaftsgüter im Sinne des Satzes 1 Buchstabe a vom Erwerber an den Veräußerer oder eine ihm nahe stehende Person im Sinne des § 1 Abs. 2 des Außensteuergesetzes überlassen werden und der Veräußerer oder eine ihm nahe stehende Person im Sinne des § 1 Abs. 2 des Außensteuergesetzes nach Ablauf einer Frist von zwei Jahren seit Eintragung des Erwerbers als REIT-Aktiengesellschaft in das Handelsregister an dieser mittelbar oder unmittelbar zu mehr als 50 Prozent beteiligt ist. [5]Der Grundstückserwerber haftet für die sich aus dem rückwirkenden Wegfall der Steuerbefreiung ergebenden Steuern.

. . .

§ 3c
Anteilige Abzüge

(1) Ausgaben dürfen, soweit sie mit steuerfreien Einnahmen in unmittelbarem wirtschaftlichen Zusammenhang stehen, nicht als Betriebsausgaben oder Werbungskosten abgezogen werden; Absatz 2 bleibt unberührt.

. . .

(3) Betriebsvermögensminderungen, Betriebsausgaben oder Veräußerungskosten, die mit den Betriebsvermögensmehrungen oder Einnahmen im Sinne des § 3 Nr. 70 in wirtschaftlichem Zusammenhang stehen, dürfen unabhängig davon, in welchem Veranlagungszeitraum die Betriebsvermögensmehrungen oder Einnahmen anfallen, nur zur Hälfte abgezogen werden.

. . .

§ 4h
Betriebsausgabenabzug für Zinsaufwendungen (Zinsschranke) [1]

(1) [2] [1]Zinsaufwendungen eines Betriebs sind abziehbar in Höhe des Zinsertrags, darüber hinaus nur bis zur Höhe des verrechenbaren EBITDA. [2]Das verrechenbare EBITDA ist 30 Prozent des um die Zinsaufwendungen und um die nach § 6 Absatz 2 Satz 1 abzuziehenden, nach § 6 Absatz 2a Satz 2 gewinnmindernd aufzulösenden und nach § 7 abgesetzten Beträge erhöhten und um die Zinserträge verminderten maßgeblichen Gewinns. [3]Soweit das verrechenbare EBITDA die um die Zinserträge geminderten Zinsaufwendungen des Betriebs übersteigt, ist es in die folgenden fünf Wirtschaftsjahre vorzutragen (EBITDA-Vortrag) [3]; ein EBITDA-Vortrag entsteht nicht in Wirtschaftsjahren, in denen Absatz 2 die Anwendung von Absatz 1 Satz 1 ausschließt. [4]Zinsaufwendungen, die nach Satz 1 nicht abgezogen werden können, sind bis zur Höhe der EBITDA-Vorträge aus vorangegangenen Wirtschaftsjahren abziehbar und mindern die EBITDA-Vorträge in ihrer zeitlichen Reihenfolge. [5]Danach verbleibende nicht abziehbare Zinsaufwendungen sind in die folgenden Wirtschaftsjahre vorzutragen (Zinsvortrag). [6]Sie erhöhen die Zinsaufwendungen dieser Wirtschaftsjahre, nicht aber den maßgeblichen Gewinn.

(2) [1]Absatz 1 Satz 1 ist nicht anzuwenden, wenn

a) der Betrag der Zinsaufwendungen, soweit er den Betrag der Zinserträge übersteigt, weniger als drei Millionen Euro [4] beträgt,

---

1) Eingefügt durch UntStRefG 2008 vom 14. August 2007 (BGBl. I S. 1912). Gemäß § 52 Abs. 12d erstmals für Wirtschaftsjahre anzuwenden, die nach dem 25. Mai 2007 beginnen und nicht vor dem 1. Januar 2008 enden.

2) § 4h Abs. 1 i.d.F. des Gesetzes vom 22. Dezember 2009 (BGBl. I S. 3950) gilt gem. § 52 Abs. 12d erstmals für Wirtschaftsjahre, die nach dem 31. Dezember 2009 enden. § 4h Abs. 1 lautete zuvor:
„[1]Zinsaufwendungen eines Betriebs sind abziehbar in Höhe des Zinsertrags, darüber hinaus nur bis zur Höhe von 30 Prozent des um die Zinsaufwendungen und um die nach § 6 Abs. 2 Satz 1, § 6 Abs. 2a Satz 2 und § 7 dieses Gesetzes abgesetzten Beträge erhöhten sowie um die Zinserträge verminderten maßgeblichen Gewinns. [2]Zinsaufwendungen, die nicht abgezogen werden dürfen, sind in die folgenden Wirtschaftsjahre vorzutragen (Zinsvortrag). [3]Sie erhöhen die Zinsaufwendungen dieser Wirtschaftsjahre, nicht aber den maßgeblichen Gewinn."

3) Gemäß § 52 Abs. 12d gilt für den Anfangsbestand des EBITDA: Nach den Grundsätzen des § 4h Absatz 1 Satz 1 bis 3 in der Fassung des Artikels 1 des Gesetzes vom 22. Dezember 2009 (BGBl. I S. 3950) zu ermittelnde EBITDA-Vorträge für Wirtschaftsjahre, die nach dem 31. Dezember 2006 beginnen und vor dem 1. Januar 2010 enden, erhöhen auf Antrag das verrechenbare EBITDA des ersten Wirtschaftsjahres, das nach dem 31. Dezember 2009 endet; § 4h Absatz 5 des Einkommensteuergesetzes, § 8a Absatz 1 des Körperschaftsteuergesetzes und § 2 Absatz 4 Satz 1, § 4 Absatz 2 Satz 2, § 9 Satz 3, § 15 Absatz 3, § 20 Absatz 9 des Umwandlungssteuergesetzes in der Fassung des Gesetzes vom 22. Dezember 2009 (BGBl. I S. 3950) sind dabei sinngemäß anzuwenden.

4) Freigrenze erhöht durch Art. 1 Nr. 3 des Gesetzes vom 16. Juli 2009 (BGBl. I S. 1959) mit Wirkung seit Geltungsbeginn des § 4h EStG und letztmals für Wirtschaftsjahre, die vor dem 1. Januar 2010 enden (§ 52 Abs. 12d). Die Befristung ist durch Art. 1 Nr. 6 des Gesetzes vom 22. Dezember 2009 (BGBl. I S. 3950) gestrichen worden.

b) der Betrieb nicht oder nur anteilmäßig zu einem Konzern gehört oder

c) der Betrieb zu einem Konzern gehört und seine Eigenkapitalquote am Schluss des vorangegangenen Abschlussstichtages gleich hoch oder höher ist als die des Konzerns (Eigenkapitalvergleich). [2]Ein Unterschreiten der Eigenkapitalquote des Konzerns um bis zu zwei Prozentpunkte[1]) ist unschädlich.

[3]Eigenkapitalquote ist das Verhältnis des Eigenkapitals zur Bilanzsumme; sie bemisst sich nach dem Konzernabschluss, der den Betrieb umfasst, und ist für den Betrieb auf der Grundlage des Jahresabschlusses oder Einzelabschlusses zu ermitteln. [4]Wahlrechte sind im Konzernabschluss und im Jahresabschluss oder Einzelabschluss einheitlich auszuüben; bei gesellschaftsrechtlichen Kündigungsrechten ist insoweit mindestens das Eigenkapital anzusetzen, das sich nach den Vorschriften des Handelsgesetzbuchs ergeben würde. [5]Bei der Ermittlung der Eigenkapitalquote des Betriebs ist das Eigenkapital um einen im Konzernabschluss enthaltenen Firmenwert, soweit er auf den Betrieb entfällt, und um die Hälfte von Sonderposten mit Rücklagenanteil (§ 273 des Handelsgesetzbuchs) zu erhöhen sowie um das Eigenkapital, das keine Stimmrechte vermittelt – mit Ausnahme von Vorzugsaktien –, die Anteile an anderen Konzerngesellschaften und um Einlagen der letzten sechs Monate vor dem maßgeblichen Abschlussstichtag, soweit ihnen Entnahmen oder Ausschüttungen innerhalb der ersten sechs Monate nach dem maßgeblichen Abschlussstichtag gegenüberstehen, zu kürzen. [6]Die Bilanzsumme ist um Kapitalforderungen zu kürzen, die nicht im Konzernabschluss ausgewiesen sind und denen Verbindlichkeiten im Sinne des Absatzes 3 in mindestens gleicher Höhe gegenüberstehen. [7]Sonderbetriebsvermögen ist dem Betrieb der Mitunternehmerschaft zuzuordnen, soweit es im Konzernvermögen enthalten ist.

[8]Die für den Eigenkapitalvergleich maßgeblichen Abschlüsse sind einheitlich nach den International Financial Reporting Standards (IFRS) zu erstellen. [9]Hiervon abweichend können Abschlüsse nach dem Handelsrecht eines Mitgliedstaats der Europäischen Union verwendet werden, wenn kein Konzernabschluss nach den IFRS zu erstellen und offen zu legen ist und für keines der letzten fünf Wirtschaftsjahre ein Konzernabschluss nach den IFRS erstellt wurde; nach den Generally Accepted Accounting Principles der Vereinigten Staaten von Amerika (US-GAAP) aufzustellende und offen zu legende Abschlüsse sind zu verwenden, wenn kein Konzernabschluss nach den IFRS oder dem Handelsrecht eines Mitgliedstaats der Europäischen Union zu erstellen und offen zu legen ist. [10]Der Konzernabschluss muss den Anforderungen an die handelsrechtliche Konzernrechnungslegung genügen oder die Voraussetzungen erfüllen, unter denen ein Abschluss nach den §§ 291 und 292 des Handelsgesetzbuchs befreiende Wirkung hätte. [11]Wurde der Jahresabschluss oder Einzelabschluss nicht nach denselben Rechnungslegungsstandards wie der Konzernabschluss aufgestellt, ist die Eigenkapitalquote des Betriebs in einer Überleitungsrechnung nach den für den Konzernabschluss geltenden Rechnungslegungsstandards zu ermitteln. [12]Die Überleitungsrechnung ist einer prüferischen Durchsicht zu unterziehen. [13]Auf Verlangen der Finanzbehörde ist der Abschluss oder die Überleitungsrechnung des Betriebs durch einen Abschlussprüfer zu prüfen, der die Voraussetzungen des § 319 des Handelsgesetzbuchs erfüllt.

[14]Ist ein dem Eigenkapitalvergleich zugrunde gelegter Abschluss unrichtig und führt der zutreffende Abschluss zu einer Erhöhung der nach Absatz 1 nicht abziehbaren Zinsaufwendungen, ist ein Zuschlag entsprechend § 162 Abs. 4 Satz 1 und 2 der Abgabenordnung festzusetzen. [15]Bemessungsgrundlage für den Zuschlag sind die nach Absatz 1 nicht abziehbaren Zinsaufwendungen. [16]§ 162 Abs. 4 Satz 4 bis 6 der Abgabenordnung gilt sinngemäß.

[2]Ist eine Gesellschaft, bei der der Gesellschafter als Mitunternehmer anzusehen ist, unmittelbar oder mittelbar einer Körperschaft nachgeordnet, gilt für die Gesellschaft § 8a Abs. 2 und 3 des Körperschaftsteuergesetzes entsprechend.

(3) [1]Maßgeblicher Gewinn ist der nach den Vorschriften dieses Gesetzes mit Ausnahme des Absatzes 1 ermittelte steuerpflichtige Gewinn. [2]Zinsaufwendungen sind Vergütungen für Fremdkapital, die den maßgeblichen Gewinn gemindert haben. [3]Zinserträge sind Erträge aus Kapitalforderungen jeder Art, die den maßgeblichen Gewinn erhöht haben. [4]Die Auf- und Abzinsung unverzinslicher oder niedrig verzinslicher Verbindlichkeiten oder Kapitalforderungen führen ebenfalls zu Zinserträgen oder Zinsaufwendungen. [5]Ein Betrieb gehört zu einem Konzern, wenn er nach dem für die Anwendung des Absatzes 2 Satz 1 Buchstabe c zugrunde gelegten Rechnungslegungsstandard mit einem oder mehreren anderen Betrieben konsolidiert wird oder werden könnte. [6]Ein Betrieb gehört für Zwecke des Absatzes 2 auch zu einem Konzern, wenn seine Finanz- und Geschäftspolitik mit einem oder mehreren anderen Betrieben einheitlich bestimmt werden kann.

---

1) Von einem auf zwei Prozentpunkte erhöht gem. Art. 1 Nr. 1 des Gesetzes vom 22. Dezember 2009 (BGBl. I S. 3950), zeitlicher Anwendungsbereich wie die Neufassung des Absatzes 1.

(4)[1] [1]Der EBITDA-Vortrag und der Zinsvortrag sind gesondert festzustellen. [2]Zuständig ist das für die gesonderte Feststellung des Gewinns und Verlusts der Gesellschaft zuständige Finanzamt, im Übrigen das für die Besteuerung zuständige Finanzamt. [3]§ 10d Abs. 4 gilt sinngemäß. [4]Feststellungsbescheide sind zu erlassen, aufzuheben oder zu ändern, soweit sich die nach Satz 1 festzustellenden Beträge ändern.

(5)[2] [1]Bei Aufgabe oder Übertragung des Betriebs gehen ein nicht verbrauchter EBITDA-Vortrag und ein nicht verbrauchter Zinsvortrag unter. [2]Scheidet ein Mitunternehmer aus einer Gesellschaft aus, gehen der EBITDA-Vortrag und der Zinsvortrag anteilig mit der Quote unter, mit der der ausgeschiedene Gesellschafter an der Gesellschaft beteiligt war.[3] [3]§ 8c des Körperschaftsteuergesetzes ist auf den Zinsvortrag einer Gesellschaft entsprechend anzuwenden, soweit an dieser unmittelbar oder mittelbar eine Körperschaft als Mitunternehmer beteiligt ist.

. . .

§ 6a
Pensionsrückstellung

(1) Für eine Pensionsverpflichtung darf eine Rückstellung (Pensionsrückstellung) nur gebildet werden, wenn und soweit

1. der Pensionsberechtigte einen Rechtsanspruch auf einmalige oder laufende Pensionsleistungen hat,

2. die Pensionszusage keine Pensionsleistungen in Abhängigkeit von künftigen gewinnabhängigen Bezügen vorsieht und keinen Vorbehalt enthält, dass die Pensionsanwartschaft oder die Pensionsleistung gemindert oder entzogen werden kann, oder ein solcher Vorbehalt sich nur auf Tatbestände erstreckt, bei deren Vorliegen nach allgemeinen Rechtsgrundsätzen unter Beachtung billigen Ermessens eine Minderung oder ein Entzug der Pensionsanwartschaft oder der Pensionsleistung zulässig ist, und

3. die Pensionszusage schriftlich erteilt ist; die Pensionszusage muss eindeutige Angaben zu Art, Form, Voraussetzungen und Höhe der in Aussicht gestellten künftigen Leistungen enthalten.

(2) Eine Pensionsrückstellung darf erstmals gebildet werden

1. vor Eintritt des Versorgungsfalls für das Wirtschaftsjahr, in dem die Pensionszusage erteilt wird, frühestens jedoch für das Wirtschaftsjahr, bis zu dessen Mitte der Pensionsberechtigte das 27. Lebensjahr vollendet[4] oder für das Wirtschaftsjahr, in dessen Verlauf die Pensionsanwartschaft gemäß den Vorschriften des Betriebsrentengesetzes unverfallbar wird,

2. nach Eintritt des Versorgungsfalls für das Wirtschaftsjahr, in dem der Versorgungsfall eintritt.

(3) [1]Eine Pensionsrückstellung darf höchstens mit dem Teilwert der Pensionsverpflichtung angesetzt werden. [2]Als Teilwert einer Pensionsverpflichtung gilt

1. vor Beendigung des Dienstverhältnisses des Pensionsberechtigten der Barwert der künftigen Pensionsleistungen am Schluss des Wirtschaftsjahres abzüglich des sich auf denselben Zeitpunkt ergebenden Barwerts betragsmäßig gleich bleibender Jahresbeträge, bei einer Entgeltumwandlung im Sinne von § 1 Abs. 2 des Betriebsrentengesetzes mindestens jedoch der Barwert der gemäß den Vorschriften des Betriebsrentengesetzes unverfallbaren künftigen Pensionsleistungen am Schluss des Wirtschaftsjahres. [2]Die Jahresbeträge sind so zu bemessen, dass am Beginn des Wirtschaftsjahres, in dem das Dienstverhältnis begonnen hat, ihr Barwert gleich dem Barwert der künftigen Pensionsleistungen ist; die künftigen Pensionsleistungen sind dabei mit dem Betrag anzusetzen, der sich nach den Verhältnissen am Bilanzstichtag ergibt. [3]Es sind die Jahresbeträge zugrunde zu legen, die vom Beginn des Wirtschaftsjahres, in dem das Dienstverhältnis begonnen hat, bis zu dem in der Pensionszusage vorgesehenen Zeitpunkt des Eintritts des Versorgungsfalls rechnungsmäßig aufzubringen sind. [4]Erhöhungen oder Verminderungen der Pensionsleistungen nach dem Schluss des Wirtschaftsjahres, die hinsichtlich des Zeitpunktes ihres Wirksamwerdens oder ihres Umfangs ungewiss sind, sind bei der Berechnung des Barwertes der künftigen Pensionsleistungen und der Jah-

---

1) Einführung des EBITDA-Vortrags durch Art. 1 Nr. 1 des Gesetzes vom 22. Dezember 2009 (BGBl. I S. 3950), zeitlicher Anwendungsbereich wie die Neufassung des Absatzes 1.

2) Einführung des EBITDA-Vortrags durch Art. 1 Nr. 1 des Gesetzes vom 22. Dezember 2009 (BGBl. I S. 3950), zeitlicher Anwendungsbereich wie die Neufassung des Absatzes 1.

3) Gemäß § 52 Abs. 12d Satz 2 ist § 4h Abs. 5 Satz 3 in der Fassung des Artikels 1 des Gesetzes vom 19. Dezember 2008 (BGBl. I S. 2794) erstmals auf schädliche Beteiligungserwerbe nach dem 28.11.2008 anzuwenden, deren sämtliche Erwerbe und dergestellte Rechtsakte nach dem 28.11.2008 stattfinden.

4) Gemäß § 52 Abs. 17 i.d.F. des Gesetzes zur Förderung der zusätzlichen Altersvorsorge und zur Änderung des Dritten Buches Sozialgesetzbuch vom 10. Dezember 2007 (BGBl. I S. 2838) werden die Wörter „das 28. Lebensjahr vollendet" für nach dem 31. Dezember 2008 erteilte Pensionszusagen durch die Wörter „das 27. Lebensjahr vollendet" ersetzt.

resbeträge erst zu berücksichtigen, wenn sie eingetreten sind. ⁵Wird die Pensionszusage erst nach dem Beginn des Dienstverhältnisses erteilt, so ist die Zwischenzeit für die Berechnung der Jahresbeträge nur insoweit als Wartezeit zu behandeln, als sie in der Pensionszusage als solche bestimmt ist. ⁶Hat das Dienstverhältnis schon vor der Vollendung des 27. Lebensjahres [1] des Pensionsberechtigten bestanden, so gilt es als zu Beginn des Wirtschaftsjahres begonnen, bis zu dessen Mitte der Pensionsberechtigte das 27. Lebensjahr vollendet [2]; in diesem Fall gilt für davor liegende Wirtschaftsjahre als Teilwert der Barwert der gemäß den Vorschriften des Betriebsrentengesetzes unverfallbaren künftigen Pensionsleistungen am Schluss des Wirtschaftsjahres;

2. nach Beendigung des Dienstverhältnisses des Pensionsberechtigten unter Aufrechterhaltung seiner Pensionsanwartschaft oder nach Eintritt des Versorgungsfalls der Barwert der künftigen Pensionsleistungen am Schluss des Wirtschaftsjahres; Nummer 1 Satz 4 gilt sinngemäß.

³Bei der Berechnung des Teilwertes der Pensionsverpflichtung sind ein Rechnungszinsfuß von 6 Prozent und die anerkannten Regeln der Versicherungsmathematik anzuwenden.

(4) ¹Eine Pensionsrückstellung darf in einem Wirtschaftsjahr höchstens um den Unterschied zwischen dem Teilwert der Pensionsverpflichtung am Schluss des Wirtschaftsjahres und am Schluss des vorangegangenen Wirtschaftsjahres erhöht werden. ²Soweit der Unterschiedsbetrag auf der erstmaligen Anwendung neuer oder geänderter biometrischer Rechnungsgrundlagen beruht, kann er nur auf mindestens drei Wirtschaftsjahre gleichmäßig verteilt der Pensionsrückstellung zugeführt werden; Entsprechendes gilt beim Wechsel auf andere biometrische Rechnungsgrundlagen. ³In dem Wirtschaftsjahr, in dem mit der Bildung einer Pensionsrückstellung frühestens begonnen werden darf (Erstjahr), darf die Rückstellung bis zur Höhe des Teilwertes der Pensionsverpflichtung am Schluss des Wirtschaftsjahres gebildet werden; diese Rückstellung kann auf das Erstjahr und die beiden folgenden Wirtschaftsjahre gleichmäßig verteilt werden. ⁴Erhöht sich in einem Wirtschaftsjahr gegenüber dem vorangegangenen Wirtschaftsjahr der Barwert der künftigen Pensionsleistungen um mehr als 25 Prozent, so kann die für dieses Wirtschaftsjahr zulässige Erhöhung der Pensionsrückstellung auf dieses Wirtschaftsjahr und die beiden folgenden Wirtschaftsjahre gleichmäßig verteilt werden. ⁵Am Schluss des Wirtschaftsjahres, in dem das Dienstverhältnis des Pensionsberechtigten unter Aufrechterhaltung seiner Pensionsanwartschaft endet oder der Versorgungsfall eintritt, darf die Pensionsrückstellung stets bis zur Höhe des Teilwertes der Pensionsverpflichtung gebildet werden; die für dieses Wirtschaftsjahr zulässige Erhöhung der Pensionsrückstellung kann auf dieses Wirtschaftsjahr und die beiden folgenden Wirtschaftsjahre gleichmäßig verteilt werden. ⁶Satz 2 gilt in den Fällen der Sätze 3 bis 5 entsprechend.

(5) Die Absätze 3 und 4 gelten entsprechend, wenn der Pensionsberechtigte zu dem Pensionsverpflichteten in einem anderen Rechtsverhältnis als einem Dienstverhältnis steht.

. . .

§ 20
[Kapitalvermögen]

(1) Zu den Einkünften aus Kapitalvermögen gehören

1. Gewinnanteile (Dividenden), Ausbeuten und sonstige Bezüge aus Aktien, Genussrechten, mit denen das Recht am Gewinn und Liquidationserlös einer Kapitalgesellschaft verbunden ist, aus Anteilen an Gesellschaften mit beschränkter Haftung, an Erwerbs- und Wirtschaftsgenossenschaften sowie an bergbautreibenden Vereinigungen, die die Rechte einer juristischen Person haben. ²Zu den sonstigen Bezügen gehören auch verdeckte Gewinnausschüttungen. ³Die Bezüge gehören nicht zu den Einnahmen, soweit sie aus Ausschüttungen einer Körperschaft stammen, für die Beträge aus dem steuerlichen Einlagekonto im Sinne des § 27 des Körperschaftsteuergesetzes als verwendet gelten. ⁴Als sonstige Bezüge gelten auch Einnahmen, die an Stelle der Bezüge im Sinne des Satzes 1 von einem anderen als dem Anteilseigner nach Absatz 5 bezogen werden, wenn die Aktien mit Dividendenberechtigung erworben, aber ohne Dividendenanspruch geliefert werden;

2. Bezüge, die nach der Auflösung einer Körperschaft oder Personenvereinigung im Sinne der Nummer 1 anfallen und die nicht in der Rückzahlung von Nennkapital bestehen; Nummer 1 Satz 3 gilt entsprechend. ²Gleiches gilt für Bezüge, die auf Grund einer Kapitalherabsetzung oder nach der Auflösung einer unbeschränkt steuerpflichtigen Körperschaft oder Personenvereinigung im Sinne der Nummer 1 anfallen und die als Gewinnausschüttung im Sinne des § 28 Abs. 2 Satz 2 und 4 des Körperschaftsteuergesetzes gelten;

3. bis 8 . . .

---

1) Zur Umstellung auf das 27. Lebensjahr vgl. die Anmerkung zu § 6a Abs. 2 Nr. 1.
2) Zur Umstellung auf das 27. Lebensjahr vgl. die Anmerkung zu § 6a Abs. 2 Nr. 1.

9. Einnahmen aus Leistungen einer nicht von der Körperschaftsteuer befreiten Körperschaft, Personenvereinigung oder Vermögensmasse im Sinne des § 1 Abs. 1 Nr. 3 bis 5 des Körperschaftsteuergesetzes, die Gewinnausschüttungen im Sinne der Nummer 1 wirtschaftlich vergleichbar sind, soweit sie nicht bereits zu den Einnahmen im Sinne der Nummer 1 gehören; Nummer 1 Satz 2, 3 und Nummer 2 gelten entsprechend;

10. a) Leistungen eines nicht von der Körperschaftsteuer befreiten Betriebs gewerblicher Art im Sinne des § 4 des Körperschaftsteuergesetzes mit eigener Rechtspersönlichkeit, die zu mit Gewinnausschüttungen im Sinne der Nummer 1 Satz 1 wirtschaftlich vergleichbaren Einnahmen führen; Nummer 1 Satz 2, 3 und Nummer 2 gelten entsprechend;

   b) der nicht den Rücklagen zugeführte Gewinn und verdeckte Gewinnausschüttungen eines nicht von der Körperschaftsteuer befreiten Betriebs gewerblicher Art im Sinne des § 4 des Körperschaftsteuergesetzes ohne eigene Rechtspersönlichkeit, der den Gewinn durch Betriebsvermögensvergleich ermittelt oder Umsätze einschließlich der steuerfreien Umsätze, ausgenommen die Umsätze nach § 4 Nr. 8 bis 10 des Umsatzsteuergesetzes, von mehr als 350.000 Euro im Kalenderjahr oder einen Gewinn von mehr als 30.000 Euro im Wirtschaftsjahr hat, sowie der Gewinn im Sinne des § 22 Abs. 4[1] des Umwandlungssteuergesetzes. [2]Die Auflösung der Rücklagen zu Zwecken außerhalb des Betriebs gewerblicher Art führt zu einem Gewinn im Sinne des Satzes 1; in Fällen der Einbringung nach dem Sechsten und des Formwechsels nach dem Achten Teil des Umwandlungssteuergesetzes gelten die Rücklagen als aufgelöst. [3]Bei dem Geschäft der Veranstaltung von Werbesendungen der inländischen öffentlich-rechtlichen Rundfunkanstalten gelten drei Viertel des Einkommens im Sinne des § 8 Abs. 1 Satz 3[2] des Körperschaftsteuergesetzes als Gewinn im Sinne des Satzes 1. [4]Die Sätze 1 und 2 sind bei wirtschaftlichen Geschäftsbetrieben der von der Körperschaftsteuer befreiten Körperschaften, Personenvereinigungen oder Vermögensmassen entsprechend anzuwenden. [5]Nummer 1 Satz 3 gilt entsprechend.

...

(4a)[3] [1]Werden Anteile an einer Körperschaft, Vermögensmasse oder Personenvereinigung, die weder ihre Geschäftsleitung noch ihren Sitz im Inland hat, gegen Anteile an einer anderen Körperschaft, Vermögensmasse oder Personenvereinigung, die weder ihre Geschäftsleitung noch ihren Sitz im Inland hat, getauscht und wird der Tausch auf Grund gesellschaftsrechtlicher Maßnahmen vollzogen, die von den beteiligten Unternehmen ausgehen, treten abweichend von Absatz 2 Satz 1 und § 13 Abs. 2 des Umwandlungssteuergesetzes die übernommenen Anteile steuerlich an die Stelle der bisherigen Anteile, wenn das Recht der Bundesrepublik Deutschland hinsichtlich der Besteuerung des Gewinns aus der Veräußerung der erhaltenen Anteile nicht ausgeschlossen oder beschränkt ist oder die Mitgliedstaaten der Europäischen Union bei einer Verschmelzung Artikel 8 der Richtlinie 90/434/EWG anzuwenden haben; in diesem Fall ist der Gewinn aus einer späteren Veräußerung der erworbenen Anteile ungeachtet der Bestimmungen eines Abkommens zur Vermeidung der Doppelbesteuerung in der gleichen Art und Weise zu besteuern, wie die Veräußerung der Anteile an der übertragenden Körperschaft zu besteuern wäre, und § 15 Abs. 1a Satz 2 entsprechend anzuwenden. [2]Erhält der Steuerpflichtige in den Fällen des Satzes 1 zusätzlich zu den Anteilen eine Gegenleistung, gilt diese als Ertrag im Sinne des Absatzes 1 Nr. 1. [3]Besitzt bei sonstigen Kapitalforderungen im Sinne des Absatzes 1 Nr. 7 der Inhaber das Recht, bei Fälligkeit an Stelle der Rückzahlung des Nominalbetrags vom Emittenten die Lieferung einer vorher festgelegten Anzahl von Wertpapieren zu verlangen oder besitzt der Emittent das Recht, bei Fälligkeit dem Inhaber an Stelle der Rückzahlung des Nominalbetrags eine vorher festgelegte Anzahl von Wertpapieren anzudienen und machen der Inhaber der Forderung oder der Emittent von diesem Recht Gebrauch, ist abweichend von Absatz 4 Satz 1 das Entgelt für den Erwerb der Forderung als Veräußerungspreis der Forderung und Anschaffungskosten der erhaltenen Wertpapiere anzusetzen. [4]Werden Bezugsrechte veräußert oder ausgeübt, die nach § 186 des Aktiengesetzes, § 55 des Gesetzes betreffend die Gesellschaften mit beschränkter Haftung oder eines vergleichbaren ausländischen Rechts einen Anspruch auf Abschluss eines Zeichnungsvertrags begründen, wird der Teil der Anschaffungskosten der Altanteile, der auf das Bezugsrecht entfällt, bei der Ermittlung des Gewinns nach Absatz 4 Satz 1 mit 0 Euro angesetzt. [5]Werden einem Steuerpflichtigen Anteile im Sinne des Absatzes 2 Satz 1 Nr. 1 zugeteilt, ohne dass dieser eine gesonderte Gegenleistung zu entrichten hat, werden der Ertrag und die Anschaffungskosten dieser Anteile mit 0 Euro angesetzt, wenn die Voraussetzungen des Satzes 3 und 4

---

1) Zur Weiteranwendung auf den Gewinn nach § 21 Abs. 3 UmwStG a.F. siehe § 52 Abs. 37a Satz 5.

2) Gemäß § 52 Abs. 37a ist § 20 Abs. 1 Nr. 10 Buchstabe b Satz 3 in der Fassung des Artikels 1 des Gesetzes vom 19. Dezember 2008 (BGBl. I S. 2794) erstmals für den Veranlagungszeitraum 2009 anzuwenden.

3) Eingefügt durch das JStG 2009 vom 19. Dezember 2008 mit Wirkung ab VZ 2009.

nicht vorliegen und die Ermittlung der Höhe des Kapitalertrags nicht möglich ist. [6]Soweit es auf die steuerliche Wirksamkeit einer Kapitalmaßnahme im Sinne der vorstehenden Sätze 1 bis 5 ankommt, ist auf den Zeitpunkt der Einbuchung in das Depot des Steuerpflichtigen abzustellen.

...

§ 43
Kapitalerträge mit Steuerabzug

(1) [1]Bei den folgenden inländischen und in den Fällen der Nummern 6, 7 Buchstabe a und Nummer 8 bis 12 sowie Satz 2 auch ausländischen Kapitalerträgen wird die Einkommensteuer durch Abzug vom Kapitalertrag (Kapitalertragsteuer) erhoben:

...

7a. Kapitalerträgen im Sinne des § 20 Abs. 1 Nr. 9;

7b. Kapitalerträgen im Sinne des § 20 Abs. 1 Nr. 10 Buchstabe a;

7c. Kapitalerträgen im Sinne des § 20 Abs. 1 Nr. 10 Buchstabe b;

...

(1a)[1] [1]Abweichend von § 13 des Umwandlungssteuergesetzes treten für Zwecke des Kapitalertragsteuerabzugs die Anteile an der übernehmenden Körperschaft steuerlich an die Stelle der Anteile an der übertragenden Körperschaft. [2]Abweichend von § 21 des Umwandlungssteuergesetzes gelten die eingebrachten Anteile zum Zwecke des Kapitalertragsteuerabzugs als mit dem Wert der Anschaffungsdaten veräußert."

...

§ 43a
Bemessung der Kapitalertragsteuer

(1)[2] Die Kapitalertragsteuer beträgt

1. in den Fällen des § 43 Abs. 1 Satz 1 Nr. 1 bis 4, 6 bis 7a und 8 bis 12 sowie Satz 2:

   25 Prozent des Kapitalertrags;

2. in den Fällen des § 43 Abs. 1 Satz 1 Nr. 7b und 7c:

   15 Prozent des Kapitalertrags.

...

§ 44
Entrichtung der Kapitalertragsteuer

...

(6) [1]In den Fällen des § 43 Abs. 1 Satz 1 Nr. 7c gilt die juristische Person des öffentlichen Rechts und die von der Körperschaftsteuer befreite Körperschaft, Personenvereinigung oder Vermögensmasse als Gläubiger und der Betrieb gewerblicher Art und der wirtschaftliche Geschäftsbetrieb als Schuldner der Kapitalerträge. [2]Die Kapitalertragsteuer entsteht, auch soweit sie auf verdeckte Gewinnausschüttungen entfällt, die im abgelaufenen Wirtschaftsjahr vorgenommen worden sind, im Zeitpunkt der Bilanzerstellung; sie entsteht spätestens acht Monate nach Ablauf des Wirtschaftsjahres; in den Fällen des § 20 Abs. 1 Nr. 10 Buchstabe b Satz 2 am Tag nach der Beschlussfassung über die Verwendung und in den Fällen des § 22 Abs. 4 des Umwandlungssteuergesetzes am Tag nach der Veräußerung. [3]Die Kapitalertragsteuer entsteht in den Fällen des § 20 Abs. 1 Nr. 10 Buchstabe b Satz 3 zum Ende des Wirtschaftsjahres. [4]Die Absätze 1 bis 4 und 5 Satz 2 sind entsprechend anzuwenden. [5]Der Schuldner der Kapitalerträge haftet für die Kapitalertragsteuer, soweit sie auf verdeckte Gewinnausschüttungen und auf Veräußerungen im Sinne des § 22 Abs. 4 des Umwandlungssteuergesetzes entfällt.

(7) [1]In den Fällen des § 14 Abs. 3 des Körperschaftsteuergesetzes entsteht die Kapitalertragsteuer in dem Zeitpunkt der Feststellung der Handelsbilanz der Organgesellschaft; sie entsteht spätestens acht Monate nach Ablauf des Wirtschaftsjahrs der Organgesellschaft. [2]Die entstandene Kapitalertragsteuer ist an dem

---

1) § 43 Abs. 1a neu eingefügt durch das JStG 2009 vom 19. Dezember 2008 mit Wirkung ab VZ 2009. Die zugleich aufgehobene Vorgängerregelung des § 43 Abs. 1 Satz 7 lautete wie folgt: „Abweichend von den §§ 13 und 21 des Umwandlungssteuergesetzes gelten für Zwecke des Kapitalertragsteuerabzugs die Anteile an der übertragenden Körperschaft oder die eingebrachten Anteile als mit dem Wert ihrer Anschaffungskosten veräußert."

2) Gemäß § 43a Abs. 1 Nr. 5 in der für VZ 2008 geltenden Fassung in den Fällen des § 43 Abs. 1 Satz 1 Nr. 7b: 10 Prozent des Kapitalertrags, wenn der Gläubiger die Kapitalertragsteuer trägt und 11 1/9 Prozent des tatsächlich ausgezahlten Betrags, wenn der Schuldner die Kapitalertragsteuer übernimmt. Gemäß § 43a Abs. 1 Nr. 6 in der für VZ 2008 geltenden Fassung in den Fällen des § 43 Abs. 1 Satz 1 Nr. 7c: 10 Prozent des Kapitalertrags.

auf den Entstehungszeitpunkt nachfolgenden Werktag an das Finanzamt abzuführen, das für die Besteuerung der Organgesellschaft nach dem Einkommen zuständig ist. [3]Im Übrigen sind die Absätze 1 bis 4 entsprechend anzuwenden.

§ 44a
Abstandnahme vom Steuerabzug

. . .

(7) [1]Ist der Gläubiger eine inländische

1. Körperschaft, Personenvereinigung oder Vermögensmasse im Sinne des § 5 Abs. 1 Nr. 9 des Körperschaftsteuergesetzes oder

2. Stiftung des öffentlichen Rechts, die ausschließlich und unmittelbar gemeinnützigen oder mildtätigen Zwecken dient, oder

3. juristische Person des öffentlichen Rechts, die ausschließlich und unmittelbar kirchlichen Zwecken dient,

so ist der Steuerabzug bei Kapitalerträgen im Sinne des § 43 Abs. 1 Satz 1 Nr. 7a bis 7c nicht vorzunehmen. [2]Der Steuerabzug vom Kapitalertrag ist außerdem nicht vorzunehmen bei Kapitalerträgen im Sinne des § 43 Absatz 1 Satz 1 Nummer 1, soweit es sich um Erträge aus Anteilen an Gesellschaften mit beschränkter Haftung, Namensaktien nicht börsennotierter Aktiengesellschaften und Anteilen an Erwerbs- und Wirtschaftsgenossenschaften sowie aus Genussrechten handelt, und bei Kapitalerträgen im Sinne des § 43 Absatz 1 Satz 1 Nummer 2 und 3; Voraussetzung für die Abstandnahme bei Kapitalerträgen aus Genussrechten im Sinne des § 43 Absatz 1 Satz 1 Nummer 1 und Kapitalerträgen im Sinne des § 43 Absatz 1 Satz 1 Nummer 2 ist, dass die Genussrechte und Wirtschaftsgüter im Sinne des § 43 Absatz 1 Satz 1 Nummer 2 nicht sammelverwahrt werden. [3]Bei allen übrigen Kapitalerträgen nach § 43 Absatz 1 Satz 1 Nummer 1 und 2 ist § 44b Absatz 6 sinngemäß anzuwenden. [4]Voraussetzung für die Anwendung der Sätze 1 und 2 ist, dass der Gläubiger durch eine Bescheinigung des für seine Geschäftsleitung oder seinen Sitz zuständigen Finanzamts nachweist, dass er eine Körperschaft, Personenvereinigung oder Vermögensmasse nach Satz 1 ist. [5]Absatz 4 gilt entsprechend.

(8) [1]Ist der Gläubiger

1. eine nach § 5 Absatz 1 mit Ausnahme der Nummer 9 des Körperschaftsteuergesetzes oder nach anderen Gesetzen von der Körperschaftsteuer befreite Körperschaft, Personenvereinigung oder Vermögensmasse oder

2. eine inländische juristische Person des öffentlichen Rechts, die nicht in Absatz 7 bezeichnet ist,

so ist der Steuerabzug bei Kapitalerträgen im Sinne des § 43 Absatz 1 Satz 1 Nummer 1, soweit es sich um Erträge aus Anteilen an Gesellschaften mit beschränkter Haftung, Namensaktien nicht börsennotierter Aktiengesellschaften und Erwerbs- und Wirtschaftsgenossenschaften handelt, sowie von Erträgen aus Genussrechten im Sinne des § 43 Absatz 1 Satz 1 Nummer 1 und Kapitalerträgen im Sinne des § 43 Absatz 1 Satz 1 Nummer 2 und 3 unter der Voraussetzung, dass diese Wirtschaftsgüter nicht sammelverwahrt werden, und bei Kapitalerträgen im Sinne des § 43 Absatz 1 Satz 1 Nummer 7a nur in Höhe von drei Fünfteln vorzunehmen. [6]Bei allen übrigen Kapitalerträgen nach § 43 Absatz 1 Satz 1 Nummer 1 bis 3 ist § 44b Absatz 6 in Verbindung mit Satz 1 sinngemäß anzuwenden (Erstattung von zwei Fünfteln der gesetzlich in § 43a vorgeschriebenen Kapitalertragsteuer). [7]Voraussetzung für die Anwendung des Satzes 1 ist, dass der Gläubiger durch eine Bescheinigung des für seine Geschäftsleitung oder seinen Sitz zuständigen Finanzamts nachweist, dass er eine Körperschaft, Personenvereinigung oder Vermögensmasse im Sinne des Satzes 1 ist. [8]Absatz 4 gilt entsprechend.

. . .

Rechtsprechungsauswahl

Zu Anhang 1 (EStG)
Zu § 20 Abs. 1 Nr. 1 EStG

BFH vom 22.04.2009, I R 53/07 (BFH/NV 2009, 1543) [1]:

1. Die Erstattung einbehaltener und abgeführter Kapitalertragsteuer setzt entweder den Erlass eines Freistellungsbescheids oder eine Änderung oder Aufhebung der Steueranmeldung voraus, auf der die Abführung der Steuer beruht. Der Freistellungsanspruch kann, wenn der Kapitalertrag weder der unbeschränkten noch der beschränkten Steuerpflicht unterliegt, auf eine analoge Anwendung von

---

1) Verfassungsbeschwerde eingelegt (Az. des BVerfG: 2 BvR 1807/09).

§ 50d Abs. 1 EStG 2002 gestützt werden. Zuständig für die Entscheidung über dieses Freistellungs-begehren ist das FA (Bestätigung der ständigen Senatsrechtsprechung).

2. Die Körperschaftsteuer für Kapitalerträge i.S. von § 20 Abs. 1 Nr. 1 EStG 2002, die nach § 43 Abs. 1 Satz 1 Nr. 1 und Satz 3 i.V.m. § 31 Abs. 1 Satz 1 KStG 2002 dem Steuerabzug unterliegen, ist bei einer beschränkt steuerpflichtigen Kapitalgesellschaft als Bezieherin der Einkünfte nach § 32 Abs. 1 Nr. 2 KStG 2002 durch den Steuerabzug abgegolten. Dass die Kapitalerträge nach § 8b Abs. 1 KStG 2002 bei der Ermittlung des Einkommens einer Kapitalgesellschaft außer Ansatz bleiben, ändert daran nichts.

3. Der Einbehalt von Kapitalertragsteuer auf Dividenden einer im Inland ansässigen Kapitalgesell-schaft an eine in der Schweiz ansässige Kapitalgesellschaft verstößt nicht gegen die Kapital-verkehrfreiheit; eine etwaige doppelte Besteuerung ist nach Art. 24 Abs. 2 Nr. 2 DBA-Schweiz 1971 durch entsprechende steuerliche Entlastungsmaßnahmen in der Schweiz zu vermeiden.

BFH vom 18.03.2009, I R 63/08 (BFH/NV 2009 S. 1841):

1. Die Zusage einer Witwenrente an den Gesellschafter-Geschäftsführer einer GmbH rechtfertigt re-gelmäßig die Annahme einer verdeckten Gewinnausschüttung, wenn der Begünstigte im Zusage-zeitpunkt das 65. Lebensjahr überschritten hat. Eine Anstellung des Geschäftsführers „auf Lebens-zeit" ändert daran nichts.

2. Handelt es sich bei der zugesagten Witwenversorgung um eine sog. Alt-Zusage, die vor dem 1. Ja-nuar 1987 erteilt wurde, und hat die GmbH in der Vergangenheit von ihrem dafür bestehenden Bi-lanzierungswahlrecht Gebrauch gemacht und keine Pensionsrückstellung für die Versorgungs-anwartschaft gebildet, stellen mangels vorheriger Vermögensminderung erst die Witwenrenten in den jeweiligen späteren Auszahlungszeitpunkten nach dem Tod des Gesellschafter-Geschäftsführer verdeckte Gewinnausschüttungen dar.

3. Die verdeckte Gewinnausschüttung in Gestalt der Witwenrente ist objektiv geeignet, eine nach-trägliche Kapitaleinkunft i.S. von § 20 Abs. 1 Nr. 1 Satz 2 EStG als Voraussetzung einer vGA bei der GmbH auszulösen, sei es bei dem nunmehrigen Gesellschafter, sei es bei der Witwe selbst oder sei dies auch bei einer dritten Person als Erben.

BFH vom 18.03.2009, I R 13/08 (BFH/NV 2009 S. 1613):

1. Eine verdeckte Gewinnausschüttung i.S. des § 8a KStG 1999 führt im Zeitpunkt der Leistung der Fremdkapitalvergütungen zu einem Beteiligungsertrag des Anteilseigners i.S. des § 20 Abs. 1 Nr. 1 Satz 2 EStG 1997 (Bestätigung und Fortführung des Senatsurteils vom 20. August 2008 I R 29/07, BFHE 222, 500).

2. Von den Fremdkapitalvergütungen ist im Zeitpunkt der Leistung gemäß § 43 Abs. 1 Satz 1 Nr. 1 EStG 1997 Kapitalertragsteuer einzubehalten und abzuführen (Bestätigung und Fortführung des Senatsurteils vom 20. August 2008 I R 29/07, BFHE 222, 500).

3. Es ist schuldhaft i.S. von § 44 Abs. 5 Satz 1 letzter Halbsatz EStG 1997, wenn der abführungs-verpflichtete Kapitalnehmer wegen bestehender Ungewissheiten über die Rechtswirkungen des § 8a KStG 1999 auf Anteilseignerebene von der ordnungsgemäßen Einbehaltung und Abführung der Kapitalertragsteuer absieht (Bestätigung und Fortführung des Senatsurteils vom 20. August 2008 I R 29/07, BFHE 222, 500).

4. Durch die Umsetzung von Gemeinschaftsrecht geschaffene Ungleichbehandlungen rein inner-staatlicher Sachverhalte können insoweit nicht dem nationalen Gesetzgeber zugerechnet werden, als dieser lediglich gemeinschaftsrechtliche Vorgaben in Erfüllung vertraglicher Verpflichtungen in die nationale Rechtsordnung zu übernehmen hat (Bestätigung des Senatsbeschlusses vom 15. Juli 2005 I R 21/04, BFHE 210, 43, BStBl. II 2005, 716).

BFH vom 20.08.2008 I R 29/07, DStR 2008, 2259:

1. Eine verdeckte Gewinnausschüttung i. S. des § 8a KStG 2002 führt im Zeitpunkt der Leistung der Fremdkapitalvergütungen zu einem Beteiligungsertrag des Anteilseigners i. S. des § 20 Abs. 1 Nr. 1 Satz 2 EStG 2002 (Bestätigung des BMF-Schrb. v. 15. 7. 2004, BStBl. I 2004, 593, dort Tz. 11 ff.).

2. Von den Fremdkapitalvergütungen ist im Zeitpunkt der Leistung gemäß § 43 Abs. 1 Satz 1 Nr. 1, § 44 Abs. 1 EStG 2002 Kapitalertragsteuer einzubehalten und abzuführen (ebenfalls Bestätigung des BMF-Schrb. v. 15. 7. 2004, BStBl. I 2004, 593, dort Tz. 5).

3. Es ist schuldhaft i. S. von § 44 Abs. 5 Satz 1 letzter Halbsatz EStG 2002, wenn der abführungs-verpflichtete Kapitalnehmer wegen bestehender Ungewissheiten über die Rechtswirkungen des § 8a KStG 2002 auf Anteilseignerebene von der ordnungsgemäßen Einbehaltung und Abführung der Kapitalertragsteuer absieht. Der Kapitalnehmer kann deswegen gemäß § 167 Abs. 1 Satz 1 AO

i. V. m. § 44 Abs. 5 Satz 3 EStG 2002 durch Nachforderungsbescheid des FA in Anspruch genommen werden (Anschluss an Senatsurt. v. 13. 9. 2000, I R 61/99, BFHE 193, 286, BStBl. II 2001, 67).

BFH vom 28.06.2006 I R 97/05 (BFH/NV 2006 S. 2207): ... 2. Die „Mobilisierung" von Körperschaftsteuerguthaben im Wege eines sog. Rücklagenmanagements und dessen modellmäßige Verwirklichung in Teilschritten zunächst durch kreditfinanzierten Erwerb eines sog. Vorzugsgeschäftsanteils (von bis zu 0,29 v.H.) am Stammkapital einer Kapitalgesellschaft mit hohen Gewinnrücklagen zu einem über dem Nominalwert liegenden Kaufpreis und anschließender Beschlussfassung einer disquotalen, durch ein Mehrstimmrecht abgesicherten Vorabausschüttung ist nicht rechtsmissbräuchlich. Der Anteilserwerb ist auch nicht in ein Darlehensverhältnis umzudeuten.

EuGH vom 23.02.2006 C-471/04 (BStBl. 2008 II S. 834 – Keller-Holding): Die Artikel 52 EG-Vertrag (nach Änderung jetzt Artikel 43 EG) und 31 des Abkommens über den Europäischen Wirtschaftsraum sind dahin auszulegen, dass sie einer Regelung eines Mitgliedstaats entgegenstehen, nach der die Finanzierungsaufwendungen einer in diesem Mitgliedstaat unbeschränkt steuerpflichtigen Muttergesellschaft für den Erwerb von Beteiligungen an einer Tochtergesellschaft steuerlich nicht abzugsfähig sind, soweit diese Aufwendungen auf Dividenden entfallen, die von der Steuer befreit sind, weil sie von einer in einem anderen Mitgliedstaat oder Vertragsstaat des genannten Abkommens ansässigen mittelbaren Tochtergesellschaft stammen, obwohl solche Aufwendungen dann abzugsfähig sind, wenn sie auf Dividenden entfallen, die von einer mittelbaren Tochtergesellschaft, die in demselben Mitgliedstaat wie dem Staat des Geschäftssitzes der Muttergesellschaft ansässig ist, ausgeschüttet werden und die faktisch ebenfalls von der Steuer entlastet sind.

BFH vom 29.08.2000 VIII R 7/99 (BStBl. 2001 II S. 173): Muss ein GmbH-Gesellschafter eine offene Gewinnausschüttung an die GmbH nach § 31 Abs. 1 GmbH zurückzahlen, so stellt die Rückzahlung nicht nur aus Sicht der GmbH, sondern auch aus Sicht des Gesellschafters eine Einlage dar, die nur im Rahmen des § 17 EStG als nachträgliche Anschaffungskosten des Gesellschafters auf seine Beteiligung an der GmbH berücksichtigt werden kann. Die Rückzahlung führt hingegen nicht zu negativen Einnahmen des Gesellschafters bei den Einkünften aus Kapitalvermögen (Fortführung des BFH-Urteils vom 25. Mai 1999 VIII R 59/97, BFHE 188, 569).

BFH vom 14.09.1999 III R 47/98 (BStBl. 2000 II S. 255): Gewinnausschüttungen einer Betriebs-GmbH an den Besitzunternehmen sind auch insoweit als Einnahmen aus Gewerbebetrieb zu qualifizieren, als sie Zeiträume vor Begründung der Betriebsaufspaltung betreffen, der betreffende Gewinnverteilungsbeschluss aber erst danach gefasst worden ist.

BFH vom 19.08.1999 I R 77/96 (BStBl. 2001 II S. 43):

1. Das sog. Schütt-aus-Hol-zurück-Verfahren stellt grundsätzlich keinen Missbrauch von Gestaltungsmöglichkeiten des Rechts dar. Das gilt auch dann, wenn sich die – zueinander als fremde Dritte gegenüberstehenden – Anteilseigner einer GmbH auf eine von den Beteiligungsverhältnissen abweichende ("inkongruente") Gewinnausschüttung verständigen, um dadurch einem der Anteilseigner einen Verlustabzug zu ermöglichen, und wenn anschließend der hierdurch begünstigte Anteilseigner die an ihn ausgeschütteten Gewinne seinerseits wieder inkongruent in die GmbH einlegt.

2. Die inkongruente Wiedereinlage zuvor inkongruent ausgeschütteter Gewinne erfolgt regelmäßig im Eigeninteresse, auch wenn die Kapitalzuführung gleichzeitig eine Wertsteigerung der vom Mitgesellschafter gehaltenen Beteiligung mit sich bringt. Eine Zuwendung an den Mitgesellschafter mit anschließender Wiedereinlage durch diesen scheidet unter solchen Umständen aus (Abgrenzung zum BFH-Beschluss vom 9. Juni 1997 GrS 1/94, BFHE 183, 187, BStBl. 1998 II S. 307).

3. Gleichgelagerte Interessen der Gesellschafter bei der Beschlussfassung über die Ausschüttung der Gewinne der GmbH begründen kein "Nahestehen" der Gesellschafter.

4. Gemäß § 42 Satz 2 AO 1977 entsteht der Steueranspruch im Falle eines Missbrauchs so, wie er bei einer den wirtschaftlichen Vorgängen angemessenen rechtlichen Gestaltung entsteht. Diese Rechtsfolgen einer rechtsmissbräuchlichen Gestaltung kann nur bei demjenigen Steuerpflichtigen gezogen werden, der aus der Gestaltung einen steuerlichen Vorteil erzielt.[1]

BFH vom 25.05.1999 VIII R 59/97 (BStBl. 2001 II S. 226):

1. Die Rückgewähr von vGA (oder deren Wertersatz) aufgrund einer sog. Satzungsklausel ist beim Gesellschafter als Einlage zu qualifizieren.

---

1) Vgl. hierzu BMF-Schreiben vom 7. Dezember 2000 – IV A 2 –S 2810 – 4/00 – (BStBl. I S. 47).

2. Schuldet der Gesellschafter für die Zeit zwischen Vorteilsgewährung und Rückgewähr (angemessene) Zinsen, stehen diese in einem Veranlassungszusammenhang zu den aus der Beteiligung an der Kapitalgesellschaft erzielten Einnahmen.

BFH vom 17.11.1998 VIII R 24/98 (BStBl. 1999 II S. 223): Ausschüttungen an den beherrschenden Gesellschafter einer zahlungsfähigen GmbH sind diesem in der Regel auch dann zum Zeitpunkt der Beschlussfassung über die Gewinnverwendung i. S. des § 11 Abs. 1 Satz 1 EStG zugeflossen, wenn die Gesellschafterversammlung eine spätere Fälligkeit des Auszahlungsanspruchs beschlossen hat (Bestätigung der Rechtsprechung in dem Urteil vom 30. April 1974 VIII R 123/73, BFHE 112, 355, BStBl. 1974 II S. 541).

BFH vom 26.08.1993 I R 44/92 (BFH/NV 1994 S. 318): Zum Begriff des "sonstigen Bezugs" aus Aktien i. S. des § 20 Abs. 1 Nr. 1 Satz 1 EStG bei satzungsmäßiger Überlassung von Ferienwohnungen einer AG an ihre Aktionäre.

BFH vom 03.08.1993 VIII R 82/91 (BStBl. 1994 II S. 561):

1. Rückzahlungen von Gewinnanteilen aus Anteilen an einer Kapitalgesellschaft sind beim Gesellschafter als Einlage und nicht als negative Einnahmen oder Werbungskosten bei den Einkünften aus Kapitalvermögen zu behandeln, wenn diese Rückzahlungen durch das Gesellschaftsverhältnis veranlasst sind.

2. Dies ist mindestens dann der Fall, wenn die Rückzahlungen der Gewinnanteile weder auf einer rechtlichen noch auf einer dieser vergleichbaren tatsächlichen Verpflichtung des Gesellschafters beruhen.

BFH vom 28.01.1992 VIII R 207/85 (BStBl. 1992 II S. 605): Zu den Nutzungen (§§ 1068, 1030 Abs. 1 BGB) eines Vorbehaltsnießbrauchs an einem GmbH-Anteil zählen grundsätzlich nicht die realisierten stillen Reserven eines Wirtschaftsguts des Anlagevermögens.

BFH vom 13.11.1991 I R 45/90 (BStBl. 1992 II S. 429): ... 2. Ein VVaG ist keine Körperschaft, deren Leistung i. S. der §§ 23 Abs. 2 Satz 2, 41 KStG 1984 bei den Empfängern zu den Einnahmen i. S. des § 20 Abs. 1 Nrn. 1 oder 2 EStG gehören. ...

BFH vom 24.01.1990 I R 55/85 (BStBl. 1991 II S. 147):

1. Gewinnanteile des stillen Gesellschafters, die der Wiederauffüllung seiner durch Verluste geminderten Einlage dienen, sind Einnahmen aus Kapitalvermögen.

2. Dies gilt auch im Falle eines beschränkt steuerpflichtigen stillen Gesellschafters.

3. Der Kapitalertragsteuerpflicht derartiger Gewinnanteile stehen die DBA mit Luxemburg, den Niederlanden und der Schweiz nicht entgegen.

BFH vom 12.10.1982 VIII R 72/79 (BStBl. 1983 II S. 128): Eine Zahlung aufgrund eines Gewinnverwendungsbeschlusses einer Kapitalgesellschaft ist beim Gesellschafter keine Einnahme aus Kapitalvermögen i. S. von § 20 Abs. 1 Nr. 1 EStG, wenn der Gesellschafter sie nicht aufgrund seiner Gesellschafterstellung, sondern aus einer bloßen Gläubigerstellung erhält. Dies ist der Fall, wenn die Zahlung ein auf abgekürztem Zahlungsweg erbrachtes Kaufentgelt aus einer Anteilsveräußerung zwischen Gesellschaftern der Kapitalgesellschaft ist.

BFH vom 04.03.1980 VIII R 48/76 (BStBl. 1980 II S. 453): Die Ausschüttungen auf Anteilscheine an einem Grundstückssondervermögen gehören zu den Einkünften aus Kapitalvermögen i. S. des § 20 Abs. 1 Nr. 1 EStG auch, soweit sie Ertragsausgleichszahlungen enthalten.

Zu § 20 Abs. 1 Nr. 2 EStG

BFH vom 07.07.1998 VIII R 10/96 (BStBl. 1999 II S. 729): Der Verkauf aller Anteile an einer GmbH zwecks Vermeidung einer Versteuerung des Liquidationserlöses nach § 20 Abs. 1 Nr. 2 EStG ist rechtsmissbräuchlich i. S. von § 42 AO 1977, wenn die GmbH im Zeitpunkt der Veräußerung ihre geschäftliche Tätigkeit bereits eingestellt hat, ihr gesamtes Vermögen faktisch (durch darlehensweise Überlassung) an die Gesellschafter verteilt ist und der mit dem Erwerber der Anteile vereinbarte "Kaufpreis" durch Übernahme der Darlehensverbindlichkeiten der Gesellschafter gegenüber der GmbH zu entrichten ist (Abgrenzung zum BFH-Urteil vom 23. Oktober 1996 I R 55/95, BFHE 181, 490, BStBl. 1998 II S. 90).

Zu § 20 Abs. 1 Nr. 7 EStG

BFH vom 16.11.1993 VIII R 33/92 (BStBl. 1994 II S. 632): Zinsen aus kapitalersetzenden Darlehen gelten beim beherrschenden Gesellschafter einer Kapitalgesellschaft so lange nicht als zugeflossen, als der Gesellschaft ein Leistungsverweigerungsrecht zusteht.

Zu § 20 Abs. 1 Nr. 10 EStG

BFH vom 23.01.2008 I R 18/07 (BStBl. 2008 II S. 573):

1. Verluste, die ein als Regiebetrieb geführter Betrieb gewerblicher Art erzielt, gelten im Verlustjahr als durch die Trägerkörperschaft ausgeglichen und führen zu einem Zugang in entsprechender Höhe im steuerlichen Einlagekonto.

2. Der für einen Betrieb gewerblicher Art festgestellte steuerrechtliche Verlustvortrag ist nicht mit den Einkünften der Trägerkörperschaft aus Kapitalvermögen zu verrechnen.

BFH vom 21.08.2007 I R 78/06 (BStBl. 2008 II S. 317): Einlagen, die eine Trägerkörperschaft ihrem Betrieb gewerblicher Art ohne eigene Rechtspersönlichkeit unter Geltung des Anrechnungsverfahrens zum Ausgleich von Verlusten zugeführt hat, erhöhen nicht den Anfangsbestand des steuerlichen Einlagekontos.

BFH vom 11.07.2007 I R 105/05 (BStBl. 2007 II S. 841): Gewinne eines Betriebes gewerblicher Art ohne eigene Rechtspersönlichkeit, die im ersten Wirtschaftsjahr der Anwendung des neuen Körperschaftsteuerrechts erzielt werden, führen nicht zu Einkünften aus Kapitalvermögen i.S. des § 20 Abs. 1 Nr. 10 Buchst. b EStG 1997 i.d.F. des StSenkG vom 23. Oktober 2000.

Zu § 20 Abs. 3 EStG

BFH vom 23.10.1985 I R 248/81 (BStBl. 1986 II S. 178): 1. Was unter den zu den Einkünften aus Kapitalvermögen gehörenden besonderen Entgelten i. S. des § 20 Abs. 2 Nr. 1[1] und des § 43 Abs. 3 EStG zu verstehen ist, ergibt sich aus der Begriffsbestimmung der Einnahmen in § 8 Abs. 1 EStG. 2. – 3. . . .

BFH vom 25.10.1979 VIII R 46/76 (BStBl. 1980 II S. 247): Die Rückzahlung von Gesellschaftskapital aufgrund handelsrechtlich wirksamer Kapitalherabsetzung ist Kapitalertrag i. S. des § 20 Abs. 2 Nr. 1 EStG[2], wenn der Vorgang den Missbrauchstatbestand des § 6 StAnpG (jetzt § 42 AO 1977) erfüllt. Dies ist der Fall, wenn die Kapitalrückzahlung allein dazu vorgenommen wurde, um thesaurierte Gewinne an die Gesellschafter auszukehren und dabei die steuerliche Doppelbelastung von Gewinnausschüttungen einer Kapitalgesellschaft mit Körperschaftsteuer und Einkommensteuer, wie sie bis zum Inkrafttreten der Körperschaftsteuerreform zum 1. Januar 1977 gegeben war, auszuschalten.

---

1) Nunmehr § 20 Abs. 3 EStG.
2) Nunmehr § 20 Abs. 3 EStG.

Anwendung des § 20 Abs. 1 Nr. 9 EStG auf Auskehrungen von Stiftungen

BMF-Schreiben vom 27.06.2006
IV B 7 – S 2252 – 4/06
(BStBl. 2006 I S. 417)

Nach § 20 Abs. 1 Nr. 9 EStG gehören zu den Einkünften aus Kapitalvermögen auch die Einnahmen aus Leistungen einer nicht von der Körperschaftsteuer befreiten Körperschaft im Sinne des § 1 Abs. 1 Nr. 3 bis 5 KStG, die Gewinnausschüttungen im Sinne des § 20 Abs. 1 Nr. 1 EStG wirtschaftlich vergleichbar sind.

Unter Bezugnahme auf das Ergebnis der Erörterungen mit den obersten Finanzbehörden der Länder nehme ich zur Anwendung des § 20 Abs. 1 Nr. 9 EStG auf Auskehrungen von Stiftungen wie folgt Stellung:

Unter § 20 Abs. 1 Nr. 9 EStG fallen alle wiederkehrenden oder einmaligen Leistungen einer Stiftung, die von den beschlussfassenden Stiftungsgremien aus den Erträgen der Stiftung an den Stifter, seine Angehörigen oder deren Abkömmlinge ausgekehrt werden. Der Stifter, seine Angehörigen oder deren Abkömmlinge erzielen entsprechende Einkünfte aus Kapitalvermögen. Dies gilt auch, wenn die Leistungen anlässlich der Auflösung der Stiftung erbracht werden.

Auslegungsfragen zu § 20 Abs. 1 Nr. 10 EStG;
Betriebe gewerblicher Art als Schuldner der Kapitalerträge [1]

BMF-Schreiben vom 11.09.2002
IV A 2 – S 1910 – 194/02
(BStBl. 2002 I S. 935)

Nach dem Ergebnis einer Erörterung mit den obersten Finanzbehörden der Länder gilt für die Auslegung des § 20 Abs. 1 Nr. 10 EStG, soweit Betriebe gewerblicher Art (BgA) Schuldner der in der Vorschrift genannten Kapitalerträge sind, Folgendes:

A. Allgemeines

1 Durch das Steuersenkungsgesetz (StSenkG) vom 23. Oktober 2000 (BStBl. I S. 1428) und das Unternehmenssteuerfortentwicklungsgesetz (UntStFG) vom 20. Dezember 2001 (BStBl. 2002 I S. 35) sind in § 20 Abs. 1 Nr. 10 EStG für juristische Personen des öffentlichen Rechts neue Einkommenstatbestände eingeführt worden.

2 Nach dieser Vorschrift werden zu Kapitaleinkünften der Trägerkörperschaft qualifiziert
   – Leistungen eines nicht von der Körperschaftsteuer befreiten BgA mit eigener Rechtspersönlichkeit, z. B. Sparkassen (vgl. § 20 Abs. 1 Nr. 10 Buchst. a EStG) und
   – der durch Betriebsvermögensvergleich ermittelte Gewinn eines nicht von der Körperschaftsteuer befreiten BgA ohne eigene Rechtspersönlichkeit (soweit der Gewinn nicht den Rücklagen zugeführt wird) und verdeckte Gewinnausschüttungen sowie die Auflösung von Rücklagen des BgA zu Zwekken außerhalb des BgA, die Gewinne i. S. d. § 21 Abs. 3 UmwStG und die Gewinne aus Werbesendungen durch inländische öffentlich-rechtliche Rundfunkanstalten (vgl. § 20 Abs. 1 Nr. 10 Buchst. b EStG).

3 Diese Einkunftstatbestände führen nach § 2 Nr. 2 KStG zu einer beschränkten Steuerpflicht mit einer Kapitalertragsteuerbelastung von 10 % (§ 43 Abs. 1 Satz 1 Nrn. 7b und 7c EStG i.V.m. § 43a Abs. 1 Nrn. 5 und 6 EStG). Damit wird die wirtschaftliche Betätigung einer juristischen Person des öffentlichen Rechts unabhängig davon, ob sie in der Form eines BgA oder einer Kapitalgesellschaft ausgeübt wird, im Ergebnis der gleichen Steuerbelastung unterworfen.

4 Die Körperschaftsteuer für diese – dem Kapitalertragsteuerabzug unterliegenden Einkünfte ist in der Regel nach § 32 Abs. 1 Nr. 2 KStG durch den Steuerabzug abgegolten. Die Kapitalertragsteuer von 10% ist somit nicht anrechenbar (vgl. aber Rdnrn. 7 und 11). Die nach § 43 Abs. 1 Satz 1 Nrn. 7b und 7c EStG zu erhebende Kapitalertragsteuer von 10 % kann nicht nach § 44c Abs. 2 Nr. 2 EStG zur Hälfte erstattet werden. Erfüllt die Trägerkörperschaft des BgA die Voraussetzungen des § 44a Abs. 7 Satz 1 Nrn. 2 und 3 EStG, ist der Kapitalertragsteuerabzug nicht vorzunehmen.

B. Leistungen eines Betriebes gewerblicher Art mit eigener Rechtspersönlichkeit (§ 20 Abs. 1 Nr. 10 Buchst. a EStG)

I. Persönlicher Anwendungsbereich

5 Die Leistungen (Kapitalerträge) müssen von einem nicht von der Körperschaftsteuer befreiten BgA (vgl. § 1 Abs. 1 Nr. 6 i.V.m. § 4 KStG) stammen, der eine eigene Rechtspersönlichkeit besitzt. Er muss alle Merkmale einer juristischen Person des öffentlichen Rechts erfüllen, insbesondere im vollen Umfang rechtsfähig sein. Teilrechtsfähigkeit, wie sie bei öffentlich-rechtlichen Sondervermögen oder bei Landesbetrieben bzw. Eigenbetrieben die Regel ist, reicht nicht aus.

6 Von den Regelungen erfasst werden BgA mit eigener Rechtspersönlichkeit (z.B. in der Rechtsform des Zweckverbandes oder einer nach Kommunalrecht errichteten Anstalt des öffentlichen Rechts), die der Versorgung der Bevölkerung mit Wasser, Gas, Elektrizität oder Wärme (= Versorgungsbetriebe), dem öffentlichen Verkehr oder dem Hafenbetrieb dienen (§ 4 Abs. 3 KStG). Als weitere Beispiele kommen in Betracht: die öffentlich-rechtlich als rechtsfähige Anstalten betriebenen Sparkassen, Landesbanken und Versicherungen sowie Kreditinstitute, die nicht nach § 5 Abs. 1 Nr. 2 KStG steuerbefreit sind. Sind Teilbereiche öffentlich-rechtlicher Kreditinstitute von der Körperschaftsteuer befreit (z.B. Landesbanken mit den in § 5 Abs. 1 Nr. 2 KStG genannten steuerbefreiten Förderbereichen), ist § 20 Abs. 1 Nr. 10 Buchst. a EStG auf den nicht steuerbefreiten Bereich anzuwenden.

7 § 20 Abs. 1 Nr. 10 Buchst. a EStG findet auch dann Anwendung, wenn eine juristische Person aus ihrem BgA ohne eigene Rechtspersönlichkeit Leistungen an eine andere juristische Person des öffentlichen Rechts (insbesondere an deren BgA) erbringt.

---

1) Vgl. Anhänge 1-03 bis 1-06.

Beispiel

Ein Zweckverband, der neben der Wasserversorgung (BgA) auch der Entsorgung (Hoheitsbetrieb) dient, und Leistungen i.S.d. § 20 Abs. 1 Nr. 10 Buchst. a EStG aus dem BgA erbringt, die in den Eigenbetrieb einer Mitgliedsgemeinde des Verbandes fließen.

II. Sachlicher Anwendungsbereich

Der sachliche Anwendungsbereich des § 20 Abs. 1 Nr. 10 Buchst. a EStG erstreckt sich auf Leistungen, die zu Einnahmen führen, die mit Gewinnausschüttungen i.S.d. § 20 Abs. 1 Nr. 1 EStG wirtschaftlich vergleichbar sind. Dazu gehören auch verdeckte Gewinnausschüttungen (§ 20 Abs. 1 Nr. 1 Satz 2 EStG) sowie Gewinnübertragungen, die aus steuerfreien Zuflüssen (z.B. nach § 8b Abs. 1 KStG) stammen. Nicht zu den Einnahmen gehören Leistungen des BgA, für die Beträge aus dem steuerlichen Einlagekonto i.S.d. § 27 KStG als verwendet gelten (§ 20 Abs. 1 Nr. 10 Buchst. a letzter Halbsatz EStG).   **8**

Beispiele:

Eine Stadtsparkasse führt einen Teil des Jahresüberschusses dem Gewährträger (Stadt) zu. Es handelt sich um eine einer Gewinnausschüttung vergleichbare Leistung i.S.d. § 20 Abs. 1 Nr. 10 Buchst. a EStG.

Eine Stadtsparkasse macht dem Gewährträger (Stadt) oder einer dem Gewährträger nahe stehenden Person eine Zuwendung für steuerbegünstigte (gemeinnützige) Zwecke, die dem Drittspendenvergleich i.S.d. BFH-Rechtsprechung (vgl. Abschn. 42 Abs. 6 KStR 1995) nicht standhält. Die Zuwendung ist als verdeckte Gewinnausschüttung zu werten.

III. Entstehung der Kapitalertragsteuer

Die Kapitalertragsteuer entsteht in dem Zeitpunkt, in dem die Kapitalerträge (= Leistungen i.S.d. § 20 Abs. 1 Nr. 10 Buchst. a EStG) dem Gläubiger (= Trägerkörperschaft des BgA) zufließen (§ 44 Abs. 1 Satz 2 EStG). Der Schuldner der Kapitalerträge ist nach § 44 Abs. 1 Satz 1 EStG der Gläubiger der Kapitalerträge (= Trägerkörperschaft des BgA). Im Zeitpunkt des Zuflusses der Kapitalerträge hat der Schuldner der Kapitalerträge (BgA) den Steuerabzug für Rechnung des Gläubigers der Kapitalerträge (= Trägerkörperschaft des BgA) vorzunehmen (§ 44 Abs. 1 Satz 3 EStG). Auf Leistungen, die wirtschaftlich mit Gewinnausschüttungen vergleichbar sind, ist § 44 Abs. 2 EStG anwendbar.   **9**

IV. Durchführung der Besteuerung

Von den Kapitalerträgen ist der Kapitalertragsteuerabzug nach § 43 Abs. 1 Nr. 7b EStG i.V.m. § 31 KStG vorzunehmen. Die Kapitalertragsteuer beträgt 10 % des Kapitalertrags, wenn der Gläubiger (= Gewährträger des BgA) die Kapitalertragsteuer trägt; sie beträgt jedoch 11 1/9 % des tatsächlich ausgezahlten Betrags, wenn der Schuldner (BgA) die Kapitalertragsteuer übernimmt (§ 43a Abs. 1 Nr. 5 EStG).   **10**

Ist der Empfänger der Leistungen unbeschränkt körperschaftsteuerpflichtig und fallen die ausschüttungsgleichen Leistungen und verdeckten Gewinnausschüttungen i.S.d. § 20 Abs. 1 Nr. 10 Buchst. a EStG bei ihm in einem inländischen gewerblichen Betrieb an, so erfolgt deren steuerliche Erfassung in der Veranlagung zur Körperschaftsteuer. Allerdings ist auf diese Leistungen die Regelung des § 8b Abs. 1 Satz 1 KStG anzuwenden, nach der die Leistungen bei der Einkommensermittlung außer Ansatz bleiben. Die nach § 43 Abs. 1 Nr. 7b i.V.m. § 43a Abs. 1 Nr. 5 EStG einbehaltene Kapitalertragsteuer von 10 % (vgl. § 43 Abs. 1 Satz 3 EStG) ist im Rahmen der Veranlagung zur Körperschaftsteuer des Empfängers nach § 36 Abs. 2 Satz 2 Nr. 2 EStG i.V.m. § 31 KStG in vollem Umfang anzurechnen.   **11**

Beispiel:

An der Landesbank A (= Anstalt des öffentlichen Rechts) sind das Land A (Gebietskörperschaft), der Landschaftsverband A (Gebietskörperschaft) sowie der Sparkassen- und Giroverband A zu je einem Drittel beteiligt. Der Sparkassen- und Giroverband A ist ein von den Sparkassen und ihren Gewährträgern gebildeter Berufsverband mit öffentlich-rechtlichem Charakter in der Rechtsform der Körperschaft des öffentlichen Rechts.

Die Landesbank A verteilt ihren Gewinn von 120 Mio. € zu je einem Drittel an die Beteiligten. Dabei wird die Kapitalertragsteuer nach § 43 Abs. 1 Nr. 7b i.V.m. § 43a Abs. 1 Nr. 5 EStG in Höhe von 10 % der Kapitalerträge (120 Mio. €) = 12 Mio. € einbehalten und an das für die Landesbank A zuständige Finanzamt abgeführt (§ 44 Abs. 1 Satz 5 EStG), so dass zur Auszahlung an die Beteiligten 108 Mio. € (120 Mio. € abzüglich 12 Mio. €) zur Verfügung stehen. Jeder Beteiligte erhält einen Betrag von 36 Mio. € (108 Mio. € : 3). Auf jeden der Beteiligten entfällt eine einbehaltene Kapitalertragsteuer von 4 Mio. €.

Die Körperschaftsteuer der Beteiligten ist durch den Steuerabzug vom Kapitalertrag abgegolten (§ 32 Abs. 1 Nr. 2 KStG). Die Beteiligten unterliegen insoweit der beschränkten Körperschaftsteuerpflicht nach § 2 Nr. 2 KStG. Dies gilt grundsätzlich auch für den Sparkassen- und Giroverband A.

Leitet der Sparkassen- und Giroverband (Gläubiger der Kapitalerträge) jedoch die zugeflossenen Gewinnanteile ganz oder teilweise an die in ihm zusammengeschlossenen Sparkassen weiter, so erhalten die Sparkassen Bezüge i.S.d. § 8b Abs. 6 Satz 2 KStG, die bei ihnen im Rahmen der Ermittlung des steuerlichen Einkommens außer Ansatz bleiben. Zur Anrechnung der auf diese Bezüge entfallenden, von der Landesbank A einbehaltenen Kapitalertragsteuer auf die Körperschaftsteuer der Sparkassen nach § 36 Abs. 2 Satz 2 Nr. 2 EStG reicht die Vorlage der Bescheinigung nach § 45a Abs. 2 und 3 EStG, die dem Gläubiger der Kapitalerträge (Sparkassen- und Giroverband) ausgestellt wird, aus (§ 36 Abs. 2 Satz 2 Nr. 2 Satz 3 EStG).

12 In den Fällen des § 8b Abs. 6 Satz 2 KStG wird es für die Anrechnung der Kapitalertragsteuer bei dem BgA nach § 36 Abs. 2 Satz 2 Nr. 2 Satz 3 EStG nicht beanstandet, wenn die die mittelbare Beteiligung vermittelnde Körperschaft, Personenvereinigung oder Vermögensmasse dem BgA auf einer Kopie der ihr vorliegenden Kapitalertragsteuerbescheinigung die auf ihn entfallenden Bezüge und Gewinne und die darauf anteilig entfallende Kapitalertragsteuer mitteilt. Die für Wohnungseigentümergemeinschaften geltenden Grundsätze von Rdnr. 7 des BMF-Schreibens vom 26. Oktober 1992 (BStBl. I S. 693) sind entsprechend anzuwenden.

V. Steuerliche Behandlung der Einlagen

13 Auf Leistungen des BgA, die in der Rückgewähr von Einlagen bestehen, ist § 20 Abs. 1 Nr. 10 Buchst. a EStG nicht anzuwenden (§ 20 Abs. 1 Nr. 10 Buchst. a letzter Halbsatz EStG). Um eine Trennung der Einlagen von den übrigen Eigenkapitalteilen (z.B. Gewinnrücklagen, Gewinnvortrag) des BgA vornehmen zu können, hat auch der BgA mit eigener Rechtspersönlichkeit das steuerliche Einlagekonto i.S.d. § 27 KStG zu führen (§ 27 Abs. 7 KStG). Dabei sind Altrücklagen wie Einlagen zu behandeln und als Anfangsbestand des steuerlichen Einlagekontos (§ 27 KStG) zu erfassen. Zu dem Anfangsbestand gehören auch Einlagen aus früheren Zeiträumen. Im Ergebnis sind alle im Zeitpunkt des Systemwechsels vorhandenen Eigenkapitalteile, die das Nennkapital bzw. eine vergleichbare Kapitalgröße des BgA übersteigen, dem steuerlichen Einlagekonto als Anfangsbestand zuzurechnen.

VI. Zeitlicher Anwendungsbereich

14 § 52 Abs. 37a Satz 1 EStG verknüpft die erstmalige Anwendung des § 20 Abs. 1 Nr. 10 Buchst. a EStG beim Gläubiger der Leistungen mit der körperschaftsteuerlichen Behandlung des BgA mit eigener Rechtspersönlichkeit. Danach ist die Vorschrift erstmals auf Leistungen anzuwenden, die der Gläubiger der Leistungen nach Ablauf des ersten Wirtschaftsjahrs des BgA erzielt, für das das KStG i.d.F. des StSenkG erstmals anzuwenden ist. Bei kalenderjahrgleichem Wirtschaftsjahr des BgA ist § 20 Abs. 1 Nr. 10 Buchst. a EStG erstmals auf Leistungen anzuwenden, die der Gläubiger der Leistungen in 2002 erzielt, da der BgA bereits mit den Ergebnissen des Wirtschaftsjahrs 2001 im Rahmen der Veranlagung zur Körperschaftsteuer 2001 dem neuen Recht unterliegt. Hat der leistende BgA ein vom Kalenderjahr abweichendes Wirtschaftsjahr, hängt die erstmalige Anwendung des § 20 Abs. 1 Nr. 10 Buchst. a EStG davon ab, wann im Verlauf des Kalenderjahres 2002 die Leistung i.S.d. § 20 Abs. 1 Nr. 10 Buchst. a EStG erbracht wird.

Beispiel:

Der BgA hat ein Wirtschaftsjahr vom 1. Dezember bis zum 30. November eines Jahres. Die Leistung i.S.d. § 20 Abs. 1 Nr. 10 Buchst. a EStG für das Wirtschaftsjahr 2000/2001 wird am 15. Dezember 2001, die für das Wirtschaftsjahr 2001/2002 am 15. Dezember 2002 erbracht.

Für die am 15. Dezember 2001 erbrachte Leistung ist das neue Recht noch nicht anzuwenden, da sie vor Ablauf des ersten Wirtschaftsjahrs des BgA erbracht wird, für das neue Recht gilt. Für die am 15. Dezember 2002 erbrachte Leistung gilt bereits neues Recht, da sie nach Ablauf des ersten Wirtschaftsjahrs des BgA erbracht wird, für das neues Recht gilt.

C. Gewinne von Betrieben gewerblicher Art ohne eigene Rechtspersönlichkeit (§ 20 Abs. 1 Nr. 10 Buchst. b Sätze 1 bis 3 und 5 EStG)

I. Persönlicher Anwendungsbereich

15 Unter die Vorschrift des § 20 Abs. 1 Nr. 10 Buchst. b EStG fallen jeweils in Abhängigkeit von den unterschiedlichen Kapitalerträgen drei Gruppen von BgA ohne eigene Rechtspersönlichkeit:

– Gruppe 1 (Betriebsvermögensvergleich):

In diese Gruppe fallen die nicht von der Körperschaftsteuer befreiten BgA (einschl. der Ver- **16** pachtungsbetriebe gewerblicher Art i.S.d. § 4 Abs. 4 KStG), die ihren Gewinn auf Grund einer gesetzlichen Verpflichtung oder freiwillig durch Betriebsvermögensvergleich (§ 4 Abs. 1 und § 5 EStG) ermitteln. Zu dieser Gruppe rechnen auch BgA, die unabhängig von der Gewinnermittlungsart Umsätze einschließlich der steuerfreien Umsätze, ausgenommen die Umsätze nach § 4 Nrn. 8 bis 10 UStG, von mehr als 260.000 € im Kalenderjahr oder einen Gewinn von mehr als 25.000 € im Wirtschaftsjahr erzielen. Bei BgA der Gruppe 1, die die genannten Umsatz- bzw. Gewinngrenzen überschreiten, ist § 20 Abs. 1 Nr. 10 Buchst. b EStG auch dann anzuwenden, wenn sie noch keine Mitteilung des Finanzamts nach § 141 Abs. 2 AO erhalten haben oder ihnen nach § 148 AO Erleichterungen bewilligt worden sind; aus Billigkeitsgründen gilt dies nicht für das erste Wirtschaftsjahr des BgA, für das das KStG i.d.F. des StSenkG erstmals anzuwenden ist. Unterhalb der genannten Buchführungsgrenzen führt die Verwaltungsbuchführung (Kameralistik) mangels Vergleichbarkeit mit dem Betriebsvermögensvergleich jedoch nicht zur Anwendung des § 20 Abs. 1 Nr. 10 Buchst. b EStG.

Besteht eine Verpflichtung zum Betriebsvermögensvergleich nach Handels- oder Steuerrecht und **17** wird diese nicht beachtet, ist der Gewinn nach den Grundsätzen des Betriebsvermögensvergleichs für Zwecke der Körperschaftsteuerveranlagung zu schätzen (§ 162 AO). Aus dem so ermittelten Gewinn ist der für Zwecke der Anwendung des § 20 Abs. 1 Nr. 10 Buchst. b EStG maßgebende Gewinn abzuleiten. Sind die genannten Buchführungsgrenzen überschritten und wird der Gewinn bisher zulässigerweise für Zwecke der Körperschaftsteuerveranlagung nicht durch Betriebsvermögensvergleich ermittelt, ist der Gewinn für Zwecke der Anwendung des § 20 Abs. 1 Nr. 10 Buchst. b EStG im Wege des Betriebsvermögensvergleichs zu schätzen.

Bei den BgA, die in die erste Gruppe fallen, sind Gegenstand der Besteuerung der Gewinn- und **18** verdeckte Gewinnausschüttungen".

– Gruppe 2 (einbringungsgeborene Anteile):

    In diese Gruppe fallen BgA i.S.d. § 21 Abs. 3 UmwStG ohne eigene Rechtspersönlichkeit **19**   unabhängig von den Voraussetzungen der Gruppe 1.

– Gruppe 3 (Rundfunkanstalten):

    Diese Gruppe bilden unabhängig von den Voraussetzungen der Gruppe 1 die BgA „Ver- **20**   anstaltung von Werbesendungen" der inländischen öffentlich-rechtlichen Rundfunk-   anstalten. Die Besteuerung knüpft in diesen Fällen an das Einkommen i.S.d. § 8 Abs. 1 Satz 2   KStG an.

II. Sachlicher Anwendungsbereich

1. Kapitalerträge der Gruppe 1

Bei den Steuerpflichtigen der Gruppe 1 werden als Kapitalerträge die nicht den Rücklagen zu- **21** geführten Gewinne des BgA, die nachfolgende Auflösung der Rücklagen zu Zwecken außerhalb des BgA sowie verdeckte Gewinnausschüttungen (§ 8 Abs. 3 Satz 2 KStG) der Besteuerung unterworfen.

Bei dem in der Vorschrift genannten Gewinnbegriff handelt es sich um den Gewinn des BgA, den **22** die juristische Person des öffentlichen Rechts für Zwecke außerhalb des BgA verwenden kann (= verwendungs- bzw. rücklagefähiger Gewinn). Bei der hier maßgebenden handelsrechtlichen Betrachtung entspricht dies dem Jahresüberschuss (§ 275 HGB). Wird nur eine Steuerbilanz aufgestellt, ist auf den Gewinn nach § 4 Abs. 1 EStG (Unterschiedsbetrag nach § 4 Abs. 1 Satz 1 EStG) abzustellen. Der so ermittelte Gewinn ist weder um nicht abziehbare Aufwendungen nach § 4 Abs. 5 EStG bzw. § 10 KStG noch um bei der Einkommensermittlung außer Ansatz bleibende Beträge (z.B. § 8b KStG) zu korrigieren. Der Gewinn ist um die Beträge für den Ausgleich von Fehlbeträgen (Verlusten) aus früheren Wirtschaftsjahren zu kürzen.

[1] Der Gewinn unterliegt nicht der Besteuerung nach § 20 Abs. 1 Nr. 10 Buchst. b EStG, soweit er **23** den Rücklagen des BgA zugeführt wird. Als Zuführung zu den Rücklagen gilt jedes Stehenlassen von Gewinnen als Eigenkapital für Zwecke des BgA, unabhängig davon, ob dies in der Form der Zuführung zu den Gewinnrücklagen, als Gewinnvortrag oder unter einer anderen Position des Eigenkapitals erfolgt. Die Zulässigkeit einer Rücklagenbildung richtet sich nach dem Haushaltsrecht. Eine Rücklagenbildung wird nicht anerkannt, soweit der Gewinn des BgA haushaltsrechtlich der Trägerkörperschaft zuzurechnen ist. Werden Gewinne buchungstechnisch in der Bilanz des BgA „stehen gelassen", obwohl dies haushaltsrechtlich nicht zulässig ist, ist Ka-

---

1) Vgl. die Neufassung der Rdn. 23 im Anhang 1-03.

pitalertragsteuer zu erheben. Die so „stehen gelassenen" Gewinne werden als Einlage in den BgA gewertet.

24   [1]Werden die haushaltsrechtlich zulässigerweise gebildeten Rücklagen nicht für Zwecke des BgA (z.B. zur Verlustabdeckung) eingesetzt, sondern für außerhalb des BgA liegende Zwecke aufgelöst, so wird dadurch der Besteuerungstatbestand des § 20 Abs. 1 Nr. 10 Buchst. b EStG ausgelöst (§ 20 Abs. 1 Nr. 10 Buchst. b Satz 2 EStG). Der insoweit aufgelöste Rücklagenbetrag führt zu einem Gewinn i.S.d. § 20 Abs. 1 Nr. 10 Buchst. b Satz 1 EStG.

25   Für die Verwendung von Altrücklagen und Einlagen gelten die Ausführungen zu Rdnrn. 8 und 13 entsprechend. Im Übrigen müssen BgA, die unter § 20 Abs. 1 Nr. 10 Buchst. b EStG fallen und nicht bilanzieren, noch vorhandene Altrücklagen und Einlagen aus Zeiträumen vor dem Systemwechsel nachweisen und zum Zeitpunkt des Systemwechsels als Anfangsbestand in das steuerliche Einlagekonto übernehmen.

26   Eine Gewinnverwendung für Zwecke außerhalb des BgA ist z.B. gegeben, wenn die Gewinne und aufgelösten Rücklagen im hoheitlichen Bereich der Trägerkörperschaft eingesetzt werden. Für Zwecke außerhalb des BgA werden Gewinne und aufgelöste Rücklagen auch dann verwendet, wenn sie einem anderen BgA der gleichen Trägerkörperschaft oder einer Eigengesellschaft zugeführt werden. Dabei ist der Vorgang steuerlich in folgende Schritte zu zerlegen: Die Überführung der Gewinne bzw. aufgelösten Rücklagenbeträge des übertragenden BgA ist im ersten Schritt als Zuführung in den hoheitlichen Bereich der Trägerkörperschaft (mit der Folge der Anwendung des § 20 Abs. 1 Nr. 10 Buchst. b EStG) und im zweiten Schritt als Zuführung der Trägerkörperschaft (Einlage) an den empfangenden BgA oder die Eigengesellschaft (mit der Folge der Erfassung des Einlagebetrags auf dem steuerlichen Einlagekonto) zu behandeln.

27   Verdeckte Gewinnausschüttungen des BgA ohne eigene Rechtspersönlichkeit an die Trägerkörperschaft (juristische Person des öffentlichen Rechts) führen stets zu Kapitalerträgen i.S.d. § 20 Abs. 1 Nr. 10 Buchst. b EStG. Im Verhältnis zwischen verschiedenen BgA der gleichen Trägerkörperschaft können auch verdeckte Gewinnausschüttungen die Besteuerung nach § 20 Abs. 1 Nr. 10 Buchst. b EStG auslösen.

Beispiel:

Der BgA X überträgt auf den BgA Y der gleichen Trägerkörperschaft (unentgeltlich) die zu seinem gewillkürten Betriebsvermögen gehörende Beteiligung an einer GmbH. Die Beteiligung ist aus versteuerten Gewinnen zu 100 angeschafft worden. Der Teilwert im Zeitpunkt der Übertragung beträgt 120; ein Einlagekonto ist beim BgA X nicht vorhanden. Der Vorgang ist steuerrechtlich – in Anlehnung an die Besteuerungsgrundsätze von verdeckten Gewinnausschüttungen bei Schwestergesellschaften – wie folgt zu lösen:

Beim BgA X führt der Vorgang zu einer verdeckten Gewinnausschüttung an die Trägerkörperschaft und zu einer Besteuerung nach § 20 Abs. 1 Nr. 10 Buchst. b EStG. Die Bemessungsgrundlage für die Kapitalertragsteuer beträgt 120. Beim BgA Y ist die Beteiligung als Einlage der Trägerkörperschaft mit dem Teilwert zu aktivieren. Das steuerliche Einlagekonto (§ 27 KStG) ist um diesen Betrag zu erhöhen.

2. Kapitalerträge der Gruppe 2

28   Bei den Steuerpflichtigen, die in die Gruppe 2 fallen, ist Kapitalertrag der Gewinn i.S.d. § 21 Abs. 3 UmwStG. Erfasst werden sowohl die Gewinne aus der Veräußerung einbringungsgeborener Anteile nach § 21 Abs. 1 UmwStG als auch die Gewinne aus den Vorgängen nach § 21 Abs. 2 UmwStG, die – auch ohne Veräußerung – zu einer Gewinnrealisierung führen (z.B. Antragsbesteuerung nach § 21 Abs. 2 Nr. 1 UmwStG). Wegen der ausdrücklichen Bezugnahme auf § 21 Abs. 3 UmwStG werden aber nur die Gewinne erfasst, die aufgrund der Fiktion des § 21 Abs. 3 Nr. 1 UmwStG als in einem BgA (ohne eigene Rechtspersönlichkeit) entstanden gelten. Sind dagegen die einbringungsgeborenen Anteile bereits Betriebsvermögen eines BgA (ohne eigene Rechtspersönlichkeit), liegt – bei Veräußerung der Anteile – begrifflich kein Gewinn i.S.d. § 21 Abs. 3 UmwStG vor; in solcher Gewinn ist vielmehr regelmäßig als Kapitalertrag des BgA (Gruppe 1) zu erfassen.

29   Gewinne i.S.d. § 21 Abs. 3 UmwStG führen im Übrigen unabhängig davon, ob die Steuerfreiheit nach § 8b Abs. 2 KStG i.V.m. § 8b Abs. 4 KStG zu gewähren ist oder nicht, zu einer Besteuerung nach § 20 Abs. 1 Nr. 10 Buchst. b EStG.

---

1) Vgl. die Neufassung der Rdn. 24 im Anhang 1-03.

3. Kapitalerträge der Gruppe 3

Bei den BgA „Veranstaltung von Werbesendungen" (ohne eigene Rechtspersönlichkeit) der inländischen öffentlich-rechtlichen Rundfunkanstalten wird hinsichtlich des Kapitalertrags an die Einkommensdefinition des § 8 Abs. 1 Satz 2 KStG angeknüpft. Der steuerpflichtige Kapitalertrag (Bemessungsgrundlage) beträgt drei Viertel des Einkommens. Eine Einschränkung der Besteuerung durch Rücklagendotierung ist nicht vorgesehen.   30

Soweit die inländischen öffentlich-rechtlichen Rundfunkanstalten neben der Veranstaltung von Werbesendungen noch andere BgA (z.B. Kantinenbetrieb) unterhalten, fallen sie damit unter die Steuerpflicht der Gruppe 1.   31

III. Entstehung der Kapitalertragsteuer

§ 44 Abs. 6 EStG regelt als Spezialvorschrift den Entstehungszeitpunkt der Kapitalertragsteuer. Grundsätzlich entsteht die Kapitalertragsteuer auf den Gewinn im Zeitpunkt der Bilanzerstellung, spätestens jedoch acht Monate nach Ablauf des Wirtschaftsjahrs (§ 44 Abs. 6 Satz 2 EStG); als Zeitpunkt der Bilanzerstellung in diesem Sinne der Vorschrift ist der Zeitpunkt der Bilanzfeststellung zu verstehen. Dies gilt auch für die verdeckten Gewinnausschüttungen im abgelaufenen Wirtschaftsjahr.[1]   32

Bei der Auflösung von Rücklagen entsteht die Kapitalertragsteuer am Tage nach der Beschlussfassung über die Verwendung. Für Gewinne nach § 21 Abs. 3 UmwStG entsteht die Kapitalertragsteuer am Tage nach der Veräußerung bzw. am Tag nach dem die Besteuerungsfolge i.S.d. § 21 Abs. 2 UmwStG auslösenden Ereignis (§ 44 Abs. 6 Satz 2 zweiter Halbsatz EStG).   33

Für die Gewinne aus Werbesendungen der öffentlich-rechtlichen Rundfunkanstalten entsteht die Kapitalertragsteuer mit Ablauf des jeweiligen Wirtschaftsjahrs (§ 44 Abs. 6 Satz 3 EStG).   34

IV. Durchführung der Besteuerung

Die Besteuerung wird in den Fällen des § 20 Abs. 1 Nr. 10 Buchst. b EStG im Wege des Kapitalertragsteuerabzugs vorgenommen (§ 43 Abs. 1 Satz 1 Nr. 7c EStG). Durch § 43 Abs. 2 EStG wird klargestellt, dass die Identität von Gläubiger und Schuldner dem Steuerabzug vom Kapitalertrag nicht entgegensteht.   35

Die Kapitalertragsteuer wird in Höhe von 10 % der Kapitalerträge erhoben (§ 43a Abs. 1 Nr. 6 EStG).   36

Die Vorschrift des § 44 Abs. 6 Satz 1 EStG fingiert für die Durchführung des Kapitalertragsteuerabzugs die juristische Person des öffentlichen Rechts als Gläubiger und den BgA als Schuldner der Kapitalerträge. Im Rahmen der entsprechenden Anwendung des § 44 Abs. 1 Satz 5 EStG tritt an die Stelle der einbehaltenen die „entstandene" Kapitalertragsteuer. Die juristische Person des öffentlichen Rechts kann hinsichtlich der Kapitalertragsteuer auch mit dem Vermögen außerhalb des BgA in Anspruch genommen werden (§ 32 Abs. 2 Nr. 1 KStG); § 44 Abs. 6 Satz 4 EStG verweist nicht auf § 44 Abs. 5 Satz 2 EStG.   37

V. Zeitlicher Anwendungsbereich

§ 52 Abs. 37a Satz 2 EStG verknüpft die erstmalige Anwendung des § 20 Abs. 1 Nr. 10 Buchst. b EStG beim Empfänger des Gewinns mit der körperschaftsteuerlichen Behandlung des leistenden BgA ohne eigene Rechtspersönlichkeit. Danach ist die Vorschrift erstmals auf Gewinne anzuwenden, die der Empfänger des Gewinns nach Ablauf des ersten Wirtschaftsjahrs des BgA ohne eigene Rechtspersönlichkeit erzielt, für das das KStG i.d.F. des StSenkG erstmals anzuwenden ist. Bei kalenderjahrgleichem Wirtschaftsjahr des BgA ist § 20 Abs. 1 Nr. 10 Buchst. b EStG erstmals auf Gewinne anzuwenden, die der Empfänger in 2002 erzielt. Hat der leistende BgA ein vom Kalenderjahr abweichendes Wirtschaftsjahr, hängt die erstmalige Anwendung des § 20 Abs. 1 Nr. 10 Buchst. b EStG davon ab, wann der Empfänger den Gewinn i.S.d. § 20 Abs. 1 Nr. 10 Buchst. b EStG erzielt.   38

Beispiel:

Der BgA hat ein Wirtschaftsjahr vom 1. Dezember bis zum 30. November eines Jahres. Die Bilanz für dieses Wirtschaftsjahr wird am 15. Dezember 2001, die für das Wirtschaftsjahr 2001/2002 am 15. Dezember 2002 erstellt.

Die Bilanzfeststellung am 15. Dezember 2001 führt noch nicht zu Kapitalerträgen i.S.d. § 20 Abs. 1 Nr. 10 Buchst. b EStG, weil für dieses Wirtschaftsjahr des BgA das neue Recht noch nicht anzuwenden ist. Dagegen führt die Bilanzerstellung am 15. Dezember 2002 zu Kapitalerträgen i.S.d. § 20 Abs. 1 Nr. 10 Buchst. b EStG, weil für dieses Wirtschaftsjahr des BgA das neue Recht erstmals anzuwenden ist.

Verdeckte Gewinnausschüttungen in 2001 oder in 2002 vor Ende des ersten abweichenden Wirtschaftsjahrs, auf das neues Recht anzuwenden ist, werden erfasst, weil § 44 Abs. 6 Satz 2 EStG die Kapitalertragsteuer für verdeckte Gewinnausschüttungen zeitgleich mit den laufenden Gewinnen im Zeit-   39

---

1) Auf das BMF-Schreiben vom 26. August 2002 (BStBl. I S. 836) wird ergänzend verwiesen.

punkt der Bilanzfeststellung oder spätestens acht Monate nach Ablauf des Wirtschaftsjahrs entstehen lässt.

40 Die Kapitalertragsteuerpflicht für das Einkommen aus der Veranstaltung von Werbesendungen durch inländische öffentlich-rechtliche Rundfunkanstalten gilt bereits für Gewinne des Veranlagungszeitraums 2001 (§ 52 Abs. 37a Satz 3 und Abs. 53 Satz 3 EStG).

Anwendungsfragen zu § 20 Abs. 1 Nr. 10 Buchstabe b EStG;
Änderung der Rdnrn. 23 und 24 des BMF-Schreibens vom 11. September 2002
(BStBl. I S. 935)[1]

BMF-Schreiben vom 08.08.2005
IV B 7 – S 2706a – 4/05
(BStBl. 2005 I S. 831)

Nach dem Ergebnis der Erörterung mit den obersten Finanzbehörden der Länder erhalten die Rdnrn. 23 und 24 des BMF-Schreibens vom 11. September 2002 (a. a. O.) folgende Fassung:

„23 Kapitalertragsteuerpflichtige Einkünfte aus Kapitalvermögen im Sinne des § 20 Abs. 1 Nr. 10 Buchstabe b EStG liegen insoweit nicht vor, als der Gewinn zulässigerweise als Rücklage ausgewiesen wird. Eine Rücklagenbildung ist anzuerkennen, soweit die Zwecke des BgA ohne die Rücklagenbildung nachhaltig nicht erfüllt werden können. Das Bestreben, ganz allgemein die Leistungsfähigkeit des BgA zu erhalten, reicht für eine unschädliche Rücklagenbildung nicht aus. Vielmehr müssen die Mittel für bestimmte Vorhaben – z. B. Anschaffung von Anlagevermögen – angesammelt werden, für deren Durchführung bereits konkrete Zeitvorstellungen bestehen. Besteht noch keine konkrete Zeitvorstellung, ist eine Rücklagenbildung zulässig, wenn die Durchführung des Vorhabens glaubhaft und finanziell in einem angemessenen Zeitraum möglich ist. Eine Mittel-reservierung liegt auch vor, soweit die Mittel, die auf Grund eines gewinnrealisierenden Vorgangs dem BgA zugeführt worden sind, bereits im laufenden Wirtschaftsjahr z. B. reinvestiert oder zur Tilgung von betrieblichen Verbindlichkeiten verwendet worden sind. Kein Zweck im vorgenannten Sinne ist dagegen die darlehensweise Überlassung liquider Mittel des BgA an die Trägerkörper-schaft, wenn insoweit eine Rücklagenbildung nicht anzuerkennen ist.

24 Werden die zulässigerweise gebildeten Rücklagen nicht für Zwecke des BgA (z. B. zur Verlustab-deckung) eingesetzt, sondern für außerhalb des BgA liegende Zwecke aufgelöst, so wird dadurch der Besteuerungstatbestand des § 20 Abs. 1 Nr. 10 Buchst. b EStG ausgelöst (§ 20 Abs. 1 Nr. 10 Buchst. b Satz 2 EStG). Der insoweit aufgelöste Rücklagenbetrag führt zu einem Gewinn im Sinne des § 20 Abs. 1 Nr. 10 Buchst. b Satz 1 EStG.“

Die vorstehende Fassung der Rdnrn. 23 und 24 ist in allen offenen Veranlagungen anzuwenden.

---

1)   Hier abgedruckt als Anhang 1-02.

**Auslegungsfragen zu § 20 Abs. 1 Nr. 10 Buchstabe b Satz 4 EStG;
Gewinne steuerpflichtiger wirtschaftlicher Geschäftsbetriebe der von der
Körperschaftsteuer befreiten Körperschaften, Personenvereinigungen und
Vermögensmassen**

BMF-Schreiben vom 10.11.2005
IV B 7 – S 2706a – 6/05
(BStBl. 2005 I S. 1029)

Nach dem Ergebnis der Erörterungen mit den obersten Finanzbehörden der Länder gilt für die Anwendung des § 20 Abs. 1 Nr. 10 Buchstabe b Satz 4 EStG bei wirtschaftlichen Geschäftsbetrieben (wiGB) der von der Körperschaftsteuer befreiten Körperschaften, Personenvereinigungen und Vermögensmassen Folgendes:

1. Allgemeines

Nach § 20 Abs. 1 Nr. 10 Buchstabe b Satz 4 und 5 EStG in der Fassung des Steuersenkungsgesetzes (StSenkG) vom 23. Oktober 2000 (BStBl. I S. 1428) und des Unternehmenssteuerfortentwicklungsgesetzes (UntStFG) vom 20. Dezember 2001 (BStBl. 2002 I S. 35) gehören die nicht den Rücklagen zugeführten Gewinne steuerpflichtiger wiGB von Körperschaften, Personenvereinigungen und Vermögensmassen, die von der Körperschaftsteuer befreit sind, zu den Einkünften aus Kapitalvermögen. Diese Körperschaften, Personenvereinigungen und Vermögensmassen sind mit den Einkünften unbeschränkt körperschaftsteuerpflichtig im Sinne des § 1 Abs. 1 KStG („Ebene der Trägerkörperschaft").

Die Gewinne unterliegen nach den § 43 Abs. 1 Nr. 7c, § 43a Abs. 1 Nr. 6 EStG einer Kapitalertragsteuer von 10 %. Unter den Voraussetzungen des § 44a Abs. 7 EStG kann bei den dort genannten Gläubigern von Kapitalerträgen (z. B. nach § 5 Abs. 1 Nr. 9 KStG steuerbefreite Körperschaften) vom Kapitalertragsteuerabzug Abstand genommen werden.

§ 20 Abs. 1 Nr. 10 Buchstabe b Satz 4 EStG erfasst nur die Körperschaften, Personenvereinigungen und Vermögensmassen, die als Ganzes steuerbefreit sind. Soweit sich diese Steuerbefreiung aus § 5 KStG ergibt, sind dies die nach § 5 Abs. 1 Nr. 5, 7, 9, 16, 19, 22 und 23 KStG Befreiten.

Für Betriebe gewerblicher Art ohne eigene Rechtspersönlichkeit wurden Auslegungsfragen zu § 20 Abs. 1 Nr. 10 Buchstabe b Satz 1 EStG in dem BMF-Schreiben vom 11. September 2002 (BStBl. I S. 935)[1] geregelt (Rdnr. 15 ff.; die Rdnrn. 23 und 24 wurden durch das BMF-Schreiben vom 8. August 2005 neu gefasst – BStBl. I S. 831)[2] Die Grundsätze des BMF-Schreibens vom 11. September 2002 (a. a. O.) und des BMF-Schreibens vom 8. August 2005 (a. a. O.) sind mit Ausnahme der Rdnrn. 20, 30, 31, 34 und 40 und unter Berücksichtigung der nachfolgenden Regelungen auf § 20 Abs. 1 Nr. 10 Buchstabe b Satz 4 EStG entsprechend anzuwenden.

2. Besteuerungsgegenstand

Ausgangsgröße ist der verwendbare Gewinn des wiGB. Dieser ermittelt sich nach den Grundsätzen der Rdnr. 22 des BMF-Schreibens vom 11. September 2002 (a. a. O.)[3]. Die Verwendung von Vermögen des wiGB für den steuerbefreiten Bereich der Körperschaft, Personenvereinigung und Vermögensmasse oder für Dritte führt zu Entnahmen aus dem wiGB und geht dadurch in die Ermittlung des verwendbaren Gewinns ein.

3. Mehrere wirtschaftliche Geschäftsbetriebe

Unterhält eine steuerbefreite Körperschaft mehrere wiGB ist für § 20 Abs. 1 Nr. 10 Buchstabe b Satz 4 EStG auf das Gesamtergebnis aller wiGB, deren Gewinn durch Betriebsvermögensvergleich ermittelt wird, abzustellen. Der Gewinn des wiGB wird auch dann durch Betriebsvermögensvergleich ermittelt, wenn die Körperschaft, Personenvereinigung oder Vermögensmasse für ihren steuerpflichtigen und ihren steuerbegünstigten Bereich zusammen einen einheitlichen Betriebsvermögensvergleich erstellt. Die Umsatz- und Gewinngrenzen des § 20 Abs. 1 Nr. 10 Buchstabe b Satz 1 EStG sind auf den jeweiligen wiGB anzuwenden.

§ 6 Abs. 5 Satz 1 EStG ist anzuwenden.

---

1) Hier abgedruckt als Anhang 1-02.
2) Hier abgedruckt als Anhang 1-03.
3) Hier abgedruckt als Anhang 1-02.

4. Rücklagenbildung

Soweit der im wiGB angefallene Gewinn zulässigerweise den Rücklagen des wiGB zugeführt worden ist, ist § 20 Abs. 1 Nr. 10 Buchstabe b Satz 4 i. V. m. Satz 1 EStG nicht erfüllt. Die Grundsätze der Rdnr. 23 im BMF-Schreiben vom 11. September 2002 (a. a. O.)[1] i. d. F. des BMF-Schreibens vom 8. August 2005 (a. a. O.)[2] gelten entsprechend.

Hat eine Rücklagenbildung im wiGB im Einzelfall zum Verlust der Steuerbefreiung der Körperschaft, Personenvereinigung oder Vermögensmasse geführt, scheidet die Anwendung des § 20 Abs. 1 Nr. 10 Buchstabe b Satz 4 EStG bereits dem Grunde nach aus. Bei Verlust der Steuerbefreiung fallen Leistungen dieser Körperschaft, Personenvereinigung oder Vermögensmasse unter § 20 Abs. 1 Nr. 1 oder 9 EStG.

5. Beteiligung an einer Mitunternehmerschaft

Die Beteiligung einer steuerbefreiten Körperschaft, Personenvereinigung oder Vermögensmasse an einer Mitunternehmerschaft stellt einen eigenständigen wiGB dar. Der im Rahmen der einheitlichen und gesonderten Feststellung der Einkünfte auf die steuerbefreite Körperschaft, Personenvereinigung oder Vermögensmasse entfallende Gewinnanteil ist Besteuerungstatbestand im Sinne des § 20 Abs. 1 Nr. 10 Buchstabe b Satz 4 i. V. m. Satz 1 EStG, wenn die Mitunternehmerschaft bilanziert oder der Anteil an der Mitunternehmerschaft die Größenmerkmale des § 20 Abs. 1 Nr. 10 Buchstabe b Satz 1 EStG erfüllt. Die Regelung der Nummer 3 gilt entsprechend. Die Grundsätze der Nummer 4 sind auf der Ebene der Mitunternehmerschaft zu prüfen.

6. Erstmalige Anwendung des § 20 Abs. 1 Nr. 10 Buchstabe b Satz 4 EStG und erstmalige Feststellung des steuerlichen Einlagekontos

§ 52 Abs. 37a Satz 2 EStG regelt die erstmalige Anwendung des § 20 Abs. 1 Nr. 10 Buchstabe b Satz 4 EStG in Abhängigkeit von der körperschaftsteuerlichen Behandlung des wiGB. In Fällen, in denen die Umsatz-und Gewinngrenzen nach Ablauf des VZ 2001 erstmalig überschritten werden oder der wiGB erstmals bilanziert, ist bei der erstmaligen Feststellung des Anfangsbestands des steuerlichen Einlagekontos die Billigkeitsregelung der Rdnr. 13 des BMF-Schreibens vom 11. September 2002 (a. a. O.)[3] entsprechend anzuwenden. Dem Anfangsbestand des steuerlichen Einlagekontos eines derartigen wiGB sind alle bis zum Ablauf des Wirtschaftsjahres, das dem erstmaligen Überschreiten der Umsatz- und Gewinngrenzen bzw. der Bilanzierung vorangeht, vorhandenen Eigenkapitalteile zuzurechnen.

---

1) Hier angedruckt als Anhang 1-03.

2) Hier abgedruckt als Anhang 1-03.

3) Hier abgedruckt als Anhang 1-02.

Anwendungsfragen zu § 20 Abs. 1 Nr. 10 Buchstabe b EStG

BMF-Schreiben vom 09.08.2005

IV B 7 – S 2706a – 5/05

Unter Bezugnahme auf das Ergebnis einer Erörterung mit den obersten Finanzbehörden der Länder nimmt das BMF zu einer Eingabe wie folgt Stellung:

1. Rücklagenbildung bei Regiebetrieben

Wegen der Zulässigkeit der Rücklagenbildung wird auf das BMF-Schreiben vom 8. 8. 2005 (BStBl. 2005 I S. 831)[1] verwiesen, in dem die in Rdn. 23 des BMF-Schreibens vom 11. 9. 2002 {BStBl. II 2002 S. 935)[2] aufgestellten Grundsätze konkretisiert werden. Diese Grundsätze gelten auch für Regiebetriebe.

2. Buchgewinne beim Tausch von Wirtschaftsgütern

Nach Rdn. 22 des BMF-Schreibens vom 11.9.2002 (a.a.O.) ist für die Ermittlung des nach § 20 Abs. 1 Nr. 10 Buchst. b EStG maßgebenden Gewinns grundsätzlich der verwendbare Gewinn maßgebend. Unter Berücksichtigung der Ausführungen unter 1. rechnen zu diesem Gewinn nicht bloße Buchgewinne, die sich beim Tausch von Wirtschaftsgütern des Betriebs gewerblicher Art ergeben. Durch den Tausch gelten die Buchgewinne als reinvestiert und damit als für betriebliche Zwecke verwendet.

3. Wiedereinlage erhaltener Dividenden in die ausschüttende Gesellschaft

Fließen dem Betrieb gewerblicher Art aus einer Beteiligung an einer Kapitalgesellschaft Dividenden zu, die dieser im Zug einer Kapitalerhöhung wieder in diese Kapitalgesellschaft einlegt, gelten diese Beträge als reinvestiert.

4. Steuerliches Einlagekonto

Nach Rdn. 8 und 13 des BMF-Schreibens vom 11.9.2002 (a.a.O.)[3] werden Betriebe gewerblicher Art mit eigener Rechtspersönlichkeit im Grundsatz Kapitalgesellschaften gleichgestellt. Diese Betriebe gewerblicher Art haben ein Nennkapital oder eine hiermit vergleichbare Größe. Solche Eigenkapitalteile sind nicht Bestandteil des Einlagekontos. Dieses weist als Anfangsbestand nur die in Rdn. 13 des BMF-Schreibens vom 11.9. 2002 (a.a.O.)[4] genannten Größen aus. Eine Herabsetzung des Nennkapitals oder der hiermit vergleichbaren Größe und anschließende Rückzahlung führt grundsätzlich nicht zu steuerpflichtigen Einnahmen i. S. des § 20 Abs. 1 Nr. 10 Buchst. a EStG und lässt das Einlagekonto im Ergebnis unverändert.

Nach Rdn. 25 des BMF-Schreibens vom 11.9.2002 (a.a.O.)[5] haben Betriebe gewerblicher Art ohne eigene Rechtspersönlichkeit ein Einlagekonto zu führen, dessen Anfangsbestand sich aus den dort genannten Größen zusammensetzt; im Übrigen gelten die Grundsätze der Rdn. 8 und 13 des BMF-Schreibens entsprechend. Haben solche Betriebe auf der Grundlage landesrechtlicher Regelungen ein Nennkapital oder eine hiermit vergleichbare Größe, gelten für die „Herabsetzung" und anschließende „Auskehrung" die vorstehenden Ausführungen entsprechend.

Dies setzt allerdings voraus, dass diese Maßnahmen nach den landesrechtlichen Regelungen auch zulässig sind. Sie sind i. d. R. nicht zulässig, wenn der nach „Herabsetzung" und „Auskehrung" verbleibende Betrag für die zukünftige Entwicklung des Betriebs nicht als ausreichend anzusehen ist. Hierfür kann der Umstand sprechen, dass es alsbald nach der „Auskehrung" wieder zu einer Kapitalzuführung kommt.

Eine pauschale Annahme von Nennkapital oder einer hiermit vergleichbaren Größe mittels Rückgriff auf die Regelungen in R 33 Abs. 2 KStR 2004 ist nicht möglich.

5. Erstmalige Anwendung des § 20 Abs. 1 Nr. 10 Buchstabe b EStG

Die vorgenannte Vorschrift regelt nicht die Besteuerung des Betriebs gewerblicher Art, sie betrifft die Besteuerung des Trägers (hier: Empfänger des Gewinns). In dem BMF-Schreiben vom 11.9.2002 (a.a. O.)[6] wird in Rdn. 38 ausgeführt, dass die Vorschrift erstmals auf Gewinne anzuwenden ist, die der

---

1) Hier abgedruckt als Anhang 1-03.
2) Hier abgedruckt als Anhang 1-02.
3) Hier abgedruckt als Anhang 1-02.
4) Hier abgedruckt als Anhang 1-02.
5) Hier abgedruckt als Anhang 1-02.
6) Hier abgedruckt als Anhang 1-02.

Empfänger nach Ablauf des ersten Wirtschaftsjahres des Betriebs gewerblicher Art ohne eigene Rechtspersönlichkeit erzielt, für das das KStG i. d. F. des StSenkG erstmals anzuwenden ist. Dabei ist unter Gewinn i. S. des § 20 Abs. 1 Nr. 10 Buchst. b EStG der im Zeitpunkt der Bilanzerstellung (hier: Bilanzfeststellung) ermittelte Betrag zu verstehen, soweit er nicht den Rücklagen zugeführt wird. Der Gewinn des Jahres 2001 fällt, da er aus der Sicht des Trägers erst im Kalenderjahr 2002 als i. S. der Vorschrift ermittelt gilt, bereits in den Anwendungsbereich der Regelung.

6. § 20 Abs. 1 Nr. 10 Buchstabe b EStG und verdeckte Gewinnausschüttungen

Verdeckte Gewinnausschüttungen lösen ebenfalls die Rechtsfolgen des § 20 Abs. 1 Nr. 10 Buchst. b EStG aus. Ob eine verdeckte Gewinnausschüttung anzunehmen ist, ergibt sich unter Anwendung der allgemeinen Grundsätze zur verdeckten Gewinnausschüttung. Hierbei ist die Frage zu entscheiden, welche Auswirkungen die neuere BFH-Rechtsprechung auf den Bereich der sog. Dauerverlustbetriebe hat. Hierzu wird die Finanzverwaltung gesondert Stellung nehmen.

7. Entstehungszeitpunkt der Kapitalertragsteuer

Nach *§ 44 Abs. 6 Satz 2 EStG* entsteht die KapSt grundsätzlich im Zeitpunkt der Bilanzerstellung (hier: Bilanzfeststellung), spätestens acht Monate nach Ablauf des Wirtschaftsjahres. Gegen die gesetzliche Festschreibung dieses Endzeitpunkts kann nicht eingewandt werden, sie berücksichtige nicht, dass nach einigen landesrechtlichen Regelungen eine Feststellung des Jahresabschlusses zu einem späteren Zeitpunkt noch zulässig ist. Den feststellenden Gremien ist es nicht verwehrt, die Feststellung so rechtzeitig vorzunehmen, dass die KapSt-Anmeldung fristgerecht vor Ablauf des Endzeitpunkts abgegeben werden kann.

Rücklagenbildung gem. § 20 Abs. 1 Nr. 10 b EStG bei Betrieben gewerblicher Art ohne eigene Rechtspersönlichkeit

Verfügung OFD Münster vom 23.08.2005
Kurzinformation Körperschaftsteuer Nr. 6/2005

Der nicht den Rücklagen zugeführte Gewinn eines Betriebs gewerblicher Art (BgA) ohne eigene Rechtspersönlichkeit sowie die Auflösung der Rücklagen zu Zwecken außerhalb des BgA führen zu Einkünften i. S. des § 20 Abs. 1 Nr. 10 b EStG.

Entgegen der bisherigen Regelung, nach der eine Rücklagenbildung nur dann steuerlich anzuerkennen war, wenn sie nach Haushaltsrecht zulässig ist (vgl. Rdn. 23 und 24 des BMF-Schreiben vom 11.9.2002)[1], ist nunmehr nach dem BMF-Schreiben i.d.F. vom 8.8.2005 IV B 7 – S 2706a – 4/05[2] die Rücklagenbildung *unabhängig* vom Haushaltsrecht möglich.

Eine Rücklagenbildung ist in Bezug auf § 20 Abs. 1 Nr. 10b EStG dann zulässig, wenn sie wirtschaftlich durch den BgA veranlasst ist und konkrete Vorhaben betrifft, für deren Durchführung bereits konkrete Zeitvorstellungen bestehen oder die bereits im lfd. Wirtschaftsjahr umgesetzt worden sind.

Freie Rücklagen, bei denen die Überlegungen zur Verwendung noch nicht abgeschlossen sind, sind nicht anzuerkennen.

Die Neuregelung ist in allen noch offenen Veranlagungen anzuwenden.

---

1) Hier abgedruckt als Anhang 1-02.
2) Hier abgedruckt als Anhang 1-03.

Grundsätze der Steuerpflicht nach § 20 Abs. 1 Nr. 10 Buchst. b EStG; Gewinne wirtschaftlicher Geschäftsbetriebe von steuerbefreiten Körperschaften, Personenvereinigungen oder Vermögensmassen

BMF-Schreiben vom 07.01.2003
IV A 2 – S 1910 – 297/02 [1)]

Durch das StSenkG sind in § 20 EStG neue Besteuerungstatbestände eingefügt worden. Nach § 20 Abs. 1 Nr. 10 Buchst. b Satz 1 EStG zählt u. a. der nicht in die Rücklage eingestellte Gewinn eines nicht von der Körperschaftsteuer befreiten Betriebs gewerblicher Art bei der Trägerkörperschaft zu den steuerpflichtigen Einkünften. Zu Auslegungsfragen zu diesem Steuertatbestand hat das BMF mit Schreiben vom 11.9.2002 (BStBl. I, 935) [2)] Stellung genommen.

Nach § 20 Abs. 1 Nr. 10 Buchst. b Satz 4 EStG gelten die Grundsätze der Sätze 1 und 2 dieser Vorschrift bei wirtschaftlichen Geschäftsbetrieben der von der Körperschaftsteuer befreiten Körperschaften, Personenvereinigungen oder Vermögensmassen entsprechend. Für Auslegungsfragen hierzu können die Grundsätze des vorgenannten BMF-Schreibens entsprechend herangezogen werden. Dies hat z. B. zur Folge, dass ein laufender Gewinn eines wirtschaftlichen Geschäftsbetriebs dann nicht zur Steuerpflicht führt, wenn dieser auf Grund von Fehlbeträgen (eines Verlustvortrags) ausgeglichen wird (vgl. Rdnr. 22 des BMF-Schreibens).

Ein Gewinn i. S. des § 20 Abs. 1 Nr. 10 Buchst. b EStG löst Kapitalertragsteuerpflicht aus (vgl. § 43 Abs. 1 Satz 1 Nr. 7c EStG). Die von der Körperschaftsteuer befreite Körperschaft, Personenvereinigung oder Vermögensmasse ist Gläubiger der Kapitalerträge (vgl. § 44 Abs. 6 Satz 1 EStG). Vom Kapitalertragsteuerabzug ist allerdings Abstand zu nehmen, wenn der Gläubiger u. a. nach § 5 Abs. 1 Nr. 9 KStG steuerbefreit ist (§ 44a Abs. 7 EStG).

---

1)   Aufhebung durch BMF-Schreiben zur Eindämmung der Normenflut vom 29.3.2007 – IV C 6 – O 1000/07/0018 (BStBl. 2007 I 369). Die Aufhebung des BMF-Schreibens bedeutet keine Aufgabe der bisherigen Rechtsauffassung der Verwaltung, sondern dient der Bereinigung der Weisungslage.

2)   Hier abgedruckt als Anhang 1-02.

Auswirkung eines Verlustvortrags auf die Höhe des ausschüttbaren Gewinns im Sinne des § 20 Abs. 1 Nr. 10b EStG

Verfügung OFD Frankfurt/M. vom 17.12.2003
S 2706a A – 3 – St II 1.04

Die Frage, welche Rechtsfolgen sich aus dem Hinweis auf den Ausgleich von Fehlbeträgen in Rdnr. 22 des BMF-Schreibens vom 11.9.2002 (KSt-Kartei, § 4 KStG, Karte A 27) auf die kapitalertragsteuerpflichtigen Erträge ergeben, ist von den obersten Finanzbehörden des Bundes und der Länder mit folgendem Ergebnis erörtert worden:

Verwendbar bzw. rücklagenfähig i. S. von § 20 Abs. 1 Nr. 10b EStG ist der Betrag, der sich nach Verrechnung mit handelsrechtlichen Verlustvorträgen ergibt. Soweit ein derartiger als verwendbar bzw. rücklagenfähig geltender Betrag nicht in Rücklage eingestellt wird, liegt eine Leistung i. S. von § 27 KStG vor. Diese führt nur insoweit nicht zu kapitalertragsteuerpflichtigen Erträgen, als sich hierdurch das Einlagekonto, d. h. dessen positiver Bestand mindert (§ 20 Abs. 1 Nr. 10b Satz 5 EStG).

Maßgebend ist der Bestand des Einlagekontos, der sich zum Schluss des Wirtschaftsjahres ergibt, das dem Wirtschaftsjahr der Leistung vorangeht. Zu- bzw. Abgänge des laufenden Wirtschaftsjahres beeinflussen die Höhe des ausschüttbaren Gewinns nicht (vgl. Satz 2 der Rdnr. 15 des BMF-Schrb. v. 4.6.2003, KSt-Kartei, § 27 KStG, Karte 1).

Überführung von Wirtschaftsgütern von einem Betrieb gewerblicher Art in den Hoheitsbereich oder in einen anderen Betrieb gewerblicher Art derselben juristischen Person des öffentlichen Rechts

Verfügung OFD Magdeburg vom 28.12.2004
S 2706 – 52 – St 216

Mit Urteil vom 24.4.2002 (BStBl. II 2003 S. 412) hat der BFH entschieden, dass die Überführung von Wirtschaftsgütern, die Betriebsvermögen eines Betriebs gewerblicher Art sind, in den Hoheitsbereich der Trägerkörperschaft ohne entsprechende Gegenleistung als verdeckte Gewinnausschüttung (vGA) zu beurteilen sind. Das Urteil ist in einschlägigen Fällen anzuwenden. An der bisherigen Verwaltungsauffassung, nach der ein solcher Vorgang als Entnahme zu beurteilen ist, wird nicht mehr festgehalten.

Eine vGA liegt jedoch nicht vor, wenn das Wirtschaftsgut gegen Zahlung einer angemessenen Gegenleistung aus dem BgA ausscheidet. Wegen der von der BFH-Rechtsprechung angenommenen steuerrechtlichen Gleichstellung des Verhältnisses zwischen BgA und Trägerkörperschaft mit dem zwischen einer Kapitalgesellschaft und deren Alleingesellschafter ist zur Vermeidung einer vGA ferner eine klare und im Voraus abgeschlossene (interne) Vereinbarung zwischen der Trägerkörperschaft und dem BgA erforderlich.

Die Übertragung von Wirtschaftsgütern aus dem BgA 1 in einen anderen BgA 2 derselben Trägerkörperschaft ist steuerlich in zwei Teilvorgänge aufzuteilen:

– In einem ersten Schritt überführt die Trägerkörperschaft die Wirtschaftsgüter aus ihrem BgA 1 in den Hoheitsbereich (= vGA).

– Im zweiten Schritt erfolgt dann eine Einlage in den BgA 2 (vgl. Rdn. 27 des BMF-Schreibens vom 11.9.2002, BStBl. I 2002 S. 935)[1].

---

1)   Hier abgedruckt als Anhang 1-02.

Miet- oder Pachtzahlungen an die Trägerkörperschaft als Kapitalertrag nach § 20 Abs. 1 Nr. 10 Buchst. b EStG

Verfügung OFD Frankfurt/M. vom 18.08.2006
S 2706a A – 6 – St 54

Gegenstand einer Erörterung der obersten Finanzbehörden des Bundes und der Länder war die Frage, ob Miet-und Pachtzahlungen eines Betriebs gewerblicher Art (BgA) an seine Trägerkörperschaft den Tatbestand des § 20 Abs. 1 Nr. 10 Buchst. b EStG erfüllen.

Der Erörterung lag folgender Sachverhalt zugrunde:

Ein BgA hatte von seiner Trägerkörperschaft Räume, die notwendiges Betriebsvermögen des BgA waren, angemietet und hierfür eine Miete von 10 000 € gezahlt. Die tatsächlich angefallenen Kosten betrugen jedoch nur 9 500 €.

Bezüglich des oben geschilderten Sachverhalts bitte ich folgende Rechtsauffassung zu vertreten:

Miet- oder Pachtzahlungen eines BgA an seine Trägerkörperschaft können den Tatbestand des § 20 Abs. 1 Nr. 10 Buchst. b EStG erfüllen. Im oben geschilderten Fall wäre die Kapitalertragsteuer von einer Bemessungsgrundlage von 500 € zu berechnen.

Abstandnahme von der Nacherhebung von Kapitalertragsteuer bei verdeckten Gewinnausschüttungen bzw. Zinsabschlag bei Zinszahlungen an Empfänger, bei denen die Besteuerung der Erträge im Inland gesichert ist

Verfügung OFD Münster vom 7.11.2007
S 2408a – 1 – St 22-31

Bei einer Erörterung der Vertreter der obersten Finanzbehörden des Bundes und der Länder wurde vorgetragen, dass vermehrt Fälle aufgetreten sind, in denen eine Nacherhebung von Kapitalertragsteuer bzw. Zinsabschlag (z.B. aufgrund einer Betriebsprüfung) beim Schuldner der Kapitalerträge veranlasst wurde, der Gläubiger der Kapitalerträge diese gleichwohl nachweislich versteuert hatte. Die Nacherhebung der Kapitalertragsteuer und die daraufhin vom Schuldner der Kapitalerträge ausgestellte Bescheinigung nach § 45a EStG führen beim Gläubiger der Erträge zu einer nachträglichen Anrechnung der erhobenen Steuern. Hieraus kann der Gläubiger der Kapitalerträge einen u.U. beträchtlichen (ungerechtfertigten) Zinsvorteil aufgrund der Vollverzinsung nach § 233a AO erlangen. Zur Vermeidung dieses Vorteils bitte ich wie nachfolgend dargestellt vorzugehen.

Bezüglich der Abstandnahme von der Nacherhebung von Kapitalertragsteuer bei verdeckten Gewinnausschüttungen bzw. Zinsabschlag bei Zinszahlungen an Empfänger, bei denen die Besteuerung der Erträge im Inland gesichert ist, gilt nach dem Beschluss der Vertreter der obersten Finanzbehörden des Bundes und der Länder bis zur Einführung der Abgeltungssteuer (1.1.2009) folgendes:

Werden im Veranlagungsverfahren oder anlässlich einer Außenprüfung im Nachhinein Gewinnausschüttungen oder Zinszahlungen festgestellt, für die im Auszahlungszeitpunkt keine Kapitalertragsteuer bzw. Zinsabschlagsteuer einbehalten und abgeführt wurde, so wird von der Nacherhebung der Kapitalertragsteuer bzw. Zinsabschlagsteuer Abstand genommen, wenn deren Versteuerung im Inland zweifelsfrei feststeht. Dies entspricht seit der Entscheidung des BFH vom 3.7.1968 (BStBl. II 1969, S. 4) unveränderter höchstrichterlicher Rechtsprechung, die den Vorrang des Veranlagungsverfahrens vor dem Abzugsverfahren begründet.

Ist die Heranziehung des Gläubigers der Kapitalerträge zur Einkommen- bzw. Körperschaftsteuer nach Bestätigung des für den Gläubiger zuständigen Finanzamtes bereits erfolgt, so muss sich die Abstandnahme vom Abzugsverfahren auch auf die Nichtberücksichtigung einer ggf. freiwillig durch den Abzugsverpflichteten abgegebenen Kapitalertragsteueranmeldung und einer entsprechend ausgestellten Steuerbescheinigung nach § 45a EStG erstrecken.

Die Vorschriften zum Steuerabzug von Kapitalerträgen sollen zur zeitnahen Steuererhebung beitragen, vor allem aber Kontroll- und Sicherheitsfunktionen im Hinblick auf die Erhebung der Einkommen- bzw. Körperschaftsteuer beim Gläubiger der Kapitalerträge erfüllen. Ist die Sicherung der Versteuerung der Einkünfte im Wege der Veranlagung jedoch bereits gewährleistet, besteht für die Durchführung des Steuerabzugs kein Raum mehr.

Mangels Durchführung des Steuerabzugs darf in diesen Fällen auch keine nachträgliche Steuerbescheinigung nach § 45a EStG erstellt werden. Geschieht dies dennoch, so ist die vom Gläubiger der Kapitalerträge begehrte Anrechnung mit folgender Begründung zu versagen:

„§ 36 Abs. 2 Nr. 2 EStG gewährt nur die Anrechnung der „...durch Steuerabzug erhobenen Einkommensteuer" in Verbindung mit der Vorlage einer Steuerbescheinigung, die nach § 45a Abs. 2 Nr. 4 EStG Angaben über „den Betrag der nach § 36 Abs. 2 Nr. 2 EStG anrechenbaren Kapitalertragsteuer" und nach § 45a Abs. 2 Nr. 5 EStG Angaben über „das Finanzamt, an das die Steuer abgeführt worden ist" enthält. Erfolgte tatsächlich aber – nach Maßgabe höchstrichterlicher Rechtsprechung – wegen Vorrang des Veranlagungsverfahrens keine Erhebung durch Steuerabzug, kann keine Anrechnung nach § 36 Abs. 2 Nr. 2 EStG gegeben sein, selbst dann nicht, wenn eine dies bestätigende Steuerbescheinigung vorgelegt wird. Die Steuerbescheinigung wäre dahingehend „falsch" als sie von anrechenbarer Steuer nach § 36 Abs. 2 Nr. 2 EStG ausgeht und die Erhebung bzw. Abführung an ein Finanzamt bescheinigt, die nicht stattgefunden haben."

Das gilt insbesondere auch dann, wenn der unbeschränkt steuerpflichtige Anteilseigner bzw. Gläubiger der Kapitalerträge von der Kapitalgesellschaft verlangt, dass sie nachträglich Kapitalertragsteuer bzw. Zinsabschlagsteuer erhebt. Der Anteilseigner kann weder gegenüber der Kapitalgesellschaft den Anspruch auf Anmeldung der Kapitalertragsteuer bzw. Zinsabschlagsteuer geltend machen noch das Finanzamt dazu anhalten gegenüber dem Abzugsverpflichteten einen Haftungsbescheid zu erlassen. Die Vorschriften zum Steuerabzug von Kapitalerträgen dienen nicht zum Schutz des Gläubigers der Erträge. Sie enthalten vielmehr Regelungen für eine Quellenbesteuerung, die zur Beschleunigung der Steuererhebung beitragen sollen, vor allem aber Kontroll- und Sicherungsfunktion im Hinblick auf die Erhebung der Einkommen- und Körperschaftsteuer des Kapitalertragssteuergläubigers haben (vgl. BFH-Urteil vom 15.12.2004, BFH/NV 2005, 1073).

Gemäß § 45a Abs. 6 EStG hat der Aussteller eine den Bestimmungen des § 45a Abs. 2 – 4 EStG nicht entsprechende Bescheinung zurückzufordern. In den Fällen, in denen eine Kapitalertragsteuerbescheinigung in vollem Umfang zu Unrecht erteilt ist, ist diese nur zurückzufordern, eine berichtigte Bescheinigung ist in diesen Fällen nicht zu erteilen. Die Benachrichtigungspflicht des § 45a Abs. 6 Satz 3 EStG greift in diesen Fällen mangels Fristablauf nicht.

Solange die Kapitalertragsteueranmeldungen noch manuell bearbeitet und erfasst werden, ist der Erlass des FM NRW vom 06.10.1998 (Anlage 1) einschlägig.

Die nicht zustimmungsbedürftigen Kapitalertragsteueranmeldungen sollen, wie bisher, unmittelbar der Erhebungsstelle zur Sollstellung zugeleitet werden. Stellt der Veranlagungsbezirk anschließend fest, dass eine Festsetzung aus den o.g. Gründen nicht in Betracht kommt, ist die Kapitalertragsteueranmeldung zu berichtigen. Ich bitte dabei sicherzustellen, dass eine Sollaufhebung (ggfs. mit Sollstellung der korrigierten Kapitalertragsteueranmeldung) durchgeführt wird und auch keine Säumniszuschläge festgesetzt werden.

Zustimmungsbedürftige Kapitalertragsteueranmeldungen sollen, wie bisher, erst nach Überprüfung durch den Veranlagungsbezirk der Erhebungsstelle zur Erteilung von Sollanweisungen zugeleitet werden.

Sachverhalte aus denen die Nacherhebung von Kapitalertragsteuer bzw. Zinsabschlagsteuer resultiert, dürften größtenteils im Rahmen von Betriebsprüfungen festgestellt werden. Im Rahmen der Schlussbesprechung sollte der Betriebsprüfer daher bereits darauf hinweisen, dass die Nacherhebung von Kapitalertragsteuer bzw. Zinsabschlagsteuer aufgrund der höchstrichterlichen Rechtsprechung und der Verwaltungsanweisung in den Fällen, in denen die Besteuerung der Erträge im Inland gesichert ist, nicht mehr möglich ist und dass, sofern dennoch eine entsprechende Kapitalertragsteueranmeldung hierfür eingereicht wird, diese nicht anerkannt wird.

Eine Aussonderung dieser Kapitalertragsteueranmeldungen von den übrigen Kapitalertragsteueranmeldungen im elektronischen Verfahren (soweit in NRW angewendet) ist derzeit nicht möglich.

Erstmalige Anwendung der Regelung des § 20 Abs. 1 Nr. 10 Buchstabe b EStG; Auswirkungen auf den Bestand des steuerlichen Einlagekontos bei Anwendung des BFH-Urteils vom 11.07.2007 (I R 105/05)

Verfügung OFD Frankfurt vom 3.6.2008
S 2706a A – 1 – St 54

§ 27 KStG gilt nach der allgemeinen Anwendungsregelung für Körperschaften mit kalendergleichem Wirtschaftsjahr ab dem Veranlagungszeitraum 2001. Die erstmalige Feststellung des Bestands des steuerlichen Einlagekontos hat daher auf den 31.12.2001 zu erfolgen. Eine abweichende Anwendungsvorschrift für Betriebe gewerblicher Art (BgA) existiert nicht, so dass auch für BgA die erstmalige Feststellung auf den 31.12.2001 zu erfolgen hat.

Nach dem BFH-Urteil vom 11.7.2007 (I R 105/05; BStBl II S. 841) enthält § 20 Abs. 1 Nr. 10 Buchstabe b EStG eine Ausschüttungsfiktion. Danach führt der Gewinn des Wirtschaftsjahres, sofern er nicht den Rücklagen zugeführt wird, zu Einkünften der Trägerkörperschaft aus Kapitalvermögen. Unabhängig vom tatsächlichen Zufluss werden der Gewinn der Trägerkörperschaft und der Gewinn des BgA zeitgleich bezogen, da diese rechtlich identisch sind. Der nicht den Rücklagen zugeführte Gewinn des Wirtschaftsjahres 2001 wird demzufolge von der Trägerkörperschaft in 2001 erzielt und unterfällt entsprechend der Anwendungsvorschrift des § 20 Abs. 1 Nr. 10 Buchstabe b EStG noch nicht der Kapitalertragsteuer.

Für die den Rücklagen zugeführten Gewinne gilt die Ausschüttungsfiktion dagegen nicht. Den Rücklagen zugeführte Gewinne gelten nach § 20 Abs. 1 Nr. 10 Buchstabe b Satz 2 EStG als der Trägerkörperschaft in dem Zeitpunkt zugeflossen, in dem sie für Zwecke außerhalb des BgA aufgelöst werden. Falls in 2001 gebildete Rücklagen schädlich aufgelöst werden, liegt der Zuflusszeitpunkt bei der Trägerkörperschaft zwingend im Anwendungszeitraum des § 20 Abs. 1 Nr. 10 Buchstabe b EStG.

In dem dem o.g. BFH-Urteil zugrunde liegenden Sachverhalt wurde keine Rücklage gebildet. Aufgrund der Ausschüttungsfiktion war daher von einem Zufluss bei der Trägerkörperschaft noch vor dem Anwendungszeitraum des § 20 Abs. 1 Nr. 10 Buchstabe b EStG auszugehen.

Eine generelle Nichtanwendung des § 20 Abs. 1 Nr. 10 Buchstabe b EStG für in 2001 erzielte BgA-Gewinne kann daraus aber nicht abgeleitet werden. Der Zufluss erfolgt bei Fällen mit Rücklagenbildung erst im Zeitpunkt der schädlichen Rücklagenauflösung. Für im VZ 2001 gebildete Rücklagen erfolgt die Rücklagenauflösung dann frühestens in 2002 und somit im Anwendungszeitraum des § 20 Abs. 1 Nr. 10 Buchstabe b EStG. Die Rücklagenauflösung unterfällt daher der Kapitalertragsteuerpflicht.

Diese Rechtsfolge ist auch nicht unbillig. Ohne die o. g. BFH-Entscheidung wäre eine Diskussion hinsichtlich der Kapitalertragsteuerpflicht des schädlich aufgelösten Rücklagebetrags nicht aufgekommen. Die Trägerkörperschaft musste sich daher bei der Bildung der Rücklage über eine ggf. noch erfolgende Nachversteuerung im Klaren sein. Die Nachversteuerung ist auch sachlich gerechtfertigt, da sich die gewollte Steuerbelastung von BgA-Gewinnen aus der dem BgA zu zahlenden Körperschaftsteuer in Höhe von 25 % und der definitiven Kapitalertragsteuer von 10 % der „ausgeschütteten" Gewinne zusammensetzt.

Die Rechtsfolge ist auch nicht durch die BFH-Entscheidung nachträglich unbillig geworden. Zwar hätte der BgA die Kapitalertragsteuerpflicht – rückwirkend betrachtet – durch einen Verzicht auf die Reinvestition des Gewinns 2001 endgültig vermeiden können. Der tatsächliche Vorgang lässt sich jedoch im Nachhinein nicht mehr rückgängig machen. Die Nichterhebung der Kapitalertragsteuer für nicht den Rücklagen zugeführte BgA-Gewinne aus 2001 ist auf einen Fehler bei der Gesetzesformulierung zurückzuführen. In Fällen, die von der fehlerhaften Anwendungsregelung nicht erfasst werden, liegt keine sachliche Unbilligkeit vor.

Dieser Verfügung liegen die HMdF-Erlasse vom 10.4.2008 – S 2706a A – 1 – II 41 - und vom 26.5.2008 - Az. w. o. – zugrunde.

Anmerkung der OFD Frankfurt:

Gemäß dem BFH-Urteil vom 23.1.2008 (I R 18/07, veröffentlicht am 14.5.2008 – Fundstelle im BStBl ist noch nicht bekannt) gelten Verluste, die ein als Regiebetrieb geführter BgA erzielt, im Verlustjahr als durch die Trägerkörperschaft ausgeglichen und führen zu einem Zugang in entsprechender Höhe im steuerlichen Einlagekonto.

Erstmalige Anwendung des § 20 Abs. 1 Nr. 10 b EStG bei Betrieben gewerblicher Art;
Hier: BFH-Urteil vom 11.7.2007, BStBl. II 2007 S. 841

Verfügung OFD Rheinland und Münster vom 3.9.2008
S 2706a – 1000 – St 134 (Rhld)
S 2706a – 107 – St 13-33 (Ms)

Gem. § 20 Abs. 1 Nr. 10 b EStG gehört zu den Einkünften aus Kapitalvermögen der durch Betriebsvermögensvergleich ermittelte Gewinn eines nicht von der Körperschaftsteuer befreiten Betriebes gewerblicher Art im Sinne des § 4 KStG ohne eigene Rechtspersönlichkeit, soweit er nicht zulässigerweise den Rücklagen des BgA zugeführt wird.

Die juristische Person des öffentlichen Rechts ist mit diesen Einkünften beschränkt steuerpflichtig nach § 2 Nr. 2 KStG. Die Steuer ist durch den Kapitalertragsteuerabzug nach § 43 Abs. 1 Satz 1 Nr. 7c, § 43a Abs. 1 Nr. 6 EStG abgegolten (§ 32 Abs. 1 Nr. 2 KStG).

§ 52 Abs. 37 a Satz 2 EStG bestimmt, dass § 20 Abs. 1 Nr. 10 b EStG erstmals auf Gewinne anzuwenden ist, die **nach Ablauf** des ersten Wirtschaftsjahres des BgA erzielt werden, für das das KStG i.d.F. des Art. 3 des Steuersenkungsgesetzes erstmals anzuwenden ist (i. d. R. 2001).

Erstmalige Anwendung des § 20 Abs. 1 Nr. 10 b EStG

Nach Rz. 38 des BMF-Schreibens vom 11.9.2002 (BStBl. I 2002 S. 935) sollte § 20 Abs. 1 Nr. 10 b EStG bei kalendergleichem Wirtschaftsjahr erstmals auf den Gewinn des BgA für 2001 anzuwenden sein. Der Anwendungsbereich der Vorschrift wurde aus der Sicht der Trägerkörperschaft definiert.

Mit Urteil vom 11.7.2007 (BStBl. II 2007 S. 841) hat der BFH entgegen dieser Verwaltungsauffassung entschieden, dass Gewinne eines BgA ohne eigene Rechtspersönlichkeit, die im ersten Wirtschaftsjahr der Anwendung des KStG i.d.F. des StSenkG vom 23.Oktober 2000 (BStBl. I S. 1428) erzielt wurden, nicht zu Einkünften aus Kapitalvermögen i.S.d. § 20 Abs. 1 Nr. 10 b EStG führten.

In der Urteilsbegründung führt der BFH aus, dass aufgrund der rechtlichen Identität von BgA und Trägerkörperschaft der Gewinn der Trägerkörperschaft und der des BgA zeitgleich bezogen würden, so dass bei kalendergleichem Wirtschaftsjahr erstmals der vom BgA erzielte Gewinn des Jahres 2002 dem Steuerabzug vom Kapitalertrag unterliege.

Daraus folgt, dass in 2001 Gewinne nach dieser Rechtsauffassung noch nicht der Kapitalertragsteuer unterliegen, weil sie bereits in 2001 zufließen. Soweit aus dem Gewinn 2001 eine zulässige Rücklage gebildet wurde, löst die Auflösung dieser Rücklage Kapitalertragsteuer nach § 20 Abs. 1 Nr. 10b EStG aus, da der Gewinn aus der Rücklagenauflösung der Trägerkörperschaft erst im Zeitpunkt der Auflösung der Rücklage für Zwecke außerhalb des BgA und damit frühestens im Jahr 2002 zufließt.

Das Urteil ist im Bundessteuerblatt veröffentlicht und somit allgemein anzuwenden.

Geänderte Zuflussgrundsätze

Die Finanzverwaltung hat bisher als Zuflusszeitpunkt der Erträge (und somit auch als Zeitpunkt der fingierten Gewinnausschüttung des BgA an die Trägerkörperschaft) den in § 44 Abs. 6 Sätze 2 und 3 EStG genannten Zeitpunkt unterstellt (vgl. Rz. 38 und 39 des BMF-Schreibens vom 11.9.2002, a.a.O.). Hieran kann nach dem BFH-Urteil nicht mehr festgehalten werden.

Nunmehr ist hinsichtlich des fiktiven Zuflusszeitpunktes und des fiktiven Gewinnausschüttungszeitpunktes wie folgt zu unterscheiden:

Tatbestand des § 20 Abs. 1 Nr. 10 b EStG	Zuflusszeitpunkt	Entstehungszeitpunkt der Kapitalertragsteuer
Nicht in Rücklagen eingestellter Gewinn	Bilanzstichtag (= Schluss des Wj.)	Zeitpunkt der Bilanzerstellung, spätestens 8 Monate nach Ablauf des Wj.
Verdeckte Gewinnausschüttung	Bilanzstichtag (= Schluss des Wj.)	Zeitpunkt der Bilanzerstellung, spätestens 8 Monate nach Ablauf des Wj.
Gewinn nach § 22 Abs. 4 UmwStG	Bilanzstichtag (= Schluss des Wj.)	Tag nach der Veräußerung
Rücklagenauflösung	Bilanzstichtag (= Schluss des Wj.) oder abweichender Tag der Beschlussfassung über die Rücklagenauflösung außerhalb der Bilanzfeststellung	Tag nach der Beschlussfassung
Werbeerträge	Bilanzstichtag (= Schluss des Wj.)	Ende des Wj.

Geänderte Verrechnung der Leistungen

Nach § 20 Abs. 1 Nr. 10 b S. 5 EStG gilt § 20 Abs. 1 Nr. 1 S. 3 EStG sinngemäß, d.h. soweit für (fiktive) Ausschüttungen Beträge aus dem steuerlichen Einlagekonto i. S. d. § 27 KStG als verwendet gelten (§ 27 Abs. 1 S. 3 ff. KStG), liegen keine Einkünfte aus Kapitalvermögen vor und es kommt nicht zur Kapitalertragsteuerpflicht.

Nach bisheriger Verwaltungsauffassung war der im Folgejahr (fiktiv) ausgeschüttete Gewinn mit den Neurücklagen des BgA zum Ende des Vorjahres zu verrechnen, die den erzielten Gewinn bereits enthielten (vgl. Zeilen 56a-66 des Vordrucks KSt 1 Fa für 2006 – nachrichtlicher Teil).

Die geänderten Zuflussgrundsätze führen zu einer hiervon abweichenden Verwendungsrechnung. Soweit zum Schluss des der (fiktiven) Gewinnausschüttung vorangegangenen Wirtschaftsjahres keine Neurücklagen in mindestens gleicher Höhe zur Verfügung stehen, führt diese grds. zu einer Verwendung des steuerlichen Einlagekontos und somit nicht zur Kapitalertragsteuerpflicht. Dabei ist zu beachten, dass der Bestand des steuerlichen Einlagekontos nicht negativ werden kann.

Vordrucke

Der Vordruck KSt 1 Fa wurde entsprechend der BFH-Rechtsprechung angepasst. Der bisherige nachrichtliche Teil (vgl. bisherige Zeilen 56a-66) ist entfallen und wurde in die Zeilen 17-28 des Vordrucks für den Veranlagungszeitraum 2007 vorverlagert. Der Gewinn eines Wirtschaftsjahres wird somit im ersten Schritt zur Ermittlung der kapitalertragsteuerpflichtigen Leistungen mit den Beständen der Neurücklagen und des steuerlichen Einlagekontos zum Schluss des vorangegangenen Wirtschaftsjahres verrechnet, bevor sich die Neurücklagen um den Gewinn des laufenden Wirtschaftsjahres erhöhen.

Darüber hinaus sieht der Vordruck für 2007 letztmalig eine Übernahmezeile (Zeile 8) für die Veränderungen des steuerlichen Einlagekontos und der Neurücklagen aus dem nachrichtlichen Teil der Feststellung des Vorjahres (2006) vor, da die Feststellung 2006 ggf. schon bestandskräftig ist.

Weil das Festsetzungsprogramm für die Veranlagungszeiträume vor 2007 der BFH-Rechtsprechung nicht angepasst wird, bestehen keine Bedenken, für den Zufluss der Erträge und somit für die Verwendungsrechnung nach § 27 Abs. 1 S. 3 ff. KStG für die Gewinne des BgA bis einschließlich 2006 von der bisherigen Verwaltungsauffassung (= Zufluss bei der Trägerkörperschaft im Folgejahr) auszugehen. Auf Verlangen der Körperschaft ist die Neuregelung jedoch auch schon für Vorjahre in allen noch nicht bestandskräftigen Fällen einheitlich anzuwenden. In diesen Fällen sind die Feststellungen. §§ 27 Abs. 2, 28 Abs. 1 KStG personell durchzuführen.

**Verlustvortrag bei Regiebetrieben und Abflussfiktion bei der Ermittlung der Kapital-
erträge der Trägerkörperschaft (§ 20 Abs. 1 Nr. 10 Buchstabe b EStG);
Folgen aus dem BFH-Urteil I R 18/07 vom 23. Januar 2008**

Verfügung OFD Frankfurt am Main vom 26.08.2008
S 2706a – 3 – St 54

Im Urteil vom 23. Februar 2008, I R 18/07, hat der BFH entschieden, dass es bei einem Regiebetrieb in Folge kommunal- bzw. haushaltsrechtlicher Vorschriften nicht möglich ist, einen laufenden Verlust eines Wirtschaftsjahres kommunal- und damit handelsrechtlich auf neue Rechnung vorzutragen. Der Verlust ist zum Ende des Wirtschaftsjahres auszugleichen bzw. gilt – da der Regiebetrieb Teil des allgemeinen Haushalts ist – durch allgemeine Haushaltsmittel ausgeglichen. Folglich kann ein in einem folgenden Wirtschaftsjahr entstehender Gewinn für Zwecke des § 20 Abs. 1 Buchstabe b EStG nicht mit „Altverlusten" verrechnet werden. Der Gewinn unterliegt – unter Berücksichtigung der übrigen maßgebenden Vorschriften – dem Steuerabzug (§ 20 Abs. 1 Buchstabe b EStG i. V. m. §§ 43 ff. EStG).

Die Sitzungsteilnehmer waren der Auffassung, dass die Grundsätze des Urteils über den entschiedenen Einzelfall hinaus allgemein anzuwenden sind.

Soweit der BFH in den Gründen formuliert „. . . Da der BgA über kein gezeichnetes Kapital verfügt und das steuerliche Einlagekonto mit 0 € festgestellt war, betrug der ausschüttbare Gewinn für das Jahr 2002 mindestens 40 238 € . . .", ist die Umschreibung „ausschüttbare Gewinn" technisch und nicht rechtlich zu verstehen, d. h. die Umschreibung enthält insoweit keinen Bezug auf § 27 Abs. 1 Satz 5 KStG.

Zufluss i.S.d. § 20 Abs. 1 Nr. 10 Buchst. b EStG bei BgA „Mitunternehmerschaft"

Verfügung OFD Münster vom 17.7.2009
S 2706a – 107 – St 13 – 33

Die Beteiligung einer juristischen Person des öffentlichen Rechts (jPdöR) an einer Mitunternehmerschaft i.S.d. § 15 Abs. 1 Satz 1 Nr. 2 EStG begründet einen Betrieb gewerblicher Art (BgA) i.S.d. § 1 Abs. 1 Nr. 6 i.V.m. § 4 Abs. 1 KStG (R 6 Abs. 2 Satz 3 KStR 2004).

Gem. § 20 Abs. 1 Nr. 10 Buchst. b Satz 1 EStG gehört der nicht den Rücklagen zugeführte Gewinn eines nicht von der Körperschaftsteuer befreiten BgA ohne eigene Rechtspersönlichkeit bei Gewinnermittlung durch Betriebsvermögensgleich oder Überschreiten einer Umsatzgrenze von 350.000 € oder Gewinngrenze von 30.000 € zu den Einkünften aus Kapitalvermögen. Diese Einkünfte unterliegen nach § 43 Abs. 1 Satz 1 Nr. 7c i.V.m. § 43a Abs. 1 Nr. 6 EStG (bis VZ 2008) bzw. § 43a Abs. 1 Satz 1 Nr. 2 EStG (ab VZ 2009) dem Kapitalertragsteuerabzug. Die jPdöR ist mit diesen Einkünften beschränkt steuerpflichtig nach § 2 Nr. 2 Satz 1 KStG. Die Körperschaftsteuer auf diese Einkünfte ist gem. § 32 Abs. 1 Nr. 2 KStG durch den Kapitalertragsteuerabzug abgegolten.

Der Zuflusszeitpunkt für Einkünfte i.S.d. § 20 Abs. 1 Nr. 10 Buchst. b Satz 1 EStG aus dem nicht den Rücklagen zugeführten Gewinn ist der Bilanzstichtag (= Schluss des Wirtschaftsjahres) des BgA, so dass die Kapitalertragsteuer im Zeitpunkt der Bilanzerstellung, spätestens jedoch acht Monate nach Ablauf des Wirtschaftsjahres entsteht (§ 44 Abs. 6 Satz 2 EStG; vgl. Verfügung vom 03.09.2008 S 2706a – 1000 – St 134 (Rhld) bzw. S 2706a – 107 – St 13 – 33 (Ms)).

Aufgrund der Fiktion des § 20 Abs. 1 Nr. 10 Buchst. b Satz 1 EStG, den Zufluss mit Ablauf des Wirtschaftsjahres anzunehmen, sofern der Gewinn nicht den Rücklagen zugeführt wird, bleiben der Zufluss der Einkünfte und die Entstehung der Kapitalertragsteuer auch dann unberührt, wenn der Gewinn der Mitunternehmerschaft z.B. aufgrund eines Gesellschafterbeschlusses nicht oder nur in einer bestimmten Höhe durch die Mitunternehmer entnommen werden darf. Dadurch wird der BgA „Mitunternehmerschaft" auch dann mit der definitiven Kapitalertragsteuer auf den anteiligen Gewinn der Mitunternehmerschaft belastet, wenn der BgA und damit die jPdöR nicht frei über den Gewinn verfügen können.

Zur Vermeidung unnötiger Härten bestehen daher keine Bedenken, den Zufluss i.S.d. § 20 Abs. 1 Nr. 10 Buchst. b EStG erst zu dem Zeitpunkt und in der Höhe anzunehmen, in dem bzw. in der der Gewinn tatsächlich aus der Mitunternehmerschaft entnommen wird.

Es muss jedoch sichergestellt sein, dass die jPdöR nicht im Entnahmezeitpunkt den Einwand der Verjährung der Kapitalertragsteuer mit der Begründung erheben kann, dass die Kapitalertragsteuer im Zeitpunkt der Gewinnerzielung hätte erhoben werden müssen.

Die o.a. Billigkeitslösung kommt deshalb nur in Betracht, wenn die jPdöR ausdrücklich erklärt, dass der nicht entnommene Gewinn aus der Mitunternehmerschaft als Zuführung zu den Rücklagen i.S.d. § 20 Abs. 1 Nr. 10 Buchst. b Satz 1 EStG und die spätere Gewinnentnahme nach § 20 Abs. 1 Nr. 10 Buchst. b Satz 2 EStG als Auflösung der Rücklage anzusehen sind.

Solidaritätszuschlaggesetz 1995 (SolZG 1995)

in der Fassung der Bekanntmachung vom 15. Oktober 2002 (BGBl. I S. 4130), zuletzt geändert durch Art. 9 des Gesetzes vom 22. Dezember 2009 (BGBl. I S. 3950)

§ 1
Erhebung eines Solidaritätszuschlags

(1) Zur Einkommensteuer und zur Körperschaftsteuer wird ein Solidaritätszuschlag als Ergänzungsabgabe erhoben.

(2) Auf die Festsetzung und Erhebung des Solidaritätszuschlags sind die Vorschriften des Einkommensteuergesetzes und des Körperschaftsteuergesetzes entsprechend anzuwenden.

(3) Ist die Einkommen- oder Körperschaftsteuer für Einkünfte, die dem Steuerabzug unterliegen, durch den Steuerabzug abgegolten oder werden solche Einkünfte bei der Veranlagung zur Einkommen- oder Körperschaftsteuer oder beim Lohnsteuer-Jahresausgleich nicht erfasst, gilt dies für den Solidaritätszuschlag entsprechend.

(4) [1]Die Vorauszahlungen auf den Solidaritätszuschlag sind gleichzeitig mit den festgesetzten Vorauszahlungen auf die Einkommensteuer oder Körperschaftsteuer zu entrichten; § 37 Abs. 5 des Einkommensteuergesetzes ist nicht anzuwenden. [2]Solange ein Bescheid über die Vorauszahlungen auf den Solidaritätszuschlag nicht erteilt worden ist, sind die Vorauszahlungen ohne besondere Aufforderung nach Maßgabe der für den Solidaritätszuschlag geltenden Vorschriften zu entrichten. 3§ 240 Abs. 1 Satz 3 der Abgabenordnung ist insoweit nicht anzuwenden; § 254 Abs. 2 der Abgabenordnung gilt insoweit sinngemäß.

(5) [1]Mit einem Rechtsbehelf gegen den Solidaritätszuschlag kann weder die Bemessungsgrundlage noch die Höhe des zu versteuernden Einkommens angegriffen werden. [2]Wird die Bemessungsgrundlage geändert, ändert sich der Solidaritätszuschlag entsprechend.

§ 2
Abgabepflicht

Abgabepflichtig sind

1. natürliche Personen, die nach § 1 des Einkommensteuergesetzes einkommensteuerpflichtig sind,

2. natürliche Personen, die nach § 2 des Außensteuergesetzes erweitert beschränkt steuerpflichtig sind,

3. Körperschaften, Personenvereinigungen und Vermögensmassen, die nach § 1 oder § 2 des Körperschaftsteuergesetzes körperschaftsteuerpflichtig sind.

§ 3
Bemessungsgrundlage und zeitliche Anwendung

(1) Der Solidaritätszuschlag bemisst sich vorbehaltlich der Absätze 2 bis 5,

1. soweit eine Veranlagung zur Einkommensteuer oder Körperschaftsteuer vorzunehmen ist:

   nach der nach Absatz 2 berechneten Einkommensteuer oder der festgesetzten Körperschaftsteuer für Veranlagungszeiträume ab 1998, vermindert um die anzurechnende oder vergütete Körperschaftsteuer, wenn ein positiver Betrag verbleibt;

2. soweit Vorauszahlungen zur Einkommensteuer oder Körperschaftsteuer zu leisten sind:

   nach den Vorauszahlungen auf die Steuer für Veranlagungszeiträume ab 2002;

3. soweit Lohnsteuer zu erheben ist:

   nach der nach Absatz 2a berechneten Lohnsteuer für

   a) laufenden Arbeitslohn, der für einen nach dem 31. Dezember 1997 endenden Lohnzahlungszeitraum gezahlt wird,

   b) sonstige Bezüge, die nach dem 31. Dezember 1997 zufließen;

4. soweit ein Lohnsteuer-Jahresausgleich durchzuführen ist, nach der nach Absatz 2a sich ergebenden Jahreslohnsteuer für Ausgleichsjahre ab 1998;

5. soweit Kapitalertragsteuer oder Zinsabschlag zu erheben ist außer in den Fällen des § 43b des Einkommensteuergesetzes:

   nach der ab 1. Januar 1998 zu erhebenden Kapitalertragsteuer oder dem ab diesem Zeitpunkt zu erhebenden Zinsabschlag;

6. soweit bei beschränkt Steuerpflichtigen ein Steuerabzugsbetrag nach § 50a des Einkommensteuergesetzes zu erheben ist:

nach dem ab 1. Januar 1998 zu erhebenden Steuerabzugsbetrag.

(2) Bei der Veranlagung zur Einkommensteuer ist Bemessungsgrundlage für den Solidaritätszuschlag die Einkommensteuer, die abweichend von § 2 Abs. 6 des Einkommensteuergesetzes unter Berücksichtigung von Freibeträgen nach § 32 Abs. 6 des Einkommensteuergesetzes in allen Fällen des § 32 des Einkommensteuergesetzes festzusetzen wäre.

(2a) [1]Vorbehaltlich des § 40a Abs. 2 des Einkommensteuergesetzes in der Fassung des Gesetzes vom 23. Dezember 2002 (BGBl. I S. 4621) ist beim Steuerabzug vom Arbeitslohn Bemessungsgrundlage die Lohnsteuer; beim Steuerabzug vom laufenden Arbeitslohn und beim Jahresausgleich ist die Lohnsteuer maßgebend, die sich ergibt, wenn der nach § 39b Abs. 2 Satz 5[1] des Einkommensteuergesetzes zu versteuernde Jahresbetrag für die Steuerklassen I, II und III im Sinne des § 38b des Einkommensteuergesetzes um den Kinderfreibetrag von 4 368 Euro sowie den Freibetrag für den Betreuungs- und Erziehungs- oder Ausbildungsbedarf von 2 640 Euro und für die Steuerklasse IV im Sinne des § 38b des Einkommensteuergesetzes um den Kinderfreibetrag von 2 184 Euro sowie den Freibetrag für den Betreuungs- und Erziehungs- oder Ausbildungsbedarf von 1 320 Euro für jedes Kind vermindert wird, für das eine Kürzung der Freibeträge für Kinder nach § 32 Abs. 6 Satz 4 des Einkommensteuergesetzes nicht in Betracht kommt. [2]Bei der Anwendung des § 39b des Einkommensteuergesetzes für die Ermittlung des Solidaritätszuschlages ist die auf der Lohnsteuerkarte eingetragene Zahl der Kinderfreibeträge maßgebend. [3]Bei Anwendung des § 39f des Einkommensteuergesetzes ist beim Steuerabzug vom laufenden Arbeitslohn die Lohnsteuer maßgebend, die sich bei Anwendung des nach § 39f Abs. 1 des Einkommensteuergesetzes ermittelten Faktors auf den nach den Sätzen 1 und 2 ermittelten Betrag ergibt.

(3) Der Solidaritätszuschlag ist von einkommensteuerpflichtigen Personen nur zu erheben, wenn die Bemessungsgrundlage nach Absatz 1 Nr. 1 und 2

1. in den Fällen des § 32a Abs. 5 oder 6 des Einkommensteuergesetzes 1 944 Euro,

2. in anderen Fällen 972 Euro

übersteigt.

(4) [1]Beim Abzug vom laufenden Arbeitslohn ist der Solidaritätszuschlag nur zu erheben, wenn die Bemessungsgrundlage im jeweiligen Lohnzahlungszeitraum

1. bei monatlicher Lohnzahlung
   a) in der Steuerklasse III mehr als 162 Euro und
   b) in den Steuerklassen I, II, IV bis VI mehr als 81 Euro,

2. bei wöchentlicher Lohnzahlung
   a) in der Steuerklasse III mehr als 37,80 Euro und
   b) in den Steuerklassen I, II, IV bis VI mehr als 18,90 Euro,

3. bei täglicher Lohnzahlung
   a) in der Steuerklasse III mehr als 5,40 Euro und
   b) in den Steuerklassen I, II, IV bis VI mehr als 2,70 Euro

beträgt. [2]§ 39b Abs. 4 des Einkommensteuergesetzes ist sinngemäß anzuwenden.

(5) Beim Lohnsteuer-Jahresausgleich ist der Solidaritätszuschlag nur zu ermitteln, wenn die Bemessungsgrundlage in Steuerklasse III mehr als 1 944 Euro und in den Steuerklassen I, II oder IV mehr als 972 Euro beträgt.

§ 4
Zuschlagsatz

[1]Der Solidaritätszuschlag beträgt 5,5 Prozent der Bemessungsgrundlage. [2]Er beträgt nicht mehr als 20 Prozent des Unterschiedsbetrags zwischen der Bemessungsgrundlage und der nach § 3 Abs. 3 bis 5 jeweils maßgebenden Freigrenze. [3]Bruchteile eines Cents bleiben außer Ansatz.

§ 5
Doppelbesteuerungsabkommen

Werden aufgrund eines Abkommens zur Vermeidung der Doppelbesteuerung im Geltungsbereich dieses Gesetzes erhobene Steuern vom Einkommen ermäßigt, so ist diese Ermäßigung zuerst auf den Solidaritätszuschlag zu beziehen.

---

1) Die Angabe „Satz 6" wird durch die Angabe „Satz 5" ersetzt. Zur zeitlichen Anwendung siehe § 6 Abs. 9.

§ 6
Anwendungsvorschrift

(1) § 2 in der Fassung des Gesetzes vom 18. Dezember 1995 (BGBl. I S. 1959) ist ab dem Veranlagungszeitraum 1995 anzuwenden.

(2) Das Gesetz in der Fassung des Gesetzes vom 11. Oktober 1995 (BGBl. I S. 1250) ist erstmals für den Veranlagungszeitraum 1996 anzuwenden.

(3) Das Gesetz in der Fassung des Gesetzes vom 21. November 1997 (BGBl. I S. 2743) ist erstmals für den Veranlagungszeitraum 1998 anzuwenden.

(4) Das Gesetz in der Fassung des Gesetzes vom 23. Oktober 2000 (BGBl. I S. 1433) ist erstmals für den Veranlagungszeitraum 2001 anzuwenden.

(5) Das Gesetz in der Fassung des Gesetzes vom 21.12.2000 (BGBl. I S. 1978) ist erstmals für den Veranlagungszeitraum 2001 anzuwenden.

(6) Das Solidaritätszuschlaggesetz 1995 in der Fassung des Artikels 6 des Gesetzes vom 19. Dezember 2000 (BGBl. I S. 1790) ist erstmals für den Veranlagungszeitraum 2002 anzuwenden.

(7)[1] § 1 Abs. 2a in der Fassung des Gesetzes zur Regelung der Bemessungsgrundlage für Zuschlagsteuern vom 21. Dezember 2000 (BGBl. I S. 1978, 1979) ist letztmals für den Veranlagungszeitraum 2001 anzuwenden.

(8) § 3 Abs. 2a in der Fassung des Gesetzes zur Regelung der Bemessungsgrundlage für Zuschlagsteuern vom 21. Dezember 2000 (BGBl. I S. 1978, 1979) ist erstmals für den Veranlagungszeitraum 2002 anzuwenden.

(9) § 3 in der Fassung des Artikels 7 des Gesetzes vom 20. Dezember 2007 (BGBl. I S. 3150) ist erstmals für den Veranlagungszeitraum 2008 anzuwenden.

(10) § 3 in der Fassung des Artikels 5 des Gesetzes vom 22. Dezember 2008 (BGBl. I S. 2955) ist erstmals für den Veranlagungszeitraum 2009 anzuwenden.

(11) § 3 in der Fassung des Artikels 9 des Gesetzes vom 22. Dezember 2009 (BGBl. I S. 3950) ist erstmals für den Veranlagungszeitraum 2010 anzuwenden.

BFH-Rechtsprechungsauswahl

Zu Anhang 2 (SolzG)

BFH vom 24.07.2008 II B 38/08 (BFH/NV 2008, 1817)[2]: Verfassungsmäßigkeit des Solidaritätszuschlags.

BFH vom 29.05.2007 IX B 206/04 (n.v.): Die fehlende Anrechnung des von einer Kapitalgesellschaft gezahlten Solidaritätszuschlags zur Körperschaftsteuer auf den die Beteiligung betreffenden Anteil des Solidaritätszuschlags des Gesellschafters ist verfassungsgemäß.

BFH vom 23.02.2007 IX B 242/06 (BFH/NV 2007, 1073): Die Aufzählung des § 233a Abs. 1 der Abgabenordnung ist abschließend ist, daher wird der Solidaritätszuschlag nicht verzinst (BFH-Urteil vom 20. April 2006 III R 64/04, BFHE 212, 416, unter II. 1. a, m.w.N.). Auch entspricht es der Rechtsprechung des BFH (vgl. Urteil vom 28. Februar 1996 XI R 83, 84/94, BFH/NV 1996, 712), dass der Solidaritätszuschlag nicht Teil der Einkommen- und Körperschaftsteuer, sondern eine gesondert von diesen zu erhebende Steuer ist.

BFH vom 28.06.2006 VII B 324/05 (BStBl. 2006 II S. 692)[3]:
1. Es bestehen keine Zweifel an der Verfassungsmäßigkeit des SolZG 1995 vom 23. Juni 1993 in der für den Veranlagungszeitraum 2002 geltenden Fassung.
2. Die Frage, ob eine Ergänzungsabgabe i.S. des Art. 106 Abs. 1 Nr. 6 GG nur befristet erhoben werden darf, ist bereits (im verneinenden Sinn) durch die Rechtsprechung des BVerfG geklärt.

BFH vom 17.04.1996 I R 123/95 (BStBl. I S. 619): Die Festsetzung von Körperschaftsteuervorauszahlungen ist Grundlagenbescheid für die Festsetzung des Solidaritätszuschlages 1995 (Fortführung von BFH-Urteil vom 9. November 1994 I R 67/94, BFHE 176, 244, BStBl. 1995 II S. 305; Abgrenzung zu BFH-Urteil vom 25. Juni 1992 IV R 9/92, BFHE 167, 551, BStBl. 1992 II S. 702).

---

1) Zu Absatz 7 und 8 s. Gesetz vom 16. August 2001 (BGBl. I S. 2074, 2079).

2) Vgl. aber den Vorlagebeschluss des FG Niedersachsen an das BVerfG vom 25.11.2009 – 7 K 143/08 und das BMF-Schreiben vom 7.12.2009 – IV A 3 – S 0338/07/10010 – (2009/0826842).

3) Die dagegen eingelegte Verfassungsbeschwerde 2 BvR 1708/06 ist nicht zur Entscheidung angenommen worden.

Erstattung und Vergütung des zur Kapitalertragsteuer und zur Körperschaftsteuer erhobenen Solidaritätszuschlags durch das Bundesamt für Finanzen

BMF-Schreiben vom 26.09.1995 [1)]

IV B 7 – S 2629 – 6/95

Zu der Frage, ob der bei Dividendenzahlungen auf die anrechenbare Körperschaftsteuer und auf die anrechenbare Kapitalertragsteuer entfallende Solidaritätszuschlag vergütet bzw. erstattet werden kann, nimmt das BMF nach Abstimmung mit den obersten Finanzbehörden der Länder wie folgt Stellung:

1. Der auf die anrechenbare Körperschaftsteuer entfallende Solidaritätszuschlag darf nach § 3 Abs. 1 Nr. 1 SolZG 1995 vom 23.6.1995 (BGBl. I, 976; BStBl. I, 523; SolZG 1995) vom Bundesamt für Finanzen nicht vergütet werden.

2. Der zu der Kapitalertragsteuer erhobene Solidaritätszuschlag ist nach § 44b Abs. 1 EStG dagegen vom Bundesamt für Finanzen zu erstatten.

---

1) Aufhebung durch BMF-Schreiben zur Eindämmung der Normenflut vom 29.3.2007 – IV C 6 – O 1000/07/0018 (BStBl. 2007 I 369). Die Aufhebung des BMF-Schreibens bedeutet keine Aufgabe der bisherigen Rechtsauffassung der Verwaltung, sondern dient der Bereinigung der Weisungslage.

Minderung der Bemessungsgrundlage
für den Solidaritätszuschlag um vergütete Körperschaftsteuer

Verfügung OFD Chemnitz vom 27.06.1996
S 1999 – 1/1 – St 31

Die Bemessungsgrundlage für den Solidaritätszuschlag ist nach § 3 Abs. 1 Nr. 1 Solidaritätszuschlaggesetz 1995 u. a. um vergütete Körperschaftsteuer zu mindern.

Nicht nur die anzurechnende, sondern auch die vergütete Körperschaftsteuer wird bei der Festsetzung des Solidaritätszuschlags 1995 – anders als beim Solidaritätszuschlag 1991/92 – abgezogen, damit ausgeschüttete Körperschaftsgewinne nicht doppelt belastet werden. Die vergütete Körperschaftsteuer ist in Zeile 25 (nicht in Zeile 24) der Anlage KSO 1995 einzutragen; sie kann ggf. anhand der Unterlagen zum Vergütungsantrag oder in den häufigeren Fällen des Sammelantragsverfahrens anhand der Gutschrift durch das Kreditinstitut nachgewiesen werden (vgl. a. §§ 36 b ff. EStG).

Weder der Einkommensteuererklärungsvordruck für 1995 noch die Anleitung zur Einkommensteuererklärung 1995 enthalten einen Hinweis auf die Bedeutung vergüteter Körperschaftsteuer für die Berechnung des Solidaritätszuschlags.

Werden vergütete Körperschaftsteuerbeträge wegen dieser fehlenden Information erst nach Ablauf der Rechtsbehelfsfrist geltend gemacht, bestehen zumindest in den Fällen, in denen die Anlage KSO entsprechend Zeile 51 des Mantelbogens nicht oder nur zur Anrechnung von Steuerabzugsbeträgen abgegeben wurde, keine Bedenken, den Steuerbescheid nach § 173 Abs. 1 Nr. 2 AO wegen neuer Tatsachen zu ändern.

Gesetz über steuerrechtliche Maßnahmen bei Erhöhung des Nennkapitals aus Gesellschaftsmitteln (KapErhStG)

in der Fassung der Bekanntmachung vom 10. Oktober 1967 (BGBl. I S. 977), zuletzt geändert durch Artikel 10 des Gesetzes über steuerliche Begleitmaßnahmen zur Einführung der Europäischen Gesellschaft und zur Änderung weiterer steuerrechtlicher Vorschriften (SEStEG) vom 7. Dezember 2006 (BGBl. I S. 2782)

§ 1
Steuern vom Einkommen und Ertrag der Anteilseigner

Erhöht eine Kapitalgesellschaft im Sinne des § 1 Abs. 1 Nr. 1 des Körperschaftsteuergesetzes ihr Nennkapital durch Umwandlung von Rücklagen in Nennkapital, so gehört der Wert der neuen Anteilsrechte bei den Anteilseignern nicht zu den Einkünften im Sinne des § 2 Abs. 1 des Einkommensteuergesetzes.

§ 2
(aufgehoben)

§ 3
Anschaffungskosten nach Kapitalerhöhung

Als Anschaffungskosten der vor der Erhöhung des Nennkapitals erworbenen Anteilsrechte und der auf sie entfallenen neuen Anteilsrechte gelten die Beträge, die sich für die einzelnen Anteilsrechte ergeben, wenn die Anschaffungskosten der vor der Erhöhung des Nennkapitals erworbenen Anteilsrechte auf diese und auf die auf sie entfallenen neuen Anteilsrechte nach dem Verhältnis der Anteile am Nennkapital verteilt werden.

§ 4
Mitteilung der Erhöhung des Nennkapitals an das Finanzamt

Die Kapitalgesellschaft hat die Erhöhung des Nennkapitals innerhalb von zwei Wochen nach der Eintragung des Beschlusses über die Erhöhung des Nennkapitals in das Handelsregister dem Finanzamt mitzuteilen und eine Abschrift des Beschlusses über die Erhöhung des Nennkapitals einzureichen.

§ 5
(aufgehoben)

§ 6
(aufgehoben)

§ 7
Anteilsrechte an ausländischen Gesellschaften

(1) [1]§ 1 ist auf den Wert neuer Anteilsrechte an ausländischen Gesellschaften anzuwenden, wenn

1. die ausländische Gesellschaft einer Aktiengesellschaft, einer Kommanditgesellschaft auf Aktien oder einer Gesellschaft mit beschränkter Haftung vergleichbar ist,

2. die neuen Anteilsrechte auf Maßnahmen beruhen, die eine Kapitalerhöhung aus Gesellschaftsmitteln nach den Vorschriften der §§ 207 bis 220 des Aktiengesetzes oder nach den Vorschriften des Gesetzes über die Kapitalerhöhung aus Gesellschaftsmitteln und über die Gewinn- und Verlustrechnung vom 23. Dezember 1959 (Bundesgesetzbl. I S. 789), zuletzt geändert durch das Einführungsgesetz zum Strafgesetzbuch vom 2. März 1974 (Bundesgesetzbl. I S. 469), entsprechen und

3. die neuen Anteilsrechte wirtschaftlich den Anteilsrechten entsprechen, die nach den in Nummer 2 bezeichneten Vorschriften ausgegeben werden.

[2]Der Erwerber der Anteilsrechte hat nachzuweisen, daß die Voraussetzungen der Nummern 1 bis 3 erfüllt sind.

(2) [1]Setzt die ausländische Gesellschaft in den Fällen des Absatzes 1 innerhalb von fünf Jahren nach Ausgabe der neuen Anteilsrechte ihr Kapital herab und zahlt sie die dadurch freiwerdenden Mittel ganz oder teilweise zurück, so gelten die zurückgezahlten Beträge bei den Anteilseignern insoweit als Einkünfte aus Kapitalvermögen im Sinne des § 20 Abs. 1 Nr. 1 des Einkommensteuergesetzes, als sie den Betrag der Erhöhung des Kapitals nicht übersteigen. [2]Das gleiche gilt, wenn die ausländische Gesellschaft Maßnahmen trifft, die den in Satz 1 bezeichneten Maßnahmen vergleichbar sind. [3]Die Sätze 1 und 2 sind in den Fällen des § 27 Abs. 8 des Körperschaftsteuergesetzes in der Fassung des Artikels 3 des Gesetzes vom 7. Dezember 2006 (BGBl. I S. 2782) nicht anzuwenden.

§ 8
(aufgehoben)

§ 8a
Schlußvorschriften

(1) ¹Dieses Gesetz ist erstmals auf Kapitalerhöhungen anzuwenden, die in einem nach dem 31. Dezember 1976 abgelaufenen Wirtschaftsjahr der Kapitalgesellschaft wirksam werden. ²Ist eine Kapitalerhöhung in einem früheren Wirtschaftsjahr wirksam geworden, so treten in den Fällen der §§ 6 und 7 Abs. 2 des Gesetzes in der Fassung der Bekanntmachung vom 10. Oktober 1967 (Bundesgesetzbl. I S. 977) die in diesen Vorschriften bezeichneten Rechtsfolgen ein.

(2) Die §§ 5 und 6 sind letztmals auf die Rückzahlung von Nennkapital anzuwenden, wenn das Nennkapital in dem letzten Wirtschaftsjahr erhöht worden ist, in dem bei der Kapitalgesellschaft das Körperschaftsteuergesetz in der Fassung der Bekanntmachung vom 22. April 1999 (BGBl. I S. 817), das zuletzt durch Artikel 4 des Gesetzes vom 14. Juli 2000 (BGBl. I S. 1034) geändert worden ist, anzuwenden ist, soweit dafür eine Rücklage als verwendet gilt, die aus Gewinnen eines vor dem 1. Januar 1977 abgelaufenen Wirtschaftsjahrs gebildet worden ist.

§ 9
(aufgehoben)

§ 10
Anwendungszeitraum

Die vorstehende Fassung dieses Gesetzes ist erstmals ab 1. Januar 1984 anzuwenden. Für Aktien, die vor dem 1. Januar 1984 an Arbeitnehmer überlassen worden sind, ist § 8 Abs. 1 dieses Gesetzes in der vor dem 1. Januar 1984 jeweils geltenden Fassung weiter anzuwenden.

§ 11
Inkrafttreten

Dieses Gesetz tritt am Tage nach seiner Verkündung in Kraft.

BFH-Rechtsprechungsauswahl

Zu Anhang 3 (KapErhStG)

BFH vom 14.02.2006 VIII R 49/03 (BStBl. 2006 II S. 520): Ersetzen Freiaktien einer niederländischen AG entsprechend einem vereinbarten Wahlrecht die Bardividende, unterliegen sie als Einnahmen aus Kapitalvermögen der Einkommensteuer nach § 20 Abs. 1 Nr. 1 EStG; die Voraussetzungen der §§ 1, 7 KapErhStG für einen steuerfreien Erwerb der Anteile liegen insoweit nicht vor. Eine tatsächliche Vermutung spricht dafür, dass der Wert der Freiaktien zumindest dem Betrag der „ersetzten" Bardividende entspricht.

BFH vom 10.08.2005 VIII R 26/03 (BStBl. 2006 II S. 22):

1. Die Bewertungseinheit der Beteiligung an einer AG schließt die Einzelbewertung von Aktien nicht aus, sobald sie nicht mehr dazu bestimmt sind, eine dauernde Verbindung zu der AG herzustellen.
2. Bei einer vereinfachten Kapitalherabsetzung durch Einziehung unentgeltlich zur Verfügung gestellter Aktien (§ 237 Abs. 3 Nr. 1, Abs. 4 und 5 AktG) gehen die anteiligen Buchwerte der von einem Aktionär zur Einziehung zur Verfügung gestellten Aktien mit deren Übergabe auf die dem Aktionär verbleibenden Aktien anteilig über, soweit die Einziehung bei diesen Aktien zu einem Zuwachs an Substanz führt.
3. Soweit die Einziehung der von dem Aktionär zur Verfügung gestellten Aktien bei den Aktien anderer Aktionäre zu einem Zuwachs an Substanz führt, ist der auf die eingezogenen Aktien entfallende anteilige Buchwert von dem Aktionär ergebniswirksam auszubuchen.

BFH vom 27.03.1979 VIII R 147/76 (BStBl. 1979 II S. 560):

1. Entspricht die von einer Kapitalgesellschaft durchgeführte Erhöhung des Nennkapitals aus Rücklagen nicht den Vorschriften des Kapitalerhöhungsgesetzes, so unterliegt der Erwerb der neuen Anteilsrechte den Steuern vom Einkommen und Ertrag.
2. Der Verstoß gegen Vorschriften des Kapitalerhöhungsgesetzes ist jedoch unbeachtlich, wenn die Kapitalerhöhung als Kapitalerhöhung aus Gesellschaftsmitteln im Handelsregister eingetragen ist.

BFH vom 05.04.1978 I R 164/75 (BStBl. 1978 II S. 414): Erhöht eine Kapitalgesellschaft ausländischen Rechts ihr Nennkapital nicht aus Rücklagen, sondern unmittelbar aus Gewinnen, so liegt darin keine Maßnahme, die einer Kapitalerhöhung aus Gesellschaftsmitteln nach § 1 des Kapitalerhöhungsgesetzes entspricht.

Nachweis der Begünstigungsvoraussetzungen gemäß § 7 Abs. 1 KapErhStG

Erlaß FM NRW vom 30.08.1990
S 1979 – 1 V C 1

1. Nach § 7 Abs. 1 KapErhStG ist auf den Erwerb von Anteilsrechten an ausländischen Gesellschaften die Vorschrift des § 1 KapErhStG (Freistellung von den Steuern vom Einkommen und Ertrag der Anteilseigner) anzuwenden, wenn

    (1) die ausländische Gesellschaft mit einer AG, KGaA oder einer GmbH vergleichbar ist,

    (2) die neuen Anteilsrechte auf Maßnahmen beruhen, die einer Kapitalerhöhung aus Gesellschaftsmitteln entsprechen und

    (3) die neuen Anteilsrechte wirtschaftlich den Anteilsrechten entsprechen, die bei einer Kapitalerhöhung aus Gesellschaftsmitteln ausgegeben werden.

Der Erwerber der Anteilsrechte hat nachzuweisen, daß die Voraussetzungen der Nr. 1 bis 3 vorliegen.

2. Zur Frage, welche Mindestanforderungen an den Nachweis der Begünstigungsvoraussetzungen zu stellen sind, bitte ich die Auffassung zu vertreten, daß grundsätzlich folgende Unterlagen beizubringen sind, sofern nach den Bezugserlassen keine Erleichterungen in Betracht kommen:

    a) Nachweis der Rechtsform,

    b) Beschluß über die Kapitalerhöhung,

    c) Beschluß über die letzte vorangegangene Gewinnverwendung,

    d) letzte Bilanz vor der Kapitalerhöhung,

    e) erste Bilanz nach der Kapitalerhöhung,

    f) Nachweis über die Eintragung in das Handelsregister, wenn der ausländische Staat ein solches Register führt,

    g) Übersetzung aller Unterlagen ins Deutsche.

Ob im Einzelfall alle diese Unterlagen erforderlich sind, um beurteilen zu können, ob die Voraussetzungen des § 7 KapErhStG gegeben sind, ist von Fall zu Fall zu entscheiden.

Dieser Erlaß ergeht im Einvernehmen mit dem Bundesminister der Finanzen und den obersten Finanzbehörden der anderen Länder.

Anwendung des Gesetzes über steuerrechtliche Maßnahmen bei Erhöhung des Nennkapitals aus Gesellschaftsmitteln (KapErhStG)

Erlaß FM NRW vom 04.07.1996
S 1979 – 1 – V B 4

Es ist gefragt worden, ob die Rechtsfolgen des KapErhStG nur dann eintreten, wenn – entsprechend des Wortlauts § 1 KapErhStG – in der Bilanz ausgewiesene (offene) Rücklagen für eine Kapitalerhöhung aus Gesellschaftsmitteln verwendet werden oder ob auch die durch das Bilanzrichtlinien-Gesetz erstmals eröffnete Möglichkeit, die im Beschluß über die Verwendung des Jahresergebnisses als Zuführung zu den Rücklagen ausgewiesenen Beträge in Nennkapital umzuwandeln (§ 57d Abs. 1 GmbHG), durch das KapErhStG steuerlich begünstigt ist.

Durch Art. 10 Abs. 9 des Bilanzrichtlinien-Gesetzes vom 19.12.1985 (BGBl. I, 2355, 2422) ist das Gesetz über die Kapitalerhöhung aus Gesellschaftsmitteln und über die Verschmelzung von Gesellschaften mit beschränkter Haftung in § 2 Abs. 1 in der Weise geändert worden, daß bei einer GmbH außer den ausgewiesenen „Kapital- oder Gewinnrücklagen" auch das Jahresergebnis ganz oder teilweise in Nennkapital umgewandelt werden kann, wenn der entsprechende Betrag „im Beschluß über die Verwendung des Jahresergebnisses als Zuführung zu diesen Rücklagen ausgewiesen" ist. Handelsrechtlich ist demzufolge für die Umwandlungsfähigkeit des Jahresergebnisses bzw. von Teilen des Jahresergebnisses in Nennkapital ein Ausweis in der Handelsbilanz als Rücklage nicht mehr erforderlich.

Durch Art. 5 des Gesetzes zur Bereinigung des Umwandlungsrechts vom 28.10.1994 (BGBl. I, 3210, 3260) ist das Gesetz über die Kapitalerhöhung aus Gesellschaftsmitteln und über die Verschmelzung von Gesellschaften mit beschränkter Haftung mit Wirkung ab 31.12.1994 aufgehoben worden. Durch Art. 4 des Gesetzes zur Bereinigung des Umwandlungsrechts vom 28.10.1994 (BGBl. I, 3210, 3257) sind die Regelungen für die Kapitalerhöhung aus Gesellschaftsmitteln einer GmbH in neue – ab 1995 geltende – gesetzliche Regelungen (§§ 57c bis 57o GmbHG) übernommen worden. Auch nach § 57d Abs. 1 GmbHG können neben „Kapital- oder Gewinnrücklagen" das Jahresergebnis oder Teile des Jahresergebnisses in Stammkapital umgewandelt werden, wenn der entsprechende Betrag „im letzten Beschluß über die Verwendung des Jahresergebnisses als Zuführung zu diesen Rücklagen ausgewiesen" ist.

Das KapErhStG ist weder im Rahmen des Bilanzrichtlinien-Gesetzes noch im Zusammenhang mit dem Gesetz zur Bereinigung des Umwandlungsrechts entsprechend angepaßt worden. § 1 KapErhStG spricht deshalb nach wie vor von der „Umwandlung von Rücklagen in Nennkapital".

Zu der eingangs gestellten Frage wird nach Abstimmung mit den obersten Finanzbehörden des Bundes und der anderen Länder die Auffassung vertreten, daß das KapErhStG nach seinem Sinn und Zweck in allen Fällen Anwendung finden soll, in denen handelsrechtlich wirksam eine Kapitalerhöhung aus Gesellschaftsmitteln (§§ 207 bis 220 AktG; §§ 57c bis 57o GmbHG) vollzogen wird. Danach ist auch die Umwandlung in Nennkapital von Jahresergebnissen oder von Teilen der Jahresergebnisse, die zuvor im Verwendungsbeschluß als Zuführung der Rücklage ausgewiesen sind, durch das KapErhStG steuerlich begünstigt. § 1 KapErhStG enthält, soweit dort nur von der „Umwandlung von Rücklagen in Nennkapital" die Rede ist, ein planwidrige Lücke, die im Wege der Gesetzesauslegung zu schließen ist.

Kapitalerhöhung aus Gesellschaftsmitteln;
Anwendung des § 7 des Gesetzes über steuerrechtliche Maßnahmen bei Erhöhung des Nennkapitals aus Gesellschaftsmitteln in der Fassung vom 10.10.1967 (BStBl. I 1967, 367); zuletzt geändert durch Art. 4 des Vermögensbeteiligungsgesetzes vom 22.12.1983 (BStBl. I 1984, 23) – KapErhStG –

Verfügung OFD Frankfurt/M. vom 25.07.1996
S 1979 A – 1 – St II 10

Voraussetzungen

1. Erhöht eine inländische Kapitalgesellschaft ihr gezeichnetes Kapital durch die Umwandlung von Rücklagen entsprechend

   – den Vorschriften der §§ 207 – 220 des AktG oder

   – dem Gesetz über die Kapitalerhöhung aus Gesellschaftsmitteln und über Verschmelzung von Gesellschaften mit beschränkter Haftung (KapErhG) – bis 31.12.1994 – oder

   – den Vorschriften der §§ 57c bis 57o GmbHG – ab 1.1.1995–,

   so gehört der Wert der neuen Anteilsrechte bei den Anteilseignern nicht zu den Einkünften i. S. d. § 2 Abs. 1 EStG (§ 1 KapErhStG). Die Anschaffungskosten der vor der Erhöhung des Nennkapitals erworbenen Anteilsrechte sind auf diese und die neuen Anteilsrechte zu verteilen (§ 3 KapErhStG).

2. In gleicher Weise sind Anteilsrechte an ausländischen Gesellschaften, die aufgrund von Kapitalerhöhungen aus Mitteln der Gesellschaft entstanden sind, begünstigt, wenn:

   a) die ausländische Gesellschaft einer Aktiengesellschaft, einer Kommanditgesellschaft auf Aktien oder einer Gesellschaft mit beschränkter Haftung vergleichbar ist und

   b) die neuen Anteilsrechte auf Maßnahmen beruhen, die einer Kapitalerhöhung aus Gesellschaftsmitteln nach den o. a. Vorschriften entsprechen und

   c) die neuen Anteilsrechte wirtschaftlich den Anteilsrechten deutscher Kapitalgesellschaften entsprechen (§ 7 KapErhStG).

   Für die Frage, ob die o. a. Voraussetzungen bei den ausländischen Gesellschaften i. S. v. Nr. 1 erfüllt sind, kommt es nicht darauf an, daß die Kapitalerhöhung den Vorschriften des AktG, des KapErhG oder des GmbHG im einzelnen entsprechen. Nach dem BFH-Urteil vom 20.10.1976 (BStBl. II 1977, 177) genügt es vielmehr, wenn die aus den Kapitalerhöhung vorgenommene Kapitalerhöhung den jeweils geltenden ausländischen Rechtsvorschriften über die Kapitalerhöhung aus Gesellschaftsmitteln entspricht. Indiz hierfür ist die Eintragung der Maßnahme als Kapitalerhöhung aus Gesellschaftsmitteln in das ausländische Handelsregister.

   Dem Wesen einer Kapitalerhöhung aus Gesellschaftsmitteln entsprechend müssen jedoch auch nach der o. a. BFH-Entscheidung die Mittel für die Kapitalerhöhung aus Rücklagen bzw. entsprechenden Beträgen (z. B. die im Fall des vorstehenden Urteils vorgenommene Erhöhung des Grundkapitals aus einer „Spezialreserve") stammen. Diese Voraussetzung ist auch dann erfüllt, wenn die Umwandlung in Nennkapital Jahresergebnisanteile umfaßt, die zuvor im Verwendungsbeschluß als Zuführung zur Rücklage ausgewiesen wurde.

   Die in der Bilanz einer ausländischen Gesellschaft ausgewiesenen Gewinne und Gewinnvorträge sind grundsätzlich keine Rücklagen im vorstehenden Sinne. Vereinzelt kann jedoch der Gewinnvortrag einer ausländischen Gesellschaft nach dem Gesamtbild der tatsächlichen und rechtlichen Verhältnisse auch die Funktion einer offenen Rücklage haben. In diesen Fällen bestehen keine Bedenken, bei Anwendung des § 7 KapErhStG einen entsprechenden (geschätzten) Teil des Gewinnvortrags als offene Rücklage anzuerkennen. Dabei ist davon auszugehen, daß zur Kapitalerhöhung aus Gesellschaftsmitteln zunächst der als Rücklage zu behandelnde Teil des Gewinnvortrags verwendet wird.

   Stammen die von der ausländischen Gesellschaft für die Kapitalerhöhung aus Gesellschaftsmitteln verwandten Beträge nicht aus den Rücklagen in vorstehendem Sinne, so ist davon auszugehen, daß in Höhe der umgewandelten Beträge den Gesellschaftern Einnahmen aus Kapitalvermögen zugeflossen sind, die zum Erwerb der ausgegebenen Anteilsrechte verwandt wurden (sog. fiktive Doppelmaßnahme). In Höhe der entsprechenden Beträge liegen Anschaffungskosten für die erworbenen Anteilsrechte vor. Die Anschaffungskosten der vor der Erhöhung des Nennkapitals erworbenen Anteilsrechte werden nicht berührt.

3. Der Nachweis, daß der Erwerb von Anteilsrechten an einer ausländischen Gesellschaft auf Grund einer Kapitalerhöhung aus Gesellschaftsmitteln zustande gekommen ist, und den unter Nr. 2 Buchst. a) bis c) genannten Voraussetzungen entspricht, obliegt dem Erwerber der Anteile.

Soweit es sich um den Erwerb von Anteilsrechten an einer französischen oder italienischen Kapitalgesellschaft handelt, genügt es, wenn der Erwerber der Anteilsrechte Namen und Sitz der betreffenden französischen oder italienischen Kapitalgesellschaft mitteilt und gleichzeitig versichert, daß die Anteilsrechte aufgrund einer Kapitalerhöhung aus Gesellschaftsmitteln dieser Gesellschaft unentgeltlich erworben wurden. In anderen Fällen richtet sich die Überprüfung der o. a. Voraussetzungen nach den Verhältnissen des Einzelfalles. Dabei ist die Überprüfung der Voraussetzungen dann schwierig, wenn bei fehlender Eintragung der Kapitalerhöhung in das ausländische Handelsregister der Erwerber der Anteilsrechte dennoch behauptet, daß die Voraussetzungen des § 7 KapErhStG erfüllt seien oder Zweifel darüber bestehen können, ob die Mittel für die Kapitalerhöhung aus Rücklagen im vorstehenden Sinne stammen. Hier ist eine genaue Kenntnis der einschlägigen gesellschaftsrechtlichen Bestimmungen des betreffenden ausländischen Staates erforderlich.

Anerkennungsverfahren

Für die steuerliche Prüfung, ob im Einzelfall der entsprechende Nachweis als erbracht angesehen werden kann, gilt wie bisher im Bundesgebiet einheitlich folgendes Verfahren:

1. Wird ein Fall des § 7 KapErhStG in einem Land zur Entscheidung vorgelegt, so wird der Fall der von dem Land hierfür bestimmten Stelle der Finanzverwaltung zur Prüfung zugeleitet. Hierzu sind zur Weiterleitung an die HMdF entsprechende Anträge mit jeweils doppelter Ausfertigung vorzulegen. Der HMdF benachrichtigt die Finanzminister(-senatoren) der übrigen Länder und das Bundesfinanzministerium für die anhängige Prüfung und teilt zu gegebener Zeit das Ergebnis der Prüfung mit. Die Entscheidung soll auch von den Finanzbehörden der übrigen Länder beachtet werden. Aus diesem Grunde wird den übrigen Ländern Gelegenheit gegeben, ihre etwaigen Bedenken gegen die von dem die Angelegenheit bearbeitenden Land beabsichtigte Entscheidung während des Prüfungsverfahrens geltend zu machen.

2. Wird der Finanzverwaltung eines Landes ein Anwendungsfall des § 7 KapErhStG vorgelegt, der bereits in einem anderen Land bearbeitet wird, so setzt es die Entscheidung aus und wartet die Mitteilung über das Prüfungsergebnis des anderen Landes ab. Gegebenenfalls wird zwischen den betroffenen Ländern im Verständigungsverfahren Einigkeit darüber hergestellt, welches Land die Prüfung durchführen soll.

3. Ist aufgrund der Überprüfung der o. a. Voraussetzungen durch die mit der Angelegenheit befaßten obersten Finanzbehörden der Länder festgestellt, daß die in § 7 Nrn. 1 und 2 KapErhStG geforderten Voraussetzungen erfüllt sind, werden die inländischen Aktionäre der betroffenen ausländischen Gesellschaften von der Nachweispflicht befreit.

Den vorstehenden Anweisungen liegen, soweit sie nicht durch nachfolgende Erlasse geändert oder ergänzt wurden, die HMdF-Erlasse vom 18.7.1963 –S 2520 – 35 – II 31 – / 16.12.1963 – Az. w.o. – / 23.8.1968 – S 1979 A – 2 – II A 32 – / 14.7.1977 – S 1979 A – 2 II B 32 – / 2.7.1996 – S 1979 A – 2 – II A 11 – zugrunde.

Umwandlungssteuergesetz (UmwStG)

vom 7. Dezember 2006, verkündet als Artikel 6 des Gesetzes über steuerliche Begleitmaßnahmen zur Einführung der Europäischen Gesellschaft und zur Änderung weiterer steuerrechtlicher Vorschriften (SEStEG) vom 7. Dezember 2006 (BGBl. I S. 2782), geändert durch
Artikel 2 des Unternehmenssteuerreformgesetzes 2008 vom 14. August 2007 (BGBl. I S. 1912),
Artikel 4 des Jahressteuergesetzes 2008 (JStG 2008) vom 20. Dezember 2007 (BGBl. I S. 3150),
Artikel 6 des Jahressteuergesetzes 2009 vom 19. Dezember 2008 (BGBl. I S. 2794) und
Artikel 4 des Wachstumsbeschleunigungsgesetzes vom 22. Dezember 2009 (BGBl. I S. 3950).

Inhaltsübersicht

Neunter Teil. – Verhinderung von Missbräuchen

§ 26 (weggefallen)

Zehnter Teil. – Anwendungsvorschriften und Ermächtigung

§ 27 Anwendungsvorschriften

§ 28 Bekanntmachungserlaubnis

Erster Teil

Allgemeine Vorschriften

§ 1

Anwendungsbereich und Begriffsbestimmungen

(1) [1]Der Zweite bis Fünfte Teil gilt nur für

1. die Verschmelzung, Aufspaltung und Abspaltung im Sinne der §§ 2, 123 Abs. 1 und 2 des Umwandlungsgesetzes von Körperschaften oder vergleichbare ausländische Vorgänge sowie des Artikels 17 der Verordnung (EG) Nr. 2157/2001 und des Artikels 19 der Verordnung (EG) Nr. 1435/2003;

2. den Formwechsel einer Kapitalgesellschaft in eine Personengesellschaft im Sinne des § 190 Abs. 1 des Umwandlungsgesetzes oder vergleichbare ausländische Vorgänge;

3. die Umwandlung im Sinne des § 1 Abs. 2 des Umwandlungsgesetzes, soweit sie einer Umwandlung im Sinne des § 1 Abs. 1 des Umwandlungsgesetzes entspricht sowie

4. die Vermögensübertragung im Sinne des § 174 des Umwandlungsgesetzes vom 28. Oktober 1994 (BGBl. I S. 3210, 1995 I S. 428), das zuletzt durch Art. 10 des Gesetzes vom 9. Dezember 2004 (BGBl. I S. 3214) geändert worden ist, in der jeweils geltenden Fassung. [2]Diese Teile gelten nicht für die Ausgliederung im Sinne des § 123 Abs. 3 des Umwandlungsgesetzes.

(2) [1]Absatz 1 findet nur Anwendung, wenn

1. beim Formwechsel der umwandelnde Rechtsträger oder bei den anderen Umwandlungen die übertragenden und die übernehmenden Rechtsträger nach den Rechtsvorschriften eines Mitgliedstaats der Europäischen Union oder eines Staates, auf den das Abkommen über den Europäischen Wirtschaftsraum Anwendung findet, gegründete Gesellschaften im Sinne des Artikels 48 des Vertrags zur Gründung der Europäischen Gemeinschaft oder des Artikels 34 des Abkommens über den Europäischen Wirtschaftsraum sind, deren Sitz und Ort der Geschäftsleitung sich innerhalb des Hoheitsgebiets eines dieser Staaten befinden oder

2. übertragender Rechtsträger eine Gesellschaft im Sinne der Nummer 1 ist und übernehmender Rechtsträger eine natürliche Person ist, deren Wohnsitz oder gewöhnlicher Aufenthalt sich innerhalb des Hoheitsgebiets eines der Staaten im Sinne der Nr. 1 befindet und die nicht auf Grund eines Abkommens zur Vermeidung der Doppelbesteuerung mit einem dritten Staat als außerhalb des Hoheitsgebiets dieser Staaten ansässig gesehen wird.

[2]Eine Europäische Gesellschaft im Sinne der Verordnung (EG) Nr. 2157/ 2001 und eine Europäische Genossenschaft im Sinne der Verordnung (EG) Nr. 1435/2003 gelten für die Anwendung des Satzes 1 als eine nach den Rechtsvorschriften des Staates gegründete Gesellschaft, in dessen Hoheitsgebiet sich der Sitz der Gesellschaft befindet.

(3) Der Sechste bis Achte Teil gilt nur für

1. die Verschmelzung, Aufspaltung und Abspaltung im Sinne der §§ 2 und 123 Abs. 1 und 2 des Umwandlungsgesetzes von Personenhandelsgesellschaften und Partnerschaftsgesellschaften oder vergleichbare ausländische Vorgänge;

2. die Ausgliederung von Vermögensteilen im Sinne des § 123 Abs. 3 des Umwandlungsgesetzes oder vergleichbare ausländische Vorgänge;

3. den Formwechsel einer Personengesellschaft in eine Kapitalgesellschaft oder Genossenschaft im Sinne des § 190 Abs. 1 des Umwandlungsgesetzes oder vergleichbare ausländische Vorgänge;

4. die Einbringung von Betriebsvermögen durch Einzelrechtsnachfolge in eine Kapitalgesellschaft, eine Genossenschaft oder Personengesellschaft sowie

5. den Austausch von Anteilen

(4) [1]Absatz 3 gilt nur, wenn

1. der übernehmende Rechtsträger eine Gesellschaft im Sinne von Abs. 2 Satz 1 Nr. 1 ist und

2. in den Fällen des Abs. 3 Nr. 1 bis 4

a) beim Formwechsel der umwandelnde Rechtsträger, bei der Einbringung durch Einzelrechtsnachfolge der einbringende Rechtsträger oder bei den anderen Umwandlungen der übertragende Rechtsträger

    aa) eine Gesellschaft im Sinne von Abs. 2 Satz 1 Nr. 1 ist und, wenn es sich um eine Personengesellschaft handelt, soweit an dieser Körperschaften, Personenvereinigungen, Vermögensmassen oder natürliche Personen unmittelbar oder mittelbar über eine oder mehrere Personengesellschaften beteiligt sind, die die Voraussetzungen im Sinne von Abs. 2 Satz 1 Nr. 1 und 2 erfüllen, oder

    bb) eine natürliche Person im Sinne von Absatz 2 Satz 1 Nr. 2 ist

    oder

b) das Recht der Bundesrepublik Deutschland hinsichtlich der Besteuerung des Gewinns aus der Veräußerung der erhaltenen Anteile nicht ausgeschlossen oder beschränkt ist.

²Satz 1 ist in den Fällen der Einbringung eines Betriebs, Teilbetriebs oder Mitunternehmeranteils in eine Personengesellschaft nach § 24 nicht anzuwenden.

(5) Soweit dieses Gesetz nicht anderes bestimmt, ist

1. Richtlinie 90/434/EWG

    die Richtlinie 90/434/EWG des Rates vom 23. Juli 1990 über das gemeinsame Steuersystem für Fusionen, Spaltungen, die Einbringung von Unternehmensteilen und den Austausch von Anteilen, die Gesellschaften verschiedener Mitgliedstaaten betreffen (ABl. EG Nr. L 225 S. 1), zuletzt geändert durch die Richtlinie 2005/19/EG des Rates vom 17. Februar 2005 (ABl. EU Nr. L 58 S. 19), in der zum Zeitpunkt des steuerlichen Übertragungsstichtags jeweils geltenden Fassung;

2. Verordnung (EG) Nr. 2157/2001

    die Verordnung (EG) Nr. 2157/2001 des Rates vom 8. Oktober 2001 über das Statut der Europäischen Gesellschaft (SE) (ABl. EG Nr. L 294 S. 1), zuletzt geändert durch die Verordnung (EG) Nr. 885/2004 des Rates vom 26. April 2004 (ABl. EU Nr. L 168 S. 1), in der zum Zeitpunkt des steuerlichen Übertragungsstichtags jeweils geltenden Fassung;

3. Verordnung (EG) Nr. 1435/2003

    die Verordnung (EG) Nr. 1435/2003 des Rates vom 22. Juli 2003 über das Statut der Europäischen Genossenschaften (SCE) (ABl. EU Nr. L 207 S. 1), in der zum Zeitpunkt des steuerlichen Übertragungsstichtags jeweils geltenden Fassung;

4. Buchwert

    der Wert, der sich nach den steuerrechtlichen Vorschriften über die Gewinnermittlung in einer für den steuerlichen Übertragungsstichtag aufzustellenden Steuerbilanz ergibt oder ergäbe.

§ 2
Steuerliche Rückwirkung

(1) ¹Das Einkommen und das Vermögen der übertragenden Körperschaft sowie des übernehmenden Rechtsträgers sind so zu ermitteln, als ob das Vermögen der Körperschaft mit Ablauf des Stichtags der Bilanz, die dem Vermögensübergang zu Grunde liegt (steuerlicher Übertragungsstichtag), ganz oder teilweise auf den übernehmenden Rechtsträger übergegangen wäre. ²Das Gleiche gilt für die Ermittlung der Bemessungsgrundlagen bei der Gewerbesteuer.

(2) Ist die Übernehmerin eine Personengesellschaft, gilt Absatz 1 Satz 1 für das Einkommen und das Vermögen der Gesellschafter.

(3) Die Absätze 1 und 2 sind nicht anzuwenden, soweit Einkünfte auf Grund abweichender Regelungen zur Rückbeziehung eines in § 1 Abs. 1 bezeichneten Vorgangs in einem anderen Staat der Besteuerung entzogen werden.

(4)[1] ¹Der Ausgleich oder die Verrechnung eines Übertragungsgewinns mit verrechenbaren Verlusten, verbleibenden Verlustvorträgen, nicht ausgeglichenen negativen Einkünften, einem Zinsvortrag nach § 4h Absatz 1 Satz 5 des Einkommensteuergesetzes und einem EBITDA-Vortrag nach § 4h Absatz 1 Satz 3 des Einkommensteuergesetzes (Verlustnutzung) des übertragenden Rechtsträgers ist nur zulässig, wenn dem übertragenden Rechtsträger die Verlustnutzung auch ohne Anwendung der Absätze 1 und 2 möglich gewesen wäre. ²Satz 1 gilt für negative Einkünfte des übertragenden Rechtsträgers im Rückwirkungszeitraum entsprechend.

---

1) § 2 Abs. 4 Satz 1 um den EBITDA-Vortrag ergänzt durch Gesetz vom 22. Dezember 2009 (BGBl. I S. 3950). Zur zeitlichen Anwendung s. § 27 Abs. 10.

Zweiter Teil

Vermögensübergang bei Verschmelzung auf eine Personengesellschaft oder auf eine natürliche Person und Formwechsel einer Kapitalgesellschaft in eine Personengesellschaft

§ 3
Wertansätze in der steuerlichen Schlussbilanz der übertragenden Körperschaft

(1) [1]Bei einer Verschmelzung auf eine Personengesellschaft oder natürliche Person sind die übergehenden Wirtschaftsgüter, einschließlich nicht entgeltlich erworbener und selbst geschaffener immaterieller Wirtschaftsgüter, in der steuerlichen Schlussbilanz der übertragenden Körperschaft mit dem gemeinen Wert anzusetzen. [2]Für die Bewertung von Pensionsrückstellungen gilt § 6 a des Einkommensteuergesetzes.

(2) [1]Auf Antrag können die übergehenden Wirtschaftsgüter abweichend von Absatz 1 einheitlich mit dem Buchwert oder einem höheren Wert, höchstens jedoch mit dem Wert nach Absatz 1, angesetzt werden, soweit

1. sie Betriebsvermögen der übernehmenden Personengesellschaft oder natürlichen Person werden und sichergestellt ist, dass sie später der Besteuerung mit Einkommensteuer oder Körperschaftsteuer unterliegen und

2. das Recht der Bundesrepublik Deutschland hinsichtlich der Besteuerung des Gewinns aus der Veräußerung der übertragenen Wirtschaftsgüter bei den Gesellschaftern der übernehmenden Personengesellschaft oder bei der natürlichen Person nicht ausgeschlossen oder beschränkt wird und

3. eine Gegenleistung nicht gewährt wird oder in Gesellschaftsrechten besteht.

[2]Der Antrag ist spätestens bis zur erstmaligen Abgabe der steuerlichen Schlussbilanz bei dem für die Besteuerung der übertragenden Körperschaft zuständigen Finanzamt zu stellen.

(3) [1]Haben die Mitgliedstaaten der Europäischen Union bei Verschmelzung einer unbeschränkt steuerpflichtigen Körperschaft Artikel 10 der Richtlinie 90/434/EWG anzuwenden, ist die Körperschaftsteuer auf den Übertragungsgewinn gemäß § 26 des Körperschaftsteuergesetzes um den Betrag ausländischer Steuer zu ermäßigen, der nach den Rechtsvorschriften eines anderen Mitgliedstaats der Europäischen Union erhoben worden wäre, wenn die übertragenen Wirtschaftsgüter zum gemeinen Wert veräußert worden wären. [2]Satz 1 gilt nur, soweit die übertragenen Wirtschaftsgüter einer Betriebsstätte der übertragenden Körperschaft in einem anderen Mitgliedstaat der Europäischen Union zuzurechnen sind und die Bundesrepublik Deutschland die Doppelbesteuerung bei der übertragenden Körperschaft nicht durch Freistellung vermeidet.

§ 4
Auswirkungen auf den Gewinn des übernehmenden Rechtsträgers

(1) [1]Der übernehmende Rechtsträger hat die auf ihn übergegangenen Wirtschaftsgüter mit dem in der steuerlichen Schlussbilanz der übertragenden Körperschaft enthaltenen Wert im Sinne des § 3 zu übernehmen. [2]Die Anteile an der übertragenden Körperschaft sind bei dem übernehmenden Rechtsträger zum steuerlichen Übertragungsstichtag mit dem Buchwert, erhöht um Abschreibungen, die in früheren Jahren steuerwirksam vorgenommen worden sind, sowie um Abzüge nach § 6b des Einkommensteuergesetzes und ähnliche Abzüge, höchstens mit dem gemeinen Wert, anzusetzen. [3]Auf einen sich daraus ergebenden Gewinn finden § 8b Abs. 2 Satz 4 und 5 des Körperschaftsteuergesetzes sowie § 3 Nr. 40 Satz 1 Buchstabe a Satz 2 und 3 des Einkommensteuergesetzes Anwendung.

(2) [1]Der übernehmende Rechtsträger tritt in die steuerliche Rechtsstellung der übertragenden Körperschaft ein, insbesondere bezüglich der Bewertung der übernommenen Wirtschaftsgüter, der Absetzungen für Abnutzung und der den steuerlichen Gewinn mindernden Rücklagen. [1)] [2]Verrechenbare Verluste, verbleibende Verlustvorträge, vom übertragenden Rechtsträger nicht ausgeglichene negative Einkünfte, ein Zinsvortrag nach § 4h Absatz 1 Satz 5 des Einkommensteuergesetzes und ein EBITDA-Vortrag nach § 4h Absatz 1 Satz 3 des Einkommensteuergesetzes gehen nicht über. [3]Ist die Dauer der Zugehörigkeit eines Wirtschaftsguts zum Betriebsvermögen für die Besteuerung bedeutsam, so ist der Zeitraum seiner Zugehörigkeit zum Betriebsvermögen der übertragenden Körperschaft dem übernehmenden Rechtsträger anzurechnen. [4]Ist die übertragende Körperschaft eine Unterstützungskasse, erhöht sich der laufende Gewinn des übernehmenden Rechtsträgers in dem Wirtschaftsjahr, in das der Umwandlungsstichtag fällt, um die von ihm, seinen Gesellschaftern oder seinen Rechtsvorgängern an die Unterstützungskasse geleisteten Zuwendungen nach § 4d des Einkommensteuergesetzes; § 15 Abs. 1

---

1) § 4 Abs. 2 Satz 2 um den EBITDA-Vortrag ergänzt durch Gesetz vom 22. Dezember 2009 (BGBl. I S. 3950). Zur zeitlichen Anwendung s. § 27 Abs. 10.

Satz 1 Nr. 2 Satz 2 des Einkommensteuergesetzes gilt sinngemäß. ⁵In Höhe der nach Satz 4 hinzugerechneten Zuwendungen erhöht sich der Buchwert der Anteile an der Unterstützungskasse.

(3) Sind die übergegangenen Wirtschaftsgüter in der steuerlichen Schlussbilanz der übertragenden Körperschaft mit einem über dem Buchwert liegenden Wert angesetzt, sind die Absetzungen für Abnutzung bei den übernehmenden Rechtsträger in den Fällen des § 7 Abs. 4 Satz 1 und Abs. 5 des Einkommensteuergesetzes nach der bisherigen Bemessungsgrundlage, in allen anderen Fällen nach dem Buchwert, jeweils vermehrt um den Unterschiedsbetrag zwischen dem Buchwert der einzelnen Wirtschaftsgüter und dem Wert, mit dem die Körperschaft die Wirtschaftsgüter in der steuerlichen Schlussbilanz angesetzt hat, zu bemessen.

(4) ¹Infolge des Vermögensübergangs ergibt sich ein Übernahmegewinn oder Übernahmeverlust in Höhe des Unterschiedsbetrags zwischen dem Wert, mit dem die übergegangenen Wirtschaftsgüter zu übernehmen sind, abzüglich der Kosten für den Vermögensübergang und dem Wert der Anteile an der übertragenden Körperschaft (Absätze 1 und 2, § 5 Abs. 2 und 3). ²Für die Ermittlung des Übernahmegewinns oder Übernahmeverlusts sind abweichend von Satz 1 die übergegangenen Wirtschaftsgüter der übertragenden Körperschaft mit dem Wert nach § 3 Abs. 1 anzusetzen, soweit an ihnen kein Recht der Bundesrepublik Deutschland zur Besteuerung des Gewinns aus einer Veräußerung bestand. ³Bei der Ermittlung des Übernahmegewinns oder des Übernahmeverlusts bleibt der Wert der übergegangenen Wirtschaftsgüter außer Ansatz, soweit er auf Anteile an der übertragenden Körperschaft entfällt, die am steuerlichen Übertragungsstichtag nicht zum Betriebsvermögen des übernehmenden Rechtsträgers gehören.

(5) ¹Ein Übernahmegewinn erhöht sich und ein Übernahmeverlust verringert sich um einen Sperrbetrag im Sinne des § 50c des Einkommensteuergesetzes, soweit die Anteile an der übertragenden Körperschaft am steuerlichen Übertragungsstichtag zum Betriebsvermögen des übernehmenden Rechtsträgers gehören. ²Ein Übernahmegewinn vermindert sich oder ein Übernahmeverlust erhöht sich um die Bezüge, die nach § 7 zu den Einkünften aus Kapitalvermögen im Sinne des § 20 Abs. 1 Nr. 1 des Einkommensteuergesetzes gehören.

(6) ¹Ein Übernahmeverlust bleibt außer Ansatz, soweit er auf eine Körperschaft, Personenvereinigung oder Vermögensmasse als Mitunternehmerin der Personengesellschaft entfällt. ²Satz 1 gilt nicht für Anteile an der übertragenden Gesellschaft, die die Voraussetzungen des § 8b Abs. 7 oder des Abs. 8 Satz 1 des Körperschaftsteuergesetzes erfüllen. ³In den Fällen des Satzes 2 ist der Übernahmeverlust bis zur Höhe der Bezüge im Sinne des § 7 zu berücksichtigen.¹⁾ ⁴In den übrigen Fällen ist er in Höhe von 60 Prozent, höchstens jedoch in Höhe von 60 Prozent der Bezüge im Sinne des § 7 zu berücksichtigen; ein danach verbleibender Übernahmeverlust bleibt außer Ansatz. ⁵Satz 4 gilt nicht für Anteile an der übertragenden Gesellschaft, die die Voraussetzungen des § 3 Nr. 40 Satz 3 und 4 des Einkommensteuergesetzes erfüllen; in diesen Fällen gilt Satz 3 entsprechend. ⁶Ein Übernahmeverlust bleibt abweichend von den Sätzen 2 bis 5 außer Ansatz, soweit bei Veräußerung der Anteile an der übertragenden Körperschaft ein Veräußerungsverlust nach § 17 Abs. 2 Satz 6 des Einkommensteuergesetzes nicht zu berücksichtigen wäre oder soweit die Anteile an der übertragenden Körperschaft innerhalb der letzten fünf Jahre vor dem steuerlichen Übertragungsstichtag entgeltlich erworben wurden.

(7) ¹Soweit der Übernahmegewinn auf eine Körperschaft, Personenvereinigung oder Vermögensmasse als Mitunternehmerin der Personengesellschaft entfällt, ist § 8b des Körperschaftsteuergesetzes anzuwenden.²In den übrigen Fällen ist § 3 Nr. 40²⁾ sowie § 3c des Einkommensteuergesetzes anzuwenden.

§ 5

Besteuerung der Anteilseigner der übertragenden Körperschaft

(1) Hat der übernehmende Rechtsträger Anteile an der übertragenden Körperschaft nach dem steuerlichen Übertragungsstichtag angeschafft oder findet er einen Anteilseigner ab, so ist sein Gewinn so zu ermitteln, als hätte er die Anteile an diesem Stichtag angeschafft.

(2) Anteile an der übertragenden Körperschaft im Sinne des § 17 des Einkommensteuergesetzes, die an dem steuerlichen Übertragungsstichtag nicht zu einem Betriebsvermögen eines Gesellschafters der übernehmenden Personengesellschaft oder einer natürlichen Person gehören, gelten für die Ermittlung

---

1) § 4 Abs. 6 Satz 4 ff geändert und Satz 5 neu eingefügt durch JStG 2009. Satz 4 und 5 lauteten zuvor: „⁴In den übrigen Fällen ist er zur Hälfte, höchstens in Höhe der Hälfte der Bezüge im Sinne des § 7 zu berücksichtigen; ein danach verbleibender Übernahmeverlust bleibt außer Ansatz. ⁵Ein Übernahmeverlust bleibt abweichend von den Sätzen 2 bis 4 außer Ansatz, soweit bei Veräußerung der Anteile an der übertragenden Körperschaft ein Veräußerungsverlust nach § 17 Abs. 2 Satz 5 des Einkommensteuergesetzes nicht zu berücksichtigen wäre oder soweit die Anteile an der übertragenden Körperschaft innerhalb der letzten fünf Jahre vor dem steuerlichen Übertragungsstichtag entgeltlich erworben wurden.

2) Durch das JStG 2009 wurde die Bezugnahme auf „§ 3 Nr. 40 Satz 1 und 2" auf „§ 3 Nr. 40" erweitert.

des Gewinns als an diesem Stichtag in das Betriebsvermögen des übernehmenden Rechtsträgers mit den Anschaffungskosten eingelegt.

(3) [1]Gehören an dem steuerlichen Übertragungsstichtag Anteile an der übertragenden Körperschaft zum Betriebsvermögen eines Anteilseigners, ist der Gewinn so zu ermitteln, als seien die Anteile an diesem Stichtag zum Buchwert, erhöht um Abschreibungen sowie um Abzüge nach § 6b des Einkommensteuergesetzes und ähnliche Abzüge, die in früheren Jahren steuerwirksam vorgenommen worden sind, höchstens mit dem gemeinen Wert, in das Betriebsvermögen des übernehmenden Rechtsträgers überführt worden. [2]§ 4 Abs. 1 Satz 3 gilt entsprechend.

§ 6
Gewinnerhöhung durch Vereinigung von Forderungen und Verbindlichkeiten

(1) [1]Erhöht sich der Gewinn des übernehmenden Rechtsträgers dadurch, dass der Vermögensübergang zum Erlöschen von Forderungen und Verbindlichkeiten zwischen der übertragenden Körperschaft und dem übernehmenden Rechtsträger oder zur Auflösung von Rückstellungen führt, so darf der übernehmende Rechtsträger insoweit eine den steuerlichen Gewinn mindernde Rücklage bilden. [2]Die Rücklage ist in den auf ihre Bildung folgenden drei Wirtschaftsjahren mit mindestens je einem Drittel gewinnerhöhend aufzulösen.

(2) [1]Absatz 1 gilt entsprechend, wenn sich der Gewinn eines Gesellschafters des übernehmenden Rechtsträgers dadurch erhöht, dass eine Forderung oder Verbindlichkeit der übertragenden Körperschaft auf den übernehmenden Rechtsträger übergeht oder dass infolge des Vermögensübergangs eine Rückstellung aufzulösen ist. [2]Satz 1 gilt nur für Gesellschafter, die im Zeitpunkt der Eintragung des Umwandlungsbeschlusses in das öffentliche Register an dem übernehmenden Rechtsträger beteiligt sind.

(3) [1]Die Anwendung der Absätze 1 und 2 entfällt rückwirkend, wenn der übernehmende Rechtsträger den auf ihn übergegangenen Betrieb innerhalb von fünf Jahren nach dem steuerlichen Übertragungsstichtag in eine Kapitalgesellschaft einbringt oder ohne triftigen Grund veräußert oder aufgibt. [2]Bereits erteilte Steuerbescheide, Steuermessbescheide, Freistellungsbescheide oder Feststellungsbescheide sind zu ändern, soweit sie auf der Anwendung der Absätze 1 und 2 beruhen.

§ 7
Besteuerung offener Rücklagen

[1]Dem Anteilseigner ist der Teil des in der Steuerbilanz ausgewiesenen Eigenkapitals abzüglich des Bestands des steuerlichen Einlagekontos im Sinne des § 27 des Körperschaftsteuergesetzes, der sich nach Anwendung des § 29 Abs. 1 des Körperschaftsteuergesetzes ergibt, in dem Verhältnis der Anteile zum Nennkapital der übertragenden Körperschaft als Einnahmen aus Kapitalvermögen im Sinne des § 20 Abs. 1 Nr. 1 des Einkommensteuergesetzes zuzurechnen. [2]Dies gilt unabhängig davon, ob für den Anteilseigner ein Übernahmegewinn oder Übernahmeverlust nach § 4 oder § 5 ermittelt wird.

§ 8
Vermögensübergang auf einen Rechtsträger ohne Betriebsvermögen

(1) [1]Wird das übertragene Vermögen nicht Betriebsvermögen des übernehmenden Rechtsträgers, sind die infolge des Vermögensübergangs entstehenden Einkünfte bei diesem oder den Gesellschaftern des übernehmenden Rechtsträgers zu ermitteln. [2]Die §§ 4, 5 und 7 gelten entsprechend.

(2) In den Fällen des Absatzes 1 sind § 17 Abs. 3 und § 22 Nr. 2 des Einkommensteuergesetzes nicht anzuwenden.

§ 9
Formwechsel in eine Personengesellschaft

[1]Im Falle des Formwechsels einer Kapitalgesellschaft in eine Personengesellschaft sind die §§ 3 bis 8 und 10 entsprechend anzuwenden. [2]Die Kapitalgesellschaft hat für steuerliche Zwecke auf den Zeitpunkt, in dem der Formwechsel wirksam wird, eine Übertragungsbilanz, die Personengesellschaft eine Eröffnungsbilanz aufzustellen. [3]Die Bilanzen nach Satz 2 können auch für einen Stichtag aufgestellt werden, der höchstens acht Monate vor der Anmeldung des Formwechsels zur Eintragung in ein öffentliches Register liegt (Übertragungsstichtag); § 2 Absatz 3 und 4 [1]) gilt entsprechend.

---

1) Bezugnahme auf § 2 Abs. 3 und 4 statt nur auf § 2 Abs. 3 erweitert durch Gesetz vom 22. Dezember 2009 (BGBl. I S. 3950), zur zeitlichen Anwendung s. § 27 Abs. 10.

§ 10
(weggefallen)[1]

Dritter Teil

Verschmelzung oder Vermögensübertragung (Vollübertragung) auf eine andere Körperschaft

§ 11
Wertansätze in der steuerlichen Schlussbilanz der übertragenden Körperschaft

(1) [1]Bei einer Verschmelzung oder Vermögensübertragung (Vollübertragung) auf eine andere Körperschaft sind die übergehenden Wirtschaftsgüter, einschließlich nicht entgeltlich erworbener oder selbst geschaffener immaterieller Wirtschaftsgüter, in der steuerlichen Schlussbilanz der übertragenden Körperschaft mit dem gemeinen Wert anzusetzen. [2]Für die Bewertung von Pensionsrückstellungen gilt § 6a des Einkommensteuergesetzes.

(2) [1]Auf Antrag können die übergehenden Wirtschaftsgüter abweichend von Absatz 1 einheitlich mit dem Buchwert oder einem höheren Wert, höchstens jedoch mit dem Wert nach Absatz 1, angesetzt werden, soweit

1. sichergestellt ist, dass sie später bei der übernehmenden Körperschaft der Besteuerung mit Körperschaftsteuer unterliegen und

2. das Recht der Bundesrepublik Deutschland hinsichtlich der Besteuerung des Gewinns aus der Veräußerung der übertragenen Wirtschaftsgüter bei der übernehmenden Körperschaft nicht ausgeschlossen oder beschränkt wird und

3. eine Gegenleistung nicht gewährt wird oder in Gesellschaftsrechten besteht.

[2]Anteile an der übernehmenden Körperschaft sind mindestens mit dem Buchwert, erhöht um Abschreibungen sowie um Abzüge nach § 6b des Einkommensteuergesetzes und ähnliche Abzüge, die in früheren Jahren steuerwirksam vorgenommen worden sind, höchstens mit dem gemeinen Wert, anzusetzen. [3]Auf einen sich daraus ergebenden Gewinn findet § 8b Abs. 2 Satz 4 und 5 des Körperschaftsteuergesetzes Anwendung.

(3) § 3 Abs. 2 Satz 2 und Abs. 3 gilt entsprechend.

§ 12
Auswirkungen auf den Gewinn der übernehmenden Körperschaft

(1) [1]Die übernehmende Körperschaft hat die auf sie übergegangenen Wirtschaftgüter mit dem in der steuerlichen Schlussbilanz der übertragenden Körperschaft enthaltenen Wert im Sinne des § 11 zu übernehmen. [2]§ 4 Abs. 1 Satz 2 und 3 gilt entsprechend.

(2) [1]Bei der übernehmenden Körperschaft bleibt ein Gewinn oder ein Verlust in Höhe des Unterschieds zwischen dem Buchwert der Anteile an der übertragenden Körperschaft und dem Wert, mit dem die übergegangenen Wirtschaftsgüter zu übernehmen sind, abzüglich der Kosten für den Vermögensübergang, außer Ansatz. [2]§ 8b des Körperschaftsteuergesetzes ist anzuwenden, soweit der Gewinn im Sinne des Satzes 1 abzüglich der anteilig darauf entfallenden Kosten für den Vermögensübergang, dem Anteil der übernehmenden Körperschaft an der übertragenen Körperschaft entspricht. [3]§ 5 Abs. 1 gilt entsprechend.

(3) Die übernehmende Körperschaft tritt in die steuerliche Rechtsstellung der übertragenden Körperschaft ein; § 4 Abs. 2 und 3 gilt entsprechend.

(4) § 6 gilt sinngemäß für den Teil des Gewinns aus der Vereinigung von Forderungen und Verbindlichkeiten, der der Beteiligung der übernehmenden Körperschaft am Grund- oder Stammkapital der übertragenden Körperschaft entspricht.

---

1) Gemäß § 27 Abs. 5 ist § 10 letztmals auf Umwandlungen anzuwenden, bei denen der steuerliche Übertragungsstichtag vor dem 1. Januar 2007 liegt, aber weiter anzuwenden in den Fällen, in denen ein Antrag nach § 34 Abs. 16 des Körperschaftsteuergesetzes in der Fassung des Gesetzes vom 20. Dezember 2007 (BGBl. I S. 3150) gestellt wurde. § 10 lautet wie folgt:
„§ 10 Körperschaftsteuererhöhung
Die Körperschaftsteuerschuld der übertragenden Körperschaft erhöht sich für den Veranlagungszeitraum der Umwandlung um den Betrag, der sich nach § 38 des Körperschaftsteuergesetzes ergeben würde, wenn das in der Steuerbilanz ausgewiesene Eigenkapital abzüglich des Betrags, der nach § 28 Abs. 2 Satz 1 des Körperschaftsteuergesetzes in Verbindung mit § 29 Abs. 1 des Körperschaftsteuergesetzes dem steuerlichen Einlagekonto gutzuschreiben ist, als am Übertragungsstichtag für eine Ausschüttung verwendet gelten würde."

(5) Im Falle des Vermögensübergangs in den nicht steuerpflichtigen oder steuerbefreiten Bereich der übernehmenden Körperschaft gilt das in der Steuerbilanz ausgewiesene Eigenkapital abzüglich des Bestands des steuerlichen Einlagekontos im Sinne des § 27 des Körperschaftsteuergesetzes, der sich nach Anwendung des § 29 Abs. 1 des Körperschaftsteuergesetzes ergibt, als Einnahme im Sinne des § 20 Abs. 1 Nr. 1 des Einkommensteuergesetzes.

§ 13

Besteuerung der Anteilseigner der übertragenden Körperschaft

(1) Die Anteile an der übertragenden Körperschaft gelten als zum gemeinen Wert veräußert und die an ihre Stelle tretenden Anteile an der übernehmenden Körperschaft gelten als mit diesem Wert angeschafft.

(2) [1]Abweichend von Absatz 1 sind auf Antrag die Anteile an der übernehmenden Körperschaft mit dem Buchwert der Anteile an der übertragenden Körperschaft anzusetzen, wenn

1. das Recht der Bundesrepublik Deutschland hinsichtlich der Besteuerung des Gewinns aus der Veräußerung der Anteile an der übernehmenden Körperschaft nicht ausgeschlossen oder beschränkt wird oder

2. die Mitgliedstaaten der Europäischen Union bei einer Verschmelzung Artikel 8 der Richtlinie 90/434/ EWG anzuwenden haben; in diesem Fall ist der Gewinn aus einer späteren Veräußerung der erworbenen Anteile ungeachtet der Bestimmungen eines Abkommens zur Vermeidung der Doppelbesteuerung in der gleichen Art und Weise zu besteuern, wie die Veräußerung der Anteile an der übertragenden Körperschaft zu besteuern wäre. [2]§ 15 Abs. 1a Satz 2 des Einkommensteuergesetzes ist entsprechend anzuwenden.

[2]Die Anteile an der übernehmenden Körperschaft treten steuerlich an die Stelle der Anteile an der übertragenden Körperschaft. [3]Gehören die Anteile an der übertragenden Körperschaft nicht zu einem Betriebsvermögen, treten an die Stelle des Buchwerts die Anschaffungskosten.

§ 14

(weggefallen)

Vierter Teil

Aufspaltung, Abspaltung und Vermögensübertragung (Teilübertragung)

§ 15

Aufspaltung, Abspaltung und Teilübertragung auf andere Körperschaften

(1) [1]Geht Vermögen einer Körperschaft durch Aufspaltung oder Abspaltung oder durch Teilübertragung auf andere Körperschaften über, gelten die §§ 11 bis 13 vorbehaltlich des Satzes 2 und des § 16 entsprechend. [2]§ 11 Abs. 2 und § 13 Abs. 2 sind nur anzuwenden, wenn auf die Übernehmerinnen ein Teilbetrieb übertragen wird und im Falle der Abspaltung oder Teilübertragung bei der übertragenden Körperschaft ein Teilbetrieb verbleibt. [3]Als Teilbetrieb gilt auch ein Mitunternehmeranteil oder die Beteiligung an einer Kapitalgesellschaft, die das gesamte Nennkapital der Gesellschaft umfasst.

(2) [1]§ 11 Abs. 2 ist auf Mitunternehmeranteile und Beteiligungen im Sinne des Absatzes 1 nicht anzuwenden, wenn sie innerhalb eines Zeitraums von drei Jahren vor dem steuerlichen Übertragungsstichtag durch Übertragung von Wirtschaftsgütern, die kein Teilbetrieb sind, erworben oder aufgestockt worden sind. [2]§ 11 Abs. 2 ist ebenfalls nicht anzuwenden, wenn durch die Spaltung die Veräußerung an außenstehende Personen vollzogen wird. [3]Das Gleiche gilt, wenn durch die Spaltung die Voraussetzungen für eine Veräußerung geschaffen werden. [4]Davon ist auszugehen, wenn innerhalb von fünf Jahren nach dem steuerlichen Übertragungsstichtag Anteile an einer an der Spaltung beteiligten Körperschaft, die mehr als 20 Prozent der vor Wirksamwerden der Spaltung an der Körperschaft bestehenden Anteile ausmachen, veräußert werden. [5]Bei der Trennung von Gesellschafterstämmen setzt die Anwendung des § 11 Abs. 2 außerdem voraus, dass die Beteiligungen an der übertragenden Körperschaft mindestens fünf Jahre vor dem steuerlichen Übertragungsstichtag bestanden haben.

(3) [1)] Bei einer Abspaltung mindern sich verrechenbare Verluste, verbleibende Verlustvorträge, nicht ausgeglichene negative Einkünfte, ein Zinsvortrag nach § 4h Absatz 1 Satz 5 des Einkommensteuergesetzes und ein EBITDA-Vortrag nach § 4h Absatz 1 Satz 3 des Einkommensteuergesetzes der übertragenden Körperschaft in dem Verhältnis, in dem bei Zugrundelegung des gemeinen Werts das Vermögen auf eine andere Körperschaft übergeht.

---

1) Erweiterung um den EBITDA-Vortrag durch Gesetz vom 22. Dezember 2009 (BGBl. I S. 3950), zur zeitlichen Anwendung s. § 27 Abs. 10.

§ 16
Aufspaltung oder Abspaltung auf eine Personengesellschaft

[1]Soweit Vermögen einer Körperschaft durch Aufspaltung oder Abspaltung auf eine Personengesellschaft übergeht, gelten die §§ 3 bis 8, 10 und 15 entsprechend. [2]§ 10 ist für den in § 40 Abs. 2 Satz 3 des Körperschaftsteuergesetzes bezeichneten Teil des Betrags im Sinne des § 38 des Körperschaftsteuergesetzes anzuwenden.

Fünfter Teil

Gewerbesteuer

§ 17
(weggefallen)

§ 18
Gewerbesteuer bei Vermögensübergang auf eine Personengesellschaft oder auf eine natürliche Person sowie bei Formwechsel in eine Personengesellschaft

(1) [1]Die §§ 3 bis 9 und 16 gelten bei Vermögensübergang auf eine Personengesellschaft oder auf eine natürliche Person sowie bei Formwechsel in eine Personengesellschaft auch für die Ermittlung des Gewerbeertrags. [2]Der maßgebende Gewerbeertrag der übernehmenden Personengesellschaft oder natürlichen Person kann nicht um Fehlbeträge des laufenden Erhebungszeitraums und die vortragsfähigen Fehlbeträge der übertragenden Körperschaft im Sinne des § 10a des Gewerbesteuergesetzes gekürzt werden.

(2) [1]Ein Übernahmegewinn oder Übernahmeverlust ist nicht zu erfassen. [2]In Fällen des § 5 Abs. 2 ist ein Gewinn nach § 7 nicht zu erfassen.

(3) [1]Wird der Betrieb der Personengesellschaft oder der natürlichen Person innerhalb von fünf Jahren nach der Umwandlung aufgegeben oder veräußert, unterliegt ein Aufgabe- oder Veräußerungsgewinn der Gewerbesteuer, auch soweit er auf das Betriebsvermögen entfällt, das bereits vor der Umwandlung im Betrieb der übernehmenden Personengesellschaft oder der natürlichen Person vorhanden war[1]. [2]Satz 1 gilt entsprechend, soweit ein Teilbetrieb oder ein Anteil an der Personengesellschaft aufgegeben oder veräußert wird. [3]Der auf den Aufgabe- oder Veräußerungsgewinnen im Sinne der Sätze 1 und 2 beruhende Teil des Gewerbesteuer-Messbetrags ist bei der Ermäßigung der Einkommensteuer nach § 35 des Einkommensteuergesetzes nicht zu berücksichtigen.

§ 19
Gewerbesteuer bei Vermögensübergang auf eine andere Körperschaft

(1) Geht das Vermögen der übertragenden Körperschaft auf eine andere Körperschaft über, gelten die §§ 11 bis 15 auch für die Ermittlung des Gewerbeertrags.

(2) Für die vortragsfähigen Fehlbeträge der übertragenden Körperschaft im Sinne des § 10a des Gewerbesteuergesetzes gelten § 12 Abs. 3 und § 15 Abs. 3 entsprechend.

Sechster Teil

Einbringung von Unternehmensteilen in eine Kapitalgesellschaft oder Genossenschaft und Anteilstausch

§ 20
Einbringung von Unternehmensteilen in eine Kapitalgesellschaft oder Genossenschaft

(1) Wird ein Betrieb oder Teilbetrieb oder ein Mitunternehmeranteil in eine Kapitalgesellschaft oder eine Genossenschaft (übernehmende Gesellschaft) eingebracht und erhält der Einbringende dafür neue Anteile an der Gesellschaft (Sacheinlage), gelten für die Bewertung des eingebrachten Betriebsvermögens und der neuen Gesellschaftsanteile die nachfolgenden Absätze.

(2) [1]Die übernehmende Gesellschaft hat das eingebrachte Betriebsvermögen mit dem gemeinen Wert anzusetzen; für die Bewertung von Pensionsrückstellungen gilt § 6a des Einkommensteuergesetzes. [2]Abweichend von Satz 1 kann das übernommene Betriebsvermögen auf Antrag einheitlich mit dem

---

1) Gemäß § 27 Abs. 6 ist § 18 Abs. 3 Satz 1 in der Fassung des Gesetzes vom 20. Dezember 2007 (BGBl. I S. 3150) erstmals auf Umwandlungen anzuwenden, bei denen die Anmeldung zur Eintragung in das für die Wirksamkeit der Umwandlung maßgebende öffentliche Register nach dem 31. Dezember 2007 erfolgt ist.

Buchwert oder einem höheren Wert, höchstens jedoch mit dem Wert im Sinne des Satzes 1, angesetzt werden, soweit

1. sichergestellt ist, dass es später bei der übernehmenden Körperschaft der Besteuerung mit Körperschaftsteuer unterliegt,

2. die Passivposten des eingebrachten Betriebsvermögens die Aktivposten nicht übersteigen; dabei ist das Eigenkapital nicht zu berücksichtigen,

3. das Recht der Bundesrepublik Deutschland hinsichtlich der Besteuerung des Gewinns aus der Veräußerung des eingebrachten Betriebsvermögens bei der übernehmenden Gesellschaft nicht ausgeschlossen oder beschränkt wird.

[3]Der Antrag ist spätestens bis zur erstmaligen Abgabe der steuerlichen Schlussbilanz bei dem für die Besteuerung der übernehmenden Gesellschaft zuständigen Finanzamt zu stellen. [4]Erhält der Einbringende neben den Gesellschaftsanteilen auch andere Wirtschaftsgüter, deren gemeiner Wert den Buchwert des eingebrachten Betriebsvermögens übersteigt, hat die übernehmende Gesellschaft das eingebrachte Betriebsvermögen mindestens mit dem gemeinen Wert der anderen Wirtschaftsgüter anzusetzen.

(3) [1]Der Wert, mit dem die übernehmende Gesellschaft das eingebrachte Betriebsvermögen ansetzt, gilt für den Einbringenden als Veräußerungspreis und als Anschaffungskosten der Gesellschaftsanteile. [2]Ist das Recht der Bundesrepublik Deutschland hinsichtlich der Besteuerung des Gewinns aus der Veräußerung des eingebrachten Betriebsvermögens im Zeitpunkt der Einbringung ausgeschlossen und wird dieses auch nicht durch die Einbringung begründet, gilt für den Einbringenden insoweit der gemeine Wert des Betriebsvermögens im Zeitpunkt der Einbringung als Anschaffungskosten der Anteile. [3]Soweit neben den Gesellschaftsanteilen auch andere Wirtschaftsgüter gewährt werden, ist deren gemeiner Wert bei der Bemessung der Anschaffungskosten der Gesellschaftsanteile von dem sich nach den Sätzen 1 und 2 ergebenden Wert abzuziehen. [4]Umfasst das eingebrachte Betriebsvermögen auch einbringungsgeborene Anteile im Sinne von § 21 Abs. 1 in der Fassung der Bekanntmachung vom 15. Oktober 2002 (BGBl. I S. 4133, 2003 I S. 738), geändert durch Artikel 3 des Gesetzes vom 16. Mai 2003 (BGBl. I S. 660), gelten die erhaltenen Anteile insoweit auch als einbringungsgeboren im Sinne von § 21 Abs. 1 in der Fassung der Bekanntmachung vom 15. Oktober 2002 (BGBl. I S. 4133, 2003 I S. 738), geändert durch Artikel 3 des Gesetzes vom 16. Mai 2003 (BGBl. I S. 660).

(4) [1]Auf einen bei der Sacheinlage entstehenden Veräußerungsgewinn ist § 16 Abs. 4 des Einkommensteuergesetzes nur anzuwenden, wenn der Einbringende eine natürliche Person ist, es sich nicht um die Einbringung von Teilen eines Mitunternehmeranteils handelt und die übernehmende Gesellschaft das eingebrachte Betriebsvermögen mit dem gemeinen Wert ansetzt. [2]In diesen Fällen ist § 34 Abs. 1 und 3 des Einkommensteuergesetzes nur anzuwenden, soweit der Veräußerungsgewinn nicht nach § 3 Nr. 40 Satz 1 in Verbindung mit § 3c Abs. 2 des Einkommensteuergesetzes teilweise steuerbefreit ist.

(5) [1]Das Einkommen und das Vermögen des Einbringenden und der übernehmenden Gesellschaft sind auf Antrag so zu ermitteln, als ob das eingebrachte Betriebsvermögen mit Ablauf des steuerlichen Übertragungsstichtags (Absatz 6) auf die Übernehmerin übergegangen wäre. [2]Dies gilt hinsichtlich des Einkommens und des Gewerbeertrags nicht für Entnahmen und Einlagen, die nach dem steuerlichen Übertragungsstichtag erfolgen. [3]Die Anschaffungskosten der Anteile (Absatz 3) sind um den Buchwert der Entnahmen zu vermindern und um den sich nach § 6 Abs. 1 Nr. 5 des Einkommensteuergesetzes ergebenden Wert der Einlagen zu erhöhen.

(6) [1]Als steuerlicher Übertragungsstichtag (Einbringungszeitpunkt) darf in den Fällen der Sacheinlage durch Verschmelzung im Sinne des § 2 des Umwandlungsgesetzes der Stichtag angesehen werden, für den die Schlussbilanz jedes der übertragenden Unternehmen im Sinne des § 17 Abs. 2 des Umwandlungsgesetzes aufgestellt ist; dieser Stichtag darf höchstens acht Monate vor der Anmeldung der Verschmelzung zur Eintragung in das Handelsregister liegen. [2]Entsprechendes gilt, wenn Vermögen im Wege der Sacheinlage durch Aufspaltung, Abspaltung oder Ausgliederung nach § 123 des Umwandlungsgesetzes auf die übernehmende Gesellschaft übergeht. [3]In anderen Fällen der Sacheinlage darf die Einbringung auf einen Tag zurückbezogen werden, der höchstens acht Monate vor dem Tag des Abschlusses des Einbringungsvertrags liegt und höchstens acht Monate vor dem Zeitpunkt liegt, an dem das eingebrachte Betriebsvermögen auf die übernehmende Gesellschaft übergeht. [4]§ 2 Abs. 3 und 4[1]) gilt entsprechend.

(7) § 3 Abs. 3 ist entsprechend anzuwenden.

(8) Ist eine gebietsfremde einbringende oder erworbene Gesellschaft im Sinne von Artikel 3 der Richtlinie 90/434/EWG als steuerlich transparent anzusehen, ist auf Grund Artikel 10a der Richtlinie 90/434/EWG die ausländische Steuer, die nach den Rechtsvorschriften des anderen Mitgliedstaats der Europäischen Union erhoben worden wäre, wenn die einer in einem anderen Mitgliedstaat belegenen Be-

---

1) Bezugnahme auf Satz 4 durch das JStG 2009 ergänzt.

triebsstätte zuzurechnenden eingebrachten Wirtschaftsgüter zum gemeinen Wert veräußert worden wären, auf die auf den Einbringungsgewinn entfallende Körperschaftsteuer oder Einkommensteuer unter entsprechender Anwendung von § 26 Abs. 6 des Körperschaftsteuergesetzes und von den §§ 34c und 50 Abs. 6 des Einkommensteuergesetzes anzurechnen.

(9) [1] Ein Zinsvortrag nach § 4h Abs. 1 Satz 5 des Einkommensteuergesetzes und ein EBITDA-Vortrag nach § 4h Abs. 1 Satz 3 des Einkommensteuergesetzes des eingebrachten Betriebs gehen nicht auf die übernehmende Gesellschaft über.

§ 21

Bewertung der Anteile beim Anteilstausch

(1) [1]Werden Anteile an einer Kapitalgesellschaft oder einer Genossenschaft (erworbene Gesellschaft) in eine Kapitalgesellschaft oder Genossenschaft (übernehmende Gesellschaft) gegen Gewährung neuer Anteile an der übernehmenden Gesellschaft eingebracht (Anteilstausch), hat die übernehmende Gesellschaft die eingebrachten Anteile mit dem gemeinen Wert anzusetzen. [2]Abweichend von Satz 1 können die eingebrachten Anteile auf Antrag mit dem Buchwert oder einem höheren Wert, höchstens jedoch mit dem gemeinen Wert, angesetzt werden, wenn die übernehmende Gesellschaft nach der Einbringung auf Grund ihrer Beteiligung einschließlich der eingebrachten Anteile nachweisbar unmittelbar die Mehrheit der Stimmrechte an der erworbenen Gesellschaft hat (qualifizierter Anteilstausch); § 20 Abs. 2 Satz 3 gilt entsprechend. [3]Erhält der Einbringende neben den Gesellschaftsanteilen auch andere Wirtschaftsgüter, deren gemeiner Wert den Buchwert der eingebrachten Anteile übersteigt, hat die übernehmende Gesellschaft die eingebrachten Anteile mindestens mit dem gemeinen Wert der anderen Wirtschaftsgüter anzusetzen.

(2) [1]Der Wert, mit dem die übernehmende Gesellschaft die eingebrachten Anteile ansetzt, gilt für den Einbringenden als Veräußerungspreis der eingebrachten Anteile und als Anschaffungskosten der erhaltenen Anteile. [2]Abweichend von Satz 1 gilt für den Einbringenden der gemeine Wert der eingebrachten Anteile als Veräußerungspreis und als Anschaffungskosten der erhaltenen Anteile, wenn für die eingebrachten Anteile nach der Einbringung das Recht der Bundesrepublik Deutschland hinsichtlich der Besteuerung des Gewinns aus der Veräußerung dieser Anteile ausgeschlossen oder beschränkt ist; dies gilt auch, wenn das Recht der Bundesrepublik Deutschland hinsichtlich der Besteuerung des Gewinns aus der Veräußerung der erhaltenen Anteile ausgeschlossen oder beschränkt ist. [3]Auf Antrag gilt in den Fällen des Satzes 2 unter den Voraussetzungen des Absatzes 1 Satz 2 der Buchwert oder ein höherer Wert, höchstens der gemeine Wert, als Veräußerungspreis der eingebrachten Anteile und als Anschaffungskosten der erhaltenen Anteile, wenn

1. das Recht der Bundesrepublik Deutschland hinsichtlich der Besteuerung des Gewinns aus der Veräußerung der erhaltenen Anteile nicht ausgeschlossen oder beschränkt ist oder

2. der Gewinn aus dem Anteilstausch auf Grund Artikel 8 der Richtlinie 90/434/EWG nicht besteuert werden darf; in diesem Fall ist der Gewinn aus einer späteren Veräußerung der erhaltenen Anteile ungeachtet der Bestimmungen eines Abkommens zur Vermeidung der Doppelbesteuerung in der gleichen Art und Weise zu besteuern, wie die Veräußerung der Anteile an der erworbenen Gesellschaft zu besteuern gewesen wäre; § 15 Abs. 1a Satz 2 des Einkommensteuergesetzes ist entsprechend anzuwenden.

[4]Der Antrag ist spätestens bis zur erstmaligen Abgabe der Steuererklärung bei dem für die Besteuerung des Einbringenden zuständigen Finanzamt zu stellen. [5]Haben die eingebrachten Anteile beim Einbringenden nicht zu einem Betriebsvermögen gehört, treten an die Stelle des Buchwerts die Anschaffungskosten. [6]§ 20 Abs. 3 Satz 3 und 4 gilt entsprechend.

(3) [1]Auf den beim Anteilstausch entstehenden Veräußerungsgewinn ist § 17 Abs. 3 des Einkommensteuergesetzes nur anzuwenden, wenn der Einbringende eine natürliche Person ist und die übernehmende Gesellschaft die eingebrachten Anteile nach Absatz 1 Satz 1 oder in den Fällen des Absatzes 2 Satz 2 der Einbringende mit dem gemeinen Wert ansetzt; dies gilt für die Anwendung von § 16 Abs. 4 des Einkommensteuergesetzes unter der Voraussetzung, dass eine im Betriebsvermögen gehaltene Beteiligung an einer Kapitalgesellschaft eingebracht wird, die das gesamte Nennkapital der Kapitalgesellschaft umfasst. [2]§ 34 Abs. 1 des Einkommensteuergesetzes findet keine Anwendung.

---

1) Erweiterung um den EBITDA-Vortrag durch Gesetz vom 22. Dezember 2009 (BGBl. I S. 3950), zur zeitlichen Anwendung s. § 27 Abs. 10.

§ 22
Besteuerung des Anteilseigners

(1) [1]Soweit in den Fällen einer Sacheinlage unter dem gemeinen Wert (§ 20 Abs. 2 Satz 2) der Einbringende die erhaltenen Anteile innerhalb eines Zeitraums von sieben Jahren nach dem Einbringungszeitpunkt veräußert, ist der Gewinn aus der Einbringung rückwirkend im Wirtschaftsjahr der Einbringung als Gewinn des Einbringenden im Sinne von § 16 des Einkommensteuergesetzes zu versteuern (Einbringungsgewinn I); § 16 Abs. 4 und § 34 des Einkommensteuergesetzes sind nicht anzuwenden. [2]Die Veräußerung der erhaltenen Anteile gilt insoweit als rückwirkendes Ereignis im Sinne von § 175 Abs. 1 Satz 1 Nr. 2 der Abgabenordnung. [3]Einbringungsgewinn I ist der Betrag, um den der gemeine Wert des eingebrachten Betriebsvermögens im Einbringungszeitpunkt nach Abzug der Kosten für den Vermögensübergang den Wert, mit dem die übernehmende Gesellschaft dieses eingebrachte Betriebsvermögen angesetzt hat, übersteigt, vermindert um jeweils ein Siebtel für jedes seit dem Einbringungszeitpunkt abgelaufene Zeitjahr. [4]Der Einbringungsgewinn I gilt als nachträgliche Anschaffungskosten der erhaltenen Anteile. [5]Umfasst das eingebrachte Betriebsvermögen auch Anteile an Kapitalgesellschaften oder Genossenschaften, ist insoweit § 22 Abs. 2 anzuwenden; ist in diesen Fällen das Recht der Bundesrepublik Deutschland hinsichtlich der Besteuerung des Gewinns aus der Veräußerung der erhaltenen Anteile ausgeschlossen oder beschränkt, sind daneben auch die Sätze 1 bis 4 anzuwenden. [6]Die Sätze 1 bis 5 gelten entsprechend, wenn

1. der Einbringende die erhaltenen Anteile unmittelbar oder mittelbar unentgeltlich auf eine Kapitalgesellschaft oder eine Genossenschaft überträgt,

2. der Einbringende die erhaltenen Anteile entgeltlich überträgt, es sei denn er weist nach, dass die Übertragung durch einen Vorgang im Sinne des § 20 Abs. 1 oder § 21 Abs. 1 oder auf Grund vergleichbarer ausländischer Vorgänge zu Buchwerten erfolgte,

3. die Kapitalgesellschaft, an der die Anteile bestehen, aufgelöst und abgewickelt wird oder das Kapital dieser Gesellschaft herabgesetzt und an die Anteilseigner zurückgezahlt wird oder Beträge aus dem steuerlichen Einlagekonto im Sinne des § 27 des Körperschaftsteuergesetzes ausgeschüttet oder zurückgezahlt werden,

4. der Einbringende die erhaltenen Anteile durch einen Vorgang im Sinne des § 21 Abs. 1 oder einen Vorgang im Sinne des § 20 Abs. 1 oder auf Grund vergleichbarer ausländischer Vorgänge zum Buchwert in eine Kapitalgesellschaft oder eine Genossenschaft eingebracht hat und diese Anteile anschließend unmittelbar oder mittelbar veräußert oder durch einen Vorgang im Sinne der Nummer 1 oder 2 unmittelbar oder mittelbar übertragen werden, es sei denn, er weist nach, dass diese Anteile zu Buchwerten übertragen wurden (Ketteneinbringung),

5. der Einbringende die erhaltenen Anteile in eine Kapitalgesellschaft oder eine Genossenschaft durch einen Vorgang im Sinne des § 20 Abs. 1 oder einen Vorgang im Sinne des § 21 Abs. 1 oder auf Grund vergleichbarer ausländischer Vorgänge zu Buchwerten einbringt und die aus dieser Einbringung erhaltenen Anteile anschließend unmittelbar oder mittelbar veräußert oder durch einen Vorgang im Sinne der Nummer 1 oder 2 unmittelbar oder mittelbar übertragen werden, es sei denn er weist nach, dass die Einbringung zu Buchwerten erfolgte, oder

6. für den Einbringenden oder die übernehmende Gesellschaft im Sinne der Nummer 4 die Voraussetzungen im Sinne von § 1 Abs. 4 nicht mehr erfüllt sind.

[7]Satz 4 gilt in den Fällen des Satzes 6 Nr. 4 und 5 auch hinsichtlich der Anschaffungskosten der auf einer Weitereinbringung dieser Anteile (§ 20 Abs. 1 und § 21 Abs. 1 Satz 2) zum Buchwert beruhenden Anteile.

(2)[1)] [1]Soweit im Rahmen einer Sacheinlage (§ 20 Abs. 1) oder eines Anteilstauschs (§ 21 Abs. 1) unter dem gemeinen Wert eingebrachte Anteile innerhalb eines Zeitraums von sieben Jahren nach dem Einbringungszeitpunkt durch die übernehmende Gesellschaft unmittelbar oder mittelbar veräußert werden und soweit beim Einbringenden der Gewinn aus der Veräußerung dieser Anteile im Einbringungszeitpunkt nicht nach § 8b Abs. 2 des Körperschaftsteuergesetzes steuerfrei gewesen wäre, ist der Gewinn aus der Einbringung im Wirtschaftsjahr der Einbringung rückwirkend als Gewinn des Einbringenden aus der Veräußerung von Anteilen zu versteuern (Einbringungsgewinn II); § 16 Abs. 4 und § 34 des Einkommensteuergesetzes ist nicht anzuwenden. [2]Absatz 1 Satz 2 gilt entsprechend. [3]Einbringungsgewinn II ist der Betrag, um den der gemeine Wert der eingebrachten Anteile im Einbringungszeitpunkt nach Abzug der Kosten für den Vermögensübergang den Wert, mit dem der Einbringende die erhaltenen Anteile angesetzt hat, übersteigt, vermindert um jeweils ein Siebtel für jedes seit dem Einbringungszeitpunkt abgelaufene Zeitjahr. [4]Der Einbringungsgewinn II gilt als nachträgliche Anschaffungskosten der erhalte-

---

1) § 22 Abs. 2 Satz 1 i.d.F. des JStG 2009.

nen Anteile. [5]Sätze 1 bis 4 sind nicht anzuwenden, soweit der Einbringende die erhaltenen Anteile veräußert hat; dies gilt auch in den Fällen von § 6 des Außensteuergesetzes vom 8. September 1972 (BGBl. I S. 1713), das zuletzt durch Artikel 7 des Gesetzes vom 7. Dezember 2006 (BGBl. I S. 2782) geändert worden ist, in der jeweils geltenden Fassung, wenn und soweit die Steuer nicht gestundet wird. [6]Sätze 1 bis 5 gelten entsprechend, wenn die übernehmende Gesellschaft die eingebrachten Anteile ihrerseits durch einen Vorgang nach Absatz 1 Satz 6 Nr. 1 bis 5 weiter überträgt oder für diese die Voraussetzungen nach § 1 Abs. 4 nicht mehr erfüllt sind. [7]Absatz 1 Satz 7 ist entsprechend anzuwenden.

(3) [1]Der Einbringende hat in den dem Einbringungszeitpunkt folgenden sieben Jahren jährlich spätestens bis zum 31. Mai den Nachweis darüber zu erbringen, wem mit Ablauf des Tages, der dem maßgebenden Einbringungszeitpunkt entspricht,

1. in den Fällen des Absatzes 1 die erhaltenen Anteile und die auf diesen Anteilen beruhenden Anteile und

2. in den Fällen des Absatzes 2 die eingebrachten Anteile und die auf diesen Anteilen beruhenden Anteile

zuzurechnen sind. [2]Erbringt er den Nachweis nicht, gelten die Anteile im Sinne des Absatzes 1 oder des Absatzes 2 an dem Tag, der dem Einbringungszeitpunkt folgt oder der in den Folgejahren diesem Kalendertag entspricht, als veräußert.

(4) Ist der Veräußerer von Anteilen nach Absatz 1

1. eine juristische Person des öffentlichen Rechts, gilt in den Fällen des Absatzes 1 der Gewinn aus der Veräußerung der erhaltenen Anteile als in einem Betrieb gewerblicher Art dieser Körperschaft entstanden,

2. von der Körperschaftsteuer befreit, gilt in den Fällen des Absatzes 1 der Gewinn aus der Veräußerung der erhaltenen Anteile als in einem wirtschaftlichen Geschäftsbetrieb dieser Körperschaft entstanden.

(5) Das für den Einbringenden zuständige Finanzamt bescheinigt der übernehmenden Gesellschaft auf deren Antrag die Höhe des zu versteuernden Einbringungsgewinns, die darauf entfallende festgesetzte Steuer und den darauf entrichteten Betrag; nachträgliche Minderungen des versteuerten Einbringungsgewinns sowie die darauf entfallende festgesetzte Steuer und der darauf entrichtete Betrag sind dem für die übernehmende Gesellschaft zuständigen Finanzamt von Amts wegen mitzuteilen.

(6) In den Fällen der unentgeltlichen Rechtsnachfolge gilt der Rechtsnachfolger des Einbringenden als Einbringender im Sinne der Absätze 1 bis 5 und der Rechtsnachfolger der übernehmenden Gesellschaft als übernehmende Gesellschaft im Sinne des Absatzes 2.

(7) Werden in den Fällen einer Sacheinlage (§ 20 Abs. 1) oder eines Anteilstauschs (§ 21 Abs. 1) unter dem gemeinen Wert stille Reserven auf Grund einer Gesellschaftsgründung oder Kapitalerhöhung von den erhaltenen oder eingebrachten Anteilen oder von auf diesen beruhenden Anteilen auf andere Anteile verlagert, gelten diese Anteile insoweit auch als erhaltene oder eingebrachte Anteile oder als auf diesen Anteilen beruhende Anteile im Sinne des Absatzes 1 oder 2 (Mitverstrickung von Anteilen).

§ 23

Auswirkungen bei der übernehmenden Gesellschaft

(1) Setzt die übernehmende Gesellschaft das eingebrachte Betriebsvermögen mit einem unter dem gemeinen Wert liegenden Wert (§ 20 Abs. 2 Satz 2, [1]§ 21 Abs. 1 Satz 2) an, gelten § 4 Abs. 2 Satz 3 und § 12 Abs. 3 erster Halbsatz entsprechend.

(2) [1]In den Fällen des § 22 Abs. 1 kann die übernehmende Gesellschaft auf Antrag den versteuerten Einbringungsgewinn im Wirtschaftsjahr der Veräußerung der Anteile oder eines gleichgestellten Ereignisses (§ 22 Abs. 1 Satz 1 und Satz 6 Nr. 1 bis 6) als Erhöhungsbetrag ansetzen, soweit der Einbringende die auf den Einbringungsgewinn entfallende Steuer entrichtet hat und dies durch Vorlage einer Bescheinigung des zuständigen Finanzamts im Sinne von § 22 Abs. 5 nachgewiesen wurde; der Ansatz des Erhöhungsbetrags bleibt ohne Auswirkung auf den Gewinn. [2]Satz 1 ist nur anzuwenden, soweit das eingebrachte Betriebsvermögen in den Fällen des § 22 Abs. 1 noch zum Betriebsvermögen der übernehmenden Gesellschaft gehört, es sei denn, dieses wurde zum gemeinen Wert übertragen. [3]Wurden die veräußerten Anteile auf Grund einer Einbringung von Anteilen nach § 20 Abs. 1 oder § 21 Abs. 1 (§ 22 Abs. 2) erworben, erhöhen sich die Anschaffungskosten der eingebrachten Anteile in Höhe des versteuerten Einbringungsgewinns, soweit der Einbringende die auf den Einbringungsgewinn entfallende Steuer entrichtet hat; Satz 1 und § 22 Abs. 1 Satz 7 gelten entsprechend.

---

1) Erweiterung der Bezugnahme auf § 21 Abs. 1 Satz 2 durch das JStG 2009.

(3) ¹Setzt die übernehmende Gesellschaft das eingebrachte Betriebsvermögen mit einem über dem Buchwert, aber unter dem gemeinen Wert liegenden Wert an, gilt § 12 Abs. 3 erster Halbsatz entsprechend mit der folgenden Maßgabe:

1. Die Absetzungen für Abnutzung oder Substanzverringerung nach § 7 Abs. 1,4,5 und 6 des Einkommensteuergesetzes sind vom Zeitpunkt der Einbringung an nach den Anschaffungs- oder Herstellungskosten des Einbringenden, vermehrt um den Unterschiedsbetrag zwischen dem Buchwert der einzelnen Wirtschaftsgüter und dem Wert, mit dem die Kapitalgesellschaft die Wirtschaftsgüter ansetzt, zu bemessen.

2. Bei den Absetzungen für Abnutzung nach § 7 Abs. 2 des Einkommensteuergesetzes tritt im Zeitpunkt der Einbringung an die Stelle des Buchwerts der einzelnen Wirtschaftsgüter der Wert, mit dem die Kapitalgesellschaft die Wirtschaftsgüter ansetzt.

²Bei einer Erhöhung der Anschaffungskosten oder Herstellungskosten auf Grund rückwirkender Besteuerung des Einbringungsgewinns (Absatz 2) gilt dies mit der Maßgabe, dass an die Stelle des Zeitpunkts der Einbringung der Beginn des Wirtschaftsjahrs tritt, in welches das die Besteuerung des Einbringungsgewinns auslösende Ereignis fällt.

(4) Setzt die übernehmende Gesellschaft das eingebrachte Betriebsvermögen mit dem gemeinen Wert an, gelten die eingebrachten Wirtschaftsgüter als im Zeitpunkt der Einbringung von der Kapitalgesellschaft angeschafft, wenn die Einbringung des Betriebsvermögens im Wege der Einzelrechtsnachfolge erfolgt; erfolgt die Einbringung des Betriebsvermögens im Wege der Gesamtrechtsnachfolge nach den Vorschriften des Umwandlungsgesetzes, gilt Absatz 3 entsprechend.

(5) Der maßgebende Gewerbeertrag der übernehmenden Gesellschaft kann nicht um die vortragsfähigen Fehlbeträge des Einbringenden im Sinne des § 10a des Gewerbesteuergesetzes gekürzt werden.

(6) § 6 Abs. 1 und 3 gilt entsprechend.

Siebter Teil

Einbringung eines Betriebs, Teilbetriebs oder Mitunternehmeranteils in eine Personengesellschaft

§ 24

Einbringung von Betriebsvermögen in eine Personengesellschaft

(1) Wird ein Betrieb oder Teilbetrieb oder ein Mitunternehmeranteil in eine Personengesellschaft eingebracht und wird der Einbringende Mitunternehmer der Gesellschaft, gelten für die Bewertung des eingebrachten Betriebsvermögens die Absätze 2 bis 4.

(2) ¹Die Personengesellschaft hat das eingebrachte Betriebsvermögen in ihrer Bilanz einschließlich der Ergänzungsbilanzen für ihre Gesellschafter mit dem gemeinen Wert anzusetzen; für die Bewertung von Pensionsrückstellungen gilt § 6a des Einkommensteuergesetzes. ²Abweichend von Satz 1 kann das übernommene Betriebsvermögen auf Antrag mit dem Buchwert oder einem höheren Wert, höchstens jedoch mit dem Wert im Sinne des Satzes 1, angesetzt werden, soweit das Recht der Bundesrepublik Deutschland hinsichtlich der Besteuerung des eingebrachten Betriebsvermögens nicht ausgeschlossen oder beschränkt wird. ³§ 20 Abs. 2 Satz 3 gilt entsprechend.

(3) ¹Der Wert, mit dem das eingebrachte Betriebsvermögen in der Bilanz der Personengesellschaft einschließlich der Ergänzungsbilanzen für ihre Gesellschafter angesetzt wird, gilt für den Einbringenden als Veräußerungspreis. ²§ 16 Abs. 4 des Einkommensteuergesetzes ist nur anzuwenden, wenn das eingebrachte Betriebsvermögen mit dem gemeinen Wert angesetzt wird und es sich nicht um die Einbringung von Teilen eines Mitunternehmeranteils handelt; in diesen Fällen ist § 34 Abs. 1 und 3 des Einkommensteuergesetzes anzuwenden, soweit der Veräußerungsgewinn nicht nach § 3 Nr. 40 Satz 1 Buchstabe b in Verbindung mit § 3c Abs. 2 des Einkommensteuergesetzes teilweise steuerbefreit ist. ³In den Fällen des Satzes 2 gilt § 16 Abs. 2 Satz 3 des Einkommensteuergesetzes entsprechend.

(4) § 23 Abs. 1, 3, 4 und 6 gilt entsprechend; in den Fällen der Einbringung in eine Personengesellschaft im Wege der Gesamtrechtsnachfolge gilt auch § 20 Abs. 5 und 6 entsprechend.

(5) Soweit im Rahmen einer Einbringung nach Absatz 1 unter dem gemeinen Wert eingebrachte Anteile an einer Körperschaft, Personenvereinigung oder Vermögensmasse innerhalb eines Zeitraums von sieben Jahren nach dem Einbringungszeitpunkt durch die übernehmende Personengesellschaft veräußert oder durch einen Vorgang nach § 22 Abs. 1 Satz 6 Nr. 1 bis 5 weiter übertragen werden und der Einbringende keine durch § 8b Abs. 2 des Körperschaftsteuergesetzes begünstigte Person ist, ist § 22 Abs. 2, 3 und 5 bis 7 insoweit entsprechend anzuwenden, als der Gewinn aus der Veräußerung der eingebrachten Anteile auf einen von § 8b Abs. 2 des Körperschaftsteuergesetzes begünstigten Mitunternehmer entfällt.

(6) § 20 Abs. 9 gilt entsprechend[1].

Achter Teil

Formwechsel einer Personengesellschaft in eine Kapitalgesellschaft oder Genossenschaft

§ 25
Entsprechende Anwendung des Sechsten Teils

[1]In den Fällen des Formwechsels einer Personengesellschaft in eine Kapitalgesellschaft oder Genossenschaft im Sinne des § 190 des Umwandlungsgesetzes vom 28. Oktober 1994 (BGBl. I S. 3210, 1995 I S. 428), das zuletzt durch Artikel 10 des Gesetzes vom 9. Dezember 2004 (BGBl. I S. 3214) geändert worden ist, in der jeweils geltenden Fassung oder auf Grund vergleichbarer ausländischer Vorgänge gelten §§ 20 bis 23 entsprechend. [2]§ 9 Satz 2 und 3 ist entsprechend anzuwenden.

Neunter Teil

Verhinderung von Missbräuchen

§ 26
(weggefallen)

Zehnter Teil

Anwendungsvorschriften und Ermächtigung

§ 27
Anwendungsvorschriften

(1) [1]Diese Fassung des Gesetzes ist erstmals auf Umwandlungen und Einbringungen anzuwenden, bei denen die Anmeldung zur Eintragung in das für die Wirksamkeit des jeweiligen Vorgangs maßgebende öffentliche Register nach dem 12. Dezember 2006 erfolgt ist. [2]Für Einbringungen, deren Wirksamkeit keine Eintragung in ein öffentliches Register voraussetzt, ist diese Fassung des Gesetzes erstmals anzuwenden, wenn das wirtschaftliche Eigentum an den eingebrachten Wirtschaftsgütern nach dem 12. Dezember 2006 übergegangen ist.

(2) [1]Das Umwandlungssteuergesetz in der Fassung der Bekanntmachung vom 15. Oktober 2002 (BGBl. I S. 4133, 2003 I S. 738), geändert durch Artikel 3 des Gesetzes vom 16. Mai 2003 (BGBl. I S. 660), ist letztmals auf Umwandlungen und Einbringungen anzuwenden, bei denen die Anmeldung zur Eintragung in das für die Wirksamkeit des jeweiligen Vorgangs maßgebende öffentliche Register bis zum 12. Dezember 2006 erfolgt ist. [2]Für Einbringungen, deren Wirksamkeit keine Eintragung in ein öffentliches Register voraussetzt, ist diese Fassung letztmals anzuwenden, wenn das wirtschaftliche Eigentum an den eingebrachten Wirtschaftsgütern bis zum 12. Dezember 2006 übergegangen ist.

(3) Abweichend von Absatz 2 ist

1. § 5 Abs. 4[2] für einbringungsgeborene Anteile im Sinne von § 21 Abs. 1 mit der Maßgabe weiterhin anzuwenden, dass die Anteile zu dem Wert im Sinne von § 5 Abs. 2 oder Abs. 3 in der Fassung des Absatzes 1 als zum steuerlichen Übertragungsstichtag in das Betriebsvermögen des übernehmenden Rechtsträgers überführt gelten,

2. § 20 Abs. 6[3] in der am 21. Mai 2003 geltenden Fassung für die Fälle des Ausschlusses des Besteuerungsrechts (§ 20 Abs. 3) weiterhin anwendbar, wenn auf die Einbringung Absatz 2 anzuwenden war,

3. § 21[4][5] in der am 21. Mai 2003 geltenden Fassung ist[6] für einbringungsgeborene Anteile im Sinne von § 21 Abs. 1, die auf einem Einbringungsvorgang beruhen, auf den Absatz 2 anwendbar war, weiterhin anzuwenden. [2]Für § 21 Abs. 2 Satz 1 Nr. 2 in der am 21. Mai 2003 geltenden Fassung gilt dies mit der Maßgabe, dass eine Stundung der Steuer gemäß § 6 Abs. 5 des Außensteuergesetzes in der Fassung des Gesetzes vom 7. Dezember 2006 (BGBl. I S. 2782) unter den dort genannten Vo-

---

1) § 24 Abs. 6 i.d.F. des UntStRefG 2008 gilt erstmals für Einbringungen mit Handelsregisteranmeldung bzw. Übergang des wirtschaftlichen Eigentums nach dem 31. Dezember 2007 (§ 27 Abs. 5).

2) § 5 Abs. 4 UmwStG a.F. lautet:
„§ 5 Auswirkungen auf den Gewinn der übernehmenden Personengesellschaft in Sonderfällen
. . .
(4) Einbringungsgeborene Anteile an einer Kapitalgesellschaft im Sinne des § 21 gelten als an dem steuerlichen Übertragungsstichtag in das Betriebsvermögen der Personengesellschaft mit den Anschaffungskosten eingelegt."

raussetzungen erfolgt, wenn die Einkommensteuer noch nicht bestandskräftig festgesetzt ist; § 6 Abs. 6 und 7 des Außensteuergesetzes ist entsprechend anzuwenden. [7)]

---

3) § 20 Abs. 6 UmwStG in der am 21. Mai 2003 geltenden Fassung sowie die damit in Bezug stehenden Regelungen der Absätze 1 bis 4 lauten:
„§ 20 Bewertung des eingebrachten Betriebsvermögens und der Gesellschaftsanteile
(1) [1]Wird ein Betrieb oder Teilbetrieb oder ein Mitunternehmeranteil in eine unbeschränkt körperschaftsteuerpflichtige Kapitalgesellschaft (§ 1 Abs. 1 Nr. 1 des Körperschaftsteuergesetzes) eingebracht und erhält der Einbringende dafür neue Anteile an der Gesellschaft (Sacheinlage), so gelten für die Bewertung des eingebrachten Betriebsvermögens und der neuen Gesellschaftsanteile die nachfolgenden Absätze. [2]Satz 1 ist auch auf die Einbringung von Anteilen an einer Kapitalgesellschaft anzuwenden, wenn die übernehmende Kapitalgesellschaft auf Grund ihrer Beteiligung einschließlich der übernommenen Anteile nachweisbar unmittelbar die Mehrheit der Stimmrechte an der Gesellschaft hat, deren Anteile eingebracht werden.
(2) [1]Die Kapitalgesellschaft darf das eingebrachte Betriebsvermögen mit seinem Buchwert oder mit einem höheren Wert ansetzen. [2]Der Ansatz mit dem Buchwert ist auch zulässig, wenn in der Handelsbilanz das eingebrachte Betriebsvermögen nach handelsrechtlichen Vorschriften mit einem höheren Wert angesetzt werden muss. [3]Der Buchwert ist der Wert, mit dem der Einbringende das eingebrachte Betriebsvermögen im Zeitpunkt der Sacheinlage nach den steuerrechtlichen Vorschriften über die Gewinnermittlung anzusetzen hat. [4]Übersteigen die Passivposten des eingebrachten Betriebsvermögens die Aktivposten, so hat die Kapitalgesellschaft das eingebrachte Betriebsvermögen mindestens so anzusetzen, daß sich die Aktivposten und die Passivposten ausgleichen; dabei ist das Eigenkapital nicht zu berücksichtigen. [5]Erhält der Einbringende neben den Gesellschaftsanteilen auch andere Wirtschaftsgüter, deren gemeiner Wert den Buchwert des eingebrachten Betriebsvermögens übersteigt, so hat die Kapitalgesellschaft das eingebrachte Betriebsvermögen mindestens mit dem gemeinen Wert der anderen Wirtschaftsgüter anzusetzen. [6]Bei dem Ansatz des eingebrachten Betriebsvermögens dürfen die Teilwerte der einzelnen Wirtschaftsgüter nicht überschritten werden.
(3) Die Kapitalgesellschaft hat das eingebrachte Betriebsvermögen mit seinem Teilwert anzusetzen, wenn das Besteuerungsrecht der Bundesrepublik Deutschland hinsichtlich des Gewinns aus einer Veräußerung der dem Einbringenden gewährten Gesellschaftsanteile im Zeitpunkt der Sacheinlage ausgeschlossen ist.
(4) [1]Der Wert, mit dem die Kapitalgesellschaft das eingebrachte Betriebsvermögen ansetzt, gilt für den Einbringenden als Veräußerungspreis und als Anschaffungskosten der Gesellschaftsanteile. [2]Soweit neben den Gesellschaftsanteilen auch andere Wirtschaftsgüter gewährt werden, ist deren gemeiner Wert bei der Bemessung der Anschaffungskosten der Gesellschaftsanteile von dem sich nach Satz 1 ergebenden Wert abzuziehen.
. . .
(6) In den Fällen des Absatzes 3 gilt für die Stundung der anfallenden Einkommensteuer oder Körperschaftsteuer § 21 Abs. 2 Satz 3 bis 6 entsprechend.“

4) § 21 UmwStG in der am 21. Mai 2003 geltenden Fassung lautet:
„§ 21 – Besteuerung des Anteilseigners
(1) [1]Werden Anteile an einer Kapitalgesellschaft veräußert, die der Veräußerer oder bei unentgeltlichem Erwerb der Anteile der Rechtsvorgänger durch eine Sacheinlage (§ 20 Abs. 1 und § 23 Abs. 1 bis 4) unter dem Teilwert erworben hat (einbringungsgeborene Anteile), so gilt der Betrag, um den der Veräußerungspreis nach Abzug der Veräußerungskosten die Anschaffungskosten (§ 20 Abs. 4) übersteigt, als Veräußerungsgewinn im Sinne des § 16 des Einkommensteuergesetzes. [2]Sind bei einer Sacheinlage nach § 20 Abs. 1 Satz 2 oder § 23 Abs. 4 aus einem Betriebsvermögen nicht alle Anteile der Kapitalgesellschaft eingebracht worden, so ist § 16 Abs. 4 des Einkommensteuergesetzes nicht anzuwenden.
(2) [1]Die Rechtsfolgen des Absatzes 1 treten auch ohne Veräußerung der Anteile ein, wenn
1. der Anteilseigner dies beantragt oder
2. das Besteuerungsrecht der Bundesrepublik Deutschland hinsichtlich des Gewinns aus der Veräußerung der Anteile ausgeschlossen wird oder
3. die Kapitalgesellschaft, an der die Anteile bestehen, aufgelöst und abgewickelt wird oder das Kapital dieser Gesellschaft herabgesetzt und zurückgezahlt wird oder Beträge aus dem steuerlichen Einlagekonto im Sinne des § 27 Körperschaftsteuergesetzes ausgeschüttet oder zurückgezahlt werden, soweit die Bezüge nicht die Voraussetzungen des § 20 Abs. 1 Nr. 1 oder 2 des Einkommensteuergesetzes erfüllen oder
4. der Anteilseigner Anteile verdeckt in eine Kapitalgesellschaft einlegt. [2]Dabei tritt an die Stelle des Veräußerungspreises der Anteile ihr gemeiner Wert. [3]In den Fällen des Satzes 1 Nr. 1, 2 und 4 kann die auf den Veräußerungsgewinn entfallende Einkommen- oder Körperschaftsteuer in jährlichen Teilbeträgen von mindestens je einem Fünftel entrichtet werden, wenn die Entrichtung der Teilbeträge sichergestellt ist. [4]Stundungszinsen werden nicht erhoben. [5]Bei einer Veräußerung von Anteilen während des Stundungszeitraums endet die Stundung mit dem Zeitpunkt der Veräußerung. [6]Satz 5 gilt entsprechend, wenn während des Stundungszeitraums die Kapitalgesellschaft, an der die Anteile bestehen, aufgelöst und abgewickelt wird oder das Kapital dieser Gesellschaft herabgesetzt und an die Anteilseigner zurückgezahlt wird oder eine Umwandlung im Sinne des zweiten oder vierten Teils des Gesetzes erfolgt ist.
(3) Ist der Veräußerer oder Eigner von Anteilen im Sinne des Absatzes 1 Satz 1
1. eine juristische Person des öffentlichen Rechts, so gilt der Veräußerungsgewinn als in einem Betrieb gewerblicher Art dieser Körperschaft entstanden,
2. von der Körperschaftsteuer befreit, so gilt der Veräußerungsgewinn als in einem wirtschaftlichen Geschäftsbetrieb dieser Körperschaft entstanden.
(4) [1]Werden Anteile an einer Kapitalgesellschaft im Sinne des Absatzes 1 in ein Betriebsvermögen eingelegt, so sind sie mit ihren Anschaffungskosten (§ 20 Abs. 4) anzusetzen. [2]Ist der Teilwert im Zeitpunkt der Einlage niedriger, so ist dieser anzusetzen; der Unterschiedsbetrag zwischen den Anschaffungskosten und dem niedrigeren Teilwert ist außerhalb der Bilanz vom Gewinn abzusetzen.“

(4) Abweichend von Absatz 1 sind §§ 22, 23 und 24 Abs. 5 nicht anzuwenden, soweit hinsichtlich des Gewinns aus der Veräußerung der Anteile oder einem gleichgestellten Ereignis im Sinne von § 22 Abs. 1 die Steuerfreistellung nach § 8b Abs. 4 des Körperschaftsteuergesetzes in der am 12. Dezember 2006 geltenden Fassung oder nach § 3 Nr. 40 Satz 3 und 4 des Einkommensteuergesetzes in der am 12. Dezember 2006 geltenden Fassung ausgeschlossen ist.

(5) [1]§ 4 Abs. 2 Satz 2, § 15 Abs. 3, § 20 Abs. 9 und § 24 Abs. 6 in der Fassung des Artikels 5 des Gesetzes vom 14. August 2007 (BGBl. I S. 1912) sind erstmals auf Umwandlungen und Einbringungen anzuwenden, bei denen die Anmeldung zur Eintragung in das für die Wirksamkeit des jeweiligen Vorgangs maßgebende öffentliche Register nach dem 31. Dezember 2007 erfolgt ist. [2]Für Einbringungen, deren Wirksamkeit keine Eintragung in ein öffentliches Register voraussetzt, ist diese Fassung des Gesetzes erstmals anzuwenden, wenn das wirtschaftliche Eigentum an den eingebrachten Wirtschaftsgütern nach dem 31. Dezember 2007 übergegangen ist.

---

5) § 21 UmwStG a.F. nimmt auf § 23 UmwStG in der am 21. Mai 2003 geltenden Fassung Bezug. § 23 UmwStG a.F. lautet wie folgt (zur Liste der EU-Kapitalgesellschaften Hinweis auf Richtlinie 2005/19/EG des Rates vom 17. Februar 2005, ABl. EU Nr. 59 S. 19, S. 26):
„§ 23 Einbringung in der Europäischen Union
(1) [1]Bringt eine unbeschränkt körperschaftsteuerpflichtige Kapitalgesellschaft (§ 1 Abs. 1 Nr. 1 des Körperschaftsteuergesetzes) einen Betrieb oder Teilbetrieb in eine inländische Betriebsstätte einer Kapitalgesellschaft ein, die die Voraussetzungen des Artikels 3 der Richtlinie 90/434/EWG des Rates vom 23. Juli 1990 (ABl. EG Nr. L 225 S. 1) erfüllt (EU-Kapitalgesellschaft) und beschränkt körperschaftsteuerpflichtig ist, und erhält die einbringende Kapitalgesellschaft dafür neue Anteile an der übernehmenden Kapitalgesellschaft, so gelten für die Bewertung des eingebrachten Betriebsvermögens in der Betriebsstätte der übernehmenden Kapitalgesellschaft und der neuen Anteile bei der einbringenden Kapitalgesellschaft § 20 Abs. 2 Satz 1 bis 4 und 6, Abs. 4 Satz 1, Abs. 5 Satz 2, Abs. 7 und 8 entsprechend. [2]Satz 1 gilt auch, wenn die einbringende Kapitalgesellschaft nur steuerpflichtig ist, soweit sie einen wirtschaftlichen Geschäftsbetrieb unterhält, oder wenn die inländische Betriebsstätte der übernehmenden Kapitalgesellschaft erst durch die Einbringung des Betriebs oder Teilbetriebs entsteht.
(2) Bringt eine beschränkt körperschaftsteuerpflichtige EU-Kapitalgesellschaft ihre inländische Betriebsstätte im Rahmen der Einbringung eines Betriebs oder Teilbetriebs in eine unbeschränkt oder beschränkt körperschaftsteuerpflichtige EU-Kapitalgesellschaft ein, so gilt für die Bewertung des eingebrachten Betriebsvermögens § 20 Abs. 2 Satz 1 bis 4 und 6, Abs. 4 Satz 1, Abs. 5 Satz 2, Abs. 7 und 8 entsprechend.
(3) Bringt eine unbeschränkt körperschaftsteuerpflichtige Kapitalgesellschaft im Rahmen der Einbringung eines Betriebs oder Teilbetriebs eine in einem anderen Mitgliedstaat der Europäischen Union belegene Betriebsstätte in eine beschränkt körperschaftsteuerpflichtige EU-Kapitalgesellschaft ein, so gilt für den Wertansatz der neuen Anteile § 20 Abs. 4 Satz 1, Abs. 7 und 8 entsprechend.
(4) [1]Werden Anteile im Sinne des § 20 Abs. 1 Satz 2 an einer EU-Kapitalgesellschaft in eine andere EU-Kapitalgesellschaft eingebracht, so gilt für die Bewertung der Anteile, die die übernehmende Kapitalgesellschaft erhält, § 20 Abs. 2 Satz 1 bis 4 und 6 und für die Bewertung der neuen Anteile, die die Einbringende von der übernehmenden Kapitalgesellschaft erhält, § 20 Abs. 4 Satz 1 entsprechend. [2]Abweichend von § 20 Abs. 4 Satz 1 gilt für den Einbringenden der Teilwert der eingebrachten Anteile als Veräußerungspreis, wenn das Besteuerungsrecht der Bundesrepublik Deutschland hinsichtlich des Gewinns aus einer Veräußerung der dem Einbringenden gewährten Gesellschaftsanteile im Zeitpunkt der Sacheinlage ausgeschlossen ist. [3]Der Anwendung des Satzes 1 steht nicht entgegen, dass die übernehmende Kapitalgesellschaft dem Einbringenden neben neuen Anteilen eine zusätzliche Gegenleistung gewährt, wenn diese 10 vom Hundert des Nennwerts oder eines an dessen Stelle tretenden rechnerischen Werts der gewährten Anteile nicht überschreitet. [4]In den Fällen des Satzes 3 ist für die Bewertung der Anteile, die die übernehmende Kapitalgesellschaft erhält, auch § 20 Abs. 2 Satz 5 und für die Bewertung der Anteile, die der Einbringende erhält, auch § 20 Abs. 4 Satz 2 entsprechend anzuwenden. [5]§ 20 Abs. 5 gilt entsprechend.“

6) Redaktionelles Versehen des Gesetzgebers. Ein „ist" steht bereits im Eingang des Satzes.

7) Für Umwandlungen und Einbringungen, die bis zum 12. Dezember 2006 angemeldet bzw. wirksam werden, wirken zudem die Sperrfristen des § 15 Abs. 3 UmwStG a.F. (jetzt § 15 Abs. 2 UmwStG), sowie des § 8b Abs. 4 KStG, § 3 Nr. 40 Satz 3 f EStG a.F. und § 26 Abs. 2 UmwStG a.F. fort.
§ 26 Abs. 2 UmwStG in der am 21. Mai 2003 geltenden Fassung lautet:
„§ 26 Wegfall von Steuererleichterungen
. . .
(2) [1]§ 23 Abs. 4 ist nicht anzuwenden, wenn die eingebrachten Anteile innerhalb eines Zeitraums von sieben Jahren nach der Einbringung unmittelbar oder mittelbar veräußert oder auf einen Dritten übertragen werden, es sei denn, der Steuerpflichtige weist nach, dass die erhaltenen Anteile Gegenstand einer weiteren Sacheinlage zu Buchwerten auf Grund von Rechtsvorschriften eines anderen Mitgliedstaates der Europäischen Union sind; § 23 Abs. 4 entsprechend. [2]§ 23 Abs. 2 ist nicht anzuwenden, wenn die einbringende Kapitalgesellschaft die erhaltenen Anteile innerhalb eines Zeitraums von sieben Jahren nach der Einbringung veräußert, es sei denn, der Steuerpflichtige weist nach, dass die erhaltenen Anteile Gegenstand einer Sacheinlage zu Buchwerten auf Grund von Rechtsvorschriften eines anderen Mitgliedstaates der Europäischen Union sind; § 23 Abs. 4 entsprechend. [3]§ 23 Abs. 3 ist außerdem nicht anzuwenden, soweit Gewinne aus dem Betrieb von Seeschiffen oder Luftfahrzeugen im internationalen Verkehr oder von Schiffen, die der Binnenschiffahrt dienen, nach einem Abkommen zur Vermeidung der Doppelbesteuerung in der Bundesrepublik Deutschland nicht besteuert werden können."

(6) [1]§ 10 ist letztmals auf Umwandlungen anzuwenden, bei denen der steuerliche Übertragungsstichtag vor dem 1. Januar 2007 liegt. [2]§ 10 ist abweichend von Satz 1 weiter anzuwenden in den Fällen, in denen ein Antrag nach § 34 Abs. 16 des Körperschaftsteuergesetzes in der Fassung des Artikels 3 des Gesetzes vom 20. Dezember 2007 (BGBl. I S. 3150) gestellt wurde.

(7) § 18 Abs. 3 Satz 1 in der Fassung des Artikels 4 des Gesetzes vom 20. Dezember 2007 (BGBl. I S. 3150) ist erstmals auf Umwandlungen anzuwenden, bei denen die Anmeldung zur Eintragung in das für die Wirksamkeit der Umwandlung maßgebende öffentliche Register nach dem 31. Dezember 2007 erfolgt ist.

(8) § 4 Abs. 6 Satz 4 bis 6 sowie § 4 Abs. 7 Satz 2 in der Fassung des Artikels 6 des Gesetzes vom 19. Dezember 2008 (BGBl. I S. 2794) sind erstmals auf Umwandlungen anzuwenden, bei denen § 3 Nr. 40 des Einkommensteuergesetzes in der durch Artikel 1 Nr. 3 des Gesetzes vom 14. August 2007 (BGBl. I S. 1912) geänderten Fassung für die Bezüge im Sinne des § 7 anzuwenden ist.

(9) [1]§ 2 Abs. 4 und § 20 Abs. 6 Satz 4 in der Fassung des Artikels 6 des Gesetzes vom 19. Dezember 2008 (BGBl. I S. 2794) sind erstmals auf Umwandlungen und Einbringungen anzuwenden, bei denen der schädliche Beteiligungserwerb oder ein anderes die Verlustnutzung ausschließendes Ereignis nach dem 28. November 2008 eintritt. [2]§ 2 Abs. 4 und § 20 Abs. 6 Satz 4 in der Fassung des Artikels 6 des Gesetzes vom 19. Dezember 2008 (BGBl. I S. 2794) gelten nicht, wenn sich der Veräußerer und der Erwerber am 28. November 2008 über den später vollzogenen schädlichen Beteiligungserwerb oder ein anderes die Verlustnutzung ausschließendes Ereignis einig sind, der übernehmende Rechtsträger dies anhand schriftlicher Unterlagen nachweist und die Anmeldung zur Eintragung in das für die Wirksamkeit des Vorgangs maßgebende öffentliche Register bzw. bei Einbringungen der Übergang des wirtschaftlichen Eigentums bis zum 31. Dezember 2009 erfolgt.

(10) § 2 Absatz 4 Satz 1, § 4 Absatz 2 Satz 2, § 9 Satz 3, § 15 Absatz 3 und § 20 Absatz 9 in der Fassung des Artikels 4 des Gesetzes vom 22. Dezember 2009 (BGBl. I S. 3950) sind erstmals auf Umwandlungen und Einbringungen anzuwenden, deren steuerlicher Übertragungsstichtag in einem Wirtschaftsjahr liegt, für das § 4h Absatz 1, 4 Satz 1 und Absatz 5 Satz 1 und 2 des Einkommensteuergesetzes in der Fassung des Artikels 1 des Gesetzes vom vom 22. Dezember 2009 (BGBl. I S. 3950) erstmals anzuwenden ist.

§ 28
Bekanntmachungserlaubnis

Das Bundesministerium der Finanzen wird ermächtigt, den Wortlaut dieses Gesetzes und der zu diesem Gesetz erlassenen Rechtsverordnungen in der jeweils geltenden Fassung satzweise nummeriert mit neuem Datum und in neuer Paragraphenfolge bekannt zu machen und dabei Unstimmigkeiten im Wortlaut zu beseitigen.

BFH-Rechtsprechungsauswahl

Zu Anhang 4 (UmwStG)

Zu §§ 1, 2 UmwStG, Allgemeines

BFH vom 21.12.2005 I R 66/05 (BStBl. 2006 II S. 469): Veräußert der Organträger seine Allein-beteiligung an der Organgesellschaft, die anschließend gemäß § 2 Abs. 1 UmwStG 1995 rückwirkend auf den Erwerber verschmolzen wird, endet das (gewerbesteuerliche) Organschaftsverhältnis mit dem steuerlichen Übertragungsstichtag. Fällt dieser Übertragungsstichtag nicht auf das Ende eines Wirt-schaftsjahres der Organgesellschaft, entsteht bei dieser für steuerliche Zwecke ein mit dem Verschmel-zungsstichtag endendes Rumpfwirtschaftsjahr und damit ein abgekürzter Erhebungszeitraum. Der in diesem Zeitraum von der Organgesellschaft erzielte Gewerbeertrag ist dem bisherigen Organträger zu-zurechnen.

BFH vom 19.10.2005 I R 34/04 (BFH/NV 2006 S. 1099): Anwendbarkeit des § 4 Abs. 2 Satz 2 EStG a.F.; nachträgliche Erhöhung der Wertansätze bei verschmelzender Umwandlung keine Bilanzänderung.

BFH vom 22.09.1999 II R 33/97 (BStBl. 2000 II S. 2):

1. Der steuerrechtlich maßgebliche Zeitpunkt für den fiktiven Vermögensübergang nach § 2 Abs. 1 UmwStG 1977 kann nicht durch die an den Umwandlungsvorgängen beteiligten Körperschaften bestimmt werden.

2. Aus der Formulierung „mit Ablauf des Stichtags der Bilanz" in § 2 Abs. 1 UmwStG 1977 ergibt sich, dass der (fiktive) Vermögensübergang am Ende des maßgeblichen Stichtages erfolgen soll, auf den die Schlussbilanz des übertragenden Rechtsträgers aufgestellt ist.

Zu §§ 3 ff UmwStG (Umwandlung in Personengesellschaft)

EuGH vom 17.09.2009, C-182/08 (BFH/NV 2009, 1941):

Art. 73b EG-Vertrag (jetzt Art. 56 EG) ist dahin auszulegen, dass er einer Regelung eines Mitgliedstaats nicht entgegensteht, wonach die Wertminderung von Anteilen durch Gewinnausschüttungen von einem Einfluss auf die Bemessungsgrundlage der Steuer eines gebietsansässigen Steuerpflichtigen ausgeschlossen wird, wenn dieser Anteile an einer gebietsansässigen Kapitalgesellschaft von einem gebietsfremden Anteilseigner erworben hat, während im Anschluss an den Erwerb von einem gebietsansässigen Anteilseigner eine solche Wertminderung die Bemessungsgrundlage der Steuer des Erwerbers mindert.

Dies gilt in den Fällen, in denen eine solche Regelung nicht über das hinausgeht, was erforderlich ist, um die Ausgewogenheit der Aufteilung der Besteuerungsbefugnis zwischen den Mitgliedstaaten zu wahren und um rein künstliche, jeder wirtschaftlichen Realität bare Gestaltungen zu verhindern, die allein zu dem Zweck geschaffen wurden, ungerechtfertigt in den Genuss eines Steuervorteils zu kommen. Es ist Sache des vorlegenden Gerichts, zu prüfen, ob sich die im Ausgangsverfahren fragliche Regelung auf das beschränkt, was zur Erreichung dieser Ziele erforderlich ist.

BFH vom 09.01.2009, IV B 27/08 (BFH/NV 2009, 818): Der Übernahmegewinn nach den §§ 4 ff. UmwStG 1995 war nicht gemäß § 32c EStG 1996 tarifbegünstigt.

BFH vom 12.11.2008 – I R 77/07 (BStBl. 2009 II S. 831[1]):

1. Werden Anteile an einer Kapitalgesellschaft I, bei deren Erwerb ein sog. Sperrbetrag nach § 50c Abs. 11 EStG 1997 ausgelöst wurde, in eine weitere Kapitalgesellschaft II im Wege einer Kapitalerhöhung eingebracht, und werden anschließend die Kapitalgesellschaft I wie auch später die Kapitalgesellschaft II formwechselnd in eine Personengesellschaft umgewandelt (sog. Doppelumwandlungsmodell), ist bei der Ermittlung des Umwandlungsgewinns jeweils ein Sperrbetrag (gemäß § 50c Abs. 11 EStG 1997 als unmittelbarer bzw. gemäß § 50c Abs. 7 EStG 1997 als mittelbarer Sperrbetrag) zu berücksichtigen.

2. Ein Sperrbetrag nach § 50c Abs. 11 EStG 1997 kann auch bei einem Anteilserwerb vor dem Inkrafttreten des Gesetzes zur Fortsetzung der Unternehmenssteuerreform vom 29. Oktober 1997 (BGBl I 1997, 2590, BStBl. I 1997, 928) ausgelöst werden. § 50c Abs. 11 EStG 1997 wirkt nicht in verfassungswidriger Weise zurück.

BFH vom 29.04.2008 I R 103/01 (BStBl. 2008 II S. 723):

1. § 4 Abs. 5 und 6 UmwStG 1995 i.d.F. von Art. 3 Nr. 1 des Gesetzes zur Fortsetzung der Unternehmenssteuerreform vom 29. Oktober 1997 (BGBl I 1997, 2590, BStBl. I 1997, 928) ist gemäß § 27 Abs. 3 UmwStG 1995 i.d.F. von Art. 4 des Gesetzes zur Finanzierung eines zusätzlichen Bundeszuschusses zur gesetzlichen Rentenversicherung vom 19. Dezember 1997 (BGBl I 1997, 3121, BStBl. I 1998, 7) mit erstmaliger Wirkung für Umwandlungsvorgänge anzuwenden, deren Eintragung im Handelsregister nach dem 5. August 1997 beantragt worden ist. Letzteres ist der Fall, wenn ein Umwandlungsvorgang nach dem 5. August 1997 zur Eintragung in das Handelsregister angemeldet wurde. Dass der Umwandlungsvorgang vor dem 5. August 1997 notariell beurkundet worden ist und dass der Notar in diesem Zusammenhang beauftragt wurde, die Eintragung im Handelsregister anzumelden, ist unbeachtlich.

2. § 27 Abs. 3 UmwStG 1995 i.d.F. von Art. 4 des Gesetzes zur Finanzierung eines zusätzlichen Bundeszuschusses zur gesetzlichen Rentenversicherung vom 19. Dezember 1997 (BGBl I 1997, 3121, BStBl. I 1998, 7) i.V.m. § 4 Abs. 5 und 6 UmwStG 1995 i.d.F. von Art. 3 Nr. 1 des Gesetzes zur Fortsetzung der Unternehmenssteuerreform vom 29. Oktober 1997 ist mit dem Grundgesetz vereinbar und wirkt nicht in unzulässiger Weise zurück.

3. Art. 3 Nr. 1 des Gesetzes zur Fortsetzung der Unternehmenssteuerreform vom 29. Oktober 1997 ist mit dem Grundgesetz unvereinbar, bleibt aber gültig (Anschluss an BVerfG-Beschluss vom 15. Januar 2008 2 BvL 12/01, DStR 2008, 556).

BFH vom 07.11.2007 I R 41/05, BStBl. 2008 II S. 604:

1. Wird eine Tochterkapitalgesellschaft, die Inhaberin von sperrbetragsbehafteten Anteilen einer anderen Kapitalgesellschaft ist, im Zuge einer sog. Aufwärtsverschmelzung auf ihre „Mutter"-Personengesellschaft verschmolzen, ist bei der Ermittlung des Verschmelzungsgewinns der Personengesellschaft (§ 4 Abs. 4, 5 UmwStG 1995) ein sog. Sperrbetrag nach § 50c Abs. 7 EStG 1990

---

1) Verfassungsbeschwerde eingelegt (Az. beim BVerfG: 2 BvR 813/09).

(i.d.F. des StandOG)/EStG 1997 zu berücksichtigen (Bestätigung des BMF-Schreibens vom 25. März 1998, BStBl. I 1998, 268, Tz. 04.25).

2. Die Berücksichtigung des sog. Sperrbetrages im Zuge einer derartigen Aufwärtsverschmelzung berührt vorwiegend die Ausübung der Niederlassungsfreiheit i.S. des Art. 52 EGV. Sollte der Sperrbetrag zugleich zu Beschränkungen des freien Kapitalverkehrs führen, wären derartige Auswirkungen die unvermeidliche Folge der Beschränkung der Niederlassungsfreiheit. Sie rechtfertigten keine Prüfung im Hinblick auf Art. 73b EGV (Anschluss an EuGH-Beschluss vom 10. Mai 2007 Rs. C-492/04 „Lasertec", IStR 2007, 439).

BFH vom 29.11.2007 IV R 73/02, BStBl. 2008 II S. 407: Wird eine GmbH in eine KG umgewandelt und werden dabei die Wertansätze der nach § 7 Abs. 1 EStG abzuschreibenden Wirtschaftsgüter aufgrund eines Übernahmeverlusts nach § 4 Abs. 6 UmwStG 1995 aufgestockt, ist die Restnutzungsdauer dieser Wirtschaftsgüter neu zu schätzen.

BFH vom 26.06.2007 IV R 58/06, BStBl. 2008 II S. 73 (anhängiges BVerfG-Verfahren 1 BvR 2360/ 07): § 14 UmwStG 1995 fingiert im Falle des Formwechsels einen Vermögensübergang. Daher trat die in § 18 Abs. 4 UmwStG 1995 angeordnete Gewerbesteuerpflicht des Gewinns aus der Veräußerung des Betriebs einer Personengesellschaft oder eines Anteils an einer solchen Gesellschaft bereits vor Änderung der Vorschrift durch das StEntlG 1999/2000/2002 auch dann ein, wenn der Veräußerung eine formwechselnde Umwandlung einer Kapitalgesellschaft in eine Personengesellschaft vorangegangen war (Bestätigung der Rechtsprechung). Maßgeblich ist der erzielte Veräußerungsgewinn und nicht der Gewinn, der zum Umwandlungsstichtag zu erzielen gewesen wäre (Bestätigung der Rechtsprechung).

BFH vom 20.11.2006 VIII R 47/05, BStBl. 2008 II S. 69: Wird eine Betriebskapitalgesellschaft auf die Besitzpersonengesellschaft (KG) verschmolzen und innerhalb von fünf Jahren nach dem Vermögensübergang ein Mitunternehmeranteil an der KG veräußert, so unterliegt der Teil des Veräußerungsgewinns, der auf das Vermögen entfällt, das der KG (aufnehmender Rechtsträger) bereits vor der Umwandlung gehörte, nicht nach § 18 Abs. 4 UmwStG 1995 der Gewerbesteuer (Bestätigung der Rechtsprechung).

BFH vom 23.01.2002 XI R 48/99, BStBl. 2002 II S. 875: Der Übernahmegewinn aus der Umwandlung einer GmbH auf ihren bisherigen Alleingesellschafter ist kein Gewinn aus Anteilen i.S. des § 9 Nr. 2a GewStG.

BFH vom 11.12.2001 VIII R 23/01 (BStBl. 2004 II S. 474):

1. Auch der Formwechsel einer Kapitalgesellschaft in eine Personengesellschaft erfüllte den Begriff des Vermögensübergangs i. S. von § 18 Abs. 4 Satz 1 UmwStG 1995 (i. d. F. vor In-Kraft-Treten des StEntlG 1999/2000/2002).

2. Die Veräußerung oder Aufgabe von Mitunternehmeranteilen an der – durch formwechselnde Umwandlung einer Kapitalgesellschaft entstandenen – Personengesellschaft untersteht auch dann § 18 Abs. 4 Satz 2 UmwStG 1995 (i. d. F. des Jahressteuergesetzes 1997), wenn die Anteile an der Kapitalgesellschaft zum Privatvermögen ihrer Gesellschafter gehört haben und die veräußerten (oder aufgegebenen) Mitunternehmeranteile unentgeltlich erworben worden sind (hier: aufgrund Erbfalls).

3. Zur Ausklammerung der Teile des Veräußerungsgewinns (oder Aufgabegewinns), die auf Mitunternehmeranteile im Gesamthandsvermögen der Personengesellschaft entfallen.

BFH vom 20.06.2000 VIII R 5/99 (BStBl. 2001 II S. 35): Übernahmegewinn i. S. des § 18 Abs. 2 UmwStG 1995 in seiner bis zum 31. Dezember 1998 gültigen Fassung ist nur ein Gewinn und nicht auch ein Übernahmeverlust; die Vorschrift verbietet deshalb nicht die Berücksichtigung von AfA auf die gemäß § 4 Abs. 6 UmwStG aufgestockten Buchwerte bei der Gewerbesteuer.

BFH vom 14.03.2000 IX R 23/96 (BFH/NV 2000 S. 1258): Besteuerung einer durch Umwandlung nach dem UmwStG 1957 aus einer GmbH hervorgegangenen lediglich vermögensverwaltenden Personengesellschaft.

BFH vom 06.03.1997 IV R 21/96 (BFH/NV 1997 S. 762): Eine Personengesellschaft, die ausschließlich vermögensverwaltende Tätigkeiten ausübt, unterhält nicht deshalb einen Gewerbebetrieb, weil sie aus einer mit gleicher Tätigkeit ausgestatteten GmbH hervorgegangen ist. Dies trifft auch für den Fall zu, daß eine gewerbliche Tätigkeit der Personengesellschaft angegeben wurde, um der Aufdeckung der stillen Reserven im Rahmen der Umwandlung nach § 4 Satz 2 UmwStG 1969 zu entgehen. Zur Anwendung von Treu und Glauben in diesem Zusammenhang.

Zu §§ 11 ff UmwStG (Verschmelzung und Spaltung von Körperschaften)

BFH vom 25.08.2009, I R 95/08 (DStR 2009, 2240):

1. Ob ein Betrieb im Anschluss an eine Verschmelzung „in einem vergleichbaren Umfang fortgeführt" wird, ist nach dem Gesamtbild der wirtschaftlichen Verhältnisse zu beurteilen (Bestätigung des BMF-Schreibens vom 16. April 1999, BStBl. I 1999, 455).

2. Maßstab für die notwendige Vergleichsbetrachtung sind die Verhältnisse des Verlustbetriebs am Verschmelzungsstichtag (Abweichung vom BMF-Schreiben vom 16. April 1999, BStBl. I 1999, 455).

BFH vom 27.05.2009, I R 94/08 (BFH/NV 2009 S. 1570):

1. Nach § 12 Abs. 3 Satz 2 UmwStG 1995 i.d.F. des UntStRFoG geht ein verbleibender Verlustvortrag auch dann auf die übernehmende Körperschaft über, wenn nicht diese, sondern ein anderes Unternehmen den Verlustbetrieb fortführt.

2. Ein auf den Schluss des Verschmelzungsjahres festgestellter verbleibender Verlustvortrag ist unter den Voraussetzungen des § 12 Abs. 3 Satz 2 UmwStG 1995 i.d.F. des UntStRFoG erstmals bei der Besteuerung der übernehmenden Körperschaft für das Verschmelzungsjahr zu berücksichtigen (Fortentwicklung des Senatsurteils vom 31. Mai 2005 I R 68/03, BFHE 209, 535, BStBl. II 2006, 380).

BFH vom 12.11.2008 – I R 77/07 (BStBl. 2009 II S. 831[1]):

1. Werden Anteile an einer Kapitalgesellschaft I, bei deren Erwerb ein sog. Sperrbetrag nach § 50c Abs. 11 EStG 1997 ausgelöst wurde, in eine weitere Kapitalgesellschaft II im Wege einer Kapitalerhöhung eingebracht, und werden anschließend die Kapitalgesellschaft I wie auch später die Kapitalgesellschaft II formwechselnd in eine Personengesellschaft umgewandelt (sog. Doppelumwandlungsmodell), ist bei der Ermittlung des Umwandlungsgewinns jeweils ein Sperrbetrag (gemäß § 50c Abs. 11 EStG 1997 als unmittelbarer bzw. gemäß § 50c Abs. 7 EStG 1997 als mittelbarer Sperrbetrag) zu berücksichtigen.

2. Ein Sperrbetrag nach § 50c Abs. 11 EStG 1997 kann auch bei einem Anteilserwerb vor dem Inkrafttreten des Gesetzes zur Fortsetzung der Unternehmenssteuerreform vom 29. Oktober 1997 (BGBl I 1997, 2590, BStBl I 1997, 928) ausgelöst werden. § 50c Abs. 11 EStG 1997 wirkt nicht in verfassungswidriger Weise zurück.

BFH vom 19.08.2008 - IX R 71/07, BStBl. II 2009 S. 13: Bei Verschmelzung ausgegebene neue Anteile sind i.S. von § 23 Abs. 1 Satz 1 Nr. 2 EStG angeschafft. Mit dem Erwerb neuer Anteile im Zuge der Verschmelzung beginnt für den Anteilseigner die nach § 23 Abs. 1 Satz 1 Nr. 2 EStG maßgebliche Veräußerungsfrist von einem Jahr.

BVerfG vom 15.01.2008 – 2 BvL 12/01 (BFH/NV Beilage 2008, 248, aufgrund BFH vom 18.07.2001 I R 38/99 zur Streichung der Begrenzung des Beteiligungskorrekturgewinns nach § 12 Abs. 2 Satz 4 UmwStG 1995): ... Die Norm [§ 12 Abs. 2 UmwStG] ist trotz des festgestellten Verfassungsverstoßes weiter gültig, weil es an der nötigen Evidenz des Verfahrensverstoßes fehlt. Entscheidend ist, dass das BVerfG die Maßstäbe, an denen gemessen das eingeschlagene Gesetzgebungsverfahren als verfassungswidrig anzusehen ist, erst in seinem Urteil vom 7.12.1999 und damit nach Abschluss des hier in Rede stehenden Gesetzgebungsverfahrens konkretisiert hat. Auf diese Maßstäbe konnte sich der Gesetzgeber im Jahr 1997 noch nicht einstellen.

BFH vom 05.06.2007 I R 97/06 (BStBl. 2008 II S. 650): Im Falle einer Verschmelzung darf die übertragende Kapitalgesellschaft das übergehende Betriebsvermögen gemäß § 11 Abs. 1 Satz 2 UmwStG 1995 mit seinem Buchwert oder mit einem höheren Wert ansetzen (entgegen BMF-Schreiben vom 25. März 1998, BStBl. I 1998, 268 Tz. 03.01, 11.01).

BFH vom 20.12.2006 I R 41/06 (BFH/NV 2007, 1442): Der Eintritt der übernehmenden Körperschaft in einen verbleibenden Verlustvortrag der übertragenden Körperschaft nach § 12 Abs. 3 Satz 2 UmwStG 1995 ermöglicht der übernehmenden Körperschaft nicht die Nutzung des übergegangenen Verlustvortrags im Wege des Verlustrücktrags (Bestätigung von Tz. 12.16 des BMF-Schreibens vom 25. März 1998, BStBl. I 1998, 268).

---

1) Verfassungsbeschwerde eingelegt (Az. beim BVerfG: 2 BvR 813/09).

BFH vom 29.11.2006 I R 16/05 (BFH/NV 2007, 1062 – nicht zur Veröffentlichung im BStBl. II vorgesehen):

1. Der Übergang des verbleibenden Verlustabzugs nach § 12 Abs. 3 Satz 2 UmwStG 1995 setzt nur voraus, dass zum Zeitpunkt der Eintragung der Verschmelzung in das Handelsregister die übertragende Körperschaft (irgend-)einen Geschäftsbetrieb unterhält, der das übertragende Unternehmen noch als wirtschaftlich aktiv erscheinen lässt. Nicht erforderlich ist, dass dieser Geschäftsbetrieb mit dem Betrieb, der die Verluste verursacht hat, identisch ist und einen vergleichbaren Umfang aufweist (Abgrenzung vom BMF-Schreiben vom 25. März 1998, BStBl. I 1998, 268 Tz. 12.19 f.).

2. Der übergegangene Verlustabzug kann von der übernehmenden Körperschaft in dem Veranlagungszeitraum abgezogen werden, in dem der steuerliche Übertragungsstichtag liegt (Bestätigung des BMF-Schreibens vom 25. März 1998, BStBl. I 1998, 268 Tz. 12.16).

BFH vom 03.08.2005 I R 62/04 (BStBl. 2006 II S. 391): Die Buchwertfortführung nach § 11 Abs. 1 UmwStG 1995 in Fällen der Spaltung von Unternehmen ist nach § 15 Abs. 3 Satz 4 UmwStG 1995 unwiderleglich in allen Fällen ausgeschlossen, in denen die Anteile innerhalb von fünf Jahren nach dem steuerlichen Übertragungsstichtag unter den weiteren Voraussetzungen dieser Regelung veräußert werden.

BFH vom 31.05.2005 I R 68/03 (BStBl. 2006 II S. 380)[1]:

1. § 26 Abs. 6 Satz 1 KStG 1991 legt die Berechnung des Anrechnungshöchstbetrags für ausländische Steuern aufgrund der in § 34c Abs. 1 Satz 2 EStG 1990 vorgegebenen Berechnungsformel abschließend fest. Dieser Betrag errechnet sich aus der Körperschaftsteuer, die sich aus dem zu versteuernden Einkommen einschließlich der ausländischen Einkünfte ergibt, indem diese im Verhältnis der ausländischen Einkünfte zur Summe der Einkünfte aufgeteilt werden.

2. Bei Verschmelzung von Körperschaften kann ein im Übertragungsjahr bei der übertragenden Körperschaft eingetretener (laufender) Verlust mit Gewinnen der übernehmenden Körperschaft des Übertragungsjahrs verrechnet werden, sofern die Voraussetzungen des § 12 Abs. 3 Satz 2 UmwStG 1995 erfüllt sind. Der Verlust der übertragenden Körperschaft aus dem Übertragungsjahr ist nicht Bestandteil des nach § 12 Abs. 3 Satz 2 UmwStG 1995 verbleibenden Verlustabzugs i. S. des § 10d Abs. 3 Satz 2 EStG 1990.

3. Der gemäß § 12 Abs. 3 Satz 2 UmwStG 1995 auf die übernehmende Körperschaft übergehende verbleibende Verlustabzug der übertragenden Körperschaft mindert im Rahmen der Höchstbetragsberechnung gemäß § 26 Abs. 6 Satz 1 KStG 1991 i. V. m. § 34c Abs. 1 Satz 2 EStG 1990 die Summe der Einkünfte der übernehmenden Körperschaft nicht.

BFH vom 05.06.2003 - I R 38/01, BStBl. 2003 II S. 822: Der Geschäftsbetrieb eines Unternehmens ist eingestellt, wenn die Tätigkeit des Unternehmens sich darauf beschränkt, mit Hilfe von Subunternehmern oder unter Einsatz ausgeliehener oder nur formal beschäftigter Arbeitnehmer Gewährleistungsverpflichtungen aus früher bearbeiteten Aufträgen zu erfüllen.

BFH vom 19.05.1998 I R 7/98 (BStBl. 1998 II S. 642): Die erstmalige Anwendung von § 12 Abs. 3 Satz 2 UmwStG 1995 setzt voraus, daß sämtliche (vorbereitende) Rechtsakte, auf denen der Vermögensübergang beruht, nach dem 31. Dezember 1994 wirksam werden (§ 27 Abs. 1 UmwStG 1995). Daß der Vermögensübergang als solcher nach dem 31. Dezember 1994 durch Eintragung in das Handelsregister wirksam wird, genügt nicht.

BFH vom 22.04.1998 I R 83/96 (BStBl. 1998 II S. 698):

1. Die Frage nach der Zuordnung von verschmelzungsbedingten Kosten zum übertragenden oder zum übernehmenden Unternehmen richtet sich nach dem objektiven Veranlassungsprinzip und beläßt den Beteiligten kein Zuordnungswahlrecht.

2. Zu den Kosten, die dem übertragenden Unternehmen zuzuordnen sind, gehören solche, die mit dessen Gesellschaftsform zusammenhängen. Sie sind gemäß § 4 Abs. 4 EStG als Betriebsausgaben abzugsfähig.

3. Die dem übernehmenden Unternehmen zuzuordnenden Kosten mindern den laufenden Gewinn, wenn sie nicht als objektbezogene Anschaffungskosten zu aktivieren sind.

BFH vom 15.10.1997 I R 22/96 (BStBl. 1998 II S. 168): Die bei Verschmelzung von Genossenschaften anfallende Grunderwerbsteuer gehört bei der übernehmenden Genossenschaft zu den aktivierungs-

---

1) Vgl. BMF-Schreiben vom 7. April 2006 – IV B 7 – S 1978b – 1/06 – (BStBl. I S. 344); hier abgedruckt als Anhang 4-17.

pflichtigen Anschaffungskosten. Dies gilt auch, wenn die übertragende und die übernehmende Genossenschaft vereinbart haben, die Grunderwerbsteuer jeweils zur Hälfte zu übernehmen. Wirtschaftlich gesehen handelt es sich bei der Steuer gleichwohl um ausschließlich eigenen Aufwand der übernehmenden Genossenschaft, für den die übertragende Genossenschaft in ihrer Verschmelzungsbilanz keine Rückstellung bilden darf.

BFH vom 30.07.1997 I B 141 142/96 (BFH/NV 1998 S. 84): Verdeckte Gewinnausschüttung infolge Verschmelzung.

BFH vom 21.08.1996 I R 85/95 (BStBl. 1997 II S. 194):

1. Stellt das FG fest, daß ein VEB bis einschließlich 30. Juni 1990 nicht aufgrund der Verordnung zur Umwandlung von volkseigenen Kombinaten, Betrieben und Einrichtungen in Kapitalgesellschaften (UmwV) vom 1. März 1990 umgewandelt worden ist, so ist der BFH an diese Feststellung grundsätzlich gebunden.

2. Die nicht nach der UmwV umgewandelten Betriebe wurden kraft Gesetzes zum 1. Juli 1990 in Kapitalgesellschaften umgewandelt.

3. Verluste, die ein VEB vor seiner Umwandlung erwirtschaftete, sind nicht ausgleichsfähig.

BFH vom 22.11.1995 I R 185/94 (BStBl. 1996 II S. 390): Bei der Ermittlung der nach § 12 UmwStG 1977 (= § 10 Abs. 1 UmwStG 1994) anzurechnenden Körperschaftsteuer, die auf den Teilbeträgen des für Ausschüttungen verwendbaren Eigenkapitals der übertragenden Körperschaft i. S. von § 30 Abs. 1 Nr. 1 und 2 KStG lastet, sind positive Teilbeträge aus dem EK 56 mit negativen Teilbeträgen aus dem EK 50 zu verrechnen. Die auf dem Teilbetrag mit 56 v. H. lastende Körperschaftsteuer in Höhe von 56/44 ist hierbei um 50/50 aus dem negativen EK 50 zu kürzen.

Zu §§ 20 ff, 25 UmwStG (Einbringung in Körperschaft)EuGH vom 11.12.2008, C-285/07, A. T. (DStR 2009, 101): Art. 8 Abs. 1 und 2 der Richtlinie 90/434/EWG des Rates vom 23.07.1990 über das gemeinsame Steuersystem für Fusionen, Spaltungen, die Einbringung von Unternehmensteilen und den Austausch von Anteilen, die Gesellschaften verschiedener Mitgliedstaaten betreffen, steht einer Regelung eines Mitgliedstaats entgegen, nach der ein Austausch von Anteilen dazu führt, dass bei den Gesellschaftern der erworbenen Gesellschaft der Einbringungsgewinn in Höhe des Unterschiedsbetrags zwischen den ursprünglichen Anschaffungskosten der eingebrachten Anteile und ihrem Verkehrswert besteuert wird, sofern die erwerbende Gesellschaft nicht den historischen Buchwert der eingebrachten Anteile in ihrer eigenen Steuerbilanz ansetzt.

BFH vom 24.06.2008 - IX R 58/05 (BFH/NV 2008, 1742):

1. Ursprünglich einbringungsgeborene Anteile an einer GmbH, die durch einen Antrag nach § 21 Abs. 2 Satz 1 Nr. 1 UmwStG entstrickt wurden, unterfallen der Besteuerung gemäß § 17 Abs. 1 EStG.

2. Veräußerungsgewinn nach § 17 Abs. 2 EStG in Bezug auf derartige Anteile ist der Betrag, um den der Veräußerungspreis den gemeinen Wert der Anteile (§ 21 Abs. 2 Satz 2 UmwStG) übersteigt.

BFH vom 28.05.2008 - I R 98/06 (BFH/NV 2008, 1756): Das Wahlrecht nach § 20 Abs. 2 UmwStG 1995 ist ausgeübt, wenn der Steuerpflichtige Steuererklärungen und eine den Grundsätzen ordnungsmäßiger Buchführung entsprechende Steuerbilanz beim FA einreicht und vorbehaltlos erklärt, das Wahlrecht in bestimmter Weise ausüben zu wollen. Eine Bindung an den handelsbilanziellen Wertansatz des eingebrachten Betriebsvermögens besteht nicht.

BFH vom 19.12.2007 I R 111/05, BStBl. 2008 II S. 536: Bei Einbringung von Gesellschaftsanteilen in eine Kapitalgesellschaft gegen Gewährung von Anteilen an der aufnehmenden Gesellschaft ist infolge der Fiktion des § 20 Abs. 4 Satz 1 UmwStG 1995 im Rahmen der Bemessung des Veräußerungspreises in der Bilanz des Einbringenden grundsätzlich nicht zu prüfen, ob der von der übernehmenden Kapitalgesellschaft nach § 20 Abs. 2 UmwStG 1995 für das eingebrachte Betriebsvermögen angesetzte Wert zutreffend ermittelt worden ist.

BFH vom 28.11.2007 - I R 34/07, BStBl. 2008 II S. 533: Gehen infolge einer Kapitalerhöhung stille Reserven von einbringungsgeborenen Alt-Anteilen auf die neuen Anteile über, sind die neuen Anteile zu gleicher Quote steuerverhaftet. Dem Inhaber der neuen Anteile steht kein Wahlrecht zu, die Steuerverhaftung in anderer Weise auf diese zu verteilen (Bestätigung der BMF-Schreiben vom 25. März 1998, BStBl. I 1998, 268, Tz. 21.14; vom 28. April 2003, BStBl. I 2003, 292, Tz. 52).

BFH vom 07.03.2007 I R 25/05 (BStBl. 2007 II S. 679, nach FG Baden-Württemberg vom 17. Februar 2005 6 K 209/02, EFG 2005, 994): Dem EuGH werden die folgenden Rechtsfragen zur Vorabentscheidung vorgelegt:

1. Steht Art. 8 Abs. 1 und 2 der Richtlinie 90/434/EWG des Rates vom 23. Juli 1990 (ABlEG Nr. L 225, 1) der Steuerregelung eines Mitgliedstaates entgegen, nach welcher bei Einbringung der Anteile an einer EU-Kapitalgesellschaft in eine andere EU-Kapitalgesellschaft dem Einbringenden nur dann die Fortführung der Buchwerte der eingebrachten Anteile ermöglicht wird, wenn die übernehmende Kapitalgesellschaft die eingebrachten Anteile ihrerseits mit den Buchwerten angesetzt hat (sog. doppelte Buchwertverknüpfung)?

2. Falls dies zu verneinen sein sollte: Widerspricht die vorstehende Regelungslage Art. 43 EG und Art. 56 EG, obwohl die sog. doppelte Buchwertverknüpfung auch bei der Einbringung der Anteile an einer Kapitalgesellschaft in eine unbeschränkt steuerpflichtige Kapitalgesellschaft verlangt wird?

BFH vom 20.12.2006 X R 31/03, (BStBl. 2007 II S. 862[1]):

1. Der Ertrag aus einer im zeitlichen und sachlichen Zusammenhang mit der Betriebsveräußerung oder Betriebsaufgabe vollzogenen Auflösung einer Ansparrücklage nach § 7g Abs. 3 EStG erhöht grundsätzlich den steuerbegünstigten Betriebsveräußerungs- bzw. Betriebsaufgabegewinn (Anschluss an BFH-Urteile vom 10. November 2004 XI R 69/03, BFHE 208, 190, BStBl. II 2005, 596, und XI R 56/03, BFH/NV 2005, 845).

2. Der Steuerpflichtige kann eine Ansparrücklage nach § 7g Abs. 3 EStG nicht mehr bilden, wenn er im Zeitpunkt der Einreichung des entsprechenden Jahresabschlusses bei der Finanzbehörde bereits den Entschluss gefasst hatte, seinen Betrieb zu veräußern oder aufzugeben.

BFH vom 19.10.2005 I R 38/04 (BStBl. 2006 II S. 568): In den Fällen des Formwechsels einer Personengesellschaft in eine Kapitalgesellschaft darf die Kapitalgesellschaft das übergegangene Betriebsvermögen gemäß § 25 Satz 1 i. V. m. § 20 Abs. 2 Satz 1 UmwStG 1995 mit seinem Buchwert oder mit einem höheren Wert ansetzen (entgegen BMF-Schreiben vom 25. März 1998, BStBl. I 1998, 268 Tz. 20.30).[2]

BFH vom 31.05.2005 I R 28/04 (BStBl. 2005 II S. 643): Der Antrag auf Entstrickung einbringungsgeborener Anteile nach § 21 Abs. 2 Satz 1 UmwStG 1995 kann im Regelfall nicht widerrufen oder zurückgenommen werden.

BFH vom 17.09.2003 I R 97/02 (BStBl. 2004 II S. 686[3]): Bei der Verschmelzung einer Personengesellschaft auf eine Kapitalgesellschaft gegen Gewährung von Gesellschaftsanteilen an der übernehmenden Gesellschaft handelt es sich auch nach Maßgabe des § 20 UmwStG 1995 um einen tauschähnlichen und damit entgeltlichen Vorgang. Bei der Einbringung anfallende Grunderwerbsteuer gehört bei der übernehmenden Gesellschaft deshalb zu den aktivierungspflichtigen Anschaffungsnebenkosten (Fortführung des Senatsurteils vom 15. Oktober 1997 I R 22/96, BFHE 184, 435, BStBl. 1998 II S. 168; Bestätigung des BMF-Schreibens vom 25. März 1998, BStBl. I 1998, 268 Tz. 20.01)[4]

BFH vom 17.09.2003 I R 55/02 (BStBl. 2004 II S. 534): Eine durch übertragende Umwandlung aus einer Personengesellschaft entstandene Kapitalgesellschaft kann jedenfalls dann rückwirkend vom Beginn des Wirtschaftsjahres an gewerbesteuerliche Organgesellschaft sein, wenn der steuerliche Übertragungsstichtag gemäß § 20 Abs. 8 Satz 1 UmwStG 1995 auf den Beginn des Wirtschaftsjahres zurückverlegt wird und die Eingliederungsvoraussetzungen gemäß § 2 Abs. 2 Satz 2 GewStG 1999 i. V. m. § 14 Nr. 1 und 2 KStG 1999 tatsächlich bereits zu Beginn des Wirtschaftsjahres erfüllt waren (gegen BMF-Schreiben vom 25. März 1998, BStBl. I 1998, 268[4], Tz. Org. 13, Org. 18).

BFH vom 30.04.2003 I R 102/01 (BStBl. 2004 II S. 804): Wird ein Mitunternehmeranteil im Wege der Sachgründung in eine unbeschränkt körperschaftsteuerpflichtige Kapitalgesellschaft eingebracht und übernimmt die aufnehmende Kapitalgesellschaft die Mitunternehmerstellung des Einbringenden, so wird das Bewertungswahlrecht gemäß § 20 Abs. 2 UmwStG 1977 für die in dem Mitunternehmeranteil verkörperten Wirtschaftsgüter nicht in der Steuerbilanz der Kapitalgesellschaft, sondern in derjenigen der Personengesellschaft ausgeübt. Werden stille Reserven aufgedeckt, ist für die aufnehmende Kapitalgesellschaft eine Ergänzungsbilanz aufzustellen. Eine Bindung an den handelsbilanziellen Wertansatz für den eingebrachten Mitunternehmeranteil in der Eröffnungsbilanz der Kapitalgesellschaft besteht dabei nicht.

---

1) Das Nichtanwendungsschreiben des BMF vom 25.8.2005 gegen BFH vom 10.11.2004, XI R 69/03 (BStBl. 2005 I S. 596) ist damit offenbar überholt.

2) Hinweis auf BMF-Schreiben vom 4. Juli 2006 – IV B 2 – S 1909 – 12/06 – (BStBl. I S. 445) = Anhang 4-18.

3) Vgl. Anhang 4-01.

4) Vgl. Anhang 4-01.

BFH vom 07.08.2002 I R 84/01 (BFH/NV 2003, 277):

1. Bei der Befreiung gemeinnütziger Körperschaften von der Körperschaftsteuer gemäß § 5 Abs. 1 Nr. 9 Satz 1 KStG 1996 handelt es sich um eine persönliche Steuerbefreiung i.S. von § 21 Abs. 3 Nr. 2 UmwStG 1995 i.d.F. bis zur Änderung durch das StBereinG 1999. Die Neufassung des § 21 Abs. 3 Nr. 2 UmwStG 1995 durch das StBereinG 1999 stellt das klar.

2. Der Gewinn, den eine gemäß § 5 Abs. 1 Nr. 9 KStG 1996 von der Körperschaftsteuer befreite gemeinnützige Körperschaft aus der Veräußerung einbringungsgeborener Anteile erzielt, ist gemäß § 21 Abs. 3 Nr. 2 UmwStG 1995 steuerpflichtig. Er unterfällt gemäß § 23 Abs. 1 KStG 1996 dem vollen Steuersatz von 45 v.H. und nicht gemäß § 23 Abs. 2 Satz 1 i.V.m. Satz 2 Nr. 2 2. Halbsatz KStG 1996 dem ermäßigten Steuersatz von 42 v.H.

BFH vom 10.07.2002 I R 79/01 (BStBl. I S. 785): Bei der Einbringung zu Teilwerten oder Zwischenwerten gehören zum Teilwert halbfertiger Arbeiten auch darin enthaltene anteilige Gewinne.

BFH vom 24.10.2000 VIII R 25/98 (BStBl. 2001 I S. 321): Wird eine Betriebsaufspaltung dadurch beendet, dass die Betriebs-GmbH auf eine AG verschmolzen und das Besitzunternehmen in die AG eingebracht wird, kann dieser Vorgang gewinnneutral gestaltet werden, wenn das Besitzunternehmen nicht nur wegen der Betriebsaufspaltung gewerblich tätig war. Andernfalls führt die Verschmelzung zur Aufgabe des Gewerbebetriebs mit der Folge, dass dieser nicht mehr zu Buchwerten in die AG eingebracht werden kann.

BFH vom 29.03.2000 I R 22/99 (BStBl. 2000 II S. 508): Als Veräußerungs- oder Aufgabegewinn für sog. einbringungsgeborene Anteile an einer GmbH gilt jener Betrag, um den der gemeine Wert der Anteile nach Abzug der Veräußerungs- oder Aufgabekosten die Anschaffungskosten gemäß § 20 Abs. 4 UmwStG übersteigt. Nachträgliche Anschaffungskosten sind zu berücksichtigen.

BFH vom 05.05.1998 I B 24/98 (BStBl. 2000 II S. 430): Beantragt der Anteilseigner gemäß § 21 Abs. 2 Satz 1 Nr. 1 UmwStG 1995, die stillen Reserven einbringungsgeborener Anteile aufzudecken, so ist ihm die Stundung gemäß § 21 Abs. 2 Satz 3 UmwStG 1995 auch dann zu gewähren, wenn die Kapitalgesellschaft, an der die Anteile bestehen, kurz darauf formwechselnd in eine Personengesellschaft umgewandelt wird und beim Anteilseigner dadurch gemäß § 10 UmwStG 1995 ein entsprechendes Körperschaftsteuerguthaben anzurechnen ist. Diese Rechtsfrage ist nicht von grundsätzlicher Bedeutung[1].

BFH vom 10.03.1998 VIII R 31/95 (BFH/NV 1998 S. 1209): Betriebsteil als Teilbetrieb.

BFH vom 11.02.1998 I R 82/97 (BStBl. 1998 II S. 552):

1. Dem FA können auch Tatsachen bekannt sein, die sich aus älteren, bereits archivierten Akten ergeben. Voraussetzung dafür ist jedoch, daß zur Hinzuziehung solcher Vorgänge nach den Umständen des Falles, insbesondere nach dem Inhalt der zu bearbeitenden Steuererklärungen oder der präsenten Akten, eine besondere Veranlassung bestand.

2. Dies gilt auch im Falle der Veräußerung sog. einbringungsgeborener Anteile an Kapitalgesellschaften. Das FA ist nicht gehalten, von vornherein organisatorische Vorsorge zu treffen, um die Versteuerung der in solchen Anteilen enthaltenen stillen Reserven sicherzustellen.

3. Ob Steuerbescheide aufgrund einer Außenprüfung gemäß § 173 Abs. 2 AO 1977 ergangen sind, richtet sich nach dem Inhalt der Prüfungsanordnung.

BFH vom 13.11.1996 I R 124/95 (HFR 1997 S. 584): Zur Anrechnung von Vordienstzeiten eines Pensionsberechtigten (Gesellschafter) im Rahmen der Umwandlung einer KG in eine GmbH.

BFH vom 21.08.1996 I R 75/95 (BFH/NV 1997 S. 314): Zum Übergang stiller Reserven von Gesellschaftsanteilen infolge einer Sacheinlage gem. § 20 Abs. 1 UmwStG 1977 im Rahmen einer Kapitalerhöhung.

BFH vom 27.03.1996 I R 89/95 (BStBl. 1997 II S. 224): Gewinne aus der Veräußerung sog. einbringungsgeborener Anteile an einer Personengesellschaft unterliegen auch dann nicht der Gewerbesteuer, wenn Einbringender eine Kapitalgesellschaft war, bei der die Veräußerung des Betriebs, Teilbetriebs oder Mitunternehmeranteils gewerbesteuerpflichtig gewesen wäre (Abweichung von Abschn. 41 Abs. 2 Satz 5 GewStR).

---

1) Vgl. hierzu § 21 Abs. 2 Satz 6 UmwStG i.d.F. des StBereinG 1999 vom 22.12.1999, BStBl. I 2000, 13).

BFH vom 16.02.1996 I R 183/94 (BStBl. 1996 II S. 342):

1. Die Einbringung einer Personengesellschaft in eine Kapitalgesellschaft i. S. von § 20 UmwStG 1977 setzt voraus, daß auch die bisher dem Sonderbetriebsvermögen eines Gesellschafters (Mitunternehmers) zuzurechnenden Wirtschaftsgüter zivilrechtlich auf die aufnehmende Gesellschaft übergehen.

2. Werden solche Wirtschaftsgüter bei der Einbringung vom Gesellschafter (Mitunternehmer) zurückbehalten und bleiben sie bei diesem im Rahmen einer Betriebsaufspaltung weiterhin Betriebsvermögen, so hat dieser Vorgang keine Gewinnauswirkung. Dem Gesellschafter bleibt nicht die Wahl, stattdessen die in den zurückbehaltenen Wirtschaftsgütern ruhenden stillen Reserven aufzudecken und zu versteuern.

Zu § 24 UmwStG (Einbringung in Personengesellschaft)
BFH vom 17.7.2008 I R 77/06 (BStBl. II 2008 S. 464[1]):

1. Die Einbringung eines Wirtschaftsguts als Sacheinlage in eine KG ist ertragsteuerrechtlich auch insoweit als Veräußerungsgeschäft anzusehen, als ein Teil des Einbringungswerts in eine Kapitalrücklage eingestellt worden ist (entgegen BMF-Schreiben vom 26. November 2004, BStBl. I 2004, 1190).

2. Die das gesamte Nennkapital umfassende Beteiligung an einer Kapitalgesellschaft ist kein Teilbetrieb i.S. von § 24 Abs. 1 UmwStG 1995. Die Fiktion des § 16 Abs. 1 Satz 1 Nr. 1 EStG ist nicht entsprechend anwendbar (entgegen BMF-Schreiben vom 16. Juni 1978, BStBl. I 1978, 235, Tz. 81; vom 25. März 1998, BStBl. I 1998, 268, Tz. 24.03).

3. Die Überführung eines Einzelwirtschaftsguts aus einem inländischen Stammhaus in eine ausländische (hier: österreichische) Betriebsstätte führte im Zeitraum vor Inkrafttreten des § 6 Abs. 5 EStG 1997 durch das StEntlG 1999/2000/2002 auch dann nicht zur sofortigen Gewinnrealisation, wenn die ausländischen Betriebsstättengewinne aufgrund eines Doppelbesteuerungsabkommens von der Besteuerung im Inland freigestellt waren (Änderung der Rechtsprechung: Aufgabe der sog. Theorie der finalen Entnahme). Das gilt auch für die Einbringung einer Sacheinlage durch eine Personengesellschaft in eine Tochter-Personengesellschaft.

BFH vom 20.09.2007 IV R 70/05 (BStBl. 2008 II S. 265): Tritt eine GmbH einer (bereits bestehenden) Kommanditgesellschaft als Komplementärin ohne Verpflichtung zur Leistung einer Einlage bei, werden hierdurch nicht die Bewertungswahlrechte des § 24 UmwStG eröffnet.

BFH vom 25.04.2006 VIII R 52/04 (BStBl. 2006 II S. 847):

1. Bei einseitiger entgeltlicher Kapitalerhöhung, die zu einer Änderung der Beteiligungsverhältnisse führt, kann entsprechend § 24 UmwStG 1977 der für die nicht an der Kapitalerhöhung teilnehmenden Gesellschafter anfallende Gewinn aus der – anteiligen – Veräußerung ihrer Mitunternehmeranteile durch eine negative Ergänzungsbilanz neutralisiert werden.

2. Die aus der korrespondierend zur positiven Ergänzungsbilanz des einbringenden Mitunternehmers spiegelbildlich fortlaufend jährlich vorzunehmende Auflösung der negativen Ergänzungsbilanz der Altgesellschafter ist als laufender Gewinn bei der Ermittlung des Gewerbeertrages zu erfassen.

BFH vom 27.05.2004 IV R 55/02 (BFH/NV 2004 S. 1555): Begrenzung der Steuerbegünstigung des § 24 Abs. 3 UmwStG ab 1994 durch Steuermissbrauchsgesetz; Fehlen einer Übergangsregelung nicht sachlich unbillig.

BFH vom 11.12.2001 VIII R 58/98 (BStBl. 2002 I S. 420):

1. Bringt der Gesellschafter einer Personengesellschaft einzelne Wirtschaftsgüter seines Betriebsvermögens gegen ein ausgewogenes (drittübliches) Mischentgelt, d. h. gegen die Gewährung von Gesellschaftsrechten und sonstigen Ausgleichsleistungen, in die Personengesellschaft ein, so ist die Fortführung der Buchwerte der eingebrachten Wirtschaftsgüter bei der aufnehmenden Personengesellschaft nach den Grundsätzen des "Einbringungsurteils" (BFH-Urteil vom 15. Juli 1976 I R 17/74, BFHE 119, 285, BStBl. 1976 II S. 748) nur insoweit möglich, als die Übertragung gegen die Gewährung von Gesellschaftsrechten erfolgt. Die Einbringung ist dabei entsprechend dem Verhältnis der jeweiligen Teilleistungen (Wert der erlangten Gesellschaftsrechte einerseits und Wert der sonstigen Gegenleistungen andererseits) zum Teilwert der eingebrachten Wirtschaftsgüter in einen erfolgsneutral gestaltbaren und einen für den einbringenden Gesellschafter zwingend erfolgswirksamen Teil aufzuspalten.

---

1) S. dazu BMF vom 20.05.2009, BStBl. I 2009 S. 671 (Anhang 4-33)

2. Die im Zuge der Einbringung einzelner Wirtschaftsgüter von der aufnehmenden Personengesellschaft übernommenen Verbindlichkeiten des übertragenden Gesellschafters führen auch dann zu einer für diesen gewinnwirksamen Gegenleistung, wenn die übernommenen Schulden in wirtschaftlichem Zusammenhang mit den eingebrachten aktiven Einzelwirtschaftsgütern stehen (Bruttobetrachtung).

BFH vom 13.09.2001 IV R 13/01, BStBl. 2002 II S. 287: Geht ein Steuerpflichtiger vor Einbringung seiner Einzelpraxis in eine neu gegründete Sozietät von der Einnahmen-Überschussrechnung nach § 4 Abs. 3 EStG zum Bestandsvergleich nach § 4 Abs. 1 EStG über, so hat er jedenfalls bei Buchwerteinbringung keinen Anspruch auf Billigkeitsverteilung eines etwa dabei entstehenden Übergangsgewinns.

BFH vom 21.09.2000 IV R 54/99, BStBl. 2001 II S. 178:

1. Wird in eine Einzelpraxis ein Sozius aufgenommen, so ist die Tarifbegünstigung des § 24 Abs. 3 Satz 2 UmwStG i.V.m. §§ 16 Abs. 4, 18 Abs. 3, 34 Abs. 1 EStG bei einer Einbringung zu Teilwerten auch insoweit anzuwenden, als eine Zuzahlung in das Privatvermögen des Einbringenden erfolgt (entgegen Tz. 24.08 ff. des Umwandlungssteuer-Erlasses, BStBl. I 1998, 268).

2. Ein bei der Einbringung zu Teilwerten entstehender Gewinn im Sonderbetriebsvermögen des Einbringenden ist nach § 24 Abs. 3 Satz 3 UmwStG nicht tarifbegünstigt.

3. Die Übergangsvorschrift des § 28 Abs. 6 UmwStG i.d.F. des StMBG verstößt nicht gegen das Rechtsstaatsprinzip (Art. 20 Abs. 3 GG).

BFH vom 19.10.1998 VIII R 69/95 (BStBl. 2000 II S. 230[1]): Bringt der Gesellschafter einer Personengesellschaft bei deren Gründung ein Wirtschaftsgut seines Privatvermögens (hier: eine wesentliche Beteiligung i. S. von § 17 EStG) in die Personengesellschaft gegen die Gewährung eines Mitunternehmeranteils ein, so handelt es sich um einen tauschähnlichen Vorgang. Die empfangene Personengesellschaft hat als „Anschaffungskosten" für das eingebrachte Wirtschaftsgut dessen gemeinen Wert zu aktivieren. Entsprechende Grundsätze gelten auch dann, wenn die Einbringung des betreffenden Wirtschaftsguts gegen Gewährung von Personengesellschaftsrechten und ein weiteres Entgelt (z. B. Gutschrift auf einem Forderungskonto des einbringenden Gesellschafters bei der Personengesellschaft) erfolgt.

BFH vom 28.09.1995 IV R 57/94 (BStBl. 1996 II S. 68): Abstockungen auf die Buchwerte der Wirtschaftsgüter der Personengesellschaft in einer negativen Ergänzungsbilanz, die zur Neutralisation eines entstandenen Einbringungsgewinns erstellt wurde, sind entsprechend dem Verbrauch der Wirtschaftsgüter erfolgserhöhend aufzulösen.

---

1) Vgl. hierzu BMF vom 29.03.2000, BStBl. I 2000, 462.

Umwandlungssteuergesetz (UmwStG);
Zweifels- und Auslegungsfragen [1)]

Schreiben des BdF (Anwendungserlaß) vom 25. März 1998
(IV B7 – S1978 – 21/98 – IV B2 – S1909 – 33/98 – BStBl. I S. 268)

Unter Bezugnahme auf das Ergebnis der Erörterungen mit den obersten Finanzbehörden der Länder gilt zur Anwendung des Umwandlungssteuergesetzes in der Fassung des Gesetzes zur Änderung des Umwandlungssteuerrechts vom 28. Oktober 1994 (BGBl. I S. 3267, BStBl. I S. 839), zuletzt geändert durch Artikel 4 des Gesetzes zur Finanzierung eines zusätzlichen Bundeszuschusses zur gesetzlichen Rentenversicherung vom 19. Dezember 1997 (BGBl. I S. 3121, BStBl. 1998 I S. 7), folgendes:

Inhaltsübersicht:
Teil 1: Umwandlung von Körperschaften

---

1) Vgl. Anhang 4-02.

Teil 2: Einbringung

1. Abschnitt: Einbringung in eine Kapitalgesellschaft gegen Gewährung von Gesellschaftsanteilen

Zu § 20 UmwStG: Bewertung des eingebrachten Betriebsvermögens und der Gesellschaftsanteile

Teil 3: Übergangs- und Schlußvorschriften

Teil 4: Erstmalige Anwendung dieses BMF-Schreibens

Teil 1: Umwandlung von Körperschaften

A. Umwandlungsmöglichkeiten nach dem Umwandlungsgesetz (UmwG):

Das Umwandlungsgesetz (UmwG) vom 28. Oktober 1994 (BGBl. I S. 3210; ber. BGBl. 1995 I S. 428), sieht in § 1 Abs. 1 die folgenden Umwandlungsarten vor: **00.01**

– Verschmelzung,

– Formwechsel,

– Spaltung,

– Vermögensübertragung.

Die Aufzählung ist abschließend. Andere Umwandlungsarten bedürfen einer ausdrücklichen gesetzlichen Regelung (§ 1 Abs. 3 UmwG).   **00.02**

Die Umwandlungsmöglichkeiten sind auf Rechtsträger mit Sitz im Inland beschränkt. Grenzüberschreitende Vorgänge (z. B. eine grenzüberschreitende Verschmelzung oder Spaltung), auch im Bereich der Europäischen Union, regelt das UmwG nicht.   **00.03**

I. Verschmelzung

Bei der Verschmelzung handelt es sich um die Übertragung des gesamten Vermögens eines Rechtsträgers auf einen anderen, schon bestehenden Rechtsträger (Verschmelzung durch Aufnahme) oder zweier oder mehrerer Rechtsträger auf einen neugegründeten Rechtsträger (Verschmelzung durch Neugründung) im Wege der Gesamtrechtsnachfolge unter Auflösung ohne Abwicklung. Den Anteilsinhabern des übertragenden Rechtsträgers wird dabei im Wege des Anteilstausches eine Beteiligung an dem übernehmenden oder neuen Rechtsträger gewährt.   **00.04**

Das UmwG sieht folgende Möglichkeiten der Verschmelzung vor: **00.05**

von \ auf	Pers.Handels-Ges.	GmbH	AG	KGaA	e.G.	e.V./ wirtsch. Verein	Gen. Prüfungsverband	VVaG	nat. Pers.
Pers.Handels-Ges.	§§ 39-45	§§ 39-45, 46-59	§§ 39-45, 60-77	§§ 39-45, 78	§§ 39-45, 79-98	–	–	–	–
GmbH	§§ 39-45, 46-59	§§ 46-59	§§ 46-59, 60-77	§§ 46-59, 78	§§ 49-59, 79-98	–	–	–	§§ 120-122 i.V.m. §§ 46-59
AG	§§ 39-45, 60-77	§§ 46-59, 60-77	§§ 60-77	§§ 60-77, 78	§§ 60-77, 79-98	–	–	–	§§ 120-122 i. V. m. §§ 60-77
KGaA	§§ 39-45, 78	§§ 46-59, 78	§§ 60-77, 78	§ 78	§§ 78, 79-98	–	–	–	§§ 120-122 i. V. m. § 78
e.G.	§§ 39-45, 79-98	§§ 46-59, 79-98	§§ 60-77, 79-98	§§ 78, 79-98	§§ 79-98	–	–	–	–
e.V./ wirtsch. Verein	§§ 39-45, 99-104	§§ 46-59, 99-104	§§ 60-77, 99-104	§§ 78, 99-104	§§ 79-98, 99-104	§§ 99-104	–	–	–
Gen. Prüfungsverband	–	–	–	–	–	–	§§ 105-108 [1]	–	–
VVaG	–	(nur Versicherungs-AG) §§ 60-77, 109-119	–	–	–	–	–	§§109-119	–
nat. Pers.	–	–	–	–	–	–	–	–	–

1) Anmerkung: Vorgang ist nur zur Aufnahme durch einen übernehmenden Rechtsträger möglich.

II. Formwechsel

00.06 Der Formwechsel entspricht der formwechselnden Umwandlung im bisherigen Recht. Diese Art der Umwandlung beschränkt sich auf die Änderung der Rechtsform eines Rechtsträgers unter Wahrung seiner rechtlichen Identität, und zwar grundsätzlich auch unter Beibehaltung des Kreises der Anteilsinhaber.

00.07 Handelsrechtlich ist der Formwechsel für folgende Rechtsformen zulässig:

auf von	GbR	Pers.Handels-Ges.	GmbH	AG	KGaA	e.G.
Pers.Handels-Ges.	§ 191 Abs. 2	§ 191 Abs. 2	§§ 214-225	§§ 214-225	§§ 214-225	§§ 214-225
GmbH	§§ 226, 228-237	§§ 226, 228-237	–	§§ 226, 238-250	§§ 226, 238-250	§§ 226, 251-257
AG	§§ 226, 228-237	§§ 226, 228-237	§§ 226, 238-250	–	§§ 226, 238-250	§§ 226, 251-257
KGaA	§§ 226-237	§§ 226, 228-237	§§ 226, 227, 238-250	§§ 226, 227, 238-250	–	§§ 226, 227, 251-257
e.G.	–	–	§§ 258-271	§§ 258-271	§§ 258-271	–
e.V./wirtsch. Verein	–	–	§§ 272-290	§§ 272-290	§§ 272-290	§§ 272, 283-290
VVaG	–	–	–	(nur größere VVaG) §§ 291-300	–	–
Kö./Anstalt des öff. Rechts	–	–	§§ 301-304	§§ 301-304	§§ 301-304	–

III. Spaltung

00.08 Das Umwandlungsgesetz regelt erstmals die Spaltung von Rechtsträgern im Handelsrecht. Drei Formen der Spaltung sind möglich: Aufspaltung, Abspaltung und Ausgliederung.

00.09 Bei der Aufspaltung teilt ein Rechtsträger sein Vermögen unter Auflösung ohne Abwicklung auf und überträgt die Teile jeweils als Gesamtheit im Wege der Sonderrechtsnachfolge (teilweise Gesamtrechtsnachfolge) auf mindestens zwei andere schon bestehende (Aufspaltung zur Aufnahme) oder neugegründete (Aufspaltung zur Neugründung) Rechtsträger. Die Anteile an den übernehmenden oder neuen Rechtsträgern fallen den Anteilsinhabern des sich aufspaltenden Rechtsträgers zu.

00.10 Bei der Abspaltung bleibt der übertragende, sich spaltende Rechtsträger als Rumpfunternehmen bestehen. Er überträgt ebenfalls im Wege der Sonderrechtsnachfolge einen Teil oder mehrere Teile seines Vermögens jeweils als Gesamtheit auf einen oder mehrere andere, bereits bestehende oder neugegründete Rechtsträger. Die Anteilsinhaber des abspaltenden Rechtsträgers erhalten Anteile an dem übernehmenden oder neuen Rechtsträger.

00.11 Die Ausgliederung entspricht im wesentlichen der Abspaltung. Die Anteile an den übernehmenden oder neuen Rechtsträgern fallen jedoch in das Vermögen des ausgliedernden Rechtsträgers.

Das Umwandlungsgesetz läßt folgende Spaltungsmöglichkeiten zu:

von \ auf	Pers.Han-dels-Ges.	GmbH	AG/KGaA	e.G.	e.V.	Gen. Prü-fungs-verband	VVaG
Pers-Han-dels-Ges.	§§ 125, 135	§§ 125, 135, 138-140	§§ 125, 135, 141-146	§§ 125, 135, 147, 148	–	–	–
GmbH	§§ 125, 135, 138-140	§§ 125, 135, 138-140	§§ 125, 135, 138-140, 141-146	§§ 125, 135, 138-140, 147, 148	–	–	–
AG/KGaA	§§ 125, 133, 141-146	§§ 137-140, 141-146	§§ 141-147	§§ 141-146, 147, 148	–	–	–
e.G.	§§ 125, 135, 147, 148	§§ 125, 135, 138-140, 147, 148	§§ 125, 135, 141-146, 147, 148	§§ 125, 135, 147, 148	–	–	–
e.V./wirtsch.-Verein	§§ 125, 135	§§ 125, 135, 138-140	§§ 125, 135, 141-146	§§ 125, 135, 147, 148	§§ 125, 135, 149	–	–
Gen. Prü-fungsverband	–	nur Aus-gliedg. §§ 125, 135, 138-140, 150	nur Aus-gliedg. §§ 125, 135, 141-146, 150	–	–	§§ 125, 150[1]	–
VVaG	–	nur Ausgliedg. keine Über-trag. v. Vers-Vertr. §§ 125, 135, 138-140, 151	nur Vers.-AG; nur Auf-/Abspaltung §§ 125, 135, 141-146, 151	–	–	–	nur Auf-/Ab-spaltung §§ 125, 135, 151
Einzelkauf-mann	nur Ausgliedg. §§ 125, 152-[2]157	nur Ausgliedg. §§ 125, 135, 138-140, 152-160	nur Ausgliedg. §§ 125, 135, 141-146, 152-160	nur Ausgliedg. §§ 125, 147,[3] 148, 152-157	–	–	–
Stiftungen	nur Ausgliedg. §§ 125, 161-[1] 167	nur Ausgliedg. §§ 125, 135, 138-140, 161-167	nur Ausgliedg. §§ 125, 135, 141-146, 161-167	–	–	–	–
Gebiets-Kö.	nur Ausgliedg. §§ 125, 168-[4]173	nur Ausgliedg. §§ 125, 135, 138-140, 168-173	nur Ausgliedg. §§ 125, 135, 141-146, 168-173	nur Ausgliedg. §§ 125, 135, 147, 148, 168-173	–	–	–

IV. Vermögensübertragung

Die Vermögensübertragung ist als Vollübertragung und als Teilübertragung zugelassen. Ihre Aus-   **00.13**
gestaltung entspricht bei der Vollübertragung der Verschmelzung, bei der Teilübertragung der
Spaltung. Der Unterschied besteht darin, daß die Gegenleistung für das übertragene Vermögen
nicht in Anteilen an den übernehmenden oder neuen Rechtsträgern besteht, sondern in einer Gegenleistung anderer Art, insbesondere in einer Barleistung.

---

1) Anmerkung: Vorgang ist nur zur Aufnahme durch einen übernehmenden Rechtsträger möglich.
2) Anmerkung: Vorgang ist nur zur Aufnahme durch einen übernehmenden Rechtsträger möglich.
3) Anmerkung: Vorgang ist nur zur Aufnahme durch einen übernehmenden Rechtsträger möglich.
4) Anmerkung: Vorgang ist nur zur Aufnahme durch einen übernehmenden Rechtsträger möglich.

00.14 Die Vermögensübertragung ist auf folgende Fälle beschränkt:

auf von	Öff. Hand	VVaG	öffentl.-rechtl. Ver- sicherungsunternehmen	Vers.-AG
GmbH				
Vollübertr.	§§ 175 Nr. 1, 176	–	–	–
Teilübertr.	§§ 175 Nr. 1, 177	–	–	–
AG/KGaA				
Vollübertr.	§§ 175 Nr. 1, 176	–	–	–
	§§ 175 Nr. 1, 177	–	–	–
Teilübertr.				
Vers.AG				
Vollübertr.	–	§§ 175 Nr. 2 Buchst. a, 178	§§ 175 Nr. 2 Buchst. a, 178	–
Teilübertr.	–	§§ 175 Nr. 2 Buchst. a, 179	§§ 175 Nr. 2 Buchst. a, 179	–
VVaG				
Vollübertr.	–	–	§§ 175 Nr. 2 Buchst. b, 180-183, 185-187	§§ 175 Nr. 2 Buchst. b, 180-183, 185-187
Teilübertr.	–	–	§§ 175 Nr. 2 Buchst. b, 184-187	§§ 175 Nr. 2 Buchst. b, 184-187
öffentl.-rechtl. Ver- sicherungsunternehmen				
Vollübertr.	–	§§ 175 Nr. 2 Buchst. c, 188	–	§§ 175 Nr. 2 Buchst. c, 188
Teilübertr.	–	§§ 175 Nr. 2 Buchst. c, 189	–	§§ 175 Nr. 2 Buchst. c, 189

B. Steuerliche Folgen der Umwandlungen nach dem Umwandlungssteuergesetz (UmwStG)

1. Abschnitt: Allgemeine Vorschriften zum zweiten bis siebten Teil

Zu § 1 UmwStG: Anwendungsbereich der Vorschriften des zweiten bis siebten Teils

I. Anwendungsbereich der §§ 2 bis 19 UmwStG

01.01 Die Vorschriften der §§ 2 bis 19 UmwStG regeln ausschließlich die steuerlichen Folgen der Umwandlung für die Körperschaft-, die Einkommen-, die Gewerbe- und die Vermögensteuer. Steuerliche Folgen für andere Steuerarten (z. B. die Umsatz-, die Grunderwerb- und die Erbschaftsteuer) regelt das UmwStG nicht. So bleibt die übertragende Körperschaft bis zur Eintragung der Umwandlung im Handelsregister Unternehmer im Sinne des UStG.

01.02 Die Vorschriften des zweiten bis siebten Teils sind ausschließlich auf Umwandlungen i. S. des § 1 UmwG (vgl. unter A) – mit Ausnahme der Ausgliederung – anzuwenden.

01.03 Der übertragende und der übernehmende Rechtsträger müssen ihren Sitz im Inland haben (Tz. 00.03). Als übertragende Rechtsträger kommen nur die in § 1 Abs. 1 UmwStG abschließend aufgezählten Körperschaften in Betracht. Diese Körperschaften müssen nach § 1 Abs. 5 UmwStG unbeschränkt steuerpflichtig i. S. des § 1 KStG sein. Ausländische Gesellschaften mit Geschäftsleitung im Inland und Sitz im Ausland (BFH-Urteil vom 23.06.1992, BStBl. II S. 972) kommen weder als übertragende noch als übernehmende Rechtsträger in Betracht.

01.04 Für eine Kapitalgesellschaft, an der ein Dritter atypisch still beteiligt ist (z. B. GmbH & Atypisch Still), gelten die Vorschriften des UmwStG für die Umwandlung von Körperschaften, obwohl steuerlich eine Mitunternehmerschaft (vgl. u. a. BFH-Urteil vom 10.08.1994, BStBl. 1995 II S. 171) angenommen wird. Die atypisch stille Gesellschaft setzt sich – vorbehaltlich einer anderweitigen Bestimmung durch die an der Umwandlung Beteiligten – bei dem übernehmenden Rechtsträger fort.

01.05 Die nach § 1 Abs. 2 bis 4 UmwStG auf die einzelnen Umwandlungsvorgänge des § 1 Abs. 1 UmwG (vgl. unter A) anzuwendenden Vorschriften des ersten bis siebten Teils des UmwStG ergeben sich aus folgender Übersicht:

1. Verschmelzung

a) Körperschaft auf Personengesellschaft oder natürliche Person:
   §§ 2, 3-10, 17, 18 UmwStG

b) Körperschaft auf Körperschaft:
   §§ 2, 11-13, 17, 19 UmwStG

2. Formwechsel

a) Kapitalgesellschaft und Genossenschaft auf Personengesellschaft:
   §§ 14, 17, 18 UmwStG

b) Körperschaft auf Körperschaft:
   Keine Regelung im UmwStG, da das Steuerrecht in diesen Fällen den identitätswahrenden Charakter der handelsrechtlichen Umwandlung nachvollzieht.

3. Spaltung

a) Körperschaft auf Körperschaft:
   §§ 2, 15, 17, 19 UmwStG

b) Körperschaft auf Personengesellschaft:
   §§ 2, 16, 17, 18 UmwStG

4. Vermögensübertragung (Voll- oder Teilübertragung):
§§ 2, 11-13, 17, 19 oder 15, 17, 19 UmwStG

Die Vorschriften des zweiten bis siebten Teils (§§ 2 bis 19 UmwStG) gelten nicht für die Ausglie- **01.06** derung. Die für das übertragene Vermögen gewährten Anteile werden hierbei nicht den Anteilseignern, sondern dem übertragenden Rechtsträger selbst gewährt. Steuerlich handelt es sich um eine Einbringung, die unter die Vorschriften der §§ 20 ff. UmwStG fällt.

II. Bedeutung der registerrechtlichen Entscheidung

Bei der Frage, ob eine Umwandlung i. S. des § 1 UmwG vorliegt, ist regelmäßig von der regis- **01.07** terrechtlichen Entscheidung auszugehen.

Zu § 2 UmwStG: Steuerliche Rückwirkung

I. Steuerlicher Übertragungsstichtag

Der steuerliche Übertragungsstichtag i. S. des § 2 Abs. 1 UmwStG ist mit dem handelsrechtlichen **02.01** Umwandlungsstichtag nicht identisch.

Der handelsrechtliche Umwandlungsstichtag (Verschmelzung § 5 Abs. 1 Nr. 6 UmwG, Spaltung **02.02** § 126 Abs. 1 Nr. 6 UmwG, Vollübertragung § 176 i. V. m. § 5 Abs. 1 Nr. 6 UmwG, Teilübertragung § 177 i. V. m. § 126 Abs. 1 Nr. 6 UmwG) ist der Zeitpunkt, von dem an die Handlungen des übertragenden Rechtsträgers als für Rechnung des übernehmenden Rechtsträgers vorgenommen gelten. Der übertragende Rechtsträger hat auf den Schluß des Tages, der dem Umwandlungsstichtag vorangeht, eine Schlußbilanz aufzustellen (§ 17 Abs. 2 UmwG).

Der steuerliche Übertragungsstichtag ist der Tag, auf den der übertragende Rechtsträger die **02.03** Schlußbilanz aufzustellen hat (Tz. 02.02). Die Wahl eines anderen steuerlichen Übertragungsstichtags ist nicht möglich. Wegen des steuerlichen Übertragungsstichtags beim Formwechsel einer Kapitalgesellschaft oder einer Genossenschaft in eine Personengesellschaft vgl. die Anweisungen zu § 14 UmwStG.

> **Beispiel:**
>
> Schlußbilanz 31.12.01
> Umwandlungsstichtag 01.01.02
> Steuerlicher Übertragungsstichtag 31.12.01

Nach § 17 Abs. 2 UmwG darf das Registergericht die Verschmelzung nur eintragen, wenn die Bi- **02.04** lanz auf einen höchstens acht Monate vor der Anmeldung liegenden Stichtag aufgestellt worden ist. Die Vorschrift ist auf die Spaltung (§ 125 UmwG) und auf die Vermögensübertragung (§§ 176, 177 UmwG) entsprechend anzuwenden. Steuerlich sind das Einkommen und das Vermögen der übertragenden Körperschaft sowie der Übernehmerin nach § 2 Abs. 1 UmwStG so zu ermitteln, als ob das Vermögen der Körperschaft mit Ablauf des steuerlichen Übertragungsstichtags ganz oder teilweise auf die Übernehmerin übergegangen wäre. Ist übernehmender Rechtsträger eine Personengesellschaft, gilt dies für das Einkommen und das Vermögen der Gesellschafter (§ 2 Abs. 2 UmwStG).

02.05 Der Übertragungsgewinn und der Übernahmegewinn entstehen stets in demselben Veranlagungszeitraum.

Beispiel:

Die X-GmbH und die Y-GmbH werden handelsrechtlich zum 01.01.02 durch Neugründung auf die XY-OHG verschmolzen. Die X-GmbH und die Y-GmbH erstellen ihre Schlußbilanzen zum 31.12.01. Das Vermögen gilt steuerlich als am 31.12.01(24 Uhr) übergegangen (§ 2 Abs. 1 UmwStG). Der Übertragungsgewinn und das Übernahmeergebnis (§ 4 Abs. 4 bis 6 UmwStG) sind steuerlich dem VZ 01 zuzurechnen. Daher sind für den VZ 01 sowohl für die übertragenden als auch für den übernehmenden Rechtsträger alle erforderlichen Veranlagungen und Feststellungen durchzuführen. Bei einer Verschmelzung durch Neugründung ist die Umwandlung beim übernehmenden Rechtsträger der einzige Geschäftsvorfall im VZ 01.

II. Steuerliche Rückwirkung

1. Rückwirkungsfiktion

a) Grundsatz

02.06 Wird die übertragende Körperschaft handelsrechtlich aufgelöst und ihr Vermögen ohne Abwicklung auf einen anderen Rechtsträger übertragen, geht die Vorschrift des § 2 Abs. 1 UmwStG davon aus, daß das Vermögen der übertragenden Körperschaft mit Ablauf des steuerlichen Übertragungsstichtags auf die Übernehmerin übergegangen ist und die übertragende Körperschaft nicht mehr besteht. Die Steuerpflicht der übertragenden Körperschaft endet mit Ablauf des steuerlichen Übertragungsstichtags. Die Steuerpflicht eines neugegründeten übernehmenden Rechtsträgers beginnt mit Ablauf dieses Stichtags.

02.07 Der übertragende Rechtsträger besteht zivilrechtlich in der Zeit zwischen dem steuerlichen Übertragungsstichtag und der Eintragung der Umwandlung in das Handelsregister (Rückwirkungszeitraum) fort. Ab dem Umwandlungsstichtag (§ 5 Abs. 1 Nr. 6 UmwG und § 126 Abs. 1 Nr. 6 UmwG) gelten die Handlungen des übertragenden Rechtsträgers als für Rechnung des übernehmenden Rechtsträgers vorgenommen. Die Geschäftsvorfälle im Rückwirkungszeitraum werden auch steuerlich dem übernehmenden Rechtsträger zugerechnet.

02.08 Die steuerliche Rückwirkungsfiktion des § 2 Abs. 1 UmwStG setzt nicht voraus, daß auch die gesellschaftsrechtlichen Voraussetzungen am steuerlichen Übertragungsstichtag vorliegen. So ist z. B. eine rückwirkende Verschmelzung durch Aufnahme (§§ 4 ff., 39 ff. UmwG) möglich, auch wenn die aufnehmende Gesellschaft am steuerlichen Übertragungsstichtag zivilrechtlich noch nicht besteht.

b) Ausnahme von der Rückwirkungsfiktion für ausscheidende und abgefundene Anteilseigner

02.09 Von dieser Rückwirkung sind Anteilseigner der übertragenden Körperschaft insoweit ausgenommen, als sie in der Zeit zwischen dem steuerlichen Übertragungsstichtag und der Eintragung der Umwandlung im Handelsregister (Rückwirkungszeitraum) ganz oder teilweise aus der übertragenden Körperschaft (z. B. durch Veräußerung der Anteile) ausscheiden. Soweit sie ausscheiden, sind sie steuerlich im Rückwirkungszeitraum als Anteilseigner der übertragenden Körperschaft zu behandeln.

02.10 Die vorstehenden Ausführungen gelten auch für Anteilseigner, die aus dem umgewandelten Rechtsträger gegen Barabfindung gemäß §§ 29, 125 und 207 UmwG ausscheiden. Bei Verschmelzung, Spaltung oder Formwechsel eines Rechtsträgers hat der übernehmende Rechtsträger jedem Anteilsinhaber, der gegen den Umwandlungsbeschluß des übertragenden Rechtsträgers Widerspruch eingelegt hat, den Erwerb seiner Anteile gegen eine angemessene Barabfindung anzubieten (§§ 29, 125 und 207 UmwG). Der abgefundene Anteilseigner scheidet danach zwar handelsrechtlich erst nach der Handelsregistereintragung und damit aus dem auch zivilrechtlich bereits bestehenden übernehmenden Rechtsträger aus. Steuerlich ist er jedoch so zu behandeln, als ob er aus dem übertragenden Rechtsträger ausgeschieden wäre (Tz. 02.13 u. 02.15).

2. Formwechsel

02.11 Die Rückwirkungsfiktion gilt entsprechend auch für den Formwechsel i. S. des § 14 UmwStG. § 14 Satz 3 UmwStG verweist insoweit auf die Rechtsfolgen des § 2 Abs. 1 UmwStG.

III. Ausscheidende Anteilseigner

1. Vermögensübergang auf eine Personengesellschaft

Ein Anteilseigner, für den die Rückwirkungsfiktion des § 2 Abs. 1 UmwStG nicht gilt (Tz. 02.09 **02.12** und 02.10), veräußert steuerlich Anteile an einer Körperschaft – nicht einen Mitunternehmeranteil. Der Veräußerungsgewinn ist beim Anteilseigner nach den für die Veräußerung von Anteilen an Körperschaften geltenden steuerlichen Vorschriften (z. B. §§ 17, 34 EStG) zu beurteilen.

Der Übernahmegewinn der Personengesellschaft ist so zu ermitteln, als hätte der Erwerber die An- **02.13** teile am steuerlichen Übertragungsstichtag angeschafft (§ 5 Abs. 1 UmwStG) und bei Vorliegen der Voraussetzungen des § 5 Abs. 2 und 3 UmwStG ins Betriebsvermögen der Personengesellschaft überführt. Wegen weiterer Auswirkungen wird auf die Ausführungen zu § 5 verwiesen.

Beispiel:

A ist Alleingesellschafter der X-GmbH und hält seine Anteile im Privatvermögen. Die X-GmbH wird rückwirkend zum 01.01.02 auf die bereits bestehende Y-OHG verschmolzen. Die Eintragung im Handelsregister erfolgt am 15.06.02. A veräußert am 01.03.02 die Hälfte seiner Beteiligung. Beim Erwerber gehört die Beteiligung zum Betriebsvermögen.

Lösung:

Soweit A seinen Anteil an der X-GmbH veräußert, findet § 2 Abs. 1 UmwStG keine Anwendung. A veräußert einen Anteil an einer Kapitalgesellschaft. Der Erwerber erwirbt ebenfalls einen Anteil an einer Kapitalgesellschaft. Gemäß § 5 Abs. 1 UmwStG gilt dieser Anteil als am steuerlichen Übertragungsstichtag angeschafft und nach § 5 Abs. 3 UmwStG als in das Betriebsvermögen der Personengesellschaft mit den Anschaffungskosten überführt. Der Übernahmegewinn wird dem Erwerber insoweit zugerechnet.

2. Vermögensübergang auf eine Körperschaft

Veräußert ein Anteilseigner, für den die Rückwirkungsfiktion des § 2 Abs. 1 UmwStG nicht gilt (Tz. **02.14** 02.09 und 02.10), eine Beteiligung an der übertragenden Körperschaft, ist die Veräußerung steuerlich nach den allgemeinen Grundsätzen zu beurteilen (z. B. §§ 17, 34 EStG). Der Erwerber erwirbt auf den Übertragungsstichtag (§ 12 Abs. 4 i. V. m. § 5 Abs. 1 UmwStG) eine Beteiligung an der übertragenden Körperschaft. An ihre Stelle tritt im Rahmen der Umwandlung die Beteiligung an der übernehmenden Körperschaft. Für die Besteuerung des Erwerbers gilt dann insoweit § 13 UmwStG.

IV. Gewinnausschüttungen bei Vermögensübertragung auf eine Personengesellschaft oder eine andere Körperschaft

1. Andere Ausschüttungen i. S. des § 27 Abs. 3 Satz 2 KStG im Wirtschaftsjahr der Umwandlung

Die in dem letzten Wirtschaftsjahr der übertragenden Körperschaft (Wirtschaftsjahr der Um- **02.15** wandlung) vorgenommenen anderen Ausschüttungen i. S. des § 27 Abs. 3 Satz 2 KStG (u. a. abgeflossene Vorabausschüttungen, abgeflossene verdeckte Gewinnausschüttungen) haben das Betriebsvermögen der übertragenden Körperschaft zum Übertragungsstichtag und damit auch das übergehende Vermögen bereits verringert.

Für diese Ausschüttungen gilt das verwendbare Eigenkapital der übertragenden Körperschaft zum **02.16** Schluß des Wirtschaftsjahrs der Umwandlung, oder vor Verringerung durch diese Ausschüttungen und der sich durch den Vermögensübergang ergebenden Änderungen als verwendet (§ 28 Abs. 2 Satz 2 KStG). Wegen der Verringerung des verwendbaren Eigenkapitals der Übertragerin durch den Vermögensübergang in den Fällen der Verschmelzung und Spaltung zwischen Körperschaften vgl. unter Teil D.

Die sich aufgrund der Ausschüttungen ergebenden Körperschaftsteueränderungen i. S. des § 27 **02.17** Abs. 1 KStG sind in der Körperschaftsteuerveranlagung für den letzten Veranlagungszeitraum (Veranlagungszeitraum der Umwandlung) der übertragenden Körperschaft zu berücksichtigen (§ 27 Abs. 3 Satz 2 KStG).

Die Steuerbescheinigung nach § 44 KStG ist von der übertragenden Körperschaft oder ihrem **02.18** Rechtsnachfolger auszustellen.

Bei Umwandlung auf eine Personengesellschaft ist für die Ermittlung der anzurechnenden Kör- **02.19** perschaftsteuer nach § 10 Abs. 1 UmwStG, die Erhöhung des Übernahmegewinns nach § 4 Abs. 5 UmwStG sowie die Ermittlung der Einkünfte der nicht wesentlich beteiligten Anteilseigner i. S. des § 7 UmwStG von dem verwendbaren Eigenkapital der übertragenden Körperschaft nach Verrechnung der Ausschüttungen i. S. der Tz. 02.16, aber vor Verringerung durch die Vermögensübertragung auszugehen.

02.20 Für den Zufluß beim Anteilseigner gelten die allgemeinen Grundsätze (vgl. u. a. H 154 „Zufluß bei Gewinnausschüttungen" EStH 1996).

2. Vor dem steuerlichen Übertragungsstichtag begründete Ausschüttungsverbindlichkeiten

a) Übertragende Körperschaft

02.21 Am steuerlichen Übertragungsstichtag bereits beschlossene, aber noch nicht verwirklichte (Abschnitt 77 Abs. 6 und 7 KStR 1995) Gewinnausschüttungen sind als Schuldposten (Ausschüttungsverbindlichkeit) in der steuerlichen Übertragungsbilanz zu berücksichtigen. Das gilt sowohl für offene Gewinnausschüttungen für frühere Jahre als auch für beschlossene Vorabausschüttungen für das letzte oder frühere Wirtschaftsjahre der übertragenden Körperschaft (z. B. Vorabausschüttungsbeschluß vor dem steuerlichen Übertragungsstichtag, Zufluß im Rückwirkungszeitraum oder später), und auch für verdeckte Gewinnausschüttungen, die in dem Veranlagungszeitraum, in den der steuerliche Übertragungsstichtag fällt, nach § 8 Abs. 3 Satz 2 KStG bei der Ermittlung des Einkommens zu berücksichtigen sind, die aber erst im Rückwirkungszeitraum oder später abfließen (z. B. passivierte Tantieme, die erst nach dem steuerlichen Übertragungsstichtag gezahlt wird).

02.22 Die Ausschüttungen gelten unabhängig von ihrer tatsächlichen Auszahlung und unabhängig davon, ob sie an ganz oder teilweise ausgeschiedene oder an verbleibende Anteilseigner geleistet werden, als am steuerlichen Übertragungsstichtag erfolgt. Die übertragende Körperschaft hat die Ausschüttungsbelastung herzustellen. Dabei sind vor dem steuerlichen Übertragungsstichtag beschlossene offene Ausschüttungen nach § 28 Abs. 2 Satz 1 KStG mit dem verwendbaren Eigenkapital zum Schluß des letzten vor dem Gewinnverteilungsbeschluß abgelaufenen Wirtschaftsjahrs zu verrechnen. Vorabausschüttungen und verdeckte Gewinnausschüttungen, die erst im Rückwirkungszeitraum oder später abfließen, sind mit dem verwendbaren Eigenkapital zum Schluß des Wirtschaftsjahrs der Umwandlung, aber vor Verringerung wegen dieser Ausschüttungen und der sich durch den Vermögensübergang ergebenden Änderungen zu verrechnen (vgl. Tz. 02.16).

02.23 Die Körperschaftsteueränderung i. S. des § 27 Abs. 1 KStG ist in der Körperschaftsteuerveranlagung für den Veranlagungszeitraum zu berücksichtigen, in dem das Wirtschaftsjahr endet, für das die auf einem den gesellschaftsrechtlichen Vorschriften entsprechenden Gewinnverteilungsbeschluß für ein abgelaufenes Wirtschaftsjahr beruhende Ausschüttung erfolgt (§ 27 Abs. 3 Satz 1 KStG). Bei anderen Ausschüttungen tritt die Körperschaftsteueränderung i. S. des § 27 Abs. 1 KStG für den Veranlagungszeitraum ein, in dem die Ausschüttung erfolgt (§ 27 Abs. 3 Satz 2 KStG). Da die vor dem steuerlichen Übertragungsstichtag begründeten anderen Ausschüttungen als zum steuerlichen Übertragungsstichtag erfolgt gelten, tritt die Körperschaftsteueränderung für den letzten Veranlagungszeitraum (Veranlagungszeitraum der Umwandlung) der übertragenden Körperschaft ein. Die Steuerbescheinigung nach § 44 KStG ist von der übertragenden Körperschaft oder dem übernehmenden Rechtsträger als Rechtsnachfolger auszustellen.

b) Zufluß beim Anteilseigner

02.24 Für den Zufluß beim Anteilseigner ist danach zu unterscheiden, ob die Ausschüttung im Rückwirkungszeitraum Anteilen zuzurechnen ist, die unter die Rückwirkungsfiktion fallen oder nicht (Tz. 02.09 und 02.10). Ausschüttungen auf Anteile, die unter die Rückwirkungsfiktion fallen, gelten dem Anteilseigner, der Gesellschafter der übernehmenden Personengesellschaft wird, als mit dem Vermögensübergang am steuerlichen Übertragungsstichtag (§ 2 Abs. 1 UmwStG) zugeflossen. Für Zwecke der Kapitalertragsteuer ist der Zufluß i. S. des § 44 Abs. 1 Satz 2 EStG spätestens mit der Eintragung der Umwandlung im Handelsregister anzunehmen. Für Ausschüttungen auf Anteile, die nicht unter die Rückwirkungsfiktion fallen (Tz. 02.09 und 02.10), gelten die allgemeinen Grundsätze (vgl. u. a. H 154 „Zuflußzeitpunkt bei Gewinnausschüttungen" EStH 1996).

02.25 Bei Umwandlung auf eine Kapitalgesellschaft gelten für den Zufluß der Ausschüttung beim Anteilseigner ebenfalls die allgemeinen Grundsätze.

c) Übernehmender Rechtsträger

02.26 Beim übernehmenden Rechtsträger stellt der Abfluß der Gewinnausschüttung lediglich eine erfolgsneutrale Erfüllung einer Ausschüttungsverbindlichkeit dar.

d) Vorgezogene Aktivierung von Dividendenansprüchen

02.27 Tz. 02.21-02.26 gelten entsprechend in den Fällen der vorgezogenen Aktivierung von Dividendenansprüchen i. S. des BGH-Urteils vom 03.11.1975 (BGHZ 65, 230) und des EuGH-Urteils vom 27.06.1996 (EuGHE I S. 3133).

e) Pensionsrückstellungen

Wegen der steuerlichen Behandlung von Pensionsrückstellungen ergeht ein gesondertes BMF- **02.28** Schreiben zu dem BFH-Urteil vom 29.06.1994 – I R 137/93 –.

3. Nach dem steuerlichen Übertragungsstichtag beschlossene Gewinnausschüttungen sowie verdeckte Gewinnausschüttungen und andere Ausschüttungen i. S. des § 27 Abs. 3 Satz 2 KStG im Rückwir- kungszeitraum, für die noch kein Schuldposten ausgewiesen ist

Ausschüttungen der zivilrechtlich noch bestehenden übertragenden Körperschaft im Rückwir- **02.29** kungszeitraum sind steuerlich nach der Rückwirkungsfiktion des § 2 Abs. 1 UmwStG so zu behandeln, als hätte der übernehmende Rechtsträger sie vorgenommen. Bei Umwandlung einer Körperschaft auf eine Personengesellschaft handelt es sich um eine Entnahme.

Dies gilt nicht für Ausschüttungen, die auf Anteile entfallen, für die die Rückwirkungsfiktion nicht **02.30** gilt (Tz. 02.09 und 02.10).

Daher sind den Anteilen, für die die Rückwirkungsfiktion nicht gilt, Ausschüttungen jeweils nach **02.31** dem Verhältnis des Nennwertes dieser Anteile zum Nennwert der gesamten Beteiligung des Anteilseigners zuzuordnen.

a) Ausschüttungen auf Anteile, die unter die Rückwirkungsfiktion fallen

Für im Rückwirkungszeitraum beschlossene Gewinnausschüttungen auf Anteile, die unter die **02.32** Rückwirkungsfiktion fallen, ist in der steuerlichen Übertragungsbilanz kein Passivposten einzustellen. Das gleiche gilt für verdeckte Gewinnausschüttungen und andere Ausschüttungen i. S. des § 27 Abs. 3 Satz 2 KStG im Rückwirkungszeitraum. Die Ausschüttung stellt beim übernehmenden Rechtsträger grundsätzlich einen gewinneutralen Vorgang (bei Umwandlung auf eine Personengesellschaft eine Entnahme – bei Umwandlung auf eine andere Körperschaft eine Gewinnausschüttung) dar. Bei der Umwandlung auf eine andere Körperschaft sind jedoch die Grundsätze der verdeckten Gewinnausschüttung (§ 8 Abs. 3 Satz 2 KStG) zu beachten.

b) Ausschüttungen auf Anteile, die nicht unter die Rückwirkungsfiktion fallen

Im Rückwirkungszeitraum beschlossene offene Gewinnausschüttungen für frühere Wirtschafts- **02.33** jahre und Vorabausschüttungen für das laufende Wirtschaftsjahr sowie verdeckte Gewinnausschüttungen i. S. des § 8 Abs. 3 Satz 2 KStG und andere Ausschüttungen i. S. des § 27 Abs. 3 Satz 2 KStG im Rückwirkungszeitraum auf Anteile, die nicht unter die Rückwirkungsfiktion fallen, werden steuerlich noch der übertragenden Körperschaft zugerechnet.

In Höhe der durch diese Gewinnausschüttungen eintretenden Vermögensminderung ist in der **02.34** steuerlichen Schlußbilanz der übertragenden Körperschaft ein passiver Korrekturposten einzustellen, der wie eine Ausschüttungsverbindlichkeit zu behandeln ist. Dadurch verringert sich das übergehende Vermögen. Der steuerliche Gewinn der übertragenden Körperschaft mindert sich hierdurch nicht. Er ist außerhalb der Steuerbilanz entsprechend zu korrigieren.

Die übertragende Körperschaft hat die Ausschüttungsbelastung herzustellen (§ 27 Abs. 1 KStG). **02.35** Für die genannten Ausschüttungen gilt das verwendbare Eigenkapital als verwendet, das sich vor Verringerung durch diese Ausschüttungen und der sich durch den Vermögensübergang ergebenden Änderungen ergibt (Tz. 02.16). Für nach dem steuerlichen Übertragungsstichtag beschlossene offene Gewinnausschüttungen für frühere Wirtschaftsjahre tritt die Minderung oder Erhöhung der Körperschaftsteuer für den Veranlagungszeitraum ein, in dem das Wirtschaftsjahr endet, für das die Ausschüttung erfolgt (§ 27 Abs. 3 Satz 1 KStG). Bei den anderen Ausschüttungen ändert sich die Körperschaftsteuer für den Veranlagungszeitraum der Umwandlung. Der passive Korrekturposten wird auch in der Steuerbilanz des übernehmenden Rechtsträgers ausgewiesen. Erfolgt später die Gewinnausschüttung, ist sie mit dem passiven Korrekturposten zu verrechnen.

Bei den Anteilseignern führen die Ausschüttungen einschließlich der anzurechnenden oder zu ver- **02.36** gütenden Körperschaftsteuer zu Einkünften i. S. des § 20 Abs. 1 Nr. 1 bis 3 EStG. Die Anrechnung und Vergütung der Körperschaftsteuer richtet sich nach § 36 Abs. 2 Nr. 3 Satz 2, 3, § 36b EStG, § 51 KStG. Die Anrechnung und Erstattung der Kapitalertragsteuer richtet sich nach § 36 Abs. 2 Nr. 2, §§ 44b und 44c EStG. Wegen des Zeitpunkts der Besteuerung gelten die allgemeinen Grundsätze (vgl. u. a. H 154 „Zeitpunkt bei Gewinnausschüttungen" EStH 1996).

Die Steuerbescheinigung i. S. des § 44 KStG ist von der übertragenden Körperschaft oder deren **02.37** Rechtsnachfolgerin auszustellen.

Beispiel (Umwandlung auf eine Personengesellschaft):

An der X-GmbH sind die Gesellschafter A zu 10 v.H., B zu 40 v.H. und C zu 50 v.H. beteiligt. Die X-GmbH wird zum 01.01.02 (steuerlicher Übertragungsstichtag 31.12.01) zusammen mit der

Y-GmbH durch Neugründung auf die XY-OHG verschmolzen. Die Gesellschafterversammlung der X-GmbH beschließt am 30.04.02 eine Gewinnausschüttung für 01. Auf A entfällt eine Dividende i. H. von 7.000 DM. Die Ausschüttung wird am 31.05.02 ausgezahlt. A verkauft seine im Privatvermögen gehaltene Beteiligung an der X-GmbH zum 01.07.02. Die Eintragung der Verschmelzung im Handelsregister erfolgt am 31.08.02. Die X-GmbH verfügt zum 31.12.01 über ausreichendes EK 45.

Lösung:

Für die Anteilseigner B und C der übertragenden X-GmbH, die Gesellschafter der übernehmenden XY-OHG werden, sind die Gewinnausschüttungen als Entnahmen zu behandeln. Nach § 2 Abs. 1 UmwStG ist davon auszugehen, daß das Vermögen der übertragenden Körperschaft bereits mit Ablauf des steuerlichen Übertragungsstichtags auf die Übernehmerin übergegangen ist und die Körperschaft im Zeitpunkt der Ausschüttung nicht mehr besteht. Die für die Gewinnausschüttung verwendeten offenen Rücklagen einschließlich der Körperschaftsteuerbelastung der X-GmbH werden im Übernahmeergebnis (§ 4 Abs. 4 bis 6 UmwStG) erfaßt. Die darauf lastende Körperschaftsteuer ist bei Vorliegen der Voraussetzungen nach § 10 UmwStG anzurechnen.

Soweit die Ausschüttung auf A entfällt, gilt die Rückwirkung des § 2 Abs. 1 UmwStG nicht (vgl. Tz. 02.09). Die X-GmbH hat für diesen Teil der Ausschüttung die Ausschüttungsbelastung herzustellen (§ 27 Abs. 1 KStG).

Dividende	7.000, – DM
aus EK 45(55/70)	5.500, – DM
KSt-Minderung (15/55)	1.500, – DM

Die Minderung der Körperschaftsteuer (1.500, – DM) tritt für den Veranlagungszeitraum ein, in dem das Wirtschaftsjahr endet, für das die Ausschüttung erfolgt – hier VZ 01 – (§ 27 Abs. 3 Satz 1 KStG) und wird im Rahmen der Körperschaftsteuerrückstellung berücksichtigt.

Die Ausschüttung ist mit dem verwendbaren Eigenkapital zum Schluß des Wirtschaftsjahrs der Verschmelzung (31.12.01) zu verrechnen.

In die steuerliche Schlußbilanz der übertragenden Körperschaft ist in Höhe der auf der Gewinnausschüttung an A beruhenden Vermögensminderung gewinneutral ein passiver Korrekturposten i. H. von 7.000, – DM einzustellen. Die KSt-Minderung hat sich über die KSt-Rückstellung ausgewirkt. Der Korrekturposten mindert automatisch das Übernahmeergebnis (§ 4 Abs. 4 bis 6 UmwStG). Die XY-OHG weist den passiven Korrekturposten in ihrer Steuerbilanz aus. Die Gewinnausschüttung wird mit diesem Posten verrechnet.

Dem ausgeschiedenen Anteilseigner A fließt die Gewinnausschüttung der übertragenden Körperschaft am 31.05.02 zu. Er hat diese Ausschüttung einschließlich der anzurechnenden Körperschaftsteuer als Einkünfte aus Kapitalvermögen zu versteuern (§ 20 Abs. 1 Nr. 1 und 3 EStG). Die Anrechnung der Körperschaftsteuer richtet sich nach § 36 Abs. 2 Nr. 3 EStG.

V. Andere Rechtsgeschäfte und Rechtshandlungen der übertragenden Körperschaft im Rückwirkungszeitraum

1. Verbleibende Anteilseigner

02.38 Bei der steuerrechtlichen Beurteilung von anderen Rechtsgeschäften und Rechtshandlungen der zivilrechtlich im Rückwirkungszeitraum noch bestehenden Körperschaft ist die Ausnahmeregelung für ausscheidende bzw. abgefundene Anteilseigner (Tz. 02.09 und 02.10) nicht zu beachten, wenn der Anteilseigner im Rückwirkungszeitraum nur teilweise ausscheidet.

02.39 Im Rückwirkungszeitraum gezahlte Vergütungen für die Tätigkeit im Dienst der Gesellschaft, für die Hingabe von Darlehen oder für die Überlassung von Wirtschaftsgütern an Anteilseigner, die Mitunternehmer der übernehmenden Personengesellschaft werden, sind dem Gewinnanteil der jeweiligen Mitunternehmer der übernehmenden Personengesellschaft hinzuzurechnen (§ 15 Abs. 1 Satz 1 Nr. 2 EStG). Eine Aufteilung der Vergütung entsprechend Tz. 02.31 findet nicht statt.

2. Voll ausscheidende Anteilseigner

02.40 Anteilseigner der übertragenden Kapitalgesellschaft, die ausscheiden bzw. abgefunden werden, nehmen nicht an der Rückwirkung des § 2 Abs. 1 UmwStG teil (Tz. 02.09 und 02.10). Angemessene Beträge stellen Betriebsausgaben bei der übernehmenden Personengesellschaft dar und werden bei den ausgeschiedenen Anteilseignern nach allgemeinen Regeln der Besteuerung unterworfen. Soweit Zahlungen unangemessen sind, sind die Grundsätze der verdeckten Gewinnausschüttung (§ 8 Abs. 3 Satz 2 KStG) zu beachten.

Beispiel:

Angemessene Mietzahlungen der übertragenden Kapitalgesellschaft im Rückwirkungszeitraum an einen Anteilseigner, der im Rückwirkungszeitraum ausgeschieden ist. Die Vergütungen stellen Betriebsausgaben bei der Personengesellschaft und Einkünfte aus Vermietung und Verpachtung (§ 21 EStG) bei dem ausgeschiedenen Anteilseigner dar.

VI. Pensionsrückstellungen zugunsten des Gesellschafter-Geschäftsführers

Auf die Ausführungen unter Tz. 02.28 und Tz. 06.03-06.05 wird verwiesen.   **02.41**

VII. Aufsichtsratsvergütungen

Aufsichtsratsvergütungen der übertragenden Körperschaft für den Rückwirkungszeitraum gelten **02.42** steuerlich nach § 2 Abs. 1 UmwStG als von dem übernehmenden Rechtsträger geleistet. An Dritte gezahlte Vergütungen stellen Betriebsausgaben des übernehmenden Rechtsträgers dar. Sie unterliegen dem teilweisen Abzugsverbot des § 10 Nr. 4 KStG, wenn die Übernehmerin der Körperschaftsteuer unterliegt.

Zahlungen an Anteilseigner der übertragenden Körperschaft stellen bei der übernehmenden Per- **02.43** sonengesellschaft grundsätzlich Entnahmen dar. Ist bei Umwandlung auf eine Personengesellschaft Empfänger der gezahlten Vergütungen ein Anteilseigner, der im Rückwirkungszeitraum voll ausgeschieden ist und damit nicht Gesellschafter der übernehmenden Personengesellschaft wird, so mindern die Aufwendungen den Gewinn der übernehmenden Personengesellschaft. Der ausgeschiedene Anteilseigner hat die Aufsichtsratsvergütungen als Einkünfte i. S. des § 18 Abs. 1 Nr. 3 EStG zu versteuern.

2. Abschnitt: Vermögensübergang auf eine Personengesellschaft oder auf eine natürliche Person

Zu § 3 UmwStG: Wertansätze in der steuerlichen Schlußbilanz der übertragenden Körperschaft

I. Bewertungswahlrecht nach § 3 UmwStG

1. Maßgeblichkeit der Handelsbilanz für die Steuerbilanz (§ 5 Abs. 1 EStG)

Nach § 3 UmwStG können die Wirtschaftsgüter in der steuerlichen Übertragungsbilanz mit dem **03.01** Buchwert oder einem höheren Wert, höchstens mit dem Teilwert, angesetzt werden, wenn das Vermögen der übertragenden Körperschaft Betriebsvermögen der übernehmenden Personengesellschaft oder natürlichen Person wird. Handelsrechtlich gelten für die Übertragungsbilanz die Vorschriften über die Jahresbilanz und deren Prüfung entsprechend (§ 17 Abs. 2 Satz 2 UmwG). Ein über dem Buchwert liegender Wertansatz ist danach nur eingeschränkt möglich. In der handelsrechtlichen Jahresbilanz werden die Vermögensgegenstände mit den Anschaffungs- oder Herstellungskosten, vermindert um planmäßige und außerplanmäßige Abschreibungen, angesetzt (§§ 253, 254 HGB). Entfällt in einem späteren Geschäftsjahr der Grund für die außerplanmäßige Abschreibung, ist eine Wertaufholung bis zur Höhe der Anschaffungs- oder Herstellungskosten (bei abnutzbaren Wirtschaftsgütern vermindert um die planmäßige Abschreibung) zulässig (§ 253 Abs. 4, § 280 HGB). Nach dem Grundsatz der Maßgeblichkeit der Handelsbilanz für die Steuerbilanz (§ 5 Abs. 1 EStG) können bei der derzeitigen handelsrechtlichen Rechtslage auch in der steuerlichen Übertragungsbilanz nur die in der Handelsbilanz zulässigen Werte angesetzt werden.

Setzt der übernehmende Rechtsträger nach § 24 UmwG in seiner Jahresbilanz über den Wert- **03.02** ansätzen in der Schlußbilanz der übertragenden Körperschaft liegende Werte an, sind die Wirtschaftsgüter an dem der Umwandlung folgenden Bilanzstichtag auch in der Steuerbilanz insoweit bis zur Höhe der steuerlichen Anschaffungs- oder Herstellungskosten der übertragenden Körperschaft (ggf. gemindert um Absetzungen für Abnutzung) erfolgswirksam aufzustocken.

2. Unter das Bewertungswahlrecht fallende Wirtschaftsgüter

Das unter Tz. 03.01 dargelegte Bewertungswahlrecht gilt steuerlich nur für diejenigen Wirt- **03.03** schaftsgüter, die nach den Vorschriften der steuerlichen Gewinnermittlung in der steuerlichen Schlußbilanz der übertragenden Körperschaft ausgewiesen sind. Zu immateriellen Wirtschaftsgütern wird auf die Ausführungen zu Tz. 03.07 und 03.08 verwiesen.

3. Übertragung auf einen Rechtsträger ohne Betriebsvermögen

03.04 Wird das Vermögen der übertragenden Körperschaft auf einen Rechtsträger ohne Betriebsvermögen übertragen, ist die Besteuerung der stillen Reserven der Wirtschaftsgüter nicht sichergestellt. Die Wirtschaftsgüter sind daher in der steuerlichen Schlußbilanz der übertragenden Körperschaft mit dem gemeinen Wert anzusetzen (vgl. § 16 Abs. 3 Satz 3 EStG). Zum Ansatz immaterieller Wirtschaftsgüter wird auf Tz. 03.08 hingewiesen.

II. Ausländisches Vermögen der übertragenden Körperschaft

03.05 Das unter Tz. 03.01 dargelegte Bewertungswahlrecht gilt auch für ausländisches Vermögen der übertragenden Körperschaft, das im Rahmen der Umwandlung nach den Regelungen des UmwG im Wege der Gesamt- oder Sonderrechtsnachfolge auf die übernehmende Personengesellschaft übergeht. Wird ein über dem Buchwert liegender Bilanzansatz gewählt, sind die stillen Reserven dieser Wirtschaftsgüter auch dann in die Aufstockung gemäß § 3 UmwStG einzubeziehen, wenn das Besteuerungsrecht nach einem DBA nicht der Bundesrepublik Deutschland zusteht. Der Übertragungsgewinn unterliegt der inländischen Besteuerung jedoch nur, soweit das Besteuerungsrecht der Bundesrepublik Deutschland zusteht.

III. Aufstockung der Buchwerte der Wirtschaftsgüter bei Ausübung des Wahlrechts nach § 3 UmwStG

03.06 Das unter Tz. 03.01 dargelegte Wahlrecht (Ansatz der Wirtschaftsgüter in der handelsrechtlichen und steuerlichen Schlußbilanz der übertragenden Körperschaft mit einem über dem Buchwert liegenden Wert) ist auch in der steuerlichen Schlußbilanz nur bei den einzelnen Wirtschaftsgütern möglich, bei denen die handelsrechtlichen Voraussetzungen der Wertaufstockung vorliegen.

IV. Ansatz immaterieller Wirtschaftsgüter einschließlich Geschäfts- oder Firmenwert in der steuerlichen Übertragungsbilanz

1. Vermögensübergang in ein Betriebsvermögen des übernehmenden Rechtsträgers

03.07 Von der übertragenden Körperschaft selbst geschaffene immaterielle Wirtschaftsgüter (einschließlich eines originären Geschäfts- oder Firmenwerts) bleiben in der steuerlichen Schlußbilanz außer Ansatz. Sie sind gemäß § 5 Abs. 2 EStG nicht auszuweisen. Die unter Tz. 03.01 dargelegte handelsrechtliche Wertaufholung gilt auch für von der übertragenden Körperschaft erworbene immaterielle Wirtschaftsgüter. Ein von der übertragenden Körperschaft erworbener Geschäfts- oder Firmenwert wird bei Ansatz des übergehenden Vermögens mit einem über dem Buchwert liegenden Wert in der Steuerbilanz jedoch nicht aufgestockt. Ein eventueller Aufstockungsbetrag entfällt auf einen originären Firmenwert, der außer Ansatz bleibt.

2. Vermögensübergang auf einen Rechtsträger ohne Betriebsvermögen

03.08 Wird das Vermögen der übertragenden Körperschaft nicht Betriebsvermögen des übernehmenden Rechtsträgers, sind die Wirtschaftsgüter in der steuerlichen Schlußbilanz der übertragenden Körperschaft einschließlich der selbst geschaffenen immateriellen Wirtschaftsgüter mit dem gemeinen Wert anzusetzen (Tz. 03.04). Das gilt auch für einen bestehenden originären Geschäfts- oder Firmenwert, es sei denn, der Betrieb der übertragenden Körperschaft wird nicht fortgeführt. Bei einer gewerblich geprägten Personengesellschaft i. S. des § 15 Abs. 3 Nr. 2 EStG wird das übergehende Vermögen in der Regel Betriebsvermögen.

V. Übergang des Vermögens auf eine ausländische Betriebsstätte

03.09 Wird im Rahmen der Verschmelzung das inländische Vermögen der übertragenden Körperschaft einer ausländischen Betriebsstätte der Personengesellschaft zugeordnet, ist die Verlagerung des Vermögens auf die ausländische Betriebsstätte steuerlich als eigenständiger Vorgang zu würdigen. Die Besteuerung der Überführung von Wirtschaftsgütern in eine ausländische Betriebsstätte, deren Einkünfte durch ein DBA freigestellt sind, richtet sich nach dem BMF-Schreiben vom 12.02.1990 (BStBl. I S. 72).

VI. Beteiligung der übertragenden Körperschaft an Personengesellschaften

03.10 Ist die übertragende Körperschaft an der übernehmenden oder einer anderen Personengesellschaft beteiligt, ist die Beteiligung in der Übertragungsbilanz mit dem auf sie entfallenden anteiligen Kapitalkonto der Personengesellschaft zu berücksichtigen.

VII. Beteiligung an ausländischen Kapitalgesellschaften (§ 8b Abs. 2 KStG)

Auf den Teil des Übertragungsgewinns, der sich dadurch ergibt, daß die übertragende Körperschaft **03.11** in ihrer steuerlichen Übertragungsbilanz eine Beteiligung an einer ausländischen Körperschaft mit einem über dem Buchwert liegenden Wert ansetzt, findet § 8b Abs. 2 KStG keine Anwendung.

VIII. Ausstehende Einlagen

Nicht eingeforderte ausstehende Einlagen sind ein Wertberichtigungsposten zum Grund- oder **03.12** Stammkapital und daher mangels Verkehrsfähigkeit kein Wirtschaftsgut. Sie sind in der steuerlichen Schlußbilanz der übertragenden Kapitalgesellschaft nicht zu berücksichtigen.

IX. Umwandlungskosten

Jeder an der Umwandlung beteiligte Rechtsträger hat die auf ihn entfallenden Kosten selbst zu tra- **03.13** gen. Die bei der übertragenden Körperschaft anfallenden Umwandlungskosten sind keine Anschaffungskosten, sondern Betriebsausgaben. Zur steuerlichen Behandlung der Kosten der Umwandlung bei der übernehmenden Personengesellschaft wird auf Tz. 04.43 hingewiesen.

X. Änderung der Ansätze in der steuerlichen Schlußbilanz der übertragenden Körperschaft

Ändern sich die Ansätze der steuerlichen Übertragungsbilanz nachträglich (z. B. im Rahmen einer **03.14** Betriebsprüfung), ist die Übernahmebilanz des übernehmenden Rechtsträgers entsprechend zu ändern (§ 4 Abs. 1 UmwStG).

XI. Steuernachforderungen

Ergeben sich für die übertragende Körperschaft Steuernachforderungen, sind diese zu Lasten der **03.15** Wirtschaftsjahre zu passivieren, zu denen sie wirtschaftlich gehören. Das gilt auch für Steuernachforderungen aufgrund einer Betriebsprüfung. Ein Wahlrecht i. S. des R 20 Abs. 3 EStR 1996 besteht nicht.

Zu § 4 UmwStG: Auswirkungen auf den Gewinn der übernehmenden Personengesellschaft

I. Rechtsnachfolge i. S. des § 4 Abs. 2 UmwStG

1. Abschreibung

Die übernehmende Personengesellschaft tritt hinsichtlich der Absetzungen für Abnutzung sowie **04.01** der erhöhten Absetzungen und ähnlicher Erleichterungen entsprechend dem Grundsatz der Gesamt-/Sonderrechtsnachfolge in die Rechtsstellung der übertragenden Körperschaft ein (§ 4 Abs. 2 UmwStG).

Das gilt nach § 4 Abs. 3 UmwStG auch dann, wenn die übergegangenen Wirtschaftsgüter in der **04.02** steuerlichen Schlußbilanz der übertragenden Körperschaft mit einem über dem Buchwert liegenden Wert angesetzt sind. Die Absetzungen für Abnutzung bemessen sich dann bei der übernehmenden Personengesellschaft

– in den Fällen des § 7 Abs. 4 Satz 1 und Abs. 5 EStG nach der bisherigen Bemessungsgrundlage, **04.03** vermehrt um den Unterschiedsbetrag zwischen dem Buchwert der Gebäude und dem Wert, mit dem die Körperschaft die Gebäude in der steuerlichen Schlußbilanz angesetzt hat. Auf diese Bemessungsgrundlage ist der bisherige Vomhundertsatz weiter anzuwenden. Wird in den Fällen des § 7 Abs. 4 Satz 1 EStG die volle Absetzung innerhalb der tatsächlichen Nutzungsdauer nicht erreicht, kann die Absetzung für Abnutzung nach der Restnutzungsdauer der Gebäude bemessen werden (vgl. R 44 Abs. 11 EStR 1996 und H 44 – „Nachträgliche Anschaffungs- oder Herstellungskosten" – EStH 1996);

– in allen anderen Fällen nach dem Buchwert vermehrt um den Unterschiedsbetrag zwischen dem **04.04** Buchwert der einzelnen Wirtschaftsgüter und dem Wert, mit dem die Körperschaft die Wirtschaftsgüter in der steuerlichen Schlußbilanz angesetzt hat, und der Restnutzungsdauer der Wirtschaftsgüter. Das gilt auch für übergehende erworbene immaterielle Wirtschaftsgüter mit Ausnahme eines Geschäfts- oder Firmenwerts.

Die Restnutzungsdauer ist nach den Verhältnissen am steuerlichen Übertragungsstichtag neu zu **04.05** schätzen.

Für die Abschreibung eines Geschäfts- oder Firmenwerts gilt folgendes: **04.06**

– Ein von der übertragenden Körperschaft entgeltlich erworbener Geschäfts- oder Firmenwert ist von der übernehmenden Personengesellschaft mit dem bei der übertragenden Körperschaft bilanzierten Buchwert zu übernehmen. Eine Aufstockung des Buchwerts findet weder im Rahmen des § 3 Satz 1 UmwStG bei der übertragenden Körperschaft noch im Falle eines Übernahmeverlustes nach § 4 Abs. 6 UmwStG bei der übernehmenden Personengesellschaft statt.

Die bisherige Abschreibung des Geschäfts- oder Firmenwerts ist von der Übernehmerin fortzuführen.

– Ist im Falle eines Übernahmeverlustes bei der übernehmenden Personengesellschaft nach § 4 Abs. 6 UmwStG ein Geschäfts- oder Firmenwert anzusetzen, ist dieser steuerlich als selbstständiger Firmenwert anzusehen und über 15 Jahre (§ 7 Abs. 1 Satz 3 EStG) abzuschreiben.

2. Sonstige Folgerungen

04.07 Da das Vermögen im Wege der Gesamtrechtsnachfolge übergeht, liegt keine Anschaffung der übergegangenen Wirtschaftsgüter vor (u. a. wird eine Investitionszulage nicht gewährt und finden § 6 Abs. 2 EStG sowie § 6 b EStG keine Anwendung).

04.08 Andererseits folgt aus der Gesamtrechtsnachfolge über die in § 4 Abs. 2 UmwStG ausdrücklich genannten Rechtsfolgen hinaus u. a., daß beim übernehmenden Rechtsträger Vorbesitzzeiten (z. B. § 6b EStG, § 26 Abs. 2 KStG, § 9 Nr. 2a GewStG, Schachtelprivileg) angerechnet und Behaltefristen nicht unterbrochen werden. Die Übernehmerin hat als Rechtsnachfolgerin § 2a Abs. 3 Satz 3 bis 5 EStG gegen sich gelten zu lassen.

II. Übernahmegewinn und Übernahmeverlust (Übernahmeergebnis)

1. Entstehungszeitpunkt

04.09 Das Übernahmeergebnis entsteht mit Ablauf des steuerlichen Übertragungsstichtags (vgl. Tz. 02.05). Das gilt auch für einen Übernahmefolgegewinn i. S. des § 6 UmwStG.

2. Berechnung und Festsetzung

04.10 Das Übernahmeergebnis berechnet sich nach § 4 Abs. 4 und 5 UmwStG wie folgt:

Wert, mit dem die übergegangenen Wirtschaftsgüter i. S. des § 4 Abs. 1 UmwStG zu übernehmen sind, jedoch nach § 4 Abs. 5 UmwStG i. d. F. des Gesetzes zur Fortsetzung der Unternehmenssteuerreform kein negativer Wert

– Buchwert der Anteile an der übertragenen Körperschaft

Übernahmegewinn/-verlust i. S. des § 4 Abs. 4 Satz 1 UmwStG

+ anzurechnende KSt gemäß § 10 Abs. 1 (§ 4 Abs. 4 UmwStG)

+ Sperrbetrag nach § 50 c EStG (§ 4 Abs. 5 UmwStG)

Übernahmegewinn/-verlust i. S. des § 4 Abs. 4 und 5 UmwStG

04.11 Gehören am steuerlichen Übertragungsstichtag unter Berücksichtigung des § 5 UmwStG nicht alle Anteile an der übertragenden Körperschaft zum Betriebsvermögen der übernehmenden Personengesellschaft, bleibt der auf diese Anteile entfallende Wert der übergegangenen Wirtschaftsgüter bei der Ermittlung des Übernahmeergebnisses insoweit außer Ansatz (§ 4 Abs. 4 Satz 3 UmwStG).

Beispiel:

80 v.H. der Anteile an der übertragenden Kapitalgesellschaft gehören am steuerlichen Übertragungsstichtag – unter Berücksichtigung des § 5 UmwStG – zum Betriebsvermögen der übernehmenden Personengesellschaft.

20 v.H. der Anteile gehören zum Privatvermögen von nicht wesentlich an der übertragenden Kapitalgesellschaft beteiligten Anteilseignern.

In Höhe von 20 v.H. bleibt der Wert der übergegangenen Wirtschaftsgüter bei der Ermittlung des Übernahmegewinns oder Übernahmeverlustes außer Ansatz. Für die 20 v.H. Anteile entfällt die Ermittlung eines Übernahmegewinns oder Übernahmeverlustes und damit auch eine Aufstockung i. S. des § 4 Abs. 6 UmwStG.

04.12 Ist die übertragende Körperschaft an der übernehmenden Personengesellschaft beteiligt, gehören zum übergehenden Vermögen auch die der übertragenden Körperschaft anteilig zuzurechnenden Wirtschaftsgüter der übernehmenden Personengesellschaft. Auf Tz. 03.10 wird hingewiesen.

04.13 Die nach § 10 Abs. 1 UmwStG anzurechnende Körperschaftsteuer und ein Sperrbetrag i. S. des § 50c Abs. 4 EStG sind nach § 4 Abs. 5 UmwStG dem Übernahmegewinn außerhalb der Steuerbilanz hinzuzurechnen, soweit die Anteile an der übertragenden Körperschaft am steuerlichen Übertragungsstichtag zum Betriebsvermögen der übernehmenden Personengesellschaft gehören. Das BGH-Urteil vom 30.01.1995 – II Z R 42/94 – und das BFH-Urteil vom 22.11.1995 (BStBl. 1996 II S. 531) sind insoweit nicht anzuwenden. Ein Übernahmeverlust ist außerhalb der Steuerbilanz entsprechend zu verringern.

Beispiel:

Die übernehmende Personengesellschaft ist zu 100 v.H. an der übertragenden GmbH beteiligt. Der Buchwert der Beteiligung beträgt 100. Die Personengesellschaft hat die übergegangenen Wirtschaftsgüter nach § 4 Abs. 1 UmwStG mit 250 anzusetzen (Buchwertfortführung). Die nach § 10 Abs. 1 UmwStG anzurechnende Körperschaftsteuer beträgt 50. Außerdem besteht ein Sperrbetrag i. S. des § 50c EStG in Höhe von 20.

Ermittlung des zu versteuernden Übernahmegewinns:

Werte der übergegangenen Wirtschaftsgüter nach § 4 Abs. 1 UmwStG (Buchwerte)	250
Buchwert der Beteiligung	– 100
Übernahmegewinn lt. Steuerbilanz	150
anzurechnende KSt nach § 10 Abs. 1 UmwStG	+ 50
Sperrbetrag i. S. des § 50c EStG	+ 20
zu versteuernder Übernahmegewinn	220

Geht das Vermögen der Kapitalgesellschaft auf eine Personengesellschaft über, so muß das Übernahmeergebnis unter Berücksichtigung der unterschiedlichen Anschaffungskosten der Beteiligungen und der unterschiedlichen Höhe des Sperrbetrags nach § 50c EStG personenbezogen ermittelt werden. Dadurch kann z. B. beim Gesellschafter A ein Übernahmegewinn und beim Gesellschafter B ein Übernahmeverlust entstehen. Eine personenbezogene Ermittlung ist nur dann nicht erforderlich, wenn alle Gesellschafter der Personengesellschaft die Anteile an der übertragenden Kapitalgesellschaft zum gleichen Preis erworben haben (z. B. wenn die Anteilseigner noch die Gründungsmitglieder der übertragenden Kapitalgesellschaft sind) und keine verdeckten Einlagen oder andere nachträgliche Anschaffungskosten geleistet haben. **04.14**

Über den auf die Gesellschafter der Personengesellschaft entfallenden Übernahmegewinn bzw. Übernahmeverlust und die anteiligen Erhöhungsbeträge bzw. Minderungsbeträge i. S. des § 4 Abs. 5 UmwStG hat das Finanzamt, das für die übernehmende Personengesellschaft zuständig ist, im Rahmen der gesonderten Feststellung der Einkünfte nach § 180 AO zu entscheiden. **04.15**

3. Ermittlung des Übernahmeergebnisses bei negativem Buchwert des Vermögens der übertragenden Körperschaft (überschuldete Gesellschaft)

Bei der Ermittlung des Übernahmeergebnisses nach bisherigem Recht ist keine Begrenzung des übergehenden Vermögens auf 0 DM bzw. € vorgesehen. Ein Negativvermögen führt daher zu einem entsprechend höheren Übernahmeverlust. Zu mißbräuchlichen Gestaltungen i. S. des § 42 AO wird auf Tz. 04.44 hingewiesen. **04.16**

Nach § 4 Abs. 5 Satz 1 UmwStG i. d. F. des Gesetzes zur Fortsetzung der Unternehmenssteuerreform bleibt ein Übernahmeverlust außer Ansatz, soweit er auf einem negativen Wert des übergehenden Vermögens beruht. **04.17**

Beispiel:

Wert des übergehenden Vermögens nach § 4 Abs. 1 UmwStG	– 100
Buchwert der Beteiligung	– 250
	– 350
Korrektur nach § 4 Abs. 5 Satz 1 UmwStG	+ 100
Übernahmeverlust	220

4. Steuerliche Behandlung der eigenen Anteile der übertragenden Körperschaft bei der Ermittlung des Übernahmeergebnisses

Besitzt die übertragende Körperschaft am steuerlichen Übertragungsstichtag eigene Anteile, gehen diese Anteile nicht auf die übernehmende Personengesellschaft über. Die Personengesellschaft hat nur die auf sie übergegangenen Wirtschaftsgüter mit dem in der steuerlichen Schlußbilanz der übertragenden Körperschaft enthaltenen Wert zu übernehmen (§ 4 Abs. 1 UmwStG). **04.18**

Bei der übertragenden Körperschaft gehen die eigenen Anteile durch die Umwandlung unter und sind in der steuerlichen Schlußbilanz nicht mehr zu erfassen. Der hierdurch entstehende Buchverlust ist in der steuerlichen Gewinnermittlung außerhalb der Bilanz hinzuzurechnen oder gewinnneutral auszubuchen. **04.19**

04.20 Der Übernahmegewinn ergibt sich in diesem Fall aus dem Unterschiedsbetrag zwischen dem Wert, mit dem die übergegangenen Wirtschaftsgüter nach § 4 Abs. 1 UmwStG zu übernehmen sind, und dem Buchwert der restlichen Anteile an der übertragenden Körperschaft, wenn sie am steuerlichen Übertragungsstichtag zum Betriebsvermögen der übernehmenden Personengesellschaft gehören (§ 4 Abs. 4 UmwStG). Der Übernahmegewinn erhöht sich um die gesamte nach § 10 Abs. 1 UmwStG anzurechnende Körperschaftsteuer.

Beispiel:

A-GmbH

Gesellschafter	B 30 v.H.
	C 30 v.H.
	D 30 v.H.
eigene Anteile	10 v.H.

Steuerliche Schlußbilanz der A-GmbH

Eigene Anteile	50	Nennkapital	100
sonstige Aktiva	400	Rücklage	350
	450		450

Die Anteile der Gesellschafter B, C und D sind Betriebsvermögen der übernehmenden Personengesellschaft. Der Buchwert der Anteile beträgt 90.

Danach ergibt sich folgender Übernahmegewinn:

Buchwerte des übergehenden Vermögens	400
Buchwert der Anteile	90
Übernahmegewinn	310

Der Buchwert der eigenen Anteile in Höhe von 50 (Anschaffungskosten) ist bei der A-GmbH bei der steuerlichen Gewinnermittlung außerhalb der Bilanz hinzuzurechnen, wenn die Anteile gewinnmindernd ausgebucht worden sind.

5. Erhöhung des Übernahmegewinns bzw. Kürzung des Übernahmeverlustes um einen Sperrbetrag i. S. des § 50 c EStG

04.21 Nach § 4 Abs. 5 UmwStG erhöht sich ein Übernahmegewinn und ein Übernahmeverlust verringert sich um einen Sperrbetrag i. S. des § 50c EStG, soweit die Anteile an der übertragenden Körperschaft am steuerlichen Übertragungsstichtag zum Betriebsvermögen der übernehmenden Personengesellschaft gehören. Dabei ist zwischen folgenden Sachverhalten zu differenzieren (zur Neuregelung durch das Gesetz zur Fortsetzung der Unternehmenssteuerreform vgl. Tz. 04.29):

04.22 a) Ein bei der übertragenden Körperschaft bereits bestehender Sperrbetrag i. S. des § 50c EStG, der darauf zurückzuführen ist, daß sie von einem Nichtanrechnungsberechtigten Anteile an einer anderen Kapitalgesellschaft erworben hatte, ist nicht nach § 4 Abs. 5 UmwStG zu berücksichtigen. Gehen diese Anteile durch die Verschmelzung auf die übernehmende Personengesellschaft über, hat die Personengesellschaft nach § 50c Abs. 8 EStG als Rechtsnachfolgerin den Sperrbetrag der Körperschaft fortzuführen.

04.23 b) Ein Sperrbetrag i. S. des § 50c EStG ist dagegen nach § 4 Abs. 5 UmwStG zu berücksichtigen, wenn die übernehmende Personengesellschaft oder ihre Gesellschafter, deren Beteiligung an der übertragenden Körperschaft nach § 5 Abs. 2 bis 4 UmwStG als in das Betriebsvermögen der Personengesellschaft eingelegt bzw. überführt gilt, die Beteiligung an der Körperschaft von einem Nichtanrechnungsberechtigten erworben haben.

Beispiel:

Die übertragende Kapitalgesellschaft verfügt über ein Nennkapital von 200 TDM und über Rücklagen (EK 45) von 55 TDM. Vor der Verschmelzung veräußert der bisherige ausländische Alleingesellschafter seine Anteile zum Preis von 300 TDM an die inländische Personengesellschaft, auf die die Kapitalgesellschaft anschließend verschmolzen wird. Bei der Personengesellschaft ist wegen des Anteilserwerbs ein Sperrbetrag in Höhe von 100 TDM zu bilden.

04.24 Die vorstehenden Ausführungen gelten auch, wenn der Gesellschafter im Vorfeld der Verschmelzung die Kapitalbeteiligung von einem Vorbesitzer erworben hat, der den Tatbestand des § 50c EStG erfüllt.

c) Ein Sperrbetrag i. S. des § 50c EStG entfällt auch nicht im nachhinein, wenn die Kapitalgesell- 04.25
schaft, deren Anteile nach § 50c EStG verhaftet sind, auf die Erwerberin der Anteile verschmolzen
und aufgelöst wird.

d) Ein Sperrbetrag i. S. des § 50c EStG ist gemäß § 4 Abs. 5 UmwStG weiter zu berücksichtigen, 04.26
wenn ein ausländischer Anteilseigner vor der Umwandlung eine inländische Betriebsstätte begründet, in die er die Anteile an der (späteren) übertragenden Körperschaft einbringt. Der zunächst
nichtanrechnungsberechtigte Anteilseigner wird nach § 50c Abs. 6 EStG mit der Begründung der
Betriebsstätte anrechnungsberechtigt.

e) Das Übernahmeergebnis ist auch nach § 4 Abs. 5 UmwStG um einen Sperrbetrag i. S. des § 50c 04.27
EStG zu korrigieren, wenn ein nichtanrechnungsberechtigter Anteilseigner der übertragenden
Körperschaft Gesellschafter der Personengesellschaft wird und vor der Verschmelzung kein
Sperrbetrag i. S. des § 50c EStG bestand. Der Wechsel vom nichtanrechnungsberechtigten An-
teilseigner einer Körperschaft zum anrechnungsberechtigten Mitunternehmer einer Per-
sonengesellschaft infolge der Teilnahme an der Verschmelzung erfüllt den Tatbestand des § 50c
Abs. 6 EStG.

f) Ein Sperrbetrag i. S. des § 50c EStG ist nach § 4 Abs. 5 UmwStG nur in der Höhe zu berück- 04.28
sichtigen, in der die Anteile an der übertragenden Körperschaft gemäß § 5 UmwStG am steuerlichen Übertragungsstichtag zum Betriebsvermögen der übernehmenden Personengesellschaft gehören. Bezogen auf einen nicht wesentlich beteiligten Anteilseigner, der seine Anteile im Privatvermögen hält, wird damit – da er auch keinen Übernahmegewinn zu versteuern hat – auf die
Nachversteuerung des Sperrbetrags verzichtet. Das gleiche gilt für nichtanrechnungsberechtigte
(z. B. ausländische) Anteilseigner der übertragenden Körperschaft, deren Anteile nicht in die Ermittlung des Übernahmeergebnisses einbezogen werden (vgl. u. a. Tz. 05.10).

Nach § 50c Abs. 11 EStG i. d. F des Gesetzes zur Fortsetzung der Unternehmenssteuerreform sind 04.29
die Absätze 1 bis 8 des § 50c EStG auch bei Erwerb von Anteilen von einem Anrechnungsberechtigten anzuwenden, wenn bei ihm die Veräußerung nicht steuerpflichtig war. Nach § 4 Abs. 5
UmwStG wird deshalb das Übernahmeergebnis um einen Sperrbetrag i. S. des § 50c EStG korrigiert.

Eine Korrektur des Übernahmeergebnisses nach § 4 Abs. 5 UmwStG ist vorzunehmen, wenn der 04.30
steuerliche Übertragungsstichtag in einen Veranlagungszeitraum ab 1997 fällt (§ 52 Abs. 1 EStG).
Das gilt auch in den Fällen des Erwerbs von einem Anrechnungsberechtigten in Jahren vor 1997
(Alterwerb).

Wird der steuerliche Übertragungsstichtag in den Veranlagungszeitraum 1996 zurückbezogen, liegt 04.31
auch der steuerliche Übernahmeverlust, der nach § 4 Abs. 5 UmwStG um den Sperrbetrag i. S. des
§ 50c EStG korrigiert wird, im VZ 1996. Eine Korrektur um einen Sperrbetrag nach § 50c EStG in
der erst ab VZ 1997 geltenden Fassung kommt nicht in Betracht.

III. Zuaktivierung des Übernahmeverlustes (§ 4 Abs. 6 UmwStG)

Ein nach Verrechnung mit der anzurechnenden Körperschaftsteuer und einem Sperrbetrag i. S. des 04.32
§ 50 c EStG verbleibender Übernahmeverlust führt zur Aufstockung der Wertansätze der übergegangenen Wirtschaftsgüter bis zu den Teilwerten (§ 4 Abs. 6 UmwStG).

Die Zuaktivierung des Übernahmeverlustes erfolgt stufenweise. 04.33

1. Schritt

Aufstockung der bilanzierten übergegangenen Wirtschaftsgüter bis zu den Teilwerten. Die
Aufstockung ist ggf. in den Ergänzungsbilanzen der an der Umwandlung beteiligten Anteilseigner vorzunehmen.

2. Schritt

Ein darüber hinausgehender Betrag ist als Anschaffungskosten der übernommenen immateriellen Wirtschaftsgüter einschließlich eines Geschäfts- oder Firmenwerts zu aktivieren. Wegen eines Geschäfts- oder Firmenwerts wird auf Tz. 04.06 hingewiesen.

3. Schritt

Ein danach noch verbleibender Betrag ist nach bisherigem Recht als Übernahmeverlust abzugsfähig bzw. nach § 4 Abs. 6 Satz 2 UmwStG i. d. F. des Gesetzes zur Fortsetzung der Unternehmenssteuerreform zu aktivieren und über 15 Jahre abzuschreiben.

Innerhalb der jeweiligen Schritte sind die in den Buchwerten der Wirtschaftsgüter enthaltenen stil- 04.34
len Reserven prozentual gleichmäßig aufzulösen.

04.35 Für die Absetzung für Abnutzung der nach § 4 Abs. 6 UmwStG aufgestockten Wirtschaftsgüter gelten die unter Tz. 04.01 bis 04.05 dargelegten Grundsätze.

04.36 Bei dem nach § 4 Abs. 6 Satz 2 UmwStG i. d. F. des Gesetzes zur Fortsetzung der Unternehmenssteuerreform nach Aufstockung materieller und Aktivierung evtl. vorhandener immaterieller Wirtschaftsgüter in Höhe des verbleibenden Übernahmeverlustes zu aktivierenden Spitzenbetrag handelt es sich um einen Bilanzposten, der kein Wirtschaftsgut darstellt. Eine Teilwertabschreibung ist nicht möglich. Der Aktivposten ist bei Beendigung der Übernehmerin (Liquidation) aufwandswirksam aufzulösen. Bei Umwandlung nach den Vorschriften des Umwandlungssteuergesetzes geht der Bilanzposten auf die Übernehmerin als Rechtsnachfolgerin über. Ein in der Ergänzungsbilanz eines Mitunternehmers ausgewiesener Spitzenbetrag mindert bei Veräußerung des Mitunternehmeranteils den Veräußerungsgewinn.

IV. Fremdfinanzierte Anteile an der übertragenden Kapitalgesellschaft

04.37 Wird ein Anteilseigner, der seine Anteile an der übertragenden Kapitalgesellschaft mit Kredit erworben hat, Mitunternehmer der Personengesellschaft, führen Kreditzinsen künftig zu Sonderbetriebsausgaben dieses Mitunternehmers der Personengesellschaft, die im Rahmen der gesonderten Gewinnfeststellung (§ 180 AO) zu berücksichtigen sind.

V. Anwendung des § 15a EStG

04.38 Ein nicht ausgenutzter Verlustvortrag i. S. des § 15a EStG geht nicht auf den übernehmenden Rechtsträger über. Zu mißbräuchlichen Gestaltungen i. S. des § 42 AO wird auf Tz. 04.44 hingewiesen.

Beispiel:

Verschmelzung einer Kapitalgesellschaft, die Kommanditistin einer KG ist, auf eine Personengesellschaft.

04.39 Ein nach Aufstockung nach § 4 Abs. 6 UmwStG i. d. F. vor Änderung durch das Gesetz zur Fortsetzung der Unternehmenssteuerreform verbleibender Übernahmeverlust unterliegt ggf. als laufender Verlust der übernehmenden Personengesellschaft der Verlustabzugsbeschränkung des § 15a EStG. Bei der Ermittlung des Übernahmeergebnisses ist auch das Körperschaftsteuerguthaben (§ 4 Abs. 5 UmwStG) zu berücksichtigen (vgl. Tz. 04.13).

04.40 Das Übernahmeergebnis fällt nicht in das für Zwecke des § 15a EStG unberücksichtigt bleibende Sonderbetriebsvermögen.

04.41 Nach § 4 Abs. 6 Satz 2 UmwStG i. d. F. des Gesetzes zur Fortsetzung der Unternehmenssteuerreform wird der verbleibende Übernahmeverlust aktiviert und auf 15 Jahre abgeschrieben. Der Abschreibungsbetrag unterliegt ggf. als laufender Verlust der übernehmenden Personengesellschaft der Verlustverwendungsbeschränkung des § 15a EStG.

VI. Anwendung des § 32c EStG auf den Übernahmegewinn

04.42 § 32c EStG ist auf den Übernahmegewinn nicht anzuwenden. Der Übernahmegewinn unterliegt nach § 18 Abs. 2 UmwStG nicht der Gewerbesteuer. Danach handelt es sich nicht um gewerbliche Einkünfte i. S. des § 32c Abs. 2 Satz 1 EStG.

VII. Kosten der Vermögensübertragung

04.43 Bei der Ermittlung der Bemessungsgrundlagen für die Besteuerung der Übernehmerin und der übertragenden Körperschaft sind auch die Kosten der Vermögensübertragung (z. B. Grunderwerbsteuer) zu berücksichtigen. Jeder der Beteiligten hat die auf ihn entfallenden Kosten selbst zu tragen. Die bei der Übernehmerin angefallenen Kosten der Vermögensübertragung (Umwandlungskosten) sind Betriebsausgaben.

VIII. Mißbräuchliche Gestaltungen

1. Gestaltungen zur Herstellung der Abzugsfähigkeit von Verlusten

04.44 Ein Gestaltungsmißbrauch i. S. des § 42 AO (zu den Kriterien vgl. Tz. 12.22) ist regelmäßig anzunehmen, wenn es Ziel der Gestaltung ist, die Abzugsfähigkeit der Verluste, die auf der Ebene der Kapitalgesellschaft steuerlich nicht geltend gemacht werden können, über § 4 Abs. 4 bis 6 UmwStG herzustellen. Dies ist regelmäßig der Fall, wenn bei der übertragenden Kapitalgesellschaft nach § 8 Abs. 4 KStG die Voraussetzungen für einen Verlustabzug nicht mehr vorliegen. Dies kann aber auch in anderen Fällen gegeben sein (z. B. § 2a Abs. 1 EStG, § 15a EStG, § 50c EStG bei nicht anerkannter Teilwertabschreibung), wenn es Ziel der Gestaltung ist, den steuerlichen Status zu verbessern. In den Fällen des Gestaltungsmißbrauchs dürfen sich die jeweiligen Verlustbeträge oder negativen Einkünfte nicht auf das Übernahmeergebnis auswirken. Es ist evtl. entsprechend zu erhöhen.

2. Rückeinbringung

Ein Gestaltungsmißbrauch i. S. des § 42 AO (zu den Kriterien vgl. Tz. 12.22) ist regelmäßig zu **04.45** prüfen, wenn durch Umwandlung einer Kapitalgesellschaft in eine Personengesellschaft zu Buchwerten zunächst das gespeicherte Körperschaftsteuerguthaben in Anspruch genommen sowie neues AfA-Volumen geschaffen wird und dann das übergegangene Vermögen zu Teilwerten (oder Zwischenwerten) zeitnah in eine oder mehrere Kapitalgesellschaften eingebracht wird.

Als Rechtsfolge des Mißbrauchs ist davon auszugehen, daß die Wirtschaftsgüter von der über- **04.46** tragenden Kapitalgesellschaft unmittelbar auf die übernehmende Kapitalgesellschaft übergegangen sind, und zwar zu den Werten, zu denen sie von der Personengesellschaft in die übernehmende Kapitalgesellschaft eingelegt worden sind. Die Zwischenschaltung der Personengesellschaft ist danach steuerlich nicht anzuerkennen.

Zu § 5 UmwStG: Auswirkungen auf den Gewinn der übernehmenden Personengesellschaft in Sonderfällen

I. Anschaffung nach dem steuerlichen Übertragungsstichtag

Schafft die übernehmende Personengesellschaft Anteile an der übertragenden Körperschaft nach **05.01** dem steuerlichen Übertragungsstichtag an, ist der Übernahmegewinn so zu ermitteln, als hätte sie die Anteile an dem Übertragungsstichtag angeschafft. Eine Anschaffung durch die übernehmende Personengesellschaft liegt vor, wenn die Anteile entgeltlich (BFH-Urteil vom 13.01.1993, BStBl. II S. 346) und für das Gesamthandsvermögen erworben werden. Eine verdeckte Einlage der Anteile durch Gesellschafter der Personengesellschaft in das Betriebsvermögen der Personengesellschaft und eine Einlage gegen Gewährung von Gesellschaftsrechten sind keine Anschaffung durch die Personengesellschaft i. S. des § 5 Abs. 1 UmwStG. Insoweit sind die Grundsätze des § 5 Abs. 3 UmwStG anzuwenden. Zum entgeltlichen Gesellschafterwechsel wird auf die Ausführungen unter II. hingewiesen. Wegen der Abfindung an ausscheidende Anteilseigner vgl. Tz. 02.10.

II. Entgeltlicher Gesellschafterwechsel im Rückwirkungszeitraum

Die Rückwirkungsfiktion des § 2 Abs. 1 UmwStG gilt nicht für den im Rückwirkungszeitraum ganz **05.02** oder teilweise ausscheidenden und den abgefundenen Anteilseigner (vgl. Tz. 02.09 und 02.10). Hieraus folgt:

Der Erwerber erwirbt zivilrechtlich Anteile an der übertragenden Körperschaft. Für die Anwendung **05.03** der §§ 4 bis 10 und 18 UmwStG ist davon auszugehen, daß er die Anteile am steuerlichen Übertragungsstichtag angeschafft hat. § 5 Abs. 1 UmwStG ist entsprechend anzuwenden. Die Anteile gelten unter den Voraussetzungen der Einlage- und Übertragungsfiktionen des § 5 Abs. 2 und Abs. 3 UmwStG als in die übernehmende Personengesellschaft eingelegt oder überführt.

III. Einlage- und Übertragungsfiktion des § 5 Abs. 2, 3 und 4 UmwStG

1. Anwendungsfälle der Einlagefiktion des § 5 Abs. 2 UmwStG

Die Einlagefiktion des § 5 Abs. 2 UmwStG gilt nur für Anteile an der übertragenden Ka- **05.04** pitalgesellschaft i. S. des § 17 EStG, deren Veräußerung zu steuerpflichtigen Einkünften aus Gewerbebetrieb führt (§ 17 evtl. i. V. m. § 49 Abs. 1 Nr. 2 Buchstabe e EStG). Steuerpflicht ist auch dann gegeben, wenn ein nicht wesentlich beteiligter Anteilseigner die Anteile an der übertragenden Kapitalgesellschaft innerhalb der letzten 5 Jahre von einem wesentlich Beteiligten unentgeltlich erworben hat (§ 17 Abs. 1 Satz 5 EStG).

Nach § 5 Abs. 2 Satz 2 UmwStG i. d. F. des Gesetzes zur Fortsetzung der Unternehmens- **05.05** steuerreform gelten Anteile, bei deren Veräußerung ein Veräußerungsverlust nach § 17 Abs. 2 Satz 4 EStG nicht zu berücksichtigen wäre, nicht als Anteile i. S. des § 17 EStG. Dabei kommt es nicht darauf an, ob sich im Falle einer gedachten Veräußerung konkret auch ein Veräußerungsverlust ergeben würde, sondern darauf, ob die Tatbestandsvoraussetzungen des § 17 Abs. 2 Satz 4 EStG erfüllt sind.

Die Regelung dient zusammen mit § 7 Abs. 2 Satz 2 UmwStG der Verhinderung von Gestaltungen, **05.06** durch die mit einer kurzfristigen Aufstockung einer nicht wesentlichen in eine wesentliche Beteiligung eine Einbeziehung der Anteile in die Ermittlung des Übernahmeergebnisses zur Schaffung eines Übernahmeverlustes und eines daraus folgenden Step-up-Volumens erreicht wird. § 5 Abs. 2 Satz 2 und § 7 Abs. 2 Satz 2 UmwStG sind nicht anzuwenden, wenn sich ein Übernahmegewinn ergibt.

Beispiel:

A erwirbt im Jahre 1996 von B und C deren jeweilige 25-v.H.-Beteiligung an der X-GmbH. B und C waren noch nie wesentlich an der X-GmbH beteiligt. Die X-GmbH wird mit steuerlichem Übertragungsstichtag zum 31.12.1996 zum Buchwert auf die bestehende Y-OHG verschmolzen. Wegen der bei Erwerb der Anteile mitbezahlten stillen und offenen Rücklagen der X-GmbH würde sich für A ein Übernahmeverlust ergeben.

Bei den von A erworbenen Anteilen wäre nach § 17 Abs. 2 Satz 4 EStG ein Veräußerungsverlust nicht zu berücksichtigen. Sie gelten nach § 5 Abs. 2 Satz 2 UmwStG nicht als Anteile i. S. des § 17 EStG und daher nicht nach § 5 Abs. 2 Satz 1 UmwStG als in das Betriebsvermögen der übernehmenden Personengesellschaft eingelegt. Sie nehmen nicht an der Ermittlung des Übernahmeergebnisses teil. Die Einkünfte des A sind nach § 7 UmwStG zu ermitteln.

05.07 Werden von der Kapitalgesellschaft eigene Anteile gehalten, ist bei der Entscheidung, ob eine wesentliche Beteiligung i. S. des § 17 Abs. 1 Satz 4 EStG vorliegt, von dem um die eigenen Anteile der Kapitalgesellschaft verminderten Nennkapital auszugehen (H 140 „Eigene Anteile" EStH 1996).

2. Steuerliche Folgen für einzelne Gruppen von Anteilseignern

05.08 Die Verschmelzung auf eine Personengesellschaft hat auf die an der übertragenden Körperschaft beteiligten Anteilseigner, die Gesellschafter der Personengesellschaft werden, unter Berücksichtigung der Einlage- und Übertragungsfiktionen des § 5 Abs. 2 und 3 UmwStG folgende steuerliche Auswirkungen:

a) Anteile im inländischen Betriebsvermögen und wesentliche Beteiligung i. S. des § 17 EStG

05.09 Anteile an der übertragenden Körperschaft, die sich am Übertragungsstichtag im inländischen Betriebsvermögen eines Gesellschafters der übernehmenden Personengesellschaft befinden, und wesentliche Beteiligungen i. S. des § 17 EStG eines Gesellschafters gelten nach den Einlage- und Übertragungsfiktionen des § 5 Abs. 2 und 3 UmwStG für die Ermittlung des Übernahmegewinns als am steuerlichen Übertragungsstichtag in das Vermögen der übernehmenden Personengesellschaft überführt. Der anteilige Übernahmegewinn oder Übernahmeverlust i. S. des § 4 Abs. 4 bis 6 UmwStG wird bei dem jeweiligen Gesellschafter der Personengesellschaft steuerlich erfaßt. Die anteilige anrechenbare Körperschaftsteuer ist nach § 10 Abs. 1 UmwStG auf die Einkommen- oder Körperschaftsteuer der Gesellschafter anzurechnen. Dies gilt nach den Neuregelungen durch das Gesetz zur Fortsetzung der Unternehmenssteuerreform nicht für Anteile i. S. des § 17 Abs. 2 Satz 4 EStG.

Beispiel:

Erwerb von 100 v.H. der Anteile an einer GmbH kurz vor der Verschmelzung für 1 000 DM = Einlagewert i. S. des § 5 Abs. 2 UmwStG	1 000 DM
Buchwert des übergehenden Vermögens	– 100 DM
Übernahmeverlust	900 DM

Im Falle einer gedachten Veräußerung der Anteile zu 1.000, – DM würde sich kein Veräußerungsverlust i. S. des § 17 EStG ergeben. Trotzdem ist keine wesentliche Beteiligung i. S. des § 5 Abs. 2 Satz 2 und des § 7 Satz 2 UmwStG anzunehmen.

b) Nicht wesentlich beteiligte unbeschränkt steuerpflichtige Anteilseigner, die ihre Anteile im Privatvermögen halten

05.10 Die Einlage- und Übertragungsfiktionen des § 5 Abs. 3 UmwStG gelten nicht, wenn inländische Gesellschafter der übernehmenden Personengesellschaft an der Kapitalgesellschaft nicht wesentlich beteiligt sind und ihre Anteile im Privatvermögen halten oder nach den Neuregelungen durch das Gesetz zur Fortsetzung der Unternehmenssteuerreform für Anteile i. S. des § 17 Abs. 2 Satz 4 EStG. Der Wert der übergegangenen Wirtschaftsgüter bleibt insoweit bei der Ermittlung des Übernahmeergebnisses außer Ansatz (§ 4 Abs. 4 Satz 3 UmwStG). Der Gesellschafter erzielt durch die Umwandlung der Kapitalgesellschaft nicht dem Kapitalertragsteuerabzug unterliegende Einkünfte aus Kapitalvermögen in Höhe des auf ihn entfallenden verwendbaren Eigenkapitals – mit Ausnahme des EK 04 –, zuzüglich des ihm zuzurechnenden Körperschaftsteuerguthabens (§ 7 UmwStG). Das Körperschaftsteuerguthaben ist nach § 10 Abs. 1 UmwStG anzurechnen.

05.11 Der nicht wesentlich beteiligte Anteilseigner, der Gesellschafter der übernehmenden Personengesellschaft wird, hat bei späterer Veräußerung des Mitunternehmeranteils den gesamten Veräußerungsgewinn einschließlich der stillen Reserven, die bei Übergang des Vermögens der übertragenden Körperschaft zu Buchwerten auf die Personengesellschaft vor dem steuerlichen Übertragungsstichtag entstanden sind, zu versteuern.

c) Beschränkt steuerpflichtige Anteilseigner der übertragenden Körperschaft

Für beschränkt steuerpflichtige Anteilseigner, die durch die Umwandlung Gesellschafter der über- **05.12** nehmenden Personengesellschaft werden, gelten die Einlage- und Übertragungsfiktionen des § 5 Abs. 2 und 3 UmwStG nur, wenn ihre Anteile an der Kapitalgesellschaft zu einem inländischen Betriebsvermögen gehören (§ 49 Abs. 1 Nr. 2 Buchstabe a EStG) oder es sich um eine wesentliche Beteiligung i. S. des § 17 EStG (§ 49 Abs. 1 Nr. 2 Buchstabe e EStG) handelt, deren Veräußerung nicht durch ein DBA steuerfrei gestellt ist. Fehlt es daran, nehmen weder die Anteile noch der Wert der darauf entfallenden Wirtschaftsgüter an der Ermittlung des Übernahmeergebnisses teil (§ 4 Abs. 4 Satz 3 UmwStG). Die Anrechnung der auf den Gesellschafter entfallenden anteiligen Körperschaftsteuer ist nach § 10 Abs. 2 UmwStG ausgeschlossen. Die in den übergegangenen Wirtschaftsgütern enthaltenen stillen Reserven, die auf die Anteile des beschränkt steuerpflichtigen Gesellschafters entfallen, werden von der Personengesellschaft fortgeführt und müssen im Zeitpunkt der Auflösung als Betriebsstättengewinne versteuert werden.

d) Einbringungsgeborene Anteile

Einbringungsgeborene Anteile an der übertragenden Körperschaft i. S. des § 21 UmwStG, die nicht **05.13** zu einem inländischen Betriebsvermögen gehören, gelten als an dem steuerlichen Übertragungsstichtag in das Betriebsvermögen der übernehmenden Personengesellschaft mit den Anschaffungskosten eingelegt (§ 5 Abs. 4 UmwStG). Das gilt auch für einen nicht wesentlich beteiligten Anteilseigner, der seine Anteile im Privatvermögen hält. Die Anteile nehmen an der Ermittlung des Übernahmeergebnisses i. S. des § 4 Abs. 4 bis 6 UmwStG teil. § 7 UmwStG ist nicht anzuwenden. Für einbringungsgeborene Anteile, die zu einem inländischen Betriebsvermögen gehören, gilt § 5 Abs. 3 UmwStG.

3. Mißbrauchstatbestand des § 5 Abs. 3 UmwStG

Um Umgehungsmöglichkeiten auszuschließen, enthält § 5 Abs. 3 UmwStG einen Mißbrauchs- **05.14** tatbestand. Danach gelten Anteile, die innerhalb der letzten fünf Jahre vor dem steuerlichen Übertragungsstichtag in ein Betriebsvermögen des Anteilseigners oder in das Betriebsvermögen der übernehmenden Personengesellschaft eingelegt worden sind, als mit den Anschaffungskosten eingelegt, wenn die Anschaffungskosten den Buchwert unterschreiten. So wird die Besteuerung offener und stiller Reserven auch dann sichergestellt, wenn Anteile an der übertragenden Körperschaft unmittelbar vor dem Übertragungsstichtag in ein Betriebsvermögen oder in die übernehmende Personengesellschaft selbst eingelegt werden. Der Ansatz mit dem Teilwert scheidet in diesen Fällen aus.

§ 5 Abs. 3 UmwStG wurde durch das Jahressteuer-Ergänzungsgesetz 1996 vom 18. Dezember **05.15** 1995 (BGBl. I S. 1959, BStBl. I S. 786) klarstellend neu gefaßt. Die Neuregelung gilt nach § 27 UmwStG rückwirkend ab 1. Januar 1995.

4. Mißbrauchsfälle i. S. des § 42 AO

Insbesondere die folgenden Gestaltungen sind regelmäßig unter dem Gesichtspunkt eines Ge- **05.16** staltungsmißbrauchs i. S. des § 42 AO zu prüfen (zu den Kriterien vgl. Tz. 12.22), wenn nicht im Einzelfall bereits die Voraussetzungen von Regelungen zur Verhinderung von Verlustnutzungsgestaltungen nach dem Gesetz zur Fortsetzung der Unternehmenssteuerreform (insbesondere § 4 Abs. 5 UmwStG i. V. m. § 50c Abs. 11 EStG oder § 5 Abs. 2 Satz 2 und § 7 Satz 2 UmwStG) erfüllt sind:

1. Fall

Ein nicht wesentlich beteiligter Anteilseigner veräußert seine Anteile vor der Verschmelzung der **05.17** Kapitalgesellschaft auf eine Personengesellschaft an einen anderen Anteilseigner der Kapitalgesellschaft. In zeitlichem Zusammenhang mit der Verschmelzung der Kapitalgesellschaft auf die Personengesellschaft tritt er in einem zweiten Schritt in die Personengesellschaft ein, indem er entweder Mitunternehmeranteile „zurückerwirbt" oder den erzielten Veräußerungspreis als Kapitaleinlage in die Personengesellschaft einlegt. Im wirtschaftlichen Ergebnis kauft er damit seine vor der Verschmelzung „veräußerten" Anteile zurück.

2. Fall

Die nicht wesentlich beteiligten Anteilseigner einer Kapitalgesellschaft veräußern ihre Anteile **05.18** an eine in zeitlichem Zusammenhang mit der Verschmelzung von allen Anteilseignern gegründete Personengesellschaft. Danach wird die Kapitalgesellschaft auf die Personengesellschaft verschmolzen.

3. Fall

05.19 Bei einer endgültig angestrebten Verschmelzung einer Kapitalgesellschaft auf eine Personengesellschaft wird eine Kapitalgesellschaft zwischengeschaltet.

Beispiel:

An der X-GmbH sind A, B, C und D zu je 25 v.H. beteiligt. Die X-GmbH soll in eine GmbH & Co KG umgewandelt werden. Um einen Übernahmeverlust nach § 4 Abs. 4 bis 6 UmwStG geltend machen zu können, verkaufen A, B, C und D in einem ersten Schritt ihre Beteiligungen zunächst an die Y-GmbH und die Z-GmbH, an der sie jeweils ebenfalls zu je 25 v.H. beteiligt sind. In einem zweiten Schritt wandeln die Y-GmbH und die Z-GmbH dann die X-GmbH formwechselnd in die X-GmbH & Co KG um. Infolge der hohen Anschaffungskosten für die Anteile an der X-GmbH ergibt sich bei der Y-GmbH und der Z-GmbH als Mitunternehmer der späteren KG durch die Umwandlung ein hoher Übernahmeverlust, der im Ergebnis zu einer Erstattung des bei der X-GmbH vorhandenen Körperschaftsteuerguthabens und zu einer Aufstockung der Wirtschaftsgüter gemäß § 4 Abs. 6 UmwStG führen würde. Die nicht wesentlich beteiligten Gesellschafter hätten dadurch die in den Gesellschaftsanteilen steckenden stillen Reserven steuerfrei realisiert. Würde die X-GmbH dagegen unmittelbar formwechselnd in eine Personengesellschaft umgewandelt, hätten die nicht wesentlich beteiligten Anteilseigner A, B, C und D das auf sie entfallende verwendbare Eigenkapital der X-GmbH zuzüglich der darauf lastenden Körperschaftsteuer gemäß § 7 UmwStG als Einkünfte aus Kapitalvermögen versteuern müssen. Die in den Anteilen der nicht wesentlich Beteiligten steckenden stillen Reserven wären nach der Umwandlung steuerverhaftet. Bei einer späteren Veräußerung des umwandlungsbedingten Mitunternehmeranteils entstünde ein Veräußerungsgewinn, der im Falle der Veräußerung der Anteile an der X-GmbH nicht steuerpflichtig gewesen wäre.

4. Fall

05.20 Veräußerung einer zum Privatvermögen gehörenden wesentlichen Beteiligung an die übernehmende Personengesellschaft.

Beispiel:

Die X-GmbH soll rückwirkend zum 01.01.1996 auf die bereits bestehende Y-GmbH & Co KG verschmolzen werden. Die Anmeldung der Verschmelzung zur Eintragung ins Handelsregister ist bis Ende August 1996 erfolgt. Alleiniger Gesellschafter der X-GmbH und der Y-GmbH ist A. A hält die Beteiligung an der X-GmbH im Privatvermögen. Er veräußert die Beteiligung noch im August 1996 an die Y-GmbH & Co KG. Für den Veräußerungsgewinn beansprucht er den ermäßigten Steuersatz nach §§ 17, 34 EStG. Auf seiten der übernehmenden Y-GmbH & Co KG gelten die Anteile an der X-GmbH nach § 5 Abs. 1 UmwStG als zum Übertragungsstichtag angeschafft. Es soll der Verschmelzungsverlust i. S. des § 4 Abs. 2 bis 6 UmwStG berücksichtigt werden.

5. Fall

05.21 Nicht wesentlich beteiligte Anteilseigner legen die von ihnen erworbenen Anteile an einer Kapitalgesellschaft in zeitlichem Zusammenhang mit der Verschmelzung dieser Kapitalgesellschaft auf eine Personengesellschaft zum Teilwert in ein Betriebsvermögen der übernehmenden Personengesellschaft oder ein anderes Betriebsvermögen ein und umgehen den Mißbrauchstatbestand des § 5 Abs. 3 UmwStG, da der Teilwert und Buchwert den Anschaffungskosten entsprechen.

6. Fall

05.22 Kurz vor der Verschmelzung wird der Antrag auf Versteuerung nach § 21 Abs. 2 Nr. 1 UmwStG gestellt, um den ermäßigten Steuersatz und die Stundungsmöglichkeit nach § 21 Abs. 2 UmwStG in Anspruch nehmen zu können.

7. Fall

05.23 Ein Mißbrauchsfall kann auch dann anzunehmen sein, wenn die Regelung des § 5 Abs. 2 Satz 2 UmwStG i. d. F des Gesetzes zur Fortsetzung der Unternehmenssteuerreform dadurch umgangen wird, daß eine Beteiligung in zeitlichem Zusammenhang mit der Umwandlung in ein Betriebsvermögen eingelegt wird.

05.24 Erfolgt die Veräußerung der Anteile in den vorgenannten Gestaltungen an neugegründete Personen- oder Kapitalgesellschaften, an denen auch fremde Dritte beteiligt sind, so ist insgesamt ein Gestaltungsmißbrauch i. S. des § 42 AO anzunehmen. Eine quotale Betrachtung findet nicht statt.

Zu § 6 UmwStG: Gewinnerhöhung durch Vereinigung von Forderungen und Verbindlichkeiten

I. Entstehung des Folgegewinns aus dem Vermögensübergang

Der Folgegewinn aus dem Vermögensübergang entsteht bei der Übernehmerin mit Ablauf des steuerlichen Übertragungsstichtags (Tz. 02.05). Ein Übernahmefolgegewinn entsteht auch, wenn infolge der Umwandlung Gesellschafter der übernehmenden Personengesellschaft einen Anspruch oder eine Verbindlichkeit gegenüber der Personengesellschaft haben (§ 6 Abs. 6 UmwStG). 06.01

II. Besteuerung des Folgegewinns

Der Folgegewinn ist ein laufender Gewinn der Personengesellschaft. Er ist nicht Teil des Übernahmeergebnisses i. S. des § 4 Abs. 4 bis 6 UmwStG. Er ist auch dann in voller Höhe anzusetzen, wenn am steuerlichen Übertragungsstichtag nicht alle Anteile an der übertragenden Körperschaft zum Betriebsvermögen der übernehmenden Personengesellschaft gehören. § 4 Abs. 4 Satz 3 UmwStG gilt für den Folgegewinn nicht. Auf den Folgegewinn ist § 32c EStG anzuwenden. 06.02

III. Pensionsrückstellungen zugunsten eines Gesellschafters der übertragenden Kapitalgesellschaft

Geht das Vermögen einer Kapitalgesellschaft durch Gesamtrechtsnachfolge auf eine Personengesellschaft über, so ist die zugunsten des Gesellschafters durch die Kapitalgesellschaft zulässigerweise gebildete Pensionsrückstellung von der Personengesellschaft nicht aufzulösen (BFH-Urteil vom 22.06.1977, BStBl. II S. 798). Zuführungen nach dem steuerlichen Übertragungsstichtag, die durch die Gesellschafterstellung veranlaßt sind, sind Vergütungen der Personengesellschaft an ihren Gesellschafter (§ 15 Abs. 1 Satz 1 Nr. 2 EStG). Sie mindern den steuerlichen Gewinn der Personengesellschaft nicht. Wegen der Höhe der bei der Personengesellschaft fortzuführenden Pensionsrückstellung vgl. H 41 Abs. 8 EStH 1996. 06.03

Im Falle des Vermögensübergangs auf eine natürliche Person ist die Pensionsrückstellung von der Übernehmerin ertragswirksam aufzulösen. Auf einen sich insgesamt ergebenden Auflösungsgewinn ist § 6 Abs. 2 UmwStG anzuwenden. 06.04

Wird im Falle einer Rückdeckungsversicherung die Versicherung von dem übernehmenden Gesellschafter fortgeführt, geht der Versicherungsanspruch (Rückdeckungsanspruch) auf den Gesellschafter über und wird dadurch Privatvermögen. Er ist mit dem Teilwert zu übernehmen. Wird die Rückdeckungsversicherung von der übertragenden Kapitalgesellschaft gekündigt, ist der Rückkaufswert mit dem Rückdeckungsanspruch zu verrechnen. Ein eventueller Restbetrag ist ergebniswirksam aufzulösen. Auf R 41 Abs. 24 EStR 1996 wird hingewiesen. 06.05

Zu § 7 UmwStG: Ermittlung der Einkünfte nicht wesentlich beteiligter Anteilseigner

I. Anwendungsbereich

§ 7 UmwStG gilt nur für nicht wesentlich beteiligte Anteilseigner, die unbeschränkt steuerpflichtig sind, ihre Anteile im Privatvermögen halten und Gesellschafter der übernehmenden Personengesellschaft werden und nach den Neuregelungen durch das Gesetz zur Fortsetzung der Unternehmenssteuerreform auch für Anteile i. S. des § 17 Abs. 2 Satz 4 EStG (§ 7 Satz 2 UmwStG). 07.01

II. Negative Teilbeträge des verwendbaren Eigenkapitals

Nach § 7 Satz 1 Nr. 1 UmwStG ist dem nicht wesentlich beteiligten Anteilseigner, der seine Beteiligung im Privatvermögen hält, der Teil des verwendbaren Eigenkapitals der übertragenden Körperschaft – mit Ausnahme des EK 04 (§ 30 Abs. 2 Nr. 4 KStG) – als Einkünfte aus Kapitalvermögen zuzurechnen, der seiner Beteiligung entspricht. Das gleiche gilt nach den Neuregelungen durch das Gesetz zur Fortsetzung der Unternehmenssteuerreform auch für Anteile i. S. des § 17 Abs. 2 Satz 4 EStG (§ 7 Satz 2 UmwStG). 07.02

Negative Teilbeträge des verwendbaren Eigenkapitals sind unabhängig davon mit positiven Teilbeträgen zu verrechnen, ob es sich um mit Körperschaftsteuer belastete oder nicht belastete Teilbeträge handelt. Dabei sind die Eigenkapitalteile i. S. des § 30 Abs. 1 Satz 3 Nr. 1 und 2 und Abs. 2 Nr. 1 bis 3 KStG miteinander zu verrechnen. Nur der der Beteiligung entsprechende Anteil an einem positiven Saldo der Teilbeträge des verwendbaren Eigenkapitals – ausgenommen das EK 04 – ist dem Anteilseigner als Einkünfte aus Kapitalvermögen zuzurechnen. Ein negativer Saldo des verwendbaren Eigenkapitals führt nicht zu einer Erhöhung der Körperschaftsteuer. 07.03

Beispiel:

	EK 45	EK 02	EK 04
Fall 1	4 000	– 5 000	2 500
Fall 2	5 000	– 500	2 500

Einkünfte aus Kapitalvermögen i. S. des § 7 Satz 1 Nr. 1 UmwStG bei Beteiligung in Höhe von 10 v.H.

Fall 1:   0 DM
Fall 2: (10 v.H. von 4 500 DM)   450 DM

zuzüglich der anzurechnenden Körperschaftsteuer nach § 7 Satz 1 Nr. 2 UmwStG.

07.04 Die nach § 7 Satz 1 Nr. 2 UmwStG zuzurechnende, anteilig auf den Anteilseigner entfallende anzurechnende Körperschaftsteuer ist nach den Grundsätzen zu § 10 UmwStG zu ermitteln.

III. Eigene Anteile

07.05 Besitzt die übertragende Kapitalgesellschaft eigene Anteile, ist die Höhe der Beteiligung eines Anteilseigners nach dem Verhältnis des Nennbetrags seiner Anteile zur Summe der um die eigenen Anteile gekürzten Nennbeträge aller Anteile zu bemessen.

Beispiel:

Summe der Nennbeträge aller Anteile	100
eigene Anteile	– 10
	90
Anteile des nicht wesentlich beteiligten Anteilseigners	10

Dem Anteilseigner stehen somit nicht nur 10 v.H., sondern 11,1 v.H. der offenen Reserven zu.

IV. Zufluß der Einkünfte

07.06 Die Einkünfte aus Kapitalvermögen gelten mit dem Ablauf des steuerlichen Übertragungsstichtags als zugeflossen (§ 2 Abs. 1 UmwStG).

Zu § 10 UmwStG: Körperschaftsteueranrechnung

I. Behandlung negativer EK-Teile (§ 10 Abs. 1 UmwStG)

10.01 Nach § 10 Abs. 1 UmwStG ist die Körperschaftsteuer, die auf den Teilbeträgen des für die Ausschüttung verwendbaren Eigenkapitals der übertragenden Körperschaft i. S. des § 30 Abs. 1 Nr. 1 und 2 KStG sowie auf den entsprechenden in der Gliederungsrechnung vorübergehend bis zu ihrer Umgliederung fortzuführenden Altkapitalteilen lastet, auf die Einkommensteuer oder Körperschaftsteuer der Gesellschafter der übernehmenden Personengesellschaft anzurechnen.

10.02 Bei der Ermittlung der nach § 10 Abs. 1 UmwStG anzurechnenden Körperschaftsteuer, die auf den Teilbeträgen des für Ausschüttungen verwendbaren Eigenkapitals der übertragenden Körperschaft i. S. des § 30 Abs. 1 Nr. 1 und 2 KStG lastet, sind positive und negative Beträge an Körperschaftsteuer zu verrechnen (BFH-Urteil vom 22.11.1995, BStBl. 1996 II S. 390).

Beispiel:

Rücklagen lt. Steuerbilanz	EK 50	EK 45	nach § 10 Abs. 1 UmwStG anzurechnende KSt	
15 TDM	– 40 TDM	55 TDM	(50/50 von – 40 TDM)	– 40 TDM
			(45/55 von 55 TDM)	+ 45 TDM
			anrechenbare KSt	5 TDM

10.03 Negative nicht mit Körperschaftsteuer belastete EK-Teile (z. B. EK 02) bleiben unberücksichtigt.

Beispiel:

Rücklagen lt. Steuerbilanz	EK 45	EK 02	EK 03	nach § 10 Abs. 1 UmwStG anzurechnende KSt
15 TDM	55 TDM	– 40 TDM	0	45 TDM

II. Ausschüttungsbelastung auf Teilbeträge i. S. des § 30 Abs. 2 Nr. 2 oder 3 KStG (EK 02 oder EK03)

Eine Ausschüttungsbelastung auf die unbelasteten Teilbeträge i. S. des § 30 Abs. 2 Nr. 2 oder 3 **10.04** KStG (EK 02 oder 03) ist nach § 10 Abs. 1 UmwStG nicht herzustellen.

III. Bescheinigungen nach § 10 Abs. 1 UmwStG

Maßgebend für die nach § 10 Abs. 1 UmwStG anzurechnende Körperschaftsteuer ist das ver- **10.05** wendbare Eigenkapital, das sich nach Berücksichtigung der Ausschüttungen, für die noch die übertragende Körperschaft die Ausschüttungsbelastung herzustellen hat (vgl. Tz. 02.16), und vor Berücksichtigung des Abgangs der EK-Bestände im Falle der Umwandlung ergibt. Dieses verwendbare Eigenkapital ist gesondert festzustellen. Der Nachweis der anrechenbaren Körperschaftsteuer kann vereinfacht durch Vorlage einer Ablichtung des Bescheides über die gesonderte Feststellung der Teilbeträge des verwendbaren Eigenkapitals nach § 47 Abs. 1 Nr. 1 KStG zum steuerlichen Übertragungsstichtag (Schluß des Wirtschaftsjahrs der Umwandlung) erbracht werden.

Dem nicht wesentlich beteiligten Anteilseigner i. S. des § 7 UmwStG hat die übertragende Kör- **10.06** perschaft oder der übernehmende Rechtsträger folgende Beträge zu bescheinigen:

– den Teil des für Ausschüttungen verwendbaren Eigenkapitals – mit Ausnahme des EK 04 –, der von ihm zu versteuern ist (§ 7 Satz 1 Nr. 1 UmwStG),

– den Teil der auf ihn entfallenden anzurechnenden Körperschaftsteuer (§ 7 Satz 1 Nr. 2 UmwStG). Für den vereinfachten Nachweis gilt Tz. 10.05 Satz 3 entsprechend.

Zusammenfassendes Beispiel zum 2. Abschnitt

Grundfall

Gesellschafter der X-GmbH (Stammkapital 1 000) sind A zu 50 v.H., B zu 30 v.H. und C zu 20 v.H. A hält eine Beteiligung, die er kurz vor der Verschmelzung zu Anschaffungskosten in Höhe von 2 000 (Buchwert) erworben hat, im Betriebsvermögen. B und C halten ihre Beteiligung im Privatvermögen. B hat seinen Anteil bei Gründung der GmbH für 300 erworben. C hat für seinen Anteil Anschaffungskosten i. H. von 700 aufgewendet.

Bilanz der X-GmbH zum 31.12.1995

	Buchwert	Teilwert			Buchwert	Teilwert
Firmenwert	0	1 000	Eigenkapital		1 000	3 000
			– Stammkapital	1 000		
			– Rücklagen	1 500		
			– Verlustvortrag	1 500		
Anlagevermögen	1 000	1 400				
Umlaufvermögen	1 500	2 100	Verbindlichkeiten		1 500	1 500
	2 500	4 500			2 500	4 500

Eigenkapitalgliederung der X-GmbH zum 31.12.1995

EK 50 EK 02

1 500 – 1 500

Die X-GmbH soll zum 01.01.1996 durch Neugründung zum Buchwert auf die A, B, C-OHG verschmolzen werden.

Abwandlung:

Wie Ausgangsfall, jedoch sind die Gesellschafter B und C beschränkt steuerpflichtig.

Lösung:

1. Grundfall

a) X-GmbH

Die X-GmbH kann nach § 3 UmwStG die Wirtschaftsgüter in ihrer steuerlichen Schlußbilanz mit dem Buchwert ansetzen, da das übertragene Vermögen bei der A, B, C-OHG Betriebsvermögen bleibt. Bei Buchwertansatz ergibt sich kein Übertragungsgewinn. Die in den Wirtschaftsgütern enthaltenen stillen Reserven gehen auf die übernehmende Personengesellschaft über.

b) A, B, C-OHG und Gesellschafter

Die A, B, C-OHG hat auf den Verschmelzungsstichtag eine handelsrechtliche und eine steuerliche Eröffnungsbilanz aufzustellen. Gemäß § 4 Abs. 1 UmwStG ist die A, B, C-OHG an die Wertansätze der Übertragungsbilanz der X-GmbH gebunden (Grundsatz der Wertverknüpfung). Die A, B, C-OHG tritt nach § 4 Abs. 2 u. 3 UmwStG in die Rechtsstellung der übertragenden X-GmbH ein (Grundsatz der Gesamtrechtsnachfolge).

Die von der X-GmbH übernommenen Wirtschaftsgüter sind anstelle der nach § 5 UmwStG in das Betriebsvermögen der A, B, C-OHG eingelegt geltenden Beteiligung in die Bilanz aufzunehmen. In Höhe des Unterschiedsbetrages zwischen dem Wert, mit dem die übergegangenen Wirtschaftsgüter zu übernehmen sind, und dem Buchwert der Anteile an der übertragenden Körperschaft ergibt sich ein Übernahmegewinn oder Übernahmeverlust (§ 4 Abs. 4 UmwStG). Dabei gilt die im Betriebsvermögen gehaltene Beteiligung des A nach § 5 Abs. 3 UmwStG als mit dem Buchwert, die im Privatvermögen gehaltene wesentliche Beteiligung i. S. von § 17 EStG des B nach § 5 Abs. 2 UmwStG als mit den Anschaffungskosten in das Betriebsvermögen der A, B, C-OHG eingelegt.

Ein Übernahmegewinn nach § 4 Abs. 4 bis 6 UmwStG ist ohne tarifliche Begünstigung von den Gesellschaftern der übernehmenden Personengesellschaft nach § 15 Abs. 1 Satz 1 Nr. 1 oder 2 EStG zu versteuern. Bei Buchwertfortführung umfaßt der Übernahmegewinn regelmäßig nur die in dem übertragenen Vermögen enthaltenen offenen Rücklagen. Gewerbesteuerlich ist der Übernahmegewinn nach § 18 Abs. 2 UmwStG nicht zu erfassen.

Ein Übernahmeverlust führt bei der übernehmenden Personengesellschaft (i. d. R. in Ergänzungsbilanzen der Gesellschafter) zu einer (steuerneutralen) Buchwertaufstockung bei den einzelnen Wirtschaftsgütern nach der Stufentheorie (§ 4 Abs. 6 UmwStG).

Für die im Privatvermögen gehaltene nicht wesentliche Beteiligung des C an der X-GmbH gilt die Einlagefiktion des § 5 Abs. 2 UmwStG nicht. Die anteilig hierauf entfallenden Wirtschaftsgüter werden bei der Ermittlung des Übernahmegewinns oder Übernahmeverlustes nicht berücksichtigt (§ 4 Abs. 4 Satz 3 UmwStG). C hat nach § 7 UmwStG das anteilig auf ihn entfallende verwendbare Eigenkapital der übertragenden Kapitalgesellschaft (offene Rücklagen) sowie die anzurechnende KSt als Einkünfte aus Kapitalvermögen zu versteuern.

Ein bei der Kapitalgesellschaft verbleibender Verlustabzug i. S. des § 10 d Abs. 3 Satz 2 EStG geht trotz des Eintritts der Personengesellschaft in die Rechtsstellung der Kapitalgesellschaft nicht auf die Gesellschafter der übernehmenden Personengesellschaft über (§ 4 Abs. 2 Satz 2 UmwStG).

Die Eröffnungsbilanz der A, B, C-OHG und die Auswirkungen der Verschmelzung auf die Gesellschafter A, B und C bei Ansatz der Buchwerte der übergehenden Wirtschaftsgüter in der Bilanz der X-GmbH stellen sich wie folgt dar:

Steuerliche Eröffnungsbilanz A, B, C-OHG 31.12.1995

Verschiedene Aktiva	2 500	Kapital A	500
		Kapital B	300
		Kapital C	200
			1 000
		Verbindlichkeiten	1 500
	2 500	Kapital A	2 500

Die Auswirkungen auf die A, B, C-OHG und ihre Gesellschafter

	A (50 v. H.- Beteiligung im Betriebsvermögen)	B (30 v. H.- Beteiligung im Privatvermögen)	C (50 v. H.- Beteiligung im Privatvermögen)
Buchwert des übergegangenen Vermögens	500	300	–
abzgl. Buchwert der Anteile	– 2 000	– 300	–
vorläufiges Übernahmeergebnis	– 1 500	0	–
Zurechnung nach § 7 UmwStg	–	–	0
anzurechnende KSt (§ 4 Abs. 5, § 7 Nr. 2 UmwStg	+ 750	+ 450	+ 300
Übernahmeergebnis	– 750	450	–
Aufstockung gemäß § 4 Abs. 6 UmwStG	+ 750	–	–
Steuerpflichtiger Übernahmegewinn	0	450	–
Einkünfte aus Kapitelvermögen	–	–	300
Steuersatz (z. B. 50 v. H.)	0	224	150
anrechenbare KSt	750	450	300
Erstattung	750	225	150

Ergänzungsbilanz A

Anlagevermögen	200	Mehrkapital	750
Umlaufvermögen	300		
Firmenwert	250		
	750		750

A hat einen durch die Verschmelzung bedingten Übernahmeverlust in Höhe von 750 erzielt. In entsprechender Höhe hat er in einer Ergänzungsbilanz die anteilig auf ihn entfallenden Wirtschaftsgüter aufzustocken. Ferner erhält A ein Körperschaftsteuerguthaben in Höhe von 750 erstattet.

B hat einen steuerpflichtigen Übernahmegewinn in Höhe von 450 erzielt. Auf die Besteuerung des Übernahmegewinns ist der auf B entfallende Teil der anrechenbaren KSt anzurechnen (§ 10 UmwStG).

C ist als nicht wesentlich Beteiligter nicht in die Ermittlung des Übernahmegewinns oder -verlustes auf der Ebene der A, B, C-OHG einbezogen worden. Ihm werden gemäß § 7 UmwStG das auf seine Anteile entfallende verwendbare Eigenkapital 0 (bei Anwendung des § 7 UmwStG werden negative Teilbeträge des EK 0 mit positiven Teilbeträgen des belasteten EK – mit Ausnahme des EK 04 – verrechnet) und die anrechenbare KSt in Höhe von 300 als Einkünfte aus Kapitalvermögen zugerechnet. Die KSt von 300 ist auf seine ESt anrechenbar.

2. **Abwandlung**

Bei einem beschränkt steuerpflichtigen Gesellschafter, der nicht wesentlich an der übertragenden Kapitalgesellschaft beteiligt ist, sieht das UmwStG ebenso wie bei einem unbeschränkt Steuerpflichtigen keine Einlage in das Betriebsvermögen der übernehmenden Personengesellschaft vor. Das gleiche gilt für einen beschränkt steuerpflichtigen Gesellschafter mit wesentlicher Beteiligung, deren Veräußerung nicht der inländischen Besteuerung unterliegt. Auch hier gilt die wesentliche Beteiligung nicht gemäß § 5 Abs. 2 UmwStG als in das Betriebsvermögen eingelegt. Bei diesen Anteilseignern kann kein steuerlich zu berücksichtigender Übernahmeverlust i. S. von § 4 Abs. 4 UmwStG entstehen.

3. Abschnitt: Verschmelzung oder Vermögensübertragung (Vollübertragung) auf eine andere Körperschaft

Zu § 11 UmwStG: Auswirkungen auf den Gewinn der übertragenden Körperschaft

I. Bewertungswahlrecht nach § 11 Abs. 1 UmwStG

1. Voraussetzungen des Bewertungswahlrechts

11.01 Nach § 11 Abs. 1 UmwStG können die übergegangenen Wirtschaftsgüter in der steuerlichen Schlußbilanz für das letzte Wirtschaftsjahr der übertragenden Körperschaft (Übertragungsbilanz) mit dem Buchwert, einem höheren Wert, höchstens jedoch mit dem Teilwert angesetzt werden, soweit die spätere Besteuerung der stillen Reserven sichergestellt ist und soweit eine Gegenleistung nicht gewährt wird oder in Gesellschaftsrechten besteht. Handelsrechtlich gelten für die Übertragungsbilanz die Vorschriften über die Jahresbilanz und deren Prüfung entsprechend (§ 17 Abs. 2 Satz 2 UmwG). Ein über dem Buchwert liegender Wertansatz ist danach nur eingeschränkt möglich. In der handelsrechtlichen Jahresbilanz werden die Vermögensgegenstände mit den Anschaffungs- oder Herstellungskosten, vermindert um planmäßige und außerplanmäßige Abschreibungen angesetzt (§§ 253, 254 HGB). Entfällt in einem späteren Geschäftsjahr der Grund für die außerplanmäßige Abschreibung, ist eine Wertaufholung bis zur Höhe der Anschaffungs- oder Herstellungskosten (bei abnutzbaren Wirtschaftsgütern vermindert um die planmäßige Abschreibung) zulässig (§ 253 Abs. 4, § 280 HGB). Nach dem Grundsatz der Maßgeblichkeit der Handelsbilanz für die Steuerbilanz (§ 5 Abs. 1 EStG) können bei der derzeitigen handelsrechtlichen Rechtslage auch in der steuerlichen Übertragungsbilanz nur die in der Handelsbilanz zulässigen Werte angesetzt werden. Auf Tz. 03.01 wird hingewiesen.

11.02 Setzt der übernehmende Rechtsträger nach § 24 UmwG in seiner Jahresbilanz über den Wertansätzen in der Schlußbilanz der übertragenden Körperschaft liegende Werte an, sind die Wirtschaftsgüter an dem der Umwandlung folgenden Bilanzstichtag auch in der Steuerbilanz insoweit bis zur Höhe der steuerlichen Anschaffungs- oder Herstellungskosten der übertragenden Körperschaft (ggf. gemindert um Absetzungen für Abnutzung) erfolgswirksam aufzustocken (vgl. Tz. 03.02).

11.03 Bei einer Umwandlung auf eine unbeschränkt körperschaftsteuerpflichtige Körperschaft i. S. des § 1 Abs. 1 KStG ist die Besteuerung grundsätzlich sichergestellt. Dies gilt z. B. nicht, wenn die übernehmende Körperschaft von der Körperschaftsteuer befreit ist (u. a. nach § 5 KStG) oder das Vermögen in den nicht steuerpflichtigen Bereich einer juristischen Person des öffentlichen Rechts übergeht (Vermögensübertragung). Eine steuerneutrale Umwandlung ist dagegen möglich, soweit das übergehende Vermögen bei der übernehmenden Körperschaft einen steuerpflichtigen wirtschaftlichen Geschäftsbetrieb bildet oder zu einem vorher bestehenden steuerpflichtigen wirtschaftlichen Geschäftsbetrieb gehört.

11.04 Die Sicherstellung der Besteuerung ist nur für stille Reserven zu beachten, die am Umwandlungsstichtag der inländischen Besteuerung unterliegen. Das Erfordernis der Sicherstellung der Besteuerung der stillen Reserven gilt u. a. nicht für im Rahmen der Umwandlung übergehendes ausländisches Betriebsstättenvermögen, dessen Besteuerung (aufgrund eines DBA) am Übertragungsstichtag einem anderen Staat zusteht.

2. Gegenleistung i. S. des § 11 Abs. 1 UmwStG

11.05 Eine Gegenleistung, die nicht in Gesellschaftsrechten besteht, ist gegeben, wenn die übernehmende Körperschaft im Rahmen des Verschmelzungsvertrages (§ 5 i. V. m. § 29 UmwG) bare Zuzahlungen (z. B. einen Spitzenausgleich) oder andere Vermögenswerte an die übertragende Körperschaft oder deren verbleibende Anteilseigner gewährt. Eine Gegenleistung liegt auch vor, wenn die übernehmende Körperschaft der Umwandlung widersprechende Anteilseigner gemäß §§ 29, 125 und 207 UmwG bar abfindet.

a) Gegenleistungen der übernehmenden Körperschaft, die nicht in Gesellschaftsrechten bestehen

11.06 Leistet die übernehmende Kapitalgesellschaft eine Zuzahlung (z. B. einen Spitzenausgleich i. S. der §§ 15, 126 Abs. 1 Nr. 3 UmwG), liegt eine Gegenleistung i. S. des § 11 Abs. 1 Nr. 2 UmwStG vor, die nicht in Gesellschaftsrechten besteht. Die übergegangenen Wirtschaftsgüter sind bei der übertragenden Kapitalgesellschaft insoweit mit dem Wert der Gegenleistung anzusetzen. Das gilt auch für die Barabfindung von der Umwandlung widersprechender Anteilseigner.

11.07 Zur steuerlichen Behandlung der Zuzahlungen bei den verbleibenden Anteilseignern vgl. Tz. 13.03 und der Barabfindung vgl. Tz. 13.04.

b) Zahlungen durch die übertragende Kapitalgesellschaft

Eine Zahlung durch die übertragende Kapitalgesellschaft an einen ausscheidenden Anteilseigner **11.08** stellt keine Gegenleistung i. S. des § 11 Abs. 1 Nr. 2 UmwStG dar. Je nach den Umständen des Einzelfalles kann der Vorgang als Erwerb eigener Anteile oder als verdeckte Gewinnausschüttung oder andere Ausschüttung zu beurteilen sein (vgl. BFH-Urteil vom 06.12.1995 – I R 51/95 –). Ein Erwerb eigener Anteile zur Einziehung führt regelmäßig zu einer verdeckten Gewinnausschüttung.

Zur Behandlung der Zahlungen beim Anteilseigner wird auf Tz 13.04 verwiesen. **11.09**

c) Zahlungen durch die Gesellschafter der übernehmenden oder übertragenden Kapitalgesellschaft

Die Zahlungen an ausscheidende Anteilseigner durch die Gesellschafter der übernehmenden oder **11.10** übertragenden Kapitalgesellschaft sind keine Gegenleistung i. S. des § 11 Abs. 1 Nr. 2 UmwStG.

Die Zahlungen sind nach allgemeinen steuerrechtlichen Grundsätzen zu beurteilen. Sie führt zu **11.11** einem Veräußerungserlös beim Empfänger und zu Anschaffungskosten beim leistenden Gesellschafter.

3. Anwendung des § 11 UmwStG in den Fällen der Verschmelzung auf den alleinigen Gesellschafter in der Rechtsform einer Kapitalgesellschaft

Bei Verschmelzung einer Kapitalgesellschaft auf ihren alleinigen Gesellschafter in der Rechtsform **11.12** einer anderen Kapitalgesellschaft fällt bei dieser die Beteiligung an der Übertragerin weg.

Der Wegfall der Beteiligung an der übertragenden Gesellschaft ist keine Rückgabe der Beteiligung **11.13** an die übertragende Gesellschaft. Eine Gegenleistung ist darin nicht zu sehen. Das Bewertungswahlrecht nach § 11 Abs. 1 UmwStG kann in Anspruch genommen werden. Ein Übernahmegewinn oder Übernahmeverlust bleibt nach § 12 Abs. 2 UmwStG außer Ansatz.

4. Verschmelzung von Schwestergesellschaften

Auf die Verschmelzung von Schwestergesellschaften sind die §§ 11 bis 13 UmwStG anzuwenden **11.14** (wegen der Hinzurechnungsbesteuerung nach § 12 Abs. 2 Satz 2 UmwStG wird auf Tz. 12.07 verwiesen). Werden Schwestergesellschaften verschmolzen, ist handelsrechtlich zwingend eine Kapitalerhöhung bei der übernehmenden Kapitalgesellschaft vorgeschrieben. Die notwendige Kapitalerhöhung muß nicht den gesamten übertragenen Vermögenswert umfassen. Als Anschaffungskosten der Anteile an der übernehmenden Schwestergesellschaft nach der Verschmelzung gilt die Summe der Anschaffungskosten der Anteile an der übertragenden und an der übernehmenden Schwestergesellschaft vor der Verschmelzung. Der Wegfall der Beteiligung an der übertragenden Schwestergesellschaft ist daher nicht als Aufwand zu behandeln. Die Pflicht, Anteile des übernehmenden Rechtsträgers an die Anteilsinhaber des übertragenden Rechtsträgers zu leisten, bildet – auch bei der Verschmelzung beteiligungsidentischer Schwestergesellschaften – ein Wesensmerkmal der Verschmelzung. Eine Gegenleistung i. S. des § 11 Abs. 1 Nr. 2 UmwStG liegt nicht vor.

5. Vermögensübertragung nach §§ 174ff. UmwG gegen Gewährung einer Gegenleistung an die Anteilsinhaber des übertragenden Rechtsträgers

Nach § 174 UmwG kann ein Rechtsträger unter Auflösung ohne Abwicklung sein Vermögen ganz **11.15** oder teilweise auf einen anderen bestehenden Rechtsträger (übernehmender Rechtsträger) gegen Gewährung einer Gegenleistung an die Anteilsinhaber des übertragenden Rechtsträgers, die nicht in Anteilen oder Mitgliedschaften besteht, übertragen. Wegen der Gewährung der Gegenleistung ist in folgenden Fällen daher ein steuerneutraler Vermögensübergang (Buchwertfortführung) i. S. des § 11 Abs. 1 UmwStG grundsätzlich nicht möglich:

– Vermögensübertragung einer Kapitalgesellschaft auf den Bund, ein Land, eine Gebietskörperschaft oder einen Zusammenschluß von Gebietskörperschaften (§§ 175 Nr. 1, 176, 177 UmwG)

– Vermögensübertragung einer Versicherungs-AG auf einen VVaG (§§ 175 Nr. 2 Buchstabe a, 178, 179 UmwG)

– Vermögensübertragung eines VVaG auf eine Versicherungs-AG oder ein öffentlich-rechtliches Versicherungsunternehmen

– Vermögensübertragung eines öffentlich-rechtlichen Versicherungsunternehmens auf eine Versicherungs-AG oder einen VVaG.

Nach § 176 Abs. 2 UmwG tritt in diesen Fällen an die Stelle des Umtauschverhältnisses der Anteile **11.16** die Art und Höhe der Gegenleistung. Die übergegangenen Wirtschaftsgüter sind daher nach § 11 Abs. 2 UmwStG mit dem Wert der Gegenleistung anzusetzen.

11.17 Ein steuerneutraler Vermögensübergang ist aber dann möglich, wenn das Vermögen auf den alleinigen Anteilseigner übertragen wird (z. B. Kapitalgesellschaft auf eine Gemeinde, die zu 100 v. H. an der übertragenden Kapitalgesellschaft beteiligt ist). in diesen Fällen liegt eine Gegenleistung nicht vor. Der Wegfall der Beteiligung an der übertragenden Kapitalgesellschaft stellt keine Gegenleistung dar.

6. Ausübung des Bewertungswahlrechts

11.18 Das unter Tz. 11.01 dargelegte Bewertungswahlrecht in § 11 Abs. 1 UmwStG gilt für das gesamte Betriebsvermögen der übertragenden Körperschaft, auch für die Wirtschaftsgüter in einer ausländischen Betriebsstätte, für die das alleinige Besteuerungsrecht einem anderen Staat (aufgrund eines DBA) zusteht. Bei Ansatz der Wirtschaftsgüter mit einem über dem Buchwert liegenden Wert unterliegt ein Übertragungsgewinn insoweit nicht der inländischen Besteuerung.

7. Selbst geschaffene immaterielle Wirtschaftsgüter einschließlich Geschäfts- oder Firmenwert

11.19 In der Übertragungsbilanz sind von der übertragenden Körperschaft selbst geschaffene immaterielle Wirtschaftsgüter einschließlich eines Geschäfts- oder Firmenwerts nicht anzusetzen (vgl. Tz. 03.07).

II. Aufdeckung der stillen Reserven

11.20 Wird eine Gegenleistung gewährt, die nicht in Gesellschaftsrechten besteht, ist das übergegangene Vermögen mit dem Wert der für die Übertragung gewährten Gegenleistung anzusetzen (§ 11 Abs. 2 Satz 1 UmwStG). Die Gegenleistung ist gleichmäßig auf alle übergegangenen Wirtschaftsgüter zu verteilen. Selbst geschaffene immaterielle Wirtschaftsgüter einschließlich eines Geschäfts- oder Firmenwerts sind nur zu berücksichtigen, wenn die übrigen Wirtschaftsgüter aufgrund der Gegenleistung bis zu den Teilwerten aufgestockt sind.

11.21 Ist die Besteuerung der stillen Reserven nicht sichergestellt, sind in der Übertragungsbilanz die Wirtschaftsgüter – einschließlich der selbst geschaffenen immateriellen Wirtschaftsgüter und eines Geschäfts- oder Firmenwerts – mit dem Teilwert anzusetzen (§ 11 Abs. 2 Satz 2 UmwStG). Von dem Ansatz eines Geschäfts- oder Firmenwerts ist abzusehen, wenn der Betrieb der übertragenden Körperschaft nicht fortgeführt wird.

III. Besteuerung des Übertragungsgewinns

11.22 Ein etwaiger Übertragungsgewinn unterliegt bei der übertragenden Körperschaft der Besteuerung nach allgemeinen Grundsätzen. Er entsteht mit Ablauf des Übertragungsstichtags (§ 2 Abs. 1 UmwStG).

IV. Landesrechtliche Vorschriften zur Vereinigung öffentlich-rechtlicher Kreditinstitute oder öffentlich-rechtlicher Versicherungsunternehmen

11.23 Sehen landesrechtliche Vorschriften die Vereinigung öffentlich-rechtlicher Kreditinstitute oder öffentlich-rechtlicher Versicherungsunternehmen im Wege der Gesamtrechtsnachfolge vor, so sind die §§ 11 und 12 UmwStG bei dieser Vereinigung entsprechend anzuwenden, wenn die Vereinigung durch Gesamtrechtsnachfolge einer Verschmelzung i. S. des UmwStG entspricht.

V. Beteiligung der übertragenden Kapitalgesellschaft an der übernehmenden Kapitalgesellschaft

11.24 Es bestehen keine Bedenken, bei Verschmelzung der Muttergesellschaft auf die Tochtergesellschaft aus Billigkeitsgründen auf übereinstimmenden Antrag aller an der Umwandlung Beteiligten die Vorschriften der §§ 11–13 UmwStG insgesamt entsprechend anzuwenden. § 13 UmwStG findet nur Anwendung, wenn die Anteile des Anteilseigners der inländischen Besteuerung unterliegen.

11.25 Bezogen auf die übertragende Muttergesellschaft setzt der Vermögensübergang zu Buchwerten somit voraus, daß die in dem übergehenden Vermögen enthaltenen stillen Reserven später bei der übernehmenden Kapitalgesellschaft (hier bei der Tochtergesellschaft) der Körperschaftsteuer unterliegen und eine Gegenleistung nicht gewährt wird in Gesellschaftsrechten besteht (§ 11 Abs. 1 UmwStG).

11.26 Soweit die Muttergesellschaft eine steuerwirksame Teilwertabschreibung vorgenommen und damit die Voraussetzungen des § 12 Abs. 2 Satz 2 UmwStG geschaffen hat, muß die Hinzurechnungsbesteuerung bei der Muttergesellschaft auch bei der Verschmelzung der Muttergesellschaft auf die Tochtergesellschaft stattfinden. Durch die Verschmelzung der Muttergesellschaft auf die Tochtergesellschaft läßt sich die Hinzurechnungsbesteuerung gemäß § 12 Abs. 2 Satz 2 UmwStG nicht vermeiden (vgl. Tz. 12.07 und 12.08).

11.27 Hält die übertragende Gesellschaft Anteile der übernehmenden Gesellschaft, die nach dem Vermögensübergang eigene Anteile der übernehmenden Gesellschaft werden, so brauchen die in diesen Anteilen enthaltenen stillen Reserven bei Vorliegen der Voraussetzungen des § 11 Abs. 1 UmwStG selbst dann nicht aufgedeckt zu werden, wenn die übernehmende Gesellschaft diese Anteile einzieht. Die Einziehung ist ein körperschaftsteuerlich neutraler gesellschaftsrechtlicher Vorgang (BFH-Urteil vom 28.01.1966, BStBl. III S. 245). Sie schmälert nicht das tatsächlich vorhandene Vermögen.

Die Verschmelzung der Mutter- auf die Tochtergesellschaft führt auf der Ebene der Tochtergesell- **11.28** schaft nicht zu einem steuerpflichtigen Durchgangserwerb der Anteile, wenn die Gesellschafter der Muttergesellschaft für ihre Anteile an der Muttergesellschaft von dieser gehaltene Anteile an der Tochtergesellschaft erhalten.

Wird kein Antrag auf Anwendung der §§ 11 bis 13 UmwStG aus Billigkeitsgründen gestellt, ist die **11.29** Anwendung einzelner Vorschriften (z. B. § 11 UmwStG) ausgeschlossen. Folglich sind die in dem übertragenen Vermögen enthaltenen stillen Reserven bei der Muttergesellschaft aufzulösen. Auch bei den Anteilseignern ist eine Realisierung der in den Anteilen enthaltenen stillen Reserven nach den allgemeinen Grundsätzen vorzunehmen.

Die Vorschrift des § 8 Abs. 4 KStG ist zu beachten. Die Voraussetzung der Anteilsübertragung ist **11.30** erfüllt. Aus einer mittelbaren Beteiligung an der Tochtergesellschaft ist eine unmittelbare Beteiligung geworden. Bei Vorliegen der übrigen Voraussetzungen kann § 8 Abs. 4 KStG anzuwenden sein.

Zu § 12 UmwStG: Auswirkungen auf den Gewinn der übernehmenden Körperschaft

I. Buchwertverknüpfung

Die übernehmende Körperschaft hat das auf sie übergegangene Vermögen in entsprechender An- **12.01** wendung des § 4 Abs. 1 UmwStG mit dem in der steuerlichen Schlußbilanz der übertragenden Körperschaft enthaltenen Wert zu übernehmen (§ 12 Abs. 1 UmwStG).

Entsprechend dem Grundgedanken des § 13 Abs. 1 KStG sind im Falle des Vermögensübergangs **12.02** von einer steuerbefreiten auf eine steuerpflichtige Körperschaft die übergegangenen Wirtschaftsgüter bei der übernehmenden Körperschaft mit dem Teilwert anzusetzen, und zwar unabhängig von dem Ansatz der Wirtschaftsgüter in der steuerlichen Schlußbilanz der übertragenden Körperschaft (§ 12 Abs. 1 Satz 2 UmwStG). Das gilt nicht, soweit die Wirtschaftsgüter bei der übertragenden Körperschaft zu einem partiell steuerpflichtigen wirtschaftlichen Geschäftsbetrieb gehört haben. Diese Wirtschaftsgüter hat die übernehmende Körperschaft mit dem in der steuerlichen Schlußbilanz der übertragenden Körperschaft enthaltenen Wert zu übernehmen (§ 12 Abs. 1 Satz 1 UmwStG).

II. Übernahmegewinn und Übernahmeverlust (Übernahmeergebnis)

1. Steuerneutralität des Übernahmeergebnisses

Nach § 12 Abs. 2 Satz 1 UmwStG bleibt das Übernahmeergebnis bei der Ermittlung des Gewinns **12.03** der übernehmenden Körperschaft außer Ansatz. Der Gewinn ist außerhalb der Bilanz entsprechend zu korrigieren.

2. Hinzurechnung nach § 12 Abs. 2 Satz 2 bis 5 UmwStG

Übersteigen die tatsächlichen Anschaffungskosten den Buchwert der Anteile an der übertragenen **12.04** Körperschaft, ist der Unterschiedsbetrag dem Gewinn der übernehmenden Körperschaft nach § 12 Abs. 2 Satz 2 UmwStG hinzuzurechnen. Dies ist insbesondere der Fall, wenn auf den Beteiligungsbuchwert in früheren Jahren eine Teilwertabschreibung vorgenommen worden ist oder eine Übertragung nach § 6 b EStG erfolgt ist. Ausschüttungen aus dem EK 04 mindern die tatsächlichen Anschaffungskosten i. S. des § 12 Abs. 2 Satz 2 UmwStG.

Der Unterschiedsbetrag wird in dem Veranlagungszeitraum, in dem der steuerliche Übertragungs- **12.05** stichtag abläuft (§ 2 Abs. 1 UmwStG), dem Gewinn der übernehmenden Körperschaft außerhalb der Bilanz hinzugerechnet.

Eine Verrechnung des Hinzurechnungsbetrags mit einem nach § 12 Abs. 2 Satz 1 UmwStG außer **12.06** Ansatz gelassenen Übernahmeverlust ist nicht zulässig.

§ 12 Abs. 2 Satz 2 UmwStG ist in allen Fällen der Verschmelzung anzuwenden, in denen das **12.07** Übernahmeergebnis nach § 12 Abs. 2 Satz 1 UmwStG außer Ansatz bleibt und Anteile untergehen, auf die vor dem steuerlichen Übertragungsstichtag eine Teilwertabschreibung vorgenommen worden ist. Das gilt auch in den Fällen, in denen die Mutter- auf die Tochtergesellschaft (Tz. 11.24–11.30) oder Schwestergesellschaften verschmolzen werden. Wird die Muttergesellschaft auf die Tochtergesellschaft verschmolzen, erhöht sich der Unterschiedsbetrag zwischen den tatsächlichen Anschaffungskosten und dem Buchwert der Anteile an der Tochtergesellschaft den Gewinn der Muttergesellschaft (vgl. Tz. 11.26).

12.08 Die Verschmelzung auf die Schwestergesellschaft führt bei der gemeinsamen Muttergesellschaft, die auf die Anschaffungskosten der Anteile an der verschmolzenen Tochtergesellschaft eine Teilwertabschreibung vorgenommen hat, zunächst nicht zu einer Hinzurechnung nach § 12 Abs. 2 Satz 2 UmwStG. Der Hinzurechnungsbetrag ist in geeigneter Weise festzuhalten. Wird anschließend jedoch die übernehmende ehemalige Schwestergesellschaft auf die Muttergesellschaft verschmolzen, ist bei der Muttergesellschaft eine Hinzurechnung nach § 12 Abs. 2 Satz 2 UmwStG sowohl hinsichtlich der Beteiligung an der früher auf die Schwestergesellschaft verschmolzenen Tochtergesellschaft als auch hinsichtlich der nunmehr auf die Muttergesellschaft verschmolzenen Tochtergesellschaft vorzunehmen, soweit die Muttergesellschaft auf die Anschaffungskosten der Anteile an diesen Gesellschaften eine Teilwertabschreibung vorgenommen hatte.

3. Zuwendungen an eine Unterstützungskasse

12.09 § 12 Abs. 2 Satz 2 2. Halbsatz UmwStG stellt klar, daß entgegen dem BFH-Urteil vom 04.12.1991 (BStBl. 1992 II S. 744) auch die Zuwendungen eines Trägerunternehmens an eine Unterstützungskasse zu den tatsächlichen Anschaffungskosten der Beteiligung rechnen.

4. Begrenzung der Hinzurechnung (§ 12 Abs. 2 Satz 4 UmwStG)

12.10 Die Hinzurechnung nach § 12 Abs. 2 Satz 2 UmwStG (tatsächliche Anschaffungskosten abzüglich Buchwert der Anteile) darf den nach § 11 Abs. 2 UmwStG ermittelten Wert des übernommenen Vermögens, vermindert um den Buchwert der Anteile, nicht übersteigen (§ 12 Abs. 2 Satz 4 UmwStG). Der nach § 11 Abs. 2 UmwStG zu ermittelnde Wert des übernommenen Vermögens umfaßt auch die selbst geschaffenen immateriellen Wirtschaftsgüter einschließlich eines Geschäfts- oder Firmenwerts.

12.11 Die Begrenzung der Hinzurechnungsbesteuerung wurde durch das Gesetz zur Fortsetzung der Unternehmenssteuerreform gestrichen.

III. Eintritt in die Rechtsstellung der übertragenden Körperschaft (§ 12 Abs. 3 UmwStG)

1. Übergehender Verlustabzug

12.12 Die übernehmende Körperschaft tritt bezüglich eines verbleibenden Verlustabzugs i. S. des § 10d Abs. 3 Satz 2 EStG in die Rechtsstellung der übertragenden Körperschaft ein (§ 12 Abs. 3 Satz 2 UmwStG).

a) Verbleibender Verlustabzug i. S. des § 12 Abs. 3 Satz 2 UmwStG

12.13 Verbleibender Verlustabzug ist nach § 10d Abs. 3 Satz 2 EStG der bei der Ermittlung des Gesamtbetrags der Einkünfte nicht ausgeglichene Verlust des letzten Wirtschaftsjahrs der übertragenden Körperschaft, vermindert um die nach § 10d Abs. 1 und 2 EStG abgezogenen Beträge und vermehrt um den auf den Schluß des vorangegangenen Veranlagungszeitraums festgestellten verbleibenden Verlustabzug.

12.14 Maßgebend ist die Feststellung des verbleibenden Verlustabzugs nach § 10d Abs. 3 EStG.

12.15 Der verbleibende Verlustabzug i. S. des § 10d Abs. 3 Satz 2 EStG geht mit Ablauf des Übertragungsstichtags (§ 2 Abs. 1 UmwStG) auf die übernehmende Körperschaft über.

12.16 Bei der übernehmenden Körperschaft ist ein Verlustabzug im Veranlagungszeitraum, in dem der steuerliche Übertragungsstichtag liegt, und ein Verlustvortrag in die folgenden Veranlagungszeiträume möglich. Ein Verlustrücktrag kommt nicht in Betracht. Die übernehmende Körperschaft kann einen Verlustrücktrag nur für ihre eigenen Verluste, nicht auch für den durch Verschmelzung auf sie übergegangenen verbleibenden Verlustabzug vornehmen.

b) Ausschluß des Übergangs des Verlustabzugs

aa) Bis zur Neufassung des § 12 Abs. 3 Satz 2 UmwStG durch das Gesetz zur Fortsetzung der Unternehmenssteuerreform

12.17 Der Verlustabzug i. S. des § 10d Abs. 3 Satz 2 EStG geht nur über, wenn die übertragende Körperschaft ihren Geschäftsbetrieb im Zeitpunkt der Eintragung des Vermögensübergangs im Handelsregister noch nicht eingestellt hatte (§ 12 Abs. 3 Satz 2 UmwStG).

(1) Geschäftsbetrieb

12.18 Einen Geschäftsbetrieb kann jede Tätigkeit einer Kapitalgesellschaft darstellen (z. B. auch eine Vermögensverwaltung). Auch eine Gesellschaft, deren Haupttätigkeit sich darauf beschränkt, Beteiligungen an anderen Kapitalgesellschaften zu halten (Holdinggesellschaft), unterhält einen Geschäftsbetrieb i. S. des § 12 Abs. 3 Satz 2 UmwStG. Das Halten der Beteiligung an einer Kapitalgesellschaft reicht aus.

(2) Einstellung des Geschäftsbetriebs

Eine Kapitalgesellschaft hat ihren Geschäftsbetrieb eingestellt, wenn sie im wirtschaftlichen Ergebnis aufgehört hat, werbend tätig zu sein (vgl. BMF-Schreiben vom 11.06.1990 – IV B 7 – S 2745 – 7/91 – BStBl. I S. 252). Eine Einstellung des Geschäftsbetriebs liegt danach dann vor, wenn die werbende Tätigkeit aufgegeben wird. Sie kann aber auch dann anzunehmen sein, wenn die verbleibende Tätigkeit im Verhältnis zur ursprünglichen Tätigkeit nur noch unwesentlich ist. **12.19**

Beispiel:

Eine Verlustgesellschaft veräußert Teile des ursprünglichen Geschäftsbetriebs und vermietet nur noch ein zurückbehaltenes Geschäftsgrundstück an den Erwerber.

Der Geschäftsbetrieb ist im Zeitpunkt der Veräußerung der Teile des ursprünglichen Geschäftsbetriebs (Aufgabe der operativen Tätigkeit) eingestellt worden. Die Vermietung nur noch eines Geschäftsgrundstücks an den Erwerber ist im Verhältnis zur ursprünglichen operativen Tätigkeit unwesentlich und kann nicht als Fortführung des Geschäftsbetriebs angesehen werden. Ein Verlustabzug geht nicht nach § 12 Abs. 3 Satz 2 UmwStG über.

Zur Einstellung und Wiederaufnahme eines Geschäftsbetriebs vgl. BFH-Urteil vom 13.08.1997 (BStBl. II S. 829). Danach ist auch der Wechsel von einer aktiven Tätigkeit zu einer anderen aktiven Tätigkeit als Einstellung des wirtschaftlichen Geschäftsbetriebs anzusehen. **12.20**

(3) Verhältnis § 12 Abs. 3 Satz 2 UmwStG zu § 8 Abs. 4 KStG (Mantelkauf)

Voraussetzung für den Übergang des Verlustabzugs ist nach § 12 Abs. 3 Satz 2 UmwStG, daß die übertragende Körperschaft ihren Geschäftsbetrieb im Zeitpunkt der Eintragung des Vermögensübergangs in das Handelsregister noch nicht eingestellt hatte. Die Anwendung des § 8 Abs. 4 KStG bleibt daneben zu prüfen. Die Vorschrift des § 8 Abs. 4 KStG schließt den Abzug eigener Verluste der Kapitalgesellschaft aus, während § 12 Abs. 3 Satz 2 UmwStG den Übergang nicht verbrauchter Verluste der übertragenden Körperschaft auf die übernehmende Körperschaft ausschließt. **12.21**

Beispiel:

Die B-GmbH mit nicht verbrauchten Verlustvorträgen wird auf die A-GmbH, die ebenfalls über hohe nicht verbrauchte Verlustabzüge verfügt, verschmolzen. Nach der Verschmelzung sind an der A-GmbH die bisher nicht beteiligten Gesellschafter der B-GmbH zu mehr als 75 v.H. beteiligt. Sind die übrigen Voraussetzungen des § 8 Abs. 4 KStG ebenfalls gegeben, kann die A-GmbH ihre eigenen Verlustvorträge nach § 8 Abs. 4 KStG künftig nicht mehr verrechnen. Eine Übertragung der nicht verbrauchten Verlustabzüge der B-GmbH ist ausgeschlossen, wenn die Voraussetzungen des § 12 Abs. 3 Satz 2 UmwStG erfüllt sind.

(4) Mißbräuchliche Gestaltungen i. S. des § 42 AO

Gestaltungen, die darauf angelegt sind, den Verlustabzug der übertragenden Körperschaft durch Übergang auf eine andere Körperschaft nach § 12 Abs. 3 Satz 2 UmwStG zu nutzen, sind nach allgemeinen Besteuerungsgrundsätzen daraufhin zu prüfen, ob im Einzelfall ein Mißbrauch rechtlicher Gestaltungsmöglichkeiten i. S. des § 42 AO vorliegt. Hiervon ist regelmäßig auszugehen, wenn eine Gestaltung gewählt wird, die gemessen an dem angestrebten Ziel der Steuerminderung dient und durch keine wirtschaftlichen oder sonstigen außersteuerlichen Gründe gerechtfertigt ist. **12.22**

Eine solche Prüfung ist insbesondere bei Gestaltungen, die nicht von den Neuregelungen durch das Gesetz zur Fortsetzung der Unternehmenssteuerreform erfaßt werden, u. a. in folgenden Fällen angezeigt: **12.23**

1. Fall

Eine Kapitalgesellschaft, die ihre wirtschaftliche Aktivität eingestellt hat ("Mantel"), wird kurzfristig "wiederbelebt" und dann mit Übergang des Verlustabzugs verschmolzen. Hier ist ein Mißbrauchsfall i. S. des § 42 AO insbesondere dann anzunehmen, wenn "Wiederbelebung" und "Verschmelzung" in zeitlichem Zusammenhang stehen. **12.24**

2. Fall

12.25 Der Geschäftsbetrieb einer bei Verschmelzung noch (geringfügig) aktiven Verlustgesellschaft wird kurz nach der Handelsregistereintragung eingestellt.

bb) Nach Neufassung durch das Gesetz zur Fortsetzung der Unternehmenssteuerreform

12.26 Nach § 12 Abs. 3 Satz 2 UmwStG i. d. F. des Gesetzes zur Fortsetzung der Unternehmens-steuerreform setzt der Übergang des Verlustabzugs voraus, daß der Betrieb oder Betriebsteil, der den Verlust verursacht hat, über den Umwandlungsstichtag hinaus in einem nach dem Gesamtbild der wirtschaftlichen Verhältnisse vergleichbaren Umfang fortgeführt wird. Wegen weiterer Einzelheiten ergeht ein besonderes BMF-Schreiben.

2. Eintritt in die übrige Rechtsstellung

12.27 Die Anweisungen zu § 4 UmwStG (Tz. 04.01–4.08) gelten entsprechend.

Zu § 13 UmwStG: Besteuerung der Gesellschafter der übertragenden Körperschaft

I. Anwendung des § 13 UmwStG

13.01 Die Behandlung der Anteile bei den Gesellschaftern nach § 13 UmwStG ist unabhängig von der Ausübung des in Tz. 11.01 dargelegten Bewertungswahlrechts.

13.02 Die Vorschrift des § 13 UmwStG ist entsprechend anzuwenden, wenn im Rahmen der Umwandlung an die Stelle von Anteilen an der übertragenden Körperschaft Mitgliedschaften an der überneh-menden Körperschaft treten oder umgekehrt (z. B. Vermögensübertragung von Versicherungs-AG auf VVaG oder umgekehrt). Treten an die Stelle von Mitgliedschaften Anteile, betragen die An-schaffungskosten der Anteile 0 DM bzw. €.

13.03 Die Rechtsfolgen des § 13 UmwStG gelten nur für den Anteilstausch im Rahmen der Umwandlung. Weitere Leistungen im Zusammenhang mit der Umwandlung beurteilen sich nach allgemeinen Grundsätzen und führen ggf. zu Anschaffungskosten der Anteile.

13.04 Die Barabfindung führt beim Anteilseigner nach allgemeinen steuerlichen Grundsätzen zu Ver-äußerungserlösen bzw. zu sonstigen Bezügen i. S. des § 20 Abs. 1 Nr. 1 EStG, je nachdem, ob bei der Kapitalgesellschaft ein Erwerb eigener Anteile oder eine verdeckte Gewinnausschüttung vor-liegt. Die Zuzahlung der übernehmenden Kapitalgesellschaft an verbleibende Anteilseigner stellt bei der übernehmenden Kapitalgesellschaft eine sonstige Leistung i. S. des § 41 Abs. 1 KStG dar und führt beim Anteilseigner zu sonstigen Bezügen i. S. des § 20 Abs. 1 Nr. 1 EStG.

II. Anteile an der übertragenden Körperschaft gehören zu einem Betriebsvermögen (§ 13 Abs. 1 UmwStG)

13.05 Anteile an Kapitalgesellschaften oder sonstigen Körperschaften i. S. des § 43 KStG, die zu einem Betriebsvermögen gehören, gelten als zum Buchwert veräußert und die an ihre Stelle tretenden Anteile als mit diesem Wert erschafft (§ 13 Abs. 1 UmwStG). Die Regelung erfaßt nur Anteile, die zu einem inländischen Betriebsvermögen oder zu einem ausländischen Betriebsvermögen, das ausnahmsweise (bei Fehlen eines DBA) der deutschen Besteuerung unterliegt, gehören.

III. Anteile an der übertragenden Körperschaft gehören nicht zu einem Betriebsvermögen (§ 13 Abs. 2 UmwStG)

1. Fortgeltung der Anschaffungskosten

13.06 Befanden sich die Anteile an der übertragenden Körperschaft nicht in einem Betriebsvermögen, so gelten sie für die Anwendung der §§ 17 und 23 EStG als zu den Anschaffungskosten veräußert und die an ihre Stelle tretenden Anteile als mit diesem Wert angeschafft (§ 13 Abs. 1 i. V. m. § 13 Abs. 2 Satz 1 UmwStG).

13.07 § 13 Abs. 2 UmwStG gilt nur für Anteile i. S. des § 17 EStG, wenn die Gewinne aus der Ver-äußerung der Anteile nach § 17 oder § 49 Abs. 1 Nr. 2 Buchstabe e EStG der inländischen Be-steuerung unterliegen, oder für Anteile, die die Voraussetzungen für eine Besteuerung nach § 23 oder § 49 Abs. 1 Nr. 8 EStG erfüllen.

13.08 Läuft für die Anteile an der übertragenden Körperschaft eine Spekulationsfrist nach § 23 Abs. 1 Nr. 1 Buchstabe b EStG, führt die Umwandlung auf der Ebene der Anteilseigner zu einem Ver-äußerungsgeschäft. Es wird eine neue Spekulationsfrist in Gang gesetzt.

2. Einbringungsgeborene Anteile

13.09 Bei zum Privatvermögen gehörenden einbringungsgeborenen Anteilen treten die erworbenen Anteile an die Stelle der hingegebenen Anteile (§ 13 Abs. 3 UmwStG). Für zu einem der inländischen Besteuerung unterliegenden Betriebsvermögen gehörende Anteile gilt § 13 Abs. 1 UmwStG.

3. Verschmelzungsgeborene Anteile

Sind bei Anteilen, die nicht zu einem Betriebsvermögen gehören, die Voraussetzungen des § 17 **13.10** EStG erfüllt, gelten die im Zuge des Vermögensübergangs gewährten Anteile als Anteile i. S. des § 17 EStG, auch wenn der Anteilseigner nach dem Vermögensübergang (z. B. Verschmelzung) nicht mehr wesentlich an der übernehmenden Körperschaft beteiligt ist (§ 13 Abs. 2 Satz 2 UmwStG). Ist ein nicht wesentlich beteiligter Anteilseigner nach dem Vermögensübergang (z. B. Spaltung) wesentlich an der übernehmenden Körperschaft beteiligt, gilt für diese Anteile der gemeine Wert am steuerlichen Übertragungsstichtag als Anschaffungskosten (§ 13 Abs. 2 Satz 3 UmwStG). Für die Ermittlung des gemeinen Werts der Anteile gilt § 9 Abs. 2 BewG.

4. Abschnitt: Formwechsel einer Kapitalgesellschaft und einer Genossenschaft in eine Personengesellschaft

Zu § 14 UmwStG: Entsprechende Anwendung von Vorschriften, Eröffnungsbilanz

I. Maßgeblichkeit der handelsrechtlichen Schlußbilanz

Die Kapitalgesellschaft hat für steuerliche Zwecke auf den Zeitpunkt, in dem der Formwechsel **14.01** wirksam wird, eine Übertragungsbilanz, die Personengesellschaft eine Eröffnungsbilanz aufzustellen (§ 14 Satz 2 UmwStG). Nach § 14 Satz 1 i. V. m. § 3 UmwStG können die Wirtschaftsgüter in der Übertragungsbilanz mit dem Buchwert, einem Zwischenwert, höchstens jedoch mit dem Teilwert angesetzt werden, wenn das übergehende Vermögen Betriebsvermögen der Personengesellschaft wird.

Liegt für den steuerlichen Übertragungsstichtag eine formelle Handelsbilanz vor, ist hierin ein über **14.02** dem Buchwert liegender Wertansatz eingeschränkt möglich. In der handelsrechtlichen Jahresbilanz werden die Vermögensgegenstände mit den Anschaffungs- oder Herstellungskosten, vermindert um planmäßige und außerplanmäßige Abschreibungen angesetzt (§§ 253, 254 HGB). Entfällt in einem späteren Geschäftsjahr der Grund für die außerplanmäßige Abschreibung, ist eine Wertaufholung bis zur Höhe der Anschaffungs- oder Herstellungskosten (bei abnutzbaren Wirtschaftsgütern vermindert um die planmäßige Abschreibung) zulässig (§ 253 Abs. 4, § 280 HGB). Nach dem Grundsatz der Maßgeblichkeit der Handelsbilanz für die Steuerbilanz (§ 5 Abs. 1 EStG) können bei der derzeitigen handelsrechtlichen Rechtslage auch in der steuerlichen Übertragungsbilanz nur die in der Handelsbilanz zulässigen Werte angesetzt werden.

Liegt für den steuerlichen Übertragungsstichtag keine formelle Handelsbilanz vor, sind infolge der **14.03** Maßgeblichkeit der Handelsbilanz für die Steuerbilanz steuerlich zwingend die Buchwerte fortzuführen.

II. Steuerliche Rückwirkung

Für den Formwechsel einer Kapitalgesellschaft und einer Genossenschaft in eine Personengesell- **14.04** schaft enthält § 14 UmwStG eine eigene steuerliche Rückwirkungsregelung.

Nach § 14 Satz 3 UmwStG können die Kapitalgesellschaft die Übertragungsbilanz und die Per- **14.05** sonengesellschaft die Eröffnungsbilanz für einen Stichtag aufstellen, der höchstens acht Monate vor Anmeldung des Formwechsels zur Eintragung in das Handelsregister liegt. Das Einkommen und das Vermögen der Kapitalgesellschaft bzw. der Personengesellschaft sind so zu ermitteln, als ob das Vermögen der Kapitalgesellschaft mit Ablauf des Stichtages, der dem Formwechsel zugrunde liegt, auf die Personengesellschaft übergegangen wäre (§ 2 Abs. 1 UmwStG).

Diese steuerliche Rückwirkung gilt unabhängig davon, ob am steuerlichen Übertragungsstichtag **14.06** die gesellschaftsrechtlichen Voraussetzungen für einen Formwechsel vorliegen (Tz. 02.08).

Beispiel:

Die A-GmbH soll zum 01.01.02 in eine GmbH & Co KG formwechselnd umgewandelt werden. Die künftige Komplementär-GmbH wird erst im März 02 gegründet und übernimmt mit Wirkung ab 01.04.02 einen kleinen GmbH-Anteil. Der Formwechsel wird im Juni 02 zur Eintragung ins Handelsregister angemeldet.

Der rückwirkende Formwechsel der A-GmbH in eine GmbH & Co KG zum 01.01.02 ist handelsrechtlich nicht möglich. Zivilrechtlich entsteht die Komplementär-GmbH erst mit ihrer Eintragung im Handelsregister. Steuerlich gilt die Rückwirkungsfiktion unabhängig von den zivilrechtlichen Voraussetzungen am steuerlichen Übertragungsstichtag.

5. Abschnitt: Aufspaltung, Abspaltung und Vermögensübertragung (Teilübertragung)

Zu § 15 UmwStG: Aufspaltung, Abspaltung und Vermögensübertragung (Teilübertragung)

I. Teilbetriebsvoraussetzung des § 15 Abs. 1 UmwStG

15.01 Die §§ 11 bis 13 UmwStG sind auf die Aufspaltung, Abspaltung und Teilübertragung nur entsprechend anzuwenden, wenn ein Teilbetrieb auf eine andere Körperschaft übergeht (zur Spaltung auf eine Personengesellschaft vgl. § 16 UmwStG). 1m Falle der Abspaltung oder Teilübertragung muß das der übertragenden Körperschaft verbleibende Vermögen ebenfalls zu einem Teilbetrieb gehören (§ 15 Abs. 1 Satz 1 und 2 UmwStG).

1. Begriff des Teilbetriebs

15.02 Die Voraussetzungen eines Teilbetriebs sind nach den von der Rechtsprechung und der Finanzverwaltung zu § 16 EStG entwickelten Grundsätzen (R 139 Abs. 3 EStR 1996) zu beurteilen.

Beispiel:

Aus einem Produktionsbetrieb soll ein wertvolles, aber nicht zum notwendigen Betriebsvermögen gehörendes Betriebsgrundstück „abgesondert" werden. Um dies zu erreichen, wird der Produktionsbetrieb auf eine neue Gesellschaft abgespalten. In der Ursprungsgesellschaft bleibt das Grundstück und ein 100-v.H.-GmbH-Mantel oder ein geringfügiger/-wertiger Mitunternehmeranteil zurück.

Das zurückbleibende Vermögen erfüllt nicht die Voraussetzungen des § 15 Abs. 1 Satz 2 UmwStG, da das Grundstück weder dem „Teilbetrieb 100-v.H.-Beteiligung" noch dem Mitunternehmeranteil zugerechnet werden kann. Eine steuerneutrale Spaltung ist ausgeschlossen.

2. Mitunternehmeranteil

15.03 Als Teilbetrieb gilt auch ein Mitunternehmeranteil (§ 15 Abs. 1 Satz 2 UmwStG).

15.04 Auch ein Teil eines Mitunternehmeranteils ist als Teilbetrieb anzusehen (vgl. R 139 Abs. 4 EStR 1996). Er kann erfolgsneutral abgespalten werden. Der bei der übertragenden Körperschaft zurückbleibende Teil des Mitunternehmeranteils stellt dann ebenfalls einen Teilbetrieb dar.

3. 100-v.H.-Beteiligung an einer Kapitalgesellschaft

15.05 Als Teilbetrieb gilt auch die Beteiligung an einer Kapitalgesellschaft, die das gesamte Nennkapital umfaßt (§ 15 Abs. 1 Satz 3 UmwStG).

15.06 Eine 100-v.H.-Beteiligung an einer Kapitalgesellschaft stellt keinen eigenständigen Teilbetrieb i. S. des § 15 Abs. 1 Satz 3 UmwStG dar, wenn sie einem Teilbetrieb als wesentliche Betriebsgrundlage zuzurechnen ist (vgl. Tz. 20.08). Wird die 100-v.H.-Beteiligung übertragen, stellt das zurückbleibende Vermögen keinen Teilbetrieb mehr dar.

4. Zuordnung von Wirtschaftsgütern zu den Teilbetrieben

15.07 Konstitutiv für den Teilbetrieb sind jeweils nur die wesentlichen Betriebsgrundlagen. Wird eine wesentliche Betriebsgrundlage von mehreren Teilbereichen eines Unternehmens genutzt, liegen keine Teilbetriebe vor (Spaltungshindernis). Grundstücke müssen zivilrechtlich real bis zum Zeitpunkt des Spaltungsbeschlusses aufgeteilt werden. Ist eine reale Teilung des Grundstücks der Übertragerin nicht zumutbar, bestehen aus Billigkeitsgründen im Einzelfall keine Bedenken, eine ideelle Teilung (Bruchteilseigentum) im Verhältnis der tatsächlichen Nutzung unmittelbar nach der Spaltung ausreichen zu lassen.

15.08 Betriebsvermögen der Kapitalgesellschaft, das nicht zu den wesentlichen Betriebsgrundlagen gehört, kann grundsätzlich jedem der Teilbetriebe zur Kapitalverstärkung zugeordnet werden.

15.09 Es bestehen im allgemeinen keine Bedenken, im Billigkeitswege einer 100-v.H.-Beteiligung oder einem Mitunternehmeranteil die Wirtschaftsgüter einschließlich Schulden zuzuordnen, die in unmittelbarem wirtschaftlichen Zusammenhang mit der Beteiligung oder dem Mitunternehmeranteil stehen. Dazu gehören bei einer 100-v.H.-Beteiligung alle Wirtschaftsgüter, die für die Verwaltung der Beteiligung erforderlich sind (z. B. Ertragniskonten, Einrichtung). Zur Zuordnung eines Verwaltungsgrundstücks wird auf Tz. 15.07 verwiesen.

5. Fehlen der Teilbetriebsvoraussetzung

15.10 Die Teilbetriebe (Tz. 15.07 und 15.08) müssen spätestens im Zeitpunkt des Beschlusses über die Spaltung vorgelegen haben. Ein Teilbetrieb im Aufbau (H 139 Abs. 3 EStH 1996) genügt. Die Anwendung der §§ 11 bis 13 UmwStG ist ausgeschlossen, wenn es an dem Merkmal des Teilbetriebs fehlt oder am steuerlichen Übertragungsstichtag im Betriebsvermögen noch Wirtschaftsgüter enthalten sind, die nach den Grundsätzen in Tz. 15.07 und 15.08 keinem Teilbetrieb zugeordnet werden können (spaltungshindernde Wirtschaftsgüter). Die Zuordnung von Wirtschaftsgütern, die mehreren Teilbetrieben dienen (neutrales Vermögen), ist bis zum Spaltungsbeschluß (§ 125 i. V. m. § 13 Abs. 1 UmwG) möglich.

Fehlt es an diesen Voraussetzungen, ist die Aufspaltung nach allgemeinen Grundsätzen wie eine **15.11** Liquidation der übertragenden Körperschaft zu behandeln. Die Abspaltung ist als Sachausschüttung an die Anteilseigner der übertragenden Körperschaft zum gemeinen Wert der Wirtschaftsgüter und als Einlage dieser Wirtschaftsgüter in die aufnehmende Körperschaft zu beurteilen. Es werden jedoch nur die stillen Reserven der übertragenen Wirtschaftsgüter aufgedeckt. Das gilt auch für immaterielle Wirtschaftsgüter einschließlich eines Geschäfts- oder Firmenwertes. Diese sind ggf. aufzuteilen. Die anderen Vorschriften des UmwStG (insbesondere § 2 Abs. 1 UmwStG) bleiben hiervon unberührt.

II. Bewertungswahlrecht nach § 15 Abs. 1 i. V. m. § 11 UmwStG

Das unter Tz. 11.01 dargelegte Wahlrecht der übertragenden Körperschaft nach § 15 Abs. 1 i. V. m. **15.12** § 11 UmwStG zwischen Buchwert oder einem höheren Wert kann nur wirtschaftsgutbezogen in einer handelsrechtlichen Jahresbilanz ausgeübt werden.

III. Mißbrauchstatbestand des § 15 Abs. 3 UmwStG

Zur Verhinderung von Mißbräuchen enthalten die steuerlichen Spaltungsregelungen über die han- **15.13** delsrechtlichen Regelungen des UmwG hinaus weitere Voraussetzungen.

1. Erwerb und Aufstockung i. S. des § 15 Abs. 3 Satz 1 UmwStG

Eine steuerneutrale Spaltung ist nach § 15 Abs. 3 Satz 1 UmwStG ausgeschlossen, wenn der **15.14** „Teilbetrieb" Mitunternehmeranteil oder 100-v.H.-Beteiligung an einer Kapitalgesellschaft innerhalb von drei Jahren vor dem steuerlichen Übertragungsstichtag durch Übertragung von Wirtschaftsgütern, die kein Teilbetrieb sind, erworben oder aufgestockt worden ist. Hierdurch wird die Umgehung der Teilbetriebsvoraussetzung des § 15 Abs. 1 Satz 1 und 2 UmwStG verhindert.

Der Mißbrauchstatbestand des § 15 Abs. 3 Satz 1 UmwStG gilt im Falle der Abspaltung sowohl für **15.15** das abgespaltene Vermögen als auch für den zurückbleibenden Teil des Vermögens. Das bedeutet, daß § 11 Abs. 1 UmwStG auch nicht anzuwenden ist, wenn ein bei der übertragenden Körperschaft zurückbleibender Mitunternehmeranteil oder eine zurückbleibende 100-v.H.-Beteiligung i. S. des § 15 Abs. 3 Satz 1 UmwStG innerhalb eines Zeitraums von drei Jahren vor dem steuerlichen Übertragungsstichtag durch Übertragung von Wirtschaftsgütern, die kein Teilbetrieb sind, erworben oder aufgestockt worden ist.

Schädlich ist der Erwerb und die Aufstockung durch Übertragung von Wirtschaftsgütern, die kei- **15.16** nen Teilbetrieb darstellen.

Beispiel 1:

Die GmbH 1 hält 60 v.H. der Anteile an der GmbH 2. Sie bringt die Anteile in eine neu zu gründende GmbH 3 gegen Gewährung von 100 v.H. der Anteile an dieser Gesellschaft ein (Zwischenholding).

Es handelt sich um einen schädlichen Vorgang i. S. des § 15 Abs. 3 Satz 1 UmwStG, da die 100-v.H.-Beteiligung durch Einbringung der 60-v.H.-Beteiligung an der GmbH 2 erworben wurde. Die 60-v.H.-Beteiligung war kein Teilbetrieb i. S. des § 15 Abs. 1 Satz 3 UmwStG.

Beispiel 2:

Die GmbH 1 bringt mehrere Mietwohngrundstücke, die keinen Teilbetrieb darstellen, in eine Personengesellschaft gegen Gewährung von Mitunternehmeranteilen ein.

Die Einbringung ist ein schädlicher Vorgang i. S. des § 15 Abs. 3 Satz 1 UmwStG.

Bei Mitunternehmeranteilen ist im Ergebnis jede Einlage von Wirtschaftsgütern, die stille Reserven **15.17** enthalten, in das Gesamthandsvermögen oder Sonderbetriebsvermögen innerhalb von drei Jahren vor dem steuerlichen Übertragungsstichtag schädlich, da sie zu einer Aufstockung der Beteiligung führt.

Bei Beteiligungen an Kapitalgesellschaften sind dagegen verdeckte Einlagen in das Vermögen einer **15.18** Kapitalgesellschaft regelmäßig unschädlich, weil durch sie die vorhandene Beteiligung i. d. R. nicht aufgestockt wird.

§ 15 Abs. 3 Satz 1 UmwStG ist nicht anzuwenden, wenn die Beteiligung zwar aufgestockt wird, die **15.19** Aufstockung aber nicht auf der Einlage von Wirtschaftsgütern durch den Anteilseigner, sondern auf der Zuführung durch einen Dritten in die Kapitalgesellschaft beruht.

Beispiel:

Eine GmbH 1 ist zu 60 v.H. an der GmbH 2 beteiligt. Weitere 40 v.H. der Anteile an der GmbH 2 werden von einem Anteilseigner der GmbH 1 verdeckt in die GmbH 1 eingelegt. Danach ist die GmbH 1 zu 100 v.H. an der GmbH 2 beteiligt. Die 100-v.H.-Beteiligung stellt einen Teilbetrieb i. S. des § 15 Abs. 1 UmwStG dar.

Der Vorgang ist nicht schädlich i. S. des § 15 Abs. 3 Satz 1 UmwStG, da die Aufstockung nicht auf einer Zuführung eines Wirtschaftsguts durch die GmbH 1 an die GmbH 2, sondern auf der Zuführung durch einen Dritten (dem Gesellschafter der GmbH 1) beruht.

15.20 Bei Mitunternehmeranteilen und bei Anteilen an Kapitalgesellschaften sind der unentgeltliche Erwerb (z. B. Erbfall) und der entgeltliche Erwerb sowie die „Aufstockung durch unentgeltlichen oder entgeltlichen Erwerb" unschädlich.

Beispiel:

Die GmbH 1 ist zu 90 v.H. an der GmbH 2 beteiligt. Sie kauft von einem Dritten weitere 10 v.H. der Anteile und ist damit zu 100 v.H. an der GmbH 2 beteiligt. Der Zukauf ist unschädlich.

15.21 § 15 Abs. 3 UmwStG schließt in den Mißbrauchsfällen eine steuerneutrale Spaltung nach § 11 Abs. 1 UmwStG aus. Diese Rechtsfolge trifft im Falle der Abspaltung nur den abgespaltenen Teil. Die stillen Reserven des bei der Übertragerin verbleibenden Vermögens werden nicht aufgedeckt.

2. Veräußerung und Vorbereitung der Veräußerung (§ 15 Abs. 3 Satz 2 bis 4 UmwStG)

a) Veräußerung i. S. des § 15 Abs. 3 Satz 2 bis 4 UmwStG

15.22 Die Spaltung eines Rechtsträgers soll die Fortsetzung des bisherigen unternehmerischen Engagements in anderer Rechtsform ermöglichen. Die Steuerneutralität wird nicht gewährt, wenn durch die Spaltung die Veräußerung an außenstehende Personen vollzogen wird oder die Voraussetzungen für eine Veräußerung geschaffen werden (§ 15 Abs. 3 Satz 2 bis 4 UmwStG).

15.23 Eine unentgeltliche Anteilsübertragung (Erbfolge, Erbauseinandersetzung, Realteilung) ist keine schädliche Veräußerung i. S. des § 15 Abs. 3 Satz 2 bis 4 UmwStG. Dies gilt nicht für Erbauseinandersetzungen mit Ausgleichszahlungen und Realteilungen, die nicht zum Buchwert erfolgen.

15.24 Eine schädliche Veräußerung i. S. des § 15 Abs. 3 Satz 3 UmwStG ist jedoch beim Übergang (Tausch) der Anteile im Rahmen einer Verschmelzung, Spaltung oder Einbringung in eine Kapitalgesellschaft anzunehmen.

15.25 Eine Kapitalerhöhung innerhalb von fünf Jahren nach der Spaltung ist schädlich, wenn der Vorgang wirtschaftlich als Veräußerung von Anteilen durch die Gesellschafter zu werten ist. Die Aufnahme neuer Gesellschafter gegen angemessenes Aufgeld ist wirtschaftlich nicht als Veräußerung von Anteilen durch die Anteilseigner anzusehen, wenn die der Kapitalgesellschaft zugeführten Mittel nicht innerhalb der Fünfjahresfrist an die bisherigen Anteilseigner ausgekehrt werden.

15.26 Die Umstrukturierung innerhalb verbundener Unternehmen i. S. des § 271 Abs. 2 HGB und juristischer Personen des öffentlichen Rechts einschließlich ihrer Betriebe gewerblicher Art stellt keine Veräußerung an eine außenstehende Person dar.

b) Veräußerungssperre des § 15 Abs. 3 Satz 4 UmwStG

15.27 § 11 Abs. 1 UmwStG ist nach § 15 Abs. 3 Satz 4 UmwStG nicht anzuwenden, wenn innerhalb von fünf Jahren nach dem steuerlichen Übertragungsstichtag Anteile an einer an der Spaltung beteiligten Körperschaft, die mehr als 20 v.H. der vor Wirksamwerden der Spaltung an der Körperschaft bestehenden Anteile ausmachen, veräußert werden.

15.28 Die Quote von 20 v.H. bezieht sich auf die Anteile an der übertragenden Körperschaft vor der Spaltung. Die Quote ist entsprechend dem Verhältnis der übergehenden Vermögensteile zu dem bei der übertragenden Gesellschaft vor der Spaltung vorhandenen Vermögen aufzuteilen, wie es in der Regel im Umtauschverhältnis der Anteile im Spaltungs- und Übernahmevertrag oder im Spaltungsplan (§ 126 Abs. 1 Nr. 3, § 136 UmwG) zum Ausdruck kommt. Auf die absolute Höhe des Nennkapitals der an der Spaltung beteiligten alten und neuen Gesellschafter sowie auf die Wertentwicklung der Beteiligungen kann es nicht ankommen.

15.29 Die nachfolgende Tabelle zeigt für ausgewählte Aufteilungsverhältnisse die Quote der Anteile an den aus der Spaltung hervorgegangenen GmbHs A und B, die – alternativ – höchstens veräußert werden dürfen, ohne die Steuerfreiheit der Spaltung zu gefährden:

Gesellschaft A

Anteil des übergegangenen Vermögens in v.H.	1	10	20	30	40	50
zulässige Quote in v.H.	100	100	100	66,7	50	40

Gesellschaft B

Anteil des übergegangenen Vermögens in v.H.	99	90	80	70	60	50
zulässige Quote in v.H.	20, 2	22,2	25	28,6	33,3	40

Bei Veräußerung von Anteilen an der Gesellschaft A in Höhe der zulässigen Quote verbleibendie Gesellschafter der Gesellschaft B	19, 2	12,2	0	0	0	0

Soweit einer der Gesellschafter die 20-v.H.-Quote ausgeschöpft hat, darf der andere Gesellschafter **15.30** keine Veräußerung mehr vornehmen. Die Rechtsfolgen einer schädlichen Veräußerung treffen steuerrechtlich immer die übertragende Gesellschaft und damit mittelbar auch die übrigen Gesellschafter.

Eine erfolgsneutrale Spaltung ist nicht auf Dauer ausgeschlossen. Nach Ablauf der fünfjährigen **15.31** Veräußerungssperre ist die Veräußerung von Anteilen an den an der Spaltung beteiligten Körperschaften unschädlich.

c) Rechtsfolgen einer schädlichen Anteilsveräußerung

Eine schädliche Veräußerung von Anteilen an der Nachfolgegesellschaft führt dazu, daß das ge- **15.32** samte auf die übernehmenden Rechtsträger übergegangene Vermögen mit dem Teilwert anzusetzen ist. Auswirkungen auf die übrigen Rechtsfolgen der Spaltung (den anteiligen Übergang von Verlustvorträgen, des Außeransatzbleibens eines Übernahmegewinns oder -verlustes und der Wertfortführung auf der Anteilseignerebene) ergeben sich nicht.

Entfallen infolge der Anteilsveräußerung innerhalb von fünf Jahren nach dem steuerlichen Über- **15.33** tragungsstichtag die Voraussetzungen des § 15 UmwStG, sind die Körperschaftsteuerbescheide des Veranlagungszeitraums gemäß § 175 Abs. 1 Satz 1 Nr. 2 AO zu ändern, in dem der Spaltungsvorgang steuerlich erfaßt wurde (rückwirkendes Ereignis).

Die Festsetzungsverjährungsfrist beginnt gemäß § 175 Abs. 1 Satz 2 AO mit dem Ablauf des Ka- **15.34** lenderjahrs, in dem die schädliche Veräußerung erfolgt. Wird der Tatbestand des § 15 Abs. 3 Satz 4 UmwStG durch mehrere zeitlich hintereinander liegende Veräußerungen verwirklicht, beginnt die Verjährung mit dem Ende des Kalenderjahrs, in dem die Veräußerung erfolgt, die letztlich die Rechtsfolge des § 15 Abs. 3 Satz 4 UmwStG auslöst.

3. Trennung von Gesellschafterstämmen (§ 15 Abs. 3 Satz 5 UmwStG)

Bei der Trennung von Gesellschafterstämmen setzt die Anwendung des § 11 Abs. 1 UmwStG vo- **15.35** raus, daß die Beteiligungen an der übertragenden Körperschaft mindestens fünf Jahre bestanden haben (§ 15 Abs. 3 Satz 5 UmwStG). Änderungen in der Beteiligungshöhe innerhalb der Fünf-Jahres-Frist bei Fortdauer der Beteiligung dem Grunde nach sind unschädlich.

a) Begriff der Trennung von Gesellschafterstämmen

Eine Trennung von Gesellschafterstämmen liegt vor, wenn im Falle der Aufspaltung an den über- **15.36** nehmenden Körperschaften und im Falle der Abspaltung an der übernehmenden und der übertragenden Körperschaft nicht mehr alle Anteilsinhaber der übertragenden Körperschaft beteiligt sind.

b) Vorbesitzzeit

Hat die übertragende Körperschaft noch keine fünf Jahre bestanden, ist grundsätzlich keine steuer- **15.37** neutrale Trennung von Gesellschafterstämmen im Wege der Spaltung möglich.

Auch innerhalb verbundener Unternehmen i. S. des § 271 Abs. 2 HGB und juristischer Personen **15.38** des öffentlichen Rechts einschließlich ihrer Betriebe gewerblicher Art findet keine Anrechnung eines Vorbesitzes eines anderen verbundenen Unternehmens auf die fünfjährige Vorbesitzzeit i. S. des § 15 Abs. 3 Satz 5 UmwStG statt.

Zeiten, in der eine aus einer Umwandlung hervorgegangene Kapitalgesellschaft als Personen- **15.39** gesellschaft mit den gleichen Gesellschafterstämmen bestanden hat, werden auf die Vorbesitzzeit i. S. des § 15 Abs. 3 Satz 5 UmwStG angerechnet. Für die Dauer der Beteiligung ist nicht allein auf das Bestehen der Kapitalgesellschaft abzustellen, sondern auch die vorangegangene unternehmerische Tätigkeit in der Personengesellschaft zu berücksichtigen.

15.40 Zur Realteilung einer Personengesellschaft innerhalb der in § 15 Abs. 3 Satz 5 UmwStG enthaltenen Fünf-Jahres-Frist wird auf Tz. 24.18 hingewiesen.

4. Bildung von „spaltfähigen Teilbetrieben" durch Betriebsaufspaltung

15.41 Soweit bei einer Betriebsaufspaltung eine Buchwertübertragung möglich ist, kann dies einen Mißbrauch von Gestaltungsmöglichkeiten nach § 42 AO darstellen. Das ist etwa der Fall, wenn
- durch eine Betriebsaufspaltung spaltfähige Teilbetriebe geschaffen und
- im Anschluß an die Betriebsaufspaltung eine Spaltung der Besitz- oder Betriebsgesellschaft nach § 15 UmwStG durchgeführt wird.

IV. Aufteilung des übergehenden Verlustabzugs (§ 15 Abs. 4 UmwStG)

1. Aufteilungsmaßstab

15.42 Die Aufteilung des verbleibenden Verlustabzugs ist im Verhältnis der übergehenden Vermögensteile zu dem bei der übertragenden Körperschaft vor der Spaltung bestehenden Vermögen vorzunehmen. Dabei ist von den gemeinen Werten der übergehenden Aktivposten abzüglich Verbindlichkeiten auszugehen.

15.43 Das Verhältnis der gemeinen Werte der übergehenden Aktivwerte abzüglich Verbindlichkeiten entspricht in der Regel den Angaben zum Umtauschverhältnis der Anteile im Spaltungs- und Übernahmevertrag oder im Spaltungsplan (§ 126 Abs. 1 Nr. 3, § 136 UmwG). Dieses Verhältnis ist daher nur dann zu ermitteln, wenn das Umtauschverhältnis der Anteile nicht dem Verhältnis der übergehenden Vermögensteile zu dem bei der übertragenden Körperschaft vor der Spaltung bestehenden Vermögen entspricht oder wenn im Rahmen der Spaltung keine Anteile, sondern Mitgliedschaften an der übernehmenden Körperschaft erworben werden. Der Spaltungs- und Übernahmevertrag oder der Spaltungsplan werden dazu entsprechende Angaben enthalten.

Beispiel:

Vor der Spaltung

GmbH 1

TB 1	100	NK	200
	(gem. Wert 400)		
TB 2	100		
	(gem. Wert 600)		
	200	NK	200

Gesellschafter A	50 v.H.
Gesellschafter B	50 v.H.
steuerlicher Verlustvortrag	2 000

Nach der Spaltung

GmbH 2				GmbH 3			
TB 1	100	NK	100	TB 2	100	NK	100
(gem. Wert 400)				(gem. Wert 600)			
	100		100		100		100

Gesellschafter A 100 v.H.   Gesellschafter B 100 v.H.

Der steuerliche Verlustvortrag wird im Rahmen der Spaltung im Verhältnis 400 : 600 aufgeteilt. Auf die GmbH 2 geht ein Verlustabzug in Höhe von 800 und auf die GmbH 3 ein Verlustabzug in Höhe von 1.200 über.

15.44 Das Prüfungsrecht des Finanzamts bleibt unberührt.

2. Feststellung der gemeinen Werte

15.45 Für die Ermittlung des gemeinen Werts der Anteile gilt § 9 Abs. 2 BewG.

3. Ausschluß eines abweichenden Aufteilungsverhältnisses

15.46 Das Aufteilungsverhältnis nach § 15 Abs. 4 UmwStG ist auch dann zwingend, wenn der Verlust offensichtlich in einem bestimmten Teilbetrieb entstanden ist und dieser Teilbetrieb dadurch überschuldet ist.

Beispiel:

Aus einem Produktionsunternehmen werden mehrere 100-v.H.-Beteiligungen auf eine Nachfolgegesellschaft abgespalten. Bei der Ursprungsgesellschaft besteht ein hoher steuerlicher Verlustabzug, der wirtschaftlich ausschließlich durch den Produktionsbetrieb verursacht worden ist. Bei der Aufteilung des verbleibenden Verlustabzugs nach dem Verhältnis der gemeinen Werte des Produktionsbetriebs (geringer gemeiner Wert) und der übergehenden Beteiligungen (100-v.H.-Beteiligungen, sehr hoher gemeiner Wert) würde auf die Nachfolgegesellschaft ein sehr hoher Verlustabzug entfallen, obwohl der Verlust wirtschaftlich nicht durch die übergegangenen Beteiligungen verursacht worden ist.

Die Höhe des zu verteilenden verbleibenden Verlustabzuges ist durch § 15 Abs. 4 Satz 2 UmwStG **15.47** i. V. m. § 10d Abs. 3 Satz 2 EStG festgelegt. Danach steht daher nur der um einen eventuellen Übertragungsgewinn geminderte Verlustabzug zur Verteilung zur Verfügung.

4. Verlustabzug bei fehlender Teilbetriebseigenschaft i. S. des § 15 Abs. 1 UmwStG und in Fällen der Mißbrauchsregelung des § 15 Abs. 3 UmwStG

§ 15 Abs. 4 UmwStG ist nicht anzuwenden, wenn die Voraussetzungen des § 15 Abs. 1 UmwStG **15.48** nicht erfüllt sind (z. B. fehlende Teilbetriebseigenschaft). Ein Übergang von Verlustvorträgen ist in diesen Fällen ausgeschlossen.

Liegt dagegen ein Spaltungsfall i. S. des § 15 Abs. 1 UmwStG vor, geht ein verbleibender Ver- **15.49** lustabzug über, auch wenn ein Mißbrauchstatbestand des § 15 Abs. 3 UmwStG erfüllt ist.

V. Aufteilung der Buchwerte der Anteile gemäß § 13 UmwStG in den Fällen der Spaltung

Im Falle der Aufspaltung einer Körperschaft können die Anteilseigner der übertragenden Körper- **15.50** schaft Anteile an mehreren übernehmenden Körperschaften, im Falle der Abspaltung neben Anteilen an der übertragenden auch Anteile an der übernehmenden Körperschaft erhalten.

Die Anwendung des § 15 Abs. 1 i. V. m. § 13 Abs. 1 und 2 UmwStG zwingt zu einer Aufteilung der **15.51** Anschaffungskosten bzw. des Buchwerts der Anteile an der übertragenden Körperschaft. Der Aufteilung kann grundsätzlich das Umtauschverhältnis der Anteile im Spaltungs- oder Übernahmevertrag oder im Spaltungsplan zugrunde gelegt werden. Ist dies nicht möglich, ist die Aufteilung nach dem Verhältnis der gemeinen Werte der übergehenden Vermögensteile zu dem vor der Spaltung vorhandenen Vermögen vorzunehmen. Auch nach der Abspaltung eines Teilbetriebs auf die Muttergesellschaft ist der bisherige Buchwert der Beteiligung an der Tochtergesellschaft im Verhältnis des gemeinen Werts des übergegangenen Vermögens zum gesamten Vermögen der Tochtergesellschaft aufzuteilen.

6. Abschnitt: Gewerbesteuer

Zu § 18 UmwStG: **Gewerbesteuer bei Vermögensübergang auf eine Personengesellschaft oder auf eine natürliche Person sowie bei Formwechsel in eine Personengesellschaft**

I. Anwendung des § 18 Abs. 1 UmwStG

Das unter Tz. 03.01 dargelegte eingeschränkte Bewertungswahlrecht nach § 3 Abs. 1 i. V. m. § 18 **18.01** Abs. 1 UmwStG gilt für die Gewerbesteuer, wenn das übergehende Vermögen Betriebsvermögen des übernehmenden Rechtsträgers wird und dadurch die Besteuerung der stillen Reserven sichergestellt ist. Die gewerbesteuerliche Erfassung der stillen Reserven ist gesetzlich nicht vorgeschrieben (z. B. Vermögensübergang von einer GmbH in das Betriebsvermögen eines Freiberuflers – § 18 EStG).

II. Übernahmeverlust

Ein Übernahmeverlust i. S. des § 4 Abs. 5 UmwStG ist bei der Gewerbesteuer ebenso wie ein **18.02** Übernahmegewinn nicht zu berücksichtigen (§ 18 Abs. 2 UmwStG). Eine Aufstockung der Buchwerte nach § 4 Abs. 6 UmwStG findet für die Gewerbesteuer nicht statt. Für Zwecke der Gewerbesteuer ist eine eigene Gewinnermittlung vorzunehmen. Das gilt auch für die Gewerbekapitalsteuer.

III. Mißbrauchstatbestand des § 18 Abs. 4 UmwStG

Nach § 18 Abs. 4 UmwStG unterliegt ein Gewinn aus der Auflösung oder Veräußerung des Betriebs **18.03** der Personengesellschaft ausnahmsweise dann der Gewerbesteuer, wenn innerhalb von 5 Jahren nach dem Vermögensübergang eine Betriebsaufgabe oder Veräußerung erfolgt. Das gilt entsprechend, soweit ein Teilbetrieb oder ein Anteil an der Personengesellschaft aufgegeben oder veräußert wird (§ 18 Abs. 4 Satz 2 UmwStG). Mit dieser Regelung soll verhindert werden, daß eine

Kapitalgesellschaft, deren Liquidation der Gewerbesteuer unterliegt, zum Zwecke der Steuerersparnis vor der Liquidation in eine Personengesellschaft umgewandelt wird, deren Liquidationsgewinn nach Abschnitt 40 Abs. 1 GewStR 1990 bei der Gewerbesteuer nicht erfaßt wird.

1. Begriff der Veräußerung und Aufgabe

18.04 Das Vorliegen einer Aufgabe oder Veräußerung des Betriebs ist nach allgemeinen Grundsätzen (R 139 EStR 1996; H 139 EStH 1996) zu beurteilen.

18.05 Eine Veräußerung oder Aufgabe des auf den übernehmenden Rechtsträger übergegangenen Betriebs liegt z. B. vor, wenn der übergegangene Betrieb in eine Kapitalgesellschaft eingebracht wird. Wird der Betrieb bzw. ein Teilbetrieb oder ein Mitunternehmeranteil nach § 24 UmwStG zu Buchwerten oder Zwischenwerten in eine Personengesellschaft eingebracht, tritt die übernehmende Gesellschaft in die Rechtsstellung der übertragenden Gesellschaft ein und ist daher für den Rest der Fünf-Jahres-Frist der Vorschrift des § 18 Abs. 4 UmwStG unterworfen.

18.06 Wird der im Wege der Umwandlung übergegangene Betrieb innerhalb der Fünf-Jahres-Frist unentgeltlich übertragen, so ist eine Veräußerung des Betriebs i. S. des § 18 Abs. 4 UmwStG nicht gegeben. Jedoch ist der Rechtsnachfolger in diesem Fall für den Rest der Fünf-Jahres-Frist der Vorschrift des § 18 Abs. 4 UmwStG unterworfen.

2. Auflösungs- und Veräußerungsgewinn

18.07 § 18 Abs. 4 UmwStG erfaßt die stillen Reserven im Zeitpunkt der Veräußerung, nicht im Zeitpunkt der Verschmelzung. Der „Nachversteuerung" unterliegen danach auch neu gebildete stille Reserven. § 18 Abs. 4 UmwStG erfaßt auch dann einen evtl. Veräußerungsgewinn, wenn die Verschmelzung zum Teilwert erfolgte. Beim Ansatz mit den Teilwerten ist ein originärer Firmenwert nicht berücksichtigt worden, der bei der Veräußerung jedoch realisiert wird.

3. Übergang auf Rechtsträger, der nicht gewerbesteuerpflichtig ist

18.08 § 18 Abs. 4 UmwStG gilt bei der Umwandlung einer Körperschaft für die übernehmende Personengesellschaft oder die übernehmende natürliche Person. Die Gewerbesteuer ist auch festzusetzen, wenn die übernehmende Personengesellschaft nicht gewerbesteuerpflichtig ist. § 18 Abs. 4 UmwStG ist ein Sondertatbestand der Gewerbesteuerpflicht.

4. Sonderfälle

a) Einbringung eines Betriebs, Teilbetriebs oder Mitunternehmeranteils in eine Personengesellschaft

18.09 Die Einbringung eines Betriebs, Teilbetriebs oder Mitunternehmeranteils in eine Personengesellschaft, bei der das eingebrachte Vermögen mit dem Teilwert angesetzt wird, führt insoweit zu einem gewerbeertragsteuerpflichtigen Gewinn, als der Einbringende an der Übernehmerin beteiligt ist (vgl. § 24 Abs. 3 Satz 3 UmwStG i. V. m. § 16 Abs. 2 Satz 3 EStG). Es handelt sich um einen laufenden Gewinn, der der Gewerbeertragsteuer unterliegt. Eine Veräußerung liegt nicht vor, da das betriebliche Engagement nicht beendet, sondern fortgesetzt wird. Eine Veräußerung i. S. des § 18 Abs. 4 UmwStG liegt dagegen vor, soweit der Einbringende an der Übernehmerin nicht beteiligt ist.

b) Realteilung der Personengesellschaft

18.10 Eine Realteilung der Personengesellschaft im zeitlichen Zusammenhang mit einer Umwandlung ist grundsätzlich wie eine unentgeltliche Übertragung zu behandeln. Die übernehmenden Gesellschafter der Personengesellschaft treten in die Rechtsstellung der Personengesellschaft ein, d. h. sie übernehmen die gewerbesteuerliche Steuerverhaftung für den Rest der Fünf-Jahres-Frist. Auch bei der Realteilung von Personengesellschaften ist die Aufdeckung der stillen Reserven möglich. Werden die stillen Reserven ganz oder teilweise aufgedeckt, ist § 18 Abs. 4 UmwStG anzuwenden.

C. Auswirkungen der Umwandlung auf eine Organschaft

I. Umwandlung des Organträgers

1. Verschmelzung

Org.01 Geht das Vermögen des Organträgers durch Verschmelzung auf ein anderes gewerbliches Unternehmen (Übernehmerin) über, tritt der übernehmende Rechtsträger in den Gewinnabführungsvertrag ein (zur vorzeitigen Beendigung des Gewinnabführungsvertrages vgl. Org.10 – Org.11).

a) Fortsetzung der körperschaftsteuerlichen Organschaft

Org.02 Das Organschaftsverhältnis zur Übernehmerin ist erstmals mit Wirkung für das anschließende Wirtschaftsjahr der Organgesellschaft anzuerkennen, wenn der Übertragungsstichtag des Organträgers auf den letzten Tag des laufenden Wirtschaftsjahrs der Organgesellschaft fällt. Fällt der Übertragungsstichtag auf einen früheren Tag des laufenden Wirtschaftsjahrs der Organgesellschaft, ist das Organschaftsverhältnis zur Übernehmerin erstmals für das an diesem Stichtag laufende Wirtschaftsjahr anzuerkennen. Voraussetzung für die Anwendung der Sätze 1 und 2 ist, daß der Gewinnabführungsvertrag fortgeführt wird und die Organgesellschaft ununterbrochen in das Unternehmen des bisherigen und anschließend des künftigen Organträgers wirtschaftlich und organisatorisch eingegliedert ist. Eine im Rückwirkungszeitraum noch gegenüber der Übertragerin gegebene wirtschaftliche und organisatorische Eingliederung wird rückwirkend der Übernehmerin zugerechnet.

b) Fortsetzung einer gewerbesteuerlichen Organschaft und Begründung einer körperschaftsteuerlichen Organschaft bei bisher nur gewerbesteuerlicher Organschaft

Hat zum übertragenden Unternehmen bisher nur eine gewerbesteuerliche Organschaft ohne Gewinnabführungsvertrag bestanden, sind für die Fortsetzung dieser Organschaft zur Übernehmerin die Ausführungen zu Org.02 entsprechend anzuwenden.   **Org.03**

Voraussetzung für die Begründung einer körperschaftsteuerlichen Organschaft zur Übernehmerin ist, daß zusätzlich bis zum Ende des Wirtschaftsjahrs der Organgesellschaft, für das das Organschaftsverhältnis erstmals gelten soll, zwischen der Organgesellschaft und der Übernehmerin ein Gewinnabführungsvertrag i. S. des § 14 Nr. 4 KStG abgeschlossen wird.   **Org.04**

c) Erstmalige Begründung einer gewerbesteuerlichen oder körperschaftsteuerlichen Organschaft zur Übernehmerin

Ein Organschaftsverhältnis zur Übernehmerin ist erst ab dem Beginn des Wirtschaftsjahrs der Organgesellschaft möglich, für das die Eingliederungsvoraussetzungen i. S. des § 14 Nr. 1 und 2 KStG während des gesamten Wirtschaftsjahrs tatsächlich vorliegen (vgl. Abschnitt 53 Abs. 1 KStR). Für die wirtschaftliche und organisatorische Eingliederung gelten die Rückwirkungsfiktionen des § 2 Abs. 1 und des § 20 Abs. 8 UmwStG nicht. Diese Eingliederungsvoraussetzungen werden steuerlich nicht rückwirkend anerkannt.   **Org.05**

Für die Begründung einer körperschaftsteuerlichen Organschaft ist zusätzlich der Abschluß eines Gewinnabführungsvertrages i. S. des § 14 Nr. 4 KStG erforderlich.   **Org.06**

2. Spaltung und Ausgliederung

a) Fortführung des Gewinnabführungsvertrages

Bei der Abspaltung und der Ausgliederung bleibt der Organträger bestehen, der Gewinnabführungsvertrag wird durch die Umwandlung nicht berührt. Wird der Organträger aufgespalten, treten die Übernehmerinnen nach Maßgabe des Spaltungsplans in den Gewinnabführungsvertrag ein (§ 131 Abs. 1 Nr. 1 UmwG).   **Org.07**

b) Eingliederungsvoraussetzungen

Verbleibt im Falle der Abspaltung und der Ausgliederung die die Mehrheit der Stimmrechte vermittelnde Beteiligung (Mehrheitsbeteiligung) an der Organgesellschaft beim bisherigen Organträger, besteht das Organschaftsverhältnis fort, wenn vom Organträger die Eingliederungsvoraussetzungen nach § 14 Nr. 1 und 2 KStG weiterhin erfüllt werden. Geht dagegen die Mehrheitsbeteiligung an der Organgesellschaft im Rahmen der Spaltung oder der Ausgliederung auf eine Übernehmerin über, gelten die Ausführungen zu Org.02 – Org.05 entsprechend.   **Org.08**

3. Formwechsel

Ein Formwechsel von einer Kapitalgesellschaft auf eine andere Kapitalgesellschaft oder auf eine Personengesellschaft hat auf den Fortbestand eines Gewinnabführungsvertrages keinen Einfluß und berührt die steuerliche Anerkennung der Organschaft nicht.   **Org.09**

4. Mindestlaufzeit und vorzeitige Beendigung des Gewinnabführungsvertrages

Für die Mindestlaufzeit des Gewinnabführungsvertrages nach § 14 Nr. 4 KStG ist die Laufzeit gegenüber dem bisherigen und dem künftigen Organträger zusammenzurechnen, wenn die Übernehmerin aufgrund der Umwandlung in den bestehenden Gewinnabführungsvertrag eintritt.   **Org.10**

Die Umwandlung des Unternehmens des Organträgers ist ein wichtiger Grund, einen noch nicht fünf aufeinanderfolgende Jahre durchgeführten Gewinnabführungsvertrag zu kündigen oder im gegenseitigen Einvernehmen zu beenden (vgl. Abschnitt 55 Abs. 7 KStR 1995), es sei denn, es handelt sich um eine formwechselnde Umwandlung von Kapitalgesellschaft auf Kapitalgesellschaft oder von Personen- auf Personengesellschaft.   **Org.11**

II. Umwandlung der Organgesellschaft

1. Verschmelzung

Org.12 Geht das Vermögen der Organgesellschaft durch Verschmelzung auf einen anderen Rechtsträger über, wird ein bestehender Gewinnabführungsvertrag beendet. Die Organschaft endet zum Übertragungsstichtag.

a) Anschließende Organschaft zur Übernehmerin

Org.13 Eine übernehmende Kapitalgesellschaft kann mit steuerlicher Wirkung ab dem Übertragungsstichtag (§ 2 Abs. 1 UmwStG) als Organgesellschaft anerkannt werden, wenn die Eingliederungsvoraussetzungen nach § 14 Nr. 1 und 2 KStG ab diesem Zeitpunkt vorliegen und der neu abzuschließende Gewinnabführungsvertrag die Voraussetzungen des § 14 Nr. 4 KStG erfüllt (z. B. Verschmelzung einer Organgesellschaft auf eine Schwestergesellschaft, die bisher nur die Voraussetzungen einer gewerbesteuerlichen Organschaft zum Organträger erfüllt hat). Die wirtschaftliche und organisatorische Eingliederung wird steuerlich nicht rückwirkend anerkannt (vgl. Org.05).

b) Spätere Begründung einer Organschaft zur Übernehmerin

Org.14 Liegen die Voraussetzungen einer Organschaft am Übertragungsstichtag nicht vor, ist ein Organschaftsverhältnis erst ab Beginn des Wirtschaftsjahrs der Organgesellschaft möglich, für das die Eingliederungsvoraussetzungen i. S. des § 14 Nr. 1 und 2 KStG während des gesamten Wirtschaftsjahrs erfüllt sind (vgl. Abschnitt 53 Abs. 1 KStR 1995) und ein Gewinnabführungsvertrag i. S. des § 14 Nr. 4 KStG vorliegt.

2. Spaltung und Ausgliederung

Org.15 Die Organgesellschaft bleibt bei der Abspaltung und der Ausgliederung bestehen, der Gewinnabführungsvertrag wird durch die Umwandlung nicht berührt.

Org.16 Ein Organschaftsverhältnis besteht fort, wenn von der übertragenden Organgesellschaft die Eingliederungsvoraussetzungen des § 14 Nr. 1 und 2 KStG weiterhin erfüllt werden.

Org.17 Wird die Organgesellschaft aufgespalten, endet der Gewinnabführungsvertrag. Die jeweils übernehmende Kapitalgesellschaft kann unter den Voraussetzungen der Tz. Org.13 mit steuerlicher Wirkung ab dem Übertragungsstichtag als Organgesellschaft anerkannt werden.

3. Formwechsel

Org.18 Der Formwechsel einer Organgesellschaft in eine andere Kapitalgesellschaft (z. B. AG in GmbH oder GmbH in AG) berührt die steuerliche Anerkennung der Organschaft nicht. Beim Formwechsel in eine Personengesellschaft endet das Organschaftsverhältnis. Wird eine Personengesellschaft formwechselnd in eine Kapitalgesellschaft umgewandelt, ist ein Organschaftsverhältnis erstmals ab dem Beginn des Wirtschaftsjahrs der Organgesellschaft möglich, für das die Eingliederungsvoraussetzungen nach § 14 Nr. 1 und 2 KStG während des gesamten Wirtschaftsjahrs erfüllt sind und ein Gewinnabführungsvertrag i. S. des § 14 Nr. 4 KStG vorliegt. Die wirtschaftliche und organisatorische Eingliederung werden steuerlich nicht rückwirkend anerkannt (vgl. Org.05).

4. Abführungsverpflichtung für den Übertragungsgewinn

Org.19 Setzt die Organgesellschaft bei einer Verschmelzung, Aufspaltung oder Abspaltung das übergehende Vermögen in ihrer steuerlichen Schlußbilanz mit einem über dem Buchwert liegenden Wert an, unterliegt der sich daraus ergebende Übertragungsgewinn nicht der vertraglichen Gewinnabführungsverpflichtung und ist von der Organgesellschaft selbst zu versteuern (entsprechende Anwendung des Abschnitts 56 Abs. 1 Satz 2 KStR 1995).

5. Vorzeitige Beendigung des Gewinnabführungsvertrages

Org.20 Die Umwandlung der Organgesellschaft ist ein wichtiger Grund, einen noch nicht fünf aufeinanderfolgende Jahre durchgeführten Gewinnabführungsvertrag zu kündigen oder im gegenseitigen Einvernehmen zu beenden (vgl. Abschnitt 55 Abs. 7 KStR 1995), es sei denn, es handelt sich um eine formwechselnde Umwandlung einer Kapitalgesellschaft auf eine Kapitalgesellschaft.

III. Umwandlung einer anderen Gesellschaft auf die Organgesellschaft

1. Fortgeltung der Organschaft

Org.21 Ein Organschaftsverhältnis besteht bei Umwandlung einer anderen Gesellschaft auf die Organgesellschaft fort, wenn die Organschaftsvoraussetzungen weiterhin vorliegen.

2. Übernahmegewinn und Übernahmeverlust

Entsteht bei der Organgesellschaft im Rahmen der Umwandlung ein Übernahmegewinn, so ist hinsichtlich der handelsrechtlichen Abführungsverpflichtung wie folgt zu unterscheiden: **Org.22**

Gewährt die übernehmende Organgesellschaft als Gegenleistung für die Übernahme des Vermögens neue Anteile, ist ein Übernahmegewinn gemäß § 272 Abs. 2 Nr. 1 HGB in die Kapitalrücklage einzustellen. Er erhöht den nach § 301 AktG abzuführenden Gewinn nicht. Gemäß § 275 Abs. 4 HGB werden Veränderungen der Kapitalrücklage erst nach dem für die Gewinnermittlung nach § 301 AktG maßgeblichen Jahresüberschuß ausgewiesen. **Org.23**

Gewährt die übernehmende Organgesellschaft dagegen als Gegenleistung eigene Anteile, ist der Übernahmegewinn in dem Betrag, der nach § 301 AktG an den Organträger abzuführen ist, enthalten. **Org.24**

Entsteht bei der Organgesellschaft ein Übernahmeverlust, so unterliegt dieser der Verlustübernahme nach § 302 AktG. **Org.25**

Soweit ein Übernahmegewinn an den Organträger abzuführen ist oder soweit der Organträger einen Übernahmeverlust auszugleichen hat, stimmen das dem Organträger zuzurechnende steuerliche Einkommen und die vorgenommene Ergebnisabführung nicht überein. In entsprechender Anwendung des Abschnitts 59 Abs. 4 Satz 3 bis 5 KStR 1995 ist eine Mehrabführung steuerlich als Gewinnausschüttung und eine Minderabführung steuerlich als Einlage zu behandeln. § 37 Abs. 2 KStG ist nicht anzuwenden. **Org.26**

3. Übergehender Verlustabzug

Geht das Vermögen einer anderen Kapitalgesellschaft durch Verschmelzung oder Auf- oder Abspaltung auf die Organgesellschaft über, ist ein nach § 12 Abs. 3 Satz 2 UmwStG auf die Organgesellschaft übergehender nicht verbrauchter Verlustabzug bei ihr nach § 15 Nr. 1 KStG während der Geltungsdauer des Gewinnabführungsvertrages nicht abziehbar. **Org.27**

D. Gliederungsmäßige Behandlung der Verschmelzung und Spaltung von Körperschaften auf Körperschaften

I. Auswirkungen des Vermögensübergangs durch Verschmelzung auf die Gliederung des verwendbaren Eigenkapitals

1. Anwendungsbereich des § 38 KStG und Auswirkungen bei der übertragenden Körperschaft

Die Vorschrift des § 38 KStG regelt für die übernehmende Körperschaft die Auswirkungen des Vermögensübergangs durch Verschmelzung auf die Gliederung des verwendbaren Eigenkapitals. **Gl.01**

Für die Gliederung des verwendbaren Eigenkapitals der übertragenden Körperschaft gilt folgendes: **Gl.02**

Geht Vermögen durch Verschmelzung auf eine gliederungspflichtige Körperschaft über, ist das verwendbare Eigenkapital der Übertragerin gemäß § 38 Abs. 1 KStG den entsprechenden Teilbeträgen bei der Übernehmerin hinzuzurechnen. Nach § 2 Abs. 1 UmwStG geht das verwendbare Eigenkapital mit Ablauf des steuerlichen Übertragungsstichtags auf die Übernehmerin über. Bei der Übertragerin wird das verwendbare Eigenkapital nach der Vermögensübertragung gemäß § 47 Abs. 1 KStG gesondert festgestellt – evtl. Nullbestände – (vgl. Tz. 02.16). **Gl.03**

Geht Vermögen durch Verschmelzung auf eine nicht gliederungspflichtige Körperschaft, auf eine Personengesellschaft oder auf eine natürliche Person über, ist bei der Übertragerin zum steuerlichen Übertragungsstichtag das verwendbare Eigenkapital nach Verringerung durch die Gewinnausschüttungen, für die die übertragende Körperschaft noch die Ausschüttungsbelastung herzustellen hat (vgl. Tz. 02.16 ff.), aber vor Verringerung durch die Vermögensübertragung gesondert festzustellen. Die festgestellten Teilbeträge sind maßgebend für die Anwendung der §§ 7, 10 und 12 Abs. 5 UmwStG. Bei der Übernehmerin ist eine Gliederung des verwendbaren Eigenkapitals nicht mehr durchzuführen. **Gl.04**

2. Schrittfolge bei Ermittlung der gliederungsmäßigen Auswirkungen der Verschmelzung auf die übernehmende, gliederungspflichtige Körperschaft

Die übernehmende Körperschaft hat den Vermögensübergang erstmals in der Gliederung zum Schluß des Wirtschaftsjahrs zu berücksichtigen, in das der steuerliche Übertragungsstichtag (§ 2 Abs. 1 UmwStG) fällt. Dabei sind die gliederungsmäßigen Auswirkungen der Verschmelzung in drei getrennt vorzunehmenden Schritten zu ermitteln: **Gl.05**

a) Die Teilbeträge des verwendbaren Eigenkapitals der übertragenden Körperschaft zum Übertragungs-Stichtag und ein evtl. vorhandener Sonderausweis i. S. des § 47 Abs. 1 Satz 1 Nr. 2 KStG **Gl.06** sind den entsprechenden Teilbeträgen und einem evtl. vorhandenen Sonderausweis bei der übernehmenden Körperschaft hinzuzurechnen. Maßgebend ist das verwendbare Eigenkapital der übertragenden Körperschaft nach Verringerung durch Ausschüttungen, für die noch die übertragende Körperschaft die Ausschüttungsbelastung herzustellen hat (vgl. Tz. 02.16).

Gl.07 b) Die Summe der ursprünglichen Nennkapitalbeträge der an der Verschmelzung beteiligten Kapitalgesellschaften ist mit dem tatsächlich festgesetzten Nennkapital der übernehmenden Kapitalgesellschaft nach der Verschmelzung zu vergleichen. Ist das Nennkapital nach der Verschmelzung höher als die Summe der Nennkapitalbeträge vor der Verschmelzung, gehört dieser Teil des Nennkapitals zum verwendbaren Eigenkapital i. S. des § 29 Abs. 3 KStG und erhöht einen Sonderausweis i. S. des § 47 Abs. 1 Satz 1 Nr. 2 KStG. Für die Anwendung des Satzes 2 ist das Nennkapital nach Verschmelzung um eine bare Zuzahlung, eine Sacheinlage der Gesellschafter, die nach dem UmwG zulässig ist, sowie um denjenigen Teil des Nennkapitals nach Verschmelzung zu kürzen, der aus Rücklagen entstanden ist, die vor der Verschmelzung bei der oder den übertragenden Kapitalgesellschaften zu dem Teilbetrag i. S. des § 30 Abs. 2 Nr. 3 oder 4 KStG (EK 03, EK 04) gehört haben. Ist das Nennkapital nach der Verschmelzung niedriger als die Summe der Nennkapitalbeträge vor der Verschmelzung, verringert dieser Minderbetrag einen Sonderausweis i. S. des § 47 Abs. 1 Satz 1 Nr. 2 KStG, aber höchstens bis auf 0 DM bzw. €.

Gl.08 c) Stimmt die Summe der zusammengerechneten Teilbeträge des verwendbaren Eigenkapitals infolge des Wegfalls von Anteilen an der übertragenden Gesellschaft oder aus anderen Gründen nicht mit dem verwendbaren Eigenkapital überein, das sich aus einer Steuerbilanz auf den unmittelbar nach dem Vermögensübergang folgenden Zeitpunkt bei der übernehmenden Körperschaft ergeben würde, ist die Summe der Teilbeträge an das verwendbare Eigenkapital nach der Steuerbilanz anzugleichen. Als „andere Gründe" sind nach dem Grundgedanken des § 38 KStG nur diejenigen anzusehen, die mit dem Vermögensübergang zusammenhängen, nicht dagegen Veränderungen im Betriebsvermögen der übernehmenden Körperschaft, die zwischen dem Zeitpunkt ihrer letzten Eigenkapitalgliederung vor dem steuerlichen Übertragungs-Stichtag und diesem Stichtag eingetreten sind.

3. Angleichung der Gliederungsrechnung an die Steuerbilanz bei der übernehmenden Körperschaft

Gl.09 Für die nach Tz. Gl.08 vorzunehmende Angleichung sind einander gegenüberzustellen:

Gl.10 a) die Summe der Teilbeträge des verwendbaren Eigenkapitals der übernehmenden Körperschaft zum Schluß des vorangegangenen Wirtschaftsjahrs und der übertragenden Körperschaft zum Übertragungs-Stichtag. Bei einer Verschmelzung im Wege der Neugründung, bei der die übernehmende Körperschaft zum Schluß des vorangegangenen Wirtschaftsjahrs noch nicht bestanden hat, ist das eigene verwendbare Eigenkapital mit 0 DM bzw. € anzusetzen;

Gl.11 b) das verwendbare Eigenkapital, das sich aus einer Steuerbilanz auf den unmittelbar nach dem Vermögensübergang folgenden Zeitpunkt bei der übernehmenden Körperschaft ergeben würde, erhöht um den zum verwendbaren Eigenkapital gehörenden Teil des Nennkapitals i. S. des § 29 Abs. 3 KStG nach der Verschmelzung. Bei der Verschmelzung durch Neugründung ist auf die tatsächlich erstellte Eröffnungsbilanz abzustellen. Bei der Verschmelzung durch Aufnahme braucht die übernehmende Körperschaft auf den Stichtag des Vermögensübergangs eine Steuerbilanz nicht aufzustellen. Daher ist das zusammengefaßte verwendbare Eigenkapital laut Steuerbilanz ausgehend von der Steuerbilanz der übernehmenden Körperschaft zum Schluß des vorangegangenen Wirtschaftsjahrs zu ermitteln (fiktive Steuerbilanz).

Gl.12 Weichen das zusammengefaßte verwendbare Eigenkapital laut Gliederungsrechnung und laut Steuerbilanz unter Berücksichtigung des § 29 Abs. 3 KStG voneinander ab, unterbleibt eine Anpassung nach § 38 Abs. 1 Satz 4 und Abs. 2 KStG, soweit der Unterschiedsbetrag auf die von der Steuerbilanz abweichende Eigenkapitaldefinition in § 29 Abs. 1 KStG zurückzuführen ist. Ein verbleibender Unterschiedsbetrag, um den das zusammengefaßte verwendbare Eigenkapital laut Gliederungsrechnung höher ist als das zusammengefaßte verwendbare Eigenkapital laut Steuerbilanz, erhöht sich um einen nach § 12 Abs. 2 Satz 2 bis 4 UmwStG steuerpflichtigen Übernahmegewinn und verringert sich um die darauf entfallende Körperschaftsteuer und Gewerbesteuer. Der danach sich ergebende Unterschiedsbetrag ist beim Teilbetrag i. S. des § 30 Abs. 2 Nr. 4 KStG zu erfassen.

Beispiel 1: (Vermögensübergang auf den bisherigen Alleingesellschafter)

Das Vermögen der A-AG geht zum 30.09.02 (steuerlicher Übertragungsstichtag) im Wege der Verschmelzung durch Aufnahme auf die B-AG, den bisherigen Alleingesellschafter, über. Das Wirtschaftsjahr der übernehmenden Gesellschaft deckt sich mit dem Kalenderjahr. Die B-AG hat im Jahre 02 ein zu versteuerndes Einkommen von 250.000 DM erzielt, das ungemildert der Körperschaftsteuer unterliegt.

Das in der steuerlichen Übertragungsbilanz ausgewiesene Eigenkapital der A-AG (übertragende Gesellschaft) setzt sich wie folgt zusammen:

	DM	DM
Nennkapital		100 000
Verwendbares Eigenkapital		
a) Ungemildert belasteter Teilbetrag (EK 45)	400 000	
b) Nichtbelasteter Teilbetrag i. S. des § 30 Abs. 2 Nr. 3 KStG (EK 03)	+ 50 000	
	450 000	+ 450 000
Eigenkapital		550 000

Der Buchwert der Anteile an der A-AG belief sich bei der übernehmenden B-AG am steuerlichen Übertragungsstichtag auf 200 000 DM.

Das Eigenkapital der B-AG (übernehmende Körperschaft) setzte sich in der gesonderten Feststellung zum 31.12.01 wie folgt zusammen:

	DM	DM
Nennkapital		500 000
Verwendbares Eigenkapital		
a) Ungemildert belasteter Teilbetrag (EK 45)	800 000	
b) Nichtbelasteter Teilbetrag i. S. des § 30 Abs. 2 Nr. 3 KStG (EK 03)	+ 150 000	
c) Nichtbelasteter Teilbetrag i. S. des § 30 Abs. 2 Nr. 4 KStG (EK 04)	+ 50 000	
	1 000 000	+ 1 000 000
Eigenkapital		1 500 000

Das Eigenkapital der B-AG, das sich aus einer Steuerbilanz zum 30.09.02 ergeben würde, beträgt:

	DM	DM
Nennkapital		500 000
Bisheriges Vermögen	1 000 000	
Wegfall der Anteile an der A-AG	− 200 000	
	+ 800 000	+ 800 000
		1 300 000
Vermögen der A-AG		+ 550 000
Eigenkapital		1 850 000

Ermittlung des verwendbaren Eigenkapitals der übernehmenden Körperschaft zum 31.12.02

Summe der Teilbeträge des verwendbaren Eigenkapitals der beiden Gesellschaften		1 450 000
Zusammengerechnetes Eigenkapital, das sich aus der Steuerbilanz zum Übertragungsstichtag ergeben würde	1 850 000	
Darin enthaltenes Nennkapital	− 500 000	
Zusammengerechnetes verwendbares Eigenkapital nach der Steuerbilanz	1 350 000	− 1 350 000
Unterschiedsbetrag		100 000

	Summe der Teilbeträge DM	EK 45 DM	EK 03 DM	EK 04 DM
Bestand 31.12.01	1 000 000	800 000	150 000	50 000
Eigenkapitalzugang aus dem Einkommen (250 000 – 45 v.H. Körperschaftsteuer)	+ 137 500	+ 137 500		
Zurechnung der von der A-AG übernommenen Teilbeträge	+ 450 000	400 000	+ 50 000	
Zwischensumme	1 587 500	1 337 500	200 000	50 000
Unterschiedsbetrag gemäß § 38 Abs. 1 Satz 4 KStG	– 100 000			– 100 000
Bestand 31.12.02	1 487 500	1 337 500	200 000	– 50 000

Beispiel 2: (Die Anteile an der übertragenden Gesellschaft gehören außenstehenden Gesellschaftern)

Das Vermögen der C-AG geht zum 30.09.02 (steuerlicher Übertragungsstichtag) im Wege der Verschmelzung durch Aufnahme auf die D-AG über. Das Wirtschaftsjahr der übernehmenden Körperschaft deckt sich mit dem Kalenderjahr. In der steuerlichen Schlußbilanz der übertragenden Gesellschaft sind die folgenden Werte ausgewiesen:

Aktiva	200 000 DM	Nennkapital	80 000 DM
	200 000 DM	Rücklagen	120 000 DM
			200 000 DM

Das verwendbare Eigenkapital der übertragenden C-AG setzt sich am 30.09.02 wie folgt zusammen:

	DM
Ungemildert belasteter Teilbetrag (EK 45)	30 000
Mit 30 v.H. belasteter Teilbetrag (EK 30)	+ 15 000
Nichtbelasteter Teilbetrag i. S. des § 30 Abs. 2 Nr. 3 KStG (EK 03)	+ 75 000
Insgesamt	120 000

Das bisherige Nennkapital der D-AG beträgt 120 000 DM.

Das verwendbare Eigenkapital der D-AG besteht zum Schluß des vorangegangenen Wirtschaftsjahrs nur aus dem ungemildert mit Körperschaftsteuer belasteten Teilbetrag (EK 45) in Höhe von 800 000 DM.

Die Aktionäre der C-AG erhalten für jede Aktie dieser Gesellschaft zwei neue Aktien der D-AG. In der Steuerbilanz der D-AG ergeben sich durch den Vermögensübergang folgende Zugänge:

Aktiva:	+ 200 000 DM
Passiva:	
Nennkapital	+ 160 000 DM
Rücklagen	+ 40 000 DM

Ermittlung des verwendbaren Eigenkapitals der D-AG zum 31.12.02

	DM
Summe der Nennkapitalbeträge der beteiligten Gesellschaften vor der Verschmelzung	200 000
Nennkapital der D-AG nach Verschmelzung	280 000
Mehrbetrag	80 000
Nennkapital, das aus der Umwandlung von EK 03 entstanden ist	75 000
Sonderausweis i. S. des § 29 Abs. 3 i. V. m. § 38 Abs. 1 Satz 2 KStG	5 000

Verprobung des verwendbaren Eigenkapitals der D-AG zum 31.12.02

Summe der Teilbeträge des verwendbaren Eigenkapitals der beiden Gesellschaften lt. Gliederung (800.000 DM + 120.000 DM)		920 000
Umwandlung von EK 03 in Nennkapital		– 75 000
Verwendbares Eigenkapital zum 31.12.02		845 000
Zusammengerechnetes verwendbares Eigenkapital, das sich aus derSteuerbilanz zum Übertragungsstichtag ergeben würde 800 000 DM + (120 000 – 80 000)	840 000	
Sonderausweis i. S. des § 29 Abs. 3 i. V. m. § 38 Abs. 1 Satz 2 KStG	+ 5 000	– 845 000
Übersteigender Betrag		0

Gliederung des verwendbaren Eigenkapitals der D-AG zum 31.12.02

	Summe der Teilbeträge	EK 45	EK 30	EK 03	EK 04
	DM	DM	DM	DM	DM
Bestand 31.12.01	800 000	800 000			
von der C-AG übernommene Teilbeträge	+ 120 000	+ 30 000	+ 15 000	+ 75 000	
Umwandlung EK 03 in Nennkapital	– 75 000	– 75 000			
Zusammengerechnete Teilbeträge	845 000	830 000	15 000	–	–
Sonderausweis i. S. des § 29 Abs. 3 i. V. m. § 38 Abs. 1 Satz 2 KStG					5 000

Beispiel 3:

Das Vermögen der A-AG und der B-AG gehen zum 31.07.01 (steuerlicher Übertragungsstichtag) im Wege der Verschmelzung durch Neugründung auf die neugegründete C-AG über. Die C-AG hat als Wirtschaftsjahr das Kalenderjahr. Im Wirtschaftsjahr 01 erzielt die C-AG ein zu versteuerndes Einkommen von 100 000 DM.

Steuerliche Schlußbilanz der übertragenden A-AG

Aktiva	200 000 DM	Nennkapital	150 000 DM
		Rücklagen	50 000 DM
	200 000 DM		200 000 DM

Verwendbares Eigenkapital der übertragenden A-AG zum 31.07.01

Ungemildert belasteter Teilbetrag (EK 45)	50 000 DM

Steuerliche Schlußbilanz der übertragenden B-AG

Aktiva	300 000 DM	Nennkapital	200 000 DM
		Rücklagen	100 000 DM
	300 000 DM		300 000 DM

Verwendbares Eigenkapital der übertragenden B-AG zum 31.07.01

Ungemildert belasteter Teilbetrag (EK 45)	100 000 DM

Steuerliche Eröffnungsbilanz der übernehmenden C-AG

Aktiva	500 000 DM	Nennkapital	320 000 DM
		Rücklagen	180 000 DM
	500 000 DM		500 000 DM

Ermittlung des verwendbaren Eigenkapitals der C-AG zum 31.07.01

	DM
Nennkapital der C-AG nach Verschmelzung	320 000
Summe der Nennkapitalbeträge der A- und B-AG vor Verschmelzung	– 350 000
Minderbetrag	30 000

Der Minderbetrag würde gemäß § 38 Abs. 1 Satz 3 KStG einen nach § 47 Abs. 1 Satz 1 Nr. 2 KStG gesondert festgestellten Betrag verringern. Da die übernehmende G-AG neu gegründet wurde, ist bei ihr aber ein Sonderausweis bisher nicht vorhanden und eine Verringerung daher nicht möglich.

Verwendbares Eigenkapital der C-AG zum 31.12.01

	EK 45	EK 04
	DM	DM
Bestände zum Schluß des Vorjahrs	0	0
Zugang aus dem Einkommen 01 (100 000 DM – 45 v.H. Körperschaftsteuer)	+ 55 000	
Zurechnung der von der A-AG und der B-AG übernommenen Teilbeträge (50 000 DM + 100 000 DM)	+ 150 000	
Unterschiedsbetrag i. S. des § 38 Abs. 1 Satz 4 KStG (180 000 DM – 150 000 DM)		+ 30 000
Bestände zum 31.12.01	205 000	30 000

Verprobung nach § 38 Abs. 1 KStG:

Zusammengerechnetes verwendbares Eigenkapital lt. Gliederungsrechnung:

Bestand bei der C-AG zum Schluß des Vorjahrs	0
Bestände bei der A- und B-AG zum 31.07.01	+ 150 000
Zusammen	150 000
Verwendbares Eigenkapital der C-AG lt. Eröffnungsbilanz zum 31.07.01	– 180 000
Unterschiedsbetrag	– 30 000
Angleichung der Gliederungsrechnung an die Steuerbilanz	
Zurechnung des Unterschiedsbetrags von 30 000 DM zum Teilbetrag EK 04 gemäß § 38 Abs. 1 Satz 4 KStG	+ 30 000
	0

II. Auswirkung des Vermögensübergangs durch Spaltung auf die Gliederung des verwendbaren Eigenkapitals

1. Anwendungsbereich des § 38a KStG

Gl.13 Die Vorschrift des § 38a KStG regelt für die übernehmende Körperschaft, im Fall der Abspaltung auch für die übertragende Körperschaft, die gliederungsmäßigen Auswirkungen des Vermögensübergangs durch Spaltung. Bei der Aufspaltung gelten Tz. Gl.03 und Gl.04 entsprechend. Bei der Abspaltung sind das durch den Vermögensübergang verringerte verwendbare Eigenkapital und ein Sonderausweis i. S. des § 47 Abs. 1 Satz 1 Nr. 2 KStG zu verproben und ggf. an die Steuerbilanz anzupassen (vgl. Tz. Gl.07 und Gl.08).

2. Aufteilungsschlüssel

Gl.14 Die Teilbeträge des verwendbaren Eigenkapitals einschließlich eines Sonderausweises i. S. des § 47 Abs. 1 Satz 1 Nr. 2 KStG der übertragenden Körperschaft sind grundsätzlich in dem Verhältnis der gemeinen Werte der übergehenden Vermögensteile zu dem vor der Spaltung bestehenden Vermögen auf die übernehmenden Körperschaften, im Fall der Abspaltung auch auf die übertragende Körperschaft aufzuteilen. Dieses Verhältnis (Aufteilungsschlüssel) ergibt sich in der Regel aus den Angaben zum Umtauschverhältnis der Anteile im Spaltungs- und Übernahmevertrag oder im Spaltungsplan. Die Ermittlung der gemeinen Werte ist deshalb nur erforderlich, wenn der Spaltungs- und Übernahmevertrag oder der Spaltungsplan keine Angaben zum Umtauschverhältnis der

Anteile enthält oder dieses nicht dem Verhältnis der übergehenden Vermögensteile zu dem vor der Spaltung bestehenden Vermögen entspricht.

3. Auswirkungen der Spaltung auf einen Sonderausweis i. S. des § 47 Abs. 1 Satz 1 Nr. 2 KStG und auf das verwendbare Eigenkapital der übernehmenden Körperschaft

Die nach dem Aufteilungsschlüssel ermittelten anteiligen Teilbeträge des verwendbaren Eigen- **Gl.15** kapitals einschließlich eines evtl. vorhandenen Sonderausweises i. S. des § 47 Abs. 1 Satz 1 Nr. 2 KStG der übertragenden Körperschaft sind den entsprechenden Beträgen der übernehmenden Körperschaft hinzuzurechnen. Im Fall der Abspaltung verringern sich die Teilbeträge des verwendbaren Eigenkapitals und ein Sonderausweis bei der übertragenden Körperschaft entsprechend. Für die Prüfung, ob ein Sonderausweis i. S. des § 47 Abs. 1 Satz 1 Nr. 2 KStG bei der übernehmenden Körperschaft, im Fall der Abspaltung auch bei der übertragenden Körperschaft neu gebildet werden muß oder ob sich ein bereits bestehender Sonderausweis infolge der Spaltung verändert, sind gegenüberzustellen:

a) das Nennkapital der jeweiligen Körperschaft nach der Spaltung, gekürzt um bare Zuzahlungen **Gl.16** anläßlich der Spaltung, um Sacheinlagen der Gesellschafter, die nach dem Umwandlungsgesetz zulässig sind, und um denjenigen Teil des Nennkapitals, der aus Rücklagen entstanden ist, die vor der Spaltung zu dem Teilbetrag i. S. des § 30 Abs. 2 Nr. 3 oder 4 KStG (EK 03, EK 04) gehört haben,

b) bei der übertragenden Körperschaft der rechnerische Anteil am Nennkapital vor der Spaltung und **Gl.17**

c) bei der übernehmenden Körperschaft die Summe der Nennkapitalien der beteiligten Körper- **Gl.18** schaften vor der Vermögensübernahme (bei Spaltung ist das Nennkapital der übertragenden Körperschaft anteilig anzusetzen, § 38a Abs. 2 Satz 2 KStG).

Beispiel: (Abspaltung)

a) Sachverhalt

Die A-GmbH unterhält zwei Teilbetriebe. In ihrer Steuerbilanz sind vor der Abspaltung folgende Werte ausgewiesen:

| Teilbetrieb 1 | 400 000 DM | Nennkapital | 600 000 DM |
| Teilbetrieb 2 | 600 000 DM | Rücklagen | 400 000 DM |

Die gemeinen Werte der beiden Teilbetriebe sind gleich hoch (Aufteilungsschlüssel 1:1).

Das verwendbare Eigenkapital der A-GmbH lt. Gliederungsrechnung (EK 45) beträgt	600 000 DM
Bisheriger gesondert festgestellter Betrag i. S. des § 47 Abs. 1 Satz 1 Nr. 2 KStG (Sonderausweis)	200 000 DM

Der Teilbetrieb 2 wird gemäß § 123 Abs. 2 Nr. 1 UmwG durch Übertragung auf die bestehende B-GmbH abgespalten.

In der Steuerbilanz der B-GmbH sind vor der Spaltung folgende Werte ausgewiesen:

| Aktiva | 200 000 DM | Nennkapital | 100 000 DM |
| | | Rücklagen | 100 000 DM |

Das verwendbare Eigenkapital der B-GmbH lt. Gliederungsrechnung (EK 45) beträgt	100 000 DM

b) Steuerbilanzen der beteiligten Körperschaften nach der Spaltung

Ausgehend von der Übertragungsbilanz der A-GmbH und von der Steuerbilanz der B-GmbH auf den Schluß des vorangegangenen Wirtschaftsjahrs würden sich auf den Zeitpunkt unmittelbar nach der Spaltung und der Vermögensübertragung folgende (fiktive) Steuerbilanzen ergeben:

A-GmbH

Aktiva		Nennkapital	200 000 DM
(1 000 000 – 600 00)	400 000 DM	Rücklagen	200 000 DM

B-GmbH

Aktiva		Nennkapital	600 000 DM
(2000 000 + 600 00)	800 000 DM	Rücklagen	200 000 DM

c) Auswirkungen der Spaltung auf verwendbares Eigenkapital und Sonderausweis der übertragenden A-GmbH

Verwendbares Eigenkapital der A-GmbH

	DM	Summe der Teilbeträge DM	EK 45 DM	EK 04 DM	Sonderausweis i. S. des § 47 Abs. 1 Satz 1 Nr. 2 KStG DM
Bestände vor der Spaltung		600 000	600 000		200 000
Übergang auf die B-GmbH (§ 38a Abs. 1 KStG)		– 300 000	– 300 000		– 100 000
Verbleibende Beträge		300 000	300 000		100 000
Angleichung der Nennkapitalsphäre:					
Maßgebliches Nennkapital nach der Spaltung	200 000				
Abzüglich rechnerischer Anteil am Nennkapital vor der Spaltung	– 300 000				
Verringerung des Sonderausweises (§ 38a Abs. 2 i. V. m. § 38 Abs. 1 Satz 3 KStG)	+ 100 000				– 100 000
Zwischensumme		300 000	300 000		0
Vergleich des verwendbaren Eigenkapitals lt. Gliederungsrechnung und lt. Steuerbilanz:					
Verwendbares Eigenkapital lt. Gliederungsrechnung nach der Spaltung	300 000				
Verwendbares Eigenkapital lt. fiktiver Steuerbilanz auf den Übertragungsstichtag	– 200 000				
Unterschiedsbetrag gemäß § 38 Abs. 1 Satz 4 KStG	100 000	– 100 000		– 100 000	
Bestände nach der Spaltung		200 000	300 000	– 100 000	0

d) Auswirkungen der Spaltung auf verwendbares Eigenkapital und Sonderausweis der übernehmenden

Verwendbares Eigenkapital der A-GmbH

	DM	Summe der Teilbeträge DM	EK 45 DM	EK 04 DM	Sonderausweis i. S. des § 47 Abs. 1 Satz 1 Nr. 2 KStG DM
Bestände vor der Spaltung		100 000	100 000		0
Zurechnung der anteiligen Teilbeträge der übertragenden A-GmbH (§ 38a Abs. 1 KStG)		+ 300 000	+ 300 000		+ 100 000
Summe		400 000	400 000		100 000
Angleichung der Nennkapitalsphäre:					
Maßgebliches Nennkapital nach der Vermögensübernahme	600 000				
Nennkapital vor der Vermögensübernahme (bei Spaltung ist das Nennkapital der Übertragerin anteilig anzusetzen)	– 400 000				
Erhöhung des Sonderausweises	200 000				+ 200 000
Zwischensumme		400 000	400 000		300 000
Vergleich des zusammengefaßten verwendbaren Eigenkapitals lt. Gliederungsrechnung und lt. Übernahmebilanz:					
Verwendbares Eigenkapital lt. Gliederungsrechnung nach der Spaltung	400 000				
Übertrag:	400 000	400 000	400 000		300 000
Abzüglich des zum verwendbaren Eigenkapital gehörenden Teils des Nennkapitals i. S. des § 29 Abs. 3 KStG	– 300 000				
	100 000				
Abzüglich verwendbares Eigenkapital lt. fiktiver Steuerbilanz	– 200 000				
Unterschiedsbetrag gemäß § 38 Abs. 1 Satz 4 KStG	– 100 000	+ 100 000		+ 100 000	
Bestände nach der Spaltung		500 000	400 000	100 000	300 000

E. Auswirkungen der Umwandlung bei einer Gesellschafter-Fremdfinanzierung

I. Anwendung des § 8a KStG

Nach § 2 Abs. 1 UmwStG ist davon auszugehen, daß für die Ermittlung des Einkommens und des Vermögens der beteiligten Rechtsträger auch das Fremdkapital i. S. des § 8a KStG mit Ablauf des steuerlichen Übertragungsstichtags ganz oder teilweise auf den übernehmenden Rechtsträger übergegangen ist. Vergütungen für die Überlassung des übergegangenen Fremdkapitals werden nach dem Zeitpunkt des steuerlichen Vermögensübergangs dem übernehmenden Rechtsträger zugerechnet. Ist übernehmender Rechtsträger eine Körperschaft i. S. des § 8a KStG, sind ab diesem Zeitpunkt bei der steuerlichen Beurteilung die Grundsätze des § 8a KStG (vgl. BMF-Schreiben vom 15.12.1994, BStBl. 1995 I S. 25, 176) anzuwenden. § 8a KStG gilt für einen übertragenden Rechtsträger fort, wenn er nach Durchführung der Umwandlung weiter besteht (z. B. Abspaltung und Ausgliederung) und soweit Fremdkapital nicht übergegangen ist.

8a.01

II. Berechnung des zulässigen Fremdkapitals

8a.02 Maßgebend für die Berechnung des zulässigen Fremdkapitals ist nach § 8a Abs. 2 KStG das Eigenkapital der Kapitalgesellschaft in der Handelsbilanz zum Schluß des vorangegangenen Wirtschaftsjahrs (Rdnr. 28 BMF-Schreiben vom 15.12.1994, BStBl. 1995 I S. 25, 176). Der Vermögensübergang infolge der Umwandlung und auch der Übergang von Verbindlichkeiten wird zivilrechtlich erst im Zeitpunkt der Eintragung der Umwandlung in das Handelsregister wirksam (§ 20 Abs. 1 Nr. 1 und § 131 Abs. 1 Nr. 1 UmwG).

8a.03 Führt die Umwandlung zu einer Neugründung, ergibt sich das Eigenkapital nach Vermögensübergang aus der handelsrechtlichen Eröffnungsbilanz des neuen Rechtsträgers. Für die Anwendung des § 8a KStG kann ausnahmsweise auf das Eigenkapital in der handelsrechtlichen Eröffnungsbilanz abgestellt werden (Rdnr. 29 des BMF-Schreibens vom 15.12.1994, BStBl. 1995 I S. 25, 176). Dies gilt in den Fällen der Neugründung jedoch nicht, wenn der übertragende Rechtsträger fortbesteht (z. B. Aufspaltung oder Ausgliederung). Hier wird das im Rahmen der Umwandlung übertragene Vermögen regelmäßig noch in der dem Vermögensübergang vorangehenden Handelsbilanz ausgewiesen und nach § 8a Abs. 2 KStG bei dem übertragenden Rechtsträger für die Berechnung des zulässigen Fremdkapitals des folgenden Wirtschaftsjahrs zugrunde gelegt. Eine doppelte Inanspruchnahme des übertragenen Vermögens bei der Berechnung des zulässigen Fremdkapitals beim übertragenden und übernehmenden Rechtsträger ist ausgeschlossen. Ein Wahlrecht besteht nicht.

8a.04 Wird die Umwandlung durch Aufnahme in einen bereits bestehenden Rechtsträger durchgeführt, erhöht sich das Eigenkapital lt. Handelsbilanz zum Schluß des Wirtschaftsjahrs, in dem die Handelsregistereintragung erfolgt. Das durch die Umwandlung veränderte Eigenkapital des übernehmenden Rechtsträgers ist nach § 8a Abs. 2 KStG erst für das dem Wirtschaftsjahr der Eintragung der Umwandlung folgende Wirtschaftsjahr zu berücksichtigen.

8a.05 Beteiligungen, die im Rahmen einer Umwandlung übertragen werden, sind bei einer Umwandlung zur Aufnahme erst in der Handelsbilanz zum Schluß des Wirtschaftsjahrs der Eintragung ins Handelsregister und bei Umwandlung durch Neugründung in der Eröffnungsbilanz des übernehmenden Rechtsträgers enthalten. Bei verbundenen Unternehmen ist in diesen Fällen für die Beurteilung des Vorliegens einer Holdinggesellschaft (§ 8a Abs. 4 Satz 1 und 2 KStG) und für die Eigenkapitalkürzung um die Buchwerte an Untergesellschaften (§ 8a Abs. 4 Satz 3 KStG) auf die Verhältnisse am Schluß des vorangegangenen Wirtschaftsjahrs oder in den Fällen der Neugründung auf die Verhältnisse im Zeitpunkt der Eröffnungsbilanz abzustellen.

III. Herstellung des ursprünglichen Eigenkapitals

8a.06 Ist das Eigenkapital einer Kapitalgesellschaft vorübergehend durch einen Jahresfehlbetrag gemindert, kann das ursprüngliche Eigenkapital i. S. des § 8a Abs. 2 Satz 3 KStG durch eine Eigenkapitalmehrung in den drei auf das Verlustjahr folgenden Wirtschaftsjahren durch Jahresüberschüsse oder durch Einlagen (Rdnr. 34 BMF-Schreiben vom 15.12.1994, BStBl. 1995 I S. 25, 176) wiederhergestellt werden. Wird eine Kapitalgesellschaft umgewandelt, deren Eigenkapital vorübergehend durch einen Jahresfehlbetrag gemindert ist, kann die Wiederherstellung des ursprünglichen Eigenkapitals innerhalb der Dreijahresfrist durch Jahresüberschüsse oder durch Einlagen der übernehmenden Kapitalgesellschaft erfolgen. Eine vor der Umwandlung bei dem übernehmenden Rechtsträger bestehende Eigenkapitalminderung kann durch den Vermögensübergang im Rahmen der Umwandlung ausgeglichen werden, soweit dadurch nicht lediglich Beteiligungen zwischen verbundenen Unternehmen wegfallen.

Teil 2: Einbringung

1. Abschnitt: Einbringung in eine Kapitalgesellschaft gegen Gewährung von Gesellschaftsanteilen

Zu § 20 UmwStG: Bewertung des eingebrachten Betriebsvermögens und der Gesellschaftsanteile

I. Anwendungsbereich (§ 20 Abs. 1, 7, 8 UmwStG)

20.01 Die Einbringung von Betriebsvermögen in eine Kapitalgesellschaft ist aus ertragsteuerlicher Sicht ein veräußerungs- bzw. tauschähnlicher Vorgang, bei dem die übernehmende Kapitalgesellschaft als Gegenleistung für das eingebrachte Betriebsvermögen neue Gesellschaftsanteile gewährt.

1. Zivilrechtliche Formen der Einbringung

20.02 Einbringungen i. S. von § 20 UmwStG können stattfinden

a) im Wege der Gesamtrechtsnachfolge

aa) durch Verschmelzung von Personenhandelsgesellschaften auf eine bereits bestehende oder neu gegründete Kapitalgesellschaft (vgl. § 2, § 3 Abs. 1 Satz 1 UmwG);

bb) durch Aufspaltung und Abspaltung von Vermögensteilen einer Personenhandelsgesellschaft auf eine bereits bestehende oder neu gegründete Kapitalgesellschaft (vgl. § 123 Abs. 1 und 2 UmwG);

cc) durch Ausgliederung von Vermögensteilen eines Einzelkaufmanns, einer Personenhandelsgesellschaft, einer Kapitalgesellschaft oder eines sonstigen in § 1 Abs. 1 KStG als auch in § 124 Abs. 1, 2. Alternative, § 3 Abs. 1 UmwG genannten Rechtsträgers auf eine bereits bestehende oder neu gegründete Kapitalgesellschaft;

b) im Wege des Formwechsels einer Personenhandelsgesellschaft in eine Kapitalgesellschaft nach § 190 UmwG. Der Formwechsel wird steuerlich wie ein Rechtsträgerwechsel behandelt (vgl. § 25 UmwStG);

c) im Wege der Einzelrechtsnachfolge

aa) durch Sacheinlage i. S. von § 5 Abs. 4 GmbHG bzw. § 27 AktG bei der Gründung einer Kapitalgesellschaft oder

bb) durch Sachkapitalerhöhung aus Gesellschaftermitteln (vgl. § 56 GmbHG, §§ 183, 194, 205 AktG) bei einer bestehenden Kapitalgesellschaft. Die Anwachsung (§ 738 BGB, § 142 HGB) wird ertragsteuerlich als Unterfall der Einzelrechtsnachfolge behandelt;

d) im Rahmen des § 23 UmwStG ggf. in sonstigen durch ausländisches Recht bestimmten Formen.

2. Gegenleistung, Gewährung neuer Anteile

Voraussetzung für die Anwendung der §§ 20-23, 25 UmwStG ist, daß die Gegenleistung der übernehmenden Kapitalgesellschaft für das eingebrachte Vermögen zumindest zum Teil in neuen Gesellschaftsanteilen besteht. Neben den Gesellschaftsanteilen können auch andere Wirtschaftsgüter gewährt werden (vgl. § 20 Abs. 2 Satz 5, Abs. 4 Satz 2 UmwStG). Die Möglichkeit, das eingebrachte Betriebsvermögen teilweise statt durch Ausgabe neuer Anteile durch Zuführung zu den offenen Rücklagen zu belegen, bleibt unberührt (vgl. § 272 Abs. 2 Nr. 4 HGB, § 30 Abs. 2 Nr. 4 KStG).   20.03

Beispiel:

Die GmbH bilanziert die Sacheinlage mit 20 000 DM. Als Gegenleistung gewährt sie neue Gesellschaftsrechte im Nennwert von 15 000 DM (vgl. § 5 Abs. 1 Halbsatz 2, § 56 GmbHG) und einen Spitzenausgleich in bar von 4 000 DM. Der Restbetrag von 1 000 DM wird den Kapitalrücklagen zugewiesen.

Mangels Gewährung neuer Anteile ist die verdeckte Einlage keine Einbringung i. S. von § 20 UmwStG; ebenfalls nicht die sog. verschleierte Sachgründung oder verschleierte Sachkapitalerhöhung (vgl. BFH-Urteil vom 01.07.1992, BStBl. 1993 II S. 131). Ein Fall des § 20 UmwStG ist auch dann nicht gegeben, wenn eine GmbH & Co KG durch Ausscheiden der Kommanditisten und Anwachsung ihrer Anteile gemäß § 738 BGB, § 142 HGB auf die Komplementär-GmbH umgewandelt wird, ohne daß die Kommanditisten einen Ausgleich in Form neuer Gesellschaftsrechte an der GmbH erhalten. Zu dem Verhältnis zwischen §§ 20ff. UmwStG und der sog. Tauschrechtsprechung des BFH vgl. BMF-Schreiben vom 15.02.1995, BStBl. I S.149.   20.04

3. Beteiligte der Einbringung

Einbringende i. S. des § 20 UmwStG können prinzipiell natürliche Personen und alle in § 1 Abs. 1 KStG aufgeführten Körperschaften, Personenvereinigungen und Vermögensmassen sein. Bei der Einbringung eines Betriebs gewerblicher Art ist die juristische Person des öffentlichen Rechts Einbringende. Wird Betriebsvermögen einer Personengesellschaft eingebracht, so sind als Einbringende i. S. des § 20 UmwStG stets die Gesellschafter (Mitunternehmer) der Personengesellschaft anzusehen und nicht die Personengesellschaft selbst (vgl. auch BFH-Urteil vom 16.02.1996, BStBl. II S. 342, für den Fall der Einbringung mehrerer Mitunternehmeranteile). Das gilt auch dann, wenn lediglich ein Teilbetrieb und nicht das gesamte Betriebsvermögen der Personengesellschaft eingebracht wird. Daher sind die Voraussetzungen insbesondere des § 20 Abs. 3 und des § 20 Abs. 5 Satz 1 UmwStG stets gesellschafterbezogen zu prüfen. Dessen ungeachtet ist bei der Ausgliederung von Vermögensteilen einer Personenhandelsgesellschaft in eine Kapitalgesellschaft der als Gegenleistung gewährte Gesellschaftsanteil dem Gesamthandsvermögen der Personenhandelsgesellschaft zuzurechnen.   20.05

Übernehmende Kapitalgesellschaft i. S. von § 20 Abs. 1 Satz 1 UmwStG ist eine GmbH, eine AG oder eine KGaA mit Sitz oder Geschäftsleitung im Inland (vgl. § 1 Abs. 1 Nr. 1 KStG).   20.06

20.07 Bei EU-Einbringungsfällen i. S. von § 23 UmwStG bestehen hinsichtlich des Einbringenden und der übernehmenden Kapitalgesellschaft Besonderheiten (vgl. § 23 UmwStG).

4. Gegenstand der Einbringung

a) Betriebe, Teilbetriebe

20.08 Die Einbringung eines Betriebs oder Teilbetriebs i. S. von § 20 UmwStG liegt nur vor, wenn alle Wirtschaftsgüter, die wesentliche Betriebsgrundlagen des Betriebs oder Teilbetriebs bilden, in die Kapitalgesellschaft mit eingebracht werden; es genügt nicht, der Kapitalgesellschaft diese Wirtschaftsgüter nur zur Nutzung zu überlassen. Dies gilt auch für solche dem Betrieb oder Teilbetrieb einer Personengesellschaft dienende Wirtschaftsgüter, die nur einem Gesellschafter gehören (Sonderbetriebsvermögen I), vgl. BFH-Urteil vom 16.02.1996, BStBl. II S. 342. Zu den Begriffen „Teilbetrieb" und „wesentliche Betriebsgrundlage" wird auf die zu § 16 EStG ergangene Rechtsprechung und R 139 EStR 1996 verwiesen. Bei der Einbringung eines Betriebs oder Teilbetriebs sind auch die dazugehörenden Anteile an Kapitalgesellschaften mit einzubringen, sofern diese wesentliche Betriebsgrundlagen des Betriebs oder Teilbetriebs sind.

In den Fällen mit Auslandsberührung vgl. die Ausführungen zu § 3 UmwStG Tz. 03.05 und Tz. 03.09.

20.09 Die Zurückbehaltung wesentlicher Betriebsgrundlagen hat zur Folge, daß die im eingebrachten Vermögen ruhenden stillen Reserven aufzudecken und zu versteuern sind; die Grundsätze zur Überführung von Wirtschaftsgütern im Rahmen einer Betriebsaufspaltung bleiben unberührt. Werden wesentliche Betriebsgrundlagen im zeitlichen und wirtschaftlichen Zusammenhang mit der Einbringung in ein anderes Betriebsvermögen überführt, so ist die Anwendung des BFH-Urteils vom 19.03.1991 (BStBl. II S. 635) sowie der Grundsatz des § 42 AO zu prüfen.

20.10 Bei der Einbringung zurückbehaltene Wirtschaftsgüter sind grundsätzlich als entnommen zu behandeln mit der Folge der Versteuerung der in ihrem Buchwert enthaltenen stillen Reserven, es sei denn, daß die Wirtschaftsgüter weiterhin Betriebsvermögen sind. Dies gilt auch für Wirtschaftsgüter, die keine wesentlichen Betriebsgrundlagen des eingebrachten Betriebs oder Teilbetriebs bilden, und für Wirtschaftsgüter, die dem Sonderbetriebsvermögen eines Gesellschafters zuzurechnen sind. Zur Anwendung der Tarifvergünstigung nach § 34 EStG vgl. das BFH-Urteil vom 25.09.1991, BStBl. 1992 II S. 406; zum Entnahmezeitpunkt vgl. das BFH-Urteil vom 28.04.1988, BStBl. II S. 829.

20.11 Gehören zum Betriebsvermögen des eingebrachten Betriebs oder Teilbetriebs Anteile an der übernehmenden Kapitalgesellschaft, so werden diese Anteile, wenn sie in die Kapitalgesellschaft miteingebracht werden, zu sog. eigenen Anteilen der Kapitalgesellschaft. Der Erwerb eigener Anteile durch eine Kapitalgesellschaft unterliegt handelsrechtlichen Beschränkungen. Soweit die Anteile an der Kapitalgesellschaft miteingebracht werden, würde der Einbringende dafür als Gegenleistung neue Anteile an der Kapitalgesellschaft erhalten. Bei dieser Situation ist es nicht zu beanstanden, wenn die Anteile an der Kapitalgesellschaft nicht miteingebracht werden. Die zurückbehaltenen Anteile an der Kapitalgesellschaft gelten in diesem Fall nicht als entnommen. Sie sind künftig als Anteile zu behandeln, die durch eine Sacheinlage erworben worden sind. Es ist dementsprechend auch für sie § 21 UmwStG anzuwenden.

b) Mitunternehmeranteile

20.12 Die Grundsätze der vorstehenden Tz. 20.08 bis 20.11 gelten sinngemäß auch für die Einbringung von Mitunternehmeranteilen.

20.13 Die Einbringung eines Mitunternehmeranteils i. S. von § 20 Abs. 1 UmwStG ist auch dann anzunehmen, wenn ein Mitunternehmer einer Personengesellschaft nicht seinen gesamten Anteil an der Personengesellschaft, sondern nur einen Teil dieses Anteils in eine Kapitalgesellschaft einbringt.

20.14 § 20 UmwStG gilt auch für die Einbringung von Mitunternehmeranteilen, die zu dem Betriebsvermögen eines Betriebs gehören. Werden mehrere zu einem Betriebsvermögen gehörende Mitunternehmeranteile eingebracht, so liegt hinsichtlich eines jeden Mitunternehmeranteils ein gesonderter Einbringungsvorgang vor. Wird auch der Betrieb eingebracht, zu dessen Betriebsvermögen der oder die Mitunternehmeranteile gehören, so sind die Einbringung des Betriebs und die Einbringung des bzw. der Mitunternehmeranteile jeweils als gesonderte Einbringungsvorgänge zu behandeln.

c) Mehrheitsvermittelnde Anteile an Kapitalgesellschaften

Mehrheitsvermittelnde Anteile an Kapitalgesellschaften i. S. von § 20 Abs. 1 Satz 2 UmwStG lie- **20.15**
gen vor, wenn die übernehmende Gesellschaft nach der Einbringung unmittelbar die Mehrheit der
Stimmrechte an der Gesellschaft hat, deren Anteile eingebracht werden. Begünstigt ist sowohl der
Fall, daß eine Mehrheitsbeteiligung erst durch den Einbringungsvorgang entsteht, als auch der Fall,
daß eine zum Umwandlungsstichtag bereits bestehende Mehrheitsbeteiligung weiter aufgestockt
wird. Es genügt, wenn mehrere Personen Anteile einbringen, die nicht einzeln, sondern nur insgesamt die Voraussetzungen des § 20 Abs. 1 Satz 2 UmwStG erfüllen, sofern die Einbringungen auf
einem einheitlichen Gründungs- oder Kapitalerhöhungsvorgang beruhen.

Beispiele:

a) die Y-AG erwirbt von A 51 v.H. der Anteile an der X-GmbH, an der die Y-AG bislang noch
   nicht beteiligt war;

b) die Y-AG erwirbt von B 10 v.H. der Anteile an der X-GmbH, an der die Y-AG bereits 51 v.H.
   hält;

c) die Y-AG hält bereits 40 v.H. der Anteile an der X-GmbH. Im Rahmen eines einheitlichen
   Kapitalerhöhungsvorgangs bringen C und D jeweils weitere 6 v.H. der Anteile an der
   X-GmbH ein.

§ 20 UmwStG erfaßt grundsätzlich auch den Fall der Einbringung einer im Privatvermögen ge- **20.16**
haltenen wesentlichen Beteiligung an einer Kapitalgesellschaft. Dies ergibt sich aus der Verweisung
auf § 17 Abs. 3 EStG in § 20 Abs. 5 Satz 2 UmwStG. Auf Tz. 21.04 wird hingewiesen.

Die einzubringenden Anteile können auch an einer nicht unbeschränkt körperschaftsteuer- **20.17**
pflichtigen Kapitalgesellschaft bestehen.

5. Zeitpunkt der Einbringung (§ 20 Abs. 7, 8 UmwStG)

Die Einbringung i. S. von § 20 UmwStG wird steuerlich grundsätzlich zu dem Zeitpunkt wirksam, **20.18**
in dem das wirtschaftliche Eigentum an dem eingebrachten Vermögen auf die Kapitalgesellschaft
übergeht. Die Übertragung des wirtschaftlichen Eigentums erfolgt regelmäßig zu dem im Ein-
bringungsvertrag vorgesehenen Zeitpunkt des Übergangs von Nutzungen und Lasten.

Abweichend von den vorstehenden Grundsätzen darf der steuerliche Übertragungsstichtag gemäß **20.19**
§ 20 Abs. 7, 8 UmwStG auf Antrag der übernehmenden Kapitalgesellschaft um bis zu acht Monate
zurückbezogen werden. Für den Formwechsel einer Personenhandelsgesellschaft in eine Kapitalgesellschaft gelten nach § 25 Satz 1 UmwStG die Rückbeziehungsmöglichkeiten des § 20 Abs. 7,
Abs. 8 Satz 1 und 2 entsprechend. Der Zeitpunkt des Übergangs des eingebrachten Betriebsvermögens i. S. von § 20 Abs. 8 Satz 3 UmwStG ist der Zeitpunkt, zu dem das wirtschaftliche
Eigentum übergeht. Die Voraussetzungen des Teilbetriebs oder der mehrheitsvermittelnden Beteiligung i. S. des § 20 Abs. 1 Satz 2 UmwStG müssen bereits im Zeitpunkt des Beschlusses über die
Spaltung oder im Zeitpunkt des Abschlusses des Einbringungsvertrages vorgelegen haben. Die
Rückbeziehung nach § 20 Abs. 7, 8 UmwStG hat zur Folge, daß auch die als Gegenleistung für das
eingebrachte Vermögen gewährten Gesellschaftsanteile mit Ablauf des steuerlichen Übertragungsstichtags dem Einbringenden zuzurechnen sind.

Vom Zeitpunkt der (steuerlichen) Wirksamkeit der Einbringung an geht die Besteuerung des ein- **20.20**
gebrachten Betriebs usw. von den Einbringenden auf die übernehmende Kapitalgesellschaft über.
Zum Verhältnis zwischen steuerlicher Rückwirkungsfiktion und Rückbeziehung gesellschaftsrechtlicher Wirkungen vgl. die Ausführungen zu § 2 UmwStG Tz. 02.08.

Die Rückbeziehung hat nicht zur Folge, daß auch Verträge, die die Kapitalgesellschaft mit einem **20.21**
Gesellschafter abschließt, insbesondere Dienstverträge, Miet- und Pachtverträge und Darlehens-
verträge, als bereits im Zeitpunkt der Einbringung abgeschlossen gelten. Ab wann derartige Verträge der Besteuerung zugrunde gelegt werden können, ist nach den allgemeinen Grundsätzen zu
entscheiden. Werden die Anteile an einer Personengesellschaft eingebracht und sind Vergütungen
der Gesellschaft an einen Mitunternehmer bislang gemäß § 15 Abs. 1 Satz 1 Nr. 2 EStG dem Gewinnanteil des Gesellschafters zugerechnet worden, so führt die steuerliche Rückbeziehung der
Einbringung dazu, daß § 15 Abs. 1 Satz 1 Nr. 2 EStG bereits im Rückwirkungszeitraum auf die
Vergütungen der Gesellschaft nicht mehr anwendbar ist. Die Vergütungen sind Betriebsausgaben
der Kapitalgesellschaft, soweit sie als angemessenes Entgelt für die Leistungen des Gesellschafters
anzusehen sind; Leistungen der Gesellschaft, die über ein angemessenes Entgelt hinausgehen, sind
Entnahmen, für die § 20 Abs. 7 Satz 3 UmwStG gilt.

Die vorstehenden Grundsätze gelten nicht für einen Mitunternehmer, soweit er im Rückwirkungszeitraum aus der Gesellschaft ausscheidet, weil er insoweit seinen Mitunternehmeranteil nicht einbringt.

20.22 Eine analoge Anwendung des § 2 Abs. 3 UmwStG kommt auch in den Fällen des § 20 Abs. 7 Satz 1 UmwStG in Betracht, wenn die Regelung des § 20 Abs. 7 Satz 1 UmwStG zu einer vorzeitigen oder doppelten Erfassung von Vermögenswerten führen würde.

II. Bewertung durch die übernehmende Kapitalgesellschaft (§ 20 Abs. 2, 3 UmwStG)

1. Inhalt und Einschränkungen des Bewertungswahlrechts

20.23 Gem. § 20 Abs. 2 Satz 1 und 6 UmwStG kann die Kapitalgesellschaft das eingebrachte Betriebsvermögen mit Buchwerten, Teilwerten oder mit zwischen den Buchwerten und Teilwerten liegenden Werten (Zwischenwerten) ansetzen. Der Ansatz des eingebrachten Betriebsvermögens mit einem niedrigeren Wert als dem bisherigen Buchwert ist nicht zulässig. Zu den Begriffen Buchwert, Teilwert und Zwischenwert vgl. Tz. 22.05, 22.08 und 22.11.

20.24 Nach § 20 Abs. 3 UmwStG hat die übernehmende Kapitalgesellschaft das eingebrachte Betriebsvermögen mit dem Teilwert anzusetzen, wenn das Besteuerungsrecht der Bundesrepublik Deutschland hinsichtlich des Gewinns aus einer Veräußerung der dem Einbringenden gewährten Gesellschaftsanteile im Zeitpunkt der Sacheinlage ausgeschlossen ist. Ob ein inländisches Besteuerungsrecht hinsichtlich der Gesellschaftsanteile besteht, richtet sich vornehmlich nach den einschlägigen zwischenstaatlichen Abkommen zur Vermeidung der Doppelbesteuerung (DBA). Ein inländisches Besteuerungsrecht wird im allgemeinen auch dann gegeben sein, wenn der Einbringende zwar weder Wohnsitz noch gewöhnlichen Aufenthalt im Inland hat, aber eine Betriebsstätte im Inland unterhält und die ihm als Einbringenden gewährten Anteile dieser Betriebsstätte zuzurechnen sind. Ein inländisches Besteuerungsrecht ist auch gegeben, wenn die Bundesrepublik Deutschland eine Doppelbesteuerung nach Maßgabe des einschlägigen DBA durch Anrechnung der ausländischen Steuer statt durch Steuerfreistellung vermeidet.

20.25 Ein Zwang zum Ansatz von Zwischenwerten kann sich nach § 20 Abs. 2 Satz 4 oder 5 UmwStG ergeben. Das eingebrachte Betriebsvermögen darf auch durch Entnahmen während des Rückbeziehungszeitraums nicht negativ werden; deshalb ist eine Wertaufstockung nach § 20 Abs. 7 i. V. m. Abs. 2 Satz 4 UmwStG ggf. auch vorzunehmen, soweit das eingebrachte Betriebsvermögen ohne Aufstockung während des Rückwirkungszeitraums negativ würde.

2. Verhältnis zum Handelsrecht (§ 20 Abs. 2 Satz 2 UmwStG, § 5 Abs. 1 EStG)

20.26 Bei der Anwendung des § 20 UmwStG ist der Maßgeblichkeitsgrundsatz des § 5 Abs. 1 Satz 2 EStG zu beachten. Danach ist das steuerliche Bewertungswahlrecht des § 20 Abs. 2 Satz 1 UmwStG in Übereinstimmung mit der handelsrechtlichen Jahresbilanz auszuüben. Mithin ist der Wert, mit dem das eingebrachte Betriebsvermögen in der Handelsbilanz der Kapitalgesellschaft angesetzt wird, grundsätzlich auch für den Wertansatz in der Steuerbilanz der Kapitalgesellschaft und damit für die Ermittlung des Veräußerungsgewinns sowie der Anschaffungskosten der Gesellschaftsanteile nach § 20 Abs. 4 UmwStG maßgebend (Wertverknüpfung), sofern der Wertansatz nicht gesetzlichen Vorschriften widerspricht (BFH-Urteil vom 24.03.1983, BStBl. 1984 II S. 233).

20.27 Nach § 20 Abs. 2 Satz 2 UmwStG ist der Ansatz mit dem Buchwert für steuerliche Zwecke auch dann zulässig, wenn das eingebrachte Betriebsvermögen nach handelsrechtlichen Vorschriften mit einem höheren Wert angesetzt werden muß.

Beispiel:

A möchte sein Einzelunternehmen (Buchwert 20 000 DM, Teilwert 600 000 DM) in der Rechtsform einer GmbH fortführen.

Gemäß § 5 Abs. 1 GmbHG muß die GmbH bei der Gründung ein Mindeststammkapital von 50 000 DM ausweisen, was dazu führt, daß handelsrechtlich mindestens 30 000 DM stille Reserven der Sacheinlage aufgedeckt werden müssen. Ungeachtet des handelsrechtlichen Zwangs zur Höherbewertung ist hier gemäß § 20 Abs. 2 Satz 2 UmwStG steuerlich die Fortführung des Buchwerts von 20 000 DM möglich. In Höhe von 30 000 DM ist in diesem Fall in der Steuerbilanz der GmbH ein Ausgleichsposten auszuweisen.

Wählt A hingegen ein Stammkapital für die GmbH von 500 000 DM, so liegt in Höhe der Differenz zu dem Mindestkapital von 50 000 DM kein Zwang zur Höherbewertung aufgrund handelsrechtlicher Vorschrift i. S. von § 20 Abs. 2 Satz 2 UmwStG vor.

Der Ausgleichsposten, der in den Fällen des § 20 Abs. 2 Satz 2 UmwStG ausgewiesen werden muß, um den Ausgleich zur Handelsbilanz herbeizuführen, ist kein Bestandteil des Betriebsvermögens

i. S. von § 4 Abs. 1 Satz 1 EStG, sondern ein bloßer „Luftposten"; er nimmt am Betriebsvermögensvergleich nicht teil. Er hat infolgedessen auch auf die spätere Auflösung und Versteuerung der im eingebrachten Betriebsvermögen enthaltenen stillen Reserven keinen Einfluß und ist auch später nicht aufzulösen oder abzuschreiben. Mindert sich die durch den Ausgleichsposten gedeckte Differenz zwischen der Aktiv- und der Passivseite der Bilanz, insbesondere durch Aufdeckung stiller Reserven, so fällt der Ausgleichsposten in entsprechender Höhe erfolgsneutral weg. Bei der Anwendung des § 20 Abs. 4 UmwStG sind Veräußerungspreis für den Einbringenden und Anschaffungskosten für die Kapitalgesellschaft der Betrag, mit dem das eingebrachte Betriebsvermögen in der Steuerbilanz angesetzt worden ist.

Von einem handelsrechtlichen Zwang zur Höherbewertung i. S. von § 20 Abs. 2 Satz 2 UmwStG **20.28** kann im allgemeinen insbesondere auch dann ausgegangen werden, wenn der höhere Wertansatz der zutreffenden Darstellung der Beteiligungsverhältnisse dient.

Beispiel:

Das Stammkapital einer GmbH beträgt 10 Mio. DM. Wegen stiller Reserven in Höhe von 5 Mio. DM haben die Anteile insgesamt einen Wert von 15 Mio. DM. In die GmbH wird ein Betrieb eingebracht. Der Buchwert der eingebrachten Wirtschaftsgüter beträgt 1 Mio. DM, ihr Teilwert 5 Mio. DM.

Der Einbringende muß neue Geschäftsanteile mit einem Nennbetrag von 3,33 Mio. DM erhalten, da nur dann das von ihm eingebrachte Betriebsvermögen im Verhältnis zu dem bereits vor der Einbringung vorhandene Vermögen nicht zu gering bewertet ist. Die GmbH muß infolgedessen ihr Stammkapital um 3,33 Mio. DM erhöhen und folglich in ihrer Handelsbilanz das eingebrachte Betriebsvermögen mindestens mit ebenfalls 3,33 Mio. DM bewerten.

In der Steuerbilanz der GmbH kann das eingebrachte Betriebsvermögen hingegen mit 1 Mio. DM bewertet werden. Dieser Betrag ist maßgebend für die Anwendung des § 20 Abs. 4 UmwStG. In Höhe von 2,33 Mio. DM ist in diesem Fall in der Steuerbilanz der GmbH ein Ausgleichsposten auszuweisen.

Eine Übereinstimmung mit der Handelsbilanz ist auch dann nicht geboten, wenn das eingebrachte **20.29** Betriebsvermögen im Zeitpunkt der Einbringung in der Steuerbilanz des Einbringenden zulässigerweise mit einem niedrigeren Wert ausgewiesen ist als in seiner Handelsbilanz. Das kann z. B. darauf beruhen, daß der Einbringende eine Steuervergünstigung in Anspruch genommen hat, die in der Handelsbilanz nicht berücksichtigt zu werden brauchte (z. B. Importwarenabschlag nach § 80 EStDV, Rechnungsabgrenzung nach § 4d Abs. 2 EStG; Bildung einer negativen Ergänzungsbilanz). In derartigen Fällen kann das eingebrachte Betriebsvermögen in die Steuerbilanz der Kapitalgesellschaft mit dem Wertansatz übernommen werden, der in der Steuerbilanz des Einbringenden (saldiert um Mehr- oder Minderwerte aus einer etwa vorhandenen Ergänzungsbilanz) im Zeitpunkt der Einbringung auszuweisen ist. Wird das eingebrachte Betriebsvermögen in der Handelsbilanz der Kapitalgesellschaft mit einem höheren Wert als in der Handelsbilanz des Einbringenden im Zeitpunkt der Einbringung ausgewiesen, so kann die Kapitalgesellschaft in ihrer Steuerbilanz das eingebrachte Betriebsvermögen gleichwohl mit dem Buchwert ansetzen, wenn die Voraussetzungen des § 20 Abs. 2 Satz 2 UmwStG erfüllt sind.

Beispiele:

a) Wertansatz des eingebrachten Betriebsvermögens beim Einbringenden vor der Einbringung

in der Handelsbilanz	100 000 DM
in der Steuerbilanz	80 000 DM

Wertansatz des eingebrachten Betriebsvermögens
in der Handelsbilanz der übernehmenden
Kapitalgesellschaft 100 000 DM

Die Kapitalgesellschaft kann in ihrer Steuerbilanz das eingebrachte Betriebsvermögen auch dann mit 80 000 DM ansetzen, wenn sie in ihre Handelsbilanz den Wertansatz des Einbringenden aus dessen Handelsbilanz übernimmt und für den Unterschiedsbetrag einen Ausgleichsposten von 20 000 DM bildet.

b) Setzt die Kapitalgesellschaft im Falle des Beispiels zu a) in ihrer Handelsbilanz das eingebrachte Betriebsvermögen mit 300 000 DM an, weil dieser Wert nach den handelsrechtlichen Vorschriften angesetzt werden muß, so kann gemäß § 20 Abs. 2 Satz 2 UmwStG in der Steuerbilanz das eingebrachte Betriebsvermögen mit 80 000 DM angesetzt und ein Ausgleichsposten in Höhe von 220 000 DM gebildet werden.

c) Setzt die Kapitalgesellschaft im Falle des Beispiels zu a) in ihrer Handelsbilanz das eingebrachte Betriebsvermögen mit 300 000 DM an, ohne dazu nach handelsrechtlichen Vorschriften verpflichtet zu sein, so kann sie das eingebrachte Betriebsvermögen in ihrer Steuerbilanz mit 280 000 DM ansetzen (Wertansatz in der Steuerbilanz des Einbringenden zuzüglich Aufstockungsbetrag). In diesem Falle ist ein Ausgleichsposten in Höhe von 20 000 DM zu bilden. Der Ausgleichsposten ist nach den oben dargelegten Grundsätzen zu behandeln.

3. Besonderheiten beim Formwechsel (§ 25 UmwStG)[1)]

20.30 Handelsrechtlich ist der Formwechsel nur unter Buchwertfortführung möglich, weil § 24 des handelsrechtlichen UmwG im Fall des Formwechsels keine Anwendung findet. Infolge des Maßgeblichkeitsgrundsatzes nach § 5 Abs. 1 EStG sind daher in den Fällen des Formwechsels von einer Personengesellschaft in eine Kapitalgesellschaft auch steuerlich zwingend die Buchwerte fortzuführen.

4. Ausübung des Wahlrechts, Bindung, Bilanzberichtigung

20.31 Das Bewertungswahlrecht nach § 20 Abs. 2 Satz 1 UmwStG ist als ausgeübt anzusehen, wenn die Kapitalgesellschaft die Steuererklärung für das Wirtschaftsjahr, in dem die Einbringung stattgefunden hat, einschließlich der zugehörigen Bilanz bei dem Finanzamt eingereicht hat (R 15 Abs. 2 EStR 1996). Aus der Bilanz oder der Steuererklärung muß sich ergeben, welchen Einbringungszeitpunkt die Kapitalgesellschaft wählt (vgl. Tz. 20.19), inwieweit die in dem eingebrachten Vermögen ruhenden stillen Reserven aufgelöst werden und mit welchem Wert die eingebrachten Wirtschaftsgüter und Schulden demnach anzusetzen sind.

20.32 Für die Besteuerung der Kapitalgesellschaft und des Einbringenden ist ausschließlich die tatsächliche Bilanzierung durch die Kapitalgesellschaft maßgebend. Ob die Bilanzierung durch die Kapitalgesellschaft von etwaigen, mit dem Einbringenden getroffenen Vereinbarungen abweicht, ist steuerlich ohne Bedeutung. Bereits durchgeführte Veranlagungen des Einbringenden sind ggfs. gemäß § 175 Abs. 1 Nr. 2 zu berichtigen.

20.33 Da die Wahlrechtsausübung durch die Kapitalgesellschaft auch Auswirkungen auf die steuerlichen Verhältnisse des Einbringenden hat (vgl. § 20 Abs. 4 Satz 1, § 21 UmwStG), kann die Kapitalgesellschaft keine Bilanzänderung nach § 4 Abs. 2 Satz 2 EStG vornehmen (vgl. auch BFH-Urteil vom 15.07.1976, BStBl. II S. 748, BFH-Urteil vom 09.04.1981, BStBl. II S. 620).

20.34 Setzt die Kapitalgesellschaft das eingebrachte Betriebsvermögen mit dem Teilwert an und ergibt sich später, z. B. aufgrund einer Betriebsprüfung, daß die Teilwerte der eingebrachten Wirtschaftsgüter des Betriebsvermögens höher bzw. niedriger als die von der Kapitalgesellschaft angesetzten Werte sind, so sind die Bilanzwerte der Kapitalgesellschaft im Rahmen der allgemeinen Vorschriften grundsätzlich zu berichtigen (vgl. Tz. 20.36). Der Bilanzberichtigung (vgl. § 4 Abs. 2 Satz 1 EStG) steht das Verbot der anderweitigen Wahlrechtsausübung im Wege der Bilanzänderung nicht entgegen. Denn das Wahlrecht bezieht sich nur auf die Möglichkeit, für alle Wirtschaftsgüter entweder den Teilwert oder den Buchwert oder einen Zwischenwert anzusetzen. Hat die Kapitalgesellschaft sich für den Ansatz der Teilwerte entschieden, die Teilwerte jedoch nicht richtig ermittelt, so können infolgedessen die Teilwerte im Rahmen der allgemeinen Vorschriften berichtigt werden. Veranlagungen des Einbringenden sind ggf. gemäß § 175 Abs. 1 Nr. 2 AO zu korrigieren. Zur Behandlung von Steuernachforderungen vgl. die Ausführungen zu § 3 UmwStG Tz. 03.15.

20.35 Eine Bilanzberichtigung ist jedoch nicht möglich, wenn nicht klar zum Ausdruck gekommen ist, daß der Teilwert angesetzt werden soll.

Beispiel:

Die Kapitalgesellschaft hat das eingebrachte Betriebsvermögen, dessen Buchwert 500 000 DM betrug, mit einem Wert von 1 Mio. DM angesetzt, ohne daß erkennbar ist, daß es sich bei diesem Wert um den Teilwert handeln soll. Beträgt der Teilwert – wie später festgestellt wird – 1,2 Mio. DM, so bleibt die Kapitalgesellschaft an den Wertansatz von 1 Mio. DM gebunden. Der Vorgang ist als Einbringung zu Zwischenwerten zu beurteilen. Die Folge hiervon ist u. a. die Entstehung einbringungsgeborener Anteile i. S. von § 21 UmwStG bei dem Einbringenden, vgl. Tz. 21.01–21.05.

20.36 Hat die Kapitalgesellschaft aber in unmißverständlicher Weise, z. B. durch eine entsprechende Bilanzerläuterung, zum Ausdruck gebracht, daß es sich bei den von ihr angesetzten Werten um die

---

1) Tz. 20.30 ist überholt (vgl. Anhang 4-18).

Teilwerte handeln soll, so muß, wenn sich diese Wertansätze später als unrichtig erweisen, im Rahmen der allgemeinen Vorschriften eine Bilanzberichtigung durchgeführt werden; die Veranlagung des Einbringenden ist gemäß § 175 Abs. 1 Satz 1 Nr. 2 AO zu ändern. Ist allerdings der als Teilwert ausgegebene Wertansatz offenkundig zu niedrig, so ist die abweichende Erklärung der Kapitalgesellschaft unbeachtlich, und der Vorgang muß als Einbringung zu Zwischenwerten behandelt werden.

III. Besteuerung des Einbringungsgewinns (§ 20 Abs. 4–6 UmwStG)

Setzt die Kapitalgesellschaft Teilwerte oder Zwischenwerte an, so ist der beim Einbringenden entstehende Gewinn nach § 20 Abs. 4–6 UmwStG i. V. m. den für die Veräußerung des Einbringungsgegenstandes geltenden allgemeinen Vorschriften (insbesondere § 15, § 16 Abs. 1 Nr. 1 Halbsatz 2, § 17 oder § 23 EStG oder § 21 UmwStG) zu versteuern. **20.37**

Auf den Einbringungsgewinn ist auch die Vorschrift des § 6b EStG anzuwenden, soweit der Gewinn auf begünstigte Wirtschaftsgüter i. S. dieser Vorschrift entfällt. Auf § 34 Abs. 1 Satz 4 EStG wird hingewiesen. **20.38**

Nach § 34 EStG begünstigt ist auch der Gewinn aus der Auflösung steuerfreier Rücklagen (vgl. BFH-Urteil vom 17.10.1991, BStBl. II S. 392). **20.39**

Zur Stundungsmöglichkeit nach § 20 Abs. 6 i. V. m. § 21 Abs. 2 Satz 3ff. UmwStG für den Fall des zwingenden Teilwertansatzes nach § 20 Abs. 3 UmwStG vgl. Tz. 21.10. **20.40**

IV. Besonderheiten bei Pensionszusagen zugunsten von einbringenden Mitunternehmern

1. Behandlung bei der Personengesellschaft

Zur Behandlung bei der Personengesellschaft vgl. R 41 Abs. 8 EStR 1996. **20.41**

2. Behandlung bei der Kapitalgesellschaft

Die Übernahme der Pensionsverpflichtung durch die Kapitalgesellschaft ist eine zusätzlich zu der Ausgabe neuer Anteile gewährte Gegenleistung i. S. des § 20 Abs. 2 Satz 5, Abs. 4 Satz 2 UmwStG, die das Bewertungswahlrecht nach § 20 Abs. 2 UmwStG grundsätzlich nicht ausschließt. **20.42**

Beispiel:

Der Buchwert des eingebrachten Betriebsvermögens beträgt 100, der Teilwert beträgt 300. Der für die Leibrentenverpflichtung nach den Grundsätzen der Tz. 20.43 anzusetzende Wert beträgt 30.

Will die Kapitalgesellschaft das eingebrachte Betriebsvermögen mit dem Buchwert ansetzen, so können, da die Leibrentenverpflichtung mit 30 zu passivieren ist, neue Anteile mit einem Nennwert von 70 ausgegeben werden.

Will die Kapitalgesellschaft das eingebrachte Betriebsvermögen mit dem Teilwert ansetzen, so können, da auch in diesem Fall die Leibrentenverpflichtung mit 30 zu passivieren ist, neue Anteile mit einem Nennwert von 270 ausgegeben werden.

Die Möglichkeit, das eingebrachte Betriebsvermögen (teilweise) statt durch Ausgabe neuer Anteile durch Zuführung zu den offenen Rücklagen zu belegen, bleibt unberührt (vgl. Tz. 20.03).

Die Leibrentenverpflichtung muß nach § 6 Abs. 1 Nr. 3 EStG mit ihrem Teilwert im Zeitpunkt der Einbringung (Barwert der künftigen Leistungen) bewertet werden. **20.43**

Wird der frühere Mitunternehmer Arbeitnehmer der Kapitalgesellschaft und gilt die Pensionszusage auch für die aufgrund dieses Arbeitsverhältnisses geleisteten Dienste, so hat die nach der Einbringung erbrachte Arbeitsleistung keinen Einfluß auf den Teil der Zusage, der als Teil der Gegenleistung für die Einbringung zu behandeln ist. Soweit die Pensionszusage die aufgrund des Arbeitsverhältnisses mit der Kapitalgesellschaft geleisteten Dienste abgilt, ist steuerlich von einer „neuen" Pensionszusage und einem Beginn des Dienstverhältnisses im Zeitpunkt der Einbringung auszugehen. **20.44**

In den vorbezeichneten Fällen ist davon auszugehen, daß im Versorgungsfall die Leistungen teilweise aufgrund der im Zusammenhang mit der Einbringung übernommenen Leibrentenverpflichtung, teilweise aufgrund des Arbeitsverhältnisses der Kapitalgesellschaft mit dem Gesellschafter zu erbringen sind. Die zugesagte Leistung ist in dem Verhältnis aufzuteilen, in dem die Zeit vom Beginn des Dienstverhältnisses mit der Personengesellschaft bis zur Einbringung zu der Zeit von der Einbringung bis zum voraussichtlichen Eintritt des Versorgungsfalls steht. **20.45**

Beispiel:

Die Personengesellschaft erteilt einem Mitunternehmer eine Pensionszusage, wonach ein Altersruhegeld von monatlich 1 500 DM ab Vollendung des 65. Lebensjahres zu zahlen ist. Bei Beginn des Dienstverhältnisses mit der Personengesellschaft war der Gesellschafter 35 Jahre alt. Bei der Einbringung ist der Gesellschafter 45 Jahre alt.

Bei der Ermittlung des Teilwerts der als Teil der Gegenleistung für das eingebrachte Betriebsvermögen zu behandelnden Pensionszusage gemäß § 6 Abs. 1 Nr. 3 EStG ist davon auszugehen, daß die Kapitalgesellschaft eine Leibrente in Höhe von monatlich $^{10}/_{30}$ von 1.500 DM = 500 DM zahlen muß. Für die Bildung der Pensionsrückstellung nach § 6a EStG ist von einem Altersruhegeld von 1 000 DM und von einem Beginn des Dienstverhältnisses im Zeitpunkt der Einbringung auszugehen.

Erhöhungen der zugesagten Versorgungsleistungen nach der Einbringung sind als Teil der nach § 6a EStG zu behandelnden Pensionszusage anzusehen.

3. Behandlung beim begünstigten Gesellschafter

20.46 Die von der Kapitalgesellschaft übernommene Pensionszusage ist ein sonstiges Wirtschaftsgut, das dem aus der Zusage berechtigten Gesellschafter zusätzlich zu den neuen Anteilen gewährt wird. Die Anschaffungskosten dieser Anteile sind daher nach § 20 Abs. 4 Satz 2 UmwStG um den gemeinen Wert der Pensionszusage (Barwert der künftigen Leistungen) zu kürzen. Für die Ermittlung des gemeinen Werts der Zusage gelten die Ausführungen unter Tz. 20.43 entsprechend. In dem Beispiel zu Tz. 20.41 betragen die Anschaffungskosten der neuen Anteile i. S. des § 20 Abs. 4 UmwStG 100 − 30 = 70.

20.47 Die Pensionszahlungen sind zum Teil Einkünfte aus Leibrenten (§ 22 Nr. 1 Buchstabe a EStG), zum Teil nachträgliche Einkünfte aus nichtselbständiger Arbeit (§ 19, § 24 Nr. 2 EStG), wenn der frühere Mitunternehmer Arbeitnehmer der Kapitalgesellschaft wird und die Pensionszusage auch für die aufgrund des Dienstverhältnisses mit der Kapitalgesellschaft geleisteten Dienste gilt. Für die Aufteilung gelten die Grundsätze unter Tz. 20.45 entsprechend. Wird der frühere Mitunternehmer nicht Arbeitnehmer der Kapitalgesellschaft, so sind die Pensionszahlungen in Höhe des Ertragsanteils Einkünfte aus Leibrenten (§ 22 Nr. 1 Buchstabe a EStG).

Zu § 21 UmwStG: Besteuerung des Anteilseigners

I. Allgemeines

21.01 Setzt die Kapitalgesellschaft Buchwerte oder Zwischenwerte an, so ist auf die gewährten Gesellschaftsanteile (sog. einbringungsgeborene Anteile) § 21 UmwStG anzuwenden.

21.02 Die Veräußerung eines einbringungsgeborenen Anteils sowie die nach § 21 Abs. 2 Satz 1 UmwStG gleichgestellten Tatbestände sind auch dann steuerpflichtig, wenn die Anteile nicht nach allgemeinen Vorschriften, insbesondere nach § 17 EStG, steuerverstrickt sind. Sind Anteile sowohl nach § 21 UmwStG als auch nach § 17 EStG steuerverstrickt, so geht die Anwendung des § 21 UmwStG der des § 17 EStG vor.

21.03 § 21 UmwStG gilt auch für Gesellschaftsanteile, die schon vor dem Inkrafttreten des Umwandlungssteuergesetzes 1969 durch die Einbringung eines Betriebs, Teilbetriebs oder Mitunternehmeranteils in eine Kapitalgesellschaft gegen Gewährung von Gesellschaftsrechten an der übernehmenden Kapitalgesellschaft entstanden sind, sofern bei der Einbringung die stillen Reserven des eingebrachten Betriebsvermögens einschließlich eines Geschäftswerts nicht voll realisiert worden sind (vgl. das BFH-Urteil vom 26.01.1977, BStBl. II S. 283).

21.04 Die Einbringung von im Privatvermögen gehaltenen Anteilen, die weder nach § 23 EStG noch nach § 17 EStG noch nach § 21 UmwStG steuerverstrickt sind, führt nicht zur Entstehung einbringungsgeborener Anteile, weil die unmittelbare Veräußerung der Anteile ebenfalls nicht zu einer Steuerpflicht führen würde.

21.05 § 21 UmwStG ist auch dann anzuwenden, wenn einbringungsgeborene Anteile von einer Gesamthandsgemeinschaft veräußert werden. Werden die Anteile von einer Gesamthandsgemeinschaft veräußert, an der außer natürlichen auch juristische Personen beteiligt sind, so ist nur bezüglich des auf die natürlichen Personen entfallenden Gewinnanteils § 34 Abs. 1 EStG anzuwenden.

II. Gewinnverwirklichung ohne Veräußerung (§ 21 Abs. 2 UmwStG)

21.06 In den Fällen des § 21 Abs. 2 UmwStG tritt für die Ermittlung des Veräußerungsgewinns an die Stelle des Veräußerungspreises der gemeine Wert der Anteile. Für die Ermittlung des gemeinen Werts der Anteile findet § 11 BewG keine Anwendung; es gilt insoweit § 9 Abs. 2 BewG.

Durch die Anwendung einer der Nummern des § 21 Abs. 2 Satz 1 UmwStG verlieren die Anteile die **21.07** Steuerverstrickung nach § 21 UmwStG. § 21 Abs. 1 und 2 UmwStG gilt auch für den Fall, daß sich ein Verlust ergibt.

Wird ein Antrag i. S. des § 21 Abs. 2 Satz 1 Nr. 1 UmwStG gestellt, so ist der gemeine Wert nach den **21.08** Verhältnissen im Zeitpunkt der Antragstellung zu ermitteln; eine Rückbeziehung auf einen früheren Zeitpunkt ist nicht möglich. Für die Bearbeitung des Antrags ist das Wohnsitzfinanzamt des Anteilseigners zuständig (vgl. auch BFH-Urteil vom 05.03.1986, BStBl. II S. 625). Durch die Antragsbesteuerung nach § 21 Abs. 2 Satz 1 Nr. 1 UmwStG beginnt die Spekulationsfrist des § 23 EStG nicht neu zu laufen. War der einbringungsgeborene Anteil der Antragsbesteuerung zugeführt worden, so schließt das die Anwendung des § 17 EStG auf die spätere Veräußerung des Anteils nicht aus.

Bei der Anwendung des § 21 Abs. 2 Satz 1 Nr. 3 UmwStG ist – ebenso wie im Rahmen des § 17 **21.09** Abs. 4 EStG – der zu den Einnahmen i. S. des § 20 Abs. 1 Nr. 1 oder 2 EStG gehörende Teil der Bezüge auszusondern und der Besteuerung nach allgemeinen Vorschriften zu unterwerfen.

Durch die Stundung nach § 21 Abs. 2 Satz 3–6 UmwStG soll die Versteuerung des Veräußerungs- **21.10** gewinns in den Fällen erleichtert werden, in denen dem Steuerpflichtigen kein Veräußerungspreis zufließt. Die Stundung ist aber nicht mehr gerechtfertigt, sobald der Steuerpflichtige die Anteile vor Fälligkeit des letzten Teilbetrags veräußert. § 21 Abs. 2 Satz 5 UmwStG bestimmt daher, daß die Stundung mit dem Zeitpunkt der Veräußerung endet. Dies gilt nach § 21 Abs. 2 Satz 6 UmwStG entsprechend, wenn die Kapitalgesellschaft während des Stundungszeitraums aufgelöst und abgewickelt wird oder ihr Kapital herabgesetzt und an die Anteilseigner zurückgezahlt wird. Für die Frage der Sicherheitsleistung gelten die Grundsätze des § 222 AO.

III. Einbringungsgeborene Anteile in einem Betriebsvermögen

§ 21 UmwStG gilt auch, wenn die einbringungsgeborenen Anteile zu einem Betriebsvermögen **21.11** gehören. Dies kann sich z. B. ergeben, wenn die einbringungsgeborenen Anteile dadurch entstanden sind, daß ein Teilbetrieb oder ein Anteil an einer Kapitalgesellschaft i. S. des § 20 Abs. 1 Satz 2 UmwStG aus dem Betriebsvermögen einer Personengesellschaft in die Kapitalgesellschaft eingebracht worden ist.

Werden die einbringungsgeborenen Anteile später aus dem Betriebsvermögen entnommen, so ist **21.12** auf den Entnahmegewinn § 6 Abs. 1 Nr. 4 EStG anzuwenden. Ist bereits vorher der Antrag nach § 21 Abs. 2 Satz 1 Nr. 1 UmwStG gestellt worden, so gilt als Buchwert der gemeine Wert i. S. des § 21 Abs. 2 Satz 2 UmwStG. Die Entnahme berührt den Charakter der einbringungsgeborenen Anteile nicht. Bei späterer Veräußerung der Anteile ist statt der Anschaffungskosten der Entnahmewert anzusetzen.

Die Veräußerung oder Entnahme einbringungsgeborener Anteile unterliegt der Gewerbesteuer, **21.13** wenn der Einbringungsvorgang, aus dem die Anteile stammen, im Fall des Ansatzes von Teilwerten oder Zwischenwerten Gewerbesteuer ausgelöst hätte (vgl. BFH-Urteil vom 29.04.1982, BStBl. II S. 738). Dies ist insbesondere in folgenden Fallgestaltungen zu bejahen:

1. Der Steuerpflichtige ist eine natürliche Person und hat Anteile an Kapitalgesellschaften i. S. des § 20 Abs. 1 Satz 2 UmwStG eingebracht, die zu einem Betriebsvermögen gehörten. Auf die Abschnitte 39 Abs. 3 und 40 Abs. 1 Nr. 1 Satz 16 GewStR 1990 wird hingewiesen.

2. Der Steuerpflichtige ist eine Kapitalgesellschaft, eine Erwerbs- und Wirtschaftsgenossenschaft oder ein VVaG und hat einen Betrieb, Teilbetrieb oder einen Anteil an einer Kapitalgesellschaft i. S. des § 20 Abs. 1 Satz 2 UmwStG eingebracht. War ein Mitunternehmeranteil Gegenstand der Einbringung, so gelten die Grundsätze des BFH-Urteils vom 27.03.1996 (BStBl. 1997 II S. 224).

IV. Verlagerung stiller Reserven auf andere Gesellschaftsanteile

Gehen im Rahmen der Gesellschaftsgründung oder einer Kapitalerhöhung aus Gesellschafter- **21.14** mitteln stille Reserven von einer Sacheinlage (§ 20 Abs. 1 UmwStG) oder von einbringungsgeborenen Anteilen auf andere Anteile desselben Gesellschafters oder unentgeltlich auf Anteile Dritter über, so tritt insoweit zwar keine Gewinnverwirklichung ein; diese Anteile werden aber ebenfalls von der Steuerverstrickung nach § 21 UmwStG erfaßt (vgl. die BFH-Urteile vom 08.04.1992, BStBl. II S. 761-766, betreffend den Übergang eines Bezugsrechts ohne Entgelt; zur Behandlung nach einer zu Unrecht erfolgten Gewinnbesteuerung siehe das BFH-Urteil vom 10.11.1992, BStBl. 1994 II S. 222).

Beispiel:

Das Stammkapital der X-GmbH soll von 50 000 DM auf 100 000 DM erhöht werden. Der Verkehrswert der GmbH vor Kapitalerhöhung beläuft sich auf 400 000 DM. Den neu gebildeten Geschäftsanteil von nominell 50 000 DM übernimmt S gegen Bareinlage von 100 000 DM. Die Altanteile von ebenfalls nominell 50 000 DM werden von V, dem Vater des S, gehalten, der sie gegen Sacheinlage seines Einzelunternehmens zum Buchwert erworben hatte. Die Anschaffungskosten des V nach § 20 Abs. 4 UmwStG betragen 40 000 DM.

Durch die Einlage steigt der Verkehrswert der GmbH auf 500 000 DM. Davon entfallen 50 v.H. = 250 000 DM auf den jungen Geschäftsanteil des S, der jedoch nur 100 000 DM für seinen Anteil aufgewendet hat. Die Wertverschiebung ist darauf zurückzuführen, daß von den Anteilen des V 150 000 DM stille Reserven unentgeltlich auf den Geschäftsanteil des S übergegangen sind. Dementsprechend ist der Anteil des S zu 60 v.H. (150 000 DM/250 000 DM) gemäß § 21 UmwStG steuerverstrickt. Da ein (teilweise) unentgeltlicher Vorgang vorliegt, sind S anteilig die Anschaffungskosten seines Rechtsvorgängers V zuzurechnen i. H. von 15 000 DM (40 000 DM x 150 000 DM/400 000 DM), so daß sich die bei V zu berücksichtigenden Anschaffungskosten entsprechend auf 25 000 DM mindern.

Veräußern V und S ihre Anteile für jeweils 250 000 DM, so entsteht bei V ein Veräußerungsgewinn nach § 21 UmwStG von 250 000 DM – 25 000 DM = 225 000 DM; bei S ergibt sich ein Veräußerungsgewinn nach § 21 UmwStG von 60 v.H. von 250 000 DM = 150 000 DM – 15 000 DM = 135 000 DM. Der gleiche Veräußerungsgewinn von 225 000 DM + 135 000 DM = 360 000 DM hätte sich ergeben, wenn V seine Anteile vor der Kapitalerhöhung zum Verkehrswert veräußert hätte.

Soweit der Geschäftsanteil des S nicht gemäß § 21 UmwStG steuerverstrickt ist, richtet sich seine Behandlung nach allgemeinen Regeln. Vorliegend ergibt sich für S ein Gewinn nach § 17 EStG von 40 v.H. von 250 000 DM – 100 000 DM Einlage = 0 DM.

21.15 Die entgeltliche Veräußerung von Bezugsrechten führt zur Gewinnverwirklichung nach § 21 Abs. 1 UmwStG. Auf die BFH-Urteile vom 08.04.1992, BStBl. II S. 761, und vom 13.10.1992, BStBl. 1993 II S. 477, wird hingewiesen.

21.16 Wird eine Kapitalerhöhung aus Gesellschaftsmitteln vorgenommen, so gelten die jungen Anteile als Anteile, die durch eine Sacheinlage i. S. von § 20 Abs. 1 UmwStG erworben worden sind. Tz. 21.03 gilt entsprechend.

Zu § 22 UmwStG: Auswirkungen bei der übernehmenden Kapitalgesellschaft

I. Allgemeines

22.01 Objektbezogene Kosten – hierzu gehört eine bei der Einbringung anfallende Grunderwerbsteuer – können auch nicht aus Vereinfachungsgründen sofort als Betriebsausgaben abgezogen werden, sondern sind als zusätzliche Anschaffungskosten der Wirtschaftsgüter zu aktivieren, bei deren Erwerb (Einbringung) sie angefallen sind.

22.02 Bei Einbringungsvorgängen geht ein verbleibender Verlustabzug i. S. des § 10d Abs. 3 Satz 2 EStG nicht auf den übernehmenden Rechtsträger über, sondern verbleibt beim Einbringenden. Denn § 22 Abs. 1 und 2 UmwStG verweisen nur auf § 12 Abs. 3 Satz 1 UmwStG und nicht auch auf Satz 2 dieser Vorschrift, die den Verlustabzug behandelt. Gemäß § 22 Abs. 4 UmwStG gilt entsprechendes für den Verlustvortrag nach § 10a GewStG.

22.03 Die Grundsätze über den sog. Mantelkauf (§ 8 Abs. 4 KStG) sind auch bei der Einbringung eines Betriebs, Teilbetriebs oder Mitunternehmeranteils in eine Kapitalgesellschaft zu beachten. Bringen also neue Gesellschafter in eine Kapitalgesellschaft einen Betrieb, Teilbetrieb oder Mitunternehmeranteil ein, so ist der Kapitalgesellschaft der Abzug von bei ihr vor der Einbringung entstandenen Verlusten zu versagen, wenn die in § 8 Abs. 4 KStG genannten Voraussetzungen erfüllt sind.

22.04 Bei Begünstigung des Einbringungsfolgegewinns gemäß § 22 Abs. 5 i. V. m. § 6 UmwStG ist die fünfjährige Sperrfrist des § 26 Abs. 1 UmwStG zu beachten.

II. Buchwertansatz (§ 22 Abs. 1 UmwStG)

22.05 Buchwert ist der Wert, mit dem der Einbringende das eingebrachte Vermögen im Zeitpunkt der Sacheinlage nach den steuerrechtlichen Vorschriften über die Gewinnermittlung anzusetzen hat (§ 20 Abs. 2 Satz 3 UmwStG). Bei der Sacheinlage von Anteilen an Kapitalgesellschaften aus einem Privatvermögen treten an die Stelle des Buchwerts die Anschaffungskosten der Anteile.

22.06 Bei Einbringung zu Buchwerten tritt die Kapitalgesellschaft in die Rechtsstellung des Einbringenden bezüglich der Absetzungen für Abnutzung, der erhöhten Absetzungen und Sonderabschreibungen und der übrigen in § 12 Abs. 3 Satz 1 UmwStG genannten Besteuerungsmerkmale ein. Die Kapitalgesellschaft ist daher z. B. an die bisherige Abschreibungsbemessungsgrundlage der übertragenen Wirtschaftsgüter, die bisherige Abschreibungs-Methode und die vom Einbringenden angenommene Nutzungsdauer gebunden. Steuerfreie Rücklagen können bei Buchwertansatz von der Kapitalgesellschaft fortgeführt werden. Die Regelung des § 12 Abs. 3 Satz 1 UmwStG gilt auch für das Nachholverbot des § 6a Abs. 4 EStG.

Die Besitzzeitanrechnung (§ 22 Abs. 1 i. V. m. § 4 Abs. 2 Satz 3 UmwStG) bedeutet,   **22.07**

a) daß der Kapitalgesellschaft Vorbesitzzeiten des Einbringenden zugute kommen (beispielsweise bei der Frage, ob ein von der Kapitalgesellschaft veräußertes Wirtschaftsgut i. S. von § 6b Abs. 4 Nr. 2 EStG mindestens sechs Jahre ununterbrochen zum Anlagevermögen einer inländischen Betriebsstätte gehört hat);

b) daß die weitere Besitzzeit der Kapitalgesellschaft auf für den Einbringenden geltende Verbleibensfristen angerechnet wird. Veräußert die Kapitalgesellschaft die eingebrachten Wirtschaftsgüter vor Ende der für den Einbringenden maßgebenden Verbleibensfristen, sind die Veranlagungen des Einbringenden nach § 175 Abs. 1 Satz 1 Nr.2 AO zu berichtigen.

III. Zwischenwertansatz (§ 22 Abs. 2 UmwStG)

Bei Ansatz von Zwischenwerten sind die in den Wirtschaftsgütern, Schulden und steuerfreien **22.08** Rücklagen ruhenden stillen Reserven um einen einheitlichen Vomhundertsatz aufzulösen. Zu diesem Zweck muß zunächst festgestellt werden, in welchen Buchwerten stille Reserven enthalten sind und wieviel sie insgesamt betragen. Diese stillen Reserven sind dann gleichmäßig um den Vomhundertsatz aufzulösen, der dem Verhältnis des aufzustockenden Betrags (Unterschied zwischen dem Buchwert des eingebrachten Betriebsvermögens und dem Wert, mit dem es von der Kapitalgesellschaft angesetzt wird) zum Gesamtbetrag der vorhandenen stillen Reserven des eingebrachten Betriebsvermögens entspricht (BFH-Urteil vom 24.05.1984, BStBl. II S. 747). Bei der Aufstockung ist grundsätzlich sowohl das Anlagevermögen (einschließlich der vom Einbringenden hergestellten immateriellen Anlagegüter) als auch das Umlaufvermögen zu berücksichtigen. Bei der Aufstockung zum Zwischenwert ist ein bestehender selbst geschaffener Geschäftswert nur zu berücksichtigen, wenn die übrigen Wirtschaftsgüter und Schulden mit den Teilwerten angesetzt sind, aber gegenüber dem Wert, mit dem das eingebrachte Betriebsvermögen von der Kapitalgesellschaft angesetzt werden soll, noch eine Differenz verbleibt; diese Differenz ist dann durch den Ansatz des Geschäftswerts auszufüllen. Zum Verhältnis zwischen derivativem und selbst geschaffenem Firmenwert vgl. die Ausführungen zu § 4 UmwStG Tz. 04.06.

Bei Einbringungen zu Zwischenwerten greift die Besitzzeitanrechnung nicht, da § 22 Abs. 2 im **22.09** Gegensatz zu § 22 Abs. 1 UmwStG nicht auf § 4 Abs. 2 Satz 3 UmwStG verweist (vgl. BFH-Urteil vom 26.02.1992, BStBl. II S. 988). Die Regelungen zu den Sonderabschreibungen nach dem Fördergebietsgesetz und zur Investitionszulage in den BMF-Schreiben vom 28.10.1993 (BStBl. I S. 904), vom 14.07.1995 (BStBl. I S. 374) und vom 12.02.1996 (BStBl. I S. 111) bleiben unberührt.

Für die Absetzungen für Abnutzung der zu einem Zwischenwert eingebrachten Wirtschaftsgüter **22.10** gilt folgendes:

a) In den Fällen des § 22 Abs. 2 Nr. 1 UmwStG erhöhen sich die Anschaffungs- oder Herstellungskosten als Bemessungsgrundlage der Absetzungen für Abnutzung um den Aufstockungsbetrag. Der bisher geltende Vomhundertsatz ist weiter anzuwenden. AfA kann nur bis zur Höhe des Zwischenwerts abgezogen werden.

> **Beispiel:**
>
> Für eine Maschine mit Anschaffungskosten von 100 000 DM und einer Nutzungsdauer von 10 Jahren wird AfA nach § 7 Abs. 1 EStG von jährlich 10 000 DM vorgenommen. Bei Einbringung nach 3 Jahren beträgt der Restbuchwert 70 000 DM, die Restnutzungsdauer 7 Jahre. Die Kapitalgesellschaft setzt die Maschine mit 90 000 DM an. Ab dem Zeitpunkt der Einbringung ist für die Maschine jährlich AfA von 10 v.H. von (100 000 DM + 20 000 DM =) 120 000 DM = 12 000 DM vorzunehmen (7 x 12 000 DM = 84 000 DM). Im letzten Jahr der Nutzungsdauer ist zusätzlich zu der linearen AfA in Höhe von 12 000 DM auch der Restwert in Höhe von 6 000 DM (= 90 000 DM – 84 000 DM) abzuziehen.
>
> In den Fällen, in denen das AfA-Volumen vor dem Ablauf der Nutzungsdauer verbraucht ist, kann in dem verbleibenden Nutzungszeitraum keine AfA mehr abgezogen werden.
>
> Wird in den Fällen des § 7 Abs. 4 Satz 1 EStG auf diese Weise die volle Absetzung innerhalb der tatsächlichen Nutzungsdauer nicht erreicht, kann die AfA nach der Restnutzungsdauer des Gebäudes bemessen werden (vgl. BFH-Urteil vom 07.06.1977, BStBl. II S. 606).

b) In den Fällen des § 22 Abs. 2 Nr. 2 UmwStG ist der Zwischenwert die Bemessungsgrundlage der weiteren Absetzungen für Abnutzung. Der Abschreibungssatz richtet sich nach der neu zu schätzenden Restnutzungsdauer im Zeitpunkt der Einbringung.

Beispiel:

Für eine Maschine mit einer Nutzungsdauer von 15 Jahren wird AfA nach § 7 Abs. 2 EStG von jährlich 20 v.H. vorgenommen. Der Restbuchwert bei Einbringung beträgt 70 000 DM. Die Kapitalgesellschaft setzt die Maschine mit 90 000 DM an und schätzt die Restnutzungsdauer auf 10 Jahre. Ab dem Zeitpunkt der Einbringung ist für die Maschine jährlich AfA von 30 v.H. vom jeweiligen Buchwert vorzunehmen.

c) Die Bemessungsgrundlage für die Sonderabschreibungen nach dem Fördergebietsgesetz wird durch einen Ansatz zum Zwischenwert nicht erhöht. Für den Mehrbetrag kann lediglich lineare AfA vorgenommen werden (vgl. 1a des BMF-Schreibens vom 14.07.1995, BStBl. I S. 374).

IV. Teilwertansatz (§ 22 Abs. 3 UmwStG)

22.11 Teilwert des Betriebsvermögens ist der Saldo der Teilwerte der aktiven und passiven Wirtschaftsgüter. Bei Teilwertansatz sind alle stillen Reserven aufzudecken, insbesondere auch steuerfreie Rücklagen aufzulösen und selbstgeschaffene immaterielle Wirtschaftsgüter, einschließlich des Geschäftswerts, anzusetzen. Dies gilt auch für die Fälle der Einbringung im Wege der Gesamtrechtsnachfolge; § 22 Abs. 3, 2. Alternative UmwStG begründet insoweit keine Besonderheiten, sondern setzt den durch § 20 Abs. 2, 3 UmwStG vorgegebenen Teilwertbegriff voraus.

22.12 Als Teilwert einer Pensionsverpflichtung ist anzusetzen (in den Fällen der Einzelrechtsnachfolge und der Gesamtrechtsnachfolge)

– bei Pensionsanwartschaften vor Beendigung des Dienstverhältnisses des Pensionsberechtigten der nach § 6a Abs. 3 Nr. 1 EStG zu berechnende Wert; dabei ist als Beginn des Dienstverhältnisses des Pensionsberechtigten der Eintritt in den Betrieb des Einbringenden maßgebend,

– bei aufrechterhaltenen Pensionsanwartschaften nach Beendigung des Dienstverhältnisses des Pensionsberechtigten oder bei bereits laufenden Pensionszahlungen der Barwert der künftigen Pensionsleistungen (§ 6a Abs. 3 Nr. 2 EStG).

22.13 Die Rechtsfolgen des Teilwertansatzes unterscheiden sich für die übernehmende Kapitalgesellschaft danach, ob die Einbringung im Wege der Einzelrechtsnachfolge (§ 22 Abs. 3, 1. Alternative UmwStG) oder der Gesamtrechtsnachfolge (§ 22 Abs. 3, 2. Alternative UmwStG) erfolgt. Bei Gesamtrechtsnachfolge gilt § 22 Abs. 2 UmwStG entsprechend.

22.14 Kein Fall der Gesamtrechtsnachfolge ist die Anwachsung i. S. von § 738 BGB, § 142 HGB. Erfolgt eine Einbringung sowohl im Wege der Gesamtrechtsnachfolge als auch im Wege der Einzelrechtsnachfolge, beispielsweise bei einer Verschmelzung einer KG auf eine GmbH mit gleichzeitigem Übergang des Sonderbetriebsvermögens im Wege der Einzelrechtsnachfolge, so ist der Vorgang für Zwecke des § 22 Abs. 3 UmwStG einheitlich als Gesamtrechtsnachfolge zu beurteilen. Denn die §§ 20-22 UmwStG verstehen die Umwandlung einer Personengesellschaft in eine Kapitalgesellschaft als einen einheitlichen Vorgang.

22.15 Im Fall der Einzelrechtsnachfolge wird der Einbringungsvorgang für die Kapitalgesellschaft – allgemeinen Regeln entsprechend – als Anschaffung behandelt. Dies hat u. a. zur Folge, daß für die Absetzungen für Abnutzung der eingebrachten Wirtschaftsgüter ausschließlich die Verhältnisse der Kapitalgesellschaft maßgebend sind. Zu den Auswirkungen auf die Investitionszulage vgl. Tz. 19 und 21 des BMF-Schreibens vom 28.10.1993 (BStBl. I S. 904) und Tz. 3 des BMF-Schreibens vom 12.02.1996 (BStBl. I S. 111). Zu den Auswirkungen auf die Sonderabschreibungen nach dem Fördergebietsgesetz vgl. 1. und 2. des BMF-Schreibens vom 14.07.1995 (BStBl. I S. 374).

Zu § 23 UmwStG: Einbringung in der Europäischen Union

I. Grenzüberschreitende Einbringung von Unternehmensteilen (§ 23 Abs. 1-3 UmwStG)

1. Allgemeines

23.01 Der Begriff des Teilbetriebs in § 23 UmwStG entspricht dem Teilbetriebsbegriff in § 20 UmwStG und § 16 EStG. Der Begriff der Betriebsstätte ist im abkommensrechtlichen Sinne zu verstehen. Auf die Mitteilungspflichten des Steuerpflichtigen nach § 138 Abs. 2 AO wird hingewiesen.

23.02 Die Einbringung von Mitunternehmeranteilen bzw. einer im wesentlichen nur Mitunternehmeranteile haltenden Betriebsstätte ist nicht nach § 23 Abs. 1-3 UmwStG begünstigt.

23.03 Gemäß § 26 Abs. 2 Satz 3 UmwStG ist § 23 Abs. 1-3 UmwStG nicht anzuwenden, soweit Gewinne aus dem Betrieb von Seeschiffen oder Luftfahrzeugen im internationalen Verkehr oder von Schiffen, die der Binnenschiffahrt dienen, nach einem Abkommen zur Vermeidung der Doppelbesteuerung in der Bundesrepublik Deutschland besteuert werden können.

2. Einbringung eines inländischen Betriebs oder Teilbetriebs durch eine unbeschränkt steuerpflichtige in eine beschränkt steuerpflichtige EU-Kapitalgesellschaft (§ 23 Abs. 1 UmwStG)

§ 23 Abs. 1 UmwStG erweitert die Einbringungsmöglichkeiten um Fälle, bei denen die übernehmende EU-Kapitalgesellschaft abweichend von § 20 Abs. 1 Satz 1 UmwStG nicht unbeschränkt körperschaftsteuerpflichtig ist. Der eingebrachte Betrieb oder Teilbetrieb wechselt aus dem Bereich der unbeschränkten in den Bereich der beschränkten Körperschaftsteuerpflicht. **23.04**

Beispiel:

Die A-GmbH mit Sitz in Köln bringt einen Teilbetrieb steuerneutral zu Buchwerten in die in Saarbrücken belegene Betriebsstätte einer französischen société anonyme (SA) mit Sitz in Paris ein und erhält hierfür im Gegenzug neue Anteile von der französischen SA (§ 23 Abs. 1 Satz 1 UmwStG). Die Möglichkeit der Einbringung des Teilbetriebs zu Buchwerten durch die A-GmbH in Köln besteht auch dann, wenn die inländische, in Saarbrücken angesiedelte Betriebsstätte der französischen SA erst durch den Einbringungsvorgang entsteht (§ 23 Abs. 1 Satz 2 UmwStG).

3. Einbringung einer inländischen Betriebsstätte durch eine beschränkt steuerpflichtige in eine unbeschränkt oder beschränkt steuerpflichtige EU-Kapitalgesellschaft (§ 23 Abs. 2 UmwStG)

§ 23 Abs. 2 UmwStG erweitert die Einbringungsmöglichkeiten um Fälle, bei denen für die als Gegenleistung gewährten Gesellschaftsanteile im allgemeinen abweichend von § 20 Abs. 3 UmwStG kein inländisches Besteuerungsrecht besteht. **23.05**

Beispiel:

Eine französische SA mit Sitz in Paris bringt ihre in Saarbrücken belegene Betriebsstätte im Rahmen der Einbringung eines Teilbetriebs steuerneutral zu Buchwerten in die in Köln ansässige A-GmbH ein und erhält hierfür im Gegenzug neue Anteile von der inländischen A-GmbH (§ 23 Abs. 2, 1. Alternative UmwStG).

Abwandlung:

Die Einbringung der Betriebsstätte in Saarbrücken erfolgt nicht in die inländische A-GmbH, sondern in eine niederländische naamloze vennootschap (NV) mit Sitz in Eindhoven, die der Pariser SA neue Anteile gewährt (§ 23 Abs. 2, 2. Alternative UmwStG).

Die einbringende und die übernehmende EU-Kapitalgesellschaft können ihren Sitz in demselben Mitgliedstaat der Europäischen Union haben. **23.06**

Gemäß § 26 Abs. 2 Satz 2 UmwStG ist § 23 Abs. 2 UmwStG nicht anzuwenden, wenn die einbringende Kapitalgesellschaft die erhaltenen Anteile innerhalb eines Zeitraums von sieben Jahren nach der Einbringung veräußert, es sei denn, der Steuerpflichtige weist nach, daß die erhaltenen Anteile Gegenstand einer Sacheinlage zu Buchwerten aufgrund von Rechtsvorschriften eines anderen Mitgliedstaates der Europäischen Union sind, die § 23 Abs. 4 UmwStG entsprechen. Die Veranlagung des Einbringungsjahrs kann ggf. nach § 175 Abs. 1 Satz 1 Nr. 2 AO geändert werden. **23.07**

4. Einbringung einer (EU-)ausländischen Betriebsstätte durch eine unbeschränkt steuerpflichtige in eine nicht unbeschränkt steuerpflichtige EU-Kapitalgesellschaft (§ 23 Abs. 3 UmwStG)

§ 23 Abs. 3 UmwStG erweitert die Einbringungsmöglichkeiten um Fälle, bei denen die übernehmende EU-Kapitalgesellschaft abweichend von § 20 Abs. 1 Satz 1 UmwStG nicht unbeschränkt körperschaftsteuerpflichtig ist. Die regelmäßig dem Betriebsstättenstaat zugewiesene Besteuerung des Einbringungsgewinns kann nur vermieden werden, wenn das eingebrachte Betriebsvermögen bei der Kapitalgesellschaft und dementsprechend bei dem Einbringenden die Gesellschaftsanteile mit dem Buchwert angesetzt werden. Für die Besteuerung der Gesellschaftsanteile vgl. § 8b Abs. 3 Nr. 1 KStG. **23.08**

Beispiel:

Die A-GmbH mit Sitz in Köln bringt ihre ausländische, in Paris befindliche Betriebsstätte im Rahmen der Einbringung eines Teilbetriebs steuerneutral zu Buchwerten in eine in Le Havre ansässige französische SA ein und erhält hierfür im Gegenzug neue Anteile von der in Le Havre ansässigen SA (§ 23 Abs. 3 UmwStG).

Bei der Prüfung, mit welchem Wert das eingebrachte Betriebsvermögen bei der ausländischen EU-Kapitalgesellschaft angesetzt wird, hat der Steuerpflichtige erhöhte Mitwirkungspflichten i. S. des § 90 Abs. 2 AO. Kommt er diesen Mitwirkungspflichten nicht nach, ist regelmäßig ein Ansatz zum Buchwert anzunehmen. **23.09**

II. Anteilstausch über die Grenze (§ 23 Abs. 4 UmwStG)

23.10 § 23 Abs. 4 UmwStG erweitert die Einbringungsmöglichkeiten um Fälle, bei denen die übernehmende EU-Kapitalgesellschaft abweichend von § 20 Abs. 1 Satz 1 UmwStG nicht unbeschränkt körperschaftsteuerpflichtig ist. Auf die Mitteilungspflichten des Steuerpflichtigen nach § 138 Abs. 2 Nr. 3 AO wird hingewiesen.

Beispiel:

Die natürliche Person A ist zu 60 v.H. an der B-GmbH mit Sitz in Bonn beteiligt. A bringt die Anteile an der B-GmbH in eine in Paris ansässige SA ein und erhält im Gegenzug von der Pariser SA neue Anteile. Die Einbringung kann steuerneutral zum Buchwert vollzogen werden unter der Voraussetzung, daß die französische SA die erhaltenen Anteile ebenfalls zum Buchwert ansetzt (Buchwertverknüpfung über die Grenze, § 23 Abs. 4 UmwStG). Auf § 8b Abs. 3 Nr. 1 KStG wird hingewiesen.

23.11 Die Umsetzung der Fusions-Richtlinie in § 23 UmwStG 1995 (§ 20 Abs. 6, Abs. 8 UmwStG 1977) sollte die – insbesondere in § 20 UmwStG – bereits vorhandenen Möglichkeiten zum steuerneutralen Anteilstausch nicht einschränken. Daher kann § 20 UmwStG ggf. alternativ zu § 23 Abs. 4 UmwStG angewendet werden.

Beispiel:

A bringt seine 60-v.H.-Beteiligung an der niederländischen X-NV in die Y-AG mit Sitz in Krefeld ein. Auf den Vorgang sind sowohl § 20 als auch § 23 Abs. 4 UmwStG anwendbar. Bei Anwendung des § 20 UmwStG kommt die in § 23 Abs. 4 Satz 3 UmwStG enthaltene Beschränkung für neben den Anteilen gewährte Gegenleistungen nicht zum Tragen. Außerdem besteht die Möglichkeit zur Rückbeziehung der Einbringung nach § 20 Abs. 7 und 8 UmwStG, die im Rahmen des § 23 Abs. 4 UmwStG fehlt.

23.12 Über den Wortlaut der EU-Fusionsrichtlinie hinausgehend ist § 23 Abs. 4 UmwStG auch dann anzuwenden, wenn die EU-Kapitalgesellschaft, deren Anteile eingebracht werden, und die übernehmende EU-Kapitalgesellschaft in demselben Mitgliedstaat der Europäischen Union ansässig sind.

23.13 Bei der Prüfung, mit welchem Wert die eingebrachten Anteile bei der ausländischen EU-Kapitalgesellschaft angesetzt werden, hat der Steuerpflichtige erhöhte Mitwirkungspflichten i. S. des § 90 Abs. 2 AO. Kommt er diesen Mitwirkungspflichten nicht nach, ist regelmäßig ein Ansatz zum Teilwert anzunehmen.

23.14 Gemäß § 26 Abs. 2 Satz 1 UmwStG ist § 23 Abs. 4 UmwStG nicht anzuwenden, wenn die übernehmende Kapitalgesellschaft die erhaltenen Anteile ganz oder teilweise innerhalb eines Zeitraums von sieben Jahren nach der Einbringung veräußert, es sei denn, der Steuerpflichtige weist nach, daß die erhaltenen Anteile Gegenstand einer weiteren Sacheinlage zu Buchwerten aufgrund von Rechtsvorschriften eines anderen Mitgliedstaates der Europäischen Union i. S. des § 23 Abs. 4 UmwStG entsprechen. Die Veranlagung des Einbringungsjahres kann ggf. nach § 175 Abs. 1 Satz 1 Nr. 2 AO geändert werden.

2. Abschnitt: Einbringung in eine Personengesellschaft (§ 24 UmwStG)

Zu § 24 UmwStG: Einbringung in eine Personengesellschaft

I. Anwendungsbereich, Allgemeines

1. Zivilrechtliche Formen der Einbringung

24.01 Die Einbringung eines Betriebs, Teilbetriebs oder Mitunternehmeranteils in eine Personengesellschaft nach § 24 UmwStG ist möglich

im Wege der Einzelrechtsnachfolge, insbesondere

a) durch Aufnahme eines Gesellschafters in ein Einzelunternehmen gegen Geldeinlage oder Einlage anderer Wirtschaftsgüter. Aus Sicht des § 24 UmwStG bringt dabei der Einzelunternehmer seinen Betrieb in die neu entstehende Personengesellschaft ein;

b) durch Einbringung eines Einzelunternehmens in eine bereits bestehende Personengesellschaft oder durch Zusammenschluß von mehreren Einzelunternehmen zu einer Personengesellschaft;

c) durch Eintritt eines weiteren Gesellschafters in eine bestehende Personengesellschaft gegen Geldeinlage oder Einlage anderer Wirtschaftsgüter. Die bisherigen Gesellschafter der Personengesellschaft bringen in diesem Fall – aus Sicht des § 24 UmwStG – ihre Mitunternehmeranteile an der bisherigen Personengesellschaft in eine neue, durch den neu hinzutretenden Gesellschafter vergrößerte Personengesellschaft ein. Der bloße Gesellschafterwechsel bei einer bestehenden Personengesellschaft – ein Gesellschafter scheidet aus, ein anderer erwirbt seine Anteile und tritt an seine Stelle – fällt nicht unter § 24 UmwStG;

d) indem die Gesellschafter einer Personengesellschaft I ihre Gesellschaftsanteile (Mitunternehmeranteile) in die übernehmende Personengesellschaft II gegen Gewährung von Mitunternehmeranteilen an dieser Gesellschaft einbringen und das Gesellschaftsvermögen der Personengesellschaft I der übernehmenden Personengesellschaft II anwächst (§ 738 BGB, § 142 HGB);

sowie auch im Wege der Gesamtrechtsnachfolge, und zwar

e) durch Verschmelzung von Personenhandelsgesellschaften nach §§ 2, 39ff. UmwG;

f) durch Ausgliederung aus Körperschaften, Personenhandelsgesellschaften oder Einzelunternehmen auf Personenhandelsgesellschaften, § 123 Abs. 3 UmwG.

§ 24 UmwStG ist auch anwendbar, wenn der Einbringende bereits Mitunternehmer ist und seinen Mitunternehmeranteil durch einen Vorgang der oben beschriebenen Art weiter aufstockt. **24.02**

Bei Verschmelzung von Körperschaften auf Personenhandelsgesellschaften und bei Aufspaltung und Abspaltung aus Körperschaften auf Personenhandelsgesellschaften gelten die §§ 16, 3ff. UmwStG.

§ 24 UmwStG ist nicht anzuwenden auf die formwechselnde Umwandlung einer Personengesellschaft in eine Personengesellschaft sowie auf den Beitritt einer GmbH zu einer bestehenden Personengesellschaft ohne vermögensmäßige Beteiligung. In derartigen Fällen fehlt es an einem Übertragungsvorgang, so daß ein Gewinn i. S. des § 16 EStG nicht entsteht und eine Wertaufstockung nicht möglich ist (vgl. das BFH-Urteil vom 21.06.1994, BStBl. II S. 856).

Teilbetrieb i. S. von § 24 Abs. 1 UmwStG ist auch eine zu einem Betriebsvermögen gehörende 100-v.H.-Beteiligung an einer Kapitalgesellschaft. **24.03**

2. Entsprechende Anwendung der Regelungen zu §§ 20, 22 UmwStG

Von den Ausführungen zu § 20 UmwStG gelten für die Einbringung in eine Personengesellschaft **24.04** nach § 24 UmwStG entsprechend:

Tz. 20.05 betreffend die Person des Einbringenden,

Tz. 20.08-20.11 betreffend die Einbringung von Betrieben und Teilbetrieben,

Tz. 20.12-20.14 betreffend die Einbringung von Mitunternehmeranteilen,

Tz. 20.23, 20.31-20.36 betreffend die Bewertung des eingebrachten Betriebsvermögens,

Tz. 20.37-20.39 betreffend die Besteuerung des Einbringungsgewinns,

Tz. 22.01, 22.04, 22.05-22.15 betreffend die Auswirkungen bei der übernehmenden Gesellschaft.

Eine Einbringung in eine Personengesellschaft nach § 24 UmwStG ist – im Gegensatz zur Einbringung in eine Kapitalgesellschaft nach § 20 UmwStG – auch dann zum Buchwert möglich, wenn das eingebrachte Betriebsvermögen negativ ist. Denn in § 24 UmwStG fehlt eine § 20 Abs. 2 Satz 4 UmwStG entsprechende Regelung. **24.05**

Im Gegensatz zur Einbringung in eine Kapitalgesellschaft nach § 20 UmwStG genügt im Rahmen **24.06** des § 24 UmwStG eine Einbringung in das Sonderbetriebsvermögen.

3. Rückbeziehung nach § 24 Abs. 4 UmwStG

§ 24 Abs. 4, 2. Halbsatz UmwStG eröffnet die Möglichkeit einer Rückbeziehung der Einbringung **24.07** für den Fall der Gesamtrechtsnachfolge nach den Vorschriften des handelsrechtlichen Umwandlungsgesetzes, also nicht für den Fall der Anwachsung. Stellt sich die Einbringung als Kombination von Gesamtrechtsnachfolge und Einzelrechtsnachfolge dar, so nimmt auch die Einzelrechtsnachfolge an der Rückbeziehung teil.

II. Einbringung mit Zuzahlung

§ 24 UmwStG ist nur anwendbar, soweit der Einbringende als Gegenleistung für die Einbringung **24.08** Gesellschaftsrechte erwirbt; die Verbuchung auf einem Darlehenskonto reicht nicht aus. Zur Abgrenzung zwischen Darlehenskonto und Kapitalkonto vgl. das BMF-Schreiben vom 30.05.1997, BStBl. I S. 627.

1. Einbringung mit Zuzahlung zu Buchwerten

Erhält der Einbringende neben dem Mitunternehmeranteil an der Personengesellschaft eine Zuzahlung, die nicht Betriebsvermögen der Personengesellschaft wird, so ist davon auszugehen, daß **24.09**

– der Einbringende Eigentumsanteile an den Wirtschaftsgütern des Betriebs veräußert und

– die ihm verbliebenen Eigentumsanteile für eigene Rechnung, sowie die veräußerten Eigentumsanteile für Rechnung des zuzahlenden Gesellschafters in das Betriebsvermögen der Personengesellschaft einlegt (vgl. Beschluss des Großen Senats des BFH vom 8. Oktober 1999, BStBl. 2000 II S. 123).

24.10 Der Gewinn, der durch eine Zuzahlung in das Privatvermögen des Einbringenden entsteht, kann nicht durch Erstellung einer negativen Ergänzungsbilanz vermieden werden (BFH-Urteil vom 08.12.1994, BStBl. 1995 II S. 599). Eine Zuzahlung liegt auch vor, wenn mit ihr eine zugunsten des Einbringenden begründete Verbindlichkeit der Gesellschaft getilgt wird (BFH-Urteil vom 08.12.1994, BStBl. 1995 II S. 599).

24.11 Die Veräußerung der Anteile an den Wirtschaftsgütern ist ein Geschäftsvorfall des einzubringenden Betriebs. Der hierbei erzielte Veräußerungserlös wird vor der Einbringung aus dem Betriebsvermögen entnommen. Anschließend wird der Betrieb so eingebracht, wie er sich nach der Entnahme des Veräußerungserlöses darstellt.

Beispiel:

A und B gründen eine OHG, die das Einzelunternehmen des A zu Buchwerten fortführen soll. Das Einzelunternehmen hat einen Buchwert von 100 000 DM und einen Teilwert von 300 000 DM. A und B sollen an der OHG zu je 50 v.H. beteiligt sein.

A erhält von B eine Zuzahlung in Höhe von 150 000 DM, die nicht Betriebsvermögen der OHG werden soll.

Die Zahlung der 150 000 DM durch B an A ist die Gegenleistung für den Verkauf von je 1/2 Miteigentumsanteilen an den Wirtschaftsgütern des Einzelunternehmens. Nach Entnahme dieser Gegenleistung bringt A sein Einzelunternehmen sowohl für eigene Rechnung als auch für Rechnung des B in die OHG ein.

Der bei der Veräußerung der Anteile an den Wirtschaftsgütern erzielte Gewinn ist als laufender, nicht nach §§ 16, 34 EStG begünstigter Gewinn zu versteuern. Die Veräußerung eines Betriebs (§ 16 Abs. 1 Nr. 1 EStG) liegt nicht vor, weil nur Miteigentumsanteile an den Wirtschaftsgütern des Betriebs veräußert werden; die Veräußerung eines Mitunternehmeranteils (§ 16 Abs. 1 Nr. 2 EStG) liegt nicht vor, weil eine Mitunternehmerschaft im Zeitpunkt der Veräußerung der Miteigentumsanteile noch nicht bestand, sondern durch den Vorgang erst begründet wurde.

Wird ein bereits bestehender Mitunternehmeranteil eingebracht, so kann der Veräußerungsgewinn dagegen nach § 16 Abs. 1 Nr. 2, § 34 EStG tarifbegünstigt sein (vgl. auch BFH-Urteil vom 08.12.1994, BStBl. 1995 II S. 599).

24.12 Unter Berücksichtigung der Umstände des Einzelfalls kann es geboten sein, nach den vorstehenden Grundsätzen auch dann zu verfahren, wenn die Zuzahlung zunächst Betriebsvermögen der Personengesellschaft wird und erst später entnommen wird. Bei wirtschaftlicher Betrachtungsweise kann sich nämlich ergeben, daß die Zuführung der Zuzahlung zum Betriebsvermögen der Personengesellschaft und die Entnahme der Zuzahlung durch den Einbringenden nach den Vereinbarungen der Parteien den gleichen wirtschaftlichen Gehalt hat wie eine Zuzahlung, die unmittelbar an den Einbringenden erfolgt (so auch BFH-Urteil vom 08.12.1994, BStBl. 1995 II S. 599). Insbesondere wenn der Einbringende im Anschluß an die Einbringung größere Entnahmen tätigen darf und bei der Bemessung seines Gewinnanteils auf seinen ihm dann noch verbleibenden Kapitalanteil abgestellt wird, kann es erforderlich sein, den Zuzahlungsbetrag als unmittelbar in das Privatvermögen des Einbringenden geflossen anzusehen.

2. Einbringung mit Zuzahlung zu Teilwerten

24.12a Für den Fall der Aufnahme eines Gesellschafters in ein bestehendes Einzelunternehmen ist bei einer Einbringung zu Teilwerten – vorbehaltlich der Regelung des § 24 Abs. 3 Satz 3 UmwStG – die Tarifbegünstigung des § 24 Abs. 3 Satz 2 UmwStG i.V.m. §§ 16 Abs. 4, 34 EStG auch insoweit anzuwenden, als eine Zuzahlung in das Privatvermögen des Einbringenden erfolgt (BFH-Urteil vom 21. September 2000 – BStBl. 2001 II S. 178).

III. Ergänzungsbilanzen

24.13 Nach § 24 UmwStG darf die Personengesellschaft das eingebrachte Betriebsvermögen in ihrer Bilanz einschließlich der Ergänzungsbilanzen für ihre Gesellschafter mit seinem Buchwert im Zeitpunkt der Einbringung oder mit einem höheren Wert, höchstens mit dem Teilwert ansetzen. Werden die Buchwerte des eingebrachten Betriebsvermögens aufgestockt, so gilt Tz. 22.08 entsprechend. Der Wert, mit dem das eingebrachte Betriebsvermögen in der Bilanz der Personengesellschaft einschließlich der Ergänzungsbilanzen für ihre Gesellschafter angesetzt wird, gilt nach § 24 Abs. 3 UmwStG für den Einbringenden als Veräußerungspreis.

Bei der Einbringung eines Betriebs usw. in eine Personengesellschaft werden vielfach die Buch- **24.14** werte des eingebrachten Betriebsvermögens in der Bilanz der Personengesellschaft aufgestockt, um die Kapitalkonten der Gesellschafter im richtigen Verhältnis zueinander auszuweisen. Es kommt auch vor, daß ein Gesellschafter als Gesellschaftseinlage einen höheren Beitrag leisten muß, als ihm in der Bilanz der Personengesellschaft als Kapitalkonto gutgeschrieben wird. In diesen Fällen können die Gesellschafter der Personengesellschaft Ergänzungsbilanzen aufstellen, durch die die sofortige Versteuerung eines Veräußerungsgewinns für den Einbringenden vermieden werden kann.

Beispiel:

A unterhält ein Einzelunternehmen mit einem buchmäßigen Eigenkapital von 100 000 DM. In den Buchwerten sind stille Reserven von 200 000 DM enthalten. Der wahre Wert des Unternehmens beträgt also 300 000 DM.

Die Schlußbilanz des A im Zeitpunkt der Einbringung sieht wie folgt aus:

Aktiva	100 000 DM	Kapital	100 000 DM

In das Einzelunternehmen des A tritt B als Gesellschafter ein; A bringt also sein Einzelunternehmen in die neue von ihm und B gebildete Personengesellschaft ein. A und B sollen an der neuen Personengesellschaft zu je 50 v.H. beteiligt sein. B leistet deshalb eine Bareinlage von 300 000 DM. Die Kapitalkonten von A und B sollen in der Bilanz der Personengesellschaft gleich hoch sein.

Die Eröffnungsbilanz der Personengesellschaft lautet wie folgt:

Aktiva		Kapital A	200 000 DM
Das von A eingebrachte Betriebsvermögen	100 000 DM	Kapital B	200 000 DM
Kasse (Bareinlage des B)	300 000 DM		
	400 000 DM		400 000 DM

Da B eine Einlage von 300 000 DM geleistet hat, hat er 100 000 DM mehr gezahlt, als sein buchmäßiges Kapital in der Bilanz der neuen Personengesellschaft beträgt (B hat mit diesen 100 000 DM praktisch dem A die Hälfte der stillen Reserven „abgekauft"). Er muß in diesem Fall sein in der Bilanz der Personengesellschaft nicht ausgewiesenes Mehrkapital von 100 000 DM in einer Ergänzungsbilanz ausweisen.

Die Ergänzungsbilanz des B hat den folgenden Inhalt:

Aktiva	100 000 DM	Mehrkapital	100 000 DM

Das von A in die Personengesellschaft eingebrachte Betriebsvermögen ist danach in der Bilanz der Personengesellschaft einschließlich der Ergänzungsbilanz des Gesellschafters B mit insgesamt 200 000 DM ausgewiesen (mit 100 000 DM in der Gesamtbilanz der Personengesellschaft und mit 100 000 DM in der Ergänzungsbilanz des B). Es war bisher bei A nur mit 100 000 DM angesetzt. Es würde sich danach für A ein Veräußerungsgewinn von 100 000 DM ergeben.

A kann diesen Veräußerungsgewinn dadurch neutralisieren, daß er seinerseits eine Ergänzungsbilanz aufstellt und in dieser dem in der Ergänzungsbilanz des B ausgewiesenen Mehrwert für die Aktiva von 100 000 DM einen entsprechenden Minderwert gegenüberstellt, sog. negative Ergänzungsbilanz.

Diese negative Ergänzungsbilanz des A sieht wie folgt aus:

Minderkapital	100 000 DM	Minderwert für Aktiva	100 000 DM

Das eingebrachte Betriebsvermögen ist nunmehr in der Bilanz der Personengesellschaft und den Ergänzungsbilanzen ihrer Gesellschafter insgesamt wie folgt ausgewiesen: mit 100 000 DM in der Bilanz der Personengesellschaft zuzüglich 100 000 DM in der Ergänzungsbilanz des B abzüglich 100 000 DM in der Ergänzungsbilanz des A, insgesamt also mit 100 000 DM. Dieser Wert ist nach § 24 Abs. 3 UmwStG für die Ermittlung des Veräußerungsgewinns des A bei der Einbringung maßgebend.

Da der Buchwert des eingebrachten Betriebsvermögens in der Schlußbilanz des A ebenfalls 100 000 DM betrug, entsteht für A kein Veräußerungsgewinn.

Die Ergänzungsbilanzen für A und B sind auch bei der künftigen Gewinnermittlung zu berücksichtigen und korrespondierend weiterzuentwickeln. Dabei ergibt sich z. B. gegenüber der Bilanz der Personengesellschaft für den Gesellschafter B aus seiner (positiven) Ergänzungsbilanz ein zusätzliches AfA-Volumen und für den Gesellschafter A aus seiner (negativen) Ergänzungsbilanz eine Minderung seines AfA-Volumens (vgl. hierzu auch BFH-Urteil vom 28.09.1995, BStBl. 1996 II S. 68).

Würde das von A eingebrachte Betriebsvermögen in der Eröffnungsbilanz der Personengesellschaft nicht mit seinem Buchwert von 100 000 DM, sondern mit seinem wahren Wert von 300 000 DM angesetzt werden und würden demgemäß die Kapitalkonten von A und B mit je 300 000 DM ausgewiesen werden, so könnte A zur Vermeidung eines Veräußerungsgewinns eine negative Ergänzungsbilanz mit einem Minderkapital von 200 000 DM aufstellen; für B entfiele in diesem Fall eine Ergänzungsbilanz.

IV. Anwendung der §§ 16, 34 EStG bei Einbringung zum Teilwert

24.15 Auf einen bei der Einbringung eines Betriebs, Teilbetriebs oder Mitunternehmeranteils in eine Personengesellschaft entstehenden Veräußerungsgewinn sind § 16 Abs. 4 und § 34 EStG nur anzuwenden, wenn das eingebrachte Betriebsvermögen in der Bilanz der Personengesellschaft einschließlich der Sonder- und Ergänzungsbilanzen der Gesellschafter mit dem Teilwert angesetzt wird; dabei ist auch ein vorhandener Geschäftswert mit auszuweisen (vgl. Tz. 22.11).

24.16 Durch die Verweisung auf § 16 Abs. 2 Satz 3 EStG in § 24 Abs. 3 Satz 3 UmwStG ist klargestellt, daß der Einbringungsgewinn stets als laufender, nicht nach §§ 16, 34 EStG begünstigter Gewinn anzusehen ist, soweit der Einbringende wirtschaftlich gesehen „an sich selbst" veräußert.

§ 24 Abs. 3 Satz 3 UmwStG stellt bei der Betrachtung, ob eine Veräußerung an sich selbst vorliegt, nicht auf den einzelnen Gesellschafter, sondern auf die einbringenden Gesellschafter in ihrer gesamthänderischen Verbundenheit ab. Das ergibt sich aus dem Sinn und Zweck der Regelung sowie auch daraus, daß in der Bezugsnorm des § 16 Abs. 2 Satz 3 EStG die Mehrzahl gebraucht wird: „... dieselben Personen Unternehmer oder Mitunternehmer sind ..."

Beispiel:

An einer OHG sind vier Gesellschafter zu je 1/4 beteiligt. Es soll gegen Bareinlage in das Betriebsvermögen ein fünfter Gesellschafter so aufgenommen werden, daß alle Gesellschafter anschließend zu je 1/5 beteiligt sind.

Wirtschaftlich gesehen gibt jeder der Altgesellschafter 1/5 an den Neuen ab; er veräußert also zu 4/5 „an sich selbst". Ein bei Teilwertansatz entstehender Gewinn ist nach der Regelung in § 24 Abs. 3 Satz 3 UmwStG i. V. m. § 16 Abs. 2 Satz 3 EStG daher zu 4/5 nicht begünstigt.

24.17 Gewinne, die im Rahmen einer Betriebsveräußerung oder Betriebseinbringung nach § 16 Abs. 2 Satz 3 EStG bzw. § 24 Abs. 3 Satz 3 UmwStG kraft gesetzlicher Anordnung als laufende Gewinne behandelt werden, sind gewerbesteuerpflichtig. Die gesetzliche Fiktion der Behandlung als laufender Gewinn erstreckt sich in diesen Fällen auch auf die Gewerbesteuer.

V. Entsprechende Anwendung des § 24 UmwStG im Fall der Realteilung oder Spaltung von Personengesellschaften

24.18 In sinngemäßer Anwendung des § 24 UmwStG zugrundeliegenden Rechtsgedankens läßt die Rechtsprechung eine erfolgsneutrale Realteilung von Personengesellschaften zu (vgl. die BFH-Urteile vom 19.01.1982, BStBl. II S. 456; vom 10.12.1991, BStBl. 1992 II S. 385, und dazu das BMF-Schreiben vom 11.08.1994, BStBl. I S. 601). Die Realteilung ist jedoch erfolgswirksam zu behandeln, wenn andernfalls gesetzliche Vorschriften, insbesondere des Umwandlungssteuergesetzes, umgangen würden.

Beispiel 1:

Die Abspaltung einer Personengesellschaft aus einer Kapitalgesellschaft ist nach § 15 Abs. 3 Satz 5 i. V. m. § 16 UmwStG bei der Trennung von Gesellschafterstämmen nur dann steuerneutral möglich, wenn die Beteiligungen an der übertragenden Körperschaft mindestens fünf Jahre vor dem steuerlichen Übertragungsstichtag bestanden haben. Ist diese Voraussetzung nicht erfüllt, so kann sie nicht dadurch umgangen werden, daß die Kapitalgesellschaft zunächst unter Anwendung der §§ 3 ff. UmwStG steuerneutral in eine Personengesellschaft umgewandelt wird, die hiernach real unter den Gesellschaftern geteilt wird. Erfolgt die Realteilung innerhalb der in

§ 15 Abs. 3 Satz 5 UmwStG genannten Fünf-Jahres-Frist, so führt sie zur Aufdeckung aller stillen Reserven nach § 16 Abs. 3 EStG.

Beispiel 2:

A betreibt (u. a.) den Teilbetrieb I, in dessen Buchwerten erhebliche stille Reserven ruhen. Der Teilbetrieb soll an B veräußert werden. Um die dabei eintretende Gewinnverwirklichung zu vermeiden, bringt A seinen gesamten Betrieb steuerneutral nach § 24 UmwStG in eine KG mit B ein, der eine Geldeinlage leistet. Kurze Zeit später kommt es zur Realteilung, bei der B den Teilbetrieb erhält, um ihn auf eigene Rechnung fortzuführen. Der Vorgang darf nicht – mit Hilfe der sog. Kapitalkontenanpassungsmethode (BFH-Urteil vom 10.12.1991, BStBl. 1992 II S. 385) – steuerneutral abgewickelt werden. Es handelt sich um die verdeckte Veräußerung eines Teilbetriebs nach § 16 Abs. 1 Nr. 1 i. V. m. § 34 EStG.

Die vorstehenden Grundsätze gelten für die Aufspaltung und Abspaltung von Personenhandels- **24.19** gesellschaften auf Personenhandelsgesellschaften nach § 123 Abs. 1 und 2 UmwG entsprechend.

Teil 3: Übergangs- und Schlußvorschriften

I. Erstmalige Anwendung des UmwStG vom 28. Oktober 1994

Das UmwStG ist nach seinem § 27 Abs. 1 erstmals auf den Übergang von Vermögen anzuwenden, **S.01** der auf Rechtsakten beruht, die nach dem 31. Dezember 1994 wirksam werden. Ebenso wie das handelsrechtliche Umwandlungsgesetz (vgl. § 318 UmwG i. d. F. des Gesetzes zur Bereinigung des Umwandlungsrechts – UmwBerG – vom 28.10.1994, BGBl. I S. 3210) ist das UmwStG noch nicht auf solche Umwandlungen anzuwenden, zu deren Vorbereitung bereits vor dem 1. Januar 1995 ein Vertrag oder eine Erklärung beurkundet oder notariell beglaubigt oder eine Versammlung der Anteilsinhaber einberufen worden ist.

Die Neuregelungen durch das Gesetz zur Fortsetzung der Unternehmenssteuerreform sind nach **S.02** § 27 Abs. 3 UmwStG i. d. F des Gesetzes zur Finanzierung eines zusätzlichen Bundeszuschusses zur gesetzlichen Rentenversicherung erstmals auf Umwandlungsvorgänge anzuwenden, deren Eintragung im Handelsregister nach dem 5. August 1997 beantragt worden ist.

II. Steuerliche Rückwirkung

Bei Umwandlungen, auf die das neue UmwStG anzuwenden ist, kann dem Vermögensübergang **S.03** eine Bilanz auf einen höchstens acht Monate vor der Anmeldung der Umwandlung zur Eintragung in das maßgebliche Register liegenden Stichtag zugrunde gelegt werden (§§ 2 Abs. 1 und 20 Abs. 8 UmwStG, § 17 Abs. 2 UmwG).

Nach § 34 Abs. 1 Satz 3 EStG i. d. F. des Gesetzes zur Fortsetzung der Unternehmenssteuerreform **S.04** vom 29. Oktober 1997 (BGBl. I S. 2590, BStBl. I S. 928) gelten in den Fällen, in denen nach dem 31. Juli 1997 mit zulässiger steuerlicher Rückwirkung eine Vermögensübertragung nach dem UmwStG erfolgt, die außerordentlichen Einkünfte als nach dem 31. Juli 1997 erzielt. Daher sind ungeachtet der steuerlichen Rückwirkung einer Einbringung in das Jahr 1996 oder das erste Halbjahr 1997 außerordentliche Einkünfte i. S. des § 34 Abs. 2 EStG einer natürlichen Person im Zusammenhang mit der Einbringung des zweiten Halbjahr 1997 zuzuordnen und nach § 34 Abs. 1 EStG i. d. F. des Gesetzes vom 29. Oktober 1997 zu besteuern, wenn die Einbringung nach dem 31. Juli 1997 erfolgt ist. Eine Einbringung ist vor dem 1. August 1997 erfolgt, wenn alle Rechtsakte, auf denen sie beruht, vor dem 1. August 1997 wirksam werden. Eine Einbringung gilt aus Billigkeitsgründen als vor dem 1. August 1997 erfolgt, wenn lediglich die Eintragung im Handelsregister nach dem 5. August 1997 (Beschluß des Bundestages zum Ergebnis des Vermittlungsausschusses zum Gesetz zur Fortsetzung der Unternehmenssteuerreform) vorgenommen worden ist.

Teil 4: Erstmalige Anwendung dieses BMF-Schreibens

Die Grundsätze dieses Schreibens gelten für alle noch nicht bestandskräftigen oder unter dem Vor- **S.05** behalt der Nachprüfung stehenden Fälle, auf die das UmwStG vom 28. Oktober 1994 (BGBl. I S. 3267, BStBl. I S. 839) mit seinen späteren Änderungen anzuwenden ist.

Die BMF-Schreiben vom 16.06.1978 (BStBl. I S. 235), vom 15.10.1982 (BStBl. I S. 806), vom **S.06** 15.04.1986 (BStBl. I S. 164), vom 09.01.1992 (BStBl. I S. 47) und vom 19.12.1994 (BStBl. 1995 I S. 42) sind auf das UmwStG vom 28. Oktober 1994 nicht anzuwenden.

Umwandlungssteuergesetz
Zweifelsfragen zu den Änderungen durch das Steuersenkungsgesetz (StSenkG) und das Gesetz zur Fortentwicklung des Unternehmenssteuerrechts (UntStFG)

BMF-Schreiben vom 16.12.2003
IV A 2 – S 1978 – 16/03
(BStBl. 2003 I S. 786)

Unter Bezugnahme auf das Ergebnis der Erörterungen mit den obersten Finanzbehörden der Länder gilt zur Anwendung des Umwandlungssteuergesetzes i.d. Fassung vom 15. Oktober 2002 (BGBl. I S. 4133) Folgendes: Die Regelungen des BMF-Schreibens vom 25. März 1998 (BStBl. I S. 268)[1] bleiben hiervon grundsätzlich unberührt.

A. Umwandlung von Körperschaft auf Personengesellschaft

I. Auswirkungen auf den Gewinn der übernehmenden Personengesellschaft (§ 4 UmwStG)

1 Infolge des Systemwechsels vom Anrechnungsverfahren zum Halbeinkünfteverfahren sind die Regelungen zur Ermittlung des Übernahmeergebnisses (§ 4 Abs. 4, 5 und 6 UmwStG) angepasst worden. Das Übernahmeergebnis berechnet sich nunmehr wie folgt:

	Wert, mit dem die übergegangenen Wirtschaftsgüter nach § 4 Abs. 1 UmwStG zu übernehmen sind
./.	Buchwert der Anteile an der übertragenden Körperschaft
=	Übernahmegewinn/-verlust i.s.des § 4 Abs. 4 Satz 1 UmwStG
+	Sperrbetrag nach § 50c EStG
./.	Übernahmegewinn/-verlust i.S.d. § 4 Abs. 4 und 5 UmwStG

2 Ein sich danach ergebender Übernahmeverlust bleibt stets außer Ansatz, unabhängig davon, ob dieser auf natürliche Personen, Körperschaften, Personenvereinigungen oder Vermögensmassen als Gesellschafter der übernehmenden Personengesellschaft entfällt (§ 4 Abs. 6 UmwStG). Dabei ist unerheblich, wie bei einem vor der Verschmelzung ausgeschiedenen Anteilseigner dessen Veräußerungsergebnis steuerlich behandelt worden ist.

3 Ein sich ergebender Übernahmegewinn ist auch dann in voller Höhe steuerfrei bzw. nur zur Hälfte steuerpflichtig, wenn die Anteile an der Kapitalgesellschaft einbringungsgeboren sind und der Veräußerungsgewinn bzw. Veräußerungserlös voll steuerpflichtig wären. Die Steuerfreistellung des Übernahmegewinns nach § 4 Abs. 7 UmwStG ist auf der Ebene der Mitunternehmer anzuwenden; bei mehrstöckigen Personengesellschaften auf der obersten Stufe der Mitunternehmer.

4 Auf die Umwandlungskosten, die die übernehmende Personengesellschaft bzw. ihre Gesellschafter zu tragen haben, ist § 3c EStG anzuwenden.

II. Auswirkungen auf den Gewinn der übernehmenden Personengesellschaft in Sonderfällen (§ 5 UmwStG)

5 Anteile eines Gesellschafters der übernehmenden Personengesellschaft an der übertragenden Körperschaft, die dieser im Privatvermögen hält und die eine Beteiligung i. S. des § 17 EStG bilden, ohne dass gleichzeitig die Voraussetzungen des § 21 UmwStG vorliegen, gelten für die Ermittlung des Übernahmeergebnisses als am Übertragungsstichtag in das Betriebsvermögen der Personengesellschaft zu Anschaffungskosten eingelegt (§ 5 Abs. 2 UmwStG). Die Frage, ob eine Beteiligung i.s. des § 17 EStG vorliegt, richtet sich nach der zum Zeitpunkt des zivilrechtlichen Wirksamwerdens der Umwandlung geltenden Fassung des § 17 Abs. 1 EStG. Das ist der Zeitpunkt der Eintragung der Umwandlung im Handelsregister (§ 20 UmwG).

Beispiel

Die X-GmbH soll zum 31.12.2001 auf die P-OHG verschmolzen werden.

Die übernehmende P-OHG hält 95 % der Anteile an der übertragenden X-GmbH; die restlichen 5 % der Anteile hält A. A ist bisher nicht an der P-OHG beteiligt.

a) Die Verschmelzung wird am 15.12.2001 im Handelsregister eingetragen; das Wirtschaftsjahr der X-GmbH entspricht dem Kalenderjahr;

b) Die Eintragung erfolgt am 15.01.2002; das Wirtschaftsjahr der X-GmbH entspricht dem Kalenderjahr;

---

[1] Anhang 4-01.

c) Die Eintragung erfolgt am 15.01.2002; die X-GmbH hatte als Wirtschaftsjahr den Zeitraum vom 01.07. bis 30.06. gewählt.

Lösung:

Im Unterfall a) handelt es sich bei der Beteiligung des A mit 5 % nicht um eine Beteiligung i.S. des § 17 Abs. 1 EStG, weil § 17 EStG a.f. [1] mit einer Beteiligungsgrenze von mindestens 10 % zur Anwendung kommt, denn das erste Wirtschaftsjahr der X-GmbH unter der Geltung des KStG n.F. ist am 15.12.2001 noch nicht abgelaufen (vgl. § 52 Abs. 34a EStG).

Im Unterfall b) handelt es sich bei der Beteiligung des A um eine Beteiligung i.S. des § 17 Abs. 1 EStG, weil das erste Wirtschaftsjahr der X-GmbH nach neuem Körperschaftsteuerrecht am 31.12.2001 bereits abgelaufen war. Nach § 17 Abs. 1 EStG n.f. ist eine Beteiligungsgrenze von mindestens 1 % maßgebend.

In Unterfall c) handelt es sich bei der Beteiligung des A wie im Unterfall a) nicht um eine Beteiligung i.S. des § 17 Abs. 1 EStG, weil das erste Wirtschaftsjahr der X-GmbH unter der Geltung des KStG n.F. am 15.01.2002 noch nicht abgelaufen ist (vgl. § 52 Abs. 34a EStG).

Für die bei der Anwendung des § 5 Abs. 2 Satz 2 UmwStG vorzunehmende Prüfung, ob ein Anwendungsfall des § 17 Abs. 2 Satz 4 EStG gegeben ist, gelten die vorstehenden Grundsätze entsprechend. **6**

III. Ermittlung der Einkünfte bei Anteilseignern, die nicht im Sinne des § 17 EStG beteiligt sind (§ 7 UmwStG)

§ 7 UmwStG betrifft Anteile an der übertragenden Kapitalgesellschaft, die zum Zeitpunkt des Vermögensübergangs zum Privatvermögen gehört haben und keine Anteile i.S. des § 17 EStG sind, und Anteile i.S. des § 17 Abs. 2 Satz 4 EStG. Es handelt sich um Anteile, die nicht in die Ermittlung des Übernahmeergebnisses einbezogen werden. Für die Prüfung der Beteiligungsgrenze wird auf die Ausführungen zu Rdnr. 5 hingewiesen. **7**

In diesen Fällen ist dem Gesellschafter das in der Steuerbilanz ausgewiesene Eigenkapital vermindert um den Bestand des steuerlichen Einlagenkontos, welches sich nach Anwendung des § 29 Abs. 1 KStG ergibt, als Bezüge aus Kapitalvermögen i.S. des § 20 Abs. 1 Nr. 1 EStG zuzurechnen. Die Höhe der Zurechnung bestimmt sich nach dem Verhältnis der betreffenden Anteile zum Nennkapital an der übertragenden Kapitalgesellschaft ohne Berücksichtigung eigener Anteile. Für die Höhe der Beteiligung ist dabei auf den Zeitpunkt des Wirksamwerdens der Umwandlung, für die Höhe der Kapitalerträge jedoch auf den steuerlichen Übertragungsstichtag abzustellen. **8**

Zum steuerlichen Übertragungsstichtag ausstehende Einlagen auf das Nennkapital gehören, unabhängig davon, ob sie eingefordert sind oder nicht, nicht zum Eigenkapital im Sinne des § 7 UmwStG. **9**

Diese Bezüge unterliegen dem Kapitalertragsteuerabzug nach § 43 Abs. 1 Nr. 1 EStG. Die Kapitalertragsteuer entsteht im Zeitpunkt des Wirksamwerdens der Umwandlung. **10**

IV. Körperschaftsteuerminderung und Körperschaftsteuererhöhung

Gemäß § 10 UmwStG mindert oder erhöht sich die Körperschaftsteuerschuld der übertragenden Körperschaft um den Betrag, der sich nach den §§ 37 und 38 des Körperschaftsteuergesetzes ergeben würde, wenn das Eigenkapital als am Übertragungsstichtag für eine Ausschüttung verwendet gelten würde. Als für eine Ausschüttung verwendetes Eigenkapital in diesem Sinne gilt: **11**

In der Bilanz auf den steuerlichen Übertragungsstichtag ausgewiesenes Eigenkapital

(nach Berücksichtigung einer evtl. KSt-Minderung oder KSt-Erhöhung)

./. Betrag, der gemäß §§ 29 Abs. 1, 28 Abs. 2 Satz 1 KStG dem steuerlichen Einlagenkonto gutzuschreiben ist

= als ausgeschüttet geltendes Eigenkapital i.S. des § 10 UmwStG

Ist das Nennkapital am steuerlichen Übertragungsstichtag nicht voll eingezahlt, gilt Rdnr. 9 entsprechend.

Die KSt-Minderung nach § 37 KStG ist aus dem Bestand des KSt-Guthabens der übertragenden Körperschaft zum steuerlichen Übertragungsstichtag zu errechnen, der sich nach Berücksichtigung der Ausschüttungen ergibt, die noch der übertragenden Körperschaft zuzurechnen sind (siehe Rdnrn. 23 – 27). **12**

---

1) EStG in der Fassung der Bekanntmachung vom 16. 4 1997 – EStG 1997 – (BGBl. I S. 821, BStBl. I S. 415) = EStG a.F. EStG 1997 unter Berücksichtigung der Änderungen durch das Steuersenkungsgesetz (BGBl. I S. 1433; BStBl. I S. 1428) = EStG n.F.

13 Für die Anwendung des § 38 KStG ist ebenfalls auf die Bestände zum steuerlichen Übertragungsstichtag abzustellen, die sich nach Berücksichtigung der Ausschüttungen ergeben, die noch der übertragenden Körperschaft zuzurechnen sind (siehe Rdnrn. 23 – 27).

Beispiel

Die X-GmbH (Wirtschaftsjahr = Kalenderjahr) wird auf die Y-OHG verschmolzen (steuerlicher Übertragungsstichtag: 31.12.05). In der steuerlichen Schlussbilanz zum 31.12.05 hat die X-GmbH folgende Eigenkapitalpositionen ausgewiesen:

Stammkapital	25.000
Gewinnvortrag	40.000
Jahresüberschuss	20.000

Bei Ermittlung des Jahresüberschusses für das Wirtschaftsjahr 05 hat die X-GmbH einen Körperschaftsteuer-Aufwand i.H.v. 8.500 mindernd berücksichtigt. Bei der Ermittlung des zu versteuernden Einkommens für den Veranlagungszeitraum 05 wurde der Aufwand hinzugerechnet. Im Wirtschaftsjahr 05 hat die X-GmbH offene Gewinnausschüttungen i.H.v. 9.000 vorgenommen. Zum 31.12.04 wurde das KSt-Guthaben i.S. des § 37 KStG auf 4.000 und das EK 02 i.S. des § 38 KStG auf 20.000 festgestellt. Das zu versteuernde Einkommen der X-GmbH im Veranlagungszeitraum 05 beträgt 40.000.

Lösung:

Die Höhe der KSt-Schuld der X-GmbH im Veranlagungszeitraum der Umwandlung (05) ermittelt sich wie folgt:

Gem. § 10 UmwStG gelten am Übertagungsstichtag als ausgeschüttet

In der Bilanz zum 31.12.05 ausgewiesenes Eigenkapital	85.000
./. Betrag der gem. § 29 Abs. 1, § 28 Abs. 2 Satz 1 KStG dem steuerlichen Einlagekonto gutzuschreiben ist	25.000
= als ausgeschüttet geltendes Eigenkapital i.S. des § 10 UmwStG	60.000

KSt-Schuld	
(25 v.H. von 40.000, § 23 Abs. 1 KStG)	10.000
KSt-Minderung auf Gewinnausschüttung in 05 [1]: 1/6 von 9.000	– 1.500
verbleibendes KSt-Guthaben = 2.500	
KSt-Minderung nach § 10 UmwStG i.V.m. § 37 KStG	
1/6 von 60.000 max. 2.500	– 2.500
KSt-Erhöhung nach § 10 UmwStG i.V.m. § 38 KStG	
3/7 von 20.000 [2], höchstens	
3/10 des Bestandes aus EK 02 von 20.000	+ 6.000
verbleibende KSt-Schuld der X-GmbH im VZ 05	12.000

Da der bisherige Körperschaftsteuer-Aufwand nur 8.500 beträgt, ist die Körperschaftsteuer-Rückstellung um 3.500 zu erhöhen (bzw. erstmals zu bilden). Durch den zusätzlichen Körperschaftsteuer-Aufwand i.H.v. 3.500 verringert sich der Jahresüberschuss auf 16.500 und demzufolge das Eigenkapital laut Steuerbilanz auf 81.500 (bisher 85.000). Allerdings ergibt sich in diesem Beispiel auch bei Zugrundelegung des geänderten Eigenkapitals eine KSt-Schuld i.H.v. 12.000.

---

1) § 37 Abs. 2a KStG in der Fassung des Steuervergünstigungsabbaugesetzes – StVergAbG – (BGBl. I 2003 S. 660) ist in dem Beispiel nicht berücksichtigt (Moratorium und Höchstbetrag). Vgl. Rdnrm. 32 ff. des BMF-Schreibens vom 6. November 2003 zu Übergangsregelungen – IV A 2 – S 1910 – 156/03 – (Anlage § 034-01).

2) Differenzrechnung:
   Leistung i.S. des § 10 UmwStG (81.500 – 25.000) 56.500
   Eigenkapital laut Übertragungsbilanz (nach Korrektur der KSt-Rückstellung)
   abzgl. Nennkapital (nach Anwendung § 29 Abs. 1 KStG n.F.) – 81.500
   abzgl. Einlagekonto auf den steuerlichen Übertragungsstichtag – 25.000
   ausschüttbarer Gewinn 56.500
   abzgl. EK 02 auf den steuerlichen Übertragungsstichtag – 20.000
   verminderter ausschüttbarer Gewinn 36.500 – 36.500
   Verwendung EK 02 20.000

V. Gewerbesteuer bei Vermögensübergang auf eine Personengesellschaft

§ 18 Abs. 4 UmwStG geht der Anwendung des § 7 GewStG vor. Der auf solche Veräußerungs- oder **14** Aufgabegewinne beruhende Teil des Gewerbesteuermessbetrags ist bei der Steuerermäßigung nach § 35 EStG nicht zu berücksichtigen (§ 18 Abs. 4 Satz 3 UmwStG)

B. Verschmelzung oder Vermögensübertragung auf eine andere Körperschaft (§§ 11 bis 13 UmwStG)

I. Anwendung der §§ 11 bis 13 UmwStG auf eine Verschmelzung der Muttergesellschaft auf die Tochtergesellschaft

Auf übereinstimmenden Antrag aller Beteiligten können bei Verschmelzungen einer Muttergesellschaft **15** auf ihre Tochtergesellschaft aus Billigkeitsgründen die Vorschriften der §§ 11 bis 13 UmwStG angewendet werden (Tz. 11.24 des BMF-Schreibens vom 25. März 1998 – a.a.O. –). Der Antrag umfasst auch die in den Rdnrn. 16 und 17 genannten Auswirkungen. Die Tzn. 11.24 bis 11.30 des BMF-Schreibens vom 25. März 1998 – a.a.O. – bleiben im Übrigen unberührt.

Ist auf die untergehenden Anteile der Muttergesellschaft eine steuerwirksame Teilwertabschreibung **16** vorgenommen worden, so geht eine Wertaufholungsverpflichtung i.S. des § 6 Abs. 1 Nr. 1 Satz 4 EStG auf die Anteile an der Tochtergesellschaft über. § 8b Abs. 2 Satz 2 KStG ist anzuwenden.

Soweit die Anteile an der Muttergesellschaft einbringungsgeboren i.S. des § 21 UmwStG sind, gelten **17** auch die erworbenen Anteile an der Tochtergesellschaft als einbringungsgeboren (vgl. Rdnr. 18)

II. Besteuerung der Gesellschafter der übertragenden Körperschaft (§ 13 UmwStG)

§ 13 Abs. 3 UmwStG ist auch auf Anteile an der übertragenden Gesellschaft anzuwenden, die zu einem **18** Betriebsvermögen gehören. Tz. 13.09 des BMF-Schreibens vom 25. März 1998 ist insoweit überholt.

III. Hinzurechnung nach § 12 Abs. 2 Satz 2 und 3 UmwStG bei Verschmelzung zwischen Schwestergesellschaften

Bei Verschmelzungen zwischen Schwestergesellschaften ist ergänzend zu Tz. 12.08 des BMF-Schrei- **19** bens vom 25. März 1998 – a.a.O. – bei der gemeinsamen Muttergesellschaft eine Hinzurechnung i.S. des § 12 Abs. 2 Satz 2 und 3 UmwStG wegen einer Teilwertabschreibung auf die Anteile an der verschmolzenen Schwestergesellschaft auch dann vorzunehmen, wenn die Beteiligung an der übernehmenden Schwestergesellschaft durch Veräußerung wegfällt.

C. Einbringungstatbestände i.S. des § 20 ff UmwStG

I. Erfassung des eingebrachten Betriebsvermögens im steuerlichen Einlagekonto

Bei Einbringung eines Betriebs, Teilbetriebs oder Mitunternehmeranteils in eine unbeschränkt körper- **20** schaftsteuerpflichtige Kapitalgesellschaft (§ 20 UmwStG) ist der sich daraus ergebende Eigenkapitalzugang einschließlich in diesem Zusammenhang geleisteter Bareinlagen, soweit er den dem Anteilseigner im Zuge der Einbringung gewährten Teil des Nennkapitals übersteigt, dem steuerlichen Einlagekonto zuzuordnen. Zu Einzelheiten wird auf das gesondert ergehende BMF-Schreiben vom 4. Juni 2003 [1] zur Anwendung der §§ 27 und 28 KStG (BStBl. I S. 366) hingewiesen.

II. Einbringungsgeborene Anteile

In den Fällen, in denen die Realisierung der stillen Reserven in einbringungsgeborenen Anteilen nach § 3 **21** Nr. 40 Satz 3 und 4 EStG voll steuerpflichtig ist, ist die Tarifermäßigung des § 34 Abs. 1 oder 3 EStG nach allgemeinen Grundsätzen zu gewähren, soweit die Einnahmen auf natürliche Personen entfallen.

III. Einbringung in der Europäischen Union (§§ 26 Abs. 2 Satz 1 und 23 Abs. 4 UmwStG)

§ 26 Abs. 2 Satz 1 UmwStG in der Fassung des UntStFG ist nur anzuwenden, wenn die übernehmende **22** oder eine dieser nachgeordnete Körperschaft die eingebrachte Beteiligung unmittelbar oder mittelbar veräußert oder auf einen Dritten überträgt.

---

1) Vgl. Anlage § 027-03.

Beispiel

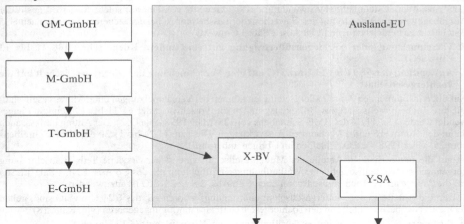

Die T-GmbH (T) ist die Einbringende nach § 23 Abs. 4 UmwStG (Einbringung der Anteile an der E-GmbH in die X-BV). Die Anteile an der E-GmbH (E) hat T durch Bargründung erworben.

Alternative 1: Die GM-GmbH (Großmutter) veräußert ihre Beteiligung an der M-GmbH (Mutter).

Lösung:

Es liegt kein Fall des § 26 Abs. 2 Satz 1 UmwStG vor. § 26 Abs. 2 Satz 1 UmwStG ist nur anzuwenden, wenn die eingebrachten Anteile (an der E) durch die übernehmende Gesellschaft (hier X-BV) oder eine nachgeordnete Gesellschaft mittelbar oder unmittelbar veräußert werden. Veräußerungen durch übergeordnete Gesellschaften (GM, M und T) werden nicht erfasst.

Alternative 2: T veräußert ihre Anteile an der X-BV

Lösung:

Kein Fall des § 26 Abs. 2 Satz 1 UmwStG. Es werden nicht die eingebrachten Anteile veräußert. Die steuerliche Behandlung eines Veräußerungsgewinns richtet sich nach den allgemeinen Grundsätzen (§ 8b Abs. 2 und 4 KStG).

Alternative 3: Die Y-SA veräußert die Anteile an E zum Teilwert.

Lösung:

Es liegt grundsätzlich ein Anwendungsfall des § 26 Abs. 2 Satz 1 UmwStG vor. Die Steuerfreiheit des § 23 Abs. 4 UmwStG für die Einbringung auf der Ebene der T entfällt rückwirkend, wenn die Veräußerung innerhalb von 7 Jahren nach der Einbringung erfolgt. Die steuerliche Behandlung des Einbringungsgewinns richtet sich nach den Vorschriften des Veranlagungszeitraums, in dem die Einbringung erfolgt ist.

D. Gewinnausschüttungen

23 Bei der Behandlung von Gewinnausschüttungen und sonstigen Leistungen einer Körperschaft an ihre Anteilseigner gelten die Ausführungen des BMF-Schreibens vom 25. März 1998 – a.a.O. – unter Berücksichtigung der nachfolgenden Ergänzungen fort. Danach sind folgende Fallgruppen zu unterscheiden:

1. Leistungen, die im letzten Wirtschaftsjahr vor dem steuerlichen Übertragungsstichtag bereits erfolgt sind.

2. Vor dem steuerlichen Übertragungsstichtag begründete Ausschüttungsverbindlichkeiten bzw. als verdeckte Gewinnausschüttungen zu behandelnde Rückstellungen.

3. Leistungen, die erst im Rückwirkungszeitraum abfließen oder begründet werden und nicht unter Nr. 2 fallen.

24 Die Leistungen zu Nr. 1 stellen bereits nach den normalen Grundsätzen Leistungen i.S. des § 27 Abs. 1 und § 38 KStG dar. Sofern es sich dabei um offene Gewinnausschüttungen handelt, ist § 37 KStG zu beachten.

Die unter Nr. 2 aufgeführten Beträge gelten als am steuerlichen Übertragungsstichtag bei der übertra- **25** genden Körperschaft abgeflossen. Bei den Anteilseignern, deren Anteile unter die Rückwirkungsfiktion des § 2 UmwStG fallen, gelten diese Beträge als am steuerlichen Übertragungsstichtag zugeflossen. Für die Anteilseigner, deren Anteile nicht unter die Rückwirkungsfiktion des § 2 UmwStG fallen (ausgeschiedene und abgefundene Anteilseigner, siehe Tz. 02.09 und 02.10 des BMF-Schreibens vom 25. März 1998 – a.a.O. –), richtet sich der Zufluss der Leistung nach den allgemeinen Grundsätzen.

Für die unter Nr. 3 bezeichneten Fälle ist in der Schlussbilanz der übertragenden Körperschaft noch ein **26** passiver Korrekturposten zu bilden, soweit die Leistungen auf Anteilseigner entfallen, deren Anteile nicht unter die Rückwirkungsfiktion des § 2 UmwStG fallen. Dieser passive Korrekturposten ist wie eine zu diesem Stichtag bereits bestehende Ausschüttungsverbindlichkeit zu behandeln, so dass diese Beträge bereits am steuerlichen Übertragungsstichtag bei der übertragenden Körperschaft als abgeflossen gelten.

Für die Anteilseigner, deren Anteile unter die Rückwirkungsfiktion fallen, sind diese Beträge so zu behandeln, als hätte diese Leistung bereits der übernehmende Rechtsträger erbracht. Ein passiver Korrekturposten ist insoweit nicht zu bilden.

Bei Gewinnausschüttungen im Rückwirkungszeitraum, die noch der übertragenden Körperschaft zu- **27** zurechnen sind, ist für die Frage, ob die Ausschüttung unter altes oder neues Recht fällt, nicht auf die tatsächliche Zahlung, sondern ggf. auf den fiktiven Abflusszeitpunkt abzustellen.

E. Auswirkungen einer Umwandlung auf das steuerliche Einlagekonto, den Sonderausweis, das KSt-Guthaben und den Bestand des EK 02

I. Übersicht

Eine Verschmelzung bzw. eine Spaltung führt zu folgenden Kapitalveränderungen bei der übertragenden **28** und bei der übernehmenden Körperschaft; dies gilt für die übertragende Körperschaft auch bei Umwandlung auf ein Personenunternehmen:

	Übertragende Körperschaft	**Übernehmende Körperschaft**
Verschmelzung und Abspaltung	Fiktive Herabsetzung des Nennkapitals und damit Auflösung eines eventuell bestehenden Sonderausweises i.S. des § 28 Abs. 1 Satz 3 KStG (§ 29 Abs. 1, § 28 Abs. 2 KStG)	
		Zurechnung der Bestände des steuerlichen Einlagekontos (§ 29 Abs. 2 bzw. 3 KStG), eines KSt-Guthabens und eines Bestands an EK 02 (§ 40 Abs. 1 bzw. 2 KStG)
		Anpassung des Nennkapitals und ggf. Neubildung oder Anpassung eines Sonderausweises (§ 29 Abs. 4, § 28 Abs. 1 und 3 KStG)
Abspaltung	Fiktive Herabsetzung des Nennkapitals und Auflösung eines eventuell bestehenden Sonderausweises i.S. des § 28 Abs. 1 Satz 3 KStG (§ 29 Abs. 1, § 28 Abs. 2 KStG)	
	Anteilige Verringerung des KSt-Guthabens und des EK 02 (§ 40 Abs. 2 KStG) sowie des steuerlichen Einlagekontos (§ 29 Abs. 3 KStG)	Anteilige Hinzurechnung des KSt-Guthabens und des EK 02 (§ 40 Abs. 2 KStG) sowie des steuerlichen Einlagekontos (§ 29 Abs. 3 KStG)
	Erhöhung des fiktiv auf Null herabgesetzten Nennkapitals und ggf. Neubildung eines Sonderausweises (§ 29 Abs. 4, § 28 Abs. 1 KStG)	Anpassung des Nennkapitals und ggf. Neubildung oder Anpassung eines Sonderausweises (§ 29 Abs. 4, § 28 Abs. 1 und 3 KStG)

II. Anwendung des § 29 KStG n.F. [1]

1. Sachlicher Anwendungsbereich

29 § 29 KStG gilt für Umwandlungen i.S. des § 1 UmwG. Wegen fehlender betragsmäßiger Auswirkung kommt § 29 KStG für Fälle der Ausgliederung i.S. des § 123 Abs. 3 UmwG nicht zur Anwendung.

2. Behandlung bei der übertragenden Körperschaft

a) Fiktive Herabsetzung des Nennkapitals

30 Beim übertragenden Rechtsträger gilt im ersten Schritt das Nennkapital zum steuerlichen Übertragungsstichtag als im vollen Umfang herabgesetzt. Auf die fiktive Kapitalherabsetzung ist § 28 Abs. 2 Satz 1 KStG entsprechend anzuwenden. Danach verringert sich zunächst ein gegebenenfalls bestehender Sonderausweis auf Null. Der übersteigende Betrag erhöht den Bestand des steuerlichen Einlagekontos. Maßgeblich ist der Bestand des Sonderausweises, der sich am steuerlichen Übertragungsstichtag ergibt. Die fiktive Herabsetzung des Nennkapitals gilt auch für den Fall der Abspaltung i.S. des § 123 Abs. 1 und 2 UmwG.

b) Verringerung der Bestände beim steuerlichen Einlagekonto, beim KSt-Guthaben und beim EK 02

31 Bei einer Verschmelzung nach § 2 UmwG sowie bei einer Aufspaltung nach § 123 Abs. 1 UmwG verringern sich das steuerliche Einlagekonto, das KSt-Guthaben und das EK 02 des übertragenden Rechtsträgers im vollen Umfang (§ 29 Abs. 2 Satz 1, Abs. 3 Satz 1, 2 KStG, § 40 Abs. 1 bzw. 2 KStG). In den letzten gesonderten Feststellungen auf den Schluss des letzten Wirtschaftsjahres und die Bestände vor dem Vermögensübergang zum Schluss des letzten Wirtschaftsjahres anzusetzen. Bei einer Abspaltung nach § 123 Abs. 2 UmwG verringern sich die Bestände des steuerlichen Einlagekontos, des KSt-Guthabens und des EK 02 anteilig in dem § 29 Abs. 2 Satz 1 und 2 KStG bzw. § 40 Abs. 2 Satz 1 und 2 KStG genannten Umfang. Die verringerten Bestände sind festzustellen.

32 Die Verringerung der Bestände erfolgt jeweils unabhängig von der Rechtsform des übernehmenden Rechtsträgers. Sie ist auch vorzunehmen, soweit eine Hinzurechnung des steuerlichen Einlagekontos bei der übernehmenden Körperschaft nach § 29 Abs. 2 Satz 2 KStG unterbleibt.

c) Anpassung des Nennkapitals bei Abspaltung

33 Bei Abspaltung gilt das nach § 29 Abs. 1 KStG als auf Null herabgesetzt geltende Nennkapital des übertragenden Rechtsträgers (Rdnr. 30) als auf den Stand unmittelbar nach der Übertragung erhöht. Für die fiktive Kapitalerhöhung gilt § 28 Abs. 1 KStG entsprechend. Das Nennkapital verringert damit vorrangig das steuerliche Einlagekonto bis zu dessen Verbrauch, ein übersteigender Betrag ist als Sonderausweis zu erfassen. Maßgeblich ist dabei der Bestand des steuerlichen Einlagekontos, der sich nach Anwendung des § 29 Abs. 1 bis 3 KStG ergeben hat.

d) Zusammenfassendes Beispiel

34 **Beispiel:**

Die X-GmbH (voll eingezahltes Nennkapital 300, davon Sonderausweis 100) wird hälftig abgespalten. Das Nennkapital nach Abspaltung soll 50 betragen.

Lösung:

	Vorspalte	Einlagekonto	Sonderausweis
Anfangsbestand		0	100
Betrag der fiktiven Kapitalherabsetzung	300		
– Verringerung des Sonderausweises	– 100		– 100
Rest, Zugang beim steuerlichen Einlagekonto	200	+ 200	
Zwischenergebnis		**200**	**0**
– Abgang des steuerlichen Einlagekontos zu 50%		– 100	
Zwischenergebnis		**100**	**0**
Betrag der fiktiven Kapitalerhöhung	50		
Verringerung des steuerlichen Einlagekontos	– 50	– 50	
Schlussbestände		**50**	**0**

---

1) KStG 2002 = KStG n.F.; KStG 1999 = KStG a.F.

3. Behandlung bei der übernehmenden Körperschaft

a) Hinzurechnung der Bestände des steuerlichen Einlagekontos, des KSt-Guthabens und des EK 02 bei der übernehmenden Körperschaft

Soweit das Vermögen einer Körperschaft auf eine andere Körperschaft übergeht, erhöhen sich die Bestände des steuerlichen Einlagekontos, des KSt-Guthabens und des EK 02 der übernehmenden Körperschaft nach Maßgabe des § 29 Abs. 2 bzw. 3 KStG und § 40 Abs. 1 bzw. 2 KStG zum Schluss des Wirtschaftsjahrs, in das der steuerliche Übertragungsstichtag fällt.   **35**

b) Beteiligung der übernehmenden Körperschaft an der übertragenden Körperschaft (Aufwärtsverschmelzung)

Ist die übernehmende Körperschaft (Muttergesellschaft) an der übertragenden Körperschaft (Tochtergesellschaft) beteiligt, unterbleibt eine Hinzurechnung des steuerlichen Einlagekontos im Verhältnis der Beteiligung der Muttergesellschaft an der Tochtergesellschaft (§ 29 Abs. 2 Satz 2 und Abs. 3 Satz 3 KStG).   **36**

Beispiel:

Die Muttergesellschaft hält 80 % der Anteile an einer Tochtergesellschaft. Das steuerliche Einlagekonto der Tochtergesellschaft beträgt nach Anwendung des § 29 Abs. 1 KStG 100.

Alternative 1:

Die Tochtergesellschaft wird auf die Muttergesellschaft verschmolzen.

Lösung:

Nach § 29 Abs. 2 Satz 2 KStG erhöht sich das steuerliche Einlagekonto der Muttergesellschaft nur um 20 % von 100 = 20.

Alternative 2:

Die Tochtergesellschaft wird hälftig auf die Muttergesellschaft abgespalten.

Lösung:

Nach § 29 Abs. 3 S. 3 i.V.m. Abs. 2 S. 2 KStG erhöht sich steuerliche Einlagekonto der Muttergesellschaft um 100 x 50 % x 20 % = 10.

Die Regelung gilt entsprechend, wenn die übernehmende Körperschaft (Muttergesellschaft) mittelbar, z. B. über eine andere Körperschaft (Tochtergesellschaft), an der übertragenden Körperschaft (Enkelgesellschaft) beteiligt ist.   **37**

c) Beteiligung der übertragenden Körperschaft an der übernehmenden Körperschaft (Abwärtsverschmelzung)

Bei Beteiligung der übertragenden Körperschaft (Muttergesellschaft) an der übernehmenden Körperschaft (Tochtergesellschaft) verringert sich nach § 29 Abs. 2 Satz 3 bzw. Abs. 3 Satz 3 KStG das steuerliche Einlagekonto der Tochtergesellschaft im Verhältnis der Beteiligung der Muttergesellschaft an der Tochtergesellschaft.   **38**

In den Fällen der Abwärtsverschmelzung finden die Regelungen des § 29 Abs. 1 und Abs. 2 Satz 1 KStG entsprechende Anwendung. Bei der Ermittlung des steuerlichen Einlagekontos der übernehmenden Tochtergesellschaft auf den Schluss des Umwandlungsjahrs ist daher wie folgt vorzugehen: **39**

1. Fiktive Herabsetzung des Nennkapitals der Tochtergesellschaft auf Null (§ 29 Abs. 1 KStG)

2. Verringerung des nach (1) erhöhten Einlagekontos im Verhältnis der Beteiligung der Muttergesellschaft an der Tochtergesellschaft (§ 29 Abs. 2 Satz 3 KStG)

3. Fiktive Herabsetzung des Nennkapitals der Muttergesellschaft auf Null (§ 29 Abs. 1 KStG)

4. Hinzurechnung des nach (3) erhöhten Einlagekontos der Muttergesellschaft (§ 29 Abs. 2 Satz 1 KStG)

5. Fiktive Erhöhung des nach (1) auf Null herabgesetzten Nennkapitals der Tochtergesellschaft auf den Stand nach der Übertragung (§ 29 Abs. 4 KStG; Rdnr. 41 ff.)

Beispiel:

Die Muttergesellschaft M (Nennkapital 120, steuerliches Einlagekonto 80 und Sonderausweis 0) wird auf ihre 100%ige Tochtergesellschaft T (Nennkapital 120, steuerliches Einlagekonto 0 und Sonderausweis 50) verschmolzen. Das Nennkapital der T nach Verschmelzung beträgt 240.

Lösung:

Für das steuerliche Einlagekonto und den Sonderausweis der T ergibt sich danach:

	Vorspalte	Einlagekonto	Sonderausweis
Bestand vor der Verschmelzung		0	50
Fiktive Kapitalherabsetzung auf Null	120		
– Verringerung des Sonderausweises	– 50		– 50
Rest, Zugang beim steuerlichen Einlagekonto	70	+ 70	
Zwischenergebnis		70	0
– Verringerung i.H. der Beteiligung M an T		– 70	
Zwischenergebnis		0	0
+ Zugang des steuerlichen Einlagekontos der M		+ 80	
(nach Anwendung des § 29 Abs. 1 KStG n.F.)		+ 120	
Zwischenergebnis		200	0
Betrag der fiktiven Kapitalerhöhung	240		
Verringerung des steuerlichen Einlagekontos	– 200	– 200	
Rest, Zugang beim Sonderausweis	40	0	40
Bestände nach der Verschmelzung		0	40

40 Die Regelung gilt entsprechend, wenn die übertragende Körperschaft (Muttergesellschaft) mittelbar, z. B. über eine andere Körperschaft (Tochtergesellschaft), an der übernehmenden Körperschaft (Enkelgesellschaft) beteiligt ist.

d) Erhöhung des Nennkapitals

41 Erhöht die übernehmende Körperschaft im Rahmen der Umwandlung ihr Nennkapital, finden darauf die Regelungen des § 28 Abs. 1 KStG entsprechende Anwendung (§ 29 Abs. 4 KStG). Das gilt allerdings nicht, soweit die Kapitalerhöhung auf baren Zuzahlungen bzw. Sacheinlagen beruht. Wurden in dem Wirtschaftsjahr im Rahmen oder außerhalb von Umwandlungsvorgängen weitere Kapitalerhöhungen aus Gesellschaftsmitteln vorgenommen, sind diese für die Anwendung des § 28 Abs. 1 KStG zusammenzurechnen.

e) Zusammenfassendes Beispiel

42 Auf die M-GmbH wird die T-GmbH, an die sie zu 50 % beteiligt ist, verschmolzen. Das nach § 29 Abs. 2 Satz 1 KStG zuzurechnende steuerliche Einlagekonto der T-GmbH beträgt 400.

Der Sonderausweis der M-GmbH beträgt 100, der Bestand des steuerlichen Einlagenkontos 0. Im Rahmen der Umwandlung wird das Nennkapital um 120 erhöht, wovon 70 auf bare Zuzahlungen entfallen. Nach der Verschmelzung wird das Nennkapital der M-GmbH durch Umwandlung von Rücklagen um weitere 100 erhöht.

	Vorspalte	Einlagekonto	Sonderausweis
Bestand vor Umwandlung		0	100
Zugang steuerliches Einlagekonto der T-GmbH	400		
– Kürzung nach § 29 Abs. 2 Satz 2 KStG (50%)	– 200		
Rest, Zugang steuerliches Einlagekonto	200	+ 200	
Zwischenergebnis		200	100
Anpassung des Nennkapitals (Erhöhung um insgesamt 220 abzgl. bare Zuzahlungen i.H.v. 70)	150		
Vorrangige Verwendung des Einlagekontos	– 150	– 150	
Zwischenergebnis		50	100
Verrechnung des Sonderausweises mit dem positivem steuerlichen Einlagekonto zum Schluss des Wirtschaftsjahrs (§ 28 Abs. 3 KStG)		– 50	– 50
Schlussbestände		0	50

F. Anwendung des neuen Umwandlungssteuerrechts (§ 27 Abs. 1a UmwStG)

I. Allgemeines

Nach § 27 Abs. 1a Satz 1 UmwStG sind die Vorschriften des UmwStG in der Fassung des StSenkG **43** erstmals auf Umwandlungen anzuwenden, bei denen der steuerliche Übertragungsstichtag in dem ersten Wirtschaftsjahr der übertragenden Körperschaft liegt, für das das KStG n.F. erstmals anzuwenden ist. Maßgebend ist dabei das (fiktive) Wirtschaftsjahr, das die Übertragerin haben würde, wenn sie weiterbestünde.

> **Beispiel:**
>
> Die X-GmbH hat ein mit dem Kalenderjahr übereinstimmendes Wirtschaftsjahr. Im Jahr 2001 wird ihre rückwirkende Verschmelzung zum 30.11.2000 auf die Y-GmbH beschlossen und im Handelsregister eingetragen. Das für die Anwendung des § 27 Abs. 1a UmwStG maßgebliche Wirtschaftsjahr ist das Wirtschaftsjahr vom 01.01.2001 bis zum 31.12.2001. Da der Übertragungsstichtag in dem Wirtschaftsjahr 01.01.2000 bis 31.12.2000 liegt, auf das noch das KStG a.F anzuwenden ist, finden die Regelungen des UmwStG in der Fassung des StSenkG noch keine Anwendung.

II. Umwandlungen mit steuerlicher Rückwirkung auf eine Personengesellschaft oder eine natürliche Person während des Systemwechsels

In den Fällen der Umwandlung mit steuerlicher Rückwirkung gelten nach § 27 Abs. 1a Satz 2 UmwStG **44** die steuerlichen Rechtsfolgen als frühestens zu Beginn des Wirtschaftsjahres (Rdnr. 43) bewirkt, für das das KStG in der Fassung des StSenkG erstmals anzuwenden wäre. Der Übertragungsstichtag wird dadurch auf den ersten Tag dieses Wirtschaftsjahres verlagert. Auf den Schluss des letzten vor dem steuerlichen Übertragungsstichtag endenden Wirtschaftsjahres erfolgt die Umgliederung gem. § 36 KStG. Auf den steuerlichen Übertragungsstichtag sind die Bestände nach den §§ 27, 28, 37 und 38 KStG n.F. festzustellen. Diese Bestände sind für die Anwendung der §§ 7 und 10 UmwStG zugrunde zu legen. Die Festsetzung der Körperschaftsteuer unter Anwendung des § 10 UmwStG ist für den Veranlagungszeitraum vorzunehmen, in dem das Wirtschaftsjahr endet, für das das KStG in der Fassung des StSenkG erstmals anzuwenden wäre.

> **Beispiel:**
>
> Die X-GmbH (Wirtschaftsjahr = Kalenderjahr) wird zum Stichtag 31.12.2000 auf die Y-OHG verschmolzen. Anmeldung und Eintragung der Verschmelzung erfolgen im Jahr 2001.
>
> Würde die X-GmbH weiter bestehen, wäre im Wirtschaftsjahr 01 erstmals das neue KSt-Recht anzuwenden. Der steuerliche Übertragungsstichtag wird daher gem. § 27 Abs. 1a Satz 2 UmwStG auf den Beginn dieses Wirtschaftsjahres verlagert (01.01.01). Zum 31.12.2000 sind die Endbestände der Teilbeträge des verwendbaren Eigenkapitals nach § 36 KStG umzugliedern. Auf den 01.01.2001 sind die Bestände des steuerlichen Einlagekontos i.S. des § 27 KStG n.F., des Sonderausweises i.S. des § 28 KStG n.F., des KSt-Guthabens i.S. des § 37 KStG n.F. und des Teilbetrags EK 02 i.S. des § 38 KStG n.F. festzustellen; sie sind für die Anwendung der §§ 7 und 10 UmwStG zugrunde zu legen.

Eine Körperschaftsteuerfestsetzung zur Anwendung des § 10 UmwStG ist für den Veranlagungszeitraum 2001 vorzunehmen.

45 Die Regelung des § 27 Abs. 1a Satz 2 UmwStG gilt für den Vermögensübergang durch Verschmelzung, sowie durch Auf- oder Abspaltung und den Formwechsel von einer Körperschaft auf eine Personengesellschaft oder eine natürliche Person (§§ 3 bis 10, 14, 16 UmwStG), nicht hingegen für die übrigen Umwandlungen. Sie gilt ausschließlich für Umwandlungen, die in den Systemwechsel fallen (2000/2001 bzw. 2001/2002 bei abweichendem Wirtschaftsjahr).

G. Vermögensübertragung zwischen Körperschaften in der Übergangszeit

I. Allgemeines

46 Für Vermögensübertragungen zwischen Körperschaften in der Übergangszeit sind die Sondervorschriften des § 27 Abs. 1a UmwStG nicht anzuwenden (vgl. Rdnr. 45). Es gelten daher die allgemeinen Grundsätze.

Die nachfolgenden Beispiele stellen die Auswirkungen dar, die sich ergeben, wenn für die übertragende Körperschaft und die übernehmende Körperschaft unterschiedliches Körperschaftsteuerrecht zur Anwendung kommt.

II. Für die übertragende Körperschaft gilt bereits das KStG n.F. und für die übernehmende Körperschaft gilt noch das KStG a.F.

Beispiel:

Die X-GmbH (Wirtschaftsjahr = Kalenderjahr) wird zum 01.07.2001 auf die Y-GmbH (abweichendes Wirtschaftsjahr vom 01.07. bis 30.06.) verschmolzen. Steuerlicher Übertragungsstichtag ist der 30.06.2001.

Lösung:

1. Auswirkungen bei der übertragenden X-GmbH:

a) Zum 31.12.2000 Umgliederung der Teilbeträge des verwendbaren Eigenkapitals nach § 36 KStG n.F. und Feststellung nach § 36 Abs. 7 KStG n.F.

b) Zum steuerlichen Übertragungsstichtag (30.06.2001) ist zunächst eine fiktive Nennkapitalherabsetzung nach § 29 Abs. 1 i.V.m. § 28 Abs. 2 S. 1 KStG n.F. entsprechend Rdnr. 30 vorzunehmen.

c) Daran anschließend sind die Bestände auf diesen Stichtag nach den §§ 27 und 38 KStG n.F gesondert festzustellen und das KSt-Guthaben nach § 37 KStG n.F. zu ermitteln (vgl. Rdnr. 31).

2. Auswirkungen bei der übernehmenden Y-GmbH:

a) Zum 30.06.2001 Umgliederung der Teilbeträge des eigenen verwendbaren Eigenkapitals nach § 36 KStG n.F. und Feststellung nach § 36 Abs. 7 KStG n.F.

b) Die bei der X-GmbH festgestellten Bestände nach §§ 27 und 38 KStG n.F. sind den eigenen Beständen der Y-GmbH (§ 29 Abs. 2 und § 40 Abs. 1 KStG n.F.) zuzurechnen. Weiter ist bei der Y-GmbH zum 30.06.2001 das bei der X-GmbH ermittelte KSt-Guthaben i.S. des § 37 KStG n.F. zuzurechnen. Leistungen im Wirtschaftsjahr 2001/2002, die von der Y-GmbH vorgenommen werden, können bei Vorliegen der übrigen Voraussetzungen bereits zu einer Verringerung der von der X-GmbH übernommenen Bestände und insoweit auch zu einer Minderung oder Erhöhung der Körperschaftsteuer führen.

c) Bezüglich des steuerlichen Einlagekontos ist § 29 Abs. 2 Sätze 2 und 3 KStG n.F. zu beachten (vgl. Rdnr. 36).

d) Soweit bei der Y-GmbH im Rahmen der Verschmelzung eine Kapitalerhöhung stattgefunden hat, kann dies nach § 29 Abs. 4 KStG i.V.m. § 28 Abs. 1 KStG n.F. zur Bildung eines Sonderausweises führen (vgl. Rdnr. 41).

III. Für die übertragende Körperschaft gilt noch das KStG a.F. und für die übernehmende Körperschaft gilt bereits das KStG n.F.

48 **Beispiel:**

Die X-GmbH (abweichendes Wirtschaftsjahr vom 01.07. – 30.06.) wird zum 01.07.2001 auf die Y-GmbH (Wirtschaftsjahr = Kalenderjahr) verschmolzen. Steuerlicher Übertragungsstichtag ist der 30.06.2001.

Lösung:

1. Auswirkungen bei der übertragenden X-GmbH:

a) Der steuerliche Übertragungsstichtag fällt in das Wirtschaftsjahr 2000/2001, für das noch das KStG a.F. gilt.

b) Zum 30.06.2001 werden die Teilbeträge des verwendbaren Eigenkapitals nach § 47 Abs. 1 KStG a.F. festgestellt.

c) Eine Umgliederung i.S. des § 36 KStG n.F. und eine fiktive Kapitalherabsetzung nach § 29 KStG n.F. findet bei der X-GmbH nicht statt, weil für die X-GmbH das neue Körperschaftsteuerrecht nicht mehr zur Anwendung kommt. Dies kann erst auf der Ebene der Y-GmbH stattfinden.

2. Auswirkungen bei der übernehmenden Y-GmbH:

a) Am steuerlichen Übertragungsstichtag gilt bei der übernehmenden Y-GmbH bereits das neue Körperschaftsteuerrecht. Die Umgliederung nach § 36 KStG n.F. für ihr eigenes verwendbares Eigenkapital wurde bei ihr bereits auf den 31.12.2000 durchgeführt.

b) Um die von der X-GmbH übernommenen Teilbeträge i.S.d. § 30 KStG a.F. den bereits nach § 36 KStG n.F. umgegliederten Beständen hinzurechnen zu können, ist wie folgt vorzugehen:

- In einer Nebenrechnung sind zunächst die von der X-GmbH übernommenen Teilbeträge in analoger Anwendung des § 36 KStG n.F. umzugliedern.

- Aus einem positiven Endbestand des Teilbetrags EK 40 ist in analoger Anwendung des § 37 KStG n.F. das übernommene KSt-Guthaben zu ermitteln.

- Entsprechend § 29 Abs. 1 KStG erfolgt die fiktive Herabsetzung des Nennkapitals der X-GmbH mit entsprechender Neutralisierung eines übernommenen Sonderausweises und Erhöhung des übernommenen Bestands des steuerlichen Einlagekontos.

- Die sich aufgrund der Nebenrechnung ergebenden Bestände sind den entsprechenden Beständen der Y-GmbH zum Schluss des Wirtschaftsjahrs der Übertragung hinzuzurechnen. Ein übernommenes Körperschaftsteuer-Guthaben kann noch nicht zu einer Körperschaftsteuer-Minderung, ein übernommener Bestand des EK 02 noch nicht zu einer Körperschaftsteuer-Erhöhung für Leistungen dieses Wirtschaftsjahrs führen. Einlagerückzahlungen unter Nutzung des übernommenen Bestands des steuerlichen Einlagekontos sind ebenfalls nicht möglich.

c) Soweit bei der Y-GmbH im Rahmen der Verschmelzung eine Kapitalerhöhung stattgefunden hat, kann dies nach § 29 Abs. 4 KStG i.V. mit § 28 Abs. 1 KStG n.F. zur Bildung eines Sonderausweises führen (vgl. Rdnr. 41).

§ 5 Abs. 2 UmwStG – Bestimmung der Wesentlichkeitsgrenze i. S. des § 17 EStG bei rückwirkender Umwandlung

Verfügung OFD Koblenz vom 28.12.2000
S 1978A – St 34 2

Im Zusammenhang mit dem Absenken der Beteiligungsgrenze des § 17 Abs. 1 EStG durch das Steuerentlastungsgesetz 1999/2000/2002 ergibt sich ein Übergangsproblem i. V. mit dem steuerlichen Rückbezug einer Umwandlung. Bei einer Umwandlung, die in 1999 wirksam wird (neue Beteiligungsgrenze i. S. des § 17 Abs. 1 EStG: mindestens 10%), bei der wegen § 2 Abs. 1 UmwStG der steuerliche Übertragungsstichtag jedoch noch in 1998 liegt (alte Beteiligungsgrenze: mehr als 25%), stellt sich die Frage, ob für die Anwendung des § 5 Abs. 2 UmwStG auf den Zeitpunkt des zivilrechtlichen Wirksamwerdens der Umwandlung oder auf den steuerlichen Übertragungsstichtag abzustellen ist.

Für die Beurteilung, ob eine Beteiligung i. S. des § 17 EStG vorliegt, ist auf den Zeitpunkt des zivilrechtlichen Wirksamwerdens der Umwandlung abzustellen.

Entsprechendes gilt im Zusammenhang mit dem Absenken der Beteiligungsgrenze von 10% auf 1% durch das StSenkG.

**Begriff der wesentlichen Betriebsgrundlage im Rahmen der §§ 15 und 20 UmwStG;
Anwendung der Tz. 15.02 und 20.08 Satz 3 des Umwandlungssteuererlasses
vom 25. März 1998 (BStBl. I S. 268)[1)]**

BMF-Schreiben vom 16.08.2000
IV C 2 – S 1909 – 23/00
(BStBl. 2000 I S. 1253)

Nach dem BFH-Urteil vom 2. Oktober 1997 (BStBl. 1998 II S. 104) setzt die steuerbegünstigte Veräußerung oder Aufgabe eines Betriebs, Teilbetriebs oder Anteils eines Mitunternehmers nach den §§ 16 Abs. 1, 34 EStG voraus, dass alle wesentlichen Betriebsgrundlagen des Betriebs in einem einheitlichen Vorgang veräußert oder entnommen werden. Zu den wesentlichen Grundlagen eines Betriebs gehören nach diesem Urteil im Zusammenhang mit einer Betriebsveräußerung oder –aufgabe in der Regel auch solche Wirtschaftsgüter, die funktional gesehen für den Betrieb, Teilbetrieb oder Mitunternehmeranteil nicht erforderlich sind, in denen aber erhebliche stille Reserven gebunden sind. Zweck der §§ 16 Abs. 1, 34 EStG ist es, eine „zusammengeballte" Realisierung der über die Zeit entstandenen, gesammelten stillen Reserven nicht dem ungemilderten Einkommensteuertarif zu unterwerfen. Gemäß diesem Gesetzeszweck ist der Begriff der wesentlichen Betriebsgrundlage im Rahmen des § 16 EStG nach Auffassung des BFH anders auszulegen als im Rahmen der übrigen Vorschriften und Rechtsinstitute, in denen er eine Rolle spielt. Er ist hier quantitativ und nicht lediglich funktional zu verstehen, wie dies z. B. bei der Anwendung von § 6 Abs. 3 EStG, §§ 15 und 20 des Umwandlungssteuergesetzes der Fall ist. Demgemäß hat der BFH im Urteil vom 24. August 1989 (BStBl. 1989 II S. 1014) darauf hingewiesen, dass er lediglich bei der Betriebsveräußerung oder Betriebsaufgabe Wirtschaftsgüter wegen des Umfangs ihrer stillen Reserven als wesentliche Betriebsgrundlage ansehe. Angesichts des Erfordernisses einer normspezifischen Auslegung muss die Rechtsprechung, derzufolge im Rahmen des § 16 EStG auch funktional unbedeutende Wirtschaftsgüter wegen des Umfangs ihrer stillen Reserven als wesentliche Betriebsgrundlagen anzusehen sind, als gesichert betrachtet werden.

Unter Bezugnahme auf das Ergebnis der Erörterung mit den obersten Finanzbehörden der Länder nehme ich zur Frage des Begriffs der wesentlichen Betriebsgrundlage im Rahmen der §§ 15 und 20 UmwStG wie folgt Stellung:

In Übereinstimmung mit dem BFH-Urteil vom 2. Oktober 1997 (BStBl. 1998 II S. 104) ist ein Wirtschaftsgut im Rahmen der Anwendung der §§ 15 und 20 UmwStG nicht schon allein deshalb eine wesentliche Betriebsgrundlage, weil in ihm erhebliche stille Reserven ruhen (funktionale Betrachtungsweise). Für den Fall der Einbringung von Betriebsvermögen einer Personengesellschaft nach § 20 UmwStG gilt dieser Grundsatz darüber hinaus unabhängig davon, ob das betreffende Wirtschaftsgut bisher zum Gesamthandsvermögen der Personengesellschaft, zum Sonderbetriebsvermögen I oder zum Sonderbetriebsvermögen II gehört hat. Das Vorhandensein erheblicher stiller Reserven (quantitative Betrachtungsweise) ist aber dann entscheidend, wenn natürliche Personen an der Einbringung beteiligt sind und die aufnehmende Kapitalgesellschaft die Wirtschaftsgüter gemäß § 20 Abs. 4 UmwStG mit dem Teilwert ansetzt, weil es sich in diesem Fall um eine echte Betriebsveräußerung i. S. des § 16 EStG handelt und gemäß § 20 Abs. 5 Satz 1 und 2 UmwStG in diesem Fall die §§ 16, 34 EStG Anwendung finden.

Tz. 15.02 und Tz. 20.08 Satz 3 des Umwandlungssteuererlasses 1995 vom 25. März 1998 (BStBl. I S. 268)[2)], worin für den Begriff der wesentlichen Betriebsgrundlage umfassend auf die zu § 16 EStG ergangene Rechtsprechung sowie auf R 139 EStR 1996 verwiesen wird, sind insoweit überholt.

---

1) Hier abgedruckt als Anhang 4-01.
2) Hier abgedruckt als Anhang 4-01.

Inanspruchnahme von Sonderabschreibungen nach dem Fördergebietsgesetz und Zugehörigkeits-, Verbleibens- und Verwendungsvoraussetzung bei

1. Vermögensübergang im Sinne des Umwandlungssteuergesetzes

2. . . .

3. . . .

BMF-Schreiben vom 14.07.1995
IV B 3 – S 1988 – 73/95

– Auszug –

Persönlich berechtigt zur Inanspruchnahme von Sonderabschreibungen nach dem Fördergebietsgesetz sind Steuerpflichtige i. S. d. Einkommensteuergesetzes und des Körperschaftsteuergesetzes. Bei Personengesellschaften und Gemeinschaften tritt an die Stelle des Steuerpflichtigen die Gesellschaft oder Gemeinschaft (§ 1 Abs. 1 Satz 2 FördG).

Zu den begünstigten Investitionen gehört nach den §§ 2 und 3 FördG u. a. die Anschaffung beweglicher Wirtschaftsgüter des Anlagevermögens und unbeweglicher Wirtschaftsgüter.

Voraussetzung für die Inanspruchnahme der Sonderabschreibungen ist

– bei beweglichen Wirtschaftsgütern, daß sie mindestens drei Jahre nach ihrer Anschaffung oder Herstellung (Bindungszeitraum) zum Anlagevermögen einer Betriebsstätte des Steuerpflichtigen im Fördergebiet gehören (Zugehörigkeitsvoraussetzung) und während dieser Zeit in einer solchen Betriebsstätte verbleiben (Verbleibensvoraussetzung; § 2 Nr. 2 FördG),

– bei unbeweglichen Wirtschaftsgütern, die nach dem Jahr der Fertigstellung und nach dem 31.12.1993 angeschafft werden und beim Erwerber zu einem Betriebsvermögen gehören, daß sie mindestens fünf Jahre nach ihrer Anschaffung (Bindungszeitraum) zu eigenbetrieblichen Zwecken verwendet werden (Verwendungsvoraussetzung; § 3 Satz 2 Nr. 2 Buchstabe b FördG).

Unter Bezugnahme auf das Ergebnis der Erörterungen mit den obersten Finanzbehörden der Länder gilt zur Inanspruchnahme von Sonderabschreibungen und zu der Zugehörigkeits-, Verbleibens- und Verwendungsvoraussetzung (Bindungsvoraussetzungen) bei einem Vermögensübergang i. S. d. Umwandlungssteuergesetzes, bei Realteilung einer Personengesellschaft und bei Ausscheiden von Gesellschaftern aus einer Personengesellschaft mit der Folge des Entstehens eines Einzelunternehmens folgendes:

1. Vermögensübergang i. S. d. Umwandlungssteuergesetzes

a) Inanspruchnahme von Sonderabschreibungen nach einem Vermögensübergang

Die Übernahme von Wirtschaftsgütern durch einen Vermögensübergang i. S. d. Umwandlungssteuergesetzes stellt beim Übernehmenden eine Anschaffung i. S. d. Fördergebietsgesetzes dar, wenn die übergegangenen oder eingebrachten Wirtschaftsgüter als angeschafft gelten. Bemessungsgrundlage der Sonderabschreibungen ist der Wert, mit dem die Wirtschaftsgüter als angeschafft gelten. In folgenden Fällen gelten die Wirtschaftsgüter als angeschafft:

aa) Umwandlungssteuergesetz 1977

– Vermögensübergang von einer Körperschaft auf eine Personengesellschaft (§ 5 Abs. 1 und 2 i. V. m. § 3 UmwStG) oder auf eine natürliche Person (§ 11 UmwStG)

– Vermögensübergang von einer Körperschaft auf eine andere Körperschaft, wenn die Wirtschaftsgüter mit dem Wert der für die Übertragung gewährten Gegenleistung oder mit dem Teilwert angesetzt werden (§ 15 Abs. 4 i. V. m. § 14 Abs. 1 UmWStG)

– Einbringung eines Betriebs, Teilbetriebs oder Mitunternehmeranteils in eine Kapitalgesellschaft gegen Gewährung von Gesellschaftsanteilen oder in eine Personengesellschaft, wenn das eingebrachte Betriebsvermögen mit dem Teilwert angesetzt wird (§ 23 Abs. 3 und § 24 Abs. 4 UmwStG)

bb) Umwandlungssteuergesetz 1995

– Einbringung eines Betriebs, Teilbetriebs oder Mitunternehmeranteils im Wege der Einzelrechtsnachfolge in eine Kapitalgesellschaft gegen Gewährung von Gesellschaftsanteilen oder in eine Personengesellschaft, wenn das eingebrachte Betriebsvermögen mit dem Teilwert angesetzt wird (§ 22 Abs. 3 erster Teilsatz und § 24 Abs. 4 UmwStG)

In den Fällen, in denen die Wirtschaftsgüter nicht als angeschafft gelten, tritt der Übernehmende hinsichtlich der Sonderabschreibungen in die Rechtsstellung des Übertragenden ein mit der Folge, daß er Sonderabschreibungen noch in der Höhe und in dem Zeitraum vornehmen kann, wie es auch der Übertragende noch könnte. Wird in den Fällen der Einbringung i. S. d. §§ 20 und 24 UmwStG das eingebrachte Betriebsvermögen mit einem über dem Buchwert, aber unter dem Teilwert liegenden Wert (Zwischenwert) angesetzt, bleibt somit der Unterschiedsbetrag zwischen dem Buchwert und dem Zwischenwert bei der Inanspruchnahme von Sonderabschreibungen unberücksichtigt. Für den Unterschiedsbetrag kann lediglich lineare AfA vorgenommen werden.

b) Auswirkung eines Vermögensübergangs auf die Bindungsvoraussetzungen

Gehen Wirtschaftsgüter innerhalb eines Bindungszeitraums durch einen Vermögensübergang i. S. d. Umwandlungssteuergesetzes über, sind die Bindungsvoraussetzungen beim Übertragenden nicht erfüllt, wenn die übergegangenen oder eingebrachten Wirtschaftsgüter beim Übernehmenden als angeschafft gelten. Vom Übertragenden in Anspruch genommene Sonderabschreibungen sind durch Änderung des Steuerbescheids nach § 175 Abs. 1 Nr. 2 AO rückwirkend zu versagen.

In den Fällen, in denen die Wirtschaftsgüter nicht als angeschafft gelten, sind die Zeiträume der Bindung eines Wirtschaftsguts an die Betriebsstätte des Übertragenden und an die Betriebsstätte des Übernehmenden zusammenzurechnen.

2. ...

3. ...

Zweifelsfrage zu § 25 UmwStG 1977, §§ 18 Abs. 4 und 26 Abs. 1 UmwStG 1995

Verfügung OFD Frankfurt/M. vom 30.05.1996
S 1978 A – 6 – St II 21

Nach § 25 Abs. 2 UmwStG 1977 entfällt die Anwendbarkeit der §§ 8 und 18 Abs. 2 Satz 2 rückwirkend, wenn die Übernehmerin den auf sie übergegangenen Betrieb innerhalb von fünf Jahren nach dem steuerlichen Übertragungsstichtag ohne triftigen Grund veräußert oder aufgibt.

Das UmwStG 1995 sieht in § 26 Abs. 1 unter den o. g. Bedingungen ebenfalls den rückwirkenden Wegfall der Vergünstigungen des § 6 UmwStG 1995 vor. Nach § 18 Abs. 4 UmwStG 1995 unterliegt ein Auflösungs- oder Veräußerungsgewinn (entgegen A 39 Abs. 3 GewStR 1990) dann der Gewerbesteuer, wenn der Betrieb der Personengesellschaft oder der natürlichen Person innerhalb von fünf Jahren nach dem Vermögensübergang aufgegeben oder veräußert wird.

Es ist die Frage gestellt worden, ob in der Entnahme von Vermögenswerten, die durch die Umwandlung auf eine Personengesellschaft (ein Einzelunternehmen) übergegangen sind, ein Anwendungsfall des § 25 Abs. 2 UmwStG 1977 bzw. der §§ 26 Abs. 1 und 18 Abs. 4 UmwStG 1995 erblickt werden muß.

Es ist die Auffassung zu vertreten, daß als übergegangener Betrieb i. S. d. genannten Vorschriften das übergegangene Vermögen der umgewandelten Gesellschaft anzusehen ist. Entnehmen die Gesellschafter das im Wege der Umwandlung auf die Pesonengesellschaft (das Einzelunternehmen) übergegangene Vermögen innerhalb von fünf Jahren nach dem Umwandlungsstichtag, so liegt eine Aufgabe des übergegangenen Betriebs i. S. d. § 18 Abs. 4 UmwStG 1995 vor. Erfolgt die Entnahme zudem ohne triftigen Grund, treten die Rechtswirkungen des § 25 Abs. 2 UmwStG 1977 bzw. § 26 Abs. 1 UmwStG 1995 ein.

Umwandlung: Zuordnung von Verbindlichkeiten bei Spaltung

Verfügung OFD Magdeburg vom 11.01.1999
S 1978 – 15 – St 231

Zu der Frage, ob Verbindlichkeiten, insbesondere laufende Renten aus Versorgungszusagen, bei der Anwendung des § 15 Abs. 1 S. 2 UmwStG zu einem Spaltungshindernis werden könnten, hat das BMF mit Schr. v. 28. 09.1998 – IV B 7 – S 1978 – 47/98 wie folgt Stellung genommen:

Voraussetzung für die steuerneutrale Spaltung einer Körperschaft ist nach § 15 Abs. 1 UmwStG, daß ein Teilbetrieb auf die Übernehmerin übertragen wird. Im Falle der Abspaltung muß das der übertragenden Körperschaft verbleibende Vermögen ebenfalls zu einem Teilbetrieb gehören.

Die Voraussetzungen eines Teilbetriebs sind nach den von der Rspr. und der FinVerw. zu §16 EStG entwickelten Grundsätzen zu beurteilen. Konstituiv für den Teilbetrieb sind danach jeweils nur die wesentlichen Betriebsgrundlagen (vgl. Tz. 15.07 des BMF-Schr. v. 25.03.1998)[1]. Nach Tz. 15.08 des BMF-Schr. v. 25.03.1998[2] kann Betriebsvermögen der Kapitalgesellschaft, das nicht zu den wesentlichen Betriebsgrundlagen gehört, grundsätzlich jedem der Teilbetriebe zur Kapitalverstärkung zugeordnet werden. Auch für Verbindlichkeiten (= negative Wirtschaftsgüter) gilt diese Zuordnungsregel. Pensionsrückstellungen gehören jedoch zu dem Teilbetrieb, in dem die Arbeitnehmer, denen die Versorgungszusage gegeben worden ist, tätig sind oder tätig waren.

Eine Sonderregelung enthält Tz. 15.09 des BMF-Schr. V. 25.03.1998[3]. Aus Billigkeitsgründen wird hier zugelassen, daß den sog. fiktiven Teilbetrieben „100 %ige Beteiligung" oder „Mitunternehmeranteile" solcher Wirtschaftsgüter einschließlich der Schulden zugeordnet werden können, die in unmittelbarem wirtschaftlichen Zusammenhang mit diesen Teilbetrieben stehen.

---

1) Hier abgedruckt als Anhang 4-01.
2) Hier abgedruckt als Anhang 4-01.
3) Hier abgedruckt als Anhang 4-01.

Steuerliche Behandlung der Einbringung von Anteilen an Kapitalgesellschaften

Verfügung OFD Frankfurt/M. vom 21.05.2001
S 1978 c – A – 25 – St II 21

Die Einbringung von Anteilen an einer Kapitalgesellschaft in eine andere Kapitalgesellschaft gegen Gewährung von Gesellschaftsrechten ist in bestimmten Fällen nicht nur nach den Regelungen der §§ 20 Abs. 1 Satz 2 und 23 Abs. 4 UmwStG, sondern auch nach den Regelungen des sog. Tauschgutachtens des BFH vom 16.12.1958 (BStBl. III 1959, 30) steuerneutral möglich. Zu der Frage, ob diese Regelungen wahlweise angewendet werden können, wird wie folgt Stellung genommen:

Der Tausch von Anteilen an Kapitalgesellschaften führt grundsätzlich zur Verwirklichung der im Buchwert der hingegebenen Anteile enthaltenen stillen Reserven. Eine Ausnahme von diesem Grundsatz gilt nach dem sog. Tauschgutachten des BFH vom 16.12.1958 (a. a. O.) für die Fälle, in denen bei wirtschaftlicher Betrachtung wegen der Wert-, Art- und Funktionsgleichheit der getauschten Anteile die Nämlichkeit der hingegebenen und der erhaltenen Anteile anzunehmen ist. Davon ausgehend hat der Gesetzgeber die Vermeidung der Gewinnrealisierung in bestimmten Fällen des Anteilstausches gesetzlich geregelt. Die Regelungen der §§ 20 Abs. 1 Satz 2 und 23 Abs. 4 UmwStG gehen danach dem sog. Tauschgutachten vor, was insbesondere zur Folge hat, dass sich bei eingebrachten Anteilen i. S. von § 17 EStG die Steuerverhaftung der erhaltenen Anteile nach § 21 UmwStG und nicht nach § 17 EStG richtet.

Das sog. Tauschgutachten hat nur noch Bedeutung, soweit die Voraussetzungen der §§ 20 Abs. 1 Satz 2 und 23 Abs. 4 UmwStG nicht erfüllt sind (vgl. BT-Drs. 12/1506, S. 182). Der Steuerpflichtige hat daher kein Wahlrecht, die Vorschriften des UmwStG oder die Grundsätze des sog. Tauschgutachtens anzuwenden.

Dieser Erlass ergeht im Einvernehmen mit dem BMF und den obersten Finanzbehörden der Länder. Er entspricht dem BMF-Schreiben vom 15.2.1995, IV B 2 – S 1909 – 6/95, das im BStBl. I 1995, 149 veröffentlicht ist.

Zusatz der OFD:

Hinsichtlich der einbringungsgeborenen Anteile i. S. des § 21 Abs. 1 Satz 1 UmwStG ist Folgendes zu beachten:

Das Tauschgutachten gilt auch für den Tausch einbringungsgeborener Anteile. Dies ist aus § 21 Abs. 1 Satz 4 UmwStG zu folgern, der den Fall regelt, dass es wegen Nämlichkeit der hingegebenen und der erworbenen Anteile nicht zu einer Gewinnverwirklichung kommt und damit auf die im Tauschgutachten genannten Voraussetzungen für den steuerneutralen Tausch Bezug nimmt.

Nach der Vorschrift des § 21 Abs. 1 Satz 4 UmwStG treten in diesem Fall die erworbenen Anteile für die Anwendung des § 21 Abs. 1 UmwStG an die Stelle der hingegebenen Anteile. Dies hat zur Folge, dass die hingegebenen Anteile mit dem Tausch steuerentstrickt werden und auf deren spätere Veräußerung § 21 Abs. 1 UmwStG nicht mehr anwendbar ist. Die erworbenen Anteile werden an deren Stelle zu einbringungsgeborenen Anteilen.[1] Ihre spätere Veräußerung ist steuerlich so zu behandeln, wie dies bei den hingegebenen Anteilen vor dem Tausch der Fall gewesen wäre, also nach § 21 Abs. 1 UmwStG.

Durch das StEntlG 1999/2000/2002 (BStBl. I 1999, 304) wurde § 21 Abs. 1 Satz 4 UmwStG gestrichen. Nach § 27 Abs. 5a UmwStG ist die Vorschrift letztmals auf den Erwerb von Anteilen durch Tausch anzuwenden, die auf Grund eines vor dem 1.1.1999 abgeschlossenen Vertrags oder gleichstellenden Rechtsakts erfolgen. Bei einem entsprechenden Tausch nach dem 31.12.1998 führt dieser daher zur Aufdeckung und Versteuerung der stillen Reserven.

---

1) Die durch § 6 Abs. 6 EStG i. d. F. des StEntlG 1999/2000/2002 aufgehobenen Tauschgrundsätze wirken insoweit fort.

Anwendung des BFH-Urteils vom 21. September 2000 – IV R 54/99 –
(BStBl. 2001 II S. 178)
Überarbeitung der Tzn. 24.08 bis 24.12 des BMF-Schreibens vom 25. März 1998
(BStBl. I S. 268) [1]

BMF-Schreiben vom 21.08.2001
IV A 6 – S 1909 – 11/01
BStBl. 2001 I S. 543

Mit Urteil vom 21. September 2000 (BStBl. 2001 II S. 178) hat der BFH entschieden, dass für den Fall der Aufnahme eines Sozius in eine Einzelpraxis die Tarifbegünstigung des § 24 Abs. 3 Satz 2 UmwStG i. V. m. §§ 16 Abs. 4, 18 Abs. 3, 34 Abs. 1 EStG bei einer Einbringung zu Teilwerten auch insoweit anzuwenden ist, als eine Zuzahlung in das Privatvermögen des Einbringenden erfolgt. Gleichzeitig hat der BFH bestätigt, dass der Gewinn insoweit als laufender, nicht tarifbegünstigter Gewinn zu behandeln ist, als der Einbringende selbst an der Personengesellschaft beteiligt ist (§ 24 Abs. 3 Satz 3 UmwStG).

Unter Bezugnahme auf das Ergebnis der Erörterung mit den obersten Finanzbehörden der Länder werden die Grundsätze des o. g. BFH-Urteils allgemein angewendet. In dem BMF-Schreiben vom 25. März 1998 (BStBl. I S. 268) wird der 2. Abschnitt „II. Einbringung mit Zuzahlung" des Teil B (bisherige Textziffern 24.08 bis 24.12) wie folgt gefasst:

II. Einbringung mit Zuzahlung

24.08 § 24 UmwStG ist nur anwendbar, soweit der Einbringende als Gegenleistung für die Einbringung Gesellschaftsrechte erwirbt; die Verbuchung auf einem Darlehenskonto reicht nicht aus. Zur Abgrenzung zwischen Darlehenskonto und Kapitalkonto vgl. das BMF-Schreiben vom 30. Mai 1997, BStBl. I S. 627.

1. Einbringung mit Zuzahlung zu Buchwerten

24.09 Erhält der Einbringende neben dem Mitunternehmeranteil an der Personengesellschaft eine Zuzahlung, die nicht Betriebsvermögen der Personengesellschaft wird, so ist davon auszugehen, dass

– der Einbringende Eigentumsanteile an den Wirtschaftsgütern des Betriebs veräußert und

– die ihm verbliebenen Eigentumsanteile für eigene Rechnung sowie die veräußerten Eigentumsanteile für Rechnung des zuzahlenden Gesellschafters in das Betriebsvermögen der Personengesellschaft einlegt (**vgl. Beschluss des Großen Senats des BFH vom 18. Oktober 1999, BStBl. 2000 II S. 123).**

24.10 Der Gewinn, der durch eine Zuzahlung in das Privatvermögen des Einbringenden entsteht, kann nicht durch Erstellung einer negativen Ergänzungsbilanz vermieden werden (BFH-Urteil vom 8. Dezember 1994, BStBl. 1995 II S. 599). Eine Zuzahlung liegt auch vor, wenn mit ihr eine zugunsten des Einbringenden begründete Verbindlichkeit der Gesellschaft getilgt wird (BFH-Urteil vom 8. Dezember 1994, BStBl. 1995 II S. 599).

24.11 Die Veräußerung der Anteile an den Wirtschaftsgütern ist ein Geschäftsvorfall des einzubringenden Betriebs. Der hierbei erzielte Veräußerungserlös wird vor der Einbringung aus dem Betriebsvermögen entnommen. Anschließend wird der Betrieb so eingebracht, wie er sich nach der Entnahme des Veräußerungserlöses darstellt.

Beispiel:

A und B gründen eine OHG, die das Einzelunternehmen des A **zu Buchwerten** fortführen soll. Das Einzelunternehmen hat einen Buchwert von 100 000 DM und einen Teilwert von 300 000 DM. A und B sollen an der OHG zu je 50 v.H. beteiligt sein.

A erhält von B eine Zuzahlung in Höhe von 150 000 DM, die nicht Betriebsvermögen der OHG werden soll.

Die Zahlung der 150 000 DM durch B an A ist die Gegenleistung für den Verkauf von je 1/2 Miteigentumsanteilen an den Wirtschaftsgütern des Einzelunternehmens. Nach Aufnahme dieser Gegenleistung bringt A sein Einzelunternehmen sowohl für eigene Rechnung als auch für Rechnung des B in die OHG ein.

Der bei der Veräußerung der Anteile an den Wirtschaftsgütern erzielte Gewinn ist als laufender, nicht nach §§ 16, 34 EStG begünstigter Gewinn zu versteuern. Die Veräußerung eines Betriebs (§ 16 Abs. 1 Nr. 1 EStG) liegt nicht vor, weil nur Miteigentumsanteile an den Wirtschaftsgütern

---

1)   Hier abgedruckt als Anhang 4-01.

des Betriebs veräußert werden; die Veräußerung eines Mitunternehmeranteils (§ 16 Abs. 1 Nr. 2 EStG) liegt nicht vor, weil eine Mitunternehmerschaft im Zeitpunkt der Veräußerung der Miteigentumsanteile noch nicht bestand, sondern durch den Vorgang erst begründet wurde.

Wird ein bereits bestehender Mitunternehmeranteil eingebracht, so kann der Veräußerungsgewinn dagegen nach § 16 Abs. 1 Nr. 2, § 34 EStG tarifbegünstigt sein (vgl. auch BFH-Urteil vom 8. Dezember 1994, BStBl. 1995 II S. 599).

24.12 Unter Berücksichtigung der Umstände des Einzelfalls kann es geboten sein, nach den vorstehenden Grundsätzen auch dann zu verfahren, wenn die Zuzahlung zunächst Betriebsvermögen der Personengesellschaft wird und erst später entnommen wird. Bei wirtschaftlicher Betrachtungsweise kann sich nämlich ergeben, dass die Zuführung der Zuzahlung zum Betriebsvermögen der Personengesellschaft und die Entnahme der Zuzahlung durch den Einbringenden nach den Vereinbarungen der Parteien den gleichen wirtschaftlichen Gehalt hat wie eine Zuzahlung, die unmittelbar an den Einbringenden erfolgt (so auch BFH-Urteil vom 08.12.1994, BStBl. 1995 II S. 599). Insbesondere wenn der Einbringende im Anschluss an die Einbringung größere Entnahmen tätigen darf und bei der Bemessung seines Gewinnanteils auf seinen ihm dann noch verbleibenden Kapitalanteil abgestellt wird, kann es erforderlich sein, den Zuzahlungsbetrag als unmittelbar in das Privatvermögen des Einbringenden geflossen anzusehen.

2. Einbringung mit Zuzahlung zu Teilwerten

24.12a Für den Fall der Aufnahme eines Gesellschafters in ein bestehendes Einzelunternehmen ist bei einer Einbringung zu Teilwerten – vorbehaltlich der Regelung des § 24 Abs. 3 Satz 3 UmwStG – die Tarifbegünstigung des § 24 Abs. 3 Satz 2 UmwStG i. V. m. §§ 16 Abs. 4, 34 EStG auch insoweit anzuwenden, als eine Zuzahlung in das Privatvermögen des Einbringenden erfolgt (BFH-Urteil vom 21. September 2000 – BStBl. 2001 II S. 178)."

Gewerbesteuerliche Behandlung der Umwandlung einer Kapitalgesellschaft in eine Personengesellschaft bzw. ein Einzelunternehmen (§ 18 Abs. 2 UmwStG)

Verfügung OFD Münster vom 06.11.2001

Aufgrund zahlreicher Anfragen nehme ich zur gewerbesteuerlichen Berücksichtigung von Übernahmeverlusten im Zusammenhang mit der Umwandlung einer Kapitalgesellschaft in eine Personengesellschaft bzw. beim Vermögensübergang einer Körperschaft auf eine natürliche Person wie folgt Stellung:

Rechtslage für Umwandlungen i. S. d. UmwStG 1995 mit einem steuerlichen Übertragungsstichtag vor dem 01.01.1999:

Mit Urteil vom 20.06.2000 – VIII R 5/99 (BStBl. II 2001, 35) hat der BFH entschieden, dass als nicht zu erfassender Übernahmegewinn im Sinne des § 18 Abs. 2 UmwStG in der bis zum 31.12.1998 geltenden Fassung nur ein Gewinn und nicht auch ein Übernahmeverlust zu verstehen sei. Aus diesem Grunde verbiete die Vorschrift bei der Gewerbesteuer auch nicht die Berücksichtigung von Absetzungen für Abnutzung auf die nach § 4 Abs. 6 UmwStG aufgestockten Buchwerte.

Mit der Veröffentlichung des o. g. Urteils im Bundessteuerblatt ist die seitens der Finanzverwaltung in Tz. 18.02 UmwStE zuvor vertretene gegenteilige Auffassung für Vermögensübergänge auf Personengesellschaften oder natürliche Personen sowie Formwechsel auf Personengesellschaften mit einem steuerlichen Übertragungsstichtag vor dem 01.01.1999 überholt (vgl. AO-Kartei NRW vor § 1 Karte 802). Dies gilt insbesondere auch für Umwandlungen, die in 1999 zulässigerweise rückwirkend (§ 2 UmwStG) auf einen vor dem 01.01.1999 liegenden steuerlichen Umwandlungsstichtag vorgenommen wurden.

Die Anerkennung der o. g. BFH-Rechtsprechung durch die Finanzverwaltung hat zur Folge, dass eine einmal zulässigerweise vorgenommene Aufstockung (sog. „step-up") den betroffenen Steuerpflichtigen auch über den 01.01.1999 hinaus erhalten bleibt. D. h. die AfA aufgrund der Buchwertaufstockungen nach § 4 Abs. 6 UmwStG a. F. können auch für gewerbesteuerliche Zwecke bis zur vollständigen Abschreibung bzw. bis zum Ausscheiden der Wirtschaftsgüter aus dem Betriebsvermögen fortgeführt werden.

Rechtslage für Umwandlungen mit einem steuerlichen Übertragungsstichtag nach dem 31.12.1998, aber vor Anwendung des UmwStG i. d. F. des StSenkG:

Ein Übernahmeverlust i. S. d. § 4 Abs. 5 UmwStG ist bei der Gewerbesteuer ebenso wie ein Übernahmegewinn nicht zu berücksichtigen, wenn der steuerliche Umwandlungsstichtag nach dem 31.12.1998 liegt. In diesen Fällen findet eine Aufstockung der Buchwerte nach § 4 Abs. 6 UmwStG für die Gewerbesteuer nicht statt (§ 18 Abs. 2 UmwStG i. d. F. StEntlG 1999/2000/2002). Auf entsprechende Umwandlungsvorgänge ist Tz. 18.02 UmwStE uneingeschränkt anzuwenden.

Um in Folgejahren eine einfachere Aufschlüsselung der Abschreibung in

– den Teil, der bei der Gewerbesteuer in Abzug gebracht werden kann (bisherige Buchwerte der übertragenen Wirtschaftsgüter), und

– die gewerbesteuerlich nicht zu berücksichtigenden Teilbeträge aus einer Aufstockung nach § 4 Abs. 6 UmwStG

vornehmen zu können, erfolgt der „step-up" in den Ergänzungsbilanzen der Mitunternehmer (vgl. auch Tz. 04.33 UmsStE). Die entsprechenden Abschreibungen in diesen Ergänzungsbilanzen bleiben bei der Gewerbesteuer außer Ansatz.

Die Einstellung der Buchwertaufstockungen nach § 4 Abs. 6 UmwStG in eine Nebenrechnung (entsprechend einer Ergänzungsbilanz) erscheint auch in den Fällen der Umwandlung einer Kapitalgesellschaft auf eine natürliche Person sinnvoll, obwohl die Aufstellung von Ergänzungsbilanzen für Einzelunternehmen grundsätzlich nicht vorgesehen ist.

Rechtslage für Umwandlungen i. S. d. UmwStG i. d. F. des StSenkG:

Nach § 18 Abs. 2 i. V. m. § 4 Abs. 6 UmwStG i. d. F. StSenkG bleibt ein Übernahmeverlust auf der Ebene der übernehmenden Personengesellschaft bzw. natürlichen Person bei der Gewerbesteuer – ebenso wie bei der Einkommen-/ Körperschaftsteuer – außer Ansatz.

Dies gilt nach § 27 Abs. 1a UmwStG i. d. F. StSenkG erstmals für die Umwandlungen, bei denen steuerliche Übertragungsstichtag in dem ersten Wirtschaftsjahr der übertragenden Körperschaft liegt, für das KStG i. d. F. des StSenkG erstmals anzuwenden ist. Somit handelt es sich bei einem dem Kalenderjahr entsprechenden Wirtschaftsjahr der übertragenden Körperschaft um Umwandlungen mit einem steuerlichen Übertragungsstichtag nach dem 31.12.2000.

Übergangsregelung:

Wurde eine Umwandlung mit zulässiger Rückwirkung vom ersten Wirtschaftsjahr der Körperschaft, für das das KStG i. d. F. des StSenkG anzuwenden ist, in ein vorangegangenes Wirtschaftsjahr vorgenommen, so gelten die steuerlichen Rechtsfolgen dieser Umwandlung als frühestens zu Beginn des Wirtschaftsjahres bewirkt, für das das KStG i. d. F. des StSenkG anzuwenden ist (§ 27 Abs. 1a Satz 2 UmwStG).

§ 27 Abs. 1a Satz 2 UmwStG ist nach dem BMF-Schreiben vom 17.11.2000 – IV A 2 – S 1910 – 800/00 (BStBl. I 2000, 1521) jedoch auf übereinstimmenden Antrag aller an der Umwandlung Beteiligten (übertragende Körperschaft, übernehmende Personengesellschaft/natürliche Person, beteiligte Gesellschafter) aus Billigkeitsgründen nicht anzuwenden, wenn lediglich die Eintragung im Register in dem ersten Wirtschaftsjahr der übertragenden Körperschaft erfolgt, für das das KStG n. F. erstmals anzuwenden ist. Diese Übergangsregelung betrifft somit – bei einem dem Kalenderjahr entsprechenden Wirtschaftsjahr der übertragenden Körperschaft – die Fälle, in denen die Anmeldung der Umwandlung bereits vor dem 31.12.2000 erfolgte, die Registereintragung hingegen erst in 2001.

Dieser Verfügung wird unter UmwStG Nr. 802 in die EStG-Kartei aufgenommen.

Verschmelzung oder Vermögensübertragung auf eine andere Körperschaft – Übergang des verbleibenden Verlustvortrags

Verfügung OFD München vom 20.09.2002
S 1978 b – 2 – St 424

In § 12 Abs. 3 Satz 2 UmwStG war noch in der geltenden Fassung durch das StSenkG vom 23.10.2000 geregelt, dass die übernehmende Körperschaft unter bestimmten Voraussetzungen auch für einen verbleibenden Verlustabzug in die steuerliche Rechtstellung der übertragenden Körperschaft eintritt.

Durch das Steueränderungsgesetz 2001 (BStBl. I 2002, 4) wurde das Wort „Verlustabzug" durch das Wort „Verlustvortrag" ersetzt. Nach der amtlichen Gesetzesbegründung (BT-Drs. 14/6877) handelt es sich lediglich um eine redaktionelle Anpassung an die bereits zuvor geänderte Ausdruckweise in § 10d EStG.

Da der Gesetzgeber mit dieser Gesetzesänderung offenbar keine materielle Rechtsänderung verknüpfen wollte, bestehen für die Frage, in welchem Veranlagungszeitraum der übergehende Verlust der übertragenden Körperschaft bei der übernehmenden Körperschaft erstmals genutzt werden kann, keine Bedenken dagegen, weiterhin von der Fortgeltung der Tz. 12.16 des BMF-Schreibens (= Umwandlungssteuererlass) vom 25.3.1998 (BStBl. I, 268) auszugehen. Danach ist bei der übernehmenden Körperschaft nach wie vor bereits in dem Veranlagungszeitraum eine Verlustverrechnung möglich, in dem der steuerliche Übertragungsstichtag liegt.

Umwandlung: Rücknahme eines Entstrickungsantrags nach § 21 Abs. 2 Nr. 1 UmwStG

OFD Koblenz vom 13.01.2003
S 1978 A – Nr. 003/03[1]

Nach § 21 Abs. 2 S. 1 Nr. 1 UmwStG findet bei sog. einbringungsgeborenen Anteilen eine Aufdeckung der stillen Reserven statt, wenn der Anteilseigner dies beantragt. Mit Eingang des Antrags bei dem FA wird der Antrag grundsätzlich wirksam, d. h. auf diesen Stichtag gelten die Anteile als veräußert. Der Anteilseigner kann in dem Antrag auch einen zukünftigen Zeitpunkt bestimmen. Eine Rückbeziehung des Antrags auf einen Tag vor dem Eingang des Antrags bei dem FA ist nicht möglich (Rz. 21.08 des Schr. des BMF v. 25.03.1998 – IV B 7 – S 1978 – 21/98 / IV B 2 – S 1909 – 33/98, BStBl. I 1998, 268)[2].

Zu der Frage, ob ein solcher Antrag widerrufen werden kann, wird folgende Auffassung vertreten:

Der Antrag nach § 21 Abs. 2 S. 1 Nr. 1 UmwStG kann nicht widerrufen werden. Der Antrag ist eine empfangsbedürftige Willenserklärung, die grundsätzlich mit ihrem Zugang bei dem FA wirksam wird. Damit treten gem. § 21 Abs. 2 S. 1 Nr. 1 i. V. m. Abs. 1 UmwStG die gleichen Rechtsfolgen ein, als hätte der Anteilseigner die Anteile mit Wirksamkeit des Antrags zum gemeinen Wert veräußert.

Der Antrag nach § 21 Abs. 2 S. 1 Nr. 1 UmwStG ist Tatbestandsmerkmal. Er stellt kein steuerliches Wahlrecht dar, bei dem ein Steuergesetzt für einen bestimmten Tatbestand – ausnahmsweise – mehr als eine Rechtsfolge vorsieht und es dem Steuerpflichtigen überlassen bleibt, sich für eine dieser Rechtsfolgen zu entscheiden, vielmehr verwirklicht erst der Antrag den Sachverhalt, an den das Gesetz die Leistungspflicht knüpft (Gleichstellung der Rechtsfolgen mit denen einer Veräußerung).

Der durch die Antragstellung verwirklichte Sachverhalt (Veräußerung der Anteile zum gemeinen Wert) kann nicht mehr zurückgenommen oder widerrufen werden, da mit der Antragstellung der Anspruch aus dem Steuerschuldverhältnis nach § 38 AO entstanden ist und eine rückwirkende Gestaltung des Sachverhalts mit steuerrechtl. Wirkung gesetzlich nicht vorgesehen ist.

Nur in den Fällen, in denen der Antrag für einen zukünftigen Zeitpunkt gestellt worden ist, der nach dem Eingang des Antrags beim zuständigen FA liegt, kann er noch bis zu dem Zeitpunkt zurückgenommen werden, in dem er wirken soll.

Auch die Grundsätze von Treu und Glauben begründen kein Widerrufsrecht des Steuerpflichtigen.

---

1) Siehe auch OFD Hannover vom 30.01.2007, S 1978c – 37 – St O 243, DB 2007, 830.
2) Vgl. Anhang 4-01.

Körperschaftsteuerlicher Verlustabzug in Fällen der Verschmelzung (§§ 11-13 UmwStG) und der Spaltung von Körperschaften (§§ 15 Abs. 1, 11-13 UmwStG); hier: Verfahrensfragen

Verfügung OFD Koblenz vom 19.02.2003
S 1978 / S 2745 A – St 34 1

Eine im Sachbereich 11 angewiesene Bescheidkennzeichnung für den Körperschaftsteuerbescheid wird nicht automatisch auch für die Feststellung des verbleibenden Verlustvortrags übernommen. Soweit für den Verlustfeststellungsbescheid keine gesonderte Anweisung im Sachbereich 37 erfolgt, wird der verbleibende Verlustvortrag i. S. des § 10d Abs. 4 Satz 2 EStG endgültig festgestellt. Ändert sich (z. B. aufgrund einer durchgeführten Betriebsprüfung) in Verschmelzungs- oder Spaltungsfällen bei der übertragenden Gesellschaft die Höhe des bei ihr zum steuerlichen Übertragungsstichtag festgestellten verbleibenden Verlustvortrags, ist der Verlustfeststellungsbescheid der übernehmenden Körperschaft ebenfalls zu ändern. Soweit der Verlustfeststellungsbescheid der Übernehmerin nicht aufgrund einer gesonderten Anweisung im Sachbereich 37 unter dem Vorbehalt der Nachprüfung ergangen ist, kann die Änderung nicht auf § 164 Abs. 2 AO gestützt werden. Zu der Frage, nach welcher Vorschrift ein endgültiger Verlustfeststellungsbescheid der Übernehmerin zu ändern ist, bitte ich folgende Rechtsauffassung zu vertreten:

Die auf den steuerlichen Übertragungsstichtag durchzuführende Feststellung der Höhe des verbleibenden Verlustvortrags bei der übertragenden Gesellschaft entfaltet kraft ausdrücklicher gesetzlicher Regelung in § 12 Abs. 3 Satz 2 UmwStG grundsätzlich Bindungswirkung i. S. des § 175 Abs. 1 Satz 1 Nr. 1 AO für

– die Körperschaftsteuerveranlagung der übernehmenden Gesellschaft für den Veranlagungszeitraum, in den der steuerliche Übertragungsstichtag fällt, hinsichtlich der Berücksichtigung eines etwaigen Verlustausgleichsbetrages

und darüber hinaus

– für die Feststellung des verbleibenden Verlustvortrags (nach Durchführung des Verlustausgleichs) bei der übernehmenden Gesellschaft nach § 10d Abs. 4 Satz 1 EStG.

Aufgrund der erstmaligen Feststellung oder der Änderung der Feststellung des verbleibenden Verlustvortrags bei der übertragenden Körperschaft ist demnach eine korrespondierende Änderung des Körperschaftsteuerbescheides oder – soweit ein Verlustausgleich im Übertragungsjahr nicht in vollem Umgang möglich ist – des Verlustfeststellungsbescheids bei der übernehmenden Gesellschaft nach § 175 Abs. 1 Satz 1 Nr. 1 AO erforderlich.

Die Festsetzungsfrist für den Körperschaftsteuer- bzw. Verlustfeststellungsbescheid der übernehmenden Körperschaft endet gemäß § 171 Abs. 10 AO nicht vor Ablauf von zwei Jahren nach Bekanntgabe des (geänderten) Verlustfeststellungsbescheids der übertragenden Körperschaft. Soweit die betroffenen Gesellschaften ausnahmsweise nicht in dem selben Veranlagungsbezirk geführt werden, bitte ich, den Veranlagungsbezirk der übernehmenden Gesellschaft möglichst zeitnah über die Änderung des Verlustfeststellungsbescheids der übertragenen Körperschaft zu informieren.

Klarstellend weise ich darauf hin, dass die Bindungswirkung des Verlustfeststellungsbescheids der übertragenden Körperschaft nur hinsichtlich der Höhe des übernommenen Verlusts besteht. Die Frage, ob der übernommene Verlust bei der übernehmenden Gesellschaft steuerlich genutzt werden kann, richtet sich nach § 12 Abs. 3 Satz 2 UmwStG. Danach geht bei Umwandlungsvorgängen, deren Eintragung in das Handelsregister nach dem 05.08.1997 beantragt wird, ein Verlust der übertragenden Körperschaft auf die Übernehmerin über, wenn der Betrieb oder Betriebsteil, der den Verlust verursacht hat, über den Verschmelzungsstichtag hinaus in einem nach dem Gesamtbild der Verhältnisse vergleichbaren Umfang in den folgenden fünf Jahren fortgeführt wird. Wegen der Anwendung des § 12 Abs. 3 Satz 2 UmwStG vgl. auch das BMF-Schreiben vom 16.04.1999.

Steuerliche Rückwirkung bei der Vereinigung von Sparkassen – Anwendung des § 2 UmwStG

Verfügung OFD Frankfurt/M. vom 24.02.2003
S 1978 A – 19 – St II 11, DB 2003 S. 637

Rdn. 11.23 des BMF-Schreibens vom 25.03.1998 (BStBl. I 1998 S. 268)[1] enthält aus Billigkeitsgründen eine Sonderregelung für die Vereinigung öffentlich-rechtlicher Kreditinstitute oder öffentlich-rechtlicher Versicherungsunternehmen. Danach sind die §§ 11 und 12 UmwStG auf diese Vereinigungen entsprechend anzuwenden, wenn sie durch landesrechtliche Vorschriften im Weg der Gesamtrechtsnachfolge vorgesehen sind und einer Verschmelzung i. S. des UmwStG entsprechen. Damit wird auch öffentlich-rechtlichen Kreditinstituten und öffentlich-rechtlichen Versicherungsunternehmen eine Verschmelzung zu Buchwerten und ggf. eine Verlustübertragung ermöglicht.

Darüber hinaus findet § 2 UmwStG auf die Vereinigung von Sparkassen Anwendung, wenn in dem entsprechenden Landesgesetz eine Regelung zur Rückwirkung in Anlehnung an § 17 Abs. 2 UmwG getroffen wurde. Nach dem Hessischen Sparkassengesetz ist eine derartige Rückwirkung jedoch nicht vorgesehen.

---

1) Vgl. Anhang 4-01.

Einzelfragen zu § 7 GewStG und § 18 Abs. 4 UmwStG

Verfügung OFD Koblenz vom 27.12.2004
G 1421 A – St 3 – 079/04, DB 2005 S. 78

Die KSt- und GewSt-Referatsleiter von Bund und Ländern haben Einzelfragen zu der Anwendung des § 18 Abs. 4 UmwStG bzw. des § 7 GewStG erörtert. Nach dem Ergebnis der Erörterungen gilt Folgendes:

1. Veräußerung von durch Einbringung von Mitunternehmeranteilen entstandenen einbringungsgeborenen Anteilen durch eine Kapitalgesellschaft (§ 7 GewStG)

Die Veräußerung eines Mitunternehmeranteils durch eine Kapitalgesellschaft war *bis zum Erhebungszeitraum 2001 nicht* gewerbesteuerpflichtig. Wurden Mitunternehmeranteile nach § 20 UmwStG zu Buch- oder Zwischenwerten an eine andere Kapitalgesellschaft eingebracht, konnte die einbringende Kapitalgesellschaft die als Gegenleistung für die Einbringung gewährten sog. einbringungsgeborenen Anteile ebenfalls gewerbesteuerfrei veräußern (R 40 Abs. 2 Satz 7 GewStR 1998 i. V. m. Tz. 21.13 des BMF-Schrb. v. 25.3.1998, IV B 7 – S 1978 – 21/98/IV B 2 – S 1909 – 33/98, BStBl. I 1998, 268).

Ab dem Erhebungszeitraum 2002 ist die Veräußerung eines Mitunternehmeranteils durch eine Kapitalgesellschaft nach § 7 Satz 2 Nr. 2 GewStG gewerbesteuerpflichtig. Entsprechend unterliegt die Veräußerung von einbringungsgeborenen Anteilen durch eine Kapitalgesellschaft, die durch die Einbringung eines Mitunternehmeranteils entstanden sind, dann der Gewerbesteuer, wenn der für die Einbringung erforderliche Rechtsakt (nicht der steuerliche Übertragungsstichtag) *nach dem 31.12.2001* wirksam geworden ist.

2. Anwendung des § 18 Abs. 4 UmwStG und des § 7 Satz 2 Nr. 2 GewStG bei doppelstöckigen Personengesellschaften

Sind bei einer doppelstöckigen Personengesellschaft die Anteile an der *Unter*gesellschaft durch eine Umwandlung nach den §§ 3-10, 14 bzw. 16 UmwStG entstanden und werden die Anteile an der *Ober*gesellschaft veräußert, ist auf die Veräußerung der Anteile an der Obergesellschaft § 18 Abs. 4 UmwStG *nicht* anwendbar.

Sind bei einer doppelstöckigen Personengesellschaft Gesellschafter der Obergesellschaft unmittelbar natürliche Personen und werden die Anteile an der *Ober*gesellschaft veräußert, unterliegt der dadurch entstehende Gewinn nicht der GewSt nach § 7 Satz 2 Nr. 2 GewStG.

3. Steuerschuldnerschaft, Gewährung des Freibetrags und des Staffeltarifs in Fällen des § 18 Abs. 4 UmwStG

Schuldner der GewSt nach § 18 Abs. 4 UmwStG ist *die* (aus der Umwandlung entstandene) *Personengesellschaft* (§ 5 Abs. 1 Satz 3 GewStG). Das gilt auch in den Fällen, in denen ein Anteil an der (umgewandelten) Personengesellschaft veräußert wird, d. h. die GewSt entsteht auf der Ebene der Personengesellschaft und nicht auf der Ebene des veräußernden Mitunternehmers.

Für den Veräußerungsgewinn sind *der Freibetrag und der Staffeltarif* zu gewähren.

Doppelumwandlungsmodell – Behandlung der Sperrbeträge nach § 50c Abs. 1 und 7 i. V. m. Abs. 4 EStG

Verfügung OFD Frankfurt/M. vom 15.06.2004
S 1978 A – 30 – St II 2.02

Dem Doppelumwandlungsmodell liegt folgender Sachverhalt zu Grunde:

Ein zur Körperschaftsteueranrechnung Berechtigter (Steuerinländer – V-GmbH) erwirbt Anteile an einer inländischen Kapitalgesellschaft (L-GmbH) von einem Steuerausländer. Dadurch entsteht ein Sperrbetrag i. S. von § 50c Abs. 1 i. V. m. Abs. 4 EStG. Im Anschluss daran wird die L-GmbH gemäß § 14 UmwStG i. V. m. §§ 3 ff. UmwStG a. F. formwechselnd in eine Personengesellschaft (GmbH & Co. KG) umgewandelt.

Dabei ergibt sich auf der 1. Stufe (Buchwert der Wirtschaftsgüter abzüglich Buchwert der Anteile an der L-GmbH) ein Übernahmeverlust. Dieser Übernahmeverlust wird durch die Hinzurechnung des Körperschaftsteuerguthabens gemäß § 4 Abs. 5 i. V. m. § 10 UmwStG und des Sperrbetrags nach § 50c Abs. 1 i. V. m. Abs. 4 EStG vollständig ausgeglichen, so dass es zu keiner Aufstockung der Buchwerte gemäß § 4 Abs. 6 UmwStG a. F. kommt. Der Sperrbetrag wurde vollständig verbraucht.

Anschließend wird die V-GmbH ebenfalls formwechselnd gemäß § 14 UmwStG i. V. m. §§ 3 ff. UmwStG a. F. in eine Personengesellschaft umgewandelt. Auf der ersten Stufe ergibt sich ebenfalls ein Übernahmeverlust. Dieser Übernahmeverlust wird durch Hinzurechnung des Körperschaftsteuerguthabens zwar gemindert, aber nicht ausgeglichen. Nun stellt sich die Frage, ob ein weiterer Sperrbetrag nach § 50c Abs. 7 i. V. m. Abs. 4 EStG zur Anwendung kommt. Wenn nicht, käme es zu einer Aufstockung der Buchwerte auf die Teilwerte gemäß § 4 Abs. 6 UmwStG a. F., so dass Abschreibungspotenzial geschaffen würde.

Die Hinzurechnung des Sperrbetrags bei der Umwandlung der V-GmbH (2. Umwandlung) ist umstritten, weil es hier zu einer doppelten Hinzurechnung eines Sperrbetrags käme, der auf ein und demselben Vorgang, nämlich dem Erwerb der Anteile an der L-GmbH von einem nicht zur Anrechnung von Körperschaftsteuer Berechtigten durch die V-GmbH, beruhen würde. Der Wortlaut des § 50c Abs. 7 EStG wird in der Literatur für nicht ausreichend erachtet, den Wegfall eines Sperrbetrags i. S. des § 50c EStG bei einem up-stream-merger (Fall des § 13 Abs. 4 UmwStG) oder bei einem Doppelumwandlungsfall zu verhindern. Für den Fall des up-stream-merger hat der Gesetzgeber ab dem Veranlagungszeitraum 1999 in § 13 Abs. 4 UmwStG ausdrücklich geregelt, dass § 50c Abs. 7 EStG Anwendung findet. Daraus wird in der Literatur geschlossen, dass der Gesetzgeber den Wortlaut des § 50c Abs. 7 EStG ebenfalls für nicht ausreichend erachtet hat, den Wegfall eines Sperrbetrages i. S. des § 50c EStG als Folge eines up-stream-merger zu verhindern. An einer eigenständigen Regelung für die Anwendung des § 50c Abs. 7 EStG beim Doppelumwandlungsfall fehlt es.

Derzeit ist noch unklar, ob und ggf. von welchem Bundesland ein Rechtsstreit zur Rechtmäßigkeit des Modells geführt werden soll. Es wird daher gebeten, das Modell zunächst nicht anzuerkennen und entsprechende Fälle offenzuhalten.

Verlustübergang nach § 12 Abs. 3 UmwStG;
BFH-Urteil vom 31. Mai 2005 – I R 68/03 – (BStBl. II 2006 S. 380) [1]

BMF-Schreiben vom 07.04.2006
IV B 7 – S 1978b – 1/06
(BStBl. 2006 I S. 344)

In dem Urteil vom 31. Mai 2005 – 1 R 68/03 – (BStBl. II 2006 S. 380) hat der BFH im Zusammenhang mit der Ermittlung der Bezugsgröße für die Berechnung der Anrechnungshöchstbeträge nach § 26 Abs. 6 Satz 1 KStG 1991 i. V. m. § 34c Abs. 1 Satz 2 EStG 1990 entschieden, dass bei der Verschmelzung von Körperschaften ein im Übertragungsjahr bei der übertragenden Körperschaft eingetretener laufender Verlust mit Gewinnen der übernehmenden Körperschaft des Übertragungsjahrs verrechnet werden kann, sofern die Voraussetzungen des § 12 Abs. 3 Satz 2 UmwStG 1995 erfüllt sind. Der Verlust der übertragenden Körperschaft sei aus dem Übertragungsjahr sei nicht Bestandteil des nach § 12 Abs. 3 Satz 2 UmwStG 1995 verbleibenden Verlustabzugs i.S. des § 10d Abs. 3 Satz 2 EStG 1990.

Nach dem Ergebnis einer Erörterung mit den obersten Finanzbehörden der Länder sind die Grundsätze des BFH-Urteils insbesondere aus den nachfolgenden Gründen über den entschiedenen Einzelfall hinaus nicht anzuwenden.

– Die Folgerungen des BFH, bei der Verschmelzung von Körperschaften könne ein im Übertragungsjahr bei der übertragenden Körperschaft eingetretener (laufender) Verlust mit Gewinnen der übernehmenden Körperschaft des Übertragungsjahrs im Wege des horizontalen Verlustausgleichs als „eigene Verluste" verrechnet werden, kann nicht aus den Regelungen des § 2 und des § 12 Abs. 3 Satz 2 UmwStG 1995 hergeleitet werden.

　Die in § 12 Abs. 3 Satz 2 UmwStG 1995 zitierte Vorschrift des § 10d Abs. 3 Satz 2 EStG 1990 erfasst ausdrücklich nur den Verlustvortrag. Der Verlustausgleich ist darin nicht enthalten.

– Ein Anspruch der Übernehmerin auf den laufenden Verlust der Übertragerin kann auch nicht auf § 45 Abs. 1 Satz 1 AO und ihre Eigenschaft als Rechtsnachfolgerin gestützt werden. Die Norm regelt nicht die materiell-rechtlichen Voraussetzungen zur Entstehung von Forderungen und Schulden aus dem Steuerschuldverhältnis, sondern lediglich den Übergang solcher Ansprüche auf den Rechtsnachfolger. Der Abzug von Verlusten des Rechtsvorgängers gehört nicht zu diesen Ansprüchen.

– Das Urteil steht im Widerspruch zu anderen BFH-Urteilen. In den Urteilen I R 38/01 vom 29. Januar 2003 (BFH/NV 2004 S. 305) und ebenfalls I R 38/01 vom 5. Juni 2003 (BStBl. II S. 822) hat der BFH entschieden, dass nach der Verschmelzung einer GmbH auf eine andere Gesellschaft diejenigen Besteuerungsgrundlagen, die die übertragende GmbH in der Zeit vor der Verschmelzung verwirklicht hat, weiterhin dieser Gesellschaft zuzurechnen sind. Sie sind in den Steuerbescheiden und Feststellungsbescheiden zu berücksichtigen, die an die übernehmende Gesellschaft als Rechtsnachfolgerin der übertragenden Gesellschaft zu richten sind.

---

[1] Ausweislich des Urteils vom 29.11.2006 I R 16/05, DB 2007, 664 folgt der BFH jetzt doch der Finanzverwaltung.

Bewertungswahlrecht bei der formwechselnden Umwandlung nach § 25 UmwStG; Anwendung des BFH-Urteils vom 19. Oktober 2005 – I R 38/04 – [1)]

BMF-Schreiben vom 04.07.2006
IV B 2 – S 1909 – 12/06
(BStBl. 2006 I S. 445)

In dem BFH-Urteil vom 19. Oktober 2005 – I R 38/04 – (BStBl. II S. 568) wird über eine formwechselnde Umwandlung einer Personengesellschaft (KG) in eine GmbH entschieden. Handelsrechtlich beschränkt sich der Formwechsel nur auf eine Änderung der Rechtsform des Unternehmensträgers unter Wahrung der rechtlichen Identität, sodass handelsrechtlich beim Formwechsel zwingend die Buchwerte fortzuführen sind. Abweichend von der handelsrechtlichen Betrachtung wird der Vorgang steuerrechtlich wie eine Einbringung des Betriebsvermögens einer Personengesellschaft in eine Kapitalgesellschaft behandelt (§ 25 i. V. m. § 20 UmwStG). Bei derartigen Einbringungsvorgängen hat die aufnehmende Kapitalgesellschaft das Wahlrecht, das übernommene Betriebsvermögen mit dem Buchwert, dem Teilwert oder einem Zwischenwert anzusetzen (§ 20 Abs. 2 UmwStG). Da für den Formwechsel gemäß § 25 UmwStG die Regeln über die Einbringung entsprechend anzuwenden sind, gilt dieses Wahlrecht auch für den Formwechsel. Dies hat der BFH in seinem Urteil vom 19. Oktober 2005 – I R 38/04 – aus dem Wortlaut und auch aus der amtlichen Begründung des Regierungsentwurfs zu § 25 UmwStG (BT-Drucks. 12/6885, § 25 UmwStG, S. 26) abgeleitet.

Die Finanzverwaltung hat demgegenüber in Tz. 20.30 des BMF-Schreibens vom 25. März 1998 – BStBl. I S. 268 (sog. Umwandlungssteuer-Erlass)[2)] die Auffassung vertreten, dass infolge des Grundsatzes der Maßgeblichkeit der Handelsbilanz für die Steuerbilanz nach § 5 Abs. 1 Satz 2 EStG in den Fällen des Formwechsels von einer Personengesellschaft in eine Kapitalgesellschaft auch steuerlich zwingend die Buchwerte fortzuführen sind. Unter Bezugnahme auf das Ergebnis der Erörterung mit den obersten Finanzbehörden der Länder nehme ich zur Anwendung des BFH-Urteils vom 19. Oktober 2005 – I R 38/04 – (BStBl. II S. 568) wie folgt Stellung:

Die Grundsätze des genannten BFH-Urteils sind in allen noch offenen Fällen anzuwenden. Tz. 20.30 des BMF-Schreibens vom 25. März 1998 (BStBl. I S. 268) ist damit überholt.

---

1) Zunächst noch keine Anordnung für das Bewertungswahlrecht nach § 3, § 11 UmsStG laut Vfg OFD Münster vom 28.8.2006, Kurzinfo ESt 18/06, DB 2006, 1928.

2) Hier abgedruckt als Anhang 4-01.

Rückwirkende Begründung eines Organschaftsverhältnisses bei formwechselnder Umwandlung einer GmbH & Co. KG in eine GmbH – Anwendung des BFH-Urteils vom 17. 9.2003, I R 55/02

Verfügung OFG-Frankfurt/M. vom 21.11.2005
S 1978 A – 19 – St II 1.02, DStR 2006 S. 41

Ergänzend zu dem BMF-Schreiben vom 24. 5. 2004 (IV A 2 – S 2770 – 15/04) führt die OFD Frankfurt/M. aus:

Nach dem Ergebnis der Erörterungen der obersten Finanzbehörden des Bundes und der Länder ist eine rückwirkende Organschaftsbegründung auch in folgendem *Fall des § 20 UmwStG bei Schwestergesellschaften* nicht möglich:

Eine Muttergesellschaft ist alleinige Anteilseignerin der Tochtergesellschaften T1- und T2-GmbH. Bei allen drei Gesellschaften entspricht das Wirtschaftsjahr dem Kalenderjahr. Die Anteile der T2-GmbH werden im Laufe eines Wirtschaftsjahres nach § 20 Abs. 1 Satz 2 UmwStG in die Schwestergesellschaft T1-GmbH eingebracht. Die Organschaft zwischen der T1-GmbH als Organträgerin und der T2-GmbH als Organgesellschaft soll rückwirkend ab 1.1. des Jahres der Einbringung gelten.

Das Tatbestandsmerkmal der finanziellen Eingliederung kann nicht zurückbezogen werden (s. o.). Dies bedeutet, dass die Eingliederungsvoraussetzungen im Verhältnis der T2-GmbH zur T1-GmbH nicht während des gesamten Wirtschaftsjahres tatsächlich vorlagen. Eine rückwirkende Organschaft zwischen der T1-und der T2-GmbH kann somit nicht begründet werden.

Abwärtsverschmelzung (Down-Stream-Merger) zur Auskehrung von Liquidität und gleichzeitiger Vermeidung der Nachversteuerung des EK 02

Verfügung OFD Koblenz vom 09.01.2006[1]
S 1978 A – St 33 2

In letzter Zeit wurde ein Gestaltungsmodell bekannt, mit dem die Nachversteuerung des EK 02 trotz Auskehrung der Liquidität vor Ablauf des Übergangszeitraums (2019) vermieden werden soll.

Dem Modell liegt folgender Sachverhalt zugrunde:

Durch Abwärtsverschmelzung einer Mutter-Gesellschaft (M) auf ihre Tochter-Gesellschaft (T; insbesondere Wohnungsunternehmen mit EK 02) wird in dem Modell erreicht, dass eine Verbindlichkeit der M gegenüber ihrem Anteilseigner auf die T übergeht. Bisher hätte die M die Verbindlichkeiten gegenüber ihrem Anteilseigner nur aus einer Ausschüttung der T tilgen können. Die Ausschüttung hätte bei der T eine Nachversteuerung von EK 02 ausgelöst. Durch die Abwärtsverschmelzung gelangt die Verbindlichkeit unmittelbar zur liquiden T. Statt einer Ausschüttung der T an die M und der Darlehenstilgung durch die M tilgt nun die T selbst das auf sie übergegangene Darlehen. Eine Ausschüttung, die zur Nachversteuerung des EK 02 führen würde, wird vermieden. Derselbe Effekt wird erreicht, wenn die T eigene Anteile (bis zu 99 v.H.) von der M gegen Entgelt erwirbt. Bei dieser Gestaltungsvariante geht die Verbindlichkeit nicht tatsächlich, wohl aber wirtschaftlich auf die T über. Die Tilgung erfolgt aus dem Entgelt, das die T für die erhaltenen Anteile an die M gezahlt hat. Auch hier ist eine Ausschüttung nicht erforderlich.

Bei der Beurteilung dieser oder vergleichbarer Fälle bitte ich folgende Auffassung zu vertreten: Die steuerliche Behandlung der Abwärtsverschmelzung (Down-Stream-Merger) ist gesetzlich nicht geregelt. Lediglich im Wege der Billigkeit (Tz. 11.24 UmwStErlass, BMF v. 25.3.1998 – IV B 7 – S 1978 – 21/98/IV B 2 – S 1909 – 33/98, BStBl. I 1998, 268)[2] können auf Antrag die Grundsätze der Aufwärtsverschmelzung angewendet werden. Diese Billigkeitsregelung darf jedoch nicht dazu führen, dass ungerechtfertigte Steuervorteile erzielt werden.

Da die Beteiligung der M an der T durch die Abwärtsverschmelzung wegfällt, erhält die T für die Schuldübernahme keine Gegenleistung. Die Übernahme der Verbindlichkeit der M durch die T ist somit gesellschaftsrechtlich veranlasst; sie stellt insoweit eine verdeckte Gewinnausschüttung dar, wie sie bei der Übernehmerin T infolge der Verschmelzung zu einer unzulässigen Unterdeckung des Stammkapitals, insbesondere nach §§ 30, 31 GmbHG, führt. Die Übertragung des negativen Vermögens der M auf die T stellt insoweit eine Auszahlung i.S.d. § 30 Abs. 1 GmbHG an die Gesellschafter der untergehenden M dar.

---

1) Vgl. auch Verfügung der OFD Hannover v. 5.1.2007, DB 2007, 428.

2) Hier abgedruckt als Anlage 4-01.

Einbringung eines Betriebs, Teilbetriebs oder Mitunternehmeranteils in eine Personengesellschaft; Bilanzierungspflicht aufgrund der Anwendung des § 24 UmwStG bei Steuerpflichtigen, die ihren Gewinn nach § 4 Abs. 3 EStG ermitteln

Verfügung OFD Frankfurt/M. vom 16.01.2006
S 1978 d A – 4 – St II 2.02

Es ist die Frage gestellt worden, ob bei Steuerpflichtigen, die ihren Gewinn nach § 4 Abs. 3 EStG ermitteln und ihn auch nach dem Zusammenschluss im Wege der Einbringung in eine Personengesellschaft weiter nach § 4 Abs. 3 EStG ermitteln wollen, auf die Aufstellung einer Einbringungsbilanz verzichtet werden kann.

Nach bundeseinheitlich abgestimmter Auffassung gilt hierzu Folgendes:

Die Einbringung stellt eine Sonderform der Veräußerung dar, für die das UmwStG bei Einbringung von Sachgesamtheiten unterschiedliche Wertansätze zulässt. Die alten Gesellschafter bringen ihre Mitunternehmeranteile in eine neue Mitunternehmerschaft ein und haben somit ihr Betriebsvermögen auf den Einbringungszeitpunkt in Anwendung der §§ 4 Abs. 1, 5 Abs. 1 EStG zu bewerten. Im Fall der Gewinnermittlung nach § 4 Abs. 3 EStG muss deshalb der Einbringungsgewinn auf der Grundlage einer Einbringungsbilanz des Einbringenden und einer Eröffnungsbilanz der aufnehmenden Gesellschaft ermittelt werden (s.a. Beschluss des Großen Senats des BFH vom 10.10.1999, BStBl. II 2000, 123, EStH 16 Abs. 7).

Daher ist in derartigen Fällen auf den Einbringungszeitpunkt von der Gewinnermittlung nach § 4 Abs. 3 EStG unter Beachtung der in R 17 EStR und Anlage 1 niedergelegten Grundsätze zum Bestandsvergleich überzugehen. Ein dabei entstehender Übergangsgewinn ist als laufender Gewinn zu behandeln und nach dem bisherigen Gewinnverteilungsschlüssel zu verteilen.

Eine Billigkeitsregelung nach R 17 Abs. 1 Satz 4 EStR kommt für den Übergangsgewinn nicht in Betracht, da eine Einbringung nach § 24 UmwStG dem Grunde nach die Beendigung des bisherigen Betriebs bedeutet (R 17 Abs. 1 Satz 5 EStR).

Die spätere Rückkehr zur Gewinnermittlung nach § 4 Abs. 3 EStG wird im Allgemeinen als nicht willkürlich zu erachten sein. Ein dabei entstandener Übergangsverlust ist nach dem neuen Gewinnverteilungsschlüssel zu verteilen.

Von einem Übergang zum Bestandsvergleich kann auch nicht im Hinblick darauf abgesehen werden, dass sich die bei dem zweimaligen Wechsel der Gewinnermittlungsart ergebenden Übergangsgewinne bzw. Übergangsverluste regelmäßig rechnerisch aufheben. Denn zur steuerlich zutreffenden Verteilung des Übergangsgewinns und des Übergangsverlustes einerseits sowie der Anteile der Gesellschafter am laufenden Gewinn vor und nach der Einbringung andererseits ist die Erstellung einer Bilanz auf den Einbringungszeitpunkt unerlässlich. Dies gilt unabhängig davon, ob durch Gewinnverteilungsabreden sichergestellt wird, dass neu eintretenden Gesellschaftern die Erträge aus Altforderungen nicht zufließen und ob die Einbringung zu Buch-, Teil- oder Zwischenwerten erfolgen soll, zumal der gewählte Wertansatz im Allgemeinen ohnehin nur anhand einer entsprechenden Einbringungsbilanz nachvollzogen werden kann.

Darüber hinaus kann auch nur durch Bilanzierung sichergestellt werden, dass die zum Zeitpunkt der Einbringung offenen Forderungen vollständig erfasst und zutreffend verteilt werden.

Um den Einbringungsvorgang zutreffend beurteilen und die vorstehend erläuternden Konsequenzen ziehen zu können, ist es zwingend erforderlich, die zu Grunde liegenden Vertragsunterlagen anzufordern und auszuwerten.

Das BFH-Urteil vom 13.9.2001 (BStBl. II 2002, 287), in welchem der BFH anlässlich einer anderen Streitfrage nicht von einer Buchführungspflicht bei Einbringung zu Buchwerten ausgeht, wird von den Referatsleitern hinsichtlich der hier zur Diskussion stehenden Frage nicht für anwendbar gehalten, da der BFH in mehreren anderen Urteilen, in denen originär die Frage der Buchführungspflicht in Einbringungsfällen entschieden wurde, eine solche auch bei Einbringung zu Buchwerten ausdrücklich bejaht hat (Urteil vom 5.4.1984, BStBl. II 1984, 518 und Urteil vom 26.5.1994, BStBl. II 1994, 891).

Einbringung nach §§ 20 und 24 UmwStG durch Übertragung wirtschaftlichen Eigentums

Verfügung Bayer. Landesamt für Steuern vom 06.03.2006
S 1978c – 6 – St 32 / St 33, FR 2006 S. 391

Nach dem Ergebnis der Sitzung ESt VII/05, TOP 8 reicht es im Rahmen der Anwendung des § 20 UmwStG für die Übertragung von Wirtschaftsgütern auf die aufnehmende Kapitalgesellschaft aus, dass dieser das wirtschaftliche Eigentum an den Wirtschaftsgütern verschafft wird. Die Übertragung auch des zivilrechtlichen Eigentums ist nicht zwingend notwendig.

Es gelten die allgemeinen bilanzsteuerrechtlichen Grundsätze. Ist mindestens die Voraussetzung des Vorliegens wirtschaftlichen Eigentums bei der aufnehmenden Kapitalgesellschaft erfüllt, sind die übertragenen Wirtschaftsgüter bei dieser zu bilanzieren. Damit ist dem steuerlichen Erfordernis der Übertragung der Wirtschaftsgüter auf den übernehmenden Rechtsträger Rechnung getragen.

Wann vom Vorliegen wirtschaftlichen Eigentums auszugehen ist, ist im jeweiligen Einzelfall nach den allgemeinen für die Annahme wirtschaftlichen Eigentums (§ 39 Abs. 2 Nr. 1 AO) geltenden Grundsätzen zu entscheiden.

Diese Grundsätze gelten gleichermaßen in Fällen der Einbringung von Wirtschaftsgütern in eine Personengesellschaft im Rahmen des § 24 UmwStG.

Bedeutung des Maßgeblichkeitsgrundsatzes in Umwandlungsfällen; Anwendung des BFH-Urteils vom 19.10.2005 (BStBl. II 2006, 568)

OFD Rheinland
Kurzinformation Einkommensteuer vom 15.01.2007 (DB 2007, 491)

Mit Urteil vom 19.10.2005 (BStBl. II 2006, 568) hat der BFH entschieden, dass in Fällen des Formwechsels einer Personengesellschaft in eine Kapitalgesellschaft(§ 25 UmwStG) die Kapitalgesellschaft das übergehende Betriebsvermögen mit seinem Buchwert oder mit einem höheren Wert ansetzen darf (§§ 25 Satz 1 i.V.m. 20 Abs. 2 Satz 1 UmwStG 1995). Nach dem BMF-Schreiben vom 04.07.2006 (BStBl. I 2006, 445) soll das Urteil in allen offenen Fällen angewandt werden.

Im Anschluss hieran ist die Frage aufgekommen, ob die Grundsätze des Urteils auch in Fällen der formwechselnden Umwandlung (bzw. Verschmelzung) einer Kapitalgesellschaft in (bzw. auf) eine Personengesellschaft (§ 3 ff UmwStG 1995) bzw. bei der Verschmelzung von Kapitalgesellschaften (§ 11 ff UmwStG 1995) anzuwenden sind. Nach der Auffassung der Finanzverwaltung ist das im Gesetz vorgesehene Bewertungswahlrecht durch die Maßgeblichkeit der Handelsbilanz für die Steuerbilanz (§ 5 Abs. 1 EStG) eingeschränkt (Rz. 03.01, 11.01 u. 14.01-03 des BMF-Schreibens vom 28.3.1998, BStBl. I 1008, 268). An dieser Rechtsauffassung hält die Finanzverwaltung weiterhin fest.

Inzwischen ist beim BFH unter dem Az. I R 97/06[1] ein Verfahren anhängig, in dem es um die Frage geht, ob der Maßgeblichkeitsgrundsatz bei der Verschmelzung zweier Kapitalgesellschaften die übertragende Kapitalgesellschaft daran hindert, einen über dem Buchwert liegenden Wert anzusetzen (§ 11 Abs. 1 Satz 2 UmwStG a.F.). Anhängige Verfahren ruhen daher gemäß § 363 Abs. 2 Satz 2 AO.

Ergänzender Hinweis:

Bei Umwandlungen, die nach Maßgabe des neuen UmwStG erfolgen (siehe das am 12.12.2006 verkündete SEStEG), ist der Maßgeblichkeitsgrundsatz nicht mehr einschlägig.

---

1) Der BFH hat das Revisionsverfahren mit Urteil vom 05.06.2007 (BFH/NV 2007 S. 2220) entschieden. Danach darf die übertragende Kapitalgesellschaft im Falle einer Verschmelzung das übergehende Betriebsvermögen entgegen der Auffassung der Finanzverwaltung mit seinem Buchwert oder mit einem höheren Wert ansetzen.

Einbringung eines Betriebs, Teilbetriebs oder Mitunternehmeranteils in eine Personengesellschaft nach § 24 UmwStG - Bilanzierungspflicht bei Steuerpflichtigen, die ihren Gewinn nach § 4 Abs. 3 EStG ermitteln

Verfügung OFD Hannover vom 25.1.2005
S 1978d – 10 – StO 243, DStR 2007 S. 1037

Fraglich ist, ob bei einer Einbringung in eine Personengesellschaft nach § 24 UmwStG der Einbringende auf den Einbringungszeitpunkt zwingend zur Gewinnermittlung nach § 4 Abs. 1 EStG übergehen muss, wenn sowohl der Einbringende als auch die übernehmende Gesellschaft den Gewinn nach § 4 Abs. 3 EStG ermitteln.

Nach dem Ergebnis der Besprechungen auf Bund-/Länder-Ebene besteht eine Bilanzierungspflicht, so dass bei Einbringungen nach § 24 UmwStG auf den Einbringungszeitpunkt eine Einbringungsbilanz für den Einbringenden und eine Eröffnungsbilanz der übernehmenden Personengesellschaft aufzustellen sind. Dies ergibt sich auch aus den BFH-Urteilen vom 5.04.1984, BStBl. II 1984 S. 518, und vom 26.05.1994, BStBl. II 1994 S. 891, sowie vom 10.10.1999, BStBl. II 2000 S. 123.

Der Übergang von der Gewinnermittlung nach § 4 Abs. 3 EStG zur Gewinnermittlung nach § 4 Abs. 1 EStG hat die Ermittlung eines Übergangsgewinns zur Folge. Entsprechendes gilt für die übernehmende Personengesellschaft bei dem Übergang von der Gewinnermittlung nach § 4 Abs. 1 EStG zur Gewinnermittlung nach § 4 Abs. 3 EStG. Die spätere Rückkehr zur Gewinnermittlung nach § 4 Abs. 3 EStG wird im Allgemeinen nicht als willkürlich zu erachten sein.

Auf die Ermittlung eines Übergangsgewinns bzw. die Aufstellung von Einbringungsbilanzen kann auch nicht im Fall der späteren Rückkehr der aufnehmenden Personengesellschaft zur Gewinnermittlung nach § 4 Abs. 3 EStG verzichtet werden. Durch die Aufstellung der Bilanz wird der gewählte Wertansatz verbindlich festgelegt, die korrekte Ermittlung des Einbringungsgewinns/-verlustes gewährleistet, die Besteuerung offener Forderungen sichergestellt sowie der Umfang des übertragenen und ggf. zurückbehaltenen Betriebsvermögens und etwaiger gewährter Gegenleistungen in Form von Darlehen erkennbar. Im Übrigen sind die Übergangsgewinne vor und nach der Einbringung zumeist nach verschiedenen Gewinnverteilungsschlüsseln zu verteilen.

Ergänzend weise ich darauf hin, dass der Übergangsgewinn als laufender Gewinn zu versteuern ist. Die Verteilung des Übergangsgewinns (Billigkeitsregelung) auf mehrere Jahre ist ausgeschlossen, da es sich bei einer Einbringung dem Grunde nach um eine Veräußerung i. S. d. § 16 EStG handelt, vgl. EStR 2005 R 4.6 Abs. 1 S. 4, 5. Das gilt auch dann, wenn die Buchwerte angesetzt werden. Im Übrigen ist eine Verteilung des Übergangsgewinns auch deswegen nicht gerechtfertigt, weil bei dem anschließenden Übergang der Personengesellschaft von der Gewinnermittlung nach § 4 Abs. 1 EStG auf die Gewinnermittlung nach § 4 Abs. 3 EStG regelmäßig ein Übergangsverlust entsteht, der sofort in voller Höhe berücksichtigt wird.

Im Übrigen weise ich in diesem Zusammenhang darauf hin, dass die stillen Reserven aufzudecken sind, soweit einem Einbringenden neben dem Mitunternehmeranteil eine Gegenleistung gewährt wird, die nicht Betriebsvermögen der Personengesellschaft wird (z. B. Barzahlung, Darlehen), vgl. Tz. 24.08 ff des BMF-Schreibens vom 25.03.1998 , BStBl. I 1998 S. 268.

Zuordnung von Verbindlichkeiten im Fall der Spaltung nach § 15 UmwStG

Verfügung OFD Hannover vom 30.1.2007
S 1978 – 43 – StO 243, DB 2007 S. 716

Im Fall der Spaltung nach § 15 UmwStG kann das Betriebsvermögen der Kapitalgesellschaft, das nicht zu den wesentlichen Betriebsgrundlagen gehört, grundsätzlich jedem der Teilbetriebe zur Kapitalverstärkung zugeordnet werden (Tz. 15.08 des BMF-Schreibens vom 25.03.1998, BStBl. I 1998 S. 268). Hierunter fallen auch Verbindlichkeiten der Kapitalgesellschaft. Für Pensionsrückstellungen der Kapitalgesellschaft gilt in diesem Zusammenhang Folgendes:

Bestehende Arbeitsverhältnisse

Gemäß § 249 Abs. 1 Satz 1 HGB i. V. m. § 131 Abs. 1 Nr. 1 Satz 1 UmwG haben diejenigen Rechtsträger die Rückstellungen zu bilden, die gemäß § 613a Abs. 1 Satz 1 BGB in die Rechte und Pflichten aus den am Spaltungsstichtag (§ 126 Abs. 1 Nr. 9 UmwG) bestehenden Arbeitsverhältnissen eintreten.

Vor der Eintragung der Spaltung beendete Arbeitsverhältnisse

In den übrigen Fällen haben gemäß § 249 Abs. 1 Satz 1 HGB i. V. m. § 131 Abs. 1 Nr. 1 Satz 1 UmwG die übernehmenden oder neuen Rechtsträger die Rückstellungen zu bilden, soweit sie auch die sich aus den Pensionszusagen ergebenden Verpflichtungen übernehmen.

Rücknahme bzw. Widerruf eines Entstrickungsantrages nach § 21 Abs. 2 Nr. 1 UmwStG

Verfügung OFD Hannover vom 30.1.2007
S 1978c – 37 – StO 243, DB 2007 S. 830

Der Antrag nach § 21 Abs. 2 Nr. 1 UmwStG ist eine empfangsbedürftige Willenserklärung, die grundsätzlich mit ihrem Zugang beim Finanzamt (FA) wirksam wird. Damit treten gem. § 21 Abs. 2 Satz 1 i. V. m. Abs. 1 UmwStG die gleichen Rechtsfolgen ein, als hätte der Anteilseigner die Anteile mit Wirksamkeit des Antrags zum gemeinen Wert veräußert.

Der Antrag nach § 21 Abs. 2 Nr. 1 UmwStG ist Tatbestandsmerkmal. Er stellt kein steuerliches Wahlrecht dar, bei dem ein Steuergesetz für einen bestimmten Tatbestand – ausnahmsweise – mehr als eine Rechtsfolge vorsieht und es dem Steuerpflichtigen überlassen bleibt, sich für eine dieser Rechtsfolgen zu entscheiden. Vielmehr ist erst mit dem Antrag der Sachverhalt verwirklicht, an den das Gesetz die Leistungspflicht knüpft (Gleichstellung der Rechtsfolgen mit denen einer Veräußerung). Da § 38 AO die Entstehung der Ansprüche aus dem Steuerschuldverhältnis an die Verwirklichung des Tatbestands knüpft, kann ein Sachverhalt nur dann mit steuerrechtlicher Wirkung rückwirkend gestaltet werden, wenn dies gesetzlich ausdrücklich geregelt ist. Dies ist hier nicht der Fall. Eine Rückbeziehung des Antrags ist nach Tz. 21.08 des BMF-Schreibens vom 25.03.1998, BStBl I 1998 S. 268, nicht möglich. Ein verwirklichter Sachverhalt (Antrag) kann dann aber auch nicht mehr zurückgenommen oder widerrufen werden. Eine Regelung zur Unwiderruflichkeit des Antrags im § 21 Abs. 2 Nr. 1 UmwStG ist daher entbehrlich.

Nur in den Fällen, in denen der Antrag für einen künftigen Zeitpunkt gestellt worden ist, der nach dem Eingang des Antrags beim zuständigen FA liegt, kann er noch bis zu dem Zeitpunkt zurückgenommen werden, in dem er wirken soll.

Einbringungen nach dem Gesetz über steuerliche Begleitmaßnahmen zur Einführung der Europäischen Gesellschaft und zur Änderung weiterer steuerrechtlicher Vorschriften (SEStEG); Nachweispflicht gem. § 22 Abs. 3 UmwStG n. F.

BMF-Schreiben vom 4.9.2007
IV B 2 – S 1909/07/0001, 2007/0393329 (BStBl. 2007 I S. 698)

Die steuerlichen Regelungen betreffend Einbringungen (Sacheinlage und Anteilstausch) wurden durch das SEStEG neu konzipiert. Dadurch wird das bisherige System der Besteuerung einbringungsgeborener Anteile aufgegeben und durch eine rückwirkende Besteuerung des Einbringungsgewinns im Falle einer Anteilsveräußerung innerhalb eines Zeitraums von sieben Jahren (Sperrfrist) nach dem Einbringungszeitpunkt (schädliche Anteilsveräußerung) ersetzt (§ 22 Abs. 1 und 2 UmwStG). Ein schädliches Ereignis liegt vor, wenn im Falle einer Sacheinlage unter dem gemeinen Wert der Einbringende die erhaltenen Anteile und im Falle eines Anteilstausches unter dem gemeinen Wert die übernehmende Gesellschaft die eingebrachten Anteile veräußert oder ein einer Anteilsveräußerung gleichgestellter Vorgang eintritt (§ 22 Abs. 1 Satz 6 oder Abs. 2 Satz 6 UmwStG n. F.).

Um die Besteuerung des Einbringungsgewinns in den Fällen eines schädlichen Ereignisses sicherzustellen, ist der Einbringende nach § 22 Abs. 3 Satz 1 UmwStG n. F. verpflichtet, jährlich bis zum 31. Mai nachzuweisen, wem die Anteile an dem Tag, der dem maßgebenden Einbringungszeitpunkt entspricht, zuzurechnen sind. Dies gilt auch für die auf einer Weitereinbringung der erhaltenen oder eingebrachten Anteile beruhenden Anteile. Im Falle der unentgeltlichen Rechtsnachfolge (§ 22 Abs. 6 UmwStG n. F.) ist der Nachweis vom Rechtsnachfolger und im Falle der Mitverstrickung von Anteilen (§ 22 Abs. 7 UmwStG n. F.) neben dem Einbringenden auch vom Anteilseigner der mitverstrickten Anteile zu erbringen. Wird der Nachweis nicht erbracht, gelten die Anteile als zu Beginn des jeweiligen jährlichen Überwachungszeitraums innerhalb der siebenjährigen Sperrfrist veräußert.

Beispiel:

A hat seinen Betrieb zum 1. März 2007 (Einbringungszeitpunkt) zu Buchwerten gegen Gewährung von Anteilen in die X-GmbH eingebracht (§ 20 Abs. 2 UmwStG n. F.). Den Nachweis, wem die Anteile an der X-GmbH zum 1. März 2008 zuzurechnen sind, hat er zum 31. Mai 2008 erbracht. Ein Nachweis, wem die Anteile an der X-GmbH zum 1. März 2009 zuzurechnen sind, wurde bis zum 31. Mai 2009 nicht vorgelegt.

Lösung:

Nach § 22 Abs. 3 Satz 1 UmwStG n. F. hat A erstmals bis zum 31. Mai 2008 nachzuweisen, wem die Anteile an der X-GmbH zum 1. März 2008 zuzurechnen sind. Dieser Nachweis wurde erbracht (Überwachungszeitraum vom 2. März 2007 bis zum 1. März 2008). Da A jedoch den bis zum 31. Mai 2009 vorzulegenden Nachweis, wem die Anteile an der X-GmbH zum 1. März 2009 zuzurechnen sind (Überwachungszeitraum vom 02. März 2008 bis 1. März 2009), nicht erbracht hat, gelten die Anteile nach § 22 Abs. 3 Satz 2 UmwStG n. F. als am 2. März 2008 veräußert. Als Folge hiervon ist zum einen eine rückwirkende Besteuerung des Einbringungsgewinns zum 1. März 2007 (Einbringungszeitpunkt) und zum anderen eine Besteuerung des Gewinns aus der – fiktiven – Veräußerung der Anteile zum 2. März 2008 durchzuführen.

Im Zusammenhang mit der Nachweispflicht sind Zweifelsfragen aufgetreten. Ich nehme hierzu im Einvernehmen mit den obersten Finanzbehörden der Länder wie folgt Stellung:

1. Zuständiges Finanzamt

Im Falle eines schädlichen Ereignisses treten die Besteuerungsfolgen (rückwirkende Einbringungsgewinnbesteuerung nach § 22 Abs. 1 oder 2 UmwStG n. F.) sowohl in den Fällen der Sacheinlage als auch in den Fällen des Anteilstausches beim Einbringenden ein. Der Einbringende hat deshalb in beiden Fällen den Nachweis (§ 22 Abs. 3 Satz 1 UmwStG n. F.) bei dem für ihn zuständigen Finanzamt zu erbringen. Scheidet der Einbringende nach der Einbringung aus der unbeschränkten Steuerpflicht aus, ist der Nachweis bei dem Finanzamt im Sinne von § 6 Abs. 7 Satz 1 AStG zu erbringen. War der Einbringende vor der Einbringung im Inland beschränkt steuerpflichtig, hat er den Nachweis bei dem für den Veranlagungszeitraum der Einbringung zuständigen Finanzamt zu erbringen.

2. Art des Nachweises

In den Fällen der Sacheinlage hat der Einbringende eine schriftliche Erklärung darüber abzugeben, wem seit der Einbringung die erhaltenen Anteile als wirtschaftlichem Eigentümer zuzurechnen sind. Sind die Anteile zum maßgebenden Zeitpunkt dem Einbringenden zuzurechnen, hat er darüber hinaus eine Bestätigung der übernehmenden Gesellschaft über seine Gesellschafterstellung vorzulegen. In allen anderen Fällen hat er nachzuweisen, an wen und auf welche Weise die Anteile übertragen worden sind.

In den Fällen des Anteilstausches ist eine entsprechende Bestätigung der übernehmenden Gesellschaft über das wirtschaftliche Eigentum an den eingebrachten Anteilen und zur Gesellschafterstellung ausreichend; die Gesellschafterstellung kann auch durch Vorlage der Steuerbilanz der übernehmenden Gesellschaft nachgewiesen werden.

Der Nachweis der Gesellschafterstellung kann auch anderweitig, zum Beispiel durch Vorlage eines Auszugs aus dem Aktienregister (§ 67 AktG), einer Gesellschafterliste (§ 40 GmbHG) oder einer Mitgliederliste (§ 15 Abs. 2 GenG), zum jeweiligen Stichtag erbracht werden.

3. Nachweisfrist

Der Nachweis ist jährlich bis zum 31. Mai zu erbringen. Die Nachweisfrist kann nicht verlängert werden.

4. Versäumnis der Nachweisfrist

Erbringt der Einbringende den Nachweis nicht, gelten die Anteile als veräußert mit der Folge, dass beim Einbringenden auf den Einbringungszeitpunkt eine rückwirkende Einbringungsgewinnbesteuerung durchzuführen ist. Darüber hinaus ist auf den Zeitpunkt im Sinne von § 22 Abs. 3 Satz 2 UmwStG n. F. eine Besteuerung des Veräußerungsgewinns für die Anteile durchzuführen. Im Falle der Fristversäumnis ist deshalb der Einbringende aufzufordern, Angaben zum gemeinen Wert des eingebrachten Betriebsvermögens oder der eingebrachten Anteile zum Einbringungszeitpunkt und den Einbringungskosten zu machen. Dasselbe gilt für die als veräußert geltenden Anteile zum Zeitpunkt der Veräußerungsfiktion und die entsprechenden Veräußerungskosten. Macht er keine verwertbaren Angaben, sind der gemeine Wert des eingebrachten Betriebsvermögens oder der eingebrachten Anteile und der als veräußert geltenden Anteile sowie die jeweiligen Kosten zu schätzen (§ 162 AO).

5. Verspäteter Nachweis

Erbringt der Einbringende den Nachweis erst nach Ablauf der Frist, können die Angaben noch berücksichtigt werden, wenn eine Änderung der betroffenen Bescheide verfahrensrechtlich möglich ist. Dies bedeutet, dass im Falle eines Rechtsbehelfsverfahrens der Nachweis längstens noch bis zum Abschluss des Klageverfahrens erbracht werden kann.

Dieses Schreiben wird im Bundessteuerblatt Teil I veröffentlicht.

Zurechnungsfortschreibung im Falle des § 20 Umwandlungssteuergesetz (UmwStG)

Verfügung OFD Hannover vom 15.10.1998
S 3106 – 111 – StH 267, S 3106 – 91 – StO 251

Gem. § 20 Abs. 7 Satz 1 UmwStG ist bei der Einbringung eines Betriebs oder Teilbetriebs in eine Kapitalgesellschaft gegen Gewährung von Gesellschaftsanteilen das Einkommen und das Vermögen des Einbringenden und der übernehmenden Kapitalgesellschaft auf Antrag so zu ermitteln, als ob das eingebrachte Betriebsvermögen mit Ablauf des steuerlichen Übertragungsstichtags auf die Übernehmerin übergegangen wäre. Der steuerliche Übertragungsstichtag darf dabei bis zu acht Monate vor dem Tage des Abschlusses des Einbringungsvertrags liegen (§ 20 Abs. 8 Satz 3 UmwStG).

In einer beim FG Nürnberg anhängigen Klage war strittig, ob in einem derartigen Umwandlungsfall der Stichtag für die Zurechnung der mitübertragenen Grundstücke nach dem Datum des Vertragsabschlusses oder nach dem steuerlichen Übertragungsstichtag zu bestimmen ist. Mit – rechtskräftigem – Urteil vom 12. Februar 1998, EFG 1998, S. 922, hat das FG entschieden, dass die rückwirkende Einbringung des Teilbetriebs auf den steuerlichen Übertragungsstichtag gem. § 20 Abs. 8 UmwStG auch für die bewertungsrechtliche Zurechnungsfeststellung als maßgebend anzusehen sei, weil diese Vorschrift eine ausdrückliche gesetzliche Durchbrechung des bewertungsrechtlichen Stichtagsprinzips (§ 22 Abs. 4 Satz 3 Nr. 1 BewG) enthalte. Die Rückbeziehung der Zurechnungsfeststellung gilt nach der finanzgerichtlichen Entscheidung auch uneingeschränkt für die Grundsteuer.

Ich bitte, in gleichgelagerten Fällen nach diesem FG-Urteil zu verfahren.

Einbringungen nach dem Gesetz über steuerliche Begleitmaßnahmen zur Einführung der Europäischen Gesellschaft und zur Änderung weiterer steuerrechtlicher Vorschriften (SEStEG); Nachweispflicht gem. § 22 Abs. 3 UmwStG n.F.

Verfügung OFD Koblenz vom 5.11.2007
S 1978 A – St 33 2

Die steuerlichen Regelungen betreffend Einbringungen (Sacheinlage und Anteilstausch) wurden durch das SEStEG neu konzipiert. Dadurch wird das bisherige System der Besteuerung einbringungsgeborener Anteile aufgegeben und durch eine rückwirkende Besteuerung des Einbringungsgewinns im Falle einer Anteilsveräußerung innerhalb eines Zeitraums von sieben Jahren (Sperrfrist) nach dem Einbringungszeitpunkt (schädliche Anteilsveräußerung) ersetzt (§ 22 Abs. 1 und 2 UmwStG). Ein schädliches Ereignis liegt vor, wenn im Falle einer Sacheinlage unter dem gemeinen Wert der erhaltenen Anteile und im Falle eines Anteilstausches unter dem gemeinen Wert die übernehmende Gesellschaft die eingebrachten Anteile veräußert oder ein einer Anteilsveräußerung gleichgestellter Vorgang eintritt (§ 22 Abs. 1 Satz 6 oder Abs. 2 Satz 6 UmwStG n.F.).

Um die Besteuerung des Einbringungsgewinns in den Fällen eines schädlichen Ereignisses sicherzustellen, ist der Einbringende nach § 22 Abs. 3 Satz 1 UmwStG n.F. verpflichtet, jährlich bis zum 31. Mai nachzuweisen, wem die Anteile an dem Tag, der dem maßgebenden Einbringungszeitpunkt entspricht, zuzurechnen sind. Dies gilt auch für die auf einer Weitereinbringung der erhaltenen oder eingebrachten Anteile beruhenden Anteile. Im Falle der unentgeltlichen Rechtsnachfolge (§ 22 Abs. 6 UmwStG n.F.) ist der Nachweis vom Rechtsnachfolger und im Falle der Mitverstrickung von Anteilen (§ 22 Abs. 7 UmwStG n.F.) neben dem Einbringenden auch vom Anteilseigner der mitverstrickten Anteile zu erbringen. Wird der Nachweis nicht erbracht, gelten die Anteile als zu Beginn des jeweiligen jährlichen Überwachungszeitraums innerhalb der siebenjährigen Sperrfrist veräußert.

Beispiel:

A hat seinen Betrieb zum 1. März 2007 (Einbringungszeitpunkt) zu Buchwerten gegen Gewährung von Anteilen in die X-GmbH eingebracht (§ 20 Abs. 2 UmwStG n.F.). Den Nachweis, wem die Anteile an der X-GmbH zum 1. März 2008 zuzurechnen sind, hat er zum 31. Mai 2008 erbracht. Ein Nachweis, wem die Anteile an der X-GmbH zum 1. März 2009 zuzurechnen sind, wurde bis zum 31. Mai 2009 nicht vorgelegt.

Lösung:

Nach § 22 Abs. 3 Satz 1 UmwStG n.F. hat A erstmals bis zum 31. Mai 2008 nachzuweisen, wem die Anteile an der X-GmbH zum 1. März 2008 zuzurechnen sind. Dieser Nachweis wurde erbracht (Überwachungszeitraum vom 2. März 2007 bis zum 1. März 2008). Da A jedoch den bis zum 31. Mai 2009 vorzulegenden Nachweis, wem die Anteile an der X-GmbH zum 1. März 2009 zuzurechnen sind (Überwachungszeitraum vom 02. März 2008 bis 1. März 2009), nicht erbracht hat, gelten die Anteile nach § 22 Abs. 3 Satz 2 UmwStG n.F. als am 2. März 2008 veräußert. Als Folge hiervon ist zum einen eine rückwirkende Besteuerung des Einbringungsgewinns zum 1. März 2007 (Einbringungszeitpunkt) und zum anderen eine Besteuerung des Gewinns aus der – fiktiven – Veräußerung der Anteile zum 2. März 2008 durchzuführen.

Im Zusammenhang mit der Nachweispflicht sind Zweifelsfragen aufgetreten. Ich nehme hierzu im Einvernehmen mit den obersten Finanzbehörden der Länder wie folgt Stellung:

1. Zuständiges Finanzamt

Im Falle eines schädlichen Ereignisses treten die Besteuerungsfolgen (rückwirkende Einbringungsgewinnbesteuerung nach § 22 Abs. 1 oder 2 UmwStG n.F.) sowohl in den Fällen der Sacheinlage als auch in den Fällen des Anteilstausches beim Einbringenden ein. Der Einbringende hat deshalb in beiden Fällen den Nachweis (§ 22 Abs. 3 Satz 1 UmwStG n.F.) bei dem für ihn zuständigen Finanzamt zu erbringen. Scheidet der Einbringende nach der Einbringung aus der unbeschränkten Steuerpflicht aus, ist der Nachweis bei dem Finanzamt im Sinne von § 6 Abs. 7 Satz 1 AStG zu erbringen. War der Einbringende vor der Einbringung im Inland beschränkt steuerpflichtig, hat er den Nachweis bei dem für den Veranlagungszeitraum der Einbringung zuständigen Finanzamt zu erbringen.

2. Art des Nachweises

In den Fällen der Sacheinlage hat der Einbringende eine schriftliche Erklärung darüber abzugeben, wem seit der Einbringung die erhaltenen Anteile als wirtschaftlichem Eigentümer zuzurechnen sind. Sind die Anteile zum maßgebenden Zeitpunkt dem Einbringenden zuzurechnen, hat er darüber hinaus eine Bestätigung der übernehmenden Gesellschaft über seine Gesellschafterstellung vorzulegen. In allen anderen Fällen hat er nachzuweisen, an wen und auf welche Weise die Anteile übertragen worden sind.

In den Fällen des Anteilstausches ist eine entsprechende Bestätigung der übernehmenden Gesellschaft über das wirtschaftliche Eigentum an den eingebrachten Anteilen und zur Gesellschafterstellung ausreichend; die Gesellschafterstellung kann auch durch Vorlage der Steuerbilanz der übernehmenden Gesellschaft nachgewiesen werden.

Der Nachweis der Gesellschafterstellung kann auch anderweitig, zum Beispiel durch Vorlage eines Auszugs aus dem Aktienregister (§ 67 AktG), einer Gesellschafterliste (§ 40 GmbHG) oder einer Mitgliederliste (§ 15 Abs. 2 GenG), zum jeweiligen Stichtag erbracht werden.

3. Nachweisfrist

Der Nachweis ist jährlich bis zum 31. Mai zu erbringen. Die Nachweisfrist kann nicht verlängert werden.

4. Versäumnis der Nachweisfrist

Erbringt der Einbringende den Nachweis nicht, gelten die Anteile als veräußert mit der Folge, dass beim Einbringenden auf den Einbringungszeitpunkt eine rückwirkende Einbringungsgewinnbesteuerung durchzuführen ist. Darüber hinaus ist auf den Zeitpunkt im Sinne von § 22 Abs. 3 Satz 2 UmwStG n.F. eine Besteuerung des Veräußerungsgewinns für die Anteile durchzuführen. Im Falle der Fristversäumnis ist deshalb der Einbringende aufzufordern, Angaben zum gemeinen Wert des eingebrachten Betriebsvermögens oder der eingebrachten Anteile zum Einbringungszeitpunkt und den Einbringungskosten zu machen. Dasselbe gilt für die als veräußert geltenden Anteile zum Zeitpunkt der Veräußerungsfiktion und die entsprechenden Veräußerungskosten. Macht er keine verwertbaren Angaben, sind der gemeine Wert des eingebrachten Betriebsvermögens oder der eingebrachten Anteile und der als veräußert geltenden Anteile sowie die jeweiligen Kosten zu schätzen (§ 162 AO).

5. Verspäteter Nachweis

Erbringt der Einbringende den Nachweis erst nach Ablauf der Frist, können die Angaben noch berücksichtigt werden, wenn eine Änderung der betroffenen Bescheide verfahrensrechtlich möglich ist. Dies bedeutet, dass im Falle eines Rechtsbehelfsverfahrens der Nachweis längstens noch bis zum Abschluss des Klageverfahrens erbracht werden kann.

Dieses Schreiben wird im Bundessteuerblatt Teil I veröffentlicht. Es steht ab sofort für eine Übergangszeit auf den Internet-Seiten des Bundesministeriums der Finanzen unter der Rubrik Steuern und Zölle - Steuern – Veröffentlichungen zu Steuerarten – Einkommensteuer – (http://www.bundesfinanzministerium.de/cln_02/ nn_298/DE/Steuern/Veroeffentlichungen_zu_Steuerarten/Einkommensteuer/ node.html_nnn=true) bereit.

Zusatz der OFD Koblenz:

Folgende Fälle lösen die o. a. Nachweispflicht über einen Zeitraum von 7 Jahren aus:

1. Sacheinbringungen nach § 20 UmwStG i.d.F. des SEStEG zu Buch- oder Zwischenwerten (§ 22 Abs. 3 S. 1 Nr. 1 UmwStG i. d. F. des SEStEG);

2. Qualifizierter Anteilstausch nach § 21 Abs. 1 S. 2 UmwStG i.d.F. des SEStEG zu Buch- oder Zwischenwerten, soweit Einbringender eine nicht von § 8b Abs. 2 KStG begünstigte Person ist (§ 22 Abs. 3 S. 1 Nr. 2 UmwStG i. d. F. des SEStEG);

3. Miteinbringung von Anteilen an einer Körperschaft, Vermögensmasse oder Personenvereinigung i.R. einer Einbringung nach § 24 UmwStG zu Buch- oder Zwischenwerten durch eine nicht von § 8b Abs. 2 KStGbegünstigte Person, wenn Mitunternehmer der aufnehmenden Personengesellschaft eine von § 8b Abs. 2 KStGbegünstigte Körperschaft ist (§ 24 Abs. 5 i.V.m. § 22 Abs. 3 S. 1 Nr. 2 UmwStG).

Zur Zeit werden auf Bund-/Länderebene die bundeseinheitlichen Vordrucke zur Überwachung der o.a. Nachweispflichten erstellt und abgestimmt. Nach Fertigstellung der Vordrucke ergehen weitergehende Bearbeitungshinweise.

Einbringungen nach dem Gesetz über steuerliche Begleitmaßnahmen zur Einführung der Europäischen Gesellschaft und zur Änderung weiterer steuerrechtlicher Vorschriften (SEStEG);[1)]
Nachweispflicht gem. § 22 Abs. 3 UmwStG n.F.

Verfügung OFD Frankfurt vom 9.1.2008
S 1978 A – 43 – St 52

Die steuerlichen Regelungen betreffend Einbringungen (Sacheinlage und Anteilstausch) wurden durch das SEStEG neu konzipiert. Dadurch wird das bisherige System der Besteuerung einbringungsgeborener Anteile aufgegeben und durch eine rückwirkende Besteuerung des Einbringungsgewinns im Falle einer Anteilsveräußerung innerhalb eines Zeitraums von sieben Jahren (Sperrfrist) nach dem Einbringungszeitpunkt (schädliche Anteilsveräußerung) ersetzt (§ 22 Abs. 1 und 2 UmwStG). Ein schädliches Ereignis liegt vor, wenn im Falle einer Sacheinlage unter dem gemeinen Wert der Einbringende die erhaltenen Anteile und im Falle eines Anteilstausches unter dem gemeinen Wert die übernehmende Gesellschaft die eingebrachten Anteile veräußert oder ein einer Anteilsveräußerung gleichgestellter Vorgang eintritt (§ 22 Abs. 1 Satz 6 oder Abs. 2 Satz 6 UmwStG n.F.).

Um die Besteuerung des Einbringungsgewinns in den Fällen eines schädlichen Ereignisses sicherzustellen, ist der Einbringende nach § 22 Abs. 3 Satz 1 UmwStG n.F. verpflichtet, jährlich bis zum 31. Mai nachzuweisen, wem die Anteile an dem Tag, der dem maßgebenden Einbringungszeitpunkt entspricht, zuzurechnen sind. Dies gilt auch für die auf einer Weitereinbringung der erhaltenen oder eingebrachten Anteile beruhenden Anteile. Im Falle der unentgeltlichen Rechtsnachfolge (§ 22 Abs. 6 UmwStG n.F.) ist der Nachweis vom Rechtsnachfolger und im Falle der Mitverstrickung von Anteilen (§ 22 Abs. 7 UmwStG n.F.) neben dem Einbringenden auch vom Anteilseigner der mitverstrickten Anteile zu erbringen. Wird der Nachweis nicht erbracht, gelten die Anteile als zu Beginn des jeweiligen jährlichen Überwachungszeitraums innerhalb der siebenjährigen Sperrfrist veräußert.

Beispiel:

A hat seinen Betrieb zum 1. März 2007 (Einbringungszeitpunkt) zu Buchwerten gegen Gewährung von Anteilen in die X-GmbH eingebracht (§ 20 Abs. 2 UmwStG n.F.). Den Nachweis, wem die Anteile an der X-GmbH zum 1. März 2008 zuzurechnen sind, hat er zum 31. Mai 2008 erbracht. Ein Nachweis, wem die Anteile an der X-GmbH zum 1. März 2009 zuzurechnen sind, wurde bis zum 31. Mai 2009 nicht vorgelegt.

Lösung:

Nach § 22 Abs. 3 Satz 1 UmwStG n.F. hat A erstmals bis zum 31. Mai 2008 nachzuweisen, wem die Anteile an der X-GmbH zum 1. März 2008 zuzurechnen sind. Dieser Nachweis wurde erbracht (Überwachungszeitraum vom 2. März 2007 bis 1. März 2008). Da A jedoch den bis zum 31. Mai 2009 vorzulegenden Nachweis, wem die Anteile an der X-GmbH zum 1. März 2009 zuzurechnen sind (Überwachungszeitraum vom 2. März 2008 bis 1. März 2009), nicht erbracht hat, gelten die Anteile nach § 22 Abs. 3 Satz 2 UmwStG n.F. als am 2. März 2008 veräußert. Als Folge hiervon ist zum einen eine rückwirkende Besteuerung des Einbringungsgewinns zum 1. März 2007 (Einbringungszeitpunkt) und zum anderen eine Besteuerung des Gewinns aus der – fiktiven – Veräußerung der Anteile zum 2. März 2008 durchzuführen.

Im Zusammenhang mit der Nachweispflicht sind Zweifelsfragen aufgetreten. Ich nehme hierzu im Einvernehmen mit den obersten Finanzbehörden der Länder wie folgt Stellung:

1. Zuständiges Finanzamt

Im Falle eines schädlichen Ereignisses treten die Besteuerungsfolgen (rückwirkende Einbringungsgewinnbesteuerung nach § 22 Abs. 1 oder 2 UmwStG n.F.) sowohl in den Fällen der Sacheinlage als auch in den Fällen des Anteilstausches beim Einbringenden ein. Der Einbringende hat deshalb in beiden Fällen den Nachweis (§ 22 Abs. 3 Satz 1 UmwStG n.F.) bei dem für ihn zuständigen Finanzamt zu erbringen. Scheidet der Einbringende nach der Einbringung aus der unbeschränkten Steuerpflicht aus, ist der Nachweis bei dem Finanzamt im Sinne von § 6 Abs. 7 Satz 1 AStG zu erbringen. War der Einbringende vor der Einbringung im Inland beschränkt steuerpflichtig, hat er den Nachweis bei dem für den Veranlagungszeitraum der Einbringung zuständigen Finanzamt zu erbringen.

---

1) Vgl. hierzu auch Anhang 4-27.

2. Art des Nachweises

In den Fällen der Sacheinlage hat der Einbringende eine schriftliche Erklärung darüber abzugeben, wem seit der Einbringung die erhaltenen Anteile als wirtschaftlichem Eigentümer zuzurechnen sind. Sind die Anteile zum maßgebenden Zeitpunkt dem Einbringenden zuzurechnen, hat er darüber hinaus eine Bestätigung der übernehmenden Gesellschaft über seine Gesellschafterstellung vorzulegen. In allen anderen Fällen hat er nachzuweisen, an wen und auf welche Weise die Anteile übertragen worden sind.

In den Fällen des Anteilstausches ist eine entsprechende Bestätigung der übernehmenden Gesellschaft über das wirtschaftliche Eigentum an den eingebrachten Anteilen und zur Gesellschafterstellung ausreichend; die Gesellschafterstellung kann auch durch Vorlage der Steuerbilanz der übernehmenden Gesellschaft nachgewiesen werden.

Der Nachweis der Gesellschafterstellung kann auch anderweitig, zum Beispiel durch Vorlage eines Auszugs aus dem Aktienregister (§ 67 AktG), einer Gesellschafterliste (§ 40 GmbHG) oder einer Mitgliederliste (§ 15 Abs. 2 GenG), zum jeweiligen Stichtag erbracht werden.

3. Nachweisfrist

Der Nachweis ist jährlich bis zum 31. Mai zu erbringen. Die Nachweisfrist kann nicht verlängert werden.

4. Versäumnis der Nachweisfrist

Erbringt der Einbringende den Nachweis nicht, gelten die Anteile als veräußert mit der Folge, dass beim Einbringenden auf den Einbringungszeitpunkt eine rückwirkende Einbringungsgewinnbesteuerung durchzuführen ist. Darüber hinaus ist auf den Zeitpunkt im Sinne von § 22 Abs. 3 Satz 2 UmwStG n.F. eine Besteuerung des Veräußerungsgewinns für die Anteile durchzuführen. Im Falle der Fristversäumnis ist deshalb der Einbringende aufzufordern, Angaben zum gemeinen Wert des eingebrachten Betriebsvermögens oder der eingebrachten Anteile zum Einbringungszeitpunkt und den Einbringungskosten zu machen. Dasselbe gilt für die als veräußert geltenden Anteile zum Zeitpunkt der Veräußerungsfiktion und die entsprechenden Veräußerungskosten. Macht er keine verwertbaren Angaben, sind der gemeine Wert des eingebrachten Betriebsvermögens oder der eingebrachten Anteile und der als veräußert geltenden Anteile sowie die jeweiligen Kosten zu schätzen (§ 162 AO).

5. Verspäteter Nachweis

Erbringt der Einbringende den Nachweis erst nach Ablauf der Frist, können die Angaben noch berücksichtigt werden, wenn eine Änderung der betroffenen Bescheide verfahrensrechtlich möglich ist. Dies bedeutet, dass im Falle eines Rechtsbehelfsverfahrens der Nachweis längstens noch bis zum Abschluss des Klageverfahrens erbracht werden kann.

Zusatz der OFD Frankfurt:

Im vorstehend wiedergegebenen BMF-Schreiben ist nicht geregelt, zu welchem Zeitpunkt erstmalig der Nachweis i.S.d. § 22 Abs. 3 S. 1 UmwStG zu erbringen ist, wenn die Einbringung nach dem 31.5. erfolgt ist. Diese Rechtsfrage ist zwischenzeitlich auf Bundesebene abgestimmt worden und soll an folgendem Beispiel verdeutlicht werden:

Beispiel:

Der Steuerpflichtige A hält sämtliche Anteile an der A-GmbH, die er mit Wirkung zum 1.7.2007 gegen Gewährung von Gesellschaftsrechten zu Buchwerten in die ZGmbH einbringt.

Fraglich ist, zu welchem Zeitpunkt A erstmalig den Nachweis nach § 22 Abs. 3 S. 1 UmwStG darüber zu erbringen hat, wem die Anteile an dem Tag zuzurechnen sind, der dem maßgebenden Einbringungszeitpunkt entspricht.

Lösung:

Der Nachweis über die Zurechnung der Anteile am 01.07.2008 ist bis spätestens zum 31.5.2009 zu erbringen.

Für Einbringungszeitpunkte vom 01.01. bis 31.05. eines Jahres ist durch das Beispiel im vorstehend wiedergegebenen BMF-Schreiben klargestellt, dass bis zum 31.05. des Folgejahres der Nachweis zu erbringen ist, wem die Anteile im Folgejahr zuzurechnen sind. Der Wortlaut des § 22 Abs. 3 S. 1 UmwStG erfordert einen Nachweis bereits in dem dem Einbringungszeitraum folgenden Jahr.

Die Vorschrift dient der Überprüfung, ob innerhalb der siebenjährigen Sperrfrist des § 22 Abs. 1 oder Abs. 2 UmwStG eine Veräußerung oder ein einer Anteilsveräußerung gleichgestellter Vorgang eingetreten ist. Die Unterteilung der Sperrfrist in sieben einzelne Überwachungszeiträume (vgl. Beispiel BMF-Schreiben vom 4.9.2007) verdeutlicht, dass die Überprüfung durch die zuständige Finanzbehörde nur im Anschluss an den Ablauf eines Überwachungszeitraums erfolgen kann. Der Nachweis nach § 22

Abs. 3 UmwStG ist daher bis spätestens zum 31.5. zu erbringen, der dem Ablauf des jeweiligen Überwachungszeitraums folgt.

Im vorliegenden Beispiel könnte der Nachweis über die Zurechnung der eingebrachten Anteile bei der Z-GmbH am 1.7.2008 (Überwachungszeitraum: 2.7.2007 bis 1.7.2008) aus tatsächlichen Gründen nicht bis zum 31.5.2008 geführt werden. Er ist daher bis **spätestens zum 31.5.2009** zu erbringen. In dem Beispiel wäre der letzte Zurechnungsnachweis (Stichtag: 1.7.2014) bis spätestens zum 31.5.2015 zu erbringen.

Bedeutung des Maßgeblichkeitsgrundsatzes bei Umwandlungen
Bewertungswahlrecht in Umwandlungsfällen (Rechtslage vor SEStEG)

OFD Rheinland Kurzinformation Körperschaftsteuer Nr. 13/2008 vom 25.2.2008
DStR 2008, 1241

Anwendung des BFH-Urteils vom 5.6.2007 (Az. I R 97/06)

Nach dem BFH Urteil vom 5.6.2007 (Az.: I R 97/06) steht bei der Verschmelzung von Kapitalgesellschaften entgegen Tz. 11.01 des BMF-Schreibens vom 25.3.1998, BStBl. I 1998 S. 268 der Maßgeblichkeitsgrundsatz einem höheren Wertansatz in der steuerlichen Übertragungsbilanz der Überträgerin nicht entgegen. Die Überträgerin kann abweichend von ihrer Handelsbilanz in der steuerlichen Übertragungsbilanz nach § 11 Abs. 1 S. 2 KStG höhere Werte ansetzen. Dieses Urteil kann über den entschiedenen Einzelfall hinaus angewendet werden. An Tz. 11.01 des BMF-Schreibens vom 25.3.1998, BStBl. I 1998 S. 268 ist nicht mehr festzuhalten. [Textänderung] Das Urteil ist inzwischen auch im BStBl. veröffentlicht worden (BStBl. II 2008 S. 560). [Textänderung Ende]

Allerdings bitte ich zu beachten, dass das Ansatzwahlrecht nach § 11 Abs. 1 S. 2 UmwStG im alten Recht nur solche Wirtschaftsgüter umfasst, die in der Steuerbilanz vom Grundsatz her aktiviert werden dürfen. Selbst geschaffene immaterielle Wirtschaftsgüter dürfen demnach gemäß § 5 Abs. 2 EStG in der steuerlichen Übertragungsbilanz nicht angesetzt werden (Tz. 11.19 des BMF-Schreibens vom 25.3.1998, BStBl. I 1998 S. 268 und Urteil des FG Baden-Württemberg vom 4.3.2004, EFG 2004 S. 858). Erst für Umwandlungen, die nach neuem Recht (SEStEG) erfolgen, werden auch die stillen Reserven in selbst geschaffenen immateriellen Wirtschaftsgütern in eine Aufstockung einbezogen (§ 11 Abs. 1 S.1 i.d.F. des SEStEG).

Aus dem BFH-Urteil ergibt sich zudem, dass die Urteilsgrundsätze auch bei der Umwandlung (Verschmelzung oder Formwechsel) einer Kapital- in eine Personengesellschaft zu übertragen sind. Daher ist bei Anwendung von § 3 UmwStG nicht mehr an Tz. 03.01 des BMF-Schreibens vom 25.3.1998, BStBl. I 1998 S. 268 festzuhalten. Auch hier bitte ich zu beachten, dass das Ansatzwahlrecht nach § 3 Abs. 1 Satz 1 UmwStG im alten Recht ebenfalls nur solche Wirtschaftsgüter umfasst, die in der Steuerbilanz vom Grundsatz her aktiviert werden dürfen (Tz. 03.07 des BMF-Schreibens vom 25.3.1998 a.a.O).

**Bewertungswahlrecht bei der Verschmelzung zweier Kapitalgesellschaften
sowie im Bereich des § 3 UmwStG;
Anwendung des BFH-Urteils vom 5.6.2007 (Az. I R 97/06)**

Verfügung OFD Frankfurt vom 13.3.2008
S 1978 A – 32 – St 52

Mit Urteil vom 19.10.2005 (I R 38/04) hat der BFH – entgegen der Verwaltungsauffassung – entschieden, dass in den Fällen des **Formwechsels einer Personengesellschaft in eine Kapitalgesellschaft (§ 25 UmwStG)** die Kapitalgesellschaft das übergehende Betriebsvermögen mit seinem Buchwert oder einem höheren Wert ansetzen darf (vgl. hierzu meine Verfügung vom 16.8.2006, KSt-Kartei, UmwStG, Karte 29).

Inzwischen hat der BFH mit vorgenanntem Urteil auch für die **Verschmelzung zweier Kapitalgesellschaften** gegen die Verwaltungsauffassung (Tz. 11.01 des UmwSt-Erlasses, KSt-Kartei, UmwStG, Karte 17) entschieden, dass die umwandlungssteuerrechtlichen Regelungen dem Handelsrecht vorgehen. Mithin wird das Wahlrecht der übertragenden Körperschaft hinsichtlich des Ansatzes des übergehenden Betriebsvermögens in der steuerlichen Übertragungsbilanz mit dem Buchwert, dem Teilwert oder einem Zwischenwert (§ 11 Abs. 1 S. 2 UmwStG a.F.) nicht durch den Grundsatz der Maßgeblichkeit der Handelsbilanz eingeschränkt. Das Urteil ist **allgemein über den entschiedenen Fall hinaus anzuwenden**.

Dabei bitte ich zu beachten, dass das Ansatzwahlrecht nach § 11 Abs. 1 S. 2 UmwStG im alten Recht (vor SEStEG) nur solche Wirtschaftsgüter umfasst, die in der Steuerbilanz vom Grundsatz her aktiviert werden dürfen. **Selbstgeschaffene immaterielle Wirtschaftsgüter** dürfen demnach gemäß § 5 Abs. 2 EStG in der steuerlichen Übertragungsbilanz nicht angesetzt werden (**Tz. 11.19 des UmwSt-Erlasses**, aaO). Erst für Umwandlungen, die nach neuem Recht (SEStEG) erfolgen, werden auch die stillen Reserven in selbst geschaffenen immateriellen Wirtschaftsgütern in eine Aufstockung einbezogen (§ 11 Abs. 1 S. 1 i.d.F. des SEStEG).

Die Urteilsgrundsätze sind auch bei der **Umwandlung (Verschmelzung oder Formwechsel) einer Kapital- in eine Personengesellschaft** zu übertragen. Daher ist bei Anwendung von § 3 UmwStG nicht mehr an Tz. 3.01 des UmwSt-Erlasses (aaO) festzuhalten. Die vorstehenden Ausführungen hinsichtlich selbstgeschaffener immaterieller Wirtschaftsgüter gelten entsprechend.

Bei Umwandlungen, die nach Maßgabe des UmwStG in der Fassung des **SEStEG** erfolgen, sind der Maßgeblichkeitsgrundsatz und damit die vorstehende Problematik nicht mehr einschlägig.

Anwendung der Grundsätze des BFH-Urteils vom 17. Juli 2008 – I R 77/06 – (BStBl. 2009 II S. 464)

BMF-Schreiben vom 20.05.2009
IV C 6 – S 2134/07/10005, 2009/0300414

Mit Urteil vom 17. Juli 2008 – I R 77/06 – (BStBl. 2009 II S. 464) hat der BFH entschieden, dass

1. die Einbringung eines Wirtschaftsguts als Sacheinlage in eine KG auch ertragsteuerlich insoweit als Veräußerungsgeschäft anzusehen sei, als ein Teil des Einbringungswerts in eine Kapitalrücklage eingestellt wird,

2. eine das gesamte Nennkapital umfassende Beteiligung an einer Kapitalgesellschaft kein Teilbetrieb im Sinne von § 24 Abs. 1 UmwStG 1995 sei und

3. die so genannte Theorie der finalen Entnahme keine ausreichende gesetzliche Grundlage habe und auf einer unzutreffenden Beurteilung der Besteuerungshoheit bei ausländischen Betriebsstätten inländischer Stammhäuser beruhe.

zu 1. – Sacheinlage auch bei teilweiser Einbuchung in eine Kapitalrücklage als Veräußerungsgeschäft

Die Entscheidung des BFH widerspricht der unter Tz. 2b geäußerten Auffassung der Finanzverwaltung im BMF-Schreiben vom 26. November 2004, BStBl. I S. 1190), wonach bei Buchung auf einem gesamthänderisch gebundenen Rücklagenkonto eine verdeckte Einlage vorliegt.

zu 2. – 100%ige Beteiligung an Kapitalgesellschaft ist kein Teilbetrieb im Sinne von § 24 Abs. 1 UmwStG 1995

Die Entscheidung des BFH widerspricht der Auffassung der Finanzverwaltung in Rz. 24.03 des BMFSchreibens vom 25. März 1998 (BStBl. I S. 268 – UmwSt-Erlass), wonach eine das gesamte Nennkapital umfassende Beteiligung an einer Kapitalgesellschaft einen Teilbetrieb im Sinne des § 24 Abs. 1 UmwStG darstellt.

zu 3. – Aufgabe der finalen Entnahmetheorie

Die Entscheidung des BFH widerspricht der bis zum Veranlagungszeitraum 2006 geltenden Auffassung der Finanzverwaltung in Rz. 2.6.1 des BMF-Schreibens vom 24. Dezember 1999 (BStBl. I S. 1076 – sog. Betriebsstätten-Erlass), wonach bei der Überführung von Wirtschaftsgütern aus dem inländischen Betrieb eines Steuerpflichtigen in seine ausländische Betriebsstätte eine Entnahme vorliegt, wenn der Gewinn der ausländischen Betriebsstätte aufgrund eines Doppelbesteuerungsabkommens nicht der inländischen Besteuerung unterliegt.

Die Erörterung mit den obersten Finanzbehörden der Länder hat zur Anwendung der Grundsätze des BFH-Urteils vom 17. Juli 2008 (a. a. O.) Folgendes ergeben:

zu 1. – Sacheinlage auch bei teilweiser Einbuchung in eine Kapitalrücklage als Veräußerungsgeschäft

Die Rechtsauffassung des BFH , wonach ein vollentgeltlicher Vorgang anzunehmen ist, wenn die Sacheinlage zum Teil auf dem Kapitalkonto und zum Teil auf einem gesamthänderisch gebundenen Rücklagenkonto gebucht wird, ist in allen offenen Fällen anzuwenden. Sofern die Rechtsauffassung des BFH für den Steuerpflichtigen zu einer Verschärfung gegenüber der bisher geltenden Auffassung der Finanzverwaltung führt, kann auf Antrag die bisherige Verwaltungsauffassung in Tz. 2b des BMF-Schreibens vom 26. November 2004 (BStBl I S. 1190) für Übertragungsvorgänge bis zum 30. Juni 2009 weiterhin angewendet werden. Voraussetzung hierfür ist, dass das Wirtschaftsgut Übertragende und der Übernehmer des Wirtschaftsguts einheitlich verfahren und dass der Antragsteller damit einverstanden ist, dass die Anwendung der Übergangsregelung z. B. die Rechtsfolge des § 23 Abs. 1 Satz 5 Nr. 1 EStG auslöst. Bei Anwendung der Übergangsregelung liegt, soweit eine Gegenbuchung teilweise auch auf einem gesamthänderisch gebundenen Rücklagenkonto erfolgt, ein unentgeltlicher Vorgang (verdeckte Einlage) vor; ein entgeltlicher Vorgang liegt insoweit vor, als die Gegenbuchung auf dem Kapitalkonto erfolgt.

zu 2. – 100%ige Beteiligung an einer Kapitalgesellschaft ist kein Teilbetrieb im Sinne von § 24 Abs. 1 UmwStG 1995

Die Rechtsauffassung des BFH ist im Vorgriff auf eine gesetzliche Regelung zur Wiederherstellung der bisherigen Verwaltungsauffassung zum UmwStG 1995 (also Behandlung einer 100 %igen Beteiligung an einer Kapitalgesellschaft als Teilbetrieb i. S. d. § 24 UmwStG 1995) sowie im zeitlichen Anwendungsbereich des SEStEG nicht anzuwenden. Bis zu dieser gesetzlichen Regelung ist eine 100 %ige Beteiligung an einer Kapitalgesellschaft als Teilbetrieb i. S. d. § 24 UmwStG 1995 bzw. des UmwStG i. d. F. des SEStEG zu behandeln.

zu 3. – Aufgabe der finalen Entnahmetheorie
Die Grundsätze des BFH-Urteils sind über den entschiedenen Einzelfall nicht anzuwenden.

Der BFH hat die jahrzehntelang von Rechtsprechung und Verwaltung angewendete sog. Theorie der finalen Entnahme ausdrücklich aufgegeben. Er begründet seine geänderte Rechtsauffassung im Ergebnis mit einer geänderten Auslegung des Abkommensrechts, wonach die Überführung eines Wirtschaftsguts aus dem Inland in eine ausländische Betriebsstätte nicht (mehr) zu einem Verlust des Besteuerungsrechts an den im Inland entstandenen stillen Reserven führen soll. Deshalb bestehe kein Bedürfnis, den Vorgang als Gewinnrealisierungstatbestand anzusehen und es fehle an einer Rechtsgrundlage (während nach der früheren Rechtsprechung offenbar § 4 Abs. 1 EStG als ausreichend angesehen wurde).

Der Gesetzgeber geht hingegen mit der Aufnahme der gesetzlichen Entstrickungsregelungen im Gesetz über steuerliche Begleitmaßnahmen zur Einführung der Europäischen Gesellschaft und zur Änderung weiterer steuerrechtlicher Vorschriften (SEStEG) vom 7. Dezember 2006 (BGBl. I S. 2782) von einer anderen Auslegung des Abkommensrechts aus. § 4 Abs. 1 Satz 3 EStG i. d. F. des SEStEG beinhaltet - ausweislich der Gesetzesbegründung – „eine Klarstellung zum geltenden Recht. Der bisher bereits bestehende höchstrichterlich entwickelte und von der Finanzverwaltung angewandte Entstrickungstatbestand der Aufdeckung der stillen Reserven bei Wegfall des deutschen Besteuerungsrechts auf Wirtschaftsgüter des Betriebsvermögens wird nunmehr gesetzlich geregelt und in das bestehende Ertragsteuersystem eingepasst." (BT-Drs. 16/2710 S. 28). Mit der Anknüpfung der Entstrickung an den Verlust oder die Beschränkung des abkommensrechtlichen Besteuerungsrechts wird insbesondere der Fall der Überführung eines Wirtschaftsgutes von einem inländischen Betrieb in eine ausländische (DBA-)Betriebsstätte umfasst. Diese Auslegung des Abkommensrechts entspricht nicht nur den OECD-Grundsätzen (Kommentar zu Art. 7 OECD-MA 2005, Tz. 15), sondern auch der internationalen Verwaltungspraxis.

Im Vorgriff auf mögliche gesetzliche Regelungen sind für Überführungen und Übertragungen von Wirtschaftsgütern vor Anwendung der Entstrickungsregelungen im SEStEG die Grundsätze des BFH-Urteils über den entschiedenen Einzelfall hinaus nicht anzuwenden. Die gesetzlichen Entstrickungsregelungen des SEStEG (u. a. § 4 Abs. 1 Satz 3 EStG und § 12 Abs. 1 KStG) werden von den Urteilsgrundsätzen nicht berührt.

Dieses Schreiben wird im Bundessteuerblatt Teil I veröffentlicht. Es steht ab sofort für eine Übergangszeit auf den Internet-Seiten des Bundesministeriums der Finanzen zur Ansicht und zum Abruf bereit.

Ertragsteuerliche Behandlung der durch einen Umwandlungsvorgang entstandenen objektbezogenen Kosten des Vermögensübergangs

BMF-Schreiben vom 18.01.2010

IV C 2 – S 1978-b/0, 2010/0025908

Unter Bezugnahme auf das Ergebnis der Erörterungen mit den obersten Finanzbehörden der Länder gilt zur Anwendung des Umwandlungssteuergesetzes in der bis zur Neufassung durch das Gesetz über steuerliche Begleitmaßnahmen zur Einführung der Europäischen Gesellschaft und zur Änderung weiterer steuerrechtlicher Vorschriften (SEStEG) vom 7. Dezember 2006 (BGBl. I Seite 2782, ber. BGBl. I 2007 Seite 68) geltenden Fassung sowie zur Anwendung des Umwandlungssteuergesetzes in der vorgenannten Neufassung, zuletzt geändert durch das Gesetz zur Beschleunigung des Wirtschaftswachstums (Wachstumsbeschleunigungsgesetz) vom 22. Dezember 2009 (BGBl. I Seite 3950), Folgendes:

Mit Urteil vom 15. Oktober 1997 (BStBl. II 1998 Seite 168) zur Verschmelzung von Genos-senschaften und mit Urteil vom 17. September 2003 (BStBl. II 2004 Seite 686) zur Ver-schmelzung einer Personengesellschaft auf eine Kapitalgesellschaft hat der BFH entschieden, dass es sich bei einer Verschmelzung auf Ebene des übertragenden und des übernehmenden Rechtsträgers um ein Anschaffungs- und Veräußerungsgeschäft handelt. Der BFH geht dabei davon aus, dass sich die Vermögensübertragung im Wege der Gesamtrechtsnachfolge und das Vorliegen eines Anschaffungs- und Veräußerungsgeschäfts tatbestandlich nicht ausschließen.

Die aufgrund einer Verschmelzung beim übernehmenden Rechtsträger anfallenden objektbe-zogenen Kosten der Vermögensübertragung – insbesondere die Grunderwerbsteuer – sind daher als Nebenkosten der Anschaffung aktivierungspflichtig. Das gilt auch dann, wenn z. B. der übertragende und der übernehmende Rechtsträger vereinbart haben, die Grunderwerb-steuer jeweils zur Hälfte zu übernehmen. Wirtschaftlich gesehen, handelt es sich bei der Steuer gleichwohl um ausschließlich eigenen Aufwand des übernehmenden Rechtsträgers, für den der übertragende Rechtsträger in seiner Übertragungsbilanz keine Rückstellung bilden darf. Der Grunderwerbsteueranspruch entsteht erst nach Eintragung der Verschmelzung in das Handelsregister und damit bei der Übernehmerin. Ein Abzug als Betriebsausgaben oder Wer-bungskosten kommt insoweit nicht in Betracht. Für die Aufspaltung und Abspaltung gilt dies – mit Ausnahme der Aussagen zur Zulässigkeit einer Rückstellungsbildung bei der Abspaltung – entsprechend. Vereinbarungen, wonach der übertragende Rechtsträger aufgrund einer Abspaltung anfallende Grunderwerbsteuer voll oder teilweise trägt, sind im Hinblick auf das Vorliegen einer verdeckten Gewinnausschüttung (§ 8 Absatz 3 Satz 2 KStG) bzw. einer Entnahme (§ 4 Absatz 1 Satz 2 EStG) zu prüfen.

Abweichend von den oben genannten Grundsätzen zur Aktivierungspflicht von objektbe-zogenen Kosten der Vermögensübertragung gilt aus Gründen des Vertrauensschutzes in allen noch offenen Anwendungsfällen der §§ 3 und 16 UmwStG – in der bis zur Neufassung durch das Gesetz über steuerliche Begleitmaßnahmen zur Einführung der Europäischen Gesellschaft und zur Änderung weiterer steuerrechtlicher Vorschriften (SEStEG) vom 7. Dezember 2006 (BGBl. I Seite 2782, ber. BGBl. I 2007 Seite 68) geltenden Fassung – die Tz. 04.43 des BMF-Schreibens vom 25. März 1998 (BStBl. II Seite 268) mit der Maßgabe, dass ein Wahlrecht zur Aktivierung der Grunderwerbsteuer oder zur Behandlung als sofort abzugsfähige Betriebs-ausgabe oder Werbungskosten besteht. Dieses Wahlrecht kann vom übernehmenden Rechtsträger nur einheitlich für alle noch offenen Anwendungsfälle ausgeübt werden.

Dieses Schreiben wird im Bundessteuerblatt Teil I veröffentlicht.

Gesetz über deutsche Immobilien-Aktiengesellschaften mit börsennotierten Anteilen (REIT-Gesetz – REITG)

verkündet als Artikel 1 des Gesetzes zur Schaffung deutscher Immobilien-Aktiengesellschaften mit börsennotierten Anteilen vom 28. Mai 2007, BGBl. I S. 914 (in Kraft getreten gem. Artikel 7 dieses Gesetzes am 1. Januar 2007), geändert durch Artikel 37 des Jahressteuergesetzes 2009 vom 19. Dezember 2008 (BGBl. I S. 2794, 2842)

Abschnitt 1

Allgemeine Vorschriften

§ 1

Wesen der REIT-Aktiengesellschaften

(1) REIT-Aktiengesellschaften sind Aktiengesellschaften, deren Unternehmensgegenstand sich darauf beschränkt,

1. Eigentum oder dingliche Nutzungsrechte an

   a) inländischem unbeweglichen Vermögen mit Ausnahme von Bestandsmietwohnimmobilien,

   b) ausländischem unbeweglichen Vermögen, soweit dies im Belegenheitsstaat im Eigentum einer REIT-Körperschaft, -Personenvereinigung oder -Vermögensmasse oder einer einem REIT vergleichbaren Körperschaft, Personenvereinigung oder Vermögensmasse stehen darf und

   c) anderen Vermögensgegenständen im Sinne des § 3 Abs. 7

   zu erwerben, zu halten, im Rahmen der Vermietung, der Verpachtung und des Leasings einschließlich notwendiger immobiliennaher Hilfstätigkeiten zu verwalten und zu veräußern,

2. Anteile an Immobilienpersonengesellschaften zu erwerben, zu halten, zu verwalten und zu veräußern,

3. Anteile an REIT-Dienstleistungsgesellschaften zu erwerben, zu halten, zu verwalten und zu veräußern,

4. Anteile an Auslandsobjektgesellschaften zu erwerben, zu halten, zu verwalten und zu veräußern sowie

5. Anteile an Kapitalgesellschaften zu erwerben, zu halten, zu verwalten und zu veräußern, die persönlich haftende Gesellschafter einer Gesellschaft im Sinne der Nr. 2 und an dieser vermögensmäßig nicht beteiligt sind

und deren Aktien zum Handel an einem organisierten Markt im Sinne von § 2 Absatz 5 des Wertpapierhandelsgesetzes in einem Mitgliedstaat der Europäischen Union oder in einem anderen Vertragsstaat des Abkommens über den Europäischen Wirtschaftsraum zugelassen sind.

(2) Entgeltliche Nebentätigkeiten für Dritte darf die REIT-Aktiengesellschaft ausschließlich über eine REIT-Dienstleistungsgesellschaft erbringen.

(3) REIT-Aktiengesellschaften unterliegen den allgemeinen für Aktiengesellschaften geltenden Vorschriften, soweit dieses Gesetz nichts Abweichendes bestimmt.

(4) [1]Der Abschlussprüfer des Jahresabschlusses hat im Rahmen der Jahresabschlussprüfung festzustellen, ob die Berechnung der Streubesitzquote und des maximalen Anteilsbesitzes je Aktionär nach § 11 Abs. 1 und 4 durch die REIT-Aktiengesellschaft mit den Meldungen gemäß § 11 Abs. 5 zum Bilanzstichtag übereinstimmt. [2]Er hat auch Feststellungen zur Einhaltung des § 13 zu treffen, hinsichtlich des § 13 Abs. 1 beziehen sich diese auf die im Geschäftsjahr für das vorangegangene Geschäftsjahr vorgenommene Ausschüttung. [1)] [3]Für Zwecke des § 19 Abs. 3 und des § 19a sind auch Feststellungen zur Zusammensetzung der Erträge hinsichtlich vorbelasteter und nicht vorbelasteter Erträge zu treffen. [4]Sofern kein Konzernabschluss aufgestellt wird, hat der Abschlussprüfer außerdem festzustellen, ob die §§ 12, 14 und 15 zum Bilanzstichtag eingehalten waren. [5]Das Ergebnis seiner Prüfungshandlungen hat der Abschlussprüfer in einem besonderen Vermerk zusammenzufassen. [6]Der Konzernabschlussprüfer hat im Rahmen der Konzernabschlussprüfung zu prüfen, ob die Anforderungen der §§ 12, 14 und 15 zum Bilanzstichtag eingehalten waren und darüber einen besonderen Vermerk anzufertigen. [7]Auf den besonderen Vermerk des Abschlussprüfers oder Konzernabschlussprüfers ist § 323 des Handelsgesetzbuches entsprechend anzuwenden.

---

1) Satz 3 eingefügt durch JStG 2009; im Satz 1 „gemäß" durch „nach" ersetzt.

§ 2
Vor-REIT

[1]Ein Vor-REIT ist eine Aktiengesellschaft mit Sitz im Geltungsbereich dieses Gesetzes, die beim Bundeszentralamt für Steuern als Vor-REIT registriert ist. [2]Zum Ende des auf die Registrierung folgenden Geschäftsjahres hat der Vor-REIT gegenüber dem Bundeszentralamt für Steuern nachzuweisen, dass sein Unternehmensgegenstand im Sinne des § 1 Abs. 1 erster Halbsatz beschränkt ist. [3]Zum Ende des dem Jahr der Anmeldung folgenden und jedes darauf folgenden Geschäftsjahres hat der Vor-REIT auf Aufforderung des Bundeszentralamts für Steuern innerhalb einer in der Aufforderung bestimmten Frist durch Vorlage von geeigneten, von einem Wirtschaftsprüfer testierten Unterlagen nachzuweisen, dass er die Voraussetzungen des § 12 erfüllt. [4]Erfüllt der Vor-REIT zum Ende des dem Jahr der Anmeldung folgenden oder eines späteren Geschäftsjahres die Voraussetzungen des § 12 und des § 1 Abs. 1 erster Halbsatz nicht oder nicht mehr, entfällt der Status als Vor-REIT zum Ende dieses Geschäftsjahres.

§ 3
Begriffsbestimmung

(1) Immobilienpersonengesellschaften sind Personengesellschaften, deren Unternehmensgegenstand im Sinne des § 1 Nr. 1 und 2 beschränkt ist, und die nach dem Gesellschaftsvertrag nur Vermögensgegenstände im Sinne des Absatzes 7 mit Ausnahme von Beteiligungen an Auslandsobjektgesellschaften und REIT-Dienstleistungsgesellschaften erwerben dürfen.

(2) REIT-Dienstleistungsgesellschaften sind Kapitalgesellschaften, deren sämtliche Anteile von der REIT-Aktiengesellschaft gehalten werden und deren Unternehmensgegenstand darauf beschränkt ist, entgeltliche immobiliennahe Nebentätigkeiten im Auftrag der REIT-Aktiengesellschaft für Dritte zu erbringen.

(3) Auslandsobjektgesellschaften sind Kapitalgesellschaften, deren sämtliche Anteile von der REIT-Aktiengesellschaft gehalten werden und deren unbewegliches Vermögen

1. mindestens 90 % ihres Gesamtvermögens ausmacht,
2. ausschließlich außerhalb des Geltungsbereiches dieses Gesetzes belegen ist und
3. nur solche Vermögensgegenstände umfasst, die im Belegenheitsstaat im Eigentum einer REIT-Körperschaft, -Personenvereinigung oder -Vermögensmasse oder einer einem REIT vergleichbaren Körperschaft, Personenvereinigung oder Vermögensmasse stehen dürfen.

(4) Hilfstätigkeiten sind Tätigkeiten, die der Haupttätigkeit, also dem eigenen Anlagebestand dienen.

(5) Nebentätigkeiten sind Tätigkeiten, die einem fremden Anlagebestand dienen.

(6) Immobiliennah sind solche Tätigkeiten, die der Verwaltung, Pflege und Fortentwicklung von Immobilienbeständen dienen (insbesondere technische und kaufmännische Bestandsverwaltung, Mietbestandsverwaltung, Vermittlungstätigkeit, Projektsteuerung und Projektentwicklung).

(7) Vermögensgegenstände im Sinne dieses Gesetzes sind unbewegliches Vermögen im Sinne des Absatzes 8, ferner zu dessen Bewirtschaftung erforderliche Gegenstände sowie Bankguthaben, Geldmarktinstrumente, Forderungen und Verbindlichkeiten, die aus der Nutzung oder Veräußerung des unbeweglichen Vermögens stammen oder zum Zwecke der Wertsicherung, Bewirtschaftung oder Bestandsveränderung dieser Vermögensgegenstände bereitgehalten, eingegangen oder begründet werden, sowie Beteiligungen an Immobilienpersonengesellschaften, Auslandsobjektgesellschaften, REIT-Dienstleistungsgesellschaften sowie Kapitalgesellschaften im Sinne des § 1 Abs. 1 Nr. 5.

(8) [1]Unbewegliches Vermögen sind Grundstücke und grundstücksgleiche Rechte sowie vergleichbare Rechte nach dem Recht anderer Staaten. [2]Schiffe und Luftfahrzeuge gelten nicht als unbewegliches Vermögen.

(9) Bestandsmietwohnimmobilien sind Immobilien, die überwiegend Wohnzwecken dienen, sofern diese vor dem 1. Januar 2007 erbaut worden sind.

§ 4
Mindestnennbetrag des Grundkapitals

Der Mindestnennbetrag des Grundkapitals einer REIT-Aktiengesellschaft ist 15 Millionen Euro.

§ 5
Form der Aktien

(1) [1]Sämtliche Aktien der REIT-Aktiengesellschaft müssen als stimmberechtigte Aktien gleicher Gattung begründet werden. [2]Sie dürfen nur gegen volle Leistung des Ausgabebetrages ausgegeben werden.

(2) Ein Anspruch des Aktionärs auf Verbriefung seines Anteils besteht nicht.

§ 6
Firma

Die Firma einer REIT-Aktiengesellschaft muss, auch wenn sie nach § 22 des Handelsgesetzbuches oder nach anderen gesetzlichen Vorschriften fortgeführt wird, die Bezeichnung „REIT-Aktiengesellschaft" oder „REIT-AG" enthalten.

§ 7
Bezeichnungsschutz

Eine Gesellschaft, die ihren Sitz im Geltungsbereich dieses Gesetzes hat, darf die Bezeichnung „REIT-Aktiengesellschaft" oder eine Bezeichnung, in der der Begriff „Real Estate Investment Trust" oder die Abkürzung „REIT" allein oder im Zusammenhang mit anderen Worten vorkommt, in der Firma oder als Zusatz zur Firma nur führen, wenn sie eine REIT-Aktiengesellschaft im Sinne dieses Gesetzes ist und die Voraussetzungen der §§ 8 bis 15 erfüllt.

Abschnitt 2

Qualifikation als REIT-Aktiengesellschaft

§ 8
Anmeldung als REIT-Aktiengesellschaft

Die Firma der REIT-Aktiengesellschaft (§ 6) ist bei dem zuständigen Gericht zur Eintragung in das Handelsregister anzumelden.

§ 9
Sitz

Die REIT-Aktiengesellschaft muss ihren Sitz und ihre Geschäftsleitung im Inland haben.

§ 10
Börsenzulassung

(1) Die Aktien der REIT-Aktiengesellschaft müssen zum Handel an einem organisierten Markt im Sinne des § 2 Abs. 5 des Wertpapierhandelsgesetzes in einem Mitgliedstaat der Europäischen Union oder in einem anderen Vertragsstaat des Abkommens über den Europäischen Wirtschaftsraum zugelassen sein.

(2) [1]Der Antrag auf Zulassung gemäß Absatz 1 muss innerhalb von drei Jahren nach Anmeldung der Aktiengesellschaft als Vor-REIT beantragt werden. [2]Die Frist des Satzes 1 kann auf Antrag von der Bundesanstalt für Finanzdienstleistungsaufsicht um ein Jahr verlängert werden, wenn Umstände außerhalb des Verantwortungsbereichs des Vor-REIT eine solche Verlängerung rechtfertigen.

(3) [1]Wird innerhalb der nach Absatz 2 maßgeblichen Frist kein Antrag gestellt oder wird ein innerhalb dieser Frist gestellter Antrag bestandskräftig abgelehnt, so verliert die Gesellschaft ihren Status als Vor-REIT. [2]Der Status lebt wieder auf, wenn die Zulassung erneut beantragt wird.

§ 11
Streuung der Aktien

(1) [1]Mindestens 15 Prozent der Aktien einer REIT-Aktiengesellschaft müssen sich im Streubesitz befinden. [2]Im Zeitpunkt der Börsenzulassung müssen sich jedoch mindestens 25 Prozent der Aktien im Streubesitz befinden. [3]Den Streubesitz bilden die Aktien derjenigen Aktionäre, denen jeweils weniger als 3 Prozent der Stimmrechte an der REIT-Aktiengesellschaft zustehen. [4]Die Berechnung richtet sich nach den §§ 22 und 23 des Wertpapierhandelsgesetzes.

(2) [1]Die REIT-Aktiengesellschaft hat jährlich zum 31. Dezember gegenüber der Bundesanstalt für Finanzdienstleistungsaufsicht die Streubesitzquote ihrer Aktionäre mitzuteilen. [2]Die Bundesanstalt für Finanzdienstleistungsaufsicht teilt dem Bundeszentralamt für Steuern mit, wenn die Quote von 15 % unterschritten wird.

(3) Die REIT-Aktiengesellschaft hat in ihrer Satzung für den Fall der Beendigung der Steuerbefreiung gemäß § 18 Abs. 3 eine Entschädigung aller Aktionäre vorzusehen, denen weniger als 3 Prozent der Stimmrechte zustehen.

(4) [1]Kein Anleger darf direkt 10 Prozent oder mehr der Aktien oder Aktien in einem Umfang halten, dass er über 10 Prozent oder mehr der Stimmrechte verfügt. [2]Für die Anwendung dieses Absatzes gelten Aktien, die für Rechnung eines Dritten gehalten werden, als direkt durch den Dritten gehalten.

(5)[1] Die Mitteilungspflichten nach § 21 Abs. 1 des Wertpapierhandelsgesetzes und die Pflichten nach § 26 Abs. 1 und 2 des Wertpapierhandelsgesetzes gelten auch dann, wenn ein Meldepflichtiger durch Erwerb, Veräußerung oder auf sonstige Weise 80 Prozent oder 85 Prozent der Stimmrechte an einer REIT-Aktiengesellschaft erreicht, überschreitet oder unterschreitet.

§ 12
Vermögens- und Ertragsanforderungen

(1) [1]Ist die REIT-Aktiengesellschaft zur Aufstellung eines Konzernabschlusses gemäß § 315a des Handelsgesetzbuchs verpflichtet, ist für Zwecke dieser Vorschrift oder der §§ 14 und 15 auf den Konzernabschluss abzustellen, anderenfalls auf den Einzelabschluss gemäß § 325 Abs. 2a des Handelsgesetzbuchs. [2]Dabei ist für Zwecke dieser Vorschrift oder der §§ 14 und 15 für als Finanzinvestition gehaltenes unbewegliches Vermögen der beizulegende Zeitwert im Sinne des IAS 40 maßgebend. [3]Beteiligungen an Immobilienpersonengesellschaften gelten für Zwecke dieser Vorschrift und der §§ 14 und 15 als unbewegliches Vermögen und sind mit dem beizulegenden Zeitwert zu bewerten.

(2) Bezogen auf die Summe der Aktiva gemäß Einzel- bzw. Konzernabschluss nach Absatz 1 abzüglich der Ausschüttungsverpflichtung im Sinne des § 13 Abs. 1 und der Rücklagen im Sinne des § 13 Abs. 3

a) müssen zum Ende eines jeden Geschäftsjahres mindestens 75 Prozent der Aktiva zum unbeweglichen Vermögen gehören, und

b) dürfen die Aktiva, die zum Vermögen von in den Konzernabschluss der REIT-Aktiengesellschaft einzubeziehenden REIT-Dienstleistungsgesellschaften gehören, zum Ende eines jeden Geschäftsjahres höchstens 20 Prozent ausmachen.

(3) Bezogen auf die gesamten Umsatzerlöse zuzüglich der sonstigen Erträge aus unbeweglichem Vermögen eines Geschäftsjahres gemäß Einzel- bzw. Konzernabschluss nach Absatz 1

a) müssen mindestens 75 Prozent der Umsatzerlöse zuzüglich der sonstigen Erträge aus unbeweglichem Vermögen eines Geschäftsjahres aus Vermietung, Leasing, Verpachtung einschließlich immobiliennaher Tätigkeiten oder Veräußerung von unbeweglichem Vermögen stammen und

b) darf die Summe der Umsatzerlöse zuzüglich der sonstigen Erträge aus unbeweglichem Vermögen eines Geschäftsjahres von REIT-Dienstleistungsgesellschaften, die in den Konzernabschluss der REIT-Aktiengesellschaft einzubeziehen sind, höchstens 20 Prozent ausmachen.

(4) [1]Zu den sonstigen Erträgen aus unbeweglichem Vermögen im Sinne des Absatzes 3 zählen nicht regelmäßig wiederkehrende Erträge, erfolgswirksam erfasste Bewertungsgewinne und -verluste, realisierte Veräußerungsverluste sowie Erträge aus Vermietung, Leasing, Verpachtung und Veräußerung von unbeweglichem Vermögen, soweit sie nicht unter den Umsatzerlösen zu erfassen sind. [2]Bewertungsgewinne und -verluste sind Gewinne und Verluste aus dem Ansatz des als Finanzinvestition gehaltenen unbeweglichen Vermögens im Einzel- bzw. Konzernabschluss nach Absatz 1 mit dem beizulegenden Zeitwert im Sinne des IAS 40. [3]Erfolgt der Ansatz des als Finanzinvestition gehaltenen unbeweglichen Vermögens im Einzel- bzw. Konzernabschluss der REIT-Aktiengesellschaft gemäß IAS 40 mit den fortgeführten Anschaffungskosten, sind in einer Nebenrechnung Bewertungsgewinne und -verluste im Sinne des Satzes 2 zu ermitteln und den sonstigen Erträgen hinzuzusetzen.

§ 13
Ausschüttung an die Anleger

(1) [1]Die REIT-Aktiengesellschaft ist verpflichtet, bis zum Ende des folgenden Geschäftsjahres mindestens 90 Prozent ihres handelsrechtlichen Jahresüberschusses im Sinne des § 275 des Handelsgesetzbuchs, gemindert um die Dotierung der Rücklage[2] nach Absatz 3 Satz 1 sowie einen Verlustvortrag des Vorjahres und erhöht um die Auflösung der Rücklage gemäß Absatz 3 Satz 2, an die Aktionäre als Dividende auszuschütten. [2]§ 150 des Aktiengesetzes findet keine Anwendung.

(2) Bei der Ermittlung des Jahresüberschusses sind planmäßige Abschreibungen nur in gleich bleibenden Jahresraten zulässig.

(3) [1]Gewinne einer REIT-Aktiengesellschaft aus der Veräußerung unbeweglichen Vermögens können im handelsrechtlichen Jahresabschluss bis zur Hälfte in eine Rücklage eingestellt werden. [2]Die Rücklage ist bis zum Ablauf des zweiten auf das Jahr der Einstellung folgenden Geschäftsjahres aufzulösen und er-

---

1) § 11 Abs. 5 i.d.F. des JStG 2009. Die frühere Fassung lautete: „Die Meldepflicht gemäß § 21 Abs. 1 des Wertpapierhandelsgesetzes und die Mitteilungspflicht gemäß § 25 des Wertpapierhandelsgesetzes gelten auch dann, wenn ein Meldepflichtiger durch Erwerb, Veräußerung oder auf sonstige Weise 3 Prozent, 80 Prozent oder 85 Prozent der Stimmrechte an einer REIT-Aktiengesellschaft erreicht, überschreitet oder unterschreitet."

2) Durch das JStG 2009 wurde in § 13 Abs. 1 Satz 1 die Angabe „gemäß Absatz 3 Satz 1" durch die Angabe „nach Absatz 3 Satz 1 sowie einen Verlustvortrag des Vorjahres" ersetzt.

höht den ausschüttungsfähigen Betrag nach Absatz 1, soweit die Rücklage nicht von den Anschaffungs- oder Herstellungskosten von im ersten oder zweiten auf das Jahr der Einstellung folgenden Geschäfts- jahres angeschafften oder hergestellten unbeweglichen Vermögens abgezogen worden ist. [3]Gehörte das veräußerte unbewegliche Vermögen bereits zum Beginn der Steuerbefreiung zum Betriebsvermögen der REIT-Aktiengesellschaft, ist der Veräußerungsgewinn als Summe aus dem Veräußerungsgewinn I und dem Veräußerungsgewinn II zu ermitteln. [4]Veräußerungsgewinn I ist die Differenz zwischen dem Buchwert in der Handelsbilanz und dem im Rahmen von steuerlichen Gewinnermittlungen vor dem Beginn der Steuerbefreiung für den Grund und Boden oder das Gebäude angesetzten Wert. [5]Der restliche Veräußerungsgewinn bildet den Veräußerungsgewinn II. [6]Für die Rücklage nach Satz 1 darf nur der Veräußerungsgewinn II verwendet werden.

§ 14

Ausschluss des Immobilienhandels

(1) Die REIT-Aktiengesellschaft darf keinen Handel mit ihrem unbeweglichen Vermögen betreiben.

(2) [1]Ein Handel im Sinne von Absatz 1 findet nur statt, wenn die REIT-Aktiengesellschaft sowie ihre in einen Konzernabschluss einzubeziehenden Tochterunternehmen innerhalb der letzten fünf Geschäfts- jahre Erlöse aus der Veräußerung von unbeweglichem Vermögen erzielt haben, die mehr als die Hälfte des Wertes des durchschnittlichen Bestandes an unbeweglichem Vermögen innerhalb desselben Zeit- raums ausmachen. [2]Zur Ermittlung des durchschnittlichen Bestandes ist auf die Bestände abzustellen, die im Einzel- bzw. Konzernabschluss gemäß § 12 Absatz 1 der REIT-Aktiengesellschaft am Ende jener Geschäftsjahre, die in den Fünfjahreszeitraum einzubeziehen sind, ausgewiesen werden. [3]Besteht die REIT-Aktiengesellschaft noch nicht 5 Jahre, ist auf die Einzel- bzw. Konzernabschlüsse der bisherigen Geschäftsjahre abzustellen.

§ 15

Mindesteigenkapital

[1]Das am Ende eines Geschäftsjahres im Einzel- bzw. Konzernabschluss nach § 12 Abs. 1 ausgewiesene Eigenkapital der REIT-Aktiengesellschaft darf 45 Prozent des Betrages, mit dem das unbewegliche Vermögen im Einzel- bzw. Konzernabschluss nach § 12 Abs. 1 angesetzt ist, nicht unterschreiten. [1)] [2]Nicht dem Mutterunternehmen gehörende und als Fremdkapital ausgewiesene Anteile an in den Kon- zernabschluss nach § 315a des Handelsgesetzbuchs einbezogenen Tochterunternehmen gelten für die Berechnung des Mindesteigenkapitals als Eigenkapital.

Abschnitt 3

Steuerliche Regelungen

§ 16

Steuerbefreiung der REIT-Aktiengesellschaft

(1) [1]Eine REIT-Aktiengesellschaft, die die Voraussetzungen der §§ 8 bis 15 erfüllt, unbeschränkt kör- perschaftsteuerpflichtig ist und nicht im Sinne eines Doppelbesteuerungsabkommens als in dem anderen Vertragsstaat ansässig gilt, ist von der Körperschaftsteuer befreit. [2]Eine REIT-Aktiengesellschaft, die die Voraussetzungen der §§ 8 bis 15 erfüllt, ist von der Gewerbesteuer befreit.

(2) [1]Sind einem Anteilseigner nach § 20 des Einkommensteuergesetzes direkt Gesellschaftsanteile in Höhe von 10 Prozent des Kapitals oder mehr zuzurechnen, entfällt entgegen Absatz 1 die Steuerbefrei- ung der REIT-Aktiengesellschaft nicht. [2]Der Anteilseigner verliert deswegen auch nicht seinen An- spruch auf Dividende oder sein Stimmrecht, er kann aber aus seiner Beteiligung im Übrigen nur die Rechte geltend machen, die ihm aus einer Beteiligung von weniger als 10 Prozent zustehen würden. [3]Dies gilt auch für die Anwendung der Doppelbesteuerungsabkommen. [4]Die Vorschriften des Wert- papierhandelsgesetzes bleiben unberührt.

(3) [1]Besteht das gesamte Vermögen der inländischen REIT-Aktiengesellschaft zum Ende eines Wirt- schaftsjahres zu weniger als 75 Prozent aus unbeweglichem Vermögen gemäß der Berechnung nach § 12, setzt die zuständige Finanzbehörde eine Zahlung gegen die Aktiengesellschaft fest. [2]Die Zahlung beträgt mindestens 1 Prozent und höchstens 3 Prozent des Betrages, um den der Anteil des unbeweg- lichen Vermögens hinter dem Anteil von 75 Prozent zurückbleibt. [3]Bei der Festsetzung der Zahlung be- rücksichtigt die Finanzbehörde, ob und wie oft bereits in früheren Wirtschaftsjahren das unbewegliche Vermögen hinter der Vorgabe von 75 Prozent zurückgeblieben ist. [4]Eine Zahlung nach diesem Absatz

---

1)   § 15 Satz 2 angefügt durch JStG 2009.

kann auch neben einer Zahlung nach den Absätzen 4 oder 5 festgesetzt werden, wenn jeweils die Voraussetzungen für die Zahlung erfüllt sind.

(4) [1]Stammen in einem Wirtschaftsjahr weniger als 75 Prozent der Bruttoerträge der inländischen REIT-Aktiengesellschaft aus der Vermietung und Verpachtung oder der Veräußerung von unbeweglichem Vermögen gemäß der Berechnung nach § 12, setzt die zuständige Finanzbehörde eine Zahlung gegen die Aktiengesellschaft fest. [2]Die Zahlung beträgt mindestens 10 Prozent und höchstens 20 Prozent des Betrages, um den die Bruttoerträge aus der Vermietung und Verpachtung oder der Veräußerung von unbeweglichem Vermögen hinter der Vorgabe von 75 Prozent der Bruttoerträge zurückbleiben. [3]Absatz 3 Satz 3 und 4 ist entsprechend anzuwenden.

(5) [1]Schüttet eine inländische REIT-Aktiengesellschaft bis zum Ende des folgenden Wirtschaftsjahres weniger als 90 Prozent des Jahresüberschusses gemäß der Berechnung nach § 13 Abs. 1 an die Anteilseigner aus, setzt die zuständige Finanzbehörde eine Zahlung gegen die Kapitalgesellschaft fest. [2]Die Zahlung beträgt mindestens 20 Prozent und höchstens 30 Prozent des Betrages, um den die tatsächliche Ausschüttung hinter der Vorgabe von 90 Prozent des nach § 13 Abs. 1 berechneten Jahresüberschusses zurückbleibt. [3]Absatz 3 Satz 3 und 4 ist entsprechend anzuwenden.

(6) [1]Erbringt die REIT-Aktiengesellschaft oder eine ihr nachgeordnete Immobilienpersonengesellschaft entgeltliche Nebentätigkeiten für Dritte, setzt die zuständige Finanzbehörde eine Zahlung gegen die Aktiengesellschaft fest. [2]Die Zahlung beträgt mindestens 20 und höchstens 30 Prozent der durch die entgeltliche Nebentätigkeit erzielten Einnahmen. [3]Absatz 3 Satz 3 und 4 ist entsprechend anzuwenden.

§ 17
Beginn der Steuerbefreiung

(1) Die Steuerbefreiung tritt zu Beginn des Wirtschaftsjahres ein, in dem die REIT-Aktiengesellschaft nach der Anmeldung gemäß § 8 unter einer Firma gemäß § 6 in das Handelsregister eingetragen wird.

(2) Bei Anwendung des § 13 Abs. 1 und Abs. 3 Satz 1 des Körperschaftsteuergesetzes gelten § 3 Nr. 70 Satz 1 Buchstabe b, Satz 2, 3 und § 3c Abs. 3 des Einkommensteuergesetzes entsprechend.

(3) [1]Hält die steuerpflichtige Aktiengesellschaft Beteiligungen an Immobilienpersonengesellschaften, ist das unbewegliche Vermögen der Immobilienpersonengesellschaften, soweit es der Beteiligung der Aktiengesellschaft entspricht, mit dem Teilwert anzusetzen. [2]Maßgebend ist der Zeitpunkt der Schlussbilanz der Aktiengesellschaft im Sinne des § 13 Abs. 1 und Abs. 3 Satz 1 des Körperschaftsteuergesetzes. [3]Eine mittelbare Beteiligung über eine oder mehrere Personengesellschaften steht der unmittelbaren Beteiligung gleich, § 15 Abs. 1 Satz 1 Nr. 2 Satz 2 des Einkommensteuergesetzes gilt sinngemäß.

(4) Nach einem Verlust der Steuerbefreiung im Sinne des § 18 kann die Steuerbefreiung nicht vor Ablauf von vier Jahren seit dem Verlust wieder aufleben oder beginnen.

§ 18
Ende der Steuerbefreiung

(1) Die Steuerbefreiung nach § 16 Absatz 1 endet zum Ende des Wirtschaftsjahres, das dem Verlust der Börsenzulassung nach § 10 vorausgeht.

(2) Betreibt die REIT-Aktiengesellschaft im Sinne des § 14 Handel mit unbeweglichem Vermögen, entfällt die Steuerbefreiung erstmals für das Wirtschaftsjahr, in dem die Grenze nach § 14 Absatz 2 überschritten wird.

(3) [1]Befinden sich während dreier aufeinander folgender Wirtschaftsjahre weniger als 15 Prozent der Aktien der REIT-Aktiengesellschaft im Streubesitz, so endet die Steuerbefreiung mit Ablauf des dritten Wirtschaftsjahres. [2]Wird während dreier aufeinander folgender Wirtschaftsjahre gegen die Vorschrift über die Höchstbeteiligung nach § 11 Abs. 4 verstoßen, so endet die Steuerbefreiung mit Ablauf des dritten Wirtschaftsjahres. [3]Solange die REIT-Aktiengesellschaft aus den Meldungen nach dem Wertpapierhandelsgesetz den Verstoß nicht entnehmen kann, ist Satz 1 und 2 nicht anzuwenden. [4]Nach Aufdeckung eines Verstoßes gegen die Vorschriften über den Streubesitz oder die Höchstbeteiligung muss die REIT-Aktiengesellschaft bis zum Ende des auf die Aufdeckung des Verstoßes folgenden Wirtschaftsjahres die Einhaltung der Vorschriften über den Streubesitz und die Höchstbeteiligung erreichen. [5]Gelingt ihr dies nicht, endet die Steuerbefreiung rückwirkend zum Ende des Wirtschaftsjahres, in dem der Verstoß aufgedeckt wurde.

(4) Sind die Voraussetzungen des § 15 in drei aufeinander folgenden Wirtschaftsjahren nicht erfüllt, so endet die Steuerbefreiung mit Ablauf des dritten Wirtschaftsjahres.

(5) [1]Sind bei einer REIT-Aktiengesellschaft für drei aufeinander folgende Wirtschaftsjahre die Voraussetzungen desselben Absatzes des § 16 Abs. 3 bis 6 erfüllt, endet die Steuerbefreiung mit Ablauf des dritten Wirtschaftsjahres. [2]Sind bei einer REIT-Aktiengesellschaft die Voraussetzungen verschiedener,

für fünf aufeinander folgende Wirtschaftsjahre aber jeweils mindestens eines der Absätze 3 bis 6 des § 16 erfüllt, endet die Steuerbefreiung mit Ablauf des fünften Wirtschaftsjahrs. [3]Die zuständige Finanzbehörde kann ausnahmsweise bestimmen, dass die Steuerbefreiung nicht entfällt; in diesem Falle setzt sie die höchstmöglichen Zahlungen nach § 16 Abs. 3 bis 6 fest.

(6) In den Fällen der Absätze 1 bis 4 sowie des Absatzes 5 Satz 1 und 2 ist § 13 Abs. 2 des Körperschaftsteuergesetzes mit der Maßgabe anzuwenden, dass in der Anfangsbilanz die Wirtschaftsgüter mit dem Wert anzusetzen sind, der sich ausgehend von der Anfangsbilanz der inländischen REIT-Aktiengesellschaft bei ununterbrochener Steuerpflicht nach den Vorschriften über die steuerliche Gewinnermittlung ergeben würde.

(7) In den Fällen der Absätze 1 bis 4 sowie des Absatzes 5 Satz 1 und 2 ist die Rücklage nach § 13 Abs. 3 aufzulösen und erhöht zusammen mit den nicht ausgeschütteten Teilen des nach § 13 Abs. 1 berechneten Jahresüberschusses der Geschäftsjahre, für die die Steuerbefreiung der inländischen REIT-Aktiengesellschaft galt, den Gewinn der steuerpflichtigen Aktiengesellschaft im Jahr der erstmaligen Steuerpflicht.

§ 19
Besteuerung der Anteilsinhaber

(1) [1]Die Ausschüttungen der REIT-Aktiengesellschaft und anderer REIT-Körperschaften, Personenvereinigungen oder -Vermögensmassen sowie sonstige Vorteile, die neben oder an Stelle der Ausschüttungen gewährt werden, gehören zu den Einkünften aus Kapitalvermögen im Sinne des § 20 Abs. 1 Nr. 1 des Einkommensteuergesetzes, wenn sie nicht Betriebseinnahmen des Anteilseigners sind. [2]§ 20 Abs. 1 Nr. 2 des Einkommensteuergesetzes ist entsprechend, § 20 Abs. 2 Satz 1 Nr. 2 Buchstabe a des Einkommensteuergesetzes ist nicht anzuwenden.

(2) Auf die Veräußerung von Aktien an REIT-Aktiengesellschaften und Anteilen an anderen REIT-Körperschaften, -Personenvereinigungen oder -Vermögensmassen, die nicht Bestandteil eines Betriebsvermögens sind, sind § 17 sowie[1] § 20 Abs. 2 Satz 1 Nr. 1 des Einkommensteuergesetzes anzuwenden, anderenfalls ist der Gewinn nach § 4 oder § 5 des Einkommensteuergesetzes zu ermitteln.

(3)[2] Vorbehaltlich des § 19a sind § 3 Nr. 40 des Einkommensteuergesetzes und § 8 b des Körperschaftsteuergesetzes sind nicht anzuwenden.

(4)[3] Betriebsvermögensminderungen oder Betriebsausgaben, die mit Aktien einer REIT-Aktiengesellschaft oder Anteilen an anderen REIT-Körperschaften, -Personenvereinigungen oder -Vermögensmassen in wirtschaftlichem Zusammenhang stehen, dürfen nur mit Betriebsvermögensmehrungen oder Betriebseinnahmen aus der Veräußerung von Aktien einer REIT-Aktiengesellschaft oder Anteilen an anderen REIT-Körperschaften, -Personenvereinigungen oder -Vermögensmassen ausgeglichen werden; § 10d des Einkommensteuergesetzes gilt entsprechend.

(5) Andere REIT-Körperschaften, -Personenvereinigungen oder -Vermögensmassen im Sinne dieser Vorschrift sind alle Körperschaften, Personenvereinigungen oder Vermögensmassen, die nicht im Inland ansässig sind, deren Bruttovermögen zu mehr als zwei Dritteln aus unbeweglichem Vermögen besteht, deren Bruttoerträge zu mehr als zwei Dritteln aus der Vermietung und Verpachtung und der Veräußerung von unbeweglichem Vermögen stammen, die in ihrem Sitzstaat keiner Investmentaufsicht unterliegen, deren Anteile im Rahmen eines geregelten Marktes gehandelt werden und deren[4] aus Immobilien stammende Ausschüttungen an ihre Anleger nicht mit einer der deutschen Körperschaftsteuer vergleichbaren ausländischen Steuer in ihrem Sitzstaat vorbelastet sind.

(6)[5] Bezieht eine unbeschränkt steuerpflichtige Gesellschaft von einer anderen REIT-Körperschaft, -Personenvereinigung oder -Vermögensmasse Gewinne oder Dividenden, die auf Grund eines Doppelbesteuerungsabkommens von Deutschland als Ansässigkeitsstaat freizustellen sind, ist insoweit die Doppelbesteuerung unbeschadet des Abkommens nicht durch Freistellung, sondern durch Anrechnung der auf diese Einkünfte erhobenen ausländischen Steuer zu vermeiden.

---

1) Das JStG 2009 hat die Angabe „§ 22 Nr. 2 und § 23 Abs. 1 Satz 1 Nr. 2" durch die Angabe „§ 20 Abs. 2 Satz 1 Nr. 1" ersetzt.

2) „Vorbehaltlich des § 19a" eingefügt durch JStG 2009.

3) Durch das JStG 2009 wurden in § 19 Abs. 4 erster Halbsatz die Wörter „Betriebsvermögensminderungen, Betriebsausgaben oder Veräußerungskosten" durch die Wörter „Betriebsvermögensminderungen oder Betriebsausgaben" und die Wörter „Betriebsvermögensmehrungen, Betriebseinnahmen oder Einnahmen" durch die Wörter „Betriebsvermögensmehrungen oder Betriebseinnahmen" ersetzt.

4) „aus Immobilien stammende[n]" eingefügt durch JStG 2009.

5) § 19 Abs. 6 angefügt durch JStG 2009.

§ 19a
Berücksichtigung von Vorbelastungen bei der Besteuerung der Anteilsinhaber[1]

(1) [1]Abweichend von § 19 Abs. 3 ist § 3 Nr. 40 und § 3c Abs. 2 des Einkommensteuergesetzes sowie § 8b des Körperschaftsteuergesetzes anzuwenden, soweit die Dividenden einer REIT-Aktiengesellschaft oder einer anderen REIT-Körperschaft, -Personenvereinigung oder -Vermögensmasse aus vorbelasteten Teilen des Gewinns stammen. [2]Auf die Wertminderung einer Beteiligung an einer REIT-Aktiengesellschaft oder anderen Körperschaft, Personenvereinigung oder Vermögensmasse ist § 8b des Körperschaftsteuergesetzes oder § 3c Abs. 2 des Einkommensteuergesetzes anzuwenden, soweit sie auf Dividenden im Sinne von Satz 1 beruht.

(2) [1]Dividenden stammen im Sinne des Absatzes 1 aus vorbelasteten Teilen des Gewinns, wenn hierfür Einkünfte der REIT-Aktiengesellschaft oder der anderen REIT-Körperschaft, -Personenvereinigung oder -Vermögensmasse als verwendet gelten, die mit mindestens 15 Prozent deutscher Körperschaftsteuer oder einer mit dieser vergleichbaren ausländischen Steuer für den jeweiligen Veranlagungszeitraum belastet sind. [2]Die Steuerbelastung ist dabei für jede Beteiligung an einer Kapitalgesellschaft oder einer Immobilienpersonengesellschaft und für jede Immobilie im Sinne des § 1 Abs. 1 Nr. 1 Buchstabe a und b getrennt zu ermitteln. [3]Abzustellen ist für jede Beteiligung an einer Immobilienpersonengesellschaft oder jede einzelne Immobilie im Sinne des § 1 Abs. 1 Nr. 1 Buchstabe a und b auf die jeweilige Steuerbelastung der Einkünfte in dem Wirtschaftsjahr, das dem Jahr der Ausschüttung der REIT-Aktiengesellschaft oder der anderen REIT-Körperschaft, -Personenvereinigung oder -Vermögensmasse vorangeht. [4]Dividenden oder sonstige Bezüge aus einer Beteiligung an einer Kapitalgesellschaft gelten nur als vorbelastete Teile des Gewinns, wenn sie von der Kapitalgesellschaft in dem ersten Wirtschaftsjahr, das dem Wirtschaftsjahr, dessen Gewinn ausgeschüttet wird, an die REIT-Aktiengesellschaft oder die andere REIT-Körperschaft, -Personenvereinigung oder -Vermögensmasse ausgeschüttet werden. [5]Die vorbelasteten Teile des Gewinns der REIT-Aktiengesellschaft oder anderen REIT-Körperschaft, -Personenvereinigung oder -Vermögensmasse gelten als vorrangig ausgeschüttet.

(3) [1]Der aus vorbelasteten Gewinnen stammende Teil der Dividende oder der sonstigen Bezüge ist in der Steuerbescheinigung nach § 45a des Einkommensteuergesetzes gesondert auszuweisen. [2]Veranlasst die REIT-Aktiengesellschaft einen zu hohen Ausweis des aus vorbelasteten Gewinnen stammenden Teils der Dividende oder der sonstigen Bezüge, ist die Steuerbescheinigung nach § 45a des Einkommensteuergesetzes nicht zu ändern. [3]Gegen die REIT-Aktiengesellschaft ist bei einem zu hohen Ausweis des aus vorbelasteten Gewinnen stammenden Teils der Dividende von der zuständigen Finanzbehörde entsprechend dem mutmaßlichen Steuerausfall auf der Ebene ihrer Aktionäre eine Zahlung von mindestens 20 Prozent und höchstens 30 Prozent des Betrags festzusetzen, um den die tatsächlich vorbelasteten Gewinne hinter dem Betrag zurückbleiben, von dem bei der Erteilung der Bescheinigung ausgegangen worden ist.

(4) Die Absätze 1 und 2 sind bei der Besteuerung von Dividenden und sonstigen Bezügen aus anderen REIT-Körperschaften, -Personenvereinigungen oder -Vermögensmassen nur anzuwenden, wenn der Anleger nachweist, dass für die Dividenden oder sonstigen Bezüge vorbelastete Gewinne der anderen REIT-Körperschaft, -Personenvereinigung oder -Vermögensmasse verwendet worden sind.

§ 20
Kapitalertragsteuerabzug

(1)[2] [1]Von den Ausschüttungen, sonstigen Vorteilen und Bezügen nach Kapitalherabsetzung oder Auflösung einer inländischen REIT-Aktiengesellschaft oder einer anderen REIT-Körperschaft, -Personenvereinigung oder -Vermögensmasse und von den Gewinnen aus der Veräußerung von Aktien an REIT-Aktiengesellschaften oder Anteilen an anderen REIT-Körperschaften, -Personenvereinigungen oder -Vermögensmassen wird die Einkommensteuer oder Körperschaftsteuer durch Abzug vom Kapitalertrag erhoben. [2]Die für die Kapitalertragsteuer nach § 43 Abs. 1 Satz 1 Nr. 1, 6, 9 und Satz 2 des Einkommensteuergesetzes geltenden Vorschriften des Einkommensteuergesetzes sind entsprechend anzuwenden."

---

1) § 19a eingefügt durch JStG 2009.

2) § 20 Abs. 1 i.d.F. des JStG 2009. Die frühere Fassung lautete: „[1]Von den Ausschüttungen, sonstigen Vorteilen und Bezügen nach Kapitalherabsetzung oder Auflösung einer inländischen REIT-Aktiengesellschaft wird die Einkommensteuer oder Körperschaftsteuer durch Abzug vom Kapitalertrag (Kapitalertragsteuer) erhoben. [2]Die für den Steuerabzug vom Kapitalertrag nach § 43 Abs. 1 Satz 1 Nr. 1 und Satz 2 des Einkommensteuergesetzes geltenden Vorschriften des Einkommensteuergesetzes sind entsprechend anzuwenden."

(2) (weggefallen)[1]

(3) In der Steuerbescheinigung nach § 45a des Einkommensteuergesetzes ist anzugeben, dass es sich um Bezüge von einer REIT-Aktiengesellschaft handelt.

(4) [1]Für die Anrechnung der einbehaltenen und abgeführten Kapitalertragsteuer nach § 36 Abs. 2 des Einkommensteuergesetzes oder deren Erstattung nach § 50d des Einkommensteuergesetzes gelten die Vorschriften des Einkommensteuergesetzes entsprechend. [2]Werden 10 Prozent oder mehr der Aktien, der stimmberechtigten Aktien oder der Stimmrechte indirekt gehalten oder kontrolliert, so wird im Fall der Anwendung eines Doppelbesteuerungsabkommens ungeachtet darin enthaltener oder für seine Anwendung vereinbarter weitergehender Vergünstigungen die deutsche Quellensteuer auf die Ausschüttungen stets mit dem Satz erhoben, den das Doppelbesteuerungsabkommen für Fälle des indirekten Haltens oder der Kontrolle von weniger als 10 Prozent der Aktien, der stimmberechtigten Aktien oder der Stimmrechte vorsieht. [3]Satz 2 gilt ebenfalls, wenn weniger als 10 Prozent der Aktien, der stimmberechtigten Aktien oder der Stimmrechte indirekt gehalten oder kontrolliert werden und dem Anteilseigner zugleich direkt Aktien nach Maßgabe des § 16 Abs. 2 zuzurechnen sind und bei Zusammenrechnung 10 Prozent oder mehr der Aktien, der stimmberechtigten Aktien oder der Stimmrechte gehalten oder kontrolliert werden.

§ 21
Verfahrensvorschriften

(1) [1]Auf die Zahlungen nach den §§ 16[2] und 19a sind die für die Körperschaftsteuer geltenden Vorschriften der Abgabenordnung entsprechend anzuwenden. [2]In öffentlich-rechtlichen Streitigkeiten wegen einer Zahlung ist der Finanzrechtsweg gegeben. [3]Das Aufkommen aus der Zahlung steht je zur Hälfte dem Bund und dem Land zu, in dem die REIT-Aktiengesellschaft ihren Sitz hat.

(2) [1]Die REIT-Aktiengesellschaft hat für den abgelaufenen Veranlagungszeitraum eine Steuererklärung abzugeben. [2]In dieser sind neben den Voraussetzungen für die Steuerbefreiung auch Angaben zum Einhalten der Vorgaben über die Zusammensetzung des Vermögens und der Erträge, der Erfüllung der Mindestausschüttungsverpflichtung und der Höhe des Eigenkapitals im Vergleich zum unbeweglichen Vermögen[3] und zur Zusammensetzung der Erträge hinsichtlich vorbelasteter und nicht vorbelasteter Erträge zu machen. [3]§ 152 der Abgabenordnung ist mit der Maßgabe anzuwenden, dass ein Verspätungszuschlag auch bei Vorliegen der Voraussetzungen für die Steuerbefreiung festgesetzt werden kann. [4]Bemessungsgrundlage im Sinne des § 152 Abs. 2 der Abgabenordnung ist der nach § 13 Abs. 1 ermittelte auszuschüttende Betrag. [5]Eine beglaubigte Abschrift des besonderen Vermerks nach § 1 Abs. 4 ist der Steuererklärung beizufügen.

(3) [1]Nach Aufforderung durch die Finanzbehörde hat die REIT-Aktiengesellschaft die Ermittlung der Angaben nach Absatz 2 darzulegen. [2]Art und Umfang bestimmt die Finanzbehörde. [3]Die Finanzbehörde kann verlangen, dass der jeweilige Abschlussprüfer die Richtigkeit einzelner Angaben bestätigt. [4]Unberührt bleibt das Recht der Finanzbehörde, weitere Sachaufklärung zu betreiben, insbesondere eine Außenprüfung anzuordnen oder Sachverständige hinzuzuziehen.

Abschnitt 4
Schlussvorschriften

§ 22
Übergangsregelung zu § 7

[1]Abweichend von § 7 darf eine Gesellschaft die Bezeichnung „REIT-Aktiengesellschaft" oder eine Bezeichnung, in der der Begriff „Real Estate Investment Trust" oder die Abkürzung „REIT" allein oder im Zusammenhang mit anderen Worten vorkommt, in der Firma oder als Zusatz zur Firma nur bis zum 31. Dezember 2007 führen, wenn am 23. März 2007 die zulässige Eintragung der Firma in das Handelsregister bewirkt war. [2]Nach dem 31. Dezember 2007 ist die Eintragung unzulässig im Sinne des

---

1) § 20 Abs. 2 aufgehoben durch JStG 2009. Die Regelung lautete: „Abweichend von § 43a Abs. 1 Nr. 1 des Einkommensteuergesetzes beträgt die Kapitalertragsteuer 25 Prozent des Kapitalertrags, wenn der Gläubiger die Kapitalertragsteuer trägt und 33 1/3 Prozent des tatsächlich ausgezahlten Betrags, wenn der Schuldner die Kapitalertragsteuer übernimmt. Bei Gläubigern im Sinne des § 44a Abs. 8 des Einkommensteuergesetzes ist § 45b des Einkommensteuergesetzes mit der Maßgabe anzuwenden, dass 2/5 der in Satz 1 vorgeschriebenen Kapitalertragsteuer erstattet wird."

2) Änderung durch JStG 2009.

3) Einfügung durch das JStG 2009.

§ 142 Abs. 1 Satz 1 des Gesetzes über die Angelegenheiten der freiwilligen Gerichtsbarkeit und kann nach dieser Vorschrift gelöscht werden.

§ 23
Anwendungsregelungen[1)]

(1) Diese Fassung des Gesetzes ist vorbehaltlich der nachfolgenden Absätze erstmals für das Kalenderjahr 2008 anzuwenden.

(2) [1]Die §§ 19 und 19a sind erstmals auf Bezüge anzuwenden, die dem Anteilseigner nach dem Beginn der Steuerbefreiung der REIT-Aktiengesellschaft zufließen. [2]Abweichend von Satz 1 sind auf Gewinnausschüttungen, die auf einem den gesellschaftsrechtlichen Vorschriften entsprechenden Gewinnverteilungsbeschluss für ein abgelaufenes Wirtschaftsjahr beruhen, im ersten Wirtschaftsjahr der steuerbefreiten REIT-Aktiengesellschaft die §§ 19 und 19a noch nicht anzuwenden.

(3) Die § 19 Abs. 1 bis 4 und § 19a sind erstmals auf Bezüge von oder auf Gewinne aus der Veräußerung eines Anteils an einer anderen REIT-Körperschaft, -Personenvereinigung oder -Vermögensmasse anzuwenden, die der Anteilseigner nach dem 31. Dezember 2007 erzielt.

(4) Bei Wegfall der Steuerbefreiung sind auf Gewinnausschüttungen, die auf einem den gesellschaftsrechtlichen Vorschriften entsprechenden Gewinnverteilungsbeschluss für ein abgelaufenes Wirtschaftsjahr beruhen, für das noch die Steuerbefreiung der REIT-Aktiengesellschaft galt, die §§ 19 und 19a anzuwenden.

(5) Die §§ 19 und 19a sind nicht mehr auf Bezüge anzuwenden, die dem Anleger nach dem Ende des Wirtschaftsjahres zufließen, in dem die ausländische Körperschaft, Personenvereinigung oder Vermögensmasse nicht mehr die Voraussetzungen des § 19 Abs. 5 erfüllt.

(6) § 19 Abs. 2 in der Fassung des Artikels 37 des Gesetzes vom 19. Dezember 2008 (BGBl. I S. 2794) ist erstmals anzuwenden auf die Veräußerung von Aktien an REIT-Aktiengesellschaften und Anteilen an anderen REIT-Körperschaften, -Personenvereinigungen oder -Vermögensmassen, die nach dem 31. Dezember 2008 erworben werden.

(7) Auf Veräußerungen oder die Bewertung von Anteilen an einer REIT-Aktiengesellschaft oder anderen REIT-Körperschaft, -Personenvereinigung oder -Vermögensmasse ist § 19 Abs. 4 anzuwenden, solange die REIT-Aktiengesellschaft steuerbefreit ist oder die andere REIT-Körperschaft, -Personenvereinigung oder -Vermögensmasse die Voraussetzungen des § 19 Abs. 5 erfüllt.

(8) § 19 Abs. 4 in der Fassung des Artikels 37 des Gesetzes vom 19. Dezember 2008 (BGBl. I S. 2794) ist erstmals anzuwenden auf Aktien an REIT-Aktiengesellschaften und Anteilen an anderen REIT-Körperschaften, -Personenvereinigungen oder -Vermögensmassen, die nach dem 31. Dezember 2008 veräußert werden.

(9) § 19 Abs. 6 ist erstmals auf nach dem 31. Dezember 2008 zufließende Dividenden anzuwenden.

(10) [1]§ 20 Abs. 1 in der Fassung des Artikels 37 des Gesetzes vom 19. Dezember 2008 (BGBl. I S. 2794) ist erstmals auf Kapitalerträge anzuwenden, die dem Gläubiger nach dem 31. Dezember 2008 zufließen, und auf Veräußerungen von Aktien an REIT-Aktiengesellschaften oder Anteilen an anderen REIT-Körperschaften, -Personenvereinigungen oder -Vermögensmassen, die nach dem 31. Dezember 2008 erworben werden. [2]§ 20 Abs. 2 in der am 1. Januar 2007 geltenden Fassung ist letztmals auf Veräußerungen von Aktien an REIT-Aktiengesellschaften oder Anteilen an anderen REIT-Körperschaften, -Per-

---

1) § 23 wurde durch das JStG 2009 neu gefasst. Die frühere Fassung lautete:
„§ 23 Anwendungsregelungen
(1) [1]§ 19 ist erstmals auf Bezüge anzuwenden, die dem Anteilseigner nach dem Beginn der Steuerbefreiung der REIT-Aktiengesellschaft zufließen. [2]Abweichend von Satz 1 ist auf Gewinnausschüttungen, die auf einem den gesellschaftsrechtlichen Vorschriften entsprechenden Gewinnverteilungsbeschluss für ein abgelaufenes Wirtschaftsjahr beruhen, im ersten Wirtschaftsjahr der steuerbefreiten REIT-Aktiengesellschaft § 19 noch nicht anzuwenden.
(2) § 19 ist erstmals auf Bezüge einer anderen REIT-Körperschaft, -Personenvereinigung oder -Vermögensmasse anzuwenden, die dem Anleger nach dem 31. Dezember 2007 zufließen.
(3) Bei Wegfall der Steuerbefreiung ist auf Gewinnausschüttungen, die auf einem den gesellschaftsrechtlichen Vorschriften entsprechenden Gewinnverteilungsbeschluss für ein abgelaufenes Wirtschaftsjahr beruhen, für das noch die Steuerbefreiung der REIT-Aktiengesellschaft galt, § 19 anzuwenden.
(4) § 19 ist nicht mehr auf Bezüge anzuwenden, die dem Anleger nach dem Ende des Wirtschaftsjahres zufließen, in dem die ausländische Körperschaft, Personenvereinigung oder Vermögensmasse nicht mehr die Voraussetzungen des § 19 Abs. 5 erfüllt.
(5) Auf Veräußerungen oder die Bewertung von Anteilen an einer REIT-Aktiengesellschaft oder anderen REIT-Körperschaft, -Personenvereinigung oder -Vermögensmasse ist § 19 Abs. 4 anzuwenden, solange die REIT-Aktiengesellschaft steuerbefreit ist oder die andere REIT-Körperschaft, -Personenvereinigung oder -Vermögensmasse die Voraussetzungen des § 19 Abs. 5 erfüllt."

sonenvereinigungen oder -Vermögensmassen anzuwenden, die vor dem 1. Januar 2009 erworben werden.

**Gesetz über deutsche Immobilien-Aktiengesellschaften mit börsennotierten Anteilen
(REITG)
Gewährung der Steuerfreiheit aufgrund der Eintragung im Handelsregister als REIT-AG**

BMF-Schreiben vom 10.7.2007 – IV B 8 – S 1983/07/0001 – 2007/0314201

(Abgedruckt vgl. Anlage § 001-08)

HGB

in der im Bundesgesetzblatt Teil III, Gliederungsnummer 4100-1, veröffentlichten bereinigten Fassung

Auszug

Zweiter Unterabschnitt

Ergänzende Vorschriften für Versicherungsunternehmen und Pensionsfonds

Erster Titel

Anwendungsbereich

§ 341

(1) Dieser Unterabschnitt ist, soweit nichts anderes bestimmt ist, auf Unternehmen, die den Betrieb von Versicherungsgeschäften zum Gegenstand haben und nicht Träger der Sozialversicherung sind (Versicherungsunternehmen), anzuwenden. Dies gilt nicht für solche Versicherungsunternehmen, die auf Grund von Gesetz, Tarifvertrag oder Satzung ausschließlich für ihre Mitglieder oder die durch Gesetz oder Satzung begünstigten Personen Leistungen erbringen oder als nicht rechtsfähige Einrichtungen ihre Aufwendungen im Umlageverfahren decken, es sei denn, sie sind Aktiengesellschaften, Versicherungsvereine auf Gegenseitigkeit oder rechtsfähige kommunale Schadenversicherungsunternehmen.

(2) Versicherungsunternehmen im Sinne des Absatzes 1 sind auch Niederlassungen im Geltungsbereich dieses Gesetzes von Versicherungsunternehmen mit Sitz in einem anderen Staat, wenn sie zum Betrieb des Direktversicherungsgeschäfts der Erlaubnis durch die deutsche Versicherungsaufsichtsbehörde bedürfen.

(3) Zusätzliche Anforderungen auf Grund von Vorschriften, die wegen der Rechtsform oder für Niederlassungen bestehen, bleiben unberührt.

(4) Die Vorschriften des Ersten bis Siebenten Titels dieses Unterabschnitts sind mit Ausnahme von Absatz 1 Satz 2 auf Pensionsfonds (§ 112 Abs. 1 des Versicherungsaufsichtsgesetzes) entsprechend anzuwenden. § 341d ist mit der Maßgabe anzuwenden, dass Kapitalanlagen für Rechnung und Risiko von Arbeitnehmern und Arbeitgebern mit dem Zeitwert unter Berücksichtigung des Grundsatzes der Vorsicht zu bewerten sind; §§ 341b, 341c sind insoweit nicht anzuwenden.

§ 341a

Anzuwendende Vorschriften

(1)[1] Versicherungsunternehmen haben einen Jahresabschluß und einen Lagebericht nach den für große Kapitalgesellschaften geltenden Vorschriften des Ersten Unterabschnitts des Zweiten Abschnitts in den ersten vier Monaten des Geschäftsjahres für das vergangene Geschäftsjahr aufzustellen und dem Abschlußprüfer zur Durchführung der Prüfung vorzulegen; die Frist des § 264 Abs. 1 Satz 3 gilt nicht. Ist das Versicherungsunternehmen eine Kapitalgesellschaft im Sinn des § 325 Abs. 4 Satz 1 und nicht zugleich im Sinn des § 327a, beträgt die Frist nach Satz 1 vier Monate.

(2)[2] § 265 Abs. 6, §§ 267, 268 Abs. 4 Satz 1, Abs. 5 Satz 1 und 2, §§ 276, 277 Abs. 1 und 2, § 285 Nr. 8 Buchstabe a und § 288 sind nicht anzuwenden. Anstelle von § 247 Abs. 1, §§ 251, 265 Abs. 7, §§ 266, 268 Abs. 2 und 7, §§ 275, 285 Nr. 4 und 8 Buchstabe b sowie § 286 Abs. 2 sind die durch Rechtsverordnung erlassenen Formblätter und anderen Vorschriften anzuwenden. § 246 Abs. 2 ist nicht anzuwenden, soweit abweichende Vorschriften bestehen. § 264 Abs. 3 und § 264b sind mit der Maßgabe anzuwenden, daß das Versicherungsunternehmen unter den genannten Voraussetzungen die Vorschriften des Vierten Unterabschnitts des Zweiten Abschnitts nicht anzuwenden braucht. § 285 Nr. 3a gilt mit der Maßgabe, daß die Angaben für solche finanzielle Verpflichtungen nicht zu machen sind, die im Rahmen des Versicherungsgeschäfts entstehen.

(3) Auf Krankenversicherungsunternehmen, die das Krankenversicherungsgeschäft ausschließlich oder überwiegend nach Art der Lebensversicherung betreiben, sind die für die Rechnungslegung der Lebensversicherungsunternehmen geltenden Vorschriften entsprechend anzuwenden.

(4) Auf Versicherungsunternehmen, die nicht Aktiengesellschaften, Kommanditgesellschaften auf Aktien oder kleinere Vereine sind, sind § 152 Abs. 2 und 3 sowie die §§ 170 bis 176 des Aktiengesetzes entsprechend anzuwenden; § 160 des Aktiengesetzes ist entsprechend anzuwenden, soweit er sich auf Genußrechte bezieht.

---

1) § 341a Abs. 1 Satz 1 i.d.F. von Art. 1 Nr. 79 Buchst. a des Gesetzes vom 25. Mai 2009 (BGBl. I 1102).

2) § 341a Abs. 2 Satz 1, 2 und 5 i.d.F. von Art. 1 Nr. 79 Buchst. a des Gesetzes vom 25. Mai 2009 (BGBl. I 1102).

(5) Bei Versicherungsunternehmen, die ausschließlich die Rückversicherung betreiben oder deren Beiträge aus in Rückdeckung übernommenen Versicherungen die übrigen Beiträge übersteigen, verlängert sich die in Absatz 1 Satz 1 erster Halbsatz genannte Frist von vier Monaten auf zehn Monate, sofern das Geschäftsjahr mit dem Kalenderjahr übereinstimmt; die Hauptversammlung oder die Versammlung der obersten Vertretung, die den Jahresabschluß entgegennimmt oder festzustellen hat, muß abweichend von § 175 Abs. 1 Satz 2 des Aktiengesetzes spätestens 14 Monate nach dem Ende des vergangenen Geschäftsjahres stattfinden. Die Frist von vier Monaten nach Absatz 1 Satz 2 verlängert sich in den Fällen des Satzes 1 nicht.

Dritter Titel

Bewertungsvorschriften

§ 341b

Bewertung von Vermögensgegenständen

(1) Versicherungsunternehmen haben immaterielle Vermögensgegenstände, soweit sie entgeltlich erworben wurden, Grundstücke, grundstücksgleiche Rechte und Bauten einschließlich der Bauten auf fremden Grundstücken, technische Anlagen und Maschinen, andere Anlagen, Betriebs- und Geschäftsausstattung, Anlagen im Bau und Vorräte nach den für das Anlagevermögen geltenden Vorschriften zu bewerten. Satz 1 ist vorbehaltlich Absatz 2 und § 341c auch auf Kapitalanlagen anzuwenden, soweit es sich hierbei um Beteiligungen, Anteile an verbundenen Unternehmen, Ausleihungen an verbundene Unternehmen oder an Unternehmen, mit denen ein Beteiligungsverhältnis besteht, Namensschuldverschreibungen, Hypothekendarlehen und andere Forderungen und Rechte, sonstige Ausleihungen und Depotforderungen aus dem in Rückdeckung übernommenen Versicherungsgeschäft handelt.[1] § 253 Abs. 3 Satz 4 ist nur auf die in Satz 2 bezeichneten Vermögensgegenstände anzuwenden.

(2) Auf Kapitalanlagen, soweit es sich hierbei um Aktien einschließlich der eigenen Anteile, Investmentanteile sowie sonstige festverzinsliche und nicht festverzinsliche Wertpapiere handelt, sind die für das Umlaufvermögen geltenden § 253 Abs. 1 Satz 1, Abs. 4 und 5, § 256 anzuwenden, es sei denn, dass sie dazu bestimmt werden, dauernd dem Geschäftsbetrieb zu dienen; in diesem Fall sind sie nach den für das Anlagevermögen geltenden Vorschriften zu bewerten.[2]

(3) § 256 Satz 2 in Verbindung mit § 240 Abs. 3 über die Bewertung zum Festwert ist auf Grundstücke, Bauten und im Bau befindliche Anlagen nicht anzuwenden.

(4)[3] Verträge, die von Pensionsfonds bei Lebensversicherungsunternehmen zur Deckung von Verpflichtungen gegenüber Versorgungsberechtigten eingegangen werden, sind mit dem Zeitwert unter Berücksichtigung des Grundsatzes der Vorsicht zu bewerten; die Absätze 1 bis 3 sind insoweit nicht anzuwenden.

§ 341c

Namensschuldverschreibungen, Hypothekendarlehen und andere Forderungen

(1) Abweichend von § 253 Abs. 1 Satz 1 dürfen Namensschuldverschreibungen, Hypothekendarlehen und andere Forderungen mit ihrem Nennbetrag angesetzt werden.

(2) Ist der Nennbetrag höher als die Anschaffungskosten, so ist der Unterschiedsbetrag in den Rechnungsabgrenzungsposten auf der Passivseite aufzunehmen, planmäßig aufzulösen und in seiner jeweiligen Höhe in der Bilanz oder im Anhang gesondert anzugeben. Ist der Nennbetrag niedriger als die Anschaffungskosten, darf der Unterschiedsbetrag in den Rechnungsabgrenzungsposten auf der Aktivseite aufgenommen werden; er ist planmäßig aufzulösen und in seiner jeweiligen Höhe in der Bilanz oder im Anhang gesondert anzugeben.

§ 341d

Anlagestock der fondsgebundenen Lebensversicherung

Kapitalanlagen für Rechnung und Risiko von Inhabern von Lebensversicherungen, für die ein Anlagestock nach § 54b des Versicherungsaufsichtsgesetzes zu bilden ist, sind mit dem Zeitwert unter Berücksichtigung des Grundsatzes der Vorsicht zu bewerten; die §§ 341b, 341c sind nicht anzuwenden.

---

1) § 341b Abs. 1 Satz 3 i.d.F. von Art. 1 Nr. 80 Buchst. a des Gesetzes vom 25. Mai 2009 (BGBl. I 1102).
2) § 341b Abs. 2 Satz 2 a.F. aufgehoben durch Gesetz vom 25. Mai 2009 (BGBl. I 1102).
3) § 341b Abs. 4 eingefügt durch Art. 1 Nr. 80 Buchst. c des Gesetzes vom 25. Mai 2009 (BGBl. I 1102).

Vierter Titel

Versicherungstechnische Rückstellungen

§ 341e

Allgemeine Bilanzierungsgrundsätze

(1) Versicherungsunternehmen haben versicherungstechnische Rückstellungen auch insoweit zu bilden, wie dies nach vernünftiger kaufmännischer Beurteilung notwendig ist, um die dauernde Erfüllbarkeit der Verpflichtungen aus den Versicherungsverträgen sicherzustellen. Dabei sind die im Interesse der Versicherten erlassenen aufsichtsrechtlichen Vorschriften über die bei der Berechnung der Rückstellungen zu verwendenden Rechnungsgrundlagen einschließlich des dafür anzusetzenden Rechnungszinsfußes und über die Zuweisung bestimmter Kapitalerträge zu den Rückstellungen zu berücksichtigen. Die Rückstellungen sind nach den Wertverhältnissen am Abschlussstichtag zu bewerten und nicht nach § 253 Abs. 2 abzuzinsen [1].

(2) Versicherungstechnische Rückstellungen sind außer in den Fällen der §§ 341f bis 341h insbesondere zu bilden

1. für den Teil der Beiträge, der Ertrag für eine bestimmte Zeit nach dem Abschlußstichtag darstellt (Beitragsüberträge);

2. für erfolgsabhängige und erfolgsunabhängige Beitragsrückerstattungen, soweit die ausschließliche Verwendung der Rückstellung zu diesem Zweck durch Gesetz, Satzung, geschäftsplanmäßige Erklärung oder vertragliche Vereinbarung gesichert ist (Rückstellung für Beitragsrückerstattung);

3. für Verluste, mit denen nach dem Abschlußstichtag aus bis zum Ende des Geschäftsjahres geschlossenen Verträgen zu rechnen ist (Rückstellung für drohende Verluste aus dem Versicherungsgeschäft).

(3) Soweit eine Bewertung nach § 252 Abs. 1 Nr. 3 oder § 240 Abs. 4 nicht möglich ist oder der damit verbundene Aufwand unverhältnismäßig wäre, können die Rückstellungen auf Grund von Näherungsverfahren geschätzt werden, wenn anzunehmen ist, daß diese zu annähernd gleichen Ergebnissen wie Einzelberechnungen führen.

§ 341f

Deckungsrückstellung

(1) Deckungsrückstellungen sind für die Verpflichtungen aus dem Lebensversicherungs- und dem nach Art der Lebensversicherung betriebenen Versicherungsgeschäft in Höhe ihres versicherungsmathematisch errechneten Wertes einschließlich bereits zugeteilter Überschußanteile mit Ausnahme der verzinslich angesammelten Überschußanteile und nach Abzug des versicherungsmathematisch ermittelten Barwerts der künftigen Beiträge zu bilden (prospektive Methode). Ist eine Ermittlung des Wertes der künftigen Verpflichtungen und der künftigen Beiträge nicht möglich, hat die Berechnung auf Grund der aufgezinsten Einnahmen und Ausgaben der vorangegangenen Geschäftsjahre zu erfolgen (retrospektive Methode).

(2) Bei der Bildung der Deckungsrückstellung sind auch gegenüber den Versicherten eingegangene Zinssatzverpflichtungen zu berücksichtigen, sofern die derzeitigen oder zu erwartenden Erträge der Vermögenswerte des Unternehmens für die Deckung dieser Verpflichtungen nicht ausreichen.

(3) In der Krankenversicherung, die nach Art der Lebensversicherung betrieben wird, ist als Deckungsrückstellung eine Alterungsrückstellung zu bilden; hierunter fallen auch der Rückstellung bereits zugeführte Beträge aus der Rückstellung für Beitragsrückerstattung sowie Zuschreibungen, die dem Aufbau einer Anwartschaft auf Beitragsermäßigung im Alter dienen. Bei der Berechnung sind die für die Berechnung der Prämien geltenden aufsichtsrechtlichen Bestimmungen zu berücksichtigen.

§ 341g

Rückstellung für noch nicht abgewickelte Versicherungsfälle

(1) Rückstellungen für noch nicht abgewickelte Versicherungsfälle sind für die Verpflichtungen aus den bis zum Ende des Geschäftsjahres eingetretenen, aber noch nicht abgewickelten Versicherungsfällen zu bilden. Hierbei sind die gesamten Schadenregulierungsaufwendungen zu berücksichtigen.

(2) Für bis zum Abschlußstichtag eingetretene, aber bis zur inventurmäßigen Erfassung noch nicht gemeldete Versicherungsfälle ist die Rückstellung pauschal zu bewerten. Dabei sind die bisherigen Erfahrungen in bezug auf die Anzahl der nach dem Abschlußstichtag gemeldeten Versicherungsfälle und die Höhe der damit verbundenen Aufwendungen zu berücksichtigen.

---

1) § 341e Abs. 1 Satz 3 eingefügt durch Gesetz vom 25. Mai 2009 (BGBl. I 1102).

(3) Bei Krankenversicherungsunternehmen ist die Rückstellung anhand eines statistischen Näherungsverfahrens zu ermitteln. Dabei ist von den in den ersten Monaten des nach dem Abschlußstichtag folgenden Geschäftsjahres erfolgten Zahlungen für die bis zum Abschlußstichtag eingetretenen Versicherungsfälle auszugehen.

(4) Bei Mitversicherungen muß die Rückstellung der Höhe nach anteilig zumindest derjenigen entsprechen, die der führende Versicherer nach den Vorschriften oder der Übung in dem Land bilden muß, von dem aus er tätig wird.

(5) Sind die Versicherungsleistungen auf Grund rechtskräftigen Urteils, Vergleichs oder Anerkenntnisses in Form einer Rente zu erbringen, so müssen die Rückstellungsbeträge nach anerkannten versicherungsmathematischen Methoden berechnet werden.

§ 341h
Schwankungsrückstellung und ähnliche Rückstellungen

(1) Schwankungsrückstellungen sind zum Ausgleich der Schwankungen im Schadenverlauf künftiger Jahre zu bilden, wenn insbesondere

1. nach den Erfahrungen in dem betreffenden Versicherungszweig mit erheblichen Schwankungen der jährlichen Aufwendungen für Versicherungsfälle zu rechnen ist,

2. die Schwankungen nicht jeweils durch Beiträge ausgeglichen werden und

3. die Schwankungen nicht durch Rückversicherungen gedeckt sind.

(2) Für Risiken gleicher Art, bei denen der Ausgleich von Leistung und Gegenleistung wegen des hohen Schadenrisikos im Einzelfall nach versicherungsmathematischen Grundsätzen nicht im Geschäftsjahr, sondern nur in einem am Abschlußstichtag nicht bestimmbaren Zeitraum gefunden werden kann, ist eine Rückstellung zu bilden und in der Bilanz als „ähnliche Rückstellung" unter den Schwankungsrückstellungen auszuweisen.

Einführungsgesetz zum HGB

in der im Bundesgesetzblatt Teil III, Gliederungsnummer 4100-1, veröffentlichten bereinigten Fassung

Auszug

Fünfter Abschnitt

Übergangsvorschriften
zum Versicherungsbilanzrichtlinie-Gesetz

Artikel 32

(1) Die vom Inkrafttreten der Artikel 1 bis 5 des Versicherungsbilanzrichtlinie-Gesetzes vom 24. Juni 1994 an geltende Fassung der Vorschriften über den Jahresabschluß, den Lagebericht, den Konzernabschluß, den Konzernlagebericht und deren Prüfung sowie über die Pflicht zur Offenlegung dieser und der dazugehörenden Unterlagen ist erstmals auf das nach dem 31. Dezember 1994 beginnende Geschäftsjahr anzuwenden. In der nach Artikel 1 des Versicherungsbilanzrichtlinie-Gesetzes (§ 330 Abs. 1 in Verbindung mit Abs. 3 und 4 des Handelsgesetzbuchs) zu erlassenen Verordnung kann bestimmt werden, daß der Zeitwert der Grundstücke und Bauten im Anhang erstmals für das nach dem 31. Dezember 1998 beginnende Geschäftsjahr und der Zeitwert für die in § 341b Abs. 1 Satz 2, Abs. 2 des Handelsgesetzbuchs genannten Vermögensgegenstände erstmals für das nach dem 31. Dezember 1996 beginnende Geschäftsjahr anzugeben ist.

(2) Auf Geschäftsjahre, die vor dem 1. Januar 1995 beginnen, sind die Vorschriften über den Jahresabschluß, den Lagebericht, den Konzernabschluß, den Konzernlagebericht und deren Prüfung sowie über die Pflicht zur Offenlegung dieser und der dazugehörenden Unterlagen in der am 1. Januar 1986 geltenden Fassung und die Vorschriften der Verordnung über die Rechnungslegung von Versicherungsunternehmen vom 11. Juli 1973 (BGBl. I S. 1209), zuletzt geändert durch Verordnung vom 23. Dezember 1986 (BGBl. 1987 I S. 2), anzuwenden.

(3) Niederlassungen im Geltungsbereich dieses Gesetzes von Versicherungsunternehmen mit Sitz in einem anderen Mitgliedstaat der Europäischen Gemeinschaft brauchen die Vorschriften über den Jahresabschluß, den Lagebericht und deren Prüfung sowie über die Pflicht zur Offenlegung dieser und der dazugehörenden Unterlagen in der bis zum Inkrafttreten der Artikel 1 bis 5 des Versicherungsbilanzrichtlinie-Gesetzes vom 24. Juni 1994 geltenden Fassung bereits ab Geschäftsjahre, die nach dem 31. Dezember 1993 enden, nicht mehr anzuwenden, wenn sie die Vorschriften über die Pflicht zur Offenlegung des Jahresabschlusses, des Lageberichts, des Konzernabschlusses, des Konzernlageberichts sowie der dazu gehörenden Unterlagen in der vom Inkrafttreten der Artikel 1 bis 5 des Versicherungsbilanzrichtlinie-Gesetzes vom 24. Juni 1994 an geltenden Fassung anwenden.

(4) § 341b Abs. 2 des Handelsgesetzbuchs in der vom 4. April 2002 an geltenden Fassung ist erstmals auf den Jahres- und Konzernabschluss für das am 30. September 2001 oder später endende Geschäftsjahr anzuwenden. § 341b Abs. 2 des Handelsgesetzbuchs in der am 3. April 2002 geltenden Fassung ist letztmals auf den Jahres- und Konzernabschluss für das vor dem 30. September 2001 endende Geschäftsjahr anzuwenden.

Artikel 33

(1) Waren wie Anlagevermögen behandelte Vermögensgegenstände im Abschluß für das am 31. Dezember 1994 endende oder laufende Geschäftsjahr mit einem niedrigeren Wert angesetzt, als er nach § 240 Abs. 3 und 4, §§ 252, 253 Abs. 1 und 2, §§ 254, 255, 279, 280 Abs. 1 und 2 sowie §§ 341b bis 341d des Handelsgesetzbuchs zulässig ist, so darf der niedrigere Wertansatz beibehalten werden. § 253 Abs. 2 des Handelsgesetzbuchs ist in diesem Fall mit der Maßgabe anzuwenden, daß der niedrigere Wertansatz um planmäßige Abschreibungen entsprechend der voraussichtlichen Restnutzungsdauer zu vermindern ist.

(2) Waren nicht wie Anlagevermögen behandelte Vermögensgegenstände im Jahresbschluß für das am 31. Dezember 1994 endende oder laufende Geschäftsjahr mit einem niedrigeren Wert angesetzt, als er nach §§ 252, 253 Abs. 1, 3 und 4, §§ 254, 255 Abs. 1 und 2, §§ 256, 279 Abs. 1 Satz 1, Abs. 2, § 280 Abs. 1 und 2 zulässig sowie §§ 341b bis 341d des Handelsgesetzbuchs zulässig ist, so darf der niedrigere Wertansatz insoweit beibehalten werden, als er aus den Gründen des § 253 Abs. 3, §§ 254, 279 Abs. 2, § 280 Abs. 2 des Handelsgesetzbuchs angesetzt worden ist.

(3) Soweit ein niedrigerer Wertansatz nach den Absätzen 1 und 2 nicht beibehalten werden darf oder nicht beibehalten wird, kann bei der Aufstellung des Jahresabschlusses für das nach dem 31. Dezember 1994 beginnende Geschäftsjahr der Unterschiedsbetrag zwischen dem im letzten vorausgehenden Jahresabschluß angesetzten Wert und dem nach den Vorschriften des Dritten Buches des Handelsgesetzbuchs anzusetzenden Wert in Gewinnrücklagen eingestellt oder für die Nachholung von Rückstellungen

verwendet werden; dieser Betrag ist nicht Bestandteil des Ergebnisses. Satz 1 ist entsprechend auf Beträge anzuwenden, die sich ergeben, wenn Rückstellungen oder Sonderposten mit Rücklageanteil wegen Unvereinbarkeit mit § 247 Abs. 3, §§ 249, 253 Abs. 1 Satz 2, § 273 des Handelsgesetzbuchs aufgelöst werden. Vereinbarungen über die Beteiligung der Versicherungsnehmer am Überschuß bleiben unberührt.

(4) Waren Schulden, insbesondere versicherungstechnische Rückstellungen, im Jahresabschluß für das am 31. Dezember 1994 endende oder laufende Geschäftsjahr mit einem niedrigeren Wert angesetzt, als er nach §§ 249, 253 Abs. 1 Satz 2 oder § 341e bis 341h des Handelsgesetzbuchs vorgeschrieben oder zulässig ist, so kann bei der Aufstellung des Jahresabschlusses für das nach dem 31. Dezember 1994 beginnende Geschäftsjahr der für die Nachholung erforderliche Betrag den Rücklagen entnommen werden, soweit diese nicht durch Gesetz, Gesellschaftsvertrag oder Satzung für andere Zwecke gebunden sind; dieser Betrag ist nicht Bestandteil des Ergebnisses oder des Bilanzgewinns.

(5) Ändern sich bei der erstmaligen Anwendung der durch die Artikel 1 bis 5 des Versicherungsbilanzrichtlinie-Gesetzes geänderten Vorschriften die bisherige Form der Darstellung oder die bisher angewandten Bewertungsmethoden, so sind § 252 Abs. 1 Nr. 6, § 265 Abs. 1, § 284 Abs. 2 Nr. 3 des Handelsgesetzbuchs bei der erstmaligen Aufstellung eines Jahresabschlusses oder Konzernabschlusses nach den geänderten Vorschriften auf diese Änderungen nicht anzuwenden. Außerdem brauchen die Vorjahreszahlen bei der erstmaligen Anwendung nicht angegeben zu werden.

Gesetz über die Elektrizitäts- und Gasversorgung (Energiewirtschaftsgesetz – EnWG)

in der Fassung des Art. 1 des Gesetzes zur Neuregelung des Energiewirtschaftsrechts
vom 07.07.2005 (BGBl. I S. 1970), zuletzt geändert durch Gesetz vom 21. August 2009 (BGBl. I S. 2850)

Auszug

Teil 2

Entflechtung

§ 6

Anwendungsbereich und Ziel der Entflechtung

(1) Vertikal integrierte Energieversorgungsunternehmen und rechtlich selbständige Betreiber von Elektrizitäts- und Gasversorgungsnetzen, die im Sinne von § 3 Nr. 38 mit einem vertikal integrierten Energieversorgungsunternehmen verbunden sind, sind zur Gewährleistung von Transparenz sowie diskriminierungsfreier Ausgestaltung und Abwicklung des Netzbetriebs verpflichtet. Um dieses Ziel zu erreichen, müssen sie die Unabhängigkeit der Netzbetreiber von anderen Tätigkeitsbereichen der Energieversorgung nach den §§ 7 bis 10 sicherstellen. Abweichend von Satz 2 gelten für die Unabhängigkeit der Betreiber von LNG-Anlagen und von Speicheranlagen in vertikal integrierten Energieversorgungsunternehmen, soweit die Anlagen nicht den Gasversorgungsnetzen zugerechnet werden müssen, nur die §§ 9 und 10.

(2) Die in wirtschaftlich engem Zusammenhang mit der rechtlichen oder operationellen Entflechtung nach den §§ 7 und 8 übertragenen Wirtschaftsgüter gelten als Teilbetrieb im Sinne der §§ 15,16, 20 und 24 des Umwandlungssteuergesetzes. Satz 1 gilt nur für diejenigen Wirtschaftsgüter, die unmittelbar auf Grund des Organisationsakts der Entflechtung übertragen werden. Für die Anwendung des § 15 Abs. 1 Satz 2 des Umwandlungssteuergesetzes gilt auch das der übertragenden Körperschaft im Rahmen des Organisationsakts der Entflechtung verbleibende Vermögen als zu einem Teilbetrieb gehörend. § 15 Abs. 3 des Umwandlungssteuergesetzes, § 8b Abs. 4 des Körperschaftsteuergesetzes sowie § 6 Abs. 3 Satz 2 und Abs. 5 Satz 4 bis 6 sowie § 16 Abs. 3 Satz 3 und 4 des Einkommensteuergesetzes finden auf Maßnahmen nach Satz 1 keine Anwendung, sofern diese Maßnahme von Unternehmen im Sinne von § 7 Abs. 1 und 2 bis zum 31. Dezember 2007 und von Unternehmen im Sinne von § 7 Abs. 3 bis zum 31. Dezember 2008 ergriffen worden sind. Bei der Prüfung der Frage, ob die Voraussetzungen für die Anwendung der Sätze 1 und 2 vorliegen, leistet die Regulierungsbehörde den Finanzbehörden Amtshilfe (§ 111 der Abgabenordnung).

(3) Erwerbsvorgänge im Sinne des § 1 des Grunderwerbsteuergesetzes, die sich aus der rechtlichen oder operationellen Entflechtung nach den §§ 7 und 8 ergeben, sind von der Grunderwerbsteuer befreit. Absatz 2 Satz 4 und 5 gilt entsprechend.

(4) Die Absätze 2 und 3 gelten entsprechend für diejenigen Unternehmen, die eine rechtliche Entflechtung auf freiwilliger Grundlage vornehmen.

Auszug aus der Abgabenordnung

in der Fassung der Bekanntmachung vom 1. Oktober 2002 (BGBl. I S. 3866, ber. BGBl. I 2003 S. 61), zuletzt geändert durch Artikel 2 des Gesetzes vom 30. Juli 2009 (BGBl. I S. 2474)

Zweiter Teil

Steuerschuldrecht

3. Abschnitt

Steuerbegünstigte Zwecke

§ 51

Allgemeines

(1) [1]Gewährt das Gesetz eine Steuervergünstigung, weil eine Körperschaft ausschließlich und unmittelbar gemeinnützige, mildtätige oder kirchliche Zwecke (steuerbegünstigte Zwecke) verfolgt, so gelten die folgenden Vorschriften. [2]Unter Körperschaften sind die Körperschaften, Personenvereinigungen und Vermögensmassen im Sinne des Körperschaftsteuergesetzes zu verstehen. [3]Funktionale Untergliederungen (Abteilungen) von Körperschaften gelten nicht als selbständige Steuersubjekte.

(2) Werden die steuerbegünstigten Zwecke im Ausland verwirklicht, setzt die Steuervergünstigung voraus, dass natürliche Personen, die ihren Wohnsitz oder ihren gewöhnlichen Aufenthalt im Geltungsbereich dieses Gesetzes haben, gefördert werden oder die Tätigkeit der Körperschaft neben der Verwirklichung der steuerbegünstigten Zwecke auch zum Ansehen der Bundesrepublik Deutschland im Ausland beitragen kann.

(3) [1]Eine Steuervergünstigung setzt zudem voraus, dass die Körperschaft nach ihrer Satzung und bei ihrer tatsächlichen Geschäftsführung keine Bestrebungen im Sinne des § 4 des Bundesverfassungsschutzgesetzes fördert und dem Gedanken der Völkerverständigung nicht zuwiderhandelt. [2]Bei Körperschaften, die im Verfassungsschutzbericht des Bundes oder eines Landes als extremistische Organisation aufgeführt sind, ist widerlegbar davon auszugehen, dass die Voraussetzungen des Satzes 1 nicht erfüllt sind. [3]Die Finanzbehörde teilt Tatsachen, die den Verdacht von Bestrebungen im Sinne des § 4 des Bundesverfassungsschutzgesetzes oder des Zuwiderhandelns gegen den Gedanken der Völkerverständigung begründen, der Verfassungsschutzbehörde mit.

§ 52

Gemeinnützige Zwecke

(1) [1]Eine Körperschaft verfolgt gemeinnützige Zwecke, wenn ihre Tätigkeit darauf gerichtet ist, die Allgemeinheit auf materiellem, geistigem oder sittlichem Gebiet selbstlos zu fördern. [2]Eine Förderung der Allgemeinheit ist nicht gegeben, wenn der Kreis der Personen, dem die Förderung zugute kommt, fest abgeschlossen ist, zum Beispiel Zugehörigkeit zu einer Familie oder zur Belegschaft eines Unternehmens, oder infolge seiner Abgrenzung, insbesondere nach räumlichen oder beruflichen Merkmalen, dauernd nur klein sein kann. [3]Eine Förderung der Allgemeinheit liegt nicht allein deswegen vor, weil eine Körperschaft ihre Mittel einer Körperschaft des öffentlichen Rechts zuführt.

(2)[1] Unter den Voraussetzungen des Absatzes 1 sind als Förderung der Allgemeinheit anzuerkennen:

1. die Förderung von Wissenschaft und Forschung;

2. die Förderung der Religion;

3. die Förderung des öffentlichen Gesundheitswesens und der öffentlichen Gesundheitspflege, insbesondere die Verhütung und Bekämpfung von übertragbaren Krankheiten, auch durch Krankenhäuser im Sinne des § 67, und von Tierseuchen;

4. die Förderung der Jugend- und Altenhilfe;

5. die Förderung von Kunst und Kultur;

6. die Förderung des Denkmalschutzes und der Denkmalpflege;

7. die Förderung der Erziehung, Volks- und Berufsbildung einschließlich der Studentenhilfe;

8. die Förderung des Naturschutzes und der Landschaftspflege im Sinne des Bundesnaturschutzgesetzes und der Naturschutzgesetze der Länder, des Umweltschutzes, des Küstenschutzes und des Hochwasserschutzes;

---

1) Die §§ 52, 58, 61, 64 und 67a der Abgabenordnung in der Fassung des Artikels 5 des Gesetzes vom 10. Oktober 2007 (BGBl. I S. 2332) sind ab 1. Januar 2007 anzuwenden (Art. 97 § 1d EGAO).

9. die Förderung des Wohlfahrtswesens, insbesondere der Zwecke der amtlich anerkannten Verbände der freien Wohlfahrtspflege (§ 23 der Umsatzsteuer-Durchführungsverordnung), ihrer Unterverbände und ihrer angeschlossenen Einrichtungen und Anstalten;

10. die Förderung der Hilfe für politisch, rassisch oder religiös Verfolgte, für Flüchtlinge, Vertriebene, Aussiedler, Spätaussiedler, Kriegsopfer, Kriegshinterbliebene, Kriegsbeschädigte und Kriegsgefangene, Zivilbeschädigte und Behinderte sowie Hilfe für Opfer von Straftaten; Förderung des Andenkens an Verfolgte, Kriegs- und Katastrophenopfer; Förderung des Suchdienstes für Vermisste;

11. die Förderung der Rettung aus Lebensgefahr;

12. die Förderung des Feuer-, Arbeits-, Katastrophen- und Zivilschutzes sowie der Unfallverhütung;

13. die Förderung internationaler Gesinnung, der Toleranz auf allen Gebieten der Kultur und des Völkerverständigungsgedankens;

14. die Förderung des Tierschutzes;

15. die Förderung der Entwicklungszusammenarbeit;

16. die Förderung von Verbraucherberatung und Verbraucherschutz;

17. die Förderung der Fürsorge für Strafgefangene und ehemalige Strafgefangene;

18. die Förderung der Gleichberechtigung von Frauen und Männern;

19. die Förderung des Schutzes von Ehe und Familie;

20. die Förderung der Kriminalprävention;

21. die Förderung des Sports (Schach gilt als Sport);

22. die Förderung der Heimatpflege und Heimatkunde;

23. die Förderung der Tierzucht, der Pflanzenzucht, der Kleingärtnerei, des traditionellen Brauchtums einschließlich des Karnevals, der Fastnacht und des Faschings, der Soldaten- und Reservistenbetreuung, des Amateurfunkens, des Modellflugs und des Hundesports;

24. die allgemeine Förderung des demokratischen Staatswesens im Geltungsbereich dieses Gesetzes; hierzu gehören nicht Bestrebungen, die nur bestimmte Einzelinteressen staatsbürgerlicher Art verfolgen oder die auf den kommunalpolitischen Bereich beschränkt sind;

25. die Förderung des bürgerschaftlichen Engagements zugunsten gemeinnütziger, mildtätiger und kirchlicher Zwecke.

²Sofern der von der Körperschaft verfolgte Zweck nicht unter Satz 1 fällt, aber die Allgemeinheit auf materiellem, geistigem oder sittlichem Gebiet entsprechend selbstlos gefördert wird, kann dieser Zweck für gemeinnützig erklärt werden. ³Die obersten Finanzbehörden der Länder haben jeweils eine Finanzbehörde im Sinne des Finanzverwaltungsgesetzes zu bestimmen, die für Entscheidungen nach Satz 2 zuständig ist.

§ 53
Mildtätige Zwecke

Eine Körperschaft verfolgt mildtätige Zwecke, wenn ihre Tätigkeit darauf gerichtet ist, Personen selbstlos zu unterstützen,

1. die infolge ihres körperlichen, geistigen oder seelischen Zustandes auf die Hilfe anderer angewiesen sind oder

2. deren Bezüge nicht höher sind als das Vierfache des Regelsatzes der Sozialhilfe im Sinne des § 28 des Zwölften Buches Sozialgesetzbuch; beim Alleinstehenden oder Haushaltsvorstand tritt an die Stelle des Vierfachen das Fünffache des Regelsatzes. ²Dies gilt nicht für Personen, deren Vermögen zur nachhaltigen Verbesserung ihres Unterhalts ausreicht und denen zugemutet werden kann, es dafür zu verwenden. ³Bei Personen, deren wirtschaftliche Lage aus besonderen Gründen zu einer Notlage geworden ist, dürfen die Bezüge oder das Vermögen die genannten Grenzen übersteigen. ⁴Bezüge im Sinne dieser Vorschrift sind

   a) Einkünfte im Sinne des § 2 Abs. 1 des Einkommensteuergesetzes und

   b) andere zur Bestreitung des Unterhalts bestimmte oder geeignete Bezüge,

   die der Alleinstehende oder der Haushaltsvorstand und die sonstigen Haushaltsangehörigen haben. ⁵Zu den Bezügen zählen nicht Leistungen der Sozialhilfe, Leistungen zur Sicherung des Lebensmittelunterhalts nach dem Zweiten Buch Sozialgesetzbuch und bis zur Höhe der Leistungen der Sozialhilfe Unterhaltsleistungen an Personen, die ohne die Unterhaltsleistungen sozialhilfeberechtigt wären, oder Anspruch auf Leistungen zur Sicherung des Lebensunterhalts nach dem Zweiten Buch Sozialgesetzbuch hätten. [6]Unterhaltsansprüche sind zu berücksichtigen.

§ 54

Kirchliche Zwecke

(1) Eine Körperschaft verfolgt kirchliche Zwecke, wenn ihre Tätigkeit darauf gerichtet ist, eine Religionsgemeinschaft, die Körperschaft des öffentlichen Rechts ist, selbstlos zu fördern.

(2) Zu diesen Zwecken gehören insbesondere die Errichtung, Ausschmückung und Unterhaltung von Gotteshäusern und kirchlichen Gemeindehäusern, die Abhaltung von Gottesdiensten, die Ausbildung von Geistlichen, die Erteilung von Religionsunterricht, die Beerdigung und die Pflege des Andenkens der Toten, ferner die Verwaltung des Kirchenvermögens, die Besoldung der Geistlichen, Kirchenbeamten und Kirchendiener, die Alters- und Behindertenversorgung für diese Personen und die Versorgung ihrer Witwen und Waisen.

§ 55

Selbstlosigkeit

(1) Eine Förderung oder Unterstützung geschieht selbstlos, wenn dadurch nicht in erster Linie eigenwirtschaftliche Zwecke – zum Beispiel gewerbliche Zwecke oder sonstige Erwerbszwecke – verfolgt werden und wenn die folgenden Voraussetzungen gegeben sind:

1. [1]Mittel der Körperschaft dürfen nur für die satzungsmäßigen Zwecke verwendet werden. [2]Die Mitglieder oder Gesellschafter (Mitglieder im Sinne dieser Vorschriften) dürfen keine Gewinnanteile und in ihrer Eigenschaft als Mitglieder auch keine sonstigen Zuwendungen aus Mitteln der Körperschaft erhalten. [3]Die Körperschaft darf ihre Mittel weder für die unmittelbare noch für die mittelbare Unterstützung oder Förderung politischer Parteien verwenden.

2. Die Mitglieder dürfen bei ihrem Ausscheiden oder bei Auflösung oder Aufhebung der Körperschaft nicht mehr als ihre eingezahlten Kapitalanteile und den gemeinen Wert ihrer geleisteten Sacheinlagen zurückerhalten.

3. Die Körperschaft darf keine Person durch Ausgaben, die dem Zweck der Körperschaft fremd sind, oder durch unverhältnismäßig hohe Vergütungen begünstigen.

4. [1]Bei Auflösung oder Aufhebung der Körperschaft oder bei Wegfall ihres bisherigen Zwecks darf das Vermögen der Körperschaft, soweit es die eingezahlten Kapitalanteile der Mitglieder und den gemeinen Wert der von den Mitgliedern geleisteten Sacheinlagen übersteigt, nur für steuerbegünstigte Zwecke verwendet werden (Grundsatz der Vermögensbindung). [2]Diese Voraussetzung ist auch erfüllt, wenn das Vermögen einer anderen steuerbegünstigten Körperschaft oder einer Körperschaft des öffentlichen Rechts für steuerbegünstigte Zwecke übertragen werden soll.

5. [1]Die Körperschaft muss ihre Mittel grundsätzlich zeitnah für ihre steuerbegünstigten satzungsmäßigen Zwecke verwenden. [2]Verwendung in diesem Sinne ist auch die Verwendung der Mittel für die Anschaffung oder Herstellung von Vermögensgegenständen, die satzungsmäßigen Zwecken dienen. [3]Eine zeitnahe Mittelverwendung ist gegeben, wenn die Mittel spätestens in dem auf den Zufluss folgenden Kalender- oder Wirtschaftsjahr für die steuerbegünstigten satzungsmäßigen Zwecke verwendet werden.

(2) Bei der Ermittlung des gemeinen Werts (Absatz 1 Nr. 2 und 4) kommt es auf die Verhältnisse zu dem Zeitpunkt an, in dem die Sacheinlagen geleistet worden sind.

(3) Die Vorschriften, die die Mitglieder der Körperschaft betreffen (Absatz 1 Nr. 1, 2 und 4), gelten bei Stiftungen für die Stifter und ihre Erben, bei Betrieben gewerblicher Art von Körperschaften des öffentlichen Rechts für die Körperschaft sinngemäß, jedoch mit der Maßgabe, dass bei Wirtschaftsgütern, die nach § 6 Abs. 1 Nummer 4 Satz 4[1)] des Einkommensteuergesetzes aus einem Betriebsvermögen zum Buchwert entnommen worden sind, an die Stelle des gemeinen Werts der Buchwert der Entnahme tritt.

§ 56

Ausschließlichkeit

Ausschließlichkeit liegt vor, wenn eine Körperschaft nur ihre steuerbegünstigten satzungsmäßigen Zwecke verfolgt.

---

1) Zitatanpassung durch Art. 3 des Gesetzes vom 20. April 2009 (BGBl. I S. 774).

§ 57
Unmittelbarkeit

(1) ¹Eine Körperschaft verfolgt unmittelbar ihre steuerbegünstigten satzungsmäßigen Zwecke, wenn sie selbst diese Zwecke verwirklicht. ²Das kann auch durch Hilfspersonen geschehen, wenn nach den Umständen des Falls, insbesondere nach den rechtlichen und tatsächlichen Beziehungen, die zwischen der Körperschaft und der Hilfsperson bestehen, das Wirken der Hilfsperson wie eigenes Wirken der Körperschaft anzusehen ist.

(2) Eine Körperschaft, in der steuerbegünstigte Körperschaften zusammengefasst sind, wird einer Körperschaft, die unmittelbar steuerbegünstigte Zwecke verfolgt, gleichgestellt.

§ 58
Steuerlich unschädliche Betätigungen

Die Steuervergünstigung wird nicht dadurch ausgeschlossen, dass

1. eine Körperschaft Mittel für die Verwirklichung der steuerbegünstigten Zwecke einer anderen Körperschaft oder für die Verwirklichung steuerbegünstigter Zwecke durch eine Körperschaft des öffentlichen Rechts beschafft; die Beschaffung von Mitteln für eine unbeschränkt steuerpflichtige Körperschaft des privaten Rechts setzt voraus, dass diese selbst steuerbegünstigt ist,

2. eine Körperschaft ihre Mittel teilweise einer anderen, ebenfalls steuerbegünstigten Körperschaft oder einer Körperschaft des öffentlichen Rechts zur Verwendung zu steuerbegünstigten Zwecken zuwendet,

3. ¹⁾ eine Körperschaft ihre Arbeitskräfte anderen Personen, Unternehmen, Einrichtungen oder einer Körperschaft des öffentlichen Rechts für steuerbegünstigte Zwecke zur Verfügung stellt,

4. ²⁾ eine Körperschaft ihr gehörende Räume einer anderen, ebenfalls steuerbegünstigten Körperschaft oder einer Körperschaft des öffentlichen Rechts zur Nutzung zu steuerbegünstigten Zwecken überlässt,

5. eine Stiftung einen Teil, jedoch höchstens ein Drittel ihres Einkommens dazu verwendet, um in angemessener Weise den Stifter und seine nächsten Angehörigen zu unterhalten, ihre Gräber zu pflegen und ihr Andenken zu ehren,

6. eine Körperschaft ihre Mittel ganz oder teilweise einer Rücklage zuführt, soweit dies erforderlich ist, um ihre steuerbegünstigten satzungsmäßigen Zwecke nachhaltig erfüllen zu können,

7. a) eine Körperschaft höchstens ein Drittel des Überschusses der Einnahmen über die Unkosten aus Vermögensverwaltung und darüber hinaus höchstens 10 Prozent ihrer sonstigen nach § 55 Abs. 1 Nr. 5 zeitnah zu verwendenden Mittel einer freien Rücklage zuführt,

   b) eine Körperschaft Mittel zum Erwerb von Gesellschaftsrechten zur Erhaltung der prozentualen Beteiligung an Kapitalgesellschaften ansammelt oder im Jahr des Zuflusses verwendet; diese Beträge sind auf die nach Buchstabe a in demselben Jahr oder künftig zulässigen Rücklagen anzurechnen,

8. eine Körperschaft gesellige Zusammenkünfte veranstaltet, die im Vergleich zu ihrer steuerbegünstigten Tätigkeit von untergeordneter Bedeutung sind,

9. ein Sportverein neben dem unbezahlten auch den bezahlten Sport fördert,

10. eine von einer Gebietskörperschaft errichtete Stiftung zur Erfüllung ihrer steuerbegünstigten Zwecke Zuschüsse an Wirtschaftsunternehmen vergibt,

11. eine Körperschaft folgende Mittel ihrem Vermögen zuführt:

    a) Zuwendungen von Todes wegen, wenn der Erblasser keine Verwendung für den laufenden Aufwand der Körperschaft vorgeschrieben hat,

    b) Zuwendungen, bei denen der Zuwendende ausdrücklich erklärt, dass sie zur Ausstattung der Körperschaft mit Vermögen oder zur Erhöhung des Vermögens bestimmt sind,

    c) Zuwendungen auf Grund eines Spendenaufrufs der Körperschaft, wenn aus dem Spendenaufruf ersichtlich ist, dass Beträge zur Aufstockung des Vermögens erbeten werden,

    d) Sachzuwendungen, die ihrer Natur nach zum Vermögen gehören,

---

1) Die §§ 52, 58, 61, 64 und 67a der Abgabenordnung in der Fassung des Artikels 5 des Gesetzes vom 10. Oktober 2007 (BGBl. I S. 2332) sind ab 1. Januar 2007 anzuwenden (Art. 97 § 1d EGAO).

2) Die §§ 52, 58, 61, 64 und 67a der Abgabenordnung in der Fassung des Artikels 5 des Gesetzes vom 10. Oktober 2007 (BGBl. I S. 2332) sind ab 1. Januar 2007 anzuwenden (Art. 97 § 1d EGAO).

12. eine Stiftung im Jahr ihrer Errichtung und in den zwei folgenden Kalenderjahren Überschüsse aus der Vermögensverwaltung und die Gewinne aus wirtschaftlichen Geschäftsbetrieben (§ 14) ganz oder teilweise ihrem Vermögen zuführt.

§ 59
Voraussetzung der Steuervergünstigung

Die Steuervergünstigung wird gewährt, wenn sich aus der Satzung, dem Stiftungsgeschäft oder der sonstigen Verfassung (Satzung im Sinne dieser Vorschriften) ergibt, welchen Zweck die Körperschaft verfolgt, dass dieser Zweck den Anforderungen der §§ 52 bis 55 entspricht und dass er ausschließlich und unmittelbar verfolgt wird; die tatsächliche Geschäftsführung muss diesen Satzungsbestimmungen entsprechen.

§ 60
Anforderungen an die Satzung

(1) ¹Die Satzungszwecke und die Art ihrer Verwirklichung müssen so genau bestimmt sein, dass auf Grund der Satzung geprüft werden kann, ob die satzungsmäßigen Voraussetzungen für Steuervergünstigungen gegeben sind. ²Die Satzung muss die in der Anlage 1 [1] bezeichneten Festlegungen enthalten.

(2) Die Satzung muss den vorgeschriebenen Erfordernissen bei der Körperschaftsteuer und bei der Gewerbesteuer während des ganzen Veranlagungs- oder Bemessungszeitraums, bei den anderen Steuern im Zeitpunkt der Entstehung der Steuer entsprechen.

§ 61
Satzungsmäßige Vermögensbindung

(1) Eine steuerlich ausreichende Vermögensbindung (§ 55 Abs. 1 Nr. 4) liegt vor, wenn der Zweck, für den das Vermögen bei Auflösung oder Aufhebung der Körperschaft oder bei Wegfall ihres bisherigen Zwecks verwendet werden soll, in der Satzung so genau bestimmt ist, dass auf Grund der Satzung geprüft werden kann, ob der Verwendungszweck steuerbegünstigt ist.

(2) (weggefallen) [2]

(3) ¹Wird die Bestimmung über die Vermögensbindung nachträglich so geändert, dass sie den Anforderungen des § 55 Abs. 1 Nr. 4 nicht mehr entspricht, so gilt sie von Anfang an als steuerlich nicht ausreichend. ²§ 175 Abs. 1 Satz 1 Nr. 2 ist mit der Maßgabe anzuwenden, dass Steuerbescheide erlassen, aufgehoben oder geändert werden können, soweit sie Steuern betreffen, die innerhalb der letzten zehn Kalenderjahre vor der Änderung der Bestimmung über die Vermögensbindung entstanden sind.

§ 62
(weggefallen) [3]

§ 63
Anforderungen an die tatsächliche Geschäftsführung

(1) Die tatsächliche Geschäftsführung der Körperschaft muss auf die ausschließliche und unmittelbare Erfüllung der steuerbegünstigten Zwecke gerichtet sein und den Bestimmungen entsprechen, die die Satzung über die Voraussetzungen für Steuervergünstigungen enthält.

---

1) Die Anlage ist weiter nachstehend abgedruckt. § 60 Abs. 1 Satz 2 der Abgabenordnung in der Fassung des Artikels 10 des Gesetzes vom 19. Dezember 2008 (BGBl. I S. 2794) ist auf Körperschaften, die nach dem 31. Dezember 2008 gegründet werden, sowie auf Satzungsänderungen bestehender Körperschaften, die nach dem 31. Dezember 2008 wirksam werden, anzuwenden (Art. 97 § 1f Abs. 2 EGAO).

2) Die §§ 52, 58, 61, 64 und 67a der Abgabenordnung in der Fassung des Artikels 5 des Gesetzes vom 10. Oktober 2007 (BGBl. I S. 2332) sind ab 1. Januar 2007 anzuwenden (Art. 97 § 1d EGAO).

3) § 62 AO wurde durch das JStG 2009 gestrichen. Die Vorschrift lautete:
„§ 62 Ausnahmen von der satzungsmäßigen Vermögensbindung
Bei Betrieben gewerblicher Art von Körperschaften des öffentlichen Rechts, bei den von einer Körperschaft des öffentlichen Rechts verwalteten unselbständigen Stiftungen und bei geistlichen Genossenschaften (Orden, Kongregationen) braucht die Vermögensbindung in der Satzung nicht festgelegt zu werden."
„Art. 97 § 1f Abs. 1 EGAO ordnet an: „§ 62 der Abgabenordnung in der Fassung des Artikels 10 des Gesetzes vom 13. Dezember 2006 (BGBl. I S. 2878) gilt für alle staatlich beaufsichtigten Stiftungen, die nach dem Inkrafttreten dieses Gesetzes errichtet werden. § 62 der Abgabenordnung in der am 31. Dezember 2008 geltenden Fassung ist letztmals anzuwenden auf Betriebe gewerblicher Art von Körperschaften des öffentlichen Rechts, bei den von einer Körperschaft des öffentlichen Rechts verwalteten unselbständigen Stiftungen und bei geistlichen Genossenschaften (Orden, Kongregationen), die vor dem 1. Januar 2009 errichtet wurden."

(2) Für die tatsächliche Geschäftsführung gilt sinngemäß § 60 Abs. 2, für eine Verletzung der Vorschrift über die Vermögensbindung § 61 Abs. 3.

(3) Die Körperschaft hat den Nachweis, dass ihre tatsächliche Geschäftsführung den Erfordernissen des Absatzes 1 entspricht, durch ordnungsmäßige Aufzeichnungen über ihre Einnahmen und Ausgaben zu führen.

(4) [1]Hat die Körperschaft Mittel angesammelt, ohne dass die Voraussetzungen des § 58 Nr. 6 und 7 vorliegen, kann das Finanzamt ihr eine Frist für die Verwendung der Mittel setzen. [2]Die tatsächliche Geschäftsführung gilt als ordnungsgemäß im Sinne des Absatzes 1, wenn die Körperschaft die Mittel innerhalb der Frist für steuerbegünstigte Zwecke verwendet.

§ 64
Steuerpflichtige wirtschaftliche Geschäftsbetriebe

(1) Schließt das Gesetz die Steuervergünstigung insoweit aus, als ein wirtschaftlicher Geschäftsbetrieb (§ 14) unterhalten wird, so verliert die Körperschaft die Steuervergünstigung für die dem Geschäftsbetrieb zuzuordnenden Besteuerungsgrundlagen (Einkünfte, Umsätze, Vermögen), soweit der wirtschaftliche Geschäftsbetrieb kein Zweckbetrieb (§§ 65 bis 68) ist.

(2) Unterhält die Körperschaft mehrere wirtschaftliche Geschäftsbetriebe, die keine Zweckbetriebe (§§ 65 bis 68) sind, werden diese als ein wirtschaftlicher Geschäftsbetrieb behandelt.

(3) Übersteigen die Einnahmen einschließlich Umsatzsteuer aus wirtschaftlichen Geschäftsbetrieben, die keine Zweckbetriebe sind, insgesamt nicht 35.000 Euro [1)] im Jahr, so unterliegen die diesen Geschäftsbetrieben zuzuordnenden Besteuerungsgrundlagen nicht der Körperschaftsteuer und der Gewerbesteuer.

(4) Die Aufteilung einer Körperschaft in mehrere selbständige Körperschaften zum Zweck der mehrfachen Inanspruchnahme der Steuervergünstigung nach Absatz 3 gilt als Missbrauch von rechtlichen Gestaltungsmöglichkeiten im Sinne des § 42.

(5) Überschüsse aus der Verwertung unentgeltlich erworbenen Altmaterials außerhalb einer ständig dafür vorgehaltenen Verkaufsstelle, die der Körperschaftsteuer und der Gewerbesteuer unterliegen, können in Höhe des branchenüblichen Reingewinns geschätzt werden.

(6) Bei den folgenden steuerpflichtigen wirtschaftlichen Geschäftsbetrieben kann der Besteuerung ein Gewinn von 15 Prozent der Einnahmen zugrunde gelegt werden:

1. Werbung für Unternehmen, die im Zusammenhang mit der steuerbegünstigten Tätigkeit einschließlich Zweckbetrieben stattfindet,

2. Totalisatorbetriebe,

3. Zweite Fraktionierungsstufe der Blutspendedienste.

§ 65
Zweckbetrieb

Ein Zweckbetrieb ist gegeben, wenn

1. der wirtschaftliche Geschäftsbetrieb in seiner Gesamtrichtung dazu dient, die steuerbegünstigten satzungsmäßigen Zwecke der Körperschaft zu verwirklichen,

2. die Zwecke nur durch einen solchen Geschäftsbetrieb erreicht werden können und

3. der wirtschaftliche Geschäftsbetrieb zu nicht begünstigten Betrieben derselben oder ähnlicher Art nicht in größerem Umfang in Wettbewerb tritt, als es bei Erfüllung der steuerbegünstigten Zwecke unvermeidbar ist.

§ 66
Wohlfahrtspflege

(1) Eine Einrichtung der Wohlfahrtspflege ist ein Zweckbetrieb, wenn sie in besonderem Maß den in § 53 genannten Personen dient.

(2) [1]Wohlfahrtspflege ist die planmäßige, zum Wohle der Allgemeinheit und nicht des Erwerbs wegen ausgeübte Sorge für notleidende oder gefährdete Mitmenschen. [2]Die Sorge kann sich auf das gesundheitliche, sittliche, erzieherische oder wirtschaftliche Wohl erstrecken und Vorbeugung oder Abhilfe bezwecken.

---

1) Die §§ 52, 58, 61, 64 und 67a der Abgabenordnung in der Fassung des Artikels 5 des Gesetzes vom 10. Oktober 2007 (BGBl. I S. 2332) sind ab 1. Januar 2007 anzuwenden (Art. 97 § 1d EGAO).

(3) ¹Eine Einrichtung der Wohlfahrtspflege dient in besonderem Maße den in § 53 genannten Personen, wenn diesen mindestens zwei Drittel ihrer Leistungen zugute kommen. ²Für Krankenhäuser gilt § 67.

§ 67
Krankenhäuser

(1) Ein Krankenhaus, das in den Anwendungsbereich des Krankenhausentgeltgesetzes oder der Bundespflegesatzverordnung fällt, ist ein Zweckbetrieb, wenn mindestens 40 Prozent der jährlichen Belegungstage oder Berechnungstage auf Patienten entfallen, bei denen nur Entgelte für allgemeine Krankenhausleistungen (§ 7 des Krankenhausentgeltgesetzes, § 10 der Bundespflegesatzverordnung) berechnet werden.

(2) Ein Krankenhaus, das nicht in den Anwendungsbereich des Krankenhausentgeltgesetzes oder der Bundespflegesatzverordnung fällt, ist ein Zweckbetrieb, wenn mindestens 40 Prozent der jährlichen Belegungstage oder Berechnungstage auf Patienten entfallen, bei denen für die Krankenhausleistungen kein höheres Entgelt als nach Absatz 1 berechnet wird.

§ 67a
Sportliche Veranstaltungen

(1) ¹Sportliche Veranstaltungen eines Sportvereins sind ein Zweckbetrieb, wenn die Einnahmen einschließlich Umsatzsteuer insgesamt 35.000 Euro¹⁾ im Jahr nicht übersteigen. ²Der Verkauf von Speisen und Getränken sowie die Werbung gehören nicht zu den sportlichen Veranstaltungen.

(2) ¹Der Sportverein kann dem Finanzamt bis zur Unanfechtbarkeit des Körperschaftsteuerbescheids erklären, dass er auf die Anwendung des Absatzes 1 Satz 1 verzichtet. ²Die Erklärung bindet den Sportverein für mindestens fünf Veranlagungszeiträume.

(3) ¹Wird auf die Anwendung des Absatzes 1 Satz 1 verzichtet, sind sportliche Veranstaltungen eines Sportvereins ein Zweckbetrieb, wenn

1. kein Sportler des Vereins teilnimmt, der für seine sportliche Betätigung oder für die Benutzung seiner Person, seines Namens, seines Bildes oder seiner sportlichen Betätigung zu Werbezwecken von dem Verein oder einem Dritten über eine Aufwandsentschädigung hinaus Vergütungen oder andere Vorteile erhält und

2. kein anderer Sportler teilnimmt, der für die Teilnahme an der Veranstaltung von dem Verein oder einem Dritten im Zusammenwirken mit dem Verein über eine Aufwandsentschädigung hinaus Vergütungen oder andere Vorteile erhält.

²Andere sportliche Veranstaltungen sind ein steuerpflichtiger wirtschaftlicher Geschäftsbetrieb. ³Dieser schließt die Steuervergünstigung nicht aus, wenn die Vergütungen oder andere Vorteile ausschließlich aus wirtschaftlichen Geschäftsbetrieben, die nicht Zweckbetriebe sind, oder von Dritten geleistet werden.

§ 68
Einzelne Zweckbetriebe

Zweckbetriebe sind auch:

1. a) Alten-, Altenwohn- und Pflegeheime, Erholungsheime, Mahlzeitendienste, wenn sie in besonderem Maß den in § 53 genannten Personen dienen (§ 66 Abs. 3),

   b) Kindergärten, Kinder-, Jugend- und Studentenheime, Schullandheime und Jugendherbergen,

2. a) landwirtschaftliche Betriebe und Gärtnereien, die der Selbstversorgung von Körperschaften dienen und dadurch die sachgemäße Ernährung und ausreichende Versorgung von Anstaltsangehörigen sichern,

   b) andere Einrichtungen, die für die Selbstversorgung von Körperschaften erforderlich sind, wie Tischlereien, Schlossereien,

   wenn die Lieferungen und sonstigen Leistungen dieser Einrichtungen an Außenstehende dem Wert nach 20 Prozent der gesamten Lieferungen und sonstigen Leistungen des Betriebs – einschließlich der an die Körperschaften selbst bewirkten – nicht übersteigen,

3. a) Werkstätten für behinderte Menschen, die nach den Vorschriften des Dritten Buches Sozialgesetzbuch förderungsfähig sind und Personen Arbeitsplätze bieten, die wegen ihrer Behinderung nicht auf dem allgemeinen Arbeitsmarkt tätig sein können,

---

1) Die §§ 52, 58, 61, 64 und 67a der Abgabenordnung in der Fassung des Artikels 5 des Gesetzes vom 10. Oktober 2007 (BGBl. I S. 2332) sind ab 1. Januar 2007 anzuwenden (Art. 97 § 1d EGAO).

b) Einrichtungen für Beschäftigungs- und Arbeitstherapie, in denen behinderte Menschen aufgrund ärztlicher Indikationen außerhalb eines Beschäftigungsverhältnisses zum Träger der Therapieeinrichtung mit dem Ziel behandelt werden, körperliche oder psychische Grundfunktionen zum Zwecke der Wiedereingliederung in das Alltagsleben wiederherzustellen oder die besonderen Fähigkeiten und Fertigkeiten auszubilden, zu fördern und zu trainieren, die für eine Teilnahme am Arbeitsleben erforderlich sind, und

c) Integrationsprojekte im Sinne des § 132 Abs. 1 des Neunten Buches Sozialgesetzbuch, wenn mindestens 40 Prozent der Beschäftigten besonders betroffene schwerbehinderte Menschen im Sinne des § 132 Abs. 1 des Neunten Buches Sozialgesetzbuch sind,

4. Einrichtungen, die zur Durchführung der Blindenfürsorge und zur Durchführung der Fürsorge für Körperbehinderte unterhalten werden,

5. Einrichtungen der Fürsorgeerziehung und der freiwilligen Erziehungshilfe,

6. von den zuständigen Behörden genehmigte Lotterien und Ausspielungen, wenn der Reinertrag unmittelbar und ausschließlich zur Förderung mildtätiger, kirchlicher oder gemeinnütziger Zwecke verwendet wird,

7. kulturelle Einrichtungen, wie Museen, Theater, und kulturelle Veranstaltungen, wie Konzerte, Kunstausstellungen; dazu gehört nicht der Verkauf von Speisen und Getränken,

8. Volkshochschulen und andere Einrichtungen, soweit sie selbst Vorträge, Kurse und andere Veranstaltungen wissenschaftlicher oder belehrender Art durchführen; dies gilt auch, soweit die Einrichtungen den Teilnehmern dieser Veranstaltungen selbst Beherbergung und Beköstigung gewähren,

9. Wissenschafts- und Forschungseinrichtungen, deren Träger sich überwiegend aus Zuwendungen der öffentlichen Hand oder Dritter oder aus der Vermögensverwaltung finanziert. [2]Der Wissenschaft und Forschung dient auch die Auftragsforschung. [3]Nicht zum Zweckbetrieb gehören Tätigkeiten, die sich auf die Anwendung gesicherter wissenschaftlicher Erkenntnisse beschränken, die Übernahme von Projektträgerschaften sowie wirtschaftliche Tätigkeiten ohne Forschungsbezug.

...

Anlage 1 zu § 60

Mustersatzung
für Vereine, Stiftungen, Betriebe gewerblicher Art von juristischen Personen des öffentlichen Rechts, geistliche Genossenschaften und Kapitalgesellschaften

(nur aus steuerlichen Gründen notwendige Bestimmungen)

§ 1

Der – Die –... (Körperschaft) mit Sitz in ... verfolgt ausschließlich und unmittelbar – gemeinnützige – mildtätige – kirchliche – Zwecke (nicht verfolgte Zwecke streichen) im Sinne des Abschnitts „Steuerbegünstigte Zwecke" der Abgabenordnung.

Zweck der Körperschaft ist ... (z. B. die Förderung von Wissenschaft und Forschung, Jugend- und Altenhilfe, Erziehung, Volks- und Berufsbildung, Kunst und Kultur, Landschaftspflege, Umweltschutz, des öffentlichen Gesundheitswesens, des Sports, Unterstützung hilfsbedürftiger Personen).

Der Satzungszweck wird verwirklicht insbesondere durch ... (z. B. Durchführung wissenschaftlicher Veranstaltungen und Forschungsvorhaben, Vergabe von Forschungsaufträgen, Unterhaltung einer Schule, einer Erziehungsberatungsstelle, Pflege von Kunstsammlungen, Pflege des Liedgutes und des Chorgesanges, Errichtung von Naturschutzgebieten, Unterhaltung eines Kindergartens, Kinder-, Jugendheimes, Unterhaltung eines Altenheimes, eines Erholungsheimes, Bekämpfung des Drogenmissbrauchs, des Lärms, Förderung sportlicher Übungen und Leistungen).

§ 2

Die Körperschaft ist selbstlos tätig; sie verfolgt nicht in erster Linie eigenwirtschaftliche Zwecke.

§ 3

Mittel der Körperschaft dürfen nur für die satzungsmäßigen Zwecke verwendet werden. Die Mitglieder erhalten keine Zuwendungen aus Mitteln der Körperschaft.

§ 4

Es darf keine Person durch Ausgaben, die dem Zweck der Körperschaft fremd sind, oder durch unverhältnismäßig hohe Vergütungen begünstigt werden.

§ 5

Bei Auflösung oder Aufhebung der Körperschaft oder bei Wegfall steuerbegünstigter Zwecke fällt das Vermögen der Körperschaft

1. an – den – die – das – ... (Bezeichnung einer juristischen Person des öffentlichen Rechts oder einer anderen steuerbegünstigten Körperschaft) – der – die – das – es unmittelbar und ausschließlich für gemeinnützige, mildtätige oder kirchliche Zwecke zu verwenden hat.

   oder

2. an eine juristische Person des öffentlichen Rechts oder eine andere steuerbegünstigte Körperschaft zwecks Verwendung für ... (Angabe eines bestimmten gemeinnützigen, mildtätigen oder kirchlichen Zwecks, z. B. Förderung von Wissenschaft und Forschung, Erziehung, Volks- und Berufsbildung, der Unterstützung von Personen, die im Sinne von § 53 AO wegen ... bedürftig sind, Unterhaltung des Gotteshauses in ...).

Weitere Hinweise

Bei Betrieben gewerblicher Art von juristischen Personen des öffentlichen Rechts, bei den von einer juristischen Person des öffentlichen Rechts verwalteten unselbständigen Stiftungen und bei geistlichen Genossenschaften (Orden, Kongregationen) ist folgende Bestimmung aufzunehmen:

§ 3 Abs. 2:

‚Der – die – das ... erhält bei Auflösung oder Aufhebung der Körperschaft oder bei Wegfall steuerbegünstigter Zwecke nicht mehr als – seine – ihre – eingezahlten Kapitalanteile und den gemeinen Wert seiner – ihrer – geleisteten Sacheinlagen zurück.'

Bei Stiftungen ist diese Bestimmung nur erforderlich, wenn die Satzung dem Stifter einen Anspruch auf Rückgewähr von Vermögen einräumt. Fehlt die Regelung, wird das eingebrachte Vermögen wie das übrige Vermögen behandelt.

Bei Kapitalgesellschaften sind folgende ergänzende Bestimmungen in die Satzung aufzunehmen:

1. § 3 Abs. 1 Satz 2:

   ‚Die Gesellschafter dürfen keine Gewinnanteile und auch keine sonstigen Zuwendungen aus Mitteln der Körperschaft erhalten.'

2. § 3 Abs. 2:

   ‚Sie erhalten bei ihrem Ausscheiden oder bei Auflösung der Körperschaft oder bei Wegfall steuerbegünstigter Zwecke nicht mehr als ihre eingezahlten Kapitalanteile und den gemeinen Wert ihrer geleisteten Sacheinlagen zurück.'

3. § 5:

   ‚Bei Auflösung der Körperschaft oder bei Wegfall steuerbegünstigter Zwecke fällt das Vermögen der Körperschaft, soweit es die eingezahlten Kapitalanteile der Gesellschafter und den gemeinen Wert der von den Gesellschaftern geleisteten Sacheinlagen übersteigt, ...'.

§ 3 Abs. 2 und der Satzteil „soweit es die eingezahlten Kapitalanteile der Gesellschafter und den gemeinen Wert der von den Gesellschaftern geleisteten Sacheinlagen übersteigt," in § 5 sind nur erforderlich, wenn die Satzung einen Anspruch auf Rückgewähr von Vermögen einräumt.

Anwendungserlass zur Abgabenordnung (AEAO)
– Steuerbegünstigte Zwecke (§§ 51 bis 68 AO) –

Verfügung OFD Frankfurt vom 25.8.2008
S 0170 A – 7 – St 53

Der Anwendungserlass zur Abgabenordnung – AEAO – (BMF-Schreiben vom 2.1.2008 – IV A 4 – S 0062/07/0001 – BStBl. I S. 26), zuletzt geändert durch BMF-Schreiben vom 21.4.2008 – IV C 4 – S 0171/07/0038 – wurde erneut durch BMF-Schreiben vom 17.7.2008 – IV A 3 – S 0062/08/10006 – (BStBl. I S. 694) geändert und enthält nunmehr die im folgenden wiedergegebenen Anweisungen zu den gemeinnützigkeitsrechtlichen Bestimmungen (§§ 51 bis 68 AO):

Zu § 51 – Allgemeines:

1. Unter Körperschaften i.S. des § 51, für die eine Steuervergünstigung in Betracht kom-men kann, sind Körperschaften, Personenvereinigungen und Vermögensmassen i.S. des KStG zu verstehen. Dazu gehören auch die juristischen Personen des öffentlichen Rechts mit ihren Betrieben gewerblicher Art (§ 1 Abs. 1 Nr. 6, § 4 KStG), nicht aber die juristischen Personen des öffentlichen Rechts als solche.

2. Regionale Untergliederungen (Landes-, Bezirks-, Ortsverbände) von Großvereinen sind als nicht-rechtsfähige Vereine (§ 1 Abs. 1 Nr. 5 KStG) selbständige Steuersubjekte im Sinne des Körper-schaftsteuerrechts, wenn sie

   a) über eigene satzungsmäßige Organe (Vorstand, Mitgliederversammlung) verfügen und über diese auf Dauer nach außen im eigenen Namen auftreten und

   b) eine eigene Kassenführung haben.

   Die selbständigen regionalen Untergliederungen können nur dann als gemeinnützig behandelt wer-den, wenn sie eine eigene Satzung haben, die den gemeinnützigkeitsrechtlichen Anforderungen ent-spricht. Zweck, Aufgaben und Organisation der Untergliederungen können sich auch aus der Satzung des Hauptvereins ergeben.

3. Über die Befreiung von der Körperschaftsteuer nach § 5 Abs. 1 Nr. 9 KStG wegen Förderung steu-erbegünstigter Zwecke ist stets für einen bestimmten Veranlagungszeit-raum zu entscheiden (Grundsatz der Abschnittsbesteuerung). Eine Körperschaft kann nur dann nach dieser Vorschrift von der Körperschaftsteuer befreit werden, wenn sie in dem zu beurteilenden Veranlagungszeitraum alle Voraussetzungen für die Steuerbegünstigung erfüllt. Die spätere Erfüllung einer der Voraussetzungen für die Steuerbegünstigung kann nicht auf frühere, abgelaufene Veranlagungszeiträume zurückwir-ken.

4. Wird eine bisher steuerpflichtige Körperschaft nach § 5 Abs. 1 Nr. 9 KStG von der Körperschaftsteuer befreit, ist eine Schlussbesteuerung nach § 13 KStG durchzuführen.

5. Für die Steuerbegünstigung einer Körperschaft reichen Betätigungen aus, mit denen die Verwirk-lichung der steuerbegünstigten Satzungszwecke nur vorbereitet wird. Die Tätigkeiten müssen ernst-haft auf die Erfüllung eines steuerbegünstigten satzungsmä-ßigen Zwecks gerichtet sein. Die bloße Absicht, zu einem ungewissen Zeitpunkt einen der Satzungszwecke zu verwirklichen, genügt nicht (BFH-Urteil vom 23.7.2003 – I R 29/02 – BStBl. II S. 930).

6. Die Körperschaftsteuerbefreiung einer Körperschaft, die nach ihrer Satzung steuerbegünstigte Zwe-cke verfolgt, endet, wenn die eigentliche steuerbegünstigte Tätigkeit eingestellt und über das Ver-mögen der Körperschaft das Konkurs- oder Insolvenzverfahren eröffnet wird (BFH-Urteil vom 16.5.2007 – I R 14/06 – BStBl. II S. 808).

Zu § 52 – Gemeinnützige Zwecke:

1. Die Gemeinnützigkeit einer Körperschaft setzt voraus, dass ihre Tätigkeit der Allge-meinheit zugute kommt (§ 52 Abs. 1 S. 1). Dies ist nicht gegeben, wenn der Kreis der geförderten Personen infolge seiner Abgrenzung, insbesondere nach räumlichen oder beruflichen Merkmalen, dauernd nur klein sein kann (§ 52 Abs. 1 S. 2). Hierzu gilt Fol-gendes:

   1.1 Allgemeines

   Ein Verein, dessen Tätigkeit in erster Linie seinen Mitgliedern zugute kommt (insbesondere Sportvereine und Vereine, die in § 52 Abs. 2 Nr. 23 genannte Freizeitbetätigungen fördern), fördert nicht die Allgemeinheit, wenn er den Kreis der Mitglieder durch hohe Aufnahme-gebühren oder Mitgliedsbeiträge (einschließlich Mitgliedsumlagen) klein hält.

   Bei einem Verein, dessen Tätigkeit in erster Linie seinen Mitgliedern zugute kommt, ist eine Förderung der Allgemeinheit im Sinne des § 52 Abs. 1 anzunehmen, wenn

a) die Mitgliedsbeiträge und Mitgliedsumlagen zusammen im Durchschnitt 1 023 € je Mitglied und Jahr und

b) die Aufnahmegebühren für die im Jahr aufgenommenen Mitglieder im Durchschnitt 1 534 € nicht übersteigen.

1.2 Investitionsumlage

Es ist unschädlich für die Gemeinnützigkeit eines Vereins, dessen Tätigkeit in erster Linie seinen Mitgliedern zugute kommt, wenn der Verein neben den o.a. Aufnahmegebühren und Mitgliedsbeiträgen (einschließlich sonstiger Mitglieds-umlagen) zusätzlich eine Investitionsumlage nach folgender Maßgabe erhebt:

Die Investitionsumlage darf höchstens 5 113 € innerhalb von 10 Jahren je Mitglied betragen. Die Mitglieder müssen die Möglichkeit haben, die Zahlung der Umlage auf bis zu 10 Jahresraten zu verteilen. Die Umlage darf nur für die Finanzierung konkreter Investitionsvorhaben verlangt werden. Unschädlich ist neben der zeitnahen Verwendung der Mittel für Investitionen auch die Ansparung für künftige Investitionsvorhaben im Rahmen von nach § 58 Nr. 6 zulässigen Rücklagen und die Verwendung für die Tilgung von Darlehen, die für die Finanzierung von Investitionen aufgenommen worden sind. Die Erhebung von Investitionsumlagen kann auf neu eintretende Mitglieder (und ggf. nachzahlende Jugendliche, s. 1.3.1.2) beschränkt werden.

Investitionsumlagen sind keine steuerlich abziehbaren Spenden.

1.3 Durchschnittsberechnung

Der durchschnittliche Mitgliedbeitrag und die durchschnittliche Aufnahmegebühr sind aus dem Verhältnis der zu berücksichtigenden Leistungen der Mitglieder zu der Zahl der zu berücksichtigenden Mitglieder zu errechnen.

1.3.1 Zu berücksichtigende Leistungen der Mitglieder

1.31.1 Grundsatz

Zu den maßgeblichen Aufnahmegebühren bzw. Mitgliedsbeiträgen gehören alle Geld- und geldwerten Leistungen, die ein Bürger aufwenden muss, um in den Verein aufgenommen zu werden bzw. in ihm verbleiben zu können. Umlagen, die von den Mitgliedern erhoben werden, sind mit Ausnahme zulässiger Investitionsumlagen (vgl. 1.2) bei der Berechnung der durchschnittlichen Aufnahmegebühren oder Mitgliedsbeiträge zu berücksichtigen.

1.3.1.2 Sonderentgelte und Nachzahlungen

So genannte Spielgeldvorauszahlungen, die im Zusammenhang mit der Aufnahme in den Verein zu entrichten sind, gehören zu den maßgeblichen Auf-nahmegebühren. Sonderumlagen und Zusatzentgelte, die Mitglieder z.B. unter der Bezeichnung Jahresplatzbenutzungsgebühren zahlen müssen, sind bei der Durchschnittsberechnung als zusätzliche Mitgliedsbeiträge zu berücksichtigen.

Wenn jugendliche Mitglieder, die zunächst zu günstigeren Konditionen in den Verein aufgenommen worden sind, bei Erreichen einer Altersgrenze Aufnahmegebühren nach zu entrichten haben, sind diese im Jahr der Zahlung bei der Berechnung der durchschnittlichen Aufnahmegebühr zu erfassen.

1.3.1.3 Auswärtige Mitglieder

Mitgliedsbeiträge und Aufnahmegebühren, die auswärtige Mitglieder an andere gleichartige Vereine entrichten, sind nicht in die Durchschnittsberechnungen einzubeziehen. Dies gilt auch dann, wenn die Mitgliedschaft in dem anderen Verein Voraussetzung für die Aufnahme als auswärtiges Mitglied oder die Spielberechtigung in der vereinseigenen Sportanlage ist.

1.3.1.4 Juristische Personen und Firmen

Leistungen, die juristische Personen und Firmen in anderer Rechtsform für die Erlangung und den Erhalt der eigenen Mitgliedschaft in einem Verein aufwenden (so genannte Firmenmitgliedschaften), sind bei den Durchschnittsberechnungen nicht zu berücksichtigen (s. auch 1.3.2).

1.3.1.5 Darlehen

Darlehen, die Mitglieder dem Verein im Zusammenhang mit ihrer Aufnahme in den Verein gewähren, sind nicht als zusätzliche Aufnahmegebühren zu erfassen. Wird das Darlehen zinslos oder zu einem günstigeren Zinssatz, als er auf dem Kapitalmarkt üblich ist, gewährt, ist der jährliche Zinsverzicht als zusätzlicher Mitgliedsbeitrag zu berücksichtigen. Dabei kann typisierend ein üblicher Zinssatz von 5,5 % angenommen werden (BFH-Urteil vom

13.11.1996, BStBl. 1998 II S. 711). Als zusätzlicher Mitgliedsbeitrag sind demnach pro Jahr bei einem zinslosen Darlehen 5,5 % des Darlehensbetrags und bei einem zinsgünstigen Darlehen der Betrag, den der Verein weniger als bei einer Verzinsung mit 5,5 % zu zahlen hat, anzusetzen.

Diese Grundsätze gelten auch, wenn Mitgliedsbeiträge oder Mitgliedsumlagen (einschließlich Investitionsumlagen) als Darlehen geleistet werden.

1.3.1.6 Beteiligung an Gesellschaften

Kosten für den zur Erlangung der Spielberechtigung notwendigen Erwerb von Geschäftsanteilen an einer Gesellschaft, die neben dem Verein besteht und die die Sportanlagen errichtet oder betreibt, sind mit Ausnahme des Agios nicht als zusätzliche Aufnahmegebühren zu erfassen.

Ein Sportverein kann aber mangels Unmittelbarkeit dann nicht als gemeinnützig behandelt werden, wenn die Mitglieder die Sportanlagen des Vereins nur bei Erwerb einer Nutzungsberechtigung von einer neben dem Verein bestehenden Gesellschaft nutzen dürfen.

1.3.1.7 Spenden

Wenn Bürger im Zusammenhang mit der Aufnahme in einen Sportverein als Spenden bezeichnete Zahlungen an den Verein leisten, ist zu prüfen, ob es sich dabei um freiwillige unentgeltliche Zuwendungen, d.h. um Spenden, oder um Sonderzahlungen handelt, zu deren Leistung die neu eintretenden Mitglieder verpflichtet sind.

Sonderzahlungen sind in die Berechnung der durchschnittlichen Aufnahmegebühr einzubeziehen. Dies gilt auch, wenn kein durch die Satzung oder durch Beschluss der Mitgliederversammlung festgelegter Rechtsanspruch des Vereins besteht, die Aufnahme in den Verein aber faktisch von der Leistung einer Son-derzahlung abhängt.

Eine faktische Verpflichtung ist regelmäßig anzunehmen, wenn mehr als 75 % der neu eingetretenen Mitglieder neben der Aufnahmegebühr eine gleich oder ähnlich hohe Sonderzahlung leisten. Dabei bleiben passive oder fördernde, jugendliche und auswärtige Mitglieder sowie Firmenmitgliedschaften außer Betracht. Für die Beurteilung der Frage, ob die Sonderzahlungen der neu aufgenommenen Mitglieder gleich oder ähnlich hoch sind, sind die von dem Mitglied innerhalb von drei Jahren nach seinem Aufnahmeantrag oder, wenn zwischen dem Aufnahmeantrag und der Aufnahme in den Verein ein ungewöhnlich langer Zeitraum liegt, nach seiner Aufnahme geleisteten Sonderzahlungen, soweit es sich dabei nicht um von allen Mitgliedern erhobene Umlagen handelt, zusammenzurechnen.

Die 75 %-Grenze ist eine widerlegbare Vermutung für das Vorliegen von Pflichtzahlungen. Maßgeblich sind die tatsächlichen Verhältnisse des Einzelfalls. Sonderzahlungen sind deshalb auch dann als zusätzliche Aufnahmegebühren zu behandeln, wenn sie zwar von weniger als 75 % der neu eingetretenen Mitglieder geleistet werden, diese Mitglieder aber nach den Umständen des Einzelfalls zu den Zahlungen nachweisbar verpflichtet sind.

Die vorstehenden Grundsätze einschließlich der 75 %-Grenze gelten für die Abgrenzung zwischen echten Spenden und Mitgliedsumlagen entsprechend. Pflichtzahlungen sind in diesem Fall in die Berechnung des durchschnittlichen Mitgliedsbeitrags einzubeziehen.

Nicht bei der Durchschnittsberechnung der Aufnahmegebühren und Mitgliedsbeiträge zu berücksichtigen sind Pflichteinzahlungen in eine zulässige Investitionsumlage (vgl. 1.2).

Für Leistungen, bei denen es sich um Pflichtzahlungen (z.B. Aufnahmegebühren, Mitgliedsbeiträge, Ablösezahlungen für Arbeitsleistungen und Umlagen einschließlich Investitionsumlagen) handelt, dürfen keine Zuwendungsbestätigungen i.S. des § 50 EStDV ausgestellt werden. Die Grundsätze des BFH-Urteils vom 13.12.1978 (BStBl 1979 II S. 488) sind nicht anzuwenden, soweit sie mit den vorgenannten Grundsätzen nicht übereinstimmen.

1.3.2 1.3.2 Zu berücksichtigende Mitglieder

Bei der Berechnung des durchschnittlichen Mitgliedsbeitrags ist als Divisor die Zahl der Personen anzusetzen, die im Veranlagungszeitraum (Kalenderjahr) Mitglieder des Vereins waren. Dabei sind auch die Mitglieder zu berücksichti-gen, die im Laufe des Jahres aus dem Verein ausgetreten oder in ihn aufgenommen worden sind. Voraussetzung ist, dass eine Dauermitgliedschaft be-standen hat bzw. die Mitgliedschaft auf Dauer angelegt ist.

Divisor bei der Berechnung der durchschnittlichen Aufnahmegebühr ist die Zahl der Personen, die in dem Veranlagungszeitraum auf Dauer neu in den Verein aufgenommen worden sind. Bei den Berechnungen sind grundsätzlich auch die fördernden oder passiven, jugendlichen und auswärtigen Mitglieder zu berücksichtigen. Unter auswärtigen Mitgliedern sind regelmäßig Mitglieder zu verste-hen, die ihren Wohnsitz außerhalb des Einzugsgebiets des Vereins haben und/oder bereits ordentliches Mitglied in einem gleichartigen anderen Sportverein sind und die deshalb keine oder geringere Mitgliedsbeiträge oder Aufnahmegebühren zu zahlen haben. Nicht zu erfassen sind juristische Personen oder Firmen in anderer Rechtsform sowie die natürlichen Personen, die infolge der Mitgliedschaft dieser Organisationen Zugang zu dem Verein haben.

Die nicht aktiven Mitglieder sind nicht zu berücksichtigen, wenn der Verein ihre Einbeziehung in die Durchschnittsberechnung missbräuchlich ausnutzt. Dies ist z.b. anzunehmen, wenn die Zahl der nicht aktiven Mitglieder ungewöhnlich hoch ist oder festgestellt wird, dass im Hinblick auf die Durchschnittsberechnung gezielt nicht aktive Mitglieder beitragsfrei oder gegen geringe Beiträge aufgenommen worden sind. Entsprechendes gilt für die Einbeziehung auswärtiger Mitglieder in die Durchschnittsberechnung.

2. Bei § 52 Abs. 2 handelt es sich grundsätzlich um eine abschließende Aufzählung gemeinnütziger Zwecke. Die Allgemeinheit kann allerdings auch durch die Verfolgung von Zwecken, die hinsichtlich der Merkmale, die ihre steuerrechtliche Förde-rung rechtfertigen, mit den in § 52 Abs. 2 aufgeführten Zwecken identisch sind, gefördert werden.

Mit der Aufnahme der gemeinnützigen Zwecke in § 52 Abs. 2 AO ist keine Einengung der bisher als besonders förderungswürdig anerkannten Zwecke nach Anlage 1 zu § 48 Abs. 2 EStDV in der bis einschließlich 2006 geltenden Fassung verbunden. Textliche Abweichungen in § 52 Abs. 2 Nr. 3, 5, 9, 10, 13 und 15 sind redaktioneller Art.

2.1 Die Förderung von Kunst und Kultur umfasst die Bereiche der Musik, der Literatur, der darstellenden und bildenden Kunst und schließt die Förderung von kulturellen Einrichtungen, wie Theater und Museen, sowie von kulturellen Veranstaltungen, wie Konzerte und Kunstausstellungen, ein. Zur Förderung von Kunst und Kultur gehört auch die Förderung der Pflege und Erhaltung von Kulturwerten. Kulturwerte sind Gegenstände von künstlerischer und sonstiger kultureller Bedeutung, Kunstsammlungen und künstlerische Nachlässe, Bibliotheken, Archive sowie andere vergleichbare Einrichtungen.

2.2 Die Förderung der Denkmalpflege bezieht sich auf die Erhaltung und Wiederherstellung von Bau- und Bodendenkmälern, die nach den jeweiligen landesrechtlichen Vorschriften anerkannt sind. Die Anerkennung ist durch eine Bescheinigung der zuständigen Stelle nachzuweisen.

2.3 Zur Förderung des Andenkens an Verfolgte, Kriegs- und Katastrophenopfer gehört auch die Errichtung von Ehrenmalen und Gedenkstätten.

Zur Förderung der Tier- bzw. Pflanzenzucht gehört auch die Förderung der Erhaltung vom Aussterben bedrohter Nutztierrassen und Nutzpflanzen.

Die Förderung des Einsatzes für nationale Minderheiten im Sinne des durch Deutschland ratifizierten Rahmenabkommens zum Schutz nationaler Minderheiten und die Förderung des Einsatzes für die gemäß der von Deutschland ratifizierten Charta der Regional- und Minderheitensprachen geschützten Sprachen sind – je nach Betätigung im Einzelnen – Förderung von Kunst und Kultur, Förderung der Heimatpflege und Heimatkunde oder Förderung des traditionellen Brauchtums. Bei den nach der Charta geschützten Sprachen handelt es sich um die Regionalsprache Niederdeutsch sowie die Minderheitensprachen Dänisch, Friesisch, Sorbisch und das Romanes der deutschen Sinti und Roma.

2.4 Unter dem Begriff „bürgerschaftliches Engagement" versteht man eine freiwillige, nicht auf das Erzielen eines persönlichen materiellen Gewinns gerichtete, auf die Förderung der Allgemeinheit hin orientierte, kooperative Tätigkeit. Die Anerkennung der Förderung des bürgerschaftlichen Engagements zugunsten gemeinnütziger, mildtätiger und kirchlicher Zwecke dient der Hervorhebung der Bedeutung, die ehrenamtlicher Einsatz für unsere Gesellschaft hat. Eine Erweiterung der gemeinnützigen Zwecke ist damit nicht verbunden.

2.5 Durch § 52 Abs. 2 Satz 2 wird die Möglichkeit eröffnet, Zwecke auch dann als gemeinnützig anzuerkennen, wenn diese nicht unter den Katalog des § 52 Abs. 2 Satz 1 fallen. Die Anerkennung der Gemeinnützigkeit solcher gesellschaftlicher Zwecke wird bundeseinheitlich abgestimmt.

3. Internetvereine können wegen Förderung der Volksbildung als gemeinnützig anerkannt werden, sofern ihr Zweck nicht der Förderung der (privat betriebenen) Datenkommunikation durch Zurverfügungstellung von Zugängen zu Kommunikationsnetzwerken sowie durch den Aufbau, die Förderung und den Unterhalt entsprechender Netze zur privaten und geschäftlichen Nutzung durch die Mitglieder oder andere Personen dient. Freiwilligenagenturen können regelmäßig wegen der För-

derung der Bildung (§ 52 Abs. 2 Nr. 7) als gemeinnützig behandelt werden, weil das Schwergewicht ihrer Tätigkeit in der Aus- und Weiterbildung der Freiwilligen liegt (BMF-Schreiben vom 15.9.2003, BStBl. I S. 446).

4. Bei Körperschaften, die Privatschulen betreiben oder unterstützen, ist zwischen Ersatzschulen und Ergänzungsschulen zu unterscheiden. Die Förderung der Allgemeinheit ist bei Ersatzschulen stets anzunehmen, weil die zuständigen Landesbehörden die Errichtung und den Betrieb einer Ersatzschule nur dann genehmigen dürfen, wenn eine Sonderung der Schüler nach den Besitzverhältnissen der Eltern nicht gefördert wird (Art. 7 Abs. 4 Satz 3 GG und die Privatschulgesetze der Länder). Bei Ergänzungsschulen kann eine Förderung der Allgemeinheit dann angenommen werden, wenn in der Satzung der Körperschaft festgelegt ist, dass bei mindestens 25 % der Schüler keine Sonderung nach den Besitzverhältnissen der Eltern im Sinne des Art. 7 Abs. 4 Satz 3 GG und der Privatschulgesetze der Länder vorgenommen werden darf.

5. Nachbarschaftshilfevereine, Tauschringe und ähnliche Körperschaften, deren Mitglieder kleinere Dienstleistungen verschiedenster Art gegenüber anderen Vereinsmitgliedern erbringen (z.B. kleinere Reparaturen, Hausputz, Kochen, Kinderbetreuung, Nachhilfeunterricht, häusliche Pflege) sind grundsätzlich nicht gemeinnützig, weil regelmäßig durch die gegenseitige Unterstützung in erster Linie eigenwirtschaftliche Interessen ihrer Mitglieder gefördert werden und damit gegen den Grundsatz der Selbstlosigkeit (§ 55 Abs. 1) verstoßen wird. Solche Körperschaften können jedoch gemeinnützig sein, wenn sich ihre Tätigkeit darauf beschränkt, alte und hilfsbedürftige Menschen in Verrichtungen des täglichen Lebens zu unterstützen und damit die Altenhilfe gefördert bzw. mildtätige Zwecke (§ 53) verfolgt werden. Soweit sich der Zweck der Körperschaften zusätzlich auf die Erteilung von Nachhilfeunterricht und Kinderbetreuung erstreckt, können sie auch wegen Förderung der Jugendhilfe anerkannt werden. Voraussetzung für die Anerkennung der Gemeinnützigkeit solcher Körperschaften ist, dass die aktiven Mitglieder ihre Dienstleistungen als Hilfspersonen der Körperschaft (§ 57 Abs. 1 Satz 2) ausüben.

Vereine, deren Zweck die Förderung esoterischer Heilslehren ist, z. B. Reiki-Vereine, können nicht wegen Förderung des öffentlichen Gesundheitswesens oder der öffentlichen Gesundheitspflege als gemeinnützig anerkannt werden.

6. Ein wesentliches Element des Sports (§ 52 Abs. 2 Nr. 21) ist die körperliche Ertüchtigung. Motorsport fällt unter den Begriff des Sports (BFH-Urteil vom 29.10.1997, BStBl. II 1998 S. 9), ebenso Ballonfahren. Skat (BFH-Urteil vom 17.2.2000 – I R 108, 109/98 – BFH/NV S. 1071), Bridge, Gospiel, Gotcha, Paintball, Tischfußball und Tipp-Kick sind dagegen kein Sport im Sinne des Gemeinnützigkeitsrechts. Dies gilt auch für Amateurfunk, Modellflug und Hundesport, die jedoch eigenständige gemeinnützige Zwecke sind (§ 52 Abs. 2 Nr. 23). Schützenvereine können auch dann als gemeinnützig anerkannt werden, wenn sie nach ihrer Satzung neben dem Schießsport (als Hauptzweck) auch das Schützenbrauchtum (vgl. Nr. 11) fördern. Die Durchführung von volksfestartigen Schützenfesten ist kein gemeinnütziger Zweck.

7. Die Förderung des bezahlten Sports ist kein gemeinnütziger Zweck, weil dadurch eigenwirtschaftliche Zwecke der bezahlten Sportler gefördert werden. Sie ist aber unter bestimmten Voraussetzungen unschädlich für die Gemeinnützigkeit eines Sportvereins (s. §§ 58 Nr. 9 und 67a).

8. Eine steuerbegünstigte allgemeine Förderung des demokratischen Staatswesens ist nur dann gegeben, wenn sich die Körperschaft umfassend mit den demokratischen Grundprinzipien befasst und diese objektiv und neutral würdigt. Ist hingegen Zweck der Körperschaft die politische Bildung, der es auf der Grundlage der Normen und Vorstellungen einer rechtsstaatlichen Demokratie um die Schaffung und Förderung politischer Wahrnehmungsfähigkeit und politischen Verantwortungsbewusstseins geht, liegt Volksbildung vor. Diese muss nicht nur in theoretischer Unterweisung bestehen, sie kann auch durch den Aufruf zu konkreter Handlung ergänzt werden. Keine politische Bildung ist demgegenüber die einseitige Agitation, die unkritische Indoktrination oder die parteipolitisch motivierte Einflussnahme (BFH-Urteil vom 23.9.1999, BStBl. 2000 II S. 200).

9. Die Förderung von Freizeitaktivitäten außerhalb des Bereichs des Sports ist nur dann als Förderung der Allgemeinheit anzuerkennen, wenn die Freizeitaktivitäten hinsichtlich der Merkmale, die ihre steuerrechtliche Förderung rechtfertigen, mit den im Katalog des § 52 Abs. 2 Nr. 23 genannten Freizeitgestaltungen identisch sind. Es reicht nicht aus, dass die Freizeitgestaltung sinnvoll und einer der in § 52 Abs. 2 Nr. 23 genannten ähnlich ist (BFH-Urteil vom 14.9.1994, BStBl. 1995 II S. 499). Die Förderung des Baus und Betriebs von Schiffs-, Auto-, Eisenbahn- und Drachenflugmodellen ist identisch im vorstehenden Sinne mit der Förderung des Modellflugs, die Förderung des CB-Funkens mit der Förderung des Amateurfunkens. Diese Zwecke sind deshalb als gemeinnützig anzuerkennen. Nicht identisch im vorstehenden Sinne mit den in § 52 Abs. 2 Nr. 23 genannten Freizeitaktivitäten

und deshalb nicht als eigenständige gemeinnützige Zwecke anzuerkennen sind z.B. die Förderung des Amateurfilmens und -fotografierens, des Kochens, von Brett- und Kartenspielen und des Sammelns von Gegenständen, wie Briefmarken, Münzen und Autogrammkarten, sowie die Tätigkeit von Reise- und Touristik-, Sauna-, Geselligkeits-, Kosmetik-, und Oldtimer-Vereinen. Bei Vereinen, die das Amateurfilmen und -fotografieren fördern, und bei Oldtimer-Vereinen kann aber eine Steuerbegünstigung wegen der Förderung von Kunst oder (technischer) Kultur in Betracht kommen.

10. Obst- und Gartenbauvereine fördern i.d.R. die Pflanzenzucht im Sinne des § 52 Abs. 2 Nr. 23. Die Förderung der Bonsaikunst ist Pflanzenzucht, die Förderung der Aquarien- und Terrarienkunde ist Tierzucht im Sinne der Vorschrift.

11. Historische Schützenbruderschaften können wegen der Förderung der Brauchtums-pflege (vgl. Nr. 6), Freizeitwinzervereine wegen der Förderung der Heimatpflege, die Teil der Brauchtumspflege ist, als gemeinnützig behandelt werden. Dies gilt auch für Junggesellen- und Burschenvereine, die das traditionelle Brauchtum einer bestimmten Region fördern, z.B. durch das Setzen von Maibäumen (Maiclubs). Die besondere Nennung des traditionellen Brauchtums als gemeinnütziger Zweck in § 52 Abs. 2 Nr. 23 bedeutet jedoch keine allgemeine Ausweitung des Brauchtumsbegriffs i.S. des Gemeinnützigkeitsrechts. Studentische Verbindungen, z.B. Burschenschaften, ähnliche Vereinigungen, z.B. Landjugendvereine, Country- und Westernvereine und Vereine, deren Hauptzweck die Veranstaltung von örtlichen Volksfesten (z.B. Kirmes, Kärwa, Schützenfest) ist, sind deshalb i.d.R. nach wie vor nicht gemeinnützig.

12. Bei Tier- und Pflanzenzuchtvereinen, Freizeitwinzervereinen sowie Junggesellen- oder Burschenvereinen ist besonders auf die Selbstlosigkeit (§ 55) und die Ausschließlichkeit (§ 56) zu achten. Eine Körperschaft ist z.B. nicht selbstlos tätig, wenn sie in erster Linie eigenwirtschaftliche Zwecke ihrer Mitglieder fördert. Sie verstößt z.B. gegen das Gebot der Ausschließlichkeit, wenn die Durchführung von Festveranstaltungen (z.B. Winzerfest, Maiball) Satzungszweck ist. Bei der Prüfung der tatsächlichen Geschäftsführung von Freizeitwinzer-, Junggesellen- und Burschenvereinen ist außerdem besonders darauf zu achten, dass die Förderung der Geselligkeit nicht im Vordergrund der Vereinstätigkeit steht.

13. Soldaten- und Reservistenvereine verfolgen i.d.R. gemeinnützige Zwecke i.S. des § 52 Abs. 2 Nr. 23, wenn sie aktive und ehemalige Wehrdienstleistende, Zeit- und Berufssoldaten betreuen, z.B. über mit dem Soldatsein zusammenhängende Fragen beraten, Möglichkeiten zu sinnvoller Freizeitgestaltung bieten oder beim Übergang in das Zivilleben helfen. Die Pflege der Tradition durch Soldaten- und Reservistenvereine ist weder steuerbegünstigte Brauchtumspflege noch Betreuung von Soldaten und Reservisten i.S. des § 52 Abs. 2 Nr. 23. Die Förderung der Kameradschaft kann neben einem steuerbegünstigten Zweck als Vereinszweck genannt werden, wenn sich aus der Satzung ergibt, dass damit lediglich eine Verbundenheit der Vereinsmitglieder angestrebt wird, die aus der gemeinnützigen Vereinstätigkeit folgt (BFH-Urteil vom 11.3.1999, BStBl. II S. 331).

14. Einrichtungen, die mit ihrer Tätigkeit auf die Erholung arbeitender Menschen ausgerichtet sind (z.B. der Betrieb von Freizeiteinrichtungen wie Campingplätze oder Bootsverleihe), können nicht als gemeinnützig anerkannt werden, es sei denn, dass das Gewähren von Erholung einem besonders schutzwürdigen Personenkreis (z.B. Kranker oder der Jugend) zugute kommt oder in einer bestimmten Art und Weise (z.B. auf sportlicher Grundlage) vorgenommen wird (BFH-Urteile vom 22.11.1972, BStBl. 1973 II S. 251, und vom 30.9.1981, BStBl. 1982 II S. 148). Wegen Erholungsheimen wird auf § 68 Nr. 1 Buchstabe a hingewiesen.

15. Politische Zwecke (Beeinflussung der politischen Meinungsbildung, Förderung politischer Parteien u. dergl.) zählen grundsätzlich nicht zu den gemeinnützigen Zwecken i.S. des § 52.

Eine gewisse Beeinflussung der politischen Meinungsbildung schließt jedoch die Gemeinnützigkeit nicht aus (BFH-Urteil vom 29.8.1984, BStBl. II S. 844). Eine politische Tätigkeit ist danach unschädlich für die Gemeinnützigkeit, wenn eine gemeinnützige Tätigkeit nach den Verhältnissen im Einzelfall zwangsläufig mit einer politischen Zielsetzung verbunden ist und die unmittelbare Einwirkung auf die politischen Parteien und die staatliche Willensbildung gegenüber der Förderung des gemeinnützigen Zwecks weit in den Hintergrund tritt. Eine Körperschaft fördert deshalb auch dann ausschließlich ihren steuerbegünstigten Zweck, wenn sie gelegentlich zu tagespolitischen Themen im Rahmen ihres Satzungszwecks Stellung nimmt. Entscheidend ist, dass die Tagespolitik nicht Mittelpunkt der Tätigkeit der Körperschaft ist oder wird, sondern der Vermittlung der steuerbegünstigten Ziele der Körperschaft dient (BFH-Urteil vom 23.11.1988, BStBl. 1989 II S. 391).

Dagegen ist die Gemeinnützigkeit zu versagen, wenn ein politischer Zweck als alleiniger oder überwiegender Zweck in der Satzung einer Körperschaft festgelegt ist oder die Körperschaft tatsächlich ausschließlich oder überwiegend einen politischen Zweck verfolgt.

16. Eine Körperschaft i.S. des § 51 kann nur dann als gemeinnützig anerkannt werden, wenn sie sich bei ihrer Betätigung im Rahmen der verfassungsmäßigen Ordnung hält. Die verfassungsmäßige Ordnung wird schon durch die Nichtbefolgung von polizeilichen Anordnungen durchbrochen (BFH-Urteil vom 29.8.1984, BStBl. 1985 II S. 106). Gewaltfreier Widerstand, z.B. Sitzblockaden, gegen geplante Maßnahmen des Staates verstößt grundsätzlich nicht gegen die verfassungsmäßige Ordnung (vgl. BVerfG-Beschluss vom 10.1.1995, NJW S. 1141).

Zu § 53 – Mildtätige Zwecke:

1. 1. Der Begriff „mildtätige Zwecke" umfasst auch die Unterstützung von Personen, die wegen ihres seelischen Zustands hilfsbedürftig sind. Das hat beispielsweise für die Telefonseelsorge Bedeutung.

2. Völlige Unentgeltlichkeit der mildtätigen Zuwendung wird nicht verlangt. Die mildtätige Zuwendung darf nur nicht des Entgelts wegen erfolgen.

3. Eine Körperschaft, zu deren Satzungszwecken die Unterstützung von hilfsbedürftigen Verwandten der Mitglieder, Gesellschafter, Genossen oder Stifter gehört, kann nicht als steuerbegünstigt anerkannt werden. Bei einer derartigen Körperschaft steht nicht die Förderung mildtätiger Zwecke, sondern die Förderung der Verwandtschaft im Vordergrund. Ihre Tätigkeit ist deshalb nicht, wie es § 53 verlangt, auf die selbstlose Unterstützung hilfsbedürftiger Personen gerichtet. Dem steht bei Stiftungen § 58 Nr. 5 nicht entgegen. Diese Vorschrift ist lediglich eine Ausnahme von dem Gebot der Selbstlosigkeit (§ 55), begründet aber keinen eigenständigen gemeinnützigen Zweck. Bei der tatsächlichen Geschäftsführung ist die Unterstützung von hilfsbedürftigen Angehörigen grundsätzlich nicht schädlich für die Steuerbegünstigung. Die Verwandtschaft darf jedoch kein Kriterium für die Förderleistungen der Körperschaft sein.

4. Hilfen nach § 53 Nr. 1 (Unterstützung von Personen, die infolge ihres körperlichen, geistigen oder seelischen Zustands auf die Hilfe anderer angewiesen sind) dürfen ohne Rücksicht auf die wirtschaftliche Unterstützungsbedürftigkeit gewährt werden. Bei der Beurteilung der Bedürftigkeit i.S. des § 53 Nr. 1 kommt es nicht darauf an, dass die Hilfsbedürftigkeit dauernd oder für längere Zeit besteht. Hilfeleistungen wie beispielsweise „Essen auf Rädern" können daher steuerbegünstigt durchgeführt werden. Bei Personen, die das 75. Lebensjahr vollendet haben, kann körperliche Hilfsbedürftigkeit ohne weitere Nachprüfung angenommen werden.

5. § 53 Nr. 2 legt die Grenzen der wirtschaftlichen Hilfsbedürftigkeit fest. Danach können ohne Verlust der Steuerbegünstigung Personen unterstützt werden, deren Bezüge das Vierfache, beim Alleinstehenden oder Haushaltsvorstand das Fünffache des Regelsatzes der Sozialhilfe i.S. des § 28 SGB XII nicht übersteigen. Etwaige Mehrbedarfszuschläge zum Regelsatz sind nicht zu berücksichtigen. Leistungen für die Unterkunft werden nicht gesondert berücksichtigt. Für die Begriffe „Einkünfte" und „Bezüge" sind die Ausführungen in H 33a.1 und H 33a.2 (Anrechnung eigener Einkünfte und Bezüge) EStH sowie in H 32.10 (Anrechnung eigener Bezüge) EStH maßgeblich.

6. Zu den Bezügen i.S. des § 53 Nr. 2 zählen neben den Einkünften i.S. des § 2 Abs. 1 EStG auch alle anderen für die Bestreitung des Unterhalts bestimmten oder geeigneten Bezüge aller Haushaltsangehörigen. Hierunter fallen auch solche Einnahmen, die im Rahmen der steuerlichen Einkunftsermittlung nicht erfasst werden, also sowohl nicht steuerbare als auch für steuerfrei erklärte Einnahmen (BFH-Urteil vom 2.8.1974, BStBl. 1975 II S. 139).

   Bei der Beurteilung der wirtschaftlichen Hilfsbedürftigkeit von unverheirateten minderjährigen Schwangeren und minderjährigen Müttern, die ihr leibliches Kind bis zur Vollendung seines 6. Lebensjahres betreuen, und die dem Haushalt ihrer Eltern oder eines Elternteils angehören, sind die Bezüge und das Vermögen der Eltern oder des Elternteils nicht zu berücksichtigen. Bei allen Schwangeren oder Müttern, die ihr leibliches Kind bis zur Vollendung seines 6. Lebensjahres betreuen – einschließlich der volljährigen, verheirateten und nicht bei ihren Eltern lebenden Frauen – bleiben ihre Unterhaltsansprüche gegen Verwandte ersten Grades unberücksichtigt.

7. Bei Renten zählt der über den von § 53 Nr. 2 Buchstabe a erfassten Anteil hinausgehende Teil der Rente zu den Bezügen i.S. des § 53 Nr. 2 Buchstabe b.

8. Bei der Feststellung der Bezüge i.S. des § 53 Nr. 2 Buchstabe b sind aus Vereinfachungsgründen insgesamt 180 € im Kalenderjahr abzuziehen, wenn nicht höhere Aufwendungen, die in wirtschaftlichem Zusammenhang mit den entsprechenden Einnahmen stehen, nachgewiesen oder glaubhaft gemacht werden.

9. Erbringt eine Körperschaft ihre Leistungen an wirtschaftlich hilfsbedürftige Personen, muss sie an Hand ihrer Unterlagen nachweisen können, dass die Höhe der Einkünfte und Bezüge sowie das Vermögen der unterstützten Personen die Grenzen des § 53 Nr. 2 nicht übersteigen. Eine Erklärung, in der von der unterstützten Person nur das Unterschreiten der Grenzen des § 53 Nr. 2 mitgeteilt wird,

reicht allein nicht aus. Eine Be-rechnung der maßgeblichen Einkünfte und Bezüge ist stets beizufügen.

Zu § 54 – Kirchliche Zwecke:

Ein kirchlicher Zweck liegt nur vor, wenn die Tätigkeit darauf gerichtet ist, eine Religionsgemeinschaft des öffentlichen Rechts zu fördern. Bei Religionsgemeinschaften, die nicht Körperschaften des öffentlichen Rechts sind, kann wegen Förderung der Religion eine Anerkennung als gemeinnützige Körperschaft in Betracht kommen.

Zu § 55 – Selbstlosigkeit:

Zu § 55 Abs. 1 Nr. 1:

1. Eine Körperschaft handelt selbstlos, wenn sie weder selbst noch zugunsten ihrer Mitglieder eigenwirtschaftliche Zwecke verfolgt. Ist die Tätigkeit einer Körperschaft in erster Linie auf Mehrung ihres eigenen Vermögens gerichtet, so handelt sie nicht selbstlos. Eine Körperschaft verfolgt z.b. in erster Linie eigenwirtschaftliche Zwecke, wenn sie ausschließlich durch Darlehen ihrer Gründungsmitglieder finanziert ist und dieses Fremdkapital satzungsgemäß tilgen und verzinsen muss (BFH-Urteile vom 13.12.1978, BStBl. 1979 II S. 482, vom 26.4.1989, BStBl. II S. 670 und vom 28.6.1989, BStBl. 1990 II S. 550).

2. Unterhält eine Körperschaft einen steuerpflichtigen wirtschaftlichen Geschäftsbetrieb, ist zwischen ihrer steuerbegünstigten und dieser wirtschaftlichen Tätigkeit zu gewichten. Die Körperschaft ist nicht steuerbegünstigt, wenn ihr die wirtschaftliche Tätigkeit bei einer Gesamtbetrachtung das Gepräge gibt.

3. Nach § 55 Abs. 1 dürfen sämtliche Mittel der Körperschaft nur für die satzungsmäßigen Zwecke verwendet werden (Ausnahmen siehe § 58). Auch der Gewinn aus Zweckbetrieben und aus dem steuerpflichtigen wirtschaftlichen Geschäftsbetrieb (§ 64 Abs. 2) sowie der Überschuss aus der Vermögensverwaltung dürfen nur für die satzungsmäßigen Zwecke verwendet werden. Dies schließt die Bildung von Rücklagen im wirtschaftlichen Geschäftsbetrieb und im Bereich der Vermögensverwaltung nicht aus. Die Rücklagen müssen bei vernünftiger kaufmännischer Beurteilung wirtschaftlich begründet sein (entsprechend § 14 Abs. 1 Nr. 4 KStG). Für die Bildung einer Rücklage im wirtschaftlichen Geschäftsbetrieb muss ein konkreter Anlass gegeben sein, der auch aus objektiver unternehmerischer Sicht die Bildung der Rücklage rechtfertigt (z.B. eine geplante Betriebsverlegung, Werkserneuerung oder Kapazitätsausweitung). Eine fast vollständige Zuführung des Gewinns zu einer Rücklage im wirtschaftlichen Geschäftsbetrieb ist nur dann unschädlich für die Steuerbegünstigung, wenn die Körperschaft nachweist, dass die betriebliche Mittelverwendung zur Sicherung ihrer Existenz geboten war (BFH-Urteil vom 15.7.1998, BStBl. 2002 II S. 162). Im Bereich der Vermögensverwaltung dürfen außerhalb der Regelung des § 58 Nr. 7 Rücklagen nur für die Durchführung konkreter Reparatur- oder Erhaltungsmaßnahmen an Vermögensgegenständen im Sinne des § 21 EStG gebildet werden. Die Maßnahmen, für deren Durchführung die Rücklage gebildet wird, müssen notwendig sein, um den ordnungsgemäßen Zustand des Vermögensgegenstandes zu erhalten oder wiederherzustellen, und in einem angemessenen Zeitraum durchgeführt werden können (z.B. geplante Erneuerung eines undichten Daches).

4. Es ist grundsätzlich nicht zulässig, Mittel des ideellen Bereichs (insbesondere Mitgliedsbeiträge, Spenden, Zuschüsse, Rücklagen), Gewinne aus Zweckbetrieben, Erträge aus der Vermögensverwaltung und das entsprechende Vermögen für einen steuerpflichtigen wirtschaftlichen Geschäftsbetrieb zu verwenden, z.B. zum Ausgleich eines Verlustes. Für das Vorliegen eines Verlustes ist das Ergebnis des einheitlichen steuerpflichtigen wirtschaftlichen Geschäftsbetriebs (§ 64 Abs. 2) maßgeblich. Eine Verwendung von Mitteln des ideellen Bereichs für den Ausgleich des Verlustes eines einzelnen wirtschaftlichen Geschäftsbetriebs liegt deshalb nicht vor, soweit der Verlust bereits im Entstehungsjahr mit Gewinnen anderer steuerpflichtiger wirtschaftlicher Geschäftsbetriebe verrechnet werden kann. Verbleibt danach ein Verlust, ist keine Verwendung von Mitteln des ideellen Bereichs für dessen Ausgleich anzunehmen, wenn dem ideellen Bereich in den 6 vorangegangenen Jahren Gewinne des einheitlichen steuerpflichtigen wirtschaftlichen Geschäftsbetriebs in mindestens gleicher Höhe zugeführt worden sind. Insoweit ist der Verlustausgleich im Entstehungsjahr als Rückgabe früherer, durch das Gemeinnützigkeitsrecht vorgeschriebener Gewinnabführungen anzusehen.

5. Ein nach ertragsteuerlichen Grundsätzen ermittelter Verlust eines steuerpflichtigen wirtschaftlichen Geschäftsbetriebs ist unschädlich für die Steuerbegünstigung der Körperschaft, wenn er ausschließlich durch die Berücksichtigung von anteiligen Abschreibungen auf gemischt genutzte Wirtschaftsgüter entstanden ist und wenn die folgenden Voraussetzungen erfüllt sind:

– Das Wirtschaftsgut wurde für den ideellen Bereich angeschafft oder hergestellt und wird nur zur besseren Kapazitätsauslastung und Mittelbeschaffung teil- oder zeitweise für den steuerpflichtigen wirtschaftlichen Geschäftsbetrieb genutzt. Die Kör-perschaft darf nicht schon im Hinblick auf eine zeit- oder teilweise Nutzung für den steuerpflichtigen wirtschaftlichen Geschäftsbetrieb ein größeres Wirtschaftsgut an-geschafft oder hergestellt haben, als es für die ideelle Tätigkeit notwendig war.

– Die Körperschaft verlangt für die Leistungen des steuerpflichtigen wirtschaftlichen Geschäftsbetriebs marktübliche Preise.

– Der steuerpflichtige wirtschaftliche Geschäftsbetrieb bildet keinen eigenständigen Sektor eines Gebäudes (z.B. Gaststättenbetrieb in einer Sporthalle).

Diese Grundsätze gelten entsprechend für die Berücksichtigung anderer gemischter Aufwendungen (z.B. zeitweiser Einsatz von Personal des ideellen Bereichs in einem steuerpflichtigen wirtschaftlichen Geschäftsbetrieb) bei der gemeinnützigkeitsrechtli-chen Beurteilung von Verlusten.

6. Der Ausgleich des Verlustes eines steuerpflichtigen wirtschaftlichen Geschäftsbetriebs mit Mitteln des ideellen Bereichs ist außerdem unschädlich für die Steuerbegünstigung, wenn

– der Verlust auf einer Fehlkalkulation beruht,

– die Körperschaft innerhalb von 12 Monaten nach Ende des Wirtschaftsjahres, in dem der Verlust entstanden ist, dem ideellen Tätigkeitsbereich wieder Mittel in ent-sprechender Höhe zuführt und

– die zugeführten Mittel nicht aus Zweckbetrieben, aus dem Bereich der steuerbegünstigten Vermögensverwaltung, aus Beiträgen oder aus anderen Zuwendungen, die zur Förderung der steuerbegünstigten Zwecke der Körperschaft bestimmt sind, stammen (BFH-Urteil vom 13.11.1996, BStBl. 1998 II S. 711).

Die Zuführungen zu dem ideellen Bereich können demnach aus dem Gewinn des (einheitlichen) steuerpflichtigen wirtschaftlichen Geschäftsbetriebs, der in dem Jahr nach der Entstehung des Verlustes erzielt wird, geleistet werden. Außerdem dürfen für den Ausgleich des Verlustes Umlagen und Zuschüsse, die dafür bestimmt sind, verwendet werden. Derartige Zuwendungen sind jedoch keine steuerbegünstigten Spenden.

7. Eine für die Steuerbegünstigung schädliche Verwendung von Mitteln für den Ausgleich von Verlusten des steuerpflichtigen wirtschaftlichen Geschäftsbetriebs liegt auch dann nicht vor, wenn dem Betrieb die erforderlichen Mittel durch die Aufnahme eines betrieblichen Darlehens zugeführt werden oder bereits in dem Betrieb verwendete ideelle Mit-tel mittels eines Darlehens, das dem Betrieb zugeordnet wird, innerhalb der Frist von 12 Monaten nach dem Ende des Verlustentstehungsjahres an den ideellen Bereich der Körperschaft zurück gegeben werden. Voraussetzung für die Unschäd-lichkeit ist, dass Tilgung und Zinsen für das Darlehen ausschließlich aus Mitteln des steuerpflichtigen wirtschaftlichen Geschäftsbetriebs geleistet werden.

Die Belastung von Vermögen des ideellen Bereichs mit einer Sicherheit für ein betriebliches Darlehen (z.B. Grundschuld auf einer Sporthalle) führt grundsätzlich zu keiner anderen Beurteilung. Die Eintragung einer Grundschuld bedeutet noch keine Verwendung des belasteten Vermögens für den steuerpflichtigen wirtschaftlichen Geschäftsbetrieb.

8. Steuerbegünstigte Körperschaften unterhalten steuerpflichtige wirtschaftliche Geschäftsbetriebe re-gelmäßig nur, um dadurch zusätzliche Mittel für die Verwirklichung der steuerbegünstigten Zwecke zu beschaffen. Es kann deshalb unterstellt werden, dass etwaige Verluste bei Betrieben, die schon längere Zeit bestehen, auf einer Fehlkalkulation beruhen. Bei dem Aufbau eines neuen Betriebs ist eine Verwendung von Mitteln aus dem ideellen Bereich zur Abdeckung von Verlusten auch dann un-schädlich für die Steuerbegünstigung, wenn mit Anlaufverlusten zu rechnen war. Auch in diesem Fall muss die Körperschaft aber in der Regel innerhalb von 3 Jahren nach dem Ende des Ent-stehungsjahres des Verlustes dem ideellen Bereich wieder Mittel, die gemeinnützigkeitsunschädlich dafür verwendet werden dürfen, zuführen.

9. Die Regelungen in Nrn. 4 bis 8 gelten entsprechend für die Vermögensverwaltung.

10. Mitglieder dürfen keine Zuwendungen aus Mitteln der Körperschaft erhalten. Dies gilt nicht, soweit es sich um Annehmlichkeiten handelt, wie sie im Rahmen der Betreuung von Mitgliedern allgemein üblich und nach allgemeiner Verkehrsauffassung als angemessen anzusehen sind.

11. Keine Zuwendung im Sinne des § 55 Abs. 1 Nr. 1 liegt vor, wenn der Leistung der Körperschaft eine Gegenleistung des Empfängers gegenübersteht (z.B. bei Kauf-, Dienst- und Werkverträgen) und die Werte von Leistung und Gegenleistung nach wirtschaftli-chen Grundsätzen gegeneinander abge-wogen sind.

12. Ist einer Körperschaft zugewendetes Vermögen mit vor der Übertragung wirksam begründeten Ansprüchen (z.b. Nießbrauch, Grund- oder Rentenschulden, Vermächtnisse aufgrund testamentarischer Bestimmungen des Zuwendenden) belastet, deren Erfül-lung durch die Körperschaft keine nach wirtschaftlichen Grundsätzen abgewogene Gegenleistung für die Übertragung des Vermögens darstellt, mindern die Ansprüche das übertragene Vermögen bereits im Zeitpunkt des Übergangs. Wirtschaftlich betrachtet wird der Körperschaft nur das nach der Erfüllung der Ansprüche verbleibende Vermögen zugewendet. Die Erfüllung der Ansprüche aus dem zugewendeten Vermögen ist deshalb keine Zuwendung i.S. des § 55 Abs. 1 Nr. 1. Dies gilt auch, wenn die Körperschaft die Ansprüche aus ihrem anderen zulässigen Vermögen einschließlich der Rücklage nach § 58 Nr. 7 Buchstabe a erfüllt.

13. Soweit die vorhandenen flüssigen Vermögensmittel nicht für die Erfüllung der Ansprüche ausreichen, darf die Körperschaft dafür auch Erträge verwenden. Ihr müssen jedoch ausreichende Mittel für die Verwirklichung ihrer steuerbegünstigten Zwecke verbleiben. Diese Voraussetzung ist als erfüllt anzusehen, wenn für die Erfüllung der Verbindlichkeiten höchstens ein Drittel des Einkommens der Körperschaft verwendet wird. Die Ein-Drittel-Grenze umfasst bei Rentenverpflichtungen nicht nur die über den Barwert hinausgehenden, sondern die gesamten Zahlungen. Sie bezieht sich auf den Veranlagungszeitraum.

14. § 58 Nr. 5 enthält eine Ausnahmeregelung zu § 55 Abs. 1 Nr. 1 für Stiftungen. Diese ist nur anzuwenden, wenn eine Stiftung Leistungen erbringt, die dem Grunde nach gegen § 55 Abs. 1 Nr. 1 verstoßen, also z.b. freiwillige Zuwendungen an den in § 58 Nr. 5 genannten Personenkreis leistet oder für die Erfüllung von Ansprüchen dieses Personenkreises aus der Übertragung von Vermögen nicht das belastete oder anderes zulässi-ges Vermögen, sondern Erträge einsetzt. Im Unterschied zu anderen Körperschaften kann eine Stiftung unter den Voraussetzungen des § 58 Nr. 5 auch dann einen Teil ihres Einkommens für die Erfüllung solcher Ansprüche verwenden, wenn ihr dafür ausreichende flüssige Vermögensmittel zur Verfügung stehen. Der Grundsatz, dass der wesentliche Teil des Einkommens für die Verwirklichung der steuerbegünstigten Zwecke verbleiben muss, gilt aber auch für Stiftungen. Daraus folgt, dass eine Stiftung insgesamt höchstens ein Drittel ihres Einkommens für unter § 58 Nr. 5 fallende Leistungen und für die Erfüllung von anderen durch die Übertragung von belastetem Vermögen begründeten Ansprüchen verwenden darf.

15. Die Vergabe von Darlehen aus Mitteln, die zeitnah für die steuerbegünstigten Zwecke zu verwenden sind, ist unschädlich für die Gemeinnützigkeit, wenn die Körperschaft damit selbst unmittelbar ihre steuerbegünstigten satzungsmäßigen Zwecke verwirklicht. Dies kann z.b. der Fall sein, wenn die Körperschaft im Rahmen ihrer jeweiligen steuerbegünstigten Zwecke Darlehen im Zusammenhang mit einer Schuldnerberatung zur Ablösung von Bankschulden, Darlehen an Nachwuchskünstler für die Anschaffung von Instrumenten oder Stipendien für eine wissenschaftliche Ausbildung teilweise als Darlehen vergibt. Voraussetzung ist, dass sich die Darlehensvergabe von einer gewerbsmäßigen Kreditvergabe dadurch unterscheidet, dass sie zu günstigeren Bedingungen erfolgt als zu den allgemeinen Bedingungen am Kapitalmarkt (z.b. Zinslosigkeit, Zinsverbilligung).

Die Vergabe von Darlehen aus zeitnah für die steuerbegünstigten Zwecke zu verwendenden Mitteln an andere steuerbegünstigte Körperschaften ist im Rahmen des § 58 Nrn. 1 und 2 zulässig (mittelbare Zweckverwirklichung), wenn die andere Körperschaft die darlehensweise erhaltenen Mittel unmittelbar für steuerbegünstigte Zwecke innerhalb der für eine zeitnahe Mittelverwendung vorgeschriebenen Frist verwendet.

Darlehen, die zur unmittelbaren Verwirklichung der steuerbegünstigten Zwecke vergeben werden, sind im Rechnungswesen entsprechend kenntlich zu machen. Es muss sichergestellt und für die Finanzbehörde nachprüfbar sein, dass die Rückflüsse, d.h. Tilgung und Zinsen, wieder zeitnah für die steuerbegünstigten Zwecke verwendet werden.

16. Aus Mitteln, die nicht dem Gebot der zeitnahen Mittelverwendung unterliegen (Vermögen einschließlich der zulässigen Zuführungen und der zulässig gebildeten Rücklagen), darf die Körperschaft Darlehen nach folgender Maßgabe vergeben:

Die Zinsen müssen sich in dem auf dem Kapitalmarkt üblichen Rahmen halten, es sei denn, der Verzicht auf die üblichen Zinsen ist eine nach den Vorschriften des Gemeinnützigkeitsrechts und der Satzung der Körperschaft zulässige Zuwendung (z.b. Darlehen an eine ebenfalls steuerbegünstigte Mitgliedsorganisation oder eine hilfsbedürftige Person). Bei Darlehen an Arbeitnehmer aus dem Vermögen kann der (teilweise) Ver-zicht auf eine übliche Verzinsung als Bestandteil des Arbeitslohns angesehen werden, wenn dieser insgesamt, also einschließlich des Zinsvorteils, angemessen ist und der Zinsverzicht auch von der Körperschaft als Arbeitslohn behandelt wird (z.b. Abführung von Lohnsteuer und Sozialversicherungsbeiträgen).

Maßnahmen, für die eine Rücklage nach § 58 Nr. 6 gebildet worden ist, dürfen sich durch die Gewährung von Darlehen nicht verzögern.

17. Die Vergabe von Darlehen ist als solche kein steuerbegünstigter Zweck. Sie darf deshalb nicht Satzungszweck einer steuerbegünstigten Körperschaft sein. Es ist jedoch unschädlich für die Steuerbegünstigung, wenn die Vergabe von zinsgünstigen oder zinslosen Darlehen nicht als Zweck, sondern als Mittel zur Verwirklichung des steuerbegünstigten Zwecks in der Satzung der Körperschaft aufgeführt ist.

18. Eine Körperschaft kann nicht als steuerbegünstigt behandelt werden, wenn ihre Ausgaben für die allgemeine Verwaltung einschließlich der Werbung um Spenden einen angemessenen Rahmen übersteigen (§ 55 Abs. 1 Nrn. 1 und 3). Dieser Rahmen ist in jedem Fall überschritten, wenn eine Körperschaft, die sich weitgehend durch Geldspenden finanziert, diese – nach einer Aufbauphase – überwiegend zur Bestreitung von Ausgaben für Verwaltung und Spendenwerbung statt für die Verwirklichung der steuer-begünstigten satzungsmäßigen Zwecke verwendet (BFH-Beschluss vom 23.9.1998, BStBl. 2000 II S. 320). Die Verwaltungsausgaben einschließlich Spendenwerbung sind bei der Ermittlung der Anteile ins Verhältnis zu den gesamten vereinnahmten Mitteln (Spenden, Mitgliedsbeiträge, Zuschüsse, Gewinne aus wirtschaftlichen Geschäftsbetrieben usw.) zu setzen.

Für die Frage der Angemessenheit der Verwaltungsausgaben kommt es entscheidend auf die Umstände des jeweiligen Einzelfalls an. Eine für die Steuerbegünstigung schädliche Mittelverwendung kann deshalb auch schon dann vorliegen, wenn der prozentuale Anteil der Verwaltungsausgaben einschließlich der Spendenwerbung deutlich geringer als 50 % ist.

19. Während der Gründungs- oder Aufbauphase einer Körperschaft kann auch eine überwiegende Verwendung der Mittel für Verwaltungsausgaben und Spendenwerbung unschädlich für die Steuerbegünstigung sein. Die Dauer der Gründungs- oder Aufbauphase, während der dies möglich ist, hängt von den Verhältnissen des Einzelfalls ab.

Der in dem BFH-Beschluss vom 23.9.1998 (BStBl. 2000 II S. 320) zugestandene Zeitraum von 4 Jahren für die Aufbauphase, in der höhere anteilige Ausgaben für Verwaltung und Spendenwerbung zulässig sind, ist durch die Besonderheiten des entschiedenen Falles begründet (insbesondere 2. Aufbauphase nach Aberkennung der Steuerbegünstigung). Er ist deshalb als Obergrenze zu verstehen. In der Regel ist von einer kürzeren Aufbauphase auszugehen.

20. Die Steuerbegünstigung ist auch dann zu versagen, wenn das Verhältnis der Verwaltungsausgaben zu den Ausgaben für die steuerbegünstigten Zwecke zwar insgesamt nicht zu beanstanden, eine einzelne Verwaltungsausgabe (z.B. das Gehalt des Geschäftsführers oder der Aufwand für die Mitglieder- und Spendenwerbung) aber nicht angemessen ist (§ 55 Abs. 1 Nr. 3).

21. Bei den Kosten für die Beschäftigung eines Geschäftsführers handelt es sich grundsätzlich um Verwaltungsausgaben. Eine Zuordnung dieser Kosten zu der steuerbegünstigten Tätigkeit ist nur insoweit möglich, als der Geschäftsführer unmittelbar bei steuerbegünstigten Projekten mitarbeitet. Entsprechendes gilt für die Zuordnung von Reisekosten.

Zu § 55 Abs. 1 Nrn. 2 und 4:

22. Die in § 55 Abs. 1 Nrn. 2 und 4 genannten Sacheinlagen sind Einlagen i.S. des Handelsrechts, für die dem Mitglied Gesellschaftsrechte eingeräumt worden sind. Insoweit sind also nur Kapitalgesellschaften, nicht aber Vereine angesprochen. Unentgeltlich zur Verfügung gestellte Vermögensgegenstände, für die keine Gesellschaftsrechte eingeräumt sind (Leihgaben, Sachspenden) fallen nicht unter § 55 Abs. 1 Nrn. 2 und 4. Soweit Kapitalanteile und Sacheinlagen von der Vermögensbindung ausgenommen werden, kann von dem Gesellschafter nicht die Spendenbegünstigung des § 10b EStG (§ 9 Abs. 1 Nr. 2 KStG) in Anspruch genommen werden.

Zu § 55 Abs. 1 Nr. 4:

23. Eine wesentliche Voraussetzung für die Annahme der Selbstlosigkeit bildet der Grundsatz der Vermögensbindung für steuerbegünstigte Zwecke im Falle der Beendigung des Bestehens der Körperschaft oder des Wegfalles des bisherigen Zwecks (§ 55 Abs. 1 Nr. 4).

Hiermit soll verhindert werden, dass Vermögen, das sich aufgrund der Steuervergünstigungen gebildet hat, später zu nicht begünstigten Zwecken verwendet wird. Die satzungsmäßigen Anforderungen an die Vermögensbindung sind in den §§ 61 und 62 geregelt.

24. Eine Körperschaft ist nur dann steuerbegünstigt im Sinne des § 55 Abs. 1 Nr. 4 Satz 2, wenn sie nach § 5 Abs. 1 Nr. 9 KStG von der Körperschaftsteuer befreit ist. Dies kann nur eine Körperschaft sein, die unbeschränkt steuerpflichtig ist (§ 5 Abs. 2 Nr. 2 KStG). Eine satzungsmäßige Vermögensbin-

dung auf eine nicht unbeschränkt steuerpflichtige ausländische Körperschaft genügt deshalb nicht den Anforderungen (vgl. Nr. 1 zu § 61).

Zu § 55 Abs. 1 Nr. 5:

25. Die Körperschaft muss ihre Mittel grundsätzlich zeitnah für ihre steuerbegünstigten satzungsmäßigen Zwecke verwenden. Verwendung in diesem Sinne ist auch die Verwendung der Mittel für die Anschaffung oder Herstellung von Vermögensgegenständen, die satzungsmäßigen Zwecken dienen (z.B. Bau eines Altenheims, Kauf von Sportgeräten oder medizinischen Geräten).

Die Bildung von Rücklagen ist nur unter den Voraussetzungen des § 58 Nrn. 6 und 7 zulässig. Davon unberührt bleiben Rücklagen in einem steuerpflichtigen wirtschaftlichen Geschäftsbetrieb und Rücklagen im Bereich der Vermögensverwaltung (vgl. Nr. 3). Die Verwendung von Mitteln, die zeitnah für die steuerbegünstigten Zwecke zu verwenden sind, für die Ausstattung einer Körperschaft mit Vermögen ist ein Verstoß gegen das Gebot der zeitnahen Mittelverwendung, es sei denn, die Mittel werden von der empfangenden Körperschaft zeitnah für satzungsmäßige Zwecke verwendet, z.B. für die Errichtung eines Altenheims.

26. Eine zeitnahe Mittelverwendung ist gegeben, wenn die Mittel spätestens in dem auf den Zufluss folgenden Kalender- oder Wirtschaftsjahr für die steuerbegünstigten satzungsmäßigen Zwecke verwendet werden. Am Ende des Kalender- oder Wirtschafts-jahres noch vorhandene Mittel müssen in der Bilanz oder Vermögensaufstellung der Körperschaft zulässigerweise dem Vermögen oder einer zulässigen Rücklage zugeordnet oder als im zurückliegenden Jahr zugeflossene Mittel, die im folgenden Jahr für die steuerbegünstigten Zwecke zu verwenden sind, ausgewiesen sein. Soweit Mittel nicht schon im Jahr des Zuflusses für die steuerbegünstigten Zwecke verwendet oder zulässigerweise dem Vermögen zugeführt werden, ist ihre zeitnahe Verwendung nachzuweisen, zweckmäßigerweise durch eine Nebenrechnung (Mittelverwendungsrech-nung).

27. Nicht dem Gebot der zeitnahen Mittelverwendung unterliegt das Vermögen der Körperschaften, auch soweit es durch Umschichtungen innerhalb des Bereichs der Vermögensverwaltung entstanden ist (z.B. Verkauf eines zum Vermögen gehörenden Grundstücks einschließlich des den Buchwert übersteigenden Teils des Preises). Außerdem kann eine Körperschaft die in § 58 Nrn. 11 und 12 bezeichneten Mittel ohne für die Gemeinnützigkeit schädliche Folgen ihrem Vermögen zuführen.

Zu § 55 Abs. 2:

28. Wertsteigerungen bleiben für steuerbegünstigte Zwecke gebunden. Bei der Rückgabe des Wirtschaftsguts selbst hat der Empfänger die Differenz in Geld auszugleichen.

Zu § 55 Abs. 3:

29. Die Regelung, nach der sich die Vermögensbindung nicht auf die eingezahlten Kapitalanteile der Mitglieder und den gemeinen Wert der von den Mitgliedern geleisteten Sacheinlagen erstreckt, gilt bei Stiftungen für die Stifter und ihre Erben sinngemäß (§ 55 Abs. 3 erster Halbsatz). Es ist also zulässig, das Stiftungskapital und die Zustif-tungen von der Vermögensbindung auszunehmen und im Falle des Erlöschens der Stiftung an den Stifter oder seine Erben zurückfallen zu lassen. Für solche Stiftungen und Zustiftungen kann aber vom Stifter nicht die Spendenvergünstigung nach § 10b EStG (§ 9 Abs. 1 Nr. 2 KStG) in Anspruch genommen werden.

30. Die Vorschrift des § 55 Abs. 3 zweiter Halbsatz, die sich nur auf Stiftungen und Körperschaften des öffentlichen Rechts bezieht, berücksichtigt die Regelung im EStG, wonach die Entnahme eines Wirtschaftsgutes mit dem Buchwert angesetzt werden kann, wenn das Wirtschaftsgut den in § 6 Abs. 1 Nr. 4 Satz 5 EStG genannten Körperschaf-ten unentgeltlich überlassen wird. Dies hat zur Folge, dass der Zuwendende bei der Aufhebung der Stiftung nicht den gemeinen Wert der Zuwendung, sondern nur den dem ursprünglichen Buchwert entsprechenden Betrag zurückerhält. Stille Reserven und Wertsteigerungen bleiben hiernach für steuerbegünstigte Zwecke gebunden. Bei Rückgabe des Wirtschaftsgutes selbst hat der Empfänger die Differenz in Geld aus-zugleichen.

Zu § 56 – Ausschließlichkeit:

Die Vorschrift stellt klar, dass eine Körperschaft mehrere steuerbegünstigte Zwecke nebeneinander verfolgen darf, ohne dass dadurch die Ausschließlichkeit verletzt wird. Die verwirklichten steuerbegünstigten Zwecke müssen jedoch sämtlich satzungsmäßige Zwecke sein. Will demnach eine Körperschaft steuerbegünstigte Zwecke, die nicht in die Satzung aufgenommen sind, fördern, so ist eine Satzungsänderung erforderlich, die den Erfordernissen des § 60 entsprechen muss.

Zu § 57 – Unmittelbarkeit:

1. Die Vorschrift stellt in Absatz 1 klar, dass die Körperschaft die steuerbegünstigten satzungsmäßigen Zwecke selbst verwirklichen muss, damit Unmittelbarkeit gegeben ist (wegen der Ausnahmen Hinweis auf § 58).

2. Das Gebot der Unmittelbarkeit ist gemäß § 57 Abs. 1 Satz 2 auch dann erfüllt, wenn sich die steuerbegünstigte Körperschaft einer Hilfsperson bedient. Hierfür ist es erforderlich, dass nach den Umständen des Falles, insbesondere nach den rechtlichen und tatsächlichen Beziehungen, die zwischen der Körperschaft und der Hilfsperson bestehen, das Wirken der Hilfsperson wie eigenes Wirken der Körperschaft anzusehen ist, d.h. die Hilfsperson nach den Weisungen der Körperschaft einen konkreten Auftrag ausführt. Hilfsperson kann eine natürliche Person, Personenvereinigung oder juristische Person sein. Die Körperschaft hat durch Vorlage entsprechender Vereinbarungen nachzuweisen, dass sie den Inhalt und den Umfang der Tätigkeit der Hilfsperson bestimmen kann. Als Vertragsformen kommen z.B. Arbeits-, Dienst- oder Werkverträge in Betracht. Im Innenverhältnis muss die Hilfsperson an die Weisung der Körperschaft gebunden sein. Die Tätigkeit der Hilfsperson muss den Satzungsbestimmungen der Körperschaft entsprechen. Diese hat nachzuweisen, dass sie die Hilfsperson überwacht. Die weisungsgemäße Verwendung der Mittel ist von ihr sicherzustellen. Die Steuerbegünstigung einer Körperschaft, die nur über eine Hilfsperson das Merkmal der Unmittelbarkeit erfüllt (§ 57 Abs. 1 Satz 2), ist unabhängig davon zu gewähren, wie die Hilfsperson gemeinnützigkeitsrechtlich behandelt wird. Ein Handeln als Hilfsperson nach § 57 Abs. 1 Satz 2 begründet keine eigene steuerbegünstigte Tätigkeit (BFH-Urteil vom 7.3.2007 – I R 90/04 – BStBl. II S. 628).

   Eine Hilfspersonentätigkeit in diesem Sinne liegt nicht vor, wenn der auftraggebenden Peson dadurch nicht nach § 57 Abs. 1 Satz 2 die Gemeinnützigkeit vermittelt wird, z.B. Tätigkeiten im Auftrag von juristischen Personen des öffentlichen Rechts (Hoheitsbereich), voll steuerpflichtigen Körperschaften oder natürlichen Personen.

3. Ein Zusammenschluss i.S.d. § 57 Abs. 2 AO ist gegeben, wenn die Einrichtung ausschließlich allgemeine, aus der Tätigkeit und Aufgabenstellung der Mitgliederkörperschaften erwachsene Interessen wahrnimmt. Nach Absatz 2 wird eine Körperschaft, in der steuerbegünstigte Körperschaften zusammengefasst sind, einer Körperschaft gleichgestellt, die unmittelbar steuerbegünstigte Zwecke verfolgt. Voraussetzung ist, dass jede der zusammengefassten Körperschaften sämtliche Voraussetzungen für die Steuerbegünstigung erfüllt. Verfolgt eine solche Körperschaft selbst unmittelbar steuerbegünstigte Zwecke, ist die bloße Mitgliedschaft steuerbegünstigter Organisation für die Steuerbegünstigung unschädlich. Die Körperschaft darf die nicht steuer-begünstigte Organisation aber nicht mit Rat und Tat fördern (z.B. Zuweisung von Mitteln, Rechtsberatung).

Zu § 58 – Steuerlich unschädliche Betätigungen:

Zu § 58 Nr. 1:

1. Diese Ausnahmeregelung ermöglicht es, Körperschaften als steuerbegünstigt anzuerkennen, die andere Körperschaften fördern und dafür Spenden sammeln oder auf andere Art Mittel beschaffen (Mittelbeschaffungskörperschaften). Die Beschaffung von Mitteln muss als Satzungszweck festgelegt sein. Ein steuerbegünstigter Zweck, für den Mittel beschafft werden sollen, muss in der Satzung angegeben sein. Es ist nicht erforderlich, die Körperschaften, für die Mittel beschafft werden sollen, in der Satzung aufzuführen. Die Körperschaft, für die Mittel beschafft werden, muss nur dann selbst steuerbegünstigt sein, wenn sie eine unbeschränkt steuerpflichtige Körperschaft des privaten Rechts ist. Werden Mittel für nicht unbeschränkt steuerpflichtige Körperschaften beschafft, muss die Verwendung der Mittel für die steuerbegünstigten Zwecke ausreichend nachgewiesen werden.

Zu § 58 Nr. 2:

2. Die teilweise (nicht überwiegende) Weitergabe eigener Mittel (auch Sachmittel) ist unschädlich. Ausschüttungen und sonstige Zuwendungen einer steuerbegünstigten Körperschaft sind unschädlich, wenn die Gesellschafter oder Mitglieder als Begünstigte ausschließlich steuerbegünstigte Körperschaften sind.

Zu § 58 Nr. 3:

3. Eine steuerlich unschädliche Betätigung liegt auch dann vor, wenn nicht nur Arbeitskräfte, sondern zugleich Arbeitsmittel (z.B. Krankenwagen) zur Verfügung gestellt werden.

Zu § 58 Nr. 4:

4. Zu den „Räumen" i.S. der Nummer 4 gehören beispielsweise auch Sportstätten, Sportanlagen und Freibäder.

Zu § 58 Nr. 5:

5. Eine Stiftung darf einen Teil ihres Einkommens – höchstens ein Drittel – dazu verwenden, die Gräber des Stifters und seiner nächsten Angehörigen zu pflegen und deren Andenken zu ehren. In diesem Rahmen ist auch gestattet, dem Stifter und seinen nächsten Angehörigen Unterhalt zu gewähren.

Unter Einkommen ist die Summe der Einkünfte aus den einzelnen Einkunftsarten des § 2 Abs. 1 EStG zu verstehen, unabhängig davon, ob die Einkünfte steuerpflichtig sind oder nicht. Positive und negative Einkünfte sind zu saldieren. Die Verlustverrechnungsbeschränkungen nach § 2 Abs. 3 EStG sind dabei unbeachtlich. Bei der Ermittlung der Einkünfte sind von den Einnahmen die damit zusammenhängenden Aufwendungen einschließlich der Abschreibungsbeträge abzuziehen.

Zur steuerrechtlichen Beurteilung von Ausgaben für die Erfüllung von Verbindlichkeiten, die durch die Übertragung von belastetem Vermögen begründet worden sind, wird auf die Nummern 12 bis 14 zu § 55 hingewiesen.

6. Der Begriff des nächsten Angehörigen ist enger als der Begriff des Angehörigen nach § 15. Er umfasst:

    – Ehegatten,

    – Eltern, Großeltern, Kinder, Enkel (auch falls durch Adoption verbunden),

    – Geschwister,

    – Pflegeeltern, Pflegekinder.

7. Unterhalt, Grabpflege und Ehrung des Andenkens müssen sich in angemessenem Rahmen halten. Damit ist neben der relativen Grenze von einem Drittel des Einkommens eine gewisse absolute Grenze festgelegt. Maßstab für die Angemessenheit des Unterhalts ist der Lebensstandard des Zuwendungsempfängers.

8. § 58 Nr. 5 enthält lediglich eine Ausnahmeregelung zu § 55 Abs. 1 Nr. 1 für Stiftungen (vgl. Nr. 14 zu § 55), begründet jedoch keinen eigenständigen steuerbegünstigten Zweck. Eine Stiftung, zu deren Satzungszwecken die Unterstützung von hilfsbedürftigen Verwandten des Stifters gehört, kann daher nicht unter Hinweis auf § 58 Nr. 5 als steuerbegünstigt behandelt werden.

Zu § 58 Nr. 6:

9. Bei der Bildung der Rücklage nach § 58 Nr. 6 kommt es nicht auf die Herkunft der Mittel an. Der Rücklage dürfen also auch zeitnah zu verwendende Mittel wie z.B. Spenden zugeführt werden.

10. Voraussetzung für die Bildung einer Rücklage nach § 58 Nr. 6 ist in jedem Fall, dass ohne sie die steuerbegünstigten satzungsmäßigen Zwecke nachhaltig nicht erfüllt werden können. Das Bestreben, ganz allgemein die Leistungsfähigkeit der Körperschaft zu erhalten, reicht für eine steuerlich unschädliche Rücklagenbildung nach dieser Vorschrift nicht aus (hierfür können nur freie Rücklagen nach § 58 Nr. 7 gebildet werden, vgl. Nrn. 13 bis 17). Vielmehr müssen die Mittel für bestimmte – die steuerbegünstigten Satzungszwecke verwirklichende – Vorhaben angesammelt werden, für deren Durchführung bereits konkrete Zeitvorstellungen bestehen. Besteht noch keine konkrete Zeitvorstellung, ist eine Rücklagenbildung zulässig, wenn die Durchführung des Vorhabens glaubhaft und bei den finanziellen Verhältnissen der steuerbegünstigten Körperschaft in einem angemessenen Zeitraum möglich ist. Die Bildung von Rücklagen für periodisch wiederkehrende Ausgaben (z.B. Löhne, Gehälter, Mieten) in Höhe des Mittelbedarfs für eine angemessene Zeitperiode ist zulässig (so genannte Betriebsmittelrücklage). Ebenfalls unschädlich ist die vorsorgliche Bildung einer Rücklage zur Bezahlung von Steuern außerhalb eines steuerpflichtigen wirtschaftlichen Geschäftsbetriebs, solange Unklarheit darüber besteht, ob die Körperschaft insoweit in Anspruch genommen wird.

    Die Bildung einer Rücklage kann nicht damit begründet werden, dass die Überlegungen zur Verwendung der Mittel noch nicht abgeschlossen sind.

11. Die vorstehenden Grundsätze zu § 58 Nr. 6 gelten auch für Mittelbeschaffungskörperschaften i.S. des § 58 Nr. 1 (BFH-Urteil vom 13.9.1989, BStBl. 1990 II S. 28). Voraussetzung ist jedoch, dass die Rücklagenbildung dem Zweck der Beschaffung von Mitteln für die steuerbegünstigten Zwecke einer anderen Körperschaft entspricht. Diese Voraussetzung ist zum Beispiel erfüllt, wenn die Mittelbeschaffungskörperschaft wegen Verzögerung der von ihr zu finanzierenden steuerbegünstigten Maßnahmen gezwungen ist, die beschafften Mittel zunächst zu thesaurieren.

12. Unterhält eine steuerbegünstigte Körperschaft einen steuerpflichtigen wirtschaftlichen Geschäftsbetrieb, so können dessen Erträge der Rücklage erst nach Versteuerung zugeführt werden.

Zu § 58 Nr. 7:

13. Der freien Rücklage (§ 58 Nr. 7 Buchstabe a) darf jährlich höchstens ein Drittel des Überschusses der Einnahmen über die Unkosten aus der Vermögensverwaltung zugeführt werden. Unter Unkosten sind Aufwendungen zu verstehen, die dem Grunde nach Werbungskosten sind.

14. Darüber hinaus kann die Körperschaft höchstens 10 % ihrer sonstigen nach § 55 Abs. 1 Nr. 5 zeitnah zu verwendenden Mittel einer freien Rücklage zuführen. Mittel im Sinne dieser Vorschrift sind die Überschüsse bzw. Gewinne aus steuerpflichtigen wirtschaftlichen Geschäftsbetrieben und Zweckbetrieben sowie die Bruttoeinnahmen aus dem ideellen Bereich. Bei Anwendung der Regelungen des § 64 Abs. 5 und 6 können in die Bemessungsgrundlage zur Ermittlung der Rücklage statt der geschätzten bzw. pauschal ermittelten Gewinne die tatsächlichen Gewinne einbezogen werden.

    Verluste aus Zweckbetrieben sind mit entsprechenden Überschüssen zu verrechnen; darüber hinaus gehende Verluste mindern die Bemessungsgrundlage nicht. Das gilt entsprechend für Verluste aus dem einheitlichen wirtschaftlichen Geschäftsbetrieb. Ein Überschuss aus der Vermögensverwaltung ist – unabhängig davon, inwieweit er in eine Rücklage eingestellt wurde – nicht in die Bemessungsgrundlage für die Zuführung aus den sonstigen zeitnah zu verwendenden Mitteln einzubeziehen. Ein Verlust aus der Vermögensverwaltung mindert die Bemessungsgrundlage nicht.

15. Wird die Höchstgrenze nach den Nrn. 13 und 14 nicht voll ausgeschöpft, so ist eine Nachholung in späteren Jahren nicht zulässig. Die steuerbegünstigte Körperschaft braucht die freie Rücklage während der Dauer ihres Bestehens nicht aufzulösen. Die in die Rücklage eingestellten Mittel können auch dem Vermögen zugeführt werden.

16. Die Ansammlung und Verwendung von Mitteln zum Erwerb von Gesellschaftsrechten zur Erhaltung der prozentualen Beteiligung an Kapitalgesellschaften schließen die Steuervergünstigungen nicht aus (§ 58 Nr. 7 Buchstabe b). Die Herkunft der Mittel ist dabei ohne Bedeutung. § 58 Nr. 7 Buchstabe b ist nicht auf den erstmaligen Erwerb von Anteilen an Kapitalgesellschaften anzuwenden. Hierfür können u.a. freie Rücklagen nach § 58 Nr. 7 Buchstabe a eingesetzt werden.

17. Die Höchstgrenze für die Zuführung zu der freien Rücklage mindert sich um den Betrag, den die Körperschaft zum Erwerb von Gesellschaftsrechten zur Erhaltung der prozentualen Beteiligung an Kapitalgesellschaften ausgibt oder bereitstellt. Übersteigt der für die Erhaltung der Beteiligungsquote verwendete oder bereitgestellte Betrag die Höchstgrenze, ist auch in den Folgejahren eine Zuführung zu der freien Rücklage erst wieder möglich, wenn die für eine freie Rücklage verwendbaren Mittel insgesamt die für die Erhaltung der Beteiligungsquote verwendeten oder bereitgestellten Mittel übersteigen. Die Zuführung von Mitteln zu Rücklagen nach § 58 Nr. 6 berührt die Höchstgrenze für die Bildung freier Rücklagen dagegen nicht.

Beispiel:

	Freie Rück-lage (§ 58 Nr. 7 Buch-stabe a)	Ver-wendung von Mitteln zur Erhal-tung der Be-teiligungs-quote (§ 58 Nr. 7 Buch-stabe b)
	€	€	€
Jahr 01			
Zuführung zur freien Rücklage		25.000	
Jahr 02			
Höchstbetrag für die Zuführung zur freien Rücklage:			
1/3 von 15 000 € =	5.000		
10 v.H. von 50 000 € =	5.000		
Ergibt	10.000		
Verwendung von Mitteln zur Erhaltung der Beteiligungsquote	25.000		25.000
Übersteigender Betrag	./. 15.000		
Zuführung zur freien Rücklage	0		
Jahr 03			
Höchstbetrag für die Zuführung zur freien Rücklage:			
1/3 von 30 000 € =	10 000		
10 v.H. von 100 000 € =	10.000		
Ergibt	20.000		
Übersteigender Betrag aus dem Jahr 02	./. 15.000		
Verbleibender Betrag	5.000		
Zuführung zur freien Rücklage		5.000	

Zu § 58 Nrn. 6 und 7:

18. Ob die Voraussetzungen für die Bildung einer Rücklage gegeben sind, hat die steuerbegünstigte Körperschaft dem zuständigen Finanzamt im Einzelnen darzulegen. Weiterhin muss sie die Rücklagen nach § 58 Nrn. 6 und 7 in ihrer Rechnungslegung – ggf. in einer Nebenrechnung – gesondert ausweisen, damit eine Kontrolle jederzeit und ohne besonderen Aufwand möglich ist (BFH-Urteil vom 20.12.1978, BStBl. 1979 II S. 496).

Zu § 58 Nr. 8:

19. Gesellige Zusammenkünfte, die im Vergleich zur steuerbegünstigten Tätigkeit nicht von untergeordneter Bedeutung sind, schließen die Steuervergünstigung aus.

Zu § 58 Nr. 10:

20. Diese Ausnahmeregelung ermöglicht es den ausschließlich von einer oder mehreren Gebietskörperschaften errichteten rechtsfähigen und nichtrechtsfähigen Stiftungen, die Erfüllung ihrer steuerbegünstigten Zwecke mittelbar durch Zuschüsse an Wirtschaftsunternehmen zu verwirklichen. Diese mittelbare Zweckverwirklichung muss in der Satzung festgelegt sein. Die Verwendung der Zuschüsse für steuerbegünstigte Satzungszwecke muss nachgewiesen werden.

Zu § 58 Nr. 11:

21. Bei den in der Vorschrift genannten Zuwendungen ist es ausnahmsweise zulässig, grundsätzlich zeitnah zu verwendende Mittel dem zulässigen Vermögen zuzuführen. Die Aufzählung ist abschließend. Unter Sachzuwendungen, die ihrer Natur nach zum Vermögen gehören, sind Wirtschaftsgüter zu verstehen, die ihrer Art nach von der Körperschaft im ideellen Bereich, im Rahmen der Vermögensverwaltung oder im wirtschaftlichen Geschäftsbetrieb genutzt werden können.

    Werden Mittel nach dieser Vorschrift dem Vermögen zugeführt, sind sie aus der Bemessungsgrundlage für Zuführungen von sonstigen zeitnah zu verwendenden Mitteln nach § 58 Nr. 7 Buchstabe a herauszurechnen.

Zu § 58 Nr. 12:

22. Stiftungen dürfen im Jahr ihrer Errichtung und in den zwei folgenden Kalenderjahren Überschüsse und Gewinne aus der Vermögensverwaltung, aus Zweckbetrieb und aus steuerpflichtigen wirtschaftlichen Geschäftsbetrieben ganz oder teilweise ihrem Vermögen zuführen. Für sonstige Mittel, z.B. Zuwendungen und Zuschüsse, gilt diese Regelung dagegen nicht.

    Liegen in einem Kalenderjahr positive und negative Ergebnisse aus der Vermögensverwaltung, aus den Zweckbetrieben und dem einheitlichen steuerpflichtigen wirtschaftlichen Geschäftsbetrieb vor, ist eine Zuführung zum Vermögen auf den positiven Betrag begrenzt, der nach der Verrechnung der Ergebnisse verbleibt.

Zu § 58 Nr. 2 bis 12:

23. Die in § 58 Nrn. 2 bis 9, 11 und 12 genannten Ausnahmetatbestände können auch ohne entsprechende Satzungsbestimmung verwirklicht werden. Entgeltliche Tätigkeiten nach § 58 Nrn. 3, 4 oder 8 begründen einen steuerpflichtigen wirtschaftlichen Geschäftsbetrieb oder Vermögensverwaltung (z.B. Raumüberlassung). Bei den Regelungen des § 58 Nrn. 5, 10 und 12 kommt es jeweils nicht auf die Bezeichnung der Körperschaft als Stiftung, sondern auf die tatsächliche Rechtsform an. Dabei ist es unmaßgeblich, ob es sich um eine rechtsfähige oder nichtrechtsfähige Stiftung handelt.

Zu § 59 – Voraussetzung der Steuervergünstigung:

1. Die Vorschrift bestimmt u.a., dass die Steuervergünstigung nur gewährt wird, wenn ein steuerbegünstigter Zweck (§§ 52 bis 54), die Selbstlosigkeit (§ 55) und die ausschließliche und unmittelbare Zweckverfolgung (§§ 56, 57) durch die Körperschaft aus der Satzung direkt hervorgehen. Eine weitere satzungsmäßige Voraussetzung in diesem Sinn ist die in § 61 geforderte Vermögensbindung. Das Unterhalten wirtschaftlicher Geschäftsbetriebe (§ 14 Sätze 1 und 2 und § 64), die keine Zweckbetriebe (§§ 65 bis 68) sind, und die Vermögensverwaltung (§ 14 Satz 3) dürfen nicht Satzungszweck sein. Die Erlaubnis zur Unterhaltung eines Nichtzweckbetriebs und die Vermögensverwaltung in der Satzung können zulässig sein (BFH-Urteil vom 18.12.2002 – I R 15/02 – BStBl. 2003 II S. 384). Bei Körperschaften, die ausschließlich Mittel für andere Körperschaften oder Körperschaft des öffentlichen Rechts beschaffen (§ 58 Nr. 1), kann in der Satzung auf das Gebot der Unmittelbarkeit verzichtet werden.

2. Bei mehreren Betrieben gewerblicher Art einer juristischen Person des öffentlichen Rechts ist für jeden Betrieb gewerblicher Art eine eigene Satzung erforderlich.

3. Ein besonderes Anerkennungsverfahren ist im steuerlichen Gemeinnützigkeitsrecht nicht vorgesehen. Ob eine Körperschaft steuerbegünstigt ist, entscheidet das Finanzamt im Veranlagungsverfahren durch Steuerbescheid (ggf. Freistellungsbescheid). Dabei hat es von Amts wegen die tatsächlichen und rechtlichen Verhältnisse zu ermitteln, die für die Steuerpflicht und für die Bemessung der Steuer wesentlich sind. Eine Körperschaft, bei der nach dem Ergebnis dieser Prüfung die gesetzlichen Voraussetzungen für die steuerliche Behandlung als steuerbegünstigte Körperschaft vorliegen, muss deshalb auch als solche behandelt werden, und zwar ohne Rücksicht darauf, ob ein entsprechender Antrag gestellt worden ist oder nicht. Ein Verzicht auf die Behandlung als steuerbegünstigte Körperschaft ist somit für das Steuerrecht unbeachtlich.

4. Auf Antrag einer neu gegründeten Körperschaft, bei der die Voraussetzungen der Steuervergünstigung noch nicht im Veranlagungsverfahren festgestellt worden sind, bescheinigt das zuständige Finanzamt vorläufig, z.B. für den Empfang steuerbegünstigter Spenden oder für eine Gebührenbefreiung, dass bei ihm die Körperschaft steuerlich erfasst ist und die eingereichte Satzung alle nach § 59 Satz 1, §§ 60 und 61 geforderten Voraussetzungen erfüllt, welche u.a. für die Steuerbefreiung nach § 5 Abs. 1 Nr. 9 KStG vorliegen müssen. Eine vorläufige Bescheinigung über die

Gemeinnützigkeit darf erst ausgestellt werden, wenn eine Satzung vorliegt, die den gemeinnützigkeitsrechtlichen Vorschriften entspricht.

5. Die vorläufige Bescheinigung über die Gemeinnützigkeit stellt keinen Verwaltungsakt, sondern lediglich eine Auskunft über den gekennzeichneten Teilbereich der für die Steuervergünstigung erforderlichen Voraussetzungen dar. Sie sagt z.B. nichts über die Übereinstimmung von Satzung und tatsächlicher Geschäftsführung aus. Sie ist befristet zu erteilen und ist frei widerruflich (BFH-Beschluss vom 7.5.1986, BStBl. II S. 677). Die Geltungsdauer sollte 18 Monate nicht überschreiten.

6. Die Erteilung einer vorläufigen Bescheinigung über die Gemeinnützigkeit kann auch in Betracht kommen, wenn eine Körperschaft schon längere Zeit existiert und die Gemeinnützigkeit im Veranlagungsverfahren versagt wurde (BFH-Beschluss vom 23.9.1998, BStBl. 2000 II S. 320).

6.1 Eine vorläufige Bescheinigung über die Gemeinnützigkeit ist in diesen Fällen auf Antrag zu erteilen, wenn die Körperschaft die Voraussetzungen für die Gemeinnützigkeit im gesamten Veranlagungszeitraum, der dem Zeitraum der Nichtgewährung folgt, voraussichtlich erfüllen wird. Ihre Geltungsdauer sollte 18 Monate nicht überschreiten.

6.2 Darüber hinaus kann die Erteilung einer vorläufigen Bescheinigung über die Gemeinnützigkeit auch dann geboten sein, wenn die Körperschaft nach Auffassung des Finanzamts nicht gemeinnützig ist. In diesen Fällen darf die Bescheinigung nur erteilt werden, wenn die folgenden Voraussetzungen erfüllt sind:

6.2.1 Die Körperschaft muss gegen eine Entscheidung des Finanzamts, mit der die Erteilung einer vorläufigen Bescheinigung über die Gemeinnützigkeit abgelehnt wurde, beim zuständigen Finanzgericht Rechtsschutz begehrt haben.

6.2.2 Es müssen ernstliche Zweifel bestehen, ob die Ablehnung der Gemeinnützigkeit im Klageverfahren bestätigt wird. Dies erfordert, dass die Körperschaft schlüssig darlegt und glaubhaft macht, dass sie die Voraussetzungen für die Gemeinnützigkeit nach ihrer Satzung und bei der tatsächlichen Geschäftsführung erfüllt.

6.2.3 Die wirtschaftliche Existenz der Körperschaft muss in Folge der Nichterteilung der vorläufigen Bescheinigung gefährdet sein. Für die Beurteilung sind die Verhältnisse im jeweiligen Einzelfall maßgeblich. Eine Existenzgefährdung kann nicht allein deshalb unterstellt werden, weil sich die Körperschaft bisher zu einem we-sentlichen Teil aus Spenden oder steuerlich abziehbaren Mitgliedsbeiträgen finanziert hat und wegen der Nichtgewährung der Steuervergünstigungen ein erheblicher Rückgang dieser Einnahmen zu erwarten ist. Sie liegt z.B. auch dann nicht vor, wenn die Körperschaft über ausreichendes verwertbares Vermögen verfügt oder sich ausreichende Kredite verschaffen kann. Die Körperschaft muss als Antragsgrund die Existenzgefährdung schlüssig darlegen und glaubhaft machen.

Die vorläufige Bescheinigung über die Gemeinnützigkeit nach Nr. 6.2 ist ggf. formlos zu erteilen. Sie muss die Körperschaft in die Lage versetzen, unter Hinweis auf die steuerliche Abzugsfähigkeit um Zuwendungen zu werben. Ihre Geltungsdauer ist bis zum rechtskräftigen Abschluss des gerichtlichen Verfahrens zu befristen. Ob Auflagen, wie sie der BFH in dem entschiedenen Fall beschlossen hat (u.a. vierteljährliche Einreichung von Aufstellungen über die Einnahmen und Ausgaben), sinnvoll und erforderlich sind, hängt von den Umständen des Einzelfalls ab.

7. Die vorläufige Bescheinigung wird durch den Steuerbescheid (ggf. Freistellungsbescheid) ersetzt. Die Steuerbefreiung soll spätestens alle drei Jahre überprüft werden.

8. Die Satzung einer Körperschaft ist vor der Erteilung einer erstmaligen vorläufigen Bescheinigung über die Steuerbegünstigung oder eines Freistellungsbescheids zur Körperschaft- und Gewerbesteuer sorgfältig zu prüfen. Wird eine vorläufige Bescheinigung über die Gemeinnützigkeit erteilt oder die Steuerbegünstigung anerkannt, bei einer späteren Überprüfung der Körperschaft aber festgestellt, dass die Satzung doch nicht den Anforderungen des Gemeinnützigkeitsrechts genügt, dürfen aus Vertrauensschutzgründen hieraus keine nachteiligen Folgerungen für die Vergangenheit gezogen werden. Die Körperschaft ist trotz der fehlerhaften Satzung für abgelaufene Veranlagungszeiträume und für das Kalenderjahr, in dem die Satzung beanstandet wird, als steuerbegünstigt zu behandeln. Dies gilt nicht, wenn bei der tatsächlichen Geschäftsführung gegen Vorschriften des Gemeinnützigkeitsrechts verstoßen wurde.

Die Vertreter der Körperschaft sind aufzufordern, die zu beanstandenden Teile der Satzung so zu ändern, dass die Körperschaft die satzungsmäßigen Voraussetzungen für die Steuervergünstigung erfüllt. Hierfür ist eine angemessene Frist zu setzen. Vereinen soll dabei in der Regel eine Beschlussfassung in der nächsten ordentlichen Mitgliederversammlung ermöglicht werden. Wird die

Satzung innerhalb der gesetzten Frist entsprechend den Vorgaben des Finanzamts geändert, ist die Steuervergünstigung für das der Beanstandung der Satzung folgende Kalenderjahr auch dann anzuerkennen, wenn zu Beginn des Kalenderjahres noch keine ausreichende Satzung vorgelegen hat.

Die vorstehenden Grundsätze gelten nicht, wenn die Körperschaft die Satzung geändert hat und eine geänderte Satzungsvorschrift zu beanstanden ist. In diesen Fällen fehlt es an einer Grundlage für die Gewährung von Vertrauensschutz.

Zu § 60 — Anforderungen an die Satzung:

1. Die Satzung muss so präzise gefasst sein, dass aus ihr unmittelbar entnommen werden kann, ob die Voraussetzungen der Steuerbegünstigung vorliegen (formelle Satzungsmäßigkeit). Die bloße Bezugnahme auf Satzungen oder andere Regelungen Dritter genügt nicht (BFH-Urteil vom 19.4.1989, BStBl. II S. 595). Es reicht aus, wenn sich die satzungsmäßigen Voraussetzungen aufgrund einer Auslegung aller Satzungsbestimmungen ergeben (BFH-Urteil vom 13.12.1978, BStBl. 1979 II S. 482 und vom 13.8.1997, BStBl. II S. 794).

2. Die Anlage 1 enthält das Muster einer Satzung. Die Verwendung der Mustersatzung ist nicht vorgeschrieben.

3. Eine Satzung braucht nicht allein deswegen geändert zu werden, weil in ihr auf Vorschriften des StAnpG oder der GemV verwiesen oder das Wort „selbstlos" nicht verwandt wird.

4. Ordensgemeinschaften haben eine den Ordensstatuten entsprechende zusätzliche Erklärung nach dem Muster der Anlage 2 abzugeben, die die zuständigen Organe der Orden bindet.

5. Die tatsächliche Geschäftsführung (vgl. § 63) muss mit der Satzung übereinstimmen.

6. Die satzungsmäßigen Voraussetzungen für die Anerkennung der Steuerbegünstigung müssen bei der Körperschaftsteuer vom Beginn bis zum Ende des Veranlagungszeitraums, bei der Gewerbesteuer vom Beginn bis zum Ende des Erhebungszeitraums, bei der Grundsteuer zum Beginn des Kalenderjahres, für das über die Steuerpflicht zu entscheiden ist (§ 9 Abs. 2 GrStG), bei der Umsatzsteuer zu den sich aus § 13 Abs. 1 UStG ergebenden Zeitpunkten, bei der Erbschaftsteuer zu den sich aus § 9 ErbStG ergebenden Zeitpunkten, erfüllt sein.

Zu § 61 – Satzungsmäßige Vermögensbindung:

1. Die Vorschrift stellt klar, dass die zu den Voraussetzungen der Selbstlosigkeit zählende Bindung des Vermögens für steuerbegünstigte Zwecke vor allem im Falle der Auflösung der Körperschaft aus der Satzung genau hervorgehen muss (Mustersatzung, § 5). Eine satzungsmäßige Vermögensbindung auf eine nicht unbeschränkt steuerpflichtige ausländische Körperschaft genügt nicht den Anforderungen (vgl. Nr. 24 zu § 55).

2. Nach dem aufgehobenen § 61 Abs. 2 durfte bei Vorliegen zwingender Gründe in der Satzung bestimmt werden, dass über die Verwendung des Vermögens zu steuerbegünstigten Zwecken nach Auflösung oder Aufhebung der Körperschaft oder bei Wegfall steuerbegünstigter Zwecke erst nach Einwilligung des Finanzamts bestimmt wird. Eine Satzung braucht nicht allein deswegen geändert zu werden, weil sie eine vor der Aufhebung des § 61 Abs. 2 zulässige Bestimmung über die Vermögensbindung enthält.

3. Für bestimmte Körperschaften, z. B. Betriebe gewerblicher Art von juristischen Personen des öffentlichen Rechts und bestimmte Stiftungen, enthält § 62 eine Ausnahme von der Vermögensbindung.

4. Wird die satzungsmäßige Vermögensbindung aufgehoben, gilt sie von Anfang an als steuerlich nicht ausreichend. Die Regelung greift auch ein, wenn die Bestimmung über die Vermögensbindung erst zu einem Zeitpunkt geändert wird, in dem die Körperschaft nicht mehr als steuerbegünstigt anerkannt ist. Die entsprechenden steuerlichen Folge-rungen sind durch Steuerfestsetzung rückwirkend zu ziehen.

5. Bei Verstößen gegen den Grundsatz der Vermögensbindung bildet die Festsetzungsverjährung (§§ 169 ff.) keine Grenze. Vielmehr können nach § 175 Abs. 1 Satz 1 Nr. 2 auch Steuerbescheide noch geändert werden, die Steuern betreffen, die innerhalb von zehn Jahren vor der erstmaligen Verletzung der Vermögensbindungsregelung entstanden sind. Es kann demnach auch dann noch zugegriffen werden, wenn zwischen dem steuerfreien Bezug der Erträge und dem Wegfall der Steuerbegünstigung ein Zeitraum von mehr als fünf Jahren liegt, selbst wenn in der Zwischenzeit keine Erträge mehr zugeflossen sind.

Beispiel:

Eine gemeinnützige Körperschaft hat in den Jahren 01 bis 11 steuerfreie Einnahmen aus einem Zweckbetrieb bezogen und diese teils für gemeinnützige Zwecke ausgegeben und zum Teil in eine

Rücklage eingestellt. Eine in 11 vollzogene Satzungsände-rung sieht jetzt vor, dass bei Auflösung des Vereins das Vermögen an die Mitglieder ausgekehrt wird. In diesem Fall muss das Finanzamt für die Veranlagungszeiträume 01 ff. Steuerbescheide erlassen, welche die Nachversteuerung aller genannten Ein-nahmen vorsehen, wobei es unerheblich ist, ob die Einnahmen noch im Vereinsvermögen vorhanden sind.

6. Verstöße gegen § 55 Abs. 1 bis 3 begründen die Möglichkeit einer Nachversteuerung im Rahmen der Festsetzungsfrist.

7. Die Nachversteuerung gem. § 61 Abs. 3 greift nicht nur bei gemeinnützigkeitsschädlichen Änderungen satzungsrechtlicher Bestimmungen über die Vermögensbindung ein, sondern erfasst auch die Fälle, in denen die tatsächliche Geschäftsführung gegen die von § 61 geforderte Vermögensbindung verstößt (§ 63 Abs. 2).

Beispiel:

Eine gemeinnützige Körperschaft verwendet bei ihrer Auflösung oder bei Aufgabe ihres begünstigten Satzungszweckes ihr Vermögen entgegen der Vermögensbindungsbestimmung in der Satzung nicht für begünstigte Zwecke.

8. Verstöße der tatsächlichen Geschäftsführung gegen § 55 Abs. 1 Nrn. 1 bis 3 können so schwerwiegend sein, dass sie einer Verwendung des gesamten Vermögens für satzungsfremde Zwecke gleichkommen. Auch in diesen Fällen ist eine Nachversteuerung nach § 61 Abs. 3 möglich.

9. Bei der nachträglichen Besteuerung ist so zu verfahren, als ob die Körperschaft von Anfang an uneingeschränkt steuerpflichtig gewesen wäre. § 13 Abs. 3 KStG ist nicht anwendbar.

Zu § 62 – Ausnahmen von der satzungsmäßigen Vermögensbindung:

1. Die Vorschrift befreit nur von der Verpflichtung, die Vermögensbindung in der Satzung festzulegen. Materiell unterliegen auch diese Körperschaften der Vermögensbindung.

Zu § 63 – Anforderungen an die tatsächliche Geschäftsführung:

1. Den Nachweis, dass die tatsächliche Geschäftsführung den notwendigen Erfordernissen entspricht, hat die Körperschaft durch ordnungsmäßige Aufzeichnungen (insbesondere Aufstellung der Einnahmen und Ausgaben, Tätigkeitsbericht, Vermögensübersicht mit Nachweisen über die Bildung und Entwicklung der Rücklagen) zu führen. Die Vorschriften der AO über die Führung von Büchern und Aufzeichnungen (§§ 140 ff.) sind zu beachten. Die Vorschriften des Handelsrechts einschließlich der entsprechenden Buchführungsvorschriften gelten nur, sofern sich dies aus der Rechtsform der Körperschaft oder aus ihrer wirtschaftlichen Tätigkeit ergibt. Bei der Verwirklichung steuerbegünstigter Zwecke im Ausland besteht eine erhöhte Nachweispflicht (§ 90 Abs. 2).

2. Die tatsächliche Geschäftsführung umfasst auch die Ausstellung steuerlicher Zuwendungsbestätigungen. Bei Missbräuchen auf diesem Gebiet, z.B. durch die Ausstellung von Gefälligkeitsbestätigungen, ist die Steuerbegünstigung zu versagen.

3. Die tatsächliche Geschäftsführung muss sich im Rahmen der verfassungsmäßigen Ordnung halten, da die Rechtsordnung als selbstverständlich das gesetzestreue Verhalten aller Rechtsunterworfenen voraussetzt (vgl. auch Nr. 16 zu § 52). Als Verstoß gegen die Rechtsordnung, der die Steuerbegünstigung ausschließt, kommt auch eine Steuerverkürzung in Betracht (BFH-Urteil vom 27.9.2001, BStBl. 2002 II S. 169).

Zu § 64 – Steuerpflichtige wirtschaftliche Geschäftsbetriebe:

Zu § 64 Abs. 1:

1. Als Gesetz, das die Steuervergünstigung teilweise, nämlich für den wirtschaftlichen Geschäftsbetrieb (§ 14 Sätze 1 und 2), ausschließt, ist das jeweilige Steuergesetz zu verstehen, also § 5 Abs. 1 Nr. 9 KStG, § 3 Nr. 6 GewStG, § 12 Abs. 2 Nr. 8 Satz 2 UStG, § 3 Abs. 1 Nr. 3b GrStG i.V.m. A 12 Abs. 4 GrStR.

2. Wegen des Begriffs „Wirtschaftlicher Geschäftsbetrieb" wird auf § 14 hingewiesen. Zum Begriff der „Nachhaltigkeit" bei wirtschaftlichen Geschäftsbetrieben siehe BFH-Urteil vom 21.8.1985 (BStBl. 1986 II S. 88). Danach ist eine Tätigkeit grundsätzlich nachhaltig, wenn sie auf Wiederholung angelegt ist. Es genügt, wenn bei der Tätigkeit der allgemeine Wille besteht, gleichartige oder ähnliche Handlungen bei sich bietender Gelegenheit zu wiederholen. Wiederholte Tätigkeiten liegen auch vor, wenn der Grund zum Tätigwerden auf einem einmaligen Entschluss beruht, die Erledigung aber mehrere (Einzel-)Tätigkeiten erfordert. Die Einnahmen aus der Verpachtung eines vorher selbst betriebenen wirtschaftlichen Geschäftsbetriebs unterliegen solange der Körperschaft- und Gewerbe-

steuer, bis die Körperschaft die Betriebsaufgabe erklärt (BFH-Urteil vom 4.4.2007 – I R 55/06 – BStBl. II S. 725).

3. Ob eine an einer Personengesellschaft oder Gemeinschaft beteiligte steuerbegünstigte Körperschaft gewerbliche Einkünfte bezieht und damit einen wirtschaftlichen Geschäftsbetrieb (§ 14 Sätze 1 und 2) unterhält, wird im einheitlichen und gesonderten Gewinnfeststellungsbescheid der Personengesellschaft bindend festgestellt (BFH-Urteil vom 27.7.1988, BStBl. 1989 II S. 134). Ob der wirtschaftliche Geschäftsbetrieb steuerpflichtig ist oder ein Zweckbetrieb (§§ 65 bis 68) vorliegt, ist dagegen bei der Körperschaftsteuerveranlagung der steuerbegünstigten Körperschaft zu entscheiden. Die Beteiligung einer steuerbegünstigten Körperschaft an einer Kapitalgesellschaft ist grundsätzlich Vermögensverwaltung (§ 14 Satz 3). Sie stellt jedoch einen wirtschaftlichen Geschäftsbetrieb dar, wenn mit ihr tatsächlich ein entscheidender Einfluss auf die laufende Geschäftsführung der Kapitalgesellschaft ausgeübt wird oder ein Fall der Betriebsaufspaltung vorliegt (vgl. BFH-Urteil vom 30.6.1971 – I R 57/70 – BStBl. II S. 753; H 15.7 Abs. 4 bis 6 EStH). Besteht die Beteiligung an einer Kapitalgesellschaft, die selbst ausschließlich der Vermögensverwaltung dient, so liegt auch bei Einflussnahme auf die Geschäftsführung kein wirtschaftlicher Geschäftsbetrieb vor (vgl. R 16 Abs. 5 KStR). Dies gilt auch bei Beteiligung an einer steuerbegünstigten Kapitalgesellschaft. Die Grundsätze der Betriebsaufspaltung sind nicht anzuwenden, wenn sowohl das Betriebs- als auch das Besitzunternehmen steuerbegünstigt sind.

4. Bei der Ermittlung des Gewinns aus dem wirtschaftlichen Geschäftsbetrieb sind die Betriebsausgaben zu berücksichtigen, die durch den Betrieb veranlasst sind. Dazu gehören Ausgaben, die dem Betrieb unmittelbar zuzuordnen sind, weil sie ohne den Betrieb nicht oder zumindest nicht in dieser Höhe angefallen wären.

5. Bei so genannten gemischt veranlassten Kosten, die sowohl durch die steuerfreie als auch durch die steuerpflichtige Tätigkeit veranlasst sind, scheidet eine Berücksichtigung als Betriebsausgaben des steuerpflichtigen wirtschaftlichen Geschäftsbetriebs grundsätzlich aus, wenn sie ihren primären Anlass im steuerfreien Bereich haben. Werden z.B. Werbemaßnahmen bei sportlichen oder kulturellen Veranstaltungen durchgeführt, sind die Veranstaltungskosten, soweit sie auch ohne die Werbung entstanden wären, keine Betriebsausgaben des steuerpflichtigen wirtschaftlichen Geschäftsbetriebs „Werbung" (BFH-Urteil vom 27.3.1991, BStBl. 1992 II S. 103; zur pauschalen Gewinnermittlung bei Werbung im Zusammenhang mit der steuerbegünstigten Tätigkeit einschließlich Zweckbetrieben vgl. Nrn. 28 ff.).

6. Unabhängig von ihrer primären Veranlassung ist eine anteilige Berücksichtigung von gemischt veranlassten Aufwendungen (einschließlich Absetzung für Abnutzung) als Betriebsausgaben des steuerpflichtigen wirtschaftlichen Geschäftsbetriebs dann zulässig, wenn ein objektiver Maßstab für die Aufteilung der Aufwendungen (z.B. nach zeitlichen Gesichtspunkten) auf den ideellen Bereich einschließlich der Zweckbetriebe und den steuerpflichtigen wirtschaftlichen Geschäftsbetrieb besteht.

Danach ist z.B. bei der Gewinnermittlung für den steuerpflichtigen wirtschaftlichen Geschäftsbetrieb „Greenfee" von steuerbegünstigten Golfvereinen – abweichend von den Grundsätzen des BFH-Urteils vom 27.3.1991 (BStBl. 1992 II S. 103) – wegen der Abgrenzbarkeit nach objektiven Maßstäben (z.B. im Verhältnis der Nutzung der Golfanlage durch vereinsfremde Spieler zu den Golf spielenden Vereinsmitgliedern im Kalenderjahr) trotz primärer Veranlassung durch den ideellen Bereich des Golfvereins ein anteiliger Betriebsausgabenabzug der Aufwendungen (z.B. für Golfplatz- und Personalkosten) zulässig. Bei gemeinnützigen Musikvereinen sind Aufwendungen, die zu einem Teil mit Auftritten ihrer Musikgruppen bei eigenen steuerpflichtigen Festveranstaltungen zusammenhängen, anteilig als Betriebsausgaben des steuerpflichtigen wirtschaftlichen Geschäftsbetriebs abzuziehen. Derartige Aufwendungen sind z.B. Kosten für Notenmaterial, Uniformen und Verstärkeranlagen, die sowohl bei Auftritten, die unentgeltlich erfolgen oder Zweckbetriebe sind, als auch bei Auftritten im Rahmen eines eigenen steuerpflichtigen Betriebs eingesetzt werden. Als Maßstab für die Aufteilung kommt die Zahl der Stunden, die einschließlich der Proben auf die jeweiligen Bereiche entfallen, in Betracht.

Auch die Personal- und Sachkosten für die allgemeine Verwaltung können grundsätzlich im wirtschaftlichen Geschäftsbetrieb abgezogen werden, soweit sie bei einer Aufteilung nach objektiven Maßstäben teilweise darauf entfallen. Bei Kosten für die Errichtung und Unterhaltung von Vereinsheimen gibt es i.d.R. keinen objektiven Aufteilungsmaßstab.

7. Unter Sponsoring wird üblicherweise die Gewährung von Geld oder geldwerten Vorteilen durch Unternehmen zur Förderung von Personen, Gruppen und/oder Organisationen in sportlichen, kulturellen, kirchlichen, wissenschaftlichen, sozialen, ökologischen oder ähnlich bedeutsamen gesell-

schaftspolitischen Bereichen verstanden, mit der regelmäßig auch eigene unternehmensbezogene Ziele der Werbung oder Öffentlich-keitsarbeit verfolgt werden. Leistungen eines Sponsors beruhen häufig auf einer vertraglichen Vereinbarung zwischen dem Sponsor und dem Empfänger der Leistungen (Sponsoring-Vertrag), in dem Art und Umfang der Leistungen des Sponsors und des Empfängers geregelt sind.

8. Die im Zusammenhang mit dem Sponsoring erhaltenen Leistungen können bei einer steuerbegünstigten Körperschaft steuerfreie Einnahmen im ideellen Bereich, steuerfreie Einnahmen aus der Vermögensverwaltung oder Einnahmen eines steuerpflichtigen wirtschaftlichen Geschäftsbetriebs sein. Die steuerliche Behandlung der Leistungen beim Empfänger hängt grundsätzlich nicht davon ab, wie die entsprechenden Auf-wendungen beim leistenden Unternehmen behandelt werden. Für die Abgrenzung gelten die allgemeinen Grundsätze.

9. Danach liegt kein wirtschaftlicher Geschäftsbetrieb vor, wenn die steuerbegünstigte Körperschaft dem Sponsor nur die Nutzung ihres Namens zu Werbezwecken in der Weise gestattet, dass der Sponsor selbst zu Werbezwecken oder zur Imagepflege auf seine Leistungen an die Körperschaft hinweist.

   Ein wirtschaftlicher Geschäftsbetrieb liegt auch dann nicht vor, wenn der Empfänger der Leistungen z.B. auf Plakaten, Veranstaltungshinweisen, in Ausstellungskatalogen oder in anderer Weise auf die Unterstützung durch einen Sponsor lediglich hinweist. Dieser Hinweis kann unter Verwendung des Namens, Emblems oder Logos des Sponsors, jedoch ohne besondere Hervorhebung, erfolgen. Entsprechende Sponsoringeinnahmen sind nicht als Einnahmen aus der Vermögensverwaltung anzusehen. Eine Zuführung zur freien Rücklage nach § 58 Nr. 7 Buchstabe a ist daher lediglich i.H.v. 10 % der Einnahmen, nicht aber i.H.v. einem Drittel des daraus erzielten Überschusses möglich.

10. Ein wirtschaftlicher Geschäftsbetrieb liegt dagegen vor, wenn die Körperschaft an den Werbemaßnahmen mitwirkt. Der wirtschaftliche Geschäftsbetrieb kann kein Zweckbetrieb (§§ 65 bis 68) sein. Soweit Sponsoringeinnahmen unmittelbar in einem aus anderen Gründen steuerpflichtigen wirtschaftlichen Geschäftsbetrieb anfallen, sind sie die-sem zuzurechnen.

Zu § 64 Abs. 2:

11. Die Regelung, dass bei steuerbegünstigten Körperschaften mehrere steuerpflichtige wirtschaftliche Geschäftsbetriebe als ein Betrieb zu behandeln sind, gilt auch für die Ermittlung des steuerpflichtigen Einkommens der Körperschaft und für die Beurteilung der Buchführungspflicht nach § 141 Abs. 1. Für die Frage, ob die Grenzen für die Buchführungspflicht überschritten sind, kommt es also auf die Werte (Einnahmen, Überschuss) des Gesamtbetriebs an.

12. § 55 Abs. 1 Nr. 1 Satz 2 und Nr. 3 gilt auch für den steuerpflichtigen wirtschaftlichen Geschäftsbetrieb. Das bedeutet u. a., dass Verluste und Gewinnminderungen in den einzelnen steuerpflichtigen wirtschaftlichen Geschäftsbetrieben nicht durch Zuwendungen an Mitglieder oder durch unverhältnismäßig hohe Vergütungen entstanden sein dürfen.

13. Bei einer Körperschaft, die mehrere steuerpflichtige wirtschaftliche Geschäftsbetriebe unterhält, ist für die Frage, ob gemeinnützigkeitsschädliche Verluste vorliegen, nicht auf das Ergebnis des einzelnen steuerpflichtigen wirtschaftlichen Geschäftsbetriebs, sondern auf das zusammengefasste Ergebnis aller steuerpflichtigen wirtschaftlichen Ge-schäftsbetriebe abzustellen. Danach ist die Gemeinnützigkeit einer Körperschaft gefährdet, wenn die steuerpflichtigen wirtschaftlichen Geschäftsbetriebe insgesamt Verluste erwirtschaften (vgl. auch Nrn. 4 ff. zu § 55).

   In den Fällen des § 64 Abs. 5 und 6 ist nicht der geschätzte bzw. pauschal ermittelte Gewinn, sondern das Ergebnis zu berücksichtigen, das sich bei einer Ermittlung nach den allgemeinen Regelungen ergeben würde (vgl. Nrn. 4 bis 6).

Zu § 64 Abs. 3:

14. Die Höhe der Einnahmen aus den steuerpflichtigen wirtschaftlichen Geschäftsbetrieben bestimmt sich nach den Grundsätzen der steuerlichen Gewinnermittlung. Bei steuerbegünstigten Körperschaften, die den Gewinn nach § 4 Abs. 1 oder 5 EStG ermitteln, kommt es deshalb nicht auf den Zufluss i.S. des § 11 EStG an, so dass auch Forderungszugänge als Einnahmen zu erfassen sind. Bei anderen steuerbegünstigten Körperschaften sind die im Kalenderjahr zugeflossenen Einnahmen (§ 11 EStG) maßgeblich. Ob die Einnahmen die Besteuerungsgrenze übersteigen, ist für jedes Jahr gesondert zu prüfen. Nicht leistungsbezogene Einnahmen sind nicht den für die Besteuerungsgrenze maßgeblichen Einnahmen zuzurechnen (vgl. Nr. 16).

15. Zu den Einnahmen i.S. des § 64 Abs. 3 gehören leistungsbezogene Einnahmen einschließlich Umsatzsteuer aus dem laufenden Geschäft, wie Einnahmen aus dem Verkauf von Speisen und Getränken. Dazu zählen auch erhaltene Anzahlungen.

16. Zu den leistungsbezogenen Einnahmen i.S. der Nr. 15 gehören z.B. nicht

   a) der Erlös aus der Veräußerung von Wirtschaftsgütern des Anlagevermögens des steuerpflichtigen wirtschaftlichen Geschäftsbetriebs;

   b) Betriebskostenzuschüsse sowie Zuschüsse für die Anschaffung oder Herstellung von Wirtschaftsgütern des steuerpflichtigen wirtschaftlichen Geschäftsbetriebs;

   c) Investitionszulagen;

   d) der Zufluss von Darlehen;

   e) Entnahmen i.S. des § 4 Abs. 1 EStG;

   f) die Auflösung von Rücklagen;

   g) erstattete Betriebsausgaben, z.B. Gewerbe- oder Umsatzsteuer;

   h) Versicherungsleistungen mit Ausnahme des Ersatzes von leistungsbezogenen Einnahmen.

17. Ist eine steuerbegünstigte Körperschaft an einer Personengesellschaft oder Gemeinschaft beteiligt, sind für die Beurteilung, ob die Besteuerungsgrenze überschritten wird, die anteiligen (Brutto-)Einnahmen aus der Beteiligung – nicht aber der Gewinnanteil – maßgeblich. Bei Beteiligung einer steuerbegünstigten Körperschaft an einer Kapitalgesellschaft sind die Bezüge i.S. des § 8 b Abs. 1 KStG und die Erlöse aus der Veräußerung von Anteilen i.S. des § 8 b Abs. 2 KStG als Einnahmen i.S. des § 64 Abs. 3 zu erfassen, wenn die Beteiligung einen steuerpflichtigen wirtschaftlichen Geschäftsbetrieb darstellt (vgl. Nr. 3) oder in einem steuerpflichtigen wirtschaftlichen Geschäftsbetrieb gehalten wird.

18. In den Fällen des § 64 Abs. 5 und 6 sind für die Prüfung, ob die Besteuerungsgrenze i.S. des § 64 Abs. 3 überschritten wird, die tatsächlichen Einnahmen anzusetzen.

19. Einnahmen aus sportlichen Veranstaltungen, die nach § 67a Abs. 1 Satz 1 oder – bei einer Option – Abs. 3 kein Zweckbetrieb sind, gehören zu den Einnahmen i.S. des § 64 Abs. 3.

   Beispiel:

   Ein Sportverein, der auf die Anwendung des § 67a Abs. 1 Satz 1 (Zweckbetriebsgrenze) verzichtet hat, erzielt im Jahr 01 folgende Einnahmen aus wirtschaftlichen Geschäftsbetrieben:

Sportliche Veranstaltungen, an denen kein bezahlter Sportler teilgenommen hat:	40.000 €
Sportliche Veranstaltungen, an denen bezahlte Sportler des Vereins teilgenommen haben:	20.000 €
Verkauf von Speisen und Getränken:	5.000 €

   Die Einnahmen aus wirtschaftlichen Geschäftsbetrieben, die keine Zweckbetriebe sind, betragen 25.000 € (20.000 € + 5.000 €). Die Besteuerungsgrenze von 35.000 € wird nicht überschritten.

20. Eine wirtschaftliche Betätigung verliert durch das Unterschreiten der Besteuerungsgrenze nicht den Charakter des steuerpflichtigen wirtschaftlichen Geschäftsbetriebs. Das bedeutet, dass kein Beginn einer teilweisen Steuerbefreiung i.S. des § 13 Abs. 5 KStG vorliegt und dementsprechend keine Schlussbesteuerung durchzuführen ist, wenn Körperschaft- und Gewerbesteuer wegen § 64 Abs. 3 nicht mehr erhoben werden.

21. Bei Körperschaften mit einem vom Kalenderjahr abweichenden Wirtschaftsjahr sind für die Frage, ob die Besteuerungsgrenze überschritten wird, die in dem Wirtschaftsjahr erzielten Einnahmen maßgeblich.

22. Der allgemeine Grundsatz des Gemeinnützigkeitsrechts, dass für die steuerbegünstigten Zwecke gebundene Mittel nicht für den Ausgleich von Verlusten aus steuerpflichtigen wirtschaftlichen Geschäftsbetrieben verwendet werden dürfen, wird durch § 64 Abs. 3 nicht aufgehoben. Unter diesem Gesichtspunkt braucht jedoch bei Unterschreiten der Besteuerungsgrenze der Frage der Mittelverwendung nicht nachgegangen zu werden, wenn bei überschlägiger Prüfung der Aufzeichnungen erkennbar ist, dass in dem steuerpflichtigen wirtschaftlichen Geschäftsbetrieb (§ 64 Abs. 2) keine Verluste entstanden sind.

23. Verluste und Gewinne aus Jahren, in denen die maßgeblichen Einnahmen die Besteuerungsgrenze nicht übersteigen, bleiben bei dem Verlustabzug (§ 10 d EStG) außer Ansatz. Ein rück- und vortragbarer Verlust kann danach nur in Jahren entstehen, in denen die Einnahmen die Besteuerungsgrenze übersteigen. Dieser Verlust wird nicht für Jahre verbraucht, in denen die Einnahmen die Besteuerungsgrenze von 35.000 € nicht übersteigen.

Zu § 64 Abs. 4:

24. § 64 Abs. 4 gilt nicht für regionale Untergliederungen (Landes-, Bezirks-, Ortsverbände) steuerbegünstigter Körperschaften.

Zu § 64 Abs. 5:

25. § 64 Abs. 5 gilt nur für Altmaterialsammlungen (Sammlung und Verwertung von Lumpen, Altpapier, Schrott). Die Regelung gilt nicht für den Einzelverkauf gebrauchter Sachen (Gebrauchtwarenhandel). Basare und ähnliche Einrichtungen sind deshalb nicht begünstigt.

26. § 64 Abs. 5 ist nur anzuwenden, wenn die Körperschaft dies beantragt (Wahlrecht).

27. Der branchenübliche Reingewinn ist bei der Verwertung von Altpapier mit 5 % und bei der Verwertung von anderem Altmaterial mit 20 % der Einnahmen anzusetzen.

Zu § 64 Abs. 6:

28. Bei den genannten steuerpflichtigen wirtschaftlichen Geschäftsbetrieben ist der Besteuerung auf Antrag der Körperschaft ein Gewinn von 15 % der Einnahmen zugrunde zu legen. Der Antrag gilt jeweils für alle gleichartigen Tätigkeiten in dem betreffenden Veranlagungszeitraum. Er entfaltet keine Bindungswirkung für folgende Veranlagungszeiträume.

29. Nach § 64 Abs. 6 Nr. 1 kann der Gewinn aus Werbemaßnahmen pauschal ermittelt werden, wenn sie im Zusammenhang mit der steuerbegünstigten Tätigkeit einschließlich Zweckbetrieben stattfinden. Beispiele für derartige Werbemaßnahmen sind die Trikot- oder Bandenwerbung bei Sportveranstaltungen, die ein Zweckbetrieb sind, oder die aktive Werbung in Programmheften oder auf Plakaten bei kulturellen Veranstaltungen. Dies gilt auch für Sponsoring i.S. von Nr. 10.

30. Soweit Werbeeinnahmen nicht im Zusammenhang mit der ideellen steuerbegünstigten Tätigkeit oder einem Zweckbetrieb erzielt werden, z.B. Werbemaßnahmen bei einem Vereinsfest oder bei sportlichen Veranstaltungen, die wegen Überschreitens der Zweckbetriebsgrenze des § 67a Abs. 1 oder wegen des Einsatzes bezahlter Sportler ein steuerpflichtiger wirtschaftlicher Geschäftsbetrieb sind, ist § 64 Abs. 6 nicht anzuwenden.

31. Nach § 64 Abs. 6 Nr. 2 kann auch der Gewinn aus dem Totalisatorbetrieb der Pferderennvereine mit 15 % der Einnahmen angesetzt werden. Die maßgeblichen Einnahmen ermitteln sich wie folgt:

Wetteinnahmen

abzgl. Rennwettsteuer (Totalisatorsteuer)

abzgl. Auszahlungen an die Wetter.

Zu § 64 Abs. 5 und 6:

32. Wird in den Fällen des § 64 Abs. 5 oder 6 kein Antrag auf Schätzung des Überschusses oder auf pauschale Gewinnermittlung gestellt, ist der Gewinn nach den allgemeinen Regeln durch Gegenüberstellung der Betriebseinnahmen und der Betriebsausgaben zu ermitteln (vgl. Nrn. 4 bis 6).

33. Wird der Überschuss nach § 64 Abs. 5 geschätzt oder nach § 64 Abs. 6 pauschal ermittelt, sind dadurch auch die damit zusammenhängenden tatsächlichen Aufwendungen der Körperschaft abgegolten; sie können nicht zusätzlich abgezogen werden.

34. Wird der Überschuss nach § 64 Abs. 5 geschätzt oder nach § 64 Abs. 6 pauschal ermittelt, muss die Körperschaft die mit diesen Einnahmen im Zusammenhang stehenden Einnahmen und Ausgaben gesondert aufzeichnen. Die genaue Höhe der Einnah-men wird zur Ermittlung des Gewinns nach § 64 Abs. 5 bzw. 6 benötigt. Die mit diesen steuerpflichtigen wirtschaftlichen Geschäftsbetrieben zusammenhängenden Ausgaben dürfen das Ergebnis der anderen steuerpflichtigen wirtschaftlichen Geschäftsbetriebe nicht mindern.

35. Die in den Bruttoeinnahmen ggf. enthaltene Umsatzsteuer gehört nicht zu den maßgeblichen Einnahmen i.S. des § 64 Abs. 5 und 6.

Zu § 65 – Zweckbetrieb:

1. Der Zweckbetrieb ist ein wirtschaftlicher Geschäftsbetrieb i.S. von § 14. Jedoch wird ein wirtschaftlicher Geschäftsbetrieb unter bestimmten Voraussetzungen steuerlich dem begünstigten Bereich der Körperschaft zugerechnet.

2. Ein Zweckbetrieb muss tatsächlich und unmittelbar satzungsmäßige Zwecke der Körperschaft verwirklichen, die ihn betreibt. Es genügt nicht, wenn er begünstigte Zwecke verfolgt, die nicht satzungsmäßige Zwecke der ihn tragenden Körperschaft sind. Ebenso wenig genügt es, wenn er der Verwirklichung begünstigter Zwecke nur mittelbar dient, z.B. durch Abführung seiner Erträge (BFH-Urteil vom 21.8.1985, BStBl. 1986 II S. 88). Ein Zweckbetrieb muss deshalb in seiner Ge-

samtrichtung mit den ihn begründenden Tätigkeiten und nicht nur mit den durch ihn erzielten Einnahmen den steuerbegünstigten Zwecken dienen (BFH-Urteil vom 26.4.1995, BStBl. II S. 767).

3. Weitere Voraussetzung eines Zweckbetriebes ist, dass die Zwecke der Körperschaft nur durch ihn erreicht werden können. Die Körperschaft muss den Zweckbetrieb zur Verwirklichung ihrer satzungsmäßigen Zwecke unbedingt und unmittelbar benötigen.

4. Der Wettbewerb eines Zweckbetriebes zu nicht begünstigten Betrieben derselben oder ähnlicher Art muss auf das zur Erfüllung der steuerbegünstigten Zwecke unvermeidbare Maß begrenzt sein. Eine tatsächliche, konkrete Konkurrenz- und Wettbewerbslage zu steuerpflichtigen Betrieben derselben oder ähnlicher Art ist nicht erforderlich (BFH-Urteil vom 27.10.1993, BStBl 1994 II S. 573). Ein Zweckbetrieb ist daher – entgegen dem BFH-Urteil vom 30.3.2000 (BStBl. II S. 705) – bereits dann nicht gegeben, wenn ein Wettbewerb mit steuerpflichtigen Unternehmen lediglich möglich wäre, ohne dass es auf die tatsächliche Wettbewerbssituation vor Ort ankommt. Unschädlich ist dagegen der uneingeschränkte Wettbewerb zwischen Zweckbetrieben, die demselben steuerbegünstigten Zweck dienen und ihn in der gleichen oder in ähnlicher Form verwirklichen.

Zu § 66 – Wohlfahrtspflege:

1. Die Bestimmung enthält eine Sonderregelung für wirtschaftliche Geschäftsbetriebe, die sich mit der Wohlfahrtspflege befassen.

2. Die Wohlfahrtspflege darf nicht des Erwerbs wegen ausgeführt werden. Damit ist keine Einschränkung gegenüber den Voraussetzungen der Selbstlosigkeit gegeben, wie sie in § 55 bestimmt sind.

3. Die Tätigkeit muss auf die Sorge für notleidende oder gefährdete Menschen gerichtet sein. Notleidend bzw. gefährdet sind Menschen, die eine oder beide der in § 53 Nrn. 1 und 2 genannten Voraussetzungen erfüllen. Es ist nicht erforderlich, dass die gesamte Tätigkeit auf die Förderung notleidender bzw. gefährdeter Menschen gerichtet ist. Es genügt, wenn zwei Drittel der Leistungen einer Einrichtung notleidenden bzw. gefährdeten Menschen zugute kommen. Auf das Zahlenverhältnis von gefährdeten bzw. notleidenden und übrigen geförderten Menschen kommt es nicht an.

4. Eine Einrichtung der Wohlfahrtspflege liegt regelmäßig vor bei häuslichen Pflegeleistungen durch eine steuerbegünstigte Körperschaft im Rahmen des Siebten oder Elften Buches Sozialgesetzbuch, des Bundessozialhilfegesetzes oder des Bundesversorgungsgesetzes.

5. Die Belieferung von Studentinnen und Studenten mit Speisen und Getränken in Mensa- und Cafeteria-Betrieben von Studentenwerken ist als Zweckbetrieb zu beurteilen. Der Verkauf von alkoholischen Getränken, Tabakwaren und sonstigen Handelswaren darf jedoch nicht mehr als 5 % des Gesamtumsatzes ausmachen. Entsprechendes gilt für die Grundversorgung von Schülerinnen und Schülern mit Speisen und Getränken an Schulen.

6. Der Krankentransport von Personen, für die während der Fahrt eine fachliche Betreuung bzw. der Einsatz besonderer Einrichtungen eines Krankentransport- oder Rettungswagens erforderlich ist oder möglicherweise notwendig wird, ist als Zweckbetrieb zu beurteilen. Dagegen erfüllt die bloße Beförderung von Personen, für die der Arzt eine Krankenfahrt (Beförderung in Pkw's, Taxen oder Mietwagen) verordnet hat, nicht die Kriterien nach § 66 Abs. 2.

7. Gesellige Veranstaltungen sind als steuerpflichtige wirtschaftliche Geschäftsbetriebe zu behandeln. Veranstaltungen, bei denen zwar auch die Geselligkeit gepflegt wird, die aber in erster Linie zur Betreuung behinderter Personen durchgeführt werden, können unter den Voraussetzungen der §§ 65, 66 Zweckbetrieb sein.

8. Unter § 68 ist eine Reihe von Einrichtungen der Wohlfahrtspflege beispielhaft aufgezählt.

Zu § 67a – Sportliche Veranstaltungen:

Allgemeines

1. Sportliche Veranstaltungen eines Sportvereins sind grundsätzlich ein Zweckbetrieb, wenn die Einnahmen einschließlich der Umsatzsteuer aus allen sportlichen Veranstaltungen des Vereins die Zweckbetriebsgrenze von 35.000 € im Jahr nicht übersteigen (§ 67a Abs. 1 Satz 1). Übersteigen die Einnahmen die Zweckbetriebsgrenze von 35.000 €, liegt grundsätzlich ein steuerpflichtiger wirtschaftlicher Geschäftsbetrieb vor.

   Der Verein kann auf die Anwendung der Zweckbetriebsgrenze verzichten (§ 67a Abs. 2). Die steuerliche Behandlung seiner sportlichen Veranstaltungen richtet sich dann nach § 67a Abs. 3.

2. Unter Sportvereinen i.S. der Vorschrift sind alle gemeinnützigen Körperschaften zu verstehen, bei denen die Förderung des Sports (§ 52 Abs. 2 Nr. 21) Satzungszweck ist; die tatsächliche Geschäfts-

führung muss diesem Satzungszweck entsprechen (§ 59). § 67a gilt also z.B. auch für Sportverbände. Sie gilt auch für Sportvereine, die Fußballveranstaltungen unter Einsatz ihrer Lizenzspieler nach der 'Lizenzordnung Spieler' der Organisation „Die Liga-Fußballverband e.V. – Ligaverband" durchführen.

3. Als sportliche Veranstaltung ist die organisatorische Maßnahme eines Sportvereins anzusehen, die es aktiven Sportlern (die nicht Mitglieder des Vereins zu sein brauchen) ermöglicht, Sport zu treiben (BFH-Urteil vom 25.7.1996, BStBl. 1997 II S. 154). Eine sportliche Veranstaltung liegt auch dann vor, wenn ein Sportverein in Erfüllung seiner Satzungszwecke im Rahmen einer Veranstaltung einer anderen Person oder Körperschaft eine sportliche Darbietung erbringt. Die Veranstaltung, bei der die sportliche Darbietung präsentiert wird, braucht keine steuerbegünstigte Veranstaltung zu sein (BFH-Urteil vom 4.5.1994, BStBl. II S. 886).

4. Sportreisen sind als sportliche Veranstaltungen anzusehen, wenn die sportliche Betätigung wesentlicher und notwendiger Bestandteil der Reise ist (z.B. Reise zum Wettkampfort). Reisen, bei denen die Erholung der Teilnehmer im Vordergrund steht (Touristikreisen), zählen dagegen nicht zu den sportlichen Veranstaltungen, selbst wenn anlässlich der Reise auch Sport getrieben wird.

5. Die Ausbildung und Fortbildung in sportlichen Fertigkeiten gehört zu den typischen und wesentlichen Tätigkeiten eines Sportvereins. Sportkurse und Sportlehrgänge für Mitglieder und Nichtmitglieder von Sportvereinen (Sportunterricht) sind daher als „sportliche Veranstaltungen" zu beurteilen. Es ist unschädlich für die Zweckbetriebseigenschaft, dass der Verein mit dem Sportunterricht in Konkurrenz zu gewerblichen Sportlehrern (z.B. Reitlehrer, Skilehrer, Tennislehrer, Schwimmlehrer) tritt, weil § 67a als die speziellere Vorschrift dem § 65 vorgeht. Die Beurteilung des Sportunterrichts als sportliche Veranstaltung hängt nicht davon ab, ob der Unterricht durch Beiträge, Sonderbeiträge oder Sonderentgelte abgegolten wird.

6. Der Verkauf von Speisen und Getränken – auch an Wettkampfteilnehmer, Schiedsrichter, Kampfrichter, Sanitäter usw. – und die Werbung gehören nicht zu den sportlichen Veranstaltungen. Diese Tätigkeiten sind gesonderte steuerpflichtige wirtschaftliche Geschäftsbetriebe. Nach § 64 Abs. 2 ist es jedoch möglich, Überschüsse aus diesen Betrieben mit Verlusten aus sportlichen Veranstaltungen, die steuerpflichtige wirtschaftliche Geschäftsbetriebe sind, zu verrechnen.

7. Wird für den Besuch einer sportlichen Veranstaltung, die Zweckbetrieb ist, mit Bewirtung ein einheitlicher Eintrittspreis bezahlt, so ist dieser – ggf. im Wege der Schätzung – in einen Entgeltsanteil für den Besuch der sportlichen Veranstaltung und in einen Entgeltsanteil für die Bewirtungsleistungen aufzuteilen.

8. Zur Zulässigkeit einer pauschalen Gewinnermittlung beim steuerpflichtigen wirtschaftlichen Geschäftsbetrieb „Werbung" wird auf Nrn. 28 bis 35 zu § 64 hingewiesen.

9. Die entgeltliche Übertragung des Rechts zur Nutzung von Werbeflächen in vereinseigenen oder gemieteten Sportstätten (z.B. an der Bande) sowie von Lautsprecheranlagen an Werbeunternehmer ist als steuerfreie Vermögensverwaltung (§ 14 Satz 3) zu beurteilen. Voraussetzung ist jedoch, dass dem Pächter (Werbeunternehmer) ein angemessener Gewinn verbleibt. Es ist ohne Bedeutung, ob die sportlichen Veranstaltun-gen, bei denen der Werbeunternehmer das erworbene Recht nutzt, Zweckbetrieb oder wirtschaftlicher Geschäftsbetrieb sind.

Die entgeltliche Übertragung des Rechts zur Nutzung von Werbeflächen auf der Sportkleidung (z.B. auf Trikots, Sportschuhen, Helmen) und auf Sportgeräten ist stets als steuerpflichtiger wirtschaftlicher Geschäftsbetrieb zu behandeln.

10. Die Unterhaltung von Club-Häusern, Kantinen, Vereinsheimen oder Vereinsgaststätten ist keine „sportliche Veranstaltung", auch wenn diese Einrichtungen ihr Angebot nur an Mitglieder richten.

11. Bei Vermietung von Sportstätten einschließlich der Betriebsvorrichtungen für sportliche Zwecke ist zwischen der Vermietung auf längere Dauer und der Vermietung auf kurze Dauer (z.B. stundenweise Vermietung, auch wenn die Stunden für einen längeren Zeitraum im Voraus festgelegt werden) zu unterscheiden.

12. Die Vermietung auf längere Dauer ist dem Bereich der steuerfreien Vermögensverwaltung zuzuordnen, so dass sich die Frage der Behandlung als „sportliche Veranstaltung" i.S. des § 67a dort nicht stellt.

Die Vermietung von Sportstätten und Betriebsvorrichtungen auf kurze Dauer schafft lediglich die Voraussetzungen für sportliche Veranstaltungen. Sie ist jedoch selbst keine „sportliche Veranstaltung", sondern ein wirtschaftlicher Geschäftsbetrieb eigener Art. Dieser ist als Zweckbetrieb i.S. des § 65 anzusehen, wenn es sich bei den Mietern um Mitglieder des Vereins handelt. Bei der Vermietung auf kurze Dauer an Nichtmitglieder tritt der Verein dagegen in größerem Umfang in

Wettbewerb zu nicht begünstigten Vermietern, als es bei Erfüllung seiner steuerbegünstigten Zwecke unvermeidbar ist (§ 65 Nr. 3). Diese Art der Vermietung ist deshalb als steuerpflichtiger wirtschaftlicher Geschäftsbetrieb zu behandeln.

13. Werden im Zusammenhang mit der Vermietung von Sportstätten und Betriebsvorrichtungen auch bewegliche Gegenstände, z.b. Tennisschläger oder Golfschläger überlassen, stellt die entgeltliche Überlassung dieser Gegenstände ein Hilfsgeschäft dar, das das steuerliche Schicksal der Hauptleistung teilt (BFH-Urteil vom 30.3.2000, BStBl. II S. 705). Bei der alleinigen Überlassung von Sportgeräten, z.b. eines Flugzeugs, bestimmt sich die Zweckbetriebseigenschaft danach, ob die Sportgeräte Mitgliedern oder Nichtmitgliedern des Vereins überlassen werden.

14. § 3 Nr. 26 EStG gilt nicht für Einnahmen, die ein nebenberuflicher Übungsleiter etc. für eine Tätigkeit in einem steuerpflichtigen wirtschaftlichen Geschäftsbetrieb „sportliche Veranstaltungen" erhält.

15. Werden sportliche Veranstaltungen, die im vorangegangenen Veranlagungszeitraum Zweckbetrieb waren, zu einem steuerpflichtigen wirtschaftlichen Geschäftsbetrieb oder umgekehrt, ist grundsätzlich § 13 Abs. 5 KStG anzuwenden.

Zu § 67a Abs. 1

16. Bei der Anwendung der Zweckbetriebsgrenze von 35.000 € sind alle Einnahmen der Veranstaltungen zusammenzurechnen, die in dem maßgeblichen Jahr nach den Regelungen der Nrn. 1 bis 15 als sportliche Veranstaltungen anzusehen sind. Zu diesen Einnahmen gehören insbesondere Eintrittsgelder, Startgelder, Zahlungen für die Übertragung sportlicher Veranstaltungen in Rundfunk und Fernsehen, Lehrgangsge-bühren und Ablösezahlungen. Zum allgemeinen Einnahmebegriff wird auf die Nrn. 15 und 16 zu § 64 hingewiesen.

17. Die Bezahlung von Sportlern in einem Zweckbetrieb i.S. des § 67a Abs. 1 Satz 1 ist zulässig (§ 58 Nr. 9). Dabei ist die Herkunft der Mittel, mit denen die Sportler bezahlt werden, ohne Bedeutung.

18. Die Zahlung von Ablösesummen ist in einem Zweckbetrieb i.S. des § 67a Abs. 1 Satz 1 uneingeschränkt zulässig.

19. Bei Spielgemeinschaften von Sportvereinen ist – unabhängig von der Qualifizierung der Einkünfte im Feststellungsbescheid für die Gemeinschaft – bei der Körperschaftsteuerveranlagung der beteiligten Sportvereine zu entscheiden, ob ein Zweckbetrieb oder ein steuerpflichtiger wirtschaftlicher Geschäftsbetrieb gegeben ist. Dabei ist für die Beurteilung der Frage, ob die Zweckbetriebsgrenze des § 67a Abs. 1 Satz 1 überschritten wird, die Höhe der anteiligen Einnahmen (nicht des anteiligen Gewinns) maßgeblich.

Zu § 67a Abs. 2

20. Ein Verzicht auf die Anwendung des § 67a Abs. 1 Satz 1 ist auch dann möglich, wenn die Einnahmen aus den sportlichen Veranstaltungen die Zweckbetriebsgrenze von 35.000 € nicht übersteigen.

21. Die Option nach § 67a Abs. 2 kann bis zur Unanfechtbarkeit des Körperschaftsteuerbescheids widerrufen werden. Die Regelungen in Abschnitt 247 Abs. 2 und 6 UStR sind entsprechend anzuwenden. Der Widerruf ist – auch nach Ablauf der Bindungsfrist – nur mit Wirkung ab dem Beginn eines Kalender- oder Wirtschaftsjahres zulässig.

Zu § 67a Abs. 3

22. Verzichtet ein Sportverein gem. § 67a Abs. 2 auf die Anwendung der Zweckbetriebsgrenze (§ 67a Abs. 1 Satz 1), sind sportliche Veranstaltungen ein Zweckbetrieb, wenn an ihnen kein bezahlter Sportler des Vereins teilnimmt und der Verein keinen vereinsfremden Sportler selbst oder im Zusammenwirken mit einem Dritten bezahlt. Auf die Höhe der Einnahmen oder Überschüsse dieser sportlichen Veranstaltungen kommt es bei Anwendung des § 67a Abs. 3 nicht an. Sportliche Veranstaltungen, an denen ein oder mehrere Sportler teilnehmen, die nach § 67a Abs. 3 Satz 1 Nr. 1 oder 2 als bezahlte Sportler anzusehen sind, sind steuerpflichtige wirtschaftliche Geschäftsbetriebe. Es kommt nach dem Gesetz nicht darauf an, ob ein Verein eine Veranstaltung von vornherein als steuerpflichtigen wirtschaftlichen Geschäftsbetrieb angesehen oder ob er – aus welchen Gründen auch immer – zunächst irrtümlich einen Zweckbetrieb ange-nommen hat.

23. Unter Veranstaltungen i.S. des § 67a Abs. 3 sind bei allen Sportarten grundsätzlich die einzelnen Wettbewerbe zu verstehen, die in engem zeitlichen und örtlichen Zusammenhang durchgeführt werden. Bei einer Mannschaftssportart ist also nicht die gesamte Meisterschaftsrunde, sondern jedes einzelne Meisterschaftsspiel die zu beurteilende sportliche Veranstaltung. Bei einem Turnier hängt es von der Gestaltung im Einzelfall ab, ob das gesamte Turnier oder jedes einzelne Spiel als eine sportliche Veranstaltung anzusehen ist. Dabei ist von wesentlicher Bedeutung, ob für jedes Spiel

gesondert Eintritt erhoben wird und ob die Einnahmen und Ausgaben für jedes Spiel gesondert ermittelt werden.

24. Sportkurse und Sportlehrgänge für Mitglieder und Nichtmitglieder von Sportvereinen sind bei Anwendung des § 67a Abs. 3 als Zweckbetrieb zu behandeln, wenn kein Sportler als Auszubildender teilnimmt, der wegen seiner Betätigung in dieser Sportart als bezahlter Sportler i.S. des § 67a Abs. 3 anzusehen ist. Die Bezahlung von Ausbildern berührt die Zweckbetriebseigenschaft nicht.

25. Ist ein Sportler in einem Kalenderjahr als bezahlter Sportler anzusehen, sind alle in dem Kalenderjahr durchgeführten sportlichen Veranstaltungen des Vereins, an denen der Sportler teilnimmt, ein steuerpflichtiger wirtschaftlicher Geschäftsbetrieb. Bei einem vom Kalenderjahr abweichenden Wirtschaftsjahr ist das abweichende Wirtschaftsjahr zugrunde zu legen. Es kommt nicht darauf an, ob der Sportler die Merkmale des bezahlten Sportlers erst nach Beendigung der sportlichen Veranstaltung erfüllt. Die Teilnahme unbezahlter Sportler an einer Veranstaltung, an der auch bezahlte Sportler teilnehmen, hat keinen Einfluss auf die Behandlung der Veranstaltung als steuerpflichtiger wirtschaftlicher Geschäftsbetrieb.

26. Die Vergütungen oder anderen Vorteile müssen in vollem Umfang aus steuerpflichtigen wirtschaftlichen Geschäftsbetrieben oder von Dritten geleistet werden (§ 67a Abs. 3 Satz 3). Eine Aufteilung der Vergütungen ist nicht zulässig. Es ist also z.B. steuerlich nicht zulässig, Vergütungen an bezahlte Sportler bis zu 400 € im Monat als Ausgaben des steuerbegünstigten Bereichs und nur die 400 € übersteigenden Vergütungen als Ausgaben des steuerpflichtigen wirtschaftlichen Geschäftsbetriebs „sportliche Veranstaltungen" zu behandeln.

27. Auch die anderen Kosten müssen aus dem steuerpflichtigen wirtschaftlichen Geschäftsbetrieb „sportliche Veranstaltungen", anderen steuerpflichtigen wirtschaftlichen Geschäftsbetrieben oder von Dritten geleistet werden. Dies gilt auch dann, wenn an der Veranstaltung neben bezahlten Sportlern auch unbezahlte Sportler teilnehmen. Die Kosten eines steuerpflichtigen wirtschaftlichen Geschäftsbetriebs „sportliche Veranstaltungen" sind also nicht danach aufzuteilen, ob sie auf bezahlte oder auf unbezahlte Sportler entfallen. Etwaiger Aufwandersatz an unbezahlte Sportler für die Teilnahme an einer Veranstaltung mit bezahlten Sportlern ist als eine Ausgabe dieser Veranstaltung zu behandeln. Aus Vereinfachungsgründen ist es aber nicht zu beanstanden, wenn die Aufwandspauschale (vgl. Nr. 31) an unbezahlte Sportler nicht als Betriebsausgabe des steuerpflichtigen wirtschaftlichen Geschäftsbetriebs behandelt, sondern aus Mitteln des ideellen Bereichs abgedeckt wird.

28. Trainingskosten (z.B. Vergütungen an Trainer), die sowohl unbezahlte als auch bezahlte Sportler betreffen, sind nach den im Einzelfall gegebenen Abgrenzungsmöglichkeiten aufzuteilen. Als solche kommen beispielsweise in Betracht der jeweilige Zeitaufwand – bei gleichzeitigem Training unbezahlter und bezahlter Sportler – die Zahl der trainierten Sportler oder Mannschaften. Soweit eine Abgrenzung anders nicht möglich ist, sind die auf das Training unbezahlter und bezahlter Sportler entfallenden Kosten im Wege der Schätzung zu ermitteln.

29. Werden bezahlte und unbezahlte Sportler einer Mannschaft gleichzeitig für eine Veranstaltung trainiert, die als steuerpflichtiger wirtschaftlicher Geschäftsbetrieb zu beurteilen ist, sind die gesamten Trainingskosten dafür Ausgaben des steuerpflichtigen wirtschaftlichen Geschäftsbetriebs. Die Vereinfachungsregelung in Nr. 27 letzter Satz gilt entsprechend.

30. Sportler des Vereins i.S. des § 67a Abs. 3 Satz 1 Nr. 1 sind nicht nur die (aktiven) Mitglieder des Vereins, sondern alle Sportler, die für den Verein auftreten, z.B. in einer Mannschaft des Vereins mitwirken. Für Verbände gilt Nr. 37.

31. Zahlungen an einen Sportler des Vereins bis zu insgesamt 400 € je Monat im Jahresdurchschnitt sind für die Beurteilung der Zweckbetriebseigenschaft der sportlichen Veranstaltungen – nicht aber bei der Besteuerung des Sportlers – ohne Einzelnachweis als Aufwandsentschädigung anzusehen. Werden höhere Aufwendungen erstattet, sind die gesamten Aufwendungen im Einzelnen nachzuweisen. Dabei muss es sich um Aufwendungen persönlicher oder sachlicher Art handeln, die dem Grunde nach Werbungskosten oder Betriebsausgaben sein können.

Die Regelung gilt für alle Sportarten.

32. Die Regelung über die Unschädlichkeit pauschaler Aufwandsentschädigungen bis zu 400 € je Monat im Jahresdurchschnitt gilt nur für Sportler des Vereins, nicht aber für Zahlungen an andere Sportler. Einem anderen Sportler, der in einem Jahr nur an einer Veranstaltung des Vereins teilnimmt, kann also nicht ein Betrag bis zu 4.800 € als pauschaler Aufwandsersatz dafür gezahlt werden. Vielmehr führt in den Fällen des § 67a Abs. 3 Satz 1 Nr. 2 jede Zahlung an einen Sportler, die über eine Erstattung des tatsächlichen Aufwands hinausgeht, zum Verlust der Zweckbetriebseigenschaft der Veranstaltung.

33. Zuwendungen der Stiftung Deutsche Sporthilfe, Frankfurt, und vergleichbarer Einrichtungen der Sporthilfe an Spitzensportler sind i.d.R. als Ersatz von besonderen Aufwendungen der Spitzensportler für ihren Sport anzusehen. Sie sind deshalb nicht auf die zulässige Aufwandspauschale von 400 € je Monat im Jahresdurchschnitt anzurechnen. Weisen Sportler die tatsächlichen Aufwendungen nach, so muss sich der Nachweis die Aufwendungen erstrecken, die den Zuwendungen der Stiftung Deutsche Sporthilfe und vergleichbarer Einrichtungen gegenüber stehen.

34. Bei der Beurteilung der Zweckbetriebseigenschaft einer Sportveranstaltung nach § 67a Abs. 3 ist nicht zu unterscheiden, ob Vergütungen oder andere Vorteile an einen Sportler für die Teilnahme an sich oder für die erfolgreiche Teilnahme gewährt werden. Entscheidend ist, dass der Sportler aufgrund seiner Teilnahme Vorteile hat, die er ohne seine Teilnahme nicht erhalten hätte. Auch die Zahlung eines Preisgeldes, das über eine Aufwandsentschädigung hinausgeht, begründet demnach einen steuerpflichtigen wirtschaftlichen Geschäftsbetrieb.

35. Bei einem so genannten Spielertrainer ist zu unterscheiden, ob er für die Trainertätigkeit oder für die Ausübung des Sports Vergütungen erhält. Wird er nur für die Trainertätigkeit bezahlt oder erhält er für die Tätigkeit als Spieler nicht mehr als den Ersatz seiner Aufwendungen (vgl. Nr. 31), ist seine Teilnahme an sportlichen Veranstaltungen unschädlich für die Zweckbetriebseigenschaft.

36. Unbezahlte Sportler werden wegen der Teilnahme an Veranstaltungen mit bezahlten Sportlern nicht selbst zu bezahlten Sportlern. Die Ausbildung dieser Sportler gehört nach wie vor zu der steuerbegünstigten Tätigkeit eines Sportvereins, es sei denn, sie werden zusammen mit bezahlten Sportlern für eine Veranstaltung trainiert, die ein steuerpflichtiger wirtschaftlicher Geschäftsbetrieb ist (vgl. Nr. 29).

37. Sportler, die einem bestimmten Sportverein angehören und die nicht selbst unmittelbar Mitglieder eines Sportverbandes sind, werden bei der Beurteilung der Zweckbetriebseigenschaft von Veranstaltungen des Verbandes als andere Sportler i.S. des § 67a Abs. 3 Satz 1 Nr. 2 angesehen. Zahlungen der Vereine an Sportler im Zusammenhang mit sportlichen Veranstaltungen der Verbände (z.B. Länderwettkämpfe) sind in diesen Fällen als „Zahlungen von Dritten im Zusammenwirken mit dem Verein" (hier: Verband) zu behandeln.

38. Ablösezahlungen, die einem steuerbegünstigten Sportverein für die Freigabe von Sportlern zufließen, beeinträchtigen seine Gemeinnützigkeit nicht. Die erhaltenen Beträge zählen zu den Einnahmen aus dem steuerpflichtigen wirtschaftlichen Geschäftsbetrieb „sportliche Veranstaltungen", wenn der den Verein wechselnde Sportler in den letzten zwölf Monaten vor seiner Freigabe bezahlter Sportler i.S. des § 67a Abs. 3 Satz 1 Nr. 1 war. Ansonsten gehören sie zu den Einnahmen aus dem Zweckbetrieb „sportliche Veranstaltungen".

39. Zahlungen eines steuerbegünstigten Sportvereins an einen anderen (abgebenden) Verein für die Übernahme eines Sportlers sind unschädlich für die Gemeinnützigkeit des zahlenden Vereins, wenn sie aus steuerpflichtigen wirtschaftlichen Geschäftsbetrieben für die Übernahme eines Sportlers gezahlt werden, der beim aufnehmenden Verein in den ersten zwölf Monaten nach dem Vereinswechsel als bezahlter Sportler i.S. des § 67a Abs. 3 Satz 1 Nr. 1 anzusehen ist. Zahlungen für einen Sportler, der beim aufnehmenden Verein nicht als bezahlter Sportler anzusehen ist, sind bei Anwendung des § 67a Abs. 3 nur dann unschädlich für die Gemeinnützigkeit des zahlenden Vereins, wenn lediglich die Ausbildungskosten für den den Verein wechselnden Sportler erstattet werden. Eine derartige Kostenerstattung kann bei Zahlungen bis zur Höhe von 2 557 € je Sportler ohne weiteres angenommen werden. Bei höheren Kostenerstattungen sind sämtliche Ausbildungskosten im Einzelfall nachzuweisen. Die Zahlungen mindern nicht den Überschuss des steuerpflichtigen wirtschaftlichen Geschäftsbetriebs „sportliche Veranstaltungen".

Zur steuerlichen Behandlung von Ablösezahlungen bei Anwendung der Zweckbetriebsgrenze des § 67a Abs. 1 Satz 1 siehe Nrn. 16 und 18.

Zu § 68 – Einzelne Zweckbetriebe:

Allgemeines

1. § 68 enthält einen gesetzlichen Katalog einzelner Zweckbetriebe und geht als spezielle Norm der Regelung des § 65 vor (BFH-Urteil vom 4.6.2003 – I R 25/02 – BStBl. 2004 II S. 660). Die beispielhafte Aufzählung von Betrieben, die ihrer Art nach Zweckbetriebe sein können, gibt wichtige Anhaltspunkte für die Auslegung der Begriffe Zweckbetrieb (§ 65) im Allgemeinen und Einrichtungen der Wohlfahrtspflege (§ 66) im Besonderen.

Zu § 68 Nr. 1:

2. Wegen der Begriffe „Alten-, Altenwohn- und Pflegeheime" Hinweis auf § 1 des Heimgesetzes. Eine für die Allgemeinheit zugängliche Cafeteria ist ein steuerpflichtiger wirtschaftlicher Geschäftsbetrieb. Soweit eine steuerbegünstigte Körperschaft Leistungen im Rahmen der häuslichen Pflege erbringt, liegt i.d.R. ein Zweckbetrieb nach § 66 vor (s. Nr. 4 zu § 66).

3. Bei Kindergärten, Kinder-, Jugend- und Studentenheimen sowie bei Schullandheimen und Jugendherbergen müssen die geförderten Personen die Voraussetzungen nach § 53 nicht erfüllen. Jugendherbergen verlieren ihre Zweckbetriebseigenschaft nicht, wenn außerhalb ihres satzungsmäßigen Zwecks der Umfang der Beherbergung alleinreisender Erwachsener 10 % der Gesamtbeherbergungen nicht übersteigt (BFH-Urteil vom 18.1.1995, BStBl. II S. 446).

Zu § 68 Nr. 2:

4. Begünstigt sind insbesondere so genannte Selbstversorgungseinrichtungen, die Teil der steuerbegünstigten Körperschaft sind. Bei Lieferungen und Leistungen an Außenstehende tritt die Körperschaft mit Dritten in Leistungsbeziehung. Solange der Umfang dieser Geschäfte an Dritte, hierzu gehören auch Leistungsempfänger, die selbst eine steuerbegünstigte Körperschaft im Sinne von § 68 Nr. 2 sind (BFH-Urteil vom 18.10.1990, BStBl. 1991 II S. 157), nicht mehr als 20 % der gesamten Lieferungen und Leistungen der begünstigten Körperschaft ausmachen, bleibt die Zweckbetriebseigenschaft erhalten.

Zu § 68 Nr. 3:

5. Der Begriff „Werkstatt für behinderte Menschen" bestimmt sich nach § 136 Sozialgesetzbuch – Neuntes Buch – (SGB IX). Hierbei handelt es sich um eine Einrichtung zur Eingliederung behinderter Menschen in das Arbeitsleben. Läden oder Verkaufsstellen von Werkstätten für behinderte Menschen sind grundsätzlich als Zweckbetriebe zu behandeln, wenn dort Produkte verkauft werden, die von Werkstätten für behinderte Menschen hergestellt worden sind. Eine Herstellung ist nur dann anzunehmen, wenn die Wertschöpfung durch die Werkstatt mehr als 10 % des Nettowerts (Bemessungsgrundlage) der zugekauften Waren beträgt. Werden vom Laden oder der Verkaufsstelle der Werkstatt auch zugekaufte Waren, die nicht von ihr oder von anderen Werkstätten für behinderte Menschen hergestellt worden sind, weiterverkauft, liegt insoweit ein gesonderter wirtschaftlicher Geschäftsbetrieb vor.

6. Zu den Zweckbetrieben gehören auch die von den Trägern der Werkstätten für behinderte Menschen betriebenen Kantinen, weil die besondere Situation der behinderten Menschen auch während der Mahlzeiten eine Betreuung erfordert.

7. Einrichtungen für Beschäftigungs- und Arbeitstherapie, die der Eingliederung von behinderten Menschen dienen, sind besondere Einrichtungen, in denen eine Behandlung von behinderten Menschen aufgrund ärztlicher Indikationen erfolgt. Während eine Beschäftigungstherapie ganz allgemein das Ziel hat, körperliche oder psychische Grundfunktionen zum Zwecke der Wiedereingliederung in das Alltagsleben wiederherzustellen, zielt die Arbeitstherapie darauf ab, die besonderen Fähigkeiten und Fertigkeiten auszubilden, zu fördern und zu trainieren, die für eine Teilnahme am Arbeitsleben erforderlich sind. Beschäftigungs- und Arbeitstherapie sind vom medizinischen Behandlungszweck geprägt und erfolgen regelmäßig außerhalb eines Beschäftigungsverhältnisses zum Träger der Therapieeinrichtung. Ob eine entsprechende Einrichtung vorliegt, ergibt sich aufgrund der Vereinbarungen über Art und Umfang des Heilbehand-lung und Rehabilitation zwischen dem Träger der Einrichtung und den Leistungsträgern.

Zu § 68 Nr. 4:

8. Begünstigte Einrichtungen sind insbesondere Werkstätten, die zur Fürsorge von blinden und körperbehinderten Menschen unterhalten werden.

Zu § 68 Nr. 6:

9. Lotterien und Ausspielungen sind ein Zweckbetrieb, wenn sie von den zuständigen Behörden genehmigt sind oder nach den jeweiligen landesrechtlichen Bestimmungen wegen des geringen Umfangs der Tombola oder Lotterieveranstaltung per Verwaltungserlass pauschal als genehmigt gelten. Die sachlichen Voraussetzungen und die Zuständigkeit für die Genehmigung bestimmen sich nach den lotterierechtlichen Verordnungen der Länder. Der Gesetzeswortlaut lässt es offen, in welchem Umfang solche Lotterien veranstaltet werden dürfen. Da eine besondere Einschränkung fehlt, ist auch eine umfangreiche Tätigkeit so lange unschädlich, als die allgemein durch das Gesetz gezogenen Grenzen nicht überschritten werden und die Körperschaft durch den Umfang der Lotterieveranstaltungen nicht ihr Gepräge als begünstigte Einrichtung verliert.

10. Zur Ermittlung des Reinertrags dürfen den Einnahmen aus der Lotterieveranstaltung oder Ausspielung nur die unmittelbar damit zusammenhängenden Ausgaben gegenübergestellt werden. Führt eine steuerbegünstigte Körperschaft eine Lotterieveranstaltung durch, die nach dem Rennwett- und Lotteriegesetz nicht genehmigungsfähig ist, z.B. eine Tombola anlässlich einer geselligen Veranstaltung, handelt es sich insoweit nicht um einen Zweckbetrieb nach § 68 Nr. 6.

Zu § 68 Nr. 7:

11. Wegen der Breite des Spektrums, die die Förderung von Kunst und Kultur umfasst, ist die im Gesetz enthaltene Aufzählung der kulturellen Einrichtungen nicht abschließend.

12. Kulturelle Einrichtungen und Veranstaltungen i.S. des § 68 Nr. 7 können nur vorliegen, wenn die Förderung der Kultur Satzungszweck der Körperschaft ist. Sie sind stets als Zweckbetrieb zu behandeln. Das BFH-Urteil vom 4.5.1994 (BStBl. II S. 886) zu sportlichen Darbietungen eines Sportvereins (vgl. Nr. 3 zu § 67a) gilt für kulturelle Darbietungen entsprechend. Demnach liegt auch dann eine kulturelle Veranstaltung der Körperschaft vor, wenn diese eine Darbietung kultureller Art im Rahmen einer Veranstaltung präsentiert, die nicht von der Körperschaft selbst organisiert wird und die ihrerseits keine kulturelle Veranstaltung i.S. des § 68 Nr. 7 darstellt. Wenn z.B. ein steuerbegünstigter Musikverein, der der Förderung der volkstümlichen Musik dient, gegen Entgelt im Festzelt einer Brauerei ein volkstümliches Musikkonzert darbietet, gehört der Auftritt des Musikvereins als kulturelle Veranstaltung zum Zweckbetrieb.

13. Der Verkauf von Speisen und Getränken und die Werbung bei kulturellen Veranstaltungen gehören nicht zu dem Zweckbetrieb. Diese Tätigkeiten sind gesonderte wirtschaftliche Geschäftsbetriebe. Wird für den Besuch einer kulturellen Veranstaltung mit Bewirtung ein einheitliches Entgelt entrichtet, so ist dieses – ggf. im Wege der Schätzung – in einen Entgeltsanteil für den Besuch der Veranstaltung (Zweckbetrieb) und für die Bewirtungsleistungen (wirtschaftlicher Geschäftsbetrieb) aufzuteilen.

Zu § 68 Nr. 9:

14. Auf das BMF-Schreiben vom 22.9.1999 (BStBl. I S. 944) wird verwiesen.

Anlage 1 zu § 60
Mustersatzung

für Vereine, Stiftungen, Betriebe gewerblicher Art von juristischen Personen des öffentlichen Rechts, geistliche Genossenschaften

(nur aus steuerlichen Gründen notwendige Bestimmungen ohne Berücksichtigung der Vorschriften des BGB)

§ 1

Der - Die - ....(Körperschaft)

mit Sitz in ....

verfolgt ausschließlich und unmittelbar – gemeinnützige – mildtätige – kirchliche – Zwecke (nicht verfolgte Zwecke streichen) im Sinne des Abschnitts „Steuerbegünstigte Zwecke" der Abgabenordnung.

Zweck der Körperschaft ist

....
....
....

(z. B. die Förderung von Wissenschaft und Forschung, Jugend- und Altenhilfe, Erziehung, Volks- und Berufsbildung, Kunst und Kultur, Landschaftspflege, Umweltschutz, des öffentlichen Gesundheitswesens, des Sports, Unterstützung hilfsbedürftiger Personen).

Der Satzungszweck wird verwirklicht insbesondere durch ....
....

(z. B. Durchführung wissenschaftlicher Veranstaltungen und Forschungsvorhaben, Vergabe von Forschungsaufträgen, Unterhaltung einer Schule, einer Erziehungsberatungsstelle, Pflege von Kunstsammlungen, Pflege des Liedgutes und des Chorgesanges, Errichtung von Naturschutzgebieten, Unterhaltung eines Kindergartens, Kinder-, Jugendheimes, Un-terhaltung eines Altenheimes, eines Erholungsheimes, Bekämpfung des Drogenmissbrauchs, des Lärms, Förderung sportlicher Übungen und Leistungen).

§ 2

Die Körperschaft ist selbstlos tätig; sie verfolgt nicht in erster Linie eigenwirtschaftliche Zwecke.

§ 3

Mittel der Körperschaft dürfen nur für die satzungsmäßigen Zwecke verwendet werden. Die Mitglieder erhalten keine Zuwendungen aus Mitteln der Körperschaft.

§ 4

Es darf keine Person durch Ausgaben, die dem Zweck der Körperschaft fremd sind, oder durch unverhältnismäßig hohe Vergütungen begünstigt werden.

§ 5

Bei Auflösung oder Aufhebung der Körperschaft oder bei Wegfall steuerbegünstigter Zwecke fällt das Vermögen der Körperschaft

a)   an – den – die – das – ....
....

(Bezeichnung einer juristischen Person des öffentlichen Rechts oder einer anderen steuerbegünstigten Körperschaft)

– der – die – das – es unmittelbar und ausschließlich für gemeinnützige, mildtätige oder kirchliche Zwecke zu verwenden hat.

oder

b)   an eine juristische Person des öffentlichen Rechts oder eine andere steuerbegünstig-te Körperschaft

zwecks Verwendung für ....
....
....

(Angabe eines bestimmten gemeinnützigen, mildtätigen oder kirchlichen Zwecks, z. B. Förderung von Wissenschaft und Forschung, Erziehung, Volks- und Berufsbildung, der Unterstützung von Personen, die im Sinne von § 53 AO wegen

bedürftig sind, Unterhaltung des Gotteshauses in ....

Weitere Hinweise

Bei Betrieben gewerblicher Art von juristischen Personen des öffentlichen Rechts, bei den von einer juristischen Person des öffentlichen Rechts verwalteten unselb-ständigen Stiftungen und bei geistlichen Genossenschaften (Orden, Kongregationen) braucht die Vermögensbindung in der Satzung nicht festgelegt zu werden. Damit kann § 5 des Musters entfallen.

Außerdem ist folgende Bestimmung aufzunehmen:

§ 3 Abs. 2:

„Der – die – das ....

erhält bei Auflösung oder Aufhebung der Körperschaft oder bei Wegfall steuerbegünstigter Zwecke nicht mehr als – seine – ihre – eingezahlten Kapitalanteile und den gemeinen Wert seiner – ihrer – geleisteten Sacheinlagen zurück."

Bei Stiftungen ist diese Bestimmung nur erforderlich, wenn die Satzung dem Stifter einen Anspruch auf Rückgewähr von Vermögen einräumt (vgl. hierzu Nr. 29 Satz 2 und 3 zu § 55). Fehlt die Regelung, wird das eingebrachte Vermögen wie das übrige Vermögen behandelt.

Bei Kapitalgesellschaften sind folgende ergänzende Bestimmungen in die Satzung aufzunehmen:

– § 3 Abs. 1 Satz 2:

„Die Gesellschafter dürfen keine Gewinnanteile und auch keine sonstigen Zuwendun-gen aus Mitteln der Körperschaft erhalten."

– § 3 Abs. 2:

„Sie erhalten bei ihrem Ausscheiden oder bei Auflösung der Körperschaft oder bei Wegfall steu-erbegünstigter Zwecke nicht mehr als ihre eingezahlten Kapitalanteile und den gemeinen Wert ihrer geleisteten Sacheinlagen zurück."

– § 5:

„Bei Auflösung der Körperschaft oder bei Wegfall steuerbegünstigter Zwecke fällt das Vermögen der Körperschaft, soweit es die eingezahlten Kapitalanteile der Gesellschafter und den gemeinen Wert der von den Gesellschaftern geleisteten Sacheinla-gen übersteigt, ..."

§ 3 Abs. 2 und der Satzteil „soweit es die eingezahlten Kapitalanteile der Gesellschafter und den ge-meinen Wert der von den Gesellschaftern geleisteten Sacheinlagen übersteigt," in § 5 sind nur er-forderlich, wenn die Satzung einen Anspruch auf Rückgewähr von Vermögen einräumt (vgl. hierzu Nr. 22 Satz 4 zu § 55).

Stichwortverzeichnis

§: Körperschaftsteuergesetz in der für den Veranlagungszeitraum 2009 geltenden Fassung; DV: Körperschaftsteuerdurchführungsverordnung; R: Körperschaftsteuerrichtlinien; H: Amtliche Hinweise zu den Körperschaftsteuerrichtlinien; Anl.: Anlage; Anh.: Anhang

Zinsen aus Steuernachforderungen
R 48 zu § 10
Zinsschranke
– Betriebsaufgabenabzug Zinsaufwendungen
Anl. § 008a-20
– Reichweite des Rückgriffs   Anl. § 008a-21
Zurechnung der verdeckten Gewinnausschüttung
– an nahestehende Personen   Anl. § 008 (3)-61
Zusammenfassung von Hoheitsbetrieben
– in den jungen Bundesländern   Anl. § 004-10
Zusatzversorgungseinrichtung
– öffentlicher Dienst   Anl. § 005 (1) Nr. 03-01
Zuschläge für Sonntags-, Feiertags- und Nachtarbeit
– Gesellschafter-Geschäftsführer
Anl. § 008 (3)-58a, Anl. § 008 (3)-58b,
Anl. § 008 (3)-58d
Zuschuss
– Eigenbetrieb   Anl. § 004-49
Zuteilungsrücklage   § 21b, Anl. § 021a-01
Zuwendung
– einer Sparkasse an den Gewährträger
H 47 zu § 9

Zuwendungen von Todes wegen
– steuerlich unschädliche Betätigung einer gemeinnützigen Körperschaft   Anl. § 005 (1)
Nr. 09-133
Zwangsgeld   R 48 zu § 10
Zwangsrecht
– Hoheitsbetrieb   § 4
Zweckbetrieb
– Rettungsdienst und Krankentransport
Anl. § 005 (1) Nr. 09-141
Zweckertrag
– Lotterie   Anl. § 010-01
Zweckgeschäft   R 20 zu § 5
Zweckverband
– Betrieb gewerblicher Art   R 6 zu § 4
– Gründung   Anl. § 004-40
– kommunale Datenverarbeitung   Anl. § 004-17
Zweckvermögen
– Steuerpflicht   § 1, § 3
– unbeschränkte Steuerpflicht   R 2 zu § 1
Zweigniederlassung
– inländische Z. eines ausländischen Unternehmens als Organträger   § 18

– Notizen –

– Notizen –

– Notizen –

– Notizen –

– Notizen –

– Notizen –

– Notizen –

– Notizen –

– Notizen –

– Notizen –

– Notizen –

– Notizen –

– Notizen –

– Notizen –

– Notizen –

– Notizen –